略号	書　名	出版社	刊行年月
聖　書	聖書人名事典	バベルプレス	2010.4
世　建	世界の建築家図鑑	原書房	2012.10
世史語	世界史用語集	山川出版社	2014.10
世人新	世界史のための人名辞典 新版	山川出版社	2010.6
世人装	世界史のための人名辞典 新装版	山川出版社	2014.4
世　数	世界数学者事典	日本評論社	2015.9
世　帝	世界帝王事典	新紀元社	2015.11
中　史	96人の人物で知る中国の歴史	原書房	2017.3
中人小	中国人名小辞典	ブックショップマイタウン	2017.7
南ア新	南アジアを知る事典 新版	平凡社	2012.5
２０思	20世紀思想家事典	誠信書房	2001.10
ネーム	クリエーターのための人名ネーミング辞典	学研教育出版	2014.12
ノ物化	ノーベル賞受賞者人物事典 物理学賞・化学賞	東京書籍	2010.12
バレエ	オックスフォードバレエダンス事典	平凡社	2010.5
バ　ロ	あなたとバロック音楽	横尾幸雄	2014.7
ピ曲改	ピアノ作曲家作品事典 改訂版	ヤマハミュージックメディア	2011.6
姫　全	お姫さま大全	講談社	2011.3
物　理	人物でよむ物理法則の事典	朝倉書店	2015.11
ポプ人	ポプラディアプラス人物事典 1～5	ポプラ社	2017.1
魅　惑	魅惑のハイCテノール大辞典	文芸社	2009.9
メジャ	メジャー・リーグ人名事典 改訂新版	言視舎	2013.8
メル１	メルロ＝ポンティ哲学者事典 第1巻	白水社	2017.8
メル２	メルロ＝ポンティ哲学者事典 第2巻	白水社	2017.6
メル３	メルロ＝ポンティ哲学者事典 第3巻	白水社	2017.3
メル別	メルロ＝ポンティ哲学者事典 別巻	白水社	2017.11
ユ　人	ユダヤ人名事典	東京堂出版	2010.12
ユ著人	ユダヤ著名人名鑑 私家版	Elulu Publishers	2000.6
ラテ新	ラテンアメリカを知る事典 新版	平凡社	2013.3
ル　ネ	ルネサンス人物列伝	悠書館	2012.7

外国人物レファレンス事典

古代−19世紀
Ⅲ（2010-2018）

2

欧文名［L-Z］

日外アソシエーツ

BIOGRAPHY INDEX

30,000 Foreign Historical Figures Before 1900,
Appearing in 65 Volumes of
56 Biographical Dictionaries and Encyclopedias
published in 2010-2018

2
L - Z

Compiled by
Nichigai Associates, Inc.

©2019 by Nichigai Associates, Inc.
Printed in Japan

本書はディジタルデータでご利用いただくことが
できます。詳細はお問い合わせください。

●編集スタッフ●
小川 修司／高橋 朝子／成田 さくら子／木村 月子／青木 竜馬／尾崎 稔

凡　例

1．本書の内容

　(1) 本書は、国内の代表的な人物事典、歴史事典、専門事典に掲載されている、19世紀以前に活躍した外国人（西洋人・東洋人）の総索引である。欧文または漢字で表記された人名見出しのほか、その人物の活動年代、地域・国名、身分・肩書・職業、業績など、人物の特定に最低限必要なプロフィールを補記し、その人物がどの事典に、どのような表記で掲載され、生没年がどう記載されているかを明らかにしたものである。

　(2) 分冊の構成は以下の通り。
　　　1－2　　欧文名
　　　　3　　　漢字名
　　　　4　　　索　引

2．収録範囲と人数

　(1) 前版編集後の2010〜2018年に刊行された事典、および1990年以降に刊行され前版では収録対象にならなかった事典、併せて56種65冊に掲載されている、19世紀以前に活躍した外国人を収録した。収録人物の下限は1880年までに生まれた人物とした。収録対象事典の詳細は別表「収録事典一覧」に示した。

　(2) 原則として実在の人物を収録し、小説の登場人物など架空の人物は除いた。神話・伝説上の人物は、専門事典に掲載されている人物を主に収録した。

　(3) 「欧文名」の収録人数は31,684人、事典項目数はのべ51,339項目である。

3．記載事項

　本書の各項目は次の要素から成る。
　　(1) 人名見出し

(2) 人物説明
　(3) 掲載事典

(1) 人名見出し（欧文名）
　1) 原則として同一人物は各事典での表記に関わらず一項目にまとめた。まとめるに際しては欧文名を見出しとし、多くの事典に掲載されている一般的な綴りを採用した。
　2) 欧文綴りの採用にあたっては、地域・国を同じくする同名の人物が各事典の翻字法の微妙な差異によって離ればなれとなることのないよう、適宜統一をはかった。

(2) 人物説明
　1) 活動年代
　　　活動年代として、人物が活躍した世紀を人名見出しの末尾に〈 〉に入れて示した。
　2) プロフィール
　　　人物の地域・国名、身分・肩書・職業・業績などを簡潔に記載した。

(3) 掲載事典
　1) その人物が掲載されている事典を ⇒ の後に略号で示した。（略号は別表「収録事典一覧」を参照）
　2) 各事典における人名見出しおよび生没年を（ ）に入れて示した。見出しは各事典における日本語表記（漢字・かな表記）を示したが、欧文表記を見出しに採用している事典は、欧文表記およびそのカナ・漢字表記を示した。見出し形は各事典の見出しに採用された表記・読みを示し、それ以外の欧文綴り、ピンイン表記などは割愛した。
　3) 生没年に複数の説がある場合は、／（スラッシュ）で区切って示した。
　4) 紀元前は生没年の先頭に「前」で示した。紀元後を示す「後」は、紀元前に生まれ紀元後に没した人物の没年のみに示した。
　5) 事典に生没年の記載がなく、活動・活躍年代、在位年が記載されている場合は、それぞれ（活動）（在位）で示した。

4．排　列

　(1) 人名見出しの姓の ABC 順、名の ABC 順に排列した。
　(2) 冒頭の al-、as-、at-、el-、il- 等の冠詞、Sir、Dame、Lord、Dr. 等の称号は排列上無視し、斜体で示した。またアクサンテギュなどのアクセント記号も無視した。
　(3) Mc は Mac とみなして排列した。
　(4) 排列順位が同一の人物は、おおむね活動年代順とした。

5．収録事典一覧

　(1) 本書で索引対象にした事典の一覧を次ページ（および見返し）に掲げた。
　(2) 略号は、本書において掲載事典名の表示に使用したものである。
　(3) 掲載は、略号の読みの五十音順とした。

収録事典一覧

略号	書　名	出版社	刊行年月
アア歴	アジアにおけるアメリカの歴史事典	雄松堂書店	2011.3
アフ新	アフリカを知る事典 新版	平凡社	2010.11
アメ新	アメリカを知る事典 新版	平凡社	2012.4
岩世人	岩波世界人名大辞典 2分冊	岩波書店	2013.12
エ　デ	音楽用語・作曲家	ヤマハミュージックメディア	2016.11
王　妃	ヨーロッパの王妃・プリンセス 200人	新人物往来社 (新人物文庫)	2013.3
オセ新	オセアニアを知る事典 新版	平凡社	2010.5
オペラ	オペラ事典	東京堂出版	2013.9
覚　思	覚えておきたい人と思想 100人	清水書院	2014.9
覚思ス	覚えておきたい人と思想 100人 スマート版	清水書院	2016.8
学叢思	学術辞典叢書 第5巻 思想家人名辞典	学術出版会	2010.9
学叢歴	学術辞典叢書 第10巻 歴史辞典	学術出版会	2010.11
科　史	科学史人物事典	中央公論新社	2013.2
韓現文	韓国近現代文学事典	明石書店	2012.8
韓朝新	韓国朝鮮を知る事典 新版	平凡社	2014.3
近　中	近代中国人名辞典 修訂版	霞山会	2018.3
芸13	世界芸術家辞典 改訂増補版	エム・エフ・ジー	2013.10
現アカ	現代アメリカ人物カルチャー事典 英文用例付	丸善	2001.11
皇　国	ヨーロッパの皇帝・国王 200人	新人物往来社 (新人物文庫)	2013.1
広辞7	広辞苑 第7版	岩波書店	2018.1
実音人	実用・音楽人名事典 クラシック/洋楽編	ドレミ楽譜出版社	2009.5
失　声	失われた声を求めて	Du Books	2014.10
19仏	カリカチュアでよむ19世紀末フランス人物事典	白水社	2013.6
新カト	新カトリック大事典 1～4,別巻	研究社	1996.6～2010.9
図　聖	図説聖人事典	八坂書房	2011.12
図　哲	図解哲学人物&用語事典	日本文芸社	2015.9
スパイ	スパイ大事典	論創社	2017.5

略号	書　名	出版社	刊行年月
聖　書	聖書人名事典	バベルプレス	2010.4
世　建	世界の建築家図鑑	原書房	2012.10
世史語	世界史用語集	山川出版社	2014.10
世人新	世界史のための人名辞典 新版	山川出版社	2010.6
世人装	世界史のための人名辞典 新装版	山川出版社	2014.4
世　数	世界数学者事典	日本評論社	2015.9
世　帝	世界帝王事典	新紀元社	2015.11
中　史	96人の人物で知る中国の歴史	原書房	2017.3
中人小	中国人名小辞典	ブックショップマイタウン	2017.7
南ア新	南アジアを知る事典 新版	平凡社	2012.5
２０思	20世紀思想家事典	誠信書房	2001.10
ネーム	クリエーターのための人名ネーミング辞典	学研教育出版	2014.12
ノ物化	ノーベル賞受賞者人物事典 物理学賞・化学賞	東京書籍	2010.12
バレエ	オックスフォードバレエダンス事典	平凡社	2010.5
バ　ロ	あなたとバロック音楽	横尾幸雄	2014.7
ピ曲改	ピアノ作曲家作品事典 改訂版	ヤマハミュージックメディア	2011.6
姫　全	お姫さま大全	講談社	2011.3
物　理	人物でよむ物理法則の事典	朝倉書店	2015.11
ポプ人	ポプラディアプラス人物事典 1〜5	ポプラ社	2017.1
魅　惑	魅惑のハイＣテノール大辞典	文芸社	2009.9
メジャ	メジャー・リーグ人名事典 改訂新版	言視舎	2013.8
メル１	メルロ＝ポンティ哲学者事典 第１巻	白水社	2017.8
メル２	メルロ＝ポンティ哲学者事典 第２巻	白水社	2017.6
メル３	メルロ＝ポンティ哲学者事典 第３巻	白水社	2017.3
メル別	メルロ＝ポンティ哲学者事典 別巻	白水社	2017.11
ユ　人	ユダヤ人名事典	東京堂出版	2010.12
ユ著人	ユダヤ著名人名鑑 私家版	Elulu Publishers	2000.6
ラテ新	ラテンアメリカを知る事典 新版	平凡社	2013.3
ル　ネ	ルネサンス人物列伝	悠書館	2012.7

【L】

Laan, Matthiw〈17・18世紀〉
フランスの作曲家。
⇒バロ（ラーン, マティウ　1690頃?–1750頃?）

Laas, Ernst〈19世紀〉
ドイツの哲学者, 教育家。主著は『観念論と実証論』（1879～84）。
⇒岩世人（ラース　1837.6.16–1885.7.25）
　学叢思（ラース, エルンスト　1837–1885）
　メル3（ラース, エルネスト　1837–1885）

Labadie, Jean de〈17世紀〉
フランスの神学者。主著『牧職による教会改革』（67）。
⇒岩世人（ラバディ　1610.2.13–1674.2.13）
　新カト（ラバディ　1610.2.13–1674.2.13）

Labadie, J.-Émile〈19世紀〉
フランスの官吏。
⇒19仏（J.＝エミール・ラバディ　1851.11.2–?）

Laban
ベトエルの子でリベカの兄。レアとラケルの父（旧約）。
⇒新カト（ラバン）

Laban, Rudolf von〈19・20世紀〉
オーストリア＝ハンガリー生れの舞踊理論家。モダン・ダンスの創始者の一人。
⇒岩世人（ラバン　1879.12.15–1958.7.1）
　バレエ（ラバン, ルドルフ・フォン　1879.12.15–1958.7.1）

Laband, Paul〈19・20世紀〉
ドイツの法学者。概念法学の確立に功績があった。
⇒岩世人（ラーバント　1838.5.24–1918.3.23）

La Barberina〈18世紀〉
イタリアのダンサー。
⇒バレエ（ラ・バルベリーナ　1721–1799.6.7）

Labat, Jean-Baptiste〈17・18世紀〉
フランスのドミニコ会宣教師, 旅行記作家。
⇒新カト（ラバット　1663–1738.1.6）

Labat, Pierre〈17世紀〉
フランスのカトリック神学者, ドミニコ会会員。
⇒新カト（ラバ　17世紀初め–1670.3.30）

Labauche, Léon〈19・20世紀〉
フランスのカトリック神学者。
⇒新カト（ラボーシュ　1871.12.24–1955.12.31）

L'Abbé, Joseph-Barnabé〈18・19世紀〉
フランスのヴァイオリン奏者, 作曲家。
⇒バロ（ラベ, ジョゼフ・バルナベ　1727.6.11–1803.7.25）

Labbé, Léon〈19・20世紀〉
フランスの医師, 政治家。
⇒19仏（レオン・ラベ　1830.9.29–1916.3.21）

Labbé, Philippe〈17世紀〉
フランスの教会史家, イエズス会士。
⇒新カト（ラベ　1607.7.10–1667.3.17）

L'Abbé, Pierre〈18世紀〉
フランスのチェロ奏者。
⇒バロ（ラベ, ピエール　1710頃–1777.3）

L'Abbé, Pierre-Philippe〈17・18世紀〉
フランスのチェロ奏者。
⇒バロ（ラベ, ピエール・フィリップ　1698頃–1768.5.15）

Labé, Louise Charle Perrin〈16世紀〉
フランスの女流詩人。リヨン派に属し,『ルイーズ・ラベ作品集』を発表（55）。
⇒岩世人（ラベ　1524頃–1566?）
　ルネ（ルイーズ・ラベ　1520/1524–1566）

Labenwolf, Pankraz〈15・16世紀〉
ドイツの彫刻家, 鋳金家。
⇒芸13（ラーベンヴォルフ, パンクラーツ　1492–1563）

Labeo, Marcus Antistius〈前1・後1世紀〉
ローマ法史上の初期古典時代を代表する法学者。主著『告示注解』『十二表法注解』。
⇒岩世人（ラベオ　前50頃–後18頃）

Labèque, Loys〈19・20世紀〉
フランスの詩人。
⇒新カト（ラベク　1869–1941）

Laberius, Decimus〈前2・1世紀〉
ローマのミムス劇作家。
⇒岩世人（ラベリウス　前106頃–前43頃）

Laberthonie, Pierre-Thomas〈18世紀〉
フランス啓蒙時代のカトリック護教家, ドミニコ会会員。
⇒新カト（ラベルトニ　1708.2.7–1774.1.15）

Laberthonnière, Lucien〈19・20世紀〉
フランスの哲学者, 神学者。近代主義の指導者の一人。主著『宗教哲学試論』（03）など。
⇒岩世人（ラベルトニエール　1860.10.5–1932.10.6）
　新カト（ラベルトニエール　1860.10.5–1932.10.6）
　メル3（ラベルトニエール, リュシアン　1860–1932）

Labiche, Eugène Marin〈19世紀〉
フランスの劇作家。代表作『イタリアの麦藁帽子』(51),『鉄道』(68) など。
⇒岩世人（ラビッシュ　1815.5.5–1888.1.23）

Labīd b.Rabi'a Abū 'Aqīl〈6・7世紀〉
アラビアの詩人。
⇒岩世人（ラビード　560頃–661頃）

Labienus, Titus〈前1世紀〉
ローマの軍人。
⇒岩世人（ラビエヌス　前100頃–前45）

Lablache, Luigi〈18・19世紀〉
フランス系のイタリアのバス歌手。
⇒オペラ（ラブラーシュ, ルイージ　1794–1858）

La Blonde, Claude-Thomas〈17世紀〉
フランスのカトリック神学者, シトー会員。
⇒新カト（ラ・ブロンド　?–1661）

La Boétie, Étienne de〈16世紀〉
フランスの法律家, 哲学者。小論文『自発的隷従を排す』(1574,76) により知られる。
⇒岩世人（ラ・ボエシ　1530.11.1–1563.8.18）

Laborans〈12世紀〉
枢機卿, 教会法学者, 神学者。フィレンツェ近郊のポントルモ生まれ。
⇒新カト（ラボランス　12世紀初頭–1191）

Laborde, Jean Benjamin François de〈18世紀〉
フランスの作曲家。
⇒バロ（ラボルド, ジャン・バンジャマン・フランソワード　1734.9.5–1794.7.22）

Laborde, Vivien de〈17・18世紀〉
フランスのカトリック神学者, オラトリオ会会員。
⇒新カト（ラボルド　1680–1748.3.5）

Labordère, Arthur〈19世紀〉
フランスの軍人, 政治家。
⇒19仏（アルチュール・ラボルデール　1835.10.12–?）

La Bourdonnais, Bertrand François Mahé, Comte〈17・18世紀〉
フランスの軍人。ゴアのポルトガル総督, フランス領ブルボン諸島の総督を務めた。
⇒岩世人（ラ・ブルドネ　1699.2.11–1753.11.10）

Labriola, Antonio〈19・20世紀〉
イタリアのマルクス主義哲学者。マルクス主義にもとづく歴史哲学を教授。
⇒岩世人（ラブリオーラ　1843.7.2–1904.2.12）
　学叢思（ラブリオラ, アントニオ　1843–1904）

Labriola, Arturo〈19・20世紀〉
イタリアの社会主義者, 経済学者。
⇒岩世人（ラブリオーラ　1873.1.22–1959.6.23）
　学叢思（ラブリオラ, アルツーロ）

Labriolle, Pierre de〈19・20世紀〉
フランスの歴史家, 教父学者, ラテン語学者。
⇒新カト（ラブリオル　1874.6.18–1940.12.28）

Labrouste, Pierre François Henri〈19世紀〉
フランスの建築家。主作品はパリのセント・ジュヌビエーブ図書館 (43〜50)。
⇒岩世人（ラブルースト　1801.5.11–1875.6.24）

La Bruyère, Jean de〈17世紀〉
フランスのモラリスト。
⇒岩世人（ラ・ブリュイエール　1646.8.16頃–1696.5.11）
　ネーム（ラ・ブリュイエール　1645–1696）
　広辞7（ラ・ブリュイエール　1646–1696）
　新カト（ラ・ブリュイエール　1645.8.16–1696.5.10）

Labuze, Justin〈19・20世紀〉
フランスの政治家。
⇒19仏（ジュスタン・ラビューズ　1847.1.26–1914.2.15）

Labye, Dieudonné〈18世紀〉
フランスのカトリック神学者, ドミニコ会会員。
⇒新カト（ラビー　1712.3.31–1792.1.7）

Lacaille, Nicolas Louis de〈18世紀〉
フランスの天文学者。月の視差測定のため喜望峰へ遠征 (50〜4), 南アフリカでの観測により星表を作成。
⇒岩世人（ラカイユ　1713.3.15–1762.3.21）
　ネーム（ラカイユ　1713–1762）

La Calprenède, Gautier de Costes, Sieur de〈17世紀〉
フランスの作家。
⇒岩世人（ラ・カルプルネード　1609?–1663）

Lacam, Pierre〈19・20世紀〉
フランスの製菓職人。
⇒岩世人（ラカン　1836–1902）

La Caze, Louis〈18・19世紀〉
フランスの医師, コレクター。
⇒岩世人（ラ・カーズ　1798.5.6–1869.9.28）

Lacaze-Duthiers, Félix Joseph Henri de〈19・20世紀〉
フランスの動物学者。
⇒岩世人（ラカーズ＝デュティエ　1821.5.15–1901.7.21）

Lacépède, Bernard Germain Etienne de Laville, Comte de〈18・19世紀〉
フランスの自然科学者。王立植物園およびパリ大学教授。

⇒岩世人（ラセペード　1756.12.26–1825.10.6）

La Chaise, François d'Aix〈17・18世紀〉
フランスの聖職者。イエズス会士。ルイ14世の聴罪司祭。
⇒岩世人（ラ・シェーズ　1624.8.25–1709.1.20）

La Chalotais, Louis-René de Caradeuc de〈18世紀〉
フランスの法律家。1763年『国民教育論』を著し「国家による国家のための国民の教育」を主張。
⇒岩世人（カラドック・ド・ラ・シャロテ　1701.3.6–1785.7.12）
　新カト（ラ・シャロテ　1701.3.6–1785.7.12）

LaChance,（Candy）George Joseph〈19・20世紀〉
アメリカの大リーグ選手（一塁）。
⇒メジャ（キャンディ・ラチャンス　1870.2.14–1932.8.18）

La Chapelle, Vincent〈17・18世紀〉
フランスの料理人。
⇒岩世人（ラ・シャペル　1690頃–1745頃）

La Chaussée, Pierre-Claude Nivelle de〈17・18世紀〉
フランスの劇作家。悲喜劇の創始者といわれ、1736年にはアカデミー・フランセーズ会員となった。
⇒岩世人（ラ・ショッセ　1692/1691–1754.3.14）

Lachelier, Jules〈19・20世紀〉
フランスの観念論哲学者。主著『帰納法の基礎』（71）。
⇒岩世人（ラシュリエ　1832.5.27–1918.1.16）
　学叢思（ラシュリエ，ジュール　1832–1918）
　新カト（ラシュリエ　1832.5.27–1918.1.16）
　メル2（ラシュリエ，ジュール　1832–1918）

Lachmann, Johann〈15・16世紀〉
ドイツのハイルブロンの宗教改革者。
⇒新カト（ラハマン　1491–1538.11.26/1539.1.27以前）

Lachmann, Karl Konrad Friedrich Wilhelm〈18・19世紀〉
ドイツの言語学者、評論家。『イリアッド』に関する諸考察などで知られる。
⇒岩世人（ラッハマン　1793.3.4–1851.3.13）
　新カト（ラハマン　1793.3.4–1851.3.13）

Lachner, Franz Paul〈19世紀〉
ドイツの作曲家。宮廷附楽長。
⇒岩世人（ラッハナー　1803.4.2–1890.1.20）

Lachnith, Ludwig Wenzel〈18・19世紀〉
ボヘミアの作曲家。
⇒バロ（ラッハニート，ルートヴィヒ・ヴェンツェル　1746.7.7–1820.10.3）

Lac-Long-Quan
ベトナムの建国説話の王。元の名は崇纜（スン・ラム）。『赤鬼国』二代目。
⇒岩世人（ラクロンクアン）

Laclos, Pierre Ambroise François Choderlos de〈18・19世紀〉
フランスの作家，軍人。『危険な関係』の著者。
⇒岩世人（ラクロ　1741.10.18–1803.9.5）
　広辞7（ラクロ　1741–1803）

Lacombe, Albert〈19・20世紀〉
カナダの宣教師。
⇒新カト（ラコンブ　1827.2.28–1916.12.12）

Lacombe, Paul〈19・20世紀〉
フランスの歴史家。"La guerre et l'honneur"（1900）。
⇒岩世人（ラコンブ　1834.1.6–1919.7.17）

La Condamine, Charles Marie de〈18世紀〉
フランスの数学者，探検旅行家。アマゾン河流域の学問的地図を初めて作製。
⇒岩世人（ラ・コンダミーヌ　1701.1.28–1774.2.4）
　ラテ新（ラ・コンダミーヌ　1701–1774）

Lacordaire, Jean Baptiste Henri〈19世紀〉
フランスの聖職者，説教家。1838年ローマでドミニコ会に入り，50～4年フランス管区長。
⇒岩世人（ラコルデール　1802.5.12–1861.11.21）
　ネーム（ラコルデール　1802–1861）
　新カト（ラコルデール　1802.5.12–1861.11.21）

Lacoste, Louis de〈17・18世紀〉
フランスの作曲家。
⇒バロ（ラコスト，ルイ・ド　1675頃–1754頃）

La Cote Mal Taillée
円卓の騎士の一人。
⇒ネーム（ラ・コート・マル・タイエ）

Lacouperie, Albert Etienne Jean Baptiste Terrien de〈19世紀〉
イギリス（フランス生れ）の東洋学者。
⇒岩世人（ラクペリ　1845–1894.10.11）

Lacretelle, Henri de〈19世紀〉
フランスの政治家，作家。
⇒19仏（アンリ・ド・ラクルテル　1815.8.21–1899.2.17）

Lacroix, François Antoine Alfred〈19・20世紀〉
フランスの地質鉱物学者，火山学者。国際測地学地球物理学連合，火山学協会を創立。
⇒岩世人（ラクロワ　1863.2.4–1948.3.16）

Lacroix, Sigismond〈19・20世紀〉
フランスのジャーナリスト，政治家。

⇒**19仏**（シジスモン・ラクロワ　1845.5.26–1909.12.4）

Lacroix, Sylvester François〈18・19世紀〉
フランスの数学者。パリの理工科大学、コレジュ・ド・フランスの教授。
⇒**岩世人**（ラクロワ　1765.4.28–1843.5.24）
　世数（ラクロワ, シルヴェストル・フランソワ　1765–1843）

Lactantius, Lucius Caecilius Firmianus〈3・4世紀〉
キリスト教の護教家。主著『神聖教理』『神の怒りについて』など。
⇒**岩世人**（ラクタンティウス）
　新カト（ラクタンティウス　260頃–330頃）

Lacy, Franz Moritz von〈18・19世紀〉
オーストリアの軍人。トルコ戦争に司令官として参加(89)。
⇒**岩世人**（ラシ　1725.10.21–1801.11.24）

Lacy, William Henry〈19・20世紀〉
アメリカの宣教師。
⇒**アア歴**（Lacy, William Henry　ウイリアム・ヘンリー・レイシー　1858.1.8–1925.9.3）

Ladd, George Trumbull〈19・20世紀〉
アメリカの哲学者、心理学者。主著『記述的および説明的心理学』(94)。
⇒**アア歴**（Ladd, George Trumbull　ジョージ・トランブル・ラッド　1842.1.19–1921.8.8）
　岩世人（ラッド　1842.1.19–1921.8.8）
　学叢思（ラッド, ジョージ・トランブル　1842–1921）
　メル3（ラッド, ジョージ・トランブル　1842–1921）

Ladd-Franklin, Christine〈19・20世紀〉
アメリカの女流心理学者、論理学者。"Colour and colour theories" (28)。
⇒**岩世人**（ラッド=フランクリン　1847.12.1–1930.3.5）

Ladenburg, Albert〈19・20世紀〉
ドイツの化学者。キール、ブレスラウの各大学教授。
⇒**岩世人**（ラーデンブルク　1842.7.2–1911.8.15）

Laderchi, Giacomo〈17・18世紀〉
イタリアの教会史家。
⇒**新カト**（ラデルキ　1667/1678–1738.4.25）

La Duchesse de Berry Marie Caroline Ferdinande Louise de Bourbon〈18・19世紀〉
ベリー公シャルル・フェルディナンの妃。
⇒**王妃**（マリー・カロリーヌ　1798–1870）

Laelius Sapiens, Gaius〈前2世紀〉
ローマの軍人、政治家。第3次ポエニ戦争に参加。キケロの『考年について』『友情について』の登場人物。
⇒**岩世人**（ラエリウス　前190頃–前129以降）

Laemmle, Carl〈19・20世紀〉
アメリカ（ドイツ生れ）の映画事業家。ユニヴァーサル社を創立。代表作品 'Showboat' (29)。
⇒**岩世人**（レムリ　1867.1.17–1939.9.24）
　ユ人（レムリー, カール　1867–1939）

Laënnec, René Théophile Hyacinthe〈18・19世紀〉
フランスの医師。聴診器の発明者。
⇒**岩世人**（ラエネク　1781.2.17–1826.8.13）
　広辞7（ラエンネック　1781–1826）

Laermans, Eugène〈19・20世紀〉
ベルギーの画家。
⇒**岩世人**（ラールマンス　1864.10.21–1940.2.22）

Laertes
ギリシア神話、トロイア戦争の勇将オデュッセウスの父。
⇒**岩世人**（ラエルテス）

Laestadius, Lars Levi〈18・19世紀〉
スウェーデンの覚醒運動家、牧師、植物学者。
⇒**岩世人**（レスターディウス　1800.10.1–1861.2.21）
　新カト（レスタディウス　1800.1.10–1861.2.21）

Laetus〈6世紀〉
聖人。祝日11月5日または6日。おそらくオルレアン地方の司祭。
⇒**新カト**（ラエトゥス　6世紀）

La Fage, Jean de〈15・16世紀〉
フランスの作曲家。
⇒**バロ**（ラ・ファージュ, ジャン・ド　1490頃?–1540頃?）

La Farge, John〈19・20世紀〉
アメリカの画家。ニューヨークの昇天聖堂の壁画を制作。
⇒**アア歴**（La Farge, John　ジョン・ラ・ファージュ　1835.3.31–1910.11.14）

LaFarge, John Bancel〈19・20世紀〉
アメリカのイエズス会司祭。
⇒**新カト**（ラファージ　1880.2.13–1963.11.24）

Lafargue, Paul〈19・20世紀〉
フランスの社会主義運動家。マルクスの女婿。フランス労働党の創立に参加。
⇒**岩世人**（ラファルグ　1842.1.15–1911.11.25）
　ネーム（ラファルグ　1842–1911）
　広辞7（ラファルグ　1842–1911）
　学叢思（ラファルグ, ポール　1842–1911）

La Farina, Giuseppe〈19世紀〉
イタリアの政治家、歴史家。

⇒岩世人（ラ・ファリーナ　1815.7.20–1863.9.5）

La Fayette, Marie Joseph Paul Yves Roch Gilbert du Mot〈18・19世紀〉
フランスの軍人, 政治家。アメリカ独立戦争に参加しワシントンを助けて活躍。
⇒岩世人（ラ・ファイエット　1757.9.6–1834.5.20）
　ネーム　（ラファイエット　1757–1834）
　広辞7　（ラ・ファイエット　1757–1834）
　世人新　（ラ＝ファイエット　1757–1834）
　世人装　（ラ＝ファイエット　1757–1834）
　世史語　（ラ＝ファイエット　1757–1834）
　世史語　（ラ＝ファイエット　1757–1834）
　ポプ人　（ラ・ファイエット, マリー・ジョゼフ　1757–1834）
　学叢歴　（ラファイエット　1757–1834）

La Fayette, Marie Madeleine Pioche de la Vergne, Comtesse de〈17世紀〉
フランスの小説家。『クレーヴの奥方』(78)の作者として有名。
⇒岩世人（ラ・ファイエット　1634.3.18/17–1693.5.25）
　広辞7　（ラ・ファイエット　1634–1693）
　新カト（ラ・ファイエット　1634.3.18–1693.5.25）
　ポプ人（ラファイエット夫人　1634–1693）

Lafenestre, Georges〈19・20世紀〉
フランスの作家。
⇒19仏（ジョルジュ・ラフネートル　1837.5.5–1919.5.31）

Laferière, Edouard Julien〈19・20世紀〉
フランスの法学者, 行政官。
⇒岩世人（ラフェリエール　1841.8.26–1901.7.21）

L'Affilard, Michel〈17・18世紀〉
フランスの歌手, 作曲家, 理論家。
⇒バロ（ラフィラール, ミシェル　1656頃–1708）

Laffitte, Jacques〈18・19世紀〉
フランスの銀行家, 政治家。七月王政を成立させ, 一時国務相, 首相を務めた。
⇒岩世人（ラフィット　1767.10.24–1844.5.26）

Laffitte, Leon〈19・20世紀〉
フランス・オペラのテノール。
⇒失声（レオン・ラフィット　1875–1938）
　魅惑（Lafitte, Léon　1875–1938）

Laffitte, Pierre〈19・20世紀〉
フランスの実証主義哲学者。コントの弟子。
⇒岩世人（ラフィット　1823.2.21–1903.1.4）
　メル3　（ラフィット, ピエール　1823–1903）

Lafitau, Joseph François〈17・18世紀〉
フランスのボルドー生れのイエズス会神父。
⇒新カト（ラフィトー　1681.5.31–1746.7.3）

la Folie, Philippe de〈15世紀〉
フランスの作曲家。

⇒バロ（ラ・フォリー, フィリップ・ド　1400頃?–1450頃?）

La Follette, Robert Marion〈19・20世紀〉
アメリカの政治家。革新党の結成に参画。
⇒アメ新（ラ・フォレット　1855–1925）
　岩世人（ラ・フォレット　1855.6.14–1925.6.18）

Lafont, Jean〈19・20世紀〉
フランスのジャーナリスト, 政治家。
⇒19仏（ジャン・ラフォン　1835.4.2–1908.6.7）

Lafontaine, Henri Marie〈19・20世紀〉
ベルギーの法律家, 政治家。パリ平和会議, 国際連盟総会にベルギー代表団の一員として出席。
⇒岩世人（ラ・フォンテーヌ　1854.4.22–1943.5.14）

La Fontaine, Jean de〈17世紀〉
フランスの詩人, 物語作家。
⇒岩世人（ラ・フォンテーヌ　1621.7.8（受洗）–1695.4.13）
　ネーム　（ラ・フォンテーヌ　1621–1695）
　広辞7　（ラ・フォンテーヌ　1621–1695）
　新カト　（ラ＝フォンテーヌ　1621.7.8–1695.4.13）
　世人新　（ラ＝フォンテーヌ　1621–1695）
　世人装　（ラ＝フォンテーヌ　1621–1695）
　ポプ人　（ラ＝フォンテーヌ, ジャン・ド　1621–1695）

Lafontaine, Mlle de〈17・18世紀〉
フランスのダンサー。史上初の女性職業ダンサーとされる。
⇒バレエ（ラフォンテーヌ嬢　1655頃–1738頃）

La Forge, Louis de〈17世紀〉
フランスの哲学者。
⇒岩世人（ラ・フォルジュ　1632–1666）
　メル2　（ラ・フォルジュ, ルイ・ド　1632–1666）

Laforgue, Jules〈19世紀〉
フランスの詩人。『嘆きうた』(85),『母なる月のまねび』(85)など。
⇒岩世人（ラフォルグ　1860.8.16–1887.8.20）
　19仏（ジュール・ラフォルグ　1860.8.16–1887.8.29）

Lafosse, Charles de〈17・18世紀〉
フランスの画家。宮廷画家美術アカデミーの総裁を務めた。
⇒岩世人（ラ・フォス　1636.6.15–1716.12.13）
　芸13　（ラ・フォッス, シャルル・ド　1636–1716）

Lafosse, Fulgence〈17世紀〉
フランスのカトリック神学者。
⇒新カト（ラフォス　17世紀）

Lafrensen, Niklas〈18・19世紀〉
スウェーデンの画家。
⇒岩世人（ラーフレンセン　1737.10.30–1807.12.6）

Lafuente y Zamalloa, Modesto〈19世

紀〉
スペインのジャーナリスト,歴史家。
⇒岩世人（ラフエンテ・イ・サマリョア　1806.5.1–1866.10.25）

L

Lagarde, Paul Anton de〈19世紀〉
ドイツの聖書学者,東洋学者。『セプトゥアギンタ（70人訳旧約聖書）』の研究に貢献。
⇒岩世人（ラガルド　1827.11.2–1891.12.22）
　新カト（ラガルド　1827.11.2–1891.12.22）

La Gasca, Pedro de〈15・16世紀〉
スペインの聖職者,政治家。1540年代のペルーにおける王権の回復に貢献。
⇒ラテ新（ガスカ　1485–1567）

Lagerbring, Sven〈18世紀〉
スウェーデンの歴史学者。
⇒岩世人（ラーゲルブリング　1707.2.24–1787.12.5）

Lagerlöf, Selma Ottiliana Lovisa〈19・20世紀〉
スウェーデンの女流小説家。
⇒岩世人（ラーゲルレーヴ（ラーゲレーヴ）　1858.11.20–1940.3.16）
　ネーム（ラーゲルレーブ　1858–1940）
　広辞7（ラーゲルレーヴ　1858–1940）
　学叢思（ラゲルレフ, セルマ　1858–?）
　新カト（ラーゲルレーヴ　1858.11.20–1940.3.16）
　ポプ人（ラーゲルレーブ, セルマ　1858–1940）

Lagneau, Jules〈19世紀〉
フランスの哲学者。「道徳行為同盟」を創設。"L'existence de Dieu"(25)。
⇒岩世人（ラニョー　1851.8.8–1894.4.22）
　メル2（ラニョー, ジュール　1851–1894）

La Gorce, Pierre de〈19・20世紀〉
フランスの歴史家。"Napoléon III"(33)。
⇒岩世人（ラ・ゴルス　1846.6.29–1934.1.2）

Lagrange, Joseph Louis〈18・19世紀〉
イタリア生まれのフランスの数学者。『解析力学』(88)を書き,1797年『解析関数論』を発表。
⇒岩世人（ラグランジュ　1736.1.25–1813.4.10）
　科史（ラグランジュ　1736–1813）
　ネーム（ラグランジュ　1736–1813）
　広辞7（ラグランジュ　1736–1813）
　学叢思（ラグランジュ, ジョセフ・ルイ　1736–1812）
　物理（ラグランジュ, ジョセフ＝ルイ　1736–1813）
　世数（ラグランジュ, ジョゼフ＝ルイ　1736–1813）

Lagrange, Marie Joseph〈19・20世紀〉
フランスの神学者。1890年ドミニコ会聖書研究学院を創設。主著に『聖書研究』(03)。
⇒岩世人（ラグランジュ　1855.3.7–1938.3.10）
　新カト（ラグランジュ　1855.3.7–1938.3.10）

Lagrené, Jean〈16世紀〉
フランスのカトリック神学者,フランシスコ会会員。
⇒新カト（ラグルネ　16世紀前半）

Lagrené, Théodose Marie Melchior Joseph de〈18・19世紀〉
フランスの外交官,政治家。特命全権公使として中国に派遣され,仏・清最初の通商条約を締結。
⇒岩世人（ラグルネ　1800.3.14–1862.4.27）

Mademoiselle **Laguerre**〈17・18世紀〉
フランスの作曲家。
⇒バロ（ラゲール嬢,?　1660頃?–1720頃?）

Laguerre, Edmond〈19世紀〉
フランスの数学者。パリの理工科大学教授。
⇒岩世人（ラゲール　1834.4.9–1886.8.14）
　世数（ラゲール, エドモン・ニコラ　1834–1886）

Laguna, Francisco de〈16・17世紀〉
キリシタン時代のイエズス会員。スペインのラ・リオハ地方エントレナ生まれ。
⇒新カト（ラグナ　1552頃–1617.5.28）

La Harpe, Frédéric César de〈18・19世紀〉
スイスの政治家。
⇒岩世人（ラ・アルプ　1754.4.6–1838.3.30）

La Harpe, Jean François de〈18・19世紀〉
フランスの劇作家,評論家。
⇒岩世人（ラアルブ　1739.11.20–1803.2.11）

La Hire, Philippe de〈17・18世紀〉
フランスの数学者,天文学者。"Traité de mécanique"(96)。
⇒岩世人（ラ・イール　1640.3.18–1718.4.21）
　世数（ラ・イール, フィリップ・ド　1640–1718）

Lahontan, Louis Armand de Lom d'Arce baron de〈17・18世紀〉
フランスの作家,旅行家。男爵。1703年『北米新紀行』『北米覚書』『紀行補遺』を出版した。
⇒岩世人（ラオンタン　1666?–1715?）

la Houssaye, Pierre-Nicolas〈18・19世紀〉
フランスの作曲家。
⇒バロ（ラ・ウセ, ピエール・ニコラ　1735.4.11–1818）

La Hoz, Tomás de〈19・20世紀〉
スペイン生まれのドミニコ会員,来日宣教師。
⇒新カト（ラ・オス　1876.12.21–1949.1.6）

Lainez, Diego〈16世紀〉
イエズス会第2代総会長。高等教育と外国布教を会の主要事業として推進。

⇒岩世人（ライネス　1512–1565.1.19）
新カト（ライネス　1512–1565.1.19）

Laios
ギリシア神話，テーバイの王ラブダコスの一人息子。
⇒岩世人（ライオス）
ネーム（ライオス）

Laisant, Charles-Ange〈19・20世紀〉
フランスの数学者，政治家。
⇒**19仏**（シャルル=アンジュ・レザン　1841.11.1–1920.5.5）

Lajoie, Napoleon〈19・20世紀〉
アメリカの大リーグ選手（二塁，一塁）。
⇒ネーム（ラジョイ　1874–1959）
メジャ（ナップ・ラジョイ　1874.9.5–1959.2.7）

Lajos I〈14世紀〉
ハンガリー王。在位1342〜82。ポーランド王。在位1370〜82。
⇒岩世人（ラヨシュ1世〈大王〉　1326.2.25–1382.9.2）
世帝（ルドヴィク1世　1326–1382）
世帝（ラヨシュ1世　1326–1382）

Lajos II〈16世紀〉
ハンガリー王。在位1516〜26。ヤギェウォ王朝最後の王。
⇒岩世人（ラヨシュ2世　1506.7.1–1526.8.29）
世帝（ラヨシュ2世　1506–1526）
世帝（ルドヴィク　1506–1526）

Lājpat Rāi, Lālā〈19・20世紀〉
インド民族解放運動の指導者。
⇒岩世人（ラージパト・ラーイ　1865.1.28–1928.11.17）
学叢思（ライ，ラーラ・ラージェット）
南ア新（ラージパット・ラーイ　1865–1928）

Lakanal, Joseph〈18・19世紀〉
フランスの教育家，政治家。1792年国民公会議員となる。
⇒岩世人（ラカナル　1762.7.14–1845.2.17）

Lakandula〈16世紀〉
先スペイン期フィリピン諸島マニラのムスリム首長。
⇒岩世人（ラカンドゥラ）

Lake, Kirsopp〈19・20世紀〉
イギリスのプロテスタント神学者。
⇒岩世人（レイク　1872.4.7–1946.11.10）

Lake, Simon〈19・20世紀〉
アメリカの造船機械技師。1897年潜水艦『アルゴノート号』を建造し，アメリカ初の公海での潜航に成功。
⇒岩世人（レイク　1866.9.4–1945.6.25）

Laksman, Adam Kirilovich〈18・19世紀〉
ロシアの外交官。ロシア最初の遣日使節。
⇒岩世人（ラクスマン　1766–1796以降）
ネーム（ラクスマン　1766–?）
広辞7（ラックスマン　1766–1803以前）
世人新（ラクスマン　1766–?）
世人装（ラクスマン　1766–?）
世史語（ラクスマン　1766–1796）
世史語（ラクスマン　1766–1796以後）
ポプ人（ラクスマン，アダム・キリロビッチ　1766–?）

Laksman, Erik (Kirill) Gustavovich〈18世紀〉
ロシアの博物学者。
⇒岩世人（ラクスマン　1737.7.27–1796.1.5）

Lakṣmaṇa
インド神話，ダシャラタ王と王妃スミトラーの子。
⇒岩世人（ラクシュマナ）
ネーム（ラクシュマナ）

Lakṣmī Bāī〈19世紀〉
インドのジャーンスィーの女王。グワーリヤルでイギリス軍の攻撃に対し武装して勇戦し遂に戦死。
⇒岩世人（ラクシュミー・バーイー　1828（諸説あり）–1858.6.18）
世史語（ラクシュミー=バーイー　?–1858）
ポプ人（ラクシュミー・バーイー　1828?–1858）
南ア新（ラクシュミー・バーイー　?–1858）

Lakṣmīśa〈16・17世紀〉
西南インドのカナラ文学の詩人。
⇒岩世人（ラクシュミーシャ）

Lakydēs ho Kyrēnaios〈前3世紀〉
ギリシアの哲学者。
⇒岩世人（ラキュデス〈キュレネの〉　?–前206/前205）

Lalande, André〈19・20世紀〉
フランスの合理主義哲学者。進化論に反対。
⇒岩世人（ラランド　1867.7.19–1963.11.15）
新カト（ラランド　1867.7.19–1963.11.16）
メル3（ラランド，アンドレ　1867–1963）

La lande, Jean de〈17世紀〉
フランス出身の北アメリカの殉教者。
⇒新カト（ジャン・ド・ラ・ランド　1620頃–1646.10.19）

Lalande, Joseph Jérôme Le Français de〈18・19世紀〉
フランスの天文学者。1753年アカデミー会員。『フランス航海暦』(60〜76,94〜1807)の編者。
⇒学叢思（ラランド，ジョセフ・ジェローム・ドゥ　1732–1807）

Lalande, Michel-Richard de〈17・18世紀〉

紀〉
　フランスの作曲家。ルイ14世の宮廷の宗教音楽,室内楽の責任者。
　⇒バロ（ド・ラ・ランド,ミシエル・リシャール　1657.12.15–1726.6.18）
　　新カト（ラランド　1657.12.15–1726.6.18）

Lal-Ded〈14世紀〉
　インドの神秘主義者,詩人。
　⇒岩世人（ラール・デード）

Lalemant, Jérôme〈16・17世紀〉
　フランスのイエズス会士,カナダへの宣教師。
　⇒新カト（ラルマン　1593.4.25–1673.1.26）

Lalique, René〈19・20世紀〉
　フランスの工芸家。金,銀,エマイユ,宝石などの材料を使って装飾品や工芸品を制作。
　⇒ネーム（ラリック　1860–1945）
　　芸13（ラリック,ルネ　1860–1945）

Lallemant, Jacques-Philippe〈17・18世紀〉
　フランスの神学者,イエズス会員。
　⇒新カト（ラルマン　1660.9.18–1748.8.24）

Lallemant, Louis〈16・17世紀〉
　フランスのカトリック聖職者,霊的指導者。
　⇒岩世人（ラルマン　1588.11.1–1635.4.5）
　　新カト（ラルマン　1588.11.1–1635.4.5）

Lalli, Domenico〈17・18世紀〉
　イタリアの台本作家,投機家,興行主。
　⇒オペラ（ラッリ,ドメニコ　1679–1741）

Lallouette, Jean François〈17・18世紀〉
　フランスの作曲家。
　⇒バロ（ラルエット,ジャン・フランソワ　1651–1728.8.31）

Lallūlāl〈18・19世紀〉
　インドのヒンディー語の翻訳家。
　⇒岩世人（ラッルー・ラール　1763–1825）

Lally, Thomas Arthur Comte de, Baron de Tollendal〈18世紀〉
　フランスの軍人。
　⇒岩世人（ラリ　1702.1–1766.5.9）

Lalo, Charles〈19・20世紀〉
　フランスの美学者。芸術の社会学的考察に力を注いだ。
　⇒岩世人（ラロ　1877.2.24–1953.4.1）
　　メル3（ラロ,シャルル　1877–1953）

Lalo, Victor Antoine Edouard〈19世紀〉
　フランス（スペイン系）の作曲家。歌劇 "Le roi d'Ys"（88）。
　⇒岩世人（ラロ　1823.1.27–1892.4.22）
　　エデ（ラロ,エドゥアール（ヴィクトール・アントワーヌ）　1823.1.27–1892.4.22）
　　広辞7（ラロ　1823–1892）

Lalor, James Fintan〈19世紀〉
　アイルランドの農民運動指導者。
　⇒岩世人（レイラー　1807.3.10–1849.12.27）

Lamadarja〈18世紀〉
　ジュンガル（ジュンガル・ハン国）の君主。
　⇒岩世人（ラマダルジャ　1726–1753.1.1）

Lamalle, Pierre〈17・18世紀〉
　フランドルの作曲家。
　⇒バロ（ラマル,ピエール　1648頃–1722.7.28）

Lamarck, Jean-Baptiste Pierre Antoine de Monet, Chevalie de〈18・19世紀〉
　フランスの博物学者。進化論のラマルキズムの提唱で知られる。
　⇒岩世人（ラマルク　1744.8.1–1829.12.18）
　　ネーム（ラマルク　1744–1829）
　　広辞7（ラマルク　1744–1829）
　　学叢思（ラマルク,ジャン・バプティスト・ピエール アントアヌ・ドゥ・モネー・ドゥ　1744–1829）
　　新カト（ラマルク　1744.8.1–1829.12.18）
　　世人新（ラマルク　1744–1829）
　　世人装（ラマルク　1744–1829）
　　ポプ人（ラマルク,ジャン＝バティスト　1744–1829）
　　メル3（ラマルク,ジャン＝バティスト　1744–1829）

La Marmora, Alfonso Ferrero, Marchese〈19世紀〉
　イタリアの軍人,政治家。サルジニア王国軍総司令官,首相。イタリアの国家統一後再び首相。
　⇒岩世人（ラ・マルモラ　1804.11.17–1878.1.5）

Lamarque, Jean Maximilien, Comte〈18・19世紀〉
　フランスの軍人,政治家。下院議員。七月革命（30）後,ルイ・フィリップの反対運動を行った。
　⇒岩世人（ラマルク　1770.7.22–1832.6.1）

Lamartine, Alphonse Marie Louis de Prat de〈18・19世紀〉
　フランスの詩人,政治家。『瞑想詩集』（20）を書く一方,33年に代議士,48年に外相になった。
　⇒岩世人（ラマルティーヌ　1790.10.21–1869.2.28）
　　ネーム（ラマルティーヌ　1790–1869）
　　広辞7（ラマルティーヌ　1790–1869）
　　新カト（ラマルティーヌ　1790.10.21–1869.2.28）
　　世人新（ラマルティーヌ　1790–1869）
　　世人装（ラマルティーヌ　1790–1869）

Lamb, Benjamin〈17・18世紀〉
　イギリスの作曲家。
　⇒バロ（ラム,ベンジャミン　1680頃?–1735）

Lamb, Caroline〈18・19世紀〉
イギリスの女流作家。"Glenarron"(16)は,バイロンを戯画化したもの。
⇒岩世人（ラム　1785.11.13–1828.1.26）

Lamb, Charles〈18・19世紀〉
イギリスの随筆家。『エリア随筆』(23)で知られる。
⇒岩世人（ラム　1775.2.10–1834.12.27）
　広辞7（ラム　1775–1834）
　新カト（ラム　1775.2.10–1834.12.27）

Lambardi, Andrea〈16・17世紀〉
イタリアの作曲家。
⇒バロ（ランバルディ,アンドレア　1590-1595頃–1629）

Lambardi, Camillo〈16・17世紀〉
イタリアの作曲家。
⇒バロ（ランバルデイ,カミッロ　1560頃–1634.11）

Lambardi, Francesco〈16・17世紀〉
イタリアの作曲家。
⇒バロ（ランバルディ,フランチェスコ　1587頃–1642.7.25）

Lambardi, Gennaro〈16・17世紀〉
イタリアの作曲家。
⇒バロ（ランバルデイ,ジェンナーロ　1595頃–1650頃?）

Lambardi, Giacinto〈16・17世紀〉
イタリアの作曲家。
⇒バロ（ランバルディ,ジャチント　1585-1590頃–1650頃）

Lambe, Walter〈15世紀〉
イギリスの作曲家。
⇒バロ（ラム,ウォルター　1450-1451–1499以降）

Lambeaux, Joseph Maria Thomas〈19・20世紀〉
ベルギーの彫刻家。主作品は『牧神とニンフ』（リエージュ美術館蔵）など。
⇒岩世人（ランボー　1852.1.14–1908.6.5）
　芸13（ラムボー,ジェフ　1852–1908）

Lambert〈7世紀〉
フォントネル大修道院長,リヨン司教。聖人。祝日4月14日。フランス北部テルアンヌ司教区出身。
⇒新カト（ランベルト［フォントネルの］　?–688.4.14）

Lambert, Anne-Thérèse de Marguenat de Courcelles marquise de〈17・18世紀〉
フランスの女性作家。継父は文人バジョーモン。主著『息子と娘への母の訓へ』。
⇒岩世人（ランベール　1647–1733）

Lambert, Bernard〈18・19世紀〉
フランスのドミニコ会員。
⇒新カト（ランベール　1739.9.18–1813.2.13）

Lambert, François〈15・16世紀〉
プロテスタント神学者。スイス,ドイツにおける宗教改革の指導者の一人。
⇒岩世人（ランベール　1486–1530.4.18）
　新カト（ランベール　1486–1530.4.18）

Lambert, Johann Heinrich〈18世紀〉
ドイツの哲学者,物理学者,天文学者,数学者。主著『新オルガノン』(64)。
⇒岩世人（ランベルト　1728.8.26–1777.9.25）
　学叢思（ランベルト,ヨハン・ハインリヒ　1728–1777）
　世数（ランベルト,ヨハン・ハインリッヒ　1728–1777）

Lambert, John〈17世紀〉
イギリスの清教徒革命の軍人,護国卿政権の中心人物。
⇒岩世人（ランバート　1619.9.7–1683.3）

Lambert, Michel〈17世紀〉
フランスのリュート・テオルバ奏者,歌手。ルイ14世の宮廷付音楽家として活躍。
⇒バロ（ランベール,ミシェル　1610–1696.6.29）

Lambert, Pierre-Jean〈18世紀〉
フランスの作曲家。
⇒バロ（ランベール,ピエール・ジャン　1700頃?–1760頃?）

Lambert de la Motte, Pierre〈17世紀〉
フランスの外国伝道会宣教師。シャムの首府アユチアに赴いて布教に従事し(62),同地に修学院を開設。
⇒岩世人（ランベール・ド・ラ・モット　1624.1.28–1679.6.15）
　新カト（ランベール・ド・ラ・モット　1624.1.28–1679.6.15）

Lambert of Maastricht〈7・8世紀〉
司教また殉教者。聖人。マーストリヒト生まれ。
⇒新カト（ランベルト［マーストリヒトの］　635頃–705/706.9.17）
　図聖（ランベルトゥス（マーストリヒトの）　625頃–705頃）

Lambertus〈11・12世紀〉
フランスのベネディクト会員,サン・ベルタン大修道院長。
⇒新カト（ランベルトゥス［サン・ベルタンの］　1060頃–1125.6.22）

Lambranzi, Gregorio〈18世紀〉
ヴェネツィアの振付家,バレエ・マスター。
⇒バレエ（ランブランツィ,グレゴリオ）

Lambrecht, Henricus-Carolus〈19世

紀〉
ベルギーの教理神学者,ヘントの司教。
⇒新カト (ランブレヒト　1848.1.26–1889.7.2)

Lambruschini, Luigi〈18・19世紀〉
イタリアのカトリック聖職者,枢機卿,神学者。
⇒新カト (ランブルスキーニ　1776.5.16–1854.5.12)

Lambruschini, Raffaello〈18・19世紀〉
イタリアのカトリック教育者,イタリア近代主義の先駆者。
⇒新カト (ランブルスキーニ　1788.8.14–1873.3.8)

Lambuleti, Johannes〈14世紀〉
フランドル?の作曲家。
⇒バロ (ランブレーティ,ヨハネス　1340頃?–1390頃?)

Lambuth, James William〈19世紀〉
アメリカの南メソジスト監督派教会宣教師。広島女学院,関西学院,パルモア英学院を創立。
⇒アア歴 (Lambuth,James William　ジェイムズ・ウイリアム・ランバス　1830.3.2–1892.4.28)
　岩世人 (ランバス　1830.3.2–1892.4.28)

Lambuth, Walter Russel〈19・20世紀〉
アメリカの医療宣教師。来日して伝道に従事。関西学院を創立し,初代院長に就任。
⇒アア歴 (Lambuth,Walter Russell　ウォルター・ラッセル・ランバス　1854.11.10–1921.9.26)
　岩世人 (ランバス　1854.11.10–1921.9.26)

Lamé, Gabriel〈18・19世紀〉
フランスの数学者。パリ大学教授(51)。
⇒岩世人 (ラメ　1795.7.22–1870.5.1)
　世数 (ラメ,ガブリエル　1795–1870)

Lämel, Simon von〈18・19世紀〉
オーストリアの財務家。
⇒ユ人 (レーメル,ジーモン・フォン　1766–1845)

Lamennais, Hugo Félicité Robert de〈18・19世紀〉
フランスの哲学者,宗教思想家。君主制を非難して教会の民主化を説いた。
⇒岩世人 (ラムネー　1782.6.19–1854.2.27)
　ネーム (ラムネー　1782–1854)
　広辞7 (ラムネ　1782–1854)
　新カト (ラムネー　1782.6.19–1854.2.17)
　メル3 (ラムネー,フェリシテ・ド　1782–1854)

Lamennais, Jean Marie Robert de〈18・19世紀〉
フランスの聖職者。H.ラムネの兄。
⇒新カト (ラムネー　1780.9.8–1860.12.26)

Lameth, Alexandre-Théodore-Victor, Comte de〈18・19世紀〉
フランスの政治家。
⇒岩世人 (ラメト　1760.10.28–1829.3.18)

La Mettrie, Julien Offray de〈18世紀〉
フランスの医者,唯物論哲学者。主著『人間機械論』(47)。
⇒岩世人 (ラ・メトリ　1709.12.25–1751.11.11)
　広辞7 (ラ・メトリ　1709–1751)
　学叢思 (ラ・メトリー,ジュリヤン・ドゥ　1709–1751)
　新カト (ラ・メトリ　1709.12.19/25–1751.11.11)
　世人新 (ラ=メトリー　1709–1751)
　世人装 (ラ=メトリー　1709–1751)
　メル2 (ラ・メトリ,ジュリアン・オフレー・ド　1709–1751)

Lammasch, Heinrich〈19・20世紀〉
オーストリアの政治家,法律家。帝政オーストリアの最後の首相。
⇒岩世人 (ランマッシュ　1853.5.21–1920.1.6)

La Moeulle, Guillaume de〈15・16世紀〉
スイスの作曲家。
⇒バロ (ラ・ムル,ギヨーム・ド　1485頃–1556.9)

Lamoignon, Chrétien-François II〈18世紀〉
フランスの政治家。
⇒岩世人 (ラモワニョン　1735.10.28–1789.5.16)

Lamond, Frederic〈19・20世紀〉
イギリスのピアノ奏者,作曲家。ビューロー,リストの弟子。
⇒岩世人 (ラモンド　1868.1.28–1948.2.21)

Lamoninary, Jacques-Philippe〈18・19世紀〉
フランスの作曲家。
⇒バロ (ラモニナリ,ジャック・フィリップ　1707.7.14–1802.10.29)

Lamont, Johann von〈19世紀〉
ドイツ(スコットランド生れ)の天文学者,地磁気学者。ミュンヘン天文台長。ミュンヘン大学教授。
⇒岩世人 (ラーモント　1805.12.13–1879.8.6)

Lamont, Thomas William〈19・20世紀〉
アメリカの銀行家。モーガン商会改組後の重役会会長。
⇒岩世人 (ラモント　1870.9.30–1948.2.2)

Lamorak
円卓の騎士の一人。
⇒ネーム (ラモラック)

Lamorcière, Louis Christophe Léon Juchault de〈19世紀〉
フランスの軍人。陸相(48)として六月事件を鎮定。
⇒岩世人 (ラモルシエール　1806.2.5–1865.9.11)

Lamorinière, François〈19・20世紀〉
ベルギーの画家。

⇒岩世人（ラモリニエール 1828.4.28–1911.1.3）

Lamormain, Wilhelm〈16・17世紀〉
リュクサンブール生れの聖職者。イエズス会士。"Ferdinand II virtues"（37）。
⇒岩世人（ラモルマン 1570.12.29–1648.2.22）
　新カト（ラモルマイニ 1570.12.29–1648.2.22）

La Mothe le Vayer, François de〈16・17世紀〉
フランスの哲学者。1652～60年にルイ14世の教育を受持った。
⇒岩世人（ラ・モット・ル・ヴァイエ 1588.8.1–1672.5.9）

La Motte, Jeanne de Luz de Saint-Remy de Valois, Comtesse de〈18世紀〉
女ぺてん師。1785年ルイ16世の宮廷詐欺事件を起こした。
⇒岩世人（ラ・モット 1756–1791）

Lamoureux, Charles〈19世紀〉
フランスの音楽家。バッハやヘンデルらの宗教音楽の紹介に努めた。
⇒岩世人（ラムルー 1834.9.28–1899.12.21）

Lampadarios, Joannes〈14・15世紀〉
ギリシア?の作曲家。
⇒バロ（ランパダリオス, ヨアンネス 1370頃?–1420頃?）

Lampadius, Auctor〈16世紀〉
ドイツの作曲家。
⇒バロ（ランパディウス, アウクトル 1500頃–1559）

Lampe, Friedrich Adolf〈17・18世紀〉
ドイツの改革派神学者, 教会史家。
⇒新カト（ランペ 1683.2.18–1729.12.18）

Lampe, John Frederick〈18世紀〉
ドイツの作曲家。
⇒バロ（ランプ, ジョン・フレデリック 1703頃–1751.7.25）

Lamperiére, Anna M.J.〈19・20世紀〉
パリ師範学校長。
⇒学叢思（ランペリエール, アンナ 1854–?）

Lampertico, Fedele〈19・20世紀〉
イタリアの経済学者。
⇒学叢思（ランペルティコ, フェデレ 1833–1906）

Lampert von Hersfeld〈11世紀〉
ドイツの年代記作者。
⇒岩世人（ランペルト（ヘルスフェルトの） 1028以前–1080以後）
　新カト（ランベルトゥス〔ヘルスフェルトの〕 1028頃–1081/1085）

Lamprecht, Karl Gotthard〈19・20世紀〉
ドイツの歴史家。主著『ドイツ中世の経済生活』（3巻,86）など。
⇒岩世人（ランプレヒト 1856.2.25–1915.5.10）
　ネーム（ランプレヒト 1856–1915）
　学叢思（ランプレヒト, カール 1856–1915）

Lampronti, Isaac Hezekiah ben-Samuel〈17・18世紀〉
イタリアの学者。
⇒ユ人（ランプロンテ, イサク・ヘゼキア・ベンサムエル 1679–1756）

Lampson, *Sir* Miles Wedderburn〈19・20世紀〉
イギリスの外交官。駐日イギリス大使館書記官。
⇒岩世人（ランプソン 1880.8.24–1964.9.18）

Lampugnani, Giovanni Battista II〈18世紀〉
イタリアの作曲家。
⇒バロ（ランプニャーニ, ジョヴァンニ・バッティスタ2世 1706–1786）

Lamson-Scribner, Frank〈19・20世紀〉
アメリカの植物学者。
⇒アア歴（Lamson-Scribner,Frank フランク・ラムスン＝スクリブナー 1851.4.19–1938.2.22）

Lamy, Bernard〈17・18世紀〉
フランスのオラトリオ会の哲学者, 神学者。
⇒岩世人（ラミ 1640.6.15–1715.1.29）
　新カト（ラミ 1640.6–1715.1.29）
　メル2（ラミ, ベルナール 1640–1715）

Lamy, Claude-Auguste〈19世紀〉
フランスの化学者, 物理学者。
⇒岩世人（ラミ 1820.6.15–1878.3.20）

Lamy, François〈17・18世紀〉
フランスのベネディクト会士, 哲学者。
⇒新カト（ラミ 1636–1711.4.11）
　メル2（ラミ, フランソワ 1636–1711）

Lamy, Thomas Joseph〈19・20世紀〉
ベルギーの東洋学者, 聖書学者。
⇒新カト（ラミ 1827.1.27–1907.7.30）

Lamzdorf, Vladimir Nikolaevich〈19・20世紀〉
帝政ロシアの政治家, 伯爵。
⇒岩世人（ラムズドルフ 1844.12.25–1907.3.6）

Lanari, Alessandro〈18・19世紀〉
イタリアの興行主。劇場支配人。
⇒オペラ（ラナーリ, アレッサンドロ 1787–1852）

Lancaster, *Sir* James〈16・17世紀〉
イギリスの航海者。東インド会社の船隊を率いて, 東南アジア地域で活躍。

⇒岩世人（ランカスター　1554/1555–1618.6.6）

Lancaster, Joseph〈18・19世紀〉
イギリスの教育者。子供同士が教えあう集団教育法である助教法の創始者。
⇒岩世人（ランカスター　1778.11.25–1838.10.24）
　広辞7（ランカスター　1778–1838）

Lancelot, Claude〈17世紀〉
フランスの教育者。語学教育法に新境地を開いたジャンセニスト。
⇒岩世人（ランスロ　1616頃–1695.4.15）

Lanchester, Frederick William〈19・20世紀〉
イギリスの技術者、発明家。航空学に大きく貢献。
⇒岩世人（ランチェスター　1868.10.23–1946.3.8）

Lancicius, Nicolaus〈16・17世紀〉
ベラルーシ出身の修徳書著述家、イエズス会員。オルランディーニの『イエズス会史』編纂に協力。多くの修徳書を著し、各国語に翻訳された。
⇒新カト（ランキキウス　1574.12.10–1653.3.30）

Lancilotto, Nicolao〈16世紀〉
イタリア人イエズス会員。
⇒新カト（ランチロット　?–1558.4.7）

Lancisi, Giovanni Maria〈17・18世紀〉
イタリアの医師、植物学者、衛生学者。教皇の侍医を務めた。
⇒岩世人（ランチージ　1654.10.26–1720.1.20）

Lancret, Michel-Ange〈18・19世紀〉
フランスの技術者、数学者。
⇒世数（ランクレ、ミシェランジュ　1774–1807）

Lancret, Nicolas〈17・18世紀〉
フランスの画家。雅宴画家としてアカデミー会員となる。
⇒岩世人（ランクレ　1690.1.22–1745.9.14）
　芸13（ランクレ、ニコラ　1690–1743）

Lánczy, Leó〈19・20世紀〉
ハンガリーの経済学者、銀行家、歴史家Gyula Lánczyの弟。
⇒ユ著人（Lánczy,Leó　ランツィ、レオー　1852–1921）

Landa, Diego de〈16世紀〉
スペイン出身のフランシスコ会宣教師、司教。
⇒ラテ新（ランダ　1524/1525–1579）

Landau, Alfred〈19・20世紀〉
イディッシュ言語学者、民族学者。
⇒ユ著人（Landau,Alfred　ランダウ、アルフレート　1850–1935）

Landau, Edmund〈19・20世紀〉
ドイツの数学者。ゲッティンゲン大学教授。〈ピカールの定理〉の研究に業績を残した。
⇒岩世人（ランダウ　1877.2.14–1938.2.19）
　世数（ランダウ、エドムント・ゲオルグ・ヘルマン　1877–1938）
　ユ著人（Landau,Edmund Georg Hermann　ランダウ、エドムント・ゲオルグ・ヘルマン　1877–1938）

Landau, Judah Loeb (Leo)〈19・20世紀〉
南アフリカのラビ。
⇒ユ人（ランダウ、ユダ・レーベ（レオ）　1866–1942）

Landau, Saul Raphael〈19・20世紀〉
労働者シオニストの指導者。ヘルツルの支援者の一人。
⇒ユ著人（Landau,Saul Raphael　ランダウ、サウル・ラファエル　1870–1943）

Landauer, Gustav〈19・20世紀〉
ドイツの政治家。社会主義者、無政府主義者。
⇒岩世人（ランダウアー　1870.4.7–1919.5.2）
　ユ人（ランダウアー、グスタフ　1870–1917）
　ユ著人（Landauer,Gustave　ランダウアー、グスタフ　1870–1919）

Landauer, Meyer Heinrich Hirsch〈19世紀〉
宗教哲学とカバラーの研究者。
⇒ユ著人（Landauer,Meyer Heinrich Hirsch　ランダウアー、メイヤー・ハインリッヒ・ヒルシュ　1808–1841）

Landberg, Carlo〈19・20世紀〉
スウェーデンの東洋学者、アラビア語学者、外交官。伯爵。
⇒岩世人（ランドベリ　1848.3.24–1924.7.20）

Landé, Jean-Baptiste〈18世紀〉
フランスのダンサー、バレエ・マスター。
⇒バレエ（ランデ、ジャン＝バティスト　?–1748.2.26）

Landecho, Mathias de〈16世紀〉
日本に漂着したスペインの船長。
⇒岩世人（ランデーチョ）

Landeiro Vaz, Bartolomeu〈16世紀〉
ポルトガルの豪商。
⇒岩世人（ランデイロ　?–1586?）

Landelin〈7世紀〉
サン・クレパン修道院の創設者。聖人。祝日6月15日。盗賊団の首領だったが回心し、ローマに巡礼した後聖職に就く。
⇒新カト（ランドラン〔サン・クレパン〕　635頃–686）

Landelin〈7世紀〉
アイルランド出身の隠修士。聖人。祝日9月21日。

⇒新カト（ランデリン〔エッテンハイムミュンスターの〕　?-680頃）
図聖（ランデリヌス　?-7世紀）

Landen, John〈18世紀〉
イギリスの数学者。"The residual analysis"（64）。
⇒岩世人（ランデン　1719.1.23-1790.1.15）
世数（ランデン, ジョン　1719-1790）

Landerer, Maximilian Albert〈19世紀〉
ドイツの神学者。
⇒新カト（ランデラー　1810.1.14-1878.4.13）

Landi, Stefano〈16・17世紀〉
イタリアの作曲家, 歌手。『オルフェオの死』『聖アレッシオ』のオペラ作品がある。
⇒バロ（ランディ, ステファーノ　1586/1587-1639.10.28）
新カト（ランディ　1586/1587-1639.10.28）

Landino, Christoforo〈15世紀〉
イタリアの人文主義者。
⇒岩世人（ランディーノ　1424-1498.9.24）

Landino, Francesco〈14世紀〉
イタリアの作曲家。
⇒バロ（ランディーニ, フランチェスコ　1325-1397.9.2）
岩世人（ランディーニ　1325頃-1397.9.2）
エデ（ランディーニ, フランチェスコ　1325頃-1397.9.2）
新カト（ランディーニ　1325頃-1397.9.2）

Landis, Eli Barr〈19世紀〉
アメリカの医療宣教師, 朝鮮研究者。
⇒アア歴（Landis,Eli Barr　イーライ・バー・ランディス　1865.12.18-1898.4.16）

Landis, Kenesaw Mountain〈19・20世紀〉
アメリカの連邦裁判所判事, 野球のコミッショナー。
⇒岩世人（ランディス　1866.11.20-1944.11.25）
メジャ（ケネソー・マウンテン・ランディス　1866.11.20-1944.11.25）

Landoald〈7世紀〉
聖人。祝日3月19日。おそらくローマ出身の司祭。
⇒新カト（ランドアルド　?-668）

Lando (Landus)〈9・10世紀〉
ローマ教皇。在位913〜914。
⇒新カト（ランド　?-914）

Landolt, Hans Heinrich〈19・20世紀〉
ドイツの化学者。ボン, アーヘン, ベルリンの各大学教授。
⇒岩世人（ランドルト　1831.12.5-1910.3.15）

Landor, Arnold Henry Savage〈19・20世紀〉
イギリスの画家, 探検家。
⇒岩世人（ランダー　1867.6.2-1924.12.26）

Landor, Walter Savage〈18・19世紀〉
イギリスの詩人。2つの『仮空対話集』（24〜29）（53）で知られる。
⇒岩世人（ランダー　1775.1.30-1864.9.17）
新カト（ランダー　1775.1.30-1864.9.17）

Landowska, Wanda〈19・20世紀〉
ポーランドのチェンバロ奏者。古典音楽学校を創設。
⇒岩世人（ランドフスカ　1879.7.5-1959.8.16）
ネーム（ランドフスカ　1879-1959）
ユ人（ランドフスカ, ワンダ　1877-1959）
ユ著人（Landowska,Wanda　ランドフスカ, ワンダ　1879-1959）

Landrich von Soignies u.Hautmont〈7・8世紀〉
大修道院長, 聖人。
⇒図聖（ランドリクス（ソワニーとオーモンの）　?-730頃）

Landry, Jean Baptiste Octave〈19世紀〉
フランスの医者。死の直前に〈ランドリ氏麻痺〉を記載（59）。
⇒岩世人（ランドリ　1826.10.10-1865.11.1）

Landsberg, Otto〈19・20世紀〉
ドイツの政治家。
⇒ユ著人（Landsberg,Otto　ランツベルク, オットー　1868-1957）

Landseer, Charles〈18・19世紀〉
イギリスの歴史画家, 風俗画家。ランドシーア奨学金制度を開いた。
⇒岩世人（ランシア　1799.8.12-1879.7.22）

Landseer, Sir Edwin Henry〈19世紀〉
イギリスの動物画家。
⇒岩世人（ランシア　1802.3.7-1873.10.1）
芸13（ランシア, エドウィン　1802-1873）

Landsteiner, Karl〈19・20世紀〉
オーストリアの病理学者。
⇒岩世人（ラントシュタイナー　1868.6.14-1943.6.26）
広辞7（ラントシュタイナー　1868-1943）
ユ人（ラントシュタイナー, カール　1868-1943）
ユ著人（Landsteiner,Karl　ラントシュタイナー, カルル　1868-1943）

Landulfus〈6世紀頃〉
エヴルーの司教。聖人。祝日8月13日。
⇒新カト（ランドゥルフス〔エヴルーの〕　6世紀頃）

Lane, Edward William〈19世紀〉
イギリスのアラビア学者。"Arabic-English Lexicon"（7部）。

⇒岩世人（レイン　1801.9.17–1876.8.9）

Laneau, Louis〈17世紀〉
パリ外国宣教会創立時の会員の一人，南京とタイの代牧。フランスのモンドゥブロー生まれ。
⇒新カト（ラノー　1637.5.31–1696.3.6）

Lane-Poole, Stanley〈19・20世紀〉
イギリスの歴史家，考古学者。大伯父レーンのアラビア語大辞彙を継承完成した（93）。
⇒岩世人（レイン＝プール　1854.12.18–1931.12.29）

Lanessan, Jean Marie Antoine de〈19・20世紀〉
フランスの医師。フランス領インドシナ総督。在任1891～94。
⇒19仏（ジャン＝マリ・ド・ラネサン　1843.7.13–1919.11.7）

Lanfranc〈11世紀〉
中世のイタリア出身のイングランドの神学者，聖職者。
⇒岩世人（ランフランク　1004頃–1089.5.24）
　ネーム（ランフランクス　1005–1089）
　新カト（ランフランクス　1005/1010–1089.5.28）

Lanfranco, Giovanni〈16・17世紀〉
イタリアの画家。『聖母マリアの昇天』（1621～25）など。
⇒岩世人（ランフランコ　1582.1.26–1647.11.30）

Lang, Andrew〈19・20世紀〉
スコットランドの古典学者，著述家，人類学者。
⇒岩世人（ラング　1844.3.31–1912.7.20）
　新カト（ラング　1844.3.31–1912.7.20）

Lang, Arnold〈19・20世紀〉
スイスの動物学者。チューリヒ大学教授。
⇒岩世人（ラング　1855.6.18–1914.11.30）

Lang, Heinrich〈19世紀〉
スイスの神学者，牧師。
⇒新カト（ラング　1826.11.14–1876.1.13）

Lang, Johann〈15・16世紀〉
ドイツのプロテスタント神学者。〈エルフルトのプロテスタント運動の頭目〉と称された。
⇒岩世人（ラング　1488頃–1548.4.2）
　新カト（ラング　1487頃–1548.4.2）

Lang, Johann Georg〈18世紀〉
ボヘミアの作曲家。
⇒バロ（ランク，ヨハン・ゲオルク　1722–1798.7.17）

Lang, Matthäus〈15・16世紀〉
ドイツの聖職者，法学者，政治家。
⇒岩世人（ラング　1468–1540.3.30）
　新カト（ラング　1468–1540.3.30）

Lang, Michał K.〈18世紀〉
ポーランドの作曲家。
⇒バロ（ラング・ミハウ・K　1740頃?–1800頃?）

Langbehn, Julius〈19・20世紀〉
ドイツの著述家。"Rembrandt als Erzieher"（90）。
⇒岩世人（ラングベーン　1851.3.26–1907.4.30）
　新カト（ラングベーン　1851.3.26–1907.4.30）

Langdell, Christopher Columbus〈19・20世紀〉
アメリカの法学者。
⇒岩世人（ラングデル　1826.5.22–1906.7.6）

Langdon, Stephan Herbert〈19・20世紀〉
イギリス（アメリカ生れ）の古代学者。
⇒岩世人（ラングドン　1876.5.8–1937.5.19）
　新カト（ラングダン　1876.5.8–1937.5.19）

Lange, Christian Louis〈19・20世紀〉
ノルウェーの国際平和運動家。21年ノーベル平和賞受賞。
⇒岩世人（ランゲ　1869.9.17–1938.12.11）

Lange, Friedrich Albert〈19世紀〉
ドイツの哲学者，哲学史家。唯物論とカントの総合を試みた。
⇒岩世人（ランゲ　1828.9.28–1875.11.23）
　学叢思（ランゲ，フリードリヒ・アルベルト　1828–1875）
　新カト（ランゲ　1828.9.28–1875.11.21）

Lange, Helene〈19・20世紀〉
ドイツの婦人運動指導者。〈全ドイツ婦人同盟〉の総裁。
⇒岩世人（ランゲ　1848.4.9–1930.5.13）

Lange, Joachim〈17・18世紀〉
ドイツのプロテスタント神学者。
⇒新カト（ランゲ　1670.10.26–1744.5.17）

Lange, Johann Peter〈19世紀〉
ドイツの教義学者，神学者。
⇒新カト（ランゲ　1802.4.10–1884.7.8）

Lange, Konrad von〈19・20世紀〉
ドイツの美学者。
⇒岩世人（ランゲ　1855.3.15–1921.7.30）
　学叢思（ランゲ，コンラート　1855–?）

Lange, Lorenz〈17・18世紀〉
ロシアの外交官。
⇒岩世人（ランゲ　1690年代–1752.12.26）

Lange, Ludwig〈19世紀〉
ドイツの建築家，画家。主作品ライプチヒ美術館，ミュンヘン議事堂の設計。
⇒岩世人（ランゲ　1808.3.22–1868.3.31）

Lange, Mads Johansen〈19世紀〉
デンマークの冒険商人。
⇒岩世人（ランゲ　1807.9.18–1856.5.13）

Lange, Ulrich〈16世紀〉
ドイツの作曲家。
⇒バロ（ランゲ，ウルリヒ　1500頃?–1550頃?）

Lange, William Alexander〈19・20世紀〉
アメリカの大リーグ選手（外野）。
⇒メジャ（ビル・ランジ　1871.6.6–1950.7.23）

Langenbeck, Bernhard Rudolf Konrad von〈19世紀〉
ドイツの外科医。キール（41），ベルリン（48～82）の各大学教授。軍陣外科に貢献。
⇒岩世人（ランゲンベック　1810.11.8–1887.9.29）

Langendonck, Prosper van〈19・20世紀〉
ベルギー（フランドル）の抒情詩人。〈Van Nu en Straks〉誌を創刊（93）。
⇒岩世人（ファン・ランゲンドンク　1862.3.15–1920.11.7）

Langenscheidt, Gustav〈19世紀〉
ドイツの語学教師，出版業者。
⇒岩世人（ランゲンシャイト　1832.10.21–1895.11.11）

Langerhans, Paul〈19世紀〉
ドイツの病理学者。ランゲルハンス島を発見，記述。
⇒岩世人（ランゲルハンス　1847.7.25–1888.7.20）

Langevin, Paul〈19・20世紀〉
フランスの物理学者。物質の磁性について多くの研究を行った。
⇒岩世人（ランジュヴァン　1872.1.23–1946.12.19）
　広辞7（ランジュヴァン　1872–1946）
　物理（ランジュヴァン，ポール　1872–1946）

Langhans, Carl Ferdinand〈18・19世紀〉
ドイツの建築家。ブレスラウ及びベルリンで，特に劇場建築家として活動。
⇒岩世人（ラングハンス　1782.1.14–1869.11.22）

Langhans, Carl Gotthard〈18・19世紀〉
ドイツの建築家。ベルリンのブランデンブルク門（1789～94）を設計。
⇒岩世人（ラングハンス　1732.12.15–1808.10.1）

Langland, William〈14・15世紀〉
イギリスの詩人。中世イギリス文学の傑作『農夫ピアズの幻』（50頃出版）の作者。
⇒岩世人（ラングランド　1332頃–1386頃）
　広辞7（ラングランド　1332頃–1386頃）
　新カト（ラングランド　1330頃–1386頃）

Langlès, Louis Mathieu〈18・19世紀〉
フランスの東洋学者。パリの東洋語学校の創立（1796）に尽力し，自ら教授兼校長となる。
⇒岩世人（ラングレス　1763.8.23–1824.1.28）
　広辞7（ラングレス　1763–1824）

Langley, John Newport〈19・20世紀〉
イギリスの生理学者。植物性神経系に関する近代的学説を最初にたてた一人で，これを自律神経系と称した。
⇒岩世人（ラングリー　1852.11.10–1925.11.5）

Langley, Samuel Pierpont〈19・20世紀〉
アメリカの天文・物理学者。スミソニアン・インスティテューション研究所長。
⇒岩世人（ラングリー　1834.8.22–1906.2.27）

Langlois, Charles Victor〈19・20世紀〉
フランスの歴史家。国立古文書館長。12～14世紀の制度や文明史を研究。
⇒岩世人（ラングロワ　1863.5.26–1929.6.25）

Langlois, Victor〈19世紀〉
フランスの東洋学者。十字軍時代のフランス・アルメニア関係の文書を収集，研究。
⇒岩世人（ラングロワ　1829.5.20–1869.5.14）

Langrocki〈17・18世紀〉
ポーランドの作曲家。
⇒バロ（ラングロツキ，?　1650頃?–1710頃?）

Langsdorf, Georg Heinrich von〈18・19世紀〉
ドイツの博物学者，医者。
⇒岩世人（ラングスドルフ　1774.4.18–1852.6.29）

Langton, Stephen〈12・13世紀〉
イギリスの神学者，枢機卿。
⇒岩世人（ラングトン　1150頃–1228.7.9）

Languet, Hubert〈16世紀〉
フランスの外交官。
⇒岩世人（ランゲ　1518–1581.9.30）
　新カト（ランゲ　1518–1581.9.30）

Lanier, Nicholas〈16・17世紀〉
イギリスの作曲家。
⇒バロ（ラニアー，ニコラス　1588.9.10–1666.2.24）

Lankester, *Sir* Edwin Ray〈19・20世紀〉
イギリスの動物学者。大英博物館の博物学部長を務めた。
⇒岩世人（ランケスター　1847.5.15–1929.8.15）
　科史（ランケスター　1847–1929）

Lanner, Joseph Franz Karl〈19世紀〉
オーストリアの作曲家。
⇒岩世人（ランナー　1801.4.11–1843.4.14）

Lanner, Katti〈19・20世紀〉
オーストリアのダンサー，振付家，バレエ・ミス

トレス, 教師。
⇒バレエ (ランナー, カッティ　1829.9.14–1908.11.15)

Lannes, Jean, Duc de Montebello〈18・19世紀〉
フランスの軍人。ナポレオン戦争に加わった。
⇒岩世人 (ランヌ　1769.4.10–1809.5.31)

Lanning, Henry〈19・20世紀〉
アメリカの聖公会宣教医。大阪聖バルナバ病院を創立。
⇒岩世人 (ランニング (ラニング)　1843.7.16–1917.1.1)

Lansbury, George〈19・20世紀〉
イギリスの政治家。労働党の指導者。
⇒岩世人 (ランズベリー　1859.2.22–1940.5.7)

Lansdowne, Henry Charles Keith Petty-Fitzmaurice, 5th Marquess of〈19・20世紀〉
イギリスの政治家。1902〜05年バルフォア内閣外相などを務めた。
⇒岩世人 (ランズダウン　1845.1.14–1927.6.3)

Lansdowne, Henry Petty-Fitzmaurice, 3rd Marquess of〈18・19世紀〉
イギリスの政治家。ホイッグ党陣営の指導者として活躍。
⇒岩世人 (ランズダウン　1780.7.2–1863.1.31)

Lansing, Robert〈19・20世紀〉
アメリカの政治家, 国際法学者。
⇒岩世人 (ランシング　1864.10.17–1928.10.30)
　ネーム (ランシング　1864–1928)
　世人新 (ランシング　1864–1928)
　世人装 (ランシング　1864–1928)
　ポブ人 (ランシング, ロバート　1864–1928)
　学叢歴 (ランシング, ロバート　1864–1928)

Lanson, Gustave〈19・20世紀〉
フランスの評論家, 文学史家。主著『近代フランス文学書誌提要』(4巻, 09〜21) など。
⇒岩世人 (ランソン　1857.8.5–1934.12.15)

Lanston, Tolbert〈19・20世紀〉
アメリカの発明家。
⇒岩世人 (ランストン　1844.2.3–1913.2.18)

Lanteri, Pio Bruno〈18・19世紀〉
イタリアの司祭, 修道会創立者。
⇒新カト (ランテリ　1759.5.12–1830.8.5)

Lantieri, Carlo〈17世紀〉
イタリアの神学者, フランシスコ会員。スコトゥス学派の一人。
⇒新カト (ランティエーリ　1615–1672頃)

Lantins, Arnold de〈15世紀〉
フランドルの作曲家。
⇒バロ (ランタン, アルノールド・ド　1390頃?–1440頃)

Lantins, Hugho de〈14・15世紀〉
フランドルの作曲家。
⇒バロ (ランタン, ユゴー・ド　1390頃?–1440頃)

Lanvin, Jeanne〈19・20世紀〉
フランスの服飾デザイナー。
⇒岩世人 (ランヴァン　1867.1.1–1946.7.6)
　広辞7 (ランヴァン　1867–1946)

Lany, Jean-Barthelemy〈18世紀〉
フランスのダンサー, 振付家, バレエ・マスター。バレエ・マスターのジャン・ラニの息子。
⇒バレエ (ラニ, ジャン＝バルテルミ　1718.3.24–1786.3.29)

Lany, Louise-Madeleine〈18世紀〉
フランスのダンサー。バレエ・マスターだったジャン・ラニの娘。ダンサーで教師のジャン＝バルテルミ・ラニの妹。
⇒バレエ (ラニ, ルイーズ＝マドレーヌ　1733–1777)

Lanza, Pietro Paolo〈16世紀〉
イタリアの作曲家。
⇒バロ (ランツァ, ピエトロ・パオロ　1540頃?–1590頃)

Lanzetti, Salvatore〈18世紀〉
イタリアのチェロ奏者, 作曲家。
⇒バロ (ランツェッティ, サルヴァトーレ　1710頃–1780頃)

Laokoōn
ギリシア神話のトロイの祭司。
⇒岩世人 (ラオコオン)
　ネーム (ラオコーン)

Laomedōn
ギリシア神話, 伝説的なトロイア王。
⇒岩世人 (ラオメドン)

Laon, Roger de〈9世紀〉
フランスの作曲家。
⇒バロ (ラオン, ロジェ・ド　840頃?–890頃?)

La Pérouse, Jean François de Galaup, Comte de〈18世紀〉
フランスの航海者。ルイ16世の命令で探検旅行中に中部太平洋で消息を絶った。
⇒岩世人 (ラ・ペルーズ　1741.8.23–1788)
　オセ新 (ラ・ペルーズ　1741–1788)
　ネーム (ラ・ペルーズ　1741–1788)
　世人新 (ラ＝ペルーズ　1741–1788)
　世人装 (ラ＝ペルーズ　1741–1788)

La-Peyrère, Isaac〈16・17世紀〉
フランスの神学者。マラーノを背景に持つ聖書

Lapicida, Erasmus〈15・16世紀〉
ドイツの作曲家、理論家。
⇒バロ（ラピツィダ、エラスムス 1440-1445頃–1547.11.19）

Lapique, Louis〈19・20世紀〉
フランスの生理学者。
⇒岩世人（ラピック 1866.8.1–1952.12.7）

Laplace, Pierre Simon, Marquis de〈18・19世紀〉
フランスの数学者。『天体力学』(全5巻,99〜25)を発表。
⇒岩世人（ラプラス 1749.3.23–1827.3.5）
科史（ラプラス 1749–1827）
ネーム（ラプラス 1749–1827）
広辞7（ラプラス 1749–1827）
学叢思（ラプラース、ピエール・シモン・ドゥ 1749–1829）
物理（ラプラス, ピエール＝シモン 1749–1827）
世人新（ラプラース 1749–1827）
世人装（ラプラース 1749–1827）
世史語（ラプラース 1749–1827）
世数（ラプラース、ピエール-シモン 1749–1827）
ポプ人（ラプラス、ピエール・シモン 1749–1827）

Lapommeraye, Henri de〈19世紀〉
フランスの批評家、著述家。
⇒19仏（アンリ・ド・ラポムレ 1839.10.20–1891）

LaPorte, Frank Breyfogle〈19・20世紀〉
アメリカの大リーグ選手（二塁、三塁）。
⇒メジャ（フランク・ラポート 1880.2.6–1939.9.25）

La Porte, Jean François de〈17・18世紀〉
フランスの作曲家。
⇒バロ（ラ・ポルト、ジャン・フランソワ・ド 1680頃?–1740頃?）

Lapp, George Jay〈19・20世紀〉
アメリカの宣教師。
⇒アア歴（Lapp,George Jay ジョージ・ジェイ・ラップ 1879.5.16–1951.1.25）

Lapp, Mahlon Cassius〈19・20世紀〉
アメリカの宣教師。
⇒アア歴（Lapp,Mahlon Cassius キャシアス・マーロン・ラップ 1872.2.4–1923.5.30）

Lappi, Pietro〈16・17世紀〉
イタリアの作曲家。
⇒バロ（ラッピ、ピエトロ 1575頃–1630）

批評学者、人類学者。
⇒ユ人（ラ・ペレール（ペレリウス）, イサク 1596–1676)
ユ著人（La-Peyrère,Isaac ラ＝ペイレール、イサーク 1594/1596–1676）

Laprade, Pierre〈19・20世紀〉
フランスの画家、版画家。室内風景、静物、裸体画を描いた。
⇒芸13（ラプラード、ピエル 1875–1931）

Laprade, Pierre Marin Victor Richard de〈19世紀〉
フランスの詩人。"Les parfums de Madeleine" (39)。
⇒岩世人（ラブラード 1812.1.13–1883.12.13）
新カト（ラブラード 1812.1.13–1883.12.13）

Lapu-Lapu〈15・16世紀〉
フィリピンのマクタン族の王。
⇒岩世人（ラプ＝ラプ 1490頃/1491–16世紀/1542）

Larbolette, Franz Xaver〈19・20世紀〉
ドイツ人イエズス会司祭、宣教師。
⇒新カト（ラルボレット 1875.5.2–1938.9.15）

Lardenois, Antoine〈17世紀〉
フランスの作曲家。
⇒バロ（ラルドゥノワ・アントワーヌ 1610頃?–1672以降）

Lardner, Nathaniel〈17・18世紀〉
イギリスの神学者、カルヴァン主義者。
⇒岩世人（ラードナー 1684–1768.7.24）
新カト（ラードナー 1684.6.6–1768.7.24）

Laredo, Bernardino de〈15・16世紀〉
スペインのフランシスコ会員、医者、霊的著作家。
⇒新カト（ラレード 1482頃–1540末頃）

La Révéllière-Lépeaux, Louis Marie de〈18・19世紀〉
フランスの政治家。95〜99年執政政府に参加。
⇒岩世人（ラ・ルヴェリエール＝レポ 1753.8.25–1824.3.27）

Largilliére, Nicolas de〈17・18世紀〉
フランスの画家。肖像画家として知られる。1743年アカデミー総裁。
⇒岩世人（ラルジリエール 1656.10.10–1746.3.20）
芸13（ラルジリエール、ニコラ・ド 1656–1746）

Largo Caballero, Francisco〈19・20世紀〉
スペインの政治家。スペインの内乱中の36年9月内閣を組織。
⇒岩世人（ラルゴ・カバリェーロ 1869.8.15–1946.3.23）

la Rich〈17・18世紀〉
フランスの作曲家。
⇒バロ（ラ・リシュ,? 1670頃?–1730頃?）

Larin-Kyösti〈19・20世紀〉
フィンランドの叙景詩人。代表作『荒野の姿』(2巻,1915〜17)。
⇒岩世人（ラリン＝キュオスティ 1873.6.5–1948.

12.2)

Larkin, Henry E. 〈19・20世紀〉
アメリカの大リーグ選手（一塁、外野）。
⇒メジャ（ヘンリー・ラーキン　1860.1.12–1942.1.31）

Larkin, James 〈19・20世紀〉
アイルランドの労働運動指導者。
⇒岩世人（ラーキン　1874.2.4–1947.1.30）
　学叢思（ラーキン，ジェームズ　?–1947）

Larmor, *Sir* Joseph 〈19・20世紀〉
イギリスの物理学者。"AEther and matter"（1900）。
⇒岩世人（ラーモア　1857.7.11–1942.5.19）
　物理（ラーモア，サー・ジョセフ　1857–1942）

La Roche, Sophie von 〈18・19世紀〉
ドイツの女流小説家。『フォン・シュテルンハイム嬢の物語』（71）。
⇒岩世人（ラ・ロッシュ　1730.12.6–1807.2.18）

La Rochefoucauld François, Duc de 〈17世紀〉
フランスのモラリスト。『箴言と考察』（65）で知られる。
⇒岩世人（ラ・ロシュフコー　1613.9.15–1680.3.17）
　ネーム（ラ・ロシュフコー　1613–1680）
　広辞7（ラ・ロシュフコー　1613–1680）
　世人新（ラ＝ロシュフコー　1613–1680）
　世人装（ラ＝ロシュフコー　1613–1680）

La Rochefoucauld-Liancourt, François Alexandre Frederic, Duc de 〈18・19世紀〉
フランスの政治家。89年全国三部会の貴族代表者。
⇒岩世人（ラ・ロシュフコー＝リアンクール　1747.1.11–1827.5.24）

La Rochejacquelein, Henri Du Vergier, Comte de 〈18世紀〉
フランスの貴族。1792年8月10日の王権停止後バンデーの王党派の反乱に参加。
⇒岩世人（ラ・ロシュジャクラン　1772.8.30–1794.1.28）

Laromiguière, Pierre 〈18・19世紀〉
フランスの哲学者。『コンディヤックの逆説』（05）、『哲学講義』（15～18）などの著書がある。
⇒岩世人（ラロミギエール　1756.11.3–1837.8.12）
　新カト（ラロミギエール　1756.11.3–1837.8.12）
　メル2（ラロミギエール，ピエール　1756–1837）

Larousse, Pierre Athanase 〈19世紀〉
フランスの文法学者、辞書編纂者。『19世紀世界大辞典』（64～）で著名。
⇒岩世人（ラルース　1817.10.23–1875.1.3）
　ネーム（ラルース　1817–1875）
　広辞7（ラルース　1817–1875）

Larra, Mariano José de 〈19世紀〉
スペインのジャーナリスト、劇作家。悲劇『マシアス』（34）で知られる。
⇒岩世人（ラーラ　1809.3.24–1837.2.13）

Larrañaga, Jose 〈18世紀〉
スペインの作曲家。
⇒バロ（ララニャーガ，ホセ　1730頃–1780頃?）

Larrey, Dominique Jean, Baron 〈18・19世紀〉
フランスの軍医。近代軍陣外科学の創立者といわれる。
⇒岩世人（ラレー　1766.7.8–1842.7.25）

L'Arronge, Adolf 〈19・20世紀〉
ドイツの劇作家、劇場経営者。"Doktor Klaus"（78）。
⇒岩世人（ラロンジュ　1838.3.8–1908.12.25）

Larsen, Thøger 〈19・20世紀〉
デンマークの詩人。『日々』『彼方』『丘と波』などの詩集のほか、翻訳も手がけた。
⇒岩世人（ラーセン　1875.4.5–1928.5.29）

Larsson, Carl Olof 〈19・20世紀〉
スウェーデンの画家。主として水彩で日常生活の情景を描いた。
⇒岩世人（ラーション　1853.5.28–1919.1.22）
　芸13（ラルソン，カール　1853–1919）

Larsson, Hans 〈19・20世紀〉
スウェーデンの哲学者。ルンド大学教授。
⇒岩世人（ラーション　1862.2.18–1944.2.16）

Lart 〈16世紀〉
イタリアの作曲家。
⇒バロ（ラルト，?　1530頃?–1580頃?）

Lartet, Édouard Armand Isidore Hippolyte 〈19世紀〉
フランスの地質学者、考古学者。67年パリの万国博で初めて先史時代の遺物を展示。
⇒岩世人（ラルテ　1801.4.15–1871.1.28）

Lartigue, Jean-Jacques 〈18・19世紀〉
モントリオール初代司教。
⇒新カト（ラルティーグ　1777.6.20–1840.4.19）

La Rue, Pierre de 〈15・16世紀〉
ネーデルラントの作曲家。
⇒バロ（ラ・リュー，ピエール・ド　1460–1518.11.20）
　新カト（ド・ラ・リュー　1460頃–1518.11.20）

Laruette, Jean-Louis 〈18世紀〉
フランスの歌手、作曲家。
⇒バロ（ラリュエット，ジャン・ルイ　1731–1792）

La Salle, Antoine de 〈14・15世紀〉
フランスの物語作家。『小姓ジャン・ド・サン

トレ』(56) の著者。
⇒岩世人（アントワーヌ・ド・ラ・サル　1386?–1460頃）
広辞7（ラ・サル　1385頃–1461頃）

La Salle, Jean Baptiste de, St.〈17・18世紀〉
フランスのカトリック聖職者，教育改革者。
⇒岩世人（ラ・サール　1651.4.30–1719.4.7）
広辞7（ラ・サール　1651–1719）
新カト（ジャン・バティスト・ド・ラ・サール　1651.4.30–1719.4.7）

La Salle, René Robert Cavelier, Sieur de〈17世紀〉
フランスの探検家。
⇒岩世人（ラ・サール　1643.11.22–1687.3.19）

Il **Lasca**〈16世紀〉
イタリアの詩人，作家，喜劇作家。
⇒岩世人（ラスカ　1503.3.22–1584.2.18）

Lascaris, Constantinus〈15・16世紀〉
イタリアの文法家。"Erotemata"(76) を著す。
⇒岩世人（ラスカリス　1434–1501）

Las Casas, Bartolomé de〈15・16世紀〉
スペインの聖職者。1512年司祭。43年チアパス司教。主著『インディアン史』(75)。
⇒岩世人（ラス・カサス　1484–1566.7.31）
ネーム（ラス・カサス　1474?–1566）
広辞7（ラス・カサス　1474–1566）
新カト（ラス・カサス　1484–1566.7.18）
世人新（ラス＝カサス　1474–1566）
世人装（ラス＝カサス　1474–1566）
世史語（ラス＝カサス　1474/1484–1566）
ポプ人（ラス・カサス，バルトロメ・デ　1474–1566）
ラテ新（ラス・カサス　1484–1566）
ルネ（バルトロメ・デ・ラス・カサス　1484–1566）

Las Cases, Emmanuel Augustin Dieudonné Joseph, Comte de〈18・19世紀〉
フランスの歴史家。著書に『セントヘレナの思い出』(23〜24) がある。
⇒岩世人（ラス・カーズ　1766.6.21–1842.5.15）

Lasceux, Guillaume〈18・19世紀〉
フランスのオルガン奏者，作曲家。
⇒バロ（ラスー，ギョーム　1740.2.3–1831）

Laserna, Blas de〈18・19世紀〉
スペインの作曲家。
⇒バロ（ラセルナ，ブラス・デ　1751.2.4–1816.8.5）

la Serna Asturisaga, Estacio de〈16・17世紀〉
スペインの作曲家。
⇒バロ（セルナ・アストゥリサーガ，エスタシオ・

デ・ラ　1570頃–1616以降）
バロ（ラ・セルナ・アストゥリサーガ，エスタシオ・デ　1570頃–1616以降）

Lask, Emil〈19・20世紀〉
ドイツの哲学者。西南ドイツ学派（バーデン学派）の新カント主義を代表。
⇒岩世人（ラスク　1875.9.25–1915.5.26）
学叢思（ラスク，エミル　1875–1915）
新カト（ラスク　1875.9.25–1915.5.26）
メル3（ラスク，エミール　1875–1915）
ユ著人（Lask,Emil　ラスク，エミール　1875–1915）

Laskaris, Iōannēs〈15・16世紀〉
ビザンツの学者，外交官。
⇒岩世人（ラスカリス　1445頃–1534.12.7）

Laskaris, Johannes〈15世紀〉
東ローマ帝国の作曲家。
⇒バロ（ラスカリス，ヨアンネス　1400頃?–1450頃?）

Lasker, Albert Davis〈19・20世紀〉
アメリカの広告宣伝のパイオニア。
⇒ユ人（ラスカー，アルバート・ディビス　1880–1952）

Lasker, Eduard〈19世紀〉
ドイツの政治家。自由主義的な産業法，プロイセンの郡制(72)，帝国裁判法(76) などの立法に参画。
⇒岩世人（ラスカー　1829.10.14–1884.1.5）
ユ著人（Lasker,Eduard　ラスケル，エドゥアルド　1829–1884）

Lasker, Emanuel〈19・20世紀〉
ドイツ（ユダヤ系）の文筆家，チェスの選手。
⇒岩世人（ラスカー　1868.12.24–1941.1.11）

Lasker-Schüler, Else〈19・20世紀〉
ドイツの女流詩人。ベルリンの表現主義グループの一人。詩集『ヘブライのバラード』(13) がある。
⇒岩世人（ラスカー＝シューラー　1869.2.11–1945.1.22）
ユ著人（Lasker-Schüller,Else　ラスカー＝シューラー，エルゼ　1869–1945）

Laski, Jan〈15・16世紀〉
ポーランドの宗教改革者。カルヴァン主義に基づく『エムデン教理問答書』を編修。
⇒岩世人（ワスキ　1499–1560.1.8）
新カト（ウァスキ　1499–1560.1.8）

Lāsos〈前6世紀〉
ギリシアの抒情詩人。
⇒岩世人（ラソス　前548–前545頃–?）

Lassalle, Ferdinand Johann Gottlieb〈19世紀〉
ドイツの初期労働運動の指導者。
⇒岩世人（ラサール　1825.4.11–1864.8.31）

L

広辞7 (ラサール 1825–1864)
学叢思 (ラッサール,フェルディナント 1825–1864)
世人新 (ラサール 1825–1864)
世人装 (ラサール 1825–1864)
世史語 (ラサール 1825–1864)
ポプ人 (ラサール,フェルディナント 1825–1864)
ユ人 (ラッサール,フェルディナント 1825–1864)
ユ著人 (Lassalle,Ferdinand ラッサール,フェルディナント 1825–1864)

Lassar, Johanes〈18・19世紀〉
マカオ生まれのアルメニア人,聖書翻訳者。
⇒岩世人 (ラサール)

Lassberg, Josef von〈18・19世紀〉
ドイツのゲルマン学者。
⇒岩世人 (ラスベルク 1770.4.10–1855.3.15)

Lassell, William〈18・19世紀〉
イギリスの天文学者。天王星の第1,第2衛星を発見(51)。
⇒岩世人 (ラッセル 1799.6.18–1880.10.5)

Lassen, Christian〈18・19世紀〉
ドイツの東洋学者,インド学者。
⇒岩世人 (ラッセン 1800.10.22–1876.5.8)

Lasson, Adolf〈19・20世紀〉
ドイツ(ユダヤ系)の哲学者。"Zeitliches und Zeitloses" (90)。
⇒岩世人 (ラッソン 1832.3.12–1917.12.19)
学叢思 (ラッソン,アドルフ 1832–1918)

Lasson, Georg〈19・20世紀〉
ドイツのプロテスタント神学者。
⇒岩世人 (ラッソン 1862.7.13–1932.12.2)

Lassus, Ferdinand I de〈16・17世紀〉
ドイツの作曲家。
⇒バロ (ラッスス,フェルディナント1世・デ 1560頃–1609.8.27)

Lassus, Ferdinand II de〈16・17世紀〉
ドイツの作曲家。
⇒バロ (ラッスス,フェルディナント2世・デ 1592–1630)

Lassus, Jean Baptiste Antoine〈19世紀〉
フランスの建築家,考古学者。シャルトル聖堂の鐘楼,ノートルダム聖堂の修理を行った。
⇒岩世人 (ラシュス 1807.3.19–1857.7.15)

Lassus, Orlandus〈16世紀〉
フランドルの作曲家。
⇒バロ (ラッスス・オルランドゥス 1532–1594.6.14)
岩世人 (ラッソ 1532頃–1594.6.14)
エデ (ラッソ,オルランド・ディ 1532–1594.6.14)

広辞7 (ラッスス 1532–1594)
新カト (ラッスス 1532頃–1594.6.14)

Lassus, Rudolph de〈16・17世紀〉
ドイツの作曲家。
⇒バロ (ラッスス,ルードルフ・デ 1563頃–1625)

Lasswitz, Kurd〈19・20世紀〉
ドイツの哲学者。新カント主義者。"Auf zwei Planeten" (97)。
⇒岩世人 (ラスヴィッツ 1848.4.20–1910.10.17)

Lastman, Pieter〈16・17世紀〉
オランダの画家。聖書および神話に取材した絵や肖像画を描いた。
⇒岩世人 (ラストマン 1583–1633.4.4(埋葬))

László I〈11世紀〉
ハンガリー王。在位1077~95。ハンガリーの南部辺境を平定,カトリック化した。
⇒岩世人 (ラースロー1世 1040頃–1095.7.29)
新カト (ラースロー1世 1040頃–1095.7.29)
図聖 (ラースロー1世 1040頃–1095)
世帝 (ラースロー1世 1040–1095)

László II〈12世紀〉
ハンガリー王国の統治者。在位1162~1163(対立王)。
⇒世帝 (ラースロー2世 1131–1163)

László III〈13世紀〉
ハンガリー王国の統治者。
⇒世帝 (ラースロー3世 1199–1205)

László IV, The Kumanian〈13世紀〉
ハンガリー王。在位1272~90。ボヘミア人の進出を打破(1278)。
⇒世帝 (ラースロー4世 1262–1290)

László V〈15世紀〉
ハンガリー王。在位1452~7。1453年からボヘミア王も兼ねた。
⇒世帝 (ラースロー5世 1440–1457)
世帝 (ラジスラフ・ポフロベク 1440–1457)

László de Lombos, Philip Alexius〈19・20世紀〉
ハンガリーの画家。1899年と1900年パリのサロンで金賞を獲得。
⇒岩世人 (ラースロー 1869.4.30–1937.11.22)

La Taille, Maurice de〈19・20世紀〉
フランスのカトリック神学者,イエズス会員。
⇒新カト (ラ・タイユ 1872.11.30–1933.10.28)

La Taste, Bernard-Louis〈17・18世紀〉
フランスのカトリック神学者,著述家。
⇒新カト (ラ・タスト 1692.2.13–1754.4.22)

Lateau, Louise〈19世紀〉
ベルギーの聖痕を与えられた女性。
⇒新カト (ラトー 1850.1.29–1883.8.25)

Lateiner, Joseph〈19・20世紀〉
イディッシュ語劇作家。
⇒ユ著人（Lateiner,Joseph　ラタイネル, ヨゼフ　1853–1935）

Latham, Walter Arlington〈19・20世紀〉
アメリカの大リーグ選手（三塁）。
⇒メジャ（アーリー・レイザム　1860.3.15–1952.11.29）

Latilla, Gaetano〈18世紀〉
イタリアの作曲家。
⇒バロ（ラティッラ, ガエターノ　1711.1.12–1788.1.15）

Latimer, Hugh〈15・16世紀〉
イギリスの主教, 宗教改革家。クロムウェルの好意でウスターの主教となった（1535）。
⇒岩世人（ラティマー　1485頃–1555.10.16）
　新カト（ラティマー　1485–1555.10.16）

Latimer, John Richardson〈18・19世紀〉
アメリカの商人。
⇒アア歴（Latimer,John R (ichardson)　ジョン・リチャードソン・ラティマー　1793.12.10–1865）

Latini, Brunetto〈13世紀〉
イタリアの哲学者, 文学者。フィレンツェ文化の創始者と目される。主著『修辞学』『ファボレッロ』。
⇒岩世人（ラティーニ　1220頃/1230頃–1294）
　広辞7（ラティーニ　1220以後–1294）

Latinus
ローマ伝説上の英雄。ラテン族の名祖（なおや）, ラウィニアの父。
⇒岩世人（ラティヌス）

Latomus, Jacobus〈15・16世紀〉
ベルギーのカトリックの論争神学者。ルーヴァン大学神学正教授, 同大学総長。
⇒新カト（ラトムス　1475頃–1544.5.29）

Latouche, Gaston〈19・20世紀〉
フランスの画家。
⇒芸13（ラトゥーシュ, ガストン　1854–1913）

La Tour, Georges de〈16・17世紀〉
フランスの画家。主作品『天使と聖ヨゼフ』『聖ペテロの否認』。
⇒岩世人（ラ・トゥール　1593–1652.1.30）
　ネーム（ラ・トゥール　1593–1652）
　広辞7（ラ・トゥール　1593–1652）
　新カト（ラ・トゥール　1593–1652）
　芸13（ラ・トゥール, ジョルジュ・ド　1593–1652）

La Tour, Maurice Quentin de〈18世紀〉
フランスの画家。主作品は『マダム・ポンパドゥール』(56)ほか。
⇒岩世人（ラトゥール　1704.9.5–1788.2.17）
　芸13（ラ・テゥール, モーリス・カンタン・ド　1704–1788）

La Tour d'Auvergne, Théophile Malo Corret de〈18世紀〉
フランスの軍人。ナポレオン1世から〈フランス第一等の擲弾兵〉という称号を与えられた。
⇒岩世人（ラ・トゥール・ドーヴェルニュ　1743.11.23–1800.6.27）

La Tour Du Pin, René-Charles-Humbert, comte de〈19・20世紀〉
フランスのカトリック社会主義の指導者の一人。
⇒新カト（ラ・トゥール・デュ・パン　1834.4.1–1924.12.4）

Latreille, Pierre Andre〈18・19世紀〉
フランスの博物学者。昆虫の分類の研究を行った。
⇒岩世人（ラトレイユ　1762.11.26–1833.2.6）

Latrobe, Benjamin Henry〈18・19世紀〉
イギリス生れのアメリカの建築家, エンジニア。
⇒岩世人（ラトローブ　1764.5.1–1820.9.3）

Latrobe, Christian Ignatius〈18・19世紀〉
イギリスの作曲家。
⇒バロ（ラトローブ, クリスチャン・イグナツィウス　1758.2.12–1836.5.6）

Laube, Heinrich〈19世紀〉
ドイツの作家。
⇒岩世人（ラウベ　1806.9.18–1884.8.1）

Laucaigne, Joseph Marie〈19世紀〉
フランスのパリ外国伝道会宣教師。
⇒岩世人（ロケーニュ　1838.5.13–1885.1.18）
　新カト（ロケーニュ　1838.5.13–1885.1.18）

Laud, William〈16・17世紀〉
イギリスの聖職者。カンタベリー大主教。
⇒岩世人（ロード　1573.10.7–1645.1.10）
　新カト（ロード　1573.10.7–1645.1.10）

Lauderdale, James Maitland, 8th Earl of〈18・19世紀〉
スコットランドの政治家, 経済学者。
⇒岩世人（ローダデール　1759.1.26–1839.9.13）
　学叢思（ローダーデール, ジェームズ・メートランド　1759–1839）

Lauderdale, John Maitland, Duke of〈17世紀〉
イギリスの政治家, スコットランド貴族の出身。
⇒岩世人（ローダデール　1616.5.24–1682.8.20/24）

Laudon, Ernst Gideon, Freiherr von〈18世紀〉
オーストリアの軍人。1790年モラビアの対プロシア軍総司令官。
⇒岩世人（ラウドン　1717.2.2–1790.7.14）

Laudonnière, René Goulaine de〈16世紀〉
フランス人。フロリダにユグノーの植民地を建設するため派遣された。
⇒岩世人（ロドニエール　1529頃–1574）

Laue, Max Theodor Felix von〈19・20世紀〉
ドイツの物理学者。結晶物理学の基礎を築き，1914年ノーベル物理学賞受賞。
⇒岩世人（ラウエ　1879.10.9–1960.4.24）
　学藝思（ラウエ, マックス・フォン　1879–?）
　物理（ラウエ, マックス・テオドル・フェリックス・フォン　1879–1960）
　ノ物化（マックス・フォン・ラウエ　1879–1960）

Laufenberg, Heinrich von〈14・15世紀〉
ドイツの作曲家。
⇒バロ（ラウフェンベルク, ハインリヒ・フォン　1390頃–1460.3.31）

Laufer, Berthold〈19・20世紀〉
ドイツ生れのアメリカの東洋学者。
⇒アア歴（Laufer, Berthold　バーソルド・ローファー　1874.10.11–1934.9.13）
　岩世人（ラウファー（ローファー）　1874.10.11–1934.9.13）
　ネーム（ラウファー　1874–1934）
　広辞7（ラウファー　1874–1934）

Lauffensteiner, Wolf Jacob〈17・18世紀〉
オーストリアの作曲家。
⇒バロ（ラウフェンシュタイナー, ヴォルフ・ヤーコブ　1676.4.28–1754.3.26）

Läuger, Max〈19・20世紀〉
ドイツの画家，建築家，陶工。カルルスルーエの工芸学校および工業大学で指導。
⇒岩世人（ロイガー　1864.9.30–1952.12.12）

Laughlin, James Laurence〈19・20世紀〉
アメリカの経済学者。専攻は貨幣論。
⇒岩世人（ラフリン　1850.4.2–1933.11.28）

Laugier, Marc Antoine〈18世紀〉
フランスの人文主義者，建築理論家。
⇒岩世人（ロージエ　1713.1.22–1769.4.5）

Launay, Adrien〈19・20世紀〉
フランスの宣教史家。パリ外国宣教会員。
⇒新カト（ロネー　1853.10.21–1927.4.21）

Launcelot
円卓の騎士のうち，最強にして最も勇敢な騎士。
⇒岩世人（ランスロット）
　ネーム（ランスロット）

Launoy, Jean de〈17世紀〉
フランスのカトリック神学者。
⇒新カト（ロノア　1603.12.21–1678.3.10）

Launoy, Mathieu de〈16世紀〉
フランスのカトリック司祭。
⇒新カト（ロノア　16世紀後半）

Laur, Ernst〈19・20世紀〉
スイスの農業経済学者。農業経営，農業計理の研究を行い，スイス農民の経済的地位の向上に貢献。
⇒岩世人（ラウル　1871.3.27–1964.5.30）

Laura, Bassi〈18世紀〉
イタリアの物理学者。ヨーロッパ初の女性物理学教授。
⇒物理（バッシ, ラウラ　1711–1778）

Laurana, Francesco da〈15・16世紀〉
イタリアの彫刻家，メダイユ作家，建築家。主作品『バッティスタ・フフォルツァ夫人像』。
⇒岩世人（ラウラーナ　1430頃–1502）
　芸13（ラウラナ, フランチェスコ　1420–1503）

Laurana, Luciano da〈15世紀〉
イタリアの建築家。カステルヌオーボの凱旋門（51～5）は彼の作。
⇒岩世人（ラウラーナ　1420頃–1479）

Lauremberg, Johann Willmsen〈16・17世紀〉
ドイツの学者，諷刺作家。ロストク大学詩学教授（1618～23）。
⇒岩世人（ラウレンベルク　1590.2.26–1658.2.28）

Laurens, Jean Paul〈19・20世紀〉
フランスの歴史画家。主作品はパリのパンテオンの壁画『聖ジュヌビエーブの死』。
⇒岩世人（ローランス　1838.3.30–1921.3.23）
　芸13（ローランス, ジャン＝ポール　1838–1921）

Laurent〈16・17世紀〉
フランスの神秘主義的著述家。
⇒新カト（ローラン〔パリの〕　1562/1563–1631.12.4）

Laurent〈17世紀〉
フランスのカルメル会信徒，神秘家。
⇒岩世人（ローラン　1611–1691.2.12）

Laurent, Auguste〈19世紀〉
フランスの化学者。ボルドー大学教授。有機化合物の分類に関して業績を残した。
⇒岩世人（ローラン　1807.11.14–1853.4.23）

Laurent, Pierre Alphonse〈19世紀〉
フランスの数学者で軍事技術者。

⇒世数（ローラン，ピエール・アルフォンス　1813–1853）

Laurenti, Bartolomeo Girolamo〈17・18世紀〉
イタリアの作曲家。
⇒バロ（ラウレンティ，バルトロメーオ・ジローラモ　1644–1726.1.18）

Laurenti, Girolamo Nicolò〈17・18世紀〉
イタリアの作曲家。
⇒バロ（ラウレンティ，ジローラモ・ニコロ　1680頃?–1751.2）

Laurenti, Pietro Paolo〈17・18世紀〉
イタリアの作曲家。
⇒バロ（ラウレンティ，ピエトロ・パオロ　1675頃–1719.3.25）

Laurentius〈3世紀〉
聖人，兄弟殉教者。祝日6月3日。
⇒新カト（ペルゲンティウスとラウレンティウス　?–249/251）

Laurentius〈5・6世紀〉
対立教皇。在位498.11.22/502～499/506。
⇒新カト（ラウレンティウス　?–507/508）

Laurentius〈13世紀〉
ポルトガル出身のフランシスコ会修道士。
⇒新カト（ラウレンティウス〔ポルトガルの〕　13世紀）

Laurentius, St.〈3世紀〉
ローマの聖人，殉教者，火に関係のある職業に従事する人々の守護聖人。
⇒岩世人（ラウレンティウス　?–258）
　新カト（ラウレンティウス〔ローマの〕　210頃–258.8.10）
　図聖（ラウレンティウス（ローマの）　?–258）

Laurentius (Canterbury)〈6・7世紀〉
カンタベリの第2代大司教，聖人。
⇒新カト（ラウレンティウス〔カンタベリの〕　?–619.2.2）

Laurent-Pichat, Léon〈19世紀〉
フランスの政治家，作家。
⇒19仏（レオン・ローラン＝ピシャ　1823.7.12–1886.6.12）

Laurenzo de Cordova〈15・16世紀〉
スペインの作曲家。
⇒バロ（ラウレンツォ・デ・コルドバ　1470頃?–1520頃?）

Laurie, Simon Somerville〈19・20世紀〉
イギリスの教育学者。
⇒岩世人（ローリー　1829.11.13–1909.3.2）

Laurier, Sir Wilfrid〈19・20世紀〉
カナダの政治家。

⇒岩世人（ロリエ　1841.11.20–1919.2.17）

Laussedat, Aimé〈19・20世紀〉
フランスの測地学者。
⇒岩世人（ロスダ　1819.4.19–1907.3.18）

Lautaro〈16世紀〉
チリのインディオ指導者。アラウコ人。
⇒岩世人（ラウタロ　1535頃–1557.4.29）

Lauth, Charles〈19・20世紀〉
フランスの化学者。
⇒19仏（シャルル・ロート　1836.9.27–1913.12.2）

Lautréamont, Comte de〈19世紀〉
フランスの詩人。
⇒岩世人（ロートレアモン　1846.4.4–1870.11.24）
　ネーム（ロートレアモン伯爵　1846–1870）
　広辞7（ロートレアモン　1846–1870）
　新カト（ロートレアモン　1846.4.4–1870.11.24）

Laval, Carl Gustaf Patrik de〈19・20世紀〉
スウェーデンの技術者，発明家。衝動タービン(88)などを発明。
⇒岩世人（ラヴァル　1845.5.9–1913.2.2）

Laval, Jacques-Désiré〈19世紀〉
フランスの宣教師。
⇒新カト（ラヴァル　1803.9.18–1864.9.9）

Lavaldin, Hildebert de〈12世紀〉
フランスの作曲家。
⇒バロ（ラヴァルダン，イルデベール・ド　1130頃?–1180頃?）

La Vallée Poussin, Charles Jean de〈19・20世紀〉
ベルギーの数学者で物理学者。
⇒世数（ラ・ヴァレ-プッサン，シャルル・ジャン・ギュスタヴ・ニコラ・ド　1866–1962）

Lavalleja, Juan Antonio〈18・19世紀〉
ウルグアイの独立戦争指導者。内乱（43～51）後，三頭政治の一人に選ばれた。
⇒岩世人（ラバジェハ　1784.6.20–1853.10.22）

La Vallière, Louise Françoise de La Baume Le Blanc, Duchesse de〈17・18世紀〉
フランスの貴婦人。ルイ14世の寵愛を得た。
⇒岩世人（ラ・ヴァリエール　1644.8.6–1710.6.6）

La Varenne〈17世紀〉
フランスの料理人。
⇒岩世人（ラ・ヴァレンヌ　1615頃–1678）

Lavater, Johann Kaspar〈18・19世紀〉
スイスの神学者，新教の牧師。
⇒岩世人（ラーヴァター　1741.11.15–1801.1.2）
　新カト（ラヴァーター　1741.11.15–1801.1.2）

Lavedan, Henri Léon Emile〈19・20世紀〉
フランスの劇作家,小説家。"Le chemin du salut" (7巻,20〜25)。
⇒岩世人（ラヴダン　1859.4.9–1940.9.12）

Laveleye, Emile Louis Victor de〈19世紀〉
ベルギーの法学者,経済学者。リエージュ大学教授。自由貿易論者。
⇒岩世人（ラヴレー　1822.4.5–1892.1.3）
　学叢思（ラヴレー,エミール・ドゥ　1822–1892）

Laveran, Charles Louis Alphonse〈19・20世紀〉
フランスの軍医,寄生虫学者。1907年ノーベル生理医学賞を受賞。
⇒岩世人（ラヴラン　1845.6.18–1922.5.18）
　ネーム（ラヴラン　1845–1922）

Lavery, *Sir* John〈19・20世紀〉
イギリスの画家。主作品は『リュクサンブールの庭園』。
⇒岩世人（レイヴァリー　1856.3.20–1941.1.10）

Lavigerie, Charles Marcial Allemand〈19世紀〉
フランスのカトリック聖職者。68年に白衣宣教会を創立してアフリカ奥地へ伝道。
⇒岩世人（ラヴィジュリ　1825.10.31–1892.11.25）
　新カト（ラヴィジュリ　1825.10.31–1892.11.25/26）

Lavignac, Alexandre Jean Albert〈19・20世紀〉
フランスの音楽理論家,教育家。主著『音楽教育の理論と実践』(6巻,82) など。
⇒岩世人（ラヴィニャック　1846.1.21–1916.5.28）

Lavini〈17・18世紀〉
イタリアの作曲家。
⇒バロ（ラヴィーニ,?　1690頃?–1750頃?）

Lavisse, Ernest〈19・20世紀〉
フランスの歴史家,教育家。『4世紀から現代までの一般史』(12巻,1893〜1901) などを執筆。
⇒岩世人（ラヴィス　1842.12.17–1922.8.18）

Lavoisier, Antoine Laurent〈18世紀〉
フランスの化学者。燃焼理論を確立(74)。
⇒岩世人（ラヴォアジエ　1743.8.26–1794.5.8）
　科史（ラヴォアジエ　1743–1794）
　ネーム（ラヴォアジエ　1743–1794）
　広辞7（ラヴォアジエ　1743–1794）
　学叢思（ラヴォアジェー,アントアヌ・ローラン　1743–?）
　物理（ラヴォアジエ,アントワーヌ・ローラン　1743–1794）
　世人新（ラヴォワジエ　1743–1794）
　世人装（ラヴォワジエ　1743–1794）
　世史語（ラヴォワジエ　1743–1794）

ポブ人（ラボアジエ,アントワーヌ＝ローラン　1743–1794）

Lavoisier, Marie〈18・19世紀〉
フランスの化学者。
⇒物理（ラヴォアジエ,マリー＝アンヌ　1758–1836）

La Voye-Mignot, X de〈17世紀〉
フランスの作曲家。
⇒バロ（ラ・ヴォア・ミニョ,X・ド　1620頃?–1684）

Lavrov, Pëtr Lavrovich〈19世紀〉
ロシアの革命家,哲学者。ナロードニキの代表的理論家。『歴史書簡』(68〜69) で有名。
⇒岩世人（ラヴローフ　1823.6.2–1900.1.25）
　広辞7（ラヴローフ　1823–1900）
　学叢思（ラヴローフ,ペテル　1823–?）

Law, Andrew〈18・19世紀〉
アメリカの作曲家。
⇒バロ（ロー,アンドルー　1749.3.21–1821.7.13）

Law, Andrew Bonar〈19・20世紀〉
イギリスの政治家。22年保守党内閣を組織。植民地出身の最初のイギリス首相。
⇒岩世人（ロー　1858.9.16–1923.10.30）

Law, James〈19・20世紀〉
アメリカ (スコットランド生れ) の獣医。エディンバラ獣医学校解剖学教授。
⇒岩世人（ロー　1838.2.13–1921.5.10）

Law, John〈17・18世紀〉
イギリスの財政家。一般銀行を設立し,18年フランス王立銀行に改組。
⇒岩世人（ロー　1671.4.21–1729.3.21）
　学叢思（ロー,ジョン　1671–1729）

Law, William〈17・18世紀〉
イギリスの神秘主義的宗教家。主著 "The way to divine knowledge" (52)。
⇒岩世人（ロー　1686–1761.4.9）
　学叢思（ロー,ウィリアム　1686–?）
　新カト（ロー　1686–1761.4.9）

Lawes, Henry〈16・17世紀〉
イギリスの作曲家。チャールズ2世の戴冠式の頌歌を作曲。
⇒バロ（ロウズ,ヘンリー　1596.1.5–1662.10.21）

Lawes, *Sir* John Bennet〈19世紀〉
イギリスの農学者。肥料工業の基礎を築いた。
⇒岩世人（ローズ　1814.12.28–1900.8.31）

Lawes, William〈17世紀〉
イギリスの作曲家。H.ロウズの弟。
⇒バロ（ロウズ,ウィリアム　1602.5.1–1645.9.24）

Lawrence, Fred Tulus〈19・20世紀〉
アメリカの教育者。
⇒アア歴（Lawrence,Fred T (ulus)　フレド・タ

ラス・ローレンス　1877.2.17–1940.1.18)

Lawrence, *Sir* Henry Montgomery〈19世紀〉
イギリスの軍人，インド行政官。
⇒岩世人（ローレンス　1806.6.28–1857.7.4)

Lawrence, John〈19・20世紀〉
イギリスの英語学者。東京帝国大学文科大学で英語英文学を教授。
⇒岩世人（ローレンス　1850.12.20–1916.3.12)

Lawrence, John Laird Mair, 1st Baron〈19世紀〉
イギリスのインド行政官。
⇒岩世人（ローレンス　1811.3.4–1879.6.27)

Lawrence, Stringer〈17・18世紀〉
イギリスの軍人。少将。
⇒岩世人（ローレンス　1697.3.6–1775.1.10)

Lawrence, *Sir* Thomas〈18・19世紀〉
イギリスの肖像画家。1820年から王立アカデミー会長。主作品『ウェリントン公』(15)。
⇒岩世人（ローレンス　1769.4.13–1830.1.7)

Lawrence O'Toole〈12世紀〉
司教。聖人。キャッスルダーモット近くの生まれ。
⇒新カト（ローレンス・オトゥール〔ダブリンの〕1128–1180.11.14)

Lawson, Andrew Cowper〈19・20世紀〉
アメリカの地質学者，鉱物学者，地形学者。カリフォルニア大学教授。
⇒岩世人（ローソン　1861.7.25–1952.6.16)

Lawson, Henry Archibald〈19・20世紀〉
オーストラリアの短篇小説家，詩人。
⇒オセ新（ローソン　1867–1922)

Lawson, James Antony〈19世紀〉
イギリスの政治家，経済学・統計学者。
⇒学叢思（ローソン，ジェームズ・アントニー　1817–1887)

Lawton, Henry Ware〈19・20世紀〉
アメリカの陸軍士官。
⇒アア歴（Lawton, Henry W (are)　ヘンリー・ウェア・ロートン　1843.3.17–1989.12.19)

Lawton, Wesley Willingham〈19・20世紀〉
アメリカの宣教師。
⇒アア歴（Lawton, Wesley Willingham　ウェズリー・ウィリンガム・ロートン　1869.10.31–1943.3.3)

Lay, George Tradescant〈18・19世紀〉
イギリスの外交官。
⇒岩世人（レイ　1800頃–1845.11.6)

Lay, Horatio Nelson〈19世紀〉
イギリスの清国総税務司，対日事業家。1869年来日，レイ鉄道借款を締結。
⇒岩世人（レイ　1832–1898.5.4)

Lay, Wilhelm August〈19・20世紀〉
ドイツの教育学者，実験教育学の創始者。
⇒岩世人（ライ　1862.7.30–1926.5.9)

Layamon〈12・13世紀〉
イギリスの初期の詩人。伝奇的年代記『ブルート』(1200頃)の作者。
⇒岩世人（ラーヤモン（ライアモン；レイヤモン）(活動)1200頃)

Layard, *Sir* Austen Henry〈19世紀〉
イギリスの考古学者，外交官。ニムルドの発掘を行いアッシリアの宮殿跡を発見。
⇒岩世人（レヤード　1817.3.5–1894.7.5)

Laycock, Thomas〈19世紀〉
イギリスの神経学者。
⇒岩世人（レイコック　1812.8.12–1876.9.21)

Layla al-Akhyalīya〈7・8世紀〉
ウマイヤ朝下の女流悲歌詩人。
⇒岩世人（ライラー・アフヤリーヤ　?–704頃)

Layolle, Alamanne de〈16世紀〉
フランスの作曲家。
⇒バロ（ラヨール，アラマンヌ・ド　1522-1525頃–1590.9.19)

Layolle, François de〈15・16世紀〉
イタリア生れの作曲家。
⇒バロ（ラヨール，フランソア・ド　1492.3.4–1540頃)

***al*-Layth ibn Sa'd**〈8世紀〉
エジプトのイスラーム法学者。
⇒岩世人（ライス・イブン・サアド　713–791)

Lazare, Bernard〈19・20世紀〉
フランスの作家。
⇒ユ著人（Lazare, Bernard　ラザール，ベルナール　1865–1903)

Lazaros
新約聖書中の人物。イエスにより，死後神の前で慰められる貧乏人として取上げられている（ルカ福音書）。
⇒新カト（ラザロ）

Lazaros〈1世紀〉
イエスの親しい友。ベタニアのマルタとマリアの兄弟。イエスの力でよみがえった（ヨハネ福音書）。
⇒岩世人（ラザロ）
　新カト（ラザロ）
　図聖（ラザロ（ベタニアの））

Lazaros〈10・11世紀〉
　柱上の聖人。
　⇒新カト（ラザロス〔柱頭行者〕　967–1054.11.7)

Lazarus〈5世紀〉
　ミラノの第17代司教、詩人。在職438?～449?。聖人。祝日3月14日。
　⇒新カト（ラザルス〔ミラノの〕　5世紀前半)

Lazarus, Emma〈19世紀〉
　アメリカの女流詩人。主作品『ユダヤ人の歌』(82)。
　⇒岩世人（ラザラス　1849.7.22–1887.11.19）
　ユ人（ラザラス、エマ　1849–1887)
　ユ著人（Lazarus,Emma　ラザラス、エマ　1849–1887)

Lazarus, Moritz〈19・20世紀〉
　ドイツの哲学者。民族心理学の開拓者としてシュタインタールとともに『民族心理学言語学雑誌』を編集。
　⇒岩世人（ラツァルス　1824.9.15–1903.4.13)
　学叢思（ラツァルス、モリツ　1824–1903)
　ユ人（ラザルス、モリツ　1824–1903)
　ユ著人（Lazarus,Mortz　ラザラス、モーリッツ　1824–1903)

Laziosi, Pergrinus〈13・14世紀〉
　マリアのしもべ会士、聖人。
　⇒図聖（ペレグリーノ・ラツィオーシ　1265–1345)

lcang skya II〈17・18世紀〉
　チベット仏教ゲルク派の高僧。
　⇒岩世人（チャンキャ2世　1642–1714)

lcang skya III〈18世紀〉
　チベット仏教ゲルク派の高僧。
　⇒岩世人（チャンキャ3世　1717–1786)

Lea〈4世紀〉
　ローマの修道女。聖人。祝日3月22日。
　⇒新カト（レア〔ローマの〕　?–383頃)

Lea, Homer〈19・20世紀〉
　アメリカ人。孫文の軍事顧問として清朝打倒のために活動。
　⇒アア歴（Lea,Homer　ホーマー・リー　1876.11.17–1912.11.1)
　岩世人（リー　1876.11.17–1912.11.1)

Leach, Thomas William〈19・20世紀〉
　アメリカの大リーグ選手（外野、三塁）。
　⇒メジャ（トミー・リーチ　1877.11.4–1969.9.29)

Lead, Jane〈17・18世紀〉
　イギリスの女性神秘家。"A fountain of gardens"(70)。
　⇒岩世人（リード　1623頃–1704.8.19)

Leaf, Walter〈19・20世紀〉
　イギリスの古典学者。
　⇒岩世人（リーフ　1852.11.28–1927.3.8)

Leah
　ヤコブの妻。ハランのラバンの娘、ラケルの姉（創世記）。
　⇒新カト（レア）
　聖書（レア）

Leahy, Marie-Claire〈19・20世紀〉
　アメリカの教育者。
　⇒新カト（レーヒー　1874.4.12–1959.11.18)

Leahy, William Daniel〈19・20世紀〉
　アメリカの軍人、外交官。第2次大戦中は元帥。
　⇒岩世人（リーヒー　1875.5.6–1959.7.20)

Leake, William Martin〈18・19世紀〉
　イギリスの考古学者。"Peloponnesiaca"(46)。
　⇒岩世人（リーク　1777.1.14–1860.1.6)

Leander〈6世紀〉
　スペインの聖職者、聖人。
　⇒岩世人（レアンデル　549以前–600頃)
　新カト（レアンデル〔セビリャの〕　549以前–599頃)
　図聖（レアンデル（セビリャの）　540頃–600)

Leander, Richard〈19世紀〉
　ドイツの外科医、作家。ハレ大学総長。『フランスの暖炉のそばの夢』。
　⇒岩世人（フォルクマン　1830.8.17–1889.11.28)

Leandros
　古代ギリシアの物語の主人公。
　⇒岩世人（レアンドロス）

Lear, Edward〈19世紀〉
　イギリスの詩人、画家。『ナンセンスの本』(46)などの軽文学で知られる。
　⇒岩世人（リア　1812.5.12–1888.1.29)

Learned, Dwight Whitney〈19・20世紀〉
　アメリカのアメリカン・ボード派宣教師。同志社で経済学を教授。
　⇒岩世人（ラーネッド　1848.10.12–1943.3.19)
　学叢思（ラーネッド　1848–?)

Léautaud, Paul〈19・20世紀〉
　フランスの劇評家、随筆家。主著『モーリス・ボアサールの劇場』(26～43)。
　⇒岩世人（レオトー　1872.1.18–1956.2.22)

Leavitt, Henrietta Swan〈19・20世紀〉
　アメリカの女流天文学者。1912年にケフェウス型変光星の〈周期・光度関係〉を発見。
　⇒物理（リービット、ヘンリエッタ・スワン　1868–1921)

Le Bachelet, Xavier-Marie〈19・20世紀〉
　フランスのカトリック神学者。

⇒新カト（ル・バシュレ　1855.1.14–1925.9.23）

Le Bas, Louis Hippolyte〈18・19世紀〉
フランスの建築家。
⇒岩世人（ル・バ　1782.3.31–1867.6.12）

Lebasque, Henri〈19・20世紀〉
フランスの画家。主作品『ニンフの水浴』『パラソル』。
⇒芸13（ルバスク，アンリ　1865–1937）

Lebbe, Frédéric-Vincent〈19・20世紀〉
ベルギーのカトリック宣教師。
⇒岩世人（レップ　1877.8.19–1940.6.24）
　新カト（レップ　1877.8.19–1940.6.24）

Lebedev, Pëtr Nikolaevich〈19・20世紀〉
ロシアの物理学者。輻射圧（光圧）の実測に成功した（1910）。後地磁気の起源を探究。
⇒岩世人（レーベジェフ（レベデフ）　1866.2.24/3.8–1912.3.1）

Lebègue, Nicolas-Antoine〈17・18世紀〉
フランスの作曲家，オルガン奏者，クラブサン奏者。78年宮廷オルガン奏者に任命された。
⇒バロ（ル・ベーグ，ニコラ・アントワーヌ　1631頃–1702.7.6）
　新カト（ルベーグ　1631頃–1702.7.6）

lebél, Firmin〈16世紀〉
フランスの作曲家。
⇒バロ（ルベル，フィルマン　1520頃?–1573.12.27–31）

le Bel, Jacotin〈15・16世紀〉
フランスの作曲家。
⇒バロ（ル・ベル，ジャコタン　1490頃–1555頃）

Le Bel, Joseph Achille〈19・20世紀〉
フランスの化学者。光学異性体の原因として不斉炭素の説を発表（74）。
⇒岩世人（ル・ベル　1847.1.21–1930.8.6）

Lebensohn, Abraham Dob〈18・19世紀〉
ロシア系ユダヤ人のヘブライ文学者，詩人，文法学者。主著『聖なる言葉で書いた詩』(42,56)。
⇒ユ著人（Lebensohn,Abraham Dov　レーベンゾーン，アブラハム・ドブ　1794–1878）

Lebensohn, Micah Joseph〈19世紀〉
ロシアのヘブライ詩人。ユダヤ啓蒙運動を主導。
⇒ユ人（レーベンゾーン，ミカ・ヨゼフ（ミハル）　1828–1852）
　ユ著人（Lebensohn,Michal Joseph　レーベンゾーン，ミハル・ヨゼフ　1828–1852）

Lebertour, Franchois〈14・15世紀〉
フランスの作曲家。
⇒バロ（ルベルトゥール，フランショワ　1370頃?–1420頃?）

Lebesgue, Henri Léon〈19・20世紀〉
フランスの数学者。積分論に貢献。
⇒岩世人（ルベーグ　1875.6.28–1941.7.26）
　世数（ルベーグ，アンリ　1875–1941）

Leblanc〈18・19世紀〉
フランスの作曲家。
⇒バロ（ルブラン,?　1750頃–1827.3）

Leblanc, Maurice〈19・20世紀〉
フランスの探偵小説家。主著『アルセーヌ・ルパン対シャーロック・ホームズ』(1908)，『強盗紳士アルセーヌ・ルパン』(14)。
⇒岩世人（ルブラン　1864.12.11–1941.11.6）
　ネーム（ルブラン　1864–1941）
　広辞7（ルブラン　1864–1941）
　ボブ人（ルブラン，モーリス　1864–1941）

Leblanc, Nicolas〈18・19世紀〉
フランスの化学者。食塩から炭酸ナトリウムを作る〈ルブラン法〉を発明（90）。
⇒岩世人（ルブラン　1742.12.6–1806.1.16）

Le Blant, Edmond-Frederic〈19世紀〉
フランスのキリスト教考古学者。
⇒新カト（ル・ブラン　1818.8.12–1897.7.5）

Le Blond, Alexandre Jean Baptiste〈17・18世紀〉
フランスの造園家，建築家。ピョートル1世の主席建築家としてペテルブルクの離宮などを設計。
⇒岩世人（ル・ブロン　1679–1719）

Le Bon, Gustave〈19・20世紀〉
フランスの思想家，社会心理学者。群衆心理の研究に従事。
⇒岩世人（ル・ボン　1841.5.7–1931.12.15）
　メル別（ル・ボン，ギュスターヴ　1841–1931）

Lebon, Joseph-Martin〈19・20世紀〉
ベルギーの教父学者，東方教会学者。
⇒新カト（ルボン　1879.12.18–1957.6.12）

Lebon, Philippe〈18・19世紀〉
フランスの発明家。
⇒岩世人（ルボン　1767.5.29–1804.12.1）

Leboo〈18・19世紀〉
中国，清中期の満州人武将。姓は費莫，字は宜軒，諡は文襄。
⇒岩世人（レボー　1740（乾隆5）–1819（嘉慶24））

Lebran, Franziska Dorothea〈18世紀〉
ドイツの作曲家。
⇒バロ（ルブラン，フランツィスカ・ドロテーア　1756.3.24–1791.5.14）

Lebran, Ludwig August〈18世紀〉
ドイツの作曲家。
⇒バロ（ルブラン，ルードゥヴィヒ・アウグスト　1752.5.2–1790.12.16）

Lebret, Mathurin〈16世紀〉
フランスの原会則派のフランシスコ会会員。
⇒新カト（ルブレ　16世紀前半）

Lebreton, Jules〈19・20世紀〉
フランスの神学者,教会史家。
⇒新カト（ルブルトン　1873.3.20–1956.7.6）

Lebrun, Albert〈19・20世紀〉
フランスの政治家。大統領となったがフランス敗戦に伴うペタン元帥の憲法改正で隠退。
⇒岩世人（ルブラン　1871.8.29–1950.3.6）

Le Brun, Charles〈17世紀〉
フランスの画家。フランス王立アカデミーの設立に尽力。
⇒岩世人（ル・ブラン　1619.2.24–1690.2.12）
　広辞7（ル・ブラン　1619–1690）
　新カト（ル・ブラン　1619.2.24–1690.2.12）
　芸13（ル・ブラン,シャルル　1619–1690）
　芸13（ルブラン,シャルル　1619–1690）

Lebrun, Charles François, Duc de Plaisance〈18・19世紀〉
フランスの政治家。1799～1804年第三統領。04～14年帝政下の財政総監。
⇒岩世人（ルブラン　1739.3.19–1824.6.14）

Le Brun, Pierre〈17・18世紀〉
フランスのカトリック神学者,典礼学者。
⇒新カト（ル・ブラン　1661.6.11–1729.1.6）

Lebuin〈8世紀〉
アングロ・サクソン人のベネディクト会修道士,宣教師。聖人。祝日11月12日。イングランド出身。
⇒新カト（レブイン　?–780頃）

Le Camus, Sébastien〈17世紀〉
フランスのヴィオル（ヴィオラ・ダ・ガンバ）奏者,テオルボ奏者,作曲家。
⇒バロ（ル・カミュ,セバスティアン　1610–1677.3.24）

Le Cardonnel, Louis〈19・20世紀〉
フランスの詩人。
⇒新カト（ル・カルドネル　1862.2.25–1936.5.28）

Lecce, Francesco〈16・17世紀〉
イタリアの作曲家。
⇒バロ（レッチェ,フランチェスコ　1590頃?–1650頃?）

Le Chapelier, Isaac René Guy〈18世紀〉
フランスの政治家。国民議会議長を務め,封建制廃棄に関する法令を起草。
⇒岩世人（ル・シャプリエ　1754.6.12–1794.4.22）
　世人新（ル＝シャプリエ　1754–1794）
　世人装（ル＝シャプリエ　1754–1794）

Le Chatelier, Henry Louis〈19・20世紀〉
フランスの化学者。熱力学的平衡移動に関する,ル・シャトリエの法則を発見（1848）。
⇒岩世人（ル・シャトリエ　1850.10.8–1936.9.17）
　ネーム（ル・シャトリエ　1850–1936）
　広辞7（ル・シャトリエ　1850–1936）

Lecher, Ernst〈19・20世紀〉
オーストリアの実験物理学者。レッヘル線を考案。
⇒岩世人（レッヒャー　1856.6.1–1926.7.19）

Lechler, Rudolph〈19・20世紀〉
ドイツの宣教師。バーゼル伝道会の華南における伝道事業の開拓者。
⇒岩世人（レヒラー　1824.7.26–1908）

Lechner, Leonhard〈16・17世紀〉
オーストリア出身のドイツの作曲家,音楽出版者。
⇒バロ（レヒナー,レオンハルト　1553頃–1606.9.9）
　新カト（レヒナー　1553頃–1606.9.9）

Lechner Ödön〈19・20世紀〉
ハンガリーの建築家。
⇒岩世人（レヒネル　1845.8.27–1914.6.10）

Lechter, Melchior〈19・20世紀〉
ドイツの画家。
⇒岩世人（レヒター　1865.10.2–1937.10.8）

Lecky, William Edward Hartpole〈19・20世紀〉
アイルランドの歴史家。1897年枢密顧問官。主著『合理主義の歴史』（65）。
⇒岩世人（レッキー　1838.3.26–1903.10.22）

Leclair, Jean-Benoît〈18世紀〉
フランスのヴァイオリン奏者。
⇒バロ（ルクレール,ジャン・ブノア　1714.9.25–1759以降）

Leclair, Jean Marie〈17・18世紀〉
フランスのヴァイオリン奏者,作曲家。
⇒バロ（ルクレール,ジャン・マリー1世　1697.5.10–1764.10.22）
　岩世人（ルクレール　1697.5.10–1764.10.22）

Leclair, Jean-Marie II〈18世紀〉
フランスの作曲家。
⇒バロ（ルクレール,ジャン・マリー2世　1703.9.23–1777.11.30）

Leclair, Pierre〈18世紀〉
フランスのヴァイオリン奏者。
⇒バロ（ルクレール,ピエール　1709.11.19–1784.4.2）

Leclerc, Charles Victor Emmanuel

〈18・19世紀〉
フランスの軍人。商人の出身。イタリア戦争(96)、エジプト遠征(98)に参加。
⇒岩世人（ルクレール　1772.3.17–1802.11.2)

Le Clerc, Daniel〈17・18世紀〉
スイスの医師、医学史家。
⇒岩世人（ル・クレール　1652.2.4–1728.6.8)

Le Clerc, Jean〈17・18世紀〉
フランスのプロテスタント神学者、聖書学者。『古代近代全書』(14〜30)ほか2篇の百科全書を残した。
⇒新カト（ルクレール　1657.3.1–1736.1.8)

Leclerc, Pierre〈18世紀〉
カトリック神学者、過激なジャンセニスト。フランス北部のブリシェ生まれ。
⇒新カト（ルクレール　1706.7.4–1773頃)

Leclercq, Henri〈19・20世紀〉
フランスのベネディクト会士、教会史家。
⇒新カト（ルクレール　1869.12.4–1945.3.23)

Lecocq, Alexandre Charles〈19・20世紀〉
フランスのオペレッタ作曲家。「アンゴー夫人の娘」などの作品がある。
⇒岩世人（ルコック　1832.6.3–1918.10.24)
19仏（シャルル・ルコック　1832.6.3–1918.10.24)

Lecocq, François〈17・18世紀〉
フランスの作曲家。
⇒バロ（ルコック、フランソワ　1690頃?–1750頃)

Le Cocq d'Armandville, Cornelius〈19世紀〉
オランダ出身のイエズス会宣教師。
⇒新カト（ル・コック・ダルマンヴィル　1846.3.29–1896.5.27)

Lecomte, Dosithée-Adolphe〈19・20世紀〉
パリ外国宣教会会員。来日宣教師。フランスのムレー生まれ。
⇒新カト（ルコント　1849.2.11–1911.6.13)

Le Comte, Louis〈17・18世紀〉
フランスのイエズス会士。
⇒岩世人（ル・コント　1655.10.10–1728.4.18)
新カト（ル・コント　1655.10.10–1728.4.18)

Leconte, Alfred〈19・20世紀〉
フランスの政治家。
⇒19仏（アルフレッド・ルコント　1824.12.21–1905.9.6)

Le Conte, Joseph〈19・20世紀〉
進化論者。
⇒メル3（ル・コント、ジョゼフ　1823–1901)

Leconte de Lisle, Charles Marie René〈19世紀〉
フランスの詩人。
⇒岩世人（ルコント・ド・リール　1818.10.22–1894.7.17)
19仏（ルコント・ド・リール　1818.10.22–1894.7.17)
ネーム（ルコント・ド・リール　1818–1894)
広辞7（ルコント・ド・リール　1818–1894)

Le Coq, Albert von〈19・20世紀〉
ドイツの東洋学者。主著『高昌』(13)、『中央アジア仏教的古代末期』(22〜28)。
⇒岩世人（ル・コック　1860.9.8–1930.4.21)
広辞7（ル・コック　1860–1930)

Le Courrayer, Pierre-François〈17・18世紀〉
フランスの神学者。
⇒新カト（ル・クレイエ　1681.11.17–1776.10.16)

Lecouvreur, Adrienne〈17・18世紀〉
フランスの女優。
⇒岩世人（ルクヴルール　1692.4.5–1730.3.20)

Leda
ギリシア神話中の女性。白鳥に姿をかえたゼウスに犯され、ポリュデウケスとヘレネを産んだ。
⇒岩世人（レダ)
ネーム（レダ)

Le Dantec, Félix Alexandre〈19・20世紀〉
フランスの生物学者。ブラジルに黄熱病研究所を設立。
⇒岩世人（ル・ダンテック　1869.1.16–1917.6.6)
メル3（ル・ダンテック、フェリックス　1869–1917)

Ledebour, Georg〈19・20世紀〉
ドイツの政治家。ナチス政権の確立と共にスイスに亡命。
⇒岩世人（レーデブール　1850.3.7–1947.3.31)

Ledebour, Karl Friedrich von〈18・19世紀〉
ドイツの植物学者。"Flora Rossica" 4巻(42〜53)。
⇒岩世人（レーデブール　1785.7.8–1851.7.4)

Lederer, Hugo〈19・20世紀〉
ドイツの彫刻家。
⇒岩世人（レーデラー　1871.11.16–1940.8.1)
芸13（レデラー、フーゴー　1871–1940)

Ledesma, Jaime〈16世紀〉
スペインの古典語学者、神学者、イエズス会員。
⇒新カト（レデスマ　1519–1575.11.18)

Ledesma, Martín de〈16世紀〉
スペインのトマス学派の神学者、ドミニコ会員。

⇒新カト（レデスマ　1509頃–1574.8.15）

Ledesma, Pedro de〈16・17世紀〉
スペインのドミニコ会神学者。
⇒新カト（レデスマ　1544–1616.9.9）

Ledi, Sayadaw〈19・20世紀〉
ビルマの僧侶。
⇒岩世人（レーディー　1846.12–1923.6.27）

Ledóchowska, Maria Teresa〈19・20世紀〉
＼オーストリア出身の「聖ペトロス・クラーヴ・アフリカ宣教会」の創立者。
⇒新カト（レドホーフスカ　1863.4.29–1922.7.6）

Ledóchowska, Urszula〈19・20世紀〉
オーストリア出身の聖人, 修道会創設者。祝日5月29日。M.T.レドホーフスカの妹, レドホーフスキの姉。
⇒新カト（レドホーフスカ　1865.4.17–1939.5.29）

Ledóchowski, Mieczysław〈19・20世紀〉
ポーランドの聖職者。伯爵。枢機卿(75), のち布教省長官(92)。
⇒岩世人（レドゥホーフスキ　1822.10.29–1902.7.22）

Ledóchowski, Włodzimierz (Wlodimir)〈19・20世紀〉
オーストリア出身のポーランド系イエズス会士。第26代イエズス会総長。在職1915〜42。
⇒新カト（レドホーフスキ　1866.10.7–1942.12.13）

Ledoux, Claude Nicolas〈18・19世紀〉
フランスの建築家。
⇒岩世人（ルドゥー　1736.3.21–1806.11.19）
　広辞7（ルドゥー　1736–1806）

Ledru-Rollin, Alexandre Auguste〈19世紀〉
フランスの政治家。急進民主主義の山岳派のリーダー。
⇒岩世人（ルドリュ＝ロラン　1807.2.2–1874.12.31）

Leduc, Pierre〈18・19世紀〉
フランスの作曲家。
⇒バロ（ルデュック, ピエール　1755–1816.10）

Leduc, Simon〈18世紀〉
フランスの作曲家。
⇒バロ（ルデュック, シモン　1748以前–1777.1.22/25）

Lê Duy Mật〈18世紀〉
ベトナム, レー（黎）朝の皇族でチン（鄭）氏に反抗した人物。
⇒岩世人（レー・ズイ・マット　?–1770）

Lee, Ann〈18世紀〉
アメリカのシェイカー派創始者。
⇒岩世人（リー　1736.2.29–1784.9.8）

Lee, Argernon〈19・20世紀〉
アメリカの社会主義者, 新聞記者。
⇒学叢思（リー, アルジャーノン　1873–?）

Lee, Frederick George〈19・20世紀〉
英国教会の聖職者。
⇒新カト（リー　1832.1.6–1902.1.22）

Lee, Mary Ann〈19世紀〉
アメリカのバレリーナ。
⇒バレエ（リー, メアリー・アン　1824/1823.7–1899.1.25）

Lee, Richard Henry〈18世紀〉
アメリカの政治家。独立宣言の署名者の一人。新憲法に反対。
⇒岩世人（リー　1732.1.20–1794.6.19）

Lee, Robert〈19世紀〉
スコットランドのプロテスタント神学者。長老派教会の礼拝様式の改革を主唱。
⇒岩世人（リー　1804.11.11–1868.4.14）

Lee, Robert Edward〈19世紀〉
アメリカの軍人, 教育者。南北戦争において南軍総司令官として活躍。
⇒アメ新（リー　1807–1870）
　岩世人（リー　1807.1.19–1870.10.12）
　広辞7（リー　1807–1870）
　世人新（リー　1807–1870）
　世人装（リー　1807–1870）
　世史語（リー　1807–1870）
　ポブ人（リー, ロバート　1807–1870）
　学叢歴（リー　1807–1880）

Lee, Samuel〈18・19世紀〉
イギリスの東洋学者。18カ国語に通じていたといわれる。
⇒岩世人（リー　1783.5.14–1852.12.16）

Lee, Sir Sidney〈19・20世紀〉
イギリスの文学者。『英国伝記辞典』の編集責任者。
⇒岩世人（リー　1859.12.5–1926.3.3）

Lee, Varnon〈19・20世紀〉
イギリスの女流小説家, 旅行家。怪談の代表作"A Phantom Lover"(86)。
⇒岩世人（リー　1856.10.14–1935.2.13）

Lee, William〈16・17世紀〉
イギリスの聖職者, 発明家。靴下編機を発明(1589)。
⇒岩世人（リー　?–1614）

Leech, John〈19世紀〉
イギリスの諷刺漫画家。主作品は『アイルランド小旅行』(59)。
⇒岩世人（リーチ　1817.8.29–1864.10.14）

Leech, John Sylvanus〈19・20世紀〉
アメリカの印刷業者, 政府役人。
⇒アア歴（Leech,John S (ylvanus)　ジョン・シルヴァナス・リーチ　1868.7.2–1948.1.29）

Leenhardt, Maurice〈19・20世紀〉
フランスのプロテスタント宣教師, 民族学者。
⇒メル3（レーナルト, モーリス　1878–1954）

Lees, Jonathan〈19世紀〉
イギリスのロンドン伝道会宣教師。『旧新約全書目録』(64)。
⇒岩世人（リーズ）

Leeser, Isaac〈19世紀〉
アメリカのユダヤ教ラビ。
⇒ユ人（リーザー, アイザック　1806–1868）
ユ著人（Leeser,Isaac　リーザー, アイザック　1786–1868）

Leeuwenhoek, Antoni van〈17・18世紀〉
オランダの顕微鏡学者, 博物学者。
⇒岩世人（ファン・レーウェンフック　1632.10.24–1723.8.27）
科史（レーウェンフック　1632–1723）
広辞7（レーウェンフック　1632–1723）
ポブ人（レーウェンフック, アントニー・ファン　1632–1723）

Leever, Samuel〈19・20世紀〉
アメリカの大リーグ選手（投手）。
⇒メジャ（サム・リーヴァー　1871.12.23–1953.5.19）

Le Fanu, Joseph Sheridan〈19世紀〉
アイルランドの小説家, ジャーナリスト。『墓畔の家』(63)などの作品がある。
⇒岩世人（レ・ファニュ　1814.8.24–1873.2.7）

Lefébure-Wély, Issac-François〈18・19世紀〉
フランスのオルガン奏者。
⇒バロ（ルフェビュール, ウェリ, イサク・フランソワ　1746–1831）

Lefebvre, François Joseph, Duc de Dantzig〈18・19世紀〉
フランスの軍人。ブリュメールのクーデタにナポレオン（のちの1世）を支持(99)。元帥(1804)。
⇒岩世人（ルフェーヴル　1755.10.25–1820.9.14）

Lefebvre, Georges〈19・20世紀〉
フランスの歴史家。主著『89年』(39),『フランス革命の研究』(54)。
⇒岩世人（ルフェーヴル　1874.8.6–1959.8.28）
ネーム（ルフェーヴル　1874–1959）
広辞7（ルフェーヴル　1874–1959）

Lefebvre, Hyacinthe〈17世紀〉
フランスで活躍した原会則派のフランシスコ会司祭。
⇒新カト（ルフェーヴル　17世紀）

Lefebvre, Jules Joseph〈19・20世紀〉
フランスの画家。1861年『プリアムの死』でローマ大賞受賞。主作品『横たわる裸婦』。
⇒岩世人（ルフェーヴル　1834.3.14–1911.2.24）
芸13（ルフェブール, ジュール・ジョセフ　1836–1912）

Lefebvre, Louis〈19・20世紀〉
フランスの作家, 詩人。
⇒新カト（ルフェーヴル　1871–1947）

Lefèvre, André〈18世紀〉
フランスの作曲家。
⇒バロ（ルフェーヴル, アンドレ　1700頃?–1763）

Lefèvre, Charles II〈17・18世紀〉
フランスの作曲家。
⇒バロ（ルフェーヴル, シャルル2世　1670.5.22–1737.9.8）

Lefèvre, Clément〈17・18世紀〉
フランスの作曲家。
⇒バロ（ルフェーヴル, クレマン　1630頃–1709.9.29）

Lefèvre, Ernest〈19世紀〉
フランスのジャーナリスト, 政治家。
⇒19仏（エルネスト・ルフェーヴル　1833.8.15–1889.11.9）

Lefèvre, German〈17世紀〉
フランスの作曲家。
⇒バロ（ルフェーヴル, ジェルマン　1656.10.6–1694）

Lefevre, Jacques〈16世紀〉
フランスの宗教改革者, 人文主義者。
⇒学叢思（ルフェーヴル, ジャック　?–1536）

Lefèvre, Jean〈17世紀〉
フランスの作曲家。
⇒バロ（ルフェーヴル, ジャン　1620頃?–1666以降）

Lefèvre, Jean-Baptist Nicolas〈18世紀〉
フランスの作曲家。
⇒バロ（ルフェーヴル, ジャン・バティスト・ニコラ　1705.2.6–1784.3.26）

Lefèvre, Nicolas I〈16・17世紀〉
フランスの作曲家。
⇒バロ（ルフェーヴル, ニコラ1世　1560頃?–1610頃）

Lefèvre d'Étaples, Jacques〈15・16世紀〉
フランスの神学者, ユマニスト。
⇒岩世人（ルフェーヴル・デタープル　1450頃–

1536.1頃)
新カト（ルフェーヴル・デターブル 1450/1455–1536)

Leffloth, Johann Matthias II〈18世紀〉
ドイツの作曲家。
⇒バロ（レフロート，ヨハン・マティアス2世 1705.2.6–1731.11.2)

Le Fort, Gertrud von〈19・20世紀〉
ドイツの女流詩人，小説家。『ベロニカの聖帛』(28～46)，『ドイツ讃歌』(32) などの作品がある。
⇒岩世人（ル・フォール 1876.10.11–1971.11.1)
ネーム（ル・フォール 1876–1971)
新カト（ル・フォール 1876.10.11–1971.11.1)

Lefort, Louis-Théophile〈19・20世紀〉
ベルギーの東洋学者。
⇒新カト（ルフォール 1879.8.1–1959.9.30)

Lefuel, Hector Martin〈19世紀〉
フランスの建築家。ルーヴルおよびチュイルリ宮の建築長。パリの万国博覧会の産業館を建築した (55)。
⇒岩世人（ルフュエル 1810.11.14–1881.12.31)

Léga, Silvestro〈19世紀〉
イタリアの画家。主作品『オーストリアの捕虜たちを連れていくベルサルエーリ』。
⇒岩世人（レーガ 1826.12.8–1895.9.21)
芸13（レーガ，シルヴェストロ 1826–1895)

Le Gallois, Antoine-Paul〈17世紀〉
フランスのサン・モール修族ベネディクト会会員。
⇒新カト（ル・ガロア 1640–1695.12.5)

Legallois, Julien Jean César〈18・19世紀〉
フランスの医者。
⇒岩世人（ルガロワ 1770.2.1–1814.2.10)

Legat, Nikolai Gustavovich〈19・20世紀〉
ロシアの舞踊家，舞踊教師。
⇒岩世人（レガート 1869.12.15/27–1937.1.24)
バレエ（レガート，ニコライ 1869.12.27–1937.1.24)

Legat, Sergei〈19・20世紀〉
ロシアのダンサー。
⇒バレエ（レガート，セルゲイ 1875.9.27–1905.11.1)

Legay, Marcel〈19・20世紀〉
フランスのシャンソニエ。
⇒19仏（マルセル・ルゲ 1851.11.8–1915.3.16)

Legazpi, Miguel López de〈16世紀〉
スペインの政治家，軍人。初代フィリピン総督 (72)。

⇒岩世人（レガスピ 1502頃/1510頃–1572.8.20)
オセ新（レガスピ 1510?–1572)

Le Gendre, Adrien Marie〈18・19世紀〉
フランスの数学者。
⇒岩世人（ルジャンドル 1752.9.18–1833.1.10)
科史（ルジャンドル 1752–1833)
ネーム（ルジャンドル 1752–1833)
広辞7（ルジャンドル 1752–1833)
世数（ルジャンドル，アンドリアン-マリー 1752–1833)

Le Gendre, Charles William〈19世紀〉
フランス生れのアメリカの外交官。1872年来日し，外務省顧問。
⇒アア歴 (Legendre, Charles W (illiam) チャールズ・ウイリアム・ルジャンドル 1830.8.26–1899.9.1)
アメ新（ル・ジャンドル 1830–1899)
岩世人（ル・ジャンドル（リ・ゼンドル） 1830.8.26–1899.9.1)
広辞7（ル・ジャンドル 1830–1899)

Léger, Jean〈17世紀〉
フランスのヴァルデス（ワルドー）派教会の指導者。
⇒新カト（レジェ 1615.2.2–1665以後)

Legge, James〈19世紀〉
イギリスの宣教師，中国学者。四書のほか『書経』『詩経』『春秋左子伝』などを英訳。
⇒岩世人（レッグ 1815.12.20–1897.11.29)
新カト（レッグ 1815.12.20–1897.11.29)

Legien, Karl〈19・20世紀〉
ドイツの労働組合指導者。ドイツ労働総同盟委員長 (19)，社会民主党所属下院議員。
⇒岩世人（レギーン 1861.12.1–1920.12.26)

Legnani, Pierina〈19・20世紀〉
イタリアの女流舞踊家。マリンスキー劇場の客演バレリーナ。
⇒バレエ（レニャーニ，ピエリーナ 1868.9.30–1930.11.15)

Le Gobien, Charles〈17・18世紀〉
フランスのイエズス会司祭。
⇒新カト（ル・ゴビアン 1653.12.20–1708.3.5)

Le Goffic, Charles〈19・20世紀〉
フランスの詩人，小説家，批評家。
⇒19仏（シャルル・ル・ゴフィック 1863.7.14–1932.2.11)

Legouvé, Ernest〈19・20世紀〉
フランスの作家。
⇒19仏（エルネスト・ルグーヴェ 1807.2.14–1903.3.14)

Legrand, Louis〈18世紀〉
フランスの神学者，サン・スルピス司祭会会員。
⇒新カト（ルグラン 1711.6.2–1780.7.21)

Legrand, Louis〈19・20世紀〉
フランスの画家。
⇒**19仏**（ルイ・ルグラン　1863.9.23–1951.7.12）

Legrant, Guillaume〈14・15世紀〉
フランスの作曲家。
⇒バロ（ルグラン, ギヨーム　1400頃–1456頃）

Legrant, Johannes〈14・15世紀〉
フランスの作曲家。
⇒バロ（ルグラン, ヨハンネス　1400頃?–1450頃?）

Le Gray, Gustave〈19世紀〉
フランスの写真家。
⇒岩世人（ル・グレイ　1820.8.30–1884.7.29）

Legrenzi, Giovanni〈17世紀〉
イタリアの作曲家。ヴェネツィア派の歌劇および器楽曲の作曲家として知られた。
⇒バロ（レグレンツィ, ジョヴァンニ　1626.8.12–1690.5.27）
　岩世人（レグレンツィ　1626.8.12–1690.5.27）
　オペラ（レグレンツィ, ジョヴァンニ　1626–1690）
　新カト（レグレンツィ　1626.8.12–1690.5.27）

Legros, Alphonse〈19・20世紀〉
フランスの画家, 銅版画家。
⇒岩世人（ルグロ　1837.5.8–1911.12.8）

le Gros, Joseph〈18世紀〉
フランスの作曲家。
⇒バロ（ル・グロ, ジョゼフ　1739.9.7/8–1793.12.20）

Leguía y Salcedo, Augusto Bernardino〈19・20世紀〉
ペルーの政治家。1903〜08年蔵相, 08〜12年, 19〜30年大統領。
⇒岩世人（レギア　1863.2.19–1932.2.7）
　ラテ新（レギア　1863–1932）

Lehár, Franz〈19・20世紀〉
オーストリアの作曲家。
⇒岩世人（レハール　1870.4.30–1948.10.24）
　エデ（レハール, フランツ　1870.4.30–1948.10.24）
　ネーム（レハール　1870–1948）
　実音人（レハール, フランツ　1870–1948）

Le Heurteur, Guillaume〈15・16世紀〉
フランスの作曲家。
⇒バロ（ル・ウルトゥール, ギヨーム　1490頃?–1545頃）

Lehman, Herbert (Henry)〈19・20世紀〉
アメリカの銀行家, 政治家, 慈善家。
⇒ユ人（リーマン, ハーバート・ヘンリー　1878–1963）
　ユ著人（Lehman, Herbert Henry　レーマン, ハーバート・ヘンリー　1878–1963）

Lehmann, Alfred Georg Ludwig〈19・20世紀〉
デンマークの心理学者。コペンハーゲン大学教授。
⇒岩世人（レーマン　1858.12.29–1921.9.26）
　学叢思（レーマン, アルフレート　1858–?）

Lehmann, Behrend〈17・18世紀〉
ザクセン公国の宮廷ユダヤ人, 財務家。
⇒ユ人（レーマン, ベーレント　1661–1730）
　ユ著人（Lehmann, Behrend　レーマン, ベーレント　1661–1730）

Lehmann, Johannes Edvard〈19・20世紀〉
デンマークのプロテスタント宗教史家。"S. Kierkegaard"(13)。
⇒岩世人（レーマン　1862.8.19–1930.3.23）

Lehmann, Lilli〈19・20世紀〉
ドイツのソプラノ歌手。
⇒岩世人（レーマン　1848.11.24–1929.5.17）
　オペラ（レーマン, リリー　1848–1929）

Lehmann, Orla〈19世紀〉
デンマークの政治家。
⇒岩世人（リーマン　1810.5.19–1870.9.13）

Lehmann, Rudolf〈19・20世紀〉
ドイツの技術者。大阪レーマン・ハルトマン商会製紙技師。
⇒岩世人（レーマン　1842.10.15–1914.2.4）

Lehmann-Haupt, Carl Friedrich〈19・20世紀〉
ドイツの歴史家。古代アルメニアおよびカルディア史とカルディア文化を研究。
⇒岩世人（レーマン＝ハウプト　1861.3.11–1938.7.24）

Lehmkuhl, August〈19・20世紀〉
ドイツの社会倫理神学者, イエズス会士。
⇒新カト（レームクール　1834.9.23–1918.6.23）

Le Huu Trac〈18世紀〉
ベトナム黎朝末期の医者, 文学者。
⇒岩世人（レー・フウ・チャック　1720–1792）

Leibl, Wilhelm〈19世紀〉
ドイツの画家。主作品『父の像』(66),『村の政治家』(76)。
⇒岩世人（ライブル　1844.10.23–1900.12.4）
　芸13（ライブル, ヴィルヘルム　1844–1900）

Leibniz, Gottfried Wilhelm von〈17・18世紀〉
ドイツの哲学者, 数学者。1675年独自に微積分法を確立。主著『形而上学叙説』。
⇒岩世人（ライプニッツ　1646.7.1–1716.11.14）

科史（ライプニッツ　1646–1716）
ネーム（ライプニッツ　1646–1716）
広辞7（ライプニッツ　1646–1716）
学叢思（ライプニッツ, ゴットフリード・ヴィルヘルム　1646–1716）
新カト（ライプニッツ　1646.7.1–1716.11.14）
物理（ライプニッツ, ゴットフリート・ヴィルヘルム　1646–1716）
図哲（ライプニッツ, ゴットフリート　1646–1716）
世人新（ライプニッツ　1646–1716）
世人装（ライプニッツ　1646–1716）
世史語（ライプニッツ　1646–1716）
世数（ライプニッツ, ゴットフリート・ヴィルヘルム　1646–1716）
ポブ人（ライプニッツ, ゴットフリート　1646–1716）
メル2（ライプニッツ, ゴットフリート・ヴィルヘルム　1646–1716）

Leicester, Robert Dudley, Earl of〈16世紀〉
イギリス女王エリザベス1世の寵臣。
⇒岩世人（レスター　1532/1533–1588.9.4）

Leichhardt,（Friedrich Wilhelm）Ludwig〈19世紀〉
ドイツの探検家。オーストラリアの北海岸ブリズベーンからダーウィン近くまでの探検を行った。
⇒岩世人（ライヒハルト　1813.10.23–1848?）
オセ新（ライカート　1813–1848?）

Leichtentritt, Hugo〈19・20世紀〉
ドイツの音楽学者。ショパンの研究家。
⇒岩世人（ライヒテントリット　1874.1.1–1951.11.13）
ユ著人（Leichtentritt, Hugo　ライヒテントリット, フーゴー　1874–1951）

Leiding, Georg Dietrich〈17・18世紀〉
ドイツの作曲家。
⇒バロ（ライディング, ゲオルク・ディートリヒ　1664.2.23–1710.5.10）

Leidy, Joseph〈19世紀〉
アメリカの動物学者。アメリカにおける脊椎動物学, 古生物学の先駆者。
⇒岩世人（ライディ　1823.9.9–1891.4.30）

Leif Ericsson〈10・11世紀〉
ノルウェーの航海者。
⇒岩世人（レイヴル・エイリフソン　970頃–1020頃）
世人新（エリクソン　生没年不詳）
世人装（エリクソン　生没年不詳）

Leighton, Robert〈17世紀〉
スコットランドの王政復古期の大主教。
⇒新カト（レイトン　1611–1684.6.25）

Leighton, William〈16・17世紀〉
イギリスの作曲家。
⇒バロ（レイトン, ウィリアム　1565頃–1622.7.31）

Leighton of Stretton, Frederic Leighton, Baron〈19世紀〉
イギリスの画家, 彫刻家。主作品は絵画『プシケの入浴』(90), 彫刻『ピトンと戦う競技者』(77)。
⇒岩世人（レイトン　1830.12.3–1896.1.25）
芸13（レイトン, フレデリック　1830–1896）

Leinberger, Hans〈15・16世紀〉
ドイツの彫刻家。主作品『十字架磔刑』(16)。
⇒新カト（ラインベルガー　1480頃–1531頃）
芸13（ラインベルガー, ハンス　1470–1530以後）

Leino, Eino〈19・20世紀〉
フィンランドの抒情詩人。フィンランド抒情詩の近代化を推進。
⇒岩世人（レイノ　1878.7.6–1926.1.10）

Leipart, Theodor〈19・20世紀〉
ドイツの組合運動指導者。バーデンの労働相(19～20), ドイツ労働総同盟委員長(20)を歴任。
⇒岩世人（ライパルト　1867.5.17–1947.5.23）

Leisentrit, Johannes〈16世紀〉
モラヴィアの作曲家。
⇒バロ（ライゼントリート, ヨハネス　1527.5–1586.11.24）

Leisering, August Gottlob Theodor〈19世紀〉
ドイツの獣医。解剖学的業績によって知られる。
⇒岩世人（ライゼリング　1820.12.10–1892.8.20）

Leisewitz, Johann Anton〈18・19世紀〉
ドイツの劇作家。ゲッティンゲン詩派同人。代表作『ユーリウス・フォン・タレント』。
⇒岩世人（ライゼヴィッツ　1752.5.9–1806.9.10）

Leisler, Jacob〈17世紀〉
アメリカの反乱指導者。
⇒岩世人（ライスラー　1640–1691.5.16）

Leistikow, Walter〈19・20世紀〉
ドイツの画家。ベルリンのセセッション（分離）派の共同創始者。
⇒岩世人（ライスティコー　1865.10.25–1908.7.24）

Leitner, Friedrich〈19・20世紀〉
ドイツの経済学者。"Wirtschaftslehre der Unternehmung"(30)。
⇒岩世人（ライトナー　1874.1.26–1945.7.3）

Leitz, Ernst〈19・20世紀〉
ドイツの光学機械製造業者。
⇒岩世人（ライツ　1843.4.26–1920.7.10）

le Jeune, Cantin〈17・18世紀〉
フランスの作曲家。
⇒バロ（ル・ジューヌ, カンタン　1690頃?–1750頃?）

Le Jeune, Claude〈16世紀〉
フランスの作曲家。詩人バイフの協力により,

古代韻律による "musique mesurée" を作曲。
⇒バロ（ル・ジューヌ，クロード　1528-1530–1600.9.26）
　新カト（ル・ジューヌ　1528/1530–1600.9.26）

le Jeune, Henri〈17世紀〉
フランスの作曲家。
⇒バロ（ル・ジューヌ，アンリ　1600頃?–1650頃?）

Le Jeune, Paul〈16・17世紀〉
フランス出身のイエズス会員，カナダへの宣教師。
⇒新カト（ル・ジューヌ　1591.7.15–1664.8.7）

Lekain, Henri Louis〈18世紀〉
フランスの俳優。
⇒岩世人（ルカン　1729.3.31–1778.2.8）

Lekchalëv, Stepan〈18・19世紀〉
ロシアの作曲家。
⇒バロ（レクチャリョフ，ステパン　1750頃?–1810頃?）

Lekeu, Guillaume〈19世紀〉
ベルギーの作曲家。カンタータ『アンドロメダ』(91)でベルギーのローマ大賞第2位入賞。
⇒岩世人（ルクー　1870.1.20–1894.1.21）

Leland, George Adams〈19・20世紀〉
アメリカの医学者。1878年日本に招聘され，体操伝習所の教師となる。
⇒アア歴（Leland, George Adams　ジョージ・アダムズ・ルランド　1850.9.7–1924.3.17）
　岩世人（リーランド　1850.9.7–1924.3.17）
　広辞7（リーランド　1850–1924）

Lelewel, Joachim〈18・19世紀〉
ポーランドの歴史家，政治家。主著『ポーランド，その歴史と事物』(54～68)。
⇒岩世人（レレヴェル　1786.6.22–1861.5.29）

Lelièvre, Ferdinand〈18・19世紀〉
フランスの政治家。
⇒19仏（フェルディナン・ルリエーヴル　1799.11.7–1886.12.27）

Lellis, Kamillus von〈16・17世紀〉
カミロ会創設者，聖人。
⇒図聖（レリス，カミロ・デ　1550–1641）

Lê Lơ'i〈14・15世紀〉
ベトナム，後黎朝の創始者。在位1428～33。諡は高皇帝。廟号は太祖。清化の出身。
⇒岩世人（レー・ロイ　1385–1433）
　世人新（黎利（太祖）　れいり（たいそ）　1384/1385–1433）
　世人装（黎利（太祖）　れいり（たいそ）　1384/1385–1433）
　世帝（太祖　たいそ　1385–1433）

Lê Long Đĩnh〈10・11世紀〉
ベトナム，前レー（黎）朝の皇帝。在位1005～09。

⇒岩世人（レー・ロン・ディン　986–1009）

Le Lorrain, Jacques〈19・20世紀〉
フランスの作家。
⇒19仏（ジャック・ル・ロラン　1856.5.20–1904.5.5）

Lely, *Sir* Peter〈17世紀〉
オランダ生れのイギリスの画家。O.クロムウェルの革命時代に指導的肖像画家として活躍。
⇒岩世人（レーリ（リーリ）　1618.9.14–1680.11.30）
　芸13（リーリー，ピーター　1618–1680）

Le Maire, Jacob〈16・17世紀〉
オランダの航海者。
⇒オセ新（ル・メール　1585–1616）

Lemaire, Louis〈17・18世紀〉
フランスの作曲家。
⇒バロ（ルメール，ルイ　1693/1694–1750頃?）

Le Maire, Maximiliaen〈17世紀〉
オランダの貿易商。
⇒岩世人（ル・メール　?–1673）

Lemaire de Belges, Jean〈15・16世紀〉
ベルギーの詩人。作品『ゴールの顕揚とトロイの特異性』(09～12)。
⇒岩世人（ルメール・ド・ベルジュ　1473頃–1515）

Lemaistre, Antoine〈17世紀〉
フランスのヤンセン派信者。弟と共に新約聖書の翻訳に従事。
⇒岩世人（ルメートル　1608–1658.11.4）

Le Maistre, Louis-Isaac〈17世紀〉
フランスのジャンセニスムの著作家。
⇒新カト（ル・メートル　1613.3.29–1684.1.4）

le Maistre, Matthieu〈16世紀〉
フランドルの作曲家。
⇒バロ（マテウス・ル・マイストル　1505頃–1577.4以前）
　バロ（ル・メートル，マチュー　1505頃–1577.4以前）

Lemaître, François Élie Jules〈19・20世紀〉
フランスの評論家，劇作家。
⇒岩世人（ルメートル　1853.4.27–1914.8.5）
　19仏（ジュール・ルメートル　1853.4.27–1914.8.5）
　ネーム（ルメートル　1853–1914）
　広辞7（ルメートル　1853–1914）

Lemaître, Frédérick〈18・19世紀〉
フランスの俳優。デュマの『キーン』(36)，ユゴーの『リュイ・ブラス』(38)などで名声を博した。
⇒岩世人（ルメートル　1800.7.21–1876.1.26）

Leman, Gérard Mathieu Joseph Georges〈19・20世紀〉
ベルギーの軍人。第1次大戦勃発時には中将でリエージュ防衛に当り、ドイツ軍の攻撃に抵抗。
⇒岩世人（ルマン　1851.1.8–1920.10.17）

Lemaréchal, Jean-Marie Louis〈19・20世紀〉
フランスのパリ外国宣教会宣教師。和仏大辞典を刊行。
⇒新カト（ルマレシャル　1842.6.12–1912.3.28）

Lemercier, Jacques〈16・17世紀〉
フランスの建築家。18年宮廷建築家。
⇒岩世人（ルメルシエ　1585頃–1654.6.4）

Lemerre, Alphonse〈19・20世紀〉
フランス人。
⇒19仏（アルフォンス・ルメール　1838.4.9–1912.10.15）

Lémery, Nicolas〈17・18世紀〉
フランスの化学者、薬学者。植物化学に関する研究のほか、火山の研究もある。
⇒岩世人（レメリ　1645.11.17–1715.7.19）

Le Mire, Aubert〈16・17世紀〉
ベルギーの教会史家。
⇒新カト（ル・ミール　1573.12.2–1640.10.19）

Lemire, Jules August〈19・20世紀〉
フランスのカトリック政治家、社会活動の先駆者。
⇒新カト（ルミール　1853.4.23–1928.3.7）

Lemlin（Lemblin, Lemlein）, Lorenz〈15・16世紀〉
ドイツの作曲家。
⇒バロ（レムリン, ローレンツ　1495頃–1549以降）

Lemmens, Leonhard〈19・20世紀〉
ドイツのカトリック宣教史家。
⇒新カト（レンメンス　1864.11.19–1929.2.10）

Lemminkäinen
フィンランドの叙事詩『カレワラ』で、冥界に旅した男。
⇒ネーム（レンミンカイネン）

Lemoine, Clément-Joseph〈19・20世紀〉
フランスのカトリック司祭。パリ外国宣教会所属。
⇒岩世人（ルモワーヌ　1869.8.29–1941.8.10）
　新カト（ルモアーヌ　1869.8.29–1941.8.10）

Lemoine, Émile Michel Hyacinthe〈19・20世紀〉
フランスの数学者。
⇒世数（ルモワーヌ, エミール　1840–1912）

Lemonnier, Antoine Louis Camille〈19・20世紀〉
ベルギーの小説家。主著『雄』(81),『風車のなかの風』(01)など。
⇒岩世人（ルモニエ　1844.3.24–1913.6.13）

Lemos, Tomás de〈16・17世紀〉
スペインのカトリック神学者、ドミニコ会会員。
⇒新カト（レモス　1550頃–1629.8.23）

Lemoyne, Camille-André〈19・20世紀〉
フランスの詩人。詩集に『海の星』『いにしえの薔薇』『廃墟の花々』。
⇒19仏（アンドレ・ルモワーヌ　1822.11.27–1907.2.28）

Lemoyne, François〈17・18世紀〉
フランスの画家。ベルサイユ宮のヘラクレスの間の大装飾画を制作(32～36)。
⇒岩世人（ル・モワーヌ　1688–1737.6.4）
　芸13（ルモアーヌ, フランソア　1688–1737）

Lemoyne, Jean Baptiste〈18世紀〉
フランスの作曲家。
⇒バロ（ルモワーヌ, ジャン・バティスト　1751.4.3–1796.12.30）

Le Muet, Pierre〈16・17世紀〉
フランスの建築家。ヴァル・ド・グラス聖堂の正面部を作り、円蓋を架した。
⇒岩世人（ル・ミュエ　1591–1669）

Le Nain, Antoine〈16・17世紀〉
フランスの画家。
⇒岩世人（ル・ナン兄弟）
　広辞7（ル・ナン　1588頃–1648）
　芸13（ル・ナン兄弟　1588?–1648）

Le Nain, Louis〈16・17世紀〉
フランスの画家。
⇒岩世人（ル・ナン兄弟）
　広辞7（ル・ナン　1593頃–1648）
　芸13（ル・ナン兄弟　1593?–1648）

Le Nain, Mathieu〈17世紀〉
フランスの画家。
⇒岩世人（ル・ナン兄弟）
　広辞7（ル・ナン　1607–1677）
　芸13（ル・ナン兄弟　1607–1677）

Lenard, Philipp Eduard Anton〈19・20世紀〉
ドイツの物理学者。1903年レナルトの原子模型を提唱。1905年ノーベル物理学賞受賞。
⇒岩世人（レーナルト　1862.6.7–1947.5.20）
　科史（レーナルト　1862–1947）
　物理（レーナルト, フィリップ　1862–1947）
　ノ物化（フィリップ・エドゥアルト・アントン・フォン・レーナルト　1862–1947）

Lenau, Nikolaus〈19世紀〉
オーストリアの詩人。

⇒岩世人（レーナウ　1802.8.13–1850.8.22）
広辞7（レーナウ　1802–1850）

Lenbach, Franz Seraph von〈19・20世紀〉
ドイツの画家。肖像画家として活躍。
⇒岩世人（レーンバッハ　1836.12.13–1904.5.6）
芸13（レンバッハ, フランツ・フォン　1836–1904）
ユ著人（Lenbach,Franz von　レンバッハ, フランツ・フォン　1836–1904）

Lenel, Otto〈19・20世紀〉
ドイツの法学者。キール、マルブルク、シュトラースブルク、ついでフライブルクの各大学教授。
⇒岩世人（レーネル　1849.12.13–1935.2.7）

Lengyel Menyhért〈19・20世紀〉
ハンガリーの劇作家。
⇒ユ著人（Lengyel,Menyhért　レンジェル, メニヘールト　1880–1974）

Lenin, Vladimir Iliich〈19・20世紀〉
ロシアの革命家。ロシア内外で革命運動を組織。
⇒岩世人（レーニン　1870.4.10/22–1924.1.21）
覚思（レーニン　1870.4.22–1924.1.21）
覚思ス（レーニン　1870.4.22–1924.1.21）
広辞7（レーニン　1870–1924）
学叢思（レーニン, ニコライ　1870–1924）
新カト（レーニン　1870.4.22–1924.1.21）
世人新（レーニン　1870–1924）
世人装（レーニン　1870–1924）
世史語（レーニン　1870–1924）
世史語（レーニン　1870–1924）
20思（レーニン, ウラヂーミル・イリイチ　1870–1924）
ポプ人（レーニン, ウラジミール・イリイッチ　1870–1924）
ユ人（レーニン, (ウリヤノフ) ウラジミル・イリイチ　1870–1924）

Lennep, Jacob van〈19世紀〉
オランダの詩人、小説家。
⇒岩世人（ファン・レネップ　1802.3.24–1868.8.25）

Lennerz, Heinrich〈19・20世紀〉
ドイツのカトリック神学者、イエズス会員。
⇒新カト（レンネルツ　1880.6.24–1961.8.1）

Lenngren, Anna Maria〈18・19世紀〉
スウェーデンの女性詩人。
⇒岩世人（レングレーン　1754.6.18–1817.3.8）

Lennox, Charlotte〈18・19世紀〉
イギリスの女性小説家。代表作『女キホーテ』『絵入りシェイクスピア』『ヘンリエッタ』。
⇒岩世人（レノックス　1730/1731?–1804.1.4）

Lenoir, Jean Joseph Etienne〈19世紀〉
フランスの技術者。1860年無圧縮、電気点火方式のガソリン機関の製作に成功。

⇒岩世人（ルノワール　1822.1.12–1900.8.4）

Le Nôtre, André〈17世紀〉
フランスの造園家。約30年を費やしてベルサイユ宮庭園を制作。
⇒岩世人（ル・ノートル　1613.3.12–1700.9.15）
広辞7（ル・ノートル　1613–1700）

Lenskii, Aleksandr Pavlovich〈19・20世紀〉
ロシアの俳優。帝政時代のマールイ劇場の中心俳優として活躍。
⇒岩世人（レンスキー　1847.10.1–1908.10.13）

Lenz, Desiderius〈19・20世紀〉
ドイツのベネディクト会修道士、彫刻家、画家、建築家。
⇒新カト（レンツ　1832.3.12–1928.1.28）

Lenz, Heinrich Friedrich Emil〈19世紀〉
ドイツの物理学者。1834年電磁誘導の向きに関するレンツの法則を発見。
⇒岩世人（レンツ　1804.2.12–1865.2.10）
物理（レンツ, ハインリッヒ・フリードリッヒ・エミル　1804–1865）

Lenz, Jakob Michael Reinhold〈18世紀〉
ドイツの劇作家。主著『演劇論』(74), 喜劇『兵士たち』(76)。
⇒岩世人（レンツ　1751.1.23–1792.6.4）
オペラ（レンツ, ヤーコプ　1751–1792）
広辞7（レンツ　1751–1792）

Lenz, Max〈19・20世紀〉
ドイツの歴史家。ランケの思想を受けついで、特に諸国民、諸国家、諸宗教の発達を歴史的に考究した。
⇒岩世人（レンツ　1850.6.13–1932.4.6）

Lenz, Oskar〈19・20世紀〉
ドイツの探検家。
⇒岩世人（レンツ　1848.4.13–1925.3.2）

Leo, Friedrich〈19・20世紀〉
ドイツの言語学者。特にプラウトゥスを研究。
⇒岩世人（レオ　1851.7.10–1914.1.15）

Leo, Heinrich〈18・19世紀〉
ドイツの歴史家。主著『イタリア史』(29～32)、『世界史教書』(39～44)。
⇒岩世人（レオ　1799.3.19–1878.4.24）

Leo, Leonard〈17・18世紀〉
イタリアの作曲家。王室礼拝堂の第1オルガン奏者。主作品はオペラ『愛は苦しみを求める』(39, 初演)。
⇒バロ（レーオ, レオナルド・オルテンシオ・サルヴァトーレ・ディ　1694.8.5–1744.10.31）
オペラ（レーオ, レオナルド　1694–1744）

新カト（レオ　1694.8.5–1744.10.31）

Leo I, Flavius〈5世紀〉
東ローマ皇帝。在位457〜74。トラキア人。アスパルと抗争して471年倒した。
⇒新カト（レオ1世　400頃–474.1.18）
　世帝（レオ1世　400–474）

Leo I, Magnus〈5世紀〉
教皇。在位440〜61。聖人。大教皇の名をもつ。
⇒岩世人（レオ1世　?–461.11.10）
　広辞7（レオ一世　（在位）440–461）
　新カト（レオ1世　400頃–461.11.10）
　図聖（レオ1世（大教皇）　?–461）
　世人新（レオ1世（大教皇）　390頃/400頃–461）
　世人装（レオ1世（大教皇）　390頃/400頃–461）

Leo II〈5世紀〉
東ローマ帝国皇帝。
⇒世帝（レオ2世　467?–474）

Leo II, St.〈7世紀〉
ローマ教皇。在位682〜683。
⇒新カト（レオ2世　?–683.7.3）

Leo III, Isauricus〈7・8世紀〉
ビザンチン皇帝。在位717〜41。法令集成『エクロゲ』を編纂。
⇒岩世人（レオン3世　685頃–741.6.18）
　広辞7（レオン三世　685?–741）
　新カト（レオ3世　685頃–741.6.18）
　世人新（レオ3世　685頃–741）
　世人装（レオ3世　685頃–741）
　世史語（レオン（レオ）3世　685頃–741）
　世帝（レオーン3世　685–741）
　ポプ人（レオン3世　685?–741）
　皇人（レオン三世　（在位）717–741）

Leo III, St.〈8・9世紀〉
教皇。在位795〜816。聖人。カルルを西ローマ皇帝として戴冠し，神聖ローマ帝国が成立。
⇒岩世人（レオ3世　?–816.6.12）
　広辞7（レオ三世　（在位）795–816）
　新カト（レオ3世　?–816.6.12）
　世人新（レオ3世　?–816）
　世人装（レオ3世　?–816）
　世史語（レオン3世　?–816）
　ポプ人（レオ3世　?–816）

Leo IV, Chazar〈8世紀〉
ビザンチン皇帝。在位775〜80。野心家のイレーネ（のちの女帝）と結婚。
⇒世帝（レオーン4世　750–780）

Leo IV, St.〈9世紀〉
教皇。在位847〜55。846年サラセン侵略，レオの町を建設。
⇒新カト（レオ4世　?–855.7.17）

Leo V〈10世紀〉
ローマ教皇。在位903。
⇒新カト（レオ5世　?–903.9.5）

Leo V, Armenicus〈9世紀〉
ビザンチン皇帝。在位813〜20。首都をブルガリア人から守り，聖像崇拝禁止令を復活（814）。
⇒岩世人（レオン5世　770/780–820.12.25）
　新カト（レオ5世　?–820.12.25）
　世帝（レオーン5世　?–820）

Leo VI〈10世紀〉
ローマ教皇。在位928。
⇒新カト（レオ6世　?–928.12）

Leo VI, Philosophus〈9・10世紀〉
ビザンチン皇帝。在位886〜912。『ローマ法大全』をギリシア語で編集。「哲学者」と呼ばれた。
⇒岩世人（レオン6世　866–912）
　新カト（レオ6世　866.9.19–912.5.11）
　世帝（レオーン6世　866–912）

Leo VII〈10世紀〉
教皇。在位936〜9。ベネディクト会士。
⇒新カト（レオ7世　?–939.7.13）

Leo VIII〈10世紀〉
教皇。在位963〜5。ローマ教会会議で皇帝オットー1世により擁立された。
⇒新カト（レオ8世　?–965.3.1）

Leo IX, St.〈11世紀〉
教皇。在位1049〜54。聖人。枢機卿団を再興し，改革に貢献。
⇒岩世人（レオ9世　1002.6.21–1054.4.19）
　新カト（レオ9世　1002.6.21–1054.4.19）
　世人新（レオ9世　1002–1054）
　世人装（レオ9世　1002–1054）

Leo X〈15・16世紀〉
教皇。在位1513〜21。教皇の政治権を確立し，文学や芸術の保護政策を推進。
⇒バロ（レオ10世　1475.12.11–1521.12.1）
　岩世人（レオ10世　1475.12.11–1521.12.1）
　広辞7（レオ一〇世　（在位）1513–1521）
　新カト（レオ10世　1475.12.11–1521.12.1）
　世人新（レオ10世　1475–1521）
　世人装（レオ10世　1475–1521）
　世史語（レオ10世　（在位）1513–21）
　ポプ人（レオ10世　1475–1521）

Leo XI〈16・17世紀〉
ローマ教皇。
⇒新カト（レオ11世　1535.6.2–1605.4.27）

Leo XII〈18・19世紀〉
教皇。在位1823〜29。
⇒新カト（レオ12世　1760.8.22–1829.2.10）

Leo XIII〈19・20世紀〉
教皇。在位1878〜1903。西欧におけるカトリック復興に貢献。
⇒世人（レオ13世　1810.3.2–1903.7.20）
　広辞7（レオ一三世　（在位）1878–1903）
　新カト（レオ13世　1810.3.2–1903.7.20）
　世人新（レオ13世　1810–1903）

世人装（レオ13世　1810-1903）

Leocadis
聖人，処女殉教者。祝日12月9日。トレドの守護聖人。
⇒新カト（レオカディス　生没年不詳）

Leochares〈前4世紀〉
古代ギリシアの彫刻家。アテネで活躍，作品『アレクサンドロス大王の獅子狩り』『ガニメード』。
⇒岩世人（レオカレス　（活躍）前360頃-前330頃）
　芸13（レオカレス　前4世紀）

Leocritia〈9世紀〉
聖人，コルドバの処女殉教者。祝日3月15日。
⇒新カト（レオクリティア　?-859.3.15）

Leodegarius(Autun)〈7世紀〉
フランスのオータンの司教，殉教者。
⇒新カト（レオデガリウス　616頃-678頃）
　図聖（レオデガリウス（オータンの）　616頃-679/680）

Leo Diaconus〈10世紀〉
東ローマ帝国の歴史家。
⇒岩世人（レオン（ディアコノス）　950頃-992/994）

Leo Lucas〈9・10世紀〉
聖人，大修道院長。祝日3月1日。シチリアのコルレオーネ生まれ。
⇒新カト（レオ・ルカス　885頃-980頃）

Leon〈11世紀〉
マケドニアのオフリドの大主教。
⇒新カト（レオン〔オフリドの〕　11世紀）

Léon〈12世紀〉
フランスの作曲家。
⇒バロ（レオン,?　1150頃?-1200頃?）

León, Luis Ponce de〈16世紀〉
スペインの神秘文学者。『キリストの称名について』(83～5)。
⇒岩世人（レオン　1527-1591.8.23）
　新カト（レオン　1527/1528-1591.8.23）

León, Moses de〈13・14世紀〉
中世スペインを代表するユダヤ神秘主義（カバラ）思想家。
⇒岩世人（レオン，モーシェ（・ベン・シェム・トーヴ）・デ・レオン　1240頃-1305）
　ユ人（レオン，モーゼス・ベンシェムトブ・ド　1240頃-1305）
　ユ著人（Moïse de León　モイーズ・デ・レオン　1240頃-1305）

Leon, Xavier〈19・20世紀〉
フランスの哲学者。ソルボンヌ大学教授。
⇒岩世人（レオン　1868.5.21-1935.10.21）

Léonard〈6世紀〉
ヴァンドゥーヴル隠世修道院の創設者。聖人。祝日10月15日,11月26日。6世紀前半にフランスのメーヌ地方で隠修生活に入る。
⇒新カト（レオナール〔ヴァンドゥーヴルの〕　?-581以前）

Leonardi, Giovanni〈16・17世紀〉
神の母修道会の創立者。聖人。祝日10月9日。イタリアのルッカ近郊の生まれ。
⇒新カト（ジョヴァンニ・レオナルディ　1541頃-1609.10.9）

Leonardo da Vinci〈15・16世紀〉
イタリアの画家，彫刻家，建築家，科学者。主作品『最後の晩餐』(95～8頃),『モナ・リザ』(04)。
⇒バロ（ダ・ヴィンチ，レオナルド　1452.4.15-1519.5.2）
　バロ（レオナルド・ダ・ヴィンチ　1452.4.15-1519.5.2）
　岩世人（レオナルド・ダ・ヴィンチ　1452.4.15-1519.5.2）
　広辞7（レオナルド・ダ・ヴィンチ　1452-1519）
　学叢思（ダ・ヴィンチ，レオナルド　1452-1519）
　新カト（レオナルド・ダ・ヴィンチ　1452.4.15-1519.5.2）
　物理（レオナルド・ダ・ヴィンチ　1452-1519）
　芸13（レオナルド・ダ・ヴィンチ　1452-1519）
　世人新（レオナルド＝ダ＝ヴィンチ　1452-1519）
　世人装（レオナルド・ダ・ヴィンチ　1452-1519）
　世史語（レオナルド＝ダ＝ヴィンチ　1452-1519）
　ポブ人（レオナルド・ダ・ビンチ　1452-1519）
　メル1（レオナルド・ダ・ヴィンチ　1452-1519）
　ルネ（レオナルド・ダ・ヴィンチ　1452-1519）

Leonard of Port Maurice〈17・18世紀〉
宣教師。聖人。ポルト・マウリツィオ生まれ。
⇒新カト（レオナルド〔ポルト・マウリツィオの〕　1676.12.20-1751.11.26）

Leonardus〈6世紀〉
フランスのノビリアクーム（現リモージュ）の隠修士。
⇒岩世人（レオンハルト（ノブラの））
　新カト（レオナール〔ノブラの〕　6世紀）
　図聖（レオナルドゥス（ノブラの）　?-559頃）

Leoncavallo, Ruggiero〈19・20世紀〉
イタリアの作曲家。オペラ『パリアッチ』(92),『ザザ』(1900)などの作品を残した。
⇒岩世人（レオンカヴァッロ　1857.4.23-1919.8.9）
　オペラ（レオンカヴァッロ，ルッジェーロ　1857-1919）
　エデ（レオンカヴァッロ，ルッジェーロ　1857.4.23-1919.8.9）
　ネーム（レオンカヴァロ　1858-1919）

Léon de Saint-Jean〈16・17世紀〉
フランスの説教家，神秘思想家，神学者。カトリック改革の中心人物の一人。
⇒新カト（レオン・ド・サン・ジャン　1600.7.9-1671.12.30）

Leonetti, Giovanni Battista〈16・17世紀〉
イタリアの作曲家。

⇒バロ（レオネッティ，ジョヴァンニ・バティスタ　1570頃?-1620頃?）

Leonhard, Karl Cäsar von〈18・19世紀〉
ドイツの地質学者，岩石学者。ハイデルベルク大学教授。
⇒岩世人（レオンハルト　1779.9.12-1862.1.23）

Leōn ho Mathēmatikos〈8・9世紀〉
ビザンツの学者。
⇒岩世人（レオン（数学者）　790頃-869以降）

Leoni, Leone〈16世紀〉
イタリアの彫刻家，鋳金家。
⇒岩世人（レオーニ　1509頃-1590.7.22）

Leoni, Leone〈16・17世紀〉
イタリアの作曲家。
⇒バロ（レオーニ，レオーネ　1560頃-1627.6.24）

Leoni, Pompeyo〈16・17世紀〉
イタリアの彫刻家。
⇒岩世人（レオーニ　1533頃-1608.10.13）

Leonidas I〈前6・5世紀〉
古代スパルタの王（前490年頃即位）。前480年ペルシア大軍と最後まで戦い，全スパルタ兵と討死した。
⇒岩世人（レオニダス1世　?-前480）
　ネーム（レオニダス）
　広辞7（レオニダス　（在位）前488-前480）
　世人新（レオニダス　?-前480）
　世人装（レオニダス　?-前480）
　世帝（レオニダス1世　?-前480）
　皇国（レオニダス1世　?-前480）
　学叢歴（レオニダス　（在位）前491-前480）

Leonidas II〈前4・3世紀頃〉
スパルタ王。
⇒世帝（レオニダス2世　前315-前235）

Leōnidas ho Tarantinos〈前3世紀〉
ギリシアのエピグラム（警句）詩人。
⇒岩世人（レオニダス（タレントゥムの）　前3世紀）

Leōnídēs〈2・3世紀〉
オーリゲネースの父，殉教者，聖人。
⇒新カト（レオニデス　150/160頃-202）

Leonilla〈2・3世紀〉
聖人，殉教者。祝日1月17日。カッパドキア生まれの三つ子の兄弟殉教者の祖母。
⇒新カト（レオニラ　2-3世紀）

Leoninus〈12世紀〉
フランスの作曲家。
⇒バロ（レオニヌス，マジスタ　1140頃?-1190頃）
　岩世人（レオニヌス　（活躍）1150頃-1201頃）
　エデ（レオナン［レオニヌス］　1135頃-1201頃）
　新カト（レオニヌス　12世紀後半）

Léonnec, Paul〈19世紀〉
フランスのイラストレーター。
⇒19仏（ポール・レオネック　1842.8.27-1899.10.4）

Leonora Christina〈17世紀〉
デンマークの王女。クリスチャン4世と愛人キアスチーネ・ムンクの間に生れる。
⇒岩世人（レオノーラ・クリスティーナ　1621.7.8-1698.3.16）

Leonor de Aragon〈14世紀〉
カスティーリャ王フアン1世の最初の妃。
⇒王妃（レオノール　1358-1382）

Leonor de Austria〈15・16世紀〉
ハプスブルク家のフィリップ美公の娘，マヌエル1世の妃。後にフランソワ1世の王妃。
⇒王妃（レオノール　1498-1558）

Leonor de Viseu〈15・16世紀〉
ジョアン2世の妃。ヴィゼウ公フェルナンドの娘。
⇒王妃（レオノール　1458-1525）

Leonowens, Anna Harriet〈19・20世紀〉
タイのイギリス人宮廷英語教師。モンクット王が1862年にシンガポールからバンコクへ招聘。
⇒岩世人（レオノーウェンズ（レノウェンズ）　1831.11.26-1915.1.19）

Leontiev, Konstantin Nikolaevich〈19世紀〉
ロシアの宗教思想家，文学者。
⇒岩世人（レオーンチェフ　1831.1.13-1891.11.12）
　新カト（レオーンチェフ　1831.1.25-1891.11.24）

Leontios〈4世紀〉
カッパドキアのカイサレイアの司教。聖人。
⇒新カト（レオンティオス［カイサレイアの］　4世紀前半）

Leontios〈4世紀〉
聖人，トリポリの殉教者。祝日6月18日。
⇒新カト（レオンティオス［トリポリの］　4世紀）

Leontios〈6世紀〉
カルケドン派神学者。オリゲネス派的カルケドン派の中心人物として活躍。
⇒新カト（レオンティオス［ビザンティンの］　500頃-543）

Leontios〈6世紀〉
修道者，神学者。エルサレムの修道士であったともいわれるが，生涯については不詳。
⇒岩世人（レオンティオス（エルサレムの））
　新カト（レオンティオス［エルサレムの］　6世紀）

Leontios〈6・7世紀〉
キプロス島ネアポリスの司教。
⇒新カト（レオンティオス［ネアポリスの］　590頃-650頃）

Leontius
聖人, 殉教者。祝日7月20日。イタリア北部ヴィチェンツァで崇敬される。
⇒新カト（レオンティウスとカルポフォルス　生没年不詳）

Leontius〈5世紀〉
アルルの司教。
⇒新カト（レオンティウス〔アルルの〕　5世紀）

Leontius〈7・8世紀〉
東ローマ帝国皇帝。
⇒世帝（レオンティオス　?–706）

Leopardi, Giacomo〈18・19世紀〉
イタリアの詩人。抒情詩集『詞華集』(31)などがある。
⇒岩世人（レオパルディ　1798.6.29–1837.6.14）
ネーム（レオパルディ　1798–1837）
広辞7（レオパルディ　1798–1837）
新カト（レオパルディ　1798.6.29–1837.6.14）

Leopold〈19・20世紀〉
聖人。祝日7月30日。カプチン・フランシスコ修道会会員。
⇒新カト（レオポルド〔カステルヌオーヴォの〕　1866.5.12–1942.7.30）

Leopold, Carl Gustaf af〈18・19世紀〉
スウェーデンの詩人。フランス啓蒙主義の代弁者。
⇒岩世人（レーオポルド　1756.4.26–1829.11.9）

Leopold I〈13・14世紀〉
オーストリア公。ドイツ王アルブレヒト1世の第3子。
⇒岩世人（レオポルト1世　1290.5–1326.2.28）

Leopold I〈17・18世紀〉
神聖ローマ皇帝。在位1658～1705。
⇒バロ（レオポルト1世　1640.6.9–1705.5.5）
岩世人（レオポルト1世　1640.6.5–1705.5.5）
新カト（レオポルト1世　1640.6.9–1705.5.5）
世帝（レオポルト1世　1640–1705）
皇国（レオポルト1世　(在位)1658–1705）

Leopold I〈18・19世紀〉
ベルギーの初代国王。在位1831～65。
⇒岩世人（レオポルド1世　1790.12.16–1865.12.10）

Leopold I, der Alte Dessauer〈17・18世紀〉
アンハルト・デッサウ公。在位1693～1747。プロイセンの元帥。
⇒岩世人（レオポルト1世　1676.7.3–1747.4.9）

Leopold II〈18世紀〉
神聖ローマ皇帝。在位1790～92。女帝マリア・テレジアの第3子で皇帝ヨーゼフ2世の弟。
⇒岩世人（レオポルト2世　1747.5.5–1792.3.1）
新カト（レオポルト2世　1747.5.5–1792.3.1）
世人新（レオポルト2世　1747–1792）
世人装（レオポルト2世　1747–1792）
世帝（レオポルト2世　1747–1792）

Leopold II〈19・20世紀〉
ベルギーの国王。在位1865～1909。
⇒岩世人（レオポルド2世　1835.4.9–1909.12.17）
世人新（レオポルド2世　1835–1909）
世人装（レオポルド2世　1835–1909）
世史語（レオポルド2世　1835–1909）
ポプ人（レオポルド2世　1835–1909）

Leopold III〈11・12世紀〉
オーストリア辺境伯。在位1095～1136。聖人。
⇒新カト（レオポルト3世〔オーストリアの〕　1075頃–1136）
図聖（レオポルト3世　1075–1136）

Leopold III〈14世紀〉
オーストリア公アルブレヒト2世の甥。
⇒岩世人（レオポルト3世　1351–1386.7.9）

Leopold III〈18・19世紀〉
アスカニア家の統治者。
⇒岩世人（フランツ（デッサウ侯）　1740.8.10–1817.8.9）

Leopolita, Marcin〈16世紀〉
ポーランドの作曲家。
⇒バロ（レオポリタ，マルチン　1540頃–1589）

Leotadius〈7世紀〉
フランスのオーシュの司教。聖人。祝日10月22日。
⇒新カト（レオタディウス　7世紀）

Leotychides〈前6・5世紀〉
古代スパルタの王。在位前491～69。前479年にギリシア連合艦隊を率いて活躍。
⇒岩世人（レオテュキダス2世　?–前469頃）
世帝（レオテュキデス　前545–前469）

Leovigild〈9世紀〉
聖人, コルドバの殉教者, 修道士。祝日8月20日。
⇒新カト（レオヴィギルドとクリストフォルス　?–852）

Lepautre, Antoine〈17世紀〉
フランスの建築家。主作品『オテル・ド・ボーベ』（1652～55）。
⇒岩世人（ルポートル　1621–1691）

Lepautre, Jean〈17世紀〉
フランスの金工家, 工芸意匠家, 銅版彫刻家。ルイ14世様式装飾意匠の創造者の一人。
⇒岩世人（ルポートル　1618.6.28–1682.2.2）
芸13（ルポートル，ジャン　1617–1682）

Lepautre, Pierre〈17・18世紀〉
フランスの彫刻家。彫刻大賞を得, 14年間ローマに滞在。
⇒岩世人（ルポートル　1659?–1744.1.22）

L'Épée, Charles Michel, Abbé de〈18世紀〉
フランスの組織的ろう教育の確立者。
⇒岩世人（レペ　1712.11.24–1789.12.23）
ネーム（ド・レペ　1712–1789）
ポプ人（ド・レペ, シャルル・ミシェル　1712–1789）

Lepelletier, Edmond〈19・20世紀〉
フランスの作家, 政治家。
⇒**19仏**（エドモン・ルペルティエ　1846.6.26–1913.7.22）

Lepère, Charles〈19世紀〉
フランスの政治家。
⇒**19仏**（シャルル・ルペール　1823.2.1–1885.9.6）

Lepeshinskaia, Olga Borisovna〈19・20世紀〉
ソ連邦の女流医学者。医学アカデミー実験生物学研究所細胞学部長。
⇒岩世人（レペシンスカヤ　1871.8.6/18–1963.10.2）

Lepeshinski, P.N.〈19・20世紀〉
ソ連の政治家, 教育家, 統計家。
⇒学叢思（レペシンスキー　1868–?）

Le Petit, Alfred〈19・20世紀〉
フランスのイラストレーター。
⇒**19仏**（アルフレッド・ル・プティ　1841.6.8–1909.11.15）

Lepicié, Michel Nicolas Bernard〈18世紀〉
フランスの画家。主作品『農家の中庭』『読書の時間』。
⇒芸13（ルピシエ, ニコラ　1735–1784）

LePicq, Charles〈18・19世紀〉
フランスのダンサー, 振付家。
⇒バレエ（ルピック, シャルル　1744/1749–1806）

Lepidus, Marcus Aemilius〈前1世紀〉
ローマの政治家。貴族アエミリウス氏出身。第2次三頭政治家の一人。前46年, 前42年コンスル。
⇒岩世人（レピドゥス　前90頃–前13/前12）
ネーム（レピドゥス　?–前13?）
広辞7（レピドゥス　前90頃–前12）
世人新（レピドゥス　?–前13頃）
世人装（レピドゥス　?–前13頃）
世史語（レピドゥス　?–前13頃）
ポプ人（レピドゥス, マルクス・アエミリウス　前90?–前12）
学叢歴（レピダス）

Lepin, Marius〈19・20世紀〉
フランスのカトリック神学者。
⇒新カト（ルパン　1870.3.28–1952.8.11）

Le Play, Pierre Guillaume Frédéric〈19世紀〉
フランスの社会学者, 採鉱技師。
⇒岩世人（ル・プレー　1806.4.11–1882.4.5）
学叢思（ル・プレー, ピエール・ギヨーム・フレデリク　1806–1882）
新カト（ル・プレー　1806.4.11–1882.4.5）

Le Porcq d'Imbretun, Jean〈17・18世紀〉
フランスのカトリック神学者。
⇒新カト（ル・ポルク　1636.10.28–1722.4.5）

Leporius〈5世紀〉
ガリアのトリーア出身の修道士。
⇒新カト（レポリウス　5世紀前半）

Le Pourtier〈16世紀〉
フランスの作曲家。
⇒バロ（ル・プルティエ, ?　1500頃?–1550頃?）

Leprestre, Julien〈19・20世紀〉
フランスのテノール歌手。
⇒魅惑（Leprestre, Julien　1864–1909）

Lepsius, Karl Richard〈19世紀〉
ドイツのエジプト学者, 近代考古学確立者の一人。主著『言語研究の手段としての古文書学』(34)。
⇒岩世人（レプシウス　1810.12.23–1884.7.10）

Lequeu, Jean-Jacques〈18・19世紀〉
フランスの建築家。
⇒岩世人（ルクー　1757.9.14–1826.3.28）

Lequeux, Claude〈18世紀〉
パリの教区司祭。
⇒新カト（ルクー　?–1768.4.30）

Le Queux, William Tufnell〈19・20世紀〉
イギリスの作家。
⇒スパイ（ル・キュー, ウィリアム・タフネル　1864–1927）

Lequier, Joseph Louis Jules〈19世紀〉
フランスの哲学者。主著『第一真理の探求』(65)。
⇒岩世人（ルキエ　1814.1.30–1862.2.11）
新カト（ルキエ　1814.1.30–1862.2.13）
メル2（ルキエ, ジュール　1814–1862）

Le Quy Don〈18世紀〉
ベトナム黎朝末期の文学者, 政治家。
⇒岩世人（レー・クイ・ドン　1726–1784）

Lercher, Ludwig〈19・20世紀〉
オーストリアのカトリック神学者。
⇒新カト（レルハー　1864.7.30–1937.8.5）

Lerdo de Tejada, Miguel〈19世紀〉
メキシコの政治家。財務長官, 最高裁判所判事

を歴任。〈レルド法〉を制定(56)。
⇒岩世人（レルド・デ・テハーダ　1812–1861.3.22）

Lerdo de Tejada, Sebastián〈19世紀〉
メキシコの政治家。大統領（1872～77）。
⇒岩世人（レルド・デ・テハーダ　1827.4.25–1889.4.21）

Leria, Giovanni Maria〈17世紀〉
イタリアのイエズス会宣教師。
⇒岩世人（レリア　1602–1665.8.21）

Lerma, Francisco Gómez de Sandoval y Rojas, Duque de〈16・17世紀〉
スペインの政治家、枢機卿。
⇒岩世人（レルマ　1553–1625.5.18）

Lermina, Jules〈19・20世紀〉
フランスの作家。
⇒**19仏**（ジュール・レルミナ　1839.3.27–1915.6.23）

Lermontov, Mikhail Iurievich〈19世紀〉
ロシアの詩人、小説家。叙事詩『悪魔』(39)、小説『現代の英雄』(40)などを著す。
⇒岩世人（レールモントフ　1814.10.3–1841.7.15）
　ネーム（レールモントフ　1814–1841）
　広辞7（レールモントフ　1814–1841）
　学叢思（レルモントフ、ミハエル・ユーレンウィッチ　1814–1841）
　ポプ人（レールモントフ、ミハイル・ユリエビチ　1814–1841）

Leroux, Charles〈19・20世紀〉
フランスの軍人。日本陸軍軍楽隊教師。
⇒岩世人（ルルー　1851.9.12–1926.7.4）

Le Roux, Gaspard〈17・18世紀〉
フランスの作曲家。
⇒バロ（ル・ルー、ガスパール　1660頃–1706）

Leroux, Gaston〈19・20世紀〉
フランスの小説家、ジャーナリスト。代表作『黄色い部屋の秘密』(08)、『オペラ座の怪』(10)。
⇒岩世人（ルルー　1868.5.6–1927.4.15）

Leroux, Pierre〈18・19世紀〉
フランスの哲学者。『新百科全書』を刊行。主著『人間性について』(40)。
⇒岩世人（ルルー　1797.4.7–1871.4.11）
　学叢思（ルルー、ピエール　1797–1871）
　メル3（ルルー、ピエール　1797–1871）

Le Roy, Adrian〈16世紀〉
フランスの楽譜出版業者、リュート奏者、ギター奏者、歌手、作曲家。
⇒バロ（ル・ロワ、アドリアン　1520頃–1598）

Le Roy, Alexandre-Louis-Victor-Aimé〈19・20世紀〉
フランス出身の聖霊修道会員、同総会長。アフリカ宣教で活躍した。
⇒新カト（ル・ロア　1854.1.19–1938.4.21）

le Roy, Anthoine〈15・16世紀〉
フランスの作曲家。
⇒バロ（ル・ロワ、アントアーヌ　1490頃?–1546）

le Roy, Bartolomeo〈16世紀〉
フランスの作曲家。
⇒バロ（ル・ロワ、バルトロメオ　1530頃–1599.2.2）

Le Roy, Édouard〈19・20世紀〉
フランスの哲学者。主著『ドグマと批判』(1906)、『第一哲学試論』(56～58)。
⇒岩世人（ル・ロワ　1870.6.8–1954.11.11）
　新カト（ル・ロア　1870.6.18–1954.11.9）
　メル3（ル・ロワ、エドゥアール　1870–1954）

Le Roy, James A.〈19・20世紀〉
アメリカの著名なフィリピン問題研究家。
⇒アア歴（Leroy, James A (lfred)　ジェイムズ・アルフレッド・ルロイ　1875.12.9–1909）
　岩世人（ル・ロイ　1875.12.9–1909.2.26）

Leroy, Louis Joseph〈19世紀〉
フランスのジャーナリスト、美術批評家、銅版画家、劇作家。
⇒岩世人（ルロワ　1812–1885）

Leroy-Beaulieu, Henri Jean Baptiste Anatole〈19・20世紀〉
フランスの歴史家。パリの政治学校教授。フランスの親露政策に寄与。
⇒岩世人（ルロワ＝ボーリュー　1842.2.12–1912.6.15）

Leroy-Beaulieu, Pierre Paul〈19・20世紀〉
フランスの経済学者。〈Economiste français〉誌を創刊。
⇒岩世人（ルロワ＝ボーリュー　1843.12.9–1916.12.9）
　学叢思（ルロア・ボーリュー、ピエール・パウル　1848–?）

Le Roy (Leroy), Julien-David〈18・19世紀〉
フランスの建築家、建築史家。
⇒岩世人（ル・ロワ　1724–1803.1.27）

Lerrigo, Peter Hugh James〈19・20世紀〉
アメリカの医療宣教師。
⇒アア歴（Lerrigo, P (eter) H (ugh) J (ames)　ピーター・ヒュー・ジェイムズ・レリゴ　1875.10.6–1958.3.24）

Lerroux y García, Alejandro〈19・20

Le Sage, Alain René〈17・18世紀〉
フランスの小説家、劇作家。代表作『チュルカレ』(09)、『ジル・ブラス』(15〜35)。
⇒バロ（ル・サージュ,？ 1670頃?–1730頃?）
岩世人（ルサージュ 1668.5.8–1747.11.17）
ネーム（ルサージュ 1668–1747）
広辞7（ルサージュ 1668–1747）

Lésbio, António Marques〈17・18世紀〉
ポルトガルの作曲家。
⇒バロ（レズビオ、アントーニオ・マルケス 1639–1709.11.21）

Lesch, Albrecht〈15世紀〉
ドイツの作曲家。
⇒バロ（レシュ、アルブレヒト 1420頃以前–1478/1479）

Leschetizky, Theodor〈19・20世紀〉
ポーランドのピアノ奏者、音楽教師、作曲家。
⇒岩世人（レシェティツキー 1830.6.22–1915.11.14）

Lescœur, Louis〈19・20世紀〉
フランスのカトリック神学者。
⇒新カト（レクール 1825–1910）

Lescot, Pierre〈16世紀〉
フランスの建築家。ルーブル宮の増築を担当し、1551年南西翼を完成。
⇒岩世人（レスコ 1510-1515–1578.9.10）

Leskien, August〈19・20世紀〉
ドイツの言語学者。スラブ語派とバルト語派の研究に業績を残した。主著『古代ブルガリア語文法』(09)。
⇒岩世人（レスキーン 1840.7.8–1916.9.20）

Leskov, Nikolai Semyonovich〈19世紀〉
ロシアの小説家。『魅せられた旅人』(73)、『美容師』(83) などの作品がある。
⇒岩世人（レスコーフ 1831.2.4–1895.2.21）
ネーム（レスコーフ 1831–1895）
広辞7（レスコフ 1831–1895）
新カト（レスコフ 1831.2.16–1895.3.5）

Leslie, Alexander, 1st Earl of Leven〈16・17世紀〉
スコットランドの軍人。三十年戦争に活躍し、スウェーデンの元帥となった(36)。
⇒岩世人（レスリー（レズリー） 1580頃?–1661.4.4）

Leslie, Charles〈17・18世紀〉
英国教会の聖職、巨従拒誓者。
⇒新カト（レスリー 1650.7.17–1722.4.13）

Leslie, Charles Robert〈18・19世紀〉
イギリスの画家。シェークスピア、ゴールドスミス等の作品に題材を求めた漫画風の風俗画を描いた。
⇒岩世人（レスリー（レズリー） 1794.10.19–1859.5.5）

Leslie, David, 1st Baron Newark〈17世紀〉
スコットランドの軍人。スウェーデン軍に加わって三十年戦争に従軍したのち帰国(40)。
⇒岩世人（レスリー（レズリー） 1601–1682.2）

Leslie, John〈16世紀〉
スコットランドの神学者、ロスの主教。
⇒新カト（レスリー 1527.9.29–1596.5.31）

Leslie, Thomas Edward Cliffe〈19世紀〉
アイルランドの経済学者、哲学者。イギリスの歴史学派経済学の建設者。
⇒岩世人（レスリー（レズリー） 1825?–1882.1.27）
学叢思（レスリー、トマス・エドワード・クリッフ 1827–1882）

Leśmian, Bolesław〈19・20世紀〉
ポーランドの詩人。代表作『草野』(1920)。
⇒岩世人（レシミャン 1877.1.22–1937.11.5）
ユ著人（Lesmian,Boleslaw レシミャン、ボレスワウ 1877/1878–1937）

Lespinasse, Julie Jeanne Éléonore de〈18世紀〉
フランスの女性。18世紀パリの有名な文学サロンの主催者。
⇒岩世人（レスピナス 1732.11.9–1776.5.22）

Less, Gottfried〈18世紀〉
ドイツのルター派神学者。
⇒新カト（レス 1736.1.31–1797.8.28）

Lessel, Wincenty Ferdynand〈18・19世紀〉
チェコ系のポーランドの作曲家。
⇒バロ（レッセル、ヴィンツェンティ・フェルディナンド 1750頃–1827）

Lesseps, Ferdinand Marie, Vicomte de〈19世紀〉
フランスの外交官。1859年スエズ運河の開削に着工、69年完成。
⇒岩世人（レセップス 1805.11.19–1894.12.7）
19仏（フェルディナン・ド・レセップス 1805.11.19–1894.12.7）
ネーム（レセップス 1805–1894）
広辞7（レセップス 1805–1894）
世人新（レセップス 1805–1894）
世人装（レセップス 1805–1894）
世史語（レセップス 1805–1894）
世史語（レセップス 1805–1894）
ポプ人（レセップス, フェルディナン・マリー・ド

1805–1894）
　　学叢歴（レセップス，フェルヂナンド・ド　1805–1894）

Lesseps, Jean Baptiste Barthélemy, Baron de〈18・19世紀〉
フランス人外交官，旅行家。
⇒岩世人（レセップス　1766.1.27–1834.4.6）

Lessing, Gotthold Ephraim〈18世紀〉
ドイツの劇作家，評論家。
⇒岩世人（レッシング　1729.1.22–1781.2.15）
　ネーム（レッシング　1729–1781）
　広辞7（レッシング　1729–1781）
　学叢思（レッシング，ゴットホルド・エフライム　1729–1781）
　新カト（レッシング　1729.1.22–1781.2.15）
　メル2（レッシング，ゴットホルト＝エフライム　1729–1781）
　ユ人（レッシング，ゴットホルド・エフライム　1729–1781）

Lessing, Karl Friedrich〈19世紀〉
ドイツの画家。カルルスルーエ絵画館長。ロマン派。
⇒岩世人（レッシング　1808.2.15–1880.6.5）

Lessing, Theodor〈19・20世紀〉
ドイツの哲学者。ショーペンハウアーの影響をうけ，生の哲学の代表者。
⇒岩世人（レッシング　1872.2.8–1933.8.31）
　ユ著人（Lessing,Theodor　レッシング，テオドール　1872–1933）

Lessius, Leonardus〈16・17世紀〉
ベルギーの神学者。主著『神の恩恵と魂の不死について』(13)。
⇒岩世人（レッシウス　1554.10.1–1623.1.15）
　新カト（レッシウス　1554.10.1–1623.1.15）

l'Estocart, Paschal de〈16世紀〉
フランスの作曲家。
⇒バロ（レストカール，パスカル・ド　1539頃–1584以降）

Lestonnac, Jeanne de〈16・17世紀〉
フランスの修道女，マリア修道女会創設者。聖人。祝日2月2日。
⇒新カト（ジャンヌ・ド・レストナック　1556–1640.2.2）

Lestschinsky, Jacob〈19・20世紀〉
ロシアの人口統計学者，労働シオニズムの理論家。
⇒ユ人（レスチンスキー，ヤコブ　1876–1966）

Le Sueur, Eustache〈17世紀〉
フランスの画家。主作品はシャルトル大聖堂の『聖ブルーノの生涯』（45～48）。
⇒岩世人（ル・シュウール　1617.11.19–1655.4.30）

Le Sueur, Jean François〈18・19世紀〉
フランスの作曲家。パリ音楽院教授となる。ベ

ルリオーズの師。
⇒バロ（ル・シュール，ジャン・フランソワ　1760.2.15–1837.10.6）
　岩世人（ルシュウール　1760.2.15–1837.10.6）

Leszczyński, Wladyslaw〈17世紀〉
ポーランドの作曲家。
⇒バロ（レシチンスキ，ヴワディスワフ　1616–1680.9.24）

Leszek I, the White〈12世紀〉
ポーランド王国の統治者。在位1194～1199, 1202～1227（復位）。
⇒世帝（レシェク1世　1186頃–1227）

Leszek II, the Black〈13世紀〉
ポーランド王国の統治者。在位1279～1288。
⇒世帝（レシェク2世　1241–1288）

Lê Tac〈13・14世紀〉
中国，南陳朝時代の官吏。著書『安南志略』20巻は，安南の史書としては現存する最古のもの。
⇒岩世人（レー・タック）

Letalle, Abel〈19世紀〉
フランスの詩人。
⇒19仏（アベル・ルタル　1870–?）

Le Tellier, Adrian〈19・20世紀〉
ベルギー出身のイエズス会司祭。インド国籍を取得。「黙想神父」として知られた。
⇒新カト（ル・テリエ　1878.9.12–1961.7.12）

Letellier, Alfred〈19・20世紀〉
フランスのジャーナリスト，政治家。
⇒19仏（アルフレッド・ルテリエ　1841.3.16–1910.7.7）

Le Tellier, Michel〈17世紀〉
フランスの政治家。1677年大法官，国爾尚書。ルイ14世の絶対王権確立に寄与。
⇒岩世人（ル・テリエ　1603.4.19–1685.10.30）

Le Tellier, Michel〈17・18世紀〉
フランスのイエズス会員。
⇒新カト（ル・テリエ　1643.12.16–1719.9.2）

Lethaby, William Richard〈19・20世紀〉
イギリスの建築家，著述家，教育者。ロンドンの中央美術工芸学校初代校長。
⇒岩世人（レサビー　1857.1.18–1931.7.17）

Letourneau, Charles Jean Marie〈19・20世紀〉
フランスの民族学者，社会人類学者。主著『結婚と家族の進化』(81)。
⇒岩世人（ルトゥルノー　1831–1902）
　学叢思（ルトゥルノー，シャール　1831–1902）

Lettsom, John Coakley〈18・19世紀〉
イギリスの医師，博愛主義者。

⇒岩世人（レットサム　1744.11.22-1815.11.1）

Le Turdu, Pierre Julien〈19世紀〉
フランスの外国伝道協会宣教師。
⇒岩世人（ル・テュルデュ　1821.8.6-1861.7.15）

Letzel, Jan〈19・20世紀〉
チェコの建築家。
⇒岩世人（レツル（レッツェル）　1880.4.9-1925.12.26）

Leube, Wilhelm Olivier〈19・20世紀〉
ドイツの医者。ヴュルツブルク大学教授。
⇒岩世人（ロイベ　1842.9.14-1922.5.16）

Leuckart, Karl Georg Friedrich Rudolf〈19世紀〉
ドイツの動物学者。近代寄生動物学および動物生態学の開拓者。
⇒岩世人（ロイカルト　1822.10.7-1898.2.6）

Leuenberger, Niklaus〈17世紀〉
スイス農民戦争の指導者。
⇒岩世人（ロイエンベルガー　1615-1653.9.6）

Leufroy〈7・8世紀〉
ラ・クロア修道院院長。聖人。祝日6月21日。
⇒新カト（ルフロア　?-738.6.21）

Leukippos〈前6・5世紀〉
ギリシアの哲学者。デモクリトスの師。
⇒岩世人（レウキッポス（活動）前440頃-前430頃）
　ネーム（レウキッポス）
　広辞7（レウキッポス　前5世紀）
　学叢思（レウ（ロイ）キッポス）
　メル1（レウキッポス　前5世紀）

Leumann, Ernst〈19・20世紀〉
スイスの東洋学者,言語学者。サンスクリット原典から諸経を翻訳,『梵英辞典』を編纂。
⇒岩世人（1859.4.11-1931.4.24）

Leuthold, Heinrich〈19世紀〉
スイスの抒情詩人。ミュンヘン詩派。"Gedichte"（79）。
⇒岩世人（ロイトホルト　1827.8.5-1879.7.1）

Leutze, Emanuel Gottlieb〈19世紀〉
アメリカの画家。
⇒岩世人（ロイツェ　1816.5.24-1868.7.18）

Lev〈18・19世紀〉
ロシア正教会の長老（克肖者）。
⇒岩世人（レフ（オプチナ修道院の）　1768-1841.10.11）

Le Vacher, Jean〈17世紀〉
ヴィンセンシオの宣教会会員、代牧、チュニスとアルジェのフランス国領事。
⇒新カト（ル・ヴァシェ　1619.3.15-1683.7.28）

Levanda, Lev Osipovich〈19・20世紀〉
ロシアの作家。
⇒ユ著人（Levanda,Lev Osipovich　レヴァンダ、レフ・オーシポヴィチ　1835-1988）

Le Van Duyet〈18・19世紀〉
ベトナムのグエン朝創始の功労者。
⇒岩世人（レー・ヴァン・ズエット　1763-1832）

Le Van Huu〈13世紀〉
ベトナムの歴史家。ベトナム国史を編纂。正史『大越史記』30巻を完成。
⇒岩世人（レー・ヴァン・フウ　1230-1322）

Lê Văn Khôi〈19世紀〉
ベトナムの反グエン（阮）朝蜂起の指導者。
⇒岩世人（レー・ヴァン・コイ　?-1833）

Lê Văn Trung〈19・20世紀〉
ベトナムの宗教家,新興宗教カオダイ（高台）教の開祖。
⇒岩世人（レー・ヴァン・チュン　1875.10.10-1934.11.19）

Levasseur, Pierre Emile〈19・20世紀〉
フランスの経済学者。主著『フランス労働者階級の歴史』（55～67）,『フランス商業史』（1911）。
⇒岩世人（ルヴァスール　1828.12.8-1911.7.10）
　学叢思（ルヴァッスール、ピエール・エミール　1828-1911）

Levassor, Émile〈19世紀〉
フランスの実業家。
⇒岩世人（ルヴァソール　1843-1897）

Le Vassor, Michel〈17・18世紀〉
フランスのオラトリオ会員、著述家。
⇒新カト（ル・ヴァソール　1648-1718）

Le Vau, Louis〈17世紀〉
フランスの建築家。ルーブル宮,チュイルリー宮の建築総監。ベルサイユ宮の拡張工事に従事。
⇒岩世人（ル・ヴォー　1612-1670.10.11）

Levene, Phoebus Aaron Theodor〈19・20世紀〉
アメリカの化学者。
⇒岩世人（レヴィーン　1869.2.25-1940.9.6）
　ユ著人（Leveben,Phoebus Aaron Theodor　レヴィーン、フェビュース・アーロン・セオドア　1869-1940）

Lever, Charles James〈19世紀〉
アイルランドの小説家。
⇒岩世人（リーヴァー　1806.8.31-1872.6.1）

Leverhulme, William Hesketh Lever, 1st Viscount〈19・20世紀〉
イギリスの実業家,慈善家。
⇒岩世人（リーヴァヒューム　1851.9.19-1925.5.7）

Leveridge, Richard〈17・18世紀〉
イギリスの作曲家。
⇒バロ（レヴェリッジ, リチャード　1670-1671-1758.3.22）

Leverrier, Urbain Jean Joseph〈19世紀〉
フランスの天文学者。パリ天文台長。水星,彗星の理論研究を行った。
⇒岩世人（ルヴェリエ　1811.3.11-1877.9.23）
　科史（ルヴェリエ　1811-1877）
　ネーム（ルベリエ　1811-1877）

Levertin, Oscar Ivar〈19・20世紀〉
スウェーデンの詩人,評論家。1906年からストックホルム大学教授。代表作『伝説と歌』(91)。
⇒岩世人（レヴァティーン　1862.7.17-1906.9.22）

Levetzow, Ulrike von〈19世紀〉
ドイツの女性。ゲーテの女友達。
⇒岩世人（レーヴェツォー　1804.2.4-1899.11.13）

Levi
イエスに従った徴税人。
⇒新カト（レビ）

Levi, Beppo〈19・20世紀〉
イタリアの数学者。
⇒世数（レヴィ, ベッポ　1875-1961）

Lévi, Eliphas〈19世紀〉
フランスの魔術理論家。『高等魔術の教理と儀式』(56)を著す。
⇒岩世人（レヴィ　1810.2.8-1875.5.31）

Levi, Hermann〈19世紀〉
ドイツの指揮者。カールスルーエ宮廷楽団,ミュンヘン宮廷楽団の指揮者を歴任。
⇒岩世人（レーヴィ　1839.11.7-1900.5.13）
　ユ著人（Levi,Herman　レヴィ, ヘルマン　1839-1900）

Lévi, Sylvain〈19・20世紀〉
フランスの東洋学者,インド学者。仏教文化研究に貢献。
⇒岩世人（レヴィ　1863.3.28-1935.10.30）
　ユ人（レヴィ, シルバン　1863-1935）
　ユ著人（Lévi,Sylvan　レヴィ, シルバン　1863-1935）

Levi ben Abraham ben Hayyim of Ville-franche〈13・14世紀〉
アリストテレス哲学を取り入れた思想家。
⇒ユ著人（Levi ben Abraham ben Hayyim of Ville-franche　レヴィ・ベン・アブラハム・ベン・ハイム（ヴィルフランシュの）　1245?-1315?）

Levi ben Gershom〈13・14世紀〉
フランスの数学者,哲学者。
⇒新カト（レヴィ・ベン・ゲルション　1288-1344.4.20）
　ユ人（レヴィ, ベンゲルショム（ラルバグ）　1288-1344）
　ユ著人（Levi ben Gershom　レヴィ・ベン・ゲルショム　1288/1290-1344）

Levi-Bianchini, Angelo〈19・20世紀〉
イタリアの海軍将校,シオニスト。
⇒ユ人（レヴィ・ビアンチニ, アンジェロ　1877-1920）

Levi-Cività, Tullio〈19・20世紀〉
イタリアの数学者。絶対微分学を創始し,1900年『絶対微分学の方法とその応用』を発表。
⇒岩世人（レヴィ＝チーヴィタ　1873.3.29-1942）
　世数（レヴィ-チヴィタ, チュリオ　1873-1941）
　ユ著人（Levi-Civita,Tullio　レヴィ＝チヴィタ, テュリオ　1873-1941）

Levin, Shmaryahu〈19・20世紀〉
ロシアのシオニスト指導者。
⇒ユ人（レビン, シュマリアフ　1867-1935）

Levin(Lefin), Menahem Mendel〈18・19世紀〉
ユダヤ人作家,翻訳者,教育者。
⇒ユ著人（Levin(Lefin), Menahem Mendel　レヴィン, メナヘム・メンデル　1749-1826）

Levinson, Isaac Baer〈18・19世紀〉
ラビ,随筆家,哲学者。
⇒ユ著人（Levinson,Isaac Baer　レヴィンゾーン, イツハク・ベール　1788-1860）

Levison, Wilhelm〈19・20世紀〉
ドイツ（ユダヤ系）の歴史家。
⇒岩世人（レヴィゾーン　1876.5.27-1947.1.17）

Levita, Elijahs〈15・16世紀〉
ドイツのヘブライ文法学者。
⇒ユ著人（Levita,Elijahs　レヴィタ, エリアス　1469-1549）

Levitan, Isaak Iliich〈19世紀〉
ロシアの風景画家。移動派に属する。
⇒岩世人（レヴィタン　1860.8.18-1900.7.22）
　広辞7（レヴィタン　1860-1900）
　芸13（レヴィタン, イサーク・イリイッチ　1861-1900）
　ユ著人（Levitan,Issac Iliich　レヴィターン（レビタン）, イサアク・イリイッチ　1860/1861-1900）

Levitov, Aleksandr Ivanovich〈19世紀〉
ロシアの小説家。主著『懲罰』(62)。
⇒岩世人（レヴィートフ　1835.7.20/8.30-1877.1.4）

Levitskii, Dmitrii Grigorievich〈18・19世紀〉
ロシアの画家。
⇒岩世人（レヴィツキー　1735頃-1822.4.4）

芸13（レヴィツキー，ドミトリー・グリゴリエヴィッチ　1735–1822）

Levni〈18世紀〉
オスマン・トルコのアメフト3世の宮廷画家。
⇒岩世人（レヴニー，アブデュルジェリル・チェレビー　?–1732）

Levontin, Zalman David〈19・20世紀〉
シオニストのパイオニア。
⇒ユ人（レボンチン，ザルマン・ダビッド　1856–1940）

Levski, Vasil〈19世紀〉
ブルガリアの革命家。ブルガリア革命中央委員会を組織，オスマン帝国に対し武装蜂起。
⇒岩世人（レフスキ　1837.7.6–1873.2.6）

Lévy, Armand〈19世紀〉
フランスのジャーナリスト。
⇒19仏（アルマン・レヴィ　1827–1891）

Lévy, C.〈19世紀〉
フランスの新聞記者。
⇒岩世人（レヴィ）

Levy, Joseph M.〈19世紀〉
イギリスの新聞社主。
⇒ユ著人（Levy, Joseph M.　レヴィ，ヨセフ・M　1812–1888）

Lévy, Maurice〈19・20世紀〉
フランスの技術者。
⇒岩世人（レヴィ　1838.2.28–1910.9.30）

Lévy, Michel〈19世紀〉
フランスの出版人。
⇒ユ著人（Lévy, Michel　レヴィ，ミシェル　1821–1875）

Levy, Uriah Phillips〈18・19世紀〉
米国海軍士官。
⇒ユ著人（Levy, Uriah Phillips　レヴィ，ウリア・フィリップス　1792–1862）

Lévy-Bruhl, Lucien〈19・20世紀〉
フランスの哲学者，人類学者。主著『未開人の思考』(10)。
⇒岩世人（レヴィ＝ブリュール　1857.4.10–1939.3.13）
　ネーム（レヴィ＝ブリュール　1857–1939）
　広辞7（レヴィ・ブリュール　1857–1939）
　新カト（レヴィ＝ブリュール　1857.4.10–1939.3.13）
　20思（レヴィ＝ブリュル，ルシアン　1857–1939）
　メル3（レヴィ＝ブリュル，リュシアン　1857–1939）
　ユ著人（Lévy-Bruhl, Lucien　レヴィ＝ブリュール，ルシアン　1857–1939）

Levyssohn, Joseph Henry〈19世紀〉
オランダの出島商館長。在職1845～50。
⇒岩世人（レフィスゾーン　1798.9.11–?）

Lew〈10・11世紀〉
ロシア正教会初期の府主教。
⇒新カト（リエフ〔キエフの〕　10世紀後半–11世紀初頭）

Lew〈11世紀頃〉
ロシア正教会の府主教。
⇒新カト（リエフ〔ペレヤースラウの〕　11世紀頃）

Lew〈11世紀〉
ロシア北西部ロストフの主教，ロシア正教会の聖人。コンスタンティノポリス生まれ。
⇒新カト（リエフ〔ロストフの〕　11世紀）

Lewald, Fanny〈19世紀〉
ドイツの女流小説家。主著『クレメンティーネ』(1842)，『ルイ・フェルディナン公』(49)。
⇒岩世人（レーヴァルト　1811.3.24–1889.8.5）
　ユ著人（Stahr, Fanny Lewald　シュタール，ファニー・レワルド　1811–1889）

Lewandowski, Louis〈19世紀〉
ドイツのシナゴーグ合唱隊指揮者。作曲家。
⇒ユ著人（Lewandowski, Louis　レヴァンドフスキ，ルイス　1821–1894）

Lewanika, Lubosi〈19・20世紀〉
南部アフリカ，ザンビア西部ロジ王国の王。在位1878～1916。
⇒アフ新（レワニカ　1845頃–1916）

Leward, Theodor〈19・20世紀〉
ドイツ・オリンピック組織委員長。
⇒ユ著人（Leward, Theodor　レヴァルト，セオドァー　?–?）

Lewes, George Henry〈19世紀〉
イギリスの著作家，評論家。女流小説家G.エリオットとの関係(1854以後同棲)で有名。
⇒岩世人（ルイス　1817.4.18–1878.11.28）
　メル3（ルイス，ジョージ・ハリス　1817–1878）

Lewi
ヤコブの第3子(旧約)。
⇒岩世人（レビ）
　新カト（レビ）

Lewis, Charles〈19・20世紀〉
アメリカの医療宣教師。
⇒アア歴（Lewis, Charles　チャールズ・ルイス　1865.11.3–1932.7.4）

Lewis, Dioclesian〈19世紀〉
アメリカの体育学者。ボストンに体操学校を設立(63)。
⇒岩世人（ルイス　1823.3.3–1886.5.21）

Lewis, Gilbert Newton〈19・20世紀〉
アメリカの物理化学者。原子の電子配置模型(1902)，溶液の活動度(08)などの業績がある。
⇒岩世人（ルイス　1875.10.23–1946.3.23）
　広辞7（ルイス　1875–1946）

20思(ルイス, ギルバート・ニュートン 1875–1946)

Lewis, John Llewellyn〈19・20世紀〉
アメリカの労働運動指導者。1936年産業別組織会議CIOを組織し, 初代議長となった。
⇒アメ新（ルイス　1880–1969）
　岩世人（ルイス　1880.2.12–1969.6.11）
　広辞7（ルイス　1880–1969）

Lewis, Matthew Gregory〈18・19世紀〉
イギリスの小説家。『怪僧』(96)を書き,「モンク・ルイス」とあだ名された。
⇒岩世人（ルイス　1775.7.9–1818.5.16）

Lewis, Meriwether〈18・19世紀〉
アメリカの探検家。1801年T.ジェファーソン大統領の私設秘書となる。08〜9年ルイジアナ准州知事。
⇒岩世人（ルイス　1774.8.18–1809.11.11）

Lewis,（Ted）Edward Morgan〈19・20世紀〉
アメリカの大リーグ選手(投手)。
⇒メジャ（テッド・ルイス　1872.12.25–1936.5.23）

Lewy, Hans〈19・20世紀〉
ドイツ出身のアメリカの数学者。カリフォルニア大学バークレー校教授。
⇒世数（レヴィ, ハンス　1804–1988）

Lexer, Erich〈19・20世紀〉
ドイツの外科学者。整形外科学の権威。
⇒岩世人（レクサー　1867.5.22–1937.12.4）

Lexer, Mathias von〈19世紀〉
ドイツのゲルマン学者。グリム兄弟の『ドイツ語辞典』の編集にも携った。
⇒岩世人（レクサー　1830.10.18–1892.4.16）

Lexis, Wilhelm〈19・20世紀〉
ドイツの経済学者, 統計学者。
⇒岩世人（レクシス　1837.7.17–1914.8.25）

Leybach, Ignace Xavier Joseph〈19世紀〉
フランスの作曲家, オルガン奏者, ピアノ奏者。
⇒曲改（レイバッハ, イニヤス・サヴィエル・ジョゼフ　1817–1891）

Leyden, Ernst Viktor von〈19・20世紀〉
ドイツの神経学者。〈ライデン氏麻痺〉と呼ばれる半身麻痺, 進行性筋萎縮症等に名を残している。
⇒岩世人（ライデン　1832.4.20–1910.10.5）

Leydig, Franz〈19・20世紀〉
ドイツの動物学者。無脊椎動物の組織学の研究を行い, 比較組織学の基礎を築いた。
⇒岩世人（ライディヒ　1821.5.21–1908.4.13）

Leyen, Friedrich von der〈19・20世紀〉
ドイツのゲルマン学者, 民俗学者。"Die Welt der Märchen" (53)。
⇒岩世人（ライエン　1873.8.19–1966.6.6）

Leygues, Georges〈19・20世紀〉
フランスの政治家。
⇒岩世人（レイグ　1856.10.29–1933.9.2）

Leys, Hendrik〈19世紀〉
ベルギーの画家。
⇒岩世人（レイス　1815.2.18–1869.8.26）

Leyser, Polykarp〈16・17世紀〉
ドイツのルター派神学者。
⇒新カト（ライザー　1552.3.18–1610.2.22）

Lha-bzan Khan〈17・18世紀〉
中国, 青海ホショト部の長。グシ・ハンの孫。
⇒岩世人（ラサン・ハーン　?–1717）

Lhande, Pierre〈19・20世紀〉
フランスの作家, 司祭。
⇒新カト（ランド　1877.7.9–1957.4.17）

Lhéritier, Jean〈15・16世紀〉
フランスの作曲家。
⇒バロ（レリティエ, ジャン　1480頃–1552以降）

L'Hermitte, Léon Augustin〈19・20世紀〉
フランスの画家, 版画家。
⇒芸13（レルミット, レオン　1844–1925）

L'Hôpital, Guillaume François Antoine de〈17・18世紀〉
フランスの数学者。微分学を研究し, ライプニッツの無限小解析のフランスにおける普及に貢献。
⇒岩世人（ロピタル　1661–1704.2.2）
　世数（ロピタル, ギョーム・フランソワ・アントワーヌ・ド　1661–1704）

L'Hospital, Michel de〈16世紀〉
フランスの政治家。60年カトリーヌ・ド・メディシスより大法官に任命。
⇒岩世人（ロピタル　1504–1573.3.13）

L'Huiller, Simon Antoine Jean〈18・19世紀〉
スイスの数学教育者。
⇒世数（ルイリエ, シモン・アントワーヌ・ジャン　1750–1840）

Liadov, Anatolii Konstantinovich〈19・20世紀〉
ロシアの作曲家。主作品に交響詩『バーバ・ヤーガ』『魔の湖』。
⇒岩世人（リャードフ　1855.4.29–1914.8.16）
　ピ曲改（リャードフ, アナトール・コンスタンティノヴィッチ　1855–1914）

Lia Lucea
フィアナ騎士団の一人。
⇒ネーム（リア・ルケア）

Liapunov, Sergei Mikhailovich〈19・20世紀〉
ロシアの作曲家、ピアノ奏者。ピアノ奏者として各地を巡演、ロシア民謡の採集と研究に従事。
⇒岩世人（リャプノーフ　1859.11.18/30–1924.11.8）

Libanios〈4世紀〉
ギリシアの雄弁家。雄弁術の学校を開設。
⇒岩世人（リバニオス　314–393頃）
　新カト（リバニオス　314–393頃）

Liban z Legnicy, Jerzy〈15・16世紀〉
ポーランドの作曲家。
⇒バロ（リバン・ズ・レグニツィ、イェジィ　1464–1546以降）

Libavius, Andreas〈16・17世紀〉
ドイツの化学者、医者。コーブルクのギムナジウム教授。
⇒岩世人（リバヴィウス　1550頃–1616.7.25）

Liberati, Antimo〈17世紀〉
イタリアの理論家、作曲家。
⇒バロ（リベラーティ、アンティーモ　1617.4.3–1692.2.24）

Liberatore, Matteo〈19世紀〉
イタリアのイエズス会哲学者、神学者。
⇒新カト（リベラトーレ　1810.8.14–1892.10.18）

Liberatus〈5世紀〉
ガプサの大修道院長。聖人、北アフリカの殉教者。祝日7月2日。
⇒新カト（リベラトゥス、ボニファティウスとその仲間　5世紀）

Liberatus〈6世紀〉
アフリカの聖職者、神学者。
⇒新カト（リベラトゥス　6世紀）

Liberius〈4世紀〉
ローマ教皇。在位352～366。
⇒新カト（リベリウス　?–366.9.24）

Libermann, François-Marie-Paul〈19世紀〉
修道会創立者、聖霊修道会総会長。フランスのサヴェルヌのラビの子。
⇒新カト（リベルマン　1802.4.12–1852.2.2）

Libert, Gautier〈14・15世紀〉
フランスの作曲家。
⇒バロ（リベール、ゴーティエ　1370頃?–1428以降）

Libois, Napoléon-François〈19世紀〉
パリ外国宣教会会員。フランスのセー教区出身。
⇒新カト（リボア　1805.12.14–1872.4.6）

Libōn ho Ēleios〈前5世紀〉
ギリシアのペロポンネソス半島北西部エリス地方の建築家。
⇒岩世人（リボン（エリスの）　前5世紀半ば）

Liceaga, Eduardo〈19・20世紀〉
メキシコの公衆衛生学者。
⇒岩世人（リセアガ　1839.10.13–1920.1.13）

Lichfield, Henry〈16・17世紀〉
イギリスの作曲家。
⇒バロ（リッチフィールド、ヘンリー　1570頃?–1620頃?）

Lichnowsky, Karl Max Fürst von〈19・20世紀〉
ドイツの外交官。
⇒岩世人（リヒノフスキー　1860.3.8–1928.2.27）

Lichtenberg, Georg Christoph〈18世紀〉
ドイツ啓蒙主義の作家、物理学者。「リヒテンベルクの図形」(77)の発見者。
⇒岩世人（リヒテンベルク　1742.7.1–1799.2.24）

Lichtenberger, André〈19・20世紀〉
フランスの作家。代表作『私の可愛いトロット』(88)。
⇒岩世人（リシュタンベルジェ　1870.11.29–1940.3.23）

Lichtenberger, Frédéric Auguste〈19世紀〉
フランスのプロテスタント神学者。『宗教学百科辞典』13巻(77)の編集者。
⇒新カト（リシュタンベルジェ　1832.3.21–1899.1.7）

Licinius, Valerius Licinianus〈3・4世紀〉
ローマ皇帝。在位308～24。ヨーロッパの領土を併合、帝国を2分して東半を支配。
⇒岩世人（リキニウス　265頃–325）
　ネーム（リキニウス）
　新カト（リキニウス　265頃–325）
　世帝（リキニウス　250/263/265–324/325）

Licinius Calvus Stolo, Gaius〈前4世紀頃〉
ローマの政治家、護民官（前376）。
⇒岩世人（リキニウス・ストロ）
　学叢思（リキニウス・ストロ）
　世人新（リキニウス　生没年不詳）
　世人装（リキニウス　生没年不詳）
　ポプ人（リキニウス　生没年不詳）
　学叢歴（リキニウス）

Licinius Macer, Gaius〈前2・1世紀〉
ローマの政治家。護民官（前73）。

⇒岩世人（リキニウス・マケル　?–前66）

Lidarti, Cristian Joseph〈18世紀〉
オーストリアの作曲家。
⇒バロ（リダルティ，クリスティアン・ヨーゼフ　1730.2.23–1793以降）

Liddell, Henry George〈19世紀〉
イギリスのギリシア語学者。R.スコットと共編の『ギリシア語辞典』(43)がある。
⇒岩世人（リデル　1811.2.6–1898.1.18）
　新カト（リデル　1811.2.6–1898.1.18）

Liddon, Henry Parry〈19世紀〉
英国教会の聖職，聖書学者。
⇒岩世人（リドン　1829.8.20–1890.9.9）
　新カト（リドン　1829.8.20–1890.9.9）

Lidner, Bengt〈18世紀〉
スウェーデン前期ロマン主義の詩人。
⇒岩世人（リードネル　1757.3.16–1793.1.4）

Lidón, José〈18・19世紀〉
スペインの作曲家。
⇒バロ（リドン，ホセ　1746–1827.2.11）

Lidwina〈14・15世紀〉
オランダの聖人。祝日4月14日。
⇒新カト（リドヴィナ〔スヒーダムの〕　1380.3.18–1433.4.14）
　図聖（リドヴィナ（スヒーダムの）　1380–1433）

Lie, Jonas Lauritz Idemil〈19・20世紀〉
ノルウェーの小説家。『3本マストの未来号』(72)などの海洋小説がある。
⇒岩世人（リー　1833.11.6–1908.7.5）

Lie, Marius Sophus〈19世紀〉
ノルウェーの数学者。連続変換群を研究し，リーの球幾何学を発見。
⇒岩世人（リー　1842.12.17–1899.2.18）
　世数（リー，マリウス・ソーフス　1842–1899）

Lieban, Julius〈19・20世紀〉
オーストリアのテノール。1882～1912年ベルリンの宮廷オペラに出演。
⇒魅惑（Lieban, Julius　1857–1940）

Liébeault, Ambroise Auguste〈19・20世紀〉
フランスの精神医学者。催眠術に対する暗示の意義およびヒステリーに対する両者の影響を研究。
⇒岩世人（リエボー　1823.9.16–1904.2.18）

Lieben, Robert von〈19・20世紀〉
オーストリアの物理学者。増幅真空管に実績がある。
⇒岩世人（リーベン　1878.9.5–1913.2.20）

Liebenberg de Zsittin, Adolf Ritter von〈19・20世紀〉
オーストリアの農学者。
⇒岩世人（リーベンベルク　1851.9.5–1922.5.6）

Lieber, Francis〈18・19世紀〉
アメリカ（ドイツ生れ）の政治思想家。
⇒岩世人（リーバー　1800.3.18–1872.10.2）

Lieberkuhn, Johann Nathanael〈18世紀〉
ドイツの医者，解剖学者。腸粘膜に〈リーベルキューン氏腺〉を発見(45)。
⇒岩世人（リーバーキューン　1711.9.5–1756.10.7）

Lieberkühn, Samuel〈18世紀〉
ドイツのモラヴィア兄弟団の神学者，ユダヤ人伝道者。
⇒新カト（リーバーキューン　1710.3.23–1777.8.9）

Liebermann, Aaron Sammel〈19世紀〉
ユダヤ社会主義の父と称される。
⇒ユ著人（Liebermann, Aaron Sammel　リーベルマン，アーロン・シュムエル　1845–1880）

Liebermann, Bruno Franz Leopold〈18・19世紀〉
アルザス出身のカトリック神学者。
⇒岩世人（リーバーマン　1759.10.12–1844.11.11）
　新カト（リーベルマン　1759.10.12–1844.11.11）

Liebermann, Karl Theodor〈19・20世紀〉
ドイツの化学者。アリザリンを初めて合成し，工業化に成功。
⇒岩世人（リーバーマン　1842.2.23–1914.12.28）

Liebermann, Max〈19・20世紀〉
ドイツの画家，銅版画家。主作品は『鷲鳥の毛をむしる女達』(72)。
⇒岩世人（リーバーマン　1847.7.20–1935.2.8）
　芸13（リーベルマン，マックス　1847–1935）
　ユ人（リーバーマン，マックス　1847–1935）
　ユ著人（Liebermann, Max　リーベルマン（リーバーマン），マックス　1847–1935）

Liebert, Arthur〈19・20世紀〉
ドイツの哲学者。ベオグラード大学教授。
⇒岩世人（リーベルト　1878.11.10–1946.11.5）
　メル3（リーベルト，アルトゥール　1878–1946）

Liebert, Reginaldus〈14・15世紀〉
フランスの作曲家。
⇒バロ（リーベルト，レジナルドゥス　1380頃?–1435頃）

Liebig, Justus, Freiherr von〈19世紀〉
ドイツの化学者。
⇒岩世人（リービヒ　1803.5.12–1873.4.18）
　ネーム（リービヒ　1803–1873）
　広辞7（リービッヒ　1803–1873）
　学叢思（リービッヒ，ユストゥス・フォン　1803–

L

1873)
世人新（リービヒ　1803-1873）
世人装（リービヒ　1803-1873）
世史語（リービヒ　1803-1873）
ポプ人（リービヒ, ユストゥス・フォン　1803-1873）

Liebknecht, Karl〈19・20世紀〉
ドイツの左派社会主義運動の指導者。W.リープクネヒトの子。
⇒岩世人（リープクネヒト　1871.8.13-1919.1.15）
　ネーム（リープクネヒト　1871-1919）
　広辞7（リープクネヒト　1871-1919）
　学叢思（リープクネヒト, カール・アウグスト・フェルディナント　1871-1919）
　世人新（リープクネヒト〈子：カール〉　1871-1919）
　世人装（リープクネヒト〈子：カール〉　1871-1919）
　世史語（カール=リープクネヒト　1871-1919）
　ポプ人（リープクネヒト, カール　1871-1919）

Liebknecht, Wilhelm〈19世紀〉
ドイツ社会主義運動の指導者。1869年ドイツ社会民主労働党を創立。
⇒岩世人（リープクネヒト　1826.3.29-1900.8.7）
　広辞7（リープクネヒト　1826-1900）
　学叢思（リープクネヒト, ヴィルヘルム　1826-1900）
　世人新（リープクネヒト〈父：ヴィルヘルム〉　1826-1900）
　世人装（リープクネヒト〈父：ヴィルヘルム〉　1826-1900）

Liebmann, Otto〈19・20世紀〉
ドイツの新カント学派の哲学者。主著『カントとその亜流たち』(1865)，『思想と事実』(82～1907)。
⇒岩世人（リープマン　1840.2.25-1912.1.14）
　学叢思（リープマン, オットー　1849-1912）
　ユ著人（Liebmann, Otto　リープマン, オットー　1840-1912）

Liebner, Karl Theodor Albert〈19世紀〉
ドイツの神学者。
⇒新カト（リープナー　1806.3.3-1871.6.24）

Liechtenstein, Johann I Joseph, Fürst von und zu〈18・19世紀〉
オーストリアの軍人。
⇒岩世人（リヒテンシュタイン　1760.6.27-1836.4.20）

Liefmann, Robert〈19・20世紀〉
ドイツの経済学者。主著『企業合同論』(05)，『経済学原論』(24)。
⇒岩世人（リーフマン　1874.2.4-1941.3.21）
　学叢思（リーフマン, ロベルト　1874-?）

Lie Kim Hok〈19・20世紀〉
インドネシアの中国系作家, ジャーナリスト。
⇒岩世人（リー・キムホック　1853.11.1-1912.5.6）

Lienas, Juan de〈17世紀〉
スペインの作曲家。
⇒バロ（リエーナス, フアン・デ　1607頃-1654頃）

Lienhard, Friedrich〈19・20世紀〉
ドイツの抒情詩人, 劇作家, 小説家。雑誌『鐘楼守』(1920～25)を編集発行。
⇒岩世人（リーンハルト　1865.10.4-1929.4.30）

Lietbertus〈11世紀〉
カンブレとアラスの司教。
⇒新カト（リエトベルトゥス〔カンブレの〕　?-1076）

Lietzmann, Hans〈19・20世紀〉
ドイツのプロテスタント神学者, 教会史家。
⇒新カト（リーツマン　1875.3.2-1942.6.25）

Lievens, Constant〈19世紀〉
ベルギー人の宣教師, イエズス会員。
⇒新カト（リーヴェンス　1856.4.11-1893.11.7）

Lif
最終戦争ラグナロクの後, 人間の祖先となった男女1組のうちの一人。
⇒ネーム（リーヴ）

Lifard〈6世紀〉
大修道院長, 聖人。
⇒図聖（リファルドゥス　?-550頃）

Lifcrasir
最終戦争ラグナロクの後, 人間の祖先となった男女1組のうちの一人。
⇒ネーム（リーヴスラシル）

Ligarides, Paisios〈17世紀〉
東方正教会のガザの府主教。
⇒新カト（リガリデス　1609/1610-1678.8.24）

Liggins, John〈19・20世紀〉
アメリカの監督派教会宣教師。1859年禁教下の長崎に上陸, 英語教育を行った。
⇒岩世人（リギンズ　1829.5.11-1912.1.7）

Light, Francis〈18世紀〉
イギリスの植民家, ペナンの建設者。
⇒岩世人（ライト　1740.12.15（受洗）-1794.10.25/21）

Lightfoot, John〈17世紀〉
イギリスの旧約学者, ユダヤ教学者。
⇒新カト（ライトフット　1602.3.29-1675.12.6）

Lightfoot, Joseph Barber〈19世紀〉
イギリスの神学者。新約聖書学者として, ガラテヤ書, ピリピ書などの注解を著す。
⇒岩世人（ライトフット　1828.4.13-1889.12.21）
　学叢思（ライトフット, ジョセフ・バーバー　1828-1889）
　新カト（ライトフット　1828.4.13-1889.12.21）

Lignac, Joseph-Adrien Lelarge de〈18世紀〉
フランスの哲学者、神学者。
⇒岩世人（リニャック　1710–1762）

Ligne, Charles Joseph, Prince de〈18・19世紀〉
オーストリア領ネーデルラントの軍人。主著『雑録』（1795～1811），『自叙伝断片』。
⇒岩世人（リニュ　1735.5.23–1814.12.13）

Ligneul, François-Alfred-Désiré〈19・20世紀〉
フランス人カトリック司祭。1878年来日、女学校設立に助力。
⇒岩世人（リギョール（リニュール）　1847.9.21/1-1922.7.25）
　新カト（リニュール　1847.9.21–1922.7.25）

Ligorio, Pirro〈16世紀〉
イタリアの建築家。教皇庁附建築家。主作品：ピウス4世のカジノ（ヴァティカン）。
⇒岩世人（リゴーリオ　1513頃–1583.10.30）
　新カト（リゴーリョ　1513頃–1583）

Liguori, Alfonso Maria de〈17・18世紀〉
イタリアのカトリック神学者、救世主会の創設者。
⇒岩世人（リグオーリ　1696.9.27–1787.8.1）

Lilburne, John〈17世紀〉
イギリス、清教徒革命における平等派（レベラーズ）の指導者。
⇒岩世人（リルバーン　1615?–1657.8.29）
　世人新（リルバーン　1614/1615–1657）
　世人装（リルバーン　1614/1615–1657）

Lilienblum, Moses Leib〈19・20世紀〉
ロシア系ユダヤの作家、詩人、評論家。著書は『幻影の社会』（70）など。
⇒ユ人（リリエンブルム、モシェ・ライブ　1843–1910）
　ユ著人（Lilienblum, Moses Leib　リリエンブルム、モーゼス・リープ　1843–1910）

Liliencron, Friedrich Detlev von〈19・20世紀〉
ドイツの詩人、小説家、劇作家。特に印象主義の代表的詩人として有名。
⇒岩世人（リーリエンクローン　1844.6.3–1909.7.22）
　学叢思（リリエンクローン、フライヘル・フォン　1844–?）

Lilienfeld, Paul von〈19・20世紀〉
ロシアの社会学者。
⇒岩世人（リリエンフェリド（リリエンフェルト）　1829.1.29–1903.1.11）
　学叢思（リリエンフェルト・トール、ポール・ドゥ　1829–1903）

Lilienthal, Max〈19世紀〉
ドイツ生まれのラビ。
⇒ユ著人（Lilienthal, Max　リリエンタール、マックス　1815–1882）

Lilienthal, Otto〈19世紀〉
ドイツ航空のパイオニア。
⇒岩世人（リーリエンタール　1848.5.23–1896.8.10）
　ネーム（リリエンタール　1848–1896）
　広辞7（リリエンタール　1848–1896）
　ポプ人（リリエンタール、オットー　1848–1896）
　ユ人（リリエンタール、オットー　1848–1896）

Liliuokalani, Lydia Kamekeha〈19・20世紀〉
独立ハワイの最後の女王。1891年女王となり、93年王座を追われ、95年王位復帰を計画して失敗。
⇒岩世人（リリウオカラニ　1838.9.2–1917.11.11）
　オセ新（リリウオカラニ　1838–1917）
　世人新（リリウオカラニ　1838–1917）
　世人装（リリウオカラニ　1838–1917）
　世史語（リリウオカラニ　1838–1917）
　ポプ人（リリウオカラニ　1838–1917）

Lilius, Franciszek〈17世紀〉
ポーランドの作曲家。
⇒バロ（リリウス、フランティシェク　1600頃–1657.8/9）

Lilius, Wincenty〈16・17世紀〉
イタリアの作曲家。
⇒バロ（リリウス、ヴィンツェンティ　1575頃?–1640頃）

Liljefors, Bruno〈19・20世紀〉
スウェーデンの画家。主として動物画を描いた。
⇒岩世人（リリエフォシ　1860.5.14–1939.12.18）
　芸13（リリエフォルス、ブルーノ　1860–1939）

Liljequist, Per Efraim〈19・20世紀〉
スウェーデンの哲学者。
⇒岩世人（リリエクヴィスト　1865.9.24–1941.8.20）

Lillie, Frank Rattray〈19・20世紀〉
アメリカの動物学者。ウッズ・ホール臨海実験所所長。ウシのふたごの研究は有名。
⇒岩世人（リリー　1870.6.27–1947.11.5）

Lillie, Ralph Stayner〈19・20世紀〉
アメリカの動物学者。シカゴ大学名誉教授。
⇒岩世人（リリー　1875.8.8–1952.3.19）

Lillo, George〈17・18世紀〉
イギリスの劇作家。『ロンドン商人』（31）に作者として有名。
⇒岩世人（リロー　1693.2.4–1739.9.3）

Lilly, William〈17世紀〉
イギリスの占星家。著書 "Christian

astrology".
⇒岩世人（リリー　1602–1681）

Lily, William〈15・16世紀〉
イギリスの古典学者,文法学者。
⇒岩世人（リリー　1468頃–1522.2.25）

Lima e Silva, Luís Alves de〈19世紀〉
ブラジルの軍人,政治家。
⇒岩世人（リマ・エ・シルヴァ　1803.8.25–1880.6.7）

Limahon〈16世紀〉
中国人の海賊。
⇒岩世人（リマホン）

Limantour, José Yves〈19・20世紀〉
メキシコの政治家。
⇒ラテ新（リマントゥール　1854–1935）

Limborch, Philippus van〈17・18世紀〉
オランダの改革派(アルミニウス派)神学者。
⇒新カト（リンボルク　1633.6.19–1712.4.30）

Limbourg, Herman de〈14・15世紀〉
オランダの画家。15世紀初めにフランスで細密画家として活躍。3兄弟でベリー公の宮廷画家となった。
⇒広辞7（ランブール　?–1416）
　芸13（ランブール兄弟　?–1416）

Limbourg, Jan de〈14・15世紀〉
オランダの画家。15世紀初めにフランスで細密画家として活躍。3兄弟でベリー公の宮廷画家となった。
⇒広辞7（ランブール　?–1416）
　芸13（ランブール兄弟　?–1416）

Limbourg, Pol de〈14・15世紀〉
オランダの画家。15世紀初めにフランスで細密画家として活躍。3兄弟でベリー公の宮廷画家となった。
⇒岩世人（ランブール）
　広辞7（ランブール　?–1416）
　芸13（ランブール兄弟　?–1416）

Limburgia, Johannes de〈14・15世紀〉
フランスの作曲家。
⇒バロ（ランブルジア, ジョアンヌ・ド　1380頃?–1430頃?）

Limosin, Léonard I〈16世紀〉
フランスの画家,エマイユ工芸家。主作品は『アンリ2世像』。
⇒岩世人（リモザン　1505頃–1577頃/1575頃）

Linacre, Thomas〈15・16世紀〉
イギリスの医師,古典学者,人文主義者。1518年ロンドンに医科大学設立。
⇒岩世人（リナカー　1460頃–1524）

Linck (Link), Wenzel (Wenzeslaus, Vincilaus)〈15・16世紀〉
ドイツの宗教改革者。
⇒新カト（リンク　1483.1.8–1547.3.12）

Lincoln, Abraham〈19世紀〉
アメリカ合衆国第16代大統領。
⇒アメ新（リンカン　1809–1865）
　岩世人（リンカン　1809.2.12–1865.4.15）
　広辞7（リンカーン　1809–1865）
　学叢思（リンコーン, アブラハム　1809–1865）
　新カト（リンカーン　1809.2.12–1865.4.15）
　世人新（リンカン　1809–1865）
　世人装（リンカン　1809–1865）
　世史語（リンカン　1809–1865）
　ポプ人（リンカン, エイブラハム　1809–1865）
　学叢歴（リンカーン　1809–1865）

Lind, Jenny〈19世紀〉
イギリス(スウェーデン生れ)のソプラノ歌手。
⇒岩世人（リンド　1820.10.6–1887.11.2）
　オペラ（リンド, ジェニー［イェン］　1820–1887）

Lind, Samuel Colville〈19・20世紀〉
アメリカの化学者。ラジウム測定用の検電器を発明。
⇒岩世人（リンド　1879.6.15–1965.2.12）

Lindau, Paul〈19・20世紀〉
ドイツジャーナリスト,作家。
⇒ユ著人（Lindau,Paul　リンダウ, パウル　1839–1919）

Linde, Carl von〈19・20世紀〉
ドイツの工学者。1895年空気の液化に成功。
⇒岩世人（リンデ　1842.6.11–1934.11.16）

Linde, Ernst〈19・20世紀〉
ドイツの教育家。
⇒岩世人（リンデ　1864.5.20–1943.12.21）

Linde, Otto zur〈19・20世紀〉
ドイツの作家。文芸誌〈Charon〉を創刊。"A. Holz uud der Charon"。
⇒岩世人（リンデ　1873.4.26–1938.2.16）

Lindelöf, Ernst Leonard〈19・20世紀〉
フィンランドの数学者。ヘルシンキ大名誉教授。著作『解析学教程』。
⇒世数（リンデレーフ, エルンスト・レオナール　1870–1946）

Lindelöf, Lorentz Leonard〈19・20世紀〉
フィンランドの数学者で天文学者。
⇒世数（リンデレーフ, ローレンツ・レオナード　1827–1908）

Lindeman, Ludvig Mathias〈19世紀〉
ノルウェーの作曲家,オルガン奏者。
⇒岩世人（リンデマン　1812.11.28–1887.5.23）

Lindemann, Carl Louis Ferdinand

von〈19・20世紀〉
ドイツの数学者。円周率πの超越性を証明。
⇒岩世人（リンデマン　1852.4.12–1939.3.6）
　世数（リンデマン，カール・ルイス・フェルディナンド・フォン　1852–1939）

Linden, Jakob〈19・20世紀〉
ドイツのカトリック神学者。
⇒新カト（リンデン　1853.5.10–1915.11.4）

Lindgren, Waldemar〈19・20世紀〉
アメリカ（スウェーデン生れ）の地質学者。〈Economic Geology〉誌を創刊。
⇒岩世人（リンドグレン　1860.2.14–1939.11.3）

Lindley, Augustus Frederick〈19世紀〉
イギリスの軍人。
⇒岩世人（リンドリー　1840.2.3–1873.3.29）

Lindley, Sir Francis〈19・20世紀〉
イギリスの外交官。
⇒岩世人（リンドリー　1872.6.12–1950.8.17）

Lindley, John〈18・19世紀〉
イギリスの植物学者，園芸学者。
⇒岩世人（リンドリー　1799.2.5–1865.11.1）
　学叢思（リンドレー，ジョン　1799–1865）

Lindner, Friedrich〈16世紀〉
ドイツの作曲家。
⇒バロ（リンドナー，フリードリヒ　1542頃–1597.9.15）

Lindner, Theodor〈19・20世紀〉
ドイツの歴史家。"Geschichte des deutschen Volkes" 2巻（94）。
⇒学叢思（リンドネル，テオドル　1843–?）

Lindo, Isaac Anne〈19・20世紀〉
オランダの土木技師。
⇒岩世人（リンド　1848–1941）

Lindsay, Alexander Dunlop, Baron L.of Birker〈19・20世紀〉
イギリスの社会哲学者。
⇒岩世人（リンジー　1879.5.14–1952.3.18）

Lindsay, Sir David〈15・16世紀〉
スコットランドの詩人，政治家。
⇒岩世人（リンジー　1490頃–1555）

Lindsay, Nicholas Vachel〈19・20世紀〉
アメリカの詩人。著作に『ウィリアム・ブース大将天国に入る』(13)。
⇒岩世人（リンジー　1879.11.10–1931.12.5）

Lindsay, Norman Alfred William〈19・20世紀〉
オーストラリアの画家，著作家。
⇒岩世人（リンジー　1879.2.22–1969.11.21）

Lindsay, Wallace Martin〈19・20世紀〉
イギリスのラテン語学者。ラテン詩学の研究"Glossaria Latina"(1930)。
⇒岩世人（リンジー　1858.2.12–1937.2.21）

Lindworsky, Johannes〈19・20世紀〉
ドイツの心理学者。プラーハ大学教授。高等精神作用，意志作用を研究。
⇒新カト（リントヴォルスキー　1875.1.21–1939.9.9）

Linebarger, Paul Myron Wentworth〈19・20世紀〉
アメリカの弁護士，作家。
⇒アア歴（Linebarger,Paul M (yron) W (entworth)　ポール・マイロン・ウェントワース・ラインバーガー　1871.6.15–1939.2.20）

Linek, Jiří Ignác〈18世紀〉
ボヘミアの作曲家。
⇒バロ（リネク，イルジー・イグナーツ　1725–1791）

Linetzki, Jizchak Joel〈19・20世紀〉
イディッシュ作家。
⇒ユ著人（Linetzki,Jizchak Joel　リネッキー，イツァク・ヨエル　1839–1915）

Linevich, Nikolai Petrovich〈19・20世紀〉
ロシアの将軍。奉天の大会戦後クロパートキンの跡をつぎ満州軍総司令官となった。
⇒岩世人（リネーヴィチ　1838.12.24–1908.4.10）

Ling, Pehr Henrik〈18・19世紀〉
スウェーデンの近代体育の先駆者。スウェーデン体操の創始者。
⇒岩世人（リング　1776.11.15–1839.5.3）

Lingard, John〈18・19世紀〉
イギリスの歴史家。イエズス会士。
⇒岩世人（リンガード　1771.2.5–1851.7.17）
　新カト（リンガード　1771.2.5–1851.7.17）

Lingdan Khan〈16・17世紀〉
内モンゴル，チャハル部のハン。
⇒岩世人（リグダン・ハーン（リンダン・ハーン）　1592?–1634）
　世帝（リンダン・ハーン　（在位）1603–1634）

Linguet, Simon Nicolas Henri〈18世紀〉
フランスのジャーナリスト，弁護士。
⇒岩世人（ランゲ　1736.7.14–1794.6.27）

Linike, Johann Georg〈17・18世紀〉
ドイツの作曲家。
⇒バロ（リーニケ，ヨハン・ゲオルク　1680頃–1737以降）

Linke, Franz〈19・20世紀〉
ドイツの気象学者。フランクフルト（マイン河

畔の)大学教授。
⇒岩世人（リンケ　1878.1.4–1944.3.23）

Linley, Thomas I〈18世紀〉
イギリスの作曲家。
⇒バロ（リンリー，トマス1世　1733.1.17–1795.11.19）

Linley, Thomas II〈18世紀〉
イギリスの作曲家。
⇒バロ（リンリー，トマス2世　1756.5.5–1778.8.5）

Linlithgow, John Adrian Louis Hope, 7th Earl of Hopetoun and 1st Marquis of〈19・20世紀〉
イギリスの政治家。オーストラリア連邦の初代総督。
⇒岩世人（リンリスゴー　1860.9.25–1908.2.29）

Linn, Hugh H.〈19・20世紀〉
アメリカの医療宣教師。
⇒アア歴（Linn, Hugh H.　ヒュー・H・リン　1878.9.28–1948.9.15）

Linnankoski, Johannes〈19・20世紀〉
フィンランドの小説家。新ロマン主義の代表的国民作家。主著『真紅の花の歌』(05)。
⇒岩世人（リンナンコスキ　1869.10.18–1913.8.10）

Linné, Carl von〈18世紀〉
スウェーデンの植物ならびに動物の分類学者。
⇒岩世人（リンネ（リネー）　1707.5.23–1778.1.10）
広辞7（リンネ　1707–1778）
学叢思（リンネ，カール・フォン　1707–1778）
新カト（リンネ　1707.5.23–1778.1.10）
世人新（リンネ　1707–1778）
世人装（リンネ　1707–1778）
世史語（リンネ　1707–1778）
ポプ人（リンネ，カール・フォン　1707–1778）

Linné, Carl von〈18世紀〉
スウェーデンの植物学者。ウプサラ大学教授(1763)。草本および蘚苔の研究がある。
⇒岩世人（リンネ（リネー）　1741.1.20–1783.11.1）

Linos
ギリシア神話，伝説的歌人または音楽に関係する者。
⇒岩世人（リノス）

Linschoten, Jan Huyghen van〈16・17世紀〉
オランダの旅行家。
⇒岩世人（リンスホーテン　1562/1563–1611.2.8）
ネーム（リンスホーテン　1563–1611）
新カト（リンスホーテン　1563–1611.2.8）
南ア新（リンスホーテン　1563–1611）

Linsenmann, Franz Xaver von〈19世紀〉
ドイツのカトリック神学者。

⇒岩世人（リンゼンマン　1835.11.28–1898.9.21）
新カト（リンゼンマン　1835.11.28–1898.9.21）

Linton, William James〈19世紀〉
イギリスの木版画家，著述家，社会改良家。主著『木彫の名匠たち』(90)。
⇒岩世人（リントン　1812.12.7–1897.12.29）

Linus, St.〈1世紀〉
ローマ教皇。在位67～76。
⇒新カト（リヌス　?–79頃）

Lioba, St.〈8世紀〉
アングロ・サクソン人の女子大修道院長，聖女。
⇒新カト（リオバ　?–782.9.28）
図聖（リオバ（タウバービショッフスハイムの）　?–782頃）

Lionel
円卓の騎士の一人。
⇒ネーム（ライオネル）

Lionne, Hugues de〈17世紀〉
フランスの外交官，政治家。外相としてドーバー条約(70)を成立させた。
⇒岩世人（リオンヌ　1611.10.11–1671.9.1）

Liotard, Jean Etienne〈18世紀〉
スイスの画家。王侯，貴族，法王などの肖像画を制作。
⇒岩世人（リオタール　1702.12.22–1789.6.12）
芸13（リオタール，ジャン・エティエンヌ　1702–1789）

Liouville, Joseph〈19世紀〉
フランスの数学者。パリ大学数学および力学教授。
⇒岩世人（リウヴィル　1809.3.24–1882.9.8）
世数（リウヴィル，ジョゼフ　1809–1882）

Lipit-Ištar〈前20・19世紀〉
バビロニアのイシン王朝の第5代国王。シュメール語の法典を編纂。
⇒岩世人（リピト・イシュタル　（在位)前1934–前1924）

Lipmann, Otto〈19・20世紀〉
ドイツの心理学者。職業相談の専門家。
⇒ユ著人（Lipmann, Otto　リップマン，オットー　1880–1933）

Lippert, Peter〈19・20世紀〉
ドイツのイエズス会士，神学者，説教家。雑誌『時の声』を編集。
⇒岩世人（リッペルト　1879.8.23–1936.12.18）
新カト（リッペルト　1879.8.23–1936.12.18）

Lippi, Filippino〈15・16世紀〉
イタリアの画家。主作品『ヨアキムとアンナの出合い』(97)。
⇒岩世人（リッピ　1457頃–1504.4.18）
広辞7（リッピ　1457頃–1504）

新カト（リッピ　1457頃–1504.4.18)
芸13（リッピ，フィリッピーノ　1457頃–1504)

Lippi, Fra Filippo〈15世紀〉
イタリアの画家。1442年サンクイリコ修道院長。主作品『聖母の戴冠』(47)。
⇒岩世人（リッピ　1406頃–1469.10.9)
ネーム（リッピ、フィリッポ　1406–1469)
広辞7（リッピ　1406–1469)
新カト（リッピ　1406頃–1469.10.9)
芸13（リッピ，フラ・フィリッポ　1406–1469)

Lippmann, Gabriel〈19・20世紀〉
フランスの物理学者。パリ大学実験物理学教授。
⇒岩世人（リップマン　1845.8.16–1921.7.13)
ネーム（リップマン　1845–1921)
広辞7（リップマン　1845–1921)
ノ物化（ガブリエル・リップマン　1845–1921)
ユ人（リップマン，ガブリエル　1845–1921)
ユ著人（Lipmann,Gabriel　リップマン，ガブリエル　1845–1921)

Lippomano, Luigi〈16世紀〉
イタリアの司教。
⇒新カト（リッポマーノ　1500–1559.8.15)

Lipps, Gottlob Friedrich〈19・20世紀〉
ドイツの心理学者，哲学者。W.ヴントの弟子。
⇒岩世人（リップス　1865.8.6–1931.3.9)

Lipps, Theodor〈19・20世紀〉
ドイツの心理学者，哲学者。主著『精神生活の根本問題』(83)，『哲学と実在』(07)。
⇒岩世人（リップス　1851.7.28–1914.10.17)
広辞7（リップス　1851–1914)
学叢思（リップス，テオドル　1851–1914)
新カト（リップス　1851.7.28–1914.10.17)

Lipschitz, Rudolf Otto Sigismund〈19・20世紀〉
ドイツの数学者。ボン大学教授。〈リプシッツの条件〉を発見。
⇒岩世人（リプシッツ　1832.5.14–1903.10.7)
世数（リプシッツ，ルドルフ・オットージギスムント　1832–1903)

Lipsius, Justus〈16・17世紀〉
ベルギーの人文学者。『ローマ軍について』(95)などの評論がある。
⇒岩世人（リプシウス　1547.10.18–1606.3.23)
メル1（リプシウス，ユストゥス　1547–1606)

Lipsius, Richard Adelbert〈19世紀〉
ドイツ人プロテスタント神学者。主著『哲学と宗教』(85)。
⇒岩世人（リプシウス　1830.2.14–1892.8.19)
新カト（リプシウス　1830.2.14–1892.8.19)

Lipsky, Louis〈19・20世紀〉
アメリカのシオニスト指導者，ジャーナリスト。
⇒ユ人（リプスキー，ルイス　1876–1963)

Lipton, *Sir* **Thomas Johnstone**〈19・20世紀〉
イギリスの商人。セイロンで紅茶、コーヒーおよびココアの栽培園を経営。また国際的なヨット操縦者。
⇒岩世人（リプトン　1850.5.10–1931.10.2)

Liscow, Christian Ludwig〈18世紀〉
ドイツの諷刺文学者。ブリュール伯の私設秘書。
⇒岩世人（リスコー　1701.4.26–1760.10.30)

Lisfranc de Saint Martin, Jacques〈18・19世紀〉
フランスの外科医。第一肋骨表面の特殊な結節の記載や足部の一部切断術の改良で知られる。
⇒岩世人（リスフラン・ド・サン・マルタン　1790.4.2–1847.5.13)

Lissajous, Jules Antoine〈19世紀〉
フランスの物理学者。単振動の合成を実験的に示す装置を創案し(55)、〈リサジュの図〉を作成。
⇒岩世人（リサジュ　1822.3.4–1880.6.24)
世数（リサジュ，ジュール・アントワーヌ　1822–1880)

List, Friedrich〈18・19世紀〉
ドイツの経済学者。主著『政治経済学の国民的体系』(41)。
⇒岩世人（リスト　1789.8.6–1846.11.30)
広辞7（リスト　1789–1846)
学叢思（リスト，フリードリヒ　1789–1846)
世人新（リスト〈フリードリヒ〉　1789–1846)
世人装（リスト〈フリードリヒ〉　1789–1846)
世史語（リスト　1789–1846)

Lister, Joseph, 1st Baron Lister of Lyme Regis〈19・20世紀〉
イギリスの外科医。石炭酸による無菌手術の創始者。
⇒岩世人（リスター　1827.4.5–1912.2.10)
広辞7（リスター　1827–1912)

Listing, Johann Benedikt〈19世紀〉
ドイツの数学者で物理学者。
⇒岩世人（リスティング　1808.7.25–1882.12.24)
世数（リスティンク，ヨハン，ベネディクト　1808–1882)

Liston, Robert〈18・19世紀〉
スコットランドの外科医。ヨーロッパで初めてエーテル麻酔を行い、切断用の長い刃のメスを考案。
⇒岩世人（リストン　1794.10.28–1847.12.7)

Liszt, Franz von〈19世紀〉
オーストリアのピアノ奏者，作曲家。代表作『ハンガリー狂詩曲』。
⇒岩世人（リスト　1811.10.22–1886.7.31)
バレエ（リスト，フランツ（フェレンツ）　1811.10.22–1886.7.31)
エデ（リスト，フランツ　1811.10.22–1886.7.31)

liszt

広辞7　(リスト　1811–1886)
学叢思　(リスト, フランツ　1811–1886)
実音人　(リスト, フランツ　1811–1886)
新カト　(リスト　1811.10.22–1886.7.31)
世人新　(リスト〈フランツ〉　1811–1886)
世人装　(リスト〈フランツ〉　1811–1886)
ピ曲改　(リスト, フランツ　1811–1886)
ポブ人　(リスト, フランツ　1811–1886)

Liszt, Franz von〈19・20世紀〉
ドイツの刑事法学者。国際刑事学協会の創立に関与。
⇒岩世人　(リスト　1851.3.2–1919.6.21)
広辞7　(リスト　1851–1919)

Literes Carrión, Antonio〈17・18世紀〉
スペインの作曲家。
⇒バロ　(リテレス・カリオン, アントーニオ　1673.6.18?–1747.1.18)

Literes Montalvo, Antonio〈18世紀〉
スペインの作曲家。
⇒バロ　(リテレス・モンタルボ, アントーニオ　1700頃?–1768.12.2)

Lith, Franciscus van〈19・20世紀〉
オランダ人イエズス会員, インドネシアへの宣教師。
⇒新カト　(リト　1863.5.15–1926.1.9)

Lithai〈14世紀〉
タイ, スコータイ朝第5代の王。在位1347〜74?。仏教に傾倒, タイ史上マハータンマラーチャー(大仏法王)1世とも呼ばれる。
⇒世帝　(リタイ　?–1368/1374)

Litolff, Henry Charles〈19世紀〉
ドイツ(イギリス生れ)のピアノ奏者, 作曲家, 音楽書出版業者。
⇒岩世人　(リトルフ　1818.8.7–1891.8.5)
19仏　(アンリ・リトルフ　1818.8.7–1891.8.5)

Litt, Theodor〈19・20世紀〉
ドイツの哲学者, 教育学者。主著『個人と社会』(19),『思考と存在』(48)。
⇒岩世人　(リット　1880.12.27–1962.7.16)
新カト　(リット　1880.12.27–1962.7.16)
メル3　(リット, テオドール　1880–1962)

Little, Archibald John〈19・20世紀〉
イギリスの実業家。中国に赴き四川の鉱山開発会社を設立。
⇒岩世人　(リトル　1838.4.18–1908.11.5)

Littleton, *Sir* **Thomas**〈15世紀〉
イギリスの法律家。
⇒岩世人　(リトルトン　1407頃–1481.8.23)

Littmann, Enno〈19・20世紀〉
ドイツの東洋学者。ボン(17), テュービンゲン(21)の各大学教授。
⇒岩世人　(リットマン　1875.9.16–1958.5.4)

Littmann, Max〈19・20世紀〉
ドイツの建築家。ミュンヘン大学教授。劇場建築家。主作品,「国立劇場(シュトゥットガルト)」。
⇒岩世人　(リットマン　1862.1.3–1931.9.20)

Littré, Maximilien Paul Émile〈19世紀〉
フランスの文献学者, 哲学者。『フランス語辞典』(73)で知られる。
⇒岩世人　(リトレ　1801.2.1–1881.6.2)
19仏　(エミール・リトレ　1801.2.1–1881.6.2)
広辞7　(リトレ　1801–1881)
学叢思　(リトレ, エミール　1801–1881)
メル3　(リトレ, マキシミリアン・ポール・エミール　1801–1881)

Litvinov, Maksim Maksimovich〈19・20世紀〉
ソ連の外交官。1927年ジュネーブの軍縮会議準備委員会で首席代表として世界の軍備全廃を提案。
⇒岩世人　(リトヴィーノフ　1876.7.5/17–1951.12.31)
ネーム　(リトヴィノフ　1876–1951)
広辞7　(リトヴィノフ　1876–1951)
学叢思　(リトヴィノフ　1876–?)
世人新　(リトヴィノフ　1876–1951)
世人装　(リトヴィノフ　1876–1951)
ユ人　(リトビノフ, マキシム・マキシモビッチ(メイル・モイシェビッチ・ワラッハ)　1867–1951)

Lityersēs
ギリシア神話, フリュギアの王ミダスの子。
⇒岩世人　(リテュエルセス)

Liutprand〈7・8世紀〉
ロンバルジア(ランゴバルド)王。在位712〜44。ほぼ全イタリアを支配した。
⇒岩世人　(リウトプランド　?–744.1)

Liutprand〈10世紀〉
イタリアの歴史家。『贖罪』『使節報告』を著す。
⇒岩世人　(リウトプランド(クレモナの)　920頃–972頃)

Liverpool, Charles Jenkinson, 1st Earl of〈18・19世紀〉
イギリスの政治家。陸相, 商務院総裁兼ランカスター公領総裁を歴任。男爵, 伯爵を授けられた。
⇒岩世人　(リヴァプール　1729.4.26–1808.12.17)

Liverpool, Robert Banks Jenkinson, 2nd Earl of〈18・19世紀〉
イギリスの政治家。15年間首相として在職(12〜27), 対仏戦争を完遂。
⇒岩世人　(リヴァプール　1770.6.7–1828.12.4)

Livia Drusilla〈前1・後1世紀〉
ローマ皇帝アウグスツスの妻。
⇒岩世人　(リウィア・ドルシッラ　前58–後29)

王妃（リウィア・ドルシッラ　前58-後29）

Livingston, Burton Edward〈19・20世紀〉
アメリカの植物生理学者。植物における拡散、浸透圧について研究。
⇒岩世人（リヴィングストン　1875.2.9-1948）

Livingston, Robert R.〈18・19世紀〉
アメリカの政治家。初め弁護士。アメリカ独立宣言の起草者の一人。
⇒岩世人（リヴィングストン　1746.11.27-1813.2.26）

Livingstone, David〈19世紀〉
イギリスの探検家、伝道師。19世紀最大のアフリカ探検を行った。
⇒アフ新（リビングストン　1813-1873）
　岩世人（リヴィングストン　1813.3.19-1873.4.30）
　ネーム（リヴィングストン　1813-1873）
　広辞7（リヴィングストン　1813-1873）
　新カト（リヴィングストン　1813.3.19-1873.5.1）
　世人新（リヴィングストン　1813-1873）
　世人装（リヴィングストン　1813-1873）
　世史語（リヴィングストン　1813-1873）
　世史語（リヴィングストン　1813-1873）
　ポプ人（リビングストン, デイビッド　1813-1873）
　学叢歴（リヴィングストン, デヴィド　1813-1873）

Livinhac, Léon〈19・20世紀〉
白衣宣教会第2代総会長。アヴェロン県のビュザン生まれ。
⇒新カト（リヴィニャク　1846.7.13-1922.11.11）

Livius, Titus〈前1・後1世紀〉
ローマ最大の歴史家。アウグッストゥス側近の文人。『ローマ史』を前27年頃から出版。
⇒岩世人（リウィウス　前59頃-後17頃）
　広辞7（リウィウス　前59-後17）
　新カト（リウィウス　前59/前64-後17/後12）
　世人新（リウィウス　前59-後17）
　世人装（リウィウス　前59-後17）
　世史語（リウィウス　前59頃-後17頃）
　ポプ人（リウィウス　前59-後17）
　学叢歴（リワィウス　前59-後17）

Livius Andronicus, Lucius〈前3世紀〉
ローマ最初の詩人。『オデュッセイア』をラテン語に翻訳。
⇒岩世人（リウィウス・アンドロニクス　前284頃-前204）

Livorius von Le Mans〈4世紀〉
ル・マンの司教、聖人。祝日4月9日。
⇒新カト（リボリウス　4世紀）
　図聖（リボリウス（ル・マンの）　?-397頃）

Livry, Emma〈19世紀〉
フランスのダンサー。

⇒バレエ（リヴリ, エンマ　1842.9.24-1863.7.26）

Llinás de Jesús María, Antonio〈17世紀〉
スペイン出身のフランシスコ会員、ラテン・アメリカにおける最初の宣教学校創立者。
⇒新カト（リィナス・デ・ヘスス・マリア　1635-1693.6.29）

Llorente, Juan Antonio〈18・19世紀〉
スペインの司祭、歴史家。
⇒新カト（ヨレンテ　1756.3.30-1823.2.5）

Lloyd, Arthur〈19・20世紀〉
イギリスのSPG宣教師。立教大学総長。東京帝国大学、慶応義塾、立教大学他で英語英文学を教授。
⇒岩世人（ロイド　1852.4.10-1911.10.27）

Lloyd, Edward〈18世紀〉
イギリスのコーヒー店経営者。ロイド保険人組合の創始者。
⇒岩世人（ロイド　1648頃-1713.2.15）

Lloyd, Edward〈19・20世紀〉
イギリスのテノール歌手。
⇒魅惑（Lloyd, Edward　1845-1927）

Lloyd, George Ambrose, 1st Baron of Dolobran〈19・20世紀〉
イギリスの政治家。保守党所属下院議員として活躍。のち植民相などを務めた。
⇒岩世人（ロイド　1879.9.19-1941.2.4）

Lloyd, Henry Demarest〈19・20世紀〉
アメリカのジャーナリスト、弁護士。〈シカゴ・トリビューン〉紙記者（72-85）。
⇒岩世人（ロイド　1847.5.1-1903.9.28）

Lloyd, John〈15・16世紀〉
イギリスの作曲家。
⇒バロ（ロイド, ジョン　1475頃-1523.4.3）

Lloyd, William A.〈19世紀〉
リンカーンが個人的にスパイとして雇った輸送業者。
⇒スパイ（ロイド, ウィリアム・A　1822-1869）

Lloyd George, David, 1st Earl of Dufor〈19・20世紀〉
イギリスの政治家。第1次世界大戦中に組閣し、イギリスを勝利へ導いた。
⇒岩世人（ロイド・ジョージ　1863.1.17-1945.3.26）
　ネーム（ロイド・ジョージ　1863-1945）
　広辞7（ロイド・ジョージ　1863-1945）
　学叢思（ジョージ, ロイド　1863-?）
　世人新（ロイド＝ジョージ　1863-1945）
　世人装（ロイド＝ジョージ　1863-1945）
　世史語（ロイド＝ジョージ　1863-1945）
　世史語（ロイド＝ジョージ　1863-1945）
　ポプ人（ロイド・ジョージ, デイビッド　1863-

1945)
ユ人（ロイド・ジョージ，ディビッド（伯爵）1863-1945）

Llywelyn II, the Great〈12・13世紀〉
ウェールズ公国の統治者。
⇒岩世人（ルウェリン・アブ・ヨーワース 1173-1240.4.11）

Llywelyn III, the Last〈13世紀〉
ウェールズ公国の統治者。
⇒岩世人（ルウェリン・アブ・グリフィズ 1228頃-1282.12.11）

Loans, Jacob ben Jehiel〈15・16世紀〉
ドイツのフリードリッヒIII世の侍医。
⇒ユ人（Loans, Jacob ben Jehiel ローアンス，ヤーコブ・ベン・イェヒール ?-1506）

Lobachevskii, Nikolai Ivanovich〈18・19世紀〉
ロシアの数学者。非ユークリッド幾何学発見者の一人。
⇒岩世人（ロバチェフスキー 1792.11.20-1856.2.12）
ネーム（ロバチェフスキー 1793-1856）
広辞7（ロバチェフスキー 1792-1856）
世数（ロバチェフスキー，ニコライ・イワノヴィッチ 1792-1856）

Lobanov-Rostovskii, Aleksei Borisovich〈19世紀〉
ロシアの政治家，外交官。コンスタンティノーブル，ロンドン，ウィーンの各駐在大使を歴任後，外相。
⇒岩世人（ロバノフ＝ロストフスキー 1824.12.18-1896.8.18）

Löbe, Paul〈19・20世紀〉
ドイツの政治家。下院議長（20～32）。第2次大戦後，連邦議会議員となる（49～53）。
⇒岩世人（レーベ 1875.12.14-1967.8.3）

Lobengula〈19世紀〉
南アフリカのマタベレ族の王。在位1868～94。
⇒アフ新（ローベングラ 1836頃-1894）

Lobenstine, Edwin Carlyle〈19・20世紀〉
アメリカの宣教師。
⇒アア歴（Lobenstine, Edwin C(arlyle) エドウィン・カーライル・ロベンスタイン 1872.1.18-1958.7）

Lobingier, Charles Sumner〈19・20世紀〉
アメリカの弁護士，判事。
⇒アア歴（Lobingier, Charles Sumner チャールズ・サムナー・ロビンギア 1866.4.30-1956.4.28）

Lobo, Agostinho〈17世紀〉
ポルトガルの遣日貿易船隊司令官。度々長崎に赴いて貿易に従事。
⇒岩世人（ロボ）

Lobo, Alonso〈16・17世紀〉
スペインの作曲家。
⇒バロ（ローボ，アロンソ 1555頃-1617.4.5）

Lôbo, Duarte〈16・17世紀〉
ポルトガルの作曲家。
⇒バロ（ローボ，ドゥアルテ 1565頃-1649.9.24）

Lobo, Francisco〈16・17世紀〉
キリシタン時代に来日したポルトガル人イエズス会員。
⇒新カト（ロボ 1579頃-?）

Lobsangdanjin〈18世紀〉
中国，清初期にジュンガル地方から青海に移ったホショト部の長。
⇒岩世人（ロブサンダンジン）

Lobscheid, Wilhelm〈19世紀〉
ドイツ人宣教師。
⇒岩世人（ローブシャイト 1822.3.19-1893.12.24）

Lobstein, Paul〈19・20世紀〉
フランスの神学者。
⇒新カト（ローブシュタイン 1850.7.28-1922.4.13）

Locatelli, Pietro Antonio〈17・18世紀〉
イタリアのヴァイオリン奏者，作曲家。
⇒バロ（ロカテッリ，ピエトロ・アントーニオ 1695.9.3-1764.3.30）

Lochner, Stephan〈15世紀〉
ドイツの画家。ケルン派の代表的画家。主作品はケルン大聖堂の祭壇画。
⇒岩世人（ロホナー 1410頃-1451/1452）
新カト（ロッホナー 1400頃-1451）
芸13（ロッホナー，シュテファン 1400頃-1451）

Lochon, Jacques-François〈17・18世紀〉
フランスの作曲家。
⇒バロ（ロション，ジャック・フランソワ 1660.5-1720頃?）

Locke, John〈17・18世紀〉
イギリスの哲学者。啓蒙哲学。主著『人間悟性論』(90)。
⇒岩世人（ロック 1632.8.29-1704.10.28）
覚思（ロック 1632.8.29-1704.10.28）
覚思ス（ロック 1632.8.29-1704.10.28）
ネーム（ロック・ジョン 1632-1704）
広辞7（ロック 1632-1704）
学叢思（ロック，ジョン 1632-1704）
新カト（ロック 1632.8.29-1704.10.28）
図哲（ロック，ジョン 1632-1704）
世人新（ロック 1632-1704）
世人装（ロック 1632-1704）
世史傑（ロック 1632-1704）

ポプ人 (ロック, ジョン　1632-1704)
メル2 (ロック, ジョン　1632-1704)

Locke, Matthew〈17世紀〉
イギリスの作曲家。劇音楽, 教会音楽, 室内楽曲などを作曲。
⇒バロ (ロック, マシュー　1621/1622-1677.8)

Locke, Robert D.〈19・20世紀〉
アメリカの石油採掘業者。
⇒アア歴 (Locke, Robert D.　ロバート・D・ロック　1850-1943.2)

Locke, White〈17世紀〉
イギリスの作曲家。
⇒バロ (ロック, ホワイト　1610頃?-1670頃?)

Lockenburg, Johnnes〈16世紀〉
ドイツの作曲家。
⇒バロ (ロッケンブルク, ヨハネス　1540頃?-1591/1592)

Lockhart, John Gibson〈18・19世紀〉
スコットランド生れの伝記作者。『バーンズ伝』(28), 『スコット伝』(37〜38) を執筆。
⇒岩世人 (ロックハート (ロッカート)　1794.6.12-1854.11.25)

Lockhart, William〈19世紀〉
イギリスの中国医療伝道の開拓者。
⇒岩世人 (ロックハート (ロッカート)　1811.10.3-1896.4.29)
新カト (ロックハート　1820.8.22-1892.5.15)

Lockroy, Édouard〈19・20世紀〉
フランスのジャーナリスト, 政治家。
⇒19仏 (エドゥアール・ロックロワ　1838.7.18-1913.11.22)

Lockyer, *Sir* Joseph Norman〈19・20世紀〉
イギリスの天文学者。ヘリウムを発見。科学雑誌 "Nature" の創刊者。
⇒岩世人 (ロッキアー　1836.5.17-1920.8.16)

Lodge, Henry Cabot〈19・20世紀〉
アメリカの政治家。上院における共和党の指導者として世界政策を唱導。
⇒岩世人 (ロッジ　1850.5.12-1924.11.9)

Lodge, *Sir* Oliver Joseph〈19・20世紀〉
イギリスの物理学者。相対性理論や原子構造の理論を擁護。
⇒岩世人 (ロッジ　1851.6.12-1940.8.22)
科史 (ロッジ　1851-1940)
学叢思 (ロッジ, サァ・オリヴァー・ジョセフ　1851-?)

Lodge, Thomas〈16・17世紀〉
イギリスの詩人, 散文作家, 劇作家。伝奇物語『ロザリンド』(90) などが有名。
⇒岩世人 (ロッジ　1558頃-1625.9)

Lodi, Pietro da〈15・16世紀〉
イタリアの作曲家。
⇒バロ (ローディ, ピエトロ・ダ　1460頃?-1510頃)

Lody, Carl Hans〈19・20世紀〉
ドイツ海軍の予備役士官。第1次世界大戦中にイギリスでスパイ活動を行なった。
⇒スパイ (ロディー, カール・ハンス)

Loeb, Jacques〈19・20世紀〉
ドイツ生れのアメリカの実験生物学者。
⇒岩世人 (レーブ (ローブ)　1859.4.7-1924.2.11)
広辞7 (ロイブ　1859-1924)
ユ著人 (Loeb, Jacques　ロエブ, ジャック　1859-1924)

Loeb, James〈19・20世紀〉
アメリカの銀行家, 学者。『ローブ古典叢書』を刊行。
⇒岩世人 (ローブ　1867.8.6-1933.5.27)

Loeb, Leo〈19・20世紀〉
アメリカの病理学者。1898年細胞の試験管内人工培養に初めて成功, また癌と性ホルモンとの関係を証明。
⇒岩世人 (ローブ　1869.9.21-1959.12.28)
ユ著人 (Loeb, Leo　ロエブ, レオ　1869-1959)

Loeffler, Charles Martin Tornow〈19・20世紀〉
アメリカ (アルザス生れ) の作曲家, ヴァイオリン奏者。
⇒岩世人 (レフラー　1861.1.30-1935.5.19)

Loeillet, Jaques〈17・18世紀〉
ベルギーの作曲家。『ロンドンのルイエ』の弟。
⇒バロ (ルイエ, ジャック　1685.7.7-1748.11.28)
バロ (レイエ, ジャック　1685.7.7-1748.11.28)

Loeillet, Jean-Baptiste I〈17・18世紀〉
フランドルの作曲家。
⇒バロ (ルイエ, ジャン・バティスト1世　1680.11.18-1730.7.19)
バロ (レイエ, ジャン・バティスト1世　1680.11.18-1730.7.19)

Loeillet, Jean-Baptiste II〈17・18世紀〉
フランドルの作曲家。
⇒バロ (ルイエ, ジャン・バティスト2世　1688.7.6-1720頃)
バロ (レイエ, ジャン・バティスト2世　1688.7.6-1720頃)

Loe Thai〈14世紀〉
タイ, スコータイ朝の王。
⇒世帝 (ルータイ　(在位) 1298/1323-1341)

Løvenskjold, Herman〈19世紀〉
ノルウェー=デンマークの作曲家。
⇒バレエ (レーヴェンスキョル, ヘルマン　1815.7.31-1870.12.5)

Loew, Oscar〈19・20世紀〉
ドイツの生理化学者。東京帝国大学農科大学で化学を教授。
⇒岩世人（レーヴ　1844.4.2–1941.1.26）

L　Loewe, Johann Carl Gottfried〈18・19世紀〉
ドイツの作曲家。シュテッティンの教会合唱隊指揮者, ギムナジウムの音楽教師。
⇒岩世人（レーヴェ　1796.11.30–1869.4.20）
　ネーム（レーヴェ　1796–1869）
　広辞7（レーヴェ　1796–1869）

Loewenthal, Isidor〈19世紀〉
アメリカの宣教師。
⇒アア歴（Loewenthal, Isidor　イシドール・レーヴェンサル　1827頃–1864.4.27）

Loewi, Otto〈19・20世紀〉
アメリカ（ドイツ生れ）の薬学者。ニューヨーク大学教授。
⇒岩世人（ローウィ（レーヴィ）　1873.6.3–1961.12.25）
　ユ人（レーヴィ（ローイ）, オットー　1873–1961）
　ユ著人（Loewi, Otto　レーヴィ, オットー　1873–1961）

Löffler, Friedrich August Johannes〈19・20世紀〉
ドイツの細菌学者。1884年ジフテリアの病原菌を発見, 体外毒素の存在を確かめた。
⇒岩世人（レフラー　1852.6.24–1915.4.9）

Löfling, Pehr〈18世紀〉
スウェーデンの博物学者。
⇒岩世人（レーヴリング　1729.1.31–1756.2.22）

Löfstedt, Einar Harald〈19・20世紀〉
スウェーデンのラテン語学者。
⇒岩世人（レーヴステット　1880.6.15–1955.6.10）

Loftus, Thomas Joseph〈19・20世紀〉
アメリカの大リーグ選手（外野）。
⇒メジャ（トム・ロフタス　1856.11.15–1910.4.16）

Logan, James〈18世紀〉
アメリカ・インディアンの指導者。
⇒岩世人（ローガン　1725頃–1780）

Logan, Sir William Edmond〈18・19世紀〉
カナダの地質学者。カナダ地質調査所長。カナダの先カンブリア紀層を研究。
⇒岩世人（ローガン　1798.4.20–1875.6.22）

Logau, Friedrich Freiherr von〈17世紀〉
ドイツ・バロック時代の詩人。主著『ドイツ格言詩200選』(38)。
⇒岩世人（ローガウ　1604.6–1655.7.24）

Logroscino, Nicola Bonifacio〈17・18世紀〉
イタリアの作曲家。
⇒バロ（ログロシーノ, ニコラ・ボニファチオ　1698.10.22–1763）

Löhe, Johann Konrad Wilhelm〈19世紀〉
ドイツのプロテスタント神学者。
⇒岩世人（レーエ　1808.2.21–1872.1.2）
　新カト（レーエ　1808.2.21–1872.1.2）

Lohengrin
ドイツ中世の伝説的英雄。
⇒岩世人（ローエングリン）

Lohenstein, Daniel Caspar von〈17世紀〉
ドイツの詩人, 劇作家, 小説家。戯曲 "Ibrahim Sultan"(73)。
⇒岩世人（ローエンシュタイン　1635.1.25–1683.4.28）

Lohet, Simon〈16・17世紀〉
フランドルの作曲家。
⇒バロ（ロエ, シモン　1550以前–1611.7）

Löhlein, Georg Simon〈18世紀〉
ドイツの作曲家。
⇒バロ（レーライン, ゲオルク・ジーモン　1725.7.16–1781.12.16）

Löhner, Johann〈17・18世紀〉
ドイツの作曲家。
⇒バロ（レーナー, ヨハン　1645.11.21–1705.4.2）

Löhnholm〈19世紀〉
ドイツの法学者。日本政府に招かれ大蔵省の財政経済新報を編集。東大名誉教師。
⇒岩世人（レーンホルム　1854–?）

Lohr, Oscar〈19・20世紀〉
アメリカの宣教師。
⇒アア歴（Lohr, Oscar　オスカー・ロア　1824.3.28–1907.5.31）

Lois
パウロの弟子テモテの祖母。
⇒聖書（エウニケとロイス）

Loisy, Alfred Firmin〈19・20世紀〉
フランスの神学者, 聖書学者。近代主義に立脚した論者を発表したため破門。
⇒岩世人（ロワジー　1857.2.28–1940.6.1）
　学叢思（ロアジー, アルフレド・フィルマン　1858–?）
　新カト（ロアジ　1857.2.28–1940.6.1）

Lolli, Antonio〈18・19世紀〉
イタリアの作曲家, ヴァイオリン奏者。
⇒バロ（ロッリ, アントーニオ　1730–1802.8.10）

Lomazzo, Giovanni Paolo〈16世紀〉
イタリアの画家,著作家。ミラノの聖アゴスティーノ修道院の食堂の壁画を描いたが,33歳で失明。
⇒岩世人（ロマッツォ　1538.4.26-1600.2.13）
　芸13（ロマッツォ,ジョヴァンニ・パオロ　1538-1600）

Lombard, Lambert〈16世紀〉
オランダ（フランドル）の画家,建築家。フランドル画派の擬古的方向を確立。
⇒岩世人（ロンバール　1505頃-1566.8）

Lombardo, Pietro〈15・16世紀〉
イタリアの彫刻家,建築家。主作品はサンタ・マリア・ディ・ミラユーリ聖堂(89)。
⇒岩世人（ロンバルド　1435頃-1515）

Lombroso, Cesare〈19・20世紀〉
イタリアの精神病学者,法医学者。
⇒岩世人（ロンブローゾ　1836/1835.11.18/6-1909.10.19）
　ネーム（ロンブローゾ　1835-1909）
　広辞7（ロンブローゾ　1836-1909）
　学叢思（ロンブローゾ,チェザーレ　1836-1909）
　メル3（ロンブローゾ,チェーザレ　1836〔1835の説もあり〕-1909）
　ユ人（ロンブローゾ,セザル　1835-1909）
　ユ著人（Lombroso,Cesare　ロンブローゾ,チェザーレ　1836-1909）

Loménie de Brienne, Etienne Charles de〈18世紀〉
フランスの聖職者,政治家。名士会の議長,財務総監を務めた。
⇒岩世人（ロメニ・ド・ブリエンヌ　1727.10.9-1794.2.16）

Lomonosov, Mikhail Vasilievich〈18世紀〉
ロシアの言語学者,詩人。『ロシア語文法』(57)などの著作を残す。
⇒岩世人（ロモノーソフ　1711.11.8-1765.4.4）
　広辞7（ロモノーソフ　1711-1765）
　世人新（ロモノーソフ　1711-1765）
　世人装（ロモノーソフ　1711-1765）

Lonati, Carlo Ambrogio〈17・18世紀〉
イタリアのヴァイオン奏者,歌手。
⇒バロ（ルナーティ,カルロ・アンブロージョ　1645頃-1710-1715頃）
　バロ（ロナーティ,カルロ・アンブロージョ　1645頃-1710-1715頃）

London, Jack〈19・20世紀〉
アメリカの小説家。長篇『荒野の呼び声』(03)を著す。
⇒岩世人（ロンドン　1876.1.12-1916.11.22）
　広辞7（ロンドン　1876-1916）
　学叢思（ロンドン,ジャック　1876-1916）
　ポプ人（ロンドン,ジャック　1876-1916）

Londonderry, Charles William Stewart, 3rd Marquis of〈18・19世紀〉
イギリスの軍人,外交官。カスルレーの異母弟。
⇒岩世人（ロンドンデリー　1778.5.18-1854.3.6）

Long, Herman C.〈19・20世紀〉
アメリカの大リーグ選手（遊撃）。
⇒メジャ（ハーマン・ロング　1866.4.13-1909.9.17）

Long, Walter Hume, 1st Viscount〈19・20世紀〉
イギリスの政治家。
⇒岩世人（ロング　1854.7.13-1924.9.26）

Longfellow, Henry Wadsworth〈19世紀〉
アメリカの詩人。『エバンジェリン』(48)を著す。
⇒アメ新（ロングフェロー　1807-1882）
　岩世人（ロングフェロー　1807.2.27-1882.3.24）
　広辞7（ロングフェロー　1807-1882）
　学叢思（ロングフェロー,ヘンリー・ワズワース　1807-?）
　新カト（ロングフェロー　1807.2.27-1882.3.24）

Longford, Joseph Henry〈19・20世紀〉
イギリスの外交官。駐日イギリス領事。
⇒岩世人（ロングフォード　1849.6.25-1925.5.12）

Longgodo〈17・18世紀〉
中国,清の官僚。
⇒岩世人（ロンゴド　?-1728（雍正6））

Longhena, Baldassare〈16・17世紀〉
イタリアの建築家。ベネチアのバロック盛期に活躍。
⇒岩世人（ロンゲーナ　1598-1682.2.18）

Longhi, Pietro〈18世紀〉
イタリアの風俗画家。
⇒岩世人（ロンギ　1702-1785.5.8）
　芸13（ロンギ,ピエトロ　1702-1785）

Longinos, Kassios〈3世紀〉
ギリシアの著述家。プラトン哲学を奉じ,アテナイで哲学と修辞学を教えた。
⇒岩世人（ロンギノス　213頃-273）
　広辞7（ロンギノス　212頃-273）

Longinus
新約聖書中の人物。
⇒岩世人（ロンギヌス）
　新カト（ロンギヌス）

Longland, John〈15・16世紀〉
英国教会のリンカン主教。
⇒新カト（ロングランド　1473-1547.5.7）

Longman, Thomas〈17・18世紀〉
イギリスの出版業者。E.チェーンバーズの"Cyclopaedia"(28)などを出版。

⇒岩世人（ロングマン　1699-1755.6.18）

Longo, Bartolo〈19・20世紀〉
イタリア人信徒、ポンペイのマドンナ・デル・ロザリオ巡礼所の創設者、ポンペイの聖なるロザリオのドミニコ修道女会創設者。
⇒新カト（ロンゴ　1841.2.11-1926.10.5）

Longobardi, Nicolo〈16・17世紀〉
イタリアのイエズス会士。
⇒岩世人（ロンゴバルディ　1559-1654.12.11）
　新カト（ロンゴバルド　1559-1654.12.11）
　学叢歴（龍華民　1566-1654）

Longos〈2・3世紀〉
ギリシアの小説家。『ダフニスとクロエ物語』の作者。
⇒岩世人（ロンゴス）
　広辞7（ロンゴス　2世紀）

Longuet, Charles〈19・20世紀〉
フランスの著述家、プルドーン主義者。
⇒学叢思（ロンゲー、シヤルル　1833-1903）

Longueval, Antoine de〈15・16世紀〉
フランスの作曲家。
⇒バロ（ロングヴァル、アントワーヌ・ド　1470頃?-1522以降）

Longueville, Anne-Geneviève de Bourbon-Condé, Duchesse de〈17世紀〉
フランスの貴婦人。ノルマンディーの蜂起を画策したが失敗。
⇒岩世人（ロングヴィル　1619.8.28-1679.4.15）

Lönnrot, Elias〈19世紀〉
フィンランドの民俗学者。フィンランドの口承文芸であるカレワラの採集、編集者。
⇒岩世人（レンロート　1802.4.9-1884.3.19）

Löns, Hermann〈19・20世紀〉
ドイツの詩人、小説家。主著、農民年代記『人狼』(10)。
⇒岩世人（レンス　1866.8.29-1914.9.26）

Lonzano, Menahem ben Judah de〈16・17世紀〉
スファラッド系言語学者、詩人、カバリスト。
⇒ユ著人（Lonzano,Menahem ben Judah de　ロンザーノ、メナヘム・ベン・ユダ・デ　1550-1624?）

Loofs, Friedrich〈19・20世紀〉
リッチェル学派に属するドイツのプロテスタント神学者。
⇒岩世人（ローフス　1858.6.19-1928.1.13）
　新カト（ローフス　1858.6.19-1928.1.13）

Loomis, Elias〈19世紀〉
アメリカの数学者、天文学者。

⇒岩世人（ルーミス　1811.8.7-1889.8.14）

Loomis, Henry〈19・20世紀〉
アメリカの長老派教会宣教師。昆虫の収集家でルーミス・シジミを発見。
⇒岩世人（ルーミス　1839.3.4-1920.8.27）

Loos, Adolf〈19・20世紀〉
オーストリアの建築家。主作品はハウス・シュタイナ(1910、ウィーン)。
⇒岩世人（ロース　1870.12.10-1933.8.23）

Looss, Arthur〈19・20世紀〉
ドイツの動物学者。ロイカルトと共同で寄生動物学を創め、エジプトの寄生虫、特に鉤虫を研究。
⇒岩世人（ロース　1861.3.16-1923.5.4）

Looy, Jacobus van〈19・20世紀〉
オランダの小説家、画家。画家としてはアムステルダム画派に属した。
⇒岩世人（ファン・ローイ　1855.9.13-1930.2.24）

Lopes, Andre〈16・17世紀〉
キリシタン時代の司祭。
⇒新カト（アンドレ・ロペス　16世紀末-17世紀中葉）

Lopes, António〈16世紀〉
キリシタン時代のポルトガル、リスボン出身の来日宣教師。
⇒新カト（ロペス　1548頃-1598.8）

Lopes, Balthasar〈16・17世紀〉
小ロペス。キリシタン時代に活動したポルトガル人司祭。グルアダ司教区カステル・ブランコ出身。
⇒新カト（ロペス　1544頃-1608）

Lopes, Balthazar〈16・17世紀〉
ポルトガルのイエズス会宣教師。平戸、長崎等の各地に37年間布教。
⇒新カト（ロペス　1535-1605.12.3）

Lópes, Fériquz Máximo〈18・19世紀〉
スペインの作曲家。
⇒バロ（ロペス、フェリクス・マクシモ　1742.11.18-1821.4.9）

Lopes, Fernão〈14・15世紀〉
ポルトガルの年代記作家。作品『ドン・ペドロ王年代記』など。
⇒岩世人（ロペス　1380頃-1460頃）

Lopez, Aaron〈18世紀〉
ロードアイランドの交易商人。
⇒ユ人（ロペス、アロン　1731-1782）
　ユ著人（Lopez,Aaron　ロペス、アアロン　1731-1782）

López, Carlos Antonio〈18・19世紀〉
パラグアイの政治家、独裁者。1844年大統領に就任。

⇒岩世人（ロペス　1790.11.4–1862.9.10）
ラテ新（ロペス　1790?–1862）

López, Francisco Solano〈19世紀〉
パラグアイの軍人, 政治家, 独裁者。62年大統領となり, 独裁体制をしいて, 軍隊を強化。
⇒岩世人（ロペス　1826.7.24–1870.3.1）
ラテ新（ロペス　1826–1870）

López, Miguel〈17・18世紀〉
スペインの作曲家。
⇒バロ（ロペス, ミゲル　1669.2.1–1723）

López, Narciso〈18・19世紀〉
キューバの軍人。キューバの中部県知事, 軍事委員会議長となったが解任（43）。
⇒岩世人（ロペス　1797.10.19–1851.9.1）

Lopez, Roderigo〈16世紀〉
マラノの医者。
⇒ユ人（ロペツ, ロデリゴ　1525–1594）

López, Vicente Fidel〈19・20世紀〉
アルゼンチンの歴史家, ジャーナリスト。
⇒岩世人（ロペス　1815.4.24–1903.8.30）

López Capillas, Francisco〈17世紀〉
スペインの作曲家。
⇒バロ（ロペス・カピーリャス, フランシスコ　1615頃–1673.1.18/2.7）

López de Arteaga, Sebastián〈17世紀〉
スペインの画家。
⇒岩世人（ロペス・デ・アルテアガ　1610–1652）

López de Ayala, Adelardo〈19世紀〉
スペインの劇作家, 政治家。初め史劇を, のち社会劇に転じた。"Consuelo"（78）。
⇒岩世人（ロペス・デ・アヤーラ　1828.5.1–1879.12.30）

López de Ayala, Pedro〈14・15世紀〉
スペインの政治家, 詩人, 年代記作者。1398年からカスティーリャの宰相。諷刺詩『宮廷韻律集』が有名。
⇒岩世人（ロペス・デ・アヤーラ　1332–1407）

López de Mendoza Grajales, Francisco〈16世紀〉
スペイン出身の宣教師, 北米における最初の小教区創立者とされる。
⇒新カト（ロペス・デ・メンドサ・グラハレス　1525頃–1569頃）

López de Rivas, María de Jesús〈16・17世紀〉
スペインの跣足カルメル会修道女。アビラのテレサの相談役。
⇒新カト（ロペス・デ・リバス　1560.8.18–1640.9.13）

López de Velasco, Sebastián〈16・17世紀〉
スペインの作曲家。
⇒バロ（ベラスコ, セバスティアン・ロペス・デ　1590頃?–1650頃）
バロ（ロペス・デ・ベラスコ, セバスティアン　1590頃?–1650頃）

Lopez Jaena, Graciano〈19世紀〉
フィリピンの文筆家。
⇒岩世人（ロペス・ハエナ　1856.12.18–1896.1.20）

López y Portaña, Vicente〈18・19世紀〉
スペインの画家。カルロス3世の宮廷画家。
⇒岩世人（ロペス・イ・ポルターニャ　1772.9.19–1850.6.22）

López y Vicuña, Vincenza María〈19世紀〉
スペインの修道女,「無原罪のマリア修道女会」の創立者。聖人。祝日12月26日。
⇒新カト（ビンセンサ・マリア・ロペス・イ・ビクニャ　1847.3.24–1890.12.26）

Loqueville, Richard de〈14・15世紀〉
フランスの作曲家。
⇒バロ（ロクヴィユ, リシャール・ド　1370頃?–1418）

Lorber, Jakob〈18・19世紀〉
ドイツの神秘家。"Das grosse Evangelium Johannes" 7巻（71）。
⇒岩世人（ロルバー　1800.7.22–1864.8.24）

Lorços, Francisco Martínez de〈16世紀〉
スペインの作曲家。
⇒バロ（ロルコス, フランシスコ・マルティネス・デ　1540頃?–1590頃?）

Lorenço〈16世紀〉
キリシタン時代の日本人最初のイルマン。
⇒新カト（ロレンソ　1526–1592.2.3）

Lorente, Andrés〈17・18世紀〉
スペインの作曲家。
⇒バロ（ロレンテ, アンドレス　1624.4.15–1703.12.22）

Lorentz, Hendrik Antoon〈19・20世紀〉
オランダの物理学者。物質の性質を説明するために電子論を展開。02年ノーベル物理学賞受賞。
⇒岩世人（ローレンツ　1853.7.18–1928.2.4）
科史（ローレンツ　1853–1928）
ネーム（ローレンツ　1853–1928）
広辞7（ローレンツ　1853–1928）
学叢思（ローレンツ, ヘンドリク・アントーン　1853–?）
物理（ローレンツ, ヘンドリック・アントーン　1853–1928）
ノ物化（ヘンドリック・アントン・ローレンツ　1853–1928）

Lorenz, Adolf〈19・20世紀〉
オーストリアの整形外科医。股関節脱臼を無血的に復位させることに成功。
⇒岩世人（ローレンツ　1854.4.21–1946.2.12）

Lorenz, Ottokar〈19・20世紀〉
オーストリアの歴史家。
⇒岩世人（ローレンツ　1832.9.17–1904.5.13）

Lorenzani, Paolo〈17・18世紀〉
イタリアの作曲家。
⇒バロ（ロレンツァーニ, パオロ　1640–1713.11.28）

Lorenzen, Peter Hiort〈18・19世紀〉
デンマーク系スリースヴィ（シュレースヴィヒ）人の政治家, 商人。
⇒岩世人（ロレンセン　1791.1.24–1845.3.17）

Lorenzetti, Ambrogio〈14世紀〉
イタリアの画家。ピエトロ・ロレンツェッティの弟。
⇒岩世人（ロレンツェッティ　1285頃–1348頃）
　広辞7（ロレンツェッティ　1290頃–1348頃）
　新カト（ロレンツェッティ　1285頃–1348頃）
　芸13（ロレンツェティ兄弟　1290?–1348?）

Lorenzetti, Pietro〈13・14世紀〉
イタリアの画家。弟のアンブロジオ・ロレンツェッティとともに1300年代のシエナ派の代表的画家。
⇒岩世人（ロレンツェッティ　1280頃–1348頃）
　広辞7（ロレンツェッティ　1280頃–1348頃）
　新カト（ロレンツェッティ　1280頃–1348頃）
　芸13（ロレンツェティ兄弟　1280–1285–1348?）

Lorenzi, Gian Battista〈18・19世紀〉
イタリアの台本作家。演劇の王国検閲官。聖職者。
⇒オペラ（ロレンツィ, ジャン・バッティスタ　1721–1807）

Lorenzini〈16世紀〉
イタリアの作曲家。
⇒バロ（ロレンツィーニ,?　1530頃?–1580頃?）

Lorenzo〈3世紀〉
伝承上のイタリア中部スポレトの司教。中部イタリアでは古くから聖人として崇敬される。
⇒新カト（ロレンツォ〔スポレトの〕　3世紀末?）

Lorenzo, Pedro de San〈17世紀〉
ポルトガルの作曲家。
⇒バロ（ロレンツォ, ペドロ・デ・サン　1620頃?–1680頃?）

Lorenzo da Firenze〈14世紀〉
イタリアの作曲家, 教育者。
⇒バロ（ロレンツォ・ダ・フィレンツェ　1320頃?–1372.12.末/1373.1.初）

Lorenzo da Viterbo〈15世紀〉
イタリアの画家。
⇒新カト（ロレンツォ・ダ・ヴィテルボ　1440頃–1476以降）

Lorenzo Monaco〈14・15世紀〉
イタリアの画家。主作品『聖告』。
⇒岩世人（ロレンツォ・モナコ　1370頃–1424頃）
　新カト（ロレンツォ・モナコ　1370/1371頃–1422/1426頃）
　芸13（モナコ, ロレンツォ　1370–1425）

Lorenzo Russo〈16・17世紀〉
イタリアの聖人, 教会博士, カプチン会員, 司祭。祝日7月21日。
⇒新カト（ロレンツォ・ルッソ〔ブリンディシの〕　1559.7.22–1619.7.22）
　図聖（ロレンツォ〔ブリンディジの〕　1559–1619）

Loria, Achille〈19・20世紀〉
イタリアの経済学者, 社会学者。経済が社会発展の唯一の決定的力であるとする経済史観の立場を代表した。
⇒岩世人（ローリア　1857.3.2–1943.11.6）
　学叢思（ロリア, アキルレ　1857–?）

Lorimer, David Lockhart Robertson〈19・20世紀〉
イギリスの軍人, 言語学者。
⇒岩世人（ロリマー　1876.12.24–1962.2.26）

Lorimer, Elizabeth Hilda Lockhart〈19・20世紀〉
イギリスの古典学者。
⇒岩世人（ロリマー　1873.5.30–1954.3.1）

Lorin, André〈17世紀〉
イギリスの作曲家。
⇒バロ（ロラン, アンドレ　1640頃?–1700頃?）

Loris-Melikov, Mikhail Tarielovich〈19世紀〉
ロシアの政治家, 伯爵。1880年内相に任ぜられ, アレクサンドル2世の相談役を務めた。
⇒岩世人（ロリス＝メーリコフ　1825.1.1–1888.12.12）

Lorm, Hieronymus〈19・20世紀〉
ドイツの哲学者, 文学者。15歳で聾者となり, また殆んど失明。
⇒岩世人（ロルム　1821.8.9–1902.12.3）

Lornsen, Uwe Jens〈18・19世紀〉
デンマークの官僚。
⇒岩世人（ローンセン　1793.11.18–1838.2.13）

Lorrain, Claude〈16・17世紀〉
フランスの画家。19世紀の外光派の先駆的存在。
⇒岩世人（ロラン　1600–1682.11.23）
　広辞7（ロラン　1600–1682）
　芸13（ロラン, クロード　1600–1682）

Lortzing, Albert〈19世紀〉
ドイツの作曲家。初期ロマン派のオペラを作

曲。作品『ロシア皇帝と大工』(37) など。
　⇒岩世人（ロルツィング　1801.10.23–1851.1.21)
　　オペラ（ロルツィング, アルベルト　1801–1851)

los Ángeles, Juan de〈16・17世紀〉
スペインのフランシスコ会原会則派の神秘神学者、宮廷説教師。アビラ地方オロペサの生まれ。
　⇒新カト（フアン・デ・ロス・アンヘレス　1536–1609)

Lo Santo Spirito, Jose de〈17世紀〉
ポルトガルの神学者、カルメル会員。
　⇒新カト（ホセ・デ・ロ・サント・スピリト　1609.12.26–1674.1.27)

Löscher, Valentin Ernst〈17・18世紀〉
ドイツのルター派神学者。
　⇒岩世人（レッシャー　1673.12.29–1749.2.12)
　　新カト（レッシャー　1673.12.29–1749.2.12)

Loschmidt, Johann Joseph〈19世紀〉
オーストリアの物理学者。1グラム分子中にある分子の数を初めて精密に算出。
　⇒岩世人（ロシュミット　1821.3.15–1895.7.8)

Losenko, Anton Pavlovich〈18世紀〉
ロシアの画家。歴史画、肖像画を描いた。
　⇒芸13（ロセンコ, アントン・パヴロヴィッチ　1737–1773)

Lossius, Johann Christian〈18・19世紀〉
ドイツの哲学者。エルフルト大学教授。
　⇒岩世人（ロッシウス　1743.4.22–1813.1.8)

Losskii, Nikolai Onufrievich〈19・20世紀〉
ロシアの亡命哲学者。
　⇒岩世人（ロスキー　1870.11.24/12.6–1965.1.24)
　　新カト（ロスキー　1879.12.6–1965.1.24)
　　メル3（ロースキー, ニコライ・オヌフリエヴィチ　1870–1965)

Losy, Jan Antonín〈17・18世紀〉
ボヘミアの作曲家。
　⇒バロ（ロシ, ヤン・アントニーン　1650–1721.8.9-9.2)

Lot
アブラハムの弟ハランの子（創世記）。
　⇒岩世人（ルート）
　　岩世人（ロト）
　　新カト（ロト）
　　聖書（ロト）

Lothaire〈10世紀〉
フランク王。在位954～986。
　⇒世帝（ロテール　941–986)

Lothar I〈8・9世紀〉
カロリング朝の西ローマ皇帝。在位840～55。ベルダン条約で皇帝の称号は得たが、帝国は3分された。

　⇒岩世人（ロタール1世　795–855.9.29)
　　ネーム（ロタール1世　795–855)
　　新カト（ロタール1世　795–855.9.29)
　　世人新（ロタール1世　795頃–855)
　　世人装（ロタール1世　795頃–855)
　　世史語（ロタール1世　(在位)840–855)
　　ポプ人（ロタール1世　795–855)

Lothar II〈9世紀〉
フランク王。ベルダン条約で西ローマ皇帝の称号と、中部フランクを得、ロートリンギアと名づけた。
　⇒岩世人（ロタール2世　?–869.8.8)
　　新カト（ロタール2世　835–869)

Lothar III〈11・12世紀〉
ザクセン家出身のドイツ王。在位1125～37。神聖ローマ皇帝。在位1133～7。
　⇒岩世人（ロタール3世（ズップリンゲンブルクの）1075.6–1137.12.4)
　　世帝（ロタール3世　1075–1137)

Lothar Franz von Schönborn〈17・18世紀〉
マインツ大司教・選帝侯。在位1694～1729。
　⇒岩世人（ロータル・フランツ（シェーンボルン）1655.10.4–1729.1.30)

Loti, Pierre〈19・20世紀〉
フランスの小説家。代表作『アジヤデ』(79)、『イスパハンをさして』(04) など。
　⇒岩世人（ロティ　1850.1.14–1923.6.10)
　　オセ新（ロティ　1850–1923)
　　19仏（ピエール・ロティ　1850.1.14–1923.6.10)
　　広辞7（ロチ　1850–1923)

Lotichius Secundus, Petrus〈16世紀〉
ドイツの新ラテン語詩人。主作品『ポエマータ』(63)。
　⇒岩世人（ロティキウス　1528.11.2–1560.11.7)

Lotka, Alfred James〈19・20世紀〉
オーストリア生れのアメリカの数理生物学者。
　⇒岩世人（ロトカ　1880.3.2–1949.12.5)

Lotti, Antonio〈17・18世紀〉
イタリアの作曲家。ヴェネツィア楽派の代表者の一人。
　⇒バロ（ロッティ, アントーニオ　1666.2–1740.1.5)
　　岩世人（ロッティ　1666/1667–1740.1.5)
　　新カト（ロッティ　1667頃–1740.1.5)

Lotti, Matteo〈17世紀〉
イタリアの作曲家。
　⇒バロ（ロッティ, マッテーオ　1640頃?–1700頃?)

Lottin, Odon〈19・20世紀〉
ベルギーの倫理神学者、神学史家、ベネディクト会士。
　⇒新カト（ロタン　1880.7.2–1965.3.10)

Lotto, Lorenzo〈15・16世紀〉
イタリアの画家。主作品『聖母と聖者たち』(16)。
⇒岩世人（ロット　1480頃–1556)
　新カト（ロット　1480頃–1556)
　芸13（ロット，ロレンツォ　1480頃–1556)

Lotz, Johann Friedrich Eusebius〈18・19世紀〉
ドイツの自由主義経済学者。
⇒岩世人（ロッツ　1770.1.13–1838.11.13)
　学叢思（ロッツ，ヨハン・フリードリヒ・オイゼビウス　1771–1838)

Lotze, Rudolf Hermann〈19世紀〉
ドイツの哲学者，医学者。主著『ミクロコスモス』(3巻,56～64)，『形而上学』(79)など。
⇒岩世人（ロッツェ　1817.5.21–1881.7.1)
　学叢思（ロッツェ，ヘルマン　1817–1882)
　新カト（ロッツェ　1817.5.21–1881.7.1)
　メル3（ロッツェ，ルドルフ＝ヘルマン　1817–1887)

Loubet, Émile François〈19・20世紀〉
フランスの政治家。1892年首相,99年～1906年大統領。
⇒岩世人（ルベ　1838.12.31–1929.12.21)

Loucheur, Louis〈19・20世紀〉
フランスの政治家，実業家。国際鋼鉄カルテル結成の首唱者。
⇒岩世人（ルシュール　1872.8.12–1931.11.22)

Louis〈13世紀〉
聖人，司教。祝日8月19日。フランシスコ会員。
⇒新カト（ルイ〔トゥールーズの〕　1274–1297.8.19)
　図聖（ルイ（トゥールーズの）　1274–1297)

Louis, Antoine〈18世紀〉
フランスの外科医。ヘルニア嵌頓，兎唇などの手術に関する業績のほか，縊死，溺死の研究がある。
⇒岩世人（ルイ　1723.2.13–1792.5.20)

Louis, Pierre Charles Alexandre〈18・19世紀〉
フランスの医師，病理解剖学者，医用統計学の開拓者。ブルーセ学説の反証者でもある。
⇒岩世人（ルイ　1787.4.14–1872.8.22)

Louis, Victor〈18・19世紀〉
フランスの建築家。作品にブザンソンの総督官邸，ボルドーの劇場などがある。
⇒岩世人（ルイ　1731.5.10–1800.7.2)

Louis II le B'egue〈9世紀〉
西フランク王。在位877～79。カルル2世（禿頭王）の子，「吃盲王」。
⇒世帝（ルイ2世　846–879)

Louis III〈9世紀〉
東フランク王国の統治者。
⇒岩世人（ルートヴィヒ3世（若王）　?–882.1.20)
　世帝（ルイ3世　863–882)
　世帝（ルートヴィヒ3世　835–882)

Louis III〈19・20世紀〉
バイエルンのヴィッテルスバッハ家の統治者。
⇒皇国（ルートヴィヒ3世　（在位)1913–1918)

Louis IV, d'Outre Mer〈10世紀〉
フランス，カロリング朝の国王。在位936～54。シャルル3世の子，「渡来王」。
⇒世帝（ルイ4世　921–954)

Louis V, le Fainéant〈10世紀〉
フランス国王。在位986～87。「無為王」。フランス（西フランク王国）におけるカロリング朝は断絶。
⇒世帝（ルイ5世　967–987)

Louis VI, le Gros〈11・12世紀〉
フランス国王。在位1108～37。フィリップ1世の子，「肥満王」。
⇒岩世人（ルイ6世（肥満王）　1081–1137.8.1)
　世帝（ルイ6世　1081–1137)

Louis VII, le Jeune〈12世紀〉
フランス国王。在位1137～80。ルイ6世の長子,「若年王」。
⇒岩世人（ルイ7世（若年王）　1121頃–1180)
　新カト（ルイ7世　1120–1180.9.18)
　世帝（ルイ7世　1120頃–1180)
　皇国（ルイ7世　（在位)1137–1180)

Louis VIII, le Lion〈12・13世紀〉
フランス国王。在位1223～26。フィリップ2世の子，「獅子王」。
⇒岩世人（ルイ8世（獅子王）　1187–1226.11.8)
　新カト（ルイ8世　1187.9.5–1226.11.8)
　世帝（ルイ8世　1187–1226)

Louis IX, le Saint〈13世紀〉
フランス国王。在位1226～70。ルイ8世の長子。フランス封建王政の最盛期を占める王。
⇒岩世人（ルイ9世（聖王)　1214.4.25–1270.8.25)
　広辞7（ルイ九世　1214–1270)
　新カト（ルイ9世　1214.4.25–1270.8.25)
　図聖（ルイ9世（聖王)　1214–1270)
　世人新（ルイ9世（聖王)　1214–1270)
　世人装（ルイ9世（聖王)　1214–1270)
　世史語（ルイ9世　1214–1270)
　世史語（ルイ9世　1214–1270)
　世帝（ルイ9世　1214–1270)
　ポプ人（ルイ9世　1214–1270)
　皇国（ルイ9世　（在位)1226–1270)

Louis X, le Hutin〈13・14世紀〉
フランス国王。在位1314～16。ナバル王。在位1305～14。

⇒岩世人（ルイ10世〈喧嘩王〉　1289–1316）
世帝（ルイ10世　1289–1316）

Louis XI〈15世紀〉
フランス国王。在位1461～83。国内の経済を発展させた。
⇒岩世人（ルイ11世　1423.7.3–1483.8.30）
広辞7（ルイ一一世　1423–1483）
新カト（ルイ11世　1423.7.3–1483.8.30）
世人新（ルイ11世　1423–1483）
世人装（ルイ11世　1423–1483）
世帝（ルイ11世　1423–1483）
皇国（ルイ11世　（在位）1461–1483）

Louis XII〈15・16世紀〉
フランスの国王。在位1498～1515。1499年ミラノを征服。
⇒岩世人（ルイ12世　1462.6.27–1515.1.1）
新カト（ルイ12世　1462.6.27–1515.1.1）
世帝（ルイ12世　1462–1515）
皇国（ルイ12世　?–1515）

Louis XIII le Juste〈17世紀〉
フランスの国王。在位1610～43。アンリ4世の子。
⇒バロ（ルイ13世　1601.9.27–1643.5.14）
岩世人（ルイ13世　1601.9.29–1643.5.14）
広辞7（ルイ一三世　1601–1643）
新カト（ルイ13世　1601.9.27–1643.5.14）
世人新（ルイ13世〈正義王〉　1601–1643）
世人装（ルイ13世〈正義王〉　1601–1643）
世史語（ルイ13世　1601–1643）
世帝（ルイ13世　1601–1643）
ポプ人（ルイ13世　1601–1643）
皇国（ルイ13世　（在位）1610–1643）

Louis XIV le Grand〈17・18世紀〉
フランス国王。在位1643～1715。13世の子，「太陽王・大王」。
⇒岩世人（ルイ14世〈大王；太陽王〉　1638.9.5–1715.9.1）
広辞7（ルイ一四世　1638–1715）
新カト（ルイ14世　1638.9.5–1715.9.1）
世人新（ルイ14世〈大王；太陽王〉　1638–1715）
世人装（ルイ14世〈大王；太陽王〉　1638–1715）
世史語（ルイ14世　1638–1715）
世史語（ルイ14世　1638–1715）
世帝（ルイ14世　1638–1715）
ポプ人（ルイ14世　1638–1715）
皇国（ルイ14世　（在位）1643–1715）
学叢歴（ルイ14世　1636–1715）

Louis XV le Bien-Aimé〈18世紀〉
フランス国王。在位1715～74。14世の曾孫。
⇒岩世人（ルイ15世〈最愛王〉　1710.2.15–1774.5.10）
広辞7（ルイ一五世　1710–1774）
新カト（ルイ15世　1710.2.15–1774.5.10）
世人新（ルイ15世〈最愛王〉　1710–1774）
世人装（ルイ15世〈最愛王〉　1710–1774）
世史語（ルイ15世　1710–1774）
世帝（ルイ15世　1710–1774）
ポプ人（ルイ15世　1710–1774）

皇国（ルイ15世　（在位）1715–1774）

Louis XVI〈18世紀〉
フランスの国王。在位1774～93。15世の孫，皇太子ルイの第3子。
⇒岩世人（ルイ16世　1754.8.23–1793.1.21）
広辞7（ルイ一六世　1754–1793）
新カト（ルイ16世　1754.8.23–1793.1.21）
世人新（ルイ16世　1754–1793）
世人装（ルイ16世　1754–1793）
世史語（ルイ16世　1754–1793）
世帝（ルイ16世　1754–1793）
ポプ人（ルイ16世　1754–1793）
皇国（ルイ16世　（在位）1774–1792）
学叢歴（ルイ16世　1754–1793）

Louis XVII〈18世紀〉
フランスの名目上の王。兄の死後，皇太子。
⇒岩世人（ルイ17世　1785.3.27–1795.6.8）
皇国（ルイ17世　（在位）1793–1795）

Louis XVIII〈18・19世紀〉
フランス国王。在位1814～15,15～24。1795年国王の称号を得，1814年第1王政復古，6月憲法を制定。15年第2王政復古を果した。
⇒岩世人（ルイ18世　1755.11.17–1824.9.16）
広辞7（ルイ一八世　1755–1824）
新カト（ルイ18世　1755.11.17–1824.9.16）
世人新（ルイ18世　1755–1824）
世人装（ルイ18世　1755–1824）
世史語（ルイ18世　1755–1824）
世史語（ルイ18世　1755–1824）
世帝（ルイ18世　1755–1824）
ポプ人（ルイ18世　1755–1824）
皇国（ルイ18世　（在位）1814–1815,1815–1824）
学叢歴（ルイ18世　1755–1824）

Louis de France〈17・18世紀〉
フランスの皇太子。ルイ14世の嫡子。
⇒岩世人（ルイ　1661.11.1–1711.4.14）

Louis Duc de Bourgogne〈17・18世紀〉
フランスの皇太子。フランス国王ルイ14世の孫。
⇒岩世人（ブルゴーニュ公ルイ　1682.8.6–1712.2.18）

Louise de Coligny〈16・17世紀〉
オランダ総督ウィレム1世の4番目の妃。フランスの軍人ガスパール・ド・コリニーの娘。
⇒王妃（ルイーズ　1555–1620）

Louise de Lorraine〈16・17世紀〉
アンリ3世の妃。
⇒王妃（ルイーズ・ド・ロレーヌ　1553–1601）

Louis Ferdinand〈18・19世紀〉
プロイセンの王子。フリードリヒ2世〈大王〉の甥。ザールフェルトの会戦で戦死。
⇒岩世人（ルイ・フェルディナント　1772.11.18–1806.10.10）

Louis Philippe〈18・19世紀〉
フランス国王。在位1830～48。オルレアン公

L

フィリップの息子。
⇒岩世人 (ルイ＝フィリップ (市民王)　1773.10.6–1850.8.2)
広辞7 (ルイ・フィリップ一世　1773–1850)
新カト (ルイ・フィリップ　1773.10.6–1850.8.26)
世人新 (ルイ＝フィリップ　1773–1850)
世人装 (ルイ＝フィリップ　1773–1850)
世史語 (ルイ＝フィリップ　1773–1850)
世帝 (ルイ・フィリップ1世　1773–1850)
ポプ人 (ルイ・フィリップ　1773–1850)
皇国 (ルイ・フィリップ　(在位) 1830–1848)
学叢歴 (ルイ・フィリップ　1773–1850)

Louis-Xavier de Ricard ⟨19・20世紀⟩
フランスの詩人。
⇒19仏 (ルイ＝グザヴィエ・ド・リカール　1843.1.25–1911.7.2)

Loukaris, Kyrillos ⟨16・17世紀⟩
ギリシア正教の神学者。1602年アレクサンドリア、20年コンスタンチノープル総大主教。
⇒岩世人 (ルカリス　1572.11.13–1638.6.27)
新カト (キュリロス・ルカリス　1572.11.13–1638.6.27)

Loukas ⟨1世紀⟩
カトリックの聖人。新約聖書中ルカ福音書、使徒行伝の著者と目される人物。
⇒岩世人 (ルカ)
ネーム (ルカ)
新カト (ルカ)
図聖 (ルカ (福音書作家))
聖書 (ルカ)

Loukas ⟨9・10世紀⟩
ギリシアの聖人。祝日2月7日。病人を癒やすなど数々の奇跡で知られ、「奇跡を行う者」と称される。
⇒新カト (ルカス 〔奇跡を行う者〕　896–953.2.7)

Loukas ⟨10世紀⟩
バシレイオス修道会の修道院長。聖人。祝日2月5日。アラブ支配下のシチリアのデメンナに生まれる。
⇒新カト (ルカス 〔アルメントの〕　?–995.2.5)

Loukas Stylites ⟨9・10世紀⟩
ビザンティンの修道士、聖人。祝日12月11日。
⇒新カト (ルカス 〔柱頭行者〕　879頃–979)

Loukianos ⟨3世紀⟩
聖人、ニコメデアの殉教者。祝日10月26日。
⇒新カト (ルキアノス、マルキアノスとその仲間　?–250/251頃)

Loukianos ⟨3・4世紀⟩
キリスト教神学者。殉教者ルキアノスともいう、聖人。
⇒岩世人 (ルキアノス 〔アンティオキアの〕　240頃–312.1.7)
新カト (ルキアノス 〔アンティオケイアの〕　?–312.1.7)

Loukios ⟨4世紀⟩
アドリアノポリスの司教。聖人。祝日2月11日。
⇒新カト (ルキオス 〔アドリアノポリスの〕　4世紀)

Loulié, Étienne ⟨17・18世紀⟩
フランスの作曲家。
⇒バロ (ルリエ、エティエンヌ　1655頃–1707頃)

Lourdel, Siméon ⟨19世紀⟩
フランス出身の白衣宣教会員、ウガンダへの宣教者。
⇒新カト (ルルデル　1853.12.20–1890.5.12)

Loutherbourg, Philippe Jacques de ⟨18・19世紀⟩
イタリアの画家。1771年ドゥルーリー・レーン劇場の舞台装置家として渡英、のちイギリスに帰化。
⇒岩世人 (ルーサーバーグ　1740.10.31–1812.3.11)

Loutil, Edmond ⟨19・20世紀⟩
フランスのジャーナリスト、司祭。
⇒新カト (ルティユ　1863.11.17–1959.4.16)

Louvard (Louvart), François ⟨17・18世紀⟩
フランスのサン・モール修族ベネディクト会会員。
⇒新カト (ルヴァール　1661–1739.4.22)

Louvois, François Michel Le Tellier, Marquis de ⟨17世紀⟩
フランスの政治家。M.ル・テリエの息子。砲術学校、廃兵院を創設。
⇒岩世人 (ルーヴォワ　1641.1.18–1691.7.16)
世人新 (ルヴォワ　1641–1691)
世人装 (ルヴォワ　1641–1691)

Louys, Jean ⟨16世紀⟩
フランドルの作曲家。
⇒バロ (ルイ、ジャン　1530頃–1563.10.15)

Louÿs, Pierre ⟨19・20世紀⟩
フランスの詩人、小説家。主著『ビリチスの歌』(94)。
⇒岩世人 (ルイ　1870.12.10–1925.6.6)
広辞7 (ルイス　1870–1925)

Love, Augustus Edward Hough ⟨19・20世紀⟩
イギリスの応用数学者。半無限弾性体の表面に別の層がある場合に伝播する横波 (ラヴ波) を発見。
⇒岩世人 (ラヴ　1863.4.17–1940.6.5)

Love, Christopher ⟨17世紀⟩
イギリスのピューリタン (長老派) 牧師。
⇒新カト (ラヴ　1618–1651.8.22)

Love, Harry Houser〈19・20世紀〉
アメリカの農学者。
⇒アア歴（Love,Harry H (ouser)　ハリー・ハウザー・ラヴ　1880.3.19-1966.4.20）

Lovejoy, Arthur Oncken〈19・20世紀〉
アメリカの哲学者。主著『二元論への反乱』(30)など。
⇒アメ新（ラブジョイ　1873-1962）
　岩世人（ラヴジョイ　1873.10.10-1962.12.30）
　20思（ラヴジョイ, アーサー O（オンケン・シャウフラー）　1873-1962）
　メル3（ラヴジョイ, アーサー・オンケン　1873-1962）

Lovejoy, Elijah Parish〈19世紀〉
アメリカの奴隷制廃止論者。長老教会派機関誌を編集し、奴隷制反対論を展開。
⇒岩世人（ラヴジョイ　1802.11.9-1837.11.7）

Lovén, Sven Ludvig〈19世紀〉
スウェーデンの動物学者。スピッツベルゲンに最初の学術探検を行った(37)。
⇒岩世人（ロヴェーン（ルヴェーン）　1809.1.9-1895.9.4）

Lovett, William〈18・19世紀〉
イギリスのチャーチスト。最初のチャーチスト協議会（政治的改革者の団体）書記。
⇒岩世人（ラヴェット　1800.5.8-1877.8.8）

Loving, Walter Howard〈19・20世紀〉
アメリカの陸軍軍楽隊長。
⇒アア歴（Loving,Walter H (oward)　ウォルター・ハワード・ラヴィング　1872.12.17-1945.2）

Lovisa Ulrika Av Preussen〈18世紀〉
スウェーデン王アドルフ・フレドリクの妃、グスタフ3世、カール13世の母。
⇒王妃（ルイーゼ・ウルリーケ　1720-1782）

Low, Abiel Abbott〈19世紀〉
アメリカの商人。
⇒アア歴（Low,Abiel Abbott　アビエル・アボット・ロウ　1811.2.7-1893.1.7）

Low, Frederick Ferdinand〈19世紀〉
アメリカの銀行家, 外交官。
⇒アア歴（Low,Frederick F (erdinand)　フレデリック・ファーディナンド・ロウ　1828.6.30-1894.7.21）
　岩世人（ロウ　1828.6.30-1894.7.21）

Low, *Sir* **Hugh**〈19・20世紀〉
イギリスの植民地官僚。
⇒岩世人（ロウ　1824.5.10-1905.4.18）

Lowe, Edward〈17世紀〉
イギリスの作曲家, 写譜家。
⇒バロ（ロー, エドワード　1610頃-1682.7.11）

Lowe, *Sir* **Hudson**〈18・19世紀〉
イギリスの軍人。セントヘレナ島へ流されたナポレオン1世の管理役を務めた。
⇒岩世人（ロウ　1769.7.28-1844.1.10）

Löwe, Johann Jakob〈17・18世紀〉
オーストリアの作曲家。
⇒バロ（レーヴェ, ヨハン・ヤーコプ　1629.7.31-1703.9.T）

Lowe, Robert, Viscount Sherbrooke〈19世紀〉
イギリスの政治家。
⇒岩世人（ロウ　1811.12.4-1892.7.27）

Lowe, Robert Lincoln〈19・20世紀〉
アメリカの大リーグ選手（二塁, 外野, 三塁）。
⇒メジャ（ボビー・ロウ　1865.7.10-1951.12.8）

Lowe, Thaddeus S.C.〈19・20世紀〉
南北戦争中, 北軍の航空スパイとして活動した気球愛好家。
⇒スパイ（ロー, タデウス・S・C　1832-1913）

Lowell, Abbott Lawrence〈19・20世紀〉
アメリカの政治学者, 教育家。ハーバード大学総長として諸改革を実施。
⇒岩世人（ローウェル　1856.12.13-1943.1.6）

Lowell, Amy Lawrence〈19・20世紀〉
アメリカの女流詩人。イマジズムのアメリカにおける推進者として活躍。
⇒新カト（ローウェル　1874.2.9-1925.5.12）

Lowell, Francis Cabot〈18・19世紀〉
アメリカの紡績業者。アメリカにおける最初の力織機を製作。
⇒岩世人（ローウェル　1775.4.7-1817.8.10）

Lowell, James Russell〈19世紀〉
アメリカの詩人, 評論家。詩集『ビグロー・ペーパーズ』(48,67)などを発表。
⇒岩世人（ローウェル　1819.2.22-1891.8.12）
　ネーム（ローエル　1819-1891）
　新カト（ローウェル　1819.2.22-1891.8.12）

Lowell, Percival〈19・20世紀〉
アメリカの天文学者。ローエル天文台の創始者。
⇒アア歴（Lowell,Percival　パーシヴァル・ロウエル　1855.3.13-1916.11.13）
　岩世人（ローウェル　1855.3.13-1916.11.12）
　科史（ローエル　1855-1916）

Löwenheim, Leopold〈19・20世紀〉
ドイツの数学者, 論理学者。
⇒世数（レーヴェンハイム, レオポルト　1878-1957）

Löwenstein-Wertheim-Rosenberg, Karl Heinrich zu〈19・20世紀〉
ドイツのカトリック信徒運動の指導者。
⇒新カト（レーヴェンシュタイン　1834.5.21-1921.

Löwenstern, Mattäus Apelles von　〈16・17世紀〉
ドイツの作曲家。
⇒バロ (レーヴェンシュテルン, マテウス・アペレス・フォン　1594.4.20–1648.4.11)

Löwig, Karl Jakob〈19世紀〉
ドイツの化学者。鉱泉から臭素を発見, 臭素の性質を研究。
⇒岩世人 (レーヴィヒ　1803.3.17–1890.3.27)

Lowrie, John Cameron〈19世紀〉
アメリカの宣教師。
⇒アア歴 (Lowrie, John C(ameron)　ジョン・キャメロン・ラウリー　1808.12.16–1900.5.31)

Lowrie, Walter Macon〈19世紀〉
アメリカの長老教会宣教師。マカオに到着し, 中国各地に伝道して同地に没。
⇒岩世人 (ローリー　1819.2.18–1847.8.19)

Lowry, Hiram Harrison〈19・20世紀〉
アメリカの宣教師。
⇒アア歴 (Lowry, Hiram Harrison　ハイラム・ハリソン・ライリー　1843.5.29–1924.1.13)

Lowth, Robert〈18世紀〉
英国教会の主教, 聖書学者。
⇒新カト (ラウス　1710.11.27–1787.11.3)

Löwy, Emmanuel〈19・20世紀〉
オーストリアの考古学者。ギリシアの原始的および古典的彫刻を研究。
⇒岩世人 (レーヴィ　1857.9.1–1938.2.11)

Loyola, Jorge〈16世紀〉
日本人イルマン。諫早出身。
⇒新カト (ロヨラ　1560–1589.8.16)

Loyseau, Charles〈16・17世紀〉
フランスの法学者。
⇒岩世人 (ロワゾー　1566–1620.10.27)

Loyson, Hyacinthe〈19・20世紀〉
フランスの聖職者。
⇒19仏 (イヤサント・ロワゾン　1827.3.10–1912.2.9)

Loyson, Jules-Théodose-Paul〈19・20世紀〉
フランスのカトリック神学者。
⇒新カト (ロアゾン　1829.1.25–1902.5.28)

Lozano, Pedro〈17・18世紀〉
スペインの聖職者, 歴史家。
⇒岩世人 (ロサーノ　1697.6.16–1752.2.8)

Lozovskii, Solomon Abramovich〈19・20世紀〉
ソ連邦の政治家。ソ連邦情報局総裁(46)。
⇒岩世人 (ロゾフスキー　1878.3.16/28–1952.8.12)

Lubbertus, Sibrandus〈16・17世紀〉
オランダ改革派の神学者。
⇒新カト (ルッベルトゥス　1555頃–1625.1.11)

Lubbock, *Sir* John, 1st Baron Avebury〈19・20世紀〉
イギリスの銀行家, 著述家。『先史時代』(65)で, 初めて旧石器と新石器とを区別。
⇒岩世人 (ラボック　1834.4.30–1913.5.28)
　学叢思 (ラボック, サー・ジョン　1834–1913)

Lubbock, Percy〈19・20世紀〉
イギリスの批評家, 伝記作家。
⇒岩世人 (ラボック　1879.6.4–1965.8.2)

Lübeck, Vincent〈17・18世紀〉
ドイツのオルガン奏者, 作曲家。北ドイツ・オルガン楽派の大家のひとり。
⇒バロ (リューベック, ヴィンセント　1654.9/1656.9.29頃–1740.2.9)

Lubelczyk, Jakub〈16世紀〉
ポーランドの作曲家。
⇒バロ (ルベルチク, ヤクブ　1520頃?–1570頃?)

Lüben, Andreas〈17世紀〉
スウェーデンの作曲家。
⇒バロ (リューベン, アンドレアス　1600頃?–1660頃?)

Lüben, Gustaf〈16・17世紀〉
ドイツの作曲家。
⇒バロ (リューベン, グスタフ　1570頃?–1630頃?)

Lubin, David〈19・20世紀〉
アメリカ(ポーランド生れ)の農業事業家。
⇒岩世人 (ルービン　1849.6.10–1919.1.1)

Lübke, Wilhelm〈19世紀〉
ドイツの美術史家。カルルスルーエ工業大学教授兼大公美術蒐集室管理官。
⇒岩世人 (リュブケ　1826.1.27–1893.4.5)

Lublinski, Samuel〈19・20世紀〉
ドイツの批評家, 劇作家。
⇒学叢思 (ルブリンスキー, サムエル　1868–1911)

Lucan
円卓の騎士の一人。
⇒ネーム (ルーカン)

Lucanus, Marcus Annaeus〈1世紀〉
ローマの詩人。大セネカの孫で, 小セネカの甥。作品『内乱記』。
⇒岩世人 (ルカヌス　39.11.3–65.4.30)
　広辞7 (ルカヌス　39–65)

Lucas, Edward Verrall〈19・20世紀〉
イギリスの随筆家。C.ラムの研究家として知られ, 『ラム伝』(05)などを書いた。

⇒岩世人（ルーカス　1868.6.12–1938.6.26）

Lucas, François Édouard Anatole〈19世紀〉
フランスの数学者，天文学者。
⇒世数（リュカ，フランソワ・エドゥアール・アナトール　1842–1891）

Lucas del Espirito Santo〈16・17世紀〉
スペインのドミニコ会宣教師。長崎で布教後，大阪で捕われて穴吊しの刑に処せられた。
⇒岩世人（ルカス　1594.10.18–1633.10.19）
新カト（ルカス・デル・スピリト・サント　1594.10.18–1633.10.19）

Lucas van Leiden〈15・16世紀〉
ネーデルラントの画家，版画家。主作品『最後の審判』(1526)，『東方三博士の礼拝』『盲人の治癒』。
⇒岩世人（ルカス・ファン・ライデン　1494頃–1533）
芸13（ルーカス・ファン・レイデン　1494–1533）

Lucca, Francesco〈19世紀〉
イタリアの出版社発行人。
⇒オペラ（ルッカ，フランチェスコ　1802–1872）

Lucchesi, Andrea〈18・19世紀〉
イタリアの作曲家。
⇒バロ（ルッケージ，アンドレア　1741.5.23–1801.3.21）

Luce, Henry Winters〈19・20世紀〉
アメリカの宣教師。
⇒アア歴（Luce, Henry Winters　ヘンリー・ウィンターズ・ルース　1868.9.24–1941.12.8）

Luce, Maximilien〈19・20世紀〉
フランスの画家。
⇒19仏（マクシミリアン・リュス　1858.3.13–1941.2.6）

Lucena, Affonso de〈16・17世紀〉
ポルトガルのイエズス会宣教師。来日し(78)，主として大村で布教に従事。
⇒岩世人（ルセーナ　1551–1623.6.14）
新カト（ルセナ　1552–1623.6.14）

Lucena, Luis Ramírez de〈15・16世紀〉
スペインのチェスプレーヤー。
⇒岩世人（ルセーナ　1465頃–1530頃）

Luchaire, Achille〈19・20世紀〉
フランスの歴史家。主著『第1次カペー王朝期におけるフランス王制史』(83)。
⇒岩世人（リュシェール　1846.10.24–1908.11.14）

Luchas〈15・16世紀〉
スペインの作曲家。
⇒バロ（ルーチャス　1470頃?–1520頃?）

Lucia〈10・11世紀〉
聖人。祝日9月19日。
⇒新カト（ルキア〔サンピニーの〕　10–11世紀）

Lucia, St.〈3・4世紀〉
シラクサのキリスト教殉教者，聖女。
⇒新カト（ルキア〔シラクーザの〕　?–303/304）
図聖（ルチア　?–304頃）

Lucianus〈3世紀〉
フランスのボーヴェ教区の守護聖人，初代司教。殉教者。祝日1月8日。
⇒新カト（ルキアヌス〔ボーヴェの〕　?–300頃）

Lucidor, Lasse〈17世紀〉
スウェーデンの詩人。死後詩集『ヘリコンの花群と不幸なルシドールの四季おりおりの境涯』が出版された。
⇒岩世人（リューシドール　1638.10.18–1674.8.13）

Lucidus〈5世紀〉
南ガリアの司祭。
⇒新カト（ルキドゥス　5世紀後半）

Lucifer〈4世紀〉
サルジニアのカリアリ司教。アタナシウスの支持者。
⇒新カト（ルキフェル　?–370頃）

Lucilius, Gaius〈前2世紀〉
ローマの詩人。小スキピオの文学サークルの最有力メンバーの一人。
⇒岩世人（ルキリウス　前180頃–前102/前101）

Lucilla〈3世紀〉
古代ローマの殉教者。
⇒新カト（ルキラ，フローラとその仲間　3世紀半ば）

Lucini, Gian Pietro〈19・20世紀〉
イタリアの詩人。代表作『理想的象徴表現の書物』(1894)，『栄光のとき』(1913)。
⇒岩世人（ルチーニ　1867.9.30–1914.7.13）

Lucinianus〈6世紀〉
イスパニア南東部カルタヘナの司教。
⇒新カト（ルキニアヌス　6世紀後半）

Lucius〈3世紀〉
殉教者。聖人。「モンタヌスとルキウス」と併称される。
⇒新カト（モンタヌス，ルキウスとその仲間　?–259頃）

Lucius, St.〈3世紀〉
ローマ教皇。在位253～254。
⇒新カト（ルキウス1世　?–254.3.5）

Lucius II〈12世紀〉
教皇。在位1144～5。枢機卿，尚書院長。
⇒新カト（ルキウス2世　?–1145.2.15）

Lucius III〈11・12世紀〉
教皇。在位1181〜5。シトー会士。
⇒新カト（ルキウス3世　1097頃–1185.11.25）

Lucius Sextius Sextinus Lateranus
〈前4世紀〉
古代ローマの政治家・護民官。
⇒世人新（セクスティウス　生没年不詳）
　世人装（セクスティウス　生没年不詳）
　ポプ人（セクスティウス，ルキウス　生没年不詳）

Lucius von Chur〈5・6世紀〉
聖人，宣教者，証聖者。祝日12月3日。スイス東部のクール地方にキリスト教を伝えたとされる。
⇒新カト（ルキウス〔証聖者〕　5–6世紀）
　図聖（ルキウス（クールの））

Lücke, Gottfried Christian Friedrich〈18・19世紀〉
ドイツの神学者。
⇒新カト（リュッケ　1791.8.24–1855.2.14）

Lucretia〈前6世紀〉
王制期ローマの伝説的女性。
⇒岩世人（ルクレティア　?–前510）
　広辞7（ルクレティア　前6世紀）

Lucretia〈4世紀頃〉
聖人，スペインの殉教者。祝日11月23日。アウグスタ・エメリタ出身といわれる。
⇒新カト（ルクレティア　4世紀頃）

Lucretius Carus, Titus〈前1世紀〉
ローマの詩人，エピクロス派の哲学者。著作『物の本性について』。
⇒岩世人（ルクレティウス　前99頃–前55頃）
　ネーム（ルクレティウス　前94?–前55?）
　広辞7（ルクレティウス　前99頃–前55頃）
　学叢思（ルクレティウス・カールス　前98–前54）
　新カト（ルクレティウス　前94頃?–前55頃?）
　世人新（ルクレティウス　前94頃–前55頃）
　世人装（ルクレティウス　前94頃–前55頃）
　メル1（ルクレティウス　前99/前97頃?–前55）

Lucullus, Lucius Licinius〈前2・1世紀〉
ローマの軍人。前74年コンスル，ローマ軍司令官。
⇒岩世人（ルクックス　前117–前56）

Lud, Ned〈18世紀〉
イギリスのレスターシャーの労働者。靴下製造機械を手工業者の職を奪うものとして破壊。
⇒岩世人（ラッド）

Ludas Matyi
ファゼカシュの民話風叙事詩《ルダシュ・マチ》の主人公。
⇒岩世人（ルダシュ・マチ）

Ludedorff, Erich Friedrich Wilhelm
〈19・20世紀〉
ドイツの軍人。1916年参謀次長としてヒンデンブルク参謀長とともに「軍事独裁」を行った。
⇒岩世人（ルーデンドルフ　1865.4.9–1937.12.20）
　ネーム（ルーデンドルフ　1865–1937）
　広辞7（ルーデンドルフ　1865–1937）
　世人新（ルーデンドルフ　1865–1937）
　世人装（ルーデンドルフ　1865–1937）

Luden, Heinrich〈18・19世紀〉
ドイツの歴史家。主著『ドイツ民族史』（25–37），『わが生涯の回想』（47）。
⇒岩世人（ルーデン　1778.4.10–1847.5.23）

Lüderitz, Adolf〈19世紀〉
ドイツの商人。ブレーメン附近の大地主，タバコ商人。
⇒岩世人（リューデリッツ　1834.7.16–1886.10.24）

Lüders, Heinrich〈19・20世紀〉
ドイツの東洋学者，インド学者。主著『古代インドにおける賭博』（07）。
⇒岩世人（リューダース　1869.6.25–1943.5.7）

Lüders, Marie Elisabeth〈19・20世紀〉
ドイツの女流政治家。西独（ドイツ連邦共和国）における最も有力な婦人運動指導者の一人。
⇒岩世人（リューダース　1878.6.25–1966.3.23）

Ludford, Nicholas〈15・16世紀〉
イギリスの音楽家。
⇒バロ（ラドフォード，ニコラス　1485頃–1557以降）

Ludger〈8・9世紀〉
宣教師。聖人。ユトレヒト近くの生まれ。
⇒新カト（リウドゲル　742頃–809.3.26）
　図聖（ルドゲルス（ミュンスターの）　742頃–809）

Ludlow, John Malcolm Forbes〈19・20世紀〉
イギリスのキリスト教社会主義者。
⇒学叢思（ラドロー，ジョン・マルコルム　1821–1911）
　新カト（ラドロー　1821.3.8–1911.10.17）

Ludmila (Ludmilla), St.〈9・10世紀〉
チェコの聖人。ボヘミア公ボルジボイの妃。
⇒岩世人（ルドミラ　860頃–921.9.15）
　新カト（ルドミラ　860頃–921.9.15）
　図聖（ルドミラ　860頃–921）

Ludolf〈13世紀〉
ドイツ北部ラッツェブルクの司教。在職1236〜50。聖人。祝日3月29日。プレモントレ会会員。
⇒新カト（ルドルフ〔ラッツェブルクの〕　?–1250）

Ludolfus〈10世紀〉
ベネディクト会の大修道院長。聖人。祝日8月13日。ドイツのコルヴァイの出身。
⇒新カト（ルドルフス〔コルヴァイ〕　?–983.8.13）

Ludolfus〈14・15世紀〉
アウグスチノ修道祭式者会会員。ザーガンの大修道院長。在職1394～1422。
⇒新カト（ルドルフス〔ザーガンの〕 1353頃–1422.8.21/22）

Ludof von Sachsen〈13・14世紀〉
ドイツの教会著述家，カルトウジオ会士。著書『キリスト伝』。
⇒岩世人（ルドルフ〔ザクセンの〕 1300頃–1378.4.10）
新カト（ルドルフス〔ザクセンの〕 1300頃–1378.4.10）

Ludomir, Maid of〈19世紀〉
ハシディクの"女ツァディク"（精神的指導者）。
⇒ユ著人（Ludomir,Maid of ルドミル（ヴラディミル）の聖母 1805/1815–1892/1895）

Ludovico da Rimini〈14・15世紀〉
イタリアの作曲家。
⇒バロ（ルドヴィーコ・ダ・リミニ 1360頃?–1410頃?）

Ludwig, Carl Friedrich Wilhelm〈19世紀〉
ドイツの生理学者。キモグラフィオン（曲線描記器）を発明，血流計や剔出器官灌流法を考案。
⇒岩世人（ルートヴィヒ 1816.12.29–1895.4.23）

Ludwig, Ernst〈17・18世紀〉
ドイツの作曲家。
⇒バロ（エルンスト・ルートヴィッヒ 1667.12.15–1739.11.12）

Ludwig, Friedrich〈19・20世紀〉
ドイツの音楽学者。特に中世音楽を研究。
⇒新カト（ルートヴィヒ 1872.5.8–1930.10.3）

Ludwig, Otto〈19世紀〉
ドイツの小説家，劇作家。主著『世襲山林官』（50），『陽気な娘』（54），『天と地との間』（56）。
⇒岩世人（ルートヴィヒ 1813.2.12–1865.2.25）
広辞7（ルートヴィヒ 1813–1865）
学叢思（ルードヴィヒ，オットー 1813–1865）

Ludwig I〈18・19世紀〉
バイエルン王。在位1825～48。神聖ローマ皇帝マクシミリアン1世の子。
⇒岩世人（ルートヴィヒ1世 1786.8.25–1868.2.29）
皇国（ルートヴィヒ1世 （在位）1825–1848）

Ludwig I, der Fromme〈8・9世紀〉
カロリング朝西ローマ皇帝。在位814～40。カルル大帝の第3子。
⇒岩世人（ルートヴィヒ1世（敬虔帝） 778.6/8–840.6.20）
新カト（ルートヴィヒ1世〔敬虔王〕 778–840.6.20）
世人新（ルートヴィヒ（ルイ）1世（敬虔王） 778–840）
世人装（ルートヴィヒ（ルイ）1世（敬虔王） 778–840）
世史語（ルートヴィヒ1世 （在位）814–840）
世帝（ルートヴィヒ1世 778–840）
ポプ人（ルートウィヒ1世 778–840）

Ludwig II〈9世紀〉
西ローマ皇帝。在位855～875。
⇒新カト（ルートヴィヒ2世 825頃–875.8.12）
世史語（ルートヴィヒ2世 （在位）843–876）
ポプ人（ルートヴィヒ2世 805?–876）

Ludwig II〈19世紀〉
バイエルン王。在位1864～86。
⇒岩世人（ルートヴィヒ2世 1845.8.25–1886.6.13）
ネーム（ルートヴィヒ2世 1845–1886）
世人新（ルートヴィヒ2世（バイエルン王） 1845–1886）
世人装（ルートヴィヒ2世（バイエルン王） 1845–1886）
皇国（ルートヴィヒ2世 ?–1886）

Ludwig II, der Deutsche〈9世紀〉
東フランク王。在位843～76。ドイツ王国の建設者。
⇒岩世人（ルートヴィヒ2世（ドイツ人王） 806頃–876.8.28）
新カト（ルートヴィヒ2世〔ドイツ人王〕 805頃–876.8.28）
世人新（ルートヴィヒ（ルイ）2世（ドイツ人王） 804頃–876）
世人装（ルートヴィヒ（ルイ）2世（ドイツ人王） 804頃–876）
世帝（ルートヴィヒ2世 804–876）

Ludwig IV〈12・13世紀〉
チューリンゲン伯，ザクセン帝領伯。
⇒新カト（ルートヴィヒ4世〔チューリンゲンの〕 1200.10.28–1227.9.11）

Ludwig IV, das Kind〈9・10世紀〉
カロリング朝最後の東フランク王。在位900～11。
⇒岩世人（ルートヴィヒ4世（幼童王） 893.9/10–911.9.20/24）
世帝（ルートヴィヒ4世 893–911）

Ludwig IV, der Bayer〈13・14世紀〉
バイエルン公。在位1294～1347。神聖ローマ皇帝。在位1314～47。
⇒岩世人（ルートヴィヒ4世（バイエルンの） 1281/1282–1347.10.11）
新カト（ルートヴィヒ4世 1282頃–1347.10.11）
世帝（ルートヴィヒ4世 1282–1347）

Ludwig Wilhelm von Baden-Baden〈17・18世紀〉
バーデン辺境伯。在位1677～1707。
⇒岩世人（ルートヴィヒ・ヴィルヘルム 1655.4.8–1707.1.4）

Lueger, Karl〈19・20世紀〉
オーストリアの政治家。ウィーン市長となり（97），進歩的政策を実施してこれを大都市たらしめた。

⇒岩世人（ルエーガー　1844.10.24–1910.3.10）
　新カト（ルーエガー　1844.10.24–1910.3.10）

Lüfthildis〈9世紀頃〉
聖人，隠修女。祝日1月23日。
⇒図聖（リュフティルディス）

Lugalbanda
神格化されたウルクの伝説上の王で，ニンスン女神の夫。
⇒岩世人（ルガルバンダ）

Lugalzagesi〈前25・24世紀〉
バビロニアのウルク第3王朝の王。
⇒岩世人（ルガルザゲシ）

Lugard, Frederick John Dealtry Lugrard, 1st Baron〈19・20世紀〉
イギリスの植民地行政官。
⇒アフ新（ルガード　1858–1945）
　岩世人（ルガード　1858.1.22–1945.4.11）

Lug mac Ethnenn
アイルランドのケルト系神話物語群の主人公。
⇒岩世人（ルグ・マク・エトネン）

Lugné-Poe, Aurélien Marie〈19・20世紀〉
フランスの俳優，演出家。1893年制作座を設立，回想録『客寄せ道化』（30～46）がある。
⇒岩世人（リュニェ＝ポー　1869.12.27–1940.6.19）

Lugo, Juan de〈16・17世紀〉
スペインのイエズス会士，枢機卿，近代スコラ学の創始者。
⇒新カト（ルゴ　1583.11.25–1660.8.20）

Lugones, Leopoldo〈19・20世紀〉
アルゼンチンの詩人。代表詩集は『黄金の山々』（97），『昔の歌』（27）。
⇒岩世人（ルゴネス　1874.6.13–1938.2.18）

Luhan, Mabel Dodge〈19・20世紀〉
アメリカのサロン主催者。
⇒岩世人（ルーハン　1879.2.26–1962.8.13）

Luini, Bernardino〈15・16世紀〉
イタリアの画家。主作品は『バラの聖母』（12）。
⇒岩世人（ルイーニ　1480頃–1532.7.1）
　芸13（ルイーニ，ベルナルディーノ　1481–1482–1532）

Luís, Francisco〈16世紀〉
キリシタン時代のポルトガル，エヴォラ教区出身の来日宣教師。
⇒新カト（ルイス　1566頃–？）

Luis I〈18世紀〉
スペイン国王。在位1724。ブルボン朝最初のスペイン生れの国王。
⇒世帝（ルイス1世　1707–1724）

Luis I〈19世紀〉
ポルトガル王国の統治者。在位1861～1889。
⇒岩世人（ルイス1世　1838.10.31–1889.10.19）
　世帝（ルイス1世　1838–1889）

Luise Auguste Wilhelmine Amalie〈18・19世紀〉
プロイセン王妃。メクレンブルク・シュトレーリッツ公カルルの娘。
⇒岩世人（ルイーゼ　1776.3.10–1810.7.19）
　王妃（ルイーゼ　1776–1810）

Luise von Pruisen〈19世紀〉
オランダ王子フレデリックの妃。プロイセン王フリードリヒ・ヴィルヘルム3世の娘。
⇒王妃（ルイーゼ　1808–1870）

Luitpold〈19・20世紀〉
バイエルンの摂政。ルードヴィヒ1世の第3子。
⇒岩世人（ルイトポルト　1821.3.12–1912.12.12）

Lukasiewicz, Jan〈19・20世紀〉
ポーランドの哲学者，論理学者。主著『確率算出法の論理的基礎』（1913）。
⇒岩世人（ウカシェヴィチ　1878.12.21–1956.2.13）
　新カト（ウカシェーヴィチ　1878.12.21–1956.2.13）
　世数（ウカシェヴィッツ，ヤン　1878–1956）

Lukban, Vicente Rellis〈19・20世紀〉
フィリピンの革命軍司令官，政治家。
⇒岩世人（ルクバン　1860.2.11–1916.11.16）

Lukianos〈2世紀〉
ギリシアの諷刺作家。旅行譚『本当の話』を著す。
⇒岩世人（ルキアノス　120頃–180頃）
　ネーム（ルキアノス　120?–180?）
　広辞7（ルキアノス　120頃–180頃）
　新カト（ルキアノス〔サモサタの〕　120頃–180以後）

Lulach〈11世紀〉
スコットランド王。
⇒世帝（ルーラッハ　1032–1058）

Lullus, Raimundus〈13・14世紀〉
スペインの哲学者，神学者，神秘家。
⇒岩世人（ルルス　1232/1233–1315/1316）
　新カト（ルルス　1232/1233–1315/1316）
　図聖（ルルス，ライムンドゥス　1232/1233–1315）
　メル1（ルルス，ライムンドゥス　1232/1235?–1315/1316?）

Lully, Jean Baptiste〈17世紀〉
イタリア生れのフランスの作曲家。主作品は『強制結婚』（64）。
⇒バロ（リュリ，ジャン・バティスト1世　1632.11.28–1687.3.22）
　岩世人（リュリ　1632.11.29–1687.3.22）
　バレエ（リュリ，ジャン・バティスト　1632.11.29–1687.3.22）

オペラ（リュリ, ジャン＝バティスト　1632–1687）
エデ（リュリ, ジャン＝バティスト　1632.11.28–1687.3.22）
広辞7（リュリ　1632–1687）
新カト（リュリ　1632.11.28–1687.3.22）
ピ曲改（リュリ, ジャン＝バティスト　1632–1687）

Lully, Jean-Baptiste II〈17・18世紀〉
フランスの作曲家。
⇒バロ（リュリ, ジャン・バティスト2世　1665–1743）

Lully, Jean Louis〈17世紀〉
フランスの作曲家。
⇒バロ（リュリ, ジャン・ルイ　1667–1688）

Lully, Louis〈17・18世紀〉
フランスの作曲家。
⇒バロ（リュリ, ルイ　1664–1734）

Lumbye, Hans Christian〈19世紀〉
デンマークの作曲家。
⇒バレエ（ルンブイエ, ハンス・クリスティアン　1810.5.2–1874.3.20）

Lumière, Auguste〈19・20世紀〉
フランスの映画発明者。生理学, 医学方面に多くの仕事を残している。
⇒世人新（リュミエール兄弟　1862–1954）
　世人装（リュミエール兄弟　1862–1954）
　ポブ人（リュミエール兄弟　1862–1954）

Lumière, Louis Jean〈19・20世紀〉
フランスの映画機械シネマトグラフの発明者。
⇒岩世人（リュミエール　1864.10.5–1948.6.6）
　ネーム（リュミエール　1864–1948）
　広辞7（リュミエール　1864–1948）
　世人新（リュミエール兄弟　1864–1948）
　世人装（リュミエール兄弟　1864–1948）
　ポブ人（リュミエール兄弟　1864–1948）

Lumley, Benjamin〈19世紀〉
イギリスの劇場支配人。
⇒バレエ（ラムリー, ベンジャミン　1811–1875）

Lumley, Harry G〈19・20世紀〉
アメリカの大リーグ選手（外野）。
⇒メジャ（ハリー・ラムリー　1880.9.29–1938.5.22）

Lummer, Otto Richard〈19・20世紀〉
ドイツの物理学者。温度幅射および測光を研究, また, ルンマー・ゲールケ干渉分光器を考案。
⇒岩世人（ルンマー　1860.7.17–1925.7.5）

Luna, Antonio〈19世紀〉
フィリピン革命の軍事的指導者。
⇒岩世人（ルナ　1866.10.29–1899.6.5）

Luna, Juan〈19世紀〉
フィリピンの画家。

⇒岩世人（ルナ　1857.10.23–1899.12.7）

Lunacharskii, Anatolii Vasilievich〈19・20世紀〉
ソ連の評論家。主著『芸術についての対話』(05), 『文学的シルエット』(23)。
⇒岩世人（ルナチャルスキー　1875.11.11/23–1933.12.26）
　ネーム（ルナチャールスキー　1875–1933）
　広辞7（ルナチャルスキー　1875–1933）
　学叢思（ルナチャルスキー）

Lunalilo, William Charles〈19世紀〉
ハワイ王国第6代目の王。
⇒オセ新（ルナリロ　1835–1874）

Lundy, Benjamin〈18・19世紀〉
アメリカの博愛主義者。奴隷解放に尽力。
⇒岩世人（ランディ　1789.1.4–1839.8.22）

Lunel, Ferdinand〈19・20世紀〉
フランスのイラストレーター。
⇒19仏（フェルディナン・リュネル　1857–1938）

Lunge, Georg〈19・20世紀〉
ドイツの化学者。チューリヒの国立工業大学教授。クロル石灰の製造, 硝酸製造等に業績がある。
⇒岩世人（ルンゲ　1839.9.15–1923.1.3）

Lupacchino, Bernardino〈16世紀〉
イタリアの作曲家。
⇒バロ（ルパッキーノ, ベルナルディーノ　1500頃?–1555以降）

Luparini〈16・17世紀〉
ポーランドの作曲家。
⇒バロ（ルパリーニ,?　1560頃?–1610頃?）

Lupercus〈3・4世紀〉
聖人。祝日6月28日。
⇒新カト（ルペルクス　3–4世紀）

Lupi, Didier II〈16世紀〉
フランドルの作曲家。
⇒バロ（ルーピ, ディディエ2世　1520頃?–1570頃?）

Lupi, Johannes〈16世紀〉
フランドルの作曲家。
⇒バロ（ルーピ, ヨハンネス　1506頃–1539.12.20）

Lupicinus〈5世紀〉
聖人, 修道院長。祝日3月21日。
⇒新カト（ルピキヌス　?–480頃）

Lupi Second, Didier〈16世紀〉
フランスの作曲家。
⇒バロ（リュピ・スゴン, ディディエ　1510頃?–1560頃?）

Lupo, Ambrose〈16世紀〉
イタリアの作曲家。

⇒バロ（ルーポ，アンブローズ　1525頃?-1591.2.10）

Lupo, Thomas〈16・17世紀〉
イギリスの作曲家。
⇒バロ（ルーポ，トマス　1570頃?-1628.1）

Lupus〈4・5世紀〉
トロワの主教。聖人。
⇒新カト（ルプス〔トロアの〕　395頃-478頃）

Lupus〈5世紀〉
バイユーの第4代司教。聖人。祝日10月25日。
⇒新カト（ルプス〔バイユーの〕　?-466/474頃）

Lupus〈6世紀〉
リヨンの大司教。聖人。祝日9月24日。
⇒新カト（ルプス〔リヨンの〕　?-542頃）

Lupus〈6・7世紀〉
サンスの司教。聖人。祝日9月1日。
⇒新カト（ルプス〔サンスの〕　573-623頃）

Lupus, Pietro〈15・16世紀〉
イタリアの作曲家。
⇒バロ（ルプス，ピエトロ　1490頃?-1540頃?）

Lupus, Servatus〈9世紀〉
西フランク王国で活躍した神学者，人文学者。
⇒岩世人（ルプス〔フェリエールの〕　805頃-862以降）
　新カト（ルプス〔フェリエール・アン・ガティネの〕　805頃-862頃）

Luqmān
イスラム成立前のアラブの伝説的人物。
⇒岩世人（ルクマーン）
　新カト（ルクマーン）

Luque, Manuel〈19・20世紀〉
スペインのカリカチュア画家。
⇒19仏（マヌエル・ルーケ　1854-1919）

Luquet, Jean-Félix-Onésime〈19世紀〉
パリ外国宣教会員。インドへの宣教師。ラングル生まれ。
⇒新カト（リュケ　1810.6.17-1858.9.3）

Lurano, Filippo da〈15・16世紀〉
イタリアの作曲家。
⇒バロ（ルラーノ，フィリッポ・ダ　1475頃-1520以降）

Luria, David ben Judah〈18・19世紀〉
リトアニアのラビ，学者。
⇒ユ著人（Luria,David ben Judah　ルーリア，ダヴィッド・ベン・ユダ　1799-1855）

Luria, Yiṣḥaq ben Šelomōh〈16世紀〉
パレスチナのユダヤ教神秘主義者。
⇒岩世人（ルリア　1534-1572）
　新カト（ルリア　1534-1572.8.5）

ユ人（ルリア，イサク・ベンソロモン（ハ・アリ）　1534-1572）
ユ著人（Louria,Isaac ben Shelomo　ルーリア，イツハク・ベン・シュロモ　1534-1572）

Lusignan, Hugues de〈12世紀〉
フランスの作曲家。
⇒バロ（リュジニャン，ユーグ・ド　1150頃?-1200頃?）

Lusitano, Vicente〈16世紀〉
ポルトガルの作曲家。
⇒バロ（ルジターノ，ヴィセンテ　1520頃?-1570頃?）

Lusitanus, Amatus〈16世紀〉
ポルトガル出身の医者，自然科学者。
⇒ユ人（アマトス，ルシタヌス（ホアン・ロドリゲス・デ・カステロ・ブランコ）　1510-1568）

Lusk, Graham〈19・20世紀〉
アメリカの生理学者。コーネル医科大学教授。
⇒岩世人（ラスク　1866.2.15-1932.7.18）

Lusk, William Thompson〈19世紀〉
アメリカの産科医。著書"Science and art of midwifery"(82)。
⇒岩世人（ラスク　1838.5.23-1897.6.12）

Lust, Benedict〈19・20世紀〉
アメリカの代替医療家。
⇒岩世人（ルスト　1872.2.3-1945.9.5）

Lustig, Jacob Wilhelm〈18世紀〉
ドイツの作曲家。
⇒バロ（ルスティヒ，ヤーコブ・ヴィルヘルム　1706.9.21-1796.5.17）

Luṭf 'Ali Khān〈18世紀〉
イランのゼンド朝第7代（最後）の王。同朝創始者カリーム・カーンの兄弟サーディクの孫。
⇒岩世人（ロトゥフ・アリー・ハーン　?-1794）

Luṭfi al-Sayyid〈19・20世紀〉
エジプトの思想家。
⇒岩世人（ルトフィー・サイイド　1872.1.15-1963.3.5）

Lutgardis〈12・13世紀〉
ベルギー中世の神秘家，聖人。
⇒新カト（ルトガルディス〔トンヘレンの〕　1182-1246.6.16）
　図聖（ルトガルディス（トンヘレンの）　1182-1246）

Luther, Hans〈19・20世紀〉
ドイツの政治家。ミュンヘン大学政治学教授。
⇒岩世人（ルター　1879.3.10-1962.5.11）

Luther, Martin〈15・16世紀〉
ドイツの宗教改革者。
⇒バロ（ルター，マルティン　1483.11.10-1546.2.18）

岩世人 （ルター 1483.11.10–1546.2.18）
覚思 （ルター 1483.11.10–1546.2.18）
覚思ス （ルター 1483.11.10–1546.2.18）
広辞7 （ルター 1483–1546）
学叢思 （ルーテル，マルティン 1483–1546）
新カト （ルター 1483.11.10–1546.2.18）
図哲 （ルター，マルティン 1483–1546）
世人新 （ルター 1483–1546）
世人装 （ルター 1483–1546）
世史語 （マルティン＝ルター 1483–1546）
ポブ人 （ルター，マルティン 1483–1546）
ユ人 （ルター，マルティン 1483–1546）
ルネ （マルティン・ルター 1483–1546）

Lutinier, Hélène Cécile ⟨19・20世紀⟩
日本におけるヌヴェール愛徳修道会創立者。フランスのル・マイエ・ド・モンターニュ生まれ。
⇒新カト （リュティニエ 1871.1.29–1964.12.8）

Lutoslawski, Wincenty ⟨19・20世紀⟩
ポーランドのカトリック哲学者。"The knowledge of reality" (30)。
⇒岩世人 （ルトスワフスキ 1863.6.6–1954.12.28）
新カト （ルトスワフスキ 1863.6.6–1954.12.28）

Lüttwitz, Walther Freiherr von ⟨19・20世紀⟩
ドイツの軍人。
⇒岩世人 （リュトヴィッツ 1859.2.2–1942.9.20）

Lutyens, *Sir* Edwin Landseer ⟨19・20世紀⟩
イギリスの建築家，都市計画家。
⇒岩世人 （ラッチェンズ 1869.3.29–1944.1.1）

Lutz, Samuel ⟨17・18世紀⟩
スイスの改革派神学者，敬虔主義者。
⇒新カト （ルツ 1674.8.10–1750.5.28）

Lützow, Adolf, Freiherr von ⟨18・19世紀⟩
プロシアの軍人，ナポレオン軍に対するゲリラ戦の指導者として知られる。
⇒岩世人 （リュッツォー 1782.5.10–1834.12.6）

Luxemburg, Rosa ⟨19・20世紀⟩
ドイツの女性革命家。1817年K.リープクネヒトと，ドイツ共産党の前身「スパルタクス団」を設立。
⇒岩世人 （ルクセンブルク 1870.3.5–1919.1.15）
広辞7 （ルクセンブルク 1870–1919）
学叢思 （ルクセンブルク，ローザ 1865–1919.1）
世人新 （ルクセンブルク（ローザ＝ルクセンブルク） 1870–1919）
世人装 （ルクセンブルク（ローザ＝ルクセンブルク） 1870–1919）
世史語 （ローザ＝ルクセンブルク 1871–1919）
20思 （ルクセンブルク，ローザ 1871–1919）
ポブ人 （ルクセンブルク，ローザ 1870–1919）
ユ人 （ルクセンブルク，ローザ（ロザリア） 1871–1919）

ユ著人 （Luxemburg, Rosa ルクセンブルク，ローザ 1870–1919）

Luyton, Carl ⟨16・17世紀⟩
フランドルの歌手，オルガン奏者，衣装係。
⇒バロ （ライトン，カール 1557頃–1620.8）
バロ （ルイトン，シャルル 1557頃–1620.8）

Luzán Claramunt de Suelves y Gurrea, Ignacio de ⟨18世紀⟩
スペインの作家。
⇒岩世人 （ルサン・クララムント・デ・スエルベス・イ・グレア 1702.3.28–1754.5.19）

Luzzaschi, Luzzasco ⟨16・17世紀⟩
イタリアの作曲家，オルガン奏者。フェラーラのエステ宮廷で活躍。
⇒バロ （ルッツァスキ，ルッツァスコ 1545頃–1607.9.11）
オペラ （ルッツァスキ，ルッツァスコ 1545頃–1607）

Luzzato, Moses Chaim ⟨18世紀⟩
イタリアのカバリスト，詩人。
⇒ユ人 （ルサン（ルザト），モーゼス・ハイム 1707–1746）

Luzzatti, Luigi ⟨19・20世紀⟩
イタリアの政治家，経済学者。首相 (1910～11)。経済学，社会学に関する著書がある。
⇒岩世人 （ルッツァッティ 1841.3.11–1927.3.29）
学叢思 （ルザッティ，ルイジ 1841–?）
ユ人 （ルッツァッティ，ルイギ 1814–1927）
ユ著人 （Luzzatti, Luigi ルツァッティ，ルイギ 1841–1927）

Luzzatto, Moses Hayim ⟨18世紀⟩
イタリア系ユダヤのヘブライ劇作家。代表作『まっすぐな径』(35～43)。
⇒岩世人 （ルッツァット 1707–1746.5.16）

Luzzatto, Samuel David ⟨18・19世紀⟩
イタリア系ユダヤの詩人，哲学者。代表作『転向者の恋人』(30)，『トラーの基礎』(80)。
⇒ユ人 （Luzzatto, Samuel David ルッツァット，サムエル・ダヴィド 1800–1865）

Lvov, Georgii Evgenievich ⟨19・20世紀⟩
ロシアの政治家。公爵。パリのロシア大使館を中心に組織された非公式な〈政治会議〉の代表者。
⇒岩世人 （リヴォフ 1861.10.21/11.2–1925.3.6）

Lyapunov, Aleksandr Mikhailovich ⟨19・20世紀⟩
ロシアの数学者・力学者。
⇒岩世人 （リャプノーフ 1857.5.25/6.6–1918.11.3）

Lyashchenko, Pëtr Ivanovich ⟨19・20

世紀〉
ソ連邦の経済学者。科学アカデミー通信会員。農業問題、ソ連経済史の専門家。
⇒岩世人（リャーシチェンコ　1875.10.9/21–1955.7.24）

L

Lý Bí (Lý Bôn) 〈6世紀〉
北部ベトナムが一時独立した際の指導者。
⇒岩世人（リー・ビー（リー・ボン）　?–548）

Lychetus Franciscus 〈15・16世紀〉
イタリアのフランシスコ会総会長。スコトゥス学派の一人。
⇒新カト（リケトゥス　?–1520）

Lý Chiêu Hoàng 〈13世紀〉
ベトナム史上唯一の女帝とされる。在位1225～26。
⇒岩世人（リー・チエウホアン　1218–1278）
　世帝（昭皇　しょうこう　1218–1278）

Lycurgus
ギリシア神話で、トラキア地方の王。
⇒ネーム（リュクルゴス）

Lydekker, Richard 〈19・20世紀〉
イギリスの地質学者、古脊椎動物学者。大英博物館の哺乳類、両棲類、爬虫類および鳥類の化石目録を作成。
⇒岩世人（ライデッカー　1849.7.25–1915.4.16）

Lydgate, John 〈14・15世紀〉
イギリスの詩人。ヘンリー4世の宮廷詩人。作品に『トロイの書』(21完成)。
⇒岩世人（リドゲイト　1370頃–1451頃）
　新カト（リドゲイト　1370頃–1449）

Lydia
フィリピの裕福な女性。
⇒聖書（リディア）

Lydiadas 〈前3世紀〉
メガロポリスの僭主。
⇒岩世人（リュディアダス　?–前227）

Lydius, Martinus 〈16・17世紀〉
オランダの改革派神学者。
⇒新カト（リディウス　1539/1540–1601.6.27）

Lydos, Iōannēs 〈5・6世紀〉
東ローマ帝国の官僚、著作家。
⇒岩世人（リュドス　490–565?）

Lyell, Sir Charles 〈18・19世紀〉
イギリスの地質学者。主著『地質学原理』(30～33)。
⇒岩世人（ライエル　1797.11.14–1875.2.22）
　ネーム（ライエル　1797–1875）
　広辞7（ライエル　1797–1875）
　学叢思（ライエル、チャールズ　1797–1875）

Lykaōn
ギリシア神話、プリアモスの子の一人でアキレウスに殺された。
⇒岩世人（リュカオン）

Lykaon
ギリシア神話で、アルカディアの王。
⇒岩世人（リュカオン）
　ネーム（リュカオン）

Lykophrōn 〈前4・3世紀〉
古代ギリシアの詩人。アレクサンドリア図書館の喜劇選定係を勤めた、作品『アレクサンドラ』が現存する。
⇒岩世人（リュコフロン　前320頃–?）

Lykourgos 〈前9～7世紀頃〉
古代スパルタの伝説的立法家。リュクルゴスの制度と呼ばれるスパルタの軍事・社会組織を制定。
⇒岩世人（リュクルゴス）
　広辞7（リュクルゴス　前8世紀）
　世人新（リュクルゴス　生没年不詳）
　世人装（リュクルゴス　生没年不詳）
　世史語（リュクルゴス）
　ポプ人（リュクルゴス　生没年不詳）
　学叢歴（リコルゴス）

Lykourgos 〈前4世紀〉
古代アテネの政治家、弁論家。
⇒岩世人（リュクルゴス　前390頃–前325頃）

Lyly, John 〈16・17世紀〉
イギリスの小説家、劇作家。小説『ユーフュイーズ』(78)が代表作。
⇒岩世人（リリー　1554頃–1606.11.30（埋葬））

Lyman, Benjamin Smith 〈19・20世紀〉
アメリカの地質学者。『日本油田之地質及地形図』(77)を作成。
⇒アア歴（Lyman,Benjamin Smith　ベンジャミン・スミス・ライマン　1835.12.11–1920.8.30）
　アメ新（ライマン　1835–1920）
　岩世人（ライマン　1835.12.11–1920.8.30）
　広辞7（ライマン　1835–1920）

Lyman, Henry 〈19世紀〉
アメリカの宣教師。
⇒アア歴（Lyman,Henry　ヘンリー・ライマン　1809.11.23–1834.6.28）

Lyman, Theodore 〈19・20世紀〉
アメリカの物理学者。分光学を研究し、水素のスペクトルの紫外部にライマン系列を発見(1906)。
⇒岩世人（ライマン　1874.11.23–1954.10.11）
　物理（ライマン、セオドーア　1874–1954）

Lymburgia, Johannes de 〈14・15世紀〉
フランドルの作曲家、聖職者、参事会員。
⇒バロ（ヨハネス・デ・リンブルジア　1380頃–？

1440頃?)
バロ (リンブルジア, ヨハネス・デ 1380頃?-1440頃?)

Lynch, Denis〈19・20世紀〉
アメリカの宣教師。
⇒アア歴 (Lynch,Denis デニス・リンチ 1859.2-1934.11.13)

Lynch, John H.〈19・20世紀〉
アメリカの大リーグ選手(投手)。
⇒メジャ (ジャック・リンチ 1857.2.5-1923.4.20)

Lynd, Robert Wilson〈19・20世紀〉
イギリスの随筆家,ジャーナリスト。主著『アイルランドそぞろ歩き』(12)。
⇒岩世人 (リンド 1879.4.20-1949.10.6)

Lyndwood, William〈14・15世紀〉
イギリスの教会法学者。
⇒新カト (リンドウッド 1375頃-1446.10.21)

Lý Nguyên Cát
ベトナムの戯曲の祖とされる中国人。
⇒岩世人 (リー・グエン・カット)

Ly-Nhan-Ton〈11・12世紀〉
ベトナム, 李朝第四代の帝。
⇒岩世人 (リー・ニャントン 1066-1127)
世帝 (仁宗 じんそう 1066-1127)

Lynkeus
ギリシア神話, アファレウスの子でイダスの弟。
⇒岩世人 (リュンケウス)

Lyon, David Willard〈19・20世紀〉
アメリカの団体理事。
⇒アア歴 (Lyon,David Willard デヴィッド・ウィラード・ライオン 1870.5.13-1949.3.16)

Lyon, James〈18世紀〉
アメリカの作曲家。
⇒バロ (ライオン, ジェイムズ 1735.7.1-1794.10.12)

Lyon, Mary〈18・19世紀〉
アメリカの教育者。女子高等教育普及に先駆的役割を果した。
⇒岩世人 (ライアン 1797.2.28-1849.3.5)

Lyons, Dennis Patrick Aloysius〈19・20世紀〉
アメリカの大リーグ選手(三塁)。
⇒メジャ (デニー・ライオンズ 1866.3.12-1929.1.2)

Lyons, *Sir* **Joseph**〈19・20世紀〉
イギリスのビジネスマン。
⇒ユ人 (ライアンズ, サー・ジョセフ 1848-1917)

Lys, Fleur de〈16世紀〉
フランスの作曲家。

⇒バロ (リス, フルール・ド 1500頃?-1550頃?)

Lysandros〈前5・4世紀〉
古代スパルタの将軍, 政治家。前407年海軍総督。
⇒岩世人 (リュサンドロス ?-前395)

Lȳsiās〈前5・4世紀〉
古代ギリシアの雄弁家。アテネ十大演説家の一人。
⇒岩世人 (リュシアス 前450頃-前380頃)
広辞7 (リュシアス 前5・4世紀)

Lysimachos〈前4・3世紀〉
マケドニアの将軍。前301年小アジアの大部分を獲得。前306年頃王を称した。
⇒岩世人 (リュシマコス 前361頃-前281)
世帝 (リュシマコス 前360-前281)

Lysippos〈前4世紀〉
古代ギリシアの彫刻家。前4世紀後半にアルゴス・シキオニア派の代表的な作家として活躍。
⇒岩世人 (リュシッポス (活躍)前370頃-前310頃)
ネーム (リュシッポス)
広辞7 (リュシッポス 前4世紀)
芸13 (リュシッポス)

Lysis ho Tarantinos〈前5・4世紀頃〉
ギリシアの哲学者。
⇒岩世人 (リュシス (タラスの) 前5-4世紀頃)

Lyte, Henry Francis〈18・19世紀〉
イギリスの牧師, 讃美歌作者。主著『詩篇の精神』(34)ほか。
⇒岩世人 (ライト 1793.6.1-1847.11.20)

Lý Tế Xuyên〈14世紀〉
ベトナムのチャン(陳)朝の文人官僚。
⇒岩世人 (リー・テー・スエン)

Lý Thái Tông〈11世紀〉
ベトナム, 李朝第二代の帝。在位1028〜1054
⇒岩世人 (リー・タイトン 1000-1054)
世帝 (太宗 たいそう 1000-1054)

Ly-Thanh-Ton〈11世紀〉
ベトナム, 李朝第三代の帝。
⇒岩世人 (リー・タイントン 1023-1072)
世帝 (聖宗 せいそう 1023-1072)

Ly Thuong Kiet〈11・12世紀〉
ベトナム, 李王朝時代の武将。
⇒岩世人 (リー・トゥオン・キエット 1019-1105)

Lytton, Edward George Earle Lytton, Bulwer-Lytton, 1st Baron〈19世紀〉
イギリスの小説家, 劇作家。主著『ポンペイ最後の日』(34)。政治家としても活躍。
⇒岩世人 (リットン 1803.5.25-1873.1.18)
広辞7 (ブルワー・リットン 1803-1873)

Lytton, Edward Robert Bulwer-Lytton, 1st Earl of〈19世紀〉
イギリスの外交官、詩人。
⇒岩世人（リットン　1831.11.8–1891.11.24）

Lytton, Victor Alexander George Robert, 2nd Earl of〈19・20世紀〉
イギリスの政治家。「リットン報告書」を提出した人物。
⇒岩世人（リットン　1876.8.9–1947.10.25）
　広辞7（リットン　1876–1947）
　世人新（リットン　1876–1947）
　世人装（リットン　1876–1947）
　ポブ人（リットン、ビクター・アレグザンダー　1876–1947）

Lyudogovskii, Aleksei Petrovich〈19世紀〉
ロシアの農業経済学者。著書に『農業経済および簿記の基礎』がある。
⇒岩世人（リュドゴフスキー　1840–1882.2.11）

Lzhe-Dmitrii I〈16・17世紀〉
ロシアのツァーリ。1605～06年皇太子ドミトリー・イワノービッチを自称してツァーリとなる。
⇒岩世人（偽（にせ）ドミートリー1世　?–1606.5.17）
　世帝（偽ドミトリー1世　1581–1606）

Lzhe-Dmitrii II〈16・17世紀〉
ポーランドの権力者。
⇒世帝（偽ドミトリー2世　?–1610）

【 M 】

Maassen, Friedrich〈19世紀〉
ドイツ（オーストリア）の教会法史学者。
⇒新カト（マーセン　1823.9.24–1900.4.9）

Ma'bad〈8世紀〉
アラビアの音楽家。
⇒岩世人（マアバド　?–743）

Mabillon, Jean〈17・18世紀〉
フランスの文献学者。『文書論』(1681)で中世文献学を確立。代表作『ベネディクト会聖人伝』(68～1701)。
⇒岩世人（マビヨン　1632.11.23–1707.12.27）
　新カト（マビヨン　1632.11.23–1707.12.27）

Mabini, Apolinario〈19・20世紀〉
フィリピンの弁護士、政治家。アギナルドの片腕として活躍。
⇒岩世人（マビニ　1864.7.23–1903.5.13）

Mably, Gabriel Bonnet de〈18世紀〉
フランスの歴史家、哲学者。著作『経済哲学者への疑問』(68)、『立法論、別名法の原理』(76)など。
⇒岩世人（マブリ　1709.3.14–1785.4.2）
　学叢思（マブリー、ガブリエル・ドゥ・ボンノー・ドゥ　1709–1785）

Mabusé, Jan〈15・16世紀〉
フランドルの画家。主作品は『ネプチューンとアンフィトリテ』(16)。
⇒芸13（マビュース　1478頃–1533–1536）
　芸13（マブゼ　1472–1533）

McAdam, John Loudon〈18・19世紀〉
スコットランドの発明家。砕石舗装（マカダム舗装）方法を発明。
⇒岩世人（マッカダム　1756.9.21–1836.11.26）

McAdoo, William Gibbs〈19・20世紀〉
アメリカの政治家。財務長官(1913～18)。上院議員(33～39)。
⇒岩世人（マッカドゥー　1863.10.31–1941.2.1）

McAleer, James Robert〈19・20世紀〉
アメリカの大リーグ選手（外野）。
⇒メジャ（ジミー・マカリアー　1864.7.10–1931.4.29）

Macalister, Robert Alexander Stewart〈19・20世紀〉
アイルランドの考古学者。エルサレムの東側城壁の発掘で有名。
⇒岩世人（マカリスター　1870.7.8–1950.4.26）

MacArthur, Arthur〈19・20世紀〉
アメリカの軍人、フィリピン軍政長官。フィリピンの独立を援助。
⇒アア歴（MacArthur, Arthur　アーサー・マッカーサー　1845.6.2–1912.9.5）

MacArthur, Douglas〈19・20世紀〉
アメリカの軍人。日本占領の最高権力者として多くの占領政策を施行。
⇒アア歴（MacArthur, Douglas　ダグラス・マッカーサー　1880.1.26–1964.4.5）
　アメ新（マッカーサー　1880–1964）
　岩世人（マッカーサー　1880.1.26–1964.4.5）
　韓朝新（Douglas MacArthur　マッカーサー　1880–1964）
　広辞7（マッカーサー　1880–1964）
　世人新（マッカーサー　1880–1964）
　世人装（マッカーサー　1880–1964）
　世史語（マッカーサー　1880–1964）
　ポブ人（マッカーサー、ダグラス　1880–1964）

MacArthur, John〈18・19世紀〉
オーストラリアの牧羊の創始者。イギリスから羊を輸入して飼育に成功。
⇒岩世人（マッカーサー　1767–1834.4.11）
　オセ新（マッカーサー　1767?–1834）

Macartney, Sir George〈19・20世紀〉
イギリスの外交官。中国との友好関係を樹立。
⇒岩世人（マッカートニー　1867.1.19–1945.5.19）

Macartney, George 1st Earl〈18・19世紀〉
イギリスの外交家，政治家。1792年中国への最初の使節とし乾隆帝に謁見。
⇒岩世人（マッカートニー　1737.5.3–1806.3.31）
　広辞7（マカートニー　1737–1806）
　世人新（マカートニー　1737–1806）
　世人装（マカートニー　1737–1806）
　世史語（マカートニー　1737–1806）
　ポプ人（マカートニー，ジョージ　1737–1806）

Macaulay, Thomas Babington〈18・19世紀〉
イギリスの歴史家，政治家。『イギリス史』（48～61）の著者。
⇒岩世人（マコーリー　1800.10.25–1859.12.28）
　広辞7（マコーリー　1800–1859）
　新カト（マコーリ　1800.10.25–1859.12.28）
　世人新（マコーリー　1800–1859）
　世人装（マコーリー　1800–1859）

Macaulay, Zachary〈18・19世紀〉
イギリスの博愛主義者，奴隷制廃止運動家。イギリス植民地総督。
⇒新カト（マコーリ　1768.5.2–1838.5.13）

Macbeth〈11世紀〉
スコットランド王。在位1040～57。伝説的な生涯がシェイクスピアの戯曲の題材になっている。
⇒岩世人（マクベス　?–1057）
　世帝（マクベス　1005–1057）

MacBride, Ernest William〈19・20世紀〉
イギリスの動物学者。
⇒岩世人（マクブライド　1866.12.12–1940.11.17）

McBride, George Florian〈19・20世紀〉
アメリカの大リーグ選手（遊撃）。
⇒メジャ（ジョージ・マクブライド　1880.11.20–1973.7.2）

McBurney, Charles〈19・20世紀〉
アメリカの外科医。マクバーニ氏切開術を考案。
⇒岩世人（マクバーニー　1845.2.17–1913.11.7）

McCarran, Patrick Anthony〈19・20世紀〉
アメリカの法律家，政治家。
⇒岩世人（マッカラン　1876.8.8–1954.9.28）
　ネーム（マッカラン　1876–1954）

McCartee, Divie Bethune〈19世紀〉
アメリカの長老派教会宣教師。第一大学区第一番中学，開成学校で英語，博物学，ラテン語を教授。
⇒アア歴（McCartee,Divie Bethune　ディヴィー・ベシューン・マッカーティー　1820.1.13–1900.7.17）
　岩世人（マッカーティ　1820.1.13–1900.7.17）

Maccarthenus〈5・6世紀〉
アイルランドの聖人。祝日3月24日。
⇒新カト（マッカルテヌス　?–506頃）

McCarthy, John Arthur〈19・20世紀〉
アメリカの大リーグ選手（外野）。
⇒メジャ（ジャック・マッカーシー　1869.3.26–1931.9.11）

McCarthy, Thomas Francis Michael〈19・20世紀〉
アメリカの大リーグ選手（外野）。
⇒メジャ（トミー・マッカーシー　1863.7.24–1922.8.5）

McCaskey, Hiram Dwyer〈19・20世紀〉
アメリカの鉱山技師。
⇒アア歴（McCaskey,H(iram) D(wyer)　ハイラム・ドワイヤー・マッカスキー　1871.4.10–1936.4.26）

McCauley, Clay〈19・20世紀〉
アメリカのユニテリアン教会の牧師。来日して(89)31年間日本でユニテリアンの宣伝に努めた。
⇒アア歴（MaCcauley,Clay　クレイ・マッコーリー　1843.5.8–1925.11.15）
　岩世人（マコーリー　1843.5.8–1925.11.15）

McCay, Winsor (Zezic)〈19・20世紀〉
アメリカの漫画家，映画のアニメーション作家。
⇒岩世人（マッケイ　1867.9.26–1934.7.26（本人の主張によれば1871年生まれ））

Maccioni, Giovanni Battista〈17世紀〉
イタリアの作曲家。
⇒バロ（マッチョーニ，ジョヴァンニ・バッティスタ　1620頃?–1678頃）

McClatchie, Thomas〈19世紀〉
イギリスの宣教師。大英教会から，初めて中国に派遣された。
⇒岩世人（マクラッチー　?–1885.6.4）

McClellan, George Brinton〈19世紀〉
アメリカの陸軍軍人。ポトマック軍団を編成。
⇒岩世人（マクレラン　1826.12.3–1885.10.29）

McClendon, Jesse Francis〈19・20世紀〉
アメリカの生理化学者。原形質の物理化学的研究その他に業績がある。
⇒岩世人（マクレンドン　1880.12.21–1976.11.22）

McCloskey, James Paul〈19・20世紀〉
アメリカの聖職者。
⇒アア歴（McCloskey,James P(aul)　ジェイムズ・ポール・マクロスキー　1870.12–1945.4.9）

McCloskey, John〈19世紀〉
アメリカ合衆国初の枢機卿, ニューヨーク大司教。
⇒**新カト**（マクロスキ　1810.3.10–1885.10.10）

MacCollum, Elmer Verner〈19・20世紀〉
アメリカの生化学者, 栄養化学者。
⇒**岩世人**（マッカラム　1879.3.3–1967.11.15）

MacCollum, John William〈19・20世紀〉
アメリカの南部バプテスト派教会宣教師。
⇒**アア歴**（McCollum,J(ohn) W(illiam)　ジョン・ウイリアム・マッカラム　1864.6.5–1910.1.23）

McConaughy, David〈19・20世紀〉
アメリカの団体理事。
⇒**アア歴**（McConaughy,David　デイヴィッド・マコノギー　1860.12.21–1946.8.19）

McConnell, George Neely〈19・20世紀〉
アメリカの大リーグ選手（投手）。
⇒**メジャ**（ジョージ・マッコネル　1877.9.16–1964.5.10）

McCormick, Cyrus Hall〈19世紀〉
アメリカの発明家, 実業家。1834年刈取機を発明。
⇒**岩世人**（マコーミック　1809.2.15–1884.5.13）

McCormick, Frederick〈19・20世紀〉
アメリカのジャーナリスト。
⇒**アア歴**（McCormick,Frederick　フレデリック・マコーミック　1870–1951.8.8）

McCormick, James〈19・20世紀〉
アメリカの大リーグ選手（投手）。
⇒**メジャ**（ジム・マッコーミック　1856.11.3–1918.3.10）

McCormick, Robert Rutherford〈19・20世紀〉
アメリカのジャーナリスト。
⇒**岩世人**（マコーミック　1880.7.30–1955.4.1）
　ネーム（マコーミック　1880–1955）

Mccoy, Frank Ross〈19・20世紀〉
アメリカの軍人。関東大震災後のアメリカ日本救済使節団長（23）。
⇒**アア歴**（McCoy,Frank R(oss)　フランク・ロス・マッコイ　1874.10.29–1954.6.4）
　岩世人（マッコイ　1874.10.29–1954.6.4）

McCrindle, John Watson〈19・20世紀〉
イギリスのインド学者。
⇒**岩世人**（マクリンドル　1825.2.16–1913）

MacCulloch, John〈18・19世紀〉
スコットランドの地質学者, 鉱物学者。
⇒**岩世人**（マカロック　1773.10.6–1835.8.21）

MacCulloch, John Ramsay〈18・19世紀〉
イギリスの経済学者。主著『経済学原理』(25)。
⇒**岩世人**（マカロック　1789.3.1–1864.11.11）
　学叢思（マカロック, ジョン・ラムゼー　1789–1864）

McCune, George Shannon〈19・20世紀〉
アメリカ人宣教師。朝鮮名・尹山温。
⇒**韓朝新**（マッキューン　1873–1941）

Mạc Đăng Doanh〈16世紀〉
ベトナムのマク（莫）朝の第2代皇帝。在位1530～40。
⇒**岩世人**（マク・ダン・ゾアイン　?–1540）

Mac Dang Dung〈15・16世紀〉
ベトナムのマク朝の太祖。在位1527～41。
⇒**岩世人**（マク・ダン・ズン　1483–1541）

Mac Da Thó
『アルスター物語群』に登場する王。
⇒**ネーム**（マク・ダトー）

Macdonald, *Sir* Claude Maxwell〈19・20世紀〉
イギリスの外交官。駐日イギリス大使。
⇒**岩世人**（マクドナルド　1852.6.12–1915.9.10）
　広辞7（マクドナルド　1852–1915）

Macdonald, Davidson〈19・20世紀〉
カナダのメソジスト派教会医療宣教師。静岡賎機舎他で英語を教授, 静岡病院顧問。
⇒**岩世人**（マクドナルド　1836–1905）

Macdonald, George〈19・20世紀〉
スコットランドの小説家, 詩人。主著『光りの王女』(1867)。
⇒**岩世人**（マクドナルド　1824.12.10–1905.9.18）

Macdonald, Jacques Etienne Joseph Alexandre, Duc de Tarente〈18・19世紀〉
フランス（スコットランド系）の軍人。
⇒**岩世人**（マクドナル　1765.11.17–1840.9.25）

MacDonald, James Ramsay〈19・20世紀〉
イギリスの政治家。
⇒**岩世人**（マクドナルド　1866.10.12–1937.11.9）
　広辞7（マクドナルド　1866–1937）
　学叢思（マクドナルド, ジェームズ・ラムゼー　1866–?）
　世人新（マクドナルド　1866–1937）
　世人装（マクドナルド　1866–1937）
　世史語（マクドナルド　1866–1937）
　ポプ人（マクドナルド, ラムジー　1866–1937）
　ユ人（マクドナルド, ジェームズ・ラムゼー

1866–1937)

Macdonald, Sir John Alexander〈19世紀〉
カナダ(スコットランド生れ)の政治家。初代首相(1867〜73,78〜91)。
⇒岩世人(マクドナルド　1815.1.11–1891.6.6)

MacDonald, Ranald〈19世紀〉
インディアンの血をひいたアメリカの探検家。
⇒アア歴(MacDonald,Ranald　ラナルド・マクドナルド　1824.2.3–1894.8.5/24)
　　岩世人(マクドナルド　1824.2.3–1894.8.5)

Macdonell, Alexander〈18・19世紀〉
カナダの司教。スコットランド北西部グレンガリの出身。
⇒新カト(マクドネル　1760.7.17–1840.1.14)

Macdonell, Arthur Anthony〈19・20世紀〉
イギリスのサンスクリット学者。1899〜1927年オックスフォード大学教授。
⇒岩世人(マクドネル　1854.5.11–1930.12.28)

Macdonnell, Sir Richard Graves〈19世紀〉
イギリスの政治家。65〜72年香港総督。
⇒岩世人(マクドネル　1814.9.3–1881.2.5)

McDougal, David Stockton〈19世紀〉
アメリカの海軍将校。
⇒アア歴(McDougal,David Stockton　デイヴィッド・ストックトン・マクドゥガル　1809.9.27–1882.8.7)

McDougall, William〈19・20世紀〉
イギリス,アメリカの心理学者。社会心理学の創始者の一人。
⇒岩世人(マクドゥーガル　1871.6.22–1938.11.28)
　　学叢思(マクドゥガル,ウィリアム　1871–?)
　　20思(マクドゥーガル,ウィリアム　1871–1938)

MacDowell, Edward Alexander〈19・20世紀〉
アメリカの作曲家。代表作『ピアノ協奏曲2番』。
⇒岩世人(マクダウエル　1860.12.18–1908.1.23)
　　エデ(マクダウェル,エドワード(アレグザンダー)　1860.12.18–1908.1.23)
　　ピ曲改(マクダウェル,エドワード・アレクサンダー　1860–1908)

MacDowell, Ephraim〈18・19世紀〉
アメリカの外科医。卵巣切除術の父。
⇒岩世人(マクダウエル　1771.11.11–1830.6.25)

Macé, Jean〈19世紀〉
フランスの教育家。
⇒19仏(ジャン・マセ　1815.8.22–1894.12.13)

Mace, Thomas〈17・18世紀〉
イギリスのリュート奏者。音楽理論家,作曲家。

⇒バロ(メイス,トマス　1612/1613–1706)

Macede de Carvalho, Jeronimo de〈17世紀〉
キリシタン時代に来日したポルトガル船の船長。
⇒岩世人(マセード　?–1632.12)
　　新カト(マセド・デ・カルヴァリョ　?–1632)

Macedo, Antonio de〈16世紀〉
ポルトガルの作曲家。
⇒バロ(マセード,アントーニオ・デ　1500頃?–1550頃?)

Macedo, Monoel〈16世紀〉
ポルトガルの作曲家。
⇒バロ(マセード,モノエル　1530頃?–1580頃?)

Macedonski, Alexandru〈19・20世紀〉
ルーマニアの詩人。『初めの言葉』(1872),『神聖な花』(1917)など。
⇒岩世人(マチェドンスキ　1854.3.2/14–1920.11.24)

Maček, Vladimir〈19・20世紀〉
クロアティア,ユーゴスラヴィアの政治家,弁護士。クロアティア農民党の党首(1928)。
⇒岩世人(マチェク　1879.7.8/20–1964.5.15)

Maceo y Grajales, Antonio〈19世紀〉
キューバの独立運動家。1868〜78年の第1次独立戦争で活躍。
⇒岩世人(マセオ　1845.6.14–1896.12.7)

Macfarland, Charles Stedman〈19・20世紀〉
アメリカのプロテスタント牧師。主著 "Peace through-religion"(45)。
⇒岩世人(マクファーランド　1866.12.12–1956.10.26)

MacFarland, George Bradley〈19・20世紀〉
アメリカの宣教師。
⇒アア歴(McFarland,George B(radley)　ジョージ・ブラッドリー・マクファーランド　1866.12.1–1942.5.3)

McFarland, Samuel Gamble〈19世紀〉
アメリカの宣教師。
⇒アア歴(McFarland,Samuel Gamble　サミュエル・ギャンブル・マクファーランド　1830.12.11–1897.4.25)
　　岩世人(マクファーランド　1830.12.11–1897.4.26)

McGann, Dennis Lawrence〈19・20世紀〉
アメリカの大リーグ選手(一塁,二塁)。
⇒メジャ(ダン・マギャン　1871.7.15–1910.12.13)

MacGee, Thomas D'Arcy〈19世紀〉
アイルランド,カナダの政治家,文筆家。1857年

カナダに移り, 農相などを務め, 初代自治領議会議員。
⇒岩世人（マギー　1825.4.13–1868.4.7）

MacGee, William John〈19・20世紀〉
アメリカの地質学者, 人類学者。
⇒岩世人（マギー　1853.4.17–1912.9.4）

McGiffert, Arthur Cushman〈19・20世紀〉
アメリカのプロテスタント神学者。
⇒岩世人（マギファート　1861.3.4–1933.2.25）

McGiffin, Philo Norton〈19世紀〉
アメリカの海軍将校。
⇒アア歴（McGiffin,Philo Norton　フィロ・ノートン・マックギフィン　1860.12.13–1897.2.11）

McGilvary, Daniel〈19・20世紀〉
アメリカの宣教師。
⇒アア歴（McGilvary,Daniel　ダニエル・マックギルヴァリー　1828.5.16–1911.8.22）

McGinnis, George Washington〈19・20世紀〉
アメリカのメジャーリーガー。
⇒メジャ（ジャンボ・マギニス　1854.2.22–1934.5.18）

McGinnity, Joseph Jerome〈19・20世紀〉
アメリカの大リーグ選手（投手）。
⇒メジャ（ジョー・マギニティ　1871.3.20–1929.11.14）

Mcglynn, Edward〈19世紀〉
アメリカのカトリック司祭, 社会改革者。
⇒新カト（マグリン　1837.9.27–1900.1.7）

Macgowan, Daniel Jerome〈19世紀〉
アメリカのバプテスト派教会中国宣教師。
⇒岩世人（マガウアン　1814–1893）

Macgowan, John〈19世紀〉
イギリスの宣教師。ロンドン伝道会所属。中国に赴任（1860）。
⇒岩世人（マガウアン）

McGraw, John Joseph〈19・20世紀〉
アメリカの職業野球の選手, 監督。
⇒岩世人（マグロー　1873.4.7–1934.2.25）
メジャ（ジョン・マグロー　1873.4.7–1934.2.25）

McGregor, Richard Crittenden〈19・20世紀〉
アメリカの鳥類学者。
⇒アア歴（McGregor,Richard Crittenden　リチャード・クリッテンデン・マックレガー　1871.2.24–1936.12.30）

McGuire, (Deacon) James Thomas〈19・20世紀〉
アメリカの大リーグ選手（捕手）。
⇒メジャ（ディーコン・マクガイア　1863.11.18–1936.10.31）

McGuire, Peter J.〈19・20世紀〉
アメリカ（アイルランド系）の労働運動家。
⇒岩世人（マグワイア　1852.7.2–1906.2.18）

McGunnigle, William Henry〈19世紀〉
アメリカの大リーグ選手（投手, 外野）。
⇒メジャ（ビル・マガニグル　1855.1.1–1899.3.9）

Mach, Ernst〈19・20世紀〉
オーストリアの物理学者, 哲学者。1895年ウィーン大学科学哲学教授。
⇒岩世人（マッハ　1838.2.18–1916.2.19）
広辞7（マッハ　1838–1916）
学叢思（マッハ, エルンスト　1838–1916）
新カト（マッハ　1838.2.18–1916.2.19）
物理（マッハ, エルンスト　1838–1916）
メル2（マッハ, エルンスト　1838–1916）

Mácha, Karel Hynek〈19世紀〉
チェコの詩人。散文『ジプシー』(35),『五月』(36) の作者。
⇒岩世人（マーハ　1810.11.16–1836.11.6）

Machado, Bernardino Luís〈19・20世紀〉
ポルトガルの政治家。首相(1914,21) 大統領(15～17,25～26)を歴任。
⇒岩世人（マシャード　1851.3.28–1944.4.29）

Machado, Lope〈17世紀〉
スペインの作曲家。
⇒バロ（マチャード, ローベ　1610頃?–1670頃?）

Machado de Assis, Joaquim Maria〈19・20世紀〉
ブラジルの作家, 詩人。詩集『さなぎ』, 小説『ブラス・クーバスの死後の回想』などを発表。
⇒岩世人（マシャード・デ・アシス　1839.6.21–1908.9.29）
ラテ新（マシャード・デ・アシス　1839–1908）

Machado e Tavora, João Baptista〈16・17世紀〉
ポルトガルのイエズス会宣教師。1609年来日。伏見, 天草などで伝道したが五島で捕えられて斬首された。
⇒岩世人（マシャード　1580–1617.5.22）
新カト（マシャド　1580–1617.5.22）

Machado y Morales, Gerardo〈19・20世紀〉
キューバの軍人, 第5代大統領。在職1924～33。独裁的で民衆の反乱により亡命。
⇒岩世人（マチャード　1871.9.28–1939.3.29）

Machado y Ruiz, Antonio〈19・20世紀〉
スペインの詩人。「98年代」作家の一人で、『新しい歌』(24)など。
　⇒岩世人（マチャード・イ・ルイス　1875.7.26–1939.2.22）
　　ネーム（マチャード　1875–1939）
　　広辞7（マチャード　1875–1939）
　　新カト（マチャド・イ・ルイス　1875.7.26–1939.2.22）

Machado y Ruiz, Manuel〈19・20世紀〉
スペインの詩人。A.マチャド・イ・ルイスの兄で近代派の一人。作品は『魂』(1900)など。
　⇒岩世人（マチャード・イ・ルイス　1874.8.29–1947.1.19）

Machanidas〈前3世紀〉
スパルタの僭主。
　⇒岩世人（マカニダス　?–前207）

Machaōn
ギリシア神話、医神アスクレピオスの子。
　⇒岩世人（マカオン）

Machar, Josef Svatopluk〈19・20世紀〉
チェコスロヴァキアの詩人、評論家。主著『諸世紀の良心』(1899～1926)。
　⇒岩世人（マハル　1864.2.29–1942.3.17）

Machiavelli, Niccolò di Bernardo dei〈15・16世紀〉
イタリアの政治家、政治思想家。1498～1512年フィレンツェ共和政府の書記官。
　⇒岩世人（マキアヴェッリ　1469.5.3–1527.6.22）
　　覚思（マキャヴェリ　1469.5.3–1527.6.22）
　　覚思2（マキャヴェリ　1469.5.3–1527.6.22）
　　ネーム（マキアヴェリ　1469–1527）
　　広辞7（マキアヴェリ　1469–1527）
　　学叢思（マキアヴェリー、ニコロ　1496–1527）
　　新カト（マキアヴェリ　1469.5.3–1527.6.21）
　　世人新（マキァヴェリ　1469–1527）
　　世人装（マキァヴェリ　1469–1527）
　　世史語（マキァヴェリ　1469–1527）
　　ポプ人（マキァベリ、ニコロ　1469–1527）
　　メル1（マキアヴェッリ　1469–1527）
　　ルネ（ニッコロ・マキァヴェッリ　1469–1527）

Machin, John〈17・18世紀〉
イギリスの数学者、天文学者。
　⇒世数（マチン、ジョン　1680–1751）

Machoni, Antonio〈17・18世紀〉
イタリア生まれの宣教師、文筆家。
　⇒岩世人（マチョーニ　1672.11.1–1753.7.25）

Machuca, Pedro de〈16世紀〉
スペインの建築家、画家。16世紀イタリア美術の成果を最初にスペインに取入れた。
　⇒芸13（マチューカ、ペドロ　?–1550）

Maci〈17・18世紀〉
中国、清朝の政治家。
　⇒岩世人（マチ　1652（順治9）–1739（乾隆4））

Macías, Juan〈16・17世紀〉
スペインのドミニコ会信徒修道士。聖人。祝日9月16日。
　⇒新カト（フアン・マシアス　1585.3.2–1645.9.26）

Macía y Llusa, Francisco〈19・20世紀〉
スペインの軍人。カタロニア地方独立運動家。
　⇒岩世人（マシア　1859.9.21–1933.12.25）

McIlwain, Charles Howard〈19・20世紀〉
アメリカの歴史家。主著 "The American revolution" (23、ピュリツァー賞)。
　⇒20思（マキルウェイン,C（チャールズ）H（ハワード）　1871–1968）

McIntosh, William Carmichael〈19・20世紀〉
スコットランドの医師、水産学者。
　⇒岩世人（マッキントッシュ　1838.10.10–1931.4.1）

McIntyre, Matthew W.〈19・20世紀〉
アメリカの大リーグ選手（外野）。
　⇒メジャ（マッティ・マッキンタイア　1880.6.12–1920.4.2）

Macip, Juan Vicente〈15・16世紀〉
スペインの画家。
　⇒新カト（マシプ　1475頃–1550以前）

Macip, Vicente Juan〈16世紀〉
スペインの画家。『最後の晩餐』『聖ステファノの生涯』のほか、肖像画の作がある。
　⇒新カト（マシプ　1510頃–1579）

McJames, (Doc) James McCutchen〈19世紀〉
アメリカの大リーグ選手（投手）。
　⇒メジャ（ドク・マクジェイムズ　1874.8.27–1901.9.23）

Mack, Julian William〈19・20世紀〉
アメリカの法律専門家、シオニスト。
　⇒ユ人（マック、ジュリアン・ウィリアム　1866–1943）

Mackay, Ernest John Henry〈19・20世紀〉
イギリスの考古学者。
　⇒岩世人（マッケイ　1880.7.5–1943.10.2）

Mackay, George Leslie〈19・20世紀〉
カナダの長老教会宣教師。
　⇒岩世人（マッカイ　1844.3.21–1901.6.2）

MacKaye, James Marrison Steele〈19世紀〉
アメリカの俳優、劇作家、演出家。

⇒岩世人（マッカイ　1842.6.6–1894.2.25）

McKean, Edwin John〈19・20世紀〉
アメリカの大リーグ選手（遊撃）。
⇒メジャ（エド・マッキーン　1864.6.6–1919.8.16）

Mckean, James William〈19・20世紀〉
アメリカの医療宣教師。
⇒アア歴（Mckean, James W(illiam)　ジェイムズ・ウイリアム・マッキーン　1860.3.10–1949.2.9）

McKenna, Reginald〈19・20世紀〉
イギリスの政治家。アスキス内閣に海相（08〜11）、内相（11〜15）、蔵相（15〜16）を歴任。
⇒岩世人（マケナ　1863.7.6–1943.9.6）

Mackennal, *Sir* **E. Bertram**〈19・20世紀〉
イギリスの彫刻家。
⇒芸13（マッケンノール、ベルトラム　1863–1931）

Mackensen, August von〈19・20世紀〉
ドイツの軍人。
⇒岩世人（マッケンゼン　1845.12.6–1945.11.8）
　学叢歴（マッケンゼン）

Mackenzie, *Sir* **Alexander**〈18・19世紀〉
スコットランド出身の探検家。1793年白人としてメキシコ以北における最初のアメリカ大陸横断。
⇒岩世人（マッケンジー　1763頃–1820.3.11/12）
　ネーム（マッケンジー　1764–1820）

McKenzie, Alistair〈19・20世紀〉
スコットランドのゴルフコース設計家。
⇒岩世人（マッケンジー　1870.8.30–1934.1.6）

Mackenzie, Daniel R.〈19・20世紀〉
カナダのメソジスト教会宣教師。1887年来日して金沢の第四高等学校に奉職。
⇒岩世人（マッケンジー　1861.2.16–1935.4.1）

Mckenzie, Fredrick Arthur〈19・20世紀〉
カナダの新聞記者、著述家。
⇒韓朝新（マッケンジー　1869–1931）

Mackenzie, Henry〈18・19世紀〉
スコットランド生れの小説家。『感情の人』（71）はセンチメンタリズム文学の代表作。
⇒岩世人（マッケンジー　1745.7.26–1831.1.14）

Mackenzie, John〈19世紀〉
スコットランド出身の南アフリカ宣教師。
⇒岩世人（マッケンジー　1835.8.30–1899.3.23）

Mackenzie, John Stuart〈19・20世紀〉
スコットランドの哲学者。ケアドの徒として観念論の立場にたった。
⇒岩世人（マッケンジー　1860.2.29–1935）

MacKenzie, Robert Tait〈19・20世紀〉
アメリカの体育学者。
⇒岩世人（マッケンジー　1867.5.26–1938.4.28）

MacKenzie, Roderick Dempster〈19・20世紀〉
アメリカの芸術家。
⇒アア歴（MacKenzie, Roderick D(empster)　ロデリック・デンプスター・マッケンジー　1865.4.30–1941.1.17）

Mackenzie, William〈18・19世紀〉
イギリスの土木技術者。
⇒岩世人（マッケンジー　1794.3.20–1851.10.29）

Mackey, Alexander Murdoch〈19世紀〉
スコットランド出身の宣教師。聖公会の教会宣教協会会員となり、ウガンダに派遣される。
⇒新カト（マッケイ　1849.10.13–1890.2.8）

MacKillop, Mary〈19・20世紀〉
オーストラリアの聖女。
⇒新カト（メアリ・マッキロップ　1842.1.15–1909.8.8）

McKim, Charles Follen〈19・20世紀〉
アメリカの建築家。ローマのアメリカン・アカデミーの創立者。
⇒岩世人（マッキム　1847.8.24–1909.9.14）

McKim, John〈19・20世紀〉
アメリカの日本聖公会宣教師。立教大学理事長。
⇒アア歴（McKim, John　ジョン・マッキム　1852.7.17–1936.4.4）
　岩世人（マッキム　1852.7.17–1936.4.4）

Mackinder, *Sir* **Halford John**〈19・20世紀〉
イギリスの地理学者。主著 "Democratic Ideals and Reality"（19）。
⇒岩世人（マッキンダー　1861.2.15–1947.3.6）

Mạc Kính Điển〈16世紀〉
ベトナムのマク（莫）朝の親王。
⇒岩世人（マク・キン・ディエン　?–1580）

McKinley, William〈19・20世紀〉
アメリカ合衆国25代大統領。1900年金本位制確立。
⇒アメ新（マッキンリー　1843–1901）
　岩世人（マッキンリー　1843.1.29–1901.9.14）
　広辞7（マッキンリー　1843–1901）
　世人新（マッキンリー　1843–1901）
　世人装（マッキンリー　1843–1901）
　世史語（マッキンリー　1843–1901）
　ポブ人（マッキンリー、ウィリアム　1843–1901）

McKinnon, William Daniel〈19・20世紀〉
アメリカの聖職者。
⇒アア歴（McKinnon, William Daniel　ウイリア

ム・ダニエル・マッキノン　1858.8.1–1902.9.25）

Mackintosh, Charles Rennie〈19・20世紀〉
スコットランドの建築家，デザイナー，水彩画家。1904年ハネマン・ケッピー建築会社の共同経営者。
⇒岩世人（マッキントッシュ　1868.6.7–1928.12.10）

Mackintosh, *Sir* **James**〈18・19世紀〉
スコットランドの評論家，政治家。ボンベイ市判事（1806～11）。
⇒岩世人（マッキントッシュ　1765.10.24–1832.5.30）

Macklin, Charles〈17・18世紀〉
アイルランド生れのイギリスの俳優。リアリスティックな演技の先駆者。
⇒岩世人（マクリン　1699.9.26–1797.7.11）

McLane, Robert Milligan〈19世紀〉
アメリカの法律家，外交官。
⇒アア歴（McLane,Robert Milligan　ロバート・ミリガン・マックレイン　1815.6.23–1898.4.16）

Maclaurin, Colin〈17・18世紀〉
スコットランドの数学者。幾何学および微分学に業績がある。
⇒岩世人（マクローリン　1698.2–1746.6.14）
世数（マクローリン，コリン　1698–1746）

Maclay, Arthur Collins〈19・20世紀〉
アメリカの弁護士。
⇒アア歴（Maclay,Arthur Collins　アーサー・コリンズ・マクレイ　1853.8.14–1930.11.12）

Maclay, Robert Samuel〈19・20世紀〉
アメリカのメソジスト監督派教会宣教師。東京英和学校総理。
⇒アア歴（Maclay,Robert Samuel　ロバート・サミュエル・マクレイ　1824.2.7–1907.8.18）
岩世人（マクレイ　1824.2.7–1907.8.18）

Mclean, Charles〈18世紀〉
スコットランドの作曲家。
⇒バロ（マクレイン，チャールズ　1712頃–1765頃）

MacLean, Norman〈19・20世紀〉
イギリスのプロテスタント神学者，東洋学者。
⇒岩世人（マクリーン　1865.10.2–1947.8.20）

McLean, Walter〈19・20世紀〉
アメリカの海軍将校。
⇒アア歴（McLean,Walter　ウォルター・マクリーン　1855.7.30–1930.3.20）

MacLennan, John Cunningham〈19・20世紀〉
カナダの物理学者。超伝導に関して業績がある。
⇒岩世人（マクレナン　1867.10.14–1935.10.9）

Macleod, Henry Dunning〈19・20世紀〉
イギリスの経済学者。主著『銀行業務の理論と実際』（55）。
⇒学叢思（マクロード，ヘンリー・ダンニング　1821–1902）

Macleod, John James Rickard〈19・20世紀〉
イギリスの生理学者。インシュリンを発見し，糖尿病と炭水化物代謝の研究で名高い。
⇒岩世人（マクラウド　1876.9.6–1935.3.16）
ネーム（マクラウド　1876–1935）

Maclure, William〈18・19世紀〉
アメリカの鉱物学者。09年に合衆国の地質についての論文を公表し，地質図をつくる。
⇒岩世人（マクリュア　1763.10.27–1840.3.23）

MacMahon, *Sir* **Arthur Henry**〈19・20世紀〉
イギリスの軍人，政治家。エジプト高等弁務官として，シャリフ・フサインと秘密協定を結ぶ。
⇒岩世人（マクマホン　1862.11.28–1949.12.29）
世人新（マクマホン　1862–1949）
世人装（マクマホン　1862–1949）

MacMahon, Marie Edme Patrice Maurice, Comte de, Duc de Magenta〈19世紀〉
フランスの軍人，政治家。1873年5月大統領。
⇒岩世人（マクマオン　1808.6.13–1893.10.17）
ネーム（マク＝マオン　1808–1893）
世人新（マクマオン　1803–1893）
世人装（マクマオン　1803–1893）
学叢歴（マクマオン　1808–1893）

McMahon, (Sadie) John Joseph〈19・20世紀〉
アメリカの大リーグ選手（投手）。
⇒メジャ（セイディー・マクマホン　1867.9.19–1954.2.20）

McMaster, John Bach〈19・20世紀〉
アメリカの教育家，歴史家。1883年『アメリカ合衆国史』（1883～1927）の初巻を発行。
⇒岩世人（マクマスター　1852.6.29–1932.5.24）

Macmillan, Daniel〈19世紀〉
スコットランドの出版業者。
⇒岩世人（マクミラン　1813.9.13–1859.6.27）

MacMillan, Margaret〈19・20世紀〉
イギリスの教育家。1899年イギリスで初めて学童健康診断を実現。
⇒岩世人（マクミラン　1860.7.20–1931.3.27）

McMurry, Charles Alexander〈19・20世紀〉
アメリカの教育学者。北イリノイ州立師範学校実習学校長，ジョージ・ピーボディ教育大学

教授。
⇒岩世人（マクマリー兄弟　1857–1929）

McMurry, Frank Morton〈19・20世紀〉
アメリカの教育学者。全国ヘルバルト協会を創設（1892）。
⇒岩世人（マクマリー兄弟　1862–1936）

Mac-Nab, Maurice〈19世紀〉
フランスの詩人、シャンソニエ。
⇒19仏（モーリス・マック＝ナブ　1856.1.4–1889.12.25）

MacNair, Theodore Monroe〈19・20世紀〉
アメリカの長老派教会宣教師、讃美歌作詞者。明治学院他で論理学他を教授。
⇒岩世人（マクネア　1858.2.24–1915.11.21）

McNeil, George E.〈19・20世紀〉
アメリカ労働同盟の父。
⇒学叢思（マックネール、ジョージ・イー　1836–1906）

MacNeill, Eoin〈19・20世紀〉
アイルランドの民族主義者。D.ハイドのゲール協会設立に参加、ゲール文化復興運動で活躍。
⇒岩世人（マクニール　1867.5.15–1945.10.15）

McPhee,（Bid）John Alexander〈19・20世紀〉
アメリカの大リーグ選手（二塁）。
⇒メジャ（ビド・マクフィー　1859.11.1–1943.1.3）

Macpherson, James〈18世紀〉
スコットランド生れの詩人。
⇒岩世人（マクファーソン　1736.10.27–1796.2.17）

Macquarie, Lachlan〈18・19世紀〉
イギリスの軍人、植民地行政官。
⇒オセ新（マックオリー　1762–1824）

Macque, Jean de〈16・17世紀〉
フランドルの作曲家。
⇒バロ（マック、ジャン・ド　1548頃–1614.9）

Macready, William Charles〈18・19世紀〉
イギリスの悲劇俳優。ハムレットなどの悲劇的役柄を得意とした。
⇒岩世人（マクリーディ　1793.3.3–1873.4.27）

Macrina〈4世紀〉
聖人。祝日1月14日。カイサレイアのバシレイオスとニュッサのグレゴリオスの父方の祖母。ポントスのネオカイサレイアの貴族の出身。
⇒新カト（マクリナ　?–340頃）

Macrina The Younger〈4世紀〉
献身した処女。聖人。カパドキアのカイサリア生まれ。
⇒岩世人（マクリナ（小）　327頃–379）
新カト（マクリナ　327頃–379/380）

Macrinus, Marcus Opellius〈2・3世紀〉
ローマ皇帝。在位217～8。パルティアとの戦争中、帝を殺させ、帝位に推戴。
⇒岩世人（マクリヌス　164/165–218）
世帝（マクリヌス　164/165–218）

Macrobius, Ambrosius Theodosius〈4・5世紀〉
ローマの文献学者、哲学者（400年頃活躍）。代表作『サツルナリア』『スキピオの夢の解説』。
⇒岩世人（マクロビウス　活躍）400頃）

M'Taggart, John M.Ellis〈19・20世紀〉
イギリスの哲学者。
⇒岩世人（マクタガート　1866.9.3–1925.1.18）
20思（マクタガート,J（ジョン）McT（マクタガート）E（エリス）　1866–1925）
メル3（マクタガート、ジョン・エリス　1866–1925）

Mac Thien Tich〈18世紀〉
ベトナムの詩人。
⇒岩世人（鄭天賜　まくてんし　1706–1780）

MacVeagh, Charles〈19・20世紀〉
アメリカの外交官。第10代駐日アメリカ大使。
⇒アア歴（MacVeagh,Charles　チャールズ・マクヴェーグ　1860.6.6–1931.12.4）
岩世人（マクヴェイ　1860.6.6–1931.12.4）

Madách Imre〈19世紀〉
ハンガリーの詩人、劇作家。『人間の悲劇』（61）によって有名。
⇒岩世人（マダーチ　1823.1.21–1864.10.5）
新カト（マダーチ　1823.1.21–1864.10.5）

Madan, Martin〈18世紀〉
イギリスの作曲家。
⇒バロ（マダン、マーティン　1725-1726–1790.5.2）

Maddalena Gabriella di Canossa〈18・19世紀〉
カノッサ修道女会創立者。聖人。祝日4月10日。ヴェローナの侯爵家出身。
⇒新カト（マッダレーナ・ガブリエラ・ディ・カノッサ　1774.3.1–1835.4.10）

Maddison, Fred〈19・20世紀〉
イギリス議会の労働者議員。
⇒学叢思（マッディソン、フレッド　1856–?）

Madeleine, Jacques〈19・20世紀〉
フランスの作家、編集者。
⇒19仏（ジャック・マドレーヌ　1859–1941）

Madeleine de Pazzi〈19・20世紀〉
幼きイエズス修道会日本管区第4代管区長。フランス出身。
⇒新カト（マドレーヌ・ド・パジ　1872.2.4–1951.

6.8)

Madelin, Louis〈19・20世紀〉
フランスの歴史家。1905〜10年パリ大学教授。主著『統領政府と第一帝政の歴史』(37〜54)。
⇒岩世人(マドラン　1871.5.8-1956.8.18)

Maderna, Carlo〈16・17世紀〉
イタリアの建築家。1605年サン・ピエトロ大聖堂の身廊などを建造。
⇒岩世人(マデルナ　1556-1629.1.30)
　ネーム(マデルナ　1556-1629)
　新カト(マデルナ〔マデルノ〕　1556-1629.1.30)

Madero, Francisco Indalecio〈19・20世紀〉
メキシコの革命指導者,大統領。在職1911〜13。
⇒岩世人(マデーロ　1873.10.30-1913.2.22)
　広辞7(マデロ　1873-1913)
　世人新(マデーロ　1873-1913)
　世人装(マデーロ　1873-1913)
　世史語(マデロ　1873-1913)
　ポプ人(マデロ,フランシスコ　1873-1913)
　ラテ新(マデロ　1873-1913)

Madersperger, Joseph〈18・19世紀〉
オーストリアの裁縫師。ミシンを発明(1839)。
⇒岩世人(マーデルスペルガー　1768.10.6-1850.10.2)

Mādhava〈7世紀頃〉
インドの医者(700年頃の人)。『マーダバの病因論』の著者。
⇒南ア新(マーダヴァ　生没年不詳)

Mādhava〈14世紀頃〉
インドの哲学者。『全哲学綱要』の著者。
⇒岩世人(マーダヴァ)
　南ア新(マーダヴァ　生没年不詳)

Mādhava〈14・15世紀〉
南インドの数学者,天文学者。14世紀後半〜15世紀前半に活躍。
⇒南ア新(マーダヴァ　生没年不詳)

Mādhavadeva〈15・16世紀〉
アッサム(東インド)地方の詩人。
⇒岩世人(マーダヴデーヴ　1489-1596)

Madhva〈12・13世紀〉
インドの哲学者。多元論的実在論を説くベーダーンタ学徒。
⇒岩世人(マドヴァ　1197-1276)

Madhva〈13・14世紀〉
インドのカナラ族のブラフマンの哲学者。
⇒南ア新(マドヴァ　1238-1317)

Madin, Henri〈17・18世紀〉
フランスの作曲家。
⇒バロ(マダン,アンリ　1698.10.7-1748.2.3)

Madison, James〈18・19世紀〉
アメリカの第4代大統領。1787年の憲法制定会議で「バージニア案」を提案。
⇒アメ新(マディソン　1751-1836)
　岩世人(マディソン　1751.3.16-1836.6.28)
　ネーム(マディソン　1751-1836)

Madmun, ben-Japheth ben-Bundar〈12世紀〉
イエメンのナギッド(共同体の長)。
⇒ユ人(マドムン,ベンヤフェト・ベンブンダル　?-1151)

Mâdre de Deus, Filipe da〈17世紀〉
ポルトガルの作曲家。
⇒バロ(デ・デウス,フィリーペ・ダ・マードレ　1630頃-1688以降)
　バロ(マードレ,デ・デウス,フィリーペ・ダ　1630頃-1688以降)

Madrid, Juan Fernández de〈15・16世紀〉
スペインの作曲家。
⇒バロ(フェルナンデス・デ・マドリード,フアン　1460頃?-1510頃?)

Madsen, Thorvald Johannes Marius〈19・20世紀〉
デンマークの細菌学者,公衆衛生学者。
⇒岩世人(マセン〔慣マドセン〕　1870.2.18-1957.4.14)

Madvig, Jens Nikolai〈19世紀〉
デンマークの古典学者,政治家。国民自由党領袖。『ラテン文法』(41)『ギリシア文論』(46)を著す。
⇒岩世人(マズヴィ　1804.8.7-1886.12.12)

Maecenas, Gaius〈前1世紀〉
ローマの政治家。文人のパトロン。
⇒岩世人(マエケナス　前70頃-前8)

Mael Dúin
アイルランドのケルト系航海譚《マイル・ドゥーンの航海》の主人公。
⇒岩世人(マイル・ドゥーン)
　ネーム(マイル・ドゥーン)

Maérchal, Piérre Sylvain〈18・19世紀〉
フランスの著述家,思想家。
⇒学叢思(マレシャル,ピエール・シルヴァン　1750-1803)

Maerlant, Jacob van〈13世紀〉
中世ネーデルラントの代表的詩人。
⇒新カト(マールラント　1235頃-1291前後)

Maes, Nicolaes〈17世紀〉
オランダの画家。主作品『祝福を与えるキリスト』(1654以前),『怠惰な召使』(55)。
⇒岩世人(マース　1632.1-1693.12.24(埋葬))

Maessens, Petrus〈16世紀〉
　フランドルの作曲家。
　⇒バロ（マーセンス、ペトルス　1500頃–1563）

Maessens, Pieter〈16世紀〉
　フランドルの作曲家。
　⇒バロ（メーセンス、ピーター　1505頃–1563.10）

Maeterlinck, Maurice Polydore Marie Bernard〈19・20世紀〉
　ベルギーの劇作家, 詩人, 思想家。
　⇒岩世人（メーテルランク（メーテルリンク）
　　　1862.8.29–1949.5.6）
　　オペラ（メーテルランク、モーリス　1862–1949）
　　19仏（モーリス・メーテルランク　1862.8.29–
　　　1949.5.6）
　　広辞7（メーテルリンク　1862–1949）
　　学叢思（メーテルリンク、モーリス　1862–?）
　　世人新（メーテルリンク　1862–1949）
　　世人装（メーテルリンク　1862–1949）
　　ポブ人（メーテルリンク　1862–1949）

Maetsuycker, Joan〈17世紀〉
　オランダの法学者, 東インド会社（VOC）総督。
　⇒岩世人（マーツァイケル　1606.10.14–1678.1.4）

Maewan〈19・20世紀〉
　タイの翻訳家。イギリスの女性作家マリー・コレリの小説『復讐』をタイ語に翻訳・出版。
　⇒岩世人（メーワン　1875.8.25–1942.5.19）

Maeztu y Whitney, Ramiro de〈19・20世紀〉
　スペインの評論家。「98年の世代」作家の一人。『スペイン精神擁護』(34) などが有名。
　⇒新カト（マエストゥ　1875.5.4–1936.10.29）

Maffei, Francesco Scipione〈17・18世紀〉
　イタリアの詩人, 劇作家。『オッセルバツィオーニ・レッテラーリ』(37〜40) を発刊。
　⇒岩世人（マッフェイ　1675.6.1–1755.2.11）

Maffei, Giampietro〈16・17世紀〉
　イタリアの歴史家。
　⇒新カト（マッフェイ　1538–1603.10.19）

Maffi, Pietro〈19・20世紀〉
　ピサの大司教, 枢機卿。
　⇒新カト（マッフィ　1858.10.12–1931.3.17）

Magalhães, Gabriel De〈17世紀〉
　入華イエズス会員。中国名, 安文思。ポルトガルのコインブラ近郊に生まれ, 北京で没す。
　⇒新カト（マガリャンイス　1609–1677.5.6）

Magalhães, Phillipe de〈16・17世紀〉
　ポルトガルの作曲家。
　⇒バロ（マガリャンイシュ、フィリペ・デ　1571頃–
　　　1652.12.17）

Magat Salamat〈16世紀〉
　フィリピンの反乱指導者。
　⇒岩世人（マガト・サラマト　1550頃/1560頃–
　　　1589.7）

Magellan, Ferdinand〈15・16世紀〉
　ポルトガルの航海者。最初の地球周航者。1519年マゼラン海峡を発見。
　⇒岩世人（マガリャンイス　1480頃–1521.4.27）
　　オセ新（マゼラン　1480–1521）
　　ネーム（マガリャンイス　1480–1521）
　　広辞7（マゼラン　1480頃–1521）
　　新カト（マガリャンイス　1480頃–1521.4.27）
　　世人新（マゼラン（マガリャエンシュ）　1480頃–
　　　1521）
　　世人装（マゼラン（マガリャエンシュ）　1480頃–
　　　1521）
　　世史語（マゼラン（マガリャンイス）　1480頃–
　　　1521）
　　ポブ人（マゼラン、フェルディナンド　1480?–
　　　1521）

Magendie, François〈18・19世紀〉
　フランスの実験生理学者。
　⇒岩世人（マジャンディ　1783.10.6–1855.10.7）

Maggi, Julius〈19・20世紀〉
　スイスの食料品工業家。即席スープを考案。マッギ・コンツェルンを設立。
　⇒岩世人（マギー　1846.10.9–1912.10.19）

Maggiore, Francesco〈18世紀〉
　イタリアの作曲家。
　⇒バロ（マッジョーレ、フランチェスコ　1715頃–
　　　1782頃）

Māgha〈7・8世紀頃〉
　インドのサンスクリット詩人。『シシュパーラ・バダ』の作者として知られる。
　⇒岩世人（マーガ）

Maghribī, Tabrīzī, Muḥammad Shīrīn〈14・15世紀〉
　イランの詩人。
　⇒岩世人（マグリビー　?–1406頃）

Maginot, André〈19・20世紀〉
　フランスの政治家, マジノ線の提案者。
　⇒岩世人（マジノ　1877.2.17–1932.1.6）

Maglorius〈6世紀〉
　ドルの大修道院長, 司教。聖人。祝日10月24日。
　⇒新カト（マグロリウス　?–595頃）

Magnan, Bernard-Pierre〈18・19世紀〉
　フランスの軍人。ナポレオン3世の1852年12月2日のクーデターに貢献して元帥となった。
　⇒岩世人（マニャン　1791.12.7–1865.5.29）

Magnan, Valentin〈19・20世紀〉
　フランスの精神医学者。
　⇒岩世人（マニャン　1835.3.16–1916）

Magnard, Francis〈19世紀〉
フランスのジャーナリスト。
⇒**19仏**（フランシス・マニャール　1837.2.11–1894.11.19）

Magnasco, Alessandro〈17・18世紀〉
イタリアの画家。フィレンツェの宮廷に仕え，1711～35年ミラノで活躍。
⇒**人**（マニャスコ　1667.2.4–1749.3.12）
　芸13（マニャスコ，アレッサンドロ　1667–1749）

Magnentius, Flavius Pupilius〈4世紀〉
ローマの簒奪帝。在位350～3。350年1月コンスタンス帝を倒し西方を支配。
⇒**世帝**（マグネンティアウス　303–353）

Magnerich〈6世紀〉
トリール司教。在職566～86以後。聖人。祝日7月25日。
⇒**新カト**（マグネリヒ　?–596頃）

Magnes, Judah Leon〈19・20世紀〉
アメリカのラビ，ユダヤ教徒の指導者。パレスチナ問題解決のために〈アラブ‐ユダヤ二民族主義〉を主張。
⇒**ユ人**（マグネス，ユダ・レイブ（レオン）　1877–1948）
　ユ著人（Magnes,Yehudah Leon　マグネス，イェフダー・レオン　1877–1948）

Magnus, Heinrich Gustav〈19世紀〉
ドイツの物理学者，化学者。
⇒**ユ著人**（Magnus,Heinrich Gustav　マグヌス，ハインリッヒ・グスタフ　1802–1870）

Magnus, Olaus〈15・16世紀〉
スウェーデンのカトリック聖職者，歴史地理学者。
⇒**岩世人**（ウラーウス・マグヌス　1490.10–1557.8.1）

Magnus, Rudolf〈19・20世紀〉
ドイツの生理学者，薬理学者。
⇒**ユ著人**（Magnus,Rudolf　マグヌス，ルドルフ　1873–1927）

Magnus I Olafson〈11世紀〉
ノルウェー王。在位1035～47。1042年デンマーク王ともなる。
⇒**世帝**（マグヌス1世　1024–1047）
　世帝（マグヌス1世　1024–1047）

Magnus II〈11世紀〉
ノルウェー王国の統治者。在位1066～1069。
⇒**世帝**（マグヌス2世　1048–1069）

Magnus II Eriksson〈14世紀〉
スウェーデン王。在位1319～56，1359～63。ノルウェー王マグヌス7世。在位1319～43。
⇒**岩世人**（マグヌス・エーリクソン　1316?–1374.12.1）
　世帝（マグヌス7世　1316–1374）

Magnus III Barfoett〈11・12世紀〉
ノルウェー王。在位1093～1103。好戦的であった。
⇒**世帝**（マグヌス3世　1073–1103）

Magnus IV Blinda〈12世紀〉
ノルウェー王。在位1130～5。ハーラル4世との争いに敗れ，去勢されてニダロスの修道院に入った。
⇒**世帝**（マグヌス4世　1115–1139）

Magnus V Erlingsson〈12世紀〉
ノルウェー王。在位1162～84。ベイケベイネルに敗れデンマークへ亡命。
⇒**世帝**（マグヌス5世　1156–1184）

Magnus VI Lagabøter〈13世紀〉
ノルウェー王。在位1263～80。改法王。
⇒**岩世人**（マグヌス6世ホーコンソン（法改正王）　1238–1280.5.9）
　世帝（マグヌス6世　1238–1280）

Magnus Birgersson Ladulås〈13世紀〉
スウェーデン王。在位1275～1290。民兵制を廃止するなど封建制の整備を行った。
⇒**岩世人**（マグヌス・ラーデュロース　1240?–1290.12.18）

Magnus（Füssen）〈7・8世紀〉
ドイツの聖人。
⇒**新カト**（マグヌス〔フュッセンの〕　700頃–750頃）
　図聖（マグヌス　699頃–772）

Magnus（Orkney）〈11・12世紀〉
スコットランドの聖人。
⇒**新カト**（マグヌス〔オークニの〕　1075頃–1116）

Magri, Gennaro〈18世紀〉
イタリアの振付家，著述家。
⇒**バレエ**（マグリ, ジェンナロ）

Magsarzhav, Khatanbaatar〈19・20世紀〉
モンゴルの軍人，政治家。ウリアスタイの白衛軍を掃滅，西部においても人民革命の勝利を導く。
⇒**岩世人**（マグサルジャブ　1878–1927.9.3）

Magtymguly〈18世紀〉
トルクメン人詩人。
⇒**岩世人**（マグトゥムグル　1733?–1783?）

Mahābat Khān〈17世紀〉
インドのムガル朝の官僚，武将。
⇒**岩世人**（マハーバト・ハーン　?–1634.10/11）

Māhādajī Rāo Sindhia〈18世紀〉
インドの最も有名なマラータ諸侯の一人。
⇒**岩世人**（マーハードジー・ラーオ・スィンディヤー（シンデー）　1730–1794.2.12）

Mahadamayazadipati〈18世紀〉
ビルマ、タウングー朝の王。在位1733〜1752。
⇒世帝 (マハーダムマヤーザディパティ　1714–1754)

Mahādeva〈前4世紀?〉
インドの僧。
⇒岩世人 (マハーデーヴァ　前2-3世紀頃)
　学叢思 (ダイテン　大天＝Mahādeva　前300年後-?)

Mahaffy, *Sir* **John Pentland**〈19・20世紀〉
アイルランドの古典学者。
⇒岩世人 (マハフィ　1839.2.26–1919.4.30)

Mahaim, Ernest A.J.〈19・20世紀〉
ベルギーの公法・社会科学の教授。
⇒学叢思 (マハイム、エルネスト　1865–?)

Mahā Kassapa〈5世紀〉
インドの仏教徒。
⇒岩世人 (マハーカーシュヤパ)
　広辞7 (迦葉　かしょう)

Mahan, Alfred Thayer〈19・20世紀〉
アメリカの海軍軍人、歴史家。1886年海軍大学校学長。主著『ネルソン伝』(97) など。
⇒アメ新 (マハン　1840–1914)
　岩世人 (マハン　1840.9.27–1914.12.1)
　広辞7 (マハン　1840–1914)

Mahānāma〈5世紀〉
セイロンの歴史編纂者。ダートゥセーナ王の叔父。
⇒岩世人 (マハーナーマ)

*al-***Mahānī, Muḥammad b.'Īsā, Abū 'Abdullāh**〈9世紀〉
アラビアの天文学者、数学者。
⇒岩世人 (マーハーニー　?–874-884)

Mahāpajāpatī
釈迦の養母。生母摩耶夫人 (マヤブニン) の妹。夫人の死後シャカを養育。
⇒岩世人 (マハーパジャーパティー)
　広辞7 (憍曇弥　きょうどんみ)

Maharaja, Sutan Datuk (Maharadja, Soetan Datoek)〈19・20世紀〉
インドネシアの近代主義者。
⇒岩世人 (マハラジャ　1862.11.27–1921.6.28)

Mahāsena〈3・4世紀〉
セイロン (スリランカ) の王。在位276〜303。
⇒岩世人 (マハーセーナ　(在位) 276–306)

Maha Thammaracha III〈14世紀〉
タイ、スコータイ朝の王。
⇒世帝 (サイルータイ　(在位) 1368–1399)

Maha Thammaracha III〈14・15世紀〉
タイ、スコータイ朝の王。
⇒世帝 (マハータンマラーチャー3世　(在位) 1399?–1419)

Maha Thammaracha IV〈15世紀〉
タイ、スコータイ朝の王。
⇒世帝 (マハータンマラーチャー4世　(在位) 1419–1438)

Mahāvīra〈9世紀〉
インドの数学者。
⇒岩世人 (マハーヴィーラ)
　世数 (マハヴィラ　800頃–870頃)
　南ア新 (マハーヴィーラ　生没年不詳)

Mahāvīra, Vardhamana Nigantha Nataputta〈前5・4世紀〉
ジャイナ教の24代目で最初のチルターンカラ (予言者)。現在の形のジャイナ教の開祖。
⇒岩世人 (マハーヴィーラ)
　ネーム (マハービーラ)
　広辞7 (マハーヴィーラ　生没年不詳)
　学叢思 (ニガンター・ナータプッタ　尼乾子＝Nigantha Nātaputta)
　学叢思 (ヴァルダマーナ、マハーヴィラ　前550頃–前492)
　新カト (マハーヴィーラ　前444頃–前372頃)
　世人新 (ヴァルダマーナ (マハーヴィーラ)　前549頃–前477頃)
　世人装 (ヴァルダマーナ (マハーヴィーラ)　前549頃–前477頃)
　世史語 (ヴァルダマーナ (マハーヴィーラ)　前549頃–前477頃)
　ポプ人 (バルダマーナ　前549頃–前477頃)
　南ア新 (マハーヴィーラ)

Mahāyāna〈8世紀〉
中国の禅僧。8世紀末、チベットで活躍。
⇒岩世人 (マハーヤーナ)

Maḥbūba〈9世紀頃〉
アッバース朝の女性詩人、歌手。
⇒岩世人 (マフブーバ　9世紀頃)

*al-***Mahdī, Abū'Abdullāh Muḥammad**〈8世紀〉
アラビアのアッバース朝第3代のカリフ。在位775〜85。第2代マンスールの子。
⇒岩世人 (マフディー　744頃–785.8.4)
　世帝 (マフディー　744/745–785)

*al-***Mahdī al-Muntaẓar**〈9・10世紀〉
イスラームの十二イマーム・シーア派における最後の (第12代) イマーム。
⇒岩世人 (マフディー・ムンタザル　869–940?)

Mahdī Khān Astarābādī〈18世紀〉
イランの文人、官僚、歴史家。
⇒岩世人 (マフディー・ハーン・アスタラーバーディー　?–1759/1760)

Mahendravarman〈6・7世紀〉
カンボジア,古代王国チェンラ(真臘)の王。在位?～615頃。近隣諸国に侵攻して版図を拡大。
⇒岩世人(マヘーンドラヴァルマン)

Mahendravarman I〈7世紀〉
インド,パッラヴァ朝の王。在位600～30。
⇒岩世人(マヘーンドラ・ヴィクラマ・ヴァルマン(在位)571–630)
南ア新(マヘーンドラヴァルマン1世 ?–625)

Mahetā, Narsiṃh〈15世紀〉
インドの中世グジャラーティー語の宗教詩人。バクティ(熱烈信仰)時代を代表する詩人。
⇒岩世人(ナルスィンフ・メヘター 1414?–1481?)
南ア新(ナラシンハ・メヘター 1414?–1480?)

Mahinda〈前3世紀頃〉
インドのアショーカ王の子。セイロン島で仏教の布教に努めた。
⇒岩世人(マヒンダ)
学叢思(マヒンダ 摩哂陀＝Mahinda ?–前250頃)
南ア新(マヒンダ 生没年不詳)

Mahinthrathirat〈16世紀〉
タイ,アユタヤ朝の王。
⇒世帝(マヒンタラーティラート ?–1569)

Mahler, Gustav〈19・20世紀〉
オーストリアの作曲家,指揮者。交響曲『大地の歌』(08),歌曲『嘆きの歌』(80)など。
⇒岩世人(マーラー 1860.5.7–1911.5.18)
バレエ(マーラー,グスタフ 1860.7.7–1911.5.18)
オペラ(マーラー,グスタフ 1860–1911)
エデ(マーラー,グスタフ 1860.7.7–1911.5.18)
広辞7(マーラー 1860–1911)
学叢思(マーレル,グスタフ 1860–?)
実音人(マーラー,グスタフ 1860–1911)
新カト(マーラー 1860.7.7–1911.5.18)
世人新(マーラー 1860–1911)
世人装(マーラー 1860–1911)
ポプ人(マーラー 1860–1911)
ユ人(マーラー 1860–1911)
ユ著人(Mahler,Gustav マーラー,グスタフ 1860–1911)

Mahler-Werfel, Alma Maria〈19・20世紀〉
はじめマーラー,のちグロピウス,ヴェルフェルの妻。
⇒岩世人(マーラー＝ヴェルフェル 1879.8.31–1964.12.11)

Maḥmūd, Muḥammad〈19・20世紀〉
エジプトの政治家。
⇒岩世人(マフムード 1877–1941.2.1)

Maḥmūd I〈11世紀〉
セルジューク王朝の統治者。在位1092～1094。
⇒世帝(マフムード1世 1089–1094)

Maḥmūd II〈12世紀〉
セルジューク王朝の統治者。在位1118～1131。
⇒世帝(マフムード2世 12世紀)

Maḥmūd Gāwān, Malik al-Tujjār Khwāja〈15世紀〉
インドのバフマニー朝の宰相。
⇒岩世人(マフムード・ガーワーン 1411頃–1481.4.5)

Maḥmūd Ghaznawī〈10・11世紀〉
アフガニスタンのガズニー朝第7代の王。在位998～1030。
⇒岩世人(マフムード・ガズナヴィー 970.11.13–1030.3)
世人新(マフムード 970–1030)
世人装(マフムード 970–1030)
世史語(マフムード 970–1030)
ポプ人(マフムード 971–1030)
南ア新(マフムード 971–1030)

Maḥmūd Kāshgarī〈11世紀頃〉
ウイグル民族系王朝カラハンのトルコ人学者。著作『トルコ・アラビア語辞典』。
⇒岩世人(マフムード・カーシュガリー 1005–1102)
世人新(カシュガリー 生没年不詳)
世人装(カシュガリー 生没年不詳)

Mahmud Nedim Paşa〈19世紀〉
オスマン帝国の政治家。
⇒岩世人(マフムト・ネディーム・パシャ 1818–1883)

Mahmud Şevket Paşa〈19・20世紀〉
オスマン帝国末期の軍人,政治家。
⇒岩世人(マフムト・シェヴケト・パシャ 1856–1913.6.11)

Maḥmūd Shāh〈15世紀〉
インドのマールワー・ハルジー朝の創始者。在位1436～69。
⇒岩世人(マフムード・シャー 1404–1469.6.1)

Maḥmūd Shāh Begarhā〈15・16世紀〉
インドのアフマド・シャーヒー朝(グジャラート王国)第6代(別の数え方では第7代)の王。在位1458/59～1511。
⇒岩世人(マフムード・シャー・ベガラー(ベグラー)1445/1446–1511.11.23)

Mahmud Syah, Sultan〈15・16世紀〉
マレー半島西岸のマラッカ王国の最後の王。在位1488～1511。
⇒岩世人(マフムード・シャー (在位)1488–1511)
世帝(スルタン・マームド (在位)1488–1511)

Mahmud Syah, Sultan〈17世紀〉
マレー半島南端のジョホール王国の王。在位1685～99。

⇒岩世人（マフムード・シャー　1675頃–1699）

Mahmud Syah, Sultan〈19世紀〉
　インドネシア、アチェ戦争開戦時のスルタン。
　⇒岩世人（マフムード・シャー　?–1874.1）

Maḥmūd Yalawāč〈13世紀〉
　モンゴル帝国・元朝に仕えたムスリム。
　⇒岩世人（マフムト・ヤラワチ（マフムード・ヤラヴァー）　?–1262（中統3）?）

Maḥmut I〈17・18世紀〉
　オスマン・トルコ帝国の第24代スルタン。在位1730～54。
　⇒岩世人（マフムト1世　1696–1754.12.13）
　　世帝（マフムト1世　1696–1754）

Maḥmut II〈18・19世紀〉
　オスマン・トルコ帝国の第31代スルタン。在位1808～39。
　⇒岩世人（マフムト2世　1784.7.20–1839.7.1）
　　世人新（マフムト2世　1784–1839）
　　世人装（マフムト2世　1784–1839）
　　世史語（マフムト2世　1785–1839）
　　世帝（マフムト2世　1785–1839）
　　ポプ人（マフムト2世　1784–1839）

Mahsatī〈12世紀頃〉
　イランの女流詩人。
　⇒岩世人（マフサティー）

Mahu, Stephan〈15・16世紀〉
　フランドルorハンガリーの作曲家。
　⇒バロ（マフ、シュテファン　1480-1490頃–1541以降）

Mai, Angelo〈18・19世紀〉
　イタリアの古典学者。古写本の判読にすぐれた。
　⇒岩世人（マイ　1782.3.7–1854.9.8）
　　新カト（マイ　1782.3.7–1854.9.9）

Maiano, Benedetto de〈15世紀〉
　イタリアの彫刻家。兄は、建築家のジュリアーノ。
　⇒岩世人（マイアーノ　1442–1497.5.27）
　　芸13（マヤノ、ベネデットー・ダ　1442–1497）

Maichlbeck, Franz Anton〈18世紀〉
　ドイツの作曲家。
　⇒バロ（マイヒェルベック、フランツ・アントン　1702.7.6–1750.6.14）

al-Maidānī, Abū'l-Faḍl Aḥmad〈11・12世紀〉
　イラン系のアラビア言語学者。
　⇒岩世人（マイダーニー　?–1124.11.5）

Maier, Heinrich〈19・20世紀〉
　ドイツの哲学者。主著『心的に精神的な現実』(30)。
　⇒岩世人（マイアー　1867.2.5–1933.11.28）

Maigrot, Charles〈17・18世紀〉
　フランスの宣教師。中国に赴き、福建教皇代理となる(98)。のち追放され、帰国。
　⇒岩世人（メグロ　1652–1730）
　　新カト（メグロ　1652–1730.2.28）

Maikov, Apollon Nikolaevich〈19世紀〉
　ロシアの詩人。作品は『マーシェンカ』(46)など。
　⇒岩世人（マーイコフ　1821.5.23–1897.3.8）

Mailla, Joseph Anne Marie de Moyria de〈17・18世紀〉
　フランスのイエズス会士。澳門（マカオ）に来り(1703)、ついで広東に赴き、伝道に従事。
　⇒岩世人（マイア　1669.12.16–1748.6.28）
　　新カト（マイヤ　1669.12.16–1748.6.28）

Maillard, Guillaume〈19・20世紀〉
　フランスの政治家。
　⇒**19仏**（ギヨーム・マイヤール　1823.8.22–1906.1.17）

Maillard, Jean〈16世紀〉
　フランスの作曲家。
　⇒バロ（マイヤール、ジャン　1520頃?–1570頃）

Maillard, Pierre〈16・17世紀〉
　フランドルの作曲家。
　⇒バロ（マイヤール、ピエール　1550–1622.8.16）

Maillart, Robert〈19・20世紀〉
　スイスの建築技師。茸型円柱構造の創案者。主作品はタバナサ橋(05)など。
　⇒岩世人（マイヤール　1872.2.6–1940.4.5）

Maillart, Stanislas Marie〈18世紀〉
　フランスの革命家。バスティーユ襲撃(89.7)、五月事件(93)に関わる。
　⇒岩世人（マイヤール　1763.12.11–1794.4.15）

Maille〈16世紀〉
　フランスの作曲家。
　⇒バロ（マーユ,?　1520頃?–1570頃）

Maillol, Aristide〈19・20世紀〉
　フランスの彫刻家。主作品『欲望』(05～07)『イル・ド・フランス』(25)。
　⇒岩世人（マイヨール　1861.12.8–1944.9.27）
　　ネーム（マイヨール　1861–1944）
　　広辞7（マイヨール　1861–1944）
　　芸13（マイヨール、アリスティード　1861–1944）
　　ポプ人（マイヨール、アリスティード　1861–1944）

Maimbourg, Louis〈17世紀〉
　フランスの歴史家。主著『アリウス派の歴史』(73)。
　⇒新カト（メーンブール　1610.1.10–1686.8.13）

Maimon, Salomon〈18世紀〉
ドイツのユダヤ人哲学者。主著『先験哲学試論』(90),『自伝』(92)。
⇒岩世人（マイモン　1753/1754–1800.11.22）
　学叢思（マイモン, ザロモン　1754–1800）
　新カト（マイモン　1753頃–1800.11.22）
　メル2（マイモン, ザロモン　1753–1800）
　ユ人（マイモン, ソロモン　1753–1800）
　ユ著人（Maimon,Salomon　マイモン, ソロモン　1753?–1800）

Maimon (Fishman), Judah Leib〈19・20世紀〉
イスラエルの宗教政治家。
⇒ユ人（マイモン（フィッシュマン）, ユダ・レイブ　1875–1962）

Maimonides, Moses〈12・13世紀〉
ユダヤ人哲学者, 立法学者, 医者, ユダヤ教ラビ。
⇒岩世人（マイモニデス　1135–1204）
　広辞7（マイモニデス　1135–1204）
　学叢思（マイモニデス　1135–1204）
　新カト（マイモニデス　1135.3.30–1204.12.13）
　メル1（マイモニデス, モーセス　1135/1138?–1204）
　ユ人（マイモニデス（ラビ・モーゼス・ベンマイモン；ランバン）　1135–1204）
　ユ著人（Maimonides,Moses　マイモニデス, モーゼス　1135–1204）

Mainardi, Gaspare〈19世紀〉
イタリアの数学者。
⇒世数（マイナルディ, ガスパーレ　1800–1879）

Maindron, Ernest〈19・20世紀〉
フランスの美術家, 文筆家。
⇒19仏（エルネスト・マンドロン　1838.12.9–1908）

Maine, Sir Henry James Sumner〈19世紀〉
イギリスの法学者, 歴史学者。
⇒岩世人（メイン　1822.8.15–1888.2.3）
　広辞7（メーン　1822–1888）
　学叢思（メーン, サー・ヘンリー・ジェームズ・サムナー　1822–1888）

Maine de Biran〈18・19世紀〉
フランスの哲学者, 政治家。
⇒岩世人（メーヌ・ド・ビラン　1766.11.29–1824.7.20）
　広辞7（メーヌ・ド・ビラン　1766–1824）
　学叢思（メーヌ, ドゥ・ビラン　1766–?）
　新カト（メーヌ・ド・ビラン　1766.11.29–1824.7.20）
　メル2（メーヌ・ド・ビラン　1766–1824）

Mainerio, Giorgio〈16世紀〉
イタリアの作曲家。
⇒バロ（マイネリオ, ジョルジョ　1535頃–1582.5.3/4）

Mainländer, Philipp〈19世紀〉
ドイツの哲学者。
⇒岩世人（マインレンダー　1841.10.5–1876.4.1）

Maintenon, Françoise d'Aubigné de〈17・18世紀〉
フランスの文人, 教育家。1684年王と結婚。王や宮廷に影響を及ぼし, サンシールに学院設立。
⇒岩世人（マントノン　1635.11.27–1719.4.15）
　新カト（マントノン夫人　マントノンふじん　1635.11.27–1719.4.15）

Maiorescu, Titu Liviu〈19・20世紀〉
ルーマニアの文学者, 政治家。文学団体〈青年〉を主宰。
⇒岩世人（マヨレスク　1840.2.15–1917.6.18）

Maire, Maximiliaan Le〈17世紀〉
オランダの出島商館長, 台湾長官。
⇒岩世人（メール）

Mairet, Jean〈17世紀〉
フランスの劇作家。フランス古典劇の創始者。
⇒岩世人（メレ　1604.5.9–1686.1.31）

Maisonneuve, Paul de Chomedey de〈17世紀〉
フランスの貴族, カナダのモントリオールの創設者。
⇒新カト（メゾンヌーヴ　1612.2.15–1676.9.9）

Maistre, Joseph Marie, Comte de〈18・19世紀〉
フランスの政治家, 哲学者。
⇒岩世人（メーストル　1753.4.1–1821.2.26）
　学叢思（メーストル, ジョゼフ・マリー・ドゥ　1754–1821）
　新カト（メーストル　1753.4.1–1821.2.26）
　メル3（メーストル, ジョゼフ・ド　1753–1821）

Maistre, Xavier de〈18・19世紀〉
フランスの小説家。J.メーストルの弟。
⇒岩世人（メーストル　1763.11.8–1852.6.12）

Maitland, Frederic William〈19・20世紀〉
イギリスの法史学者, 歴史家。
⇒岩世人（メイトランド　1850.5.28–1906.12.19）
　新カト（メイトランド　1850.5.28–1906.12.19）
　20思（メイトランド, フレデリック・ウィリアム　1850–1906）

Maitland, Samuel Roffey〈18・19世紀〉
英国教会の聖職, 教会史家。
⇒新カト（メイトランド　1792.1.7–1866.1.19）

Maître, Claude Eugène〈19・20世紀〉
フランスの日本学者。ハノイのフランス遠東学院の院長（08〜20）。
⇒岩世人（メートル　1876.5.4–1925.8.3）

Maitreya〈3・4世紀〉
仏教の唯識説を説く唯識派の開祖。著書『瑜伽師地論』など。
⇒岩世人（マイトレーヤ）

Majlisī, Muḥammad Taqī〈16・17世紀〉
サファヴィー朝期の十二イマーム・シーア派の法学者。
⇒岩世人（マジュリスィー，ムハンマド・タキー 1594-1659/1660）

Majlisī, Mullā Muḥammad Bāqir〈17世紀〉
イランのイスラム教シーア派神学者。シーア派の大伝承など宗教書の作者。
⇒岩世人（マジュリスィー，ムハンマド・バーキル ?-1699/1700）

Majnūn〈7世紀〉
アラビアの伝説的ガザル詩人。恋人ライラに捧げた恋愛詩で有名。
⇒岩世人（マジュヌーン）

Majo, Gian Francesco di〈18世紀〉
イタリアの作曲家。
⇒バロ（マーヨ，ジャン・フランチェスコ・ディ 1732.3.24-1770.11.17）

Majo, Giuseppe di〈17・18世紀〉
イタリアの作曲家。
⇒バロ（マーヨ，ジュゼッペ・ディ 1697.12.5-1771.11.18）

Major, Georg〈16世紀〉
ドイツのルター派神学者。
⇒新カト（マヨール 1502.4.25-1574.11.28）

Majorianus, Julius Valerius〈5世紀〉
西ローマ皇帝。在位457～61。バンダル人と戦い敗れる。
⇒岩世人（マヨリアヌス ?-461）

al-Majrīṭī, Maslama ibn Aḥmad〈10・11世紀〉
アンダルスのアラブ科学者，錬金術師。
⇒岩世人（マジュリーティー，マスラマ ?-1007頃）

Makarios〈4世紀〉
エジプトの修道士，聖人。
⇒岩世人（マカリオス 300頃-390頃）
　新カト（マカリオス〔エジプトの〕 300頃-390頃）

Makarios〈4世紀〉
アンティオケイアの司祭。聖人。祝日12月20日ほか。
⇒新カト（マカリオスとエウゲニオス 4世紀）

Makarios〈8・9世紀〉
聖人，司祭。祝日4月1日。
⇒新カト（マカリオス〔ペレケテの〕 750頃-829以後）

Makarios I〈3・4世紀〉
エルサレムの司教。在職314～33。聖人。祝日3月10日。
⇒新カト（マカリオス1世〔エルサレムの〕 ?-333頃）

Makários (Alexándreia)〈4世紀〉
エジプトの禁欲主義的隠修士。
⇒新カト（マカリオス〔アレクサンドリアの〕 ?-394頃）

Makarios Chrysokephalos〈14世紀〉
ギリシア正教会の釈義家，小アジアのフィラデルフィアの府主教。在職1336～82。
⇒新カト（マカリオス・クリュソケファロス 1300頃-1382.8）

Makarios Magnes〈4・5世紀〉
キリスト教護教家。マグネシアの主教。
⇒新カト（マカリオス・マグネース 生没年不詳）

Makarov, Stepan Osipovich〈19・20世紀〉
ロシアの提督。
⇒岩世人（マカーロフ 1848.12.27-1904.3.31）
　ネーム（マカロフ 1849-1904）
　広辞7（マカロフ 1849-1904）

Makart, Hans〈19世紀〉
オーストリアの画家。1870年ウィーン・アカデミーの教授。主作品『アリアドネの勝利』(73)。
⇒岩世人（マカルト 1840.5.28-1884.10.3）
　芸13（マカルト，ハンス 1840-1884）

Makary〈18・19世紀〉
ロシア正教会の長老（克肖者）。
⇒岩世人（マカーリー〔オプチナ修道院の〕 1788.11.20-1860.9.7）

Makeblith〈13世紀〉
イギリスの作曲家。
⇒バロ（メイクブライト,? 1240頃?-1290頃?）

Makedonios〈4世紀〉
コンスタンティノポリスの司教。在職342頃～62頃。
⇒新カト（マケドニオス ?-362頃）

Makedonios II〈5・6世紀〉
コンスタンティノポリスの総主教。在職495～511。
⇒新カト（マケドニオス2世 ?-516.4.25）

Makemie, Francis〈17・18世紀〉
アメリカ長老派教会の祖とされる牧師。
⇒岩世人（マケミー 1658頃-1708）

Makhdum〈14世紀〉
フィリピン諸島南部のスールー諸島に到来した初期イスラーム伝道者。

⇒岩世人（マフドゥム）

Makhlūf, Šarbel〈19世紀〉
マロン教会の隠修士。聖人。祝日7月24日。レバノン北部ビカ・カフラの生まれ。
⇒新カト（マクルーフ　1828.5.8–1898.12.24）

al-Makīn ibnu'l-ʿAmīd〈13世紀〉
エジプトの歴史家。
⇒岩世人（マキーン　1205–1273）

Makkhali Gosāla
六師外道のひとり。アージーヴィカという古い一宗教に属す。
⇒岩世人（マッカリ・ゴーサーラ）

Makovskii, Vladimir Egorovich〈19・20世紀〉
ロシアの画家。風俗画家。
⇒岩世人（マコーフスキー　1846.1.26/2.7–1920.2.12）
芸13（マコフスキー，ウラディミール・エゴロヴィッチ　1846–1920）

Makowski, Jan〈16・17世紀〉
オランダの改革派の神学者。ポーランドのウォブジェニツァ出身。
⇒新カト（マコフスキー　1588–1644.6.24）

Makrōn〈前5世紀〉
ギリシアの初期赤像式陶器の画工。
⇒岩世人（マクロン　前5世紀初頭）

Maksim〈15・16世紀〉
ロシアの神学者。
⇒岩世人（マクシーム・グレーク　1470頃–1556.1.21）

Maksimov, Nikolai Aleksandrovich〈19・20世紀〉
ソ連邦の植物生理学者。
⇒岩世人（マクシーモフ　1880.3.9/21–1952.5.9）

Maksimovich, Karl Ivanovich〈19世紀〉
ロシアの植物学者。東アジア各地の植物を探査し(53,59)日本にも滞在した(60〜62)。
⇒岩世人（マクシモーヴィチ　1827.11.11–1891.2.4）
広辞7（マキシモウィッチ　1827–1891）

Malachias〈前5世紀〉
小預言者（旧約）。
⇒岩世人（マラキ）
聖書（マラキ）

Malachy, St〈11・12世紀〉
アイルランドの聖職者。アーマー大司教(1132〜6)。
⇒新カト（マラキアス〔アーマーの〕　1094頃–1148.11.2）

Malalās, Iōannēs〈5・6世紀〉
ビザンチンの歴史家。『年代記』はビザンチン的年代記の最初の作品。
⇒岩世人（マララス　490頃–570年代）

Malamir〈9世紀〉
中世ブルガリアの統治者。在位831〜836。
⇒世帝（マラミル　?–836）

Malan, Daniel François〈19・20世紀〉
南アフリカ連邦の政治家。
⇒岩世人（マラン　1874.5.22–1959.2.7）

Malatesta, Enrico〈19・20世紀〉
イタリアの無政府主義者。1914年6月「赤色週間」に北イタリアのゼネストを指導。
⇒岩世人（マラテスタ　1853.12.14–1932.7.22）

Malatesta, Paolo〈13世紀〉
イタリアの貴族。
⇒岩世人（マラテスタ　1246頃–1283/1284）

Mālavīya, Paṇḍit Madan Mōhan〈19・20世紀〉
インドの政治家，教育家。ベナレス・ヒンドゥー大学を設立して総長となる(19〜)。
⇒岩世人（マーラヴィーヤ　1861.12.25–1946.11.12）

Malbecque, Guillaume Mediatoris de〈15世紀〉
フランドルの作曲家。
⇒バロ（マルベック, ギヨーム・メディアトリス・ド　1400頃–1465.8.29）

Malchinger〈15・16世紀〉
ドイツの作曲家。
⇒バロ（マルヒンガー, ?　1470頃?–1520頃?）

Malchos〈3世紀〉
聖人，古代パレスチナの殉教者。祝日3月28日。
⇒新カト（プリスコス，マルコスとアレクサンドロス　?–257/258）

Malchos〈6世紀〉
ビザンツ帝国の歴史家。
⇒岩世人（マルコス）

Malchus, Karl August von〈18・19世紀〉
ドイツの経済学者。
⇒学叢思（マルフース，カール・アウグスト　1770–1840）

Malcolm, Howard〈18・19世紀〉
アメリカの宣教師。
⇒アア歴（Malcolm,Howard　ハワード・マルカム　1799.1.19–1879.3.25）

Malcolm, *Sir* John〈18・19世紀〉
イギリスのインド行政官。駐ペルシア全権大使(1799〜1801,07,10)。

⇒岩世人（マルカム　1769.5.2–1833.5.30）

Malcolm I〈10世紀〉
スコットランド王。在位943～54。
⇒世帝（マルカム1世　?–954）

Malcolm II〈10・11世紀〉
スコット人の王ケネス・マカルビンの直系のスコットランド王。在位1005～34。
⇒世帝（マルカム2世　954–1034）

Malcolm III〈11世紀〉
スコットランド王。マルカム2世の孫ダンカン1世の子。マクベスを倒して即位。在位1058～93。
⇒岩世人（マルカム3世　?–1093.11.13）
　世帝（マルカム3世　1031–1093）

Malcolm IV〈12世紀〉
スコットランド王。在位1153～65。マルカム3世の子であるデービッド1世の孫。
⇒世帝（マルカム4世　1142–1165）

Malczewski, Antoni〈18・19世紀〉
ポーランドの詩人。叙事詩的抒情詩 "Marya"（1825）の作者。
⇒岩世人（マルチェフスキ　1793.6.3–1826.5.2）

Malczewski, Jacek〈19・20世紀〉
ポーランドの画家。
⇒岩世人（マルチェフスキ　1854.7.15–1929.10.8）

Maldonado, Juan de〈16世紀〉
スペインの聖書釈義家、神学者、イエズス会員。
⇒新カト（マルドナド　1533/1536–1583.1.5）

Mâle, Émile〈19・20世紀〉
フランスの美術史家。1925年ローマ・アカデミー校長、27年アカデミー会員。
⇒岩世人（マール　1862.6.2–1954.10.6）
　広辞7（マール　1862–1954）
　新カト（マール　1862.6.2–1954.10.6）

Malebranche, Nicolas de〈17・18世紀〉
フランスの哲学者。1699年科学アカデミー会員。機会原因論の確立者。主著『真理の探究』（74–8）。
⇒岩世人（マルブランシュ　1638.8.6–1715.10.13）
　ネーム（マールブランシュ　1638–1715）
　広辞7（マルブランシュ　1638–1715）
　学叢思（マールブランシュ,ニコール　1638–1715）
　新カト（マルブランシュ　1638.8.6–1715.10.13）
　メル2（マルブランシュ,ニコラ　1638–1715）

Malesherbes, Chrétien Guillaume de Lamoignon de〈18世紀〉
フランスの政治家。1744年パリ高等法院評定官、50年租税院長、書籍出版販売取締官。
⇒岩世人（マルゼルブ　1721.12.6–1794.4.24）

Malet, Claude-François de〈18・19世紀〉
フランスの軍人。1812年ナポレオン失脚の陰謀を試みて失敗、銃殺刑。
⇒岩世人（マレ　1754.6.28–1812.10.29）

Maletty, Jean de〈16世紀〉
フランスの音楽教師。
⇒バロ（マレティ,ジャン・ド　1130頃?–1583以降）

Malevich, Kazimir Severinovich〈19・20世紀〉
ソ連の画家。1913年幾何学的抽象絵画運動シュプレマティズムを提唱。
⇒岩世人（マレーヴィチ　1878.2.11/23–1935.5.15）
　ネーム（マレーヴィチ　1878–1935）
　広辞7（マレーヴィチ　1878–1935）
　芸13（マレーヴィチ,カシミル　1878–1935）
　ポブ人（マレービチ,カジミール　1878–1935）

Malevsky-Malevich, Nikolai Andreevich〈19・20世紀〉
ロシアの外交官。
⇒岩世人（マレーフスキー＝マレーヴィチ　1855–?）

Malfatti, Gian Francesco〈18・19世紀〉
イタリアの数学者。
⇒世数（マルファッチ,ジアン・フランチェスコ　1731–1807）

Malgaigne, Joseph François〈19世紀〉
フランスの外科医。科学の歴史家、批評家としても知られる。
⇒岩世人（マルゲーニュ　1806.2.14–1865.10.17）

Malherbe, François de〈16・17世紀〉
フランスの詩人。『令嬢の死をいたんでデュ・ペリエ氏を慰める詩』（1600）。
⇒岩世人（マレルブ　1555–1628.10.16）
　広辞7（マレルブ　1555–1628）

Malibran, Marie〈19世紀〉
フランス（スペイン生れ）のアルト歌劇歌手。
⇒岩世人（マリブラン　1808.3.24–1836.9.23）
　オペラ（マリブラン,マリア・フェリシタ　1808–1836）

Malik al-Salih, Sultan〈13世紀〉
インドネシア、スマトラ島北部のサムドゥラ・パサイ王国の創始者。
⇒岩世人（マリク・アル・サリフ　?–1297）

Malik al-Zahir (az-Zahir), Sultan〈14世紀〉
インドネシア、スマトラ島北部のサムドゥラ・パサイ王国の王。
⇒岩世人（マリク・アル・ザヒル　?–1350頃）

Malik 'Ambar〈16・17世紀〉
インドのニザーム・シャーヒー朝（アフマドナガル王国）の政治家、武将。
⇒岩世人（マリク・アンバル　1548頃–1626）

Mālik bn Anas al-Iṣbaḥī〈8世紀〉
イスラムの法学者。マーリキー派の創始者。主著『踏みならされた道』。
⇒岩世人（マーリク・イブン・アナス　708/716–795）
広辞7（マーリク　708/716–795）
新カト（マーリク・イブン・アナス　716頃–795）

Malik Ḥasan Baḥrī, Niẓām al-Mulk Malik Nā'ib〈15世紀〉
インドのデカンのバフマニー朝の宰相。
⇒岩世人（マリク・ハサン・バフリー　?–1486）

Malik Shāh, Jalālu'd-Dīn Abū'l-Fath〈11世紀〉
セルジューク帝国第3代のスルタン。在位1072/3～92。
⇒岩世人（マリク・シャー　1053頃–1092.11.19）
世人新（マリク＝シャー　1055–1092）
世人装（マリク＝シャー　1055–1092）
世帝（マリク・シャー1世　1054/1055–1092）

Malikshāh II〈12世紀〉
セルジューク王朝の統治者。在位1104～1105。
⇒世帝（マリク・シャー2世　?–1105）

Malin, Nicolas〈14・15世紀〉
フランスの作曲家。
⇒バロ（マラン, ニコラ　1370頃?–1418頃）

Malinovskiy, Roman Vatslavovich〈19・20世紀〉
帝政ロシアの秘密工作員。
⇒スパイ（マリノフスキー, ローマン　1876–1918）

Malintzin〈16世紀〉
メキシコ, アステカ族のインディアンの女性。コルテスのメキシコ征服の際の通訳。
⇒ラテ新（マリンチェ　?–1527）

Malkom Khān〈19・20世紀〉
イランの革新論者。イランの駐イギリス大使に就任（72～89）。
⇒岩世人（マルコム・ハーン　1833頃–1908）

Malla, Sthiti〈14世紀〉
ネパールの国王。
⇒岩世人（マッラ　?–1395）

Malladra, Alessandro〈19・20世紀〉
イタリアの火山学者。
⇒岩世人（マラドラ〔マッラードラ〕　1868.4.10–1944.7.10）

Mallapert, Robin〈16世紀〉
フランスの作曲家。
⇒バロ（マラベール, ロバン　1500頃?–1553.8?）

Mallarmé, Stéphane〈19世紀〉
フランスの詩人。象徴主義の代表的詩人で, 文学言語の観念に大きな変化を及ぼした。
⇒岩世人（マラルメ　1842.3.18–1898.9.9）
19仏（ステファヌ・マラルメ　1842.3.18–1898.9.9）
ネーム（マラルメ　1842–1898）
広辞7（マラルメ　1842–1898）
学叢思（マラルメ, ステファーヌ　1842–1898）
新カト（マラルメ　1842.3.18–1898.9.9）
世人新（マラルメ　1842–1898）
世人装（マラルメ　1842–1898）
ポプ人（マラルメ, ステファヌ　1842–1898）

Malleson, George Bruce〈19世紀〉
イギリスの軍人, インド近世史家。英領インド成立の歴史に関する著作を書いた。
⇒岩世人（マレソン　1825.5.8–1898.3.1）

Mallet du Pan, Jacques〈18世紀〉
フランスのジャーナリスト。
⇒岩世人（マレ・デュ・パン　1749.11.5–1800.5.10）

Mallinckrodt, Pauline von〈19世紀〉
ドイツのキリスト教愛徳修道女会創立者。
⇒新カト（マリンクロット　1817.6.3–1881.4.30）

Mally, Ernst〈19・20世紀〉
オーストリアの哲学者, 論理学者。マイノングの弟子。
⇒岩世人（マリ　1879.10.11–1944.3.8）

Malon, Benoit〈19世紀〉
フランスの著述家, 社会主義者。
⇒学叢思（マロン, ベノア　1841–1893）

Malón de Chaide, Fray Pedro〈16世紀〉
スペインの著述家, 神父。修道会アウグスティノ会士で説教者。『聖女マグダレナの回心』を著した。
⇒新カト（マロン・デ・チャイデ　1530頃–1589）

Maloney, William Alphonse〈19・20世紀〉
アメリカの大リーグ選手（外野, 捕手）。
⇒メジャ（ビリー・マローニー　1878.6.5–1960.9.2）

Malong, Andres〈17世紀〉
フィリピンの反乱指導者。
⇒岩世人（マロン　1620頃–1661）

Malory, Sir Thomas〈15世紀〉
イギリスの小説家, 騎士。15世紀最大の散文家, アーサー王伝説の集大成『アーサーの死』(85)の作者。
⇒岩世人（マロリー　?–1471.3.14）
広辞7（マロリー　?–1471）
新カト（マロリ　1416頃–1471.3.14）

Malot, Hector Henri〈19・20世紀〉
フランスの小説家, 評論家。主著『家なき子』(78)。
⇒岩世人（マロ　1830.5.20–1907.7.17）

19仏（エクトル・マロ　1830.5.20–1907.7.17）
広世7（マロ　1830–1907）
ポプ人（マロ, エクトール　1830–1907）

Malouet, Pierre Victor, Baron〈18・19世紀〉
フランスの政治家。ギアナ植民地を経営（76～79）。
⇒岩世人（マルーエ　1740.2.11–1814.9.7）

Malov, Sergei Efimovich〈19・20世紀〉
ソ連の東洋学者。『ウイグル＝ロシア語辞典』(39) を編纂。
⇒岩世人（マローフ　1880.1.4/16–1957.9.6）

Malpighi, Marcello〈17世紀〉
イタリアの生理学者, 顕微解剖学の創始者。1661年毛細血管内の血行を発見, 血液循環論を完成。
⇒岩世人（マルピーギ　1628.3.10–1694.11.29）
ネーム（マルピーギ　1628–1694）
広世7（マルピーギ　1628–1694）
ポプ人（マルピーギ, マルチェロ　1628–1694）

Malte-Brun, Cunrad〈18・19世紀〉
デンマークの地理学者。主著『世界地理概説』(10～29)。
⇒岩世人（マルトブラン　1775.8.12–1826.12.14）

Malthus, Thomas Robert〈18・19世紀〉
イギリスの経済学者。主著『人口論』(98) を執筆。1805年東インド大学歴史学, 経済学教授に就任。
⇒岩世人（マルサス　1766.2.13–1834.12.29）
ネーム（マルサス　1766–1834）
広世7（マルサス　1766–1834）
学叢思（マルサス, トマス・ロバート　1766–?）
新カト（マルサス　1766.2.14–1834.12.29）
世人新（マルサス　1766–1834）
世人装（マルサス　1766–1834）
世史語（マルサス　1766–1834）
ポプ人（マルサス, トーマス　1766–1834）
メル3（マルサス, トマス＝ロバート　1766–1834）

Maltzan, Heinrich von〈19世紀〉
ドイツの探検家。地中海沿岸諸国 (1852～), エチオピア (57～58), 南アラビア等を探検。
⇒岩世人（マルツァーン　1826.9.6–1874.2.22）

Malus, Etienne Louis〈18・19世紀〉
フランスの物理学者。おもに光学を研究。
⇒岩世人（マリュス　1775.6.23–1812.2.23）

Malvar, Miguel〈19・20世紀〉
フィリピン革命の軍事的指導者。
⇒岩世人（マルバール　1865.9.27–1911.10.13）

Malvezzi, Alberigo〈16・17世紀〉
イタリアの作曲家。
⇒バロ（マルヴェッツィ, アルベリーゴ　1550頃–1615.12.29）

Malvezzi, Cristofano〈16世紀〉
イタリアのオルガン奏者, 作曲家。
⇒バロ（マルヴェッツィ, クリストファーノ　1547.6.28–1599.1.22）

Malvy, Louis Jean〈19・20世紀〉
フランスの政治家。急進社会党に属し, ブリアン内閣の内相（同～17）時に辞職。
⇒岩世人（マルヴィ　1875.12.1–1949.6.9）

Mamachi, Tommaso Maria〈18世紀〉
ギリシア出身のドミニコ会会員, 神学者, 歴史家。
⇒新カト（ママキ　1713.12.3–1792.6.5）

Mameli, Goffredo〈19世紀〉
イタリアの詩人, 愛国者。詩『イタリアの兄弟たち』(47) は1946年イタリア共和国の国歌に採用。
⇒岩世人（マメーリ　1827.9.5–1849.7.6）

Mamertus〈5世紀〉
ヴィエンヌの司教。聖人。祝日5月11日。
⇒新カト（マメルトゥス〔ヴィエンヌの〕　5世紀）

Mamiani della Rovere, Terenzio〈18・19世紀〉
イタリアの哲学者, 政治家。伯爵。自由解放運動家。
⇒岩世人（マミアーニ　1799.9.19–1885.5.21）

Mamin-Sibiriak, Dmitrii Narkisovich〈19・20世紀〉
ロシアの小説家。『プリワーロフの巨富』(83), 『ウラル物語』(88～9) は代表作。
⇒岩世人（マーミン＝シビリャーク　1852.10.25–1912.11.2）

Mammas
聖人, 殉教者。祝日8月17日。カッパドキアのカイサレイアの貧しい羊飼い。
⇒新カト（マンマス　生没年不詳）

Mammaṭa〈11世紀〉
インドの詩論家。著書『カービヤプラカーシャ（詩の輝き）』は, 作詩法を概説したもの。
⇒岩世人（マンマタ）

Mamontov, Savva Ivanovich〈19・20世紀〉
鉄道と工業で財を成したモスクワの富豪。
⇒岩世人（マーモントフ　1841.10.3/15–1918.4.6）

al-Ma'mūn, Abū Ja'far 'Abd Allāh b.Hārūn al-Rashīd〈8・9世紀〉
イスラム, アッバース朝第7代カリフ。在位813～33。
⇒岩世人（マアムーン　786.9–833.8）
新カト（マアムーン　786.9–833.8）
世史語（マームーン　786–833）
世帝（マームーン　786–833）
ポプ人（マームーン　786–833）

Manaēm〈前8世紀〉
イスラエル王国の最後から4番目の王。在位前745〜前738。ガデの子（旧約）。
⇒世帝（メナヘム　?-前738?）

Manalt, Francisco〈18世紀〉
スペインの作曲家。
⇒バロ（マナルト，フランシスコ　1710-1715頃-1759.1.16）

Mañanet y Vives, José〈19・20世紀〉
スペインの司祭，修道会創立者。聖人。祝日12月17日。
⇒新カト（ホセ・マニャネト・イ・ビベス　1833.1.7-1901.12.17）

Māna Singha〈16・17世紀〉
インドのアンベール王。
⇒岩世人（マーン・スィング　1535頃-1614）

Manasseh〈前7世紀〉
ヘブライ諸王国の統治者。
⇒聖書（マナセ）
世帝（マナセ　前709?-前642?）

Manasseh ben-Israel〈17世紀〉
アムステルダムのラビ。
⇒ユ人（マナセ，ベンイスラエル　1604-1667）

Manasseh ben-Joseph of Ilya〈18・19世紀〉
リトアニアの非正統派タルムード研究者。
⇒ユ人（マナセ（ポラット），イリヤのベンヨセフ　1767-1831）

Manawydan
中世ウェールズの神話物語の主人公。
⇒ネーム（マナウィダン）

Mancel, J.-A.〈19世紀〉
フランスのジャーナリスト。
⇒19仏（J.＝A.・マンセル　1831-?）

Manchester, Edward Montagu, 2nd Earl of〈17世紀〉
イギリスの政治家，軍人。マーストン・ムアの戦(44)に最高指揮官となった。
⇒岩世人（マンチェスター　1602-1671.5.7）

Manchicourt, Pierre de〈16世紀〉
フランドル楽派の作曲家。フェリペ2世のフランドル楽団の楽長。
⇒バロ（マンシクール，ピエール・ド　1510頃-1564.10.5）

Mancia, Luigi〈17・18世紀〉
イタリアの作曲家。
⇒バロ（マンチャ，ルイージ　1660頃?-1708以降）

Mancini, Curzio〈16・17世紀〉
イタリアの作曲家。
⇒バロ（マンチーニ，クルツィオ　1550-1553-1608以降）

Mancini, Francesco〈17・18世紀〉
イタリアの作曲家，オルガン奏者。
⇒バロ（マンチーニ，フランチェスコ　1672.1.16-1737.9.22）

Mancini, Giovanni Battista〈18世紀〉
イタリアのカストラート歌手，音楽教師。
⇒オペラ（マンチーニ，ジョヴァンニ・バッティスタ　1714-1800）

Mancini, Pasqualslanislao〈19世紀〉
イタリアの法学者，政治家。
⇒学叢思（マンチニー，パスカルスラニスラオ　1817-1888）

Mancinus, Thomas〈16・17世紀〉
ドイツの作曲家。
⇒バロ（マンツィヌス，トーマス　1550-1611/1612）

Mancio de Santa Cruz〈17世紀〉
日本人ドミニコ会助修士，日本205福者の一人。
⇒新カト（マンシオ・デ・サンタ・クルス　?-1627.7.29）

Manco Capac〈12世紀頃〉
インカ帝国の第1代皇帝。1200年頃に在位。インカ帝国を創始したといわれる。
⇒ネーム（マンコ・カパック）

Manco Inca〈16世紀〉
インカ帝国の統治者。在位1533〜1545。
⇒岩世人（マンコ・インカ　1516?-1544）

Mandane
メディア王国最後の王アステュアゲスの娘。
⇒岩世人（マンダネー）

Mande, Hendrik〈14・15世紀〉
オランダの神秘家。
⇒新カト（マンデ　1360頃-1431）

Mandelkern, Solomon〈19・20世紀〉
ロシアの聖書学者。
⇒ユ人（マンデルカーン，ソロモン　1846-1902）

Mandello, Julius George〈19・20世紀〉
ハンガリーの経済学者。
⇒学叢思（マンデロ，ユリウス・ゲオルゲ　1868-?）

Mandelstamm, Max Emmanuel〈19・20世紀〉
ロシアのシオニストで自治主義者。
⇒ユ人（マンデルシュタム，マックス・エマニュエル　1839-1912）

Mander, Karel van〈16・17世紀〉
オランダの画家，詩人，美術史家。美術アカデミーを創立，著作に『画家評伝』(04)。
⇒岩世人（ファン・マンデル　1548-1606.9.11）

芸13（マンデル，カレル・ヴァン　1548-1606）

Mandeville, Bernard de〈17・18世紀〉
イギリスで活躍したオランダの医者，啓蒙思想家。著作『蜂の寓話』。
⇒岩世人（マンデヴィル　1670頃-1733.1.21）
ネーム（マンデヴィル　1670-1733）
広辞7（マンデヴィル　1670-1733）
学叢思（マンデヴィル，バーナード・デ　1670-1733）
新カト（マンデヴィル　1670-1733.1.21）
メル2（マンデヴィル，バーナード・ド　1670?-1737）

Mandeville, *Sir* John〈14世紀〉
イギリスの医師，旅行家。『マンデビル旅行記』は偽りの旅行記。
⇒岩世人（マンデヴィル　1300頃-1357以後）
新カト（マンデヴィル　生没年不詳）

Mandonnet, Pierre〈19・20世紀〉
フランスの中世思想史家，ドミニコ会士。
⇒新カト（マンドネ　1858.2.26-1936.1.4）

Mandrin, Louis〈18世紀〉
フランスの義賊。
⇒岩世人（マンドラン　1725-1755.5.26）

Manduul Khan〈15世紀〉
北元の皇帝。
⇒世帝（マンドールン・ハーン　（在位）1475-1479）

Manelli, Francesco〈16・17世紀〉
イタリアの作曲家。
⇒バロ（マネッリ，フランチェスコ　1594.9.13以降-1667.7）

Mánes, Josef〈19世紀〉
チェコの画家。
⇒岩世人（マーネス　1820.5.12-1871.12.9）

Manet, Édouard〈19世紀〉
フランスの画家。主作品『草上の食事』(62~3)，『オランピア』(63)。
⇒岩世人（マネ　1832.1.23-1883.4.30）
広辞7（マネ　1832-1883）
学叢思（マネー，エドゥアール　1833-1883）
芸13（マネ，エドゥアール　1832-1883）
世人新（マネ　1832-1883）
世人装（マネ　1832-1883）
世史語（マネ　1832-1883）
ポプ人（マネ，エドワール　1832-1883）

Manetho〈前3世紀頃〉
古代エジプト，ヘリオポリスの神官，歴史家。ギリシア語で『エジプト誌』を著す。
⇒岩世人（マネトン　（活動）前280頃）

Manfred〈13世紀〉
シチリア王。在位1258~66。1260年モンタペルティの戦いで教皇派に大勝。
⇒岩世人（マンフレーディ　1232-1266.2.26）

Manfredini, Francesco〈17・18世紀〉
イタリアの作曲家。6曲のオラトリオのほか，協奏曲などがある。
⇒バロ（マンフレディーニ，フランチェスコ・マリア・オノフリオ　1684.6.22-1762.10.6）

Manfredini, Giovanni Vincenzo〈18世紀〉
イタリアの作曲家。
⇒バロ（マンフレディーニ，ジョヴァンニ・ヴィンチェンツォ　1737.10.22-1799.8.16）

Mangean, Etienne〈18世紀〉
フランスの作曲家。
⇒バロ（マンジャン，エティエンヌ　1710頃?-1756頃）

Mangenot, Joseph-Eugène〈19・20世紀〉
フランスの聖書学者，神学者，司祭。
⇒新カト（マンジュノ　1856.8.20-1922.3.19）

Mangγala〈13世紀〉
モンゴル帝国の皇子。
⇒岩世人（マンガラ　?-1278（世祖至元15.11））

Manggūltai〈16・17世紀〉
中国，清初期の皇族。太祖ヌルハチの第5子。のちの太宗らとともに国家創業に尽力。
⇒岩世人（マングルタイ　1587（万暦15）-1632（天聡6））

Mangin, Charles Marie Emmanuel〈19・20世紀〉
フランスの軍人。ライン軍司令官(19)。最高軍事参議官(21)。
⇒岩世人（マンジャン　1866.7.6-1925.5.12）

Mangin, Léon-Ignace〈19世紀〉
フランスの聖人，殉教者，イエズス会員，中国宣教師。祝日7月9日および7月20日。
⇒新カト（レオン・イニャス・マンジャン　1857.7.30-1900.7.20）

Mangkunegoro I〈18世紀〉
インドネシア，ジャワのマンクヌゴロ侯国の始祖。在位1757~95。
⇒岩世人（マンクヌゴロ1世　1725.4.7-1795.12.28）

Mangkunegoro IV〈19世紀〉
インドネシア，ジャワのマンクヌゴロ侯国の第4代の王。在位1853~81。
⇒岩世人（マンクヌゴロ4世　1811-1881.9.2）

Mangkuwijoyo〈19世紀〉
インドネシア，ジャワの小反乱の指導者。
⇒岩世人（マンクウィジョヨ）

Mangoldt, Hans Karl Emil von〈19世紀〉
ドイツの経済学者。

⇒学叢思（マンゴルト，ハンス・カール・エミール・フォン　1824-1868）

Mangrai〈13・14世紀〉
タイのラーンナータイ国の王。
⇒岩世人（マンラーイ　1239-1311）

Manguin, Henri Charles〈19・20世紀〉
フランスの画家。主作品『傘をもつ女』(06)。
⇒芸13（マンギュアン，アンリ・シャルル　1874-1950）

Mānī〈3世紀〉
ペルシアの宗教家，マニ教の創始者。
⇒岩世人（マーニー　216.4.16-277.2.26）
　新カト（マニ　216-276）
　世人新（マニ　216頃-276/277）
　世人装（マニ　216頃-276/277）
　世史語（マニ）
　ポプ人（マニ　216?-274?）

Maniach〈6世紀〉
ソグド人の使節長。
⇒岩世人（マニアク）

Manier, Joseph〈19世紀〉
フランスの政治家。
⇒19仏（ジョゼフ・マニエ　1822.10.12-?）

Manigk, Alfred〈19・20世紀〉
ドイツの法学者。民法および商法の研究者。
⇒岩世人（マニーク　1873.9.10-1942.8.31）

Māṇikka-vācakar〈9世紀頃〉
インドの宗教詩人。
⇒岩世人（マーニッカ・ヴァーサガル）
　南ア新（マーニッカヴァーサガル）

Manilius, Marcus〈前1・後1世紀〉
ローマの詩人。『天文』を残す。
⇒岩世人（マニリウス）

Manin, Daniele〈19世紀〉
イタリア，ベネチアの愛国的政治家。イタリア国民協会を設立。
⇒岩世人（マニン　1804.5.13-1857.9.22）

Maništusu〈前23世紀〉
バビロニアのアッカド王朝の王。在位前2346～31。
⇒岩世人（マニシュトゥシュ　（在位）前2269-前2255）

Maniu, Iuliu〈19・20世紀〉
ルーマニアの政治家。首相を務めた（28～30,31～32）。
⇒岩世人（マニウ　1873.1.8-1953.2.5）

Manjusri
大乗仏教における菩薩の一つ。釈尊の入滅後に生れた人物と伝えられ，般若波羅蜜を説き，『般若経』を編集。

⇒岩世人（マンジュシュリー）

Mankah〈8世紀頃〉
インドの医者。
⇒岩世人（マンカ）

Manlius Capitolinus, Marcus〈前5・4世紀〉
ローマの政治家，軍人。
⇒岩世人（マンリウス・カピトリヌス　?-前384）

Manlius Torquatus, Titus〈前3世紀〉
ローマの政治家。統領としてサルデーニャに勤務。
⇒岩世人（マンリウス・トルクァトゥス）

Manly, Charles Matthews〈19・20世紀〉
アメリカの機械技術者。5気筒星型50馬力の内燃機関を製作(1898)。
⇒岩世人（マンリー　1876.4.24-1927.10.16）

Mann, Heinrich〈19・20世紀〉
ドイツの小説家，評論家。T.マンの兄。
⇒岩世人（マン　1871.3.27-1950.3.12）
　広辞7（マン　1871-1950）
　学叢思（マン，ハインリヒ　1871-?）

Mann, Horace〈18・19世紀〉
アメリカの教育家。
⇒アメ新（1796-1859）
　岩世人（マン　1796.5.4-1859.8.2）

Mann, Thomas〈19・20世紀〉
イギリスの労働運動指導者。
⇒岩世人（マン　1856.4.15-1941.3.13）
　学叢思（マン，トム　1856-?）

Mann, Thomas〈19・20世紀〉
ドイツの小説家，評論家。H.マンの弟。
⇒岩世人（マン　1875.6.6-1955.8.12）
　広辞7（マン　1875-1955）
　学叢思（マン，トーマス　1875-?）
　新カト（マン　1875.6.6-1955.8.12）
　世人新（マン〈トマス；ドイツ〉　1875-1955）
　世人装（マン〈トマス；ドイツ〉　1875-1955）
　世史語（トーマス＝マン　1875-1955）
　世史語（トーマス＝マン　1875-1955）
　ポプ人（マン，トーマス　1875-1955）

Manna, Gennaro〈18世紀〉
イタリアの作曲家。
⇒バロ（マンナ，ジェンナーロ　1715.12.12-1779.12.28）

Manna, Paolo〈19・20世紀〉
ミャンマーで活躍したミラノ外国宣教会の宣教師，宣教後援司祭団の創立者。
⇒新カト（マンナ　1872.1.16-1952.9.15）

Mannelli, Carlo〈17世紀〉
イタリアの作曲家。

⇒バロ（マンネッリ, カルロ　1640.11.4–1697.1.6）

Mannerheim, Carl Gustaf Emil, Baron〈19・20世紀〉
フィンランドの軍人, 政治家。1942年元帥称号授与, 44～6年共和国大統領。
⇒岩世人（マンネルヘイム　1867.6.4–1951.1.27）
ネーム（マンネルハイム　1867–1951）

Manninen, Otto〈19・20世紀〉
フィンランドの詩人。詩集『詩句』（1905～10）などの新ロマン主義の作品がある。
⇒岩世人（マンニネン　1872.8.13–1950.4.6）

Manning, Henry Edward〈19世紀〉
イギリスの枢機卿。ウェストミンスター大司教。1889年港湾労働者のストライキ調停。
⇒岩世人（マニング　1808.7.15–1892.1.14）
学叢思（マンニング, ヘンリー・エドワード　1808–1892）
新カト（マニング　1808.7.15–1892.1.14）

Mannix, Daniel〈19・20世紀〉
アイルランド出身のオーストラリア大司教。
⇒オセ新（マニックス　1864–1963）

Mannlicher, Ferdinand von〈19・20世紀〉
オーストリアの造兵技術者。
⇒岩世人（マンリヒャー　1848.1.30–1904.1.20）

Mannucci, Piero〈16世紀〉
イタリアの作曲家。
⇒バロ（マヌッチ, ピエロ　1510頃?–1560頃?）

Mannyng, Robert〈13・14世紀〉
イギリスの年代記作者。
⇒岩世人（マニング　1264頃–1338）

Manōhar〈16・17世紀〉
ムガル朝インドの画家。
⇒岩世人（マノーハル）

Manouvrier, Léonce Pierre〈19・20世紀〉
フランスの医学者, 人類学者。1887年パリの人類学院教授。
⇒岩世人（マヌヴリエ　1850.6.20–1927.6.18）

Manqu Inka Yupanki〈16世紀〉
インカ帝国の皇帝。
⇒世帝（マンコ・ユパンキ　1516–1544）

Manrique, Gómez〈15世紀〉
スペインの詩人, 劇作家。軍人, 政治家, 外交官としても活躍。主著『歌集』。
⇒新カト（マンリケ　1412頃–1490）

Manrique, Jorge〈15世紀〉
スペインの詩人, 軍人。詩人G.マンリケの甥。作品に『父の死をいたむ歌』（76）。

⇒岩世人（マンリーケ　1440頃–1479.3.27）

Manrique, Sebastião〈17世紀〉
ポルトガルのアウグスチノ会修道士。
⇒岩世人（マンリーケ　?–1669）

Mansart, François〈16・17世紀〉
フランスの建築家。主作品, メゾン・ラフィット（42～51）。
⇒岩世人（マンサール　1598.1.23–1666.9.23）
ネーム（マンサール　1598–1666）

Mansart, Jules Hardouin〈17・18世紀〉
フランスの建築家。1678年宮廷の首席建築家としてベルサイユ宮殿の拡大造営を指揮, 設計。
⇒岩世人（アルドゥアン＝マンサール　1646.4.16–1708.5.11）

Mansbridge, Albert〈19・20世紀〉
イギリスの社会教育家。労働者高等教育促進協会をつくり, 1905年労働者教育協会WEAに発展。
⇒岩世人（マンスブリッジ　1876.1.10–1952.8.22）

Mansel, Henry Longueville〈19世紀〉
イギリスの哲学者, 聖職者。主著『宗教的思索の限界』（58）。
⇒岩世人（マンセル　1820.10.6–1871.7.31）
学叢思（マンスル, ヘンリー・ロングヴィル　1820–1871）

Mansell, William Albert〈19・20世紀〉
アメリカの宣教師。
⇒アア歴（Mansell, William Albert　ウイリアム・アルバート・マンセル　1864.3.30–1913.3.4）

Manser, Gallus Maria〈19・20世紀〉
スイスの新トマス主義哲学者, ドミニコ会員。
⇒新カト（マンザー　1866.7.25–1950.2.20）

Mansfeld, Peter Ernst II, Graf von〈16・17世紀〉
ドイツの軍人。ルクセンブルク総督マンスフェルト侯ペーター・エルンスト1世の私生児。
⇒岩世人（マンスフェルト　1580–1626.11.29）

Mansfield, William Murray, 1st Earl of〈18世紀〉
イギリスの法律家, 政治家。1756～88年王座裁判長, 76年伯爵, 3回入閣。
⇒岩世人（マンスフィールド　1705.3.2–1793.3.20）

Mansi〈17・18世紀〉
イタリアのカトリック神学者。
⇒新カト（マンシ　1692.2.16–1769.9.27）

Manson, *Sir* Patrick〈19・20世紀〉
イギリスの寄生虫学者。熱帯病学の父と呼ばれ, 1879年カがヒトに象皮病を伝播することを発見。
⇒岩世人（マンソン　1844.10.3–1922.4.9）

Al-**Manṣūr**〈10世紀〉
イスラム・エジプトの統治者。在位946～953。

⇒岩世人（マンスール 913–953)
　世帝（マンスール 913–953)

Manṣūr〈16・17世紀〉
ムガル朝の画家，彩飾家。
⇒岩世人（マンスール （活躍）16世紀末–17世紀前半)

al-Manṣūr, Abū Ja'far 'Abd Allāh b.Muḥammad〈8世紀〉
イスラム，アッバース朝第2代カリフ。在位754～75。
⇒岩世人（マンスール 713頃–775.10)
　世人新（マンスール 712/714–775)
　世人装（マンスール 712/714–775)
　世史語（マンスール 713或–775)
　世帝（マンスール 712–775)
　ポプ人（マンスール 712?–775)

Mansur, Sultan〈18世紀〉
マレー半島東岸のトレンガヌ王国の第2代王。在位1741～93。
⇒岩世人（マンスール ?–1793)

Al-Manṣūr Muḥammad I〈12世紀〉
イスラム・エジプトの統治者。在位1198～1200。
⇒世帝（アル・マンスール 1189–1216以降)

Mansvelt, Constant George van〈19・20世紀〉
オランダの海軍軍医。1866年7月来日。精得館を改組，長崎医学校とした。
⇒岩世人（マンスフェルト 1832–1912)

Mantegazza, Antonio〈15世紀〉
イタリアの彫刻家。
⇒芸13（マンテガッツァ，アントニオ ?–1483)

Mantegna, Andrea〈15・16世紀〉
イタリアの画家。1495～6年『勝利の聖母』を制作。主作品『死せるキリスト』。
⇒岩世人（マンテーニャ 1431頃–1506.9.13)
　ネーム（マンテーニャ 1431–1506)
　広辞7（マンテーニャ 1431–1506)
　新カト（マンテーニャ 1431–1506.9.13)
　芸13（マンテーニャ，アンドレア 1431–1506)

Mantell, Gideon Algernon〈18・19世紀〉
イギリスの地質学者。
⇒岩世人（マンテル 1790.2.3–1852.11.10)

Manteuffel, Edwin, Freiherr von〈19世紀〉
プロシア，ドイツの軍人，外交官。1871～3年フランス占領軍司令官。
⇒岩世人（マントイフェル 1809.2.24–1885.6.17)

Manteuffel, Otto Theodor, Freiherr von〈19世紀〉
プロシア，ドイツの政治家。1850年12月首相兼外相，官僚による支配体制を確立。
⇒岩世人（マントイフェル 1805.2.3–1882.11.26)

Mantoux, Charles〈19・20世紀〉
フランスの医者。ツベルクリンを皮内に注射する方法（マントゥー・テスト）を考案。
⇒岩世人（マントゥ 1877.5.14–1947)

Mantoux, Paul Joseph〈19・20世紀〉
フランスの歴史家。1927年ジュネーブに国際学術研究所創設，55年『四巨頭会議議事録』公刊。
⇒岩世人（マントゥ 1877.4.14–1956.12.13)

Manu
バラモン教の聖典『リグ・ヴェータ』に描かれる，神々のために最初の儀式を行った人類の祖先。
⇒岩世人（マヌ)
　ネーム（マヌ)

Manucci, Niccolao〈17・18世紀〉
ヴェネチア生まれのインド浪人。
⇒南ア新（マヌッチ 1639–1717)

Manūchihrī Dāmghānī, Abū al-Najm Aḥmad〈11世紀〉
アフガニスタンのガズナ朝の宮廷詩人。
⇒岩世人（マヌーチフリー・ダームガーニー ?–1040/1041)

Manuel, Eugéne〈19・20世紀〉
フランスの作家。
⇒ユ著人（Manuel,Eugéne　マヌエル，ウジェーヌ 1823–1901)

Manuel, Niklaus〈15・16世紀〉
スイスの画家，著述家，政治家。『賢い娘と愚かな娘』(18)，『免罪符商人』(26)などを著す。
⇒岩世人（マヌエル 1484頃–1530.4.28)
　芸13（マヌエル，ニクラウス 1484頃–1530)

Manuel I〈15・16世紀〉
ポルトガル王。在位1495～1521。「大王」，「幸運王」ともいう。
⇒岩世人（マヌエル1世（幸運王） 1469.5.31–1521.12.13)
　世帝（マヌエル1世 1469–1521)
　皇国（マヌエル1世 （在位)1495–1521)

Manuel I Comnenus〈12世紀〉
東ローマ皇帝。在位1143～80。
⇒岩世人（マヌエル1世コムネノス 1118–1180.9.24)
　世帝（マヌエル1世 1118–1180)
　皇国（マヌエル1世コムネノス （在位)1143–1180)

Manuel II Palaeologus〈14・15世紀〉
ビザンチン皇帝。在位1391～1425。ヨハンネス5世の子。

⇒岩世人（マヌエル2世パライオロゴス　1350.7.27-1425.1.21?）
世帝（マヌエル2世　1350-1425）

Manuel Lopez Pereira〈16世紀〉
ポルトガルの人。1593年の異端審問を逃れオランダに向かう途中、妹が貴族に見初められた。
⇒ユ著人（Manuel Lopez Pereira and Maria Nunez　マヌエル・ロペス・ペレイラとマリーア・ヌネス兄妹　16世紀）

Manutius, Aldus〈15・16世紀〉
イタリアの印刷業者、古典学者。
⇒岩世人（マヌティウス　1450頃-1515.2.6）
広辞7（マヌーツィオ　1450-1515）
ルネ（アルドゥス・マヌティウス　1450?-1515）

Manz, Felix〈16世紀〉
グレーベルとブラウロックに並ぶ、チューリヒの再洗礼派の指導者。
⇒新カト（マンツ　1500頃-1527.1.5）

Manzoni, Alessandro Francesco Tommasso Antonio〈18・19世紀〉
イタリアの詩人、小説家、劇作家。代表作『婚約者』。
⇒岩世人（マンゾーニ　1785.3.7-1873.5.22）
オペラ（マンゾーニ、アレッサンドロ　1785-1873）
ネーム（マンゾーニ　1785-1873）
広辞7（マンゾーニ　1785-1873）
新カト（マンゾーニ　1785.3.7-1873.5.22）

Manzotti, Luigi〈19・20世紀〉
イタリアのマイム・ダンサー、振付家。
⇒バレエ（マンゾッティ、ルイジ　1835.2.2-1905.3.15）

Map, Walter〈12・13世紀〉
イギリスの詩人、聖職者。
⇒新カト（マップ　1140頃-1209頃）

Mappalicus〈3世紀〉
聖人、殉教者。祝日4月19日。
⇒新カト（マッパリクス　?-250.4.19）

Mapu, Abraham〈19世紀〉
ロシア系ユダヤの小説家。作品は『シオンの恋人』(53)、『サマリアの罪』(65)ほか。
⇒ユ人（マプー、アブラハム　1807-1867）
ユ著人（Mapu, Abraham　マプー、アブラハム　1808-1867）

al-Maqdisī, Abū ʻAbd Allāh〈10世紀〉
アラブの地理学者。『諸地域の書』『諸地域を知る最良の区分』を著す。
⇒岩世人（ムカッダスィー（マクディスィー）　946頃-1000頃）

al-Maqqarī, Abū'l-ʻAbbās Ahmad b. Muhammad〈16・17世紀〉
アラブ系の歴史家、神学者。

⇒岩世人（マッカリー、アフマド　1577頃-1632.1）

al-Maqrīzī, Abū al-ʻAbbās Ahmad ibn Ali Taqi al-Dīn〈14・15世紀〉
マムルーク朝時代のアラブの歴史家。主要著書『諸王朝の知識の旅』『社会の救済』。
⇒岩世人（マクリーズィー　1364-1442）

Marāgheyī, Zeyn al-ʻĀbedīn〈19・20世紀〉
イランの作家。
⇒岩世人（マラーゲイー、ゼイノル・アーベディーン　1839-1910）

Marais, Marin〈17・18世紀〉
フランスの作曲家、ビオラ・ダ・ガンバ奏者。作品『ビオラ・ダ・ガンバ作品集』。
⇒バロ（マレー、マラン　1656.5.31-1728.8.15）
岩世人（マレ　1656.5.31-1728.8.15）

Marais, Roland〈17・18世紀〉
フランスの作曲家。
⇒バロ（マレー、ロラン　1685頃-1750頃?）

Mařák, Otakar〈19・20世紀〉
チェコスロヴァキアのテノール。
⇒失声（オタカール・マラク　1872-1939）

Marat, Jean Paul〈18世紀〉
フランス革命の指導者の一人。
⇒岩世人（マラー　1743.5.21-1793.7.13）
広辞7（マラー　1743-1793）
学叢思（マラー、ジャン・ポール　1743-1793）
世人新（マラー　1743-1793）
世人装（マラー　1743-1793）
世史語（マラー　1743-1793）
ポプ人（マラー、ジャン＝ポール　1743-1793）
学叢歴（マラー　1743-1793）

Maratti, Carlo〈17・18世紀〉
イタリアの画家。主要作品『三王礼拝』(50)、『聖誕』(57)。
⇒岩世人（マラッタ　1625.5.15-1713.12.15）
芸13（マラッティ（マラッタ）、カルロ　1625-1713）

Māravijayottunggavarman, Śrī〈11世紀〉
1000年頃の三仏斉の王。
⇒岩世人（マーラヴィジャヨートゥンガヴァルマン）

Marazzoli, Marco〈17世紀〉
イタリアの作曲家。
⇒バロ（マラッツォーリ、マルコ　1602/1608頃-1662.1.26）

Marbach, Johannes〈16世紀〉
ドイツのルター派神学者、教会政治家。
⇒新カト（マールバハ　1521.4.14-1581.3.17）

Marbe, Karl〈19・20世紀〉
　ドイツの心理学者。
　⇒岩世人（マルベ　1869.8.31–1953.1.2）

Marbech, Pilgram〈15・16世紀〉
　南ドイツの再洗礼派指導者。
　⇒新カト（マールベック　1495頃–1556）

Marbut, Curtis Fletcher〈19・20世紀〉
　アメリカの地質学者。
　⇒岩世人（マーバット　1863.7.19–1935.8.25）

Marc, Franz〈19・20世紀〉
　ドイツの画家。主作品『青馬の塔』『森のなかの鹿』。
　⇒岩世人（マルク　1880.2.8–1916.3.4）
　　芸13（マルク, フランツ　1880–1916）

Marcabru〈12世紀〉
　フランスのトルバドゥール。
　⇒バロ（ガスコーニュ, マルカブリュ・ド　1100頃–1147）
　　バロ（マルカブリュ・ド・ガスコーニュ　1100–1110頃–1149頃）
　　岩世人（マルカブリュ　1130以前–1149以降）

Marceau-Desgraviers, François Severin〈18世紀〉
　フランスの軍人。1792年シャルトル義勇軍に加わり, 93年バンデーの戦いに関わる。
　⇒岩世人（マルソー　1769.3.1–1796.9.21）

Marcel, Étienne〈14世紀〉
　フランスの政治家。1355年パリ商人会頭。
　⇒岩世人（マルセル　?–1358.7.31）

Marcella〈4・5世紀〉
　ローマの貴婦人。聖人。ローマ生まれ。
　⇒新カト（マルケラ　325/335頃–410）

Marcellianus〈3世紀〉
　聖人, 殉教者。祝日6月18日。
　⇒新カト（マルクスとマルケリアヌス　3世紀後半）

Marcellina〈4世紀〉
　ミラーノ司教アンブロシウスの姉, 聖人。
　⇒新カト（マルケリナ　332頃–398頃）

Marcellinus〈3・4世紀〉
　殉教者。聖人。「マルチェリヌスとペトルス」と併称される。
　⇒新カト（マルケリヌスとペトルス　4世紀初頭）

Marcellinus, St.〈3・4世紀〉
　ローマ教皇。在位296～304。
　⇒新カト（マルケリヌス）

Marcellinus Comes〈6世紀〉
　ユスティニアーヌス1世の尚書官, ラテン年代記者。
　⇒新カト（マルケリヌス・コメス　?–534頃）

Marcello, Alessandro〈17・18世紀〉
　イタリアの音楽家。
　⇒バロ（マルチェッロ, アレスサンドロ　1684–1750）

Marcello, Benedetto〈17・18世紀〉
　イタリアの作曲家。
　⇒バロ（マルチェッロ, ベネデット　1686.7.24/8.1/8.9–1739.7.24/25）
　　岩世人（マルチェッロ　1686.6/7.24–1739.7.24）
　　オペラ（マルチェッロ, ベネデット　1686–1739）
　　新カト（マルチェロ　1686–1739.7.24/25）
　　ユ著人（Marcello,Benedetto　マルチェッロ, ベネデット　1686–1739）

Marcellus〈2世紀〉
　聖人, 殉教者。祝日9月4日。ポティヌスの弟子。
　⇒新カト（マルケルス〔シャロンの〕　生没年不詳）

Marcellus〈3世紀〉
　ローマ帝政期アフリカの軍人殉教者。
　⇒新カト（マルケルス〔タンジールの〕　?–298.10.30）

Marcellus〈4・5世紀〉
　聖人。祝日11月1日。パリの第9代司教とされる。
　⇒新カト（マルケルス〔パリの〕　4世紀末–5世紀初め）

Marcellus〈5・6世紀〉
　ディーの司教。聖人。祝日1月17日。
　⇒新カト（マルケルス〔ディーの〕　?–510）

Marcellus, Marcus Claudius〈前3世紀〉
　ローマのクラウディウス家出身の軍人。5度コンスルを経験。
　⇒岩世人（クラウディウス・マルケッルス　?–前208）

Marcellus, Marcus Claudius〈前1世紀〉
　ローマのクラウスディウス家出身の軍人。アウグスツスの姉オクタウィアの子。
　⇒岩世人（マルケッルス　前42–前23）

Marcellus, St.〈4世紀〉
　ローマ教皇。在位308～309。
　⇒新カト（マルケルス1世　?–309.1.16）

Marcellus II〈16世紀〉
　教皇。在位1555.4.10～5.1。教会改革の指導者の一人。
　⇒新カト（マルケルス2世　1501.5.6–1555.5.1）

Marcet, Jane〈18・19世紀〉
　イギリスの科学著述家。
　⇒物理（マーセット, ジェイン　1769–1858）

Marchand, Guillaume I〈17・18世紀〉
　フランスの作曲家。
　⇒バロ（マルシャン, ギヨーム1世　1694.4.1–1738）

M

Marchand, Jean〈17世紀〉
フランスのヴァイオリン奏者。
⇒バロ（マルシャン, ジャン　1636–1691.7.20）

Marchand, Jean-Baptiste〈17・18世紀〉
フランスのヴァイオリン奏者, リュート奏者。
⇒バロ（マルシャン, ジャン・バティスト　1670–1751）

Marchand, Jean-Baptiste〈19・20世紀〉
フランスの軍人。1900年中国の義和団事件に際し遠征し, 04年退役。
⇒岩世人（マルシャン　1863.11.22–1934.1.13）

Marchand, Jean-Noël I〈17・18世紀〉
フランスの作曲家。
⇒バロ（マルシャン, ジャン・ノエル1世　1666.8.14–1710.5.31）

Marchand, Louis〈17・18世紀〉
フランスのクラヴサン奏者, オルガン奏者, 作曲家。作品にはチェンバロ曲集, カンタータ等がある。
⇒バロ（マルシャン, ルイ　1669.2.2–1732.2.17）

Marchand, Nicolas Jean〈17・18世紀〉
フランスの工芸家。
⇒芸13（マルシャン, ニコラ・ジャン　1697?–1760?）

Marchand, Pierre-Nicolas〈17・18世紀〉
フランスのオルガン奏者。
⇒バロ（マルシャン, ピエール・ニコラ　1682–1740頃?）

Marchand, Simon-Luc〈18世紀〉
フランスの作曲家。
⇒バロ（マルシャン, シモン-リュック　1709.5.31–1799.4.27）

Marchesi, Luigi〈18・19世紀〉
イタリアの作曲家。
⇒バロ（マルケージ, ルイージ　1755.8.8–1829.12.14-18）

Marchetto da Padova〈13・14世紀〉
イタリアの音楽理論家, 作曲家。1305～07年パドヴァ聖堂合唱指揮者。
⇒バロ（マルケット・ダ・パドヴァ　1274頃–1330頃?）

Marchi, Giuseppe〈18・19世紀〉
イタリアの考古学者, イエズス会士。
⇒新カト（マルキ　1795.2.22–1860.2.10）

Marchisio, Clemente〈19・20世紀〉
聖ヨゼフ修道女会（別名ホスティア修道女会）創立者。イタリアのラッコニージ生まれ。
⇒新カト（マルキーシオ　1833.3.1–1903.12.16）

Marcianus〈2世紀頃〉
聖人, 殉教者。祝日3月6日。イタリア北部リグリア地方のトルトーナの初代司教と伝えられる。
⇒新カト（マルキアヌス〔トルトーナの〕　2世紀頃）

Marcianus〈4・5世紀〉
東ローマ皇帝。在位450～7。451年カルケドン公会議での正統信条確立に貢献。
⇒岩世人（マルキアヌス　392頃–457.1.27）
　新カト（マルキアヌス　392頃–457.1.26）
　世帝（マルキアヌス　396–457）

Marcion〈2世紀頃〉
キリスト教の異端者。
⇒岩世人（マルキオン）
　学叢思（マルキオン）
　新カト（マルキオン　85/90–160頃）
　メル1（マルキオン　2世紀前半）

Marcks, Erich〈19・20世紀〉
ドイツの歴史家。O.ビスマルクの研究は有名。主著『イギリス女王エリザベス』(97)。
⇒岩世人（マルクス　1861.11.17–1938.11.22）

Marco〈17世紀〉
イタリアのカプチン・フランシスコ修道会会員, 説教師。歴代教皇の外交使節として活躍。
⇒新カト（マルコ〔アヴィアノの〕　1631.11.17–1699.8.13）

Marconi, Francesco〈19・20世紀〉
イタリア・オペラのテノール。
⇒失声（フランチェスコ・マルコーニ　1853–1916）
　魅惑（Marconi, Francesco　1853–1916）

Marconi, Guglielmo〈19・20世紀〉
イタリアの電気技師。1902年鉱石検波器, 07年円板放電器を発明。09年ノーベル物理学賞受賞。
⇒岩世人（マルコーニ　1874.4.25–1937.7.20）
　ネーム（マルコーニ　1874–1937）
　広辞7（マルコーニ　1874–1937）
　学叢思（マルコニー, グリエルモ　1875–?）
　物理（マルコーニ, グリエルモ　1874–1937）
　世人新（マルコーニ　1874–1937）
　世人装（マルコーニ　1874–1937）
　世史語（マルコーニ　1874–1937）
　ノ物化（グリエルモ・マルコーニ　1874–1937）
　ポブ人（マルコーニ, グリエルモ　1874–1937）

Marco Polo〈13・14世紀〉
イタリアの商人。フビライ・ハンに仕えた際の話をまとめたものが『東方見聞録』。
⇒岩世人（マルコ・ポーロ　1254–1324.1.8）
　広辞7（マルコ・ポーロ　1254–1324）
　新カト（ポーロ　1254–1324）
　世人新（マルコ＝ポーロ　1254–1324）
　世人装（マルコ＝ポーロ　1254–1324）
　世史語（マルコ＝ポーロ　1254–1324）
　世史語（マルコ＝ポーロ　1254–1324）
　ポブ人（マルコ・ポーロ　1254–1324）

Marcorelli〈17世紀〉
イタリアの作曲家。
⇒バロ（マルコレッリ, ?　1640頃?–1700頃?）

Marcou, Théophile〈19世紀〉
フランスの政治家。
⇒**19仏**（テオフィル・マルクー　1813.5.18–1893.7.7）

Marculf〈5・6世紀〉
聖人。祝日5月1日。フランスのバイユー生まれ。
⇒**新カト**（マルクルフ　490頃–558）

Marcus〈3世紀〉
聖人、殉教者。祝日6月18日。
⇒**新カト**（マルクスとマルケリアヌス　3世紀後半）

Marcus, St.〈3・4世紀〉
ローマ教皇。在位336。
⇒**新カト**（マルクス　?–336）

Marcus Aurelius Antoninus〈2世紀〉
ローマ皇帝。在位161〜80。ストア派の哲人皇帝で、五賢帝の一人。
⇒**岩世人**（マルクス・アウレリウス　121.4.26–180.3.17）
　覚思（マルクス・アウレリウス　121.4.26–180.3.17）
　覚思S（マルクス・アウレリウス　121.4.26–180.3.17）
　ネーム（マルクス・アウレリウス　121–180）
　広辞7（マルクス・アウレリウス・アントニヌス　121–180）
　学叢思（Marcus Aulerius Antoninus　121–180）
　新カト（マルクス, アウレリウス・アントニヌス　121–180）
　世人新（マルクス＝アウレリウス＝アントニヌス　121–180）
　世人装（マルクス＝アウレリウス＝アントニヌス　121–180）
　世史語（マルクス＝アウレリウス＝アントニヌス帝　(在位)161–180）
　世史語（マルクス＝アウレリウス＝アントニヌス帝　(在位)161–180）
　世史語（大秦王安敦　だいしんおうあんとん　(在位)161–180）
　世帝（マルクス・アウレリウス　121–180）
　ポプ人（マルクス・アウレリウス・アントニヌス帝　121–180）
　メル1（マルクス・アウレリウス　121–180）
　皇国（マルクス・アウレリウス・アントニヌス（在位）161–180）
　学叢歴（安敦）
　学叢歴（マルクス・アウレリウス　121–180）

Marcus Verrius Flaccus〈1・2世紀〉
ローマの文法学者・教師。
⇒**岩世人**（ウェッリウス・フラックス　前55頃–後20）

Marczali, Henrik〈19・20世紀〉
ハンガリーの歴史家。
⇒**ユ著人**（Marczali,Henrik　マルツァリ, ヘンリック　1856–1940）

Mardawīj bin Ziyār〈10世紀〉
イランのズィヤール朝の創始者。在位928〜35。
⇒**岩世人**（マルダヴィージュ・イブン・ズィヤール

?–935）

Mardonios〈前5世紀〉
ペルシアの将軍。前480年ギリシア遠征軍を起したが、サラミスの戦いで敗れる。
⇒**岩世人**（マルドニオス　?–前479）
　学叢歴（マルドニオス　?–前479）

Maréchal, Adolphe〈19・20世紀〉
ベルギーのテノール。
⇒**魅惑**（Maréchal,Adolphe　1867–1935）

Maréchal, Joseph〈19・20世紀〉
ベルギーのカトリック哲学者。新スコラ学の代表的哲学者。
⇒**岩世人**（マレシャル　1878.7.1–1944.12.11）
　新カト（マレシャル　1878.7.1–1944.12.11）

Marées, Hans von〈19世紀〉
ドイツの画家。1873年ナポリの動物博物館の図書館の壁画を制作。
⇒**岩世人**（マレー　1837.12.24–1887.6.5）
　芸13（マレース, ハンス・フォン　1837–1887）

Marello, Giuseppe〈19世紀〉
イタリアの聖人。祝日5月30日。司教。修道会創立者。
⇒**新カト**（ジュゼッペ・マレロ　1844.12.26–1895.5.30）

Marenzio, Luca〈16世紀〉
イタリアの作曲家。
⇒**バロ**（マレンツィオ, ルーカ　1553/1554頃–1599.8.22）
　岩世人（マレンツィオ　1554頃–1599.8.22）
　エデ（マレンツィオ, ルカ　1553頃–1599.8.22）
　新カト（マレンツィオ　1553/1554–1599.8.22）

Marescalchi, Luigi〈18・19世紀〉
イタリアの作曲家。
⇒**バロ**（マレスカルキ, ルイージ　1745.2.1–1806以降）

Mareschall, Samuel〈16・17世紀〉
スイスの作曲家。
⇒**バロ**（マレシャル, ザムエル　1554.5.22?–1640.12）

Marescotti, Giacinta〈16・17世紀〉
聖人。祝日1月30日。ローマのヴィニャネロの貴族出身。
⇒**新カト**（ジャチンタ・マレスコッティ　1585頃–1640.1.30）

Maresius, Samuel〈16・17世紀〉
オランダで活躍したフランス人改革派神学者。
⇒**新カト**（マレジウス　1599.8.9–1673.5.18）

Maret, Henri-Louis-Charles〈19世紀〉
フランスの神学者。
⇒**新カト**（マレ　1805.4.20–1884.6.16）
　メル2（マレ（神父）　1804–1884）

Maret, Hugues Bernard, Duc de Bassano〈18・19世紀〉
フランスの政治家。パリ高等法院弁護士。
⇒岩世人（マレ　1763.7.22–1839.5.13）

Marett, Robert Ranulph〈19・20世紀〉
イギリスの哲学者、人類学者。1928年よりエクセター・カレッジ学長。
⇒岩世人（マレット　1866.6.13–1943.2.18）
　新カト（マレット　1866.6.13–1943.2.18）

Marewa（Marewah），Daeng〈18世紀〉
インドネシア、リアウ・リンガ諸島のジョホール・リアウ王国副王。在位1721～28。
⇒岩世人（マレワ、ダエン　?–1728）

Marey, Étienne Jules〈19・20世紀〉
フランスの生理学者、発明家。1860年脈波計,82年連続撮影カメラを発明。
⇒岩世人（マレ　1830.3.5–1904.5.15）

Margaine, Camille〈19世紀〉
フランスの政治家。
⇒19仏（カミーユ・マルゲーヌ　1829.9.4–1893.10.13）

Margaret, St.〈11世紀〉
スコットランドの聖女。
⇒新カト（マーガレット〔スコットランドの〕1046頃–1093.11.16）

Margareta, St.〈3・4世紀〉
14人の救難聖人の一人。難産の際祈求される。
⇒新カト（マルガリタ〔アンティオケイアの〕3–4世紀）
　図聖（マルガリタ（アンティオキアの）?–4世紀初）

Margarete von Osterreich〈15・16世紀〉
ネーデルラントの総督。
⇒岩世人（マルガレーテ（オーストリアの）1480.1.10–1530.11.30）
　王妃（マルグリット・ドートリッシュ　1480–1530）

Margarete von Osterreich〈16・17世紀〉
フェリペ3世の妃。オーストリア大公カール2世の娘で、神聖ローマ皇帝フェルディナント2世の妹。
⇒王妃（マルガレーテ　1584–1611）

Margaret of Anjou〈15世紀〉
イングランド王ヘンリ6世の妃。アンジュー公ルネ1世の娘。
⇒岩世人（マーガレット（アンジューの）1430.3.23–1482.8.25）
　王妃（マーガレット　1429–1482）

Margaret the Maid of Norway〈13世紀〉
スコットランド王国の統治者。在位1286～1290。
⇒岩世人（マーガレット（ノルウェーのおとめ）1282/1283–1290.9）
　世帝（マーガレット　1283–1290）

Margaret Tudor〈15・16世紀〉
イングランド王ヘンリ7世の長女。スコットランド王ジェームズ4世と結婚(1503)。
⇒岩世人（マーガレット・テューダー　1489.11.28–1541.10.18）
　新カト（マーガレット・テューダー　1489.11.29–1541.10.18）

Margarita〈12世紀〉
デンマークで崇敬されている聖人。祝日10月25日。ルンドの大司教アブサロンの親族にあたり、夫により自殺に偽装されて殺害された。特にゼーラント地方で崇敬が盛んである。
⇒新カト（マルガリタ〔ロスキレの〕?–1176.10.25）

Margarita Teresa de Espana〈17世紀〉
神聖ローマ皇帝レオポルト1世の妃で、フェリペ4世の娘。
⇒王妃（マルガリータ　1651–1673）

Margary, Augustus Raymond〈19世紀〉
インド生れのイギリス駐華領事館員。
⇒岩世人（マーガリー　1846.5.26–1875.2.21）

Marggraf, Andreas Sigismund〈18世紀〉
ドイツの化学者。ベルリン科学・芸術アカデミー化学実験所物理学部長(60)を務めた。
⇒岩世人（マルクグラフ　1709.3.3–1782.8.7）

Margherita di Cortona〈13世紀〉
イタリアの修道女、聖女。
⇒岩世人（マルゲリータ（コルトーナの）1249–1297.2.22）
　新カト（マルゲリータ〔コルトーナの〕1247–1297.2.22）
　図聖（マルゲリータ（コルトーナの）1247–1297）

Margherita Teresa Giovanna di Savoia〈19・20世紀〉
イタリア王国の初代王妃。文化施設を設置,厚生事業の発展に尽力。
⇒王妃（マルゲリータ　1851–1926）

Margil, Antonio〈17・18世紀〉
スペインのフランシスコ会宣教師。
⇒新カト（マルヒル　1657.8.18–1726.8.6）

Margit〈13世紀〉
ドミニコ会修道女、神秘家。聖人。祝日1月18日。ハンガリー国王ベーラ4世の娘。
⇒新カト（マルギト〔ハンガリーの〕1242頃–1270.1.18）

Margoliouth, David Samuel〈19・20世

紀〉
イギリスの東洋学者。
⇒岩世人（マーゴリウス　1858.10.17-1940.3.22）

Margolis, Max Leopold〈19・20世紀〉
アメリカのセム語学者。ロシアのウィルナ生れ。
⇒岩世人（マルゴーリス　1866.10.15-1932.4.2）

Margrete〈14・15世紀〉
ノルウェー、デンマーク、スウェーデン王国の王妃、摂政。
⇒岩世人（マルグレーテ　1353-1412.10.28）
　世人新（マルグレーテ　1353-1412）
　世人装（マルグレーテ　1353-1412）
　世史語（マルグレーテ　1353-1412）
　ポプ人（マルグレーテ　1353-1412）
　皇国（マルグレーテ1世　（在位）1387-1412）

Margue, Léon〈19世紀〉
フランスの弁護士、政治家。
⇒19仏（レオン・マルグ　1828.7.14-1888.9.13）

Marguerite〈14・15世紀〉
後の神聖ローマ帝国皇帝ループレヒトの娘。ロレーヌ公シャルル2世夫人。
⇒新カト（マルグリット〔ロレーヌの〕　1379頃-1434.8.26）

Marguerite〈15・16世紀〉
ルネ・ダンジューの孫、アンリ4世の祖母。アランソン公夫人。
⇒新カト（マルグリット〔ロレーヌの〕　1463-1521.11.2）

Marguerite de Bourgogne〈13・14世紀〉
ルイ10世の妃。
⇒王妃（マルグリット・ド・ブルゴーニュ　1290-1315）

Marguerite de Navarre〈15・16世紀〉
フランス、ナバル公妃。フランス国王フランソア1世の姉。
⇒岩世人（マルグリット・ド・ナヴァール　1492.4.11-1549.12.21）
　広辞7（マルグリット・ド・ナヴァール　1492-1549）
　新カト（マルグリット・ド・ナヴァール　1492.4.11-1549.12.21）
　ルネ（マルグリット・ド・ナヴァル　1492-1549）

Marguerite de Valois〈16・17世紀〉
マルゴ公妃（ナバル公妃）。フランスの王妃、アンリ2世の娘。『回想録』(28)を執筆。
⇒岩世人（マルグリット・ド・フランス　1553.5.14-1615.3.27）
　王妃（マルグリット　1553-1615）

Margueritte, Paul〈19・20世紀〉
フランスの小説家。弟と普仏戦争中のフランス社会を主題に『ある時代』(98～04)を合作。
⇒岩世人（マルグリット兄弟）

Margueritte, Victor〈19・20世紀〉
フランスの小説家。兄と普仏戦争中のフランス社会を主題に『ある時代』(98～04)を合作。
⇒岩世人（マルグリット兄弟）

Marhaus
円卓の騎士の一人。
⇒ネーム（マーハウス）

Marheineke, Philipp Konrad〈18・19世紀〉
ドイツのプロテスタント神学者。
⇒岩世人（マールハイネケ　1780.4.23-1846.5.31）
　新カト（マールハイネケ　1780.4.23-1846.5.31）

Maria〈前1・後1世紀〉
イエス・キリストの母。「聖母マリア」と呼ばれる（マタイ福音書、ルカ福音書）。
⇒岩世人（マリア（聖母））
　岩世人（マルヤム）
　ネーム（マリア）
　広辞7（マリア）
　新カト（マリア（聖母））
　図聖（マリア（聖母））
　聖書（マリア（イエスの母））
　世人新（マリア　?-63頃）
　世人装（マリア　?-63頃）
　ポプ人（マリア　生没年不詳）

Maria〈2世紀〉
聖人。祝日11月1日。2世紀初めハドリアヌス帝時代のキリスト教徒迫害下に殉教した奴隷の女性。祝日を8月27日とする伝承もある。
⇒新カト（マリア〔ローマの〕　2世紀）

Maria〈3世紀〉
聖人。祝日11月9日。3世紀半ばに兄弟ネオンとともに殉教。キリスト教に改宗した後、貧しい人々に財産を分配したという。
⇒新カト（マリア〔ローマの〕　3世紀）

Mária〈14世紀〉
ハンガリー女王の統治者。
⇒世帝（マーリア　1371-1395）
　王妃（マーリア　1371-1395）

Maria, Bianca〈17・18世紀〉
イタリアの作曲家。
⇒バロ（マリーア、ビアンカ　1690頃?-1750頃?）

Maria, F.〈17・18世紀〉
イタリアの作曲家。
⇒バロ（マリーア、F.　1660頃?-1720頃?）

Maria I Francisca〈18・19世紀〉
ポルトガル女王。在位1777～1816。1777年夫ペドロ3世と共治し、宰相S.ポンバルを追放。
⇒岩世人（マリア1世　1734.12.17-1816.3.20）
　世帝（マリア1世　1734-1816）
　皇国（マリア1世　（在位）1777-1816）

Maria II da Gloria〈19世紀〉
ポルトガル女王。在位1826〜53。ブラジル皇帝ペドロ1世の娘。
⇒岩世人（マリア2世　1819.4.4–1853.11.15）
世帝（マリア2世　1819–1853）

Maria Aegyptiaca〈4・5世紀〉
伝説的なエジプトの聖人。
⇒岩世人（マリア（エジプトの）　344頃–421）
新カト（マリア［エジプトの］　5世紀）
図聖（マリア（エジプトの））

Maria Alexsandrovna〈19世紀〉
アレクサンドル2世の妃。
⇒王妃（マリア・アレクサンドロヴナ　1824–1880）

Maria Amalie〈18・19世紀〉
パルマ公フェルディナンドの妃。マリア・テレジアの四女。
⇒王妃（マリア・アマーリエ　1746–1804）

Maria Ana de Espana〈17世紀〉
神聖ローマ皇帝フェルディナント3世の妃。スペイン王フェリペ3世とマルガリータとの娘。
⇒王妃（マリア　1606–1646）

Maria Bagrationi〈11・12世紀〉
東ローマ帝国の皇帝ミカエル7世ドゥーカスの妃。
⇒王妃（マリア・バグラティオニ　1050頃–1103）

María Cristina〈19・20世紀〉
スペイン王アルフォンソ12世の妃。息子アルフォンソ13世の摂政となった（1886〜1902）。
⇒岩世人（マリア・クリスティーナ　1856.7.21–1929.2.6）

María Cristina de Borbón〈19世紀〉
スペイン王フェルナンド7世の妃。娘イサベル2世が即位すると、摂政となった（1833〜40）。
⇒岩世人（マリア・クリスティーナ　1806.4.27–1878.8.22）

Maria Crocifissa di Rosa〈19世紀〉
イタリアの愛徳侍女修道会創立者。聖人。祝日12月15日。
⇒新カト（マリア・クロチフィッサ・ディ・ローザ　1813.11.6–1855.12.15）

Maria da Agreda〈17世紀〉
スペインの修道女。
⇒新カト（アグレダ　1602.4.2–1665.5.24）

Maria da Crema, Giovanni〈16世紀〉
イタリアの作曲家。
⇒バロ（クレーマ、ジョヴァンニ・マリーア・ダ　1500頃?–1550以降）
バロ（マリーア・ダ・クレーマ、ジョヴァンニ　1500頃?–1550以降）

Maria degli Apostoli〈19・20世紀〉
女子サルヴァトール修道会創立者、初代会長。
ドイツのミュレンドンク城に生まれる。
⇒新カト（マリア［使徒たちの］　1833.2.19–1907.12.25）

María de Jesús Sacramentado Venegas de la Torre〈19・20世紀〉
メキシコの聖人。祝日7月30日。イエスの聖心修道女会創立者。ハリスコ州サボトラネホ生まれ。
⇒新カト（マリア・デ・ヘスス・サクラメンタド・ベネガス・デ・ラ・トッレ　1868.9.8–1959.7.30）

Maria Feodorovna〈18・19世紀〉
パーヴェル1世の2番目の妃。
⇒王妃（マリア・フョードロヴナ　1759–1828）

Maria Francesca delle Cinque Piaghe〈18世紀〉
聖人、神秘家。祝日10月6日。ナポリ生まれ。
⇒新カト（マリア・フランチェスカ［キリストの五聖痕の］　1715.3.25–1791.10.6）

Maria Fyodorovna〈19・20世紀〉
アレクサンドル3世の妃。デンマーク王クリスチャン9世の娘。
⇒王妃（マリア・フョードロヴナ　1847–1928）

Maria Isabella von Bourbon-Parma〈18世紀〉
神聖ローマ皇帝ヨーゼフ2世の妃。
⇒王妃（マリア・イザベラ　1741–1763）

María Josefa del Corazón de Jesús〈19・20世紀〉
スペインの聖人。祝日3月20日。愛徳イエスのしもべ修道会創立者。
⇒新カト（マリア・ホセハ［イエスの聖心の］　1842.9.7–1912.3.20）

Maria Josepha Antonia Walburga Felizitas Regula von Bayern〈18世紀〉
神聖ローマ皇帝ヨーゼフ2世の2番目の妃。同皇帝カール7世の娘。
⇒王妃（マリア・ヨーゼファ　1739–1767）

Maria Leopoldina de Austria〈18・19世紀〉
ブラジル皇帝ペドロ1世の妃で、神聖ローマ皇帝フランツ2世の娘。
⇒王妃（マリア・レオポルディナ　1797–1826）

Maria Luisa Teresa de Parma〈18・19世紀〉
スペイン王妃。愛人ゴドイを宰相に任命（92）。1808年ナポレオン1世の侵略を受け亡命。
⇒岩世人（マリア・ルイサ　1751.12.9–1819.1.2）

Mariám
ヨケベデの娘で、モーセとアロンの姉（旧約）。
⇒聖書（ミリアム）

Maria Magdalena〈1世紀〉
イエス・キリストへの信仰と奉仕に献身したマグダラ出身の女性（ルカ福音書）。
　⇒岩世人（マリア（マグダラの））
　　ネーム（マリア）
　　広辞7（マリア）
　　新カト（マリア〔マグダラの〕）
　　図聖（マリア（マグダラの）　1世紀頃）
　　聖書（マリア（マグダラのマリア））

Maria Magdalena Barbara Xavier Leonor Teresa Antonia Josefa de Braganca〈18世紀〉
スペイン王フェルナンド6世の娘。
　⇒王妃（バルバラ　1711–1758）

Maria Manuela de Portugal〈16世紀〉
アストゥリアス公フェリペ（後のフェリペ2世）の1番目の妃。ポルトガル王ジョアン3世の娘。
　⇒王妃（マリア・マヌエラ　1527–1545）

Maria Micaela del SS.Sacramento〈19世紀〉
聖人、礼拝会創立者。祝日8月24日。マドリード出身。スペインで最も高位で裕福な貴族の娘。
　⇒新カト（マリア・ミカエラ〔聖体の〕　1809.1.1–1865.8.24）

Mariamne〈前1世紀〉
ユダヤのヘロデ大王の妻。ユダヤ教祭司ヒルカノス2世の孫。
　⇒ユ人（マリアムネ1世　前60?–前29）

Marian〈3世紀〉
殉教者。聖人。「マリアヌスとヤコブス」と併称される。
　⇒新カト（マリアヌスとヤコブス　?–259.5.6）

Mariana, Juan de〈16・17世紀〉
スペインの歴史家、神学者。『スペイン国史』(92)、『王と王制について』(99) など。
　⇒岩世人（マリアナ　1536–1624.2.16）

Mariana de Austria〈17世紀〉
フェリペ4世の2番目の妃。神聖ローマ皇帝フェルディナント3世の娘。息子カルロス2世の摂政。
　⇒王妃（マリアナ　1634–1696）

Mariani, Angelo〈19世紀〉
イタリアの指揮者。
　⇒オペラ（マリアーニ, アンジェロ　1821–1873）

Maria Nunez〈16世紀〉
ポルトガルの女性。1593年の異端審問を逃れオランダに向かう途中、貴族に見初められた。
　⇒ユ著人（Manuel Lopez Pereira and Maria Nunez　マヌエル・ロペス・ペレイラとマリア・ヌネス兄妹　16世紀）

María Rosa Doloribus Molas Y Vallvé〈19世紀〉
スペインの聖人、慰めの聖母修道女会創立者。祝日6月11日。
　⇒新カト（マリア・ローサ・ドロリブス・モラス・イ・バユベ　1815.3.24–1876.6.11）

Maria Sophia Amalia〈19・20世紀〉
イタリアの王妃。
　⇒王妃（マリーア・ソフィア　1841–1925）

Maria Theresia〈18世紀〉
オーストリア大公。在位1740～80。ハンガリーおよびボヘミアの女王を兼ねた。
　⇒岩世人（マリア・テレジア　1717.5.13–1780.11.29）
　　ネーム（マリア・テレジア　1717–1780）
　　広辞7（マリア・テレジア　1717–1780）
　　新カト（マリア・テレジア　1717.5.13–1780.11.29）
　　世人新（マリア＝テレジア　1717–1780）
　　世人装（マリア＝テレジア　1717–1780）
　　世史語（マリア＝テレジア　1717–1780）
　　ポブ人（マリア・テレジア　1717–1780）
　　皇国（マリア・テレジア　(在位)1740–1780）
　　学叢歴（マリア・テレサ　1717–1780）

Maria Theresia Josepha Charlotte Johanna von Osterreich〈18・19世紀〉
神聖ローマ皇帝レオポルト2世の娘。
　⇒王妃（マリア・テレジア・ヨーゼファ　1767–1827）

Marić, Mileva〈19・20世紀〉
セルビア出身の女性。アインシュタインの妻。
　⇒科史（マリッチ　1875–1948）

Marie〈19・20世紀〉
ルーマニアの王妃。
　⇒王妃（マリー　1875–1938）

Marie, Gabriel〈19・20世紀〉
フランスのピアノ奏者、指揮者。
　⇒ビ曲改（マリー, ガブリエル　1852–1928）

Marie, Pierre〈19・20世紀〉
フランスの神経科医。先端巨大症の原因が、脳下垂体の腫瘍と機能障害であることを詳述。
　⇒岩世人（マリー　1853.9.9–1940.4.13）

Marie Antoinette Josèphe Jeanne〈18世紀〉
フランス国王ルイ16世の妃。
　⇒岩世人（マリー・アントワネット　1755.11.2–1793.10.16）
　　姫全（マリー・アントワネット　1755–1793）
　　ネーム（マリー・アントワネット　1755–1793）
　　広辞7（マリー・アントワネット　1755–1793）
　　新カト（マリー・アントアネット　1755.11.2–1793.10.16）
　　世人新（マリ・アントワネット　1755–1793）
　　世人装（マリ＝アントワネット　1755–1793）
　　世史語（マリ＝アントワネット　1755–1793）

ポプ人 (マリー・アントワネット 1755–1793)
王妃 (マリー・アントワネット 1755–1793)
学叢歴 (マリー・アントアネット 1756–1793)

Marie de Bourgogne 〈15世紀〉
フランスの王女。
⇒王妃 (マリー・ド・ブルゴーニュ 1457–1482)

Marie de France 〈12・13世紀〉
フランスの女流詩人。1165〜90年頃活躍。『短詩(レー)』(67編)が代表作。
⇒岩世人 (マリー・ド・フランス)
ネーム (マリー・ド・フランス)
広辞7 (マリー・ド・フランス 12世紀)

Marie de Guise 〈16世紀〉
スコットランド国王ジェームズ5世の妃で、メアリー・ステュアートの母。
⇒王妃 (マリー 1515–1560)

Marie de Jésus Crucifié 〈19世紀〉
修道女、神秘家。パレスチナのアベリン出身。アラブ人キリスト教徒。
⇒新カト (マリア〔十字架上のイエス〕 1846.1.5–1878.8.26)

Marie de la Providence 〈19世紀〉
煉獄援助修道会の創立者。フランスのリール生まれ。
⇒新カト (マリー〔摂理の〕 1825.3.25–1871.2.7)

Marie de l'Incarnation 〈16・17世紀〉
ウルスラ修道会修道女, 宣教師, 神秘家。聖人。祝日4月30日。カナダ・インディアンへ宣教。
⇒新カト (マリー・ド・ランカルナシオン 1599.10.28–1672.4.30)

Marie de Médicis 〈16・17世紀〉
フランス国王アンリ4世の妃。ルイ13世が即位すると摂政となる。
⇒岩世人 (マリー・ド・メディシス 1573.4.26–1642.7.3)
ネーム (マリー・ド・メディシス 1573–1642)
新カト (マリー・ド・メディシス 1573.4.26–1642.7.3)
王妃 (マリー・ド・メディシス 1573–1642)

Marie Leszczynska 〈18世紀〉
フランス国王ルイ15世の妃。ポーランド王スタニスワフ1世の娘。
⇒王妃 (マリー・レクザンスカ 1703–1768)

Marie Louise 〈18・19世紀〉
フランス皇帝ナポレオン1世の第2皇后。オーストリア皇帝フランツ1世の皇女。
⇒岩世人 (マリー＝ルイーズ 1791.12.12–1847.12.17)
世人新 (マリ＝ルイーズ 1791–1847)
世人装 (マリ＝ルイーズ 1791–1847)
王妃 (マリア・ルイーザ 1791–1847)
学叢歴 (マリア・ルイザ 1791–1847)

Marie Louise D'orleans 〈17世紀〉
カルロス2世の1番目の妃。
⇒王妃 (マリー・ルイーズ・ドルレアン 1662–1689)

Mariener, William 〈18・19世紀〉
イギリスの水夫。
⇒オセ新 (マリナー 1790頃–1860)

Marie Sophie Frederikke af Hessen-Kassel 〈18・19世紀〉
デンマーク王フレデリク6世の王妃。
⇒王妃 (マリー 1767–1852)

Marie Therese Charlotte de France 〈18・19世紀〉
ルイ16世とマリー・アントワネットの長女。
⇒王妃 (マリー・テレーズ・シャルロット 1778–1851)

Marie Thérèse d'Autriche 〈17世紀〉
フランス国王ルイ14世の妃。スペイン国王フェリペ4世の娘。
⇒王妃 (マリー・テレーズ・ドートリッシュ 1638–1683)

Mariette, August Édouard 〈19世紀〉
フランスのエジプト学者。1850年セラペイオン, テティの墳墓などを発掘。
⇒岩世人 (マリエット 1821.2.11–1881.1.18)

Marie Valerie Mathilde Amalie von Osterreich 〈19・20世紀〉
フランツ・ヨーゼフ1世と皇后エリーザベトの娘。フランツ・ザルヴァトール(オーストリア＝トスカーナ大公)の妃。
⇒王妃 (マリー・ヴァレリー 1868–1924)

Marignac, Jean Charles Galissard de 〈19世紀〉
スイスの化学者。酸化サマリウムの分離(80), 原子量測定などの業績がある。
⇒岩世人 (マリニャック 1817.4.24–1894.4.15)

Marignolli, Giovanni de' 〈13・14世紀〉
フィレンツェのフランシスコ会修道士。『ボヘミア年代記』を記した。
⇒岩世人 (マリニョッリ 1290頃–1357)
新カト (ジョヴァンニ〔マリニョリの〕 1290頃–1358/1359)
世人新 (マリニョーリ 1290頃–1357)
世人装 (マリニョーリ 1290頃–1357)

Marilhat, Prosper 〈19世紀〉
フランスの画家。
⇒芸13 (マリラ, プロスベル 1811–1847)

Marillac, Michel de 〈16・17世紀〉
フランスの政治家。1624年主計総監, 29年国璽尚書。
⇒岩世人 (マリヤック 1563–1632.8.7)

Marillac, St.Louise de 〈16・17世紀〉
フランスの聖女。1633年慈悲の友童貞会を創立

⇒新カト（ルイーズ・ド・マリヤック　1591.8.12–1660.3.15）

Marin, Jean-Marie〈19・20世紀〉
フランスのパリ外国宣教会宣教師。
⇒新カト（マラン　1842.9.7–1921.5.21）

Marin, John〈19・20世紀〉
アメリカの画家。1936年回顧展、50年ベネチア・ビエンナーレ展に出品。
⇒芸13（マリン、ジョン　1870–1953）

Marín, José〈17世紀〉
スペインの作曲家。
⇒バロ（マリン、ホセ　1618-1619頃–1699.3.M）

Marin, Louis〈19・20世紀〉
フランスの政治家。
⇒岩世人（マラン　1871.2.7–1960.5.22）

Marina
聖人。祝日6月18日、東方教会では2月12日。伝説上の女性で、有名な教訓説話の主人公。
⇒新カト（マリナ　生没年不詳）

Marinelli, Gaetano〈18・19世紀〉
イタリアの作曲家。
⇒バロ（マリネッリ、ガエターノ　1754.6.3–1820以降）

Marinetti, Filippo Tommaso〈19・20世紀〉
イタリアの詩人。未来派の創始者。主著『未来派人マファルカ』(10)。
⇒岩世人（マリネッティ　1876.12.22–1944.12.2）
　ネーム（マリネッティ　1876–1944）
　広辞7（マリネッティ　1876–1944）
　ラテ新（マリネッティ　1876–1944）

Marini, Biagio〈16・17世紀〉
イタリアの作曲家、楽器（ヴァイオリンなど）奏者。
⇒バロ（マリーニ、ビアジョ　1587-1597頃–1665.3.20）

Marini, Carlo Antonio〈17・18世紀〉
イタリアの作曲家。
⇒バロ（マリーニ、カルロ・アントーニオ　1670-1671–1717以降）

Marini, Giovanni Filippo de〈17世紀〉
イタリアのイエズス会宣教師。インドに渡り(1638)、伝道に従い、のち澳門（マカオ）に転じた。
⇒岩世人（マリーニ　1608–1682.7.17）

Marino, Giambattista〈16・17世紀〉
イタリアの詩人。主要作品『風笛』(20)、『アドーネ』(23)。
⇒岩世人（マリーノ　1569.10.14–1625.3.26）
　オペラ（マリーノ、ジャンバッティスタ　1569–1625）
　広辞7（マリーノ　1569–1625）
　新カト（マリーノ　1569.10.14–1625.3.25）

Marinos〈3世紀〉
聖人、ローマ人殉教者。祝日3月3日。
⇒新カト（マリノス〔カイサレイアの〕　?–262頃）

Marín-Sola, Francesco〈19・20世紀〉
スペインのカトリック神学者。ドミニコ会員。
⇒新カト（マリン・ソラ　1873.11.22–1932.6.1）

Marinus〈7・8世紀〉
殉教者、聖人。
⇒図聖（マリヌスとアニアヌス）

Marinus I〈9世紀〉
ローマ教皇。在位882～884。
⇒新カト（マリヌス1世　?–884.5.15）

Marinus II〈10世紀〉
ローマ教皇。在位942～946。
⇒新カト（マリヌス2世　?–946.5）

Marion-Brésillac, Melchior-Marie-Joseph de〈19世紀〉
アフリカ宣教会の創立者。フランスのカステルノダリー生まれ。
⇒新カト（マリオン・ブレジヤック　1813.12.2–1859.6.25）

Mariotte, Edme〈17世紀〉
フランスの物理学者。サン＝マルタン＝スー＝ボーヌの副修道院長。人間の眼の盲点を発見(66)。
⇒岩世人（マリオット　1620頃–1684.5.12）
　学叢思（マリオット、エドム　1620–1684）

Maris, Jacob〈19世紀〉
オランダの画家。風景画家マーリス3兄弟の長兄。主作品『ドルドレヒト付近の風景』『村の情景』。
⇒岩世人（マリス　1837.8.25–1899.8.7）

Maris, Matthijs〈19・20世紀〉
オランダの画家。風景画家マーリス3兄弟の次兄。
⇒岩世人（マリス　1839.8.17–1917.8.22）

Maris, Willem〈19・20世紀〉
オランダの画家。風景画家マーリス3兄弟の末弟。
⇒岩世人（マリス　1844.2.18–1910.10.10）

Marius〈3世紀〉
聖人、殉教者。祝日1月19日。
⇒新カト（マリウスとマルタ　?–260頃）

Marius, Gaius〈前2・1世紀〉
ローマ共和制末期の将軍。7年コンスルを務めた（前107,104～100,86）。
⇒岩世人（マリウス　前157頃–前86）

世人新（マリウス　前157頃–前86）
世人装（マリウス　前157頃–前86）
世史語（マリウス　前157頃–前86）
ポプ人（マリウス, ガイウス　前157?–前86）
学叢歴（マリウス　前157–前86）

Marius, Simon〈16・17世紀〉
ドイツの天文学者。望遠鏡を用いて木星の4衛星を発見(10), アンドロメダ星雲を発見した(12)。
⇒岩世人（マリウス　1573.1.10–1624.12.26）

Marius Mercator〈4・5世紀〉
ペラギウス派と闘ったアウグスティーヌスの友人, ラテン系神学者。
⇒新カト（マリウス・メルカトル　390頃–450以降）

Marius Victorinus, Gaius〈3・4世紀〉
アフリカ出身の新プラトン学派の哲学者, 教父。
⇒岩世人（マリウス・ウィクトリヌス　281(-291)–365以降）
　新カト（マリウス・ウィクトリヌス　3世紀末–362以後）

Marivaux, Pierre Carlet de Chamblain de〈17・18世紀〉
フランスの劇作家, 小説家。『恋に磨かれたアルルカン』が代表作。
⇒岩世人（マリヴォー　1688.2.4–1763.2.12）
　ネーム（マリヴォー　1688–1763）
　広辞7（マリヴォー　1688–1763）

Māriya al-Qubṭīya〈7世紀〉
イスラームの預言者ムハンマドの側妻。
⇒岩世人（マーリヤ・クブティーヤ　?–637）

Marjatta
フィンランドの叙事詩『カレワラ』で, 処女にして息子を身ごもった女性。
⇒ネーム（マリヤッタ）

Markellos〈3・4世紀〉
アンキュラの司教。
⇒新カト（マルケロス〔アンキュラの〕　280頃–374）

Markellos〈4世紀〉
シリアの都市アパメイアの司教。皇帝テオドシウス1世の宗教政策の主唱者の一人として, シリアの異教の聖所の破壊に専念した。
⇒新カト（マルケロス〔アパメイアの〕　?–384以後）

Markianos〈3世紀〉
聖人, ニコメデイアの殉教者。祝日10月26日。
⇒新カト（ルキアノス, マルキアノスとその仲間　?–250/251頃）

Markianos〈3世紀〉
聖人, エジプトの殉教者。祝日6月5日。
⇒新カト（マルキアノス, ニカンデルとその仲間　3世紀）

Markianos〈5世紀〉
聖人, 司祭。祝日1月9/10日。コンスタンティノポリスで活躍した。
⇒新カト（マルキアノス〔コンスタンティノポリスの〕　5世紀）

Markievicz, Constance (Georgine), Countess〈19・20世紀〉
アイルランドの民族独立主義者。
⇒岩世人（マルキェヴィッチ　1868.2.4–1927.7.15）

Marko, Krale〈14世紀〉
西マケドニアの王, 英雄叙事詩《マルコ》譚の主要人物。
⇒岩世人（マルコ　1335?–1395.5.17）

Markörgis Khan〈15世紀〉
北元の皇帝。
⇒世帝（マルコルギス・ハーン　(在位)1455–1465）

Markos〈1世紀〉
カトリックの聖人。新約聖書のマルコ福音書の著者, 使徒ペテロの通訳者, 秘書（ペテロ1書5章13）。
⇒岩世人（マルコ）
　ネーム（マルコ）
　広辞7（マルコ）
　新カト（マルコ）
　図聖（マルコ）

Markos Eremites〈4・5世紀〉
教会著作家。彼の名のもとに11の論文が残る。人物・生涯・活躍年代とも不詳。
⇒新カト（マルコス〔隠遁者〕　4–5世紀）

Markos Eugenikos〈14・15世紀〉
ビザンティンの神学者, エフェソスの府主教。コンスタンティノポリス出身。
⇒新カト（マルコス・エウゲニコス　1391/1392–1444/1445.6.23）

Markov, Andrei Andreevich〈19・20世紀〉
ソ連邦の数学者。確率論における中心極限定理, 大数法則の研究, いわゆる「マルコフの鎖」「マルコフ過程」の理論的研究に多くの業績を残した。
⇒岩世人（マルコフ　1856.6.2/14–1922.7.20）
　ネーム（マルコフ　1856–1922）
　広辞7（マルコフ　1856–1922）
　世数（マルコフ, アンドレイ・アンドレイエヴィッチ（父）　1856–1922）

Marković, Svetozar〈19世紀〉
ユーゴスラビアのセルビアの文学評論家, 思想家。主著『詩作と思想』(68)。
⇒岩世人（マルコヴィチ　1846.9.9–1875.2.26）

Markovnikov, Vladimir Vasilievich〈19・20世紀〉
ロシアの化学者。脂環式炭化水素研究者。
⇒岩世人（マルコーフニコフ　1838.12.22–1904.2.

11)

Marks, Alexander〈19・20世紀〉
オーストラリアにおける初の日本名誉領事。
⇒オセ新（マークス　1838–1919）

Marks, Samuel〈19・20世紀〉
南アフリカの実業家。
⇒ユ人（マークス，サムエル　1845–1920）

Mark Twain〈19・20世紀〉
アメリカの小説家。代表作『ハックルベリー・フィンの冒険』(84) など。
⇒アア歴（Twain,Mark　マーク・トウェイン　1835.11.30–1910.4.21）
　アメ新（マーク・トウェーン　1835–1910）
　岩世人（トウェイン　1835.11.30–1910.4.21）
　広辞7（マーク・トウェーン　1835–1910）
　新カト（マーク・トウェイン　1835.11.30–1910.4.21）
　世人新（マーク＝トゥエイン　1835–1910）
　世人装（マーク＝トゥエイン　1835–1910）
　ポプ人（トウェイン，マーク　1835–1910）

Markwart, Josef〈19・20世紀〉
ドイツの東洋学者。ライデン大学助教授，ベルリン大学教授を歴任。主著『古代トルコ碑文年代記』(98) など。
⇒岩世人（マルクヴァルト　1864.12.9–1930.2.4）

Marlborough, John Churchill, 1st Duke of〈17・18世紀〉
イギリスの軍人。1702年イギリス＝オランダ連合軍司令官，公爵。
⇒岩世人（マールバラ　1650.5.26–1722.6.16）
　学叢歴（マールボロー　1650–1722）

Marlborough, Sarah Churchill, Duchess of〈17・18世紀〉
マールバラ公ジョン・チャーチルの妻。
⇒岩世人（マールバラ　1660.6.5–1744.10.18）

Marlowe, Christopher〈16世紀〉
イギリスの劇作家，詩人。
⇒岩世人（マーロウ　1564.2.26（受洗）–1593.5.30）
　広辞7（マーロー　1564–1593）
　新カト（マーロー　1564.2.26–1593.5.30）
　スパイ（マーロウ，クリストファー　1564–1593）
　世人新（マーロー　1564–1593）
　世人装（マーロー　1564–1593）

Marmand, Joseph Ferdinand〈19・20世紀〉
フランスのパリ外国宣教会宣教師。長崎で布教活動を行った。
⇒新カト（マルマン　1849.3.26–1912.8.23）

Marmion, Columba〈19・20世紀〉
マレズーの大修道院長。アイルランドのダブリン生まれ。
⇒新カト（マルミオン　1858.4.1–1923.1.30）

Marmion, Simon〈15世紀〉
フランスの画家。サントメール聖堂の聖壇画『聖ベルタン』の作者。
⇒芸13（マルミオン，シモン　1425–1489）

Mármol, José〈19世紀〉
アルゼンチンの詩人，小説家。
⇒岩世人（マルモル　1818.12.2–1871.8.9）
　ネーム（マルモル　1818–1871）

Marmonier, Pierre-Charles-Henri〈19・20世紀〉
パリ外国宣教会会員。来日宣教師。フランスのリヨン生まれ。
⇒新カト（マルモニエ　1878.8.29–1933.4.16）

Marmont, Auguste Frédéric Louis Viesse de, Raguse〈18・19世紀〉
フランスの軍人。ナポレオンの幕僚となり，マレンゴの会戦で名をあげた (1800)。
⇒岩世人（マルモン　1774.7.20–1852.3.22）

Marmontel, Jean François〈18世紀〉
フランスの作家，文学者。『百科全書』に，多数執筆し，『文学原理』(87) と題してまとめられた。
⇒岩世人（マルモンテル　1723.7.11–1799.12.31）
　新カト（マルモンテル　1723.7.11–1799.12.31）

Marmorek, Alexander〈19・20世紀〉
フランスのシオニスト指導者，細菌学者。
⇒ユ人（マルモレク，アレクサンドル　1865–1923）

Marmottan, Pierre〈19・20世紀〉
フランスの政治家。
⇒19仏（ピエール・マルモッタン　1832.8.30–1914.1.6）

Marnas, Francisque〈19・20世紀〉
フランスのパリ外国宣教会宣教師。キリシタン研究家。著書に『日本キリスト教復活史』。
⇒岩世人（マルナス　1859.3.11–1932.10.13）
　新カト（マルナス　1859.3.11–1932.10.13）

Maro〈3世紀〉
聖人，イタリアの殉教者。祝日4月15日。
⇒新カト（マロ，エウティケスとウィクトリヌス）

Marot, Clément〈15・16世紀〉
フランスの詩人。代表作『キュピッドの殿堂』(15)。
⇒岩世人（マロ　1496.11.23–1544.9.10?）
　広辞7（マロ　1496–1544）
　新カト（マロ　1496–1544.9.10）

Marot, Daniel〈17・18世紀〉
フランスの建築家，装飾図案家。建築家J.マロの子。
⇒岩世人（マロ　1663頃–1752.6.4）
　芸13（マロー，ダニエル　1660–1718）

Marouzeau, Jules〈19・20世紀〉
フランスの言語学者, ラテン語学者。
⇒岩世人（マルーゾー　1878.3.20–1964.9.27）

Marozia〈9・10世紀〉
中世ローマ教皇庁のポーノクラシイ（娼婦政治）時代に勢力をもった女性貴族。
⇒岩世人（マロツィア　892頃–936以前）
　新カト（マロツィア　892–937）

mar pa chos kyi blo gros〈11世紀〉
チベットの仏典翻訳家。
⇒岩世人（マルパ・チューキロドゥー　1012–1097）

Marpurg, Friedrich Wilhelm〈18世紀〉
ドイツの音楽理論家, 作曲家。1763～95年プロシア国立ロタリー局長。
⇒バロ（マールブルク, フリードリヒ・ヴィルヘルム　1718.11.21–1795.5.22）

Marquardt, Walter William〈19・20世紀〉
アメリカの教育者, 国家公務員, 企業幹部。
⇒アア歴（Marquardt, Walter William　ウォルター・ウイリアム・マーカード　1878.9.8–1962.6.18）

Marques, Francisco〈17世紀〉
ポルトガルのイエズス会宣教師。長崎に生まれ, 母は日本人。
⇒岩世人（マルケス　1611–1643.3.25）
　新カト（マルケス　1611–1643.3.25）

Marqués, Juan〈16・17世紀〉
スペインの作曲家。
⇒バロ（マルケス, フアン　1582–1658）

Marques, Pedro〈16・17世紀〉
ポルトガルのイエズス会宣教師。マニラから来日し（1643）江戸に送られて小石川切支丹屋敷に置かれた。
⇒岩世人（マルケス　1575頃–1657.6.12）
　新カト（マルケス　1576頃–1657.6.12）

Marques, Pedro〈17世紀〉
東南アジア宣教に従事した日本生まれのイエズス会員。長崎出身。父はポルトガル人, 母は日本人。
⇒新カト（マルケス　1612–1670頃）

Marquet, Albert〈19・20世紀〉
フランスの画家。1905年にH.マチスらとフォービズム運動に参加。
⇒岩世人（マルケ　1875.3.27–1947.6.13）
　広辞7（マルケ　1875–1947）
　芸13（マルケ, アルベール　1875–1947）

Marquette, Jacques〈17世紀〉
フランス出身のイエズス会宣教師。
⇒新カト（マルケット　1637.6.10–1675.5.18）

Marquis, Don〈19・20世紀〉
アメリカの小説家。『アーチーとメヒタベル』（27）が代表作。
⇒岩世人（マークィス　1878.7.29–1937.12.29）

Marr, Carl von〈19・20世紀〉
ドイツの画家。
⇒芸13（マルル, カルル・フォン　1858–1936）

Marr, Nikolai Iakovlevich〈19・20世紀〉
ソ連の言語学者, 考古学者。
⇒岩世人（マル　1864.12.25/1865.1.6–1934.12.20）

Marr, Wilhelm〈19・20世紀〉
ドイツの反ユダヤ的ジャーナリスト。
⇒岩世人（マル　1819.11.16–1904.7.17）

Marrast, Armand〈19世紀〉
フランスの政論家。「トリビューン」紙を主宰して王国の保守的傾向を攻撃, 共和党の領袖であった。
⇒岩世人（マラスト　1801.6.3–1852.3.10）

Marryat, Frederick〈18・19世紀〉
イギリスの海軍軍人, 海洋小説家。『海軍士官の冒険』（29）などを発表。
⇒岩世人（マリアット　1792.7.10–1848.8.9）

Mars〈19・20世紀〉
ベルギーのイラストレーター。
⇒19仏（マルス　1849.5.26–1912.3.28）

Marsay, Charles-Hector, Marquis de St-Georges〈17・18世紀〉
フランスの改革派の静寂主義者。
⇒新カト（マルセー　1688–1753.2.3）

Marschall von Bieberstein, Adolf, Freiherr〈19・20世紀〉
ドイツの政治家, 外交官。
⇒岩世人（マルシャル・フォン・ビーベルシュタイン　1842.10.12–1912.9.24）

Marschner, Heinrich August〈18・19世紀〉
ドイツの作曲家。1831年ハノーバー宮廷の楽長, ドイツ・ロマン派のオペラを確立。
⇒岩世人（マルシュナー　1795.8.16–1861.12.14）
　オペラ（マルシュナー, ハインリヒ　1795–1861）

Marsden, William〈18・19世紀〉
イギリスの東洋学者。『スマトラ史』（1783）『マレー文法辞典』（1812）を著した。
⇒岩世人（マースデン　1754.11.16–1836.10.6）

Marseilla, Folquet de〈12・13世紀〉
フランスの詩人, トルバドゥール, 聖職者, 教育者。
⇒バロ（フォルケト・デ・マルセーヤ　1150-1160頃–1231.12.25）
　バロ（マルセーヤ, フォルケト・デ　1150-1160頃

—1231.12.25)

Marseille, Bertand de Carbonaile
〈12・13世紀〉
フランスの作曲家。
⇒バロ（マルセイユ，ベルタン・ド・カルボネル　1180頃?–1230頃?）

Marseille, Rostand Bérangelle de
〈12・13世紀〉
フランスの作曲家。
⇒バロ（マルセイユ，ロスタン・ベランジェル・ド　1180頃?–1230頃?）

Marsh, George Perkins〈19世紀〉
アメリカの外交官，言語学者，環境論者。
⇒岩世人（マーシュ　1801.3.15–1882.7.23）

Marsh, Herbert〈18・19世紀〉
イギリスの新約学者。
⇒新カト（マーシュ　1757.12.10–1839.5.1）

Marsh, James〈18・19世紀〉
イギリスの化学者。砒素検出法（マーシュ検出法）を発見（1836）。
⇒岩世人（マーシュ　1794.9.2–1846.6.21）

Marsh, John〈18・19世紀〉
イギリスの作曲家。
⇒バロ（マーシュ，ジョン　1752–1828）

Marsh, Othniel Charles〈19世紀〉
アメリカの古生物学者。1888年デスモスチルス属創設。
⇒岩世人（マーシュ　1831.10.29–1899.3.18）

Marshall, Alfred〈19・20世紀〉
イギリスの経済学者。1885年ケンブリッジ大学経済学教授。主著『経済学原理』（90）。
⇒岩世人（マーシャル　1842.7.26–1924.7.13）
　広辞7（マーシャル　1842–1924）
　学叢思（マーシャル，アルフレッド　1842–1926）
　新カト（マーシャル　1842.7.26–1924.7.13）

Marshall, George Catlett〈19・20世紀〉
アメリカの軍人，政治家。マーシャル・プランの提唱者。1953年ノーベル平和賞受賞。
⇒アメ新（マーシャル　1880–1959）
　岩世人（マーシャル　1880.12.31–1959.10.16）
　ネーム（マーシャル　1880–1959）
　広辞7（マーシャル　1880–1959）
　世人新（マーシャル　1880–1959）
　世人装（マーシャル　1880–1959）
　世史語（マーシャル　1880–1959）
　ポプ人（マーシャル，ジョージ　1880–1959）

Marshall, Harry Ignatius〈19・20世紀〉
アメリカの宣教師，民俗学者。
⇒アア歴（Marshall,Harry I (gnatius)　ハリー・イグネイシアス・マーシャル　1878.1.24–1952.3.19）

Marshall, Humphrey〈19世紀〉
アメリカの軍人，外交官。中国駐在公使（52～54）。
⇒アア歴（Marshall,Humphrey　ハンフリー・マーシャル　1812.1.13–1872.3.28）

Marshall, John〈18・19世紀〉
アメリカの法学者，政治家。1800年国務長官，01年最高裁判所長官。
⇒アメ新（マーシャル　1755–1835）
　岩世人（マーシャル　1755.9.24–1835.7.6）

Marshall, Sir John Hubert〈19・20世紀〉
イギリスの考古学者。モヘンジョ・ダロの大発掘やハラッパの調査を行った。
⇒岩世人（マーシャル　1876.3.19–1958.8.17）
　南ア新（マーシャル　1876–1958）

Marshall, Louis〈19・20世紀〉
アメリカの法律家，ユダヤ人社会の指導者。
⇒ユ人（マーシャル，ルイス　1856–1929）
　ユ著人（Marshall,Louis　マーシャル，ルイス　1865–1929）

Marshall, William〈18・19世紀〉
イギリスの農業改良家。
⇒岩世人（マーシャル　1745–1818）

Marsiglio da Padova〈13・14世紀〉
イタリアの学者。『平和擁護者論』を著した。
⇒岩世人（マルシウス　1280頃–1343以前）
　学叢思（マルシリウス，パドゥアの　1270–1340）
　新カト（マルシリウス〔パドヴァの〕　1275/1280–1342/1343）

Marsilius von Inghen〈14世紀〉
ドイツのスコラ学者。
⇒岩世人（マルシリウス・フォン・インゲン　1330-1340頃–1396.8.20）
　新カト（マルシリウス〔インゲンの〕　1330頃–1396.8.20）

Marsoulan, Henry〈19・20世紀〉
フランスの政治家。
⇒19仏（アンリ・マルスーラン　1839.3.30–1909.9.21）

Marston, John〈16・17世紀〉
イギリスの諷刺詩人，劇作家，牧師。
⇒岩世人（マーストン　1575頃–1634.6.25）

Marston (Merston), Roger〈13・14世紀〉
イングランドのフランシスコ会の神学者。
⇒新カト（マーストン　1245–1303頃）

Marsus〈4世紀〉
オセールの宣教者。聖人。祝日10月4日。
⇒新カト（マルスス　300頃）

Marsy, Berthe de〈19世紀〉
フランスの運動家。
⇒19仏（ベルト・ド・マルシ　生没年不詳）

Marsyas
ギリシア神話、オーボエ音楽の発明者。
⇒岩世人（マルシュアス）

Martène, Edmond〈17・18世紀〉
フランスの典礼学者、ベネディクト会士。
⇒新カト（マルテーヌ　1654.12.22–1739.6.20）

Martens, Georg Friedrich von〈18・19世紀〉
ドイツの外交官、国際法学者。歴史学派の主要な代表者。
⇒岩世人（マルテンス　1756.2.22–1821.2.21）

Martensen, Hans Lassen〈19世紀〉
デンマークのプロテスタント神学者。
⇒岩世人（マーテンセン　1808.8.19–1884.2.3）
　学叢思（マルテンゼン、ハンス・ラッセン　1808–1884）
　新カト（マルテンセン　1808.8.19–1884.2.3）

Martha〈1世紀頃〉
イエスの信者。マリアとラザロの姉（新約）。
⇒岩世人（マルタ）
　新カト（マルタ）
　図聖（マルタ（ベタニアの））
　聖書（マリアとマルタ）

Martha〈3世紀〉
聖人、殉教者。祝日1月19日。
⇒新カト（マリウスとマルタ　?–260頃）

Martí, Jose〈18世紀〉
スペインの作曲家。
⇒バロ（マルティ、ホセ　1719–1763）

Martí, José Julián〈19世紀〉
キューバの詩人、独立運動の指導者。『祖国』誌を刊行。
⇒岩世人（マルティ　1853.1.28–1895.5.19）
　ネーム（マルティ　1853–1895）
　広辞7（マルティ　1853–1895）
　世人新（マルティ　1853–1895）
　世人装（マルティ　1853–1895）
　ラテ新（マルティ　1853–1895）

Martialis, Marcus Valerius〈1・2世紀〉
ローマのエピグラム詩人。
⇒岩世人（マルティアリス　40頃–104頃）
　ネーム（マルティアリス　40?–104?）
　広辞7（マルティアリス　40頃–104頃）

Martial (Limoges)〈3世紀〉
ガリア（フランス）のアキテーヌの使徒。
⇒新カト（マルティアリス〔リモージュの〕　3世紀）

Martianus Capella〈4・5世紀〉
ローマの作家。『メルクリウスとフィロロギアの結婚』の作者。
⇒岩世人（マルティアヌス・カペッラ）

Martignac, Jean-Baptiste Sylvère Gaye, Vicomte de〈18・19世紀〉
フランスの政治家。1828年内相。
⇒岩世人（マルティニャック　1778.6.20–1832.4.3）

Martin, Bon Louis Henri〈19世紀〉
フランスの歴史家。『フランス史』（33～6）の著者。1876年元老院議員。
⇒岩世人（マルタン　1810.2.20–1883.12.14）
　19仏（アンリ・マルタン　1810.2.20–1883.12.14）

Martin, Claude〈16世紀〉
フランスの作曲家、理論家。
⇒バロ（マルタン、クロード　1510頃?–1560頃?）

Martin, François〈17・18世紀〉
フランスの植民地建設者。1672年ポンディシェリーに商館を建設、商館長となった。
⇒岩世人（マルタン　1633–1706.12.31）

Martin, François II〈18世紀〉
フランスの作曲家。
⇒バロ（マルタン、フランソワ2世　1727–1757）

Martin, Gregory〈16世紀〉
イギリスのカトリック教会の聖職者、『ドゥエ-ラーンス聖書』翻訳者。
⇒新カト（マーティン　1540頃–1582.10.28）

Martin, John〈18・19世紀〉
イギリスの画家、版画家。1829年フランスのシャルル10世から金メダルを受ける。
⇒岩世人（マーティン　1789.7.19–1854.2.17）
　芸13（マーティン、ジョン　1789–1854）

Martin, Konrad〈19世紀〉
ドイツのカトリック司教、神学者。
⇒新カト（マルティン　1812.5.18–1879.7.16）

Martin, Nicolas〈15・16世紀〉
フランスの作曲家。
⇒バロ（マルタン、ニコラ　1498–1566）

Martin, Pierre Émile〈19・20世紀〉
フランスの製鋼技術者。溶鉱炉を作り、溶鋼に成功。
⇒岩世人（マルタン　1824.8.18–1915.5.23）
　広辞7（マルタン　1824–1915）

Martin, Rudolf〈19・20世紀〉
スイスの人類学者。チューリヒ大学教授、ミュンヘン大学人類学主任教授を歴任。
⇒岩世人（マルティン　1864.7.1–1925.7.11）

Martin, William Alexander Parsons

〈19・20世紀〉
アメリカの長老派宣教師。
⇒アア歴（Martin,W(illiam) A(lexander) P(arsons)　ウイリアム・アレグザンダー・パースンズ・マーティン　1827.4.10–1916.12.18）
岩世人（マーティン　1827.4.10–1916.12.17）

Martin I, the Humane〈14・15世紀〉
アラゴン王国の統治者。
⇒世帝（マルティン1世　1356–1410）

Martina〈3世紀頃〉
聖人, ローマの殉教者の女性。祝日1月30日。
⇒新カト（マルティナ　3世紀頃）

Martin de la Ascensión〈16世紀〉
フランシスコ会員, 日本26聖人の一人。出自はスペインの名家アギレで, ギプスコア県ベルガラに生まれる。
⇒新カト（マルティン・デ・ラ・アセンシオン　1567.9.11–1597.2.5）

Martin De Porres〈16・17世紀〉
ドミニコ会信徒修道士。聖人。ペルーのリマ生まれ。
⇒新カト（マルティン・デ・ポレス　1579.12.9–1639.11.3）

Martineau, Harriet〈19世紀〉
イギリスの女流文学者。
⇒岩世人（マーティノー　1802.6.12–1876.6.27）
学叢思（マルティノー, ハリエット　1802–1876）

Martineau, James〈19世紀〉
イギリスの哲学者, ユニテリアン派牧師。1869年マンチェスター・カレッジ学長。
⇒岩世人（マーティノー　1805.4.21–1900.1.11）
学叢思（マルティノー, ジェームズ　1805–1900）

Martinengo, Giulio Cesare〈16・17世紀〉
イタリアの作曲家。
⇒バロ（マルティネンゴ, ジュリオ・チェーザレ　1561-1566–1613.7.10）

Martinetti, Piero〈19・20世紀〉
イタリアの哲学者。
⇒岩世人（マルティネッティ　1872.8.21–1943.3.23）

Martínez, Pedro〈16世紀〉
スペイン出身のイエズス会員, フロリダへの宣教師。
⇒新カト（マルティネス　1533.10.15–1566.10.6）

Martínez de Campos, Arsenio〈19世紀〉
スペインの政治家, 軍人。カルロス党との戦いを鎮定（1876）。
⇒岩世人（マルティネス・カンポス　1831.12.14–1900.9.23）

Martínez de la Roca y Bolea, Joakin〈17・18世紀〉
スペインの作曲家。
⇒バロ（デ・ラ・ロカ・イ・ボレーア, ホアキン・マルティーネス　1676頃–1756頃）
バロ（マルティネス・デ・ラ・ロカ・イ・ボレーア, ホアキン　1676頃–1756頃）

Martínez de la Rosa, Francisco〈18・19世紀〉
スペインの劇作家, 政治家。作品に『ベネチアの陰謀』（34）。
⇒岩世人（マルティネス・デ・ラ・ロサ　1787.3.10–1862.2.7）

Martínez de Toledo, Alfonso〈14・15世紀〉
スペインの聖職者, 小説家。「タラベラの僧正」と呼ばれた。
⇒岩世人（マルティネス・デ・トレド　1398頃–1470頃）

Martínez de Zúñiga, Joaquín〈18・19世紀〉
スペインのアウグスチノ会士。
⇒岩世人（マルティネス・デ・スニガ　1760.6.10–1818.3.7）

Martinez-Patti, Gino〈19・20世紀〉
スペイン系イタリアのテノール。
⇒魅惑（Martinez-Patti,Gino　1866–1925）

Martínez Verdugo, Sebastián〈16・17世紀〉
スペインの作曲家。
⇒バロ（ベルドゥーゴ, セバスティアン・マルティネス　1575頃–1654.5.12）
バロ（マルティネス・ベルドゥーゴ, セバスティアン　1575頃–1654.5.12）

Martini, Francesco〈16・17世紀〉
フランドルの作曲家。
⇒バロ（マルティーニ, フランチェスコ　1560頃–1626.10.14頃?）

Martini, Giovanni Battista〈18世紀〉
イタリアの作曲家, 音楽理論家。音楽関係の収集図書は1万7000巻。主著『音楽史』（57～81）。
⇒バロ（マルティーニ, ジョヴァンニ・バッティスタ　1706.4.24–1784.8.3）
岩世人（マルティーニ　1706.4.24–1784.8.3）
オペラ（マルティーニ, ジョヴァンニ・バッティスタ　1806–1884）
新カト（マルティーニ　1706.4.24–1784.8.3）

Martini, Jean Paul Egide〈18・19世紀〉
フランス（ドイツ生れ）の作曲家。歌劇, 教会音楽の作がある。
⇒バロ（マルティーニ, ヨハン・パウル・エギーディウス　1741.8.31–1816.2.10）
岩世人（マルティーニ　1741.8.31–1816.2.10）

Martini, Johannes〈15世紀〉
フランドルの作曲家。
⇒バロ（マルティーニ, ヨハンネス　1440頃–1497.12-1498.1）

Martini, Karl Anton von〈18世紀〉
オーストリアの法学者。
⇒岩世人（マルティーニ　1726.8.15–1800.8.7）

Martini, Martino〈17世紀〉
オーストリアのイエズス会士。著書『韃靼戦記』(54)。
⇒岩世人（マルティーニ　1614–1661.6.6）
　新カト（マルティーニ　1614–1661.6.6）

Martini, Matthias〈16・17世紀〉
ドイツの改革派神学者。
⇒新カト（マルティニウス　1572–1630.6.21）

Martini, Simone di Martino〈13・14世紀〉
イタリアの画家。1333年シエナ大聖堂の聖アンサーノ礼拝堂に『聖告』を描いた。
⇒岩世人（マルティーニ　1284頃–1344.7）
　広辞7（マルティーニ　1284–1344）
　新カト（マルティーニ　1284頃–1344）
　芸13（マルティーニ, シモーネ　1284頃–1344）

Martinian（Martius Martinianus）〈4世紀〉
ローマ帝国の統治者。在位324。
⇒世帝（マルティニアヌス　(在位)324）

Martinianus
聖人, ローマの殉教者。祝日7月2日。
⇒新カト（プロケッススとマルティニアヌス　生没年不詳）

Martin-Landelle, Émile〈19世紀〉
フランスの政治家。
⇒19仏（エミール・マルタン＝ランデル　1834.9.15–?）

Martin Linius〈17・18世紀〉
ドイツのカトリック著述家, カプチン・フランシスコ修道会会員。コヘム生まれ。
⇒新カト（マルティン・リニウス〔コヘムの〕　1634.12.13–1712.9.10）

Martin of Braga〈6世紀〉
司教。聖人。
⇒新カト（マルティヌス〔ブラガの〕　515頃–579頃）

Martinovics Ignác〈18世紀〉
ハンガリーの化学者。革命を企て, ウィーンで処刑。
⇒岩世人（マルティノヴィチ　1755.7.20–1795.5.20）

Martins, Pedro〈16世紀〉
ポルトガルの神父。

⇒岩世人（マルティンス　1541頃–1598.2.13）
　新カト（マルティンス　1541–1598.2.13）

Martinus〈13世紀〉
プラハの年代記作家, ドミニコ会会員。シレジア地方のオパヴァ生まれ。
⇒新カト（マルティヌス〔オパヴァの〕　1200以降–1278.6.22以降）

Martinus〈15世紀〉
スペインの年代記作者。
⇒新カト（マルティヌス〔アルバルティルの〕　?–1440頃）

Martinus, St.〈4世紀〉
フランス, ツールの司教, 聖人。372年ツールの司教, マルムティエに修道院を建設。
⇒岩世人（マルティヌス　316頃–397）
　新カト（マルティヌス〔トゥールの〕　316/317–397.11.8）
　図聖（マルティヌス（トゥールの）　316/317–397）

Martinus I〈7世紀〉
教皇。在位649–55。聖人。ラテラノ教会会議を開いてキリスト単意説を排斥。
⇒新カト（マルティヌス1世　591–655.9.16）

Martinus IV〈13世紀〉
教皇。在位1281–5。1282年皇帝ミカエル8世を破門, 東方教会との合同を破綻。
⇒新カト（マルティヌス4世　?–1285.3.28）

Martinus V〈14・15世紀〉
教皇。在位1417–31。フス派に対する十字軍を唱道。1423年パビア教会会議を開催。
⇒岩世人（マルティヌス5世　1368–1431.2.20）
　新カト（マルティヌス5世　1368–1431.2.20）

Martinus Polonus〈13世紀〉
中世のドミニコ会修道士, 年代記作者。
⇒岩世人（マルティン（トロッパウの）　?–1278）

Martin y Coll, Antonio〈17・18世紀〉
スペインの作曲家。
⇒バロ（イ・コル, アントーニオ・マルティン　1680頃?–1734以降）
　バロ（マルティン・イ・コル, アントーニオ　1680頃?–1734以降）

Martín y Soler, Vicente〈18・19世紀〉
スペインの作曲家。1780年オペラ『アウリスのイフィゲニア』を上演し成功。
⇒バロ（ソレール, ビセンテ・マルティン・イ　1754.5.2–1806.2.11）
　バロ（マルティン・イ・ソレール, ビセンテ　1754.5.2–1806.2.11）

Martius, Karl Friedrich Philipp von〈18・19世紀〉
ドイツの植物学者。ブラジル探検隊に参加(1817～20)。
⇒岩世人（マルティウス　1794.4.17–1868.12.13）

Márton〈14世紀〉
ハンガリーの作曲家。
⇒バロ（マールトン,? 1350頃?–1400頃?）

Martonne, Emmanuel de〈19・20世紀〉
フランスの地理学者。地理学研究所を創設したフランス地理学界の指導者。
⇒岩世人（マルトヌ 1873.4.1–1955.7.25）

Martos, Ivan Petrovich〈18・19世紀〉
ロシアの彫刻家。
⇒芸13（マルトス，イワン・ペトローヴィッチ 1752–1835）

Martov, L.〈19・20世紀〉
ロシアの政治家。1903年以後メンシェビキの指導者。20年亡命，ベルリンで『社会主義通報』発行。
⇒岩世人（マールトフ 1873.11.12/24–1923.4.4）
世人新（マルトフ 1873–1923）
世人装（マルトフ 1873–1923）
ユ人（マルトフ・ユリウス（ユーリ・オシポビッチ・ツェデルバウム） 1873–1923）
ユ著人（Martov,Julius マルトフ,ユリウス 1873–1923）

Mārttāṇṭa Varma〈18世紀〉
南インドのヴェーナード国の王。在位1729～58。
⇒南ア新（マールターンダ・ヴァルマ 1705–1758）

Martucci, Giuseppe〈19・20世紀〉
イタリアの作曲家，ピアノ奏者，指揮者。1902年ナポリ音楽院院長。
⇒オペラ（マルトゥッチ，ジュゼッペ 1856–1909）

Marty, Anton Maurus〈19・20世紀〉
スイスの哲学者，言語学者。主著『言語起源論』(75)。
⇒岩世人（マルティ 1847.10.18–1914.10.1）
メル3（マルティ，アントン 1847–1914）

Marty, Martin〈19世紀〉
スイス出身のベネディクト会士，司教，アメリカ・インディアンへの宣教師。
⇒新カト（マーティ 1834.1.12–1896.9.19）

Martyn, Henry〈18・19世紀〉
イギリスの宣教師。インドで新約聖書をウルドゥー語とペルシア語に翻訳。
⇒岩世人（マーティン 1781.2.18–1812.10.16）

Marucchi, Orazio〈19・20世紀〉
イタリアの考古学者。
⇒新カト（マルッキ 1852.11.10–1931.1.21）

Ma'ruf Syah, Sultan〈15・16世紀〉
インドネシア，スマトラ島北部のプディル（またはピディエ）王国の第2代スルタン。
⇒岩世人（マルフ・シャー ?–1511）

Ma'rūfu'l-Kar-khī, ibn Fīrūz〈8・9世紀〉
イスラム教神秘派の先駆者の一人。
⇒岩世人（カルヒー，マアルーフ ?–815/816）

Marvell, Andrew〈17世紀〉
イギリスの詩人，政治家。ミルトンを擁護し，国会議員としても活躍。作品『内気な恋人に』。
⇒岩世人（マーヴェル 1621.3.31–1678.8.18）

Marville, Jean de〈14世紀〉
フランスの彫刻家。
⇒芸13（マルヴィユ，ジャン・ド ?–1389頃）

Marvin, George〈19・20世紀〉
アメリカのジャーナリスト，編集者。
⇒アア歴（Marvin,George ジョージ・マーヴィン 1873.7.31–1955.12.21）

Marwān I bn al-Ḥakam〈7世紀〉
イスラム，ウマイヤ朝第4代カリフ。在位684～5。
⇒世帝（マルワーン1世 621–685）

Marwān II bn Muhammad bn Marwān〈7・8世紀〉
アラビアのウマイヤ朝第14代，最後のカリフ。在位744～50。
⇒岩世人（マルワーン2世 ?–750.8.5）
世帝（マルワーン2世 688–750）

Marwān bin Abī Ḥafṣah〈8世紀〉
アラビアのアッバース朝の詩人。
⇒岩世人（マルワーン・イブン・アビー・ハフサ 723/724–798/799以降）

Marwitz, Friedrich August Ludwig von der〈18・19世紀〉
プロシアの軍人，政治家。対ナポレオン戦争に参加，多くの勲功をあげた。
⇒岩世人（マールヴィッツ 1777.5.29–1837.12.6）

Marx, Jakob〈19・20世紀〉
ドイツのカトリック教会史学者，司祭。
⇒新カト（マルクス 1855.3.7–1924.3.19）

Marx, Karl Heinrich〈19世紀〉
ドイツの経済学者，哲学者，革命指導者。1848年『共産党宣言』執筆。
⇒岩世人（マルクス 1818.5.5–1883.3.14）
覚思（マルクス 1818.5.5–1883.3.14）
覚思ス（マルクス 1818.5.5–1883.3.14）
広辞7（マルクス 1818–1883）
学叢思（マルクス，ハインリヒ・カール 1818–1883）
新カト（マルクス 1818.5.5–1883.3.14）
図哲（マルクス，カール 1818–1883）
世人新（マルクス 1818–1883）
世人装（マルクス 1818–1883）
世史語（マルクス 1818–1883）
世史語（マルクス 1818–1883）
ポプ人（マルクス，カール 1818–1883）

メル3（マルクス，カール・ハインリヒ　1818–1883）
ユ人（マルクス，カール・ハインリヒ　1818–1883）
ユ著人（Marx,Karl Heinrich　マルクス，カール・ハインリッヒ　1818–1883）

Marx, Roger〈19・20世紀〉
フランスの美術批評家，行政官。
⇒岩世人（マルクス　1859.8.28–1913.12.13）

Marx, Wilhelm〈19・20世紀〉
ドイツの政治家。中央党党首（1921～28），首相（23～24,26～28）。
⇒岩世人（マルクス　1863.1.15–1946.8.5）

Mary〈18・19世紀〉
イギリス王ジョージ3世の娘。
⇒王妃（メアリー　1776–1857）

Mary I〈16世紀〉
イギリス，チューダー朝の女王。在位1553～58。流血好きのメアリー。
⇒岩世人（メアリ1世　1516.2.18–1558.11.17）
姫全（メアリー1世　1516–1558）
広辞7（メアリー一世　1516–1558）
新カト（メアリ・テューダー　1516.2.18–1558.11.17）
世人新（メアリ1世　1516–1558）
世人装（メアリ1世　1516–1558）
世史語（メアリ1世　1516–1558）
世帝（メアリー1世　1516–1558）
ポプ人（メアリ1世　1516–1558）
皇国（メアリー1世　(在位)1553–1558）

Mary II〈17世紀〉
イギリス，スチュアート朝の女王。在位1689～94。夫ウィリアム3世とともに王位につく。
⇒岩世人（メアリ2世　1662.4.30–1694.12.28）
広辞7（メアリー二世　1662–1694）
世人新（メアリ2世　1662–1694）
世人装（メアリ2世　1662–1694）
世史語（メアリ2世　1662–1694）
世帝（メアリー2世　1662–1694）
ポプ人（メアリ2世　1662–1694）
皇国（メアリー2世　(在位)1689–1694）

Marya Morevna
スラヴ（ロシア）伝説で，戦士の女王。
⇒ネーム（マリヤ・モレーヴナ）

Mary Magdalen Dei Pazzi〈16・17世紀〉
神秘家。聖人。フィレンツェ生まれ。
⇒新カト（マリア・マッダレーナ・デ・パッツィ　1566.4.2–1607.5.25）
図聖（マリア・マッダレーナ・デイ・パッツィ　1566–1607）

Mary of Bethany
マルタとラザロの姉妹，家事をせずイエスの説教を優先した女性（マタイによる福音書）。
⇒新カト（マリア〔ベタニアの〕）

聖書（マリアとマルタ）

Mary of Guise〈16世紀〉
スコットランドの王妃。
⇒岩世人（メアリ（ギーズの）　1515.11.20–1560.6.11）

Mary of Modena〈17・18世紀〉
イギリス王ジェームズ2世の妃。
⇒王妃（メアリー　1658–1718）

Mary of Teck〈19・20世紀〉
イギリスの王妃。
⇒王妃（メアリー　1867–1953）

Mary Stuart〈16世紀〉
スコットランドの女王。在位1542～67。エリザベス暗殺計画に荷担した罪で斬首刑。
⇒岩世人（メアリ・ステュアート　1542.12.8–1587.2.8）
姫全（メアリー・ステュアート　1542–1587）
ネーム（メアリー・ステュアート　1542–1587）
広辞7（メアリー・スチュアート　1542–1587）
新カト（メアリ・ステュアート　1542.12.7/8–1587.2.8）
世人新（メアリ＝ステュアート　1542–1587）
世人装（メアリ＝ステュアート　1542–1587）
世帝（メアリー1世　1542–1587）
ポプ人（メアリ・ステュアート　1542–1587）
皇国（メアリー・スチュアート　(在位)1542–1567）

Mary Tudor〈15・16世紀〉
イギリスの王女。
⇒王妃（メアリー・テューダー　1496–1533）

Marzbān bn Rustam bn Sharvīn〈10世紀頃〉
イランの物語作家。方言による逸話集『マルズバーンの書』を著した。
⇒岩世人（マルズバーン）

Masaccio, Tomasso Guidi〈15世紀〉
イタリアの画家。
⇒岩世人（マザッチョ　1401.12.21–1428）
ネーム（マサッチオ　1401–1429）
広辞7（マザッチオ　1401–1428）
学叢思（マサッチオ，トマソ　1401–1428）
新カト（マザッチオ　1401.12.21–1428）
芸13（マサッチオ　1401–1428）
世人新（マサッチオ　1401–1428）
世人装（マサッチオ　1401–1428）
ルネ（マザッチオ　1401–1428）

Masaniello〈17世紀〉
イタリアの漁夫。1647年民衆の反乱の先頭に立ち，市政権の掌握に成功。民衆政権の首長に推された。
⇒岩世人（マザニエッロ　1620.6.29–1647.7.16）

Māsarjawaih〈7世紀〉
イラン系ユダヤ教徒。バスラ生れの医師。

古代－19世紀 Ⅲ

⇒岩世人 (マーサルジャワイヒ)
ユ著人 (Mâsarjawaih　マーサルジャワイー　8世紀初)

Masaryk, Tomáš Garrigue〈19・20世紀〉
チェコスロバキアの哲学者,政治家。『具体的論理学』(85) ほか多数の著作あり。
⇒岩世人 (マサリク　1850.3.7–1937.9.14)
ネーム (マサリク　1850–1937)
広辞7 (マサリク　1850–1937)
学叢思 (マサリック,トーマス・ガリーグ　1850–?)
新カト (マサリク　1850.3.7–1937.9.14)
世人新 (マサリク　1850–1937)
世人装 (マサリク　1850–1937)

Mascagni, Pietro〈19・20世紀〉
イタリアのオペラ作曲家。1929年ミラノのスカラ座指揮者。
⇒岩世人 (マスカーニ　1863.12.7–1945.8.2)
オペラ (マスカーニ,ピエートロ　1863–1945)
エデ (マスカーニ,ピエートロ　1863.12.7–1945.8.2)
ネーム (マスカーニ　1863–1945)
広辞7 (マスカーニ　1863–1945)

Mascarenhas, Francisco〈17世紀〉
ポルトガルの軍人。
⇒岩世人 (マスカレニャス)

Mascaron, Jules de〈17・18世紀〉
フランスの説教家。オラトリオ会士,司祭。代表作『追悼演説集』。
⇒新カト (マスカロン　1634.3.14–1703.11.20)

Mascart, Eleuthère Elie Nicolas〈19・20世紀〉
フランスの物理学者。
⇒岩世人 (マスカール　1837.2.20–1908.8.26)

Maschera, Florenzo〈16世紀〉
イタリアの作曲家。
⇒バロ (マスケラ,フロレンツォ　1540頃–1584頃)

Mascheroni, Lorenzo〈18世紀〉
イタリアの幾何学者。
⇒世数 (マシェローニ,ロレンツォ　1750–1800)

Maschke, Heinrich〈19・20世紀〉
アメリカの数学者。
⇒世数 (マシュケ,ヘンリッヒ　1853–1908)

Mascitti, Michele〈17・18世紀〉
イタリアの作曲家。
⇒バロ (マシッティ,ミケーレ　1663/1664–1760.4.24)

Masefield, John Edward〈19・20世紀〉
イギリスの詩人。桂冠詩人 (30～67)。
⇒岩世人 (メイスフィールド　1878.6.1–1967.5.12)

Mašek, Václav Vincenc〈18・19世紀〉
ボヘミアの作曲家。
⇒バロ (マシェク,ヴァーツラフ・ヴィンセンス　1755.4.4–1831.11.15)

Mashaika〈13世紀〉
フィリピン諸島南部にあるスールー諸島への初期イスラーム伝道者。
⇒岩世人 (マシャイカ)

Masham, Abigail, Baroness〈17・18世紀〉
イギリスのアン女王の寵人。
⇒岩世人 (マッサム　1670/?–1734.12.6)

Masini, Angelo〈19・20世紀〉
イタリアのテノール歌手。
⇒オペラ (マジーニ,アンジェロ　1844–1926)

Masini, Antonio〈17世紀〉
イタリアの作曲家。
⇒バロ (マジーニ,アントーニオ　1639–1678.9.20)

Masinissa〈前3・2世紀〉
北アフリカ,ヌミディアの支配者。
⇒岩世人 (マシニッサ　前240頃–前148)

Maskell, William〈19世紀〉
イギリスの典礼学者。
⇒新カト (マスケル　1814–1890.4.12)

Maskelyne, John Nevil〈19・20世紀〉
イギリスの手品師。
⇒岩世人 (マスキリン　1839.12.22–1917.5.18)

Maskelyne, Nevil〈18・19世紀〉
イギリスの天文学者。グリニジ天文台長 (65～)。
⇒岩世人 (マスキリン　1732.10.6–1811.2.9)

Maso di Banco〈14世紀〉
イタリアの画家。1325～53年頃活躍。主作品は連作壁画『聖シルベストロの伝説』。
⇒岩世人 (マーゾ・ディ・バンコ　(活動)1341–1353)

Masolino da Panicale〈14・15世紀〉
イタリアの画家。『聖母』(23),『謙遜の聖母』(23頃) などを制作。
⇒岩世人 (マゾリーノ・ダ・パニカーレ　1383頃–1440頃)
新カト (マゾリーノ・ダ・パニカーレ　1383–1440/1447)
芸13 (マソリーノ・ダ・パニカーレ　1383–1440・1447)

Mason, Francis〈16・17世紀〉
英国教会の聖職,対カトリック論争家,ノーフォクの大執事。
⇒新カト (メイソン　1566–1621)

Mason, Francis〈18・19世紀〉
アメリカの宣教師。
⇒アア歴（Mason,Francis　フランシス・メイスン　1799.4.2-1874.3.3）

Mason, George〈18世紀〉
アメリカの政治家,政治思想家。バージニアのプランター。
⇒岩世人（メイソン　1725.12.11-1792.10.7）

Mason, Isaac〈19・20世紀〉
イギリスの公誼教会宣教師。中国に赴き（1892）多くの中国イスラム教研究書を著した。
⇒岩世人（メイソン　1870-1939.3.28）

Mason, James Murray〈18・19世紀〉
アメリカの政治家。G.メーソンの孫。民主党内の南部派。50年の逃亡奴隷法を起草。
⇒岩世人（メイソン　1798.11.3-1871.4.28）

Mason, John〈15・16世紀〉
イギリスの作曲家。
⇒バロ（メイソン,ジョン　1480頃?-1548.2.15以前）

Mason, Lowell〈18・19世紀〉
アメリカの音楽教育の開拓者。1832年にボストン音楽院を創立。
⇒岩世人（メイソン　1792.1.24-1872.8.11）

Mason, Luther Whiting〈19世紀〉
アメリカの音楽教育家。音楽取調所教師として来日。
⇒アア歴（Mason,Luther Whiting　ルーサー・ホワイティング・メイスン　1828.4.3-1896.7.14）
　岩世人（メイソン　1818.4.3-1896.7.14）
　広辞7（メーソン　1818-1896）

Mason, Otis Tufton〈19・20世紀〉
アメリカの人類学者。国立博物館附属スミスソニアン研究所でアメリカ・インディアンの歴史を専攻。
⇒岩世人（メイソン　1838.4.10-1908.11.5）

Mason, Theodorus B.M.〈19世紀〉
アメリカ海軍の初代情報局長（後の海軍情報部長）。
⇒スパイ（メイソン,セオドラス・B・M　1848-1899）

Maspero, Gaston Camille Charles〈19・20世紀〉
フランスの考古学者。サッカラのピラミッドの調査,ピラミッド・テキストの発見で知られる。
⇒岩世人（マスペロ　1846.6.24-1916.6.30）
　ネーム（マスペロ　1846-1916）

Massaino, Tiburtio〈16・17世紀〉
イタリアの作曲家。
⇒バロ（マッサイーノ,ティブルティオ　1550頃?前-1609以降）

Massaja, Guglielmo〈19世紀〉
イタリアのカプチン会士,枢機卿,エチオピアへの宣教師。
⇒新カト（マッサヤ　1809.6.8-1889.8.6）

Massanet, Damian〈17・18世紀〉
スペイン出身のフランシスコ会員,テキサス宣教地区の創立者。
⇒新カト（マサネ　1660頃-1710頃）

Massani, Pompeo〈19・20世紀〉
イタリアの画家。
⇒芸13（マッサニ,ポムペオ　1850-1920）

Massasoit〈16・17世紀〉
アメリカのワンパノアグインディアンの酋長。
⇒岩世人（マサソイト　1581頃-1661頃）

Massé, Denis〈17世紀〉
フランスの作曲家。
⇒バロ（マセ,ドゥニ　1600頃-1664以降）

Masséna, André〈18・19世紀〉
フランスの軍人。1804年フランス帝国元帥,05年イタリア統治,ナポリ王国を奪った。
⇒岩世人（マッセナ　1758.5.6-1817.4.4）
　ネーム（マッセナ　1758-1817）

Massenet, Jules Émile Frédéric〈19・20世紀〉
フランスの作曲家。1863年カンタータ『ダビード・リツィオ』でローマ大賞を受ける。
⇒岩世人（マスネ　1842.5.12-1912.8.13）
　オペラ（マスネ,ジュール　1842-1912）
　エデ（マスネ,ジュール（エミール・フレデリック）　1842.5.12-1912.8.3）
　19仏（ジュール・マスネ　1842.5.12-1912.8.13）
　広辞7（マスネー　1842-1912）
　実音人（マスネ,ジュール　1842-1912）
　ポブ人（マスネー,ジュール　1842-1912）

Massenzio, Domenico〈16・17世紀〉
イタリアの作曲家。
⇒バロ（マッセンツィオ,ドメニーコ　1590頃?-1650）

Massey, William〈19・20世紀〉
第1次大戦前後のニュージーランドの政治家。
⇒オセ新（マッセー　1856-1925）

Massialot, François〈17・18世紀〉
フランスの料理人。
⇒岩世人（マシャロ　1660-1733）

Massillon, Jean Baptiste〈17・18世紀〉
フランスの聖職者。クレルモンの司教で,ベルサイユの宮廷説教者。
⇒岩世人（マシヨン　1663.6.24-1742.9.18）
　新カト（マシヨン　1663.6.24-1742.9.28）

Massinger, Philip〈16・17世紀〉
イギリスの劇作家。最高の成功作は『新借金返済法』(22)。
⇒岩世人（マシンジャー　1583.11.24（受洗）–1640.3.18（埋葬））

Masson, David〈19・20世紀〉
スコットランド生れの文学者。『ミルトン伝』(59～94)を著す。
⇒岩世人（マッソン　1822.12.2–1907.12.6）

Masson, Frédéric〈19・20世紀〉
フランスの歴史家。主著『ナポレオンと女性たち』(94)，『セントヘレナ島のナポレオン』(12)。
⇒岩世人（マッソン　1847.3.8–1923.2.19）

Massys, Quentin〈15・16世紀〉
フランドルの画家。アンベルス派を代表し，主作品『聖アンナの伝説』(07～9)など。
⇒岩世人（マセイス　1466–1530）
新カト（マセイス　1466–1530）
芸13（マサイス，クァンタン　1466–1530）
芸13（マセイス，クエンティン　1465-1466–1530）

Masters, Edgar Lee〈19・20世紀〉
アメリカの詩人。1915年『スプーン・リバー詞華集』を発表。
⇒岩世人（マスターズ　1869.8.23–1950.3.5）

Mastrilli, Marcello Francisco〈17世紀〉
イタリアのイエズス会宣教師。薩摩に上陸(37)。
⇒岩世人（マストリッリ　1603.9.14–1637.10.17）
新カト（マストリリ　1603.9.14–1637.10.17）

Mastrius, Bartholomaeus〈17世紀〉
イタリアのフランシスコ会士，哲学者，神学者。
⇒新カト（マストリウス　1602.12.7/8–1673.1.19）

Masʻūd I, Shihāb al-Dīn〈11世紀〉
アフガニスタンのガズニー朝スルタン。在位1030～40。
⇒岩世人（マスウード1世　（在位）1030–1040）

Masʻud Beg〈13世紀〉
モンゴル帝国・チャガタイ家に仕えたムスリム。
⇒岩世人（マスウード・ベク　?–1289）

***al*-Masʻudī, Abū al-Ḥasan ʻAlī b. al-Ḥusayn**〈10世紀〉
アラブの歴史・地理学者。『黄金の牧場』(947)，『通告と訂正の書』が主著。
⇒岩世人（マスウーディー　?–956/957）
広辞7（マスウーディー　896頃–956）

Masʻūd-i Saʻd-i Salmān-i Lāhūrī〈11・12世紀〉
アフガニスタンの宮廷詩人。
⇒岩世人（マスウーデ・サアデ・サルマーン　1046/1047–1121）

Mata, Gil de la〈16世紀〉
キリシタン時代のイエズス会員。スペインのログローニョ生まれ。
⇒新カト（マタ　1547頃–1599.2）

Mata Hari〈19・20世紀〉
国籍不明のダンサー。第1次大戦当時ドイツのスパイの嫌疑でフランス政府に逮捕，銃殺された。
⇒岩世人（マタ・ハリ　1876.8.7–1917.10.15）
ネーム（マタ・ハリ　1876–1917）
スパイ（マタ・ハリ [p]　1876–1917）

Mataja, Victor〈19・20世紀〉
オーストリアの経済学者。
⇒学叢思（マタヤ，フィクトル　1857–?）

Matamoros, Manuel〈19世紀〉
スペインにおける現代プロテスタント運動の創始者のひとり。
⇒新カト（マタモロス　1835.10.8–1866.7.31）

Mateer, Calvin Wilson〈19・20世紀〉
アメリカの長老教会宣教師。中国に渡り(1863)，芝罘大学を創立。
⇒アア歴（Mateer, Calvin Wilson　カルヴィン・ウィルスン・マティアー　1836.1.9–1908.9.28）
岩世人（マティーア　1836.1.9–1908.9.28）

Matejko, Jan〈19世紀〉
ポーランドの画家。19世紀ポーランドの国民的芸術家。
⇒岩世人（マテイコ　1838.6.24–1893.11.1）

Matelart, Joannes〈16・17世紀〉
フランドルの作曲家。
⇒バロ（マテラール，ヨアンネス　1538頃以前–1607.6.7）

Matelieff de Jonge, Cornelis〈16・17世紀〉
オランダ東インド会社の東洋遠征艦隊総司令官。
⇒岩世人（マテリーフ　1569頃–1632.10.17）

Mateo〈12・13世紀〉
スペインの建築家，彫刻家。
⇒岩世人（マテオ　1168?–1217以降）

Maternus〈4世紀〉
ミラノの司教。在職316頃～328。聖人。祝日7月18日。
⇒新カト（マテルヌス〔ミラノの〕　4世紀）

Maternus von Köln〈3・4世紀〉
司教，聖人。
⇒新カト（マテルヌス〔ケルンの〕　?–314以降）
図聖（マテルヌス（ケルン）の　?–314以降）

Mather, Cotton〈17・18世紀〉
アメリカの牧師。
⇒岩世人（マザー　1663.2.12–1728.2.13）
新カト（マザー　1663.2.12–1728.2.13）

Mather, Increase〈17・18世紀〉
アメリカの牧師。組合教会派の指導者。1685〜1701年ハーバード大学総長。
⇒岩世人（マザー　1639.6.21–1723.8.23）
　新カト（マザー　1639.6.21–1723.8.23）

Mather, Richard〈16・17世紀〉
アメリカ組合教会の牧師。旧約聖書詩編の翻訳を手がける。
⇒岩世人（マザー　1596–1669.4.22）
　新カト（マザー　1596–1669.4.22）

Mathesius, Johannes〈16世紀〉
ドイツのプロテスタント神学者。ルターと親交を結び，伝記を著した。
⇒岩世人（マテジウス　1504.6.24–1565.10.7）
　新カト（マテジウス　1504.6.24–1565.10.7）

Matheus de Sancto Johanne (Mayshuet, Mayhuet de Joan)〈14世紀〉
フランスの歌手。
⇒バロ（マテウス・デ・サンクト・ヨハネ　1340頃?–1389以降）
　バロ（メイシュエット，デ・ヨハン　1340頃?–1389以降）

Mathew, Arnold Harris〈19・20世紀〉
イギリスの復古カトリック教会主教。
⇒新カト（マシュー　1853–1919）

Mathews, Cornelius〈19世紀〉
アメリカの作家。
⇒岩世人（マシューズ　1817.10.28–1889.3.25）

Mathews, Robert T.〈19世紀〉
アメリカの大リーグ選手（投手，外野）。
⇒メジャ（ボビー・マシューズ　1851.11.21–1898.4.17）

Mathews, Shailer〈19・20世紀〉
アメリカの教育家，神学者。社会福音運動の指導者の一人。
⇒岩世人（マシューズ　1863.5.26–1941.10.23）

Mathewson, Christopher〈19・20世紀〉
アメリカの野球選手。1900〜16年ニューヨーク・ジャイアンツで投手として活躍。
⇒岩世人（マシューソン　1880.8.12–1925.10.7）
　メジャ（クリスティ・マシューソン　1880.8.12–1925.10.7）

Mathieu, Émile Léonard〈19世紀〉
フランスの数学者で天文学者。
⇒世数（マチウ，エミール・レオナール　1835–1900）

Mathiez, Albert〈19・20世紀〉
フランスの歴史家。1908年「ロベスピエール研究学会」を組織し，『革命年報』発行。
⇒岩世人（マティエ　1874.1.10–1932.2.26）

Mathilde〈9・10世紀〉
ドイツ王ハインリヒ1世の妃。
⇒岩世人（マティルダ　896頃–968.3.14）
　新カト（マティルデ　894/897–968.3.14）
　図聖（マティルデ　895頃–968）

Mathilde〈11・12世紀〉
イタリア，トスカナ侯ボニファチオとロートリンゲン伯女ベアトリーチェの娘。
⇒岩世人（マティルデ　1046–1115.7.24）
　新カト（マティルデ〔トスカーナの〕　1046–1115.7.24）
　王妃（マティルデ　1046頃–1115）

Matho, Jean-Baptiste〈17・18世紀〉
フランスの歌手・作曲家。
⇒バロ（マトー，ジャン・バティスト　1660頃–1746.3.16）

Mathy, Karl〈19世紀〉
ドイツ（バーデン）の政治家。首相（66），蔵相，商相を務めた。
⇒岩世人（マティ　1806.3.17–1868.2.3）

Matielli, Giovanni Antonio〈18世紀〉
イタリアの作曲家。
⇒バロ（マティエッリ，ジョヴァンニ・アントーニオ　1730頃?–1790頃?）

Matilda〈12世紀〉
イングランド王ヘンリ1世の娘。ヘンリ2世の母。
⇒岩世人（マティルダ（帝妃）　1102.2.7?–1167.9.10）
　世帝（マティルダ　1102–1167）
　王妃（マティルダ　1102–1167）

Matilda of Flanders〈11世紀〉
イングランド王・ノルマンディー公のウィリアム1世の妃。
⇒王妃（マティルダ　1031–1083）

Matirāma〈17世紀〉
インドのヒンディー語詩人。
⇒岩世人（マティラーム　17世紀）

Matisse, Henri-Émile-Benoît〈19・20世紀〉
フランスの画家。主作品は『大きな赤い室内』（1948）。
⇒岩世人（マティス　1869.12.31–1954.11.3）
　バレエ（マティス，アンリ　1869.12.31–1954.11.3）
　ネーム（マティス，アンリ　1869–1954）
　広辞7（マチス　1869–1954）
　学叢思（マチス，アンリー　1869–?）
　芸13（マティス，アンリ　1869–1954）
　世人新（マティス　1869–1954）
　世人装（マティス　1869–1954）
　世史語（マティス　1869–1954）
　ポブ人（マティス，アンリ　1869–1954）

Mat Kilau〈19・20世紀〉
マレー半島東岸のパハン王国の紛争で活躍したムラユ人。
⇒岩世人（マット・キラウ）

Matoaya, Karaeng〈16・17世紀〉
インドネシア，スラウェシ島南部の連合王国マカッサルのゴワの摂政・宰相，タッロ王。
⇒岩世人（マトアヤ，カラエン　1573頃–1636）

Mātṛceta〈2・3世紀〉
インドの仏教学者。『一百五十讃』などを著す。
⇒岩世人（マートリチェータ）

Matrona〈5・6世紀〉
コンスタンティノポリスの女子修道院長。聖人。祝日11月7日,8日または9日。
⇒新カト（マトロナ　425頃–525頃）

Mat Salleh〈19世紀〉
マレーシア（サバ）の先住民指導者。
⇒岩世人（マット・サレー　?–1900.1.31）

Matschoss, Conrad〈19・20世紀〉
ドイツの工学者，技術史家。
⇒岩世人（マチョス　1871.6.9–1942.4.20）

Matson, Peter〈19・20世紀〉
アメリカの宣教師。
⇒アア歴（Matson,Peter　ピーター・マトスン　1868.3.27–1934.5.30）

Mattathias〈前2世紀〉
ハスモン家の子孫で，マカバイ朝（ハスモン朝）の開基（マカバイ記）。
⇒新カト（マタティア　前2世紀）

Mattei, Stanislao〈18・19世紀〉
イタリアの作曲家。
⇒バロ（マッテーイ,スタニズラオ　1750.2.10–1825.5.12）

Matteis, Nicola I〈17・18世紀〉
イタリアの作曲家。
⇒バロ（マッテース，ニコラ・1世　1650頃?–1707頃以降）

Matteis, Nicola II〈17・18世紀〉
イギリスの作曲家。
⇒バロ（マッテース，ニコラ・2世　1678頃–1737）

Matteo da Bascio〈15・16世紀〉
イタリアの聖職者。フランシスコ会から独立してカプチン修道会を創設。
⇒岩世人（マッテーオ・ダ・バシオ　1495頃–1552.8.6）
　新カト（マテオ・ダ・バシヨ　1495頃–1552.8.6）

Matteo da Perugia（Matheus de Perusio）〈14・15世紀〉
イタリアの音楽家。

⇒バロ（ペルージャ，マッテオ・ダ　1360頃?–1418頃）
　バロ（マッテーオ，ダ・ペルージャ　1370頃?–1418.1.13）

Matthaeus ab Aquasparta〈13・14世紀〉
イタリアの神学者,哲学者,司教,枢機卿。
⇒岩世人（マテウス（アクァスパルタの）　1235-1240–1302.10.29）
　新カト（マッタエウス〔アクアスパルタの〕1235/1240–1302.10.29）

Matthaios〈1世紀〉
キリストの12使徒の一人。伝統的にマタイ福音書の著者と信じられている。
⇒岩世人（マタイ）
　ネーム（マタイ）
　広辞7（マタイ）
　新カト（マタイ）
　図聖（マタイ）
　聖書（マタイ）

Matthathias
マカバイ兄弟シモンの子。ハスモン家の祖。
⇒新カト（マタティア）

Mattheson, Johann〈17・18世紀〉
ドイツの作曲家，音楽理論家。主著『完全なる楽長』（39）。
⇒バロ（マッテゾン，ヨハン　1681.9.28–1764.4.17）
　岩世人（マッテゾン　1681.9.28–1764.4.17）
　オペラ（マテゾン，ヨーハン　1681–1764）

Matthew〈14世紀〉
東ローマ帝国の統治者。在位1353～1357。
⇒世帝（マテオス・カンタクゼノス　1325–1383）

Matthew Paris〈13世紀〉
イングランドの修道士，年代記および聖者伝の作者。
⇒岩世人（パリス　1200頃–1259）
　新カト（マシュー・パリス　1200頃–1259）

Matthew Smith〈19・20世紀〉
イギリスの画家。
⇒芸13（スミス，マシュー　1879–1948）

Matthias〈1世紀〉
イスカリオテのユダの後任（使徒言行録）。
⇒岩世人（マティア）
　新カト（マタティア）
　図聖（マティア）

Matthias von Hapsburg〈16・17世紀〉
ハプスブルク家出身の神聖ローマ皇帝。在位1612～19。
⇒岩世人（マティアス　1557.2.24–1619.3.20）
　新カト（マッティアス　1557.2.14–1619.3.20）
　世帝（マティアス　1557–1619）
　皇国（マティアス　（在位）1612–1619）

Matthias von Janow〈14世紀〉
オーストリアの宗教改革者。
⇒岩世人（マティアス（ヤーノーの）　1350頃/1355頃-1893.11.30）

Matthisson, Friedrich von〈18・19世紀〉
ドイツの詩人。詩集『アデライーデ』はベートーベンにより作曲された。
⇒岩世人（マティソン　1761.1.23-1831.3.12）

Mattias, Maria de〈19世紀〉
イタリア出身の聖人。祝日8月20日。修道女会創立者。
⇒新カト（マリア・デ・マッティアス　1805.2.4-1866.8.20）

Matto de Turner, Clorinda〈19・20世紀〉
ペルーの女性小説家。代表作『巣のない鳥たち』。
⇒岩世人（マット・デ・トゥルネル　1852.11.11-1909.10.25）

Mattoon, Stephen〈19世紀〉
アメリカの宣教師。
⇒アア歴（Mattoon,Stephen　スティーヴン・マトゥーン　1816.5.5-1889.8.15）

Mattos, Gabriel de〈16・17世紀〉
ポルトガルのイエズス会宣教師。慶長初年に来日。
⇒岩世人（マトス　1571-1634.1.9）
　新カト（マトス　1571-1634.1.9）

al-Māturīdī〈10世紀〉
イスラムの神学者。スンナ派神学を代表するマートゥリーディー派の祖。
⇒岩世人（マートゥリーディー　873以前-944以後）
　新カト（マートゥリーディー　?-944）

Maturin, Charles Robert〈18・19世紀〉
アイルランド生れの小説家。代表作『放浪者メルマス』(20)、悲劇『バートラム』(16)。
⇒岩世人（マチュリン　1780.9.25-1824.10.30）

Matveev, Andrei Matveevich〈18世紀〉
ロシアの画家。
⇒芸13（マトヴェーエフ、アンドレイ・マトヴェーヴィッチ　1701-1739）

Mátyás, Hunyadi〈15世紀〉
ハンガリー王。在位1458〜90。ボヘミア王。在位1469〜78。
⇒岩世人（マーチャーシュ1世　1443.2.23-1490.4.6）
　新カト（マッティアス1世〔ハンガリーの〕　1443.2.23-1490.4.6）
　世人新（マーチャーシュ1世　1443頃-1490）
　世人装（マーチャーシュ1世　1443頃-1490）
　世帝（マーチャーシュ1世　1443-1490）
　世帝（マーチャーシュ1世　1443-1490）

ルネ（マティアス・コルヴィヌス　1443-1490）

Maubant, Pierre-Philibert〈19世紀〉
韓国103聖人殉教者の一人。祝日9月20日。フランス北西部カルヴァドス県ヴァシーの出身。パリ外国宣教会会員。
⇒新カト（ピエール・フィリベール・モーバン　1803.9.20-1839.9.21）

Mauclair, Camille〈19・20世紀〉
フランスの文芸評論家、詩人、随筆家。S.マラルメに深く傾倒し、評論集『精神の貴族たち』(20)。
⇒岩世人（モークレール　1872.11.29-1945.4.23）

Mauclair, Pierre〈13世紀〉
フランスの作曲家。
⇒バロ（モークレール、ピエール　1200頃?-1250頃?）

Maudgalyāyana〈前6・5世紀頃〉
ゴータマ・ブッタの十大弟子の一人。
⇒岩世人（マハーモッガラーナ）
　広辞7（目犍連　もくけんれん）

Maud of Wales〈19・20世紀〉
ノルウェー王ホーコン7世の妃。イギリス国王エドワード7世の娘。
⇒王妃（モード　1869-1938）

Maudslay, Alfred Percival〈19・20世紀〉
イギリスの考古学者。
⇒岩世人（モーズリー　1850.3.18-1931.1.22）

Maudslay, Henry〈18・19世紀〉
イギリスの機械技術者。旋盤におけるスライド・レストを発明。
⇒岩世人（モーズリー　1771.8.22-1831.2.14）

Maudsley, Henry〈19・20世紀〉
イギリスの心理学者、精神医学者。
⇒岩世人（モーズリー　1835.2.5-1918.1.23）

Mauduit, Jacques〈16・17世紀〉
フランスの作曲家。詩人アントアヌ・バイフの詩に作曲。
⇒バロ（モーデュイ、ジャック　1557.9.16-1627.8.21）

Maugham, William Somerset〈19・20世紀〉
イギリスの小説家、劇作家。代表作は自伝的小説『人間の絆』(15)。
⇒岩世人（モーム　1874.1.25-1965.12.15）
　広辞7（モーム　1874-1965）
　新カト（モーム　1874.1.25-1965.12.16）
　スパイ（モーム,W・サマセット　1874-1965）
　世人新（モーム　1874-1965）
　世人装（モーム　1874-1965）
　ポブ人（モーム、ウィリアム・サマセット　1874-1965）

Maujan, Adolphe〈19・20世紀〉
フランスの政治家,作家。
⇒**19仏**(アドルフ・モージャン　1853.6.3–1914.4.23)

Maul, Albert Joseph〈19・20世紀〉
アメリカの大リーグ選手(投手,外野)。
⇒メジャ(アル・モール　1865.10.9–1958.5.3)

Maulbertsch, Franz Anton〈18世紀〉
オーストリアの画家。フレスコの歴史画や祭壇画を制作。
⇒岩世人(マウルベルチュ　1724.6.7(受洗)–1796.8.8)
　新カト(マウルベルチュ　1724.6.7–1796.8.8)
　芸13(マウルベルチ,アントン・フランツ　1724–1796)

Mauliwarmadewa〈13世紀〉
スマトラのムラユ王国の王。在位1286頃。
⇒岩世人(マウリワルマデーワ　(在位)1286頃)

Maung Gyi, Sir J.A.〈19・20世紀〉
英領期ビルマの政治家。
⇒岩世人(マウンジー　1871.12.12–?)

Maung Maung〈18世紀〉
ビルマ,コンバウン朝の王。在位1782。
⇒世帝(マウン・マウン　1763–1782)

Maupassant, Henry René Albert Guy de〈19世紀〉
フランスの作家。代表作『女の一生』(83),『ベラミ』(85)。
⇒岩世人(モーパッサン　1850.8.5–1893.7.6)
　19仏(ギ・ド・モーパッサン　1850.8.5–1893.7.6)
　ネーム(モーパッサン　1850–1893)
　広辞7(モーパッサン　1850–1893)
　学叢思(モーパッサン,ギイ・ドゥ　1850–1893)
　世人新(モーパッサン　1850–1893)
　世人装(モーパッサン　1850–1893)
　世史語(モーパッサン　1850–1893)
　ポプ人(モーパッサン,ギー・ド　1850–1893)

Maupeou, René Nicolas Charles Augustin de〈18世紀〉
フランスの政治家。
⇒岩世人(モプー　1714.2.25–1792.7.29)

Maupertuis, Pierre Louis Moreau de〈17・18世紀〉
フランスの数学者,天文学者。47年モーペルチュイの原理を発見。
⇒岩世人(モーベルテュイ　1698.9.28–1759.7.27)

Maura
フランスのトゥーレーヌ地方で崇敬されている聖人。祝日1月28日および29日。
⇒新カト(マウラとブリッタ　生没年不詳)

Maura〈9世紀〉
聖人,フランク王国の聖女。祝日9月21日。
⇒新カト(マウラ〔トロアの〕　?–850頃)

Maura y Montaner, Antonio〈19・20世紀〉
スペインの政治家。1903年から5回首相。23年軍事独裁権の樹立を非難して引退。
⇒岩世人(マウラ　1853.5.2–1925.12.13)

Maurepas, Jean Frédéric Phélyppeaux, Comte de〈18世紀〉
フランスの政治家。74年ルイ16世の信任を得て国務大臣。
⇒岩世人(モールパ　1701.7.9–1781.11.21)

Maurer, Georg Ludwig, Ritter von〈18・19世紀〉
ドイツの法制史家,政治家。ギリシアの法改正に尽力。
⇒岩世人(マウラー　1790.11.2–1872.5.9)

Maurer, Konrad von〈19・20世紀〉
ドイツの法制史家。専門はスカンディナヴィア法制史。
⇒岩世人(マウラー　1823.4.29–1902.9.16)

Maurice, John Frederick Denison〈19世紀〉
イギリスの神学者。
⇒岩世人(モーリス　1805.8.29–1872.4.1)
　新カト(モーリス　1805.8.29–1872.4.1)

Mauriceau, François〈17・18世紀〉
フランスの外科医,産科医。
⇒岩世人(モリソー　1637–1709.10.17)

Mauricius〈6・7世紀〉
東ローマ皇帝。在位582〜602。
⇒岩世人(マウリキウス　539頃–602.11.27/28)
　新カト(マウリキウス　539頃–602.11.27)
　世帝(マウリキウス　539–602)

Maurinus
聖人。祝日6月10日。ケルンで殉教した修道院長であるという。
⇒新カト(マウリヌス　生没年不詳)

Mauritius〈3・4世紀〉
殉教者,聖人。
⇒図聖(マウリティウス　?–302頃)

Mauritius〈12世紀〉
シトー会の大修道院長。聖人。祝日9月29日。フランス・ブルターニュ地方のクロアサンヴェック生まれ。
⇒新カト(マウリティウス〔カルノエの〕　1115頃–1191.9.29)

Mauritz, Graaf van Nassau〈16・17世

紀〉
ネーデルラント総督。在職1587〜1625。
⇒岩世人（マウリッツ　1567.11.13–1625.4.23）

Mauro, Fra〈15世紀〉
イタリアの地図製作者。修道士。
⇒岩世人（マウロ　?–1459）
新カト（マウロ　?–1460）

Maurolico, Francesco〈15・16世紀〉
イタリアの数学者。円錐曲線の接線および漸近線を研究。
⇒岩世人（マウロリーコ　1494.9.16–1575.7.21）
新カト（マウロリーコ　1494–1575）

Mauro Matti, Fra〈16・17世紀〉
イタリアの作曲家。
⇒バロ（セルビ, マウロ・デ　1545頃–1621.1.31）
バロ（マウロ・マッティ, フラ　1545頃–1621.1.31）

Maurontus〈7・8世紀〉
聖人。祝日5月5日。アダルバルトとリクトルーディスの子。
⇒新カト（マウロントゥス〔ブルーユ・シュール・リスの〕　634頃–701/702）

Maurras, Charles〈19・20世紀〉
フランスの作家, 政治家。
⇒岩世人（モーラス　1868.4.20–1952.11.16）
新カト（モーラス　1868.4.20–1952.11.15/16）
20思（モーラス, シャルル（マリー・フォティウス）　1868–1952）

Maurus (Subiaco)〈6世紀〉
ヌルシアのベネディクトゥスの弟子。
⇒図聖（マウルス（スビアコの）　?–6世紀）

Maury, Jean Siffrein〈18・19世紀〉
フランスの聖職者。
⇒岩世人（モリー　1746.6.26–1817.5.11）

Maury, Matthew Fontaine〈19世紀〉
アメリカの海軍軍人, 海洋学者, 地理学者。55年世界で初めて大洋深度図を作成。
⇒岩世人（モーリー　1806.1.14–1873.2.1）

Mausbach, Joseph〈19・20世紀〉
ドイツのカトリック神学者。ワイマール国民議会で活躍。主著『聖アウグスチヌスの倫理』（09）。
⇒岩世人（マウスバッハ　1861.2.7–1931.1.31）
新カト（マウスバハ　1861.2.7–1931.1.31）

Mausolos〈前4世紀〉
ペルシア帝国時代カリアのサトラップ（州総督）。在職前377/6〜53/2。
⇒岩世人（マウソロス　?–前353頃）

Mauss, Marcel〈19・20世紀〉
フランスの社会学者, 社会人類学者。

⇒岩世人（モース　1872.5.10–1950.2.10）
広辞7（モース　1872–1950）
新カト（モース　1872.5.10–1950.2.1）
メル3（モース, マルセル　1872–1950）

Mauthner, Fritz〈19・20世紀〉
オーストリアの言語哲学者。主著『言語批判』（01〜2）。
⇒岩世人（マウトナー　1849.11.22–1923.6.29）
ユ著人（Mauthner, Fritz　マウトナー, フリッツ　1849–1923）

Mauvillon, Jakob〈18世紀〉
ドイツの重農学者。
⇒学叢思（モーヴィヨン, ヤコブ　1743–1794）

Mavrokordatos, Alexandros〈18・19世紀〉
ギリシアの政治家。
⇒岩世人（マヴロコルザトス　1791–1865）

Mavromichalis, Petros〈18・19世紀〉
ギリシアの独立戦争指導者。
⇒岩世人（マヴロミハリス　1765–1848.1）

*al-*māwardī, abū al-Hasan 'Ali-ibn Muhammad〈10・11世紀〉
イスラムの4正統法学派の一つシャーフィイー派の法学者。『政府の制度』を著す。
⇒岩世人（マーワルディー　975–1058）
新カト（マーワルディー　974–1058）

*al-*Mawṣilī, Ibrāhīm〈8・9世紀〉
アッバース朝の音楽家, 詩人。
⇒岩世人（マウスィリー, イブラーヒーム　742–804）

*al-*Mawṣilī, Isḥāq〈8・9世紀〉
アッバース朝の音楽家。
⇒岩世人（マウスィリー, イスハーク　767–850）

Max, Adolphe〈19・20世紀〉
ベルギーの政治家。ブリュッセル市長（1909〜14）。代議士（19）, 国務相, 自由党幹部を歴任。
⇒岩世人（マックス　1869.12.30–1939.11.6）

Max, Gabriel Cornelius von〈19・20世紀〉
オーストリアの画家。
⇒芸13（マックス, ガブリエル　1840–1915）

Maxentius, Marcus Aurelius Valerius〈3・4世紀〉
ローマ皇帝。在位306〜12。イタリア, スペイン, アフリカを支配。キリスト教迫害を緩和。
⇒岩世人（マクセンティウス　283頃–312.10.28）
新カト（マクセンティウス　280頃–312.10.28）
世帝（マクセンティウス　278/282/283–312）

Maxim, *Sir* Hiram Stevens〈19・20世紀〉
アメリカ生れ, イギリスの兵器発明家。83年マ

クシム機関銃などを発明,84年マクシム兵器会社設立。
⇒岩世人（マクシム　1840.2.5–1916.11.24）

Maximianus〈5・6世紀〉
ラヴェンナの司教,聖人。
⇒新カト（マクシミアヌス　498–556.2.21）

Maximianus, Marcus Aurelius Valerius〈3・4世紀〉
ローマ皇帝。在位286～305。286年正帝として西方を支配。
⇒岩世人（マクシミアヌス　250頃–310）
　広辞7（マクシミアヌス　240頃–310）
　新カト（マクシミアヌス　250頃–310）
　世帝（マクシミアヌス　250–310）

Maximilian〈3世紀〉
殉教者。聖人。
⇒学叢歴（マキシミアヌス）

Maximilian I〈15・16世紀〉
ドイツ王。在位1486～1519。神聖ローマ皇帝。在位1493～1519。
⇒岩世人（マクシミリアン1世　1459.3.22–1519.1.12）
　ネーム（マクシミリアン1世　1459–1519）
　広辞7（マクシミリアン一世　1459–1519）
　新カト（マクシミリアン1世　1459.3.22–1519.1.12）
　世人新（マクシミリアン1世　1459–1519）
　世人装（マクシミリアン1世　1459–1519）
　世帝（マクシミリアン1世　1459–1519）
　皇国（マクシミリアン1世　（在位）1493–1519）

Maximilian I〈16・17世紀〉
バイエルン大公。在位1597～1651。1609年カトリック諸侯連盟首領。23年選帝侯位を獲得。
⇒岩世人（マクシミリアン1世　1573.4.17–1651.9.27）
　新カト（マクシミリアン1世〔バイエルン公〕1573.4.17–1651.9.27）

Maximilian II〈16世紀〉
神聖ローマ帝国皇帝。在位1564～76。文化振興に尽力。
⇒岩世人（マクシミリアン2世　1527.7.31–1576.10.12）
　新カト（マクシミリアン2世　1527.7.31–1576.10.12）
　世帝（マクシミリアン2世　1527–1576）
　皇国（マクシミリアン2世（在位）1564–1576）

Maximilian II Emanuel〈17・18世紀〉
バイエルン選帝侯。在位1679～1726。1692年スペイン領ネーデルラント総督。
⇒岩世人（マクシミリアン2世エマヌエル　1662.7.11–1726.2.26）

Maximilian III Joseph〈18世紀〉
バイエルンのヴィッテルスバッハ家の統治者。在位1745～1777。
⇒バロ（マクシミリアン3世・ヨーゼフ・カール　1727.3.28–1777.12.30）

Maximilian Joseph, Ferdinand〈19世紀〉
メキシコ皇帝。在位1864～67。
⇒岩世人（マクシミリアン　1832.7.6–1867.6.19）
　世人新（マクシミリアン　1832–1867）
　世人装（マクシミリアン　1832–1867）
　世史語（マクシミリアン　1832–1867）
　ポプ人（マクシミリアン,フェルディナンド　1832–1867）
　ラテ新（マキシミリアン　1832–1867）

Maximilian von Lorch〈3世紀〉
司教,聖人。
⇒図聖（マクシミリアヌス（ロルヒの）　?–284頃）

Maximinus〈4世紀〉
ドイツ,トリールの司教。聖人。アリウス派に対し正統信仰を擁護。
⇒新カト（マクシミヌス〔トリールの〕　?–346頃）
　図聖（マクシミヌス（トリーアの）　?–346/352）

Maximinus Daia, Galerius Valerius〈4世紀〉
ローマ皇帝。在位308～13。305年副帝,シリア,エジプトを支配。
⇒岩世人（マクシミヌス・ダイア　270頃–313）
　新カト（マクシミヌス・ダイア　270頃–313）
　世帝（マクシミヌス・ダイア　270–313）

Maximinus Thrax, Gaius Julius Verus〈2・3世紀〉
ローマ皇帝。在位235～8。皇帝アレクサンダーに見出され,235年即位。
⇒岩世人（マクシミヌス・トラクス　173頃–238）
　新カト（マクシミヌス・トラクス　173頃–238）
　世帝（マクシミヌス・トラクス　172/173–238）

Maximos〈2世紀〉
ギリシアの哲学者。
⇒岩世人（マクシモス（テュロスの）　125頃–185頃）

Maximos〈4世紀〉
エルサレムの司教。聖人。祝日5月5日。マクシミヌス・ダイア帝の迫害期の証聖者。
⇒新カト（マクシモス〔エルサレムの〕　?–348頃）

Maximos〈16・17世紀〉
ギリシア人修道士,論争家,説教家。アレクサンドリアの総主教メレティオス・ペガスの弟子。
⇒新カト（マクシモス〔ペロポネソスの〕　1565/1570–1621/1630）

Maximos III Mazlūm〈18・19世紀〉
カトリック・メルキト教会の総主教。
⇒新カト（マクシモス3世・マズルーム　1779.11–1855.8.11）

Maximos Planoudes〈13・14世紀〉
ビザンティンの修道者,神学者,人文学者。
⇒新カト（マクシモス・プラヌデース　1255頃–

Maximus〈4世紀〉
聖人, 殉教者。祝日1月29日。
⇒新カト（ユウェンティヌスとマクシムス　?-363）

Maximus〈4・5世紀〉
トリノの司教, 聖人。
⇒新カト（マクシムス〔トリノの〕　生没年不詳）

Maximus〈5世紀〉
レランスの大修道院長, リエの司教。聖人。祝日11月27日。
⇒新カト（マクシムス〔リエの〕　5世紀）

Maximus, Magnus Clemens〈4世紀〉
ローマ皇帝。在位383～8。カトリックを支持, 異端を弾圧。
⇒岩世人（マクシムス　?-388）

Maximus Confessor〈6・7世紀〉
ビザンチンの神学者, 聖人。
⇒岩世人（マクシモス〔証聖者〕　580頃-662.8.13）
　新カト（マクシモス〔証聖者〕　580頃-662.8.13）

Max von Baden〈19・20世紀〉
ドイツの政治家。
⇒岩世人（マックス・フォン・バーデン　1867.7.10-1929.11.6）

Maxwell, James Clerk〈19世紀〉
イギリスの物理学者。71年ケンブリッジ大学教授。
⇒岩世人（マックスウェル　1831.6.13-1879.11.5）
　科史（マクスウェル　1831-1879）
　ネーム（マクスウェル　1831-1879）
　広辞7（マクスウェル　1831-1879）
　学叢思（マクスウェル, ジェームス・クラーク　1831-1879）
　物（マクスウェル, ジェームズ・クラーク　1831-1879）
　世人新（マクスウェル　1831-1879）
　世人装（マクスウェル　1831-1879）
　世数（マクスウェル, ジェイムズ・クラーク　1831-1879）
　ポブ人（マクスウェル, ジェームズ　1831-1879）

Maxwell, *Sir* William George〈19・20世紀〉
イギリスの植民地官吏。
⇒岩世人（マックスウェル　1871-1959.8.22）

Maxylewicz, Wincenty〈17・18世紀〉
ポーランドの作曲家。
⇒バロ（マクスィレヴィチ, ヴィンツェンティ　1685-1745.1.24）

May, *Sir* Francis Henry〈19・20世紀〉
イギリスの外交官。
⇒岩世人（メイ　1860.3.14-1922.2.6）

Māyā〈前5世紀〉
釈尊の母。カピラバットゥの国王に嫁した王妃。
⇒岩世人（マーヤー）
　広辞7（摩耶　まや）

Mayer, Adolf〈19・20世紀〉
オランダ（ドイツ生まれ）の植物病理学者。
⇒岩世人（マイアー　1843.8.9-1942.12.25）

Mayer, Balthasar〈16・17世紀〉
ドイツの作曲家。
⇒バロ（マイヤー, バルタザール　1590頃?-1650頃?）

Mayer, Friedrich Christopho〈17・18世紀〉
ドイツの数学者で天文学者。
⇒世数（マイアー, フリドリヒ・クリストフ（またはクリスチャン）　1697-1729）

Mayer, Gustav〈19・20世紀〉
ドイツの社会主義者, ジャーナリスト。主著『エンゲルス伝』。
⇒ユ著人（Mayer,Gustav　マイヤー, グスタフ　1871-1948）

Mayer, Hermanna〈19・20世紀〉
ドイツの聖心会宣教師。聖心女子大学を創立。
⇒新カト（マイアー　1877.7.30-1955.12.30）

Mayer, Johann Friedrich〈17・18世紀〉
ドイツのルター派神学論争家。
⇒新カト（マイアー　1650.12.6-1712.3.30）

Mayer, Johann Tobias〈18世紀〉
ドイツの天文学者。1751年ゲッティンゲン大学教授, 54年同大学の天文台管理者。
⇒岩世人（マイアー　1723.2.17-1762.2.26）

Mayer, Julius Robert von〈19世紀〉
ドイツの医師, 物理学者。
⇒岩世人（マイアー　1814.11.25-1878.3.20）
　広辞7（マイエル　1814-1878）
　学叢思（マイエル, ユリウス・ロベルト・フォン　1814-1878）
　世人新（マイヤー　1814-1878）
　世人装（マイヤー　1814-1878）
　世史語（マイヤー　1814-1878）
　ポブ人（マイヤー, ユリウス・ロベルト・フォン　1814-1878）

Mayer, Michael〈16・17世紀〉
ドイツの作曲家。
⇒バロ（マイヤー, ミヒャエル　1568-1622）

Mayer, Otto〈19・20世紀〉
ドイツ行政法の父と呼ばれる公法学者。主著『ドイツ行政法』（95～6）。
⇒岩世人（マイアー　1846.3.29-1924.8.8）
　広辞7（マイヤー　1846-1924）

Mayer, Rupert〈19・20世紀〉
ドイツのナチズムに抵抗したイエズス会会員。
⇒新カト（マイアー　1876.1.23-1945.11.1）

Mayers, William Frederick〈19世紀〉
イギリスの外交官、中国研究家。北京のイギリス公使館書記官となる。
⇒岩世人（メイヤーズ　1831–1878.3）

Mayet, Paul〈19・20世紀〉
ドイツの御雇教師。東京医学校でドイツ語を教授。大蔵省・農商務省の顧問を歴任、保険制度を設立。
⇒岩世人（マイエト　1846.5.11–1920.1.9/20）
　広辞7（マイエット　1846–1920）

Mayeul or Maiolus〈10世紀〉
大修道院長。聖人。アヴィニョン生まれ。
⇒新カト（マイオルス　906/910–994.5.11）

Maymandī, Abū al-Qāsim Aḥmad ibn Ḥasan〈10・11世紀〉
ガズナ朝の官僚、政治家。
⇒岩世人（マイマンディー　?–1032）

Maynard, John〈16・17世紀〉
イギリスの作曲家。
⇒バロ（メイナード、ジョン　1577.1.5–1614以降）

Mayne, Cuthbert〈16世紀〉
イギリスのローマ・カトリック教会司祭、聖人、殉教者。
⇒新カト（カスバート・メイン　1543/1544–1577.11.30）

Mayo, Charles〈18・19世紀〉
イギリスの教育家。ペスタロッチ主義の学校を設立し、〈直観教授〉の普及発展に尽した。
⇒岩世人（メイヨー　1792.6.9–1846.2.23）

Mayo, George Elton〈19・20世紀〉
オーストラリア生れ、アメリカの産業心理学者。
⇒岩世人（メイヨー　1880.12.26–1949.9.7）

Mayo, Giovanni Antonio di〈16世紀〉
イタリアの作曲家。
⇒バロ（マーヨ、ジョヴァンニ・アントーニオ・ディ　1520頃?–1570頃）

Mayo, Giovan Tommaso di〈16世紀〉
イタリアの作曲家。
⇒バロ（マイオ、ジョヴァン・トンマーゾ・ディ　1500頃–1563.2.1）

Mayo, John〈17世紀〉
イギリスの医者、化学者。反燃素説化学の先駆者。
⇒岩世人（メイヨー　1641.5.24–1679.9.10）

Mayo, Katherine〈19・20世紀〉
アメリカのジャーナリスト。
⇒アア歴（Mayo,Katherine　キャサリン・メイョウ　1867.1.24–1940.10.9）

Mayo, William James〈19・20世紀〉
アメリカの医者。弟C.Horaceと共同でメーヨー・クリニックを設立。胃の外科手術の専門家。
⇒岩世人（メイヨー　1861.6.29–1939.7.28）

Mayone, Ascanio〈16・17世紀〉
イタリアの作曲家。
⇒バロ（マイオーネ、アスカニオ　1565頃–1627.3.9）

Mayo-Smith, Richmond〈19・20世紀〉
アメリカの経済学者。歴史学派に属し、社会科学の中に統計学を導入した先駆者。
⇒岩世人（メイヨー＝スミス　1854.2.9–1901.11.11）

May Oung, U〈19・20世紀〉
英領期ビルマの法律家。
⇒岩世人（メイオウン　1880–1926）

Mayr, Georg von〈19・20世紀〉
ドイツの統計学者、経済学者。ドイツで成立した社会統計学の確立者。
⇒岩世人（マイアー　1841.2.12–1925.9.6）
　学叢思（マイエル、ゲオルク・フォン　1841–?）

Mayr, Heinrich〈19・20世紀〉
ドイツの森林学者。東京農林学校で森林植物学を教授。
⇒岩世人（マイル（マイアー）　1856.10.29–1911.1.24）

Mayr, Johann Simon〈18・19世紀〉
ドイツ生れの歌劇作曲家。後世のグランド・オペラの先駆。
⇒岩世人（マイアー（マイル）　1763.6.14–1845.12.2）
　オペラ（マイヤー、ヨーハン・ジーモン）

Mayr, Peter〈18・19世紀〉
オーストリア（ティロル）の解放指導者。
⇒岩世人（マイアー　1767.8.15–1810.2.20）

Mayr, Rupert Ignaz〈17・18世紀〉
ドイツの作曲家。
⇒バロ（マイヤー、ルーペルト・イーグナツ　1646–1712.2.7）

Mayrand, Placide-Augustino〈19・20世紀〉
フランスのパリ外国宣教会宣教師。
⇒新カト（メイラン　1866.9.5–1949.11.2）

Mayūra〈7世紀〉
インドの古典サンスクリット詩人。
⇒岩世人（マユーラ）
　南ア新（マユーラ　生没年不詳）

Maywood, Augusta〈19世紀〉
アメリカのバレリーナ。
⇒バレエ（メイウッド、オーガスタ　1825–1876.11.

3)

Mazade, Charles de〈19世紀〉
フランスの作家。
⇒**19仏**（シャルル・ド・マザード　1820.3.19–1893.4.27）

Mazák, Alberik〈17世紀〉
オーストリアの作曲家。
⇒バロ（マザーク、アルベルク　1609–1661.5.6）

Mazarin, Jules〈17世紀〉
イタリア生れのフランスの枢機卿、政治家。1639年フランスに帰化し、41年枢機卿。
⇒岩世人（マザラン　1602.7.14–1661.3.9）
　広辞7（マザラン　1602–1661）
　新カト（マザラン　1602.7.14–1661.3.9）
　世人新（マザラン　1602–1661）
　世人装（マザラン　1602–1661）
　世史語（マザラン　1602–1661）
　ポプ人（マザラン、ジュール　1602–1661）
　学叢歴（マザラン　1602–1661）

Maze, Sir Frederick〈19・20世紀〉
イギリスの外交官。
⇒岩世人（メイズ　1871.7.2–1959.3.25）

Maze, Hippolyte〈19世紀〉
フランスの歴史家、政治家。
⇒**19仏**（イポリット・マーズ　1839.11.5–1891.10.25）

Mazella, Camillo〈19世紀〉
イタリアの新スコラ哲学の時代の神学者、イエズス会会員。
⇒新カト（マツェラ　1833.2.10–1900.3.26）

Mazepa, Ivan Stepanovich〈17・18世紀〉
ウクライナのコサックの首長。在位1687～1709。ウクライナのロシアからの独立をはかった。
⇒岩世人（マゼーパ　1644頃/1639頃–1709.8.28）

Mazhar〈17・18世紀〉
インドの初期のウルドゥー語詩人。
⇒岩世人（マズハル　1699?–1781）

Mazilier, Joseph〈18・19世紀〉
フランスのダンサー、振付家、バレエ・マスター。
⇒バレエ（マジリエ、ジョゼフ　1797/1801.3.13–1868.5.19）

al-Māzinī, Abū ʿUthmān Bakr bn Muḥammad〈9世紀〉
バスラ派のアラビア語学者。
⇒岩世人（マーズィニー　?–862-864/850-851）

Mazon, Paul〈19・20世紀〉
フランスの古典学者。
⇒岩世人（マゾン　1874–1955）

Mazuel, Michel〈17世紀〉
フランスの作曲家。
⇒バロ（マジュエル、ミシェル　1603.11–1676.10.24）

Mažuranić, Ivan〈19世紀〉
ユーゴスラビア、クロアチアの詩人、政治家。クロアチアの長官となり、ザグレブに大学を設立。
⇒岩世人（マジュラニッチ　1814.8.11–1890.8.4）

Mazzaferrata, Giovanni Battista〈17世紀〉
イタリアの作曲家、オルガン奏者。
⇒バロ（マッツァフェルラータ、ジョヴァンニ・バッティスタ　1630頃?–1691.2.26）

Mazzarello, Maria Domenica, St.〈19世紀〉
扶助者聖母会の創立者の一人。初代総会長。
⇒新カト（マリア・ドメニカ・マッツァレロ　1837.5.9–1881.5.14）

Mazzini, Giuseppe〈19世紀〉
イタリアの革命家。1831年青年イタリアを結成。49年ローマ共和国の成立とともに首長。
⇒岩世人（マッツィーニ　1805.6.22–1872.3.10）
　ネーム（マッツィーニ　1805–1872）
　広辞7（マッツィーニ　1805–1872）
　学叢思（マッチニ、ジウゼッペ　1805–1872）
　新カト（マッツィーニ　1805.6.22–1872.3.10）
　世人新（マッツィーニ　1805–1872）
　世人装（マッツィーニ　1805–1872）
　世史語（マッツィーニ　1805–1872）
　ポプ人（マッツィーニ、ジュゼッペ　1805–1872）
　メル2（マッツィーニ、ジュゼッペ　1805–1872）
　ユ著人（Mazzini,Giuseppe　マッチーニ、ジュゼッペ　1805–1872）
　学叢歴（マッチニ　1805–1872）

Mazzocchi, Domenico〈16・17世紀〉
イタリアの作曲家、法律家。26年オペラ『アドーニスの幽閉』を作曲。
⇒バロ（マツォッキ、ドメニコ　1592.11.8–1665.1.21）
　オペラ（マッツォッキ、ドメニコ　1592–1665）

Mazzocchi, Virgilio〈16・17世紀〉
イタリアの作曲家。コミック・オペラ『苦しむ者に幸あれ』をマルコ・マラッツォーリとともに作曲。
⇒バロ（マツォッキ、ヴィルジーリオ　1597.7.22–1646.10.3）

Mazzone, Marc'-Antonio〈16世紀〉
イタリアの作曲家。
⇒バロ（マッツォーネ、マルカントーニオ　1550頃–1593以降）

Mazzoni, Antonio Maria〈18世紀〉
イタリアの作曲家。
⇒バロ（マッツォーニ、アントーニオ・マリア　1717.1.4–1785.12.8）

Mazzucato, Alberto〈19世紀〉
イタリアの作曲家,評論家,指揮者。ミラーノ音楽院校長。
⇒オペラ（マッズカート,アルベルト　1813–1877）

Meacham, George Marsden〈19・20世紀〉
カナダのメソジスト派教会宣教師。静岡県立沼津中学校他で英語を教授。
⇒岩世人（ミーチャム　1833–1919.2.20）

Mead, Edwin Doak〈19・20世紀〉
アメリカの著述家。
⇒学叢思（ミード,エドウィン・ドゥク　1849–?）

Mead, George Herbert〈19・20世紀〉
アメリカの社会学者,哲学者,心理学者。主著『現在の哲学』(32)。
⇒岩世人（ミード　1863.2.27–1931.4.26）
　広辞7（ミード　1863–1931）
　新カト（ミード　1863.2.27–1931.4.26）
　20思（ミード,ジョージ・ハーバート　1863–1931）
　メル3（ミード,ジョージ・ハーバート　1863–1931）

Meagher, Thomas Francis〈19世紀〉
アメリカの法律家,政治家。1865年モンタナの臨時総督に任命。
⇒岩世人（マハー　1823.8.3–1867.7.1）

Meaux, Etienne de〈14・15世紀〉
フランスの作曲家。
⇒バロ（モー,エティエンヌ・ド　1370頃?–1420頃?）

Mechelin, Leo〈19・20世紀〉
フィンランドの法律学者,政治家。
⇒岩世人（メケリン　1839.11.24–1914.1.26）

Mechnikov, Iliya Iliich〈19・20世紀〉
ロシアの生物学者。83年,細胞の食菌作用を発見。
⇒岩世人（メーチニコフ　1845.5.15–1916.7.16）
　ネーム（メチニコフ　1845–1916）
　広辞7（メチニコフ　1845–1916）
　学叢思（メチュニコフ,ルリヤ　1845–1917）
　ユ人（メチニコフ,エリ　1845–1916）
　ユ著人（Métschnikoff, Élie　メチニコフ,エリー　1845–1916）

Mechnikov, Lev Il'ich〈19世紀〉
革命思想家,地理学者。
⇒岩世人（メーチニコフ　1838.5.18–1886.6.18）

Mechthild〈13世紀〉
ドイツのベネディクト会修道女,聖女。
⇒岩世人（メヒティルト（ハッケボルンの）　1241–1299.11.19）
　新カト（メヒティルト・フォン・ハッケボルン　1242–1298/1299.11.19）
　図聖（メヒティルト（ハッケボルンの）　1241–1299）

Mechthild von Magdeburg〈13世紀〉
ドイツのシトー会修道女,神秘家。
⇒岩世人（メヒティルト（マクデブルクの）　1207頃–1282頃）
　新カト（メヒティルト〔マクデブルクの〕　1207頃–1282頃）

Meck, Joseph〈17・18世紀〉
ドイツの作曲家。
⇒バロ（メック,ヨーゼフ　1690?–1758.12.2）

Meckel, Johann Friedrich〈18・19世紀〉
ドイツの解剖学者。回腸の〈メッケル氏憩室〉を発見,またヘッケルの反覆説を予見する並行法則を見出した。
⇒岩世人（メッケル　1781.10.17–1833.10.31）

Meckel, Klemens Wilhelm Jakob〈19・20世紀〉
ドイツの軍人。85年陸軍大学校教官として来日。
⇒岩世人（メッケル　1842.3.28–1906.7.5）
　ネーム（メッケル　1842–1906）
　広辞7（メッケル　1842–1906）

Meckenem, Israhel van〈15・16世紀〉
ドイツの銅版画家。『トランプ遊びをする人』や『輪舞』などの風俗画を残す。
⇒岩世人（メッケネム　1440頃–1503）

Meczinski, Albert〈16・17世紀〉
キリシタン時代に来日したただ一人のポーランド人宣教師。
⇒新カト（メチンスキ　1598/1601–1643.3.23/25）

Medardus (Noyon)〈6世紀〉
フランスの司教,聖人。
⇒新カト（メダルドゥス　5世紀末–560頃）
　図聖（メダルドゥス（ノワヨンの）　?–550/560頃）

Medb
アイルランドの神話の王妃。
⇒岩世人（メドヴ）

Medeia
ギリシア神話,コルキス地方の王アイエテスの娘。
⇒岩世人（メデイア）
　姫全（メディア）
　ネーム（メディア）

Meder, Johann Valentin〈17・18世紀〉
ドイツの作曲家。
⇒バロ（メーダ,ヨハン・ヴァレンティン　1649.5.3–1719.7.E）

Medhurst, Walter Henry〈18・19世紀〉
イギリスの組合教会伝道師。中国におもむき聖書の中国語現行版への改訳に助力した。
⇒岩世人（メドハースト　1796.4.29–1857.1.24）

Medici, Cosimo de'〈14・15世紀〉
イタリア，フィレンツェの政治家。1435年ゴンフォロニエーリ（正義の旗手），事実上の僭主。
⇒世人新（コジモ＝デ＝メディチ　1389-1464）
　世人装（コジモ＝デ＝メディチ　1389-1464）
　ポプ人（メディチ，コジモ・デ　1389-1464）
　ルネ（コジモ・デ・メディチ　1389-1464）

Medici, Lorenzo il Magnifico〈15世紀〉
イタリア，フィレンツェの政治家，文人。C.メディチの孫。
⇒世人新（ロレンツォ＝デ＝メディチ　1449-1492）
　世人装（ロレンツォ＝デ＝メディチ　1449-1492）
　ポプ人（メディチ，ロレンツォ・デ　1449-1492）
　ルネ（ロレンツォ・デ・メディチ　1449-1492）
　学叢歴（ローレンゾ・デ・メヂチ　1448-1492）

Medici, Luigi de'〈18・19世紀〉
イタリアの政治家。
⇒岩世人（メディチ　1759.4.22-1830.1.25）

Medicus, Fritz〈19・20世紀〉
ドイツの哲学者。新カント派に近く，フィヒテの著作集を出版。
⇒岩世人（メディクス　1876.4.23-1956.1.12）

Medina, Bartolomé de〈16世紀〉
スペインのドミニコ会神学者。
⇒新カト（メディナ　1527-1580.12.31）

Medina, Fernand Pérez de〈15世紀〉
スペインの作曲家。
⇒バロ（メディーナ，フェルナンド・ペレス・デ　1430頃?-1480頃?）

Medina, Juan de〈15・16世紀〉
スペインの神学者，教会法学者。
⇒新カト（メディナ　1490-1546.9.7）

Medina, Juan de〈16・17世紀〉
スペインのアウグスティノ会宣教師。フィリピンに渡り同地で没。
⇒岩世人（メディーナ　1585-1635）

Medina, *Sir* Solomon de〈17・18世紀〉
オランダ系イギリスの請負業者。
⇒ユ人（メディナ，サー・ソロモン・ド　1650頃-1730）

Medina Sidonia, Alonso Perez de Guzmán, Duque de〈16・17世紀〉
スペインの大貴族，海軍軍人。
⇒岩世人（メディナ＝シドニア　1550.9.10-1619）

Medler, Nikolaus〈16世紀〉
ドイツの宗教改革者。
⇒新カト（メドラー　1502-1551.8.24）

Medtner, Nikolai〈19・20世紀〉
ロシア（ドイツ系）の作曲家，ピアノ奏者。
⇒岩世人（メトネル　1879.12.24/1880.1.5-1951.11.13）
　ピ曲改（メトネル，ニコライ・カルロヴィッチ　1880-1951）

Meekin, George Jouett〈19・20世紀〉
アメリカの大リーグ選手（投手）。
⇒メジャ（ジューエット・ミーキン　1867.2.21-1944.12.14）

Meerwein, Hans〈19・20世紀〉
ドイツの有機化学者。
⇒岩世人（メーアヴァイン　1879.5.20-1965.10.24）

Mees, W.C.〈19世紀〉
オランダの経済学者。
⇒学叢思（メース　1813-1884）

Megander, Kasper〈15・16世紀〉
スイスの宗教改革者。
⇒新カト（メガンダー　1495-1545.8.18）

Megasthenes〈前4・3世紀〉
イオニア出身のギリシア人。『インド滞在記』を著す。
⇒岩世人（メガステネス　前350頃-前290頃）
　南ア新（メガステネス　生没年不詳）

Meherdates〈1世紀〉
アルサケス朝パルティアの王。
⇒世帝（メヘルダテス　（在位）49）

Mehlis, Georg〈19・20世紀〉
ドイツの歴史哲学者。雑誌〈ロゴス〉（1910～33）編集者。
⇒岩世人（メーリス　1878.3.8-1942.9.13）

Mehlzahagi, Eljakim〈18・19世紀〉
ポーランドのタルムード学者。
⇒ユ著人（Mehlzahagi,Eljakim　メールツァハギ，エルヤキム　1780-1854）

Mehmed Rüşdi Paşa〈19世紀〉
オスマン帝国の軍人，政治家。
⇒岩世人（メフメト・リュシディ・パシャ　1811-1882.3.14）

Mehmet I〈14・15世紀〉
オスマン・トルコ帝国の第5代スルタン。在位1413～21。
⇒岩世人（メフメト1世　1386-1387?-1421.5.4）
　世帝（メフメト1世　?-1421）

Mehmet II〈15世紀〉
オスマン・トルコ帝国の第7代スルタン。在位1451～81。1453年ビザンチン帝国を滅ぼす。
⇒岩世人（メフメト2世　1430-1481.5.3）
　広辞7（メフメト二世　1430-1481）
　新カト（メフメット2世　1432.3.30-1481.5.3）
　世人新（メフメト2世　1430/1432-1481）
　世人装（メフメト2世　1430/1432-1481）
　世史語（メフメト2世　1432-1481）
　世帝（メフメト2世　1430/1432-1481）

ポプ人（メフメト2世 1432?-1481）
ルネ（メフメト2世 1432-1481）

Mehmet III〈16・17世紀〉
オスマン・トルコ帝国の第13代スルタン。在位1595～1603。ムラト3世の子。
⇒岩世人（メフメト3世 1566.5.16-1603.12.21）
世帝（メフメト3世 1566-1603）

Mehmet IV〈17世紀〉
オスマン・トルコ帝国の第19代スルタン。在位1648～87。イブラヒム1世の子。
⇒岩世人（メフメト4世 1642.1.1-1692.12.17）
世帝（メフメト4世 1642-1693）

Mehmet V, Reshat〈19・20世紀〉
オスマン・トルコ帝国の第35代スルタン。在位1909～18。アブドゥル・メジット1世の第3子。
⇒岩世人（メフメト5世 1844.11.3-1918.7.3/2）
世帝（メフメト5世 1844-1918）

Mehmet VI, Vāhidu'd-Din Efendi〈19・20世紀〉
オスマン・トルコ帝国の第36代スルタン。在位1918～22。アブドゥル・メジット1世の第4子。
⇒岩世人（メフメト6世 1861.2.2-1926.5.16）
世帝（メフメト6世 1861-1926）

Mehmet Akif〈19・20世紀〉
トルコの詩人。トルコ国歌の歌詞をつくる。
⇒岩世人（メフメト・アーキフ・エルソイ 1873-1936.12.27）
広辞7（メフメト・アーキフ 1873-1936）

Mehring, Franz〈19・20世紀〉
ドイツの文芸評論家、歴史家。
⇒岩世人（メーリング 1846.2.27-1919.1.28）
広辞7（メーリング 1846-1919）
学叢思（メーリング，フランツ 1846-?）

Méhul, Étienne Nicolas〈18・19世紀〉
フランスの作曲家。主作品はオペラ『ジョセフ』(07)。
⇒岩世人（メユール 1763.6.22-1817.10.18）
オペラ（メユール，エティエンヌ＝ニコラ 1763-1817）

Mei, Orazio〈18世紀〉
イタリアの作曲家。
⇒バロ（メーイ，オラッツィオ 1731.5.26-1788.3.11）

Meibom, Heinrich〈17世紀〉
ドイツの医者、解剖学者。眼瞼の〈マイボーム氏腺〉を記載。
⇒岩世人（マイボーム 1638.6.29-1700.3.26）

Meidias〈前5世紀?〉
ギリシアの陶工。
⇒岩世人（メイディアス 前5世紀後半）

Meier, Georg Friedrich〈18世紀〉
ドイツの哲学者。
⇒学叢思（マイエル，ゲオルク・フリードリヒ 1718-1777）

Meier, John〈19・20世紀〉
ドイツのゲルマン学者、民俗学者。フライブルクに〈ドイツ民謡文庫〉を設立し(14)、民謡の研究に貢献。
⇒岩世人（マイアー 1864.6.14-1953.5.3）

Meier-Graefe, Julius〈19・20世紀〉
ドイツの美術史家、美術評論家。主著『印象主義』(27)。
⇒岩世人（マイアー＝グレーフェ 1867.6.10-1935.6.5）

Meierkholid, Vsevolod Emilievich〈19・20世紀〉
ソ連の俳優、演出家。
⇒岩世人（メイエルホリド 1874.1.28/2.9-1940.2.2）
ネーム（メイエルホリド 1874-1940）
広辞7（メイエルホリド 1874-1940）
ユ著人（Meierkhol'd,Vsevolod Emil'evich メイエルホリド，ヴセーヴォロド・エミレィヴィチ 1874-1940）

Meijers, Eduard Maurits〈19・20世紀〉
オランダの法学者。
⇒岩世人（メイエルス 1880.1.10-1954.6.25）

Meijlan, Germain Felix〈18・19世紀〉
オランダの長崎出島商館長。文政10(1827)年長崎に着任した。
⇒岩世人（メイラン 1785-1831.6.12）

Meiland, Jakob〈16世紀〉
ドイツの作曲家。
⇒バロ（マイラント，ヤーコプ 1542-1577.12.31）

Meillet, Antoine〈19・20世紀〉
フランスの言語学者。
⇒岩世人（メイエ 1866.11.11-1936.9.21）
広辞7（メイエ 1866-1936）

Meinecke, Friedrich〈19・20世紀〉
ドイツの歴史学者。『ドイツの悲劇』(46)を発表、48年以降ベルリン自由大学総長。
⇒岩世人（マイネッケ 1862.10.20-1954.2.6）
20思（マイネッケ，フリードリヒ 1862-1954）

Meineke, August〈18・19世紀〉
ドイツの古典学者。『ギリシア喜劇作家断片集』(5巻,1839～57)を著した。
⇒岩世人（マイネケ 1790.12.8-1870.12.12）

Meinertz, Max〈19・20世紀〉
ドイツのカトリックの新約聖書学者。
⇒新カト（マイネルツ 1880.12.19-1965.12.18）

M

Meinhard〈12世紀〉
聖人,司教。祝日10月11日。ホルシュタインのゼーゲベルクのアウグスチノ修道祭式者会会員。リヴォニアへの宣教師。イクスキュールに教会を建て,1186年同地の初代司教に叙階された。
⇒新カト（マインハルト　?-1196）

Meinhof, Carl〈19・20世紀〉
ドイツの言語学者。バンツー諸語の比較言語学的研究を確立し,アフリカ諸言語研究の基礎を築く。
⇒岩世人（マインホーフ　1857.7.23-1944.2.10）

Meinong, Alexius, Ritter von Handschuchsheim〈19・20世紀〉
オーストリアの哲学者,心理学者。対象論の創始者。主著『仮定について』(02)。
⇒岩世人（マイノング　1853.7.17-1920.11.27）
　学叢思（マイノング、アレクシウス　1853-?）
　新カト（マイノング　1853.7.17-1920.11.27）
　メル3（マイノング、アレクシウス　1853-1920）

Meinrad〈9世紀〉
隠世修道士。聖人。
⇒新カト（マインラート　?-861.1.21）
　図聖（マインラート（ライヘナウの）　?-861）

Meinsma, Johannes Jacobus〈19世紀〉
オランダのジャワ語学者。
⇒岩世人（メインスマ　1833.9.9-1886.9.15）

Meinulf von Paderborn〈9世紀〉
ベッデケン女子修道院の創設者。聖人。祝日10月5日。
⇒新カト（マイノルフ　?-847?）
　図聖（マイヌルフ（パーデルボルンの）　?-847頃）

Meir〈2世紀〉
パレスチナのタンナ（師）。聖賢アキバの高弟。
⇒ユ人（メイル　2世紀）
　ユ著人（Meïr　メイル　2世紀）

Meiri, Menahem ben Solomon〈13・14世紀〉
プロヴァンスの学者,タルムード注解者。
⇒ユ著人（Meiri,Menahem ben Solomon　メイリ、メナヘム・ベン・ソロモン　1249-1316）

Meisel, Mordecai ben Samuel〈16・17世紀〉
プラハの資産家。福祉家,同地のユダヤ人共同体の長。
⇒ユ著人（Meisel,Mordecai ben Samuel　マイゼル、モルデカイ・ベン・サムエル　1528-1601）

Meisenbach, Georg〈19・20世紀〉
ドイツの印刷業者。網版印刷法を発明(1881)。
⇒岩世人（マイゼンバッハ　1841.5.27-1912.9.24/25）

Meisner, Balthasar〈16・17世紀〉
ドイツのルター派神学者。
⇒岩世人（マイスナー　1587.2.3-1626.12.29）

Meissner, Bruno〈19・20世紀〉
ドイツのアッシリア学者。バビロンの発掘に参加。
⇒岩世人（マイスナー　1868.4.25-1947.3.13）

Meissonier, Jean Louis Ernest〈19世紀〉
フランスの画家。ナポレオン1世の戦役に取材した歴史画や,風俗画を描いた。
⇒岩世人（メソニエ　1815.2.21-1891.1.31）
　19仏（エルネスト・メソニエ　1815.2.21-1891.1.31）
　芸13（メッソニエ、ジャン・ルイ・エルネスト　1815-1891）

Meissonier, Juste Aurèle〈17・18世紀〉
フランスの建築家,室内装飾家,彫刻家,画家,金細工師。
⇒岩世人（メソニエ　1693/1695-1750.7.31）
　芸13（メッソニエ、オーレール　1693-1750）

Meister der heiligen Veronika〈14・15世紀〉
ドイツの逸名の画家。1395頃～1415頃に活動した。
⇒岩世人（聖女ヴェロニカの画家　(活動)1395頃-1415頃）

Meister des Marienlebens〈15世紀〉
ドイツの逸名の画家。1460頃～1490年に活動した。
⇒岩世人（マリアの生涯の画家　(活動)1460頃-1490）

Meister E.S.〈15世紀〉
ドイツの逸名の版画家。1450頃～1467頃に活動した。
⇒岩世人（エー・エスの画家　(活動)1450頃-1467頃）

Meistermann, Barnabas〈19・20世紀〉
ドイツ出身の宣教師,考古学者。
⇒新カト（マイスターマン　1850.3.27-1923.9.29）

Meit, Conrad〈15・16世紀〉
ドイツの彫刻家。
⇒岩世人（マイト　1470-1485-15501551）
　芸13（マイト、コンラート　1480頃-1550-1551）

Meitner, Lise〈19・20世紀〉
オーストリアの物理学者。
⇒岩世人（マイトナー（メイトネル）　1878.11.7-1968.10.27）
　物理（マイトナー、リーゼ　1878-1968）
　ユ著人（Meitner,Lise　マイトナー、リーゼ　1878-1968）

Meitzen, Friedrich Ernest August

〈19・20世紀〉
ドイツ農制史の研究家, 統計学者。
⇒岩世人 (マイツェン 1822.12.16–1910.1.19)
 学叢思 (マイツェン, フランツ・エー・アウグスト 1822–1910)

Mel, Rinaldo del 〈16世紀〉
フランドルの作曲家。
⇒バロ (メル, リナルド・デル 1554頃–1598頃)

Mela, Pomponius 〈1世紀〉
ローマの地理学者。43～4年頃ラテン語で『地誌』を著す。
⇒岩世人 (メラ)
 学叢歴 (ポンポニウス・メラ)

Melampus
ギリシア神話の大預言者, また占い師。
⇒岩世人 (メランプス)

Melan, Joseph 〈19・20世紀〉
オーストリアの土木技術者。
⇒岩世人 (メラン 1853.11.18–1941.2.6)

Melanchthon, Philipp 〈15・16世紀〉
ドイツの神学者, 宗教改革者, 教育者。
⇒岩世人 (メランヒトン 1497.2.16–1560.4.19)
 ネーム (メランヒトン 1497–1560)
 広辞7 (メランヒトン 1497–1560)
 学叢思 (メランヒトン, フィリップ 1467–1560)
 新カト (メランヒトン 1497.2.16–1560.4.19)
 世人カ (メランヒトン 1497–1560)
 世人装 (メランヒトン 1497–1560)

Melani, Alessandro 〈17・18世紀〉
イタリアの作曲家。
⇒バロ (メラーニ, アレッサンドロ 1639.2.4–1703.10)

Melani, Atto 〈17・18世紀〉
イタリアの作曲家。
⇒バロ (メラーニ, アット 1626.3.31–1714)

Melani, Jacopo 〈17世紀〉
イタリアの作曲家。
⇒バロ (メラーニ, ヤーコポ 1623.7.6–1676.8.19)

Melania 〈4・5世紀〉
ローマの女性, 聖人。
⇒岩世人 (メラニア (小) 383–439.12.31)
 新カト (メラニア 383頃–439.12.31)

Melania Major 〈4・5世紀〉
ローマの女性巡礼者。
⇒岩世人 (メラニア (大) 340頃–410以前)
 新カト (メラニア 342–409/410)

Melanius 〈6世紀〉
フランスのレンヌの司教。聖人。祝日11月6日。
⇒新カト (メラニウス〔レンヌの〕 ?–549以前)

Melartin, Erkki Gustaf 〈19・20世紀〉
フィンランドの作曲家。
⇒岩世人 (メラルティン 1875.2.7–1937.2.14)

Melas, Pavlos 〈19・20世紀〉
ギリシアの軍人。
⇒岩世人 (メラス 1870.3.29–1904.10.13)

Melba, *Dame* **Nellie** 〈19・20世紀〉
オーストラリアのソプラノ歌手。
⇒岩世人 (メルバ 1861.5.19–1931.2.23)
 オセ新 (メルバ 1861–1931)
 オペラ (メルバ, ネリー 1861–1931)

Melbourne, William Lamb, 2nd Viscount 〈18・19世紀〉
イギリスの政治家。
⇒岩世人 (メルバーン 1779.3.15–1848.11.24)

Melchers, Paul 〈19世紀〉
文化闘争時代のドイツ・カトリック教会の指導者。
⇒新カト (メルヘルス 1813.1.6–1895.12.14)

Melchior 〈前1世紀〉
東方の三博士の一人。
⇒図聖 (三王 (カスパル, メルキオル, バルタサル))

Melchior de San Agustín Sánchez 〈16・17世紀〉
スペインの瞑想アウグスチノ会士で福者殉教者。
⇒新カト (メルキオール・デ・サン・アグスティン 1599–1632.12.11)

Melchisedek
サレム (エルサレム) の王, 平和の王, いと高き神の祭司といわれる (創世記)。
⇒岩世人 (メルキゼデク)

Meldaert, Leonhard 〈16世紀〉
フランドルの作曲家。
⇒バロ (メルデール, レオンハルト 1540頃?–1590頃)

Meldenius, Rupert 〈16・17世紀〉
ドイツのルター教会の神学者の偽名。
⇒新カト (メルデニウス 1582–1651.6.1)

Mele, Giovanni Battista 〈18世紀〉
イタリアの作曲家。
⇒バロ (メーレ, ジョヴァンニ・バッティスタ 1701–1752以降)

Meleager 〈前3世紀〉
マケドニア王。
⇒世帝 (メレアグロス (在位) 前279)

Meleagros
ギリシア神話の英雄。
⇒岩世人 (メレアグロス)

Meleagros〈前2・1世紀〉
ギリシアのエピグラム詩人、キニク派哲学者。ギリシア最初の詩選集『花冠』を編む。
⇒岩世人（メレアグロス　前140頃–前70頃）

Meléndez, Luis Egidio〈18世紀〉
スペインの画家。
⇒岩世人（メレンデス　1716–1780.7.11）

Meléndez Valdés, Juan〈18・19世紀〉
スペインの詩人。
⇒岩世人（メレンデス・バルデス　1754.3.11–1817.5.24）

Meletios〈4世紀〉
アンティオケイアの司教。在職360～81。聖人、祝日2月12日。
⇒新カト（メレティオス〔アンティオケイアの〕　?–381）

Meleusippos〈2・3世紀〉
聖人、殉教者。祝日1月17日。カッパドキアに生まれた三つ子の兄弟。
⇒新カト（スペウシッポス、エレウシッポスとメレウシッポス　2–3世紀）

Melgas, Diogo Dias〈17世紀〉
ポルトガルの作曲家。
⇒バロ（メウガス、ディオゴ・ディアス　1638.4.11–1700.3.10）

Méliès, Georges〈19・20世紀〉
映画の開拓者。
⇒岩世人（メリエス　1861.12.8–1938.1.21）
　ネーム（メリエス　1861–1938）
　広辞7（メリエス　1861–1938）

Melikertēs
ギリシア神話、テバイ王アタマスとイノの子。
⇒岩世人（メリケルテス）

Méline, Félix Jules〈19・20世紀〉
フランスの政治家。保護貿易主義立法の指導者。
⇒岩世人（メリーヌ　1838.5.20–1925.12.21）

Melinikov, Pavel Ivanovich〈19世紀〉
ロシアの小説家。『古き時代』(57)、『婆さんのばか話』(58)などを残している。
⇒岩世人（メーリニコフ　1818.10.25–1883.2.1）

Melissos〈前5世紀〉
ギリシアの哲学者。パルメニデスの弟子で、エレア派の最後の重要人物。海軍指揮官。
⇒岩世人（メリッソス〔サモスの〕　前490頃–前430頃）
　学叢思（メリッソス　前450頃–?）

Melitios〈3・4世紀〉
エジプトのリュコポリスの司教。
⇒新カト（メリティオス〔リュコポリスの〕　?–327頃）

Meliton〈2世紀〉
小アジアのサルデスの司教。護教家教父の一人。
⇒岩世人（メリトン〔サルデイスの〕　?–194以前）
　新カト（メリトン〔サルデスの〕　?–190頃）

Melius, Peter〈16世紀〉
ハンガリーの宗教改革者、著作家。
⇒新カト（メリウス　1536–1572.12.15）

Mell, Davis〈17世紀〉
イギリスの作曲家。
⇒バロ（メル、デェイヴィス　1604.11.15–1662.4.4）

Melli, Domenico Maria〈16・17世紀〉
イタリアの作曲家。
⇒バロ（メッリ、ドメニーコ・マリーア　1560頃?–1610頃?）

Melli, Pietro Paolo〈16・17世紀〉
イタリアの作曲家。
⇒バロ（メッリ、ピエトロ・パオロ　1580頃?–1630頃?）

Mellitus of Canterbury, St.〈7世紀〉
イングランドの聖職者。604年初代ロンドン司教。619年第3代カンタベリー大司教。
⇒新カト（メリトゥス　?–624.4.24）

Mellon, Andrew William〈19・20世紀〉
アメリカの財政家。
⇒岩世人（メロン　1855.3.24–1937.8.26）

Melocchi, Arturo〈19・20世紀〉
イタリア・オペラのテノール。
⇒失声（アルトゥーロ・メロッキ　1879–1960）

Melo Freire dos Reis, Pascoal José de〈18世紀〉
ポルトガルの法律家。
⇒岩世人（メロ・フレイレ・ドス・レイス　1738.4.6–1798.9.24）

Melone, Annibale〈16世紀〉
イタリアの作曲家。
⇒バロ（メローネ、アンニバーレ　1550頃?–1600頃?）

Melozzo da Forli〈15世紀〉
イタリアの画家。主作品は聖アポストリ聖堂の天井画『昇天』(80)。
⇒岩世人（メロッツォ・ダ・フォルリ　1438.6.6–1494.11.8）
　新カト（メロッツォ・ダ・フォルリ　1438–1494）
　芸13（メロッツォ・ダ・フォルリ　1438–1494）

Melun, Vicomte Armand de〈19世紀〉
フランスのカトリック社会福祉運動の草分けの一人。
⇒新カト（ムラン　1807.9.24–1877.6.24）

Melville, Andrew〈16・17世紀〉
スコットランドの学者、宗教改革者。

⇒岩世人（メルヴィル　1545.8.1–1622)
新カト（メルヴィル　1545.8.1–1622)

Melville, Henry Dundas, 1st Viscount〈18・19世紀〉
イギリスの政治家。内相(1791〜94)、陸相(94〜1801)、海相(04〜05)を歴任。
⇒岩世人（ダンダス　1742.4.28–1811.5.27）

Melville, Herman〈19世紀〉
アメリカの小説家。代表作『モービー・ディック（白鯨)』(51)。
⇒アメ新（メルビル　1819–1891）
　岩世人（メルヴィル　1819.8.1–1891.9.28）
　オセ新（メルビル　1819–1891）
　ネーム（メルヴィル　1819–1891）
　広辞7（メルビル　1819–1891）
　新カト（メルヴィル　1819.8.1–1891.9.28）
　世人新（メルヴィル　1819–1891）
　世人装（メルヴィル　1819–1891）
　ポプ人（メルビル、ハーマン　1819–1891）

Melzi, Francesco〈15・16世紀〉
イタリアの画家。レオナルド・ダ・ビンチの弟子で，遺産相続人。
⇒岩世人（メルツィ　1493–1570頃）
　芸13（メルツィ，フランチェスコ　1492-1493–1566以後/1570頃）

Melzi d'Eril, Francesco〈18・19世紀〉
イタリアの政治家。
⇒岩世人（メルツィ・デリル　1753.3.6–1816.1.16）

Memling, Hans〈15世紀〉
フランドルの画家。主作品『ディプティコン』(87)。
⇒岩世人（メムリンク　1430頃/1440頃–1494.8.11）
　広辞7（メムリンク　1430/1440頃–1494）
　新カト（メムリンク　1430/1440–1494.8.11）
　芸13（メムリンク，ハンス　1430-1440–1494）

Memmi, Lippo〈14世紀〉
イタリアの画家。1333年『聖告』の制作に協力。
⇒芸13（メムミ，リッポ　?–1356頃）

Memmius〈4世紀〉
シャロン・シュール・マルヌの最初の司教。聖人。祝日8月5日。シャロンの町の守護聖人。
⇒新カト（メンミウス　4世紀初頭?）

Memnōn
ギリシア神話，エチオピアの伝説的王。
⇒岩世人（メムノン）

Memo, Dionisio〈15・16世紀〉
イタリアの作曲家。
⇒バロ（メーモ，ディオニジオ　1490頃?–1539以降）

Meña, Alonso de〈16・17世紀〉
スペインの宣教師。
⇒新カト（メニャ　1578–1622.9.10）

Mena, Gabriel〈15・16世紀〉
スペインの作曲家。
⇒バロ（メーナ，ガブリエル　1480頃?–1530頃?）

Mena, Juan de〈15世紀〉
スペインの詩人。代表作『運命の迷路』(44)。
⇒岩世人（メナ　1411–1456）

Mena, Pedro de〈17世紀〉
スペインの彫刻家。
⇒岩世人（メナ　1628.8.20–1688.10.13）

Menabuoi, Giusto de'〈14世紀〉
イタリアの画家。
⇒岩世人（ジュスト・デ・メナブオイ　1320頃–1390.9.28）

Menachem, Ben-Judah〈1世紀〉
ゼーロット（熱心党）の指導者。
⇒ユ人（メナヘム，ベンユダ　1世紀）

Menachem, Mendel of Vitebsk〈18世紀〉
ハシッド派の指導者。
⇒ユ人（メナヘム，メンデル（ビテブスクのメンデル）　1730–1788）

Ménage, Gilles〈17世紀〉
フランスの言語学者。主著『フランス語語源辞典』(94)。
⇒岩世人（メナージュ　1613.8.15–1692.7.23）

Menahem ben Jacob ibn Saruq〈10世紀〉
スペインの作家，辞書編集者。
⇒ユ著人（Menahem ben Jacob ibn Saruq (k)　メナヘム・ベン・ヤコブ・イブン・サルーク　910?–970?）

Menaichmos〈前4世紀頃〉
ギリシアの数学者。プラトンの友人。双曲線の漸近線を発見。
⇒岩世人（メナイクモス）
　世数（メナイクモス　前380頃–前320頃）

Menalt, Gabriel〈17世紀〉
スペインの作曲家。
⇒バロ（メナルト，ガブリエル　1660頃?–1687）

Menandros〈前4・3世紀〉
ギリシアの喜劇詩人。アッチカ新喜劇の代表的作者。『気むずかし屋』など。
⇒岩世人（メナンドロス　前342/前341–前291/前290）
　広辞7（メナンドロス　前342/前292頃）

Menandros〈前2世紀〉
アフガニスタン，インドを支配したギリシア人の王。ミリンダ王。
⇒岩世人（メナンドロス　（在位）前155頃–前130頃）
　南ア新（メナンドロス　生没年不詳）

Menandros〈1世紀〉
サマリア人のグノーシス主義者。
⇒新カト（メナンドロス　1世紀末）

Ménard, Louis Nicolas〈19・20世紀〉
フランスの化学者, 詩人, 画家。
⇒岩世人（メナール　1822.10.19-1901.2.9）

Ménard, Marie-Auguste-Émile-René〈19・20世紀〉
フランスの画家。古代風の風景や肖像画を描いた。主作品『羊の群』(01)。
⇒芸13（メナール, ルネ・エミール　1862-1930）

Ménard, René〈17世紀〉
フランス人イエズス会員, 北米の宣教師。
⇒新カト（メナール　1605.3.2-1661.8.10/15）

Menas〈3・4世紀〉
聖人, エジプトの殉教者。祝日11月11日。リビア砂漠の守護聖人。
⇒新カト（メナス〔エジプトの〕　3-4世紀）

Menas〈6世紀〉
コンスタンティノポリス総主教。在職536～52。聖人。祝日8月25日。アレクサンドリア出身。
⇒新カト（メナス〔コンスタンティノポリスの〕　?-552.8.25）

Menasseh Ben Israel〈17世紀〉
ユダヤ教の神学者。イギリスにユダヤ人居住区を創設した人として有名。
⇒岩世人（マナセ・ベン・イスラエル　1604-1657）
　ユ著人（Manasseh (Menasseh) ben Israel　メナシェ・ベン・イスラエル　1604-1657）

Mencken, Henry Louis〈19・20世紀〉
アメリカの批評家, ジャーナリスト。
⇒アメ新（メンケン　1880-1956）
　岩世人（メンケン　1880.9.12-1956.1.29）
　新カト（メンケン　1880.9.12-1956.1.29）

Mendaña de Neyra, Álvaro de〈16世紀〉
スペインの航海者。1568年ソロモン諸島を発見。
⇒岩世人（メンダーニャ　1541-1595）
　オセ新（メンダーニャ　1542?-1595）

Mendel, Gregor Johann〈19世紀〉
オーストリアの遺伝学者。
⇒岩世人（メンデル　1822.7.20-1884.1.6）
　広辞7（メンデル　1822-1884）
　学叢思（メンデル, ヨハン・グレゴル　1822-1884）
　新カト（メンデル　1822.7.22-1884.1.6）
　世人新（メンデル　1822-1884）
　世人装（メンデル　1822-1884）
　世史語（メンデル　1822-1884）
　ポプ人（メンデル, グレゴール　1822-1884）

Mendel, Lafayette Benedict〈19・20世紀〉
アメリカの栄養学者, 生化学者。13年ビタミンAを発見。
⇒岩世人（メンデル　1872.2.5-1935.12.9）
　ユ著人（Mendel,Lafayette Benedict　メンデル, ラファイエット・ベネディクト　1872-1935）

Mendeleev, Dmitrii Ivanovich〈19・20世紀〉
ロシアの化学者, 周期律の発見者。
⇒岩世人（メンデレーエフ　1834.2.8-1907.2.2）
　科史（メンデレーエフ　1834-1907）
　ネーム（メンデレーエフ　1834-1907）
　広辞7（メンデレーエフ　1834-1907）
　学叢思（メンデレーフ, ドミトリ・イヴァノーヴィチ　1834-1907）
　物理（メンデレーエフ, ドミートリー・イヴァノヴィチ　1834-1907）
　ポプ人（メンデレーエフ, ドミトリー　1834-1907）

Mendele Mokher Sforim〈19・20世紀〉
ユダヤ人のイディッシュおよびヘブライ文学作家。現代ヘブライ文学の基礎を築いた作家の一人。主著『ほしい指輪』(1865),『びっこのフィシュケ』(69)。
⇒岩世人（メンデレ・モイヘル＝スフォリム　1835.12.21-1917.12.8）
　ユ人（メンデレ, モヘル・セフォリム（シャローム・ヤコブ・アブラモビッツ）　1835-1917）
　ユ著人（Mendele Mokher (Mocher) Sefarim (Sforim)　メンデレ・モヘール・スフォリム　1836-1917）

Mendelssohn, Arnold Ludwig〈19・20世紀〉
ドイツの作曲家。形式的に美しい合唱曲を作り, また歌劇の作もある。
⇒岩世人（メンデルスゾーン　1855.12.26-1933.2.19）

Mendelssohn, Moses〈18世紀〉
ドイツのユダヤ人哲学者。主著『感覚について』(55),『フェイドン―霊魂の不滅について』(67)。
⇒岩世人（メンデルスゾーン　1729.9.6-1786.1.4）
　広辞7（メンデルスゾーン　1729-1786）
　学叢思（メンデルスゾーン, モーゼス　1729-1786）
　新カト（メンデルスゾーン　1729.9.6-1786.1.4）
　ユ人（メンデルスゾーン, モーゼス　1729-1786）
　ユ著人（Mendelssohn,Moses　メンデルスゾーン, モーゼス　1728/1729-1786）

Mendelssohn-Bartholdy, Jakob Ludwig Felix〈19世紀〉
ドイツの作曲家, 指揮者, ピアノ奏者。古典主義的ロマン派の作曲家として名声を博した。
⇒岩世人（メンデルスゾーン　1809.2.3-1847.11.4）
　バレエ（メンデルスゾーン＝バルトルディ, フェリックス　1809.2.3-1847.11.4）
　エデ（メルデルスゾーン（バルトルディ）, フェリックス　1809.2.3-1847.11.4）

広辞7（メンデルスゾーン　1809–1847）
学叢思（メンデルスゾーン，フェリックス　1809–1847）
実音人（メンデルスゾーン，フェリックス　1809–1847）
新カト（メンデルスゾーン　1809.2.3–1847.11.4）
世人新（メンデルスゾーン　1809–1847）
世人装（メンデルスゾーン　1809–1847）
ピ曲改（メンデルスゾーン(-バルトルディ)，(ヤーコブ・ルードヴィヒ）フェリックス　1809–1847）
ポプ人（メンデルスゾーン，フェリックス　1809–1847）
ユ人（メンデルスゾーン，フェリックス（ヤコブ・ルトヴィヒ・フェリックス）　1809–1847）
ユ著人（Mendelssohn-Bartholdy,Jakob Ludwig Felix　メンデルスゾーン＝バーソルディ，ヤーコブ・ルートヴィッヒ・フェリックス　1809–1847）

Mendelssohn-Bartholdy (Hensel), Fanny〈19世紀〉

ドイツの音楽家。

⇒エデ（メンデルスゾーン（バルトルディ），ファニー・ツェツィーリエ　1805.11.14–1847.5.14）

Mendenhall, Thomas Corwin〈19・20世紀〉

アメリカの物理学者。富士山頂での重力測定などを行った。

⇒アア歴（Mendenhall,Thomas Corwin　トマス・コーウィン・メンデンホール　1841.10.4–1924.3.22）
アメ新（メンデンホール　1841–1924）
岩世人（メンデンホール　1841.10.4–1924.3.22）
広辞7（メンデンホール　1841–1924）

Mendes, Afonso〈16・17世紀〉

ポルトガル人イエズス会員。エチオピアの総主教。

⇒新カト（メンデス　1579.8.18–1656.6.29）

Mendès, Catulle〈19・20世紀〉

フランスの詩人，劇作家。雑誌『ファンテジスト』(60)創刊。詩集『フィロメラ』(64)など。

⇒岩世人（マンデス　1841.5.20–1909.2.7）
19仏（カチュール・マンデス　1841.5.22–1909.2.7）

Mendes, Manuel〈16・17世紀〉

ポルトガルの作曲家。

⇒バロ（メンデス，マヌエウ　1547頃–1605.9.24）

Mendieta, Gerónimo de〈16・17世紀〉

スペインのフランシスコ会士。

⇒新カト（メンディエタ　1525–1604.5.10）
ラテ新（メンディエタ　1525–1604）

Mendieta y Montefur, Carlos〈19・20世紀〉

キューバの政治家，大統領。在職1934～35。

⇒岩世人（メンディエタ　1873.11.4–1960.9.29）

Mendoza, Antonio de〈15・16世紀〉

スペインの植民地行政官。

⇒岩世人（メンドーサ　1490頃–1552.7.21）

Mendoza, Daniel〈18・19世紀〉

イギリスのボクサー。第16代ヘビー級チャンピオン(1792～95)。

⇒ユ人（メンドーサ，ダニエル　1764–1836）
ユ著人（Mendoza,Daniel　メンドーサ，ダニエル　1764–1836）

Mendoza, Íñigo de〈15世紀〉

スペイン・ルネサンスの詩人。

⇒新カト（メンドサ　1422頃–1492頃）

Mendoza, Juan González de〈16・17世紀〉

スペインのアウグスチノ会宣教師。

⇒岩世人（メンドーサ　1545–1618）
新カト（メンドサ　1545–1618）

Mendoza, Mateo de〈16・17世紀〉

カスティリャ出身のアウグスチノ会員，フィリピン管区の司祭。

⇒新カト（メンドサ　?–1605）

Mendoza, Pedro González de〈15世紀〉

スペインの聖職者，枢機官，政治家，人文学者。サンタ・クルス大学の創立者。

⇒新カト（ゴンサレス・デ・メンドサ　1428.5.3–1495.1.11）

Mendoza y Gotianquin, Pelagia〈19・20世紀〉

フィリピンの彫刻家，企業家。

⇒岩世人（メンドーサ　1867.6.9–1939.3.12/13）

Menechildis〈6世紀〉

聖人，隠修女。祝日10月14日。ペストに対する救難聖人。

⇒新カト（メネヒルディス　6世紀）

Menedēmos ho Kynikos〈前3世紀〉

ギリシアの哲学者。前250年頃活躍した。

⇒岩世人（メネデモス（キュニコス派の）　前250頃）

Ménégoz, Eugène〈19・20世紀〉

フランスのプロテスタント神学者。サバティエと共に象徴信仰主義の代表者。

⇒岩世人（メネゴー　1838.9.25–1921.10.29）
新カト（メネゴ　1838.9.25–1920.10.29）

Menelaos

ギリシア神話のスパルタ王。

⇒岩世人（メネラオス）

Menelaos〈1世紀頃〉

ギリシアの数学者，天文学者。

⇒岩世人（メネラオス）
世数（メネラウス（アレクサンドリアの）　70頃–

130頃)。

Menelik I
初代エチオピア王(伝説上の王)。
⇒岩世人 (メネリク1世)

Menelik II 〈19・20世紀〉
エチオピアの皇帝。在位1889～1913。近代国家としてのエチオピアの基礎を築いた。
⇒世人新 (メネリク2世　1844-1913)
　世人装 (メネリク2世　1844-1913)

Menéndez Pidal, Ramón 〈19・20世紀〉
スペインの言語学者、文学史家。
⇒岩世人 (メネンデス・ピダル　1869.3.13-1968.11.14)

Menéndez y Pelayo, Marcelino 〈19・20世紀〉
スペインの文学史家、評論家。代表作『スペイン異端者史』(80～82)。
⇒岩世人 (メネンデス・イ・ペラーヨ　1856.11.3-1912.5.19)
　新カト (メネンデス・イ・ペラヨ　1856.11.3-1912.5.19)

Menenius Agrippa, Lanatus 〈前6・5世紀〉
ローマの政治家。
⇒岩世人 (メネニウス・アグリッパ　?-前493?)

Mēnēs 〈前30世紀頃〉
エジプト第1王朝の祖。在位前2850頃。
⇒岩世人 (メネス (メニ))
　世人新 (メネス　生没年不詳 (在位)前2925頃)
　世人装 (メネス　生没年不詳 (在位)前2925頃)

Meneses, Alejo de 〈16・17世紀〉
アウグスチノ会員、ゴア大司教。リスボン生まれ。
⇒新カト (メネセス　1559.1.25-1617.5.2)

Mengarelli, Raniero 〈19・20世紀〉
イタリアの考古学者。
⇒岩世人 (メンガレッリ　1865-1944)

Mengelberg, Willem 〈19・20世紀〉
オランダの指揮者。
⇒岩世人 (メンゲルベルク (メンヘルベルフ)　1871.3.28-1951.3.22)
　ネーム (メンゲルベルク　1871-1951)

Menger, Anton 〈19・20世紀〉
オーストリアの法学者。法曹社会主義の代表者。主著 "Neue Staatslehre" (03)。
⇒岩世人 (メンガー　1841.9.12-1906.2.6)
　広辞7 (メンガー　1841-1906)
　学叢思 (メンガー、アントン　1841-1906)
　新カト (メンガー　1841.9.12-1906.2.6)

Menger, Karl von 〈19・20世紀〉
オーストリアの経済学者。オーストリア学派の祖であり、限界効用理論の確立者の一人として著名。
⇒岩世人 (メンガー　1840.2.28-1921.2.26)
　広辞7 (メンガー　1840-1921)
　学叢思 (メンガー、カール　1840-1921)

Mengold 〈9世紀〉
聖人、殉教者。祝日2月8日。
⇒新カト (メンゴルド　9世紀後半)

Mengoli, Pietro 〈17世紀〉
イタリアの数学者。
⇒世数 (メンゴーリ、ピエトロ　1625-1686)

Mengoni, Giuseppe 〈19世紀〉
イタリアの建築家。
⇒世建 (ジュゼッペ・メンゴーニ　1829-1877)

Mengotti, Francesco Conte 〈18・19世紀〉
イタリアの財政家。
⇒学叢思 (メンゴッティ、フランチェスコ・コンテ (伯)　1749-1830)

Mengs, Anton Raphael 〈18世紀〉
ドイツの画家。古典主義的な作風で宗教画やパステルによる肖像画を得意とした。
⇒岩世人 (メングス　1728.3.12-1779.6.29)
　新カト (メングス　1728.3.12-1779.6.29)
　芸13 (メングス、アントン・ラファエル　1728-1779)
　ユ著人 (Mengs,Anton Raphael　メングス、アントン・ラファエル　1728-1797)

Ménière, Prosper 〈18・19世紀〉
フランスの耳科医。
⇒岩世人 (メニエール　1799.6.18-1862.2.7)

Menippos 〈前3世紀〉
ギリシアの犬儒派哲学者。「メニッポス風サツラ」を創始。
⇒岩世人 (メニッポス)
　メル1 (メニッポス　前3世紀前半)

Menius, Justus 〈15・16世紀〉
ドイツの宗教改革者。
⇒新カト (メニウス　1499.12.13-1558.8.11)

Men-kau-Ra 〈前26・25世紀〉
エジプト古王国時代、第4王朝の王。前2530年頃統治。
⇒岩世人 (メンカウラー (在位)前2514-前2486頃)
　世人新 (メンカウラ　生没年不詳 (在位)前26世紀後半)
　世人装 (メンカウラ　生没年不詳 (在位)前26世紀後半)

Menken, Gottfried 〈18・19世紀〉
ドイツの改革派神学者。
⇒新カト (メンケン　1768.5.29-1831.6.1)

Menmare Ramesses XI 〈前11世紀〉
古代エジプトの統治者。在位前1101～1070。

⇒世帝（ラメセス11世　(在位)前1098-前1070頃）
Menmire Amenmesses〈前13・12世紀〉
古代エジプトの統治者。在位前1203〜1199。
⇒世帝（アメンメセス　(在位)前1202-前1199）
Menni, Benedetto〈19・20世紀〉
ヨハネ病院修道会司祭、イエスの聖心病院修道女会の創立者。聖人。祝日4月24日。ミラノ生まれ。
⇒新カト（ベネデット・メンニ　1841.3.11-1914.4.24）
Menno Simons〈15・16世紀〉
オランダの再洗礼派（のちにメノー派と呼ばれた）の理論的指導者。
⇒岩世人（メノー・ジモンズ　1496-1561）
⇒新カト（メノー・シモンズ　1496-1561.1.31）
Menocal, Mario García〈19・20世紀〉
キューバの政治家。1913〜21年大統領。
⇒岩世人（メノカル　1866.12.17-1941.9.7）
Menoikeus
ギリシア神話、クレオンの子。
⇒岩世人（メノイケウス）
Menon〈18世紀〉
フランスの料理書の著者。
⇒岩世人（ムノン）
Ménorval, Eugène de〈19世紀〉
フランスの政治家、著述家。
⇒**19仏**（ウジェーヌ・ド・メノルヴァル　1829.10.25-1897.10.27）
Menotti, Ciro〈18・19世紀〉
リソルジメント期イタリアの商人、愛国者。
⇒岩世人（メノッティ　1798.1.22-1831.5.26）
Menshikov, Aleksandr Danilovich〈17・18世紀〉
ロシアの軍人、政治家。
⇒岩世人（メーンシコフ　1673.11.6-1729.11.12）
Menshikov, Aleksandr Sergeevich〈18・19世紀〉
ロシアの将軍。海軍大将となり(33)、ロシア海軍の基礎を固めた。
⇒岩世人（メーンシコフ　1787.8.15-1869.4.19）
Menssingh, Hermanus〈17・18世紀〉
オランダの長崎商館長。
⇒岩世人（メンシング）
Mentchelijakov, N.〈19・20世紀〉
ソ連の政治家。
⇒学叢思（メンチェリヤコフ）
Mentōr
ギリシア神話、イタカ出身の老人。
⇒岩世人（メントル）

Mentzel, Christian〈17・18世紀〉
ドイツの中国研究家。
⇒岩世人（メンツェル　1622.6.15-1701.1.27）
Menuaš〈前9・8世紀〉
ウラルトゥ（古代アルメニア）の王。在位前810〜781。
⇒岩世人（メヌア　(在位)前810-前781）
Menzel, Adolf Friedrich Erdmann von〈19・20世紀〉
ドイツの画家、版画家。
⇒岩世人（メンツェル　1815.12.8-1905.2.9）
ネーム（メンツェル　1815-1905）
広辞7（メンツェル　1815-1905）
芸13（メンツェル、アドルフ・フォン　1815-1905）
Menzer, Paul〈19・20世紀〉
ドイツの哲学者。新カント主義者。
⇒岩世人（メンツァー　1873.3.3-1960.5.21）
Menzhinskii, Vyacheslav Rudolfovid〈19・20世紀〉
ソ連の政治家。26年、ゲーペーウー（国家政治保安部）長官、30年代の「大粛清」を担当。
⇒学叢思（メンジンスキー　1874-?）
スパイ（メンジンスキー、ヴァチェスラフ・ルドルフォヴィチ　1874-1934）
Mephibosheth
ヨナタンの息子。サウル王の孫。
⇒聖書（メフィボシェト）
Merante, Louis〈19世紀〉
フランスのダンサー、振付家、バレエ・マスター。
⇒バレエ（メラント、ルイ　1828.7.23/27-1887.7.17）
Mérat, Albert〈19・20世紀〉
フランス高踏派の詩人。
⇒**19仏**（アルベール・メラ　1840.3.23-1909.1.16）
Méray, Hugues Charles Robert〈19・20世紀〉
フランスの数学者。
⇒岩世人（メレー　1835.11.12-1911.2.2）
世数（メレー、シャルル　1835-1911）
Merbecke (Marbeck), John〈16世紀〉
イギリスの作曲家、牧師。
⇒バロ（マーベック、ジョン　1505-1510頃-1585頃）
Mercadante, Saverio〈18・19世紀〉
イタリアの作曲家。
⇒オペラ（メルカダンテ、サヴェリオ　1795-1870）
Mercalli, Giusepe〈19・20世紀〉
イタリアの火山学者、地震学者。
⇒岩世人（メルカリ　1850.5.20-1914.3.19）

Mercati, Giovanni〈19・20世紀〉
イタリアの古文書学者。ヴァティカン図書館長。枢機卿。
⇒新カト（メルカーティ　1866.12.17–1957.8.22）

Mercator, Gerhardus〈16世紀〉
ルネサンス期最大の地理学者。メルカトル式投影図法で知られる。
⇒岩世人（メルカトル　1512.3.5–1594.12.2）
世数（メルカトル, ゲラルドゥス　1512–1594）
ポプ人（メルカトル, ゲラルドゥス　1512–1594）

Mercator, Nicolaus〈17世紀〉
デンマーク生れの数学者。『対数技法』(68)が主著。
⇒世数（メルカトル, ニコラウス　1620–1687）

Mercer, (Win) George Barclay〈19・20世紀〉
アメリカの大リーグ選手（投手）。
⇒メジャ（ウィン・マーサー　1874.6.20–1903.1.12）

Mercié, Marius Jean Antonin〈19・20世紀〉
フランスの彫刻家。
⇒岩世人（メルシエ　1845.10.30–1916.12.13）

Mercier, Désiré Joseph〈19・20世紀〉
ベルギーのローマ・カトリック哲学者。枢機卿。
⇒岩世人（メルシエ　1851.11.21–1926.1.23）
新カト（メルシエ　1851.11.21–1926.1.23）

Mercier, Louis Sébastien〈18・19世紀〉
フランスの劇作家、ジャーナリスト、小説家。
⇒岩世人（メルシエ　1740.6.6–1814.4.25）

Mercier de la Rivière〈18世紀〉
フランスの経済学者、重農主義者。
⇒岩世人（メルシエ・ド・ラ・リヴィエール　1720頃–1793/1801）
学叢思（メルシエー, パウル・ピエール, リヴィエールの　1720–1793）

Merck, Daniel〈17・18世紀〉
ドイツの作曲家。
⇒バロ（メルク, ダニエル　1650頃–1713）

Merck, Heinrich von〈12世紀〉
オーストリアの作曲家。
⇒バロ（メルク, ハインリヒ・フォン　1150頃?–1200頃?）

Merck, Johann Heinrich〈18世紀〉
ドイツの小説家、評論家。主著『パエトゥスとアリア』(75)、『リンドール』(81)。
⇒岩世人（メルク　1741.4.11–1791.6.27）

Merck, Neidhardt von〈12・13世紀〉
オーストリアの作曲家。
⇒バロ（メルク, ナイトハルト・フォン　1170頃?–1220頃?）

Mercoure, Phillipe Emanuel〈16世紀〉
ハンガリーの作曲家。
⇒バロ（メルクール, フィリップ・エマヌエル　1540頃?–1590頃?）

Mercy, Lewis〈17・18世紀〉
フランスの作曲家。
⇒バロ（マーシー, ルイス　1695頃–1750頃）

Méré, Antoine Gombaud, chevalier de〈17世紀〉
フランスの作家。『会話録』(69)などの著作がある。
⇒岩世人（メレ　1607.4–1684.12.29）

Méreaux, Nicolas-Jean Le Froid de〈18世紀〉
フランスの作曲家。
⇒バロ（メロー, ニコラ=ジャン・ル・フロア・ド　1745–1797）

Meredith, George〈19・20世紀〉
イギリスの詩人、小説家。長篇『エゴイスト』(79)が代表作。
⇒岩世人（メレディス　1828.2.12–1909.5.14）
広辞7（メレディス　1828–1909）
学叢思（メレディス, ジョージ　1828–1909）
新カト（メレディス　1828.2.12–1909.5.18）

Merelli, Bartolomeo〈18・19世紀〉
イタリアの興行主。劇場支配人。
⇒オペラ（メレッリ, バルトロメーオ　1794–1879）

Mère Théodore, Anne-Thérèse Guérin〈18・19世紀〉
セント・メアリ・オヴ・ザ・ウッズの御摂理修道女会の創立者。聖人。祝日5月14日。
⇒新カト（テオドール・ゲラン　1798.10.2–1856.5.14）

Merezhkovskii, Dmitrii Sergeevich〈19・20世紀〉
ロシアの詩人、小説家、評論家。19世紀末のロシアに象徴主義運動を提唱。
⇒岩世人（メレシコフスキー　1865.8.2/14–1941.12.9）
ネーム（メレジコーフスキー　1865–1941）
広辞7（メレシコフスキー　1865–1941）
学叢思（メレジュコフスキー, ドミトリ　1865–?）

Mergenthaler, Ottmar〈19世紀〉
ドイツの印刷機械発明者。リノタイプ植字機を発明した(85)。
⇒岩世人（メルゲンターラー　1854.5.11–1899.10.28）

Merikanto, Oskar〈19・20世紀〉
フィンランドの作曲家。
⇒岩世人（メリカント　1868.8.5–1924.2.17）

Merikare〈前22世紀〉
エジプト第10王朝の王。
⇒岩世人（メリカラー）

Mérimée, Prosper〈19世紀〉
フランスの小説家。
⇒岩世人（メリメ　1803.9.28–1870.9.23）
　広辞7（メリメ　1803–1870）
　学叢思（メリメー，プロスペー　1803–1870）
　ポブ人（メリメ，プロスペル　1803–1870）

Meringer, Rudolf〈19・20世紀〉
ドイツの言語学者。
⇒岩世人（メーリンガー　1859.3.9–1931.2.11）

Merivale, Charles〈19世紀〉
イギリスの歴史家，聖職者。
⇒岩世人（メリヴェイル　1808.3.8–1893.12.27）

Merivale, Herman〈19世紀〉
イギリスの法律家，歴史家。植民問題を研究しインド省終身次官となる(59)。
⇒岩世人（メリヴェイル　1806–1874）
　学叢思（メリヴェール，ヘルマン　1806–1874）

Merkel, Adolf〈19世紀〉
ドイツの刑法学者。
⇒岩世人（メルケル　1836.1.11–1896.3.30）

Merkelbach, Benedikt〈19・20世紀〉
ベルギーのカトリック倫理神学者。ドミニコ会員。
⇒新カト（メルケルバハ　1871.1.6–1942.7.25）

Merkle, Sebastian〈19・20世紀〉
ドイツのカトリック教会史家。
⇒新カト（メルクレ　1862.8.28–1945.4.24）

Merkurios〈4世紀〉
聖人，殉教者。祝日11月25日。迫害により殉教したローマ軍団の兵士。
⇒新カト（メルクリオス　4世紀）

Merlin〈5・6世紀〉
ウェールズの伝説上の詩人・予言者。Arfderyddの戦い(573)で狂気のうちに命を落としたとされる。
⇒岩世人（マーリン）
　ネーム（マーリン・アンブロジウス）

Merlin, Antoine Christophe〈18・19世紀〉
フランスの政治家。山岳派の指導者の一人。
⇒岩世人（メルラン　1762.9.13–1833.9.14）

Merlin, Philippe Antoine, Comte〈18・19世紀〉
フランスの政治家。最高法院検事総長(1801)。
⇒岩世人（メルラン　1754.10.30–1838.12.26）

Merlo, Alessandro〈16世紀〉
イタリアの作曲家。
⇒バロ（メルロ，アレッサンドロ　1530頃–1594以降）

Mermillod, Gaspard〈19世紀〉
スイスのカトリック聖職者，枢機卿，カトリック社会運動の先駆者。
⇒新カト（メルミヨ　1824.9.22–1892.2.23）

Merodach-Baladan II〈前8世紀〉
バビロニアの統治者。在位前721～710, 前703(9月)（復位）。
⇒岩世人（メロダク＝バルアダン2世　（在位）前721–前710, 前703）

Meropē
ギリシア神話，ヘラクレイダイの一人クレスフォンテスの妻。
⇒岩世人（メロペ）

Meropē
ギリシア神話，アトラスの娘，プレイアデスの一人，コリントス王シシュフォスの妻。
⇒岩世人（メロペ）

Meropē
ギリシア神話，コリントスの王でオイディプスの養父たるポリュボスの妻。
⇒岩世人（メロペ）

Merques, Nicolas〈14・15世紀〉
フランスの作曲家。
⇒バロ（メルク，ニコラ　1390頃?–1440頃?）

Merriam, Charles Edward〈19・20世紀〉
アメリカの政治学者。
⇒アメ新（メリアム　1874–1953）
　岩世人（メリアム　1874.11.15–1953.1.8）
　ネーム（メリアム　1874–1953）
　広辞7（メリアム　1874–1953）

Merrill, Elmer Drew〈19・20世紀〉
アメリカの植物学者。
⇒アア歴（Merrill, Elmer D (rew)　エルマー・ドルー・メリル　1876.10.15–1956.2.25）
　岩世人（メリル　1876.10.15–1956.2.25）

Merrill, George Perkins〈19・20世紀〉
アメリカの地学者。隕石，造岩に関する研究がある。
⇒岩世人（メリル　1854.5.31–1929.8.15）

Merrill, Henry Ferdinand〈19・20世紀〉
アメリカの国家公務員。
⇒アア歴（Merrill, Henry F (erdinand)　ヘンリー・ファーディナンド・メリル　1853.6.15–1935.7.10）

Merrill, Selah〈19・20世紀〉
アメリカの聖職者，考古学者。

⇒岩世人（メリル　1837.5.2–1909.1.22）

Merrill, Stuart〈19・20世紀〉
フランスの詩人。作品『音階』『秋の小詩編』『四季』など。
⇒**19仏**（スチュアート・メリル　1863.8.1–1915.12.1）

Merriman, John Xavier〈19・20世紀〉
南アフリカの政治家。
⇒岩世人（メリマン　1841.3.15–1926.8.2）

Merrit, Wesley〈19・世紀〉
アメリカの陸軍将校。
⇒アア歴（Merrit, Wesley　ウェズリー・メリット　1836.6.16–1910.12.3）

Merry del Val, Raffael〈19・20世紀〉
カトリック教会政治家, 枢機卿。
⇒新カト（メリ・デル・ヴァル　1865.10.10–1930.2.26）

Mersenne, Marin〈16・17世紀〉
フランスの哲学者, 数学者。25年の『諸学の真理』が主著。
⇒バロ（メルセンヌ, マラン　1588.9.8–1648.9.1）
　岩世人（メルセンヌ　1588.12.8–1647.9.1）
　新カト（メルセンヌ　1588.9.8–1648.9.1）
　世数（メルセンヌ, マラン　1588–1648）
　メル2（メルセンヌ, マラン　1588–1648）

Merswin, Rulman〈14世紀〉
ドイツの神秘思想家。
⇒岩世人（メルスヴィン　1307–1382.6.18）
　新カト（ルルマン　1307–1382.6.18）

Mertel, Elias〈16・17世紀〉
ドイツの作曲家。
⇒バロ（メルテル, エリーアス　1561頃–1626.7.21）

Mertense, Franz Carl Josef〈19・20世紀〉
ドイツの数学者。
⇒世数（メルテンス, フランツ　1840–1920）

Mertes, Samuel Blair〈19・20世紀〉
アメリカの大リーグ選手（外野, 二塁）。
⇒メジャ（サム・マーティーズ　1872.8.6–1945.3.12）

Merula, Angelus〈15・16世紀〉
オランダの初期プロテスタント。
⇒新カト（メルラ　1482–1557.7.26）

Merula, Tarquinio〈16・17世紀〉
イタリアの作曲家, オルガン奏者。クレモナの大聖堂オルガン奏者。
⇒バロ（メルーラ, タルキーニオ　1594/1595–1665.12.10）
　新カト（メルラ　1594/1595–1665.12.10）

Merulo, Claudio〈16・17世紀〉
イタリアの作曲家, オルガン奏者。
⇒バロ（メルーロ, クラウディオ　1533.4.8–1604.5.5）
　新カト（メルロ　1533.4.8–1604.5.5）

Merulo, Giacinto〈16・17世紀〉
イタリアの作曲家。
⇒バロ（メルーロ, ジャチント　1595.1.13–1650.2.23）

Méry, Jean〈17・18世紀〉
フランスの外科医。尿道三角腱の両層間の管状腺（コーペル氏腺, メリー氏腺）を発見（1684）。
⇒岩世人（メリー　1645.1.6–1722.11.3）

Méryon, Charles〈19世紀〉
フランスの版画家, 画家。
⇒芸13（メリヨン, シャルル　1821–1868）

Meryre Pepi I〈前24世紀〉
古代エジプトの統治者。在位前2395頃～2360頃。
⇒岩世人（ペピ1世　（在位）前2310–前2260頃）

Merz, Alfred〈19・20世紀〉
オーストリアの海洋学者。第1次大戦に際し, 近海の潮汐を調査し,〈エクマン・メルツ流速計〉を作った。
⇒岩世人（メルツ　1880.1.24–1925.8.16）

Merz, Georg Heinrich von〈19世紀〉
ドイツのルター教会の神学者。
⇒新カト（メルツ　1816–1893）

Merz, Johannes von〈19・20世紀〉
ドイツのルター教会牧師。G.H.フォン・メルツの息子。
⇒新カト（メルツ　1857–1929）

Mesannepadda〈前26世紀〉
古代メソポタミアの統治者。在位前2563～2524。
⇒岩世人（メスアンネパダ）

Meschler, Moritz〈19・20世紀〉
スイスの霊性神学著作家, イエズス会会員。
⇒新カト（メシュラー　1830.9.16–1912.12.2）

Mesdag, Hendrik Willem〈19・20世紀〉
オランダの画家。
⇒岩世人（メスダハ　1831.2.23–1915.7.10）
　芸13（メスデー, ヘンドリック・ウィレム　1831–1915）

Mesha〈前9世紀〉
モアブの王。在位前869頃～850頃（旧約）。
⇒岩世人（メシャ）
　新カト（メシャ）

Meslier, Jean〈17・18世紀〉
フランスの聖職者,自由主義者。遺稿の『遺言状』には無神論的革命思想が展開されている。
⇒岩世人(メリエ　1664.6.15–1729)
広辞7(メリエ　1664頃–1729頃)
学叢思(メスリエ,ジャン　1664–1733)
新カト(メリエ　1664.6.15–1729.6.28/29)

Mesmer, Franz Friedrich Anton〈18・19世紀〉
オーストリアの医者。メスメリズムの始祖。
⇒岩世人(メスマー　1734.5.23–1815.3.15)

Mesquita, Diogo de〈16・17世紀〉
ポルトガルのイエズス会宣教師。
⇒岩世人(メスキータ　1553頃–1614.11.4)
新カト(メスキータ　1553頃–1614.11.4)

Mesrob〈4・5世紀〉
アルメニアの総主教。
⇒新カト(メスロブ　361頃–440/441)

Messager, André Charles Prosper〈19・20世紀〉
フランスの指揮者,作曲家。08年からパリ音楽院管弦楽団の音楽監督,指揮者を歴任。
⇒岩世人(メサジェ　1853.12.30–1929.2.24)

Messalina〈3世紀〉
聖人,殉教者。祝日1月23日。デキウス帝時代の女性。イタリア中部ウンブリア地方のフォリーニョを中心に崇敬される。
⇒新カト(メッサリナ　236頃–250/251)

Messalina, Valeria〈1世紀〉
クラウディウス帝の3度目の妻。ナルキッススの策動により処刑。
⇒岩世人(メッサリナ　?–48)
王妃(メッサリーナ　20–48)

Messedaglia, Angelo〈19・20世紀〉
イタリアの経済学者,統計学者。
⇒学叢思(メセダリア,アンジェロ　1820–1901)

Messel, Alfred〈19・20世紀〉
ドイツの建築家。主作品はベルリンのウェルトハイム百貨店(1896～1904)。
⇒岩世人(メッセル　1853.7.22–1909.3.24)

Messenius, Johannes〈16・17世紀〉
スウェーデンの歴史家,劇作家。代表作『ディサ』『全北欧の歴史』など。
⇒岩世人(メッセーニウス　1579/1580.7–1636.11.8)

Messer, August Wilhelm〈19・20世紀〉
ドイツの哲学者,教育学者,心理学者。主著"Empfindung und Denken"(1908)。
⇒岩世人(メッサー　1867.2.11–1937.7.11)

Messerschmidt, Franz Xaver〈18世紀〉
オーストリアの彫刻家。
⇒岩世人(メッサーシュミット　1736.2.6–1783.8.19)
芸13(メッサーシュミット,フランツ　1736–)

Messier, Charles〈18・19世紀〉
フランスの天文学者。
⇒岩世人(メシエ　1730.6.26–1817.4.11)
広辞7(メシエ　1730–1817)

Messisbugo, Cristoforo di〈15・16世紀〉
フェラーラのエステ家に仕えたイタリアの料理人。
⇒ルネ(クリストフォロ・ダ・メッシスブーゴ　1490頃–1548)

Mestres, Juan Sici y〈18世紀〉
スペインの作曲家。
⇒バロ(メストレス,フアン・シシ・イ　1700頃?–1760頃?)

Mészáros Lázár〈18・19世紀〉
ハンガリーの軍人,政治家。
⇒岩世人(メーサーロシュ　1796.2.20–1858.11.16)

Metacom〈17世紀〉
アメリカ先住民ワンパノアグ族の族長。
⇒岩世人(メタコム　?–1676.8)

Metallo, Grammatio〈16・17世紀〉
イタリアの作曲家。
⇒バロ(メタッロ,グランマティオ　1539-1540頃–1615以降)

Metaphrastes, Symeon〈10世紀〉
ビザンティン帝国で聖人伝承の集成を行った人物。
⇒ネーム(メタフラスト)

Metastasio, Pietro Antonio〈17・18世紀〉
イタリアの詩人。
⇒岩世人(メタスタージオ　1698.1.3–1782.4.12)
オペラ(メタスタージオ,ピエートロ　1698–1782)
ネーム(メタスターシオ　1698–1782)
広辞7(メタスタージョ　1698–1782)
新カト(メタスタジオ　1698.1.3–1782.4.12)

Metaxas, Ioannis〈19・20世紀〉
ギリシアの軍人,政治家。35年に立憲君主制が復活し,36年4月首相に就任,独裁政治を行った。
⇒岩世人(メタクサス　1871.4.12–1941.1.29)

Metcalfe, Charles Theophilus Metcalfe, Baron〈18・19世紀〉
イギリスの植民地行政官。ジャマイカ総督(39～42),カナダ総督(43～45)を歴任。
⇒岩世人(メトカーフ　1785.1.30–1846.9.5)
南ア新(メトカーフ　1785–1846)

Metellus Macedonicus, Quintus Caecilius〈前2世紀〉
ローマの軍人,政治家。コンスル,平民として初のケンソル。マケドニアを制圧。
⇒岩世人（カエキリウス・メテルス　?-前115）

Metellus Numidicus, Quintus Caecilius〈前2・1世紀〉
ローマの軍人,政治家。コンスル。ユグルタ戦争に参加。
⇒岩世人（カエキリウス・メテルス　?-前91?）

Metezeau, Clément〈15・16世紀〉
フランスの建築家。
⇒岩世人（メトゾー（大）　1479-1555）

Metezeau, Clément〈16・17世紀〉
フランスの建築家。Thibautの子。ルイ13世の宮廷建築家（1615～）。
⇒岩世人（メトゾー（小）　1581-1652）

Metezeau, Louis〈16・17世紀〉
フランスの建築家。Thibautの子。アンリ4世,ルイ13世の宮廷建築家（1594～）。
⇒岩世人（メトゾー　1559頃-1615）

Métezeau, Thibaut〈16世紀〉
フランスの建築家。
⇒岩世人（メトゾー　1533.10.21-1596）

Methodios〈9世紀〉
ギリシアのキリスト教伝道師。教会スラブ語をつくる。
⇒岩世人（メトディオス　815頃-885）
　新カト（キュリロスとメトディオス　815頃-885）
　図聖（キリルスとメトディウス　?-885）

Methódios I (Kōnstantinoupóleōs)〈8・9世紀〉
コンスタンティノポリス総主教,聖人。
⇒新カト（メトディオス1世［コンスタンティノポリスの］　788/790-847.6.14）

Methódios (Ólympos)〈3・4世紀〉
教会著作家,リュキア地方オリュンポスの主教。
⇒岩世人（メトディオス（オリュンポスの））
　新カト（メトディオス［オリュンポスの］　?-311頃）

Methuen, *Sir* Algernon Methuen Marshall〈19・20世紀〉
イギリスの出版業者。キップリング,ワイルド,メーテルランク,マスフィールド等の著作を出版。
⇒岩世人（メスエン　1856.2.23-1924.9.20）

Metochitēs, Theodōros〈13・14世紀〉
ビザンチン期の文献学者。皇帝アンドロニコス2世の側近。主著『雑録と格言』。
⇒岩世人（メトキテス　1270-1332.3.13）

Meton〈前5世紀〉
ギリシアの天文学者。メトン周期の発見者。
⇒岩世人（メトン　前433頃）

Métra, Olivier〈19世紀〉
フランスの作曲家,指揮者。
⇒19仏（オリヴィエ・メトラ　1830.6.2-1889.10.22）

Metre Gian〈15・16世紀〉
フランスの作曲家。
⇒バロ（メートル・ジャン,?　1490頃-1561）

Mētrodōros ho Chios〈前4世紀〉
ギリシアの哲学者。
⇒岩世人（メトロドロス（キオスの））

Mētrodōros of Lampsacus〈前4・3世紀〉
ギリシアの哲学者。エピクロスの弟子で親友。
⇒岩世人（メトロドロス（ランプサコスの）　前331/前330-前278/前277）

Mētroklēs〈前4・3世紀〉
ギリシアのキュニク派哲学者（前300年頃）。
⇒岩世人（メトロクレス　前4世紀後半-前3世紀初頭）

Metrophanes〈3・4世紀〉
ビュザンティオンの司教。在職306～14。聖人。祝日6月4日。同地において歴史的に確認される最初の司教。
⇒新カト（メトロファネス〔ビュザンティオンの〕　?-325頃）

Metrophanes Kritopoulos〈16・17世紀〉
アレクサンドリアの総主教。在職1636～39。マケドニア生まれ。
⇒新カト（メトロファネス・クリトプロス　1589-1639.5.20）

Métru, Nicolas〈17世紀〉
フランスの作曲家。
⇒バロ（メトリュ,ニコラ　1610頃-1663以降）

Metsu, Gabriel〈17世紀〉
オランダの風俗画家。主作品は『アムステルダムの青物市場』。
⇒岩世人（メツー　1629-1667.10.24（埋葬））
　芸13（メッツ,ハブリエル　1629-1667）

Metternich, Klemens Wenzel Nepomuk Lothar, Fürst von〈18・19世紀〉
オーストリアの政治家,外交官。
⇒岩世人（メッテルニヒ　1773.5.15-1859.6.11）
　ネーム（メッテルニヒ　1773-1859）
　広辞7（メッテルニヒ　1773-1859）
　学叢思（メッテルニヒ,クレメンス・ロザール・ヴェンゼル　1773-1859）
　新カト（メッテルニヒ　1773.5.15-1859.6.11）
　世人新（メッテルニヒ　1773-1859）
　世人装（メッテルニヒ　1773-1859）

世史語（メッテルニヒ　1773–1859）
ポブ人（メッテルニヒ，クレメンス　1773–1859）
学叢歴（メッテルニヒ　1773–1859）

Metzger, Ambrosius〈16・17世紀〉
ドイツの作曲家。
⇒バロ（メッツガー，アンブロージウス　1571.1.31–1632）

Metzger, Ottilie〈19・20世紀〉
コントラアルト。
⇒ユ著人（Metzger,Ottilie　メッツガー，オッチーレ　1878–1943）

Metzler, William Henry〈19・20世紀〉
アメリカの数学者，シラキューズ大学教授。
⇒世数（メッツラー，ウィリアム・ヘンリー　1863–1943）

Meulen, Servaes Vander〈16世紀〉
フランドルの作曲家。
⇒バロ（メウレン，セルヴァース・ファンデル　1525–1592以降）

Meumann, Ernst〈19・20世紀〉
ドイツの心理学者，教育学者。W.ライとともに実験教育学の創始者とされる。
⇒岩世人（モイマン　1862.8.29–1915.4.26）
学叢思（モイマン，エルンスト　1862–1915）

Meunier, Constantin Emile〈19・20世紀〉
ベルギーの彫刻家，画家。絵も彫刻も炭鉱風景やそこに働く労働者を主題としたものが多い。
⇒岩世人（ムーニエ　1831.4.12–1905.4.4）
広辞7（ムーニエ　1831–1905）
学叢思（ムーニエー，コンスタンタン　1831–1905）
芸13（ムーニエ，コンスタンタン　1831–1905）

Meunier, Victor〈19・20世紀〉
フランスの作家。
⇒19仏（ヴィクトル・ムニエ　1817.5.2–1903.9）

Meurice, Paul〈19・20世紀〉
フランスの作家。
⇒19仏（ポール・ムーリス　1818.2.5–1905.12.11）

Meusel, Johann Georg〈18・19世紀〉
ドイツの統計学者，文学者，史学者。
⇒学叢思（モイゼル，ヨハン・ゲオルグ　1743–1820）

Meusnier de la Place, Jean-Baptiste Marie Charles〈18世紀〉
フランスの士官，数学者。
⇒世数（ムーニエ・ド・ラ・プラス，ジャン-バプティスト　1754–1793）

Mevennus〈6・7世紀〉
聖人，修道院創設者。祝日6月21日。
⇒新カト（メヴェンヌス　?–617/638）

Mevissen, Gustav von〈19世紀〉
ドイツの実業家，政治家。ライン鉄道社長，ケルン商工会議所会頭としてライン地方の財界の巨頭となった。
⇒岩世人（メヴィッセン　1815.5.20–1899.8.13）

Mexia, Lourenço〈16世紀〉
キリシタン時代のイエズス会員。ポルトガル，エヴォラ地方のオリヴェンサ生まれ。
⇒新カト（メシア　1539–1599）

Meyer, Adolf〈19・20世紀〉
アメリカの精神病学者。精神衛生は彼の造語で，精神衛生全米委員会の創設に尽力。
⇒岩世人（マイアー　1866.9.13–1950.3.17）

Meyer, Arthur〈19・20世紀〉
フランスの出版人。
⇒岩世人（メイエル　1844–1924）
19仏（アルチュール・メイエル　1844.6.16–1924.2.2）

Meyer, Conrad Ferdinand〈19世紀〉
スイスの小説家，詩人。主著，歴史物語詩『フッテン最後の日々』(71) など。
⇒岩世人（マイアー　1825.10.11–1898.11.28）
広辞7（マイヤー　1825–1898）
新カト（マイアー　1825.10.11–1898.11.28）

Meyer, Eduard〈19・20世紀〉
ドイツの歴史家。
⇒岩世人（マイアー　1855.1.25–1930.8.31）
新カト（マイアー　1855.1.25–1930.8.31）

Meyer, Frank Nicholas〈19・20世紀〉
アメリカの植物探検家。
⇒アア歴（Meyer,Frank N (icholas)　フランク・ニコラス・マイヤー　1875.11.29–1918.6.1）

Meyer, Georg〈19世紀〉
ドイツの公法学者。ビスマルク憲法下における国法学を代表する一人。
⇒学叢思（マイエル，ゲオルグ　1841–1900）

Meyer, Gustav〈19世紀〉
ドイツの言語学者。バルカン諸語，とくに近代ギリシア語とアルバニア語を研究。
⇒岩世人（マイアー　1850.11.25–1900.8.28）

Meyer, Hans〈19・20世紀〉
ドイツの地理学者，探検家。
⇒岩世人（マイアー　1858.3.22–1929.7.5）

Meyer, Hans Heinrich〈18・19世紀〉
スイスの画家，考古学者。
⇒芸13（マイヤー，ヨハン・ハインリヒ　1760–1832）

Meyer, Heinrich August Wilhelm〈18・19世紀〉
ドイツのプロテスタント神学者。1932〜59年に

16巻の新約聖書全文と注解を編集,9巻は執筆.
⇒新カト（マイアー　1800.1.10–1873.6.21）

Meyer, Joseph〈18・19世紀〉
ドイツの出版業者,実業家.古典作家の作品を出版,また『百科全書』(52巻,1840～52)を刊行.
⇒岩世人（マイアー　1796.5.9–1856.6.27）

Meyer, Julius Lothar〈19世紀〉
ドイツの化学者.原子量と原子容の関係から周期律を発見(69).
⇒岩世人（マイアー　1830.8.19–1895.4.11）
　広辞7（マイヤー　1830–1895）

Meyer, Philippe-Jacques（Jakob, James）〈18・19世紀〉
フランスの作曲家.
⇒バロ（メイエール,フィリップ・ジャック　1737–1819）

Meyer, Rudolf Hermann〈19世紀〉
ドイツの経済学者.ビスマルクに反対して有罪の宣告をうけ,海外に逃れた(1877).
⇒学叢思（マイエル,ルドルフ・ヘルマン　1839–1899）

Meyer, Theodor〈19・20世紀〉
ロシアのプロテスタント教会指導者.
⇒新カト（マイアー　1865–1934）

Meyer, Viktor〈19世紀〉
ドイツの化学者.1889年ハイデルベルク大学教授.
⇒岩世人（マイアー　1848.9.8–1897.8.8）
　広辞7（マイヤー　1848–1897）
　ユ著人（Meyer, Victor　マイヤー,ビクター　1848–1897）

Meyerbeer, Giacomo〈18・19世紀〉
ドイツのオペラ作曲家.フランスのグランド・オペラの基礎を築く.
⇒岩世人（マイアベーア　1791.9.5–1864.5.2）
　バレエ（マイヤーベーア,ジャコモ　1791.9.5–1864.5.2）
　オペラ（マイヤベーア,ジャコモ　1791–1864）
　エデ（マイアベーア,ジャコモ　1791.9.5–1864.5.2）
　ネーム（マイヤーベーア　1791–1864）
　広辞7（マイヤーベーア　1791–1864）
　ユ人（マイアベーア（マイエルベール）,ジャコモ　1791–1864）
　ユ著人（Meyerbeer, Giacomo　マイヤベーア,ジャコモ　1791–1864）

Meyer-Förster, Wilhelm〈19・20世紀〉
ドイツの小説家,劇作家.『アルト・ハイデルベルク』(1901)が有名.
⇒岩世人（マイアー＝フェルスター　1862.6.12–1934.3.17）
　ネーム（マイヤー＝フェルスター　1862–1930）

Meyer-Lübke, Wilhelm〈19・20世紀〉
スイスの言語学者.主著に『ロマンス諸言語の文法』(1890～1902).
⇒岩世人（マイアー＝リュプケ　1861.1.30–1936.10.4）

Meyerson, Émile〈19・20世紀〉
ポーランド生れのフランスの哲学者.主著『同一性と現実』(08),『科学における説明』(21).
⇒岩世人（メイエルソン　1859.2.12–1933.12.2）
　メル3（メイエルソン,エミール　1859–1933）

Meynell, Alice Christiana Gertrude〈19・20世紀〉
イギリスの女流詩人,随筆家.『人生の色調』(1896)などにまとめられた多くの評論,随筆のほかに,『前奏曲』(75)をはじめ6冊の詩集を発表.
⇒岩世人（メネル　1847.9.22–1922.11.27）

Meynell, Wilfrid〈19・20世紀〉
イギリスの伝記作家,ジャーナリスト.
⇒岩世人（メネル　1852.11.17–1948.10.20）
　新カト（メネル　1852.11.17–1948.10.20）

Meyrink, Gustav〈19・20世紀〉
オーストリアの小説家.主著『ゴーレム』(15),『ワルプルギスの夜』(17).
⇒岩世人（マイリンク　1868.1.19–1932.12.4）

Meysenbug, Malvida von〈19・20世紀〉
ドイツの女流作家.
⇒岩世人（マイゼンブーク　1816.10.28–1903.4.26）

Meytens, Martin van〈17・18世紀〉
スウェーデン(オランダ系)の画家.
⇒岩世人（メイテンス　1695.6.24–1770.3.23）

Mézangeau, René〈16・17世紀〉
フランスの作曲家.
⇒バロ（メザンジョー,ルネ　1590頃?–1638）

Mezentius
ローマ神話,エトルリア・カイレの王.
⇒岩世人（メゼンティウス）

Mézeray, François Eudes de〈17世紀〉
フランスの歴史家.
⇒岩世人（メズレー　1610–1683.7.10）

Méziriac, Claude Gaspar Bachet de〈16・17世紀〉
フランスの数学者.
⇒岩世人（メジリアク　1581.10.9–1632.2.26）
　世数（バシェ（メジリアックの）,クロード＝ガスパール・ドゥ　1581–1638）

Mezzabarba, Carlo Ambrogio〈17・18世紀〉
イタリアの来中国教皇特使.
⇒新カト（メッツァバルバ　1685頃–1741.12.7）

Mezzofanti, Giuseppe〈18・19世紀〉
イタリアのカトリック聖職者,語学者。ボローニャ大学教授。枢機卿。
⇒岩世人（メッゾファンティ　1774.9.17-1849.3.15）
　　新カト（メッツォファンティ　1774.9.17-1849.3.15）

Mezzogorri, Giovanni Nicolò〈16・17世紀〉
イタリアの作曲家。
⇒バロ（メッゾゴッリ,ジョヴァンニ・ニコロ　1570頃?-1623以降）

Miani, Girolamo〈15・16世紀〉
ソマスカ修道会の創立者,聖人。祝日2月8日。ヴェネツィア貴族の出身。
⇒新カト（ジロラモ・ミアーニ　1481-1537.2.8）

Miaskowski, August von〈19世紀〉
ロシアの経済学者,統計学者。
⇒学叢思（ミアスコヴスキー,アウグスト・フォン　1838-1899）

Miaulis, Andreas〈18・19世紀〉
ギリシアの提督。
⇒岩世人（ミアウリス　1769.5.20-1835.6.11）

Miča, František Adam jan〈18・19世紀〉
ボヘミアの作曲家。
⇒バロ（ミーチャ,フランチシェク・アーダム・ヤン　1746.1.11-1811.3.19）

Miča, František Antonín Václav〈17・18世紀〉
ボヘミアの作曲家。
⇒バロ（ミーチャ,フランチシェク・アントニーン・ヴァーツラフ　1694.9.5-1744.2.15）

Miča, Mikuláš Ondřej〈17・18世紀〉
ボヘミアの作曲家。
⇒バロ（ミーチャ,ミクラーシュ・オンドジェイ　1656-1729）

Michael, Rogier〈16・17世紀〉
ドイツの作曲家,歌手。
⇒バロ（ミヒャエル,ロギール　1552頃-1619.1.25）

Michael, Tobias〈16・17世紀〉
ドイツの作曲家。
⇒バロ（ミヒャエル,トビーアス　1592.6.13-1657.6.26）

Michael, William Henry〈19・20世紀〉
アメリカの領事。
⇒アア歴（Michael,William Henry　ウイリアム・ヘンリー・マイケル　1845.7.14-1916.5.17）

Michael I, Rangabè〈9世紀〉
東ローマ帝国の統治者。在位811～813。
⇒世帝（ミカエル1世　?-844）

Michael II〈13世紀〉
中世ブルガリアの統治者。在位1246～1256。
⇒世帝（ミハイル2世　1240頃-1256）

Michael II Psellos〈9世紀〉
ビザンチン皇帝。在位820～9。アモリア王朝を開いた。
⇒新カト（ミカエル2世　770頃-829.10.2）
　世帝（ミカエル2世　770-829）

Michael III〈9世紀〉
ビザンチン皇帝。在位842～67。「大酒家皇帝」。
⇒岩世人（ミカエル3世　840.1.10-867.9.23/24）
　新カト（ミカエル3世　840.1.19-867.9.23/24）
　世帝（ミカエル3世　840-867）

Michael III Šišman〈14世紀〉
中世ブルガリアの統治者。在位1323～1330。
⇒世帝（ミハイル3世　?-1330）

Michael IV〈11世紀〉
ビザンチン皇帝。在位1034～41。反乱の鎮圧に努力し,国境防備の強化をはかった。
⇒世帝（ミカエル4世　1010-1041）

Michael V, Calaphates〈11世紀〉
東ローマ帝国の統治者。在位1041～1042。
⇒世帝（ミカエル5世　1015-1042）

Michael VI, Stratioticus〈11世紀〉
東ローマ帝国の統治者。在位1056～1057。
⇒世帝（ミカエル6世　?-1059）

Michael VII〈11世紀〉
ビザンチン皇帝。在位1071～73。コンスタンチヌス10世の子。
⇒新カト（ミカエル7世　1050頃-1090頃）
　世帝（ミカエル7世　1050-1090?）

Michael VIII Palaeologus〈13世紀〉
ビザンチン皇帝。在位1259～82。パレオロゴス朝の創始者。
⇒岩世人（ミカエル8世パライオロゴス　1224/1225-1282.12.11）
　新カト（ミカエル8世　1224/1225-1282.12.11）
　世帝（ミカエル8世　1225-1282）

Michael IX〈13・14世紀〉
東ローマ帝国の統治者。在位1294～1320。
⇒世帝（ミカエル9世　1277-1320）

Michaelis, Adolf〈19・20世紀〉
ドイツの考古学者。南ヨーロッパの古典考古学を専攻し,また古代史研究に遺物と文献とを併用すべきことを説いた。
⇒岩世人（ミヒャエーリス　1835.7.23-1910.8.12）

Michaelis, Georg〈19・20世紀〉
ドイツのキリスト者政治家。来日し,東京帝国大学法科大学で法律学を教授したこともある。
⇒岩世人（ミヒャエーリス　1857.9.8-1936.7.24）

Michaelis, Leonor〈19・20世紀〉
ドイツ系アメリカの医学者, 生化学者。愛知医科大学で生化学を教授。
⇒岩世人（ミヒャエーリス　1875.1.16–1949.10.9）
　ユ著人（Michaelis,Leonor　ミハエリス, レオノール　1875–1945）

Michaelis, *Sir* Max〈19・20世紀〉
南アフリカの美術パトロン。
⇒ユ人（ミハエリス（ミカエリス）, サー・マックス　1860–1932）

Michaelis, Otto〈19世紀〉
ドイツの経済学者。
⇒学叢思（ミヒャエリス, オットー　1826–1890）

Michaelis-Stangeland, Karin〈19・20世紀〉
デンマークの女流作家。『危険な年齢』(1910) は特に有名。
⇒岩世人（ミカエーリス　1872.3.20–1950.1.11）

Michael Maleinos〈9・10世紀〉
聖人, 隠修士, 修道院創立者。祝日7月12日。ビザンティン皇帝の一族。アトスのアタナシオスの師。
⇒新カト（ミカエル・マレイノス　894–961.7.12）

Michael Synkellos〈8・9世紀〉
聖人, 修道者。祝日1月4日。エルサレム総主教のシュンケロス, コンスタンティノポリスの総主教のシュンケロス。
⇒新カト（ミカエル・シュンケロス　761頃–846.1.4）

Michael Wiśniowiecki〈17世紀〉
ポーランド王国の統治者。在位1669〜1673。
⇒世帝（ミハウ・コリブト・ヴィシニョヴィエツキ　1640–1673）

Michal z Krakowa〈16・17世紀〉
ポーランドの作曲家。
⇒バロ（ミハウ・ス・クラコヴァ　1590頃?–1650頃?）

Michel, André〈19・20世紀〉
フランスの美術史家。主著『美術の歴史』(29)。
⇒岩世人（ミシェル　1853.11.7–1925.10.12）

Michel, Clémence Louise〈19・20世紀〉
フランスの女性革命家。「モンマルトルの赤い処女」と慕われ, 『回想録』(86) がある。
⇒岩世人（ミシェル　1830.5.29–1905.1.10）
　学叢思（ミシェル, ルイズ　1839–1905）

Michel, Georges〈18・19世紀〉
フランスの風景画家。「モンマルトルのロイスダール」と呼ばれた。主作品『風車』。
⇒芸13（ミシェル, ジョルジュ　1763–1843）

Michel, Guillaume〈17世紀〉
フランスの作曲家。
⇒バロ（ミシェル, ギヨーム　1600頃?–1656以降）

Michel, Jean〈15・16世紀〉
フランスの作曲家。
⇒バロ（ミシェル, ジャン　1460頃?–1510頃?）

Michel, Sextius〈19・20世紀〉
フランスの作家, 政治家。
⇒19仏（セクスティユス・ミシェル　1827.10.28–1906.3.25）

Michelangelo Buonarroti〈15・16世紀〉
イタリアの画家, 彫刻家, 建築家。1496〜1501年『ピエタ』, 01〜5年『ダビデ』制作。
⇒岩世人（ミケランジェロ　1475.3.6–1564.2.18）
　ネーム（ミケランジェロ　1475–1564）
　広辞7（ミケランジェロ　1475–1564）
　新カト（ミケランジェロ　1475.3.6–1564.2.18）
　芸13（ミケランジェロ・ブオナローティ　1475–1564）
　世人新（ミケランジェロ　1475–1564）
　世人装（ミケランジェロ　1475–1564）
　世史語（ミケランジェロ　1475–1564）
　ポプ人（ミケランジェロ・ブオナローティ　1475–1564）
　ルネ（ミケランジェロ・ブオナローティ　1475–1564）

Michele〈14世紀〉
フランシスコ会の総会長。チェゼーナ近郊のフィッキオの生まれ。
⇒新カト（ミケーレ〔チェゼーナの〕　?–1342.11.29）

Michelet, Jules〈18・19世紀〉
フランスの歴史家。パリ大学教授(1834), コレージュ・ド・フランス教授(38)。
⇒岩世人（ミシュレ　1798.8.21–1874.2.9）
　ネーム（ミシュレ　1798–1874）
　広辞7（ミシュレ　1798–1874）
　世人新（ミシュレ　1798–1874）
　世人装（ミシュレ　1798–1874）

Michelet, Karl Ludwig〈19世紀〉
ドイツの哲学者。ヘーゲル学派の中央党に属し, とくに哲学の歴史および歴史哲学の意義を強調。
⇒岩世人（ミヒェレット（ミシュレ）　1801.12.4–1893.12.15/16）

Micheli, Benedetto〈18世紀〉
イタリアの作曲家。
⇒バロ（ミケーリ, ベネデット　1707頃–1784.9.15以降）

Micheli, Girolamo〈17・18世紀〉
イタリアの作曲家。
⇒バロ（ミケーリ, ジロラーモ　1680頃?–1740頃?）

Micheli, Romano〈16・17世紀〉
イタリアの作曲家。
⇒バロ（ミケーリ, ロマーノ　1575–1659）

Michelin, Henri〈19・20世紀〉
フランスの政治家。
⇒**19仏**（アンリ・ミシュラン　1847.5.3–1912.10.7）

Michel-Lévy, Auguste〈19・20世紀〉
フランスの地質学者，鉱物学者。フランスにおける顕微鏡岩石学の開拓者。
⇒**岩世人**（ミシェル=レヴィ　1844.8.7–1911.9.27）

Michelmann, Christoph〈18世紀〉
ドイツの作曲家。
⇒**バロ**（ミヒェルマン，クリストフ　1730頃?–1790頃?）

Michelotti, Anna〈19世紀〉
貧しき病者のためのイエスの聖心の小さな僕の会創立者。アヌシ生まれ。
⇒**新カト**（ミケロッティ　1843.8.29–1888.2.1）

Michelozzo di Bartolommeo〈14・15世紀〉
イタリアの彫刻家，建築家。1446年フィレンツェの大聖堂を完成。
⇒**岩世人**（ミケロッツォ　1396–1472.10.7）
　芸13（ミケロッツォ・ディ・バルトロメオ　1396–1472）

Michels, Robert〈19・20世紀〉
ドイツの社会学者。政治社会学の分野の開拓者の一人。代表作『政党社会学』(11)。
⇒**岩世人**（ミヘルス　1876.1.9–1936.5.3）
　広辞7（ミヘルス　1876–1936）

Michelsen, Christian〈19・20世紀〉
ノルウェーの政治家。1905年3月首相，ノルウェー王国建設。
⇒**岩世人**（ミケルセン　1857.3.15–1925.6.29）

Michelson, Albert Abraham〈19・20世紀〉
ポーランド生れのアメリカの物理学者。
⇒**岩世人**（マイケルソン　1852.12.19–1931.5.9）
　科史（マイケルソン　1852–1931）
　学叢思（マイケルソン，アルバート・エブラハム　1852–?）
　物理（マイケルソン，アルバート・エイブラハム　1852–1931）
　ノ物化（アルバート・エイブラハム・マイケルソン　1852–1931）
　ユ人（マイケルソン，アルバート・エイブラハム　1852–1931）
　ユ著人（Michelson, Albert Abraham　マイケルソン，アルバート・アブラハム　1851–1931）

Michi, Orazio〈16・17世紀〉
イタリアの作曲家。
⇒**バロ**（ミーキ，オラツィオ　1594-1595–1641.10.26）

Michna〈16・17世紀〉
ボヘミアの作曲家。
⇒**バロ**（ミフナ,?　1570頃?–1630頃?）

Michna z Otradovic, Adam Václav〈17世紀〉
チェコの詩人，作曲家。
⇒**バロ**（ミフナ・ズ・オトラドヴィツ，アーダム・ヴァーツラフ　1600頃–1676.11.2）

Michurin, Ivan Vladimirovich〈19・20世紀〉
ソ連の園芸家，育種学者。ミチューリン農法の創始者。
⇒**岩世人**（ミチューリン　1855.10.15/27–1935.6.7）
　ネーム（ミチューリン　1855–1935）
　広辞7（ミチューリン　1855–1935）

Micieres (Mizieres, Micieces), Tomás〈17世紀〉
スペインの作曲家。
⇒**バロ**（ミシエーレス，トマス　1624.12.22–1662以降）

Miciński, Tadeusz〈19・20世紀〉
ポーランドの作家，評論家。
⇒**岩世人**（ミチンスキ　1873.11.9–1918）

Mickiewicz, Adam Bernard〈18・19世紀〉
ポーランドの詩人。スラブ最大のロマン派詩人。代表作『パン・タデウシュ』(34)。
⇒**岩世人**（ミツキェーヴィチ　1798.12.24–1855.11.26）
　広辞7（ミツキェーヴィチ　1798–1855）
　新カト（ミツキェーヴィチ　1798.12.24–1855.11.26）

Mico, Richard〈16・17世紀〉
イギリスの作曲家。
⇒**バロ**（ミーコ，リチャード　1590頃–1661.4.10）

Midas
ギリシア神話中のフリギア王。
⇒**岩世人**（ミダス）
　ネーム（ミダス）

Midas〈前8・7世紀〉
フリュギア王。在位前738～696。
⇒**岩世人**（ミダス　(在位)前738–前696）

Middendorf, Aleksandr Fëdorovich〈19世紀〉
ロシアの探検家，博物学者。学士院の委嘱により北部および東部シベリアを探検した(1843～45)。
⇒**岩世人**（ミッデンドルフ　1815.8.6–1894.1.16）

Middleton, John, 1st Earl of〈17世紀〉
スコットランドの軍人。
⇒**岩世人**（ミドルトン　1608頃–1674.7.3）

Middleton, Thomas〈16・17世紀〉
イギリスの劇作家。代表作『女は女にご用心』(21頃)。

⇒岩世人（ミドルトン　1580.4.18（受洗）-1627.4（埋葬））

Mid-la ras-pa〈11・12世紀〉
チベットの聖者，詩人。詩聖，理想的人格として尊崇される。
⇒広辞7（ミラレーパ　1040-1123）

Midon, Félix-Nicolas Joseph〈19世紀〉
フランスのパリ外国宣教会宣教師。
⇒新カト（ミドン　1840.5.7-1893.4.12）

Miege, Guy〈17・18世紀〉
イギリスの著者，出版者。
⇒岩世人（ミージュ　1644.5.30-1718以後）

Miegel, Agnes〈19・20世紀〉
ドイツの女流詩人。ドイツ最大のバラード詩人。『暗闇の中へ歩む』(34) など。
⇒岩世人（ミーゲル　1879.3.9-1964.10.26）

Mielczewski, Marcin〈17世紀〉
ポーランドの作曲家。
⇒バロ（ミェルチェフスキ，マルチン　1600頃-1651.9）

Mier, Servando Teresa de〈18・19世紀〉
メキシコのドミニコ会修道士，独立運動家。
⇒ラテ新（ミエル　1765-1827）

Mieris, Frans van〈17世紀〉
オランダの画家。代表作『かき料理の午餐会』(59)。
⇒岩世人（ファン・ミーリス　1635.4.16-1681.3.12）

Mieroslawski, Ludwik〈19世紀〉
ポーランドの革命家。ポーランド義勇兵団司令官となったが(63)，敗れてパリに逃れた。
⇒岩世人（ミェロスワフスキ　1814.1.17-1878.11.22）

Miescher, Johann Friedrich〈19世紀〉
スイスの生化学者。69年，膿汁中の細胞の遺物から窒素とリンを含有する物質を発見，核酸の発見を促した。
⇒岩世人（ミーシャー　1844.8.13-1895.8.26）

Mieszko I〈10世紀〉
ポーランドの公，初期の国王。
⇒世人新（ミェシュコ1世　?-992）
　世人装（ミェシュコ1世　?-992）
　世帝（ミェシュコ1世　935?-992）

Mieszko I Plątonogi〈12・13世紀〉
ポーランド王。
⇒世帝（ミェシュコ1世プロントノギ　1130頃-1211）

Mieszko II〈11世紀〉
ポーランド王。在位1025～34。
⇒世帝（ミェシュコ2世　990-1034）

Mieszko III, the Elder〈12世紀〉
ポーランド王国の統治者。在位1173～77, 1199～1202（復位）。
⇒世帝（ミェシュコ3世　1121?-1202）

Mignard, Pierre〈17世紀〉
フランスの画家。1690年アカデミー会長，王室付き首席画家。代表作『メントノン侯爵の肖像』。
⇒岩世人（ミニャール　1612.11.7-1695.5.13）
　広辞7（ミニャール　1612-1695）
　芸13（ミニャール，ピエル　1610-1695）

Migne, Jacques-Paul〈18・19世紀〉
フランスのカトリック司祭，神学書の出版者。『教父全集』の出版は有名。
⇒岩世人（ミーニュ　1800.10.25-1875.10.24）
　広辞7（ミーニュ　1800-1875）
　新カト（ミニュ　1800.10.25-1875.10.24）

Mignet, François Auguste Marie〈18・19世紀〉
フランスの歴史家。1824年大著『フランス革命史』を発表。『ナシオナル』紙を創刊，編集。
⇒岩世人（ミニェ　1796.5.8-1884.3.24）

Mignon, Jean〈17・18世紀〉
フランスの作曲家。
⇒バロ（ミニョン，ジャン　1640頃-1707頃）

Mignot, Eudoxe-Irénée〈19・20世紀〉
フランスの大司教。
⇒新カト（ミニョ　1842.9.20-1918.3.18）

Miguel, Maria Evaristo de Bragança〈19世紀〉
ポルトガル王位要求者。通称ドン・ミゲル。
⇒岩世人（ミゲル　1802.10.26-1866.11.14）
　世帝（ミゲル1世　1802-1866）

Miguel de los Santos〈16・17世紀〉
スペインの三位一体修道会司祭，神秘家。聖人。祝日4月10日。
⇒新カト（ミゲル・デ・ロス・サントス　1591.9.29-1625.4.10）

Miguel de San Jose〈17世紀〉
アウグスチノ会の日本における最後の殉教者，日本人司祭。
⇒新カト（ミゲル・デ・サン・ホセ　?-1637末頃）

Miguel Minoes〈16・17世紀〉
ローマで司祭となった日本人イエズス会員。
⇒新カト（ミゲル・ミノエス　1591頃-1628.5.14）

Mihail〈18世紀〉
フランスの作曲家。
⇒バロ（ミアイール, ?　1740頃?-1800頃?）

Mihai Viteazul〈16・17世紀〉
ワラキア公。在位1593～1601。
⇒岩世人（ミハイ　1548-1601.8.19）

Mihály, Barna〈17・18世紀〉
ハンガリーの作曲家。
⇒バロ（ミハーイ，バルナ　1650頃?-1710頃?）

Mihirakula〈6世紀〉
白フン（エフタル）の王。在位515～6世紀中頃。仏教徒を迫害。
⇒南ア新（ミヒラクラ　生没年不詳）

Mihr 'Alī〈18・19世紀〉
イランのカージャール朝期の油彩画家。
⇒岩世人（ミフル・アリー　（活躍）18世紀末-19世紀前半）

Mihyār al-Daylamī, Abū al-Ḥusayn (Abū al-Ḥasan)〈11世紀〉
ブワイフ朝時代のイラン系アラブ詩人，書記。
⇒岩世人（ミフヤール・ダイラミー　?-1037.3.26）

Mikes Kelemen〈17・18世紀〉
ハンガリーの散文家。作品に『トルコからの手紙』がある。
⇒岩世人（ミケシュ　1690.8-1761.10.2）

Mikhail Fëdorovich Romanov〈16・17世紀〉
ロシアの皇帝。在位1613～45。ロマノフ王朝の始祖，総主教フィラレートの子。
⇒岩世人（ミハイル・ロマノフ　1596.7.12-1645.7.13）
　新カト（ミハイル・ロマーノフ　1596.7.22-1645.7.23）
　世人新（ミハイル＝ロマノフ　1596-1645）
　世人装（ミハイル＝ロマノフ　1596-1645）
　世史語（ミハイル＝ロマノフ　1596-1645）
　世帝（ミハイル・ロマノフ　1596-1645）
　ポプ人（ミハイル・ロマノフ　1596-1645）
　皇国（ミハイル・ロマノフ　（在位）1613-1645）

Mikhailovskii, Nikolai Konstantinovich〈19・20世紀〉
ロシアの社会主義者，ナロードニキ運動の理論的指導者。主著『進歩とは何か?』(69)。
⇒岩世人（ミハイロフスキー　1842.11.15-1904.1.28）
　ネーム（ミハイロフスキー　1842-1904）
　広辞7（ミハイロフスキー　1842-1904）
　学叢思（ミハイロフスキー，ニコラウス　1842-1904）

Miklas, Wilhelm〈19・20世紀〉
オーストリアの政治家。
⇒岩世人（ミクラス　1872.10.15-1956.3.20）

Miklošić, Franz Xaver von〈19世紀〉
スロベニアの言語学者。スラブ語比較言語学の祖。『スラブ諸言語語源辞典』(86)。
⇒岩世人（ミクロシッチ　1813.11.29-1891.3.7）

Miklukho-Maklai, Nikolai Nikolaevich〈19世紀〉
ロシアの旅行家。ニューギニアに赴き(1871,72～85)，パプア土人の生活，言語などを研究。
⇒岩世人（ミクルーホ＝マクライ　1846.7.5-1888.4.2）
　オセ新（ミクルーホ・マクライ　1846-1888）

Mikołaj z Chrzanowa〈15・16世紀〉
ポーランドの作曲家。
⇒バロ（ミコワイ・ス・フシャヌフ　1485-1555）

Mikołaj z Krakowa〈16世紀〉
ポーランドの作曲家。
⇒バロ（ミコワイ・ス・クラコヴァ　1500頃?-1550頃?）

Mikołaj z Radomia〈14・15世紀〉
ポーランドの作曲家。
⇒バロ（ミコワイ・ス・ラドーミア　1390頃?-1440頃?）

Mikon〈前5世紀〉
ギリシアの画家。
⇒岩世人（ミコン）
　芸13（ミコン　前5世紀）

Mikszáth Kálmán〈19・20世紀〉
ハンガリーの小説家。『スロバキアの親類たち』(81)が代表作。
⇒岩世人（ミクサート　1847.1.16-1910.5.28）
　ネーム（ミクサート　1847-1910）

Mikulicz-Radecki, Jan〈19・20世紀〉
ポーランドの外科医。
⇒岩世人（ミクリチ＝ラデツキ　1850.5.16-1905.6.14）

Míl
アイルランド人の神話的祖先。
⇒岩世人（ミール）

Miladinov, Dimitâr〈19世紀〉
マケドニア生まれのブルガリアの教育，文化，社会活動家。
⇒岩世人（ミラディノフ兄弟　1810.1.1-1862.1.11）

Miladinov, Konstantin〈19世紀〉
ユーゴスラビアの詩人。近代マケドニア詩の父。
⇒岩世人（ミラディノフ兄弟　1830-1862.1.7）

Milan, Luis〈16世紀〉
スペインの宮廷音楽家，リュート奏者，作曲家。教則本『エル・マエストロ』を書いた。
⇒バロ（ミラン，ルイス・デ　1500頃?-1561以降）

Milanese, Ludovico〈15・16世紀〉
イタリアの作曲家。
⇒バロ（ルドヴィーコ，ミラネーゼ　1480頃-1537以降）

Milan Obrenović〈19・20世紀〉
セルビア公。在位1868～82。セルビア国王。在位82～89。
⇒岩世人（ミラン・オブレノヴィチ　1854.8.22-

1901.2.11)

Milanuzzi, Carlo〈16・17世紀〉
イタリアの作曲家,オルガン奏者。
⇒バロ（ミラヌッツィ,カルロ　1590頃–1647頃）

mi la ras pa〈11・12世紀〉
チベットのヨーガ行者。
⇒岩世人（ミラレパ　1052/1040–1135/1123）

Milburga〈7・8世紀〉
ウェンロック女子大修道院院長。聖人。祝日2月23日。ベネディクト会会員。ブリテン島ケント王の娘エルメンブルガの娘でミルドレダの姉。680年頃シュロプシャーのウェンロック女子大修道院を創建。
⇒新カト（ミルブルガ　?–722頃）

Mildred〈8世紀頃〉
イングランドの修道女,聖人。
⇒新カト（ミルドレダ　?–734頃）

Milescu, Nicolae Spătar〈17・18世紀〉
モルドバ公国（のちのルーマニア）出身の政治家,文学者。
⇒岩世人（ミレスク　1636–1708）

Milhaud, Gaston〈19・20世紀〉
フランスの哲学者。
⇒岩世人（ミヨー　1858–1918）
　メル3（ミヨー,ガストン　1858–1918）

Milíč, Jan〈14世紀〉
モラビアのカトリック神学者。フスによる宗教改革の先駆者。
⇒岩世人（ミリーチュ　1325頃–1374.6.29）

Mill, Henry〈18世紀〉
イギリスの発明家。世界最初のタイプライターの特許をとった(1714)。
⇒岩世人（ミル）

Mill, Hugh Robert〈19・20世紀〉
イギリスの地理学者,気象学者。
⇒岩世人（ミル　1861.5.28–1950.4.5）

Mill, James〈18・19世紀〉
イギリスの歴史家,経済学者,心理学者。『英領インド史』(18～9)が代表作。
⇒岩世人（ミル　1773.4.6–1836.6.23）
　広辞7（ミル　1773–1836）
　学叢思（ミル,ジェームズ　1773–1836）
　メル3（ミル,ジェームズ　1773–1836）

Mill, John Stuart〈19世紀〉
イギリスの思想家,経済学者。主著『論理学体系』(43)。
⇒岩世人（ミル　1806.5.20–1873.5.7）
　覚思（J.S.ミル　1806.5.20–1873.5.7）
　覚思ス（J.S.ミル　1806.5.20–1873.5.7）
　広辞7（ミル　1806–1873）
　学叢思（ミル,ジョン・ステュアート　1806–1873）
　新カト（ミル　1806.5.20–1873.5.8）
　世人新（ミル（ジョン＝ステュアート＝ミル）　1806–1873）
　世人装（ミル（ジョン＝ステュアート＝ミル）　1806–1873）
　世史語（ジョン＝ステュアート＝ミル　1806–1873）
　ポプ人（ミル,ジョン・スチュアート　1806–1873）
　メル2（ミル,ジョン・スチュアート　1806–1873）

Millais, Sir John Everett〈19世紀〉
イギリスの画家。主作品は『大工の仕事場のキリスト』(50)など。
⇒岩世人（ミレイ　1829.6.8–1896.8.13）
　広辞7（ミレイ　1829–1896）
　学叢思（ミレー,サー・ジョン・イブレット　1829–1896）
　芸13（ミレイ,ジョン・エヴァレット　1829–1896）
　芸13（ミレース,ジョーン　1829–1896）
　ポプ人（ミレイ,ジョン・エバレット　1829–1896）

Millán, Francisco de〈15・16世紀〉
スペインの作曲家。
⇒バロ（ミリャン,フランシスコ・デ　1460頃?–1510頃?）

Millard, Thomas Franklin Fairfax〈19・20世紀〉
アメリカの中国問題評論家。北京で「ミラード・レヴュー（密勒評論）」を創刊。
⇒アア歴（Millard,Thomas F（ranklin Fairfax）トマス・フランクリン・フェアファックス・ミラード　1868.7.8–1942.9.8）

Millardet, Alexis〈19・20世紀〉
フランスの植物学者。葡萄のヨーロッパ種とアメリカ種を交配して耐病性品種を初めてつくり出した。
⇒岩世人（ミヤルデ　1838–1902）

Millaud, Édouard〈19・20世紀〉
フランスの政治家。
⇒19仏（エドゥアール・ミヨー　1834.9.7–1912.5.16）

Miller, (Doggie) George Frederick〈19・20世紀〉
アメリカの大リーグ選手（捕手,外野,三塁）。
⇒メジャ（ドギー・ミラー　1864.8.15–1909.4.6）

Miller, Edward II〈18・19世紀〉
イギリスの作曲家。
⇒バロ（ミラー,エドワード2世　1735.10.30–1807.9.12）

Miller, Fyodor Ivanovich〈18世紀〉
ロシア（ドイツ生まれ）の歴史家。
⇒岩世人（ミーレル（ミュラー）　1705.10.18–1783.10.11）

Miller, Harry Willis〈19・20世紀〉
アメリカの医療宣教師。
⇒アア歴（Miller,Harry Willis　ハリー・ウイリス・ミラー　1879.7.1–1977.1.1）

Miller, Henry B.〈19・20世紀〉
アメリカの領事。
⇒アア歴（Miller,Henry B.　ヘンリー・B・ミラー　1854.4.11–1921.11.28）

Miller, Oskar von〈19・20世紀〉
ドイツの電気工学者。諸方に水力発電所を建設。
⇒岩世人（ミラー　1855.5.7–1934.4.9）

Miller, Philip〈17・18世紀〉
イギリスの園芸家。
⇒岩世人（ミラー　1691–1771.12.18）

Miller, Warren Hastings〈19・20世紀〉
アメリカの作家。
⇒アア歴（Miller,Warren Hastings　ウォーレン・ヘイスティング・ミラー　1876.8.21–1960.7.14）

Miller, William〈18・19世紀〉
アメリカの熱狂的宗教家。「ミラー主義」運動の指導者。主著『時のしるし』
⇒岩世人（ミラー　1782.2.15–1849.12.20）

Miller, William Hallowes〈19世紀〉
イギリスの結晶学者、鉱物学者。
⇒岩世人（ミラー　1801.4.6–1880.5.20）
　物理（ミラー、ウィリアム・ハロウズ　1801–1880）

Millerand, Alexandre〈19・20世紀〉
フランスの政治家。社会党党首。
⇒岩世人（ミルラン　1859.2.10–1943.4.6）
　学叢思（ミルラン、アレキサンドル　1859–?）

Milleret, Marie-Eugénie〈19世紀〉
女子の聖母被昇天修道会の創立者。聖人。祝日3月10日。フランスのメッスに生まれ、パリで没す。
⇒新カト（マリー・ウージェニー・ミルレ　1817.8.25–1898.3.10）

Milles, Carl〈19・20世紀〉
スウェーデンの彫刻家。1902年ステン・ストゥレ記念碑コンクールに入選。
⇒岩世人（ミレス　1875.6.23–1955.9.19）
　芸13（ミレス、カール　1875–1955）

Millet, Jean François〈19世紀〉
フランスの画家。
⇒岩世人（ミレー　1814.10.4–1875.1.20）
　広辞7（ミレー　1814–1875）
　学叢思（ミレー、ジャン・フランソア　1814–1875）
　新カト（ミレー　1814.10.4–1875.1.20）
　芸13（ミレー、ジャン・フランソワ　1814–1875）
　世人新（ミレー　1814–1875）
　世人装（ミレー　1814–1875）
　世史語（ミレー　1814–1875）
　ポブ人（ミレー、ジャン=フランソワ　1814–1875）

Milleville, Alessandro〈16世紀〉
フランスの作曲家。
⇒バロ（ミレヴィッレ（ミルヴィル）、アレッサンドロ　1521頃–1589.9.8）

Millico, Vito Giuseppe〈18・19世紀〉
イタリアの作曲家。
⇒バロ（ミッリコ、ヴィート・ジュゼッペ　1737.1.19–1802.10.2）

Millière, J.B.〈19世紀〉
フランスの共産主義者。
⇒学叢思（ミリエル、ジ・ベ　1817–1871）

Milligan, George〈19・20世紀〉
スコットランドの神学者、聖書学者。パピルスを主資料とする新約聖書語彙の研究に従った。
⇒岩世人（ミリガン　1860–1934.11.25）

Millikan, Robert Andrews〈19・20世紀〉
アメリカの物理学者。1906年電子の電荷の測定に成功、プランク定数の値を求めた（1916）。
⇒岩世人（ミリカン　1868.3.22–1953.12.19）
　ネーム（ミリカン　1868–1953）
　物理（ミリカン、ロバート・アンドリューズ　1868–1953）
　ノ物化（ロバート・アンドリュース・ミリカン　1868–1953）

Millöcker, Karl〈19世紀〉
オーストリアの作曲家。
⇒岩世人（ミレッカー　1842.4.29–1899.12.31）

Milman, Henry Hart〈18・19世紀〉
イギリスの教会史家、詩人。教会史の研究がある。
⇒岩世人（ミルマン　1791.2.10–1868.9.24）
　新カト（ミルマン　1791.2.10–1868.9.24）

Milne, John〈19・20世紀〉
イギリスの地震学者、鉱山技師。1876年来日、日本地震学会を創立。主著『地震学』(98)。
⇒岩世人（ミルン　1850.12.30–1913.7.31）
　広辞7（ミルン　1850–1922）
　学叢思（ミルン、ジョン　1850–1913）
　ポブ人（ミルン、ジョン　1850–1913）

Milne, William〈18・19世紀〉
イギリスのロンドン伝道会宣教師。マラッカに英華学院を設立し(20)、校長となる（同～22）。
⇒岩世人（ミルン　1785–1822.6.2）

Milne, William Charles〈19世紀〉
イギリスのロンドン伝道会宣教師。
⇒岩世人（ミルン　1815–1863.5.15）

Milne-Edwards, Alphonse〈19世紀〉
フランスの動物学者、考古学者。Henriの子。地

中海および東大西洋の深海研究を行った（81～83）。
⇒岩世人（ミルヌ＝エドワール　1835.10.13-1900.4.21）

Milne-Edwards, Henri〈18・19世紀〉
フランスの動物学者。パリ自然科学博物館教授。海岸動物，特に環形動物の研究。
⇒岩世人（ミルヌ＝エドワール　1800.10.23-1885.7.29）

Milner, Alfred, 1st Viscount〈19・20世紀〉
イギリス（ドイツ生れ）の政治家。
⇒岩世人（ミルナー　1854.3.23-1925.5.13）

Milner, John〈18・19世紀〉
イギリスの聖職者，尚古学者。主著『ウィンチェスター古都史』（1798～1801?）。
⇒新カト（ミルナー　1752.10.14-1826.4.19）

Milner, Joseph〈18世紀〉
イギリスのプロテスタント神学者，歴史家。
⇒岩世人（ミルナー　1744.1.2-1797.12.15）
　新カト（ミルナー　1744.1.2-1797.12.15）

Milo, Titus Annius〈前1世紀〉
ローマの政治家。前52年クロディウスを殺し，マッシリア（マルセイユ）に追放。
⇒岩世人（ミロ　?-前48）

Miloš Obrenović〈18・19世紀〉
セルビア公。在位1815～39,58～60。オブレノビッチ家の祖。
⇒岩世人（ミロシュ・オブレノヴィチ　1780.3.19-1860.9.26）

Milosz, Oscar Venceslas de Lubicz〈19・20世紀〉
フランス（リトアニア生れ）の詩人。内容的には形而上学的観想，カトリック思想，ベーメの神秘説および近代自然学によって規定されている。
⇒岩世人（ミロシュ　1877.5.28-1939.3.2）

Miltiadēs〈前6・5世紀〉
政治家，軍人。マラトンの戦いでペルシア軍を大敗させた。
⇒岩世人（ミルティアデス　前550頃-前489）
　ネーム（ミルティアデス　前550?-前489?）
　広辞7（ミルティアデス　前550頃-前489）
　学叢歴（ミルティアデス）

Miltiades〈2世紀〉
小アジアの修辞家，キリスト教弁証家。
⇒新カト（ミルティアデス　2世紀）

Miltiades.St.〈4世紀〉
アフリカ生れの教皇。在位311～4。聖人。
⇒新カト（ミルティアデス　?-314）

Miltiz, Karl von〈15・16世紀〉
教皇庁外交官。ドレスデン近郊ラーベナウの生まれ。
⇒新カト（ミルティツ　1490頃-1529.11.20）

Milton, John〈16・17世紀〉
イギリスの作曲家。
⇒バロ（ミルトン，ジョン　1563頃-1647.3.15）

Milton, John〈17世紀〉
イギリスの詩人。
⇒岩世人（ミルトン　1608.12.9-1674.11.8）
　ネーム（ミルトン　1608-1674）
　広辞7（ミルトン　1608-1674）
　学叢思（ミルトン，ジョン　1608-1674）
　新カト（ミルトン　1608.12.9-1674.11.8）
　世人新（ミルトン　1608-1674）
　世人装（ミルトン　1608-1674）
　世史語（ミルトン　1608-1674）
　ポプ人（ミルトン，ジョン　1608-1674）

Milwid, Antoni〈18・19世紀〉
ポーランドの作曲家。
⇒バロ（ミルヴィト，アントニ　1755頃-1837.12.24）

Milyukov, Pavel Nikolaevich〈19・20世紀〉
ロシアの歴史家，政治家。1905年立憲君主党（カデット）創設，17年臨時政府外相。
⇒岩世人（ミリュコーフ　1859.1.15/27-1943.3.31）
　ネーム（ミリュコーフ　1859-1943）
　広辞7（ミリュコーフ　1859-1943）

Milyutin, Dmitrii Alekseevich〈19・20世紀〉
ロシアの軍人，政治家。1861～81年陸相。78年以後，事実上ロシアの外交政策を指導。
⇒岩世人（ミリューチン　1816.6.28-1912.1.25）

Milyutin, Nikolai Alekseevich〈19世紀〉
ロシアの政治家，伯爵。
⇒岩世人（ミリューチン　1818.6.6-1872.1.26）

Mimnermos〈前7・6世紀頃〉
ギリシアのエレゲイア詩人，音楽家。詩集『ナンノー』から，わずかの断片が伝わる。
⇒岩世人（ミムネルモス）

Minaev, Ivan Pavlovich〈19世紀〉
ロシアの東洋学者。
⇒岩世人（ミナーエフ　1840.10.9-1890.6.1）

Minbin〈16世紀〉
ビルマ，アラカン地方のムラウウー王国12代目の王。在位1531～53。
⇒岩世人（ミンビン　（在位）1531-1553）

Min-di〈18世紀〉
ベトナム，黎氏安南の王。阮氏兄弟に破られ，黎朝は亡んだ。
⇒世帝（愍帝　びんてい　1765-1793）

Mindon〈19世紀〉
ビルマ、コンバウン朝の王。在位1853～78。
⇒岩世人（ミンドン 1808.7.8–1878.10.1)
世帝（ミンドン 1808–1878)

Miner, Sarah Luella〈19・20世紀〉
アメリカの宣教師。
⇒アア歴（Miner,(Sarah) Luella　サラ・ルエラ・マイナー 1861.10.30–1935.12.2)

Minges, Parthenius〈19・20世紀〉
ドイツのカトリック神学者、フランシスコ会士。
⇒新カト（ミンゲス 1861.1.15–1926.4.12)

Minggantu〈18世紀〉
中国、清前期の数学者。字は静庵。モンゴル人。西洋数学の説明書『数理精蘊』(1722)を編集。
⇒岩世人（ミンガントゥ ?–1764頃)

Minghetti, Marco〈19世紀〉
イタリアの政治家。
⇒岩世人（ミンゲッティ 1818.11.8–1886.12.10)
学叢思（ミンゲッティ、マルコ 1818–1886)

Mingyi Nyo〈16世紀〉
ビルマ、タウングー朝の王。
⇒世帝（ミンチーニョ 1549–1531)

Minhāj Sirāj Jūzjānī〈12・13世紀〉
インド奴隷王朝時代の歴史家。
⇒岩世人（ミンハージ・スィラージ 1193頃–1260以後)

Minh Mang〈18・19世紀〉
ベトナム、阮王朝の第2代皇帝。在位1820～41。第1代ジャロン（嘉隆)帝の第4子。
⇒岩世人（ミンマン帝 1791.5.25–1841.1.20)
世帝（明命帝　めいめいてい 1791–1841)

Minin-Sukhoruk, Kuzma Minich〈16・17世紀〉
ポーランド支配からモスクワを解放した人物。
⇒岩世人（ミーニン＝スホルーク ?–1616)

Mink, Paule (Paulina)〈19世紀〉
フランスの社会主義派の女性運動家。
⇒学叢思（マンク、ポーリヌ・アデール・メケルスキー 1840–1901)

Minkowski, Hermann〈19・20世紀〉
ロシア、ドイツの数学者。整数論の研究者。
⇒岩世人（ミンコフスキー 1864.6.22–1909.1.12)
ネーム（ミンコフスキー 1864–1909)
広辞7（ミンコフスキー 1864–1909)
物理（ミンコフスキー、ヘルマン 1864–1909)
世数（ミンコフスキー、ヘルマン 1864–1909)
ユ著人（Minkowski,Hermann　ミンコウスキー、ヘルマン 1864–1909)

Minkowski, Oskar〈19・20世紀〉
リトアニアの医師。

⇒ユ著人（Minkowski,Oskar　ミンコウスキー、オスカル 1858–1931)

Minkus, Léon〈19・20世紀〉
チェコまたはポーランドの家系の作曲家、ヴァイオリン奏者。
⇒岩世人（ミンクス 1826.3.23–1917.12.7)
バレエ（ミンクス、レオン 1826.3.23/3.28–1917.12.7)

Minne, Georges〈19・20世紀〉
ベルギーの彫刻家。青年派様式の指導的彫刻家。
⇒岩世人（ミンヌ 1866.8.30–1941.2.18)
広辞7（ミンヌ 1866–1941)
芸13（ミン、ジョルジュ 1866–1941)

Minns, Sir Ellis Hovell〈19・20世紀〉
イギリスの考古学者。ロシア考古学を研究。
⇒岩世人（ミンズ 1874.7.16–1953.6.13)

Mino da Fiesole〈15世紀〉
イタリアの彫刻家。主作品『ウーゴ伯の墓碑』(69～81)。
⇒岩世人（ミーノ・ダ・フィエーゾレ 1429–1484.7.11)
新カト（ミーノ・ダ・フィエゾレ 1429–1484)
芸13（ミノ・ダ・フィエソーレ 1430–1433–1484)

Minoja, Ambrogio〈18・19世紀〉
イタリアの作曲家。
⇒バロ（ミノーヤ、アンブロージョ 1752.10.22–1825.8.3)

Minoret, Guillaume〈17・18世紀〉
フランスの作曲家。
⇒バロ（ミノレ、ギヨーム 1650頃–1717)

Minorskii, Vladimir Fëdorovich〈19・20世紀〉
イギリス（ロシア生れ）の東洋学者。
⇒岩世人（ミノルスキー 1877.1.24/2.5–1966.3.25)

Minos
ギリシア神話、クレタ島の伝説的な王。
⇒岩世人（ミノス)
ネーム（ミノス)

Minot, Charles Sedgwick〈19・20世紀〉
アメリカの解剖学者、動物学者。
⇒岩世人（マイノット 1852.12.23–1914.11.14)

Minskii〈19・20世紀〉
ロシアの詩人、小説家。
⇒岩世人（ミンスキー 1855.1.15/27–1937.7.2)
ユ著人（Minskii,Nikolai Maksimovich　ミンスキー、ニコライ・マクシモヴィチ 1855–1937)

Minto, Sir Gilbert Elliot-Murray-Kynynmond, 1st Earl of〈18・19世紀〉
イギリスの外交官、政治家。

⇒岩世人（ミントー 1751.4.23–1814.6.21）

Minto, *Sir* Gilbert John Elliot-Murray-Kynynmound, 4th Earl of〈19・20世紀〉
イギリスの植民地行政官。1898～1904年カナダ総督,05～10年インド総督。
⇒岩世人（ミントー 1845.7.9–1914.3.1）
南ア新（ミントー 1845–1914）

Minucius Felix, Marcus〈2・3世紀?〉
初期キリスト教の護教家。『オクタウィウス』の著者。
⇒岩世人（ミヌキウス・フェリクス）
新カト（ミヌキウス・フェリクス 2世紀後半–250頃）

Minyas
ギリシア神話,オルコメノス（ギリシアのボイオティア地方）の王。
⇒岩世人（ミニュアス）

Minyedeikba〈17世紀〉
ビルマ,タウングー朝の王。在位1628～1629。
⇒世帝（ミンレディッパ 1608–1629）

Minyekyawdin〈17世紀〉
ビルマ,タウングー朝の王。在位1673～1698。
⇒世帝（ミンレーチョウディン 1651–1698）

Mi pham rgya mtsho〈19・20世紀〉
チベット仏教ニンマ派の学僧。
⇒岩世人（ミパム・ギャンツォ 1846–1912）

Mique, Richard〈18世紀〉
フランスの建築家。ルイ16世の王室建築長。
⇒岩世人（ミック 1728–1794）

Miquel, Friedrich Anton Wilhelm〈19世紀〉
オランダの植物学者。
⇒岩世人（ミクエル 1811.10.24–1871.1.23）

Miquel, Johannes von〈19・20世紀〉
ドイツの政治家。1887年ドイツ帝国議会下院議員。90～1900年プロシア蔵相として税制改革を指導。
⇒岩世人（ミーケル 1828.2.19–1901.9.8）

Mīr〈18・19世紀〉
インドのウルドゥー詩人。ガザル（抒情詩）,マスナヴィー（叙事詩の一種）を得意とした。主著『愛の焔』。
⇒岩世人（ミール 1723–1810.9.21）
南ア新（ミール 1722頃–1810）

Mīrā Bāī〈15・16世紀〉
インドのラジャスターンの女流詩人。
⇒岩世人（ミーラーバーイー 1516頃–1546頃）
南ア新（ミーラー・バーイー 1499–1546）

Mirabeau, Honoré Gabriel Victor Riqueti, Comte de〈18世紀〉
フランス革命期における立憲王政派の政治家。1789年三部会に選出,国民議会の成立に貢献。
⇒岩世人（ミラボー 1749.3.9–1791.4.2）
広辞7（ミラボー 1749–1791）
学叢思（ミラボー,オレノ・ガブリエル 1749–1791）
世人新（ミラボー 1749–1791）
世人装（ミラボー 1749–1791）
世史語（ミラボー 1749–1791）
ポプ人（ミラボー,オレノ・ガブリエル・リケティ 1749–1791）

Mirabeau, Victor Riqueti, Marquis de〈18世紀〉
フランスの重農主義者。1756年『人間の友』を発表,60年『租税論』著。『農事哲学』(63)を公刊。
⇒学叢思（ミラボー,ヴィクトル・リケッティ 1715–1789）

Mira de Amescua, Antonio〈16・17世紀〉
スペインの劇作家。代表作『悪魔のしもべ』。
⇒新カト（ミラ・デ・アメスクア 1574頃–1644.9.8）

Mirambo〈19世紀〉
ウガンダの族長。東バンツー族の統合を促進,西欧列強の侵略に対し防衛戦を組織。
⇒アフ新（ミランボ 1840–1884）

Miranda, Aires Gonçalves de〈16世紀〉
ポルトガルの日本貿易船隊司令官。
⇒岩世人（ミランダ）

Miranda, Francisco de〈18・19世紀〉
ベネズエラの革命家。
⇒岩世人（ミランダ 1750.3.28/1756.6.9–1816.7.14）
世人新（ミランダ 1756–1816）
世人装（ミランダ 1756–1816）
ラテ新（ミランダ 1750–1816）

Miraval, Raimon de〈12・13世紀〉
フランスの作曲家。
⇒バロ（ミラヴァル,レイモン・ド 1160頃?–1216頃）

Mirbeau, Octave Henri Marie〈19・20世紀〉
フランスの小説家,劇作家,ジャーナリスト。劇評,美術批評,政治論を新聞,雑誌に寄稿,反響を呼んだ。
⇒岩世人（ミルボー 1848.2.16–1917.2.16）
広辞7（ミルボー 1848–1917）

Mirbel, Charles François Brisseau de〈18・19世紀〉
フランスの植物学者。
⇒岩世人（ミルベル 1776.3.27–1854.9.12）

Mirbt, Karl Theodor〈19・20世紀〉
ドイツのプロテスタント神学者。
⇒岩世人（ミルブト　1860.7.21–1929.9.27）

Mīr Dāmād〈17世紀〉
イランのサファヴィー朝期の哲学者, 十二イマーム・シーア派神学者。
⇒岩世人（ミール・ダーマード　?–1631/1632）

al-Mīrghanī, 'Alī〈19・20世紀〉
スーダンの宗教的・政治的指導者。
⇒岩世人（ミールガニー, アリー　1878–1968）

Mirimanov, Dmitrii〈19・20世紀〉
ロシア生れ, ジュネーブの大学教授。
⇒世数（ミリマノフ, ディミトリー　1861–1945）

Mīrkhwānd〈15世紀〉
イランの歴史家。著『清浄の園』。
⇒岩世人（ミールホンド　1433頃–1498.6.22）

Mīr Maḥmūd〈17・18世紀〉
イランのアフガン朝の創始者。在位1722〜25。
⇒岩世人（ミール・マフムード　?–1725.4.22）

Miró, Gabriel〈19・20世紀〉
スペインの小説家。代表作『墓地のさくらんぼ』(11)。
⇒岩世人（ミロ　1879.7.28–1930.5.27）

Miroglio, Jean-Baptiste〈18世紀〉
イタリアのヴァイオリン奏者, 作曲家, 音楽出版者。
⇒バロ（ミロリオ, ジャン・バティスト　1725頃–1785頃）

Miroglio, Pierre〈18世紀〉
イタリアのヴァイオリン奏者, 作曲家。
⇒バロ（ミロリオ, ピエール　1715頃–1763頃）

Miroslav〈10世紀〉
クロアティア王国の統治者。在位945〜949。
⇒世帝（ミロスラフ　?–949）

Mīr Sayyid 'Alī〈16世紀〉
イランのタブリーズ派細密画家。
⇒岩世人（ミール・サイイド・アリー　(活躍)16世紀）

Mir Wais Khān〈17・18世紀〉
アフガニスタンのカンダハールの支配者。1709年反乱をくわだててサファビー朝から自立。
⇒岩世人（ミール・ヴァイス　?–1715）

Misbach, Haji Mohammad〈19・20世紀〉
インドネシアの共産主義指導者。
⇒岩世人（ミスバフ　1876–1926.5.24）

Misch, Georg〈19・20世紀〉
ドイツの哲学者。ディルタイの弟子で生の哲学を説いた。
⇒岩世人（ミッシュ　1878.4.5–1965.6.10）

Mischler, Ernst〈19・20世紀〉
オーストリアの経済学者。
⇒学叢思（ミシュレル, エルンスト　1857–1912）

Mischler, Peter〈19世紀〉
ドイツの経済学者, 法律学者。
⇒学叢思（ミシュレル, ペテル）

Miskawayh, Abu 'Ali〈10・11世紀〉
イランの歴史学者。イスラム史家。著書『民族の経験』。
⇒岩世人（ミスカワイヒ　936–1030）

Miskiewicz, Maciej Arnulf〈17世紀〉
ポーランドの作曲家。
⇒バロ（ミスキェヴィチ, マチェイ・アルヌルフ　1620頃?–1685以前）

Miskin〈18・19世紀〉
インドネシア, 西スマトラのイスラーム改革運動指導者。
⇒岩世人（ミスキン）

al-Miṣrī, 'Azīz 'Alī〈19・20世紀〉
エジプトの軍人, 政治家。
⇒岩世人（ミスリー, アズィーズ・アリー　1879–1965.6.15）

Missón, Luis〈18世紀〉
スペインの作曲家。
⇒バロ（ミソン, ルイス　1720頃–1766.2.13）

Mistinguett, La〈19・20世紀〉
フランスのシャンソン歌手, 踊り子。
⇒岩世人（ミスタンゲット　1873.4.5–1956.1.5）

Mistral, Frédéric〈19・20世紀〉
フランスの詩人。「フェリブリージュ」結成。
⇒岩世人（ミストラル　1830.9.8–1914.3.25）
　ネーム（ミストラル　1830–1914）
　広辞7（ミストラル　1830–1914）

Mitchel, John〈19世紀〉
アイルランドの民族運動指導者。
⇒岩世人（ミッチェル　1815.11.3–1875.3.20）

Mitchell, Frederick Francis〈19・20世紀〉
アメリカの大リーグ選手（投手, 捕手）。
⇒メジャ（フレッド・ミッチェル　1878.6.5–1970.10.13）

Mitchell, Maria〈19世紀〉
アメリカの天文学者。
⇒物理（ミッチェル, マリア　1818–1889）

Mitchell, Michael Francis〈19・20世紀〉
アメリカの大リーグ選手（外野）。

⇒メジャ（マイク・ミッチェル　1879.12.12–1961.7.16）

Mitchell, Silas Weir〈19・20世紀〉
アメリカの医学者,小説家。代表作『ヒューウィン』(97),『戦時に』(85)。
⇒岩世人（ミッチェル　1829.2.15–1914.1.4）

Mitchell, Wesley Clair〈19・20世紀〉
アメリカの経済学者。全米経済調査会理事長(1920～45)。主著『景気循環論』(13)。
⇒岩世人（ミッチェル　1874.8.5–1948.10.29）
　20思（ミッチェル,ウェスリー C（クレア）1874–1948）

Mitchell, W.H.〈19世紀〉
イギリスの外交官。
⇒岩世人（ミッチェル）

Mitford, Algernon Bertram Freeman-M., 1st Baron Redesdale〈19・20世紀〉
イギリスの外交官,著作家。駐日公使館付書記官。
⇒岩世人（ミトフォード　1837.2.24–1916.8.17）

Mitford, Mary Russell〈18・19世紀〉
イギリスの女流文学者。代表作『わが村』(24～32)。
⇒岩世人（ミトフォード　1787.12.16–1855.1.10）

Mithat Pasha〈19世紀〉
オスマン・トルコ帝国末期の政治家。
⇒岩世人（ミドハト・パシャ　1822–1884）
　ネーム（ミドハト・パシャ　1822–1884）
　世人新（ミドハト＝パシャ　1822–1884）
　世人装（ミドハト＝パシャ　1822–1884）
　世史語（ミドハト＝パシャ　1822–1884）
　ポプ人（ミドハト・パシャ　1822–1884）

Mithradates I〈前2世紀〉
古代ペルシアのパルティア王。在位前171頃～138頃。
⇒世人新（ミトリダテス1世（アルサケス6世）　?–前138頃）
　世人装（ミトリダテス1世（アルサケス6世）　?–前138頃）
　世帝（ミトラダテス1世　前195?–前132?）

Mithradates II〈前2・1世紀〉
古代ペルシアのパルティア王。パルティア最大の王といわれた。
⇒世帝（ミトラダテス2世　（在位）前122–前88?）

Mithridates III〈前1世紀〉
パルティア帝国の統治者。在位前57～54。
⇒世帝（ミトラダテス3世　?–前54）

Mithridates IV〈2世紀〉
パルティア帝国の統治者。
⇒世帝（ミトラダテス4世　?–140）

Mithridatēs VI Eupator Dionysos〈前2・1世紀〉
古代ポントス（現小アジア北東部）の王。小アジア全土に領土を拡大。
⇒岩世人（ミトリダテス6世（大王）　前132頃–前63）

Mitre, Bartolomé〈19・20世紀〉
アルゼンチンの政治家,軍人,歴史家。1862～8年統一国家の初代大統領。
⇒岩世人（ミトレ　1821.6.26–1906.1.19）
　ラテ新（ミトレ　1821–1906）

Mitscherlich, Eilhard〈18・19世紀〉
ドイツの化学者。結晶の化学構造,特に同形の研究を行い,同形律を確立。
⇒岩世人（ミッチャーリヒ　1794.1.7–1863.8.28）
　ネーム（ミッチェルリッヒ　1794–1863）

Mitso Asen〈13世紀〉
ブルガリア帝国の皇帝。
⇒世帝（ミツォ・アセン　?–1277/1278）

Mittag-Leffler, Magnus Gustav〈19・20世紀〉
スウェーデンの数学者。男爵。
⇒岩世人（ミッタグ＝レッフレル　1846.3.16–1927.7.7）
　世数（ミッタク-レフラー,マグヌス・ゲスタ　1846–1927）

Mittantier〈16世紀〉
フランスの作曲家。
⇒バロ（ミタンティエ,?　1500頃?–1547頃）

Mitteis, Ludwig〈19・20世紀〉
ドイツの法律学者。
⇒岩世人（ミッタイス　1859.3.17–1921.12.26）

Mittermaier, Carl Joseph Anton〈18・19世紀〉
ドイツの法学者,政治家。
⇒岩世人（ミッターマイアー　1787.8.5–1867.8.28）

Mivart, St.George Jackson〈19世紀〉
イギリスの生物学者。
⇒岩世人（マイヴァート　1827.11.30–1900.4.1）
　新カト（マイヴァート　1827.11.30–1900.4.1）

Mivedel, Arte〈18世紀〉
ロシアの作曲家。
⇒バロ（ミベーデル,アルテ　1730頃?–1790頃?）

Mix, Tom〈19・20世紀〉
アメリカの映画俳優。30年代初めまで,約400本の西部劇に主演。
⇒現アカ（Mix,Tom　トム・ミックス　1880–1940）

Mizler von Kolof, Lorenz Christoph〈18世紀〉
ドイツの音楽評論家,物理学者,数学者。
⇒バロ（ミッツラー・フォン・コーロフ,ローレンツ・クリストフ　1711.7.25–1778.3）

Mizrachi, Elijah〈15・16世紀〉
トルコの学者,ユダヤ人社会の指導者。
⇒ユ人（ミズラヒ,エリヤ　1450–1526）

mkhas grub rje dge legs dpal bzang po〈14・15世紀〉
チベット仏教ゲルク派の高僧。
⇒岩世人（ケドゥプジェ・ゲレクペルサンポ　1385–1438）

Mkwawa〈19世紀〉
現タンザニア南部を拠点としたヘヘ人の首長。
⇒岩世人（ムクワワ　1855–1898.7.19）

Mnēsarchos〈前1世紀?〉
ギリシアの哲学者。ストア派。
⇒岩世人（ムネサルコス）

Mnēsiklēs〈前5世紀〉
ギリシアの建築家。プロピュロン（前437）の作者。
⇒岩世人（ムネシクレス）

mntw-m-ht〈前7世紀〉
エジプト第25～26王朝時代に南部エジプトを支配した実力者。
⇒岩世人（メンチュエムハト　前700–前650頃）

Moberly, Robert Campbell〈19・20世紀〉
英国教会の神学者。
⇒岩世人（モバリー　1845.7.26–1903.6.8）
　新カト（モバリ　1845.7.26–1903.6.8）

Möbius, August Ferdinand〈18・19世紀〉
ドイツの天文学者,数学者。射影幾何学の基礎を固め,また直線幾何学の先駆的理論をも展開した。
⇒岩世人（メービウス　1790.11.17–1868.9.26）
　世数（メビウス,アウグスト・フェルディナント　1790–1868）

Möbius, Karl August〈19・20世紀〉
ドイツの動物学者。
⇒岩世人（メービウス　1825.2.7–1908.4.26）

Mochalov, Pavel Stepanovich〈18・19世紀〉
ロシアの悲劇俳優。
⇒岩世人（モチャーロフ　1800.11.3–1848.3.16）

Mochnacki, Maurycy〈19世紀〉
ポーランドの政治活動家,作家,評論家。シュラフタ革命思想の代表的理論家。
⇒岩世人（モフナツキ　1803.9.13–1834.12.20）

Mochoemoc〈7世紀〉
アイルランドの修道院長。聖人。祝日3月13日。
⇒新カト（モホエモク　7世紀）

Mochuta〈7世紀〉
アイルランドの聖人。祝日5月14日。リズモアの初代司教,大修道院長。
⇒新カト（モフタ　?–637.5.14）

Mocquereau, André〈19・20世紀〉
フランスの音楽学者。『グレゴリオ聖歌の音楽的数』（2巻,08～27）などの著作がある。
⇒新カト（モクロー　1849.6.6–1930.1.18）

Modarres, Seyyed Ḥasan〈19・20世紀〉
イランの宗教家。
⇒岩世人（モダッレス　1870–1937.12.1）

Modena, Leone〈16・17世紀〉
ラビで学者,文人。
⇒ユ著人（Modena,Leone　モデーナ,レオーネ　1571–1648）

Moderne, Jacques〈15・16世紀〉
フランスの印刷業者（イタリア人）。フランス第二の楽譜出版業者となる。
⇒バロ（モデルヌ,ジャック　1495-1500頃–1562以降）

Modersohn-Becker, Paula〈19・20世紀〉
ドイツの女流画家。
⇒岩世人（モーダーゾーン＝ベッカー　1876.2.8–1907.11.20）
　芸13（モーダーゾーン・ベッカー,パウラ　1876–1907）

Modjeski, Ralph〈19・20世紀〉
アメリカ（ポーランド生れ）の土木技術者。
⇒岩世人（モジェスキー　1861.1.27–1940.6.26）

Moe, Jørgen Engebretsen〈19世紀〉
ノルウェーの詩人,民俗学者。
⇒岩世人（モー　1813.4.22–1882.3.27）

Moeller van den Bruck, Arthur〈19・20世紀〉
ドイツの美術史家,政治評論家。
⇒岩世人（メラー・ファン・デン・ブルック　1876.4.23–1925.5.30）

Moffett, Samuel Austin〈19・20世紀〉
アメリカの宣教師。
⇒アア歴（Moffett,Samuel Austin　サムエル・オースティン・モフェット　1864.1.25–1939.10.24）

Mogila〈16・17世紀〉
ロシアの聖職者。キエフに神学校。ルーマニア領内に最初のスラブ＝ギリシア＝ラテン学院を開設。
⇒岩世人（ピョートル・モギラ　1596–1647）
　新カト（モギラ　1596.12.21–1646.12.22）

Mogrovejo, Toribio Alfonso de〈16・17世紀〉
スペイン出身のリマの大司教。聖人。祝日3月

23日。
⇒岩世人（モグロベーホ　1538.11.18-1606.3.23）
新カト（トリビオ・アルフォンソ・デ・モグロベホ　1538.11.16-1606.3.23）

Moḥammad, Qazvīnī〈19・20世紀〉
イラン出身の東洋学者。
⇒岩世人（モハンマド, カズヴィーニー　1877.3.30-1949.5.27）

Mohammed Khodabanda〈16世紀〉
サファヴィー朝のシャー。
⇒世帝（ムハンマド・ホダーバンデ　1532-1595）

Mohilewer, Samuel〈19世紀〉
ミズラヒ・シオニスト運動の先駆者, ホベベイ・チオン運動の創始者。
⇒ユ人（モヒレバー, サムエル（シュムエル）　1824-1898）
ユ著人（Mohilewer,Samuel　モヒレヴェル, シュムエル　1824-1898）

Mohl, Hugo von〈19世紀〉
ドイツの植物学者。細胞説の基礎を築いた。
⇒岩世人（モール　1805.4.8-1872.4.1）

Mohl, Julius von〈18・19世紀〉
ドイツの東洋学者。
⇒岩世人（モール　1800.10.25-1876.1.3）

Mohl, Robert von〈18・19世紀〉
ドイツの公法学者, 政治家。
⇒岩世人（モール　1799.8.17-1875.11.4/5）
学叢思（モール, ロベルト・フォン　1799-1875）

Mohlberg, Leo Cunibert〈19・20世紀〉
ドイツの典礼学者。
⇒新カト（モールベルク　1878.4.17-1963.5.21）

Möhler, Johann Adam〈18・19世紀〉
ドイツのローマ・カトリック神学者。
⇒岩世人（メーラー　1796.5.6-1838.4.12）
学叢思（メーレル, ヨハン・アダム　1796-1838）
新カト（メーラー　1796.5.6-1838.4.12）

Möhler, Johann Heinrich〈18世紀〉
ドイツの作曲家。
⇒バロ（メラー, ヨハン・ハインリヒ　1700頃?-1760頃?）

Mohn, Henrik〈19・20世紀〉
ノルウェーの気象学者。
⇒岩世人（モーン　1835.5.15-1916.9.12）

Mohnike, Otto Gottlieb Johann〈19世紀〉
ドイツのオランダ陸軍軍医。1848年に長崎出島の商館付き医師として来日。
⇒岩世人（モーニケ　1814.7.27-1887.1.26）

Mohorovičić, Aandria〈19・20世紀〉
ユーゴスラビアの地震学者。
⇒岩世人（モホロヴィチッチ　1857.1.23-1936.12.18）

Mohr, Christian Otto〈19・20世紀〉
ドイツの応用力学者。梁の曲げに関する〈モールの定理〉で知られている。
⇒岩世人（モール　1835.10.8-1918.10.3）

Mohr, Georg〈17世紀〉
デンマークの幾何学者。
⇒世数（モール, ゲオルク　1640-1697）

Mohr, Karl Friedrich〈19世紀〉
ドイツの化学者, 薬学者。化学器械の発明がある。
⇒岩世人（モール　1806.11.4-1879.9.28）

Mohs, Friedrich〈18・19世紀〉
ドイツの鉱物学者。〈モースの硬度計〉を考案（12）。
⇒岩世人（モース　1773.1.29-1839.9.29）

Moirans, Epifanio de〈17世紀〉
フランス出身のカリブ海地域への宣教師。
⇒新カト（モアラン　1644-1689.1.6）

Moissan, Ferdinand Frédéric Henri〈19・20世紀〉
フランスの化学者。
⇒岩世人（モワッサン　1852.9.28-1907.2.20）
科史（モアッサン　1852-1907）
ネーム（モアッサン　1852-1907）
広辞7（モアッサン　1852-1907）
学叢思（モアッサン, アンリ　1852-1907）
ノ物化（アンリ・モアッサン　1852-1907）
ユ人（モワッサン, アンリ　1852-1907）
ユ著人（Moissan,Ferdinand Frédéric Henri　モアッサン, フェルディナン・フレデリック・アンリ　1851-1907）

Mojo（Madja）, Kyai（Kjai）〈18・19世紀〉
インドネシア, ジャワ戦争における宗教指導者。
⇒岩世人（モジョ, キヤイ　1792-1849.12.20）

Mok, Oknha Santhor〈19・20世紀〉
カンボジアの文筆家。
⇒岩世人（モック, オクニャー・ソントー　1834頃-1908）

Mokṣākaragupta〈11・12世紀〉
インドの仏教学者。
⇒岩世人（モークシャーカラグプタ）

Molanus, Gerard Wolter〈17・18世紀〉
ドイツのルター派神学者, 教会政治家。
⇒新カト（モーラーヌス　1633.11.1-1722.9.7）

Molcho, Solomon〈16世紀〉
中世末期に輩出したメシアの一人。ポルトガルのユダヤ人。

⇒ユ人（モルホ（モルコ），ソロモン　1500頃-1532）
　ユ著人（Molcho,Salmon　モルホ，サロモン　1500?-1532）

Moldenhauer, Friedrich〈18・19世紀〉
ドイツの化学者。蠟マッチを発明。
⇒岩世人（モルデンハウアー　1797.1.25-1866.3.27）

Molé, Louis Mathieu, Comte〈18・19世紀〉
フランスの政治家。ナポレオン1世に認められる。
⇒岩世人（モレ　1781.1.24-1855.11.24）

Moleschott, Jacob〈19世紀〉
オランダ生れのドイツの生理学者，哲学者。
⇒岩世人（モレスコット（モレスホット）　1822.8.9-1893.5.20）
　学叢思（モレショット，ヤコブ　1822-?）
　新カト（モーレスコット　1822.8.9-1893.5.20）

Molien, Theodor〈19・20世紀〉
バルトの数学者，トムスク大学教授。
⇒世数（モーリン，テオドール　1861-1941）

Molière〈17世紀〉
フランスの劇作家，俳優。T.コルネイユ，J.ラシーヌと並ぶフランス古典劇三大作家の一人。
⇒岩世人（モリエール　1622.1.15-1673.2.17）
　バレエ（モリエール　1622.1-1673.2.17）
　オペラ（モリエール，ジャン＝バティスト・ポクラン　1622-1673）
　ネーム（モリエール　1622-1673）
　広辞7（モリエール　1622-1673）
　学叢思（モリエール，ジャン・バプティスト　1622-1673）
　新カト（モリエール　1622.1.15-1673.2.17）
　世人新（モリエール　1622-1673）
　世人装（モリエール　1622-1673）
　世史語（モリエール　1622-1673）
　ポプ人（モリエール　1622-1673）

Molina, Luis de〈16世紀〉
スペインの神学者。
⇒岩世人（モリーナ　1535-1600.10.12）
　広辞7（モリーナ　1535-1600）
　学叢思（モリナ，ルイ　1535-1600）
　新カト（モリナ　1535.9-1600.10.12）

Molina, Mercedes de Jesús〈19世紀〉
聖マリアナ・デ・ヘスス修道女会の創立者。エクアドルのババ生まれ。
⇒新カト（モリナ　1828-1883.6.12）

Molinari, Gustave de〈19・20世紀〉
ベルギーの経済学者。
⇒学叢思（モリナリ，グスタヴ・ド　1819-?）

Molinaro, Simone〈16・17世紀〉
イタリアの作曲家。
⇒バロ（モリーナロ，シモーネ　1565-1615）

Molinet, Jean〈15・16世紀〉
フランスの年代記作家，詩人。大押韻派の代表的詩人。主著『修辞法』(93)。
⇒バロ（モリネ，ジャン　1460頃?-1510頃?）

Moling〈7世紀〉
アイルランドの修道士，修道院創設者。ファーンズおよびグレンダロッホの司教。聖人。祝日6月17日。アイルランド最古の守護聖人の一人。
⇒新カト（モリング　?-697）

Molini, Guido〈16世紀〉
イタリアの作曲家。
⇒バロ（モリーニ，グイード　1540頃?-1590頃?）

Molinos, Miguel de〈17世紀〉
スペインの聖職者。極端な静寂主義者。75年に『霊の指導』を出版。
⇒岩世人（モリノス　1628.6.30-1696.12.28）
　学叢思（モリノス，ミゲル・デ　1640-1697）
　新カト（モリノス　1628.6.29-1696.12.28）

Molisch, Hans〈19・20世紀〉
ドイツの植物学者。ドイツ大学教授，同大植物生理学研究所長（1894）。
⇒岩世人（モーリッシュ　1856.12.6-1937.12.8）

Molitor, Joseph Franz〈18・19世紀〉
ドイツの哲学者。
⇒岩世人（モリトル　1779.6.8-1860.3.23）

Moll, Carl〈19・20世紀〉
オーストリアの画家，版画家。
⇒岩世人（モル　1861.4.23-1945.4.13）

Möllendorf, Paul George von〈19・20世紀〉
ドイツの外交官，東洋学者。著『満語文典』『満文書籍解題』など。
⇒岩世人（メレンドルフ　1848.2.17-1901.4.20）
　韓朝新（メレンドルフ　1848-1901）

Möller, Alfred〈19・20世紀〉
ドイツの森林学者。
⇒岩世人（メラー　1860.8.12-1922.11.4）

Moller, John Christopher〈18・19世紀〉
ドイツの作曲家。
⇒バロ（モラー，ジョン・クリストファー　1755-1803.9.21）

Moller, Poul Martin〈18・19世紀〉
デンマークの詩人。
⇒岩世人（メラー　1794.3.21-1838.3.13）

Möller, Wilhelm〈19世紀〉
ドイツの神学者。
⇒学叢思（メレル，ヴィルヘルム　1827-1892）

Mollier, Louis de〈17世紀〉
フランスの作曲家。

⇒バロ (モリエ(モリエール), ルイ・ド　1615頃–1688.4.18)

Molnár Ferenc〈19・20世紀〉
ハンガリーの劇作家, 小説家。代表的な戯曲として『リリオム』(1909),『近衛兵』(10)。
⇒岩世人 (モルナール　1878.1.12–1952.4.1)
　ネーム (モルナール　1878–1952)
　広辞7 (モルナール　1878–1952)
　学叢思 (モルナール, フェレンツ　1878–?)
　ポプ人 (モルナール・フェレンツ　1878–1952)
　ユ著人 (Ferenc, Molnár　フレンク, モルナール　1878–1952)
　ユ著人 (Molnár, Ferenc　モルナール, フェレンツ　1878–1952)

Molo, Walter Reichsritter von〈19・20世紀〉
ドイツの作家, 詩人。
⇒岩世人 (モーロ　1880.6.14–1958.10.27)

Molon Khan〈15世紀〉
北元の皇帝。
⇒世帝 (モーラン・ハーン　(在位)1465–1466)

Molter, Johann Melchior〈17・18世紀〉
ドイツの作曲家。
⇒バロ (モルター, ヨハン・メルヒオール　1696.2.10–1765.1.12)

Moltke, Adam Wilhelm〈18・19世紀〉
デンマークの政治家。
⇒岩世人 (モルトケ　1785.8.25–1864.2.15)

Moltke, Helmuth Johannes Ludwig von〈19・20世紀〉
プロシア, ドイツの軍人。叔父のモルトケ(大モルトケ)に対して小モルトケと呼ばれる。
⇒岩世人 (モルトケ　1848.5.25–1916.6.18)
　広辞7 (モルトケ(小)　1848–1916)

Moltke, Helmuth Karl Bernhard, Graf von〈18・19世紀〉
プロシア, ドイツの軍人。近代ドイツ陸軍の父。
⇒岩世人 (モルトケ　1800.10.26–1891.4.24)
　ネーム (モルトケ　1800–1891)
　広辞7 (モルトケ(大)　1800–1891)
　世人新 (モルトケ　1800–1891)
　世人装 (モルトケ　1800–1891)
　ポプ人 (モルトケ, ヘルムート・フォン　1800–1891)
　学叢歴 (モルトケ　1800–1891)

Molyneux, William〈17世紀〉
アイルランドの哲学者, 政治家。
⇒岩世人 (モリノー(モリヌークス)　1656.4.17–1698.10.11)

Mombert, Alfred〈19・20世紀〉
ドイツの詩人。表現主義の先駆者。宇宙的幻想を讃歌風にうたいあげる詩を書いた。主著, 詩集『天上の酒客』(1909)。

⇒岩世人 (モンベルト　1872.2.6–1942.4.8)

Mōmin, Muḥammad Mōmin Khān〈19世紀〉
インドのウルドゥー語の詩人。ゾウク, ガーリブと並ぶデリー詩派第2期の人物。
⇒岩世人 (モーミン　1800–1851?)

Mommsen, Theodor〈19・20世紀〉
ドイツの歴史家, 古典学者。1902年ノーベル文学賞受賞。
⇒岩世人 (モムゼン　1817.11.30–1903.11.1)
　新カト (モムゼン　1817.11.30–1903.11.1)

Monagas, José Tadeo〈18・19世紀〉
ベネズエラの軍人, 政治家。
⇒岩世人 (モナガス　1784.10.28–1868.11.18)

Monahan, John J.〈19・20世紀〉
アメリカの宣教師。
⇒アア歴 (Monahan, John J.　ジョン・J・モナハン　1875.8.12–1926.5.8)

Mona Lisa〈15・16世紀頃〉
イタリア, フィレンツェの貴族の妻。レオナルド・ダ・ヴィンチの描いた肖像で有名。
⇒岩世人 (モナ・リザ　1479–1550以後)

Monari, Bartolomeo〈17・18世紀〉
イタリアの作曲家。
⇒バロ (モナーリ, バルトロメーオ　1650頃?–1710頃?)

Monari, Clemente〈17・18世紀〉
イタリアの作曲家。
⇒バロ (モナーリ, クレメンテ　1660頃–1729以降)

Monash, *Sir* John〈19・20世紀〉
オーストラリアの軍人。
⇒ユ人 (モナシュ, サー・ジョン　1865–1931)

Moncey, Bon Adrien Jeannot de, Duc de Conegliano〈18・19世紀〉
フランスの陸軍人。
⇒岩世人 (モンセイ　1754.7.31–1842.4.20)

Mönch von Salzburg〈14世紀〉
ドイツの詩人・音楽家。
⇒バロ (ザルツブルク, ヘルマン・ミュンヒ・フォン　1340頃–1410頃)

Moncino〈17世紀〉
イタリアの作曲家。
⇒バロ (モンチーノ, ?　1600頃?–1660頃?)

Monck, George, lst Duke of Albemarle〈17世紀〉
イギリスの軍人。
⇒岩世人 (マンク　1608.12.6–1670.1.3)

Mond, Alfred Moritz, Baron

Melchett〈19・20世紀〉
イギリスの実業家,政治家。
⇒ユ人（メルチェット（モンド）,アルフレッド・モーリッツ卿　1868–1930）
ユ著人　(Mond,Alfred Moritz,Sir　モンド・アルフレッド・モーリッツ　1868–1930)

Mond, Ludwig〈19・20世紀〉
イギリス（ドイツ生れ）の化学者。デーヴィ・ファラデー研究室を設けるなどイギリス化学工業の発達に貢献。
⇒岩世人　（モンド　1839.3.7–1909.12.11）
ユ著人　(Mond,Ludwig　モンド,ルードヴィヒ　1839–1909)

Mondino de Liucci〈13・14世紀〉
イタリアの医師,解剖学の祖。主著『解剖学』(16)によって,ガレノスの説を検証し,不朽のものとした。
⇒岩世人　（モンディーノ　1270頃–1326）

Mondolfo, Rodolfo〈19・20世紀〉
イタリアの哲学者。
⇒岩世人　（モンドルフォ　1877.8.20–1976.7.15）

Mondonville〈17・18世紀〉
フランスの作曲家。
⇒バロ　（モンドンヴィル,?　1680頃?–1740頃?）

Mondonville, Jean-Joseph Cassanéa de〈18世紀〉
フランスのヴァイオリン奏者,指揮者,作曲家。オペラ『パルナス山の謝肉祭』(49)を上演し成功。
⇒バロ　（モンドンヴィル,ジャン・ジョゼフ・カッサネーア・ド　1711.12.25–1772.10.8）

Mondriaan, Pieter Cornelis〈19・20世紀〉
オランダの画家。
⇒岩世人　（モンドリアン　1872.3.7–1944.2.1）
　ネーム　（モンドリアン　1872–1944）
　広辞7　（モンドリアン　1872–1944）
　新カト　（モンドリアン　1872.3.7–1944.2.1）
　芸13　（モンドリアン,ピエト　1872–1944）
　ポプ人　（モンドリアン,ピート　1872–1944）

Monegundis〈6世紀〉
聖人,修道院創設者。祝日7月2日。
⇒新カト　（モネグンディス　6世紀）

Monet, Claude〈19・20世紀〉
フランスの画家。水と光と明るい緑の世界を純粋で透明な色と色との響きあいのうちに表現した。
⇒岩世人　（モネ　1840.11.14–1926.12.5）
　広辞7　（モネ　1840–1926）
　学叢思　（モネー,クロード　1840–1927）
　芸13　（モネ,クロード　1840–1926）
　世人新　（モネ　1840–1926）
　世人装　（モネ　1840–1926）
　世史語　（モネ　1840–1926）
　ポプ人　（モネ,クロード　1840–1926）

Monferrato, Natale〈17世紀〉
イタリアの作曲家。
⇒バロ　（モンフェッラート,ナターレ　1603頃–1685.4.23以前）

Mongán
『アイルスター物語群』の王。
⇒ネーム　（モンガーン）

Monge, Gaspard, Comte de Péluse〈18・19世紀〉
フランスの数学者,技術者。設計技術の進歩に貢献すると共に,近世綜合幾何学への端緒を与えた。
⇒岩世人　（モンジュ　1746.5.10–1818.7.28）
　ネーム　（モンジュ　1746–1818）
　広辞7　（モンジュ　1746–1818）
　世数　（モンジュ,ガスパール　1745–1818）

Möngke-Khan〈13世紀〉
モンゴル帝国第4代のハン。在位1251～59。
⇒岩世人　（モンケ　1209.1.10–1259.8.11）
　広辞7　（モンケ　1208–1259）
　世人新　（モンケ＝ハン（憲宗〈元〉）　けんそう　1208–1259）
　世人装　（モンケ＝ハン（憲宗〈元〉）　けんそう　1208–1259）
　世史語　（モンケ＝ハン（憲宗）　（在位）1251–59）
　世帝　（憲宗　けんそう　1207–1259）
　ポプ人　（モンケ・ハン　1208–1259）
　学叢歴　（憲宗　?–1269（開慶1））

Monier-Williams, *Sir* Monier〈19世紀〉
イギリスの東洋学者,サンスクリット学者。主著『梵英辞典』(72,新版99)。
⇒岩世人　（ウィリアムズ　1819.11.12–1899.4.11）
　南ア新　（モニエル・ウィリアムズ　1819–1899）

Moniot d'Arras〈12・13世紀〉
フランスの作曲家。
⇒バロ　（モニオ・ダラース　1190頃?–1240頃?）

Moniot de Paris〈13世紀〉
フランスの作曲家。
⇒バロ　（モニオ・ド・パリ　1220頃?–1270頃?）

Moniuszko, Stanislaw〈19世紀〉
ポーランドの作曲家。作品には〈ハルカ〉(1848)のほかがある。
⇒岩世人　（モニュシュコ　1819.5.5–1872.6.4）

Moniz, António Caetano de Abreu Freire Egas〈19・20世紀〉
ポルトガルの神経学者,政治家。
⇒岩世人　（モニス　1874.11.29–1955.12.13）

Monmouth, James Scott, Duke of〈17世紀〉
イギリス国王チャールズ2世の庶子。

⇒岩世人（モンマス　1649.4.9-1685.7.15）

Monn, Charlotte Lottie Digges〈19・20世紀〉
アメリカの宣教師。
⇒アア歴（Monn,(Charlotte) Lottie Digges シャーロット・ロッティ・ディグズ・ムーン　1840.12.12-1912.12.24）

Monn, Johann Christoph〈18世紀〉
オーストリアのピアノ奏者，作曲家。
⇒バロ（マン，ヨハン・クリストフ　1726-1782）
バロ（モン，ヨハン・クリストフ　1726-1782.6.24）

Monn, Matthias Georg〈18世紀〉
オーストリアの作曲家，オルガン奏者。室内楽曲や鍵盤楽器曲，ミサなどがある。
⇒バロ（モン，マティーアス・ゲオルグ　1717.4.9-1750.10.3）
バロ（マン，ヨハン・ゲオルグ・マティアス　1717.4.9-1750.10.3）

Monnet, Jean〈18世紀〉
フランスの作曲家。
⇒バロ（モネ，ジャン　1703.9.7-1785）

Monnica〈4世紀〉
聖女，アウグスチヌスの母。古代キリスト教会三賢母の一人。
⇒岩世人（モニカ　333頃-387）
新カト（モニカ　332頃-387）
図聖（モニカ　332頃-387）

Monnier, Henri Bonaventure〈18・19世紀〉
フランスの漫画家，劇作家。
⇒岩世人（モニエ　1799.6.6-1877.1.3）

Monnier, Joseph〈19・20世紀〉
フランスの技術者，コンクリートの発明者。
⇒岩世人（モニエ　1823.11.8-1906.3.13）

Monod, Adolphe Théodore〈19世紀〉
スイス市民階級出身のフランスの牧師。47年パリのオラトワール教会牧師。
⇒学叢思（モノー，アドルフ　1802-1856）
新カト（モノ　1802.1.21-1856.4.6）

Monod, Frédéric〈18・19世紀〉
フランスのプロテスタント神学者。パリの日曜学校の創立者。
⇒岩世人（モノー　1794.5.17-1863.12.31）

Monod, Gabriel Jacques Jean〈19・20世紀〉
フランスの歴史家。ドレフュス派。主著『メロビング王朝史料の批判的研究』（72～85）。
⇒岩世人（モノー　1844.3.7-1912.4.10）

Monod, Wilfred〈19・20世紀〉
フランスのプロテスタント神学者。フランス内外の教会合同運動に尽力。
⇒岩世人（モノー　1867.11.24-1943.5.2）

Monrad, Ditle Gothard〈19世紀〉
デンマークの聖職者，政治家。
⇒岩世人（モンラズ　1811.11.24-1887.3.28）

Monro, Alexander, Primus〈17・18世紀〉
スコットランドの医師。解剖学者であり外科医。骨，神経の解剖に業績を残した。
⇒岩世人（モンロー　1697.9.8-1767.7.10）

Monro, Alexander, Securdus〈18・19世紀〉
スコットランドの医師。解剖学者。粘液嚢について業績を残した。
⇒岩世人（モンロー　1733.5.20-1817.10.2）

Monro, David Binning〈19・20世紀〉
イギリスの古典学者。主著，"Grammar of the Homeric dialect"（91）。
⇒岩世人（モンロー　1836.11.16-1905.8.22）

Monro, Harold Edward〈19・20世紀〉
イギリスの詩人。雑誌『詩評論』（1912）や書店「詩書肆」（13）の創設者として重要。
⇒岩世人（モンロー　1879.3.14-1932.3.16）

Monroe, James〈18・19世紀〉
アメリカの政治家，外交官。第5代大統領（1816～25）。
⇒アメ新（モンロー　1758-1831）
岩世人（モンロー　1758.4.28-1831.7.4）
広辞7（モンロー　1758-1831）
学叢思（モンロー，ジェームズ　1758-1831）
世人新（モンロー〈ジェームズ〉　1758-1831）
世人装（モンロー〈ジェームズ〉　1758-1831）
世史語（モンロー　1758-1831）
ポプ人（モンロー，ジェームズ　1758-1831）

Monroe, Paul〈19・20世紀〉
アメリカの教育学者，教育史学者。
⇒岩世人（モンロー　1869.6.7-1947）

Monsabré, Louis Jacques Marie〈19・20世紀〉
フランスのカトリック神学者，説教家。
⇒岩世人（モンサブレ　1827.12.10-1907.2.21）
新カト（モンサブレ　1827.12.10-1907.2.22）

Monselet, Charles (Pierre)〈19世紀〉
フランスのジャーナリスト，詩人，作家。
⇒岩世人（モンスレ　1825.4.30-1888.5.19）
19仏（シャルル・モンスレ　1825.4.30-1888.5.19）

Monserrate, Antonio de〈16世紀〉
スペインの宣教師，イエズス会員。
⇒新カト（モンセラーテ　1536頃-1600）

南ア新（モンセラーテ　1536–1600）

Monsigny, Pierre Alexandre〈18・19世紀〉
フランスの歌劇作曲家。主作品，"Le déserteur"（1769）。
⇒バロ（モンシニー，ピエール・アレクサンドル　1729.10.17–1817.1.14）
　岩世人（モンシニ　1729.10.17–1817.1.14）
　オペラ（モンシニ，ピエール＝アレクサンドル　1729–1817）

Monsu Desiderio〈16・17世紀〉
フランスの画家。
⇒芸13（モンス・デジデリオ　1588–1644以後）

Montagna, Bartolommeo〈15・16世紀〉
イタリアの画家。主作品『玉座の聖母と4人の聖人』(99)。
⇒岩世人（モンターニャ　1450頃–1523.10.11）

Montagné, Prosper〈19・20世紀〉
フランスの調理士，料理研究家。主著『ラルース美食事典』(共)。
⇒岩世人（モンタニェ　1865.11.14–1948.4.22）

Montagu, Edwin Samuel〈19・20世紀〉
イギリスの政治家。インド責任政府樹立のための報告を作製し，インド法として実現させた(19)。
⇒岩世人（モンタギュー　1879.2.6–1924.11.15）
　ユ著人（Montagu,Edwin Samuel　モンタギュー，エドウィン・サムエル　1879–1924）

Montagu, Lady Mary Wortley〈17・18世紀〉
イギリスの女流作家。
⇒岩世人（モンタギュー　1689.5.26（受洗）–1762.8.21）

Montagu, Samuel, Baron Swaythling〈19・20世紀〉
イギリス(ユダヤ系)の金融業者，博愛家。ユダヤ教徒で社会事業に尽した。
⇒岩世人（モンタギュー　1832.12.21–1911.1.12）

Montague, Charles Edward〈19・20世紀〉
アイルランドの小説家，評論家。評論集に"Disenchantment"(1922)がある。
⇒岩世人（モンタギュー　1867.1.1–1928.5.28）

Montague, William Pepperell〈19・20世紀〉
アメリカの哲学者。主著，"The ways of knowing"(1920)。
⇒岩世人（モンタギュー　1873.11.24–1953.8.1）

Montagu (Montague), Richard〈16・17世紀〉
英国教会のノーリジ主教。

⇒新カト（モンタギュー　1577–1641.4.13）

Montaigne, Michel Eyquem, Seigneur de〈16世紀〉
フランスのモラリスト，政治家。72年主著『エセー』に着手。フランスのモラリストの源流となった。
⇒岩世人（モンテーニュ　1533.2.28–1592.9.13）
　ネーム（モンテーニュ　1533–1592）
　広辞7（モンテーニュ　1533–1592）
　学叢思（モンテーニュ，ミシェル・ドゥ　1533–1592）
　新カト（モンテーニュ　1533.2.28–1592.9.13）
　図哲（モンテーニュ，ミシェル・ド　1533–1592）
　世人新（モンテーニュ　1533–1592）
　世人装（モンテーニュ　1533–1592）
　世史語（モンテーニュ　1533–1592）
　ポプ人（モンテーニュ，ミシェル・ド　1533–1592）
　メル2（モンテーニュ，ミシェル・エーケム・ド　1533–1592）
　ユ著人（Montaigne,Michel de　モンテーニュ，ミシェル・ド　1533–1592）
　ルネ（ミシェル・ド・モンテーニュ　1533–1592）

Montalbano, Bartolomeo〈17世紀〉
イタリアの作曲家。
⇒バロ（モンタルバーノ，バルトロメーオ　1600頃–1651）

Montalembert, Charles Forbes, Comte de〈19世紀〉
フランスの政治家，ジャーナリスト。キリスト教自由主義の立場をとり，ナポレオン3世を支持。
⇒岩世人（モンタランベール　1810.5.14–1870.3.13）
　新カト（モンタランベール　1810.4.15–1870.3.13）

Montalvo, Juan〈19世紀〉
エクアドルの作家。
⇒岩世人（モンタルボ　1832.4.13–1889.1.17）
　ラテ新（モンタルボ　1833–1889）

Montanari, Francesco Antonio〈18世紀〉
イタリアの作曲家。
⇒バロ（モンターナリ，フランチェスコ・アントーニオ　1700頃?–1730頃）

Montanari, Geminiano〈17世紀〉
イタリアの天文学者。
⇒学叢思（モンタナリ，デー・ジェミニアノ　1633–1687）

Montanelli, Giuseppe〈19世紀〉
イタリアの政治家，著作家。
⇒岩世人（モンタネッリ　1813.1.1–1862.6.17）

Montañés, Juan Martínez〈16・17世紀〉
スペインの彫刻家。主作品はセビリア大聖堂の『磔刑のキリスト』『幼児キリスト』。
⇒岩世人（マルティネス・モンタニェス　1568.3.

16–1649.6.18〉

Montanha, José〈18世紀〉
ポルトガルのイエズス会員。
⇒新カト（モンターニャ　1708.1–1764.10.10）

Montanos, Francisco de〈16世紀〉
スペインの作曲家。
⇒バロ（モンターノス，フランシスコ・デ　1528–1592以降）

Montanus〈2世紀〉
フリュギア生れの預言者。キリスト教の異端モンタヌス派の祖。
⇒岩世人（モンタノス　?–170頃）

Montanus〈3世紀〉
殉教者。聖人。「モンタヌスとルキウス」と併称される。
⇒新カト（モンタヌス，ルキウスとその仲間　?–259頃）

Montanus〈6世紀〉
トレドの大司教。在職522～31。聖人。祝日2月23日。
⇒新カト（モンタヌス〔トレドの〕　?–531頃）

Montanus, Arnoldus〈17世紀〉
オランダの宣教師。
⇒岩世人（モンタヌス　1625頃–1683）

Montblanc, Comte des Cantons de〈19世紀〉
フランス，ベルギー両国籍をもつ貴族。
⇒岩世人（モンブラン　1833.5.11–1894.1.22）

Montbuisson, Victor de〈16・17世紀〉
フランスの作曲家。
⇒バロ（モンビュイソン，ヴィクトール・ド　1575頃–1638以降）

Montchrétien, Antoine de〈16・17世紀〉
フランスの劇作家，経済学者。『スコットランドの女王』(01)などの韻文劇を6作残した。
⇒岩世人（モンクレティアン　1575頃–1621.10.7）
　学叢思（モンクレティアン，アントヌ・ドゥ　1575–1621）

Monte, Cola Nardo de〈16世紀〉
イタリアの作曲家。
⇒バロ（モンテ，コーラ・ナルド・デ　1540頃?–1590頃?）

Monte, Giovanni Battista de〈16世紀〉
イタリアの宣教師。
⇒新カト（モンテ　1528–1587.9.7）

Monte, Philippe de〈16・17世紀〉
フランドルの作曲家。後期フランドル派の代表者。
⇒バロ（モンテ，フィリップ・デ　1521–1603.7.4）

Montéclair, Michel Pignolet de〈17・18世紀〉
フランスの作曲家，理論家，教育者。パリ・オペラ座の管弦楽団のコントラバス奏者として活躍。
⇒バロ（モンテクレール，ミシェル・ピニョレ・ド　1667.12.4–1737.9.22）
　新カト（モンテクレール　1666–1737）

Monte Corvino, Giovanni da〈13・14世紀〉
イタリアのフランシスコ会宣教師。中国元朝におけるカトリック教会の初代大司教。
⇒岩世人（モンテコルヴィーノ　1247頃–1328）
　ネーム（モンテコルヴィーノ　1247–1328）
　広辞7（モンテ・コルヴィノ　1247–1328）
　新カト（ジョヴァンニ〔モンテ・コルヴィーノの〕　1247–1328）
　世人新（モンテ＝コルヴィノ　1247頃–1328）
　世人装（モンテコルヴィノ　1247頃–1328）
　世史語（モンテコルヴィノ　1247頃–1328）
　ポプ人（モンテ・コルビノ　1247–1328）

Montecuccoli, Raimund, Graf〈17世紀〉
イタリア系のオーストリアの軍人。
⇒岩世人（モンテクッコリ　1609.2.21–1680.11.16）

Montefior, Claude〈19・20世紀〉
イギリスの神学者，ユダヤ人社会の指導者。
⇒ユ人（モンテフィオル，クロード　1858–1938）
　ユ著人（Montefiore,Claud Joseph Goldsmid　モンテフィオール，クロード・ヨセフ・ゴールドスミット　1858–1938）

Montefiore, Sir Moses Haim〈18・19世紀〉
イギリスのユダヤ人博愛主義者。
⇒岩世人（モンテフィオーリ　1784.10.24–1885.7.28）
　ユ人（モンテフィオル，サー・モーゼス　1784–1885）
　ユ著人（Montefiore,Moses,Sir　モンテフィオール卿，モーゼス　1784–1885）

Monteil, Edgar〈19・20世紀〉
フランスのジャーナリスト，政治家。
⇒19仏（エドガール・モンテイユ　1845.1.26–1921.7.17）

Montejo, Francisco de〈15・16世紀〉
中央アメリカのユカタン半島の征服者。スペイン，サラマンカの人。
⇒ラテ新（モンテホ　1479?–1553）

Montel, Paul Antoine Aristide〈19・20世紀〉
フランスの数学者。
⇒世数（モンテル，ポール・アントワーヌ・アリスティド　1876–1975）

Montelius, Gustav Oscar Augustin〈19・20世紀〉
スウェーデンの考古学者。考古学の型式学的研

究法の確立者。
⇒ネーム（モンテリウス　1843–1921）
　広辞7（モンテリウス　1843–1921）

Montella, Giovanni Domenico〈16・17世紀〉
イタリアの作曲家。
⇒バロ（モンテッラ，ジョヴァンニ・ド・メニーコ　1570頃–1607.7.2以前）

Montemayor, Francisco〈16・17世紀〉
スペインの作曲家。
⇒バロ（モンテマヨール，フランシスコ　1580頃?–1640頃?）

Montemayor, Jorge de〈16世紀〉
スペインの小説家。
⇒岩世人（モンテマヨル　1520頃–1561.2.26）

Montemezzi, Italo〈19・20世紀〉
イタリアの作曲家。
⇒オペラ（モンテメッツィ，イタロ　1875–1952）

Montenard, Frédéric〈19・20世紀〉
フランスの画家。
⇒19仏（フレデリック・モントゥナール　1849.5.21–1926.2.11）

Montesino, Fray Ambrosio de〈15・16世紀〉
スペインの詩人，聖職者。代表作『聖夜』。
⇒新カト（モンテシノ　1448頃–1512/1513）

Montesinos, Antonio de〈15・16世紀〉
スペイン出身の宣教師。ドミニコ会員。
⇒新カト（モンテシノス　1486頃–1530頃）

Montespan, Françoise-Athénaïs de Rochechouart, Marquis de〈17・18世紀〉
フランスの貴婦人。ルイ14世の寵愛を得た。
⇒岩世人（モンテスパン　1641.10.5–1707.5.27）
　ネーム（モンテスパン　1641–1707）

Montesquieu, Charles-Louis de Secondat, Baron de la Brède et de〈17・18世紀〉
フランスの啓蒙思想家，法学者，歴史家。
⇒岩世人（モンテスキュー　1689.1.18–1755.2.10）
　ネーム（モンテスキュー　1689–1755）
　広辞7（モンテスキュー　1689–1755）
　学叢思（モンテスキュー，シャール・ルイ・ドゥ・スコンデル　1689–1775）
　新カト（モンテスキュー　1689.1.18–1755.2.10）
　世人新（モンテスキュー　1689–1755）
　世人装（モンテスキュー　1689–1755）
　世史語（モンテスキュー　1689–1755）
　ポプ人（モンテスキュー，シャル＝ルイ・ド　1689–1755）
　メル2（モンテスキュー，シャルル＝ルイ・ド・スゴンダ・ド　1689–1755）

Montessori, Maria〈19・20世紀〉
イタリアの女医，教育家。
⇒岩世人（モンテッソリ　1870.8.31–1952.5.6）
　ネーム（モンテッソーリ　1870–1952）
　広辞7（モンテッソーリ　1870–1952）
　学叢思（モンテッソリ，マリア　1870–?）
　新カト（モンテッソーリ　1870.8.31–1952.5.6）
　20思（モンテッソーリ，マリア　1870–1952）
　ポプ人（モンテッソーリ，マリア　1870–1952）

Montessu, Pauline〈19世紀〉
フランスのダンサー。
⇒バレエ（モンテッスュ，ポーリーヌ　1805.6.4–1877.8.1）

Montessus de Ballore, Fernand de〈19・20世紀〉
フランスの地震学者。主著，"Géographie séismologique"（1906）。
⇒岩世人（モンテシュ・ド・バロール　1851.4.27–1923.1.29）

Monteux, Pierre〈19・20世紀〉
フランス生れのアメリカの指揮者。ボストン，パリ，サンフランシスコ交響楽団の指揮者を歴任。
⇒バレエ（モントゥー，ピエール　1875.4.4–1964.7.1）
　ユ著人（Monteux,Pierre　モントゥ，ピエール　1875–1964）

Monteverdi, Claudio〈16・17世紀〉
イタリアの作曲家。
⇒バロ（モンテヴェルディ，クラウディオ・ジョヴァンニ・ツアン・アントーニオ　1567.5.15–1643.11.29）
　岩世人（モンテヴェルディ　1567.5.15–1643.11.29）
　オペラ（モンテヴェルディ，クラウディオ　1567–1643）
　エディ（モンテヴェルディ，クラウディオ（ジョヴァンニ・アントニオ）　1567.5.15–1643.11.29）
　ネーム（モンテヴェルディ　1567–1643）
　広辞7（モンテヴェルディ　1567–1643）
　実音人（モンテヴェルディ，クラウディオ　1567–1643）
　新カト（モンテヴェルディ　1567.5.15–1643.11.29）
　ポプ人（モンテベルディ，クラウディオ　1567–1643）

Montez, Lola〈19世紀〉
スコットランドの舞姫。
⇒岩世人（モンテス　1821.2.17–1861.1.17）
　オセ新（モンテス　1818–1861）
　バレエ（モンテス，ローラ　1818–1861.1.16）

Montezuma I〈14・15世紀〉
アステカ族の王。在位1440頃〜64頃。
⇒岩世人（モテクソマ1世　1398–1469）
　世帝（モクテスマ1世　?–1469）
　ラテ新（モクテスマ[1世]　?–1469）

Montezuma II〈15・16世紀〉
アステカ王国最後の王。在位1502～20。メキシコの最高権力の地位を確立。
⇒岩世人（モテクソマ2世　1466頃–1520.6.30）
世帝（モクテスマ2世　1466–1520）
ラテ新（モクテスマ[2世]　1466–1520）

Montfaucon, Bernard de〈17・18世紀〉
フランスの古典学者、ベネディクト会修道士。主著『理解され再現された古代文明』（19～24）。
⇒岩世人（モンフォーコン　1665.1.13–1741.12.21）
新カト（モンフォコン　1655.1.16–1741.12.21）

Montfort, Simon de Earl of Leicester〈13世紀〉
イングランドの貴族。リュイスの戦いでヘンリーを破り、事実上のイングランド支配者となった。
⇒岩世人（モンフォール（モントフォート）　1208頃–1265.8.4）
ネーム（シモン・ド・モンフォール　1208?–1265）
広辞7（シモン・ド・モンフォール　1208頃–1265）
新カト（シモン・ド・モンフォール　1208頃–1265.8.4）
世人新（シモン＝ド＝モントフォート（シモン＝ド＝モンフォール）　1208頃–1265）
世人裳（シモン＝ド＝モントフォート（シモン＝ド＝モンフォール）　1208頃–1265）
世史語（シモン＝ド＝モンフォール　1208頃–1265）
ポプ人（モンフォール、シモン・ド　1208?–1265）

Montfort, St.Louis Marie Grignon de〈17・18世紀〉
フランスの司祭、聖人。
⇒岩世人（グリニョン・ド・モンフォール　1673.1.31–1716.4.28）
新カト（ルイ・マリー・グリニョン・ド・モンフォール　1673.1.31–1716.4.28）

Montfort L'Amaury, Simon IV de〈12・13世紀〉
フランスの貴族。
⇒岩世人（モンフォール　1165頃–1218）
新カト（シモン・ド・モンフォール　1160/1165頃–1218.6.25）

Montgelas, Maximilian Joseph, Graf von〈18・19世紀〉
バイエルンの政治家。
⇒岩世人（モンジュラ　1759.9.12–1838.6.14）
新カト（モンジュラ　1759.9.12–1838.6.14）

Montgolfier, Jacques-Étienne〈18世紀〉
フランスの発明家。熱空気球浮揚の公開実験を行い成功。ほかに、模造紙製法を開発。
⇒ポプ人（モンゴルフィエ兄弟　1745–1799）

Montgolfier, Joseph-Michel〈18・19世紀〉
フランスの発明家。熱空気球浮揚の公開実験を行い成功。ほかに熱量計と水圧揚水器を発明。
⇒岩世人（モンゴルフィエ　1740.8.26–1810.6.26）
ネーム（モンゴルフィエ　1740–1810）
広辞7（モンゴルフィエ　1740–1810）
ポプ人（モンゴルフィエ兄弟　1740–1810）

Montgomery, Lucy Maude〈19・20世紀〉
カナダの女流児童文学作家。作品、『赤毛のアン』（08）。
⇒岩世人（モンゴメリー　1874.11.30–1942.4.24）
広辞7（モンゴメリ　1874–1942）
ポプ人（モンゴメリ、ルーシー・モード　1874–1942）

Montholon, Charles Tristan, Comte de〈18・19世紀〉
フランスの軍人。ナポレオンの没落後遺言執行者となる。
⇒岩世人（モントロン　1783.7.21–1853.8.21）

Monti, Vincenzo〈18・19世紀〉
イタリアの詩人、劇作家。同時代の作家U.フォスコロと並び新古典派の代表的存在であった。
⇒岩世人（モンティ　1754.2.19–1828.10.13）
広辞7（モンティ　1754–1828）

Monticelli, Adolphe Joseph Thomas〈19世紀〉
イタリア系のフランスの画家。主作品は『公園の集り』『白い酒壺』。
⇒岩世人（モンティセリ　1824.10.16–1886.6.26）
芸13（モンティセリ、アドルフ　1824–1886）

Montjau, Noël Madier de〈19世紀〉
フランスの政治家。
⇒19仏（ノエル・マディエ・ド・モンジョー　1814.8.1–1892.5.26）

Montlosier, François Dominique de Raynaud, Comte de〈18・19世紀〉
フランスの政治家。
⇒岩世人（モンロジエ　1775.4.16–1838.12.9）

Montmorency, Anne, Duc de〈15・16世紀〉
フランスの貴族。フランソア1世以下3代の王に仕え、外交と軍事を担当。
⇒岩世人（モンモランシー公アンヌ　1493.3.15–1567.11.11）

Montmorency, Henri II, Duc de〈16・17世紀〉
フランスの貴族。
⇒岩世人（モンモランシー公アンリ2世　1595?–1632.10.30）

Montmorency-Laval, Mathieu Jean Félicité, Duc de〈18・19世紀〉
フランスの政治家。
⇒岩世人（モンモランシー　1766.7.10–1826.3.24）

Montorfano, Giovanni Donato da
〈15・16世紀〉
イタリアの画家。
⇒芸13（モントルファノ，ドナト）

Montoya, Antonio Ruis de〈16・17世紀〉
ペルー出身のイエズス会士。
⇒岩世人（ルイス・デ・モントーヤ　1585.6.13–1652.4.11）
　新カト（ルイス・デ・モントヤ　1585.6.13–1653.4.11）

Montoya, Maria Laura〈19・20世紀〉
コロンビアの聖人。祝日10月21日。汚れなきマリアとシエナの聖カタリナ宣教修道女会創立者。
⇒新カト（マリア・ラウラ・モントーヤ　1874.5.26–1949.10.21）

Montpensier, Anne-Marie Louise d'Orléans, Duchesse de〈17世紀〉
ルイ13世の弟ガストン・ドルレアンの娘。
⇒岩世人（モンパンシエ　1627.5.29–1693.4.3）
　王妃（モンパンシエ姫　1627–1693）

Montpensier, Antoine Marie Philippe d'Orléans, Duc de〈19世紀〉
フランスの軍人。フランス王ルイ・フィリップの第5子。
⇒岩世人（モンパンシエ　1824.7.31–1890.2.4）

Montreau, Pierre de〈13世紀〉
フランスの建築家。
⇒岩世人（ピエール・ド・モントロー　?–1267.3.17）

Montrose, James Graham, 1st Marquis, 5th Earl of〈17世紀〉
スコットランドの軍人。
⇒岩世人（モントローズ　1612–1650.5.21）

Montt, Jorge〈19・20世紀〉
チリの政治家，海軍軍人。バルマセダに対する反乱（1891）を指導。
⇒岩世人（モント　1846.4.22–1922.10.8）

Montt, Manuel〈19世紀〉
チリの政治家，法学者。
⇒岩世人（モント　1809.9.5–1880.9.21）

Montt Montt, Pedro〈19・20世紀〉
チリの政治家。
⇒岩世人（モント　1846–1910.8.16）

Montucla, Jean Etienne〈18世紀〉
フランスの数学史家。
⇒岩世人（モンテュクラ　1725.9.5–1799.12.18）
　世数（モンチュクラ，ジャン・エチエンヌ　1725–1799）

Montyon, Jean Baptiste Antoine Auget, Baron de〈18・19世紀〉
フランスの法律家，慈善家。
⇒岩世人（モンティヨン　1733.12.26–1820.12.29）

Monza, Carlo〈18・19世紀〉
イタリアの作曲家。
⇒バロ（モンツァ，カルロ　1735頃–1801.12.19）

Moody, Dwight Lyman〈19世紀〉
アメリカの福音伝道者。
⇒岩世人（ムーディ　1837.2.5–1899.12.22）
　学叢思（ムーディ，ドワイト・ライマン　1837–1899）
　新カト（ムーディ　1837.2.5–1899.12.22）

Moorcroft, William〈18・19世紀〉
イギリスの獣医，中央アジア旅行家。
⇒岩世人（ムーアクロフト　1767.6頃–1825.8.27）

Moore, Albert Joseph〈19世紀〉
イギリスの画家。主作品，「クーンブ修道院の装飾」（1863）。
⇒岩世人（ムーア　1841.9.4–1893.9.25）

Moore, Alonzo Earl〈19・20世紀〉
アメリカのメジャーリーガー。
⇒メジャ（アール・ムーア　1877.7.29–1961.11.28）

Moore, Daniel McFarlan〈19・20世紀〉
アメリカの電気技術者。無線電送写真受信用のガス放電管の発明（1924）がある。
⇒岩世人（ムーア　1869.2.27–1936.6.15）

Moore, Eliakim Hastings〈19・20世紀〉
アメリカの数学者。
⇒岩世人（ムーア　1862.1.26–1932.12.30）
　世数（ムーア，エリアキム・ハスティングス　1862–1932）

Moore, Frederick〈19・20世紀〉
アメリカのジャーナリスト。
⇒アア歴（Moore,Frederick　フレデリック・ムーア　1877.11.17–1956）

Moore, George Augustus〈19・20世紀〉
アイルランドの文学者。
⇒岩世人（ムーア　1852.2.24–1933.1.21）
　広辞7（ムーア　1852–1933）

Moore, George Edward〈19・20世紀〉
イギリスの哲学者。1903年『倫理学原理』『観念論の論駁』を発表。
⇒岩世人（ムーア　1873.11.4–1958.10.24）
　広辞7（ムーア　1873–1958）
　新カト（ムア　1873.11.4–1958.10.24）
　20思（ムーア,G（ジョージ）E（エドワード）1873–1958）
　メル3（ムーア，ジョージ・エドワード　1873–1958）

Moore, George Thomas〈19・20世紀〉
アメリカの植物学者。下等植物による水道の汚

染の防止方法を発見。
⇒岩世人（ムーア　1871.2.23-1956.11.27）

Moore, Henry Ludwell〈19・20世紀〉
アメリカの経済学者。主著 "Economic cycles"（1914）。
⇒岩世人（ムーア　1869.11.21-1958.4.28）

Moore, Jairus Polk〈19・20世紀〉
アメリカの改革派教会宣教師。宮城女学校校長。
⇒岩世人（ムーア　1847.11.27-1935.2.7）

Moore, Sir John〈18・19世紀〉
イギリスの軍人。1801年R.アバークロンビー指揮下のエジプト遠征に参加。
⇒岩世人（ムーア　1761.11.13-1809.1.16）

Moore, Thomas〈18・19世紀〉
アイルランド生れの詩人。
⇒岩世人（ムーア　1779.5.28-1852.2.25）

Moore, Thomas Sturge〈19・20世紀〉
イギリスの詩人, 評論家。主著, 詩："The vinedresser"（1899）。
⇒岩世人（ムーア　1870.3.4-1944.7.18）

Mopsos
ギリシア神話, 予言者。
⇒岩世人（モプソス）

Mor, Antonis〈16世紀〉
オランダの画家。
⇒芸13（モール, アントニス　1519?-1578）

Mora, José María Luis〈18・19世紀〉
メキシコの自由主義思想家。
⇒岩世人（モラ　1794.10.12-1850.7.14）

Mora, Melchior de〈16・17世紀〉
キリシタン時代のイエズス会員。スペインのカラバカ生れ。
⇒新カト（モラ　1543/1549-1615.10.18）

Moraes, Wenceslau de Sousa〈19・20世紀〉
ポルトガルの海軍士官, 外交官。
⇒岩世人（モラエス　1854.5.30-1929.7.1）
ネーム（モラエス　1854-1929）
広辞7（モラエス　1854-1929）

Moraes Barros, Prudente José de〈19・20世紀〉
ブラジルの法律家, 政治家。1889年の共和革命を指導し, サンパウロ州知事を経て大統領（94～98）。
⇒岩世人（モラエス・バロス　1841.10.4-1902.12.5）

Morago, Estêvão Lopes〈16・17世紀〉
ポルトガルの作曲家。
⇒バロ（モラーゴ, エシュテーバン・ロペシュ　1575頃-1630以降）

Morais, Sebastião de〈16世紀〉
キリシタン時代, 日本を目指したポルトガル人イエズス会員。
⇒新カト（モライス　1535頃-1588.8.20）

Moral, Pablo del〈18・19世紀〉
スペインの作曲家。
⇒バロ（モラル, パブロ・デル　1750頃?-1810頃?）

Morales, Cristóbal de〈16世紀〉
スペインの作曲家。スペイン最初のポリフォニー教会音楽の巨匠。
⇒バロ（モラーレス, クリストバル・デ　1500頃-1553.9.4-10.7）
岩世人（モラレス　1500頃-1553.9/10）
新カト（モラレス　1500頃-1553）

Morales, Diego de〈17世紀〉
スペインのイエズス会宣教師, 司祭, 福者。
⇒岩世人（モラレス　1604.10.13-1643.3.25）
新カト（モラレス　1604.10.12-1643.3.25）

Morales, Francisco de〈16・17世紀〉
スペイン出身のドミニコ会士, 殉教者, 福者。
⇒岩世人（モラレス　1567.10.14-1622.9.10）
新カト（モラレス　1567.10.14-1622.9.10）

Morales, Genoveva Torres〈19・20世紀〉
スペインの聖人。祝日1月5日。修道女会創立者。
⇒新カト（ヘノベバ・トレス・モラレス　1870.1.3-1956.1.5）

Morales, Juan Baptista de〈16・17世紀〉
スペインのドミニコ会宣教師。中国伝道の基礎を確立。
⇒岩世人（モラレス　1598-1664.9.17）
新カト（モラレス　1597-1664.9.17）

Morales, Luis de〈16世紀〉
スペインの宗教画家。代表作『ピエタ』。
⇒岩世人（モラレス　1515頃-1586.5.9）
新カト（モラレス　1510/1520頃-1586頃）
芸13（モラーレス, ルイス・デ　1510-1586）

Morán, Narcisa de Jesús Martillo〈19世紀〉
エクアドルの女性信徒神秘家。聖人。祝日12月8日。
⇒新カト（ナルシサ・デ・ヘスス・マルティリョ・モラン　1832-1869.12.8）

Moran, Patrick Joseph〈19・20世紀〉
アメリカの大リーグ選手（捕手）。
⇒メジャ（パット・モラン　1876.2.7-1924.3.7）

Morandus〈11・12世紀〉
聖人, 司祭。祝日6月3日。ベネディクト会員。ハプスブルク家の守護聖人。
⇒新カト（モランドゥス　?-1115頃）

Morant, *Sir* Robert Laurie〈19・20世紀〉
イギリスの教育官僚。
⇒岩世人（モラント　1863.4.7–1920.3.13）

Morata, Ginés de〈16世紀〉
スペインの作曲家。
⇒バロ（モラータ, ヒネス・デ　1530頃?–1580頃?）

Moratín, Leandro Fernández de〈18・19世紀〉
スペインの劇作家。
⇒岩世人（フェルナンデス・デ・モラティン　1760.3.10–1828.7.21）

Morazán, Francisco〈18・19世紀〉
中央アメリカ連邦大統領。在職1830〜40。
⇒岩世人（モラサン　1792.10.3–1842.9.15）
　ラテ新（モラサン　1792–1842）

Mordkin, Mikhail〈19・20世紀〉
ロシアのバレエ・ダンサー, 教師, 監督。
⇒バレエ（モードキン, ミハイル　1880.12.21–1944.7.15）

Mordred
アーサー王と異母姉モルゴースとの間に生まれた子で騎士。
⇒ネーム（モルドレッド）

More, Hannah〈18・19世紀〉
イギリスの女流劇作家, 小説家, 社会運動家。
⇒岩世人（モア　1745.2.2–1833.9.7）

More, Henry〈17世紀〉
イギリスの哲学者。ケンブリッジ・プラトン主義者の一人。
⇒岩世人（モア　1614.10.12–1687.9.1）
　新カト（モア　1614–1687.9.1）
　メル2（モア, ヘンリー　1614–1687）

More, *Sir* Thomas〈15・16世紀〉
イギリスの人文学者, 政治家。1529年大法官。著作『ユートピア』(16)。
⇒岩世人（モア　1478.2.6–1535.7.6）
　ネーム（モア, トマス　1478–1535）
　広辞7（モア　1478–1535）
　学叢思（モーア, サー・トマス　1480–1535）
　新カト（トマス・モア　1477.2.7–1535.7.6）
　図聖（トマス・モア　1478–1535）
　世人新（モア（トマス＝モア）　1478–1535）
　世人装（モア（トマス＝モア）　1478–1535）
　世史語（トマス＝モア　1478–1535）
　ポプ人（モア, トマス　1478–1535）
　ルネ（トマス・モア　1478–1535）

More, William〈15・16世紀〉
イギリスの作曲家。
⇒バロ（モア, ウィリアム　1490頃–1565.3.25?）

Moréas, Jean〈19・20世紀〉
フランスの詩人。91年C.モーラスとともに古典主義への回帰を目指した「ローマ派」を結成。
⇒岩世人（モレアス　1856.4.15–1910.4.30）
　19仏（ジャン・モレアス　1856.4.15–1910.4.30）
　ネーム（モレアス　1856–1910）
　広辞7（モレアス　1856–1910）

Moreau, Basile-Antoine〈18・19世紀〉
フランスの修道会創立者。
⇒新カト（モロー　1799.2.11–1873.1.20）

Moreau, Gustave〈19世紀〉
フランスの画家。
⇒岩世人（モロー　1826.4.6–1898.4.18）
　ネーム（モロー, ギュスターヴ　1826–1898）
　広辞7（モロー　1826–1898）
　新カト（モロー　1826.4.6–1898.4.18）
　芸13（モロー, ギュスターヴ　1826–1898）
　ポプ人（モロー, ギュスターヴ　1826–1898）

Moreau, Hégésippe〈19世紀〉
フランスの詩人。作品集『忘れな草』がある。
⇒岩世人（モロー　1810.4.8–1838.12.20）

Moreau, Jean-Baptiste〈17・18世紀〉
フランスの作曲家。
⇒バロ（モロー, ジャン・バティスト　1656–1733.8.24）

Moreau, Jean-Michel〈18・19世紀〉
フランスの画家, 版画家, 素描家。
⇒芸13（モロー, ジャン・ミッシェル　1741–1814）

Moreau, Jean Victor Marie〈18・19世紀〉
フランスの軍人。
⇒岩世人（モロー　1763.2.4–1813.9.2）
　学叢歴（モロー　1763–1813）

Moreau, Louis Gabriel〈18・19世紀〉
フランスの画家。バルビゾン派。
⇒芸13（モロー, ルイ・ガブリエル　1740–1806）

Moreau, Mathurin〈19・20世紀〉
フランスの彫刻家, 政治家。
⇒19仏（マチュラン・モロー　1822.11.18–1912.2.14）

Moreau-Vauthier, Charles〈19・20世紀〉
フランスの画家, 彫刻家。絵画技法に関する著作を残した。
⇒芸13（モロー・ヴォーティエ, シャルル　1857–1924）

Moreira, Antonio Leal〈18・19世紀〉
ポルトガルの作曲家。
⇒バロ（モレイラ, アントーニオ・レアウ　1758–1819.11.21）

Moreira, Christóvão〈16世紀〉
キリシタン時代のイエズス会員。リスボン生まれ。
⇒新カト（モレイラ　1550頃–1599.8）

Moreira, Ignacio〈16世紀〉
ポルトガルの地理学者。
⇒岩世人（モレイラ　1538?–?）
　新カト（モレイラ　1538頃–?）

Morejon, Pedro〈16・17世紀〉
スペインのイエズス会宣教師。日本伝道後シャムに渡り、シャム在留の日本人に伝道。
⇒岩世人（モレホン　1562–1639.1.11）
　新カト（モレホン　1562–1639.12.11）

Morel, Bénédict Auguste〈19世紀〉
フランスの精神病学者。モレル氏変性兆候で知られる。
⇒岩世人（モレル　1809.11.22–1873.3.30）

Morel, Edmund〈19世紀〉
イギリスの鉄道技師。東京・横浜間、神戸・大阪間の鉄道敷設事業を主宰。
⇒岩世人（モレル　1840.11.7–1871.11.5）

Morel, Jacques〈17・18世紀〉
フランスの作曲家。
⇒バロ（モレル、ジャック　1690頃?–1765頃）

Moreland, William Harrison〈19・20世紀〉
イギリスのイスラム教インド史研究家。『インド史概説』(1936)が主著。
⇒岩世人（モアランド　1868.7.13–1938.9.28）

Morell, John Daniel〈19世紀〉
イギリスの哲学者。
⇒岩世人（モレル　1816.6.8–1891.4.1）

Morellet, André〈18・19世紀〉
フランスの文学者。
⇒岩世人（モルレ　1727.3.7–1819.1.12）

Morelli, Domenico〈19・20世紀〉
イタリアの画家。
⇒ネーム（モレルリ　1826–1901）
　芸13（モレルリ、ドメニコ　1826–1901）

Morelli, Giovanni〈19世紀〉
イタリアの政治家、美術評論家。1848年のロンバルジア革命で義勇団長。
⇒岩世人（モレッリ　1819.2.25–1891.2.28）

Morelly〈18世紀〉
フランスの著述家。
⇒岩世人（モレリ　18世紀）
　学叢思（モレリ、アッベ　生没年不詳）

Morelos y Pavón, José María〈18・19世紀〉
メキシコ独立運動の指導者。
⇒岩世人（モレロス　1765.9.30–1815.12.22）
　ラテ新（モレロス　1765–1815）

Moreno, Mariano〈18・19世紀〉
アルゼンチンの革命家。五月革命(1810)を指導、革命政府の樹立に尽力。
⇒岩世人（モレーノ　1778.9.23–1811.3.4）
　ラテ新（モレノ　1778–1811）

Moreno Polo, Jose〈18世紀〉
スペインの作曲家。
⇒バロ（ポロ、ホセ・モレーノ　1720頃?–1774.9.23）
　バロ（モレーノ・ポロ、ホセ　1720頃?–1774.9.23）

Moreno Polo, Juan〈18世紀〉
スペインの作曲家。
⇒バロ（ポロ、フアン・モレーノ　1720頃?–1776以降）
　バロ（モレーノ・ポロ、フアン　1720頃?–1776以降）

Moreno y Díaz, Ezequiel〈19・20世紀〉
アウグスチノ会司祭、宣教師、司教。聖人。祝日8月19日。スペインのログローニョ州アルファロ出身。
⇒新カト（モレノ・イ・ディアス　1848.4.9–1906.8.19）

Morera, Francisco〈18世紀〉
スペインの作曲家。
⇒バロ（モレーラ、フランシスコ　1731.4.4–1793.10.19）

Morera, Giacinto〈19・20世紀〉
イタリアの数学者で力学者。
⇒世数（モレラ、ジアチント　1856–1907）

Moreto y Cabaña, Agustín〈17世紀〉
スペインの劇作家。代表作『侮辱には侮辱を』(54)。
⇒岩世人（モレート・イ・カバーニャ　1618.4.9–1669.10.28）

Moretto da Brescia〈15・16世紀〉
イタリアの画家。
⇒岩世人（モレット　1498頃–1554.12）
　芸13（モレットォ・ダ・ブレッシア　1498頃–1555）

Morga, Antonio de〈16・17世紀〉
スペインのフィリピン群島副総督。在職1595～1603。『フィリピン群島誌』(1609)を著した。
⇒岩世人（モルガ　1559.11.29–1636.7.21）

Morgagni, Giovanni Battista〈17・18世紀〉
イタリアの解剖学者。病理解剖学の祖。『解剖学雑記』(6部, 06～19)を刊行。
⇒岩世人（モルガーニ　1682.2.25–1771.12.5）
　ネーム（モルガーニ　1682–1771）

Morgan, Conway Lloyd〈19・20世紀〉
イギリスの動物学者,比較心理学者。
⇒岩世人(モーガン　1852.2.6–1936.3.6)
　メル3(モーガン,ロイド　1852–1936)

Morgan, George Campbell〈19・20世紀〉
イギリスのプロテスタント神学者。
⇒岩世人(モーガン　1863.12.9–1945.5.16)

Morgan, Henry〈17世紀〉
イギリスの海賊。
⇒岩世人(モーガン　1635頃–1688.8.25)
　ラテ新(モーガン　1635?–1688)

Morgan, Jacques Jean Marie de〈19・20世紀〉
フランスの考古学者,オリエント先史考古学の先駆者。
⇒岩世人(モーガン　1857.6.3–1924.6.14)

Morgan, John Pierpont〈19・20世紀〉
アメリカの大金融資本家。95年J.P.モーガン商会を創設。
⇒アメ新(モルガン　1837–1913)
　岩世人(モーガン　1837.4.17–1913.3.31)
　広辞7(モルガン　1837–1913)
　世人(モルガン(モーガン)　1837–1913)
　世人装(モルガン(モーガン)　1837–1913)
　ポプ人(モルガン,ジョン・ピアポント　1837–1913)

Morgan, Lewis Henry〈19世紀〉
アメリカの法律家,民族学者。主著『古代社会』(77)。
⇒アメ新(モーガン　1818–1881)
　岩世人(モーガン　1818.11.21–1881.12.17)
　ネーム(モルガン　1818–1881)
　広辞7(モルガン　1818–1881)
　学europ思(モルガン,リュイス・ヘンリー　1818–1881)

Morgan, Lady Sydney〈18・19世紀〉
アイルランドの小説家。
⇒岩世人(モーガン　1778?(1783(受洗))–1859.4.13)

Morgan, Thomas Hunt〈19・20世紀〉
アメリカの生物学者。33年に染色体の遺伝機構の発見に対し,ノーベル生理・医学賞受賞。
⇒岩世人(モーガン　1866.9.25–1945.12.4)
　ネーム(モルガン　1866–1945)
　広辞7(モルガン　1866–1945)
　20思(モーガン,トマス・ハント　1866–1945)

Morgan, William G.〈19・20世紀〉
アメリカの体育指導者。バレーボールの考案者。
⇒岩世人(モーガン　1870.1.23–1942.12.27)

Morgan le Fay
アーサー王の姉。
⇒ネーム(モーガン・ル・フェイ)

Morgenstern, Christian〈19・20世紀〉
ドイツの詩人。
⇒岩世人(モルゲンシュテルン　1871.5.6–1914.3.31)

Morgott, Franz von Paula〈19世紀〉
ドイツの哲学者,神学者。
⇒新カト(モルゴット　1829.6.12–1900.2.3)

Morhof, Daniel George〈17世紀〉
ドイツの文学史家。ラテン語で書いた世界文学史"Polyhistor"2巻(1688～92)がある。
⇒岩世人(モアホーフ　1639.2.6–1691.7.30)

Moriani, Napoleone〈19世紀〉
イタリアのテノール歌手。
⇒オペラ(モリアーニ,ナポレオーネ　1808–1878)

Móricz Zsigmond〈19・20世紀〉
ハンガリーの小説家。『死にいたるまで善人である』(22)が代表作。
⇒岩世人(モーリツ　1879.6.29–1942.9.5)
　新カト(モーリツ　1879.6.29–1942.9.4)

Mörike, Eduard〈19世紀〉
ドイツの詩人。
⇒岩世人(メーリケ　1804.9.8–1875.6.4)
　広辞7(メーリケ　1804–1875)
　新カト(メーリケ　1804.9.8–1875.6.4)

Morin, André-Saturnin〈19世紀〉
フランスのジャーナリスト,政治家。
⇒19仏(アンドレ=サチュルナン・モラン　1807.11.28–1888.7.4)

Morin, Jean〈16・17世紀〉
フランスの神学者。歴史神学者の一人。『コンスタンチヌス帝のキリスト教会解禁の歴史』(30)。
⇒新カト(モラン　1591–1659.2.28)

Morin, Jean-Baptiste〈17・18世紀〉
フランスの作曲家。
⇒バロ(モラン,ジャン・バティスト　1677–1754)

Morin, Léopold Germain〈19・20世紀〉
ベルギーのカトリック神学者。
⇒岩世人(モラン　1861.11.6–1946.2.12)

Morins, Pierre de〈12・13世紀〉
フランスの作曲家。
⇒バロ(モラン,ピエール・ド　1170頃?–1230頃?)

Morisot, Berthe〈19世紀〉
フランスの女流画家。主作品は『ベランダ』(82)。
⇒岩世人(モリゾ　1841.1.14–1895.3.2)
　芸13(モリゾ,ベルト　1841–1895)

Moritz〈16世紀〉
ザクセン大公ハインリヒの子。

⇒岩世人（モーリッツ　1521.3.21–1553.7.11）
新カト（モーリツ〔ザクセン大公〕　1521.3.21–1553.7.11）

Moritz, Karl Philipp〈18世紀〉
ドイツの小説家。主著『アントン・ライザー』（4巻,85〜90）。
⇒岩世人（モーリッツ　1756.9.15–1793.6.26）
学叢思（モーリッツ,カール・フィリップ　1757–1793）

Moritz von Hessen〈16・17世紀〉
ヘッセン・カッセル地方伯。多才,博識で〈学者〉と称せられた。
⇒バロ（ヘッセン,モーリッツ・フォン　1572.5.25–1632.3.15）
バロ（モーリッツ方伯　1572.5.25–1632.3.15）
岩世人（モーリッツ（篤学公）　1572.5.25–1632.3.15）

Morland, George〈18・19世紀〉
イギリスの画家。フランドル派風の風俗画や動物画を描いた。
⇒芸13（モーランド,ジョージ　1763–1804）

Morlaye, Guillaume de〈16世紀〉
フランスの作曲家。
⇒バロ（モルレ（モルラーユ）,ギヨーム・ド　1510頃–1558以降）

Morley, Edward Williams〈19・20世紀〉
アメリカの化学者。
⇒岩世人（モーリー　1838.1.29–1923.2.24）

Morley, Frank〈19・20世紀〉
イギリスの数学者。
⇒世数（モーリー,フランク　1860–1937）

Morley, George〈16・17世紀〉
英国教会のウィンチェスター主教。
⇒新カト（モーリ　1597.2.27–1684.10.29）

Morley, John Morley, Viscount〈19・20世紀〉
イギリスの伝記作家,政治家。『グラッドストン伝』（3巻,03）が主著。
⇒岩世人（モーリー　1838.12.24–1923.9.23）

Morley, Thomas〈16・17世紀〉
イギリスの作曲家,オルガン奏者,音楽理論家。
⇒バロ（モーリー,トマス　1557/1558–1602.10.5?）
岩世人（モーリー　1557/1558–1602.10）
エデ（モーリー,トマス　1557頃–1602.10）

Mörlin, Joachim〈16世紀〉
ドイツの牧師,論争神学者。
⇒新カト（メルリン　1514.4.8–1571.5.29）

Mornable, Antoine de〈16世紀〉
フランスの作曲家。
⇒バロ（モルナーブル,アントワーヌ・ド　1515–1560頃）

Mornay, Philippe de, Seigneur du Plessis-Marly〈16・17世紀〉
フランス,ユグノーの指導者。
⇒岩世人（モルネー　1549.11.5–1623.11.11）

Mornington, Garret Wesley〈18世紀〉
アイルランドの作曲家。
⇒バロ（モーニントン,ギャレット・ウェスリー　1735.7.19–1781.5.22）

Morny, Charles Auguste Louis Joseph, Duc de〈19世紀〉
フランスの政治家。
⇒岩世人（モルニー　1811.9.17–1865.3.10）

Morone, Giovanni de〈16世紀〉
イタリアの枢機卿。宗教改革期の教皇庁最大の外交官。トリエント公会議の開催および終結に功があった。
⇒岩世人（モローネ　1509.1.25–1580.12.1）
新カト（モローネ　1509.1.25–1580.12.1）

Moroni, Giovanni Battista〈16世紀〉
イタリアの画家。主作品『裁縫師』。
⇒岩世人（モローニ　1525頃–1578.2.5）
芸13（モローニ,ジョヴァンニ・バッティスタ　1520-1525–1578）

Morosini, Francesco〈17世紀〉
ヴェネツィアの将軍。
⇒岩世人（モロジーニ　1618.3.26–1694.1.6）

Morozov, Nikolai Aleksandrovich〈19・20世紀〉
ロシアの革命家,科学者。78年ナロードニキの秘密結社「土地と自由」に,のち「人民の意志」党に加入。
⇒岩世人（モロゾフ　1854.6.25/7.7–1946.6.30）

Morozov, Savva Timofeevich〈19・20世紀〉
帝政ロシアの実業家,社会運動家。
⇒岩世人（モロゾフ　1862–1905.5.13）

Morpurgo, Emilio〈19世紀〉
イタリアの経済学者。
⇒学叢思（モルプルゴ,エミリオ　1835–1885）

Morrill, John Francis〈19・20世紀〉
アメリカの大リーグ選手（一塁,三塁）。
⇒メジャ（ジョン・モーリル　1855.2.19–1932.4.2）

Morris, Edward〈19・20世紀〉
アメリカの大リーグ選手（投手）。
⇒メジャ（エド・モーリス　1862.9.29–1937.4.12）

Morris, Gouverneur〈18・19世紀〉
アメリカの政治家。財政専門家として貨幣制度を確立し,ドル,セントという名称を提唱。
⇒岩世人（モリス　1752.1.31–1816.11.6）

Morris, James Henry〈19・20世紀〉
アメリカの実業家。
⇒アア歴（Morris, James Henry　ジェイムズ・ヘンリー・モリス　1871.6.26–1942.2.16）

Morris, Robert〈18・19世紀〉
アメリカの財政家，政治家。
⇒アメ新（モリス　1734–1806）
岩世人（モリス　1734.1.20–1806.5.8）

Morris, Roland Sletor〈19・20世紀〉
アメリカの外交官。第6代駐日アメリカ大使。
⇒アア歴（Morris, Roland Sletor　ローランド・スリター・モリス　1874.3.11–1945.11.23）
岩世人（モリス　1874.3.11–1945.11.23）

Morris, Styns〈17世紀〉
イギリスの作曲家。
⇒バロ（モーリス，スティンズ　1610頃?–1670頃?）

Morris, Tom, Jr.〈19世紀〉
イギリスの男子プロゴルファー。
⇒岩世人（モリス　1851.4.20–1875.12.25）

Morris, Tom, Sr.〈19・20世紀〉
イギリスの男子プロゴルファー。
⇒岩世人（モリス　1821.6.16–1908.5.24）

Morris, William〈19世紀〉
イギリスの詩人，画家，社会主義者。『無可有郷だより』(91)が代表作。
⇒岩世人（モリス　1834.3.24–1896.10.3）
広辞7（モリス　1834–1896）
学叢思（モリス，ウィリアム　1834–1896）
新カ人（モリス　1834.3.24–1896.10.3）
芸13（モリス，ウィリアム　1834–1896）
ポプ人（モリス，ウィリアム　1834–1896）

Morrison, George Ernest〈19・20世紀〉
オーストラリア生れのイギリスのジャーナリスト，医者。
⇒岩世人（モリソン　1862.2.4–1920.5.30）
広辞7（モリソン　1862–1920）

Morrison, Henry Clinton〈19・20世紀〉
アメリカの教育学者。ヘルバルト派の方法の単元を改良して〈モリソン単元法〉を提唱。
⇒岩世人（モリソン　1871.10.7–1945.5.19）

Morrison, Robert〈18・19世紀〉
イギリスの宣教師，中国学者。著作に『シナ語文法』(15)。
⇒岩世人（モリソン　1782.1.5–1834.8.1）
新カ人（モリソン　1782.1.5–1834.8.1）
世人新（モリソン　1782–1834）
世人装（モリソン　1782–1834）

Morrow, James〈19世紀〉
アメリカの農学者。1853年ペリー提督遠征隊に加入して来日，日本産植物を研究。
⇒アア歴（Morrow, James　ジェイムズ・モロウ

1820.8.7–1865.12.11）

Mörsch, Emil〈19・20世紀〉
ドイツの土木技術者。
⇒岩世人（メルシュ　1872.4.30–1950.12.29）

Morse, Edward Sylvester〈19・20世紀〉
アメリカの動物学者。大森貝塚の発見者。
⇒アア歴（Morse, Edward S(ylvester)　エドワード・シルヴェスター・モース　1838.6.18–1925.12.20）
アメ新（モース　1838–1925）
岩世人（モース（モールス）　1838.6.18–1925.12.20）
広辞7（モース　1838–1925）
ポプ人（モース，エドワード　1838–1925）

Morse, Hosea Ballou〈19・20世紀〉
中国官吏として活躍したアメリカ人。中国関税局で働き1909年引退。
⇒アア歴（Morse, Hosea Ballou　ホセア・バロウ・モース　1855.7.18–1934.2.13）
岩世人（モース（モールス）　1855.7.18–1934）

Morse, James Rolland〈19・20世紀〉
アメリカの実業家。
⇒アア歴（Morse, James R(olland)　ジェイムズ・ローランド・モース　1848–1921.12.23）

Morse, Jedidiah〈18・19世紀〉
アメリカの組合教会派牧師，地理学者。
⇒岩世人（モース　1761.8.23–1826.6.9）

Morse, Samuel Finley Breese〈18・19世紀〉
アメリカの画家，発明家。モールス符号を創案。
⇒アメ新（モース　1791–1872）
岩世人（モース（モールス）　1791.4.27–1872.4.2）
広辞7（モース　1791–1872）
学叢思（モールス，サミエル・フィンレー・ブリーズ　1791–1872）
世人新（モールス（モース）　1791–1872）
世人装（モールス（モース）　1791–1872）
世史語（モース（モールス）　1791–1872）
ポプ人（モース，サミュエル　1791–1872）

Morse, William Reginald〈19・20世紀〉
アメリカの医師。
⇒アア歴（Morse, William Reginald　ウイリアム・レジナルド・モース　1874.8.30–1939.11.11）

Morsselino, G.B.〈16世紀〉
イタリアの作曲家。
⇒バロ（モルセリーノ，G.B.　1530頃?–1580頃?）

Morstadt, K. Eduard M.〈18・19世紀〉
ドイツの経済学者。
⇒学叢思（モルシュタット，カー・エドゥアルト・エム　1792–1858）

Mortara, Edgar〈19・20世紀〉
イタリアの修道士。

⇒ユ著人（Mortara,Edgar　モルタラ，エドガル（エドガー・モルトラ）　1851–1940）

Mortier, Alfred〈19・20世紀〉
フランスの作家。
⇒**19仏**（アルフレッド・モルティエ　1865.6.9–1937）

Mortier, Edouard Adolphe Casimir Joseph, Duc de Trévise〈18・19世紀〉
フランスの軍人。
⇒岩世人（モルティエ　1768.2.13–1835.7.28）

Mortillet, Gabriel de〈19世紀〉
フランスの考古学者。先史時代の時代区分を初めて提唱した。
⇒岩世人（モルティエ　1821.8.29–1898.9.25）

Mortimer, Roger, 8th Baron of Wigmore, 1st Earl of March〈13・14世紀〉
イングランドの貴族。エドワード2世を廃し，エドワード3世を擁してイングランドの事実上の統治者となる。
⇒岩世人（モーティマー　1287.4/5–1330.11.29）

Morton, Robert〈15世紀〉
イギリスの作曲家。
⇒バロ（モートン，ロバート　1430頃–1476以降）

Morton, Thomas〈16・17世紀〉
アメリカの植民地の初期入植者。多くの小説や戯曲の題材となった。
⇒岩世人（モートン　1579頃–1647）

Morton, William Thomas Green〈19世紀〉
アメリカの歯科外科医。46年9月30日初めてエーテル吸入法による麻酔で，無痛抜歯を実施。
⇒岩世人（モートン　1819.8.9–1868.7.15）

Mor van Dashorst, Anthonis〈16世紀〉
オランダの肖像画家。
⇒岩世人（モル　1516/1520–1576頃）

Moṣadeq, Muḥammad〈19・20世紀〉
イランの政治家・民族主義指導者。
⇒世人新（モサデク　1880–1967）
　世人装（モサデク　1880–1967）
　ポプ人（モサデク，モハンマド　1880–1967）

Mosander, Carl Gustav〈18・19世紀〉
スウェーデンの化学者，鉱物学者，医師。
⇒岩世人（ムーサンデル　1797.9.10–1858.10.15）

Mosca, Gaetano〈19・20世紀〉
イタリアの政治学者。著書に『政治学の諸要素』(96)，『憲法論』(08)などがある。
⇒岩世人（モスカ　1858.4.1–1941.11.8）
　広辞7（モスカ　1858–1941）
　20思（モスカ，ガエターノ　1858–1941）

Moscheles, Ignaz〈18・19世紀〉
オーストリアのピアノ奏者，指揮者，作曲家。
⇒岩世人（モシェレス　1794.5.30–1870.3.10）
　ユ著人（Moscheles,Ignaz　モシェレス，イグナッツ　1794–1870）

Moscherosch, Johann Michael〈17世紀〉
ドイツのバロック時代の諷刺作家。
⇒岩世人（モッシェロシュ　1601.3.7–1669.4.4）

Moschos〈前2世紀頃〉
ギリシアの牧歌詩人。『エウロペ』が現存。
⇒岩世人（モスコス）

Mościcki, Ignacy〈19・20世紀〉
ポーランドの学者，政治家。
⇒岩世人（モシチツキ　1867.12.1–1946.10.2）

Moseley, Henry Nottidge〈19世紀〉
イギリスの博物学者。
⇒科史（モーズリー，H.N.　1844–1891）

Mosen, Julius〈19世紀〉
ドイツの作家。修辞学的に誇張した亜流の歴史劇，通俗詩，短篇小説などを書いた。
⇒岩世人（モーゼン　1803.7.8–1867.10.10）

Moser, Freiherr von Friedrich Karl〈18世紀〉
ドイツの政治家。
⇒学叢思（モーザー（モーゼル），フライヘル・フォンフリードリヒ・カール　1723–1798）

Moser, Johann Jacob〈18世紀〉
ドイツの法学者。
⇒岩世人（モーザー　1701.1.18–1785.9.30）
　学叢思（モーザー，ヨハン・ヤコブ　1701–1785）

Möser, Justus〈18世紀〉
ドイツの評論家，歴史家。主著『愛国的空想物語』(4巻，74～78)。
⇒岩世人（メーザー　1720.12.14–1794.1.8）
　学叢思（モーザー（ゼル），ユストウス　1720–1794）

Moser, Karl〈19・20世紀〉
スイスの建築家。代表作アントニウス聖堂(1926)。
⇒岩世人（モーザー　1860.8.10–1936.2.28）

Moser, Koloman〈19・20世紀〉
オーストリアの画家。
⇒岩世人（モーザー　1868.3.30–1918.10.18）
　ネーム（モーザー　1868–1918）

Moser, Lukas〈14・15世紀〉
ドイツの画家。
⇒岩世人（モーザー　1390頃–1434）
　芸13（モーザー，ルカス）

Moses〈前14・13世紀頃〉
　イスラエルの立法者,預言者。
　⇒岩世人（モーセ）
　　岩世人（ムーサー）
　　広辞7（モーセ　前14世紀）
　　学叢思（モーセ）
　　新カト（モーセ）
　　図聖（モーセ）
　　聖書（モーセ）
　　世人新（モーセ　前13世紀半頃-前12世紀初頃）
　　世人裝（モーセ　前13世紀半頃-前12世紀初頃）
　　世史語（モーセ）
　　ポプ人（モーセ　生没年不詳）
　　学叢歴（モーセ　前1571-前1451）

Moses〈4・5世紀〉
　イスラエルの歴史上の人物,聖書の登場人物。
　⇒新カト（モーセス［エチオピアの］　332頃-407頃）

Moses, Anna Mary Robertson〈19・20世紀〉
　アメリカの女流画家。
　⇒現アカ（Moses,Grandma　グランマ・モーゼズ　1860-1961）
　　芸13（モーゼス,グランマ　1860-1929）

Moses, Bernard〈19・20世紀〉
　アメリカの教育者,植民地行政官。
　⇒アア歴（Moses,Bernard　バーナード・モウゼズ　1846.8.27-1930.3.4）

Moses, Charles Lee〈19世紀〉
　アメリカの商人,領事。
　⇒アア歴（Moses,Charles Lee　チャールズ・リー・モウゼズ　1824.5.24-1868）

Moses ben Enoch〈10世紀〉
　ラビ。解放奴隷の一人。
　⇒ユ著人（Moses ben Enoch　モシェ・ベン・エノク　10世紀）

Moses ben Joshua of Narbonne〈14世紀〉
　フランスの哲学者,医師。
　⇒ユ著人（Moses ben Joshua (Ben Mar David) of Narbonne　ナルボンヌのモーセ・ベン・ヨシュア　?-1362）

Mosessohn, Menahem〈19・20世紀〉
　ロシア・クリミア生まれのユダヤ教の聖職者。
　⇒ユ著人（Mosessohn,Menahem　モーゼゾーン,メナヘム　1853-1926）

Moshanana
　南アフリカ,バスト族に伝わる伝説の戦士。
　⇒ネーム（モシャニャナ）

Mosheim, Johann Lorenz von〈17・18世紀〉
　リュベック生れのドイツ人ルター派神学者。主著『教会史教程』(26)。
　⇒岩世人（モスハイム　1693.10.9-1755.9.9）

　　学叢思（モスハイム,ヨハン・ローレンツ・フォン　1693-1755）
　　新カト（モスハイム　1693.10.9-1755.9.9）

Mosher, Gouverneur Frank〈19・20世紀〉
　アメリカの宣教師。
　⇒アア歴（Mosher,Gouverneur Frank　フランク・グヴァヌア・モシャー　1871.10.28-1941.7.19）

Mosiążek, Adam〈16・17世紀〉
　ポーランドの作曲家。
　⇒バロ（モションジェク,アーダム　1590頃?-1650頃?）

Mosquera, Tomás Cipriano de〈18・19世紀〉
　コロンビアの軍人,大統領。在職1845～49,61～64,66～67。
　⇒岩世人（モスケーラ　1798.9.26-1878.10.7）

Moss, Claude Russell〈19・20世紀〉
　アメリカの教育者,民俗学者。
　⇒アア歴（Moss,Claude R(ussell)　クロード・ラッセル・モス　1875.9.29-1958.12.21）

Mosse, Albert〈19・20世紀〉
　ドイツの公法学者。86年5月内閣および内務省法律顧問として来日,明治憲法の制定に貢献。
　⇒岩世人（モッセ　1846.10.1-1925.5.30）
　　広辞7（モッセ　1846-1925）
　　ポプ人（モッセ,アルバート　1846-1925）
　　ユ人（Mosse,Albert　モッセ,アルベルト　1846-1925）

Mossi, Giovanni〈17・18世紀〉
　イタリアの作曲家。
　⇒バロ（モッシ,ジョヴァンニ　1680頃-1742頃）

Most, Johann Joseph〈19・20世紀〉
　ドイツのアナーキスト。
　⇒学叢思（モスト,ヨハン・ヨゼフ　1846-1906）

Mostaert, Jan〈15・16世紀〉
　オランダの画家。主作品『デポジション』。
　⇒岩世人（モスタールト　1475頃-1555/1556）

Moszkowski, Moritz〈19・20世紀〉
　ドイツのピアノ奏者,ピアノ教師,作曲家。
　⇒岩世人（モシュコフスキ　1854.8.23-1925.3.4）
　　ネーム（モシュコフスキ　1854-1925）
　　ピ曲改（モシュコフスキー,モーリツ　1854-1925）
　　ユ著人（Moszkowski,Moritz　モシュコフスキー,モーリツ　1854-1925）

Mota, Pedro Ruiz de la〈15・16世紀〉
　スペインの政治家,聖職者。
　⇒岩世人（モタ　?-1522.9.20）

Motolinía, Toribio de Benavente〈16

世紀〉
スペインの宣教師。1524年にメキシコに渡った12名のフランシスコ会士の一人。
⇒ラテ新（モトリニア　1482-1491-1569?）

Mott, John Raleigh〈19・20世紀〉
アメリカのキリスト教伝道者、慈善運動家。
⇒岩世人（モット　1865.5.25-1955.1.31）
　新カト（モット　1865.5.25-1955.1.31）

Mott, Lucretia Coffin〈18・19世紀〉
アメリカの社会改革運動家、女権運動家。
⇒岩世人（モット　1793.1.3-1880.11.11）

Mott, Valentine〈18・19世紀〉
アメリカの外科医。
⇒岩世人（モット　1785.8.20-1865.4.26）

Motta, Giuseppe〈19・20世紀〉
スイスの法律家、政治家。5度大統領となる（15, 20,27,32,37）。
⇒岩世人（モッタ　1871.12.29-1940.1.23）

Mottl, Felix〈19・20世紀〉
オーストリアの指揮者。
⇒岩世人（モットル　1856.8.24-1911.7.2）

Motz, Friedrich Christian Adolf von〈18・19世紀〉
プロイセンの政治家。財政、および税制の改革に尽力。
⇒岩世人（モーツ　1775.11.18-1830.6.30）

Motz, Georg〈17・18世紀〉
ドイツの作曲家。
⇒バロ（モッツ, ゲオルク　1653.12.24-1733.9.25）

Motzkin, Leo〈19・20世紀〉
ロシアのシオニスト指導者。
⇒ユ人（モツキン, レオ　1867-1933）

Moufang, Franz Christoph Ignaz〈19世紀〉
ドイツのカトリック神学者、政治家。
⇒新カト（ムファング　1817.2.12-1890.2.27）

Mouhot, Alexandre Henri〈19世紀〉
フランスの博物学者。
⇒岩世人（ムオ　1826.5.15-1861.11.10）

Moule, Arthur Christopher〈19・20世紀〉
イギリスの牧師、シナ学者。
⇒岩世人（マウル　1873.5.18-1957.6.5）

Moulin, Pierre de〈14世紀?〉
フランスの作曲家。
⇒バロ（ムーラン, ピエール・ド　1320頃?-1370頃?）

**Moulinié（Moulinier, Molinié）,
Étienne**〈16・17世紀〉
フランスの歌手、作曲家。
⇒バロ（ムリニエ, エティエンヌ　1599-1676）

Moulins, Maître de〈15・16世紀〉
フランスの画家。
⇒芸13（ムランの画家　（活動）1480-1510頃）

Moulton, James Hope〈19・20世紀〉
イギリスのイラン学者、新約聖書学者。
⇒岩世人（モールトン　1863.10.11-1917.4.7）

Moulu, Pierre〈15・16世紀〉
フランスまたはフランドルの作曲家。
⇒バロ（ムリュ, ピエール　1480-1490頃-1550頃）

Mouly, Joseph Martial〈19世紀〉
フランスのラザロ会宣教師。
⇒岩世人（ムリ　1807-1868.12.4）
　新カト（ムリ　1807.8.2-1868.12.4）

Mounet-Sully〈19・20世紀〉
フランスの俳優。1872年『アンドロマク』のオレスト役で認められ、以後、恵まれた容姿深い解釈力で人気を博した。
⇒岩世人（ムネ＝シュリ　1841.2.27-1916.3.1）

Mounicou, Pierre〈19世紀〉
フランスのパリ外国宣教会宣教師。
⇒新カト（ムニクー　1825.3.4-1871.10.16）

Mounier, Jean-Joseph〈18・19世紀〉
フランスの政治家。
⇒岩世人（ムーニエ　1758.11.12-1806.1.20）

Moura, Cristóbal de〈16・17世紀〉
スペイン（ポルトガル生まれ）の政治家。
⇒岩世人（モウラ　1538-1613.12.26）

Mourão, João〈17・18世紀〉
ポルトガル出身の入華イエズス会員。
⇒新カト（モラン　1681.8.2-1726.8.18）

Mouret, Jean-Joseph〈17・18世紀〉
フランスの作曲家。パリ・オペラ座の指揮者などを務めた。
⇒バロ（ムーレ, ジャン・ジョゼフ　1682.4.11-1738.12.22）
　エデ（ムーレ, ジャン＝ジョゼフ　1682.4.11-1738.12.20）

Mousēs〈5世紀?〉
アルメニアの歴史家。コレネの出身。メスロプの弟子。
⇒新カト（モーセス［コレネ］　生没年不詳）

Mousset, Jean-Germain〈19・20世紀〉
第2代大邱代牧、パリ外国宣教会員。フランスのサン・ランベール・シュール・ロアール生まれ。
⇒新カト（ムセ　1876.9.19-1957.6.8）

Mouton, Charles〈17世紀〉
フランスのリュート奏者,作曲家。
⇒バロ (ムートン,シャルル 1626-1699以降)

Mouton, Jean de Hollingue〈15・16世紀〉
フランスの作曲家。1513年ルイ12世の宮廷歌手,ミサ曲などを作曲。
⇒バロ (ムートン,ジャン・ド・オリュイグ 1458以前-1522.10.30)

Mowatt, Anna Cora〈19世紀〉
アメリカの劇作家,女優。『ファッション』を発表。
⇒岩世人 (モーワット 1819.3.5-1870.7.21)

Moya de Contreras, Pedro〈16世紀〉
スペイン出身のメキシコの大司教。
⇒新カト (モヤ・デ・コントレラス 1530頃-1591.12.7)

Moyano y Samaniego, Claudio〈19世紀〉
スペインの政治家,大学人。
⇒岩世人 (モヤーノ 1809.10.30-1890.3.7)

Moyë, Jean-Martin〈18世紀〉
フランスの司祭。
⇒新カト (モアエ 1730.1.27-1793.5.4)

Moẓaffar al-Dīn Shāh〈19・20世紀〉
イランのガージャール朝第5代国王。在位1896〜1907。
⇒岩世人 (モザッファロッディーン・シャー 1853.3.25-1907.1.4)

Mozart, Franz Xaver〈18・19世紀〉
オーストリアの作曲家。
⇒ビ曲改 (モーツァルト,フランツ・クサヴァー 1791-1844)

Mozart, Leopold〈18世紀〉
オーストリアの作曲家。W.モーツァルトの父。
⇒バロ (モーツァルト,ヨハン・ゲオルク・レーオポルト 1719.11.14-1787.5.28)
岩世人 (モーツァルト 1719.11.14-1787.5.28)
エデ (モーツァルト,(ヨハン・ゲオルク)レーオポルト 1719.11.14-1787.5.28)
ビ曲改 (モーツァルト,レオポルド 1719-1787)

Mozart, Wolfgang Amadeus〈18世紀〉
オーストリアの作曲家。
⇒バロ (モーツァルト,ヨハン・クリュゾストム・ヴォルフガング・アマデウス 1756.1.27-1791.12.5)
岩世人 (モーツァルト 1756.1.27-1791.12.5)
バレエ (モーツァルト,ヴォルフガング・アマデウス 1756.1.27-1791.12.5)
オペラ (モーツァルト,ヴォルフガング・アマデウス 1756-1791)
エデ (モーツァルト,ヴォルフガング・アマデウス 1756.1.27-1791.12.5)
広辞7 (モーツァルト 1756-1791)
学叢思 (モツァルト,ヴォルフガング・アマドイス 1756-1791)
実音人 (モーツァルト,ウォルフガング・アマデウス 1756-1791)
新カト (モーツァルト 1756.1.27-1791.12.5)
世人新 (モーツァルト 1756-1791)
世人装 (モーツァルト 1756-1791)
世史語 (モーツァルト 1756-1791)
世史語 (モーツァルト 1756-1791)
ビ曲改 (モーツァルト,ウォルフガング・アマデウス 1756-1791)
ポプ人 (モーツァルト,ウォルフガング・アマデウス 1756-1791)

Mozley, James Bowling〈19世紀〉
英国教会の聖職。
⇒新カト (モズリ 1813.9.15-1878.1.4)

Mozley, Thomas〈19世紀〉
英国教会の聖職,ジャーナリスト。
⇒新カト (モズリ 1806-1893.6.17)

Mozzoni, Anna Maria〈19・20世紀〉
イタリアの女性解放論者。
⇒岩世人 (モッツォーニ 1837.5.5-1920.6.14)

mr-nt〈前30世紀〉
エジプト第1王朝時代中頃の王妃。
⇒岩世人 (メルネイト(メレトネイト) 前2920頃)

Mrštík, Vilém〈19・20世紀〉
チェコの作家。
⇒岩世人 (ムルシュチーク 1863.5.14-1912.3.2)

Muʿāwiya I ibn Abī Sufyān〈7世紀〉
イスラム,ウマイヤ朝の初代カリフ。在位661〜80。
⇒岩世人 (ムアーウィヤ ?-680.5)
ネーム (ムアーウィヤ)
広辞7 (ムアーウィヤ (在位)661-680)
世人新 (ムアーウィア ?-680)
世人装 (ムアーウィア ?-680)
世史語 (ムアーウィヤ ?-680)
世帝 (ムアーウィヤ1世 603頃-680)
ポプ人 (ムアーウィヤ ?-680)

Muʿāwiya II〈7世紀〉
カリフ王朝の統治者。
⇒世帝 (ムアーウィヤ2世 (在位)683-684)

Al-Muʿaẓẓam Tūrānshāh〈13世紀〉
イスラム・エジプトの統治者。在位1249〜1250。
⇒世帝 (トゥーラーン・シャー ?-1250)

Mubārīz al-Dīn Muḥammad bn al-Muẓaffar〈14世紀〉
イランのムザッファル朝の創始者。在位1313〜57。
⇒岩世人 (ムバーリズッディーン・ムハンマド ?-1363.12)

al-Mubarrad, Abū al-'Abbās Muḥammad〈9世紀〉
バスラ（現イラク南部）出身のアラブの言語学者。
⇒岩世人（ムバッラド　826.3.24/823.4.26–898.12.16/899.1.14/899.12.5/900.1.3）

Mucha, Alfons〈19・20世紀〉
チェコスロヴァキアの画家、挿絵画家、舞台美術家。
⇒ネーム（ミュシャ　1860–1939）
広辞7（ミュシャ　1860–1939）
芸13（ミュシャ、アルフォンス　1860–1939）
世人新（ミュシャ　1860–1939）
世人装（ミュシャ　1860–1939）
ポプ人（ミュシャ、アルフォンス　1860–1939）

Muck, Carl〈19・20世紀〉
ドイツの指揮者。
⇒岩世人（ムック　1859.10.22–1940.3.3）

Muckermann, Hermann〈19・20世紀〉
ドイツの生理学者、優生学者。
⇒岩世人（ムッカーマン　1877.8.30–1962.10.27）

Muḍar ibn Nizār ibn Ma'add
古代アラブ人の系譜上の重要人物。
⇒岩世人（ムダル・イブン・ニザール）

Mudarra, Alonso de〈16世紀〉
スペインの作曲家。
⇒バロ（ムダーラ、アロンソ・デ　1510頃–1580.4.1）

Mudge, James〈19・20世紀〉
アメリカの宣教師。
⇒アア歴（Mudge,James　ジェイムズ・マッジ　1844.4.5–1918.5.7）

al-Mufaḍḍal b.Muḥammad〈8世紀〉
アラビアの言語学者。クーファ派の代表者。
⇒岩世人（ムファッダル　?–780 (-787頃)）

Muffat, Georg〈17・18世紀〉
ドイツの作曲家、オルガン奏者。
⇒バロ（ムッファト、ゲオルク　1653.6.1–1704.2.23）
新カト（ムッファト　1653.6.1–1704.2.23）

Muffat, Gottlieb-Theophil〈17・18世紀〉
ドイツの作曲家。
⇒バロ（ムッファト、ゴットリープ・テオフィル　1690.4.25–1770.12.9）

al-Mufīd, Muḥammad al-'Ukbarī〈10・11世紀〉
イスラームの十二イマーム・シーア派の神学者、法学者。
⇒岩世人（ムフィード　948.5–1022.11）

Mugabure, Pierre Xavier〈19・20世紀〉
フランスのパリ外国宣教会宣教師。東京大学文科大学、アテネ・フランセでフランス語を教授。
⇒新カト（ミュガビュール　1850.9.1–1910.5.27）

Mugnone, Leopoldo〈19・20世紀〉
イタリアの指揮者、作曲家。
⇒オペラ（ムニョーネ、レオポルド　1858–1941）

Muḥammad I〈12世紀〉
セルジューク王朝の統治者。在位1105～1118。
⇒世帝（ムハンマド・タパル　?–1118）

Muhammad IV, Sultan〈19・20世紀〉
マレー半島東岸のクランタン王国の王。在位1899～1920。
⇒岩世人（ムハンマド4世　?–1920.12.23）

Muḥammad 'Abduh〈19・20世紀〉
エジプトの思想家。
⇒岩世人（アブドゥフ、ムハンマド　1849–1905）
広辞7（アブドゥフ　1849–1905）
新カト（ムハンマド・アブドゥ　1849–1905.7.11）
世人新（ムハンマド＝アブドゥフ　1849–1905）
世人装（ムハンマド＝アブドゥフ　1849–1905）
世史語（ムハンマド＝アブドゥフ　1849–1905）
ポプ人（ムハンマド・アブドゥフ　1849–1905）

Muḥammad Aḥmad〈19世紀〉
スーダンの宗教運動の指導者。
⇒岩世人（ムハンマド・アフマド　1844.8.12–1885.6.22）
ネーム（ムハンマド・アフマド　1844?–1885）
世人新（ムハンマド＝アフマド（マフディー）　1844–1885）
世人装（ムハンマド＝アフマド（マフディー）　1844–1885）
世史語（ムハンマド＝アフマド　1844–1885）
ポプ人（ムハンマド・アフマド　1844?–1885）

Muḥammad 'Alī〈18・19世紀〉
オスマン・トルコ帝国のエジプト太守。在職1805～48。ムハンマド・アリー朝の始祖。
⇒岩世人（ムハンマド・アリー　1769–1849.8.2）
広辞7（ムハンマド・アリー　1769–1849）
世人新（ムハンマド・アリー（メフメト＝アリー）　1769–1849）
世人装（ムハンマド・アリー（メフメト＝アリー）　1769–1849）
世史語（ムハンマド＝アリー　1769–1849）
ポプ人（ムハンマド・アリー　1769–1849）
学叢歴（メヘメット・アリ　1769–1849）

Muḥammad 'Alī, Maulānā〈19・20世紀〉
インドの政治家。
⇒岩世人（ムハンマド・アリー　1878.12.10–1931.1.4）

Muḥammad 'Alī, Mawlānā〈19・20世紀〉
パキスタンのイスラーム学者。
⇒岩世人（ムハンマド・アリー　1874–1951.10.23）

Muḥammad ‘Alī Shāh〈19・20世紀〉
イランのカージャール朝第6代のシャー。在位1907～09。
⇒岩世人（モハンマド・アリー・シャー　1872.6.21–1925.4.5）

Muḥammad Amīr〈19世紀〉
インドの画家。
⇒岩世人（ムハンマド・アミール　19世紀中葉）

Muḥammad b.al-Qāsim, al-Thaqafī, ‘lmād al-Dīn〈7・8世紀〉
アラビアの武将でインドの征服者。
⇒南ア新（ムハンマド・ビン・カーシム）

Muḥammad bin Dāniyāl〈13・14世紀〉
エジプトの眼科医、詩人、バイバルス1世時代の影絵芝居作者。
⇒岩世人（ムハンマド・イブン・ダーニヤール　1248-1249頃–1310.11.23）

Muḥammad bin Ṭughj〈9・10世紀〉
エジプトのイフシード朝初代スルタン。在位935～46。
⇒岩世人（ムハンマド・イブン・トゥグジュ　882–946.6.24）

Muḥammad bin Tughluq〈14世紀〉
インド、デリー王朝、トゥグルク朝第2代の王。在位1325～51。トゥグルク朝の最盛期を実現。
⇒岩世人（ムハンマド・ビン・トゥグルク　?–1351.3.20）

Muḥammad bn Sa‘ūd〈18世紀〉
サウーディー王朝の統治者。
⇒世人新（ムハンマド＝ブン＝サウード　?–1765）
　世人装（ムハンマド＝ブン＝サウード　?–1765）

Muḥammad Ghūrī, Shihab al Din〈12・13世紀〉
アフガニスタンのグール朝統治者。ギヤースッ・ディーンの弟。在位1173～1206。
⇒岩世人（ムハンマド・グーリー　?–1206）

Muḥammad ibn al-Ḥanafīya〈7・8世紀〉
イスラーム・シーア派の指導者。
⇒岩世人（ムハンマド・イブン・ハナフィーヤ　633頃–700/701）

Muḥammad ibn al-Zayn〈13・14世紀〉
イスラームの金工家。
⇒岩世人（ムハンマド・イブン・ザイン　（活躍）13世紀末–14世紀初頭）

Muḥammadī Haravī〈16世紀〉
ペルシアの画家。16世紀後半に活躍した。
⇒岩世人（ムハンマディー　（活躍）16世紀後半）

Muḥammad Mūmīn Ḥusainī〈17世紀〉
イランの学者。スライマーン1世のために編集した『信者の贈物』(1669) がある。
⇒岩世人（ムハンマド・ムウミン・フサイニー）

Muḥammad Qulī〈16・17世紀〉
ゴルコンダ王国の統治者。在位1580～1612。
⇒岩世人（ムハンマド・クリー・クトゥブ・シャー　?–1612）

Muḥammad Shah〈15世紀〉
マラッカ王国の王。
⇒世帝（モハメド・シャー　（在位）1424–1444）

Muḥammad Shāh〈18世紀〉
インドのムガル王朝第12代の王。在位1719～48。
⇒岩世人（ムハンマド・シャー　1702.8.18–1748.4.26）
　世帝（ムハンマド・シャー　1702–1748）

Muḥammad Shāh〈19世紀〉
イランにおけるカージャール朝第3代の王。在位1835～48。
⇒岩世人（モハンマド・シャー　1808.1.5–1848.9.5）

Muḥammad Taqī Khān〈19世紀〉
イランの地理学者。イラン地誌『知識の宝』(1887～88) を著した。
⇒岩世人（モハンマド・タキー・ハーン）

Muḥammad Zamān〈17世紀〉
イランの細密画家。
⇒岩世人（ムハンマド・ザマーン）
　広辞7（ムハンマド・ザマーン　17世紀）

Muhammed, Abul Kasemben Abdallah〈6・7世紀〉
イスラム教の創始者。622年をイスラム暦元年とし、宗教国家を形成。
⇒岩世人（ムハンマド　570頃–632.6.8）
　広辞7（ムハンマド　570頃–632）
　学叢思（マホメッド　571–632.6.8）
　新カト（ムハンマド　570頃–632.6.8）
　世人新（ムハンマド（マホメット）　570頃–632）
　世人装（ムハンマド（マホメット）　570頃–632）
　世史語（ムハンマド　570–632）
　ポプ人（ムハンマド　570?–632）
　ユ人（ムハンマド　571頃–632）
　学叢歴（マホメット　570–632）

***al*-Muḥāsibī, Ḥārith Abū ‘Abd Allāh**〈8・9世紀〉
イスラム神秘主義理論家。
⇒岩世人（ムハースィビー、ハーリス　781–857）
　新カト（ムハーシビー　781–857）

Mühlenberg, Heinrich Melchior〈18世紀〉
アメリカのルター派教会の実質的な創設者、牧師。
⇒新カト（ミューレンベルク　1711.9.6–1787.10.7）

Mühsam, Erich〈19・20世紀〉
ドイツの劇作家,詩人。
⇒岩世人（ミューザーム　1878.4.6–1934.7.10）

Al-Muhtadī〈9世紀〉
カリフ王朝の統治者。在位869～870。
⇒世帝（ムフタディー　832?–870）

Muḥtasham Kāshī〈16世紀〉
イランのイスラム教シーア派宗教詩人。
⇒岩世人（ムフタシャム・カーシー　?–1588頃）

Muʻīn al-Dīn ʻAlī Yazdī〈14世紀〉
イランに成立したムザッファル朝のイスラム学者,歴史家。
⇒岩世人（ムイーヌッディーン・ヤズディー　?–1387）

Muʻīn al-Dīn Chishtī〈13世紀〉
インドにおけるイスラム確立初期の神秘主義聖者。
⇒岩世人（ムイーヌッディーン・チシュティー　?–1236）

Muʻīn al-Dīn Muḥammad Isfizārī〈15世紀〉
イランの歴史家。
⇒岩世人（ムイーヌッディーン・イスフィザーリー　15世紀後半）

Muʻīn Muṣavvir〈17世紀〉
サファヴィー朝期の画家。
⇒岩世人（ムイーン・ムサッヴィル　（活躍）17世紀）

Muir, John〈19・20世紀〉
アメリカの博物学者。『カリフォルニアの山々』(94)などを書いた。
⇒岩世人（ミューア　1838.4.21–1914.12.24）

Muir, Ramsay〈19・20世紀〉
イギリスの政治家,政治学者,歴史家。
⇒岩世人（ミューア　1872.9.30–1941.5.4）

Muir, *Sir* William〈19・20世紀〉
イギリスの行政官,イスラム史家。エディンバラ大学総長（1885～1903）。
⇒岩世人（ミューア　1819.4.27–1905.7.11）

Muirhead, John Henry〈19・20世紀〉
スコットランドの哲学者。
⇒岩世人（ミューアヘッド　1855.4.28–1940.5.24）
メル3（ミュアヘッド,ジョン・ヘンリー　1855–1940）

Muirhead, William〈19世紀〉
イギリスのロンドン伝道会宣教師。
⇒岩世人（ミューアヘッド　1822.3.7–1900.10.3）

***al*-Muʻizz, li-Dīn Al-lāh, Abū Tamīn**〈10世紀〉
エジプトのファーティマ朝第4代の君主。在位952～75。
⇒岩世人（ムイッズ・リ・ディーニッラー　931.9–975.12）
世帝（ムイッズ　932–975）

Muʻizz al-Dawla, Ahmad〈10世紀〉
イランのブワイ朝イラク派の創始者。在位932～67。
⇒岩世人（ムイッズッダウラ　915/916–967）

Muʻizzī, Amīr ʼAbduʼllāh Muhammad〈11・12世紀〉
ペルシアの頌詩詩人。宮廷詩人として仕え,「詩人の王」の称号を得,『ムイッズィー詩集』が現存。
⇒岩世人（ムイッズィー　1048–1125/1127）

Mujangga〈18・19世紀〉
中国,清後期の政治家。
⇒岩世人（ムジャンガ　1782（乾隆47）頃–1856（咸豊6））
近中（穆彰阿　ぼくしようあ　1782–1856）

Mu-kan kò-han〈6世紀〉
突厥第3代のカガン。
⇒岩世人（木杆可汗　もっかんかがん　?–572）
広ført7（木杆可汗　ぼくかんかん　（在位）553–572）

Mukhali〈12・13世紀〉
モンゴル帝国の武将。4傑の一人。1217年大師国王の号を与えられ,都行省承制行事となる。
⇒岩世人（ムカリ　1170–1223）

Mukhāriq〈9世紀〉
アッバース朝期のアラブ音楽家。
⇒岩世人（ムハーリク　?–845頃）

Al-Muktafi〈10世紀〉
カリフ王朝の統治者。在位902～908。
⇒世帝（ムクタフィー　877/878–908）

Mukundarāma Cakravartī〈16世紀〉
インド,ベンガル地方の詩人。
⇒岩世人（ムクンダラーム・チャクラヴァルティー　1540–1600）

Mūlawarman〈5世紀〉
インドネシアの東カリマンタンの古代の王。在位400頃。
⇒岩世人（ムーラワルマン　（在位）400頃）

Mulder, Anthome Thomas Lubertus Rouwenhorst〈19・20世紀〉
オランダの土木技師。利根運河改修などに携わる。
⇒ボブ人（ムルドル,ローエンホルスト　1848–1901）

Muldoon, William〈19・20世紀〉
プロレスラー。
⇒岩世人（マルドゥーン　1852.5.25–1933.6.3）

Mülhausen, Yom Tov Lipmann〈14・15世紀〉
プラーハのラビ。キリスト教徒との論争者。
⇒ユ人（ミュルハウゼン，ヨム・トブ・リップマン　14–15世紀）

Mullane, Anthony John〈19・20世紀〉
アメリカの大リーグ選手（投手）。
⇒メジャ（トニー・マレイン　1859.1.30–1944.4.25）

Mullā Ṣadrā Shīrazī〈16・17世紀〉
イランのサファヴィー朝期の神学者，哲学者。
⇒岩世人（ムッラー・サドラー　1571-1572–1640）
　新カト（ムッラー・サドラー　1571–1640）

Müllenhoff, Karl〈19世紀〉
ドイツのゲルマン学者。
⇒岩世人（ミュレンホフ　1818.9.8–1884.2.19）

Müller, Adam Heinrich〈18・19世紀〉
ドイツの保守的国家学者，経済学者。代表的なドイツ・ロマン主義者。
⇒岩世人（ミュラー　1779.6.30–1829.1.17）
　学叢思（ミューラー（ミューレル），アダム・ハインリヒ　1779–1829）
　新カト（ミュラー　1779.6.30–1829.1.17）

Müller, Andreas M.〈17世紀〉
ドイツの東洋学者。ウォールトンを助けて，『各国語対訳聖書』6巻（1654～57）の編刊に尽力。
⇒岩世人（ミュラー　1630–1694.10.26）

Müller, Friedrich Max〈19世紀〉
ドイツ生れ，イギリスに帰化した東洋学者，比較言語学者。主編著書『東方聖書』（75以降）など。
⇒岩世人（ミュラー　1823.12.6–1900.10.28）
　広辞7（ミュラー　1823–1900）
　学叢思（マクス・ミューラー，フリードリヒ　1823–1900）
　新カト（ミュラー　1823.12.6–1900.10.28）
　南ア新（マックス・ミュラー　1823–1900）

Müller, Friedrich von〈19・20世紀〉
ドイツの医者。物質代謝，栄養，物理学的診断法に関する業績がある。
⇒岩世人（ミュラー　1858.9.17–1941.11.18）

Müller, Friedrich Wilhelm Karl〈19・20世紀〉
ドイツの東洋学者。
⇒岩世人（ミュラー　1863.1.21–1930.4.18）

Müller, Fritz〈19世紀〉
ドイツの動物学者。著『ダーウィンの為に』（1864）。
⇒岩世人（ミュラー　1822.3.31–1897.5.21）

Müller, George〈19世紀〉
イギリス（ドイツ生れ）のプロテスタント牧師，博愛家。
⇒岩世人（ミュラー　1805.9.27–1898.3.10）

　新カト（ミュラー　1805.9.27–1898.3.10）

Müller, Georg Elias〈19・20世紀〉
ドイツの心理学者。主著『精神物理学の基礎』（78）。
⇒岩世人（ミュラー　1850.7.20–1934.12.23）
　学叢思（ミューラー，ゲオルク・エリアス　1850–?）

Müller, Heinrich〈17世紀〉
ドイツのルター派神学者。
⇒新カト（ミュラー　1631.10.18–1675.9.17）

Müller, Heinrich〈19世紀〉
ドイツの解剖学者。網膜の〈ミュラー繊維〉などに名を残している。
⇒岩世人（ミュラー　1820.12.17–1864.5.10）

Müller, Hermann〈19・20世紀〉
ドイツの政治家。社会民主党の地方機関紙〈ゲルリッツ民報〉の主筆（1899）。
⇒岩世人（ミュラー　1876.5.18–1931.3.20）

Müller, Johannes Peter〈19世紀〉
ドイツの生理学者，比較解剖学者。1833年ベルリン大学解剖学・生理学教授。
⇒岩世人（ミュラー　1801.7.14–1858.4.28）
　学叢思（ミューラー，ヨハネス　1801–1858）

Müller, Johannes von〈18・19世紀〉
ドイツの歴史家。ウェストファリア王国の教育長官。主著『スイス連邦史』（1786–1808）。
⇒岩世人（ミュラー　1752.1.3–1809.5.29）
　新カト（ミュラー　1752.1.3–1809.5.29）

Müller, Johann Georg〈18・19世紀〉
ドイツの神学者，教育学者。
⇒新カト（ミュラー　1759.9.3–1819.11.20）

Müller, Johann Michael〈17・18世紀〉
ドイツの作曲家。
⇒バロ（ミュラー，ヨハン・ミヒャエル　1683.11.21–1743.9.14）

Müller, Julius〈19世紀〉
ドイツのプロテスタント神学者。
⇒岩世人（ミュラー　1801.4.10–1878.9.27）
　学叢思（ミューラー，ユリウス　1801–1878）
　新カト（ミュラー　1801.4.10–1878.9.27）

Müller, Karl Otfried〈18・19世紀〉
ドイツの古代学者。主著『ギリシア民族と都市の歴史』（20,24）。
⇒岩世人（ミュラー　1797.8.28–1840.8.1）

Müller, Karl von〈19・20世紀〉
ドイツのプロテスタント神学者，教会史家。特に近世教会史の研究に貢献。主著『教会史』（1892～1919）。
⇒学叢思（ミューラー，カール　1852–?）

Müller, Leopold Benjamin Carl〈19世

紀〉
ドイツの陸軍軍医。1871年8月来日、日本医育制度をドイツ式に改め、ドイツ医学移植の基礎をつくった。
⇒岩世人（ミュラー　1822/1824.4.21–1893.9.13）

Müller, Lucian〈19世紀〉
ドイツの古典学者。
⇒岩世人（ミュラー　1836.3.17–1898.4.24）

Müller, Otto〈19・20世紀〉
ドイツの画家、版画家。
⇒岩世人（ミュラー　1874.10.16–1930.9.24）
　芸13（ミュラー、オットー　1874–1930）

Müller, Richard〈19・20世紀〉
ドイツの革命家。主著『ドイツ帝国から共和国へ』。
⇒岩世人（ミュラー　1880.12.9–1943.5.11）

Müller, Wilhelm〈18・19世紀〉
ドイツの詩人。『美しき水車小屋の娘』(16)、『冬の旅』(23)はシューベルトが作曲。
⇒岩世人（ミュラー　1794.10.7–1827.9.30）
　広辞7（ミュラー　1794–1827）

Müller-Lyer, Franz Carl〈19・20世紀〉
ドイツの社会学者、心理学者。ミュラー・リアーの図形を発表(1889)。
⇒岩世人（ミュラー＝リアー　1857.2.5–1916.10.29）
　ネーム（ミュラー＝リアー　1857–1916）

Mullin, George Joseph〈19・20世紀〉
アメリカの大リーグ選手（投手）。
⇒メジャ（ジョージ・マリン　1880.7.4–1944.1.7）

Mulliner, Thomas〈16世紀〉
イギリスの作曲家。
⇒バロ（マリナー、トマス　1510頃?–1563.3.3以降）

Mullins, Edgar Young〈19・20世紀〉
アメリカ南部のバプテスト派神学者、教育者。
⇒岩世人（マリンズ　1860.1.5–1928.11.23）

Multatuli〈19世紀〉
オランダの小説家。代表作『マックス・ハフェラール』(60)。
⇒岩世人（ムルタトゥーリ　1820.3.2–1887.2.19）
　ネーム（デッケル　1820–1887）

Multscher, Hans〈15世紀〉
ドイツの彫刻家、画家。彫刻の主作品『受難のキリスト』(30頃)。
⇒岩世人（ムルチャー　1400頃–1467.3.13）
　新カト（ムルチャー　1400頃–1467）
　芸13（ムルチャー、ハンス　1400頃–1467）

Mulvey, Joseph H.〈19・20世紀〉
アメリカの大リーグ選手（三塁）。
⇒メジャ（ジョー・マルヴィー　1858.10.27–1928.

8.21）

Mummery, Albert Frederick〈19世紀〉
イギリスの登山家。アルプス登山を経験、カフカズ登山に成功(1888,90)。
⇒岩世人（ママリー　1855.9.10–1895.8頃）

Mummius, Lucius〈前2世紀〉
ローマの政治家、軍人。146年コンスル。
⇒岩世人（ムンミウス　?–前140頃）

Mumtaz Mahal〈16・17世紀〉
インドの王妃。
⇒姫全（ムムターズ・マハル　1595–1631）
　世人新（ムムターズ＝マハル　1593–1631）
　世人装（ムムターズ＝マハル　1593–1631）

Mun, Adrien Albert Marie, Comte de〈19・20世紀〉
フランスの政治家。
⇒岩世人（ド・マン　1841.2.28–1914.10.6）
　新カト（マン　1841.2.28–1914.10.6）

Mun, Thomas〈16・17世紀〉
イギリスの経済著述家。
⇒岩世人（マン　1571.6.17–1641.7.21）
　学叢思（マン、トマス　1571–1614）
　世人新（マン〈トマス；イギリス〉　1571–1641）
　世人装（マン〈トマス；イギリス〉　1571–1641）

Munch, Edvard〈19・20世紀〉
ノルウェーの画家、版画家。
⇒岩世人（ムンク　1863.12.12–1944.1.23）
　広辞7（ムンク　1863–1944）
　芸13（ムンク、エドヴァルド　1863–1944）
　世人新（ムンク　1863–1944）
　世人装（ムンク　1863–1944）
　ポプ（ムンク、エドバルド　1863–1944）

Munch, Peter〈19・20世紀〉
デンマークの政治家、歴史家。
⇒岩世人（モンク　1870.7.25–1948.1.21）

Munch, Peter Andreas〈19世紀〉
ノルウェーの言語学者。歴史家。主著『ノルウェー国民史』(52～63)。
⇒岩世人（ムンク　1810.12.15–1863.5.25）

Münchhausen, Börries, Freiherr von〈19・20世紀〉
ドイツの詩人。ドイツのバラード文学を再興。作品『バラードおよび騎士の歌』(08)。
⇒岩世人（ミュンヒハウゼン　1874.3.20–1945.3.16）

Münchhausen, Gerlach Adolf Freiherr von〈17・18世紀〉
ドイツ（ハノーファー）の政治家。
⇒岩世人（ミュンヒハウゼン　1688.10.5–1770.11.26）

Münchhausen, Karl Friedrich

Hieronymus, Freiherr von〈18世紀〉
ドイツの軍人,狩猟家,冒険家。
⇒岩世人（ミュンヒハウゼン　1720.5.11–1797.2.22）
　ネーム（ミュンヒハウゼン）

Munday, John〈16・17世紀〉
イギリスの作曲家。
⇒バロ（マンディ,ジョン　1555頃–1630.6.29）

Munday, William〈16世紀〉
イギリスの作曲家。
⇒バロ（マンディ,ウィリアム　1529頃–1591.10.12以前）

*al-***Mundhir ibn al-Nu'mān III**〈6世紀〉
ヒーラ（現イラク南部）を都としたアラブ人の王朝ラフム朝の君主。在位505頃～54。
⇒岩世人（ムンズィル3世　?–554）

Mundt, Theodor〈19世紀〉
ドイツの哲学者。主著"Ästhetik"(1845)。
⇒岩世人（ムント　1808.9.19–1861.11.30）

Munger, Henry Weston〈19・20世紀〉
アメリカの宣教師。
⇒アア歴（Munger,Henry Weston　ヘンリー・ウェストン・マンガー　1876.11.30–1962.10.19）

Münk, Hermann〈14世紀〉
オーストリアの作曲家。
⇒バロ（ミュンク,ヘルマン　1340頃?–1396）

Munk, Solomon〈19世紀〉
フランスのオリエンタリスト。
⇒ユ人（ムンク,ソロモン　1803–1867）
　ユ著人（Munk,Solomon　ムンク,シュロモー　1803–1867）

Munkácsy Mihály〈19世紀〉
ハンガリーの画家。主作品は『失楽園を口述する盲目のミルトン』(78)など。
⇒岩世人（ムンカーチ　1844.2.20–1900.5.1）
　新カト（ムンカーチ　1844.2.20–1900.5.1）

Munkáczy Lieb〈19世紀〉
ハンガリアの画家。
⇒芸13（ムンカッツィー,リープ　1846–1900）

Muños, Alonzo〈16・17世紀〉
スペイン出身のカトリック司祭,フランシスコ会会士。
⇒岩世人（ムニョス　1560頃–1622頃）
　新カト（ムニョス　1560頃–1622頃）

Munro, Hugh Andrew Johnstone〈19世紀〉
イギリスの古典学者。主著,"Lucretius"（2巻,1860～64）。
⇒岩世人（マンロー　1819.10.19–1885.3.30）

Munro, *Sir* **Thomas**〈18・19世紀〉
イギリスの軍人,政治家。1812年以降マドラスでライーヤトワーリー制度施行。
⇒南ア新（マンロー　1761–1827）

Munroe, Henry Smith〈19・20世紀〉
アメリカの地質学者。開成学校で地質学,鉱物学を教授。
⇒アア歴（Munroe,Henry S(mith)　ヘンリー・スミス・マンロウ　1850.3.25–1933.5.4）

Munsey, Frank Andrew〈19・20世紀〉
アメリカの出版業者,新聞社主。『マンジーズ・マガジン』など創刊。
⇒岩世人（マンシー　1854.8.21–1925.12.22）

Munson, Samuel〈19世紀〉
アメリカの宣教師。
⇒アア歴（Munson,Samuel　サミュエル・マンスン　1804.3.23–1834.6.28）

Münster, Sebastian〈15・16世紀〉
ドイツの地理学者,数学者,天文学者,ヘブライ語学者。
⇒岩世人（ミュンスター　1488.1.20–1552.5.23）

Münsterberg, Hugo〈19・20世紀〉
ドイツ生れのアメリカの心理学者,哲学者。応用心理学の創始者の一人。
⇒岩世人（ミュンスターバーグ　1863.7.1–1916.12.16）
　ネーム（ミュンスターベルク　1863–1916）
　学叢思（ミュンステルベルヒ,フーゴー　1863–1916）

Münstermann, Ludwig〈16・17世紀〉
ドイツの彫刻家。
⇒芸13（ミュンスターマン,ルドヴィヒ　1575頃–1638-1639）

*Al-***Muntaṣir**〈9世紀〉
カリフ王朝の統治者。在位861～862。
⇒世帝（ムンタスィル　(在位)861–862）

Munthe, Gerhart Peter Frantz Vilhelm〈19・20世紀〉
ノルウェーの画家。
⇒芸13（ムンテ,ゲルハルト　1849–1929）

Müntz, Eugène〈19・20世紀〉
フランスの美術史家。
⇒岩世人（ミュンツ　1845.6.11–1902.10.30）

Münzer, Thomas〈15・16世紀〉
ドイツの急進的宗教改革者,アナバプテスト。
⇒バロ（ミュンツァー,トマス　1489–1525.5.27）
　岩世人（ミュンツァー　1489–1525.5.27）
　ネーム（ミュンツァー　1490?–1525）
　広辞7（ミュンツァー　1490頃–1525）
　学叢思（ミュンツェル,トーマス　1489–1525）
　新カト（ミュンツァー　1490.12.20/21–1525.5.

27)
　　世人新（ミュンツァー　1489/1490–1525）
　　世人装（ミュンツァー　1489/1490–1525）
　　世史語（ミュンツァー　1490頃–1525）
　　ポプ人（ミュンツァー，トーマス　1489–1525）

Al-Muqtadī〈11世紀〉
　カリフ王朝の統治者。在位1075～1094。
　⇒世帝（ムクタディー　1056–1094）

Al-Muqtadir〈10世紀〉
　カリフ王朝の統治者。在位908～932。
　⇒世帝（ムクタディル　895–932）

Al-Muqtafī〈12世紀〉
　カリフ王朝の統治者。在位1136～1160。
　⇒世帝（ムクタフィー　（在位）1136–1160）

Murāri〈9世紀〉
　インド古典期の詩人，劇作家。ラーマ劇『アナルガ・ラーガヴァ』の作者。
　⇒岩世人（ムラーリ）

Murat, Joachim〈18・19世紀〉
　フランスの軍人，ナポレオン1世の義弟。1804年元帥，08年ナポリ王に即位（～1815）。
　⇒岩世人（ミュラ　1767.3.25–1815.10.13）

Murat I〈14世紀〉
　オスマン・トルコ帝国の第3代スルタン。在位1362頃～89。
　⇒岩世人（ムラト1世　1326–1389）
　　世人新（ムラト1世　1326–1389）
　　世人装（ムラト1世　1326–1389）
　　世帝（ムラト1世　1319/1326–1389）

Murat II〈15世紀〉
　オスマン・トルコ帝国第6代のスルタン。在位1421～44,46～51。
　⇒岩世人（ムラト2世　1404–1451.2.5）
　　世帝（ムラト2世　1404–1451）

Murat III〈16世紀〉
　オスマン・トルコ帝国の第12代スルタン。在位1574～95。セリム2世の子。
　⇒岩世人（ムラト3世　1546.6.4–1595.1.16）
　　世人新（ムラト3世　1546–1595）
　　世人装（ムラト3世　1546–1595）
　　世帝（ムラト3世　1546–1595）

Murat IV〈17世紀〉
　オスマン・トルコ帝国の第17代スルタン。在位1623～40。アフメット1世の子。
　⇒岩世人（ムラト4世　1611–1640）
　　世帝（ムラト4世　1612–1640）

Murat V〈19・20世紀〉
　オスマン・トルコ帝国の第33代スルタン（1876.5～同.9）。
　⇒岩世人（ムラト5世　1840.9.21–1904.8.29）
　　世帝（ムラト5世　1840–1904）

Muratore, Lucien〈19・20世紀〉
　フランスのテノール。レパートリーはグノーのファウスト，デ・グリュー（マノン），ドン・ホセなど。
　⇒失声（リュシアン・ムラトール　1876–1954）

Muratori, Lodovico Antonio〈17・18世紀〉
　イタリアの歴史家。
　⇒岩世人（ムラトーリ　1672.10.21–1750.1.23）
　　新カト（ムラトリ　1672.10.21–1750.1.23）

Muraviyov, Mikhail Nikolaevich〈18・19世紀〉
　ロシアの政治家，伯爵。西北諸県の革命運動を極めて残酷に鎮圧，〈絞刑者ムラヴィヨーフ〉として有名。
　⇒岩世人（ムラヴィヨーフ　1796.10.1–1866.8.29）

Muraviyov, Nikita Mikhailovich〈18・19世紀〉
　ロシアの軍人，近衛大尉，デカブリスト。
　⇒岩世人（ムラヴィヨーフ　1796.7.19–1843.4.28）

Muraviyov, Nikolai Nikolaevich, Amurskii〈19世紀〉
　ロシアの将軍，政治家，伯爵。アムール川遠征隊を指揮し，58年中国と愛琿条約を結んだ。
　⇒岩世人（ムラヴィヨーフ　1809.8.11–1881.11.18）
　　ネーム（ムラヴィヨーフ　1809–1881）
　　広辞7（ムラヴィヨフ　1809–1881）
　　世人新（ムラヴィヨフ　1809–1881）
　　世人装（ムラヴィヨフ　1809–1881）
　　世史語（ムラヴィヨフ　1809–1881）
　　ポプ人（ムラビヨフ・アムールスキー，ニコライ　1809–1881）
　　学叢歴（ムラビヨフ　?–1866）

Muravyov, Mikhail Nikolaevich〈19世紀〉
　帝政ロシアの政治家。
　⇒岩世人（ムラヴィヨーフ　1845.4.7–1900.6.8）

Muravyov, Nikolai Nikolaevich〈18・19世紀〉
　帝政ロシアの軍人。
　⇒岩世人（ムラヴィヨーフ　1794.7.14–1866.10.18）

Muravyov-Apostol, Sergei Ivanovich〈18・19世紀〉
　帝政ロシアのデカブリスト（十二月党員）。
　⇒岩世人（ムラヴィヨーフ＝アポーストル　1796.9.28–1826.7.13）

Murchison, *Sir* Roderick Impey〈18・19世紀〉
　イギリスの地質学者。王立地理学会会長などを歴任。化石からシルル系を提唱（1835）。
　⇒岩世人（マーチソン　1792.2.19–1871.10.22）

Murcia, Santiago de〈17・18世紀〉
スペインの作曲家。
⇒バロ（ムルシア, サンティアーゴ・デ　1670頃?–1730頃?）

Murdoch, James〈19・20世紀〉
イギリスの日本研究家。1889年来日。
⇒岩世人（マードック　1856.9.27–1921.10.3）
　オセ新（マードック　1856–1921）
　広辞7（マードック　1856–1921）
　新カト（マードック　1856.9.27–1921.10.30）

Murdock, William〈18・19世紀〉
イギリスの発明家。1792年石炭ガスで点燈に成功。1807年ガス燈はロンドンの街路燈に用いられた。
⇒岩世人（マードック　1754.8.21–1839.11.15）

Mureau, Gilles〈15・16世紀〉
フランスの作曲家。
⇒バロ（ミュロー, ジル　1450頃?–1510頃?）

Murer, Eugène〈19・20世紀〉
フランスの画家。
⇒19仏（ウジェーヌ・ミュレール　1846.5.20–1906.4.22）

Muret, Eduard〈19・20世紀〉
ドイツの言語学者。
⇒岩世人（ミュレ　1833.8.31–1904.7.1）

Muret, Marc-Antoine de〈16世紀〉
フランスの作曲家。
⇒バロ（ミュレ, マルク−アントワーヌ・ド　1526.6.12–1585.6.4）

Murger, Henri〈19世紀〉
フランスの小説家。『ボヘミアンの生活情景』で成功し、『ラ・ボエーム』としてオペラ化。
⇒岩世人（ミュルジェール　1822.3.27–1861.1.28）

Muria, Sunan〈16世紀〉
1500年頃のジャワの伝説的な9人のイスラーム布教者〈ワリ・ソンゴ〉の一人。
⇒岩世人（ムリア, スナン　1500頃）

Murialdo, Leonardo〈19世紀〉
ムリアルド聖ヨセフ会創立者。聖人。祝日3月30日。トリノ生まれ。
⇒新カト（レオナルド・ムリアルド　1828.10.26–1900.3.30）

Murillo, Bartolomé Esteban〈17世紀〉
スペインの画家。
⇒岩世人（ムリーリョ　1617.12.31/1618.1.1（受洗）–1682.4.3）
　ネーム（ムリーリョ　1617–1682）
　広辞7（ムリーリョ　1617–1682）
　学叢思（ムリルロ, バルトロメ・エステバン　1618–1680）
　新カト（ムリリョ　1617–1682.4.3）
　芸13（ムリーリョ, バルトロメー・エステバン　1618–1682）
　世人新（ムリリョ　1617/1618–1682）
　世人装（ムリリョ　1617/1618–1682）
　世史語（ムリリョ　1617–1682）
　ポプ人（ムリーリョ, バルトロメ・エステバン　1617–1682）

Murillo Velarde, Pedro〈17・18世紀〉
スペインのイエズス会士。
⇒岩世人（ムリーリョ・ベラルデ　1696.8.6–1753.11/9.30）
　新カト（ムリリョ・ベラルデ　1696–1753）

Muris, Johannes de〈14世紀〉
フランスの数学者, 天文学者, 音楽理論家。主著『思弁的音楽』(23)。
⇒バロ（ムリス, ヨアンネス・デ　1300頃–1351頃）
　バロ（ヨアンネス・デ・ムリス　1300頃–1351頃）

Murner, Thomas〈15・16世紀〉
ドイツの諷刺詩人。『ルターの大馬鹿者』(22)。
⇒岩世人（ムルナー　1475.12.24–1537.8.23）
　新カト（ムルナー　1475.12.24–1537.8.23）

Murphy, Daniel Francis〈19・20世紀〉
アメリカの大リーグ選手（二塁, 外野）。
⇒メジャ（ダニー・マーフィー　1876.8.11–1955.11.22）

Murphy, John Benjamin〈19・20世紀〉
アメリカの外科医。1892年マーフィーボタンを発明。1911年アメリカ医師会会長。
⇒岩世人（マーフィ　1857.12.21–1916.8.11）

Murphy, Robert〈19世紀〉
イギリスの数学者。
⇒世数（マーフィ, ロバート　1806–1843）

Murphy, Ulysses Grant〈19・20世紀〉
アメリカのメソジスト教会宣教師。
⇒岩世人（マーフィ（モルフィ）　1869.8.26–1967.5.1）

Murray, David〈19・20世紀〉
アメリカの教育家。日本の教育行政に貢献。著書に『学監考案・日本教育法』など。
⇒アア歴（Murray,David　デイヴィッド・マレイ　1830.10.15–1905.3.6）
　アメ新（マレー　1830–1905）
　岩世人（マリー（慣モルレー）　1830.10.15–1905.3.6）
　広辞7（マレー　1830–1905）
　ポプ人（マレー, デビド　1830–1905）

Murray, George Gilbert Aimé〈19・20世紀〉
オーストラリア出身のイギリスの古典学者。
⇒岩世人（マリー　1866.1.2–1957.5.20）

Murray, Harold James Ruthven〈19・20世紀〉
イギリスのチェス史・盤上遊戯史研究者。

⇒岩世人（マリー　1868.6.24–1955.5.16）

Murray, Sir James Augustus Henry〈19・20世紀〉
イギリスの言語学者。1879年『オックスフォード英語辞典』の編者。画期的な大辞典の編集方針を確立。
⇒岩世人（マリー　1837.2.7–1915.7.26）
　19仏（アンリ・マレ　1837.3.4–1917.1.5）

Murray, John〈18世紀〉
イギリスの出版業者。ロンドンで出版業を創始(68)。
⇒岩世人（マリー　1737.1.1–1793.11.6）

Murray, John〈18・19世紀〉
アイルランド出身のプロテスタントの牧師。普遍救済論者。
⇒岩世人（マリー　1741.12.10–1815.9.3）
　新カト（マレイ　1741.12.10–1815.9.3）

Murray, Sir John〈19・20世紀〉
イギリスの海洋学者、動物学者。『チャレンジャー号』の探検に参加（1872～6）。
⇒岩世人（マリー　1841.3.3–1914.3.16）

Murray, Lindley〈18・19世紀〉
アメリカ（スコットランド系）の文法家。〈英文法の父〉と称される。
⇒岩世人（マリー　1745.4.22–1826.1.16）

Murri, Romolo〈19・20世紀〉
イタリアのカトリック司祭、政治家、ジャーナリスト。イタリア・カトリック社会民主主義運動の初期リーダー。
⇒新カト（ムリ　1870.8.27–1944.3.12）

Murschhauser, Franz Xaver Anton〈17・18世紀〉
ドイツの作曲家、音楽理論家。
⇒バロ（ムルシュハウザー、フランツ・クサーヴァ・アントーン　1663.7.1–1738.1.6）

Murshili II〈前14・13世紀〉
ヒッタイト新王国の統治者。
⇒岩世人（ムルシリ2世）
　世帝（ムルシリ2世　?–前1285）

Murshili III〈前13世紀〉
ヒッタイト王国の統治者。在位前1272～1266。
⇒岩世人（ウルヒ・テシュブ）

Muršili I〈前16世紀〉
ヒッタイト王国の王。在位前16世紀後半。
⇒岩世人（ムルシリ1世　（在位）前16世紀後半）

Muršili III〈前13世紀〉
ヒッタイト新王国の王。
⇒世帝（ムルシリ3世　?–前1244以後）

Murtaḍā al-Anṣārī〈18・19世紀〉
イスラームの十二イマーム・シーア派の法学者。

⇒岩世人（ムルタダー・アンサーリー　1799–1864）

Musa〈前1・後1世紀〉
初代ローマ皇帝アウグストゥスがパルティア王フラアーテース4世に贈った権謀術数に卓越した奴隷女。
⇒岩世人（ムーサー　?–4?）
　世帝（ムサ　?–4?）

Musa, Kankan〈14世紀〉
マリ大帝国の王。
⇒岩世人（マンサ・ムーサ　（在位）1312–1337）
　ネーム（マンサ・ムーサ）
　世人新（マンサ＝ムーサ（カンカンムーサ）　生没年不詳　（在位）1312–1337）
　世人装（マンサ＝ムーサ（カンカンムーサ）　生没年不詳　（在位）1312–1337）
　世史語（マンサ＝ムーサ　1280頃–1337）
　ポプ人（マンサ・ムーサ　生没年不詳）

Musaeus, Johannes〈17世紀〉
ドイツのルター派神学者。
⇒岩世人（ムゼーウス　1613.2.7–1681.5.4）
　新カト（ムゼーウス　1613.2.7–1681.5.4）

Mūsa ibn Nuṣayr al-Lakhmī, Abū ʻAbd al-Raḥmān〈7・8世紀〉
アラブの将軍。700年頃アラブ軍司令官、712年アンダルシアを征服。
⇒岩世人（ムーサー・イブン・ヌサイル　640–716/717）

Musaios
ギリシアの伝説的詩人。トラキアの出身で、オルフェウスの弟子といわれる。
⇒岩世人（ムサイオス）

Musäus, Johann Karl August〈18世紀〉
ドイツの小説家。啓蒙主義。
⇒岩世人（ムゼーウス　1735.3.29–1787.10.28）

Musaylima ibn Ḥabīb〈7世紀〉
アラビア半島の偽預言者。
⇒岩世人（ムサイリマ　?–632/633）

Musculus, Andreas〈16世紀〉
ドイツのルター派の神学者。
⇒新カト（ムスクルス　1514–1581.9.29）

Musculus, Wolfgang〈15・16世紀〉
ドイツの福音主義神学者。
⇒新カト（ムスクルス　1497.9.8–1563.8.30）

Muset, Colin〈12・13世紀〉
フランスの作曲家。
⇒バロ（ミュゼ、コラン　1180頃?–1250頃?）

Mushafi〈18・19世紀〉
インドのウルドゥー語詩人。主著、『ウルドゥー詩人伝』(1794)。
⇒岩世人（ムスハフィー　1750–1824）

Musil, Alois〈19・20世紀〉
チェコのカトリック神学者, アラビア学者, 地理学者。
⇒岩世人（ムージル　1868.6.30–1944.4.12）

Musil, Robert Edler von〈19・20世紀〉
オーストリアの小説家。軍人コースから転進, 大学で工学, のちに論理学, 実験心理学を学びながら小説『士官侯補テルレスの惑い』(1906)を発表, 短篇集『和合』(11), 戯曲『夢想家たち』(21) など。
⇒岩世人（ムージル　1880.11.6–1942.4.15）
　広辞7（ムージル　1880–1942）

Muslim ibn al-Dahhān〈11世紀〉
エジプトの陶工。
⇒岩世人（ムスリム・イブン・ダッハーン　（活躍）1000頃）

Muslim ibnu'l-Hajjāj〈9世紀〉
イスラム教徒のハディース（伝承）学者。「六書」の一つ『真実』著。
⇒岩世人（ムスリム・イブン・ハッジャージュ　817/821–875.5.6）

Muslim ibnul-Walīd al-Anṣārī〈8・9世紀〉
アラビアのアッバース朝の詩人。
⇒岩世人（ムスリム・イブン・ワリード　747-758–822-824）

Musonius Rufus, Gaius〈1・2世紀〉
ローマ, ストア派の哲学者。
⇒岩世人（ムソニウス・ルフス　30以前–101/102）
　メル1（ムソニウス・ルフス, ガイウス　20/30頃?–81/102?）

Musorgskii, Modest Petrovich〈19世紀〉
ロシアの作曲家。
⇒岩世人（ムソルグスキー　1839.3.9–1881.3.16）
　バレエ（ムソルグスキー, モデスト　1839.3.21–1881.3.28）
　オペラ（ムーサルクスイイ（ムソルグスキー）, マデースト・ペトローヴィチ　1839–1881）
　エデ（ムソルグスキー, モデスト（ペトロヴィチ）　1839.3.21–1881.3.28）
　広辞7（ムソルグスキー　1839–1881）
　実音人（ムソルグスキー, モデスト・ペトロヴィチ　1839–1881）
　世人新（ムソルグスキー　1839–1881）
　世人装（ムソルグスキー　1839–1881）
　ピ曲大（ムソルグスキー, モデスト・ペトロヴィチ　1839–1881）
　ポブ人（ムソルグスキー, モデスト　1839–1881）

Muspratt, James〈18・19世紀〉
イギリスの化学工業家。イギリスに初めて重化学工業を創設。
⇒岩世人（マスプラット　1793.8.12–1886.5.4）

Musschenbroek, Petrus van〈17・18世紀〉
オランダの物理学者。1725年高温計, 46年ライデン瓶を発明。
⇒岩世人（ミュッセンブルーク　1692.3.14–1761.9.19）

Musset, Louis Charles Alfred de〈19世紀〉
フランスの詩人, 劇作家。
⇒岩世人（ミュッセ　1810.12.11–1857.5.2）
　ネーム（ミュッセ　1810–1857）
　広辞7（ミュッセ　1810–1857）
　学叢思（ミュッセ, アルフレッド・ドゥ　1810–1857）

Mussi, Giulio〈16・17世紀〉
イタリアの作曲家。
⇒バロ（ムッシ, ジュリオ　1580頃?–1630頃）

*Al-***Mustaḍi'**〈12世紀〉
カリフ王朝の統治者。在位1170〜1180。
⇒世帝（ムスタディー　1142–1180）

Mustafa I〈17世紀〉
オスマン帝国の統治者。在位1617〜18, 1622〜23 (復位)。
⇒岩世人（ムスタファ1世　1591?–1639.1.20）
　世帝（ムスタファ1世　1592–1639）

Mustafa II〈17・18世紀〉
オスマン・トルコ帝国の第22代スルタン。在位1695〜1703。
⇒岩世人（ムスタファ2世　1664.6.2–1703.12.31）
　世帝（ムスタファ2世　1664–1703）

Mustafa III〈18世紀〉
オスマン・トルコ帝国の第26代スルタン。在位1757〜74。
⇒岩世人（ムスタファ3世　1717.1.28–1774.1.21）
　世帝（ムスタファ3世　1717–1774）

Mustafa IV〈19世紀〉
オスマン帝国の統治者。在位1807〜1808。
⇒岩世人（ムスタファ4世　1779.9.8–1808.12.17）
　世帝（ムスタファ4世　1779–1808）

Mustafa Bairaktar〈18・19世紀〉
オスマン・トルコ帝国の宰相。トルコ改革の先覚者として知られる。
⇒岩世人（アレムダル・ムスタファ・パシャ　1765–1808.11.17）

Mustafa Kāmil Pasha〈19・20世紀〉
エジプトの民族主義者。〈旗〉紙を創刊 (1900)。
⇒岩世人（ムスタファー・カーミル　1874.8.14–1908.2.10）
　世人新（ムスタファ＝カーミル　1874–1908）
　世人装（ムスタファ＝カーミル　1874–1908）
　世史語（ムスタファ＝カーミル　1874–1908）
　ポブ人（ムスタファー・カーミル　1874–1908）

Al-**Musta'īn**〈9世紀〉
  カリフ王朝の統治者。在位862～866。
  ⇒世帝（ムスタイーン　836–866）

Al-**Mustakfī**〈10世紀〉
  カリフ王朝の統治者。在位944～946。
  ⇒世帝（ムスタクフィー　905–949）

Al-**Musta'lī**〈11世紀〉
  イスラム・エジプトの統治者。在位1094～1101。
  ⇒世帝（アル・ムスタアリー・ビッラー　1074–1101）

Al-**Mustanjid**〈12世紀〉
  カリフ王朝の統治者。在位1160～1170。
  ⇒世帝（ムスタンジド　?–1170）

Al-**Mustanṣir**〈13世紀〉
  カリフ王朝の統治者。在位1226～1242。
  ⇒世帝（ムスタンスィル　1192–1242）

al-**Mustanṣir, Abū Tamīm**〈11世紀〉
  エジプトのファーティマ朝第8代カリフ。在位1035～94。
  ⇒世帝（アル・ムスタンスィル・ビッラー　1029–1094）

Mustard, Robert West〈19世紀〉
  アメリカの商人。
  ⇒アア歴（Mustard, Robert West　ロバート・ウエスト・マスタード　1839–1900.7.18）

Al-**Mustarshid**〈12世紀〉
  カリフ王朝の統治者。在位1118～1135。
  ⇒世帝（ムスタルシド　1092–1135）

al-**Musta'ṣim Bi'llah, Abu Aḥmad 'Abdullah ibnu'l-Mustanṣir**〈13世紀〉
  アッバース朝第38代（最後）のカリフ。在位1242～58。
  ⇒岩世人（ムスタアスィム　1212.3–1258.2）
  　世帝（ムスタアスィム　1213–1258）

Al-**Mustaẓhir**〈11・12世紀〉
  カリフ王朝の統治者。在位1094～1118。
  ⇒世帝（ムスタズヒル　1078–1118）

Mūsūros, Markos〈15・16世紀〉
  ギリシアの学者。
  ⇒岩世人（ムスロス　1470頃–1517）

Al-**Mu'taḍid**〈9・10世紀〉
  カリフ王朝の統治者。在位892～902。
  ⇒世帝（ムウタディド　854/861–902）

Mutahir, Wan〈19世紀〉
  インドネシア、リアウ・リンガ王国のムラユ人王族。
  ⇒岩世人（ムタヒル、ワン　?–1863）

Mutakkil-Nusku〈前12世紀〉
  アッシリアの統治者。在位前1133頃。
  ⇒世帝（ムタッキル・ヌスク　（在位）前1133）

al-**Mutalammis**〈6世紀頃〉
  前イスラム時代のアラブの詩人。
  ⇒岩世人（ムタランミス　6世紀頃）

Al-**Mu'tamid**〈9世紀〉
  カリフ王朝の統治者。在位870～892。
  ⇒世帝（ムウタミド　842?–892）

al-**Mu'tamid ibn 'Abbād**〈11世紀〉
  アラブ時代のセビーリャの統治者、詩人。
  ⇒岩世人（ムウタミド・イブン・アッバード　1039–1095）

Mutammim ibn Nuwayra〈6・7世紀頃〉
  アラビアの詩人。
  ⇒岩世人（ムタンミム・イブン・ヌワイラ　6–7世紀頃）

al-**Mutanabbī, Aḥmad bn al-Ḥusayn**〈10世紀〉
  アラブの詩人。ムタナッビーは「預言者と称する男」という意味のあだ名。
  ⇒岩世人（ムタナッビー　915-916/965.9.21-27）
  　広辞7（ムタナッビー　915–965）

al-**Muṭarriz, Abū 'Umar Muḥammad**〈9・10世紀〉
  クーファ派のアラビア語学者。
  ⇒岩世人（ムタッリズ　875–957.2）

al-**Mu'taṣim, Abū Isḥaq Muḥammad**〈8・9世紀〉
  アッバース朝の第8代カリフ。在位833～42。
  ⇒岩世人（ムウタスィム　795/796–842.1.5）
  　世帝（ムウタスィム　794–842）

al-**Mutawakkil 'Ala'llāh**〈9世紀〉
  アッバース朝第10代のカリフ。在位847～61。
  ⇒岩世人（ムタワッキル　822.2/3–861.12）
  　世帝（ムタワッキル　822?–861）

Al-**Mu'tazz**〈9世紀〉
  カリフ王朝の統治者。在位866～869。
  ⇒世帝（ムウタッズ　847–869）

Mutel, Gustave-Charles Marie〈19・20世紀〉
  ソウル代牧区の初代代牧。パリ外国宣教会員。
  ⇒新カト（ミュテル　1854.3.8–1933.1.23）

Mutesa I〈19世紀〉
  ウガンダのブガンダ国王。在位1858～84。
  ⇒岩世人（ムテサ1世　1837–1884）

Muth, Carl〈19・20世紀〉
  ドイツのカトリック文筆家。
  ⇒新カト（ムート　1867.1.31–1944.11.15）

Müthel, Christian Kaspal〈17・18世紀〉
　ドイツの作曲家。
　⇒バロ（ミューテル, クリスティアン・カスパル　1690頃?–1750頃?）

Müthel, Johann Gottfried〈18世紀〉
　ドイツの作曲家。
　⇒バロ（ミューテル, ヨハン・ゴットフリート　1728.1.17–1788.7.14）

Muther, Richard〈19・20世紀〉
　ドイツの美術史家。
　⇒岩世人（ムーター　1860.2.25–1909.6.28）

Muthesius, Hermann〈19・20世紀〉
　ドイツの建築家。国会議事堂等の建築技師。
　⇒岩世人（ムテージウス　1861.4.20–1927.10.26）

Al-Muṭī〈10世紀〉
　カリフ王朝の統治者。在位946～974。
　⇒世帝（ムティーウ　914–974）

Mutianus Rufus, Conradus〈15・16世紀〉
　ドイツの人文学者。
　⇒岩世人（ムティアヌス　1470/1471.10.15–1526.3.30）
　　新カト（ムティアヌス・ルフス　1470.10.15–1526.3.30）

Muṭīʻ bin Iyās〈8世紀〉
　アラビアのアッバース朝初期のアラビア語詩人。
　⇒岩世人（ムティーウ・イブン・イヤース　?–785.11）

Mutis, José Celestino〈18・19世紀〉
　スペインの植物学者, 司祭。コロンビアで長年植物生態の研究に従事。
　⇒岩世人（ムティス　1732.4.6–1808.9.2）

Muṭrān, Khalīl〈19・20世紀〉
　レバノンの詩人, ジャーナリスト。
　⇒岩世人（ムトラーン　1872.7.1–1949.6.30）

Mutrie, James J.〈19・20世紀〉
　アメリカの大リーグ選手（監督）。
　⇒メジャ（ジム・マトリー　1851.6.13–1938.1.24）

Al-Muttaqī〈10世紀〉
　カリフ王朝の統治者。在位940～944。
　⇒世帝（ムッタキー　908–968）

Muwattalli I〈前15世紀〉
　ヒッタイト王国の王。在位前15世紀後半。
　⇒岩世人（ムワタリ1世　（在位）前15世紀後半）

Muwattalli II〈前13世紀〉
　ヒッタイト王国の王。在位前13世紀前半。
　⇒岩世人（ムワタリ2世　（在位）前13世紀前半）
　　世帝（ムワタリ2世　（在位）前1290–前1272）

al-Muwayliḥī, Muḥammad〈19・20世紀〉
　エジプトの文筆家。
　⇒岩世人（ムワイリヒー　1858頃–1930.2.28）

Muybridge, Eadweard〈19・20世紀〉
　イギリスの写真家。1872年以後のモーション・ピクチャー（活動写真）を開発して各地を講演。
　⇒岩世人（マイブリッジ　1830.4.9–1904.5.8）

Muẓaffar ʻAlī〈16世紀〉
　ペルシアの芸術家。
　⇒岩世人（ムザッファル・アリー　16世紀半ば）

Muzaffar Hussayn〈16世紀〉
　ティムール朝の君主。
　⇒世帝（ムザッファル・フサイン　（在位）1506–1507（共同統治））

Muzaffar Syah, Sultan〈15世紀〉
　マレー半島西岸のマラッカ王国の第4代または第5代の王。在位1445～59頃。
　⇒岩世人（ムザッファル・シャー　?–1459頃）
　　世帝（ムザッファル・シャー　（在位）1445–1459）

Muzaffar Syah, Sultan〈15世紀〉
　インドネシア, スマトラ島北部のプディル（またはピディエ）王国の初代スルタン。
　⇒岩世人（ムザッファル・シャー　?–1497）

al-Muzanī, Ismāʻīl〈8・9世紀〉
　イスラーム法学者。
　⇒岩世人（ムザニー, イスマーイール　791.2–878.5）

Muzio, Emanuele〈19世紀〉
　イタリアの指揮者。声楽教師。作曲家。ヴェルディから教えを受けた唯一の音楽家。
　⇒オペラ（ムッツィオ, エマヌエーレ　1825–1890）

Mwanga〈19・20世紀〉
　ウガンダのブガンダ国王。在位1884～88。
　⇒岩世人（ムワンガ2世　1868–1903）

Myasoedov, Grigory Grigorievich〈19・20世紀〉
　ロシアの画家。1870年代移動派を形成。
　⇒芸13（ミヤソエードフ, グリゴリ・グリゴリエヴィッチ　1835–1911）

Myconius, Friedrich〈15・16世紀〉
　ドイツ, チューリンゲンのルター派改革者。
　⇒新カト（ミコニウス　1490.12.26–1546.4.7）

Mydorge, Claude〈16・17世紀〉
　フランスの数学者, 物理学者。
　⇒世数（ミドルジュ, クロード　1585–1647）

Myers, Charles Samuel〈19・20世紀〉
　イギリスの心理学者。
　⇒岩世人（マイアーズ　1873.3.13–1946.10.12）

Myers, Isaac〈19世紀〉
アメリカの黒人労働運動家。ワシントンで〈全国有色人労働者組合〉を結成して委員長となった(1869)。
⇒岩世人（マイアーズ　1835.1.13–1891.1.26）

Mykonius, Friedrich〈15・16世紀〉
ドイツの宗教改革者。
⇒岩世人（ミュコニウス　1490.12.26–1546.4.7）
　学叢思（ミュコニウス, フリードリヒ　1490–1546）

Mykonius, Oswald〈15・16世紀〉
スイスの宗教改革者。
⇒岩世人（ミュコニウス　1488–1552.10.14）
　新カト（ミュコニウス　1488–1552.10.14）

Mylius, Wolfgang Michael〈17・18世紀〉
ドイツの作曲家。
⇒バロ（ミューリウス, ヴォルフガング・ミヒャエル　1636–1712/1713）

Mynster, Jakob Peter〈18・19世紀〉
デンマークのルター派教会監督。
⇒新カト（ミンスター　1775.11.8–1854.1.30）

Myrddin
中世ウェールズの伝説に登場する予言者。
⇒ネーム（ミルディン）

Myron〈前5世紀〉
ギリシアの彫刻家。『ディスコボロス（円盤投げ）』『アテナとマルシアス』など。
⇒岩世人（ミュロン）
　ネーム（ミュロン）
　広辞7（ミュロン　前5世紀）
　芸13（ミュロン）

Myrrha
ギリシア神話、父のキュプロス王キニュラスを愛して、アドニスを生んだ。
⇒岩世人（ミュラ）

Mysin-Pushkin, Aleksei Ivanovich〈18・19世紀〉
ロシアの貴族、伯爵。
⇒岩世人（ムーシン＝プーシキン　1744.3.16–1817.2.1）

Mysliveček, Joseph〈18世紀〉
チェコの作曲家。作品にオペラ『エツィオ』(75)、オラトリオ『アブラハムとイサク』(77)など。
⇒バロ（ミスリヴェチェク, ヨセフ　1737.3.9–1781.2.4）

Myszuga, Aleksander〈19・20世紀〉
ポーランドのテノール。1920年ストックホルムの音楽学校を創設。
⇒魅惑（Myszuga, Aleksander　1853–1922）

【 N 】

Naaman
ベニヤミン族の一人。
⇒新カト（ナアマン）

Nabarro, David Nunes〈19・20世紀〉
イギリスの病理学者。1903年アフリカの睡眠病の、原因及び媒介としてのツェツェ蝿を発見。
⇒岩世人（ナバーロ　1874.2.27–1958.9.30）

Nābhādāsa〈16世紀〉
インドのヒンディー語宗教詩人。
⇒岩世人（ナーバーダース　?–1585?）

al-Nābigha al-Dhubyānī Ziyād ibn Mu'āwiya〈6世紀〉
アラブの宮廷詩人。
⇒岩世人（ナービガ・ズブヤーニー）

Nabis〈前3・2世紀〉
独立スパルタ最後の王。在位前207～192。アカイア同盟と戦い、敗北。
⇒岩世人（ナビス　?–前192）

Nabonidos〈前6世紀〉
新バビロニア王国最後の王。在位前556～540。
⇒岩世人（ナボニドス　(在位)前555–前539）

Nabonne, Ludger〈19・20世紀〉
フランスの外交官、政治家。
⇒19仏（リュジェ・ナボンヌ　1853.8.25–1914）

Nabopolassar〈前7世紀〉
新バビロニア王国初代の王。在位前626～605。バビロニア諸都市に王宮や神殿を建設。
⇒岩世人（ナボポラッサル　(在位)前625–前605）

Nabor〈3・4世紀〉
聖人、殉教者。祝日7月12日。
⇒新カト（ナボルとフェリクス　?–303.7.12）
　図聖（ナボルとフェリクス　?–304頃）

Nabouthai
アハブ王のエズレルの別荘の近くにあったぶどう畑の所有者（旧約）。
⇒聖書（ナボト）

Nabuco de Araújo, Joaquim Aurélio Barreto〈19・20世紀〉
ブラジルの政治家、外交官、著作家。1888年の奴隷制廃止法成立に貢献。
⇒岩世人（ナブーコ　1849.8.19–1910.1.17）
　ラテ新（ナブコ　1849–1910）

Nachman ben-Simchah of

Bratislava〈18・19世紀〉
ウクライナ出身のハシッド派ラビ。
⇒ユ人（ナフマン（ブラティスラバのベンシムハー）1772–1811）
ユ著人（Nahman (ben Simhah) of Bratslav　ブラツラフのナフマン　1772–1811）

Nachtegall, Franz〈18・19世紀〉
デンマークの体操家。1804年陸海軍の体操学校初代校長。
⇒岩世人（ナハテガル　1777.10.3–1847.5.12）

Nachtgall, Othmar〈15・16世紀〉
ドイツの理論家、オルガン奏者、教育者、聖職者。
⇒バロ（ナハトガル, オトマル　1478-1480頃–1537.9.5）
　バロ（ルスツィーニウス, オトマル　1478-1480頃–1537.9.5）

Nachtigal, Conrad〈15世紀〉
ドイツの作曲家。
⇒バロ（ナハティガル, コンラート　1430頃–1484/1485）

Nachtigal, Gustav〈19世紀〉
ドイツのサハラ探検家、医者。
⇒岩世人（ナハティガル　1834.2.23–1885.4.20）

Nachtigal, Sebald〈15・16世紀〉
ドイツの作曲家。
⇒バロ（ナハティガル, ゼーバルト　1460頃–1518.2.24-5.26）

Nadab〈前10世紀〉
ヘブライ諸王国の統治者。
⇒世帝（ナダブ　?–前900?）

Nadal, Jerónimo〈16世紀〉
神学者、イエズス会員。マヨルカ島のパルマの生まれ。
⇒新カト（ナダル　1507.8.11–1580.4.3）

Nadar〈19・20世紀〉
フランスの写真家、漫画家、文筆家。
⇒岩世人（ナダール　1820.4.6–1910.3.21）
　19仏（ナダール　1820.4.1–1910.3.23）
　ネーム（ナダール　1820–1910）
　広辞7（ナダール　1820–1910）
　芸13（ナダール　1820–1910）

Nadaud, Gustave〈19世紀〉
フランスの詩人、シャンソニエ。
⇒19仏（ギュスターヴ・ナドー　1820.2.20–1893.4.28）

Nadaud, Martin〈19世紀〉
フランスの政治家。
⇒19仏（マルタン・ナドー　1815.11.17–1898.12.28）

Nadaungmya〈12・13世紀〉
ビルマ、パガン朝の王。

⇒世帝（ナンダウンミャー　1175–1235）

Nadel, Arno〈19・20世紀〉
ドイツの詩人、礼拝式の音楽学者。
⇒ユ著人（Nadel, Arno　ナーデル, アルノー　1878–1943）

Nadezhdin, Nikolai Ivanovich〈19世紀〉
ロシアの評論家、歴史家、民俗学者。1831年『天体望遠鏡』誌を創刊。
⇒岩世人（ナデージジン　1804.10.5–1856.1.11）

Nādir shāh〈17・18世紀〉
イランのアフシャール朝の創始者。在位1736～47。ムガル帝国と戦い1739年に首都デリーを略奪。
⇒岩世人（ナーディル・シャー　1688–1747）
　ネーム（ナーディル・シャー　1688–1747）
　世人新（ナーディル＝シャー　1688–1747）
　世人装（ナーディル＝シャー　1688–1747）
　南ア新（ナーディル・シャー　1688–1747）
　学叢歴（ナヂル・シアー）

al-Naḍr bn al-Ḥārith〈7世紀〉
イスラム成立期の講釈師、医師。
⇒岩世人（ナドル・イブン・ハーリス　?–624）

al-Naḍr ibn Shumayl al-Māzīnī al-Tamīmī〈8・9世紀〉
バスラ学派のアラビア語学者。
⇒岩世人（ナドル・イブン・シュマイル　739/740–820.6.15/819.6.27）

Nadson, Semën Iakovlevich〈19世紀〉
ロシアの詩人。1885年処女詩集でプーシキン賞を受賞。作品、『わが友、わが同胞』など。
⇒岩世人（ナドソン　1862.12.14–1887.1.19）
　ユ著人（Nadson, Semyon Yakovlevich　ナードソン, セミョーン・ヤコブレヴィッチ　1862–1887）

Nadubantyáini, Mátyás〈17世紀〉
ハンガリーの作曲家。
⇒バロ（ナジュバンチャーイニ, マーチャーシュ　1610頃?–1670頃?）

Naevius, Gnaeus〈前3世紀〉
ローマの詩人、劇作家。ローマ歴史劇（プラエテクスタ劇）を創始。国民的叙事詩『ポエニ戦役』を著す。
⇒岩世人（ナエウィウス　前270頃–前201頃）

Nāfi' ibn al-Azraq〈7世紀〉
イスラーム初期の分派ハワーリジュ派内の過激分派アズラク派の指導者。
⇒岩世人（ナーフィウ・イブン・アズラク　?–685）

Nafīsa bint Ḥasan〈8・9世紀〉
エジプトの女性聖人、預言者ムハンマドの子孫。
⇒岩世人（ナフィーサ　762–824）

Nāgabodhi〈8世紀〉
南インドの密教僧侶。
⇒岩世人（ナーガボーディ）
　広辞7（竜智　りゅうち　8世紀）

Nāgārjuna〈2・3世紀〉
インドの大乗仏教を確立した高僧。『中論』を著す。
⇒岩世人（ナーガールジュナ　150頃–250頃）
　広辞7（竜樹　りゅうじゅ）
　学叢思（リュージュ　龍樹＝Nāngānjuna　200頃–?）
　新カト（ナーガールジュナ　150頃–250頃）
　世人新（ナーガールジュナ（龍樹）　りゅうじゅ　生没年不詳）
　世人装（ナーガールジュナ（龍樹）　りゅうじゅ　生没年不詳）
　世史語（竜樹（ナーガールジュナ）　りゅうじゅ）
　ポプ人（竜樹　りゅうじゅ　150頃–250頃）
　南ア新（ナーガールジュナ　生没年不詳）

Nāgasena〈前2世紀〉
インドの仏教僧。
⇒岩世人（ナーガセーナ）

Nagel, Christian Henrich von〈19世紀〉
ドイツの数学者。
⇒世数（ナゲル、クリスチャン・ヘンリヒ・フォン　1803–1882）

Nägeli, Hans Georg〈18・19世紀〉
スイスの音楽教育家、作曲家。
⇒岩世人（ネーゲリ　1773.5.26–1836.12.26）

Nägeli, Karl Wilhelm von〈19世紀〉
スイスの植物学者。種々の植物の澱粉の形成などを研究。
⇒岩世人（ネーゲリ　1817.3.27–1891.5.10）
　学叢思（ネーゲリ、カール・ヴィルヘルム・フォン　1817–1891）

Naghachu〈14世紀〉
中国、元末・明初期の軍人。元のムハリの子孫。元朝滅亡後、北元を支持し、明軍と戦う。
⇒岩世人（ナガチュ　?–1388（洪武21））

Nagle, Nano〈18世紀〉
アイルランドの女性宗教家、修道女。
⇒岩世人（ネイグル　1718–1784.4.26）

Nahas Pasha, Mustafa Al-〈19・20世紀〉
エジプトの政治家。1927年よりワフド党党首。
⇒岩世人（ナッハース、ムスタファー　1879.6.15–1965.8.23）

Nahmanides〈12・13世紀〉
スペイン・ゲロナ生まれのカバラー研究家・タルムード学者、聖書注解者として当代随一の学者で、詩人、医師。
⇒岩世人（ナハマニデス　1194–1270）
　ユ人（ナフマニデス（ラビ・モーゼス・ベンナフマン、通称ランバン）　1192–1270）
　ユ著人（Nahmanides　ナハマニデス　1194–1270）

Naḥman mi-Braslab〈18・19世紀〉
ユダヤ教ハシディズムのラビ、神秘家。
⇒岩世人（ナハマン（ブラツラウの）　1772.4.4–1810.10.16）

Nahum〈前7世紀〉
小預言者の一人（旧約）。
⇒岩世人（ナホム）

Naich, Hubert〈16世紀〉
フランドルの作曲家。
⇒バロ（ナイヒ、フーベルト　1513頃–1546以降）

Naidu, Sarojini〈19・20世紀〉
インドの女流詩人、社会運動家、政治家。1925年インド国民会議議長。
⇒岩世人（ナイドゥ　1879.2.13–1949.3.2）
　学叢思（ナイズ、サロディニ　1879–?）
　南ア新（ナーイドゥ　1879–1949）

Na'imâ Efendi, Mustafa〈17・18世紀〉
オスマン・トルコ帝国の歴史家。主著『ナイーマーの歴史』。
⇒岩世人（ナイーマー・エフェンディ　1655–1716.1）

Naimán〈前9世紀〉
シリア王の軍勢の長で、エリシャによってらい病をいやされた人（旧約）。
⇒新カト（ナアマン　前9世紀半ば）

Nainasukha〈18世紀〉
インドの画家。
⇒岩世人（ナインスク　1710頃–1778）

Naismith, James〈19・20世紀〉
カナダ生れのアメリカの体育家。バスケットボールの考案者。
⇒岩世人（ネイスミス　1861.11.6–1939.11.28）

Najamuddin, Sultan Ahmad〈18・19世紀〉
インドネシア、スマトラ島東南部のパレンバン王国の第17,19代王。在位1812〜13,13〜18。
⇒岩世人（ナジャムッディン、アフマッド（在位）1812/1813–1813/1818）

Najara, Israel ben Moses〈16世紀〉
ユダヤ教徒の詩人、学者。
⇒ユ著人（Najara,Israel ben Moses　ナヤラ、イスラエル・ベン・モーゼス　1555?–1625?）

Najīb Muẓhir al-Dīn〈12世紀〉
中国に渡来したムスリム商人。12世紀中頃に渡来。
⇒岩世人（ナジーブ・ムズヒルッディーン）

Najm al-Dīn Kubrā〈12・13世紀〉
中央アジア出身のスーフィーで，クブラヴィー教団の名祖。
⇒岩世人（ナジュムッディーン・クブラー 1145–1220）

Nakhimov, Pavel Stepanovich〈19世紀〉
ロシアの海軍提督。クリミヤ戦争のロシア艦隊司令官，1853年トルコ艦隊を撃破。
⇒岩世人（ナヒーモフ 1802.6.23–1855.6.30）

Nakkīrar〈2・3世紀頃〉
インドのタミル古代の詩人。カビラル，パラナルと並ぶ古代の三大詩人の一人。代表作に『十の長詩』。
⇒南ア新（ナッキーラル 生没年不詳）

Nalbandyan, Mikael Lazarevich〈19世紀〉
アルメニアの詩人，思想家，評論家。
⇒岩世人（ナルバンジャン 1829.11.2–1866.3.31）

Nambiyāṉdar Nambi〈11世紀〉
タミルの宗教詩人，聖典学者。
⇒岩世人（ナンビヤーンダル・ナンビ 1000頃–1050頃）

Nāmdev〈13・14世紀〉
インドの宗教思想家，マラティー語詩人。
⇒岩世人（ナームデーヴ 1270頃–1350頃）
　南ア新（ナームデーオ 1270–1350）

Namieyski, Jan〈18世紀〉
ポーランドの作曲家。
⇒バロ（ナミェイスキ，ヤン 1740頃?–1800頃?）

Nammāḻvār〈9世紀頃〉
インドのタミルのヴィシュヌ派宗教詩人。「我らの聖人（アールヴァール）」と称される。
⇒メル1（ナンマールヴァール 8世紀–9世紀頃）

Namnangsürüng〈19・20世紀〉
モンゴルの政治家，首相。在職1912～19。
⇒岩世人（ナムナンスレン 1878–1919）

Nānak〈15・16世紀〉
シク教の開祖。インド各地で布教に努めた。
⇒岩世人（ナーナク 1469–1538/1539）
　学叢思（ナーナク）
　新カト（ナーナク 1469.4.15–1539）
　世人新（ナーナク 1469–1538/1539）
　世人装（ナーナク 1469–1538/1539）
　世史語（ナーナク 1469–1538）
　ポプ人（ナーナク 1469–1539）
　南ア新（ナーナク 1469–1538）

Nānā Phadnavīs〈18世紀〉
インド，マラータ王国の政治家。第4代宰相マーダブラーオ1世に仕え，のちマラータ勢力の事実上の中心。
⇒岩世人（ナーナー・パドナヴィース（ファルナヴィース） 1742.2.12–1800.3.13）

Nānā Sāhib〈19世紀〉
インド，マラータ王国最後の宰相バージー・ラーオ2世の養子。セポイの反乱ではゲリラ戦を展開。
⇒岩世人（ナーナー・サーヒブ 1825頃（異説あり）–1859頃）
　南ア新（ナーナー・サーヒブ 1824頃–1860頃）

Nandā
インドの貧女。
⇒広辞7（難陀　なんだ）

Nanda
釈尊の弟子の一。もと牧牛者であったので牧牛難陀という。
⇒広辞7（難陀　なんだ）

Nanda〈前4世紀頃〉
釈尊の異母弟。アシュバゴーシャの詩篇『端麗なるナンダ』の題材。
⇒広辞7（難陀　なんだ）

Nanda〈6世紀頃〉
インドの仏教僧。唯識十大論師の一人。
⇒広辞7（難陀　なんだ　6世紀頃）

Nandabayin〈16世紀〉
ビルマ，タウングー朝の王。在位1581～1599。
⇒岩世人（ナンダバイン 1535–1600.11）
　世帝（ナンダ・バイン 1581–1600）

Nandakumār〈18世紀〉
インドのバラモン，ベンガルの官吏。
⇒岩世人（ナンド・クマール 1700頃–1775.8.5）

Nanino, Giovanni Bernardino〈16・17世紀〉
イタリアの作曲家兄弟。
⇒バロ（ナニーノ，ジョヴァンニ・ベルナルディーノ 1560頃–1623）

Nanino, Giovanni Maria〈16・17世紀〉
イタリアの作曲家，歌手，教育者。教皇聖歌隊の一員として活躍。
⇒バロ（ナニーノ，ジョヴァンニ・マリア 1543-1544–1607.3.11）
　新カト（ナニーノ 1543/1544–1607.3.11）

Nanni d'Antonio di Banco〈14・15世紀〉
イタリアの彫刻家。父アントニオ・ディ・バンコとともにフィレンツェの大聖堂などの彫刻を制作。
⇒岩世人（ナンニ・ディ・バンコ 1390–1421）
　芸13（ナンニ・ディ・バンコ 1375頃–1421）

Nansen, Fridtjof〈19・20世紀〉
ノルウェーの北極地方探検家，科学者，政治家。1895年北緯86度13分に到達。
⇒岩世人（ナンセン 1861.10.10–1930.5.13）

ネーム　(ナンセン　1861–1930)
広辞7　(ナンセン　1861–1930)
ポプ人　(ナンセン,フリチョフ　1861–1930)

Nanteuil, Célestin François〈19世紀〉
フランスの画家，挿絵画家。
⇒岩世人　(ナントゥイユ　1813.7.11–1873.9.7)

Nanteuil, Robert〈17世紀〉
フランスの版画家。独自の彫版技法を確立し，ルイ14世などの肖像を多数制作。
⇒岩世人　(ナントゥイユ　1623–1678.12.9)
芸13　(ナンテュイユ,ロベール　1623–1678)

Naogeorg, Thomas〈16世紀〉
ドイツの新ラテン語詩人，劇作家，プロテスタントの牧師。
⇒岩世人　(ナオゲオルク　1511–1563.12.29)

Naoise
コンホヴァルの配下の騎士。
⇒ネーム　(ノイシュ)

Naoroji, Dadabhai〈19・20世紀〉
インドの政治家。国民会議結成に尽し，穏健派の指導者として活躍。
⇒岩世人　(ナオロジー　1825.9.4–1917.6.30?)
新カト　(ナオロジー　1825.9.4–1917.6.30)
世人新　(ナオロージー　1825–1917)
世人装　(ナオロージー　1825–1917)
南ア新　(ナオロージー　1825–1917)

Napier, *Sir* Charles〈18・19世紀〉
イギリスの海軍軍人。1855〜60年下院議員。
⇒岩世人　(ネイピア　1786.3.6–1860.11.6)

Napier, John, Laird of Merchiston〈16・17世紀〉
イギリスの数学者。対数の発明で知られる。
⇒岩世人　(ネイピア　1550–1617.4.4)
ネーム　(ネーピア　1550–1617)
広辞7　(ネーピア　1550–1617)
学叢思　(ネピアー,ジョン　1550–1617)
世数　(ネイピア,ジョン　1550–1617)
ポプ人　(ネーピア,ジョン　1550–1617)

Napier, William John, 8th Baron of〈18・19世紀〉
イギリスの海軍軍人。1833年中国貿易の首席監督官に。
⇒岩世人　(ネイピア　1786.10.13–1834.10.10)
世人新　(ネイピア　1786–1834)
世人装　(ネイピア　1786–1834)

Napoléon I, Bonaparte〈18・19世紀〉
フランス第一帝政の皇帝。在位1804〜14。
⇒岩世人　(ナポレオン1世　1769.8.15–1821.5.5)
広辞7　(ナポレオン一世　1769–1821)
学叢思　(ナポレオン,ボナパルト　1769/1768–1821)
新カト　(ナポレオン・ボナパルト　1769.8.15–1821.5.5)
世人新　(ナポレオン1世(ナポレオン＝ボナパルト)　1769–1821)
世人装　(ナポレオン1世(ナポレオン＝ボナパルト)　1769–1821)
世史語　(ナポレオン＝ボナパルト　1769–1821)
世帝　(ナポレオン・ボナパルト　1769–1821)
ポプ人　(ナポレオン1世　1769–1821)
ユ人　(ナポレオン(1世),ボナパルト　1769–1821)
皇国　(ナポレオン1世　(在位)1804–1814/15)
学叢歴　(ナポレオン・ボナパルト　1769–1821)

Napoléon II, François Charles Joseph Bonaparte duc de〈19世紀〉
フランス皇帝ナポレオン(1世)の息子。母はオーストリア皇女マリー・ルイズ。
⇒岩世人　(ナポレオン2世　1811.3.20–1832.7.22)
世帝　(ナポレオン2世　1811–1832)

Napoléon III, Charles Louis Napoléon Bonaparte〈19世紀〉
フランス第二帝政の皇帝。在位1852〜70。1世の甥。
⇒岩世人　(ナポレオン3世　1808.4.20–1873.1.9)
広辞7　(ナポレオン三世　1808–1873)
新カト　(ナポレオン3世　1808.4.20–1873.1.9)
世人新　(ナポレオン3世(ルイ＝ナポレオン)　1808–1873)
世人装　(ナポレオン3世(ルイ＝ナポレオン)　1808–1873)
世史語　(ルイ＝ナポレオン　1808–1873)
世史語　(ナポレオン3世　(在位)1852–70)
世史語　(ナポレオン3世　1808–1873)
世史語　(ナポレオン3世　1808–1873)
世帝　(ナポレオン3世　1808–1873)
ポプ人　(ナポレオン3世　1808–1873)
皇国　(ナポレオン3世　(在位)1852–1870)
学叢歴　(ナポレオン3世　1808–1873)

Naqshband, Khwāja Bahā' al-Dīn Muḥammad〈14世紀〉
代表的なイスラーム神秘主義教団であるナクシュバンディー教団の名祖。
⇒岩世人　(ナクシュバンド　1318.3–1389.3.2)

Naquet, Alfled Joseph〈19・20世紀〉
フランスの化学者。共和派の政治家。
⇒19仏　(アルフレッド・ナケ　1834.10.6–1916.11.10)
ユ著人　(Naquet,Alfled Joseph　ナケ,アルフレッド・ジョゼフ　1834–1916)

Narai〈17世紀〉
タイ，アユタヤ朝の第29代王。在位1656〜88。
⇒岩世人　(ナーラーイ　1632–1688.7.11)
世帝　(ラーマーティボーディー3世　1628–1688)

Naram-Sin〈前23世紀〉
南メソポタミアのアッカド王朝第4代の王。在位前2331頃〜2294頃。王朝の最盛期を現出。
⇒岩世人　(ナラム・シン　(在位)前2254–前2218)

Narapati Sithu〈12・13世紀〉
ビルマ，パガン朝の王。
⇒世帝（ナラパティシードゥー　1139–1210）

Narāqī, Aḥmad〈19世紀〉
十二イマーム・シーア派の法学者。
⇒岩世人（ナラーキー，アフマド　?–1829/1830）

Narasiṃhagupta〈6世紀〉
グプタ帝国の統治者。在位515〜530。
⇒世帝（ナラシンハグプタ　（在位）495頃–510頃）

Naratheinkha〈12世紀〉
ビルマ，パガン朝の王。
⇒世帝（ナラティンカー　1138–1173）

Narathihapate〈13世紀〉
ビルマ，パガン朝第11代の王。在位1256〜87。
⇒岩世人（ナラティハパテー　1237?–1287）
　世帝（ナラティーハパテ　?–1287）

Narathippraphanphong〈19・20世紀〉
タイの親王，官僚，文人。
⇒岩世人（ナラーティップラバンポン　1861.11.20–1931.10.11）

Narathu〈12世紀〉
ビルマ，パガン朝の王。
⇒世帝（ナラトゥー　?–1170）

Nārāyaṇa〈9・10世紀?〉
古代インドの説話作者。ダヴァラチャンドラという王の保護をうけた。主著『ヒトーバデーシャ（編）』。
⇒岩世人（ナーラーヤナ）

Narayana Guru, Sri〈19・20世紀〉
近代インドの宗教・社会改革者。
⇒南ア新（ナーラーヤナ・グル　1854–1928）

Narcissos〈2・3世紀〉
エルサレムの司教。聖人。在職180〜192以降。祝日10月29日。
⇒新カト（ナルキッソス〔エルサレムの〕　?–212以降）

Narcissus〈1世紀〉
ローマ皇帝クラウディウスの通信秘書として仕えた解放奴隷。
⇒岩世人（ナルキッスス　?–54）

Narcissus〈4世紀〉
ヘローナの司教。
⇒新カト（ナルキッスス〔ヘローナの〕　4世紀初頭）

Nardini, Pietro〈18世紀〉
イタリアのヴァイオリン奏者。
⇒バロ（ナルディーニ，ピエトロ　1722.4.12–1793.5.7）
　岩世人（ナルディーニ　1722.4.12–1793.5.7）

Nares, Sir George Strong〈19・20世紀〉
イギリスの海軍軍人，探検家。1875年南極圏と北極海を探検。
⇒岩世人（ネアズ　1831.5.22–1915.1.15）

Nares, James〈18世紀〉
イギリスの作曲家。
⇒バロ（ネアーズ，ジェームズ　1715.4.19–1783.2.10）

Naresuan Maharat〈16・17世紀〉
タイ，アユタヤ朝の第20代王。在位1590〜1605。
⇒岩世人（ナレースワン　1555–1605.4）
　世帝（サンペット2世　1555–1605）

Narezhnyi, Vasilii Trofimovich〈18・19世紀〉
ロシアの小説家。
⇒岩世人（ナレージヌイ　1780–1825.6.21）

Närimanov, Näriman Näjäfoghlu〈19・20世紀〉
アゼルバイジャン共産党の指導者。
⇒岩世人（ナリマノフ　1870.4.2/14–1925.3.19）

Nariño, Antonio〈18・19世紀〉
コロンビアの革命家。
⇒岩世人（ナリーニョ　1765.4.9–1823.12.13）
　ラテ新（ナリーニョ　1765–1823）

Naritsaranuwattiwong〈19・20世紀〉
タイの親王，官僚。
⇒岩世人（ナリット　1863.4.28–1947.3.10）

Narkissos
ギリシア神話に見える美少年。
⇒岩世人（ナルキッソス）
　ネーム（ナルキッソス）

Narmer〈前31世紀〉
エジプト最古のファラオの一人。上エジプトの王，デルタ地方をも征服。
⇒岩世人（ナルメル）

Nāropa〈11世紀〉
インドの無上瑜伽タントラの行者。
⇒岩世人（ナーローバ　1016–1100）

Narsai (Narses)〈4〜6世紀〉
ペルシアのネストリオス派神学者。
⇒新カト（ナルセス〔ニシビスの〕　399–502）

Narseh〈3・4世紀〉
ササン朝第7代の王。在位293〜302。シャプール1世の子。
⇒世帝（ナルセ1世　（在位）293–302）

Narses〈5・6世紀〉
ビザンチン帝国の将軍。対ゴート戦を終結，イタリア総督としてラベンナを統治（554〜567）。
⇒岩世人（ナルセス　480–574頃）

al-Narshakhī, Abū Bakr Muḥammad b.Jaʻfar〈9・10世紀〉
中央アジアの歴史家。943～944年に『ブハーラ史』を著す。
⇒岩世人（ナルシャヒー　899-959）

Narsieh〈7・8世紀〉
ペーローズ3世の子。
⇒世帝（ナルセ　7・8世紀）

Naruszewicz, Adam Stanisław〈18世紀〉
ポーランドの詩人，歴史家。
⇒岩世人（ナルシェーヴィチ　1733.10.20-1796.7.8）
新カト（ナルシェヴィチ　1733.10.20-1796.7.8）

Narutowicz, Gabrjel〈19・20世紀〉
ポーランドの技術者，政治家。公共事業相，外相(20)，大統領(22)。
⇒岩世人（ナルトヴィチ　1865.3.17-1922.12.16）

Narváez, Luis de〈15・16世紀〉
スペイン独自のビウエラ楽派の代表の一人。史上2冊めのビウエラ曲集を出版。
⇒バロ（ナルバエス，ルイス・デ　1500頃?-1555以降）

Narváez, Pánfilo de〈15・16世紀〉
スペイン人探検家。1511年のキューバ征服に参加。
⇒岩世人（ナルバエス　1470頃-1528）

Narváez, Ramón María, Duque de Valencia〈18・19世紀〉
スペインの軍人政治家。バレンシア侯。5回組閣，45年反動的憲法制定。
⇒岩世人（ナルバエス　1800.8.5-1868.4.23）

Nasafī, Abū al-Barakāt ʻAbdullāh〈13・14世紀〉
イスラーム・スンナ派4法学派の一つ，ハナフィー学派の法学者，啓典解釈学者，神学者。
⇒岩世人（ナサフィー，アブー・バラカート　?-1310）

Nasafī, Abū al-Muʻīn Maymūn〈11・12世紀〉
イスラーム・スンナ派二大神学派の一つ，マートゥリーディー学派神学を確立した神学者。
⇒岩世人（ナサフィー，アブー・ムイーン　?-1114）

Nasafī, Abū Ḥafs Najm al-Dīn ʻUmar〈12世紀〉
イスラーム・スンナ派二大神学派の一つ，マートゥリーディー学派の神学者，ハナフィー学派法学者，ハディース学者。
⇒岩世人（ナサフィー，ナジュムッディーン　?-1142）

al-Nasaʼi, Abū ʻAbd al-Raḥmān Aḥmad b.Shuʻayb〈9・10世紀〉
イスラム伝承学者。
⇒岩世人（ナサーイー　830-915）

al-Nasavī, Shihāb al-Dīn〈13世紀〉
西アジアの歴史家。
⇒岩世人（ナサヴィー　?-1249/1250）

Nascimbeni, Stefano〈16・17世紀〉
イタリアの作曲家。
⇒バロ（ナシンベーニ，ステファーノ　1560頃?-1619）

Nasco, Giovanni〈16世紀〉
フランドルの作曲家。
⇒バロ（ナスコ，ジョヴァンニ　1510-1525頃-1561）

Nash, John〈18・19世紀〉
イギリスの建築家。リージェント公園，リージェント通りなどの設計，施工に従事。
⇒岩世人（ナッシュ　1752-1835.5.13）

Nash, Richard〈17・18世紀〉
Beau Nashとして知られるイギリスの伊達者。
⇒岩世人（ナッシュ　1674.10.18-1761.2.12）

Nash, William Mitchell〈19・20世紀〉
アメリカの大リーグ選手（三塁）。
⇒メジャ（ビリー・ナッシュ　1865.6.24-1929.11.15）

Nashāṭ〈19世紀〉
イランの詩人，書家。
⇒岩世人（ナシャート　?-1828頃）

Nashe, Thomas〈16・17世紀〉
イギリスの諷刺家，詩人，劇作家。悪党小説『不運な旅人』(94)はイギリス小説の先駆。
⇒岩世人（ナッシュ　1567.11-1601）
新カト（ナッシュ　1567-1601頃）

Nashwān b.Saʻīduʼl-Ḥimyarī〈12世紀〉
アラビアの言語学者。
⇒岩世人（ナシュワーン　?-1178.6.13）

Nasi, Gracia Mendes〈16世紀〉
ポルトガルの実業家。
⇒ユ著人（Nasi,Doña Gracia (Hannah) Mendes　ナシィ，ドーニャ・グラシア・(ハンナ)・メンデス　1510?-1569）
ルネ（グラシア・メンデス・ナジ　1510-1569）

Nasi, Joseph〈16世紀〉
オスマン帝国のユダヤ教徒の商人，政治家。
⇒ユ人（ナシ，ヨセフ　1524頃-1579）
ユ著人（Nasi,Joseph　ナシィ，ヨセフ　1520/1524-1579）

Nāṣīf al-Yāzijī〈19世紀〉
近代アラブの文学者。
⇒岩世人（ナースィーフ・ヤーズィージー　1800.3.

25-1871.2.8)

Nāsikh〈18・19世紀〉
インドのウルドゥー語詩人。
⇒岩世人（ナースィフ　1772-1838）

Nasīmī Baghdādī〈14・15世紀〉
ペルシア語，トルコ語詩人。
⇒岩世人（ナスィーミー・バグダーディー　?-1417頃）

*Al-***Nāṣir**〈12・13世紀〉
カリフ王朝の統治者。在位1180～1225。
⇒岩世人（ナースィル・リ・ディーニッラー　1158-1225）
　世帝（ナースィル　1158-1225）

Nāṣir al-Dīn Shāh〈19世紀〉
イランのカージャール朝第4代の王。在位1848～96。
⇒岩世人（ナーセロッディーン・シャー　1831.7.17-1896.5.1）
　19仏（ナーセロッディーン・シャー　1831.7.16-1896.5.1）

Nasīr al-Dīn Ṭūsī, Abū Ja'far〈13世紀〉
イランの哲学者，天文学者，政治家。主著『ナースィルの倫理』。
⇒岩世人（トゥースィー，ナースィルッディーン　1201-1274.6）
　新カト（トゥーシー　1201.2.18-1274.6.26）
　世数（トゥースィー，ナスィールッディーン・アル　1201-1274）

*al-***Nāṣirī al-Salāwī, Shihāb al-Dīn**〈19世紀〉
モロッコの歴史家。
⇒岩世人（ナースィリー・サラーウィー　1835-1897）

Naṣir-i-Khusrau, Abū Mu'īn al-Dīn〈11世紀〉
ペルシアの詩人，神学者。イスマイル派に属す。主著『幸福の書』『宗教の顔』など。
⇒岩世人（ナースィレ・フスラウ　1004-1077?/1088?）
　広著7（ナーシレ・フスラウ　1004-1072以後）

*Al-***Nāṣir Muḥammad I**〈13世紀〉
イスラム・エジプトの統治者。在位1293～1294,1299～1309（復位），1310～1341（再位）。
⇒岩世人（ナースィル・ムハンマド　1285-1341）

Nasmyth, James〈19世紀〉
スコットランドの技術者。蒸気ハンマー（39），平削盤，杭打機械，各種の水圧機械などをも発明。
⇒岩世人（ナズミス　1808.8.19-1890.5.7）

Naṣr Allāh, Abū al-Ma'ālī〈12世紀〉
イランの文人。
⇒岩世人（ナスルッラー）

Naṣr ibn Aḥmad〈10世紀〉
ホラーサーンとマー・ワラー・アン＝ナフル（アム川北方）を支配したサーマーン朝第4代の王。在位914～43。
⇒岩世人（ナスル2世　?-943）

Nassarre, Pablo〈17・18世紀〉
スペインの作曲家。
⇒バロ（ナサーレ，パブロ　1650頃?-1730）

Nasse, Erwin〈19世紀〉
ドイツの経済学者。
⇒学叢思（ナッセ，エルウィン　1829-1890）
　学叢歴（ナッスレ　?-1898）

Nasûh, Matrakçı〈16世紀〉
オスマン朝の軍人，著述家，画家。
⇒岩世人（マトラクチュ・ナスーフ　?-1564）

Natalia〈3・4世紀〉
ローマ帝国のニコメディアの殉教者。
⇒図聖（ナタリア（ニコメディアの）　?-4世紀初頭）

Natalia Kirillovna Naryshkina〈17世紀〉
ロマノフ朝第2代ツァーリ，アレクセイ・ミハイロヴィッチの2番目の妃で，ピョートル1世の母，摂政。
⇒王妃（ナターリア・キリロヴナ・ナルイシキナ　1651-1694）

Natalis, Alexander〈17・18世紀〉
フランスのドミニコ会神学者，教会史家。
⇒新カト（ナタリス　1639.1.19-1724.8.21）

Natalis, Herveus〈13・14世紀〉
フランスの神学者，哲学者。ドミニコ会員。
⇒新カト（ヘルヴェウス・ナターリス　1250/1260-1323.8.7）

Natanson, Mark Andreevich〈19・20世紀〉
ロシアの革命家。ナロードニキ運動の創始者の一人。10月革命でボリシェヴィキと統一戦線をはる。
⇒ユ著人（Natanson,Mark Andreevich　ナタンソン，マルク・アンドレーヴィッチ　1850-1919）

Nathan
ダビデ・ソロモン時代の預言者（旧約）。
⇒岩世人（ナタン）
　新カト（ナタン）
　聖書（ナタン）

Nathan
アミエルの娘バト・シュアが産んだダビデの三男，ソロモンの兄。
⇒新カト（ナタン）

Nathan〈17・18世紀〉
イギリスの作曲家。

⇒バロ（ネイサン,？ 1660頃?–1720頃?）

Nathan, Sir Matthew〈19・20世紀〉
イギリスの外交官。
⇒岩世人（ネイサン 1862.1.3–1939.4.18）

Nathan ben Jehiel of Rome〈11世紀〉
イタリアの辞書編集者。
⇒ユ著人（Nathan ben Jehiel of Rome ロームのナタン・ベン・イエヘル 1035–1100?）

Nathan of Gaza〈17世紀〉
メシアを自称したサバタイ・セビの信奉者。
⇒ユ人（ナタン（ガザのナタン） 1643/1644–1680）
⇒ユ著人（Nathan of Gaza ガザのナタン 1633–1680）

Nathorst, Alfred Gabriel〈19・20世紀〉
スウェーデンの探検家,古植物学者。
⇒岩世人（ナトホルスト（ナートホスト） 1850.11.7–1921.1.20）

Nathorst, Charles E.〈19・20世紀〉
アメリカの陸軍将校。
⇒アア歴（Nathorst,Charles E. チャールズ・E・ナソースト 1862.6.20–1945）

al-Nāṭiq bi-l-Ḥaqq〈10・11世紀〉
イスラーム・シーア派のザイド学派のイマーム,法学者。
⇒岩世人（ナーティク・ビルハック 951/952–1033）

Natoire, Charles Joseph〈17・18世紀〉
フランスの画家。1721年ローマ賞受賞,51～74年ローマのフランス・アカデミー会長。
⇒芸13（ナトワール,シャルル・ジョゼフ 1700–1777）

Natorp, Paul Gerhard〈19・20世紀〉
ドイツの哲学者,社会教育学者。新カント派のマールブルク学派の代表者の一人。
⇒岩世人（ナトルプ 1854.1.24–1924.8.17）
　ネーム（ナトルプ 1854–1924）
　広辞7（ナトルプ 1854–1924）
　学叢思（ナトルプ,パウル 1854–1924）
　新カト（ナトルプ 1854.1.24–1924.8.17）
　メル2（ナトルプ,パウル 1854–1924）

Natronai, bar Hilai〈9世紀〉
スーラのアカデミー院長（ガオン,853～8）。
⇒ユ人（ナトロナイ,バル・ヒライ 9世紀）

Nattier, Jean Marc〈17・18世紀〉
フランスの画家。作品『ポルタバの戦い』（15～20）や,『ディアナに扮したアデライーデ婦人』など。
⇒岩世人（ナティエ 1685.3.17–1766.11.7）
　ネーム（ナティエ 1685–1766）
　芸13（ナティエ,ジャン・マルク 1685–1766）

Nau, Abbé François〈19・20世紀〉
フランスの東洋学者,数学者。
⇒新カト（ノー 1864.5.13–1931.9.2）

Nauck, Johann August〈19世紀〉
ドイツの古典学者。
⇒岩世人（ナウク 1822.9.18–1892.8.3）

Nauclerus, Johannes〈15・16世紀〉
ドイツの人文主義者,歴史家。
⇒岩世人（ナウクレルス 1430–1510.1.5）
　新カト（ナウクレルス 1425/1430–1510.5.1）

Naudet, Paul〈19・20世紀〉
キリスト教的民主主義の第2世代に属するフランスの司祭,ジャーナリスト,説教師。
⇒新カト（ノデ 1859.6.27–1929.10.15）

Naudot, Jacques-Christophe〈17・18世紀〉
フランスの作曲家。
⇒バロ（ノード,ジャック・クリストフ 1690頃–1762.11.25）

Naumann, Edmund〈19・20世紀〉
ドイツの地質学者。
⇒岩世人（ナウマン 1854.9.11–1927.2.1）
　ネーム（ナウマン 1850–1927）
　広辞7（ナウマン 1854–1927）
　ポプ人（ナウマン,エドムント 1854–1927）

Naumann, Johann Friedrich〈18・19世紀〉
ドイツの鳥類学者。アンハルト・ケーテン大公の鳥類博物館教授兼管理者。
⇒岩世人（ナウマン 1780.2.14–1857.8.15）

Naumann, Johann Gottlieb〈18・19世紀〉
ドイツの作曲家,指揮者。オペラ『ティト帝の慈悲』（1769）などの作品がある。
⇒バロ（ナウマン,ヨハン・ゴットリープ 1741.4.17–1801.10.23）

Naumann, Joseph Friedrich〈19・20世紀〉
ドイツの政治家,ルター派の神学者。1918年の革命後,ドイツ民主党党首。
⇒岩世人（ナウマン 1860.3.25–1919.8.24）
　学叢思（ナウマン,フリードリヒ 1860–?）
　新カト（ナウマン 1860.3.25–1919.8.24）

Naumann, Karl Friedrich〈18・19世紀〉
ドイツの鉱物学者,地質学者。結晶面を表わす〈ナウマンの記号〉を考案。
⇒岩世人（ナウマン 1797.5.30–1873.11.26）

Naungdawgyi〈18世紀〉
ビルマ,コンバウン朝の王。在位1760～1763。
⇒世帝（ナウンドウジー 1734–1763）

Naunyn, Bernhard〈19・20世紀〉
ドイツの医者。胆嚢および膵臓、並びに糖尿病の代謝に関する業績がある。
⇒岩世人（ナウニン　1839.9.2–1925.7.26）

Nausea, Friedrich〈15・16世紀〉
宗教改革時代のドイツのカトリック説教者、神学者。
⇒新カト（ナウゼア　1491/1496–1552.2.6）

Nausikaa
ギリシア神話のファイアーケス人の王アルキノオスの娘。
⇒岩世人（ナウシカア）
　姫全（ナウシカア）
　ネーム（ナウシカ）

Nausiphanēs〈前4世紀〉
古代ギリシアの原子論哲学者。
⇒岩世人（ナウシファネス　前360頃–?）

Nauwach, Johann〈16・17世紀〉
ドイツの作曲家。
⇒バロ（ナウヴァッハ、ヨハン　1595頃–1630頃）

Naval, Franz〈19・20世紀〉
オーストリアのテノール。
⇒魅惑（Naval, Franz　1865–1939）

Navarrete, Alonso〈16・17世紀〉
スペインのドミニコ会宣教師。1611年来日し、九州各地に布教し、大村湾の高島で斬首された。
⇒岩世人（ナバレーテ　1571.9.21–1617.5.22）
　新カト（ナバレテ　1571.9.21–1617.6.1）

Navarrete, Domingo Fernández〈17世紀〉
スペインのドミニコ会宣教師、大司教。
⇒新カト（ナバレテ　1610/1618–1686.2.16）

Navarrete, Juan Fernández de〈16世紀〉
スペインの画家。王室画家として、フィリップ2世が建設したエスコリアルの室内装飾を担当。
⇒岩世人（ナバレーテ　1540頃–1579.3.28）

Navarrete Fajardo, Luis〈16世紀〉
スペインの遣日特派使節。
⇒岩世人（ナバレーテ　?–1597.11.30）
　新カト（ナバレテ・ファハルド　?–1597.11.30）

Navarro, Juan I〈16世紀〉
スペインの作曲家。
⇒バロ（ナバーロ、フアン1世　1530頃–1580.9.25）

Navarro, Pietro Paolo〈16・17世紀〉
イタリアのイエズス会宣教師。1588年来日。
⇒新カト（ナヴァロ　1560–1622.11.1）

Navas, Juan Francisco de〈17・18世紀〉
スペインの作曲家。
⇒バロ（ナバス、フアン　1640頃?–1709）

Navas, Manuel de〈17世紀〉
スペインの作曲家。
⇒バロ（ナバス、マヌエル・デ　1640頃?–1700頃?）

Naves, François-Joseph〈18・19世紀〉
ベルギーの画家。
⇒芸13（ナヴェ、フランソア　1787–1869）

Navier, Louis Marie Henri〈18・19世紀〉
フランスの工学者。ナビエ＝ストークス方程式を導き(1823)、流体力学、弾性力学に貢献。
⇒岩世人（ナヴィエ　1785.2.15–1836.8.23）

Naville, Henri Edouard〈19・20世紀〉
スイスのエジプト学者。ハトシェプスト皇后の神殿やデル・エル・バフリ神殿などの発掘に従事。
⇒岩世人（ナヴィル　1844.6.14–1926.10.17）

Navoigille, Guillaume〈18・19世紀〉
フランスの作曲家。
⇒バロ（ナヴォワジル、ギヨーム　1745頃–1811.11）

Nawā'ī, Mīr 'Alī-Shīr〈15・16世紀〉
チムール帝国の政治家、学者、芸術家。ウズベク文学の創始者。
⇒岩世人（ナヴァーイー　1441–1501）
　広辞7（ナヴァーイー　1441–1501）

Nawal Kishor, Munshī〈19世紀〉
インドの出版業者。ヒンドゥー教徒。
⇒岩世人（ナワル・キショール　1836.1.3–1895.2.19）

*al-***Nawawī, Yaḥyā ibn Sharaf**〈13世紀〉
イスラーム法学者、ハディース学者。
⇒岩世人（ナワウィー　1233–1277）

Nayan〈13世紀〉
中国、元初の叛王。太祖チンギス・ハンの末弟テムゲ・オッチギンの玄孫。
⇒岩世人（ナヤン　1258–1287（世祖至元24））

Nayawaya〈17世紀〉
ビルマ、タウングー朝の王。在位1672～1673。
⇒世帝（ナラワラ　1650–1673）

Nazarius〈2～4世紀?〉
伝説上の初期キリスト教殉教者、聖人。
⇒新カト（ケルススとナザリウス　生没年不詳）

Naẓimī〈19世紀〉
新疆北部イリ地方の文人。
⇒岩世人（ナズィミー　1823–1899）

Nazimova, Alla〈19・20世紀〉
ロシアの女優。1906年以降アメリカで活動。
⇒岩世人（ナジモヴァ　1879.5.22/6.4–1945.7.13）

Naẓīr〈18・19世紀〉
インドのウルドゥー語詩人。
⇒岩世人（ナズィール・アクバラーバーディー　1740?–1830.8.16）

Naẓīr Aḥmad, Maulānā〈19・20世紀〉
インドのウルドゥー語作家。
⇒岩世人（ナズィール・アフマド　1836.12.6–1912.4.28）

Nazor, Vladimir〈19・20世紀〉
ユーゴスラビアの詩人、小説家。戦後ユーゴスラビア連邦内のクロアチア人民共和国の元首。作品『クロアチアの王たち』(1912)など。
⇒岩世人（ナゾル　1876.5.18/30–1949.6.19）

al-**Nazzām, Ibrāhīm bn Sayyār, Abū Isḥāq**〈9世紀〉
アッバース朝イラクの学者、詩人。
⇒岩世人（ナッザーム　775–835-845）

Neale, Edward St.John〈19世紀〉
イギリスの外交官。江戸時代末期日本に駐在。生麦事件の処理に尽力。
⇒岩世人（ニール　?–1866.12.11）

Neander, Joachim〈17世紀〉
ドイツの改革派最初の詩人、讃美歌作者、敬虔主義神学者。
⇒バロ（ネアンダー、ヨアヒム　1650–1680.3.31）

Neander, Johann August Wilhelm〈18・19世紀〉
ドイツのプロテスタント神学者。ユダヤ人。主著『キリスト教史・教会史』(25～52)。
⇒岩世人（ネアンダー　1789.1.17–1850.7.14）
　学叢思（ネアンデル、ヨハン・アウグスト・ヴィルヘルム　1789–1850）
　新カト（ネアンダー　1789.1.17–1850.7.14）

Nearchos〈前4世紀〉
古代ギリシア、クレタの人。アレクサンドロス大王の艦隊を指揮。年代記を残した。
⇒岩世人（ネアルコス　前360年代–?）
　世人新（ネアルコス　前360頃–前312頃）
　世人装（ネアルコス　前360頃–前312頃）

Nebenius, Karl Friedrich〈18・19世紀〉
ドイツの経済学者、政治家。バーデン公国に出仕(1811～)。
⇒岩世人（ネーベニウス　1784.9.29–1857.6.8）
　学叢思（ネベニユース、カール・フリードリヒ　1784–1857）

Nebhepetre Mentuhotep II〈前21世紀〉
古代エジプトの統治者。在位前2060～2009。
⇒岩世人（メンチュヘテプ2世　(在位)前2046–前1995頃）

Nebmare Ramesses VI〈前12世紀〉
古代エジプトの統治者。在位前1141～1133。
⇒世帝（ラメセス6世　(在位)前1141–前1133頃）

Nebphetyre Ahmose〈前16世紀〉
古代エジプトの統治者。
⇒岩世人（イアフメス1世　(在位)前1550–前1525頃）
　世帝（イアフメス1世　(在位)前1570–前1546頃）

Nebra, Manuel Blasco de〈18世紀〉
スペインの作曲家。
⇒バロ（ネブラ・マヌエル・ブラスコ・デ　1750頃–1784.9.12）

Nebra Blasco, José Melchor de〈18世紀〉
スペインの作曲家。
⇒バロ（ネブラ・ブラスコ、ホセ・メルチョール・デ　1702.1.6–1768.7.11）

Nebrija, Elio Antonio de〈15・16世紀〉
スペインの人文学者。『カスティーリャ語文法』(92)の著者。
⇒岩世人（ネブリーハ　1444–1522）
　ルネ（アントニオ・デ・ネブリハ　1441頃–1522）

Nebuchadnezzar I〈前12世紀〉
バビロニア王。イシン第2王朝第3代の王。アッシリアと戦った。
⇒岩世人（ネブカドネツァル1世　(在位)前1125–前1104）

Nebuchadnezzar II〈前7・6世紀〉
新バビロニア帝国の王。在位前605～前562。エジプト軍を撃破、シリア、エルサレムにも侵入。
⇒岩世人（ネブカドネツァル2世　(在位)前604–前562）
　ネーム（ネブカドネザル2世）
　広辞7（ネブカドネツァル二世　?–前562）
　新カト（ネブカドネツァル）
　聖書（ネブカドネツァル）
　世人新（ネブカドネザル2世　?–前562）
　世人装（ネブカドネザル2世　?–前562）
　世史語（ネブカドネザル2世　(在位)前604–前562）
　ポプ人（ネブカドネザル2世　?–前562）
　学叢歴（ネブカドネザル　(在位)前605–前561）

Nechaev, Sergei Gennadievich〈19世紀〉
ロシアの陰謀的革命家。ロシアの革命運動を推し進めた。
⇒岩世人（ネチャーエフ　1847.9.20–1882.11.21）
　広辞7（ネチャーエフ　1847–1882）

Necho II〈前6世紀〉
エジプト、第26王朝第2代の王。在位前610～595。605年カルケミシュの戦いでバビロンに大敗。
⇒岩世人（ネコ2世　(在位)前610–前595）

Necin〈18世紀〉
中国、清朝の政治家。
⇒岩世人（ネチン　?–1749(乾隆14)）

Neck, Jacob Corneliszoon van〈16・17世紀〉
オランダの東洋派遣艦隊司令官。1601年バンタンに着き、太泥に赴き商館を設立。
⇒岩世人（ファン・ネック 1564–1638.3.8）

Necker, Jacques〈18・19世紀〉
フランス、ルイ16世時代の財務総監。1781年『財政報告書』を提出。
⇒岩世人（ネッケル 1732.9.30–1804.4.9）
ネーム（ネッケル 1732–1804）
広辞7（ネッケル 1732–1804）
学叢思（ネッケル，ジャック 1732–1804）
世人新（ネッケル 1732–1804）
世人装（ネッケル 1732–1804）
世史語（ネッケル 1732–1804）
ポプ人（ネッケル，ジャック 1732–1804）
学叢歴（ネッケル 1732–1804）

Nedim, Aḥmet〈17・18世紀〉
オスマン・トルコ帝国の宮廷詩人。スルタンへの讃辞詩などを発表。
⇒岩世人（ネディーム 1680/1681–1730）

Needham, John Turberville〈18世紀〉
イギリスの博物学者。司祭（1732〜）。ビュフォンと協力して科学実験を行い、生物の自然発生を主張。
⇒岩世人（ニーダム 1713.9.10–1781.12.30）

Neefe, Christian Gottlob〈18世紀〉
ドイツの作曲家。ベートーヴェンにピアノ、作曲などを教えた。
⇒バロ（ネーフェ，クリスティアン・ゴットロープ 1748.2.5–1798.1.26）

Neer, Aert van der〈17世紀〉
オランダの風景画家。
⇒岩世人（ファン・デル・ネール 1603/1604–1677.11.9）

Neer, Eglon Hendrik van der〈17・18世紀〉
オランダの画家。デュッセルドルフで宮廷画家。主作品『ギターを弾く婦人』。
⇒岩世人（ファン・デル・ネール 1634頃–1703.5.3）

Nees von Esenbeck, Christian Gottfried〈18・19世紀〉
ドイツの植物学者。菌類の分類体系などを研究。
⇒岩世人（ネース・フォン・エーゼンベック 1776.2.14–1858.3.16）

Neferkare Pepi II〈前24・23世紀〉
古代エジプトの統治者。在位前2350〜2260頃。
⇒岩世人（ペピ2世 （在位）前2254–前2194頃）

Neferkare Ramesses IX〈前12世紀〉
古代エジプトの統治者。在位前1123〜1105。
⇒世帝（ラメセス9世 （在位）前1126–前1108頃）

Nefertiti〈前14世紀〉
エジプト第18王朝の王イクナートンの后。
⇒姫全（ネフェルティティ）
ネーム（ネフェルティティ）
世史語（ネフェルティティ）
ポプ人（ネフェルティティ 生没年不詳）

Negri, Ada〈19・20世紀〉
イタリアの女流作家。小説『朝の星』(1921) が代表作。
⇒岩世人（ネグリ 1870.2.3–1945.1.11）
広辞7（ネーグリ 1870–1945）

Negri, Cesare〈16・17世紀〉
イタリアのダンサー、舞踊教師、舞踊理論家。
⇒バロ（ネーグリ・ミラネージ，チェーザレ・デ 1536–1604以降）
バレエ（ネグリ，チェーザレ 1536/1535–1604以降）

Negri, Giovanni Battista De〈19・20世紀〉
イタリア・オペラのテノール。
⇒失声（ジョヴァンニ・バッティスタ・デ・ネグリ 1850–1924）

Negri, Giulio Santo Pietro de〈16・17世紀〉
イタリアの作曲家。
⇒バロ（ネーグリ，ジュリオ・サント・ピエトロ・デ 1570頃?–1620）

Negri, Marc-Antonio〈16・17世紀〉
イタリアの作曲家。
⇒バロ（ネーグリ，マルク・アントーニオ 1570頃?–1621以降）

Nehemiah〈前5世紀頃〉
旧約聖書ネヘミヤ記のなかの主要人物。バビロニア幽囚後のユダヤ指導者。
⇒岩世人（ネヘミヤ）
新カト（ネヘミヤ）
聖書（ネヘミヤ）

Nehru, Paṇḍit Motīlāl〈19・20世紀〉
インドの政治家。スワラジ党を結成し（22），国民会議派の長老として活躍。
⇒岩世人（ネルー 1861.5.6–1931.2.6）

Nehunya ben ha-Kanah〈1・2世紀〉
タンナア。
⇒ユ著人（Nehunya ben ha-Kanah ネフニア・ベン・ハ＝カナ 1世紀末–2世紀初）

Neidhart von Reuental〈12・13世紀〉
中世高地ドイツ語時代の抒情詩人。いわゆる農民詩を作り出した。
⇒バロ（ロイエンタール，ナイトハルト・フォン 1180頃?–1237-1245頃）
岩世人（ナイトハルト（ロイエンタールの））

Neile, William〈17世紀〉
イギリスの数学者。
⇒世数（ニール，ウィリアム　1637-1670）

Neilos〈3・4世紀〉
エジプトの司教。聖人，パレスチナの殉教者。祝日9月19日。
⇒新カト（ペレオス，ネイロスとその仲間　?-310頃）

Neilos〈10・11世紀〉
聖人，大修道院長。祝日9月26日。イタリア南部カラブリアの町ロッサーノの貴族出身。
⇒新カト（ネイロス〔グロッタフェラータの〕910-1004）

Neilsen, John Shaw〈19・20世紀〉
オーストラリアの詩人。
⇒オセ新（ニールセン　1872-1942）

Neilson, James Beaumont〈18・19世紀〉
イギリスの技術者。1824年製鉄用熱風炉を研究開発。
⇒岩世人（ニールソン　1792.6.22-1865.1.18）

Neilson, Nellie〈19・20世紀〉
アメリカの女流歴史家。マウント・ホールヨーク女子大学名誉教授。
⇒岩世人（ニールソン　1873.4.5-1947.5.26）

Neisser, Albert Ludwig Siegmund〈19・20世紀〉
ドイツの皮膚科学者，細菌学者。1906年ワッセルマンとともにワッセルマン血清反応を創案。
⇒岩世人（ナイサー　1855.1.22-1916.7.30）

Nekht-neb-f I〈前4世紀〉
エジプト第30王朝初代の王。在位前378～360。
⇒岩世人（ネクタネボ1世　（在位）前380-前362）

Nekht-neb-f II〈前4世紀〉
エジプト第30王朝第3代の王。在位前359～42。
⇒岩世人（ネクタネボ2世　（在位）前360-前342）

Nekrasov, Nikolai Alekseevich〈19世紀〉
ロシアの詩人。叙事詩『だれにロシアは住みよいか』（執筆63～77）が代表作。
⇒岩世人（ネクラーソフ　1821.11.28-1877.12.27）
　ネーム（ネクラーソフ　1821-1878）
　広辞7（ネクラーソフ　1821-1878）

Nektarios〈4世紀〉
コンスタンティノポリスの司教（総主教）。在職381～97。キリキアのタルソス生まれ。
⇒新カト（ネクタリオス　?-397.9.27）

Neku Siyar〈17・18世紀〉
インド，ムガール帝国の皇帝。
⇒世帝（ネクシャル　1679-1723）

Nélaton, Auguste〈19世紀〉
フランスの外科医。軟ゴム導尿管の発明者。
⇒岩世人（ネラトン　1807.6.17-1873.9.21）

Nelli, Ottaviano di Martino〈14・15世紀〉
イタリアの画家。代表作『聖人と聖母子』(03)。
⇒芸13（ネルリ，オッタヴィアーノ　1375頃-1444）

Nelson, Daniel〈19・20世紀〉
アメリカの宣教師。
⇒アア歴（Nelson,Daniel　ダニエル・ネルスン　1853.4.10-1926.2.8）

Nelson, Horatio Nelson, Viscount〈18・19世紀〉
イギリスの海軍軍人。1805年トラファルガルの戦いでフランスとスペインの連合艦隊を撃破したが，戦死。
⇒岩世人（ネルソン　1758.9.29-1805.10.21）
　ネーム（ネルソン　1758-1805）
　広辞7（ネルソン　1758-1805）
　世人新（ネルソン　1758-1805）
　世人装（ネルソン　1758-1805）
　世史語（ネルソン　1758-1805）
　ポプ人（ネルソン，ホレーショ　1758-1805）
　学叢歴（ネルソン　1758-1805）

Nemanja, Stefan〈12世紀〉
ラシュカ（セルビア）の大族長。在位1168～96。
⇒岩世人（ネマーニャ　1113-1199.2.13）
　世帝（ステファン・ネマニャ　1113-1200）

Němcová, Božena〈19世紀〉
チェコの女流作家。近代チェコ散文の創始者。代表作『おばあさん』(55)。
⇒岩世人（ニェムツォヴァー　1820.2.4-1862.1.21）

Nemesianus, Marcus Aurelius Olympius〈3世紀〉
ローマの詩人。『詩選』『狩猟』などを残す。
⇒岩世人（ネメシアヌス）

Nemesios Emesēs〈5世紀〉
400年頃のキリスト教哲学者。
⇒岩世人（ネメシオス（エメサの））
　新カト（ネメシオス　4-5世紀）

Nemirovich-Danchenko, Vasilii Ivanovich〈19・20世紀〉
ロシアの作家。代表作は『ソロフキ』。
⇒岩世人（ネミローヴィチ＝ダンチェンコ　1858.12.11/23-1943.4.25）

Nemours, Louis Charles Philippe Raphaël d'Orléans, Duc de〈19世紀〉
フランスの軍人。国王ルイ・フィリップの次男。
⇒岩世人（ヌムール　1814.10.25-1896.6.26）

Nenna, Pomponio〈16・17世紀〉
イタリアの作曲家。

⇒バロ（ネンナ, ポンポーニオ　1550-1555頃-1613.10.22以前）

Nennius〈8・9世紀?〉
ウェールズの歴史家。『ブリテン人誌』を編集したとされる。
⇒岩世人（ネンニウス）

Neoptolemos
ギリシア神話の英雄。アキレウスとデーイダメイアの子。
⇒岩世人（ネオプトレモス）
　ネーム（ネオプトレモス）

Neot, St.〈9世紀〉
イギリスのアングロサクソン人の修道士。
⇒新カト（ネオト　?-900頃）

Nepos, Cornelius〈前1世紀〉
ローマの伝記作家。『英傑伝』『年代記』が代表作。
⇒岩世人（ネポス　前99頃-前24）
　広辞7（ネポス　前1世紀）

Nepotis, Florens〈15・16世紀〉
フランドルの作曲家。
⇒バロ（ネポティス, フローレンス　1495頃-1537.3.15）

Nepotis, Govard〈15世紀〉
フランドルの作曲家。
⇒バロ（ネポティス・ホーファルト　1450頃-1499）

Neretti, Horatio〈16・17世紀?〉
ポルトガルの遣日使節、遣日貿易船隊司令官。駿府で家康に謁し、貿易許可の朱印状を得た。
⇒岩世人（ネレッティ）

Nereus〈1・2世紀〉
ローマの殉教者, 聖人。
⇒新カト（ネレウスとアキレウス　1-2世紀）
　図聖（ネレウスとアキレウス　?-304頃）

Neri, Filippo de〈16世紀〉
イタリアの宗教家。1548年慈善のための三位一体信心会を設立。
⇒バロ（ネーリ, フィリッポ・ロモーロ・ディ　1515.7.21-1595.5.26）
　岩世人（ネーリ　1515.7.21-1595.5.26）
　図聖（ネーリ, フィリッポ　1515-1595）

Neri, Massimiliano〈17世紀〉
イタリアの作曲家, オルガン奏者。
⇒バロ（ネーリ, マッシミリアーノ　1605頃-1666）

Neri, Pompeo〈18世紀〉
イタリアの開明的官僚。
⇒岩世人（ネーリ　1706.1.17-1776.9.14）

Neriglissaros〈前6世紀〉
新バビロニアの国王。在位前560〜56。
⇒岩世人（ネリグリッサル　(在位)前559-前556）

Nerinckx, Charles〈18・19世紀〉
ベルギー人司祭, 宣教師, ロレット修道会創立者。
⇒新カト（ネリンクス　1761.10.2-1824.8.12）

Nernst, Walther Hermann〈19・20世紀〉
ドイツの物理化学者。ネルンストの熱定理を発見（06）。1920年ノーベル化学賞を受賞。
⇒岩世人（ネルンスト　1864.6.25-1941.11.18）
　ネーム（ネルンスト　1864-1941）
　広辞7（ネルンスト　1864-1941）
　物理（ネルンスト, ヴァルター　1864-1941）
　ノ物化（ヴァルター・ヘルマン・ネルンスト　1864-1941）

Nero Claudius Caesar Augustus Germanicus〈1世紀〉
ローマ皇帝。在位54〜68。暴君として知られる。
⇒岩世人（ネロ　37.12.15-68.6.9）
　広辞7（ネロ　37-68）
　新カト（ネロ　37.12.15-68.6.9）
　世人新（ネロ　37-68）
　世人装（ネロ　37-68）
　世帝（ネロ　37-68）
　ポプ人（ネロ・クラウディウス・カエサル　37-68）
　皇国（ネロ　?-68）
　学叢歴（ネロ　37-68）

Nerses〈4世紀〉
アルメニア教会の首座主教。
⇒新カト（ネルセス　?-372/373）

Neruda, Jan〈19世紀〉
チェコの詩人, 小説家。詩集『宇宙の歌』, 短篇集『小地区の物語』。
⇒岩世人（ネルダ　1834.7.10-1891.8.22）

Neruda, Jan Křtitel Jiři〈18世紀〉
ボヘミアの作曲家。
⇒バロ（ネルーダ, ヤン・クルジティーテル・イルジー　1707頃-1780頃）

Nerva, Marcus Cocceius〈1世紀〉
ローマ皇帝。在位96〜98。五賢帝の一人。
⇒岩世人（ネルウァ　30.11.8-98.1.27?）
　新カト（ネルウァ　30.11.8-98.1.25/27）
　世人新（ネルウァ　30/35-98）
　世人装（ネルウァ　30/35-98）
　世史語（ネルウァ帝　(在位)96-98）
　世帝（ネルウァ　35-98）
　ポプ人（ネルウァ, マルクス・コッケイウス　30?-98）
　皇国（ネルウァ　(在位)96-98）
　学叢歴（ネルウァ　32-98）

Nerval, Gérard de〈19世紀〉
フランスの詩人, 小説家。主著, 小説『火の娘たち』(54),『幻想詩篇』(54)。
⇒岩世人（ネルヴァル　1808.5.22-1855.1.26）
　ネーム（ネルヴァル　1808-1855）

広辞7（ネルヴァル　1808–1855）
Nervo, Amado Ruiz de〈19・20世紀〉
　メキシコの詩人。作品は『詩集』(02)，『静穏』(14)など。
　⇒新カト（ネルボ　1870.8.27–1919.5.24）
Nesbit, Edith〈19・20世紀〉
　イギリスの女流児童文学者。主作に『魔法の城』(07)など。
　⇒岩世人（ネズビット　1858.8.15–1924.5.4）
Nesiotes〈前5世紀〉
　ギリシアの彫刻家。
　⇒岩世人（ネシオテス）
　　芸13（ネシオテス　前5世紀）
Nesmelov, Viktor Ivanovich〈19・20世紀〉
　ロシアの宗教哲学者。
　⇒岩世人（ネスメーロフ　1863.1.1/13–1937.6）
Nesselrode, Karl Robert, Count〈18・19世紀〉
　ロシアの外交官，政治家，伯爵。反自由主義ヨーロッパ協調を推進。
　⇒岩世人（ネッセリローデ　1780.12.2–1862.3.11）
Nessler, Victor Ernst〈19世紀〉
　ドイツの指揮者，作曲家。
　⇒岩世人（ネスラー　1841.1.28–1890.5.28）
Nestle, Eberhard〈19・20世紀〉
　ドイツのプロテスタント神学者，新約聖書文献学者。
　⇒岩世人（ネストレ　1851.5.1–1913.3.9）
　　新カト（ネストレ　1851.5.1–1913.3.9）
Nestle, Wilhelm〈19・20世紀〉
　ドイツの古典語学者，哲学史家。主著 "Griechische Studien" (1948)。
　⇒岩世人（ネストレ　1865.4.16–1959.4.18）
Nestor
　ギリシア神話のピュロスの王。
　⇒岩世人（ネストル）
　　広辞7（ネストル）
Nestor〈3世紀〉
　ペルゲの司教。聖人，殉教者。祝日，ローマ教会2月25日，ギリシア教会2月28日。
　⇒新カト（ネストル〔ペルゲの〕　?–251）
Nestor〈11・12世紀〉
　ロシアの作家，年代記編者。古代ロシア年代記『過ぎし年月の物語』の編纂者とみなされる。
　⇒広辞7（ネストル）
Nestorius〈5世紀〉
　キリスト教神学者。コンスタンチノープル総大司教。
　⇒岩世人（ネストリオス　381頃–481以降）

ネーム（ネストリウス　?–451?）
広辞7（ネストリオス　381頃–451頃）
学叢思（ネストリウス）
新カト（ネストリオス〔コンスタンティノポリスの〕　381頃–451頃）
世人新（ネストリウス　381頃–451頃）
世人装（ネストリウス　381頃–451頃）
ポプ人（ネストリウス　381頃–481頃）
メル1（ネストリオス　380/381?–440/481?）
Nestroy, Johann Nepomuk Eduard Ambrosius〈19世紀〉
　オーストリアの俳優，劇作家。主作品は『1階と2階』(35)，『うさばらし』(42)ほか。
　⇒岩世人（ネストロイ　1801.12.7–1862.5.25）
　　ネーム（ネストロイ　1801–1862）
Netscher, Caspar〈17世紀〉
　オランダの画家。小型の肖像画で知られる。
　⇒岩世人（ネッチェル　1639–1684.1.15）
Netter, Charles〈19世紀〉
　フランスの慈善事業家。
　⇒ユ人（ネッター，シャルル　1826–1882）
Netter, Thomas〈14・15世紀〉
　イングランドのカルメル会神学者。
　⇒新カト（ネッター　1372頃–1430.11.2）
Nettlau, Max〈19・20世紀〉
　オーストリア生れの歴史家。無政府主義思想史を研究。
　⇒学叢思（ネットラウ，マックス）
Netto, Curt Adolph〈19・20世紀〉
　ドイツの鉱山冶金技師。東京大学理学部で鉱山学を教授。
　⇒岩世人（ネットー　1847.8.21–1909.2.7）
Netto, Eugen〈19・20世紀〉
　ドイツの数学者。
　⇒世数（ネットー，エウゲン・オットー・エルヴィン　1848–1919）
Neubauer, Franz Christoph〈18世紀〉
　ボヘミアの作曲家。
　⇒バロ（ノイバウアー，フランツ・クリストフ　1760頃–1795.10.11）
Neubauer, Johann〈17世紀〉
　ドイツの作曲家。
　⇒バロ（ノイバウアー，ヨハン　1600頃?–1660頃?）
Neuber, Friederike Caroline〈17・18世紀〉
　ドイツの女優。夫ヨハンとともに劇団を結成。
　⇒岩世人（ノイバー　1697.3.9–1760.11.30）
Neuendorff, Edmund〈19・20世紀〉
　ドイツの体育家，体育史家，体育学者。
　⇒岩世人（ノイエンドルフ　1875.4.23–1961.8.30）

Neumann, Carl Gottfried〈19・20世紀〉
ドイツの数学者,理論物理学者。ポテンシャル論,幾何光学に業績がある。
⇒岩世人（ノイマン　1832.5.7-1925.3.27）
　世数（ノイマン,カール・ゴットフリート　1832-1925）

Neumann, Franz Ernst〈18・19世紀〉
ドイツの物理学者。1845年ノイマンの法則を導いた。
⇒岩世人（ノイマン　1798.9.11-1895.5.23）
　物理（ノイマン,フランツ・エルンスト　1798-1895）
　世数（ノイマン,フランツ・エルンスト　1798-1895）

Neumann, Johann Balthasar〈17・18世紀〉
ドイツの建築家。ヴュルツブルク宮殿はバロック様式の代表作。
⇒岩世人（ノイマン　1687.1.30-1753.7.18）
　新カト（ノイマン　1687.1.27-1753.8.19）

Neumann, Karl Friedrich〈18・19世紀〉
ドイツのシナ学者,歴史家。1830～31年中国に渡り文物を研究し,多数の漢籍を購після。
⇒岩世人（ノイマン　1793.12.28-1870.3.17）

Neumark, David〈19・20世紀〉
ユダヤ教改革派の哲学者。
⇒ユ著人（Neumark,David　ノイマルク,ダヴィド　1866-1924）

Neumark, Georg〈17世紀〉
ドイツの讃美歌作者。
⇒バロ（ノイマルク,ゲオルク　1621.3.7-1681.7.8）

Neumayer, Georg von〈19・20世紀〉
ドイツの気象学者。メルボルンに観測所を創設(1857)。北極および南極地方に数回探検隊を組織。
⇒岩世人（ノイマイアー　1826.6.21-1909.5.24）

Neumayr, Melchior〈19世紀〉
ドイツの古生物学者,地質学者。地中海地方を踏査し,中生代の層序と化石を研究。
⇒岩世人（ノイマイアー　1845.10.24-1890.1.29）

Neunann-Spallar, Franz Xavier von〈19世紀〉
オーストリアの経済学者,統計学者。
⇒学叢思（ノイマン・シュパラート,フランツ・ザヴィエル・フォン　1837-1888）

Neurath, Konstantin, Freiherr von〈19・20世紀〉
ナチス・ドイツの政治家。
⇒岩世人（ノイラート　1873.2.2-1956.8.15）

Neurath, Wilhelm〈19・20世紀〉
オーストリアの経済学者。関税論,カルテル,経済学概論等多方面の著作がある。
⇒岩世人（ノイラート　1840.5.31-1901.3.9）
　学叢思（ノイラート,ヴィルヘルム　1840-1901）

Neusidler, Hans〈16世紀〉
ハンガリー系のドイツのリュート奏者,作曲家,リュート製作者。リュート曲集を36～49年に8冊出版。
⇒バロ（ノイジードラ,ハンス　1508/1509頃?-1563.2.2）

Neusidler, Konrad〈16・17世紀〉
ドイツの作曲家。
⇒バロ（ノイジードラ,コンラート　1541.2.13-1604以降）

Neusidler, Melchior I〈16世紀〉
ハンガリーの作曲家。
⇒バロ（ノイジードラ,メルヒオール1世　1507頃-1590）

Neusidler, Melchior II〈16世紀〉
ドイツの作曲家。
⇒バロ（ノイジードラ,メルヒオール2世　1531-1590/1591）

Neuß, Wilhelm〈19・20世紀〉
ドイツのカトリック教会史家,美術史家。
⇒新カト（ノイス　1880.7.24-1965.12.31）

Neuville, Alphonse de〈19世紀〉
フランスの画家。
⇒芸13（ヌーヴィーユ,アルフォンス・ド　1836-1885）

Nevin, Ethelbert Woodbridge〈19・20世紀〉
アメリカの作曲家。1886年ピアノ奏者としてデビュー。
⇒岩世人（ネヴィン　1862.11.25-1901.2.17）

Nevin, John Williamson〈19世紀〉
アメリカのドイツ改革派教会神学者。
⇒岩世人（ネヴィン　1803.2.20-1886.6.6）

Nevius, John Livingston〈19世紀〉
アメリカの長老派教会宣教師。
⇒アア歴（Nevius,John Livingston　ジョン・リヴィングストン・ネヴィアス　1829.3.4-1893.10.19）
　岩世人（ネヴィアス　1829.3.4-1893.10.19）

Newark, William〈15・16世紀〉
イギリスの作曲家。
⇒バロ（ニューアーク,ウィリアム　1450頃-1509.11.11）

Newcastle, Thomas Pelham-Holles, 1st Duke of〈17・18世紀〉
イギリスの貴族,政治家。1754～56年首相。
⇒岩世人（ニューカッスル　1693.7.21-1768.11.17）

Newcastle, William Cavendish, Duke of〈16・17世紀〉
イギリスの貴族,軍人。1628年伯爵。清教徒革命に際し国王指揮官として議会軍と抗戦。
⇒岩世人 (ニューカッスル 1593.12.16頃–1676.12.25)

Newcomb, Simon〈19・20世紀〉
カナダ出身のアメリカの天文学者。著書『通俗天文学』。
⇒岩世人 (ニューカム 1835.3.12–1909.7.11)

Newcomen, Thomas〈17・18世紀〉
イギリスの技術者。1705年蒸気機関を発明。
⇒岩世人 (ニューコメン 1663.2–1729.8)
ネーム (ニューコメン 1663–1729)
広辞7 (ニューコメン 1663–1729)
世人新 (ニューコメン 1663–1729)
世人装 (ニューコメン 1663–1729)
世史語 (ニューコメン 1663–1729)
ポプ人 (ニューコメン,トーマス 1664–1729)

Newell, Samuel〈18・19世紀〉
アメリカの宣教師。
⇒アア歴 (Newell,Samuel サミュエル・ニューウェル 1785.7.24/25–1821.3.30)

Newlands, John Alexander Reina〈19世紀〉
イギリスの化学者。オクターブの法則の発見者。
⇒岩世人 (ニューランズ 1837.11.26–1898.7.29)

Newman, Ernest〈19・20世紀〉
イギリスの音楽評論家。諸新聞の音楽批評欄を担当 (1905～)。
⇒岩世人 (ニューマン 1868.11.30–1959.7.7)

Newman, Francis William〈19世紀〉
イギリスの文学者,神学者。John Henryの弟。
⇒岩世人 (ニューマン 1805.6.27–1897.10.4)

Newman, John Henry〈19世紀〉
アングリカン・チャーチのオックスフォード運動指導者。著書『アポロギア』(64) など。
⇒岩世人 (ニューマン 1801.2.21–1890.8.11)
ネーム (ニューマン 1801–1890)
広辞7 (ニューマン 1801–1890)
学叢思 (ニューマン,ジョン・ヘンリー 1801–1890)
新カト (ニューマン 1801.2.21–1890.8.11)
メル2 (ニューマン,ジョン・ヘンリー 1801–1890)

Newton, Sir Charles Thomas〈19世紀〉
イギリスの考古学者。1880～88年ロンドン大学考古学教授。
⇒岩世人 (ニュートン 1816.9.16–1894.11.28)

Newton, Sir Isaac〈17・18世紀〉
イギリスの数学者,物理学者,天文学者。
⇒岩世人 (ニュートン 1642.12.25–1727.3.20)
覚思 (ニュートン 1642.12.25–1727.3.20)
覚思ス (ニュートン 1642.12.25–1727.3.20)
科史 (ニュートン 1642–1727)
広辞7 (ニュートン 1642–1727)
学叢思 (ニュートン,アイザック 1642–1727)
新カト (ニュートン 1642.12.25 (新暦1643.1.4)–1727.3.31)
物理 (ニュートン,アイザック 1642–1727)
世人新 (ニュートン 1643–1727)
世人装 (ニュートン 1643–1727)
世史語 (ニュートン 1643–1727)
世数 (ニュートン,アイザック 1642–1727)
ポプ人 (ニュートン,アイザック 1642–1727)
メル2 (ニュートン,アイザック 1643–1727)

Newton, John〈18・19世紀〉
イギリスの讃美歌作家。『オルニー讃美歌集』(79)。
⇒岩世人 (ニュートン 1725.7.24–1807.12.31)

Newton, John〈19世紀〉
アメリカの宣教師。
⇒アア歴 (Newton,John ジョン・ニュートン 1810–1891.7.21)

Newton, John Caldwell Calhoun〈19・20世紀〉
アメリカのメソジスト監督派教会宣教師。関西学院院長。
⇒アア歴 (Newton,John Caldwell Calhoun ジョン・コードウェル・カルフーン・ニュートン 1848.5.25–1931.11.10)

Ney, Michel, duc d'Elchingen〈18・19世紀〉
フランスの陸軍軍人。1812年のロシア遠征で功績をあげモスクバ公爵に。
⇒岩世人 (ネイ 1769.1.10–1815.12.7)

Nezahualcóyotl〈15世紀〉
テスココ王国の再興者。在位1431～72。
⇒ラテ新 (ネサワルコヨトル 1402–1472)

Ngammuang〈13世紀〉
タイのパヤオ王国の王。在位1258～?。
⇒岩世人 (ガムムアン 1238–?)

Ngata, Apirana〈19・20世紀〉
マオリの政治家。
⇒オセ新 (ナータ 1874–1950)

ngor chen kun dga' bzang po〈14・15世紀〉
チベット仏教のサキャ派の二大支派の一つ,ゴル派の開祖。
⇒岩世人 (ゴルチェン・クンガーサンポ 1382–1456)

Ngô Thì Nhâm〈18・19世紀〉
ベトナムのレー(黎)朝後期からタイソン(西山)朝期の文人。
⇒岩世人 (ゴー・ティー・ニャム 1746–1803)

Ngo Thi Si〈18世紀〉
ベトナム黎朝末期の詩人，歴史家。呉一族の中心人物。『呉家文派』など。
⇒岩世人（ゴー・ティー・シー　1726-1780）

Ngua Nam Thum〈14世紀〉
タイ，スコータイ朝の王。
⇒世帝（グワナムトゥム　（在位）1341-1347）

Ngunza
アフリカのアンゴラなどでの文化英雄。
⇒ネーム（ングンザ）

Nguyên, Dinh, Chiêu〈19世紀〉
ベトナム阮朝中期の詩人。六八体長編詩『陸雲僊』の作者。
⇒岩世人（グエン・ディン・チエウ　1822-1888）

Nguyen Binh Khiem〈15・16世紀〉
ベトナムの詩人，学者。字は享甫，号は白雲居士。『白雲庵詩集』など。
⇒岩世人（グエン・ビン・キエム　1491-1585）

Nguyen Du〈16世紀〉
ベトナムの小説家。
⇒岩世人（グエン・ズー（グエン・トゥ））

Nguyen Du〈18・19世紀〉
ベトナムの詩人。
⇒岩世人（グエン・ズー　1765-1820.9.16）
　広辞7（グエン・ズー　1765-1820）

Nguyễn Hoàng〈16・17世紀〉
ベトナムの王。主仙と尊称した。廟号は太祖嘉裕皇帝。
⇒岩世人（グエン・ホアン　1525-1613）

Nguyen Hue〈18世紀〉
ベトナムのタイソン（西山）運動の指導者。
⇒岩世人（グエン・フエ　1753-1792）
　学叢歴（阮文恵　?-1792（乾隆57））

Nguyễn Phu'ó'c (Phúc) Chu〈17・18世紀〉
ベトナムの皇帝。阮福淍帝の通称。1691年から1725年にかけて，南部ベトナムにおける"国主"の地位にあった。
⇒岩世人（グエン・フオック・チュー　1675-1725）

Nguyen Trai〈14・15世紀〉
ベトナムの軍事戦略家，儒学者。
⇒岩世人（グエン・チャイ　1380-1442）

Nguyễn Tru'ò'ng Tộ〈19世紀〉
ベトナム，嗣徳帝代の名士。
⇒岩世人（グエン・チュオン・ト　1830?-1871.11.22?）

Niccolini, Giovanni Battista〈18・19世紀〉
イタリアの悲劇作家。主著『アルナルド・ダ・フレッシャ』(43)。
⇒岩世人（ニッコリーニ　1782.10.29-1861.9.20）

Niccolò da Padova〈15・16世紀〉
イタリアの作曲家。
⇒バロ（ニッコロ・ダ・パドヴァ　1490頃?-1540頃?）

Niccoló da Perugia〈14世紀〉
イタリアの作曲家。
⇒バロ（ニッコロ・ダ・ペルージア　1340頃?-1400頃）

Nicephorus I Logothus〈8・9世紀〉
東ローマ皇帝。在位802～811。財政を建直し，宗教上の過激派を押えた。
⇒岩世人（ニケフォロス1世　760頃-811.7.26）
　新カト（ニケフォルス1世　760頃-811.7.26）
　世帝（ニケフォロス1世　760?-811）

Nicephorus II Phocas〈10世紀〉
東ローマ皇帝。在位963～969。財政政策で不評を買い，暗殺された。
⇒岩世人（ニケフォロス2世フォカス　912頃-969.12.11）
　新カト（ニケフォルス2世・フォカス　912頃-969.12.11）
　世帝（ニケフォロス2世　913-969）

Nicephorus of Antioch〈8・9世紀〉
殉教者。聖人。
⇒岩世人（ニケフォロス1世　750-758-828.4.5）

Nicephorus of Constantinople〈8・9世紀〉
コンスタンチノープルの総主教，神学者，歴史家。皇帝レオ5世の偶像破壊策に反対。
⇒新カト（ニケフォロス〔コンスタンティノポリスの〕　750/758-828.4.5）

Nicetas (Remesiana)〈4・5世紀〉
古代末期の教会著作家，聖人。
⇒新カト（ニケタス〔レメシアナの〕　340頃-414頃）

Nicetius〈7世紀〉
フランスのブザンソンの司教。聖人。祝日2月8日。リュクスーユの大修道院長であったヴァルデベルトと親交を結んだことで知られる。
⇒新カト（ニケティウス〔ブザンソンの〕　?-679以前）

Nicetius of Trier〈6世紀〉
司教。聖人。オーヴェルニュ生まれ。
⇒新カト（ニケティウス〔トリールの〕　?-561/566）

Nichelmann, Christoph〈18世紀〉
ドイツのチェンバロ奏者，作曲家。
⇒バロ（ニヒェルマン，クリストフ　1717.8.13-1762.7.20）

Nicholas de Verdun〈12・13世紀〉
ドイツの金工家。ケルン大聖堂の三王礼拝の聖

遺物箱などが代表作。
⇒岩世人 (ニコラウス（ヴェルダンの） 1130頃–1205頃)
　新カト (ニコラ・ド・ヴェルダン （活動)12世紀末–13世紀初頭)

Nicholas of Damascus〈前1世紀〉
ギリシアの歴史家, 哲学者。世界史144巻などを著す。
⇒岩世人 (ニコラオス（ダマスコスの） 前64頃–前4以降)
　ユ人 (ニコラス（ダマスカスのニコラス） 前64頃–?)

Nicholas Trevet〈13・14世紀〉
イングランドのドミニコ会の神学者。
⇒岩世人 (トレヴェット 1258–1265頃–1334以降)

Nichols, Florence〈19・20世紀〉
アメリカの教育宣教師。
⇒アア歴 (Nichols,Florence フローレンス・ニコルズ 1865.10.27–1958.2.4)

Nichols, Francis Henry〈19・20世紀〉
アメリカの新聞記者, 作家。
⇒アア歴 (Nichols,Francis H (enry) フランシス・ヘンリー・ニコルズ 1868.10.31–1904.12.19)

Nichols, John〈18・19世紀〉
イギリスの文筆家, 出版者。『文人逸話集』(12～15)の著者。
⇒岩世人 (ニコルズ 1745.2.2–1826.11.26)

Nichols, (Kid) Charles Augustus〈19・20世紀〉
アメリカの大リーグ選手（投手）。
⇒メジャ (キッド・ニコルズ 1869.9.14–1953.4.11)

Nicholson, Francis〈18・19世紀〉
イギリスの水彩画家。晩年には石版画に熱中。
⇒岩世人 (ニコルソン 1753.11.14–1844.3.6)

Nicholson, Joseph Shield〈19・20世紀〉
イギリスの経済学者。
⇒岩世人 (ニコルソン 1850.11.9–1927.5.12)
　学叢思 (ニコルソン, ジョセフ・シールド 1850–?)

Nicholson, Reynold Alleyne〈19・20世紀〉
イギリスの東洋学者。
⇒岩世人 (ニコルソン 1868.8.18–1945.8.27)

Nicholson, Richard〈16・17世紀〉
イギリスの作曲家。
⇒バロ (ニコルソン, リチャード 1570頃–1639)

Nicholson, William〈18・19世紀〉
イギリスの肖像画家, 銅版画家。〈ロイアル・スコティッシュ・アカデミー〉創立に尽力。
⇒岩世人 (ニコルソン 1781.12.25–1844.8.16)

Nicklisch, Heinrich〈19・20世紀〉
ドイツの経営経済学の創始者。
⇒岩世人 (ニックリシュ 1876.7.19–1946.4.28)

Nicodemos Hagiorites〈18・19世紀〉
ギリシア正教会の聖人, 修道者, 神秘思想家。祝日7月14日。
⇒新カト (ニコデモス・ハギオリテース 1749–1809.7.14)

Nicol, William〈18・19世紀〉
イギリスの物理学者。1828年ニコルのプリズムを発明。
⇒岩世人 (ニコル 1768–1851.9.2)

Nicolai, Christoph Friedrich〈18・19世紀〉
ドイツ啓蒙期の通俗哲学者。
⇒岩世人 (ニコライ 1733.3.18–1811.1.11)

Nicolai, Johann Michael〈17世紀〉
ドイツの作曲家。
⇒バロ (ニコライ, ヨハン・ミヒャエル 1629–1685.1.26)

Nicolai, Matthias〈16・17世紀〉
ドイツの作曲家。
⇒バロ (ニコライ, マティアス 1580頃?–1636)

Nicolai, Otto Carl Ehrenfried〈19世紀〉
ドイツの作曲家。ウィーン・フィルハーモニー管弦楽団の前身フィルハルモニッシェ・コンツェルテを創設。
⇒岩世人 (ニコライ 1810.6.9–1849.5.11)
　エデ (ニコライ, (カール) オットー (エーレンフリート) 1810.6.9–1849.5.11)

Nicolai, Philipp〈16・17世紀〉
ドイツの作曲家。
⇒バロ (ニコライ, フィリップ 1556.8.10–1608.10.26)

Nicolai, Valentino〈18世紀〉
イタリアの作曲家。
⇒バロ (ニコライ, ヴァレンティーノ 1740頃?–1798頃)

Nicolai, Walter〈19・20世紀〉
ドイツ軍の情報機関, 参謀本部IIIb部のトップを1913年から21年まで務めた人物。
⇒スパイ (ニコライ, ヴァルター 1873–1947)

Nicolao, Giovanni〈16・17世紀〉
イタリアの宣教師。
⇒岩世人 (ニコラオ 1559–1626.3.16)
　新カト (ニコラオ 1559–1626.3.16)

Nicolas, Jean-Jacques-Auguste〈19世紀〉
フランスのカトリック護教家。

⇒新カト（ニコラ　1807.1.6–1888.1.17）

Nicolaus〈12世紀〉
フランスのアミアン出身の神学者。
⇒新カト（ニコラウス〔アミアンの〕　12世紀）

Nicolaus〈14世紀〉
スイスの異端者。
⇒新カト（ニコラウス〔バーゼルの〕　?–1395頃）

Nicolaus I, St.〈9世紀〉
教皇。在位858～67。コンスタンチノープル総大司教位をめぐる争いで東西教会分裂を招く。
⇒岩世人（ニコラウス1世　800頃–867）
　新カト（ニコラウス1世　820–867.11.13）

Nicolaus II〈10・11世紀〉
教皇。在位1059～61。
⇒岩世人（ニコラウス2世　?–1061.7.27）
　新カト（ニコラウス2世　?–1061.7.19/26）

Nicolaus III〈13世紀〉
教皇。在位1277～80。フランシスコ会内部の争いに際し1279年大勅書を発行。
⇒岩世人（ニコラウス3世　1216頃–1280.8.22）
　新カト（ニコラウス3世　1210/1220–1280.8.22）

Nicolaus IV〈13世紀〉
教皇。在位1288～92。南イタリア，シシリイの政情安定に尽力。
⇒新カト（ニコラウス4世　1227.9.30–1292.4.4）

Nicolaus V〈14世紀〉
ヨハネス22世の対立教皇。在位1328～30。
⇒新カト（ニコラウス5世〔対立教皇〕　?–1333.10.16）

Nicolaus V〈14・15世紀〉
教皇。在位1447～55。バーゼル公会議による混乱を収拾。
⇒岩世人（ニコラウス5世　1397.11.15–1455.3.24）
　新カト（ニコラウス5世　1397.11.15–1455.3.24）

Nicolaus Cusanus〈15世紀〉
ドイツの哲学者，宗教家。教皇使節として東西教会統一に尽力。
⇒岩世人（ニコラウス・クザーヌス　1401–1464.8.11）
　広辞7（クザーヌス　1401–1464）
　学叢思（クザヌス，ニコラウス　1401–1464）
　新カト（ニコラウス・クザーヌス　1401–1464.8.11）
　世数（ニコラウス・クザーヌス　1401–1464）
　メル1（ニコラウス・クザーヌス　1401–1464）
　ルネ（ニコラウス・クザーヌス　1401–1464）

Nicolaus de Radom〈14・15世紀〉
ポーランドのチェンバロ奏者。
⇒バロ（ニコラウス・デ・ラドム　1390頃?–1440頃?）
　バロ（ラドム，ニコラウス・デ　1390頃?–1440頃?）

Nicolaus de Ultracuria〈14世紀〉
フランスのオッカム主義哲学者。因果律を排除し，中世のヒュームと呼ばれる。
⇒岩世人（ニコラウス（オトルクールの）　1300頃–1350以後）
　新カト（ニコラウス〔オトルクールの〕　1300頃–1350以降）

Nicolaus Lyranus〈13・14世紀〉
フランスの聖書釈義学者。主著『聖書全巻註解』。
⇒岩世人（ニコラウス（リールの）　1270頃–1349.10）
　新カト（ニコラウス〔リールの〕　1270–1349.10.16）

Nicolaus Myranus〈4世紀〉
小アジアの主教。学童，船員の守護聖人。サンタ・クロースの名で親しまれる。
⇒岩世人（ニコラオス（ミュラの）　?–350頃）
　新カト（ニコラオス〔ミュラの〕　270頃–342/347）
　図聖（ニコラウス（ミュラの）　?–345/351）

Nicolaus (Tolentino)〈13・14世紀〉
イタリアの司祭，アウグスティヌス会修道士，聖人。
⇒新カト（ニコラ〔トレンティーノの〕　1245頃–1305.9.10）
　図聖（ニコラウス（トレンティーノの）　1245–1305）

Nicole, Paul〈19・20世紀〉
フランスのプロモーター，作家。
⇒19仏（ポール・ニコル　1832.11.23–1904.11.19）

Nicole, Pierre〈17世紀〉
フランスのジャンセニスト神学者，文法学者。主著『ポール・ロワイヤル文法』(62)。
⇒岩世人（ニコル　1625.10.19–1695.11.16）
　新カト（ニコル　1625.10.19–1695.11.16）

Nicolini, Giuseppe〈18・19世紀〉
イタリアの作曲家。
⇒オペラ（ニコリーニ，ジュゼッペ　1762–1842）

Nicolino〈17・18世紀〉
イタリアのカストラート歌手。
⇒オペラ（ニコリーノ　1673–1730）

Nicoll, *Sir* William Robertson〈19・20世紀〉
スコットランドのプロテスタント牧師，著作家。
⇒岩世人（ニコル　1851.10.10–1923.5.4）

Nicolle, Charles Jules Henri〈19・20世紀〉
フランスの細菌学者。
⇒岩世人（ニコル　1866.9.21–1936.2.28）
　広辞7（ニコル　1866–1936）

Nicostratus〈3・4世紀〉
殉教者、聖人。
⇒図聖（戴冠聖人,4人の　?-305頃）

Nicot, Jean〈16世紀〉
フランスの外交官。喫煙の風習をフランスに導入。「ニコチン」の語はその名に由来。
⇒岩世人（ニコ　1530頃-1600.5.5）

Nicotera, Giovanni〈19世紀〉
イタリアの政治家。リソルジメント運動に参加。国家統一後、内務大臣（1876～77,91～92）。
⇒岩世人（ニコーテラ　1828.9.9-1894.6.13）

Niebergall, Ernst Elias〈19世紀〉
ドイツの劇作家。ダルムシュタット地方の方言を初めて文学作品に用いた。
⇒岩世人（ニーベルガル　1815.1.13-1843.4.19）

Niebuhr, Barthold Georg〈18・19世紀〉
ドイツの歴史家。主著『ローマ史』。
⇒岩世人（ニーブール　1776.8.27-1831.1.2）
　広辞7（ニーブール　1776-1831）
　新カト（ニーブール　1776.8.27-1831.1.2）

Niebuhr, Carsten〈18・19世紀〉
ドイツの旅行家。エジプト、アラビア、シリアの科学的探検隊に参加（60）。
⇒岩世人（ニーブール　1733.3.17-1815.4.26）

Niedermeyer, Abraham Louis〈19世紀〉
スイスの作曲家。
⇒岩世人（ニーデルメイェール　1802.4.27-1861.3.14）

Niedt, Friedrich Erhard〈17・18世紀〉
ドイツの作曲家。
⇒バロ（ニート,フリードリヒ・エルハルト　1674.5.31-1708.4）

Niekrasov, N.W.〈19・20世紀〉
現代ソヴィエト・ロシアの全露中央消費同盟会長。
⇒学叢思（ネクラーソフ）

Niel, Adolphe〈19世紀〉
フランスの軍人。
⇒岩世人（ニエル　1802.10.4-1869.8.13）

Niels〈11・12世紀〉
デンマーク王。
⇒世帝（ニルス　1065-1134）

Nielsen, Carl August〈19・20世紀〉
デンマークの作曲家。作品は、交響曲、オペラ、協奏曲、合唱曲など多数。
⇒岩世人（ニールセン　1865.6.9-1931.10.3）
　エデ（ニールセン、カール（アウグスト）　1865.6.9-1931.10.3）
　ネーム（ニールセン　1865-1931）
　実音人（ニールセン、カルル　1865-1931）
　ビ曲改（ニールセン、カルル・アウグスト　1865-1931）

Niemann, Johannes Erdewin〈18・19世紀〉
オランダの東インド会社員。1835年長崎オランダ出島商館長として来日。
⇒岩世人（ニーマン　1796.2.21-1850.6.18）

Niemcewicz, Julian Ursyn〈18・19世紀〉
ポーランドの詩人、劇作家、社会活動家。作品に政治喜劇『使者の帰還』（90）など。
⇒岩世人（ニェムツェーヴィチ　1757.2.16-1841.5.21）

Niépce, Joseph-Nicéphore〈18・19世紀〉
フランスの写真発明家。最初の写真版画を制作。
⇒岩世人（ニエプス　1765.3.7-1833.7.5）
　ネーム（ニエプス　1765-1833）
　広辞7（ニエプス　1765-1833）
　芸13（ニエプス、ジョゼフ・ニセフォール　1765-1833）

Niepce de Saint-Victor, Claude Félix Abel〈19世紀〉
フランスの写真工学者。アルブミンを使用してガラス板に写像を定着させることに成功。
⇒岩世人（ニエプス・ド・サン＝ヴィクトール　1805.7.26-1870.4.5）

Niethammer, Friedrich Immanuel〈18・19世紀〉
ドイツの哲学者。フィヒテと共に、『哲学雑誌』を発行（1796～1800）。
⇒岩世人（ニートハンマー　1776.3.6-1848.4.1）

Nietzsche, Friedrich Wilhelm〈19世紀〉
ドイツの哲学者。実存哲学の先駆者。主著『ツァラトゥストラかく語りき』など。
⇒岩世人（ニーチェ　1844.10.15-1900.8.25）
　覚思（ニーチェ　1844.10.15-1900.8.25）
　覚思ス（ニーチェ　1844.10.15-1900.8.25）
　ネーム（ニーチェ　1844-1900）
　広辞7（ニーチェ　1844-1900）
　学叢思（ニーチェ、フリードリヒ・ヴィルヘルム　1844-1900）
　新カト（ニーチェ　1844.10.15-1900.8.25）
　図哲（ニーチェ、フリードリヒ　1844-1900）
　世人新（ニーチェ　1844-1900）
　世人装（ニーチェ　1844-1900）
　世史語（ニーチェ　1844-1900）
　ポブ人（ニーチェ、フリードリヒ　1844-1900）
　メル3（ニーチェ、フリードリヒ・ヴィルヘルム　1844-1900）

Nieuwerkerke, Alfred-Émilien O'Hara〈19世紀〉
フランスの美術行政官、彫刻家。

⇒岩世人（ニューヴェルケルク　1811.4.16–1892.1.16）

Nieuwland, Julius Arthur〈19・20世紀〉
アメリカの化学者。アセチレン誘導体を合成。
⇒岩世人（ニューランド　1878.2.14–1936.6.11）
　新カト（ニューランド　1878.2.14–1936.6.11）

Nievo, Ippolito〈19世紀〉
イタリアの小説家。主著『80男の告白』(59)などで国家統一期のイタリアを描く。
⇒岩世人（ニエーヴォ　1831.11.30–1861.3.5）
　広辞7（ニエーヴォ　1831–1861）
　新カト（ニエーヴォ　1831.11.30–1861.3.4.5）

al-Niffarī, Muḥammad〈10世紀〉
イスラーム初期の神秘家（スーフィー）。
⇒岩世人（ニッファリー　?–976/977頃）

Nigârî〈15・16世紀〉
オスマン朝の海軍士官ハイダル・レイスの雅号。
⇒岩世人（ニギャーリー，レイス・ハイダル　?–1572）

Nightingale, Florence〈19・20世紀〉
イギリスの看護婦。看護婦の職制を確立。病院，医療制度の改革にも努めた。
⇒岩世人（ナイティンゲール　1820.5.12–1910.8.13）
　広辞7（ナイチンゲール　1820–1910）
　物理（ナイチンゲール，フローレンス　1820–1910）
　世人新（ナイチンゲール　1820–1910）
　世人装（ナイチンゲール　1820–1910）
　世史語（ナイチンゲール　1820–1910）
　ポプ人（ナイチンゲール，フローレンス　1820–1910）
　学叢歴（ナイチンゲール　1820–1902）

Nignon, Édouard〈19・20世紀〉
フランスの料理人，レストラン経営者。
⇒岩世人（ニニョン　1865–1934）

Nihāla Canda〈18世紀〉
インドの画家。
⇒岩世人（ニハール・チャンド　1710頃–1782頃）

Nijenroode (Nieuwroode), Cornelis van〈16・17世紀〉
オランダの平戸商館長。
⇒岩世人（ネイエンローデ　?–1633.1.31）

Nikander〈3世紀〉
聖人，エジプトの殉教者。祝日6月5日。
⇒新カト（マルキアノス，ニカンデルとその仲間　3世紀）

Nīkandros〈前2世紀頃〉
ギリシアの詩人。教訓叙事詩『有害動物対処法』などが現存。
⇒岩世人（ニカンドロス）

Nikasius von Reims〈4・5世紀〉
大司教，殉教者，聖人。
⇒新カト（ニカシウス〔ランスの〕　?–407/451）
　図聖（ニカシウス〔ランスの〕　?–407）

Nikephoros〈10世紀〉
ミレトスの司教。聖人。祝日6月2日。
⇒新カト（ニケフォロス〔ミレトスの〕　920頃–1000頃）

Nikephoros Chymnos〈13・14世紀〉
ビザンティン帝国の政治家，著作家。
⇒新カト（ニケフォロス・キュムノス　1250/1255–1327.1.16）

Niketas
聖人，殉教者。祝日9月15日。大殉教者ニケタスと同一視される。
⇒新カト（ニケタス〔殉教者〕　生没年不詳）

Niketas〈4世紀〉
聖人，殉教者。祝日9月15日。西ゴート人の王アタナリクの迫害下に殉教したゴート人カトリック信者。
⇒新カト（ニケタス〔大殉教者〕　?–370/372）

Niketas Choniates〈12・13世紀〉
ビザンツ帝国の官僚，歴史家。
⇒岩世人（コニアテス　1155/1157–1217）
　新カト（ニケタス・コニアテース　1155/1157–1217）

Niketas ho Syrakūsios〈前5・4世紀〉
ギリシアの哲学者，天文学者。前4世紀初めに活動。
⇒岩世人（ニケタス〔シュラクサイの〕）

Nikias〈前5世紀〉
アテネの政治家，将軍。前421年スパルタとの間に「ニキアスの平和」を成就。
⇒岩世人（ニキアス　前470頃–前413）

Nikias〈前4世紀〉
ギリシアの画家。プラクシテレスの大理石像に彩色したと伝えられている。
⇒岩世人（ニキアス）

Nikisch Arthur〈19・20世紀〉
ハンガリー生れのドイツの指揮者。ベルリンフィル，ロンドン交響楽団などを指揮。
⇒岩世人（ニキッシュ　1855.10.12–1922.1.23）
　オペラ（ニキシュ，アルトゥール　1855–1922）
　ネーム（ニキシュ　1855–1922）
　実音人（ニキシュ，アルトゥール　1855–1922）

Nikitin, Ivan Nikitich〈17・18世紀〉
ロシアの画家。
⇒岩世人（ニキーチン　1680以降–1742以降）

Nikitin, Ivan Savvich〈19世紀〉
ロシアの詩人。『御者の妻』(58)など民衆性に富んだ詩を書く。

nikod

⇒岩世人（ニキーチン　1824.9.21–1861.10.16）
Nikodēmos〈前1・後1世紀〉
パリサイ人でサンヒドリン議員の一人（新約）。
　⇒岩世人（ニコデモ）
　　新カト（ニコデモ）
　　聖書（ニコデモ）
Nikola I Petrović Njegoš〈19・20世紀〉
モンテネグロ王。在位1910〜18。第1次大戦後セルビアに合併され、追放。
　⇒岩世人（ニコラ1世　1841.10.7–1921.3.1)
　　皇国（ニコラ1世（在位）1910–1918)
Nikolai〈19・20世紀〉
ロシア正教会大主教、日本ハリストス正教会創立者。1861年来日。
　⇒岩世人（ニコライ　1836.8.1/14–1912.2.3/16)
　　広辞7（ニコライ　1836–1912)
　　新カト（ニコライ　1836.8.13–1912.2.16)
Nikolai I Pavlovich〈18・19世紀〉
ロシアの皇帝。在位1825〜55。1853年クリミヤ戦争を引起した。
　⇒岩世人（ニコライ1世　1796.6.25–1855.2.18)
　　広辞7（ニコライ一世　1796–1855)
　　世人新（ニコライ1世　1796–1855)
　　世人装（ニコライ1世　1796–1855)
　　世史語（ニコライ1世　1796–1855)
　　世帝（ニコライ1世　1796–1855)
　　ポプ人（ニコライ1世　1796–1855)
　　ユ人（ニコライ1世　1796–1855)
　　皇国（ニコライ1世（在位）1825–1855)
　　学叢歴（ニコライ1世　1796–1855)
Nikolai II Aleksandrovich〈19・20世紀〉
帝制ロシア最後の皇帝。在位1894〜1917。
　⇒岩世人（ニコライ2世　1868.5.6/18–1918.7.17)
　　ネーム（ニコライ2世　1868–1918)
　　広辞7（ニコライ二世　1868–1918)
　　世人新（ニコライ2世　1868–1918)
　　世人装（ニコライ2世　1868–1918)
　　世史語（ニコライ2世　1868–1918)
　　世史語（ニコライ2世　1868–1918)
　　世帝（ニコライ2世　1868–1918)
　　ポプ人（ニコライ2世　1868–1918)
　　ユ人（ニコライ2世　1868–1918)
　　皇国（ニコライ2世　?–1918.7.16)
　　学叢歴（ニコライ2世　1868–1918)
Nikolaos
アンティオキアのギリシア人改宗者（新約）。
　⇒岩世人（ニコラオ）
Nikolaos〈8・9世紀〉
聖人、修道士、修道院長。祝日2月4日。クレタ島生まれ。
　⇒新カト（ニコラオス〔ストゥディオスの〕　793–868.2.4)
Nikolaos〈9世紀〉
東方正教会の聖人、軍人。祝日12月24日。

⇒新カト（ニコラオス　?–850頃）
Nikolaus, E.〈15・16世紀〉
ドイツの作曲家。
　⇒バロ（ニコラウス,E.　1490頃?–1540頃?）
Nikolaus von der Flüe〈15世紀〉
スイスの隠者、国民聖人。
　⇒岩世人（ニコラウス（フリューエの）　1417–1487.3.21)
　　新カト（ニコラウス〔フリューエの〕　1417.3.24–1487.3.21)
　　図聖（ニコラウス（フリューエの）　1417–1487)
Nikolaus von Hagenau, Niklas Hagnower〈15・16世紀〉
ドイツの彫刻家。
　⇒芸13（ハゲナウのニコラウス　1445頃–1505以後)
Nikolaus von Verdun〈12・13世紀〉
ドイツの工芸家。
　⇒芸13（ニコラウス、フェルドゥン　12世紀末–13世紀初頭)
Nikomachos〈前4世紀頃〉
ギリシアの彫刻家。
　⇒岩世人（ニコマコス）
　　芸13（ニコマコス　前4世紀頃）
Nikomachos〈1・2世紀〉
ギリシアの哲学者、数学者。著書『算術入門』。
　⇒岩世人（ニコマコス（ゲラサの））
　　世数（ニコマコス（ゲラサの）　60頃–120頃)
Nikomedes〈前3・2世紀〉
ギリシアの数学者。コンコイドという曲線を発見。
　⇒世数（ニコメデス　前280頃–前120頃)
Nikomedes〈1世紀〉
ローマの殉教者、聖人。祝日9月15日。ローマの司祭で90年頃に殉教したといわれる。
　⇒新カト（ニコメデス　生没年不詳）
　　図聖（ニコメデス　?–1世紀頃)
Nikomēdēs I〈前3世紀〉
ビテュニア王。在位前279〜50。
　⇒岩世人（ニコメデス1世（在位）前279頃–前255頃)
Nikomēdēs IV〈前1世紀〉
ビテュニア王（前91〜74）。
　⇒岩世人（ニコメデス4世（愛父者）?–前75/前74)
Nikon〈10世紀〉
聖人、修道者。祝日11月26日。小アジアのポントスの生まれ。
　⇒新カト（ニーコン　925–998.11.26)
Nikon〈17世紀〉
ロシアの総主教。1652〜54年教会改革を強行し、教会分裂（ラスコーリ）を招く。
　⇒岩世人（ニーコン　1605–1681.8.17)

新カト（ニーコン　1605.5.24–1681.8.17）

Nilson, Lars Frederik〈19世紀〉
スウェーデンの化学者。土壌および肥料の研究者。
⇒岩世人（ニルソン　1840.5.27–1899.5.14）

Nilsson, Hjalmar〈19・20世紀〉
スウェーデンの農作物育種家。
⇒岩世人（ニルソン　1856.1.29–1925.4.15）

Nilus of Ancyra〈4・5世紀〉
著作家。聖人。アンキラ生まれ。
⇒新カト（ネイロス〔アンキュラの〕　?–430頃）

Nilus Sorskii〈15・16世紀〉
ロシアの神秘家、聖人。
⇒岩世人（ニル・ソルスキー　1433頃–1508）

Ni'mat Allāh Walī〈14・15世紀〉
ティムール朝期の神秘家（スーフィー）、ニーマトゥッラーヒー教団の名祖。
⇒岩世人（ニーマトゥッラー・ワリー　1329/1330/1331–1430/1431）

Nimatullah Youssef Kassab Al-Hardini〈19世紀〉
レバノンの聖人。祝日12月14日。マロン教会の司祭。
⇒新カト（ニマトゥラー　1808–1858.12.14）

Nimbārka〈11・12世紀〉
インドの哲学者。『ブラフマ・スートラ』の注釈を著した。
⇒岩世人（ニンバールカ　1062–1162）
　学叢思（ニンバールカ）
　南ア新（ニンバールカ　生没年不詳）

Nimrod
アッシリアの最初の王（ミカ書）。バビロニア、アッシリアの諸都市を建設した（創世記）。
⇒岩世人（ニムロド）

Nimrod
主の御前に勇敢な狩人（創世記）。
⇒ネーム（ニムロド）

Ninan Cuyochi〈15・16世紀〉
インカ帝国の皇estimator
⇒世帝（ニナン・クヨチ　?–1527）

Ninčić, Momčilo〈19・20世紀〉
ユーゴスラヴィアの政治家。
⇒岩世人（ニンチッチ　1876.6.22/7.4–1949.12.23）

Ninian, St.〈4・5世紀〉
スコットランドへの最初のキリスト教布教者。
⇒岩世人（ニニアン　360頃–432頃）
　新カト（ニニアン　360頃–432頃）

Nino, Bernardino de〈19・20世紀〉
フランシスコ会の宣教師、民族誌学者。イタリアのプラトラ生まれ。
⇒新カト（ニーノ　1868–1923）

Ninot le Petit〈15・16世紀〉
フランドルの作曲家。
⇒バロ（ニノ・ル・プティ　1450頃?–1501.12/1502.6.19）

Ninurta-apil-Ekur〈前12世紀〉
アッシリアの統治者。在位前1191～1179。
⇒世帝（ニヌルタ・アピル・エクル　（在位）前1192?–前1182?）

Ninurta-tukulti-Ashur〈前12世紀〉
アッシリアの統治者。在位前1133頃。
⇒世帝（ニヌルタ・トゥクルティ・アッシュール　（在位）前1133）

Nin y Castellano, Joaquín〈19・20世紀〉
キューバのピアノ奏者、作曲家。
⇒岩世人（ニン・イ・カステリャーノ　1879.9.29–1949.10.24）

Niobe
ギリシア神話で、タンタロスの娘。
⇒岩世人（ニオベ）

Nipkow, Paul Gottlieb〈19・20世紀〉
ロシア生れのドイツのテレビジョンの開拓者。最初の渦巻型円板式テレビジョンを作った（1883）。
⇒岩世人（ニプコー　1860.8.22–1940.8.24）

Nisard, Désiré〈19世紀〉
フランスの批評家、ジャーナリスト。第一帝政時代に教育監督官。主著『フランス文学史』（44～61）。
⇒岩世人（ニザール　1806.3.20–1888.3.25）

Nīshābūrī, Naẓīrī〈16・17世紀〉
イランの詩人。
⇒岩世人（ニーシャーブーリー、ナズィーリー　?–1612頃）

Nisos
ギリシア神話、メガラの王。
⇒岩世人（ニソス）

Nissim, ben-Jacob ibn-Shahin〈10・11世紀〉
北アフリカの学者。
⇒ユ人（ニッシム、ベンヤコブ・イブン・シャヒン　990頃–1062）

Nithard〈8・9世紀〉
フランク王国の歴史家。
⇒岩世人（ニタルト　790–845.5.15）

Nitot, Marie-Étienne〈18・19世紀〉
フランスの宝飾デザイナー、宝石店ショーメの創始者。
⇒岩世人（ニト　1750–1809）

Nitti, Francesco Saverio〈19・20世紀〉
イタリアの経済学者, 政治家。1919～20年に首相を務める。
⇒岩世人（ニッティ　1868.7.19–1953.2.20）

Nitze, Max〈19・20世紀〉
ドイツの泌尿器科医。1877年に照明装置を備えた膀胱鏡を考案。
⇒岩世人（ニッツェ　1848.9.18–1906.2.23）

Nitzsch, Friedrich August Berthold〈19世紀〉
ドイツのルター教会の神学者。
⇒新カト（ニッチュ　1832.2.19–1898.12.21）

Nitzsch, Karl Immanuel〈18・19世紀〉
ドイツのプロテスタント神学者。調停派神学の指導者。
⇒岩世人（ニッチ　1787.9.21–1868.8.21）
　学叢思（ニッチ, カール・イムヌエル　1787–1868）
　新カト（ニッチュ　1787.9.21–1868.8.21）

Nivelle, Robert Georges〈19・20世紀〉
フランスの軍人。北アフリカ軍総司令官(19), 最高軍事参議会員(20～21)。
⇒岩世人（ニヴェル　1856.10.15–1924.3.22）

Nivers, Guillaume Gabriel〈17・18世紀〉
フランスのオルガン奏者, 作曲家, 理論家。サン・ルイ王宮のオルガン奏者と合唱長などを務めた。
⇒バロ（ニヴェール, ギヨーム・ガブリエル　1632–1714.11.30）

Nivert, Hinrich〈17世紀〉
ドイツの作曲家。
⇒バロ（ニーヴェルト, ヒンリッヒ　1600頃?–1660?）

Nizāāmī Ganjawī〈12・13世紀〉
ペルシアの詩人。近世ペルシア文学史上最大の詩人の一人。主著『ハムセ(5部作)』。
⇒岩世人（ニザーミー　1141–1209–1213）
　ネーム（ニザーミー　1141–1209?）
　広辞7（ニザーミー・ガンジャヴィー　1141頃–1209頃）

Niẓām al-Dīn Awliyā〈13・14世紀〉
インドにおけるイスラーム神秘主義の聖者。
⇒岩世人（ニザームッディーン・アウリヤー　?–1325）

Niẓām al-Mulk〈11世紀〉
ペルシアの政治家。セルジューク朝のスルタン, マリク・シャーに仕えた名宰相。
⇒岩世人（ニザームルムルク　1018.4.10–1092.10.14）
　ネーム（ニザーム・アルムルク　1018?–1092）
　世人新（ニザーム＝アルムルク　1017/1018–1092）
　世人装（ニザーム＝アルムルク　1017/1018–1092）
　世史語（ニザーム＝アルムルク　1018–1092）
　ポプ人（ニザーム・アルムルク　1018–1092）

Niẓām al-Mulk, Chīn Qilīch Khān〈17・18世紀〉
インドのデカン総督, ニザーム国の創設者。
⇒岩世人（ニザームル・ムルク　1671–1748.6.1）

Niẓāmī 'Aruẓī Samarqandī〈12世紀〉
ペルシアの詩人。『四講話』(1153～60頃)が主著。
⇒岩世人（ニザーミー・アールーディー・サマルカンディー）

Niżankowski, Andrzej〈16・17世紀〉
ポーランドの作曲家。
⇒バロ（ニジャンコフスキ, アンジェイ　1591/1592–1655.4.3）

Nizārī, 'Abd al-Raḥīm〈18・19世紀〉
東トルキスタンの文人。
⇒岩世人（ニザーリー　1776?–1848?）

Nizārī-yi Quhistānī, Sa'd al-Dīn ibn Shams al-Dīn〈13・14世紀〉
イル・ハン朝期のペルシア語詩人。
⇒岩世人（ニザーリーイェ・クヒスターニー　1247/1248–1320/1321）

Nizolius, Marius〈15・16世紀〉
イタリアの哲学者, 人文主義者。経験論および唯名論を説いた。
⇒岩世人（ニゾリウス　1488–1498–1566/1576）
　学叢思（ニツォリウス, マリウス　1498–1576）

Njegoš, Petar Petrović〈19世紀〉
モンテネグロ(ユーゴスラビア)の作家, 国王。在位1830～51。代表作は史劇『山の花冠』。
⇒岩世人（ニェゴシュ　1813.11.1–1851.10.19）

Noack, Ludwig〈19世紀〉
ドイツの哲学者。主著 "Der Religionsbegriff Hegels"(45)。
⇒岩世人（ノアク　1819.10.4–1885.6.15）

Noah
アダムの直系第10代の族長(旧約)。「ノアの洪水」の主人公。
⇒岩世人（ノア）
　岩世人（ヌーフ）
　ネーム（ノア）
　新カト（ノア）
　聖書（ノア）

Noah, Mordecai Manuel〈18・19世紀〉
アメリカの政治家, ジャーナリスト。
⇒ユ人（ノア, モルデカイ・マニュエル　1785–1851）

Noailles, Adrien Maurice, Duc de〈17・18世紀〉
フランスの軍人。貴族。ルイ14世下の諸会戦で

功をたてた。
⇒岩世人（ノアイユ　1678.9.19–1766.6.24）

Noailles, Anna Elisabeth, Comtesse Mathieu de〈19・20世紀〉
フランスの女流詩人，小説家。ノアイユ伯と結婚。主著『永遠の力』(20)。
⇒岩世人（ノアイユ　1876.11.15–1933.4.30）

Noailles, Louis-Antoine de〈17・18世紀〉
枢機卿，パリ大司教。
⇒新カト（ノアイユ　1651.5.27–1729.5.4）

Noailles, Louis Marie, Vicomte de〈18・19世紀〉
フランスの政治家，軍人。アメリカ独立戦争に参加。
⇒岩世人（ノアイユ　1756.4.17–1804.1.7）

Noailles, Paul, Duc de〈19世紀〉
フランスの貴族，著述家。ルイ・フィリップの政府に加わり自由主義者として活動。
⇒岩世人（ノアイユ　1802.1.4–1885.5.30）

Nobbe, Friedrich〈19・20世紀〉
オーストリアの農学者。世界最初の作物種子検査所を創立し(69)，水耕法，種子の生理学を研究。
⇒岩世人（ノッベ　1830.6.20–1922.9.15）

Nobel, Alfred Bernhard〈19世紀〉
スウェーデンの化学者，事業家。ノーベル賞の提供者。
⇒岩世人（ノーベル（ノベル）　1833.10.21–1896.12.10）
　広辞7（ノーベル　1833–1896）
　世人新（ノーベル　1833–1896）
　世人装（ノーベル　1833–1896）
　世史語（ノーベル　1833–1896）
　ポプ人（ノーベル，アルフレッド　1833–1896）
　学藝歴（ノーベル，アルフレッド　1833–1896）

Nobel, Nehemiah Anton〈19・20世紀〉
正統派ユダヤ教の指導的ラビ。
⇒ユ著人（Nobel,Nehemiah Anton　ノーベル，ネヘミーア・アントン　1871–1922）

Nobili, Leopoldo〈18・19世紀〉
イタリアの物理学者。地球の磁場の影響を受けない可動電流計を発明。
⇒岩世人（ノービリ　1784–1835.8.5）

Nobili, Roberto de〈16・17世紀〉
イタリアのカトリック布教者。
⇒岩世人（ノービリ　1577.9–1651.1.16）
　新カト（ノビリ　1577.9–1656.1.16）

Noble, William Arthur〈19・20世紀〉
アメリカの宣教師。
⇒アア歴（Noble,William Arthur　ウイリアム・アーサー・ノーブル　1866.9.13–1945.1.6）

Noblet, Charles〈18世紀〉
フランスの作曲家。
⇒バロ（ノブレ，シャルル　1715頃–1769）

Noblet, Lise〈19世紀〉
フランスのダンサー。
⇒バレエ（ノブレ，リーズ　1801.11.24–1852.9）

Nóbrega, Manuel da〈16世紀〉
ポルトガルの宣教師。ブラジルの都市サンパウロの創始者。
⇒新カト（ノブレガ　1517.10.18–1570.10.18）
　ラテ新（ノブレガ　1517–1570）

Nocard, Edmond Isidore Etienne〈19・20世紀〉
フランスの獣医。専門は獣医臨床，伝染病学，衛生警察学。パストゥール研究所で幾多の業績を発表。
⇒岩世人（ノカール　1850.1.29–1903.8.2）

Nodier, Charles〈18・19世紀〉
フランスの小説家。『ボヘミア王とその7つの城の物語』(30)。
⇒岩世人（ノディエ　1780.4.29–1844.1.27）

Nodler, Wenzel〈15世紀〉
ドイツの作曲家。
⇒バロ（ノードラー，ヴェンツェル　1420頃?–1470頃?）

Noël, François〈17・18世紀〉
ベルギーのイエズス会士。中国に赴き淮安，五河，南昌，建昌，南豊等で伝道。
⇒岩世人（ノエル　1651.8.18–1729.9.17）
　新カト（ノエル　1651.8.18–1729.9.12）

Noël, Léon〈19・20世紀〉
フランスの俳優。
⇒19仏（レオン・ノエル　1844–1913）

Noel Chabanel〈17世紀〉
殉教者。聖人。フランス生まれ。
⇒新カト（ノエル・シャバネル　1613.2.2–1649.12.8）

Noemin
ルツ記における主人公のひとり（旧約）。
⇒聖書（ナオミ）

Noether, Max〈19・20世紀〉
ドイツの数学者。代数曲面の双有理的研究者。主著『代数関数論の発展』。
⇒世数（ネーター，マックス　1844–1921）

Noetos〈2世紀〉
スミュルナの出身の異端者。
⇒新カト（ノエトス　2世紀）

Nogaret, Guillaume de〈13・14世紀〉
フランスの政治家,法律家。国王フィリップ4世の側近となる。
⇒岩世人（ノガレ　1260–1313.4）
　新カト（ノガレ　1260頃–1313）

Nogarola, Isotta〈15世紀〉
イタリアの学者。
⇒ルネ（イゾッタ・ノガローラ　1418–1466）

Nohl, Hermann〈19・20世紀〉
ドイツの哲学者,美学者,教育学者。主著『様式と世界観』(20),『美的現実性』(35)。
⇒岩世人（ノール　1879.10.7–1960.9.27）

Noiré, Ludwig〈19世紀〉
ドイツの哲学者。一元論者。言語の根原,人類史における道具の役割などについて研究。
⇒岩世人（ノワレ　1829.3.26–1889.3.27）

Nola, Giovanni Domenico del Giovane da〈16世紀〉
イタリアの作曲家。
⇒バロ（ノーラ,ジョヴァンニ・ドメーニコ・デル・ジョヴァネ・ダ　1510-1520–1592.5）

Nolan, A.Dennis〈19・20世紀〉
アメリカ陸軍士官。第1次世界大戦前から戦中にかけ,自らの努力によって軍事情報活動の地位を引き上げた。
⇒スパイ（ノーラン,デニス　1872–1956）

Nolasco, Pedro〈12・13世紀〉
メルセス修道会の創立者。聖人。祝日5月6日。
⇒新カト（ペドロ・ノラスコ　1186頃–1245/1249頃）

Nolde, Emil〈19・20世紀〉
ドイツの画家,版画家。表現主義者として活動。作品『最後の晩餐』(09) など。
⇒岩世人（ノルデ　1867.8.7–1956.4.13）
　広辞7（ノルデ　1867–1956）
　新カト（ノルデ　1867.8.7–1956.4.13）
　芸13（ノルデ,エミール　1867–1956）

Nöldeke, Theodor〈19・20世紀〉
ドイツのセム語学者。主要著書『コーラン史』(60)『マホメット伝』(63)。
⇒岩世人（ネルデケ　1836.3.2–1930.12.25）

Noldin, Hieronymus〈19・20世紀〉
オーストリアの倫理神学者,イエズス会司祭。
⇒新カト（ノルディン　1838.1.30–1922.11.7）

Nollet, Jean Antoine, Abbé〈17・18世紀〉
フランスの物理学者。滲透圧を発見(48),電位計を発明(47)。
⇒岩世人（ノレ　1700.11.19–1770.4.12）

Nomberg, Hersh David〈19・20世紀〉
イディッシュ語による随筆家,短編作家。
⇒ユ著人（Nomberg,Hersh David　ノンベルク,ヒルシュ・ダヴィッド　1876–1927）

Nomuγan〈13世紀〉
モンゴル,クビライの皇子。
⇒岩世人（ノムガン　?–1292頃（至元29））

Nones, Benjamin〈18・19世紀〉
アメリカの独立戦争の勇士。
⇒ユ人（ナーンズ,ベンジャミン　1757–1826）
　ユ著人（Nones,Benjamin　ノネス,ベンジャミン　1757–1826）

Nong, Oknha Preah Khleang〈19世紀〉
カンボジアの年代記作者。
⇒岩世人（ノーン,オクニャー・プレアハ・クレアン　?–1858）

Nông Văn Vân〈19世紀〉
ベトナムの蜂起指導者。
⇒岩世人（ノン・ヴァン・ヴァン　?–1835）

Nonius Marcellus〈4世紀〉
ローマの百科全書作者。『学問要約』を著した。
⇒岩世人（ノニウス）

Nonna〈4世紀〉
古代三賢母の一人。ナジアンズスのグレゴリウスの母。
⇒新カト（ノンナ　?–374）

Nonnos〈前5世紀〉
ギリシアの詩人。生没年未詳。叙事詩『ディオニュソス物語』(48巻) を残す。
⇒岩世人（ノンノス）
　新カト（ノンノス〔パノポリスの〕　400頃–450以降）

Noodt, Gerard〈17・18世紀〉
オランダの法学者。
⇒岩世人（ノート　1647.9.4–1725.8.15）

Noo Moo Soo〈19・20世紀〉
タイの詩人。
⇒岩世人（ノー・モー・ソー　1877.1.10–1945.7.23）

Noord, Siblandt I van〈17世紀〉
フランドルの作曲家。
⇒バロ（シブラント1世・ファン・ノールト　1600頃?–1660頃?）

Noord, Siblandt II van〈17世紀〉
ドイツの作曲家。
⇒バロ（シブラント2世・ファン・ノールト　1630頃?–1690頃?）

Noordt, Anthoni van〈17世紀〉
ネーデルラントの作曲家。
⇒バロ（ノールト,アントーニ・ファン　1620頃?–1675.3.23）

Noordt, Sybrand I van〈17・18世紀〉
ネーデルラントの作曲家。
⇒バロ（ノールト，シブラント1世・ファン　1640頃?-1705.2.25）

Noort, Olivier van〈16・17世紀〉
オランダの最初の世界周航船隊司令官。旅行記はアムステルダムで出版された（1602）。
⇒岩世人（ファン・ノールト　1559頃-1627.2.22）

Nopphamat
タイの伝説的な女官，詩人。
⇒岩世人（ノッパマート）

Norbertus〈11・12世紀〉
プレモントレ会創立者。20年フランスに修道会を創立。
⇒岩世人（ノルベルト（クサンテンの）　1080頃-1134.6.6）
　新カト（ノルベルト〔クサンテンの〕　1080-1134.6.6）
　図聖（ノルベルトゥス（クサンテンの）　1082-1134）

Nordau, Max〈19・20世紀〉
ハンガリー生まれのドイツ語を母語とするユダヤ系の評論家，作家。
⇒岩世人（ノルダウ　1849.7.29-1923.1.22）
　ユ人（ノルダウ，マックス（ジーモン・マクシミリアン・ジュトフェルト）　1849-1923）
　ユ著人（Nordau,Max Simon　ノルダウ，マックス・シモン　1849-1923）

Norden, Eduard〈19・20世紀〉
ドイツの古典学者。古代散文の文体と宗教史の研究の大家。
⇒岩世人（ノルデン　1868.9.21-1941.7.13）

Nordenflycht, Hedvig Charlotta〈18世紀〉
スウェーデンの女流詩人。イュレンボリと共に文学団体を組織。
⇒岩世人（ヌーデンフリュクト　1718.11.28-1763.6.29）

Nordenskiöld, Nils Adolf Erik〈19・20世紀〉
スウェーデンの科学者，北極探検家。グリーンランド東南海岸の大海氷を初めて突破したなどの業績がある。
⇒岩世人（ノルデンシェルド（ヌーデンシェルド）　1832.11.18-1901.8.12）
　広辞7（ノルデンシェルド　1832-1901）

Nordenskiöld, Nils Erland Herbert〈19・20世紀〉
スウェーデンの民族学者。ラテンアメリカ研究の開拓者として活躍。
⇒岩世人（ノルデンシェルド（ヌーデンシェルド）　1877.7.19-1932.7.5）

Nordica, Lillian〈19・20世紀〉
アメリカの歌劇ソプラノ歌手。
⇒岩世人（ノルディカ　1857.5.12-1914.5.10）

Nordlund, Victor Leonard〈19・20世紀〉
アメリカの宣教師。
⇒アア歴（Nordlund,Victor Leonard　ヴィクター・レナード・ノードランド　1869.1.19-1937.4.10）

Nordqvist, Oscar Frithiof〈19・20世紀〉
フィンランドの水産学者。魚類学，養魚法等の研究に業績がある。
⇒岩世人（ノードクヴィスト　1858.5.19-1925.10.15）

Noreen, Adolf Gotthard〈19・20世紀〉
スウェーデンの言語学者。スカンジナビア諸言語の研究，スウェーデン語諸方言の記述に業績。
⇒岩世人（ノレーン　1854.3.13-1925.6.13）

Noris, Enrico〈17・18世紀〉
イタリアの教理史家。
⇒新カト（ノリス　1631.8.29-1704.2.22/27）

Norman, Daniel〈19・20世紀〉
カナダのメソジスト教会宣教師。長野県軽井沢開発の功労者。
⇒岩世人（ノーマン　1864.3.10-1941.6.20?）

Norman, Montagu Collet〈19・20世紀〉
イギリスの銀行家。1944年ノーマン男爵。
⇒岩世人（ノーマン　1871.9.6-1950.2.4）

Nörmiger, August〈16・17世紀〉
ドイツの作曲家。
⇒バロ（ネルミガー，アウグスト　1560頃-1613.7.22）

Nörmiger, Friedrich〈16世紀〉
ドイツの作曲家。
⇒バロ（ネルミガー，フリードリヒ　1530頃?-1580）

Norodom〈19・20世紀〉
カンボジア国王。在位1860〜1904。
⇒岩世人（ノロドム　1834.2-1904.4.24）

Norodom Yukanthor〈19・20世紀〉
カンボジアの王族。
⇒岩世人（ノロドム・ユコントー　1860-1934）

Norris, Frank〈19・20世紀〉
アメリカの小説家。『レディ・レティ号のモーラン』（98），『マクティーグ』（99）を発表。
⇒岩世人（ノリス　1870.3.5-1902.10.25）
　広辞7（ノリス　1870-1902）

Norris, George William〈19・20世紀〉
アメリカの政治家。T.V.A.創設法案の可決（1933）に尽力，憲法修正第20条の起草者。
⇒岩世人（ノリス　1861.7.11-1944.9.2）

Norris, John〈17・18世紀〉
イギリスの哲学者。主著は『観念的・叡智的世界の理論への試論』(01～04)。
⇒岩世人（ノリス　1657–1711）

North, *Sir* **Dudley**〈17世紀〉
イギリスの自由貿易論者。主著 "Discourses upon trade" (1691)。
⇒岩世人（ノース　1641.5.16–1691.1.30）
　学叢思（ノース、サー・ダッドレー　1641–1690）

North, Frederick, 2nd Earl of Guilford〈18世紀〉
イギリスの政治家。1770年大蔵総裁（首相）となる。90年ギルフォード伯爵を継いだ。
⇒岩世人（ノース　1732.4.13–1792.8.5）

North, *Sir* **Thomas**〈16・17世紀〉
翻訳家。
⇒岩世人（ノース　1535頃–1601頃）

Northbrook, Thomas George Baring, 1st Earl of〈19・20世紀〉
イギリスの自由党政治家。インド事務次官、インド総督、海相、エジプト事情調査特派委員などを歴任。
⇒岩世人（ノースブルック　1826.1.22–1904.11.15）

Northcliffe, Alfred Charles William Harmsworth, Viscount〈19・20世紀〉
イギリスの新聞経営者。大量生産、大量販売に成功。1905年男爵。
⇒岩世人（ノースクリフ　1865.7.15–1922.8.14）
　ネーム（ノースクリフ　1865–1922）
　広辞7（ノースクリフ　1865–1922）

Northcote, *Sir* **Stafford Henry, 1st Earl of Iddesleigh**〈19世紀〉
イギリスの保守党政治家。商務院総裁、インド事務相、蔵相、外相を歴任。
⇒岩世人（ノースコート　1818.10.27–1887.1.12）

Northumberland, Henry Percy, 1st Earl of〈14・15世紀〉
イギリスの貴族、反乱首謀者。
⇒岩世人（ノーサンバランド　1341.11.10–1408.2.19）

Northumberland, John Dudley, Duke of〈16世紀〉
イギリスの貴族。政権を掌握したが失脚。
⇒岩世人（ノーサンバランド　1502頃–1553.8.22）

Norton, Andrews〈18・19世紀〉
アメリカのプロテスタント神学者。
⇒岩世人（ノートン　1786.12.31–1852.9.18）

Norton, Caroline Elizabeth Sarah〈19世紀〉
イギリスの女流詩人、文学者。
⇒岩世人（ノートン　1808.3.22–1877.6.15）

Norton, Charles Bowyer Adderley, 1st Baron〈19・20世紀〉
イギリスの政治家、音楽家、美術評論家。
⇒岩世人（ノートン　1814.8.2–1905.3.28）

Norton, Thomas〈16世紀〉
イギリスの詩人、劇作家。
⇒岩世人（ノートン　1532–1584.3.10）

Norwid, Cyprian Kamil〈19世紀〉
ポーランドの詩人、作家。主著『詩集』(63)、散文『黒い花と白い花』(56～57)。
⇒岩世人（ノルヴィト　1821.9.24–1883.5.23）

Noske, Gustav〈19・20世紀〉
ドイツの政治家。ワイマール共和国の初代国防相。
⇒岩世人（ノスケ　1868.7.9–1946.11.29）

Nostradamus〈16世紀〉
フランスの占星家、医者。シャルル9世の侍医。
⇒岩世人（ノストラダムス　1503.12.14–1566.7.2）
　広辞7（ノストラダムス　1503–1566）
　世人新（ノストラダムス　1503–1566）
　世人装（ノストラダムス　1503–1566）
　ポプ人（ノストラダムス　1503–1566）
　ユ事人（Nostradamus,Michel de　ノートルダム、ミシェル・ド　1503–1566）

Notburga〈13・14世紀〉
召使い。聖人。チロルのラッテンベルグ生まれ。
⇒新カト（ノトブルガ　1265頃–1313.9.14）
　図聖（ノートブルガ（エーベンの）　1265頃–1313）

Nothnagel, Carl Wilhelm Hermann〈19・20世紀〉
ドイツの医者。肢端知覚異常や狭心症を記載。
⇒岩世人（ノートナーゲル　1841.9.28–1905.7.7）

Nothomb, Jean-Baptiste〈19世紀〉
ベルギーの政治家、外交官。ベルギー憲法起草委員会の有力メンバー、国会議員として活躍。
⇒岩世人（ノトン　1805.7.3–1881.9.16）

Notke, Bernt〈15・16世紀〉
ドイツの画家、彫刻家。
⇒岩世人（ノトケ　1440頃–1509.5）

Notker Balbulus〈9・10世紀〉
ドイツの修道士。ザンクト・ガレン修道院の附属神学校の教師、のち校長。
⇒バロ（ノートカー・バルブルス　840頃–912.4.6）
　岩世人（ノートカー　840頃–912.4.6）
　新カト（ノートカー・バルブルス　840–912.4.6）
　図聖（ノートカー・バルブルス　840頃–912）

Notker Labeo〈10・11世紀〉
ドイツの修道士。ザンクト・ガレンの修道院で教えた。

⇒岩世人（ノートカー　950頃–1022.6.29）
新カト（ノートカー・ラベオ　950頃–1022.6.29）

Nott, Samuel〈18・19世紀〉
アメリカの宣教師。
⇒アア歴（Nott,Samuel　サミュエル・ノット　1788.9.11–1869.6.1）

Nottingham, Charles Howard, 1st Earl of〈16・17世紀〉
イギリスの貴族、軍人。海軍大臣などで活躍。
⇒岩世人（ハワード（ノッティンガム伯）　1536–1624.12.14）

Nottingham, Heneage Finch, 1st Earl of〈17世紀〉
イギリスの法律家・政治家。
⇒岩世人（ノッティンガム　1621.12.23–1682.12.18）

Nourrit, Adolphe〈19世紀〉
フランスのテノール歌手。
⇒失声（アドルフ・ヌーリ　1802–1839）
オペラ（ヌリ、アドルフ　1802–1839）

Nouveau, Germain Marie Bernard〈19・20世紀〉
フランスの詩人。代表作『愛の教理』『ヴァランチーヌ』など。
⇒岩世人（ヌーヴォー　1851.7.31–1920.4.4）

Nováček Ottkar Eugen〈19世紀〉
ハンガリーのヴァイオリン奏者、作曲家。ボストン交響楽団、メトロポリタン歌劇場管絃楽団員。
⇒岩世人（ノヴァーチェク　1866.5.13–1900.2.3）

Novalis〈18・19世紀〉
ドイツ初期ロマン派の代表的詩人、小説家。
⇒岩世人（ノヴァーリス　1772.5.2–1801.3.25）
ネーム（ノヴァーリス　1772–1801）
広辞7（ノヴァーリス　1772–1801）
学叢思（ノヴァリス　1771–1801）
新カト（ノヴァーリス　1772.5.2–1801.3.25）
世人新（ノヴァーリス　1772–1801）
世人装（ノヴァーリス　1772–1801）
世史語（ノヴァーリス　1772–1801）
ポプ人（ノバーリス　1772–1801）
メル3（ノヴァーリス（本名ハルデンベルク），フリードリヒ・フォン　1772–1802）

Novatianus〈3世紀〉
ローマの神学者。ノバチアヌス派の始祖。主著に『三位一体論』。
⇒岩世人（ノウァティアヌス）
新カト（ノウァティアヌス　200頃–258頃）

Novatus〈3世紀〉
カルタゴの長老。
⇒新カト（ノウァトゥス　3世紀）

Novello, Vincent〈18・19世紀〉
イギリスの音楽家。ロンドンに音楽書の出版社、ロンドン・フィルハーモニー協会を設立。
⇒岩世人（ノヴェロ　1781.9.6–1861.8.9）

Noverre, Jean Georges〈18・19世紀〉
フランスの舞踊家。
⇒岩世人（ノヴェール　1727.4.29–1810.10.19）
バレエ（ノヴェール、ジャン＝ジョルジュ　1727.4.29–1810.10.19）
広辞7（ノヴェール　1727–1810）

Novicow, Jacques〈19・20世紀〉
フランスの社会学者。
⇒学叢思（ノヴィコフ，ジャック　1850過ぎ–1912）

Novikov, Nikolai Ivanovich〈18・19世紀〉
ロシアの啓蒙思想家。哲学, 経済学, 教育学に関する著作がある。
⇒岩世人（ノヴィコーフ　1744.4.27–1818.7.31）
広辞7（ノヴィコフ　1744–1818）

Novikov-Priboi, Aleksei Silych〈19・20世紀〉
ソ連の作家。処女作『戦艦ボロジノ号の最期』（1906）。
⇒岩世人（ノーヴィコフ＝プリボイ　1877.3.12/24–1944.4.29）
広辞7（ノヴィコフ・プリボイ　1877–1944）

Novomeysky, Moshe〈19・20世紀〉
死海の開発者。
⇒ユ人（ノボメイスキー，モシェ　1873–1961）

Novosiltsev, Nikolai Nikolaevich〈18・19世紀〉
ロシアの政治家。伯爵。
⇒岩世人（ノヴォシーリツェフ　1768–1838.4.8）

Novy, Frederick George〈19・20世紀〉
アメリカの細菌学者。
⇒岩世人（ノーヴィ　1864.12.9–1957.8.8）

Noyes, Alfred〈19・20世紀〉
イギリスの詩人。代表作に『人魚酒場の物語』（1913）など。
⇒岩世人（ノイズ　1880.9.16–1958.6.28）
新カト（ノイズ　1880.9.16–1958.6.25）

Noyes, John Humphrey〈19世紀〉
アメリカの宗教家、弁護士。
⇒岩世人（ノイズ　1811.9.3–1886.4.13）

Nozzari, Andrea〈18・19世紀〉
イタリアのテノール歌手。
⇒オペラ（ノッザーリ、アンドレーア　1775–1832）

nt-iqrty〈前22世紀〉
エジプト第6王朝の第7代国王。在位前2193～91頃。
⇒岩世人（ニトイケルティ　（在位）前2193–前2191頃）

Nūbār Nūbāriyān〈19世紀〉
エジプトの政治家。
⇒岩世人（ヌーバール・ヌーバーリヤーン 1825.1.4–1899.1.13）

Nucius, Johannes〈16・17世紀〉
ドイツの理論家、作曲家、シトー会修道士。
⇒バロ（ヌツィウス、ヨハネス 1560–1563頃–1620.3.25）

al-Nu'mān, al-Tamīmī〈10世紀〉
イスラーム・シーア派のイスマーイール派法学者。
⇒岩世人（ヌウマーン ?–974）

Nu'mān Abū Qābūs〈6・7世紀〉
イラクのヒーラに都したアラブ族のラハム朝最後の王。在位580～602または585～607。
⇒岩世人（ヌウマーン・アブー・カーブース （在位）580–602頃）

Numa Pompilius〈前8・7世紀〉
ローマ第2代の王。
⇒岩世人（ヌマ）

al-Numayrī al-Thaqafī〈7世紀〉
アラビアの詩人。
⇒岩世人（ヌマイリー）

Numēnios ho Apameios〈2世紀〉
ギリシアの哲学者。2世紀後半に活動。
⇒岩世人（ヌメニオス（アパメイアの） 2世紀後半）
　メル1（ヌメニオス（アパメイアの） 2世紀後半）

Numerianus, Marcus Aurelius Numerius〈3世紀〉
ローマ皇帝。在位283～284。
⇒世帝（ヌメリアヌス 253?–284）

Nunes, Pedro〈16世紀〉
ポルトガルの数学者。航海術、天文学に長じ、また副尺の発明者。
⇒岩世人（ヌネス 1502–1578.8.11）

Nunes Barreto, Belchior〈16世紀〉
ポルトガル出身のイエズス会士。1556年来日。
⇒岩世人（ヌネス・バレト 1520頃–1571.8.10）
　新カト（ヌネシュ・バレト 1520頃–1571.8.10）

Nunes Barreto, João〈16世紀〉
ポルトガル人イエズス会員、エチオピアの総主教。M.ヌネシュ・バレトの兄。
⇒新カト（ヌネス・バレト 1517–1562.12.22）

Nunes da Costa Duarte〈17世紀〉
ポルトガルの陸海軍の軍需品の調達代理人。
⇒ユ著人（Nunes da Costa Duarte ヌネス・ダ・コスタ・ドゥアルテ 17世紀）

Núñez, Rafael〈19世紀〉
コロンビアの政治家、ジャーナリスト。大統領。在位1880～82,84～86,86～92。
⇒岩世人（ヌニェス 1825.9.28–1894.9.18）

Núñez de Arce, Gaspar〈19・20世紀〉
スペインの詩人、政治家。代表作『戦いの叫び』(75)。
⇒岩世人（ヌニェス・デ・アルセ 1834.8.4–1903.6.9）

Nunilo〈9世紀〉
聖人、乙女殉教者。祝日10月22日、モサラベ典礼暦では10月21日。
⇒新カト（ヌニロとアロディア ?–851.10.21/22）

Nunn, Percy〈19・20世紀〉
イギリスの教育学者、哲学者。主著 "Education reform" (1917)。
⇒岩世人（ナン 1870.12.28–1944.12.12）

Nunnenbeck, Leenhardt〈15・16世紀〉
ドイツの作曲家。
⇒バロ（ヌネンベク、リーンハルト 1460頃?–1510）

Nūr al-Dīn Abū Isḥāk al-Biṭrūjī〈13世紀〉
中世スペインのアラブ系天文学者。
⇒新カト（ビトルージー 1200頃）

Nūr al-Dīn ibn Shams al-Dīn Muḥammad Azhdarī〈14世紀〉
イランの歴史家。
⇒岩世人（ヌールッディーン）

Nūr al-Dīn Maḥmūd b.Zangī〈12世紀〉
西アジア、ザンギー朝の君主。在位1146～74。アンチオキア侯国の領土や近隣のイスラム諸国を併合。
⇒岩世人（ヌールッディーン（ザンギー朝の）1118–1174）

Nurhaci〈16・17世紀〉
中国、清朝の建国者。在位1616～26。
⇒岩世人（ヌルハチ 1559.2.21（嘉靖38.1.15）–1626.9.30（天命11.8.11））
　中史（ヌルハチ 1559–1626）
　広辞7（ヌルハチ 1559–1626）
　世人新（太祖〈清〉（ヌルハチ） たいそ 1559–1626）
　世人裝（太祖〈清〉（ヌルハチ） たいそ 1559–1626）
　世史語（ヌルハチ 1559–1626）
　世帝（太祖　たいそ 1559–1626）
　中人小（努尔哈赤 1559–1626）
　ポプ人（ヌルハチ 1559–1626）
　学叢歴（奴児哈赤 ?–1626（天命11））

Nūrī, Faḍl Allāh〈19・20世紀〉
近代イランのイスラーム法学者。
⇒岩世人（ヌーリー 1843/1844–1909.7.31）

Nūr Jahān〈16・17世紀〉
インド、ムガル帝国第4代皇帝ジャハーンギールの妃。

⇒岩世人（ヌール・ジャハーン　1577–1645.12.18）

Nursî, Said Bediüzzaman〈19・20世紀〉
トルコのイスラーム思想家，ヌルジュ運動の創始者。
⇒岩世人（ヌルスィー　1878?–1960.3.23）

Nuruddin al-Raniri〈17世紀〉
インドネシア，スマトラ島北部のアチェ王国で活躍したアラブ人イスラーム法学者。
⇒岩世人（ヌルッディン・アル・ラニリ　?–1658.9.21）

Nušić, Branislav〈19・20世紀〉
セルビアの小説家，劇作家。代表作に喜劇『国民の選良』（1883）など。
⇒岩世人（ヌシッチ　1864.9.22/10.4–1938.1.19）

Nuṣratī, Muḥammad Nuṣrat〈17世紀〉
インドのビージャープールの宮廷詩人。主著『アリー物語』，詩集『愛の花束』。
⇒岩世人（ヌスラティー　?–1673?）

Nuttall, George Henry Falkiner〈19・20世紀〉
アメリカ生れのイギリスの生物学者。〈Bacillus aerogenes〉菌の発見者。
⇒岩世人（ナトール　1862.7.5–1937.12.16）

al-Nuwayrī, Shihāb al-Dīn Aḥmad b.'Abd al-wahāb〈13・14世紀〉
マムルーク朝期のエジプトの学者。
⇒岩世人（ヌワイリー　1279.4.5–1333.6.5）

Nuyts, Pieter〈16・17世紀頃〉
オランダ東インド会社の台湾長官。在位1627～29。
⇒岩世人（ノイツ　1598–1655）

Nyakasikana, Nehanda Charwe〈19世紀〉
ジンバブエの初期反植民地運動の精神的指導者。
⇒岩世人（ニャカシカナ　1840頃–1898.4.27）

nyang ral nyi ma 'oser〈12世紀〉
チベットの高僧，五大埋蔵教説発掘王の最初の一人。
⇒岩世人（ニャンレル・ニマウーセル　1124–1194）

Nyaungyan〈16・17世紀〉
ビルマ，タウングー朝の王。
⇒世帝（ニャウンヤン　1555–1605）

Nye, Gideon, Jr.〈19世紀〉
アメリカの商人。
⇒アア歴（Nye,Gideon,Jr　ギデオン・ナイ・ジュニア　1808–1888）

Nyert, Pierre de〈16・17世紀〉
フランスの歌手，作曲家。
⇒バロ（ニエール，ピエール・ド　1597頃–1682.2.12）

Nygaardsvold, Johan〈19・20世紀〉
ノルウェーの政治家。首相（1935～45）。
⇒岩世人（ニューゴーシュヴォル　1879.9.6–1952.3.13）

Nymare Amenemhat III〈前19世紀〉
古代エジプトの統治者。在位前1854～1808。
⇒岩世人（アメンエムハト3世　（在位）前1853–前1806/前1805頃）

Nymphidius Sabinus, Gaius〈1世紀〉
古代ローマの親衛隊長官。
⇒岩世人（ニュンフィディウス・サビヌス　?–68）

Nyrop, Martin〈19・20世紀〉
デンマークの建築家。主作品，コペンハーゲンの新議事堂（1892～1903）。
⇒岩世人（ニューロプ　1849.11.11–1921.5.15）

ny-św-b-nb-ddt〈前11世紀〉
エジプト第21王朝の初代国王。在位前1070～43頃。
⇒岩世人（スメンデス　（在位）前1070–前1043頃）

【 O 】

Oakeley, Frederick〈19世紀〉
イギリスのオックスフォード（トラクト）運動先駆者，のちカトリックに転会。
⇒新カト（オウクリ　1802.9.5–1880.1.31）

Oastler, Richard〈18・19世紀〉
イギリスの工場制度改革家。10時間労働法案（1847）を提案。
⇒岩世人（オーストラー　1789.12.20–1861.8.22）

Oates, Titus〈17・18世紀〉
イギリス国教会の聖職者。
⇒岩世人（オーツ　1649–1705.7.13）
　新カト（オーツ　1649.9.15–1705.7.12/13）

Obadiah〈12世紀〉
バグダード在住のキリスト教からユダヤ教への改宗者で，ノルマン人の音楽家。
⇒ユ人（オバディア　11世紀末–12世紀）
　ユ人（オバディア　11世紀末–12世紀）
　ユ著人（Obadiah (the Norman Proselyte)　ノルマン人改宗者オバディア　12世紀初）

'Obadjā〈前6世紀〉
ユダヤの預言者。『オバデア書』（旧約）の著者。
⇒岩世人（オバデヤ）

Oberbeck, Anton〈19世紀〉
ドイツの物理学者，理論的気象学者。

⇒学叢思（オーベルベック，アントン　1847-1900）

Obereit, Jakob Hermann〈18世紀〉
ドイツの哲学者，外科医。ゲーテと親交があった。
⇒岩世人（オーベライト　1725.12.2-1798.2.2）

Oberlin, Jean Frédéric〈18・19世紀〉
ドイツの汎愛主義教育家。
⇒岩世人（オベルラン（オベルリン）　1740.8.31-1826.6.1）
　新カト（オベルラン　1740.8.31-1826.6.1/2）

Obermaier, Hugo〈19・20世紀〉
スイスの先史学者。
⇒岩世人（オーバーマイアー　1877.1.29-1946.11.12）

Oberthür, Franz〈18・19世紀〉
ドイツのカトリック教義学者。
⇒岩世人（オーバーテュア　1745.8.6-1831.8.30）

Obnorskii, Viktor Pavlovich〈19・20世紀〉
ロシアの革命家。〈ロシア労働者北部同盟〉を結成し，綱領を起草。
⇒岩世人（オブノールスキー　1851.11.11/23-1919.4.17）

Oboi〈17世紀〉
中国，清の大臣。
⇒岩世人（オボイ　?-1669（康熙8））

Obolenskii, Evgenii Petrovich〈18・19世紀〉
ロシアの公爵。デカブリスト（十二月党員）。
⇒岩世人（オボレンスキー　1796.4.9/10.6-1865.2.26）

Obrecht, Jakob〈15・16世紀〉
フランドル楽派の代表的作曲家。1491年アントワープ（アンベルス）大聖堂楽長。
⇒バロ（オブレヒト，ヤーコブ　1450-51.11.22-1505）
　岩世人（オブレヒト　1457/1458-1505.8.1）
　エデ（オブレヒト，ヤコブ　1450.11.22-1505頃）
　ネーム（オブレヒト　1430-1505）
　新カト（オーブレクト　1450頃-1505）

Obregón, Álvaro〈19・20世紀〉
メキシコ革命指導者，大統領。在職1920~24。
⇒岩世人（オブレゴン　1880.2.19-1928.7.17）
　ラテ新（オブレゴン　1880-1928）

O'Brien, Frederick〈19・20世紀〉
アメリカのジャーナリスト。
⇒アア歴（O'Brien, Frederick　フレデリック・オブライエン　1869.6.16-1932.1.9）

O'Brien, James Bronterre〈19世紀〉
アイルランドの社会運動家，雑誌編集者。
チャーティスト運動の理論的指導者。

⇒岩世人（オブライエン　1804.2-1864.12.23）
　学叢思（オーブライエン，ジェームズ・ブロンテア　1805-1864）

O'Brien, Thomas James〈19・20世紀〉
アメリカの外交官。駐日アメリカ公使。
⇒アア歴（O'Brien, Thomas James　トマス・ジェイムズ・オブライエン　1842.7.30-1933.5.19）
　岩世人（オブライエン　1842.7.30-1933.5.19）

O'Brien, William〈19・20世紀〉
アイルランド独立運動の指導者。
⇒岩世人（オブライエン　1852.10.2-1928.2.25）

O'Brien, William Smith〈19世紀〉
アイルランドの民族運動家。下院議員。反乱を起こし失敗。
⇒岩世人（オブライエン　1803.10.17-1864.6.18）
　世人新（オブライエン　1803-1864）
　世人装（オブライエン　1803-1864）

O'Brien, William Smith〈19・20世紀〉
アメリカの大リーグ選手（一塁，三塁）。
⇒メジャ（ビリー・オブライエン　1860.3.14-1911.5.26）

Obruchev, Vladimir Afanasievich〈19・20世紀〉
ロシアの地理学者，地質学者。
⇒岩世人（オーブルチェフ　1863.9.28/10.10-1956.6.19）

Obstfelder, Sigbjørn〈19世紀〉
ノルウェーの詩人。
⇒岩世人（オブストフェルデル　1866.11.21-1900.7.29）

Ocagne, Philbert Maurice d'〈19・20世紀〉
フランスの数学者，技術者。
⇒岩世人（オカーニュ　1862.3.26-1938.9.23）

O'Casey, Sean〈19・20世紀〉
アイルランドの劇作家。主著『銃士の影』（1923），『星は赤くなる』（40）など。
⇒岩世人（オケイシー　1880.3.30-1964.9.18）
　広辞7（オケーシー　1880-1964）
　新カト（オケーシ　1880.3.30-1964.9.18）

Occom, Samson〈18世紀〉
アメリカ・インディアンの牧師，宣教師。
⇒岩世人（オッカム　1723-1792.7.14）

Ochino, Bernardino〈15・16世紀〉
イタリアの宗教改革者。教皇パウルス3世の告解司祭。
⇒岩世人（オキーノ　1487-1565）
　学叢思（オッキーノ，ベルナルデイノ　1487頃-1564）
　新カト（オキーノ　1487-1564）

Ochozias〈前9世紀〉
イスラエル王国第8代目の王。在位前850〜49（旧約）。
⇒新カト（アハズヤ （在位）前853–前852）
　世帝（アハズヤ　?–前849?）

Ochs, Adolph Simon〈19・20世紀〉
アメリカのジャーナリスト。『ニューヨーク・タイムズ』を買収(1896)、ニュース中心の新聞に育てた。
⇒ユ人（オクス，アドルフ・サイモン　1858–1935）

Ochs, Peter〈18・19世紀〉
スイスの政治家。
⇒岩世人（オクス　1752.8.20–1821.6.19）

Ochs, Siegfried〈19・20世紀〉
ドイツの作曲家。ベルリンで〈フィルハーモニ合唱団〉を組織、指揮。
⇒岩世人（オクス　1858.4.19–1929.2.5）

Ochsenkhun, Sebastian〈16世紀〉
ドイツのリュート奏者。
⇒バロ（オクセーンクン，セバスティアン　1521.2.6–1574.8.20）

Ochterlony, Sir David〈18・19世紀〉
アメリカの陸軍将校。
⇒アア歴（Ochterlony,Sir David　サー・デイヴィッド・オクタローニイ　1758.2.12–1825.7.15）

Öčičer〈13・14世紀〉
中国、元の功臣。
⇒岩世人（オチチェル　1249–1311（至大4)）

Ockeghem, Johannes〈15世紀〉
フランドルの代表的作曲家（初期フランドル楽派）。
⇒バロ（オケヘム，ヨハンネス　1425頃–1497.2.6）
　岩世人（オケヘム　1410頃–1497.2.6）
　エデ（オケゲム，ヨハネス　1410頃–1497.2.6）
　広辞7（オケゲム　1410頃–1497）
　新カト（オケゲム　1410頃–1497.2.6）

Ockham, William of〈13・14世紀〉
イギリスの神学者。教皇から破門。教皇至上主義を批判。
⇒岩世人（オッカム　1280(-1285)頃–1347(-1349)頃）
　ネーム（オッカム　1300?–1349?）
　広辞7（オッカム　1280–1349頃）
　学叢思（オッカム，ウィリアム　1300–1349頃）
　新カト（オッカム　1285頃–1347/1349）
　図哲（ウィリアム・オッカム　1285–1350）
　世人新（ウィリアム＝オブ＝オッカム　1300頃–1349頃）
　世人装（ウィリアム＝オブ＝オッカム　1300頃–1349頃）
　世史語（ウィリアム＝オブ＝オッカム　1290頃–1349頃）
　ポプ人（ウィリアム・オブ・オッカム　1285?–1349?）
　メル1（オッカム，ウィリアム　1280/1285?–1347/1349?）

O'Connell, Anthony〈19世紀〉
アメリカの愛徳修道女会修道女。
⇒新カト（オコンネル　1814.8.15–1897.12.8）

O'Connell, Daniel〈18・19世紀〉
アイルランドの政治家。
⇒岩世人（オコンネル　1775.8.6–1847.5.15）
　ネーム（オコンネル　1775–1847）
　広辞7（オコンネル　1775–1847）
　学叢思（オー・コンネル，ダニエル　1775–1847）
　新カト（オコンネル　1775.8.6–1847.5.15）
　世人新（オコンネル　1775–1847）
　世人装（オコンネル　1775–1847）
　世史語（オコンネル　1775–1847）
　ポプ人（オコンネル，ダニエル　1775–1847）

O'Connell, William Henry〈19・20世紀〉
アメリカのローマ・カトリック教会大司教、枢機卿。
⇒岩世人（オコンネル　1859.12.8–1944.4.22）
　新カト（オコンネル　1859.12.8–1944.4.22）

O'Connor, Feargus Edward〈18・19世紀〉
アイルランドのチャーティスト運動指導者。
⇒岩世人（オコナー　1796.7.18?–1855.8.30）
　広辞7（オコナー　1794–1855）
　学叢思（オーコンナー，フィアガス・エドワード　1794–?）
　世人新（オコンナー　1794–1855）
　世人装（オコンナー　1794–1855）

O'Connor, John Joseph〈19・20世紀〉
アメリカの大リーグ選手（捕手、外野）。
⇒メジャ（ジャック・オコナー　1866.6.2–1937.11.14）

O'Connor, Nicolas Roderick〈19・20世紀〉
アイルランドの外交者。代理公使(85〜86)として中国・ビルマ国境劃定協定締結(86)。
⇒岩世人（オコナー　1843.7.3–1908.3.19）

O'Connor, Thomas Power〈19・20世紀〉
アイルランドのジャーナリスト、政治家。ロンドンの夕刊紙〈The Star〉を創刊(88)。
⇒岩世人（オコナー　1848.10.5–1929.11.18）

Octavia〈前1世紀〉
アウグストゥスの姉。アントニウスの妻。
⇒岩世人（オクタウィア　?–前11）
　王妃（小オクタウィア　前69–前11）

Octavius, Gnaeus〈前2世紀〉
ローマの高級按察官(前172)、法務官(前169)。
⇒岩世人（オクタウィウス　?–前162）

Oda von Belgien〈7世紀〉
聖人。祝日10月23日。
⇒図聖（オーダ（ベルギーの）　?–7世紀）

O'Day, Henry Francis〈19・20世紀〉
アメリカのメジャーリーガー。
⇒メジャ（ハンク・オデイ　1862.7.8–1935.7.2)

Odenathus, Septimius〈3世紀〉
シリアのパルミラの領主。250年頃勢力があった。
⇒岩世人（オダエナトゥス　?–267）

Odilia〈7・8世紀〉
アルザスの守護聖女。
⇒新カト（オディリア　660頃–720頃）
図聖（オディリア（オディリエンベルクの）　?–720頃）

Odilo〈10・11世紀〉
フランスの修道士、聖人。
⇒岩世人（オディロ　962–1048.12.31)
新カト（オディロ〔クリュニーの〕　962頃–1048.12.31)
図聖（オディロ〔クリュニーの〕　962頃–1048)

Odling, William〈19・20世紀〉
イギリスの化学者。オクスフォード大学化学教授。
⇒岩世人（オドリング　1829.9.5–1921.2.17)

Odo〈9・10世紀〉
フランスの修道士、聖人。
⇒岩世人（オド　878–942.11.18)
新カト（オド〔クリュニーの〕　879–942.11.18)

Odoacer〈5世紀〉
ゲルマンの名門の出身。東ローマ皇帝ゼノンからパトリキウスの称を受けた（476）。
⇒岩世人（オドアケル　433頃–493)
ネーム（オドアケル　434?–493)
広辞7（オドアケル　430頃–493)
新カト（オドアケル　433頃–493.3.15/16)
世人新（オドアケル　434頃–493)
世人装（オドアケル　434頃–493)
世史語（オドアケル　434頃–493)
世史語（オドアケル　434頃–493)
ポプ人（オドアケル　433?–493)
学叢歴（オドアケル　434–493)

Odo（Canterbury）〈9・10世紀〉
イギリスのカンタベリの大司教、聖人。
⇒新カト（オド〔カンタベリの〕　875頃–958/959.6.2)

Odoevskii, Aleksandr Ivanovich〈19世紀〉
ロシアの詩人。『プーシキンへの答礼』(27)が有名。
⇒岩世人（オドエフスキー　1802.11.26–1839.8.15)

Odoevskii, Vladimir Fëdorovich〈19世紀〉
ロシアの小説家、音楽評論家。著作集『ロシアの夜』(44)がある。
⇒岩世人（オドエフスキー　1804.7.30–1869.2.27)
広辞7（オドエフスキー　1803–1869)

O'donel, James Louis〈18・19世紀〉
アイルランド出身のフランシスコ会員、カナダ、ニューファンドランドの初代知牧。
⇒新カト（オドネル　1737–1811.4.1)

O'Donnell, Patrick〈19・20世紀〉
アイルランドの聖職者。枢機卿。アーマおよびプリマスの大司教。
⇒岩世人（オドネル　1856.11.28–1927.11.22)

O'Donnell y Jorris, Leopold〈19世紀〉
スペインの軍人、政治家。1856,58年首相。
⇒岩世人（オドンネル　1809.1.12–1867.11.5)

Odorico da Pordenone〈13・14世紀〉
イタリアの旅行家。フランシスコ会修道士としてアジアに派遣され布教を行った。
⇒岩世人（オドリコ（ポルデノーネの）　1265?–1331.1.14)
新カト（オドリコ〔ポルデノーネの〕　1265–1331.1.14)

Odo Rigaldus〈13世紀〉
フランスの神学者。
⇒新カト（オド・リガルドゥス　1205頃–1275.7.2)

Odulfus〈9世紀〉
聖人、司祭、修道士。祝日6月12日。
⇒新カト（オドゥルフス　?–855頃）

Odwell, Frederick William〈19・20世紀〉
アメリカの大リーグ選手（外野）。
⇒メジャ（フレッド・オドウェル　1872.9.25–1948.8.19)

O'Dwyer, Joseph〈19世紀〉
アメリカの耳鼻咽喉科医。ジフテリアの際の気管切開の優れた方法を考案。
⇒岩世人（オドワイアー　1841.10.12–1898.1.7)

Odysseus
ギリシア神話の英雄。イタカ王。ホメロス『オデュッセイア』の主人公。ユリシーズ。
⇒岩世人（オデュッセウス）
ネーム（オデュッセウス）

Oecolampadius, Johannes〈15・16世紀〉
ドイツの人文主義者、教父学者、バーゼル市の宗教改革指導者。
⇒岩世人（エコランパディウス　1482–1531.11.23)
新カト（エコランパディウス　1482–1531.11.23)

Oehlenschläger, Adam Gottlob〈18・19世紀〉
デンマークの詩人。『黄金の角杯』(02)，『アラ

ディン』(05)などを発表。
⇒岩世人 (エーレンスレーヤ 1779.11.14–1850.1.20)
広辞7 (エーレンスレーヤ 1779–1850)
学叢思 (オェーレンシュレーゲル, アダム・ゴットローブ 1779–1850)

Oengus〈8・9世紀〉
アイルランドのケリ・デの隠修士, 司教, 修道院長, 聖人伝作者。聖人。祝日3月11日。
⇒新カト (オエングス 750頃–824頃)

Ørsted, Anders Sandøe〈18・19世紀〉
デンマークの法律家, 政治家。
⇒岩世人 (エルステッド (エアステズ) 1778.12.21–1860.5.1)

Oersted, Hans Christian〈18・19世紀〉
デンマークの物理学者。CGS電磁単位にエルステッドの名が使われている。
⇒岩世人 (エルステッド (エアステズ) 1777.8.14–1851.3.9)
広辞7 (エルステッド 1777–1851)
学叢思 (エールステッド, ハンス・クリスティアン 1777–1851)
物理 (エルステッド, ハンス・クリスティアン 1777–1851)
ボブ人 (エルステッド, ハンス・クリスティアン 1777–1851)

Oertmann, Paul〈19・20世紀〉
ドイツの法学者。『ドイツ民法註釈書』(99)の著者として有名。
⇒岩世人 (エルトマン 1865.7.3–1938.5.22)

Oestreich, Paul〈19・20世紀〉
ドイツの教育家。
⇒岩世人 (エストライヒ 1878.3.30–1959.2.28)

Oetinger, Friedrich Christoph von〈18世紀〉
ドイツのM.ルター派神学者。
⇒岩世人 (エティンガー 1702.5.6–1782.2.10)
新カト (エーティンガー 1702.5.2/6–1782.2.10)

Offa II〈8世紀〉
マーシアの王, アングロ・サクソン王。在位757～796。
⇒岩世人 (オッファ ?–796.7.29)
新カト (オッファ ?–796.7.29)

Offenbach, Jacques〈19世紀〉
フランスのオペラ・ブッファの作曲家。『天国と地獄』(58)が有名。
⇒岩世人 (オッフェンバック 1819.6.20–1880.10.5)
バレエ (オッフェンバック, ジャック 1819.6.20–1880.10.5)
オペラ (オッフェンバック, ジャック 1819–1880)
エデ (オッフェンバック, ジャック 1819.6.20–1880.10.5)
ネーム (オッフェンバック 1819–1880)
広辞7 (オッフェンバック 1819–1880)
実音人 (オッフェンバック, ジャック 1819–1880)
ボブ人 (オッフェンバック, ジャック 1819–1880)
ユ人 (オッフェンバック, ジャック 1819–1880)
ユ著 (Offenbach,Jacques オッフェンバック, ジャック 1819–1880)

Ogarëv, Nikolai Platonovich〈19世紀〉
ロシアの詩人, 評論家, 革命運動家。詩作品に『居酒屋』(41),『自由』(58)など。
⇒岩世人 (オガリョーフ 1813.11.24–1877.6.12)
ネーム (オガリョフ 1813–1877)

Ogg, Frederic Austin〈19・20世紀〉
アメリカの政治学者。特にヨーロッパの政府および政治に関する研究に優れた業績がある。
⇒岩世人 (オッグ 1878.2.8–1951.10.23)

Oghuz Qaγan
トルコ系遊牧民オグズ族の伝説の始祖。
⇒岩世人 (オグズ・カガン)

Ogier le Danois
シャルルマーニュ (フランス) 伝説に登場する英雄。
⇒ネーム (オジェ・ル・ダノワ)

Ogilvie, William〈18・19世紀〉
イギリスの土地改革論者。スミスの教え子で, アバディーン大学教授。主著『地権論』(1782)。
⇒学叢思 (オギルヴィー, ウィリアム 1736–1813)

Ogilvie of Pittensear, William〈18・19世紀〉
イギリスの土地改革論者。
⇒岩世人 (オグルヴィ 1736–1819.2.14)

Ogiński, Michal Kazimierz〈18世紀〉
ポーランドの作曲家。
⇒バロ (オギンスキ, ミハウ・カジミェシュ 1728-1731–1800.5.31)
岩世人 (オギンスキ 1728/1730–1800.5.31)

Ogiński, Michał Kleofas〈18・19世紀〉
ポーランドの政治家。コシューシコの挙兵に加担 (94)。
⇒岩世人 (オギンスキ 1765.10.7–1833.10.15)

Oglethorpe, James Edward〈17・18世紀〉
イギリスの軍人, 博愛事業家。ジョージア植民地を建設 (1733)。
⇒岩世人 (オグルソープ 1696.12.22–1785.7.1)

Ögödei Khan〈12・13世紀〉
大モンゴル国第2代の大汗。在位1229～41。チンギス・カーンの第3子。
⇒岩世人 (オゴデイ (オゴタイ;ウゲデイ) 1186–1241.12.11)
ネーム (オゴタイ 1186–1241)

広辞7（オゴデイ　1186–1241）
世人新（オゴタイ＝ハン〈太宗〈元〉〉　たいそう　1186–1241）
世人装（オゴタイ＝ハン〈太宗〈元〉〉　たいそう　1186–1241）
世史語（オゴタイ　1186–1241）
世帝　（太宗　たいそう　1186–1241）
ポブ人（オゴタイ・ハン　1186–1241）
学叢歴（窩闊台　?–1241〈淳祐1〉）

O'Grady, Standish James〈19・20世紀〉
アイルランドの歴史家。歴史小説をも書いた。
⇒岩世人（オグレイディ　1846.9.18–1928.5.18）

Ogulnius, Gallus Quintus〈前3世紀〉
ローマの政治家。オグルニア法を成立。
⇒岩世人（オグルニウス）

O.Henry〈19・20世紀〉
アメリカの小説家。作品数は数百にのぼり、『最後の一葉』(05)などが代表作。
⇒岩世人（O.ヘンリー　1862.9.11–1910.6.5）
ネーム　（O・ヘンリー　1862–1910）
現アカ（Henry,O.　オー・ヘンリー　1862–1910）
広辞7（オー＝ヘンリー　1862–1910）
世人新（オー＝ヘンリ　1862–1910）
世人装（オー＝ヘンリ　1862–1910）
ポブ人（オー・ヘンリー　1862–1910）

O'Higgins, Bernardo〈18・19世紀〉
チリの軍人，政治家。
⇒岩世人（オイギンス　1778.8.20–1842.10.24）
ラテ新（オヒギンス　1778–1842）

Ohlinger, Franklin〈19・20世紀〉
アメリカの宣教師。
⇒アア歴（Ohlinger,Franklin　フランクリン・オーリンガー　1845.11.29–1919.1.6）

Ohlmer, Ernest〈19・20世紀〉
ドイツ人。中国海関税務司，厦門（アモイ）海関勤務（1868）を初め，中国各地に転勤。
⇒岩世人（オールマー　1847–1927.1.1）

Ohm, Georg Simon〈18・19世紀〉
ドイツの物理学者。1827年オームの法則を発見。
⇒岩世人（オーム　1789.3.16–1854.7.6）
広辞7（オーム　1789–1854）
学叢思（オーム，ゲオルグ・シモン　1789–1854）
物理　（オーム，ゲオルク・シモン　1787–1854）
世人新（オーム　1789–1854）
世人装（オーム　1789–1854）
ポブ人（オーム，ゲオルク・ジーモン　1789–1854）

Ohm, Martin〈18・19世紀〉
ドイツの数学者。
⇒世数（オーム，マルティン　1792–1872）

Ohnet, Georges〈19・20世紀〉
フランスの小説家，劇作家。主著『セルジュ・パニーヌ』など。
⇒岩世人（オーネ　1848.4.3–1918.5.5）

19仏（ジョルジュ・オーネ　1848.4.3–1918.5.5）

Ohozias〈前9世紀〉
南ユダ王国の王。在位前841。ヨラムとアタルヤの子。
⇒新カト（アハズヤ　〈在位〉841）
世帝　（アハズヤ　前864?–前842?）

Oidipous
ギリシア神話のテーベ王。テーベ王ライオスとイオカステとの子。
⇒岩世人（オイディプス）
ネーム　（オイディプス）

Oikonomos, Konstantinos〈18・19世紀〉
ギリシア正教会の神学者。
⇒新カト（オイコノモス　1780–1857）

Oikumenios〈6世紀〉
哲学者，修辞学者，キリスト単性説論の唱道者。
⇒新カト（オイクメニオス〔アンティオケイアの〕6世紀）

Oineus
ギリシア神話，カリュドンの王。
⇒岩世人（オイネウス）

Oinomaos
ギリシア神話のエリスのピサの王。
⇒岩世人（オイノマオス）

Oinopidēs〈前5世紀〉
ギリシアの数学者，天文学者，哲学者。
⇒岩世人（オイノピデス〈キオスの〉）
世数　（エノピデス〈キーオス島の〉　前5世紀）

Ojeda, Alonso de〈15・16世紀〉
スペインの探検家。
⇒岩世人（オヘーダ　1466頃–1516）

Ojetti, Ugo〈19・20世紀〉
イタリアの作家。主著は『見たまま』(23～29)など。
⇒岩世人（オイェッティ　1871.7.15–1946.1.1）

Ojhā, Kr̥ttivās〈15世紀〉
ベンガル地方の宮廷詩人。
⇒岩世人（クリッティヴァース・オージャー　1381頃–1461）
南ア新（オージャー　生没年不詳）

O'Keefe, David Dean〈19・20世紀〉
アメリカ出身のヤップの事業家。
⇒オセ新（オキーフ　1825–1901）

O'keeffe, John〈18・19世紀〉
アイルランドの俳優，劇作家。
⇒岩世人（オキーフ　1747–1833）

Oken, Lorenz〈18・19世紀〉
ドイツの生理学者，哲学者。チューリヒ大学初代学長。

⇒岩世人（オーケン　1779.8.1-1851.8.11）
新カト（オーケン　1779.8.1-1851.8.11）

Olaf I〈11世紀〉
デンマーク王。
⇒世帝（オーロフ1世　1050-1095）

Olaf I Tryggvesson〈10世紀〉
ノルウェー王。在位995～999。バイキングの長。ロンドン攻撃（994）の際キリスト教徒となる。
⇒岩世人（オーラヴ1世　968-1000）
ネーム（オーラフ1世）
新カト（オーラフ1世　964頃-1000）
世帝（オーラヴ1世　964頃-1000）

Olaf II Haraldsson〈10・11世紀〉
ノルウェー王。在位1015～30。ノルウェーを再統一（1016）。
⇒岩世人（オーラヴ2世（聖王）　995頃-1030.7.29）
新カト（オーラフ2世　995-1030.7.29）
図聖（オーラフ2世　990/995-1030）
世帝（オーラヴ2世　995-1030）

Olaf III Haraldsson〈10・11世紀〉
ノルウェー王。在位1066～93。イングランド侵入に失敗（1066）。
⇒世帝（オーラヴ3世　1050-1093）

Olaf IV Haakonsson〈14世紀〉
デンマーク王。在位1376～87。ノルウェー王。在位1380～87。
⇒世帝（オーロフ3世　1370-1387）

Olagué, Bertolomeu de〈17世紀〉
スペインのオルガン奏者?，指揮者。
⇒バロ（オラゲ，ベルトロメウ・デ　1610頃?-1670頃?）

Oláh (Olahus), Miklós〈15・16世紀〉
ハンガリーのエステルゴム（グラン）の大司教，人文主義者。
⇒新カト（オラー　1493.1.10-1568.1.15）

Olavide, Pablo de〈18・19世紀〉
スペインの法曹，政治家。
⇒岩世人（オラビーデ　1725.1.25-1803.2.25）

Olav Magnusson〈12世紀〉
ノルウェー王国の統治者。在位1103～1115。
⇒世帝（オーラヴ・マグヌソン　1099-1115）

Olbers, Heinrich Wilhelm Matthias〈18・19世紀〉
ドイツの天文学者，医者。彗星の発見等を行い，軌道計算法に改良を加えた。
⇒岩世人（オルベルス（オルバース）　1758.10.11-1840.3.2）
科史（オルバース　1758-1840）

Olbrich, Joseph Maria〈19・20世紀〉
オーストリアの建築家，デザイナー。

⇒岩世人（オルブリヒ　1867.11.22-1908.8.8）
ネーム（オルブリヒ　1867-1908）

Olcott, Henry Steel〈19・20世紀〉
アメリカの神知学者。
⇒アア歴（Olcott, Henry Steel　ヘンリー・スティール・オルコット　1832.8.2-1907.2.17）

Oldcastle, Sir John〈14・15世紀〉
ヘレフォードシャー出身の宗教改革者。ウィクリフの教義を学び著作を複写し処刑された。
⇒岩世人（オールドカッスル　1378頃-1417.12.14）

Oldenbarnevelt, Johan van〈16・17世紀〉
オランダの政治家。
⇒岩世人（ファン・オルデンバルネフェルト　1547.9.14-1619.5.13）

Oldenberg, Hermann〈19・20世紀〉
ドイツのインド学者。ベーダ学および原始仏教の研究に業績を残した。
⇒岩世人（オルデンベルク　1854.10.31-1920.3.18）

Oldenburg, Sergei Fëdorovich〈19・20世紀〉
ソ連の東洋学者，インド学者。1897年以来『仏教文庫』を刊行。
⇒岩世人（オリデンブルク　1863.9.14/26-1934.2.28）

Oldham, John〈17世紀〉
アメリカ植民地時代のイギリス人交易業者。
⇒岩世人（オールダム　1600頃-1636）

Oldham, Joseph Houldsworth〈19・20世紀〉
イギリスのプロテスタント伝道者。キリスト教学生運動の指導者。
⇒岩世人（オールダム　1874.10.20-1969.5.16）

Oldham, William Fitzjames〈19・20世紀〉
アメリカの宣教師。
⇒アア歴（Oldham, William F(itzjames)　ウイリアム・フィッツジェイムズ・オールダム　1854.12.15-1937.3.27）

Oldmeadow, Ernest James〈19・20世紀〉
イギリスのカトリック・ジャーナリスト。
⇒新カト（オールドメドー　1867.10.31-1949.9.11）

Oldoini, Agostino〈17世紀〉
イタリアのイエズス会員，歴史家，書誌学者。
⇒新カト（オルドイーニ　1612.1.6-1683.3.25）

Olearius, Adam〈16・17世紀〉
ドイツの文学者。ペルシア文学を独訳。
⇒岩世人（オレアリウス　1599.9.24-1671.2.22）

Oleg〈9・10世紀〉
最初のキエフ公。在位879～912。ビザンチン帝国に遠征し,911年通商条約を締結。
⇒岩世人（オレーグ　?-912)

Olevianus, Caspar〈16世紀〉
ドイツの神学者。
⇒岩世人（オレヴィアーヌス　1536.8.10-1587.3.15)
　新カト（オレヴィアヌス　1536.8.10-1587.3.15)

Ol'ga〈9・10世紀〉
キエフ公イーゴリ1世の妻。摂政としてドレワリャーネ族を征服。
⇒岩世人（オリガ　890頃-969.7.11)
　新カト（オリガ　890頃-969.7.11)

Olier, Jean-Jacques〈17世紀〉
フランスのカトリック神学者。
⇒岩世人（オリエ　1608.9.20-1657.4.2)
　新カト（オリエ　1608.9.20-1657.4.2)

Oliphant, Margaret〈19世紀〉
スコットランドの女流作家。主著『カーリングフォード物語』(63～76)。
⇒岩世人（オリファント　1828.4.4-1897.6.25)

Olivares, Gaspar de Guzmán y Pimental, conde-duque de〈16・17世紀〉
スペイン王国の政治家。
⇒岩世人（オリバレス　1587.1.6-1645.7.22)

Oliveira, Manoel Dias gi〈18世紀〉
ブラジルの作曲家。
⇒バロ（オリヴェイラ,マノエル・ディアス・ジ　1740頃?-1800頃?)

Oliveira Martins, Joaquim Pedro de〈19世紀〉
ポルトガルの歴史家,出版事業家,政治家。
⇒岩世人（オリヴェイラ・マルティンス　1845.4.30-1894.8.24)

Olivétan, Pierre Robert〈16世紀〉
フランスの宗教改革家。カルバンの甥。1535年仏訳版聖書を出版。
⇒岩世人（オリヴェタン　1506頃-1538)
　新カト（オリヴェタヌス　1506頃-1538)

Olivetti, Camilo〈19・20世紀〉
イタリアの事務機メーカー主。
⇒ユ著人（Olivetti,Camilo　オリベッティ,カミロ　1868-1943)

Olivi, Petrus Joannis〈13世紀〉
フランシスコ会士の神学,哲学者。霊肉論で異端とされる。
⇒岩世人（オリヴィ　1248頃-1298.3.14)
　新カト（オリヴィ　1248頃-1298.3.14)

Olivier-Martin, François〈19・20世紀〉
フランスの法史学者。主著『フランス法史』(48)。
⇒岩世人（オリヴィエ=マルタン　1879.10.30-1952.3.8)

Öljei〈13・14世紀〉
モンゴル帝国の政治家。
⇒岩世人（オルジェイ　1246-1303(大徳7))

Öljeitü〈13・14世紀〉
イル・ハン朝第8代目イル・ハン。在位1304～16。
⇒岩世人（オルジェイト　1281-1316)

Ollé-Laprune, Léon〈19世紀〉
フランスのカトリック哲学者。
⇒岩世人（オレ=ラプリュヌ　1839.7.25-1898.2.19)
　新カト（オレ・ラプリュヌ　1839.7.25-1898.2.13)

Ollier, Louis Xavier Édouard Léopold〈19世紀〉
フランスの外科医。
⇒岩世人（オリエ　1830.12.2-1900.11.26)

Ollivier, Olivier Émile〈19・20世紀〉
フランスの政治家。1870年首相。主著『自由帝国』(95～1912)。
⇒岩世人（オリヴィエ　1825.7.2-1913.8.20)

Olmedo, José Joaquín〈18・19世紀〉
エクアドルの詩人。1820年の反スペイン蜂起を指導。
⇒岩世人（オルメード　1780.3.20-1847.2.19)

Olmstead, Albert Jen Eyck〈19・20世紀〉
アメリカの古代学者。アメリカの古代オリエント史研究開拓者の一人。
⇒岩世人（オルムステッド　1880.3.23-1945.4.11)

Olmsted, Frederick Law〈19・20世紀〉
アメリカの農業実際家,庭園建築家。ニューヨーク市のセントラル・パーク(1857)を設計。
⇒アメ新（オルムステッド　1822-1903)
　岩世人（オルムステッド　1822.4.26-1903.8.28)

Olney, Richard〈19・20世紀〉
アメリカ合衆国司法長官,国務長官。
⇒岩世人（オルニー　1835.9.15-1917.4.18)

Olofat
ミクロネシア,カロリン諸島に伝わる英雄。
⇒ネーム（オロファト）

Olof Skötkonung〈10・11世紀〉
スウェーデン王。
⇒岩世人（ウーロフ・シェートコヌング　?-1022頃)

Olrik, Axel〈19・20世紀〉
デンマークの民俗学者。スカンディナヴィアの民謡および神話を研究。
⇒岩世人（オルリク　1864.7.3–1917.2.17）

Olshausen, Justus〈19・20世紀〉
ドイツの刑法学者。
⇒学叢思（オルスハウゼン，ユストゥス　1844–?）

Oltmans, Albert〈19・20世紀〉
アメリカの改革派教会宣教師。長崎東山学院初代院長。明治学院で古典語を教授，救癩活動に従事。
⇒岩世人（オルトマン　1854.11.19–1939.6.12）

Olwen
巨人の長イスバザデンの娘。
⇒ネーム（オルウェン）

Olympias〈前4世紀〉
古代マケドニア王フィリッポス2世の妻，アレクサンドロス大王の母。
⇒岩世人（オリュンピアス　前370年代中頃–前316）
　王妃（オリュンピアス　前375–前316）

Olympias〈4・5世紀〉
コンスタンティノポリスの寡婦。
⇒新カト（オリュンピアス　361/368頃–408/410頃）

Olympiodōros〈5世紀〉
東ローマ帝国の外交官，歴史家。
⇒岩世人（オリュンピオドロス）

Olympiodōros〈6世紀〉
新プラトン主義の哲学者。
⇒岩世人（オリュンピオドロス　500頃–570頃）

Olympiodoros〈6世紀〉
聖書釈義家，アレクサンドリアの助祭。
⇒新カト（オリュンピオドロス　?–6世紀前半）

Olyphant, Davin Washington Cincinnatus〈18・19世紀〉
アメリカの商人。ニューヨークで中国貿易会社に入り，のちタルボット・オリファント商会を組織。
⇒アア歴（Olyphant,David Washington Cincinnatus　デイヴィッド・ワシントン・シンシナトゥス・オリファント　1789.3.7–1851.6.10）
　岩世人（オリファント　1789.3.7–1851.6.10）

Olyphant, Robert Morrison〈19・20世紀〉
アメリカの商人。
⇒アア歴（Olyphant,Robert Morrison　ロバート・モリスン・オリファント　1824.9.9–1918.5.3）

O'Mahony, John〈19世紀〉
アイルランドの民族運動指導者。
⇒岩世人（オマハニー　1815.1.12–1877.2.7）

Omai〈18世紀〉
イギリスを訪れた最初のポリネシア人。
⇒岩世人（オマイ　1753頃–1780頃）
　オセ新（オマイ　生没年不詳）

Oman, Sir Charles William Chadwick〈19・20世紀〉
イギリスの歴史家。軍事史の権威。
⇒岩世人（オーマン　1860.1.12–1946.6.23）

Oman, John Wood〈19・20世紀〉
イギリスの長老派教会に属する神学者。
⇒岩世人（オーマン　1860.7.23–1939.5.17）
　新カト（オーマン　1860.7.23–1939.5.17）

O'Mara, Joseph〈19・20世紀〉
アイルランドのテノール。1912年オマラ・オペラ・カンパニーを設立。
⇒魅惑（O'Mara,Joseph（O'Maera）　1866–1927）

Omar al-Ḥājjī b.Said Tal〈18・19世紀〉
西アフリカのイスラム教の指導者，族長，フラーニ国王。59年から西スーダンの多くの小国を統一。
⇒アフ新（ハジ・ウマル　1797?–1864）
　岩世人（アルハッジ・ウマル　1797–1864?）

Omphalē
ギリシア神話上の人物。
⇒岩世人（オンファレ）

Omri〈前9世紀〉
イスラエル王国の第6代の王。在位前876頃～869頃。
⇒世帝（オムリ　?–前869?）

Omri〈前9世紀〉
ヘブライ諸王国の統治者。
⇒新カト（オムリ）

Omurtag〈9世紀〉
中世ブルガリアの統治者。在位815～831。
⇒世帝（オムルタグ　?–831）

Onan
ユダの2男（創世記）。
⇒岩世人（オナン）

Onatas〈前5世紀〉
古代ギリシアの彫刻家。
⇒岩世人（オナタス）

Oncken, August〈19・20世紀〉
ドイツの経済学者。
⇒岩世人（オンケン　1844.4.10–1911.7.10）
　学叢思（オンケン，アウグスト　1844–1911）

Oncken, Hermann〈19・20世紀〉
ドイツの歴史家，ベルリン大学教授。
⇒岩世人（オンケン　1869.11.13–1945.12.28）

Oncken, Johann Gerhard〈18・19世紀〉
ドイツにおけるバプテスト教会創始者。
⇒新カト（オンケン　1800.1.26–1884.1.2）

Ondraček, Johann〈17・18世紀〉
ボヘミアの作曲家。
⇒バロ（オンドラチェック，ヨハン　1680頃?–1743）

O'Neddy, Philothée〈19世紀〉
フランス小ロマン派の詩人，小説家。代表作『魔法の指輪の物語』など。
⇒岩世人（オネディー　1811.1.30–1875.2.19）

O'Neill, Hugh, 3rd Baron of Dunganone, 2nd Earl of Tyrone〈16・17世紀〉
アイルランドの貴族。イギリスに反抗（ティロンの反乱，1595～1603）。
⇒岩世人（オニール　1550頃–1616.7.20）

O'Neill, (Tip) James Edward〈19・20世紀〉
アメリカの大リーグ選手（外野, 投手）。
⇒メジャ（ティップ・オニール　1858.5.25–1915.12.31）

Onēsikritos〈前4世紀〉
ギリシアの航海家，歴史家。アレクサンドロス史家の一人。
⇒岩世人（オネシクリトス　前370年代–前305以降）

Onēsimos
ピレモンの奴隷。パウロの弟子となる（新約）。
⇒岩世人（オネシモ）
　新カト（オネシモ　1世紀）
　聖書（オネシモ）

Onēsiphoros〈1世紀〉
パウロの愛弟子（新約）。
⇒岩世人（オネシフォロ）
　新カト（オネシフォロ　1世紀）
　聖書（オネシフォロ）

Ong Keo〈19・20世紀〉
ラオスの少数民族反乱指導者。
⇒岩世人（オン・ケオ　?–1910.11）

Ongping, Roman Tanbensiang〈19・20世紀〉
フィリピンの企業家。
⇒岩世人（オンピン　1847.2.28–1912.12.10）

Ong Qan〈12・13世紀〉
モンゴル，ケレイト部の酋長。ワン・ハンは通称。
⇒岩世人（オン・カン　?–1203）

Onions, Charles Talbut〈19・20世紀〉
イギリスの言語学者。『オックスフォード英語辞典』の共編者（14～33）。
⇒岩世人（オニオンズ　1873.9.10–1965.1.8）

ネーム（アニアンズ　1873–1965）

Onouphrios〈4世紀〉
エジプトの隠修士。聖人。祝日6月12日。
⇒新カト（オヌフリオス　4世紀後半）
　図聖（オヌフリウス　?–400頃）

Oosterzee, Johannes Jacobus van〈19世紀〉
オランダのプロテスタント神学者。ユトレヒト大学実践神学及び聖書神学教授（1863）。
⇒岩世人（オーステルゼー　1817.4.1–1882.7.29）

Opdyke, George〈19世紀〉
アメリカの経済学者。小学校教師，乾物商，銀行業者などを経てニューヨーク市長となった。
⇒岩世人（オプダイク　1805–1880.6.12）

Opicjis, Benedictus de〈15・16世紀〉
フランドルのオルガン奏者。
⇒バロ（オピツィイス，ベネディクトゥス・デ　1470頃?–1525頃）

Opie, Eugene Lindsay〈19・20世紀〉
アメリカの医学者。マラリア寄生虫，膵臓の解剖と病理に関する研究がある。
⇒岩世人（オービー　1873.7.5–1971.3.12）

Opie, John〈18・19世紀〉
イギリスの画家。作品にボイデルのシェークスピア・ギャラリーの歴史画（86）。
⇒岩世人（オービー　1761.5.16–1807.4.9）

Opitz von Boberfeld, Martin〈16・17世紀〉
ドイツの詩人，文学者。『ドイツ詩学の書』(24)を著した。
⇒岩世人（オービッツ　1597.12.23–1639.8.20）
　広辞7（オービッツ　1597–1639）
　学叢思（オービッツ，マルティン　1597–1639）
　新カト（オービッツ　1597.12.23–1639.8.20）

Oppel, Albert〈19世紀〉
ドイツの地質学者，古生物学者。ミュンヘンの古生物博物館長（61）。
⇒岩世人（オッペル　1831.12.19–1865.12.23）

Oppenheim, Hermann〈19・20世紀〉
ドイツの神経学者。
⇒岩世人（オッペンハイム　1858.1.1–1919.5.22）
　ユ著人（Oppenheim,Herman　オッペンハイム，ヘルマン　1858–1919）

Oppenheim, Lassa Francis Lawrence〈19・20世紀〉
ドイツ生れのイギリスの法学者。
⇒岩世人（オッペンハイム　1858.3.30–1919.10.7）

Oppenheim, Max, Freiherr von〈19・20世紀〉
ドイツの古代学者。イラクのテル・ハラフ遺跡を発掘し（11～13），最古の農耕文化の遺物を

発見。
⇒岩世人（オッペンハイム　1860.7.15–1946.11.15）

Oppenheim, Moritz Daniel〈18・19世紀〉
ドイツの肖像画家。
⇒ユ著人（Oppenheim,Moritz Daniel　オッペンハイム, モーリッツ・ダニエル　1799/1801–1881/1882）

Oppenheimer, Carl〈19・20世紀〉
ドイツの生化学者。酵素の研究に業績がある。
⇒岩世人（オッペンハイマー　1874.2.21–1941.12.24）

Oppenheimer, Sir Ernest〈19・20世紀〉
イギリスの企業家。世界ダイヤモンド市場の9割を支配した〈ダイヤ王〉。
⇒岩世人（オッペンハイマー　1880.5.22–1957.11.25）
　ユ人（オッペンハイマー, サー・アーネスト　1880–1957）
　ユ著人（Oppenheimer,Ernest,Sir　オッペンハイマー, アーネスト　1880–1957）

Oppenheimer, Franz〈19・20世紀〉
ユダヤ系のドイツ社会学者。主著『社会学大系』(29)。
⇒岩世人（オッペンハイマー　1864.3.30–1943.9.30）
　広辞7（オッペンハイマー　1864–1943）
　学集思（オッペンハイマー, フランツ　1864–?）
　ユ人（オッペンハイマー, フランツ　1864–1943）
　ユ著人（Oppenheimer,Franz　オッペンハイマー, フランツ　1864–1943）

Oppenheimer, Samuel〈17・18世紀〉
オーストリアの財政家。
⇒ユ人（オッペンハイマー, サムエル　1630–1703）
　ユ著人（Oppenheimer,Samuel　オッペンハイメル, ザムエル　1630–1703）

Oppenordt, Gilles Marie〈17・18世紀〉
フランスの建築装飾家, 彫刻家。
⇒岩世人（オプノール　1672–1742）

Oppert, Ernst Jacob〈19世紀〉
ドイツ（ユダヤ系）の東洋渡航者。大院君の養父南延君球の陵墓を発掘。
⇒岩世人（オペルト　1832.12.5–1903.9.19）
　韓朝史（オッペルト　1832–1903）

Oppert, Jules〈19・20世紀〉
フランス（ドイツ生れ）の東洋学者。アッシリア楔形文字の解読に成功。
⇒岩世人（オペール　1825.7.9–1905.8.21）
　ユ著人（Oppert,Jules Julius　オッペール, ジュール・ユリウス　1825–1905）

Oppianos〈2・3世紀〉
ギリシアの教訓叙事詩人。
⇒岩世人（オッピアノス）

Oppolzer, Theodor Ritter von〈19世紀〉
オーストリアの理論天文学者。軌道論, 地球の自転, 月の運動, 日月食に関する研究がある。
⇒岩世人（オッポルツァー　1841.10.26–1886.12.26）

Opportuna〈8世紀〉
ベネディクト会修道女。聖人。祝日4月22日。セーの司教であった殉教聖人クロデガングの姉妹。
⇒新カト（オッポルトゥーナ　?–770頃.4.22）

Optatus〈4世紀〉
ヌミディアのミレヴィスの司教, 聖人。
⇒岩世人（オプタトゥス）
　新カト（オプタトゥス〔ミレヴィスの〕　4世紀後半）

Optinsky, Antony〈18・19世紀〉
ロシア正教会の長老（克肖者）, 聖人。
⇒岩世人（アントーニー・オプチンスキー　1795.3.9–1865.8.7）

Opzoomer, Cornelis Willem〈19世紀〉
オランダの哲学者。ユトレヒト大学哲学教授(1846)。
⇒岩世人（オプゾーメル　1821.9.20–1892.8.23）

Orcagna, Andrea〈14世紀〉
イタリアの建築家, 彫刻家, 画家。フィレンツェ大聖堂造営などに従事。
⇒岩世人（オルカーニャ）
　ネーム（オルカーニャ　1308?–1368?）
　新カト（オルカーニャ　1308頃–1368以降）
　芸13（オルカーニャ, アンドレア）

Orchardson, Sir William Quiller〈19・20世紀〉
イギリスの画家。代表作『ベレロフォン船上のナポレオン』(80)。
⇒岩世人（オーチャードソン　1835.3.27–1910.4.13）
　芸13（オーチャードスン, ウィリアム　1835–1910）

Orczy, Baroness Emmuska Barstow〈19・20世紀〉
イギリス（ハンガリー生れの）女流作家。フランス革命に取材した小説を多く書く。
⇒岩世人（オルツィ　1865.9.23–1947.11.12）
　ネーム（オルツィ　1865–1947）
　スパイ（オルツィ, バロネス・エマースカ　1865–1947）

Orderic Vitalis〈11・12世紀〉
ノルマンディーの修道士。歴史家。主著『教会史』。
⇒岩世人（オルデリック・ヴィタル　1075.2.16–1142.7.3 (-13)）
　新カト（オルデリクス・ヴィタリス　1075.2.16–1142.2.3）

Ordinaire, Dionys〈19世紀〉
フランスの政治家。
⇒19仏（ディオニス・オルディネール　1826.6.10–1896.10.15）

Ordin-Nashchokin, Afanasy Lavrentevich〈17世紀〉
ロシアの外交官、政治家。
⇒岩世人（オルジーン＝ナシチョーキン　1605頃–1680）

Ordóñez, Bartolomé〈16世紀〉
スペインの彫刻家。
⇒芸13（オルドニュス，バルトロメ　?–1520）

Ordóñez, Pedro〈16世紀〉
スペインの聖職者、歌手。
⇒バロ（オルドーニェス，ペドロ　1510頃–1585.5.5）

Oré, Luis Jerónimo de〈16・17世紀〉
ペルーの司教、フランシスコ会員、言語学者。
⇒新カト（オレ　1554–1630.1.30）

Orefice, Antonio〈17・18世紀〉
イタリアの作曲家。
⇒バロ（オレフィーチェ，アントーニオ　1670頃?–1734）

Oreibasios Sardianos〈4世紀〉
ギリシアの医学者。
⇒岩世人（オレイバシオス（サルディスの）　320頃–400頃）

O'Reilly, John Boyle〈19世紀〉
アメリカ（アイルランド生れ）の詩人、ジャーナリスト、カトリック著述家。
⇒新カト（オライリ　1844.6.28–1890.8.10）

Orejón y Aparicio, José de〈18世紀〉
ペルーの歌手、オルガン奏者、聖職者。
⇒バロ（オレホン・イ・アパリシオ，ホセ・デ　1706–1765.5.7-21）

Orellana, Francisco de〈16世紀〉
スペインの軍人、探検家。ピサロに従って南米に赴く（1540）。
⇒岩世人（オレリャーナ　1511頃–1546）
ラテ新（オレリャーナ　1511–1546）

Oresme, Nicole d'〈14世紀〉
フランスの聖職者・科学者。著書『貨幣論』で14世紀経済学の第一人者となる。
⇒岩世人（オレーム　1320–1330頃–1382.7.11）
広辞7（オレーム　1320頃–1382）
学叢思（オレスミュース，ニコラウス　1323–1382）
新カト（オレーム　1325頃–1382.7.11）
世数（オレーム，ニコル　1325–1382）
メル1（オレーム，ニコル　1320/1330?–1382）

Orestēs
ギリシア伝説中の人物。アガメムノンとクリュタイムネストラの子、エレクトラの兄弟。
⇒岩世人（オレステス）
ネーム（オレステス）

Orestes〈前4世紀〉
マケドニア王国の統治者。在位前399～397。
⇒世帝（オレステス　?–前396）

Orfanel, Jacinto〈16・17世紀〉
スペインのドミニコ会宣教師、殉教者。著に『日本キリシタン教会史』。
⇒岩世人（オルファネル　1578.11.18–1622.9.10）
新カト（オルファネル　1578.11.8–1622.9.10）

Orfila i Rotger, Mateu Jusep Bonaventura〈18・19世紀〉
フランス（スペイン生まれ）の化学者、毒物学者。
⇒岩世人（オルフィラ　1787.4.24–1853.3.12）

Organtino, Gnecchi-Soldo〈16・17世紀〉
イタリアのイエズス会宣教師。
⇒岩世人（オルガンティーノ　1533–1609.4.22）
広辞7（オルガンティーノ　1533頃–1609）
新カト（オルガンティーノ　1532–1609.4.22）
ポプ人（オルガンチノ　1533?–1609）

Orgas, Annibale〈16・17世紀〉
イタリアの歌手、聖職者、指揮者。
⇒バロ（オルガス，アンニバーレ　1585頃–1629.7.5）

Orghana〈13世紀〉
チャガタイ・ハン・カラ・フラグの妃。
⇒岩世人（オルキナ　（在位）1252–1260）

Oribe, Manuel〈18・19世紀〉
ウルグアイの政治家。
⇒岩世人（オリーベ　1792.8.26–1857.11.12）
ラテ新（オリベ　1792–1857）

Ōrigenēs Adamantius〈2・3世紀〉
アレクサンドリア派の神学者。
⇒岩ゲネス（オリゲネス　185頃–254頃）
ネーム（オリゲネス　185?–254?）
広辞7（オリゲネス　185頃–254頃）
学叢思（オリゲネス　185–254）
新カト（オリゲネス　184/185–253/254）
メル1（オリゲネス　184/185?–253/254?）
ユ人（オリゲネス　184–253）

Oriol, José〈17・18世紀〉
スペインの聖人。祝日3月23日。「パンと水の博士」。
⇒新カト（ホセ・オリオル　1650.11.23–1702.3.23）

Oriola, Pietro〈15世紀〉
スペインの歌手。
⇒バロ（オリオーラ，ピエトロ　1430頃?–1480頃）

Ōrīōn
ギリシア神話、美男子の狩人で巨人。
⇒岩世人（オリオン）

ネーム（オリオン）

Orione, Luigi〈19・20世紀〉
イタリアの司祭, 修道会創立者, 慈善家。聖人。祝日3月12日。
⇒新カト（ルイジ・オリオーネ　1872.6.23–1940.3.12）

Orkhan Bey〈13・14世紀〉
オスマン・トルコ第2代スルタン。在位1326〜59。アナトリアのビザンチン帝国領土を征服。
⇒岩世人（オルハン・ベイ　1281?–1362?）
世帝（オルハン　1281/1288–1359–1362）

Orlandi, Camillo〈16・17世紀〉
イタリアの作曲家。
⇒バロ（オルランディ, カミルロ　1560頃?–1616）

Orlandi, Santi〈16・17世紀〉
イタリアの作曲家。
⇒バロ（オルランディ, サンティ　1560頃?–1619）

Orlandini, Giuseppe Maria〈17・18世紀〉
イタリアの作曲家。
⇒バロ（オルランディーニ, ジュゼッペ・マリーア　1675.3.19–1760.10.24）

Orlando, Vittorio Emanuele〈19・20世紀〉
イタリアの政治家, 法律家。ローマ大学憲法学の教授。1917〜19年には首相。
⇒岩世人（オルランド　1860.5.19–1952.12.1）
ネーム（オルランド　1860–1952）

Orléans, Gaston Jean Baptiste d'〈17世紀〉
フランスの貴族。アンリ4世とマリー・ド・メディチの子。
⇒岩世人（オルレアン公ガストン　1608.4.24–1660.2.2）

Orléans, Louis Philippe Joseph, Duc d'〈18世紀〉
フランス最後の国王ルイ・フィリップの父。別称フィリップ平等公。
⇒岩世人（オルレアン公フィリップ　1747.4.13–1793.11.6）

Orléans, Philippe II, Duc d'〈17・18世紀〉
フランスの軍人, 政治家。
⇒バロ（シャルトル公（オルレアン摂政公）　1674.8.2–1723.12.2）
岩世人（オルレアン公フィリップ2世　1674.8.2–1723.12.2）

Orley, Bernaert van〈15・16世紀〉
フランドルの画家。代表作『ヨブの試練の祭壇画』。
⇒岩世人（ファン・オルレイ　1488頃–1542.1.6）
ルネ（ベルナルド・ファン・オルレイ　1488頃–

1541）

Orlik, Emil〈19・20世紀〉
チェコスロバキアの版画家。
⇒岩世人（オルリク　1870.7.21–1932.9.28）
芸13（オルリック, エミール　1870–1934）
ユ著人（Orlik, Emil　オルリック, エミール　1870–1932）

Orlov, Aleksei Fyodorovich〈18・19世紀〉
帝政ロシアの軍人, 政治家。
⇒岩世人（オルローフ　1787.10.19–1862.5.21）

Orlov, Aleksei Grigorevich〈18・19世紀〉
帝政ロシアの軍人。
⇒岩世人（オルローフ　1737.9.24–1807.12.24）

Orlowski, Michal〈18世紀〉
ポーランドの作曲家。
⇒バロ（オルウォフスキ, ミハウ　1740頃?–1800頃?）

Orme, Robert〈18・19世紀〉
イギリスのインド近世史家。東インド会社の史料編集員（1769〜1801）。
⇒岩世人（オーム　1728.12.25–1801.1.13）

Ormonde, James Butler, 1st Duke of〈17世紀〉
アイルランド総督。
⇒岩世人（オーモンド　1610.10.19–1688.7.21）

Ormonde, James Butler, 2nd Duke of〈17・18世紀〉
アイルランドの軍人。名誉革命の際ウィリアム3世を支持。
⇒岩世人（オーモンド　1665.4.29–1745.11.16）

Orodes〈前1世紀〉
3人のパルチア王とバビロンを支配していた王（前80年）。
⇒世帝（オロデス1世　?–前80?）

Orodes II〈前1世紀〉
パルチアの王。ローマ軍を破り, 小アジア, パレスチナに侵入。
⇒世帝（オロデス2世　?–前37）

Orodes III〈1世紀〉
パルティア帝国の統治者。在位4〜7。
⇒世帝（オロデス3世　?–6）

Orologio, Alessandro〈16・17世紀〉
イタリアの器楽奏者, オルガン奏者。
⇒バロ（オロロージョ, アレッサンドロ　1550頃–1633頃）

Orosius, Paulus〈4・5世紀〉
スペインの司祭, 歴史家。
⇒岩世人（オロシウス）

新カト (オロシウス ?–418以後)

O'Rourke, James Henry〈19・20世紀〉
アメリカの大リーグ選手(外野,捕手,三塁)。
⇒メジャ (ジム・オルーク 1850.9.1–1919.1.8)

O'Rourke, John〈19・20世紀〉
アメリカの大リーグ選手(外野)。
⇒メジャ (ジョン・オルーク 1849.8.23–1911.6.23)

Orozco, Alonso de〈15・16世紀〉
スペインの聖人,アウグスチノ会員,瞑想アウグスチノ会の創立者。祝日9月19日。
⇒新カト (アロンソ・デ・オロスコ 1500.10.17–1591.9.19)

Orozco y Jiménez, Francisco〈19・20世紀〉
メキシコの大司教,教育者。
⇒新カト (オロスコ・イ・ヒメネス 1864.11.19–1936.2.18)

Orpen, *Sir* William Newenham Montague〈19・20世紀〉
イギリスの画家。作品に『私とビーナス』(1910)。
⇒岩世人 (オーペン 1878.11.27–1931.9.29)
芸13 (オーペン, ウィリアム 1878–1931)

Orpheus
神話伝説上のギリシアの音楽家,詩人。
⇒岩世人 (オルフェウス)
ネーム (オルフェウス)

Orr, David L.〈19・20世紀〉
アメリカの大リーグ選手(一塁)。
⇒メジャ (デイヴ・オール 1859.9.29–1915.6.2)

Orr, James〈19・20世紀〉
スコットランドの神学者。一致長老神学校の教会史教授(1891～)。
⇒岩世人 (オア 1844.4.11–1913.9.6)
新カト (オア 1844.4.11–1913.9.6)

Orsel, Victor〈18・19世紀〉
フランスの画家。
⇒芸13 (オルセル, ヴィクトル 1795–1850)

Orsi, Giuseppe Agostino〈17・18世紀〉
イタリアのドミニコ会士,神学者,枢機卿。
⇒新カト (オルシ 1692.5.9–1761.6.12)

Orsini, Felice〈19世紀〉
イタリアの愛国者。ナポレオン3世を暗殺未遂(1858)。
⇒岩世人 (オルシーニ 1819.12.10–1858.3.13)

Orsini, Giorgio〈15世紀〉
イタリアの建築家,彫刻家。
⇒岩世人 (オルシーニ ?–1475.11.10)

Orso, Francesco〈16世紀〉
イタリアの作曲家。
⇒バロ (オルソ, フランチェスコ 1520頃?–1567以降)

Orsucci de Ferrer, Angelo〈16・17世紀〉
イタリアのドミニコ会宣教師。
⇒新カト (オルスッチ 1573.5.8–1622.9.10)

Orta, Garcia de〈16世紀〉
ポルトガルの医師。
⇒岩世人 (ガルシア・デ・オルタ 1501頃–1568)

Ortai〈17・18世紀〉
中国,清代の満州人の政治家。姓はシリンギョロ(西林覚羅)氏。
⇒岩世人 (オルタイ 1677/1680(康熙16/19)–1745(乾隆10))

Ortega〈16世紀〉
スペインの町楽師。
⇒バロ (オルテガ,? 1530頃?–1580?)

Ortelius, Abraham〈16世紀〉
ベルギーの骨董品収集家,製図家,地理学者。
⇒岩世人 (オルテリウス 1527.4.4/14–1598.6.28)
広辞7 (オルテリウス 1527–1598)

Ortes, Giammaria〈18世紀〉
イタリアの経済学者。重商主義の反対者。
⇒オルテス 1713–1790
学叢思 (オルテス, ジァムマリア 1713–1790)

Orth, Albert Lewis〈19・20世紀〉
アメリカの大リーグ選手(投手)。
⇒メジャ (アル・オース 1872.9.5–1948.10.8)

Ortigas, Francisco Barcinas〈19・20世紀〉
フィリピンの法律家。
⇒岩世人 (オルティーガス 1875.9.11–1935.11)

Ortiz, Diego〈16世紀〉
スペインの作曲家。ナポリで楽長を務め(1513～),のちアルバ公に仕えた(58)。
⇒バロ (オルティス, ディエーゴ 1510頃–1570頃)
岩世人 (オルティス 1510頃–1570頃)

Ortiz, Estacio〈17世紀〉
メキシコ出身のアウグスチノ会員,同会の日本宣教の先駆者。
⇒新カト (オルティス ?–1636.5.4)

Ortiz de Zárate, Pedro〈17世紀〉
アルゼンチンの殉教者,尊者。
⇒新カト (オルティス・デ・サラテ 1622–1683.10.27)

Ortiz Rubio, Pascual〈19・20世紀〉
メキシコの政治家。ポルテス・ヒルに次いで大統領(1930～32)。

⇒岩世人（オルティス・ルビオ　1877.3.10–1963.11.4）

Orto, Marbrianus de〈15・16世紀〉
フランドルの歌手, 聖職者。
⇒バロ（オルト, マルブリアヌス・デ　1460頃?–1529.12/1529.12以前）

Orzeszkowa, Eliza〈19・20世紀〉
ポーランドの女流作家。大作『ネーメン川のほとり』(89)がある。
⇒岩世人（オジェシュコヴァ　1841.6.6–1910.5.18）

Osbert, Alphonse〈19・20世紀〉
フランスの画家。
⇒19仏（アルフォンス・オスベール　1857.3.23–1939.8.11）

Osborn, Catherine M.〈19・20世紀〉
アメリカのユニヴァーサリスト教会宣教師。
⇒岩世人（オズボーン　1859.4.15–1925.9.20）

Osborn, Henry Fairfield〈19・20世紀〉
アメリカの古生物学者。主著『生物の起源と進化』(17)。
⇒岩世人（オズボーン　1857.8.8–1935.11.6）

Osborn, Herbert〈19・20世紀〉
アメリカの動物学者。特に農業に関係ある応用昆虫学の研究を行った。
⇒岩世人（オズボーン　1856.3.19–1954.9.20）

Osborn, Lois Stewart〈19・20世紀〉
アメリカの教育者。
⇒アア歴（Osborn,Lois Stewart　ロイス・スチュワート・オズボーン　1875–1935.8.10）

Osborn, Sherard〈19世紀〉
イギリスの提督。太平天国乱には, イギリスから艦隊を中国に廻航。
⇒岩世人（オズボーン　1822.4.25–1875.5.6）

Osborne, Thomas, 1st Earl of Danby, 1st Duke of Leeds〈17・18世紀〉
イギリスの政治家。チャールズ2世に登用されて大蔵総裁となり(73), 伯爵を授けられた。
⇒岩世人（オズボーン（ダンビー）　1632.2.20–1712.7.26）

Osborne, Thomas Burr〈19・20世紀〉
アメリカの生物化学者。
⇒岩世人（オズボーン　1859.8.5–1929.1.29）

Oscar
アイルランドのフィアナ物語群の戦士。
⇒岩世人（オスカル）

Oseen, Wilhelm〈19・20世紀〉
スウェーデンの物理学者。流体力学（特に粘性流体）, 振動学に業績を残している。
⇒岩世人（オセーン　1879.4.17–1944.11.7）

Osei Tutu〈18世紀〉
ガーナのアカン王国の創設者。
⇒岩世人（オセイ・トゥトゥ1世　1650?–1717?）

Osgood, Elliott Irving〈19・20世紀〉
アメリカの医療宣教師。
⇒アア歴（Osgood,Elliott I(rving)　エリオット・アーヴィング・オズグッド　1871.3.11–1940.4.

Osgood, William Fogg〈19・20世紀〉
アメリカの数学者。解析学, 特に変分学, 微分方程式論に関する研究がある。
⇒岩世人（オズグッド　1864.3.10–1943.7.22）
　世数（オズグッド, ウィリアム・フォグ　1864–1943）

Osiander, Andreas〈15・16世紀〉
ドイツのルター派神学者。主著『福音書の調和』(37),『義認論』(50)。
⇒岩世人（オジアンダー　1498.12.19–1552.10.17）
　学叢思（オシアンデル, アンドレアス　1498–1552）
　新カト（オジアンダー　1498.12.19–1552.10.17）

Osiander, Lucas〈16・17世紀〉
ドイツのルター派神学者, 作曲家。
⇒バロ（オジアンダー, ルーカス　1534.12.16–1604.9.17）

Oskar I〈18・19世紀〉
スウェーデンおよびノルウェー王。在職1844～59。
⇒岩世人（オスカル1世　1799.7.4–1859.7.8）
　世帝（オスカル1世　1799–1859）

Oskar II〈19・20世紀〉
スウェーデン王。在位1872～1907。ノルウェー王。在位1872～1905。
⇒世帝（オスカル2世　1829–1907）

Osler, *Sir* William〈19・20世紀〉
イギリスの内科医。内科学者, 医学史学者。主著に『医学の原理と実際』(1892)。
⇒岩世人（オスラー　1849.7.12–1919.12.29）
　広辞7（オスラー　1849–1919）

Osman I〈13・14世紀〉
オスマン・トルコの建国者。1299年頃アナトリアのセルジューク朝から独立して新国家を樹立。
⇒岩世人（オスマン1世　1258?–1326?）
　広辞7（オスマン一世　1258–1326）
　世人新（オスマン1世　1258/1259–1326）
　世人装（オスマン1世　1258/1259–1326）
　世帝（オスマン1世　1258–1326）

Osman II〈17世紀〉
オスマン・トルコ帝国第16代のスルタン。在位1618～22。
⇒岩世人（オスマン2世　1603–1622.5.20）
　世帝（オスマン2世　1604–1622）

Osman III〈18世紀〉
オスマン帝国の統治者。在位1754～1757。
⇒岩世人（オスマン3世 1699.1.2–1757.10.30)
世帝（オスマン3世 1699–1757)

Osmeña, Sergio〈19・20世紀〉
フィリピンの政治家。日本占領中の亡命政権の大統領。
⇒岩世人（オスメーニャ 1878.9.9–1961.10.19)

Osmund〈11世紀〉
司教。聖人。ノルマンディー生まれ。
⇒新カト（オズムンド〔ソールズベリの〕 ?–1099.12.3/4)

Osouf, Pierre Marie〈19・20世紀〉
フランスのパリ外国宣教会宣教師。白百合高等女学校、暁星学校を設立。
⇒岩世人（オズーフ 1829.5.26–1906.6.27)
新カト（オズーフ 1829.5.26–1906.6.27)

Osroes I〈2世紀〉
パルティア帝国の統治者。在位109～129。
⇒世帝（オスロエス1世 ?–129)

Osroes II〈2世紀〉
アルサケス朝パルティアの王。
⇒世帝（オスロエス2世 ?–190?)

Ossendowski, Ferdynand Antoni〈19・20世紀〉
ポーランドの作家、科学者。鉱山技師として蒙古、シベリアを調査。
⇒岩世人（オッセンドフスキ 1878.5.27–1945.1.3)

Ossian〈3世紀頃〉
伝説的なアイルランドおよびスコットランド高地の勇士、詩人。
⇒岩世人（オシアン)
広辞7（オシアン 3世紀頃)

Ossoliński, Jôzef Maksymilian〈18・19世紀〉
ポーランドの愛国者、学者。
⇒岩世人（オッソリンスキ 1748–1826.3.17)

Ossó y Cervelló, Enrique de〈19世紀〉
聖人、修道会創立者。祝日1月27日。
⇒新カト（エンリケ・デ・オソ・イ・セルベヨ 1840.7.16–1896.1.27)

Ostade, Adriaen van〈17世紀〉
オランダの画家、版画家。
⇒岩世人（ファン・オスターデ 1610.12.10（受洗）–1685.4.27)
芸13（オスターデ、アドリアーン・ヴァン 1610–1685)
芸13（ファン・オスターデ、アドリアーン 1610–1685)

Ostade, Isack van〈17世紀〉
オランダの風景画家。ハールレムに定住し、風景を描いた。
⇒岩世人（ファン・オスターデ 1621.6.2（受洗）–1649.10.16)

Östberg, Ragnar〈19・20世紀〉
スウェーデンの建築家。代表作『ストックホルム市庁舎』（09～23）。
⇒岩世人（エストベリ 1866.7.14–1945.2.5)

Ostendorf, Friedrich〈19・20世紀〉
ドイツの建築家、建築理論家。新古典主義の立場をとった。
⇒岩世人（オステンドルフ 1871.10.17–1915.3.16)

Osterhout, Winthrop John Vanleuven〈19・20世紀〉
アメリカの植物学者、生理学者。細胞生理学に関する研究がある。
⇒岩世人（オスターハウト 1871.8.2–1964.4.9)

Ostermann, Andrei Ivanovich〈17・18世紀〉
ロシアの外交官、政治家。クールランドのドイツ人貴族。
⇒岩世人（オステルマン 1686/1687.5.30–1747.5.20)

Österreich, Georg〈17・18世紀〉
ドイツの歌手、教師、楽譜収集家、写譜家。
⇒バロ（エスターライヒ、ゲオルク 1664.3.17–1735.6.6)

Ostertag, Robert von〈19・20世紀〉
ドイツの獣医学者。獣医衛生学の権威。
⇒岩世人（オステルターク 1864.3.24–1940.10.7)

Osthaus, Karl Ernst〈19・20世紀〉
ドイツの芸術学者、美術品蒐集家。〈ドイツ工作連盟〉の創設者の一人。
⇒岩世人（オストハウス 1874.4.15–1921.3.27)

Osthoff, Hermann〈19・20世紀〉
ドイツの言語学者。インド＝ヨーロッパ語族の比較文法を研究。
⇒岩世人（オストホフ 1847.4.18–1909.5.7)

Ostrand, James Adolph〈19・20世紀〉
アメリカの弁護士、判事。
⇒アア歴（Ostrand,James Adolph ジェイムズ・アドルフ・オストランド 1871.1.20–1937.4.15)

Ostrogorskii, Moisei Iakovlevich〈19・20世紀〉
ロシアの政治学者。『民主主義と政党の組織』。
⇒岩世人（オストロゴルスキー 1854/1852–1919)

Ostrogradskii, Mikhail Vasilievich〈19世紀〉
ロシアの数理物理学者、数学者。流動体中の熱の伝播理論をたてた。
⇒世数（オストログラッキー、ミハイル・ヴァシレ

Ostrovskii, Aleksandr Nikolaevich〈19世紀〉
ロシアの劇作家。作品は『内輪のことだ、あとで勘定を』(50),『雪娘』(73)など。
⇒岩世人（オストロフスキー 1823.3.31–1886.6.2)
ネーム（オストロフスキー 1823–1886）
広辞7（オストロフスキー 1823–1886）

Ostwald, Friedrich Wilhelm〈19・20世紀〉
ドイツの化学者。1888年光の分析法を発見。1909年ノーベル化学賞受賞。
⇒岩世人（オストワルト〔慣オストワルト〕 1853.9.2–1932.4.4）
ネーム（オストワルト 1853–1932)
広辞7（オストワルト 1853–1932）
学叢思（オストワルド, ヴィルヘルム 1853–?）
新カト（オストヴァルト 1853.9.2–1932.4.4）
ノ物化（ウィルヘルム・オストヴァルト 1853–1932)

O'Sullivan, John〈19・20世紀〉
アイルランドのテノール。イタリアで活躍し、1929年以降はパリで後進の指導にもあたった。
⇒失声（ジョン・オサリヴァン 1877–1955）

O'Sullivan, John Louis〈19世紀〉
アメリカのジャーナリスト。
⇒岩世人（オサリヴァン 1813.11.15–1895.2.24）

O'Sullivan, Timothy H.〈19世紀〉
アメリカの写真家。
⇒岩世人（オサリヴァン 1840?–1882.1.14）

Oswald, James〈18世紀〉
スコットランドの歌手、教師、興行師、出版業者。
⇒バロ（オズワルド, ジェームズ 1711–1769）

Oswald, James〈18世紀〉
スコットランドの哲学者。常識（コモン・センス）学説を神学に適用。
⇒岩世人（オズワルド 1703–1793）
新カト（オズワルド ?–1793）

Oswald of Worcester〈10世紀〉
司教。聖人。
⇒新カト（オズワルド〔ヨークの〕 925頃–992.2.28/29）

Oswald (Osvald), St.〈7世紀〉
ノーサンブリア（昔のイギリスの一王国）王。在位634～42。聖人。
⇒岩世人（オズワルド 603/604–642.8.5）
新カト（オズワルド〔ノーサンブリアの〕 604–642.8.5)
図聖（オズワルド〔ノーサンブリアの〕 604頃–642）

Oswald von Wolkenstein〈14・15世紀〉
中世ドイツの抒情詩人。
⇒バロ（ヴォルケンシュタイン, オスヴァルト・フォン 1367.5.2–1445.8.2)
岩世人（オスヴァルト〔ヴォルケンシュタインの〕 1377頃–1445.8.2）

Otakar II, Přemysl〈13世紀〉
プルシェミスル朝最盛期の王。在位1253～78。
⇒世帝（オタカル2世 1230–1278)
皇国（オタカル2世 （在位）1253–1278）

Otfried von Weißenburg〈8・9世紀〉
ドイツ、アルザス地方の修道僧、詩人。
⇒岩世人（オトフリート〔ヴァイセンブルクの〕 790頃–875）
新カト（オットフリート〔ヴァイセンブルクの〕 800–870頃）

'Othman Nuri Pasha〈19世紀〉
オスマン・トルコ帝国の将軍。陸相となり（78～85), 軍制の改革に尽した。
⇒学叢歴（オスマン, パシャ 1837–1900）

Othmayr, Caspar〈16世紀〉
ドイツの作曲家。
⇒バロ（オトマイアー, カスパル 1515.3.12–1553.2.4)

Otho, Marcus Salvius〈1世紀〉
ローマ皇帝。在位69。ネロの部下だった。
⇒岩世人（オト 32.4.28–69.4.16）
世帝（オト 32–69)
皇国（オトー ?–69)

Óthon I〈19世紀〉
ギリシア国王。在位1832～62。
⇒岩世人（オソン1世〔オソナス1世〕 1815.6.1–1867.7.26)

Otis, Elisha Graves〈19世紀〉
アメリカの発明家。乗用エレベータの製作に成功し（57), エレベータ製造会社を設立。
⇒岩世人（オーティス 1811.8.3–1861.4.8）

Otis, Elwell Stephan〈19・20世紀〉
アメリカの軍人。フィリピン総督として、フィリピン人の独立運動を鎮圧。
⇒アア歴（Otis,Elwell S〔tephen〕 エルウエル・スティーヴン・オーティス 1838.3.25–1909.10.21)

Otis, James〈18世紀〉
アメリカ植民地時代の法律家, 政治家。
⇒岩世人（オーティス 1725.2.5–1783.5.23）

Otlet, Paul〈19・20世紀〉
ベルギーの法学者、図書館学者。デューイの十進分類法の完成に協力。
⇒岩世人（オトレ 1868.8.23–1944.12.10）

Ottani, Bernardo〈18・19世紀〉
イタリアの作曲家。
⇒バロ（オッターニ, ベルナルド 1736.9.8–1827.4.

26)

Otter, Jakob〈15・16世紀〉
南西ドイツの宗教改革者。
⇒新カト（オッター　1485頃–1547.3.15）

Ottman, Henri〈19・20世紀〉
フランスの画家。
⇒芸13（オットマン, アンリ　1875–1926）

Otto, Berthold〈19・20世紀〉
ドイツの教育家。ベルリンに家庭教師学校を設立(1906)。
⇒岩世人（オットー　1859.8.6–1933.6.29）

Otto, Georg〈16・17世紀〉
ドイツの歌手, 教師。
⇒バロ（オットー, ゲオルク　1550–1618.11.30）

Otto, Nikolaus August〈19世紀〉
ドイツの技術者。4サイクルのガス機関を発明し(76), 内燃機関の発達に寄与。
⇒岩世人（オットー　1832.6.14–1891.1.26）
　ポプ人（オットー, ニコラウス　1832–1891）

Otto, Rudolf〈19・20世紀〉
ドイツの神学教授。主著『聖なるもの』。
⇒岩世人（オットー　1869.9.25–1937.3.6）
　広辞7（オットー　1869–1937）
　新カト（オットー　1869.9.25–1937.3.6）
　20思（オットー, ルドルフ　1869–1937）

Otto, Stephan〈17世紀〉
ドイツの作曲家, 理論家。
⇒バロ（オットー, シュテファン　1603.3.28–1656.10.2）

Otto, Valentin〈16世紀〉
ドイツのオルガン奏者。
⇒バロ（オットー, ヴァレンティン　1550頃?–1600頃?）

Otto, Valerius〈16・17世紀〉
ドイツのオルガン奏者, 器楽奏者。
⇒バロ（オットー, ヴァレーリウス　1579.7.25–1612以降）

Otto I der Grosse〈10世紀〉
ザクセン朝第2代ドイツ王。在位936～973。初代神聖ローマ皇帝。在位962～973。
⇒岩世人（オットー1世（大帝）　912.11.23–973.5.7）
　広辞7（オットー一世　912–973）
　新カト（オットー1世　912.11.23–973.5.7）
　世人新（オットー1世（大帝）　912–973）
　世人装（オットー1世（大帝）　912–973）
　世史語（オットー1世　912–973）
　世帝（オットー1世　912–973）
　ポプ人（オットー1世　912–973）
　学叢歴（オットー1世　912–973）

Otto II〈10世紀〉
ドイツ, ザクセン朝第3代の王。在位961～983。967年神聖ローマ皇帝。
⇒岩世人（オットー2世　955–983.12.7）
　新カト（オットー2世　955–983.12.7）
　世帝（オットー2世　955–983）

Otto III〈10・11世紀〉
神聖ローマ皇帝。在位996～1002。
⇒岩世人（オットー3世　980.6/7–1002.1.24/23）
　新カト（オットー3世　980–1002.1.24）
　世人新（オットー3世　980–1002）
　世人装（オットー3世　980–1002）
　世帝（オットー3世　980–1002）
　皇国（オットー3世　(在位)996–1002）

Otto III〈13・14世紀〉
バイエルンのヴィッテルスバッハ家の統治者。
⇒世帝（オットー　1261–1312）

Otto IV von Braunschweig〈12・13世紀〉
ドイツ王。在位1198～1215。神聖ローマ皇帝。在位1209～15。
⇒岩世人（オットー4世　1175/1176頃–1218.5.19）
　新カト（オットー4世　1175頃–1218.5.19）
　世帝（オットー4世　1175–1218）

Ottolenghi, Giuseppe〈19・20世紀〉
イタリアの参謀総長, 上院議員, 陸軍大臣。
⇒ユ著人（Ottolenghi, Giuseppe　オットレンギ, ジュウゼッペ　1836–1904）

Otto of Bamberg〈11・12世紀〉
カトリックの聖人。バンベルクの司教。
⇒新カト（オットー〔バンベルクの〕　1060/1062頃–1139.6.30）
　図聖（オットー（バンベルクの）　1060/1062–）

Otto von Freising〈12世紀〉
ドイツのスコラ哲学者, 神学者。主著『二国論』。
⇒岩世人（オットー（フライジングの）　1112頃–1158.9.22）
　新カト（オットー〔フライジングの〕　1112頃–1158.9.22）

Otway, Thomas〈17世紀〉
イギリスの劇作家。代表作『ベニスは安泰』(82)。
⇒岩世人（オトウェイ　1652.3.3–1685.4.16（埋葬））
　新カト（オトウェイ　1652.3.3–1685.4.14）

Ouba〈17世紀〉
モンゴルの首長。
⇒岩世人（オーバ　?–1632.10）

Oudinot, Nicolas Charles, Duc de Reggio〈18・19世紀〉
フランスの陸軍軍人。
⇒岩世人（ウディノ　1767.4.25–1847.9.13）

Oudot, Claude〈17世紀〉
フランスの歌手, 教師, 指揮者。

⇒バロ（ウド，クロード　1640頃?–1696）

Oudry, Jean Baptiste〈17・18世紀〉
フランスの画家。ルイ15世の宮廷画家。
⇒芸13（ウードリ，ジャン・バティスト　1686–1755）

Oughtred, William〈16・17世紀〉
イギリスの数学者。
⇒岩世人（オートレッド　1574.3.5–1660.6.30）
　世数（オートレッド，ウィリアム　1574–1660）

Ouida〈19・20世紀〉
イギリスの女流作家。『フランダースの犬』の作者。
⇒岩世人（ウィーダ　1839.1.1–1908.1.25）
　ネーム（ウィーダ　1839–1908）
　ポプ人（ウィーダ　1839–1908）

Ouldin, Henri〈16世紀〉
フランスの作曲家。
⇒バロ（オウルダン，アンリ　1500頃?–1550頃?）

Ounkham〈19世紀〉
ラオスのルアンパバーン王国の王。在位1872~87。
⇒岩世人（ウンカム　1811–1888）

Ouseley, *Sir* **Frederic Arthur**〈19世紀〉
イギリスの音楽家。ピアノおよびオルガンの演奏家。教会音楽を教授する学校を設立。
⇒岩世人（ウーズリー　1825.8.12–1889.4.6）

Outey Reachea〈18世紀〉
カンボジア，ポスト・アンコール時代の王。在位1758~75。
⇒岩世人（ウテイ・リエチエ　(在位)1758–1775）

Outhoorn, Cornelis van〈17・18世紀〉
オランダの長崎商館長。
⇒岩世人（アウトホールン　?–1708以前）

Outram, *Sir* **James**〈19世紀〉
イギリスの将軍，インド参事会軍事委員。在職1858~60。
⇒岩世人（ウートラム　1803.1.29–1863.3.11）

Ouvrale, René〈17世紀〉
フランスの聖職者，指揮者。
⇒バロ（ウーブラール，ルネ　1620頃?–1680頃?）

Ouvrard, Gabriel Julien〈18・19世紀〉
フランスの企業家，金融業者。ナポレオン1世の軍費を調達。
⇒岩世人（ウグラール　1770.10.11–1846.10）

Ovalle Pastene, Alonso de〈17世紀〉
チリのイエズス会会員，歴史学者。
⇒新カト（オバイェ　1603.7.27–1651.3.11）

Overall, John〈16・17世紀〉
英国教会のノーリジ主教。

⇒新カト（オーヴァオール　1560頃–1619.5.12）

Overbeck, Franz Camille〈19・20世紀〉
ドイツの教会史学者。
⇒岩世人（オーヴァーベック　1837.11.16–1905.6.26）
　新カト（オーヴァベック　1837.11.16–1905.6.26）

Overbeck, Johannes Adolph〈19世紀〉
ドイツの考古学者，美術史家。ライプチヒ大学教授（1853~），兼ライプチヒ考古学博物館長。
⇒岩世人（オーヴァーベック　1826.3.27–1895.11.8）

Overbeck, Johann Friedrich〈18・19世紀〉
ドイツの画家。代表作『聖ヨゼフ画伝』（1816~17）。
⇒岩世人（オーヴァーベック　1789.7.3–1869.11.12）
　新カト（オーヴァベック　1789.7.3–1869.11.12）
　芸13（オーヴァーベック，ヨハン・フリードリヒ　1789–1869）

Overberg, Bernhard Heinrich〈18・19世紀〉
ドイツの教育者。ミュンスターの師範学校長（1783~1826）。プロイセン文部省の顧問（1819）。
⇒新カト（オーヴァベルク　1754.5.1–1826.11.9）

Overbury, *Sir* **Thomas**〈16・17世紀〉
イギリスの詩人。作品に『気質もの集』(14)など。
⇒岩世人（オーヴァベリ　1581.6.18(受洗)–1613.9.15）

Overmans, Jakob〈19・20世紀〉
ドイツ生まれのイエズス会会員。
⇒新カト（オーヴェルマンス　1874.1.26–1945.8.15）

Overstone, Samuel Jones Loyd, Baron〈18・19世紀〉
イギリスの銀行家。通貨主義の代表者で，〈銀行法〉（1884）の原案者。
⇒岩世人（オーヴァストン　1796.9.25–1883.11.17）

Overtwater, Pieter Anthoniszoon (Anthonissen)〈17世紀〉
オランダの長崎商館長。
⇒岩世人（オーフェルトワーテル　1612頃–1682.4.27）

Ovidius Naso, Publius〈前1・後1世紀〉
ローマの詩人。恋愛エレゲイア最後の詩人。
⇒岩世人（オウィディウス　前43–後17頃）
　ネーム（オウィディウス　前43?–後17）
　広辞7（オウィディウス　前43–後17頃）
　学藝思（オーヴィド　前43–後17）
　新カト（オウィディウス　前43–後17）
　世人新（オウィディウス　前43–後17）

世人装（オウィディウス　前43–後17）
世史語（オウィディウス　前43–後17頃）
ポプ人（オウィディウス　前43–後17?）

Oviedo, Andrés de〈16世紀〉
スペイン出身のイエズス会宣教師。エチオピアの総主教。
⇒新カト（オビエド　1518–1577.6.29）

Oviedo y Valdés, Gonzalo Fernández de〈15・16世紀〉
スペインの歴史家。
⇒岩世人（フェルナンデス・デ・オビエド　1478–1557）
ラテ新（オビエド　1478–1557）

Ovsyaniko-Kulikovskii, Dmitrii Nikolaevich〈19・20世紀〉
ロシアの文学史家, 言語学者。主著『言語と芸術』(1895)。
⇒岩世人（オフシャニコ＝クリコフスキー　1853.1.23/2.4–1920.10.9）

Owain Gwynedd〈11・12世紀〉
イギリスのグウィネズ王。
⇒岩世人（オウェン・グウィネッズ　?–1170.11.23?）

Owen, John〈17世紀〉
イギリスのピューリタン牧師, 政治家。
⇒新カト（オーエン　1616頃–1683.8.24）

Owen, Sir Richard〈19世紀〉
イギリスの動物学者, 古生物学者。比較解剖学, 化石爬虫の研究者。
⇒岩世人（オーウェン　1804.7.20–1892.12.18）
広辞7（オーウェン　1804–1892）

Owen, Robert〈18・19世紀〉
イギリスの社会思想家。『自伝』(1857～58) が著名。
⇒岩世人（オーウェン　1771.5.14–1858.11.17）
広辞7（オーウェン　1771–1858）
学叢思（オーウェン, ロバート　1771–1858）
新カト（オーウェン　1771.5.14–1858.11.17）
世人新（オーウェン（ロバート＝オーウェン）1771–1858）
世人装（オーウェン（ロバート＝オーウェン）1771–1858）
世史語（オーウェン　1771–1858）
ポプ人（オーウェン, ロバート　1771–1858）

Owen, Robert Dale〈19世紀〉
スコットランド生れのアメリカの社会運動家, 作家。
⇒岩世人（オーウェン　1801.11.9–1877.6.24）

Owens, Michael Joseph〈19・20世紀〉
アメリカの発明家, 企業家。自動製びん機械を発明。
⇒岩世人（オーウェンズ　1859.1.1–1923.12.27）

Owens, Robert Bowie〈19・20世紀〉
アメリカの電気技術者, 化学者。トロン, α線を発見。
⇒岩世人（オーウェンズ　1870.10.29–1940.11.1）

Oxenstierna, Axel Gustaffsson, Greve〈16・17世紀〉
スウェーデンの政治家。伯爵。
⇒岩世人（オクセンシャーナ　1583.6.16–1654.8.28）

Oxenstierna, Johan Gabriel〈18・19世紀〉
スウェーデンの詩人, 伯爵。
⇒岩世人（オクセンシャーナ　1750.7.19–1818.7.29）

Oxford, Edward de Vere, 17th Earl of〈16・17世紀〉
イギリスの貴族, 詩人。
⇒岩世人（オックスフォード　1550.4.20–1604.6.24）

Oxford, Robert Harley, 1st Earl of〈17・18世紀〉
イギリスの政治家。
⇒岩世人（オックスフォード（ハーリー）1661.12.5–1724.5.21）

Oxilia, Giuseppe〈19・20世紀〉
イタリアのテノール。オテロ歌手としてミラノ・スカラ座を中心に活躍。
⇒魅惑（Oxilia, Giuseppe　1865–1919）

Oxinaga, Joaquín de〈18世紀〉
スペインのオルガン奏者。
⇒バロ（オクシナーガ, ホアキン・デ　1719.10.26–1789.10.24）

Oyanguren de Santa Inés, Melchior〈17・18世紀〉
スペインのフランシスコ会宣教師。
⇒広辞7（オヤングーレン　1668–1747）

Oyiradai Qaγan〈14・15世紀〉
北元の皇帝。
⇒世帝（オイラダイ・ハーン　1386–1425）

Ozanam, Antoine Frédéric〈19世紀〉
フランスの文学史家, カトリック運動主導者。
⇒岩世人（オザナム　1813.4.23–1853.9.8）
新カト（オザナム　1813.4.23–1853.9.8）

Ozanam, Jacques O.〈17・18世紀〉
フランスの数学者。
⇒世数（オザナム, ジャック　1640–1717）

Ozmis Qaγan〈8世紀〉
東突厥(とっけつ)第二可汗国の可汗。在位742～44。
⇒岩世人（オズミシュ・カガン　?–744.9.26）

【P】

Paasikivi, Juho Kusti〈19・20世紀〉
フィンランドの政治家。1944～46年首相,46～56年大統領。対ソ関係の安定に尽力。
⇒岩世人（パーシキヴィ　1870.11.27-1956.12.14）

Paats, Vincent〈17世紀〉
オランダの対清特派使節。
⇒岩世人（パーツ）

Pabalan, Mariano-Proceso-Byron
〈19・20世紀〉
フィリピンの劇作家。
⇒岩世人（パバラン　1863.7.4-1904.1.1）

Pablo de Santa Maria〈14・15世紀〉
ブルゴス司教。カスティリア王国の「摂政会議」の一員。
⇒ユ著人（Pablo de Santa Maria (el Burguense) パブロ・デ・サンタ・マリア　1350?-1435）

Pacal, Franz〈19・20世紀〉
チェコスロヴァキアのテノール。ウィーン宮廷オペラ、プラハ国立劇場、リガの歌劇場などに出演。
⇒魅惑（Pacal,Franz　1865-1938）

Pacca, Bartolommeo〈18・19世紀〉
ローマ教皇庁の聖職者,政治家。
⇒岩世人（パッカ　1756.12.25-1844.4.19）
　新カト（パッカ　1756.12.25-1844.4.19）

Pacchierotti, Gaspare〈18・19世紀〉
イタリアのカストラート歌手。
⇒オペラ（パッキェッロッティ, ガスパレ　1740-1821）

Pacchioni, Antonio Maria〈17・18世紀〉
イタリアの作曲家。
⇒バロ（パッキオーニ、アントーニオ・マリア　1654.7.5-1738.7.25）

Pace, Pietro〈16・17世紀〉
イタリアの作曲家。
⇒バロ（パーチェ、ピエトロ　1559-1622.4.15）

Pacelli, Asprilio〈16・17世紀〉
イタリアの作曲家。
⇒バロ（パチェッリ、アスプリーリオ　1570-1623.5.4）

Pachacútec〈15世紀〉
インカ帝国成立の基礎を作ったインカ族の族長。
⇒世帝（パチャクテク　?-1471）

Pachacuti〈15世紀〉
インカ帝国第9代王。
⇒岩世人（パチャクティ　15世紀）

Pachay〈19・20世紀〉
ラオスの少数民族反乱指導者。
⇒岩世人（パーチャイ　?-1922.11）

Pacheco, Francisco〈16・17世紀〉
スペインの画家、著作家。スペイン・バロックを代表する画家の一人。
⇒岩世人（パチェコ　1564.11.3-1644）
　新カト（パチェコ　1564-1644）
　芸13（パチェコ, フランシスコ　1564-1654）

Pacheco, Francisco〈16・17世紀〉
ポルトガルのイエズス会宣教師。1604年から数回来日し、京阪、天草および近畿を巡って伝道。
⇒岩世人（パシェコ　1565-1626.6.20）
　新カト（パチェコ　1566-1626.6.20）

Pacheco, Luis Paes〈16・17世紀〉
ポルトガルの遣日特派使節。
⇒岩世人（パシェコ　1573頃-1640.8.3）
　新カト（パエス・パシェコ　?-1640.8.3）

Pacheco Pereira, Duarte〈15・16世紀〉
ポルトガルの軍人、航海者、地理学者。
⇒岩世人（パシェコ・ペレイラ　1460頃-1533）

Pachelbel, Johann〈17・18世紀〉
ドイツのオルガン奏者、作曲家。
⇒バロ（パッヘルベル, ヨハン　1653.9.1-1706.3.9）
　エデ（パッヘルベル, ヨハン　1653.9.1-1706.3.3）
　広辞7（パッヘルベル　1653-1706）
　新カト（パッヘルベル　1653.9.1-1706.3.9）
　ピ曲改（パッヘルベル, ヨハン　1653-1706）
　ポプ人（パッヘルベル, ヨハン　1653-1706）

Pachelbel, Karl Theodorus〈17・18世紀〉
ドイツの作曲家。
⇒バロ（パッヘルベル、カール・テオドールス　1690.11.24-1750.9.15）

Pachelbel, Wilhelm Hieronymous
〈17・18世紀〉
ドイツの作曲家。
⇒バロ（パッヘルベル, ヴィルヘルム・ヒエロニムス　1686.8.29-1764）

Pacher, Michael〈15世紀〉
ドイツの木彫家、後期ゴシック様式の画家。
⇒岩世人（パッハー　1435頃-1498）
　新カト（パッハー　1435頃-1498）
　芸13（パッハー, ミヒャエル　1435頃-1498）

Pachmann, Vladimir de〈19・20世紀〉
ロシアのピアノ奏者。ショパン等の小曲の演奏家。

⇒岩世人（パハマン　1848.7.27–1933.1.6）

Pachomius, St.〈3・4世紀〉
エジプトの修道士。キリスト教における共住修道形式の創立者。
⇒岩世人（パコミオス　292頃–346.5.14）
　広辞7（パコミオス　290頃–346）
　新カト（パコミオス　290頃–347.5.9）

Pachymeres, Georgios〈13・14世紀〉
ビザンチンの学者。歴史学、修辞学、自然学、哲学の分野で活躍。主著は『歴史』（61〜08）。
⇒岩世人（パキュメレス　1242–1310頃）

Paci, Mario〈19・20世紀〉
イタリアのピアノ奏者、指揮者。
⇒岩世人（パーチ　1878.6.4–1946.8.3）

Pacianus〈4世紀〉
バルセロナの司教。聖人。祝日3月9日。
⇒新カト（パキアヌス　310頃–392以前）

Pacifico〈17・18世紀〉
イタリアのサン・セヴェリーノ修道院院長、神秘家。聖人。祝日9月24日。フランシスコ会員。
⇒新カト（パシフィコ〔サン・セヴェリーノの〕1653.3.1–1721.9.24）

Pacifico, Don David〈18・19世紀〉
ジブラルタルの商人、パシフィコ事件の当事者。
⇒ユ人（パシフィコ，ドン・ダビッド　1784–1854）

Pacini, Filippo〈19世紀〉
イタリアの解剖学者。
⇒岩世人（パチーニ　1812.5.25–1883.7.9）

Pacini, Giovanni〈18・19世紀〉
イタリアの作曲家。多くの歌劇、オラトリオ、カンタータ、ミサを作曲。
⇒岩世人（パチーニ　1796.2.17–1867.12.6）
　オペラ（パチーニ，ジョヴァンニ　1796–1867）

Pacioli, Luca〈15・16世紀〉
イタリアの数学者、フランシスコ会修道士。
⇒岩世人（パチョーリ　1445頃–1514頃）
　新カト（パチョーリ　1445頃–1517）
　世数（パチョーリ，ルカ　1445–1517）
　ルネ（ルカ・パチョーリ　1445/1446–1517）

Pacius, Fredrik〈19世紀〉
フィンランド（ドイツ生れ）のヴァイオリン奏者、作曲家。フィンランド国歌〈Maamme〉を作曲。
⇒岩世人（パキウス　1809.3.19–1891.1.8）

Pack, William F.〈19・20世紀〉
アメリカの陸軍将校。
⇒アア歴（Pack,William F.　ウイリアム・F・パック　1860?–1944.9.3）

Packard, Alpheus Spring〈19・20世紀〉
アメリカの動物学者。ブラウン大学動物学および地学教授（1878〜1905）。

⇒岩世人（パッカード　1839.2.19–1905.2.14）

Packe, Thomas〈15世紀〉
イギリスの作曲家。
⇒バロ（パック，トマス　1440頃?–1490頃?）

Pacoloni, Giovanni〈16世紀〉
イタリアの作曲家。
⇒バロ（パコローニ，ジョヴァンニ　1510頃?–1560頃?）

Pacorus I〈前1世紀〉
パルチア王オロデス2世の息子。シリアに侵入したが敗死。
⇒世帝（パコルス1世　前63–前38）

Pacorus II〈1・2世紀〉
パルチア王。在位78〜115。
⇒世帝（パコルス2世　?–105）

Pacuvius, Marcus〈前3・2世紀〉
ローマの悲劇作家、画家。悲劇12篇とプラエテクスタ劇1篇の題名と断片が伝わる。
⇒岩世人（パクウィウス　前220頃–前130頃）

Padé, Henri Eugéne〈19・20世紀〉
フランスの数学者。
⇒世数（パデ，アンリ・ユージェーヌ　1863–1953）

Paderewski, Ignacy Jan〈19・20世紀〉
ポーランドの政治家、作曲家、ピアノ奏者。1919年1月ポーランド共和国の初代首相となった。
⇒岩世人（パデレフスキ　1860.11.18–1941.6.29）
　エデ（パデレフスキ，イグナツィ〔ヤン〕　1860.11.18–1941.6.29）
　ネーム（パデレフスキ　1860–1941）
　広辞7（パデレフスキ　1860–1941）
　学叢思（パデレウスキー，イグナス・ジャン　1860–?）
　世人新（パデレフスキ　1860–1941）
　世人装（パデレフスキ　1860–1941）
　ピ曲改（パデレフスキー，イグナチ・ヤン　1860–1941）
　ユ著人（Paderewski,Ignacy Jan　パデレウスキー，イグナシー・ヤン　1860–1941）

Padetayaza〈17・18世紀〉
ビルマの詩人。
⇒岩世人（パデータヤーザー　1683頃–1754）

Padilla, Juan de〈16世紀〉
スペインの宣教師。
⇒新カト（パディリャ　1500頃–1542頃）

Padilla, Juan Gutiérrez de〈16・17世紀〉
スペインの作曲家。
⇒バロ（パディーリア，フアン・グティエレス・デ　1590頃–1664.4.22以前）

Padilla, Juan López de〈15・16世紀〉
スペインの革命家。コムネロスの反乱の指導者。

⇒岩世人 （パディーリャ 1490–1521.4.24）

Padmasaṃbhava〈8世紀〉
現在のチベット仏教の祖師の一人。
⇒岩世人 （パドマサンバヴァ）
広辞7 （パドマサンバヴァ （活躍）8世紀）
学叢思 （レンゲジョーザシ 蓮華上座師＝Guru Padma-sambhava）

Padovano, Annibale〈16世紀〉
イタリアの作曲家。
⇒バロ （パドヴァーノ，アンニバーレ 1527–1575.3.15）

Paër, Ferdinando〈18・19世紀〉
イタリアの作曲家。
⇒岩世人 （パエル 1771.6.1–1839.5.3）
オペラ （パエール，フェルディナンド 1771–1839）

Páez, José Antonio〈18・19世紀〉
ベネズエラの政治家。独立運動の指導者。独立後大統領を2期（31～35,39～43）務めた。
⇒岩世人 （パエス 1790.6.13–1873.5.6）
ラテ新 （パエス 1790–1873）

Páez, Pedro〈16・17世紀〉
スペイン人のイエズス会宣教師。
⇒新カト （パエス 1564頃–1622.5.20）

Pagan〈19世紀〉
ビルマ，コンバウン朝の王。在位1846～1853。
⇒世帝 （パガン 1811–1880）

Paganelli, Giuseppe Antonio〈18世紀〉
イタリアの作曲家。
⇒バロ （パガネルリ，ジュゼッペ・アントーニオ 1710.3.6–1765）

Paganini, Niccolò〈18・19世紀〉
イタリアのヴァイオリン奏者，作曲家。主作品は，無伴奏の『24のカプリッチョ』（01～07）。
⇒岩世人 （パガニーニ 1782.10.27–1840.5.27）
エデ （パガニーニ，ニコロ 1782.10.27–1840.5.27）
ネーム （パガニーニ 1782–1840）
広辞7 （パガニーニ 1782–1840）
実音人 （パガニーニ，ニコロ 1782–1840）
ポプ人 （パガニーニ，ニコロ 1782–1840）

Pagano, Francesco Mario〈18世紀〉
イタリアの法学者，哲学者。主著『政治論集』Saggi politici（83,85）。
⇒岩世人 （パガーノ 1748.12.8–1799.10.29）

Page, Herbert Claiborne〈19・20世紀〉
アメリカの陸軍将校。
⇒アア歴 （Page,Herbert C (laiborne) ハーバート・クレイボーン・ペイジ 1877.9.17–1949.4.17）

Page, Thomas Nelson〈19・20世紀〉
アメリカの小説家，歴史家，外交官。主著，短篇集『なつかしのバージニア』（1887），小説『赤い岩』（98），『ゴードン・キース』（1903），評論『旧南部』（1892），『旧バージニアの社会生活』（97）。1913～18年イタリア駐在大使。
⇒岩世人 （ペイジ 1853.4.23–1922.11.1）

Page, Walter Hines〈19・20世紀〉
アメリカのジャーナリスト，外交官。
⇒岩世人 （ペイジ 1855.8.15–1918.12.21）

Pagès, Léon〈19世紀〉
フランスの日本学者。
⇒岩世人 （パジェス 1814–1886）
ネーム （パジェス 1814–1886）
広辞7 （パジェス 1814–1886）
新カト （パジェス 1814.9–1886.11）

Paget, Henry William, 1st Marquis of Anglesey〈18・19世紀〉
イギリスの将軍，政治家。アイルランド総督（28～29,30～33），大将（46）。
⇒岩世人 （パジェット 1768.5.17–1854.4.29）

Paget, Sir James〈19世紀〉
イギリスの外科医，生理学者。1834年旋毛虫症の病原寄生体トリキネラを発見。
⇒岩世人 （パジェット 1814.1.11–1899.12.30）

Pagin, André-Noël〈18世紀〉
フランスの作曲家。
⇒バロ （パジャン，アンドレ・ノエル 1721–1785以降）

Pagliardi, Giovanni Maria〈17・18世紀〉
イタリアの作曲家。
⇒バロ （パリアルディ，ジョヴァンニ・マリア 1637–1702.12.3）
バロ （パリャルディ，ジョヴァンニ・マリーア 1637–1702.12.3）

Pagnino, Santes〈15・16世紀〉
イタリアのカトリックの言語学者，聖書学者，ドミニコ会員。
⇒新カト （パニーノ 1470.10.18–1541.8.24）

Pailleron, Édouard Jules Henri〈19世紀〉
フランスの劇作家。喜劇『寄食者』『楽しい社交界』などを著したほか，「両世界評論」の編集も手がける。
⇒19仏 （エドゥアール・パイユロン 1834.9.17–1899.4.19）

Pain, Olivier〈19世紀〉
フランスのジャーナリスト。
⇒19仏 （オリヴィエ・パン 1845–1885）

Paine, Thomas〈18・19世紀〉
イギリス生れのアメリカの思想家，著述家。

⇒岩世人（ペイン　1737.1.29-1809.6.8）
広辞7（ペイン　1737-1809）
学叢思（ペーン，トマス　1737-1809）
新カト（ペイン　1737.1.29-1809.6.8）
世人新（ペイン（トマス＝ペイン）　1737-1809）
世人装（ペイン（トマス＝ペイン）　1737-1809）
世史語（トマス＝ペイン　1737-1809）
ポブ人（ペイン，トマス　1737-1809）

Painlevé, Paul〈19・20世紀〉
フランスの数学者，政治家。第1次大戦中の文相，陸相，首相を歴任。
⇒岩世人（パンルヴェ　1863.12.5-1933.10.29）
世数（パンルヴェ，ポール　1863-1933）

Painter, William〈16世紀〉
イギリスの翻訳家。『快楽の宮殿』（1巻，1566，2巻，67）。
⇒岩世人（ペインター　1540頃-1594.2）

Paionios〈前5世紀〉
ギリシアの彫刻家。オリンピアで発見された『ニケ』（勝利の女神）の作者。
⇒岩世人（パイオニオス）

Paiōnios ho Ephesios〈前4世紀〉
ギリシアの建築家。前4世紀半ばに活動。
⇒岩世人（パイオニオス（エフェソスの））

Pais, Francisco〈16世紀〉
ポルトガルの澳門（マカオ）総督，遣日貿易船隊司令官。
⇒岩世人（パイス）

Pais, Sidónio Bernardino Cardoso da Silva〈19・20世紀〉
ポルトガルの政治家。
⇒岩世人（パイス　1872.5.1-1918.12.14）

Paisible, James〈17・18世紀〉
フランスの作曲家。
⇒バロ（ペイジブル，ジェイムズ　1660頃?-1721.8頃）

Paisible, Louis-Henry〈18世紀〉
フランスの作曲家。
⇒バロ（ペイジブル，ルイ・アンリ　1748.7.21-1782.3.19）

Paisiello, Giovanni〈18・19世紀〉
イタリアの作曲家。1784年ナポリの宮廷楽長となり，数多くのオペラを発表。
⇒バロ（パイジェルロ，ジョヴァンニ　1740.5.9-1816.6.5）
岩世人（パイジエッロ　1740.5.9-1816.6.5）
オペラ（パイジエッロ，ジョヴァンニ　1740-1816）
ネーム（パイジエッロ　1740-1816）

Paisii, Khilendarskii〈18世紀〉
ブルガリアの修道士。
⇒岩世人（パイシー（ヒランダルの）　1722-1773）

Paiva, Francisco〈16・17世紀〉
キリシタン時代のイエズス会宣教師。ポルトガル東部カベソ・デ・ヴィデの出身。
⇒新カト（パイヴァ　?-1609.12）

Paiva, Heliodoro de〈16世紀〉
ポルトガルの作曲家。
⇒バロ（パイヴァ，エリオドーロ・デ　1502-1552.12.21）

Paix, Jakob〈16・17世紀〉
ドイツの作曲家。
⇒バロ（パイクス，ヤーコブ　1556-1623以降）

Pajou, Augustin〈18・19世紀〉
フランスの彫刻家。ルイ16世の王室付彫刻家として『デュ・バリー夫人の肖像』などを制作。
⇒岩世人（パジュー　1730.9.19-1809.5.8）

Pakington, John Somerset, 1st Baron Hampton〈18・19世紀〉
イギリスの政治家。
⇒岩世人（ペイキントン　1799.2.20-1880.4.9）

Paku Alam I〈18・19世紀〉
インドネシア，ジャワのパクアラム王家の始祖。
⇒岩世人（パク・アラム1世　1764.3.21-1829.10.14）

Paku Buwono II〈18世紀〉
インドネシア，ジャワのマタラム国王。在位1726～49。
⇒岩世人（パク・ブウォノ2世　1711.12.8-1749.12.21）

Paku Buwono III〈18世紀〉
インドネシア，ジャワのマタラム国王。在位1749～88。
⇒岩世人（パク・ブウォノ3世　1732.2.24-1788.9.26）

Pakudha Kaccāyana〈前6～4世紀?〉
原始仏教聖典のなかに登場する六師外道の一人。
⇒岩世人（パクダ・カッチャーヤナ）
学叢思（パクダー・カッカーヤナ　波浮陀加旃延＝Pakudha Kaccāyana）

Pal, Bipin Chandra〈19・20世紀〉
インドの政治家。
⇒南ア新（パール　1858-1932）

Palacios, Alfredo Lorenzo〈19・20世紀〉
アルゼンチンの政治家，社会主義者，教育者。
⇒ラテ新（パラシオス　1878-1963）

Palacio Valdés, Armando〈19・20世紀〉
スペインの小説家。代表作は『マルタとマリア』（83），『ホセ』（85）。
⇒岩世人（パラシオ・バルデス　1853.10.4-1938.1.29）
学叢思（パラシオ・ヴァルデス，アルマンド　1853-?）

新カト（パラシオ・バルデス　1853.10.4-1938.1.28）

Palacký, František〈18・19世紀〉
チェコの歴史家，政治家。
⇒岩世人（パラツキー　1798.6.14-1876.5.26）
　世人新（パラツキー　1798-1876）
　世人装（パラツキー　1798-1876）

Palaemon, Quintus Remmius〈1世紀〉
ローマの文法家。
⇒岩世人（パラエモン　1世紀）

Palafox y Mendoza, Juan de〈16・17世紀〉
スペイン出身の司教。
⇒新カト（パラフォクス・イ・メンドサ　1600.6.24-1659.10.1）

Palágyi Menyhért〈19・20世紀〉
ハンガリーの哲学者。コロジュヴァール大学教授。
⇒岩世人（パラージ　1859.12.26-1924.7.14）
　学叢思（パラギー，メルヒオル　1859-?）

Palakka, Arung〈17世紀〉
インドネシア，スラウェシ島南部のボネ王国の第14代王または第16代王。在位1672～96。
⇒岩世人（パラッカ，アルン　1635-1696）

Palamās, Grēgorios〈13・14世紀〉
ビザンチン時代の神学者。
⇒岩世人（グレゴリオス・パラマス　1296頃-1359）
　広辞7（グレゴリオス・パラマス　1296頃-1359）
　新カト（パラマス　1296頃-1359.11.14）

Palamas, Kostis〈19・20世紀〉
ギリシアの詩人。新アテネ派を結成。代表作『ゆるぎなき生活』(1904)ほか18の詩集がある。
⇒岩世人（パラマス　1859.1.8/13-1943.2.27）

Palamedes
ギリシア神話の英雄。
⇒岩世人（パラメデス）

Palanca Tan Quien-sien, Carlos〈19・20世紀〉
フィリピンの中国人頭領。
⇒岩世人（パランカ　1844.6.14（道光24.5.1）-1901.9）

Palazol, Berenguier de〈11・12世紀〉
スペインの作曲家。
⇒バロ（パラゾル，ベレンギエ・デ　1080頃?-1130頃）

Palazzotto e Tagliavia, Giuseppe〈16・17世紀〉
イタリアの作曲家。
⇒バロ（パラツォット・エ・タリャヴィーア，ジュゼッペ　1587頃-1633以降）

Paleario, Aonio〈16世紀〉
イタリアの人文主義者，宗教改革者。主著『霊魂不死論』(36)。
⇒岩世人（パレアリウス　1503頃-1570.7.3）
　新カト（パレアリオ　1503-1570.7.3）

Palella, Antonio〈17・18世紀〉
イタリアの作曲家。
⇒バロ（パレッラ，アントーニオ　1692.10.8-1761.3.7）

Paléologue, Maurice〈19・20世紀〉
フランスの外交官，著述家。ロシア駐在大使(14～17)。
⇒岩世人（パレオローグ　1859.1.13-1944.11.18）

Palestrina, Giovanni Pierluigi da〈16世紀〉
イタリアの作曲家。「パレストリーナ様式」を確立。
⇒バロ（パレストリーナ，ジョヴァンニ・ピエールルイージ・ダ　1525/1526.2.2?-1594.2.2）
　岩世人（パレストリーナ　1525頃-1594.2.2）
　エデ（パレストリーナ，ジョヴァンニ・ピエルルイージ・ダ　1525頃-1594.2.2）
　ネーム（パレストリーナ　1525頃-1594）
　広辞7（パレストリーナ　1525頃-1594）
　学叢思（パレストリナ，ジョヴァンニ・ピエルルイジ・ダ　1514/1529-1594）
　実音人（パレストリーナ，ジョバンニ・ピエルルイジ・ダ　1525頃-1594）
　新カト（パレストリーナ　1525頃-1594.2.2）
　ポプ人（パレストリーナ，ジョバンニ・ピエルルイジ・ダ　1525?-1594）
　ルネ（ジョヴァンニ・ピエルルイジ・ダ・パレストリーナ　1525/1526-1594）

Paley, William〈18・19世紀〉
イギリスの牧師，哲学者。主著『自然神学』(02)。
⇒岩世人（ペイリー　1743.7-1805.5.25）
　学叢思（ペーレー，ウィリアム　1743-1805）
　新カト（ペイリ　1743-1805.5.25）

Palfyn, Jean〈17・18世紀〉
フランスの解剖学者，外科学者。分娩鉗子を発明。
⇒岩世人（パルファン　1650.11.28-1730.4.21）

Palgrave, *Sir* Francis〈18・19世紀〉
イギリスの歴史家。
⇒岩世人（パルグレイヴ（ポールグレイヴ）　1788.7-1861.7.6）

Palgrave, Francis Turner〈19世紀〉
イギリスの詩人。『ゴールデン・トレジャリー』(61)の編者。
⇒岩世人（パルグレイヴ　1824.9.28-1897.10.25）

Paligon, Marcin〈16・17世紀〉
ポーランドの作曲家。
⇒バロ（パリゴン，マルチン　1560頃?-1610頃?）

Palissy, Bernard〈16世紀〉
　フランスの陶工。フランス国王らのために製作。
　⇒岩世人　（パリシー　1510頃–1589頃）
　　芸13　（パリッシー, ベルナール　1510–1590）

Pālkuriki Sōmanātha〈12世紀頃〉
　南インドのテルグの詩人。
　⇒岩世人　（パルクリキ・ソーマナータ　（活躍）12世紀頃）

Palladas〈4世紀頃〉
　ギリシアの短詩詩人。アレクサンドレイアの人。
　⇒岩世人　（パラダス）

Palladii〈19世紀〉
　ロシアのシナ学者。北京派遣伝道団団長（1849～59）（65～78）。
　⇒岩世人　（パラージー　1817.9.17–1878.12.6）

Palladio, Andrea〈16世紀〉
　イタリアの建築家。多くの宮殿形式の会堂、別邸、劇場を設計。
　⇒岩世人　（パッラーディオ　1508.11.30–1580.8.19）
　　ネーム　（パラディヨ　1508–1580）
　　広辞7　（パラディオ　1508–1580）
　　新カト　（パラーディオ　1508.11.30–1580.8.19）
　　ルネ　（アンドレア・パッラーディオ　1508–1580）

Palladios〈4・5世紀〉
　隠修士、著述家、アスプナの司教。著『ラウソス史伝』。
　⇒新カト　（パラディオス　364頃–431以前）

Palladius〈4・5世紀〉
　アイルランドの初代司教。聖人。祝日7月6日。
　⇒新カト　（パラディウス〔アイルランドの〕　?–432頃）

Palladius, Rutilius Taurus Aemilianus〈4・5世紀〉
　ローマの農学者。『農事論』の著者。
　⇒岩世人　（パッラディウス）

Pallarolo, F.〈17世紀〉
　イタリアの作曲家。
　⇒バロ　（パッラローロ, F.　1640頃?–1700頃?）

Pallas, Pëter Simon〈18・19世紀〉
　ドイツの博物学者。シベリアへの科学的探検に参加。
　⇒岩世人　（パラス　1741.9.22–1811.9.8）

Pallavicini, Vincenzo〈18世紀〉
　イタリアの作曲家。
　⇒バロ　（パッラヴィチーニ, ヴィンチェンツォ　1700頃?–1756頃以降）

Pallavicino, Benedetto〈16・17世紀〉
　イタリアの作曲家。
　⇒バロ　（パッラヴィチーノ, ベネデット　1551–1601.11.26）

Pallavicino, Carlo〈17世紀〉
　イタリアの作曲家、オルガン奏者。1687年ドレスデンで楽長となった。
　⇒バロ　（パッラヴィチーノ, カルロ　1630頃–1688.1.29）
　　オペラ　（パッラヴィチーノ, カルロ　1640–1688）

Pallavicino Sforza, Pietro〈17世紀〉
　枢機卿、神学者、歴史家。北イタリアの名門貴族の出身。主著『トリエント公会議史』全2巻。
　⇒新カト　（パラヴィチーノ・スフォルツァ　1607.11.28–1667.6.5）

Pallavicino-Trivulzio, Giorgio Guido〈18・19世紀〉
　イタリアの愛国者。
　⇒岩世人　（パッラヴィチーノ＝トリヴルツィオ　1796.4.24–1878.8.4）

Pallegoix, Jean-Baptiste〈19世紀〉
　パリ外国宣教会の宣教師、司教。
　⇒岩世人　（パルゴワ　1805.10.24–1862.6.18）
　　新カト　（パルゴア　1805.10.24–1862.6.18）

Pallotti, Vincenzo, St.〈18・19世紀〉
　ローマ・カトリックの聖職者。1954年列聖。
　⇒新カト　（ヴィンチェンツォ・パロッティ　1795.4.21–1850.1.22）

Pallu, François〈17・18世紀〉
　フランスのローマ・カトリック教会司教、アジアへの宣教師。パリ外国宣教会（MEP）創設者のひとり。
　⇒新カト　（パリュ　1626.8.30–1684.10.29）

Palm, August〈19・20世紀〉
　スウェーデンの社会運動家。
　⇒岩世人　（パルム　1849.2.5–1922.3.14）

Palm, Johan Fredrik〈18・19世紀〉
　スウェーデンの作曲家。
　⇒バロ　（パルム, ユーハン・フレドリク　1753–1821）

Palm, Johann Philipp〈18・19世紀〉
　ドイツの書籍商。
　⇒岩世人　（パルム　1766.12.18–1806.8.26）

Palm, Theobald Adrian〈19・20世紀〉
　イギリスのエディンバラ医学会派遣医療宣教師。
　⇒岩世人　（パーム　1848.1.22–1928.1.11）

Palma, Filippo〈18世紀〉
　イタリアの作曲家。
　⇒バロ　（パルマ, フィリッポ　1700頃?–1760頃?）

Palma, José〈19・20世紀〉
　フィリピンの詩人。
　⇒岩世人　（パルマ　1876.6.3–1903.2.12）

Palma, Ricardo〈19・20世紀〉
　ペルーの作家、政治家。『ペルー伝説集』が有名。

⇒岩世人（パルマ　1833.2.7-1919.10.6）
　ラテ新（パルマ　1833-1919）

Palma Giovane〈16・17世紀〉
イタリアの画家。
⇒岩世人（パルマ・イル・ジョヴァーネ　1544-1628）
　新カト（パルマ・イル・ジョヴァネ　1548頃-1628）

Palma Vecchio〈15・16世紀〉
イタリアの画家。ヴェネツィア派の代表者。
⇒岩世人（パルマ・イル・ヴェッキオ　1480頃-1528.7.30）
　ネーム（パルマ・イル・ヴェッキョ　1480-1628）
　学叢思（パルマ・ヴェッキオ　1480-1528）
　新カト（パルマ・イル・ヴェッキオ　1480頃-1528）
　芸13（パルマ・イル・ヴェッキオ　1480頃-1528）

Palmer, Alexander Mitchell〈19・20世紀〉
アメリカの政治家。
⇒岩世人（パーマー　1872.5.4-1936.5.11）

Palmer, George Herbert〈19・20世紀〉
アメリカの哲学者,教育学者。ハーヴァード大学哲学教授（1883〜1913）。
⇒岩世人（パーマー　1842.3.19-1933.5.7）

Palmer, Harold Edward〈19・20世紀〉
イギリスの音声学者,語学教育家。『口語英語文法』(24)などの著書がある。
⇒岩世人（パーマー　1877.3.6-1949.11.16）
　広辞7（パーマー　1877-1949）

Palmer, John Williamson〈19・20世紀〉
アメリカの医師。
⇒アア歴（Palmer,John W（illiamson）　ジョン・ウイリアム・パーマー　1825.4.4-1906.2.26）

Palmer, Marion Boyd〈19・20世紀〉
アメリカの教育宣教師。
⇒アア歴（Palmer,Marion Boyd　メアリアン・ボイド・パーマー　1877.1.14-1952.10.8）

Palmer, Roundell, 1st Earl of Selborne〈19世紀〉
イギリスの法律家,政治家。
⇒岩世人（パーマー　1812.11.27-1895.5.4）

Palmer, Samuel〈19世紀〉
イギリスの画家,版画家。水彩による風景画が中心。主作品は『聖家族の休息』(24〜25)。
⇒岩世人（パーマー　1805.1.27-1881.5.24）
　新カト（パーマー　1805.1.27-1881.5.24）
　芸13（パーマー,サミュエル　1805-1881）

Palmer, William〈19世紀〉
イギリスの神学者。
⇒新カト（パーマー　1803.2.14-1885.9.7）

Palmer, William〈19世紀〉
英国教会の神学者。
⇒新カト（パーマー　1811.7.12-1879.4.4）

Palmerston, Henry John Temple, 3rd Viscount〈18・19世紀〉
イギリスの政治家。ヨーロッパの勢力均衡維持のために巧妙な外交戦を展開。
⇒岩世人（パーマストン　1784.10.20-1865.10.18）
　ネーム（パーマストン　1784-1865）
　世人新（パーマストン　1784-1865）
　世人装（パーマストン　1784-1865）

Palmgren, Selim〈19・20世紀〉
フィンランドのピアノ奏者,指揮者,作曲家。
⇒岩世人（パルムグレン　1878.2.16-1951.12.13）

Palmieri, Domenico〈19・20世紀〉
イタリアのカトリック神学者,哲学者。
⇒新カト（パルミエーリ　1829.7.4-1909.5.29）

Palmieri, Matteo〈15世紀〉
イタリアの歴史家,詩人。詩『命の町』が代表的著作。
⇒岩世人（パルミエーリ　1406.1.13-1475.4.13）

Palomares, Juan de〈16・17世紀〉
スペインの作曲家。
⇒バロ（パロマーレス,フアン・デ　1573頃-1609以前）

Palomba, Giuseppe〈18・19世紀〉
イタリアの台本作家。
⇒オペラ（パロンバ,ジュゼッペ）

Palomides
円卓の騎士の一人。
⇒ネーム（パラミティーズ）

Palomino, Antonio〈17・18世紀〉
スペインの画家,著述家。
⇒岩世人（パロミーノ　1655.12.1-1726.8.12）

Palomino, José〈18・19世紀〉
スペインの作曲家。
⇒バロ（パロミーノ,ホセ　1755-1810.4.9）

Palotta, Matteo〈17・18世紀〉
イタリアの作曲家。
⇒バロ（パロッタ,マッテーオ　1680-1758.3.28）

Paludan-Müller, Frederik〈19世紀〉
デンマークの詩人。叙事詩『人間アダム』(1841〜48)が代表作。
⇒岩世人（パルダン＝ミュラー　1809.2.7-1876.12.28）

Pambo〈4世紀〉
ニトリア砂漠の隠修士,修道院長。聖人。祝日7月1日。エジプトのアントニオスの弟子。
⇒新カト（パンボ　?-385/390）

Paminger（Päminger, Panninger），Leonhard〈15・16世紀〉
オーストリアの作曲家, 聖職者。
⇒バロ（パーミンガー, レオンハルト　1495.3.25–1567.5.5）

Pammachius〈4・5世紀〉
ローマのキリスト教徒。
⇒新カト（パンマキウス　340頃–409/410）

Pampani, Antonio Gaetano〈18世紀〉
イタリアの作曲家。
⇒バロ（パンパーニ, アントーニオ・ガエターノ　1705頃–1775.12）

Pamphilus〈3・4世紀〉
キリスト教の学者。カエサレアに学校を設立。
⇒岩世人（パンフィロス（カイサリアの）　?–309）
　新カト（パンフィロス〔カイサレイアの〕　?–309/310.2.16）

Pampio, Antonio〈17・18世紀〉
イタリアの作曲家。
⇒バロ（パンピオ, アントーニオ　1680頃?–1740頃?）

Pan, Samdach Saukontheathipadei〈19世紀〉
カンボジアの僧侶。
⇒岩世人（パーン, ソムダチ・ソコンティアティパダイ　1826–1893）

Panaev, Ivan Ivanovich〈19世紀〉
ロシアの作家, ジャーナリスト。
⇒岩世人（パナーエフ　1812.3.15–1862.2.19）

Panainos〈前5世紀頃〉
ギリシアの画家。オリンピアのゼウス像の制作に協力したと伝えられる。
⇒芸13（パナイノス）

Panaitios〈前2世紀〉
中期ストア派の哲学者。ローマにおけるストア哲学の基礎を築いた。
⇒岩世人（パナイティオス　前185頃–前109）
　メル1（パナイティオス（ロドスの）　前185/前180?–前110/前109?）

Panangkaran（Paṇaṃkaraṇaḥ），Rakai〈8世紀〉
中部ジャワの古マタラム王国の王。在位746〜84頃。
⇒岩世人（パナンカラン　（在位）746–784）

Panatios〈前2世紀〉
ギリシヤのストア哲学者。
⇒学叢思（パナティオス　前180–前110）

Pañcaśikha〈前2・1世紀〉
インドの哲学者。
⇒学叢思（パンチャシカ）

pan chen bla ma III〈18世紀〉
チベット仏教ゲルク派の高僧。
⇒岩世人（パンチェンラマ3世　1737–1780）

Panchen Lama〈16・17世紀〉
チベット西部の政・教両権の長。ダライ・ラマにつぐ副法王の地位。
⇒岩世人（パンチェンラマ1世　1569/1570–1662）

Panckoucke, Charles Joseph〈18世紀〉
フランスの出版業者, 編集者。
⇒岩世人（パンクック　1736.11.26–1798.12.19）

Pancotti, Antonio〈17・18世紀〉
イタリアの作曲家。
⇒バロ（パンコッティ, アントーニオ　1650頃?–1709）

Pancratius〈3・4世紀〉
キリスト教の殉教者, 子供の守護聖人の一人。
⇒新カト（パンクラティウス　290頃–304頃）
　図聖（パンクラティウス　?–305頃）

Pandaros
ギリシア神話, トロイア戦争に際してトロイア側を助けたリュキア人の将にして弓の名手。
⇒岩世人（パンダロス）

Pander, Christian Heinrich〈18・19世紀〉
ロシア（ドイツ生れ）の動物学者。比較発生学の創設者。
⇒岩世人（パンダー　1794.7.12–1865.9.22）

Pandiōn
ギリシア神話, パンディオンの曽孫。
⇒岩世人（パンディオン）

Pandiōn
ギリシア神話, フィネウスの子。
⇒岩世人（パンディオン）

Pandion
アテナイの最も古い王とされる5人の一人。
⇒岩世人（パンディオン）

Pando, José Manuel〈19・20世紀〉
ボリビアの軍人, 政治家。大統領として国の近代化に努めた。
⇒岩世人（パンド　1848.12.25–1917.6.17）

Pandolfi Mealli, Giovanni Antonio〈17世紀〉
イタリアの楽器演奏者, 都市楽師。
⇒バロ（パンドルフィ・メアッリ, ジョヴァンニ・アントーニオ　1610頃?–1669以降）
　バロ（メアッリ, ジョヴァンニ・アントーニオ・パンドルフィ　1610頃?–1669以降）

Pandora
ギリシア神話中の人類最初の女性。
⇒岩世人（パンドラ）

ネーム（パンドラ）

Pandosy, Charles〈19世紀〉
フランス出身のオブレート会員、北米西部太平洋岸地方への宣教師。
⇒新カト（パンドジー　1824.11.22–1891.2.6）

Pandu
ヒンドゥー教の聖典でもある叙事詩『マハーバーラタ』に登場するハスティナープラの国の王。
⇒岩世人（パーンドゥ）
ネーム（パーンドゥ）

Panēnos〈前5世紀頃〉
ギリシアの画家。
⇒岩世人（パネノス）

Pangalos, Theodore〈19・20世紀〉
ギリシアの軍人、政治家。
⇒岩世人（パンガロス　1878.1.11–1952.2.27）

Panin, Pëtr Ivanovich〈18世紀〉
ロシアの将軍。七年戦争（1756～63）で武勲を立て、またプガチョーフの反乱を鎮圧。
⇒岩世人（パーニン　1721–1789.4.15）

Pāṇini〈前4世紀頃〉
インド古代の文法家。『パーニニ文法』の編集者。
⇒岩世人（パーニニ）
ネーム（パーニニ）
広辞7（パーニニ　前4世紀頃）
学叢思（パーニニ）
南ア新（パーニニ）

Panizzi, *Sir* **Antonio**〈18・19世紀〉
イギリス（イタリア生れ）の文学史家、司書官。大英博物館の図書館長となる（56～66）。
⇒岩世人（パニッツィ　1797.9.16–1879.4.8）

Pankhurst, Christabel〈19・20世紀〉
イギリスの婦人参政権運動家。エメリン・パンクハーストの長女。
⇒学叢思（パンカースト, クリスタベル　1880–?）

Pankhurst, Emmeline〈19・20世紀〉
イギリスの婦人参政権運動家。婦人社会政治同盟を結成（1903）。
⇒岩世人（パンクハースト　1858.7.15–1928.6.14）
学叢思（パンカースト, エメリン）
世人新（パンカースト　1858–1928）
世人装（パンカースト　1858–1928）

Pannini, Giovanni Paolo〈17・18世紀〉
イタリアの画家。代表作は『古代のローマ』(57)。
⇒芸13（パンニーニ, ジョヴァンニ・パオロ　1692–1765）

Pannonius, Ianus〈15世紀〉
ハンガリーの詩人。代表作『ヴァリーヌスへの頌詞』。
⇒岩世人（パンノニウス　1434.8.29–1472.3.27）

Panselinos, Manuel〈14世紀〉
ビザンティンの伝説的な画家。
⇒岩世人（パンセリノス）
新カト（パンセリノス　1300頃）

Pansuri (Fansuri), Hamzah〈16世紀〉
インドネシア、スマトラ島北西岸バルス出身のイスラーム神秘主義者（スーフィー）。
⇒岩世人（パンスリ, ハムザ　?–1590?）

Pantainos〈2世紀〉
ギリシアの哲学者。
⇒岩世人（パンタイノス　?–200頃）
新カト（パンタイノス　?–200頃）

Pantaleon, St.〈3・4世紀〉
カトリックの聖人。医者の保護聖人とされる。
⇒新カト（パンタレオン　?–305頃）
図聖（パンタレオン　?–305頃）

Pantaleoni, Maffeo〈19・20世紀〉
イタリアの経済学者、政治家。
⇒岩世人（パンタレオーニ　1857.7.2–1924.10.29）
学叢思（パンタレオニ, マフェオ　1857–?）

Pantalus〈4世紀〉
聖人。祝日10月12日。バーゼルの司教と伝えられ、当地で崇敬されている。
⇒新カト（パンタルス　4世紀頃）

Pantoja, Didaco de〈16・17世紀〉
スペインのイエズス会士。
⇒岩世人（パントーハ　1571–1618.1）
新カト（パントーハ　1571–1618.1）

Panvinio, Onofrio〈16世紀〉
イタリアの教会史家。
⇒新カト（パンヴィニオ　1530.2.24–1568.4.7）

Panyassis〈前6・5世紀〉
ギリシアの叙事詩人。前6世紀後半～5世紀中頃活躍。ヘラクレス伝説を歌った。
⇒岩世人（パニュアッシス）

Paola Frassinetti〈19世紀〉
フラッシネッティのドロテア修道女会の創立者。聖人。祝日6月11日。ジェノヴァの生まれ。
⇒新カト（パオラ・フラッシネッティ　1809.3.3–1882.6.11）

Paoli, Antonio〈19・20世紀〉
プエルトリコのテノール。
⇒失声（アントーニオ・パオーリ　1871–1946）
魅惑（Paoli, Antonio　1870–1946）

Paoli, Pasquale di〈18・19世紀〉
コルシカの愛国者。
⇒岩世人（パオリ　1725.4.6–1807.2.5）

Paolo Aretino〈16世紀〉
イタリアの作曲家。
⇒バロ（アレティーノ，パオロ　1508.3.1–1584.7.19）

Paolo da Firenze〈14・15世紀〉
イタリアの作曲家。
⇒バロ（パオロ・ダ・フィレンツェ　1370頃?–1419.9?）

Paolo della Croce〈17・18世紀〉
御受難修道会および御受難修道女会の創立者。聖人。祝日10月19日。
⇒新カト（パオロ〔十字架の〕　1694.1.3–1775.10.18）

Paolo Veneziano〈13・14世紀〉
イタリアの画家。
⇒岩世人（パオロ・ヴェネツィアーノ　（活動）1321–1362）

Paoretti, Ferdinand〈18・19世紀〉
イタリアの聖職者。
⇒学叢思（パオレッティ，フェルディナンド　1717–1801）

Papanastasiou, Alexandros〈19・20世紀〉
ギリシアの政治家，社会学者。〈民主連合〉の党首（23〜）。
⇒岩世人（パパナスタシウ　1876.7.8–1936.11.17）

Papánek, Juraj〈18・19世紀〉
スロバキアのカトリック司祭，歴史家。
⇒岩世人（パパーネク　1738.4.1–1802.4.11）

Paparrigopoulos, Konstantinos〈19世紀〉
ギリシアの歴史家。
⇒岩世人（パパリゴプロス　1815–1891.4.14）

Papavoine〈18世紀〉
フランスの作曲家。
⇒バロ（パパヴォワーヌ，?　1720–1793）

Papebroch, Daniel〈17・18世紀〉
ベルギーのイエズス会修道士，ボランディスト（聖人伝編纂者）。
⇒新カト（パペブロホ　1628.3.17–1714.6.28）

Papen, Franz von〈19・20世紀〉
ドイツの政治家，外交官。軍人出身。32年ドイツ国首相33年ヒトラー内閣の副首相となった。
⇒岩世人（パーペン　1879.10.29–1969.5.2）
　ネーム（パーペン　1879–1969）

Paphnutios〈3・4世紀〉
エジプトの隠修士で殉教者，聖人。祝日9月24日。
⇒新カト（パフヌティオス　?–303頃）

Paphnutios〈4世紀〉
スケティスの砂漠の隠修士たちの指導者。「水牛」の異名をもつ。
⇒新カト（パフヌティオス）

Paphnutius〈4世紀〉
上エジプトのテーベの主教。
⇒新カト（パフヌティオス　?–360頃）

Papias〈1・2世紀〉
小アジアのフリュギアのヒエラポリスの主教，使徒教父のひとり。
⇒岩世人（パピアス）
　新カト（パピアス　60頃–130頃）

Papin, Denis〈17・18世紀〉
フランスの物理学者。発明家。1679年安全弁を備えた加圧蒸気蒸し器を発明。
⇒岩世人（パパン　1647.8.22–1712頃）

Papinianus, Aemilius〈2・3世紀〉
ローマ法学者。主著に『質疑録』『解答録』がある。
⇒岩世人（パピニアヌス　140頃–212）

Papinot, Jacques Edmond Joseph〈19・20世紀〉
フランスのパリ外国宣教会宣教師。
⇒新カト（パピノ　1860.11.8–1942.11.21）

Pappos〈3・4世紀〉
ギリシアの数学者。
⇒岩世人（パッポス（アレクサンドリアの））
　世数（パッポス（アレクサンドリアの）　前4世紀）

Papus〈19・20世紀〉
フランスの医師，オカルト研究家。
⇒19仏（パピュス　1865.7.13–1916.10.25）

Papylos〈2・3世紀?〉
聖人，殉教者。祝日4月13日。
⇒新カト（カルポス，パピュロスとアガトニケ　?–150頃/250頃）

Parabosco, Girolamo〈16世紀〉
イタリアの作曲家。
⇒バロ（パラボスコ，ジローラモ　1520/1524–1557.4.21）

Paracelsus, Philippus Aureolus〈15・16世紀〉
スイスの錬金術士，医師。主著『大外科学』（36）。
⇒岩世人（パラケルスス　1493?–1541.9.24）
　ネーム（パラケルスス　1493–1541）
　広辞7（パラケルスス　1493–1541）
　学叢思（パラケルスス，テオフラストゥス・ボンバストゥス　1493–1541）
　新カト（パラケルスス　1493.11.10–1541.9.24）
　ポプ人（パラケルスス　1493–1541）
　メル1（パラケルスス　1493頃–1541）

Paradies, Pietro Domenico〈18世紀〉
イタリア生れの作曲家，音楽教師。
⇒バロ（パラディエス，ピエトロ・ドメーニコ

1707-1710–1791.8.25)

Paradino, Giovanni Paolo〈16世紀〉
イタリアの作曲家。
⇒バロ （パラディーノ，ジョヴァンニ・パオロ　1505頃?–1566.9以前）

Paradis, Maria Theresia von〈18・19世紀〉
オーストリアのピアノ奏者，歌手，作曲家。
⇒バロ （パラディース，マリア・テレージア・フォン　1759.5.15–1824.2.1）

Paradis, Marie-Léonie〈19・20世紀〉
聖家族の小さき姉妹会の創立者。カナダ，ケベック州のラカディ生まれ。
⇒新カト （パラディ　1840.5.12–1912.5.3）

Parākramabāhu I〈12世紀〉
スリランカシンハラ王国中興の英雄といわれる王。在位1153〜86。
⇒岩世人 （パラークラマバーフ1世　（在位）1153–1186）

Paramārtha (Kulanātha)〈5・6世紀〉
西インドの人。中国，梁の武帝に招かれて，546年中国に渡る。『金光明経』『大乗起信論』など64部，278巻の経論を訳出。摂論宗の開祖といわれる。
⇒岩世人 （真諦　しんたい　499–569（太建1））
　広辞7 （真諦　しんだい　499–569）
　学叢思 （シンタイ・サンゾー　眞諦三蔵　?–569）

Paramesvara〈14・15世紀〉
マラッカ王国の初代国王。在位1403〜14頃。港市マラッカを建設し，中国と国交を開始。
⇒岩世人 （パラメスワラ　?–1413頃）
　世帝 （パラメーシュヴァラ　（在位）1400–1414）

Parampil, Thomas〈17世紀〉
インドの助祭長，ケララ州のマランカル典礼のトマス・キリスト教徒らの主教。
⇒新カト （パランピル　?–17世紀）

Parasurama
ヒンドゥー教で，ヴィシュヌの化身の一つ。
⇒ネーム （パラシュラーマ）

Pardo, Manuel〈19世紀〉
ペルーの政治家。バルタを助けて立憲政治を確立し，大統領となった（1872〜76）。
⇒岩世人 （パルド　1834.8.9–1878.11.16）

Pardo Bazán, Emilia, condesa de〈19・20世紀〉
スペインの女流小説家。代表作『ウリョアの館』(86)。
⇒岩世人 （パルド＝バサン　1851.9.16–1921.5.12）
　学叢思 （パルド・バサン，エミリア　1852–1921）

Pardo de Tavera, Trinidad

Hermenegildo〈19・20世紀〉
フィリピンの学者，政治家。
⇒岩世人 （パルド・デ・タベラ　1857.4.13–1925.3.26）

Paré, Ambroise〈16世紀〉
フランスの医者。「近代外科の父」といわれる。
⇒岩世人 （パレ　1510頃–1590.12.20）
　広辞7 （パレ　1510頃–1590）

Paredes, Maria Anna de Jesus〈17世紀〉
エクアドルの聖人，フランシスコ第三会会員，神秘家。祝日5月26日。
⇒新カト （マリア・アンナ・デ・ヘスス・パレデス　1618.10.31–1645.5.26）

Parent, Frederick Alfred〈19・20世紀〉
アメリカの大リーグ選手（遊撃，外野）。
⇒メジャ （フレディ・ペアレント　1875.11.11–1972.11.2）

Pareto, Vilfredo〈19・20世紀〉
イタリアの経済学者，社会学者。主著『経済学講義』(96〜97)。
⇒岩世人 （パレート　1848.7.15–1923.8.20）
　広辞7 （パレート　1848–1923）
　学叢思 （パレット，ヴィルフレド　1848–1923）
　新カト （パレート　1848.7.15–1923.8.19）
　20思 （パレート，ヴィルフレード（フェデリーゴ・ダマーゾ，マルキス）　1848–1923）

Parfait, Noël〈19世紀〉
フランスのジャーナリスト，政治家。
⇒19仏 （ノエル・パルフェ　1813.12.30–1896.11.19）

Pari, Claudio〈16・17世紀〉
フランスの作曲家。
⇒バロ （パーリ，クラウディオ　1570頃?–1630頃?）

Pariati, Pietro〈17・18世紀〉
イタリアの詩人。台本作家。
⇒オペラ （パリアーティ，ピエートロ　1665–1733）

Paribbajako
インドの思想家。
⇒学叢思 （パリッバージャコ）

Parini, Giuseppe〈18世紀〉
イタリアの詩人。『オード』(91)。
⇒岩世人 （パリーニ　1729.5.23–1799.8.15）
　広辞7 （パリーニ　1729–1799）
　新カト （パリーニ　1729.5.23–1799.8.15）

Paris
伝説上のトロイの王子。
⇒岩世人 （アレクサンドロス）
　岩世人 （パリス）
　ネーム （パリス）

Paris, Bruno Paulin Gaston〈19・20世

紀〉
フランスの文学者。中世研究家。主著『中世のフランス文学』(88)。
⇒岩世人 (パリス 1839.8.9–1903.3.5)
広辞7 (パリス 1839–1903)

Paris, François de〈17・18世紀〉
フランスのヤンセン主義者。
⇒新カト (パリス 1690–1727.5.1)

Paris, Louis Philippe Albert d'Orleans, Comte de〈19世紀〉
オルレアン公フェルディナンの長子，フランス王ルイ・フィリップの孫。
⇒岩世人 (パリ 1838.8.24–1894.9.4)
世帝 (ルイ・フィリップ・アルベール・ドルレア 1838–1894)

Parisiensis, Magister Albertus〈12世紀〉
フランスの作曲家。
⇒バロ (パリジェンシス, マギステル・アルベルトゥ 1120頃?–1177頃)

Park, Edwards Amasa〈19世紀〉
アメリカのプロテスタント神学者。
⇒岩世人 (パーク 1808.12.29–1900.6.4)

Park, Mungo〈18・19世紀〉
スコットランドの探検家，外科医。
⇒アフ新 (パーク 1771–1806)
岩世人 (パーク 1771.9.11–1806)

Park, Robert Ezra〈19・20世紀〉
アメリカの社会学者。「シカゴ学派」の指導的社会学者の一人。主著『社会学序説』(21, 共著)。
⇒アメ新 (パーク 1864–1944)
岩世人 (パーク 1864.2.14–1944.2.7)
広辞7 (パーク 1864–1944)
学叢思 (パーク, アール・イー 1864–?)
20思 (パーク, ロバート E (エズラ) 1864–1944)

Parker, Alvin Pierson〈19・20世紀〉
アメリカの宣教師。
⇒アア歴 (Parker, Alvin Pierson アルヴィン・ピアスン・パーカー 1850.8.7–1924.9.10)

Parker, Carleton Hubbell〈19・20世紀〉
アメリカの経済学者。
⇒岩世人 (パーカー 1878.3.31–1918.3.17)

Parker, Edwin Wallace〈19・20世紀〉
アメリカの宣教師。
⇒アア歴 (Parker, Edwin Wallace エドウィン・ウォレス・パーカー 1833.1.21–1901.6.4)

Parker, Francis Wayland〈19・20世紀〉
アメリカの教育家，進歩主義教育運動の創始者。
⇒岩世人 (パーカー 1837.10.9–1902.3.2)

Parker, Horatio Gilbert〈19・20世紀〉
イギリス系カナダの冒険小説家。主著『巨人の座』(96),『強者の戦い』(98)。
⇒岩世人 (パーカー 1862.11.23–1932.9.6)

Parker, Horatio William〈19・20世紀〉
アメリカの作曲家。イェール音楽学校主事(04〜19)。オラトリオや歌劇などを作曲。
⇒岩世人 (パーカー 1863.9.15–1919.12.18)
エデ (パーカー, ホレイショ (ウィリアム) 1863.9.15–1919.12.18)

Parker, Matthew〈16世紀〉
イギリスの神学者，カンタベリー大主教。宗教綱要『三十九箇条』の起草をした。
⇒岩世人 (パーカー 1504.8.6–1575.5.17)
新カト (パーカー 1504.8.6–1575.5.17)

Parker, Peter〈19世紀〉
アメリカの長老派教会宣教師。モリソン号に搭乗。
⇒アア歴 (Parker, Peter ピーター・パーカー 1804.6.18–1888.1.10)
岩世人 (パーカー 1804.6.18–1888.1.10)

Parker, Samuel〈17世紀〉
イギリスの哲学者，神学者。
⇒岩世人 (パーカー 1640–1688)

Parker, Theodore〈19世紀〉
アメリカのユニテリアン派牧師，説教家，神学者，社会改良家。
⇒岩世人 (パーカー 1810.8.24–1860.5.10)
新カト (パーカー 1810.8.24–1860.5.10)

Parker, Willard〈18・19世紀〉
アメリカの外科医。
⇒岩世人 (パーカー 1800.9.2–1884.4.25)

Parker, Sir William〈18・19世紀〉
イギリスの軍人。ナポレオン戦争中，地中海，スペイン方面で活躍。
⇒岩世人 (パーカー 1781.12.1–1866.11.13)

Parkes, Alexander〈19世紀〉
イギリスの化学技術者，ゴムの冷加硫法のちのセルロイドの前身を発明。
⇒岩世人 (パークス 1813.12.29–1890.6.29)

Parkes, Edmund Alexander〈19世紀〉
イギリスの衛生学者。近代衛生学の確立者の一人として知られる。
⇒岩世人 (パークス 1819–1876.3.15)

Parkes, Sir Harry Smith〈19世紀〉
駐日イギリス全権公使。
⇒岩世人 (パークス 1828.2.24–1885.3.21)
ネーム (パークス 1828–1885)
広辞7 (パークス 1828–1885)
ポプ人 (パークス, ハリー 1828–1885)

Parkes, *Sir* Henry〈19世紀〉
オーストラリアの政治家。
⇒岩世人（パークス　1815.5.27–1896.4.27）

Parkes (Belloc), Elizabeth (Bessie) Rayner〈19・20世紀〉
イギリスの女性運動指導者。
⇒岩世人（パークス　1829.6.16–1925.3.29）

Parkhurst, Charles Henry〈19・20世紀〉
アメリカの長老派教会牧師。
⇒学叢思（パークハースト, チャールズ・エイチ　1842–?）

Parkinson, James〈18・19世紀〉
イギリスの医者。1817年パーキンソン病を記載。
⇒岩世人（パーキンソン　1755.4.11–1824.12.21）
　広辞7（パーキンソン　1755–1824）

Parkman, Francis〈19世紀〉
アメリカの歴史家。正確な歴史的事実を巧みに表現した。
⇒岩世人（パークマン　1823.9.16–1893.11.8）
　新カト（パークマン　1823.9.16–1893.11.8）

Parma, Nicolo〈16・17世紀〉
イタリアの作曲家。
⇒バロ（パルマ, ニコロ　1550頃?–1613.4）

Parmenas
エルサレム教会の最初の7執事の一人（新約）。
⇒岩世人（パルメナ）

Parmenianus〈4世紀〉
カルタゴの司教, ドナトゥス派の神学者。
⇒新カト（パルメニアヌス　?–391頃）

Parmenidēs〈前6・5世紀〉
古代ギリシアの哲学者, エレア派の代表。
⇒岩世人（パルメニデス　前540頃/前515頃–前450以降）
　ネーム（パルメニデス）
　広辞7（パルメニデス　前515頃–?）
　学叢思（パルメニデス　前515頃–?）
　新カト（パルメニデス　前515頃–前450頃）
　図哲（パルメニデス　前544頃–前501頃）
　メル1（パルメニデス　前540頃–前450頃）

Parmenion〈前4世紀〉
古代マケドニアの軍人。アレクサンドロス大王のアジア遠征に同行。
⇒岩世人（パルメニオン　前400頃–前330）

Parmentier, Antoine Augustin〈18・19世紀〉
フランス軍付き薬剤官, 農学者。
⇒岩世人（パルマンティエ　1737.8.12–1813.12.17）

Parmentier, Henri〈19・20世紀〉
フランスのインドシナ考古学者。
⇒岩世人（パルマンティエ　1871.1.3–1949.2.22）

Parmer, Henry Spencer〈19世紀〉
イギリスの技術者。
⇒岩世人（パーマー　1838.4.30–1893.2.10）
　ポブ人（パーマー, ヘンリー　1838–1893）

Parmigianino〈16世紀〉
イタリアの画家。イタリアのマニエリスムの代表的画家。
⇒岩世人（パルミジャニーノ　1503.1.11–1540.8.24）
　新カト（パルミジアニーノ　1503.1.11–1540.8.24/28）
　芸13（パルミジャニーノ　1503–1540）

Parnell, Charles Stewart〈19世紀〉
アイルランドの政治家。
⇒岩世人（パーネル　1846.6.27–1891.10.6）

Parodi, Domenico〈17・18世紀〉
イタリアの彫刻家・画家。
⇒芸13（パロディ, ドメニコ　1668–1740）

Parodi, Dominique〈19・20世紀〉
フランスの観念論哲学者。『形而上学道徳雑誌』を主宰。
⇒メル2（パロディ, ドミニク　1870–1955）

Parren, Kallirroi〈19・20世紀〉
ギリシアのジャーナリスト, 作家。
⇒岩世人（パレン　1859.5.1–1940.1.16）

Parrenin, Dominique〈17・18世紀〉
フランスのイエズス会宣教師。
⇒岩世人（パルナン　1665.9.1–1741.9.29）
　新カト（パルナン　1665.9.1–1741.9.29）

Parrhasios〈前5・4世紀〉
ギリシアの画家。エフェソスの人。前420～390年頃活動。
⇒岩世人（パラシオス）
　芸13（パラシオス, エフェソス）

Parrington, Vernon Louis〈19・20世紀〉
アメリカの文芸評論家, 歴史家。主著『アメリカ思想主潮史』により28年にピュリッツァー賞を受賞。
⇒アメ新（パリントン　1871–1929）
　岩世人（パリントン　1871.8.3–1929.6.16）
　新カト（パリントン　1871.8.3–1929.6.16）

Parrish, Edward James〈19・20世紀〉
アメリカのタバコ商人。
⇒アア歴（Parrish, Edward J(ames)　エドワード・ジェイムズ・パリッシュ　1846.10.20–1920.10.22）

Parrish, Sarah Rebecca〈19・20世紀〉
アメリカのメソジスト教会員, 医師, フィリピンへの医療宣教師。
⇒アア歴（Parrish, (Sarah) Rebecca　サラ・レベッカ・パリッシュ　1869.11.1–1952.8.22）

Parry, *Sir* **Charles Hubert Hastings**
〈19・20世紀〉
イギリスの作曲家。『縛めをとかれたプロメテウス』(80)などを作曲。
⇒岩世人（パリー　1848.2.27–1918.10.7）

Parry, John I〈18世紀〉
イギリスの作曲家。
⇒バロ（パリー，ジョン1世　1710頃?–1782.10.7）

Parry, *Sir* **William Edward**〈18・19世紀〉
イギリスの海軍軍人，北極探険家。1821年北西航路を求めたが失敗。
⇒岩世人（パリー　1790.12.19–1855.7.8）

Parschitz, D.〈16・17世紀〉
ハンガリーの作曲家。
⇒バロ（パルシッツ，D.　1570頃?–1630頃?）

Parseval, August von〈19・20世紀〉
ドイツの飛行船設計者。半硬式飛行船を発明。
⇒岩世人（パルゼヴァル　1861.2.5–1942.2.22）

Parseval, Marc Antoine〈18・19世紀〉
フランスの数学者。
⇒世数（パーセヴァル・デ・シェーヌ, マルク-アントワーヌ　1755–1836）

Parshley, Wilbur Brown〈19・20世紀〉
アメリカのバプテスト派教会宣教師。日本バプテスト神学校初代校長。
⇒岩世人（パーシュリー　1859.9.14–1930.1.24）

Parsley, Osbert〈16世紀〉
イギリスの作曲家。
⇒バロ（パースリー，オズバート　1511–1585）

Parsons, *Sir* **Charles Algernon**〈19・20世紀〉
イギリスの技術者。1884年パーソンズ・タービンを発明。電気機器や世界最初の蒸気タービン船を製作。
⇒岩世人（パーソンズ　1854.7.13–1931.2.11）

Parsons, Robert〈16・17世紀〉
イギリスのイエズス会宣教師。88年以降スペインで宣教師の教育を行った。
⇒岩世人（パーソンズ　1546–1610.4.18）
　新カト（パーソンズ　1546.6.24–1610.4.15）

Parsons, Robert I〈16世紀〉
イギリスの作曲家。
⇒バロ（パーソンズ，ロバート1世　1530頃–1570.1.25）

Parsons, William〈16世紀〉
イギリスの作曲家。
⇒バロ（パーソンズ，ウィリアム　1510頃?–1563）

Parsons, William Barclay〈19・20世紀〉
アメリカの技師。
⇒アア歴（Parsons,William Barclay　ウイリアム・バークリー・パーソンズ　1859.4.15–1932.5.9）

Parsons, William Edward〈19・20世紀〉
アメリカの建築家。
⇒アア歴（Parsons,William E(dward)　ウイリアム・エドワード・パーソンズ　1872.6.19–1939.12.17）

Pārśva〈前10・9世紀〉
インドのジャイナ教の24人の救世者（祖師）のなかの一人。
⇒岩世人（パールシュヴァ）

Parthamaspates〈2世紀〉
アルサケス朝パルティアの王。
⇒世帝（パルタマスパテス　　（在位）116）

Parthenios〈前1世紀〉
ギリシアの詩人。
⇒岩世人（パルテニオス）

Parthenios〈4世紀〉
東方教会の聖人，ミレトポリスの助祭の息子。祝日2月7日。
⇒新カト（パルテニオス　?–360頃）

Partlidge, Sydney Catlin〈19・20世紀〉
アメリカの聖公会宣教師。
⇒アア歴（Partridge,Sidney C(atlin)　シドニー・キャリトン・パートリッジ　1857.9.1–1930.6.22）

Partridge, Frederick William〈19世紀〉
アメリカの領事。
⇒アア歴（Partridge,Frederick William　フレデリック・ウイリアム・パートリッジ　1824.8.19–1899.1.22）

Parvus, Alexander〈19・20世紀〉
ロシア出身のドイツ社会民主党理論家。
⇒ユ著人（Parvus,Alexander　パルブス，アレキサンダー　1867–1923）

Pascal, Blaise〈17世紀〉
フランスの科学者, 思想家。キリスト教弁証論の執筆に励む。遺稿『パンセ』(70)。
⇒岩世人（パスカル　1623.6.19–1662.8.19）
　覚思（パスカル　1623.6.19–1662.8.19）
　覚思ス（パスカル　1623.6.19–1662.8.19）
　科史（パスカル　1623–1662）
　広辞7（パスカル　1623–1662）
　学叢思（パスカル，ブレイズ　1623–1662）
　新カト（パスカル　1623.6.19–1662.8.19）
　物理（パスカル，ブレーズ　1623–1662）
　図哲（パスカル，ブレーズ　1623–1662）
　世人新（パスカル　1623–1662）
　世人裝（パスカル　1623–1662）
　世史語（パスカル　1623–1662）
　世数（パスカル，ブレーズ　1623–1662）

ポプ人（パスカル，ブレーズ　1623–1662）
メル2（パスカル，ブレーズ　1623–1662）

Pasch, Moritz〈19・20世紀〉
ドイツの数学者。
⇒世数（パッシュ，モーリッツ　1843–1930）

Pascha, Osman〈17世紀〉
トルコの作曲家。
⇒バロ（パシャ，オスマン　1600頃?–1660頃?）

Paschalis I, St.〈9世紀〉
ローマ教皇。在位817〜824。
⇒新カト（パスカリス1世　?–824.2.11）

Paschalis II〈11・12世紀〉
教皇。在位1099〜18。聖職者の叙任権をめぐって世俗権力と対立。
⇒岩世人（パスカリス2世　1050頃–1118.1.21）
　新カト（パスカリス2世　?–1118.1.21）

Paschalis III〈12世紀〉
アレクサンデル3世に対する対立教皇。在位1164〜68。67年フリードリヒ1世に加冠。
⇒新カト（パスカリス3世　?–1168.9.20）

Paschasius Radbertus〈8・9世紀〉
フランスの神学者。コルビの大修院長。
⇒新カト（パスカシウス・ラドベルトゥス　790頃–859頃）

Paschen, Louis Carl Heinrich Friedrich〈19・20世紀〉
ドイツの実験物理学者。パッシェン＝バック効果など分光学の研究で業績を残した。
⇒岩世人（パッシェン　1865.1.22–1947.2.25）
　物理（パッシェン，フリードリッヒ　1865–1947）

Paschini, Pio〈19・20世紀〉
イタリアの歴史家，ヴァティカン大学長。
⇒新カト（パスキーニ　1878.3.2–1962.12.14）

Pascoli, Giovanni〈19・20世紀〉
イタリアの詩人。
⇒岩世人（パスコリ　1855.12.31–1912.4.6）
　ネーム（パスコリ　1855–1912）
　広辞7（パスコリ　1855–1912）
　新カト（パスコリ　1855.12.31–1912.4.6）

Pascual, Pedro〈13世紀〉
バレンシア生まれのハエンの司教。聖人。祝日12月6日。ムーア人に捕らえられ，グラナダで投獄され，斬首されたと伝えられる。著作多数。
⇒新カト（ペドロ・パスクアル　1227–1300.12.6）

Pascual Bailón〈16世紀〉
スペイン出身のフランシスコ会修道士，聖人。
⇒新カト（パスクアル・バイロン　1540.5.24–1592.5.17）
　図聖（パスクアル・バイロン　1540–1592）

Pasdeloup, Jules Etienne〈19世紀〉
フランスの指揮者。
⇒岩世人（パドルー　1819.9.15–1887.8.13）

Pasenadi〈前5世紀頃〉
インドのコーサラ国王。シャカと同時代の人。
⇒岩世人（パセーナディ）

Pashkevich, Vasiliĭ Alekseevich〈18世紀〉
ロシアのヴァイオリン奏者，指揮者。
⇒バロ（パシケヴィチ，ワシリー・アレクセーヴィチ　1742頃–1797.3.20）

Pašić, Nikola〈19・20世紀〉
ユーゴスラビアの政治家。1881年急進党を組織。首相を22回，外相を17回務めた。
⇒岩世人（パシッチ　1846.1.1/13–1926.12.10）
　学叢思（パシッチ，ニコラ　1845.12–?）

Pasio, Francesco〈16・17世紀〉
イタリアの宣教師。
⇒岩世人（パジオ　1554?–1612.8.30）
　新カト（パジオ　1553–1612.8.30）

Pasiphaē
ギリシア神話，ヘリオスの娘。
⇒岩世人（パシファエ）

Paskevich, Ivan Fëdorovich〈18・19世紀〉
ロシアの将軍。1832年からポーランド総督をつとめ，専制的に支配。
⇒岩世人（パスケーヴィチ　1782.5.8–1856.1.20）

Pasquali, Niccolo〈18世紀〉
イタリアの作曲家，ヴァイオリン奏者。
⇒バロ（パスクァーリ，ニッコロ　1718頃–1757.10.13）

Pasquier, Étienne〈16・17世紀〉
フランスの司法官，文筆家。『フランスに関する研究』（60第1巻）の著者。
⇒岩世人（パキエ（パスキエ）　1529.6.7–1615.8.30）

Pasquier, Étienne Denis, Duc de〈18・19世紀〉
フランスの政治家。ナポレオンに用いられ，国務相（1815）などを務めた。
⇒岩世人（パキエ　1767.4.22–1862.7.5）

Pasquini, Bernardo〈17・18世紀〉
イタリアの作曲家，チェンバロ・オルガン奏者。
⇒バロ（パスクイーニ，ベルナルド　1637.12.7–1710.11.21）
　新カト（パスクイーニ　1637.12.7–1710.11.21）

Pasquini, Ercole〈16・17世紀〉
イタリアの作曲家，オルガン奏者。
⇒バロ（パスクイーニ，エルコーレ　1550頃?–1608–

1619頃)

Passaglia, Carlo〈19世紀〉
イタリアの神学者。
⇒新カト（パッサリア　1812.5.2–1887.3.12）

Passavant, Johann David〈18・19世紀〉
ドイツの画家, 美術史家。
⇒岩世人（パサヴァン　1787.9.17–1861.4.12）

Passerat, Joseph-Amand Fidèle Constantin〈18・19世紀〉
フランス人最初のレデンプトール会員。
⇒新カト（パスラ　1772.4.30–1858.10.30）

Passereau, Pierre〈15・16世紀〉
フランスの作曲家。
⇒バロ（パスロー, ピエール　1490頃?–1547）

Passos, Manuel da Silva〈19世紀〉
ポルトガルの政治家。
⇒岩世人（パソス　1801.1.5–1862.1.16）

Passy, Frédéric〈19・20世紀〉
フランスの経済学者。1868年国際平和連盟設立。1901年ノーベル平和賞受賞。
⇒岩世人（パッシー　1822.5.20–1912.6.12）
19仏（フレデリック・パシ　1822.5.20–1912.6.12）

Passy, Paul Édouard〈19・20世紀〉
フランスの音声学者。国際音声学協会会長。主著『フランス語の音声』(86) など。
⇒岩世人（パッシー　1859.1.13–1940.3.21）

Pasta, Giuditta〈18・19世紀〉
イタリアのソプラノ歌手。
⇒オペラ（パスタ, ジュディッタ　1797–1865）

Pastells, Pablo〈19・20世紀〉
スペインのイエズス会宣教師。スペイン植民地布教史の研究者。
⇒岩世人（パステルス　1846.6.3–1932.8.16）
新カト（パステルス　1846.6.3–1932.8.16）

Pasteur, Louis〈19世紀〉
フランスの化学者, 細菌学者。近代微生物学の祖といわれる。
⇒岩世人（パストゥール　1822.12.27–1895.9.28）
科史（パストゥール　1822–1895）
ネーム（パストゥール　1822–1895）
広辞7（パストゥール　1822–1895）
学叢思（パストゥール, ルイ　1822–1895）
新カト（パストゥール　1822.12.27–1895.9.28）
世人新（パストゥール　1822–1895）
世人装（パストゥール　1822–1895）
世史語（パストゥール　1822–1895）
ポプ人（パスツール, ルイ　1822–1895）

Pastor〈3・4世紀〉
聖人, スペインの子どもの殉教者。祝日8月6日。

⇒新カト（ユストゥスとパストール　?–303/305）

Pastor, Ludwig Freiherr von〈19・20世紀〉
ドイツの教会史家。『中世末教皇史』(1886～1933) の著者。
⇒岩世人（パストル　1854.1.31–1928.9.30）
新カト（パストル　1854.1.31–1928.9.30）

Paszkiewicz, Andrzej〈17世紀〉
ポーランドの作曲家。
⇒バロ（パシュキェヴィチ, アンジェイ　1620頃?–1680頃?）

Patah (Fatah), Raden〈15・16世紀〉
ジャワのドゥマック王国の初代王。
⇒岩世人（パタ, ラデン　1400年代–1518）

Patañjali〈前2世紀頃〉
インドの文法学者。『バールティカ』の注解書『マハーバーシャ』の著者。
⇒岩世人（パタンジャリ）
学叢思（パタンジャリ）
南ア新（パタンジャリ　生没年不詳）

Patel, Sardār Vallabhbhāī〈19・20世紀〉
インドの政治家。
⇒岩世人（パテール　1875.10.31–1950.12.15）
南ア新（パテール　1875–1950）

Patel, Viththalbhai Jahverbhai〈19・20世紀〉
インドの民族運動指導者。ガンディーの不服従運動に参加 (1920)。スワラジ党の指導者となる。
⇒岩世人（パテール　1873–1933.10.22）

Pater, Jean Baptiste Joseph〈17・18世紀〉
フランスの画家。ランクレ, ヴァトーと共にロココ時代の代表的芸術家。多くの風俗画を描いた。
⇒岩世人（パテール　1695.12.29–1736.7.25）
芸13（パテール, ジャン・バプティスト　1695–1736）

Pater, Walter Horatio〈19世紀〉
イギリスの批評家, 随筆家。代表作『ルネサンス』(73)。
⇒岩世人（ペイター　1839.8.4–1894.7.30）
広辞7（ペーター　1839–1894）
学叢思（ペーター, ウォルター　1839–1894）
新カト（ペイター　1839.8.4–1894.7.30）

Paterno, Pedro A.〈19・20世紀〉
フィリピンの政治家。
⇒岩世人（パテルノ　1858.2.27–1911.3.11）

Paternus〈5・6世紀〉
アヴランシュの司教。聖人。祝日4月15日。蛇の噛み傷, 眼病, 中風の際の守護聖人。
⇒新カト（パテルヌス〔アヴランシュの〕　480頃–

565頃)

Paternus〈11世紀〉
ベネディクト会の修道士。アイルランドまたはスコットランドの出身。
⇒新カト（パテルヌス〔アブディンクホーフの〕?-1058.4.13）

Paterson, Andrew Barton〈19・20世紀〉
オーストラリアのバラッド作家。作品に『ワルツを踊るマチルダ』。
⇒岩世人（パターソン　1864.2.17-1941.2.5）
オセ新（パタソン　1864-1941）

Paterson, William〈17・18世紀〉
イギリスの実業家。イングランド銀行の創立者。国債制度の確立などに努力。
⇒岩世人（パターソン　1658.4-1719.1.22頃）

Pathé, Charles〈19・20世紀〉
フランスの映画製作者。1896年パテ兄弟会社を設立。
⇒岩世人（パテ　1863.12.25-1957.12.25）

Pathie, Rogier〈16世紀〉
フランスの作曲家。
⇒バロ（パティ，ロジェ　1510頃-1565以降）

Patin, Guy〈17世紀〉
フランスの医学者，思想家。パリ大学医学部長を務めた。
⇒岩世人（パタン　1601.8.31-1672.3.30）

Patinir, Joachim de〈15・16世紀〉
フランドルの画家。風景のある宗教画を描いた。『キリストの洗礼』など。
⇒岩世人（デ・パティニール　1480頃-1524.10.5以前）
芸13（パティニール，ヨアヒム　1480頃-1524）

Patiño, Carlos〈17世紀〉
スペインの作曲家。
⇒バロ（パティーニョ，カルロス　1610頃?-1675.9.5）

Patiño, Simón Ituri〈19・20世紀〉
ボリビアの大資本家，外交官。全権公使としてフランスに駐在（26～41）。
⇒岩世人（パティーニョ　1860.6.1-1947.4.20）
ラテ新（パティニョ　1862-1947）

Patkul, Johann Reinhold von〈17・18世紀〉
リヴォニア（バルト沿岸の一地方）の貴族，政治家。
⇒岩世人（パトクル　1660.7.27-1707.10.21）

Patmore, Coventry Kersey Dighton〈19世紀〉
イギリスの詩人。連作長詩『家の中の天使』（54～62），『知られざるエロス』（77）の作品がある。
⇒岩世人（パトモア　1823.7.23-1896.11.26）

新カト（パトモア　1823.7.23-1896.11.26）

Patoire〈18世紀〉
フランスの作曲家。
⇒バロ（パトゥワール，?　1740頃?-1800頃?）

Patonôtre, Jules〈19・20世紀〉
フランスの外交官。李鴻章と会して天津条約を締結（1885）。
⇒岩世人（パトノートル　1845.4.20-1925.12.27）

Patricia〈7世紀〉
ナポリの守護聖人。祝日8月25日。
⇒新カト（パトリキア　?-660/670.8.25）

Patricius, Magonus Sucatus〈4・5世紀〉
アイルランドの使徒，守護聖人。司教としてほぼ全土改宗に成功。
⇒岩世人（パトリック　387頃-461.3.17）
広辞7（パトリック　387-461頃）
新カト（パトリキウス　389頃-461頃）
図聖（パトリック　385頃-461頃）
世史語（聖パトリック　389頃-461頃）

Patrizzi, Francesco〈16世紀〉
イタリアの哲学者。
⇒岩世人（パトリッツィ　1529-1597）
学叢思（パトリッチ，フランチェスコ　1529-1597）

Patroclus〈3世紀〉
聖人。祝日1月21日。トロアのパトロクルス。裕福なキリスト者で，善業に熱心であったが，トロアで殉教した。
⇒新カト（パトロクルス　?-259/275頃）

Patroclus〈6世紀〉
聖人，隠修士。祝日11月18日。コロンビエのパトロクルス。現フランスのベリー生まれ。
⇒新カト（パトロクルス　500頃-576頃）

Patroklos
ギリシア神話の英雄。
⇒岩世人（パトロクロス）
ネーム（パトロクロス）

Patten, Case Lyman〈19・20世紀〉
アメリカの大リーグ選手（投手）。
⇒メジャ（ケイス・パッテン　1874.5.7-1935.5.31）

Patten, Simon Nelson〈19・20世紀〉
アメリカの経済学者。
⇒岩世人（パッテン　1852.5.1-1922.7.24）
学叢思（パッテン，シモン・ネルソン　1852-?）

Patti Adelina〈19・20世紀〉
イタリアのソプラノ歌手。ロッシーニなどの作品を得意とした。
⇒岩世人（パッティ　1843.2.9-1919.9.27）
19仏（アデリーナ・パッティ　1843.2.10-1919.9.27）

Pattimura〈18・19世紀〉
インドネシアのアンボン地方における反オランダ闘争の指導者。
⇒岩世人（パティムラ　1783.6.8–1817.12.16）

Pattinngalloang, Karaeng〈17世紀〉
インドネシア、スラウェシ島南部の連合王国マカッサルのタッロ王、第15代ゴワ王の宰相。
⇒岩世人（パッティンガロアン、カラエン　1600頃–1654）

Pattison, Mark〈19世紀〉
イギリスの人文学者。『カソーボン伝』(75) や『ミルトン伝』(79) などの著者。
⇒岩世人（パティソン　1813.10.10–1884.7.30）

Paua, Jose Ignacio〈19・20世紀〉
中国出身のフィリピン軍人。
⇒岩世人（パワ　1872.4.29–1926.5.24）

Paucapalea〈12世紀〉
イタリアの教会法学者。
⇒新カト（パウカパレア　生没年不詳）

Paucke, Florián〈18世紀〉
ドイツ生まれの宣教師、文筆家、音楽家。
⇒岩世人（パウケ　1719.9.24–1779.7.14）
　新カト（パウケ　1719.9.24–1779.7.14）

Paul, Bruno〈19・20世紀〉
ドイツの建築家。ベルリン美術学校校長 (07～)。
⇒岩世人（パウル　1874.1.19–1968.8.17）

Paul, Henry Martyn〈19・20世紀〉
アメリカの天文学者。東京大学理学部で天文学を教授。
⇒アア歴（Paul, Henry Martyn　ヘンリー・マーティン・ポール　1851.6.25–1931.3.15）

Paul, Hermann〈19・20世紀〉
ドイツの言語学者。青年文法学派の理論的指導者。『ドイツ語文法』(16～20) が主著。
⇒岩世人（パウル　1846.8.7–1921.12.29）
　広辞7（パウル　1846–1921）

Paula, St.〈4・5世紀〉
聖女。ベツレヘムに多くの修道院を建設。
⇒新カト（パウラ〔ローマの〕　347–404.1.26）

Paul-Boncour, Joseph〈19・20世紀〉
フランスの政治家。首相兼外相 (32～33)、社会共和同盟総裁 (35～38)。
⇒岩世人（ポール＝ボンクール　1873.8.4–1972.3.28）

Paulding, James Kirke〈18・19世紀〉
アメリカの小説家、歴史家、官吏。1797年雑誌『サルマガンディ』(07～8) を創刊。
⇒岩世人（ポールディング　1778.8.22–1860.4.6）

Paule de Marseille〈12・13世紀〉
フランスの作曲家。
⇒バロ（マルセイユ、ポール・ド　1180頃?–1230頃?）

Pauler, Akos〈19・20世紀〉
ハンガリーの哲学者。ブダペスト大学教授。
⇒岩世人（パウラー　1876.4.9–1933.6.29）

Paulina do Coração Agonizante de Jesus〈19・20世紀〉
イタリア出身の聖人。祝日7月9日。修道会創立者。
⇒新カト（パウリナ〔イエスの苦悶の〕　1865.12.16–1942.7.9）

Paulinos (Antiocheías)〈4世紀〉
アンティオキアの主教。
⇒新カト（パウリノス〔アンティオケイアの〕　?–388頃）

Paulinus〈1世紀〉
聖人。祝日7月12日。イタリア中部ルッカの最初の司教とされる。使徒ペトロの弟子で、ローマ皇帝ネロのもとで殉教したと伝えられる。
⇒新カト（パウリヌス〔ルッカの〕　1世紀）

Paulinus de Périgueux〈5世紀〉
ガリア人の司祭、詩人。
⇒新カト（パウリヌス〔ペリグーの〕　生没年不詳）

Paulinus of Aquileia〈8・9世紀〉
司教。聖人。キヴィダレ近くの生まれ。
⇒岩世人（パウリヌス〔アクィレイアの〕　750以降–802.1.11）
　新カト（パウリヌス〔アクィレイアの〕　750頃–802.1.11）

Paulinus of Nola, St.〈4・5世紀〉
南イタリアのノラの司教、聖人。ラテン詩人。詩作と書簡で高名。
⇒岩世人（パウリヌス〔ノラの〕　353頃–431）
　新カト（パウリヌス〔ノラの〕　353/354–431.6.22）

Paulinus (Pella)〈4・5世紀〉
自伝作者。
⇒新カト（パウリノス〔ペラ〕　376頃–460頃）

Paulinus (Trier)〈4世紀〉
アリオス（アリウス）派に反対したトリーアの司教。
⇒新カト（パウリヌス〔トリールの〕　?–358）

Paulinus von heiligen Bartholomäus〈18・19世紀〉
カルメル会員、宣教師、言語学者、著述家。オーストリアのホーフ生まれ。
⇒新カト（パウリヌス〔聖バルトロマイの〕　1748.4.25–1806.2.7）

Paulinus (York)〈6・7世紀〉
イギリス、アングロ・サクソン時代の聖職者。

⇒岩世人　(パウリヌス〔ヨークの〕　?-644)
新カト　(パウリヌス〔ヨークの〕　?-644.10.10)

Paulli, Holger Simon〈19世紀〉
デンマークの指揮者,作曲家。
⇒バレエ　(パウリ, ホルガー・シモン　1810.2.22–1891.12.23)

Paulo dos Santos〈16・17世紀〉
日本教区司祭。出身地,生年月日,日本名は不詳。
⇒新カト　(パウロ・ドス・サントス　?-1636)

Paulos〈1世紀頃〉
キリスト教史上最大の使徒,聖人。
⇒岩世人　(パウロ　紀元前後-60頃)
　覚思　(パウロ　1?-60?)
　覚思ス　(パウロ　1?-60?)
　ネーム　(パウロ)
　広辞7　(パウロ)
　学叢思　(ポーロ)
　新カト　(パウロ)
　図聖　(パウロ　10頃-67)
　聖書　(パウロ)
　世人新　(パウロ　?-64頃)
　世人装　(パウロ　?-64頃)
　世史語　(パウロ　?-60以後)
　ポプ人　(パウロ　紀元前後-64頃)
　メル1　(パウロ(聖)　?-60/67?)
　ユ人　(パウロ　10頃-67頃)
　学叢歴　(パウロ　10頃-65頃)

Paulos〈4世紀〉
テーベの隠修士。聖人。祝日, ローマ教会3月7日, ギリシア教会9月5日, アルメニア教会12月7日。
⇒新カト　(パウロス　?-339頃)

Paulos〈10世紀〉
ミレトス近郊ラトロスの修道者, 隠修士。聖人。祝日12月15日。
⇒新カト　(パウロス〔ラトロスの〕　?-955.12.15)

Paûlos (Kōnstantinoupóleōs)〈4世紀〉
コンスタンティノポリス主教, 聖人。
⇒新カト　(パウロス1世〔コンスタンティノポリスの〕　?-351以降)

Paulsen, Friedrich〈19・20世紀〉
ドイツの哲学者, 教育学者。主著『倫理学大系』(89), 『哲学概論』(92)。
⇒パウルゼン　1846.7.16–1908.8.14)
　学叢思　(パウルゼン, フリードリヒ　1846–1908)
　新カト　(パウルゼン　1846.6.16–1908.8.14)

Paulus〈3世紀〉
フランス南部ナルボンヌの初代司教。聖人。祝日3月22日。
⇒新カト　(パウルス〔ナルボンヌの〕　3世紀)

Paulus〈4世紀〉
ローマの殉教者, 聖人。
⇒新カト　(ヨアンネスとパウルス　4世紀)

図聖　(ヨハネスとパウルス　?-4世紀頃)

Paulus〈4世紀〉
エジプトの隠修士。聖人。祝日1月15日。
⇒新カト　(パウロス〔テーベの〕　228頃-341頃)
　図聖　(パウルス〔テーベの〕　228頃-341)

Paulus〈7世紀〉
ヴェルダンの司教。聖人。祝日2月8日。
⇒新カト　(パウルス〔ヴェルダンの〕　?-648/649)

Paulus, Heinrich Eberhard Gottlob〈18・19世紀〉
ドイツのプロテスタント神学者。ハイデルベルク大学(11～44)で教会史を講じた。
⇒岩世人　(パウルス　1761.9.1–1851.8.10)
　学叢思　(パウルス, ハインリヒ・エーベルハルト・ゴットロープ　1761–1851)
　新カト　(パウルス　1761.9.1–1851.8.10)

Paulus, Julius〈2・3世紀〉
ローマの法学者。
⇒岩世人　(パウルス)
　学叢思　(パウルス)

Paulus I, St.〈8世紀〉
ローマ教皇。在位757～767。
⇒新カト　(パウルス1世　?-767.6.28)

Paulus II〈15世紀〉
教皇。在位1464～71。教皇庁改革を推進。また, 初めてローマに印刷術を導入。
⇒新カト　(パウルス2世　1417.2.23–1471.7.26)

Paulus III〈15・16世紀〉
教皇。在位1534～49。ミケランジェロに『最後の審判』, 聖ペテロ大聖堂壁画を描かせた。
⇒岩世人　(パウルス3世　1468.2.29–1549.11.10)
　新カト　(パウルス3世　1468.2.28sh–1549.11.10)
　世人新　(パウルス3世　1468–1549)
　世人装　(パウルス3世　1468–1549)

Paulus IV〈15・16世紀〉
教皇。在位1555～59。フランスとの同盟政策に失敗。
⇒岩世人　(パウルス4世　1476–1559.8.18)
　新カト　(パウルス4世　1476.6.28–1559.8.18)
　ルネ　(教皇パウルス4世　1476–1559)

Paulus V〈16・17世紀〉
教皇。在位1605～21。教会法学者でもあった。
⇒岩世人　(パウルス5世　1552.9.17–1621.1.28)
　新カト　(パウルス5世　1552.9.17–1621.1.28)

Paulus Aegineta〈7世紀〉
ギリシアの医者。主著 "Epitomes Iatrikes Biblia Hecta"。
⇒岩世人　(パウルス・アエギネタ　(活躍)640頃)

Paulus Aurelianus〈6世紀〉
オッシスモルムの初代司教。聖人。祝日3月12日。カンペール司教区の守護聖人。

⇒新カト（パウルス・アウレリアヌス　?–572/575）

Paulus Diaconus〈8世紀〉
イタリアの歴史家。『説教集』。『ローマ史』『ランゴバルド史』などが有名。
⇒岩世人（パウルス・ディアヌス　720-730–799頃）
　新カト（パウルス〔助祭〕　720/724–795/799頃）

Paulus Samosatenus〈3世紀〉
モナルキアニズムを説いた異端者。アンチオキア司教。
⇒岩世人（パウロス（サモサタの））
　新カト（パウロス〔サモサタ〕　?–272以後）

Paumann, Conrad〈15世紀〉
ドイツの盲目のオルガン奏者、リュート奏者、作曲家。1447年からニュルンベルク市オルガン奏者。
⇒バロ（パウマン、コンラート　1409.10.23–1473.1.24）

Pauncefote, Julian, 1st Baron〈19・20世紀〉
イギリスの外交官。
⇒岩世人（ポーンスフト　1828.9.13–1902.5.24）

Pausanias〈前5世紀〉
古代ギリシアのスパルタのアギス家の王。
⇒世帝（パウサニアス　（在位）前445–前428、前409–前394）

Pausanias〈前5世紀〉
古代スパルタ王の子。連合艦隊を率いてビザンチンを占領。
⇒岩世人（パウサニアス　?–前470頃）

Pausanias〈前4世紀〉
マケドニア王国の統治者。
⇒世帝（パウサニアス　?–前393）

Pausanias〈2世紀〉
ギリシアの旅行家。『ギリシア周遊記』の著者。
⇒岩世人（パウサニアス（地誌叙述家の））（活動）150前後）
　ネーム（パウサニウス）

Pauthier, Jean Pierre Guillaume〈19世紀〉
フランスのシナ学者。『マルコ・ポーロ旅行記』（1865）が主著。
⇒岩世人（ポティエ　1801–1873）

Pavaṇanti, Munival〈12・13世紀〉
南インドのタミル語詩人、文法家。
⇒岩世人（パヴァナンティ　1178–1214）

Pavel I, Petrovich〈18・19世紀〉
ロシアの皇帝。在位1796～1801。近衛士官の陰謀により暗殺。
⇒岩世人（パーヴェル1世　1754.9.20–1801.3.11）
　世帝（パーヴェル1世　1754–1801）
　皇国（パーヴェル1世　（在位）1796–1801）

Pavet de Courteille, Abel Jean Baptiste〈19世紀〉
フランスの東洋学者。コレジュ・ド・フランスのトルコ語教授（1855～）。
⇒岩世人（パヴェ・ド・クルテイユ　1821.6.23–1889.10.13）

Pavia y Rodríguez de Alburquerque, Manuel〈19世紀〉
スペインの軍人、政治家。
⇒岩世人（パビア・イ・ロドリゲス　1827.8.2–1895.1.4）

Pavie, Auguste Jean Marie〈19・20世紀〉
フランスの外交家。
⇒岩世人（パヴィ　1847.5.31–1925.5.7）

Pavlov, Ivan Petrovich〈19・20世紀〉
ソ連の生理学者。条件反射研究の創始者。消化腺の研究で1904年ノーベル賞を受賞。
⇒岩世人（パーヴロフ　1849.9.14/26–1936.2.27）
　ネーム（パブロフ　1849–1936）
　広辞7（パヴロフ　1849–1936）
　世人新（パブロフ　1849–1936）
　世人装（パブロフ　1849–1936）
　ポブ人（パブロフ、イワン・ペトロビッチ　1849–1936）

Pavlovitch, Michael〈19・20世紀〉
ソ連の陸軍軍人。
⇒学叢思（パヴロヴィッチ、ミハエル　1871–1927）

Pavlov-Silvanskii, Nikolai Pavlovich〈19・20世紀〉
ロシアの歴史家。著『中世ロシアの封建制』（07）。
⇒岩世人（パーヴロフ＝シリヴァンスキー　1869.2.1–1908.9.17）

Pawłowski, Jakub〈18世紀〉
ポーランドの作曲家。
⇒バロ（パヴウォフスキ、ヤクブ　1740頃?–1800頃?）

Paxton, *Sir* Joseph〈19世紀〉
イギリスの造園家、建築家。1851年のロンドン万国博覧会用の会場建築である水晶宮を設計。
⇒岩世人（パクストン　1801.8.3–1865.6.8）
　世建（ジョーゼフ・パクストン　1803–1865）

Payen, Nicolas〈16世紀〉
フランドルの作曲家。
⇒バロ（パイエン、ニコラス　1512頃–1559.4.24）

Payeras, Mariano〈18・19世紀〉
スペイン出身のフランシスコ会員、カリフォルニアへの宣教師。
⇒新カト（パイエラス　1769.10.10–1823.4.28）

Payne, Joseph〈19世紀〉
イギリスの教育家。
⇒岩世人（ペイン　1808.3.2–1876.4.30）

Pázmány Péter〈16・17世紀〉
ハンガリーの宗教家。宗教改革反動期におけるカトリク指導者。
⇒岩世人（パーズマーニュ　1570.10.4–1637.3.19）
　新カト（パーズマーニ　1570.10.4–1637.3.19）

Peabody, Andrew Preston〈19世紀〉
アメリカの神学者，倫理学者。ハーヴァード大学教授（1860～81）。
⇒岩世人（ピーボディ　1811.3.19–1893.3.10）

Peabody, Elizabeth Palmar〈19世紀〉
アメリカの女流教育家。超絶主義運動のメンバー。
⇒岩世人（ピーボディ　1804.5.16–1894.1.3）

Peabody, Francis Greenwood〈19・20世紀〉
アメリカのプロテスタント神学者。ハーヴァード大学キリスト教倫理学教授（1881～1913）。
⇒岩世人（ピーボディ　1847.12.4–1936.12.28）

Peabody, George〈18・19世紀〉
アメリカの実業家，慈善家。
⇒岩世人（ピーボディ　1795.2.18–1869.11.4）

Peacham, Henry〈16・17世紀〉
イギリスの作家。教育的な作品で有名。
⇒岩世人（ピーチャム　1578–1643頃）

Peacock, George〈18・19世紀〉
イギリスの数学者。ケンブリッジ大学天文学および幾何学教授（1836）。
⇒岩世人（ピーコック　1791.4.9–1858.11.8）
　世数（ピーコック，ジョージ　1791–1856）

Peacock, Reginald〈14・15世紀〉
イギリスの聖職者。ロラード派の反駁者。
⇒岩世人（ピーコック　1393頃–1461頃）

Peacock, Thomas Love〈18・19世紀〉
イギリスの小説家，詩人。小説『ヘッドロング邸』(16)，『メアリアン姫』(22) など。
⇒岩世人（ピーコック　1785.10.18–1866.1.23）
　ネーム（ピーコック　1785–1866）

Péan, Jules Emile〈19世紀〉
フランスの外科医。初めて幽門切除を行い，腔口からの混合繊維腺剔出にも成功。
⇒岩世人（ペアン　1830.11.29–1898.2.5）
　19仏（ジュール＝エミール・ペアン　1830.11.29–1898.1.30）

Peano, Giuseppe〈19・20世紀〉
イタリアの数学者，論理学者。主著『数学公式』(08)。
⇒岩世人（ペアーノ　1858.8.27–1932.4.20）

広辞7（ペアノ　1858–1932）
世数（ペアノ，ジュゼッペ　1858–1932）
メル3（ペアノ，ジュゼッペ　1858–1932）

Pearse, Patrick Henry〈19・20世紀〉
アイルランドの独立を目指すフェニアン（共和）主義派の民族主義者。
⇒岩世人（ピアース　1879.11.10–1916.5.3）

Pearson, John〈17世紀〉
イギリスの聖職者。
⇒岩世人（ピアソン　1613–1686.7.16）
　新カト（ピアソン　1613.2.28–1686.7.16）

Pearson, Karl〈19・20世紀〉
イギリスの数学者。人類の進化や，社会学，生物学を統計的にあつかった。
⇒岩世人（ピアソン　1857.3.27–1936.4.27）
　ネーム（ピアソン　1857–1936）
　世数（ピアソン，カール　1857–1936）

Pearson, Martin〈16・17世紀〉
イギリスの作曲家。
⇒バロ（ピアソン，マーティン　1571-1573–1651.1.15）

Peary, Robert Edwin〈19・20世紀〉
アメリカ合衆国の北極探検家，海軍の軍人。1909年，北極点に達す。
⇒岩世人（ピアリー　1856.5.6–1920.2.20）
　世人新（ピアリ　1856–1920）
　世人装（ピアリ　1856–1920）
　世史語（ピアリ　1856–1920）
　ポプ人（ピアリー，ロバト　1856–1920）

Pease, Edward〈19・20世紀〉
イギリスの社会主義者。
⇒学叢思（ピーズ，エドワード　1857–?）

Peaucellier, Charles Nicolas〈19・20世紀〉
フランスの軍人。直線運動と円運動とを互に転換する機械装置を発明。
⇒岩世人（ポーセリエ　1832–1913）

Pece, Giovanni Battista〈16・17世紀〉
イルマン，日本の活字印刷の歴史に大きな影響を及ぼした宣教師。イタリアのカタンザーロ生まれ。
⇒新カト（ペーチェ　1560–1626.8.31）

Pecherskij, Antonii〈10・11世紀〉
ロシアの聖人，隠修士。祝日7月10日。中世ロシア最古の修道院であるキエフ洞窟修道院の創立者。
⇒岩世人（アントーニー・ペチェルスキー　984頃–1073）
　新カト（アントニー・ペチェルスキー　983–1073.7.10）

Pecherskij, Feodosii〈11世紀〉
ロシアの聖人，修道士。祝日5月3日。キエフ洞

窟修道院の第2代院長。
⇒新カト（フェオドシー・ペチェルスキー　1008頃–1074.5.3）

Péchon, André〈17世紀〉
フランスの作曲家。
⇒バロ（ペション、アンドレ　1600頃–1683以降）

Peckham, John〈13世紀〉
イギリスのスコラ哲学者、聖職者。アウグスチヌス説を擁護。
⇒岩世人（ペッカム　1220頃–1292頃）

Pécourt, Guillaum-Louis〈17・18世紀〉
フランスのダンサー、振付家、ダンス・マスター。
⇒バロ（ペクール、ルイ・ギヨーム　1653–1729.4.11）
　バレエ（ペクール、ギヨーム＝ルイ　1653.8.10–1729.4.12）

Pecqueur, Constantin〈19世紀〉
フランスの社会主義者、経済学者。
⇒岩世人（ペクール　1801.10.4–1887.12.27）

Pectorios〈2～4世紀?〉
古代ガリアの碑文作者。この碑文の制作年代については、2世紀初頭、3世紀末、4世紀後半の3説がある。
⇒新カト（ペクトリオス　生没年不詳）

Peddana, Allasāni〈16世紀〉
東南インドのテルグ文学の文人。クリシュナラーヤ王の治下、テルグ文学最盛期に活動。
⇒岩世人（ペッダナ）

Pedersen, Holger〈19・20世紀〉
デンマークの言語学者。インド＝ヨーロッパ語族の研究に業績がある。
⇒岩世人（ペーダセン　1867.4.7–1953.10.25）

Pedersen, Peder Oluf〈19・20世紀〉
デンマークの電気学者。ポールセンの助手として、テレグラフォンを研究。
⇒岩世人（ペーダセン　1874.6.19–1941.8.30）

Pedersøn, Mogens〈16・17世紀〉
デンマークの作曲家。
⇒バロ（ペーザセン、モーエンス（ペーデルソン、モーゲンス）　1583頃–1623.1/2）

Pederzuoli, Giovanni Battista〈17世紀〉
イタリアの作曲家。
⇒バロ（ペデルズオリ、ジョヴァンニ・バッティスタ　1630頃?–1692以降）

Pedrarias Dávila〈15・16世紀〉
スペインのコンキスタドール、植民地官吏。
⇒岩世人（ペドラリアス　1440頃–1531）

Pedrasa, Francisco〈16世紀〉
スペインの作曲家。
⇒バロ（ペトラーサ、フランシスコ　1550頃?–1600頃?）

Pedrasa, Geronimo〈16世紀〉
スペインの作曲家。
⇒バロ（ペドラーサ、ヘローニモ　1550頃?–1600頃?）

Pedraza, Cristóbal de〈15・16世紀〉
スペイン出身の宣教師、ホンデュラスの司教。
⇒新カト（ペドラサ　1498頃–1553頃）

Pedrell, Felipe〈19・20世紀〉
スペインの音楽学者、作曲家。1895～1903年マドリード音楽院教授。
⇒岩世人（ペドレル　1841.2.9–1922.8.9）
　新カト（ペドレル　1841.2.19–1922.8.19）

Pedrini, Theodore〈17・18世紀〉
イタリアのラザリスト会士。
⇒岩世人（ペドリーニ　1670–1746.12.10）
　新カト（ペドリーニ　1670–1746.12.10）

Pedro〈15・16世紀〉
スペインのドミニコ会員、宣教師。
⇒新カト（ペドロ〔コルドバの〕　1482–1521.5.4）

Pedro〈15・16世紀〉
フランシスコ会の信徒修道士、宣教師。
⇒新カト（ペドロ〔ヘントの〕　1486–1572.6.29）

Pedro〈15・16世紀〉
スペインのフランシスコ会士、キリスト教霊性の大家。
⇒新カト（ペドロ〔アルカンタラの〕　1499–1562.10.18）
　図聖（ペドロ（アルカンタラの）　1499–1562）

Pedro I〈11・12世紀〉
ナバラ＝アラゴン王。在位1094～1104。1096年イスラム教徒からウエスカを奪回。
⇒世帝（ペドロ1世　1068頃–1104）

Pedro I〈18・19世紀〉
ブラジル初代皇帝。在位1822～31。ポルトガルのブラガンサ家出身。
⇒岩世人（ペドロ1世　1798.10.12–1834.9.24）

Pedro I, el Cruel〈14世紀〉
レオン＝カスティリア王。在位1350～69。
⇒岩世人（ペドロ1世（残忍王）　1334.8.30–1369.2.23）
　世帝（ペドロ1世　1334–1369）

Pedro I, the Severe〈14世紀〉
ポルトガル王。在位1357～67。「厳格王」といわれる。アルフォンソ4世の子。
⇒岩世人（ペドロ1世（正義王）　1320.4.8–1367.1.18）
　世帝（ペドロ1世　1320–1367）

Pedro II〈12・13世紀〉
アラゴン王。在位1196～1213。
⇒世帝（ペドロ2世　1174–1213）

Pedro II〈17・18世紀〉
ポルトガル王。在位1683〜1706。
⇒岩世人（ペドロ2世　1648.4.26–1706.12.9）
　世帝（ペドロ2世　1648–1706）

Pedro II〈19世紀〉
ブラジル第2代皇帝。在位1831〜89。
⇒岩世人（ペドロ2世　1825.12.2–1891.12.5）
　ラテ新（ペドロ2世　1825–1891）

Pedro III〈18世紀〉
ポルトガル女王マリア1世の叔父，夫。
⇒世帝（ペドロ3世　1717–1786）

Pedro III el Grande〈13世紀〉
アラゴン王。在位1276〜85。シチリア王。在位1282〜85。
⇒岩世人（ペドロ3世(大王)　1240–1285）
　世帝（ペドロ3世　1239–1285）

Pedro IV〈19世紀〉
ポルトガル王国の統治者。
⇒世帝（ペドロ4世　1798–1826）

Pedro IV el Ceremonioso〈14世紀〉
アラゴン王。在位1336〜87。
⇒岩世人（ペドロ4世(儀典王)　1319–1387）
　世帝（ペドロ4世　1319–1387）

Pedro V〈15世紀〉
ポルトガルの将軍。アラゴン国王フアン2世の対立王。ポルトガル王ドゥアルテ1世の弟コインブラ公ペドロの長男。
⇒世帝（ペドロ5世　1429?–1466）

Pedro V〈19世紀〉
ポルトガル王。在位1853〜61。マリア2世の子。コレラにかかり没。
⇒岩世人（ペドロ5世　1837.9.16–1861.11.11）
　世帝（ペドロ5世　1837–1861）

Pedro Baptista〈16世紀〉
スペイン人のフランシスコ会司祭。日本26聖殉教者の一人。
⇒岩世人（ペドロ・バウティスタ　1546.6.24–1597.2.5）
　新カト（ペドロ・バウティスタ・ブラスケス　1542.6.29–1597.2.5）

Pedro Carrele Lanshares〈18世紀〉
スペインの作曲家。
⇒バロ（ランシャレス, ペドロ・カレーレ　1720頃?–1780頃?）

Pedro Claver〈16・17世紀〉
スペインのイエズス会宣教師。聖人。祝日9月9日。アフリカ系住民への宣教者の守護聖人。
⇒新カト（ペドロ・クラベル　1580/1585–1654.9.8）

Pedro Coimbra〈14・15世紀〉
ポルトガル王ジョアン1世の子。甥のアルフォンソ5世（1438〜81）の摂政。

⇒岩世人（ペドロ　1392.12.9–1449.5.20）

Pedro de Ávila〈16・17世紀〉
フランシスコ会員，日本205福者の一人。スペインのアビラ近郊の生まれ。
⇒新カト（ペドロ・デ・アビラ　1592–1622.9.10）

Pedro de la Asunción〈16・17世紀〉
スペインのフランシスコ会宣教師。
⇒岩世人（ペドロ・デ・ラ・アスンシオン　?–1617.5.22）
　新カト（ペドロ・デ・ラ・アセンシオン　?–1617.5.22）

Pedro de la Madre de Dios〈16・17世紀〉
スペイン出身の跣足カルメル会の宣教推進家。
⇒新カト（ペドロ・デ・ラ・マードレ・デ・ディオス　1565.8.16–1608.8.26）

Pedro de Pastrana〈15・16世紀〉
スペインの作曲家。
⇒バロ（パストラーナ, ペドロ・デ　1480頃–1559以降）

Pedro de San José de Betancur〈17世紀〉
聖人。祝日4月25日。グアテマラで貧者のために尽くしたフランシスコ第三会員。「アメリカの聖フランチェスコ」とも呼ばれる。
⇒新カト（ペドロ・デ・サン・ホセ・デ・ベタンクール　1626.3.19–1667.4.25）

Pedro de Santa Maria〈17世紀〉
日本人ドミニコ会助修士，日本205福者の一人。
⇒新カト（ペドロ・デ・サンタ・マリア　1610–1627.7.29）

Pedro de Soto〈16世紀〉
スペインの作曲家。
⇒バロ（ソート, ペドロ・デ　1530頃?–1580頃?）

Pedro de Tafárya〈16・17世紀〉
スペインの作曲家。
⇒バロ（タファーリャ, ペドロ・デ　1590頃?–1650頃?）

Pedro de Tordesillas〈15・16世紀〉
スペインの作曲家。
⇒バロ（トルデシーリャス, ペドロ・デ　1470頃–1528）

Peel, Sir Robert〈18・19世紀〉
イギリスの政治家。1834年保守党首領として内閣を組織。
⇒岩世人（ピール　1788.2.5–1850.7.2）
　学叢思（ピール, サー・ロバート　1788–1850）
　世人新（ピール　1788–1850）
　世人装（ピール　1788–1850）
　学叢歴（ピール　1788–1850）

Peel, Sir William〈19・20世紀〉
イギリスの外交官。

⇒岩世人（ピール　1875.2.27-1945.2.24）

Peele, George〈16世紀〉
イギリスの劇作家,詩人。大衆劇場のために製作。
⇒岩世人（ピール　1558頃-1596.11.9）

Peery, Rufus Benton〈19・20世紀〉
アメリカのルター派協会の宣教師。
⇒アア歴（Peery,Rufus Benton　ルーファス・ベントン・ペリー　1868.4.9-1934.10.25）

Peet, Lyman Bert〈19世紀〉
アメリカの宣教師。
⇒アア歴（Peet,Lyman Bert　ライマン・バート・ピート　1809.3.1-1878.1.11）

Peeters, Paul〈19・20世紀〉
ベルギーのボランディスト,オリエント学者。イエズス会員。
⇒新カト（ペータース　1870.9.20-1950.8.18）

Pegolotti, Francesco dé Balducci〈14世紀〉
イタリアの商人,旅行家。
⇒岩世人（ペゴロッティ）

Péguy, Charles Pierre〈19・20世紀〉
フランスの詩人,評論家。代表作,劇詩『ジャンヌ・ダルクの慈愛のミステール』(09)。
⇒岩世人（ペギー　1873.1.7-1914.9.5）
　広辞7（ペギー　1873-1914）
　新カト（ペギー　1873.1.7-1914.9.5）
　メル3（ペギー,シャルル　1873-1914）
　ユ著人（Péguy,Charles-Pierre　ペギー,シャルル＝ピエール　1873-1914）

Peirce, Benjamin〈19世紀〉
アメリカの数学者,天文学者。
⇒岩世人（パース　1809.4.4-1880.10.6）
　世数（パース,ベンジャミン　1809-1880）

Peirce, Charles Sanders〈19・20世紀〉
アメリカの哲学者。形式論理学,数学の論理分析にも業績がある。
⇒アメ新（パース　1839-1914）
　岩世人（パース　1839.9.10-1914.4.14）
　ネーム（パース　1839-1914）
　広辞7（パース　1839-1914）
　新カト（パース　1839.9.10-1914.4.19）
　世人新（パース　1839-1914）
　世人装（パース　1839-1914）
　世数（パース,チャールズ・サンダース　1839-1914）
　20思（パース,チャールズ（サンティアゴ）サンダーズ　1839-1914）
　メル3（パース,チャールズ・サンチアゴ・サンダース　1839-1914）

Peirithoos
ギリシア神話,ゼウスまたはイクシオンの子。
⇒岩世人（ペイリトオス）

Peirol de Auvergne〈12・13世紀〉
フランスの作曲家。
⇒バロ（ペイロール・ド・オーヴェルニュ　1160頃-1221以降）

Peisandros〈前7・6世紀〉
ギリシアの叙事詩人。
⇒岩世人（ペイサンドロス）

Peisandros〈前5世紀〉
古代ギリシアのアテナイの政治家。
⇒岩世人（ペイサンドロス）

Peisistratos〈前6世紀〉
アテナイの僭主。
⇒岩世人（ペイシストラトス　前600頃-前527）
　ネーム（ペイシストラトス　前600?-前527?）
　広辞7（ペイシストラトス　前600頃-前527）
　世人新（ペイシストラトス　前600頃-前527）
　世人装（ペイシストラトス　前600頃-前527）
　世史語（ペイシストラトス　?-前527）
　ポプ人（ペイシストラトス　前600?-前527）
　学叢歴（ピシストラトス　前600-前527）

Peitz, Henry Clement〈19・20世紀〉
アメリカの大リーグ選手（捕手,内野）。
⇒メジャ（ヘイニー・ピーツ　1870.11.28-1943.10.23）

Peixoto, Floriano〈19世紀〉
ブラジルの軍人,政治家。1889年共和革命を指導。91～94年大統領。
⇒岩世人（ペイショト　1839.4.30-1895.6.29）

Pękiel, Bartlomiej〈17世紀〉
ポーランドの作曲家。
⇒バロ（ペンキェル,バルトウォミエイ　1615頃-1670頃）

Pekik, Pangeran〈17世紀〉
インドネシア,スラバヤの王子。
⇒岩世人（ブキック　?-1659）

Péladan, Joséphin〈19・20世紀〉
フランスの小説家,劇作家,評論家。神秘思想家。
⇒岩世人（ペラダン　1858.3.28-1918.6.27）
　19仏（ジョゼファン・ペラダン　1858.3.29-1918.6.27）

Pelagia〈3・4世紀〉
大迫害時代のアンティオキアの少女殉教者,聖人。
⇒新カト（ペラギア〔アンティオケイアの〕　3世紀後半?）

Pelagia of Tarsus
処女殉教者。聖人。
⇒新カト（ペラギア〔タルソスの〕　3世紀前半?）

Pelagia The Penitent
アンティオキアの踊り子・聖人。
⇒新カト（ペラギア〔エルサレムの〕　?-457頃）

Pelagius〈4・5世紀〉
イギリス生まれの神学者。ペラギウス説の始祖。主著『三位一体論』『パウロ13書簡注解』。
⇒岩世人（ペラギウス　?–418以後）
　ネーム（ペラギウス　?–418?）
　広辞7（ペラギウス　360頃–420頃）
　学叢思（ペラギウス　370頃–470頃）
　新カト（ペラギウス　350頃–420頃）
　メル1（ペラギウス　360頃–418/430?）

Pelagius〈10世紀〉
聖人, 殉教者。祝日6月26日。
⇒新カト（ペラギウス〔コルドバの〕　912頃–925.6.26)

Pelagius I〈6世紀〉
ローマ貴族出身の教皇。在位556〜561。
⇒新カト（ペラギウス1世　?–561.3.3/4）

Pelagius II〈6世紀〉
ローマ生まれのゴート人の教皇。在位579〜590。
⇒新カト（ペラギウス2世　?–590.2.7）

Pelagius von Aemona〈3世紀〉
殉教者, 聖人。
⇒図聖（ペラギウス（アエモナの）　?–283）

Pelayo〈8世紀〉
アストゥリアス初代の王。在位718頃〜737頃。
⇒岩世人（ペラーヨ　?–737）

Pelczar, József Sebastian〈19・20世紀〉
ポーランドの聖人, 修道会創立者。祝日3月28日。
⇒新カト（ユゼフ・セバスティヤン・ペルチャル　1842.1.17–1924.3.28）

Peleos〈3・4世紀〉
エジプトの司教。聖人, パレスチナの殉教者。祝日9月19日。
⇒新カト（ペレオス, ネイロスとその仲間　?–310頃）

Peletier du Mans, Jacques〈16世紀〉
フランスの詩人, 文法学者, 数学者。
⇒岩世人（ペルティエ・デュ・マン　1517.7.25–1582.7）

Peleus
ギリシア神話の英雄。
⇒岩世人（ペレウス）

Pelham, Henry〈17・18世紀〉
イギリスの政治家。1743〜54年首相。
⇒岩世人（ペラム　1694.9.26–1754.3.6）

Pelias
ギリシア神話の英雄。
⇒岩世人（ペリアス）

Péligot, Eugène Melchior〈19世紀〉
フランスの化学者。パリの工芸学校化学教授(1845)。

⇒岩世人（ペリゴ　1811.2.24–1890.4.15）

Pélissier, Aimable Jean Jacques, Duc de Malakof〈18・19世紀〉
フランスの軍人。
⇒岩世人（ペリシエ　1794.11.6–1864.5.22）

Pelissier, Victor〈18・19世紀〉
フランスの作曲家。
⇒バロ（プリシエ, ヴィクトール　1740-1750頃–1820頃）

Pell, John〈17世紀〉
イギリスの数学者, 聖職者。
⇒岩世人（ペル　1611.3.1–1685.12.12）
　世数（ペル, ジョン　1610–1685）

Pelleas
円卓の騎士の一人。
⇒ネーム（ペレアス）

Pellegrin, Simon-Joseph〈17・18世紀〉
フランスの作曲家。
⇒バロ（ペルグラン, シモン・ジョゼフ　1663–1745.9.5）

Pellegrini, Vincenzo〈16・17世紀〉
イタリアの作曲家。
⇒バロ（ペッレグリーニ, ヴィンチェンツォ　1570頃?–1631/1632頃）

Pelletan, Camille〈19・20世紀〉
フランスの政治家, ジャーナリスト。
⇒19仏（カミーユ・ペルタン　1846.6.28–1915.6.4）

Pelletier, Pierre Joseph〈18・19世紀〉
フランスの化学者。パリ薬学校の教授, 同副校長(1832)。
⇒岩世人（ペルティエ　1788.3.22–1842.7.19）

Pelletier, Rose-Virginie〈18・19世紀〉
善き牧者愛徳の聖母修道会の創立者。聖人。祝日4月24日。
⇒新カト（ローズ・ヴィルジニー・ペルティエ　1796.7.31–1868.4.24）

Pellew, *Sir* Fleetwood Broughton Reynolds〈18・19世紀〉
イギリスの海軍軍人。1808年に長崎に来航した英軍船フェートン号の艦長。
⇒岩世人（ペリュー　1789.12.13–1861.7.28）

Pellicanus, Konrad〈15・16世紀〉
スイスの神学者, 宗教改革者。
⇒岩世人（ペリカヌス（ペリカン）　1478.1.8–1556.4.6）

Pellico, Silvio〈18・19世紀〉
イタリアの作家, 愛国者。
⇒岩世人（ペッリコ　1789.6.24–1854.1.31）

Pellio, Giovanni〈16世紀〉
フランドルの作曲家。
⇒バロ（ペリオ，ジョヴァンニ　1540頃?-1590頃?）

Pelliot, Paul〈19・20世紀〉
フランスの東洋学者。1906〜09年中央アジアを考古探検。著書『敦煌石窟』（20〜24）。
⇒岩世人（ペリオ　1878.5.28-1945.10.26）
　広辞7（ペリオ　1878-1945）
　世人新（ペリオ　1878-1945）
　世人装（ペリオ　1878-1945）

Pelloux, Luigi〈19・20世紀〉
イタリアの軍人，政治家。1898年首相。
⇒岩世人（ペルー　1839.3.1-1924.10.26）

Pelopidas〈前5・4世紀〉
テーベの政治家，将軍。テーベを全盛期に導いた。
⇒岩世人（ペロピダス　前410頃-前364）
　広辞7（ペロピダス　前410頃-前364）
　学叢歴（ペロピダス　?-前364）

Pelops
ギリシア神話，タンタロスの息子。
⇒岩世人（ペロプス）

Pels-Rijcken, Gerhard Christiaan Coenraad〈19世紀〉
オランダの海軍士官。
⇒岩世人（ペルス＝レイケン　1810.1.8-1889.5.2）

Pelster, Franz〈19・20世紀〉
ドイツの中世史学者。
⇒新カト（ペルスター　1880.3.9-1956.6.28）

Peltier, Jean Charles Athanase〈18・19世紀〉
フランスの物理学者，気象学者。ペルティエ効果発見者。
⇒岩世人（ペルティエ　1785.2.22-1845.10.27）
　物理（ペルティエ，ジャン＝シャルル　1785-1845）

Pelty, Barney〈19・20世紀〉
アメリカの大リーグ選手（投手）。
⇒メジャ（バーニー・ベルティ　1880.9.10-1939.5.24）

Pelzer, August〈19・20世紀〉
ベルギーの中世学者，古文書学者。
⇒新カト（ペルツァー　1876.12.28-1958.1.4）

Pembroke, Mary Herbert〈16・17世紀〉
イギリスの女流作家。P.シドニーの妹。
⇒岩世人（ペンブルック　1557-1621.9.25）

Pembroke, William Marshal, Earl of〈12・13世紀〉
イギリスの廷臣，摂政。
⇒岩世人（ペンブルック　1146頃-1219.5.14）

Peña, Juan de la〈16世紀〉
スペインのカトリック神学者，ドミニコ会員。
⇒新カト（ペーニャ　1513頃-1565.1.28）

Peñalosa, Francisco de〈15・16世紀〉
スペインの作曲家。
⇒バロ（ペニャローサ，フランシスコ・デ　1470頃-1528.4.1）

Peña Montenegro, Alonso de la〈16・17世紀〉
エクアドルのキトの司教。
⇒新カト（ペニャ・モンテネグロ　1596.4.29-1687.5.12）

Penck, Albrecht〈19・20世紀〉
ドイツの地理学者，地質学者。百万分の一の世界地図を作製。
⇒岩世人（ペンク　1858.9.25-1945.3.7）
　学叢思（ペンク，アルブレヒト　1858-?）

Pencz, Georg〈16世紀〉
ドイツの画家，銅版画家。主作品『東方三博士の礼拝』。
⇒岩世人（ペンツ　1500-1502頃-1550.10.11頃）
　芸13（ペンチュ，ゲオルク　1500頃-1550）

Pender, Harold〈19・20世紀〉
アメリカの電気工学者。
⇒岩世人（ペンダー　1879.1.13-1959.9.5）

Pender, *Sir* John〈19世紀〉
スコットランドの海底電信の開拓者。
⇒岩世人（ペンダー　1816.9.10-1896.7.7）

Pendleton, George Hunt〈19世紀〉
アメリカの法律家，政治家。官吏制度改革法案の起草者（83通過）。
⇒岩世人（ペンドルトン　1825.7.29-1889.11.24）

Pendragon, Uther
アーサー王の父。
⇒ネーム（ユーサー・ペンドラゴン）

Penelopeia
ギリシア神話の英雄オデュッセウスの妻。ペネロペともいう。
⇒岩世人（ペネロペ）
　ネーム（ペネローペ）

Penfield, Samuel Lewis〈19・20世紀〉
アメリカの鉱物学者。イェール大学鉱物学教授（1893〜）。新鉱物14種を発見。
⇒岩世人（ペンフィールド　1856.1.16-1906.8.12）

Penhallow, David Pymouth〈19・20世紀〉
アメリカの生物学者。札幌農学校で植物学を教授。アイヌ研究にも従事。
⇒アア歴（Penhallow, David P (earce)　デヴィッド・ピアス・ペンハロウ　1854.5.25-1910.10）

20)

Peninnah
イスラエルの士師時代の女性。
⇒聖書（ペニナ）

Penlin, William〈15・16世紀〉
イギリスの作曲家。
⇒バロ（ペンリン，ウィリアム　1490頃?-1540頃?）

Penn, *Sir* William〈17世紀〉
イギリスの提督。清教徒革命には議会軍に荷担(1651～52)。
⇒岩世人　（ペン　1621.4.23頃-1670.9.16）

Penn, William〈17・18世紀〉
イギリスのクェーカー教徒，ペンシルバニア植民地の建設者。
⇒アメ新　（ペン　1644-1718）
　岩世人　（ペン　1644.10.14-1718.7.30）
　学叢思　（ペン，ウィリアム　1644-1718）
　新カト　（ペン　1644.10.14-1718.7.30）
　世人新　（ペン　1644-1718）
　世人装　（ペン　1644-1718）

Penna, Lorenzo〈17世紀〉
イタリアの作曲家。
⇒バロ（ペンナ，ロレンツォ　1613-1693.10.31）

Penner, Peter A.〈19・20世紀〉
アメリカの宣教師。
⇒アア歴（Penner,Peter A.　ピーター・A・ペナー　1871.4.2-1949.10.3）

Penner, Peter William〈19・20世紀〉
アメリカの宣教師。
⇒アア歴（Penner,Peter William　ピーター・ウイリアム・ペナー　1876.2.12-1953.2.2）

Penrose, Francis Crammer〈19・20世紀〉
イギリスの建築家，考古学者，天文学者。
⇒岩世人（ペンローズ　1817.10.29-1903.2.15）

Penry, John〈16世紀〉
イギリスの清教徒。初め長老主義のち会衆派に移った。
⇒岩世人　（ペンリー　1559-1593.5.29）
　新カト　（ペンリ　1559-1593.5.29）

Penthesileia
ギリシア神話中のアマゾンの女王。トロイ戦争でトロイ側に加勢，アキレスに殺された。
⇒岩世人（ペンテシレイア）

Pentheus
ギリシア神話のテーベ王。
⇒岩世人（ペンテウス）
　ネーム（ペンテウス）

Pepe, Florestano〈18・19世紀〉
ナポリ（イタリア）の将軍。

⇒岩世人（ペーペ　1778.3.4-1851.4.3）

Pepe, Guglielmo〈18・19世紀〉
イタリアの軍人。1820年の立憲自由主義革命で指導的役割を果した。
⇒岩世人（ペーペ　1783.2.10-1855.8.9）

Pepoli, Carlo〈18・19世紀〉
イタリアの詩人。文学者。
⇒オペラ（ペポリ，カルロ　1796-1881）

Pepusch, Johann Christoph〈17・18世紀〉
ドイツ生れのイギリスの音楽理論家，作曲家，オルガン奏者。
⇒バロ　（ペープシュ，ヨハン・クリストフ　1667-1752.7.20）
　岩世人　（ペープシュ　1667-1752.7.20）
　オペラ　（ペープシュ，ヨーハン・クリストフ　1667-1752）

Pepys, Samuel〈17・18世紀〉
イギリスの政治家。近代イギリス海軍の父とされる。暗号を使って書かれた長大な日記(1660～69年)で知られる。
⇒バロ　（ピープス，サミュエル　1633.2.23-1703.5.26）
　岩世人　（ピープス　1633.2.23-1703.5.26）
　科史　（ピープス　1633-1703）
　広辞7　（ピープス　1633-1703）
　新カト　（ピープス　1633.2.23-1703.5.26）

Peralta Escudero, Bernardo de〈16・17世紀〉
スペインの作曲家。
⇒バロ（ペラルタ・エスクデーロ，ベルナルド・デ　1560頃?-1617.11.4）

Peranda, Marco Giuseppe〈17世紀〉
イタリアの作曲家。
⇒バロ（ペランダ，マルコ・ジュゼッペ　1625頃-1675.1.2）

Peraza, Francisco de〈16世紀〉
スペインの作曲家。
⇒バロ（ペラーサ，フランシスコ・デ　1564-1598.6.23）

Peraza de Sotomayor, Jerónimo I de〈16・17世紀〉
スペインの作曲家。
⇒バロ（ペラーサ・デ・ソトマヨール，ヘロニモ1世・デ　1550頃-1617.6.26）

Perboyre, Jean-Gabriel〈19世紀〉
聖人，宣教師，中国の殉教者の一人。祝日9月11日。フランスのロット県出身。
⇒新カト（ジャン・ガブリエル・ペルボアル　1802.1.5/6-1840.9.11）

Perceval, Spencer〈18・19世紀〉
イギリスの政治家。ポートランドの内閣に蔵相を務め(07)，首相となった(09)。

⇒岩世人（パーシヴァル　1762.11.1–1812.5.11）

Percier, Charles〈18・19世紀〉
フランスの建築家、家具デザイナー。ナポレオンのためにテュイルリーなどの宮殿を改築、修理。
⇒岩世人（ペルシエ　1764.8.22–1838.9.5）

Percival
円卓の騎士の一人。
⇒岩世人（パルチヴァール）
ネーム（パーシヴァル）

Percival, John（"Mad Jack"）〈18・19世紀〉
アメリカの海軍将校。
⇒アア歴（Percival, John（"Mad Jack"）　ジョン・パーシヴァル　1779.4.3–1862.9.7）

Percy, Thomas〈18・19世紀〉
イギリスの聖職者、古典研究家。『イギリス古詩拾遺』(65)を出版。
⇒岩世人（パーシー　1729.4.13–1811.9.30）

Perdiccas〈前4世紀〉
マケドニアの王。フィリッポス2世の弟。
⇒世帝（ペルディッカス3世　?–前359）

Perdikkas〈前4世紀〉
マケドニアの将軍。アレクサンドロス大王の遠征軍に加わった。
⇒岩世人（ペルディッカス　前360頃–前321）

Perdikkas II〈前5世紀〉
マケドニアの王。
⇒世帝（ペルディッカス2世　?–前413）

Pereda, Antonio〈17世紀〉
スペインの画家。
⇒芸13（ペレダ、アントニオ　1608–1678）

Pereda y Porrua, José María de〈19・20世紀〉
スペインの小説家。代表作『ソティレーサ』(84)。
⇒岩世人（ペレダ　1833.2.6–1906.3.1）

Peredur
ウェールズの伝説に登場するエヴラウク伯爵の子。
⇒ネーム（ペレドゥル）

Peregrinus〈3・4世紀〉
聖人、殉教者。祝日5月16日。オセールの初代司教とされる。
⇒新カト（ペレグリヌス〔オセールの〕　?–304.5.16）

Peregrinus Proteus〈2世紀〉
ギリシアの哲学者。
⇒岩世人（ペレグリノス・プロテウス　100頃–165頃）

Pereira, Diogo〈16世紀〉
ポルトガルの商人。
⇒岩世人（ペレイラ　?–1587?）

Pereira, Diogo〈16・17世紀〉
キリシタン時代のイエズス会員。インドのコーチンでポルトガル人を父に、インド人を母に生まれる。
⇒新カト（ペレイラ　1550–1619）

Pereira, Galeote〈16世紀〉
ポルトガルの商人。
⇒岩世人（ペレイラ）

Pereira, Guilherme〈17世紀〉
ポルトガルの宣教師。
⇒新カト（ペレイラ　1540–1603）

Pereira, João〈16世紀〉
ポルトガルの豪商、マカオ司令官、日本貿易船隊司令官。
⇒岩世人（ペレイラ）

Pereira, Nuno Alvares〈14・15世紀〉
ポルトガルの軍人。カスティリアに対しポルトガルの独立を守るため尽力。
⇒岩世人（ペレイラ　1360.6.24–1431.11.1）
新カト（ヌーノ・デ・サンタ・マリア・アルヴァレス・ペレイラ　1360.6.24–1431.4.1）

Pereira, Thomas〈17・18世紀〉
ポルトガルのイエズス会士。
⇒岩世人（ペレイラ　1645.11.1–1708.12.24）
新カト（ペレイラ　1645.11.1–1708.12.24）

Pereire, Isaac〈19世紀〉
フランスの銀行家。立法院議員。兄とともに動産銀行を創設。
⇒岩世人（ペレール兄弟　1806.11.25–1880.7.12）
ユ人（ペレール兄弟　1806–1880）

Pereire, Jacob Émile〈18・19世紀〉
フランスの銀行家。
⇒岩世人（ペレール兄弟　1800.12.3–1875.1.6）
ユ人（ペレール兄弟　1800–1875）

Pereire, Jacob Rodrigues〈18世紀〉
フランス（スペイン生まれ）の教育者。
⇒岩世人（ペレール　1715.4.11–1780.9.15）

Peretz, Isaac Leib〈19・20世紀〉
ポーランド系ユダヤ人の作家、詩人、評論家。
⇒岩世人（ペレツ　1852.5.18–1915.4.3）
ユ人（ペレツ、イサク・レイブ　1852–1915）
ユ著人（Peretz, Yitzc'hok Leibuch　ペレツ、イツホク・レイブシュ　1851/1852–1915）

Perez, Antonio〈16・17世紀〉
スペインの政治家。フェリペ2世に仕え、大臣となった。
⇒岩世人（ペレス　1534?–1611.11.3）

Perez, David〈18世紀〉
イタリアの作曲家。
⇒バロ（ペレス,ダヴィード 1711-1778.10.30）

Pérez, Francesco〈16・17世紀〉
キリシタン時代のイタリア,ナポリ出身の来日宣教師。
⇒新カト（ペレス 1553-1602.5）

Pé'rez, Juan Ginés〈16・17世紀〉
スペインの作曲家。
⇒バロ（ペレス,フアン・ヒネス 1548.10.7-1612頃）

Pérez, Lorenzo〈19・20世紀〉
スペインの歴史編纂家,年代記作者。
⇒岩世人（ペレス 1867.9.5-1937.6.1）
　新カト（ペレス 1867.9.5-1937.6.1）

Pérez de Alesio, Mateo〈16・17世紀〉
イタリアの画家。
⇒岩世人（ペレス・デ・アレシオ 1545(-1550頃)-1616?）

Pérez de Ayala, Ramón〈19・20世紀〉
スペインの小説家,詩人,評論家。
⇒岩世人（ペレス・デ・アヤーラ 1880.8.9-1962.8.5）

Pérez Galdós, Benito〈19・20世紀〉
スペインの小説家,劇作家。主著『国史挿話』(1873～79) など。
⇒岩世人（ペレス・ガルドス 1843.5.10-1920.1.4）
　ネーム（ペレス・ガルドス 1843-1920）
　広辞7（ペレス・ガルドス 1843-1920）
　学叢思（ガルドス,ベニトー・ペレス 1845-1920）
　新カト（ペレス・ガルドス 1843.5.10-1920.1.4）

Pergentius〈3世紀〉
聖人,兄弟殉教者。祝日6月3日。
⇒新カト（ペルゲンティウスとラウレンティウス ?-249/251）

Pergolesi, Giovanni Battista〈18世紀〉
イタリアの作曲家。作品に,インテルメッツォ『奥様になった女中』(33)。
⇒バロ（ペルゴレージ,ジョヴァンニ・バッティスタ 1710.1.4-1736.3.16）
　岩世人（ペルゴレージ 1710.1.4-1736.3.16）
　オペラ（ペルゴレージ,ジョヴァンニ・バッティスタ 1710-1736）
　エデ（ペルゴレージ,ジョヴァンニ・バッティスタ 1710.1.4-1736.3.16）
　ネーム（ペルゴレージ 1710-1736）
　広辞7（ペルゴレージ 1710-1736）
　新カト（ペルゴレージ 1710.1.4-1736.3.16）

Peri, Jacopo〈16・17世紀〉
イタリアの作曲家。メディチ家の宮廷音楽長。歌劇『ダフネ』(1597)を作曲。
⇒バロ（ペーリ,ヤーコポ 1561.8.20-1633.8.12）
　岩世人（ペーリ 1561.8.20-1633.8.12）
　オペラ（ペーリ,ヤコボ 1561-1633）
　エデ（ペーリ,ヤコボ 1561.8.20-1633.8.12）

Péri, Noël〈19・20世紀〉
フランスのパリ外国宣教会宣教師,日本音楽研究家。東京音楽学校で音楽を教授。
⇒岩世人（ペリ 1865.8.22-1922.6.25）

Periandros〈前7・6世紀〉
古代ギリシアのコリントの僭主。ギリシア七賢人の一人。
⇒岩世人（ペリアンドロス ?-前585）

Périer, Auguste Casimir〈19世紀〉
フランスの政治家。第三共和制下のティエール内閣の内相(71～72)。
⇒岩世人（ペリエ 1811.8.20-1876.6.6）

Périer, Casimir Pierre〈18・19世紀〉
フランスの政治家。七月王政に荷担し,下院議長,首相,内相を歴任。
⇒岩世人（ペリエ 1777.10.11-1832.5.16）

Perikles〈前5世紀〉
アテネの政治家。アテネ帝国を繁栄に導いた。
⇒岩世人（ペリクレス 前495頃-前429）
　ネーム（ペリクレス 前490?-前429）
　広辞7（ペリクレス 前490頃-前429）
　世人新（ペリクレス 前495頃-前429）
　世人装（ペリクレス 前495頃-前429）
　世史語（ペリクレス 前495頃-前429）
　ポプ人（ペリクレス 前495?-前429）
　学叢歴（ペリクレス 前495頃-前429）

Perin, Charles Page〈19・20世紀〉
アメリカの技師。
⇒アア歴（Perin,Charles Page チャールズ・ペイジ・ペリン 1861.8.23-1937.2.6）

Périn, Henri Charles Xavier〈19・20世紀〉
ベルギーの経済学者。ルーヴァン大学教授(1844～81)。
⇒岩世人（ペラン 1815.8.29-1905.4.4）
　学叢思（ペラン,シャール・アンリ・ザヴィエ 1815-1905）

Perin del Vaga〈16世紀〉
イタリアの画家。
⇒岩世人（ペリン・デル・ヴァーガ 1501-1547.10.20）

Perini, Annibale〈16世紀〉
イタリアの作曲家,オルガン奏者。
⇒バロ（ペリーニ,アンニバーレ 1560頃-1596）

Perk, Jacques〈19世紀〉
オランダの詩人。100篇にわたる一連のソネット詩集『マチルド』を発表。
⇒岩世人（ペルク 1859.6.10-1881.11.1）

Perkin, Sir William Henry〈19・20世

紀〉
イギリスの有機化学者,化学技術者。最初の合成染料工業を起こした(57)。
⇒岩世人 (パーキン 1838.3.12–1907.7.14)
　広辞7 (パーキン 1838–1907)
　学叢思 (パーキン,ウィリアム・ヘンリー 1838–1907)

Perkin, William Henry, Jr.〈19・20世紀〉
イギリスの有機化学者。アルカロイドの研究などを行った。
⇒岩世人 (パーキン 1860.6.17–1929.9.17)

Perkins, Frances〈19・20世紀〉
アメリカの社会活動家。
⇒岩世人 (パーキンズ 1880.4.10–1965.5.14)

Perkins, Jacob〈18・19世紀〉
アメリカの発明家,物理学者。銀行紙幣の鋼製彫り版を作るためにイギリスに渡り(1818),これに成功。
⇒岩世人 (パーキンズ 1766–1849.7.30)

Permoser, Balthasar〈17・18世紀〉
ドイツの彫刻家。ゲオルク3世に招かれてドレスデンで活躍。
⇒芸13 (ペルモーザー,バルタザール 1651–1733)

Pernier, Luigi〈19・20世紀〉
イタリアの考古学者。フィレンツェ大学教授。
⇒岩世人 (ペルニエル 1874.11.23–1937.8.18)

Perosi, Lorenzo〈19・20世紀〉
イタリアの作曲家,司祭。
⇒岩世人 (ペロージ 1872.12.21–1956.10.12)
　新カト (ペロージ 1872.12.20–1956.12.12)

Perotinus〈12・13世紀〉
パリのノートルダム楽派の作曲家。1200年頃パリで活躍,レオニヌスの後継者。
⇒岩世人 (ペロティヌス 〔活躍〕1200頃)
　エデ (ペロタン〔ペロティヌス〕 1155–1160頃–1200–1205頃)
　新カト (ペロティヌス 12世紀後半–13世紀半ば)

Perotinus Magnus〈12・13世紀〉
フランスの作曲家。
⇒バロ (ペロティヌス・マグヌス 1155/1165頃–1236)

Perov, Vasili Grigorievich〈19世紀〉
ロシアの画家。
⇒岩世人 (ペローフ 1833.12.21–1882.5.29)
　芸13 (ペーロフ,ヴァシリー・グリゴリエヴィチ 1832–1882)

Perovskaia, Sofya Lvovna〈19世紀〉
ロシアの女性革命家。アレクサーンドル2世暗殺を計画し,成功(3・1事件)。
⇒学叢思 (ペロヴスカヤ,ソフィア 1854–1881)

Peroz〈4・5世紀〉
聖人,ササン朝ペルシアの殉教者。祝日9月5日。
⇒新カト (ペーローズ ?–421.9.5)

Pērōz〈5世紀〉
ササン朝ペルシアの統治者。
⇒世帝 (ペーローズ1世 ?–484)

Pērōz II〈7世紀〉
ササン朝ペルシアのシャー。
⇒世帝 (ペーローズ2世 ?–630)

Pērōz III〈7世紀〉
ヤズデギルド3世の子。
⇒世帝 (ペーローズ3世 636–679)

Perpetua, St.〈2・3世紀〉
アフリカの殉教者,聖女。
⇒岩世人 (ペルペトゥア ?–203)
　新カト (ペルペトゥアとフェリキタス ?–202/203)

Perpetuus〈5世紀〉
トゥールの司教。聖人。祝日12月30日。
⇒新カト (ペルペトゥウス〔トゥールの〕 ?–491)

Perpetuus〈7世紀〉
マーストリヒトの司教。聖人。祝日11月4日。
⇒新カト (ペルペトゥウス〔マーストリヒトの〕 ?–620/647)

Perraud, Adolph Louis〈19・20世紀〉
フランスの枢機卿,説教家,著作家。
⇒19仏 (アドルフ・ペロー 1828.2.7–1906.2.10)
　新カト (ペロー 1828.2.17–1906.2.10)

Perrault, Charles〈17・18世紀〉
フランスの童話作家,詩人,評論家。民間伝承中の童話をまとめ『童話集』(97)として刊行。
⇒岩世人 (ペロー 1628.1.12–1703.5.15/16)
　ネーム (ペロー,シャルル 1628–1703)
　広辞7 (ペロー 1628–1703)
　新カト (ペロー 1628.1.12–1703.5.15)
　ポプ人 (ペロー,シャルル 1628–1703)

Perrault, Claude〈17世紀〉
フランスの建築家,科学者。フランス宮廷の建築デザインに従事。
⇒岩世人 (ペロー 1613.9.25–1688.10.9)
　世数 (ペロー,クロード 1613–1688)

Perret, Auguste〈19・20世紀〉
ブリュッセル生れのフランスの建築家。鉄筋コンクリート建築の発展に貢献。
⇒岩世人 (ペレ 1874.2.12–1954.2.25)
　世建 (オーギュスト・ペレ 1874–1954)

Perret, Frank Alvord〈19・20世紀〉
アメリカの火山学者。
⇒岩世人 (ペレット 1867.8.2–1943.1.12)

Perret, Léonce〈19・20世紀〉
フランスの映画監督, 俳優.
⇒岩世人（ペレ　1880.5.13–1935.8.14）

Perricholi〈18・19世紀〉
ペルーの舞台女優. 本名ミカエラ・ビリェガス.
⇒ラテ新（ペリチョリ　1748–1819）

Perrin, Henri Pierre-Marie〈19・20世紀〉
パリ外国宣教会会員. 来日宣教師. フランスのサン・ボネ生まれ.
⇒新カト（ペラン　1858.12.27–1939.8.21）

Perrin, Jean Baptiste〈19・20世紀〉
フランスの化学者, 物理学者. 41年アメリカに亡命.
⇒岩世人（ペラン　1870.9.30–1942.4.17）
　広辞7（ペラン　1870–1942）
　物理（ペラン, ジャン・バプティスト　1870–1942）
　ノ物化（ジャン・バプティスト・ペラン　1870–1942）

Perrinet（Perneth, Perinetus, Prunet）〈14・15世紀〉
フランスの作曲家.
⇒バロ（ペリネ, ?　1370頃?–1420頃?）

Perron, Oskar〈19・20世紀〉
ドイツの数学者.
⇒世数（ペロン, オスカー　1880–1975）

Perrone, Giovanni〈18・19世紀〉
イタリアのカトリック神学者. ローマ大学神学教授(23), ローマ大学学長(53～56)を歴任.
⇒岩世人（ペッローネ　1794.3.11–1876.8.28）
　新カト（ペローネ　1794.3.11–1876.8.28）

Perroneau, Jean-Baptiste〈18世紀〉
フランスの画家. 19世紀後半に再評価された画家で, 主作品『ソルカンビーユ夫人』(49).
⇒芸13（ペロノー, ジャン・バティスト　1715–1783）

Perronet, Jean Rodolphe〈18世紀〉
フランスの土木技術家. パリの土木学校の初代校長(1747).
⇒岩世人（ペロネ　1708.10.25–1794.2.27）

Perrot, Georges〈19・20世紀〉
フランスの考古学者.
⇒岩世人（ペロー　1832.11.12–1914.6.30）

Perrot, Jules Joseph〈19世紀〉
フランスの舞踊家. オペラ座に入り, 『ジゼル』を上演し好評を得た.
⇒岩世人（ペロー　1810.8.18–1892.8.24/18）
　バレエ（ペロー, ジュール・ジョゼフ　1810.8.18–1892.8.24）

Perry, Arthur Latham〈19・20世紀〉
アメリカの経済学者. 自由貿易論者.
⇒岩世人（ペリー　1830.2.27–1905.7.9）

Perry, John〈19・20世紀〉
イギリス（アイルランド）の応用数学者, 技師. 1875年来日し, 工部大学校土木助教師となる.
⇒岩世人（ペリー　1850.2.14–1920.8.4）

Perry, Lilla Cabot〈19・20世紀〉
アメリカの画家.
⇒アア歴（Perry,Lilla Cabot　リラ・キャボット・ペリー　1848.1.13–1933.2.28）

Perry, Matthew Calbraith〈18・19世紀〉
アメリカ海軍軍人. 日米和親条約の締結使節.
⇒アア歴（Perry,Matthew C (albraith)　マシュー・カルブレイス・ペリー　1794.4.10–1858.3.4）
　アメ新（ペリー　1794–1858）
　岩世人（ペリー　1794.4.10–1858.3.4）
　広辞7（ペリー　1794–1858）
　世人新（ペリー（ペルリ）　1794–1858）
　世人装（ペリー（ペルリ）　1794–1858）
　世史語（ペリー　1794–1858）
　世史語（ペリー　1794–1858）
　ポブ人（ペリー, マシュー・カルブレイス　1794–1858）

Perry, Oliver Hazard〈18・19世紀〉
アメリカの海軍軍人. アメリカ＝イギリス戦争(1812)で活躍.
⇒岩世人（ペリー　1785.8.20–1819.8.23）

Perry, Ralph Barton〈19・20世紀〉
アメリカの実在論哲学者. 新実在論を唱えた.
⇒岩世人（ペリー　1876.7.3–1957.1.22）

Perseus
ギリシア神話の英雄. ゼウスとダナエとの子.
⇒岩世人（ペルセウス）
　ネーム（ペルセウス）

Perseus〈前3・2世紀〉
マケドニア最後の王. 在位前179～68.
⇒岩世人（ペルセウス　前213/前212頃–前165/前162）
　世帝（ペルセウス　(在位)前179–前168）

Pershing, John Joseph〈19・20世紀〉
アメリカの陸軍軍人. 第1次世界大戦ではヨーロッパ派遣軍司令官. 陸軍最初の元帥.
⇒アア歴（Pershing,John J (oseph)　ジョン・ジョセフ・パーシング　1860.9.13–1948.7.15）
　岩世人（パーシング　1860.9.13–1948.7.15）

Persigny, Jean Gilbert Victor Fialin, Duc de〈19世紀〉
フランスの政治家.
⇒岩世人（ペルシニー　1808.1.11–1872.1.12）

Persius Flaccus, Aulus〈1世紀〉
ローマの詩人。死後『諷刺詩』6篇およそ650行が出版された。
⇒岩世人 (ペルシウス・フラックス 34-62)

Personè, Diego〈16・17世紀〉
イタリアの作曲家。
⇒バロ (ペルソネ, ディエーゴ 1580頃?-1630頃?)

Pertev Pasha〈19世紀〉
オスマン・トルコ帝国の政治家, 詩人。
⇒岩世人 (ペルテヴ・パシャ 1785-1837)

Perthes, Friedrich Christoph〈18・19世紀〉
ドイツの出版業者。
⇒岩世人 (ペルテス 1772.4.21-1843.5.18)

Perthes, Georg Clemens〈19・20世紀〉
ドイツの外科医。テュービンゲン大学教授 (1910〜)。
⇒岩世人 (ペルテス 1869.1.17-1927.1.3)

Perthes, Johann Georg Justus〈18・19世紀〉
ドイツの出版業者。ゴータにJ.ペルテス書店を開いた (1785)。
⇒岩世人 (ペルテス 1749.9.11-1816.5.1)

Perti, Giacomo Antonio〈17・18世紀〉
イタリアの作曲家。
⇒バロ (ペルティ, ジャーコモ・アントーニオ 1661.6.6-1756.4.10)

Perti, Lorenzo〈17世紀〉
イタリアの作曲家。
⇒バロ (ペルティ, ロレンツォ 1630頃?-1690)

Pertinax, Publius Helvius〈2世紀〉
ローマ皇帝。在位193.1.〜193.3.。
⇒岩世人 (ペルティナクス 126.8.1-193.3.28)
世帝 (ペルティナクス 126-193)

Pertz, Georg Heinrich〈18・19世紀〉
ドイツの歴史家。『モヌメンタ・ゲルマニアエ・ヒストリカ』の刊行主幹を務めた。
⇒岩世人 (ペルツ 1795.3.28-1876.11.7)

Perugino, Pietro di Cristoforo Vanucci〈15・16世紀〉
イタリアの画家。ラファエロの師。システィーナ礼拝堂の装飾を製作。
⇒岩世人 (ペルジーノ 1450頃-1523)
ネーム (ペルジーノ 1445?-1523)
学叢思 (ペルジノ 1446-1524)
新カト (ペルジーノ 1445/1450頃-1523)
芸13 (ペルジーノ 1446-1523-1524)

Peruzzi, Baldassare Tommaso〈15・16世紀〉
イタリアの画家, 建築家。サン・ピエトロ大聖堂の造営主任を務めた。
⇒岩世人 (ペルッツィ 1481.3.7-1536.1.6)

Pescennius Niger, Gaius〈2世紀〉
ローマ皇帝。
⇒世帝 (ペスケンニウス・ニゲル 140-194)

Pescetti, Giovanni Battista〈18世紀〉
イタリアの作曲家。
⇒バロ (ペシェッティ, ジョヴァンニ・バッティスタ 1704頃-1766.3.20)

Pesch, Christian〈19・20世紀〉
ドイツ出身のイエズス会神学者。
⇒新カト (ペッシュ 1853.5.25-1925.4.26)

Pesch, Heinrich〈19・20世紀〉
ドイツの経済学者。
⇒岩世人 (ペッシュ 1854.9.17-1926.4.1)
新カト (ペッシュ 1854.9.17-1926.4.1)

Pesch, Tilmann〈19世紀〉
ドイツのイエズス会士, 哲学者。
⇒新カト (ペッシュ 1836.2.1-1899.10.18)

Peschel, Oskar〈19世紀〉
ドイツの地理学者。
⇒岩世人 (ペシェル 1826.3.17-1875.8.31)

Pesenti, Martino〈17世紀〉
イタリアの作曲家。
⇒バロ (ペゼンティ, マルティーノ 1600頃-1648頃)

Pesenti, Michele〈15・16世紀〉
イタリアの作曲家。
⇒バロ (ペゼンティ, ミケーレ 1470頃-1524以降)

Pesne, Antoine〈17・18世紀〉
フランスの画家。多くの肖像画や歴史画を描いた。主作品『画家の肖像』『皇太子フリードリヒ』。
⇒芸13 (ペーヌ, アントアーヌ 1683-1757)

Pessard, Hector〈19世紀〉
フランスのジャーナリスト, 政治家。
⇒19仏 (エクトル・ペサール 1836.8.22-1895.7.21)

Pessin, François〈17世紀〉
フランスの作曲家。
⇒バロ (ペーザン, フランソワ 1620頃?-1680頃?)

Pessoa, André〈16・17世紀〉
ポルトガル貿易船隊司令官。
⇒岩世人 (ペソア ?-1610.1.9)
新カト (ペッソア ?-1610.1.9)

Pestalozzi, Johann Heinrich〈18・19世紀〉
スイスの教育家。
⇒岩世人 (ペスタロッチ 1746.1.12-1827.2.17)

覚思　（ペスタロッチ　1746.1.12–1827.2.17）
覚思ス　（ペスタロッチ　1746.1.12–1827.2.17）
ネーム　（ペスタロッチ　1747–1827）
広辞7　（ペスタロッチ　1746–1827）
学叢思　（ペスタロッチ，ヨハン・ハインリヒ　1746–1827）
新カト　（ペスタロッツィ　1746.1.12–1827.2.17）
世人新　（ペスタロッチ　1746–1827）
世人装　（ペスタロッチ　1746–1827）
ポプ人　（ペスタロッチ，ヨハン・ハインリヒ　1746–1827）

Pestel', Pavel Ivanovich〈18・19世紀〉
ロシアの軍人，デカブリストの一人。1825年12月蜂起に失敗し，処刑された。
⇒岩世人　（ペステリ　1793.6.24–1826.7.13）

Pétain, Henri Philippe〈19・20世紀〉
フランスの軍人，政治家。1918年元帥，20〜31年最高軍事会議副議長。
⇒岩世人　（ペタン　1856.4.24–1951.7.23）
広辞7　（ペタン　1856–1951）
世人新　（ペタン　1856–1951）
世人装　（ペタン　1856–1951）
世史語　（ペタン　1856–1951）
ポプ人　（ペタン，フィリップ　1856–1951）

Petar I Karadjordjević〈19・20世紀〉
セルビア王。在位1903〜21。
⇒岩世人　（ペータル1世　1844.6.29/7.11–1921.8.16）
皇国　（ペータル1世　（在位）1903–1921）

Pétau, Denis〈16・17世紀〉
フランスの神学者，イエズス会員。
⇒新カト　（ペトー　1583.8.21–1652.12.11）

Petavius, Dionysius〈16・17世紀〉
ドイツのカトリック神学者，枢機卿。
⇒岩世人　（ペタヴィウス　1583.8.21–1652.12.11）

Peter〈11世紀〉
ハンガリー王国の統治者。在位1038〜1041，1044〜1046（復位）。
⇒世帝　（オルセオロ・ペーテル　1011–1046）

Peter〈11世紀〉
クロアティア王国の統治者。在位1093〜1097。
⇒世帝　（ペタル・スヴァチッチ　?–1097）

Peter, Christoph〈17世紀〉
ドイツの作曲家。
⇒バロ　（ペーター，クリストフ　1626–1669.12.4）

Peter, False〈16・17世紀〉
ロシア帝国の皇帝。
⇒世帝　（偽ピョートル　?–1607）

Peter, Hugh〈16・17世紀〉
イギリス独立派の牧師。清教徒革命に際し議会派の従軍牧師として活躍。
⇒岩世人　（ピーター　1598.6.11頃–1660.10.16）

Peter, Johann Friedrich〈18・19世紀〉
ネーデルラントの作曲家。
⇒バロ　（ペーター，ヨハン・フリードリヒ　1746.5.19–1813.7.13）

Peter I〈10世紀〉
中世ブルガリアの統治者。在位927〜967。
⇒世帝　（ペタル1世　?–970）

Peter II〈12世紀〉
中世ブルガリアの統治者。在位1185〜87，1196〜97。
⇒世帝　（ペタル4世　?–1197）

Peterborough, Charles Mordaunt, 3rd Earl of〈17・18世紀〉
イギリスの軍人，政治家，外交官。スペイン王位継承戦争で活躍。
⇒岩世人　（ピーターバラ　1658/?–1735.10.21）

Peter Chanel〈19世紀〉
殉教者。聖人。ベレイの近くのキュー生まれ。
⇒新カト　（ピエール・シャネル　1803.7.12–1841.4.28）

Peter Krešimir IV〈11世紀〉
クロアティア王国の統治者。在位1058〜1075。
⇒世帝　（ペタル・クレシミル4世　?–1074/1075）

Petermann, August Heinrich〈19世紀〉
ドイツの地理学者，地図作製家。
⇒岩世人　（ペーターマン　1822.4.18–1878.9.25）

Peters, Hermann〈19・20世紀〉
ドイツの薬剤師，医学および薬学史家。
⇒岩世人　（ペータース　1847.12.14–1920.5.9）

Petersen, Carl George Johanes〈19・20世紀〉
デンマークの水産学者。デンマーク臨海生物研究所長（1889〜1916）。
⇒岩世人　（ペータセン　1860.10.24–1928.5.11）

Petersen, Julius〈19・20世紀〉
ドイツの文学史家。"Deutsche Forschungen"誌の編集者（1921〜）。
⇒岩世人　（ペーターゼン　1878.11.5–1941.8.22）

Peterssen, Eilif〈19・20世紀〉
ノルウェーの画家。
⇒芸13　（ペーテルセン，エイリフ　1852–1928）

Petersson, Olaf〈15・16世紀〉
スウェーデンの宗教改革のために活躍した神学者。
⇒ネーム　（ペーテルソン　1497–1555）

Pethahiah of Regensburg〈12世紀〉
中央ヨーロッパ出身のユダヤ人商人・ユダヤ教司祭。ロシアとコーカサス山脈を通って中東まで陸路で旅した。

⇒ユ著人 (Petahyah of Regensburg　レーゲンスブルクのペタヒア　12世紀)

Pethick, William N. 〈19・20世紀〉
アメリカの冒険家。
⇒アア歴 (Pethick,William N.　ウイリアム・N・ペシック　?–1901.12.30)

Pétion, Alexandre Sabès 〈18・19世紀〉
ハイチ独立運動の指導者。独立戦争で活躍,1807年ハイチ共和国 (南部) を樹立,大統領に就任。
⇒岩世人 (ペティオン　1770.4.2–1818.3.21)

Pétion de Villeneuve, Jérôme 〈18世紀〉
フランスの政治家,弁護士。1791年パリ市長,92年9月国民公会初代議長。
⇒岩世人 (ペティオン・ド・ヴィルヌーヴ　1756.1.2–1794.6.18)

Petipa, Lucien 〈19世紀〉
フランスのダンサー、振付家、バレエ・マスター。ダンサーのジャン=アントアーヌ・プティパの息子。マリウス・プティパの兄。
⇒バレエ (プティパ, リュシアン　1815.12.22–1898.7.7)

Petipa, Maria Mariusovna 〈19・20世紀〉
ロシアのダンサー。マリウス・プティパの娘。
⇒バレエ (プティパ, マリヤ・マリウソヴナ　1857.10.29–1930)

Petipa, Maria Sergeyevna 〈19世紀〉
ロシアのダンサー。マリウス・プティパの妻で、マリヤ・マリウソヴナ・プティパの母。
⇒バレエ (プティパ, マリヤ・セルゲーエヴナ　1836–1882)

Petipa, Marius Ivanovich 〈19・20世紀〉
フランス生れのロシアの舞踊家。古典バレエの型式および技術の完成者。
⇒岩世人 (プティパ　1818.3.11–1910.7.1)
バレエ (プティパ, マリウス　1818.3.11–1910.7.14)
ネーム (プティパ　1818–1910)

Pétis de la Croix, François 〈17・18世紀〉
フランスの東洋学者。コレジュ・ド・フランスのアラビア語教授 (1690～)。
⇒岩世人 (ペティ・ド・ラ・クロワ　1653–1713.12.4)

Petit, Alexis Thérèse 〈18・19世紀〉
フランスの実験物理学者。主として固体の熱膨脹および比熱を研究。
⇒岩世人 (プティ　1791.10.2–1820.6.21)

Petit, Georges 〈19・20世紀〉
フランスの画商。
⇒岩世人 (プティ　1856.3.11–1920.5.12)

Petit, Jean Louis 〈17・18世紀〉
フランスの外科医。腰三角の記載をした。
⇒岩世人 (プティ　1674.3.13–1750.4.20)

Petit, Louis 〈19・20世紀〉
フランスの大司教、オリエント学者。
⇒新カト (プティ　1868.2.21–1927.11.5)

Petitjean, Bernard Thadée 〈19世紀〉
フランス人宣教師。1863年来日し、長崎で布教に活躍。
⇒岩世人 (プティジャン　1829.6.14–1884.10.7)
ネーム (プティジャン　1829–1884)
広辞7 (プティジャン　1829–1884)
新カト (プティジャン　1829.6.14–1884.10.7)

Petitot, Emile-Fortuné-Stanislas-Joseph 〈19・20世紀〉
フランス出身のオブレート会員、カナダ北部への宣教師。
⇒新カト (プティト　1838.12.3–1917.5.13)

Petlyura, Simon Vasil'evich 〈19・20世紀〉
ロシアの政治家。
⇒ユ人 (ペトリューラ, シモン　1879–1926)

Petőfi Sándor 〈19世紀〉
ハンガリーの詩人。1848～49年革命に参加。
⇒岩世人 (ペテーフィ　1823.1.1–1849.7.31)
広辞7 (ペテーフィ　1823–1849)
学叢思 (ペトフィ, アレキサンデル　1823–1849)
新カト (ペテーフィ　1823.1.1–1849.7.31)

Pëtr I Alekseevich 〈17・18世紀〉
ロシアのツァーリ、皇帝。中央集権化を推し進めた。
⇒岩世人 (ピョートル1世 (大帝)　1672.5.30–1725.1.28)
ネーム (ピョートル1世　1672–1725)
広辞7 (ピョートル大帝 (一世)　1672–1725)
新カト (ピョートル1世　1672.6.9–1725.2.8)
世人新 (ピョートル1世 (大帝)　1672–1725)
世人装 (ピョートル1世 (大帝)　1672–1725)
世史語 (ピョートル1世 (大帝)　1672–1725)
世帝 (ピョートル1世　1672–1725)
ポプ人 (ピョートル1世　1672–1725)
皇国 (ピョートル1世　(在位)1682–1725)
学叢歴 (ペートル大帝　1672–1725)

Pëtr II Alekseevich 〈18世紀〉
ロシアの皇帝。在位1727～30。ピョートル1世の孫。
⇒岩世人 (ピョートル2世　1715.10.12–1730.1.19)
世帝 (ピョートル2世　1715–1730)

Pëtr III Fëdorovich 〈18世紀〉
ロシアの皇帝。在位1762.1.～7.。妻エカテリーナによって退位させられ、まもなく殺害された。
⇒岩世人 (ピョートル3世　1728.2.10–1762.7.6)
世帝 (ピョートル3世　1728–1762)

皇国　（ピョートル3世　（在位）1762)

Petrarca, Francesco〈14世紀〉
　イタリアの詩人。1341年叙事詩『アフリカ』により桂冠詩人の称号を受けた。
　⇒岩世人　（ペトラルカ　1304.7.20–1374.7.18/19)
　　ネーム　（ペトラルカ　1304–1374)
　　広辞7　（ペトラルカ　1304–1374)
　　学叢思　（ペトラルカ, フランチェスコ　1304–1374)
　　新カト　（ペトラルカ　1304.7.20–1374.7.19)
　　世人新　（ペトラルカ　1304–1374)
　　世人装　（ペトラルカ　1304–1374)
　　世史語　（ペトラルカ　1304–1374)
　　ポプ人　（ペトラルカ　1304–1374)

Petrashevskii, Mikhail Vasil'evich〈19世紀〉
　ロシアの革命家。空想的社会主義者。
　⇒岩世人　（ペトラシェフスキー　1821.11.1–1866.12.7)

Petrazhitskii, Lev Iosifovich〈19・20世紀〉
　ロシアの法律学者。
　⇒岩世人　（ペトラジツキー　1867.4.13/25–1931.5.15)

Petri, Laurentius〈15・16世紀〉
　スウェーデンの宗教改革の指導者。ウプサラ大主教(31)。
　⇒岩世人　（ラウレンティウス・ペートリ　1499–1573.10.26)
　　新カト　（ペトリ　1499–1573.10.26)

Petri, Olaus〈15・16世紀〉
　スウェーデンの聖職者。宗教改革の指導者。
　⇒岩世人　（ウラーウス・ペートリ　1493/1497.1.6–1552.4.19)
　　新カト　（ペトリ　1493.1.6–1552.4.19)

Petrie, *Sir* David〈19・20世紀〉
　第2次世界大戦中のイギリス保安部(MI5)長官。
　⇒スパイ　（ペトリー, サー・デイヴィッド　1879–1961)

Petrie, *Sir* William Matthew Flinders〈19・20世紀〉
　イギリスの考古学者。
　⇒岩世人　（ピートリ　1853.6.3–1942.7.28)

Petrini, Francesco〈18・19世紀〉
　ドイツの作曲家。
　⇒バロ　（ペトリーニ, フランチェスコ　1744–1819)

Petronax〈7・8世紀〉
　イタリアの聖人、モンテ・カッシーノの大修道院長。祝日5月6日、ベネディクト会の会員。
　⇒新カト　（ペトロナクス　670頃–750.5.6)

Petronilla〈1～3世紀?〉
　ローマの殉教者。
　⇒新カト　（ペトロニラ　1世紀頃)
　　図聖　（ペトロニラ)

Petronilla〈12世紀〉
　アラゴン王。
　⇒世帝　（ペトロニラ　1135–1174)

Petronius〈5世紀〉
　ボローニャ司教、聖人。
　⇒新カト　（ペトロニウス　?–450頃)

Petronius Arbiter, Gaius〈1世紀〉
　ローマの小説家。ビチュニア総督。ネロの宮廷の「優雅の審判官」と呼ばれた。『サチュリコン』を書いた。
　⇒岩世人　（ペトロニウス)
　　ネーム　（ペトロニウス　?–66)
　　広辞7　（ペトロニウス　27–66)

Petros〈1世紀〉
　カトリックの聖人。十二使徒の一人。
　⇒岩世人　（バルヨナ)
　　岩世人　（ケファ)
　　岩世人　（ペトロ　?–67頃/64頃)
　　岩世人　（シモン)
　　ネーム　（ペテロ)
　　広辞7　（ペトロ)
　　学叢思　（ペトロ)
　　新カト　（ペトロ)
　　新カト　（シモン)
　　図聖　（ペトロ(使徒)　?–64/67)
　　聖書　（ペトロ)
　　世人新　（ペテロ　?–64/65/67)
　　世人装　（ペテロ　?–64/65/67)
　　世史語　（ペテロ(ペトロ)　?–64頃)
　　ポプ人　（ペテロ　?–60?)

Petros〈4世紀〉
　セバステの司教。聖人。祝日3月26日。カッパドキアの大土地所有者の末子で、カイサレイアのバシレイオス、ニュッサのグレゴリオス、小マクリナの弟。
　⇒新カト　（ペトロス〔セバステの〕　349以前–391頃)

Petros〈5世紀〉
　単性論者として活躍したガザ近郊マイウマスの主教。
　⇒新カト　（ペトロス〔イベリア人〕　411–491)

Petros〈9世紀〉
　アトス山の隠修士。
　⇒新カト　（ペトロス〔アトスの〕　9世紀)

Petros II〈4世紀〉
　アレクサンドリアの司教。アタナシオスの弟子。
　⇒新カト　（ペトロス2世〔アレクサンドリアの〕　?–381.2.14)

Petros Fullo〈5世紀〉
　アンティオケイアの総主教、キリスト単性説の支持者。洗礼志願者への教育の力量を称える「布さらし職人」の異名をもって知られる。

⇒新カト（ペトロス・フロ　?-488）

Pétrot, Albert〈19世紀〉
フランスの弁護士, 政治家。
⇒19仏（アルベール・ペトロ　1837.6.3-1897.12.11）

Petrov, Pavel Iakovlevich〈19世紀〉
ロシアの東洋学者。ロシア最初のサンスクリット学者の一人。
⇒岩世人（ペトローフ　1814.6.25-1875.9.7）

Petrovskii, Grigorii Ivanovich〈19・20世紀〉
ソ連の政治家。労働者出身で, 1912年にボリシェビキ党の国会議員。
⇒学叢思（ペトロフスキー　1877-?）

Petrovsky, Nikolai Fyodorovich〈19・20世紀〉
ロシアの外交官, 東洋学者。
⇒岩世人（ペトロフスキー　1837-1908）

Petrov-Vodkin, Kuz'ma Sergeevich〈19・20世紀〉
ロシアの画家。『1818年のペテルブルグ』(20)などが代表作。
⇒岩世人（ペトローフ＝ヴォートキン　1878.10.24/11.5-1939.2.15）

Petrucci, Ottaviano〈15・16世紀〉
イタリアの出版業者。初めて植字印刷方式の楽譜印刷に成功, 定量音楽などの楽譜を印刷。
⇒岩世人（ペトルッチ　1466.6.18-1539.5.7）
　新カト（ペトルッチ　1466.6.18-1539.5.7）

Petrus〈4世紀〉
古代ローマの司教。
⇒新カト（ペトロス1世〔アレクサンドリアの〕　?-311.11.26）

Petrus〈4世紀〉
殉教者。聖人。「マルケリヌスとペトルス」と併称される。
⇒新カト（マルケリヌスとペトルス　4世紀初期）

Petrus〈11・12世紀〉
フランス南部で活動した異端派の巡回説教師。
⇒新カト（ペトルス〔ブリュイの〕　?-1126頃/1132頃）

Petrus〈12世紀〉
フランス出身の神学者。
⇒新カト（ペトルス〔ウィーンの〕　?-1183）

Petrus〈12・13世紀〉
フランスの神学者。ペトルス・ロンバルドゥスの弟子。
⇒新カト（ペトルス〔ポアティエの〕　1130頃-1205）

Petrus〈12・13世紀〉
ローマの教皇特使, シトー会員, 福者。フランスのモンペリエ近郊カステルノーの生まれ。
⇒新カト（ペトルス〔カステルノーの〕　?-1208.1.15）

Petrus Alphonsi〈11・12世紀〉
スペイン・トレドの改宗ユダヤ人。
⇒ユ著人（Petrus Alphonsi (Aldefonsi)　ペトルス・アルフォンシ　1062-?）

Petrus Amianesis〈11・12世紀〉
フランスの隠修士, 説教家。
⇒岩世人（ペトルス〔アミアンの〕　?-1115?）
　新カト（ペトルス〔アミアンの〕　1050頃-1115.7.7/8）

Petrus Aureoli〈13・14世紀〉
フランスのフランシスコ会士, 神学者, 哲学者。1321年エクサンプロバンスの大司教。
⇒新カト（ペトルス・アウレオリ　1280頃-1322.1.10）

Petrus Blesensis〈12・13世紀〉
フランスの司教座聖堂参事会員, ヒューマニスト。
⇒岩世人（ペトルス〔ブロワの〕　1130-1135頃-1211/1212）

Petrus Cantor〈12世紀〉
パリのスコラ神学者, 聖書釈義家。
⇒新カト（ペトルス・カントル　1130頃-1197.9.22）

Petrus Chrysologus〈5世紀〉
ローマの教父, 聖人。教会博士。433年ラベンナの司教。ローマ教皇の首位権を主張。
⇒岩世人（ペトルス・クリュソログス　400頃-450頃）
　新カト（ペトルス・クリソログス　4世紀末-450.12.3）

Petrus Comestor〈12世紀〉
フランスの聖書学者。旧約・新約聖書を基に聖書歴史を書いた。
⇒新カト（ペトルス・コメストル　1100頃-1178）

Petrus de Cruce〈13・14世紀〉
フランスの作曲家, 理論家。
⇒バロ（ド・ラ・クロワ, ピエール　1240頃?-1290以降）
　バロ（クルーチェ, ペトルス・デ　1280頃?-1340頃?）
　バロ（ペトルス, ド・クルーチェ　1280頃?-1340頃?）

Petrus de Domarto〈15世紀〉
フランドルの作曲家。
⇒バロ（ドマルト, ペトルス・デ　1430頃?-1485頃）

Petrus de Goscalch〈14世紀〉
フランスの作曲家。
⇒バロ（ゴスカルク, ペトルス・デ　1350頃?-1395）

Petrushevsky, Dmitry Moiseevich

〈19・20世紀〉
ソ連の歴史家。
⇒岩世人（ペトルシェフスキー　1863.9.1/13–1942.12.12）

Petrus Lombardus〈11・12世紀〉
イタリアの神学者。「命題大家」と呼ばれる。1159年パリ司教。主著『命題集』（48～51）。
⇒岩世人（ペトルス・ロンバルドゥス　?–1164）
新カト（ペトルス・ロンバルドゥス　1095頃–1160.8.21）
メル1（ロンバルドゥス　1100頃–1164）

Petrus Martyr, St.〈13世紀〉
ドミニコ会士、伝道者、聖人。ベロナのペトルスとも呼ばれる。1253年列聖。
⇒新カト（ピエトロ〔ヴェローナの〕　1205頃–1252.4.6）
図聖（ペトルス（ヴェローナの）　1205頃–1252）

Petrus Nolascus〈12・13世紀〉
カトリックの聖職者、聖人。1218～34年頃バルセロナに奴隷救済修道会を創立。
⇒岩世人（ペトルス・ノラスクス　1189頃–1256.12.25）
図聖（ペトルス・ノラスクス　1182頃–1249/1256）

Petrus Paludanus〈13・14世紀〉
神学者、教会政治家。ドミニコ会員。フランスのヴァランボンの領主の家に生まれる。
⇒新カト（ペトルス・パルダヌス　1275/1280頃–1342.1.31）

Petrus Peregrinus〈13世紀〉
フランスの学者。著『磁気についての手紙』。
⇒岩世人（ペトルス・ペレグリヌス（マリクールの））
新カト（ペトルス・ペレグリヌス　13世紀）

Petrus Tartaretus〈15世紀?〉
フランスで活動した哲学者。
⇒岩世人（ペトルス・タルタレトゥス）

Petrus Thomae〈13・14世紀〉
スペイン出身のフランシスコ会の神学者。
⇒新カト（ペトルス・トマエ　1280頃–1340）

Petrus Venerabilis〈11・12世紀〉
第8代目クリュニー大修道院長。イスラム教論駁のためコーランを翻訳。
⇒岩世人（ペトルス・ウェネラビリス　1094頃–1156.12.25）
新カト（ペトルス・ヴェネラビリス　1092頃–1156.12.25）

Pettee, James Horace〈19・20世紀〉
アメリカのボード・ミッション宣教師。1878年来日し、岡山英語学校を創立。また博愛会事業を援けた。
⇒岩世人（ペティー　1851.7.16–1920.2.18）

Pettenkofer, Max Joseph von〈19・20世紀〉
ドイツの衛生学者、化学者。ミュンヘン市の下水道を完成させ、腸チフスを一掃。
⇒岩世人（ペッテンコーファー　1818.12.3–1901.2.10）
ネーム（ペッテンコーファー　1818–1901）
学叢思（ペッテンコーフェル、マクス・フォン　1818–1901）

Pettersson, Sven Otto〈19・20世紀〉
スウェーデンの化学者、海洋学者。ストックホルム大学化学教授（1881～1908）。
⇒岩世人（ペテルソン（ペッテション）　1848.2.12–1941.1.16）

Pettus, William Bacon〈19・20世紀〉
アメリカの宣教師。
⇒アア歴（Pettus,William Bacon　ウイリアム・ベイコン・ピタス　1880.8.28–1959.12.8）

Petty, *Sir* William〈17世紀〉
イギリスの経済学者、統計学者。主著『租税貢納論』（62），『政治算術』（90）。
⇒岩世人（ペティ　1623.5.26–1687.12.26）
学叢思（ペティー、ウィリアム　1623–1687）

Petz, Johann Christoph I〈17世紀〉
ドイツの作曲家。
⇒バロ（ペッツ（ペーツ）、ヨハン・クリストフ1世　1640頃?–1700頃?）

Petz, Johann Christoph II〈17・18世紀〉
ドイツの作曲家。
⇒バロ（ペッツ（ペーツ）、ヨハン・クリストフ2世　1664.9.9–1716.9.25）

Petzoldt, Bruno〈19・20世紀〉
ドイツの仏教学者。第一高等学校でドイツ語を教授。
⇒岩世人（ペーツォルト　1873.8.3–1949）

Petzoldt, Christian〈17・18世紀〉
ドイツの作曲家。
⇒バロ（ペツォルト、クリスティアン　1677–1733.6.2?）

Petzoldt, Hanka〈19・20世紀〉
ドイツ（ノルウェー生れ）の声楽家。
⇒岩世人（ペーツォルト　1862–1937.8.18）
ネーム（ペッツォルト　?–1937）

Peucer, Kaspar〈16・17世紀〉
ドイツのプロテスタント神学者。メランヒトンの女婿。
⇒岩世人（ポイツァー　1525.1.6–1602.9.25）
新カト（ポイツァー　1525.1.6–1602.9.25）

Peuerbach, Georg von〈15世紀〉
オーストリアの数学者、天文学者。
⇒岩世人（プールバッハ　1423.5.30–1461.4.8）
世数（プルバッハ（またはポイエルバッハ），ゲオ

ルク・フォン 1423–1461)

Peuerl, Paul〈16・17世紀〉
ドイツの作曲家。
⇒バロ（ポイエルル，パウル 1570.6.13–1625頃以降）

Peugeot, Armand Pierre Geoffroy
〈19・20世紀〉
フランスの実業家。
⇒岩世人（プジョー 1848.2.18–1915.2.4）

Peuillier, Gérard〈19・20世紀〉
日本における厳律シトー会（トラピスト会）の灯台の聖母大修道院の創立者。フランス，ノルマンディー地方のカルヴァドス県出身。1900年日本へ帰化，岡田普理衛と名のった。
⇒新カト（プーリエ〔岡田普理衛〕 1859.11.14–1947.7.1）

Peutinger, Konrad〈15・16世紀〉
ドイツ人の人文主義者。アウクスブルクの地方行政長官。
⇒岩世人（ポイティンガー 1465.10.16–1547.12.28）

Pevernage, Andreas〈16世紀〉
フランドルの作曲家。
⇒バロ（プヴェルナージュ，アンドレアス 1543–1591.7.30）

Pevtsov, Mikhail Vasilievich〈19・20世紀〉
ロシアの中央アジア探検家。1876～90年モンゴル，ジュンガル，クンルン（崑崙）山脈などを調査。
⇒岩世人（ペフツォーフ 1843.5.21–1902.2.25）

Peyer, Hans Conrad〈17・18世紀〉
スイスの医者，解剖学者。
⇒岩世人（パイアー 1653.12.26–1712.2.29）

Peyrat, Alphonse〈19世紀〉
フランスのジャーナリスト，政治家。
⇒19仏（アルフォンス・ペラ 1812.6.21–1891.1.2）

Peyre, Antoine François〈18・19世紀〉
フランスの建築家。建築大賞を受賞（1762）。
⇒岩世人（ペール 1739.4.5–1823.2.7）

Peyre, Antoine Marie〈18・19世紀〉
フランスの建築家。Marie Josephの子。初めて鉄骨構造を作った。
⇒岩世人（ペール 1770–1843）

Peyre, Marie Joseph〈18世紀〉
フランスの建築家。建築大賞を得た（1751）。ヴァイイと共に，フランス座（現在のオデオン座）を建築。
⇒岩世人（ペール 1730–1785）

Peyró, José〈17・18世紀〉
スペインの作曲家。
⇒バロ（ペイロ，ホセ 1670頃?–1719頃）

Peyronet, Charles Ignace, Comte de〈18・19世紀〉
フランスの政治家。
⇒岩世人（ペロネ 1778.10.9–1854.1.2）

Pezel, Johann Christoph〈17世紀〉
ドイツの作曲家，クラリーノ奏者。
⇒バロ（ペーツェル，ヨハン・クリストフ 1639.12.5–1694.10.13）
エデ（ペッツェル，ヨハン・クリストフ 1639.12.5–1694.10.13）

Pezoldt, Joseph〈19・20世紀〉
ドイツの哲学者。1912年実証哲学協会を設立。主著『相対主義的実証哲学』（06）。
⇒岩世人（ペーツォルト 1862.11.4–1929.8.1）

Pfaff, Christoph Matthäus〈17・18世紀〉
ドイツのルター派神学者。ドイツの神学的百科全書主義者。
⇒岩世人（プファッフ 1686.12.25–1760.11.19）
新カト（プファフ 1686.12.25–1760.11.19）

Pfaff, Johann Friedrich〈18・19世紀〉
ドイツの数学者，天文学者。
⇒岩世人（プファッフ（パフ） 1765.12.22–1825.4.21）
世数（パッフ，ヨハン・フリードリヒ 1765–1825）

Pfänder, Alexander〈19・20世紀〉
ドイツの哲学者。総合的，巨視的心理学を提唱。主著『意欲の現象学』（01）。
⇒岩世人（プフェンダー 1870.2.7–1941.3.18）
新カト（プフェンダー 1870.2.7–1941.3.18）

Pfanner, Franz〈19・20世紀〉
オーストリア出身のトラピスト会修道院長，アフリカへの宣教師。
⇒新カト（プファンナー 1825.9.20–1909.5.24）

Pfeffer, Nathaniel Frederick〈19・20世紀〉
アメリカの大リーグ選手（二塁）。
⇒メジャ（フレッド・フェファー 1860.3.17–1932.4.10）

Pfeffer, Wilhelm Friedrich Philipp
〈19・20世紀〉
ドイツの植物生理学者。滲透圧を研究。
⇒岩世人（プフェッファー 1845.3.9–1920.1.31）

Pfefferkorn, Johannes〈15・16世紀〉
ドイツの論争家。
⇒岩世人（プフェッファーコルン 1469–1521/1522）

Pfeiffer, Ida Laura〈18・19世紀〉
オーストリアの女性旅行家。2回にわたって世界旅行を試みた(1842〜)。
⇒岩世人（プファイファー　1797.10.14–1858.10.27）

Pfeiffer, Johann〈17・18世紀〉
ドイツの作曲家。
⇒バロ（プファイファー, ヨハン　1697.1.1–1761）

Pfeiffer, Paul〈19・20世紀〉
ドイツの無機化学者。
⇒岩世人（プファイファー　1875.4.21–1951.3.4）

Pfiester, John Albert〈19・20世紀〉
アメリカの大リーグ選手（投手）。
⇒メジャ（ジャック・フィースター　1878.5.24–1953.9.3）

Pfister, Louis〈19世紀〉
フランスのイエズス会士。
⇒岩世人（フィステー　1833.4.24–1891.5.17）

Pfitzner, Hans Erich〈19・20世紀〉
ドイツの作曲家。主作品はオペラ『哀れなハインリヒ』(1895)など。
⇒岩世人（プフィッツナー　1869.5.5–1949.5.22）
オペラ（プフィッツナー, ハンス　1869–1949）

Pfizmaier, August〈19世紀〉
オーストリアの東洋学者。中国, 日本の歴史, 文学, 宗教, 動植物等に関する約180篇の論考を発表。
⇒岩世人（プフィッツマイアー　1808.3.16–1887.5.18）

Pfleger, Augustin〈17世紀〉
ボヘミアの作曲家。
⇒バロ（プフレーガー, アウグスティン　1635頃–1686.7.23）

Pfleiderer, Edmund〈19・20世紀〉
ドイツの哲学史家。主著 "Eudämonismus und Egoismus" (81)。
⇒岩世人（プフライデラー　1842.10.12–1902.4.3）

Pfleiderer, Otto〈19・20世紀〉
ドイツのプロテスタント神学者。
⇒岩世人（プフライデラー　1839.9.1–1908.7.18）
学叢思（プフライデレル, オットー　1839–1908）

Pflug, Julius〈15・16世紀〉
ドイツの人文主義者, ナウムブルク司教。
⇒新カト（プフルーグ　1499–1564.9.3）

Pflüger, Eduard Friedrich Wilhelm〈19・20世紀〉
ドイツの生理学者。運動神経の電気的興奮の法則等の研究がある。
⇒岩世人（プフリューガー　1829.6.7–1910.3.16）

Pfordten, Otto, Freiherr von der〈19・20世紀〉
ドイツの哲学者。実在論者。
⇒岩世人（プフォルテン　1861.5.23–1918.2.28）

Pforr, Franz〈18・19世紀〉
ドイツの画家。ローマに赴いてナザレ派となる。
⇒岩世人（プフォル　1788.4.5–1812.6.16）
芸13（プフォル, フランツ　1788–1812）

Phaedrus, Gaius Julius〈前1・後1世紀〉
ローマの寓話詩人。1世紀にラテン文学最初の寓話集を発表。
⇒岩世人（ファエドルス　前15頃–後50頃）

Phaethon
ギリシア神話, 太陽神ヘリオスとクリュメネの子。
⇒岩世人（ファエトン）

phag mo grub pa rdo rje rgyal po〈12世紀〉
チベット仏教のパグモドゥ・カギュ派の開祖。
⇒岩世人（パグモドゥパ・ドルジェゲルポ　1110–1170）

Phaidōn〈前5・4世紀〉
ギリシアの哲学者。
⇒岩世人（パイドン（ファイドン）　前417頃–?）

Phaidra
ギリシア神話のミノスと妻パシファエの娘。
⇒岩世人（ファイドラ）
岩世人（フェードル）

Phakee〈前8世紀〉
イスラエル王国最後から2番目の王。在位前737～前732。レマリヤの子（旧約）。
⇒新カト（ペカ）
世帝（ペカ　?–前732?）

Phakeias〈前8世紀〉
イスラエル王国最後から3番目の王。在位前738～前737。前王メナヘムの子（旧約）。
⇒世帝（ペカフヤ　?–前737?）

Phalaris〈前6世紀頃〉
古代シチリアのアクラガスの僭主。在位前570/565頃～554/549。
⇒岩世人（ファラリス　(在位)前570–前554頃）

Phaleas, of Chalcedon〈前5世紀頃〉
ギリシヤの思想家。
⇒学叢思（ファレアス, カルケドンの）

Phạm Công Trú'〈17世紀〉
ベトナム黎朝の官吏, 史家。1665年『大越史記全書』(23巻)を編纂, 玄宗に献上。
⇒岩世人（ファム・コン・チュー　1600–1675）

Phạm Ngũ Lão〈13・14世紀〉
ベトナム, 陳朝代の名将。

⇒岩世人（ファム・グー・ラオ　1255-1320）

Phan Boi Chau〈19・20世紀〉
ベトナムの民族主義運動の指導者，儒学者。「東遊運動」を起こし，『海外血書』を著した。
⇒岩世人（ファン・ボイ・チャウ　1867.12.26-1940.10.29）
　広辞7（潘佩珠　ファン・ボイ・チャウ　1867-1940）
　世人新（ファン＝ボイ＝チャウ　1867-1940）
　世人装（ファン＝ボイ＝チャウ　1867-1940）
　世史語（ファン＝ボイ＝チャウ　1867-1940）
　ポプ人（ファン・ボイ・チャウ　1867-1940）

Phan Chu Trinh〈19・20世紀〉
ベトナムの民族主義運動の指導者，儒学者。
⇒岩世人（ファン・チャウ・チン　1872.9.9?-1926.3.24）
　世人新（ファン＝チュー＝チン　1872頃-1926）
　世人装（ファン＝チュー＝チン　1872頃-1926）
　世史語（ファン＝チュー＝チン　1872-1926）
　ポプ人（ファン・チュー・チン　1872?-1926）

Phan Dinh Phung〈19世紀〉
ベトナムの反仏勤王運動の指導者。
⇒岩世人（ファン・ディン・フン　1847?-1895.12.28）

Phan Huy Ich〈18・19世紀〉
ベトナム黎末阮初期の詩文家。
⇒岩世人（ファン・フイ・イック　1750-1822）

Phan Ke Binh〈19・20世紀〉
ベトナムのジャーナリスト。「大南登古叢報」「東洋雑誌」などの雑誌や新聞の編集に携わった。
⇒岩世人（ファン・ケー・ビン　1875-1921.5.30）

Phan Phu Tiên〈14・15世紀〉
ベトナムの文人官僚。
⇒岩世人（ファン・フー・ティエン）

Phan Tan-Gian〈19世紀〉
ベトナム，阮朝の政治家。第4代の嗣徳（トゥドゥク）帝の重臣，勤王家。
⇒岩世人（ファン・タイン・ザン　1796-1867.8.4）

Phap Loa〈13・14世紀〉
ベトナム陳朝の僧。竹林派二祖。『断策録』『参禅指要』などを著す。
⇒岩世人（ファップロア　1284-1330）

Pharaïldis〈7世紀〉
聖人。祝日1月4日。9世紀よりヘントを中心に崇敬が始まった女性。
⇒新カト（ファライルディス　?-700頃）

Pharmakides, Theoklitos〈18・19世紀〉
ギリシア正教会の神学者。テッサリア地方の出身。
⇒新カト（ファルマキデス　1784.1.25-1860.4.21）

Pharnakēs II〈前1世紀〉
ポントス王。在位前63～47。
⇒岩世人（ファルナケス2世　?-前47）

Phaulkon, Constant〈17世紀〉
タイ国アユタヤ王朝の宮廷事件に関係したギリシア系イギリス人。
⇒岩世人（フォールコン　1647-1688.6.5）

Phaya Kaeo〈15・16世紀〉
タイのランナー王国の第11代王。在位1495～1525。
⇒岩世人（パヤー・ケーオ　1481-1525）

Phaya Sai Songkhram〈13・14世紀〉
タイ，スコータイ朝の王代行。
⇒世帝（プーサイソンクラーム　（在位）1300-1323代行）

Phayre, Sir Arthur Purves〈19世紀〉
イギリスのビルマ行政官，研究家。ビルマ各地を旅行して写本や史料を集め，ビルマ古代史を研究。
⇒岩世人（フェアー　1812.5.7-1885.12.14）

Pheidias〈前5世紀〉
ギリシアの彫刻家。パルテノン製作の監督。
⇒岩世人（フェイディアス　前490頃-前485頃-前430頃）
　ネーム（フェイディアス）
　広辞7（フェイディアス　前490頃-前430頃）
　学義思（フィディアス　前490-前433）
　芸古13（フェイディアス）
　世人新（フェイディアス（フィディアス）　前490頃-前430頃）
　世人装（フェイディアス（フィディアス）　前490頃-前430頃）
　世史語（フェイディアス　前5世紀）
　ポプ人（フェイディアス　生没年不詳）
　学叢歴（フィディアス　前488-前430）

Pheidippides〈前5世紀〉
古代アテネの急使。ペルシア軍のマラトン上陸の報をもって，スパルタに派遣された。
⇒岩世人（フェイディッピデス）

Phelippes, Thomas〈16・17世紀〉
イギリスの暗号専門家。エリザベス1世の時代に活動。
⇒スパイ（フェリペス，トーマス　1556-1625）

Phemios
ギリシア神話で，オデュッセウスが訪れたイタケーの吟遊詩人。
⇒ネーム（ペーミオス）

Pherekratēs〈前5世紀〉
ギリシア（アッティカ）の喜劇作家。
⇒岩世人（フェレクラテス）

Pherekydēs〈前6世紀〉
ギリシアの神話学者，宇宙論者。『7つの深淵』

の断片が残る。
⇒岩世人（フェレキュデス　（活動）前550頃）

Pherekydēs〈前5世紀〉
アテナイの歴史家、系譜家。
⇒岩世人（フェレキュデス）

Phetracha〈17・18世紀〉
タイ、アユタヤ朝30代の王。王朝末期の王。在位1688～1703。
⇒岩世人（ペートラーチャー　1632?-1703）
　世帝（ペートラーチャー　?-1703）

Phichitprichakon〈19・20世紀〉
タイの親王、文学者。
⇒岩世人（ピチットプリーチャーコーン　1855.10.27-1910.3.11）

Philbert, Rebillé〈17・18世紀〉
フランスの作曲家。
⇒バロ（フィルベール、ルビーレ　1639-1717.3以降）

Phileas〈4世紀〉
主教また殉教者。聖人。
⇒新カト（フィレアス　?-306.2.4）

Philemon
パウロが逃亡奴隷オネシモについて書いた手紙の受け取り人（フィレモンへの手紙）。
⇒岩世人（フィレモン）
　聖書（フィレモン）

Philēmōn〈前4・3世紀〉
ギリシアの喜劇作家。
⇒岩世人（フィレモン　前361頃-前262頃）

Philemon, Baucis
ギリシア神話、トルコのブリュギアに住む貧しい農夫夫妻。
⇒岩世人（フィレモン）
　ネーム（ピレモン）

Philētās〈前4・3世紀〉
ギリシアの詩人、文献学者。
⇒岩世人（フィレタス）

Philibert〈7世紀〉
メロヴィング朝の貴族、聖人。祝日8月20日。
⇒新カト（フィリベルト　616/620-685.8.20）

Philidor, André Danican〈17・18世紀〉
フランスの室内音楽家、音楽図書館司書。バレー曲「クレタの王女」を作曲。
⇒バロ（フィリドール、アンドレー・ダニカン　1647頃-1730.8.11）
　岩世人（フィリドール　1652頃-1730.8.11）

Philidor, Anne Danican〈17・18世紀〉
フランスのオーボエ吹奏者、作曲家。「コンセール・スピリテュエル」(1725)を作曲。
⇒バロ（フィリドール、アンヌ・ダニカン　1681.4.11-1728.10.8）

岩世人（フィリドール　1681.4.11-1728.10.8）

Philidor, François I Danican〈17・18世紀〉
フランスの作曲家。
⇒バロ（フィリドール、フランソワ1世・ダニカン　1689.3.17-1717/1718）

Philidor, François II Danican〈17・18世紀〉
フランスの作曲家。
⇒バロ（フィリドール、フランソワ2世・ダニカン　1695.1.12-1726.6.25）

Philidor, François André Danican〈18世紀〉
フランスの音楽家。歌劇、室内楽、ミサ曲などを作曲。
⇒バロ（フィリドール、フランソワ・アンドレー・ダニカン　1726.9.7-1795.8.31）
　岩世人（フィリドール　1726.9.7-1795.8.31）
　オペラ（フィリドール、フランソワ＝アンドレ（ダニカン）　1726-1795）

Philidor, Jacques I Danican〈17・18世紀〉
フランスの作曲家。
⇒バロ（フィリドール、ジャック1世・ダニカン　1657.5.5-1708.5.27）

Philidor, Jacques II Danican〈17・18世紀〉
フランスの作曲家。
⇒バロ（フィリドール、ジャック2世・ダニカン　1686.9.7-1709.6.25）

Philidor, Jean Danican〈17世紀〉
フランスの作曲家。
⇒バロ（フィリドール、ジャン・ダニカン　1620頃-1679.9.8）

Philidor, Nicolas Danican〈17・18世紀〉
フランスの作曲家。
⇒バロ（フィリドール、ニコラ・ダニカン　1699.11.3-1769頃）

Philidor, Pierre Danican〈17・18世紀〉
フランスの作曲家。
⇒バロ（フィリドール、ピエール・ダニカン　1681.8.22-1731.9.1）

Philip〈前1世紀〉
ヘロデ大王の子。
⇒ユ人（フィリポ、ヘロデ　前4-後34）

Philip〈1世紀〉
イエス・キリストの十二使徒の一人（マタイによる福音書）。
⇒岩世人（フィリポ）
　ネーム（フィリポ）
　新カト（フィリポ）
　図聖（フィリポ）

Philip〈1世紀〉
最初期キリスト教のユダヤ人伝道者。
⇒新カト（フィリポ〔福音宣教者〕）
　聖書（フィリポ）

Philip, John〈18・19世紀〉
南アフリカの牧師、作家。人種平等を唱えた。書に『有色人』(28)、『南アフリカ調査』(28)。
⇒岩世人（フィリップ　1775.4.14–1851.8.27）

Philip Benizi〈13世紀〉
聖母マリア下僕会托鉢修道士。聖人。フィレンツェ生まれ。
⇒新カト（フィリッポ・ベニーツィ　1233–1285.8.22）
　図聖（フィリッポ・ベニーツィ　1233–1285）

Philip of Bathyra〈1世紀〉
ジュディアの軍司令官。
⇒ユ人（フィリポ〔バティラのフィリポ〕　1世紀）

Philipp〈8世紀〉
聖人。祝日5月3日。
⇒新カト（フィリップ〔ツェルの〕　8世紀）

Philipp, Robert〈19・20世紀〉
ドイツのテノール。
⇒魅惑（Philipp,Robert　1852–1933）

Philipp I der Grossmütige〈16世紀〉
ヘッセン方伯。宗教改革時代ドイツの新教諸侯の雄。
⇒岩世人（フィリップ1世〔寛大伯〕　1504.11.13–1567.3.231）
　新カト（フィリップ〔ヘッセン伯〕　1504.11.13–1567.3.231）

Philippa of Hainaut〈14世紀〉
イングランド王エドワード3世の王妃。黒太子の母。
⇒王妃（フィリッパ　1314頃–1369）

Philippe〈14・15世紀〉
ブルゴーニュ公。在位1363〜1404。
⇒岩世人（フィリップ〔剛勇公〕　1342.1.15–1404.4.27）

Philippe, Charles Louis〈19・20世紀〉
フランスの小説家。代表作『母と子』(1900)がある。
⇒岩世人（フィリップ　1874.8.4–1909.12.21）
　広辞7（フィリップ　1874–1909）

Philippe I〈11・12世紀〉
フランス王。在位1060〜1108。王権は微弱であった。
⇒岩世人（フィリップ1世　1052–1108.6.29）
　新カト（フィリップ1世　1052–1108.7.29/30）
　世帝（フィリップ1世　1052–1108）

Philippe II, Auguste〈12・13世紀〉
フランス王。在位1180〜1223。
⇒岩世人（フィリップ2世　1165.8.21–1223.7.14）
　広辞7（フィリップ二世　1165–1223）
　新カト（フィリップ2世　1165.8.21–1223.7.14）
　世人新（フィリップ2世（尊厳王）　1165–1223）
　世人装（フィリップ2世（尊厳王）　1165–1223）
　世史語（フィリップ2世　1165–1223）
　世帝（フィリップ2世　1165–1223）
　ボブ人（フィリップ2世　1165–1223）
　皇国（フィリップ2世　（在位）1180–1223）
　学叢歴（フィリップ2世　1165–1223）

Philippe III, le Hardi〈13世紀〉
フランス王。在位1270〜85。第8回十字軍出陣中に即位。
⇒世帝（フィリップ3世　1245–1285）

Philippe IV, le Bel〈13・14世紀〉
フランス王。在位1285〜1314。初めて三部会を召集。
⇒岩世人（フィリップ4世（端麗王）　1268–1314.11.29）
　広辞7（フィリップ四世　1268–1314）
　新カト（フィリップ4世　1267/1268–1314.11.29）
　世人新（フィリップ4世（端麗王）　1268–1314）
　世人装（フィリップ4世（端麗王）　1268–1314）
　世史語（フィリップ4世　1268–1314）
　世史語（フィリップ4世　1268–1314）
　世帝（フィリップ4世　1268–1314）
　ボブ人（フィリップ4世　1268–1314）
　皇国（フィリップ4世　（在位）1285–1314）

Philippe V, le Long〈13・14世紀〉
フランス王。在位1316〜22。貨幣や度量衡を統一。
⇒岩世人（フィリップ5世（長軀王）　1293–1322.1.3）
　世帝（フィリップ5世　1293–1322）

Philippe VI de Valois〈13・14世紀〉
フランス王。在位1328〜50。イギリス王との王位継承争いにより百年戦争が起った。
⇒岩世人（フィリップ6世　1293–1350.8.22）
　世人新（フィリップ6世　1293–1350）
　世人装（フィリップ6世　1293–1350）
　世帝（フィリップ6世　1293–1350）
　皇国（フィリップ6世　（在位）1328–1350）

Philippe de la sainte trinité〈17世紀〉
フランスの神学者、カルメル会員。
⇒新カト（フィリップ〔三位一体の〕　1603.7.19–1671.2.28）

Philippe le Bon〈14・15世紀〉
フランス、第3代ブルゴーニュ公。在位1419〜67。領邦国家を建設。
⇒岩世人（フィリップ（善良公）　1396–1467.7.15）

Philippe le Chancelier〈12・13世紀〉
フランスの作曲家。
⇒バロ（シャンスリエ, フィリップ・ル　1160-1180頃–1236）
　バロ（フィリップ・ル・シャンスリエ　1160-1180）

頃-1236)

Philippicus (Bardanes)〈8世紀〉
東ローマ帝国の統治者。在位711～713。
⇒世帝（フィリピコス・バルダネス　?-714）

Philippine Welser〈16世紀〉
オーストリア大公・チロル領主のフェルディナント2世の妃。アウクスブルクの豪商ヴェルザー家の娘。
⇒王妃（フィリッピーネ・ヴェルザー　1527-1580）

Philippos〈前1世紀〉
古代ギリシア，セレウコス朝末期の王。
⇒世帝（フィリッポス1世　（在位）前95/前93-前83）

Philippos〈前1世紀〉
古代ギリシア，セレウコス朝末期の王。
⇒世帝（フィリッポス2世　（在位）前69/前67-前66/前63）

Philippos〈3・4世紀〉
トラキアのヘラクレイアの司教。聖人，殉教者。祝日10月22日。
⇒新カト（フィリッポス〔ヘラクレイアの〕　?-303/304.10.22）

Philippos〈5世紀〉
コンスタンティノポリスの司祭，神学者。
⇒新カト（フィリッポス〔シデの〕　5世紀前半）

Philippos II〈前4世紀〉
古代マケドニアの王。在位前359～336。アレクサンドロス大王の父。
⇒岩世人（フィリッポス2世　　前382-前336）
　ネーム（フィリッポス2世）
　広辞7（フィリッポス二世　　前382頃-前336）
　世人新（フィリッポス2世　　前382頃-前336）
　世人装（フィリッポス2世　　前382頃-前336）
　世史語（フィリッポス2世　　（在位）前359-前336）
　世帝（ピリッポス2世　　前382-前336）
　ポプ人（フィリッポス2世　　前382-前336）
　皇国（フィリッポス2世　　（在位）前359-前336）
　学叢歴（フィリポス　　前382-前336）

Philippos III〈前4世紀〉
マケドニア王。在位前323～317。
⇒岩世人（フィリッポス3世　　前358頃-前317）
　世帝（ピリッポス3世　　前359-前317）

Philippos IV〈前3世紀〉
マケドニア王国の統治者。在位前297。
⇒世帝（ビリッポス4世　?-前297）

Philippos V〈前3・2世紀〉
古代マケドニアの王。ハンニバルと同盟を結び，ローマと戦った。
⇒岩世人（フィリッポス5世　　前238-前179）
　世帝（ピリッポス5世　　前238-前179）

Philippos of Opous〈前4世紀〉
ギリシアの数学者，天文学者，哲学者。

⇒岩世人（フィリッポス（オプスの）　（活動）前350頃）

Philippović, Eugen, Freiherr von Philippsberg〈19・20世紀〉
オーストリアの経済学者，社会学者。
⇒岩世人（フィリッポヴィッチ　1858.3.15-1917.6.4）
　学叢思（フィリッポヴィッチ・フォン・フィリップスベルグ，オイゲン　1858-?）

Philippson, Franz M〈19・20世紀〉
ベルギーの銀行家。
⇒ユ人（フィリップソン，フランツ・M　1851-1925）

Philippson, Ludwig〈19世紀〉
マグデブルクのユダヤ人共同体の説教師。
⇒ユ著人（Philippson,Ludwig　フィリップゾン，ルードヴィヒ　1811-1889）

Philippus, Julius Severus〈3世紀〉
古代ローマの正帝。
⇒世帝（フィリップス2世　238-249）

Philippus Arabs, Marcus Julius〈3世紀〉
ローマ皇帝。在位244～249。アラビア人。
⇒岩世人（フィリップス・アラブス　204頃-249）
　新カト（フィリップス・アラブス　204頃-249）
　世帝（フィリップス1世　204-249）

Philippus Cancellarius〈12・13世紀〉
パリ大司教区尚書，哲学者，神学者。
⇒岩世人（フィリップス・カンケッラリウス　1160-1185-1236.12.23）
　新カト（フィリップス〔大学監〕　1165/1185-1236.12.23）

Philippus de Caserta〈14世紀〉
フランスの作曲家。
⇒バロ（フィリップス・デ・カゼルタ　1330頃?-1380頃?）

Philipp von Schwaben〈12・13世紀〉
ドイツ王，神聖ローマ皇帝。在位1198～1208。
⇒岩世人（フィリップ（シュヴァーベンの）　1177.8-1208.6.21）
　世帝（フィリップ・フォン・シュヴァーベン　1177-1208）

Philips, Ambrose〈17・18世紀〉
詩人，劇作家。
⇒岩世人（フィリップス　1675頃-1749.6.18）

Philips, John〈17・18世紀〉
詩人，医師。
⇒岩世人（フィリップス　1676.12.30-1709.2.15）

Philips, Peter〈16・17世紀〉
イギリスの作曲家，オルガン奏者。多数のモテト，マドリガル，鍵盤音楽，室内楽を残した。
⇒バロ（フィリップス，ピーター　1560/1561-1628）

Philip William〈17世紀〉
プファルツ〔ファルツ〕選帝侯家のヴィッテルスバッハ家の統治者。
⇒岩世人（フィリップ・ヴィルヘルム　1615.10.4–1690.9.12）

Phillip, Arthur〈18・19世紀〉
イギリスの海軍軍人。オーストラリアのニューサウスウェールズ初代総督。
⇒岩世人（フィリップ　1738.10.11–1814.8.31）

Phillippe, Charles Louis〈19・20世紀〉
アメリカのメジャーリーガー。
⇒メジャ（ディーコン・フィリピー　1872.5.23–1952.3.30）

Phillips, Anton Frederik〈19・20世紀〉
オランダの弱電企業の経営者。
⇒岩世人（フィリップス　1874.3.14–1951.10.7）

Phillips, Edward〈17世紀〉
イギリスの著作家。詩人ミルトンの甥。
⇒岩世人（フィリップス　1630.8–1696?）

Phillips, George〈19世紀〉
法制史家, 教会法学者。イギリス人を両親にケーニヒスベルクに生まれる。
⇒新カト（フィリップス　1804.1.6–1872.9.6）

Phillips, Jeremiah〈19世紀〉
アメリカの宣教師。
⇒アア歴（Phillips, Jeremiah　ジェレマイア・フィリップス　1812.1.5–1879.12.9）

Phillips, *Sir* **Lionel**〈19・20世紀〉
南アフリカの鉱山王。
⇒ユ人（フィリップス, サー・ライオネル　1855–1936）

Phillips, Stephen〈19・20世紀〉
イギリスの詩人, 劇作家。
⇒岩世人（フィリップス　1864.7.28–1915.12.9）

Phillips, Wendell〈19世紀〉
アメリカの法律家, 社会改革者。奴隷制即時廃止論者。
⇒岩世人（フィリップス　1811.11.29–1884.2.2）

Phillips, William〈19・20世紀〉
アメリカの外交官。
⇒アア歴（Phillips, William　ウイリアム・フィリップス　1878.5.30–1968.2.23）

Phillips, William B.〈19世紀〉
アメリカの大リーグ選手（一塁）。
⇒メジャ（ビル・フィリップス　1857.4–1900.10.7）

Phillips, William Corcoran〈19・20世紀〉
アメリカの大リーグ選手（投手）。
⇒メジャ（ビル・フィリップス　1868.11.9–1941.10.25）

Phillpotts, Eden〈19・20世紀〉
イギリスの小説家, 劇作家。南西部ダートムア地方の自然と人間を描いた。
⇒岩世人（フィルポッツ　1862.11.4–1960.12.29）

Philo, Judeus〈前1・後1世紀〉
ギリシア語を使うユダヤ人哲学者。
⇒ユ人（フィロ, ジュディアス　前20頃–後50）
　ユ著人（Philo Judaeus of Alexandria　アレキサンドリアのフィロン　前20–後50）

Philochoros〈前4・3世紀〉
ギリシアの政治家, 歴史家。
⇒岩世人（フィロコロス　前340頃–前260）

Philodēmos〈前2・1世紀〉
ギリシアのエピクロス派の哲学者, 詩人。
⇒岩世人（フィロデモス　前110頃–前40頃/前35頃）
　メル1（フィロデモス　前110頃–前40/前35?）

Philoktetes
ギリシア神話のトロヤ戦争のときのギリシア軍の英雄。
⇒岩世人（フィロクテテス）
　ネーム（ピロクテテス）

Philolāos〈前5世紀頃〉
ギリシアのピタゴラス派の哲学者。
⇒岩世人（フィロラオス　前470頃–前390頃）
　学叢思（フィロラオス）

Philomēlē
ギリシア神話, アテナイの王パンディオンの娘, プロクネの妹。
⇒岩世人（フィロメレ）

Philomena
処女殉教者。聖人。
⇒新カト（フィロメナ）

Philon ho Alexandreios〈前1・後1世紀〉
ヘレニズム時代のユダヤ哲学者。最初の神学者と言われる。
⇒岩世人（フィロン（アレクサンドリアの）　前30頃–後45頃）
　ネーム（フィロン　前25?–後45?）
　広辞7（フィロン　前30頃–後45頃）
　学叢思（フィロン, アレクサンドリアの）
　新カト（フィロン〔アレクサンドリアの〕　前25–後45）
　メル1（フィロン（アレクサンドリアの）　前40–前30–後40–後45頃）

Philon ho Larisseos〈前2・1世紀〉
ギリシアの哲学者。懐疑論を継承する立場をとった。
⇒岩世人（フィロン（ラリッサの）　前160/前159–前80頃）
　メル1（フィロン（ラリッサの）　前160/前140?–前87/前80?）

Philōn of Athens〈前3世紀頃〉
古代ギリシアの哲学者。ピュロンの弟子。
⇒岩世人（フィロン（アテナイの）　前3世紀頃）

Philoponos〈5・6世紀〉
キリスト教徒のアリストテレス注釈者。
⇒岩世人（フィロポノス　490–570頃）

Philostorgios〈4・5世紀〉
教会史家。主著『教会史』全12巻はカイサレイアのエウセビオスの『教会史』を引き継ぎ、315年から425年までを記述する。
⇒新カト（フィロストルギオス　370頃–425/433）

Philostratos, Flavius〈2・3世紀〉
ギリシアの著述家。主著『ソフィスト伝』。
⇒岩世人（フィロストラトス　170頃–245頃）
　学叢思（フィロストラトス　181–250）

Philotas〈前4世紀〉
古代マケドニアの貴族。アレクサンドロス大王の初期の遠征軍の司令官であった。
⇒岩世人（フィロタス　前360年代後半–前330）

Philotheos〈3・4世紀〉
聖人、殉教者。コプト教会での祝日1月11日。
⇒新カト（フィロテオス〔アンティオケイアの〕　?–304）

Philotheos Kokkinos〈14世紀〉
ヘシュカスモス派神学者。テサロニケ出身。トラキアのヘラクレイアの主教、コンスタンティノポリスの総主教を歴任。
⇒新カト（フィロテオス・コッキノス　1300頃–1377）

Philoxenos〈前5・4世紀〉
ギリシアのディテュランボス（ディオニュソス讃歌）詩人。
⇒岩世人（フィロクセノス　前435頃–前380頃）

Philóxenos (Mabboug, Mabbugh, Mabbug, Mabbog)〈5・6世紀〉
シリアの主教、キリスト単性論を唱導した重要な神学者。
⇒新カト（フィロクセノス　450頃–523.12.10）

Philoxenus〈前4世紀〉
ギリシアの画家。エレトリアに生れ、前4世紀末から前3世紀初頭に活躍。
⇒岩世人（フィロクセノス　（活動）前4世紀後半）
　芸13（フィロクセネス　前4世紀末頃）

Philpoimēn〈前3・2世紀〉
アカイア連盟の将軍、政治家。連盟軍の戦力を強化。
⇒岩世人（フィロポイメン　前253頃–前182）

Phinehas, ben-Yair〈2世紀〉
パレスチナのタンナ（師）。
⇒ユ人（フィネハス、ベンヤイル　2世紀後半）

Phineus
ギリシア神話、トラキアの王。
⇒岩世人（フィネウス）

Phinot, Dominique〈16世紀〉
フランドルの作曲家。
⇒バロ（フィノー、ドミニーク　1510頃–1555頃）

Phlaouianos〈4・5世紀〉
オロンテス川のアンティオケイアの司教。在職381～404。
⇒新カト（フラウィアノス〔アンティオケイアの〕　320頃–404.9.26）

Phlaouianos〈5世紀〉
コンスタンティノポリスの総主教。在職446～49。聖人。祝日2月17日。
⇒新カト（フラウィアノス〔コンスタンティノポリスの〕　?–449）

Phocas〈6・7世紀〉
東ローマ皇帝。在位602～10。
⇒岩世人（フォカス　547頃–610.11.23）
　世帝（フォカス　547–610）

Phoebadius〈4世紀〉
フランス南西部アジャンの初代司教。聖人。祝日4月25日。反アレイオス派の指導的人物。
⇒新カト（フォエバディウス　?–392以後）

Phoebe
ケンクレアイの教会の信徒、執事。
⇒岩世人（フェベ）
　新カト（フェベ）
　聖書（フェベ）

Phoinix
ギリシア神話、アミュントルの子。
⇒岩世人（フォイニクス）

Phoinix
ギリシア神話、アゲノルの子、カドモスの兄弟。
⇒岩世人（フォイニクス）

Pho Kadouat〈19・20世紀〉
ラオスの少数民族反乱指導者。
⇒岩世人（ポー・カドゥアット　?–1903）

Phokas〈2～4世紀?〉
聖人、殉教者。祝日3月5日。
⇒新カト（フォカス〔シノペの〕　4世紀/2世紀）

Phōkiōn〈前5・4世紀〉
アテネの将軍、政治家。前318年民主制が復帰すると処刑された。
⇒岩世人（フォキオン　前402頃–前318）

Phōkylidēs〈前6世紀〉
ギリシアの教訓詩人。
⇒岩世人（フォキュリデス）

pho lha bsod nams stobs rgyal〈17・

〈18世紀〉
チベットの政治家。
⇒岩世人（ポラ・ソナムトブゲー（ボラネー）
　　1689-1747）

Photeinos〈4世紀〉
異端者となったシルミウムの司教。
⇒新カト（フォテイノス　?-376）

Phothisalarat〈16世紀〉
ラオスのランサン王国の王。在位1520～47
(48)。
⇒岩世人（ポーティサララート　1501-1547/1548）

Phōtios〈9世紀〉
コンスタンチノープルの総主教。ロシアなどに
対するビザンチンの宗教的影響を拡張し、列聖。
⇒岩世人（フォティオス　820頃-891頃）
　新カト（フォティ　810/820頃-893/894.2.6）

Phraates I〈前2世紀〉
パルティア帝国の王。在位前176頃～171。カスピ海の東南岸に居を定めた。
⇒世帝（フラーテス1世　?-前171?）

Phraates II〈前2世紀〉
パルティア帝国の王。在位前138頃～128。セレウコス朝のアンチオコス7世を破った。
⇒世帝（フラーテス2世　?-前126）

Phraates III〈前1世紀〉
パルティア帝国の王。在位前69頃～57。ローマと同盟してアルメニアに侵入。
⇒世帝（フラーテス3世　?-前57）

Phraates IV〈前1世紀〉
パルティア帝国の王。在位前38頃～32。アントニウスの率いるローマ軍の侵入を受けたが撃退。
⇒世帝（フラーテス4世　?-前2）

Phraates V〈前1世紀〉
パルティア帝国の王。在位前2頃～後4。貴族により廃位された。
⇒世帝（フラーテス5世　?-4）

Phracao Sua〈17・18世紀〉
タイ、アユタヤ朝第31代の王。在位1703～09。
⇒岩世人（プラチャオ・スア　1663?-1709）
　世帝（サンペット8世　?-1709?）

Phrakhlang〈18・19世紀〉
タイの詩人、官僚。
⇒岩世人（プラクラン　?-1805）

Phrantzes, Georgios〈15世紀〉
東ローマ帝国の政治家、歴史家。
⇒岩世人（スフランツェス（フランツェス）
　　1401-1477/1478）

Phrixos
ギリシア神話のボイオティアの王アタマスの子。
⇒岩世人（フリクソス）

Phrynichos〈前6・5世紀〉
ギリシアの悲劇詩人。前500年頃アテネで活躍。
⇒岩世人（フリュニコス）
　ネーム（プリュニコス）

Phule, Jotirāo Govindrāo〈19世紀〉
インドの教育家、社会活動家。
⇒南ア新（フレー　1827-1890）

Phung-Hung〈8・9世紀〉
反唐武力蜂起の指導者。
⇒岩世人（フン・フン　761?-802?）

Phung Khac Khoan〈16・17世紀〉
ベトナムの詩人。号は毅斎。『言志詩集』が代表作。
⇒岩世人（フン・カク・コアン　1528-1613）

Phylarchos〈前3世紀〉
ギリシアの歴史家。
⇒岩世人（フュラルコス）

Physick, Philip Syng〈18・19世紀〉
アメリカの外科医。多くの手術器具を開発。
⇒岩世人（フィジック　1768.7.7-1837.12.15）

Piamarta, Giovanni〈19・20世紀〉
聖人、修道会創立者。祝日6月26日。イタリアのブレッシア生まれ。
⇒新カト（ジョヴァンニ・ピアマルタ　1841.11.26-1913.4.25）

Piang〈19・20世紀〉
フィリピンのミンダナオ島コタバト地方のムスリム首長。
⇒岩世人（ピアン　1848-1933）

Piani, Giovanni Antonio〈17・18世紀〉
イタリアの作曲家。
⇒バロ（ピアーニ、ジョヴァンニ・アントーニオ
　　1678-1757以降）

Piani, Giulio〈16・17世紀〉
キリシタン時代のイエズス会員。イタリア中部マチェラータの出身。
⇒新カト（ピアニ　1538-1605.9.25）

Piave, Francesco Maria〈19世紀〉
イタリアの脚本家。ヴェツィアのフェニーチェ劇場、スカーラ座の劇場付き詩人。
⇒オペラ（ピアーヴェ、フランチェスコ・マリーア
　　1810-1876）

Piazentino, Romano Antonio〈17・18世紀〉
イタリアの作曲家。
⇒バロ（ピアチェンティーノ、ロマーノ・アントーニオ
　　1690頃?-1750頃?）

Piazzetta, Giovanni Battista〈17・18世

紀〉
イタリアの画家。代表作『女預言者』(40)。
⇒岩世人（ピアツェッタ 1682.2.13–1754.4.28）
 芸13（ピアッツェッタ, ジョヴァンニ・バッティスタ 1682–1754）

Piazzi, Giuseppe〈18・19世紀〉
イタリアの天文学者。小惑星セレスの発見で有名。
⇒岩世人（ピアッツィ 1746.7.16–1826.7.22）
 新カト（ピアッツィ 1746.7.16–1826.7.22）

Píč, Josef Ladislav〈19・20世紀〉
チェコスロヴァキアの考古学者。同国の考古学的研究の創始者。今日の国立ボヘミア博物館の基礎を築いた。
⇒岩世人（ピーチ 1847.1.19–1911.11.19）

Picabia, Francis〈19・20世紀〉
フランスの画家。ダダイスムの旗手の一人。のちシュールレアリスム形成に参加。
⇒岩世人（ピカビア 1879.1.22–1953.11.30）
 広辞7（ピカビア 1879–1953）
 芸13（ピカビア, フランシス 1879–1953）

Picard, Emile〈19・20世紀〉
フランスの数学者。パリ理科大学(86), 中央技芸学校(94)の教授。
⇒岩世人（ピカール 1856.7.24–1941.12.11）
 世数（ピカール, シャルル・エミール 1856–1941）

Picard, Jean〈17世紀〉
フランスの天文学者。角測定に初めて望遠鏡を用いた。子午線の度の精密な測定を行う。
⇒岩世人（ピカール 1620.7.21–1682.10.12）

Picchi, Giovanni〈16・17世紀〉
イタリアの作曲家。
⇒バロ（ピッキ, ジョヴァンニ 1580頃–1640頃）

Piccinini, Alessandro〈16・17世紀〉
イタリアの作曲家。
⇒バロ（ピッチニーニ, アレッサンドロ 1566.12.30–1638頃）

Piccinni, Niccolò〈18世紀〉
イタリアの作曲家。オペラ『チェキーナ』は人気を博した。
⇒バロ（ピッチンニ, ニコラ・ヴィンチェンツォ 1728.1.16–1800.5.7）
 岩世人（ピッチーニ 1728.1.16–1800.5.7）
 オペラ（ピッチンニ, ニッコロ 1728–1800）
 エデ（ピッチンニ, ニコロ 1728.1.16–1800.5.7）

Piccolomini, Francesco〈16・17世紀〉
イタリアの学者。パドバ大学教授。
⇒岩世人（ピッコローミニ 1520–1604）

Pichegru, Charles〈18・19世紀〉
フランスの将軍。革命では初めジャコバンに追随し、のち反革命に転じた。

⇒岩世人（ピシュグリュ 1761.2.16–1804.4.5）

Pichl, Václav〈18・19世紀〉
チェコの作曲家, ヴァイオリン奏者。
⇒バロ（ピフル, ヴァーツラフ 1741.9.25–1805.1.23）

Pichler, Adolf, Ritter von Rautenkar〈19世紀〉
オーストリアの詩人。
⇒岩世人（ピヒラー 1819.9.4–1900.11.15）

Pichon, Stéphen Jean Marie〈19・20世紀〉
フランスの政治家, 外交官。
⇒岩世人（ピション 1857.8.10–1933.9.18）

Pickard-Cambridge, *Sir* Arthur Wallace〈19・20世紀〉
イギリスの古典学者。
⇒岩世人（ピカード＝ケンブリッジ 1873.1.20–1952.2.7）

Pickering, Edward Charles〈19・20世紀〉
アメリカの天文学者。恒星の光度の測定を行う。
⇒岩世人（ピカリング 1846.7.19–1919.2.3）
 ネーム（ピッカリング 1846–1919）

Pickett, Joseph〈19・20世紀〉
アメリカの画家。
⇒芸13（ピッケット, ジョセフ 1848–1918）

Pickthall, Marmaduke William〈19・20世紀〉
イギリスの作家, 旅行家, 教育者, クルアーンの英訳者。
⇒岩世人（ピクソール 1875.4.7–1936.5.19）

Pico della Mirandola, Giovanni〈15世紀〉
イタリアの人文主義者。主著『ヘプタプレス』(89),『存在と一』(91)。
⇒バロ（ピーコ・デッラ・ミランドラ, ジョヴァンニ 1463–1494）
 岩世人（ピコ・デッラ・ミランドラ 1463.2.24–1494.11.17）
 覚思（ピコ・デラ・ミランドラ 1463.2.24–1494.11.17）
 覚思ス（ピコ・デラ・ミランドラ 1463.2.24–1494.11.17）
 ネーム（ピコ・デラ・ミランドラ 1463–1494）
 広辞7（ピコ・デラ・ミランドラ 1463–1494）
 学叢思（ピコ・デルラ・ミランドラ, ジョヴァンニ 1463–1494）
 新カト（ピコ・デラ・ミランドラ 1463.2.24–1494.11.17）
 メル1（ピコ・デラ・ミランドラ 1463–1494）

Picot, Eustache〈16・17世紀〉
フランスの作曲家。
⇒バロ（ピコ, ウスターシュ 1575頃–1651.6.26）

Picquart, Marie Georges〈19・20世紀〉
フランスの将軍。
⇒岩世人（ピカール　1854.9.6–1914.1.18）

Pictet, Raoul Pierre〈19・20世紀〉
スイスの物理学者。
⇒岩世人（ピクテ　1846.4.4–1929.7.27）

Picus
ローマ神話、伝説ではサトゥルヌスの子で、ラウレントゥムの王。
⇒岩世人（ピクス）

Pie, Louis-Edouard〈19世紀〉
フランスの枢機卿。
⇒新カト（ピー　1815.9.26–1880.5.18）

Pieck, Wilhelm〈19・20世紀〉
ドイツ民主共和国の政治家。初代大統領。
⇒岩世人（ピーク　1876.1.3–1960.9.7）
　広辞7（ピーク　1876–1960）

Pieltain, Dieudonné Pascal〈18・19世紀〉
フランドルの作曲家。
⇒バロ（ピエルタン、デュードネ・パスカル　1754.3.4–1833.12.10）

Pieper, August〈19・20世紀〉
ドイツのカトリック司祭、政治家、国民運動指導者。
⇒新カト（ピーパー　1866.3.14–1942.9.25）

Pierce, Franklin〈19世紀〉
第14代アメリカ大統領。外交面で積極的政策をとった。
⇒アメ新（ピアース　1804–1869）
　岩世人（ピアース　1804.11.23–1869.10.8）

Pierce, George Washington〈19・20世紀〉
アメリカの電気学者。特に水晶発振器の回路で、彼の名を冠した〈ピアース回路〉は著名。
⇒岩世人（ピアース　1872.1.11–1956.8.25）

Pieri, Mario〈19・20世紀〉
イタリアの数学者。
⇒世数（ピエリ、マリオ　1860–1913）

Pierios〈3・4世紀〉
アレクサンドリアの司祭、聖書注釈家、説教師。オリゲネスの弟子。
⇒新カト（ピエリオス　?–312頃）

Pierne, Henri Constant Gabriel〈19・20世紀〉
フランスの作曲家、指揮者。コンセール・コロンヌの正指揮者となる（10→32）。
⇒岩世人（ピエルネ　1863.8.16–1937.7.17）

Piero, Magister〈14世紀〉
イタリアの作曲家。
⇒バロ（ピエーロ、マギステル　1300頃?–1350頃?）

Piero della Francesca〈15世紀〉
イタリアの画家。主として宗教画を描いた。主作品は『キリストの洗礼』。
⇒岩世人（ピエロ・デッラ・フランチェスカ　1415/1420頃–1492.10.12）
　ネーム（フランチェスカ　1420?–1492）
　広辞7（ピエロ・デラ・フランチェスカ　1420頃–1492）
　新カト（ピエロ・デラ・フランチェスカ　1415/1420頃–1492.10.12）
　芸13（ピエロ・デラ・フランチェスカ　1410-1420–1492）
　芸13（フランチェスカ, ピエロ・デルラ　1410-1420–1492）
　世数（フランチェスカ, ピエロ・デッラ　1416頃–1492）

Piero di Cosimo〈15・16世紀〉
イタリアの画家。代表作『プロクリスの死』。
⇒岩世人（ピエロ・ディ・コジモ　1462–1521頃）
　芸13（コシモ、ピエロ・ディ　1462–1521）
　芸13（ピエロ・ディ・コジモ　1462–1521）

Piérola, Nicolás de〈19・20世紀〉
ペルーの政治家。J.バルタの下で蔵相となったが予算問題で攻撃され亡命。
⇒岩世人（ピエロラ　1839.1.5–1913.6.24）
　ラテ新（ピエロラ　1839–1913）

Pierre, Valdo,〈12・13世紀〉
フランスの宗教家。
⇒ネーム（ピエール・ヴァルドー　1140–1218?）

Pierson, George Peck〈19・20世紀〉
アメリカの長老派教会宣教師。千葉中学校他で英語を教授。
⇒アア歴（Pierson,George Peck ジョージ・ペック・ピアスン　1861.1.14–1939.8.1）

Pierson, Louise Henrietta〈19世紀〉
アメリカの婦人連合外国伝道協会宣教師。横浜共立女学校を創立、初代校長。
⇒岩世人（ピアソン　1832.4.7–1899.11.28）

Pierson, Nicolaas Gerard〈19・20世紀〉
オランダの経済学者、政治家。蔵相兼首相（1897～1901）。
⇒岩世人（ピールソン　1839.2.7–1909.12.24）

Pierstorff, Julius〈19・20世紀〉
ドイツの経済学者。
⇒学叢思（ピーアストルフ、ユリウス　1851–?）

Piéton, Loyset〈15・16世紀〉
フランスの作曲家。
⇒バロ（ピエトン、ロワゼ　1490頃?–1545頃?）

Pietrantoni, Agostina Livia〈19世紀〉
聖人。祝日11月13日。トゥレ修道女会会員。ローマの北東、ポッツァリア・サビーノの貧しい農家の生まれ。
⇒新カト（アゴスティナ・リヴィア・ピエトラントニ　1864.3.27–1894.11.13）

Pietrobono del Chitarino〈15世紀〉
イタリアの作曲家。
⇒バロ（ピエトロボーノ・デル・キタリーノ　1417頃–1497.9.20）

Pietro d'Abano〈13・14世紀〉
イタリアの医学者、思想家。
⇒岩世人（ピエトロ（アーバノの）　1250頃–1316頃）

Pietro Della Vigna〈12・13世紀〉
中世イタリアの文人、外交官。
⇒岩世人（ピエル・デッラ・ヴィーニャ　1190頃–1249）

Pietro Orseolo I, St.〈10世紀〉
ヴェネツィアの元首（ドージェ）領の統治者。在位976～978。
⇒新カト（ピエトロ・オルセオロ　928–987.1.10）

Pietrowski, Karol〈18世紀〉
ポーランドの作曲家。
⇒バロ（ピエトロフスキ、カロル　1740頃?–1800頃?）

Pifaro, Marcantonio del〈16世紀〉
イタリアの作曲家。
⇒バロ（ピファロ、マルカントーニオ・デル　1520頃–1580頃）

Pigafetta, Antonio〈15・16世紀〉
イタリアの航海者。マゼランの世界周航に同行。
⇒岩世人（ピガフェッタ　1480–1491–1534頃）

Pigalle, Jean Baptiste〈18世紀〉
フランスの彫刻家。主作品は『サクス元帥の墓碑』など。
⇒岩世人（ピガル　1714.1.26–1785.8.21）
　芸13（ピガル、ジャン・バティスト　1714–1785）

Pighius, Albert〈15・16世紀〉
オランダのカトリック神学者、人文主義者。
⇒新カト（ピギウス　1490頃–1542.12.28）

Pignatelli, José María〈18・19世紀〉
イエズス会士、聖人。イタリアの貴族出身。
⇒新カト（ホセ・マリア・ピニャテリ　1737.12.27–1811.11.15）

Pigneau de Behaine, Pierre-Joseph-Georges〈18世紀〉
フランス人の宣教師。カンボジア、コーチシナなどで布教し、阮氏一族の勢力回復に務める。
⇒岩世人（ピニョー・ド・ベエヌ　1741.11.2–1799.10.9）
　新カト（ピニョー・ド・ベエヌ　1741.11.2–1799.10.9）
　世人新（ピニョー　1741–1799）
　世人装（ピニョー　1741–1799）
　世史語（ピニョー　1741–1799）
　ポプ人（ピニョー・ド・ベーヌ　1741–1799）

Pigou, Arthur Cecil〈19・20世紀〉
イギリスの経済学者。主著『厚生経済学』(20)。
⇒岩世人（ピグー　1877.11.18–1959.3.7）
　広辞7（ピグー　1877–1959）
　学叢思（ピグー、アーサー・セシル　1877–?）

Pi i Margall, Francesc〈19・20世紀〉
スペイン、カルターニャの著述家、政治家。
⇒岩世人（ピ・イ・マルガイ　1824.4.20–1901.11.29）

Pikatan, Rakai〈9世紀〉
中部ジャワの古マタラム王国の王。在位847～55頃。
⇒岩世人（ピカタン　(在位) 847–855頃）

Pike, Lipman Emanuel〈19世紀〉
アメリカの大リーグ選手（外野）。
⇒メジャ（リップ・パイク　1845.5.25–1893.10.10）
　ユ人（パイク、リップ（リップマン）　1845–1893）

Pike, Zebulon Montgomery〈18・19世紀〉
アメリカの軍人、探検家。1805年ミシシッピ川の水源を探検。
⇒岩世人（パイク　1779.2.5–1813.4.27）

Pilapil, Mariano Bernabe〈18・19世紀〉
フィリピンのカトリック聖職者。
⇒岩世人（ピラピル　1758頃–1818頃）

Pilâtre de Rozier, Jean François〈18世紀〉
フランスの物理学者、航空学者。軽気球によって空中に上昇した最初の人。
⇒岩世人（ピラートル・ド・ロジエ　1756.3.20–1785.6.15）

Pilatus, Pontius〈1世紀〉
ユダヤ、サマリアの総督。福音書中に登場、イエスを処刑。
⇒岩世人（ピラト）
　広辞7（ピラト　生没年不詳）
　新カト（ピラト）
　聖書（ポンティオ・ピラト）
　世人新（ピラトゥス（ピラト）　生没年不詳）
　世人装（ピラトゥス（ピラト）　生没年不詳）
　世史語（ピラト　(在任) 26–36）
　ポプ人（ピラト　生没年不詳）

Piles, Roger de〈17・18世紀〉
フランスの画家、文筆家。プーサン派。
⇒岩世人（ピール　1635.10.7–1709.4.5）

Pilgram, Friedrich〈19世紀〉
ドイツのカトリック哲学者・神学者。

⇒新カト（ピルグラム　1819.1.19–1890.11.21）

Pilkington, Francis〈16・17世紀〉
イギリスの作曲家。1605,14,24年にリュート歌曲集とマドリガル集(2)を公刊。
⇒バロ（ピルキントン, フランシス　1562頃–1638）

Pillet, Antoine〈19・20世紀〉
フランスの法律家。ヘーグの国際法アカデミー教授。
⇒岩世人（ピエ　1857.7.29–1926.12.7）

Pillsbury, Walter Bowers〈19・20世紀〉
アメリカの心理学者。ミシガン大学教授(1905～)。
⇒岩世人（ピルズベリー　1872.7.21–1960.6.3）

Pilon, Germain〈16世紀〉
フランスの彫刻家。ビラーク卿の膝下像が代表作。
⇒岩世人（ピロン　1537頃–1590.2.3）
　広辞7（ピロン　1525頃–1590）
　芸13（ピロン, ジェルマン　1535頃–1590）

Piloty, Karl Theodor von〈19世紀〉
ドイツの画家。
⇒岩世人（ピロティ　1826.10.1–1886.7.21）
　芸13（ピロティー, カルル・フォン　1826–1886）

Pilsudski, Bronislaw〈19・20世紀〉
ポーランド出身のアイヌ研究家。実弟は独立ポーランド初代大統領。
⇒岩世人（ピウスツキ　1866.10.21/11.2–1918.5.17）
　広辞7（ピウスーツキ　1866–1918）
　ユея人（Pilsudski,Bronislaw　ピウスーツキ, ブロニスロー　1860–1918）

Pilsudski, Józef Klemens〈19・20世紀〉
ポーランドの独立運動家, 政治家, 国家元首, 元帥。
⇒岩世人（ピウスツキ　1867.12.5–1935.5.12）
　ネーム（ピウスーツキー　1867–1935）
　広辞7（ピウスーツキ　1867–1935）
　学叢思（ピルスドスキー, ジョセフ）
　世人新（ピウスツキ　1867–1935）
　世人装（ピウスツキ　1867–1935）
　世史語（ピウスツキ　1867–1935）
　ポブ人（ピウスツキ, ユゼフ　1867–1935）
　ユея人（Pilsudski,Józef　ピウスーツキ, ヨゼフ　1867–1935）

Pinaire〈18世紀〉
フランスの作曲家。
⇒バロ（ピネール,?　1700頃?–1760頃?）

Pinalai〈18世紀〉
台湾原住民の指導者。
⇒岩世人（ピナライ）

Pina Manique, Diogo Inácio de〈18・19世紀〉
ポルトガルの政治家。
⇒岩世人（ピナ・マニケ　1733.10.3–1805.6.30）

Pinard de la Boullaye, Henri〈19・20世紀〉
フランスのイエズス会神学者, 説教家, 著作家。
⇒新カト（ピナール・ド・ラ・ブレー　1874.9.1–1958.2.9）

Pinchot, Gifford〈19・20世紀〉
アメリカの森林官。ビルトモアでアメリカにおける最初の組織的林業経営を行う(1892)。
⇒岩世人（ピンショー　1865.8.11–1946.10.4）

Pinckney, Charles Cotesworth〈18・19世紀〉
アメリカの法律家, 軍人, 政治家, 外交官。独立戦争, 憲法制定会議に活躍。
⇒岩世人（ピンクニー　1746.2.25–1825.8.16）

Pinckney, Thomas〈18・19世紀〉
アメリカの政治家, 外交官。独立戦争に参加後, 知事駐英大使などを務めた。
⇒岩世人（ピンクニー　1750.10.23–1828.11.2）

Pindale〈17世紀〉
ビルマ, タウングー朝の王。在位1648～1661。
⇒世帝（ピンダレ　1608–1661）

Pindār〈10・11世紀〉
ペルシアの詩人。
⇒岩世人（ピンダール　?–1010）

Pindaros〈前6・5世紀〉
ギリシアの抒情詩人。『競技祝勝歌』などが残っている。
⇒バロ（ピンダロス,?　前522–前518–前442–前436）
　岩世人（ピンダロス　前522–前518–前442–前448）
　ネーム（ピンダロス　前518–前438）
　広辞7（ピンダロス　前518頃–前440頃）
　新カト（ピンダロス　前518頃–前438頃）
　世人新（ピンダロス　前518頃–前438頃）
　世人装（ピンダロス　前518頃–前438頃）
　世史語（ピンダロス　前518–前438）
　ポブ人（ピンダロス　前522?–前442?）

Pindemonte, Ippolito〈18・19世紀〉
イタリアの詩人, 悲劇作家。『オデュッセイア』の翻訳者。
⇒岩世人（ピンデモンテ　1753.11.13–1828.11.18）

Pinder, Wilhelm〈19・20世紀〉
ドイツの美術史家。14世紀のドイツ彫刻などを研究。
⇒岩世人（ピンダー　1878.6.25–1947.5.3）

Pindy, Louis Jean〈19・20世紀〉
フランスの社会主義者。
⇒学叢思（パンディ, ルイ・ジャン　1849/1850–?）

Pinel, Germain〈17世紀〉
フランスの作曲家。
⇒バロ（ピネル, ジェルマン 1600頃?-1661.10.T.）

Pinel, Philippe〈18・19世紀〉
フランスの精神病医。
⇒岩世人（ピネル 1745.4.20-1826.10.26）

Pinello di Ghirardi, Giovanni Battista〈16世紀〉
イタリアの作曲家。
⇒バロ（ギラルディ, ジョヴァンニ・バッティスタ・ピネロ・ディ 1544頃-1587.6.15）
バロ（ピネッロ・ディ・ギラルディ, ジョヴァンニ・バッティスタ 1544頃-1587.6.15）

Pinero, Sir Arthur Wing〈19・20世紀〉
イギリスの劇作家。ビクトリア朝のウェル・メイド・プレイの代表的作家。
⇒岩世人（ピネロ 1855.5.24-1934.11.23）

Pines, Yehiel Michael〈19・20世紀〉
ヘブライ作家, 初期のパイオニア。
⇒ユ人（ピネス, エヒエル・ミハエル 1843-1913）

Pinheiro, Antonio〈16・17世紀〉
ポルトガルの作曲家。
⇒バロ（ピニェイロ, アントーニオ 1550頃-1617.6.19）

Pini-Corsi, Gaetano〈19・20世紀〉
イタリアのテノール歌手。
⇒魅惑（Pini-Corsi,Gaetano 1860-?）

Pinkerton, Allan〈19世紀〉
アメリカの探偵。私立探偵社を設立し, 南北戦争中は北軍スパイとして活動。
⇒アメ新（ピンカートン 1819-1884）
岩世人（ピンカートン 1819.8.21-1884.7.1）
スパイ（ピンカートン, アラン 1819-1884）

Pinkney, George Burton〈19・20世紀〉
アメリカの大リーグ選手（三塁）。
⇒メジャ（ジョージ・ピンクニー 1859.1.11-1926.11.10）

Pinpin, Tomas〈16・17世紀〉
フィリピン人初の印刷業者。
⇒岩世人（ピンピン 1580頃/1585頃-1640頃/1668以降）

Pinsker, Leon〈19世紀〉
南ロシアのオデッサの医師, 著述家。シオニズム運動の先駆者。
⇒ユ人（ピンスカー, レオン（ユダ・レイブ） 1821-1891）
ユ著人（Pinsker,Judah Leob (Leon) ピンスケル, ユダ・レオブ 1821-1891）

Pinski, David〈19・20世紀〉
ロシア生まれのイディッシュの劇作家, 小説家。
⇒ユ人（ピンスキ, ディビッド 1872-1959）
ユ著人（Pinski,David ピンスキー, デーヴィド（ダーフィット） 1872-1959）

Pinto, Fernão Mendes〈16世紀〉
ポルトガルの冒険家。21年間, アジア, アフリカ諸国を遍歴。
⇒岩世人（ピント 1509頃-1583.6）
広辞7（ピントー 1509頃-1583）
学叢思（ピントー, フェルナオ・メンデス 1510-1550）
新カト（ピント 1509頃-1583.7.8）

Pinturicchio〈15・16世紀〉
イタリアの画家。ローマ, オリビエトで壁画を描いた。
⇒岩世人（ピントリッキオ 1454-1513.12.11）
ネーム（ピントリッキョ 1454?-1513）
新カト（ピントゥリッキオ 1454頃-1513）
芸13（ピントゥリッキオ 1454-1513）

Pinzón, Martín Alonso〈15世紀〉
スペインの航海者, 造船業者。コロンブスの第一航海を援助。
⇒岩世人（ピンソン 1440頃-1493）

Pio, Louis〈19世紀〉
デンマークの社会運動家。
⇒岩世人（ピーオ 1841.12.14-1894.6.27）

Piombi, A.F.〈18世紀〉
イタリアの作曲家。
⇒バロ（ピオンビ,A.・F. 1700頃?-1760頃?）

Piónios〈3世紀〉
スミュルナの司祭, 殉教者, 聖人。
⇒新カト（ピオニオス ?-250）

Piozzi, Hester Lynch〈18・19世紀〉
イギリスの著述家。著書『晩年のジョンソンの逸話』(86)。
⇒岩世人（ピオッツィ 1741.1.27-1821.5.2）

Pipelare, Mattaeus〈15・16世紀〉
フランドルの作曲家。
⇒バロ（ピペラーレ, マッテウス 1450頃-1515頃）

Pippin der Ältere〈7世紀〉
フランク王国カロリング朝の始祖。メロビング朝のアウストラシア分邦の宮宰。
⇒新カト（ペパン 580頃-639）

Pippin der Kleine〈8世紀〉
フランク王国カロリング朝の王。短軀王とも呼ばれる。
⇒岩世人（ピピン3世（小） 714/715-768.9.24）
広辞7（ピピン 714-768）
新カト（ペパン 714-768.9.24）
世人新（ピピン3世（短軀王） 714-768）
世人装（ピピン3世（短軀王） 714-768）
世史語（ピピン（3世） 714-768）
世帝（ピピン3世 714-768）

ポプ人（ピピン　714-768）
　皇国（ピピン3世　?-768）
Pippin der Mittlere〈7・8世紀〉
　フランク王国の宮宰。
　⇒新カト（ペパン　635頃-714）
Pira, Panday〈15・16世紀〉
　フィリピンの鍛冶（かじ）。
　⇒岩世人（ピラ　1488-1576）
Pirandello, Luigi〈19・20世紀〉
　イタリアの劇作家,小説家。
　⇒岩世人（ピランデッロ　1867.6.28-1936.12.10）
　　ネーム（ピランデロ　1867-1936）
　　広辞7（ピランデロ　1867-1936）
　　新カト（ピランデロ　1867.6.28-1936.12.10）
Piranesi, Giambattista〈18世紀〉
　イタリアの版画家。古代ローマの遺跡を銅版画に制作。
　⇒岩世人（ピラネージ　1720.10.4-1778.11.9）
　　広辞7（ピラネージ　1720-1778）
　　新カト（ピラネージ　1720.10.4-1778.11.9）
　　芸13（ピラネージ,ジョヴァンニ・バティスタ　1720-1778）
Pirani, Marcello〈19・20世紀〉
　ドイツの物理学者。熱線真空計の発明者。
　⇒岩世人（ピラーニ（慣ピラニ）　1880.7.1-1968.1.11）
Pirenne, Henri〈19・20世紀〉
　ベルギーの歴史学者。代表作『マホメットとシャルルマーニュ』(37)。
　⇒岩世人（ピレンヌ　1862.12.23-1935.10.24）
　　ネーム（ピレンヌ　1862-1935）
　　世人新（ピレンヌ　1862-1935）
　　世人装（ピレンヌ　1862-1935）
　　20思（ピレンヌ,(ジャン)アンリ(オットー・リュシアン・マリー)　1862-1935）
Pires, Francisco〈16・17世紀〉
　キリシタン時代のポルトガル出身の来日宣教師。
　⇒新カト（ピレス　1563頃-1632.7.26）
Pirkheimer, Charitas〈15・16世紀〉
　ドイツのクラーク会女子修道院の院長。
　⇒新カト（ピルクハイマー　1467.3.21-1532.8.19）
Pirkheimer, Willibald〈15・16世紀〉
　ドイツの人文主義者。『スイス戦争』という著書がある。
　⇒岩世人（ピルクハイマー　1470.12.5-1530.12.22）
　　新カト（ピルクハイマー　1470.12.5-1530.12.22）
Pirmin〈8世紀〉
　ベネディクト会士,司教,宣教師,聖人。
　⇒新カト（ピルミン　?-750頃）
　　図聖（ピルミニウス　?-753）

Pirngadie, Mas〈19・20世紀〉
　第二次大戦前のインドネシアを代表する風景画家。
　⇒岩世人（ピルンガディ　1865-1937）
Pirogov, Nikolai Ivanovich〈19世紀〉
　ロシアの外科医。ヘルニア手術法に業績がある。
　⇒岩世人（ピロゴーフ　1810.11.13-1881.11.23）
Piroska〈11・12世紀〉
　東ローマ帝国皇帝ヨハネス2世コムネノスの皇后。
　⇒ネーム（ピロシュカ　1088-1134）
　　王妃（ピロシュカ　1088-1134）
Pirosmanashvili, Niko〈19・20世紀〉
　ロシアの画家。グルジア出身。ピロスマニと称される。
　⇒岩世人（ピロスマニ　1862.5?-1918.4.7?）
　　広辞7（ピロスマナシヴィリ　1862?-1918）
Pirquet, Clemens von〈19・20世紀〉
　オーストリアの小児科医。ツベルクリン接種を発表。
　⇒岩世人（ピルケ　1874.5.12-1929.2.28）
Pirro, André〈19・20世紀〉
　フランスの音楽理論家,音楽史家。ソルボンヌ大学音楽史教授(1912)。
　⇒岩世人（ピロ　1869.2.12-1943.11.11）
Pirrotti, Pompilio Maria〈18世紀〉
　イタリアの聖人。祝日7月15日。エスコラピオス修道会司祭。
　⇒新カト（ポンピリオ・マリア・ピロッティ　1710.9.29-1766.7.15）
Pirsson, Louis Valentine〈19・20世紀〉
　アメリカの岩石学者。イェール大学の一般地質学教授(97)となる。火成岩のノルム分類法の提案者の一人。
　⇒岩世人（ピアソン　1860.11.3-1919.12.8）
Pisacane, Carlo〈19世紀〉
　イタリアのリソルジメントの指導者。
　⇒岩世人（ピサカーネ　1818.8.22-1857.7.2）
Pisador, Diego〈16世紀〉
　スペインの作曲家。
　⇒バロ（ピサドール,ディエゴ　1509-1510-1557以降）
Pisanello, Antonio〈14・15世紀〉
　イタリアの画家。作品には,フレスコ『聖告』(22~26)など。
　⇒岩世人（ピサネッロ　1395頃-1455.9）
　　ネーム（ピサネロ　1395?-1455?）
　　広辞7（ピサネロ　1395頃-1455頃）
　　新カト（ピサネロ　1395頃-1455.10）
　　芸13（ピサネロ　1395頃-1455頃）

Pisano, Andrea〈13・14世紀〉
　イタリアの彫刻家,建築家。フィレンツェの大聖堂の建築を完成。
　⇒岩世人（ピサーノ　1290頃–1348頃）
　　広辞7（ピサーノ　1295頃–1348頃）
　　新カト（ピサーノ　1290頃–1348/1349）
　　芸13（ピサーノ,アンドレア　1290頃–1348）

Pisano, Bernardo〈15・16世紀〉
　イタリアの作曲家。
　⇒バロ（ピサーノ,ベルナルド　1490.10.12–1548.1.23）

Pisano, Giovanni〈13・14世紀〉
　イタリアの彫刻家,建築家。N.ピサーノの子。父とともにペルジアの聖堂前広場の噴水などを製作。
　⇒岩世人（ピサーノ　1250頃–1314以後）
　　ネーム（ピサーノ　1250?–1315?）
　　広辞7（ピサーノ　1250頃–1319以降）
　　新カト（ピサーノ　1245/1250頃–1314以降）
　　芸13（ピサーノ,ジョヴァンニ　1250頃–1314以後）

Pisano, Giunta〈13世紀〉
　イタリア,ピサ派画家。磔刑図の類型を創造。
　⇒岩世人（ジュンタ・ピサーノ　（活動）1236–1254）

Pisano, Nicola〈13世紀〉
　イタリアの彫刻家,建築家。1259年ピサの洗礼堂を製作。
　⇒岩世人（ピサーノ　1225頃–1280頃）
　　広辞7（ピサーノ　1220頃–1284以前）
　　新カト（ピサーノ　1220/1230頃–1278/1284頃）
　　芸13（ピサーノ,ニッコロ　1220–1284）

Pisarev, Dimitri〈19・20世紀〉
　ロシアのユダヤ知識人に影響を与えた急進的な著作家。
　⇒ユ著人（Pisarev,Dimitri　ピサレフ,ドミトリー　1872–1934）

Pisarev, Dmitrii Ivanovich〈19世紀〉
　ロシアの社会評論家,革命的民主主義者。
　⇒岩世人（ピーサレフ　1840.10.2–1868.7.4）
　　広辞7（ピーサレフ　1840–1868）

Pisari, Pasquale〈18世紀〉
　イタリアの作曲家。
　⇒バロ（ピザーリ,パスクァーレ　1725–1778.3.27）

Pisaroni, Benedetta Rosmunda〈18・19世紀〉
　イタリアのコントラルト歌手。
　⇒オペラ（ピザローニ,ベネデッタ・ロズムンダ　1793–1872）

Pischel, Karl Richard〈19・20世紀〉
　ドイツのインド学者。プラークリット語の研究を集大成した文法書を著した。
　⇒岩世人（ピッシェル　1849.1.18–1908.12.26）

Pisemskii, Aleksei Feofilaktovich〈19世紀〉
　ロシアの小説家。『なまけ者』(50)が代表作。
　⇒岩世人（ピーセムスキー　1820.3.10/1821.3.11–1881.1.21）

Pisendel, Johann Georg〈17・18世紀〉
　ドイツのヴァイオリン奏者,作曲家。
　⇒バロ（ピゼンデル,ヨハン・ゲオルク　1687.12.26–1755.11.25）

Piso Frugi, Lucius Calpurnius〈前2世紀〉
　ローマの政治家,年代記作者。護民官,コンスル,ケンソルを歴任。
　⇒岩世人（ピソ）

Pissarro, Camille〈19・20世紀〉
　フランスの画家。印象派の代表的画家から新印象主義,のち独自の様式へと転じた。
　⇒岩世人（ピサロ　1830.7.10–1903.11.12）
　　19仏（カミーユ・ピサロ　1830.7.10–1903.11.13）
　　広辞7（ピサロ　1830–1903）
　　学叢思（ピサロー,カミール　1830–1903）
　　芸13（ピサロ,カミーユ　1830–1903）
　　ポプ人（ピサロ,カミーユ　1830–1903）
　　ユ人（ピサロ,カミーユ　1830–1903）
　　ユ著人（Pissarro,Camille　ピサロ,カミーユ　1830–1903）

Pissarro, Lucien〈19・20世紀〉
　イギリスの画家,デザイナー,木版画家,印刷業者。
　⇒ユ著人（Pissarro,Lucien　ピサロ,ルシアン　1863–1944）

Pistocchi, Francesco Antonio Mamiliano〈17・18世紀〉
　イタリアのカストラートの歌手・作曲家。
　⇒バロ（ピストッキ,フランチェスコ・アントーニオ・マミリアーノ　1659–1726.5.13）
　　オペラ（ピストッキ,フランチェスコ・アントニオ　1659–1726）

Il **Pistoia**〈15・16世紀〉
　イタリアのフェラーラ宮廷で活躍したピストイア出身の詩人。
　⇒岩世人（ピストイア　1436–1502）

Pitard, Eugène Ami〈19・20世紀〉
　スイスの人類学者。ジュネーヴ大学人類学教授,国際人類学会会長。
　⇒岩世人（ピタール　1867.6.5–1962.5.11）

Pitcairn, Robert〈18世紀〉
　イギリスの航海者。
　⇒岩世人（ピトケアン　1752.5.6–1770頃）

Pithou, Pierre〈16世紀〉
　フランスのガリア主義に立つ人文主義法律家。
　⇒新カト（ピトゥー　1539.11.1–1596.11.1）

Piticchio, Francesco〈18世紀〉
イタリアの作曲家。
⇒バロ（ピティッキオ、フランチェスコ　1740頃?–1800）

Pitiriano〈16・17世紀〉
イタリアの作曲家。
⇒バロ（ピティリアーノ,?　1550頃?–1610頃?）

Pitiscus, Bartholomäus〈16・17世紀〉
ドイツの聖職者、数学者。レティクスの正弦表の誤算を改訂、出版。
⇒岩世人（ピティスクス　1561.8.24–1613.7.3）
　世数（ピティスクス、バートロメオ　1561–1613）

Pitkin, Walter Boughton〈19・20世紀〉
アメリカの心理学者、哲学者。
⇒岩世人（ピトキン　1878.2.6–1953.1.25）

Pitman, *Sir* **Isaac**〈19世紀〉
イギリスの教育家、ピットマン式速記法の発明者。
⇒岩世人（ピットマン　1813.1.4–1897.1.22）

Pitman, Norman Hinsdale〈19・20世紀〉
アメリカの教育者、作家。
⇒アア歴（Pitman,Norman Hinsdale　ノーマン・ヒンズデイル・ピットマン　1876.6.12–1925.3.6）

Pitoni, Giuseppe Ottavio〈17・18世紀〉
イタリアの作曲家。ローマ楽派の教会音楽の作曲家。
⇒バロ（ピトーニ、ジュゼッペ・オッターヴィオ　1657.3.18–1743.2.1）

Pitot, Henri〈17・18世紀〉
フランスの物理学者。流体力学を研究し〈ピトー管〉を考案（1928）、流体内の流速分布を測定。
⇒岩世人（ピトー　1695–1771）

Pitov, Vasiliĭ〈17世紀〉
ロシアの歌手。
⇒バロ（ピトフ、ワシーリー　1640頃?–1700頃?）

Pitra, Jean Baptist François〈19世紀〉
フランスの聖職者。
⇒新カト（ピトラ　1812.8.1–1889.2.9）

Pitrè, Giuseppe〈19・20世紀〉
イタリアの民俗学者。パレルモ大学教授（1910～）。
⇒岩世人（ピトレ　1841.12.21–1916.4.10）
　広辞7（ピトレ　1841–1916）

Pitt, Thomas〈17・18世紀〉
イギリスの商人。巨大なダイヤモンドをフランス王室に売却。
⇒岩世人（ピット　1653.7.5–1726.4.28）

Pitt, William〈18・19世紀〉
イギリスの政治家。ピット（大）の2男。首相として活躍。
⇒岩世人（ピット（小）　1759.5.28–1806.1.23）
　広辞7（ピット（小）　1759–1806）
　学叢思（ピット、ウィリアム　1759–1805）
　世人新（ピット〈小ピット〉　1759–1806）
　世人装（ピット〈小ピット〉　1759–1806）
　世史語（ピット　1759–1806）
　ポプ人（ピット、ウィリアム　1759–1806）
　学叢歴（ピット　1759–1806）

Pitt, William, 1st Earl of Chatham〈18世紀〉
イギリスの政治家。7年戦争（56～63）を指導。
⇒岩世人（ピット（大）　1708.11.15–1778.5.11）
　広辞7（ピット（大）　1708–1778）
　世人新（ピット〈大ピット〉　1708–1778）
　世人装（ピット〈大ピット〉　1708–1778）
　ポプ人（ピット、ウィリアム　1708–1778）

Pittakis, Kyriakos〈18・19世紀〉
ギリシアの考古学者。
⇒岩世人（ピッタキス　1798–1863.10.23）

Pittakos Mytilénaios〈前7・6世紀〉
ギリシア七賢人の一人。政治家。
⇒岩世人（ピッタコス　前650頃–前570頃）

Pittaluga Fattorini, Gustavo〈19・20世紀〉
イタリアの血液学者、寄生虫学者。
⇒岩世人（ピッタルガ　1876.10.10–1956.4.27）

Pittié, Francis〈19世紀〉
フランスの軍人、詩人。
⇒19仏（フランシス・ピティエ　1829.1.4–1886.12.3）

Pittinger, (Togie) Charles Reno〈19・20世紀〉
アメリカの大リーグ選手（投手）。
⇒メジャ（トーギー・ピッティンガー　1872.1.12–1909.1.14）

Pitt-Rivers, Augustus Henry〈19世紀〉
イギリスの軍人、人類学者。
⇒岩世人（ピット＝リヴァーズ　1827.4.14–1900.5.4）

Pius I, St.〈2世紀〉
ローマ教皇。在位140～155?。
⇒新カト（ピウス1世　?–154頃）

Pius II〈15世紀〉
教皇。在位1458～64。人文主義者。対トルコ十字軍派遣に尽力。
⇒岩世人（ピウス2世　1405.10.18–1464.8.14）
　新カト（ピウス2世　1405.10.18–1464.8.15）
　ルネ（教皇ピウス2世　1405–1464）

Pius III〈15・16世紀〉
教皇。在位1503.9.～10.。
⇒新カト（ピウス3世　1439–1503.10.18）

Pius IV〈15・16世紀〉
教皇。在位1559～65。トリエント公会議を再召集。
⇒岩世人（ピウス4世　1499.3.31–1565.12.9）
　新カト（ピウス4世　1499.3.31–1565.12.9）

Pius V, St.〈16世紀〉
教皇。在位1566～72。聖人。英女王エリザベス1世を破門、退位勧告。
⇒岩世人（ピウス5世　1504.1.17–1572.5.1）
　新カト（ピウス5世　1504.1.17–1572.5.1）
　図聖（ピウス5世　1504–1572）

Pius VI〈18世紀〉
教皇。在位1775～99。フランス軍に捕われ没した。
⇒岩世人（ピウス6世　1717.12.27–1799.8.29）
　新カト（ピウス6世　1717.12.25–1799.8.29）

Pius VII〈18・19世紀〉
教皇。在位1800～23。1809年教皇領のフランスへの完全併合、教皇の捕囚を招いた。
⇒岩世人（ピウス7世　1742.8.14–1823.8.20）
　新カト（ピウス7世　1742.8.14–1823.8.20）
　世人新（ピウス7世　1740–1823）
　世人装（ピウス7世　1740–1823）

Pius VIII〈18・19世紀〉
教皇。在位1829～30。フランス七月革命を承認。
⇒新カト（ピウス8世　1761.11.20–1830.11.30）

Pius IX〈18・19世紀〉
教皇。史上最長の在位（1846～78）を記録。
⇒岩世人（ピウス9世　1792.5.13–1878.2.7）
　新カト（ピウス9世　1792.5.13–1878.2.7）

Pius X, St.〈19・20世紀〉
教皇。在位1903～14。聖人。第1次世界大戦の勃発を非難。
⇒岩世人（ピウス10世　1835.6.2–1914.8.20）
　新カト（ピウス10世　1835.6.2–1914.8.20）

Pius XI〈19・20世紀〉
教皇。在位1922～39。古文書学の権威。
⇒岩世人（ピウス11世　1857.5.31–1939.2.10）
　新カト（ピウス11世　1857.5.31–1939.2.10）

Pius XII〈19・20世紀〉
教皇。在位1939～58。第2次世界大戦中、平和への努力を続けた。
⇒岩世人（ピウス12世　1876.3.2–1958.10.9）
　新カト（ピウス12世　1876.3.2–1958.10.9）

Pizarro, Francisco〈15・16世紀〉
スペインのインカ帝国発見、征服者。1535年首都リマを建設し全ペルーを支配。
⇒岩世人（ピサロ　1478–1541.6.26）
　広辞7（ピサロ　1478?–1541）
　世人新（ピサロ　1478頃–1541）
　世人装（ピサロ　1478頃–1541）
　世史語（ピサロ　1470頃–1541）
　ポプ人（ピサロ、フランシス　1475?–1541）
　ラテ新（ピサロ　1475頃–1541）

Pizarro, Gonzalo〈16世紀〉
スペインの探検家、征服者。F.ピサロの異母弟。兄とともにインカ帝国を征服。
⇒岩世人（ピサロ　1506頃–1548.4.10）

Pizarro, Hernando〈16世紀〉
スペインの探検家。F.ピサロの異母弟。反乱を起したインカからクスコを防衛。
⇒岩世人（ピサロ　1503頃–1578頃）

Pizzetti, Ildebrando〈19・20世紀〉
イタリアの作曲家。管弦楽曲『エディプス王』（04）などを作曲。
⇒岩世人（ピッツェッティ　1880.9.20–1968.2.13）
　オペラ（ピッツェッティ、イルデブランド　1880–1968）
　ネーム（ピッツェッティ　1880–1968）

Pla, Giuseppe〈18世紀〉
イタリアの作曲家。
⇒バロ（プラ、ジュゼッペ　1700頃?–1760頃?）

Pla, Josep〈18世紀〉
スペインの作曲家。
⇒バロ（プラ、ホセップ　1730頃?–1790頃?）

Pla, Juan Baptista〈18世紀〉
スペインの作曲家。
⇒バロ（プラ、フアン・バプティスタ　1735頃–1795頃）

Pla, Manuel〈18世紀〉
スペインの作曲家。
⇒バロ（プラ、マヌエル　1740頃?–1800頃?）

Plaatje, Solomon Tshekisho〈19・20世紀〉
南アフリカの作家、民族運動指導者。アフリカ民族会議の前身である南アフリカ先住民民族会議創設者の一人で初代書記長。
⇒岩世人（プラーキ（プラーイキ）　1876.10.9–1932.6.19）

Place, Francis〈18・19世紀〉
イギリスの急進的改革運動者。
⇒岩世人（プレイス　1771.11.3–1854.1.1/2）

Placheński〈17・18世紀〉
ポーランドの作曲家。
⇒バロ（プラヘンスキ,?　1690頃?–1750頃?）

Placidus von Disentis〈8世紀〉
殉教者、聖人。
⇒図聖（プラキドゥス（ディゼンティスの）　?–8世紀初頭）

Placidus von Subiaco〈6世紀〉
ベネディクト会士, 修道士, 聖人。
⇒新カト（プラキドゥス〔スビアコの〕 6世紀）
図聖（プラキドゥス（スビアコの））

Planche, Gustave〈19世紀〉
フランスの批評家。
⇒岩世人（プランシュ 1808.2.16–1857.9.18）

Planck, Gottlieb〈19・20世紀〉
ドイツの法学者。ドイツ民法典（BGB）の立案に関与。
⇒岩世人（プランク 1824.6.24–1910.5.20）

Planck, Gottlieb Jakob〈18・19世紀〉
ドイツのプロテスタント神学者, 教会史家。
⇒新カト（プランク 1751.11.15–1833.8.31）

Planck, Karl Christian〈19世紀〉
ドイツの哲学者。
⇒岩世人（プランク 1819.1.17–1880.6.7）
新カト（プランク 1819.1.17–1880.6.7）

Planck, Max Karl Ernst Ludwig〈19・20世紀〉
ドイツの理論物理学者。1900年エネルギー量子の仮説を提出し, 18年ノーベル物理学賞受賞。
⇒岩世人（プランク 1858.4.23–1947.10.4）
科史（プランク 1858–1947）
広辞7（プランク 1858–1947）
学叢思（プランク, マックス 1858–?）
物理（プランク, マックス・カール・エルンスト・ルートヴィヒ 1858–1947）
世人新（プランク 1858–1947）
世人装（プランク 1858–1947）
20思（プランク, マックス（カール・エルンスト・ルートヴィヒ） 1858–1947）
ノ物化（マックス・カール・エルンスト・プランク 1858–1947）
ポプ人（プランク, マックス 1858–1947）

Planiol, Marcel〈19・20世紀〉
フランスの民法学者。
⇒岩世人（プラニオル 1853.9.23–1931.8.31）

Plank, Edward Stewart〈19・20世紀〉
アメリカの大リーグ選手（投手）。
⇒メジャ（エディー・プランク 1875.8.31–1926.2.24）

Plank, Julius Wilhelm〈19世紀〉
ドイツの訴訟法学者。
⇒学叢思（プランク, ユリウス・ヴィルヘルム 1817–1900）

Planque, Augustin〈19・20世紀〉
フランス出身のアフリカ宣教会の総会長。
⇒新カト（プランク 1826.7.25–1907.8.21）

Planquette, Jean Robert〈19・20世紀〉
フランスの作曲家。オッフェンバックの影響をうけたオペレッタ作曲家。
⇒岩世人（プランケット 1848.7.31–1903.1.28）

Planson, Jean〈16・17世紀〉
フランスの作曲家。
⇒バロ（プランソン, ジャン 1559頃–1612以降）

Planta, Robert von〈19・20世紀〉
スイスの言語学者。特に古代イタリア語派の諸方言, レト・ロマン語を研究。
⇒岩世人（プランタ 1864.3.7–1937.12.12）

Planté, Raimond Louis Gaston〈19世紀〉
フランスの電気学者。最初の蓄電池を作った（59）。
⇒岩世人（プランテ 1834.4.22–1889.5.21）

Plantin, Christophe〈16世紀〉
フランスの製本家, 印刷者, 出版者。『多国語新訳聖書』（1569～72）を出版。
⇒岩世人（プランタン 1520頃–1589.7.1）

Planudes Maximus〈13・14世紀〉
ビザンチン期の文献学者。文学, 歴史, 地理, 数学にわたる古典作品の校訂と注解を行った。
⇒岩世人（プラヌデス・マクシモス 1260頃–1330）

Plasencia, Juan de〈16世紀〉
フランシスコ会の伝道師。
⇒新カト（プラセンシア ?–1590）

Plassmann, Hermann Ernst〈19世紀〉
ドイツのトマス学派の哲学者。
⇒新カト（プラスマン 1817.10.27–1864.7.23）

Plate, Ludwig〈19・20世紀〉
ドイツの動物学者。軟体動物, 発生論, 遺伝学などを研究。
⇒岩世人（プラーテ 1862.8.16–1937.11.16）

Plateau, Joseph Antoine Ferdinand〈19世紀〉
ベルギーの物理学者。
⇒世数（プラトー, ジョゼフ・アントワーヌ・フェルディナンド 1801–1883）

Platen, August, Graf von Platen-Hallermund〈18・19世紀〉
ドイツの詩人。作品『ベネチアのソネット』（25）。
⇒岩世人（プラーテン 1796.10.24–1835.12.5）

Platner, Ernst〈18・19世紀〉
ドイツの生理学者, 哲学者。
⇒岩世人（プラートナー 1744.6.11–1818.12.27）

Platōn〈前5・4世紀〉
ギリシアの哲学者。イデア論を形成してソフィストに対抗。
⇒岩世人（プラトン 前427–前347）
覚思（プラトン 前427–前347）

覚思ス（プラトン　前427–前347）
広辞7（プラトン　前427–前347）
学叢思（プラトン　前427頃–?）
新カト（プラトン　前428/前427–前348/前347）
物理（プラトン　前427前–前347）
図哲（プラトン　前427頃–前347頃）
世人新（プラトン　前428頃–前347）
世人装（プラトン　前428頃–前347）
世史語（プラトン　前429頃–前347）
ポプ人（プラトン　前427?–前347?）
メル1（プラトン　前429/前427?–前347）
学叢歴（プラトン　前429–前347）

Platōn〈18・19世紀〉
ロシア正教会モスクヴァ府主教。
⇒新カト（プラトン　1737.7.10–1812.11.23）

Platōn Kōmikos〈前5・4世紀〉
アテナイの喜劇詩人。
⇒岩世人（プラトン（喜劇詩人）（活動）前428頃–前390頃）

Platonov, Sergei Fëdorovich〈19・20世紀〉
ロシアの歴史家。動乱時代（1600〜13）について研究。
⇒岩世人（プラトーノフ　1860.6.16/28–1933.1.10）

Platt, Orville Hitchcock〈19・20世紀〉
アメリカの法律家, 政治家。上院議員として活躍。
⇒世人新（プラット　1827–1905）
　世人装（プラット　1827–1905）

Platter, Felix〈16・17世紀〉
スイスの医者, 精神病理学者。
⇒岩世人（プラッター　1536.10–1614.7.28）

Platti, Giovanni Benedetto〈17・18世紀〉
イタリアの作曲家。
⇒バロ（プラッティ, ジョヴァンニ・ベネデット　1697.7.9–1763.1.11）

Plaut, Hugo Carl〈19・20世紀〉
ドイツの細菌学者。
⇒ユ著人（Plaut, Hugo Carl　プラウ, ウーゴ・シャル　1858–1928）

Plautus, Titus Maccius〈前3・2世紀〉
ローマの喜劇作家。代表作は『バッキス姉妹』『幽霊屋敷』など。
⇒岩世人（プラウトゥス　前254頃–前184）
　ネーム（プラウトゥス　前254?–前184）
　広辞7（プラウトゥス　前254頃–前184頃）

Playfair, Alfred William〈19・20世紀〉
カナダの英文学者。慶応義塾大学, 東京高等師範学校他で英文学を教授。
⇒岩世人（プレイフェア　1870.9.1–1917.12.28）

Playfair, John〈18・19世紀〉
イギリスの数学者, 地質学者。地質学, 鉱物学についてはハットンの影響を受けた。
⇒岩世人（プレイフェア　1748.3.10–1819.7.20）

Plechelm〈7・8世紀〉
聖人。祝日7月15日。おそらくアングロ・サクソン系出身の司教。
⇒新カト（プレヘルム　?–713頃）

Plečnik, Jože〈19・20世紀〉
スロベニア生まれの建築家。
⇒岩世人（プレチュニク　1872.1.23–1957.1.7）

Pleistarchos〈前5世紀〉
アギス朝のスパルタ王。
⇒世帝（プレイスタルコス　?–前458）

Pleistoanax〈前5世紀〉
古代ギリシアのスパルタのアギス家の王。
⇒世帝（プレイストアナクス　（在位）前458–前445, 前428–前409）

Plekhanov, Georgii Valentinovich〈19・20世紀〉
ロシアの革命家, 思想家。『土地と自由』結社の綱領作成に参加。1883年ロシア初のマルクス主義グループ「労働解放団」を組織。主著『社会主義と政治闘争』（83）, 『われらの意見の相違』（84）, 『歴史における個人の役割』（98）。
⇒岩世人（プレハーノフ　1856.11.29/12.11–1918.5.30）
　ネーム（プレハーノフ　1856–1918）
　広辞7（プレハーノフ　1856–1918）
　学叢思（プレハーノフ, ゲオルグ　1856–1918）
　世人新（プレハーノフ　1856–1918）
　世人装（プレハーノフ　1856–1918）
　世史語（プレハーノフ　1856–1918）
　ポプ人（プレハーノフ, ゲオルギー　1856–1918）
　メル3（プレハーノフ, ゲオルギー　1856–1918）

Plektrudis〈7・8世紀〉
フランク王国の貴族, 聖人。祝日8月10日, 11日, または9月18日。
⇒新カト（プレクトルーディス　?–717以後）

Pleshcheev, Aleksei Nikolaevich〈19世紀〉
ロシアの詩人。代表作の『恐れず疑わず前進せよ！』は革命歌になっている。
⇒岩世人（プレシチェーエフ　1825.11.22–1893.9.26）

Plessis〈18世紀〉
フランスの作曲家。
⇒バロ（プレシー, ?　1700頃?–1760頃?）

Plethōn, Georgios Gemistos〈14・15世紀〉
ビザンチンの哲学者, 人文学者。主著『法律』。
⇒岩世人（プレトン　1355頃–1452.6.25）

学叢思（プレトン，ゲオルギオス・ゲミストス　1355-1450）
新カト（プレトン　1355頃-1452）

Plettenberg, Walter von〈15・16世紀〉
リボニア騎士団長。在職1494～1535。
⇒岩世人（プレッテンベルク　1450頃-1535.2.28）

Pleve, Vyacheslav Konstantinovich〈19・20世紀〉
ロシアの内相，憲兵長官。在職1902～04。
⇒岩世人（プレーヴェ　1846.4.4-1904.7.15）

Pleydenwulff, Hans〈15世紀〉
ドイツの画家。聖エリザベト聖堂の主祭壇画を制作（1462完成）。
⇒芸13（プライデンヴルフ，ハンス　1430-1472）

Pleyel, Ignaz Joseph〈18・19世紀〉
オーストリアの作曲家。
⇒バロ（プレイエル，イグナーツ・ヨーゼフ　1757.6.18-1831.11.14）

Plimsoll, Samuel〈19世紀〉
イギリスの船積改良家，政治家。
⇒岩世人（プリムソル　1824.2.10-1898.6.3）

Plinius Caecilius Secundus Minor, Gaius〈1・2世紀〉
ローマの書簡作家。大プリニウスの甥で養子。
⇒岩世人（プリニウス（小）　61/62-114以前）
広辞7（プリニウス（小）　61頃-113頃）
学叢思（プリニウス或いはプリニー　62-115）
新カト（プリニウス）

Plinius Secundus Major, Gaius〈1世紀〉
ローマの百科全書学者。2万項目からなる百科全書『博物誌』（37巻）の編者。
⇒岩世人（プリニウス（大）　23/24-79）
ネーム（プリニウス（大）　23?-79）
広辞7（プリニウス（大）　23-79）
学叢思（プリニウス或いはプリニー　23-79）
新カト（プリニウス）
世人新（プリニウス（大プリニウス）　23/24-79）
世人装（プリニウス（大プリニウス）　23/24-79）
世史語（プリニウス　23頃-79）
ポプ人（プリニウス　23?-79）

Plōtinos〈3世紀〉
新プラトン派最大の哲学者。
⇒岩世人（プロティノス　205-270）
ネーム（プロティノス　205-270）
広辞7（プロティノス　205-270）
学叢思（プロティノス　205-270）
新カト（プロティノス　205/206-270）
世人新（プロティノス　205頃-270頃）
世人装（プロティノス　205頃-270頃）
メル1（プロティノス　205-270）

Ploucquet, Gottfried〈18世紀〉
ドイツの哲学者。近代論理計算の先駆者。

⇒岩世人（プルーケ　1716.8.25-1790.9.13）

Pluche, Noël-Antoine〈17・18世紀〉
フランスの言語教育者。
⇒岩世人（プリュシュ　1688.11.13-1761.11.19）

Plücker, Julius〈19世紀〉
ドイツの物理学者，数学者。
⇒岩世人（プリュッカー　1801.7.16-1868.5.22）
世数（プリュッカー，ユリウス　1801-1868）

Plumer, Herbert Charles Onslow, 1st Viscount of〈19・20世紀〉
イギリスの軍人。
⇒岩世人（プルーマー　1857.3.13-1932.7.16）

Plummer, Alfred〈19・20世紀〉
イギリスのプロテスタント神学者。
⇒岩世人（プラマー　1841.2.17-1926.4.19）

Plummer, John〈15世紀〉
イギリスの作曲家。
⇒バロ（プラマー，ジョン　1410頃-1484頃）

Plunket, Oliver〈17世紀〉
アイルランドのカトリック聖職者。1678年カトリックの陰謀に巻込まれ，81年に処刑された。
⇒岩世人（プランケット　1629-1681.7.11）
新カト（オリヴァー・プランケット　1629-1681.7.1）

Plunkett, Sir Francis Richard〈19・20世紀〉
イギリスの外交官。駐日イギリス特命全権公使。
⇒岩世人（プランケット　1835.2.3-1907.2.28）

Plunkett, Sir Horace Curzon〈19・20世紀〉
アイルランドの農業協同組合運動の指導者，政治家。
⇒岩世人（プランケット　1854.10.24-1932.3.26）

Plutarchos〈1・2世紀〉
ギリシアの哲学者，伝記作家。『プルターク英雄伝』『エチカ』などが現存。
⇒岩世人（プルタルコス　45頃-120以後）
ネーム（プルタルコス　46?-120?）
広辞7（プルタルコス　46頃-120頃）
学叢思（プルタルコス　46頃-120頃）
新カト（プルタルコス〔カイロネイアの〕　46/48-120頃）
世人新（プルタルコス（プルターク）　46頃/50頃-120頃）
世人装（プルタルコス（プルターク）　46頃/50頃-120頃）
世史語（プルタルコス　46頃-120頃）
ポプ人（プルタルコス　46?-120?）
メル1（プルタルコス（カイロネイアの）　45?-120/125?）

Plutarchos〈4・5世紀〉
ギリシアの哲学者。アテネのプラトン派の指

導者。
⇒岩世人（プルタルコス（アテナイの）　?–431/432）

Po〈18世紀〉
イタリアの作曲家。
⇒バロ（ポー,?　1700頃?–1760頃?）

Pobedonostsev, Konstantin Petrovich〈19・20世紀〉
ロシアの政治家,法律家。モスクワ大学の民法の教授（59～65）。憲法や言論の自由を否定。
⇒岩世人（ポベドノースツェフ　1827.5.21–1907.3.10）
　新カト（ポベドノースツェフ　1827.6.2–1907.3.23）

Pobre de Zamora, Juan〈16・17世紀〉
フランシスコ会員。スペインのカスティリャ・イ・レオンのサモラに生まれる。
⇒新カト（ポブレ・デ・サモラ　?–1614/1615）

Pobre Diaz Pardo, Juan〈16・17世紀〉
フランシスコ会員。スペイン南部サンルカル・デ・バラメダ生まれ。フランシスコ会日本宣教の先駆者。
⇒新カト（ポブレ・ディアス・パルド　1514–1616）

Pocahontas〈16・17世紀〉
アメリカインディアンの酋長ポーハタンの娘。植民者に誘拐され,白人に順応したインディアンの王女。
⇒アメ新（ポカホンタス　1595–1617）
　岩世人（ポカホンタス　1595頃–1617.3.21）
　姫全（ポカホンタス　1595–1617）
　ネーム（ポカホンタス）

Pocci, Franz von〈19世紀〉
ドイツの詩人,音楽家,画家。
⇒岩世人（ポッツィ　1807.3.7–1876.5.7）

Pöch, Rudolf〈19・20世紀〉
オーストリアの医師,民族学者。ニューギニアの小人,南アフリカのブッシュマン族の民族学的研究を行った。
⇒岩世人（ペッヒ　1870.4.17–1921.3.4）

Pockels, Agnes〈19・20世紀〉
ドイツの主婦・女性化学者。
⇒物理（ポッケルス,アグネス　1862–1935）

Podaleirios
ギリシア神話,医神アスクレピオスの子。
⇒岩世人（ポダレイリオス）

Podbielski, Christian Wilhelm〈18世紀〉
ポーランドの作曲家。
⇒バロ（ポドビェルスキ,クリスティアン・ヴィルヘルム　1740–1792）

Podbielski, Jan〈17世紀〉
ポーランドの作曲家。
⇒バロ（ポドビェルスキ,ヤン　1630頃?–1690頃?）

Podiebrad, Georg von〈15世紀〉
ボヘミアの王。在位1453～71。教皇ピウス2世と対立し,破門された。
⇒岩世人（イジー（ポジェブラディの）　1420.4.14–1471.3.13）
　世帝（イジー・ス・クンシュタート・ア・ポジェブラト　1420–1471）

Podolski〈17世紀〉
ポーランドの作曲家。
⇒バロ（ポドルスキ,?　1640頃?–1700頃?）

Poe, Edgar Allan〈19世紀〉
アメリカの詩人,評論家,小説家。『黒猫』（34）などの短篇がある。
⇒アメ新（ポー　1809–1849）
　岩世人（ポー　1809.1.19–1849.10.7）
　広辞7（ポー　1809–1849）
　学叢思（ポー,エドガー・アラン　1809–1849）
　新カト（ポー　1809.1.19–1849.10.7）
　スパイ（ポー,エドガー・アラン　1809–1849）
　世人新（ポー　1809–1849）
　世人装（ポー　1809–1849）
　ポブ人（ポー,エドガー・アラン　1809–1849）

Poe Hlaing, Yaw Atwinwun〈19世紀〉
ビルマの政治家。
⇒岩世人（ポーフライン　1830.4.2–1883.8.26）

Poel, William〈19・20世紀〉
イギリスの俳優,演出家。1894年エリザベス朝舞台協会（～1905）を結成。
⇒岩世人（ポウエル　1852–1934.12.13）

Poelaert, Joseph〈19世紀〉
ベルギーの建築家。代表作はブリュッセル裁判所。
⇒岩世人（プーラールト（プーラール）　1817.3.21–1879.11.3）

Poelenburgh, Cornelisz van〈16・17世紀〉
オランダの画家。ローマでエルスハイマーの影響をうけ,肖像や風景や宗教画を描いた。
⇒岩世人（ファン・プーレンブルフ　1594.1.21–1667.8.12）

Poelzig, Hans〈19・20世紀〉
ドイツの建築家。マックス・ラインハルト劇場（19）の建築者。
⇒岩世人（ペルツィヒ　1869.4.30–1936.6.14）

Poerio, Alessandro〈19世紀〉
イタリアのリソルジメント運動家。ベネチア共和国防衛戦で戦死。
⇒岩世人（ポエーリオ　1802.8.27–1848.11.3）

Poggendorff, Johann Christian〈18・19世紀〉
ドイツの物理学者,科学史家。

⇒岩世人（ポッゲンドルフ　1796.12.29–1877.1.24）

Poggi, Antonio〈19世紀〉
イタリアのテノール歌手。
⇒オペラ（ポッジ，アントニオ　1806–1875）

Poggio Bracciolini, Gian Francesco
〈14・15世紀〉
イタリアの人文学者，文献学の開拓者。『雄弁論』，などの古代写本を発掘し，『フィレンツェ史』を書いた。
⇒岩世人（ポッジョ・ブラッチョリーニ　1380.2.11–1459.10.30）

Poglietti, Alessandro de〈17世紀〉
イタリアの作曲家。
⇒バロ（ポリエッティ，アレッサンドロ・デ　1640頃?–1683.7）

Pogodin, Mikhail Petrovich〈18・19世紀〉
ロシアの歴史家。モスクワ大学教授（1835～44），ペテルブルグ大学アカデミー会員（41～）。
⇒岩世人（ポゴージン　1800.11.11–1875.12.8）

Pohle, David〈17世紀〉
ドイツの作曲家。
⇒バロ（ポーレ，ダーヴィト　1624–1695.12.20）

Pöhlmann, Robert von〈19・20世紀〉
ドイツの古代史家。エルランゲン（1884），ミュンヘン（1900）の各大学教授。
⇒岩世人（ペールマン　1852.10.31–1914.9.27）

Poictevin, Francis〈19・20世紀〉
フランスの作家。
⇒19仏（フランシス・ポワクトヴァン　1854.6.27–1904.5.2）

Poimen〈5世紀〉
スケティスの隠修士。聖人。祝日8月27日。
⇒新カト（ポイメン　?–450頃）

Poincaré, Jules Henri〈19・20世紀〉
フランスの数学者，科学思想家。数学，数理物理学，天文学などに業績がある。
⇒岩世人（ポワンカレ　1854.4.29–1912.7.17）
　科史（ポアンカレ　1854–1912）
　ネーム（ポワンカレ　1854–1912）
　広辞7（ポアンカレ　1854–1912）
　学叢思（ポアンカレ，アンリ　1854–1912）
　新カト（ポアンカレ　1854.4.29–1912.7.17）
　物理（ポアンカレ，ジュール・アンリ　1854–1912）
　世数（ポアンカレ，ジュール・アンリ　1854–1912）
　20思（ポアンカレ，（ジュール）アンリ　1854–1912）
　ポプ人（ポアンカレ，ジュール・アンリ　1854–1912）
　メル3（ポアンカレ，アンリ　1854–1912）

Poincaré, Raymond Nicolas Landry〈19・20世紀〉
フランスの政治家，弁護士。大統領として第1次世界大戦下「神聖連合」の挙国一致体制を成立させた。
⇒岩世人（ポワンカレ　1860.8.20–1934.10.15）
　広辞7（ポアンカレ　1860–1934）
　世人新（ポワンカレ（ポアンカレ）　1860–1934）
　世人装（ポワンカレ（ポアンカレ）　1860–1934）

Poinsot, Louis〈18・19世紀〉
フランスの数学者。
⇒岩世人（ポアンソ　1777.1.3–1859.12.5）
　世数（ポアンソ，ルイ　1777–1859）

Poiret, Paul〈19・20世紀〉
フランスのファッション・デザイナー。
⇒岩世人（ポワレ　1879.4.20–1944.4.28/30）
　広辞7（ポワレ　1879–1944）

Poiret, Pierre〈17・18世紀〉
フランスの神秘思想家。
⇒岩世人（ポワレ　1646.4.15–1719.5.21）
　学叢思（ポアレー，ピエール　1646–1719）
　新カト　1646.4.15–1719.5.21）

Poiseuille, Jean-Léonard-Marie〈18・19世紀〉
フランスの医者。
⇒岩世人（ポワズイユ　1797.4.22–1869.12.26）

Poisson, Pierre〈19・20世紀〉
フランスの彫刻家。記念碑，胸像，レリーフを制作。
⇒芸13（ポアソン，ピエル　1876–1953）

Poisson, Siméon Denis〈18・19世紀〉
フランスの数学者，物理学者。ポテンシャルに関するポアソン方程式などの業績がある。
⇒岩世人（ポアソン　1781.6.21–1840.4.25）
　広辞7（ポアソン　1781–1840）
　物理（ポアソン，シメオン・ドニ　1781–1840）
　世数（ポアソン，シメオン・ドニ　1781–1840）

Poitevin, Guillaume〈17・18世紀〉
フランスの作曲家。
⇒バロ（ポワトヴァン，ギョーム　1646.10.2–1706.1.26）

Po Klaung Garai
中部ベトナムにあった国家チャンパーの伝説上の王。
⇒岩世人（ポー・クロン・ガライ）

Pokorny, Franz Xaver Thomas〈18世紀〉
ボヘミアの作曲家。
⇒バロ（ポコルニー，フランティシェク・クサヴァー・トーマス　1729.12.20–1794.7.2）

Pokrovskii, Mikhail Nikolaevich〈19・

20世紀〉
ソ連の歴史家。1918年5月新生ソビエト政府の教育人民委員。
⇒岩世人（ポクロフスキー　1868.8.17/29–1932.4.10）
　広辞7（ポクロフスキー　1868–1932）
　学叢思（ポクロフスキー　1868–?）

Polak, Henry〈19・20世紀〉
オランダの社会主義者。
⇒学叢思（ポラック, ヘンリイ　1868–?）

Polaroli〈17・18世紀〉
イタリアの作曲家。
⇒バロ（ポラローリ,?　1680頃?–1740頃）

Pole, Reginald〈15・16世紀〉
イギリス、カンタベリー大司教。1556年カンタベリー大司教となり、国教会の旧教化を促進。
⇒岩世人（プール　1500.3–1558.11.17）
　新カト（ポール　1500.3.3–1558.11.17）

Polem, Panglima〈19・20世紀〉
インドネシア、アチェ戦争後半の軍事指導者。
⇒岩世人（ポレム, パンリマ　1879–1940）

Polemōn〈前4・3世紀〉
ギリシアの哲学者。
⇒岩世人（ポレモン　前350頃–前270頃）
　メル1（ポレモン　前350/前340?–前273/前270?）

Polenz, Wilhelm von〈19・20世紀〉
ドイツの作家。郷土芸術の先駆者の一人であり、自然主義の影響をうけた。
⇒岩世人（ポーレンツ　1861.1.14–1903.11.13）

Polevoi, Nikolai Alekseevich〈18・19世紀〉
ロシアの評論家、作家。
⇒岩世人（ポレヴォイ　1796.6.22–1846.2.22）

Polezhaev, Aleksandr Ivanovich〈19世紀〉
ロシアの詩人。叙事詩『サーシカ』において専制を攻撃したかどで、兵卒勤務を命ぜられ、多くの戦闘に参加。
⇒岩世人（ポレジャーエフ　1804.8.30–1838.1.16）
　ネーム（ポレジャーエフ　1804–1838）

Polgar, Alfred〈19・20世紀〉
オーストリアの作家、劇評家。
⇒岩世人（ポルガー　1873.10.17–1955.4.24）
　ユ著人（Polgar, Alfred　ポルガー, アルフレート　1873–1955）

Polgrave, Robert Harry Inglis〈19・20世紀〉
イギリスの経済学者、銀行家。
⇒学叢思（ポールグレーヴ, ロバート・ハーリー・イングリス　1827–?）

Polhem, Christopher〈17・18世紀〉
スウェーデンの技術者、発明家。種々の機械を発明し、時に「スウェーデン機械学の父」とよばれる。
⇒岩世人（プールヘム　1661.12.18–1751.8.30）

Policki〈18世紀〉
ポーランドの作曲家。
⇒バロ（ポリツキ,?　1700頃?–1760頃?）

Polignac, Armand Jules François, Duc de〈18・19世紀〉
フランスの貴族。ルイ16世の廷臣。
⇒岩世人（ポリニャック　1745–1817.9.21）

Polignac, Armand Jules Marie Héraclius, Duc de〈18・19世紀〉
フランスの政治家。ナポレオン1世に対する陰謀に加わり（1804）、長く獄中にいた（04～13）。
⇒岩世人（ポリニャック　1771.1.15–1847.3.1）

Polignac, Auguste Jules Armand Marie, Prince de〈18・19世紀〉
フランス、復古王政期の政治家。
⇒岩世人（ポリニャック　1780.5.14–1847.3.22）
　学叢歴（ポリニャック　1780–1847）

Polignac, Melchior de〈17・18世紀〉
フランスの貴族。ルイ14世、ルイ15世の時代の外交官、聖職者。
⇒岩世人（ポリニャック　1661.10.11–1741.11.20）

Politzer, Adam〈19・20世紀〉
オーストリアの耳科医。耳管炎の新治療法を示した。
⇒岩世人（ポーリッツァー　1835.10.1–1920.9.10）

Poliziano, Angelo Ambrogini〈15世紀〉
イタリアの詩人、人文主義者、古典学者。『騎馬試合の歌』（75～8）が代表作。
⇒岩世人（ポリツィアーノ　1454.7.14–1494.9.28）
　ネーム（ポリツィアーノ　1454–1494）
　広辞7（ポリツィアーノ　1454–1494）
　新カト（ポリツィアーノ　1454.7.14–1494.9.29）

Polk, James Knox〈18・19世紀〉
第11代アメリカ大統領。1844年アメリカ史上最も若く大統領当選。合衆国の領土拡大を実現。
⇒岩世人（ポーク　1795.11.2–1849.6.15）

Polk, May〈19・20世紀〉
アメリカの図書館司書。
⇒アア歴（Polk, May　メイ・ポーク　1864.2.10–1924.4.12）

Pollaiuolo, Antonio〈15世紀〉
イタリアの鋳金家、彫刻家、画家、版画家。絵画『裸体の男たちの闘争』が主作品。
⇒岩世人（ポッライウオーロ　1432頃–1498.2.4）
　ネーム（ポライウオーロ　1432?–1498）

新カト（ポライウオーロ 1431/1432–1498）
芸13（ポライウォーロ兄弟 1432–1498頃）

Pollaiuolo, Piero〈15世紀〉
イタリアの画家。『聖母戴冠』(83) など。
⇒岩世人（ポッライウオーロ 1441頃–1496）
芸13（ポライウォーロ兄弟 1441–1496頃）
芸13（ポライウオロ, ピエロ 1443–1496）

Pollard, Albert Frederick〈19・20世紀〉
イギリスの歴史家。チューダー朝研究の権威者。1906年「歴史学会」を創設。
⇒岩世人（ポラード 1869.12.16–1948.8.3）

Pollard, Alfred William〈19・20世紀〉
イギリスの書誌学者。シェークスピア本文研究者。
⇒岩世人（ポラード 1859.8.14–1944.3.8）

Pollarolo, Carlo Francesco〈17・18世紀〉
イタリアの作曲家, オルガン奏者。
⇒バロ（ポッラローロ, カルロ・フランチェスコ 1653–1723.2.7）

Pollarolo, Giovanni Antonio〈17・18世紀〉
イタリアの作曲家。
⇒バロ（ポッラローロ, ジョヴァンニ・アントーニオ 1676.11.12–1746.5.30）

Pollio〈3・4世紀〉
パンノニアのキバリスの教会の読師。聖人, 殉教者。祝日4月27日。
⇒新カト（ポリオ ?–4世紀初頭）

Pollio, Gaius Asinius〈前1・後1世紀〉
ローマの文人, 政治家。文芸保護者として名高く, イタリア最初の図書館を開いた。
⇒岩世人（アシニウス・ポッリオ 前76–後5）

Pollock, Sir Frederick〈19・20世紀〉
イギリスの法学者。1914年シンク・ポーツの海事裁判所裁判官。分析法学と歴史法学の総合を試みた。
⇒岩世人（ポロック 1845.12.10–1937.1.21）

Polonceau, Jean Barthélemy Camille〈19世紀〉
フランスの鉄道技師, 建築家。オルレアンの鉄道局長となる (1848～)。
⇒岩世人（ポロンソー 1813.10.29–1859.9.21）

Polonskii, Iakov Petrovich〈19世紀〉
ロシアの詩人。自然派, 土地主義, 神秘主義と思想の遍歴がみられる。
⇒岩世人（ポロンスキー 1819.12.6–1898.10.18）

Polsbroeck, Dirk de Graeff van〈19世紀〉
幕末のオランダ駐日外交官。伯爵。オランダ商人スネルの奥羽大同盟支援の件で首席判事を務

めた。
⇒岩世人（ポルスブルック 1833.8.28–1916.6.27）

Poluklēs〈前2世紀〉
古代ギリシアの彫刻家。
⇒芸13（ポリュクレス 前2世紀前半）

Polybios〈前3・2世紀〉
ギリシアの歴史家。ローマ帝国の歴史をまとめた『歴史』が主著。
⇒リュビオス（ポリュビオス 前200頃–前118頃）
ネーム（ポリュビオス 前200?–前120?）
広辞7（ポリュビオス 前200頃–前118頃）
学叢思（ポリビユース 前210–前127）
世人（ポリュビオス（ポリビオス） 前200–前120頃）
世人装（ポリュビオス（ポリビオス） 前200–前120頃）
世史語（ポリビオス 前200頃–前120頃）
ポブ人（ポリビオス 前200?–前120?）

Polydectes
ギリシア神話で, ペルセウスが育ったセリポス島の王。
⇒ネーム（ポリュデクテス）

Polydeukēs
ギリシア神話, テュンダレオスの息子たち。
⇒岩世人（テュンダリダイ）

Polydeukēs, Iūlios〈2世紀〉
ギリシアの修辞家。
⇒岩世人（ポリュデウケス 2世紀）

Polydōros
ギリシア神話, アレスとアフロディテの娘ハルモニアの子。
⇒岩世人（ポリュドロス）

Polydōros
ギリシア神話のトロヤ戦争のときのトロヤ王子。
⇒岩世人（ポリュドロス）

Polydoros〈前1世紀〉
ヘレニズム時代の彫刻家。
⇒芸13（ポリュドロス 前1世紀半頃）

Polyeuctes〈3世紀〉
聖人, 殉教者。祝日1月7日。デキウス帝, もしくはウァレリアヌス帝の治下に, メリテネで殉教。
⇒新カト（ポリュエウクテス ?–250頃）

Polyeuktos〈前4・3世紀〉
古代ギリシアの彫刻家。主作品は青銅の『デモステネス』の像。
⇒岩世人（ポリュエウクトス）
芸13（ポリュエウクトス）

Polygnotos〈前5世紀〉
古代ギリシアの画家。作品に『トロイ落城』の大壁画がある。
⇒岩世人（ポリュグノトス （活動）前475頃–前

447頃)
　　ネーム（ポリュグノトス）
　　芸13（ポリュグノトス）
Polykarpos〈1・2世紀〉
小アジアのスミルナの司教。教会著述家のなかで最古世代の使徒教父。
　⇒岩世人（ポリュカルポス（スミュルナの）　69頃-155頃)
　　新カト（ポリュカルポス　69/70-155/156/167）
Polykleitos〈前5世紀〉
ギリシアの彫刻家。
　⇒岩世人（ポリュクレイトス　（活動）前452頃-前405頃)
　　ネーム（ポリュクレイトス）
　　広辞7（ポリュクレイトス　前5世紀）
　　芸13（ポリュクレイトス）
　　世人新（ポリュクレイトス　生没年不詳）
　　世人装（ポリュクレイトス　生没年不詳）
Polykratēs〈前6世紀〉
古代ギリシアのサモスの僭主。活発な外交政策によりサモスの強大化をはかった。
　⇒岩世人（ポリュクラテス　?-前522頃）
Polykrates〈2世紀〉
エフェソスの司教。
　⇒新カト（ポリュクラテス〔エフェソスの〕　?-190頃)
Polyneikēs
ギリシア神話、テバイ王オイディプスとイオカステの子。
　⇒岩世人（ポリュネイケス）
Polyperchōn〈前4・3世紀〉
マケドニアの貴族。
　⇒岩世人（ポリュペルコン　前380年代-前290年代）
Polystrate〈前2世紀〉
哲学者。エピクロス学派の学頭。
　⇒メル1（ポリュストラトス　前2世紀半ば）
Polyxene
ギリシア神話、トロイア王プリアモスとヘカベとの娘。
　⇒岩世人（ポリュクセネ）
Pomare II〈18・19世紀〉
タヒチ島を統一した王。在位1803〜21。
　⇒岩世人（ポマレ2世　1782頃-1821）
Pombal, Sebastião José de Carvalho e Mello, Maruquês de〈17・18世紀〉
ポルトガルの政治家。侯爵。
　⇒岩世人（ポンバル　1699.5.13-1782.5.8）
　　新カト（ポンバル　1699.5.13-1782.5.8）
Pomerio, Giovanni〈16・17世紀〉
キリシタン時代のイエズス会員。イタリアのトリノ教区生まれ。

　⇒新カト（ポメリオ　1561/1562-1618.2.2)
Pomerius, Julianus〈5世紀〉
アフリカ出身の修徳著作家。
　⇒新カト（ユリアヌス・ポメリウス　?-500頃）
Pomialovskii, Nikolai Gerasimovich〈19世紀〉
ロシアの作家。小説『モロトフ』『小市民的幸福』(61)、『神学校の記録』(62〜3)など。
　⇒岩世人（ポミャロフスキー　1835.4.11-1863.10.5)
Pommier, Albert〈19世紀〉
フランスの彫刻家。
　⇒芸13（ポミエ、アルベール　1880-?）
Pompadour, Jeanne-Antoinette Poisson, Marquise de〈18世紀〉
フランス国王ルイ15世の愛妾。1745年侯爵夫人の称号を受けてポンパドゥール夫人となった。
　⇒岩世人（ポンパドゥール　1721.12.29-1764.4.15)
　　姫全（ポンパドゥール夫人　1721-1764）
　　ネーム（ポンパドゥール　1721-1764）
　　世人新（ポンパドゥール　1721-1764）
　　世人装（ポンパドゥール　1721-1764）
Pompallier, Jean-Baptiste-François〈19世紀〉
フランス出身のオセアニア宣教師、司教。
　⇒新カト（ポンパリエ　1801.12.11-1871.12.21）
Pompeius Magnus, Gnaeus〈前2・1世紀〉
ローマの軍人、政治家。第1回三頭政治の一員。大ポンペイウス。
　⇒岩世人（ポンペイウス・マグヌス　前106.9.29-前48.9.28)
　　ネーム（ポンペイウス　前106-前48）
　　広辞7（ポンペイウス　前106-前48）
　　新カト（ポンペイウス　前106.9.29-前48.9.28）
　　世人新（ポンペイウス〈大ポンペイウス〉　前106-前48)
　　世人装（ポンペイウス〈大ポンペイウス〉　前106-前48)
　　世史語（ポンペイウス　前106-前48）
　　ポプ人（ポンペイウス　前106-前48）
　　ユ人（ポンペイ（グナエウス・ポンペイウス・マグナス）　前108-前48)
　　学叢歴（ポンペイウス　前106-前48）
Pompeius Magnus, Gnaeus〈前1世紀〉
ローマの軍人、政治家。エジプトでカエサル軍と戦い、父の死後スペインで敗死。大ポンペイウスの長男。
　⇒岩世人（セクストゥス・ポンペイウス　前67頃-前35)
Pompéry, Èdouard de〈19世紀〉
フランスの著述家、エッセイスト。
　⇒19仏（エドゥアール・ド・ポンペリ　1821.4.7-1895.11.23)

Pompe van Meerdervoort, Johannes Lydius Catherinus〈19・20世紀〉
オランダの医師。
⇒岩世人（ポンペ・ファン・メールデルフォールト 1829.5.5–1908.10.7）
広辞7（ポンペ 1829–1908）

Pompon, François〈19・20世紀〉
フランスの彫刻家。
⇒岩世人（ポンポン 1855.5.9–1933.5.6）
芸13（ポンポン, フランソア 1855–1933）

Pomponazzi, Pietro〈15・16世紀〉
イタリアの哲学者。
⇒岩世人（ポンポナッツィ 1462.9.16–1525.5.18）
ネーム（ポンポナッツイ 1462–1525）
学叢思（ポンポナッチ, ピエトロ 1462–1525）
新カト（ポンポナッツィ 1462.9.16–1525.5.18）
メル1（ポンポナッツィ 1462–1525）

Pomponius, Lucius〈前1世紀〉
ローマの喜劇作家（前90年頃）。
⇒岩世人（ポンポニウス 活躍前90頃）

Pomponius Secundus, Publius〈1世紀〉
ローマの政治家, 悲劇作家。
⇒岩世人（ポンポニウス ?–51以後）

Ponce, Juan〈15・16世紀〉
スペインの作曲家。
⇒バロ（ポンセ, フアン 1480–1521以降）

Ponce, Manuel I〈15・16世紀〉
スペインの作曲家。
⇒バロ（ポンセ, マヌエル1世 1480頃?–1530頃?）

Ponce, Mariano〈19・20世紀〉
フィリピンの民族運動家。
⇒岩世人（ポンセ 1863.3.23–1918.5.23）

Ponce de Capdoil〈12・13世紀〉
フランスの作曲家。
⇒バロ（ポンス・ド・カブドユ 1165頃–1215頃）

Ponce de León, Juan〈15・16世紀〉
スペインの探検家。フロリダの発見者。1513年フロリダを発見, 14年総督に任命。
⇒岩世人（ポンセ・デ・レオン 1460頃–1521）
新カト（レオン 1460–1521）

Poncelet, Albert〈19・20世紀〉
フランスの中世聖人伝編集者。J.ボランドゥスが始めた聖人伝編集に携わる。
⇒新カト（ポンスレ 1861.8.30–1912.1.19）

Poncelet, Jean Victor〈18・19世紀〉
フランスの数学者, 機械工学者。1822年『図形の射影的特性の研究』を発表。

⇒岩世人（ポンスレ 1788.7.1–1867.12.23）
ネーム（ポンスレ 1788–1867）
世数（ポンスレ, ジャン＝ヴィクトル 1788–1867）

Ponchielli, Amilcare〈19世紀〉
イタリアの作曲家。1876年代作『ジョコンダ』を初演。
⇒岩世人（ポンキエッリ 1834.8.31–1886.1.17）
オペラ（ポンキエッリ, アミルカレ 1834–1886）
エデ（ポンキエッリ, アミルカレ 1834.8.31–1886.1.15）

Ponchon, Raoul〈19・20世紀〉
フランスの詩人。『キャバレーのミューズ』は生前に刊行された唯一の詩集。
⇒19仏（ラウール・ポンション 1848.12.30–1937.12.)

Ponhea Chan〈17世紀〉
カンボジア, ポスト・アンコール時代の王。在位1638～55。
⇒岩世人（ポニエ・チャン ?–1655）

Ponhea Yat〈15世紀〉
カンボジア, ポスト・アンコール時代の王。
⇒岩世人（ポニエ・ヤート）
世帝（ポニャー・ヤット 1393–1463）

Poniatowski, Jóseph Antoni〈18・19世紀〉
ポーランドの貴族。ワルシャワ公国の軍事大臣, ナポレオン軍元帥。
⇒岩世人（ポニャトフスキ 1763.5.7–1813.10.19）

Poniatowski, Stanisław〈17・18世紀〉
ポーランドの政治家。
⇒岩世人（ポニャトフスキ 1676–1762.8.3）

Ponnya, U〈19世紀〉
ビルマの詩人, 劇作家。
⇒岩世人（ポンニャ 1814/1817/1811/1816–1867）

Ponsard, François〈19世紀〉
フランスの劇作家。悲劇『シャルロット・コルデー』(50)で知られる。
⇒岩世人（ポンサール 1814.6.1–1867.7.13）

Ponsonby, Arthur Augustus William Harry, 1st Baron P. of Shulbrede〈19・20世紀〉
イギリスの政治家。
⇒岩世人（ポンソンビー 1871.2.16–1946.3.23）

Ponsonby-Fane, Richard Arthur〈19・20世紀〉
イギリスの日本文化（神道）研究家。成蹊学園, 京都府立第一中学校で英語を教授。
⇒岩世人（ポンソンビー＝フェイン 1878.1.8–1937.12.10）

Ponson du Terrail, Pierre Alexis〈19

世紀〉
フランスの作家。
⇒岩世人（ポンソン・デュ・テライユ　1829.7.8–1871.1.10）

Ponta, Adamus de〈16世紀〉
フランドルの作曲家。
⇒バロ（ポンタ, アダムス・デ　1540頃?–1590頃?）

Pontac, Diego de〈17世紀〉
スペインの作曲家。
⇒バロ（ポンターク, ディエーゴ・デ　1603–1654.10.1）

Pontano, Giovanni〈15・16世紀〉
イタリアの詩人，人文主義者，政治家。主著『夫婦愛』。
⇒岩世人（ポンターノ　1429.5.7–1503.9.17）

Pontianus, St.〈3世紀〉
ローマ教皇。在位230–235。
⇒岩世人（ポンティアヌス　〔在位〕230–235）
　新カト（ポンティアヌス　?–235）

Pontio, Pietro〈16世紀〉
イタリアの作曲家。
⇒バロ（ポンツィオ, ピエトロ　1532.3.25–1595.12.27）

Pontius〈3世紀〉
カルタゴの執事。
⇒新カト（ポンティウス〔カルタゴの〕　?–260頃）

Pontois, Honoré〈19・20世紀〉
フランスの作家，政治家。
⇒19仏（オノレ・ポントワ　1837.7.26–1902.8.5）

Pontoppidan, Erik〈17・18世紀〉
デンマークのルター派神学者。
⇒新カト（ポントピダン　1698.8.24–1764.12.20）

Pontoppidan, Henrik〈19・20世紀〉
デンマークの小説家。出世作『約束の土地』(91～5)。1917年ノーベル文学賞を受賞。
⇒岩世人（ポントピダン　1857.7.24–1943.8.21）
　ネーム（ポントピダン　1857–1943）

Pontormo, Jacopo da〈15・16世紀〉
イタリアの画家。『キリストの受難』(23～5)『キリストの降架』(26～8)を制作。
⇒岩世人（ポントルモ　1494.5.24–1557.1.2）
　ネーム（ポントルモ　1494–1556?）
　新カト（ポントルモ　1494.5.24–1556.12/1557.1）
　芸13（ポントルモ　1494–1556–1557）

Ponziglione, Paul Mary〈19世紀〉
イタリア出身のイエズス会員，アメリカ合衆国の先住民への宣教師。
⇒新カト（ポンツィリョーネ　1818.2.11–1900.3.28）

Poole, Ernest〈19・20世紀〉
アメリカのジャーナリスト，小説家。『彼の家族』(17)でピュリッツァー賞受賞。
⇒岩世人（プール　1880–1950.1.10）

Poole, Reginald Lane〈19・20世紀〉
イギリスの歴史家。
⇒岩世人（プール　1857.3.29–1939.10.28）

Poor, Daniel〈18・19世紀〉
アメリカの宣教師。
⇒アア歴（Poor, Daniel　ダニエル・プア　1789.6.27–1855.2.3）

Poorbaugh, Elizabeth R.〈19・20世紀〉
アメリカのキリスト教宣教師。宮城女学院初代校長。
⇒アア歴（Poorbaugh, Elizabeth R.　エリザベス・R.〔リジー〕・プアボー　1854.12.27–1927.4.26）
　岩世人（プールボー　1854.12.27–1927.4.26）

Pope, Alexander〈17・18世紀〉
イギリスの詩人，批評家。イギリス文学古典主義時代の代表的詩人。
⇒岩世人（ポープ　1688.5.21–1744.5.30）
　広辞7（ポープ　1688–1744）
　新カト（ポープ　1688.5.21–1744.5.30）

Poplicola, Publius Valerius〈前6・5世紀〉
ローマ共和制設立者の一人。ブルーツとともに初代コンスルとなったとされる。
⇒岩世人（ウァレリウス・ポプリコラ）

Popov, Aleksandr Stepanovich〈19・20世紀〉
ロシアの物理学者。
⇒岩世人（ポポーフ　1859.3.4–1905.12.31）

Poppaea Sabina〈1世紀〉
ローマの王妃。オトと離婚後ネロの妻。
⇒王妃（ポッパエア・サビナ　30–65）

Pöppelmann, Matthäus Daniel〈17・18世紀〉
ドイツの建築家。主作品はドレスデンのバロック風の内庭ツウィンガー（11～22）。
⇒岩世人（ペッペルマン　1662.5.3–1736.1.17）

Popper, David〈19・20世紀〉
チェコスロヴァキアのチェロ奏者，作曲家。
⇒岩世人（ポッパー　1843.6.16–1913.8.7）
　ユ著人（Popper, David　ポッパー, ダーヴィト　1843–1913）

Poppo〈10・11世紀〉
ベルギーのスタヴロの修道院長。聖人。祝日1月25日。
⇒新カト（ポッポ〔スタヴロの〕　978–1048.1.25）

Porcellis, Jan〈16・17世紀〉
フランドル出身のオランダの画家。
⇒岩世人（ポルセリス　1584以前-1632）

Porcia〈前1世紀〉
ローマの女性。カトー（小）の娘。M.ブルトゥスと結婚（前45）。
⇒岩世人（ポルキア　?-前43）

Pordage, John〈17世紀〉
イギリスのベーメ主義者。
⇒新カト（ポーディジ　1607.4.21-1681.12.11）

Pordenone, Giovanni Antonio da
〈15・16世紀〉
イタリアの画家。北イタリア各地の聖堂に壁画を描いた。
⇒岩世人（ポルデノーネ　1483/1484-1539.1.14）

Porges, Heinrich〈19世紀〉
ドイツの音楽著述家。
⇒岩世人（ポルゲス　1837.11.25-1900.11.17）

Pô Rome〈17世紀〉
中部ベトナムにあった国家チャンパーの王。在位1627～51。
⇒岩世人（ポー・ロメ　(在位)1627-1651）

Porphyrios〈3・4世紀〉
新プラトン派の哲学者。『キリスト教徒駁論』『オデュッセイア』『ピタゴラスの生涯』など。
⇒岩世人（ポルフュリオス　232/234-303頃/309頃）
　広辞7（ポルフュリオス　232頃-304頃）
　学叢思（ポルヒュリオス　232-?）
　新カト（ポルフュリオス　232/234-303/309）
　メル1（ポルフュリオス　232/234?-303/309）

Porphyry of Gaza〈4・5世紀〉
主教。聖人。テサロニケ生まれ。
⇒新カト（ポルフュリオス〔ガザの〕　347頃-420.2.26）

Porpora, Nicola Antonio〈17・18世紀〉
イタリアの作曲家，声楽教師。1708年最初のオペラ『アグリッピーナ』を上演。
⇒バロ（ポルポーラ，ニコラ・アントーニオ　1686.8.17-1768.3.3）
　岩世人（ポルポラ　1686.8.17-1768.3.3）
　オペラ（ポルポラ，ニコーラ　1686-1768）

Porras y Ayllón, Rafaela María〈19・20世紀〉
聖心侍女修道会の創立者。聖人。祝日1月6日。スペインのコルドバに近いペドロ・アバドの生まれ。
⇒新カト（ラファエラ・マリア・ポラス・イ・アイヨン　1850.3.1-1925.1.6）

Porres Velásquez, Martín de〈16・17世紀〉
ペルーの聖職者，聖人。

⇒岩世人（ポーレス　1579.12.9-1639.11.3）

Porro, Giovanni Battista〈16・17世紀〉
イタリアの宣教師。
⇒岩世人（ポルロ（ポッロ）　1576.5.7-1643頃）
　新カト（ポロ　1576.3.7-1638/39）

Porro, Giovanni Giacomo〈16・17世紀〉
イタリアの作曲家。
⇒バロ（ポッロ，ジョヴァンニ・ジャーコモ　1590頃-1656.9）

Porsche, Ferdinand〈19・20世紀〉
オーストリアの技師。
⇒岩世人（ポルシェ　1875.9.3-1951.1.30）
　広辞7（ポルシェ　1875-1951）
　ポプ人（ポルシェ，フェルディナント　1875-1951）

Porsile, Giuseppe〈17・18世紀〉
イタリアの作曲家。
⇒バロ（ポルシーレ，ジュゼッペ　1680.5.5-1750.5.29）

Porson, Richard〈18・19世紀〉
イギリスの古典学者。ケンブリッジ大学教授（1792）。
⇒岩世人（ポーソン　1759.12.25-1808.9.25）

Porta, Carlo〈18・19世紀〉
イタリアの詩人。ミラノ方言を用い，『僧侶の戦い』『ジョバンニ・ボンジェーの不幸』などを描いた。
⇒岩世人（ポルタ　1775.6.15-1821.1.5）

Porta, Costanzo〈16・17世紀〉
イタリアの作曲家。
⇒バロ（ポルタ，パドレ・コスタンツォ　1528/1529-1601.5.19）
　新カト（ポルタ　1529-1601.5.19）

Porta, Giacomo della〈16・17世紀〉
イタリアの建築家。
⇒岩世人（ポルタ　1532?-1602）

Porta, Giovanni〈17・18世紀〉
イタリアの作曲家。
⇒バロ（ポルタ，ジョヴァンニ　1690頃-1755.6.21）

Portales, Diego Jose Victor〈18・19世紀〉
チリの政治家。閣僚（1830～37）として憲法制定（33）に尽力したが，軍部の反感を買い暗殺された。
⇒岩世人（ポルタレス　1793.6.15-1837.6.6）
　ラテ新（ポルタレス　1793-1837）

Portalis, Jean Étienne Marie〈18・19世紀〉
フランスの法律家，政治家。フランス民法典の起草に従事。1806年フランス・アカデミー会員。
⇒岩世人（ポルタリス　1746.4.1-1807.8.25）

Porter, Edwin Stratton〈19・20世紀〉
アメリカの映画監督。1900年頃T.エジソンに弟子入りし,カメラマン,監督となる。
⇒岩世人（ポーター　1870.4.21–1941.4.30）

Porter, Eleanor〈19・20世紀〉
アメリカの小説家。
⇒岩世人（ポーター　1868.12.19–1920.5.21）

Porter, Lucius Chapin〈19・20世紀〉
アメリカの宣教師,教育者。
⇒アア歴（Porter, Lucius C (hapin)　ルシアス・チェーピン・ポーター　1880.10.31–1958.9.7）

Porter, Walter〈16・17世紀〉
イギリスの作曲家。
⇒バロ（ポーター,ウォルター　1587頃–1659.11.30）

Portevin, Albert〈19・20世紀〉
フランスの金属学者。
⇒岩世人（ポルトヴァン　1880.11.1–1962.4.12）

Porthan, Henrik Gabriel〈18・19世紀〉
フィンランドの哲学者,文学者,歴史家。トルク大学教授（1777）。
⇒岩世人（ポルトハン　1739.11.8–1804.3.16）

Portland, William Bentinck, 1st Earl of〈17・18世紀〉
イギリスの政治家。
⇒岩世人（ポートランド　1649.7.20–1709.11.23）

Portland, William Henry Cavendish Bentinck, 3rd Duke of〈18・19世紀〉
イギリスの政治家。
⇒岩世人（ポートランド　1738.4.14–1809.10.30）

Portman, Anton L.C.〈19世紀〉
江戸時代末期から明治維新期の駐日アメリカ外交官。
⇒岩世人（ポートマン）

Portonaro, Francesco〈16世紀〉
イタリアの作曲家。
⇒バロ（ポルティナーロ,フランチェスコ　1520頃–1579以降）

Porto-Riche, Georges de〈19・20世紀〉
フランスの劇作家。アカデミー・フランセーズ会員（1923）。代表作『恋する女』（91）。
⇒岩世人（ポルト＝リシュ　1849.5.20–1930.9.4）
ユ著人（Porto-Riche, Georges de　ポルト＝リシュ,ジョルジュ・ド　1849–1930）

Portugal, Marcos Antônio da Fonseca〈18・19世紀〉
ポルトガルの作曲家。リスボンで王室附楽長となり（1799）,後に王家に随行してブラジルに移った。
⇒岩世人（ポルトゥガル　1762.3.24–1830.2.7）

Porzeziński, Wiktor Jan〈19・20世紀〉
ポーランドの言語学者。
⇒岩世人（ポジェジンスキ　1870.8.4–1929.3.12）

Posada, José Guadalupe〈19・20世紀〉
メキシコの銅版画家,挿絵画家。
⇒岩世人（ポサーダ　1851.2.2–1913.1.20）
ラテ新（ポサダ　1852–1931）

Posch, Isaak〈16・17世紀〉
オーストリアの作曲家。
⇒バロ（ポッシュ,イザーク　1570頃?–1622/1623.1)

Poschmann, Bernhard〈19・20世紀〉
ドイツのカトリック神学者。
⇒新カト（ポッシュマン　1878.9.1–1955.6.16）

Poseidippos〈3世紀〉
ギリシアの喜劇作家。
⇒岩世人（ポセイディッポス）

Poseidōnios〈前2・1世紀〉
ストア派の有力な哲学者,自然学者,数学者,天文学者,地理学者,歴史家。
⇒岩世人（ポセイドニオス　前135頃–前51頃）
学叢思（ポセイドニオス　前135–前50）
新カト（ポセイドニオス　前135頃–前50頃）
メル1（ポセイドニオス　前135頃–前51頃）

Pososhkov, Ivan Tikhonovich〈17・18世紀〉
ロシアの経済学者。ピョートル1世の時代に重商主義を主張した。
⇒岩世人（ポソシコフ　1652–1726.2.1）

Possevino, Antonio〈16・17世紀〉
イタリアの聖職者。スウェーデン（1577〜80）,ポーランドおよびロシア（81）に教皇大使を務めた。
⇒岩世人（ポッセヴィーノ　1533–1611.2.26）
新カト（ポッセヴィーノ　1533.7.12–1611.2.26）

Possidius〈4・5世紀〉
アウグスティーヌスの弟子,アフリカのカラマの司教（397）。
⇒新カト（ポッシディウス　370頃–437以後）

Possoschikow, Iwan〈17・18世紀〉
ロシアの経済学者。
⇒学叢思（ポッソシコヴ,イヴァン　1660–1726）

Post, Emily Price〈19・20世紀〉
アメリカの女流ジャーナリスト,小説家。『エチケット』（22）以来,礼法の権威。
⇒現アカ（Post, Emily　エミリー・ポスト　1873–1960）

Post, George Browne〈19・20世紀〉
アメリカの建築家。ニューヨークにセント・ポール・ビルディングを初め,多くの事務所を

建築。
⇒岩世人（ポースト　1837.12.15–1913.11.28）

Postel, Guillaume〈16世紀〉
フランスの人文主義者、神秘主義者。
⇒メル1（ポステル、ギヨーム　1510–1581）

Postel, Marie-Madeleine〈18・19世紀〉
ポステル修道女会の創立者。聖人。祝日7月16日。フランスのマンシュ県バルフルール生まれ。
⇒新カト（マリー・マドレーヌ・ポステル　1756.11.28–1846.7.16）

Postumus, Marcus Cassianius Latinius〈3世紀〉
ローマの軍人。帝位僭称者。
⇒岩世人（ポストゥムス　?–269）

Potain, Pierre Carl Edouard〈19・20世紀〉
フランスの医者。パリの公衆（シャリテ）病院の病理学教授（1876）。気圧脈波計を発明（89）。
⇒岩世人（ボタン　1825.7.19–1901.1.5）

Potamon〈前1・後1世紀〉
ローマの哲学者。
⇒岩世人（ポタモン（アレクサンドリアの））

Potamon〈4世紀〉
エジプトのヘラクレオポリスの司教。聖人。祝日5月18日。
⇒新カト（ポタモン　?–341/345）

Potanin, Grigorii Nikolaevich〈19・20世紀〉
ロシアの探検家、地理学者、民族学者。探検調査報告書『西北蒙古誌』は学問的に貴重な資料。
⇒岩世人（ポターニン　1835.9.22/10.4–1920.6.30）

Potebnia, Aleksandr Afanasievich〈19世紀〉
ロシアの言語学、文芸学者、ハリコフ大学教授。
⇒岩世人（ポテブニャ　1835.9.10–1891.11.29）

Potentianus〈3世紀〉
聖人、殉教者。祝日10月19日。サンスの初代司教サビニアヌスの後継者と推定される。
⇒新カト（サビニアヌス、ポテンティアヌスとその仲間　?–300頃）

Potentinus〈4世紀〉
聖人、殉教者。祝日6月18日。アキテーヌの出身。930年頃シュタインフェルトに移葬され、同地の守護聖人となる。
⇒新カト（ポテンティヌス　?–4世紀末）

Potgieter, Everhardus Johannes〈19世紀〉
オランダの文学者。文化雑誌『デ・ヒッツ』の創始者（1837）で、国民文学振興に努めた。
⇒岩世人（ポトヒーテル　1808.6.27–1875.2.3）

Potheinós〈1・2世紀〉
最初のリヨンの司教、殉教者。
⇒新カト（ポティヌス　87頃–177）

Pothier, Joseph〈19・20世紀〉
フランスの音楽理論家。ベネディクト会士。コーラスを研究。
⇒岩世人（ポティエ　1835.12.7–1923.12.8）
　新カト（ポティエ　1835.12.7–1923.12.8）

Pothier, Robert Joseph〈17・18世紀〉
フランスの指導的な法学者。『オルレアンの慣習法』が主著。
⇒岩世人（ポティエ　1699.1.9–1772.3.2）

Potiphar
ファラオの侍従長で、裕福な人物（創世記）。
⇒聖書（ポティファル）

Potocki, Count Jan〈18・19世紀〉
ポーランドの旅行家、民族学者。『古代スラヴ族研究』を著す。
⇒岩世人（ポトツキ　1761.3.8–1815.12.2）

Potocki, Wacław〈17世紀〉
ポーランドの詩人。
⇒岩世人（ポトツキ　1625?–1696.7）

Potresov, Aleksandr Nikolaevich〈19・20世紀〉
ロシアの政治家。
⇒岩世人（ポトレーソフ　1869.8.19/31–1934.7.11）

Pott, August Friedrich〈19世紀〉
ドイツの言語学者。
⇒岩世人（ポット　1802.11.14–1887.7.5）

Pott, Francis Lister Hawks〈19・20世紀〉
アメリカの宣教師。
⇒アア歴（Pott,Francis Lister Hawks　フランシス・リスター・ホークス・ポット　1864.2.22–1947.3.5）
　岩世人（ポット　1864.2.22–1947.3.7）

Pott, Percival〈18世紀〉
イギリスの外科医。脊椎カリエス（ポット病）などを記載し、1775年陰嚢癌を記載。
⇒岩世人（ポット　1714.1.6–1788.12.22）

Potter, Beatrix〈19・20世紀〉
イギリスの童話作家、挿絵家。『ピーター・ラビットの物語』（02）の作者。
⇒岩世人（ポター　1866.7.28–1943.12.22）
　広辞7（ポター　1866–1943）
　ポプ人（ポター、ベアトリクス　1866–1943）

Potter, Paulus〈17世紀〉
オランダの画家、銅版画家。主作品『若い牡牛』（1647）。
⇒岩世人（ポッテル　1625.11.20（受洗）–1654.1.17

（埋葬））
芸13（ポッター，パウルス　1625–1654）

Potthast, August〈19世紀〉
ドイツのカトリック中世史家。
⇒新カト（ポットハスト　1824.8.13–1898.2.13）

Pottier, Edmond〈19・20世紀〉
フランスの考古学者。
⇒岩世人（ポティエ　1855.8.13–1934.7.4）

Pottier, Eugène〈19世紀〉
フランス社会主義者。詩人。
⇒学叢思（ポティエ，ウージェーヌ　1816–1887）

Pottinger, Sir Henry〈18・19世紀〉
イギリスの植民地行政官。初代ホンコン総督，喜望峰，マドラスなどの総督を歴任。
⇒岩世人（ポティンジャー　1789.10.3–1856.3.18）

Potyomkin, Grigorii Aleksandrovich〈18世紀〉
ロシアの政治家，軍人，元帥，公爵。1787～92年第2次トルコ戦争で総司令官となる。
⇒岩世人（ポチョムキン　1739.9.13–1791.10.5）
ネーム（ポチョムキン　1739–1791）

Poubelle, Eugène〈19・20世紀〉
フランスの行政官。
⇒**19仏**（ウジェーヌ・プーベル　1831.4.15–1907.7.16）

Pouchet, Félix Archimède〈18・19世紀〉
フランスの博物学者。生物の自然発生を信じ，パストゥールとの論争を招いた。
⇒岩世人（プーシェ　1800.8.26–1872.12.6）

Pouget, Hippolyte Pierre Jean Armand〈19・20世紀〉
フランスのパリ外国宣教会宣教師。日本刀の鍔の収集家。盛岡で布教活動を行う。
⇒新カト（プージェ　1869.11.19–1943.4.3）

Pouillet, Claude Servais Mathias〈18・19世紀〉
フランスの物理学者。電流およびガスの圧縮率に関する研究がある。
⇒岩世人（プイエ　1790.2.16–1868.6.14）

Poukambor〈19世紀〉
カンボジアの反仏運動の指導者。
⇒岩世人（ポー・コンバオ　1820–1867）

Poulain, Augustin-François〈19・20世紀〉
イエズス会員，神秘神学者，著作家。シェルブールに生まれ，パリで没す。主著『祈りの恵み』。
⇒新カト（プーラン　1836.12.15–1919.7.19）

Poullart des Places, Claude-François〈17・18世紀〉
聖霊修道会創立者。フランスのレンヌ生まれ。
⇒新カト（プラール・デ・プラス　1679.2.26–1709.10.2）

Poulot, Denis〈19・20世紀〉
フランスの企業家，エッセイスト。
⇒**19仏**（ドゥニ・プーロ　1832.3.3–1905.3.28）

Poulsen, Valdemar〈19・20世紀〉
デンマークの電気技術者，発明家。
⇒岩世人（パウルゼン（ポウルセン）　1869.11.23–1942.7.23）

Pound, Roscoe〈19・20世紀〉
アメリカの法学者，司法行政改革の指導者。
⇒アメ新（パウンド　1870–1964）
岩世人（パウンド　1870.10.27–1964.7.1）
広辞7（パウンド　1870–1964）
20思（パウンド，ロスコー　1870–1964）

Pounds, John〈18・19世紀〉
イギリスの社会事業家，貧民学校の創始者。
⇒岩世人（パウンズ　1766.6.17–1839.1.11）

Poupin, Victor〈19・20世紀〉
フランスのジャーナリスト，政治家。
⇒**19仏**（ヴィクトル・プーパン　1838.1.3–1906.6.29）

Pourbus, Frans〈16・17世紀〉
オランダの画家。アンリ4世の肖像（ルーヴル）がある。
⇒岩世人（プールビュス　1569–1622.2.19（埋葬））

Pourbus, Pieter〈16世紀〉
オランダの画家。肖像画および歴史画家として活動。
⇒岩世人（プールビュス　1523/1524–1584.1.30）

Pourrat, Pierre〈19・20世紀〉
フランスの神学者，霊性史家。
⇒新カト（プラ　1871.2.7–1957.3.12）

Pourtalès, Louis François de〈19世紀〉
スイスの動物学者。ハーヴァード大学の比較動物学博物館長となり（73～80），深海動物を研究。
⇒岩世人（プルタレス　1823.3.4–1880.7.17）

Pourtalès-Gorgier, Comte〈18・19世紀〉
フランス（スイス生まれ）の銀行家，美術品コレクター。
⇒岩世人（プルタレス＝ゴルジエ　1776.11.28–1855.3.24）

Poussin, Louis de la Vallée〈19・20世紀〉
ベルギーの仏教学者。
⇒岩世人（ド・ラ・ヴァレー＝プッサン　1869.1.1–1938.2.18）

Poussin, Nicolas〈16・17世紀〉
フランスの画家。フランス古典主義絵画の創始者。
⇒岩世人（プッサン　1594.6.15-1665.11.19）
　ネーム　（プッサン　1594-1665）
　広辞7　（プーサン　1594-1665）
　新カト　（プッサン　1594-1665.11.19）
　芸13　（プーサン、ニコラ　1594-1665）

Poutsma, Hendrik〈19・20世紀〉
オランダの英文法学者。
⇒岩世人（ポウツマ（パウツマ）　1856.12.7-1937.4.5）

Powderly, Terence Vincent〈19・20世紀〉
アメリカの労働運動指導者。機械工全国組合に入り（1871）、会長（72）。
⇒岩世人（パウダリー　1849.1.22-1924.6.24）

Powell, Edward〈15・16世紀〉
ウェールズ出身の殉教者。
⇒新カト　（パウエル　1478-1540.7.30）

Powell, Edward Alexander〈19・20世紀〉
アメリカの旅行家,作家。
⇒アア歴　（Powell,E（dward）Alexander　エドワード・アレグザンダー・パウエル　1879.8.16-1957.11.25）

Powell, John Joseph〈19・20世紀〉
アメリカの大リーグ選手（投手）。
⇒メジャ　（ジャック・パウエル　1874.7.9-1944.10.17）

Powell, John Wesley〈19・20世紀〉
アメリカの民族学者,地質学者。北アメリカインディアンの言語の比較分析などを行う。
⇒岩世人（パウエル　1834.3.24-1902.9.23）

Power, Lionel〈14・15世紀〉
イギリスの作曲家。
⇒バロ　（パワー、ライオネル　1385頃-1445.6.5）

Powers, Hiram〈19世紀〉
アメリカの彫刻家。B.フランクリン、Th.ジェファソンそのほか多くの著名人物の胸像の作がある。
⇒岩世人（パワーズ　1805.6.29-1873.6.27）
　芸13　（パワーズ、ハイラム　1805-1873）

Powicke, Sir Frederick Maurice〈19・20世紀〉
イギリスの歴史家。オクスフォード大学近代史欽定講座担任教授（28-47）。
⇒岩世人（パウイック　1879.6.16-1963.5.19）

Pownall, Charles Assheton Whately〈19・20世紀〉
イギリスの鉄道技師。
⇒岩世人（パウナル　1848.10.11-?）

Powys, John Cowper〈19・20世紀〉
イギリスの小説家,詩人。ポーイス3兄弟の長兄。長篇小説『グラストンベリー・ロマンス』（33）など。
⇒岩世人（ポウイス　1872.10.8-1963.6.17）

Powys, Theodore Francis〈19・20世紀〉
イギリスの小説家。ポーイス3兄弟の2番目。主著『ウェストン氏のよいワイン』（27）。
⇒岩世人（ポウイス　1875.12.20-1953.11.27）

Poynings, Sir Edward〈15・16世紀〉
イギリスの軍人,外交官。
⇒岩世人（ポイニングズ　1459-1521.10.22）

Poynter, Sir Edward John〈19・20世紀〉
イギリスの画家。主作品『エジプトにおけるイスラエル人』（1867）。
⇒岩世人（ポインター　1836.3.20-1919.7.26）

Poynting, John Henry〈19・20世紀〉
イギリスの物理学者。バーミンガム大学教授（1880～）。
⇒岩世人（ポインティング　1852.9.9-1914.3.30）
　物理　（ポインティング、ジョン・ヘンリー　1852-1914）

Pozharskii, Dmitrii Mikhailovich〈16・17世紀〉
ロシアの公爵。1612年10月ミーニンとともにモスクワを解放。
⇒岩世人（ポジャールスキー　1577.10.17-1642.4.20）

Pozos Dulces, Conde de〈19世紀〉
キューバの政治家。
⇒岩世人（ポソス・ドゥルセス　1809-1877）

Pozzi, Samuel Jean〈19・20世紀〉
フランスの婦人科医。子宮内膜炎でポジ症候群と記載し、子宮前屈のポジ手術法を創案。
⇒岩世人（ポジ　1846-1918）

Pozzo, Andrea dal〈17・18世紀〉
イタリアの画家。主作品はローマの聖イグナチオ聖堂の天井画『イエズス会伝道の寓話』（91～4）。
⇒岩世人（ポッツォ　1642.11.30-1709.8.31）
　新カト　（ポッツォ　1642.11.30-1709.8.31）
　芸13　（ポッツォ、アンドレア　1642-1709）

Pozzo di Borgo, Carlo Andrea〈18・19世紀〉
ロシアの外交官,伯爵。1814～35年パリ駐在大使、ウィーン会議に出席、35～8年ロンドン駐在大使。
⇒岩世人（ポッツォ・ディ・ボルゴ　1764.3.8-1842.2.15）

Prabhākara〈7・8世紀〉
インドの哲学者。ミーマーンサー学派に所属。
⇒岩世人（プラバーカラ　650頃–750頃）

Pradas Gallen, Jose〈17・18世紀〉
スペインの作曲家。
⇒バロ（プラーダス・ガリェン, ホセ　1689.8.21–1757.8.11）

Pradier, Jean Jacques〈18・19世紀〉
フランスの彫刻家。神話を主題とした。
⇒岩世人（プラディエ　1790.5.23–1852.6.4）

Pradine, Maurice〈19・20世紀〉
哲学者。
⇒メル3（プラディーヌ, モーリス　1874–1958）

Prado, Mariano Ignacio〈19・20世紀〉
ペルーの政治家。
⇒岩世人（プラード　1826.7.18–1901.5.5）

Praed, Winthrop Mackworth〈19世紀〉
イギリスの詩人。
⇒岩世人（プレイド　1802.7.28–1839.7.15）

Praepositinus〈12・13世紀〉
初期スコラ学の代表的人物の一人。パリ大学総長。イタリア北部のクレモナの出身。主著『神学大全』。
⇒新カト（プラエポシティヌス〔クレモナの〕1130/1135–1210.2.25）

Praetextatus〈6世紀〉
ルーアン司教。聖人, 殉教者。祝日2月25日。
⇒新カト（プラエテクスタトゥス〔ルーアンの〕?–586）

Praetextatus, Vettius Agorius〈4世紀〉
古代ローマの親衛隊長官。
⇒岩世人（プラエテクスタトゥス　320?–384）

Praetorius, Bartholomaeus〈16・17世紀〉
ドイツの作曲家。
⇒バロ（プレトーリウス, バルトロメウス　1590頃–1623.8.3）

Praetorius, Friedrich Emanuel〈17世紀〉
ドイツの作曲家。
⇒バロ（プレトーリウス, フリードリヒ・エマーヌエル　1623–1695）

Praetorius, Hieronymus〈16・17世紀〉
ドイツのオルガン奏者。1586年父の後任としてハンブルクの聖ヤコビ教会のオルガン奏者に就任。
⇒バロ（プレトーリウス, ヒエロニムス　1560.8.10–1629.1.27）

Praetorius, Jacob I〈16世紀〉
ドイツの作曲家。
⇒バロ（プレトーリウス, ヤーコプ1世　1530頃–1586）

Praetorius, Jacob II〈16・17世紀〉
ドイツの作曲家。
⇒バロ（プレトーリウス, ヤーコプ2世　1586.2.8–1651.10.21/22）

Praetorius, Johannes〈16・17世紀〉
ハンブルクのニコライ教会のオルガン奏者。
⇒バロ（プレトーリウス, ヨハンネス　1595–1660.7.25）

Praetorius, Michael〈16・17世紀〉
ドイツの作曲家, 音楽理論家。
⇒バロ（プレトーリウス, ミヒャエル　1571.2.15?–1621.2.15）
　岩世人（プレトリウス　1571.2.15–1621.2.15）
　エデ（プレトリウス, ミヒャエル　1571.2.15–1621.2.15）
　新カト（プレトリウス　1571頃–1621.2.15）

Praetorius, Stephan〈16・17世紀〉
ドイツのルター派神学者。
⇒新カト（プレトリウス　1536.5.3–1603.5.4）

Praga, Emilio〈19世紀〉
イタリアの詩人, 画家。主著『パレット』(62), 『薄明』(64)。
⇒岩世人（プラーガ　1839.12.18–1875.12.26）

Praga, Marco〈19・20世紀〉
イタリアの劇作家。エミリオ・プラーガの息子。喜劇『理想の妻』(90) ほか。
⇒岩世人（プラーガ　1862.6.20–1929.1.31）

Prágay, András〈17世紀〉
ハンガリーの作曲家。
⇒バロ（プラーガイ, アンドラーシュ　1600頃?–1660頃?）

Prajñākaragupta〈9世紀〉
インドの仏教徒。仏教論理学の思想家。ダルマキールティの註釈者。
⇒岩世人（プラジュニャーカラグプタ）

Pramanuchitchinorot〈18・19世紀〉
タイの法親王。
⇒岩世人（パラマーヌチットチノーロット　1790.12.31–1853.12.9）

Prāmodawardhanī〈9世紀〉
古代ジャワのシャイレーンドラ王朝の王女。
⇒岩世人（プラーモーダワルダニー　806頃–?）

Prandtauer, Jakob〈17・18世紀〉
オーストリアの建築家。メルク等の修道院を建築。
⇒岩世人（プランタウアー　1660–1726.9.16）
　新カト（プランタウア　1660.7–1726.9.16）

Prandtl, Ludwig〈19・20世紀〉
ドイツの応用物理学者。近代航空学の父と称される。
⇒岩世人（プラントル　1875.2.4–1953.8.15）

Prantl, Karl von〈19世紀〉
ドイツの哲学者。
⇒岩世人（プラントル　1820.1.28–1888.9.14）

Prapañca, Mpu〈14世紀〉
ジャワのマジャパヒト王国の宮廷詩人。14世紀中頃に活動。
⇒岩世人（プラパンチャ　（活動）14世紀中頃）

Praśastapāda〈5・6世紀〉
インドのバイシェーシカ学派の学匠。
⇒岩世人（プラシャスタパーダ）

Prasatthong〈17世紀〉
タイ、アユタヤ朝の王。在位1630〜55。
⇒岩世人（プラーサーットトーン　1600?–1656.8）
世帝（サンペット5世　?–1656）

Prasenajit〈前6・5世紀頃〉
中インドのコーサラ国王。舎衛城に都し仏教を保護。釈尊と同時代。
⇒広辞7（波斯匿　はしのく）
南ア新（プラセーナジット　生没年不詳）

Pratāp Siṃh, Rāṇā〈16世紀〉
インドのメーワール王。在位1572〜97。
⇒岩世人（プラターブ・スィング　1540–1597）

Prat de la Riba, Enric〈19・20世紀〉
スペイン、カルタニャ地方主義運動の理論家、政治家。
⇒岩世人（プラット・ダ・ラ・リバ　1870.11.29–1917.8.1）

Prati, Alessio〈18世紀〉
イタリアの作曲家。
⇒バロ（プラーティ，アレッシオ　1750.7.19–1788.1.17）

Prati, Giovanni〈19世紀〉
イタリアの詩人。主著、恋愛詩『エドメネガルダ』(41)など。
⇒岩世人（プラーティ　1814.1.27–1884.5.9）

Prātīnās〈前6・5世紀〉
ギリシアの劇作家（前500年頃活躍）。
⇒岩世人（プラティナス）

Pratoneri, Gaspero〈16世紀〉
イタリアの作曲家。
⇒バロ（プラトネーリ，ガスペロ　1545頃?–1595以降）
バロ（レッジョ，スピリト・ダ　1545頃?–1595以降）

Prätorius, Abdias〈16世紀〉
ドイツのルター派神学者。
⇒新カト（プレトリウス　1524.3.28–1573.1.9）

Pratt, James Bissett〈19・20世紀〉
アメリカの宗教心理学者、哲学者。
⇒岩世人（プラット　1875.6.22–1944.1.15）
新カト（プラット　1875.6.22–1944.1.15）

Pratyaśiri〈13・14世紀〉
中国、元朝に仕えたウイグル人仏僧。
⇒岩世人（プラティヤシリ（プラジュナースリ）　13世紀後半?–1332（至順2））

Pravāhaṇa Jaibali
パンチャーラ地方の王。
⇒岩世人（プラヴァーハナ）

Prawirosentono (Prawirasentana), Sarip〈19世紀〉
インドネシア、ジャワの宗教的小反乱の指導者。
⇒岩世人（プラウィロスントノ，サリップ）

Praxeas〈2・3世紀〉
宗教家。小アジア出身。
⇒岩世人（プラクセアス）
新カト（プラクセアス　2世紀末–3世紀初め）

Praxedis
聖人、古代ローマの処女殉教者。祝日7月21日。
⇒新カト（プラクセディス　生没年不詳）

Praxiteles〈前4世紀〉
ギリシアの彫刻家。アテネ人。裸体の女神像としては最初の『クニドスのアフロディテ』などを制作。
⇒岩世人（プラクシテレス）
広辞7（プラクシテレス　前400頃–前330頃）
世人新（プラクシテレス　生没年不詳）
世人装（プラクシテレス　生没年不詳）
世史語（プラクシテレス）
ポプ人（プラクシテレス　生没年不詳）

Pražák, Alois〈19・20世紀〉
モラヴィアの政治家。
⇒岩世人（プラジャーク　1820.2.21–1901.1.30）

Preah Ketumealea
カンボジアの伝説上の王。
⇒岩世人（プレアハ・ケート・ミアリア）

Préault, Antoine-Augustin〈19世紀〉
フランスの彫刻家。
⇒岩世人（プレオー　1809.10.9–1879.1.11）

Preble, George Henry〈19世紀〉
アメリカの海軍将校。
⇒アア歴（Preble, George H (enry)　ジョージ・ヘンリー・プレブル　1816.2.25–1885.3.1）

Preca, Ġorġ〈19・20世紀〉
マルタ出身の聖人。祝日7月26日。修道会創立者。

⇒新カト（ジョルジョ・プレカ　1880.2.12–1962.7.26）

Predieri, Luca Antonio〈17・18世紀〉
イタリアの作曲家。
⇒バロ（プレディエーリ, ルカ・アントーニオ　1688.9.13–1767）

Pregizer, Christian Gottlob〈18・19世紀〉
ドイツの敬虔主義神学者。
⇒新カト（プレギツァー　1751.3.18–1824.10.30）

Pregl, Fritz〈19・20世紀〉
オーストリアの化学者。有機微量分析法を開発した。ノーベル化学賞受賞（23）。
⇒岩世人（プレーグル　1869.9.3–1930.12.13）
　広辞7（プレーグル　1869–1930）
　ノ物化（フリッツ・プレーグル　1869–1930）

Prel, Karl du〈19世紀〉
ドイツの心霊学者。
⇒岩世人（プレル　1839.4.3–1899.8.5）

Preller, Friedrich〈19世紀〉
ドイツの画家。
⇒芸13（プレラー, フリードリヒ（父）　1804–1878）

Premānanda Bhaṭṭa〈17・18世紀〉
インドのグジャラーティー語詩人。
⇒岩世人（プレーマーナンド・バット　1649–1714）

Prémare, Joseph Marie de〈17・18世紀〉
フランスのイエズス会士。漢文教義書, 中国研究書を著した。
⇒岩世人（プレマール　1666.7.17–1735頃）
　新カト（プレマール　1666.7.17–1736.9.17）

Premchand〈19・20世紀〉
インド, ヒンディー語の小説家。代表作『休護所』（18）。
⇒岩世人（プレームチャンド　1880.7.31–1936.10.8）
　広辞7（プレームチャンド　1880–1936）
　南ア新（プレームチャンド　1880–1936）

Přemysl Ottokar I〈12世紀〉
ボヘミア王国の統治者。在位1192～1193, 1197～1230（復位, ボヘミア王に即位1198）。
⇒岩世人（プシェミスル・オタカル1世　?–1230.12.15）
　世帝（プシェミスル・オタカル1世　1155–1230）

Přemysl Ottokar II, the Great〈13世紀〉
ボヘミア〔ベーメン〕王国の統治者。在位1253～1278。
⇒岩世人（プシェミスル・オタカル2世　1233頃–1278.8.26）

Prendergast, Maurice Brazil〈19・20世紀〉
アメリカの画家。風景画, 風俗画を得意とした。
⇒芸13（プレンダーギャスト, モーリス　1859–1924）

Prenestino, Antonio〈16世紀〉
イタリアの宣教師。
⇒岩世人（プレネスティーノ　1543/1546–1589.4）
　新カト（プレネスティーノ　1546–1589.4）

Preobrajenska, Olga〈19・20世紀〉
ロシアの舞踊家。帝室バレエ団のプリマ・バレリーナ。
⇒バレエ（プレオブラジェンスカ（プレオブラジェンスカヤ）, オリガ　1871.2.2–1962.12.27）

Prescott, William Hickling〈18・19世紀〉
アメリカの歴史家。主著『メキシコ征服史』（3巻, 43）『ペルー征服史』（2巻, 47）。
⇒岩世人（プレスコット　1796.5.4–1859.1.30）

Prešeren, Francè〈18・19世紀〉
ユーゴスラビアのスロベニアの詩人。代表作は叙事詩『サビツァの洗礼』（36）,『詩集』（47）。
⇒岩世人（プレシェレン　1800.12.3–1849.2.8）

Presian〈9世紀〉
中世ブルガリアの統治者。在位836～852。
⇒世帝（プレシアン1世　?–852）

Presian II〈10・11世紀〉
ブルガリア帝国の皇帝。
⇒世帝（プレシアン2世　996頃–1060）

Presten, Jørgen〈16世紀〉
フランドルの作曲家。
⇒バロ（プレステン, ヨーアン　1500頃?–1553.11.28以前）

Prester John〈13・14世紀頃〉
伝説上の東方キリスト教国の王。アジア或いはアフリカにおけるキリスト教君主と信じられた。
⇒岩世人（プレスター・ジョン）
　ネーム（プレスター・ジョン）

Preston, Charles Finney〈19世紀〉
アメリカの長老教会宣教師。広東に赴任して中国各地の伝道に従事。
⇒岩世人（プレストン）

Preston, Thomas〈16世紀〉
イギリスの作曲家。
⇒バロ（プレストン, トマス　1500頃?–1559以降）

Prestvich, *Sir* Joseph〈19世紀〉
イギリスの地質学者。ハンプシャーおよびロンドンの第三紀層を調査。
⇒岩世人（プレストウィッチ　1812.3.12–1896.6.23）

Preuss, Hugo〈19・20世紀〉
ドイツの政治家。1919年内相、同年8月11日公布のワイマール憲法を起草。
⇒岩世人（プロイス　1860.10.28–1925.10.9）
ユ著人（Preuß,Hugo　プロイス、フーゴー　1860–1925）

Prévost, Marcel〈19・20世紀〉
フランスの小説家、評論家。
⇒岩世人（プレヴォー　1862.5.1–1941.4.8）
学叢思（プレヴォ、マルセール　1862–?）

Prévost, Pierre〈18・19世紀〉
スイスの物理学者、哲学者。
⇒岩世人（プレヴォー　1751.3.3–1839.4.18）

Prévost d'Exiles, Antoine François〈17・18世紀〉
フランスの作家。通称アベ・プレボー。
⇒岩世人（プレヴォー　1697.4.1–1763.11.25）
ネーム（プレヴォー　1697–1763）
広辞7（プレヴォ　1697–1763）

Prévost Françoise〈17・18世紀〉
フランスのダンサー。史上初のバレリーナの一人。
⇒バレエ（プレヴォー、フランソワーズ　1680/1681頃–1741.9.13）

Preyer, Wilhelm Thierry〈19世紀〉
ドイツの生理学者、心理学者。主著『児童の精神』（1882）。
⇒岩世人（プライアー（プライエル）　1841.7.4–1897.7.25）

Prezan, Constantin〈19・20世紀〉
ルーマニア軍元帥。
⇒ネーム（プレザン　1861–1943）

Priamos
ギリシア神話のトロヤ戦争のときのトロヤ王。
⇒岩世人（プリアモス）
ネーム（プリアモス）

Priapatius〈前2世紀〉
パルティア帝国の統治者。在位前191～176。
⇒世帝（フリアパティウス　?–前176?）

Price, George Ward〈19・20世紀〉
イギリスのジャーナリスト。
⇒岩世人（プライス　?–1961.8.22）

Price, John〈16・17世紀〉
イギリスの作曲家。
⇒バロ（プライス、ジョン　1580頃?–1641.6）

Price, Richard〈18世紀〉
イギリスの宗教家、哲学者。ロンドンでユニテリアン派の牧師をした。
⇒岩世人（プライス　1723.2.23–1791.4.19）
学叢思（プライス、リチャード　1723–1791）

新カト（プライス　1723.2.23–1791.4.19）

Price, Thomas Frederick〈19・20世紀〉
アメリカのカトリック司祭、メリノール会の創立者。
⇒アア歴（Price,Thomas Frederick　トマス・フレデリック・プライス　1860.8.19–1919.9.12）

Prichard, Harold Arthur〈19・20世紀〉
イギリスの哲学者。「オックスフォード直観主義」を代表。
⇒岩世人（プリチャード　1871.10.31–1947.12.29）

Pride, Sir Thomas〈17世紀〉
イギリス清教徒革命の議会派の軍人。約140人の長老派議員を追放する「プライドのパージ」を実行。
⇒岩世人（プライド　?–1658.10.23）

Prierias, Silvester〈15・16世紀〉
イタリアの神学者。ドミニコ会員、ルターの論敵。
⇒新カト（プリエリアス　1456–1523/1527）

Priessnitz, Vincenz〈18・19世紀〉
旧オーストリアの水治療師。近代水治療法の祖とされる。
⇒岩世人（プリースニッツ　1799.10.4–1851.11.28）

Priestley, Joseph〈18・19世紀〉
イギリスの化学者。アンモニア、二酸化硫黄などを発見。
⇒岩世人（プリーストリ　1733.3.13–1804.2.6）
広辞7（プリーストリー　1733–1804）
学叢思（プリーストレー、ジョセフ　1733–1804）
新カト（プリーストリ　1733.3.13–1804.2.6）
ポプ人（プリーストリー、ジョセフ　1733–1804）

Prieur-Duvernois, Claude Antoine〈18・19世紀〉
フランスの政治家。公安委員会に入り、メートル法採用などに貢献。
⇒岩世人（プリュール＝デュヴェルノワ　1763.12.22–1832.8.11）

Primasius〈6世紀〉
北アフリカのハドルメートゥスの司教。
⇒新カト（プリマシウス　?–553以後）

Primaticcio, Francesco〈16世紀〉
イタリアの画家、彫刻家、建築家、室内装飾家。第1次フォンテンブロー派の代表。
⇒岩世人（プリマティッチョ　1505.4.30–1570）
芸13（プリマティッチオ、フランチェスコ　1505–1570）

Primavera, Giovanni Leonardo〈16世紀〉
イタリアの作曲家。
⇒バロ（プリマヴェーラ、ジョヴァンニ・レオナルド　1540-1550頃–1585以降）

Prim i Prats, Joan, Marquès de Los Castillejos〈19世紀〉
スペイン、カタルーニャ地方の軍人、政治家。
⇒岩世人（プリム・イ・プラッツ　1814.12.6–1870.11.30）

Primo de Rivera y Orbaneja, Miguel, Marqués de Estella〈19・20世紀〉
スペインの軍人、独裁者。1923年、クーデターにより内閣を倒し、軍事独裁を確立（～1930）。
⇒岩世人（プリモ・デ・リベーラ　1870.1.8–1930.3.16）
　ネーム（プリモ・デ・リベラ　1870–1930）
　広辞7（プリモ・デ・リベラ　1870–1930）
　世人新（プリモ＝デ・リベラ　1870–1930）
　世人装（プリモ＝デ・リベラ　1870–1930）

Primus〈3世紀〉
ローマ時代の殉教者。
⇒新カト（プリムスとフェリキアヌス　3–4世紀）

Prin, Jean-Baptiste〈17・18世紀〉
イギリスの作曲家。
⇒バロ（プリン、ジャン・バティスト　1669頃–1742以降）

Prince, Adolphe〈19・20世紀〉
ベルギーの刑法学者。刑法における社会学派、刑事政策学派の代表者。
⇒岩世人（プランス　1845.11.2–1919.9.30）

Prince, Morton〈19・20世紀〉
アメリカの心理学者、精神医学者。二重人格、無意識の研究者。
⇒岩世人（プリンス　1854.12.21–1929.8.31）

Prince-Smith, John〈19世紀〉
ドイツの経済学者。ドイツにおけるマンチェスター学派の代表者で、自由貿易運動を指導。
⇒岩世人（プリンス＝スミス　1809.1.20–1874.2.3）
　学叢思（プリンス・スミス、ジョン　1809–1874）

Pringle, *Sir* **John James**〈18世紀〉
イギリスの医師。ロイヤル・ソサエティの総裁を務めた。
⇒岩世人（プリングル　1707.4.10–1782.1.18）

Pringle, Thomas〈18・19世紀〉
スコットランドの詩人。「エディンバラ月刊誌」を創刊。
⇒岩世人（プリングル　1789.1.5–1834.12.5）

Pringle-Pattison, Andrew Seth〈19・20世紀〉
スコットランドの観念論哲学者。
⇒岩世人（プリングル＝パティソン　1856.12.20–1931.9.1）
　学叢思（セス、(1) アンドルー　1856–?）

Pringsheim, Alfred〈19・20世紀〉
ドイツの数学者。
⇒世数（プリングスハイム、アルフレッド・イズラエル　1850–1941）

Pringsheim, Ernst〈19・20世紀〉
ドイツの物理学者。ルンマーと共に黒体の熱輻射の精密な実験を行った。
⇒岩世人（プリングスハイム　1859.7.11–1917.6.28）

Pringsheim, Nathanael〈19世紀〉
ドイツの植物学者。下等植物を研究し、藻類の有性生殖を確認。
⇒岩世人（プリングスハイム　1823.11.30–1894.10.6）

Prinner, Johann Jacob〈17世紀〉
オーストリアの作曲家。
⇒バロ（プリンナー、ヨハン・ヤーコプ　1624–1694.3.18）

Prins, Ary〈19・20世紀〉
オランダの文学者。
⇒岩世人（プリンス　1860.3.19–1922.5.3）

Prinsep, James〈18・19世紀〉
イギリスの東洋学者、インド考古学者。アショーカ王の碑文を初めて解読。
⇒岩世人（プリンセプ　1799.8.20–1840.4.22）
　南ア新（プリンセプ　1799–1840）

Printz, Wolfgang Caspar〈17・18世紀〉
ドイツの作曲家、理論家。
⇒バロ（プリンツ、ヴォルフガング・カスパル　1641.10.10–1717.10.13）

Prior, Matthew〈17・18世紀〉
イギリスの詩人、外交官。ユトレヒト条約成立に活躍。
⇒岩世人（プライアー　1664.7.21/23–1721.9.18）

Prioris, Dominus〈15世紀〉
フランドルの作曲家。
⇒バロ（プリオリス、ドミヌス　1450頃?–1500頃?）

Prioris, Johannes〈15・16世紀〉
フランドル楽派の作曲家。
⇒バロ（プリオリス、ヨハネス　1460頃–1514頃）

Priscianus Caesariensis〈5世紀〉
ローマの文法学者。
⇒岩世人（プリスキアヌス　（活躍）6世紀初頭）

Priscillianus〈4世紀〉
スペインの司教。キリスト教会史上初めての異端のために処刑。
⇒新カト（プリスキリアヌス　340頃–385.1）

Priscus〈4世紀〉
聖人、殉教者。祝日9月1日。イタリア南部カプアを中心に崇敬される。

⇒新カト（プリスクス〔カプアの〕 4世紀）

Prishvin, Mikhail Mikhailovich〈19・20世紀〉
ロシア、ソ連の小説家。
⇒岩世人（プリーシヴィン 1873.1.23/2.4–1954.1.16）

Príska
アクラの妻。夫と共にパウロの協力者として働く。プリスキラの名でも呼ばれる（新約）。
⇒新カト（アキラとプリスカ（プリスキラ））
聖書（アキラとプリスキラ）

Príska (Prískilla)〈3世紀?〉
ローマ時代の伝説的殉教者。祝日1月18日。
⇒新カト（プリスカ〔ローマの〕 生没年不詳）
図聖（プリスカ 1世紀頃）

Priskos〈3世紀〉
聖人、古代パレスチナの殉教者。祝日3月28日。
⇒新カト（プリスコス、マルコスとアレクサンドロス ?–257/258）

Priskos〈5世紀〉
東ローマの官史、歴史家。
⇒岩世人（プリスコス）

Priuli, Giovanni〈16・17世紀〉
イタリアの作曲家。
⇒バロ（プリウーリ、ジョヴァンニ 1575頃–1629）

Privas, Xavier〈19・20世紀〉
フランスのシャンソニエ。
⇒19仏（グザヴィエ・プリヴァ 1863.9.27–1927.2.6）

Proba, Faltonia Betitia〈4世紀〉
ローマ貴族出身の女性キリスト教詩人。
⇒新カト（プロバ 4世紀）

Probos〈3・4世紀〉
聖人、殉教者。祝日10月11日。
⇒新カト（タラコス、プロボスとアンドロニコス ?–304頃）

Probst, Ferdinand〈19世紀〉
ドイツのカトリック典礼学者。
⇒新カト（プロプスト 1816.3.28–1899.12.26）

Probus, Marcus Aurelius〈3世紀〉
ローマ皇帝。在位276～282。
⇒岩世人（プロブス 232–282）
世帝（プロブス 232–282）

Probus, Marcus Valerius〈1・2世紀〉
ローマの古典学者。
⇒岩世人（プロブス）

Probus, Sextus Claudius Petronius〈4世紀〉
古代ローマの親衛隊長官。

⇒岩世人（プロブス 328?–390）

Processus
聖人、ローマの殉教者。祝日7月2日。
⇒新カト（プロケッススとマルティニアヌス 生没年不詳）

Prochoros Kydones〈14世紀〉
ビザンティン帝国の神学者。
⇒新カト（プロコロス・キュドネス 1333/1335–1369/1370）

Procopius〈3・4世紀〉
ローマ時代の殉教者。
⇒新カト（プロコピオス ?–303.7.7）

Procopius〈5・6世紀〉
キリスト教弁論家、修辞学者。
⇒新カト（プロコピオス〔ガザの〕 465頃–530頃）

Procter, Adelaide Ann〈19世紀〉
イギリスの女流詩人。
⇒岩世人（プロクター 1825.10.30–1864.2.2）

Procter, Bryan Waller〈18・19世紀〉
イギリスの詩人。"Literary Gazette"誌に寄稿。
⇒岩世人（プロクター 1787.11.21–1874.10.5）

Procter, William〈19世紀〉
アメリカの企業家。
⇒岩世人（プロクター 1801.12.7–1884.4.4）

Proculus, Sempronius〈1世紀頃〉
ローマの法学者。
⇒岩世人（プロクルス）

Prodikos〈前5・4世紀〉
ギリシアのソフィスト。ケオス出身。
⇒岩世人（プロディコス（ケオスの））

Prodromus, Theodorus〈11・12世紀〉
ビザンティンの詩人、散文作家。12世紀の文芸復興期に活躍。
⇒岩世人（プロドロモス 1100頃–1170頃）

Profe, Ambrosius〈16・17世紀〉
ドイツの作曲家。
⇒バロ（プローフェ、アンブロジウス 1589.2.12–1661.12.27）

Profillet, Louis Charles〈19世紀〉
フランス海軍・陸軍付司祭。
⇒新カト（プロフィレ 1824–1900頃）

Prohászka Ottokar〈19・20世紀〉
ハンガリーの聖職者。教会所有地の分割を支持。
⇒岩世人（プロハースカ 1858.10.10–1927.4.2）
新カト（プロハースカ 1858.10.10–1927.4.2）

Proitos
ギリシア神話、アルゴスの王。
⇒岩世人（プロイトス）

Proklos〈2世紀〉
ギリシアの文献学者。
⇒岩世人（プロクロス）

Proklos〈5世紀〉
コンスタンティノポリス総主教, 聖人。
⇒新カト（プロクロス〔コンスタンティノポリスの〕?-446/447）

Proklos, Diadochus〈5世紀〉
新プラトン派（アテネ派）の代表的哲学者。
⇒岩世人（プロクロス　412.1.8-485.4.17）
　広辞7（プロクロス　412-485）
　学叢思（プロクロス　410-485）
　新カト（プロクロス　412-485）
　世数（プロクロス, ディアドクス　412頃-485）
　メル1（プロクロス　412-485）

Prokne
ギリシア神話で, トラキア王テレウスの妻。
⇒岩世人（プロクネ）
　ネーム（プロクネ）

Prokof'ev, Ivan Prokof'evich〈18・19世紀〉
ロシアの彫刻家。
⇒芸13（プロコフィエフ, イワン・プロコフィエーヴィチ　1758-1828）

Prokop〈10・11世紀〉
ボヘミアの守護聖人。祝日3月25日。
⇒新カト（プロコプ〔サーザヴァの〕　970頃-1053.3.25）

Prokop, Holy〈14・15世紀〉
ボヘミアの将軍。ウトラクイスム派の司祭出身。フス教徒戦争を指導。リパニで戦死。
⇒岩世人（プロコプ　1380頃-1434.5.30）

Prokopios〈5・6世紀〉
ビザンチンの歴史家。代表作『ユスティニアヌス帝戦史』（8巻, 551〜553）。
⇒岩世人（プロコピオス〔カイサリアの〕）
　新カト（プロコピオス〔カイサレイアの〕　500頃-560以降）

Prokopovich, Feofan〈17・18世紀〉
ロシアの宗教家, 政治家, 作家。1724年ノブゴロドの大主教。
⇒岩世人（プロコポーヴィチ　1681.6.8-1736.9.8）

Prokris
ギリシア神話, ケファロスの妻。
⇒岩世人（プロクリス）
　ネーム（プロクリス）

Prokroustēs
ギリシア神話中の強盗。
⇒岩世人（プロクルステス）

Prony, Gaspard Clair François Marie Riche, Baron de〈18・19世紀〉
フランスの土木および機械技術者。ポー河の治水工事, 諸港湾の改修工事に従事（1805〜12）。
⇒岩世人（プロニ　1755.7.22-1839.7.29）

Propertius, Sextus〈前1世紀〉
ローマのエレゲイア詩人。
⇒岩世人（プロペルティウス）
　ネーム（プロペルティウス　前47?-前15?）
　広辞7（プロペルティウス　前50頃-前16頃）

Propst（Probst）, Jakob〈15・16世紀〉
ドイツのルター派神学者, ブレーメンの改革者。
⇒新カト（プロプスト　1495頃-1562.6.30）

Proskauer, Joseph Meyer〈19・20世紀〉
アメリカの法律専門家。
⇒ユ人（プロスカウアー, ジョセフ・メイヤー　1877-1971）

Prosper〈4・5世紀〉
古代ローマのガリアの年代記作者。
⇒新カト（プロスペル〔アクイタニアの〕　390頃-455以後）

Prosper〈5世紀〉
イタリア北部レッジョ・エミリアの司教。聖人。祝日6月25日。
⇒新カト（プロスペル〔レッジョ・エミリアの〕　5世紀）

Prossnitz, Judah Leib（Loebele）〈17・18世紀〉
ボヘミア地方のシャブタイ・ツビ信仰者。
⇒ユ人（プロスニッツ, ユダ・レイブ（レーベレ）　1670頃-1730）

Prōtagorās〈前5世紀〉
ギリシアのソフィスト。トラキアのアブデラの人。
⇒岩世人（プロタゴラス　前485頃-前400頃）
　ネーム（プロタゴラス　前485?-前410?）
　広辞7（プロタゴラス　前485頃-前420頃）
　学叢思（プロタゴラス　前480頃-前410）
　世人新（プロタゴラス　前485頃/前490頃-前415頃/前420頃）
　世人装（プロタゴラス　前485頃/前490頃-前415頃/前420頃）
　世史語（プロタゴラス　前480頃-前410頃）
　ポブ人（プロタゴラス　前490頃-前420頃）
　メル1（プロタゴラス　前485頃-前411/前400?）

Protasius〈1世紀〉
皇帝ネロの治世下に殉教したと見られるミラーノの保護聖人。
⇒図聖（ゲルヴァシウスとプロタシウス）

Proterios〈5世紀〉
アレクサンドリアの総主教。聖人。祝日3月28日。
⇒新カト（プロテリオス　?-457.3.28）

Prōtesilaos
ギリシア神話,トロイア戦争にテッサリアからギリシア軍に参加した部隊の将。
⇒岩世人（プロテシラオス）

Proth, Mario〈19世紀〉
フランスのジャーナリスト。
⇒19仏（マリオ・プロート　1832.10.2–1891）

Prothero, Sir George Walter〈19・20世紀〉
イギリスの歴史家。"The Cambridge modern history"の共同編集者。
⇒岩世人（プロザロ　1848.10.14–1922.7.10）

Protopopov, Aleksandr Dmitrievich〈19・20世紀〉
ロシアの政治家,ツァーリ政府の最後の内相。1918年ボルシェビキ政府によって処刑された。
⇒岩世人（プロトポーポフ　1866.12.18–1917.10.27）

Protus〈3世紀〉
ローマ時代の殉教者。
⇒新カト（プロトゥスとヒアキントゥス　3世紀）

Proudhon, Pierre Joseph〈19世紀〉
フランスの社会哲学者,社会改革論者。『財産とは何ぞや』(40)が主著。
⇒岩世人（プルードン　1809.1.15–1865.1.16）
　ネーム（プルードン　1809–1865）
　広辞7（プルードン　1809–1865）
　学叢思（プルドーン, ジョゼフ　1809–1865）
　新カト（プルードン　1809.1.15–1865.1.19）
　世人新（プルードン　1809–1865）
　世人装（プルードン　1809–1865）
　世史語（プルードン　1809–1865）
　ポプ人（プルードン, ピエール・ジョゼフ　1809–1865）
　メル3（プルードン, ピエール＝ジョゼフ　1809–1864）

Proust, Antonin〈19・20世紀〉
フランスの政治家,美術批評家。1881年ガンベッタ内閣の美術省大臣となった。
⇒岩世人（プルースト　1832.3.15–1905.3.23）

Proust, Joseph Louis〈18・19世紀〉
フランスの化学者。化学反応における定比例の法則（プルーストの法則）を発表した(1797)。
⇒岩世人（プルースト　1754.9.26–1826.7.5）

Proust, Marcel〈19・20世紀〉
フランスの小説家。長篇小説『失われた時を求めて』(13～28)の著者。
⇒岩世人（プルースト　1871.7.10–1922.11.18）
　ネーム（プルースト　1871–1922）
　広辞7（プルースト　1871–1922）
　新カト（プルースト　1871.7.10–1922.11.18）
　世人新（プルースト　1871–1922）
　世人装（プルースト　1871–1922）
　ポプ人（プルースト, マルセル　1871–1922）
　ユ人（プルースト, マルセル　1871–1922）
　ユ著人（Proust,Marcel　プルースト, マルセル　1871–1922）

Prout, Ebenezer〈19・20世紀〉
イギリスの音楽理論家,作曲家。
⇒岩世人（プラウト　1835.3.1–1909.12.5）

Prout, William〈18・19世紀〉
イギリスの医者,化学者。原子量は水素の原子量の整数倍であるという説を発表した(15)。
⇒岩世人（プラウト　1785.1.15–1850.4.9）

Provenzale, Francesco〈17・18世紀〉
イタリアの作曲家。ナポリ楽派。
⇒バロ（プロヴェンツァーレ, フランチェスコ　1627頃–1704.9.6）

Prowazek, Stanislaus, Edler von Lanow〈19・20世紀〉
ドイツの細菌学者。
⇒岩世人（プローヴァセク　1875.11.12–1915.2.17）

Pṛthvīrāja III〈12世紀〉
中世初期北西インドのチャーハマーナ朝の王。在位1177～92。
⇒岩世人（プリトヴィーラージャ3世　?–1192）
　南ア新（プリトヴィーラージ　?–1192）

Prudentia
聖人,古代ローマの乙女殉教者。
⇒新カト（プルデンティア　生没年不詳）

Prudentius
聖人,殉教者。祝日10月6日。フランス,ブルゴーニュ地方ベーズの大修道院聖堂で崇敬されていた。
⇒新カト（プルデンティウス　生没年不詳）

Prudentius, Aurelius Clemens〈4・5世紀〉
ローマの詩人。キリスト教ラテン詩人。
⇒バロ（プルデンティウス, アウレリウス・クレメンス　348–410頃）
　岩世人（プルデンティウス　348–405以後）
　新カト（プルデンティウス　348–405以後）

Prudentius Galindo〈9世紀〉
スペイン出身の神学者,トロアの司教。聖人。祝日4月6日。
⇒新カト（プルデンティウス〔トロアの〕　?–861.4.6）

Prud'hon, Pierre-Paul〈18・19世紀〉
フランスの画家。ナポレオンの宮廷画家。代表作『皇妃ジョゼフィーヌの肖像』(05)。
⇒岩世人（プリュードン　1758.4.4–1823.2.16）
　ネーム（プリュードン　1758–1823）
　芸13（プリュードン, ピエール・ポール　1758–1823）

Pruitt, Anna Ashley Seward〈19・20

世紀〉
アメリカの宣教師。
⇒アア歴（Pruitt, Anna (Ashley) (Seward) アンナ・アシュリー・スーアード・プルーイット 1862–1948.6.20）

Prümmer, Dominikus Maria〈19・20世紀〉
ドイツの教会法学者，倫理神学者。ドミニコ会員。
⇒新カト（プリュンマー 1866.9.3–1931.6.9）

Prus, Bolesław〈19・20世紀〉
ポーランドの小説家（本名 Aleksander glowacki）。
⇒岩世人（プルス 1847.8.20–1912.5.19）

Pruyn, Robert Hewson〈19世紀〉
幕末の駐日アメリカ公使。生麦事件に関し，イギリスと幕府との間を調停。
⇒アア歴（Pruyn, Robert Hewson ロバート・ヒューソン・プリュイン 1815.2.14–1882.2.26）
岩世人（プルイン 1815.2.14–1882.2.26）

Pryanishnikov, Dmitry Nikolaevich〈19・20世紀〉
ソ連の農芸化学者，植物生理学者。
⇒岩世人（プリャーニシニコフ 1865.10.25/11.6–1948.4.30）

Prynne, William〈16・17世紀〉
イギリス清教徒の政論家。政治的には長老派に属した。王政復古を支持。
⇒岩世人（プリン 1600–1669.10.24）
新カト（プリン 1600–1669.10.24）

Przemysl〈13世紀〉
ポーランド王国の統治者。
⇒世帝（プシェミスウ2世 1257–1296）

Przheval'skii, Nikolai Mikhailovich〈19世紀〉
ロシアの探検家，帝政ロシアの将校。
⇒岩世人（プルジェヴァリスキー 1839.3.31–1888.10.20）

Przybyszewski, Stanisław〈19・20世紀〉
ポーランドの小説家，劇作家。青年時代にベルリンで学び，帰国後クラカウで文学雑誌「生活」を編集し，新世代の文壇の中心人物となった。
⇒岩世人（プシビシェフスキ 1868.5.7–1927.11.23）

Psalmanazar, Georges〈17・18世紀〉
フランスのいかさま著作家。実名は不明。
⇒岩世人（サルマナザール 1679–1763.5.3）

Psammetichos I, Wḥ-yb-Rʻ〈前7世紀〉
エジプト第26王朝の王。在位前663–610。エジプトを統一。
⇒岩世人（プサメティコス1世 （在位）前664–前610）

Psammetichos II, Nfr-yb-Rʻ〈前6世紀〉
エジプト第26王朝の王。在位前595～589。ナイル川上流へ遠征。
⇒岩世人（プサメティコス2世 （在位）前595–前589）

Psammetichos III, ʻnh-k'-n-Rʻ〈前6世紀〉
エジプト第26王朝の王。在位前525。ペルシアと戦って敗れた。
⇒岩世人（プサメティコス3世 （在位）前526–前525）

Psellus, Michael Constantin〈11世紀〉
東ローマ帝国の学者，政治家。百科全書的博学者として宮廷で活躍。
⇒岩世人（プセロス 1018–1078頃）
新カト（ミカエル・プセロス 1018–1078頃）
メル1（プセロス，ミカエル 1018–1078頃）

Psichari, Jean〈19・20世紀〉
フランスの言語学者。
⇒岩世人（プシハリス 1854.5.3–1929.9.30）

Pszczeński〈17・18世紀〉
ポーランドの作曲家。
⇒バロ（プシュチェンスキ，? 1690頃?–1750頃?）

Ptah, Merit〈前27世紀頃〉
青銅器時代のエジプトの医者，記録に残る歴史上最初の女性科学者。
⇒物（プタハ，メリト 前2700頃）

Ptolemaios〈2世紀〉
聖人，ローマの殉教者。祝日10月19日。アントニヌス・ピウス帝時代に殉教。
⇒新カト（プトレマイオス ?–160頃）

Ptolemaios〈2世紀〉
グノーシス派教師。
⇒新カト（プトレマイオス〔グノーシス主義者〕 ?–180頃）

Ptolemaios I, Soter〈前4・3世紀〉
マケドニア王朝の王。在位前323～285。
⇒岩世人（プトレマイオス1世（救済者） 前360年代中頃–前283）
世帝（プトレマイオス1世 前367–前282）

Ptolemaios II, Philadelphos〈前4・3世紀〉
マケドニア王朝の王。在位前285～246。
⇒岩世人（プトレマイオス2世（愛妹者） 前308–前246）
世帝（プトレマイオス2世 前308–前246）

Ptolemaios III, Euergetes〈前3世紀〉
マケドニア王朝の王。在位前246～21。
⇒岩世人（プトレマイオス3世（善行者） 前284–前221）
世帝（プトレマイオス3世 ?–前222）

Ptolemaios IV, Philopator〈前3世紀〉
マケドニア王朝の王。在位前221～03。
⇒世帝（プトレマイオス4世　前224–前205?）

Ptolemaios V, Epiphanes〈前3・2世紀〉
マケドニア王朝の王。在位前203～181。
⇒世帝（プトレマイオス5世　前210–前181）

Ptolemaios VI, Philomētōr〈前2世紀〉
マケドニア王朝の王。在位前181～145。
⇒岩世人（プトレマイオス6世（愛母王）　前186–前145）
世帝（プトレマイオス6世　前186頃–前145）

Ptolemaios VIII〈前2世紀〉
エジプト王。在位前145～116。
⇒世帝（プトレマイオス8世　前182頃–前116）

Ptolemaios IX〈前2・1世紀〉
古代エジプト王。在位前116～107,88～80。8世とクレオパトラ3世の子。
⇒世帝（プトレマイオス9世　前143–前81）

Ptolemaios X〈前2・1世紀〉
古代エジプト王。在位前107～88。9世の弟。
⇒世帝（プトレマイオス10世　?–前88）

Ptolemaios XI〈前1世紀〉
古代エジプト王。在位前80。10世の子。
⇒世帝（プトレマイオス11世　前115頃–前80）

Ptolemaios XII, Aulētēs〈前2・1世紀〉
マケドニア王朝の王。在位前80～51。
⇒岩世人（プトレマイオス12世（笛吹き）　?–前51）
世帝（プトレマイオス12世　前117–前51）

Ptolemaios XIII〈前1世紀〉
マケドニア王朝の王。在位前51～47。
⇒岩世人（プトレマイオス13世（愛父君愛姉者）　前61–前47）
世帝（プトレマイオス13世　前63/前61–前47）

Ptolemaios XIV〈前1世紀〉
古代エジプト王。在位前47～44。13世の弟。
⇒世帝（プトレマイオス14世　前60–前44）

Ptolemaios XV, Kaisarion〈前1世紀〉
プトレマイオス王朝エジプトの最後の王。在位前44～30。
⇒世帝（プトレマイオス15世　前47–前30）

Ptolemaios Chennos〈1・2世紀頃〉
ギリシアの著作家。
⇒岩世人（プトレマイオス・ケンノス（アレクサンドリアの）　活動）100頃）

Ptolemaios Keraunos〈前3世紀〉
古代ギリシアのマケドニア王。
⇒世帝（プトレマイオス・ケラウノス　?–前279）

Ptolemaios Klaudios〈1・2世紀〉
ギリシアの天文学者。天文学書の『アルマゲスト』や地理学書を著す。

⇒岩世人（プトレマイオス・クラウディオス）
ネーム（プトレマイオス）
広辞7（プトレマイオス　2世紀）
学叢思（プトレマイオス，クローディウス）
新カト（プトレマイオス　80/100頃–170頃）
物理（プトレマイオス，クラウディオス　83–168）
世人新（プトレマイオス（トレミー）　生没年不詳）
世人装（プトレマイオス（トレミー）　生没年不詳）
世史語（プトレマイオス）
世数（プトレマイオス（またはトレミー），クラウディオス　85頃–165頃）
ポプ人（プトレマイオス，クラウディオス　生没年不詳）

Ptolemaios Neos Philopatōr〈前2世紀〉
古代ギリシアのエジプトの共同統治者。
⇒世帝（プトレマイオス7世　?–前145）

Publilius Syrus〈前1世紀〉
ローマのミモス劇作家。
⇒岩世人（プブリリウス・シュルス）

Pucci, Antonio Maria〈19世紀〉
イタリアの司祭、「マリアのしもべ会」修道士、聖人。
⇒新カト（アントニオ・マリア・プッチ　1819.4.16–1892.1.12）

Puccini, Giacomo Antonio Domenico Michele Secondo Maria〈19・20世紀〉
イタリアの作曲家。オペラ『マノン・レスコー』(93)、『蝶々夫人』(04)などを作曲。
⇒岩世人（プッチーニ　1858.12.22–1924.11.29）
オペラ（プッチーニ，ジャコモ　1858–1924）
エデ（プッチーニ，ジャコモ　1858.12.22–1924.11.29）
ネーム（プッチーニ　1858–1924）
広辞7（プッチーニ　1858–1924）
学叢思（プッチニ，ジアコモ　1858–?）
実音人（プッチーニ，ジャコモ　1858–1924）
世人新（プッチーニ　1858–1924）
世人装（プッチーニ　1858–1924）
世史語（プッチーニ　1858–1924）
ポプ人（プッチーニ，ジャコーモ　1858–1924）

Pucelle, Jean〈14世紀〉
フランスの後期ゴシック写実画家。
⇒新カト（ピュセル　活動）1320頃–1334）

Puchta, Georg Friedrich〈18・19世紀〉
ドイツの法学者。
⇒岩世人（プフタ　1798.8.31–1846.1.8）

Puck, Joselin〈16・17世紀〉
イギリスの作曲家。
⇒バロ（プック，ジョスリン　1560頃?–1610頃?）

Pückler-Muskau, Hermann Fürst von〈18・19世紀〉
ドイツの著述家，造園家。

⇒岩世人（ピュックラー＝ムスカウ　1785.10.30–1871.2.4）

Pudens〈1世紀〉
ローマの元老院議員。聖人。祝日5月19日。
⇒新カト（プデンス　1世紀後半）

Pudentiana〈1・2世紀〉
初期教会の殉教者。
⇒新カト（プデンティアナ　1–2世紀）

Puente, Luis de la〈16・17世紀〉
スペインの霊性著作家、イエズス会員。
⇒新カト（プエンテ　1554.11.11–1624.2.16）

Pueyrredón, Juan Martín de〈18・19世紀〉
アルゼンチンの軍人。
⇒岩世人（プエイレドン　1777.12.18–1850.3.13）

Pufendorf, Samuel, Freiherr von〈17世紀〉
ドイツの法学者、歴史家。
⇒岩世人（プーフェンドルフ　1632.1.8–1694.10.26）
学叢思（プーフェンドルフ、サムエル・フリードリヒ・フォン　1632–1694.10）
新カト（プーフェンドルフ　1632.1.8–1694.10.26）

Pugachyov, Emeliyan Ivanovich〈18世紀〉
ロシアの農民反乱の指導者。1773年コサックの反乱を組織したが、政府軍に敗れ処刑。
⇒岩世人（プガチョーフ　1740頃–1775.1.10）
広辞7（プガチョーフ　1744–1775）
世人新（プガチョフ　1740/1742–1775）
世人装（プガチョフ　1740/1742–1775）
ポプ人（プガチョフ、エメリヤン・イワノビッチ　1740?–1775）

Puget, Pierre〈17世紀〉
フランスの彫刻家、画家、建築家。
⇒岩世人（ピュジェ　1620.10.16–1694.12.2）
芸13（ピュジェ、ピエル　1622–1694）

Pugin, Augustus Welby Northmore〈19世紀〉
イギリスの建築家、著述家。英国におけるローマ・カトリックとゴシック建築の復興に貢献。
⇒岩世人（ピュージン　1812.3.1–1852.9.14）
新カト（ピュージン　1812.3.1–1852.9.14）
世建（A・W・N・ピュージン　1812–1852）

Pugnani, Gaetano〈18世紀〉
イタリアのヴァイオリン奏者、作曲家。諸方に楽旅を試み、ついでトリノの宮廷楽長となる(70)。
⇒バロ（プニャーニ、ジュリオ・ガエターノ・ジェローラモ　1731.11.27–1798.7.15）
岩世人（プニャーニ　1731.11.27–1798.7.15）

Pugni, Cesare〈19世紀〉
イタリアの作曲家。
⇒岩世人（プーニ　1802.5.31–1870.1.26）
バレエ（プーニ、チェーザレ　1802.5.31–1870.1.26）

Puiseux, Victor Alexandre〈19世紀〉
フランスの数学者で天文学者。
⇒世数（ピュイスー、ヴィクトル・アレクサンドル　1820–1883）

Puissant, Louis-Maxime-Joseph〈19・20世紀〉
パリ外国宣教会会員。フランス北部のリアンクールの生まれ。来日宣教師。
⇒新カト（ピュイサン　1874.5.16–1932.5.18）

Pujo, Mas〈19世紀〉
インドネシア、ジャワの小宗教反乱の指導者。
⇒岩世人（プジョ、マス）

Pujol, Juan Pablo〈16・17世紀〉
スペインの作曲家。
⇒バロ（プジョル、フアン・パブロ　1573–1626.5）
新カト（プホル（プジョル）　1573頃–1626.5.17）

Pukyně, Jan Evangelista〈18・19世紀〉
チェコの生理学、組織学、発生学の先覚者。原形質という術語の創始者。
⇒岩世人（プルキニェ（プルキンエ）　1787.12.17–1869.7.28）
広辞7（プルキニエ　1787–1869）

Pulakesin II Satyasraya〈7世紀〉
インド、西チャールキヤ朝第6代の王。在位609～42。
⇒岩世人（プラケーシン2世　?–643頃）
南ア新（プラケーシン2世　?–643頃）

Pulcheria, Augusta Aelia〈4・5世紀〉
東ローマ皇帝マルキアヌスの妃。カルケドン公会議を開き、ネストリウス派を排斥。
⇒岩世人（プルケリア　399.1.19–453）
新カト（プルケリア　399.1.19–453.7）

Pulci, Luigi〈15世紀〉
イタリアの詩人。ロレンツォ・デ・メディチに仕える。
⇒岩世人（プルチ　1432.8.15–1484.11.11）
広辞7（プルチ　1432–1484）

Pulfrich, Karl〈19・20世紀〉
ドイツの光学技術家。ツァイス会社の科学顧問となり(1890～)、光学器械の研究、製作に従事。
⇒岩世人（プルフリヒ　1858.9.24–1927.8.12）

Puliaschi, Giovanni Domenico〈16・17世紀〉
イタリアの作曲家。
⇒バロ（プリアスキ、ジョヴァンニ・ドメーニコ　1570頃?–1625頃?）

Pulitzer, Joseph〈19・20世紀〉
ハンガリー生れのアメリカの新聞経営者。『イブニング・ワールド』の創業者。
　⇒アメ新（ピュリッツァー　1847–1911）
　　岩世人（ピュリッツァー　1847.4.10–1911.10.29）
　　世人新（ピュリッツァー　1847–1911）
　　世人装（ピューリッツァー　1847–1911）
　　ポプ人（ピュリッツァー，ジョゼフ　1847–1911）
　　ユ人（ピュリッツァー，ジョゼフ　1847–1911）
　　ユ著人（Pulitzer,Joseph　ピュリッツァー，ジョゼフ　1847–1911）

Pulleyn（Pullen, Polanus），Robert〈11・12世紀〉
イギリスのスコラ神学者，枢機卿。
　⇒新カト（ロベルトゥス・プルス　1080頃–1146.9）

Pullman, George Mortimer〈19世紀〉
アメリカの発明家，企業家。「プルマン・カー」を設計して特許を得た(64,65)。
　⇒岩世人（プルマン　1831.3.3–1897.10.19）

Pullois, Johannes〈15世紀〉
フランドルの作曲家。
　⇒バロ（ピュロワ，ヨハネス　1430頃?–1478.8.23）

Pulszky Ferenc〈19世紀〉
ハンガリーの政治家，考古学者。1862年イタリアで反オーストリア独立運動に参加。
　⇒岩世人（プルスキ　1814.9.17–1897.9.9）

Pulteney, William, Earl of Bath〈17・18世紀〉
イギリスの政治家。
　⇒岩世人（プルトニー　1684.3.22–1764.7.7）

Pulzone, Scipione〈16世紀〉
イタリアの画家。
　⇒新カト（プルツォーネ　1544/1550頃–1598）

Pumpelly, Raphael〈19・20世紀〉
アメリカの地質学者。徳川幕府の要請で来日(62)。
　⇒アア歴（Pumpelly,Raphael　ラファエル・パンペリー　1837.9.8–1923.8.10）
　　岩世人（パンペリー　1837.9.8–1923.8.10）

Punnett, Reginald Crundall〈19・20世紀〉
イギリスの遺伝学者。ケンブリッジ大学遺伝学教授(12～40)。ニワトリの遺伝を研究。
　⇒岩世人（パネット　1875.6.20–1967.1.3）

Punto, Johann Wenzel Giovanni〈18・19世紀〉
ボヘミアの作曲家。
　⇒バロ（プント，ヨハン・ヴェンツェル・ジョヴァンニ　1746.9.28–1803.2.16）

Puṇyarāja〈11世紀頃〉
中世インドの註釈学者。
　⇒岩世人（プニャラージャ）

Pupienus Maximus（M.Clodius Pupienus Maximus）〈3世紀〉
ローマ帝国の統治者。在位238。
　⇒岩世人（プピエヌス　164頃–238）
　　世帝（プピエヌス・マクシムス　164/178–238）

Pupin, Michael Idvorsky〈19・20世紀〉
アメリカの物理学者。1898年2次X線を発見，蛍光板やX線写真法を発明。
　⇒岩世人（プーピン（ピューピン）　1858.10.4–1935.3.12）

Pūraṇa Kassapa〈前5世紀頃〉
インドに住した仏教外の思想家〈六師（外道）〉の一人。
　⇒岩世人（プーラナ・カッサパ）

Purcell,（Blondie）William Aloysius〈19・20世紀〉
アメリカの大リーグ選手（外野，投手）。
　⇒メジャ（ブロンディー・パーセル　1854.3.16–?）

Purcell, Daniel〈17・18世紀〉
イギリスの作曲家。
　⇒バロ（パーセル，ダニエル　1660頃–1717.11.26）

Purcell, Henry〈17世紀〉
イギリスの作曲家。教会音楽や『ディドーとエネアス』(89)などの劇音楽を作曲。
　⇒バロ（パーセル，ヘンリー2世　1659.6-9?–1695.11.21）
　　岩世人（パーセル　1659.9.10?–1695.11.21）
　　バレエ（パーセル，ヘンリー　1659–1695.11.21）
　　オペラ（パーセル，ヘンリー　1659–1695）
　　エデ（パーセル，ヘンリー　1659–1695.11.21）
　　ネーム（パーセル　1659–1695）
　　広辞7（パーセル　1659–1695）
　　新カト（パーセル　1659–1695.11.21）
　　ビ曲改（パーセル，ヘンリー　1659–1695）

Purcell, Thomas〈17世紀〉
イギリスの作曲家。
　⇒バロ（パーセル，トマス　1630頃?–1682.7.31）

Purchas, Samuel〈16・17世紀〉
イギリスの宗教家，編集者。『航海記』(25)を刊行。
　⇒岩世人（パーチャス　1577.11.20頃–1626.9頃）

Pūrna〈前5世紀頃〉
釈尊の十大弟子の一人。説法第一の阿羅漢と称された。
　⇒岩世人（プールナ・マイトラーヤニー・プトラ）
　　広辞7（富楼那　ふるな）

Pūrnavarman〈5世紀〉
西ジャワにあったタールマーナガラ王国の王。在位400頃。
　⇒岩世人（プールナワルマン　（在位）400頃）

Purugupta〈5世紀〉
インド,グプタ朝の王。
⇒世帝（プルグプタ　（在位）467頃-473頃）

Pururavas
13の大陸を支配したとされる王。
⇒ネーム（プルーラヴァス）

Purvis, Frank Prior〈19・20世紀〉
イギリスの造船家。1901年来日し,東京,九州帝国大学教師として,日本造船教育に功績を残した。
⇒岩世人（パーヴィス　1850.4.18-1940.2.20）

Puschmann, Adam Zacharias〈16世紀〉
ドイツの作曲家。
⇒バロ（プッシュマン,アーダム・ツァハリアス　1532-1600.4.4）

Pusey, Edward Bouverie〈18・19世紀〉
イギリスの神学者,オックスフォード運動の指導者。
⇒岩世人（ピュージー　1800.8.22-1882.9.16）
　学叢思（ピュゼー,エドワード　1800-1882）
　新カト（ピュージ　1800.8.22-1882.9.16）

Pushkin, Aleksandr Sergeevich〈18・19世紀〉
ロシアの詩人。ロシアのリアリズム文学の確立者。『大尉の娘』(36)が代表作。
⇒岩世人（プーシキン　1799.5.26-1837.1.29）
　オペラ（プーシキン,アレクサーンドル・セルゲーエヴィチ　1799-1837）
　ネーム（プーシキン　1799-1837）
　広辞7（プーシキン　1799-1837）
　学叢思（プーシュキン,アレキサンダー・セルゲイウィッチ　1799-?）
　新カト（プーシキン　1799.5.26-1837.1.29）
　世人新（プーシキン　1799-1837）
　世人装（プーシキン　1799-1837）
　世史語（プーシキン　1799-1837）
　ポブ人（プーシキン,アレクサンドル　1799-1837）

Puṣyamitra〈前2世紀〉
インドのマウリヤ王朝の将軍,シュンガ王朝の創始者。
⇒岩世人（プシュミトラ）

Puteri Gunung Ledang
マレーの昔話に登場する伝説上の王女。
⇒岩世人（レダン山の王女）

Pútí Liúzhī〈5・6世紀〉
北西インド出身の訳経僧。
⇒岩世人（菩提流支　ぼだいるし　?-527（孝昌3））

Putnam, George Rockwell〈19・20世紀〉
アメリカのエンジニア。
⇒アア歴（Putnam,George Rockwell　ジョージ・ロックウェル・パットナム　1865.5.24-1953.7.2）

Pütter, Johann Stephan〈18・19世紀〉
ドイツの法制学者。法律の歴史的研究を行った。
⇒岩世人（ピュッター　1725.6.25-1807.8.12）

Puttkamer, Robert von〈19世紀〉
ドイツ（プロイセン）の政治家。文相(79)となり「プットカーマー正書法」を制定(80)。
⇒岩世人（プットカーマー　1828.5.5-1900.3.15）

Putyatin, Evfimii Vasilievich〈19世紀〉
帝政ロシアの海軍提督,幕末の日露和親・通商条約の締結使節。
⇒岩世人（プチャーチン　1804/1803.11.8-1883.10.16）
　ネーム（プチャーチン　1803-1883）
　広辞7（プチャーチン　1804-1883）
　ポブ人（プチャーチン,エッフィミー・ワシリエビッチ　1804-1883）

Puvis de Chavannes, Pierre Cécile〈19世紀〉
フランスの画家。パリ,パンテオンの壁画『聖ジュヌビエーブ』(74～78)を描く。
⇒岩世人（ピュヴィ・ド・シャヴァンヌ　1824.12.14-1898.11.24）
　広辞7（ピュヴィス・ド・シャヴァンヌ　1824-1898）
　学叢思（シャヴァンヌ,ピエル・ピュニス・ドゥ　1824-?）
　新カト（ピュヴィス・ド・シャヴァンヌ　1824.12.14-1898.10.24）
　芸13（シャヴァンヌ,ピエル・セシル・ピュヴィ・ド　1824-1898）
　芸13（ピュヴィス・ド・シャヴァンヌ,ピエール　1824-1898）

Puyck, Nicolaes〈17世紀〉
オランダの最初の遣日特使の一人。
⇒岩世人（パイク　?-1663頃）

Pwyll
ウェールズ南西ダヴェドの王子。
⇒ネーム（プイス）

Pyamour, John〈14・15世紀〉
イギリスの作曲家。
⇒バロ（パイアムーア,ジョン　1380頃?-1431.7.31以前）
　バロ（ピアモー,ジョン　1380頃?-1431.7.31以前）

Pyat, Félix〈19世紀〉
フランスの作家,政治家。
⇒19仏（フェリックス・ピヤ　1810.10.4-1889.8.3）
　学叢思（ピア,フェリクス　1810-1889）

Pycard〈15世紀〉
イギリスの作曲家。
⇒バロ（ピカード,?　1420頃?-1470頃）

Pychard, Thomas〈14・15世紀〉
　イギリスの作曲家。
　⇒バロ（ピカード，トマス　1380頃?–1430頃?）

Pye〈17世紀〉
　ビルマ，タウングー朝の王。在位1661～1672。
　⇒世帝（ピイエ　1619–1672）

Pye, Watts Orson〈19・20世紀〉
　アメリカの宣教師。
　⇒アア歴（Pye,Watts O（rson）　ワッツ・オルソン・パイ　1878.10.20–1926.1.9）

Pygmalion
　ギリシア伝説のキプロス島の王。
　⇒岩世人（ピュグマリオン）
　ネーム（ピュグマリオン）

Pykini, Robert de〈14世紀〉
　フランスの作曲家。
　⇒バロ（ピキニ，ロベール・ド　1340頃?–1390頃?）

Pyladēs
　ギリシア神話，フォキスの子。
　⇒岩世人（ピュラデス）

Pym, John〈16・17世紀〉
　イギリス清教徒革命初期の指導者。「権利の請願」(28)の提出などに活躍。
　⇒岩世人（ピム　1584.5.20–1643.12.8）

Pypin, Aleksandr Nikolaevich〈19・20世紀〉
　ロシアの文学史家。文学をもって社会的活動の所産，民衆の自意識の表現の一形態であると見，文学の社会的被制約性，社会生活の諸形態および文化の発達と文学との間の全面的関連性を考察した。
　⇒岩世人（プイピン　1833.3.25–1904.11.26）

Pyramos
　ギリシア神話，悲恋物語の主人公の美男美女。
　⇒岩世人（ピュラモス）

Pyrrhōn〈前4・3世紀〉
　ギリシアの哲学者。古懐疑学派の祖。
　⇒岩世人（ピュロン　前360頃–前270頃）
　ネーム（ピュロン　前360?–前270?）
　広辞7（ピュロン　前360頃–前270頃）
　学叢思（ピュロン）
　図哲（ピュロン　前360頃–前270頃）
　メル1（ピュロン　前365/前360?–前275/前270?）

Pyrrhos〈前4・3世紀〉
　古代エピルスの王。同国のギリシア化をなしとげた。
　⇒岩世人（ピュロス　前319–前272）
　世帝（ピュロス　前319–前272）

Pyrszyński, Kasper〈18世紀〉
　ポーランドの作曲家。

　⇒バロ（ピルシンスキ，カスペル　1718–1758.9.19）

Pythagoras〈前6・5世紀〉
　古代ギリシアの哲学者。
　⇒岩世人（ピュタゴラス　前582頃–前497/前496）
　広辞7（ピタゴラス　前582頃–前497頃）
　学叢思（ピュタゴラス　前570頃/前580頃–前500頃）
　物理（ピタゴラス　前570頃–前495頃）
　図哲（ピタゴラス　前582頃–前497頃）
　世人新（ピュタゴラス（ピタゴラス）　前570頃–前495頃）
　世人装（ピュタゴラス（ピタゴラス）　前570頃–前495頃）
　世史語（ピタゴラス　前6世紀）
　世数（ピタゴラス（あるいはピュタゴラス）（サモスの）　前569頃–前500頃）
　ポブ人（ピタゴラス　前582頃–前510頃）
　メル1（ピュタゴラス〔ピタゴラス〕　前582/前570?–前500/前480?）

Pythagoras〈前5世紀〉
　ギリシアの彫刻家。サモス島の人。
　⇒岩世人（ピュタゴラス　（活動）前480頃–前452頃）

Pytheas of Massalia〈前4・3世紀〉
　ギリシア人の航海者。マルセイユの出身。
　⇒岩世人（ピュテアス）

Pytheos〈前4世紀〉
　ギリシアの建築家。
　⇒岩世人（ピュテオス）

【 Q 】

Qāānī〈19世紀〉
　ペルシアの頌詩，抒情詩人。
　⇒岩世人（カーアーニー，ハビーボッラー　1807/1808–1853/1854）

Qābūs bin Washmgīr, Shamsu'l-Ma'ālī〈10・11世紀〉
　イランのカスピ海南岸地方を支配したズィヤール朝第4代の王。在位976～1012。
　⇒岩世人（カーブース・イブン・ワシュムギール（在位）977–1012）

Qači'un〈12世紀〉
　モンゴル，チンギス・カンの弟。
　⇒岩世人（カチウン）

Al-Qādir〈10・11世紀〉
　カリフ王朝の統治者。在位991～1031。
　⇒岩世人（カーディル　947/948–1031）
　世帝（カーディル　947–1031）

Qadrī, Muḥammad〈19世紀〉
　エジプトの法律家，政治家。

⇒岩世人（カドリー　1821–1888.11.21）

Al-Qāhir〈9・10世紀〉
カリフ王朝の統治者。在位932〜934。
⇒世帝（カーヒル　899–950）

Qaḥtān
アラビア諸部族のうち南のイェーメン族の伝説上の祖。
⇒岩世人（カフターン）

al-Qā'im〈11世紀〉
アッバース朝第26代カリフ。在位1031〜75。
⇒世帝（カーイム　1001–1075）

al-Qā'im, Abū al-Qāsim Muḥammad〈9・10世紀〉
サラセン帝国のファーティマ朝第2代君主。在位934〜45。
⇒世帝（カーイム　893–946）

Qā'im-Maqām〈18・19世紀〉
カージャール朝期のイランの政治家, 散文作者, 詩人。
⇒岩世人（カーエムマカーム　1779–1835）

Qāit-Bey, Saifu'd-Dīn〈15世紀〉
エジプトのブルジー・マムルーク朝第18代のスルタン。在位1468〜95。
⇒岩世人（カーイトバイ　?–1496）

Qalāwūn, Saifu'd-Dīn〈13世紀〉
エジプトのバハリー・マムルーク朝第8代のスルタン。在位1279〜90。
⇒岩世人（カラーウーン　?–1290）

al-Qālī, Abū 'Alī Ismā'īl ibnu'l-Qāsim〈10世紀〉
アラビアの言語学者。
⇒岩世人（カーリー　901.5/6–967.3.21/4.19/4.20）

al-Qalqashandī, Aḥmad〈14・15世紀〉
エジプトのマムルーク朝の学者。
⇒岩世人（カルカシャンディー　1355頃–1418.7.16）

Qangdadorji〈19・20世紀〉
モンゴルの政治家。
⇒岩世人（ハンドドルジ　1869–1915）

Qāni'ī Ṭūsī〈13世紀〉
ペルシア詩人。
⇒岩世人（カーニイー・トゥースィー　?–1273以降）

Qapγan Qaγan〈7・8世紀〉
突厥（復興後の）のカガン。在位691〜716。奚, 契丹, キルギスなどの諸部を破り, 領域を拡大。
⇒岩世人（カプガン・カガン　?–716）

Qarā 'Uthmān, Bahāu'd-Dīn〈15世紀〉
イランのアーク・クユーンルー朝の創始者。在位1378〜1406。

⇒岩世人（カラ・ウスマーン　?–1434/1435）

Qarā Yūsuf〈14・15世紀〉
イランのカラー・クユーンルー（黒羊）朝第2代の主。在位1388〜1420。
⇒岩世人（カラ・ユースフ　（在位）1388–1420）

al-Qarshī, Abū Yūsuf Ya'qūb〈9世紀〉
アラブの天文学者。
⇒岩世人（カルシー, アブー・ユースフ・ヤアクーブ　9世紀初）

Qāsim 'Abdullāh〈11世紀〉
中国渡来のイスラム教徒。宋朝に入貢（1072）。
⇒岩世人（カースィム・アブドゥッラー）

Qāsim 'Amîn〈19・20世紀〉
エジプトの思想家, 作家。『婦人解放論』『新婦人』などを著した女性解放論者。
⇒岩世人（カースィム・アミーン　1863.12.1–1908.4.22）

Qāsim Anvār〈14・15世紀〉
イランにおけるティムール朝期の神秘主義詩人。
⇒岩世人（カースィム・アンヴァール　1356–1433/1434）

al-Qāsimī, Jamāl al-Dīn〈19・20世紀〉
イスラーム改革思想家。
⇒岩世人（カースィミー　1866–1914）

Qatrān Tabrīzī, Abū Mansūr〈11世紀頃〉
イランの詩人。
⇒岩世人（カトラーン・タブリーズィー　?–1072以降）

Qavām, Aḥmad〈19・20世紀〉
イランの政治家。
⇒岩世人（カヴァーム, アフマド　1876.1.2–1955.7.23）

Qavam Al-Din Shirazi〈15世紀〉
ティムールの一族の建築家。大建築家。
⇒世建（カヴァーム・アルディーン・シーラーズィ）

Qawurd-Beg〈11世紀〉
ケルマーン・セルジューク朝の祖。
⇒世帝（カーヴルト・ベグ　?–1073）

Qayisan〈19・20世紀〉
内モンゴル出身のモンゴル独立運動活動家。
⇒岩世人（ハイサン　1857（咸豊7）–1917）

Qays ibn al-Khatīm〈6・7世紀〉
古代アラビアの詩人。
⇒岩世人（カイス・イブン・ハティーム）

Qays ibn Dharīḥ〈7世紀〉
アラビアの詩人。
⇒岩世人（カイス・イブン・ザリーフ　?–689頃）

Qāzī Aḥmad Qummī〈16世紀〉
サファヴィー朝期イランの官僚, 歴史家。
⇒岩世人（カーズィー・アフマド・クンミー　1546.5.18-?）

Qazvīnī, Moḥammad Taqī〈19世紀〉
イランにおける十二イマーム・シーア派の法学者。
⇒岩世人（カズヴィーニー, モハンマド・タキー　?-1847頃）

Qazvīnī, Vaḥīd〈17世紀〉
イランのサファヴィー朝後期の官僚, 文人。
⇒岩世人（カズヴィーニー, ヴァヒード　?-1700/1701頃）

al-Qazwīnī, Abū Yaḥya Zakarīya b. Muḥammad〈13世紀〉
アッバース朝末期のペルシア人博物学者。イスラムのプリニウスといわれる。
⇒岩世人（カズヴィーニー　1203?-1283）
広辞7（カズヴィーニー　1203頃-1283）

al-Qifṭī Jamālu'd-Dīn al-Qāḍī'l-Akram〈12・13世紀〉
アラブ系歴史家。書物の蒐集家。主著『先賢の事績と学者達の物語』。
⇒岩世人（キフティー　1172-1248.12.30）

Qilij Arslān bn Sulaymān〈11・12世紀〉
小アジアのルーム・セルジューク朝第2代のスルタン。在位1086～1107。
⇒岩世人（クルチ・アルスラン1世　?-1107）

Qimḥi, Joseph ben Isaac〈12世紀〉
ユダヤ人聖書学者。フランス南部のナルボンヌを中心に活躍した。
⇒新カト（キムヒ　1105頃-1170頃）

Qimḥi, Moses ben Joseph〈12世紀〉
ユダヤ人聖書学者。フランス南部のナルボンヌを中心に活躍した。
⇒新カト（キムヒ　?-1190頃）

Qiwāmu'd-Dīn, Ustād〈14・15世紀〉
イランの建築家。
⇒岩世人（キヴァームッディーン）

Quackernack, Jacob Jansz〈16・17世紀〉
オランダ船リーフデ号の船長。同船でアダムス等と共に来日（1600）。
⇒岩世人（クアケルナック　1554-1606.10.22）

Quadratus〈2世紀〉
ギリシアの神学者。
⇒岩世人（コドラトス）
新カト（クアドラトゥス　?-2世紀前半）

Quadratus〈3世紀〉
北アフリカのウティカの司教。聖人, 殉教者。祝日8月21日。
⇒新カト（クアドラトゥス〔ウティカの〕　?-258/259.8.21）

Quagliati, Paolo〈16・17世紀〉
イタリアの作曲家, オルガン奏者。
⇒バロ（クアリャーティ, パオロ　1555頃-1628.11.16）

Quantz, Johann Joachim〈17・18世紀〉
ドイツのフルート奏者, 作曲家。フルート協奏曲など多数。著書『フルート演奏の指針』（52）がある。
⇒バロ（クヴァンツ, ヨハン・ヨアヒム　1697.1.30-1773.7.12）
岩世人（クヴァンツ　1697.2.6-1773.7.12）
エデ（クヴァンツ, ヨハン・ヨアヒム　1697.1.30-1773.7.12）

Quarenghi, Giacomo Antonio Domenico〈18・19世紀〉
イタリアの建築家。
⇒岩世人（クァレンギ　1744.9.20-1817.2.18）

Quarles, Francis〈16・17世紀〉
イギリスの詩人。『寓意画集』（1635）,『象形文字』（38）などの宗教詩の作者。
⇒岩世人（クォールズ　1592.5.8（受洗）-1644.9.8）

Quarton (Charonton), Enguerrand〈15世紀〉
フランスの画家。代表作にビルヌーブ・レ・ザビニョンの修道院の『聖母の戴冠』がある。
⇒芸13（カルトン, アンゲラン　1415頃-1466以後）

Quast, Hendricksen Matthijs〈17世紀〉
オランダの航海家。シャムから日本に航しようとした。
⇒岩世人（クアスト　1601-1641.10.5）

Quatrefages de Bréau, Jean Louis Armand de〈19世紀〉
フランスの博物学者, 人類学者。
⇒学叢思（カトルファージュ・ドゥ・ブレオー, ジャン・ルイ・アルマン・ドゥ　1810-1892）

Quatremère, Etienne Marc〈18・19世紀〉
フランスの東洋学者。シャンポリオンによるエジプト象形文字解読者。
⇒岩世人（カトルメール　1782.7.12-1857.9.18）

Quatremère de Quincy, Antoine Chrysostome〈18・19世紀〉
フランスの考古学者, 美術史家, 政治家。主著『建築辞典』（1795～1825）,『理想について』。
⇒岩世人（カトルメール　1755.10.21-1849.12.28）

Quazerus〈13世紀〉
ギリシアの作曲家。
⇒バロ（クワツェルス,? 1230頃?–1280頃?）

Qudāma ibn Ja'far al-Kātib al-Baghdādī〈10世紀〉
アッバース朝の地理学者,文学者。
⇒岩世人（クダーマ・イブン・ジャアファル ?–932以前/939/940/948/949）

Queensberry, John Sholto Douglas, 9th Marquess of〈19世紀〉
イギリスの貴族。
⇒岩世人（クイーンズベリ 1844.7.20–1900.1.31）

Queipo de Llano, Gonzalo〈19・20世紀〉
スペインの軍人。アンダルシア軍事総督。
⇒岩世人（ケイポ・デ・リャノ 1875.2.5–1951.3.9）

Queirós,（José Maria）Eça de〈19世紀〉
ポルトガルの小説家。
⇒岩世人（ケイロス 1845.11.25–1900.8.16）

Quelch, Henry〈19・20世紀〉
イギリスの社会主義者。
⇒学叢思（クィルチ, ヘンリー 1858–?）

Quellinus, Artus〈17世紀〉
フランドルの彫刻家。
⇒芸13（クェリヌス, アウテス（父・子））

Quellinus, Artus I〈17世紀〉
フランドルの彫刻家。1650年よりアムステルダム市庁舎（現王宮）の内外装飾を担当。
⇒岩世人（クェリヌス 1609.8.30（受洗）–1668.8.23）
芸13（クェリヌス, アウテス（父・子） 1609–1668）

Quenstedt, Friedrich August〈19世紀〉
ドイツの古生物学者,地質学者。テュービンゲン大学教授。
⇒岩世人（クヴェンシュテット 1809.7.10–1889.12.21）

Quenstedt, Johann Andreas〈17世紀〉
ドイツのプロテスタント神学者。ヴィッテンベルクの正統派を代表。
⇒岩世人（クヴェンシュテット 1617.8.13–1688.5.22）
新カト（クヴェンシュテット 1617.8.13–1688.5.22）

Quental, Antero Tarquínio de〈19世紀〉
ポルトガルの詩人。代表作『ソネット』(61),『ベアトリス』(63)。
⇒岩世人（ケンタル 1842.4.18–1891.9.11）

Quentin, Bertin〈17・18世紀〉
フランスのヴァイオリン奏者,チェロ奏者。
⇒バロ（カンタン, ベルタン 1690頃?–1767頃?）

Quentin, Jean-Baptiste〈17・18世紀〉
フランスのヴァイオリン奏者,チェロ奏者。
⇒バロ（カンタン, ジャン・バティスト 1690頃?–1750頃?）

Quercia, Jacopo della〈14・15世紀〉
イタリアの彫刻家。
⇒岩世人（クェルチャ 1371/1374–1438.10.20）
広辞7（クェルチャ 1374頃–1438）
芸13（クェルチア, ヤコポ・デルラ 1364頃–1438）
芸13（デラ・クエルチア, ヤコポ 1374-5–1438）

Querido, Emanuel〈19・20世紀〉
オランダの出版人。
⇒ユ著人（Querido, Emanuel クヴェーリード, エマヌエル 1871–1943）

Quesari〈14・15世紀〉
フランスの作曲家。
⇒バロ（ケザリ,? 1370頃?–1420頃?）

Quesnay, François〈17・18世紀〉
フランスの医者,経済学者。ルイ15世の侍医。『経済表』(1758)を発表し,経済学に大きく貢献。
⇒岩世人（ケネー 1694.6.4–1774.12.16）
広辞7（ケネー 1694–1774）
学叢思（ケネー, フランソア 1694–1774）
世人新（ケネー 1694–1774）
世人装（ケネー 1694–1774）
世史語（ケネー 1694–1774）
ポプ人（ケネー, フランソワ 1694–1774）
メル2（ケネー, フランソワ 1694–1774）

Quesnel, Pasquier〈17・18世紀〉
フランスのヤンセン派神学者。『新約聖書の道徳的省察』(1687)で異端とされた。
⇒岩世人（ケネル 1634.7.14–1719.12.2）
新カト（ケネル 1634.7.14–1719.12.2）

Quetelet, Lambert Adolphe Jacques〈18・19世紀〉
ベルギーの統計学者,天文学者,気象学者。国際統計会議を発足(53)。
⇒岩世人（ケトレ 1796.2.22–1874.2.17）
広辞7（ケトレー 1796–1874）
学叢思（ケトレー, ランベール・アドルフ・ジャック 1796–1874）
世数（ケトレー, ランベール・アドルフ・ジャック 1796–1874）

Quétif, Jacques〈17世紀〉
フランスのドミニコ修道会司書。
⇒新カト（ケティフ 1618.8.6–1698.3.2）

Quevedo y Villegas, Francisco

Gómez de〈16・17世紀〉
スペインの詩人，小説家。
⇒岩世人（ケベード　1580.9.26–1645.9.8）
　ネーム（ケベード　1580–1645）
　広辞7（ケベード　1580–1645）
　新カト（ケベド　1580.9.14–1645.9.8）

Quezon y Molina, Manuel Luis〈19・20世紀〉
フィリピンの独立運動指導者。35年フィリピン連邦初代大統領。
⇒岩世人（ケソン　1878.8.19–1944.8.1）

Quicherat, Louis Marie〈18・19世紀〉
フランスの古典学者。
⇒岩世人（キシュラ　1799–1884）

Quidde, Ludwig〈19・20世紀〉
ドイツの歴史家，平和主義者。ドイツの平和運動指導者。ノーベル平和賞を受けた（27）。
⇒岩世人（クヴィッデ　1858.3.23–1941.3.5）
　広辞7（クヴィッデ　1858–1941）

Quiller-Couch, Sir Arthur Thomas〈19・20世紀〉
イギリスの学者，作家。ペンネーム "Q"。
⇒岩世人（クィラー＝クーチ　1863.11.21–1944.5.11）

Quilter, Roger〈19・20世紀〉
イギリスの音楽家。
⇒岩世人（クィルター　1877.11.1–1953.9.21）

Quin, James〈17・18世紀〉
アイルランド出身の俳優。
⇒岩世人（クィン　1693.2.24–1766.1.21）

Quinault, Jean-Baptiste Maurice〈17・18世紀〉
フランスの歌手，俳優。
⇒バロ（キノー，ジャン・バティスト・モーリス　1687.9.9–1745.8.30）

Quinault, Philippe〈17世紀〉
フランスの詩人，劇作家。
⇒岩世人（キノー　1635.6.4–1688.11.26）
　バレエ（キノー，フィリップ　1635–1688.11.26）
　オペラ（キノー，フィリップ　1635–1688）

Quincke, Georg Hermann〈19・20世紀〉
ドイツの物理学者。表面張力，光の反射，偏光の研究を行った。
⇒岩世人（クヴィンケ（慣クインケ）　1834.11.19–1924.1.13）

Quinctianus〈6世紀〉
聖人，司教。祝日11月13日。北アフリカ出身。
⇒新カト（クインクティアヌス　?–525/526）

Quincy, Josiah〈18世紀〉
アメリカの法律家，政治家。独立革命に活躍。

⇒岩世人（クィンシー（父）　1744.2.23–1775.4.26）

Quincy, Josiah〈18・19世紀〉
アメリカの政治家。
⇒岩世人（クィンシー（子）　1772.2.4–1864.7.1）

Quinet, Edgar〈19世紀〉
フランスの詩人，歴史家，哲学者，政治家。
⇒岩世人（キネ　1803.2.17–1875.3.27）

Quinn, Joseph J.〈19・20世紀〉
アメリカのメジャーリーガー。
⇒メジャ（ジョー・クィン　1864.12.25–1940.11.12）

Quintana, Manuel José〈18・19世紀〉
スペインの詩人，政治家。作品に『ペラヨ』（05），『愛国詩集』（08）。
⇒岩世人（キンターナ　1772.4.11–1857.3.11）

Quintiliānus, Marcus Fabius〈1世紀〉
ローマの修辞学者。主著は『弁論術教程』（12巻,95頃）。
⇒岩世人（クィンティリアヌス　30頃–100以前）
　広辞7（クィンティリアヌス　35頃–100頃）
　学叢思（クィンティリアヌス，マルクス・ファビウス　40–100）

Quintillus, Marcus Aurelius Claudius Quintillus〈3世紀〉
ローマ皇帝。
⇒世帝（クィンティッルス　216?–270）

Quintinus〈6世紀〉
フランス南部ヴェゾン・ラ・ロメーヌの司教。聖人。祝日2月15日。
⇒新カト（クインティヌス　?–578/579）

Quirinius, Cyrenius〈前1・後1世紀〉
ローマの属州シリアの総督（ルカによる福音書）。
⇒岩世人（キリニウス　?–21）
　新カト（キリニウス　?–21）

Quirinus〈1世紀?〉
聖人，殉教者。祝日10月11日。ベルギーのマルメディおよびノルマンディー地方一帯で崇敬された。
⇒新カト（クイリヌス〔マルメディの〕　生没年不詳）

Quirinus von Neuß〈1・2世紀〉
殉教者，聖人。
⇒図聖（クイリヌス（ノイスの）　?–130頃）

Quirinus von Siscia〈3・4世紀〉
司教，殉教者，聖人。
⇒図聖（クイリヌス（シスキアの）　?–308/309）

Quiroga, Horacio〈19・20世紀〉
ウルグアイの小説家。代表作『愛の狂気と死の

短篇集』(1917),『野性の男』(20),『追放された人々』(26)。
⇒ラテ新 (キロガ 1878–1937)

Quiroga, Juan Facundo〈18・19世紀〉
アルゼンチンの独裁者。
⇒岩世人 (キローガ 1788–1835.2.16)

Quiroga, Vasco de〈15・16世紀〉
メキシコで活躍したスペインの法律家,司祭。
⇒ラテ新 (キロガ 1478/1488–1565)

Quiros, Pedro Fernandez de〈16・17世紀〉
ポルトガルの航海士。
⇒オセ新 (キロス 1565–1615)

Quispe Tito, Diego〈17世紀〉
植民地時代のペルーの画家。
⇒岩世人 (キスペ・ティト 1611–1681)

Quistorp, Johann〈16・17世紀〉
ドイツのルター派神学者。
⇒新カト (クイストルプ 1584.8.18–1648.5.2)

Quitschreiber, Georg〈16・17世紀〉
ドイツの作曲家,聖職者,理論家。
⇒バロ (クヴィットシュライバー,ゲオルク 1569.12.30–1638)

Qulī Quṭb Shāh〈15・16世紀〉
インドのデッカンのクリー・クトゥブ・シャー王朝の創始者。
⇒岩世人 (クリー・クトゥブ・シャー 1445頃/1461頃–1543.9.2)

al-Qūnawī, Ṣadr al-Dīn〈13世紀〉
アナトリア出身の神秘家。
⇒岩世人 (クーナウィー,サドルッディーン 1209–1274)

Quodvultdeus〈5世紀〉
カルタゴの司教,著作家。
⇒新カト (クオドウルトデウス ?–454頃)

Quraysh
アラブのクライシュ族の祖。
⇒岩世人 (クライシュ)

al-Qurṭubī, Abū 'Abdullāh Muḥammad〈13世紀〉
イスラームの啓典解釈学者。
⇒岩世人 (クルトゥビー ?–1272)

Quṣayy ibn Kilāb〈5世紀〉
アラブのクライシュ族の指導者。
⇒岩世人 (クサイイ)

Qusṭā ibn Lūqā al-Ba'labakkī〈9・10世紀〉
アルメニアのアッパース朝の学者。

⇒岩世人 (クスター・イブン・ルーカー 820-821頃–912-913頃)
新カト (クスター・イブン・ルーカー 820頃–912頃)

Qutayba ibn Muslim al-Bāhilī〈7・8世紀〉
アラブの将軍。ウマイヤ朝のホラサン総督(705～715)。
⇒岩世人 (クタイバ・イブン・ムスリム 669–715.8/9)

Quṭba ibn Aws al-Ḥādira〈6世紀頃〉
アラブ詩人。
⇒岩世人 (クトゥバ・イブン・アウス・ハーディラ 6世紀頃)

Qutrub, Abū 'Alī Muḥammad ibn al-Mustanīr〈8・9世紀〉
バスラ学派のアラビア語学者。
⇒岩世人 (クトゥルブ ?–821/822)

【 R 】

Raabe, Joseph Ludwig〈19世紀〉
スイスの数学者,物理学者。
⇒世数 (ラーベ,ヨーゼフ・ルドヴィッヒ 1801–1859)

Raabe, Wilhelm〈19・20世紀〉
ドイツの小説家。現実に根ざした理想主義を志向。長篇『森から来た人々』(63)などを発表。
⇒岩世人 (ラーベ 1831.9.8–1910.11.15)
広辞7 (ラーベ 1831–1910)

Raamkhamhaeng Mahaaraat〈13世紀〉
タイ,スコータイ朝第3代王。在位1275頃～99頃。タイの文字を発案。
⇒岩世人 (ラームカムヘーン 1239?–1298-1317?)
世帝 (ラームカムヘーン 1239?–1299?/1327?)

Rab〈2・3世紀〉
タルムード時代のバビロニアを代表するラビ,律法学者。
⇒岩世人 (ラヴ 2世紀後半–3世紀頃)
ユ人 (ラヴ 3世紀)

Rabagny, Henri〈19世紀〉
フランスの政治家。
⇒19仏 (アンリ・ラバニ 1851–?)

Rabassa, Pedro〈17・18世紀〉
スペインの作曲家。
⇒バロ (ラバーサ,ペドロ 1683–1767.12.12)

Rabaut, Paul〈18世紀〉
フランスのユグノー派牧師。1744年改革教会総

会副議長。
⇒岩世人　(ラボー　1718.1.29-1794.9.25)

Rabbah, bar-Nachamani〈3・4世紀〉
バビロニアのユダヤ教学者。
⇒ユ人　(ラッバー、バル・ナハマニ　270頃-321頃)
　ユ著人　(Rabbah bar Nahamani　ラバー・バル・ナーマニ　270?-321/322/330?)

Rabban Sawma〈13世紀〉
中国、元初期の景教僧。イル・ハンの命をうけて、ローマ教皇や、英・仏両国王の下に赴いた。
⇒岩世人　(ラッバン・バル・サウマ (ラバン・ソーマ)　1225頃-1294.1.10)
　世人新　(ソーマ (ラバン＝ソーマ)　?-1294)
　世人装　(ラバン (ラバン＝ソーマ)　?-1294)

Rabbe, Alphonse〈18・19世紀〉
フランスの作家。通俗的な歴史書『スペイン小史』(23)などを書いた。
⇒岩世人　(ラップ　1784.7.18-1829.12.30)

Rabbi Judah ha-Nasi〈2・3世紀〉
パレスチナのユダヤ教首長。ミシュナー編纂者。ガマリエル2世の子で後継者。敬虔かつ学識豊かで、生前は「我々の聖なるラビ」と呼ばれた。
⇒新カト　(ラビ・ユダ・ハナスィ　135頃-220頃)

Rabbula (Rabulas, Rabboula)〈4・5世紀〉
シリアの神学者。
⇒岩世人　(ラブラス　?-435.8.3)
　新カト　(ラブラ　350頃-436)

Rabel, Ernst〈19・20世紀〉
ドイツの法学者。ローマ法・比較法・国際私法学において業績を残した。
⇒岩世人　(ラーベル　1874.1.28-1955.9.7)

Rabelais, François〈15・16世紀〉
フランスの物語作家。『ガルガンチュアとパンタグリュエル物語』(5巻,32〜64)の作者。
⇒岩世人　(ラブレー　1494頃-1553頃)
　ネーム　(ラブレー　1494?-1553?)
　広辞7　(ラブレー　1494頃-1553頃)
　新カト　(ラブレー　1494頃-1553頃)
　世人新　(ラブレー　1494頃-1553頃)
　世人装　(ラブレー　1494頃-1553頃)
　世史語　(ラブレー　1494頃-1553頃)
　ポプ　(ラブレー, フランソワ　1494?-1553?)
　メル2　(ラブレー, フランソワ　1494-1553)
　ルネ　(フランソワ・ラブレー　1494頃-1553頃)

Rabener, Gottlieb Wilhelm〈18世紀〉
ドイツの諷刺文学者。
⇒岩世人　(ラーベナー　1714.9.17-1771.3.22)

Rābi'a al-'Adawīya〈8・9世紀〉
イスラム教徒の女流神秘主義者。
⇒岩世人　(ラービア・アダウィーヤ　713-717-801)

Rābi'a-yi Quzdārī〈10世紀〉
イランの最初の女性詩人。
⇒岩世人　(ラービア・クズダーリー　10世紀末)

Rabīḥ Zubayr〈19世紀〉
スーダンの奴隷商人。
⇒アフ新　(ラービフ　1840頃-1900)
　世人新　(ラビーフ　1840頃-1900)
　世人装　(ラビーフ　1840頃-1900)

Rabī'ī Būshanjī〈13・14世紀〉
イランの頌詩人。
⇒岩世人　(ラビーイー・ブーシャンジー　?-1302頃)

Rabina 2nd.〈5世紀〉
アシーの後継者。バビロニアン・タルムードを文書化することを手掛けた最初の学者。
⇒ユ著人　(Rabina 2nd.　ラビーナII世　474-499)

Rabinowitsch Kempner, Lydia〈19・20世紀〉
ドイツの女流細菌学者。女性として初めてドイツで教授の称号を得た (1912)。
⇒岩世人　(ラビノーヴィチ・ケンプナー　1871.8.22-1935.8.3)
　ユ著人　(Rabinowitsch-Kempner,Lydia　ラビノーヴィチュ＝ケムプナー, リューディア　1871-1935)

Racan, Honorat de Bueil, Seigneur de〈16・17世紀〉
フランスの詩人。『牧歌』(25)や聖書『詩篇』の翻訳がある。アカデミー・フランセーズ初代会員の一人。
⇒岩世人　(ラカン　1589.2.5-1670.1.21)

Rachel
ヤコブの妻, ラバンの娘 (創世記)。
⇒新カト　(ラケル)
　聖書　(ラケル)

Rachel〈19世紀〉
フランスの女優。コルネイユ, ラシーヌなどの作品を演じた。
⇒ユ人　(ラシェル (エリザ・ラヘル・フェリックス)　1821-1858)
　ユ著人　(Rachel,Mlle　ラシェル嬢　1821-1858)

Rachilde〈19・20世紀〉
フランスの女流小説家。『ビーナス氏』(89)ほか, 多数の小説がある。
⇒岩世人　(ラシルド　1860.2.11-1953.4.4)

Racine, Jean-Baptist〈17世紀〉
フランスの劇作家。三大古典劇作家の一人。『アンドロマック』(67)などの作品がある。
⇒岩世人　(ラシーヌ　1639.12.22-1699.4.21)
　オペラ　(ラシーヌ, ジャン　1639-1699)
　ネーム　(ラシーヌ　1639-1699)
　広辞7　(ラシーヌ　1639-1699)
　学叢思　(ラシーヌ, ジャン　1639-1699)
　新カト　(ラシーヌ　1639.12.22-1699.4.21)

世人新　〈ラシーヌ　1639–1699〉
世人装　〈ラシーヌ　1639–1699〉
世史語　〈ラシーヌ　1639–1699〉
ボブ人　〈ラシーヌ，ジャン　1639–1699〉

Rački, Franjo〈19世紀〉
ユーゴスラヴィアの歴史家，政治家。古代クロアチアの歴史のための多くの記録や原典を出版。
⇒岩世人　（ラチュキ　1828.11.25–1894.2.13）

Racquet, Charles〈16・17世紀〉
フランスの作曲家。
⇒バロ　（ラケ，シャルル　1597頃–1644.1.1）

Rada, Juan de〈16・17世紀〉
スペイン出身のカトリック神学者，フランシスコ会会員。
⇒新カト　（フアン・デ・ラダ　1550頃–1606）

Rada, Martín de〈16世紀〉
スペインのアウグスチノ会宣教師。
⇒岩世人　（ラダ　1533.6.20–1578.7/6）
　新カト　（ラダ　1533.7.20–1578.6）

Radau, Jean Charles Rodolphe〈19・20世紀〉
フランスの天文学者で数学者。
⇒世数　（ラドー，ジャン・シャルル・ロドルフ　1835–1911）

Radbod〈9・10世紀〉
ユトレヒトの司教。聖人。祝日11月29日。
⇒新カト　（ラドボド　850頃–917.11.29）

Radbourn, Charles Gardner〈19世紀〉
アメリカの大リーグ選手（投手）。
⇒メジャ　（チャールズ・ラドボーン　1854.12.11–1897.2.5）

Radbruch, Gustav〈19・20世紀〉
ドイツの法学者。主著『法哲学綱要』(1914, 1950)。
⇒岩世人　（ラートブルフ　1878.11.21–1949.11.23）
　ネーム　（ラートブルフ　1878–1949）
　広辞7　（ラートブルッフ　1878–1949）

Radcliffe, Ann〈18・19世紀〉
イギリスの女流小説家。ゴシック小説派の中心人物の一人。『ユドルフォ城の謎』(94)などの作品がある。
⇒岩世人　（ラドクリフ　1764.7.9–1823.2.7）

Radcliffe, Lewis〈19・20世紀〉
アメリカの水産学者。漁業経済，漁業統計などの研究のほか，魚類，カキの研究がある。
⇒岩世人　（ラドクリフ　1880.1.2–1950）

Radegunde〈6世紀〉
フランク王妃，聖人。
⇒新カト　（ラデグンディス　518–587.8.13）
　図聖　（ラデグンディス（テューリンゲンの）　518–587）

Radegundis〈13世紀〉
聖人。祝日8月13日。アウグスブルク近郊のヴェレンブルク城の侍女。
⇒新カト　（ラデグンディス　?–1290頃）

Rademacher, Arnold〈19・20世紀〉
ドイツのカトリック神学者。
⇒新カト　（ラーデマッハー　1873.10.10–1939.5.2）

Rademacher, Johann Gottfried〈18・19世紀〉
ドイツの医師。経験療法説の主唱者。
⇒岩世人　（ラーデマッハー　1772.8.4–1850.2.9）

Radesca di Foggia, Enrico〈16・17世紀〉
イタリアの作曲家。
⇒バロ　（ラデスカ・ディ・フォッジャ，エンリーコ　1570頃–1625.T）

Radetzky, Joseph Wenzel, Graf von〈18・19世紀〉
オーストリアの軍人。
⇒岩世人　（ラデツキー　1766.11.2–1858.1.5）

Radewijns, Florentius〈14世紀〉
オランダの共同生活兄弟会，デヴォティオ・モデルナの創始者・指導者の一人。
⇒新カト　（フロレンティウス・ラーデウェインス　1350頃–1400.3.24）

Radford, Paul Revere〈19・20世紀〉
アメリカの大リーグ選手（外野，遊撃）。
⇒メジャ　（ポール・ラドフォード　1861.10.14–1945.2.21）

Al-Rādi〈10世紀〉
カリフ王朝の統治者。在位934〜940。
⇒世帝　（ラーディー　907–940）

Radić, Stjepan〈19・20世紀〉
ユーゴスラヴィアの政治家。セルビア人の中央集権主義に反対して地方分権を主張，また土地改革に尽力。
⇒岩世人　（ラディチ　1871.6.29/7.11–1928.8.8）

Radino, Giovanni Maria〈16・17世紀〉
イタリアの作曲家。
⇒バロ　（ラディーノ，ジョヴァンニ・マリーア　1550頃–1607以降）

Radischev, Aleksandr Nikolaevich〈18・19世紀〉
ロシアの小説家，思想家。
⇒岩世人　（ラジーシチェフ　1749.8.20–1802.9.12）
　ネーム　（ラジーシチェフ　1749–1802）
　広辞7　（ラジーシチェフ　1749–1802）

Radivoj Ostojić〈15世紀〉
ボスニアの対立王。
⇒世帝　（ラディボイ・オストイチ　?–1463）

Radlkofer, Ludwig〈19・20世紀〉
ドイツの植物学者。主著,"Über die Gattung Sapindus" (1878)。
⇒岩世人（ラドルコーファー　1829.12.19–1927.2.11）

Radlov, Vasilii Vasilievich〈19・20世紀〉
ロシアの東洋学者。「中央および東方アジア研究のロシア委員会」の結成は彼の発議による。
⇒岩世人（ラードロフ　1837.1.5/17–1918.5.12）
　広辞7（ラードロフ　1837–1918）

Radoslavov, Vasil Hristov〈19・20世紀〉
ブルガリアの政治家。
⇒岩世人（ラドスラヴォフ　1854.7.15/27–1929.10.21）

Radowitz, Joseph Maria von〈18・19世紀〉
プロシアの軍人,政治家。50年エルフルト議会でプロシアを代表してドイツ各諸邦との連合に尽力。
⇒岩世人（ラドヴィッツ　1797.2.6–1853.12.25）

Radulfus Ardens〈12世紀〉
スコラ学の神学者,倫理学者。
⇒岩世人（ラドゥルフス・アルデンス　1140以前–1200以前?.9.12）

Radziwiłł, Maciej〈18世紀〉
ポーランドの作曲家。
⇒バロ（ラジヴィウ,マチェイ　1751–1800）

Raeburn, *Sir* Henry〈18・19世紀〉
スコットランドの画家。肖像画家として活躍。
⇒岩世人（レイバーン　1756.3.4–1823.7.8）

Raeder, Erich〈19・20世紀〉
ナチス・ドイツの提督。
⇒岩世人（レーダー　1876.4.24–1960.11.6）
　ネーム（レーダー　1876–1960）

Raff, Joseph Joachim〈19世紀〉
ドイツ（スイス生れ）の作曲家,ピアノ奏者,教師。フランクフルト（マイン河畔の）のホーホ音楽院長。
⇒岩世人（ラフ　1822.5.27–1882.6.24/25）

Raffaelli, Jean François〈19・20世紀〉
フランスの画家,彫刻家,銅版画家。クレヨンを発明。
⇒岩世人（ラファエッリ　1850.4.20–1924.2.29）
　芸13（ラファエリ,ジャン・フランソア　1850–1924）

Raffaello Santi〈15・16世紀〉
イタリアの画家。ルネサンスの古典的芸術を完成した三大芸術家の一人。主作品は『システィナの聖母子』。
⇒岩世人（ラファエッロ　1483.4.6–1520.4.6）
　ネーム（ラファエロ　1483–1520）
　広辞7（ラファエロ　1483–1520）
　学藝思（ラファエル,サンチ　1483–1520）
　新カト（ラファエロ　1483.4.6–1520.4.6）
　芸13（ラファエロ・サンティ　1483–1520）
　世人新（ラファエロ　1483–1520）
　世人装（ラファエロ　1483–1520）
　世史語（ラファエロ　1483–1520）
　ボプ人（ラファエロ・サンティ　1483–1520）
　ルネ（ラファエロ　1483–1520）

Raffles, *Sir* Thomas Stamford〈18・19世紀〉
イギリスの植民地統治者。
⇒岩世人（ラッフルズ　1781.7.5–1826.7.5）
　ネーム（ラッフルズ　1781–1826）
　広辞7（ラッフルズ　1781–1826）
　世人新（ラッフルズ　1781–1826）
　世人装（ラッフルズ　1781–1826）
　世史語（ラッフルズ　1781–1826）
　ボプ人（ラッフルズ,トマス・スタンフォード　1781–1826）

Rafi' al-Darajāt〈18世紀〉
ムガル帝国の統治者。在位1719。
⇒世帝（ラフィー・ウッダラジャート　1699–1719）

Rafiringa, Paul〈19・20世紀〉
ラ・サール会の信徒修道士,マダガスカルのカトリック共同体の指導者,マダガスカル人最初の修道者。
⇒新カト（ラフィリンガ　1856–1919.5.19）

Rafqa〈19・20世紀〉
レバノンの聖人。祝日3月23日。
⇒新カト（ラフカ　1832.6.29–1914.3.23）

Ragaz, Leonhard〈19・20世紀〉
スイスのプロテスタント神学者。主著,"Gedanken" (1938)。
⇒岩世人（ラガーツ　1868.7.28–1945.12.6）
　新カト（ラガーツ　1868.7.28–1945.12.6）

Ragazzi, Angelo〈17・18世紀〉
イタリアの作曲家。
⇒バロ（ラガッツィ,アンジェロ　1680頃–1750頃）

Rāghavāṅka〈12・13世紀〉
南インドのカンナダ語詩人。
⇒岩世人（ラーガヴァーンカ　12–13世紀）

Raghunātha Rāo〈18世紀〉
インドの政治家。
⇒岩世人（ラグナート・ラーオ　?–1782）

Raglan, Fitzroy James Henry Somerset, 1st Baron〈18・19世紀〉
イギリスの軍人。〈ラグラン・オーヴァコート〉は彼の名に因む。
⇒岩世人（ラグラン　1788.9.30–1855.6.28）

Ragué, Louis-Charles〈18世紀〉
フランスの作曲家。

⇒バロ（ラゲ，ルイ・シャルル　1760以前–1794頃）

Ragueneau, Paul〈17世紀〉
フランスのイエズス会宣教師，霊的指導者。
⇒新カト（ラグノー　1608.3.18–1680.9.3）

Raguet, Émile〈19・20世紀〉
ベルギーの宣教師。
⇒岩世人（ラゲ　1854.10.24–1929.11.3）
　新カト（ラゲ　1854.10.24–1929.11.3）

Ragusa, Vincenzo〈19・20世紀〉
イタリアの彫刻家。1872年ミラノの全イタリア美術展で最高賞を受賞。
⇒岩世人（ラグーザ　1841.7.8–1927.3.13）
　ネーム（ラグーザ　1841–1927）
　広辞7（ラグーザ　1841–1927）
　芸13（ラグーザ，ヴィンチェンツォ　1841–1927）
　ポプ人（ラグーザ，ビンツェンツォ　1841–1927）

Rahab
エリコの遊女（マタイ福音書，ヨシュア記）。
⇒聖書（ラハブ）

Rahbek, Knud Lyne〈18・19世紀〉
デンマークの文学者。"デンマーク評論"誌を刊行。
⇒岩世人（ラーベク　1760.12.18–1830.4.22）

Rahl, Karl〈19世紀〉
オーストリアの画家。肖像画，歴史画を描いた。
⇒岩世人（ラール　1812.8.13–1865.7.9）

Rahman, (Pangeran, Sultan) Syarif Abdul〈18・19世紀〉
インドネシア，ボルネオ島南西部のポンティアナック王国の創始者。在位1772～1808。
⇒岩世人（ラーマン，アブドゥル　1742–1808）

Rahmani, Ignatios Ephrem II〈19・20世紀〉
カトリック東方教会シリア教会総主教，典礼学者。
⇒新カト（ラーマニ　1849.1.19–1929.5.7）

Rahn, Johann Rudolf〈19・20世紀〉
スイスの美術史家。
⇒岩世人（ラーン　1841.4.24–1912.4.28）

Rāhula
インドの仏教者。
⇒岩世人（ラーフラ）
　広辞7（羅睺羅　らごら）

Rahula Thero, Thotagamuwe Sri〈15世紀〉
スリランカ（セイロン）のコーッテ王国時代の仏僧，学者，詩人。
⇒岩世人（ラーフラ長老　1408–1491？）

Raick, Dieudonné〈18世紀〉
フランドルの作曲家。
⇒バロ（ライク，デュードネ　1703.3.1–1764.11.30）

Raiffeisen, Friedrich Wilhelm〈19世紀〉
ドイツの農業協同組合の創始者。
⇒岩世人（ライファイゼン　1818.3.30–1888.3.11）
　学叢思（ライファイゼン，フリードリヒ・ヴィルヘルム　1818–1888）

Raikes, Robert〈18・19世紀〉
イギリス日曜学校の開祖。グロスターのJournalの編集者兼発行者。
⇒新カト（レイクス　1735.9.14–1811.4.5）

Raillard〈17・18世紀〉
フランスの作曲家。
⇒バロ（ライヤール，？　1660頃？–1720頃？）

Raimbaud de Vaqueiras〈12・13世紀〉
プロヴァンス地方のトルバドゥール。
⇒バロ（ランボー・ド・ヴァケラス　1155頃–1207.9.4？）
　バロ（ヴァケラ，ランボー・ド　1155頃–1207.9.4？）
　バロ（ラインバウト・デ・ヴァケイラス（オック語）　1155頃–1207.9.4？）

Raimbaut III de Orange〈12世紀〉
フランスの貴族，詩人，トルバドゥール。オランジュ伯爵。
⇒バロ（ランボー3世・ド・オランジュ　1147以前–1173頃）
　バロ（ラインバウト・ダウレンガ（オック語）　1147以前–1173頃）

Raimondi, Antonio〈19世紀〉
イタリアの博物学者。ペルーで調査と著作を行う。
⇒ラテ新（ライモンディ　1826–1890）

Raimondi, Giovanni Timoleone〈19世紀〉
イタリア出身の宣教師，香港の初代代牧司教。
⇒新カト（ライモンディ　1827.5.5–1894.9.27）

Raimondi, Ignazio〈18・19世紀〉
イタリアの作曲家。
⇒バロ（ライモンディ，イニャーツィオ　1735–1813.1.14）

Raimondi, Marcantonio〈15・16世紀〉
イタリアの銅版画家。デューラー，ミケランジェロなどの作品を銅版に模写。
⇒岩世人（ライモンディ　1475頃–1534以前）
　芸13（ライモンディ，マルカントニオ　1475頃–1534以前）

Raimondi, Pietro〈18・19世紀〉
イタリアの作曲家。
⇒岩世人（ライモンディ　1786.12.20–1853.10.30）

Raimund, Ferdinand〈18・19世紀〉
オーストリアの劇作家、演出家。
⇒岩世人（ライムント　1790.6.1–1836.9.5）

Raimund Nonnatus〈13世紀〉
メルセス会士、聖人。
⇒図聖（ライムンドゥス・ノンナトゥス　1204頃–1240）

Raimundo Sabunde〈14・15世紀〉
スペインの哲学者、医者。
⇒岩世人（ライムンド・サブンデ　?–1436頃）
新カト（ライムンドゥス・サブンドゥス　?–1436.4.29）

Raimundus de Penafort, St.〈12・13世紀〉
スペインの教会法学者。1238〜40年ドミニコ会総会長。
⇒岩世人（ライムンドゥス・デ・ペニャフォルト　1180頃–1275.1.6）
新カト（ライムンドゥス〔ペニャフォルトの〕1175/1180頃–1275.1.6）
図聖（ライムンドゥス〔ペニャフォルトの〕1175/1180–1275）

Rainald von Dassel〈12世紀〉
ドイツの聖職者、政治家。1159年ケルン大司教。反ローマ政策を推進。
⇒岩世人（ライナルト・フォン・ダッセル　1120頃–1167.8.14）

Rainer〈12世紀〉
クロアティアのスプリトの大司教。聖人。祝日8月4日。
⇒新カト（ライネル〔スプリトの〕　?–1180.8.4）

Rainerius Sacchoni〈13世紀〉
イタリアの神学者、異端審問官、ドミニコ会員。
⇒新カト（ライネリウス・サッコーニ　?–1262.7.21）

Rainoldi, Paolo〈18・19世紀〉
イタリアのダンサー、振付家、バレエ・マスター。
⇒バレエ（ライノルディ、パオロ　1781.4.18–1853.1.1）

Rainolds (Reynolds), John〈16・17世紀〉
英国教会神学者。
⇒新カト（レノルズ　1549–1607.5.21）

Rais, Gilles de〈15世紀〉
フランスの軍人。異端、殺人の罪で処刑。彼の犯罪は世間を騒がせ、青ひげ伝説の素材となった。
⇒岩世人（レー　1404頃–1440.10.26）

Raison, André〈17・18世紀〉
フランスの作曲家、オルガン奏者。
⇒バロ（レゾン、アンドレ　1648頃–1719）

Rājagōpārāchārya, Chakravartī〈19・20世紀〉
インドの政治家。ガンディー等と協力して対英不服従運動を行い、5回投獄。
⇒岩世人（ラージャゴーパーラーチャーリア　1879.12–1972.12.25）
南ア新（ラージャゴーパーラーチャリ　1878–1972）

Rājarāja I〈10・11世紀〉
インド、チョーラ朝第10代の王。在位985〜1016。チョーラ朝の南インドにおける覇権を確立。
⇒南ア新（ラージャラージャ1世　?–1016）

Rajasawardhana〈15世紀〉
ジャワ、マジャパイト王国の王。
⇒世帝（ラージャサワルダナ　?–1453）

Rājaśekhara〈9・10世紀〉
インドの詩人。美学論書『カービヤミーマーンサー』の作者。
⇒岩世人（ラージャシェーカラ）
南ア新（ラージャシェーカラ　生没年不詳）

Rajendra Coladeva I〈10・11世紀〉
南インド、チョーラ朝第11代の王。在位1014〜44。1025年マライ、スマトラを征服。
⇒南ア新（ラージェーンドラ1世　?–1044）

Rājendravarman II〈10世紀〉
クメール王国（アンコール朝）の王。在位944〜968。ヤショヴァルマンの甥。
⇒岩世人（ラージェーンドラヴァルマン2世　?–968?）
世帝（ラージェンドラヴァルマン2世　?–968）

al-Rājī, Fakhr al-Dīn〈12・13世紀〉
イラン系アラブの神学者、歴史家。
⇒岩世人（ラーズィー、ファフルッディーン　1149–1209）
新カト（ラージー　1149–1209）

Rajiman Wediodiningrat Kanjeng Raden Tumenggung〈19・20世紀〉
インドネシアの民族主義運動の先覚者。
⇒岩世人（ラジマン・ウェディオディニングラット　1879.4.21–1952.9.20）

Rajot, Charles〈19世紀〉
フランスの医師。
⇒19仏（シャルル・パジョ　1816–1896）

Rakhmaninov, Sergei Vasilievich〈19・20世紀〉
ロシアの作曲家、ピアノ奏者、指揮者。交響曲4曲のほか、ピアノ曲を多く作曲。
⇒岩世人（ラフマニノフ　1873.3.20/4.1–1943.3.28）
バレエ（ラフマニノフ、セルゲイ　1873.4.1–1943.3.29）
オペラ（ラフマーニノフ、セルゲーイ・ヴァシーリエヴィチ　1873–1943）

エデ（ラフマニノフ, セルゲイ・ヴァシリエヴィチ 1873.4.1–1943.3.28）
ネーム（ラフマニノフ 1873–1943）
広辞7（ラフマニノフ 1873–1943）
実音人（ラフマニノフ, セルゲイ 1873–1943）
新カト（ラフマニノフ 1873.4.1–1943.3.28）
ピ曲改（ラフマニノフ, セルゲイ・ヴァシリエヴィッチ 1873–1943）
ポプ人（ラフマニノフ, セルゲイ 1873–1943）

Rakić, Milan〈19・20世紀〉
ユーゴスラヴィア（セルビア系）の詩人。主著、"Nove pesme"（1912）。
⇒ネーム（ラーキッチ 1876–1938）

Rákóczi, Ferenc I〈17・18世紀〉
ハンガリーの作曲家。
⇒バロ（ラーコーツィ, フェレンツ1世 1668–1730頃?）

Rákóczy Ferenc II〈17・18世紀〉
ハンガリー独立運動指導者。
⇒岩世人（ラーコーツィ・フェレンツ2世 1676.3.27–1735.4.8）
新カト（ラーコーツィ 1676.3.27–1735.4.8）

Rakovskii, Georgi Sava〈19世紀〉
ブルガリアの作家、革命家。雑誌『ドナウの白鳥』を主宰してトルコからの独立運動を宣揚。
⇒岩世人（ラコフスキ 1821.4.2–1867.10.9）

Rakovskii, Khristan Georgievich〈19・20世紀〉
ソ連の政治家、外交官。1917年全ロシア中央執行委員会のメンバー。26～7年駐仏大使。
⇒学叢思（ラコウスキー 1873–?）

Raleigh, *Sir* Walter〈16・17世紀〉
イギリスの軍人、海洋探検家、廷臣、詩人、散文作家。多方面に才能を発揮した典型的なルネサンス人。
⇒岩世人（ローリー 1554–1618.10.29）
学叢思（ラレー, サー・ウォルター 1552–1618）
世人新（ローリー 1552頃–1618）
世人装（ローリー 1552頃–1618）
ラテ新（ローリー 1554?–1618）

Raleigh, *Sir* Walter Alexander〈19・20世紀〉
スコットランド生れの文学者。主著書『文体』（97）、『ミルトン』（1900）。
⇒新カト（ローリー 1861.9.5–1922.5.13）

Rāma
インドの二大叙事詩の一つ「ラーマーヤナ」の主人公。
⇒岩世人（ラーマ（ラーム））
ネーム（ラーマ）
新カト（ラーマ）

Rama I〈18・19世紀〉
タイ、チャクリ朝創始者。在位1782～1809。本名ピヤチャクリ・ラーマ。
⇒岩世人（ラーマ1世 1737.3.20–1809.9.7）
世人新（ラーマ1世（チャクリ） 1735–1809）
世人装（ラーマ1世（チャクリ） 1735–1809）
世帝（ラーマ1世 1737–1809）
学叢歴（鄭華）

Rama II〈19世紀〉
タイ、チャクリ朝の第2代王。在位1809～24。『イナオ物語』を著す。
⇒岩世人（ラーマ2世 1766.2.26–1824.7.21）
世帝（ラーマ2世 1767–1824）

Rama III（Chetsadabodin）〈19世紀〉
タイ、チャクリ朝の第3代王。在位1824～51。
⇒岩世人（ラーマ3世 1788.3.31–1851.4.2）
世帝（ラーマ3世 1788–1851）

Rama IV〈19世紀〉
タイ、チャクリ朝の第4代王。在位1851～68。モンクット王とも呼ぶ。
⇒岩世人（ラーマ4世 1804.10.18–1868.10.1）
世人新（ラーマ4世 1804–1868）
世人装（ラーマ4世 1804–1868）
世史語（ラーマ4世 ?–1868）
世帝（ラーマ4世 1804–1868）
ポプ人（ラーマ4世 1804–1868）

Rama V〈19・20世紀〉
タイ、チャクリ朝の第5代王。在位1868～1910。チュラーロンコーン王ともいう。
⇒岩世人（ラーマ5世 1853.9.20–1910.10.23）
広辞7（チュラロンコン 1853–1910）
世人新（ラーマ5世（チュラロンコン大王） 1853–1910）
世人装（ラーマ5世（チュラロンコン大王） 1853–1910）
世史語（ラーマ5世（チュラロンコン） 1853–1910）
世帝（ラーマ5世 1853–1910）
ポプ人（ラーマ5世 1853–1910）

Ramabai, Pandita〈19・20世紀〉
インドの女性運動家。
⇒新カト（ラーマバーイー 1858.4.23–1922.4.5）

Rama Khamheng〈13・14世紀〉
タイ、スコタイ王朝の第3代王。在位1275～1317頃。
⇒ネーム（ラーマ・カムヘン）
世人新（ラーマ＝カムヘン（大王） ?–1317）
世人装（ラーマ＝カムヘン（大王） ?–1317）

Rāmakṛṣṇa Paramahaṃsa〈19世紀〉
インドの宗教家。宗教の本質は奉仕のうちにあると説いた改革的宗教家。
⇒岩世人（ラーマクリシュナ 1836.2.18–1886.8.16）
ネーム（ラーマクリシュナ 1836–1886）
新カト（ラーマクリシュナ 1836.2.18–1886.8.16）
世人新（ラーマクリシュナ 1836–1886）
世人装（ラーマクリシュナ 1836–1886）

⇒南ア新（ラーマクリシュナ　1836-1886）
Ramaṇa Maharṣi〈19・20世紀〉
　インドの宗教家。アルナチャラ山の麓の霊場にこもって、宗教や民族の差をこえた愛を説いた。
　　　⇒南ア新（ラマナ・マハルシ　1879-1950）
Rāmānanda〈15世紀〉
　インドの宗教家。ラーマーヌジャ派の修行者。
　　　⇒岩世人（ラーマーナンド（ラーマーナンダ）
　　　　　　　　1299/1400-1411頃/1470頃）
　　　　ネーム（ラーマーナンダ　1400?-1470?）
　　　　南ア新（ラーマーナンダ　1400-1470）
Rāmanidhi Gupta〈18・19世紀〉
　インドのベンガル語詩人、音楽家。
　　　⇒岩世人（ラームニディ・グプト　1741-1839）
Rāmānuja〈11・12世紀〉
　インドの哲人、宗教家。制限不二論を唱え、行者の王と称せられた。主著『聖注』。
　　　⇒岩世人（ラーマーヌジャ　?-1137）
　　　　南ア新（ラーマーヌジャ　1017-1137）
Rāmarāja Āravīḍu〈16世紀〉
　インドのヴィジャヤナガル王国の摂政。在職1543～65。
　　　⇒岩世人（ラーマラージャ・アーラヴィードゥ　?-1565.1.25/23）
Ramaswami, E.V.〈19・20世紀〉
　インドの活動家。20世紀初頭から南インドのタミル・ナードゥを中心に展開されたドラヴィダ運動のリーダーの一人。
　　　⇒南ア新（ラーマスワーミ・ナーイカル　1879-1973）
Rama Thibodi I〈14世紀〉
　タイ、アユタヤ朝の第1代王。在位1350～69。
　　　⇒岩世人（ラーマーティボディ-1世　1314?-1369）
　　　　世帝（ラーマーティボーディー1世　1314?-1369）
Rama Thibodi II〈15・16世紀〉
　タイ、アユタヤ朝の第11代王。在位1491～1529。
　　　⇒世帝（ラーマーティボーディー2世　1472-1529）
Ramazzotti, Angelo Francesco〈18・19世紀〉
　ミラノ外国宣教会創立者の一人、司教、総大司教。
　　　⇒新カト（ラマツォッティ　1800.8.3-1861.9.24）
Rambach, Johann Jakob〈17・18世紀〉
　ドイツのルター派神学者、讃美歌作詞者。
　　　⇒新カト（ランバハ　1693.2.24-1735.4.19）
Rambaud, Alfred Nicolas〈19・20世紀〉
　フランスの歴史家。
　　　⇒岩世人（ランボー　1842.7.2-1905.11.10）
Rambert, Eugène〈19世紀〉
　スイスの文学史家。主著、"Les alpes suisses"（1865～75）。

　　　⇒岩世人（ランベール　1830.4.6-1886.11.21）
Rambouillet, Cathérine de Vivonne, Marquise de〈16・17世紀〉
　フランスの文芸庇護者。自宅にサロンを開いた。
　　　⇒岩世人（ランブイエ　1588-1665.12.2）
　　　　ネーム（ランブイエ　1588-1665）
　　　　広辞7（ランブイエ侯夫人　1588-1665）
Rāmdās〈17世紀〉
　インドの宗教家。民族の英雄シバージーの政治顧問として協力。
　　　⇒南ア新（ラームダース　1608-1681）
Rameau, Jean〈17・18世紀〉
　フランスの作曲家。
　　　⇒バロ（ラモー、ジャン　1650頃?-1709）
Rameau, Jean Philippe〈17・18世紀〉
　後期バロック時代のフランスの作曲家、音楽理論家。
　　　⇒バロ（ラモー、ジャン・フィリップ　1683.9.25-1764.9.12）
　　　　岩世人（ラモー　1683.9.25-1764.9.12）
　　　　バレエ（ラモー、ジャン＝フィリップ　1683.9.25（受洗）-1764.9.12）
　　　　オペラ（ラモー、ジャン＝フィリップ　1683-1764）
　　　　エデ（ラモー、ジャン＝フィリップ　1683.9.25-1764.9.12）
　　　　広辞7（ラモー　1683-1764）
　　　　新カト（ラモー　1683.9.25-1764.9.12）
　　　　ピ曲改（ラモー、ジャン＝フィリップ　1683-1764）
Rameau, Pierre〈17・18世紀〉
　フランスの舞踊教師。"Le maître à danser"（1725）を著した。
　　　⇒岩世人（ラモー　1674-1748.1.26）
　　　　バレエ（ラモー、ピエール　1674-1748.1.26）
Ramesuan〈14世紀〉
　タイ、アユタヤ朝の第2代、5代王。在位1369～70,88～95。
　　　⇒世帝（ラーメースワン　1339-1395）
Rāmī, Sharaf al-Dīn〈14世紀〉
　ペルシアの詩人、散文家。
　　　⇒岩世人（ラーミー、シャラフッディーン　14世紀後半）
Ramière, Henri-Marie-Félix〈19世紀〉
　「祈禱の使徒会」発展の基礎を築いたフランスのイエズス会員、著述家。
　　　⇒新カト（ラミエール　1821.7.10-1884.1.3）
Ramiro I〈11世紀〉
　アラゴン王国初代の王。在位1035～63。ナバラのサンチョ大王の庶子。
　　　⇒世帝（ラミロ1世　1007頃-1063）
Ramiro II, the Monk〈12世紀〉
　アラゴン王国の統治者。在位1134～1137。

⇒世帝（ラミロ2世　1075頃-1157）

Rām Mōhan Rōy〈18・19世紀〉
近代インドの先駆的な社会改革運動の指導者。
⇒岩世人（ラーム・モーハン・ラーイ　1774.8.14（諸説あり）-1833.9.27）
学叢思（ロイ, ラム・モハン　1772-1833）
新カト（ラーム・モーハン・ローイ　1772.5.22-1833.9.27）
世人新（ラーム＝モーハン＝ローイ　1774-1833）
世人装（ラーム＝モーハン＝ローイ　1774-1833）
世史語（ラーム＝モーハン＝ローイ　1772/1774-1833）
ポプ人（ラーム・モーハン・ローイ　1772-1833）
南ア新（ローイ　1774-1833）

Ramón, Pedro〈16・17世紀〉
スペインのイエズス会宣教師。黒田孝高の庇護を受けて博多（01～10）、のち久留米、柳河に伝道。
⇒岩世人（ラモン　1549-1611）
新カト（ラモン　1549-1611）

Ramón Berenguer IV〈12世紀〉
バルセロナ伯。在位1131～62。カタルニャの国土回復戦争（レコンキスタ）を完了。
⇒岩世人（ラモン・バランゲ4世　1113-1162）

Ramon Nonato〈12・13世紀〉
メルセス修道会の宣教師、枢機卿。聖人。祝日8月31日。スペインのカタルーニャ地方のポルテリョの生まれ。
⇒新カト（ラモン・ノナト　1200/1204-1240.8.31）

Ramón y Cajal, Santiago〈19・20世紀〉
スペインの組織学者、病理解剖学者。神経組織の構造研究で、1906年のノーベル生理・医学賞受賞。
⇒岩世人（ラモン・イ・カハル　1852.5.1-1934.10.17）
ネーム（ラモン・イ・カハル　1852-1934）
広辞7（カハール　1852-1934）

Ramos de Pareja, Bartolomé〈15世紀〉
スペインの音楽理論家。
⇒バロ（ラモス, デ・パレーハ, バルトロメオ　1440頃-1495頃）

Rampolla, Mariano, Marchese del Tindaro〈19・20世紀〉
イタリア出身の教皇国家の政治家。
⇒岩世人（ランポッラ　1843.8.17-1913.12.16）
新カト（ランポーラ・デル・ティンダロ　1843.8.17-1913.12.16）

Rāmprasād Sen〈18世紀〉
インドのベンガルの詩人。
⇒岩世人（ラームプラサード・セーン　1718-1775頃）

Ramrachathirat〈14・15世紀〉
タイ、アユタヤ朝の王。
⇒世帝（ラーマラーチャーティラート　（在位）1395-1409）

Ramsauer, Carl〈19・20世紀〉
ドイツの物理学者。気体中の電子散乱現象についての〈ラムザウアー効果〉を発見した（1914）。
⇒岩世人（ラムザウアー　1879.2.6-1955.12.24）
物理（ラムザウアー, カール　1879-1955）

Ramsay, Allan〈17・18世紀〉
スコットランドの詩人。
⇒岩世人（ラムジー　1686.10.15-1758.1.7）

Ramsay, Allan〈18世紀〉
スコットランドの肖像画家。主作品は『ミード博士像』（47）。
⇒岩世人（ラムジー　1713.10.13-1784.8.10）
芸13（ラムジー, アラン　1713-1784）

Ramsay, Sir Andrew Crombie〈19世紀〉
スコットランドの地質学者。
⇒岩世人（ラムジー　1814.1.31-1891.12.9）

Ramsay, William〈19・20世紀〉
イギリスの化学者。圧力と融点の関係式などを発見。ノーベル化学賞受賞（04）。
⇒岩世人（ラムジー　1852.10.2-1916.7.23）
ネーム（ラムゼー　1852-1916）
広辞7（ラムゼー　1852-1916）
学叢思（ラムゼー, ウィリアム　1852-1916）
ノ物化（ウィリアム・ラムゼー　1852-1916）

Ramsay, Sir William Mitchell〈19・20世紀〉
スコットランドの考古学者、歴史地理学者。
⇒新カト（ラムジ　1851.3.15-1939.4.20）

Ramsden, Jesse〈18世紀〉
イギリスの天文機械製造業者。
⇒岩世人（ラムズデン　1735.10.6-1800.11.5）

Ramses I〈前14世紀〉
エジプト王朝の王。在位前1320～18。ラムセス王朝の祖。
⇒世帝（ラメセス1世　（在位）前1293-前1291頃）
学叢歴（ラメス）

Ramses II〈前13世紀〉
エジプト王朝の王。在位前1304～1237。大王と呼ばれ、多くの都市や宮殿、要塞を築いた。
⇒岩世人（ラメセス2世　（在位）前1279-前1213頃）
広辞7（ラメス（ラムセス）2世　生没年不詳（在位）前1279頃-前1213頃）
世人新（ラメス（ラムセス）2世　生没年不詳（在位）前1279頃-前1213頃）
世人装（ラメス（ラムセス）2世　生没年不詳（在位）前1279頃-前1213頃）
世史語（ラメス（ラムセス）2世　（在位）前1279頃-前1213頃）
世帝（ラメセス2世　（在位）前1279-前1212頃）
ポプ人（ラムセス2世　生没年不詳）

Ramses III〈前12世紀〉
エジプト王朝の王。在位前1198～66。
⇒岩世人（ラメセス3世　（在位）前1183/前1182-前1152/前1151頃）
世人新（ラメス（ラメセス）3世　生没年不詳（在位）前1197/前1182-前1165/前1151）
世人装（ラメス（ラメセス）3世　生没年不詳（在位）前1197/前1182-前1165/前1151）
世帝（ラメセス3世　（在位）前1182-前1151頃）

Ramsey, Robert〈16・17世紀〉
イギリスの作曲家。
⇒バロ（ラムジー, ロバート　1595頃?-1665頃）

Ramsey, (Toad) Thomas A.〈19・20世紀〉
アメリカの大リーグ選手（投手）。
⇒メジャ（トード・ラムジー　1864.8.8-1906.3.27）

Ramstedt, Gustav John〈19・20世紀〉
フィンランドの東洋語学者。アルタイ語, モンゴル語学の創始者。
⇒岩世人（ラームステット　1873.10.22-1950.11.25）

Ramus, Petrus〈16世紀〉
フランスの人文主義者, 論理学者。主著『弁証論的分割法』(43)ほか。
⇒岩世人（ラムス　1515-1572.8.26）
学叢思（ラメー, ピエール・ドゥ・ラ　1515-1572）
新カト（ラムス　1515-1572.8.26）
メル1（ラムス, ペトルス〔フランス名ピエール・ド・ラ・ラメー〕　1515-1572）

Ramusio, Gian Battista〈15・16世紀〉
イタリアの地理学者, 歴史家。『航海と旅行』(3巻, 50～59)が代表作。
⇒広辞7（ラムージオ　1485-1557）

Ramuz, Charles Ferdinand〈19・20世紀〉
スイスの小説家。『山中の戦慄』(25)などがある。
⇒岩世人（ラミュ　1878.9.24-1947.5.23）

Rānaḍe, Mahādev Gōvind〈19・20世紀〉
インドの社会改革運動の指導者。
⇒岩世人（ラーナデー　1842.1.16-1901.1.16）

Ranc, Arthur〈19・20世紀〉
フランスのジャーナリスト, 政治家。
⇒**19仏**（アルチュール・ランク　1831.2.20-1908.4.10）

Rancé, Armand Jean le Bouthillier de〈17世紀〉
シトー会の修道士。厳律シトー会の創設者。
⇒岩世人（ランセ　1626.1.9-1700.10.27）
新カト（ランセ　1626.1.9-1700.10.27）

Ranch, Hieronymus Justesen〈16・17世紀〉
デンマークの劇作家。『ソロモン王の忠誠』(85)を書いた。
⇒岩世人（ランク　1539-1607.12.3）

Randall, Harrison McAllister〈19・20世紀〉
アメリカの物理学者。
⇒岩世人（ランダル　1870.12.17-1969.11.10）

Randall, William I〈16・17世紀〉
イギリスの作曲家。
⇒バロ（ランドル, ウィリアム1世　1550頃-1604.2?）

Randolph, Edmund Jennings〈18・19世紀〉
アメリカの法律家。バージニア案起草者。大陸会議(1779～82)に参加。
⇒岩世人（ランドルフ　1753.8.10-1813.9.12）

Randolph, John〈18・19世紀〉
アメリカの政治家。共和派の指導的存在。
⇒岩世人（ランドルフ　1773.6.2-1833.5.24）

Randolph, John Cooper Fitz〈19・20世紀〉
アメリカの鉱山技師。
⇒アア歴（Randolph, John C (ooper) F (itz) ジョン・クーパー・フィッツ・ランドルフ　1846.12.20-1911.2.3）

Randolph, Thomas〈17世紀〉
イギリスの詩人, 劇作家。戯曲『アリスティパス, 陽気な哲学者』(30)などがある。
⇒岩世人（ランドルフ　1605.6.15（受洗）-1635.3）

Ranieri, Antonio〈19世紀〉
イタリアの文学者。
⇒岩世人（ラニエーリ　1806.9.8-1888.1.4）

Ranjīt Singh〈18・19世紀〉
インド, シク教徒王国の王。1818年第3次マラータ戦争後も, イギリスに服属せず, 独立を保持。
⇒岩世人（ランジート・スィング　1780.11.13-1839.6.27）
世人新（ランジート＝シング　1780-1839）
世人装（ランジート＝シング　1780-1839）
南ア新（ランジート・シング　1780-1839）
学叢歴（ランジット・シング）

Ranke, Ernst Konstantin〈19世紀〉
ドイツのルター派神学者。
⇒新カト（ランケ　1814.9.10-1888.7.30）

Ranke, Leopold von〈18・19世紀〉
ドイツの歴史家。近代歴史学の創始者といわれる。
⇒岩世人（ランケ　1795.12.20-1886.5.23）
広辞7（ランケ　1795-1886）
新カト（ランケ　1795.12.21-1886.5.23）
世人新（ランケ　1795-1886）

世人装（ランケ　1795–1886）
世史語（ランケ　1795–1886）
ポブ人（ランケ, レオポルト・フォン　1795–1886）

Ranke, Philipp Friedrich Heinrich〈18・19世紀〉
ドイツのプロテスタント神学者。L.フォン・ランケの弟, E.K.ランケの兄。
⇒新カト（ランケ　1798.11.30–1876.9.2）

Rankin, Jeannette〈19・20世紀〉
アメリカのフェミニスト, 平和主義者。
⇒アメ新（ランキン　1880–1973）
　岩世人（ランキン　1880.6.11–1973.5.18）

Rankine, William John Macquorn〈19世紀〉
イギリスの工学者, 物理学者。材料力学, 熱力学などを研究。
⇒岩世人（ランキン　1820.7.5–1872.12.24）
　広辞7（ランキン　1820–1872）

Raoul Glaber〈10・11世紀〉
フランスの年代記者, 修道僧。
⇒岩世人（ラウル・グラベール　980頃–1046頃）

Raoul（Rodolphe de Bourgogne）〈10世紀〉
フランク王。在位923～936。
⇒世帝（ラウール　?–936）

Raoult, François Marie〈19・20世紀〉
フランスの化学者。〈ラウルの法則〉を発見。
⇒岩世人（ラウール　1830.5.10–1901.4.1）

Raphson, Joseph〈17・18世紀〉
イギリスの数学者。
⇒世数（ラフソン, ジョセフ　1648–1715）

Rapoport, Solomon Judah Leib〈18・19世紀〉
ラビで学者。ユダヤ啓蒙運動とユダヤ学のパイオニア。
⇒ユ著人（Rapoport, Solomon Judah Leib　ラポポルト, ソロモン・ユダー・ライプ　1790–1867）

Rapp, Johann Georg〈18・19世紀〉
アメリカのハーモニー派の創始者。
⇒新カト（ラップ　1757.11.1–1847.8.7）

Rappoport, Charles〈19・20世紀〉
フランスの社会主義者。
⇒学叢思（ラッポポール, シャール　1865–?）

Raselius, Andreas〈16・17世紀〉
ドイツの作曲家, 音楽理論家。
⇒バロ（ラゼーリウス, アンドレーアス　1563頃–1602.1.6）

Rashdall, Hastings〈19・20世紀〉
イギリスの哲学者, 歴史家, 神学者。

⇒岩世人（ラシドール　1858.6.24–1924.2.9）
　新カト（ラッシュドール　1858.6.24–1924.2.9）

Rashi〈11・12世紀〉
ユダヤ学者, タルムードと聖書の注解者。モーセ五書注解は特に著名。
⇒岩世人（ラシ　1040–1105）
　新カト（ラシ　1040頃–1105）
　ユ人（ラシ（ラビ・シュロモ・ベンイサクの略称）1040?–1105）
　ユ著人（Rashi　ラシ　1030/1040–1105）

Al-Rāshid〈12世紀〉
カリフ王朝の統治者。在位1135～1136。
⇒世帝（ラーシド　?–1136）

Rashīd al-Dīn Faḍl Allāh〈13・14世紀〉
ペルシアの医師, 政治家, 歴史家。行政長官, 宰相の地位につく。『集史』を著す。
⇒岩世人（ラシードゥッディーン　1249/1250–1318）
　ネーム（ラシード・アッディーン　1247?–1318）
　広辞7（ラシード・アッディーン　1247–1318）
　世人新（ラシード＝ウッディーン　1247頃–1318）
　世人装（ラシード＝ウッディーン　1247頃–1318）
　世史語（ラシード＝アッディーン　1247頃–1318）
　ポブ人（ラシード・アッディーン　1247?–1318）

Rāshidīn Khwāja〈19世紀〉
新疆クチャにおけるムスリム反乱の指導者。
⇒岩世人（ラーシディーン・ホージャ　?–1867）

Rashīd-i Waṭwāṭ〈11・12世紀〉
イランの詩人。
⇒岩世人（ラシーデ・ワトワート　?–1182頃）

Rashīd Riḍā, Muḥammad〈19・20世紀〉
シリア生れのイスラム改革思想家。
⇒岩世人（リダー, ラシード　1865.9.23–1935.8.22）
　広辞7（リダー　1865–1935）
　世人新（ラシード＝リダー　1865–1935）
　世人装（ラシード＝リダー　1865–1935）

Rasi, Francesco〈16・17世紀〉
イタリアの作曲家。
⇒バロ（ラージ, フランチェスコ　1574.5.4–1620以降）

Rask, Rasmus Christian〈18・19世紀〉
デンマークの言語学者。比較言語学の祖と称され, 比較言語学の発達に貢献。
⇒岩世人（ラスク　1787.11.22–1832.11.14）

Rasmussen, Knud Johan Victor〈19・20世紀〉
デンマークの探検家, 民族学者。
⇒岩世人（ラスムセン　1879.6.7–1933.12.21）

Raspail, Benjamin〈19世紀〉
フランスの画家, 政治家。
⇒19仏（バンジャマン・ラスパイユ　1823.8.16–1899.9.24）

Raspail, Camille〈19世紀〉
フランスの医師,政治家。
⇒**19仏**(カミーユ・ラスパイユ 1827.8.17–1893.5.26)

Raspail, François Vincent〈18・19世紀〉
フランスの化学者,政治家。1877年マルセイユ選出議員となり極左派に位置。
⇒岩世人(ラスパイユ 1794.1.29–1878.1.7)

Raspe, Rudolf Erich〈18世紀〉
ドイツの小説家。
⇒岩世人(ラスペ 1736.3.28–1794.11.16)

Rasputin, Grigorii Efimovich〈19・20世紀〉
ロシアの神秘家。皇帝ニコライ2世と皇后アレクサンドラ・フョードロブナの寵臣。
⇒岩世人(ラスプーチン 1871頃–1916.12.16)
　広辞7(ラスプーチン 1871頃–1916)
　新カト(ラスプーチン 1871頃–1916.12.29)
　世人新(ラスプーティン 1871頃–1916)
　世人装(ラスプーティン 1871頃–1916)
　ポプ人(ラスプーチン,グレゴリー 1864?–1916)

Rassam, Hormuzd〈19・20世紀〉
トルコのアッシリア学者。
⇒岩世人(ラッサム 1826–1910.9.15)

Rasso von Andechs〈10世紀〉
グラフラート修道院の創設者。聖人。祝日6月19日。
⇒図聖(ラッソ(アンデクスの) 900頃–954)

Rastrelli, Varfolomei Varfolomeevich〈18世紀〉
ロシアの建築家。カルロ・バルトロメオの子。
⇒岩世人(ラストレッリ 1700–1771.4.29)

Rasul, Haji〈19・20世紀〉
インドネシアのイスラーム改革主義者。
⇒岩世人(ラスル,ハジ 1879.2.10–1945.6.2)

Rasyidi (Rasjidi), Syekh (Sjech) Daud〈19・20世紀〉
インドネシア,西スマトラのイスラーム知識人。
⇒岩世人(ラシディ,シェク・ダウド 1880–1949.1.26)

Ratchaburidirekrit〈19・20世紀〉
タイの親王,官僚。
⇒岩世人(ラーチャブリー 1874.10.21–1920.8.7)

Ratdolt, Erhard〈15・16世紀〉
ドイツの出版業者。
⇒岩世人(ラートドルト 1447–1527/1528)

Rateau, Camille Edmond Auguste〈19・20世紀〉
フランスの技術家。タービンに関する研究で知られ,初めて排気ガスタービンを製作した(18頃)。
⇒岩世人(ラトー 1863.10.13–1930.1.13)

Rathaus, Peter Valentin〈17・18世紀〉
ドイツの作曲家。
⇒バロ(ラートハウス,ペーター・ヴァレンティン 1682–1750)

Rathbone, Eleanor (Florence)〈19・20世紀〉
イギリスのフェミニスト,社会改革者。
⇒岩世人(ラスボーン 1872.5.12–1946.1.2)

Rathenau, Emil〈19・20世紀〉
ドイツ(ユダヤ系)の電気技術者,工業家。ドイツに電灯,電信を輸入。
⇒岩世人(ラーテナウ 1838.12.11–1915.6.20)

Rathenau, Walther〈19・20世紀〉
ドイツの政治家,実業家。21年5〜11月K.ビルト内閣の再建相,22年1月外相。
⇒岩世人(ラーテナウ 1867.9.29–1922.6.24)
　ネーム(ラーテナウ 1867–1922)
　ユ人(ラーテナウ,ヴァルター 1867–1922)

Rathgeber, Johann Valentin〈17・18世紀〉
ドイツの作曲家。
⇒バロ(ラートゲーバー,ヨハン・ヴァレンティン 1682.4.3–1750.6.2)

Rathgen, Karl〈19・20世紀〉
ドイツの法学者。東京帝国大学で行政法,政治学を教授。
⇒岩世人(ラートゲン 1855.3.1–1921.11.6)
　学叢思(ラットゲン,カール 1856–?)

Rathke, Martin Heinrich〈18・19世紀〉
ドイツの動物学者。発生学史上に〈ラートケ管〉および〈ラートケ嚢〉の名を残している。
⇒岩世人(ラートケ 1793.8.25–1860.9.3)

Rathramnus de Corbie〈9世紀〉
カロリング期の指導的神学者,ベネディクト会士。
⇒岩世人(ラトラムヌス(コルビーの) ?–870頃)
　新カト(ラトラムヌス〔コルビーの〕 9世紀初め–870頃)

Ratisbonne, Marie-Alphonse〈19世紀〉
フランス司祭,兄のM.-T.ラティスボンヌとともにユダヤ人の改宗に尽力した。
⇒新カト(ラティスボンヌ 1814.5.1–1884.5.6)
　ユ人(ラティスボン兄弟 1812–1814)

Ratisbonne, Marie-Théodore〈19世紀〉
フランスの司祭,シオンの聖母修道女会およびシオンの聖母修道会創立者。
⇒新カト(ラティスボンヌ 1802.12.28–1884.1.10)
　ユ人(ラティスボン兄弟 1802–1884)

Ratke, Wolfgang von〈16・17世紀〉
ドイツの教育家。直観から出発し、また母国語を基礎とする彼の教育原理は、学校教育の近代化に貢献。
⇒岩世人（ラートケ　1571.10.18-1635.4.27）

ratna gling pa〈15世紀〉
チベットの高僧。
⇒岩世人（ラトナリンパ　1403-1478）

Ratnākara〈9世紀〉
インドのサンスクリット詩人。
⇒岩世人（ラトナーカラ　9世紀）

Ratnākaraśānti〈10・11世紀〉
インドの形象虚偽唯識派の思想家。
⇒岩世人（ラトナーカラシャーンティ　10世紀後半-11世紀初頭頃）

Ratnakīrti〈11世紀〉
インドの論理学者。ヴィクラマシラー寺の学僧。
⇒岩世人（ラトナキールティ）

Ratsadathirat〈16世紀〉
タイ、アユタヤ朝の王。
⇒世帝（ラッサダーティラートクマーン　1528-1534）

Rattanapanya Thera〈16世紀〉
タイのランナー王国の僧。
⇒岩世人（ラッタナパンヤー・テーラ）

Rattazzi, Urbano〈19世紀〉
イタリアの政治家。1862年首相となり、67年に再度首相となった。
⇒岩世人（ラッタッツィ　1810.6.30-1873.6.5）

Ratu, Pangeran〈16・17世紀〉
インドネシア、ジャワ島のバンテン王国の第5代王。在位1596～1651。
⇒岩世人（ラトゥ，パンゲラン　（在位）1596-1651）

Ratu Adil
ジャワの民間伝承に現れる救世主。
⇒岩世人（ラトゥ・アディル）

Ratzeberger, Matthäus〈16世紀〉
ドイツの医師、ルターの友人。
⇒新カト（ラッツェベルガー　1501-1559.1.3）

Ratzel, Friedrich〈19・20世紀〉
ドイツの地理学者，人類学者。いわゆる人文地理学の創始者の一人。
⇒岩世人（ラッツェル　1844.8.30-1904.8.9）
ネーム（ラッツェル　1844-1904）
広辞7（ラッツェル　1844-1904）

Ratzenhofer, Gustav〈19・20世紀〉
オーストリアの軍人，政治学者，社会学者。
⇒岩世人（ラッツェンホーファー　1842.7.4-1904.10.8）
学叢思（ラッツェンホーフェル，グスタフ　1842-1904）

Rau, Karl Heinrich〈18・19世紀〉
ドイツの経済学者。
⇒岩世人（ラウ　1792.11.29-1870.3.18）

Rauch, Christian Daniel〈18・19世紀〉
ドイツの彫刻家。主作品は『ゲーテの胸像』(21)。
⇒岩世人（ラウフ　1777.1.2-1857.12.3）
芸13（ラウフ，クリスティアン　1777-1857）

Rauch, Johann Georg〈17・18世紀〉
ドイツの作曲家。
⇒バロ（ラオホ，ヨハン・ゲオルク　1650頃?-1710.7.21）

Rauh, Frédéric〈19・20世紀〉
哲学者。
⇒メル3（ロー，フレデリック　1816-1909）

Raumer, Karl Georg von〈18・19世紀〉
ドイツの鉱物学者，教育史学者。『貧民学校』を開設し，主著『教育学史』(43～54)。
⇒岩世人（ラウマー　1783.4.9-1865.6.2）

Raunkiaer, Christen〈19・20世紀〉
デンマークの植物学者。植物生態学および植物地理学の新分野を開拓、統計学的研究法の発達に貢献。
⇒岩世人（ラウンケア　1860.3.29-1938.3.11）

Raupach, Christoph〈17・18世紀〉
ドイツのオルガン奏者，作曲家。
⇒バロ（ラウパハ，クリストフ　1686.7.5-1744）

Raupach, Georg〈17世紀〉
ドイツの作曲家。
⇒バロ（ラウパッハ，ゲオルク　1650頃?-1700）

Raupach, Hermann Friedrich〈18世紀〉
ドイツの作曲家，指揮者。
⇒バロ（ラウパッハ，ヘルマン・フードリヒ　1728.12.21-1778.12）

Rauschen, Gerhard〈19・20世紀〉
ドイツの古代教会史家，教父学者。
⇒新カト（ラウシェン　1854.10.13-1917.4.12）

Rauschenbusch, Walter〈19・20世紀〉
アメリカのバプテスト派の牧師，神学者。
⇒岩世人（ラウシェンブッシュ　1861.10.4-1918.7.25）
新カト（ラウシェンブッシュ　1861.10.4-1918.7.25）
20思（ラウシェンブッシュ，ウォルター　1861-1918）

Rauscher, Joseph Othmar〈18・19世紀〉
オーストリアのカトリック神学者，枢機卿。
⇒新カト（ラウシャー　1797.10.6-1875.11.24）

Rautenstrauch, Franz Stephan〈18・19世紀〉
オーストリアのカトリック神学者、ベネディクト会士。
⇒新カト（ラウテンシュトラウフ　1734.7.29–1785.9.30）

Raux, Nicolas Joseph〈18・19世紀〉
フランスのラザロ会宣教師。満州語を研究し、満州語文典と辞典の編集を行った。
⇒岩世人（ロー　1754.4.14–1801.11.16）

Rauzzini, Venanzio〈18・19世紀〉
イタリアのカストラート歌手、作曲家。
⇒バロ（ラウッツィーニ、ヴェナンツィオ　1746.12.19–1810.4.8）

Rava〈4世紀〉
バビロニアのアモーラ。
⇒ユ著人（Rava　ラバ　?–352）

Ravaillac, François〈16・17世紀〉
フランス王アンリ4世の暗殺者。
⇒岩世人（ラヴァイヤック　1578–1610.5.27）

Ravaisson-Mollien, Jean Gaspard Félix〈19世紀〉
フランスの哲学者。『19世紀フランス哲学についての報告』(68)が代表作。
⇒岩世人（ラヴェッソン＝モリアン　1813.10.23–1900.5.18）
　学叢思（ラヴェッソンモリアン、フェリクス　1813–1900）
　新カト（ラヴェソン・モリアン　1813.10.23–1900.5.18）
　メル3（ラヴェッソン、フェリックス　1813–1900）

Raval, Sebastián〈16・17世紀〉
スペインの作曲家。
⇒バロ（ラバル、セバスティアン　1550頃–1604.10.27以前）

Rāvaṇa
インドの叙事詩《ラーマーヤナ》に登場する羅利の王。
⇒南ア新（ラーヴァナ）

Ravel, Joseph Maurice〈19・20世紀〉
フランスの作曲家。主作品は『なき王女のためのパバーヌ』(99)、『ボレロ』(27)など。
⇒岩世人（ラヴェル　1875.3.7–1937.12.28）
　バレエ（ラヴェル、モーリス　1875.3.7–1937.12.28）
　オペラ（ラヴェル、モーリス　1875–1937）
　エデ（ラヴェル、(ジョセフ)モーリス　1875.3.7–1937.12.28）
　広辞7（ラヴェル　1875–1937）
　実音人（ラヴェル、モーリス　1875–1937）
　世人新（ラヴェル　1875–1937）
　世人装（ラヴェル　1875–1937）
　ピ曲改（ラヴェル、モリス　1875–1937）
　ポブ人（ラベル、モーリス　1875–1937）

Raven
北米神話に登場する英雄。
⇒ネーム（レイヴン）

Ravenscroft, John I〈17・18世紀〉
イギリスの作曲家。
⇒バロ（レイヴンズクロフト、ジョン1世　1650頃?–1708以前）

Ravenscroft, John II〈17・18世紀〉
イギリスの作曲家。
⇒バロ（レイヴンズクロフト、ジョン2世　1690頃?–1735-1745頃）

Ravenscroft, Thomas〈16・17世紀〉
イギリスの作曲家、音楽理論家、出版業者。
⇒バロ（レイヴンズクロフト、トマス　1582頃–1635頃）

Ravignan, Gustave-Xavier Lacroix de〈18・19世紀〉
フランスのパリで活躍した説教師、イエズス会会員。
⇒新カト（ラヴィニャン　1795.12.1–1858.2.26）

Ravoux, Augustin〈19・20世紀〉
フランス出身のローマ・カトリック教会司祭。
⇒新カト（ラヴー　1815.1.11–1906.1.17）

Rawlinson, Frank Joseph〈19・20世紀〉
アメリカの宣教師。
⇒アア歴（Rawlinson,Frank J(oseph)　フランク・ジョゼフ・ローリンスン　1871.1.9–1937.8.14）

Rawlinson, Hugh George〈19・20世紀〉
イギリスのインド史家。
⇒岩世人（ローリンソン　1880.5.12–1957.6.8）

Rawnitzki, Yehoshua Hana〈19・20世紀〉
ロシアの作家、ジャーナリスト。近代イディッシュ文学評論家の一人。
⇒ユ著人（Rawnitzki,Yehoshua Hana　ラブニツキー、ヨシュア・ハナ　1859–1944）

Ray, John〈17・18世紀〉
イギリスの博物学者。学問的な分類学を創始し種の概念を確立。
⇒岩世人（レイ　1627頃–1705.1.17）
　学叢思（レー、ジョン　1627–?）

Rāya, Dāśarathī〈19世紀〉
インドのベンガル語詩人、歌手。
⇒岩世人（ダシャラティ・ラエ　1806–1857）

Rayleigh, John William Strutt, 3rd Baron〈19・20世紀〉
イギリスの物理学者。1904年ノーベル物理学賞受賞。
⇒岩世人（レイリー　1842.11.12–1919.6.30）
　科史（レイリー　1842–1919）

広辞7（レイリー　1842–1919）
学叢思（レーレー，ロード　1842–1919）
物理（レイリー卿（ストラット，J.W）　1842–1919）
世数（レイリー，ジョン・ウィリアム・ストラット　1842–1919）
ノ物化（ジョン・ウィリアム・ストラット（レイリー卿）　1842–1919）

Raymond, Henry Jarvis〈19世紀〉
アメリカのジャーナリスト。1851年『ニューヨーク・タイムズ』紙を創刊。
⇒岩世人（レイモンド　1820.1.24–1869.6.18）

Raymond IV, Comte de Toulouse〈10世紀〉
フランス，ツールーズ伯，プロバンス公。第1回十字軍に参加。
⇒新カト（レーモン〔トゥールーズの〕　〔在位〕1093–1105）

Raymond VII〈12・13世紀〉
トゥールーズ伯国の統治者。
⇒新カト（レーモン〔トゥールーズの〕　〔在位〕1194–1222）

Raymond VIII〈13世紀〉
トゥールーズ伯国の統治者。在位1222～1249。
⇒新カト（レーモン〔トゥールーズの〕　〔在位〕1222–49）

Raynal, Guillaume Thomas〈18世紀〉
フランスの著述家。主著『両インドにおけるヨーロッパ人の諸機関と通商の哲学的政治的歴史』(70)。
⇒岩世人（レーナル　1713.4.11–1796.3.6）
　新カト（レイナル　1713.4.12–1796.3.6）

Raynaud, Ernest Gabriel Nicolas〈19・20世紀〉
詩人。
⇒岩世人（レノー　1864.2.22–1936.10.10）

Raynaud, Jean〈19世紀〉
フランスの哲学者，社会主義者。
⇒学叢思（レーノー，ジャン　1806–1863）

Raynaud, Maurice〈19世紀〉
フランスの医者。レノー氏病の観察(1862)で知られる。
⇒岩世人（レノー　1834.8.10–1881.6.29）

Rays, Jakub〈16・17世紀〉
ポーランドの作曲家。
⇒バロ（ポラク，ヤクブ　1545頃–1605）
　バロ（ポロネーズ，ジャック・ル　1545頃–1605頃）
　バロ（レイ，ヤクブ　1545頃–1605）

Rayski, Ferdinand von〈19世紀〉
ドイツの画家。主作品は『トマス・ベケットの殺害』。
⇒芸13（ライスキ，フェルディナント　1806–1890）

Razadarit〈14・15世紀〉
ビルマのハンターワーディー王国の王。在位1384～1422/23。
⇒岩世人（ラザダリッ　1368–1422/1423）

al-Rāzī, Abū Bakr Aḥmad bn Muḥammad bn Mūsā〈9・10世紀〉
アンダルシアのアラブ歴史家。
⇒岩世人（ラーズィー，アブー・バクル　888.4.29–955.11.1）

al-Rāzī, Abū Bakr Muḥammad ibn Zakarīyā'〈9・10世紀〉
アッバース朝期の医学者，哲学者，錬金術師。
⇒岩世人（ラーズィー，ザカリーヤー　865.8.28–925.10.27）

Rāzī, Amīn Aḥmad〈17世紀〉
イランの地理学者。17世紀前半に活動した。
⇒岩世人（ラーズィー，アミーン・アフマド　（活動）17世紀前半）

al-Rāzī, Muḥammad bn Mūsā bn Lakīt al-Kinānī〈9世紀頃〉
アンダルシアのイラン系アラブ商人，歴史家。
⇒岩世人（ラーズィー，ムハンマド）

Rāzī, Najm al-Dīn Abū Bakr 'Abdullāh〈12・13世紀〉
イランのイスラーム神秘主義者。
⇒岩世人（ラーズィー，ナジュムッディーン　1177–）

al-Rāzī, Quṭb al-Dīn Muḥammad〈13・14世紀〉
イスラーム哲学者，論理学者。
⇒岩世人（ラーズィー，クトブッディーン　1290–1365）

Razin, Stenka Timofeevich〈17世紀〉
ロシアの革命家。農民戦争(1670～71)の指導者。
⇒岩世人（ラージン　?–1671.6.6）
　ネーム（ステンカ・ラージン　?–1671）
　広辞7（ラージン　1630頃–1671）
　世人新（ラージン（ステンカ＝ラージン）　1630頃–1671）
　世人裝（ラージン（ステンカ＝ラージン）　1630頃–1671）
　世史語（ステンカ＝ラージン　1630頃–1671）
　ポプ人（ステンカ・ラージン　1630?–1671）

Raziya〈13世紀〉
中世インドの女王。
⇒岩世人（ラズィヤー・スルターナー（スルターン）　1205?–1240.10.14/11.13）

Razzarini〈16・17世紀〉
イタリアの作曲家。
⇒バロ（ラッツァリーニ,?　1590頃?–1653）

Razzi, Giovanni Serafino〈16・17世紀〉
イタリアの作曲家。
⇒バロ（ラッツィ, ジョヴァンニ・セラフィーノ　1531.12.13–1611.8.8）

Rea, George Bronson〈19・20世紀〉
アメリカのジャーナリスト, 時事評論家。
⇒アア歴（Rea,George Bronson　ジョージ・ブロンスン・リー　1869.8.28–1936.11.21）

Reach, Alfred James〈19・20世紀〉
アメリカのメジャーリーガー。プロ野球選手。球団社長。監督。
⇒メジャ（アル・リーチ　1840.5.25–1928.1.14）

Reach, Joseph Tole〈17世紀〉
ポルトガルの作曲家。
⇒バロ（レアシュ, ジョセフ・トレ　1620頃?–1680頃?）

Read, Carveth〈19・20世紀〉
イギリスの哲学者。主著, "On the theory of logic" (1878)。
⇒岩世人（リード　1848.3.16–1931.12.6）

Read, Daniel〈18・19世紀〉
アメリカの作曲家。
⇒バロ（リード, ダニエル　1757.11.16–1836.12.4）

Read, Hollis〈19世紀〉
アメリカの宣教師。
⇒アア歴（Read,Hollis　ホリス・リード　1802.8.26–1887.4.7）

Reade, Charles〈19世紀〉
イギリスの小説家。代表作は『僧院と家庭』(61)。
⇒岩世人（リード　1814.6.8–1884.4.11）

Reading, John III〈17・18世紀〉
イギリスの作曲家。
⇒バロ（レディング, ジョン3世　1685頃?–1764.9.2）

Reading, Marquis of Rufus Daniel Isaacs〈19・20世紀〉
イギリスの政治家。
⇒ユ著人（Reading,Marquis of Rufus Daniel Isaacs　レディング侯爵, ルーファス・ダニエル・アイザックス　1860–1935）

Reading, Rufus Daniel Isaacs, 1st Marquis of〈19・20世紀〉
イギリスの政治家。インド総督となり (21～26), インド民族主義の昂揚に対処。
⇒岩世人（レディング　1860.10.10–1935.12.30）
　ユ人（レディング, ルーファス・ダニエル・イサクス侯爵　1860–1935）

Reali, Giovanni〈18世紀〉
イタリアの作曲家。
⇒バロ（レアーリ, ジョヴァンニ　1709–1770頃?）

Realino, Bernardino〈16・17世紀〉
イタリアの人文主義者, イエズス会士, 聖人。
⇒新カト（ベルナルディーノ・レアリーノ　1530.12.1–1616.7.2）

Réaumur, René Antoine Ferchault de〈17・18世紀〉
フランスの物理学者。鋼の製法, 列氏目盛の提唱, 消化機能の研究などがある。
⇒岩世人（レオミュール　1683.2.28–1757.10.17）

Rebecca
イサクの妻（創世紀）。
⇒新カト（リベカ）
　聖書（リベカ）

Rebel, François〈18世紀〉
フランスのヴァイオリン奏者, テオルボ奏者, 作曲家, 指揮者。
⇒バロ（ルベル, フランソワ　1701.6.19–1775.11.7）

Rebel, Jean-Ferry〈17・18世紀〉
フランスのヴァイオリン奏者, クラヴサン奏者, 指揮者, 作曲家。
⇒バロ（ルベル, ジャン・フェリ　1666.4.18–1747.1.2）

Rebelo, João Soares〈17世紀〉
ポルトガルの作曲家。
⇒バロ（レベーロ, ジョアン・ソアーレス　1610–1661.11.16）

Rebelo, Manuel〈16・17世紀〉
ポルトガルの作曲家。
⇒バロ（レベーロ, マヌエル　1575–1647.11.6以前）

Rebmann, Johannes〈19世紀〉
ドイツ出身のルター派宣教師。ヨーロッパ人として初めてキリマンジャロを発見。
⇒岩世人（レープマン　1820.1.16–1876.10.4）

Recabarren Serrano, Luis Emilio〈19・20世紀〉
チリの政治家。黎明労働運動の指導者。
⇒ラテ新（レカバレン　1876–1924）

Recâîzâde Mahmud Ekrem〈19・20世紀〉
オスマン帝国の改革思想家, 教育者, 作家, 詩人, 劇作家。
⇒岩世人（レジャイザーデ・マフムト・エクレム　1847.3.1–1914.1.31）

Récamier, Jeanne Françoise Julie Adélaide〈18・19世紀〉
フランスのサロン主催者。前ロマン派の文人たちとの交友で知られる。
⇒岩世人（レカミエ　1777.12.4–1849.5.11）

Récamier, Joseph Claude Anthelme

〈18・19世紀〉
フランスの産婦人科医。癌の進展について研究。
⇒岩世人（レカミエ　1774.11.6–1852.6.28）

Recared I (Rekkared)〈6・7世紀〉
西ゴート（スペイン）の王。アリオス派からカトリック教会へと改宗した。
⇒岩世人（レカレド1世　?–601）
　新カト（レカレド　?–601）

Recceswinth〈7世紀〉
西ゴート王。在位653～72。
⇒岩世人（レケスウィント　?–672）

Recklinghausen, Friedrich von〈19・20世紀〉
ドイツの病理学者。嚢胞性線維性骨炎に彼の名が冠せられている。
⇒岩世人（レックリングハウゼン　1833.12.2–1910.8.26）

Reclam, Anton Philipp〈19世紀〉
ドイツの出版業者。〈レークラム世界文庫〉を刊行(1867～)。
⇒岩世人（レクラム　1807.6.28–1896.1.5）
　ネーム（レクラム　1807–1896）

Reclus, Jean Jacques Elisée〈19・20世紀〉
フランスの地理学者。
⇒岩世人（ルクリュ　1830.3.15–1905.7.4）

Recorde, Robert〈16世紀〉
イギリスの医師、数学者。エドワード6世とメアリー1世の侍医。
⇒岩世人（レコード　1510頃–1558）
　世数（レコード、ロバート　1510–1558）

Reddie, Cecil〈19・20世紀〉
イギリスの教育家。ダービシャーのボッツホルムに新学校を創設(1889)。
⇒岩世人（レディ　1858.10.10–1932.2.6）

Redford, John〈15・16世紀〉
イギリスの作曲家。
⇒バロ（レッドフォード、ジョン　1485–1547.10/1547.11）

Redha
牧人の娘で、女神ラクシュミーの化身とされる。
⇒ネーム（ラーダー）

Redi, Anna Maria〈18世紀〉
カルメル会修道女。聖人。祝日3月7日。
⇒新カト（アンナ・マリア・レーディ　1747.7.15–1770.3.7）

Redi, Francesco〈17世紀〉
イタリアの医師、博物学者、詩人。頌歌『トスカナの酒神』(85)がある。
⇒岩世人（レーディ　1626.2.18–1697.3.1）

Redl, Alfred〈19・20世紀〉
オーストリア＝ハンガリー帝国の高級情報士官。ロシアのスパイ。
⇒スパイ（レドル、アルフレート　1864–1913）

Redlich, Oswald〈19・20世紀〉
オーストリアの歴史家。
⇒岩世人（レートリヒ　1858.9.17–1944.1.20）

Redmond, John Edward〈19・20世紀〉
アイルランドの政治家。
⇒岩世人（レドモンド　1856.9.1–1918.3.6）

Redon, Odilon〈19・20世紀〉
フランスの画家、版画家。主作品『夢の中で』(79)、『アネモネの花』(08)。
⇒岩世人　ルドン　1840.4.20/22–1916.7.6）
　19仏（オディロン・ルドン　1840.4.22–1916.7.6）
　ネーム（ルドン、オディロン　1840–1916）
　広辞7（ルドン　1840–1916）
　芸13（ルドン、オディロン　1840–1916）
　ポブ人（ルドン、オディロン　1840–1916）

Redouté, Pierre Joseph〈18・19世紀〉
ネーデルラント（現ベルギー）の植物画家。
⇒岩世人（ルドゥーテ　1759.7.10–1840.6.23）

Redtenbacher, Ferdinand〈19世紀〉
ドイツの機械学者、技術家。
⇒岩世人（レーテンバッハー　1809.7.25–1863.4.16）

Rée, Paul〈19・20世紀〉
ドイツの哲学者。
⇒岩世人（レー　1849.11.21–1901.10.28）

Reed, *Sir* Edward James〈19・20世紀〉
イギリスの造船技術者。
⇒岩世人（リード　1830.9.20–1906.11.30）

Reed, Mary〈19・20世紀〉
アメリカの宣教師。
⇒アア歴（Reed,Mary　メアリー・リード　1854.12.4–1943.4.8）

Reed, Walter〈19・20世紀〉
アメリカの陸軍軍医。黄熱病防疫の指導者、1901年黄熱病原体ウイルスを発見。
⇒岩世人（リード　1851.9.13–1902.11.23）

Reed, William Bradford〈19世紀〉
アメリカの法律家、外交官。全権大使として中国に赴き(57～60)、英仏にならい天津条約を締結。
⇒アア歴（Reed,William Bradford　ウイリアム・ブラッドフォード・リード　1806.6.30–1876.2.18）
⇒岩世人（リード　1806.6.30–1876.2.18）

Rees, Abraham〈18・19世紀〉
イギリスの百科事典編集者。
⇒岩世人（リース　1743–1825.6.9）

Reese, Thomas〈17世紀〉
ドイツの作曲家。
⇒バロ（レーゼ,トマス　1600頃?-1660頃?）

Reeve, Clara〈18・19世紀〉
イギリスの女流小説家。『物語の進歩』(85)と題する小説論がある。
⇒岩世人（リーヴ　1729.1.23-1807.12.3）

Reeves, William Pember〈19・20世紀〉
ニュージーランドの政治家。19世紀末に活動。
⇒オセ新（リーブズ　1857-1932）

Regalado, Pedro〈14・15世紀〉
聖人。祝日3月30日。フランシスコ会員。バリャドリードの守護聖人。
⇒新カト（ペドロ・レガラド　1390頃-1456.3.30）

Regali Gallus, Eustachius de Monte〈15・16世紀〉
フランスの作曲家。
⇒バロ（エウスタキウス・デ・モンテ・レガーリ・ガルス　1480頃?-1525頃-降）
バロ（レガーリ・ガルス,エウスタキウス・デ・モンテ　1480頃?-1525頃-降）

Régamey, Félix〈19・20世紀〉
フランスの画家。
⇒19仏（フェリックス・レガメ　1844.8.7-1907.5.7）

Regel, Eduard August von〈19世紀〉
ドイツの植物学者,園芸学者。
⇒岩世人（レーゲル　1815.8.13-1892.4.27）

Regenbogen〈13世紀〉
ドイツの作曲家。
⇒バロ（レーゲンボーゲン,?　1250頃?-1300頃?）

Reger, Max〈19・20世紀〉
ドイツの作曲家,音楽教師。主作品『モーツァルトの主題による変奏曲とフーガ』(14)など。
⇒岩世人（レーガー　1873.3.19-1916.5.11）
エデ（レーガー,(ヨハン・バプティスト・ヨーゼフ）マックス[マクシミリアン]　1873.3.19-1916.5.11）
新カト（レーガー　1873.3.19-1916.5.11）
ピ曲改（レーガー,マックス　1873-1916）

Reggio, Pietro Francesco〈17世紀〉
イタリアの作曲家。
⇒バロ（レッジョ,ピエトロ・フランチェスコ　1632.7.7?-1685.7.23）

Regina〈3世紀〉
聖人,殉教者。祝日9月7日。
⇒新カト（レギナ　生没年不詳）
図聖（レギナ　?-250頃）

Reginaldus (Piperno)〈13世紀〉
イタリア出身のドミニコ会士。

⇒新カト（レギナルドゥス[ピペルノの]　1230頃-1290頃）

Regino von Prüm〈9・10世紀〉
ドイツの聖職者。年代記作者。ベネディクト会修道院長(892-9)。"Chronicon"を著す。
⇒岩世人（レギノ（プリュムの）　?-915）
新カト（レギノ（プリュムの）　840頃-915）

Regiomontanus, Johannes〈15世紀〉
ドイツの天文学者,数学者。『アルマゲスト』などギリシアの天文学書を翻訳。
⇒岩世人（レギオモンタヌス　1436.6.6-1476.7.6）
ネーム（レギオモンタヌス　1436-1476）
世数（レギオモンタヌス,ヨハン・ミュラー　1436-1476）

Régis, Jean Baptiste〈17・18世紀〉
フランスのイエズス会宣教師。1698年中国に渡り,清朝に仕えた。『皇輿全覧図』を完成。
⇒岩世人（レジス　1663.2.2-1738.11.24）
新カト（レジス　1663.2.2-1738.11.24）
世人新（レジス(中国名:雷孝思)　らいこうし　1663-1738）
世人装（レジス(中国名:雷孝思)　らいこうし　1663-1738）
世史語（レジス（雷孝思）　1663-1738）
ポブ人（レジス,ジャン＝バプティスト　1663-1738）

Régis, Jean François〈16・17世紀〉
フランスのイエズス会司祭,対ユグノー宣教師,聖人。
⇒新カト（ジャン・フランソア・レジス　1597.1.31-1640.12.31）
図聖（レジス,ジャン・フランソア　1597-1640）

Regis, Johannes〈15世紀〉
フランドルの音楽家。
⇒バロ（レジス,ヨハンネス　1430頃-1485頃）

Régis, Pierre-Sylvain〈17・18世紀〉
哲学者。
⇒メル2（レジス,ピエール＝シルヴァン　1632-1707）

Regnard, Albert〈19・20世紀〉
フランスの社会主義者。
⇒19仏（アルベール・ルニャール　1832-1903）

Regnard, Jean François〈17・18世紀〉
フランスの喜劇作家。代表作『賭博者』(96),『包括受遺者』(08)。
⇒岩世人（ルニャール　1655.2.7-1709.9.4）

Regnart, Augustine〈16世紀〉
フランドルの作曲家。
⇒バロ（ルニャール,オーギュスタン　1540頃-1590頃）

Regnart, Charles〈16世紀〉
フランドルの作曲家。
⇒バロ（ルニャール,シャルル　1530頃?-1580頃?）

Regnart, François〈16世紀〉
フランドルの作曲家。
⇒バロ（ルニャール, フランソワ　1550頃?–1600頃?）

Regnart, Jakob〈16世紀〉
フランドル楽派の作曲家。ミサ曲, リートなどを多数残した。
⇒バロ（ルニャール, ジャコブ　1540/1545–1599.10.16）
　バロ（レーグナルト, ヤーコプ　1550頃?–1597）

Regnart, Pascasius〈16世紀〉
フランドルの作曲家。
⇒バロ（ルニャール, パスカジウス　1530頃?–1580頃?）

Regnart, Petrus〈16世紀〉
フランドルの作曲家。
⇒バロ（ルニャール, ペトルス　1530頃?–1580頃?）

Regnault〈12世紀〉
フランスの作曲家。
⇒バロ（ルニョー,?　1150頃?–1200頃?）

Regnault, Eugène Louis Georges〈19・20世紀〉
フランスの外交官。1913〜18年駐日大使として在任中, 第1次世界大戦が勃発。
⇒岩世人（ルニョー　1857–?）

Regnault, Henri〈19世紀〉
フランスの画家。主作品『プリム将軍騎馬像』(60),『スペインの服装』。
⇒岩世人（ルニョー　1843.10.30–1871.1.19）
　芸13（ルニョー, アンリ　1843–1871）

Regnault, Henri Victor〈19世紀〉
フランスの化学者, 物理学者。理想気体の定圧比熱に関する〈ルニョーの法則〉を実験的に確立した(62)。
⇒岩世人（ルニョー　1810.7.21–1878.1.19）

Regnault, Jean Baptiste, Baron〈18・19世紀〉
フランスの画家。主作品『キリストの洗礼』(76),『ジェローム・ボナパルト王子の結婚』(10)。
⇒岩世人（ルニョー　1754.10.19–1829.11.12）
　芸13（ルニョー, ジャン・バティスト　1754–1829）

Régnier, Henri François Joseph de〈19・20世紀〉
フランスの詩人, 小説家。
⇒岩世人（ルニエ　1864.12.28–1936.5.23）
　19仏（アンリ・ド・レニエ　1864.12.28–1936.5.23）
　広辞7（レニエ　1864–1936）

Régnier, Mathurin〈16・17世紀〉
フランスの諷刺詩人。
⇒岩世人（レニエ　1573.12.21–1613.10.22）
　広辞7（レニエ　1573–1613）

Régnon, Théodore de〈19世紀〉
フランスのカトリック神学者, イエズス会会員。
⇒新カト（レニョン　1832.10.11–1893.12.26）

Regoyos, Darío de〈19・20世紀〉
スペインの画家。
⇒芸13（レゴイオス, ダリーオ・デ　1857–1913）

Regula〈3・4世紀〉
殉教者, スイスの都市チューリヒの守護聖人。
⇒図聖（フェリクス, レグラとエクスペランティウス　?–4世紀初頃）

Reguly Antal〈19世紀〉
ハンガリーの言語学者, 民俗学者。フィン・ウゴル語比較研究の開拓者。
⇒岩世人（レグイ　1819.7.11–1858.8.23）

Rehmke, Johannes〈19・20世紀〉
ドイツの哲学者。主著 "Die Welt als Wahrnehmung" (1880)。
⇒岩世人（レームケ　1848.2.1–1930.12.23）
　学叢思（レームケ, ヨハネス　1848–?）

Rehoboam〈前10世紀〉
ユダ王国初代の王。在位前931〜856（旧約）。
⇒新カト（レハブアム）
　世帝（レハブヤム　前973?–前915?）
　世帝（レハブヤム　前973?–前915?）

Reicha, Anton〈18・19世紀〉
フランスの音楽理論家, 作曲家。主著 "Traité de mélodie" (1814)。
⇒岩世人（ライハ　1770.2.26–1836.5.28）
　エデ（レイシャ, アントワーヌ（＝ジョゼフ）ライヒャ, アントレイハ, アントニーン　1770.2.26–1836.5.28）

Reichard, Heinrich Gottfried〈18・19世紀〉
ドイツの作曲家。
⇒バロ（ライヒャルト, ハインリヒ・ゴットフリート　1742.6.22–1801.5.22）

Reichardt, Bernhardine Juliane〈18世紀〉
ドイツの作曲家。
⇒バロ（ライヒャルト, ベルンハルディーネ・ユリアーネ　1752.5.14–1783.5.9）

Reichardt, Johann Friedrich〈18・19世紀〉
ドイツの作曲家, 音楽理論家。ドイツ最初の歌謡劇「愛と誠実」を作曲。
⇒バロ（ライヒャルト, ヨハン・フリードリヒ　1752.11.25–1814.6.27）
　バロ（ラインハルト, ヨハン・フリードリヒ　1752–1814）
　岩世人（ライヒャルト　1752.11.25–1814.6.27）

ピ曲改（ライヒャルト, ヨハン・フリードリヒ　1752–1814）

Reiche, Gottfried〈17・18世紀〉
ドイツの作曲家。
⇒バロ（ライヒェ, ゴットフリート　1667.2.5–1734.10.6）

Reichel, Hans〈16・17世紀〉
ドイツの彫刻家。北方バロック初期の作風を確立。主作品は『ローマ皇帝胸像』(20)。
⇒岩世人（ライヒレ　1565-1570頃–1642）
　芸13（ライヘル, ハンス　1570頃–1642）

Reichenauer, Antonin〈17・18世紀〉
ボヘミアの作曲家。
⇒バロ（ライヒェナウアー, アントニーン　1694–1730.3.17）

Reichenbach, Georg von〈18・19世紀〉
ドイツの土木技師, 光学機械製作者。ミュンヘンに光学機械製作所を設立（1809）。
⇒岩世人（ライヒェンバッハ　1771.8.24–1826.5.21）

Reichenbach, Heinrich Gottlieb Ludwig〈18・19世紀〉
ドイツの植物学者, 動物学者。
⇒岩世人（ライヒェンバッハ　1793.1.8–1879.3.17）

Reichenbach, Heinrich Gustav〈19世紀〉
ドイツの植物学者。主著, "Xenia orchidacea"（3巻, 1854～83）。
⇒岩世人（ライヒェンバッハ　1824.1.3–1889.5.6）

Reichersberg, Gerhoch von〈11・12世紀〉
ドイツの神学者。
⇒岩世人（ゲルホーホ・フォン・ライヒャースベルク　1092/1093–1169）

Reichert, Karl Bogislaus〈19世紀〉
ドイツの解剖学者。発生学, 組織学の分野に業績がある。
⇒岩世人（ライヒェルト　1811.12.20–1883.12.21）

Reichlich, Marx〈15・16世紀〉
オーストリアの画家。
⇒岩世人（ライヒリヒ　（活動）1485頃–1520）

Reid, *Sir* George〈19・20世紀〉
スコットランドの画家。肖像画, 風景画にすぐれ, また花卉を得意とした。
⇒岩世人（リード　1841.10.31–1913.2.9）

Reid, Gilbert〈19・20世紀〉
アメリカの宣教師, 編集者, 作家。
⇒アア歴（Reid, Gilbert　ギルバート・リード　1857.11.29–1927.9.30）
　岩世人（リード　1857.11.29–1927.9.30）

Reid, Harry Fielding〈19・20世紀〉
アメリカの地質学者。地震の原因に関して, 弾性反撥説を発表した（10）。
⇒岩世人（リード　1859.5.18–1944.6.18）

Reid, Thomas〈18世紀〉
イギリスの哲学者, 常識学派の創始者。ヒュームの認識論を研究。
⇒岩世人（リード　1710.4.26–1796.10.7）
　広辞7（リード　1710–1796）
　学叢思（リード, トマス　1710.4–1796.10）
　新カト（リード　1710.4.26–1796.10.7）
　メル2（リード, トマス　1710–1796）

Reiffenstuel, Anaklet〈17・18世紀〉
ドイツのカトリック教会法学者, 倫理神学者。フランシスコ会員。
⇒新カト（ライフェンシュトゥール　1642.7.2–1703.10.5）

Reifsnider, Charles S.〈19・20世紀〉
アメリカの聖公会宣教師。立教学院総理, 立教大学総長。
⇒アア歴（Reifsnider, Charles Shriver　チャールズ・シュライヴァー・リーフスナイダー　1875.11.27–1958.3.16）

Reihing, Jakob〈16・17世紀〉
ドイツのイエズス会士。
⇒新カト（ライヒング　1579.1.6–1628.5.5）

Reijerszoon, Cornelis〈16・17世紀〉
オランダの海軍軍人。
⇒岩世人（レイエルセン　?–1625.4.10）

Reil, Johann Christian〈18・19世紀〉
ドイツ（オランダ生れ）の生理学者。脳の解剖学的研究は劃期的であり, 〈ライル氏島〉の名を残す。
⇒岩世人（ライル　1759.2.20–1813.11.22）

Reilich, Gabriel〈17世紀〉
トランシルヴァニアの作曲家。
⇒バロ（ライリッヒ, ガブリエル　1640頃–1677.11.12）

Reilly, John Good〈19・20世紀〉
アメリカの大リーグ選手（一塁）。
⇒メジャ（ジョン・ライリー　1858.10.5–1937.5.31）

Reilly, Sidney〈19・20世紀〉
イギリスのスパイ。ロシア革命及びその後の動乱の中で活動。
⇒スパイ（ライリー, シドニー　1874?–1925?）

Reimarus, Hermann Samuel〈17・18世紀〉
ドイツの哲学者。動物心理学の領域で先駆的役割を為した。
⇒岩世人（ライマールス　1694.12.22–1768.3.1）
　学叢思（ライマルス, ヘルマン・サムエル　1694–

1768)
　新カト（ライマールス　1694.12.22–1768.3.1）

Reimert, William Anson〈19・20世紀〉
　アメリカの宣教師。
　⇒アア歴（Reimert,William A（nson）　ウイリアム・アンスン・リーマート　1877.2.7–1920.6.13）

Rein, Johannes Justus〈19・20世紀〉
　ドイツの地理学者。詳細な日本地理・産業誌を著したほか，日本産貝類を研究。
　⇒岩世人（ライン　1835.1.27–1918.1.23）

Rein, Wilhelm〈19・20世紀〉
　ドイツの教育学者。段階的教育法を発展させ，教育学の体系化，実際教育の科学的理論づけに尽力。
　⇒岩世人（ライン　1847.8.10–1929.2.19）

Reinach, Salomon〈19・20世紀〉
　フランスの考古学者，言語学者。主著『ギリシアと小アジアの考古学旅行』(88)。
　⇒岩世人（レナック　1858.8.29–1932.11.4）
　　ユ著人（Reinach,Salomon　ライナッハ，サロモン　1858–1932）

Reinach, Théodore〈19・20世紀〉
　フランスの言語学者，音楽学者。
　⇒岩世人（レナック　1860.6.3–1928.10.28）

Reinagle, Alexander〈18・19世紀〉
　イギリス生れの作曲家。
　⇒バロ（リーネイグル，アリグザンダー　1756–1809）
　　バロ（レネイグル，アレクサンダー　1756.4.23–1809.9.21）

Reinecke, Carl Heinrich Carsten〈19・20世紀〉
　ドイツのピアノ奏者，作曲家，指揮者。60年からライプチヒのゲバントハウスの指揮者を35年間務めた。
　⇒岩世人（ライネッケ　1824.6.23–1910.3.10）
　　エデ（ライネッケ，カール・ハインリヒ・カーステン）　1824.6.23–1910.3.10）

Reinecke, Paul〈19・20世紀〉
　ドイツの考古学者。ミュンヘン市のバイエルン地方記念物博物館主任鑑査官（1908～37）。
　⇒岩世人（ライネッケ　1872.9.25–1958.5.12）

Reiner, Jacob〈16・17世紀〉
　ドイツの作曲家。
　⇒バロ（ライナー，ヤーコプ　1560頃以前–1606.8.12）

Reiners, Joseph〈19・20世紀〉
　ドイツの神言会宣教師。南山中学校を創立。聖心愛子会を組織し，社会事業に貢献。
　⇒新カト（ライネルス　1874.3.20–1945.8.28）

Reines, Isaac Jacob〈19・20世紀〉
　宗教シオニズム運動ミズラヒ（東の意。ユダヤ教はエルサレムに向かって礼拝）の創始者，ラビ。
　⇒ユ人（ライネス，イサク（イツハク）ヤコブ　1839–1915）

Reinhard, Franz Volkmar〈18・19世紀〉
　ドイツのプロテスタント神学者。
　⇒学叢思（ラインハルト，フランツ・フォルクマル　1753–1812）
　　新カト（ラインハルト　1753.3.12–1812.9.6）

Reinhard, Johann〈19・20世紀〉
　オランダのテノール。オランダ放送の独唱者としても知られる。
　⇒魅惑（Reinhard,Johann　1867–1943）

Reinhardt, Max〈19・20世紀〉
　ドイツの演出家。『オイディプス大王』(1910)，『奇跡』(11)を手がける。
　⇒岩世人（ラインハルト　1873.9.9–1943.10.31）
　　ネーム（ラインハルト　1873–1943）
　　広辞7（ラインハルト　1873–1943）
　　ユ人（ラインハルト（ゴールドマン），マックス　1873–1943）
　　ユ著人（Reinhardt,Max　ラインハルト，マックス　1873–1943）

Reinhart, Johann Christian〈18・19世紀〉
　ドイツの画家，銅版画家。シラーの影響を受け，牧歌調の英雄伝説的な風景を描き，銅版画も制作。
　⇒芸13（ラインハルト，ヨハン・クリスティアン　1761–1847）

Reinhold〈10世紀〉
　聖人，修道士。祝日1月7日。
　⇒図聖（ラインホルト（ケルンの）　?–960頃）

Reinhold, Karl Leonhard〈18・19世紀〉
　ドイツの哲学者。主著『カント哲学についての書簡』(86～7)。
　⇒岩世人（ラインホルト　1758.10.26–1823.4.10）
　　学叢思（ラインホルト，カール・レオンハルト　1758–1823）
　　新カト（ラインホルト　1758.10.26–1823.4.10）

Reininger, Robert〈19・20世紀〉
　オーストリアの哲学者。主著，"Metaphysik der Wirklichkeit" (1931)。
　⇒岩世人（ライニンガー　1869.9.28–1955.6.17）

Reinke, Johannes〈19・20世紀〉
　ドイツの植物学者，自然哲学者。主著，"Philosophie der Botanik" (1905)。
　⇒岩世人（ラインケ　1849.2.3–1931.2.25）

Reinken, Johann Adam〈17・18世紀〉
　ドイツのオルガン奏者，作曲家。
　⇒バロ（ラインケン，ヨハン・アーダム　1623.4.27–1722.11.24）

岩世人（ラインケン　1643.12.10-1722.11.24）

Reinkens, Joseph Hubert〈19世紀〉
ドイツの聖職者、神学者。主著『カトリック教会の統一について』(77)。
⇒新カト（ラインケンス　1821.3.1-1896.1.4）

Reinmar von Hagenau〈12・13世紀〉
中世高地ドイツ語時代の詩人。ミンネザングの代表者の一人。「高きミンネザング」の創始者。
⇒バロ（ラインマル・デア・アルテ・フォン・ハーゲナウ　1160-1170頃-1205）
岩世人（ラインマル（ハーゲナウの）　1195以前-1210頃）

Reinmar von Zweter〈13世紀〉
ドイツのミンネゼンガー。
⇒バロ（ツヴェター、ラインマル・フォン　1200頃-1260頃）
バロ（ラインマル・フォン・ツヴェター　1200頃-1260頃）

Reinold
聖人。祝日1月7日。ドイツのドルトムント市の守護聖人。左官、石工、彫刻家の守護聖人でもある。
⇒新カト（ライノルト　生没年不詳）

Reinsch, Paul Samuel〈19・20世紀〉
アメリカの政治学者、外交官。アメリカ政治学協会を組織 (04)。
⇒アア歴（Reinsch, Paul S (amuel)　ポール・サミュエル・ラインシュ　1869.6.10-1923.1.24）
岩世人（ラインシュ　1869.6.10-1923.1.26）

Reis, Gaspal dos〈16・17世紀〉
ポルトガルの作曲家。
⇒バロ（レイス、ガスパール・ドス　1590頃?-1650頃?）

Reis, Johann Philipp〈19世紀〉
ドイツの物理学者。最初の電話を製作。
⇒岩世人（ライス　1834.1.7-1874.1.14）

Reischauer, August Karl〈19・20世紀〉
アメリカの長老会宣教師、日本研究家。1905年来日し、東京女子大学創立に尽力。
⇒アア歴（Reischauer, August Karl　オーガスト・カール・ライシャワー　1879.9.4-1971.7.10）
岩世人（ライシャワー　1879.9.4-1971.7.10）

Reisen, Abraham〈19・20世紀〉
イディッシュの詩人、小説家。
⇒ユ著人（Reisen, Abraham　レイゼン、アブラハム　1876-1953）

Reisig, Karl〈18・19世紀〉
ドイツの古典学者。
⇒岩世人（ライジヒ　1792.11.17-1829.1.17）

Reisinger, Julius Wenzel〈19世紀〉
オーストリアの振付家。
⇒バレエ（レイシンゲル、ユリウス・ヴェンツェル　1828.12.14-1892）

Reiske, Johann Jakob〈18世紀〉
ドイツの古典学者。アラビア文学に造詣深く、1758年にはライプチヒの聖ニコライ校長に。
⇒岩世人（ライスケ　1716.12.25-1774.8.14）

Reisner, George Andrew〈19・20世紀〉
アメリカの聖書考古学者。
⇒岩世人（ライスナー　1867.11.5-1942.6.6）

Reiss, Albert〈19・20世紀〉
ドイツのテノール。
⇒魅惑（Reiss, Albert　1870-1940）

Reissiger, Carl Gottlieb〈18・19世紀〉
ドイツの指揮者、作曲家。
⇒岩世人（ライシガー　1798.1.31-1859.11.7）

Reitzenstein, Richard〈19・20世紀〉
ドイツの古典学者。ギリシアの神話や言語および古代宗教の研究家。
⇒新カト（ライツェンシュタイン　1861.4.2-1931.3.23）

Reitzenstein, Sigismund von〈18・19世紀〉
ドイツ、バーデン大公国の政治家。ライン同盟時代の重要な政治家の一人。
⇒岩世人（ライツェンシュタイン　1766.2.3-1847.3.5）

Rej, Mikolaj〈16世紀〉
ポーランドの作家。
⇒岩世人（レイ　1505.2.4-1569.9.8-10.4）

Rejcha, Josef〈18世紀〉
チェコのチェロ奏者、指揮者、作曲家。
⇒バロ（ライヒャ、ヨゼフ　1752.3.13-1795.3.5）
バロ（レイハ、ヨゼフ　1752.3.13-1795.3.5）

Rejlander, Oscar Gustave〈19世紀〉
イギリス、ビクトリア朝時代の写真家。
⇒岩世人（レイランダー　1813?-1875）

Rellstab, Johann Carl Friedrich〈18・19世紀〉
ドイツの著述家、出版者。
⇒バロ（レルシュターブ、ヨハン・カール・フリードリヒ　1759.2.27-1813.8.19）

Relly, James〈18世紀〉
イギリスの普遍救済論者。ロンドンで普遍救済論を説いた。
⇒岩世人（レリー　1722頃-1778.4.25）

Remaclus〈7世紀〉
ソリニャック修道院院長。聖人。祝日9月3日。アキテーヌ生まれ。マルメディとスタヴロに修道院を創設した。
⇒新カト（レマクルス　600頃-671/676.9.3）

図聖〈レマクルス　600頃-670/676頃〉

Remak, Ernst Julius〈19・20世紀〉
ドイツの神経病学者。〈レマーク氏反射〉を発見。
⇒岩世人（レマーク　1849.5.26-1911.5.24）
　ユ著人（Remark,Ernest Julius　レマーク，アーネスト・ユリウス　1849-1911）

Remak, Robert〈19世紀〉
ドイツ（ユダヤ系）生理学者，神経病学者。末梢性無髄神経繊維を発見した(38)。
⇒岩世人（レマーク　1815.7.26-1865.8.29）
　ユ著人（Remak,Robert　レマーク，ロバート　1815-1865）

Rembrandt, Harmensz van Rijn〈17世紀〉
オランダの画家。
⇒岩世人（レンブラント　1606.7.15-1669.10.4）
　ネーム（レンブラント　1606-1669）
　広辞7（レンブラント　1606-1669）
　学叢思（レンブラント，ハルメンツ・ヴァン・リーン　1607-1669）
　新カト（レンブラント　1606.7.15-1669.10.4）
　芸13（レンブラント・ファン・レイン　1606-1669）
　世人新（レンブラント　1606-1669）
　世人装（レンブラント　1606-1669）
　世史語（レンブラント　1606-1669）
　ポプ人（レンブラント・ファン・レイン　1606-1669）
　ユ人（レンブラント，ファン・レイン　1606-1669）

Rembt, Johann Ernst〈18・19世紀〉
ドイツの作曲家。
⇒バロ（レント，ヨハン・エルンスト　1749.8.26-1810.2.26）

Remezov, Semyon Ulyanovich〈17・18世紀〉
ロシアのシベリア学者。最初の「シベリア地図」を完成(11)。
⇒広辞7（レメゾフ　1642-1720）

Remi〈5・6世紀〉
司教。聖人。ラオン近くの生まれ。
⇒新カト（レミギウス〔ランスの〕　438頃-533.1.13）
　図聖（レミギウス（ランスの）　436頃-533頃）

Remigius〈9世紀〉
リヨンの大司教。聖人。祝日10月29日。
⇒新カト（レミギウス〔リヨンの〕　?-875.10.28）

Remigius〈9・10世紀〉
西フランク王国出身の哲学者，神学者。ベネディクト会のサン・ジェルマン修道院院長。
⇒新カト（レミギウス〔オセールの〕　841頃-908頃）

Remington, Frederic〈19・20世紀〉
アメリカの画家，彫刻家。西部での生活経験を生かして活動的で迫真性に富む挿絵，油絵を数多く残した。
⇒岩世人（レミントン　1861.10.4-1909.12.26）

Remington, Philo〈19世紀〉
アメリカの発明家。レミント式タイプライターを発明。
⇒岩世人（レミントン　1816.10.31-1889.4.5）

Remizov, Aleksei Mikhailovich〈19・20世紀〉
ロシアの小説家。『燃えるロシア』(21)などを書いた。
⇒岩世人（レーミゾフ　1877.6.24/7.6-1957.11.26）
　ネーム（レーミゾフ　1877-1957）
　広辞7（レーミゾフ　1877-1957）

Remsen, Ira〈19・20世紀〉
アメリカの有機化学者。
⇒岩世人（レムセン　1846.2.10-1927.3.4）

Remus
ローマ市の伝説的な建設者ロムルスの弟。
⇒岩世人（レムス）
　ネーム（レムス）

Rémusat, Charles François Marie, Comte de〈18・19世紀〉
フランスの政治家，哲学史家。主著，"Essai de philosophie"(1842)。
⇒岩世人（レミュザ　1797.3.14-1875.6.6）

Remy, Theodor Johann〈19・20世紀〉
ドイツの農学者，細菌学者。おもに馬鈴薯および甜菜の栽培について研究。
⇒岩世人（レーミ　1868.4.5-1946.12.30）

Renan, Joseph Ernest〈19世紀〉
フランスの思想家，宗教学者。
⇒岩世人（ルナン　1823.2.27-1892.10.2）
　19仏（エルネスト・ルナン　1823.2.28-1892.10.2）
　広辞7（ルナン　1823-1892）
　学叢思（ルナン，ジョゼフ・エルネスト　1823-1892）
　新カト（ルナン　1823.2.27-1892.10.2）
　世人新（ルナン　1823-1892）
　世人装（ルナン　1823-1892）
　メル3（ルナン，ジョセフ＝エルネスト　1823-1892）

Renard, Jules〈19・20世紀〉
フランスの小説家，劇作家。
⇒岩世人（ルナール　1864.2.22-1910.5.22）
　19仏（ジュール・ルナール　1864.2.22-1910.5.22）
　ネーム（ルナール　1864-1910）
　広辞7（ルナール　1864-1910）
　ポプ人（ルナール，ジュール　1864-1910）

Renatus〈5世紀?〉
アンジェの司教。聖人。祝日11月12日。
⇒新カト（レナトゥス　5世紀?）

Renatus〈5世紀?〉
聖人。祝日10月6日。ソレントやナポリで崇敬される。
⇒新カト （レナトゥス　5世紀?）

Renaud de Montauban
シャルルマーニュ伝説上の聖騎士。
⇒ネーム　（ルノー・ド・モントーバン）

Renaudet, Augustin〈19・20世紀〉
フランスの歴史家。主著 "Dante humaniste" (52)。
⇒岩世人　（ルノデ　1880.1.9–1958）

Renaudot, Eusèbe〈17・18世紀〉
フランスの神学者、東洋学者。神学上の著述のほかに『ベールの辞書に対する世評』でベールと論争。
⇒岩世人　（ルノドー　1646.7.20–1720.9.7）
　新カト　（ルノード　1648.7.20–1720.9.1）

Renaudot, Théophraste〈16・17世紀〉
フランスの医師、ジャーナリスト。貧困者救済委員会委員長として職業紹介所,無料診療所を開設。
⇒岩世人　（ルノドー　1585/1586–1653.10.25）

Renault, Jean Louis〈19・20世紀〉
フランスの法学者。外務省顧問 (90) として外交政策を検討。
⇒岩世人　（ルノー　1843.5.21–1918.2.8）

Renault, Louis〈19・20世紀〉
フランスの自動車製造業者。
⇒岩世人　（ルノー　1877.2.12–1944.10.24）

Rendel, James Meadows〈18・19世紀〉
イギリスの土木技術者。
⇒岩世人　（レンデル　1799.12–1856.11.21）

Rene I, le Bon〈15世紀〉
フランスの皇太子。
⇒世帝　（レナト1世　1409頃–1480）

Rener, Adam〈15・16世紀〉
フランドルの作曲家。
⇒バロ　（ルネ,アダム　1485頃–1520頃）

Reni, Guido〈16・17世紀〉
イタリアの画家。ボローニャ派。主作品『アウローラ』(13～14)。
⇒岩世人　（レーニ　1575.11.4–1642.8.18）
　新カト　（レーニ　1575.11.4–1642.8.18）
　芸13　（レーニ,グィード　1575–1642）

Rennell, James〈18・19世紀〉
イギリスの地理学者。主著『ベンガル地図』(79)。
⇒岩世人　（レネル　1742.12.3–1830.3.29）

Rennenkampf, Pavel Karlovich〈19・20世紀〉
ロシアの将軍。日露戦争、第1次大戦に参加。
⇒岩世人　（レンネンカンプ　1854.4.17/29–1918.3）

Renner, Karl〈19・20世紀〉
オーストリアの政治家、法社会学者。1918年オーストリア共和国の初代首相。
⇒岩世人　（レンナー　1870.12.14–1950.12.31）

Rennie, John〈18・19世紀〉
イギリスの土木技師。橋梁、防波堤などの建設に腕をふるったが、ロンドン橋架設中に死亡。
⇒岩世人　（レニー　1761.6.7–1821.10.4）

Rennie, Sir John〈18・19世紀〉
イギリスの土木技師。ロンドン橋を完成し、ナイトに叙せらる (1831)。
⇒岩世人　（レニー　1794.8.30–1874.9.3）

Renoir, Pierre Auguste〈19・20世紀〉
フランスの画家。主作品『シャルパンティエ夫人とその家族たち』(78)、『浴女たち』(84～7)。
⇒岩世人　（ルノワール　1841.2.25–1919.12.3）
　ネーム　（ルノワール,ピエール＝オーギュスト　1841–1919）
　広辞7　（ルノワール　1841–1919）
　学叢思　（ルノアール,オーギュスト　1843–1920）
　芸13　（ルノワール,オーギュスト　1841–1919）
　世人新　（ルノワール　1841–1919）
　世人装　（ルノワール　1841–1919）
　世史語　（ルノワール　1841–1919）
　ポブ人　（ルノアール,ピエール・オーギュスト　1841–1919）

Renouard, Charles Paul〈19・20世紀〉
フランスの画家、版画家。主作品『ダンス』(92)、『1900年展覧会』(1901)。
⇒芸13　（ルヌアール,ポール　1845–1924）

Renouf, Vincent Adams〈19・20世紀〉
アメリカの教育者。
⇒アア歴　(Renouf,Vincent Adams　ヴィンセント・アダムズ・リヌーフ　1876.1–1910.5.4)

Renouvier, Charles Bernard〈19・20世紀〉
フランスの哲学者。主著『一般批判試論』(54～64)、『人格主義』(02) など。
⇒岩世人　（ルヌヴィエ　1815.1.1–1903.9.1）
　学叢思　（ルヌヴィエ,シャール　1815–1903）
　新カト　（ルヌヴィエ　1815.1.1–1903.9.1）
　メル2　（ルヌヴィエ,シャルル　1815–1903）

Renshaw, Willie〈19・20世紀〉
イギリスのテニス選手。
⇒岩世人　（レンショー　1861.1.3–1904.8.12）
　広辞7　（レンショー　1861–1904）

Rensi, Giuseppe〈19・20世紀〉
イタリアの哲学者。主著 "Le antinomie dello spirito" (1910)。

⇒岩世人（レンシ　1871.5.31–1941.2.14）

Renvoisy, Richard de〈16世紀〉
フランスの作曲家。
⇒バロ（ランヴォワジ，リシャール・ド　1520頃–1586.3.6）

Renzi, Anna〈17世紀〉
イタリアのオペラ歌手（ソプラノ）。
⇒オペラ（レンヅィ，アンナ　1620頃–1660以降）

Reparata〈4世紀頃〉
聖人。祝日10月8日。パレスチナのカイサレイアで殉教した乙女とされる。
⇒新カト（レパラタ　4世紀頃）

Repetto, Maria〈19世紀〉
イタリアの修道女。
⇒新カト（レペット　1807.11.1–1890.1.5）

Repin, Iliia Efimovich〈19・20世紀〉
ロシアの画家。主作品『ボルガの舟引き』（70～3）。
⇒岩世人（レーピン　1844.7.24/8.5–1930.9.29）
広辞7（レーピン　1844–1930）
学叢思（レピン，エリアス　1844–?）
芸13（レーピン，イリヤ・エフィーモヴィッチ　1844–1930）

Repton, Humphry〈18・19世紀〉
イギリスの建築家，庭園技師。造園設計における指導的地位を占めた。
⇒岩世人（レプトン　1752.4.21–1818.3.24）

Rerikh, Nikolai Konstantinovich〈19・20世紀〉
ロシア生れのヨーガ研究家，神秘家。
⇒岩世人（レーリフ　1874.9.27/10.9–1947.12.13）
バレエ（レーリヒ（リョーリフ），ニコラス（ニコライ）　1874.9.27–1947.9.13）

Reshetnikov, Fëdor Mikhailovich〈19世紀〉
ロシアの小説家。代表作『ポドリーポフ村の人々』（64）。
⇒岩世人（レシェートニコフ　1841.9.5–1871.3.9）
ネーム（レシェートニコフ　1841–1871）

Reshit Muṣṭafa Pasha〈18・19世紀〉
オスマン・トルコ帝国の政治家。タンジマート時代の宰相として主導的に活躍。
⇒岩世人（ムスタファ・レシト・パシャ　1800.3.13–1858.1.7）
世人新（ムスタファ＝レシト＝パシャ　1799–1857）
世人装（ムスタファ＝レシト＝パシャ　1799–1857）
世史語（ムスタファ・レシト・パシャ　1800–1858）
ポプ人（ムスタファ・レシト・パシャ　1800–1858）

Resinarius, Balthasar〈15・16世紀〉
ドイツの作曲家。
⇒バロ（レジナーリウス，バルタザル　1485頃–1544.4.12）

Reson, Johannes〈14・15世紀〉
フランスの作曲家。
⇒バロ（ルゾン，ジョアンヌ　1380頃?–1435頃）

Reson, Johannes〈14・15世紀〉
フランスの作曲家。
⇒バロ（レゾン，ヨハネス　1390頃?–1435以降）

Respighi, Ottorino〈19・20世紀〉
イタリアの作曲家。主作品は交響詩『ローマの噴水』（1917），『ローマの松』（24）など。
⇒岩世人（レスピーギ　1879.7.9–1936.4.18）
オペラ（レスピーギ，オットリーノ　1879–1936）
エデ（レスピーギ，オットリーノ　1879.7.9–1936.4.18）
ネーム（レスピーギ　1879–1936）
広辞7（レスピーギ　1879–1936）
実音人（レスピーギ，オットリーノ　1879–1936）
ポプ人（レスピーギ，オットリーノ　1879–1936）

Restif de la Bretonne, Nicolas-Edme〈18・19世紀〉
フランスの風俗小説家。代表作『堕落百姓』（1775），『ニコラ氏』（94～97）。
⇒岩世人（レティフ・ド・ラ・ブルトンヌ　1734.10.23–1806.2.3）

Retana y Gamboa, Wenceslao Emilio〈19・20世紀〉
スペインの歴史家，ジャーナリスト。
⇒岩世人（レターナ　1862.9.28–1924）

Rethel, Alfred〈19世紀〉
ドイツの画家。主作品『カルル大帝絵図』（40～47）。
⇒岩世人（レーテル　1816.5.15–1859.12.1）
芸13（レーテル，アルフレット　1816–1859）

Reticius〈3・4世紀〉
オータンの司教。聖人。祝日5月15日，7月20日。
⇒新カト（レティキウス　?–334頃）

Retté, Adolphe〈19・20世紀〉
フランスの詩人，批評家。代表作『夜の鐘』『静謐な光』『悪魔から天使へ』。
⇒19仏（アドルフ・レテ　1863.7.25–1930.12.8）

Retz, Jean François Paul de Gondi, Cardinal de〈17世紀〉
フランスの政治家，文筆家。1648年8月26日の「バリケードの日」の指導者。
⇒岩世人（レス（レー）　1613.9.20–1679.8.24）

Reublin, Wilhelm〈15・16世紀〉
南ドイツおよびスイスの再洗礼派指導者。
⇒新カト（ライブリン　1480頃–1559以降）

Reuchlin, Johann〈15・16世紀〉
ドイツの代表的な人文学者,法律学者,詩人,古典語学者。P.メランヒトンの大伯父。
⇒岩世人（ロイヒリン　1455.1.29–1522.6.30）
　ネーム（ロイヒリン　1455–1522）
　学叢思（ロイヒリン,ヨハネス　1455–1522）
　新カト（ロイヒリン　1455.1.29–1522.6.30）
　世人新（ロイヒリン　1455–1522）
　世人装（ロイヒリン　1455–1522）
　ユ人（ロイヒリン,ヨハンネス　1455–1522）

Reuleaux, Franz〈19・20世紀〉
ドイツの機械工学者。ベルリン工科大学教授(65～96)。主著『理論運動学』(75)。
⇒岩世人（ルーロー　1829.9.30–1905.8.20）

Reusch, Franz Heinrich〈19・20世紀〉
ドイツのカトリックの旧約学者,古カトリック教会の指導者。
⇒新カト（ロイシュ　1825.12.4–1900.3.3）

Reusner, Adam〈16世紀〉
ドイツの作曲家。
⇒バロ（ロイスナー,アーダム　1500頃?–1550頃?）

Reusner, Esaias I〈17世紀〉
ドイツの作曲家。
⇒バロ（ロイスナー,エザイアス1世　1610頃?–1670頃?）

Reusner, Esaias II〈17世紀〉
ドイツの作曲家。
⇒バロ（ロイスナー,エザイアス2世　1636.4.29–1679.5.1）

Reuss, Édouard Guillaume Eugène〈19世紀〉
ドイツのプロテスタント聖書学者。
⇒岩世人（ルース　1804.7.18–1891.4.15）
　新カト（ロイス　1804.7.18–1891.4.15）

Reuter, Christian〈17・18世紀〉
ドイツの詩人,劇作家。諷刺的な喜劇や小説を書いた。
⇒岩世人（ロイター　1665.10.9–1712以後）

Reuter, Fritz〈19世紀〉
ドイツの小説家。低地ドイツ語で執筆。主著『フランス人時代より』(59)に続く一連の自伝的小説。
⇒岩世人（ロイター　1810.11.7–1874.7.12）

Reuter, Paul Julius, Freiherr von〈19世紀〉
イギリス（ドイツ生れ）の通信事業家。
⇒岩世人（ロイター　1816.7.21–1899.2.25）
　世人新（ロイター　1816–1899）
　世人装（ロイター　1816–1899）
　ユ人（ロイター,ポール・ユリウス,バロン・フォン（イスラエル・ベエル・ヨシュファット）1816–1899）
　ユ著人（Reuter,Paul Julius von,Baron　ロイター,ポール・ユリウス・フォン　1816–1899）

Reutter, Georg I von〈17・18世紀〉
オーストリアの作曲家。
⇒バロ（ロイター,ゲオルク1世・フォン　1656.11.3–1738.8.29）

Reutter, Johann Adam Joseph Karl Georg II von〈18世紀〉
オーストリアの作曲家。
⇒バロ（ロイター,ヨハン・アーダム・ヨーゼフ・カール・ゲオルク2世・フォン　1708.4.6–1772.3.11）

Reuveni, David〈16世紀〉
偽メシアの伝達使,冒険家。
⇒ユ人（ルーベニ,ダビッド　?–1538?）

Reventlow, Christian Ditlev〈18・19世紀〉
デンマークの政治家。枢密院議長。在職1797～1813。
⇒岩世人（レーヴェントロウ　1748.3.11–1827.10.11）

Reventlow, Ernst, Graf zu〈19・20世紀〉
ドイツの評論家,汎ゲルマン主義者。
⇒岩世人（レーヴェントロー　1869.8.18–1943.11.21）

Reventlow, Franziska Gräfin〈19・20世紀〉
ドイツの女流作家。主著,"Ellen Olestjerne"(1911)。
⇒岩世人（レーヴェントロー　1871.5.18–1918.7.27）

Revere, Paul〈18・19世紀〉
アメリカの愛国者。
⇒アメ新（リビア　1735–1818）
　岩世人（リヴィア　1735.1.1–1818.5.10）

Révész, Géza〈19・20世紀〉
オランダの心理学者。『音楽的天才の心理学』は名著とされる。
⇒岩世人（レーヴェース　1878.12.9–1955.8.19）

Revett, Nicholas〈18・19世紀〉
イギリスの建築家。
⇒岩世人（リヴェット　1720–1804）

Révillon, Tony〈19世紀〉
フランスのジャーナリスト,政治家。
⇒19仏（トニ・レヴィヨン　1832.12.30–1898.2.11）

Rewbell, Jean François〈18・19世紀〉
フランスの政治家。総裁政府に入り財務,司法,外務を担任,同政府首席(96)。
⇒岩世人（ルベル　1747.10.6–1807.11.23）

Rex, Arthur Graf von〈19・20世紀〉
ドイツの外交官。
⇒岩世人（レックス　1856.2.2-1926）

Rey, Abel〈19・20世紀〉
フランスの哲学者。
⇒岩世人（レー　1873.12.29-1940.2.13）
メル3（レー，アベル　1873-1940）

Rey, Jean-Pierre〈19・20世紀〉
フランスの宣教師。
⇒新カト（レイ　1858.11.3-1930.5.25）

Reybaud, Marie Roche Louis〈18・19世紀〉
フランスの政治・経済学者。
⇒学叢思（レーボー，マリー・ロッシュ・ルイ　1799-1879）

Reyer, Ernest〈19・20世紀〉
フランスの作曲家。交響曲『花束』はベルリオーズの賞讃を受けた。
⇒**19仏**（エルネスト・レイエル　1823.12.1-1909.1.15）

Reyes, Rafael〈19・20世紀〉
コロンビアの政治家。大統領（04～09）として独裁政治を行う。
⇒岩世人（レイエス　1849.12.5-1921.2.18）

Reyes, Severino〈19・20世紀〉
フィリピンのタガログ語（後年のピリピノ語）の劇作家。
⇒岩世人（レイエス　1861.2.11-1942.9.15）

Reymann, Matthias〈16・17世紀〉
ポーランドの作曲家。
⇒バロ（ライマン，マティーアス　1565頃-1625以降）

Reymond, Arnold〈19・20世紀〉
スイスの哲学者、論理学者。主著 "Philosophie spiritualiste" (1942)。
⇒岩世人（レイモン　1874.3.21-1958.1.11）

Reymont, Władysław Stanisław〈19・20世紀〉
ポーランドの小説家。『喜劇女優』(96)、『農民』(09) などを書いた。
⇒岩世人（レイモント　1867.5.7-1925.12.5）
広辞7（レイモント　1867-1925）

Reynaud, Jean〈19世紀〉
フランスの哲学者、政治家。
⇒岩世人（レノ　1806.2.14-1863.6.26）
メル3（レノ，ジャン　1806-1863）

Reynaud, Paul〈19・20世紀〉
フランスの政治家。1940年首相。58年第5共和制憲法起草諮問委員会議長。
⇒岩世人（レノー　1878.10.15-1966.9.21）

Reyneau, Gacian〈14・15世紀〉
フランスの作曲家。
⇒バロ（レノー，ガシアン　1370頃-1420頃?）

Reynolds, John Hamilton〈18・19世紀〉
イギリスの詩人。抒情詩『フランスの庭』(21)が代表作。
⇒岩世人（レノルズ　1794.9.9-1852.11.15）

Reynolds, *Sir* Joshua〈18世紀〉
イギリスの画家。1768～90年王立アカデミー初代総裁。
⇒岩世人（レノルズ　1723.7.16-1792.2.23）
広辞7（レイノルズ　1723-1792）
学叢思（レーノルズ，サー・ジョシュア　1723-1792）
芸13（レノルズ，ジョシュア　1723-1792）

Reynolds, Osborne〈19・20世紀〉
イギリスの工学者。水力学と気体力学の分野に貢献。
⇒岩世人（レノルズ　1842.8.23-1912.2.21）
物理（レイノルズ，オズボーン　1842-1912）

Reynolds-Stephens, *Sir* William〈19・20世紀〉
イギリスの彫刻家。作品にランベスの〈デーヴィドソン記念碑〉がある。
⇒岩世人（レノルズ＝スティーヴンズ　1862.8.8-1943.2.23）

Rezánov, Nikolai Petrovich〈18・19世紀〉
ロシアの事業家、外交官。ロシア最初の世界周航隊に参加し1804年来日。
⇒岩世人（レザーノフ　1764.3.28-1807.3.1）
ネーム（レザノフ　1764-1807）
広辞7（レザノフ　1764-1807）
世人新（レザノフ　1764-1807）
世人装（レザノフ　1764-1807）
ポプ人（レザノフ，ニコライ　1764-1807）

Rezin〈前8世紀〉
ダマスコ（現ダマスカス）のアラム人王国最後の王。在位前8世紀後半。
⇒岩世人（レツィン　（在位）前8世紀後半）

Rezniček, Emil Nikolaus von〈19・20世紀〉
オーストリアの作曲家、指揮者。作品は『ドンナ・ディアナ』(94)、『青髯騎士』(20) など。
⇒岩世人（レズニチェック　1860.5.4-1945.8.2）

rgyal ba karma pa I〈12世紀〉
チベット仏教カルマ・カギュ派の開祖。
⇒岩世人（カルマパ1世　1110-1193）

rgyal ba karma pa II〈13世紀〉
チベット仏教カルマ・カギュ派の最高位僧。
⇒岩世人（カルマパ2世　1204-1283）

rgyal ba karma pa III〈13・14世紀〉
チベット仏教カルマ・カギュ派の最高位の転生僧。
⇒岩世人（カルマパ3世　1284-1339）

rgyal ba karma pa V〈14・15世紀〉
チベット仏教カルマ・カギュ派の最高位の転生僧。
⇒岩世人（カルマパ5世　1384-1415）

Rhadamanthys
ギリシア神話、冥界の審判官。ミノスの弟。
⇒岩世人（ラダマンテュス）
　ネーム（ラダマンテュス）

Rhaeticus（Rhäticus）〈16世紀〉
オーストリアの天文学者で数学者。
⇒岩世人（レティクス　1514.2.16-1576.12.4）

Rhau, Georg〈15・16世紀〉
ドイツの出版業者、作曲家。
⇒バロ（ラウ, ゲオルク　1488頃-1548.8.6）

Rhazes, Abū Bakr Mohammad ibn Zakarīyā〈9・10世紀〉
イスラムの医学者、哲学者、錬金術師。バグダード病院長、宮廷医。
⇒新カト（ラージー　865-925）

Rhea Silvia
ローマ神話、伝説上のローマ建国者ロムルスとレムスの母。
⇒岩世人（レア・シルウィア）
　ネーム（レア・シルウィア）

Rheede tot de Parkeler, Johan Frederik van〈18・19世紀〉
オランダの長崎商館長。
⇒岩世人（レーデ・トット・デ・パルケレル　1757-1802.9.11）

Rhees, Henry Holcombe〈19世紀〉
アメリカのバプテスト派教会宣教師。神戸バプテスト教会を設立。
⇒アア歴（Rhees,Henry Holcombe　ヘンリー・ホロコウム・リーズ　1828.11.10-1899.5.10）

Rhegius（Rieger）, Urbanus〈15・16世紀〉
ドイツの宗教改革者、ルター派神学者。
⇒新カト（レギウス　1489.5-1541.5.27）

Rheinberger, Joseph Gabriel von〈19・20世紀〉
ドイツの作曲家、オルガン奏者。
⇒岩世人（ラインベルガー　1839.3.17-1901.11.25）
　新カト（ラインベルガー　1839.3.17-1901.11.25）

Rhenius, Karl〈18・19世紀〉
ドイツのプロテスタント伝道者。新旧約聖書の土語訳を完成した（28）。

⇒岩世人（レニウス　1790.11.5-1838.6.5）

Rhesos
ギリシア神話、トロイア戦争で、プリアモスの味方をするトラキアの王。
⇒岩世人（レソス）

Rhiannon
ウェールズのケルト系伝承マビノギ物語群の主人公の一人。
⇒岩世人（フリアンノン（フリアノン；リアノン））

Rhianos〈前3世紀〉
ギリシアの詩人。代表作『ヘラクレス物語』。
⇒岩世人（リアノス）

Rhines, William Pearl〈19・20世紀〉
アメリカの大リーグ選手（投手）。
⇒メジャ（ビリー・ラインズ　1869.3.14-1922.1.30）

Rhintōn〈前3世紀〉
南イタリア出身のギリシア喜劇作家。
⇒岩世人（リントン　前3世紀前半）

Rho, Giacomo〈16・17世紀〉
イタリアのイエズス会士。中国暦を改修するため北京に招かれ（30）、『崇禎暦書』を完成。
⇒岩世人（ロー　1593-1638.4.26）
　新カト（ロー　1592.1.29-1638.4.26）

Rhoda
ヨハネ・マルコの母マリアの家で働くそそっかしい女性（使徒言行録）。
⇒聖書（ロデ）

Rhodes, Alexandre de〈16・17世紀〉
フランスのイエズス会司祭、宣教師。ベトナムで布教。
⇒岩世人（ロード　1591.3.15-1660.11.5）
　新カト（ロード　1591.3.15-1660.11.5）

Rhodes, Cecil John〈19・20世紀〉
イギリス生れの南アフリカの政治家。ケープ植民地の首相。ローデシアは彼の名にちなむ。
⇒アフ新（ローズ　1853-1902）
　岩世人（ローズ　1853.7.5-1902.3.26）
　広辞7（ローズ　1853-1902）
　世人新（ローズ（セシル＝ローズ）　1853-1902）
　世人装（ローズ（セシル＝ローズ）　1853-1902）
　世史語（ローズ　1853-1902）
　ポブ人（ローズ, セシル　1853-1902）
　学叢歴（セシル・ローズ　1853-1902）

Rhodes, James Ford〈19・20世紀〉
アメリカの実業家、歴史家。『1850年の妥協以後の合衆国史』（06）が代表作。
⇒岩世人（ローズ　1848.5.1-1927.1.22）

Rhoikos ho Samios〈前6世紀〉
ギリシアの建築家。
⇒岩世人（ロイコス（サモスの）　前6世紀中頃）

Rhōmanos〈6世紀頃〉
ビザンツ帝国の聖歌作者。
⇒岩世人（ロマノス　6世紀頃）

Rhōmanos IV Diogenēs〈11世紀〉
ビザンツ皇帝。在位1068～71。
⇒岩世人（ロマノス4世ディオゲネス　?-1072.8.4）

Rhoubēn
ヤコブの長男でレアの子（旧約）。
⇒新カト（ルベン）

Rhyne, Willem ten〈17世紀〉
オランダの医者。長崎の出島商館医として来日した（74～76）。
⇒岩世人（レイネ　1647-1700.6.1）

Rhys, Philip Ap〈16世紀〉
イギリスの作曲家。
⇒バロ（リース，フィリップ・アブ　1520頃?-1570頃?）

Rhys ap Gruffydd〈12世紀〉
ウェールズのダヴェッド王。在位1155～97。
⇒岩世人（リース・アブ・グリフィズ　1131/1132-1197.4.28）

Riario Sforza, Sisto〈19世紀〉
イタリアの枢機卿，ナポリ大司教。
⇒新カト（リアリオ・スフォルツァ　1810.12.5-1877.9.29）

Riayat Syah, Sultan Abdul Jalil〈17・18世紀〉
マレー半島南端のジョホール王国の王。在位1699～1718。
⇒岩世人（リアヤット・シャー，アブドゥル・ジャリル　?-1721）

Ribadeneira, Marcelo de〈16・17世紀〉
スペインのフランシスコ会宣教師。
⇒岩世人（リバデネイラ　?-1606.1.16）
　新カト（リバデネイラ　?-1610以降）

Ribaucour, Albert〈19世紀〉
フランスの工学者，数学者。
⇒世数（リボクール，アルベール　1845-1893）

Ribault, Jean〈16世紀〉
フランスのアメリカ植民者。
⇒岩世人（リボー　1520-1565.10.12）

Ribayaz, Lucas Ruyz de〈17世紀〉
スペインの作曲家。
⇒バロ（リバヤス，ルーカス・ルイス・デ　1640頃?-1690頃?）

Ribeiro, Bernardim〈15・16世紀〉
ポルトガルの詩人，散文家。ポルトガルのブコリズム（牧歌風の詩）の創始者。
⇒岩世人（リベイロ　1482頃-1552頃）

Ribeiro Sanches, António Nunes〈17・18世紀〉
ポルトガルの医学者，思想家。
⇒岩世人（リベイロ・サンシェス　1699.3.7-1783.10.14）

Ribera, Antonio de〈15・16世紀〉
スペインの作曲家。
⇒バロ（リベーラ，アントーニオ・デ　1490頃?-1540頃?）

Ribera, Bernardino de〈16世紀〉
スペインの作曲家。
⇒バロ（リベーラ，ベルナルディーノ・デ　1520頃?-1571.2.5?）

Ribera, Fernando de〈15世紀〉
スペインの作曲家。
⇒バロ（リベーラ，フェルナンド・デ　1440頃?-1490頃?）

Ribera, José de〈16・17世紀〉
スペインの画家。イタリアで活躍，主作品『聖アンドレアスの殉教』(28)，『曲り足の少年』(52)。
⇒岩世人（リベラ　1591.2.17-1652.9.3）
　広辞7（リベラ　1591-1652）
　新カト（リベラ　1591-1652）
　芸13（リベーラ，ホセ・デ　1591-1652）

Ribera, Juan de〈16・17世紀〉
スペインの神学者，大司教。聖人。祝日1月6日。
⇒新カト（フアン・デ・リベラ　1533.3.20-1611.1.6）

Ribot, Alexandre Félix Joseph〈19・20世紀〉
フランスの政治家。外相，蔵相，首相を歴任。
⇒岩世人（リボー　1842.2.7-1923.1.13）

Ribot, Théodule Armand〈19・20世紀〉
フランスの心理学者。
⇒岩世人（リボー　1839.12.18-1916.12.9）
　広辞7（リボー　1839-1916）
　学藝思（リボー，テオデュール・アルマン　1837-1916）
　メル3（リボー，テオデュル　1839-1916）

Ribot, Théodule Augustin〈19世紀〉
フランスの画家。主作品『繕い女』『菊』。
⇒芸13（リボ，テオデュル　1823-1891）

Ricard, Gustave〈19世紀〉
フランスの画家。
⇒芸13（リカール，ギュスタヴ　1823-1875）

Ricard de Montferrand, Auguste〈18・19世紀〉
フランスの建築家。聖ペテルブルグ教会堂，聖イザークス教会堂の再建に携る。
⇒岩世人（リカール・ド・モンフェラン　1786.1.24-1858.6.28）

Ricardo, David〈18・19世紀〉
イギリス古典派経済学の完成者。投下労働価値説を唱えた。
⇒岩世人（リカード 1772.4.19/18–1823.9.11）
ネーム（リカード 1772–1823）
広辞7（リカード 1772–1823）
学叢思（リカード，ダヴィド 1772–1823）
新カト（リカルド 1772.4.18/19–1823.9.11）
世人新（リカード 1772–1823）
世人装（リカード 1772–1823）
世史語（リカード 1772–1823）
ポプ人（リカード，デビッド 1772–1823）
メル3（リカード，デイヴィド 1772–1823）
ユ人（リカード，デイビッド 1772–1823）
ユ著人（Ricardo,David リカード，デヴィッド 1772–1823）

Ricardo de Santa Anna〈16・17世紀〉
フランシスコ会の宣教師。日本205福者の一人。ベルギー，フランドル地方のアン・シュール・ウールに生まれる。
⇒岩世人（リカルド・デ・サンタ・アナ 1585–1622.9.10）
新カト（リカルド・デ・サンタ・アンナ 1585–1622.9.10）

Ricarte, Artemio〈19・20世紀〉
フィリピンの民族運動家，軍人。1896年8月のマラボンの戦で功をたて将軍となる。
⇒岩世人（リカルテ 1866.10.20–1945.7）

Ricasoli, Bettino〈19世紀〉
イタリアの政治家。61～62年首相となり，統一国家の基礎作りに貢献。
⇒岩世人（リカーゾリ 1809.3.9–1880.10.23）

Riccati, Jacopo Francesco〈17・18世紀〉
イタリアの数学者。〈リッカーティの微分方程式〉を発表。
⇒岩世人（リッカーティ（慣リッカチ） 1676.5.28–1754.4.15）
世数（リッカチ，ジャコポ・フランチェスコ 1676–1754）

Riccati, Vincenzo de〈18世紀〉
イタリアの数学者。
⇒世数（リッカチ，ヴィンツェント 1707–1775）

Ricci, Corrado〈19・20世紀〉
イタリアの美術史家。
⇒岩世人（リッチ 1858.4.18–1934.6.5）

Ricci, Curbastro Gregorio〈19・20世紀〉
イタリアの数学者。絶対微分学を開拓。
⇒岩世人（リッチ 1853.1.12–1925.8.6）
世数（リッチ-クルバストロ，グレゴリオ 1853–1925）

Ricci, Matteo〈16・17世紀〉
イタリアのイエズス会士。カトリック布教の最初の中国伝道者。著書『坤輿万国全図』など。

⇒岩世人（リッチ 1552.10.6–1610.5.11）
広辞7（マテオ・リッチ 1552–1610）
学叢思（マテオリッチ Matteo Ricci 1552–1610）
新カト（リッチ 1552.10.6–1610.5.11）
世人新（リッチ（マテオ＝リッチ；中国名：利瑪竇） 1552–1610）
世人装（リッチ（マテオ＝リッチ；中国名：利瑪竇） 1552–1610）
世史語（マテオ＝リッチ 1552–1610）
世史語（マテオ＝リッチ 1552–1610）
ポプ人（マテオ・リッチ 1552–1610）
学叢歴（マテオ・リッチ 1553–1610）

Ricci, Scipione de'〈18・19世紀〉
イタリアのカトリック改革者。
⇒新カト（リッチ 1741.1.9–1809.12.27）

Ricci, Sebastiano〈17・18世紀〉
イタリアの画家。主作品はサン・マルコ聖堂のファサード『サン・マルコへの尊敬』。
⇒岩世人（リッチ 1659.8.1–1734.5.15）
芸13（リッチ，セバスティアーノ 1659–1734）

Ricci, Vittorio〈17世紀〉
イタリアのドミニコ会士，中国宣教師。
⇒岩世人（リッチ 1621.1.18–1685.2.17）
新カト（リッチ 1621.1.18–1685.2.17）

Riccio, Andrea〈15・16世紀〉
イタリアの彫刻家，金工家。
⇒岩世人（リッチョ 1470頃–1532）
芸13（リッチォ，アンドレア 1470–1532）

Riccio, David〈16世紀〉
イタリア生れの音楽家。スコットランド女王メアリー・スチュアート宮廷に従事。
⇒岩世人（リッチョ 1533頃–1566.3.9）

Riccio, Giovanni Battista〈16・17世紀〉
イタリアの作曲家。
⇒バロ（リッチョ，ジョヴァンニ・バッティスタ 1580頃?–1630頃?）

Riccio, Teodore〈16世紀〉
イタリアの作曲家。
⇒バロ（リッチョ，テオドーレ 1540頃–1599-1601）

Riccioli, Giovanni Battista〈16・17世紀〉
イタリアの天文学者。綿密な天体観察によって『新宇宙系』2巻（1651）を残した。
⇒岩世人（リッチョーリ 1598.4.17–1671.6.26）

Rich, John〈17・18世紀〉
イギリスの劇場経営者，俳優。1732年コベントガーデン劇場を開設。
⇒バレエ（リッチ，ジョン・J.S. 1691/1692頃–1761.11.26）

Richafort, Jean〈15・16世紀〉
フランドル楽派の作曲家。ロンサールの記述に

よると，ジョスカンの弟子である。
⇒バロ（リシャフォール，ジャン　1480頃–1547/1548頃）

Richard〈8世紀頃〉
聖人。祝日2月7日。イングランド貴族。
⇒新カト（リチャード［アングロ・サクソンの］　8世紀頃）

Richard, Charles-Louis〈18世紀〉
フランスの神学者。
⇒新カト（リシャール　1711.4–1794.8.16）

Richard, Earl of Cornwall〈13世紀〉
イングランド国王ジョンの第2子。1227年コーンウォール伯。1257年ローマ王に選出。
⇒岩世人（リチャード（コーンワル伯）　1209.1.5–1272.4.2)
　世帝（リチャード　1209–1272）

Richard, Etienne〈17世紀〉
フランスの作曲家。
⇒バロ（リシャール，エティエンヌ　1621頃–1669.5?）

Richard, François I〈16・17世紀〉
フランスの作曲家。
⇒バロ（リシャール，フランソワ1世　1580頃?–1650.10.22）

Richard, François II〈17世紀〉
フランスの作曲家。
⇒バロ（リシャール，フランソワ2世　1604頃–1646.11.9）

Richard, Gaston〈19・20世紀〉
フランスの社会学者。
⇒学叢思（リシャール，ガストン）

Richard, Jules Antoine〈19・20世紀〉
フランスの数学者。〈リシャールの逆理〉によって知られる。
⇒岩世人（リシャール　1862.8.12–1956.10.14）
　世数（リシャール，ジュール・アントワーヌ　1862–1956）

Richard, Timothy〈19・20世紀〉
イギリスのバプテスト教会中国宣教師。
⇒岩世人（リチャード　1845–1919.4.17）

Richard I, Cœur de Lion〈12世紀〉
プランタジネット朝第2代のイングランド王。在位1189～99。ヘンリー2世の第3子。
⇒リシャール・クール・ド・リオン　1157.9.8–1199.4.6）
　バロ（リシャール・プルミエ・ダングルテール　1157.9.8–1199.4.6）
　バロ（リチャード1世・ド・リオン　1157.9.8–1199.4.11）
　岩世人（リチャード1世（獅子心王）　1157.9.8–1199.4.6）
　広辞7（リチャード一世　1157–1199）
　新カト（リチャード1世　1157.9.8–1199.4.6）
　世人新（リチャード1世（獅子心王）　1157–1199）
　世人装（リチャード1世（獅子心王）　1157–1199）
　世史語（リチャード1世（獅子心王）　1157–1199）
　世帝（リチャード1世　1157–1199）
　ポプ人（リチャード1世　1157–1199）
　皇国（リチャード1世　（在位)1189–1199）

Richard II〈14世紀〉
プランタジネット朝最後のイングランド王。在位1377～99。
⇒岩世人（リチャード2世　1367.1.6–1400.2.14）
　世帝（リチャード2世　1367–1400）
　皇国（リチャード2世　?–1400）

Richard III〈15世紀〉
イングランド王。在位1483～85。ヨーク公リチャードの第4子で，グロスター公。
⇒岩世人（リチャード3世　1452.10.2–1485.8.22）
　広辞7（リチャード三世　1452–1485）
　世人新（リチャード3世　1452–1485）
　世人装（リチャード3世　1452–1485）
　世帝（リチャード3世　1452–1485）
　ポプ人（リチャード3世　1452–1485）
　皇国（リチャード3世　（在位)1483–1485）

Richard (de la Vergne), François Marie Benjamin〈19・20世紀〉
フランスの枢機卿。
⇒新カト（リシャール　1819.3.1–1908.1.28）

Richard de Semilli〈12・13世紀〉
フランスの作曲家。
⇒バロ（リシャール・ド・セミイ　1160頃?–1210頃?）

Richard Fishacre〈13世紀〉
イングランドのドミニコ会の神学者。
⇒新カト（リカルドゥス・フィシャカー　?–1248）

Richardis〈9世紀〉
カール3世の妃。聖人。祝日9月18日。アルザス伯エルシャンジェの娘。
⇒新カト（リカルディス　840頃–894/896.9.18）
　図聖（リカルディス　850頃–894/896）

Richard (Knapwell, Clapwell)〈13世紀〉
イングランドのドミニコ会士。
⇒新カト（リカルドゥス［ナプウェルの］　?–1288頃）

Richard of Chichester〈12・13世紀〉
司教。聖人。ドロイトウィッチ生まれ。
⇒新カト（リカルドゥス［チチェスターの］　1198頃–1253.4.3）

Richard of Middleton〈13・14世紀〉
イギリスの神学者，哲学者。
⇒新カト（リカルドゥス［ミドルトンの］　1249頃–1300/1308）

Richard Rufus (Cornwall)〈13世紀〉
イングランドのフランシスコ会の神学者,哲学者。
⇒新カト(リカルドゥス・ルフス ?-1260頃)

Richards, Linda A.J.〈19・20世紀〉
アメリカの看護教育家。京都看護婦学校主任。
⇒アア歴(Richards,Linda リンダ・リチャーズ 1841.7.27-1930.4.16)

Richards, Theodore William〈19・20世紀〉
アメリカの化学者。ノーベル化学賞を受賞(1914)。
⇒岩世人(リチャーズ 1868.1.31-1928.4.2)
ノ物化(セオドア・ウイリアム・リチャーズ 1868-1928)

Richardson, Abram Harding〈19・20世紀〉
アメリカの大リーグ選手(二塁,外野,三塁)。
⇒メジャ(ハーディ・リチャードソン 1855.4.21-1931.1.21)

Richardson, Charles Lenox〈19世紀〉
イギリスの商人,生麦事件被害者。
⇒岩世人(リチャードソン 1834.4.16-1862.9.14)

Richardson, Daniel〈19・20世紀〉
アメリカの大リーグ選手(二塁,遊撃,外野)。
⇒メジャ(ダニー・リチャードソン 1863.1.25-1926.9.12)

Richardson, Dorothy〈19・20世紀〉
イギリスの小説家。
⇒岩世人(リチャードソン 1873.5.17-1957.6.17)

Richardson, Henry Handel〈19・20世紀〉
オーストラリアの女流小説家。主著『リチャード・マホーニーの運命』(1930)。
⇒オセ新(リチャードソン 1870-1946)

Richardson, Henry Hobson〈19世紀〉
アメリカの建築家。主作品はボストンのトリニティ聖堂(72〜77)。
⇒岩世人(リチャードソン 1838.10.28-1886.4.27)

Richardson, Sir Owen Willans〈19・20世紀〉
イギリスの物理学者。真空管を改善,無線放送時代への端緒を開いた。1928年ノーベル物理学賞受賞。
⇒岩世人(リチャードソン 1879.4.26-1959.2.15)
物理(リチャードソン,サー・オーウェン・ウイリアンス 1879-1959)
ノ物化(オーエン・ウィランズ・リチャードソン 1879-1959)

Richardson, Philip J.S.〈19・20世紀〉
イギリスの文筆家,編集者。

⇒バレエ(リチャードソン,フィリップ・J.S. 1875.3.17-1963.2.17)

Richardson, Samuel〈17・18世紀〉
イギリスの小説家。代表作に『パミラ』(40〜41),『クラリッサ』(47〜48)。
⇒岩世人(リチャードソン 1689.8.19(受洗)-1761.7.4)
オペラ(リチャードソン,サミュエル 1689-1761)
広辞7(リチャードソン 1689-1761)
新カト(リチャードソン 1689.8.19-1761.7.4)

Richardus a St.Victore〈12世紀〉
イギリス生れのスコラ神学者。主著『三位一体論』。
⇒岩世人(リカルドゥス(サン=ヴィクトールの) ?-1173.3.10)
新カト(リカルドゥス[サン・ヴィクトルの] ?-1173.3.10)

Richard von England〈7・8世紀〉
伝説上のアングロサクソンの王。聖人。祝日2月7日。
⇒図聖(リチャード(イングランドの) ?-720)

Richarius〈7世紀〉
聖人。祝日4月26日。フランス北部ピカルディー地方のサンテュルの農家に生まれる。
⇒新カト(リカリウス ?-645.4.26)

Richée, Philippe Franz le Sage de〈17世紀〉
フランスの貴族,リュート奏者。
⇒バロ(リシェ,フィリップ・フランツ・ル・サージュ・ド 1650頃?-1700頃?)
バロ(ル・サージュ・ド・リシェ,フィリップ・フランツ 1630頃?-1695以降)

Richelieu, Armand Emmanuel du Plessis, Duc de〈18・19世紀〉
フランスの政治家。王政復古後帰国,1815〜18年首相としてフランスの再建に奔走。
⇒岩世人(リシュリュー 1766.9.4-1822.5.17)

Richelieu, Armand Jean du Plessis, Cardinal et Duc de〈16・17世紀〉
フランスの政治家,枢機卿。ルイ13世の宰相。
⇒岩世人(リシュリュー 1585.9.9-1642.12.4)
ネーム(リシュリュー 1585-1642)
広辞7(リシュリュー 1585-1642)
学叢思(リシュリュー,アルマン・ジャン・ドゥ・プレーシ・ドゥ 1585-1642)
新カト(リシュリュー 1585.9.9-1642.12.4)
スパイ(リシュリュー枢機卿,アルマン・ジャン 1585-1642)
世人新(リシュリュー 1585-1642)
世人装(リシュリュー 1585-1642)
世史語(リシュリュー 1585-1642)
ポブ人(リシュリュー,アルマン・ジャン・デュ・プレシ・ド 1585-1642)
学叢歴(リシュリュー 1582-1642)

Richelieu, Louis François Armand

de Vignerot du Plessis, Duc de〈17・18世紀〉
フランスの軍人,外交官。政治家リシュリューの甥の子。
⇒岩世人 (リシュリュー　1696.3.13–1788.8.8)

Richenza von Northeim〈11・12世紀〉
神聖ローマ皇帝ロタール3世の妃。
⇒王妃 (リヒェンツァ　1087頃–1141)

Richepin, Jean〈19・20世紀〉
フランスの詩人,小説家,劇作家。主著『浮浪人の歌』(76),『鳥もち』(81),『無頼漢』(97)。
⇒岩世人 (リシュパン　1849.2.4–1926.12.12)
　19仏 (ジャン・リシュパン　1849.2.4–1926.12.12)

Richer, Edmond〈16・17世紀〉
フランスの教会法学者,ガリカニスム(教皇権制限主義)の理論家。
⇒新カト (リシェ　1559.9.15–1631.11.29)

Richer, Léon〈19・20世紀〉
フランスのジャーナリスト。
⇒19仏 (レオン・リシェ　1824–1911)

Richet, Alfred〈19世紀〉
フランスの解剖学者,外科医。
⇒19仏 (アルフレッド・リシェ　1816.3.16–1891.12.30)

Richet, Charles Robert〈19・20世紀〉
フランスの生理学者。過敏症の研究により,13年ノーベル生理・医学賞受賞。
⇒岩世人 (リシェ　1850.8.26–1935.12.4)

Richier, Ligier〈15・16世紀〉
フランスのルネサンス期の彫刻家。イタリアで修業,生地ロレーヌで制作。
⇒岩世人 (リシエ　1500頃–1567)

Richimirus〈7・8世紀〉
聖人,巡回説教師,修道院長。祝日1月17日。フランスのトゥーレーヌ地方に生まれる。
⇒新カト (リキミルス　?–715.1.17)

Richmond, J Lee〈19・20世紀〉
アメリカの大リーグ選手(投手)。
⇒メジャ (リー・リッチモンド　1857.5.5–1929.10.1)

Richter, Adrian Ludwig〈19世紀〉
ドイツの画家,版画家。1836〜77年ドレスデン美術学校教授。
⇒岩世人 (リヒター　1803.9.28–1884.6.19)
　芸13 (リヒター,アドリアン・ルドヴィヒ　1803–1884)

Richter, Aemilius Ludwig〈19世紀〉
ドイツの教会法学者。
⇒新カト (リヒター　1808.2.15–1864.5.8)

Richter, Enrique〈17世紀〉
ボヘミア出身のイエズス会員,ペルーのアマゾン川流域の宣教師。
⇒新カト (リヒター　1653.9.17–1695.11.2)

Richter, Eugen〈19・20世紀〉
ドイツの政治家。〈自由主義新聞〉を創刊し(85),長く主筆をつとめた。
⇒岩世人 (リヒター　1838.7.30–1906.3.10)

Richter, Ferdinand Tobias〈17・18世紀〉
オーストリアのオルガン奏者,作曲家。
⇒バロ (リヒター,フェルディナンド・トビーアス　1651.7.22–1711.11.3)

Richter, Franz Xaver〈18世紀〉
オーストリアの作曲家。〈マンハイム楽派〉の代表者。
⇒バロ (リヒター,フランツ・クサヴァー　1709.12.1–1787.9.12)
　岩世人 (リヒター　1709.12.1–1789.9.12)

Richter, Hans〈19・20世紀〉
ドイツの指揮者。1876年以後バイロイト音楽祭の首席指揮者。
⇒岩世人 (リヒター　1843.4.4–1916.12.5)
　オペラ (リヒター,ハンス　1843–1916)

Richter, Julius〈19・20世紀〉
ドイツのプロテスタント神学者。
⇒岩世人 (リヒター　1862.2.19–1940.3.28)

Richthofen, Ferdinand, Freiherr von〈19・20世紀〉
ドイツの地理地質学者。ベルリン国際地理学協会やベルリン海洋学会等を創設。
⇒岩世人 (リヒトホーフェン　1833.5.5–1905.10.6)
　ネーム (リヒトホーフェン　1833–1905)
　広辞7 (リヒトホーフェン　1833–1905)
　世人新 (リヒトホーフェン　1833–1905)
　世人装 (リヒトホーフェン　1833–1905)
　ポプ人 (リヒトホーフェン,フェルディナント・フォン　1833–1905)

Ricieri, Giovanni Antonio〈17・18世紀〉
イタリアの作曲家。
⇒バロ (リチェーリ,ジョヴァンニ・アントーニオ　1679.5.12–1746.5.15)

Ricimer, Flavius〈5世紀〉
西ローマの将軍。マヨリアヌス,リビウス・セウェルスを西ローマ皇帝に推薦。
⇒岩世人 (リキメル　?–472)

Rickard, Tex〈19・20世紀〉
アメリカのボクシング・プロモーター。
⇒岩世人 (リカード　1870.1.2–1929.1.6)

Ricke, Jodoco〈16・17世紀〉
エクアドルのキトにおけるフランシスコ会建設

者,教育者。
⇒新カト（リッケ　1495–1575）

Rickerby, Charles D.〈19世紀〉
イギリスの銀行員,ジャーナリスト。
⇒岩世人（リカビー　?–1879.9）

Rickert, Heinrich〈19・20世紀〉
ドイツの哲学者,新カント学派の西南ドイツ学派（バーデン学派）の代表者。
⇒岩世人（リッケルト　1863.5.25–1936.7.25）
　ネーム（リッケルト　1863–1936）
　広辞7（リッカート　1863–1936）
　学叢思（リッケルト,ハインリヒ　1863–?）
　新カト（リッケルト　1863.5.25–1936.7.28）
　世人新（リッケルト　1863–1936）
　世人装（リッケルト　1863–1936）
　メル2（リッケルト,ハインリヒ　1863–1936）

Ricketts, Howard Taylor〈19・20世紀〉
アメリカの病理学者。ロッキー山紅斑熱を研究。
⇒岩世人（リケッツ　1871.2.9–1910.5.3）

Rickman, Thomas〈18・19世紀〉
イギリスの建築家。ゴシック様式の建築を多く手がけた。
⇒岩世人（リックマン　1776.6.8–1841.1.4）

Ricoldo da Monte Croce〈13・14世紀〉
イタリアのドミニコ会宣教師。
⇒岩世人（リコルド（モンテ・クローチェの）1242–1320.10.25）

Ricoldo de Monte Croce〈13・14世紀〉
イタリアのドミニコ会宣教師。
⇒新カト（リコルド・ダ・モンテ・クローチェ　1243頃–1320.10.31）

Ricord, Philippe〈18・19世紀〉
フランス（アメリカ生れ）の皮膚泌尿器科医。梅毒と淋病は別個の疾病であることを明らかにした。
⇒岩世人（リコール　1800.12.10–1889.10.22）
　19仏（フィリップ・リコール　1800.12.10–1889.10.22）

Ricordi, Giovanni〈18・19世紀〉
イタリアの音楽出版社リコルディの創立者。
⇒オペラ（リコルディ,ジョヴァンニ　1785–1853）

Ricordi, Giulio〈19・20世紀〉
イタリアの音楽出版業者。
⇒オペラ（リコルディ,ジュリオ　1840–1912）

Rictrudis〈7世紀〉
ベネディクト会女子修道院長。聖人。祝日5月12日。ガスコーニュの出身。アダルバルトの妻。
⇒新カト（リクトルーディス　614頃–687.5.12）

al-Riḍā, ʻAlī〈8・9世紀〉
イスラーム・シーア派の指導者,十二イマーム派の第8代イマーム。

⇒岩世人（リダー,アリー　765頃–818）

Riddell, Hannah〈19・20世紀〉
聖公会に所属のイギリス女性宣教師。1890年来日,熊本に回春病院を創立。
⇒岩世人（リデル　1855.10.17–1932.2.3）

Ridel, Félix-Clair〈19世紀〉
パリ外国宣教会所属のフランス人カトリック司祭,朝鮮代牧。
⇒岩世人（リデル　1830.7.7/10–1884.6.20）
　韓朝新（リデル　1830–1884）
　新カト（リデル　1830.7.7/10–1884.6.20）

Ridley, Sir Henry Nicholas〈19・20世紀〉
イギリスの植物学者。
⇒岩世人（リドリー　1855.12.10–1956.10.24）

Ridley, Nicholas〈16世紀〉
イギリスの宗教改革者,殉教者。ケンブリッジ大学長ののち,ロチェスター主教,ロンドン主教。
⇒岩世人（リドリー　1500頃–1555.10.16）
　新カト（リドリ　1500頃–1555.10.16）

Riebeeck, Jan van〈17世紀〉
オランダの外科医,探検家。ケープ植民地の獲得に成功。
⇒岩世人（ファン・リーベック　1619.4.21–1677.1.18）

Rieck, Karl Friedrich〈17・18世紀〉
ドイツの作曲家。
⇒バロ（リーク,カール・フリードリヒ　1650頃?–1704.7.14）

Riegel, Heinrich Joseph〈18世紀〉
ドイツ生れの作曲家。
⇒バロ（リーゲル,ハインリヒ・ヨーゼフ　1741.2.9–1799.5.2）
　バロ（リジェル,アンリ・ジョゼフ　1741.2.9–1799.5.2）

Rieger, František Ladislav〈19・20世紀〉
チェコの政治指導者。1848年プラハの革命を指導。
⇒岩世人（リーゲル　1818.12.10–1903.3.3）

Rieger, Georg Konrad〈17・18世紀〉
ドイツの神学者。
⇒新カト（リーガー　1687.3.7–1743.4.16）

Rieger, Karl Heinrich〈18世紀〉
ドイツの神学者,敬虔主義者。
⇒新カト（リーガー　1726.6.16–1791.1.15）

Riegl, Alois〈19・20世紀〉
オーストリアの美術史家。古代の装飾文様の様式などを研究。
⇒岩世人（リーグル　1858.1.14–1905.1.17）
　広辞7（リーグル　1858–1905）

Riego y Núñez, Rafael del〈18・19世紀〉
スペインの革命家,軍人。1820年革命の指導者。フランス軍の捕虜となり,王党派により処刑された。
⇒岩世人（リエゴ・イ・ヌニェス 1785.10.24–1823.11.7）
世人新（リエゴ（リエゴ＝イ＝ヌニエス） 1785–1823）
世人装（リエゴ（リエゴ＝イ＝ヌニエス） 1785–1823）

Riehl, Alois〈19・20世紀〉
オーストリアの哲学者。新カント学派に属する。
⇒岩世人（リール 1844.4.27–1924.11.21）
学叢思（リール,アロイス 1844–1924）

Riehl, Wilhelm Heinrich von〈19世紀〉
ドイツの文化史家,民俗学者,小説家。社会民俗学を創始し,「ドイツ民俗学の父」と呼ばれている。
⇒岩世人（リール 1823.5.6–1897.11.16）

Riehm, Eduard Karl August〈19世紀〉
ドイツのプロテスタント旧約聖書学者,牧師。
⇒新カト（リーム 1830.12.20–1888.4.5）

Riel, Louis〈19世紀〉
カナダの反乱指導者。フランス人とアメリカインディアンの混血を指導。
⇒岩世人（リエル 1844.10.23–1885.11.16）

Riemann, Georg Friedrich Bernhard〈19世紀〉
ドイツの数学者。C.ガウスの弟子。
⇒岩世人（リーマン 1826.9.17–1866.7.20）
広辞7（リーマン 1826–1866）
物理（リーマン,ゲオルグ・フリードリッヒ・ベルンハルト 1826–1866）
世数（リーマン,ゲオルク・フリードリヒ・ベルンハルト 1826–1866）
ポプ人（リーマン,ベルンハルト 1826–1866）

Riemann, Hugo〈19・20世紀〉
ドイツの音楽学者。主著『リーマン音楽辞典』(82)。
⇒岩世人（リーマン 1849.7.18–1919.7.10）
新カト（リーマン 1849.7.18–1919.7.10）

Riemenschneider, Tilman〈15・16世紀〉
ドイツの彫刻家。1520年ビュルツブルク市長。主作品『聖血の祭壇』(1499〜1505)。
⇒岩世人（リーメンシュナイダー 1460頃–1531.7.7）
広辞7（リーメンシュナイダー 1460頃–1531）
新カト（リーメンシュナイダー 1460頃–1531.7.7）
芸13（リーメンシュナイダー,ティルマン 1460–1531）

Riemer, Friedrich Wilhelm〈18・19世紀〉
ドイツの言語学者,文学者。主著 "Briefe von und an Goethe" (1846)。
⇒岩世人（リーマー 1774.4.19–1845.12.19）

Riemerschmid, Richard〈19・20世紀〉
ドイツの工芸デザイナー,建築家。
⇒岩世人（リーマーシュミート 1868.6.20–1957.4.13）

Riepel, Joseph〈18世紀〉
オーストリアの作曲家。
⇒バロ（リーペル,ヨーゼフ 1709.1.22–1782.10.23）

Ries, Adam〈15・16世紀〉
ドイツの算術家。
⇒岩世人（リース 1492頃–1559.3.30）
世数（リース（リーゼ）,アダム 1489–1559）

Ries, Franz Anton〈18・19世紀〉
ドイツのヴァイオリン奏者。
⇒バロ（リース,フランツ・アントン 1755.11.10–1846.11.1）

Ries, Johann〈18世紀〉
ドイツの作曲家。
⇒バロ（リース,ヨハン 1723–1784）

Riesener, Jean Henri〈18・19世紀〉
ドイツの家具作家。フランスで活躍,王妃マリー・アントアネットのために多くの家具を製作。
⇒岩世人（リーズネル 1734.7.11–1806.1.16）
芸13（リーズネー,ジャン・アンリ 1735–1806）

Riess, Ludwig〈19・20世紀〉
ユダヤ系ドイツ人の歴史学者。1887〜1902年東京大学講師。
⇒岩世人（リース 1861.12.1–1928.12.25）

Riesser, Gabriel〈19世紀〉
ドイツの法律家,ユダヤ人解放運動の指導者。
⇒ユ人（リーサー,ガブリエル 1806–1863）
ユ著人（Riesser,Gabriel リーサー,ガブリエル 1806–1863）

Riesz, Marcel〈19・20世紀〉
ハンガリー出身のスウェーデンの数学者。ルンド大学教授。
⇒世数（リース,マルセル 1880–1956）

Riesz Frigyes〈19・20世紀〉
ハンガリーの数学者。関数解析学の開拓者。
⇒岩世人（リース 1880.1.22–1956.2.28）
世数（リース,フリージェス（フレデリック） 1880–1956）

Rietenburg, Burggraf von〈12世紀〉
ドイツの初期ミンネザングの歌人。
⇒バロ（リーテンブルク,? 1130頃?–1185以前）

Rifā'a Bey, aṭ-Ṭahṭāwī〈19世紀〉
エジプトの著作家。〈アラビア・ルネサンス〉の創始者の一人。
⇒岩世人（タフターウィー　1801.10.15–1873.5.27）

al-Rifā'ī, Aḥmad al-Husaynī〈12世紀〉
イスラム神秘主義のリファーイー教団創設者。
⇒岩世人（リファーイー, アフマド　1106–1182）

Rigatti, Giovanni Antonio〈17世紀〉
イタリアの作曲家。
⇒バロ（リガッティ, ジョヴァンニ・アントーニオ　1615–1649.10.25）

Rigaud, André〈18・19世紀〉
ハイチの軍人。フランス人の支配に対して反抗したが（1798～1800）不成功。
⇒岩世人（リゴー　1761–1811）

Rigaud, Hyacinthe〈17・18世紀〉
フランスの画家。4代にわたるフランス王家の肖像画を描いた。
⇒岩世人（リゴー　1659.7.18–1743.12.29）
　芸13（リゴー, イアサント　1659–1743）

Rigaud, Louis de〈16・17世紀〉
フランスの作曲家。
⇒バロ（リゴー, ルイ・ド　1580頃?–1623頃）

Rigel, Anton〈18・19世紀〉
ドイツ系フランスの音楽家。
⇒バロ（リーゲル, アントン　1745頃–1807以降）

Riggs, John Mankey〈19世紀〉
アメリカの歯科医。歯槽膿漏の新治療法を創始。
⇒岩世人（リッグズ　1810.10.25–1885.11.11）

Righetti-Giorgi, Gertrude〈18・19世紀〉
イタリアのコントラルト歌手。
⇒オペラ（リゲッティ＝ジョルジ, ジェルトルーデ　1793–1862）

Righi, Augusto〈19・20世紀〉
イタリアの物理学者。〈リーギ・ルデュク効果〉を発見。
⇒岩世人（リーギ　1850.8.27–1920.6.8）

Righini, Vincenzo〈18・19世紀〉
イタリアの作曲家, 声楽教師・指揮者。
⇒バロ（リギーニ, ヴィンチェンツォ　1756.1.22–1812.8.19）

Rigler, Franz Paul〈18世紀〉
オーストリアの作曲家。
⇒バロ（リーグラー, フランツ・パウル　1747–1748–1796.10.25）

Rignano, Eugenio〈19・20世紀〉
イタリアの哲学者, 社会学者。
⇒岩世人（リニャーノ　1870.5.31–1930.5.9）

Rigobert〈8世紀〉
ランスの司教。聖人。祝日1月4日。
⇒新カト（リゴベルト　?–740頃）

Riis, Jacob August〈19・20世紀〉
デンマーク生れのアメリカのジャーナリスト。
⇒岩世人（リース　1849.5.3–1914.5.26）

Riley, Charles Valentine〈19世紀〉
アメリカの昆虫学者。〈昆虫生活〉（1889～94）誌を編集。
⇒岩世人（ライリー　1843.9.19–1895.9.14）

Rilke, Rainer Maria〈19・20世紀〉
オーストリアの詩人。
⇒岩世人（リルケ　1875.12.4–1926.12.29）
　広辞7（リルケ　1875–1926）
　世人新（リルケ　1875–1926）
　世人装（リルケ　1875–1926）
　ポブ人（リルケ, ライナー・マリア　1875–1926）

Rimbaud, Jean Nicolas Arthur〈19世紀〉
フランスの詩人。『イリュミナシオン』（86）は20世紀の詩に大きな影響を与えた。
⇒岩世人（ランボー　1854.10.20–1891.11.10）
　19仏（アルチュール・ランボー　1854.10.20–1891.11.10）
　ネーム（ランボー, アルチュール　1854–1891）
　広辞7（ランボー　1854–1891）
　新カト（ランボー　1854.10.20–1891.11.10）
　世人新（ランボー　1854–1891）
　世人装（ランボー　1854–1891）
　ポブ人（ランボー, アルチュール　1854–1891）

Rimet, Jules〈19・20世紀〉
フランスのサッカー運営者。
⇒岩世人（リメ　1873.10.14–1956.10.16）

Rimonte, Pedro〈16・17世紀〉
スペインの作曲家。
⇒バロ（リモンテ, ペドロ　1570頃–1618以降）

Rimpau, Wilhelm〈19・20世紀〉
ドイツの育種家。各種穀類の試みた。
⇒岩世人（リンパウ　1842.8.29–1903.5.20）

Rim-Sin〈前19・18世紀〉
古代メソポタミアの統治者。在位前1822～1763。
⇒岩世人（リム・シン　（在位）前1822–前1763）

Rimskii-Korsakov, Nikolai Andreevich〈19・20世紀〉
ロシアの作曲家。ロシア国民楽派「五人組」の一人。
⇒岩世人（リムスキー＝コルサコフ　1844.3.6–1908.6.7）
　バレエ（リムスキー＝コルサコフ, ニコライ　1844.3.18–1908.6.21）
　オペラ（リームスキイ＝コールサコフ, ニカラー

イ・アンドレーエヴィチ 1844–1908)
  エデ (リムスキー＝コルサコフ, ニコライ (アンドレイェヴィチ) 1844.3.18–1908.6.21)
  ネーム (リムスキー＝コルサコフ 1844–1908)
  広辞7 (リムスキー・コルサコフ 1844–1908)
  実音人 (リムスキー＝コルサコフ, ニコライ・アンドレイヴィチ 1844–1908)
  世人新 (リムスキー＝コルサコフ 1844–1908)
  世人装 (リムスキー＝コルサコフ 1844–1908)
  ピ曲改 (リムスキー＝コルサコフ, ニコライ・アンドレイヴィッチ 1844–1908)
  ポプ人 (リムスキー＝コルサコフ, ニコライ 1844–1908)

Rimush〈前23世紀〉
  古代メソポタミアの統治者。在位前2278～2270。
  ⇒岩世人 (リムシュ　(在位)前2278–前2270)

Rinaldeschi, Antonio〈15・16世紀〉
  トスカナのばくち打ちの瀆聖者。
  ⇒ルネ (アントニオ・リナルデスキ　?–1501)

Rinaldi, Odorico〈16・17世紀〉
  イタリアの歴史家、オラトリオ会士。
  ⇒新カト (リナルディ　1594.6–1671.1.22)

Rinaldo di Capua〈18世紀〉
  イタリアのナポリ楽派の作曲家。オペラ『ジプシーの女』(53) は絶大な成功を収めた。
  ⇒バロ (リナルド・ディ・カプア　1705頃–1780頃)

Rin chen bzang po〈10・11世紀〉
  チベットの仏教後伝期初頭に活躍した大翻訳家。
  ⇒岩世人 (リンチェンサンポ　958–1055)
  広辞7 (リンチェンサンポ　958–1055)

Ringer, Sydney〈19・20世紀〉
  イギリスの医者。〈リンゲル氏液〉の考案者。
  ⇒岩世人 (リンガー　1835/1836–1910.10.14)

Ringgold, Cadwalader〈19世紀〉
  アメリカの海軍将校。
  ⇒アア歴 (Ringgold, Cadwalader カドワラダー・リングゴールド　1802.8.20–1867.4.29)

Rink, Melchior〈15・16世紀〉
  ドイツの再洗礼派指導者。
  ⇒新カト (リンク　1493頃–?)

Rinne, Friedrich〈19・20世紀〉
  ドイツの鉱物学者。
  ⇒岩世人 (リンネ　1863.3.16–1933.3.12)

rin spungs don yod rdo rje〈15・16世紀〉
  チベットの政治家。
  ⇒岩世人 (リンプン・トンユドルジェ　1462–1512)

Rintelen, Franz von〈19・20世紀〉
  ドイツのスパイ。第1次世界大戦中アメリカへ潜入。
  ⇒スパイ (リンテレン, フランツ・フォン　1877–1949)

Rinuccini, Ottavio〈16・17世紀〉
  イタリアの詩人、オペラ台本作家。フィレンツェのカメラータの一人。
  ⇒オペラ (リヌッチーニ, オッターヴィオ　1562–1621)

Rio, Alexis François〈18・19世紀〉
  フランスの芸術評論家。カトリック美術を研究。
  ⇒岩世人 (リオ　1797.5.20–1874.6.17)
  新カト (リオ　1797.5.20–1874.6.17)

Rio Branco, José Maria da Silva Paranhos, Barão do〈19・20世紀〉
  ブラジルの外交官、行政家。ブラジルの国境画定に成功。
  ⇒岩世人 (リオ・ブランコ　1845.4.20–1912.2.9)

Riolan, Jean〈16・17世紀〉
  フランスの解剖学者、生理学者。横行結腸に附着する腸間膜の弓を発見。
  ⇒岩世人 (リオラン　1580.2.20–1657.2.19)

Rios, Alvaro de Los〈16・17世紀〉
  スペインの作曲家。
  ⇒バロ (リオス, アルバロ・デ・ロス　1580頃?–1623)

Riotor, Léon〈19・20世紀〉
  フランスの作家、政治家。
  ⇒19仏 (レオン・リオトール　1865.7.8–1946)

Ripa, Matteo〈17・18世紀〉
  イタリアのカトリック宣教師。中国で布教に従事。のちナポリで中国学院設立。
  ⇒岩世人 (リーパ　1682–1745.11.22)

Ripa da Mantova, Alberto da〈16世紀〉
  イタリアのリュート奏者、官吏。
  ⇒バロ (アルベルト・ダ・リーパ・ダ・マントヴァ　1500頃?–1550頃?)
  バロ (リーパ・ダ・マントヴァ, アルベルト・ダ　1500頃–1551)

Ripalda, Juan Martínez de〈16・17世紀〉
  スペインのイエズス会士、神学者。
  ⇒新カト (リパルダ　1594–1648.4.26)

Ripa y Blanque, Antonio〈18世紀〉
  スペインの作曲家。
  ⇒バロ (リパ・イ・ブランケ, アントーニオ　1720頃–1795.11.3)

Ripley, George〈19世紀〉
  アメリカの文学者。"Harper's New Monthly Magazine"誌を創刊 (50)。
  ⇒岩世人 (リプリー　1802.10.3–1880.7.4)

Ripoll, Tomás〈18世紀〉
第62代ドミニコ会総長。スペイン北東部アラゴン地方出身。
⇒新カト（リポル　?-1747.9.22）

Ripon, George Frederick Samuel Robinson, 1st Marquis of〈19・20世紀〉
イギリスの政治家。インド総督（1880～84）のち，海相，植民地相，国璽尚書を歴任。
⇒岩世人（リポン　1827.10.24-1909.7.9）

Riquier, Guiraut de〈13世紀〉
フランスの作曲家。
⇒バロ（リキエ，ギロー・ド　1230頃-1294）

Riscos, Juan de〈16・17世紀〉
スペインの作曲家。
⇒バロ（リスコス，フアン・デ　1590頃?-1650頃?）

Risley, *Sir* Herbert Hope〈19・20世紀〉
イギリスのインド行政官，民族学者。著書『インドの民族』で複雑なインド半島の人種の分類を試みた。
⇒岩世人（リズリー　1851.1.4-1911.9.30）

Risley, Richard R.〈19世紀〉
アメリカの曲芸師。
⇒アア歴（Risley,Richard R.　リチャード・R・リズリー　（活躍）1864-1865）

Rissanen, Juho Viljo〈19・20世紀〉
フィンランドの画家。作品に『子供の思い出』（1903）。
⇒岩世人（リッサネン　1873.3.9-1950.12.11）

Rist, Charles〈19・20世紀〉
フランスの経済学者。主著として『経済学史』（共著,1909）がある。
⇒岩世人（リスト　1874.1.1-1955.1.11）

Rist, Johann〈17世紀〉
ドイツの詩人，劇作家。主著，詩"Musa Teutonica"（1634）。
⇒バロ（リスト，ヨハン　1607.3.8-1667.8.31）
　岩世人（リスト　1607.3.8-1667.8.31）

Ristič, Jovan〈19世紀〉
セルビアの歴史家，政治家。セルビア憲法の作製（69）に重要な役割をつとめた。
⇒岩世人（リスティチ　1831.1.4-1899.9.4）

Ristori, Adelaide〈19・20世紀〉
イタリアの女優。著書に『回想と演技研究』（87）。
⇒岩世人（リストーリ　1822.1.29-1906.10.8）

Ristori, Giovanni Alberto〈17・18世紀〉
イタリア出身の作曲家。
⇒バロ（リストーリ，ジョヴァンニ・アルベルト　1692-1753.2.7）

Rita of Cascia〈14・15世紀〉
カトリックの聖人。ロカポレナ生まれ。既婚の修道女。
⇒新カト（リタ　1377-1447.5.22）
　図聖（リータ（カッシアの）　1380頃-1434/1457）

Ritchey, Claude Cassius〈19・20世紀〉
アメリカの大リーグ選手（二塁，遊撃）。
⇒メジャ（クロード・リッチー　1873.10.5-1951.11.8）

Ritchie, Charles Thomson, 1st Baron〈19・20世紀〉
イギリスの政治家。
⇒岩世人（リッチー　1838.11.19-1906.1.9）

Ritschel, Johannes Michael Ignaz〈18世紀〉
ドイツの作曲家。
⇒バロ（リッチェル，ヨハネス・ミヒャエル・イグナーツ　1739.7.29-1766.3.25）

Ritschl, Albrecht Benjamin〈19世紀〉
ドイツの福音主義神学者。主著『義認と贖罪』（70～74），『敬虔派の歴史』（80～86）。
⇒岩世人（リッチュル　1822.3.25-1889.3.20）
　学叢思（リッチュル，アルブレヒト　1822-1889）
　新カト（リッチュル　1822.3.25-1889.3.20）

Ritschl, Friedrich Wilhelm〈19世紀〉
ドイツの大学教授。プラウトゥスの研究に業績を発表。
⇒岩世人（リッチュル　1806.4.6-1876.11.9）

Rittelmeyer, Friedrich〈19・20世紀〉
ドイツのプロテスタント神学者。R.シュタイナーを中心として宗教団体「キリスト者協会」を結成。
⇒新カト（リッテルマイアー　1872.10.5-1938.3.23）

Ritter, Christian〈17・18世紀〉
ドイツの作曲家。
⇒バロ（リッター，クリスティアン　1645-1650頃-1720頃?）

Ritter, Erasmus〈16世紀〉
スイスの宗教改革者。
⇒新カト（リッター　?-1546.8.1）

Ritter, Johann Wilhelm〈18・19世紀〉
ドイツの物理学者。紫外線の発見者（1802）。
⇒岩世人（リッター　1776.12.16-1810.1.23）

Ritter, Karl〈18・19世紀〉
ドイツの地理学者。主著『自然と人類史とのかかわりにおける地理学』。
⇒岩世人（リッター　1779.8.7-1859.9.28）
　広辞7（リッター　1779-1859）

Rittinger, Franz, Ritter von〈19世紀〉
オーストリアの鉱山技術者。粉砕に要するエネルギーに関する法則をたてた。
⇒岩世人（リッティンガー　1811.1.23–1872.12.7）

Ritz, César〈19・20世紀〉
スイス出身のホテル経営者。
⇒岩世人（リッツ　1850.2.23–1918.10.26）

Ritz, Walter〈19・20世紀〉
スイスの物理学者。リッツの結合原理を提唱（08）。
⇒岩世人（リッツ　1878.2.22–1909.7.7）

Riu, Eugène〈19世紀〉
フランスの軍人, 政治家。
⇒19仏（ウジェーヌ・リユ　1832.7.15–1895.1.24）

Rivadavia, Bernardino〈18・19世紀〉
アルゼンチンの政治家。共和国初代大統領（1826～27）。
⇒岩世人（リバダビア　1780.5.20–1845.9.2）
　ラテ新（リバダビア　1780–1845）

Rivafrecha (Ribafrecha, Rivaflecha), Martín de〈15・16世紀〉
スペインの作曲家。
⇒バロ（リバフレーチャ, マルティン・デ　1480頃?–1528.6.24）

Rivai, *Dr*.Abdul (Abdoel)〈19・20世紀〉
インドネシアのジャーナリスト。
⇒岩世人（リファイ, アブドゥル　1871.8.13–1937.10.16）

Rivarol, Antoine〈18・19世紀〉
フランスの作家。『フランス語の普遍性について』(84) で知られる。
⇒岩世人（リヴァロル　1753.6.26–1801.4.11）

Rivas, Ángel de Saavedra, Duque de〈18・19世紀〉
スペインの劇作家, 詩人。悲劇『ドン・アルバロもしくは宿命の力』(35) の作者。
⇒岩世人（リバス　1791.3.10–1865.6.22）

Rivera, José Fructuoso〈18・19世紀〉
ウルグアイの政治家, 軍人。スペインからの独立運動を指導。
⇒岩世人（リベラ　1784頃–1854.1.13）
　ラテ新（リベラ　1788–1854）

Rivers, William Halse Rivers〈19・20世紀〉
イギリスの医者, 心理・生理学者, 人類学者。主著『親族関係と社会組織』(14)。
⇒岩世人（リヴァーズ　1864.3.12–1922.6.4）
　オセ新（リバーズ　1864–1922）

Rivet, André〈16・17世紀〉
フランス出身のオランダの改革派神学者。
⇒新カト（リヴェ　1572.6.22–1651.1.7）

Rivet, Gustave〈19・20世紀〉
フランスの作家, 政治家。
⇒19仏（ギュスターヴ・リヴェ　1848.2.25–1936.6.20）

Rivier, Anne-Marie〈18・19世紀〉
聖母奉献修道会の創立者。フランスの現アルデッシュ県出身。
⇒新カト（リヴィエ　1768.12.19–1838.2.3）

Riviere, Briton〈19・20世紀〉
イギリスの画家。〈パンチ〉誌に協力し, 殊に人物画および動物画を描いた。
⇒岩世人（リヴィエア　1840.8.14–1920.4.20）

Rivière, Henri〈19世紀〉
フランスの海軍将校, 作家。作品に『ピエロ』(59)。
⇒岩世人（リヴィエール　1827.7.12–1883.5.19）

Rivière, Jean〈19・20世紀〉
フランスのカトリック神学者。
⇒新カト（リヴィエール　1878.11.12–1946.5.3）

Rivinus, Augustus Quirinus〈17・18世紀〉
ドイツの解剖学者, 植物学者。舌下腺を発見。
⇒岩世人（リヴィヌス　1652.12.9–1723.12.20）

Rivolta, Sebastiano〈19世紀〉
イタリアの獣医。馬の仮性皮疽の病原体〈Cryptococcus farciminosus〉を発見。
⇒岩世人（リヴォルタ　1832.10.20–1893.8.14）

***al*-Riyāshī, Abū al-Faḍl al-'Abbās**〈9世紀〉
バスラ学派のアラブ言語学者。
⇒岩世人（リヤーシー　?–871.8.9）

Rizā-i-Abbāssi〈17世紀〉
イスラム・ペルシアの画家。イスパハンのシャー・アッバース王の宮廷における第一の画家。
⇒岩世人（リザー・アッバースィー）

Rizal y Mercado, José〈19世紀〉
フィリピンの愛国者, 医者, 著作家。1892年フィリピン連盟を組織。
⇒岩世人（リサール　1861.6.19–1896.12.30）
　広辞7（リサール　1861–1896）
　新カト（リサール　1861.6.19–1896.12.30）
　世人新（リサール（ホセ＝リサール）　1861–1896）
　世人装（リサール（ホセ＝リサール）　1861–1896）
　世史園（ホセ＝リサール　1861–1896）
　ポプ人（リサール, ホセ　1861–1896）

Rizā Shāh Pahlawī〈19・20世紀〉
イランのパハレヴィー朝の創始者。在位1925～

41。
⇒岩世人（レザー・シャー・パフラヴィー　1878.3.16–1944.7.26）
　　ネーム（レザー・シャー　1878–1944）
　　世人新（レザー＝シャー＝パフレヴィー（レザー＝ハーン；リザー＝シャー）　1878–1944）
　　世人装（レザー・シャー・パフレヴィー（レザー＝ハーン；リザー＝シャー）　1878–1944）
　　世史語（レザー＝ハーン　1878–1944）
　　ポプ人（レザー・シャー・パフレビー　1878–1944）

Riza Tevfik Pasha〈19・20世紀〉
トルコの哲学者。トルコにヨーロッパ哲学を紹介。
⇒岩世人（ルザ・テヴフィク・ボリュクバシュ　1869–1949.12.31）

Rizzo, Antonio〈15世紀〉
イタリアの彫刻家、建築家。
⇒岩世人（リッツォ　1430頃–1499頃）

Robb, Walter Johnson〈19・20世紀〉
アメリカのジャーナリスト。
⇒アア歴（Robb, Walter J (ohnson)　ウォルター・ジョンスン・ロブ　1880.2.8–?）

R Robbers, Herman〈19・20世紀〉
オランダの作家。
⇒岩世人（ロベルス　1868.9.4–1937.9.15）

Robbia, Andrea della〈15・16世紀〉
イタリアの彫刻家、陶芸家。L.ロビアの甥。主作品『嬰児』『聖マリア』。
⇒岩世人（ロッビア　1435.10.20–1525.8.4）
　　新カト（ロッビア　1435.10.28–1525）
　　芸13（ロビア、アンドレア・デルラ　1435–1525）

Robbia, Giovanni della〈15・16世紀〉
イタリアの彫刻家。
⇒岩世人（ロッビア　1469–1529頃）

Robbia, Luca della〈14・15世紀〉
イタリアの彫刻家、陶芸家。1437年頃『合唱隊』の制作。
⇒岩世人（ロッビア　1400頃–1482.2.10）
　　広辞7（ロッビア　1400頃–1482）
　　新カト（ロッビア　1399/1400–1482.2.10）
　　芸13（デラ・ロッビア、ルカ　1400–1482）
　　芸13（ロビア、ルカ・デルラ　1399–1482）
　　ルネ（ルカ・デッラ・ロッビア　1399/1400–1481）

Robbins, Joseph Chandler〈19・20世紀〉
アメリカの宣教師。
⇒アア歴（Robbins, Joseph Chandler　ジョセフ・チャンドラー・ロビンス　1874–1962.9.30）

Roberday, François〈17世紀〉
フランスの作曲家、オルガン奏者。
⇒バロ（ロベルデ、フランソワ　1624.3.21–1680.10.13）

Robert〈16世紀〉
イタリアの作曲家。
⇒バロ（ロベール、?　1510頃?–1560頃?）

Robert, Carl〈19・20世紀〉
ドイツの古典学者、考古学者。〈Hermes〉誌を編集。
⇒岩世人（ローベルト　1850.3.8–1922.1.17）

Robert, Hubert〈18・19世紀〉
フランスの風景画家。
⇒岩世人（ロベール　1733.5.22–1808.4.15）

Robert, Louis Léopold〈18・19世紀〉
スイスの画家。主として新古典主義的作風で、イタリアの庶民の日常生活を描いた。
⇒岩世人（ロベール　1794.5.13–1835.3.20）
　　芸13（ロベール、レオポール・ルイ　1794–1835）

Robert, Pierre〈17世紀〉
フランスの作曲家。
⇒バロ（ロベール、ピエール　1618頃–1699.12.30）

Robert I〈9・10世紀〉
フランス国王。在位922～3。920年頃シャルルにそむき、922年諸侯に推されて王となる。
⇒バロ（ロベール1世　865頃–923.6.15）
　　岩世人（ロベール1世　862頃–923.6.15）
　　世帝（ロベール1世　865–923）

Robert I, the Bruce〈13・14世紀〉
スコットランド王。在位1306～29。
⇒岩世人（ロバート1世　1274.7.11–1329.6.7）
　　世帝（ロバート1世　1274–1329）

Robert II〈14世紀〉
スコットランド王。在位1371～90。スチュアート王朝の始祖。
⇒岩世人（ロバート2世　1316–1390.4.19）
　　世帝（ロバート2世　1316–1390）

Robert II, le Pieux〈10・11世紀〉
フランス王。在位996～1031。996年破門を宣告され、王権衰微をきわめた時代の王。
⇒岩世人（ロベール2世（敬虔王）　970頃–1031.7.20）
　　世帝（ロベール2世　970頃–1031）

Robert III〈14・15世紀〉
スチュアート家第2代のスコットランド王。在位1390～1406。ロバート2世の長子。
⇒岩世人（ロバート3世　1330後半–1406.4.4）
　　世帝（ロバート3世　1337–1406）

Robert d'Anjou〈13・14世紀〉
アンジュー公、ナポリ王。在位1309～43。
⇒岩世人（ロベルト　1275–1343.1.19）

Robert Guiscard〈11世紀〉
ノルマンのオートビル家タンクレディの3男。1057年アプリア伯。

⇒岩世人（ギスカール　1015頃–1085.7.17）

Robert-Houdin, Jean Eugène〈19世紀〉
　フランスの奇術師。
　⇒岩世人（ロベール＝ウーダン　1805.12.7–1871.6.13）

Roberti, Ercole d'Antonio de〈15世紀〉
　イタリアの画家。作品『洗礼者ヨハネ』『聖母子と四使徒』(80)。
　⇒岩世人（ロベルティ　1455頃–1496.5.18/7.1）
　　芸13（ロベルティ, エルコレ・デ　1450頃–1496）

Robert of Melun〈11・12世紀〉
　初期のスコラ神学者。1160年頃オックスフォードの主席司祭, ヘリフォードの司教。
　⇒岩世人（ロバート（ムランの）　?–1167.2.27）
　　新カト（ロベルトゥス〔ムランの〕　1100頃–1167.2.27）

Roberts, David〈18・19世紀〉
　イギリス（スコットランド）の画家、製図家。ヨーロッパおよび東方諸国を旅行して豊富な建築図集を出版。
　⇒岩世人（ロバーツ　1796.10.24–1864.11.25）

Roberts, Edmund〈18・19世紀〉
　アメリカの商人、外交官。
　⇒アア歴（Roberts, Edmund　エドマンド・ロバーツ　1784.6.29–1836.6.12）

Roberts, Frederick Sleigh, 1st Earl R.of Kandahar, Pretoria and Waterford〈19・20世紀〉
　イギリスの軍人。伯爵(01), イギリス陸軍総司令官(01～04)。
　⇒岩世人（ロバーツ　1832.9.30–1914.11.14）

Roberts, Issachar Jocox〈19世紀〉
　アメリカのプロテスタントの中国宣教師。
　⇒アア歴（Roberts, Issachar J (acox)　イサカー・ジェイコックス・ロバーツ　1802.2.17–1871.12.28）

Roberts, James Hudson〈19・20世紀〉
　アメリカの宣教師。
　⇒アア歴（Roberts, James Hudson　ジェイムズ・ハドソン・ロバーツ　1851.6.11–1945.5.15）

Roberts, Richard〈18・19世紀〉
　イギリスの発明家。自動紡績機を発明。
　⇒岩世人（ロバーツ　1789.4.22–1864.3.16）

Roberts, Tom〈19・20世紀〉
　イギリス生れのオーストラリアの風景画家。オーストラリアの風景画の父とされている。
　⇒岩世人（ロバーツ　1856.3.9–1931.9.14）
　　オセ新（ロバーツ　1856–1931）

Roberts, William Henry〈19・20世紀〉
　アメリカの宣教師。
　⇒アア歴（Roberts, William H (enry)　ウイリアム・ヘンリー・ロバーツ　1847.10.25–1919.12.24）

Robertson, Allan〈19世紀〉
　イギリスの男子プロゴルファー。
　⇒岩世人（ロバートソン　1815.9.11–1859）

Robertson, Frederick William〈19世紀〉
　イギリス国教会の説教者。
　⇒岩世人（ロバートソン　1816.2.3–1853.8.15）
　　新カト（ロバートソン　1816.2.3–1853.8.15）

Robertson, James Alexander〈19・20世紀〉
　アメリカの史学者。アナポリスの記録館館長。主著『フィリピン群島史料集』。
　⇒アア歴（Robertson, James Alexander　ジェイムズ・アレクサンダー・ロバートスン　1873.8.19–1939.3.20）
　　岩世人（ロバートソン　1873.8.19–1939.3.20）

Robertson, John Mackinnon〈19・20世紀〉
　イギリスの政治家, 文学者。シェークスピアの本文研究によって, 歴史的批評を確立。
　⇒岩世人（ロバートソン　1856.11.14–1933.1.5）

Robertson, Thomas William〈19世紀〉
　イギリスの劇作家。代表作『階級制度』(67)。
　⇒岩世人（ロバートソン　1829.1.9–1871.2.3）

Robertson, William〈18世紀〉
　スコットランドの歴史家, 長老派の聖職者。
　⇒岩世人（ロバートソン　1721.9.19–1793.6.11）

Robertson, Sir William Robert〈19・20世紀〉
　イギリスの軍人。第1次大戦には, イギリス派遣軍経理総監, 参謀総長(15～18)。
　⇒岩世人（ロバートソン　1860.1.29–1933.2.12）
　　オセ新（ロバートソン　1860–1933）

Robertus〈11世紀〉
　フランスの聖人。祝日4月17日。ラ・シェーズ・デューの修道院を設立した。
　⇒新カト（ロベルトゥス〔ラ・シェーズ・デューの〕　1001頃–1067.4.17）

Robertus〈11・12世紀〉
　貴族出身のベネディクト会士, 聖人。1075年モレーム大修道院を創立。
　⇒岩世人（ロベール・ド・モレム　1027頃–1111.4.17）
　　新カト（ロベルトゥス〔モレムの〕　1028頃–1111）
　　図聖（ロベルトゥス（モレムの）　1027頃–1111）

Robertus de Anglia〈15世紀〉
　イギリスの作曲家。
　⇒バロ（ロベルトゥス・デ・アングリア　1420頃?–

1475以降）

Robertus (Newminster)〈12世紀〉
イギリスのシトー会修道院長，聖人。
⇒新カト（ロベルトゥス［ニューミンスターの］?–1159.6.7)

Roberty, Eugéne de〈19・20世紀〉
ロシアの社会学者。
⇒学叢思（ロベルティー，ウージェーヌ・ドゥ 1845頃–1915）

Roberval, Gilles Personne de〈17世紀〉
フランスの数学者。
⇒岩世人（ロベルヴァル 1602.8.8–1675.10.27）
世数（ロベルヴァル，ジル・ペルソンヌ・ドゥ 1602–1675）

Robespierre, Maximilien François Marie Isidore de〈18世紀〉
フランス革命の指導者。1789年アルトア地方第三身分の代議員として全国三部会に参加。
⇒岩世人（ロベスピエール 1758.5.6–1794.7.28）
ネーム（ロベスピエール 1758–1794）
広辞7（ロベスピエール 1758–1794）
学叢思（ロベスピエール，マキシミリアン 1758–1794）
世人新（ロベスピエール 1758–1794）
世人装（ロベスピエール 1758–1794）
世史語（ロベスピエール 1758–1794）
ポプ人（ロベスピエール，マクシミリアン 1758–1794）

Robida, Albert〈19・20世紀〉
フランスのイラストレーター，作家。
⇒19仏（アルベール・ロビダ 1848.5.14–1926.10.11)

Robin, Léon〈19・20世紀〉
フランスの古代哲学史家。
⇒岩世人（ロバン 1866–1947）

Robinet, Jean Baptiste〈18・19世紀〉
フランスの哲学者。物活論的な立場から世界を連続的な進化とみて，人間を最高段階とした。
⇒岩世人（ロビネ 1735.6.23–1820.1.24）
広辞7（ロビネ 1735–1820）
学叢思（ロビネー，ジャン・バプティスト 1735–1820）

Robin Hood〈12・13世紀〉
イギリスの伝説上の義賊。
⇒岩世人（ロビン・フッド）
ポプ人（ロビン・フッド　生没年不詳）

Robinson, Bill〈19・20世紀〉
アメリカのタップ・ダンサー。
⇒バレエ（ロビンソン，ビル　1878–1949.11.25）

Robinson, Charles〈19世紀〉
アメリカの宣教師。
⇒アア歴（Robinson,Charles　チャールズ・ロビンスン　1801.12.29–1845.3.3）

Robinson, Charles Budd, Jr.〈19・20世紀〉
アメリカの植物学者。
⇒アア歴（Robinson,Charles Budd,Jr　チャールズ・バッド・ロビンスン・ジュニア　1871.10.26–1913.12.5）

Robinson, Edward〈18・19世紀〉
アメリカの聖書学者。〈American Biblical Repository〉誌を創刊，編集。
⇒新カト（ロビンソン　1794.4.10–1863.1.27）

Robinson, Edwin Arlington〈19・20世紀〉
アメリカの詩人。
⇒岩世人（ロビンソン　1869.12.22–1935.4.6）
新カト（ロビンソン　1869.12.22–1935.4.6）

Robinson, Henry Crabb〈18・19世紀〉
イギリスのジャーナリスト，日記作者。『日記，回想，書簡』(69)を残した。
⇒岩世人（ロビンソン　1775.3.13–1867.2.5）

Robinson, Henry Peach〈19・20世紀〉
イギリスの写真家。芸術的なスタジオ写真の発展に寄与。
⇒岩世人（ロビンソン　1830.7.9–1901.2.21）

Robinson, Sir Hercules George Robert, 1st Baron Rosmead〈19世紀〉
イギリスの植民地行政官。
⇒岩世人（ロビンソン　1824.12.19–1897.10.28）

Robinson, John〈16・17世紀〉
イギリスの牧師。非国教主義者で，アメリカへの移住を組織，実施。
⇒岩世人（ロビンソン　1575–1625.3.1）
新カト（ロビンソン　1575頃–1625.3.1）

Robinson, John Edward〈19・20世紀〉
アメリカの宣教師。
⇒アア歴（Robinson,John Edward　ジョン・エドワード・ロビンスン　1849.2.12–1922.2.15）

Robinson, John Wesley〈19・20世紀〉
アメリカの宣教師。
⇒アア歴（Robinson,John Wesley　ジョン・ウェズリー・ロビンスン　1866.1.6–1947.5.30）

Robinson, Thomas〈16・17世紀〉
イギリスの作曲家。
⇒バロ（ロビンソン，トマス　1560頃?–1610頃?）

Robinson, Wilbert〈19・20世紀〉
アメリカのメジャーリーガー。
⇒メジャ（ウィルバート・ロビンソン　1864.6.29–1934.8.8）

Robinson, *Sir* William〈19・20世紀〉
イギリスの外交官。
⇒岩世人（ロビンソン　1836–1912.12.1）

Robinson,（Yank）William H.〈19世紀〉
アメリカの大リーグ選手（二塁，三塁）。
⇒メジャ（ヤンク・ロビンソン　1859.9.19–1894.8.25）

Robledo, Juan Ruiz de〈16・17世紀〉
スペインの作曲家。
⇒バロ（ロブレード，フアン・ルイス・デ　1590頃?–1644以降）

Robledo, Melchor de〈16世紀〉
スペインの作曲家。
⇒バロ（ロブレード，メルチョール・デ　1520頃–1587.4.7以前）

Roca, Julio Argentino〈19・20世紀〉
アルゼンチンの軍人，政治家。80年大統領に就任し，アルゼンチン寡頭政治期の基礎を固めた。
⇒岩世人（ロカ　1843.7.17–1914.10.20）
ラテ新（ロカ　1843–1914）

Rocabert, Joan Bautista〈17・18世紀〉
スペインの作曲家。
⇒バロ（ロカベルト，ホアン・バウティスタ　1640頃?–1701）

Rocafuerte, Vicente〈18・19世紀〉
エクアドルの政治家。35年大統領に就任。
⇒岩世人（ロカフエルテ　1783.5.1–1847.5.16）

Rocco, Alfredo〈19・20世紀〉
イタリアの法学者，政治家。ファシズム的全体主義国家の理論体系を構築。
⇒岩世人（ロッコ　1875.9.9–1935.8.28）

Roch〈13・14世紀〉
フランスの修道士，聖人。
⇒新カト（ロク　14世紀頃）
　図聖（ロクス（モンペリエの）　1295頃–1327）

Rocha, João da〈16・17世紀〉
ポルトガルの宣教師。
⇒岩世人（ローシャ　1565–1623）
　新カト（ローシャ　1565–1623.3.23）

Rochambeau, Jean-Baptiste-Donatien de Vimeur, Comte de〈18・19世紀〉
フランスの軍人。1780年アメリカ独立戦争の援軍司令官。
⇒岩世人（ロシャンボー　1725.7.1–1807.5.10）

Roche, Jules〈19・20世紀〉
フランスのジャーナリスト，政治家。
⇒19仏（ジュール・ロッシュ　1841.5.22–1923.4.8）

Roche, Le Père〈17・18世紀〉
聖職者。ロックについての著作がある。
⇒メル2（ロシュ（神父））

Rochefort, Victor-Henri, Marquis de Rochefort-Luçay〈19・20世紀〉
フランスの作家，論客，政治家。国防政府のメンバー。
⇒岩世人（ロシュフォール　1831.1.30–1913.7.1）
　19仏（アンリ・ロシュフォール　1831.1.30–1913.6.30）

Roches, Léon〈19・20世紀〉
フランスの駐日公使。1864年駐日全権公使として来日。
⇒岩世人（ロッシュ　1809.9.27–1900.6.23）
　ネーム（ロッシュ　1809–1901）
　広辞7（ロッシュ　1809–1901）
　ポプ人（ロッシュ，レオン　1809–1901）

Rochester, John Wilmot, Earl of〈17世紀〉
イギリスの詩人。知的で懐疑主義的な諷刺詩にすぐれている。
⇒岩世人（ロチェスター　1647.4.1–1680.7.26）

Röchling, Karl〈19・20世紀〉
ドイツの大実業家。〈レヒリング・コンツェルン〉の創立者。
⇒岩世人（レヒリング　1827.2.25–1910.5.26）

Rochow, Friedrich Eberhard von〈18・19世紀〉
ドイツの教育改革者。
⇒岩世人（ロホー（ロヒョー）　1734.10.11–1805.5.16）

Rockefeller, John Davison〈19・20世紀〉
アメリカの実業家，慈善家。スタンダード石油の設立者。シカゴ大学（92）なども設立。
⇒アメ新（ロックフェラー　1839–1937）
　岩世人（ロックフェラー（父）　1839.7.8–1937.5.23）
　ネーム（ロックフェラー　1839–1937）
　現アカ（Rockefeller,John D.　ジョン・D・ロックフェラー　1839–1937）
　広辞7（ロックフェラー　1839–1937）
　世人新（ロックフェラー　1839–1937）
　世人装（ロックフェラー　1839–1937）
　世史語（ロックフェラー（1世）　1839–1937）
　ポプ人（ロックフェラー，ジョン　1839–1937）

Rockefeller, John Davison, Jr.〈19・20世紀〉
アメリカの富豪，慈善家。ロックフェラー財団の理事長として活躍。
⇒岩世人（ロックフェラー（子）　1874.1.29–1960.5.11）

Röckel, August〈19世紀〉
オーストリア出身の指揮者,作曲家,著述家。
⇒岩世人(レッケル　1814.12.1–1876.6.18)

Rockhill, William Woodville〈19・20世紀〉
アメリカの東洋学者,外交官。北京,朝鮮に勤務(1884〜87)。
⇒アア歴(Rockhill,William W(oodville)　ウイリアム・ウッドヴィル・ロックヒル　1854.4–1914.12.8)
　岩世人(ロックヒル　1854.4.1–1914.12.8)

Rockingham, Charles Watson-Wentworth, 2nd Marquis of〈18世紀〉
イギリスの政治家。ホイッグ党の首領として内閣を組織(65)。
⇒岩世人(ロッキンガム　1730.5.13–1782.7.1)

Rockliff, James〈19・20世紀〉
イエズス会司祭,宣教師。上智大学創立者の一人。イギリスのリヴァプール出身。
⇒新カト(ロックリフ　1852.10.4–1926.12.4)

Rocourt, Pierre de〈16世紀〉
フランドルの作曲家。
⇒バロ(ロクール,ピエール・ド　1500頃?–1550頃?)

Rod, Edouard〈19・20世紀〉
スイスの作家。ゾラの弟子。
⇒岩世人(ロッド　1857.3.31–1910.1.29)

Rodanus〈6世紀〉
アイルランドの修道院長。聖人。祝日4月15日。「アイルランドの十二使徒」の一人。マンスター王家の出身。
⇒新カト(ロダヌス　?–584頃)

Roda Roda, Alexander Friedrich Ladislaus〈19・20世紀〉
オーストリアの作家。"Roda Rodas Roman"(自伝的作品)(25)。
⇒岩世人(ローダ・ローダ　1872.4.13–1945.8.20)

Rodbertus, Johann Karl〈19世紀〉
ドイツの経済学者,社会主義者。マルクス経済学の形成に影響を与えた。
⇒岩世人(ロトベルトゥス　1805.8.12–1875.12.6)
　ネーム(ローベルトゥス　1805–1875)
　学藝思(ロードベルトゥス,ヨハン・カール　1805–1875)

Rode, Helge〈19・20世紀〉
デンマークの詩人。象徴派の一人。詩集『白い花々』(92),『大きな破船』(17)など。
⇒岩世人(ローゼ　1870.10.16–1937.3.23)

Rode, Jacques Pierre Joseph〈18・19世紀〉
フランスのヴァイオリン奏者。アレクサンドル1世の首席ヴァイオリン奏者。
⇒岩世人(ロード　1774.2.16–1830.11.25)

Rodenbach, Albrecht〈19世紀〉
フランドルの詩人。フランドル復興の理想を表現した愛国劇『グッドルム』(82)が知られる。
⇒岩世人(ローデンバッハ　1856.10.27–1880.6.24)

Rodenbach, Georges〈19世紀〉
ベルギーの詩人。詩集『沈黙の支配』(91)など。
⇒岩世人(ローデンバック　1855.7.16–1898.12.25)
　ネーム(ロダンバック　1855–1898)
　広辞7(ロデンバック　1855–1898)

Rodgers, James Burton〈19・20世紀〉
アメリカの長老派宣教師。
⇒アア歴(Rodgers,James B(urton)　ジェイムズ・バートン・ロジャーズ　1865.3.1–1944.4)

Rodgers, John〈19世紀〉
アメリカの海軍士官。北太平洋の調査測量に従事(1852〜1856)。
⇒アア歴(Rodgers,John　ジョン・ロジャーズ　1812.8.8–1882.5.5)
　岩世人(ロジャーズ　1812.8.8–1882.5.5)

Rodin, François Auguste René〈19・20世紀〉
フランスの彫刻家。『考える人』(88)が代表作。
⇒岩世人(ロダン　1840.11.12–1917.11.17)
　広辞7(ロダン　1840–1917)
　学藝思(ロダン,オーギュスト　1840–1917)
　新カト(ロダン　1840.11.12–1917.11.17)
　芸13(ロダン,オーギュスト　1840–1917)
　世人新(ロダン　1840–1917)
　世人装(ロダン　1840–1917)
　世史語(ロダン　1840–1917)
　ポプ(ロダン,オーギュスト　1840–1917)

Rodio, Rocco〈16・17世紀〉
イタリアの作曲家。
⇒バロ(ローディオ,ロッコ　1535頃–1615以降)

Rodney, George Brydges, 1st Baron〈18世紀〉
イギリスの海軍軍人,男爵。1780年,提督としてスペイン艦隊を破った。
⇒岩世人(ロドニー　1718.2.13–1792.5.24)

Rodó, José Enrique〈19・20世紀〉
ウルグアイの代表的哲学者。随筆風の哲学書を残した。
⇒岩世人(ロド　1872.7.15–1917.5.1)
　ラテ新(ロド　1871–1917)

Rodolfo〈11世紀〉
イタリア中部グッビオの司教。
⇒新カト(ロドルフォ〔グッビオの〕　1034頃–1064.6.26)

Rodolphe, Jean Joseph〈18・19世紀〉
フランスのヴァイオリン奏者,ホルン奏者,理論

家, 教育者。
⇒バロ（ロドルフ, ジャン・ジョゼフ　1730.10.14–1812.8.12/18）
バロ（ルードルフ, ジャン・ジョゼフ　1730.10.14–1812.8.12/18）

Rodrigues, Francisco〈16・17世紀〉
キリシタン時代のイエズス会員。ポルトガル生まれ。
⇒新カト（ロドリゲス　1560–1606.9.15）

Rodrigues, Jerónimo〈16・17世紀〉
ポルトガルのイエズス会宣教師。
⇒岩世人（ロドリゲス　1567–1628.7.5）
新カト（ロドリゲス　1567–1628.7.5）

Rodrigues, João Girão〈16・17世紀〉
ポルトガルのイエズス会宣教師。
⇒岩世人（ロドリゲス　1559–1629.10.15）

Rodrigues, Olinde〈18・19世紀〉
フランスのサン・シモン主義者。
⇒岩世人（ロドリグ　1795.10.6–1851.12.17）
世数（ロドリゲス, ベンジャミン・オランド　1794–1851）

Rodrigues Alvez, Francisco de Paula〈19・20世紀〉
ブラジルの政治家, 大統領。在職02～06。ブラジルの国際的地位を高めた。
⇒岩世人（ロドリゲス・アルヴェス　1848.7.7–1919.1.16）

Rodrigues Giram, João〈16・17世紀〉
キリシタン時代の宣教師。ポルトガル生まれ。
⇒新カト（ロドリゲス・ジラン　1558–1629.10.15）

Rodrigues Tçuzzu, João〈16・17世紀〉
ポルトガル出身のイエズス会宣教師。16才で来日し日本語に熟達。
⇒岩世人（ロドリゲス　1562頃–1633/1634.8.1）
ネーム（ロドリゲス　1561–1634）
広辞7（ロドリーゲス　1562頃–1633頃）
新カト（ロドリゲス　1561/1562–1633.8.1）

Rodríguez, Alonso〈16・17世紀〉
スペインの修道文学著述家。
⇒新カト（ロドリゲス　1538.4–1616.2.21）

Rodriguez, Augustin〈17世紀〉
スペインの宣教師。
⇒岩世人（ロドリゲス　1544–1613）
新カト（ロドリゲス　1544–1613）

Rodríguez, Faustino〈19・20世紀〉
スペイン人ドミニコ会司祭。
⇒新カト（ロドリゲス　1877.11.8–1966.4.17）

Rodríguez, Felipe〈18・19世紀〉
スペインの作曲家。
⇒バロ（ロドリーゲス, フェリーペ　1759–1814）

Rodríguez, Juan〈13・14世紀〉
スペインの作曲家。
⇒バロ（ロドリーゲス, フアン　1260頃?–1320頃?）

Rodríguez, Ventura〈18世紀〉
スペインの建築家。スペインのロココ様式を発展させた。
⇒岩世人（ロドリゲス　1717.7.14–1785.8.26）

Rodríguez, Visente〈17・18世紀〉
スペインの作曲家。
⇒バロ（ロドリーゲス, ビセンテ　1690頃?–1760.12.16）

Rodriguez Castro, Bonifacia〈19・20世紀〉
スペインの聖人。祝日8月8日。修道会創立者。
⇒新カト（ボニファシア・ロドリゲス・カストロ　1837.6.6–1905.8.8）

Rodríguez Colho, Manuel〈16・17世紀〉
ポルトガルの作曲家。
⇒バロ（コエーリョ, マヌエル・ロドリゲス　1555頃–1635頃）
バロ（ロドリーゲス・コエーリョ, マヌエル　1555頃–1635頃）

Rodríguez de Hita, Antonio〈18世紀〉
スペインの指揮者, 理論家。
⇒バロ（イータ, アントーニオ・ロドリーゲス・デ　1724頃–1787.2.21）
バロ（ロドリーゲス・デ・イータ, アントーニオ　1724頃–1787.2.21）

Rodríguez Freyle, Juan〈16・17世紀〉
コロンビアの作家。
⇒岩世人（ロドリゲス・フレイレ　1566.4.25–1642?）

Rodríguez Olmedo, Alfonso〈16・17世紀〉
スペインの宣教師, 聖人。
⇒岩世人（ロドリゲス　1598.3.10–1628.11.15）

Rodulphus Glaber〈10・11世紀〉
フランスのベネディクト会士, 年代記作者。
⇒新カト（ロドゥルフス・グラベル　985–1047頃）

Roe, *Sir* Alliott Verdon〈19・20世紀〉
イギリスの飛行機設計家, 飛行機製造家。
⇒岩世人（ロウ　1877.4.26–1958.1.4）

Roebling, John Augustus〈19世紀〉
ドイツ生れのアメリカの橋梁技術者。ニューヨーク市のブルックリン橋の建設者。
⇒岩世人（ローブリング　1806.6.12–1869.7.22）

Roebling, Washington Augustus〈19・20世紀〉
アメリカの土木技師。ブルックリン橋建設主任技師。

⇒岩世人（ロープリング　1837.5.26–1926.7.21）

Roebuck, John〈18世紀〉
イギリスの発明家。硫酸を鉛室内で製造することを発明（46）。
⇒岩世人（ローバック　1718–1794.7.17）

Roebuck, John Arthur〈19世紀〉
イギリスの政治家。下院議員。
⇒岩世人（ローバック　1802.12.28–1879.11.30）

Roederer, Pierre Louis, Comte de
〈18・19世紀〉
フランスの政治家。王政復古期には地位を失ったが、七月王政下に上院議員となる（32）。
⇒岩世人（レドレル　1754.2.15–1835.12.18）

Rømer, Ole Christensen〈17・18世紀〉
デンマークの天文学者。1675年木星の衛星を観測中に、音速の60万倍程度という値を得た。
⇒岩世人（レーマー　1644.9.25–1710.9.19）

Roeser, Valentin〈18世紀〉
ドイツの作曲家。
⇒バロ（レーザー、ヴァレンティン　1725頃–1782頃）

Roesler, Karl Friedrich Hermann〈19世紀〉
ドイツの法学者、経済学者。1878年日本政府法律顧問として来日、明治憲法の制定、旧商法の起草に貢献。
⇒岩世人（レースラー（慣ロエスレル）　1834.12.18–1894.12.2）
　ネーム（ロエスレル　1834–1891）
　広辞7（ロエスレル　1834–1894）
　学叢思（ロエスラー、カール・フリードリヒ・ヘルマン　1834–1894）
　新カト（レースラー　1834.12.18–1894.12.2）
　ポプ人（ロエスレル、カール・フリードリヒ・ヘルマン　1834–1894）

Rogatianus〈3・4世紀〉
聖人、殉教者。祝日5月24日。
⇒新カト（ドナティアヌスとロガティアヌス　生没年不詳）

Roger, William〈15世紀〉
イギリスの作曲家。
⇒バロ（ロジャー、ウィリアム　1440頃?–1482.7.22）

Roger I, Guiscard〈11・12世紀〉
シチリア伯。在位1072～1101。
⇒岩世人（ロジェール1世　1031頃–1101.6.22）
　新カト（ルジェロ1世　1031–1101.6）
　世人新（ロジェール（ルッジェーロ）1世　1031–1101）
　世人装（ロジェール（ルッジェーロ）1世　1031–1101）

Roger II〈11・12世紀〉
シチリア王。在位1130～54。王国を封建制に基づいて組織し、中央集権的な王権の確立にも成功。
⇒岩世人（ルッジェーロ2世　1095.12.22–1154.2.26/27）
　新カト（ルジェロ2世　1095.12.22–1154.2.26）
　世人新（ロジェール（ルッジェーロ）2世　1093–1154）
　世人装（ロジェール（ルッジェーロ）2世　1093–1154）
　世史語（ルッジェーロ2世　(在位)1130–54）
　ポプ人（ルッジェーロ2世　1095–1154）

Roger of Marston〈13世紀〉
イギリスの神学者。
⇒岩世人（ロジャー（マーストンの））

Roger of Wendover〈13世紀〉
イングランドの修道僧、年代記作者。著『歴史の華』。
⇒岩世人（ロジャー（ウェンドーヴァーの）　?–1236.5.6）

Rogers, Benjamin〈17世紀〉
イギリスの作曲家。
⇒バロ（ロジャーズ、ベンジャミン　1614.6.2–1698.6）

Rogers, James Edwin Thorold〈19世紀〉
イギリスの経済学者。自由貿易の理論家、経済政策家。
⇒岩世人（ロジャーズ　1823–1890.10.12）
　学叢思（ロジャース、ジェームズ・イー・ソロールド　1823–1890）

Rogers, John〈16世紀〉
イギリスの宗教改革者。プロテスタント殉教者。
⇒岩世人（ロジャーズ　1500頃–1555.2.4）
　新カト（ロジャーズ　1500頃–1555.2.4）

Rogers, Leonard James〈19・20世紀〉
イギリスの数学者。
⇒岩世人（ロジャーズ　1862.3.30–1933.9.12）

Rogers, Samuel〈18・19世紀〉
イギリスの詩人。『迷信に寄せる』(86)、『記憶の楽しみ』(92)など。
⇒岩世人（ロジャーズ　1763.7.30–1855.12.18）

Rogers, Will〈19・20世紀〉
アメリカの俳優。軽喜劇やミュージカルで人気を得た。
⇒現アカ（Rogers,Will　ウィル・ロジャーズ　1879–1935）

Roget, Peter Mark〈18・19世紀〉
イギリスの医師、辞書編集者。1852年『英語語句宝典』を出版。
⇒岩世人（ロジェ　1779.1.18–1869.9.12）

Roggero〈12世紀〉
イタリアの外科医。
⇒岩世人（ロッジェーロ　12世紀末）

Roggeveen, Jacob〈17・18世紀〉
オランダの航海者。
⇒オセ新（ロッヘフェーン　1659–1729）

Rogier, Charles Latour〈18・19世紀〉
ベルギーの政治家。ネーデルラントからの独立運動の指導に活躍。47年自由党内閣の首相兼内相。
⇒岩世人（ロジエ　1800.8.17–1885.5.27）

Rogier, Philippe〈16世紀〉
フランドルの作曲家。
⇒バロ（ロジエ, フィリップ　1561頃–1596.2.29）

Rognoni, Riccardo〈16・17世紀〉
イタリアの作曲家。
⇒バロ（ロニョーニ, リッカルド　1550頃?–1619）

Rognoni Taeggio, Francesco〈16・17世紀〉
イタリアの作曲家。
⇒バロ（タエッジョ, フランチェスコ・ロニョーニ　1572頃–1625頃）
　バロ（ロニョーニ・タエッジョ, フランチェスコ　1572頃–1625頃）

Rognoni Taeggio, Giovanni Domenico〈16・17世紀〉
イタリアの作曲家。
⇒バロ（ロニョーニ・タエッジョ, ジョヴァンニ・ドメーニコ　1580頃?–1625頃）

Rohaczewski, Andrzej〈16・17世紀〉
ポーランドの作曲家。
⇒バロ（ロハチェフスキ, アンジェイ　1580頃?–1630頃）

Rohan, Henri, Duc de〈16・17世紀〉
フランスの将軍。ユグノー派の軍勢を指揮。
⇒岩世人（ロアン　1579.8.21–1638.4.13）

Rohan, Louis René Edouard de〈18・19世紀〉
フランスの聖職者。
⇒岩世人（ロアン　1734.9.27–1803.2.16）

Rohde, Erwin〈19世紀〉
ドイツの古典学者, 文献学者。ニーチェの友人で, 『悲劇の誕生』を弁護。
⇒岩世人（ローデ　1845.10.9–1898.1.11）

Rohden, Johann Martin〈18・19世紀〉
ドイツの風景画家。主作品『ローマの風景』。
⇒芸13（ローデン, マルティン　1778–1868）

Rohlfs, Christian〈19・20世紀〉
ドイツの画家。第2次世界大戦中ナチスによって告発され, 約400点の作品が失われた。
⇒岩世人（ロールフス　1849.12.22–1938.1.8）
　芸13（ロルフス, クリスティアン　1849–1938）

Rohrbacher, René François〈18・19世紀〉
フランスの教会史家。
⇒新カト（ロールバシェール　1789.9.27–1856.1.17）

Rojas, Fernando de〈15・16世紀〉
スペインの作家。
⇒岩世人（ロハス　1470頃–1541.4）
　ユ著れ（Rojas, Fernando de　ロハス, フェルナンド・デ　1476–1541）

Rojas, Simón de〈16・17世紀〉
スペインの聖人。祝日9月28日。三位一体修道会員。
⇒新カト（シモン・デ・ロハス　1552.10.28–1624.9.29）

Rojas-Zorrilla, Francisco de〈17世紀〉
スペインの劇作家。喜劇『馬鹿同士でも勝負はできる』。
⇒岩世人（ロハス・ソリーリャ　1607.10.4–1648.1.23）

Rokitansky, Karl, Freiherr von〈19世紀〉
オーストリアの病理学者。1834年ウィーン大学病理解剖学教授。国会議員としても活躍。
⇒岩世人（ロキタンスキー　1804.2.19–1878.7.23）
　学叢思（ロキタンスキー, カール・フォン　1804–1878）

Rokotov, Fjodor Stepanovich〈18・19世紀〉
ロシアの肖像画家。宮廷の婦人や高官を描いた。
⇒岩世人（ローコトフ　1735?–1808.12.12）
　芸13（ロコートフ, フョードル・ステパノーヴィッチ　1735–1808）

Roland, Count
想像上のシャルルマーニュの甥。
⇒岩世人（ロラン）
　ネーム（ローラン）

Roland de la Platière, Jean Marie〈18世紀〉
フランスの政治家。革命が始まるとリヨンにジャコバン・クラブを設立, ジロンド派の中心的役割を果した。
⇒岩世人（ロラン・ド・ラ・プラティエール　1734.2.6–1793.11.15）

Roland de la Platière, Jeanne Manon〈18世紀〉
フランスの女性。ロラン・ド・ラプラティエールの妻。
⇒岩世人（ロラン・ド・ラ・プラティエール　1754.3.25–1793.11.8）

Roland Holst, Henriëtte Goverdine Anna〈19・20世紀〉
オランダの女流詩人。主著, 詩『新しい誕生』

(03)、抒情詩『叛乱者』(10)。
⇒学叢思（ホルスト, ヘンリエッテ・ローランド 1869–?）

Rolandus〈13世紀〉
イタリアの哲学者, 神学者。ドミニコ会員。
⇒岩世人（ロラン（クレモナの））
新カト（ロランドゥス〔クレモナの〕 12世紀末–1259）

Roldán, Juan Pérez〈17世紀〉
スペインの作曲家。
⇒バロ（ロルダン, フアン・ペレス 1610頃?–1671.10?以降）

Rolfe, Frederick William〈19・20世紀〉
イギリスの小説家。作品には自伝的小説『ハドリアン7世』(04)がある。
⇒岩世人（ロルフ 1860.7.22–1913.10.25）

Rolla, Alessandro〈18・19世紀〉
イタリアのヴァイオリン奏者, 指揮者, 作曲家。
⇒バロ（ロッラ, アレスサンドロ 1757.4.6–1841.9.15）

Rolland, Romain〈19・20世紀〉
フランスの小説家, 劇作家。
⇒岩世人（ロラン 1866.1.29–1944.12.30）
ネーム（ロマン・ロラン 1866–1944）
広辞7（ロラン 1866–1944）
学叢思（ローラン, ロマン 1866–?）
新カト（ロラン 1866.1.29–1944.12.30）
世人新（ロラン（ロマン＝ロラン） 1866–1944）
世人装（ロマン（ロマン＝ロラン） 1866–1944）
世史語（ロマン＝ロラン 1866–1944）
世史語（ロマン＝ロラン 1866–1944）
ポブ人（ロラン, ロマン 1866–1944）

Rolland d'Erceville, Barthélemy〈18世紀〉
フランスの司法官, 政治家。
⇒岩世人（ロラン・デルスヴィル 1734–1794.4.20）

Rolle, Christian Friedrich〈17・18世紀〉
ドイツの作曲家。
⇒バロ（ロレ, クリスティアン・フリードリヒ 1681.4.14–1751.8.25）

Rolle, Johann Heinrich〈18世紀〉
ドイツの作曲家。
⇒バロ（ロレ, ヨハン・ハインリヒ 1716.12.23–1785.12.29）

Rolle, Michel〈17・18世紀〉
フランスの数学者。数学方程式の近似解法における彼の〈カスケード法〉に伴って、〈ロルの定理〉を得た。
⇒岩世人（ロル 1652.4.21–1719.11.8）
世数（ロル, ミッシェル 1652–1719）

Rolle, Richard, of Hampole〈13・14世紀〉
神秘家。
⇒岩世人（ロール 1300頃–1349）
新カト（ロール 1300頃–1349.9.29）

Rolli, Paolo Antonio〈17・18世紀〉
イタリアの詩人。ミルトンの『失楽園』などを翻訳。
⇒オペラ（ロッリ, パオロ 1687–1765）

Rollier, Auguste〈19・20世紀〉
スイスの医師。自然療法の先駆者の一人。
⇒岩世人（ロリエ 1874.10.1–1954.10.30）

Röllig, Karl Leopold〈18・19世紀〉
ドイツの作曲家。
⇒バロ（レーリヒ, カール・レーオポルト 1745頃–1804.3.4）

Rollin, Charles〈17・18世紀〉
フランスの歴史家, 教育家。古代史の研究に従事。
⇒岩世人（ロラン 1661.1.30–1741.9.14）

Rollinat, Maurice〈19・20世紀〉
フランスの詩人。『荒野にて』『神経症』『顕現』などを書いた。
⇒19仏（モーリス・ロリナ 1846.12.29–1903.10.26）

Rollo the Ganger Walker〈9・10世紀〉
初代ノルマンディー公。在位911～27。ノルウェーのバイキングの首都領主。
⇒世人新（ロロ 860頃–931/933）
世人装（ロロ 860頃–931/933）
世史語（ロロ 860頃–933）
ポブ人（ロロ 860–933）

Rolls, Charles Stewart〈19・20世紀〉
イギリスの自動車工業家, 飛行家。イギリス人として最初に英仏海峡を横断飛行に成功(10)。
⇒岩世人（ロールズ 1877.8.27–1910.7.12）

Roloff, Ernst Max〈19・20世紀〉
ドイツの教育学者, 著述家。
⇒新カト（ロロフ 1867.4.5–1935.3.28）

Romagnosi, Giovanni Domenico〈18・19世紀〉
イタリアの哲学者。コンディヤックの学説によって感覚論を説いた。
⇒岩世人（ロマニョージ 1761.12.11–1835.6.8）
学叢思（ロマノシ, ジアン・ドメニコ 1761–1835）

Romaine, William〈18世紀〉
英国教会聖職者, 説教者。
⇒新カト（ロメーン 1714.9.25–1795.7.26）

Romako, Anton〈19世紀〉
オーストリアの画家。
⇒岩世人（ロマコ 1832.10.20–1889.4.3）

Roman〈10世紀〉
ブルガリア帝国の皇帝。
⇒世帝（ロマン1世　930年代初頭-997）

Roman, Canitilla〈15・16世紀〉
スペインの作曲家。
⇒バロ（ローマン、カニティラ　1470頃?-1520頃?）

Roman, Johan Helmich〈17・18世紀〉
スウェーデンの作曲家。スウェーデン音楽史上初めて諸外国と同水準の器楽曲と声楽曲を創作。
⇒バロ（ルーマン、ユーハン・ヘルミク　1694.10.26-1758.11.20）
　バロ（ローマン、ヨハン・ヘルミヒ　1694.10.26-1758.11.20）

Román, Juan Grande〈16世紀〉
スペインの聖人。祝日6月3日。ヨハネ病院修道会員。
⇒新カト（フアン・グランデ・ロマン　1546.3.6-1600.6.3）

Romana〈3・4世紀〉
聖人、殉教者。
⇒新カト（ロマーナ　?-303頃?）

Romaña, Juan〈17世紀〉
スペインの作曲家。
⇒バロ（ロマーニャ、フアン　1630頃?-1690頃?）

Romanelli, Luigi〈18・19世紀〉
イタリアの台本作家。
⇒オペラ（ロマネッリ、ルイージ　1751-1839）

Romanes, George John〈19世紀〉
カナダ生まれのイギリスの生物学者。各種の動物や人間の心的能力の発展を、進化論の立場から研究。
⇒岩世人（ロマーニズ　1848.5.20-1894.5.23）
　学叢思（ロマーネス、ジョージ・ジョン　1848-?）
　メル3（ロマネス、ジョージ＝ジョン　1848-1894）

Romani, Felice〈18・19世紀〉
イタリアの詩人、脚本家。ベンカルト・オペラの代表的な脚本家。
⇒オペラ（ロマーニ、フェリーチェ　1788-1865）

Romanini〈16世紀〉
イタリアの作曲家。
⇒バロ（ロマニーニ,?　1540頃?-1590頃?）

Il **Romanino**〈15・16世紀〉
イタリアの画家。主作品「聖フランチェスコ聖堂の祭壇画」(1511頃)。
⇒岩世人（ロマニーノ　1485頃-1566）

Romano, Antonio Piacentino〈18世紀〉
イタリアの作曲家。
⇒バロ（ロマーノ、アントーニオ・ピアチェンティーノ　1700頃?-1760頃?）

Romano, Eustachio〈15・16世紀〉
イタリアの作曲家。
⇒バロ（ロマーノ、エウスターキオ　1470頃?-1525以降）

Romano, Giulio〈15・16世紀〉
イタリアの画家、建築家。マニエリスムの創始者の一人。
⇒岩世人（ジュリオ・ロマーノ　1499-1546.11.1）
　新カト（ジュリオ・ロマーノ　1499-1546.11.1）
　芸13（ロマーノ、ジュリオ　1499-1546）

Romano, Santi〈19・20世紀〉
イタリアの法学者。
⇒岩世人（ロマーノ　1875.1.31-1947.11.3）

Romano, Vincenzo〈18・19世紀〉
イタリアの教区司祭として初めて列福された人物。
⇒新カト（ロマーノ　1751.6.3-1831.12.20）

Romanos ho Melodos〈5・6世紀〉
ビザンチン期の詩人、ビザンツ聖歌の作者。
⇒新カト（ロマノス　490頃-560頃）

Romanus〈6世紀〉
メロヴィング朝フランク王国の司教。聖人、殉教者。祝日10月6日。
⇒新カト（ロマヌス〔オセールの〕　?-564?）

Romanus〈9世紀〉
ローマ教皇。在位897。
⇒新カト（ロマヌス　9世紀後半）

Romanus〈13世紀〉
ドミニコ会員、神学者。ローマ生まれ。古代ローマの貴族オルシーニ家の後裔。
⇒新カト（ロマヌス〔ローマの〕　1230頃?-1273.5.28以前）

Romanus, Antonius〈14・15世紀〉
イタリアの作曲家、声楽教師。
⇒バロ（アントーニウス・ロマーヌス　1380頃?-1432以降）
　バロ（ロマーヌス、アントーニウス　1380頃?-1432以降）

Romanus I Lecapenus〈9・10世紀〉
ビザンチン皇帝。在位920〜44。
⇒岩世人（ロマノス1世レカペノス　870頃-948.6.15）
　新カト（ロマヌス1世　870頃-948.6.15）
　世帝（ロマノス1世　870-948）

Romanus II〈10世紀〉
ビザンチン皇帝。在位959〜63。父を毒殺し帝位につくが、自らもまた毒殺された。
⇒世帝（ロマノス2世　939-963）

Romanus III Argyrus〈10・11世紀〉
ビザンチン皇帝。在位1028〜34。コンスタンチヌス8世の娘ゾエと結婚し即位。

R

⇒世帝（ロマノス3世　968–1034）

Romanus IV Diogenes〈11世紀〉
ビザンチン皇帝。在位1068～71。
⇒世帝（ロマノス4世　?–1072）

Romanus von Rouen〈7世紀〉
司教、聖人。
⇒図聖（ロマヌス（ルーアンの）　?–640）

Romanus von Subiaco〈5・6世紀頃〉
大修道院長、聖人。
⇒図聖（ロマヌス（スビアコの））

Romarich〈7世紀〉
聖人。祝日12月8日。メッスのテウデベルト2世に仕えた貴族。サン・タメの山に男女併存修道院を設立。
⇒新カト（ロマリヒ　?–653）

Romberg, Hendrik Casper〈18世紀〉
オランダの長崎商館長。
⇒岩世人（ロンベルフ　?–1793）

Romberg, Moritz Heinrich〈18・19世紀〉
ドイツの医者、神経病学者。
⇒岩世人（ロンベルク　1795.11.11–1873.6.17）
　ユ著人（Romberg,Moritz Heinrich　ロンベルク、モーリッツ・ハインリッヒ　1795–1873）

Romedius〈5世紀〉
隠修士、聖人。
⇒図聖（ロメディウス　?–5世紀頃）

Romeijn, Vicent〈16・17世紀〉
オランダの船員、在日貿易商。長崎に在住し、随時朱印船やオランダ船に便乗してトンキンや安南で貿易。
⇒岩世人（ロメイン　1569–1642.3.12）

Romero, Juan〈17世紀〉
スペインの作曲家。
⇒バロ（ロメーロ、フアン　1620頃?–1681）

Romero, Mateo〈16・17世紀〉
フランドルの作曲家。
⇒バロ（ロメーロ、マテーオ　1575/1576–1647.5.10）

Römhild, Johann Theodor〈17・18世紀〉
ドイツの作曲家。
⇒バロ（レームヒルト、ヨハン・テオドール　1684.9.23–1756.10.26）

Romme, Charles-Gilbert〈18世紀〉
フランスの政治家。
⇒岩世人（ロム　1750.3.26–1795.6.17）

Romney, George〈18・19世紀〉
イギリスの肖像画家。多くの美人画を描いた。主作品『ハミルトン夫人』(86)。

⇒岩世人（ロムニー　1734.12.26–1802.11.15）
　芸13（ロムニー、ジョージ　1734–1802）

Romuald〈10・11世紀〉
カトリック聖職者、聖人。1012年頃創建の修道院はカマルドリ会の母院となった。
⇒岩世人（ロムアルド　952頃–1027.6.19）
　新カト（ロムアルド〔カマルドリの〕　952頃–1027.6.19）
　図聖（ロムアルドゥス（カマルドリの）　952–1027）

Romula〈6世紀〉
イタリアの聖人。祝日7月23日。
⇒新カト（ロムラ　6世紀）

Romulus〈前8世紀〉
ローマ市の伝説的な建設者。
⇒岩世人（ロムルス）
　ネーム（ロムルス）

Romulus〈4・5世紀〉
ジェノヴァの司教。聖人。祝日10月13日。
⇒新カト（ロムルス〔ジェノヴァの〕　4世紀末–5世紀初頃）

Romulus〈4・5世紀〉
聖人。祝日7月6日。フェスレ（現フィエゾレ）の助祭という。
⇒新カト（ロムルス〔フィエゾレの〕　4–5世紀）

Romulus Augustulus〈5世紀〉
西ローマ最後の皇帝。在位475～6。
⇒岩世人（ロムルス・アウグストゥルス　?–507頃）

Ronan〈6世紀〉
聖人。祝日6月1日。自ら祖国を離れ隠修生活を送ったアイルランド人の一人。
⇒新カト（ロナン　6世紀?）

Roncalli, Ludovico〈17・18世紀〉
イタリアの作曲家。
⇒バロ（ロンカッリ、ルドヴィーコ　1654頃–1713頃）

Ronconi, Giorgio〈19世紀〉
イタリアのバリトン歌手。
⇒オペラ（ロンコーニ、ジョルジョ　1810–1890）

Rondelet, Jean Baptiste〈18・19世紀〉
フランスの建築家。パリの理科大学創設者の一人。
⇒岩世人（ロンドレ　1743–1829）

Rondon, Candido Mariano da Silva〈19・20世紀〉
ブラジルの軍人、インディオ研究家。ブラジル奥地の大半を踏査、探検。
⇒ラテ新（ロンドン　1865–1958）

Ronge, Johannes〈19世紀〉
ドイツの聖職者、社会改革家。フランクフルトに宗教改革連盟を設立した(73)。

⇒岩世人　(ロンゲ　1813.10.16–1887.10.26)
新カト　(ロンゲ　1813.10.16–1887.10.26)

Ronge, Maximilian〈19・20世紀〉
オーストリア＝ハンガリー帝国陸軍の情報機関クンドシャフツシュテッレ長官。
⇒スパイ　(ロンゲ，マクシミリアン)

Ronggawarsita, Raden Ngabehi〈19世紀〉
インドネシア，ジャワのスラカルタ王朝の宮廷詩人。19世紀ジャワを代表する文学者。
⇒岩世人　(ロンゴワルシト　1802–1873)

Ronsard, Pierre de〈16世紀〉
フランスの詩人。ソネット集『恋愛詩集』(52～73)。
⇒岩世人　(ロンサール　1524.9.11–1585.12.27)
ネーム　(ロンサール　1524–1585)
広辞7　(ロンサール　1524–1585)
新カト　(ロンサール　1524.9.11–1585.12.27)

Röntgen, Wilhelm Konrad〈19・20世紀〉
ドイツの物理学者。1895年X線を発見。1901年第1回のノーベル物理学賞受賞。
⇒岩世人　(レントゲン　1845.3.27–1923.2.10)
科史　(レントゲン　1845–1923)
広辞7　(レントゲン　1845–1923)
学叢思　(レントゲン，ヴィルヘルム・コンラッド　1845–1923)
物理　(レントゲン，ヴィルヘルム・コンラート　1845–1923)
世人新　(レントゲン　1845–1923)
世人装　(レントゲン　1845–1923)
世史語　(レントゲン　1845–1923)
ノ物化　(ヴィルヘルム・コンラード・レントゲン　1845–1923)
ポプ人　(レントゲン，ウィルヘルム　1845–1923)

Roo, Gerard van〈16世紀〉
ネーデルラントの作曲家。
⇒バロ　(ロー，ジェラルド・ファン　1540頃?–1590頃?)

Rooke, *Sir* **George**〈17・18世紀〉
イギリスの提督。
⇒岩世人　(ルーク　1650頃–1709.1.24)

Roomen, Adriaen van〈16・17世紀〉
オランダ系の医学者，数学者。ポーランドの王室数学・占星係。
⇒岩世人　(ローメン　1561.9.29–1615.5.4)

Roon, Albrecht Theodor Emil, Graf von〈19世紀〉
プロシア，ドイツの軍人，政治家。ビスマルク，モルトケとともにドイツ帝国建国の三大支柱の一人とされる。
⇒岩世人　(ローン　1803.4.30–1879.2.23)

Roonhuyze, Hendrik van〈17世紀〉
オランダの外科医，婦人科医。腫瘍の切除，頭蓋傷の手術法で知られ，更に帝王切開術を完成。
⇒岩世人　(ファン・ローンホイゼ　1622–1672)

Roorda, Taco〈19世紀〉
オランダのジャワ学者。
⇒岩世人　(ロールダ　1801.6.19–1874.5.5)

Roos, Magnus Friedrich〈18・19世紀〉
ドイツの神学者。
⇒新カト　(ロース　1727.9.6–1803.3.19)

Roosevelt, Theodore〈19・20世紀〉
アメリカの政治家，第26代大統領。パナマ運河を建設。
⇒アメ新　(ローズベルト　1858–1919)
岩世人　(ローズヴェルト　1858.10.27–1919.1.6)
広辞7　(ルーズヴェルト　1858–1919)
世人新　(ローズヴェルト〈セオドア〉　1858–1919)
世人装　(ローズヴェルト〈セオドア〉　1858–1919)
世史語　(セオドア＝ローズヴェルト　1858–1919)
世史語　(セオドア＝ローズヴェルト　1858–1919)
ポプ人　(ローズベルト，セオドア　1858–1919)
学叢歴　(ルーズベルト　1858–1919)

Root, Elihu〈19・20世紀〉
アメリカの政治家。カーネギー国際平和財団会長に選ばれ，ノーベル平和賞を受けた (12)。
⇒岩世人　(ルート　1845.2.15–1937.2.7)
世人新　(ルート　1845–1937)
世人装　(ルート　1845–1937)

Root, George Frederick〈19世紀〉
アメリカの作曲家。カンタータ，歌曲，教会音楽の作品がある。
⇒岩世人　(ルート　1820.8.30–1895.8.6)

Roothaan, Johannes Philipp〈18・19世紀〉
オランダの聖職者。イエズス会総会長 (29～53)。
⇒岩世人　(ロートハーン　1785.11.23–1853.5.8)
新カト　(ロータン　1785.11.28–1853.5.8)

Roots, Logan Herbert〈19・20世紀〉
アメリカの宣教師。
⇒アア歴　(Roots, Logan Herbert　ローガン・ハーバート・ルーツ　1870.7.27–1945.9.23)

Roozeboom, Hendrik Willem Bakhuis〈19・20世紀〉
オランダの物理化学者。
⇒岩世人　(ローゼボーム　1854.10.24–1907.2.8)

Rops, Félicien Joseph Victor〈19世紀〉
ベルギーの画家，銅版画家。ボルテール，S.マラルメらの作品の挿絵を描いた。
⇒岩世人　(ロップス　1833.7.7–1898.8.22)
芸13　(ロップス，フェリシアン　1833–1898)

Roque Gonzalez〈16・17世紀〉
宣教師また殉教者。聖人。パラグアイのアスンション生まれ。
⇒岩世人（ゴンサレス・デ・サンタ・クルス　1576–1628.11.15）
　新カト（ロク・ゴンサレス・デ・サンタ・クルス　1576–1628.11.15）

Roques, Jules〈19・20世紀〉
フランスの編集者。
⇒**19仏**（ジュール・ロック　1850.10.24–1909.3.9）

Rore, Cipriano de〈16世紀〉
フランドルの作曲家。フェラーラ、パルマなどの宮廷楽長を歴任。
⇒バロ（ローレ、チプリアーノ・デ　1515/1516–1565.9）
　岩世人（ローレ　1515/1516–1565.9）

Roreto, V.〈16・17世紀〉
イタリアの作曲家。
⇒バロ（ロレート、V.　1580頃?–1640頃?）

Rosa, Salvator〈17世紀〉
イタリアの画家、銅版画家、詩人、音楽家。ロマン主義的風景画の先駆者。代表作『戦争図』。
⇒バロ（ローザ、サルヴァトール　1615.7.21?–1673.3.15）
　岩世人（ローザ　1615.7.21–1673.3.15）
　芸13（ローザ、サルヴァトール　1615–1673）

Rosa de Lima, St.〈16・17世紀〉
ペルーの聖女。没後南アメリカの保護聖人として1671年列聖。
⇒岩世人（ロサ（リマの）　1586.4.20–1617.8.24）
　新カト（ローザ〔リマの〕　1586.4.20–1617.8.24）
　図聖（ロサ（リマの）　1586–1617）
　ラテ新（ロサ・デ・リマ　1586–1617）

Rosales, Antonio〈18・19世紀〉
スペインの作曲家。
⇒バロ（ロサーレス、アントーニオ　1740頃?–1801）

Rosalia〈12世紀〉
バシレイオス修道会の修道女。聖人。祝日9月4日または7月15日。シチリアの貴族の出身。パレルモの守護聖人。
⇒新カト（ロザリア　?–1160頃）
　図聖（ロザリア（パレルモの）　?–1160頃）

Rosalie Rendu〈18・19世紀〉
修道女、福者。19世紀前半にパリで慈善福祉活動を展開した。
⇒新カト（ロザリー　1786.9.9–1856.2.7）

Rosas, Juan Manuel de〈18・19世紀〉
アルゼンチンの政治家。ブエノスアイレス州知事となり独裁体制を行うが、革命軍に敗れ、イギリスに亡命。
⇒岩世人（ロサス　1793.3.30–1877.3.14）
　広辞**7**（ロサス　1793–1877）
　ラテ新（ロサス　1793–1877）

Rosati, Carolina〈19・20世紀〉
イタリアのダンサー。
⇒バレエ（ロザティ、カロリーナ　1826.12.13–1905.5）

Rosa (Viterbo)〈13世紀〉
イタリアの少女聖人。
⇒新カト（ローザ〔ヴィテルボの〕　1233頃–1252頃）
　図聖（ローザ（ヴィテルボの）　1233頃–1252）

Roscelinus Compendiensis〈11・12世紀〉
フランスのスコラ哲学者。唯名論者。1092年ソアソン教会会議で排斥。
⇒岩世人（ロスケリヌス　1050頃–1124頃）
　学叢思（ロスケリヌス　1050–1120）
　新カト（ロスケリヌス〔コンピエーニュの〕　1050頃–1125頃）
　メル1（ロスケリヌス（コンピエーニュの）　1050頃–1120/1124?）

Roscher, Wilhelm Georg Friedrich〈19世紀〉
ドイツの経済学者。国民経済の歴史的、有機体的性格を強調。
⇒岩世人（ロッシャー　1817.10.21–1894.6.4）
　学叢思（ロッシェル、ヴィルヘルム・ゲオルグ・フリードリヒ　1817–1894）

Roscher, Wilhelm Heinrich〈19・20世紀〉
ドイツの言語学者。特にギリシア及びローマの神話を研究。
⇒岩世人（ロッシャー　1845.2.12–1923.3.9）

Roscius, Gallus Quintus〈前2・1世紀〉
ローマの俳優。キケロが称讚した喜劇役者。
⇒岩世人（ロスキウス　前126頃–前62頃）

Roscoe, Sir Henry Enfield〈19・20世紀〉
イギリスの化学者。オーウェンズ大学教授 (57)。
⇒岩世人（ロスコー　1833.1.7–1915.12.18）

Rose, Frederik Cornelis〈19世紀〉
オランダの長崎商館長。
⇒岩世人（ローゼ）

Rose, Gustav〈18・19世紀〉
ドイツの鉱物学者。結晶化学的鉱物系統を樹て、岩石分類学上に重要な業績をあげた。
⇒岩世人（ローゼ　1798.3.18–1873.7.15）

Rose, Heinrich〈18・19世紀〉
ドイツの化学者。五塩化アンチモンの発見など分析化学の建設に貢献。
⇒岩世人（ローゼ　1795.8.6–1864.1.27）

Rose, Hugh James〈18・19世紀〉
イギリスのプロテスタント神学者。高教会主義を堅持し、〈オクスフォード運動〉の指導者の

一人。
⇒岩世人（ローズ　1795.6.9–1838.12.22）
新カト（ローズ　1795.6.9–1838.12.22）

Rose, John Holland〈19・20世紀〉
イギリスの歴史家。フランス革命およびナポレオン時代史の権威。
⇒岩世人（ローズ　1855.6.28–1942.3.3）

Rose, Max〈19・20世紀〉
南アフリカの駝鳥羽毛の生産者。
⇒ユ人（ローズ，マックス　1873–1951）

Roseberry, Archibald Philip Primrose, 5th Earl of〈19・20世紀〉
イギリスの政治家。グラッドストン引退後，首相となったが（94），閣内不一致のため辞職（95）。
⇒岩世人（ローズベリー　1847.5.7–1929.5.21）

Rosegger, Peter〈19・20世紀〉
オーストリアの小説家。主著『森のふるさと』（77）。
⇒岩世人（ローゼッガー　1843.7.31–1918.6.26）

Roseingrave, Daniel I〈17・18世紀〉
アイルランドの作曲家。
⇒バロ（ロージングレイヴ，ダニエル1世　1650頃–1727.5）

Roseingrave, Ralph〈17・18世紀〉
アイルランド系のイギリスのオルガン奏者，作曲家。
⇒バロ（ロージングレイヴ，ラルフ　1695頃–1747）

Roseingrave, Thomas〈17・18世紀〉
アイルランド系のイギリスのオルガン奏者，作曲家。
⇒バロ（ロージングレイヴ，トマス　1688–1766.6.23）

Rosel, Juan〈18世紀〉
スペインの作曲家。
⇒バロ（ロセル，フアン　1730頃?–1790頃?）

Roselli, Salvatore Maria〈18世紀〉
イタリアのドミニコ会の哲学者，神学者。
⇒新カト（ロセッリ　1722–1784.10.3）

Rösel von Rosenhof, August Johann〈18世紀〉
ドイツの博物学者。カエルの生活史を詳しく調べた。
⇒岩世人（レーゼル・フォン・ローゼンホーフ　1705.3.30–1759.3.29）

Rosen, Roman Romanovich〈19・20世紀〉
ロシアの外交官。駐日ロシア公使。
⇒岩世人（ローゼン　1847.2.12/24–1921.12.31）

Rosenbach, Ottomar〈19・20世紀〉
ドイツの医者。神経による麻痺の起りかた，神経衰弱の症候等種々の業績がある。
⇒岩世人（ローゼンバッハ　1851.1.4–1907.3.20）

Rosenbaum, Seymon (Shimshon)〈19・20世紀〉
ロシアのシオニスト，ユダヤ人社会の指導者。
⇒ユ人（ローゼンバウム，セイモン（シムション）　1860–1934）

Rosenbradt, Joseph〈19・20世紀〉
アシュケナーズ系のハザン（カントール）。
⇒ユ著人（Rosenbradt, Joseph　ローゼンブラット，ヨゼフ　1880/1882–1933）

Rosenbusch, Karl Harry Ferdinand〈19・20世紀〉
ドイツの岩石学者。岩石の成因論的研究の先駆者。
⇒岩世人（ローゼンブッシュ　1836.6.24–1914.1.20）

Rosenfeld, Morris〈19・20世紀〉
ユダヤ系の詩人。
⇒岩世人（ロゼンフェルド　1862.12.28–1923.6.22）
ユ人（ローゼンフェルト，モリス　1862–1923）
ユ著人（Rosenfeld, Morris　ローゼンフェルド，モーリス　1862–1923）

Rosenfeld, Yona〈19・20世紀〉
イディッシュ語小説家，短編作家。
⇒ユ著人（Rosenfeld, Yona　ローゼンフェルド，ヨナ　1880–1944）

Rosenkrantz, Wilhelm〈19世紀〉
ドイツの哲学者。カトリック的立場のシェリング学徒。
⇒岩世人（ローゼンクランツ　1821.3.2–1874.9.27）
新カト（ローゼンクランツ　1821.3.2–1874.9.27）

Rosenkranz, Karl〈19世紀〉
ドイツの哲学者。ヘーゲル学派中央党の代表者。
⇒学叢思（ローゼンクランツ，カール　1805–1879）
新カト（ローゼンクランツ　1805.4.23–1879.6.）

Rosenkreutz
中世の伝説上の魔術師。薔薇十字団の創設者。
⇒ネーム（ローゼンクロイツ）

Rosenmüller, Johann〈17世紀〉
ドイツの作曲家。ルター派教会音楽の発展に貢献。
⇒バロ（ローゼンミュラー，ヨハン　1619頃–1685.9.10）

Rosenmüller, Johann Georg〈18・19世紀〉
ドイツの神学者。
⇒新カト（ローゼンミュラー　1736.12.18–1815.3.

14)

Rosenplüt, Hans〈15世紀〉
ドイツ中世後期の手工業者,詩人。別名おしゃべり。作品に『医者の芝居』など。
⇒バロ（ローゼンブリュット,ハンス　1410頃?–1460頃?）

Rosenstock, Christian William〈19・20世紀〉
アメリカの実業家。
⇒アア歴（Rosenstock,Christian William　クリスチャン・ウイリアム・ローゼンストック　1880.3.16–1956.10.23）

Rosenwald, Julius〈19・20世紀〉
アメリカの実業家,慈善家。
⇒ユ人（ローゼンウォールド,ジュリアス　1862–1932）
　ユ著人（Rosenwald,Julius　ローゼンワルト,ユリユース　1862–1932）

Rosi, Giovanni Vittorio〈19世紀〉
イタリア生れの舞踏家,オペラ演出家。帝国劇場オペラ指導,赤坂ロイヤル館創立。
⇒岩世人（ローシー（ロージ）　1867.10.18–?）
　バレエ（ローシー,ジョヴァンニ・ヴィットリオ　1867.10.18–?）

Rosiers, André〈17世紀〉
フランスの作曲家。
⇒バロ（ロジェ,アンドレ　1610頃?–1672以降）

Rosiwal, August Karl〈19・20世紀〉
オーストリアの岩石学者。岩石を構成する鉱物組成を顕微鏡下で計測する〈ロージヴァル法〉を考案。
⇒岩世人（ロージヴァル　1860.12.2–1923.10.9）

Röskva
北欧神話,雷神トールの従者で,シャールヴィの妹。
⇒ネーム（ロスクヴァ）

Roslin, Alexander〈18世紀〉
スウェーデン生れのフランスの画家。肖像画を得意とした。
⇒岩世人（ロスリーン　1718.7.15–1793.7.5）

Rosmini-Serbati, Antonio〈18・19世紀〉
イタリアの哲学者,司祭。主著『倫理学原理』(37)。
⇒岩世人（ロスミーニ＝セルバーティ　1797.3.25–1855.7.1）
　学叢思（ロスミニ・セルヴァティ,アントニオ　1797–1855）
　新カト（ロスミーニ・セルバーティ　1797.3.24–1855.7.1）
　メル2（ロスミーニ＝セルバーティ,アントニオ　1797–1855）

Rosny, Joseph Henri Honoré Boex〈19・20世紀〉
フランスの小説家。最初弟と共作で自然主義小説,のち科学小説,社会小説を書いた。
⇒岩世人（ロニー兄弟　1856.2.17–1940.2.15）

Rosny, Léon Louis Lucien Prunol de〈19・20世紀〉
フランスの東洋学者,民族学者。民族学会(58),国際東洋学者会議(73)を創設。
⇒岩世人（ロニー　1837.4.5–1914.8.28）

Rosny, Séraphin-Justin François Boex〈19・20世紀〉
フランスの小説家。民衆主義の先駆者。
⇒岩世人（ロニー兄弟　1859.7.21–1948.7.21）

Ross, Betsy Elizabeth Griscom〈18・19世紀〉
アメリカ国旗をつくった人物。76年6月ワシントンらの秘密委員会の要請による。
⇒岩世人（ロス　1752.1.1–1836.1.30）

Ross, Donald James〈19・20世紀〉
アメリカのゴルフ場設計者。
⇒岩世人（ロス　1872.11.23–1948.4.26）

Ross, Edward Alsworth〈19・20世紀〉
アメリカの社会学者。主著"Civic sociology"(25)。
⇒岩世人（ロス　1866.12.12–1951.7.22）
　学叢思（ロッス,エドワード・アルスウォース　1866–?）

Ross, Sir Edward Denison〈19・20世紀〉
イギリスの東洋学者。大英博物館に入り(14~16),ついで東洋語学校の初代校長となる(17~37)。
⇒岩世人（ロス　1871.6.6–1940.9.20）

Ross, Sir James Clark〈18・19世紀〉
イギリスの海軍軍人,北極,南極探検家。
⇒岩世人（ロス　1800.4.15–1862.4.3）
　ポプ人（ロス,ジェームズ　1800–1862）

Ross, Johannes〈19・20世紀〉
ドイツ人イエズス会司祭,司教,広島教区長(代牧)。
⇒新カト（ロス　1875.12.26–1969.12.26）

Ross, Sir John〈18・19世紀〉
スコットランド海軍軍人,北極探検家。
⇒岩世人（ロス　1777.6.24–1856.8.30）

Ross, John〈19・20世紀〉
イギリスの宣教師。満州,朝鮮で布教。
⇒岩世人（ロス　1842–1915.8.5）

Ross, Ludwig〈19世紀〉
ドイツの考古学者。アテネのアクロポリスにあるニカイア神殿を発掘して復原を行った(35~36)。

⇒岩世人（ロス　1806.7.22-1859.8.6）

Ross, *Sir* Ronald〈19・20世紀〉
イギリスの病理学者,寄生虫学者。マラリア原虫の生活環を研究,蚊の体内での発育経過を明らかにした。
⇒岩世人（ロス　1857.5.13-1932.9.16）

Ross, *Sir* William David〈19・20世紀〉
イギリスのギリシア古典学者,倫理学者。アリストテレス研究の第一人者。
⇒岩世人　1877.4.15-1971.5.5）

Rosse, William Parsons, 3rd Earl of〈18・19世紀〉
イギリスの天文学者。
⇒岩世人（ロス　1800.6.17-1867.10.31）

Rosselli, Cosimo di Lorenzo Filippi〈15・16世紀〉
イタリアの画家。1481年『最後の晩餐』制作。代表作『聖母と2聖人』(92)。
⇒岩世人（ロッセッリ　1439-1507.1.7）
　芸13（ロセッリ, コジモ　1439-1507）

Rossellino, Antonio〈15世紀〉
イタリアの彫刻家。
⇒岩世人（ロッセッリーノ　1427-1479）
　芸13（ロスセリーノ, アントニオ　1427-1479）

Rossellino, Bernardo〈15世紀〉
イタリアの建築家,彫刻家。初期ルネサンスの代表的美術家。特に墓碑彫刻に新たな様式を発展させた。
⇒岩世人（ロッセッリーノ　1409-1464.9.23）
　新カト（ロッセリーノ　1409-1464.11.23）
　芸13（ロスセリーノ, ベルナルド　1409-1464）

Rossello, Maria Giuseppa〈19世紀〉
イタリアの修道女。
⇒新カト（マリア・ジュゼッパ・ロッセロ　1811.5.27-1880.12.7）

Rosseter, Philip〈16・17世紀〉
イギリスのリュート奏者,出版者。劇場のマネジャーや楽譜出版にも従事。
⇒バロ（ロセター, フィリップ　1567/1568-1623.5.5）

Rossetti, Christina Georgina〈19世紀〉
イギリスの女流詩人。ロセッティ兄妹の末妹。詩集『鬼の市場』(62)。
⇒岩世人（ロセッティ　1830.12.5-1894.12.29）
　広辞7（ロセッティ　1830-1894）
　新カト（ロセッティ　1830.12.5-1894.12.29）

Rossetti, Dante Gabriel〈19世紀〉
イギリスの詩人,画家。ソネット連作『生命の家』で知られる。
⇒岩世人（ロセッティ　1828.5.12-1882.4.9）
　ネーム（ロセッティ　1828-1882）

　広辞7（ロセッティ　1828-1882）
　学叢思（ロセッティ, ダンテ・ガブリエル　1828-1882）
　新カト（ロセッティ　1828.5.12-1882.4.9）
　芸13（ロセッティ, ダンテ・ガブリエル　1828-1882）
　ポプ人（ロセッティ, ダンテ・ガブリエル　1828-1882）

Rossi, Azariah ben Moses dei〈16世紀〉
イタリア系のユダヤ学者,医師,歴史家,注解者。
⇒ユ著人（Rossi, Azariah (Bonaiuto) ben Moses dei　ロッシ, アザリア・ベン・モーゼス・ディ　1511/1514-1578?）

Rossi, Ernesto Fortunato Giovanni Maria〈19世紀〉
イタリアの悲劇俳優。ハムレット,オセロなどを演じた。
⇒岩世人（ロッシ　1827.3.27-1896.6.4）

Rossi, Francesco de〈17世紀〉
イタリアの作曲家。
⇒バロ（ロッシ, フランチェスコ　1645頃-1692頃）

Rossi, Gaetano〈18・19世紀〉
イタリアの台本作家。
⇒オペラ（ロッシ, ガエターノ　1774-1855）

Rossi, Giovanni Battista de〈17・18世紀〉
聖人。祝日5月23日。ヴォルタッジョに生まれる。
⇒新カト（ジョヴァンニ・バッティスタ・デ・ロッシ　1698.2.22-1764.5.23）

Rossi, Giovanni Battista de〈19世紀〉
イタリアの考古学者,碑文研究者。キリスト教考古学の建設者。
⇒岩世人（ロッシ　1822.2.23-1894.9.20）
　新カト（ロッシ　1822.2.22-1894.9.20）

Rossi, Giovanni Bernardo de〈18・19世紀〉
イタリアのオリエント学者,聖書批評学の先駆者。
⇒新カト（ロッシ　1742.10.25-1831.3.24）

Rossi, Lorenzo de〈18世紀〉
イタリアの作曲家。
⇒バロ（ロッシ, ロレンツォ・デ　1720-1794）

Rossi, Luigi〈16・17世紀〉
イタリアの作曲家,歌手,オルガン奏者。オペラ,カンタータなどを作曲。
⇒バロ（ロッシ, ルイージ　1598-1653.2.20）
　オペラ（ロッシ, ルイージ　1597/1598-1653）

Rossi, Michel-Angelo〈17世紀〉
イタリアの作曲家,ヴァイオリン奏者,オルガン奏者。

⇒バロ（ロッシ, ミケランジェロ　1601/1602頃–1656.7.7）

Rossi, Pellegrino Luigi Odoardo〈18・19世紀〉
イタリアの政治家, 法学者, 経済学者。
⇒岩世人（ロッシ　1787.7.12–1848.11.15）
　学叢思（ロッシ, ペレグリノ・ロドヴィコ・エドゥアルト　1787–1848）

Rossi, Salomone〈16・17世紀〉
イタリアのヴァイオリン奏者, 作曲家。
⇒バロ（ロッシ, サロモーネ　1570.8.19頃–1628）
　ユ人（ロッシ, サラモネ・デ　1570頃–1630）
　ユ著人（Rossi,Salamone de'　ロッシ, サラモーネ・デ　1565/1570?–1628/1630?）

Rossini, Gioacchino Antonio〈18・19世紀〉
イタリアの作曲家。『セビリアの理髪師』の作曲を手がけた。
⇒岩世人（ロッシーニ　1792.2.29–1868.11.13）
　バレエ（ロッシーニ, ジョアッキーノ　1792.2.29–1868.11.13）
　オペラ（ロッシーニ, ジョアキーノ　1792–1868）
　エデ（ロッシーニ, ジョアッキーノ（アントニオ）　1792.2.29–1868.11.13）
　ネーム（ロッシーニ　1792–1868）
　広辞7（ロッシーニ　1792–1868）
　学叢思（ロッシニ, ジオアッキノ・アントニオ　1792–1868）
　実音人（ロッシーニ, ジョアッキーノ　1792–1868）
　新カト（ロッシーニ　1792.2.29–1868.11.13）
　世人新（ロッシーニ　1792–1868）
　世人装（ロッシーニ　1792–1868）
　ピ曲改（ロッシーニ, ジョアキーノ・アントニオ　1792–1868）
　ポプ人（ロッシーニ, ジョアッキーノ　1792–1868）

Rössler, František Antonín〈18世紀〉
ボヘミアの作曲家。
⇒バロ（ロゼッティ, フランツ・アントン　1750頃–1792.6.30）
　バロ（レスラー, フランティシェク・アントニーン　1750頃–1792.6.30）

Rosso, Medardo〈19・20世紀〉
イタリアの彫刻家。主要作品『扇をもつ婦人』（93）。
⇒岩世人（ロッソ　1858.6.20–1928.3.31）
　広辞7（ロッソ　1858–1928）
　芸13（ロッソ, メダルド　1858–1928）

Il **Rosso Fiorentino**〈15・16世紀〉
イタリアの画家。フォンテンブロー派の指導者的存在。主作品はフレスコ『昇天』（17）。
⇒岩世人（ロッソ・フィオレンティーノ　1494.3.8–1540.11.14）
　新カト（ロッソ・フィオレンティーノ　1495.3.8–1540.11.14）
　芸13（ロッソ, フィオレンティーノ　1494–1540）

Rossum, Willen van〈19・20世紀〉
枢機卿, 布教聖省長官。レデンプトール会員。オランダ生まれ。
⇒新カト（ロッスム　1854.9.3–1932.8.30）

Rostam
ペルシアの叙事詩『シャー・ナーメ』に登場する英雄。
⇒岩世人（ルスタム）
　ネーム（ロスタム）

Rostand, Edmond Eugène Alexis〈19・20世紀〉
フランスの劇作家, 詩人。『シラノ・ド・ベルジュラック』(97) の作者。
⇒岩世人（ロスタン　1868.4.1–1918.12.2）
　19仏（エドモン・ロスタン　1868.4.1–1918.12.2）
　ネーム（ロスタン　1868–1918）
　広辞7（ロスタン　1868–1918）
　世人新（ロスタン　1868–1918）
　世人装（ロスタン　1868–1918）

Rosthius, Nicolaus〈16・17世紀〉
ドイツの作曲家。
⇒バロ（ロスティウス, ニコラウス　1542頃–1622.11.22）

Rostopchin, Fyodor Vasilievich〈18・19世紀〉
ロシアの政治家, 伯爵。ナポレオンがモスクワに侵略したときのモスクワの総督。
⇒岩世人（ロストプチーン　1763.3.12–1826.1.18）

Rostovzeff, Michael Ivanovich〈19・20世紀〉
ロシアの考古学者, 歴史学者。古代ギリシア, ローマ時代の社会, 経済生活を研究。
⇒岩世人（ロストフツェフ　1870.10.29/11.10–1952.10.20）

Rosweyde, Heribert〈16・17世紀〉
ボランディストの祖, イエズス会員。ユトレヒト生まれ。
⇒新カト（ロスウェイデ　1569.1.21–1629.10.5）

Rota, Andrea〈16世紀〉
イタリアの作曲家。
⇒バロ（ロータ, アンドレーア　1553頃–1597.6）

Rota, Giuseppe〈19・20世紀〉
イタリアの造船家。多くの艦艇の独創的な設計や, W.フルードの船型試験方法の発展に業績があった。
⇒岩世人（ロータ　1860–1953）

Rotch, Abbott Lawrence〈19・20世紀〉
アメリカの気象学者。ハーヴァード大学でアメリカ最初の気象学教授となる。
⇒岩世人（ローチ　1861.1.6–1912.4.7）

Roth, Heinrich〈17世紀〉
ドイツの宣教師, 言語学者。イエズス会員。
⇒新カト（ロート　1620.12.18–1668.6.20）

Roth, Justus Ludwig Adolf〈19世紀〉
ドイツの地質学者, 岩石鉱物学者。
⇒岩世人（ロート　1818.9.15–1892.4.1）

Roth, Walter Rudolf von〈19世紀〉
ドイツのサンスクリット学者。
⇒岩世人（ロート　1821.4.3–1895.6.23）

Rothe, Richard〈18・19世紀〉
ルター派の神学者。ドイツ観念論の伝統にたつ。
⇒学叢思（ローテ, リヒャルト　1799–1867）
　新カト（ローテ　1799.1.28–1867.8.20）

Rothenstein, *Sir* William〈19・20世紀〉
イギリスの画家。
⇒岩世人（ローセンスタイン　1872.1.29–1945.2.14）
　ユ著人（Rothenstein, William, Sir　ローゼンスタイン, ウイリアム　1872–1940）

Rothermere, Harold Sidney Harmsworth, 1st Viscount〈19・20世紀〉
イギリスの新聞経営者。
⇒岩世人（ロザミーア　1868.4.26–1940.11.26）

Rothmann, Bernhard〈15・16世紀〉
ドイツの再洗礼派指導者。
⇒新カト（ロートマン　1495頃–1535）

Rothschild, Edmond de, Baron〈19・20世紀〉
フランスの慈善家。パレスチナ入植を支援した。
⇒ユ著人（Rothschild, Edmond de, Baron　ロッチルド男爵, エドモン・ド　1845–1934）

Rothschild, Lionel Walter〈19・20世紀〉
イギリスの動物学者。
⇒科史（ロスチャイルド　1868–1937）

Rothschild, Mayer Amschel〈18・19世紀〉
ユダヤ系の国際的金融資本家。全ヨーロッパに支店をもつ金融業を樹立。
⇒世人新（ロスチャイルド（ロートシルト）　1743–1812）
　世人装（ロスチャイルド（ロートシルト）　1743–1812）
　ポプ人（ロスチャイルド, マイアー　1743–1812）

Rothschild, Nathan Meyer〈18・19世紀〉
ユダヤ系の国際的金融資本家。初代マイアーの3男。
⇒岩世人（ロスチャイルド　1777.9.16–1836.7.28）

Rotrou, Jean de〈17世紀〉
フランスの劇作家。スペインの古典劇に着想を得た。
⇒岩世人（ロトルー　1609.8.21–1650.6.27）

Rotrudis
聖人。祝日6月22日。
⇒新カト（ロトルーディス　生没年不詳）

Rotta, Antonio〈15・16世紀〉
イタリアの作曲家。
⇒バロ（ロッタ, アントーニオ　1495頃–1549）

Rotteck, Karl Wenzeslaus Rodecker von〈18・19世紀〉
ドイツの歴史家, 政治家。『国家百科事典』（15巻, 34〜43）を編集。
⇒岩世人（ロテック　1775.7.18–1840.11.26）

Rottenhammer, Hans〈16・17世紀〉
ドイツの画家。主作品はミュンヘン, アウクスブルクの祭壇画など。
⇒岩世人（ロッテンハンマー　1564–1625.8.14）
　芸13（ロッテンハムマー, ハンス　1564–1625）

Rottmann, Karl〈18・19世紀〉
ドイツの画家。
⇒岩世人（ロットマン　1797.1.11–1850.7.7）
　芸13（ロットマン, カルル　1797–1850）

Rottmayer, Johann Franz Michael〈17・18世紀〉
オーストリアの画家。ヨセフ1世の宮廷画家。
⇒岩世人（ロットマイアー　1654.12.11（受洗）–1730.10.25）
　芸13（ロットマイル, ミヒャエル　1654–1730）

Roty, Louis Oscar〈19・20世紀〉
フランスの彫刻家。近代フランスのメダル製作者として著名。
⇒岩世人（ロティ　1846.6.11–1911.3.23）

Rouault, Georges-Henri〈19・20世紀〉
フランスの画家。主作品は『徒弟工』(1925), 『聖なる顔』(33), 『道化』(48)。
⇒岩世人（ルオー　1871.5.27–1958.2.13）
　広辞7（ルオー　1871–1958）
　新カト（ルオー　1871.5.27–1958.2.13）
　芸13（ルオー, ジョルジュ　1871–1958）
　世人新（ルオー　1871–1958）
　世人装（ルオー　1871–1958）
　ポプ人（ルオー, ジョルジュ　1871–1958）

Roubiliac, Louis-françois〈18世紀〉
フランスの彫刻家。
⇒岩世人（ルビヤック　1702.8.31–1762.1.11）
　芸13（ルービーヤック, ルイ・フランソワ　1702–1762）

Rouché, Eugéne〈19・20世紀〉
フランスの数学者。

⇒世数（ルーシェ、ユージェーヌ　1832–1910）

Rouelle, Guillaume François〈18世紀〉
フランスの化学者。溶液の中性,酸性,アルカリ性の区別を初めて指摘した(44)。
⇒岩世人（ルエル　1703.9.16–1770.8.3）

Rouge, Guillaume〈14・15世紀〉
フランスのオルガン奏者,歌手,写譜者。
⇒バロ（リュビー、ギヨーム　1385頃–1456頃）
　バロ（ルージュ、ギヨーム　1385頃–1456頃）

Rougemont, François de〈17世紀〉
中国で宣教したイエズス会員。オランダのマーストリヒト生まれ。
⇒新カト（ルージュモン　1624.4.2–1676.11.4/9）

Rouget de Lisle, Claude Joseph〈18・19世紀〉
フランスの軍人,詩人。『ライン軍軍歌』,のちの『ラ・マルセイエーズ』をつくった。
⇒バロ（ルジェ・ド・リール、クロード・ジョゼフ　1760.5.10–1836.6.26/27）
　岩世人（ルジェ・ド・リール　1760.5.10–1836.6.26）

Rouher, Eugène〈19世紀〉
フランスの政治家。
⇒岩世人（ルエール　1814.11.30–1884.2.3）

Roullet, Johannes〈15世紀〉
フランスの作曲家。
⇒バロ（ルレ、ヨハネス　1400頃?–1450頃?）

Roumanille, Joseph〈19世紀〉
フランス（プロヴァンス）の詩人。
⇒岩世人（ルマニーユ　1818.8.8–1891.5.24）

Round, John Horace〈19・20世紀〉
イギリスの歴史家。ノルマン時代の国制史,地方史を研究。
⇒岩世人（ラウンド　1854.2.22–1928.6.25）

Roundy, Henry Jenks〈19世紀〉
アメリカの船長。
⇒アア歴（Roundy,Henry Jenks　ヘンリー・ジェンクス・ラウンディ　1820.10.23–1873.9.14）

Rous, Francis Peyton〈19・20世紀〉
アメリカの病理学者。
⇒岩世人（ラウス　1879.10.5–1970.2.16）
　広辞7（ラウス　1879–1970）

Rousée, Jean〈16世紀〉
フランスの作曲家。
⇒バロ（ルーゼ、ジャン　1510頃?–1560頃?）

Rousseau, Henri Julien Fêlix〈19・20世紀〉
フランスの画家。主作品は『蛇使いの女』(07),『ジュニエ氏の2輪馬車』(08)。

⇒岩世人（ルソー　1844.5.21–1910.9.2）
　広辞7（ルソー　1844–1910）
　芸13（ルソー、アンリ　1844–1910）
　ポプ人（ルソー、アンリ　1844–1910）

Rousseau, Jean〈17世紀〉
フランスの作曲家。
⇒バロ（ルソー、ジャン　1644.10.1–1700頃）

Rousseau, Jean-Baptiste〈17・18世紀〉
フランスの抒情詩人。性格喜劇『おべっかつかい』(96)。
⇒岩世人（ルソー　1671.4.6–1741.3.17）

Rousseau, Jean-Jacques〈18世紀〉
フランスの文学者,思想家。
⇒バロ（ルソー、ジャン・ジャック　1712.6.28–1778.7.2）
　岩世人（ルソー　1712.6.28–1778.7.2）
　オペラ（ルソー、ジャン=ジャック　1712–1778）
　覚思（ルソー　1712.6.28–1778.7.2）
　覚思（ルソー　1712.6.28–1778.7.2）
　広辞7（ルソー　1712–1778）
　学叢思（ルソー、ジャン・ジャック　1712–1778）
　新カト（ルソー　1712.6.28–1778.7.2）
　図哲（ルソー、ジャン=ジャック　1712–1778）
　世人新（ルソー　1712–1778）
　世人装（ルソー　1712–1778）
　世史語（ルソー　1712–1778）
　ポプ人（ルソー、ジャン=ジャック　1712–1778）
　メル2（ルソー、ジャン=ジャック　1712–1778）

Rousseau, Jean Siméon〈18・19世紀〉
フランスの室内装飾家。
⇒岩世人（ルソー　1747–1820）

Rousseau, Jules Antoine〈18世紀〉
フランスの室内装飾家。ヴェルサイユ宮の装飾に従事し,特にルイ15世の浴室の装飾を行った。
⇒岩世人（ルソー　1710–1782）

Rousseau, Pierre Étienne Théodore〈19世紀〉
フランスの画家,版画家。
⇒岩世人（ルソー　1821.4.15–1867.12.22）
　広辞7（ルソー　1812–1867）
　芸13（ルソー、テオドール　1812–1867）

Rousseil, Rosélia〈19・20世紀〉
フランスの女優。
⇒19仏（ロゼリア・ルーセイユ　1841.7.19–1916.6.7）

Roussel, Albert〈19・20世紀〉
フランスの作曲家。
⇒岩世人（ルーセル　1869.4.5–1937.8.23）
　エデ（ルーセル、アルベール（シャルル・ポール・マリー）　1869.4.5–1937.8.23）

Roussél, François〈16世紀〉
フランスの歌手。

⇒バロ（ルーセル, フランソワ　1510頃-1577以降）
バロ（ロッセッリ, フランチェスコ　1510頃-1577以降）

Roussel, Gérard〈16世紀〉
フランスのカトリック教会改革者。
⇒新カト（ルセル　1500頃-1550）

Roussel, Ker Xavier〈19・20世紀〉
フランスの画家, 版画家。主作品『パストラール』『海辺のビーナスとアモール』。
⇒芸13（ルッセル, ケル・サヴィエル（クザヴィエ）1867-1944）

Roussel, Raymond〈19・20世紀〉
フランスの小説家, 劇作家。主著『代役』(97)、『アフリカの印象』(1910)、『独白』(14)。
⇒岩世人（ルーセル　1877.1.20-1933.7.14）

Rousselière, Charles〈19・20世紀〉
フランスのテノール。
⇒失声（シャルル・ルースリエール　1875-1950）
魅惑（Rousselière,Charles 1875-1950）

Rousselot, Jean Pierre〈19・20世紀〉
フランスの音声学者。実験音声学の創始者。
⇒岩世人（ルスロ　1846.10.14-1924.12.16）

Rousselot, Pierre〈19・20世紀〉
フランスのカトリック哲学者, 神学者。
⇒新カト（ルスロ　1878.12.29-1915.4.25）

Routledge, George〈19世紀〉
イギリスの出版業者。古典を一冊1シリングで出版（レールウェー・ライブラリ）(1848)。
⇒岩世人（ラウトリッジ　1812.9.23-1888.12.13）

Rouvier, Pierre Maurice〈19・20世紀〉
フランスの政治家。1887年,1905～06年首相。
⇒岩世人（ルヴィエ　1842.4.17-1911.6.7）
19仏（モーリス・ルーヴィエ　1842.4.17-1911.6.7）

Roux, Jacques〈18世紀〉
フランスの革命期の民衆運動指導者。
⇒岩世人（ルー　1752.8.21-1794.2.10）

Roux, Pierre Paul Émile〈19・20世紀〉
フランスの細菌学者。1888年初めてジフテリア菌の培養濾液から毒素の抽出に成功。
⇒岩世人（ルー　1853.12.17-1933.11.3）

Roux, Wilhelm〈19・20世紀〉
ドイツの解剖学者, 動物発生学者。
⇒岩世人（ルー　1850.6.9-1924.9.15）
広辞7（ルー　1850-1924）

Rovenius, Philippus〈16・17世紀〉
ギリシアのフィリピ（ピリピ）の名義大司教。
⇒新カト（ロヴェニウス　1574.1.1-1651.10.10）

Rovetta, Giovanni〈16・17世紀〉
イタリアの作曲家, 歌手。
⇒バロ（ロヴェッタ, ジョヴァンニ　1595頃-1668.10.23）

Rowe, John Charles〈19・20世紀〉
アメリカの大リーグ選手（遊撃, 捕手）。
⇒メジャ（ジャック・ロウ　1856.12.8-1911.4.25）

Rowe, Nicholas〈17・18世紀〉
イギリスの劇作家, 詩人。悲劇『継母の野心』(1700)などを発表。1715年桂冠詩人。
⇒岩世人（ロウ　1674.6.30（受洗）-1718.12.6）

Rowe, Walter I〈16・17世紀〉
イギリスの作曲家。
⇒バロ（ロウ, ウォルター1世　1590頃?-1647頃）

Röwenhertz, Richard〈12・13世紀〉
ドイツの作曲家。
⇒バロ（レーヴェンヘルツ, リヒャルト　1160頃?-1210頃）

Rowland, Henry Augustus〈19・20世紀〉
アメリカの物理学者。凹面回折格子（ローランド格子）を考案し, 太陽スペクトルの研究を促進。
⇒岩世人（ローランド　1848.11.27-1901.4.16）

Rowland, (Pants) Clarence Henry〈19・20世紀〉
カブス副社長。
⇒メジャ（パンツ・ロウランド　1879.2.12-1969.5.17）

Rowlandson, Mary White〈17世紀〉
アメリカの記録文学者。
⇒岩世人（ローランソン（ローランドソン）1637頃-1710.1）

Rowlandson, Thomas〈18・19世紀〉
イギリスの画家。
⇒岩世人（ローランソン（ローランドソン）1756.7.14-1827.4.22）
芸13（ロウランスン, トーマス　1756-1827）

Rowlard〈14・15世紀〉
イギリスの作曲家。
⇒バロ（ローラード,?　1370頃?-1420頃）

Rowley, William〈16・17世紀〉
劇作家。
⇒岩世人（ローリー　1585頃-1626.2.11（埋葬））

Rowlinson, George〈19・20世紀〉
イギリスの古代史家。主著 "The history of Herodotus" 4巻（58～60）。
⇒岩世人（ローリンソン　1812.11.23-1902.10.7）

Rowlinson, *Sir* Henry Creswicke〈19

世紀〉
イギリスの軍人,東洋学者。ベヒストゥーン遺跡の碑文の解読者として知られる。
⇒岩世人 (ローリンソン 1810.4.11–1895.3.5)
ネーム (ローリンソン 1810–1895)
新カト (ローリンソン 1810.4.11–1895.3.5)
世人新 (ローリンソン 1810–1895)
世人装 (ローリンソン 1810–1895)
世史語 (ローリンソン 1810–1895)
ポプ人 (ローリンソン,ヘンリー・クレジック 1810–1895)

Rowson, Susanna Haswell〈18・19世紀〉
アメリカの女性作家,女優,教育者。
⇒岩世人 (ローソン 1762–1824.3.2)

Roxanē〈前4世紀〉
アレクサンドロス大王の妻。
⇒岩世人 (ロクサネ ?–前340年代後半)
王妃 (ロクサネ ?–?)

Roxburgh, William〈18・19世紀〉
イギリス(スコットランド)の医者,植物学者。東インド会社に医者として勤務。
⇒岩世人 (ロックスバラ 1751.6.29–1815.4.10)

Roy, Pierre〈19・20世紀〉
フランスの画家。
⇒芸13 (ロア,ピエル 1880–1949)

Royce, Sir Frederick Henry〈19・20世紀〉
イギリスの工業技術者。ロールズ・ロイス会社をダービーに設立(07),自ら主任技師として自動車を製造。
⇒岩世人 (ロイス 1863.3.27–1933.4.22)

Royce, Josiah〈19・20世紀〉
アメリカの哲学者,教育家。「絶対的プラグマティズム」を主張。
⇒岩世人 (ロイス 1855.11.20–1916.9.14)
学叢思 (ロイス,ジョサイア 1855–1916)
新カト (ロイス 1855.11.20–1916.9.14)
メル3 (ロイス,ジョサイア 1855–1916)

Royer, Clemence〈19・20世紀〉
フランスの政治学者。
⇒19仏 (クレマンス・ロワイエ 1830.4.21–1902.2.6)

Royer, Joseph-Nicolas-Pancrace〈18世紀〉
フランスの作曲家,クラヴサン奏者,指揮者。
⇒バロ (ロワイエ,ジョゼフ・ニコラ・パンクラース 1705頃–1755.1.11)

Royer-Collard, Pierre Paul〈18・19世紀〉
フランスの政治家,哲学者。国家権力の源源を「憲章」によって構成された主権のなかに求めることを主張。

⇒岩世人 (ロワイエ=コラール 1763.6.21–1845.9.4)
メル2 (ロワイエ=コラール,ピエール=ポール 1763–1845)

Royllart, Philippus〈14世紀〉
フランスの作曲家。
⇒バロ (ロワイヤール,フィリップス 1330頃?–1380頃?)

Roza, Francisco da〈19世紀〉
ポルトガルのジャーナリスト。マカオ生まれ。
⇒岩世人 (ローザ)

Rozanov, Vasilii Vasilievich〈19・20世紀〉
ロシアの宗教思想家,批評家。主著『現代の黙示録』(18)。
⇒岩世人 (ローザノフ 1856.4.20/5.2–1919.2.5)

Rozenberg, David Iokhelevich〈19・20世紀〉
ソ連邦の経済学者。主著『経済学史』。
⇒岩世人 (ローゼンベルグ 1879.11.15/27–1950.2.17)

Rozhestvenskii, Zinovii Petrovich〈19・20世紀〉
ロシアの提督。日露戦争の際,第2太平洋分艦隊司令官として,対馬沖の海戦で日本の連合艦隊と戦い,完敗。
⇒岩世人 (ロジェストヴェンスキー 1848.3.17/10.30–1909.1.1)
ネーム (ロジェストヴェンスキー 1848–1909)
広辞7 (ロジェストヴェンスキー 1848–1909)

Rozwadowski, Jan Michał〈19・20世紀〉
ポーランドの言語学者。
⇒岩世人 (ロズヴァドフスキ 1867.12.7–1935.3.13)

Różycki, Jacek〈17・18世紀〉
ポーランドの作曲家。
⇒バロ (ルジツキ,ヤチェク 1625-1635–1703-1704)

Rua, Michele〈19・20世紀〉
イタリアのサレジオ会の第2代総長。
⇒新カト (ルア 1837.6.9–1910.4.6)

Rubel, Ira Washington〈19・20世紀〉
アメリカの印刷業者。
⇒岩世人 (ルーベル 1846–1908)

Rubens, Heinrich〈19・20世紀〉
ドイツの実験物理学者。0.05ミリメートル程度の長波長スペクトル線すなわち残留線を発見(97)。
⇒岩世人 (ルーベンス 1865.3.30–1922.2.17)

Rubens, Peter Paul〈16・17世紀〉
フランドルの画家,外交官。

⇒岩世人（リュベンス（ルーベンス） 1577.6.28–
　1640.5.30）
　広辞7（ルーベンス 1577–1640）
　学叢思（リューベンス，ペテー・ポール 1577–
　1640）
　新カト（ルーベンス 1577.6.28–1640.5.30）
　芸13（ルーベンス，ピーター・パウル 1577–
　1640）
　世人新（ルーベンス 1577–1640）
　世人装（ルーベンス 1577–1640）
　世史語（ルーベンス 1577–1640）
　ポプ人（ルーベンス，ペーテル・パウル 1577–
　1640）

Rubert, Johann Martin〈17世紀〉
ドイツの作曲家。
⇒バロ（ルーベルト，ヨハン・マルティン 1614–
　1680）

Rubini, Giambattista〈18・19世紀〉
イタリアのテノール歌手。
⇒オペラ（ルビーニ，ジョヴァンニ・バッティスタ
　1794–1854）

Rubino, Antonio〈16・17世紀〉
イタリアのイエズス会宣教師。日本伝道の命を
うけ，薩摩に到着したが捕えられ，穴つるしの刑
に処せられた。
⇒岩世人（ルビーノ 1578–1643.3.22）
　新カト（ルビノ 1578–1643.3.22）

Rubinshtein, Anton Grigorievich〈19世紀〉
ロシアの作曲家，ピアノ奏者。1859年ロシア音
楽協会を創設。
⇒岩世人（ルビンシテイン 1829.11.16–1894.11.8）
　エデ（ルビンシテイン，アントン（グリゴリエヴィ
　チ） 1829.11.28–1894.11.20）
　19仏（アントン・ルビンシュテイン 1829.11.
　28–1894.11.20）
　広辞7（ルビンシテイン 1829–1894）
　ユ著人（Rubinstein,Anton Grior'evich　ルビン
　シテイン，アントン・グリオリエヴィッチ
　1829–1894）

Rubinshtein, Nikolai Grigorievich〈19世紀〉
ロシアの音楽家。
⇒岩世人（ルビンシテイン 1835.6.2–1881.3.11）
　ユ著人（Rubinstein,Nikolay　ルビンシテイン，
　ニコライ 1835–1881）

Rubinstein, Helena〈19・20世紀〉
ポーランドの実業家。
⇒岩世人（ルビンスタイン 1870.12.20–1965.4.1）
　ユ人（ルービンシュタイン（ルービンスタイン），
　ヘレナ 1871–1965）
　ユ著人（Rubinstein,Helena　ルービンスタイ
　ン，ヘレナ 1871–1965）

Rubinstein, Isaac〈19・20世紀〉
リトアニアのラビでユダヤ人社会の指導者。
⇒ユ人（ルービンシュタイン，イサク 1880–1945）

Rubio, Guillermo〈13・14世紀〉
スペイン出身の神学者，フランシスコ会員。
⇒新カト（ギリェルモ・ルビオ 1290頃–?）

Rubio y Peralta, José María〈19・20世紀〉
聖人。祝日5月2日。イエズス会員。スペイン南
部ダリアスの農家に生まれる。「マドリードの
使徒」と称される。
⇒新カト（ホセ・マリア・ルビオ・イ・ペラルタ
　1864.7.22–1929.5.2）

Rublyov, Andrei〈14・15世紀〉
ロシアの代表的聖像画家。
⇒岩世人（ルブリョフ 1360頃/1370頃–1430頃）
　ネーム（ルブリョフ 1360?–1430）
　広辞7（ルブリョフ 1360頃–1430頃）
　新カト（アンドレイ・ルブリョフ 1360/1370頃–
　1430.1.29）
　芸13（ルブリョーフ，アンドレイ 1360–1370–
　1430）

Rubner, Max〈19・20世紀〉
ドイツの衛生学者，生理学者。食物の代謝につ
いての研究にすぐれ，ルーブナーの法則を樹立。
⇒岩世人（ルーブナー 1854.6.2–1932.4.27）

Rubruquis, Guillaume de〈13世紀〉
フランスのフランシスコ会修道士。
⇒岩世人（ルブルク 1220頃–1293頃）
　広辞7（ルブルック 1220頃–1293頃）
　世人新（ルブルック（リュブリュキ） 1220頃–
　1293頃）
　世人装（ルブルック（リュブリュキ） 1220頃–
　1293頃）
　世史語（ルブルック 1220頃–1293頃）
　ポプ人（リュブリュキ，ギヨーム・ド 1220?–
　1293?）

##Ruciński〈17・18世紀〉
ポーランドの作曲家。
⇒バロ（ルチンスキ.? 1690頃?–1750頃?）

Rücker, Sir Arthur William〈19・20世紀〉
イギリスの物理学者。
⇒科史（リュッカー 1848–1915）

Rückert, Friedrich〈18・19世紀〉
ドイツの詩人。言語学者，東洋詩の翻訳家。
⇒岩世人（リュッケルト 1788.5.16–1866.1.31）
　ネーム（リュッケルト 1788–1866）

Rūdakī, Abū 'Abd Allāh Ja'far〈9・10世紀〉
ペルシアの詩人。「詩人の師」と呼ばれた。作
品に『カリーラとディムナ』。
⇒岩世人（ルーダキー ?–940）

Rudbeck, Olof〈17・18世紀〉
スウェーデンの医学者，植物学者。医学をまな
び，リンパ管を発見した。ウプサラに植物園を

創設。
⇒岩世人（ルードベック（リュードベック） 1630.9.12-1702.12.12）

Rude, François〈18・19世紀〉
フランスの彫刻家。1812年にはローマ大賞を得、パリ凱旋門の『ラ・マルセイエーズ』(36)を制作。
⇒岩世人（リュード 1784.1.4-1855.11.3）
広辞7（リュード 1784-1855）
芸13（リュード, フランソア 1784-1855）

Rudel, Jaufré〈12世紀〉
フランスの詩人。
⇒バロ（ルデール, ジョフレ（ジャウフレ） 1140頃?-1190頃?）

Rudelbach, Andreas Gottlob〈18・19世紀〉
デンマークの牧師、神学的著作家。
⇒新カト（ルーデルバハ 1792.9.29-1862.3.3）

Rudel de Blaia, Jaufré〈12世紀〉
フランスの作曲家。
⇒バロ（ジャウフレ・リュデル・デ・ブライヤ 1120頃?-1147頃）
バロ（リュデル・デ・ブライヤ, ジャウフレ 1120頃?-1150頃?）

Rudenius, Johann〈16・17世紀〉
ドイツの作曲家。
⇒バロ（ルデニウス, ヨハン 1555以降-1615以降）

Rüdiger, Andreas〈17・18世紀〉
ドイツの哲学者。主著, "Philosophia synthetica" (1707)。
⇒岩世人（リューディガー 1673.11.1-1731.6.6）
学叢思（リューディゲル, アンドレアス 1673-1731）

Rüdiger, Hans〈19・20世紀〉
ドイツのテノール。R.シュトラウスの「ばらの騎士」世界初演でヴァルツァッキを歌った。
⇒魅惑（Rüdiger, Hans 1862-1937）

Rudigier, Franz Joseph〈19世紀〉
オーストリア、リンツの司教。
⇒新カト（ルディギエル 1811.4.7-1884.11.29）

Rudini, Antonio Starabba, Marchese di〈19・20世紀〉
イタリアの政治家。1891〜92年, 96〜98年首相。
⇒岩世人（ルディニ 1839.4.6-1908.8.6）

Rudolf, Christoff〈16世紀〉
チェコの数学者。
⇒岩世人（ルドルフ 1499-1545）
世数（ルドルフ, クリストフ 1500-1545頃?）

Rudolf I, von Habsburg〈13世紀〉
ハプスブルク家最初の神聖ローマ皇帝。在位1273〜91。
⇒岩世人（ルドルフ1世 1218.5.1-1291.7.15）
新カト（ルドルフ1世 1218.5.1-1291.7.15）
世帝（ルドルフ1世 1218-1291）
ポブ人（ルドルフ1世 1218-1291）
皇国（ルドルフ1世 （在位）1273-1291）

Rudolf II〈16・17世紀〉
ハプスブルク家出身の神聖ローマ皇帝。在位1576〜1612。
⇒岩世人（ルドルフ2世 1552.7.18-1612.1.20）
新カト（ルドルフ2世 1552.7.18-1612.1.20）
世帝（ルドルフ2世 1552-1612）
皇国（ルドルフ2世 （在位）1576-1612）

Rudolff, Otto〈19・20世紀〉
ドイツの公法学者。司法省法律顧問として裁判所構成法の原案を起草。
⇒岩世人（ルドルフ 1845.12.9-1922.11.22）

Rudolf of Austria〈14世紀〉
ボヘミア〔ベーメン〕王国、ハプスブルク家の統治者。
⇒世帝（ルドルフ1世 1281-1307）

Rudolf of Swabia〈11世紀〉
神聖ローマ帝国の統治者。在位1077〜1080（対立ドイツ王）。
⇒岩世人（ルドルフ（ラインフェルデンの） 1020頃/1030頃-1080.10.15）
新カト（ルドルフ〔シュヴァーベン公, 対立ドイツ王〕 1020/1030頃-1080.10.15）
世帝（ルドルフ・フォン・ラインフェルデン 1025頃-1080）

Rudolf von Ems〈13世紀〉
ドイツの叙事詩人。作品『良きゲールハルト』(25頃),『バルラームとヨーザファト』(30頃)など。
⇒岩世人（ルドルフ（エムスの） 1200頃-1254頃）
新カト（ルドルフ〔エムス〕 1200頃-1254頃）

Rudolph, Carl〈19・20世紀〉
ドイツの公法学者。日本政府の法律顧問として来日。
⇒岩世人（ルドルフ 1841.3.26-1915.5.5）

Rudolph, Georg〈16・17世紀〉
ドイツの作曲家。
⇒バロ（ルードルフ, ゲオルク 1595.1.22-1653.1.14）

Rudraṭa〈9世紀〉
インドの古典サンスクリット文学の修辞学者, 詩論家。
⇒岩世人（ルドラタ）

Rudravarman〈6世紀〉
扶南の王。在位514〜550頃。
⇒岩世人（ルドラヴァルマン ?-550?）

Rueda, Juan de los Angeles〈16・17世

紀〉
スペインのドミニコ会宣教師。
⇒岩世人（ルエダ　1575-1624.9頃）
　新カト（ルエダ　1575-1624）

Rueda, Lope de〈15・16世紀〉
スペインの劇作家。スペイン演劇の黄金時代の先駆。作品に『オリーブの実』。
⇒バロ（ルエーダ, ローペ・デ　1510頃?-1565）
　岩世人（ルエダ　1505?-1565.3.21）

Ruedemann, Rudolf〈19・20世紀〉
アメリカ（ドイツ生れ）の古生物学者。古生代無脊椎動物化石，特に筆石を研究。
⇒岩世人（ルーデマン　1864.10.16-1956.6.18）

Ruetz, Caspar〈18世紀〉
ドイツの作曲家。
⇒バロ（リューツ, カスパル　1708.3.21-1755.12.21）

Ruffin, Edmund〈18・19世紀〉
アメリカの農業改良家。
⇒岩世人（ラッフィン　1794.1.5-1865.6.17）

Ruffini, Paolo〈18・19世紀〉
イタリアの数学者，医学博士。
⇒世数（ルフィーニ, パオロ　1765-1822）

Ruffo, Titta〈19・20世紀〉
イタリアのバリトン。特にヴェルディの諸役を得意とした。
⇒オペラ（ルッフォ, ティッタ　1877-1953）

Ruffo, Vincenzo〈16世紀〉
イタリアの作曲家。
⇒バロ（ルッフォ, ヴィンチェンツォ　1510-1587.2.9）

Rufina〈3世紀〉
聖人，殉教者。祝日7月17日または19日。セビリャの守護聖人。
⇒新カト（ユスタとルフィーナ　?-297頃）
　図聖（ユスタとルフィナ　?-300頃）

Rufina〈3世紀〉
聖人，ローマの殉教者。祝日7月10日。
⇒新カト（ルフィーナとセクンダ　?-257/259頃）

Rufinus〈3世紀頃?〉
聖人，ガリア地方の殉教者。祝日6月14日。
⇒新カト（ルフィヌスとウァレリウス　3世紀頃?）

Rufinus〈13世紀〉
アッシジのフランチェスコの最初の弟子の一人。
⇒新カト（ルフィヌス〔アッシジの〕　?-1270.11.14）

Rufinus, Tyrannrius〈4・5世紀〉
キリスト教の司教，翻訳者，著述家。378年パレスチナに僧院を建て，司祭となった。

⇒岩世人（ラッフィヌス　345頃-410）
　新カト（ルフィヌス〔アクイレイアの〕　345頃-410頃）

Rufus
イエスの十字架を負わされたキレネ人シモンの子。
⇒新カト（アレクサンドロとルフォス）

Rufus, Publius Rutilius〈前2・1世紀〉
古代ローマの政治家。雄弁家，法律家，歴史家。
⇒岩世人（ルティリウス・ルフス　前154頃-前75頃）

Rufus Ephesius〈1世紀〉
解剖学者，医学者。1世紀後半に活動。
⇒岩世人（ルフス（エフェソスの）　1世紀後半）

Ruge, Arnold〈19世紀〉
ドイツの思想家，ジャーナリスト。
⇒岩世人（ルーゲ　1802.9.13-1880.12.31）
　学叢思（ルーゲ, アーノルド　1802-1880）
　メル3（ルーゲ, アーノルド　1802-1880）

Ruggieri, Michele〈16・17世紀〉
イタリア人イエズス会宣教師。1583～88年中国広東省で布教に従事。
⇒岩世人（ルッジエーリ　1543-1607.5.11）
　広辞7（ルッジエーリ　1543-1607）
　新カト（ルッジエーリ　1543-1607.5.11）

Ruggles, Carl〈19・20世紀〉
アメリカの作曲家。
⇒エデ（ラッグルズ, カール（チャールズ・スプレイグ）　1876.3.11-1971.10.24）

Rühling, Johannes〈16・17世紀〉
ドイツの作曲家。
⇒バロ（リューリング, ヨハネス　1550.8.30-1615.4.2）

Ruhmkorff, Heinrich Daniel〈19世紀〉
ドイツの物理学者。電気計器製造者。彼の名を冠する誘導コイルを発明した（51）。
⇒岩世人（ルームコルフ　1803.1.15-1877.12.20）

Ruhnken, David〈18世紀〉
ドイツの古典学者。多くの後期古代作家の校訂註解，ギリシア雄弁家の研究などを行った。
⇒岩世人（ルーンケン　1723.1.2-1798.5.14）

Ruinart, Thierry〈17・18世紀〉
フランスのベネディクト会修道士，歴史家。
⇒新カト（リュイナール　1657.6.10-1709.9.27）

Ruiz, Bartolome〈16世紀〉
来日宣教師，フランシスコ会員。スペイン，コルドバ近郊のカプラに生まれる。
⇒新カト（ルイス　1525-1600）

Ruiz, Juan〈13・14世紀〉
スペインの詩人，イータの僧正。1330年頃『よき愛の書（ふみ）』を発表。

⇒岩世人（ルイス　1283頃-1350頃）

Ruiz, Lorenzo〈17世紀〉
フィリピン初のカトリック聖人。
⇒岩世人（ルイス　1600頃-1637.9.29）
　新カト（ロレンソ・ルイス　1600-1637.9.29）

Ruiz, Manuel〈19世紀〉
スペイン出身のフランシスコ会員。1860年のダマスコの殉教者の一人。
⇒新カト（ルイス　1803-1860.7.9/10）

Ruiz, Matias〈17・18世紀〉
スペインの作曲家。
⇒バロ（ルイス, マティーアス　1630頃?-1708.9.12以前）

Ruiz Aguilera, Ventura〈19世紀〉
スペインの詩人, 劇作家。
⇒岩世人（ルイス・アギレーラ　1820.11.2-1881.7.1）

Ruiz de Alarcón y Mendoza, Juan〈16・17世紀〉
メキシコ生れのスペインの劇作家。代表作『壁に耳あり』『疑わしい真実』(28)。
⇒岩世人（ルイス・デ・アラルコン　1581頃-1639.8.4）

Ruiz de Montoya, Diego〈16・17世紀〉
スペインのカトリック神学者。
⇒新カト（ルイス・デ・モントヤ　1562-1632.3.15）

Ruiz Embito, Simón〈16世紀〉
スペインの商人, 銀行家。
⇒岩世人（ルイス・エンビート　1525?-1597.3.1）

Ruiz José, Martínez〈19・20世紀〉
スペインの評論家・小説家。
⇒ネーム（マルティネス・ルイス　1873-1967）

Rukn al-Dawla〈10世紀〉
西アジアのブワイフ朝ジバール政権の統治者。在位943～76。
⇒岩世人（ルクヌッダウラ　?-976）

Ruloffs, Bartholomeus〈18・19世紀〉
ネーデルラントの作曲家。
⇒バロ（ルロフス, バルトロメウス　1741.10?-1801.5.13）

Rumbold, *Sir* **Horace George Montagu**〈19・20世紀〉
イギリスの外交官。駐日イギリス代理公使。
⇒岩世人（ランボールド　1869.2.5-1941.5.24）

Rumelant〈13世紀〉
ドイツの作曲家。
⇒バロ（ルメラント,?　1250頃?-1300頃?）

Rümelin, Gustav von〈19世紀〉
ドイツの政治家, 統計学者。主著, "Reden und Aufsätze" 3巻（1875～94）。
⇒学叢思（リューメリン, グスタフ・フォン　1815-1889）

Rümelin, Max von〈19・20世紀〉
ドイツの法学者。利益法学におけるテュービンゲン学派の建設者の一人。
⇒岩世人（リューメリン　1861.2.15-1931.7.22）

Rumford, Benjamin Thompson, Graf von〈18・19世紀〉
ドイツ（アメリカ生れ）の政治家, 物理学者。
⇒岩世人（ランフォード　1753.3.26-1814.8.21）
　科史（ランフォード　1753-1814）
　広辞7（ランフォード　1753-1814）

Rumi, Jalal-ud-din Muḥammad ibn Muḥammad〈13世紀〉
ペルシアの詩人。神秘主義の詩集『精神的マスナビー』がある。
⇒岩世人（ルーミー　1207.9-1273.12.17）
　広辞7（ルーミー　1207-1273）
　新カト（ルーミー　1207-1273）

Rumohr, Karl Friedrich von〈18・19世紀〉
ドイツの美術史家。文献学的立場から史料批判を行った。
⇒岩世人（ルーモール　1785.1.6-1843.7.25）

Rumphius, Georg Everhard〈17・18世紀〉
オランダの動植物学者。ドイツ生まれ。
⇒岩世人（ルンフィウス　1628-1702.6.15）

Rumpler, Edmund〈19・20世紀〉
ウィーン生まれの飛行機の設計技師。
⇒ユ著人（Rumpler, Edmund　ルンプラー, エドムント　1872-1940）

Rumyantsev, Aleksandrovich〈18世紀〉
ロシアの将軍, 伯爵。
⇒岩世人（ルミャーンツェフ　1725.1.4-1796.12.8）

Rumyantsev, Nikolai Petrovich〈18・19世紀〉
ロシアの政治家。学芸の後援者, 伯爵。
⇒岩世人（ルミャーンツェフ　1754.4.3-1826.1.3）

Runciman, Walter, 1st Viscount〈19・20世紀〉
イギリスの政治家, 実業家。
⇒岩世人（ランシマン　1870.11.19-1949.11.14）

Rundstedt, Karl Rudolf Gerd von〈19・20世紀〉
ドイツの軍人。
⇒岩世人（ルントシュテット　1875.12.12-1953.2.24）
　ネーム（ルントシュテット　1875-1953）

Runeberg, Johan Ludvig〈19世紀〉
フィンランドのロマン派詩人。『フィヤーラル王』(44),『ストール旗手物語』(48～60)が代表作。
⇒岩世人（リューネベリ　1804.2.5-1877.5.6）
　ネーム（ルーネベリ　1804-1877）

Runge, Carl〈19・20世紀〉
ドイツの数学者。数値計算,図表計算に関する研究がある。
⇒岩世人（ルンゲ　1856.8.30-1927.1.3）
　世数（ルンゲ,カルレ・ダフィット・トルメ　1856-1927）

Runge, Friedlieb Ferdinand〈18・19世紀〉
ドイツの有機化学者。1834年コールタール蒸溜物から染料の製造法を発見。
⇒岩世人（ルンゲ　1795.2.8-1867.3.25）

Runge, Philipp Otto〈18・19世紀〉
ドイツの画家。代表作『朝』(1808)。
⇒岩世人（ルンゲ　1777.7.23-1810.12.2）
　広辞7（ルンゲ　1777-1810）
　芸13（ルンゲ,フィリップ・オットー　1777-1810）

Rupert〈8世紀頃〉
聖人。祝日5月15日。
⇒新カト（ルベルト〔ビンゲンの〕　8世紀頃）

Rupert of Salzburg〈8世紀〉
宣教師・司教。聖人。
⇒新カト（ルベルト〔ザルツブルクの〕　?-718頃）
　図聖（ルベルト（ザルツブルクの）　?-718）

Rupert von Deutz〈11・12世紀〉
ドイツの神学者,ベネディクト会士。
⇒岩世人（ルパート・フォン・ドイツ　1075頃/1076頃-1129.3.4）
　新カト（ルベルトゥス〔ドイツの〕　1076頃-1129.3.4）

Ruppe, Christian Friedrich〈18・19世紀〉
ドイツの作曲家。
⇒バロ（ルッペ,クリスティアン・フリードリヒ　1753.8.22-1826.5.25）

Ruppert, Jacob, Jr.〈19・20世紀〉
アメリカのメジャーリーガー。
⇒メジャ（ジェイコブ・ルッパート　1867.8.5-1939.1.13）

Ruppin, Arthur〈19・20世紀〉
実践的シオニストの指導者,社会学者。
⇒ユ人（ルッピン,アーサー（アルトゥル）　1876-1943）
　ユ著人（Ruppin,Arthur　ルビン,アーサー　1876-1942）

Ruprecht, Josef Martin〈18世紀〉
オーストリアの作曲家。
⇒バロ（ループレヒト,ヨーゼフ・マルティン　1758頃-1800.6.7）

Ruprecht von der Pfalz〈14・15世紀〉
神聖ローマ皇帝。在位1400～10。1398年ファルツ選帝侯。
⇒岩世人（ルブレヒト（プファルツの）　1352.5.5-1410.5.18）
　世帝（ルーブレヒト　1352-1410）

Rupsch, Conrad〈15・16世紀〉
ドイツの作曲家。
⇒バロ（ループシュ,コンラート　1475頃-1530以降）

al-Ruṣāfī, Ma'rūf〈19・20世紀〉
イラクの詩人,政治家。バグダード生れのクルド人。
⇒岩世人（ルサーフィー,マアルーフ　1875-1945.3.16）

Rusas I〈前8世紀〉
ウラルトゥ王国（アルメニア地方）の王。在位前730～14頃。
⇒岩世人（ルサ1世）

Rusas II〈前7世紀〉
ウラルトゥ王国（アルメニア地方）の王。在位前685～45。
⇒岩世人（ルサ2世　（在位）前7世紀前半-中頃）

Rush, Benjamin〈18・19世紀〉
アメリカの医師,政治家。
⇒岩世人（ラッシュ　1746.1.4-1813.4.19）

Rush, George〈18世紀〉
イギリスの作曲家。
⇒バロ（ラッシュ,ジョージ　1740頃?-1800頃?）

Rushworth, John〈17世紀〉
イギリスの歴史家。歴史的事件の記録をまとめた史料集成8巻を編纂。
⇒岩世人（ラシュワース　1612頃-1690.5.12）

Rusie, Amos Wilson〈19・20世紀〉
アメリカの大リーグ選手（投手）。
⇒メジャ（エイモス・ルーシー　1871.5.30-1942.12.6）

Rusiñol, Santiago〈19・20世紀〉
スペインの画家,詩人。主作品は『オレンジの庭』『マヨリカ島の庭』。
⇒芸13（ルシニョール,サンチャゴ　1861-1931）

Ruskin, John〈19世紀〉
イギリスの評論家,画家。デッサン,水彩画をまとめて『ベネチアの石』を出版。
⇒岩世人（ラスキン　1819.2.8-1900.1.20）
　ネーム（ラスキン　1819-1900）
　広辞7（ラスキン　1819-1900）

学叢思（ラスキン，ジョン　1819-1900）
新カト（ラスキン　1819.2.8-1900.1.20）

Russell, Bertrand Arthur William
〈19・20世紀〉
イギリスの哲学者，数学者，評論家。1950年ノーベル文学賞受賞。
⇒岩世人（ラッセル　1872.5.18-1970.2.2）
覚思（ラッセル　1872.5.18-1970.2.2）
覚思ス（ラッセル　1872.5.18-1970.2.2）
ネーム（ラッセル　1872-1970）
広辞7（ラッセル　1872-1970）
学叢思（ラッセル，バートランド　1872-?）
新カト（ラッセル　1872.5.18-1970.2.2）
世人新（ラッセル（バートランド＝ラッセル）
　　1872-1970）
世人装（ラッセル（バートランド＝ラッセル）
　　1872-1970）
世史語（バートランド＝ラッセル　1872-1970）
世数（ラッセル，バートランド・アーサー・ウィリアム　1872-1970）
20思（ラッセル，バートランド（アーサー・ウィリアム）　1872-1970）
ポプ人（ラッセル，バートランド　1872-1970）
メル3（ラッセル，バートランド・アーサー・ウィリアム　1872-1970）

Russell, Charles Taze〈19・20世紀〉
アメリカの宗教家。国際聖書学生協会の創立者。1879年『ものみの塔』を発刊。
⇒岩世人（ラッセル　1852.2.16-1916.10.31）
新カト（ラッセル　1852.2.16-1916.10.31）

Russell, Sir Edward John〈19・20世紀〉
イギリスの土壌学者。ロサムステッド農事試験場長（1912～43）。
⇒岩世人（ラッセル　1872.10.31-1965.7.12）

Russell, Elizabeth〈19・20世紀〉
アメリカのメソジスト派教会婦人伝道会宣教師。長崎活水女学校を創立。
⇒岩世人（ラッセル　1836.10.9-1928.9.6）

Russell, George Robert〈18・19世紀〉
アメリカの商人。
⇒アア歴（Russell,George Robert　ジョージ・ロバート・ラッセル　1800.5.5-1866.8.5）

Russell, George William〈19・20世紀〉
アイルランドの詩人，随筆家，ジャーナリスト。主著，詩集『家路：道の辺の歌』（94）。
⇒岩世人（ラッセル　1867.4.10-1935.7.17）

Russell, Henry Norris〈19・20世紀〉
アメリカの天文学者。プリンストン大学天文台長（27～47）を務める。
⇒岩世人（ラッセル　1877.10.25-1957.2.18）

Russell, John〈18・19世紀〉
イギリスの画家。1789年以降宮廷画家としてイギリス王をはじめ貴顕高官の肖像を数多く描いた。

⇒岩世人（ラッセル　1745.3.29-1806.4.20）

Russell, John Russell, 1st Earl of
〈18・19世紀〉
イギリスの政治家。1846～52年首相。自由主義的改革を実現。65年首相となったが，66年辞任。
⇒岩世人（ラッセル　1792.8.18-1878.5.28）

Russell, John Scott〈19世紀〉
スコットランドの造船家，造船学者。イギリス初の装甲巡洋艦ウォリア号を建造。
⇒岩世人（ラッセル　1808.5.8-1882.6.8）

Russell, Riley〈19・20世紀〉
アメリカの医療宣教師。
⇒アア歴（Russell,Riley　リリー・ラッセル　1875.7.21-1961.1.27）

Russell, Samuel〈18・19世紀〉
アメリカの商人。中国における最初のアメリカ人商社ラッセル商会を広東に開設した（1824）。
⇒アア歴（Russell,Samuel（Wadsworth）　サミュエル・ワズワース・ラッセル　1789.8.25-1862）
岩世人（ラッセル　1789.8.25-1862）

Russell, Lord William〈17世紀〉
イギリスの政治家。
⇒岩世人（ラッセル　1639.9.29-1683.7.21）

Russell, Sir William Howard〈19・20世紀〉
イギリスのジャーナリスト。クリミア戦争（1854～56）の報道で世論をわかせた。
⇒岩世人（ラッセル　1821.3.28-1907.2.10）

Rust, Friedrich Wilhelm〈18世紀〉
ドイツのヴァイオリン奏者，作曲家。作品には劇音楽，カンタータなどがある。
⇒バロ（ルースト，フリードリヒ・ヴィルヘルム　1739.7.6-1796.2.28）

Rustaveli, Shota〈12世紀〉
グルジアの詩人。
⇒岩世人（ルスタヴェリ　?-1216頃）
広辞7（ルスタヴェリ　1172?-1216?）

Rusticus〈5世紀〉
ナルボンヌの司教。在職427～61。聖人。祝日10月26日。
⇒新カト（ルスティクス〔ナルボンヌの〕　?-461.10.26）

Rusticus〈5世紀〉
クレルモンの司教。在職430～46。聖人。祝日9月24日。
⇒新カト（ルスティクス〔クレルモンの〕　5世紀）

Rusticus〈6世紀〉
助祭，カルケドン公会議の決議文書の校訂者。
⇒新カト（ルスティクス〔助祭〕　?-565以後）

Rutebeuf〈13世紀〉
フランスの詩人。最古の聖母奇跡劇『テオフィルの奇跡』(61),『薬草談義』(60頃)など。
⇒バロ (リュトブーフ,? 1230-1285)
岩世人 (リュトブフ)
広辞7 (リュトブフ ?-1285頃)

Rutenberg, Pinchas〈19・20世紀〉
ロシアの革命家,パレスチナ電力会社の創立者。
⇒ユ人 (ルーテンベルク,ピンハス 1879-1942)

Ruth
エフラテ人エリメレクとナオミの子キリオンの妻 (ルツ記)。
⇒岩世人 (ルツ)
聖書 (ルツ)

Rutherford, Ernest〈19・20世紀〉
イギリスの物理学者。1902年原子崩壊説を立てた。08年ノーベル化学賞受賞。31年ネルン男爵となる。
⇒岩世人 (ラザフォード 1871.8.30-1937.10.19)
オセ新 (ラザフォード 1871-1937)
科史 (ラザフォード 1871-1937)
ネーム (ラザフォード 1871-1937)
広辞7 (ラザフォード 1871-1937)
学叢思 (ラザフォード,サー・アーネスト 1871-?)
新カト (ラザフォード 1871.8.30-1937.10.19)
物理 (ラザフォード,アーネスト 1871-1937)
世人新 (ラザフォード 1871-1937)
世人装 (ラザフォード 1871-1937)
20思 (ラザフォード,アーネスト 1871-1937)
ノ物化 (アーネスト・ラザフォード 1871-1937)
ポプ人 (ラザフォード,アーネスト 1871-1937)

Rutherford, Joseph Franklin〈19・20世紀〉
アメリカの宗教家,「エホバの証人」(ものみの塔)の第2代会長。
⇒新カト (ラザフォード 1869.11.8-1942.1.8)

Rutherford, Samuel〈16・17世紀〉
イギリスの聖職者。
⇒岩世人 (ラザフォード 1600頃-1661)
新カト (ラザフォード 1600頃-1661.3)

Rutilius, Claudius Namatianus〈5世紀〉
ガリア出身のローマの詩人。『わが帰郷』(416)が現存。
⇒岩世人 (ルティリウス)

Rutini, Giovanni Marco〈18世紀〉
イタリアの作曲家。
⇒バロ (ルティーニ,ジョヴァンニ・マルコ 1723.4.25-1797.12.22)

Ruysbroeck, Jan van〈13・14世紀〉
オランダの神秘思想家。1243年アウグスチノ会修道院を創設,初代院長。
⇒岩世人 (ファン・ロイスブルーク 1293-1381)
新カト (ルースブルーク 1293-1381.12.2)

Ruysch, Rachel〈17・18世紀〉
オランダの女流静物画家。ジュッセルドルフの宮廷画家であった。
⇒芸13 (ライス,ラッヘル 1664-1750)

Ruysdael, Jacob Izacksz van〈17世紀〉
オランダの画家。風景画家の家系に生れた。主作品『ハーレム眺望』(1660頃)。
⇒岩世人 (ファン・ライスダール 1628/1629-1682.3.14(埋葬))
ネーム (ロイスダール 1628?-1682)
広辞7 (ロイスダール 1628頃-1682)
芸13 (ロイスダール,ヤコブ・ファン 1625頃-1682)

Ruysdael, Salomon van〈17世紀〉
オランダの風景画家。代表作『渡し舟のある風景』(39)。
⇒岩世人 (ファン・ライスダール 1600/1603-1670.11.3(埋葬))
芸13 (ロイスダール,サロモン・ヴァン 1600頃-1670)

Ruzzante〈15・16世紀〉
イタリアの喜劇作家。代表作『パストラル』(20),『モスケッタ』。
⇒岩世人 (ルッザンテ 1496?-1542.3.17)
新カト (ルツァンテ 1496頃-1542.3.17)

Ryan, James Edward〈19・20世紀〉
アメリカの大リーグ選手(外野)。
⇒メジャ (ジミー・ライアン 1863.2.11-1923.10.29)

Ryan, John Augustine〈19・20世紀〉
アメリカのカトリック教会社会改革運動家。
⇒新カト (ライアン 1869.5.25-1945.9.16)

Ryazanov, David Borisovich〈19・20世紀〉
ソ連邦のマルクス主義文献学者。
⇒岩世人 (リャザーノフ 1870.2.26/3.10-1938.1.21)
広辞7 (リャザーノフ 1870-1938)
学叢思 (リャザノフ 1870-?)
ユ著人 (Riazanov,David Borisovich リャザノフ,ダヴィド・ボリソヴィチ 1870-1938)

Rydberg, Abraham Viktor〈19世紀〉
スウェーデンの小説家,詩人。
⇒岩世人 (リュードベリ 1828.12.18-1895.9.21)

Rydberg, Johannes Robert〈19・20世紀〉
スウェーデンの物理学者。ルンド大学教授。原子のスペクトル系列のバルマーの公式を拡張(1890)。
⇒岩世人 (リュードベリ 1854.11.8-1919.12.28)
物理 (リュードベリ,ヨハネス・ロバート 1854-

Ryder, Albert Pinkham〈19・20世紀〉
アメリカの画家。
⇒岩世人（ライダー　1847.3.19–1917.3.28）
　芸13（ライダー，アルバート　1847–1919）

Ryleev, Kondratii Fëdorovich〈18・19世紀〉
ロシアの詩人。デカブリストの急進的分子。
⇒岩世人（ルイレーエフ　1795.9.18–1826.7.13）
　ネーム（ルイレーエフ　1795–1826）

Rymer, Thomas〈17・18世紀〉
イギリスの文学者。
⇒岩世人（ライマー　1641–1713.12.13）

Rysselberghe, Théo van〈19・20世紀〉
ベルギーの画家。点描派。主作品『マンドリンを弾く人』(1882)，『ヴェラーレン像』(15)。
⇒岩世人（ファン・レイセルベルヘ　1862.11.23–1926.12.13）

Ryurik〈9世紀〉
ロシアの建国者。862年ノブゴロドに最初の国家を建て，リューリク王朝の開祖とされる。
⇒岩世人（リューリク　?–879）
　世人新（リューリク（ルーリック）　?–879）
　世人奘（リューリク（ルーリック）　?–879）
　世史語（リューリク　?–879）
　ポプ人（リューリク　?–879）

Rzewuski, Henryk〈18・19世紀〉
ポーランドの作家。
⇒岩世人（ジェヴスキ　1791.5.3–1866.2.28）

【 S 】

Sa, U, Myawadi Mingyi〈18・19世紀〉
ビルマの詩人，音楽家。
⇒岩世人（サ　1766.11–1853.7）

Saadia ben Joseph〈9・10世紀〉
ユダヤ人の哲学者，文学者。
⇒岩世人（サアディア・ベン・ヨセフ　892–942）
　新カト（サアディア　882–942）
　メル1（サアディア（・ベン・ヨセフ）　892–942）
　ユ人（サアディア・ベンヨセフ　882–942）
　ユ著人（Saadia ben Joseph　サアディア・ベン・ヨセフ　882–942）

Saar, Ferdinand von〈19・20世紀〉
オーストリアの作家。
⇒岩世人（ザール　1833.9.30–1906.7.24）

Saarinen, Eliel〈19・20世紀〉
フィンランド生れのアメリカの建築家。
⇒岩世人（サーリネン　1873.8.20–1950.7.1）

Saavedra Lamas, Carlos〈19・20世紀〉
アルゼンチンの法律家，外交官，政治家。法務・教育相，外相を歴任。1936年ノーベル平和賞受賞。
⇒岩世人（サーベドラ・ラマス　1878.11.1–1959.5.5）

Saavedra y Fajardo, Diego de〈16・17世紀〉
スペインの政治家。
⇒岩世人（サーベドラ・イ・ファハルド　1584.5.6–1648.8.24）
　新カト（サアベドラ・ファハルド　1584.5.6–1648.8.24）

Sabā〈19世紀〉
イランの詩人。カージャール朝第2代ファテ・アリー・シャーの桂冠詩人。
⇒岩世人（サバー　?–1822/1823）

Sabāhī, Hājjī Soleymān〈18・19世紀〉
イランのザンド朝末期の詩人。
⇒岩世人（サバーヒー　?–1803/1804）

Śabarasvāmin〈6世紀〉
インドの哲学者。ミーマーンサー学派。聖典『ミーマーンサー・スートラ』に詳細な注釈を付けた。
⇒岩世人（シャバラスヴァーミン　550–600頃）

Sábas〈5・6世紀〉
カッパドキア出身の聖人。
⇒岩世人（サバス（マル・サバの）　439–532）
　新カト（サバス〔マル・サバの〕　439.1–532.12.5）

Sabas〈10世紀〉
聖人，修道院創設者。祝日2月5日。シチリアに生まれる。
⇒新カト（サバス　?–995.2.5）

Sabas (Goth)〈4世紀〉
ローマ帝国治下，現ルーマニアの殉教者。
⇒新カト（サバス〔ゴート人〕　?–372.4.12）

Sabatier, Auguste〈19・20世紀〉
フランスのプロテスタント神学者。新約聖書に歴史的批判を加え，近代主義運動に影響を与えた。
⇒岩世人（サバティエ　1839.10.22–1901.4.12）
　学叢思（サバティエー，オーギュスト　1839–1901）
　新カト（サバティエ　1839.10.22–1901.4.12）

Sabatier, Paul〈19・20世紀〉
フランスの有機化学者。有機不飽和化合物の水素を添加することに成功。1912年ノーベル化学賞受賞。

⇒岩世人（サバティエ　1854.11.5-1941.8.14）
　広辞7（サバティエ　1854-1941）
　ノ物化（ポール・サバチエ　1854-1941）

Sabatier, Paul〈19・20世紀〉
フランスのプロテスタント教会史家。『アッシジの聖フランシスコ伝』(93) を著す。
⇒岩世人（サバティエ　1858.8.3-1928.3.4）
　学叢思（サバティエー，ポール　1858-?）
　新カト（サバティエ　1858.8.3-1928.3.4）

Sabbadini, Bernardo〈17・18世紀〉
イタリアの作曲家。
⇒バロ（サッバディーニ，ベルナルド　1660頃?-1718.11.26）

Sabbatini, Galeazzo〈16・17世紀〉
イタリアの作曲家。
⇒バロ（サッバティーニ，ガレアッツォ　1597-1662.12.6）

Sabbatini, Luigi Antonio〈18・19世紀〉
イタリアの作曲家。
⇒バロ（サッバティーニ，ルイージ・アントニオ　1732-1809.1.29）

Sabbatino, Nicola〈18世紀〉
イタリアの作曲家。
⇒バロ（サッバティーノ，ニコラ　1708頃-1796.4.4）

Sabbatios〈3世紀〉
聖人，殉教者。祝日9月19日。
⇒新カト（トロフィモス，ドリュメドンとサッバティオス）

Sabellius〈2・3世紀〉
リビア生れの神学者。異端サベリアニズムの祖。
⇒岩世人（サベッリウス）
　新カト（サベリオス　2世紀後半-3世紀前半）
　メル1（サベリウス　2世紀後半-3世紀）

al-Sābi'ī, Abū Isḥāq bn Hilāl bn Ibrāhīm〈10世紀〉
ブワイフ朝の書記官僚，詩人。
⇒岩世人（ヒラール・サービー　925.11.24-994.11.19）

Sabina〈2世紀〉
伝説上のローマの殉教者。
⇒新カト（サビーナ〔ローマの〕　生没年不詳）

Sabina, Karel〈19世紀〉
チェコの作家，ジャーナリスト，政治家。
⇒岩世人（サビナ　1813.12.29-1877.11.9）

Sabine, Sir Edward〈18・19世紀〉
イギリスの陸軍軍人，物理学者。
⇒岩世人（サビン　1788.10.14-1883.6.26）

Sabine, George Holland〈19・20世紀〉
アメリカの哲学者，政治学者。コーネル大学哲学教授 (31~48)，同副総長 (43~46)。

⇒岩世人（セイバイン　1880.12.9-1961.1.18）

Sabine, Paul Earls〈19・20世紀〉
アメリカの音響学者。建築物の吸音材，防音壁などについて多くの研究がある。
⇒岩世人（セイビン　1879.1.22-1958.12.28）

Sabinianus〈3世紀〉
聖人，殉教者。祝日10月19日。サンスの初代司教と推定される。
⇒新カト（サビニアヌス，ポテンティアヌスとその仲間　?-300頃）

Sabinianus〈3世紀〉
聖人，殉教者。祝日1月24日。サモス島出身のギリシア人。
⇒新カト（サビニアヌス〔トロアの〕　?-275頃）

Sabinianus〈6・7世紀〉
教皇。在位604~606。大教皇グレゴリウスのもとでコンスタンチノープルへの教皇特使。
⇒新カト（サビニアヌス　?-606.2.22）

Sabino, Giovanni Maria〈16・17世紀〉
イタリアの作曲家。
⇒バロ（サビーノ，ジョヴァンニ・マリア　1590頃?-1649.6）

Sabinus〈3・4世紀?〉
司教。聖人。祝日12月7日。スポレトのサビーヌスと呼ばれる。
⇒新カト（サビーヌス　生没年不詳）

Sabinus〈4世紀〉
ピアチェンツァの司教。在職376~。聖人。祝日12月11日。ピアチェンツァのサビーヌスと呼ばれる。
⇒新カト（サビーヌス　?-393以降）

Sabinus〈6世紀〉
カノサの司教。カノサの守護聖人。祝日2月9日。カノサのサビーヌスと呼ばれる。
⇒新カト（サビーヌス　?-566頃）

Sabinus, Massurius〈1世紀〉
ローマの法学者。
⇒岩世人（サビヌス）

Sabium〈前19世紀〉
バビロニアの統治者。在位前1844~1831。
⇒世帝（サビウム　(在位)前1844-前1831）

Sablières, Jean Granouilhet〈17世紀〉
フランスの作曲家。
⇒バロ（サブリエール，ジャン・グラヌイエ　1627-1700頃）

Saboly, Nicolaus〈17世紀〉
フランスの作曲家。
⇒バロ（サボリ，ニコラ　1614.1.31-1675.7.25）

Sabouraud, Raymond Jacques

Adrian〈19・20世紀〉
フランスの皮膚科学者。放射線による皮膚病の治療法を創始(1904)。
⇒岩世人（サブロー　1864.11.24-1938）

Sabran, Elzéar de〈13・14世紀〉
イタリア中西部アリアーノの伯爵。聖人。祝日9月27日。フランシスコ第三会の会員ともいわれる。
⇒新カト（エルゼアル・ド・サブラン　1286頃-1323.9.27）

Sabsu〈17世紀〉
中国、清初期の武将。姓はフチヤ（富察）。
⇒岩世人（サブス　1629（天聡3）-1701（康熙40））

Sabzavārī, Mollā Hādī〈18・19世紀〉
カージャール朝期イランの哲学者。
⇒岩世人（サブザヴァーリー、モッラー・ハーディー　1797頃-1878）

Sacagawea〈18・19世紀〉
アメリカンインディアンで西部探検隊の有能な女性ガイド。
⇒岩世人（サカジャウィーア　1787頃-1812.12.20）

Saccheri, Giovanni Girolamo〈17・18世紀〉
イタリアの数学者。
⇒岩世人（サッケーリ　1667.9.5-1733.10.25）
　世数（サッケリ、ジョヴァンニ・ジロラモ　1667-1733）

Sacchetti, Franco〈14世紀〉
イタリアの詩人、小説家。主著は、当時の市民生活を活写した300篇の『三百小話集』(95)がある。
⇒岩世人（サッケッティ　1332頃-1400）
　広辞7（サッケッティ　1330頃-1400）

Sacchi, Andrea〈16・17世紀〉
イタリアの画家。
⇒岩世人（サッキ　1599.11.30-1661.6.21）

Sacchi, Bartolommeo de'〈15世紀〉
イタリアの人文学者、歴史家。
⇒岩世人（プラーティナ　1421-1481）
　新カト（プラティナ　1421-1481.9.21）

Sacchini, Antonio Maria Gasparo〈18世紀〉
イタリアの作曲家。
⇒バロ（サッキーニ、アントーニオ・マリア・ガスパーレ・ジョアッキーノ　1730.6.14-1786.10.6）
　岩世人（サッキーニ　1730.6.14-1786.10.6）

Sachau, Karl Eduard〈19・20世紀〉
ドイツの東洋学者。ビールーニーの著書翻訳のほか、イブン・サアドの『大列伝』を刊行(1904～17)。
⇒岩世人（ザッハウ　1845.7.20-1930.9.17）

sa chen kun dga' snying po〈11・12世紀〉
チベット仏教のサキャ派の開祖。
⇒岩世人（サチェン・クンガーニンポ　1092-1158）

Sacher-Masoch, Leopold von〈19世紀〉
オーストリアの小説家。マゾヒズムの語の由来となった。
⇒岩世人（ザッハー＝マゾッホ　1836.1.27-1895.3.9）
　ネーム（ザッヘル＝マゾッホ　1836-1895）
　世人新（ザッヘル＝マゾッホ　1836-1895）
　世人装（ザッヘル＝マゾッホ　1836-1895）
　ユ人（ザッハー・マゾッホ、レオポルト・フォン　1836-1895）
　ユ著人（Sacher-Masoch,Ritter Leopold von　ザッハー＝マゾッホ、リッター・レオポルド・フォン　1836-1895）

Sacheverell, Henry〈17・18世紀〉
イギリスの聖職者。
⇒岩世人（サシェヴァレル　1674頃-1724.6.5）

Sachs, Bernard〈19・20世紀〉
米国の神経学者。小児神経学のパイオニア。
⇒ユ著人（Sachs,Bernard　ザックス、バーナード　1858-1944）

Sachs, Hans〈15・16世紀〉
ドイツの職匠歌人、劇作家。4,000余の職匠歌をはじめ謝肉祭劇、笑劇などを残す。
⇒バロ（ザックス、ハンス　1494.11.5-1576.1.19）
　岩世人（ザックス　1494.11.5-1576.1.19）
　広辞7（ザックス　1494-1576）
　学叢思（ザックス、ハンス　1495-1576）
　新カト（ザックス　1494.11.5-1576.1.19）

Sachs, Hans〈19・20世紀〉
ドイツの細菌学者。梅毒血清診断法を考案。
⇒岩世人（ザックス　1877.6.6-1945.3.25）

Sachs, Julius von〈19世紀〉
ドイツの植物学者。19世紀における植物学に、生理学的な面を開拓。
⇒岩世人（ザックス　1832.10.2-1897.5.29）
　ネーム（ザックス　1832-1897）

Sackett, Nathaniel〈18・19世紀〉
アメリカのスパイ。独立戦争の際にジョージ・ワシントン将軍が個人的に雇った。
⇒スパイ（サケット、ナサニエル　1737-1805）

Sackville, Thomas, 1st Earl of Dorset〈16・17世紀〉
イギリスの詩人、政治家。ノートンと『ゴーボダック』を合作、イギリスの戯曲では初めて無韻詩を使用。
⇒岩世人（サックヴィル　1536-1608.4.19）

Sacrati, Francesco〈17世紀〉
イタリアの作曲家。

⇒バロ（サクラーティ, フランチェスコ　1605.9.17–1650.5.20）

Sacrobosco, Joannes de〈13世紀〉
イギリスの数学者, 天文学者。
⇒新カト（サクロボスコ　1195頃–1256頃）
　世数（サクロボスコ, ヨハネス・ド　1195頃–1256）

Sacy, Antoine Isaac Silvestre de〈18・19世紀〉
フランスの東洋学者。主著『アラビア語文法』(10)は後世に大きな影響を及ぼした。
⇒岩世人（サシ　1758.9.21–1838.2.21）

Sa'd al-Dīn Ḥammūya〈12・13世紀〉
イランの詩人, 神秘主義者。
⇒岩世人（サアドゥッディーン・ハンムーヤ　1190頃–1252/1253）

Sadānanda〈15・16世紀〉
インドのベーダーンタ学派の学者。著書に『ベーダーンタサーラ』がある。
⇒岩世人（サダーナンダ）

Sade, Donatien Alphonse François, Marquis de〈18・19世紀〉
フランスの小説家。伯爵であったが侯爵と呼ばれる。
⇒岩世人（サド　1740.6.2–1814.12.2）
　広辞7（サド　1740–1814）
　世人新（サド　1740–1814）
　世人装（サド　1740–1814）
　ポブ人（マルキ・ド・サド　1740–1814）

Sadecki〈17・18世紀〉
ポーランドの作曲家。
⇒バロ（サデツキ,?　1690頃?–1750頃?）

Sadeddin, Hoca〈16世紀〉
オスマン・トルコ帝国の学者, シェイヒュル・イスラム（イスラム最高長官）。
⇒岩世人（サアデッディン・エフェンディ　1536/1537–1599）

Sadeler, Jan I〈16・17世紀〉
フランドルの版画家。
⇒岩世人（サーデラル　1550–1608.8）

Sá de Miranda, Francisco de〈15・16世紀〉
ポルトガルの詩人。ポルトガル文学, 特に詩の改革のリーダーとして活躍。
⇒岩世人（ミランダ　1487–1558.3.15）

al-Sa'dī 'Abd al-Raḥmān ibn 'Abdullāh〈16・17世紀〉
西アフリカの都市トンブクトゥの歴史家, 行政官。
⇒岩世人（サアディー　1596.5.28–1655/1656以降）

Sa'd ibn Abī Waqqāṣ〈6・7世紀〉
預言者マホメットの教友の一人, イスラム教団国家初期の将軍。
⇒岩世人（サアド・イブン・アビー・ワッカース　600頃/605頃–670/675）

Ṣādiqī Beg〈16・17世紀〉
サファヴィー朝期の画家, 書家, 著作家。
⇒岩世人（サーディキー・ベグ　1533/1534–1609/1610）

Sa'dī Shīrāzī〈12・13世紀〉
ペルシアの詩人。托鉢して諸国を遍歴。主著『ブースターン』(57)。
⇒岩世人（サアディー・シーラーズィー　1210頃–1292.12）
　広辞7（サアディー　1213頃–1291頃）
　世人新（サアディー　1210頃–1292頃）
　世人装（サーディー　1210頃–1292頃）

Sadler, Michael Ernest〈19・20世紀〉
イギリスの教育家。
⇒岩世人（サドラー　1861.7.3–1943.10.14）

Sadler, Michael Thomas〈18・19世紀〉
イギリスの政治家。メソジスト教徒の博愛主義者。労働改革法を下院に提出, 改革法委員長を務めた。
⇒学叢思（サッドラー, ミカエル・トマス　1780–1835）

Ṣādôk〈前10・9世紀頃〉
祭司。ソロモン時代にはエルサレム聖所の祭司長。サドカイ派の祖ともされる。
⇒岩世人（ツァドク）

Sadoleto, Jacopo〈15・16世紀〉
枢機卿, 人文主義的教育学者。
⇒新カト（サドレート　1477.7.12–1547.10.18）

Sadoveanu, Mihail〈19・20世紀〉
ルーマニアの小説家。代表作は『ニコアラ・ポトコアバ』(52)など。1960年にレーニン平和賞を受賞。
⇒岩世人（サドヴェアヌ　1880.10.24/11.5–1961.10.19）

Sæmundur Sigfússon〈11・12世紀〉
アイスランドの神父, 歴史家。
⇒岩世人（サイムンドゥル・シフフソン　1056–1133）

Saenmuangma〈14・15世紀〉
タイのランナー王国の第7代王。在位1385～1401。
⇒岩世人（セーンムアンマー　1363–1401）

Saenredam, Pieter Jansz.〈16・17世紀〉
オランダの画家。精確なデッサンと遠近法によって知られ, 建築物を忠実に描写した最初の画家の一人。
⇒岩世人（サーンレダム　1597.6.9–1665.5.31（埋葬））

Sáenz Peña, Roque〈19・20世紀〉
アルゼンチンの政治家。大統領（1910～14）。
⇒岩世人（サエンス・ペニャ　1851.3.19–1914.8.9）

Šafařík, Pavel Josef〈18・19世紀〉
チェコスロバキアのスラブ文献学者，歴史家。スラブ学の代表者。
⇒岩世人（シャファーリク（シャファジーク）1795.5.13–1861.6.26）

Safdar Jang, Abū'l Mansūr Khān〈18世紀〉
インドのオード太守。在職1739～54。
⇒岩世人（サフダル・ジャング　1708–1754.10.5）

Ṣafī I〈17世紀〉
近代ペルシア（イラン）の統治者。在位1629～1642。
⇒世帝（サフィー1世　1610?–1642）

Ṣafī II〈17世紀〉
近代ペルシア（イラン）の統治者。
⇒世帝（サフィー2世　1647–1694）

Safī al-Dīn, Isḥāq Ardabīlī〈13・14世紀〉
イランのサファヴィー教団の創始者。
⇒岩世人（サフィーユッディーン　1252/1253–1334.9.12）

Saγang Sečen〈17世紀〉
モンゴルの貴族。
⇒岩世人（サガン・セチェン　1604–?）

Sagasta, Práxedes Mateo〈19・20世紀〉
スペインの政治家。
⇒岩世人（サガスタ　1827.7.21–1903.1.5）

Sägmüller, Johann Baptist〈19・20世紀〉
ドイツの教会法史学者，教育学者。
⇒新カト（ゼーグミュラー　1860.2.24–1942.10.22）

Sagramore
円卓の騎士の一人。
⇒ネーム（サグラモール）

Śāha, Pṛthvīnārāyaṇ〈18世紀〉
ネパールのゴルカ王朝の初代王。
⇒岩世人（シャハ　1723.1.7–1775.1.11）

Saḥāb, Moḥammad Iṣfahānī〈18・19世紀〉
イランの詩人。
⇒岩世人（サハーブ　?–1807/1808）

Sahagún, Bernardino de〈15・16世紀〉
スペインのフランシスコ会士。
⇒新カト（サアグン　1499–1590）
　ラテ新（サアグン　1499/1500–1590）

Ṣāḥib ibn al-'Abbād, Abū al-Qāsim Ismā'īl〈10世紀〉
ブワイフ朝の文人，宰相。
⇒岩世人（サーヒブ・イブン・アッバード　938–995）

Şah Kulu Bağdâdi〈16世紀〉
オスマン朝期に活躍した画家。
⇒岩世人（シャー・クル　?–1555/1556?）

Sahli, Hermann〈19・20世紀〉
スイスの医者。胃の機能を検査する方法を考案（1891）。
⇒岩世人（ザーリ　1856.5.23–1933.4.28）

Sahni, Daya Ram〈19・20世紀〉
インドの考古学者。セヘート・マヘート，バイラート遺跡などを発掘。
⇒岩世人（サーヘニー　1879–1939）

Saḥnūn al-Tanūkhī〈8・9世紀〉
イスラーム法学者。
⇒岩世人（サフヌーン・タヌーヒー　776–854.12.1/2）

Sā'ib Tabrīzī〈17世紀〉
イランの詩人。サファヴィー朝のアッバース2世の桂冠詩人。
⇒岩世人（サーイブ・タブリーズィー　1601/1602–1677/1678/1670頃）

Sai-čung-ga〈19世紀〉
中国，清中期の将軍。諡は襄勤。
⇒岩世人（サイチュンガ　?–1828（道光8））

Said, Abdul Penghulu〈18・19世紀〉
マレー半島西岸のヌグリ・スンビランナニンの地区首長。
⇒岩世人（サイド，アブドゥル）

Sa'īd, Muḥammad〈19世紀〉
エジプトのムハンマド・アリー朝の君主。在位1854～63。
⇒岩世人（サイード，ムハンマド　1822.3.17–1863.1.17）

Saifi, Euthymios〈17・18世紀〉
メルキト教会の府主教。メルキト教会とローマ教会の一致推進者。
⇒新カト（エウテュミオス・サイフィ　1648頃–1723.10.27）

Sailer, Johann Michael〈18・19世紀〉
レーゲンスブルクの司教。在位1829～32。19世紀のカトリック大更新運動を準備。
⇒岩世人（ザイラー　1751.11.17–1832.5.20）
　新カト（ザイラー　1751.11.17–1832.5.20）

Sainag-Aldar
カフカス山脈発祥の『ナルト叙事詩』に登場する剣士。

⇒ネーム（サイネグ・エルダル）

Saint-Amant, Marc Antoine Girard de〈16・17世紀〉
フランスの詩人。代表作は諷刺詩『孤独へのオード』(40)叙事詩『救われたモーセ』(53)など。
⇒岩世人（サンタマン　1594.9.30–1661.12.29）

Saint-Aubin, Gabriel Jacques de〈18世紀〉
フランスの画家。素描に専念。
⇒岩世人（サントーバン　1724.4.14–1780.2.14）

Saint-Bonnet, Blanc de〈19世紀〉
フランスの作家, 思想家。
⇒新カト（ブラン・ド・サン・ボネ　1815.1.15–1880.6.8）

Saint-Cyran〈16・17世紀〉
フランスのジャンセニスム指導者。ヤンセンの友人でサン・シラン修道院長。ポール・ロワイヤルに多大の感化を与えた。
⇒岩世人（サン＝シラン　1581–1643.10.11）

St.Denis, Ruth〈19・20世紀〉
アメリカの女性舞踊家。デニション舞踊学校を設立, マーサ・グラームなどの俊英を輩出。
⇒岩世人（セント・デニス　1880.1.20–1968.7.21）
バレエ（セント・デニス, ルース（本名Ruth Denis）　1879.1.20–1968.7.21）

Sainte-Beuve, Charles Augustin〈19世紀〉
フランスの評論家, 詩人, 小説家。『グローブ』紙上で批評活動を開始。
⇒岩世人（サント＝ブーヴ　1804.12.23–1869.10.13）
ネーム（サント＝ブーヴ　1804–1869）
広辞7（サント・ブーヴ　1804–1869）
学叢思（サント・ブーヴ, シャール・オーギュスタン　1804–1864）

Sainte-Claire Deville, Henri Etiennes〈19世紀〉
フランスの化学者。アルミニウムの工業的生産方法を発明(1854)。
⇒岩世人（サント＝クレール・ドヴィル　1818.3.9–1881.7.1）

Sainte Domitille〈19・20世紀〉
サン・モール修道会のフランス人修道女。
⇒新カト（サント・ドミティーユ　1846.5.24–1905.2.2）

Saint-Elie〈19・20世紀〉
幼きイエズス修道会の会員, 日本管区第2代管区長。在職1901～28。フランスのソーヌ・エ・ロアール県生まれ。
⇒新カト（サンテリ　1849.4.1–1929.10.15）

Sainte Mathilde〈19・20世紀〉
フランスのロレーヌ地方出身の修道女。サン・モール修道会員。来日女性宣教師。
⇒新カト（サント・マティルド　1814.2.9–1911.1.20）

Saint Ephraem Syrus〈4世紀〉
シリアの作曲家。
⇒バロ（サン・エフラエム・シルス　306頃–373.6.9）

Saint-Évremond, Charles de Marguetel de Saint-Denis, Seigneur de〈17・18世紀〉
フランスの思想家, 評論家, 劇作家。快楽主義的自由思想家。
⇒岩世人（サンテヴルモン　1614–1703.9.20）

Saint-Foix, Marie Olivier Georges du Parc Poulain, Comte de〈19・20世紀〉
フランスの音楽史家。
⇒岩世人（サン＝フォワ　1874.3.2–1954.5.26）

Saint-Genest〈19・20世紀〉
フランスのジャーナリスト。
⇒19仏（サン＝ジュネ　1835–1902）

Saint-Georges, Joseph-Boulogne〈18世紀〉
フランスの作曲家, ヴァイオリン奏者。ラ・ロージュ・オランピク合奏団を組織。
⇒バロ（サン・ジョルジュ, ジョゼフ・ブローニュ・シュバリエ・ド　1745.12.25–1799.6.10）

St.German (Germain), Christopher〈15・16世紀〉
イギリスの法律家。
⇒岩世人（セント・ジャーマン（ジャメイン）　1460頃–1540/1541）

Saint-German, Comte de〈18世紀〉
フランスの山師。
⇒岩世人（サン＝ジェルマン　?–1784頃）

Saint-Godric〈11・12世紀〉
イギリスの作曲家。
⇒バロ（セント・ゴドリック,?　1069頃–1170.5.21）

Saint Johanes da Zaragoza〈6・7世紀〉
スペインの作曲家。
⇒バロ（サン・ヨハネス・ダ・サラゴサ　580頃?–631）

Saint-Just, Louis Antoine Léon de〈18世紀〉
フランス革命期の政治家。「ライン軍兵士への布告」を発して軍紀の粛正に努力。
⇒岩世人（サン＝ジュスト　1767.8.25–1794.7.28）
ネーム（サン＝ジュスト　1767–1794）
学叢思（サン・ジュスト, ルイ・アントワーヌ・レ

オン・フローレル・ドゥ 1767-1794)
世人新（サン＝ジュスト 1767-1794）
世人裝（サン＝ジュスト 1767-1794）
ポプ人（サン＝ジュスト, ルイ・アントワーヌ・ド 1767-1794）

Saint-Lambert, Jean François, Marquis de〈18・19世紀〉
フランスの詩人，哲学者。
⇒岩世人（サン＝ランベール 1716.12.26-1803.2.9）
　学叢思（サン・ランベール, フランソワ・ド 1716-1802）

Saint-Léon, Arthur Michel〈19世紀〉
フランスの舞踊家。『悪魔のヴァイオリン』(49)に出演。
⇒岩世人（サン＝レオン 1821.9.17-1870.9.2）
　バレエ（サン＝レオン, アルチュール 1821.9.17-1870.9.2）

Saint-Lô, Chrysostome de〈16・17世紀〉
フランシスカン霊性の指導者，著述家。フランスのバイユーの近郊サン・フレモンに生まれる。
⇒新カト（クリゾストム・ド・サン・ロー 1594-1646.3.26）

Saint-Luc, Jacques Alexandre〈17・18世紀〉
フランドルの作曲家。
⇒バロ（サン・リュック, ジャック・アレクサンドル 1663-1701以降）

Saint Mamert〈5・6世紀〉
フランスの作曲家。
⇒バロ（サン・マメール,? 460頃?-510頃?）

Saint-Martin, Louis Claude de〈18・19世紀〉
フランスの光明派神秘家。グノーシス的神秘主義に立ってコンディヤックの唯物論に反対。
⇒岩世人（サン＝マルタン 1743.1.18-1803.10.13）
　学叢思（サン・マルタン, ルイ・クロード・ドゥ 1743-1803）
　メル2（サン＝マルタン, ルイ・クロード・ド（通称知られざる哲学者） 1743-1803）

Sainto Colombe, Jean de〈17世紀〉
フランスの作曲家。
⇒バロ（サント・コロムブ, ジャン・ド 1640頃?-1691/1701）

Saint-Pierre, Charles Irénée Castel, Abbé de〈17・18世紀〉
フランスの著述家。政治を論じたサロン「中二階クラブ」の中心人物。ルイ14世の政治を批判。
⇒岩世人（サン＝ピエール 1658.2.18-1743.3.29）
　世人新（サン＝ピエール 1658-1743）
　世人裝（サン＝ピエール 1658-1743）
　ポプ人（サン＝ピエール, シャルル・イルネ・カステル・ド 1658-1743）

Saint-Pol Roux〈19・20世紀〉
フランスの詩人。
⇒岩世人（サン＝ポル＝ルー 1861.1.15-1940.10.18）

Saint Romanus Melodos〈6世紀〉
シリアの作曲家。
⇒バロ（サン・ロマノス・メロドス 500頃?-555以降）

Saint-Saëns, Charles Camille〈19・20世紀〉
フランスの作曲家，ピアノ奏者，オルガン奏者。「国民音楽協会」を創設。
⇒岩世人（サン＝サーンス 1835.10.9-1921.12.16）
　オペラ（サン＝サーンス, カミーユ 1835-1921）
　エデ（サン＝サーンス,（シャルル・）カミーユ 1835.10.9-1921.12.16）
　19仏（カミーユ・サン＝サーンス 1835.10.9-1921.12.16）
　ネーム（サン＝サーンス 1835-1921）
　広辞7（サン・サーンス 1835-1921）
　学叢思（サン・サーンス, カミーユ 1835-1921）
　実音人（サン＝サーンス, カミーユ 1835-1921）
　新カト（サン＝サーンス 1835.10.9-1921.12.16）
　世人新（サン＝サーンス 1835-1921）
　世人裝（サン＝サーンス 1835-1921）
　ピ曲改（サン＝サーンス, カミーユ 1835-1921）
　ポプ人（サン＝サーンス, カミーユ 1835-1921）

Saint-Samson, Jean de〈16・17世紀〉
フランスのカルメル会員，神秘家，霊的指導者。
⇒新カト（ジャン・ド・サン・サムソン 1571.12.30-1636.9.14）

Saintsbury, George Edward Bateman〈19・20世紀〉
イギリスの文学史家，批評家。主著『批評史』(1900～04),『フランス小説史』(17～19) など。
⇒岩世人（セインツベリ 1845.10.23-1933.1.28）

Saint-Simon, Claude Henri de Rouvroy, Comte de〈18・19世紀〉
フランスの哲学者，経済学者。アメリカ独立戦争に参加。主著『新キリスト教論』(25)。
⇒岩世人（サン＝シモン 1760.10.17-1825.5.19）
　ネーム（サン＝シモン 1760-1825）
　広辞7（サン・シモン 1760-1825）
　学叢思（サン・シモン, クロード・アンリ・コント・ド 1760-1825）
　新カト（サン＝シモン 1760.10.17-1825.5.19）
　世人新（サン＝シモン 1760-1825）
　世人裝（サン＝シモン 1760-1825）
　世史語（サン＝シモン 1760-1825）
　ポプ人（サン＝シモン, クロード・アンリ・ド 1760-1825）
　メル3（サン＝シモン, アンリ・ド 1760-1825）

Saint-Simon, Louis de Rouvroy, Duc de〈17・18世紀〉
フランスの軍人，文筆家。

⇒岩世人（サン＝シモン　1675.1.16–1755.3.2)
広辞7（サン・シモン　1675–1755）

Saint-Vincent, Grégorie de〈16・17世紀〉
フランドルの数学者。
⇒世数（サン-ヴァンサン，グレゴワール・ド　1584–1667）

Saisset, Émile〈19世紀〉
フランスの哲学者。
⇒岩世人（セセ　1814.9.16–1863.12.27）

Saitshick, Robert〈19・20世紀〉
スイスの哲学者。
⇒岩世人（ザイチック　1868.4.24–1965.2.23）

Saiyad Aḥmad Barēlvī〈18・19世紀〉
北インドのウッタル・プラデーシュ州，ガンガー中流域のラーイ・バレーリーの貧農出身で，ムジャーヒディーン運動の指導者。
⇒南ア新（サイヤド・アフマド・バレールヴィー　1786–1831）

Sajnovics János〈18世紀〉
ハンガリーの言語学者，天文学者。言語の比較研究の先駆者。
⇒岩世人（シャイノヴィチ　1733.5.12–1785.5.4）
新カト（シャイノヴィチ　1733.5.12–1785.5.4）

Sakay, Macario〈19・20世紀〉
フィリピン革命の軍事的指導者。
⇒岩世人（サカイ　1870–1907）

Saki〈19・20世紀〉
イギリスの小説家。本名Hector Hugh Munro。短篇集『レジナルド』(04) などがある。
⇒岩世人（サキ　1870.12.18–1916.11.14）
広辞7（サキ　1870–1916）

Sakkarin〈19・20世紀〉
ラオス王国の統治者。
⇒岩世人（サッカリン　1841–1904）

Sakuntala
インド神話の姫。仙人ヴィシュヴァーミトラと天女メーナカーの娘。
⇒姫全（シャクンタラー）

śākya mchog ldan〈15・16世紀〉
チベットの学僧。
⇒岩世人（シャーキャ・チョクデン　1428–1507）

Śákyamuni〈前6・5世紀〉
インドの聖者。仏教の開祖。ルンビニーに生れ，クシナガラに没。釈迦牟尼はシャカ族出身の聖者の意。
⇒岩世人（シャカ　前463/前564–前383/前484）
覚思（釈迦（ゴータマ・シッダッタ）　しゃか　前463/前383頃）
覚思ス（釈迦（ゴータマ・シッダッタ）　しゃか　前463–前383頃）
広辞7（釈迦牟尼　しゃかむに　前566/前463–前486/前383）
学叢思（シャカ　釈迦　前557–?）
新カト（シッダールタ　前448頃–前368頃，ただし諸説あり）
世人新（ガウタマ＝シッダールタ　しゃかむに；ぶっだ　前563頃/前463頃–前483頃/前383頃）
世人装（ガウタマ＝シッダールタ　しゃかむに；ぶっだ　前563頃/前463頃–前483頃/前383頃）
世史語（ガウタマ＝シッダールタ　前563頃–前483頃。ただし前463頃〜前383頃など諸説ある）
中人小（釈迦牟尼　前463頃–前383頃）
ポプ人（シャカ　前463?–前383?）
メル1（ブッダ　前558–前478）
メル1（ブッダ（シッダールタ・ゴータマ）　前558–前478）
学叢歴（釈迦　前565–前485）

Śākyaśrībhadra〈12・13世紀〉
インドの密教者。ヴィクラマシラー寺の最後僧院長。
⇒広辞7（シャーキャシュリーバドラ　1140頃–1225）

Sala, Antonio〈18世紀〉
スペインの作曲家。
⇒バロ（サーラ，アントーニオ　1730頃?–1794）

Sala, Giuseppe〈19・20世紀〉
イタリアのテノール歌手。
⇒魅惑（Sala, Giuseppe　1870–?）

Sala, Maria Anna〈19世紀〉
イタリアの修道女。
⇒新カト（サラ　1829.4.21–1891.11.24）

Sala, Nicola〈18・19世紀〉
イタリアの作曲家。
⇒バロ（サーラ，ニコラ　1713.4.7–1801.8.31）

Salaberga〈7世紀〉
聖人，修道院長。祝日9月22日。フランス北部，ラン近郊の名家に生まれる。
⇒新カト（サラベルガ　?–665.9.22）

Salāh al-Dīn Yūsuf〈12世紀〉
エジプトのアイユーブ朝の創建者。
⇒岩世人（サラーフッディーン　1137/1138–1193.3.4）
ネーム（サラディン　1138–1193）
広辞7（サラーフ・アッディーン　1138–1193）
世人新（サラーフ＝アッディーン（サラディン）　1138–1193）
世人装（サラーフ＝アッディーン（サラディン）　1138–1193）
世史語（サラディン（サラーフ＝アッディーン）　1138–1193）
世史語（サラディン（サラーフ＝アッディーン）　1138–1193）
世帝（サラーフ・アッディーン　1137/1138–1193）
ポプ人（サラディン　1138–1193）

Salāma al-Rāḍī〈19・20世紀〉
エジプトのイスラーム神秘家(スーフィー)。
⇒岩世人 (サラーマ・ラーディー 1866/1867–1939)

Salamon〈11世紀〉
ハンガリー王国の統治者。在位1063～1074。
⇒世帝 (シャラモン 1053–1087)

Salandra, Antonio〈19・20世紀〉
イタリアの政治家,法律家。
⇒岩世人 (サランドラ 1853.8.13–1931.12.9)

Salat, Jakob〈18・19世紀〉
ドイツのカトリック哲学者・神学者。
⇒新カト (ザラト 1766.8.22–1851.2.11)

Salazar, Antonio de〈17・18世紀〉
スペインの作曲家。
⇒バロ (サラサール,アントーニオ・デ 1650頃–1715.5.27以前)

Salazar, Domingo de〈16世紀〉
フィリピンの最初の司教。スペインのラバスティダに生まれる。
⇒新カト (サラサル 1512–1594.12.4)

Salazar, Vicente de〈17・18世紀〉
スペインのドミニコ会宣教師。『比島,中国,トンキン伝道史』を著した。
⇒岩世人 (サラサール 1697–1743.6.19)

Salchow,（Karl Emil Julius）Ulrich〈19・20世紀〉
スウェーデンの男子フィギュアスケート選手。
⇒岩世人 (サルコウ 1877.8.7–1949.4.19)

Šalda, František Xaver〈19・20世紀〉
チェコスロヴァキアの文芸評論家。評論集『明日のための闘い』(05)などがある。
⇒岩世人 (シャルダ 1867.12.22–1937.4.4)

Saldanha, João Carlos de Oliveira e Daun, Duque de〈18・19世紀〉
ポルトガルの軍人,政治家。首相(1846～9,51～6,70)。
⇒岩世人 (サルダーニャ 1790.11.17–1876.11.20)

Saldou, Vict rien〈19・20世紀〉
フランスの劇作家。
⇒学叢思 (サルドー,ヴクトリアン 1831–1908)

Saleeby, Najeeb Mitry〈19・20世紀〉
アメリカの医者,教育者。
⇒アア歴 (Saleeby,Najeeb M (itry)　ナジブ・ミトリ・サレビー 1870–1935.12.18)
　岩世人 (サリービー 1870–1935)

Saleh, Raden Syarif Bustaman〈19世紀〉
インドネシアの画家。
⇒岩世人 (サレー,ラデン 1807–1880.4.23)

Saleilles, Sébastien Felix Raymond〈19・20世紀〉
フランスの法学者。「科学学派」の創始者。「自然法の客観的実現」の理論を展開。
⇒岩世人 (サレイユ 1855.1.14–1912.3.3)
　ネーム (サレーユ 1855–1912)

Sales, François de〈16・17世紀〉
フランスの宗教家,教会博士,聖人。対抗宗教運動の指導者の一人。
⇒岩世人 (フランソワ・ド・サル 1567.8.21–1622.12.28)
　新カト (フランソア・ド・サル 1567.8.21–1622.12.28)
　図聖 (フランソア・ド・サル 1567–1622)

Sales, Franz〈16世紀〉
フランドルの作曲家。
⇒バロ (ザーレス,フランツ 1550頃?–1599.7.15)

Saléza, Albert〈19・20世紀〉
フランスのテノール。多くのレパートリーの中で特にロメオとファウストには高い評価が与えられた。
⇒魅惑 (Saleza,Albert 1867–1916)

Salgari, Emiglio〈19・20世紀〉
イタリアの作家。『黒い海賊』『インドの蛮刀』などの冒険小説を書いた。
⇒岩世人 (サルガーリ 1862.8.21–1911.4.25)

Saliceti（Salicetti）, Antoine-Christophe〈18・19世紀〉
フランスの政治家。革命期およびナポレオン時代に活動。
⇒岩世人 (サリセティ 1757.8.26–1809.12.23)

Salieri, Antonio〈18・19世紀〉
イタリアの作曲家,オペラ指揮者。ベートーベン,シューベルト,リストの師といわれる。
⇒バロ (サリエリ,アントーニオ 1750.8.18–1825.5.7)
　岩世人 (サリエーリ 1750.8.18–1825.5.7)
　オペラ (サリエーリ,アントニオ 1750–1825)
　エデ (サリエリ,アントニオ 1750.8.18–1825.5.7)
　広辞7 (サリエリ 1750–1825)

Salieri, Francesco〈18・19世紀〉
イタリアの作曲家。
⇒バロ (サリエリ,フランチェスコ 1745頃–1810頃?)

Salignac, Thomas〈19・20世紀〉
フランスのテノール。音楽誌'Lyrica'を創刊。
⇒魅惑 (Salignac,Thomas 1867–1941)

Ṣāliḥ
古代南アラビアに栄えたサムード族の預言者。
⇒岩世人 (サーリフ)

Al-Ṣāliḥ Ayyūb〈13世紀〉
イスラム・エジプトの統治者。在位1240～1249。
⇒世帝（アル・サーリフ　1201–1249）

Ṣālih ibn 'Abd al-Quddūs al-Azdī al-Baṣrī〈8世紀〉
アラブ系宗教詩人。
⇒岩世人（サーリフ・イブン・アブドゥルクッドゥース　?–783/784）

Salimbene da Parma〈13世紀〉
イタリアのフランチェスコ派修道士，年代記作者。年代記は13世紀の基本的な史料として重要。
⇒岩世人（サリンベーネ　1221.10.9–1288/1289）
　新カト（サリムベネ〔パルマの〕　1221.10.9–1288以降）

Salīm Chishtī, Shaikh〈16世紀〉
インドのチシティー派神秘主義聖者。
⇒岩世人（サリーム・チシュティー　?–1571/1572）

Salinas, Francisco de〈16世紀〉
スペインの音楽理論家，オルガン奏者。
⇒バロ（サリーナス，フランシスコ・デ　1513.3.1–1590.1.13）

Salinis, Hymbert de〈14・15世紀〉
フランドル楽派の作曲家。
⇒バロ（インベール・ド・サリニス　1370頃?–1417以降）
　バロ（サリニス，インベール・ド　1370頃?–1417以降）

Salioni, Mario〈17世紀〉
イタリアの作曲家。
⇒バロ（サリオーニ，マリオ　1600頃?–1660頃?）

Salisbury, Robert Arthur Talbot Gascoyne-Cecil, 3rd Marquis of〈19・20世紀〉
イギリスの政治家。首相，外相を歴任し，ヨーロッパの協調を守る外交を推進。
⇒岩世人（ソールズベリ　1830.2.3–1903.8.22）
　ネーム（ソールズベリ　1830–1903）
　広辞7（ソールズベリ　1830–1903）
　世人新（ソールズベリ　1830–1903）
　世人装（ソールズベリ　1830–1903）

Salisbury, Robert Cecil, 1st Earl of〈16・17世紀〉
イギリスの政治家。1596～12年国務大臣を務めた。
⇒岩世人（ソールズベリ　1563.6.1–1612.5.24）

Salisch, Heinrich von〈19・20世紀〉
ドイツの森林美学者。
⇒岩世人（ザーリッシュ　1846.6.1–1920.3.6）

Śāliśuka〈前3世紀〉
マウリア帝国の統治者。在位前215～202。

⇒世帝（シャーリシューカ　（在位）前215/前212–前202/前199）

Salkowski, Ernst Leopold〈19・20世紀〉
ドイツの医学者。塩の排泄，蛋白質腐敗，五炭糖尿，自家消化等の研究がある。
⇒岩世人（ザルコヴスキー　1844.10.11–1923.3.10）

Sallé, Marie〈18世紀〉
フランスの舞踊家。
⇒岩世人（サレ　1707–1756.7.27）
　バレエ（サレ，マリー　1707–1756.7.27）

Sallee, W.Eugene〈19・20世紀〉
アメリカの宣教師。
⇒アア歴（Sallee,W.Eugene　W・ユージーン・サリー　1878.3.24–1931.6.15）

Salles Barangueras, Maria del Carmen〈19・20世紀〉
マリアの無原罪修道会創立者。聖人。祝日12月6日。スペインのバルセロナ県ビークに生まれ，マドリードで没す。
⇒新カト（マリア・デル・モンテ・カルメン・サジェス・イ・バランゲラス　1848.4.9–1911.7.25）

Sallinen, Tyko Konstantin〈19・20世紀〉
フィンランドの画家。
⇒岩世人（サッリネン　1879.3.14–1955.9.18）

Sallustius〈4世紀〉
古代ローマの著作家，政治家。
⇒岩世人（サッルスティウス）

Sallustius Crispus, Gaius〈前1世紀〉
ローマの歴史家。カエサルの軍を指揮し，アフリカとヌミディアの総督をつとめて財を成した。
⇒岩世人（サッルスティウス　前86–前34頃）
　広辞7（サルスティウス　前86–前35頃）

Salmān al-Fārisī〈7世紀〉
預言者ムハンマドの教友。
⇒岩世人（サルマーン　?–655/656）

Salmān Sāwajī, Jamāl al-Dīn〈14世紀〉
ペルシアの頌詩詩人。
⇒岩世人（サルマーン・サーワジー　1300頃–1376）

Salmasius, Claudius〈16・17世紀〉
フランスの古典学者。
⇒学叢思（ザルマシウス，クラウジウス　1588–1653）
　新カト（サルマシウス　1588.4.15–1653.9.3）

Salmerón, Alfonso〈16世紀〉
スペインのカトリック神学者。司祭。『聖書註解』（1597～1604）の著がある。
⇒岩世人（サルメロン　1515.9.7–1585.2.13）
　新カト（サルメロン　1515.9.8–1585.2.13）

Salmerón y Alonso, Nicolas〈19・20世

紀〉
スペインの政治家。第1共和政の大統領。晩年は進歩党の国会議員。
⇒岩世人（サルメロン・イ・アロンソ　1838.4.10–1908.9.20）

Salmon, Alexsander〈19世紀〉
イギリス出身のタヒチ移住者。
⇒ユ人（サルモン，アレクザンダー　1822–1866）

Salmon, Alfred〈19・20世紀〉
イギリスの仕出し業者。
⇒ユ人（サルモン，アルフレッド　1868–1928）

Salmon, Daniel Elmer〈19・20世紀〉
アメリカの獣医学者，病理学者。死滅したウイルスが生存ウイルスに対する免疫をつくることを発見。
⇒岩世人（サモン　1850.7.23–1914.8.30）

Salmon, George〈19・20世紀〉
アイルランドの数学者，神学者。
⇒岩世人（サモン　1819.9.25–1904.1.22）
世数（サルモン，ジョージ　1819–1904）

Salmon, Jacques〈16世紀〉
フランスの作曲家。
⇒バロ（サルモン，ジャック　1545頃–1586）

Salmon, Marie-Amedée〈19・20世紀〉
フランスのパリ外国宣教会宣教師。
⇒新カト（サルモン　1845.11.11–1919.4.1）

Salmond, Sir John William〈19・20世紀〉
ニュージーランドの法学者。イギリス法に関する研究は高く評価されている。
⇒岩世人（サモンド　1862.12.3–1924.9.19）

Salmōneus
ギリシア神話，アイオロスの子。
⇒岩世人（サルモネウス）

Salome〈1世紀頃〉
ヘロデ大王の孫娘，ガリラヤの王ヘロデ・アンティパスと妻ヘロデアの娘。
⇒岩世人（サロメ）
姫全（サロメ）
ネーム（サロメ）
広辞7（サロメ）
聖書（サロメ（ヘロディアの娘））
ユ人（サロメ　1世紀）

Salome〈1世紀頃〉
ゼベダイの妻，使徒ヤコブやヨハネの母。イエスの母マリアの姉妹（ヨハネ福音書）。
⇒岩世人（サロメ）
新カト（サロメ）
聖書（サロメ（ゼベダイの妻））

Salome Alexandra〈前1世紀〉
マカベアの王アリストグロス1世の妻。
⇒ユ人（サロメ，アレクサンドラ　前1世紀）

Salome von Niederaltaich〈11世紀〉
福者，イングランドの王女。
⇒図聖（ザロメとユーディット（ニーダーアルタイヒの）　?–11世紀末）

Salomon, Haym〈18世紀〉
アメリカの銀行家。ポーランドからアメリカに移住。ペンシルバニア州のユダヤ人就業法の改善に努力。
⇒ユ人（サロモン（ソロモン），ハイム　1740–1785）
ユ著人（Salomon,Haym　サロモン，ハイム　1740–1785）

Salomon, Johann Peter〈18・19世紀〉
ドイツのヴァイオリン奏者，作曲家，興行主。1813年ロンドンのフィルハーモニー協会の設立に参加。
⇒バロ（ザロモン，ヨハン・ペーター　1745.2.20–1815.11.28）

Salomon, Joseph-François〈17・18世紀〉
フランスの作曲家。
⇒バロ（サロモン，ジョゼフ・フランソワ　1649.4.3–1732.3.5）

Salomons, Sir David〈18・19世紀〉
イギリスの銀行家。
⇒ユ人（サロモンズ，サー・デイビット　1797–1873）

Salomons, Sir Julian Emanuel〈19・20世紀〉
ニューサウスウェールズの名士。
⇒ユ人（サロモンズ，サー・ジュリアン・エマヌエル　1835–1909）

Salten, Felix〈19・20世紀〉
オーストリアの作家。1938年にアメリカに亡命。『バンビ』（23）は映画化された。
⇒岩世人（ザルテン　1869.9.6–1945.10.8）

Salter, William Macintire〈19・20世紀〉
アメリカの倫理学者。
⇒学叢思（サルター，ウィリアム・マアキンタイア　1853–?）

Salutati, Coluccio〈14・15世紀〉
イタリアの人文主義者。『書簡集』が代表作。
⇒岩世人（サルターティ　1331.2.16–1406.5.4）

Salvado, Rosendo〈19世紀〉
スペインのベネディクト会宣教師，司教，大修道院長。
⇒新カト（サルバド　1814.3.1–1900.12.29）

Salvador, Felipe〈19・20世紀〉
フィリピンの革命家。
⇒岩世人（サルバドール　1870.5.26–1912.4.15）

Salvator ab Horta〈16世紀〉
スペインのフランシスコ会助修士, 聖人。
⇒岩世人（サルバトール（ホルタの） 1520–1567.3.18）
新カト（サルバドル〔オルタの〕 1520–1567.3.18）

Salvatore, Giovanni〈17世紀〉
イタリアの作曲家。
⇒バロ（サルヴァトーレ, ジョヴァンニ 1620頃?–1688頃）

Salvemini, Gaetano〈19・20世紀〉
イタリアの歴史学者。進歩的新聞『ユニタ』を主宰。
⇒岩世人（サルヴェーミニ 1873.9.8–1957.9.6）

Salvemini di Castiglione, Giovanni Francesco Mauro Melchiorre〈18世紀〉
イタリアの数学者。
⇒世数（サルヴェミニ, フランチェスコ・マウロ・メルキオーレ〔カスティリオンの〕 1708–1791）

Salvianus (Marseille)〈5世紀〉
ドイツのキリスト教司祭, 著述家。
⇒岩世人（サルウィアヌス〔マルセイユの〕 400頃–480頃）
新カト（サルウィアヌス〔マルセイユの〕 400頃–480以降）

Salviati, Antonio〈19世紀〉
イタリアの美術ガラス細工師。
⇒岩世人（サルヴィアーティ 1816.3.18–1890.1.25）

Salviati, Francesco〈16世紀〉
イタリアの画家。歴史画, 寓意画, 肖像画を制作。主作品は『慈愛』など。
⇒岩世人（サルヴィアーティ 1510–1563.11.11）
芸13（サルヴィアーティ 1510–1563）

Salvini, Tommaso〈19・20世紀〉
イタリアの俳優。当り役は, マクベス, リア, オセロなど。
⇒岩世人（サルヴィーニ 1829.1.1–1915.12.31）

Salvioli, Giuseppe〈19・20世紀〉
イタリアの法制史家。経済史と法制史の総合的研究に意を注いだ。主著『イタリア法制史』(90)。
⇒岩世人（サルヴィオーリ 1857.9.13–1928.11.24）

Salvius〈6世紀〉
アルビの司教。聖人。祝日9月10日。
⇒新カト（サルヴィウス〔アルビの〕 ?–584）

Salvius〈6・7世紀〉
アミアンの司教。聖人。祝日10月28日。
⇒新カト（サルヴィウス〔アミアンの〕 ?–7世紀初頭）

Salzano, Giulia〈19・20世紀〉
イタリアの聖人。祝日5月17日。カテキスタ聖心修道女会創立者。
⇒新カト（ジュリア・サルツァノ 1846.10.13–1929.5.17）

Salzmann, Christian Gotthilf〈18・19世紀〉
ドイツの福音派神学者, 牧師, 教育家。邸内に理想の学校を創設。
⇒岩世人（ザルツマン 1744.6.1–1811.10.31）
ネーム（ザルツマン 1744–1811）
広辞7（ザルツマン 1744–1811）
新カト（ザルツマン 1744.6.1–1811.10.31）

Samain, Albert Victor〈19世紀〉
フランス象徴派の詩人。作品は『王女の庭で』(93)など。
⇒岩世人（サマン 1858.4.3–1900.8.18）

Sāmān〈8・9世紀〉
イランにおけるサーマーン朝の始祖。
⇒岩世人（サーマーン・フダー）

Samanhudi, Hadji〈19・20世紀〉
インドネシアの商人。1911年イスラム商業同盟を結成。
⇒岩世人（サマンフディ 1868–1956.12.28）

*al-***Sam'ānī, al-Qāḍī Abū Sa'īd Muḥammad**〈12世紀〉
アラブのシャーフィイー派法学者, 伝承学者。
⇒岩世人（サムアーニー 1113.2.10–1166.12.26）

Samaniego, Félix María de〈18・19世紀〉
スペインの寓話詩人。主著『寓話詩』(81〜4)。
⇒岩世人（サマニエゴ 1745.10.12–1801.8.11）

Samarin, Iurii Fyodorovich〈19世紀〉
ロシアの思想家。スラブ主義の指導者の一人。農奴解放を主張。
⇒岩世人（サマーリン 1819.4.21–1876.3.19）

Šamaš-šum-ukīn〈前7世紀〉
バビロンの封侯。在位前668〜648?。
⇒岩世人（シャマシュ・シュム・ウキン （在位）前667–前648）

*al-***Samaw'al bn Gharīḍ bn 'Ādiyā**〈6世紀頃〉
アラビアのユダヤ系詩人。アル・アブラクの城主。
⇒岩世人（サマウアル）

Sambari, Joseph ben-Isaac〈17・18世紀〉
エジプト在住の年代記録者。
⇒ユ人（サンバリ, ヨセフ・ベンイサク 1640–1703）

Sambhuvarman〈7世紀〉
チャンパー(林邑)の王。在位?～629。
⇒岩世人 (サンブーヴァルマン ?-629)

Sambiasi, Francesco〈16・17世紀〉
イタリアのイエズス会士。
⇒岩世人 (サンビアージ 1582-1649.1)
新カト (サンビアージ 1582-1649.1)

Samfangkaen〈14・15世紀〉
タイのランナー王国の第8代王。在位1402～41。
⇒岩世人 (サームファンケーン 1389-?)

Saṃghabhadra〈4・5世紀〉
インド,カシューミーラの学僧。
⇒岩世人 (サンガバドラ)

Saṃghadāsa Gaṇivācaka〈5世紀頃〉
インドのプラークリット詩人。
⇒岩世人 (サンガダーサ・ガニヴァーチャカ 5世紀頃)

Saṃghavarman〈5世紀頃〉
インド出身の伝法僧。
⇒岩世人 (僧伽跋摩 そうがばつま)

Samin, Kijaji〈19・20世紀〉
インドネシアのムスリム教師、社会運動家。
⇒岩世人 (サミン, スロンティコ 1859頃-1914)

Sammartini, Giovanni Battista〈18世紀〉
イタリアの音楽家。ミラノの聖堂のオルガン奏者。
⇒バロ (サンマルティーニ, ジョヴァンニ・バティスタ 1700/1701-1775.1.15)
岩世人 (サンマルティーニ 1700頃-1775.1.15)
エデ (サンマルティーニ, ジョヴァンニ・バッティスタ 1700/1775.1.15)

Sammartini, Giuseppe〈17・18世紀〉
イタリアの音楽家。オーボエの名手として知られ、のちロンドンに赴いて作曲。
⇒バロ (サンマルティーニ, ジュゼッペ 1695.1.6-1750.11.17-23)
岩世人 (サンマルティーニ 1695.1.6-1750.11.17 (-23))

Sām Mīrzā〈16世紀〉
イランの詩人、詩人伝作者。主著『サームの贈物』(50)。
⇒岩世人 (サーム・ミールザー ?-1566-1567)

Sammu-ramat
アッシリア王シャムシ・アダド5世の妻、アダド=ニラリ3世の母。
⇒岩世人 (サムラマト)

Samprati〈前3世紀〉
マウリア帝国の統治者。在位前224～215。
⇒世帝 (サムプラティ (在位)前224/前221-前215/前212)

Sampson, Richard〈15・16世紀〉
イギリスの作曲家。
⇒バロ (サンプソン, リチャード 1490頃?-1554.9.25)

Samsenthay〈14・15世紀〉
ラオスのランサン王国の王。在位1373/74～1416。
⇒岩世人 (サムセンタイ 1356-1416)

Samson〈前11世紀頃〉
イスラエル民族の英雄(旧約聖書)。
⇒岩世人 (サムソン)
ネーム (サムソン)
新カト (サムソン)
聖書 (サムソン)

Samson〈5・6世紀〉
ブルターニュのドルの司教、イギリス人宣教者、聖人。
⇒新カト (サムソン〔ドルの〕 485頃-565頃)

Samsonov, Aleksandr Vasilievich〈19・20世紀〉
ロシアの将軍。
⇒岩世人 (サムソーノフ 1859.11.2-1914.8.17)

Samsu-ditana〈前17・16世紀〉
バビロニアの統治者。在位前1625～1595。
⇒世帝 (サムス・ディタナ (在位)前1625-前1595)

Samsu-iluna〈前18世紀〉
バビロニアの統治者。在位前1749～1712。
⇒岩世人 (サムス・イルナ (在位)前1749-前1712頃)
世帝 (サムス・イルナ (在位)前1749-前1712)

Samter, Adolf〈19世紀〉
ドイツの社会主義者。
⇒学叢思 (ザムター, アドルフ 1824-1883)

Samudragupta〈4世紀〉
インド、グプタ朝第2代の王。在位335頃～376頃。事績はアッラハーバードの石柱銘により知られる。
⇒岩世人 (サムドラグプタ (在位)350-375頃)
世帝 (サムドラグプタ (在位)335頃/350頃-375頃)
南ア新 (サムドラグプタ 生没年不詳)

Samuel〈前11・10世紀頃〉
イスラエルの預言者。
⇒岩世人 (サムエル)
ネーム (サムエル)
新カト (サムエル 前11世紀後半)
聖書 (サムエル)

Samuel, ha-Nagid (Ismail ibn-Nagrela)〈10・11世紀〉
スペインの政治家、学者。
⇒ユ人 (サムエル, ハ・ナギッド (イスラエル・イブン・ネグレラ) 993-1055/6)

Samuel, Herbert Louis, 1st Viscount〈19・20世紀〉
イギリスの政治家。
⇒岩世人（サミュエル　1870.11.6–1963.2.5）
ユ人（サムエル，ハーバート・ルイス子爵　1870–1963）
ユ著人（Sammuel,Herbert Luis,Sir　サムエル，ハーバート・ルイス　1870–1963）

Samuel, Mar〈2・3世紀〉
バビロニアのラブ（ラビ）。ネハルディアの大バビロニア・アカデミーの創始者。
⇒ユ人（サムエル，マール　2–3世紀）
ユ著人（Samuel　サムエル　?–254）

Samuel, Sir Saul〈19世紀〉
ニューサウスウェールズの政治家。
⇒ユ人（サムエル，サー・ソウル　1820–1900）

Samuel Ha-Levy ben Joseph Ha-Nagid〈10・11世紀〉
中世イスラーム時代スペインの政治家。
⇒ユ著人（Samuel ha-Nagid　サムエル・ハ＝ナギド　993–1055/1056）

Samuil〈10・11世紀〉
ブルガリアの皇帝。在位976～1014。
⇒岩世人（サムイル　?–1014.10.6）
世帝（サムイル　958–1014）

San, Sir Crombie, Po〈19・20世紀〉
英領期ビルマのカレン人指導者。
⇒岩世人（サン　1870–1946）

Sanabares〈1世紀〉
アルサケス朝パルティアの王。
⇒世帝（サナバレス　（在位）50?–65?）

San Agustín, Gaspar de〈17・18世紀〉
スペインのアウグスチノ会修道士。
⇒岩世人（サン・アグスティン　1650–1724.8.8）

Sanā'ī, Abū al-Majd Majdūd bn Ādam〈11・12世紀〉
ペルシアの神秘主義詩人。代表作はマスナビー詩形で詠んだ神秘主義詩『真理の園』(11)。
⇒岩世人（サナーイー　1074/1045–1134–1135）
広辞7（サナーイー　1074–1134）

Sanaka
ヒンドゥー教の神話・説話に登場する賢人。ブラフマーの精神から生まれたとされる。
⇒ネーム（サナカ）

Sanandana
ヒンドゥー教の神話・説話に登場する賢人。ブラフマーの精神から生まれたとされる。
⇒ネーム（サナンダナ）

al-San'ānī, Muḥammad ibn Ismā'īl〈17・18世紀〉
イエメンのハディース学者，法学者。

⇒岩世人（サヌアーニー　1688–1769）

San Antonio, Juan Francisco de〈17・18世紀〉
スペインのフランシスコ会士，年代記制作者。
⇒岩世人（サン・アントニオ　1686.9.18–1744.5.29）

Sanatana
ヒンドゥー教の神話・説話に登場する賢人。ブラフマーの精神から生まれたとされる。
⇒ネーム（サナタナ）

Sanat Kumara
ヒンドゥー教の神話・説話に登場する賢人。ブラフマーの精神から生まれたとされる。
⇒ネーム（サナト・クマーラ）

al-Ṣanawbarī, Abū Bakr Aḥmad〈9・10世紀〉
アッバース朝期の詩人。
⇒岩世人（サナウバリー　888頃以前–945/946）

Sanballat
預言者ネヘミヤがエルサレムの城壁を再建したときの，サマリアの総督。
⇒聖書（サンバラト）

San Buenaventura, Antonio de〈16・17世紀〉
キリシタン時代の日本宣教師，日本205福者の一人。フランシスコ会会員。
⇒新カト（アントニオ・デ・サン・ブエナベントゥラ　1588–1628.9.8）

Sances, Giovanni Felice〈17世紀〉
イタリアの作曲家。
⇒バロ（サンチェス，ジョヴァンニ・フェリーチェ　1600頃–1679.11.12）

Sanches, Aires〈16世紀〉
キリシタン時代のイエズス会員。ポルトガルのヴィアナに生まれる。
⇒新カト（サンシェス　1528–1590.6.6）

Sánchez, Francisco〈16・17世紀〉
ポルトガル生れの医学者，哲学者。スコラ哲学，ルネサンス的空想哲学を批判。懐疑主義者とされた。
⇒岩世人（サンシェス　1550/1551.7.16?以前–1632.11）

Sanchez, François〈16・17世紀〉
文芸復興期のフランスの哲学者。
⇒学叢思（サンシェー，フランソワ　1562–1632）

Sánchez, Thomas〈16・17世紀〉
スペインの神学者。
⇒岩世人（サンチェス　1550–1610.5.19）
新カト（サンチェス　1550–1610.5.19）

Sánchez Coello, Alonso〈16世紀〉
スペインの画家。スペイン王フェリーペ2世の

宮廷画家。
⇒岩世人（サンチェス・コエーリョ　1531頃–1588）

Sánchez Cotán, Juan〈16・17世紀〉
スペインの画家。スペイン初期バロック・レアリスムの代表的画家。
⇒新カト（サンチェス・コタン　1560.6.25（受洗）–1627.9.8）
　芸13（サンチェス・コタン, フアン　1561–1637）

Sanchez de Paredes, Rodrigo〈16・17世紀〉
来日ポルトガル人使節。
⇒岩世人（サンシェス　1584–1640.8.3）

Sancho I〈12・13世紀〉
ポルトガル国王。在位1185〜1211。
⇒世帝（サンシュ1世　1154–1211）

Sancho II〈13世紀〉
ポルトガル王。在位1223〜46。
⇒世帝（サンシュ2世　1207–1248）

Sancho II el Fuerte〈11世紀〉
カスティリア王。在位1065〜72。
⇒世帝（サンチョ2世　1037–1072）

Sancho III〈12世紀〉
カスティリア王。在位1157〜58。
⇒世帝（サンチョ3世　1134頃–1158）

Sancho III Garces, el Mayor〈10・11世紀〉
ナバラ王。在位1005〜35。
⇒岩世人（サンチョ3世（大王）　992?–1035）

Sancho IV el Noble〈11世紀〉
ナバラ王。在位1054〜76。カスティリアの失地回復運動やアラゴンと戦った。
⇒新カト（サンチョ4世　1039頃–1076）

Sancho IV el Valiente〈13世紀〉
カスティリア王, レオン王。在位1284〜95。
⇒新カト（サンチョ4世　1258.5.12–1295.4.25）
　世帝（サンチョ4世　1257/1258–1295）

Sancho V Ramìrez〈11世紀〉
アラゴン王。在位1063〜94。ナバラ王。在位1076〜94。
⇒世帝（サンチョ1世　1042頃–1094）

Sanchūniathōn
トロイア戦争以前の時代のフェニキアの歴史家。
⇒岩世人（サンクニアトン）

San-Conatius da Valencia〈7世紀〉
スペインの作曲家。
⇒バロ（サン・コナティウス・ダ・バレンシア　610頃?–639）

Sancroft, William〈17世紀〉
イギリスの聖職者。カンタベリー大主教。ジェームズ2世の第2次信仰自由宣言に反対。

⇒岩世人（サンクロフト　1616.1.30–1693.11.24）

Sand, George〈19世紀〉
フランスの女流小説家。代表作『自叙伝』（54〜55）など。
⇒岩世人（サンド　1804.7.1–1876.6.8）
　ネーム（ジョルジュ・サンド　1804–1876）
　広辞7（サンド　1804–1876）
　学叢思（サンド, ジョルジ　1804–1870）
　世人新（サンド　1804–1876）
　世人装（サンド　1804–1876）
　ポプ（サンド, ジョルジュ　1804–1876）

Sanday, William〈19・20世紀〉
イギリスの新約学者。大陸の聖書批判学を英国に紹介。『ロマ書注解』を著した。
⇒岩世人（サンデー　1843.8.1–1920.9.16）

Sandberger, Fridoli von〈19世紀〉
ドイツの鉱床研究者。
⇒岩世人（ザントベルガー　1826.11.22–1898.4.11）

Sandburg, Carl〈19・20世紀〉
アメリカの詩人。
⇒アメ新（サンドバーグ　1878–1967）
　岩世人（サンドバーグ　1878.1.6–1967.7.22）
　ネーム（サンドバーグ　1878–1967）
　広辞7（サンドバーグ　1878–1967）
　新カト（サンドバーグ　1878.1.6–1967.7.22）
　ユ著人（Sandburg,Carl　サンドバーグ, カール　1878–1967）

Sandby, Paul〈18・19世紀〉
イギリスの風景画家。イギリス各地を旅行してスケッチを描いた。
⇒岩世人（サンドビー　1731–1809.11.3）

Sande, Duarte de〈16世紀〉
ポルトガルのイエズス会宣教師。
⇒岩世人（サンデ　1531.11.4–1600.6.22）
　新カト（サンデ　1531.11.4–1600.6.22）

Sandeau, Jules〈19世紀〉
フランスの小説家, 劇作家。
⇒岩世人（サンドー　1811.2.19–1883.4.24）

Sandel, Cora〈19・20世紀〉
ノルウェーの女性小説家。主著『アルベルテとヤーコブ』など。
⇒岩世人（サンデル　1880.12.20–1974.4.3）

Sander, August〈19・20世紀〉
ドイツの写真家。
⇒岩世人（ザンダー　1876.11.17–1964.4.20）

Sanders, Daniel〈19世紀〉
ドイツの語学者。ドイツ語学研究誌（1888〜97）を主宰。
⇒岩世人（ザンダース　1819.11.12–1897.3.11）

Sanders, Marshall Danforth〈19世紀〉
アメリカの宣教師。

⇒アア歴（Sanders,Marshall Danforth　マーシャル・ダンフォース・サンダーズ　1823.7.3–1871.8.29）

Śāṇḍilya〈前8～6世紀?〉
古代インドのバラモン哲学者。
⇒岩世人（シャーンディルヤ）

Sando〈19世紀〉
中国、清末・民国の政治家。モンゴル正白旗の人。漢姓は張、字は六橋。軍閥張作霖、学良父子のもとに盛京副都統、東北辺防司令官となる。
⇒岩世人（サンドー　1871（同治10）–1940）

Sandoval, Alonso de〈16・17世紀〉
コロンビアのカルタヘナに派遣されたイエズス会宣教師。セビリヤに生まれる。
⇒新カト（サンドバル　1576.12.7–1652.12.25）

Sandrart, Joachim von〈17世紀〉
ドイツ、バロック期の画家。
⇒岩世人（ザンドラルト　1606.5.12–1688.10.14）
芸13（ザンドラルト、ヨアヒム・フォン　1606–1688）

Sandrin, Pierre〈15・16世紀〉
フランスの作曲家。
⇒バロ（サンドラン、ピエール　1490頃–1561以降）
バロ（ルニョー、ピエール　1490頃–1561以降）

Sands, William Franklin〈19・20世紀〉
アメリカの外交官。
⇒アア歴（Sands,William Franklin　ウイリアム・フランクリン・サンズ　1874.7.29–1946.6.17）

Sandwich, Edward Montagu, 1st Earl of〈17世紀〉
イギリスの軍人、提督。
⇒岩世人（サンドウィッチ　1625.7.27–1672.5.28）

Sandwich, John Montagu, 4th Earl of〈18世紀〉
イギリスの政治家。
⇒岩世人（サンドウィッチ　1718.11.13–1792.4.30）

Sandys, Anthony Augustus Frederick〈19・20世紀〉
イギリスの画家。
⇒岩世人（サンズ　1829.5.1–1904.6.25）

Sandys, Edwin〈16世紀〉
英国教会のヨーク大主教。
⇒新カト（サンズ　1516/1519–1588.7.10）

Sandys, Sir John Edwin〈19・20世紀〉
イギリスの古典学者。
⇒岩世人（サンズ　1844.5.19–1922.7.6）

Sané, Jacques Noël, Baron〈18・19世紀〉
フランスの造船家。ナポレオン1世により造船

大監に任ぜられた。
⇒岩世人（サネ　1754.2.18–1831.8.22）

Sanei〈17・18世紀〉
ビルマ、タウングー朝の王。
⇒世帝（サネ　1673–1714）

San-Eugenius da Toledo〈7世紀〉
スペインの作曲家。
⇒バロ（サン・エウゲニウス・ダ・トレド　610頃?–657）

San Francisco, Antonio de〈16・17世紀〉
キリシタン時代の日本人司祭、日本205福者の一人、フランシスコ会員。
⇒新カト（アントニオ・デ・サン・フランシスコ　?–1627.8.17）

Sanga〈13世紀〉
中国、元代初期の財政家。
⇒岩世人（サンガ　?–1291（世祖至元28））

Sangalli, Rita〈19・20世紀〉
イタリアのダンサー。
⇒バレエ（サンガリ、リタ　1850–1909.11.3）

Sangallo, Antonio da, il Giovane〈15・16世紀〉
イタリアの建築家。
⇒岩世人（サンガッロ（小）　1484–1546.8.3）

Sangallo, Antonio Picconi da〈15・16世紀〉
イタリアの建築家。ラファエロの後継者としてサン・ピエトロ大聖堂の造営監督。
⇒新カト（サンガロ　1483–1546）

Sangallo, Giuliano da〈15・16世紀〉
イタリアの建築家。
⇒新カト（サンガロ　1443頃–1516）
世建（ジュリアーノ・ダ・サンガッロ　1443–1516頃）

Sanger, Margaret Higgins〈19・20世紀〉
アメリカの産児制限運動指導者。
⇒アメ新（サンガー　1879–1966）
岩世人（サンガー　1879.9.14–1966.9.6）
広辞7（サンガー　1879–1966）

Sanggrāmavijayottunggavarman〈11世紀〉
マレー半島西岸のクダの王。在位1025頃。
⇒岩世人（サングラーマヴィジャヨートゥンガヴァルマン　（在位）1025頃）

Saṅghamittā〈前3世紀〉
インドの仏教徒。アショーカ王の王女。
⇒学叢思（サンガミッター　僧迦密多＝Sanghamitta　?–前250頃）

San Giuliano, Antonio, Marchese di

sangi

Paternò Castelli〈19・20世紀〉
イタリアの政治家。外務大臣。イタリア＝トルコ戦争の首唱者。
⇒岩世人（サン・ジュリアーノ　1852.12.10–1914.10.16）

Sangnier, Marc〈19・20世紀〉
フランスのキリスト教民主主義の先駆者。平和主義政治家。キリスト教社会運動シヨン会創始者。
⇒岩世人（サンニエ　1873.4.3–1950.5.28）
　新カト（サンニエ　1873.4.3–1950.5.28）

sangs rgyas rgya mtsho〈17・18世紀〉
チベットの政治家,学者。
⇒岩世人（サンゲギャムツォ　1653–1705）

San-Ildefonsusu da Toledo〈7世紀〉
スペインの作曲家。
⇒バロ（サン・イルデフォンスス・ダ・トレド　607頃–667）

San-Isidor da Sevilla〈6・7世紀〉
スペインの作曲家。
⇒バロ（サン・イジドール・ダ・セビーリャ　559頃–636.4.4）

San Jacinto, Jose de〈16・17世紀〉
スペイン人ドミニコ会司祭,日本205福者の一人。
⇒新カト（ホセ・デ・サン・ハシント　1574–1622.9.10）

San Jacinto, Juan de〈16・17世紀〉
スペインのドミニコ会会員。
⇒新カト（フアン・デ・サン・ハシント　1574–1648）

Sanjar, Mu'izzu'd-Dīn Abū'l-Ḥārith〈11・12世紀〉
イランにおける大セルジューク朝最後の主。在位1117～57。
⇒岩世人（サンジャル　1084.11.27–1157.5.8）
　世帝（アフマド・サンジャル　1086–1157）

Sañjaya, Rakai Mataram Sang Ratu〈8世紀〉
中部ジャワにおいて記録に現れる最初の王。在位717～46頃。
⇒岩世人（サンジャヤ　（在位）717–746頃）

Sanjaya Belaṭṭhiputta〈前5世紀頃〉
インドの思想家。不可知論者。形而上学的問題に関する判断中止の思想を初めて明らかにした。
⇒岩世人（サンジャヤ・ベーラティプッタ）
　学叢思（サンジャーヤ・ベラッティプッタ　散若毘羅梨子＝Sanjaya Belatthiputta）
　南ア新（サンジャヤ・ベーラッティプッタ　生没年不詳）

San José, Bernard de〈16・17世紀〉
スペインの来日宣教師,殉教者。フランシスコ会員。トレドに生まれる。

⇒新カト（ベルナルド・デ・サン・ホセ　1592頃–1639/1640）

Sanjurjo Sacanell, José〈19・20世紀〉
スペインの軍人。
⇒岩世人（サンフルホ　1872.3.28–1936.7.20）

Śaṅkara〈8世紀〉
インドのベーダーンタ学派の哲学者。各地を遊行し,シュリンゲーリなどに僧院を建てた。
⇒岩世人（シャンカラ）
　広辞7（シャンカラ　8世紀）
　学叢思（シャンカラ　生没年不詳）
　新カト（シャンカラ　8–9世紀）
　南ア新（シャンカラ　700頃–750頃）

Śaṅkaradeva〈15・16世紀〉
インドの詩人。アッサム地方の人。
⇒岩世人（シャンカラデーヴ　1449–1569）

Sankey, Ira David〈19・20世紀〉
アメリカの福音伝道者,歌手,讃美歌作者。
⇒岩世人（サンキー　1840.8.28–1908.8.13）

Sankovskaya, Ekaterina〈19世紀〉
ロシアのダンサー。
⇒バレエ（サンコフスカヤ,エカテリーナ　1816–1878.8.28）

San-Leander da Sevilla〈6世紀〉
スペインの作曲家。
⇒バロ（サン・レアンデル・ダ・セビーリャ　549頃以前–600頃）

San Martín, José de〈18・19世紀〉
アルゼンチンの軍人,政治家。南アメリカ独立革命の英雄。
⇒岩世人（サン・マルティン　1778.2.25–1850.8.17）
　ネーム（サン・マルティン　1778–1850）
　広辞7（サン・マルティン　1778–1850）
　世人新（サン＝マルティン　1778–1850）
　世人装（サン＝マルティン　1778–1850）
　世史語（サン＝マルティン　1778–1850）
　ボブ人（サン・マルティン,ホセ・デ　1778–1850）
　ラテ新（サン・マルティン　1778–1850）

San Micheli〈15・16世紀〉
イタリアの建築家。
⇒岩世人（サンミケーリ　1484/1487/1488–1559）

San Miguel, Francisco de〈16世紀〉
フランシスコ会修道士,日本26聖人の一人。祝日2月5日。スペインのラ・パリリャ出身。
⇒新カト（フランシスコ・デ・サン・ミゲル　1544–1597.2.5）

Sannazaro, Jacopo〈15・16世紀〉
イタリアの詩人。アラゴン王家の宮廷詩人。王家の没落とともに亡命。主著『アルカディア』(04)。
⇒岩世人（サンナザーロ　1457?–1530.4.24）

Sannū', Ya'qūb〈19・20世紀〉
エジプトの劇作家、ジャーナリスト、政治扇動家。
⇒ユ著人（Sannu' サヌー 1839–1912）

San Pedro, Diego Fernández de〈15世紀〉
スペインのルネサンスの小説家、詩人。書簡体の小説『愛の牢獄』など。
⇒岩世人（サン・ペドロ 1437頃?–1498頃）

Sanphet I〈16世紀〉
タイ、アユタヤ朝の王。
⇒世帝（サンペット1世 （在位）1569–1590）

Sanphet III〈16・17世紀〉
タイ、アユタヤ朝の王。
⇒世帝（サンペット3世 1556–1610）

Sanphet IV〈16・17世紀〉
タイ、アユタヤ朝の王。
⇒世帝（サンペット4世 ?–1611）

Sanphet VI〈17世紀〉
タイ、アユタヤ朝の王。
⇒世帝（サンペット6世 ?–1656）

Sanphet VII〈17世紀〉
タイ、アユタヤ朝の王。
⇒世帝（サンペット7世 ?–1656）

Sanquirico, Alessandro〈18・19世紀〉
イタリアの舞台美術家、装飾家。
⇒オペラ（サンクィリコ、アレッサンドロ 1777–1849）

Sansedoni, Ambrogio〈13世紀〉
ドミニコ会員。シエナの貴族の家に生まれる。
⇒新カト（サンセドーニ 1220.4.16–1286.3.8）

Sanseverino, Gaetano〈19世紀〉
イタリアの新スコラ哲学者。
⇒新カト（サンセヴェリーノ 1811.8.7–1865.11.16）

Sansovino, Andrea〈15・16世紀〉
イタリアの彫刻家、建築家。サン・アゴスティーノ聖堂の『聖アンナと聖母子』群像などの作品がある。
⇒岩世人（サンソヴィーノ 1460頃–1529）
　広辞7（サンソヴィーノ 1467頃–1529）
　新カト（サンソヴィーノ 1467–1529）
　芸13（サンソヴィーノ、アンドレア 1460–1529）

Sansovino, Jacopo〈15・16世紀〉
イタリアの彫刻家、建築家。
⇒岩世人（サンソヴィーノ 1486–1570.11.27）
　ネーム（サンソヴィーノ 1486–1570）
　広辞7（サンソヴィーノ 1486–1570）
　芸13（サンソヴィーノ、ヤコポ 1486–1570）

Santa Anna, Antonio López de〈18・19世紀〉
メキシコの軍人、政治家。大統領。
⇒岩世人（サンタ・アナ 1794.2.21–1876.6.20）
　広辞7（サンタ・アナ 1794–1876）
　ラテ新（サンタ・アナ 1794–1876）

Santa Cruz, Andrés〈18・19世紀〉
ボリビアの軍人、政治家。大統領。
⇒岩世人（サンタ・クルス 1792.11.30–1865.9.25）
　ラテ新（サンタ・クルス 1792–1865）

Santa Cruz, Baltazar〈17世紀〉
スペインのドミニコ会宣教師、歴史家。東洋におけるドミニコ会の伝道史を研究。
⇒岩世人（サンタ・クルス 1627.12–1699.1.12）

Santa Inés, Francisco de〈17・18世紀〉
スペインのフランシスコ会宣教師。フィリピンに渡り（1674）、各地で伝道の傍ら伝道史を著した。
⇒岩世人（サンタ・イネス ?–1713.8.4）

Santa Maria, Antonio de〈17世紀〉
スペインのフランシスコ会宣教師。中国各地で布教に従事。
⇒岩世人（サンタ・マリア 1602–1669.5.13）

Santa Maria, Domingo〈19世紀〉
チリ大統領。在職1881～86。
⇒岩世人（サンタ・マリア 1825.8.4–1889.7.18）

Santa Maria, Francisco de〈16・17世紀〉
フランシスコ会員、日本205福者の一人。スペインのトレド教区モンタルバネホに生まれる。
⇒新カト（フランシスコ・デ・サンタ・マリア 1582頃–1627.8.17）

Santa María, Tomás de〈16世紀〉
スペインの作曲家、理論家。
⇒バロ（サンタ・マリーア、トマース・デ 1505頃–1570）

Santa Marta, Juan de〈16・17世紀〉
フランシスコ会員、日本205福者の一人。スペインのタラゴナ近郊に生まれる。
⇒新カト（フアン・デ・サンタ・マルタ 1578–1618.8.16）

Santana, Pedro〈19世紀〉
ドミニカ共和国大統領。在職1844～48,53～57,58～61。
⇒岩世人（サンタナ 1801.6.29–1864.6.14）

Santander, Francisco de Paula〈18・19世紀〉
コロンビアの政治家、南米独立運動の指導者。ヌエバ・グラナダ共和国（現コロンビア、パナマ）大統領。
⇒岩世人（サンタンデール 1792.4.2–1840.5.6）
　ラテ新（サンタンデル 1792–1840）

Sant'Anna Galvão, Antônio de〈18・

19世紀〉
ブラジルの聖人。祝日12月23日。
⇒新カト（アントニオ・デ・サンタンナ・ガルヴァン　1739–1822.12.23）

Śāntarakṣita〈8世紀〉
後期インド仏教の哲学者。
⇒岩世人（シャーンタラクシタ　725?–783?）
広辞7（シャーンタラクシタ　725頃–784頃）

Santayana, George〈19・20世紀〉
アメリカの哲学者、詩人、評論家。主著『詩集』(23)、小説『最後の清教徒』(31)など。
⇒岩世人（サンタヤナ　1863.12.16–1952.9.26）
ネーム（サンタヤナ　1863–1952）
広辞7（サンタヤーナ　1863–1952）
新カト（サンタヤナ　1863.12.16–1952.9.26）
20思（サンタヤーナ、ジョージ（アグスティン・デ）　1863–1952）
メル3（サンタヤーナ、ジョージ　1863–1952）

Santerre, Antoine Joseph〈18・19世紀〉
フランスの革命家、軍人。パリ国民軍司令官。
⇒岩世人（サンテール　1752.3.16–1809.2.6）

Santérre, Pierre〈16世紀〉
フランスの作曲家。
⇒バロ（サンテール、ピエール　1520頃?–1567以前）

Santi, Giovanni〈15世紀〉
イタリアの画家、詩人。ラファエロの父。
⇒岩世人（サンティ　1435頃–1494.8.1）

Santiago, Francisco de〈16・17世紀〉
ポルトガルの作曲家。
⇒バロ（サンティアーゴ、フランシスコ・デ　1578頃–1644.10.25）

Śāntideva〈7・8世紀〉
インドの学匠。主著『さとりの行への入門』など。
⇒岩世人（シャーンティデーヴァ　690頃–750頃）
広辞7（シャーンティデーヴァ　690頃–750頃）

Santillana, Iñigo López de Mendoza, Maarqués de〈14・15世紀〉
スペインの詩人。サンティーリャ侯爵。作品はセラニーリャと呼ばれる10篇の牧歌的な抒情詩など。
⇒岩世人（サンティリャーナ　1398.8.19–1458.3.25）

Santlow, Hestor〈17・18世紀〉
イギリスのダンサー、女優。
⇒バレエ（サントロウ、ヘスター　1690頃–1773.1.15/21/31）

Santo Colombe le Fils〈17・18世紀〉
フランスの作曲家。
⇒バロ（サント・コロンブ・ル・フィス　1670頃?–1730頃）

Santo Domingo, Antonio de〈17世紀〉
日本人ドミニコ会員、日本205福者の一人。
⇒新カト（アントニオ・デ・サント・ドミンゴ　1608頃–1628.9.28）

Santo Domingo, Juan de〈16・17世紀〉
スペイン人ドミニコ会司祭、日本205福者の一人。
⇒新カト（フアン・デ・サント・ドミンゴ　1577–1619.5.19）

Santori, Giulio Antonio〈16・17世紀〉
イタリアの枢機卿。
⇒新カト（サントリ　1532.6.6–1602.5.28）

Santorini, Giovanni Domenico〈17・18世紀〉
イタリアの解剖学者。サントリーニ管（副膵管）、サントリーニ軟骨などに名を残している。
⇒岩世人（サントリーニ　1681–1737）

Santorio, Santorio〈16・17世紀〉
イタリアの医師。臨床用の体温計、脈搏計、湿度計などを創案、製作。
⇒岩世人（サントーリオ　1561–1636.2.24）

Santos, Lope K.〈19・20世紀〉
フィリピンのタガログ語の詩人、小説家、文芸評論家。主著『夜明けの光』など。
⇒岩世人（サントス　1879.9.25–1963.5.1）

Santos-Dumont, Alberto〈19・20世紀〉
ブラジルの飛行家。ガソリン機関による飛行船を初めて製作(1898)。
⇒岩世人（サントス＝ドゥモン　1873.7.20–1932.7.24）

Santo Tomás, Domingo de〈15・16世紀〉
スペイン出身のドミニコ会員、南米宣教の先駆者。
⇒新カト（サント・トマス　1499頃–1570.2.28）

Santo Tomás Ormaza, Juan de〈16・17世紀〉
スペイン人ドミニコ会司祭。
⇒新カト（フアン・デ・サント・トマス　1548–1638）

Santvoort, Melchior van〈16・17世紀〉
オランダの商人。
⇒岩世人（サントフォールト）

al-Sanusi, Muḥammad bn 'Ali〈18・19世紀〉
イスラム教サヌースィーヤ派の創始者。
⇒岩世人（サヌースィー、ムハンマド・イドリースィー　1791–1859）

San Vicente, Antonio de〈16・17世紀〉
日本およびフィリピンの宣教師、ドミニコ会員。
⇒新カト（アントニオ・デ・サン・ビセンテ　1580

San Vitores, Diego Luis de〈17世紀〉
スペインのイエズス会員、マリアナ諸島の最初の宣教師、殉教者。
⇒新カト（サン・ビトレス　1627.11.12–1672.4.2）

Sanz, Gaspar〈17・18世紀〉
スペインの作曲家、ギター奏者。
⇒バロ（サンス、ガスパル　1640–1710）

Sanz, Pedro〈17・18世紀〉
スペインのドミニコ会宣教師。中国で伝道。福建の教皇代理。
⇒岩世人（サンス　1680.9.3–1748.5.26）

Sanz del Rio, Julian〈19世紀〉
スペインの哲学者。マドリード大学教授。
⇒岩世人（サンス・デル・リオ　1814.5.16–1869.10.12）

Saowapha Phongsi〈19・20世紀〉
タイの国王ラーマ5世の王妃。
⇒岩世人（サオワパー　1864.1.1–1919.10.20）

Sapper, Karl〈19・20世紀〉
ドイツの火山学者、地理学者、人類学者。主著『火山学』(14)。
⇒岩世人（ザッパー　1866.2.6–1945.3.29）

Sappheira
アナニヤの妻（新約）。
⇒岩世人（サフィラ）
　新カト（アナニヤとサフィラ）
　聖書（アナニヤとサフィラ）

Sapphō〈前7・6世紀〉
ギリシアの女流詩人。詩集9巻はさまざまな韻律の独吟抒情詩のほか、合唱隊のための祝婚歌も含んでいた。
⇒岩世人（サッフォ　前7世紀後半–?）
　ネーム（サッフォー　前612?–?）
　広辞7（サッフォー　前7世紀）
　新カト（サッフォー　前620頃–前563頃）
　世人新（サッフォー　前612頃–前570頃）
　世人装（サッフォー　前612頃–前570頃）
　世史語（サッフォー　前612–?）
　ポプ人（サッフォー　前612?–前570?）

Saprū, *Sir* Tej Bahādur〈19・20世紀〉
インドの弁護士、政治家。
⇒岩世人（サプルー　1875.12.8–1949.1.20）

Saraceni, Carlo〈16・17世紀〉
イタリアの画家。
⇒岩世人（サラチェーニ　1585頃–1620.6.16）

Saracini, Claudio〈16・17世紀〉
イタリアの作曲家。
⇒バロ（サラチーニ、クラウディオ　1586.7.1–1650）

Sarah
ラグエルの娘（トビト記）。
⇒新カト（サラ）

Sarah〈前20世紀頃〉
アブラハムの妻（旧約）。
⇒岩世人（サラ）
　新カト（サラ）
　聖書（サラ）

Sarah Jennings〈17・18世紀〉
マールバラ公ジョン・チャーチルの妃。アン女王の女官。
⇒王妃（サラ・ジェニングス　1660–1744）

Sāramati〈4・5世紀〉
インドの仏教者。
⇒岩世人（サーラマティ）
　学叢思（ケンネ　堅慧）

Sarasate, Pablo de〈19・20世紀〉
スペインのヴァイオリン奏者、作曲家。主要作品は『ツィゴイネルワイゼン』『スペイン舞曲』など。
⇒岩世人（サラサーテ　1844.3.10–1908.9.20）
　ネーム（サラサーテ　1844–1908）
　広辞7（サラサーテ　1844–1908）
　ポプ人（サラサーテ、パブロ・デ　1844–1908）

Sarasin, Paul Benedikt〈19・20世紀〉
スイスの人類学者。セレベスを探検(1883~86)。
⇒岩世人（サラシン　1856.12.11–1929.4.7）

Sarasinsawamiphak〈19・20世紀〉
タイの医師、実業家。
⇒岩世人（サーラシンサワーミパック　1855–1925）

Śaratcandra Caṭṭopādhyāy〈19・20世紀〉
インド、ベンガルの代表的な作家。主著『ビンドゥの息子』など。
⇒南ア新（シャラットチャンドラ　1876–1938）

Saratelli〈18世紀〉
イタリアの作曲家。
⇒バロ（サラテッリ,?　1700頃?–1760頃?）

Saravia, Hadrian〈16・17世紀〉
スペイン系のプロテスタント神学者。
⇒岩世人（サラビア　1532–1612）

Sarazin, Jacques〈16・17世紀〉
フランスの彫刻家。ルーブル宮殿の時計の間の人像柱、ベリュール枢機卿の墓、コンデ公爵の墓などを制作。
⇒芸13（サラザン、ジャック　1588–1660）

Sarbiewski, Maciej Kazimierz〈16・17世紀〉
ポーランドの詩人、司祭。国王ヴラディスラフ2

sarce

世付きの説教者。
⇒岩世人（サルビェフスキ　1595.2.24–1640.4.2)
　新カト（サルビェフスキ　1595.2.24–1640.4.2)

Sarcey, Francisque〈19世紀〉
フランスの劇評家。『フィガロ』紙,『タン』紙などの劇評を担当。
⇒**19仏**（フランシスク・サルセー　1827.10.8–1899.5.16)

Sardanapalos
架空のアッシリア王。
⇒岩世人（サルダナパロス）

Sardonius, Jean〈16・17世紀〉
ネーデルラントの作曲家。
⇒バロ（サルドニウス, ジャン　1570頃?–1629)

Sardou, Victorien〈19・20世紀〉
フランスの劇作家。アカデミー・フランセーズ会員。
⇒岩世人（サルドゥー　1831.9.5–1908.11.8)
　19仏（ヴィクトリアン・サルドゥ　1831.9.5–1908.11.8)

Sarduris I〈前9世紀〉
ウラルトゥ（今のアルメニア）王。在位前840頃。
⇒岩世人（サルドゥリ1世）

Sarduris II〈前8世紀〉
ウラルトゥ王。在位前765～33頃。
⇒岩世人（サルドゥリ2世）

Sarduris III〈前7世紀〉
ウラルトゥ（現トルコ東部・アルメニア）の王。在位前7世紀後半。
⇒岩世人（サルドゥリ3世　前7世紀後半）

Sargent, Dudley Allen〈19・20世紀〉
アメリカの体育家。跳力測定法〈ジャンプ・アンド・リーチ〉などを考案。
⇒岩世人（サージェント　1849.9.28–1924.7.21)

Sargent, John Singer〈19・20世紀〉
フィレンツェ生れの画家。両親はアメリカ人。
⇒岩世人（サージェント　1856.1.12–1925.4.15)
　芸13（サージェント, ジョン・シンガー　1856–1925)

Sargon〈前24世紀頃〉
バビロニアのアッカド帝国の王。在位前2350頃～2300頃。
⇒岩世人（サルゴン（アッカドの）　（在位）前2334–前2279)
　広辞7（サルゴン（アッカドの）　（在位）前2340–前2284頃）
　世人新（サルゴン1世　生没年不詳　（在位）前2350頃／前2334頃–前2294頃）
　世人装（サルゴン1世　生没年不詳　（在位）前2350頃／前2334頃–前2294頃／前2279頃）
　世史語（サルゴン（1世））
　ポプ人（サルゴン1世　生没年不詳）

Sargon〈前19世紀〉
アッシリア王（前1850年頃）。カッパドキアのアッシリア植民市は全盛に達した。
⇒岩世人（サルゴン1世　（在位）前1920–前1881頃)

Sargon II〈前8世紀〉
アッシリア王。在位前722～705。バビロン, アシドドを征服し, ニネベの東に新首都を建設。
⇒岩世人（サルゴン2世　（在位）前721–前705)
　ネーム（サルゴン2世）
　広辞7（サルゴン二世　（在位）前721–前705)
　世人新（サルゴン2世　?–前705)
　世人装（サルゴン2世　?–前705)
　世帝（サルゴン2世　（在位）前722–前705)

Sāriputta〈前8世紀〉
シャカの高弟。マガダ国のバラモンの生れ。
⇒岩世人（サーリプッタ）
　広辞7（舎利弗　しゃりほつ）

Sāriputta〈12世紀〉
セイロン（スリランカ）の上座部の仏僧。
⇒岩世人（サーリプッタ）

Saris, John〈16・17世紀〉
イギリスの東インド会社貿易船隊司令官。1613年平戸に着き, イギリス商館を設置。
⇒岩世人（サリス　1579/1580–1643.12.11)
　新カト（セーリス　1579/1580–1643.12.11)

Sariyan, Marchiros Serguevich〈19・20世紀〉
ソ連の画家。アルメニア人民美術家の称号をもつ。代表作『ナツメヤシ, エジプト』(11)など。
⇒**芸13**（サリヤン, マルチロス・セルゲヴィッチ　1880–1949)

Sarkander, Jan〈16・17世紀〉
チェコの司祭, 告解の秘密を守るため殉教。
⇒新カト（ヤン・サルカンデル　1576.12.20–1620.3.17)

Sarkar, *Sir* Jadunath〈19・20世紀〉
インドの歴史家。
⇒岩世人（サルカール　1870.12.10–1958.5.15)

Sarmiento, Domingo Faustino〈19世紀〉
アルゼンチンの政治家, 作家, 教育者。大統領(1868～74)。
⇒岩世人（サルミエント　1811.2.15–1888.9.11)
　ラテ新（サルミエント　1811–1888)

Sarmiento de Gamboa, Pedro〈16世紀〉
スペイン人航海者。
⇒ラテ新（サルミエント・デ・ガンボア　1532–1592?)

Sarpedon
ギリシア神話, ゼウスとラオダメイアの息子。

⇒岩世人（サルペドン）

Sarpi, Paolo〈16・17世紀〉
イタリアのカトリック神学者,科学者,歴史家,政治家。
⇒岩世人（サルピ 1552.8.14-1623.1.7）
　新カト（サルピ 1552.8.14-1623.1.15）

Sarrail, Maurice Paul Emmanuel
〈19・20世紀〉
フランスの軍人。
⇒岩世人（サライユ 1856.4.6-1929.3.23）

Sarraut, Albert Pierre〈19・20世紀〉
フランス急進社会党の政治家。インドシナ総督,内相,海相,植民地相を歴任し,首相となる。
⇒岩世人（サロー 1872.7.28-1962.11.26）

Sarrazin, Jehan〈19・20世紀〉
フランスの詩人。
⇒19仏（ジュアン・サラザン 1863.2.7-1905?）

Sarre, Friedrich〈19・20世紀〉
ドイツの考古学者,美術史家。ベルリン大学名誉教授。
⇒岩世人（ザレ 1865.6.22-1945.6.1）

Sarri, Domenico Natale〈17・18世紀〉
イタリアの作曲家。
⇒バロ（サッリ（サッロ）,ドメニーコ・ナターレ 1679.12.24-1744.1.25）

Sarrus, Pierre Frédéric〈18・19世紀〉
フランスの数学者。ストラスブール大学数学教授。
⇒世数（サルス,ピエール・フレデリック 1798-1861）

Sars, Michael〈19世紀〉
ノルウェーの動物学者。軟体動物の変態,ウミユリ等を研究。
⇒岩世人（サルス（サーシュ） 1805.8.30-1869.10.22）

Sarshār Paṇḍit, Ratan Nāth〈19・20世紀〉
インドの文学者。近代ウルドゥー小説の始祖。主著『アーザードの話』『山地の旅』。
⇒岩世人（サルシャール 1846-1902.1.27）

Sarti, Giuseppe〈18・19世紀〉
イタリアの作曲家。18世紀後半のオペラに主導的役割を果した。
⇒バロ（サルティ,ジュゼッペ 1729.12.1-1802.7.28）

Sarto, Andrea del〈15・16世紀〉
イタリアの画家。代表作は壁画『聖母の生誕』(14),『アルピエのマドンナ』(17)。
⇒岩世人（アンドレア・デル・サルト 1486.7.16-1531.9.29）
　広辞7（アンドレーア・デル・サルト 1486-1531）

　新カト（サルト 1486.7.16-1530.9.28/29）
　芸13（アンドレア・デル・サルト 1486-1531）
　芸13（サルト,アンドレア・デル 1486-1531）

Sartorio, Gasparo〈17世紀〉
イタリアの作曲家。
⇒バロ（サルトーリオ,ガスパロ 1625.10.18-1626.10.17-1680.10.17）

Sartorio, Marc Antonio〈17世紀〉
イタリアの作曲家。
⇒バロ（サルトーリオ,マルク・アントーニオ 1630-1680.12.30）

Sartorius, Erasmus〈16・17世紀〉
ドイツの作曲家。
⇒バロ（ザルトリウス,エラスムス 1577-1637.10.17）

Sartorius, Paul〈16・17世紀〉
ドイツの作曲家。
⇒バロ（ザルトリウス,パウル 1569.11.16-1609.2.28）

Sartorius von Waltershausen, August Freiherr〈19・20世紀〉
ドイツの経済学者。
⇒岩世人（ザルトーリウス 1852.5.23-1938）

Sartorius von Waltershausen, Freiherr von W.Georg〈18・19世紀〉
ドイツの経済学者。スミス学説を初めてドイツ学界に紹介。
⇒岩世人（ザルトーリウス 1765.8.25-1828.8.24）
　学叢思（ザルトリウス,ゲオルグ・フリードリヒ 1766-1828）

Sasetta〈14・15世紀〉
イタリアの画家。シエナ派の絵画をゴシック様式からルネサンス様式へ進展させたシエナ派の主要画家。
⇒岩世人（サッセッタ 1400頃-1450.4.1）
　芸13（サセッタ 1392頃-1450）

sa skya paṇḍita kun dga' rgyal mtshan〈12・13世紀〉
チベット仏教のサキャ派の宗学の大成者。
⇒岩世人（サキャパンディタ・クンガーゲルツェン 1182-1251）

Sassoon, David〈18・19世紀〉
スペイン・ユダヤ系の商人。ボンベイで銀行業および商業を営み,イギリスの東洋貿易に寄与。
⇒岩世人（サスーン 1792-1864.11.7）

Sassoulitsch, Vera〈19世紀〉
ロシアの女性社会主義者。
⇒学叢思（ザスリッチ,ヴェラ 1851-?）

Śatadhanvan〈前2世紀〉
マウリア帝国の統治者。在位前195〜187。
⇒世帝（シャタダンヌス （在位）前195-前187）

Satha〈16世紀〉
カンボジア、ポスト・アンコール時代の王。在位1579～95。
⇒岩世人（ソター　?–1595）

Satie, Erik Alfred Leslie〈19・20世紀〉
フランスの作曲家。
⇒岩世人（サティ　1866.5.17–1925.7.1）
　バレエ（サティ、エリック・アルフレッド・レスリー　1866.5.17–1925.7.1）
　エデ（サティ、エリック（アルフレッド・レスリ）1866.5.17–1925.7.1）
　広辞7（サティ　1866–1925）
　実音人（サティ、エリック　1866–1925）
　世人新（サティ　1866–1925）
　世人装（サティ　1866–1925）
　ピ曲改（サティ、エリック　1866–1925）
　ポプ人（サティ、エリック　1866–1925）

Satornilos〈2世紀〉
シリアのグノーシス主義者。メナンドロスの弟子。
⇒新カト（サトルニロス　2世紀）

Satow, *Sir* Ernest Mason〈19・20世紀〉
イギリスの外交官。
⇒岩世人（サトウ（サトー）　1843.6.30–1929.8.26）
　広辞7（サトー　1843–1929）
　新カト（サトウ　1843.6.30–1929.8.26）
　ポプ人（サトウ、アーネスト　1843–1929）

Sattār Khān〈19・20世紀〉
イラン立憲革命の英雄。
⇒岩世人（サッタール・ハーン　1868–1914.11.9）

Šattiwazza〈前14世紀〉
ミッタニ（ミタンニ）王国の王。
⇒岩世人（シャッティワッザ）

Sattler, Michael〈15・16世紀〉
ドイツの再洗礼派の指導者。
⇒岩世人（ザットラー　1490(-1500)頃–1527.5.20）
　新カト（ザットラー　1490/1500–1527.5.20）

Satuq Boghra Khan〈10世紀〉
カラ・ハン王朝の始祖。
⇒岩世人（サトゥク・ボグラ・ハン　?–955）

Saturnina
聖人、処女殉教者。祝日5月20日。ローマの元老院議員の娘で、ガリアで殉教したという。
⇒新カト（サトゥルニナ　生没年不詳）

Saturninus〈2世紀〉
シリアの哲学者、神学者。
⇒岩世人（サトゥルニヌス）

Saturninus〈3世紀〉
ローマの殉教者、聖人。祝日11月29日。
⇒新カト（サトゥルニヌス）

Saturninus〈3・4世紀〉
北アフリカのアビティナの司祭、殉教者、聖人。祝日2月12日。
⇒新カト（サトゥルニヌス）

Saturninus, Lucius Appuleius〈前2世紀頃〉
ローマの民衆派政治家。
⇒岩世人（サトゥルニヌス　?–前100）

Saturninus (Toulouse)〈3世紀〉
フランスの司教、殉教者、聖人。
⇒岩世人（サトゥルニヌス）
　新カト（サトゥルニヌス）
　図聖（サトゥルニヌス（トゥールーズの）　?–250/260）

Satyrus〈4世紀〉
イタリアの聖人。祝日9月17日。
⇒新カト（サティルス　330頃–375）

Saudā, Mirzā Muḥammad Rafī〈18世紀〉
インドのウルドゥー語の詩人。代表作『詩全集』など。
⇒岩世人（サウダー　1713–1781）

Sauer, Emil von〈19・20世紀〉
ドイツのピアノ奏者、作曲家。リストに学び、ピアノ奏者として活躍。作品にピアノ協奏曲などがある。
⇒岩世人（ザウアー　1862.10.8–1942.4.27）

Sauerbruch, Ferdinand〈19・20世紀〉
ドイツの外科医。
⇒岩世人（ザウアーブルフ　1875.7.3–1951.7.2）

Saul〈前11世紀〉
イスラエル最初の王。在位前1020～10頃。
⇒岩世人（サウル　（在位）前1020–前1000頃）
　広辞7（サウル　（在位）紀元前1012頃–?）
　新カト（サウル）
　聖書（サウル）
　世帝（サウル　?–前1007?）

Saunders, *Sir* Charles Edward〈19・20世紀〉
カナダの農学者。小麦の育種をやり、マーキス種を育成。カナダ国立農事試験場長（1903～22）。
⇒岩世人（ソーンダーズ　1867.2.2–1937.7.25）

Saunière, Paul〈19世紀〉
フランスの小説家。
⇒19仏（ポール・ソニエール　1827–1894）

Saussier, Félix-Gustave〈19・20世紀〉
フランスの軍人。
⇒19仏（フェリックス＝ギュスターヴ・ソーシエ　1828.1.16–1905.12.19）

Saussure, Ferdinand de〈19・20世紀〉
スイスの言語学者。20世紀の言語学に決定的な影響を与えた構造主義言語学の祖。
⇒岩世人（ソシュール　1857.11.26–1913.2.22）
ネーム（ソシュール　1857–1913）
広辞7（ソシュール　1857–1913）
新カト（ソシュール　1857.11.26–1913.2.22）
図哲（ソシュール，フェルディナン・ド　1857–1913）
世人新（ソシュール　1857–1913）
世人装（ソシュール　1857–1913）
20思（ソシュール，フェルディナン・ド　1857–1913）
ポプ人（ソシュール，フェルディナン・ド　1857–1913）
メル3（ソシュール，フェルディナン・ド　1857–1913）
メル別（ソシュール，フェルディナン・ド　1857–1913）

Saussure, Horace Bénédict de〈18世紀〉
スイスの植物学者，地質学者，登山家。
⇒岩世人（ソシュール　1740.2.17–1799.1.22）

Saussure, Nicolas Théodore de〈18・19世紀〉
スイスの植物学者。
⇒岩世人（ソシュール　1767.10.14–1845.4.18）

Savage, Michael Joseph〈19・20世紀〉
ニュージーランドの政治家。20世紀前半に活動。
⇒オセ新（サベッジ　1872–1940）

Savage, Richard〈17・18世紀〉
イギリスの詩人。代表作『私生児』(28)。貧窮のうちに負債者監獄で死んだ。
⇒岩世人（サヴィジ　1697頃–1743.8.1）

Savage, William〈18世紀〉
イギリスの作曲家。
⇒バロ（サヴェジ，ウィリアム　1720–1789.7.27）

Savart, Félix〈18・19世紀〉
フランスの物理学者。音響学，光学，電磁気学，流体力学などを研究し，ビオ＝サバールの法則は著名。
⇒岩世人（サヴァール　1791.6.30–1841.3.16）

Savary, Jacques〈17世紀〉
フランスの商人，経済学者。
⇒岩世人（サヴァリ　1622–1690）

Savasorda〈11・12世紀〉
カタロニアのバルセロナで活躍した数学者，天文学者。
⇒新カト（アブラハム・バル・ヒーヤ　?–1136頃）
ユ人（アブラハム，バルヒヤ　1065–1136）
ユ著（Abraham bar Hiyya Savasorda　アブラハム・バール・ヒヤ　サバソルダ　1065?–1136?）

Savatier, Paul Amédée Ludovic〈19世紀〉
フランスの医師，植物学者。
⇒岩世人（サヴァティエ　1830.1.19–1891.8.27）

Savery, Roelandt〈16・17世紀〉
オランダの画家。
⇒芸13（サフェレイ，ルーラント　1576–1639）

Savery, Thomas〈17・18世紀〉
イギリスの技術家。水を吸上げる実用的な揚水ポンプ機関を発明した(1698)。
⇒岩世人（セイヴァリー　1650頃–1715）

Savigny, Friedrich Karl von〈18・19世紀〉
ドイツの歴史法学派の創始者。ティボーの自然法学に反対して歴史法学を主張。
⇒岩世人（サヴィニー　1779.2.21–1861.10.25）
広辞7（サヴィニー　1779–1861）
学叢思（ザヴィニー，フリードリヒ・カール・フォン　1779–1861）
世人新（サヴィニー　1779–1861）
世人装（サヴィニー　1779–1861）
世史語（サヴィニー　1779–1861）
ポプ人（サビニー，フリードリヒ・カール・フォン　1779–1861）

Savinkov, Boris Viktorovich〈19・20世紀〉
ロシアの革命家，作家。代表作はRopshinのペンネームで書いた『蒼ざめた馬』(09)。
⇒岩世人（サーヴィンコフ　1879.1.19/31–1925.5.7）
ネーム（ロープシン　1879–1925）
広辞7（ロープシン　1879–1925）

Savio, Domenico〈19世紀〉
イタリアの少年聖人。祝日3月9日。
⇒新カト（ドメニコ・サヴィオ　1842.4.2–1857.3.9）

Savioni, Mario〈17世紀〉
イタリアの作曲家。
⇒バロ（サヴィオーニ，マリオ　1608–1685.4.22）

Sāvitrī
インド神話における貞女の模範。
⇒岩世人（サーヴィトリー）

Savoia-Aosta, Luigi Amedeo di〈19・20世紀〉
イタリアの探検家，登山家，軍人。
⇒岩世人（サヴォイア＝アオスタ　1873.1.29–1933.3.18）

Savoldo, Giovanni Girolamo〈15・16世紀〉
イタリアの画家。代表作『キリストの変容』。
⇒岩世人（サヴォルド　1480頃–1548頃）
芸13（サヴォルド，ジョヴァンニ・ジロラモ　1480頃–1548以後）

Savonarola, Girolamo〈15世紀〉
イタリアの聖職者,宗教改革者。フィレンツェに神聖政治をしき,カトリック教会改革の先駆的役割を果した。
⇒岩世人（サヴォナローラ　1452.9.21–1498.5.23）
ネーム（サヴォナローラ　1452–1498）
広辞7（サヴォナローラ　1452–1498）
学叢思（サヴォナロラ,ジロラモ　1452–1498）
新カト（サヴォナローラ　1452.9.21–1498.5.23）
世人新（サヴォナローラ　1452–1498）
世人装（サヴォナローラ　1452–1498）
ポプ人（サボナローラ,ジロラモ　1452–1498）
ルネ（ジロラモ・サヴォナローラ　1452–1498）

Savory, Nathaniel〈18・19世紀〉
アメリカの小笠原諸島最初の移住者。1830年父島に移住。
⇒アア歴（Savory,Nathaniel　ナサニエル・サヴォイ　1794.7.31–1874.4.10）
岩世人（セイヴォリー　1794.7.31–1874.4.10）

Savrasov, Aleksei Kondratevich〈19世紀〉
ロシアの画家。
⇒岩世人（サヴラーソフ　1830.5.12–1897.9.26）

Savva (Sava)〈12・13世紀〉
初代セルビア大主教,文筆家,聖人。
⇒岩世人（サヴァ　1174/1175頃–1235.1.14）
新カト（サヴァ（サバス）〔セルビアの〕　1174頃–1235）

Saw Hnit〈13・14世紀〉
ビルマ,パガン朝の王。
⇒世帝（ソウニッ　1276–1325）

Sawicki, Franz〈19・20世紀〉
ポーランドのカトリック神学者。
⇒岩世人（サヴィツキ　1877.7.13–1952.10.7）

Saw Lu〈11世紀〉
ビルマ,パガン朝の王。
⇒世帝（ソウルー　1048–1084）

Sax, Adolphe〈19世紀〉
ベルギーの楽器製作者。サキソフォン等を発明。
⇒岩世人（サックス　1814.11.6–1894.2.4）

Sax, Emil〈19・20世紀〉
オーストリアの経済学者。プラーハ大学教授（1879～93）,下院議員（79）。
⇒岩世人（ザックス　1845.2.8–1927.3.25）
学叢思（ザックス,エミル　1845–?）

Saxe, Hermann Maurice, Comte de〈17・18世紀〉
フランスの軍人。
⇒岩世人（サックス　1696.10.28–1750.11.30）

Saxo Grammaticus〈12・13世紀〉
デンマークの歴史家。
⇒岩世人（サクソ・グラマティクス　（活動）12世紀半ば–13世紀初）
広辞7（サクソ・グラマティクス　1150頃–1220頃）

Saxton, Joseph〈18・19世紀〉
アメリカの発明家。差働歯車,深海温度計,万年筆やシャープ・ペンシル等を発明。
⇒岩世人（サクストン　1799–1873）

Say, Jean Baptiste〈18・19世紀〉
フランスの経済学者。
⇒岩世人（セイ　1767.1.5–1832.11.15）
広辞7（セー　1767–1832）
学叢思（セー,ジャン・バプティスト　1767–?）

Say, Jean Baptiste Léon〈19世紀〉
フランスの財政家。社会主義に反対の立場をとった。
⇒岩世人（セイ　1826–1896）
19仏（レオン・セー　1826.6.6–1896.4.21）
学叢思（セー,ジャン・バプティスト・レオン　1829–1896）

Saya San〈19・20世紀〉
ビルマ民族運動の指導者。
⇒岩世人（サン　1876–1931.11.28）
世人新（サヤ＝サン　1876–1931）
世人装（サヤ＝サン　1876–1931）
世史語（サヤ＝サン　1876–1931）
ポプ人（サヤ・サン　1876–1931）

Sayce, Archibald Henry〈19・20世紀〉
イギリスの東洋語学者。
⇒岩世人（セイス　1845.9.25–1933.2.4）
広辞7（セース　1845–1933）

Sayf al-Dawla bn Ḥamdān〈10世紀〉
北シリア,ハムダーン朝初代の王。
⇒岩世人（サイフッダウラ・ハムダーニー　916–967）

Sayf ibn Dhī Yazan〈6世紀〉
南アラビアのヒムヤル朝の王子。
⇒岩世人（サイフ・イブン・ズィー・ヤザン　6世紀）

Sayongve〈17・18世紀〉
ラオスのランサン王国,ビエンチャン王国の王。在位1698～1735。
⇒岩世人（サイオンウェー　（在位）1698–1735）

Sayrāmī〈19・20世紀〉
東トルキスタンの歴史家。
⇒岩世人（サイラーミー　1838–1913?）

Sayre, Lewis Albert〈19世紀〉
アメリカの外科医。
⇒岩世人（セイヤー　1820.2.29–1900.9.21）

Sayri Tupac〈16世紀〉
インカ帝国の統治者。在位1545～1560。
⇒世帝（サイリ・トゥパック　?–1561）

Sayve, Lambert de〈16・17世紀〉
フランドルの作曲家。
⇒バロ（セーヴ，ランベール・ド　1548/1549-1614.2.16-28）

Sayve, Mathias I de〈16・17世紀〉
フランドルの作曲家。
⇒バロ（セーヴ，マティアス1世・ド　1540-1550頃-1619.12.E）

al-**Sayyda**〈9・10世紀〉
アッバース朝第18代カリフのムクタディルの母。
⇒岩世人（サイイダ　?-933）

Sayyid Abdul Aziz, Makhdum
アラブ人ウラマー（イスラーム学者）。マレー半島西岸のマラッカ王国で活動した。
⇒岩世人（サイイド・アブドゥル・アジズ）

Sayyid Aḥmad Khān, Sir〈19世紀〉
インドのイスラム教徒の学者，教育者，アリガール＝イスラム大学の創設者。
⇒岩世人（サイイド・アフマド・ハーン　1817.10.17-1898.3.27）
　南ア新（サイヤド・アフマド・ハーン　1817-1897）

as-**Sayyid al-Ḥimyarī, Ismāʻīl**〈8世紀〉
アラブ系の詩人。
⇒岩世人（サイイド・ヒムヤリー　723頃/724頃-789-796頃）

Sayyid-Ejell, Shams al-Dīn〈13世紀〉
ウイグル人の元初期の武将。ボハーラ出身。クビライ・カーンに重用され，南宋攻略等に活躍。
⇒岩世人（賽典赤瞻思丁　さいてんせきせんしていん　1211-1279〈世祖至元16〉）
　広辞7（サイイド・アジャッル　1211-1279）

Sayyid Muḥammad, ʻAbdullāh Hasan〈19・20世紀〉
ソマリアの宗教改革運動指導者，初期抵抗運動指導者。
⇒岩世人（サイイッド・ムハンマド　1856.4.7-1920.12.21）

Sayyid Said bin Sultan〈18・19世紀〉
アラビア半島南部オマンの皇帝。在位1806～56。
⇒アフ新（サイイド・サイード　1791頃-1856）
　岩世人（サイード・サイド　1791-1856.10.19）

Sazonov, Sergei Dmitrievich〈19・20世紀〉
ロシアの外交官，政治家。革命後フランスに亡命，反革命側で働いた。
⇒岩世人（サゾーノフ　1860.7.29/8.10-1927.12.24）

šbḳ〈前8世紀〉
エジプト第25王朝の第4代（あるいは第3代）国王。在位前713～698頃。
⇒岩世人（シャバカ　前713-前698頃）

šbk-nfrw〈前18世紀〉
エジプト第12王朝の第8代国王。
⇒岩世人（セベクネフェルウ　（在位）前1798/前1797-前1794/前1793頃）

Scacchi, Giovanni Andrea Marco〈17世紀〉
イタリアの作曲家。
⇒バロ（スカッキ，ジョヴァンニ・アンドレア・マルコ　1602-1684頃）

Scaevola, Gaius Mucius Cordus〈前6世紀?〉
古代ローマの伝説上の人物。
⇒岩世人（ムキウス・スカエウォラ）

Scaevola, Publius Mucius〈前2世紀〉
ローマの政治家，法学者。前133年コンスル，前130年最高神官。80巻の祭司年代記を編纂。
⇒岩世人（ムキウス・スカエウォラ　?-前115以前）

Scaevola, Quintus Cervidius〈2世紀〉
ローマの法学者。
⇒岩世人（スカエウォラ）

Scalabrini, Giovanni Battista〈19・20世紀〉
イタリアの司教，スカラブリーニ会の創設者。
⇒新カト（スカラブリーニ　1839.7.8-1905.6.1）

Scaliger, Joseph Justus〈16・17世紀〉
フランスの人文主義者。プロテスタンティスト。
⇒岩世人（スカリゲル　1540.8.5-1609.1.21）

Scaligero, Giulio Cesare〈15・16世紀〉
イタリア出身の人文学者，自然科学者。
⇒岩世人（スカリゲル　1484.4.23-1558.10.21）

Scamozzi, Vincenzo〈16・17世紀〉
イタリアの建築家，建築学者。
⇒岩世人（スカモッツィ　1552-1616.8.7）

Scampini, Augusto〈19・20世紀〉
イタリア・オペラのテノール。
⇒失声（アウグスト・スカンピーニ　1880-1939）
　魅惑（Scampini, Augusto　1880-1939）

Scandello, Antonio〈16世紀〉
イタリアの作曲家。1568年ドレスデン宮廷礼拝堂楽長。『ヨハネ受難曲』(61)など多数を残している。
⇒バロ（スカンデッロ，アントーニオ　1517.1.17-1580.1.18）

Scappi, Bartolomeo〈16世紀〉
イタリアの料理人。
⇒岩世人（スカッピ　?-1577）

Scaramberg, Émile〈19・20世紀〉
　フランス・オペラのテノール。
　⇒失声（エミール・スカランベール　1863-1938）
　　魅惑（Scaramberg,Emile　1863-1938）

Scaramelli, Giovanni Battista〈17・18世紀〉
　イタリアの修徳的著作家。
　⇒新カト（スカラメリ　1687.11.23-1752.1.11）

Scarani, Giuseppe〈16・17世紀〉
　イタリアの作曲家。
　⇒バロ（スカラーニ，ジュゼッペ　1580頃?-1642以降）

Scarlatti, Alessandro〈17・18世紀〉
　イタリアの歌劇および教会音楽の作曲家。華麗で特に声楽を重視した表現力の強い歌劇を作曲。
　⇒バロ（スカルラッティ，ピエトロ・アレッサンドロ・ガスパーレ　1660.5.2-1725.10.22）
　　岩世人（スカルラッティ　1660.5.2-1725.10.24）
　　オペラ（スカルラッティ，アレッサンドロ　1660-1725）
　　エデ（スカルラッティ，（ピエトロ）アレッサンドロ（ガスパレ）　1660.5.2-1725.10.22）
　　広辞7（スカルラッティ　1660-1725）
　　新カト（スカルラッティ　1660.5.2-1725.10.22）
　　ポプ人（スカルラッティ，アレッサンドロ　1660-1725）

Scarlatti, Francesco Antonio Nicola〈17・18世紀〉
　イタリアの作曲家。
　⇒バロ（スカルラッティ，フランチェスコ・アントーニオ・ニコラ　1666.12.5-1741以降）

Scarlatti, Giuseppe〈18世紀〉
　イタリアの作曲家。A.スカルラッティの孫。
　⇒バロ（スカルラッティ，ジュゼッペ　1723.6.18-1777.8.17）

Scarlatti, Giuseppe Domenico〈17・18世紀〉
　イタリアの作曲家，チェンバロ奏者。
　⇒バロ（スカルラッティ，ジュゼッペ・ドメニーコ　1685.10.26-1757.7.23）
　　岩世人（スカルラッティ　1685.10.26-1757.7.23）
　　バレエ（スカルラッティ，ドメニコ　1685.10.26-1757.7.23）
　　オペラ（スカルラッティ，ドメニコ　1685-1757）
　　エデ（スカルラッティ，（ジュゼッペ）ドメニコ　1685.10.26-1757.7.23）
　　ネーム（スカルラッティ　1685-1757）
　　広辞7（スカルラッティ　1685-1757）
　　実音人（スカルラッティ，ドメニコ　1685-1757）
　　新カト（スカルラッティ　1685.10.26-1757.7.23）
　　ピ曲改（スカルラッティ，ドメニコ　1685-1757）
　　ポプ人（スカルラッティ，ドメニコ　1685-1757）

Scarlatti, Pietro Fillippo〈17・18世紀〉
　イタリアの作曲家。
　⇒バロ（スカルラッティ，ピエトロ・フィリッポ　1679.1.5-1750.2.22）

Scarpa, Antonio〈18・19世紀〉
　イタリアの解剖学者，外科学者。
　⇒岩世人（スカルパ　1752.5.19-1832.10.31）

Scarpani, Pietro〈18世紀〉
　イタリアの作曲家。
　⇒バロ（スカルパーニ，ピエトロ　1700頃?-1760頃?）

Scarron, Paul〈17世紀〉
　フランスの詩人，小説家，劇作家。ビュルレスク（滑稽）な文学の一派を創始。
　⇒岩世人（スカロン　1610.7.4-1660.10.7）
　　ネーム（スカロン　1610-1660）
　　広辞7（スカロン　1610-1660）

Scaruffi, Gaspare〈16世紀〉
　イタリアの財政学者。
　⇒学叢思（スカルフィ，ガスパレ　1519-1584）

Scathach
　ケルト神話，冥界の女王。
　⇒ネーム（スカアハ）

Scavenius, Erik〈19・20世紀〉
　デンマークの政治家。
　⇒岩世人（スカヴィーニウス　1877.6.13-1962.11.29）

Scelle, Georges〈19・20世紀〉
　フランスの国際法学者。
　⇒岩世人（セル　1878.3.19-1961.1.8）

Scève, Maurice〈16世紀〉
　フランスの詩人。『デリ，至高の徳の対象』（44）は，リヨン派の代表的傑作とされる。
　⇒岩世人（セーヴ　1501頃-1560頃）
　　広辞7（セーヴ　?-1560頃）

Schaaffhausen, Hermann〈19世紀〉
　ドイツの人類学者。
　⇒岩世人（シャーフハウゼン　1816-1893.1.26）

Schaarschmidt, Carl Max Wilhelm von〈19・20世紀〉
　ドイツの哲学者，哲学史家。
　⇒岩世人（シャールシュミット　1822.11.3-1909/1910.12.26）

Schacht, Horace Greeley Hjalmar〈19・20世紀〉
　ドイツ財政家。ダルムシュタット国立銀行頭取。
　⇒岩世人（シャハト　1877.1.22-1970.6.3）
　　ネーム（シャハト　1877-1970）
　　広辞7（シャハト　1877-1970）
　　世人新（シャハト　1877-1970）
　　世人装（シャハト　1877-1970）

Schack, Benedikt Emanuel〈18・19世紀〉
　ボヘミアの作曲家。

⇒バロ（シャック，ベネディクト・エマヌエル 1758.2.7–1826.12.10）

Schadow, Johann Gottfried〈18・19世紀〉
ドイツの彫刻家。王立陶器制作所に所属し，宮殿の装飾をする。
⇒岩世人（シャード父子　1764.5.20–1850.1.28）
芸13（シャドウ，ゴットフリート　1764–1850）

Schadow, Ridolfo〈18・19世紀〉
ドイツの彫刻家。
⇒岩世人（シャード父子　1786.7.9–1822.1.31）

Schadow, Wilhelm von〈18・19世紀〉
ドイツの画家。代表作『ガブリエレ・フンボルトの肖像』(18)，『羊飼いの礼拝』(24)。
⇒岩世人（シャード父子　1788–1862）
芸13（シャドウ，ヴィルヘルム・フォン　1789–1862）

Schaefer, Clemens〈19・20世紀〉
ドイツの物理学者。赤外線，分子構造，結晶構造に関する研究がある。
⇒岩世人（シェーファー　1878.3.24–1968.7.9）

Schaefer, William Herman〈19・20世紀〉
アメリカのメジャーリーガー。
⇒メジャ（ジャーマニー・シェーファー　1876.2.4–1919.5.16）

Schaep, Hendrick Corneliszoon〈17世紀〉
オランダの航海家。
⇒岩世人（スハープ）

Schaepman, Hermanus Johannes Aloysius Maria〈19・20世紀〉
オランダの聖職者，政治家，文学者。義務教育，普通選挙など社会政策の推進に尽力。
⇒岩世人（スハープマン　1844.3.2–1903.1.21）

Schäfer, Dietrich〈19・20世紀〉
ドイツの歴史家。主書"Kolonialgeschichte"(03)など。
⇒岩世人（シェーファー　1845.5.16–1929.1.12）

Schäfer, Heinrich〈19・20世紀〉
ドイツのエジプト学者。
⇒岩世人（シェーファー　1868.10.29–1957.4.6）

Schäfer, Wilhelm〈19・20世紀〉
ドイツの作家。主著『ドイツの魂の13の書』(22)。
⇒岩世人（シェーファー　1868.1.20–1952.1.19）

Schaff, Philip〈19世紀〉
スイス生れのアメリカの神学者，教会史学者。アメリカ教会史学会を創設，初代会長となった。
⇒岩世人（シャフ　1819.1.1–1893.10.20）

新カト（シャフ　1819.1.1–1893.10.20）

Schäffle, Albert Eberhard Friedrich〈19・20世紀〉
ドイツの社会学者，経済学者，財政学者。
⇒岩世人（シェフレ　1831.2.24–1903.12.25）
学叢思（シェッフレ，アルベルト・エーベルハルト・フリードリヒ　1831–1903）

Schaffner, Martin〈15・16世紀〉
ドイツの画家，彫刻家。
⇒岩世人（シャフナー　1478頃–1546以降(-1549)）
芸13（シャッフナー，マルティン　1478–1546）

Schaffrath, Christoph〈18世紀〉
ドイツの作曲家。
⇒バロ（シャフラート，クリストフ　1709–1763.2.17）

Schalk, Franz〈19・20世紀〉
オーストリアの指揮者。ブルックナーの弟子。
⇒岩世人（シャルク　1863.5.27–1931.9.3）

Schall, Claus〈18・19世紀〉
デンマークの作曲家，ダンサー，ヴァイオリン奏者。
⇒バロ（シャル，クラウス・ニールセン　1757.4.28–1835.8.9）
バレエ（シャル，クラウス　1757.4.28–1835.8.9）

Schaller, Julius〈19世紀〉
ドイツの哲学者。ヘーゲルの方法を心理学に導入。
⇒岩世人（シャラー　1810/1807.7.13–1868.6.21）

Schallmayer, Friedrich Wilhelm〈19・20世紀〉
ドイツの医者。民族問題について優生学の原理を普及。
⇒岩世人（シャルマイアー　1857.2.10–1919.10.4）

Schall von Bell, Johann Adam〈16・17世紀〉
ドイツ人のイエズス会士。中国布教に従事。
⇒岩世人（シャル・フォン・ベル　1592.5.1–1666.8.15）
ネーム（アダム・シャール　1591–1666）
広辞7（アダム・シャル　1591–1666）
新カト（シャル・フォン・ベル　1592.5.1–1666.8.15）
世人新（シャル＝フォン＝ベル（アダム＝シャール）；中国名：湯若望）とうじゃくぼう　1591–1666）
世人装（シャル＝フォン＝ベル（アダム＝シャール）；中国名：湯若望）とうじゃくぼう　1591–1666）
世史語（アダム＝シャール（湯若望）　1591–1666）
ポプ人（アダム・シャール　1592–1666）
学叢歴（アダムシャール　1591–1666）

Schamberger, Caspar〈17・18世紀〉
オランダの医師。
⇒岩世人（スハンベルヘル　1623.9.1/11–1706.4.8）

Schandorph, Sophus〈19・20世紀〉
デンマークの作家。
⇒岩世人（シャンドーフ　1836.5.8–1901.1.1）

Schanz, Martin〈19・20世紀〉
ドイツの古典学者。ヴュルツブルク大学教授（1870～1912）。
⇒岩世人（シャンツ　1842.6.12–1914.12.15）

Schappeler, Christoph〈15・16世紀〉
南ドイツの宗教改革者。
⇒新カト（シャッペラー　1472–1551.8.25）

Scharing, Hans William〈19・20世紀〉
デンマークの経済学者。
⇒学叢思（シャーリング，ハンス・ウィリアム　1837–?）

Scharlieb, Mary〈19・20世紀〉
イギリスの医師。
⇒岩世人（シャーリーブ　1845.6.15–1930.11.21）

Scharnager, J.〈15・16世紀〉
ドイツの作曲家。
⇒バロ（シャルナーゲル，J.　1460頃?–1510頃?）

Scharnhorst, Gerhard Johann David von〈18・19世紀〉
プロシアの軍人。参謀長。
⇒岩世人（シャルンホルスト　1755.11.12–1813.6.28）

Scharten, Carel〈19・20世紀〉
オランダの作家，詩人。
⇒岩世人（スハルテン　1878.3.14–1950.10.30）

Schasler, Max〈19・20世紀〉
ドイツの美学者。主著『批判的美学史』（71～72）などがある。
⇒岩世人（シャスラー　1819.8.26–1903.6.13）
　学叢思（シャスレル，マクス　1819–1903）

Schatz, Boris〈19・20世紀〉
リトアニアの芸術家，ベツァレル美術学校の創立者。
⇒ユ人（シャッツ，ボリス　1867–1932）
　ユ著人（Schatz,Boris　シャッツ，ボリス　1867–1932）

Schatzgeyer, Kaspar〈15・16世紀〉
ドイツのフランシスコ会修道士。
⇒岩世人（シャッツガイアー　1463/1464–1527.9.18）
　新カト（シャッツガイアー　1463/1464–1527.9.18）

Schaudinn, Fritz Richard〈19・20世紀〉
ドイツの微生物学者。
⇒岩世人（シャウディン　1871.9.19–1906.6.22）
　ネーム（シャウディン　1871–1906）

Schäufelein, Hans Leonard〈15・16世紀〉
ドイツの画家，版画家。A.デューラーの弟子。
⇒岩世人（ショイフェライン　1480–1485頃–1538–1540頃）

Schaukal, Richard von〈19・20世紀〉
オーストリアの詩人，小説家，随筆家。主著，詩集『秋の丘』（33）。
⇒岩世人（シャウカル　1874.5.27–1942.10.19）

Schäzler, Johann Lorenz Konstantin Freiherr von〈19世紀〉
ドイツのカトリック神学者。
⇒岩世人（シェーツラー　1827.5.7–1880.9.19）

Schechter, Solomon (Schneur Zalman)〈19・20世紀〉
ユダヤ教保守派の創立者。
⇒ユ人（シェヒター，ソロモン（シュノイヤー・ザルマン）　1847–1915）
　ユ著人（Schechter,Solomon　シェヒター，ソロモン　1850–1915）

Schedel, Hartmann〈15・16世紀〉
ドイツの医者，人文学者。
⇒岩世人（シェーデル　1440.2.13–1514.11.28）

Schedel, Juriaen〈17世紀〉
オランダ東インド会社の砲手。
⇒岩世人（スヘーデル）

Schedlich, David〈17世紀〉
ボヘミアの作曲家。
⇒バロ（シェートリヒ，ダヴィッド　1607–1687.11.11）

Scheeben, Mathias Joseph〈19世紀〉
ドイツの神学者。思弁神学特にマリア学の分野で著名。主著『キリスト教の神秘』（65）。
⇒岩世人（シェーベン　1835.3.1–1888.7.21）
　新カト（シェーベン　1835.3.1–1888.7.21）

Scheel, Hans von〈19・20世紀〉
ドイツの統計学者，経済学者。ドイツ統計局長官（1891）。経済統計，労働統計，犯罪統計の整備に尽力。
⇒岩世人（シェール　1839.12.29–1901.9.27）

Scheele, Karl Wilhelm〈18世紀〉
スウェーデンの化学者。
⇒岩世人（シェーレ　1742.12.9–1786.5.21）
　ネーム（シェーレ　1742–1786）
　広辞7（シェーレ　1742–1786）
　学叢思（シェーレ，カール・ウィルヘルム　1742–1786）

Scheer, Reinhard〈19・20世紀〉
ドイツ海軍の軍人。第1次世界大戦でドイツ遠洋艦隊を指揮してイギリス艦隊を破った。潜水艦戦略の提唱者。
⇒岩世人（シェーア　1863.9.30–1928.11.26）

Scheerbart, Paul〈19・20世紀〉
ドイツの作家。表現主義の先駆者。
⇒岩世人（シェーアバルト　1863.1.8–1915.10.15）

Schefer, Charles Henri Auguste〈19世紀〉
フランスの東洋学者。
⇒岩世人（シェフェール　1820.11.16–1898.3.3）

Schefer, Leopold〈18・19世紀〉
ドイツの詩人，作家。
⇒岩世人（シェーファー　1784.7.30–1862.2.16）

Scheffel, Joseph Viktor von〈19世紀〉
ドイツの詩人，小説家。
⇒岩世人（シェッフェル　1826.2.16–1886.4.9）

Scheffer, Ary〈18・19世紀〉
オランダの画家。
⇒岩世人（シェフェール　1795.2.10–1858.6.15）
　芸13（シェッフェル，アリー　1795–1858）

Scheffler, Karl〈19・20世紀〉
ドイツの芸術学者。建築芸術論の分野に貢献。
⇒岩世人（シェフラー　1869.2.27–1951.10.25）

Scheibe, Johann Adolph〈18世紀〉
ドイツの作曲家，理論家。1737〜8年，39〜40年『批判的音楽家』を順次刊行。
⇒バロ（シャイベ，ヨハン・アードルフ　1708.5.3–1776.4.22）

Scheibel, Johann Gottfried〈18・19世紀〉
ドイツの古ルター派神学者，説教家。
⇒新カト（シャイベル　1783.9.16–1843.3.21）

Scheidemann, David〈16・17世紀〉
ドイツの作曲家。
⇒バロ（シャイデマン，ダーヴィット　1570頃?–1629）

Scheidemann, Heinrich〈16・17世紀〉
ドイツの作曲家，オルガン奏者。作品の中で重要なのは手書きで残されたオルガン・タブラチュアである。
⇒バロ（シャイデマン，ハインリヒ　1596頃–1663.1）

Scheidemann, Philipp〈19・20世紀〉
ドイツの政治家。ドイツ共和国初代首相。ベルサイユ条約に反対して辞職。ナチス政権の成立後亡命。
⇒岩世人（シャイデマン　1865.7.26–1939.11.29）
　ネーム（シャイデマン　1865–1939）
　広辞7（シャイデマン　1865–1939）

Scheidt, Gottfried〈16・17世紀〉
ドイツの作曲家。
⇒バロ（シャイト, ゴットフリート　1593.9.20–1661.6.3）

Scheidt, Kaspar〈16世紀〉
ドイツの文学者。ラテン語の詩 "Grobianus"（1551）を書いた。
⇒岩世人（シャイト　1520頃–1565）

Scheidt, Samuel〈16・17世紀〉
ドイツの作曲家。ドイツ初期バロック音楽の代表者。
⇒バロ（シャイト, ザムエル　1587.11.3–1654.3.24）
　岩世人（シャイト　1587.11.4（受洗）–1654.3.24）
　エデ（シャイト, ザムエル　1587.11.3–1654.3.24）
　新カト（シャイト　1587.11.3（受洗）–1654.3.24）

Scheiffelhut, Jakob〈17・18世紀〉
ドイツの作曲家。
⇒バロ（シャイフェルフート, ヤーコプ　1647.9.19–1709.7.2）

Schein, Johann Hermann〈16・17世紀〉
ドイツの作曲家。
⇒バロ（シャイン, ヨハン・ヘルマン　1586.1.20–1630.11.19）
　岩世人（シャイン　1586.1.20–1630.11.19）
　エデ（シャイン, ヨハン・ヘルマン　1586.1.20–1630.11.19）
　新カト（シャイン　1586.1.20–1630.11.19）

Scheiner, Christoph〈16・17世紀〉
ドイツの天文学者，カトリック聖職者。
⇒岩世人（シャイナー　1575.7.25–1650.7.18）
　新カト（シャイナー　1573/1575.7.25–1650.7.18）

Scheinpflug, Theodor〈19・20世紀〉
オーストリアの陸軍軍人。移動する地点からの写真測量を研究し，製図装置を発表（1897）。
⇒岩世人（シャインプフルーク　1865.10.7–1911.8.22）

Scheler, Max〈19・20世紀〉
ドイツの哲学者，社会哲学者。カント倫理学の形式主義に対して，実質的価値倫理学を主張した。
⇒岩世人（シェーラー　1874.8.22–1928.5.19）
　ネーム（シェーラー　1874–1928）
　広辞7（シェーラー　1874–1928）
　新カト（シェーラー　1874.8.22–1928.5.19）
　20思（シェーラー・マックス　1874–1928）
　メル3（シェーラー, マックス　1874–1928）
　ユ著人（Scheler, Max　シェラー, マックス　1874–1928）

Schell, Hermann〈19・20世紀〉
ドイツのカトリック神学者，説教家。
⇒岩世人（シェル　1850.2.28–1906.5.31）
　新カト（シェル　1850.2.28–1906.5.31）

Schelle, Johann〈17・18世紀〉
ドイツの作曲家，オルガン奏者。
⇒バロ（シェレ, ヨハン　1648.9.6–1701.3.10）

Schelling, Friedrich Wilhelm Joseph

von〈18・19世紀〉
ドイツの哲学者。主著『先験的観念論の体系』(1800)など。
⇒岩世人（シェリング 1775.1.27-1854.8.20)
ネーム（シェリング 1775-1854）
広辞7（シェリング 1775-1854）
学叢思（シェリング,フリードリヒ・ウィルヘルム・ヨセフ・フォン 1775-1854）
新カト（シェリング 1775.1.27-1854.8.20）
図哲（シェリング,フリードリヒ 1775-1854）
世人新（シェリング 1775-1854）
世人装（シェリング 1775-1854）
メル3（シェリング,フリードリヒ・ヴィルヘルム・ヨーゼフ・フォン 1775-1854）

Scheltema, Adama van〈19・20世紀〉
オランダの文学者。オランダの社会主義詩人の先駆者。
⇒岩世人（アダマ・ファン・スヘルテマ 1877.2.26-1924.5.6）

Schemelli, Georg Christian〈17・18世紀〉
ドイツの作曲家。
⇒バロ（シェメルリ,ゲオルク・クリスティアン 1676-1762.3.5）

Schenck, Johannes〈17・18世紀〉
ネーデルラントの作曲家。
⇒バロ（シェンク,ヨハネス 1660.6.3-1712/16以降）

Schendel, Arthur François Émile van〈19・20世紀〉
オランダの小説家。新ロマン派の代表者。
⇒岩世人（ファン・スヘンデル 1874.3.5-1946.9.11）

Schenk, Johann Baptist〈18・19世紀〉
オーストリアの作曲家,教育者。
⇒バロ（シェンク,ヨハン・バプチスト 1753.11.30-1836.12.29）

Schenkel, Daniel〈19世紀〉
ドイツのプロテスタント神学者。
⇒新カト（シェンケル 1813.12.21-1885.5.18）

Schenkendorf, Max von〈18・19世紀〉
ドイツの愛国詩人。『詩集』(15)などがある。
⇒岩世人（シェンケンドルフ 1783.12.11-1817.12.11）

Schenker, Heinrich〈19・20世紀〉
オーストリアの作曲家,音楽理論家。ブルックナーの弟子。
⇒岩世人（シェンカー 1868.6.19-1935.1.14）

Scherbius, Arthur〈19・20世紀〉
ドイツの暗号機製作者。世界初の実用的な機械式暗号機,エニグマを発明した。
⇒スパイ（シェルビウス,アルトゥール 1878-1929）

Scherer, Heinrich〈17・18世紀〉
ドイツ出身のイエズス会員,数学者,宣教地地図製作者。
⇒新カト（シェーラー 1628.4.24-1704.11.21）

Scherer, Maria Theresia〈19世紀〉
スイスの修道女。十字架慈悲修道女会の共同創立者。ルツェルン州メッゲンに生まれる。
⇒新カト（シェーラー 1825.10.31-1888.6.16）

Scherer, N.〈18世紀〉
ドイツの作曲家。
⇒バロ（シェーラー,N. 1730頃?-1790頃）

Scherer, Sebastian Anton〈17・18世紀〉
ドイツの作曲家。
⇒バロ（シェラー,セバスティアン・アントン 1631.10.3-1712.8.26）

Scherer, Wilhelm〈19世紀〉
ドイツの言語学者,文学者。『ドイツ語史の試み』(68)などの著書がある。
⇒岩世人（シェーラー 1841.4.26-1886.8.6）

Schering, Arnold〈19・20世紀〉
ドイツの音楽家,音楽美学者。バッハ研究をはじめ,音楽史研究で知られる。
⇒岩世人（シェーリング 1877.4.2-1941.3.7）

Schering, Ernst Christian Julius〈19世紀〉
ドイツの数学者。
⇒世数（シェリンク,エルンスト・クリスティアン・ユリウス 1833-1897）

Scherschewsky, Samuel Isac〈19・20世紀〉
アメリカの聖公会宣教師。
⇒アア歴（Schereschewsky,Samuel Issac Joseph サミュエル・アイザック・ジョセフ・シェレシェウスキー 1831.5.6-1906.10.15）
岩世人（シェルシェウスキー 1831-1906）

Schervier, Franziska〈19世紀〉
ドイツの修道女,貧しき人々のフランシスコ女子修道会の創立者。
⇒新カト（シェルフィアー 1819.1.3-1876.12.14）

Schetky, Johann Georg Christoph〈18・19世紀〉
ドイツの作曲家。
⇒バロ（シェトキー,ヨハン・ゲオルク・クリストフ 1737.8.19-1824.11.30）

Scheurer-Kestner, Auguste〈19世紀〉
フランスの化学者,政治家。上院副議長(1896)。
⇒岩世人（シュレル=ケストネル 1833.2.11-1899.9.19）
19仏（オーギュスト・シュレル=ケストネル 1833.2.13-1899.9.19）

Schiaparelli, Giovanni Virginio〈19・

20世紀〉
イタリアの天文学者。
⇒岩人（スキャパレリ　1835.3.14–1910.7.4)
学叢思（スキアパレルリ, ジオヴァンニ・ヴィルジニオ　1835–1910)

Schiassi, Gaetano Maria〈17・18世紀〉
イタリアの作曲家。
⇒バロ（スキアッシ, ガエターノ・マリーア　1698.3.10–1754)

Schiavazzi, Piero〈19・20世紀〉
イタリアのテノール。
⇒失声（ピエロ・スキアヴァッツイ　1875–1949)
魅惑（Schiavazzi,Piero　1875–1949)

Schiavone, Andrea Meldola〈16世紀〉
イタリアの画家, 版画家。
⇒岩人（スキアヴォーネ　1510頃–1563.12.1)
芸13（スキァヴォーネ, アンドレア　1522頃–1582)

Schiavone, Giorgio〈15・16世紀〉
イタリアの画家。
⇒岩人（スキアヴォーネ　1433/1436–1504.12.6)

Schichau, Ferdinand〈19世紀〉
ドイツの技術家, 造船業者。ドイツで初の水雷艇を建造（1877)。
⇒岩人（シヒャウ　1814.1.30–1896.1.23)

Schicht, Johann Gottfried〈18・19世紀〉
ドイツのピアノ奏者, 作曲家。
⇒バロ（シヒト, ヨハン・ゴットフリート　1753.9.29–1823.2.16)

Schick, Gottlieb Christian〈18・19世紀〉
ドイツの画家。代表作『ダンネッカーの肖像』(02) など。
⇒岩人（シック　1776.8.15–1812.5.7)

Schick Béla〈19・20世紀〉
アメリカの小児科医, 細菌学者。血清病を研究し, シック反応と呼ばれる, 検査する方法を案出。
⇒岩人（シック　1877.7.16–1967.12.6)
ユ著人（Schick,Béla　シック, ベラ　1877–1967)

Schickhart, Johann Christian〈17・18世紀〉
ドイツの作曲家。
⇒バロ（シックハルト, ヨハン・クリスティアン　1682頃–1762.3.26以前)

Schieferdecker, Johann Christian〈17・18世紀〉
ドイツの作曲家。
⇒バロ（シーフェルデッカー, ヨハン・クリスティアン　1679.11.10–1732.4.5)

Schiff, Hugo (Joseph)〈19・20世紀〉
ドイツ生れのイタリアの化学者。
⇒ユ人（Schiff,Hugo　シッフ, ユーゴ　1834–1915)

Schiff, Jacob Henry〈19・20世紀〉
アメリカの実業家。
⇒ユ人（シフ, ジェイコブ・ヘンリー　1847–1920)
ユ著人（Schiff,Jacob Henry　シフ, ヤコブ・ヘンリー　1847–1920)

Schiffini, Santo〈19・20世紀〉
イタリアの哲学者, 神学者。
⇒新カト（スキッフィーニ　1841.7.20–1906.12.10)

Schikaneder, Johann Emanuel〈18・19世紀〉
オーストリアの台本作家, 劇場支配人。
⇒バロ（シカネーダー, エマヌエル　1751.9.1–1812.9.21)

Schildt, Melchior〈16・17世紀〉
ドイツのオルガン奏者, 作曲家。
⇒バロ（シルト, メルヒオール　1592/1593–1667.5.18)

Schill, Ferdinand Baptista von〈18・19世紀〉
プロシアの軍人。
⇒岩人（シル　1776.1.6–1809.5.31)

Schiller, Ferdinand Canning Scott〈19・20世紀〉
イギリスの哲学者。
⇒岩人（シラー　1864.8.16–1937.8.6)
学叢思（シラー, エフ・シー・エス　1864–?)

Schiller, Johann Christoph Friedrich von〈18・19世紀〉
ドイツの劇作家, 詩人。
⇒岩人（シラー　1759.11.10–1805.5.9)
オペラ（シラー, ヨーハン・クリストフ・フリードリッヒ・フォン　1759–1805)
広辞7（シラー　1759–1805)
学叢思（シルレル, ヨハン・クリストフ・フリードリヒ・フォン　1759–1805)
新カト（シラー　1759.11.10–1805.5.9)
世人新（シラー　1759–1805)
世人装（シラー　1759–1805)
世史語（シラー　1759–1805)
ポプ人（シラー, フリードリヒ・フォン　1759–1805)
メル2（シラー, ヨハン・クリストフ・フリードリヒ・フォン　1759–1805)

Schilling, Diebold〈15・16世紀〉
スイスの年代記作者。
⇒岩人（シリング　1460頃–1515.11.3?)

Schillings, Karl Georg〈19・20世紀〉
ドイツの学術探検家。動物の生態研究のため, 初めて閃光を用いて動物写真を撮った。

⇒岩世人（シリングス　1865.12.11-1921.1.29）

Schillings, Max von〈19・20世紀〉
ドイツの作曲家, 指揮者。ベルリン国立歌劇場監督（1919～25）。
⇒岩世人（シリングス　1868.4.19-1933.7.24）

Schiltberger, Johann〈14・15世紀〉
ドイツ中世の騎士, 探検家。
⇒岩世人（シルトベルガー　1380頃-1427頃）

Schimper, Andreas Franz Wilhelm〈19・20世紀〉
ドイツの植物学者。植物生理学, 食虫植物および熱帯植物に関する研究がある。
⇒岩世人（シンパー　1856.5.12-1901.9.9）

Schindler, Anton Felix〈18・19世紀〉
オーストリアのヴァイオリン奏者。ベートーヴェンの秘書となり（1814）, 彼の伝記を書いた。
⇒岩世人（シンドラー　1795.6.13-1864.1.16）

Schindler, Emil Jakob〈19世紀〉
オーストリアの画家。
⇒岩世人（シンドラー　1842.4.27-1892.8.9）

Schindler, Franz Martin〈19・20世紀〉
オーストリアのカトリック倫理神学者, キリスト教社会運動家。
⇒新カト（シンドラー　1847.1.25-1922.10.27）

Schinkel, Karl Friedrich〈18・19世紀〉
ドイツの建築家。ベルリン市の主席建築家。主要建築にベルリン建築アカデミー（32～35）などがある。
⇒岩世人（シンケル　1781.3.13-1841.10.9）
　ネーム（シンケル　1781-1841）
　世建（カール・フリードリヒ・シンケル　1781-1841）

Schiøtz, Hjalmar August〈19・20世紀〉
ノルウェーの眼科学者。
⇒岩世人（シェッツ　1850.2.9-1927.12.8）

Schjelderup, Gerhard〈19・20世紀〉
ノルウェーの作曲家。
⇒岩世人（シェルデルップ　1859.11.17-1933.7.29）

Schjerfbeck, Helene〈19・20世紀〉
フィンランドの女性画家。
⇒岩世人（シェルフベック　1862.7.10-1946.1.23）

Schlaf, Johannes〈19・20世紀〉
ドイツの小説家, 劇作家, 翻訳家。
⇒岩世人（シュラーフ　1862.6.21-1941.2.2）
　学叢思（シュラーフ, ヨハネス　1862-?）

Schläfli, Ludwig〈19世紀〉
スイスの数学者, 物理学者で天文学者。
⇒世数（シュレーフリ, ルドヴィッヒ　1814-1895）

Schlagintweit, Hermann von〈19世紀〉
ドイツの探検家。カラコルム山脈, 西部チベットなどを探検。
⇒岩世人（シュラーギントヴァイト　1826.5.13-1882.1.19）

Schlatter, Adolf〈19・20世紀〉
ドイツのプロテスタント神学者。聖書主義者。
⇒岩世人（シュラッター　1852.8.16-1938.5.19）
　新カト（シュラッター　1852.8.16-1938.5.19）

Schlegel, August Wilhelm von〈18・19世紀〉
ドイツ・ロマン主義芸術運動の指導者。批評家, 翻訳家, 東洋語学者。
⇒岩世人（シュレーゲル　1767.9.8-1845.5.12）
　広辞7（シュレーゲル　1767-1845）
　新カト（シュレーゲル　1767.9.8-1845.5.12）
　世人新（シュレーゲル〈兄;オーガスト＝ヴィルヘルム〉　1767-1845）
　世人装（シュレーゲル〈兄;オーガスト＝ヴィルヘルム〉　1767-1845）

Schlegel, Dorothea〈18・19世紀〉
ドイツの女流作家。M.メンデルスゾーンの娘。スタール夫人の作品や中世フランスの騎士小説を独訳。
⇒岩世人（シュレーゲル　1763.10.24-1839.8.3）
　ユ著人（Schlegel,Dorothea　シレーゲル, ドロテア　1763-1839）

Schlegel, Friedrich von〈18・19世紀〉
ドイツ・ロマン主義芸術運動の指導者。文学史家, 詩人, 批評家, 哲学者。
⇒岩世人（シュレーゲル　1772.3.10-1829.1.12）
　ネーム（シュレーゲル　1772-1829）
　広辞7（シュレーゲル　1772-1829）
　学叢思（シュレーゲル, フリードリヒ・フォン　1772-1829）
　新カト（シュレーゲル　1772.3.10-1829.1.12）
　世人新（シュレーゲル〈弟;フリードリヒ〉　1772-1829）
　世人装（シュレーゲル〈弟;フリードリヒ〉　1772-1829）
　メル3（シュレーゲル, フリードリヒ・フォン　1772-1824）

Schlegel, Gustav〈19・20世紀〉
オランダの東洋学者。ライデン大学の中国語学, 中国文学講座の初代教授となる（77）。
⇒岩世人（スフレーヘル（シュレーゲル）　1840.9.30-1903.10.15）

Schlegel, Johann Elias〈18世紀〉
ドイツ啓蒙主義の劇作家, 評論家。
⇒岩世人（シュレーゲル　1719.1.17-1749.8.13）

Schlegel, Karoline〈18・19世紀〉
ドイツの女性。A.W.シュレーゲルと結婚, のち離別してシェリングと再婚（1803）。
⇒岩世人（シュレーゲル＝シェリング　1763.9.2-1809.9.7）

Schleich, Karl Ludwig〈19・20世紀〉
ドイツの外科医。浸潤麻酔法の創始者。
⇒岩世人（シュライヒ　1859.7.19–1922.3.7)

Schleicher, August〈19世紀〉
ドイツの言語学者。インド＝ヨーロッパ諸言語の研究に従事し，言語系統樹説を提唱した。
⇒岩世人（シュライヒャー　1821.2.19–1868.12.6)

Schleiden, Matthias Jakob〈19世紀〉
ドイツの植物学者。1838年『植物の発生に関する研究』の論文を発表し，細胞説を主唱。
⇒岩世人（シュライデン　1804.4.5–1881.6.23)
　ネーム　（シュライデン　1804–1881)
　広辞7（シュライデン　1804–1881)

Schleiermacher, Friedrich Ernst Daniel〈18・19世紀〉
ドイツのプロテスタントの牧師，神学者，哲学者。
⇒岩世人（シュライエルマッハー　1768.11.21–1834.2.12)
　ネーム　（シュライエルマッハー　1768–1834)
　広辞7（シュライエルマッハー　1768–1834)
　学叢思（シュライエルマッヘル，フリードリヒ・エルンスト・ダニエル　1768–1834)
　新カト（シュライエルマッハー　1768.11.21–1834.2.12)
　メル3（シュライエルマッハ，フリードリヒ　1768–1834)

Schlettwein, Johann August〈18・19世紀〉
ドイツの政治学者，経済学者。
⇒学叢思（シュレットワイン，ヨハン・アウグスト　1731–1809)

Schlich, Sir William〈19・20世紀〉
ドイツ生れのイギリスの山林学者。イギリス初の山林学校を設立（1885）。
⇒岩世人（シュリッヒ　1840.2.28–1925.9.28)

Schlick, Arnolt〈15・16世紀〉
ドイツの名オルガン奏者，作曲家。各地に招かれ，オルガン演奏や楽器の検分を行った。
⇒バロ（シュリック，アルノルト　1455頃–1517)

Schlick, Ernst Otto〈19・20世紀〉
ドイツの造船家，造船学者。
⇒岩世人（シュリック　1840.6.16–1913.4.10)

Schlieffen, Alfred, Graf von〈19・20世紀〉
ドイツの陸軍軍人。ドイツ戦略の基礎となったシュリーフェン・プランの立案者。
⇒岩世人（シュリーフェン　1833.2.28–1913.1.4)
　世人新（シュリーフェン　1833–1913)
　世人装（シュリーフェン　1833–1913)

Schliemann, Heinrich〈19世紀〉
ドイツの考古学者。トルコのヒッサリクを発掘し，城壁，財宝などを発見。
⇒岩世人（シュリーマン　1822.1.6–1890.12.26)
　広辞7（シュリーマン　1822–1890)
　世人新（シュリーマン　1822–1890)
　世人装（シュリーマン　1822–1890)
　世史語（シュリーマン　1822–1890)
　ポプ人（シュリーマン，ハインリヒ　1822–1890)

Schlling, Otto〈19・20世紀〉
ドイツの倫理神学者。
⇒新カト（シリング　1874.10.12–1956.9.1)

Schlömilch, Oskar Xawer〈19・20世紀〉
ドイツの数学者。
⇒世数（シュレームリヒ，オスカー・ザヴィエ　1823–1901)

Schlosser, Johann Georg〈18世紀〉
ドイツの哲学者。ゲーテの友人。プラトン，アリストテレスを翻訳。
⇒岩世人（シュロッサー　1739.12.7–1799.10.17)

Schlosser, Julius von〈19・20世紀〉
オーストリアの美術史家。ウィーン美術史博物館長。美術史文献学の研究に力を注いだ。
⇒岩世人（シュロッサー　1866.9.23–1938.12.1)

Schlözer, August Ludwig von〈18・19世紀〉
ドイツの歴史家。ロシア史を研究。資料の科学的体系化に尽した。
⇒岩世人（シュレーツァー　1735.7.5–1809.9.9)

Schluga, Baron August〈19・20世紀〉
ドイツのスパイ。1866年から第1次世界大戦までプロイセン及びドイツに仕えた。
⇒スパイ（シュルーガ，バロン・アウグスト　1841–1917)

Schlumberger, Jean〈19・20世紀〉
フランスの小説家，随筆家。"NRF"誌の創立者の一人。作品に『幸福な男』(1921)などがある。
⇒岩世人（シュランベルジェ　1877.5.26–1968.10.25)

Schlüter, Andreas〈17・18世紀〉
ドイツ，バロックの代表的建築家，彫刻家。フリードリヒ3世の宮廷建築，彫刻家。
⇒岩世人（シュリューター　1660頃(1664)–1714.6.23以前)
　芸13（シュリューター，アンドレアス　1660頃–1714)

Schlüter, Otto〈19・20世紀〉
ドイツの人文地理学者。ドイツの景観地理学の先駆者。集落形態の分類に大きな影響を与えている。
⇒岩世人（シュリューター　1872.11.12–1959.10.12)

Schmalenbach, Eugen〈19・20世紀〉
ドイツ経営経済学の確立者。
⇒岩世人（シュマーレンバッハ　1873.8.20–1955.2.

schma

20)

Schmaltz, Reinhold〈19・20世紀〉
ドイツの獣医学者。ベルリン獣医大学教授（1890～1928）。
⇒岩世人（シュマルツ　1860.8.26-1945.8.4）

Schmalzgrueber, Franz Xaver〈17・18世紀〉
ドイツの教会法学者、イエズス会員。ディリンゲン大学総長、イエズス会員の出版物検閲官、ミュンヘンの学院長。
⇒新カト（シュマルツグルーバー　1663.10.9-1735.11.7）

Schmarsow, August〈19・20世紀〉
ドイツの美術史学者。イタリア・ルネサンス美術を研究。
⇒岩世人（シュマルゾー　1853.5.26-1936.1.26）

Schmedes, Erik〈19・20世紀〉
デンマークのテノール。ワーグナー・テノールとして知られた。
⇒魅惑（Schmedes,Erik　1868-1931）

Schmeil, Otto〈19・20世紀〉
ドイツの自然科学者。生物学の教科書を書き、自然科学教授の改革に寄与。
⇒岩世人（シュマイル　1860.2.3-1943.2.3）

Schmeltz, Johannes Dietrich Eduard〈19・20世紀〉
ドイツの民俗学者。ニューギニア西北海岸の土俗学的記載、中央ヨーロッパ博物館の蒐集品研究がある。
⇒岩世人（シュメルツ　1839.5.17-1909.5.27）

Schmeltzl, Wolfgang〈16世紀〉
ドイツの聖職者。
⇒バロ（シュメルツル、ヴォルフガング　1500頃-1557）

Schmelz, Gustavius Heinrich〈19・20世紀〉
アメリカの大リーグ選手（監督）。
⇒メジャ（ガス・シュメルツ　1850.9.26-1925.10.13）

Schmelzer, Johann Andreas〈17世紀〉
オーストリアの作曲家。
⇒バロ（シュメルツァー、ヨハン・アンドレアス（ハインリヒは誤り）　1620-1623-1680.2.29-3.20）

Schmelzer, Peter Clemens〈17・18世紀〉
オーストリアの作曲家。
⇒バロ（シュメルツァー、ペーター・クレメンス　1672.6.28-1746.9.28）

Schmerling, Anton von〈19世紀〉
オーストリアの政治家。1860年首相、65年最高裁判所初代長官となる。

⇒岩世人（シュメルリング　1805.8.23-1893.5.23）
学叢思（シューメーリング、アントン・フォン　1850-1893）

Schmezer, Georg〈17世紀〉
ドイツの作曲家。
⇒バロ（シュメーツァー、ゲオルク　1642.3.2-1697.7）

Schmid, Balthasar〈18世紀〉
ドイツの作曲家。
⇒バロ（シュミート、バルタザール　1705.4.20-1749.11.27）

Schmid, Christoph von〈18・19世紀〉
ドイツの青少年読物作家。
⇒岩世人（シュミート　1768.8.15-1854.9.3）

Schmid, Karl Christian Erhard〈18・19世紀〉
ドイツの哲学者。カント哲学の信奉者。『純粋理性批判概要』（86）などを著した。
⇒岩世人（シュミート　1761.4.24-1812.4.10）

Schmidlin, Josef〈19・20世紀〉
ドイツのカトリック布教学者、教会史家。カトリック布教学の開拓者。
⇒岩世人（シュミードリン　1876.3.29-1944.1.10）
新カト（シュミードリン　1876.3.29-1944.1.10）

Schmidt, Adolf〈19・20世紀〉
ドイツの地磁気学者。シュミット式磁力計を考案。
⇒岩世人（シュミット　1860.7.23-1944.10.17）

Schmidt, Auguste〈19・20世紀〉
ドイツの婦人運動家。
⇒岩世人（シュミット　1833.8.3-1902.6.10）

Schmidt, Bernhard I〈16世紀〉
ドイツの作曲家。
⇒バロ（シュミート、ベルンハルト1世　1535-1592）

Schmidt, Bernhard II〈16・17世紀〉
ドイツの作曲家。
⇒バロ（シュミート、ベルンハルト2世　1567.4.1-1625.11.5以前）

Schmidt, Bernhard Voldemar〈19・20世紀〉
ドイツの光学機械製作者。シュミット・カメラを発明（1930）。
⇒岩世人（シュミット　1879.3.30-1935.12.1）
広辞7（シュミット　1879-1935）

Schmidt, Erhald〈19・20世紀〉
ドイツの数学者。
⇒世数（シュミット、エアハルト　1876-1959）

Schmidt, Erich〈19・20世紀〉
ドイツの文学史家。
⇒岩世人（シュミット　1853.6.20-1913.4.30）

Schmidt, Ernst〈19・20世紀〉
ドイツの薬学者。
⇒岩世人（シュミット　1845.7.13–1921.7.5）

Schmidt, Ernst Johannes〈19・20世紀〉
デンマークの魚類学者。ヨーロッパ産ウナギの産卵地を発見。
⇒岩世人（シュミット（スミト）　1877.1.2–1933.2.22）

Schmidt, Ferdinand August〈19・20世紀〉
ドイツの体育生理学者，衛生参事官。
⇒岩世人（シュミット　1852.7.25–1929.2.14）

Schmidt, Friedrich, Freiherr von〈19世紀〉
オーストリアの建築家。ゴシック様式復興者の一人。代表作ウィーン市庁舎（72〜82）。
⇒岩世人（シュミット　1825.10.22–1891.1.23）

Schmidt, Jan〈16・17世紀〉
ポーランドの作曲家。
⇒バロ（シュミット，ヤン　1590頃?–1650頃?）

Schmidt, Johann Christoph〈17・18世紀〉
ドイツの作曲家。
⇒バロ（シュミット，ヨハン・クリストフ　1664.8.6–1728.4.13）

Schmidt, Johannes〈19・20世紀〉
ドイツの言語学者。言語波動説を唱えた。主著『インド＝ヨーロッパ諸言語の親縁関係』（72）。
⇒岩世人（シュミット　1843.7.29–1901.7.4）

Schmidt, Karl Adolf〈19・20世紀〉
ドイツのローマ法学者。
⇒学叢思（シュミット，カール・アドルフ　1816–1903）

Schmidt, Martin〈17・18世紀〉
ドイツの作曲家。
⇒バロ（シュミット，マルティン　1680頃?–1740頃?）

Schmidt, Martin Johann〈18・19世紀〉
オーストラリアの画家，版画家。
⇒芸13（シュミット，マルティン・ヨハン　1718–1801）

Schmidt, Robert〈19・20世紀〉
ドイツの地域計画家。
⇒岩世人（シュミット　1869.12.13–1934.5.19）

Schmidt, Wilhelm〈19・20世紀〉
ドイツの民族学者，カトリックの聖職者，人類学者。
⇒岩世人（シュミット　1868.2.16–1954.2.10）
　　　新カト（シュミット　1868.2.16–1954.2.10）

Schmidtbonn, Wilhelm〈19・20世紀〉
ドイツの劇作家，童話作家。戯曲『兄弟ディートリヒ』（29）など。
⇒岩世人（シュミットボン　1876.2.6–1952.7.3）
　学叢思（シュミットボン，ウィルヘルム　1876–?）

Schmiedeberg, Johann Ernst Oswald〈19・20世紀〉
ドイツの薬学者。毒物の血液循環に及ぼす影響の研究があり，ジギタリスを記載（1913）。
⇒岩世人（シュミーデベルク　1838.10.10/11–1921.7.12）

Schmiedel, Otto〈19・20世紀〉
ドイツのプロテスタント神学者。
⇒岩世人（シュミーデル　1858–1926）

Schmitt, Florent〈19・20世紀〉
フランスの作曲家。ローマ大賞受賞（1900）。『詩篇第四十七』『サロメの悲劇』などの作品がある。
⇒岩世人（シュミット　1870.9.28–1958.8.17）

Schmitt, Jacob〈19世紀〉
ドイツの作曲家。
⇒ピ曲改（シュミット，ヤコブ　1803–1853）

Schmitt, Joseph〈18世紀〉
ドイツの作曲家。
⇒バロ（シュミット，ヨーゼフ　1734.3.18–1791.5.28）

Schmittbaur, Joseph Aloys〈18・19世紀〉
ドイツの作曲家。
⇒バロ（シュミットバウアー，ヨーゼフ・アーロイス　1718.11.8–1809.10.24）

Schmitthener, Friedrich Jacob〈18・19世紀〉
ドイツの経済学者，国家学者。
⇒学叢思（シュミッテナー，フリードリヒ・ヤコブ　1796–1850）

Schmitz, Bruno〈19・20世紀〉
ドイツの建築家。ライプチヒの諸国民戦争記念碑（1898〜1913）など記念碑を多数製作。
⇒岩世人（シュミッツ　1858.11.21–1916.4.27）

Schmitz, Leonhard〈19世紀〉
イギリスの歴史家，出版者。
⇒学叢思（シュミッツ，レオナール　1807–1890）

Schmoller, Gustav von〈19・20世紀〉
ドイツ歴史学派の代表的経済学者。経済学者の団体「ドイツ社会政策学会」の創設を主導。
⇒岩世人（シュモラー　1838.6.24–1917.6.27）
　広辞7（シュモラー　1838–1917）
　学叢思（シュモラー，グスタフ・フォン　1838–?）

Schnaase, Karl〈18・19世紀〉
ドイツの美術史家。主著『造形美術史』(66～79)。
⇒岩世人（シュナーゼ　1798.9.7–1875.5.20）

Schnabel, Johann Gottfried〈17・18世紀〉
ドイツの作家。長篇小説『フェルゼンブルク島』(31～43)。
⇒岩世人（シュナーベル　1692.11.7–1750以後）

Schneckenburger, Max〈19世紀〉
ドイツの詩人。ドイツの愛国歌『ラインの守り』(40)を作った。
⇒岩世人（シュネッケンブルガー　1819.2.17–1849.5.3）

Schneder, David Bowman〈19・20世紀〉
アメリカの改革派教会宣教師。東北学院院長。
⇒アア歴（Schneder, David B (owman)　デイヴィッド・バウマン・シュネーダー　1857.3.23–1938.10.5）
岩世人（シュネーダー　1857.8.23–1938.10.5）

Schneid, Mathias〈19世紀〉
ドイツの新スコラ哲学者。
⇒新カト（シュナイト　1840.7.31–1893.12.12）

Schneider, Conrad Victor〈17世紀〉
ドイツの解剖学者。鼻粘膜を研究し、シュナイダー膜を記載した。主著『カタル論』(60)。
⇒岩世人（シュナイダー　1614–1680）

Schneider, Eulogius〈18世紀〉
ドイツのカトリック聖職者。
⇒新カト（シュナイダー　1756.10.20–1794.4.1）

Schneider, Johann〈18世紀〉
ドイツの作曲家。
⇒バロ（シュナイダー、ヨハン　1702.7.17–1788.1.5）

Schneider, Joseph Eugène〈19世紀〉
フランスの政治家、産業家。商相となり(1851)、ナポレオン3世のクーデタ(同.12.2)を援助。
⇒岩世人（シュネデール　1805.3.29–1875.11.27）

Schneitzhoeffer, Jean〈18・19世紀〉
フランスの作曲家。
⇒バレエ（シュネゾフェール、ジャン　1785.10.13頃–1852.10.4）

Schnell, Johann Jakob〈17・18世紀〉
ドイツの作曲家。
⇒バロ（シュネル、ヨハン・ヤーコプ　1687–1754.2.2）

Schnepff, Erhart〈15・16世紀〉
ドイツの宗教改革者。
⇒新カト（シュネプフ　1495.11.1–1558.11.1）

Schnitzer, Joseph〈19・20世紀〉
ドイツのカトリック神学者。サヴォナローラの研究家。
⇒岩世人（シュニッツァー　1859.6.15–1939.12.1）

Schnitzler, Arthur〈19・20世紀〉
オーストリアの劇作家、小説家。
⇒岩世人（シュニッツラー　1862.5.15–1931.10.21）
ネーム（シュニッツラー　1862–1931）
広辞7（シュニッツラー　1862–1931）
学叢思（シュニッツレル、アルツール　1862–?）
ユ人（シュニッツラー、アルトゥル　1862–1931）
ユ著人（Schnitzler, Arthur　シュニッツラー、アルトゥール　1862–1931）

Schnorr von Carolsfeld, Julius〈18・19世紀〉
ドイツの画家。ナザレ派の一員。ドイツのアカデミックなロマン主義の代表的作家の一人。
⇒岩世人（シュノル・フォン・カロルスフェルト　1794.3.26–1872.5.24）
芸13（カロルスフェルト、ユリウス・シュノル・フォン　1794–1872）

Schnorr von Carolsfeld, Ludwig〈19世紀〉
ドイツのテノール歌手。
⇒岩世人（シュノル・フォン・カロルスフェルト　1836.7.2–1865.7.21）

Schnürer, Gustav〈19・20世紀〉
ドイツのカトリック教会史家。
⇒新カト（シュニューラー　1860.6.30–1941.12.14）

Schober, Johann〈19・20世紀〉
オーストリアの政治家。連邦首相兼外相。
⇒岩世人（ショーバー　1874.11.15–1932.8.19）

Schobert, Johann〈18世紀〉
ドイツの作曲家、チェンバロ奏者。『ヴァイオリン伴奏つきのクラブサンのためのソナタ』などを発表。
⇒バロ（ショーベルト、ヨハン　1735頃–1767.8.28）
岩世人（ショーベルト　1735頃–1767.8.28）

Schöbl, Otto〈19・20世紀〉
アメリカの科学者。
⇒アア歴（Schöbl, Otto　オットー・シェーブル　1877.8.27–1938.10.13）

Schocken, Salman〈19・20世紀〉
ユダヤ系の出版業者。ポーゼン出身のドイツ系ユダヤ人。
⇒岩世人（ショッケン　1877.10.30–1959.8.21）
ユ人（ショッケン、ザルマン　1877–1959）
ユ著人（Schocken, Salman　ショッケン、ザルマン　1877–1959）

Schoelcher, Victor〈19世紀〉
フランスの政治家。元老院終身議員(1875)。
⇒岩世人（シェルシェル　1804.7.22–1893.12.25）
19仏（ヴィクトル・シュルシェール　1804.7.22–1893.12.25）

Schoetensack, Otto〈19・20世紀〉
ドイツの人類学者。人の下顎骨化石を発掘、ホモ・ハイデルベルゲンシスと命名。
⇒岩世人（シェーテンザック　1850.7.12–1912.12.23）

Schöffer, Peter〈15・16世紀〉
ドイツの印刷業者。
⇒岩世人（シェッファー　1425頃–1502/1503）

Scholastica, St.〈5・6世紀〉
ベネディクト会初の修道女、聖女。モンテ・カシーノ近くに女子修道院を創設。
⇒新カト（スコラスティカ　480–543/547）
図聖（スコラスティカ　480頃–547）

Scholastique, Jeanvoine〈19・20世紀〉
フランス出身の修道女。函館の厳律シトー会天使の聖母トラピスチヌ修道院（天使園）所属。
⇒新カト（スコラスティーク　1869.12.19–1929.12.24）

Scholl, Aurélien〈19・20世紀〉
フランスの作家。
⇒19仏（オーレリアン・ショル　1833.7.13–1902.4.16）

Scholz, Wilhelm von〈19・20世紀〉
ドイツの小説家、詩人、劇作家、随筆家。象徴的写実主義の代表者。
⇒岩世人（ショルツ　1874.7.15–1969.5.29）
学叢思（ショルツ, ヴィルヘルム・フォン　1784–?）

Schomburgk, Sir Robert Hermann〈19世紀〉
ドイツ生れのイギリスの探検家。
⇒岩世人（ションバーク　1804.6.5–1865.3.11）

Schön, Heinrich Theodor von〈18・19世紀〉
プロシアの政治家。
⇒岩世人（シェーン　1773.1.20–1856.7.23）

Schön, Johannes〈19世紀〉
オーストリアの経済学者。
⇒学叢思（シェーン, ヨハネス　1802–1839）

Schönbein, Christian Friedrich〈18・19世紀〉
スイスの化学者。オゾンの発見（1839）。
⇒岩世人（シェーンバイン　1799.10.18–1868.8.29）
学叢思（シェーンバイン, クリスティアン・フリードリヒ　1799–1868）

Schönberg, Arnold Franz Walter〈19・20世紀〉
オーストリアの作曲家。無調音楽の追求から12音技法を確立した。
⇒岩世人（シェーンベルク　1874.9.13–1951.7.13）
バレエ（シェーンベルク, アルノルト　1874.9.13–1951.7.13）
オペラ（シェーンベルク, アルノルト　1874–1951）
エデ（シェーンベルク, アルノルト（フランツ・ヴァルター）　1874.9.13–1951.7.13）
ネーム（シェーンベルク　1874–1951）
広辞7（シェーンベルク　1874–1951）
学叢思（シェーンベルヒ, アーノルド　1874–?）
実音人（シェーンベルク, アルノルト　1874–1951）
新カト（シェーンベルク　1874.9.13–1951.7.13）
世人新（シェーンベルク　1874–1951）
世人装（シェーンベルク　1874–1951）
世史語（シェーンベルク　1874–1951）
20思（シェーンベルク, アルノルト（フランツ・ヴァルター）　1874–1951）
ピ曲改（シェーンベルク, アルノルト　1874–1951）
ポプ人（シェーンベルク, アルノルト　1874–1951）
ユ人（シェーンベルク, アーノルト　1874–1951）
ユ著人（Schönberg, Arnold　シェーンベルク, アーノルト　1874–1951）

Schönberg, Gustav Friedrich von〈19・20世紀〉
ドイツの経済学者。新歴史学派。
⇒岩世人（シェーンベルク　1839.7.21–1908.1.3）
学叢思（シェーンベルク, グスタフ・フォン　1839–1908）

Schönemann, Anna Elisabeth〈18・19世紀〉
ドイツの女性。ゲーテの許婚者。
⇒岩世人（シェーネマン　1758.6.23–1817.5.6）

Schöner, Johann〈15・16世紀〉
ドイツの数学者, 地理学者, 天文学者。
⇒岩世人（シェーナー　1477–1547.1.16）
ネーム（シェーナー　1477–1547）

Schönerer, Georg, Ritter von〈19・20世紀〉
オーストリアの政治家。国会議員（1873〜88,97〜1907）。大ドイツ主義を主唱。
⇒岩世人（シェーネラー　1842.7.17–1921.8.14）

Schönfeld, Eduard〈19世紀〉
ドイツの天文学者。
⇒学叢思（シェーンフェルト, エドゥアルト　1828–1891）

Schönfelder, Jörg〈15・16世紀〉
ドイツの作曲家。
⇒バロ（シェンフェルダー, ヨルク　1470頃?–1520頃?）

Schönflies, Arthur Moritz〈19・20世紀〉
ドイツの数学者。
⇒世数（シェーンフリース, アルトゥール・モリッツ　1853–1928）

Schongauer, Martin〈15世紀〉
　ドイツの画家,銅版画家。
　⇒岩世人（ショーンガウアー　1445頃-1450頃–
　　　1491.2.2頃）
　　ネーム（ションガウアー　1445?–1491）
　　広辞7（ションガウアー　1450頃–1491）
　　新カト（ショーンガウアー　1450–1491）
　　芸13（ションガウアー,マルティン　1445頃–
　　　1491）

Schönherr, Karl〈19・20世紀〉
　オーストリアの劇作家。作品に戯曲『信仰とふるさと』。
　⇒岩世人（シェーンヘル　1867.2.24–1943.3.15）

Schönlein, Johann Lucas〈18・19世紀〉
　ドイツの医師,現代臨床医学の創始者。
　⇒岩世人（シェーンライン　1793.11.30–1864.1.23）

Schonsleder, Wolfgang〈16・17世紀〉
　ドイツの作曲家。
　⇒バロ（ショーンスレーダー,ヴォルフガング
　　　1570.10.21–1651.12.17）

Schoolcraft, Henry Rowe〈18・19世紀〉
　アメリカの文化人類学の先駆者。
　⇒岩世人（スクールクラフト　1793.3.28–1864.12.10）

Schoonhoven, Jan van〈14・15世紀〉
　アウグスチノ修道祭者会会員。霊性の刷新運動デヴォティオ・モデルナを代表する著述家。
　⇒新カト（ヤン・ファン・スホーンホフェン
　　　1355/1356–1432.1.22）

Schoonmaker, Dora E.〈19・20世紀〉
　アメリカのメソジスト監督教会宣教師。救世学校創立者,青山学院女子高等部で英語を教授。
　⇒岩世人（スクーンメイカー　1851.1.14–1935.12.4）

Schooten, Frans van〈17世紀〉
　オランダの数学者。
　⇒世数（ファン・スホーテン・ル・ジュニア,フランス　1615–1880）

Schop, Johann〈16・17世紀〉
　ドイツの作曲家,ヴァイオリン・リュート・トロンボーン・コルネットの奏者,讃美歌作者。
　⇒バロ（ショップ,ヨハン　1590頃–1667）

Schopenhauer, Arthur〈18・19世紀〉
　ドイツの哲学者。厭世思想の代表者。
　⇒岩世人（ショーペンハウアー　1788.2.22–1860.9.21）
　　覚思（ショーペンハウアー　1788.2.22–1860.9.21）
　　覚思ス（ショーペンハウアー　1788.2.22–1860.9.21）
　　広辞7（ショーペンハウアー　1788–1860）
　　学叢思（ショーペンハウエル,アルトゥール
　　　1788–1860）
　　新カト（ショーペンハウアー　1788.2.22–1860.9.21）
　　図哲（ショーペンハウアー,アルトゥル　1788–1860）
　　世人新（ショーペンハウエル　1788–1860）
　　世人装（ショーペンハウエル　1788–1860）
　　ポプ人（ショーペンハウアー,アルトゥール
　　　1788–1860）
　　メル2（ショーペンハウアー,アルトゥール
　　　1788–1860）

Schopenhauer, Johanna〈18・19世紀〉
　ドイツの女流作家。哲学者A.ショーペンハウアーの母。
　⇒岩世人（ショーペンハウアー　1766.7.9–1838.4.16）

Schott, Anselm〈19世紀〉
　ドイツの典礼運動に寄与した典礼学者,ベネディクト会司祭。
　⇒新カト（ショット　1843.9.5–1896.4.23）

Schott, Friedrich Otto〈19・20世紀〉
　ドイツの化学者。ガラス工業家。光学器機用および実験室用の特殊ガラスを製作。
　⇒岩世人（ショット　1851.12.17–1935.8.27）

Schott, Georg Balthasar〈17・18世紀〉
　ドイツの作曲家。
　⇒バロ（ショット,ゲオルグ・バルタザール　1686.10.22–1736.3.26）

Schott, Gerhard〈19・20世紀〉
　ドイツの海洋学者。ハンブルク海洋気象台に勤務（1894～1931）、海水の温度、塩分、海流等を研究。
　⇒岩世人（ショット　1866.8.15–1961.1.15）

Schottel, Justus Georg〈17世紀〉
　ドイツの言語学者,詩人。
　⇒岩世人（ショッテル　1612.6.23–1676.10.25）

Schouten, Joost〈17世紀〉
　オランダのシャム商館長。
　⇒岩世人（スハウテン　?–1644.7）

Schouten, Wilem Corneliszoon van
〈16・17世紀〉
　オランダの航海者。南米大陸南端ホーン岬を回航、ティエラ・テル・フエゴ沿岸を踏査。
　⇒オセ新（スハウテン　?–1625）

Schoyer, Raphael〈19世紀〉
　アメリカの実業家。横浜でジャパン・エキスプレスを創刊。
　⇒岩世人（ショイヤー）

Schrader, Clemens〈19世紀〉
　ドイツのカトリック神学者。
　⇒岩世人（シュラーダー　1820.12.22–1875.2.23）
　　新カト（シュラーダー　1820.11.22–1875.2.23）

Schrader, Eberhard〈19・20世紀〉
ドイツのアッシリア学者,旧約聖書学者。
⇒岩世人（シューラーダー　1836.1.7–1908.7.4）

Schrader, Otto〈19・20世紀〉
ドイツの言語学者。印欧語民族の共通基語時代の文化を研究。
⇒岩世人（シューラーダー　1855.3.28–1919.3.21）

Schreber, Daniel Gottlob Moritz〈19世紀〉
ドイツの医者,教育者。
⇒岩世人（シュレーバー　1808.10.15–1861.11.10）

Schreiber, Christian〈19・20世紀〉
ドイツのカトリック司教,神学者,哲学者。
⇒新カト（シュライバー　1872.8.3–1933.9.1）

Schreiner, Olive（Emilie Albertina）〈19・20世紀〉
南アフリカの作家。
⇒アフ新（シュライナー　1855–1920）
　岩世人（シュライナー　1855.3.24–1920.12.11）
　学叢思（シュライネル,オリーヴ　1859–1922）

Schreker, Franz〈19・20世紀〉
ドイツの作曲家,教育者。ウィーン・フィルハーモニー合唱団を設立。
⇒岩世人（シューレーカー　1878.3.23–1934.3.21）
　オペラ（シューレーカー,フランツ　1878–1934）
　ユ事人（Schreker,Franz　シュレーカー,フランツ　1878–1934）

Schrempf, Christoph〈19・20世紀〉
ドイツの神学者。『キルケゴール全集』の独訳を手がける。
⇒岩世人（シュレンプ　1860.4.28–1944.2.13）

Schrenck-Notzing, Albert von〈19・20世紀〉
ドイツの神経科医師,心理学者。心霊現象を研究。
⇒岩世人（シュレンク＝ノツィング　1862.5.18–1929.2.18）

Schreyvogel, Joseph〈18・19世紀〉
オーストリアの演出家。ウィーンのブルク劇場で活躍。
⇒岩世人（シュライフォーゲル　1768.3.27–1832.7.28）

Schröckh, Johann Matthias〈18・19世紀〉
プロテスタントの教会史家。
⇒新カト（シュレック　1733.7.26–1808.8.1）

Schröder, Ernst〈19・20世紀〉
ドイツの数学者,論理学者。主著『論理学の代数学』(09〜10)。
⇒岩世人（シュレーダー　1841.11.25–1902.6.16）

世数（シュレーダー,フリードリヒ・ヴィルヘルム・カール・エルンスト　1841–1902）

Schroder, Fred Meyer〈19・20世紀〉
アメリカの冒険家。
⇒アア歴（Schroder,Fred Meyer　フレッド・メイヤー・シュローダー　(活躍) 1880s–1960s）

Schröder, Friedrich Ludwig〈18・19世紀〉
ドイツの俳優。新しいドイツ演劇運動の展開に大きな功績を残した。
⇒岩世人（シュレーダー　1744.11.3–1816.9.3）

Schröder, Rudolf Alexander〈19・20世紀〉
ドイツの詩人,翻訳家,画家,建築家,作曲家。主著,詩集『人生のなかば』(30)。
⇒岩世人（シュレーダー　1878.1.26–1962.8.22）
　新カト（シュレーダー　1878.1.26–1962.8.22）

Schröder-Devrient, Wilhelmine〈19世紀〉
ドイツのオペラ歌手(ソプラノ)。
⇒岩世人（シュレーダー＝デフリエント　1804.12.6–1860.1.26）
　オペラ（シュレーダー＝デフリーント,ヴィルヘルミーネ　1804–1860）

Schroeder van der Kolk, Jacobus Ludovicus Conradus〈18・19世紀〉
オランダの精神医学者,神経学者。
⇒岩世人（シュレーダー・ファン・デル・コルク　1797.3.14–1862.5.1）

Schröger, Mattheus〈18世紀〉
オーストリアの作曲家。
⇒バロ（シュレーガー,マテーウス　1722–1766）

Schrörs, Heinrich〈19・20世紀〉
ドイツのカトリック司祭,教会史家。
⇒新カト（シュレールス　1852.11.26–1928.11.6）

Schröter, Christoph Gottlieb〈17・18世紀〉
ドイツのオルガン奏者,作曲家,音楽理論家。
⇒バロ（シュレーター,クリストフ・ゴットリープ　1699.8.10–1782.5.20）

Schröter, Corona〈18・19世紀〉
ドイツのオペラ歌手(ソプラノ)。
⇒バロ（シュレーター,コロナ・エリザベート・ヴィルヘルミーネ　1751.1.14–1802.8.23）
　岩世人（シュレーター　1751.1.14–1802.8.23）

Schröter, Johann Heinrich〈18世紀〉
ドイツのヴァイオリン奏者,作曲家。
⇒バロ（シュレーター,ヨハン・ハインリヒ　1762–1782以降）

Schröter, Johann Samuel〈18世紀〉
ドイツのピアノ奏者,オルガン奏者,作曲家。

⇒バロ（シュレーター, ヨハン・ザムエル　1750-1752–1788.11.2）

Schröter, Leonhart〈16世紀〉
ドイツの作曲家。
⇒バロ（シュレーター, レオンハルト　1532頃–1595）

Schubart, Christian Friedrich Daniel〈18世紀〉
ドイツの詩人, ジャーナリスト, 音楽家。
⇒バロ（シューバルト, クリスティアン・フリードリヒ・ダニエル　1739.3.24–1791.10.10）
　岩世人（シューバルト　1739.3.24–1791.10.10）

Schubart, Johann Christian〈18世紀〉
ドイツの農業改良家。
⇒岩世人（シューバルト　1734.2.24–1787.4.23/20）

Schubart, Johann Martin〈17・18世紀〉
ドイツの作曲家。
⇒バロ（シューバルト, ヨハン・マルティン　1690–1721）

Schubert, Franz Peter〈18・19世紀〉
ドイツ・ロマン派の代表的作曲家の一人。「歌曲の王」と呼ばれる。
⇒岩世人（シューベルト　1797.1.31–1828.11.19）
　バレエ（シューベルト, フランツ　1797.1.31–1828.11.19）
　オペラ（シューベルト, フランツ　1797–1828）
　エデ（シューベルト, フランツ（ペーター）　1797.1.31–1828.11.19）
　広辞7（シューベルト　1797–1828）
　学叢思（シューベルト, フランツ　1797–1828）
　実音人（シューベルト, フランツ　1797–1828）
　新カト（シューベルト　1797.1.31–1828.11.19）
　世人新（シューベルト　1797–1828）
　世人装（シューベルト　1797–1828）
　世史語（シューベルト　1797–1828）
　ビ曲改（シューベルト, フランツ　1797–1828）
　ポブ人（シューベルト, フランツ　1797–1828）

Schubert, Gotthilf Heinrich von〈18・19世紀〉
ドイツの哲学者。自然哲学の立場に立った。
⇒岩世人（シューベルト　1780.4.26–1860.6.30）
　メル3（シューベルト, ゴットヒルフ=ハインリッヒ・フォン　1780–1860）

Schubert, Hans von〈19・20世紀〉
ドイツの神学者。教会史の研究者。
⇒岩世人（シューベルト　1859.12.12–1931.5.6）

Schubert, Hermann Caesar Hannibal〈19・20世紀〉
ドイツの数学者。
⇒岩世人（シューベルト　1848.5.22–1911.7.20）

Schubert-Soldern, Richard〈19・20世紀〉
ドイツの哲学者。
⇒岩世人（シューベルト=ゾルデルン　1852.12.14–1924/1935.10.19）

Schuch, Carl〈19・20世紀〉
オーストリアの画家。風景画や静物画を制作。
⇒芸13（シュッフ, カルル　1846–1903）

Schuchart, Hugo Ernst Maria〈19・20世紀〉
ドイツの言語学者。ロマンス諸言語の研究者。
⇒岩世人（シューハルト　1842.2.4–1927.4.21）

Schuchhardt, Carl〈19・20世紀〉
ドイツの考古学者。
⇒岩世人（シューハルト　1859.8.6–1943.12.7）

Schüchlin, Hans〈15・16世紀〉
ドイツの画家。
⇒芸13（シュッヒリン, ハンス　?–1505）

Schuckert, Johann Sigismund〈19世紀〉
ドイツの工業家。
⇒岩世人（シュッケルト　1846.10.18–1895.9.17）

Schücking, Levin〈19世紀〉
ドイツの作家。
⇒岩世人（シュッキング　1814.9.6–1883.8.31）

Schücking, Walter〈19・20世紀〉
ドイツの法学者。
⇒岩世人（シュッキング　1875.1.6–1935.8.25）

Schuffenecker, Émile〈19・20世紀〉
フランスの画家。
⇒19仏（エミール・シュフネッケル　1851.12.8–1934.7.31）

Schüler, Emil〈19・20世紀〉
ドイツの神学者。
⇒学叢思（シューレル, エミル　1844–1910）

Schulman, Kalman〈19世紀〉
ユダヤ人著述家。
⇒ユ著人（Schulman,Kalman　シュルマン, カルマン　1819–1899）

Schulmeister, Karl〈18・19世紀〉
フランスのスパイ。ナポレオン・ボナパルトの下でスパイマスターを務めた。
⇒スパイ（シュルマイスター, カール　1770–1853）

Schulte, Aloys〈19・20世紀〉
ドイツの歴史家。中世の商業史, 交通史の研究で著名。
⇒岩世人（シュルテ　1857.8.2–1941.2.14）

Schulte, Johann Friedrich, Ritter von〈19・20世紀〉
ドイツの教会法学者。アルト・カトリシズムに所属。国会議員（1874～79）。
⇒岩世人（シュルテ　1827.4.23–1914.12.19）

新カト（シュルテ　1827.4.23–1914.12.19）
Schultens, Hendrik Albert〈18世紀〉
　オランダの東洋学者。アラビア語に精通。
　⇒岩世人（シュルテンス　1749.2.25–1793.8.12）
Schultheiß, Benedict〈17世紀〉
　ドイツの作曲家。
　⇒バロ（シュルタイス，ベネディクト　1653.9.20–1693.3.1）
Schulthess, Barbara〈18・19世紀〉
　ドイツの女性。ゲーテの女友達。
　⇒岩世人（シュルテス　1745.10.5–1818.4.12）
Schultz, Johann Abraham Peter〈18世紀〉
　ドイツの作曲家，指揮者。
　⇒バロ（シュルツ，ヨハン・アブラハム・ペーター　1747.3.31–1800.6.10）
Schultze, Christian Andreas〈17世紀〉
　ドイツの作曲家。
　⇒バロ（シュルツェ，クリスティアン・アンドレーアス　1660頃–1699.9.1）
Schultze, Christoph〈17世紀〉
　ドイツの作曲家。
　⇒バロ（シュルツェ，クリストフ　1606.12.20?–1683.8.26）
Schultze, Max Johann Sigisnumd〈19世紀〉
　ドイツの医学者，組織学者。細胞の近代的概念を確立，組織学の研究方法の進歩に貢献。
　⇒岩世人（シュルツェ　1825.3.25–1874.1.16）
Schulz, Johann〈18・19世紀〉
　ドイツの哲学者で数学者。
　⇒学叢思（シュルツ，ヨハネス　1739–1805）
Schulze, Gottlob Ernst〈18・19世紀〉
　ドイツの哲学者。主著『人間的認識について』（32）。
　⇒岩世人（シュルツェ　1761.8.23–1833.1.14）
　　学叢思（シュルツェ，ゴットローブ・エルンスト　1761–1833）
　　新カト（シュルツェ　1761.8.23–1833.1.14）
Schulze-Delitzsch, Franz Hermann〈19世紀〉
　ドイツの政治家，経済学者。プロシア政府に最初の産業組合法を設定させた。
　⇒岩世人（シュルツェ＝デーリッチュ　1808.8.29–1883.4.29）
　　学叢思（シュルツェ・デリッチ，フランツ・ヘルマン　1808–1883）
Schulze-Gävernitz, Friedrich Gottlob〈18・19世紀〉
　ドイツの農学者。
　⇒岩世人（シュルツェ＝ゲファーニッツ　1795.1.28–1860.7.3）
Schulze-Gävernitz, Gerhart von〈19・20世紀〉
　ドイツの経済学者。フライブルク大学教授（1896～1926），国会議員（12～18）。
　⇒岩世人（シュルツェ＝ゲファーニッツ　1864.7.25–1943.7.10）
　　学叢思（シュルツェ・ゲヴァーニッツ，ゲルハルト・フォン　1864–?）
Schulze-Rose, Wilhelm〈19・20世紀〉
　ドイツの画家。
　⇒芸13（シュルツェ・ローゼ, ヴィルヘルム　1872–1950）
Schumacher, Fritz〈19・20世紀〉
　ドイツの建築家。大都市の都市計画にたずさわり，公共建築物を設計。著書『建築芸術の精神』（38）など。
　⇒岩世人（シューマッハー　1869.11.4–1947.11.4）
Schumann, Clara Josephine〈19世紀〉
　ドイツの女流ピアノ奏者。ローベルト・シューマンの妻。
　⇒岩世人（シューマン　1819.9.13–1896.5.20）
　　エデ（シューマン，クララ・ヨゼフィーネ　1819.9.13–1896.5.20）
　　ビ曲改（シューマン，クララ　1819–1896）
　　ポブ人（シューマン，クララ　1819–1896）
Schumann, Georg Alfred〈19・20世紀〉
　ドイツの指揮者，作曲家。ベルリン声楽学校長（1900～），芸術学校作曲科教授（13～）。
　⇒岩世人（シューマン　1866.10.25–1952.5.23）
Schumann, Robert Alexander〈19世紀〉
　ドイツ・ロマン派の作曲家。『詩人の恋』など多数の歌曲，4つの交響曲，室内楽を手がけた。
　⇒岩世人（シューマン　1810.6.8–1856.7.29）
　　バレエ（シューマン，ロベルト　1810.6.8–1856.7.29）
　　オペラ（シューマン，ロベルト　1810–1856）
　　エデ（シューマン，ロベルト（アレクサンダー）　1810.6.8–1856.7.29）
　　広辞7（シューマン　1810–1856）
　　学叢思（シューマン，ロベルト　1810–1856）
　　実音人（シューマン，ロベルト　1810–1856）
　　新カト（シューマン　1810.6.8–1856.7.29）
　　世人新（シューマン〈ロベルト〉　1810–1856）
　　世人装（シューマン〈ロベルト〉　1810–1856）
　　ビ曲改（シューマン，ロベルト　1810–1856）
　　ポブ人（シューマン，ロベルト　1810–1856）
Schumann, Victor〈19・20世紀〉
　ドイツの実験物理学者。遠紫外線を研究し（1893），遠紫外線撮影用のシューマン乾板を考案。
　⇒岩世人（シューマン　1841.12.21–1913.9.1）
Schumann-Heink, Ernestine〈19・20世紀〉

紀〉
オーストリア生れのアメリカのアルト歌手。
⇒岩世人（シューマン＝ハインク　1861.6.15–1936.11.17）
オペラ（シューマン＝ハインク，エルネスティーネ　1861–1936）

Schuppe, Wilhelm〈19・20世紀〉
ドイツの哲学者。内在哲学の代表者。主著『認識論と論理学』(94)。
⇒岩世人（シュッペ　1836.5.5–1913.3.29）
学叢思（シュッペ，ヴィルヘルム　1836–?）

Schur, Friedrich Heinrich〈19・20世紀〉
ドイツの数学者。
⇒世数（シュア，フリードリヒ　1856–1932）

Schur, Issaj〈19・20世紀〉
ドイツの数学者。代数学を研究。
⇒岩世人（シュール　1875.1.10–1941.1.10）
世数（シュア，イサイ　1875–1941）

Schur, Moise〈19・20世紀〉
フランス系ラビ。
⇒ユ著人（Schur, Moise　シュール，モイーズ　1845–1911）

Schuré, Edouard〈19・20世紀〉
フランスの作家。神秘主義に関する小説，戯曲，詩等を書き，またW.R.ヴァーグナーをフランスに紹介。
⇒岩世人（シュレ　1841.1.21–1929.4.7）

Schürer, Emil〈19・20世紀〉
ドイツのプロテスタント新約学者。主著『イエス・キリスト時代のユダヤ民族の歴史』(86～90)。
⇒岩世人（シューラー　1844.5.2–1910.4.30）

Schürer, Johann Georg〈18世紀〉
ボヘミアの作曲家。
⇒バロ（シューラー，ヨハン・ゲオルク　1720頃–1786.2.16）

Schuricht, Carl〈19・20世紀〉
ドイツの指揮者。
⇒実音人（シューリヒト，カール　1880–1967）

Schurman, Jacob Gould〈19・20世紀〉
アメリカの教育者，外交官。
⇒アア歴（Schurman, Jacob Gould　ジェイコブ・グールド・シャーマン　1854–1942.8.12）

Schürmann, Georg Kaspar〈17・18世紀〉
ドイツの作曲家。
⇒バロ（シュールマン，ゲオルク・カスパル　1672/1673頃–1751.2.25）

Schurtz, Heinrich〈19・20世紀〉
ドイツの民族学者。

⇒岩世人（シュルツ　1863.12.11–1903.5.2）

Schurz, Carl〈19・20世紀〉
アメリカの政治家，ジャーナリスト。学生のとき革命に巻込まれて亡命を余儀なくされ渡米。
⇒岩世人（シュルツ　1829.3.2–1906.5.14）

Schuster, Sir Arthur〈19・20世紀〉
ドイツ系のイギリスの物理学者。陰極線の磁場内での彎曲から電子の比電荷を考察。
⇒岩世人（シュースター　1851.9.12–1934.10.14）

Schuster, Joseph〈18・19世紀〉
ドイツの作曲家，指揮者。
⇒バロ（シュースター，ヨーゼフ　1748.8.11–1812.7.24）

Schütz, Gabriel〈17・18世紀〉
ドイツの作曲家。
⇒バロ（シュッツ，ガブリエル　1633.2.1–1710.8.9）

Schütz, Heinrich〈16・17世紀〉
ドイツの作曲家。
⇒バロ（シュッツ，ハインリヒ　1585.10.9–1672.11.6）
岩世人（シュッツ　1585.10.8–1672.11.6）
エデ（シュッツ，ハインリヒ　1585.10.8–1672.11.6）
ネーム（シュッツ　1585–1672）
広辞7（シュッツ　1585–1672）
実音人（シュッツ，ハインリッヒ　1585–1672）
新カト（シュッツ　1585.10.9（受洗）–1672.11.6）

Schütz, Ludwig〈19・20世紀〉
ドイツの新スコラ哲学者。
⇒新カト（シュッツ　1838.4.27–1901.12.9）

Schütz, Wilhelm〈19・20世紀〉
ドイツの獣医。病理学，細菌学の研究業績多数。馬の腺疫の病原体を確定(1888)。
⇒岩世人（シュッツ　1839.9.15–1920.11.7）

Schuyler, Eugene〈19世紀〉
アメリカの外交官，中央アジア探検家。
⇒岩世人（スカイラー　1840–1890.7.16）

Schwab, Gustav〈18・19世紀〉
ドイツの作家。『ドイツ民話集』(36)，『ギリシア＝ローマ神話集』(38～40)が代表作。
⇒岩世人（シュヴァーブ　1792.6.19–1850.11.4）

Schwabe, Heinrich Samuel〈18・19世紀〉
ドイツの天文学者。太陽黒点の数が10年の周期（実際は11年）で増減することを発表。
⇒岩世人（シュヴァーベ　1789.10.25–1875.4.11）
ネーム（シュワーベ　1789–1875）

Schwalbe, Gustav Albert〈19・20世紀〉
ドイツの人類学者，解剖学者。ピテカントロプスの研究で著名。
⇒岩世人（シュヴァルベ（慣シュワルベ）　1844.8.

1–1916.4.23）

Schwane, Joseph〈19世紀〉
ドイツのカトリック神学者，教理史家。
⇒新カト（シュヴァーネ　1824.4.2–1892.6.6）

Schwann, Theodor〈19世紀〉
ドイツの生理学，解剖学者。細胞説を主唱，神経繊維のシュワン鞘や消化酵素のペプシンを発見。
⇒岩世人（シュヴァン　1810.12.7–1882.1.11）
　広辞7（シュワン　1810–1882）
　学叢思（シュワン，テオドル　1810–1882）

Schwanthaler, Ludwig von〈19世紀〉
ドイツの彫刻家。主作品『モーツァルト像』（42），『ゲーテ像』（43）。
⇒岩世人（シュヴァンターラー　1802.8.26–1848.11.14）
　芸13（シュヴァンターラー，ルードヴィヒ・フォン　1802–1848）

Schwartz, Eduard〈19・20世紀〉
ドイツの古典学者。
⇒岩世人（シュヴァルツ　1858.8.22–1940.2.13）
　新カト（シュヴァルツ　1858.8.22–1940.2.13）

Schwartz, Henry Butler〈19・20世紀〉
アメリカの宣教師。
⇒アア歴（Schwartz,Henry B（utler）　ヘンリー・バトラー・シュウォーツ　1861.6.30–1945）

Schwarz, David〈19世紀〉
飛行船の設計者。
⇒ユ人（シュバルツ，ダビッド　1852–1897）

Schwarz, Hermann〈19・20世紀〉
ドイツの哲学者。グライフスヴァルト大学教授（1910～33）。
⇒岩世人（シュヴァルツ　1864.12.22–1951.12）

Schwarz, Hermann Amandus〈19・20世紀〉
ドイツの数学者。等角写像，変分学，超幾何級数，偏微分方程式等の研究がある。
⇒岩世人（シュヴァルツ　1843.1.25–1921.11.30）
　世数（シュヴァルツ，ヘルマン・アマンドゥス　1843–1921）
　ユ著人（Schwarz,Karl Herman Amandus　シュワルツ，カール・ヘルマン・アマンダス　1845–1921）

Schwarz, Karl Heinrich〈19世紀〉
ドイツの神学者。
⇒新カト（シュヴァルツ　1812.11.19–1885.3.25）

Schwarzenberg, Felix, Fürst zu〈18・19世紀〉
オーストリアの軍人，政治家。
⇒岩世人（シュヴァルツェンベルク　1800.10.2–1852.4.5）

Schwarzenberg, Friedrich, Fürst zu〈19世紀〉
オーストリアの聖職者。ザルツブルク領主司教（1836），枢機卿（42），プラーハ領主大司教（50）。
⇒岩世人（シュヴァルツェンベルク　1809.4.6–1885.3.27）
　新カト（シュヴァルツェンベルク　1809.4.6–1885.3.27）

Schwarzenberg, Karl Philipp, Fürst zu〈18・19世紀〉
オーストリアの軍人。対ナポレオン戦で連合軍司令官となり，ライプチヒの戦いに勝ち，パリに入城。
⇒学叢歴（シワルツェンベルク　1771–1820）

Schwarzschild, Karl〈19・20世紀〉
ドイツの天文学者。写真測光や理論天文学に貢献。
⇒岩世人（シュヴァルツシルト　1873.10.9–1916.5.11）
　科史（シュヴァルツシルト　1873–1916）
　ネーム（シュワルツシルト　1873–1916）
　広辞7（シュワルツシルト　1873–1916）
　ユ著人（Schwarzschild,Karl　シュヴァルツシルト，カール　1873–1916）

Schwatka, Frederick〈19世紀〉
アメリカの探検家。アラスカのユーコン河，北メキシコのチワワなどを探検。
⇒岩世人（シュウォトカ　1849.9.29–1892.11.2）

Schwedler, Johann Wilhelm〈19世紀〉
ドイツの土木技術者。鉄骨骨組構造理論の先覚者。主著『鋼橋構造結論』（65），『円屋根』（77）。
⇒岩世人（シュヴェードラー　1823.6.23–1894.6.9）

Schwegler, Friedrich Karl Albert〈19世紀〉
ドイツの哲学者，哲学史家。ヘーゲル学派中央派に属する。
⇒岩世人（シュヴェーグラー　1819.2.10–1857.1.5）
　学叢思（シュヴェーグレル，アルベルト　1819–1857）
　新カト（シュヴェーグラー　1819.2.10–1857.1.6）

Schweigger, Johann Salomo Christoph〈18・19世紀〉
ドイツの物理学者。電磁倍率器を発明（1820）。
⇒岩世人（シュヴァイガー　1779.4.8–1857.9.6）

Schweikart, Ferdinand Karl〈18・19世紀〉
ドイツの法律家で数学者。
⇒世数（シュヴァイカルト，フェルディナント・カール　1780–1859）

Schweinfurth, Georg August〈19・20世紀〉
ドイツの植物学者，アフリカ探検家。
⇒岩世人（シュヴァインフルト　1836.12.29–1925.

9.19）

Schweitzer, Albert〈19・20世紀〉
フランスのプロテスタント神学者,音楽家,哲学者,医師。
⇒アフ新（シュワイツァー　1875–1965）
　岩世人（シュヴァイツァー　1875.1.14–1965.9.4）
　覚思（シュヴァイツァー　1875.1.14–1965.9.4）
　覚思ス（シュバイツァー　1875.1.14–1965.9.4）
　広辞7（シュヴァイツァー　1875–1965）
　新カト（シュヴァイツァー　1875.1.14–1965.9.4）
　人世新（シュヴァイツァー　1875–1965）
　世人装（シュヴァイツァー　1875–1965）
　20思（シュヴァイツァー,アルベルト　1875–1965）
　ポブ人（シュバイツァー,アルバート　1875–1965）

Schweitzer, Anton〈18世紀〉
ドイツの作曲家。
⇒バロ（シュヴァイツァー,アントン　1735.6.6–1787.11.23）

Schweitzer, Johann Baptist von〈19世紀〉
ドイツの労働運動指導者。北ドイツ連邦議会議員。ビスマルク政策を支持。
⇒岩世人（シュヴァイツァー　1833.7.12–1875.7.28）
　学叢思（シュワイツェル,ヨハン・バプティスト・フォン　1833–1875）

Schweizer, Alexander〈19世紀〉
スイスのプロテスタント神学者。チューリヒ大学教授。改革派教理学の研究に業績をあげた。
⇒岩世人（シュヴァイツァー　1808.3.14–1888.7.3）
　学叢思（シュヴァイツェル,アレクサンデル　1808–1888）

Schweizersperg, Casimir〈17・18世紀〉
ドイツの作曲家。
⇒バロ（シュヴァイツェルスペルク,カージミル　1668.12.3–1722以降）

Schwemmer, Heinrich〈17世紀〉
ドイツの作曲家。
⇒バロ（シュヴェンマー,ハインリヒ　1621.3.28–1696.5.21）

Schwenckfeld von Ossig, Kaspar〈15・16世紀〉
ドイツの宗教改革者,説教家。
⇒岩世人（シュヴェンクフェルト　1489頃–1561.12.10）
　新カト（シュヴェンクフェルト　1489–1561.12.10）

Schwendener, Simon〈19・20世紀〉
ドイツの植物学者。
⇒岩世人（シュヴェンデナー　1829.2.10–1919.5.27）

Schwerz, Johann Nepomuk von〈18・19世紀〉
ドイツの農業地理学者,農業改良家。
⇒岩世人（シュヴェルツ　1759.6.11–1844.12.11）

Schwind, Moritz von〈19世紀〉
オーストリア生れのドイツの画家,版画家。ドイツ・ロマン派最後の代表的作家。
⇒岩世人（シュヴィント　1804.1.21–1871.2.8）
　芸13（シュヴィント,モーリッツ・フォン　1804–1871）

Schwob, Marcel〈19・20世紀〉
フランスの随筆家,小説家,ジャーナリスト。主著『少年十字軍』(96) など。
⇒岩世人（シュウォブ　1867.8.23–1905.2.12）
　学叢思（シュウォブ,マルセル）

Scialoja, Antonio〈19世紀〉
イタリアの経済学者。
⇒学叢思（シャロア,アントニオ　1817–1877）

Sciasi, Gaetano Maria〈17・18世紀〉
イタリアの作曲家。
⇒バロ（シャッシ,ガエターノ・マリア　1670頃?–1730頃）

Scidmore, George Hawthorne〈19・20世紀〉
アメリカの外交官。アメリカ横浜総領事。
⇒アア歴（Scidmore,George Hawthorne　ジョージ・ホーソーン・シドモア　1854.10.12–1922.11.27）

Scidomore, Eliza Ruhamah〈19・20世紀〉
アメリカの文筆家。ワシントン・ポトマック河の桜並木の提案者。
⇒アア歴（Scidmore,Eliza Ruhamah　イライザ・ルアマー・シドモア　1856.10.14–1928.11.3）

Scipio Aemilianus Africanus Minor, Publius Cornelius〈前2世紀〉
ローマの将軍,政治家。小スキピオと呼ばれる。
⇒岩世人（スキピオ・アエミリアヌス　前185頃–前129）
　広辞7（スキピオ　前185頃–前129）
　世人新（スキピオ〈小アフリカヌス〉　前185–前129）
　世人装（スキピオ〈小アフリカヌス〉　前185–前129）
　学叢歴（スキピオ）

Scipio Africanus Major, Publius Cornelius〈前3・2世紀〉
古代ローマの政治家。第2次ポエニ戦争のときの名将。
⇒岩世人（スキピオ・アフリカヌス　前236頃–前184）
　広辞7（スキピオ　前236頃–前183頃）
　世人新（スキピオ〈大アフリカヌス〉　前235–前183）
　世人装（スキピオ〈大アフリカヌス〉　前235–前

183)
世史語（スキピオ　前235頃-前183）
ポプ人（スキピオ　前235-前183?）
学叢歴（スキピオ）

Scipio Asiaticus, Lucius Cornelius
〈前3・2世紀〉
古代ローマの政治家。前190年コンスル。小アジアに遠征し，アンチオコス3世を破る。
⇒岩世人（スキピオ・アシアゲネス）

Scipione, Giovanni〈16・17世紀〉
イタリアの作曲家。
⇒バロ（シピオーネ，ジョヴァンニ　1590頃?-1650頃?）

Sciroli, Gregorio〈18世紀〉
イタリアの作曲家。
⇒バロ（シローリ，グレゴリオ　1722.10.5-1781以降）

Sckell, Friedrich Ludwig von〈18・19世紀〉
ドイツの造園家。
⇒岩世人（スケル　1750.9.13-1823.2.24）

Scorel, Jan Van〈15・16世紀〉
オランダの画家。イタリア絵画から受けた明るい色彩の作品を描いた。
⇒岩世人（ファン・スコーレル　1495.8.1-1562.12.6）
　新カト（スコーレル　1495-1562）
　芸13（スコレル，ヤン・ヴァン　1495-1562）
　芸13（ファン・スコーレル，ヤン　1495-1562）

Scoresby, William〈18・19世紀〉
イギリスの北極探検家。最高緯度の地点に到達。同海域の水温が海面よりも深海のほうが暖かいことを実証。
⇒岩世人（スコアズビー　1789.10.5-1857.3.21）

Scot, Michael〈12・13世紀〉
イギリス（スコットランド生れ）の東洋学者。
⇒岩世人（スコット　?-1236頃）

Scott, Charles Prestwich〈19・20世紀〉
イギリスのジャーナリズム経営者。
⇒岩世人（スコット　1846.10.26-1932.1.1）

Scott, Cyril Meir〈19・20世紀〉
イギリスの作曲家，詩人。〈ペレアスへの序曲，1902〉により，〈イギリスのドビュッシー〉の称を得た。
⇒岩世人（スコット　1879.9.27-1970.12.31）

Scott, Dred〈18・19世紀〉
アメリカの黒人奴隷。〈ドレッド・スコット事件〉の中心人物。
⇒岩世人（スコット　1799頃-1858.9.17）
　世人新（スコット〈ドレッド〉　1795頃-1858頃）
　世人装（スコット〈ドレッド〉　1795頃-1858頃）

Scott, Dunkinfield Henry〈19・20世紀〉
イギリスの植物学者。
⇒岩世人（スコット　1854.11.28-1934.1.29）

Scott, Sir George Gilbert〈19世紀〉
イギリスの建築家。ビクトリア時代のイギリス・ゴシック建築の代表者。
⇒岩世人（スコット　1811.7.13-1878.3.27）
　新カト（スコット　1811.7.13-1878.3.27）

Scott, Sir Jamer George〈19・20世紀〉
イギリスのビルマ植民地の官史，ビルマ研究家。
⇒岩世人（スコット　1851.12.25-1935.4.4）

Scott, Marion McCarrell〈19・20世紀〉
アメリカの教育者。アメリカの近代的な教育方法を日本に導入して，初等教育の近代化に貢献。
⇒アア歴（Scott,Marion Mccarrell　マリオン・マカレル・スコット　1843.8.21-1922.5.3）
　岩世人（スコット　1843.8.21-1922.5.3）

Scott, Robert〈19世紀〉
イギリスの宗教家，古典学者。
⇒岩世人（スコット　1811.1.26-1887.12.2）

Scott, Robert Falcon〈19・20世紀〉
イギリスの南極探検家。アムンゼンに遅れること1ヵ月，極点に達したが，帰途4人の同行者とともに遭難。
⇒岩世人（スコット　1868.6.6-1912.3頃）
　広辞7（スコット　1868-1912）
　世人新（スコット〈ロバート〉　1868-1912）
　世人装（スコット〈ロバート〉　1868-1912）
　世史語（スコット　1868-1912）
　ポプ人（スコット，ロバート　1868-1912）

Scott, Thomas〈18・19世紀〉
イギリスのカルヴァン派神学者。
⇒岩世人（スコット　1747-1821）

Scott, Sir Walter〈18・19世紀〉
スコットランド生れの詩人，小説家。
⇒岩世人（スコット　1771.8.15-1832.9.21）
　オペラ（スコット，ウォルター　1771-1832）
　広辞7（スコット　1771-1832）
　学叢思（スコット，サー・ウォーター　1771-1832）
　新カト（スコット　1771.8.15-1832.9.21）
　世人新（スコット〈ウォルター〉　1771-1832）
　世人装（スコット〈ウォルター〉　1771-1832）
　ポプ人（スコット，ウォルター　1771-1832）

Scott, Winfield〈18・19世紀〉
アメリカの陸軍軍人。
⇒岩世人（スコット　1786.6.13-1866.5.29）

Scotto, Girolamo〈16世紀〉
イタリアの楽譜出版業者。
⇒バロ（スコット，ジローラモ　1505頃-1572.9.3）

Scotus, Paulus〈15・16世紀〉
イタリアの作曲家。

scran

⇒バロ〈スコトゥス, パウルス〈スコート, パオロ〉 1470頃?–1520頃?〉

Scranton, William Benton〈19・20世紀〉
アメリカの宣教師。1885年朝鮮の仁川に赴き、教会や病院を建設。また朝鮮の子女の教育に尽力。
⇒アア歴〈Scranton,William B(enton) ウイリアム・ベントン・スクラントン 1856.5.29–1909.10.8〉

Scriabin, Alexander〈19・20世紀〉
ロシアの音楽家。
⇒学叢思〈スクリアビン, アレキサンダー 1872–1915〉

Scriba, Jurius〈19・20世紀〉
ドイツの外科医。東京大学医科大学で外科を教授。日本近代医学の発展に貢献。
⇒岩世人〈スクリーバ 1848.6.5–1905.1.3〉
広辞7〈スクリバ 1848–1905〉

Scribe, Augustin Eugène〈18・19世紀〉
フランスの劇作家。約350篇の作品を残したが、今日ではほとんど上演されない。
⇒岩世人〈スクリーブ 1791.12.24–1861.2.20〉
オペラ〈スクリーブ, ウジェーヌ 1791–1861〉

Scribner, Charles〈19世紀〉
アメリカの実業家。出版社ベーカー・アンド・スクリブナー社を創設。
⇒岩世人〈スクリブナー 1821.2.21–1871.8.26〉

Scripps, Edward Wyllis〈19・20世紀〉
アメリカの新聞記者,新聞経営者。新聞のシンジケート「新聞企業連合」を形成。
⇒岩世人〈スクリップス 1854.6.18–1926.3.12〉

Scripture, Edward Wheeler〈19・20世紀〉
アメリカの心理学者。イェール大学に実験室を作り,精密な研究ではハーヴァード大学を凌いだ。
⇒岩世人〈スクリプチャー 1864.5.21–1945.7.31〉

Scronx, Gérard〈17世紀〉
フランドルの作曲家。
⇒バロ〈スクロンクス, ジェラール 1600頃?–1650頃?〉

Scrope, George Julius Poulett〈18・19世紀〉
イギリスの地質学者,政治家。
⇒岩世人〈スクローブ 1797.3.10–1876.1.19〉

Scrosoppi, Luigi〈19世紀〉
イタリアの聖人。祝日4月3日。オラトリオ会の会員。
⇒新カト〈ルイジ・スクロソッピ 1804.8.4–1884.4.3〉

Scudder, David Coit〈19世紀〉
アメリカの宣教師。
⇒アア歴〈Scudder,David Coit デヴィッド・コイト・スカダー 1835.10.27–1862.11.19〉

Scudder, Ida Sophia〈19・20世紀〉
アメリカの医療宣教師。
⇒アア歴〈Scudder,Ida Sophia アイダ・ソフィア・スカダー 1870.12.9–1960.5.24〉

Scudder, John〈18・19世紀〉
アメリカのオランダ改革派宣教師。
⇒アア歴〈Scudder,John ジョン・スカダー 1783.9.3–1855.1.13〉

Scudéry, Madeleine de〈17・18世紀〉
フランスの女流作家。
⇒岩世人〈スキュデリー 1607.11.5–1701.6.2〉

Scultetus, Abraham〈16・17世紀〉
ドイツの改革派神学者。
⇒新カト〈スクルテトゥス 1566.8.24–1624.10.24〉

Scupoli, Lorenzo〈16・17世紀〉
イタリアのテアティノ修道会の著述家。
⇒新カト〈スクポリ 1530頃–1610.11.28〉

Sdach Kan〈15・16世紀〉
カンボジア、ポスト・アンコール時代の王。在位1512〜25頃。
⇒岩世人〈スダチ・コーン ?–1525?〉

Sdralek, Max〈19・20世紀〉
教会史家、教育者、司祭。ブレスラウ大学学長。ポーランド南西部ヴォシュチツェに生まれる。
⇒新カト〈スドラレク 1855.10.11–1913.7.2〉

Seager, Henry Rogers〈19・20世紀〉
アメリカの経済学者。コロンビア大学教授(1905〜30)。
⇒岩世人〈シーガー 1870.7.21–1930.8.23〉

Séailles, Gabriel〈19・20世紀〉
フランスの哲学者。A.ドレフュスを弁護して人権連盟の創立に寄与。
⇒メル2〈セアイユ, ガブリエル 1852–1922〉

Seale, Alvin〈19・20世紀〉
アメリカの魚類学者。
⇒アア歴〈Seale,Alvin アルヴィン・シール 1871.7.8–1959.7.28〉

Sealsfield, Charles〈18・19世紀〉
オーストリアの作家。作品には『正統派と共和派』(33)など,18巻の全集がある。
⇒岩世人〈シールスフィールド 1793.3.3–1864.5.26〉

Sears, Jesse Brundage〈19・20世紀〉
アメリカの教育学者。スタンフォード大学名誉教授(1942〜)。教育行政研究に独特な分野を開拓。

⇒岩世人（シアーズ 1876.9.25–1973）
Sears, Richard Warren〈19・20世紀〉
アメリカの企業家。シアーズ－ローバック社を設立（1893）。
⇒岩世人（シアーズ 1863.12.7–1914.9.28）
　広辞7（シアーズ 1863–1914）
Seashore, Carl Emil〈19・20世紀〉
スウェーデン生れのアメリカの心理学者。音楽才能検査の考案者として著名。
⇒岩世人（シーショア 1866.1.28–1949.10.16）
Sebaldus〈11世紀〉
ニュルンベルクの守護聖人。
⇒新カト（セバルドゥス ?–1072頃）
　図聖（セバルドゥス）
Sebastián de San Pedro〈16・17世紀〉
キリシタン時代のフランシスコ会員。スペインのサラマンカ生まれ。
⇒新カト（セバスティアン・デ・サン・ペドロ 1579頃–1624頃）
Sebastiani, Johann〈17世紀〉
ドイツの作曲家。
⇒バロ（ゼバスティアーニ, ヨハン 1622.9.30–1683.1/2）
Sebastiano del Piombo〈15・16世紀〉
イタリアの画家。盛期ルネサンスの主要な画家の一人。主作品『ラザロの蘇生』『ピエタ』。
⇒バロ（ピオンボ, セバスティアーノ・デル 1500頃?–1550頃?）
　岩世人（セバスティアーノ・デル・ピオンボ 1485頃–1547.6.21）
　新カト（セバスティアーノ・デル・ピオンボ 1485頃–1547.6.21）
　芸13（セバスティアーノ・デル・ピオンボ 1485頃–1547）
　芸13（ピオンボ, セバスティアーノ・デル 1485頃–1547）
Sebastianus〈3世紀頃〉
ローマのキリスト教殉教者, 聖人。聖画の題材にもなり崇敬された。
⇒岩世人（セバスティアヌス）
　ネーム（セバスティアヌス）
　広辞7（セバスティアヌス 3世紀）
　新カト（セバスティアヌス 3世紀末）
　図聖（セバスティアヌス ?–3世紀末頃）
Sebastião〈16世紀〉
ポルトガル王。在位1557～78。ジョアン3世の孫。
⇒岩世人（セバスティアン 1554.1.20–1578.8.4）
　世帝（セバスティアン1世 1554–1578）
Sebbi〈7世紀〉
アングロ・サクソン7王国の時代のエセックス王。在位665～94。聖人。祝日8月29日。
⇒新カト（セッビ 7世紀）

Seberos, Gabriel〈16・17世紀〉
ギリシア正教会の神学者。
⇒新カト（ガブリエル・セベロス 1541–1616）
Sebüktigīn〈10世紀〉
アフガニスタンのガズナ朝の統治者。在位976～97。
⇒岩世人（セビュクテギン （在位）976–997）
Secchi, Pietro Angelo〈19世紀〉
イタリアの天文学者。天体分光学の研究に従事し, 恒星スペクトルを4種類に分類。
⇒岩世人（セッキ 1818.7.28–1878.2.26）
　新カト（セッキ 1818.6.29–1878.2.26）
Sechang Dugmo
チベットとモンゴルの伝説の王ケサルの妻。
⇒ネーム（セチャン・ドゥクモ）
Sechehaye, Albert〈19・20世紀〉
スイスの言語学者。『理論言語学の大要と方法』(08) などの著書がある。
⇒岩世人（セシュエ 1870.7.4–1946.7.2）
Sechenov, Ivan Mikhailovich〈19・20世紀〉
ロシアの生理学者。意識および無意識に関する脳活動を反射作用に帰着させ, 条件反射学の発展に寄与。
⇒岩世人（セーチェノフ 1829.8.1–1905.11.2）
Seckel, Emil〈19・20世紀〉
ドイツの法学者, 法制史家。中世ローマ法および教会法史の研究がある。
⇒岩世人（ゼッケル 1864.1.10–1924.4.26）
Seckendorff, Karl Siegmund von〈18世紀〉
ドイツの作曲家。
⇒バロ（ゼッケンドルフ, カール・ジークムント・フォン 1744.11.26–1785.4.26）
Seckendorff, Veit Ludwig von〈17世紀〉
ドイツの政治家, 歴史, 経済学者。
⇒岩世人（ゼッケンドルフ 1626.12.20–1692.12.18）
　学叢思（セッケンドルフ, ファイト・ルドヴィッヒ・フォン 1629–1692）
Secrétan, Charles〈19世紀〉
スイスの哲学者。自由と義務を根底とする倫理的意識の理論をうちたてた。
⇒岩世人（スクレタン 1815.1.19–1895.1.21）
　メル2（スクレタン, シャルル 1815–1895）
Secunda〈3世紀〉
聖人, ローマの殉教者。祝日7月10日。
⇒新カト（ルフィーナとセクンダ ?–257/259頃）

Secundus〈3・4世紀〉
聖人、ローマ近郊アルバーノの殉教者。祝日8月8日。
⇒新カト（ウィクトリヌス、セクンドゥスとその仲間 3-4世紀）

Sedaine, Michel Jean〈18世紀〉
フランスの劇作家。作品『我知らず哲学者』(1765)。
⇒岩世人（スデーヌ　1719.7.4/6.2-1797.5.17）

Seddon, Richard John〈19・20世紀〉
ニュージーランドの政治家。自由党政権の首相を務めた。
⇒オセ新（セドン　1845-1906）

Sederholm, Jakob Johannes〈19・20世紀〉
フィンランドの地質学者。
⇒岩世人（セーデルホルム　1863.7.20-1934.6.26）

Sedgwick, Adam〈18・19世紀〉
イギリスの地質学者。
⇒岩世人（セジウィック　1785.3.22-1873.1.27）
　学叢思（セジウィック、アダム　1785-1873）

Sedgwick, Catharine Maria〈18・19世紀〉
アメリカの小説家。
⇒岩世人（セジウィック　1789.12.28-1867.7.31）

Sedgwick, William Thompson〈19・20世紀〉
アメリカの生物学者、衛生学者。マサチューセッツ工業大学生物学部長兼教授(1891～1921)。
⇒岩世人（セジウィック　1855.12.29-1921.1.25）

Sedulius, Coelius〈5世紀〉
キリスト教的ラテン詩人。
⇒岩世人（セドゥリウス）
　新カト（セドゥリウス　5世紀）

Sedulius, Scottus〈9世紀〉
アイルランド系のラテン語作家。
⇒岩世人（セドゥリウス・スコットゥス）
　新カト（セドゥリウス・スコットゥス　9世紀）

Sée, Camille〈19・20世紀〉
フランスの政治家、弁護士。
⇒岩世人（セー　1847.3.10-1919.1.20）

Sée, Henri〈19・20世紀〉
フランスの経済史学者。
⇒岩世人（セー　1864.9.6-1936.3.10）

Seebeck, Thomas Johann〈18・19世紀〉
ドイツの物理学者。1821年ゼーベック効果を発見。
⇒岩世人（ゼーベック　1770.4.9-1831.12.10）
　ネーム（ゼーベック　1770-1831）
　物理（ゼーベック、トーマス　1770-1831）

Seeberg, Reinhold〈19・20世紀〉
ドイツのプロテスタント神学者。
⇒岩世人（ゼーベルク　1859.4.5-1935.10.23）
　新カト（ゼーベルク　1859.4.5-1935.10.23）

Seebohm, Frederic〈19・20世紀〉
イギリスの歴史家。著作に『イギリス村落共同体』(83)など。
⇒岩世人（シーボーム　1833.11.23-1912.2.6）

Seeck, Otto〈19・20世紀〉
ドイツの歴史家。
⇒岩世人（ゼーク　1850.2.2-1921.6.29）

Seeckt, Hans von〈19・20世紀〉
ドイツの軍人。
⇒岩世人（ゼークト　1866.4.22-1936.12.27）
　ネーム（ゼークト　1866-1936）

Seeger, Joseph Ferdinand Norbert〈18世紀〉
ボヘミアの作曲家。
⇒バロ（ゼーゲル、ヨーゼフ・フェルディナンド・ノルベールト　1716.3.21-1782.4.2）

Seehofer, Arsacius〈16世紀〉
ドイツの宗教改革者。
⇒新カト（ゼーホーファー　1503頃-1545）

Seeley, Sir John Robert〈19世紀〉
イギリスの歴史学者。
⇒岩世人（シーリー　1834.9.10-1895.1.13）

Seeliger, Hugo Hans Ritter von〈19・20世紀〉
ドイツの天文学者。ミュンヘン大学教授兼ミュンヘン天文台長(1882)。
⇒岩世人（ゼーリガー　1849.9.23-1924.12.2）

Sefaldi〈16・17世紀〉
スペインの作曲家。
⇒バロ（セファルディ,?　1580頃?-1640頃?）

Sefström, Nils Gabriel〈18・19世紀〉
スウェーデンの化学者、鉱物学者。新元素を発見、ヴァナジンと命名した(1830)。
⇒岩世人（セーヴストレム　1787.6.2-1845.11.30）

Segalen, Victor〈19・20世紀〉
フランスの詩人、小説家。代表作『記憶なき太古の民』など。
⇒岩世人（セガレン　1878.1.14-1919.5.21）

Segantini, Giovanni〈19世紀〉
イタリアの画家。アルプス風景や農民、牧人生活を主題とした作品を制作。
⇒岩世人（セガンティーニ　1858.1.15-1899.9.28）
　ネーム（セガンティーニ　1858-1899）
　広辞7（セガンティーニ　1858-1899）
　芸13（セガンティーニ、ジョヴァンニ　1858-1899）

Seghers, Daniel〈16・17世紀〉
オランダの画家。マドンナ像などの聖像の周囲に華飾りを描いた。
⇒岩世人（セーヘルス　1590.12.3–1661.11.2）

Seghers, Gerard〈16・17世紀〉
オランダの画家。カラヴァッジョおよびルーベンス風の絵を描いた。
⇒岩世人（セーヘルス　1591.3.17（受洗）–1651.3.18）

Seghers, Hercules Pietersz〈16・17世紀〉
オランダの画家，銅版画家。
⇒岩世人（セーヘルス　1589/1590–1633 (-1638)）
　芸13（セーヒェルス，ヘルキュレス　1590頃–1645頃）

Seghi, Francesco〈17・18世紀〉
イタリアの作曲家。
⇒バロ（セギ，フランチェスコ　1650頃?–1710頃?）

Ségier, Pierre〈16・17世紀〉
フランスの行政官。フロンドの乱ではマザランに組し，フーケの打倒に尽力。
⇒岩世人（セギエ　1588.5.28–1672.1.28）

Segneri, Paolo〈17世紀〉
イタリアのイエズス会修道士，説教者，禁欲文献著作家。
⇒新カト（セニェリ　1624.3.21–1694.12.9）

Segneri, Paolo〈17・18世紀〉
イタリアのイエズス会宣教師。
⇒新カト（セニェリ　1673.10.18–1713.6.25）

Segond, Joseph〈19・20世紀〉
哲学者。エクス＝アン＝プロヴァンス学派の伝統を維持した。
⇒メル3（スゴン，ジョゼフ　1872–1954）

Segrais, Jean Regnault de〈17・18世紀〉
フランスの詩人，小説家，劇作家。代表作に短編集『フランス物語』など。
⇒岩世人（スグレ　1624.8.22–1701.3.25）

Séguin, Edouard Onesimus〈19世紀〉
フランスの精神薄弱児教育家。白痴教育に従事し，1837年パリに白痴学校を開設。
⇒岩世人（セガン　1812.1.12–1880.10.28）

Seguin, Marc〈18・19世紀〉
フランスの機械および土木エンジニア。
⇒岩世人（スガン　1786.4.20–1875.2.24）

Ségur, Philippe Henri, Marquis de〈18・19世紀〉
フランスの将軍。父アンリ・フランソアに従って各地に転戦して功があった（46）。
⇒岩世人（セギュール　1724.1.20–1801.10.8）

Ségur, Philippe Paul, Comte de〈18・19世紀〉
フランスの軍人，外交官。ルイ・フィリップの子。
⇒岩世人（セギュール　1780.11.1–1873.2.25）

Ségur, Sophie Rostopchine, comtesse de〈18・19世紀〉
ロシア生れのフランスの女流小説家。主著『ロバの思い出』(60)など。
⇒岩世人（セギュール　1799.8.1–1874.2.9）

Segura, Juan Baptista de〈16世紀〉
スペイン出身のイエズス会員，北米ヴァージニア州への宣教師。
⇒新カト（セグラ　1529頃–1572.2.9）

Sehetepibre Amenemhat I〈前20世紀〉
古代エジプトの統治者。在位前1990～1961。
⇒岩世人（アメンエムハト1世　(在位)前1976–前1947頃）

Seianus, Lucius Aelius〈前1・後1世紀〉
ローマの政治家。皇帝の地位をねらった策謀のため，チベリウス帝により処刑。
⇒岩世人（セイアヌス　前20頃–後31）

Seidel, Emile〈19・20世紀〉
アメリカの社会主義者の領袖。
⇒学叢思（ザイデル，エミール　1864–?）

Seidel, Ludwig Philipp von〈19世紀〉
ドイツの数学者，天文学者。
⇒岩世人（ザイデル　1821.10.24–1896.8.13）
　世数（ザイデル，フィリップ・ルドヴィッヒ　1821–1896）

Seidelmann, Franz〈18・19世紀〉
ドイツの作曲家。
⇒バロ（ザイデルマン，フランツ　1748.10.8–1806.10.23）

Seidl, Anton〈19世紀〉
ハンガリーの音楽家，指揮者。
⇒岩世人（ザイドル　1850.5.7–1898.3.28）

Seidlitz, Woldemar von〈19・20世紀〉
ドイツの美術史家。
⇒岩世人（ザイドリッツ　1850.6.1–1922.1.16）

Seignobos, Charles〈19・20世紀〉
フランスの歴史家。近代，現代史専攻。『歴史学研究法入門』(97)を著す。
⇒岩世人（セニョボス　1854.6.27–1942.9.16）

Seillière, Ernest〈19・20世紀〉
フランスの評論家。
⇒岩世人（セイエール　1866.1.1–1955.3.15）
　20思（セイエール，(バロン)エルネスト（アントワーヌ・エメ・レオン）　1866–1955）

Seipel, Ignaz〈19・20世紀〉
オーストリアの政治家, 聖職者。
⇒岩世人 (ザイペル 1876.7.19–1932.8.2)
　新カト (ザイペル 1876.7.19–1932.8.2)

Seitz, Karl〈19・20世紀〉
オーストリアの政治家。ウィーン市長 (23～34)。オーストリア社会党名誉総裁 (46)。
⇒岩世人 (ザイツ 1869.9.4–1950.2.3)

Seixas, Gershom Mendes〈18・19世紀〉
アメリカのスファルディ系社会の宗教指導者。
⇒ユ人 (サイクサス, ゲルショム・メンデス 1746–1816)

Seixas, José Antônio Carlos de〈18世紀〉
ポルトガルの作曲家。
⇒バロ (セイシャシュ, ホセ・アントーニオ・カルロシュ・デ 1704.6.11–1742.8.25)

Seiz, J.G.〈16・17世紀〉
ハンガリーの作曲家。
⇒バロ (ザイツ, J.G. 1580頃?–1640頃?)

Séjan, Nicolas〈18・19世紀〉
フランスの作曲家。
⇒バロ (セジャン, ニコラ 1745.3.19–1819.3.16)

Seklucjan, Jan〈16世紀〉
ポーランドの作曲家。
⇒バロ (セクルツィヤン, ヤン 1510頃–1578.5?)

Selbach, (Kip) Albert Karl〈19・20世紀〉
アメリカの大リーグ選手 (外野)。
⇒メジャ (キップ・セルバック 1872.3.24–1956.2.17)

Selden, John〈16・17世紀〉
イギリスの法学者, 政治家, 歴史家。権利請願の起草に参加。
⇒岩世人 (セルデン 1584.12.16–1654.11.30)

Selee, Frank Gibson〈19・20世紀〉
アメリカの大リーグ選手 (監督)。
⇒メジャ (フランク・サリー 1859.10.26–1909.7.5)

Selendra, Dapūnta〈7世紀〉
古代の中部ジャワの王。在位7世紀前後。
⇒岩世人 (セーレーンドラ (在位) 7世紀前後)

Seleukos I〈前4・3世紀〉
セレウコス王朝の始祖。在位前312～280。アレクサンドロス大王の部将の一人。イラン全土を制圧。
⇒岩世人 (セレウコス1世 (戦勝者) 前350年代初–前281)
　ネーム (セレウコス1世 前358?–前281)
　広辞7 (セレウコス一世 前358–前281)
　世人新 (セレウコス1世 前358頃–前281)
　世人装 (セレウコス1世 前358頃–前281)
　世帝 (セレウコス1世 前358–前281)

Seleukos II〈前3世紀〉
シリア王。在位前247～226。
⇒世帝 (セレウコス2世 前265?–前226)

Seleukos III〈前3世紀〉
シリア王。在位前226～223。
⇒世帝 (セレウコス3世 前243–前223)

Seleukos IV〈前3・2世紀〉
セレウコス王朝シリア王国第7代の王。在位前187～175。
⇒世帝 (セレウコス4世 前218?–前175)

Seleukos V〈前2世紀〉
セレウコス王国の統治者。在位前125。
⇒世帝 (セレウコス5世 ?–前125)

Seleukos VI〈前1世紀〉
古代ギリシア, セレウコス朝末期の王。
⇒世帝 (セレウコス6世 (在位) 前96–前95)

Seleukos VII〈前1世紀〉
セレウコス朝シリアの王。
⇒世帝 (セレウコス7世 (在位) 前83–前69)

Selich, Daniel〈16・17世紀〉
ドイツの作曲家。
⇒バロ (ゼーリヒ, ダニエル 1581.2.4–1626)

Seligman, Charles Gabriel〈19・20世紀〉
イギリスの人類学者。
⇒岩世人 (セリグマン 1873.12.24–1940.9.19)

Seligman, Edwin Robert Anderson〈19・20世紀〉
アメリカの経済学者, 財政学者。主著『租税転嫁論』(92) は, 近代租税転嫁論の集大成とされる。
⇒岩世人 (セリグマン 1861.4.25–1939.7.18)
　学叢思 (セリグマン, エドウィン・アール・エー 1816–?)

Seligman, Joseph〈19世紀〉
アメリカの銀行家。セリグマンブラザーズ社の創業者。
⇒ユ人 (セリグマン, ジョセフ 1818–1880)

Seligmann, Caesar〈19・20世紀〉
ドイツ自由派ユダヤ教指導者。
⇒ユ著人 (Seligmann, Caesar ゼーリッヒマン, ツェーザル 1860–1950)

Seligsberg, Alice Lillie〈19・20世紀〉
アメリカの社会事業家。
⇒ユ人 (セリグスバーグ, アリス・リリー 1873–1940)

Selim I Yâvuz〈15・16世紀〉
オスマン・トルコ帝国第9代のスルタン。在位

1512〜20。事実上スルタン・カリフ制を樹立。
⇒岩世人（セリム1世　1467-1520.9.21）
世人新（セリム1世　1467-1520）
世人装（セリム1世　1467-1520）
世史語（セリム1世　1467-1520）
世帝　（セリム1世　1465-1520）
ポプ人（セリム1世　1470?-1520）

Selim II〈16世紀〉
オスマン・トルコ帝国第11代のスルタン。在位1566〜74。スュレイマン1世の第3子。
⇒岩世人（セリム2世　1524.5.28-1574.12.15）
世人新（セリム2世　1524-1574）
世人装（セリム2世　1524-1574）
世史語（セリム2世　1524-1574）
世帝　（セリム2世　1524-1574）
ポプ人（セリム2世　1524-1574）

Selim III〈18・19世紀〉
オスマン・トルコ帝国第28代のスルタン。在位1789〜1807。
⇒岩世人（セリム3世　1761.12.24-1808.7.28）
世人新（セリム3世　1761-1808）
世人装（セリム3世　1761-1808）
世史語（セリム3世　1761-1808）
世帝　（セリム3世　1761-1808）
ポプ人（セリム3世　1761-1808）

Sélincourt, Ernest de〈19・20世紀〉
イギリスの文学者。キーツ、スペンサー、ワーズワスの詩集などを編纂。
⇒岩世人（セリンコート　1870.9.24-1943.5.22）

Seljūq〈11世紀〉
セルジューク朝の始祖。
⇒岩世人（セルジューク）

Selkirk, Alexander〈17・18世紀〉
スコットランド生れの船員。『ロビンソン・クルーソ』のモデルといわれる人物。
⇒岩世人（セルカーク　1676-1721.12.13?）

Sella, Quintino〈19世紀〉
イタリアの政治家。
⇒岩世人（セッラ　1827.7.7-1884.3.14）

Sellars, Roy Wood〈19・20世紀〉
カナダ生れのアメリカの哲学者。主著『批判的実在論』(21)。
⇒岩世人（セラーズ　1880.7.9-1973.9.5）
メル3（セラーズ, ロイ・ウッド　1880-1973）

Selle, Thomas〈16・17世紀〉
ドイツの作曲家。
⇒バロ（ゼレ, トーマス　1599.3.23-1663.7.2）

Sellers, William〈19・20世紀〉
アメリカの実業家、発明家。〈セラーズねじ方式〉を発表(1864)。
⇒岩世人（セラーズ　1824.9.19-1905.1.24）

Selloúm〈前8世紀〉
イスラエル王国第15代の王。在位前747。ウヤベシの子（旧約）。
⇒世帝　（シャルム　?-前745?）

Selma y Salaverde, Bartolomé de〈16・17世紀〉
スペインの作曲家。
⇒バロ（サラベルデ, バルトロメ・デ・セルマ・イ　1580頃?-1638以降）
バロ（セルマ・イ・サラベルデ, バルトロメ・デ　1580頃?-1638以降）
バロ（デ・セルマ・イ・サラベルデ, バルトロメ　1580頃?-1638以降）

Selnecker, Nikolaus〈16世紀〉
ドイツのプロテスタント神学者。
⇒岩世人（ゼルネッカー　1530.12.5-1592.5.24）
新カト（ゼルネッカー　1530.12.5-1592.5.24）

Selwyn, George Augustus〈19世紀〉
アングリカン・チャーチの神学者, 宣教師。ニュージーランド初代監督。
⇒岩世人（セルウィン　1809.4.5-1878.4.11）

Šēm
ノアの長男（旧約）。
⇒岩世人（サーム）
岩世人（セム）
新カト（セム）

Semashko, Nikolai Aleksandrovich〈19・20世紀〉
ソ連の衛生学者。職業病診療の基礎をつくるなど革命後のソヴェトの医療・医学研究体制の確立に貢献。
⇒学叢思（セマーシコ　1869-?）

Sembat, Marcel Étienne〈19・20世紀〉
フランスのジャーナリスト, 政治家。
⇒岩世人（サンバ　1862.10.19-1922.9.5）

Semedo, Alvarez de〈16・17世紀〉
ポルトガルのイエズス会宣教師。杭州, 嘉定, 上海等に伝道。
⇒岩世人（セメード　1585-1658.7.18）
新カト（セメド　1585-1658.7.18）

Semele
ギリシア神話のテーバイの王カドモスの娘。ディオニューソスの母。
⇒岩世人（セメレ）
ネーム（セメレ）

Semevsky, Vasily Ivanovich〈19・20世紀〉
ロシアの歴史家。
⇒岩世人（セメフスキー　1848.12.25-1916.9.21）

Semiramis〈前9世紀〉
ギリシア伝説中のアッシリア女王。

⇒岩世人（セミラミス）
広辞7（セミラミス　前9世紀）

Semler, Johann Salomo〈18世紀〉
ドイツのルター派神学者。聖書の原典批評の原理を立て、『正典の自由研究』（71〜75）など著書多数。
⇒岩世人（ゼムラー　1725.12.18–1791.3.14）
学叢思（ゼムレル，ヨハン・サロモ　1725–1791）
新カト（ゼムラー　1725.12.18–1791.3.14）

Semmelweis Ignaz Philipp〈19世紀〉
ハンガリーの産科医。接触感染の事実と消毒法を発見。
⇒岩世人（ゼンメルヴァイス　1818.7.1–1865.8.13）

Semmes, Raphael〈19世紀〉
アメリカ海軍軍人。南北戦争で『サムター』『アラバマ』艦長として活躍。
⇒岩世人（セムズ　1809.9.27–1877.8.30）

Semon, Felix, Sir〈19・20世紀〉
英国の医師。
⇒ユ著人（Semon,Felix,Sir　ゼーモン，フェリックス　1848–1921）

Semon, Richard Wolfgang〈19・20世紀〉
ドイツの動物学者。
⇒岩世人（ゼーモン　1859.8.22–1918.12.12）

Sēmōnidēs〈前7世紀〉
ギリシアの詩人。諷刺的なイアンボスの詩と、エレゲイアの断片が名高い。
⇒岩世人（セモニデス（アモルゴスの））

Sempad〈13世紀〉
小アルメニアの元帥。王ヘイトン1世の弟。
⇒岩世人（センパド　1208–1276）

Semper, Gottfried〈19世紀〉
ドイツの建築家、建築理論家。ウィーンで国立劇場、美術館などを設計。主著『様式論』（60～63）。
⇒岩世人（ゼンパー　1803.11.29–1879.5.15）

Semper, Karl〈19世紀〉
ドイツの動物学者。ヴュルツブルク大学教授（69）として、動物の反応の実験生理学的研究をなした。
⇒岩世人（ゼンパー　1832.7.6–1893.5.30）

Semple, Ellen Churchill〈19・20世紀〉
アメリカの人文地理学者。
⇒岩世人（センプル　1863.1.8–1932.5.8）

Şemseddin Sâmi Fraşeri〈19・20世紀〉
トルコの辞典編集者、作家。
⇒岩世人（シェムセッディン・サーミー・フラシェリ　1850–1904）

Semyonov, Pëtr Petrovich〈19・20世紀〉
ロシアの地理学者。
⇒岩世人（セミョーノフ＝チャン＝シャンスキー　1827.1.15–1914.3.11）

Senaillé, Jean-Baptiste〈17・18世紀〉
フランスの作曲家。
⇒バロ（スナイエ，ジャン・バティスト　1687.11.23–1730.10.15）

Sénancour, Etienne Pivert de〈18・19世紀〉
フランスの小説家、思想家。J.J.ルソーに私淑し、影響を受けた。主著『オーベルマン』（04）。
⇒岩世人（セナンクール　1770.11.16–1846.1.10）
ネーム（セナンクール　1770–1846）
広辞7（セナンクール　1770–1846）

Senan of Scattery〈6世紀〉
大修道院長・司教。聖人。
⇒新カト（セナン　6世紀）

Senāpati〈16・17世紀〉
インドのヒンディークリシュナ派詩人。自然特にインドの6季節の描写に優れる。
⇒岩世人（セーナーパティ　1589頃–1669頃）

Senart, Émile Charles Marie〈19・20世紀〉
フランスのインド学・仏教学者。フランス・アジア協会総裁。仏陀非実在説を唱えた。
⇒岩世人（スナール　1847.3.26–1928.2.21）

Senebier, Jean〈18・19世紀〉
スイスの牧師、植物学者。植物生理学的研究に従事し、緑色植物が日光の作用で生活を営むことについて調査。
⇒岩世人（セネビエ　1742.5.6–1809.7.22）

Seneca, Lucius Annaeus〈前1・後1世紀〉
ローマの後期ストア派の哲学者、詩人。皇帝ネロの師傅、執政官も務めた。著書は『対話篇』『自然篇』他。
⇒岩世人（セネカ（小）　前4（-後1）–後65）
広辞7（セネカ　前4頃–後65）
学叢思（セネカ，ルキウス・アンナエウス）
新カト（セネカ　前4頃–後65）
世人新（セネカ　前5/前4–後65）
世人装（セネカ　前5/前4–後65）
世史語（セネカ　前4頃–後65）
ポプ人（セネカ，ルキウス・アンナエウス　前4頃–後65）
メル1（セネカ（小，ルキウス・アンナエウス）　前4頃/後1?–後65）
学叢歴（セネカ　前5–後65）

Seneca, Lucius（Marcus Annaeus）
〈前1・後1世紀〉
ローマの修辞家。小セネカの父、ルカヌスの祖父。『論争問題集』『説得法』を著す。
⇒岩世人（セネカ（大）　前50頃–後40頃）

Senefelder, Aloys〈18・19世紀〉
チェコ生まれの石版画の発明者(1796頃)。
⇒学叢思(ゼネフェルデル, アロイス 1771–1834)

Seneferre Piye〈前8世紀〉
古代エジプトの統治者。在位前745～713。
⇒岩世人(ピイ(ピアンキ) (在位)前746–前713)

Senesino〈17・18世紀〉
イタリアのカストラート歌手。
⇒オペラ(セネジーノ 1686–1758)

Senestréy, Ignatius von〈19・20世紀〉
ドイツのカトリック司教。
⇒岩世人(ゼネストリ 1818.7.13–1906.8.16)

Senfl, Ludwig〈15・16世紀〉
スイスの作曲家。H.イザークに師事。1523年ミュンヘン宮廷礼拝堂の楽長に就任。
⇒バロ(ゼンフル, ルートヴィヒ 1486頃–1542.12.2-43.8.10)
　新カト(ゼンフル 1486頃–1542/1543)

Senggerinchin〈19世紀〉
中国, 清の武将。
⇒岩世人(僧格林沁 そうかくりんしん 1811(嘉慶16)–1865.5.18(同治4.4.24))
　中史(僧格林沁 ソングヮリンチン 1811–1865)
　近中(僧格林沁 そうかくりんしん ?–1865.5.8)

Sengler, Jakob〈18・19世紀〉
ドイツのカトリック哲学者, 神学者。
⇒新カト(ゼングラー 1799.9.11–1878.11.5)

Senior, Nassau William〈18・19世紀〉
イギリスの経済学者。利潤制欲説, 賃金基金説を提唱。主著『経済学概要』(36)。
⇒岩世人(シーニア 1790.9.26–1864.6.4)
　学叢思(セニアー, ウィリアム・ナッソー 1790–1864)

Senn, Nicholas〈19・20世紀〉
アメリカ(スイス生れ)の外科医。内臓外科, 殊に腸吻合術等に幾多の考案をした。
⇒岩世人(セン 1844.10.31–1908.1.2)

Sennacherib〈前8・7世紀〉
アッシリア帝国の王。在位前705～681。サルゴン2世の息子。
⇒岩世人(センナケリブ (在位)前705–前681)
　新カト(センナケリブ)
　世人新(センナケリブ 前8世紀–前7世紀)
　世人装(センナケリブ 前8世紀–前7世紀)
　世帝(センナケリブ (在位)前705–前681)

Sennen〈3・4世紀〉
殉教者, 聖人。
⇒新カト(アブドンとセンネン ?–3世紀)
　図聖(アブドンとセンネン ?–304頃)

Sennert, Daniel〈16・17世紀〉
ドイツの医者, 自然哲学者。パラケルススの影響をうけ, また原子論の思想を復活させた。
⇒岩世人(ゼネルト 1572.11.25–1637.7.21)

Sennett, Mack〈19・20世紀〉
カナダの映画監督, プロデューサー, 俳優。
⇒岩世人(セネット 1880.1.17–1960.11.5)
　ネーム(マック・セネット 1880–1960)

Šenoa, August〈19世紀〉
クロアチア(ユーゴスラビア)の小説家。代表作は『農民一揆』(77)などの歴史小説。
⇒岩世人(シェノア 1838.11.14–1881.12.13)

Senoch〈6世紀〉
トゥールの修道院長。聖人。祝日10月24日。橋梁工事関係者の守護聖人。
⇒新カト(セノク 536頃–576)

Senopati〈16世紀〉
ジャワの新マタラム王国の創建者。在位1584?～1601。
⇒岩世人(セノパティ ?–1601)

Sentot〈19世紀〉
ジャワの武将。反乱を指導。
⇒岩世人(スントット 1808–1855)

Sepehr, Mīrzā Moḥammad Taqī Kāshānī〈19世紀〉
イランの歴史家, 詩人。19世紀後半に活動。
⇒岩世人(セペフル ?–1880)

Sephra
エジプトの助産婦。ヘブライ人の男の赤子はすべて殺すようにとのファラオの命令に従わなかった。
⇒新カト(シフラ)

Sepp von Reinegg, Anton〈17・18世紀〉
イタリア生まれの聖職者, 音楽家, 建築家。
⇒岩世人(セップ・フォン・レネック 1655.11.22–1733.1.13)

Serafimovich, Aleksandr Serafimovich〈19・20世紀〉
ソ連の小説家。革命家の群れに投じ, 流刑された。代表作は,『鉄の流れ』。
⇒岩世人(セラフィモーヴィチ 1863.1.7/19–1949.1.19)
　ネーム(セラフィモーヴィチ 1863–1949)

Serafim Sarovskii〈18・19世紀〉
ロシアの司祭。聖者。
⇒岩世人(セラフィム(サロフの) 1759.7.19–1833.1.2)
　広辞7(セラフィム 1759–1833)
　新カト(セラフィム[サロフの] 1759.7.30(ユリウス暦7.19)–1833.1.14(ユリウス暦1.2))

Serafin, Tullio〈19・20世紀〉
イタリアの指揮者。マリア・カラス、ローザ・ポンセル、ジョーン・サザランドらの歌手の育成に貢献した。
⇒オペラ（セラフィン、トゥッリオ　1878–1968）

Serafino〈15・16世紀〉
イタリアの霊的著作家、説教師。
⇒新カト（セラフィーノ〔フェルモの〕　1496–1540）

Serafino〈16・17世紀〉
聖人。祝日10月12日。カプチン会員。イタリアのモンテグラナロで貧しく敬虔な両親に育てられる。
⇒新カト（セラフィーノ〔モンテグラナロの〕　1540–1604.10.12）

Serang, Nyi Ageng〈18・19世紀〉
インドネシアの反オランダ武力闘争の指導者。
⇒岩世人（セラン、ニ・アグン　1752–1828）

Serapion〈2・3世紀〉
アンティオケイアの神学者、第8代主教。主教在職190〜211。聖人。祝日10月30日。
⇒新カト（セラピオン〔アンティオケイアの〕　?–211）

Serapion〈4世紀〉
キリスト教高位聖職者。
⇒新カト（セラピオン〔ツムイスの〕　?–362以降）

Sercambi, Giovanni〈14・15世紀〉
イタリアの小説家、年代記作家。主著『警告、または政府の計画』(1400)。
⇒岩世人（セルカンビ　1348.2.18–1424.3.27）

Serenos〈2・3世紀〉
聖人。祝日6月28日。
⇒新カト（セレノス〔アレクサンドリアの〕　?–202頃）

Sergeev, Nikolai Grigorevich〈19・20世紀〉
ロシアのバレエ・ダンサー、教師。
⇒岩世人（セルゲエフ　1876.9.27–1951.6.24）
　バレエ（セルゲエフ、ニコラス〔ニコライ〕　1876.9.27–1951.6.24）

Sergel, Johan Tobias von〈18・19世紀〉
スウェーデンの彫刻家。『ファウヌス』(1769–70)『グスタフ3世』(90〜1808) など。
⇒岩世人（セルゲル　1740.8.28–1814.2.26）
　芸13（ゼルゲル　1740–1814）

Sergie, Tihomieroff〈19・20世紀〉
ロシア正教会日本府主教。1907年大主教ニコライの補佐として来日。主著『十二位一体の使徒』(35)。
⇒岩世人（セルギー〔チホミーロフ〕　1871.6.15/27–1945.8.20）

Sergii Radonezhskii〈14世紀〉
ロシアの修道院改革者、聖人。
⇒新カト（セルギー〔ラドネジュの〕　1314頃–1391.9.25）

Sergios〈3・4世紀〉
聖人、殉教者。祝日2月24日。パレスチナのカイサレイアで304年に斬首された。
⇒新カト（セルギオス〔カイサレイアの〕　?–304頃）

Sergios〈7世紀〉
コンスタンチノープル総大司教。在位610〜38。シリアの人。
⇒岩世人（セルギオス1世）
　新カト（セルギオス〔コンスタンティノポリスの〕　?–638.12.9）

Sergius〈3・4世紀〉
ローマの軍人、殉教者。
⇒新カト（バッコスとセルギオス　?–303頃）

Sergius〈6・7世紀〉
東ローマ帝国の作曲家。
⇒バロ（セルギウス,?　590頃?–638）

Sergius I〈7・8世紀〉
教皇。在位687〜701。聖人、神羔誦（しんこうしょう）をミサ典礼に取入れた。
⇒岩世人（セルギウス1世　635–701.9.9）
　新カト（セルギウス1世　630/635頃–701.9.8）

Sergius II〈9世紀〉
ローマ教皇。
⇒新カト（セルギウス2世　?–847.1.27）

Sergius III〈9・10世紀〉
教皇。在位904〜911。ローマ人。ラテラノ大聖堂を再興。
⇒新カト（セルギウス3世　?–911.4.14）

Sergius IV〈10・11世紀〉
ローマ教皇。
⇒新カト（セルギウス4世　?–1012.5.12）

Sergy〈19・20世紀〉
ロシア正教会の総主教。
⇒岩世人（セルギー〔ストラゴロツキー〕　1867.1.11/23–1944.5.15）

Sergy Radonezhsky〈14世紀〉
ロシア正教会の聖人。正教会での共住型修道制を確立した。
⇒岩世人（セルギー〔ラドネシスキー〕　1314/1319–1392.9.25）

Sering, Max〈19・20世紀〉
ドイツの経済学者。農業研究所を創設し、所長となる(21)。
⇒岩世人（ゼーリング　1857.1.18–1939.11.12）
　学叢思（ゼーリング、マクス　1857–?）

Seripando, Girolamo〈15・16世紀〉
イタリアのアウグスティヌス隠修会総長,枢機卿。
⇒岩世人（セリパンド　1492.10.6?–1563.3.17）
新カト（セリパンド　1492.10.6–1563.3.17）

Serlio, Sebastiano〈15・16世紀〉
イタリアの建築家,建築理論家。
⇒岩世人（セルリオ　1475.9.6–1554）

Sermisy, Claudin de〈15・16世紀〉
フランスの作曲家。王室礼拝堂の歌手,聖歌隊指揮者をつとめた。
⇒バロ（セルミジ,クローダン・ド　1495頃–1562.10.13）

Serov, Aleksandr Nikolaevich〈19世紀〉
ロシアの作曲家,音楽批評家。
⇒岩世人（セローフ　1820.1.11–1871.1.20）

Serov, Valentine Aleksandrovich〈19・20世紀〉
ロシアの画家。代表作は『桃を持つ少女』（77）。
⇒岩世人（セローフ　1865.1.7–1911.11.22）
芸13（セーロフ,ヴァレンティン・アレクサンドロヴィチ　1865–1911）
ユ著人（Serov,Valentin　セーロフ,バレンチン　1856–1911）

Serra, Antonio〈16・17世紀〉
イタリアの経済学者。
⇒岩世人（セラ）
学叢思（セラ,アントニオ　1580–?）

Serra, Junípero〈18世紀〉
スペインのフランシスコ会修道士,宣教師。サン・ディエゴにヨーロッパ人最初の伝道機関を設立（69）。
⇒岩世人（セーラ　1713.11.24–1784.8.28）
新カト（セラ　1713.11.24–1784.8.28）

Serra, Luis〈17・18世紀〉
スペインの作曲家。
⇒バロ（セーラ,ルイス　1680頃–1759.春以降）

Serragli, Ser Giovanni〈15・16世紀〉
イタリアの作曲家。
⇒バロ（セッラーリ,セル・ジョヴァンニ　1480頃?–1527）

Serrano, Miguel Garcia〈16・17世紀〉
スペインのアウグスティノ会宣教師。
⇒岩世人（ガルシア・セラーノ　1569–1629.6.4）
新カト（セラーノ　1569–1629.6.14）

Serrano y Domínguez, Francisco〈19世紀〉
スペインの軍人,政治家。自由統一党を指導。1868年九月革命後,権力を握った。
⇒岩世人（セラーノ・イ・ドミンゲス　1810.9.17–1885.11.26）

Serranus, Johann Baptista〈16世紀〉
ドイツの作曲家。
⇒バロ（ゼラーヌス,ヨハン・バプティスタ　1540.6.23–1600.8.15）

Serrão, Francisco〈16世紀〉
ポルトガルの軍人,航海者。
⇒岩世人（セラン　?–1521）

Serres, Antoine Etienne Renaud Augustin〈18・19世紀〉
フランスの解剖学者。ヘッケルの「個体発生は系統発生を繰返す」という反復説を予見。
⇒岩世人（セール　1787.12.22–1868.1.22）

Serres, Oliver de〈16・17世紀〉
フランスの農業改革者。伝統的農業に代えて,施肥,人工牧場等の科学的農法を提唱した。
⇒岩世人（セール　1539–1619）

Serret, Joseph Alfred〈19世紀〉
フランスの数学者。
⇒世数（セレー,ジョゼフ・アルフレッド　1819–1885）

Sertillanges, Antonin Gilbert〈19・20世紀〉
フランスの神学者,哲学者。"La Revue thomiste"を編集し,新トミズムの代表者となる。
⇒岩世人（セルティヤンジュ　1863.11.16–1948.7.26）
新カト（セルティヤンジュ　1863.11.17–1948.7.26）

Sertorius, Quintus〈前2・1世紀〉
ローマの政治家。スラ派に対抗し,ヒスパニアの反乱を指導。
⇒岩世人（セルトリウス　前122–前72）

Sertürner, Friedrich Wilhelm Adam〈18・19世紀〉
ドイツの薬剤師。初めてモルヒネを発見（1805以前）。
⇒岩世人（ゼルテュルナー　1783.6.19–1841.2.20）

Sérusier, Paul〈19・20世紀〉
フランスの画家。印象主義とフォービスム,キュビスムとの橋渡しの役割を果す。
⇒岩世人（セリュジエ　1864.11.9–1927.10.7）
芸13（セルジエ,ポール　1864–1927）

Servandoni, Giovanni Niccolò〈17・18世紀〉
イタリアの建築家,舞台美術家,画家。サン・スリュピスのファサード（33～49）などを設計。
⇒岩世人（セルヴァンドーニ　1695.5.2–1766.1.19）

Servandus〈3・4世紀〉
聖人,殉教者。祝日10月23日。カディスの守護聖人。

⇒新カト（セルヴァンドゥスとゲルマヌス　?-4世紀初頭）

Servatius〈4世紀〉
ベルギーのトンゲレンの司教、聖人。
⇒新カト（セルヴァティウス〔トンヘレンの〕　?-4世紀末）
　図聖（セルヴァティウス　345以前-384）

Servetus, Michael〈16世紀〉
スペインの医学者、神学者。三位一体説を批判し、異端として処刑された。
⇒岩世人（セルウェトゥス　1511頃-1553.10.27）
　学叢思（セルヴェトー、ミゲル・デ　1511-1553）
　新カト（セルヴェトゥス　1511.9.29頃-1553.10.27）

Servin, Jean〈16世紀〉
フランスの作曲家。
⇒バロ（セルヴァン、ジャン　1530頃-1596以降）

Servius Honoratus, Marius〈4・5世紀〉
ローマの文献学者、注釈家。
⇒岩世人（セルウィウス）

Servius Tullius〈前6世紀〉
古代ローマの第6代の王。いわゆるセルウィウス制またはケンツリア制の創設者とされる。
⇒岩世人（セルウィウス・トゥッリウス　（在位）前578-前534）

Servois, François Joseph〈18・19世紀〉
フランスの数学者、砲兵士官。
⇒世数（セルヴォア、フランソワ・ジョゼフ　1768-1847）

Servulus〈3世紀〉
聖人、殉教者。祝日5月24日。トリエステの守護聖人。
⇒新カト（セルウルス　3世紀）

Sesséy Balaguer, Juan de〈18・19世紀〉
スペインの作曲家。
⇒バロ（セセ・イ・バラゲール、フアン・デ　1736.5.24-1801.3.27）

Sesto, Cesare da〈15・16世紀〉
イタリアの画家。
⇒芸13（セスト、チェザーレ・ダ　1477-1523）

Sestola, Girolamo〈15・16世紀〉
イタリアの作曲家。
⇒バロ（セストーラ、ジローラモ　1460頃?-1510頃?）

Setälä, Emil Nestor〈19・20世紀〉
フィンランドの言語学者、政治家。著『フィン文典』（1925）。
⇒岩世人（セタラ　1864.2.27-1935.2.8）

Seth
アダムとエバの間に生まれた息子（創世記）。
⇒岩世人（セト）

Seth, James〈19・20世紀〉
スコットランドの哲学者。エディンバラ大学道徳哲学教授（1898～1924）。
⇒岩世人（セス　1860.5.6-1924.7.24）
　学叢思（セス、(2) ジェームズ　1860-?）

Sethe, Kurt〈19・20世紀〉
ドイツのエジプト学者。
⇒岩世人（ゼーテ　1869.6.30-1934.7.6）

Seti I〈前14・13世紀〉
エジプト第19王朝第3代の王。在位前1317～01。衰勢のエジプトを復興させた。
⇒岩世人（セティ1世　（在位）前1290-前1279/前1278頃）
　世帝（セティ1世　（在位）前1291-前1278頃）

Seti II〈前13・12世紀〉
エジプト第19王朝第6代の王。在位前1220～10。
⇒岩世人（セティ2世　（在位）前1200/1199-前1194/前1193頃）
　世帝（セティ2世　（在位）前1199-前1193頃）

Setiabudi, Dr. Danudirja〈19・20世紀〉
インドネシアの民族主義運動家。
⇒岩世人（スティアブディ　1879.10.8-1950.8.28）

Seton, Elizabeth Ann Bayley〈18・19世紀〉
アメリカの女子修道会創設者。エミッツバーグに聖ヨゼフ童貞会をたてた。
⇒岩世人（シートン　1774.8.28-1821.1.4）
　新カト（エリザベス・アン・ベーリ・シートン　1774.8.28-1821.1.4）

Seton, Ernest Thompson〈19・20世紀〉
アメリカの作家。イギリスに生れ、カナダ南部の森林地帯で育った。
⇒岩世人（シートン　1860.8.14-1946.10.23）
　広辞7（シートン　1860-1946）
　ポプ人（シートン、アーネスト　1860-1946）

Seton-Watson, Robert William〈19・20世紀〉
イギリスの歴史家。中央ヨーロッパやバルカンの歴史および政治を研究。
⇒岩世人（シートン＝ワトソン　1879.8.20-1951.7.25）

Settegast, Hermann〈19・20世紀〉
ドイツの畜産学者。
⇒岩世人（ゼッテガスト　1819.4.30-1908.8.11）

Settembrini, Luigi〈19世紀〉
イタリアの評論家、文学史家。国家統一運動参加。上院議員。主著『わが生涯の回想』(79)。
⇒岩世人（セッテンブリーニ　1813.4.17-1876.11.4）

Setthathirat〈16世紀〉
ラオスのランサン王国の王。在位1548～71。
⇒岩世人（セタティラート　1534-1571）

Seuêros (Sebêros, Antiocheías)〈5・6世紀〉
単性論の教義体系を整えたアンティオキアの総主教。
⇒岩世人（セウェロス　465頃-538.2.8）
⇒新カト（セウェロス　465頃-538.2.8）

Seuffert, Johann Adam〈18・19世紀〉
ドイツ訴訟法学者。
⇒学叢思（ゾイフェルト，ヨハン・アダム　1794-1857）

Seume, Johann Gottfried〈18・19世紀〉
ドイツの小説家。作品『シラクサ散策』(03)，『1805年の夏』(07) など。
⇒岩世人（ゾイメ　1763.1.29-1810.6.13）

Seurat, George Pierre〈19世紀〉
フランスの画家。点描派の創始者。
⇒岩世人（スーラ　1859.12.2-1891.3.29）
⇒19仏（ジョルジュ・スーラ　1859.12.2-1891.3.29）
⇒広辞7（スーラ　1859-1891）
⇒芸13（スーラ，ジョルジュ　1859-1891）
⇒ポプ人（スーラ，ジョルジュ　1859-1891）

Seuse, Heinrich〈13・14世紀〉
ドイツの神秘主義者。主著『真理の書』(27) など。
⇒岩世人（ゾイゼ　1295.3.21-1366.1.25）
⇒新カト（ゾイゼ　1295.3.21-1366.1.25）
⇒図聖（ゾイゼ，ハインリヒ　1295-1366）

Ševčik, Otakar〈19・20世紀〉
チェコスロヴァキアのヴァイオリン奏者。
⇒岩世人（シェフチーク　1852.3.22-1934.1.18）

Sevelingen, Meinloh von〈12世紀〉
ドイツの詩人、ミンネゼンガー。
⇒バロ（ゼーウェリンゲン，マインロー・フォン　1150頃?-1180以降）

Severa〈7世紀〉
聖シンフォリアン修道院の初代院長。在職650頃。聖人。祝日7月20日。トリールの大司教モドアルドの姉妹。
⇒新カト（セウェラ　?-680頃）

Severa〈8世紀〉
トリールのエーレンのベネディクト会女子修道院長。聖人。祝日7月20日。
⇒新カト（セウェラ　?-750頃）

Severi, Francesco Buonaccorso Gherardo〈19・20世紀〉
イタリアの数学者。ローマ大学学長で、イタリア数学の権威。第1回日伊交換教授として来日。
⇒岩世人（セヴェーリ　1879.4.13-1961.12.8）

Severianos〈4・5世紀〉
古代教会の著作家。シリアの港湾都市ジャブラの司教。ヨアンネス・クリュソストモスの敵対者として知られる。
⇒新カト（セウェリアノス〔ジャブラの〕　?-430以前）

Severianos〈5世紀〉
スキュトポリスの司教。聖人。祝日2月21日。カルケドン公会議の熱心な擁護者。
⇒新カト（セウェリアノス〔スキュトポリスの〕　?-452/453）

Severing, Carl〈19・20世紀〉
ドイツの政治家。
⇒岩世人（ゼーヴェリング　1875.6.1-1952.7.23）

Severinus〈4世紀〉
ローマ帝国時代のケルンの司教。聖人。祝日10月23日。
⇒新カト（セウェリヌス〔ケルンの〕　4世紀後半）

Severinus〈7世紀〉
教皇。在位640。
⇒新カト（セウェリヌス　?-640.8.2）

Severinus, Marcus Aurelius〈16・17世紀〉
イタリアの解剖学者。脊椎動物および無脊椎動物の多数を解剖して形態の比較を行った。
⇒岩世人（セヴェリヌス　1580-1656）

Severinus, Petrus〈16・17世紀〉
デンマークの医学者，化学者。
⇒岩世人（セヴェリヌス　1540-1602.7.12）

Severinus of Noricum〈5世紀〉
ノリクム（オーストリア）の使徒、聖人。
⇒新カト（セウェリヌス〔ノリクムの〕　?-482.1.8）
⇒図聖（セウェリヌス〔ノリクムの〕　?-482）

Severtsov, Aleksei Nikolaevich〈19・20世紀〉
ソ連邦の動物学者。
⇒岩世人（セーヴェルツォフ　1866.9.11/23-1936.12.19）

Severtsov, Nikolai Alekseevich〈19世紀〉
ロシアの動物学者。
⇒岩世人（セーヴェルツォフ　1827.10.24-1885.1.26）

Severus, Flavius Valerius〈4世紀〉
ローマ皇帝。在位306～307。重税を課したため、イタリア、ローマに反乱が起り捕われ、処刑された。
⇒世帝（フラウィウヌス・ウァレリウス・セウェルス　?-307）

Severus, Lucius Septimius〈2・3世紀〉
ローマ皇帝。在位193～211。セウェルス朝の祖。
⇒岩世人（セプティミウス・セウェルス　145.4.11-

211.2.4)
　新カト（セプティミウス・セウェルス　146.4.11–
　　211.2.4)
　世人新（セウェルス　146–211)
　世人装（セウェルス　146–211)
　世帝（セプティミウス・セウェルス　145/146–
　　211)
　皇国（セプティミウス・セウェルス　?–211)

Severus von Ravenna〈4世紀〉
司教, 聖人。
⇒図聖（セウェルス（ラヴェンナの）　?–348)

Sévigné, Marie de Rabutin-Chantal, Marquise de〈17世紀〉
フランスの女流書簡文作家。サロンを中心とする書簡文学の代表者。
⇒岩世人（セヴィニェ　1626.2.5–1696.4.17)
　広辞7（セヴィニェ夫人　1626–1696)

Sewall, Samuel〈17・18世紀〉
アメリカ植民地時代のセーレムの商人, 裁判官。
⇒岩世人（シューアル　1652.3.18–1730.1.1)

Seward, Sir Albert Charles〈19・20世紀〉
イギリスの古植物学者。ケンブリッジ大学植物学教授(1906～36)。化石植物学や中生代植物を研究。
⇒岩世人（シュワード　1863.10.9–1941.4.11)

Seward, Edward William〈19・20世紀〉
アメリカの大リーグ選手（投手）。
⇒メジャ（エド・サワード　1867.6.29–1947.7.30)

Seward, George Frederick〈19・20世紀〉
アメリカの外交官。
⇒アア歴（Seward,George F(rederick)　ジョージ・フレデリック・スーアード　1840.11.9–1910.11.28)

Seward, William Henry〈19世紀〉
アメリカの政治家。国務長官としてロシアからアラスカを購入する協定を結ぶ。
⇒岩世人（シュワード　1801.5.16–1872.10.10)

Sewell, Anna〈19世紀〉
イギリスの女流作家。児童文学書『黒馬物語』(77)を著す。
⇒岩世人（シューエル　1820.3.30–1878.4.25)

Sewell, Robert〈19・20世紀〉
イギリスの南インド史研究家。マドラス政庁に勤務(1868～94)。
⇒岩世人（シューエル　1845.6.4–1925)

Sexburga〈7世紀〉
ケントの女王。聖人。祝日7月6日。イースト・アングリア王アンナの長女, エセルドレダおよびエデルブルガの姉妹。ケント王エールコンバートの妃。
⇒新カト（セクスブルガ　635頃–699頃)

Sextius, Quintus〈前1世紀〉
ローマの哲学者。
⇒岩世人（セクスティウス　前70/前50頃–?)

Sextius Lateranus, Lucius Sextius〈前4世紀〉
ローマの政治家。
⇒岩世人（セクスティウス・ラテラヌス)

Sextos Empiricos〈2・3世紀〉
ギリシアの哲学者, 医者。
⇒岩世人（セクストス・エンペイリコス)
　広辞7（セクストゥス・エンピイリコス　2世紀末頃)
　学叢思（セクストゥス, エンピリクス)
　新カト（セクストス　2世紀後半–3世紀前半)
　メル1（セクストス・エンペイリコス　150頃–250頃)

Seybold, (Socks) Ralph Orlando〈19・20世紀〉
アメリカの大リーグ選手（外野）。
⇒メジャ（ソックス・シーボルト　1870.11.23–1921.12.22)

Seyfer, Hans〈15・16世紀〉
ドイツの彫刻家。作品は聖レーオンハルト聖堂の『磔刑群像』(01以前) など。
⇒芸13（ザイファー, ハンス　1460頃–1509)

Seymour, (Cy) James Bentley〈19・20世紀〉
アメリカの大リーグ選手（外野, 投手）。
⇒メジャ（サイ・シーモア　1872.12.9–1919.9.20)

Seymour, Sir Edward Hobart〈19・20世紀〉
イギリスの軍人。
⇒岩世人（シーモア　1840.4.30–1929.3.2)

Seymour, Sir Michael〈19世紀〉
イギリスの提督。中国派遣艦隊司令官(1856)。
⇒岩世人（シーモア　1802.12.5–1887.2.23)

Seyyed 'Alī Moḥammad〈19世紀〉
バーブ教の教祖。
⇒ポブ人（サイイド・アリー・ムハンマド　1819–1850)

Seyyid Bey, Mehmed〈19・20世紀〉
オスマン帝国末期の学者, 政治家。
⇒岩世人（セイイド・ベイ　1873–1925.3.8)

Sfondrati, Celestino〈17世紀〉
ザンクト・ガレン修道院長, 枢機卿。ミラノの出身。
⇒新カト（スフォンドラーティ　1644.1.10–1696.9.4)

Sforno, Obadiah ben Jacob〈15・16世

紀〉
イタリアの聖書学者, 解釈者。
⇒ユ著人（Sforno,Obadiah ben Jacob　スフォルノ, オバデイア・ベン・ヤコブ　1475–1555）

Sforza, Carlo, Conte〈19・20世紀〉
イタリアの政治家, 外交官。ユーゴスラビアとの間にラパロ条約を締結。ファシズム政権に反対して亡命。
⇒岩世人（スフォルツァ　1872.9.23–1952.9.4）

Sforza, Caterina〈15・16世紀〉
イタリアの貴族夫人。
⇒王妃（カテリーナ・スフォルツァ　1463–1509）

Sforza, Francesco〈15世紀〉
イタリアの貴族。
⇒ルネ（フランチェスコ・スフォルツァ　1401–1466）

Shabbetai Zevi〈17世紀〉
ユダヤ教の偽メシア。
⇒岩世人（シャブタイ・ツヴィ　1626.7.23–1676.9.30）
　ユ人（シャブタイ, ツビ（ゼービ）　1626–1676）
　ユ著人（Shabbetay Zebi　シャブタイ・ツヴィ　1626–1676）

al-Sha'bī, Abū 'Āmir bn Sharāhīl〈7・8世紀〉
ウマイヤ朝期のアラブのイスラム神学者。
⇒岩世人（シャアビー, アーミル　?–728頃）

Shabistarī, Sa'd al-Dīn Maḥmūd〈14世紀〉
イランの神秘主義詩人。主著『秘密の花園』。
⇒岩世人（シャビスタリー　?–1320頃）

Shackleton, *Sir* Ernest Henry〈19・20世紀〉
イギリスの探検家。イギリスの南極探検隊の一員。
⇒岩世人（シャクルトン　1874.2.15–1922.1.5）
　科史（シャクルトン　1874–1922）
　ネーム（シャクルトン　1874–1922）
　広辞7（シャクルトン　1874–1922）

al-Shādhilī, Nūr al-Dīn Abū al-Ḥasan〈12・13世紀〉
アフリカのスーフィー教団創設者。
⇒岩世人（シャーズィリー　1196–1258）

Shadwell, Thomas〈17世紀〉
イギリスの劇作家。『エプソム・ウェルズ』（73）など, 王政復古期の風俗を描いた喜劇を発表。
⇒岩世人（シャドウェル　1642頃–1692）

al-Shāfi'ī, Muḥammad bn Idrīs〈8・9世紀〉
アラビアのイスラム法学者。
⇒岩世人（シャーフィイー　767–820.1.20）
　広辞7（シャーフィイー　767–820）
　新カト（シャーフィイー　767–820）

Shaftesbury, Anthony Ashley Cooper, 1st Earl of〈17世紀〉
イギリスの政治家。
⇒岩世人（シャフツベリ　1621.7.22–1683.1.21）

Shaftesbury, Anthony Ashley Cooper, 3rd Earl of〈17・18世紀〉
イギリスの哲学者。
⇒岩世人（シャフツベリー　1671.2.26–1713.2.4）
　ネーム（シャフツベリー　1671–1713）
　広辞7（シャフツベリー　1671–1713）
　学叢思（シャフツベリー, ロード　1671–1713）
　新カト（シャフツベリー　1671.2.26–1713.2.15）
　メル2（シャフツベリ（第3代伯爵）, アンソニー・アシュリー・クーパー　1671–1713）

Shaftesbury, Anthony Ashley Cooper, 7th Earl of〈19世紀〉
イギリスの政治家。博愛主義者として著名。
⇒岩世人（シャフツベリ　1801.4.28–1885.10.1）
　ユ人（シャフツベリ, アンソニー・アシュレイ・クーパー, 第7代伯爵　1801–1885）

Shāh 'Abd al-Laṭīf Bhiṭāī〈17・18世紀〉
シンド地方（現パキスタン）最大のスーフィー詩人。カーディリー派の聖者。
⇒岩世人（アブドゥル・ラティーフ　1689.11.18–1752.1.3）
　南ア新（シャー・アブドゥッ・ラティーフ　1689–1752）

Shāh 'Alam II〈18・19世紀〉
インド, ムガル帝国の皇帝。在位1759～1806。
⇒岩世人（シャー・アーラム2世　1728–1806.11.19）
　世帝（シャー・アーラム　1728–1806）

Shāhī Sabzavārī〈15世紀〉
イランの詩人。
⇒岩世人（シャーヒー・サブザヴァーリー　?–1453）

Shāh Jahān〈16・17世紀〉
インド, ムガール帝国第5代皇帝。在位1627～58。
⇒岩世人（シャー・ジャハーン　1592–1666.2.1）
　ネーム（シャー・ジャハーン　1592–1666）
　広辞7（シャー・ジャハーン　1592–1666）
　世人新（シャー＝ジャハーン　1592–1666）
　世人装（シャー＝ジャハーン　1592–1666）
　世史語（シャー＝ジャハーン　1592–1666）
　世帝（シャー・ジャハーン　1592–1666）
　世建（シャー・ジャハーン　1592–1666）
　ポプ2（シャー・ジャハーン　1592–1666）
　南ア新（シャー・ジャハーン　1592–1666）
　学叢歴（シャー・ジェハン　?–1667）

Shāh Jahān II（Rafi' al-Daula）〈18世紀〉
ムガル帝国の統治者。在位1719。

⇒世帝（ラフィー・ウッダウラ　1698–1719）

Shāh Jahān III〈18世紀〉
ムガール帝国の皇帝。
⇒世帝（シャー・ジャハーン3世　?–1772）

Shāh Khalīl Allāh〈18・19世紀〉
イスラーム・シーア派の一派, イスマーイール派のイマーム。
⇒岩世人（シャー・ハリールッラー　?–1817）

Shāhmardān ibn Abī al-Khair〈11世紀〉
イランの散文作者。
⇒岩世人（シャーマルダーン　11世紀後半）

*al-***Shahrastānī, Abū al-Fath Muhammad bn 'Abd al-Karīm**〈11・12世紀〉
セルジューク朝時代のイスラエム宗教史家。
⇒岩世人（シャフラスターニー　1086-7–1153.11）

Shahrazād
説話集『千夜一夜物語』（アラビアンナイト）の語り手。
⇒岩世人（シャハラザード（シェヘラザード））
　姫全（シェヘラザード）

Shahr Bānū〈7世紀〉
イランの王女。
⇒岩世人（シャフル・バーヌー　7世紀）

Shahrbarāz〈7世紀〉
ササン朝ペルシアの統治者。
⇒世帝（シャフラバラーズ　?–629）

Shāh Rukh〈14・15世紀〉
チムール王朝第3代の王。在位1404～47。
⇒岩世人（シャー・ルフ　1377.8.20–1447.3.12）
　ネーム（シャー・ルフ　1377–1447）
　世人新（シャー＝ルフ　1377–1447）
　世人装（シャー＝ルフ　1377–1447）
　世帝（シャー・ルフ　1377–1447）

Shāh Shujā'〈18・19世紀〉
アフガニスタンのドゥッラーニー朝第4代の王（1801,03～10,39～42）。
⇒岩世人（シャー・シュジャー　1780頃–1842）
　学叢歴（シャー・シュジア）

Shāhū〈17・18世紀〉
インド, マラータ王国の第5代の王。在位1708～49。政治の実権は世襲的宰相の手に掌握された。
⇒岩世人（シャーフー　1682頃–1749.12.15）

Shāh Walī-allāh〈18世紀〉
インドのイスラム思想家。
⇒岩世人（シャー・ワリーウッラー　1703.2.21–1762.8.30）
　南ア新（シャー・ワリーウッラー　1703–1762）

Shaibānī Khān, Abū'l-Fath Muhammad〈15・16世紀〉
ウズベク汗国の創立者。
⇒岩世人（シャイバーニー・ハン　1451–1510.12.2）
　世人新（シャイバーニー　1451–1510）
　世人装（シャイバーニー　1451–1510）

Shajar al-Durr〈13世紀〉
エジプトのアイユーブ朝の王妃。
⇒岩世人（シャジャルッドゥル　?–1257.4.28）

Shaka〈18・19世紀〉
アフリカのズール一族首長。
⇒アフ新（シャカ　1787頃–1828）
　岩世人（シャカ・ズールー　1787頃–1828.9.22）

Shaka I〈4世紀〉
インド, クシャナ朝の王。
⇒世帝（シャカ1世　(在位) 325頃–345頃）

Shakespeare, William〈16・17世紀〉
イギリスの詩人, 劇作家。エリザベス朝ルネサンス文学の代表者。作品に4大悲劇『ハムレット』『オセロ』『リア王』『マクベス』, 史劇『リチャード3世』『ヘンリー4世』, 喜劇『真夏の夜の夢』『ヴェニスの商人』, ほか『ソネット集』など。
⇒岩世人（シェイクスピア　1564.4.26 (受洗) –1616.4.23）
　オペラ（シェイクスピア, ウィリアム　1564–1616）
　広辞7（シェークスピア　1564–1616）
　学叢思（シェークスピーア, ウィリアム　1565–1616）
　新カト（シェイクスピア　1564.4.23–1616.4.23）
　世人新（シェイクスピア　1564–1616）
　世人装（シェイクスピア　1564–1616）
　世史語（シェイクスピア　1564–1616）
　ポプ人（シェイクスピア, ウィリアム　1564–1616）
　ユ人（シェークスピア, ウィリアム　1564–1616）
　ラテ新（シェークスピア　1564–1616）

Shakhmatov, Aleksei Aleksandrovich〈19・20世紀〉
ロシアの言語学者。ロシア語史, 古代ロシア文学, ロシア年代記, ロシア人・スラヴ人の起源等を研究。
⇒岩世人（シャーフマトフ　1864.6.5/17–1920.8.16）

Shakna, Shalom〈15・16世紀〉
ルーブリンのラビの長。
⇒ユ著人（Shakna,Shalom　シャクーナ, シャロモ　1500–1559）

Shaler, Nathaniel Southgate〈19・20世紀〉
アメリカの地質学者。
⇒学叢思（シェーラー, ナサニエル・サウスゲート　1841–1906）

Shaliapin, Fëdor Ivanovich〈19・20世

紀〉
ロシアのバス歌手。ロシア歌劇を広めた功績は大きく、『ボリス・ゴドゥノフ』の名演は絶讃された。
⇒岩世人（シャリャーピン　1873.2.1/13–1938.4.12）
ネーム（シャリアピン　1873–1938）
広辞7（シャリアピン　1873–1938）
実音人（シャリアピン，フョードル　1873–1938）

Shalit, Isidor〈19・20世紀〉
歴史家で，著述家。シオニスト。
⇒ユ著人（Shalit, Isidor　シャリート，イージドール　1871–1953）

Shalmaneser I〈前13世紀〉
古代アッシリアの王。在位前1275〜45。アダトニアリ1世の子。
⇒岩世人（シャルマネセル1世　（在位）前1273–前1244）
世帝（シャルマネセル1世　（在位）前1274–前1245）

Shalmaneser II〈前11世紀〉
アッシリアの統治者。在位前1030〜1019。
⇒世帝（シャルマネセル2世　（在位）前1031–前1019）

Shalmaneser III〈前9世紀〉
古代アッシリアの王。在位前859〜824。カルカルの戦いで知られている。
⇒岩世人（シャルマネセル3世　（在位）前858–前824）
世帝（シャルマネセル3世　（在位）前858–前824）

Shalmaneser IV〈前8世紀〉
古代アッシリアの王。在位前782〜772。
⇒世帝（シャルマネセル4世　（在位）前783–前772）

Shalmaneser V〈前8世紀〉
古代アッシリアの王。在位前727〜722。サマリアを包囲して北イスラエル王国の滅亡への道を開いた。
⇒岩世人（シャルマネセル5世　（在位）前726–前722）
世帝（シャルマネセル5世　（在位）前727–前722）

Shamba Bolongongo
中央アフリカ，コンゴのブションゴ族に伝わる支配者で英雄。
⇒ネーム（シャムバ・ボロンゴンゴ）

Shāmī, Niẓām al-Din〈14・15世紀〉
イランの散文作者。
⇒岩世人（シャーミー，ニザームッディーン　14世紀後半–15世紀）

Shamil〈18・19世紀〉
ダゲスタンとチェチェンのコーカサス山岳民の解放運動の指導者。ロシア軍に追いつめられ降伏。
⇒岩世人（シャミール　1797.6.26–1871.3）

Shammai〈前1・後1世紀〉
ユダヤ教の律法学者。紀元前後に活躍。
⇒新カト（シャンマイとシャンマイ派　シャンマイとシャンマイは）
ユ人（シャンマイ　前50–後30）
ユ著人（Shammai (Ha-Zaken, The Elder)　老シャンマイ　前50?–後30?）

Shams al-Dīn, Muḥammad〈13世紀〉
ヘラート（現アフガニスタン）のクルト朝の祖。在位1253〜78。
⇒岩世人（シャムスッディーン，ムハンマド　?–1278.1）

Shams Fakhrī〈14世紀〉
イランの散文作者。14世紀中葉に活動。
⇒岩世人（シャムス・ファフリー　14世紀中葉）

Shamshi-Adad I〈前18世紀頃〉
アッシリア王。在位前1750〜17。
⇒岩世人（シャムシ・アダド1世　（在位）前1813–前1781）

Shamshi-Adad IV〈前11世紀〉
アッシリアの統治者。在位前1053〜1050。
⇒世帝（シャムシ・アダド4世　（在位）前1054–前1050）

Shamshi-Adad V〈前9世紀〉
アッシリア王。在位前824〜10。
⇒岩世人（シャムシ・アダド5世　（在位）前823–前811）
世帝（シャムシ・アダド5世　（在位）前823–前811）

Shams-i Qays〈13世紀〉
イラン詩の韻律書の作者。
⇒岩世人（シャムセ・カイス）

Shams-i Tabrīz〈13世紀〉
イスラム教のスーフィーの一人。
⇒岩世人（シャムセ・タブリーズ　?–1247以降）

Shanahan, Joseph Ignatius〈19・20世紀〉
アイルランド出身のナイジェリアへの宣教師，司教，修道会創立者。
⇒新カト（シャナハン　1871.6.6–1943.12.25）

al-Shanfarā〈6世紀〉
古代アラビアの盗賊詩人。
⇒岩世人（シャンファラー　?–550頃）

Shango
ナイジェリアに実在したとされる王。ヨルバ族の雷神，嵐の神，天父。
⇒岩世人（シャンゴ）
ネーム（シャンゴ）

Shaphan
ユダの王ヨシヤの書記官。
⇒聖書（シャファン）

Shapira, Abraham〈19・20世紀〉
パレスチナ初のユダヤ人警備員（ショメル）組織者。
⇒ユ人（シャピラ，アブラハム 1870–1965）

Shapira, Herman (Zvi)〈19世紀〉
リトアニアの作家，数学者。
⇒ユ人（シャピラ，ヘルマン（ツビ） 1840–1898）

Shapkarev, Kuzman Anastasov〈19・20世紀〉
マケドニア生まれのブルガリアの口承文芸採録者。
⇒岩世人（シャプカレフ 1834.2.1–1909.3.18）

Shāpūr I〈3世紀〉
サササン朝ペルシアの王。在位241〜272。
⇒広辞7（シャープール ?–270）
　新カト（シャープール1世 ?–272）
　世人新（シャープール1世 ?–272頃）
　世人装（シャープール1世 ?–272頃）
　世史語（シャープール1世 （在位）241頃–272頃）
　世帝（シャープール1世 ?–272）
　ポブ人（シャープール1世 生没年不詳）

Shāpūr II〈4世紀〉
ササン朝ペルシアの王。在位309〜379。
⇒新カト（シャープール2世 309–379）
⇒世帝（シャープール2世 309–379）

Shāpūr III〈4世紀頃〉
ペルシアのササン朝の王。在位383〜388。
⇒世帝（シャープール3世 ?–388）

Shāpūr IV〈5世紀〉
ササン朝ペルシアのシャー。
⇒世帝（シャープール4世 ?–420）

Shāpūr V〈7世紀〉
ササン朝ペルシアのシャー。
⇒世帝（シャープール5世 （在位）630）

al-Sha'rānī, 'Abd al-Wahhāb〈15・16世紀〉
エジプトのイスラーム学者，神秘主義者。
⇒岩世人（シャアラーニー，アブドゥルワッハーブ 1492–1565）

Sharar Maulvī, 'Abdu'l Ḥalīm〈19・20世紀〉
インドのウルドゥー語作家，歴史家，ジャーナリスト。
⇒岩世人（シャラル 1860–1926.12.6）

Sh'arawi, Huda〈19・20世紀〉
エジプトの女権運動家。
⇒岩世人（シャアラーウィー 1879.6.12–1947.12.12）

Sharīf, Muḥammad〈19世紀〉
エジプトの軍人，政治家。
⇒岩世人（シャリーフ，ムハンマド 1826.11.26–1887.4.19）

al-Sharīf al-Murtaḍā, 'Alī bn al-Ḥusayn〈10・11世紀〉
エジプトの立憲主義政治家。
⇒岩世人（シャリーフ・ムルタダー 967–1044）

al-Sharīf al-Raḍī〈10・11世紀〉
十二イマーム・シーア派の文人。
⇒岩世人（シャリーフ・ラディー 970–1016）

Sharp, Cecil James〈19・20世紀〉
イギリスの作曲家。イギリスの民謡や民族舞踊を集成，研究。
⇒岩世人（シャープ 1859.11.12–1924.6.28）

Sharp, Granville〈18・19世紀〉
イギリスの人道主義者。
⇒岩世人（シャープ 1735.11.10–1813.7.6）

Sharp, James〈17世紀〉
イギリス（スコットランド）の宗教家。
⇒岩世人（シャープ 1613.5.4–1679.5.3）

Sharp, William〈19・20世紀〉
スコットランドの作家。
⇒岩世人（シャープ 1856.9.12–1905.12.12）

Sharpe, Alfred〈19・20世紀〉
ニュージーランドの画家。
⇒オセ新（シャープ 1830–1912）

Sharpe, George H.〈19世紀〉
南北戦争時に活躍した北軍の将校。
⇒スパイ（シャープ，ジョージ・H 1828–1900）

Sharpey, William〈19世紀〉
スコットランドの生理学者。イギリス生理学の創始者。
⇒岩世人（シャーピー 1802.4.1–1880.4.11）

al-Shāṭibī, Abū Isḥāq〈14世紀〉
アンダルスのイスラーム法学者。
⇒岩世人（シャーティビー，アブー・イスハーク 1320–1388）

al-Shāṭibī, al Qāsim〈12世紀〉
クルアーン朗誦学者。
⇒岩世人（シャーティビー，カースィム 1144–1194.6）

Shaw, Alexander Croft〈19・20世紀〉
カナダの福音伝播会宣教師。
⇒岩世人（ショー 1846.2.5–1902.3.12）

Shaw, George Bernard〈19・20世紀〉
イギリスの劇作家。『キャンディダ』（95），『聖ジョーン』（23）など作品多数。
⇒岩世人（ショー 1856.7.26–1950.11.2）
　ネーム（バーナード・ショー 1856–1950）

広辞7 (ショー　1856–1950)
学叢思 (ショー, ジョージ・バーナード　1856–?)
新カト (ショー　1856.7.26–1950.11.2)
世人新 (ショー (バーナード＝ショー)　1856–1950)
世人装 (ショー (バーナード＝ショー)　1856–1950)
世史語 (バーナード＝ショー　1856–1950)
20思 (ショー, ジョージ・バーナード　1856–1950)
ポプ人 (ショー, バーナード　1856–1950)

Shaw, Lemuel〈18・19世紀〉
アメリカの裁判官。
⇒岩世人 (ショー　1781.1.9–1861.3.30)

Shaw, Richard Norman〈19・20世紀〉
イギリスの建築家。主作品はベドファド・パークの田園都市計画 (78) など。
⇒岩世人 (ショー　1831.5.7–1912.11.17)

Shaw, Robert Barkley〈19世紀〉
イギリスの近東研究家。『東トルキスタン旅行記』(1871) を刊行。
⇒岩世人 (ショー　1839.7.12–1879.6.15)

Shaw, Samuel〈18世紀〉
アメリカの商人。
⇒アア歴 (Shaw, Samuel　サミュエル・ショー　1754.10.2–1794.5.25)

Shaw, William James ("Bill")〈19・20世紀〉
アメリカの実業家。
⇒アア歴 (Shaw, William J (ames) ("Bill")　ウィリアム・ジェイムズ・ショー　1877.9.20–1939.3.1)

Shaw, Sir William Napier〈19・20世紀〉
イギリスの気象学者。ロンドン大学気象学教授。
⇒岩世人 (ショー　1854.3.4–1945.3.23)

al-Shawkānī, Muḥammad〈18・19世紀〉
イエメンのイスラーム法学者。
⇒岩世人 (シャウカーニー, ムハンマド　1760–1834)

al-Shaybānī, Muḥammad〈8・9世紀〉
イスラーム法学者。
⇒岩世人 (シャイバーニー, ムハンマド　750–805/803/804?)

Shaykh Burhān al-Dīn〈13・14世紀〉
中国に渡来したムスリム。
⇒岩世人 (シャイフ・ブルハーヌッディーン　1230–1370頃)

Shaykh Muhammad al-Sabzavārī, Niẓām al-Dīn〈16世紀〉
サファヴィー朝期の書家, 画家。16世紀に活躍した。
⇒岩世人 (シャイフ・ムハンマド　(活躍)16世紀)

Shays, Daniel〈18・19世紀〉
アメリカの軍人。マサチューセッツ農民層の政治的不満を組織し「シェイズの反乱」を起したが鎮圧された。
⇒岩世人 (シェイズ　1747?–1825.9.29)

Shchedrin, Fyodor〈18・19世紀〉
ロシアの彫刻家。
⇒芸13 (シチェドリン, フョードル　1751–1833)

Shchedrin, Nikolai〈19世紀〉
ロシアの諷刺作家。官僚主義を諷刺し, 革命的民主主義の潮流の中心メンバーとなった。
⇒岩世人 (サルトゥイコーフ　1826.1.15–1889.4.28)
　広辞7 (シチェドリーン　1826–1889)
　学叢思 (サルトゥイコフ, ミハイル・エウグラフォウィッチ　1826–1889)

Shcheglovitov, Ivan Grigorevich〈19・20世紀〉
帝政ロシアの政治家。
⇒岩世人 (シチェグロヴィートフ　1861.2.13/25–1918.9.5)

Shchepkin, Mikhail Semyonovich〈18・19世紀〉
ロシアの俳優。ロシア演劇にリアリズムの道を切り開いた。
⇒岩世人 (シェープキン　1788.11.6–1863.8.11)

Shcherba, Lev Vladimirovich〈19・20世紀〉
ロシア (ソ連) の言語学者。主著『ロシア語の母音の質と量』など。
⇒岩世人 (シチェルバ　1880.2.20/3.3–1944.12.26)

Shcherbatov, Mikhail Mikhailovich〈18世紀〉
ロシアの歴史家, 政論家, 政治家。公爵。
⇒岩世人 (シチェルバートフ　1733.7.22–1790.12.12)

Shcherbatskoi, Fyodor Ippolitovich〈19・20世紀〉
ロシアのインドおよび仏教学者。サンスクリット, チベット, 仏教研究の発展に貢献した。
⇒岩世人 (シチェルバツコイ　1866.8.30/9.11–1942.3.19)

Shchusev, Aleksei Viktorovich〈19・20世紀〉
帝政ロシア, ソ連の建築家。
⇒岩世人 (シシューセフ　1873.9.26/10.8–1949.5.24)

Shebâ〈前10世紀頃〉
シバの女王 (列王紀)。コーランはこの女王の名をビルキスとして記している。
⇒岩世人 (シェバの女王)
　姫全 (シバの女王)

ネーム（シバの女王）
新カト（シェバの女王）

Sheckard, Samuel James Tilden〈19・20世紀〉
アメリカの大リーグ選手（外野）。
⇒メジャ（ジミー・シェッカード　1878.11.23–1947.1.15）

Sheehan, Patrick Augustine〈19・20世紀〉
アイルランドの司祭、小説家。
⇒新カト（シーアン　1852.3.17–1913.10.5）

Sheffield, Devello Zelotes〈19・20世紀〉
アメリカの宣教師。
⇒アア歴（Sheffield,Devello Z（elotes）　デヴェロ・ゼロテス・シェフィールド　1841.8.13–1913.7.1）

Shekhtel, Fyodor Osipovich〈19・20世紀〉
帝政ロシアの建築家。
⇒岩世人（シェフテリ　1859.7.26/8.7–1926.7.7）

Shelburne, William Petty, 2nd Earl of, 1st Marquis of Lansdowne〈18・19世紀〉
イギリスの政治家。首相。
⇒岩世人（シェルバーン　1737.5.2–1805.5.7）

Shelbye, William I〈16世紀〉
イギリスの歌手、オルガン奏者。
⇒バロ（シェルビー、ウィリアム1世　1510頃?–1561以降）

Shelbye, William II〈18世紀〉
イギリスのオルガン奏者、教師、食料品商人、音楽界のマネージャー。
⇒バロ（シェルビー、ウィリアム2世　1738–1798）

Sheldon, Charles Monroe〈19・20世紀〉
アメリカの宗教家、著述家。会衆教会の牧師となり（1886）、ウォーターベリ、トピカの教会に奉職。
⇒岩世人（シェルドン　1857.2.26–1946.2.24）

Sheldon, Edward Austin〈19世紀〉
アメリカの教育家。アメリカのペスタロッチ主義教育運動の中心となった。
⇒岩世人（シェルドン　1823.10.4–1897.8.26）

Sheldon, Martha A.〈19・20世紀〉
アメリカの医療宣教師。
⇒アア歴（Sheldon,Martha A.　マーサ・A・シェルドン　1860–1912.10.18）

Shelford, Victor Ernest〈19・20世紀〉
アメリカの動物学者。イリノイ大学教授（27～46）。生態学者として知名。
⇒岩世人（シェルフォード　1877.9.22–1968.12.27）

ネーム（シェルフォード　1877–1968）

Shelley, Mary Wollstonecraft〈18・19世紀〉
イギリスの小説家。作品に恐怖小説『フランケンシュタイン』（1818）など。
⇒岩世人（シェリー　1797.8.30–1851.2.1)
広辞7（シェリー　1797–1851）

Shelley, Percy Bysshe〈18・19世紀〉
イギリスの詩人。繊細な情感を歌う典型的な抒情詩人。
⇒岩世人（シェリー　1792.8.4–1822.7.8)
広辞7（シェリー　1792–1822）
学叢思（シェレー、パアシー・ビッシュ　1792–1822）
新カト（シェリ　1792.8.4–1822.7.8)
人人新（シェリー　1792–1822）
世人装（シェリー　1792–1822）
ポブ人（シェリー、パーシー・ビッシュ　1792–1822）

Shelton, Albert Leroy〈19・20世紀〉
アメリカの医療宣教師。
⇒アア歴（Shelton,Albert Leroy　アルバート・ロイ・シェルトン　1875.6.9–1922.2.16）

Shelton, Edward Mason〈19・20世紀〉
アメリカの農学者。
⇒アア歴（Shelton,Edward Mason　エドワード・メイスン・シェルトン　1846.8.7–1928.2.17）

Shenouda〈4・5世紀〉
エジプトのアトリベの修道院長。
⇒新カト（シェヌーダ　350頃–466）

shen rab mi bo
チベットの土着宗教ボン教の伝説的な開祖。
⇒岩世人（シェンラブミオ）

Shenstone, William〈18世紀〉
イギリスの詩人。代表作は『女教師』（42）。ロマン派の先駆者の一人。
⇒岩世人（シェンストーン　1714.11.13–1763.2.11）

Shepard, Thomas〈17世紀〉
アメリカの会衆派牧師、神学者。
⇒岩世人（シェパード　1605.11.5–1649.8.25）

Shepherd, Charles〈19世紀〉
イギリスの技師。1870年来日し、工部省鉄道局建築首長。
⇒岩世人（セッハルト（シェパード）　?–1875.8.23）

Shepherd, John〈16世紀〉
イギリスの歌手。
⇒バロ（シェファード、ジョン　1515頃–1563頃）

Sheppard, Eli T.〈19世紀〉
アメリカの外交顧問。
⇒アア歴（Sheppard,Eli T.　イーライ・T・シェパード　（活躍）1861–1881）

Sheppard, Kate〈19・20世紀〉
ニュージーランドの女性参政権論者。
⇒オセ新（シェパード　1847–1934）

Shepping, Elise Johanna〈19・20世紀〉
アメリカの医療宣教師。
⇒アア歴（Shepping,Elise J（ohanna）　エリーズ・ジョアナ・シェッピング　1880.9.26–1934.6.26）

Sheptitskii, Andrei〈19・20世紀〉
ウクライナ・カトリック教会の修道士、府主教。
⇒新カト（シェプティツキー　1865.7.29–1944.11.1）

Sher 'Ali〈19世紀〉
アフガニスタンのバーラクザーイー朝第2代の王。在位1863～79。
⇒岩世人（シェール・アリー　1825–1879.2.21）

Sheraton, Thomas〈18・19世紀〉
イギリスの家具デザイナー。
⇒岩世人（シェラトン　1751–1806.10.22）
　芸13（シェラトン、トーマス　1751頃–1806）

Sheremetev, Boris Petrovich〈17・18世紀〉
ロシアの軍人。北方戦争でスウェーデン軍を破り、元帥に（1701）。のちトルコ遠征軍総司令官（11）。
⇒岩世人（シェレメーチェフ　1652.4.25–1719.2.17）

Sheridan, Philip Henry〈19世紀〉
アメリカの陸軍軍人。南北戦争で南軍のピケット軍を破り、リー将軍の南軍主力を降伏させた。
⇒岩世人（シェリダン　1831.3.6–1888.8.5）

Sheridan, Richard Brinsley Butler〈18・19世紀〉
イギリスの劇作家、政治家。
⇒岩世人（シェリダン　1751.10.30–1816.7.7）
　広辞7（シェリダン　1751–1816）
　新カト（シェリダン　1751.9/10.30–1816.7.7）

Sheriff, Lawrence〈16世紀〉
イギリスのラグビー校創立者。
⇒岩世人（シェリフ　1515頃–1567）

Sherira, ben-Hanina〈10・11世紀〉
プンベディタのガオン。在職968～1006。
⇒ユ人（シェリラ、ベンハニナ　906頃–1006）

Sherlock, Thomas〈17・18世紀〉
英国教会のロンドン主教。
⇒新カト（シャーロック　1678–1761.7.18）

Sherlock, William〈17・18世紀〉
英国教会の聖職、神学者。
⇒新カト（シャーロック　1641–1707.6.19）

Sherman, John〈19世紀〉
アメリカの政治家。ヘイズ大統領時代の財務長官。反トラスト法、銀購入法を立案。
⇒岩世人（シャーマン　1823.5.10–1900.10.22）
　世人新（シャーマン　1823–1900）
　世人装（シャーマン　1823–1900）

Sherman, William Tecumseh〈19世紀〉
アメリカの陸軍軍人。南北戦争で活躍。
⇒アメ新（シャーマン　1820–1891）
　岩世人（シャーマン　1820.2.8–1891.2.14）

Sherrington, *Sir* **Charles Scott**〈19・20世紀〉
イギリスの生理学者。筋運動生理、ことに反射と制御を研究。
⇒岩世人（シェリントン　1857.11.27–1952.3.4）
　広辞7（シェリントン　1857–1952）

Sher Shāh〈15・16世紀〉
インド、ムスリム王朝であるスール朝の創始者。
⇒岩世人（シェール・シャー　1472/1486/1490–1545）

Shestov, Lev〈19・20世紀〉
ロシアの哲学者、批評家。既成の価値を否定し、不条理を説いた。
⇒岩世人（シェストーフ　1866.1.31/2.13–1938.11.20）
　広辞7（シェストフ　1866–1938）
　新カト（シェストフ　1866.2.13–1938.11.22）
　メル3（シェストフ、レフ（レオン）　1866–1938）
　ユ著人（Shesto,Lev　シェストー、レーブ　1866–1938）

Shevchenko, Taras Grigor'evich〈19世紀〉
ロシア、ウクライナの詩人、画家。
⇒岩世人（シェフチェンコ　1814.2.25–1861.2.26）
　広辞7（シェフチェンコ　1814–1861）

Shevyryov, Stepan Petrovich〈19世紀〉
ロシアの文学史家、批評家。主著『ロシア文学史講話』（45～60）。
⇒岩世人（シェヴィリョーフ　1806.10.18–1864.5.8）

Shiblī Nu'mānī〈19・20世紀〉
インドの歴史家、教育家、評論家。イスラム教文学の研究写本を蒐集、イスラム教史の研究に貢献。
⇒岩世人（シブリー・ヌーマーニー　1857.6.3–1914.11.18）

Shield, William〈18・19世紀〉
イギリスの音楽家。
⇒バロ（シールド、ウィリアム　1748.3.5–1829.1.25）
　岩世人（シールド　1748.3.5–1829.1.25）

Shifā'ī, Ḥakīm Sharaf al-Dīn Ḥasan〈16・17世紀〉
イランのサファヴィー朝前期の詩人。

shiha

⇒岩世人（シファーイー ?–1627/1628）

Shihāb al-Dīn ibn Abī al-Rabīʿ〈8・9世紀〉
アッバース朝期の哲学者。
⇒岩世人（シハーブッディーン・イブン・アビー・ラビーウ 733–842）

Shihāb al-Dīn Qunduzī〈13・14世紀〉
中国，元朝に仕えたムスリム。
⇒岩世人（シハーブッディーン・クンドゥズィー）

al-Shiʿī, Abū ʿAbd Allāh al-Ḥusayn〈9・10世紀〉
イスマーイール派の布教師。
⇒岩世人（シーイー，アブー・アブドゥッラー ?–910-911）

Shímǒ Yěxiān〈12・13世紀〉
モンゴル帝国の武将。
⇒岩世人（石抹也先 せきまつやせん 1177（大定17）–1217）

Shin Arahan〈11・12世紀〉
ビルマの僧侶。ビルマ統一の始祖アノーヤタ王を南方上座（小乗）仏教に改宗させ，ビルマ仏教復興の礎を築いた。
⇒岩世人（シン・アラハン）

Shindle, William〈19・20世紀〉
アメリカの大リーグ選手（三塁，遊撃）。
⇒メジャ（ビリー・シンドル 1860.12.5–1936.6.3）

Shinsawbu〈14・15世紀〉
ビルマのハンターワーディー王国の王，ビルマ史上唯一の女王。在位1453～72。
⇒岩世人（シンソーブ 1394–1472）

Shipov, Dmitry Nikolaevich〈19・20世紀〉
帝政ロシアの政治家。
⇒岩世人（シーポフ 1851.5.14–1920.1.14）

Shīrāzī, Lisānī〈16世紀〉
イランの詩人。
⇒岩世人（シーラーズィー，リサーニー ?–1534）

Shīrāzī, Moḥammad Ḥasan〈19世紀〉
十二イマーム・シーア派法学者。
⇒岩世人（シーラーズィー，モハンマド・ハサン 1815–1895）

al-Shīrāzī, Muḥammad Taqī〈19・20世紀〉
イスラーム・シーア派の法学者，政治指導者。
⇒岩世人（シーラーズィー，ムハンマド・タキー 1853–1920）

al-Shīrāzī, Quṭb al-dīn Maḥmūd ibn Masʿūd ibn Musliḥ〈13・14世紀〉
アラビアの天文学者，医者。

⇒岩世人（シーラーズィー，クトゥブッディーン 1236.10–1311.2）
新カト（シーラーズィー 1236–1311.2.7）

Shirigi〈13世紀〉
モンゴルの武将。1267年河平王に封ぜられる。
⇒岩世人（シリギ）

Shirley, James〈16・17世紀〉
イギリスの劇作家。
⇒岩世人（シャーリー 1596.9.18–1666.10.29（埋葬））

Shishkin, Ivan Ivanovich〈19世紀〉
ロシアの風景画家。的確な技法によって自然を描写したリアリスト。
⇒岩世人（シーシキン 1832.1.13–1898.3.8）
芸13（シーシキン，イヴァン・イヴァノヴィッチ 1832–1899）

Shishkov, Aleksandr Semyonovich〈18・19世紀〉
ロシアの政治家，提督，作家。保守的な〈ロシア語愛好者懇話会〉を作り，教会スラヴ語の純粋性を擁護。
⇒岩世人（シシコーフ 1754.3.9–1841.4.9）

Shishmanov, Ivan Dimitrov〈19・20世紀〉
ブルガリアの比較文学史・口承文芸研究家。
⇒岩世人（シシマノフ 1862.6.4/16–1928.6.23）

Shivājī Bhonsle〈17世紀〉
インド，マラータ王国の創始者。在位1674～80。
⇒岩世人（シヴァージー・ボーンスレー 1627/1630–1680.4.14）
広辞7（シヴァージー 1627–1680）
世人新（シヴァージー 1627–1680）
世人装（シヴァージー 1627–1680）
世史語（シヴァージー 1627–1680）
ポブ人（シバージー 1627–1680）
南ア新（シヴァージー 1627–1680）

Shneur, Zalman (of Lyady)〈18・19世紀〉
ハバット派ハシディズムの祖。
⇒ユ人（シュノイヤー，ザルマン（リヤディのザルマン 1745–1813）

Shochat, Manya Wilbushewitch〈19・20世紀〉
ロシアの革命家。
⇒ユ人（ショハット，マニヤ・ヴィルブシェビッチ 1880–1961）

Shofman, Gershon〈19・20世紀〉
ヘブライ語作家。
⇒ユ人（ショフマン，ゲルション 1880–1972）
ユ著人（Shofman,Gershon ショフマン，ゲルション 1880–1972）

Sholem-Aleikhem〈19・20世紀〉
イディシュ（近代ユダヤ語）の作家。
⇒岩世人（ショレム＝アレイヘム　1859.2.18–1916.5.13）
ユ人（シャローム，アレイヘム（シャーロム，ラビノビッツ）　1859–1916）
ユ著人（Shalom (Sholem) Aleichem　シャローム・アレイヘム　1859–1916）

Sholes, Christopher Latham〈19世紀〉
アメリカのジャーナリスト，発明家。タイプライターを発明。
⇒岩世人（ショールズ　1819.2.14–1890.2.17）

Shrenk, Leopold Ivanovich〈19世紀〉
ロシアの動物学者。黒龍江流域の民族学的，地理学的研究に貢献。
⇒岩世人（シレンク　1826.4.24–1894.1.8）

Shrewsbury, Charles Talbot, Duke of〈17・18世紀〉
イギリスの政治家。名誉革命の中心人物の一人。ウィリアム（3世）招請に成功し，翌年国務大臣となった。
⇒岩世人（シュルーズベリ　1660.7.24–1718.2.1）

Shternberg, Lev Iakovlevich〈19・20世紀〉
ロシアの人類学者。
⇒岩世人（シテルンベルグ　1861.4.21/5.3–1927.8.14）

Shtorkh, Genrikh〈18・19世紀〉
ロシアの経済学者。
⇒岩世人（シトルフ　1766.2.18–1835.11.1）
學藝思（ストルヒ，ハインリヒ　1766–?）

Shtyurmer, Boris Vladimirovich〈19・20世紀〉
ロシアの政治家。内務次官（1902〜04）。のち首相（16）。
⇒岩世人（シチュルメル　1848.6.28–1917.8.20）

Shu'ayb
クルアーン，イスラームにおけるアラブ人預言者の一人。
⇒岩世人（シュアイブ）

Shubert, J.J.〈19・20世紀〉
ミュージカル・プロデューサー。
⇒ユ人（シューバート兄弟　1877–1963）
ユ著人（Shubert　シューバート兄弟　1880–1963）

Shubert, Lee〈19・20世紀〉
アメリカの劇場支配人。兄弟でシューバート劇場組織を設立。アメリカ主要都市の演劇界を支配。
ユ人（シューバート兄弟　1876–1953）
ユ著人（Shubert　シューバート兄弟　1873?–1953）

Shubert, Sam〈19・20世紀〉
アメリカの劇場支配人。兄弟でシューバート劇場組織を設立。アメリカ主要都市の演劇界を支配。
⇒ユ人（シューバート兄弟　1875–1905）
ユ著人（Shubert　シューバート兄弟　1876〜1905）

Shubin, Fyodor Ivanovitch〈18・19世紀〉
ロシアの彫刻家。
⇒芸13（シューピン，フョードル・イワノーヴィッチ　1740–1805）

Shuck, Jehu Lewis〈19世紀〉
アメリカのバプテスト教会中国宣教師。
⇒アア歴（Shuck,Jehu Lewis　ジェヒュー・ルイス・シャック　1812.9.4–1863.8.20）
岩世人（シュック　1812.9.4–1863.10）

Shufeldt, Robert Wilson〈19世紀〉
アメリカの軍人，外交官。米韓条約の締結に成功（1882）。
⇒アア歴（Shufeldt,Robert Wilson　ロバート・ウィルスン・シューフェルト　1822.2.21–1895.11.7）
岩世人（シューフェルト　1822–1895）

Shustarī, Nūr Allah ibn Sharīf al-Mar'ashī〈16・17世紀〉
インドのイスラーム・シーア派の神学者，伝記集作家。
⇒岩世人（シュスタリー　1549–1610頃）

Shuvalov, Pëtr Andreevich〈19世紀〉
ロシアの政治家。
⇒岩世人（シュヴァーロフ　1827.6.15–1889.3.10）

Shuvalov, Pyotr Ivanovich〈18世紀〉
ロシアの政治家，軍人。
⇒岩世人（シュヴァーロフ　1710–1762.1.4）

Siamun〈前10世紀〉
エジプト第21王朝の第6代国王。在位前979〜10頃あるいは前978〜59頃。
⇒岩世人（サアメン　（在位）前979/前978–前910頃/前959頃）

Siao Hut Seng Sibunruang〈19・20世紀〉
タイ華僑の領袖。福建省の人。国民党中央執行委員会西南執行部海外党務主任。
⇒岩世人（シアオ・フット・セン・シーブンルアン　1863–1939.5.31）
近中（蕭仏成　しょうふつせい　1862–1939.5.31）

Siaosi(George) Tupou I〈19世紀〉
トンガ王国の統治者。
⇒世人新（トゥボウ1世　?–1893）
世人裝（トゥボウ1世　?–1893）

Sībawaihi〈8世紀〉
アラビアの文法学者。文法書 "al-Kitāb" を著した。
⇒岩世人（スィーバワイヒ　?-796頃）

Sibbern, Frederik Christian〈18・19世紀〉
デンマークの哲学者。コペンハーゲン大学教授。キールケゴールの師。
⇒岩世人（ジバーン　1785.7.18-1872.12.16）

Sibelius, Jean〈19・20世紀〉
フィンランドの作曲家。作品に交響詩『フィンランディア』(99)，付随音楽『クオレマ』(03) など。
⇒岩世人　（シベリウス　1865.12.8-1957.9.20）
　バレエ　（シベリウス, ジャン　1865.12.8-1957.9.21）
　エデ　（シベリウス, ジャン [ヨハン・ユリウス・クリスティアン]　1865.12.8-1957.9.20）
　ネーム　（シベリウス　1865-1957）
　広辞7　（シベリウス　1865-1957）
　実音人　（シベリウス, ジャン　1865-1957）
　ピ曲改　（シベリウス, ジャン　1865-1957）
　ポプ人　（シベリウス, ジャン　1865-1957）

Siberechts, Jan〈17・18世紀〉
フランドルの画家。
⇒芸13（シベレヒツ, ヤン　1627-1703）

Sibley, Charles Thomas〈19・20世紀〉
アメリカの医療宣教師。
⇒アア歴（Sibley,Charles T (homas)　チャールズ・トマス・シブリー　1875.4.20-1957.9.4）

Sibylla
ギリシア・ローマ神話，女予言者。
⇒岩世人（シビュラ）

Sicard, Jean〈17・18世紀〉
フランスの歌手，教師，指揮者。
⇒バロ（シカール, ジャン　1650頃?-1715頃?）

Sicardo, José〈17・18世紀〉
スペインのアウグスチノ会司祭。
⇒岩世人　（シカルド　1643-1715）
　新カト　（シカルド　1643頃-1715頃）

Sichelbart, Ignaz〈18世紀〉
オーストリア出身のイエズス会士。画家。
⇒新カト（ジッヘルバルト　1708.9.26-1780.10.5）

Sicher, Fridolin〈15・16世紀〉
スイスのオルガン奏者，聖職者，著述家。
⇒バロ（ジッヒャー, フリードリン　1490.3.6-1546.6.13）

Sickel, Theodor, Ritter von〈19・20世紀〉
ドイツの歴史家。近代古文書学の建設者。
⇒岩世人（ジッケル　1826.12.18-1908.4.21）

Sickert, Walter Richard〈19・20世紀〉
イギリスの画家。1911年カムデン・タウンクラブを創設。代表作『ディエッペのバッカラート賭博』。
⇒岩世人　（シッカート　1860.5.31-1942.1.22）
　芸13　（シッカート, ウォルター　1860-1942）

Sickingen, Franz von〈15・16世紀〉
ドイツの騎士。1522～23年の騎士戦争の軍事的，政治的指導者。諸侯軍に包囲され陣没。
⇒岩世人　（ジッキンゲン　1481.3.2-1523.5.7）
　ネーム　（ジッキンゲン　1481-1523）
　新カト　（ジッキンゲン　1481.3.2-1523.5.7）

Sickles, David Banks〈19・20世紀〉
アメリカの財政家，外交官。
⇒アア歴（Sickles,David B(anks)　デヴィッド・バンクス・シクルズ　1837.2.8-1918.7.19）

Siddons, Sarah〈18・19世紀〉
イギリスの女優。
⇒岩世人（シドンズ　1755.7.5-1831.6.8）

Sidgwick, Henry〈19世紀〉
イギリスの倫理学者。女子の大学教育の問題に貢献した。主著『倫理学の方法論』(74)。
⇒岩世人　（シジウィク　1838.5.31-1900.8.28）
　学叢思　（シジウィック, ヘンリー　1838-1900）
　新カト　（シジウィック　1838.5.31-1900.8.29）

Sidgwick, Nevil Vincent〈19・20世紀〉
イギリスの化学者。原子価電子説，構造化学，理論化学などの方面で貢献。ロンドン王立協会の副会長。
⇒岩世人（シジウィク　1873.5.8-1952.3.15）

Sidis, Boris〈19・20世紀〉
ロシア生れのアメリカの病態心理学者。精神療法に従事。主著『暗示の心理学』(98)。
⇒岩世人（サイディス　1867.10.12-1923.10.24）

Sidney, Algernon〈17世紀〉
イギリスの政治家。
⇒岩世人　（シドニー　1623.1.14/15-1683.12.7）
　学叢思　（シドニー, アルジャーノン　1622-1683）

Sidney, Sir Philip〈16世紀〉
イギリスの軍人，政治家，詩人，批評家。ズトフェン救援軍に志願して参加，致命傷を受けた。
⇒岩世人　（シドニー　1554.11.30-1586.10.17）
　広辞7　（シドニー　1554-1586）
　新カト　（シドニー　1554.11.30-1586.10.17）

Sidon, Samuel Peter von〈17世紀〉
ドイツのヴァイオリン奏者，指揮者，聖職者。
⇒バロ（ジードン, ザムエル・ペーター・フォン　1630頃?-1690頃?）

Sidonius〈7世紀〉
フランスのノルマンディーの修道院院長。聖人。祝日11月15日。アイルランド出身。

⇒新カト（シドニウス　?–689以降）
Sidonius Apollinaris, Gaius Sollius Modestus〈5世紀〉
ローマの詩人。皇帝の称徳詩を含む24篇の『歌章』を残した。
⇒岩世人（シドニウス・アポッリナリス）
　新カト（シドニウス・アポリナリス　431/432.11.5–479/489）

Sidotti, Giovanni Battista〈17・18世紀〉
イエズス会士。鎖国下の日本に伝道を企て、屋久島に上陸、捕えられ小石川宗門改所に監禁された。
⇒岩世人（シドッティ（慣シドッチ）　1668–1714.11.27（正徳4.10.21））
　ネーム（シドッティ　1668–1714）
　広辞7（シドッチ　1668–1714）
　新カト（シドッティ　1668–1714.11.27）
　ポプ人（シドッチ, ジョバンニ　1668–1714）

Ṣidqī, Ismāʿīl〈19・20世紀〉
エジプトの政治家。
⇒岩世人（スィドキー　1875.2.15–1950.7.9）

Siebeck, Hermann〈19・20世紀〉
ドイツの哲学史家。古代哲学史、心理学史の研究家。主著 "Aristoteles" (99) ほか。
⇒岩世人（ジーベック　1842.9.25–1920.2.22）
　学叢思（ジーベック, ヘルマン　1842–?）
　新カト（ジーベック　1842.9.28–1921.2.22）

Siebecker, Édouard〈19世紀〉
フランスの作家。
⇒19仏（エドゥアール・シベケール　1829–1891）

Siebold, Alexander Georg Gustav von〈19・20世紀〉
ドイツの外交官。P.シーボルトの長子。
⇒岩世人（ジーボルト（慣シーボルト）　1846.8.16–1911.1.23）

Siebold, Karl Theodor Ernst von〈19世紀〉
ドイツの動物学者。動物分類学を改革し、比較解剖学を発展させ、寄生虫の生活史を研究。
⇒岩世人（ジーボルト（慣シーボルト）　1804.2.16–1885.4.7）
　学叢思（ジーボルト, カール・テオドル・エルンスト・フォン　1804–1885）

Siebold, Philipp Franz Jonkheer Balthasar von〈18・19世紀〉
ドイツの医者。1823年長崎オランダ商館の医師として来日。学塾を開き、西洋医学および一般科学を教授。
⇒岩世人（ジーボルト（慣シーボルト）　1796.2.17–1866.10.18）
　ネーム（シーボルト　1796–1866）
　広辞7（シーボルト　1796–1866）
　学叢思（シーボルト, フィリップ・フランツ・フォン　1796–1866）
　ポプ人（シーボルト, フィリップ・フランツ・フォン　1796–1866）

Siebs, Theodor〈19・20世紀〉
ドイツのゲルマン語学者。
⇒岩世人（ジーブス　1862.8.26–1941.5.28）

Siefert, Paul〈16・17世紀〉
ドイツのオルガン奏者、作曲家。
⇒バロ（ザイフェルト, パウル　1586–1666）
　バロ（ジーフェルト, パウル　1586.6.28–1666.5.6）

Sieg, Emil〈19・20世紀〉
ドイツのインド学者、中央アジア研究家。インド文献学を専攻し、ジークリングとトハラ語を解明。
⇒岩世人（ジーク　1866.8.12–1951.1.23）

Siegfried
ゲルマン民族の伝説に登場する英雄。
⇒岩世人（ジークフリート）
　ネーム（ジークフリート）

Siegfried, André〈19・20世紀〉
フランスの経済学者。政治評論家。著書に『今日のイギリス』(24)、『今日の合衆国』(27) など。
⇒岩世人（ジークフリート　1875.4.27–1959.3.28）
　20思（シーグフリード, アンドレ　1875–1959）

Siegling, Wilhelm〈19・20世紀〉
ドイツのインド学者、中央アジア研究者。ジークとトハラ語を発見。
⇒岩世人（ジークリング　1880.1.14–1946.1.22）

Siemens, Friedrich〈19・20世紀〉
ドイツの窯業技術者。ガラス製造法・加熱方式等に発明がある。
⇒世人新（ジーメンス兄弟　1826–1904）
　世人装（ジーメンス兄弟　1826–1904）

Siemens, Werner von〈19世紀〉
ドイツの電気技術者、電信事業経営者。指針電信機の改良と地下ケーブルを発明。
⇒岩世人（ジーメンス　1816.12.13–1892.12.6）
　ネーム（ジーメンス　1816–1892）
　広辞7（ジーメンス　1816–1892）
　学叢思（ジーメンス, エルンスト・ヴェルネル　1816–1892）
　物理（ジーメンス, ヴェルナー・フォン　1816–1892）
　世人新（ジーメンス兄弟　1816–1892）
　世人装（ジーメンス兄弟　1816–1892）
　ポプ人（ジーメンス, ヴェルナー・フォン　1816–1892）

Siemens, Wilhelm von〈19・20世紀〉
ドイツの電気技術者。ヴェルナー・フォン・ジーメンスの次男。
⇒広辞7（ジーメンス　1855–1919）

Siemens, *Sir* William〈19世紀〉
ドイツ生れのイギリス人。電気学者, 冶金学者。

siemi

⇒岩世人（ジーメンス　1823.4.4–1883.11.19）
広辞7（ジーメンス　1823–1883）
世人新（ジーメンス兄弟　1823–1883）
世人装（ジーメンス兄弟　1823–1883）

Siemieński, Lucjan〈19世紀〉
ポーランドの詩人。
⇒岩世人（シェミェンスキ　1807.8.13–1877.11.27）

Siemiradzki, Henryk〈19・20世紀〉
ポーランドの画家。
⇒岩世人（シェミラツキ　1843.11.15–1902.8.23）

Sienkiewicz, Henryk〈19・20世紀〉
ポーランドの小説家。1905年『クオー・バディス』(96)でノーベル文学賞受賞。
⇒岩世人（シェンキェーヴィチ　1846.5.5–1916.11.15）
ネーム（シェンキェビチ　1846–1916）
広辞7（シェンケーヴィチ　1846–1916）
学叢思（シェンキーウイッチ, ヘンリーク　1846–1916）
新カト（シェンキェヴィチ　1846.5.5–1916.11.15）
世人新（シェンケヴィッチ　1846–1916）
世人装（シェンケヴィッチ　1846–1916）
ポプ人（シェンキェビッチ, ヘンリク　1846–1916）

Sieprawski, Pawel〈17・18世紀〉
ポーランドの作曲家。教会カンタータの代表的作曲家の一人。
⇒バロ（シェプラフスキ, パヴェウ　1660頃?–1720頃?）

Sierakowski, Waclaw〈18・19世紀〉
ポーランドの聖職者, 詩人, 事業家, オルガナイザー, 理論家。
⇒バロ（シェラコフスキ, ヴァーツワフ　1741.9.29–1806.2.24）

Sieroszewski, Wacław〈19・20世紀〉
ポーランドの小説家。
⇒岩世人（シェロシェフスキ　1858.8.24–1945.4.20）

Sierra Méndez, Justo〈19・20世紀〉
メキシコの歴史家, 詩人, 教育者, 政治家。文相を務めた。
⇒岩世人（シエラ　1848.1.26–1912.9.13）
ラテ新（シエラ　1848–1912）

Siever, Edward Tilden〈19・20世紀〉
アメリカの大リーグ選手（投手）。
⇒メジャ（エド・シーヴァー　1875.4.2–1920.2.4）

Sievers, Georg Eduard〈19・20世紀〉
ドイツの言語学者, 音声学者。主著に『音声学綱要』(81)などの独創的な研究がある。
⇒岩世人（ジーフェルス　1850.11.25–1932.3.30）

Sieyès, Emmanuel Joseph〈18・19世紀〉
フランスの政治家。『第三身分とは何か』(89)が主著。
⇒岩世人（シエイエス（シエース）　1748.5.3–1836.6.20）
ネーム（シエイエス　1748–1836）
広辞7（シエイエス　1748–1836）
学叢思（シエイエス, エマニュエル・ジョゼフ　1748–1836）
新カト（シエイエス　1748.5.3–1836.6.20）
世人新（シエイエス（アベ＝シエイエス）　1748–1836）
世人装（シエイエス（アベ＝シエイエス）　1748–1836）
世史語（シエイエス　1748–1836）
ポプ人（シエイエス, エマニュエル・ジョゼフ　1748–1836）

Sigebert I〈6世紀〉
フランク王国の統治者。
⇒世帝（シギベルト1世　535頃–575）

Sigebert II〈7世紀〉
フランク王国の統治者。
⇒世帝（シギベルト2世　602頃–613）

Sigebert III, St.〈7世紀〉
フランク王国の統治者。
⇒新カト（シギベルト3世　630頃–656.2.1）
世帝（シギベルト3世　630–659）

Sigebertus Gemblacensis〈11・12世紀〉
ジャンブルー修道院の修道士。
⇒新カト（シゲベルトゥス〔ジャンブルーの〕　1030頃–1112.10.5）

Siger de Brabant〈13世紀〉
オランダのスコラ哲学者。ラテン・アベロエス派を代表。主著『世界永遠論』『至福の書』など。
⇒岩世人（シジェ・ド・ブラバン　1235頃–1281頃）
新カト（シゲルス〔ブラバントの〕　1240頃–1281/1284）
メル1（シゲルス（ブラバンの）　1235頃–1281–1284頃）

Sigfrid〈7世紀〉
ウェアマスの修道院の共同院長。聖人, 助祭, 修道者。祝日8月22日。
⇒新カト（シグフリト〔ウェアマスの〕　?–689/690.8.22）

Sigfrid〈11世紀〉
宣教師・司教。聖人。
⇒新カト（シグフリト〔スウェーデンの〕　?–11世紀中葉）
図聖（シグフリート（スウェーデンの）　?–1040頃）

Sighele, Scipio〈19・20世紀〉
イタリアの社会心理学者。社会学, 社会心理学, 犯罪学の方面に多彩な研究を展開した。
⇒岩世人（シゲーレ　1868.6.24–1913.10.21）
学叢思（シゲレ, スチピオ　1868–1913）

Šigi Qutuq〈12・13世紀〉
モンゴルの千戸長。チンギス・カンの養子。
⇒岩世人（シギ・クトゥク　1180頃-1262頃）

Sigisbert von Disentis〈8世紀頃〉
大修道院長、聖人。
⇒図聖（ジギスベルト（ディゼンティスの））

Sigismund〈14・15世紀〉
ハンガリー王。在位1387～1437。神聖ローマ皇帝。在位1411～37。ボヘミア王。在位1419～37。
⇒岩世人（ジギスムント（ジークムント）　1368.2.15-1437.12.9）
　ネーム（ジギスムント　1368?-1437）
　広辞7（ジギスムント　1368-1437）
　新カ7（ジギスムント　1368.2.15-1437.12.9）
　世人新（ジギスムント　1368-1437）
　世人装（ジギスムント　1368-1437）
　世帝（ジギスムント　1368-1437）
　世帝（ジギスムント　1368-1437）
　世帝（ジギスムント　1368-1437）

Sigismund, St.〈6世紀〉
ブルグント王の統治者。在位516～523。
⇒図聖（シギスムンドゥス（ブルグントの）　?-524）

Sigmund
ウォルスング家の国王。
⇒ネーム（シグムンド）

Signac〈16・17世紀〉
フランスの作曲家。
⇒バロ（シニャック,?　1580頃?-1630）

Signac, Paul〈19・20世紀〉
フランス、新印象派の画家。点描主義を推進し、新印象主義運動の発展に努力。
⇒岩世人（シニャック　1863.11.11-1935.8.15）
　19仏（ポール・シニャック　1863.11.11-1935.8.15）
　ネーム（シニャック　1865?-1935）
　広辞7（シニャック　1863-1935）
　芸13（シニャック，ポール　1863-1935）

Signorelli, Luca〈15・16世紀〉
イタリアの画家。
⇒岩世人（シニョレッリ　1441頃-1523.10.16）
　新カト（シニョレリ　1445/1450-1523.10.16）
　芸13（シニョレリ，ルカ　1445/1450-1523）

Signoretti, Aurelio〈16・17世紀〉
イタリアの聖職者、歌手、教師、トロンボーン奏者。
⇒バロ（シニョレッティ，アウレリオ　1567.4.25-1635.11.2以前）

Signoretti, Leopold〈19・20世紀〉
イタリアのテノール歌手。
⇒魅惑（Signoretti,Leopold　?-1915）

Signorini, Francesco〈19・20世紀〉
イタリア・オペラのテノール。
⇒失声（フランチェスコ・シニョリーニ　1860-1927）
　魅惑（Signorini,Francesco　1861-1927）

Signorini, Telemaco〈19・20世紀〉
イタリアの画家、美術評論家、詩人。
⇒岩世人（シニョリーニ　1835.8.18-1901.2.10）

Signy
ヴォルスングの娘。
⇒ネーム（シグニュ）

Sigonio, Carlo〈16世紀〉
イタリアの文学者。主著 "Fasti consulares"（50）。
⇒岩世人（シゴーニオ　1520頃-1584.8.28）

Sigüenza y Góngora, Carlos de〈17・18世紀〉
植民地時代を代表するメキシコの学者、作家。
⇒岩世人（シグエンサ・イ・ゴンゴラ　1645.8.14-1700.8.22）

Sigurd I〈11・12世紀〉
ノルウェー王。在位1103～30。
⇒世帝（シグルス1世　1090-1130）

Sigurd II, Mouth〈12世紀〉
ノルウェー王国の統治者。在位1136～1155。
⇒世帝（シグルス2世　1133-1155）

Sigurðr
シグムンド王の息子の一人。
⇒ネーム（シグルズ）

Sigurdsson, Jón〈19世紀〉
アイスランド独立運動の指揮者。アイスランドの歴史、言語の研究者。
⇒岩世人（ヨウン・シーグルソン　1811.6.17-1879.12.7）

Sigwart, Christoph〈19・20世紀〉
ドイツの哲学者、論理学者。カント倫理学の形式主義的側面に反対して、実質的倫理学の立場をとった。
⇒岩世人（ジクヴァルト　1830.3.28-1904.8.4）
　学叢思（ジグヴァルト，クリストフ・フォン　1830-1904）

Si Intharathit〈13世紀〉
タイのスコータイ朝初代国王。在位1240?～70?。
⇒岩世人（シー・インタラーティット　（在位）1240?-1270?）
　世帝（シーインタラーティット　（在位）1220-1238?）

al-Sijistānī, Abū Sulaymān〈10世紀〉
イスラーム哲学者。
⇒岩世人（スィジスターニー，アブー・スライマーン

912–985)

Sikandar Lodī〈15・16世紀〉
インド、ロディー朝の第2代の王。在位1489～1517。
⇒岩世人（スィカンダル・ローディー ?–1517.11.21）

Śīlabhadra〈6世紀〉
インドの仏教論師。
⇒広辞7（戒賢 かいけん 529–645）
　学叢思（カイゲン 戒賢 528–?）

Silang, Diego〈18世紀〉
フィリピンの愛国者。反スペイン反乱を指導。
⇒岩世人（シラン 1730.12.16–1763.5.28）

Silaniōn〈前4世紀〉
ギリシアの彫刻家。
⇒岩世人（シラニオン （活躍）前360頃–前320頃）

Silas
初代教会の預言者、伝道者。ローマ市民といわれる（使徒行伝）。
⇒岩世人（シラス）
　聖書（シラス）

Silbanos〈3・4世紀〉
エメサの司教、殉教者。聖人。祝日2月6日。
⇒新カト（シルバノス ?–311頃）

Silbanos〈3・4世紀〉
ガザの司教。聖人、殉教者。祝日5月4日。
⇒新カト（シルバノス ?–311頃）

Silbanos〈4世紀〉
タルソスの司教。
⇒新カト（シルバノス ?–371頃）

Silberbusch, David Jesaia〈19・20世紀〉
ヘブライ語・イディッシュ語の編集者。短編作家。
⇒ユ著人（Silberbusch,David Jesaia　ジルバーブッシュ、ダーフィット・イェザーヤ 1854–1936）

Silbermann, Andreas〈17・18世紀〉
ドイツのオルガンおよびピアノ製作者。
⇒岩世人（ジルバーマン 1678.5.16–1734.3.16）

Silbermann, Gottfried〈17・18世紀〉
ドイツの鍵盤楽器製作者。ドレスデン、フライベルクの教会のオルガンをはじめ50近いオルガンを製作。
⇒岩世人（ジルバーマン 1683.1.14–1753.8.4）

Silbermann, J.Daniel〈18世紀〉
ドイツのオルガン・鍵盤楽器制作者、オルガン奏者。
⇒バロ（ジルバーマン、ヨハン・ダニエル 1717–1766）

Silbermann, J.Heinrich〈18世紀〉
ドイツのオルガン・鍵盤楽器制作者、オルガン奏者。
⇒バロ（ジルバーマン、ヨハン・ハインリヒ 1727–1799）

Silcher, Friedrich〈18・19世紀〉
ドイツの作曲家。主要作『ローレライ』『わかれ』。
⇒岩世人（ジルヒャー 1789.6.27–1860.8.26）
　ポプ人（ジルヒャー、フリードリヒ 1789–1860）

Silhouette, Etienne de〈18世紀〉
フランスの政治家。財務総監（1759.3.～11.）。
⇒岩世人（シルエット 1709.7.5–1767.1.20）

Silius Italicus, Tiberius Catius Asconius〈1・2世紀〉
ローマの叙事詩人。代表作『ポエニ戦役』。
⇒岩世人（シリウス・イタリクス 26–102頃）

Sill, John Mahelm Berry〈19・20世紀〉
アメリカの教育者、外交官。
⇒アア歴（Sill,John M(ahelm) B(erry) ジョン・マヘルム・ベリー・シル 1831.11.23–1901.4.6）

Siloé, Diego de〈15・16世紀〉
スペインの彫刻家、建築家。主要作品はブルゴス聖堂の黄金の階段（19～23）など。
⇒岩世人（シロエ 1495頃–1563.10.22）
　芸13（シロエ、ディエゴ・デ 1495頃–1563）

Siloé, Gil de〈15・16世紀〉
ドイツ出身のスペインの彫刻家。
⇒岩世人（シロエ ?–1501頃）

Silva, António José da〈18世紀〉
ポルトガルの劇作家。宗教裁判にかけられ、斬首刑に処せられた。
⇒ユ著人（Silva,Antônio José da　シルヴァ、アントーニオ・ジョゼ・ダ 1705–1739）

Silva, Duarte da〈16世紀〉
キリシタン時代のポルトガル人イエズス会宣教師。
⇒新カト（シルヴァ 1536–1564.4/5）

Silva, Joân Cordeiro da〈18・19世紀〉
ポルトガルのオルガン奏者、教師。
⇒バロ（シウヴァ、ジョアン・コルデイロ・ダ 1735頃–1808以降）

Silva, José Asunción〈19世紀〉
コロンビアの詩人。
⇒岩世人（シルバ 1865.11.27–1896.5.23）

Silva, Juan de〈16・17世紀〉
スペインの植民地行政官。
⇒岩世人（シルバ ?–1616.4.19）

Silveira, Gonçalo da〈17世紀〉
ポルトガルの日本貿易船隊司令官。
⇒岩世人（シルヴェイラ ?–1640）

新カト（シルヴェイラ　?–1640）

Silveira, José Xavier Mouzinho da
〈18・19世紀〉
ポルトガルの政治家。
⇒岩世人（シルヴェイラ　1780.6.12–1849.4.4）

Silverius〈6世紀〉
教皇。在位536～537。聖人。女帝テオドラにより廃位された。
⇒岩世人（シルウェリウス　?–537頃）
　新カト（シルヴェリウス　?–537.12.2）

Silverstri, Florido de〈17世紀〉
イタリアの聖職者，歌手，アンソロジー編者，劇作家。
⇒バロ（シルヴェストリ，フロリド・デ　1610頃?–1672以降）

Silvester I〈4世紀〉
教皇。在位314～335。聖人。
⇒岩世人（シルウェステル1世　?–335.12.31）
　新カト（シルヴェステル1世　?–335.12.31）
　図聖（シルウェステル1世　?–335）

Silvester III〈11世紀〉
教皇。在位1045。サビナ司教。
⇒岩世人（シルウェステル3世）
　新カト（シルヴェステル3世　生没年不詳）

Silvestre, Paul-Armand〈19・20世紀〉
フランスの詩人。
⇒19仏（アルマン・シルヴェストル　1837.4.18–1901.2.19）

Silvestro〈15・16世紀〉
イタリアの作曲家。
⇒バロ（シルヴェストロ,?　1480頃?–1530頃?）

Silvestro di Angelis〈15・16世紀〉
イタリアの作曲家。
⇒バロ（シルヴェストロ・ディ・アンジェリス　1490頃?–1540頃?）

Silvestro Guzzolini〈12・13世紀〉
シルヴェステル修道会創立者。聖人。祝日11月26日。アンコーナ近くのオジモの名門貴族の生まれ。
⇒新カト（シルヴェストロ・グッツォリーニ　1177頃–1267.11.26）

Silvia〈6世紀〉
聖人。祝日11月3日。教皇グレゴリウス1世の母。
⇒新カト（シルウィア　?–592/594）

Silvinus〈7・8世紀〉
北フランスの巡回司教。聖人。祝日2月17日。
⇒新カト（シルウィヌス　?–717/720）
　図聖（シルウィヌス　650頃–720頃）

Simberg, Hugo Gerhard〈19・20世紀〉
フィンランドの画家，版画家。

⇒岩世人（シンベリ　1873.6.24–1917.7.12）

Simcox, Edith Jemima〈19・20世紀〉
イギリスの哲学者，労働運動家。
⇒岩世人（シムコックス　1844.8.21–1901.9.15）

Simeon
イエスの先祖の一人。
⇒新カト（シメオン）

Simeon
エルサレムの信仰深い人（ルカによる福音書）。
⇒岩世人（シメオン）
　ネーム（シメオン）
　新カト（シメオン）
　図聖（シメオン（エルサレムの老人））
　聖書（シメオン）

Simeon
ヤコブとレアの第2子。イスラエル12支族のうち同名の支族の祖先（創世記，出エジプト記）。
⇒新カト（シメオン）

Simeon
アンティオケイアのニゲルと呼ばれる預言者または教師。
⇒新カト（シメオン）

Simeon〈4世紀〉
メッスの第7代目の司教。聖人。祝日2月16日，10月25日。
⇒新カト（シメオン〔メッスの〕　4世紀後半）

Simeon〈6世紀〉
小柱頭行者。大柱頭行者の子。
⇒新カト（シメオン〔柱頭行者〕　521–592.5.24）

Simeon〈10・11世紀〉
シチリアのシラクーザ出身の修道士。聖人。祝日6月1日。
⇒新カト（シメオン〔トリールの〕　987頃–1035.6.1）

Simeon〈10・11世紀〉
アルメニア人隠修士。聖人。祝日7月26日。各地を巡礼したのち，イタリア北部ポリローネの聖ベネディクトゥス修道院に定住した。
⇒新カト（シメオン〔ポリローネの〕　?–1016.7.26）

Simeon, ben-Gamaliel II (of Jabneh)〈1・2世紀〉
ヤブネのシメオンでナシ（サンヘドリンの長）。
⇒ユ人（シメオン（シモン），ベンガマリエル2世　2世紀前半）
　ユ著人（Simeon ben Gamaliel 2nd.　シメオン・ベン・ガマリエルII世　?–80?）

Simeon, ben-Lakish (Resh Lakish)〈3世紀〉
パレスチナのユダヤ教学者。
⇒ユ人（シメオン（シモン），ベンラキシュ（レシ・ラキシュ）　3世紀）

Simeon, ben-Yohai〈2世紀〉
パレスチナのタンガ(師)。
⇒ユ人(シメオン(シモン),バルヨハイ　2世紀中頃)
　ユ著人(Simeon ben Jochai　シメオン・ベン・ヨハイ　1世紀–2世紀)

Simeon, Charles〈18・19世紀〉
イギリス国教会聖職者。福音運動の指導者。インドの伝道に力を注ぎ輩下の最優秀者を派遣。
⇒岩世人　1759.9.24–1836.11.13)

Simeon I〈9・10世紀〉
ブルガリア王。在位893～927。バルカンの大半を支配。第1次ブルガリア帝国の最盛期を築いた。
⇒岩世人(シメオン1世　864–927.5.27)
　世帝　(シメオン1世　863–927)

Simeon ben Azzai〈1・2世紀〉
ヤブネから全国各地へ巡回した教師の一人。
⇒ユ著人(Simeon ben Azzai　シメオン・ベン・アザイ　1世紀–2世紀)

Simeon ben Shetah〈前1・後1世紀〉
パリサイ派の指導者の一人で,第2神殿時代末期の最高の賢者(ハーハーム)。
⇒ユ著人(Simeon ben Shetah　シメオン・ベン・シェタハ　前1世紀–後1世紀)

Simeon of Metaphrates〈10世紀〉
ビザンチン教会の神学者。主著に『聖人伝』。
⇒新カト(シメオン・メタフラステス　900頃–984以後)

Simeon Polockij〈17世紀〉
ロシアの教会活動家,文筆家,啓蒙家。
⇒岩世人(シメオン・ポロッキー　1629.12.12–1680.8.25)
　岩世人(ポロッキー　1629–1680)

Simeon Rabban Ata〈13世紀〉
シリアのネストリウス教徒。
⇒岩世人(シメオン・ラッバン・アタ)

Simeon Stylites, St.〈4・5世紀〉
大柱頭行者。アンチオキア付近で苦行を続けた。
⇒岩世人(シメオン(柱頭行者)　390頃–459.7.24/9.2)
　新カト(シメオン〔柱頭行者〕　390頃–459.7.24)
　図聖(シメオン(柱頭行者)　390頃–459)

Simiand, François Joseph Charles〈19・20世紀〉
フランスの社会経済学者。
⇒岩世人(シミアン　1873.4.18–1935.4.13)
　メル3(シミアン,フランソワ　1873–1935)

Simmel, Georg〈19・20世紀〉
ドイツの哲学者,社会学者。ドイツにおいて社会学を社会科学として確立するのに功績があった。
⇒岩世人(ジンメル　1858.3.1–1918.9.26)
　ネーム(ジンメル　1858–1918)
　広辞7(ジンメル　1858–1918)
　学叢思(ジンメル,ゲオルク　1858–1918)
　新カト(ジンメル　1858.3.1–1918.9.26)
　20思(ジンメル,ゲオルク　1858–1918)
　メル3(ジンメル,ゲオルク　1858–1918)
　ユ著人(Simmel,Georg　ジンメル,ゲオルク　1858–1918)

Simmias〈前4・3世紀〉
ギリシアの詩人,文法家(前300年頃)。
⇒岩世人(シンミアス(シミアス ロドスの)　前300頃)

Simmons, Duane B.〈19世紀〉
アメリカの医療宣教師。1859年来日,駆虫薬「セメンエン」を調剤したので,セメン先生といわれた。
⇒岩世人(シモンズ　1834–1889.2.19)

Simms, William Gilmore〈19世紀〉
アメリカの小説家。
⇒岩世人(シムズ　1806.4.17–1870.6.11)

Simnānī, Aḥmad Alā' al-Dawla〈13・14世紀〉
著名なイスラーム神秘主義者。
⇒岩世人(スィムナーニー　1261.11–1336.3.6)

Simōn
イエス・キリストの弟(新約)。
⇒岩世人(シモン)

Simon〈前2世紀〉
ユダ・マカバイの兄(マカバイ記上)。
⇒岩世人(シモン(マカバイオス家の)　(在位)前142–前135)
　新カト(マカバイ兄弟　マカバイきょうだい)

Simon, Gustav〈19世紀〉
ドイツの外科医。脾臓摘出術を復活し,ヨーロッパ初の腎臓摘出を行った(1870)。
⇒岩世人(ジーモン　1824.5.30–1876.8.28)

Simon, Heinrich〈19・20世紀〉
ドイツの編集者。
⇒ユ著人(Simon,Heinrich　ジーモン,ハインリッヒ　1880–1941)

Simon, Sir John〈19・20世紀〉
イギリスの公衆衛生医。19世紀における衛生学の権威。
⇒岩世人(サイモン　1816.10.10–1904.7.23)

Simon, John Allsebrook, 1st Viscount〈19・20世紀〉
イギリスの政治家,法律家。
⇒岩世人(サイモン　1873.2.28–1954.1.11)

Simon, Jules〈19世紀〉
フランスの政治家,哲学者。帝政没落後,終身上院議員(1875),首相(76～77)。
⇒岩世人(シモン　1814.12.27–1896.6.8)

19仏（ジュール・シモン　1814.12.27–1896.6.8）
学叢思（シモン，ジュール・フランソア　1814–1896）
メル2（シモン，ジュール（通称シモン・スイス）1814–1896）

Simon, Lucien〈19・20世紀〉
フランスの画家。伝統的写実主義の画家。サロン・ド・ラ・ソシエテ・デ・ボーザールの創立会員の一人。
⇒芸13（シモン，リュシアン　1861–1945）

Simon, Magus〈1世紀〉
魔術師（新約聖書）。ヨハネとペテロから授洗の仕方と聖霊伝達能力とを買収しようとしたが拒絶された。
⇒岩世人（シモン）
　新カト（シモン〔魔術師〕）
　聖書（シモン（魔術師））

Simon, Richard〈17・18世紀〉
フランスの聖書学者。1678年『旧約聖書批判史』を出版，近代の聖書研究の道を開いた。
⇒岩世人（シモン　1638.5.13–1712.4.11）
　新カト（シモン　1638.5.13–1712.4.11）

Simon, Simon〈18世紀〉
フランスの作曲家。
⇒バロ（シモン，シモン　1735頃–1780以降）

Simon, V.〈18世紀〉
フランスの作曲家。
⇒バロ（シモン，V.　1720頃?–1780頃?）

Simon bar Abbum〈11世紀〉
祈祷歌の詩人。
⇒ユ著人（Simon bar Abbum　シモン・バル・アブン　11世紀）

Simon ben Rakishi〈3世紀〉
タルムード学者。
⇒ユ著人（Simon ben Rakishi　シモン・ベン・ラキシ　3世紀）

Simon d'Authie〈12・13世紀〉
フランスの作曲家。
⇒バロ（シモン・ドティ　1180-1190頃–1235以降）

Simon de Tournai〈12・13世紀〉
中世フランスの神学者。
⇒新カト（シモン〔トゥールネの〕　1130頃–1201頃）

Simonelli, Matteo〈17世紀〉
イタリアの作曲家。
⇒バロ（シモネルニ，マッテーオ　1618以降–1696.9.20）

Simon Fidati〈13・14世紀〉
アウグスチノ会員，説教家，女子修道院創設者。ウンブリア地方のカッシャ出身。
⇒新カト（シモン・フィダティ　1290以降–1348.2.2）

Simoni, Renato〈19・20世紀〉
イタリアの演劇評論家，脚本家。主著『マダム・サン＝ジェーヌ』など。
⇒オペラ（シモーニ，レナート　1875–1952）

Simōnidēs〈前6・5世紀〉
ギリシアの抒情詩人。ギリシアで初めて報酬を取って歌を作った詩人といわれる。
⇒岩世人（シモニデス　前556頃–前468頃）

Simon (Magister)〈12世紀〉
1140～50年に，ラインラント低地方で書かれたとされる『秘跡論』の著者。
⇒新カト（シモン　生没年不詳）

Simon of Cyrene
イエスの十字架をゴルゴタまで運ぶことになった人物（マルコによる福音書）。
⇒岩世人（シモン）
　新カト（シモン〔キレネの〕）

Simon Stock〈13世紀〉
カルメル会托鉢修道士。聖人。イングランド生まれ。
⇒新カト（シモン・ストック　?–1265.5.16）
　図聖（シモン・ストック　?–1265）

Simon the Zealot
十二使徒の一人（マタイによる福音書）。
⇒岩世人（シモン（熱心党の））
　ネーム（シモン）
　新カト（シモン〔熱心党の〕）
　図聖（シモン（熱心党の））

Simonyi Zsigmond〈19・20世紀〉
ハンガリーの言語学者。主著『ハンガリー語史辞典』（90～93）。
⇒岩世人（シモニ　1853.1.1–1919.11.22）

Simpert von Augsburg〈8・9世紀〉
司教，聖人。
⇒図聖（ジンペルト（アウクスブルクの）　?–807頃）

Simplicianus〈4世紀〉
イタリアのミラーノの司教。
⇒新カト（シンプリキアヌス　?–400）

Simplicius〈3・4世紀〉
殉教者，聖人。
⇒図聖（シンプリキウス，ファウスティヌスとベアトリクス　?–304頃）

Simplicius〈4・5世紀〉
オータンの司教。聖人。祝日6月24日。
⇒新カト（シンプリキウス〔オータンの〕　4世紀後半–5世紀前半）

Simplicius, St.〈5世紀〉
ローマ教皇。在位468～483。
⇒新カト（シンプリキウス　?–483.3.10）

Simplikios〈5・6世紀〉
ギリシアの哲学者。
⇒岩世人（シンプリキオス）
広辞7（シンプリキオス）

Simpronianus〈3・4世紀〉
殉教者、聖人。
⇒図聖（戴冠聖人,4人の　?-305頃）

Simpson, Bertram Lenox〈19・20世紀〉
イギリスのジャーナリスト。極東各地を旅行し、排日的言論を発表。張作霖大統領の政治顧問をつとめた。
⇒岩世人（シンプソン　1877-1930.11.11）

Simpson, Christopher〈17世紀〉
イギリスの作曲家。
⇒バロ（シンプソン, クリストファー　1605/1610-1669.5.5-7.29）

Simpson, Sir George Clarke〈19・20世紀〉
イギリスの気象学者。
⇒岩世人（シンプソン　1878-1965.1.1）

Simpson, Sir James Young〈19世紀〉
イギリスの産科医。クロロホルムを分娩に使用することに成功。
⇒岩世人（シンプソン　1811.6.7-1870.5.6）

Simpson, Thomas〈18世紀〉
スコットランドの数学者。
⇒岩世人（シンプソン　1710.8.20-1761.5.14）
世数（シンプソン, トーマス　1710-1761）

Simpson (Sympson), Thomas〈16・17世紀〉
イギリスの作曲家, ヴァイオル奏者。
⇒バロ（シンプソン, トマス　1582.4.1-1630以降）

Simrock, Karl〈19世紀〉
ドイツの文学史家, 詩人。古代ゲルマンおよび中世ドイツ文学の翻訳や紹介に尽した。
⇒岩世人（シムロック　1802.8.28-1876.7.18）

Sims, James Marion〈19世紀〉
アメリカの外科医, 婦人科医。銀線縫合による膀胱膣瘻閉鎖手術に成功（1858）。
⇒岩世人（シムズ　1813.1.25-1883.11.13）

Simson, Robert〈17・18世紀〉
スコットランドの数学者。ギリシア数学に精通し, ユークリッドの『原論』を校訂（1756）。
⇒岩世人（シムソン　1687.10.14-1768.10.1）
世数（シムソン, ロバート　1687-1768）

Sinan, Mimar〈15・16世紀〉
トルコの建築家。オスマン・トルコ帝国時代を代表するモスク建築家。
⇒岩世人（スィナン　1489.5.21/4.15-1588）
広辞7（シナン　1489-1588）
世人新（ミマール＝シナン　1489/1494/1499-1578）
世人装（ミマール＝シナン　1489/1494/1499-1578）
世史語（シナン（スィナン）　1492頃-1588）
世建（シナン　1494?-1588）
ボブ人（ミマール・シナン　1490-1579）

Sinatruces〈前1世紀〉
パルティア帝国の統治者。在位前77～70。
⇒世帝（シナトルケス　前157-前70）

Sinatruces〈2世紀〉
アルサケス朝パルティアの王。
⇒世帝（シナトロケス2世　?-140?）

Sinclair, Sir Hugh〈19・20世紀〉
イギリス秘密情報部（MI6）長官。在職1923～39。
⇒スパイ（シンクレア, サー・ヒュー　1873-1939）

Sinclair, Sir John〈18・19世紀〉
イギリス（スコットランド）の財政家, 農業改良家。イギリス羊毛改良協会を創立（1791）。
⇒岩世人（シンクレア　1754.5.10-1835.12.21）

Sinclair, May〈19・20世紀〉
イギリスの女流小説家。主著 "The-divine fire"（04）, "Fame"（29）。
⇒岩世人（シンクレア　1863.8.24-1946.11.14）

Sinclair, Upton Beall〈19・20世紀〉
アメリカの小説家。
⇒岩世人（シンクレア　1878.9.20-1968.11.25）
ネーム（シンクレア　1878-1968）
広辞7（シンクレア　1878-1968）
学叢思（シンクレア, アプトン　1878-?）

Sinding, Christian〈19・20世紀〉
ノルウェーの作曲家。ピアノ曲『春のさやぎ』が代表作。
⇒岩世人（シンディング　1856.1.11-1941.12.3）
ピ曲改（シンディング, クリスティアン　1856-1941）

Sinding, Stephan Abel〈19・20世紀〉
ノルウェーの彫刻家。
⇒芸13（シンディング, ステファン　1846-1922）

Sindok〈10世紀〉
東部ジャワのクディリ王国の王。在位929～48。
⇒岩世人（シンドック　（在位）929-948）

Sinfjötli
ウォルスング家の血筋を引く英雄。
⇒ネーム（シンフィヨトリ）

Singamangaraja XII, Si〈19・20世紀〉
インドネシアの反オランダ闘争指導者。
⇒岩世人（シンガマンガラジャ12世, シ　1849-1907.6.17）

Singarārya〈17・18世紀〉
西南インドのカナラ文学の劇作家。
⇒岩世人（スィンガラーリヤ）

Singer, Charles Joseph〈19・20世紀〉
イギリスの生物学史家。イギリス科学史学会会長。
⇒岩世人（シンガー　1876.11.2–1960.6.10）

Singer, Isaac Merrit〈19世紀〉
アメリカの発明家、企業家。
⇒岩世人（シンガー　1811.10.27–1875.7.23）
　広辞7（シンガー　1811–1875）
　ポプ人（シンガー、アイザック・メリット　1811–1875）
　ユ人（シンガー, アイザック・メリット　1811–1875）
　ユ著人（Singer,Isaac Merrit　シンガー、アイザック・メリット　1811–1875）

Singer, Isidore〈19・20世紀〉
ユダヤ百科事典の編集者。
⇒ユ人（シンガー、イシドル　1859–1935）

Singer, Paul〈19・20世紀〉
ドイツの社会主義者。
⇒学叢思（ジンゲル、パウル　1844–1911）

Singer, Simeon〈19・20世紀〉
イギリスのラビ。
⇒ユ人（シンガー、シメオン　1848–1906）

Singhawikramawardhana〈15世紀〉
ジャワ、マジャパイト王国の王。
⇒世帝（シンハウィクラマワルダナ　(在位)1466–1466）

Singh Mangaraja
インドネシアのマトラのトバ・バッタク族の神聖王。
⇒ネーム（シンガ・マンガラジャ）

Singler, Mauris〈19・20世紀〉
劇場支配人。
⇒ユ著人（Singler,Mauris　ジーグラー、モーリス　1879–1965）

Singu〈18世紀〉
ビルマ王国の統治者。在位1776〜1782。
⇒世帝（シンガー　1756–1782）

Sinigaglia, Leone〈19・20世紀〉
イタリアの作曲家。A.ドヴォルザークに師事。ピエモンテの民謡を集めて刊行。
⇒岩世人（シニガーリア　1868.8.14–1944.5.16）

Sinis
ギリシア神話、イストモスに住んでいた山賊。
⇒岩世人（シニス）

Sin-muballit〈前19・18世紀〉
バビロニアの統治者。在位前1812〜1793。
⇒世帝（シン・ムバリト　(在位)前1812–前1793）

Sinon
ギリシア神話、トロイア戦争のギリシア側の間者。
⇒岩世人（シノン）

Sin-shar-ishkun〈前7世紀〉
アッシリアの統治者。在位前622〜612。
⇒世帝（シン・シャル・イシュクン　(在位)前623–前612）

Sinzheim, Joseph David Den-Isaac〈18・19世紀〉
ナポレオン時代のユダヤ人社会を代表するラビ。
⇒ユ人（ジンツハイム、ヨゼフ・ダビッド・ベンイサーク　1745–1812）

Sinzheimer, Hugo〈19・20世紀〉
ドイツの法学者。
⇒岩世人（ジンツハイマー　1875.4.12–1945.9.16）
　ユ著人（Sinzheimer,Hugo　ジンツハイマー、フーゴー　1875–1945）

Sionita, Gabriel〈16・17世紀〉
レバノン出身の東洋学者、マロン教会の司祭。
⇒新カト（ガブリエル・シオニタ　1577–1648）

Si Prat〈17世紀〉
タイの古典詩人。傑作『カムスワン』（悲歌）Kamsuan,寓話詩『アニルト』Anirutがある。
⇒岩世人（シープラート）

Siqueira, Bartholomeu de〈16・17世紀〉
キリシタン時代のイエズス会宣教師。ポルトガルのリスボン生まれ。
⇒新カト（シケイラ　1567–1622）

Siqueira de Sousa, Goncalo de〈17世紀〉
ポルトガルの対日特派使節。
⇒岩世人（シケイラ・デ・ソウザ　?–1648）

al-Sīrāfī, Abū Zayd〈10世紀〉
アラブの学識者。10世紀初頭に活動。
⇒岩世人（スィーラーフィー、アブー・ザイド　10世紀初頭）

Sirāj al-Dawla〈18世紀〉
ベンガルがイギリス東インド会社に支配された時の総督。在職1756〜57。
⇒岩世人（スィラージュッダウラ　1732頃–1757.7.2）

Sirani, Elisabetta〈17世紀〉
イタリアの女性画家。
⇒岩世人（シラーニ　1638–1665.8）

Sirén, Osvald〈19・20世紀〉
フィンランド生れのスウェーデンの美術史学者。
⇒岩世人（シレーン　1879.4.6–1966.6.26）

Siret, Nicholas〈17・18世紀〉
フランスの作曲家。
⇒バロ（シレ, ニコラ　1663.3.16-1754.6.22）

Siribounnyasan〈18世紀〉
ラオスのビエンチャン王国の王。在位1760～79。
⇒岩世人（シリブンニャサーン　?-1780）

Siricius〈4世紀〉
教皇。在位384～399。聖人。
⇒岩世人（シリキウス　334頃-399.11.26）
　新カト（シリキウス　?-399.11.26）

Sirleto, Guglielmo〈16世紀〉
イタリアの枢機卿。トリエント公会議直後の種々の改革実務への貢献者。
⇒新カト（シルレト　1514-1585.10.6）

Sirlin, Jörg〈15世紀〉
ドイツの彫刻家。
⇒岩世人（ジルリン　1425頃-1491）

Sirmond, Jacques〈16・17世紀〉
フランスの歴史家, 教父学者。
⇒新カト（シルモン　1559.10.12-1651.10.7）

Sirota, Leo〈19・20世紀〉
ロシアの音楽家。東京音楽学校でピアノを教授。
⇒岩世人（シロタ　1855.5.4-1965.2.25）

Si Sin〈16世紀〉
タイ, アユタヤ朝の王。
⇒世帝（シーシン　　（在位)1548-1548）

Sisinnios〈4・5世紀〉
コンスタンティノポリスのノウァティアヌス派の主教。在職395～。ヨアンネス・クリュソストモスと同時代人。
⇒新カト（シシンニオス　4世紀後半-5世紀前半）

Sisinnios I〈4・5世紀〉
コンスタンティノポリスの総主教。聖人。祝日10月11日, 12月24日。
⇒新カト（シシンニオス1世　?-427.12.24）

Sisinnius〈8世紀〉
ローマ教皇。在位708。
⇒新カト（シシンニウス　?-708.2.4）

Sisley, Alfred〈19世紀〉
イギリスの画家。フランスに住み, フランス印象派の代表的画家の一人に数えられる。
⇒岩世人（シスレー　1839.10.30-1899.1.29）
　ネーム（シスレー　1839-1899）
　広辞7（シスレー　1839-1899）
　芸13（シスレー, アルフレッド　1839-1899）

Sismondi, Jean Charles Léonard Simonde de〈18・19世紀〉
スイスの歴史家, 経済学者。過小消費説に立つ経済恐慌の理論を構想した。
⇒岩世人（シスモンディ　1773.5.9-1842.6.25）
　ネーム（シスモンディ　1773-1842）
　学叢思（シスモンディ, ジャン・シャール・レオナール　1773-1842）

Sisowath〈19・20世紀〉
近代カンボジアの統治者。在位1904～1927。
⇒岩世人（シソワット　1840.9.7-1927.8.9）

Sisowath Monivong〈19・20世紀〉
カンボジアの王。在位1927～41。
⇒岩世人（シソワット・モニヴォン　1875.12.27-1941.4.24）

Sisygambis〈前4世紀〉
アケメネス朝ペルシアの王アルタクセルクセス2世の娘で, ダレイオス3世の母。
⇒王妃（シシュガンビス　?-?）

Sisyphos
ギリシア神話, コリントス国を創建した王。
⇒岩世人（シシュフォス）
　ネーム（シシュフォス）

Sītā
古代インドの大叙事詩《ラーマーヤナ》の主人公ラーマの妃で, ジャナカ王の娘。
⇒岩世人（スィーター）
　姫全（シーター）
　ネーム（シータ）
　南ア新（シーター）

Si Thanonchai
タイの民話の登場人物。
⇒岩世人（シー・タノンチャイ）

Siti Jenar, Syekh〈16世紀〉
1500年頃のジャワの伝説的な初期イスラーム布教者の一人。
⇒岩世人（シティ・ジュナル, シェク　1500年頃）

Sitre-meryetamun Tawosret〈前12世紀〉
古代エジプトの統治者。在位1193～1185。
⇒岩世人（タウセレト　（在位)前1194/前1193-前1186/前1185頃）
　世帝（タウセレト　　（在位)前1187-前1185頃）

Sitting Bull〈19世紀〉
アメリカインディアン部族の族長。インディアン居住地政策に抵抗し反乱を指導。
⇒アメ新（シッティング・ブル　1834頃-1890）
　岩世人（シッティング・ブル　1835頃-1890.12.15）

Sittow, Michiel〈15・16世紀〉
エストニアの画家。
⇒芸13（シトウ, ミヒール　1468-1525-1526）

si tu byang chub rgyal mtshan〈14世

紀〉
チベットの政治家, 軍人。
⇒岩世人（シトゥ・チャンチュプゲルツェン　1302–1364）

Śivprasād, Rājā〈19世紀〉
インドの語学者。平易な文章用語を提唱しヒンディー語の平易化につとめた。
⇒岩世人（シヴプラサード　1823–1895.5.23）

Sivutha〈19世紀〉
カンボジアの王族。
⇒岩世人（シヴォッター　1841–1891）

Siwiński, Andrzej〈17・18世紀〉
ポーランドの作曲家。
⇒バロ（シヴィンスキ, アンジェイ　1680頃?–1740頃?）

Sixtus I〈2世紀〉
第7代ローマ教皇, 聖人。
⇒新カト（シクストゥス1世　?–125頃）

Sixtus II〈3世紀〉
教皇。在位257～258。聖人。ウァレリアヌス帝の迫害を受け殉教。
⇒新カト（シクストゥス2世　?–258.8.6）
図聖（シクストゥス2世　?–258）

Sixtus III〈5世紀〉
教皇。在位432～440。聖人プロクロスに反対してイリリア地方での教皇権を主張。
⇒岩世人（シクストゥス3世　（在位）432–440）
新カト（シクストゥス3世　?–440.8.19）

Sixtus IV〈15世紀〉
教皇。在位1471～84。
⇒岩世人（シクストゥス4世　1414.7.21–1484.8.12）
新カト（シクストゥス4世　1414.7.21–1484.8.12）

Sixtus V〈16世紀〉
教皇。在位1585～90。対抗宗教改革期の教皇。
⇒岩世人（シクストゥス5世　1521.12.13–1590.8.12）
新カト（シクストゥス5世　1521.12.13–1590.8.27）

Siyāh Qalam, Muḥammad〈14・15世紀〉
イランから中央アジアで活動した画家。14世紀末から15世紀までに制作されたと思われる一連の絵画の作者とされる。
⇒岩世人（スィヤーフ・カラム）

Siyāt, 'Abdullāh〈8世紀〉
アラビアの音楽家。
⇒岩世人（スィヤート, アブドゥッラー　739–785）

Siyāvosh
イラン文化圏最大の悲劇的英雄。
⇒岩世人（シヤーヴォシュ）

Sjögren, Johann Gustav Emil〈19・20世紀〉
ノルウェーの作曲家。独唱曲, オルガン曲, ピアノ曲, ヴァイオリン曲を多数作曲。
⇒岩世人（シェーグレン　1853.6.16–1918.3.1）

Sjöström, Victor〈19・20世紀〉
スウェーデン無声映画時代の代表的な監督。主作品『霊魂の不滅』(20) など。
⇒岩世人（シェーストレム　1879.9.20–1960.1.3）

Skachkov, Konstantin Andrianovich〈19世紀〉
ロシアの中国学者。
⇒岩世人（スカチコーフ　1821–1883）

Skandagupta〈5世紀〉
インド, グプタ朝第5代の王。
⇒世帝（スカンダグプタ　(在位) 455頃–467頃）

Skarga, Piotr〈16・17世紀〉
ポーランドの反宗教改革派の聖職者。著書に『聖者伝』(79), 『国会説教集』(97)。
⇒新カト（スカルガ　1536.2.2–1612.9.27）

Skeat, Walter William〈19・20世紀〉
イギリスの言語学者。古英語, 中英語の分野で数々の業績を残した。
⇒岩世人（スキート　1835.11.21–1912.10.6）

Skelton, John〈15・16世紀〉
イギリスの詩人。「スケルトン風」と呼ばれる短い, 押韻の詩行で知られる。
⇒岩世人（スケルトン　1460頃–1529.6.21）

Skënderbeu〈15世紀〉
アルバニアの民族的英雄。
⇒岩世人（スカンデルベウ　1405頃–1468.1.17）

Skene, Alexander Johnston Chalmers〈19世紀〉
アメリカの婦人科医。女子尿道口のすぐ内部に開口する粘液腺を記載 (1880)。
⇒岩世人（スキーン　1837.6.17–1900.7.4）

Skene, William Forbes〈19世紀〉
イギリス（スコットランド）の歴史家。王室スコットランド修史官 (1881)。
⇒岩世人（スキーン　1809.6.7–1892.8.29）

Skinner, John Stuart〈18・19世紀〉
アメリカの農業雑誌記者。アメリカ最初の農業雑誌 "American Farmer" を刊行 (1818)。
⇒岩世人（スキナー　1788.2.22–1851.3.21）

Skírnir
豊穣神フレイの幼なじみで, 従者。
⇒ネーム（スキールニル）

Skirōn
ギリシア神話, メガラとアッティカの途中にい

た山賊。
⇒岩世人（スキロン（スケイロン））

Skobelev, Mikhail Dimitrievich〈19世紀〉
ロシアの将軍。中央アジアの征服、ロシア＝トルコ戦争に参加。
⇒岩世人（スコーベレフ　1843.9.17–1882.6.25）

Škoda, Emil〈19・20世紀〉
チェコの技術者、企業家、騎士、貴族院議員。
⇒岩世人（シュコダ　1839.11.19–1900.8.8）

Skoda, Joseph〈19世紀〉
チェコスロバキアの医師。新ウィーン学派の代表者。物理的診療法の確立者として知られる。
⇒岩世人（シュコダ　1805.12.10–1881.6.13）

Skopas〈前4世紀頃〉
ギリシアの彫刻家、建築家。作品に『陶酔のマイナス』『メレアグロス』など。
⇒岩世人（スコパス　活躍）前4世紀）
　ネーム（スコパス）
　広辞7（スコパス）
　学叢思（スコパス）
　芸13（スコパス　前390–前350）
　世人新（スコパス　生没年不詳）
　世人装（スコパス　生没年不詳）

Skopas〈前3・2世紀〉
古代ギリシアのアイトリアの指導者でエジプトの傭兵隊長。
⇒岩世人（スコパス　?–前197/前196）

Skovoroda, Gregory Savvich〈18世紀〉
ロシア（ウクライナ）の哲学者、宗教的思想家、詩人。
⇒岩世人（スコヴォロダ　1722.11.22–1794.10.29）

Skram, Amalie〈19・20世紀〉
ノルウェーの女流小説家。代表作『ヘレミュールの人人』（87～98）。
⇒岩世人（スクラム　1846.8.22–1905.3.15）

Skriabin, Aleksandr Nikolaevich〈19・20世紀〉
ロシアの作曲家。1911年『プロメテウス』を初演。
⇒岩世人（スクリャービン　1871.12.25–1915.4.14）
　バレエ（スクリャービン、アレクサンドル　1872.1.6–1915.4.27）
　エデ（スクリャービン、アレクサンドル（ニコライェヴィチ）　1872.1.6–1915.4.27）
　ネーム（スクリャービン　1872–1915）
　広辞7（スクリャビン　1872–1915）
　実音人（スクリャビン、アレクサンドル　1872–1915）
　ビ曲改（スクリャビン、アレクサンドル・ニコラエヴィッチ　1872–1915）

Skuratov, Malyuta〈16世紀〉
ロシア皇帝イヴァン4世（雷帝）の寵臣。バヤール（大貴族）弾圧のため、死刑執行者の役割を演じた。
⇒岩世人（スクラートフ　?–1573）

Skylax〈前6・5世紀〉
ギリシアの地理学者（前500年頃）。
⇒岩世人（スキュラクス（カリュアンダの））

Slagle, James Franklin〈19・20世紀〉
アメリカの大リーグ選手（外野）。
⇒メジャ（ジミー・スレイグル　1873.7.11–1956.5.10）

Slater, Samuel〈18・19世紀〉
アメリカ紡績業の父。1789年渡米。
⇒岩世人（スレイター　1768.6.9–1835.4.21）

Slatin Pascha〈19・20世紀〉
オーストリアのアフリカ探検家、軍人。イギリス・エジプト軍総監となる（1900～14）。
⇒岩世人（スラーティン・パシャ　1857.6.27–1932.10.4）

Slavejkov, Pentcho〈19・20世紀〉
ブルガリアの作家。代表作は詩集『血まみれた歌』（13）。
⇒岩世人（スラヴェイコフ　1866.4.27–1912.5.28）

Sleidanus, Johannes〈16世紀〉
ドイツの歴史家。歴史の研究、著述に熱中し、宗教改革史『皇帝カルル5世時代史』（55）は著名。
⇒岩世人（スレイダヌス　1506頃–1556.10.31）

Sleptzov, Vasilii Alekseevich〈19世紀〉
ロシアの作家。
⇒岩世人（スレプツォーフ　1836.7.19–1878.3.23）

Slevogt, Max〈19・20世紀〉
ドイツの画家。分離派の一員。
⇒岩世人（スレーフォークト　1868.10.8–1932.9.20）
　芸13（スレフォークト、マックス　1868–1932）

Slezak, Leo〈19・20世紀〉
ドイツのテノール歌手。ベルリン、ロンドン、ウィーン、ニューヨークで活躍。
⇒失声（レオ・スレザーク　1873–1946）
　魅惑（Slezak,Leo　1873–1946）

Slidell, John〈18・19世紀〉
アメリカの法律家、政治家、外交官。連邦上院議員。
⇒岩世人（スライデル　1793–1871.7.9）

Slingeneyer, Ernest〈19世紀〉
ベルギーの画家。ブリュッセル・アカデミー会員。主要作品『キリストの殉教』『ルナール将軍』など。
⇒芸13（スリンゲナイヤー、エルネスト　1820–1894）

Slipher, Vesto Melvin〈19・20世紀〉
アメリカの天文学者。13個の銀河系外星雲の視線速度を発表(1914)。
⇒岩世人（スライファー　1875.11.11–1969.11.8）

Sloan, Alfred Pritchard, Jr.〈19・20世紀〉
アメリカの企業家。ゼネラル・モーターズ社(GM)社長に就任(1923)。
⇒岩世人（スローン　1875.5.23–1966.2.17）

Sloan, John〈19・20世紀〉
アメリカの画家。写実主義グループ「アシュカン派」を結成し,ニューヨークのスラム街の生活などを描く。
⇒岩世人（スローン　1871.8.2–1951.9.7）
　芸13（スローン, ジョン　1871–1951）

Słowacki, Juliusz〈19世紀〉
ポーランドの詩人。代表作『コルディアン』(34),『精霊王』(未完,47)など。
⇒岩世人（スウォヴァツキ　1809.9.4–1849.4.3）
　ネーム（スロバツキー　1809–1849）
　新カト（スウォヴァツキ　1809.9.4–1849.4.3）

Sluse, René François de〈17世紀〉
ベルギーの数学愛好家,司祭。
⇒世数（スリュス,ルネ・フランソワ・ワルテル・ド　1622–1685）

Sluter, Claus〈14・15世紀〉
オランダの彫刻家。ゴシック末期に活動。
⇒岩世人（スリューテル　1340頃–1405.9.24/1406.1.30）
　広辞7（スリューテル　1360頃–1406頃）
　新カト（スリューテル　?–1405/1406）
　芸13（スリューター,クラウス　?–1406頃）

Slutskii, Evgenii〈19・20世紀〉
ソ連邦の統計学者,経済学者。
⇒岩世人（スルツキー　1880.4.7/19–1948.3.10）

Smaldone, Filippo〈19・20世紀〉
イタリアの聖人。祝日6月4日。修道会創立者。
⇒新カト（フィリッポ・ズマルドーネ　1848.7.27–1923.6.4）

Small, Albion Woodbury〈19・20世紀〉
アメリカの社会学者。
⇒岩世人（スモール　1854.5.11–1926.3.24）
　広辞7（スモール　1854–1926）
　学叢思（スモール,アルビオン・ウッドベリ　1854–?）

Smaragdus Sancti Michaelis〈9世紀〉
カロリング期の文法学者,ベネディクト会大修道院長。
⇒岩世人（スマラグドゥス（サン＝ミイエルの）　?–830頃）
　新カト（スマラグドゥス　?–825頃）

Smareglia, Antonio〈19・20世紀〉
イタリアの作曲家。
⇒オペラ（ズマレーリャ,アントニオ　1854–1929）

Smart, Christopher〈18世紀〉
イギリスの詩人。
⇒岩世人（スマート　1722.4.11–1771.5.21）

Smart, George Thomas〈18・19世紀〉
イギリスの音楽家。王室礼拝堂合唱隊指揮者,同オルガン演奏者。
⇒岩世人（スマート　1776.5.10–1867.2.23）

Smart, Henry Thomas〈19世紀〉
イギリスの音楽家,作曲家。ロンドンの主な教会でオルガン奏者として活動。
⇒岩世人（スマート　1813.10.26–1879.7.6）

Smart, William〈19・20世紀〉
イギリスの経済学者。
⇒岩世人（スマート　1853.4.10–1915.3.19）
　学叢思（スマート,ウィリアム　1853–1915）

Smeaton, John〈18世紀〉
イギリスの土木技術者。イギリス海峡のエディストン燈台の再建者。
⇒岩世人（スミートン　1724.6.8–1792.10.28）

Smedt, Charles De〈19・20世紀〉
ベルギーのボランディスト,イエズス会員。
⇒新カト（スメット　1833.4.6–1911.3.4）

Smellie, William〈17・18世紀〉
イギリスの産科医。助産術を女性の独占から解放し,男性の助産士をつくった。
⇒岩世人（スメリー　1697–1763.3.5）

Šmeral, Bohumír〈19・20世紀〉
チェコスロヴァキアの政治家。チェコスロヴァキア共産党創設(1921)者の一人。
⇒岩世人（シュメラル　1880.10.25–1941.5.8）

Smerdis（Bardiya）〈前6世紀〉
ペルシア帝国の統治者。在位前522。
⇒世帝（スメルディス　?–前522）

Smet, Peter Jan De〈19世紀〉
イエズス会員。北米の宣教活動を開始,促進した。ベルギーのテルモンド生まれ。
⇒新カト（スメット　1801.1.30–1873.5.23）

Smetana, Bedřich〈19世紀〉
チェコの国民的作曲家。
⇒岩世人（スメタナ　1824.3.2–1884.5.12）
　オペラ（スメタナ,ベドジフ　1824–1884）
　エデ（スメタナ,ベドジフ　1824.3.2–1884.5.12）
　広辞7（スメタナ　1824–1884）
　実音人（スメタナ,ベトルジハ　1824–1884）
　世人新（スメタナ　1824–1884）
　世人装（スメタナ　1824–1884）

世史語（スメタナ　1824-1884）
ビ曲改（スメタナ，ベドルジフ　1824-1884）
ポプ人（スメタナ，ベルジフ　1824-1884）

Smibert, John〈17・18世紀〉
アメリカの初期の肖像画家。アメリカ初期肖像画の新しい伝統を築いた。
⇒岩世人（スマイバート　1688.4.2-1751.3.2）

Smilansky, Moshe〈19・20世紀〉
イスラエルの農民作家。
⇒ユ人（スミランスキー，モシェ　1874-1953）

Smiles, Samuel〈19・20世紀〉
イギリスの著述家。自立独学を奨励する『自助論』(59)の著者。
⇒岩世人（スマイルズ　1812.12.23-1904.4.16）
広辞7（スマイルズ　1812-1904）

Smilets〈13世紀〉
中世ブルガリアの統治者。
⇒世帝（スミレツ　?-1298）

Smillie, Robert〈19・20世紀〉
イギリスの労働運動家。全英炭坑夫連合会書記長（12〜21）。
⇒岩世人（スマイリー　1857.3.17-1940.2.16）

Smim Htaw Buddhaketi〈18世紀〉
ビルマのモン王国の指導者。在位1740〜47。
⇒岩世人（タメイント・ブッダケティ）

Smirke, *Sir* Robert〈18・19世紀〉
イギリスの建築家。
⇒岩世人（スマーク　1780.10.1-1867.4.18）

Smirnov, Vasily Dmitrievich〈19・20世紀〉
ロシアの東洋学者。
⇒岩世人（スミルノーフ　1846.7.28/8.9-1922.5.25）

Smith, Adam〈18世紀〉
イギリスの経済学者，哲学者。ことに古典学派経済学の祖として著名。
⇒岩世人（スミス　1723.6.5頃-1790.7.17）
覚思（スミス，アダム　1723.6.5-1790.7.17）
覚思ス（スミス，アダム　1723.6.5-1790.7.17）
広辞7（スミス　1723-1790）
学叢思（スミス，アダム　1723-1790）
新カト（スミス　1723.6.5-1790.7.17）
世人新（スミス〈アダム〉　1723-1790）
世人装（スミス〈アダム〉　1723-1790）
世史語（アダム＝スミス　1723-1790）
ポプ人（スミス，アダム　1723-1790）
メル2（スミス，アダム　1723-1790）

Smith, Alexander〈19世紀〉
スコットランドの詩人，随筆家。"City poems"(1857)は，傑作"Glasgow"を含む。
⇒岩世人（スミス　1830.12.31-1867.1.5）

Smith, Alfred Emanuel〈19・20世紀〉
アメリカの政治家。ニューヨーク州知事（1912〜20,23〜28）。
⇒アメ新（スミス　1873-1944）
岩世人（スミス　1873.12.30-1944.10.4）

Smith, Arthur Henderson〈19・20世紀〉
アメリカの宣教師。山東省で布教（1878〜1905）後，通州に移り，中国での伝道・教育に尽力。
⇒アア歴（Smith,Arthur H（enderson）　アーサー・ヘンダーソン・スミス　1845.7.18-1932.8.31）
岩世人（スミス　1845.7.18-1932.8.31）

Smith, Charlotte〈18・19世紀〉
イギリスの女流詩人，著作家。主著『デスモンド』(92)。
⇒岩世人（スミス　1749.5.4-1806.10.28）

Smith, Daniel Appleton White〈19・20世紀〉
アメリカの宣教師。
⇒アア歴（Smith,Daniel Appleton White　ダニエル・アップルトン・ホワイト・スミス　1840.6.18-1921.12.14）

Smith, David Eugene〈19・20世紀〉
アメリカの数学史家。古代数学史に関する業績がある。
⇒岩世人（スミス　1860.1.21-1944.7.29）

Smith, Edward Huntington〈19・20世紀〉
アメリカの宣教師。
⇒アア歴（Smith,Edward Huntington　エドワード・ハンティントン・スミス　1873.7.1-1968）

Smith, Eli〈19世紀〉
アメリカの宣教師。シリアに赴き（1826），ついでベイルートに居を定めて近東各地に伝道。
⇒岩世人（スミス　1801-1857.1）

Smith, Elmer Ellsworth〈19・20世紀〉
アメリカの大リーグ選手（外野，投手）。
⇒メジャ（エルマー・スミス　1868.3.23-1945.11.5）

Smith, Erasmus Peshine〈19世紀〉
アメリカの法律学者。日本政府法律顧問として来日。
⇒アア歴（Smith,E（rasmus） Peshine　エラスマス・ピシャイン・スミス　1814.3.2-1882.10.21）

Smith, *Sir* Francis Pettit〈19世紀〉
イギリスの発明家。船のスクリュープロペラの改良，普及に大きな役割を果した。
⇒岩世人（スミス　1808-1874.2.12）

Smith, Frank Elmer〈19・20世紀〉
アメリカの大リーグ選手（投手）。
⇒メジャ（フランク・スミス　1879.10.28-1952.11.

3)
Smith, George〈19世紀〉
イギリスのアッシリア研究家。大英博物館の楔形文字板を解読。
⇒岩世人（スミス　1840.3.26–1876.8.19）

Smith, George Murray〈19・20世紀〉
イギリスの出版業者。
⇒岩世人（スミス　1824.3.19–1901.4.6）

Smith, George Washington〈19世紀〉
アメリカのダンサー，バレエ・マスター，教師。
⇒バレエ（スミス，ジョージ・ワシントン　1820頃–1899.2.18）

Smith, (Germany) George J.〈19・20世紀〉
アメリカの大リーグ選手（遊撃）。
⇒メジャ（ジャーマニー・スミス　1863.4.21–1927.12.1）

Smith, Goldwin〈19・20世紀〉
イギリスの評論家，歴史家。
⇒岩世人（スミス　1823.8.13–1910.6.7）

Smith, Henry John Stephen〈19世紀〉
イギリスの数学者。数論および楕円函数の開拓に貢献。
⇒岩世人（スミス　1826.11.2–1883.2.9）
世数（スミス，ヘンリー・ジョン・ステフェン　1826–1881）

Smith, Hugh Mccormick〈19・20世紀〉
アメリカの魚類学者。
⇒アア歴（Smith,Hugh Mccormick　ヒュー・マコーミック・スミス　1865.11.21–1941.9.28）

Smith, Jacob Hurd（"Howling Wilderness"）〈19・20世紀〉
アメリカの陸軍将校。
⇒アア歴（Smith,Jacob (Hurd)（"Howling Wilderness"）　ジェイコブ・ハード・スミス　1840.1.29–1918.3.1）

Smith, James Francis〈19・20世紀〉
アメリカの弁護士，植民地行政官。
⇒アア歴（Smith,James Francis　ジェイムズ・フランシス・スミス　1859.1.28–1928.6.29）

Smith, John〈16・17世紀〉
イギリスのバプテスト派の創始者。アムステルダムへ亡命，バプテスト教会を設立。
⇒岩世人（スミス（スマイス）　1555頃–1612）
新カト（スミス　1554頃–1612）

Smith, John〈16・17世紀〉
イギリスの軍人，探検家，作家。北アメリカ最初の恒久的なイギリス植民地の建設者の一人。
⇒アメ新（スミス　1579/1580–1631）
岩世人（スミス　1579.1頃–1631.6.21）

Smith, John〈17世紀〉
イギリスの自由主義的神学者。
⇒メル2（スミス，ジョン　1618–1652）

Smith, John Christopher II〈18世紀〉
ドイツの作曲家。
⇒バロ（スミス，ジョン・クリストファ2世　1712–1795.10.3）

Smith, John Stafford〈18・19世紀〉
イギリスの作曲家，オルガン奏者。アメリカ国歌の原曲『天国のアナクレオン』の作曲者。
⇒バロ（スミス，ジョン・スタッフォード　1750.3.30–1836.9.21）

Smith, Joseph〈19世紀〉
アメリカのモルモン教教祖。
⇒岩世人（スミス　1805.12.23–1844.6.27）
学叢思（スミス，ジョセフ　1805–1844）

Smith, Joseph Russell〈19・20世紀〉
アメリカの経済地理学者。
⇒岩世人（スミス　1874.2.3–1966）

Smith, Logan Pearsall〈19・20世紀〉
アメリカ生れのイギリスの評論家，随筆家，英語学者。
⇒岩世人（スミス　1865.10.18–1946.3.2）

Smith, Norman Kemp〈19・20世紀〉
イギリスの哲学者。カントの研究者として『純粋理性批判』(29)を英訳。
⇒岩世人（スミス　1872–1958.9.3）

Smith, (Pop) Charles Marvin〈19・20世紀〉
アメリカの大リーグ選手（二塁，遊撃）。
⇒メジャ（ポップ・スミス　1856.10.12–1927.4.18）

Smith, Richard Gordon〈19・20世紀〉
イギリスの探検家，日本の民話採集者。
⇒岩世人（スミス　1858–1920.7.16）

Smith, Robert〈17世紀〉
イギリスの作曲家。
⇒バロ（スミス，ロバート　1648頃–1675.9.25?）

Smith, Sarah Clara〈19・20世紀〉
アメリカの北部長老派教会宣教師。札幌スミス女学校を創立。
⇒岩世人（スミス　1851.3.24–1947.2.18）

Smith, Sydney〈18・19世紀〉
イギリスの著述家，聖職者。雑誌『エディンバラ・レビュー』創刊に参画。
⇒岩世人（スミス　1771.6.3–1845.2.22）

Smith, Theobald〈19・20世紀〉
アメリカの獣医学者，病理学者。死滅ウイルスは生存ウイルスに対する免疫を与えうることを証明。

⇒岩世人（スミス　1859.7.13–1934.12.10）

Smith, Theodore〈18・19世紀〉
ドイツの作曲家。
⇒バロ（スミス, テオドール　1740頃–1810）

Smith, *Sir* Thomas〈16世紀〉
イギリスの政治家, 学者。
⇒岩世人（スミス　1513.12.23–1577.8.12）

Smith, Thomas Southwood〈18・19世紀〉
イギリスの公衆衛生学者。
⇒岩世人（スミス　1788.12.21–1861.12.10）

Smith, Vincent Arthur〈19・20世紀〉
イギリスのインド学者。
⇒岩世人（スミス　1848.6.3–1920.2.6）

Smith, Warren Dupré〈19・20世紀〉
アメリカの地質学者。
⇒アア歴（Smith,Warren D(upré)　ウォーレン・デュプレ・スミス　1880.5.12–1950.7.18）

Smith, William〈18・19世紀〉
イギリスの地質学者。
⇒岩世人（スミス　1769.3.23–1839.8.28）

Smith, William I〈17世紀〉
イギリスの作曲家。
⇒バロ（スミス, ウィリアム1世　1603.4.3–1645.4.19）

Smith, William Robertson〈19世紀〉
スコットランドの自由教会派牧師。セム民族学者, 旧約学者, 百科事典編集者。
⇒岩世人（スミス　1846.11.8–1894.3.31）
広辞7（スミス　1846–1894）

Smithson, James Macie〈18・19世紀〉
イギリスの科学者。
⇒岩世人（スミッソン　1764/1765–1829.6.27）
ポブ（スミッソン, ジェームズ　1764?–1829）

Smolenskin, Perez〈19世紀〉
ロシア系ユダヤ人の小説家, 随筆家。
⇒ユ人（スモレンスキン, ペレツ　1842–1885）
ユ著人（Smolenskin,Perez ben Moses　スモレンスキン, ペレツ・ベン・モーゼス　1842–1885）

Smollett, Tobias George〈18世紀〉
イギリスの小説家。
⇒岩世人（スモレット　1721.3.16?–1771.9.17）
ネーム（スモレット　1721–1771）
広辞7（スモレット　1721–1771）
新カト（スモレット　1721.3.19–1771.9.17）

Smoluchowski, Marian von〈19・20世紀〉
ポーランドの物理化学者。
⇒岩世人（スモルコフスキ　1872.5.28–1917.9.5）

Smuts, Jan Christiaan〈19・20世紀〉
南アフリカの政治家, 軍人。ボーア（ブール）戦争で軍を指揮。
⇒アフ新（スマッツ　1870–1950）
岩世人（スマッツ　1870.5.24–1950.9.11）
ユ人（スマッツ, ジャン・クリスチャン　1870–1950）

Smyth, *Dame* Ethel Mary〈19・20世紀〉
イギリスの作曲家, 婦人参政権運動家。ブラームスの影響を受けた。
⇒岩世人（スマイス　1858.4.22–1944.5.8）

Smyth, Herbert Weir〈19・20世紀〉
アメリカの古典学者。ギリシア方言の研究, アイスキュロスの本文校訂および翻訳がある。
⇒岩世人（スマイス　1857.8.8–1937.7.16）

Smythson, Robert〈16・17世紀〉
イギリスの建築家。誇大かつ華麗なウーラトン・ホールを建てた。
⇒岩世人（スミッソン　1536–1614）

Snellaert, Ferdinand Augustijn〈19世紀〉
オランダの言語学者。
⇒岩世人（スネラールト　1809.7.21–1872.7.3）

Snellen, Hermann〈19・20世紀〉
オランダの眼科医。眼瞼外翻症および内翻症の手術方式や眼瞼下垂症治療手術に種々の考案をした。
⇒岩世人（スネレン　1834–1908.1.18）

Snellmann, Johann Wilhelm〈19世紀〉
フィンランドの哲学者。フィンランドにおけるヘーゲル哲学の代表者。
⇒岩世人（スネルマン　1806.5.12–1881.7.4）

Snell van Roijen, Willebrord〈16・17世紀〉
オランダの数学者。光の屈折の法則（スネルの法則）を確立。また三角測量の方法を見出した。
⇒岩世人（スネル　1580–1626.10.30）
物理（スネル, ヴィレブロルト　1580–1626）
世数（スネル・ファン・ロイエン, ウィレブロード　1580–1626）

śnfrw〈前27・26世紀〉
エジプト第4王朝の初代王。在位前2614～2579頃。
⇒岩世人（スネフェル　（在位）前2614–前2579頃）

Śniadecki, Jan〈18・19世紀〉
ポーランドの数学者, 天文学者, 哲学者。ダランベールの弟子であり, ポーランドにおける経験主義の代表者。
⇒岩世人（シニャデーツキ　1756.8.29–1830.11.9）

Snider, Jacob〈19世紀〉
アメリカの発明家。〈スナイダー旋条銃〉を発明

し、イギリス政府に採用された。
⇒岩世人（スナイダー（慣スナイドル）　?–1866）
Snieders, Angust〈19・20世紀〉
オランダ（フランドル）の作家。
⇒岩世人（スニーデルス　1825.5.8–1904.11.19）
Snoecq (Snoucq), Dircq (Dirck)〈17世紀〉
オランダの長崎商館長。
⇒岩世人（スヌーク）
Snorri Sturluson〈12・13世紀〉
アイスランドの歴史家、詩人、政治家。『ノルウェー国王伝』や『散文エッダ』を書いた。
⇒岩世人（スノッリ・ストゥルトルソン　1178–1241）
Snouck-Hurgronje, Christiaan〈19・20世紀〉
オランダのイスラム研究家、蘭領インドネシアの行政官。
⇒岩世人（スヌーク・ヒュルフローニエ　1857.2.8–1936.6.26）
Snow, John〈19世紀〉
イギリスの麻酔医、疫学者。
⇒岩世人（スノー　1813.3.15–1858.6.16）
広辞7（スノー　1813–1858）
Snow, Samuel〈18・19世紀〉
アメリカのロードアイランド州プロヴィデンスの商人。
⇒アア歴（Snow, Samuel　サミュエル・スノウ　1758–1838）
Snowden, Philip, 1st Viscount〈19・20世紀〉
イギリス労働党政治家。雄弁家、婦人解放論者としても著名。著書は『労働と国家財政』(20)。
⇒岩世人（スノードン　1864.7.18–1937.5.15）
学叢思（スノーデン、フィリップ　1864–?）
Snyder, (Pop) Charles N.〈19・20世紀〉
アメリカの大リーグ選手（捕手）。
⇒メジャ（ポップ・スナイダー　1854.10.6–1924.10.29）
Snyders, Frans〈16・17世紀〉
フランドルの画家。卓抜した技倆をもって静物画、動物画を描いた。
⇒岩世人（スネイデルス　1579.11.11（受洗）–1657.8.19）
芸13（スネイデルス、フランス　1579–1657）
Soane, Sir John〈18・19世紀〉
イギリスの建築家。代表作品は英国銀行（1795～1827）、ピッツァンガー館(02)など。
⇒岩世人（ソーン　1753.9.10–1837.1.20）

Ṣobḥ-e Azal〈19・20世紀〉
イランのバーブ教の開祖バーブの後継者。
⇒岩世人（ソブヘ・アザル　1830–1912.4.19）
Sobinov, Leonid〈19・20世紀〉
ソビエトのテノール。
⇒失声（レオニード・ソビノフ　1872–1934）
Sobrero, Ascanio〈19世紀〉
イタリアの化学者。1847年ニトログリセリンを合成。
⇒岩世人（ソブレーロ　1812.10.12–1888.5.26）
Sockalexis, Louis Francis〈19・20世紀〉
アメリカの大リーグ選手（外野）。
⇒メジャ（ルイス・ソカレキス　1871.10.24–1913.12.24）
Soddy, Frederick〈19・20世紀〉
イギリスの化学者。放射性崩壊を研究、1921年ノーベル化学賞受賞。
⇒岩世人（ソディ　1877.9.2–1956.9.22）
広辞7（ソディ　1877–1956）
ノ物化（フレデリック・ソディ　1877–1956）
Soden, Hermann Freiherr von〈19・20世紀〉
ドイツの聖書学者。
⇒岩世人（ゾーデン　1852.8.16–1914.1.15）
Söderberg, Hjalmar〈19・20世紀〉
スウェーデンの小説家。長篇小説『マルチン・ビルクの青春』(01)が代表作。
⇒岩世人（セーデルベリ　1869.7.2–1941.10.14）
ネーム（ゼーデルブロム　1866–1930）
Söderblom, Nathan〈19・20世紀〉
スウェーデンのルター派神学者、大主教。世界教会合同運動の主導者。1930年ノーベル平和賞受賞。
⇒岩世人（セーデルブルム　1866.1.15–1931.7.18）
広辞7（セーデルブロム　1866–1931）
新カト（セーデルブロム　1866.1.15–1931.7.12）
Sodoma, Il〈15・16世紀〉
イタリアの画家。16世紀シエナ派の代表的画家。
⇒岩世人（ソドマ　1477.2.15）
新カト（ソドマ　1477–1549）
芸13（ソドマ　1477–1549）
Sørensen, Søren Peter Lauritz〈19・20世紀〉
デンマークの生化学者。
⇒岩世人（セーアンセン（慣セーレンセン）　1868.1.9–1939.2.12）
Soetbeer, Georg Adolf〈19世紀〉
ドイツの経済学者、統計学者。貨幣用金属およびその価格の統計に関する研究がある。
⇒岩世人（ゼートベーア　1814.11.23–1892.10.23）
学叢思（ゼートベーア、アドルフ　1814–1892）

Sofer, Moses〈18・19世紀〉
ラビ,ハラハーの権威者。正統派ユダヤ教の指導者。
⇒ユ著人（Sofer,Moses　ソフェル,モーシェ　1762–1839）

Soffici, Ardengo〈19・20世紀〉
イタリアの画家,小説家,詩人。未来主義を主張。
⇒岩世人（ソッフィーチ　1879.4.7–1964.8.19）

Sofia Vilhelmina av Sverige〈19世紀〉
バーデン大公レオポルト1世の妃。スウェーデン王グスタフ4世アドルフの娘。
⇒王妃（ソフィア・ヴィルヘルミナ　1801–1865）

Sofiya Alekseevna Romanova〈17・18世紀〉
ロシアの摂政。在位1682～89。異母弟ピョートル1世との権力争いに破れた。
⇒岩世人（ソフィヤ・アレクセーヴナ　1657.9.17–1704.7.3）
　王妃（ソフィヤ・アレクセーエヴナ　1657–1704）

Sogdianus〈前5世紀〉
ペルシア帝国の統治者。在位前424。
⇒世帝（ソグディアノス　?–前423）

Sografi, Antonio〈18・19世紀〉
イタリアの台本作家。戯曲作家。喜劇役者。
⇒オペラ（ソグラーフィ,アントニオ　1759–1818）

Sohier, Jean〈15世紀〉
フランスの作曲家。
⇒バロ（ソイエ,ジャン　1415頃–1477頃）
　バロ（フェデ,ヨハネス　1415頃–1477頃）

Sohier, Mathieu〈16世紀〉
フランスの作曲家。
⇒バロ（ソイエ,マティユ　1510頃?–1560頃）

Sohm, Rudolf〈19・20世紀〉
ドイツの法学者。ローマ法の体系的著述『ローマ法教程』（1883）は,ローマ法学に関する名著。
⇒岩世人（ゾーム　1841.10.29–1917.5.16）
　新カト（ゾーム　1841.10.29–1917.5.16）

Sohrab
ペルシアの叙事詩『シャー・ナーメ』に登場する人物。
⇒ネーム（ソホラーブ）

Sok, Josef〈19・20世紀〉
チェコのヴァイオリン奏者,作曲家。
⇒岩世人（スク　1874.1.4–1935.5.29）
　エデ（スク［スーク］,ヨゼフ　1874.1.4–1935.5.29）

Sokollu Meḥmet Pasha〈16世紀〉
オスマン・トルコ帝国の大宰相。1564年より13年間にわたり,執政。
⇒岩世人（ソコッル・メフメト・パシャ　1505–1579.10.11）

Sokolova, Evgenia〈19・20世紀〉
ロシアのダンサー,教師。
⇒バレエ（ソコロワ,エヴゲニヤ　1850.12.1–1925.8.2）

Sokolow, Nahum〈19・20世紀〉
シオニスト指導者,ヘブライ語文学の作家。
⇒ユ人（ソコロフ,ナフム　1859–1936）
　ユ著人（Sokolow,Nahum　ソコロフ,ナフーム　1860/1861–1936）

Sōkratēs〈前5・4世紀〉
ギリシアの哲学者。プラトン,アリストテレスらに教え,のちのギリシア哲学の流れを決定づけた。
⇒岩世人（ソクラテス　前469–前399）
　覚思（ソクラテス　前469頃–前399.4.27）
　覚思ス（ソクラテス　前469頃–前399.4.27）
　ネーム（ソクラテス　前469?–前399）
　広辞7（ソクラテス　前469–前399）
　学叢思（ソクラテス　前469頃–前399頃）
　新カト（ソクラテス　前466–前399）
　図哲（ソクラテス　前470頃–前399頃）
　世人新（ソクラテス　前469頃–前399）
　世人装（ソクラテス　前469頃–前399）
　世史語（ソクラテス　前469頃–前399）
　ポブ人（ソクラテス　前469頃–前399）
　メル1（ソクラテス　前469–前399）
　学叢歴（ソクラテス　前469–前399）

Sōkratēs〈4・5世紀〉
ギリシアの初代教会史家。『教会史』全7巻を著した。
⇒岩世人（ソクラテス（スコラスティコス）　380頃–439以降）
　新カト（ソクラテス　380頃–439以降）

Sola〈8世紀〉
宣教師,聖人。
⇒新カト（ソラ　?–794.12.3）
　図聖（ゾーラ　?–794）

Sola, Andrés de〈17世紀〉
スペインの作曲家。
⇒バロ（ソラ,アンドレス・デ　1634.11.30–1696.4.21）

Solage〈14・15世紀〉
フランスの作曲家。
⇒バロ（ソラージュ,?　1340頃?–1403以降）

Solages, Henri de〈18・19世紀〉
マダガスカル宣教を志したフランスの宣教師。
⇒新カト（ソラージュ　1786–1832.12.8）

Solander, Daniel〈18世紀〉
スウェーデン出身の博物学者。
⇒岩世人（スーランデル　1733.2.19–1782.5.13）

Solano, Francisco〈16・17世紀〉
スペインのフランシスコ会士,ペルーへの宣教師,聖人。
　⇒岩世人（ソラーノ　1549.3.10-1610.7.14）
　　新カト（フランシスコ・ソラーノ　1549.3.10-1610.7.14）
　　図聖（ソラーノ,フランシスコ　1549-1610）

Solari, Andrea〈15・16世紀〉
イタリアの画家。1495～1524年頃活躍。代表作『緑色のクッションの聖母』(07)。
　⇒岩世人（ソラーリオ　1470/1475-1524）
　　新カト（ソラーリ　1465頃-1524）
　　芸13（ソラリオ,アンドレア　1458-1515以後）

Soler, Antonio〈18世紀〉
スペインの作曲家。1752年,エル・エスコリアル修道院に招かれ,やがて楽長に就任。
　⇒バロ（ソレール,アントニオ　1729.12.3-1783.12.20）
　　エデ（ソレール,アントニオ　1729.12.3-1783.12.20）
　　ビ曲改（ソレール,アントニオ　1729-1783）

Solera, Temistocre〈19世紀〉
イタリアの台本作家。
　⇒オペラ（ソレーラ,テミストークレ　1815-1878）

Solf, Wilhelm〈19・20世紀〉
ドイツの外交官。駐日ドイツ大使。
　⇒岩世人（ゾルフ　1862.10.5-1936.2.6）

Solger, Karl Wilhelm Ferdinand〈18・19世紀〉
ドイツ・ロマン主義の美学者。主著『エルウィン』(15),『美学講義』(29)。
　⇒岩世人（ゾルガー　1780.11.28-1819.10.20）
　　メル3（ゾルガー,カール・ヴィルヘルム・フェルディナンド　1780-1819）

Solié, Jean-Pierre〈18・19世紀〉
フランスの作曲家。
　⇒バロ（ソリエ,ジャン・ピエール　1755-1812.8.6）

Solier, François〈16・17世紀〉
フランスのイエズス会宣教師。
　⇒岩世人（ソリエー　1558-1628.10.16）
　　新カト（ソリエ　1558-1628.10.16）

Solimena, Francesco〈17・18世紀〉
イタリアの画家。通称L'Abbate Ciccio。後期バロックのナポリの代表的な画家。
　⇒岩世人（ソリメーナ　1657.10.4-1747.4.5）
　　芸13（ソリメナ,フランチェスコ　1657-1747）

Solinus, Gaius Julius〈3世紀〉
ローマの著作家。
　⇒岩世人（ソリヌス　3世紀）

Solis, Virgil〈16世紀〉
ドイツの画家・版画家。
　⇒芸13（ゾリス,ヴィルギル　1514-1562）

Sollas, William Johnson〈19・20世紀〉
イギリスの地質学者,考古学者。ブルイユと提携して洞窟遺跡を調査。
　⇒岩世人（ソーラス　1849.5.30-1936.10.20）

Solminihac, Alain de〈16・17世紀〉
フランスの司教。
　⇒新カト（ソルミニャク　1593.11.25-1659.12.31）

Solnitz, Anton Wilhelm〈18世紀〉
ボヘミアの作曲家。
　⇒バロ（ゾルニツ,アントン・ヴェルヘルム　1722頃-1758頃）

Sologub, Fyodor〈19・20世紀〉
ロシアの詩人,小説家。長篇小説『小悪魔』(05),詩集『炎の輪』(09)など。
　⇒岩世人（ソログープ　1863.2.17/3.1-1927.12.5）
　　ネーム（ソログープ　1863-1927）
　　広辞7（ソログープ　1863-1927）
　　学叢思（ソログープ,ヒョードル　1863-?）

Solomon〈前10世紀頃〉
イスラエル統一王国3代目の王。在位前961～922。エルサレム神殿を建築。
　⇒岩世人（ソロモン　(在位)前971頃-前932頃）
　　岩世人（スライマーン）
　　ネーム（ソロモン）
　　広辞7（ソロモン　(在位)前967頃-前928頃）
　　新カト（ソロモン）
　　聖書（ソロモン）
　　世人新（ソロモン　生没年不詳　(在位)前960頃/前971頃-前922頃/前932頃）
　　世人装（ソロモン　生没年不詳　(在位)前960頃-前971頃/前932頃）
　　世史語（ソロモン王　(在位)前960頃-前922頃）
　　世帝（ソロモン　前1011?-前931?）
　　ポブ人（ソロモン王　?-前922?）
　　学叢歴（ソロモン　(在位)前1015-前977）

Solomon, ben-Judah〈11世紀〉
パレスチナのガモン（アカデミーの院長）。
　⇒ユ人（ソロモン,ベンユダ　?-1051）

Solomon, Simeon〈19・20世紀〉
英国の画家。
　⇒岩世人（ソロモン　1840.10.9-1905.8.14）
　　ユ著人（Solomon,Simeon　ソロモン,シメオン　1840-1905）

Solomon, Solomn Joseph〈19・20世紀〉
イギリスの画家,迷彩法の考案者。
　⇒ユ人（ソロモン,ソロモン・ジョセフ　1860-1927）
　　ユ著人（Solomon,Solomon Joseph　ソロモン,ソロモン・ヨーゼフ　1860-1927）

Solomon ben Abraham of Montpellier〈13世紀〉
タルムード学者。
　⇒ユ著人（Solomon ben Abraham of Montpellier

モンペリエのソロモン・ベン・アブラハム　13世紀)

Solomos, Dionysios〈18・19世紀〉
ギリシアの詩人。民衆語を使用。『自由の讃歌』(23)はギリシア国歌となる。
⇒岩世人　(ソロモス　1798.4.8–1857.2.9)

Solōn〈前7・6世紀〉
アテネの政治家, 立法家, 詩人。ギリシア七賢人の一人。
⇒岩世人　(ソロン　前640頃–前560頃)
広辞7　(ソロン　前640頃–前560頃)
学叢思　(ソロン　前639–前559)
世史語　(ソロン　前640頃–前560頃)
ポプ人　(ソロン　前640?–前560?)
学叢歴　(ソロン　前640–前559)

Solórzano Pereira, Juan de〈16・17世紀〉
スペイン人法律家。
⇒ラテ新　(ソロルサノ・ペレイラ　1575–1653?)

Soloviëv, Vladimir Sergeevich〈19世紀〉
ロシアの哲学者。主著には『西欧哲学の危機』(74),『善の基礎づけ』(94〜97)など。
⇒岩世人　(ソロヴィヨフ　1853.1.16–1900.7.31)
ネーム　(ソロヴィヨフ　1853–1900)
広辞7　(ソロヴィヨーフ　1853–1900)
新カト　(ソロヴィヨフ　1853.1.16–1900.7.31)

Soloviyov, Sergei Mikhailovich〈19世紀〉
ロシアの歴史学者。V.ソロビヨフの父。主著『古代よりのロシア史』(51〜65)。
⇒岩世人　(ソロビヨフ　1820.5.5–1879.10.4)
広辞7　(ソロヴィヨーフ　1820–1879)

Solvay, Ernest〈19・20世紀〉
ベルギーの化学者。アンモニアソーダ法(ソルベー法)を発明。
⇒岩世人　(ソルヴェ(ソルヴェイ)　1838.4.16–1922.5.26)
広辞7　(ソルヴェー　1838–1922)

Somadeva〈11世紀〉
インドのサンスクリット詩人。『カター・サリット・サーガラ』(1063〜81)の作者。
⇒岩世人　(ソーマデーヴァ)

Somadevasūri〈10世紀〉
インドの文人。ジャイナ教ディガンバラ派に属する。代表作『ヤシャスティラカ』など。
⇒岩世人　(ソーマデーヴァ・スーリ)

Sombart, Werner〈19・20世紀〉
ドイツの経済学者, 社会学者。著書に『近代資本主義』(02,28),『三つの国民経済学』(30)など。
⇒岩世人　(ゾンバルト　1863.1.19–1941.5.18)
ネーム　(ゾンバルト　1863–1941)
広辞7　(ゾンバルト　1863–1941)

学叢思　(ゾンバルト, ヴェルネル　1863–?)
新カト　(ゾンバルト　1863.1.19–1941.5.18)
20思　(ゾンバルト, ヴェルナー　1863–1941)

Somers, John Somers, Baron〈17・18世紀〉
イギリスの政治家。名誉革命に際して権利宣言を作成。J.アディソンなど文人のパトロンとしても知られる。
⇒岩世人　(サマーズ　1651.3.4–1716.4.26)

Somerset, Charles Seymour, 6th Duke of〈17・18世紀〉
イギリスの政治家。公爵(1678)。ウィリアム3世, アン女王に仕えた。
⇒岩世人　(サマセット　1662.8.13–1748.12.2)

Somerset, Edmund Beaufort, 2nd Duke of〈15世紀〉
イギリスの貴族。
⇒岩世人　(サマセット　1406頃–1455.5.22)

Somerset, Edward Seymour, 1st Duke of〈16世紀〉
イギリスの政治家。
⇒岩世人　(サマセット　1500頃–1552.1.22)

Somerville, Mary〈18・19世紀〉
イギリスの科学著作家。
⇒物理　(サマヴィル, メアリー　1780–1872)

Somis, Giovanni Battista〈17・18世紀〉
イタリアのヴァイオリン奏者, 作曲家。
⇒バロ　(ソーミス, ジョヴァンニ・バッティスタ　1686.12.25–1763.8.14)

Somis, Loretzo〈17・18世紀〉
イタリアの作曲家。
⇒バロ　(ソーミス, ロレッツォ　1688.11.11–1775.11.29)

Somkins, Thomas〈16世紀〉
イギリスの作曲家。
⇒バロ　(ソムキンス, トマス　1510頃?–1560頃?)

Somm, Henry〈19・20世紀〉
フランスのイラストレーター。
⇒19仏　(アンリ・ソム　1844.2.29–1907.3.15)

Somma, Antonio〈19世紀〉
イタリアの台本作家。
⇒オペラ　(ソンマ, アントニオ　1809–1865)

Sommer, Ferdinand〈19・20世紀〉
ドイツの言語学者。ラテン語とヒッタイト語を研究。
⇒岩世人　(ゾンマー　1875.5.4–1962.4.3)

Sommer, Karl Robert〈19・20世紀〉
ドイツの精神医学者, 心理学者。
⇒岩世人　(ゾンマー　1864.12.19–1937.2.2)

Sommerfeld, Arnold Johannes Wilhelm〈19・20世紀〉
ドイツの理論物理学者。一般化座標による量子法則、電子の楕円軌道を提唱。
⇒岩世人（ゾンマーフェルト　1868.12.5–1951.4.26）
ネーム（ゾンマーフェルト　1868–1951）
物理（ゾンマーフェルト, アルノルト　1868–1951）

Sömmering, Samuel Thomas von〈18・19世紀〉
ドイツの解剖学者。骨、神経などに彼の名が冠せられているものがいくつかある。
⇒岩世人（ゼンメリング　1755–1830.3.2）

Sommervogel, Carlos〈19・20世紀〉
フランスの書誌学者、イエズス会士。
⇒新カト（ソメルヴォージェル　1834.1.8–1902.5.4）

Sommo, Judah Leone ben-Isaac〈16世紀〉
イタリアの劇作家。
⇒ユ人（ソモ, ユダ・レオーネ・ベンイサク　1527–1592）

Somov, Konstantin Andreevich〈19・20世紀〉
ロシアの画家。
⇒岩世人（ソーモフ　1869.11.18/30–1939.5.6）

Soncino, Gershon ben Moses〈15・16世紀〉
イタリアの印刷業者。
⇒ユ著人（Soncino,Gershon ben Moses　ソンキーノ, ゲルショム・ベン・モーゼス　?–1534）

Soncino, Joshua Solomon〈15・16世紀〉
イタリアの印刷業者。ソンキーノ印刷所を設立。ヘブライ語聖書の完全版を印刷した。
⇒ユ著人（Soncino,Joshua Solomon　ソンキーノ, ヨシュア・ソロモン　15世紀–16世紀）

Sonck, Lars Eliel〈19・20世紀〉
フィンランドの建築家。
⇒岩世人（ソンク　1870.8.10–1956.3.14）

Sonck, Maarten〈16・17世紀〉
オランダの初代台湾長官。
⇒岩世人（ソンク　?–1625.9）

Songeon, Jacques〈19世紀〉
フランスの政治家。
⇒19仏（ジャック・ソンジョン　1818.9.3–1889.2.17）

Songgotu〈17・18世紀〉
中国、清前期の官僚。ソニンの第3子。1689年ロシアとのネルチンスク条約のとき、清の全権大使。
⇒岩世人（ソンゴトゥ　?–1703（康熙42））

Songtham〈16・17世紀〉
タイ、アユタヤ朝第23代の王。在位1611～28。
⇒岩世人（ソンタム　1591?–1628.12）
世帝（ボーロマラーチャー1世　1590–1628）

Sonin〈17世紀〉
中国、清初期の政治家。姓はヘシェリ（赫舎里）。康熙帝輔政四大臣の一人。
⇒岩世人（ソニン　?–1667（康熙6））

Sonneman, Leopold〈19・20世紀〉
ドイツの新聞社主。
⇒ユ著人（Sonneman,Leopold　ゾンネマン, レオポルド　1831–1905）

Sonnenburug, Friedrich von〈13世紀〉
オーストリアの作曲家。
⇒バロ（ゾンネンブルク, フリードリヒ・フォン　1230頃?–1287頃以前）
バロ（フリードリヒ・フォン・ゾンネンブルク　1230頃?–1287頃以前）

Sonnenfels, Joseph von〈18・19世紀〉
ドイツの官房学者。マリア・テレジア、ヨーゼフ2世らの顧問を歴任。
⇒岩世人（ゾンネンフェルス　1732–1817.4.25）
ネーム（ゾンネンフェルス　1732?–1817）
学叢思（ゾンネンフェルス, ヨゼフ　1733–1817）

Sonnenschein, Carl〈19・20世紀〉
ドイツの社会政策家。司祭（1900）。ドイツにおけるカトリックの社会的学生運動の創始者。
⇒岩世人（ゾンネンシャイン　1876.7.15–1929.2.20）
新カト（ゾンネンシャイン　1876.7.15–1929.2.20）

Sonnenschein, Edward Adolf〈19・20世紀〉
イギリス（オーストリア系）の古典学者、文法家。
⇒岩世人（ゾンネンシャイン　1851.11.20–1929.9.2）

Sonni Ali〈15世紀〉
西アフリカのソンガイ帝国創始者。在位1464～91。
⇒岩世人（ソンニ・アリ　（在位）1464?–1492）

Sonnino, Giorgio Sidney〈19・20世紀〉
イタリアの政治家。
⇒岩世人（ソンニーノ　1847.3.11–1922.11.24）
ユ人（ソンニノ, シドニー　1847–1922）
ユ著人（Sonnino,Giorgio Sidney　ソンニノ, ジョルジョ・シドニー　1847–1922）

Sontag, Henriette Gertrude Walpurgis〈19世紀〉
ドイツのソプラノ歌手。
⇒オペラ（ゾンターク, ヘンリエッテ　1806–1854）

Sontino, Emanuele〈17世紀〉
イタリアの作曲家。

⇒バロ（ソンチーノ, エマヌエーレ　1600頃?–1660頃?）

Sonzogno, Edoardo〈19・20世紀〉
イタリアの音楽出版業者。
⇒オペラ（ソンゾーニョ, エドアルド　1836–1920）

Sōpatros〈前4・3世紀〉
ギリシアの戯文家。
⇒岩世人（ソパトロス）

Soper, Julius〈19・20世紀〉
アメリカのメソジスト監督派教会宣教師。青山学院神学部で神学を教授。
⇒岩世人（ソーパー　1845.2.15–1937.2.5）

Sophia〈2世紀〉
殉教者, 聖人。ミラノ出身のキリスト教徒。
⇒図聖（ソフィアと3人の娘　?–130頃）

Sophia〈17・18世紀〉
イギリス国王ジョージ1世の母。
⇒岩世人（ソフィア　1630.10.4–1714.5.28）

Sophia〈18・19世紀〉
イギリス王ジョージ3世の娘。
⇒王妃（ソフィア　1777–1848）

Sophia Charlotte of Mecklenburg-Streliz〈18・19世紀〉
ジョージ3世の妃。
⇒王妃（シャーロット　1744–1818）

Sophie Charlotte〈17・18世紀〉
ブランデンブルク選帝侯妃, プロイセン王妃。選帝侯妃1688～1705, プロイセン王妃1701～05。
⇒岩世人（ゾフィー・シャルロッテ　1668.10.30–1705.2.1）

Sophie Charlotte Auguste von Wittelsbach〈19世紀〉
バイエルン公マクシミリアンの娘で, オーストリア皇后エリーザベトの妹。
⇒王妃（ゾフィー・イン・バイエルン　1847–1897）

Sophie Dorothea von Braunschweig-Luneburg〈17・18世紀〉
ジョージ1世の妃。
⇒王妃（ゾフィー・ドロテア　1666–1726）

Sophie Friederlike Dorothea Wilhelmine von Bayern〈19世紀〉
オーストリア大公フランツ・カールの妃。バイエルン王マクシミリアン1世の娘。
⇒王妃（ゾフィー　1805–1872）

Sophoklēs〈前5世紀〉
ギリシア三大悲劇詩人の一人。
⇒岩世人（ソフォクレス　前496頃–前406）
オペラ（ソポクレース　前496–前406）
ネーム（ソフォクレス　前496?–前406）
広辞7（ソフォクレス　前497–前406）
学叢思（ソフォクレス　前497–前406/前405）
新カト（ソフォクレス　前497/前496–前404）
世人新（ソフォクレス　前497/前496–前406）
世人装（ソフォクレス　前497/前496–前406）
世史語（ソフォクレス　前496頃–前406）
ポプ人（ソフォクレス　前496?–前406?）
学叢歴（ソフォクレス　前495–前406）

Sophoulis, Themistokles〈19・20世紀〉
ギリシアの政治家。
⇒岩世人（ソフリス　1860–1949.6.28）

Sōphrōn〈前5・4世紀〉
ギリシアの劇作家。ミモス劇の創始者。
⇒岩世人（ソフロン　前470–前400頃）

Sōphronios ho Hierosolymitēs〈6・7世紀〉
エルサレム総主教, 修道士。
⇒岩世人（ソフロニオス（エルサレムの）　550(–560)頃–638.3.11）
新カト（ソフロニオス〔エルサレムの〕　560頃–638.3.11）

Sor, Fernando〈18・19世紀〉
スペインの作曲家, ギター奏者。ソナタ, 変奏曲, 練習曲集などのギター曲を作曲。
⇒岩世人（ソル　1778.2.14–1839.7.10）
エデ（ソル, フェルナンド　1778.2.13–1839.7.10）

Soranos ho Ephesios〈1世紀〉
ローマ帝国期の医者。
⇒岩世人（ソラノス（エフェソスの）　1世紀）

Sorbon, Robert de〈13世紀〉
フランスの聖職者。
⇒岩世人（ソルボン　1201.10.9–1274.8.15）
新カト（ソルボン　1201.10.9–1274.8.15）

Sorby, Henry Clifton〈19・20世紀〉
イギリスの地質学者。
⇒岩世人（ソービー　1826.5.10–1908.3.9）

Sordello〈13世紀〉
イタリアの吟遊詩人。ダンテの『神曲』にも登場する。
⇒岩世人（ソルデッロ　1200頃–1269?）

Sordi, Serafino〈18・19世紀〉
イタリアの新トマス主義哲学者, イエズス会員。
⇒新カト（ソルディ　1793.2.3–1865.5.17）

Sore bas Toyvim〈18世紀〉
ウクライナ出身の伝説的なユダヤ女性。18世紀に活動した。
⇒岩世人（ソレ・バス・トイヴィム　（活動）18世紀）

Sorel, Albert〈19・20世紀〉
フランスの歴史家。主著『ヨーロッパとフランス革命』(1885～1904)。

⇒岩世人（ソレル　1842.8.13-1906.6.29）
Sorel, Charles〈17世紀〉
フランスの小説家。主著『フランシション滑稽物語』(23)など。
⇒岩世人（ソレル　1602?-1674.3.7）
Sorel, Georges〈19・20世紀〉
フランスの社会思想家。過激主義で、ムッソリーニのファシズム論に影響を与えた。
⇒岩世人（ソレル　1847.11.2-1922.8.29）
　広辞7（ソレル　1847-1922）
　学叢思（ソレル, ジョルジ　1847-?）
　新カト（ソレル　1847.11.2-1922.8.30）
　20思（ソレル, ジョルジュ　1847-1922）
　メル3（ソレル, ジョルジュ　1847-1922）
Soreth, Jean〈14・15世紀〉
カルメル会総会長、女子カルメル会創立者。フランス、ノルマンディーのカンの生まれ。
⇒新カト（ソレト　1394頃-1471.7.25）
Sorge, Friedrich Anton〈19・20世紀〉
アメリカ（ドイツ生れ）の社会主義者。
⇒岩世人（ゾルゲ　1828.11.9-1906.10.26）
Sorge, Georg Andreas〈18世紀〉
ドイツの音楽理論家、作曲家。
⇒バロ（ゾルゲ, ゲオルク・アンドレアス　1703.3.21-1778.4.4）
Sörgel, Ernst August〈18・19世紀〉
ドイツの経済学者。
⇒学叢思（ゼルゲル, エルンスト・アウグスト　1763-1842）
Sorley, William Ritchie〈19・20世紀〉
イギリス（スコットランド）の倫理学者。
⇒岩世人（ソーリー　1855.11.4-1935.7.28）
Sorolla y Bastida, Joaquín〈19・20世紀〉
スペインの画家。スペイン印象派の代表者で肖像、風景、庶民生活などを描いた。
⇒岩世人（ソローリャ　1863.2.27-1923.8.11）
　芸13（ソローヤ・イ・バスティダ, ホアキン　1863-1923）
Sorqoqtani Beki〈13世紀〉
トルイの后。
⇒岩世人（ソルカクタニ・ベキ（ソルコクタニ・ベキ）　?-1252.1)
Sorre, Maximilien〈19・20世紀〉
フランスの地理学者。主著『地理学と社会学の接点』(57)など。
⇒岩世人（ソール　1880.7.16-1962.8.10）
Sorzewski〈17世紀〉
ポーランドの作曲家。
⇒バロ（ソジェフスキ,?　1640頃?-1700頃?）

Sōsos〈前3・2世紀〉
ペルガモンで活躍したモザイク師。
⇒岩世人（ソソス　（活躍）前3-2世紀）
Sosrokartono〈19・20世紀〉
インドネシアの独立運動指導者。
⇒岩世人（ソスロカルトノ　1877.4.10-1952.2.8）
Sōsthénēs
コリントの会堂司（新約）。
⇒新カト（ソステネ）
Sosthenes〈前3世紀〉
マケドニア王国の統治者。
⇒世帝（ソステネス　?-前277）
Sostoa, Manuel de〈18世紀〉
スペインの作曲家。
⇒バロ（ソストア, マヌエル・デ　1740頃?-1800頃?）
Sōtadēs〈前4世紀〉
ギリシアの喜劇作者。
⇒岩世人（ソタデス）
Sōtadēs〈前3世紀〉
マロネアの詩人。
⇒岩世人（ソタデス）
Sotelo, Luis〈16・17世紀〉
スペイン出身の司祭、フランシスコ会士。1606年来日。13年遣欧使節支倉常長に随行。
⇒岩世人（ソテロ　1574.9.6-1624.8.25）
　広辞7（ソテロ　1574-1624）
　新カト（ソテロ　1574.9.6-1624.8.25）
Soter, St.〈2世紀〉
ローマ教皇。在位166～175?。
⇒新カト（ソテル　生没年不詳）
Soteris〈3世紀〉
聖人、乙女殉教者。祝日2月11日。ローマの貴族。
⇒新カト（ソテリス　3世紀）
Sōtiōn〈前2世紀〉
ギリシアの哲学者。
⇒岩世人（ソティオン（アレクサンドリアの）　前2世紀）
Soto, Domingo de〈15・16世紀〉
スペイン生れの論理学者、自然哲学者。
⇒新カト（ソト　1494-1560.11.15）
Soto, Juan-Crisostomo〈19・20世紀〉
フィリピンのパンパンガ語の劇作家。
⇒岩世人（ソト　1867.1.27-1918.6.12）
Soto, Pedro de〈15・16世紀〉
スペインのカトリック神学者。
⇒新カト（ソト　1500頃-1563.4.20）
Soto, Pierre Francesco〈14世紀〉
スペインの作曲家。

⇒バロ（ソート，ピエール・フランチェスコ　1330頃?–1380頃?）

Soto de Langa, Francisco〈16・17世紀〉
スペインの作曲家，聖職者。
⇒バロ（ソート，フランシスコ・デ　1534–1619）
バロ（ソート・デ・ランガ，フランシスコ　1534–1619.9.25）

Sotomaior, Nuno〈16・17世紀〉
ポルトガルの艦隊司令官，遣日特派使節。
⇒岩世人（ソトマイオール）

Soubise, Charles de Rohan, Prince de〈18世紀〉
フランスの軍人。
⇒岩世人（スビーズ　1715.7.16–1787.7.4）

Soufflot, Jacques Germain〈18世紀〉
フランスの建築家。国王の首席建築家。
⇒岩世人（スフロ　1713.7.22–1780.8.29）

Soulary, Joséphin〈19世紀〉
フランスの詩人。代表作『諧謔的なソネ集』など。
⇒19仏（ジョゼファン・スーラリ　1815.2.23–1891.3.26）

Soulié, Frédéric〈19世紀〉
フランスの作家。代表作『悪魔のメモワール』など。
⇒岩世人（スーリエ　1800.12.23–1847.9.23）

Soulouque, Faustin Élie〈18・19世紀〉
ハイチの大統領，皇帝。専政を行ったが，反乱により追われ，亡命。
⇒岩世人（スールーク　1785–1867）

Soult, Nicolas Jean de Dieu, Duc de Dalmatie〈18・19世紀〉
フランスの軍人。元帥。
⇒岩世人（スルト　1769.3.29–1851.11.26）

Souriau, Paul〈19・20世紀〉
フランスの美学者。
⇒岩世人（スーリオ　1852.10.21–1926）

Sourinyavongsa〈17世紀〉
ラオスのランサン王国の王。在位1637(38)～94(95)。
⇒岩世人（スリニャウォンサー　1613–1694/1695）

Sousa, Antonio de〈16・17世紀〉
キリシタン時代のイエズス会員，宣教師，殉教者。ポルトガルのコヴィリャン生まれ。
⇒新カト（ソーザ　1588–1633.10.26）

Sousa, Frei Luiz de〈16・17世紀〉
ポルトガルの歴史家。
⇒岩世人（ソウザ　1555頃–1632.5）
新カト（ソーザ　1555頃–1632.5.5）

Sousa, John Philip〈19・20世紀〉
アメリカの作曲家。海軍軍楽隊長（1880～92）。
⇒岩世人（スーザ　1854.11.6–1932.3.6）
エデ（スーザ，ジョン・フィリップ　1854.11.6–1932.3.6）
広辞7（スーザ　1854–1932）
ポプ人（スーザ，ジョン・フィリップ　1854–1932）

Sousa, Martim Afonso de〈16世紀〉
ポルトガルの軍人，航海者。
⇒岩世人（ソウザ　1500頃?–1564/1571）

Sousa, Tomé de〈16世紀〉
初代ブラジル総督。
⇒ラテ新（ソウザ　?–1579）

Sousanna
旧約聖書『ダニエル書』に付随する外典『スザンナ書』に登場する女性。
⇒新カト（スザンナ）

Southey, Robert〈18・19世紀〉
イギリスの詩人，伝記作家。勤勉な職業作家として終始し，多量の詩，歴史，随筆，伝記を残した。
⇒岩世人（サウジー　1774.8.12–1843.3.21）
広辞7（サウジー　1774–1843）
新カト（サウジ　1774.8.12–1843.3.21）

Southwell, Robert〈16世紀〉
イギリスの詩人，殉教者。宣教，諜報活動に従事し，捕えられ処刑された。
⇒岩世人（サウスウェル　1561頃–1595.2.21）
新カト（ロバート・サウスウェル　1561後半–1595.2.21）

Souvestre, Emile〈19世紀〉
フランスの著述家，ジャーナリスト。
⇒岩世人（スーヴェストル　1806.4.15–1854.7.5）

Souza, Agnelo de〈19・20世紀〉
インドのザベリオ宣教会員，尊者。
⇒新カト（ソーザ　1869.1.21–1927.11.20）

Souza, Fernão de〈16世紀〉
ポルトガルのマカオならびに日本貿易船隊司令官。
⇒岩世人（ソウザ　?–1561）

Souza, Mateo de〈16世紀〉
キリシタン時代のアウグスチノ会司祭。ポルトガル貴族の出身。
⇒新カト（ソーザ　生没年不詳）

Souzois〈14・15世紀〉
フランスの作曲家。
⇒バロ（スゾワ,?　1360頃?–1410頃?）

Sówka, J.〈16世紀〉
ポーランドの作曲家。
⇒バロ（スフカ,J.　1520頃?–1570頃?）

Soxhlet, Franz von〈19・20世紀〉
ドイツの家畜生理学者。
⇒岩世人（ゾクスレト〔慣ソックスレー〕 1848.1.12–1926.5.5）

Soysisamout〈17・18世紀〉
ラオスのチャムパーサック王国の王。在位1713～37。
⇒岩世人（ソイシーサムット ?–1737）

Soz〈18世紀〉
インドのウルドゥー語詩人，吟詠者，能書家。
⇒岩世人（ソーズ 1720–1789）

Sōzomenos, Salamanes Hermeias〈4・5世紀〉
ギリシアの初代教会史家。
⇒岩世人（ソゾメノス 376以後–447頃）
　新カト（ソゾメノス 400頃–450頃）

Sozzini, Fausto〈16・17世紀〉
ユニテリアン派の神学者。『救主イエス・キリストについて』を出版。
⇒岩世人（ソッツィーニ 1539.12.5–1604.3.3）
　学叢思（ソチニ，ファウストゥス 1539–1604）
　新カト（ソッツィーニ 1539.12.5–1604.3.3）

Sozzini, Lelio〈16世紀〉
イタリアの神学者。
⇒岩世人（ソッツィーニ 1525.1.29–1562.5.4）
　学叢思（ソチニ，レリオ 1525–1562）
　新カト（ソッツィーニ 1525–1562.5.4）

Spada, Giacomo〈17世紀〉
イタリアの作曲家。
⇒バロ（スパーダ，ジャコモ 1640頃?–1700頃?）

Spaddi〈16世紀〉
イタリアの作曲家。
⇒バロ（スパッディ,? 1520頃?–1570頃?）

Spafary, Nicolai Gavrilovich〈17・18世紀〉
ロシアの外交官，遣清大使。
⇒岩世人（スパファリー 1636–1708）

Spalatin, Georg Burkhardt〈15・16世紀〉
ドイツの宗教改革者。
⇒岩世人（シュパラティーン 1484.1.17–1545.1.16）
　新カト（シュパラティン 1484.1.17–1545.1.16）

Spalding, Albert Goodwill〈19・20世紀〉
アメリカの大リーグ選手（投手，一塁）。
⇒メジャ（アル・スポルディング 1850.9.2–1915.9.9）

Spalding, Johann Joachim〈18・19世紀〉
ドイツのプロテスタント神学者。一方ではピエティズムに，他方では唯物論と無神論に反対。
⇒岩世人（シュパルディング 1714.11.1–1804.5.22）

Spalding, John Lancaster〈19・20世紀〉
アメリカのローマ・カトリック司教，教育家，著作家。
⇒新カト（スポールディング 1840.6.2–1916.8.25）

Spalding, Martin John〈19世紀〉
アメリカのカトリック神学者，教会史家，大司教。
⇒新カト（スポールディング 1810.5.23–1872.2.7）

Spallanzani, Lazzaro〈18世紀〉
イタリアの牧師，生理学者。
⇒岩世人（スパッランツァーニ 1729.1.12–1799.2.11）
　ネーム（スパランツァーニ 1729–1799）
　広辞7（スパランツァーニ 1729–1799）

Spalteholz, Werner〈19・20世紀〉
ドイツの解剖学者。ライプチヒ大学教授（1892～）。解剖学的プレパラートの透視方法を考案。
⇒岩世人（シュパルテホルツ 1861.2.27–1940.1.12）

Spangenberg, August Gottlieb〈18世紀〉
ドイツのモラヴィア兄弟団の神学者。同団の監督。主著『兄弟たちの信仰の理念』(79)。
⇒岩世人（シュパンゲンベルク 1704.7.15–1792.9.18）

Spangenberg, Cyriak〈16・17世紀〉
ドイツのプロテスタント神学者，歴史家。
⇒バロ（シュパンゲンベルク，ツィーリアク 1528.6.7–1604.2.7）

Spangenberg, Johann〈15・16世紀〉
ドイツのルター派神学者。
⇒バロ（シュパンゲンベルク，ヨハン 1484.3.29–1550.6.13）

Spann, Othmar〈19・20世紀〉
オーストリアの社会学者，経済学者，哲学者。
⇒岩世人（シュパン 1878.10.1–1950.7.8）
　学叢思（シュパン，オトマル 1878–7）
　新カト（シュパン 1878.10.1–1950.7.8）
　メル3（シュパン，オトマール 1878–1950）

Spargo, John〈19・20世紀〉
アメリカ（イギリス生れ）の社会民主主義者。国家社会主義党の議長となった(18)。
⇒学叢思（スパルゴー，ジョン 1876–?）

Sparks, (Tully) Thomas Frank〈19・20世紀〉
アメリカの大リーグ選手（投手）。
⇒メジャ（タリー・スパークス 1874.12.12–1937.

7.15)

Sparre, Count Pehr Louis〈19・20世紀〉
スウェーデンの画家。
⇒岩世人（スパッレ　1863.8.3-1964.10.26）

Spartacus〈前1世紀〉
ルカニア，ローマ時代の奴隷反乱の指導者。
⇒岩世人（スパルタクス　?-前71）
ネーム（スパルタクス　?-前71）
広辞7（スパルタクス　?-前71）
世人新（スパルタクス　?-前71）
世人装（スパルタクス　?-前71）
ポプ人（スパルタクス　?-前71）

Spartianus, Aelius〈4世紀〉
伝記作者。
⇒岩世人（スパルティアヌス　4世紀）

Spataro, Giovanni〈15・16世紀〉
イタリアの作曲家。
⇒バロ（スパターロ，ジョヴァンニ　1458頃-1541.1.17）

Spaulding, Levi〈18・19世紀〉
アメリカの宣教師。
⇒アア歴（Spaulding,Levi　リーヴァイ・スポールディング　1791.8.22-1873.6.18）

Spaventa, Bertrando〈19世紀〉
イタリアのヘーゲル左派哲学者，哲学史家。ヘーゲル，カントの観念論をイタリアに紹介した。
⇒岩世人（スパヴェンタ　1817.6.27-1883.2.20）

Spearman, Charles Edward〈19・20世紀〉
イギリスの心理学者。知能と認知の理論的研究に貢献，特に因子分析を用いた知能の因子説は著名。
⇒岩世人（スピアマン　1863.9.10-1945.9.17）
20思（スピアマン，チャールズ E（エドワード）1863-1945）

Specx, Jacques〈16・17世紀〉
オランダの平戸商館長，東インド総督。
⇒岩世人（スペックス　1585頃-1645頃）

Spee, Friedrich von〈16・17世紀〉
ドイツの詩人。詩集『鴬に挑む』(49)がある。
⇒岩世人（シュペー　1591.2.25-1635.8.9）
新カト（シュペー　1591.2.25-1635.8.7）

Spee, Maximillian, Graf von〈19・20世紀〉
ドイツの提督。
⇒岩世人（シュペー　1861.6.22-1914.12.8）

Speelman, Cornelis〈17世紀〉
オランダ東インド会社の総督。在職1681～84。
⇒岩世人（スペールマン　1628.3.3-1684.1.11）

Speer, Georg Daniel〈17・18世紀〉
ドイツの作曲家，著述家。
⇒バロ（シュペーア，ゲオルク・ダニエル　1636.7.2-1707.10.5）

Speidell, John〈17世紀〉
イギリスの数学者。
⇒世数（スパイデル，ジョン　17世紀はじめ）

Speke, John Hanning〈19世紀〉
イギリスのアフリカ探検家。ビクトリア湖の西岸に到着，湖の水がナイル川の源泉であることを発見。
⇒岩世人（スピーク　1827.5.4-1864.9.15）

Spemann, Hans〈19・20世紀〉
ドイツの生物学者。実験発生学の開祖といわれる。
⇒岩世人（シュペーマン　1869.6.27-1941.9.9）
ネーム（シュペーマン　1869-1941）
広辞7（シュペーマン　1869-1941）

Spence, Thomas〈18・19世紀〉
イギリス（スコットランド）の書籍商，土地改革論者。土地私有略奪論を唱え，土地の教会区有を主張。
⇒岩世人（スペンス　1750.6.21-1814.9.1）
学叢思（スペンス，トマス　1750-1814）

Spencer, David Smith〈19・20世紀〉
アメリカのメソジスト監督派教会宣教師。東京英和学校，カブリ学校で神学を教授。
⇒岩世人（スペンサー　1854.1.31-1929.10.31）

Spencer, Herbert〈19・20世紀〉
イギリスの哲学者。大学の教壇に立たず，民間の学者として終った。
⇒岩世人（スペンサー　1820.4.27-1903.12.8）
広辞7（スペンサー　1820-1903）
学叢思（スペンサー，ハーバート　1820-1903）
新カト（スペンサー　1820.4.27-1903.12.8）
世人新（スペンサー〈ハーバート〉　1820-1903）
世人装（スペンサー〈ハーバート〉　1820-1903）
世史語（スペンサー　1820-1903）
ポプ人（スペンサー，ハーバート　1820-1903）
メル3（スペンサー，ハーバート　1820-1903）

Spencer, John Charles Spencer, 3rd Earl of〈18・19世紀〉
イギリスの政治家。グレイ内閣のもとで大蔵大臣を務め，1832年選挙法改正案の議会通過に尽力。
⇒岩世人（スペンサー　1782.5.30-1845.10.1）

Spencer, John Poyntz, 5th Earl〈19・20世紀〉
イギリスの政治家。
⇒岩世人（スペンサー　1835.10.27-1910.8.13）

Spender, John Alfred〈19・20世紀〉
イギリスのジャーナリスト，現代史家。

⇒岩世人（スペンダー　1862.12.23–1942.6.21）

Spener, Philipp Jakob〈17・18世紀〉
ルター派牧師。敬虔主義の指導者。
⇒岩世人（シュペーナー　1635.1.13–1705.2.5）
学叢思（シュペーネル, フィリップ・ヤコブ　1635–1705）
新カト（シュペーナー　1635.1.13–1705.2.5）

Spengler, Lazarus〈15・16世紀〉
ドイツの宗教改革者。
⇒岩世人（シュペングラー　1479.3.13–1534.9.7）
新カト（シュペングラー　1479.3.13–1534.9.7）

Spengler, Oswald〈19・20世紀〉
ドイツの哲学者, 文化哲学者。
⇒岩世人（シュペングラー　1880.5.29–1936.5.8）
ネーム（シュペングラー　1880–1936）
広辞7（シュペングラー　1880–1936）
学叢思（シュペングラー, オスヴルト　1880–?）
新カト（シュペングラー　1880.5.29–1936.5.8）
世人新（シュペングラー　1880–1936）
世人装（シュペングラー　1880–1936）
世史語（シュペングラー　1880–1936）
20思（シュペングラー, オスヴァルト（アルノルト・ゴットフリート）　1880–1936）
メル3（シュペングラー, オズワルド　1880–1936）

Spenser, Edmund〈16世紀〉
イギリスの詩人。
⇒岩世人（スペンサー　1552頃–1599.1.16）
広辞7（スペンサー　1552頃–1599）
新カト（スペンサー　1552頃–1599.1.13）
世人新（スペンサー〈エドマンド〉　1552頃–1599）
世人装（スペンサー〈エドマンド〉　1552頃–1599）

Speragna, Ambrogio〈17世紀〉
スペインの作曲家。
⇒バロ（スペラーニャ, アンブロジオ　1600頃?–1660頃?）

Speranskii, Mikhail Mikhailovich〈18・19世紀〉
ロシアの政治家。アレクサンドル1世の内大臣（1801）。
⇒岩世人（スペランスキー　1772.1.1–1839.2.11）

Speratus, Paulus〈15・16世紀〉
ドイツの宗教改革者, 讃美歌作者。福音主義運動に加わり, M.ルターを助けた。
⇒バロ（スペラートゥス, パウル　1484.12.13–1551.8.12）
岩世人（シュペラートゥス　1484.12.13–1551.8.12）
新カト（シュペラートゥス　1484.12.13頃–1551.8.12）

Sperger, Johann〈18・19世紀〉
ドイツの音楽家。
⇒バロ（シュペルガー, ヨハネス・マティアス　1750.3.23–1812.5.13）

Sperontes〈18世紀〉
ドイツの詩人。
⇒バロ（ショルツェ, ヨハン・ジーギスムント　1705.3.20–1750.9.28）
バロ（スペロンテス　1705.3.20–1750.9.28）

Sperry, Elmer Ambrose〈19・20世紀〉
アメリカの発明家, 電気技師。強力アーク灯を発明。
⇒岩世人（スペリー　1860.10.12–1930.6.16）

Spervogel, Alterer〈12世紀〉
ドイツの作曲家。
⇒バロ（シュペアフォーゲル, 古参の　1130頃?–1180頃以降）

Spervogel, Herger〈12・13世紀〉
ドイツの遍歴詩人。プリアーメル（即興の序詞）の形式を用いた。22詩節の歌が残っている。
⇒バロ（シュペルフォーゲル, ?　1130頃?–1180頃?）

Spes〈2世紀〉
殉教者, 聖人。ミラノ出身のキリスト教徒。
⇒新カト（フィデス, スペスとカリタス）
図聖（ソフィアと3人の娘　?–130頃）

Speth, Johannes〈17・18世紀〉
ドイツの作曲家。
⇒バロ（シュペート, ヨハネス　1664.11.9–1720頃）

Speusippos〈前4世紀〉
ギリシアの哲学者。
⇒岩世人（スペウシッポス　前407頃–前339）
学叢思（スポイシッポス　前347–前339）
メル1（スペウシッポス　前407/前393?–前339/前334?）

Speusippos〈2・3世紀〉
聖人, 殉教者。祝日1月17日。カッパドキアに生まれた三つ子の兄弟。
⇒新カト（スペウシッポス, エレウシッポスとメレウシッポス　2–3世紀）

Speuy, Henderick Joostzoon〈16・17世紀〉
ネーデルラントの作曲家。
⇒バロ（シュポイ, ヘンドリック・ヨーストゾーン　1575頃–1625.10.1）
バロ（スペウ, ヘンドリック・ヨーストゾーン　1575頃–1625.10.1）

Spiegel, Friedrich von〈19・20世紀〉
ドイツの東洋学者。エルランゲン大学東洋語教授（1849～90）。
⇒岩世人（シュピーゲル　1820.7.11–1905.12.15）

Spielenberg, J.〈16・17世紀〉
ドイツの作曲家。
⇒バロ（シュピーレンベルグ, J.　1580頃?–1640頃?）

Spielhagen, Friedrich〈19・20世紀〉
ドイツの小説家, 文芸評論家。長篇小説『津波』

(77) がある。
⇒岩世人（シュピールハーゲン　1829.2.24–1911.2.25）
　学叢思（シュピールハーゲン, フリードリヒ　1829–1911）

Spiess, Adolf 〈19世紀〉
ドイツの体操家, 体育学者。ドイツの学校体操の創立者で徒手運動と秩序運動を創案。
⇒岩世人（シュピース　1810.10.3–1858.5.9）

Spiess, Meinrad 〈17・18世紀〉
ドイツの作曲家。
⇒バロ（シュピース, マインラート　1683.8.24–1761.6.12）

Spiethoff, Arthur August Caspar 〈19・20世紀〉
ドイツの経済学者。近代景気変動理論の先駆者。過剰投資理論を展開した。主著『景気理論』(25)。
⇒岩世人（シュピートホフ　1873.5.13–1957.4.4）

Spillman, William Jasper 〈19・20世紀〉
アメリカの農業経済学者。営業類型と農業のやり方を研究して, 農産局内に農業経営課を新設した (04)。
⇒岩世人（スピルマン　1863.10–1931.7.11）

Spinaccino, Francesco 〈15・16世紀〉
イタリアの作曲家。
⇒バロ（スピナッチーノ, フランチェスコ　1460頃?–1507）

Spinden, Herbert Joseph 〈19・20世紀〉
アメリカの人類学者。マヤ文明期における暦と年代法に関する研究分野で多くの業績を残した。
⇒岩世人（スピンデン　1879.8.16–1967.10.23）

Spinello Aretino 〈14・15世紀〉
イタリアの画家。フィレンツェ派の先駆者の一人。代表作はピサのカンポ・サントのフレスコなど。
⇒岩世人（スピネッロ・アレティーノ　1333頃–1410.3.14）

Spingarn, Joel Elias 〈19・20世紀〉
アメリカの著述家, 文芸批評家。優秀な黒人に毎年贈るスピンガーン・メダルを制定した (14)。
⇒岩世人（スピンガーン　1875.5.17–1939.7.26）

Spinner, Wilfrid 〈19・20世紀〉
ドイツの福音伝道会初代宣教師（スイス生れ）。
⇒岩世人（シュピンナー　1854.10–1918.8.31）

Spinola, Ambrogio di, 1st Marqués de Los Balbases 〈16・17世紀〉
イタリア出身のスペインの軍人。スペイン軍将校としてオランダ戦を指揮し, ブレダ攻略で勇名をはせた。
⇒岩世人（スピノラ　1569–1630.9.25）

Spinola, Carlo 〈16・17世紀〉
イエズス会士。
⇒岩世人（スピノラ　1564–1622.9.10）
　ネーム（スピノラ　1564–1622）
　広辞7（スピノラ　1564–1622）
　学叢思（スピノラ, カルロ　1564–1622）
　新カト（スピノラ　1564/1565–1622.9.10）

Spinola, Cristobal Rojas de 〈17世紀〉
ドイツ（スペイン系）のカトリック司教。
⇒岩世人（スピノラ　1626頃–1695.3.12）
　新カト（スピノラ　1625/1626–1695.3.12）

Spinoza, Baruch de 〈17世紀〉
オランダの哲学者。
⇒岩世人（スピノザ　1632.11.24–1677.2.21）
　覚思（スピノザ　1632.11.24–1677.2.21）
　覚思ス（スピノザ　1632.11.24–1677.2.21）
　ネーム（スピノザ　1632–1677）
　広辞7（スピノザ　1632–1677）
　学叢思（スピノーザ, バルーフ　1632–1677）
　新カト（スピノザ　1632.11.24–1677.2.21）
　図哲（スピノザ, バルフ　1632–1677）
　世人新（スピノザ　1632–1677）
　世人装（スピノザ　1632–1677）
　世史語（スピノザ　1632–1677）
　ポプ人（スピノザ, バルク・D　1632–1677）
　メル2（スピノザ, バルーフ・デ　1632–1677）
　ユ人（スピノザ, バルーフ（ベネディクト）　1632–1677）
　ユ著人（Spinoza, Baruch de　スピノザ, バルーフ・デ　1632/1637–1677）

Spir, Afrikan 〈19世紀〉
ロシアの哲学者。不可知論を説いた。
⇒岩世人（スピール　1837.11.10–1890.3.26）
　メル3（スピール, アフリカン　1837–1890）

Spire, André 〈19・20世紀〉
フランスの詩人。代表作『秘密』(19)。
⇒岩世人（スピール　1868.7.28–1966.7.29）
　ユ人（シュパイヤ, アンドレ　1868–1966）
　ユ著人（Spire, André　シュピール, アンドレ　1868–1966）

Spiro, Eugene 〈19・20世紀〉
ドイツの画家。
⇒岩世人（シュピーロ　1874.4.18–1972.9.26）

Spiro, Karl 〈19・20世紀〉
ドイツの物理化学者。膠質化学, 蛋白化学, 乳化学等を研究,〈ピラミドン〉を製出。
⇒岩世人（シュピーロ　1867.6.24–1932.3.21）

Spitsyn, Aleksandr Andreevich 〈19・20世紀〉
ロシアの考古学者。
⇒岩世人（スピーツィン　1858.8.14/26–1931.9.17）

Spitta, Friedrich Adolf Wilhelm 〈19・

20世紀〉
ドイツのプロテスタント神学者。礼拝学を振興させた。
⇒岩世人（シュピッタ　1852.1.11–1924.6.7）

Spitta, Johann August Philipp〈19世紀〉
ドイツの音楽史学者。バッハの研究家として知られ、"J.S.Bach"（73～80）を著した。
⇒岩世人（シュピッタ　1841.12.7–1894.4.13）

Spitteler, Carl〈19・20世紀〉
スイスの詩人、小説家。1919年ノーベル文学賞受賞。
⇒岩世人（シュピッテラー　1845.4.24–1924.12.29）
ネーム（シュピッテラー　1845–1924）

Spitzer, Karl Heinrich〈19世紀〉
オーストリアの反体制学徒。
⇒ユ人（シュピッツァー、カール・ハインリヒ　1830–1848）

Spitzweg, Carl〈19世紀〉
ドイツの画家。ビーダーマイアー様式の指導的画家の一人。主作品『貧しい詩人』(37) など。
⇒岩世人（シュピッツヴェーク　1808.2.5–1885.9.23）
芸13（シュピッツヴェーク、カルル　1808–1885）

Spohr, Louis〈18・19世紀〉
ドイツ・ロマン派初期の作曲家。ヴァイオリン奏者としても活躍。
⇒岩世人（シュポーア　1784.4.5–1859.10.22）
オペラ（シュポーア、ルイ　1784–1859）
エデ（シュポーア、ルートヴィヒ　1784.4.5–1859.10.22）
ネーム（シュポーア　1784–1859）

Spontini, Gasparo Luigi Pacifico〈18・19世紀〉
イタリアの作曲家。
⇒岩世人（スポンティーニ　1774.11.14–1851.1.24）
オペラ（スポンティーニ、ガスパレ　1774–1851）

Sporer, Thomas〈15・16世紀〉
ドイツの作曲家。
⇒バロ（シュポーラー、トーマス　1485頃–1534）

Spottiswoode, William〈19世紀〉
イギリスの数学者、物理学者、出版業者。
⇒学叢思（スポッティスウッド、ウィリアム　1825–1883）

Sprague, Frank Julian〈19・20世紀〉
アメリカの電気技術者、発明家。
⇒岩世人（スプレイグ　1857.7.25–1934.10.25）

Spranger, Bartholomäus〈16・17世紀〉
フランドルの画家。ウィーン、プラハの宮廷画家。壁画や寓喩、神話的内容の小品を多く制作。

芸13（シュプランガー、バルトロメウス　1546–1611）
芸13（スプランヘル、バルトロメウス　1546–1611）

Sprengel, Christian Konrad〈18・19世紀〉
ドイツの植物、博物学者。花の形と昆虫との関係を明らかにした。
⇒岩世人（シュプレンゲル　1750.9.22–1816.4.7）

Sprengel, Kurt Polykarp Joachim〈18・19世紀〉
ドイツの植物学者、医学者。高等植物の組織の顕微鏡による研究や分類学の研究で著名。
⇒岩世人（シュプレンゲル　1766.8.3–1833.3.15）

Sprenger, Aloys〈19世紀〉
オーストリア生れのイギリスの東洋学者。
⇒岩世人（シュプレンガー　1813.9.3–1893.12.19）

Springer, Anton〈19世紀〉
ドイツの美術史学者。厳格な文献学的批判と様式分析的考察を基礎とした実証主義的美術史を展開。
⇒岩世人（シュプリンガー　1825.7.13–1891.5.31）

Springer, Julius〈19世紀〉
ドイツの出版者。
⇒岩世人（シュプリンガー　1817.5.10–1877.4.17）

Spruce, Richard〈19世紀〉
イギリスの植物学者。南アメリカに15年滞在し、さまざまな生態系地域の植物標本の採集を行なった。
⇒ラテ新（スプルース　1817–1893）

Sprung, Adolf〈19・20世紀〉
ドイツの気象学者。ポツダム気象地磁気観測所長（1892）。自記気圧計を考案。
⇒岩世人（シュプルング　1848.6.5–1909.1.16）
学叢思（スプルング、アドルフ・フリードリヒ　1848–1909）

Spuller, Eugène〈19世紀〉
フランスの政治家。
⇒19仏（ウジェーヌ・スピュレール　1835.12.8–1896.7.23）

Spurgeon, Charles Haddon〈19世紀〉
イギリスのバプテスト派説教師。説教集50巻を刊行。
⇒岩世人（スパージョン　1834.6.19–1892.1.31）
学叢思（スパージョン、チャールズ・ハドン　1834–1892）

Spurr, Josiah Edward〈19・20世紀〉
アメリカの地質学者、鉱床学者。
⇒岩世人（スパー　1870.10.1–1950.1.12）

Spurzheim, Johann Caspar〈18・19世

紀〉
　骨相学の発見者。
　⇒学叢思（スプールツハイム，ヨハン・カスパール　1776–1832）

Spyri, Johanna〈19・20世紀〉
　スイスの女流作家。アルプスの少女ハイディを主人公にした物語が流布。
　⇒岩世人（シュピーリ　1827.6.12–1901.7.7）
　ネーム（シュピリ　1827–1901）
　ポブ人（シュピリ，ヨハンナ　1827–1901）

Spyrídion〈4世紀〉
　キュプロスのトレミトス主教。
　⇒新カト（スピュリドン　?–348頃）

Squarcialupi, Antonio〈15世紀〉
　イタリアのオルガン奏者，作曲家。
　⇒バロ（スクァルチャルーピ，アントーニオ　1416.3.27–1480.7.6）

Squarcione, Francesco〈14・15世紀〉
　イタリアの画家。パドバ派の創始者で，マンテーニャ・コシモ・トゥラの師。
　⇒岩世人（スクァルチョーネ　1394–1468頃）

Šrámek, Fráňa〈19・20世紀〉
　チェコスロヴァキアの作家，詩人。
　⇒岩世人（シュラーメク　1877.1.9–1952.7.1）

Srbik, Heinrich Ritter von〈19・20世紀〉
　オーストリアの歴史家，政治家。
　⇒岩世人（ジルビク　1878.11.10–1951.2.16）

Srei Soriyopor〈16・17世紀〉
　カンボジア，ポスト・アンコール時代の王。在位1602–18。
　⇒岩世人（スレイ・ソリヨポア　?–1618）

Śrīdhara〈9世紀頃〉
　インドの数学者。
　⇒岩世人（シュリーダラ　991頃–?）

Śrīharṣa〈12世紀〉
　インドのサンスクリット作家。
　⇒岩世人（シュリー・ハルシャ）

Śrīlāta〈2・3世紀?〉
　インドの仏教者。
　⇒岩世人（シュリーラータ）

Śrīmālā
　コーサラ国王ハシノクの娘。阿逾闍国の友称王の妃。勝鬘経の主人公。勝鬘夫人。
　⇒岩世人（シュリーマーラー）
　広辞7（勝鬘　しょうまん）

Sri Parameswara Dewa Shah〈15世紀〉
　マラッカ王国の王。
　⇒世帝（スリ・パラメスワラ・デワ・シャー　（在位）1444–1446）

Śrīvijaya〈9世紀〉
　南インド・ドラヴィダ語系カナラ語文学の文人。
　⇒岩世人（シュリーヴィジャヤ）

Sroṅ-btsan sgam-po〈6・7世紀〉
　チベットの初代の王。仏教に帰依し，チベット文字を制定した。
　⇒岩世人（ソンツェンガムポ　617?–649）
　ネーム（ソンツェン・ガンポ　581?–649）
　広辞7（ソンツェン・ガンポ　617?–649）
　世人新（ソンツェン＝ガンポ　?–649）
　世人装（ソンツェン＝ガンポ　?–649）
　世史語（ソンツェン＝ガンポ　?–649）
　中人小（松贊千布　581?–649）
　ポブ人（ソンツェン・ガンポ　581?–649）

ššnḳ〈前10世紀〉
　エジプト第22王朝の初代国王。在位前946～25/24頃。
　⇒岩世人（シェションク1世　（在位）前946–前925/前924頃）

Sta, Henri de〈19・20世紀〉
　フランスのイラストレーター。
　⇒19仏（アンリ・ド・スタ　1846.5.28–1920.11.5）

Staaff, Karl Albert〈19・20世紀〉
　スウェーデンの政治家，弁護士。自由党の指導者となり首相に就任（1905,11～14）。
　⇒岩世人（スターヴ　1860.1.21–1915.10.4）

Staats, Léo〈19・20世紀〉
　フランスのダンサー，振付家，バレエ・マスター，教師。
　⇒バレエ（スターツ，レオ　1877.11.26–1952.2.20）

Stabile, Annibale〈16・17世紀〉
　イタリアの作曲家。
　⇒バロ（スタビーレ，アンニバーレ　1535頃–1604）

Stachowicz, Damian〈17世紀〉
　ポーランドの作曲家。
　⇒バロ（スタホヴィチ，ダミアン　1658–1699.11.27）

Stachys〈1世紀〉
　聖人。祝日10月31日。使徒パウロと親しかった。一説によれば，ビュザンティオンの司教に叙階されたという。
　⇒新カト（スタキュス　1世紀）

Stäckel, Paul Gustav〈19・20世紀〉
　ドイツの数学者で数学史家。
　⇒世数（シュテッケル，パウル・グスタフ・サミュエル　1862–1919）

Stade, Bernhard〈19・20世紀〉
　ドイツのプロテスタント神学者，旧約聖書学者。ヴェルハウゼン学派の代表者。

⇒岩世人（シュターデ　1848.5.11–1906.12.6）

Staden, Johann〈16・17世紀〉
ドイツの作曲家，オルガン奏者。
⇒バロ（シューデン，ヨハン　1581.7.2–1634.11.15）

Staden, Sigmund Theophil〈17世紀〉
ドイツのオルガン奏者，作曲家。
⇒バロ（シュターデン，ジークムント・テオフィル　1607.11.6–1655.7.29）

Stadion, Johann Philipp Graf von〈18・19世紀〉
オーストリアの外交官，政治家。
⇒岩世人（シュターディオン　1763.6.18–1824.5.15）

Stadler, August〈19・20世紀〉
スイスの哲学者。新カント主義者。
⇒岩世人（シュタードラー　1850–1910）

Stadler, Josef〈19・20世紀〉
サラエヴォ大司教，哲学者，神学者。
⇒新カト（シュタードラー　1843.1.24–1918.12.8）

Stadler, Maximilian〈18・19世紀〉
オーストリアの作曲家，オルガン奏者。
⇒バロ（シュタードラー，マキシミリアン　1748.8.4–1833.11.8）

Stadlmayr, Johann〈16・17世紀〉
ドイツの作曲家。
⇒バロ（シュタードルマイヤー，ヨハン　1570–1648.7.12）

Staël, *Madame* de〈18・19世紀〉
フランスの女流評論家，小説家。
⇒岩世人（スタール　1766.4.22–1817.7.14）
　ネーム（スタール　1766–1817）
　広辞7（スタール夫人　1766–1817）
　学叢思（スタエル夫人　1766–1817）
　新カト（スタール夫人　スタールふじん　1766.4.22–1817.7.14）
　世人新（スタール夫人　1766–1817）
　世人裳（スタール夫人　1766–1817）

Staël-Holstein, Alexander Wilhelm von〈19・20世紀〉
ロシアのインド学者。
⇒岩世人（スタエル＝ホルスタイン　1876.12.20–1937.3.16）

Staff, Leopold〈19・20世紀〉
ポーランドの抒情詩人。「若きポーランド」の詩運動を代表する一人。代表作『針の穴』(27)など。
⇒岩世人（スタッフ　1878.11.14–1957.5.31）

Stafford, William〈16・17世紀〉
イギリスの経済学者。
⇒学叢思（スタッフォード，ウィリアム　1554–1612）

Stagg, Amos Alonzo〈19・20世紀〉
アメリカの体育家。アメリカ最優秀フットボール・コーチに選ばれた(43)。
⇒岩世人（スタッグ　1862.8.16–1965.3.17）

Staggins, Nicholas〈17世紀〉
イギリスの作曲家。
⇒バロ（スタギンズ，ニコラス　1645頃–1700.6.13）

Stagnelius, Erik Johan〈18・19世紀〉
スウェーデンの詩人。神秘と官能美を抒情的にうたいあげたロマン詩人。
⇒岩世人（スタングネーリウス　1793.10.14–1823.4.3）

Stagno, Roberto〈19世紀〉
イタリアのテノール歌手。
⇒オペラ（スターニョ，ロベルト　1840頃–1897）

Stahl, (Chick) Charles Sylvester〈19・20世紀〉
アメリカの大リーグ選手（外野）。
⇒メジャ（チック・スタール　1873.1.10–1907.3.28）

Stahl, Ernst〈19・20世紀〉
ドイツの植物学者。
⇒岩世人（シュタール　1848.6.21–1919.12.3）

Stahl, Friedrich Julius〈19世紀〉
ドイツの政治学者，ロマン的国家観の代表者。主著『法哲学』(30〜37)。
⇒岩世人（シュタール　1802.1.16–1861.8.10）
　学叢思（シュタール，フリードリヒ・ユリウス　1802–1861）
　ユ著人（Stahl, Friedrich Julius　スタール，フリードリッヒ・ユリーウス　1802–1861）

Stahl, Georg Ernst〈17・18世紀〉
ドイツの生理学者，化学者。精神論の主唱者。
⇒岩世人（シュタール　1659.10.22–1734.5.24）
　ネーム（シュタール　1660–1734）
　学叢思（スタール，ゲオルゲ・エルネスト　1660–1734）

Stahl, (Jake) Garland〈19・20世紀〉
アメリカの大リーグ選手（一塁）。
⇒メジャ（ジェイク・スタール　1879.4.13–1922.9.18）

Ståhlberg, Kaavlo Juho〈19・20世紀〉
フィンランドの法律家，政治家。初代フィンランド大統領(1919〜25)。
⇒岩世人（ストールベリ　1865.1.28–1952.9.22）

Stainer, *Sir* John〈19・20世紀〉
イギリスのオルガン奏者，作曲家。ロンドンの聖パウロ聖堂のオルガン奏者(1872〜88)。
⇒岩世人（ステイナー　1840.6.6–1901.3.31）

Staley, Henry Eli〈19・20世紀〉
アメリカの大リーグ選手(投手)。
⇒メジャ (ハリー・ステイリー　1866.11.3-1910.1.12)

Stalin, Iosif Vissarionovich〈19・20世紀〉
ソ連共産党指導者。革命運動の指導に参加、1922年に党書記長に就任。
⇒岩世人 (スターリン　1878.12.6/18-1953.3.5)
　ネーム (スターリン　1879-1953)
　広辞7 (スターリン　1878-1953)
　学叢思 (スターリン　1879-?)
　世人新 (スターリン　1879-1953)
　世人装 (スターリン　1879-1953)
　世史語 (スターリン　1879-1953)
　ポプ人 (スターリン、ヨシフ　1879-1953)
　ユ人 (スターリン(ジュガシビリ)、ヨシフ・ビッサリオノビッチ　1879-1953)

Stallings, George Tweedy〈19・20世紀〉
アメリカの大リーグ選手(捕手)。
⇒メジャ (ジョージ・ストーリングス　1867.11.17-1929.5.13)

Stalskii, Suleiman〈19・20世紀〉
ソ連邦のダゲスタン(カフカス)の遊歴詩人。十月革命後は社会主義建設と祖国愛の歌い手となる。
⇒ネーム (スタリスキー　1869-1937)

Stambolijski, Aleksandr〈19・20世紀〉
ブルガリアの政治家、農民党首領。
⇒岩世人 (スタンボリースキ　1879.3.1/13-1923.6.14)

Stambulov, Stefan Nikolov〈19世紀〉
ブルガリアの政治家。1887年首相に就任。独裁的手腕をふるい、「ブルガリアのビスマルク」と称された。
⇒岩世人 (スタンボロフ　1854.1.30-1895.7.6)

Stamitz, Anton〈18・19世紀〉
ボヘミア出身の作曲家、ヴァイオリン奏者、ヴィオラ奏者。
⇒バロ (シュターミッツ、アントン　1750.11.27-1809.6以前)

Stamitz, Carl Philipp〈18・19世紀〉
ドイツの作曲家、ヴァイオリン・ヴィオラ奏者。
⇒バロ (シュターミッツ、カルル・フィリップ　1745.5.8-1801.11.9)
　エデ (シュターミッツ、カール・フィリップスタミッツ、カレル　1745.5.7-1801.11.9)

Stamitz, Johann Wenzel Anton〈18世紀〉
ドイツ、マンハイム楽派の代表的作曲家の一人。
⇒バロ (シュターミッツ、ヨハン・ヴェンツェル・アントン　1717.6.19-1757.3.30)
　岩世人 (シュターミッツ　1717.6.19(受洗)-1757.3.30)
　エデ (シュターミッツ、ヨハン・ヴェンツェル・アントンスタミッツ、ヤン・ヴァーツラフ・アントニーン　1717.6.19-1757.3.27)
　ネーム (シュターミッツ　1717-1757)

Stammler, Rudolf〈19・20世紀〉
ドイツの法哲学者。新カント派の代表的学者で20世紀の法哲学界に新風を吹込んだ。
⇒岩世人 (シュタムラー　1856.2.19-1938.4.25)
　広辞7 (シュタムラー　1856-1938)
　学叢思 (シュタムラー、ルドルフ　1856-?)

Stampa, Gasoara〈16世紀〉
イタリアの女流作家。
⇒岩世人 (スタンパ　1523-1554.4.23)

Stampfer, Yehoshua〈19・20世紀〉
パレスチナのパイオニア。
⇒ユ人 (スタンプファー、エホシュア　1852-1908)

Stampiglia, Silvio〈17・18世紀〉
イタリアの台本作家。詩人。
⇒オペラ (スタンピーリャ、シルヴィオ　1664-1725)

Standfuss, Johann Georg〈18世紀〉
ドイツの作曲家。
⇒バロ (シュタントフッス、ヨハン・ゲオルク　1700頃?-1756)

Stanford, Amasa Leland〈19世紀〉
アメリカの政治家、鉄道建設者。カリフォルニア州知事(61-63)。
⇒岩世人 (スタンフォード　1824.3.9-1893.6.21)

Stanford, Arthur Willis〈19・20世紀〉
アメリカの宣教師。
⇒アア歴 (Stanford,Arthur Willis　アーサー・ウィリス・スタンダード　1859.1.10-1921.7.8)

Stanford, Sir Charles Villiers〈19・20世紀〉
アイルランドの作曲家。
⇒岩世人 (スタンフォード　1852.9.30-1924.3.29)

Stange, Carl〈19・20世紀〉
ドイツのプロテスタント神学者。ルター研究、キリスト教的世界観と哲学的世界観の関係についての研究。
⇒岩世人 (シュタンゲ　1870.3.7-1959.12.5)

Stanhope, Charles Stanhope, 3rd Earl of〈18・19世紀〉
イギリスの政治家、自然科学者。対アメリカ戦争、対フランス戦争に反対し、議会の改革勢力を指導。
⇒岩世人 (スタナップ　1763.8.3-1816.12.15)

Stanhope, James Stanhope, 1st Earl〈17・18世紀〉
イギリスの軍人・政治家。
⇒岩世人 (スタナップ　1673頃-1721.2.5)

Staniczewski, Antoni〈16・17世紀〉
ポーランドの作曲家。
⇒バロ（スタニチェフスキ，アントニ　1560頃?–1610頃?）

Stanislavskii, Konstantin Sergeevich〈19・20世紀〉
ソ連の演出家，俳優。モスクワ芸術座の創設者。
⇒岩世人（スタニスラフスキー　1863.1.5/17–1938.8.7）
　ネーム（スタニスラフスキー　1863–1938）
　広辞7（スタニスラフスキー　1863–1938）
　20思（スタニスラフスキー　1863–1938）
　ポプ人（スタニスラフスキー，コンスタンチン　1863–1938）

Stanisław I Leszczyński〈17・18世紀〉
ポーランド国王。在位1704～11，33～36。王位継承戦争で敗れ，フランスに亡命。
⇒岩世人（スタニスワフ1世　1677.10.20–1766.2.23）
　世帝（スタニスワフ1世　1677–1766）

Stanisław II August Poniatowski〈18世紀〉
ポーランド最後の国王。在位1764～95。
⇒岩世人（スタニスワフ2世　1732.1.17–1798.2.12）
　ネーム（スタニスラフ2世　1732–1798）
　世帝（スタニスワフ2世　1732–1798）
　皇国（スタニスワフ2世　(在位)1764–1795）
　学叢歴（スタニスラ・ポニアトウスキ）

Stanisław Kostka〈16世紀〉
聖人。祝日8月15日。ポーランドのロストコヴォの大貴族出身。イエズス会員。ポーランドの守護聖人，勉学にいそしむ青年，病人の守護聖人。
⇒新カト（スタニスワフ・コストカ　1550.10.28–1568.8.15）
　図聖（コストカ，スタニスラフ　1550–1568）

Stanisław Szczepanowski〈11世紀〉
ポーランドの守護聖人。司教となったが叛逆の疑いでボレスラオス2世に暗殺された。
⇒岩世人（スタニスワフ（クラクフの）　1030頃–1079.4.11）
　新カト（スタニスワフ〔クラクフの〕　1030頃–1079.4.11）
　図聖（スタニスラフ（クラクフの）　1030頃–1079）

Stanisław Yousef Kazimierczyk〈15世紀〉
ラテラノ修道祭式者会の責任者，神学者，説教者。聖人。祝日5月3日。カジミエシュ生まれ。
⇒新カト（スタニスワフ・カジミエルチク　1433.4.18–1489.5.3）

Stankevich, Nikolai Vladimirovich〈19世紀〉
ロシアの詩人，思想家。モスクワ大学を中心に盛んになった思想運動の指導者。
⇒岩世人（スタンケーヴィチ　1813.9.27–1840.6.25）

Stanley, Arthur Penrhyn〈19世紀〉
イギリスの聖職者，初代教会史の研究家。ラグビー校の校長の伝記『アーノルド博士伝』(44)の著者。
⇒岩世人（スタンリー　1815.12.13–1881.7.18）

Stanley, Edward〈18・19世紀〉
イギリスの聖職者。英国教会に属し，ノーウィチの監督（1837～49）。
⇒岩世人（スタンリー　1779.1.1–1849.9.6）

Stanley, Sir Henry Morton〈19・20世紀〉
アメリカの探検家，ジャーナリスト。
⇒アフ新（スタンリー　1841–1904）
　岩世人（スタンリー　1841.1.28–1904.5.10）
　19仏（ヘンリー・モートン・スタンリー　1841.1.28–1904.5.10）
　広辞7（スタンリー　1841–1904）
　新カト（スタンリ　1841.1.28–1904.5.10）
　世人新（スタンリー　1841–1904）
　世人装（スタンリー　1841–1904）
　世史語（スタンリー　1841–1904）
　世史説（スタンリー　1841–1904）
　ポプ人（スタンリー，ヘンリー　1841–1904）

Stanley, John〈18世紀〉
イギリスのオルガン奏者，作曲家。
⇒バロ（スタンリー，ジョン　1712.1.17–1786.5.19）

Stanton, Edwin McMasters〈19世紀〉
アメリカの法律家，政治家。陸軍長官となり，南北戦争中の北部の軍事機構を指揮。
⇒岩世人（スタントン　1814.12.19–1869.12.24）

Stanton, Elizabeth Cady〈19・20世紀〉
アメリカの婦人参政権運動指導者。アメリカ初の婦人参政権運動会議を開催（1848）。
⇒岩世人（スタントン　1815.11.12–1902.10.26）
　広辞7（スタントン　1815–1902）

Staphylus, Friedrich〈16世紀〉
ドイツの神学者。
⇒新カト（シュタフィルス　1512.8.27–1564.3.5）

Stapleton, Thomas〈16世紀〉
イギリスのローマ・カトリック教会司祭，論争神学者。
⇒新カト（ステイプルトン　1535.7–1598.10）

Stappen, Charles van der〈19・20世紀〉
ベルギーの彫刻家。ブリュッセル美術学校校長（1898）。
⇒岩世人（スタッペン　1843.12.19–1910.10.21）

Stappen, Crispin van〈15・16世紀〉
フランドルの作曲家。
⇒バロ（スタッペン，クリスピン・ファン　1470頃?–1532.3.10）

Starbuck, Edwin Diller〈19・20世紀〉
アメリカの宗教心理学者。主著『宗教心理学』(99)。
⇒新カト（スターバック　1866.2.20-1947.11.18）

Starčević, Ante〈19世紀〉
クロアティアの政治家。クロアティア権利党を創設(1861)。
⇒岩世人（スタルチェヴィチ　1823.5.23-1896.2.28）

Stark, J.J.〈17・18世紀〉
ドイツの作曲家。
⇒バロ（シュタルク,J.J.　1650頃?-1710頃?）

Stark, Johannes〈19・20世紀〉
ドイツの物理学者。カナール線におけるドップラー効果，水素スペクトル線のシュタルク効果を発見。
⇒岩世人（シュタルク　1874.4.15-1957.6.21）
　物理（シュタルク，ヨハネス　1874-1957）
　ノ物化（ヨハネス・シュタルク　1874-1957）

Starley, James〈19世紀〉
イギリスの発明家。自転車を改良し実用化。
⇒岩世人（スターリー　1830.4.21-1881.6.17）

Starling, Ernest Henry〈19・20世紀〉
イギリスの生理学者。ホルモン学の基礎を築いた。
⇒岩世人（スターリング　1866.4.17-1927.5.2）
　ネーム（スターリング　1866-1927）

Staromieyski, J.〈17・18世紀〉
ポーランドの作曲家。
⇒バロ（スタロミェイスキ,J.　1690頃?-1750頃?）

Starr, Frederick〈19・20世紀〉
アメリカの人類学者。来日して神社札を研究，「お札博士」と呼ばれた。
⇒アア歴（Starr,Frederick　フレデリック・スター　1858.9.2-1933.8.14）

Starzer, Joseph〈18世紀〉
オーストリアの作曲家。
⇒バロ（シュタルツァー，ヨーゼフ　1726/1727-1787.4.22）
　バレエ（シュタルツァー，ヨゼフ　1726-1787.4.22）

Stas, Jean Servais〈19世紀〉
ベルギーの化学者。原子量の精密な測定を行った。
⇒岩世人（スタース　1813.8.21-1891.12.13）

Stasov, Vladimir Vasilievich〈19・20世紀〉
ロシアの美術および音楽批評家，芸術史家，文学史家。
⇒岩世人（スターソフ　1824.1.2-1906.10.10）
　広辞7（スターソフ　1824-1906）

Staszic, Stanisław〈18・19世紀〉
ポーランド啓蒙主義の代表的思想家。重農主義者。ワルシャワ大学創立(1816)に尽力。
⇒岩世人（スタシツ　1755.11.6-1826.1.20）

Statius, Publius Papinius〈1世紀〉
ローマの詩人。現存する作品は叙事詩『テーベ物語』『アキレイス』『シルウァエ』。
⇒岩世人（スタティウス　45頃-100以前）

Statler, Ellsworth Milton〈19・20世紀〉
アメリカのホテル経営者。
⇒岩世人（スタットラー　1863.10.26-1928.4.16）

Stattler, Benedikt〈18世紀〉
ドイツのカトリック神学者，哲学者。カントの反対者。主著『キリスト教神学』(76～79)。
⇒岩世人（シュタットラー　1728.1.30-1797.8.21）
　新カト（シュタットラー　1728.1.30-1797.8.21）

Staub, Hermann〈19・20世紀〉
ドイツの法学者。
⇒岩世人（シュタウブ　1856.3.21-1904.9.2）
　学叢思（スタウプ，ヘルマン　1856-1904）

Staudenmaier, Franz Anton〈19世紀〉
ドイツのカトリック神学者。
⇒岩世人（シュタウデンマイアー　1800.9.11-1856.1.19）
　新カト（シュタウデンマイアー　1800.9.11-1856.1.19）

Staudinger, Franz〈19・20世紀〉
ドイツの社会主義哲学者。主著『倫理の経済的基礎』(07)など。
⇒岩世人（シュタウディンガー　1849.2.15-1921.11.18）
　学叢思（シュタウディンガー，フランツ　1849-1921）

Staudt, Johann Bernhard〈17・18世紀〉
オーストリアの作曲家。
⇒バロ（シュタウト，ヨハン・ベルンハルト　1654.10.23-1712.11.6/7）

Staudt, Karl Georg Christian von〈18・19世紀〉
ドイツの数学者。
⇒岩世人（シュタウト　1798.1.24-1867.6.1）
　世数（シュタウト，カール・ゲオルク・クリスチャン・フォン　1798-1867）

Stauning, Thorvald〈19・20世紀〉
デンマークの政治家。最初の社会民主党政府を樹立。
⇒岩世人（スタウニング　1873.10.26-1942.5.3）

Staunton, Sir George Leonard〈18・19世紀〉
イギリスの外交官。グレナダの検事総長，総督代理等を歴任。
⇒岩世人（ストーントン　1737.4.10-1801.1.14）

Staunton, Sir George Thomas〈18・19世紀〉
イギリスの東インド会社員。東インド会社広東商館書記(1798)、貿易監督官(04)、通訳(08)。
⇒岩世人（ストーントン　1781.5.26–1859.8.10）

Staunton, John Armitage, Jr.〈19・20世紀〉
アメリカの宣教師。
⇒アア歴（Staunton,John A（rmitage）,Jr.　ジョン・アーミテージ・ストーントン・ジュニア　1864.4.14–1944.5.24）

Staupitz, Johann von〈15・16世紀〉
ドイツの神学者。
⇒岩世人（シュタウピッツ　1468頃–1524.12.28）
新カト（シュタウピッツ　1468/1469–1524.12.28）

Stauracius〈9世紀〉
東ローマ帝国の統治者。
⇒世帝（スタウラキオス　?–812）

Stead, William Thomas〈19・20世紀〉
イギリスのジャーナリスト。
⇒岩世人（ステッド　1849.7.5–1912.4.15）

Steed, Henry Wickham〈19・20世紀〉
イギリスのジャーナリスト。
⇒岩世人（スティード　1871.10.10–1956.1.13）

Steele, Sir Richard〈17・18世紀〉
イギリスのジャーナリスト、劇作家。
⇒岩世人（スティール　1672.3.12–1729.9.1）
新カト（スティール　1672.3.12–1729.9.1）

Steen, Jan Havicksz〈17世紀〉
オランダの風俗画家。
⇒岩世人（ステーン　1626–1679）
広辞7（ステーン　1626頃–1679）
芸13（ステーン、ヤン　1626頃–1679）

Steenstrup, Johann Japetus Smith〈19世紀〉
デンマークの動物学者、考古学者。コペンハーゲン大学動物学教授（1845～85）。
⇒岩世人（ステーンストロプ　1813.3.8–1897.6.20）

Steenwick, Gisbert van〈17世紀〉
ネーデルラントの作曲家。
⇒バロ（スティンヴィック、ヒスベルト・ファン　1605頃–1679）

Steenwijk, Hendrik van〈16・17世紀〉
オランダの画家。
⇒岩世人（ファン・ステーンウェイク　1550頃–1603.6.1（埋葬））

Steere, Joseph Beal〈19・20世紀〉
アメリカの鳥類学者。
⇒アア歴（Steere,Joseph B（eal）　ジョゼフ・ビール・スティア　1842.2.9–1940.12.7）

Stefan, Josef〈19世紀〉
オーストリアの物理学者。
⇒岩世人（シュテファン　1835.3.24–1893.1.7）
物理（シュテファン、ヨーゼフ　1835–1893）

Stefan, Joseph A.〈18世紀〉
ドイツの作曲家。
⇒バロ（シュテファン、ヨーゼフ・A.　1726–1797）

Stefani, Giovanni〈16・17世紀〉
イタリアの作曲家。
⇒バロ（ステファニ、ジョヴァンニ　1570頃?–1626）

Stefani, Jan〈18・19世紀〉
ボヘミアの作曲家。
⇒バロ（ステファーニ、ヤン　1746–1829.2.24）

Štefánik, Milan Rastislav〈19・20世紀〉
チェコスロヴァキアの将軍、政治家。亡命臨時政府の軍事相、チェコスロヴァキア建国を推進。
⇒岩世人（シチェファーニク　1880.7.21–1919.5.4）

Stefan Konstantin〈13・14世紀〉
セルビア王国の王。
⇒世帝（ステファン・コンスタンティン　1282/1283–1322）

Stefansson, Vilhjalmur〈19・20世紀〉
アメリカの地理学者。人類学者、探検家。
⇒岩世人（ステファンソン　1879.11.3–1962.8.26）

Stefan Uroš I〈13世紀〉
セルビア王。在位1243～76。
⇒世帝（ステファン・ウロシュ1世　1223–1277）

Steffani, Agostino〈17・18世紀〉
イタリアの作曲家、外交官。ハノーバーの宮廷音楽長。
⇒バロ（ステッファーニ、アゴスティーノ　1654.7.25–1728.2.12）
岩世人（ステッファーニ　1654.7.25–1728.2.12）
新カト（ステッファーニ　1654.7.25–1728.2.12）

Steffens, Henrik〈18・19世紀〉
ノルウェー生れの哲学者、ルター派の宗教哲学者、詩人。
⇒岩世人（シュテフェンス（ステフェンス）　1773.5.2–1845.2.13）
メル3（シュテフェンス、ハインリッヒ〔ステフェンス、ヘンリク〕　1773–1845）

Steffens, Joseph Lincoln〈19・20世紀〉
アメリカのジャーナリスト。
⇒岩世人（ステフェンズ　1866.4.6–1936.8.9）

Steffensen, Karl Christian〈19世紀〉
ドイツの哲学者。観念論の立場に立つ。
⇒岩世人（シュテッフェンゼン　1816.4.25–1888.12.11）

Stegerwald, Adam〈19・20世紀〉
ドイツのカトリック系労働運動指導者。
⇒岩世人（シューテーガーヴァルト　1874.12.14-1945.12.3）

Stegmann, Carl David〈18・19世紀〉
ドイツの作曲家。
⇒バロ（シューテークマン, カール・ダーヴィト　1751-1826.5.27）

Stehr, Hermann〈19・20世紀〉
ドイツの作家。主著『三夜』(1909)，『聖人屋敷』(18)。
⇒岩世人（シューテール　1864.2.16-1940.9.11）

Steichen, Edward〈19・20世紀〉
アメリカの写真家。ニューヨーク近代美術館写真部長。
⇒アメ新（スタイケン　1879-1973）
岩世人（スタイケン　1879.3.27-1973.3.25）
広辞7（スタイケン　1879-1973）
芸13（スタイケン, エドワード　1879-1973）

Steichen, Michael〈19・20世紀〉
フランスの宣教師。司祭に叙せられ日本布教に出発。
⇒岩世人（スタイヘン（ステイシェン）　1857-1929.7.26）
新カト（シュタイシェン　1857.12.17-1929.7.26）

Steiff, Margarete〈19・20世紀〉
ドイツの人形製造者。
⇒岩世人（シュタイン　1847.7.24-1909.5.9）
ポブ人（シュタイフ, マルガレーテ　1847-1909）

Steigleder, Adam〈16・17世紀〉
ドイツの作曲家。
⇒バロ（シュタイクレーダー, アーダム　1561.2.19-1633.11.8）

Steigleder, Johann Ulrich〈16・17世紀〉
ドイツの作曲家。
⇒バロ（シュタイクレーダー, ヨハン・ウールリヒ　1593.3.22-1635.10.10）

Stein, Charlott von〈18・19世紀〉
ワイマール大公国の公妃侍女。ゲーテと知合って恋愛関係に入り、彼の作家的成長に大きな影響を与えた。
⇒岩世人（シュタイン　1742.12.25-1827.1.6）

Stein, Edward F.〈19・20世紀〉
アメリカの大リーグ選手（投手）。
⇒メジャ（エド・スタイン　1869.9.5-1928.5.10）

Stein, Friedrich〈19・20世紀〉
ドイツの法学者。主著『裁判官の私知』(93)。
⇒岩世人（シュタイン　1859.1.27-1923.7.12）

Stein, Gertrude〈19・20世紀〉
アメリカの女流詩人, 小説家。「失われた世代」の名づけ親。
⇒アメ新（スタイン　1874-1946）
岩世人（スタイン　1874.2.3-1946.7.27）
広辞7（スタイン　1874-1946）
新カト（スタイン　1874.2.3-1946.7.27）
ユ人（スタイン, ゲルトルード　1874-1946）
ユ著人（Stein, Gertrude　スタイン, ガートルード　1874-1946）

Stein, Heinrich von〈19世紀〉
ドイツの哲学者。
⇒岩世人（シュタイン　1857.2.12-1887.6.15）

Stein, Karl, Freiherr vom und zum〈18・19世紀〉
プロシアの政治家。税制・商工担当大臣。
⇒岩世人（シュタイン　1757.10.26-1831.6.29）
広辞7（シュタイン　1757-1831）
世人新（シュタイン　1757-1831）
世人装（シュタイン　1757-1831）
世史語（シュタイン　1757-1831）
ポブ人（シュタイン, カール　1757-1831）
学叢歴（スタイン　1757-1831）

Stein, Lorenz von〈19世紀〉
ドイツの国家学者, 社会学者。保守的社会主義あるいは国家的社会主義の理論家。主著『財政学』(60)。
⇒岩世人（シュタイン　1815.11.15-1890.9.23）
ネーム（シュタイン　1815-1890）
広辞7（シュタイン　1815-1890）
学叢思（シュタイン, ローレンツ・フォン　1815-1890）
ポブ人（シュタイン, ロレンツ・フォン　1815-1890）

Stein, Ludwig〈19・20世紀〉
ドイツの哲学者。雑誌『哲学史紀要』『ベルン哲学哲学史研究』，叢書『社会』の発行に参加。
⇒岩世人（シュタイン　1859.11.12-1930.7.13）

Stein, Sir Mark Aurel〈19・20世紀〉
ハンガリー生れのイギリスの考古学者, 東洋学者, 探検家。
⇒岩世人（スタイン　1862.11.26-1943.10.26）
世人新（スタイン　1862-1943）
世人装（スタイン　1862-1943）
世史語（スタイン　1862-1943）
ポブ人（スタイン, マーク・オーレル　1862-1943）
ユ人（スタイン, サー・マーク・オーレル　1862-1943）

Steinach, Eugen〈19・20世紀〉
オーストリアの生理学者。精管結紮切断などによって若返るというシュタイナハ手術を唱えた。
⇒岩世人（シュタイナッハ　1861.1.22-1944.5.14）

Steinberg, Yehudah〈19・20世紀〉
作家。教育者。
⇒ユ著人（Steinberg, Yehudah　シュタインベルク, イェフダー　1863-1908）

Steindorff, Georg〈19・20世紀〉
ドイツのエジプト学者。
⇒岩世人（シュタインドルフ　1861.11.12–1951.8.28）

Steiner, Ezra Burkholder〈19・20世紀〉
アメリカの宣教師。
⇒アア歴（Steiner,Ezra Burkholder　エズラ・バークホルダー・スタイナー　1877.6.8–1955.11.4）

Steiner, Jakob〈18・19世紀〉
スイスの数学者。総合幾何学の創始者の一人。射影幾何学の推進者。
⇒岩世人（シュタイナー　1796.3.18–1863.4.1）
世数（シュタイナー、ヤーコプ　1796–1863）

Steiner, Rudolf〈19・20世紀〉
ドイツの哲学者。人智学会を設立し、人智学を創始した。主著『自由の哲学』(94) など。
⇒岩世人（シュタイナー　1861.2.27–1925.3.30）
ネーム（シュタイナー、ルドルフ　1861–1925）
広辞7（シュタイナー　1861–1925）
新カト（シュタイナー　1861.2.27–1925.3.30）
20思（シュタイナー、ルドルフ　1861–1925）
ポプ人（シュタイナー、ルドルフ　1861–1925）

Steinfeldt, Harry M.〈19・20世紀〉
アメリカの大リーグ選手（三塁、二塁）。
⇒メジャ（ハリー・スタインフェルト　1877.9.29–1914.8.17）

Steingass, Francis Joseph〈19・20世紀〉
ドイツの東洋学者。
⇒岩世人（シュタインガス　1825.3.16–1903.1）

Steinheil, Carl August von〈19世紀〉
ドイツの物理学者。オーストリア政府に招かれ、同国の電信網を完成 (1851)。
⇒岩世人（シュタインハイル　1801.10.12–1870.9.12）

Steinheim, Solomon Ludwig〈18・19世紀〉
ドイツの詩人、宗教哲学者。
⇒ユ著人（Steinheim,Solomon Ludwig　シュタインハイム、ゾロモン・ルートヴィヒ　1789–1866）

Steinitz, Ernst〈19・20世紀〉
ドイツの代数学者。
⇒世数（シュタイニッツ、エルンスト　1871–1928）

Steinitz, Wilhelm〈19世紀〉
イギリスのチェスマスター。
⇒岩世人（スタイニッツ　1836–1900.8.12）
ユ人（スタイニッツ、ウィルヘルム　1836–1900）

Steinle, Eduard von〈19世紀〉
オーストリアの画家。
⇒岩世人（シュタインレ　1810.7.2–1886.9.18）
芸13（スタインレ、エドゥアルト・ヤコプ・フォン　1810–1886）

Steinlen, Théophile Alexandre〈19・20世紀〉
スイス生れのフランスの挿絵画家、版画家。
⇒岩世人（スタンラン　1859.11.10–1923.12.14）
19仏（テオフィル＝アレクサンドル・スタンラン　1859.11.10–1923.12.14）
芸13（スタンラン、アレキサンドル　1859–1923）

Steinmetz, Charles Proteus〈19・20世紀〉
ドイツ系アメリカの電気工学者。
⇒岩世人（スタインメッツ（シュタインメッツ）　1865.4.9–1923.10.26）
ネーム（スタインメッツ　1865–1923）

Steinmetz, Karl Friedrich von〈18・19世紀〉
プロシアの軍人、元帥。解放戦争やシュレースウィヒ＝ホルシュタイン戦争に出征。
⇒ネーム（シュタインメッツ　1796–1877）

Steinschneider, Moritz〈19・20世紀〉
ユダヤ文献の編者、オリエンタリスト。
⇒ユ人（シュタインシュナイダー、モリッツ　1816–1907）
ユ著人（Steinschneide,Moritz　スタインシュナイダー、モーリッツ　1816–1907）

Steinthal, Heymann〈19世紀〉
ドイツの言語学者。
⇒岩世人（シュタインタール　1823.5.16–1899.3.14）
学叢思（シュタインタール、ハイマン　1823–1899）
ユ著人（Steinthal,Hermann Heymann　シュタインタール、ヘルマン・ヘイマン　1823–1899）

Steinway, Henry Engelhard〈18・19世紀〉
アメリカのピアノ製造家。
⇒岩世人（スタインウェイ　1797.2.15–1871.2.7）

Steklov, Iulii Mikhailovich〈19・20世紀〉
ソ連邦の政治家。イズヴェスチヤの主筆 (1925まで)、全ソ中央執行委員。
⇒岩世人（ステクローフ　1873.8.15/27–1941.9.15）
学叢思（ステクロフ　1873–?）

Stella, Joseph〈19・20世紀〉
アメリカの画家。アメリカに未来派の絵画様式を導入。主作品『ブルックリン橋』(17～18)。
⇒岩世人（ステラ　1877.6.13–1946.11.5）

Stella, Scipione〈16・17世紀〉
イタリアの作曲家。
⇒バロ（ステッラ、シピオーネ　1559頃–1610-1630）

Steller, Georg Wilhelm〈18世紀〉
ドイツの自然科学者。ベーリングと北アジア、カムチャッカを調査旅行。

⇒岩世人（シュテラー　1709.3.10–1746.11.12）

Stelzner, Alfred Wilhelm〈19世紀〉
ドイツの鉱床地質学者。
⇒岩世人（シュテルツナー　1840.12.10–1895.2.25）

Stenbock, Magnus〈17・18世紀〉
スウェーデン軍の元帥。スウェーデン対反スウェーデン同盟による大北方戦争（1700～1721）で活躍。
⇒ネーム（ステンボック　1665–1717）

Stendhal〈18・19世紀〉
フランスの小説家。『赤と黒』(30),『パルムの僧院』(39) などの小説を書く。
⇒岩世人（スタンダール　1783.1.23–1842.3.23）
　ネーム（スタンダール　1783–1842）
　広辞7（スタンダール　1783–1842）
　学叢思（スタンダール, アンリ・ベイール　1783–1842）
　新カト（スタンダール　1783.1.23–1842.3.23）
　世人新（スタンダール　1783–1842）
　世人装（スタンダール　1783–1842）
　世史語（スタンダール　1783–1842）
　ポプ人（スタンダール　1783–1842）

Sten Gustavsson Sture den äldre〈15・16世紀〉
スウェーデンの王国統治者。在職1470～97, 1501～03。
⇒岩世人（ステューレ　1440–1503.12.14）

Stenhammar, Wilhelm Eugen〈19・20世紀〉
スウェーデンの作曲家, ピアノ奏者。指揮者としても著名。
⇒岩世人（ステンハンマル　1871.2.7–1927.11.20）

Steno, Nicolaus〈17世紀〉
デンマークの解剖学者, 地質学者, 鉱物学者, 神学者。
⇒岩世人（ステノ　1638.1.1–1687.11.25）
　新カト（ステンセン　1638.1.11–1686.12.5）

Stenton, *Sir* Frank Merry〈19・20世紀〉
イギリスの歴史家。レディング大学近代史教授（1912～46）, 同副総長（46～50）。
⇒岩世人（ステントン　1880.5.17–1967.9.15）

Stentōr
ギリシア神話, トロイアを攻略したギリシア軍の一戦士。
⇒岩世人（ステントル）

Stenzel, Jacob Charles〈19・20世紀〉
アメリカの大リーグ選手（外野）。
⇒メジャ（ジェイク・ステンゼル　1867.6.24–1919.1.6）

Stenzler, Adolf Friedrich〈19世紀〉
ドイツのサンスクリット学者。
⇒岩世人（シュテンツラー　1807.7.9–1887.2.27）

Štěpán, Josef Antonín〈18世紀〉
ボヘミアの作曲家。
⇒バロ（シュチェパーン, ヨーゼフ・アントニーン　1726.3.14–1797.4.12）

Stepanov, Vladimir〈19世紀〉
ロシアのダンサー, 教師, 舞踊記譜法の創始者。
⇒バレエ（ステパノフ, ウラジーミル　1866.6.29–1896.1.28）

Stephan, Heinrich von〈19世紀〉
ドイツの郵政家。ドイツ郵便制度の改革に大きな功績を残した。
⇒学叢思（ステファン, ハインリヒ・フォン　1831–1897）

Stephanas
ギリシアのアカイア州で最初のキリスト教徒。
⇒聖書（ステファナ）

Stephanie de Saxe-Cobourg et Gotha〈19・20世紀〉
オーストリア皇太子ルドルフの妃。ベルギー王レオポルド2世の娘。
⇒王妃（ステファニー　1864–1945）

Stephano, Maximilian〈17世紀〉
イタリアの作曲家。
⇒バロ（ステファーノ, マクシミリアン　1600頃?–1660頃?）

Stephanoni, Giovanni Francesco〈16・17世紀〉
イエズス会員。ローマ出身。来日宣教師。
⇒新カト（ステファノーニ　1540頃–1611/1612）

Stephanos〈前2世紀〉
ギリシアの彫刻家。
⇒芸13（ステファノス　前2世紀末）

Stephanos〈1世紀〉
エルサレム教会7人の執事の一人, キリスト教会最初の殉教者（使徒行伝）。
⇒岩世人（ステファノ）
　ネーム（ステパノ　?–30?）
　ネーム（ステファノ）
　広辞7（ステファノ　1世紀）
　新カト（ステファノ）
　図聖（ステファヌス）
　聖書（ステファノ）

Stephanos〈8世紀〉
聖サバ修道院の修道士, 隠修士。聖人。祝日3月31日。多くの奇跡を行ったことからタウマトゥルゴス（奇跡行者）と称される。
⇒新カト（ステファノス〔マル・サバの〕　725–794.3.31）

Stephanos〈8・9世紀〉
聖サバ修道院の修道士。聖人伝作家, 賛歌作家。
⇒新カト（ステファノス〔マル・サバの〕　?–807）

以前)

Stephanos ho Byzantios〈6世紀〉
ギリシアの文法家。6世紀半ばに活動。
⇒岩世人（ステファノス（ビュザンティオンの）　6世紀半ば）

Stephanus〈11・12世紀〉
グランモン修道会創立者。聖人。祝日2月8日。オーヴェルニュの貴族出身。
⇒新カト（ステファヌス〔ミュレの〕　1046頃–1124.2.8)

Stephanus I, St.〈3世紀〉
ローマ教皇。在位254〜257。
⇒岩世人（ステファヌス1世　（在位）254–257）
　新カト（ステファヌス1世　?–257.8.2)

Stephanus II〈8世紀〉
教皇。在位752.3.23〜3.25。叙階前に死亡。
⇒岩世人（ステファヌス2(3)世　?–757.4.26)
　新カト（ステファヌス2(3)世　?–757.4.26)

Stephanus III (IV)〈8世紀〉
教皇。在位768〜772。シシリア人、ベネディクト会士。
⇒新カト（ステファヌス3(4)世　720頃–772.1.24)

Stephanus IV〈9世紀〉
ローマ教皇。
⇒新カト（ステファヌス4(5)世　?–817.1.24)

Stephanus V〈9世紀〉
ローマ教皇。
⇒新カト（ステファヌス5(6)世　?–891.9.14)

Stephanus VI (VII)〈9世紀〉
ローマ教皇。
⇒新カト（ステファヌス6(7)世　?–897.8)

Stephanus VII (VIII)〈10世紀〉
ローマ教皇。在位928〜931。
⇒新カト（ステファヌス7(8)世　?–931.2)

Stephanus VIII (IX)〈10世紀〉
教皇。在位939〜942。クリュニイ人の改革運動を推進。
⇒新カト（ステファヌス8(9)世　?–942.10)

Stephanus IX (X)〈11世紀〉
教皇。在位1057〜58。聖職者独身制を強化するなど、教会改革を促進。
⇒岩世人（ステファヌス9(10)世　?–1058.3.29)
　新カト（ステファヌス9(10)世　1000頃–1058.3.29)

Stephanus Harding〈11・12世紀〉
シトー会第3代院長。聖人。祝日3月28日。アングロ・サクソン人。イングランド南西部メリオットの生まれ。
⇒新カト（ステファヌス・ハーディング　1059頃–1134.3.28)
　図聖（スティーヴン・ハーディング　1059–1134)

Stephanus Langton〈12・13世紀〉
イングランドの聖書学者、神学者、カンタベリ大司教、枢機卿。
⇒新カト（ステファヌス・ラングトン　1155頃–1228.7.9)

Stephen, *Sir* James Fitzjames〈19世紀〉
イギリスの法律家。インドでインド政府の立法に貢献。帰国後(1872)、王座裁判所判事(79〜91)。
⇒学叢思（スティヴン、サー・ジェームズ　1829–1894)

Stephen, *Sir* Leslie〈19・20世紀〉
イギリスの批評家、著作家。『コーンヒル・マガジン』の主筆となり文芸批評家として活躍。
⇒岩世人（スティーヴン　1832.11.28–1904.2.22)
　広辞7（スティーヴン　1832–1904)
　学叢思（スティヴン、サー・レズリー　1832–1904)

Stephen I〈11世紀〉
クロアティア王国の統治者。在位1030〜1058。
⇒世帝（スティエパン1世　988–1058)

Stephen II〈11世紀〉
クロアティア王国の統治者。在位1088〜1090。
⇒世帝（スティエパン2世　?–1091)

Stephen II〈12世紀〉
ハンガリー王国の統治者。在位1116〜1131。
⇒世帝（イシュトヴァーン2世　1101–1131)

Stephen III〈12世紀〉
ハンガリー王国の統治者。在位1162〜1172。
⇒世帝（イシュトヴァーン3世　1147–1172)

Stephen IV〈12世紀〉
ハンガリー王国の統治者。在位1163〜1165（対立王）。
⇒世帝（イシュトヴァーン4世　1133–1165)

Stephen V〈13世紀〉
ハンガリー王国の統治者。
⇒世帝（イシュトヴァーン5世　1239–1272)

Stephen Báthory〈16世紀〉
ポーランド王国の統治者。
⇒世帝（ステファン・バートリ　1533–1586)

Stephen Dabiša〈14世紀〉
ボスニア王国の統治者。在位1391〜1395。
⇒世帝（スチェパン・ダビシャ　?–1395)

Stephen Dragutin〈13世紀〉
中世セルビアの統治者。
⇒世帝（ステファン・ドラグティン　?–1316)

Stephen Držislav〈10世紀〉
クロアティア王国の統治者。在位969～997。
⇒世帝（スティエパン・ドルジスラヴ　?–997）

Stephen of Blois〈11・12世紀〉
ノルマン朝最後のイングランド王。在位1135～54。
⇒岩世人（スティーヴン（ブロワの）　1092頃–1154.10.25）
　新カト（スティーヴン　1097頃–1154.10.25）
　世帝（スティーブン　1096?–1154）

Stephen Ostoja〈14・15世紀〉
ボスニア王国の統治者。在位1398～1404, 1409～1418（復位）。
⇒世帝（スチェパン・オストヤ　?–1418）

Stephen Ostojić〈15世紀〉
ボスニア王国の統治者。在位1418～1420。
⇒世帝（スチェパン・オストイチ　（在位）1418–1421）

Stephen Radoslav〈12・13世紀〉
中世セルビアの統治者。在位1228～1234。
⇒世帝（ステファン・ラドスラヴ　1192以前–1135以後）

Stephens, Alexander Hamilton〈19世紀〉
アメリカの政治家。南北戦争中の南部連合の副大統領。
⇒岩世人（スティーヴンズ　1812.2.11–1883.3.4）

Stephens, James〈19・20世紀〉
アイルランドの独立運動家。フェニアン団を創立(1858)、アイルランド共和国建設を目ざして活動。
⇒岩世人（スティーヴンズ　1825.7–1901.3.29）

Stephens, Thomas〈16・17世紀〉
イギリスの宣教師。インドのゴアで布教の傍らマラーティー語方言コーンカニー語の最初の文典を著した。
⇒岩世人（スティーヴンズ　1549–1619）
　新カト（スティーヴンズ　1549–1619）

Stephens, Uriah Smith〈19世紀〉
アメリカの労働運動家。〈労働騎士団〉を結成(1869)。
⇒岩世人（スティーヴンズ　1821.8.3–1882.2.13）

Stephenson, George〈18・19世紀〉
イギリスの技術者。蒸気機関車の発明者。
⇒岩世人（スティーヴンソン　1781.6.9–1848.8.12）
　広辞7（スティーヴンソン　1781–1848）
　学叢思（スティヴンソン，ジョージ　1781–1848）
　世人新（スティーヴンソン　1781–1848）
　世人装（スティーヴンソン　1781–1848）
　世史語（スティーヴンソン　1781–1848）
　ポプ人（スティーブンソン，ジョージ　1781–1848）

Stephenson, Robert〈19世紀〉
イギリスの技術学者。蒸気機関車の発明者G.スチーブンソンの子。
⇒岩世人（スティーヴンソン　1803.10.16–1859.10.12）

Stephen the First-crowned, St.〈12・13世紀〉
中世セルビアの統治者。
⇒世帝（ステファン・ネマニッチ　1165頃–1228）

Stephen Tomaš〈15世紀〉
ボスニア王国の統治者。在位1443～1461。
⇒世帝（スチェパン・トマシュ　1411–1461）

Stephen Tomašević〈15世紀〉
ボスニア王国の統治者。
⇒世帝（スチェパン・トマシェヴィチ　?–1463）

Stephen (Uroš II) Milutin〈13・14世紀〉
中世セルビアの統治者。在位1282～1321。
⇒世帝（ステファン・ウロシュ2世　1253–1321）

Stephen Uroš III, Dečanski〈14世紀〉
中世セルビアの統治者。在位1321～1331。
⇒世帝（ステファン・ウロシュ3世　1285–1331）

Stephen Uroš IV〈14世紀〉
中世セルビアの統治者。在位1331～1355。
⇒世帝（ステファン・ウロシュ4世　1308–1355）

Stephen Uroš V〈14世紀〉
中世セルビアの統治者。在位1355～1371。
⇒世帝（ステファン・ウロシュ5世　1336–1371）

Stephen Vladislav〈13世紀〉
中世セルビアの統治者。在位1234～1243。
⇒世帝（ステファン・ヴラディスラヴ　1198頃–1264）

Stephen Vukčić〈15世紀〉
ボスニア王国の統治者。
⇒世帝（スチェパン・ヴクチチ・コサチャ　1404–1466）

Sterbini, Cesare〈18・19世紀〉
イタリアの台本作家。
⇒オペラ（ステルビーニ，チェーザレ　1784–1831）

Sterckx, Engelbert〈18・19世紀〉
ベルギーのメヘレンの大司教。
⇒新カト（ステルクス　1792.11.2–1867.12.4）

Sterkel, Johann Franz Xaver〈18・19世紀〉
ドイツの作曲家。
⇒バロ（シュテルケル，ヨハン・フランツ・クサヴァー　1750.12.3–1817.10.12）

Stern, Ernest〈19・20世紀〉
舞台装置家。
⇒ユ著人（Stern,Ernest スターン, エルネスト 1876–1954）

Stern, Lina Solomonovna〈19・20世紀〉
ロシアの生化学者。
⇒ユ人（シュテルン, リナ・ソロモノフナ 1878–1968）

Stern, Louis William〈19・20世紀〉
ドイツの心理学者。ナチスの圧迫を逃れて渡米。
⇒岩世人（シュテルン 1871.4.29–1938.3.27）
20思（シュテルン, (ルイス) ウィリアム 1871–1938）
メル3（スターン, ウィリアム〔シュテルン, ヴィルヘルム〕 1871–1938）

Sternberg, Theodor〈19・20世紀〉
ドイツの法学者。東京帝国大学法科大学でドイツ法を教授。司法省顧問をつとめた。
⇒岩世人（シュテルンベルク 1878.1.5–1950.4.18）

Sterne, Laurence〈18世紀〉
イギリスの小説家。
⇒岩世人（スターン 1713.11.24–1768.3.18）
広辞7（スターン 1713–1768）
新カト（スターン 1713.11.24–1768.3.18）

Sterne, Maurice〈19・20世紀〉
アメリカの芸術家。
⇒アア歴（Sterne,Maurice モーリス・スターン 1878.7.13–1957.7.23）

Sternheim, Carl〈19・20世紀〉
ドイツの劇作家。表現主義の指導者の一人。代表作『市民シッペル』(13)。
⇒岩世人（シュテルンハイム 1878.4.1–1942.11.3）
学叢思（シュテルンハイム, カール 1878–?）
ユ著人（Sternheim,Carl シュテルンハイム, カール 1878–1942）

Sternhold, Thomas〈16世紀〉
イングランドの韻律詩篇作者。
⇒バロ（スターンホウルド, トーマス 1500頃?–1549）

Stēsichoros〈前7・6世紀〉
ギリシアの抒情詩人。
⇒岩世人（ステシコロス 前630頃–前555頃）

Stessel, Anatolii Mikhailovich〈19・20世紀〉
ロシアの将軍。日露戦争で旅順要塞守備隊司令官。
⇒岩世人（ステッセリ（ステッセル） 1848.6.28–1915.1.5）
ネーム（ステッセリ 1848–1915）
広辞7（ステッセル 1848–1915）

Steuart, Sir James Denham〈18世紀〉
イギリスの経済学者。主著『政治経済学原理の研究』(67)を執筆。重商主義的政策体系の総合化を試みた。
⇒岩世人（ステュアート 1712.10.21–1780.11.26）
学叢思（ステュアート, ジェームズ・デンナム 1712–1780）

Steuben, Friedrich Wilhelm August, Baron von〈18世紀〉
プロシアの軍人。
⇒岩世人（シュトイベン 1730.9.17–1794.11.28）

Steuerlein, Johann〈16・17世紀〉
ドイツの宗教詩人, 作曲家, オルガン奏者。
⇒バロ（シュトイアーライン, ヨハン 1546.7.5–1613.5.5）

Stevens, Alfred〈19・20世紀〉
ベルギーの画家。パリ風俗を描いた。
⇒岩世人（ステーフェンス 1823.5.11–1906.8.24）
芸13（ステヴァンス, アルフレッド 1823–1906）

Stevens, Alfred George〈19世紀〉
イギリス新古典主義の代表的彫刻家。代表作『アニィ・コルマン夫人』。
⇒岩世人（スティーヴンズ 1818.1.28–1875.5.1）
芸13（スティーヴンス, アルフレッド 1817–1875）

Stevens, Durham W.〈19・20世紀〉
アメリカの外交官。1904年8月の第1次日韓協約により韓国へ派遣されたアメリカ人の外交顧問。
⇒アア歴（Stevens,Durham White ダラム・ホワイト・スティーヴンズ 1851.2.1–1908.3.25）
韓朝新（スティーブンズ ?–1908）

Stevens, Frederick Waeir〈19・20世紀〉
アメリカの資本家。
⇒アア歴（Stevens,Frederick W (aeir) フレデリック・ウェアー・スティーヴンズ ?–1926.11.2）

Stevens, John〈18・19世紀〉
アメリカの技術家, 発明家。
⇒岩世人（スティーヴンズ 1749–1838.3.6）

Stevens, Joseph Earle〈19・20世紀〉
アメリカの実業家。
⇒アア歴（Stevens,Joseph E (arle) ジョゼフ・アール・スティーヴンズ 1870.2.8–1961.4.10）

Stevens, Raymond Bartlett〈19・20世紀〉
アメリカの政府役人, 外交顧問。
⇒アア歴（Stevens,Raymond Bartlett レイモンド・バートレット・スティーヴンズ 1874.6.18–1942.5.18）

Stevens, Richard John Samuel〈18・19世紀〉
イギリスの作曲家。
⇒バロ（スティーヴンズ, リチャード・ジョン・サムエル 1757.3.27–1837.9.23）

steve

Stevens, Thaddeus〈18・19世紀〉
アメリカの政治家。南北戦争後の共和党急進派の指導者。
⇒岩世人（スティーヴンズ　1792.4.4–1868.8.11）

Stevens, Wallace〈19・20世紀〉
アメリカの詩人。40歳をすぎて処女詩集を発表。『詩集』(54)でピュリッツァー賞を受賞。
⇒アメ新（スティーブンズ　1879–1955）
　岩世人（スティーヴンズ　1879.10.2–1955.8.2）
　広辞7（スティーヴンズ　1879–1955）

Stevenson, Robert Louiss Balfour〈19世紀〉
イギリスの小説家,詩人,随筆家。
⇒岩世人（スティーヴンソン　1850.11.13–1894.12.3）
　オセ新（スティーブンソン　1850–1894）
　広辞7（スティーヴンソン　1850–1894）
　学叢思（スティヴンソン,ロバート・ルイス　1850–1894）
　新カト（スティーヴンソン　1850.11.13–1894.12.3）
　ポプ人（スティーブンソン,ロバート・ルイス　1850–1894）

Stevin, Simon〈16・17世紀〉
オランダの数学者,物理学者,軍人。
⇒岩世人（ステヴィン　1548頃–1620頃）
　科史（ステヴィン　1548頃–1620頃）
　広辞7（ステヴィン　1548頃–1620頃）
　物理（ステヴィン,シモン　1548–1620）
　世数（スティヴィン,シモン　1548–1620）
　ポプ人（ステビン,シモン　1548–1620）

Steward, Ira〈19世紀〉
アメリカの労働運動家。
⇒岩世人（ステュアード　1831.3.10–1883.3.13）

Stewart, Balfour〈19世紀〉
スコットランドの物理学者,気象学者。放射熱,地磁気,太陽の黒点などを研究。
⇒岩世人（ステュアート　1828.11.1–1887.12.18）

Stewart, *Sir* Donald Martin, Baronet〈19世紀〉
イギリスの軍人。インド参事会の軍事委員(1880–81),総司令官(81–85)。
⇒岩世人（ステュアート　1824.3.1–1900.3.26）

Stewart, Dugald〈18・19世紀〉
イギリスの哲学者。主著『人間精神の哲学』(92–27),ほか。
⇒岩世人（ステュアート　1753.11.22–1828.6.11）
　学叢思（ステュアート,デュゴード　1757–1828）
　メル2（スチュワート,デュガルド　1753–1828）

Stewart, Frederick〈19世紀〉
イギリスの官僚。
⇒岩世人（ステュアート　1836.10.17–1889.9.29）

Stewart, James, Earl of Moray〈16世紀〉
スコットランドの政治家,摂政。
⇒岩世人（ステュアート（マリー伯）　1531/1532–1570.1.23）

Stewart, Mattew〈18世紀〉
スコットランドの数学者,天文学者,自然哲学者。
⇒世数（スチュワート,マシュー　1717–1785）

Stewart, Robert〈19・20世紀〉
アメリカの宣教師。
⇒アア歴（Stewart,Robert　ロバート・ステュワート　1839.1.31–1915.10.23）

Stheneboia
ギリシア神話,アルゴス王プロイトスの妃。
⇒岩世人（ステネボイア）

Sthiramati〈5・6世紀〉
南インド出身の仏教大学者の一人。唯識(ゆいしき)派の重要人物。著書『大乗中観釈論』など。
⇒岩世人（スティラマティ　510頃–570頃）

Štich-Punto, Jan Václav〈18・19世紀〉
ボヘミアの作曲家。
⇒バロ（シュティヒ・プント,ヤン・ヴァーツラフ　1746.9.28–1803.2.16）

Sticker, Georg〈19・20世紀〉
ドイツの伝染病学者,医学史家。ペスト,コレラ,熱病等の伝染病を研究。
⇒岩世人（シュティッカー　1860.4.18–1960.8.28）

Stieber, Wilhelm〈19世紀〉
プロイセンのスパイ,警察長官。
⇒スパイ（シュティーバー,ヴィルヘルム　1818–1882）

Stieglitz, Alfred〈19・20世紀〉
アメリカの写真家。
⇒アメ新（スティーグリッツ　1864–1946）
　岩世人（スティーグリッツ　1864.1.1–1946.7.13）
　広辞7（スティーグリッツ　1864–1946）
　芸13（スティーグリッツ,アルフレッド　1864–1946）
　ユ人（スティーグリッツ,アルフレッド　1864–1946）
　ユ著人（Stieglitz,Alfred　スティーグリッツ,アルフレッド　1864–1946）

Stieler, Adolf〈18・19世紀〉
ドイツの地図学者。主著 "Stielers Handatlas" (17–22)。
⇒岩世人（シュティーラー　1775.2.26–1836.3.13）

Stieltjes, Thomas Johannes〈19世紀〉
オランダ系フランスの数学者。解析学を研究,〈スティールチェス積分〉を創案。
⇒岩世人（スティールチェス　1856.12.29–1894.12.31）
　世数（スティルチェス,トマス・ヨアネス　1856–

1894)

Stiernhielm, Georg〈16・17世紀〉
スウェーデンの詩人,学者。スウェーデンで初めての詩集『スウェーデンの詩神』(68)を出版。
⇒岩世人（シャーンイエルム　1598.8.7–1672.4.22）

Stifel, Michael〈15・16世紀〉
ドイツの数学者。ルターの宗教改革運動に参加。主著 "Arithmeticaintegra" (44)。
⇒岩世人（シュティーフェル　1487/1486–1567.4.19）
新カト（シュティーフェル　1487–1567.4.19）
世数（シュティーフェル,ミハエル　1486–1567）

Stifter, Adalbert〈19世紀〉
オーストリアの作家。
⇒岩世人（シュティフター　1805.10.23–1868.1.28）
ネーム（シュティフター　1805–1868）
広辞7（シュティフター　1805–1868）
新カト（シュティフター　1805.10.23–1868.1.28）

Stigand〈11世紀〉
カンタベリーの大司教。大司教就任は違法とされ,教皇から破門された。
⇒岩世人（スティガンド　?–1072）

Stiles, Charles Wardell〈19・20世紀〉
アメリカの細菌学者,寄生虫学者。有鉤条虫の研究に多くの業績を残した。
⇒岩世人（スタイルズ　1867.5.15–1941.1.24）

Stilicho, Flavius〈4・5世紀〉
ローマ帝国の将軍。西ローマ帝国を実質上支配(395～408)。
⇒岩世人（スティリコ　?–408.8.22）

Still, Andrew Taylor〈19・20世紀〉
アメリカの医師。オステオパシー医学の創始者。カークスビル最初のオステオパシー医学校を開設。
⇒岩世人（スティル　1828.8.6–1917.12.12）

Stille, Hans〈19・20世紀〉
ドイツの地質学者。
⇒岩世人（シュティレ　1876.10.8–1966.12.26）

Stilling, Benedikt〈19世紀〉
ドイツの解剖学者。
⇒岩世人（シュティリング　1810.2.22–1879.1.28）
ユ著人（Stilig,Benedikt　スティリング,ベネディクト　1810–1879）

Stillingfleet, Edward〈17世紀〉
イギリスの聖職者。ウースター主教。
⇒岩世人（スティリングフリート　1635.4.17–1699.3.27）
新カト（スティリングフリート　1635.4.17–1699.3.27）

Stillman, Marie Spartali〈19・20世紀〉
イギリスの画家。

⇒岩世人（スティルマン　1844.3.10–1927.3.6）

Stilo Praeconinus, Lucius Aelius〈前2・1世紀〉
ローマの学者。
⇒岩世人（スティロ　前154頃–前74）

Stilpōn〈前4・3世紀〉
ギリシアの哲学者。善の認識に無関係なものすべてへの完全な無関心を主張。
⇒岩世人（スティルポン　前380頃–前300）

Stimmer, Tobias〈16世紀〉
スイスの画家,木版およびガラス絵の下絵画家。主作品はストラスブール大聖堂の天体時計の装飾など。
⇒芸13（シュティンマー,トビアス　1539–1584）

Stimson, Henry Lewis〈19・20世紀〉
アメリカの共和党政治家,弁護士。
⇒アア歴（Stimson,Henry Lewis　ヘンリー・ルイス・スタムスン　1867.9.21–1950.10.20）
アメ新（スティムソン　1867–1950）
岩世人（スティムソン　1867.9.21–1950.10.20）

Stinnes, Hugo〈19・20世紀〉
ドイツ,ルール地方の実業家。シュティンネス・コンツェルンを形成。
⇒岩世人（シュティンネス　1870.2.12–1924.4.10）

Stirbey, Barbo Demetrius〈19世紀〉
ワラキア（ルーマニア）の政治家。
⇒岩世人（シュティルベイ　1801頃–1869.4.13）

Stirbitz, J.〈16・17世紀〉
ハンガリーの作曲家。
⇒バロ（スティルビツ,J.　1570頃?–1630頃?）

Stirling, James〈17・18世紀〉
イギリス（スコットランド）の数学者。
⇒岩世人（スターリング　1692–1770.12.5）
世数（スターリング,ジェイムズ　1692–1770）

Stirling, *Sir* James〈18・19世紀〉
イギリスの海軍東インド艦隊司令長官。1854年長崎に来航し,日英約定7条を締結。
⇒岩世人（スターリング　1791.1.28–1865.4.22）

Stirling, James Hutchinson〈19・20世紀〉
イギリスの哲学者。イギリスにおけるヘーゲル運動の中心者。主著『ヘーゲルの秘密』(65)。
⇒岩世人（スターリング　1820.1.22–1909.3.19）
学叢思（スターリング,ジェームス・ハチンソン　1820–1909）

Stirling, William Alexander, 1st Earl of〈16・17世紀〉
スコットランドの詩人,政治家。
⇒岩世人（スターリング　1577–1640.2.12）

Stirner, Max〈19世紀〉
ドイツの哲学者。個人主義的無政府主義者。
⇒岩世人（シュティルナー　1806.10.25–1856.6.26）
　ネーム（シュティルナー　1806–1856）
　広辞7（シュティルナー　1806–1856）
　学叢思（シュティルネル, マクス　1806–?）
　新カト（シュティルナー　1806.10.25–1856.6.25）
　メル3（シュティルナー, マックス（本名ヨハン・ガスパー・シュミット）　1806–1856）

Štítný ze Štítného, Tomáš〈14・15世紀〉
オーストリア（ボヘミア）の宗教思想家。
⇒岩世人（トマシュ・シュティートニー（シュティートネの）　1333/1334–1403 (-1409)頃）

Stivetts, John Elmer〈19・20世紀〉
アメリカの大リーグ選手（投手, 外野）。
⇒メジャ（ジャック・スティヴェッツ　1868.3.31–1930.4.18）

Stobaeus, Johann〈16・17世紀〉
ドイツの作曲家。
⇒バロ（シュトベウス, ヨハン　1580.7.6–1646.9.11）

Stobaios, Johannes〈4・5世紀頃〉
ギリシアの詞華集編纂者。
⇒岩世人（ストバイオス）

Stobbe, Johann Ernst Otto〈19世紀〉
ドイツの法律学者。主著『ドイツ法源史』（1860, 64）。
⇒岩世人（シュトッベ　1831.6.28–1887.5.19）

Stock, Alfred〈19・20世紀〉
ドイツの化学者。水素化ホウ素を研究。
⇒岩世人（シュトック　1876.7.16–1946.8.12）

Stockbridge, Horace Edward〈19・20世紀〉
アメリカの農化学者。札幌農学校で化学, 地質学を教授。
⇒アア歴（Stockbridge, Horace Edward　ホラス・エドワード・ストックブリッジ　1857.5.19–1930.10.30）

Stöckhardt, Julius Adolf〈19世紀〉
ドイツの農芸化学者。農事試験場設置運動者。
⇒岩世人（シュテックハルト　1809.1.4–1886.6.1）

Stockhem, Johannes〈15世紀〉
フランドルの作曲家。
⇒バロ（シュトックヘム, ヨハンネス　1450頃?–1500頃）

Stöckl, Albert〈19世紀〉
ドイツの神学者, 哲学者。アイヒシュテット神学大学教授。
⇒新カト（シュテックル　1823.3.15–1895.11.15）

Stoddard, Solomon〈17・18世紀〉
アメリカの会衆派牧師。
⇒岩世人（ストダード　1643.9.27–1729.2.11）

Stodola, Aurel〈19・20世紀〉
スイス（チェコスロヴァキア生れ）の機械技術者。チューリヒ工科大学教授（1892～1929）。
⇒岩世人（ストドラ　1859.5.10–1942.12.25）

Stoecker, Adolf〈19・20世紀〉
ドイツのプロテスタント神学者。
⇒岩世人（シュテッカー　1835.12.11–1909.2.7）
　学叢思（ストエッカー, アドルフ　1835–?）
　新カト（シュテッカー　1835.12.11–1909.2.7）

Stoin, Vasil Stoyanov〈19・20世紀〉
ブルガリアの民族音楽学者。
⇒岩世人（ストイン　1880.12.5/17–1938.12.1）

Stoker, Bram〈19・20世紀〉
アイルランドの作家。『吸血鬼ドラキュラ』(97)の作者として著名。
⇒岩世人（ストーカー　1847.11.8–1912.4.20）

Stokes, Sir George Gabriel〈19・20世紀〉
イギリスの数学者, 物理学者。
⇒岩世人（ストークス　1819.8.13–1903.2.1）
　ネーム（ストークス　1819–1903）
　学叢思（ストークス, サー・ジョージ・ガブリエル　1819–1903）
　物理（ストークス, ジョージ・ガブリエル　1819–1903）
　世数（ストークス, ジョージ・ガブリエル　1819–1903）

Stokes, William〈19世紀〉
アイルランドの医者。心臓麻痺の際の症候などに名が残っている。
⇒岩世人（ストークス　1804.10.1–1878.1.7）

Stokhem, Johannes de〈15・16世紀〉
フランドルの作曲家。
⇒バロ（ストーケム, ヨハネス・ド　1445頃–1501以降）

Stolberg, Friedrich Leopold〈18・19世紀〉
ドイツの詩人。自然詩を書いた。またプラトン, アイスキュロスをドイツ国内に紹介。
⇒岩世人（シュトルベルク　1750.11.7–1819.12.5）
　新カト（シュトルベルク　1750.11.7–1819.12.5）

Stolle, Philipp〈17世紀〉
ドイツの作曲家。
⇒バロ（シュトレ, フィリップ　1614–1675.10.4）

Stoltzer, Thomas〈15・16世紀〉
ドイツの重要な作曲家。1522年よりオーフェンの宮廷の楽長。
⇒バロ（シュトルツァー, トマス　1480–1485–1526）
　新カト（シュトルツァー　1480/1485–1526）

Stolypin, Pëtr Arkadievich〈19・20世

紀〉
ロシアの政治家。
⇒岩世人（ストルイピン　1862.4.2–1911.9.5）
ネーム（ストルイピン　1862–1911）
広辞7（ストルイピン　1862–1911）
世人新（ストルイピン　1862–1911）
世人装（ストルイピン　1862–1911）
世史語（ストルイピン　1862–1911）
ポプ人（ストルイピン，ピョートル　1862–1911）

Stolz, Alban Isidor〈19世紀〉
ドイツのカトリック著述家。司祭，のちフライブルク大学教育学および司牧神学教授（1847〜83）。
⇒岩世人（シュトルツ　1808.2.3–1883.10.16）
新カト（シュトルツ　1808.2.3–1883.10.16）

Stolz, Friedrich〈19・20世紀〉
オーストリアのラテン語学者。インスブルク大学比較言語学教授。
⇒岩世人（シュトルツ　1850.7.29–1915.8.13）

Stolz, Rosine〈19・20世紀〉
フランスのメゾソプラノ歌手。
⇒オペラ（ストルツ，ロジーヌ　1815–1903）

Stolz, Teresa〈19・20世紀〉
チェコのソプラノ歌手。
⇒オペラ（ストルツ，テレーザ　1834–1902）

Stölzel, Gottfried Heinrich〈17・18世紀〉
ドイツの作曲家。オペラ"Narcissus"（11）を発表。
⇒バロ（シュテルツェル，ゴットフリート・ハインリヒ　1690.11.13–1749.11.27）

Stölzel (Stöltzel, Stölzl)〈17・18世紀〉
ドイツの作曲家。
⇒バロ（シュテルツェル,?　1660頃?–1720頃?）

Stone, George Robert〈19・20世紀〉
アメリカの大リーグ選手（外野）。
⇒メジャ（ジョージ・ストーン　1876.9.3–1945.1.3）

Stone, Lucy〈19世紀〉
アメリカの婦人参政権論者。アメリカ婦人参政権協会の創立に尽力。
⇒岩世人（ストーン　1818.8.13–1893.10.18）

Stone, Melville Elijah〈19・20世紀〉
アメリカのジャーナリスト。AP通信社の総支配人（1893〜1921）。
⇒岩世人（ストーン　1848.8.22–1929.2.15）

Stone, William Henry〈19・20世紀〉
イギリスの工学者。通信省顧問として電信事業を指導。
⇒岩世人（ストーン　1837.6.18–1917.6.3）

Stoney, George Johnstone〈19・20世紀〉
アイルランドの物理学者。〈電子electron〉の命名者。
⇒岩世人（ストーニー　1826.2.15–1911.7.5）

Störl, Johann Georg Christian〈17・18世紀〉
ドイツの作曲家。
⇒バロ（シュテルル，ヨハン・ゲオルク・クリスティアン　1675.8.14–1719.7.26）

Storm, Theodor Woldsen〈19世紀〉
ドイツの詩人，小説家。『白馬の騎士』（88）が代表作。
⇒岩世人（シュトルム　1817.9.14–1888.7.4）
ネーム（シュトルム　1817–1888）
広辞7（シュトルム　1817–1888）
新カト（シュトルム　1817.9.14–1888.7.4）
ポプ人（シュトルム，テオドル　1817–1888）

Störmer, Fredrik Carl Mülertz〈19・20世紀〉
ノルウェーの数学者，物理学者。オーロラ，宇宙線，夜光雲等に関する論文多数。
⇒岩世人（シュテルマー（ステルメル）　1874.9.3–1957.8.13）

Storr, Gottlob Christian〈18・19世紀〉
ドイツのプロテスタント神学者。古テュービンゲン学派の代表者の一人。
⇒新カト（シュトル　1746.9.10–1805.1.17）

Störring, Gustav〈19・20世紀〉
ドイツの哲学者，精神病理学者。精神病理学の創設者。主著『精神病理学』（1900）。
⇒岩世人（シューテーリング　1860.8.24–1947.1.28）

Story, John〈16世紀〉
ローマ・カトリックの殉教者。フランシスコ会平修道士。
⇒岩世人（ストーリー　1510頃–1571.6.1）
新カト（ストーリー　1504–1571.6.1）

Story, Joseph〈18・19世紀〉
アメリカの法律家。法の各部門にわたり多くの研究を著し，英米の国際私法の基礎を作った。
⇒岩世人（ストーリー　1779.9.18–1845.9.10）

Stoss, Veit〈15・16世紀〉
ドイツの彫刻家。後期ゴシック様式の代表的な彫刻家。『聖告群像』（17〜19）などの作品を残した。
⇒岩世人（シュトース　1438(-1447)頃–1533）
新カト（シュトース　1447/1448頃–1533）
芸13（シュトス，ファイト　1445頃–1533）

Stothard, Thomas〈18・19世紀〉
イギリスの画家，デザイナー。王立アカデミー会員。代表作に『カンタベリーの巡礼者たち』。
⇒岩世人（ストザード　1755.8.17–1834.4.27）

Stout, George Frederick〈19・20世紀〉
イギリスの哲学者,心理学者。
⇒学叢思(スタウト,ジョージ・フレデリク　1859-?)

Stout, Henry〈19・20世紀〉
アメリカのオランダ改革派教会宣教師。長崎広運館で英語を教授。東山学院院長。
⇒岩世人(スタウト　1838.1.16-1912.2.16)

Stovall, George Thomas〈19・20世紀〉
アメリカの大リーグ選手(一塁)。
⇒メジャ(ジョージ・ストヴォール　1877.11.23-1951.11.5)

Stover, Wilbur Brenner〈19・20世紀〉
アメリカの宣教師。
⇒アア歴(Stover,Wilbur B (renner)　ウイルバー・ブレナー・ストウヴァー　1866.5.5-1930.10.31)

Stovey, Harry Duffield〈19・20世紀〉
アメリカの大リーグ選手(外野,一塁)。
⇒メジャ(ハリー・ストーヴィー　1856.12.20-1937.9.20)

Stowe, Harriet Elizabeth Beecher〈19世紀〉
アメリカの女流小説家。
⇒岩世人(ストウ　1811.6.14-1896.7.1)
　広辞7(ストー　1811-1896)
　学叢思(ストー,ハリエット・ビーチャー　1811-1896)
　新カト(ストー　1811.6.14-1896.7.1)
　世人新(ストウ　1811-1896)
　世人装(ストウ　1811-1896)
　世史語(ストウ　1811-1896)
　ポプ人(ストウ,ハリエット・ビーチャー　1811-1896)

Stoy, Karl Volkmar〈19世紀〉
ドイツの教育者。イェナ大学教育練習所の基を開いた。
⇒岩世人(シュトイ　1815.1.22-1885.1.23)

Strabōn〈前1・後1世紀〉
ギリシアの地理学者,歴史家。
⇒岩世人(ストラボン　前64頃-後20頃)
　ネーム(ストラボン　前64?-後21)
　広辞7(ストラボン　前64頃-後21頃)
　世人新(ストラボン　前64頃-後21頃)
　世人装(ストラボン　前64頃-後21頃)
　世史語(ストラボン　前64頃-後21頃)
　ポプ人(ストラボン　前64?-後23?)
　学叢歴(ストラボ　前63-後24)

Stracciari, Riccardo〈19・20世紀〉
イタリアのバリトン。レパートリーはフィガロ(セビリャの理髪師),ジェルモン,リゴレットなど。
⇒オペラ(ストラッチャーリ,リッカルド　1875-1955)

Strace, Bernardo〈17世紀〉
イタリアの作曲家。
⇒バロ(ストラーチェ,ベルナルド　1640頃?-1700頃?)

Strachey, Giles Lytton〈19・20世紀〉
イギリスの批評家,伝記作家。
⇒岩世人(ストレイチー　1880.3.1-1932.1.21)
　ネーム(ストレーチ　1880-1932)
　広辞7(ストレーチー　1880-1932)
　新カト(ストレイチ　1880.3.1-1932.1.21)

Strack, Hermann Lebrecht〈19・20世紀〉
ドイツのプロテスタント神学者。ベルリン大学名誉教授(1910)。
⇒岩世人(シュトラック　1848.5.6-1922.10.5)

Stradella, Alessandro〈17世紀〉
イタリアの作曲家,ヴァイオリン奏者,歌手。
⇒バロ(ストラデッラ,アレスサンドロ　1644.10.1-1682.2.25)
　オペラ(ストラデッラ,アレッサンドロ　1639-1682)
　エデ(ストラデッラ,アレッサンドロ　1639頃-1682.2.25)
　新カト(ストラデラ　1644.10.1-1682.2.25)

Stradivari, Antonio〈17・18世紀〉
イタリアのヴァイオリン製作者。現在の標準型ヴァイオリンの創始者。
⇒岩世人(ストラディヴァーリ　1644/1643-1737.12.18)
　ネーム(ストラディヴァリ　1644-1737)
　世人新(ストラディヴァリ　1644/1648/1649-1737)
　世人装(ストラディヴァリ　1644/1648/1649-1737)
　ポプ人(ストラディバリ,アントニオ　1644?-1737)

Strafford, *Sir* Thomas Wentworth, 1st Earl of〈16・17世紀〉
イギリスの政治家。長期議会において処刑。
⇒岩世人(ストラフォード　1593.4.13-1641.5.12)

Straight, Willard Dickerman〈19・20世紀〉
アメリカの外交官。中国におけるアメリカ銀行家代表。アメリカ陸軍の予備役軍務局長。
⇒アア歴(Straight,Willard D (ickerman)　ウィラード・ディッカーマン・ストレイト　1880.1.31-1918.12.1)

Strambi, Vincenzo Maria〈18・19世紀〉
イタリアの受難会修道士,聖人,司教。
⇒新カト(ヴィンチェンツォ・マリア・ストランビ　1745.1.1-1824.1.1)

Stramm, August〈19・20世紀〉
ドイツの詩人。表現主義者。
⇒岩世人(シュトラム　1874.7.29-1915.9.2)

学叢思（シュトランム，アゥグスト 1874-1915）

Strang, Samuel Nicklin〈19・20世紀〉
アメリカのメジャーリーガー。
⇒メジャ（サミー・ストラング 1876.12.16-1932.3.13）

Strange, Frederick William〈19世紀〉
近代スポーツを日本に伝えたイギリス人。
⇒岩世人（ストレンジ 1853?-1889.7.5）
広辞7（ストレンジ 1853?-1889）

Strange, *Sir* Robert〈18世紀〉
イギリスの版画家。歴史に取材した版画を振興させた。
⇒岩世人（ストレンジ 1721.6.26-1792.6.5）

Strasburger, Eduard Adolf〈19・20世紀〉
ドイツの植物学者。
⇒岩世人（シュトラースブルガー 1844.2.1-1912.5.18/19）
ネーム（シュトラスブルガー 1844-1912）
広辞7（シュトラスブルガー 1844-1912）

Strasser, Adolph〈19・20世紀〉
アメリカ（ドイツ生れ）の労働運動家。アメリカ労働総同盟（A.F.L.）を創立。
⇒岩世人（ストラッサー 1843-1939.1.1）

Straszewski, Maurycy〈19・20世紀〉
ポーランドの哲学者。東洋哲学の研究家。
⇒岩世人（ストラシェフスキ 1848.9.22-1921.2.27）

Stratōn〈前4・3世紀〉
ランプサコス出身のギリシアの哲学者。
⇒岩世人（ストラトン（ランプサコスの） ?-前270（前269））
学叢思（ストラトン）
メル1（ストラトン（通称自然学者，ランプサコスの） ?-前269/270?）

Strattner, Georg Christoph〈17・18世紀〉
ハンガリーの作曲家。
⇒バロ（シュトラットナー，ゲオルク・クリストフ 1644頃-1704.4.11）

Stratton, C.Scott〈19・20世紀〉
アメリカの大リーグ選手（投手）。
⇒メジャ（スコット・ストラットン 1869.10.2-1939.3.8）

Stratton, George Malcolm〈19・20世紀〉
アメリカの心理学者。アメリカ初期の実験心理学者。主著『宗教生活の心理』(11)。
⇒岩世人（ストラットン 1865.9.26-1957.10.8）

Straub, Johann Baptist〈18世紀〉
ドイツの彫刻家。バイエルン地方のロココ様式を代表する彫刻家。
⇒芸13（シュトラゥプ，バプティスト 1704-1784）

Straube, Karl〈19・20世紀〉
ドイツのオルガン奏者，指揮者，作曲家。
⇒岩世人（シュトラウベ 1873.1.6-1950.4.27）

Straubinger, Heinrich〈19・20世紀〉
ドイツのカトリック神学者。
⇒新カト（シュトラウビンガー 1878.7.5-1955.4.24）

Straumer, Heinrich〈19・20世紀〉
ドイツの建築家。国会議事堂建築に従事。
⇒岩世人（シュトラウマー 1876.12.7-1937.11.22）

Straus, Nathan〈19・20世紀〉
アメリカの実業家，慈善事業家。
⇒ユ人（シュトラウス，ネイサン（ナタン） 1848-1931）

Straus, Oscar〈19・20世紀〉
オーストリア生れのアメリカの作曲家，指揮者。
⇒岩世人（シュトラウス 1870.3.6-1954.1.11）
ユ人（シュトラウス，オスカー 1870-1954）
ユ著人（Straus,Oskar シュトラウス，オスカル 1870-1954）

Strauss, Christoph〈16・17世紀〉
オーストリアの作曲家。
⇒バロ（シュトラウス，クリストフ 1575/1580頃-1631.6.M）

Strauss, David Friedrich〈19世紀〉
ドイツの神学者，哲学者，伝記作家。
⇒岩世人（シュトラウス 1808.1.27-1874.2.8）
広辞7（シュトラウス 1808-1874）
学叢思（シュトラウス，ダヴィッド・フリードリヒ 1808-1874）
新カト（シュトラウス 1808.1.27-1874.2.8）
メル3（シュトラウス，ダーフィト〔ダーヴィト〕 1808-1874）

Strauss, Emil〈19・20世紀〉
ドイツの作家。主著，短篇集『ベール』(30)，長篇『巨人の玩具』(34)。
⇒岩世人（シュトラウス 1866.1.31-1960.8.10）

Strauss, Johann (I)〈19世紀〉
オーストリアの作曲家，指揮者，ヴァイオリン奏者。
⇒岩世人（シュトラウス（父） 1804.3.14-1849.9.25）
エデ（シュトラウス1世，ヨハン 1804.3.14-1849.9.25）
広辞7（シュトラウス一世 1804-1849）
実音人（シュトラウス，ヨハン（父） 1804-1849）
世人新（シュトラウス〈ヨハン；父〉 1804-1849）
世人装（シュトラウス〈ヨハン；父〉 1804-1849）
ポプ人（シュトラウス，ヨハン 1804-1849）
ユ著人（Strauss,Johann シュトラウス，ヨハン 1804-1849）

Strauss, Johann (II)〈19世紀〉
オーストリアの作曲家,指揮者,ヴァイオリン奏者。
⇒岩世人(シュトラウス〈子〉　1825.10.25-1899.6.3)
　バレエ(シュトラウス〈2世〉,ヨハン　1825.10.25-1899.6.3)
　エデ(シュトラウス2世,ヨハン　1825.10.25-1899.6.3)
　広辞7(シュトラウス二世　1825-1899)
　実音人(シュトラウス,ヨハン〈子〉　1825-1899)
　世人新(シュトラウス〈ヨハン;子〉　1825-1899)
　世人装(シュトラウス〈ヨハン;子〉　1825-1899)
　ポプ人(シュトラウス,ヨハン　1825-1899)

Strauss, Levi〈19・20世紀〉
アメリカの既製服製造業者。「リーバイ・シュトラウス社」を設立した。
⇒ポプ人(ストラウス,リーバイ　1829-1902)
　ユ著人(Strauss,Levi　シュトラウス,レヴィ　1829?-1902)

Strauss, Richard Georg〈19・20世紀〉
ドイツの作曲家,指揮者。後期ドイツ・ロマン派。
⇒岩世人(シュトラウス　1864.6.11-1949.9.8)
　バレエ(シュトラウス,リヒャルト　1864.6.11-1949.9.8)
　オペラ(シュトラウス,リヒャルト　1864-1949)
　エデ(シュトラウス,リヒャルト〈ゲオルク〉　1864.6.11-1949.9.8)
　広辞7(シュトラウス　1864-1949)
　学叢思(シュトラウス,リヒャルト　1864-?)
　実音人(シュトラウス,リヒャルト　1864-1949)
　世人新(シュトラウス〈リヒャルト〉　1864-1949)
　世人装(シュトラウス〈リヒャルト〉　1864-1949)
　ピ曲改(シュトラウス,リヒャルト　1864-1949)
　ポプ人(シュトラウス,リヒャルト　1864-1949)

Street, Thomas Atkins〈19・20世紀〉
アメリカの弁護士,判事。
⇒アア歴(Street,Thomas A(tkins)　トマス・アトキンズ・ストリート　1872.3.14-1936.3.17)

Streeter, Burnett Hillman〈19・20世紀〉
イギリスの神学者。マタイ,マルコ,ルカのいわゆる共観福音書の成立に関する業績がある。
⇒岩世人(ストリーター　1874.11.17-1937.9.10)

Streeton, Arthur Ernest〈19・20世紀〉
オーストラリアの画家。牧歌的風景画によって,〈太陽と土の申し子〉といわれた。
⇒岩世人(ストリートン　1867.4.8-1943.9.1)
　オセ新(ストリートン　1867-1943)

Streicher, Henri〈19・20世紀〉
ウガンダで活動したフランスの宣教師,代牧。
⇒新カト(シュトライヒャー　1863.7.29-1952.6.7)

Streit, Karl〈19・20世紀〉
オーストリアの神言修道会員,教勢や教会分布に関する地図製作の先駆者。
⇒新カト(シュトライト　1874.8.5-1935.5.31)

Streit, Robert〈19・20世紀〉
ドイツのカトリック布教学者。無原罪聖母会士。
⇒岩世人(シュトライト　1875.10.27-1930.7.31)
　新カト(シュトライト　1875.10.27-1930.7.31)

Streitberg, Wilhelm〈19・20世紀〉
ドイツの言語学者。
⇒岩世人(シュトライトベルク　1864.2.23-1925.8.19)

Strengthfield, Thomas〈17世紀〉
イギリスの作曲家。
⇒バロ(ストレングスフィールド,トーマス　1600頃?-1657以降)

Strepponi, Giuseppina〈19世紀〉
イタリアのソプラノ歌手。
⇒オペラ(ストレッポーニ,ジュゼッピーナ　1815-1897)

Stresemann, Gustav〈19・20世紀〉
ドイツの政治家。ドイツ人民党を組織。
⇒岩世人(シュトレーゼマン　1878.5.10-1929.10.3)
　ネーム(シュトレーゼマン　1878-1929)
　広辞7(シュトレーゼマン　1878-1929)
　学叢思(シュトレーゼマン,グスタフ　1878-?)
　世人新(シュトレーゼマン　1878-1929)
　世人装(シュトレーゼマン　1878-1929)
　世史語(シュトレーゼマン　1878-1929)
　ポプ人(シュトレーゼマン,グスタフ　1878-1929)

Streuvels, Stijn〈19・20世紀〉
ベルギーの小説家。
⇒岩世人(ストレーヴェルス　1871.10.3-1969.8.15)

Striccius, Wolfgang〈16・17世紀〉
ドイツの作曲家。
⇒バロ(シュトリッツィウス,ヴォルフガング　1555-1560頃-1615頃)

Stricker, Augustin Reinhard〈17・18世紀〉
ドイツの作曲家。
⇒バロ(シュトリッカー,アウグスティン・ラインハルト　1675頃-1723以前)

Stricker, Der〈13世紀?〉
ドイツ中世詩人。一連の笑話集『司祭アーミス』など。
⇒岩世人(シュトリッカー)

Stricker, John A.〈19・20世紀〉
アメリカのメジャーリーガー。
⇒メジャ(カブ・ストリッカー　1859.6.8-1937.11.19)

Strickland, Agnes〈18・19世紀〉
イギリスの女性歴史家。児童向けの歴史物語『傑出したイギリス少年の歴史物語』(38) などの著者。
⇒岩世人（ストリックランド　1796.8.19–1874.7.13）

Strickland, Hugh Edwin〈19世紀〉
イギリスの地質学者。シルリア紀を研究したほか，動物学名命名法の規則を作成。
⇒岩世人（ストリックランド　1811.3.2–1853.9.14）

Striegel, Bernhard〈15・16世紀〉
ドイツの画家。マクシミリアン1世の宮廷画家。『クスピニア一家』(20) などを制作。
⇒岩世人（シュトリーゲル　1460頃–1528）
　芸13（シュトリゲル，ベルンハルト　1460-1461–1528）

Strigel, Victorinus〈16世紀〉
ルター派の神学者。
⇒新カト（シュトリーゲル　1524.12.26–1569.6.26）

Striggio, Alessandro〈16世紀〉
イタリアの作曲家。
⇒バロ（ストリッジオ，アレスサンドロ　1535頃–1592.2.29）

Striggio, Alessandro〈16・17世紀〉
イタリアの台本作家。作曲家アレッサンドロ・ストリッジョの息子。侯爵。
⇒オペラ（ストリッジオ，アレッサンドロ　1553?–1630）

Strindberg, Johan August〈19・20世紀〉
スウェーデンの劇作家，小説家。
⇒岩世人（ストリンドベリ　1849.1.22–1912.5.14）
　ネーム（ストリンドベリ　1849–1912）
　広辞7（ストリンドベリ　1849–1912）
　学叢思（ストリンドベルク，ヨハン・アウグスト　1849–1912）
　新カト（ストリンドベリ　1849.1.22–1912.5.14）
　世人新（ストリンドベリ　1849–1912）
　世人装（ストリンドベリ　1849–1912）
　世史語（ストリンドベリ　1849–1912）
　ポブ人（ストリンドベリ，アウグスト　1849–1912）

Stringario, Antonio〈15・16世紀〉
イタリアの作曲家。
⇒バロ（ストリンガーリョ，アントニーオ　1470頃?–1514頃）

Strnad, Oskar〈19・20世紀〉
オーストリアの建築家。パリ博覧会でオーストリア館を建築。舞台装置家としても知られる。
⇒岩世人（シュトルナート　1879.10.26–1935.9.3）

Strobel, Edward Henry〈19・20世紀〉
アメリカの外交官，外交の顧問。
⇒アア歴（Strobel,Edward Henry　エドワード・ヘンリー・ストローベル　1855.12.7–1908.1.15）

Strobl, Karl Hans〈19・20世紀〉
オーストリアの作家。主著『ビスマルク』(15～19)。
⇒岩世人（シュトローブル　1877.1.18–1946.3.10）

Strodgers, Nicholas〈16世紀〉
イギリスの作曲家。
⇒バロ（ストロージャーズ，ニコラス　1520頃?–1575）

Strok, Alexander〈19・20世紀〉
ラトビア出身の音楽興行師。
⇒岩世人（ストローク　1877–1956.7.1）

Stromeyer, Friedrich〈18・19世紀〉
ドイツの化学者，薬学者，鉱物分析家。カドミウムの発見者(17)。
⇒岩世人（シュトローマイアー　1776.8.2–1835.8.18）

Stromeyer, Georg Friedrich Louis〈19世紀〉
ドイツの外科医。アキレス腱皮下裁断を復活施術し(1831)，斜視の治療を普及，発展。
⇒岩世人（シュトローマイアー　1804.3.6–1876.6.15）

Stronach, John〈19世紀〉
イギリスの宣教師。シンガポールや厦門(アモイ)で布教。聖書の翻訳に従事。
⇒岩世人（ストロナック　1810–1888）

Strong, Benjamin, Jr.〈19・20世紀〉
アメリカのニューヨーク連邦準備銀行総裁。
⇒アメ新（ストロング　1872–1928）

Strong, Josiah〈19・20世紀〉
アメリカの会衆派牧師，社会改革者。
⇒岩世人（ストロング　1847.1.19–1916.4.28）

Strong, Richard Pearson〈19・20世紀〉
アメリカの医師。
⇒アア歴（Strong,Richard P (earson)　リチャード・ピアスン・ストロング　1872.3.18–1948.7.4）

Štrosmajer, Josef Georg〈19・20世紀〉
クロアチアの政治家。クロアチア国民党の指導者，ジャコヴォの司教(1850～1905)。
⇒岩世人（シュトロスマイエル　1815.2.4–1905.4.8）
　新カト（シュトロスマイエル　1815.2.4–1905.4.8）

Strozzi, Alessandra Macinghi〈15世紀〉
フィレンツェの女性。
⇒ルネ（アレッサンドラ・ストロッツィ　1407–1471）

Strozzi, Barbara〈17・18世紀〉
イタリアの歌手・作曲家。

⇒バロ（ストロッツィ, バルバラ 1619.8.6–1677.11.11）

Strozzi, Bernardo〈16・17世紀〉
イタリアの画家。主要作品パルビ宮の『獄舎のヨセフ』『洗礼者ヨハネ』など。
⇒岩世人（ストロッツィ 1581–1644.8.2）
芸13（ストロッツィ, ベルナルド 1581–1644）

Strozzi, Gregorio〈17世紀〉
イタリアの作曲家。
⇒バロ（ストロッツィ, グレゴリオ 1615頃–1687以降）

Strozzi, Pietro〈16・17世紀〉
イタリアの作曲家。
⇒バロ（ストロッツィ, ピエトロ 1550頃–1609.9.1以降）

Strudel (Strudl), Paul〈17・18世紀〉
オーストリアの彫刻家。
⇒岩世人（シュトルーデル 1648頃–1708.11.20）

Struensee, Johann Friedrich, Count von〈18世紀〉
デンマークの政治改革者。デンマーク王の侍医となり, 次いで宰相となって, 自由主義的改革を断行。
⇒岩世人（ストルーウンセ 1737.8.5–1772.4.28）

S

Strug, Andrzej〈19・20世紀〉
ポーランドの作家。革命運動に取材した小説を書いた。
⇒岩世人（ストルク 1871.11.28–1937.12.7）

Strümpell, Adolf〈19・20世紀〉
ドイツの医者。神経系疾患に関する業績がある。
⇒岩世人（シュトリュンペル 1853.6.28–1925.1.10）

Strümpell, Ludwig Adolf〈19世紀〉
ドイツの哲学者, 教育学者。ヘルバルト学派に属する。
⇒岩世人（シュトリュンペル 1812.6.28–1899.5.18）
学叢思（シュトリュンペル, ルドヴィヒ・アドルフ 1812–1899）

Strungk, Delphin〈16・17世紀〉
ドイツの作曲家。
⇒バロ（シュトルンク, デルフィン 1600-1601–1664.10.12）

Strungk, Nicolaus Adam〈17世紀〉
ドイツの作曲家。
⇒バロ（シュトルンク, ニコラウス・アーダム 1640.11.15–1700.9.23）

Strutt, Jedediah〈18世紀〉
イギリスの木綿紡績業者, 靴下編機改良家。うね編靴下の製造工場を経営。
⇒岩世人（ストラット 1726.7.28–1797.5.7）

Strutz, Thomas〈17世紀〉
ドイツの作曲家。
⇒バロ（シュトルッツ, トマス 1621頃–1678.10.5）

Struve, Friedrich Georg Wilhelm von〈18・19世紀〉
ドイツ生れのロシアの天文学者。ドルパート天文台長, プルコバ天文台長などを歴任。
⇒岩世人（シュトルーヴェ 1793.4.15–1864.11.11/23）
学叢思（ストルーヴェ, フリードリヒ・ゲオルゲ・ヴィリアム・フオン 1793–1864）

Struve, Gustav Wilhelm Ludwig von〈19世紀〉
ドイツの急進的民主主義者。
⇒岩世人（シュトルーヴェ 1805.10.11–1870.8.21）

Struve, Otto Wilhelm von〈19・20世紀〉
ドイツの天文学者。ロシアのプルコワ天文台長（1862～93）。
⇒岩世人（シュトルーヴェ 1819.4.25–1905.4.1）
学叢思（ストルーヴェ, オットー・ヴィルヘルム 1819–1905）

Struve, Pëtr Berngardovich〈19・20世紀〉
ロシアの経済学者, 政治家, 評論家。
⇒岩世人（ストルーヴェ 1870.1.26/2.7–1944.2.26）
メル3（ストルーヴ, ピエール 1870–1944）

Strzygowski, Josef〈19・20世紀〉
ポーランド系オーストリアの美術史学者, 考古学者。初期キリスト教美術, 東方古代芸術を研究。
⇒岩世人（スジュゴーフスキー（ストジュゴーフスキー） 1862.3.7–1941.1.2）

Stuart, Gilbert Charles〈18・19世紀〉
アメリカの画家。
⇒岩世人（ステュアート 1755.12.3–1828.7.27）
芸13（ステュアート, ギルバート 1755–1828）

Stuart, James〈18世紀〉
イギリスの画家, 建築家, 古代研究家。
⇒岩世人（ステュアート 1713–1788.2.2）

Stuart, John Leighton〈19・20世紀〉
アメリカの宣教師, 外交官。
⇒アア歴（Stuart, J(ohn) Leighton ジョン・レイトン・ステュアート 1876.6.24–1962.9.19）
岩世人（ステュアート 1876.6.24–1962.9.19）

Stuart, John McDouall〈19世紀〉
オーストラリアの探検家。前後6回の探検旅行を行い, 最後の探検では大陸を初めて南から北へ縦断。
⇒オセ新（スチュアート 1815–1866）

Stubbs, George〈18・19世紀〉
イギリスの解剖学者,画家,版画家。
⇒岩世人（スタッブズ　1724.8.25–1806.7.10）
　芸13（スタッブス,ジョージ　1724–1806）

Stubbs, *Sir* **Reginald Edward**〈19・20世紀〉
イギリスの外交官。
⇒岩世人（スタッブズ　1876.10.13–1947.12.7）

Stubbs, William〈19・20世紀〉
イギリスの聖職者,歴史家。チェスター教会主教,オックスフォード教会主教を歴任。
⇒岩世人（スタッブズ　1825.6.21–1901.4.22）

Stübel, Alphons〈19・20世紀〉
ドイツの火山学者。諸火山の構造を成因上から単成火山と複成火山に分類。
⇒岩世人（ステューベル　1835.7.26–1904.11.10）

Stuchka, Pëtr Ivanovich〈19・20世紀〉
ソ連の法学者。ラトビアの革命運動を指導。
⇒岩世人（ストゥーチカ　1865.7.14/26–1932.1.25）
　ネーム（ストーチカ　1865–1932）

Stuck, Franz von〈19・20世紀〉
ドイツの画家,彫刻家,建築家。神話的主題の作品を多く制作し,裸体表現を好んだ。
⇒岩世人（シュトゥック　1863.2.23–1928.8.30）
　芸13（シュトゥック,フランツ・フォン　1863–1928）

Stuck, Jean-Baptiste〈17・18世紀〉
イタリアの作曲家。
⇒バロ（ステュック,ジャン・バティスト　1680–1755.12.8）

Student〈19・20世紀〉
イギリスの醸造技術者,数理統計学者。
⇒岩世人（ステューデント　1876.6.13–1937.10.16）

Studer, Adolphus G.〈19世紀〉
アメリカの領事。
⇒アア歴（Studer,Adolphus G.　アドルファス・G・ステューダー　（活躍）1861–1894）

Study, Eduard〈19・20世紀〉
ドイツの数学者。不変量理論,多元幾何学,球面幾何学等に関する研究がある。
⇒岩世人（シュトゥーディ　1862.3.23–1930.1.6）
　世数（スチュディ,クリスチャン・フーゴ・エデュアルト　1862–1930）

Stukeley, William〈17・18世紀〉
イギリスの医師。
⇒科史（ステュークリ　1687–1765）

Stukolkin, Timofei〈19世紀〉
ロシアのダンサー。
⇒バレエ（ストゥコルキン,チモフェイ　1829.5.6–1894）

Stüler, Friedrich August〈18・19世紀〉
ドイツの建築家。
⇒岩世人（シュテューラー　1800.1.28–1865.3.18）

Stumm, Karl von〈19・20世紀〉
ドイツの工業家,政治家。シュトゥム・コンツェルンを組織。ドイツ国会議員（1867～81,89）。
⇒岩世人（シュトゥム　1836.3.30–1901.3.8）

Stumpf, Carl Friedrich〈19・20世紀〉
ドイツの心理学者,音楽学者,音声学者。民族音楽の研究に努め,比較音楽学の創始者として知られる。
⇒岩世人（シュトゥンプ　1848.4.21–1936.12.29）
　学叢思（シュトゥンプ,カール　1848–?）

Stuntz, Homer Clyde〈19・20世紀〉
アメリカの宣教師。
⇒アア歴（Stuntz,Homer C(lyde)　ホーマー・クライド・スタンツ　1858.1.29–1924.6.3）

Štúr, L'udovít〈19世紀〉
スロバキアの啓蒙家。民族運動の指導者。
⇒岩世人（シトゥール　1815.10.29–1856.1.12）

Sturgeon, Nicholas〈14・15世紀〉
イギリスの作曲家。
⇒バロ（スタージャン,ニコラス　1385頃?–1454.5.31–6.8）

Sturgeon, William〈18・19世紀〉
イギリスの電気学者。
⇒岩世人（スタージョン　1783.5.22–1850.12.4）

Sturgis, Russell〈19世紀〉
アメリカの商人。
⇒アア歴（Sturgis,Russell　ラッセル・スタージス　1823–1887.11.2）

Sturgis, William〈18・19世紀〉
アメリカの商人。
⇒アア歴（Sturgis,William　ウイリアム・スタージス　1782.2.25–1863.10.21）

Sturler, Joan Willem de〈19世紀〉
オランダ人。長崎出島のオランダ商館長。シーボルトに同道して来日（1823）,江戸参府（26）。
⇒岩世人（ストゥルレル（ステュルレル））

Sturm, Jacques Charles François〈19世紀〉
フランス（スイス系）の数学者。代数方程式の研究を行い,〈ステュルムの定理〉を発見。
⇒岩世人（ステュルム　1803.9.29–1855.12.18）
　世数（スツルム,ジャック・シャルル・フランソワ　1803–1855）

Sturm, Johannes〈16世紀〉
ドイツのプロテスタント神学者。人文主義者。
⇒新カト（シュトゥルム　1507.10.1–1589.3.3）

Sturmi〈8世紀〉
フルダ修道院初代の院長。
⇒新カト（ストゥルミウス　710–779.12.17）
図聖（ストゥルミウス　715頃–779）

Sturt, Charles〈18・19世紀〉
オーストラリア内陸部を探検したイギリス人。1828年ダーリング川を発見。
⇒オセ新（スタート　1795–1869）

Sturtevant, Edgar Howard〈19・20世紀〉
アメリカの言語学者。インド＝ヨーロッパ語比較文法の研究者。インド＝ヒッタイト語族を主張。
⇒岩世人（スタートヴァント　1875.3.7–1952.7.1）

Sturtius〈17世紀〉
ドイツの作曲家。
⇒バロ（シュトゥルティウス,?　1620頃?–1680頃?）

Sturzo, Luigi〈19・20世紀〉
イタリアのカトリック司教,社会学者,政治家。イタリア人民党を創設,書記長となる。
⇒岩世人（ストゥルツォ　1871.11.26–1959.8.8）
新カト（ストゥルツォ　1871.11.26–1959.8.8）

Stutz, Ulrich〈19・20世紀〉
スイスの歴史家,教会史家。
⇒岩世人（シュトゥッツ　1868.5.5–1938.7.6）

Stüve, Johann Carl Bertram〈18・19世紀〉
ドイツ（ハノーファー）の政治家。
⇒岩世人（シュテューフェ　1798.3.4–1872.2.16）

Stuyvesant, Petrus〈16・17世紀〉
オランダのアメリカ植民地総督。
⇒岩世人（ストイフェサント　1612–1672.8）

Sualem, Renkin (Rennequin)〈17・18世紀〉
低地地方（現ベルギー）の技師。
⇒岩世人（スアレム　1645.1.29–1708.7.29）

Suarès, André〈19・20世紀〉
フランスの詩人,随筆家,劇作家。主著,紀行文『エメラルドの書』(02),『詞華集』(48)など。
⇒岩世人（シュアレス　1868.6.12–1948.9.7）
ユ著人（Suarés,André　シュアレス,アンドレ　1868–1948）

Suárez, Francisco de〈16・17世紀〉
スペインの哲学者,神学者。
⇒岩世人（スアレス　1548.1.5–1617.9.25）
広辞7（スアレス　1548–1617）
学叢思（ズアーレス,フランチスコ　1548–1617）
新カト（スアレス　1548.1.5–1617.9.25）

Subandhu〈6・7世紀〉
インドの伝奇小説『バーサバダッター』の作者。年代は7世紀頃と推定。
⇒岩世人（スバンドゥ）

Subhūti
釈迦十大弟子の一。十六羅漢の一。舎衛城の長者の子で須達の甥。解空第一と称せられた。
⇒岩世人（スブーティ）
広辞7（須菩提　しゅぼだい）

Sublet de(s) Noyers, François〈16・17世紀〉
フランスの政治家。
⇒岩世人（シュブレ・ド・ノワイエ　1578?–1645.10.20）

Subleyras, Pierre Hubert〈17・18世紀〉
フランスの画家。1727年ローマ賞受賞。
⇒芸13（シュブレーラス,ピエル・ユベール　1699–1749）

Subligny, Marie-Thérèse〈17・18世紀〉
フランスのダンサー。
⇒バレエ（スュブリニ,マリー＝テレーズ　1666.7–1735頃）

Sübütei〈12・13世紀〉
モンゴル帝国,チンギス・ハンに仕えた開国の功臣。
⇒岩世人（スベエテイ（スブタイ）　1176–1248）
学叢歴（速不台）

Suckling, Sir John〈17世紀〉
イギリスの詩人,劇作家。
⇒岩世人（サックリング　1609.2.10（受洗）–1641頃?）

Sucre, Antonio José de〈18・19世紀〉
ラテンアメリカ独立運動の指導者。
⇒岩世人（スクレ　1795.2.3–1830.6.4）
ラテ新（スクレ　1795–1830）

Sudatta
中インド舎衛国の長者。
⇒広辞7（須達　しゅだつ）

Śuddhodana〈前6世紀〉
シャカ族の王。
⇒広辞7（浄飯王　じょうぼんのう）

Sudermann, Hermann〈19・20世紀〉
ドイツの劇作家,小説家。
⇒岩世人（ズーダーマン　1857.9.30–1928.11.21）
ネーム（ズーデルマン　1857–1928）
学叢思（ズーデルマン,ヘルマン　1857–?）

Sudhanaśreṣṭhidāraka
華厳経入法界品に現れる神話的求道者。
⇒岩世人（スダナシュレーシュティダーラカ）

Sudhoff, John William〈19・20世紀〉
アメリカの大リーグ選手（投手）。
⇒メジャ（ウィリー・サドホフ　1874.9.17–1917.5.

25)

Sudhoff, Karl〈19・20世紀〉
ドイツの医者, 医学史家。中世紀医学を研究し, パラケルススの全集(1922～29)を刊行。
⇒岩世人　ズートホフ　1853.11.26–1938.10.8)

Śūdraka〈3～5世紀頃〉
中部インドの王, 劇作家。サンスクリット劇『ムリッチャカティカー』(土の小車)の作者。
⇒岩世人　(シュードラカ)
南ア新　(シュードラカ)

Sue, Eugène〈19世紀〉
フランスの小説家。代表作『パリの秘密』(42～43)はフランス最初の日刊紙連載小説で大成功を収めた。
⇒岩世人　(シュー　1804.1.26–1857.8.3)
広辞7　(シュー　1804–1857)

Suess, Eduard〈19・20世紀〉
イギリスの地質学者, 古生物学者。
⇒岩世人　(ジュース　1831.8.20–1914.4.26)

Suetonius Tranquillus, Gaius〈1・2世紀〉
ローマの伝記作家。主著『皇帝伝』『文人伝』。
⇒岩世人　(スエトニウス　69–140頃)
ネーム　(スエトニウス　69?–140?)
広辞7　(スエトニウス　70頃–130頃)

Suffolk, Charles Brandon, 1st Duke of〈15・16世紀〉
イギリスの廷臣, 軍人。
⇒岩世人　(サフォーク　1484頃–1545.8.22)

al-Ṣūfī, ‘Abd al-Raḥmān〈10世紀〉
アラブの天文学者, 占星術者。
⇒岩世人　(スーフィー, アブドゥッラフマーン　903.12.8–986.5)

Sufyān al-Thawrī〈8世紀〉
イスラーム初期の法学者, ハディース学者。
⇒岩世人　(スフヤーン・サウリー　715/716–778.5)

Suger〈11・12世紀〉
パリ郊外サン＝ドニ修道院院長。在職1122～51。フランス王ルイ6世およびルイ7世の政治顧問。
⇒岩世人　(シュジェール　1081頃–1151.1.12)

Suhard, Emmanuel Célestin〈19・20世紀〉
フランスの枢機卿, パリ大司教。棄教者への宣教を目的としたミシオン・ド・フランス, さらに労働司祭の先駆となったパリ宣教司祭団を組織した。
⇒新カト　(シュアール　1874.4.5–1949.5.30)

Suhede〈18世紀〉
中国, 清中期の武将。字は伯容, 号は明亭, 諡は文襄。
⇒岩世人　(シュヘデ　1711(康熙50)–1777(乾隆42))

Suhita〈15世紀〉
ジャワ, マジャパイト王国の女王。先王ウィクラマワルダナの娘。
⇒世帝　(シヒター　?–1447)

al-Suhrawardī, Abū al-Najīb ‘Abd al-Qāhir〈11・12世紀〉
イスラーム神秘主義者。
⇒岩世人　(スフラワルディー, アブドゥルカーヒル　1097頃–1168)

al-Suhrawardī, Shihāb al-Dīn Abū Ḥafṣ ‘Umar〈12・13世紀〉
イスラーム神秘主義者。
⇒岩世人　(スフラワルディー, シハーブッディーン　1145–1234)

al-Suhrawardī al-Maqtūl〈12世紀〉
イラン系アラブの神秘主義者。
⇒岩世人　(スフラワルディー・マクトゥール　1155–1191)
広辞7　(スフラワルディー　1155–1191)

Suiderski, A.J.〈19・20世紀〉
ソ連の政治家。
⇒学叢思　(スウィデルスキー　1878–?)

Suitbert〈7・8世紀〉
イングランドの修道士, フリースラント司教。聖人。祝日3月1日。
⇒新カト　(ズイトベルト　?–713)
図聖　(ズイトベルト　?–713)

Sukainah bintu’l-Ḥusain〈8世紀〉
アラビアの貴婦人。カリフのアリーの孫, フサインの娘。
⇒岩世人　(スカイナ　680以前–736)

Sukhomulinov, Vladimir Aleksandrovich〈19・20世紀〉
ロシアの軍人。陸相となったが, 第1次世界大戦初期の戦闘における敗北の責任を問われ, 辞職。
⇒岩世人　(スホムリーノフ　1848.8.4/16–1926.2.2)
スパイ　(スホムリノフ, ウラジーミル　1848–1926)

Sukhovo-Kobylin, Aleksandr Vasilievich〈19・20世紀〉
ロシアの劇作家。三部作『クレチンスキーの婚礼』『事件』『タレールキンの死』(55～68)がある。
⇒岩世人　(スホヴォー＝コブイリーン　1817.9.17–1903.3.11)

al-Sukkarī, Abū Sa‘īd al-Ḥasan ibn al-Ḥusayn〈9世紀〉
バスラ学派のアラビア語学者。

⇒岩世人（スッカリー　827.8–888.9/903）

Suksaha〈17世紀〉
中国、清初の旗人官僚、軍人。
⇒岩世人（スクサハ　?–1667（康熙6））

Sulaimān al-Mahrī al-Muḥammadī
〈16世紀〉
アラビアの航海者。シヒルの人。航海指針の書を著した。
⇒岩世人（スライマーン・マフリー）

Sulaimān bin Quṭulmish〈11世紀〉
トルコのルーム・セルジューク朝初代のスルタン。在位1077～86。
⇒岩世人（スライマーン・イブン・クタルムシュ　?–1086）
世帝（スライマーン・イブン・クタルミシュ　11世紀）

al-**Sulamī 'Abd al-'Azīz bn 'abd al-Salām**〈12・13世紀〉
シリアのイスラム神学者、法学者。
⇒岩世人（スラミー、イッズッディーン　1181-2–1262.4）

Sulāqā, Yohannan〈16世紀〉
カルデア・カトリック教会を成立させたカルデア教会の総主教。在職1552～55。
⇒新カト（スラーカー　?–1555.1）

Sulaymān〈8世紀〉
カリフ王朝の統治者。在位715～717。
⇒世帝（スライマーン　674–717）

Sulayman〈16世紀〉
先スペイン期フィリピン諸島マニラのムスリム首長。
⇒岩世人（スライマン）

Sulaymān al-Tājir〈9世紀〉
アラブ商人、旅行者。
⇒岩世人（スライマーン・タージル）

Süleyman I〈15・16世紀〉
オスマン・トルコ帝国第10代のスルタン。在位1520～66。
⇒岩世人（スレイマン1世　1494.11.6–1566.9.7）
広辞7（スレイマン一世　1494–1566）
世人新（スレイマン1世（大帝）　1494–1566）
世人装（スレイマン1世（大帝）　1494–1566）
世史語（スレイマン1世　1494–1566）
世帝（スレイマン1世　1494–1566）
ポプ人（スレイマン1世　1494–1566）

Süleyman II〈17世紀〉
オスマン・トルコ帝国の第20代スルタン。在位1687～91。イブラヒム1世の子。
⇒岩世人（スレイマン2世　1642.4.15–1691.6.22）
世帝（スレイマン2世　1642–1691）

Süleyman Çelebi, Emir〈14・15世紀〉
オスマン・トルコ帝国のスルタン。在位1403～10。
⇒岩世人（スレイマン・チェレビー　?–1411.2.27）

Süleyman Pasha〈19世紀〉
オスマン・トルコ帝国の将軍。
⇒岩世人（スレイマン・パシャ　1838–1892）

Šulgi〈前21世紀〉
古代バビロニアのウル第3王朝（前2050～1950頃）の第2代の王。『シュメール法典』の発布者。
⇒岩世人（シュルギ　（在位）前2094–前2047）

Sulla, Lucius Cornelius〈前2・1世紀〉
ローマの政治家。閥族派の代表。
⇒岩世人（スッラ　前138頃–前78）
世人新（スラ　前138–前78）
世人装（スラ　前138–前78）
世史語（スラ　前138頃–前78）
ポプ人（スラ　前138?–前78）
学叢歴（スラ　前138–前78）

Sullivan, *Sir* **Arthur Seymour**〈19世紀〉
イギリスの作曲家。1883年Sirの称号を受ける。
⇒岩世人（サリヴァン　1842.5.13–1900.11.22）
オペラ（サリヴァン, アーサー　1842–1900）
エデ（サリヴァン, サー・アーサー・（シーモア）　1842.5.13–1900.11.22）
ネーム（サリヴァン　1842–1900）
広辞7（サリヴァン　1842–1900）

Sullivan, John Lawrence〈19・20世紀〉
アメリカのボクサー。初代世界選手権保持者。タイトル戦で、ジム・コーベットの新しい戦法に敗れる。
⇒岩世人（サリヴァン　1858.10.15–1918.2.2）

Sullivan, Louis Henry〈19・20世紀〉
アメリカの建築家。機能主義の立場で鉄骨高層ビルディングを設計、近代建築の先駆者となった。
⇒アメ新（サリバン　1856–1924）
岩世人（サリヴァン　1856.9.3–1924.4.14）
世建（ルイス・H.サリヴァン　1856–1924）
20思（サリヴァン, ルイス（ヘンリー）　1856–1924）

Sullivan, William Joseph, Sr.〈19・20世紀〉
アメリカの大リーグ選手（捕手）。
⇒メジャ（ビリー・サリヴァン　1875.2.1–1965.1.28）

Sully, James〈19・20世紀〉
イギリスの心理学者。当時の代表的教科書の著述で著名。主著"Human Mind"（92）。
⇒岩世人（サリー　1842.3.3–1923.10.31）
学叢思（サリー, ジェームス　1842–?）

Sully, Maximilien de Béthune, Duc

de〈16・17世紀〉
フランスの政治家。大臣として宗教戦争後の国家再建に尽力。
⇒岩世人（シュリ 1560.12.13–1641.12.22）
新カト（シュリ 1559.12.13–1641.12.22）

Sully Prudhomme〈19・20世紀〉
フランスの詩人。1901年ノーベル文学賞受賞。
⇒岩世人（シュリ・プリュドム 1839.3.16–1907.9.6）
19仏（シュリ・プリュドム 1839.3.16–1907.9.6）

Sulpicius Sevērus〈4・5世紀〉
古代ローマ帝政期のキリスト教伝記作家。
⇒岩世人（スルピキウス・セウェルス 360頃–420頃）
新カト（スルピキウス・セウェルス 360頃–420頃）

Sulprizio, Nunzio〈19世紀〉
福者とされたイタリア人信徒。
⇒新カト（スルプリツィオ 1817.4.13–1836.5.5）

Sultan Ahmed Mirza〈15世紀〉
ティムール朝の君主。
⇒世帝（スルタン・アフマド ?–1494）

Sultan Alauddin Riayat Shah〈15世紀〉
マラッカ王国の王。
⇒世帝（スルタン・アラウッディン・リアヤト・シャー （在位）1477–1488）

Sulṭān 'Alī Mashhadī〈15世紀〉
イランの書道の大家。
⇒岩世人（スルターン・アリー・マシュハディー 1437–1520）

Sulṭān Ḥusayn〈17・18世紀〉
近代ペルシア（イラン）の統治者。在位1694〜1722。
⇒岩世人（スルターン・フサイン （在位）1694–1722）
世帝（スルターン・フサイン 1668–1726）

Sultan Mansur〈15世紀〉
マラッカ王国の王。
⇒世帝（スルタン・マンスール （在位）1459–1477）

Sulṭān Muhammad〈16世紀〉
イラン・サファビー朝タブリズ派の画家。作品にペルシア叙事詩に挿図した写本がある。
⇒岩世人（スルターン・ムハンマド ?–1555頃）

Sultan Veled〈13・14世紀〉
セルジューク・トルコ時代の神秘主義メヴレヴィー教団の長老。
⇒岩世人（スルターン・ワラド 1226–1312.11.11）

Sulzer, Johann Georg〈18世紀〉
ドイツの美学者、哲学者、心理学者。ベルリン・アカデミー正会員。
⇒岩世人（ズルツァー 1720.10.6–1779.2.27）
学叢思（ズルツェル，ヨハン・ゲオルグ 1720–1779）
新カト（ズルツァー 1720.10.16–1779.2.27）

Sulzer, Solomon〈19世紀〉
オーストリアのシナゴーグ音楽の研究者。
⇒ユ著人（Sulzer,Solomon ズルツァー，ゾロモン 1804–1891）

Sumana
インド，アショーカ（阿育）王の孫。
⇒学叢思（スマナ 須摩那＝Sumana）

Sumana Thera〈14世紀〉
タイのランナー王国の僧。
⇒岩世人（スマナ・テーラ 1316–1396）

Sumarokov, Aleksandr Petrovich〈18世紀〉
ロシア古典主義の代表的劇作家。ロシア最初の個人雑誌『働き蜂』（1759）を創刊。
⇒岩世人（スマローコフ 1717.11.14–1777.10.1）
ネーム（スマローコフ 1717–1777）

Summers, James〈19世紀〉
イギリスの日本・中国研究家。
⇒岩世人（サマーズ 1828.7.5–1891.10.26）

Sumner, Charles〈19世紀〉
アメリカの政治家。奴隷制反対勢力の有力な指導者。奴隷解放を積極的に提唱。
⇒岩世人（サムナー 1811.1.6–1874.3.11）

Sumner, Charles Richard〈18・19世紀〉
英国教会のウィンチェスター教区主教。
⇒新カト（サムナー 1790.11.22–1874.8.15）

Sumner, John Bird〈18・19世紀〉
英国教会のカンタベリ大主教。
⇒新カト（サムナー 1780.2.25–1862.9.6）

Sumner, William Graham〈19・20世紀〉
アメリカの社会学者。著書『民習論』（07）は集団的慣習や道徳や道徳的慣習の研究に新しい視野を与えた。
⇒岩世人（サムナー 1840.10.30–1910.4.12）
学叢思（ザムナー，ウィリアム・グラハム 1840–1910）

sum pa mkhan po ye shes dpal 'byor〈18世紀〉
チベット仏教ゲルク派の学僧。
⇒岩世人（スムパケンポ・イェーシェーペルジョル 1704–1788）

Sumu-abum〈前19世紀〉
バビロン第1王朝の祖（前1831〜17）。
⇒岩世人（スム・アブム （在位）前1894–前1881）
世帝（スム・アブム （在位）前1894–前1881）

Sumu-la-ilu〈前19世紀〉
バビロン第1王朝第2代の王。在位前1817〜1781。
⇒岩世人（スム・ラ・エル　（在位）前1880–前1845）
　世帝（スム・ラ・エル　（在位）前1880–前1845）

Sumuroy〈17世紀〉
フィリピンの反乱指導者。
⇒岩世人（スムロイ　?–1650.7）

Sunantha〈19世紀〉
タイの国王ラーマ5世の妃。
⇒岩世人（スナンター　1860.11.10–1880.5.31）

Sunbādh〈8世紀〉
イランのゾロアスター教徒，アッバース朝に対する反乱者。
⇒岩世人（スンバーズ　?–755頃）

Sunday, William Ashley〈19・20世紀〉
アメリカの大リーグ選手（外野）。
⇒岩世人（サンデー　1862.11.19–1935.11.6）
　メジャ（ビリー・サンデイ　1862.11.19–1935.11.6）

Sunderland, Charles Spencer, 3rd Earl of〈17・18世紀〉
イギリスの政治家。
⇒岩世人（サンダランド　1674.4.23–1722.4.19）

Sunderland, Jabez Thomas〈19・20世紀〉
アメリカの聖職者。
⇒アア歴（Sunderland,Jabez T（homas）　ジェイベズ・トマス・サンダーランド　1842.2.11–1936.8.21）

Sunderland, Robert Spencer, 2nd Earl of〈17・18世紀〉
イギリスの政治家。ジェームズ2世，ウィリアム3世に仕えた。
⇒岩世人（サンダランド　1641.9.5–1702.9.28）

Sundiata Keita〈13世紀〉
マリ帝国の創始者，マリンケ族の魔術師の王，国民的英雄とされている。
⇒岩世人（スンジャータ・ケイタ）
　世人新（スンジャータ　?–1255頃）
　世人裝（スンジャータ　?–1255頃）

Sungyun〈18・19世紀〉
中国，清代中期の政治家。モンゴル正藍旗人。乾隆，嘉慶，道光の3代に仕え，直隷総督などとして活躍。
⇒岩世人（スンユン　1754（乾隆19）–1835（道光15））

Sunniva〈10世紀頃〉
聖人。祝日7月8日。オットー1世の時代のアイルランドの女王と伝えられる。
⇒新カト（スンニヴァ　10世紀頃）

Suñol y Baulenas, Gregorio Maria〈19・20世紀〉
スペインのベネディクト会の会員で司祭，教会音楽家。
⇒新カト（スニョル　1879.9.7–1946.10.26）

Sunqur ibn Mawdūd〈12世紀〉
イランのサルグル朝の創始者。在位1148〜61。
⇒岩世人（スンクル　（在位）1148–1161）

Sunthon Phu〈18・19世紀〉
タイの近世詩人。
⇒岩世人（スントーン・ブー　1786.6.26–1855）
　広辞7（スントーン・ブー　1786–1855）

Supan, Alexander〈19・20世紀〉
オーストリアの地理学者。自然地理学や政治地理学の分野で多くの業績を残した。
⇒岩世人（ズーパン　1847.3.3–1920.7.6）

Suppé, Franz von〈19世紀〉
オーストリアのオペレッタ作曲家。
⇒ズペ（1819.4.18–1895.5.21）
　エデ（スッペ, フランツ・フォン　1819.4.18–1895.5.21）
　広辞7（スッペ　1819–1895）
　実音人（スッペ, フランツ　1819–1895）
　ポプ人（ズッペ, フランツ・フォン　1819–1895）

Suppig, Friedrich〈17・18世紀〉
ドイツの作曲家。
⇒バロ（ズッピヒ, フリードリヒ　1690頃?–1750頃?）

Šuppiluliumaš I〈前14世紀〉
ハッティ（ヒッタイト）国王（前1380–46）。
⇒岩世人（シュッピルリウマ1世　（在位）前14世紀中頃–後半）
　世帝（シュッピルリウマ1世　前1358?–前1323）

Šuppiluliumaš II〈前13・12世紀〉
ヒッタイト王国の王。在位前13世紀末〜12世紀初頭。
⇒岩世人（シュッピルリウマ2世　（在位）前13世紀末–前12世紀初頭）
　世帝（シュッピルリウマ2世　（在位）前1215–前1190）

Sūrana, Piṅgaḷi〈16世紀〉
南インドのテルグ語詩人。16世紀中葉に活動。
⇒岩世人（スーラナ　16世紀中葉）

Suranari〈18・19世紀〉
タイのラッタナコーシン（バンコク）朝時代の女性。
⇒岩世人（スラナーリー　1771–1852）

Surasakmontri〈19・20世紀〉
タイの官僚。
⇒岩世人（スラサックモントリー　1851.3.22–1931）

Sūrdās〈15・16世紀〉
インドのヒンディー語の聖詩人。讚歌集『スー

ルサーガル』で知られる。
⇒岩世人（スールダース　1483?-1563?）
　広辞7（スールダース　1483頃?-1578頃）
　南ア新（スールダース）

Sureau, Hugues〈16世紀〉
フランスの作曲家。
⇒バロ（シュロー，ユーグ　1520頃?-1570頃?）

Suriano, Francesco〈16・17世紀〉
イタリアの作曲家。聖ピエトロ大聖堂カッペラ・ジューリアの楽長（1603～20）などを歴任。
⇒バロ（ソリアーノ，フランチェスコ　1548/1549-1621.7.19）
　バロ（スリアーノ，フランチェスコ　1548/1549-1621.7.19）
　新カト（スリアーノ　1548/1549-1621）

Surikov, Vasily Ivanovich〈19・20世紀〉
ロシアの画家。移動派の代表者の一人。
⇒岩世人（スーリコフ　1848.1.12-1916.3.6）
　芸13（スリコフ，ヴァッシリー・イヴァノヴィッチ　1848-1916）

Surin, Jean-Joseph〈17・18世紀〉
フランスの神秘主義著述者。
⇒岩世人（シュラン　1600.2.9-1665.4.21）
　新カト（シュラン　1600.2.9-1665.4.22）

Süring, Reinhard〈19・20世紀〉
ドイツの気象学者。ポツダム観測所所長（1928）。
⇒岩世人（ジューリング　1866.5.15-1950.12.29）

Surius, Laurentius〈16世紀〉
ドイツのカルトゥジオ修道士、歴史家。
⇒新カト（スリウス　1522/1524-1578.5.23）

Suriyothai〈16世紀〉
タイ，アユタヤ朝の王妃。
⇒岩世人（スリヨータイ　?-1549.2.3）

Suropati (Soerapati), Untung (Oentoeng)〈17・18世紀〉
インドネシアの風雲児、国王。
⇒岩世人（スロパティ，ウントゥン　1660?-1706.11.5）

Suropronoto, Sadrach〈19・20世紀〉
インドネシア，ジャワ的キリスト教の指導者。
⇒岩世人（スロプロノト，サドラフ　1835頃-1924）

Ṣurrdurr, Abū Manṣūr 'Alī ibn al-Ḥasan〈11世紀〉
イラン出身のアッバース朝期アラブ詩人。
⇒岩世人（スッルドゥッル　1009/1010以前-1072/1073）

Surtees, Robert Smith〈19世紀〉
イギリスのユーモア作家。
⇒岩世人（サーティーズ　1803.5.17-1864.3.16）

Surūr, Munshī Durgā Sahāe〈19・20世紀〉
インドのウルドゥー語詩人。主著『スルールの居酒屋』。
⇒岩世人（スルール　1873-1910）

Survage, Léopold〈19・20世紀〉
ロシア出身のフランスの画家。
⇒芸13（シュルヴァージュ，レオポール　1878-1948）

Sūryavarman I〈11世紀〉
カンボジア，アンコール時代の君主。在位1002～50。国内各地に大建築を行った。
⇒岩世人（スーリヤヴァルマン1世　?-1049?）
　世帝（スーリヤヴァルマン1世　?-1050）

Sūryavarman II〈12世紀〉
カンボジア，アンコール時代の王。在位1113～45。
⇒岩世人（スーリヤヴァルマン2世　?-1150?）
　世人新（スールヤヴァルマン2世　?-1152頃）
　世人装（スールヤヴァルマン2世　?-1152頃）
　世帝（スーリヤヴァルマン2世　?-1145/1150）
　ポプ人（スールヤバルマン2世　?-1150?）

Suryodiningrat〈19・20世紀〉
インドネシア，ジョクジャカルタの農民運動指導者。
⇒岩世人（スルヨディニングラット　1880?-?）

Suryopranoto (Soerjopranoto), Raden Mas〈19・20世紀〉
インドネシア民族主義運動の指導者。
⇒岩世人（スルヨプラノト　1871.1.11-1959.10.15）

Susanin, Ivan Osipovich〈16・17世紀〉
ロシアの国民的英雄。ポーランド軍より，皇帝ミハイール＝ロマーノフの危機を救う。
⇒岩世人（スサーニン　?-1612）

Susanna
イエスによって病気や悪霊から救われた女性の一人。
⇒聖書（スサンナ）

Susanna〈3世紀〉
ローマ帝国治下の伝説的殉教者。
⇒新カト（スザンナ〔ローマの〕　?-295頃）

Susato, Tylman〈16世紀〉
アントワープの音楽出版業者，作曲家。
⇒バロ（スザート，ティルマン　1500頃-1561/1564）

Susay, Johannes〈14世紀〉
フランスの作曲家。
⇒バロ（シュゼ，ヨハネス　1330頃?-1380頃以降）

Susman, Margarete〈19・20世紀〉
ドイツ生まれの女流文芸批評家，詩人。ユダヤ系。
⇒岩世人（ズースマン　1872.10.14-1966.1.16）

ユ著人（Susman,Margarete　スースマン，マルガレーテ　1874–1966）

Suśruta〈1・2世紀頃〉
古代インドの医者。
⇒岩世人（スシュルタ）

Sussex, Thomas Radcliffe, 3rd Earl of〈16世紀〉
イギリスの政治家。メアリー1世に仕え，女王とスペインのフェリペ2世との結婚交渉の功により男爵。
⇒岩世人（サセックス　1526/1527–1583.6.9）

Sussmayr, Franz Xaver〈18・19世紀〉
モーツァルトの『レクイエム』の完成者として知られるオーストリアの作曲家。
⇒エデ（ジュースマイヤー，フランツ・クサーヴァー　1766–1803.9.17）

Süss-Oppenheimer, Joseph〈17・18世紀〉
ドイツのユダヤ人財政家。
⇒ユ人（オッペンハイマー，ヨゼフ・ベンイッサハル・ジュスキント（ユッドジュス）　1689/1690–1738）
ユ著人（Oppenheimer,Joseph ben Issachar Suesskind　オッペンハイマー，ヨセフ・ベン・イッサカル・ジュスキント（ヨーゼフ・ジュース・オッペンハイム）　1698/1699–1739）

Süß-Oppenheimer, Joseph〈17・18世紀〉
ドイツのユダヤ人金融家。
⇒岩世人（ジュース＝オッペンハイマー　1692.2.12–1738.2.5）

Sustris, Friedrich〈16世紀〉
ドイツの建築家，画家。バイエルン大公ヴィルヘルム5世の為にトラウジッツ城を築造（1573～79）
⇒岩世人（ズストリス　1540頃–1599）

Suter, Heinrich〈19・20世紀〉
スイスの数学史家。アラビア数学史の開拓者。
⇒岩世人（ズーター　1848.1.4–1922.3.17）

Sutro, Alfred〈19・20世紀〉
イギリスの劇作家。喜劇『ジェリコの壁』（1904）など。
⇒岩世人（スートロ　1863.8.7–1933.9.11）

Sutter, John Augustus〈19世紀〉
アメリカの開拓者。
⇒岩世人（サッター　1803.2.23–1880.6.18）

Suttner, Bertha, Freifrau von〈19・20世紀〉
オーストリアの女流作家，平和主義者。平和運動に献身し，オーストリア平和の友の会を創立（1891）。
⇒岩世人（ズットナー　1843.6.9–1914.6.21）

Sutton, Ezra Ballou〈19・20世紀〉
アメリカの大リーグ選手（三塁，遊撃）。
⇒メジャ（エズラ・サットン　1849.9.17–1907.6.20）

Sutton, Walter Stanborough〈19・20世紀〉
アメリカの生物学者，医師。
⇒ネーム（サットン　1877–1916）

Suvorov, Aleksandr Vasilievich〈18世紀〉
ロシアの将軍。
⇒岩世人（スヴォーロフ　1729.11.13–1800.5.7）

al-Suyūtī, Abū al-Fadl 'Abd at-Rahmān〈15・16世紀〉
エジプトのイスラム学者。
⇒岩世人（スユーティ，ジャラールッディーン　1445.10.3–1505.10.17）

Sūzanī, Mohammad bn Alī〈12世紀〉
イランの詩人。風刺を主とした。
⇒岩世人（スーザニー・サマルカンディー　?–1166/1173–1174）

Sva, Achar〈19世紀〉
カンボジアの反仏運動の指導者。
⇒岩世人（スヴァー，アチャー）

Svafrlami
主神オーディンの末裔である王。
⇒ネーム（スヴァフルラーメ）

Svarez, Carl Gottlieb〈18世紀〉
プロシアの法学者。『プロシア一般国法典』の編纂に従事。
⇒岩世人（スワレツ　1746.2.27–1789.5.14）

Švehla, Antonín〈19・20世紀〉
チェコの政治家。
⇒岩世人（シュヴェフラ　1873.4.15–1933.12.12）

Svend I, Forkbeard〈10・11世紀〉
デンマーク王国の統治者。
⇒岩世人（スヴェン1世（双鬚（そうぜん）王）　960頃–1014.2.3）
世帝（スヴェン1世　960–1014）
世帝（スヴェン1世　960–1014）
世帝（スヴェン　960–1014）

Svend III, Grathe〈12世紀〉
デンマーク王国の統治者。在位1146～1157。
⇒世帝（スヴェン3世　1125–1157）

Svend Estridsøn〈11世紀〉
デンマーク王。在位1047～74。
⇒世帝（スヴェン2世　1019–1074）

Svendsen, Johan Severin〈19・20世紀〉
ノルウェーの作曲家。コペンハーゲン宮廷指揮者（1883）。

⇒岩世人（スヴェンセン　1840.9.30–1911.6.14）

Svensson, Jón〈19・20世紀〉
アイスランドの童話作家。主著 "Stadt im Meer"（50）。
⇒岩世人（スヴェンソン　1857.11.16–1944.10.16）
　新カト（スヴェンソン　1857.11.16–1944.10.16）

Sverdrup, Johan〈19世紀〉
ノルウェーの首相。在職1884～89。
⇒岩世人（スヴェルドルップ　1816.7.30–1892.2.17）

Sverdrup, Otto〈19・20世紀〉
ノルウェーの北極探検家。ナンセンのグリーンランド探検に参加して北緯85°57′の地点に達した。
⇒岩世人（スヴェルドルップ　1854.10.31–1930.11.26）

Sverri Sigurdsson〈12・13世紀〉
ノルウェー王。在位1177～1202。
⇒岩世人（スヴェッレ・シグルソン　1151?–1202?）
　世帝（スヴェレ・シグルツソン　1145/1151–1202）

Svetlov, Pavel Yakovlevich〈19・20世紀〉
ロシアの神学者。
⇒岩世人（スヴェトローフ　1861.12.1/13–1942）

Svetoslav〈10世紀〉
クロアティア王国の統治者。在位997～1000。
⇒世帝（スヴェトスラヴ　（在位）997–1000）

Svevo, Italo〈19・20世紀〉
イタリアの小説家。精神分析を最初に小説に持込んだ作家。
⇒岩世人（ズヴェーヴォ　1861.12.19–1928.9.13）
　広辞7（ズヴェーヴォ　1861–1928）
　新カト（ズヴェーヴォ　1861.12.19–1928.9.13）
　ユ人（スベーボ, イタロ（エットレ・シュニッツ）1861–1928）
　ユ著人（Svevo,Italo　ズヴェーヴォ, イタロ　1861–1928）

Svinhufvud, Pehr Evind〈19・20世紀〉
フィンランドの政治家。大統領。共産党を非合法化し, 組合を弾圧。
⇒岩世人（スヴィンフッヴド　1861.12.5–1944.2.29）

Swain, Clara A.〈19・20世紀〉
アメリカの医療宣教師。
⇒アア歴（Swain,Clara A.　クララ・A・スウェイン　1834.7.18–1910.12.25）

Swammerdam, Jan〈17世紀〉
オランダの医学者, 博物学者。三大顕微鏡学者の一人。
⇒岩世人（スヴァンメルダム　1637.2.12–1680.2.17）

Swan, Sir Joseph Wilson〈19・20世紀〉
イギリスの化学者, 写真感光材企業家。
⇒岩世人（スワン　1828.10.31–1914.5.27）

Swartwood, Cyrus Edward〈19・20世紀〉
アメリカの大リーグ選手（外野）。
⇒メジャ（エド・スウォートウッド　1859.1.12–1924.5.15）

Swedenborg, Emanuel〈17・18世紀〉
スウェーデンの科学者, 哲学者, 神学者。
⇒岩世人（スウェーデンボリ　1688.1.29–1772.3.29）
　ネーム（スウェーデンボリ　1688–1772）
　広辞7（スウェーデンボリ　1688–1772）
　学叢思（スウェーデンボルグ, エマヌエル　1688–1772）
　新カト（スウェーデンボリ　1688.1.29–1772.3.29）

Sweelinck, Jan Pieterszoon〈16・17世紀〉
オランダのオルガン奏者, ハープ奏者, 作曲家。
⇒バロ（スウェーリンク, ヤン・ピータースゾーン　1562.5–1621.10.16）
　岩世人（スヴェーリンク　1562–1621.10.16）
　エデ（スウェーリンク, ヤン・ピーテルスゾーン　1562–1621.10.16）
　新カト（スウェーリンク　1562.5–1621.10.16）
　ヒ曲改（スウェーリンク, ヤン・ピエテルスゾーン　1562–1621）

Sweeney, William J.〈19・20世紀〉
アメリカのメジャーリーガー。
⇒メジャ（ビル・スウィーニー　1858–1903.8.2）

Sweet, Henry〈19・20世紀〉
イギリスの言語学者。『言語史』（1900）など, 多くの著書がある。
⇒岩世人（スウィート　1845.9.15–1912.4.30）
　広辞7（スウィート　1845–1912）

Swettenham, Sir Frank Athelstan〈19・20世紀〉
マラヤ連邦州の高等弁務官。01～04年には海峡植民地総督となり, 97年にナイトを受爵している。
⇒岩世人（スウェッテナム　1850.3.28–1946.6.11）

Swietchowski, Aleksandr〈19・20世紀〉
ポーランドの作家。
⇒岩世人（シフィエントホフスキ　1849.1.18–1938.4.25）

Swieten, Gottfried van〈18・19世紀〉
オランダ生れの音楽愛好家, 男爵。1780年代後半, 貴族の音楽愛好家の協会を設立。
⇒バロ（スヴィーテン, ゴットフリート・ベルンハルト・ヴァン　1733.10.29–1803.3.29）

Swift, John Franklin〈19世紀〉
アメリカの外交官。駐日アメリカ公使。
⇒アア歴（Swift,John Franklin　ジョン・フランクリン・スウィフト　1829.2.28-1891.3.10）
　岩世人（スウィフト　1829.2.28-1891.3.10）

Swift, John Trumbull〈19・20世紀〉
アメリカの教育家。東京YMCAを創立。東京高等師範学校で英語英文学を教授。
⇒岩世人（スウィフト　1861.4.3-1928.8.13）

Swift, Jonathan〈17・18世紀〉
イギリスの作家,政治評論家。
⇒岩世人（スウィフト　1667.11.30-1745.10.19）
　ネーム（スウィフト　1667-1745）
　広辞7（スウィフト　1667-1745）
　学叢思（スイフト,ジョナサン　1667-1745）
　新カト（スウィフト　1667.11.30-1745.10.19）
　世人新（スウィフト　1667-1745）
　世人装（スウィフト　1667-1745）
　世史語（スウィフト　1667-1745）
　ポプ人（スウィフト,ジョナサン　1667-1745）

Swinburne, Algernon Charles〈19・20世紀〉
イギリスの詩人。代表作は『詩と歌謡』（66-89）や,『日の出前の歌』（71）など。
⇒岩世人（スウィンバーン　1837.4.5-1909.4.10）
　ネーム（スウィンバーン　1837-1909）
　広辞7（スウィンバーン　1837-1909）
　新カト（スウィンバーン　1837.4.5-1909.4.10）

Swingle, Walter Tennyson〈19・20世紀〉
アメリカの農業植物学者。
⇒アア歴（Swingle,Walter Tennyson　ウォルター・テニスン・スウィングル　1871.1.8-1952.1.19）
　岩世人（スウィングル　1871.1.8-1952.1.19）

Swinhoe, Robert〈19世紀〉
イギリスの博物学者。鳥類について研究。
⇒岩世人（スウィンホー　1836.9.1-1877.10.28）

Swithun or Swithin〈9世紀〉
司教。聖人。
⇒新カト（スウィジン　805頃-862.7.2）

Swope, Gerard〈19・20世紀〉
アメリカの電気技術者。ゼネラル・エレクトリック電気会社社長（1922〜39,42〜44）。
⇒岩世人（スウォープ　1872.12.1-1957.11.20）

Swybbertszoon, Peter〈16世紀〉
フランドルの作曲家。
⇒バロ（スヴィベルツゾーン,ペーテル　1530頃?-1580頃?）

Syagrius〈6世紀〉
フランス中東部オータンの司教。聖人。祝日9月2日。
⇒新カト（シアグリウス〔オータンの〕　?-599/600.9.2）

Sybel, Heinrich von〈19世紀〉
ドイツの歴史家。プロシアによるドイツ統一の主唱者として「プロシア学派」を形成。
⇒岩世人（ジーベル　1817.12.2-1895.8.1）

Sydenham, Thomas〈17世紀〉
イギリスの実地医家。
⇒岩世人（シデナム　1624.9.10-1689.12.29）
　広辞7（シデナム　1624-1689）

Sydenstricker, Absalom〈19・20世紀〉
アメリカの宣教師。
⇒アア歴（Sydenstricker,Absalom　アブサロム・サイデンストリッカー　1852.8.13-1931.7.31）

Sydney, Thomas Townshend, 1st Viscount〈18世紀〉
イギリスの政治家。陸相（1782）,内相（82〜83,83〜89）を歴任。
⇒岩世人（シドニー　1733.2.24-1800.6.30）

Sydow, Theodor Emil von〈19世紀〉
ドイツの軍人,地図学者。プロイセン陸軍大学校教官（1833〜55,60）,のち参謀本部地理統計部長。
⇒岩世人（ジドー　1812.7.15-1873.10.13）

Syed Sheikh Al-Hadi〈19・20世紀〉
マレーシアの小説家。代表作『ファリダ・ハヌム物語』など。
⇒岩世人（アルハディ,サイド・シェイク　1867.11.22-1934.2.20）

Sykes, *Sir* **Mark**〈19・20世紀〉
イギリスの外交官。
⇒世人新（サイクス　1879-1919）
　世人装（サイクス　1879-1919）
　ユ人（サイクス,サー・マーク　1879-1919）

Sykes, *Sir* **Percy Molesworth**〈19・20世紀〉
イギリスの軍人。ホラサーン総領事（1905〜13）,シナ・トゥルキスタン総領事（1915）。
⇒岩世人（サイクス　1867.2.28-1945.6.11）

Syle, Edward W.〈19世紀〉
アメリカの聖公会宣教師。東京開成学校で心理学,哲学等を教授。
⇒岩世人（サイル　1817-1890.10.5）

Sylow, Peter Ludvig Mejdell〈19・20世紀〉
ノルウェーの数学者。群論に関する業績がある。
⇒岩世人（シロー　1832.12.12-1918.9）
　世数（シロー,ペーター・ルトヴィ・メイデル　1832-1918）

Sylvester, James Joseph〈19世紀〉
イギリスの数学者。行列や代数的不変式の理論を確立した。

⇒岩世人（シルヴェスター 1814.9.3–1897.3.15）
世数（シルヴェスター, ジェームズ・ジョセフ 1814–1897）
ユ人（シルベスター, ジェームズ・ジョセフ 1814–1897）

Sylvester IV〈12世紀〉
ローマ教皇（対立教皇）。在位1105〜1111。
⇒岩世人（シルウェステル4世）

Sylvestri Ferrariensis, Franciscus〈15・16世紀〉
イタリアのドミニコ会総長, 哲学者, 神学者。
⇒岩世人（フランシスクス・シルヴェストリ（フェラーラの） 1474頃–1528.9.19）

Sylvis, William〈19世紀〉
アメリカの労働運動家。ハーディング等と全国労働組合を組織（1868）。
⇒岩世人（シルヴィス 1829.11.26–1869.7.27）

Sylvius, Franciscus〈17世紀〉
ドイツの医師, 解剖学者。
⇒岩世人（シルヴィウス 1614–1672.11.14）

Syme, David〈19・20世紀〉
オーストラリアの言論界の巨人。連邦成立に至る19世紀後半にメルボルンで「エージ」紙を主宰。
⇒学叢思（サイム, デヴィッド 1827–1908）

Syme, James〈18・19世紀〉
イギリス（スコットランド）の外科医。切断や切除手術方面で外科学に貢献。
⇒岩世人（サイム 1799.11.7–1870.6.26）

Symeon of Studios〈10・11世紀〉
東ローマのキリスト教神秘主義者。神の内在を主張し, ヘシカスム（静寂主義）に理論的根拠を与えた。
⇒岩世人（シメオン（新神学者） 949–1022.3.12）
新カト（シメオン〔ストゥディオスの〕 949–1022.3.12）

Symeon Uroš Palaiologos〈14世紀〉
セルビア王国の王。
⇒世帝（シメオン・ウロシュ・パレオロゴス ?–1371）

Symington, William〈18・19世紀〉
スコットランドの機械技師, 発明家。
⇒岩世人（サイミントン 1763–1831.3.22）

Symmachus〈5・6世紀〉
教皇。在位498〜514。聖人。501年ローマで開かれた「棕櫚の教会議」で教皇位権を確立。
⇒岩世人（シュンマクス （在位）498–514）
新カト（シンマクス ?–514.7.19）

Symmachus, Quintus Aurelius〈4・5世紀〉
ローマの政治家, 弁論家, 著述家。アフリカ知事,

のち最高祭司。
⇒岩世人（シュンマクス 345頃–402頃）
新カト（シンマクス 340頃–402頃）

Symonds, John Addington〈19世紀〉
イギリスの作家。主著は『イタリアの文芸復興史』（75〜86）。
⇒岩世人（シモンズ 1840.10.5–1893.4.19）
広辞7（シモンズ 1840–1893）

Symons, Arthur William〈19・20世紀〉
イギリスの詩人, 批評家。イギリスにおける象徴派運動の先駆者。
⇒岩世人（シモンズ 1865.2.28–1945.1.22）
ネーム（シモンズ 1865–1945）
広辞7（シモンズ 1865–1945）

Symphorosa〈2世紀〉
ローマ時代の殉教者, 聖人。
⇒新カト（シュンフォロサ 2世紀前半）
図聖（シンフォローサ ?–2世紀前半）

Synesios〈4・5世紀〉
ギリシアの哲学者。
⇒岩世人（シュネシオス（キュレネの） 370頃–412/413頃）
新カト（シュネシオス 370/375–413頃）

Synge, John Millington〈19・20世紀〉
アイルランドの劇作家。
⇒岩世人（シング 1871.4.16–1909.3.24）
広辞7（シング 1871–1909）
学叢思（シング, ジョン, ミリントン 1871–1909）
新カト（シング 1871.4.16–1909.3.24）

Syntyche
フィリピの教会の信徒。
⇒聖書（エボディアとシンティケ）

Syrianos ho Alexandreios〈5世紀〉
ギリシアの哲学者。
⇒岩世人（シュリアノス（アレクサンドリアの） ?–437頃）

Syrkin, Nachman〈19・20世紀〉
社会主義シオニズムの創始者。
⇒ユ人（シルキン, ナフマン 1868–1924）
ユ著人（Syrkin, Nachman シルキン, ナッハマン 1867–1924）

Syrmen, Maddalena Laura〈18世紀〉
イタリアの作曲家。
⇒バロ（シルメン, マッダレーナ・ラウラ 1735–1785以降）

Szadek, Tomasz〈16・17世紀〉
ポーランドの作曲家。
⇒バロ（シャデク, トマシュ 1550頃–1612）

Szamotuł, Wacław z〈16世紀〉
ポーランドの作曲家。

szapo

⇒バロ（シャモトゥウ, ヴァーツワフ・ス　1524-1526–1560頃）

Szapolyai János〈15・16世紀〉
ハンガリー王。在位1526～40。
⇒岩世人（サボヤイ　1487–1540.7.22）
　世帝（サボヤイ・ヤーノシュ　1487–1540）

Szapolyai János Zsigmond〈16世紀〉
ハンガリー王国の統治者。
⇒世帝（ヤーノシュ・ジグモンド　1540–1571）

Szarzyński, Stanisław Sylwester〈17・18世紀〉
ポーランドの作曲家。
⇒バロ（シャジンスキ, スタニスワフ・シルヴェステル　1660頃?–1720頃?）

Szczurowski, Jacek〈18世紀〉
ポーランドの作曲家。
⇒バロ（シュチュロフスキ, ヤツェク　1716-1721–1773）
　バロ（シュチュロフスキ, ヤーツェク　1716-1721–1773以降）

Széchenyi, István〈18・19世紀〉
ハンガリーの政治家。
⇒岩世人（セーチェーニ　1791.9.21–1860.4.8）
　新カト（セーチェーニ　1791.9.21–1860.4.8）

Szegedi, Ferenc Lénárt〈17世紀〉
ハンガリーの作曲家。
⇒バロ（セゲディ, フェレンツ・レーナールト　1630頃?–1690頃?）

Szemere Bertalan〈19世紀〉
ハンガリーの政治家。コシュートの執政下に首相となった（49）。
⇒岩世人（セメレ　1812.8.27–1869.1.18）

Szenczi Molnár, Albert〈16・17世紀〉
ハンガリーの改革派神学者。
⇒バロ（センツィ・モルナール, アルベルト　1574.8.30–1639.1.17）
　バロ（モルナール, アルベルト・センツィ　1574.8.30–1639.1.17）

Sziláqyi Sándor〈19世紀〉
ハンガリーの歴史家。トランシルヴァニア史の研究者。
⇒岩世人（シラージ　1827.8.30–1899.1.12）

Szinnyei József〈19・20世紀〉
ハンガリーの言語学者。フィン・ウゴル語比較研究に業績を残した。
⇒岩世人（シンニェイ　1857.5.26–1943.4.14）

Szinyei-Merse Pál〈19・20世紀〉
ハンガリーの画家。印象派に属する。
⇒岩世人（シニェイ＝メルシェ　1845.7.4–1920.2.2）

Szold, Henrietta〈19・20世紀〉
ユダヤ民族の国家的統一と福祉に尽力した指導者。シオニストの女性組織を設立（1912）。
⇒ユ人（ショルド（ゾールド）, ヘンリエッタ　1860–1945）
　ユ著人（Szold,Henrietta　ズチョルド, ヘンリエッタ　1860–1945）

Szymon〈15世紀〉
ポーランドの聖人。祝日7月18日。フランシスコ会原会則派会員。
⇒新カト（シモン〔リブニツァの〕　1436頃–1482.7.18）

Szymonowic, Szymon〈16・17世紀〉
ポーランドの詩人。
⇒岩世人（シモノヴィツ　1558.10.24–1629.5.5）

【 T 】

Ta'abbaṭa Sharrān〈6世紀〉
アラビアの詩人。
⇒岩世人（タアッバタ・シャッラン）

Tả Ao
近世ベトナムの伝説上の風水師。
⇒岩世人（ター・アオ）

al-Ṭabarī, Abū Ja'far Muḥammad ibn Jarīr〈9・10世紀〉
アッバース朝時代の歴史家, 神学者, 法学者。
⇒岩世人（タバリー　839–923）
　新カト（タバリー　838/839–923.2.16）
　世人新（タバリー　839–923）
　世人装（タバリー　839–923）
　世史語（タバリー　839–923）

al-Ṭabarsī, Abū 'Alī al-Fadl〈12世紀〉
イランの神学者。
⇒岩世人（タバルスィー　1077.8–1154）

Tabb, John Banister〈19・20世紀〉
アメリカのローマ・カトリック教会司祭, 詩人。
⇒新カト（タブ　1845.3.22–1909.11.19）

Tabinshweti〈16世紀〉
ビルマ, トゥングー朝の第2代王。在位1531～50。ペグーを都として中部ビルマを統合。
⇒岩世人（ダビンシュエティー　1516.4–1550.5）
　世帝（タビンシュウェティ　1516–1550）

Tablada, José Juan〈19・20世紀〉
メキシコの詩人, 作家。
⇒岩世人（タブラダ　1871.4.3–1945.8.2）

Tacca, Pietro〈16・17世紀〉
イタリアの彫刻家。
⇒岩世人（タッカ　1577.9.6–1640）

Tacchinardi-Persiani, Fanny〈19世紀〉
イタリアのソプラノ歌手。
⇒オペラ（タッキナルディ＝ペルシアーニ, ファニー 1812–1867）

Tacchini, Giuseppe〈17・18世紀〉
イタリアの作曲家。
⇒バロ（タッキーニ, ジュゼッペ 1670頃?–1730?）

Tacchi Venturi, Pietro〈19・20世紀〉
イタリアの教会史家。
⇒新カト（タッキ・ヴェントゥーリ 1861.8.12–1956.3.18）

Tachard, Guy〈17・18世紀〉
フランスのイエズス会宣教師。ルイ14世のシャム派遣使節に随行し, 布教情況を視察。
⇒岩世人（タシャール 1651.4.7–1712.10.21）
　新カト（タシャール 1651.4.7–1712.10.21）

Taché, Alexandre Antonin〈19世紀〉
カナダのカトリック宣教師, 司教。
⇒新カト（タシェ 1823.7.23–1894.6.22）

Tacishanghasisu
ビルマ国王。
⇒学叢思（タチシャンハシス）

Tacitus, Cornelius〈1・2世紀〉
ローマの歴史家。代表作は『同時代史』(104～09）と『年代記』(115～17頃）。
⇒岩世人（タキトゥス 55頃–117以後）
　ネーム（タキトゥス 55?–120?）
　広辞7（タキトゥス 55頃–120頃）
　新カト（タキトゥス 56頃–117後）
　世人新（タキトゥス 55頃–120頃）
　世人装（タキトゥス 55頃–120頃）
　世史語（タキトゥス 55頃–120頃）
　ポプ人（タキトゥス, ガイウス・コルネリウス 55頃–120頃）
　学叢歴（タキツス 54–117）

Tacitus, Marcus Claudius〈3世紀〉
ローマ皇帝。在位275～276。
⇒岩世人（タキトゥス 200頃–276）
　世帝（タキトゥス 200頃–276）

Taddeo di Bartoli〈14・15世紀〉
イタリアのシエナ派の画家。
⇒岩世人（タッデオ・ディ・バルトロ 1362頃–1422.8.28以降）

Tadei, Alessandro〈16・17世紀〉
オーストリアの作曲家。
⇒バロ（タデーイ, アレッサンドロ 1585頃–1667）

Tadini, Arcangelo〈19・20世紀〉
イタリアの聖人。祝日5月20日。教区司祭。修道会創立者。
⇒新カト（アルカンジェロ・タディーニ 1846.10.12–1912.5.20）

Tadorini Savonari, Eugenia〈19世紀〉
イタリアのソプラノ歌手。
⇒オペラ（タドリーニ・サヴォナーリ, エウジェニア 1808–1872）

Taeubler, Eugen〈19・20世紀〉
ポズナン生まれの歴史学者, 古典学者, 聖書学者。
⇒ユ著人（Taeubler,Eugen　トイブラー, オイゲン 1879–1953）

Tafel, Albert〈19・20世紀〉
ドイツの旅行家。黄河水源地帯を探検。
⇒岩世人（ターフェル 1877.11.6–1935.4.19）

Taft, William Howard〈19・20世紀〉
アメリカの第27代大統領, 第10代連邦最高裁判所長官。
⇒アア歴（Taft,William,Howard　ウイリアム・ハワード・タフト 1857.9.15–1930.3.8）
　アメ新（タフト 1857–1930）
　岩世人（タフト 1857.9.15–1930.3.8）
　広辞7（タフト 1857–1930）
　世史語（タフト 1857–1930）
　学叢歴（タフト, ウイリアム・ホワード）

*al-***Taftāzānī Saʿd al-Dīn Masʿūd**〈14世紀〉
ティムール朝期のイスラーム学者。
⇒岩世人（タフターザーニー 1322–1389/1390）

Tag, Christian Gotthilf〈18・19世紀〉
ドイツの作曲家。
⇒バロ（ターク, クリスティアン・ゴットヒルフ 1735.4.2–1811.7.19）

Taγačar〈13世紀〉
モンゴル帝国の政治家。
⇒岩世人（タガチャル ?–1278（世祖至元15））

Tagliacozzi, Gasparo〈16世紀〉
イタリアの外科医。ボローニャ大学解剖学教授。
⇒岩世人（タリアコッツィ 1545–1599.11.7）

Taglicht, David Israel〈19・20世紀〉
オーストリアのラビ, 学者。
⇒ユ著人（Taglicht,David Israel　タークリヒト, ダーフィット・イズラエル 1862–1943）

Taglietti, Giulio〈17・18世紀〉
イタリアの作曲家。
⇒バロ（タリエッティ, ジュリオ 1660頃–1718）

Taglietti, Luigi〈17・18世紀〉
イタリアの作曲家。
⇒バロ（タリエッティ, ルイージ 1668–1715）

Taglioni, Filippo〈18・19世紀〉
イタリアのダンサー, 振付家, 最初のロマンティック・バレエである《ラ・シルフィード》の作者。カルロ・タリオーニの息子で, マリーとポールの父。

Taglioni, Maria〈19世紀〉
ロマンチック・バレエ期を代表するバレリーナ。
⇒岩世人（タリオーニ　1804.4.23–1884.4.22）
　バレエ（タリオーニ,マリー　1804.4.23–1884.4.22）

Taglioni, Maria〈19世紀〉
ドイツ生まれのバレリーナ。
⇒バレエ（タリオーニ,マリー（姪）　1833/1830.10.27–1891.8.27/4.27）

Taglioni, Paul〈19世紀〉
ドイツのダンサー、バレエ・マスター。フィリッポの息子、マリーの弟、若い方のマリーの父。
⇒バレエ（タリオーニ,ポール　1808/1800.1.12–1884/1888.1.6）

Taglioni, Salvatore〈18・19世紀〉
イタリアのダンサー、教師、振付家。フィリッポ・タリオーニの弟、パリ・オペラ座のバレリーナだったルイザ・タリオーニと、作曲家フェルナンド・タリオーニの父。
⇒バレエ（タリオーニ,サルヴァトーレ　1789–1868）

Tagore, Abanindranath〈19・20世紀〉
インドの画家。
⇒岩世人（タゴール　1871.8.7–1951.12.5）

Tagore, Devendranāth〈19・20世紀〉
インドの近代宗教改革者。ヒンドゥー教の近代的改革運動に尽力。
⇒岩世人（タゴール　1817.5.15–1905.1.19）
　学叢思（タゴール,デベンドラ・ナート　1815–1905.1.19）

Tagore, Rabindranāth〈19・20世紀〉
インドの詩人、哲学者、劇作家、作曲家。
⇒岩世人（タゴール　1861.5.7–1941.8.7）
　ネーム（タゴール　1861–1941）
　広辞7（タゴール　1861–1941）
　学叢思（タゴール,サー・ラビンドラ・ナート　1861–?）
　新カト（タゴール　1861.5.7–1941.8.7）
　世人新（タゴール　1861–1941）
　世人装（タゴール　1861–1941）
　世史語（タゴール　1861–1941）
　ポプ人（タゴール,ラビンドラナート　1861–1941）
　南ア新（タゴール　1861–1941）

Tahaki
ポリネシアの民間伝承に伝わる英雄。
⇒ネーム（タハキ）

Taha Saifuddin〈19・20世紀〉
インドネシア、スマトラ島のジャンビ国王。
⇒岩世人（タハ・サイフディン　?–1904.4）

al-Ṭaḥāwī, Abū Jaʻfar Aḥmad〈9・10世紀〉
イスラーム法学者、神学者。
⇒岩世人（タハーウィー　844/845/852/853–933）

Ṭāhir b. ul Husain〈8・9世紀〉
イランのターヒル朝の創始者。在位821～22。
⇒岩世人（ターヒル・ズル・ヤミーナイン　776–822）

Ṭahmāsp I〈16世紀〉
イランのサファビー朝第2代の王。在位1524～76。1554年トルコと和約を結ぶ。
⇒岩世人（タフマースプ1世　1514.2.22–1576.5.14）
　世帝（タフマースプ1世　1514–1576）

Ṭahmāsp II〈18世紀〉
近代ペルシア（イラン）の統治者。在位1729～1732。
⇒世帝（タフマースプ2世　?–1739/1740）

Tahmineh
ペルシアの叙事詩『シャー・ナーメ』に登場する、中央アジアの支配者アフラースィヤーブの娘。
⇒ネーム（タハミーネ）

Al-Ṭā'i〈10世紀〉
カリフ王朝の統治者。在位974～991。
⇒世帝（ターイウ　932–1003）

Taigi, Anna Maria〈18・19世紀〉
イタリアの主婦、三位一体修道会の第三会員、神秘家。
⇒新カト（タイジ　1769.5.29–1837.6.9）

Tailhade, Laurent〈19・20世紀〉
フランスの詩人、風刺作家。代表作『哀歌』など。
⇒19仏（ローラン・タイヤード　1854.4.16–1919.11.2）

Tailhandier, Pierre〈14世紀〉
フランスの作曲家。
⇒バロ（タヤンディエ,ピエール　1350頃?–1400頃?）

Taillevent〈14世紀〉
フランスの料理人。
⇒岩世人（タイユヴァン　1310頃/1315頃–1395頃）

Taine, Hippolyte Adolphe〈19世紀〉
フランスの評論家、歴史家、哲学者。未完の大著『現代フランスの起源』（6巻,76～93）がある。
⇒岩世人（テーヌ　1828.4.21–1893.3.5）
　広辞7（テーヌ　1828–1893）
　学叢思（テーヌ,イッポリト　1828–1893）
　新カト（テーヌ　1828.4.21–1893.3.5）
　メル2（テーヌ,イポリット・アドルフ　1828–1893）

Tait, James〈19・20世紀〉
イギリスの中世史家。地方史および都市史を研究。

⇒岩世人（テイト　1863.6.19-1944.7.4）

Tait, Peter Guthrie〈19・20世紀〉
スコットランドの数学者,物理学者。順列の問題として,「テートの問題」を提出。
⇒岩世人（テイト　1831.4.28-1901.7.4）

Tait, Robert Lawson〈19世紀〉
スコットランドの外科医,婦人科医。
⇒岩世人（テイト　1845.5.1-1899.6.13）

Taj ul-Alam〈17世紀〉
インドネシア,スマトラ島北部のアチェ王国の女王。在位1641～75。
⇒岩世人（タジュル・アラム　（在位）1641-1675）

Takla Hāymānot〈13・14世紀〉
エチオピア教会の再興者,アブーナ（主教にあたる教会の首長）。
⇒新カト（タクラ・ハイマノト　?-1312頃）

Taksin〈18世紀〉
タイ,トンブリ朝の王。在位1767～82。華僑の子で中国名を鄭昭という。
⇒岩世人（タークシン　1734.4.17-1782.4.6）
　世人新（タークシン（中国名：鄭昭）　ていしょう　1734-1782）
　世人装（タークシン（中国名：鄭昭）　ていしょう　1734-1782）

ta la'i bla ma I〈14・15世紀〉
チベット仏教ゲルク派の高僧。
⇒岩世人（ダライラマ1世　1391-1474）

ta la'i bla ma II〈15・16世紀〉
チベット仏教ゲルク派の高僧。
⇒岩世人（ダライラマ2世　1475-1542）

ta la'i bla ma IV〈16・17世紀〉
チベット仏教ゲルク派の最高位の転生僧。
⇒岩世人（ダライラマ4世　1589-1617）

ta la'i bla ma VI〈17・18世紀〉
チベット仏教ゲルク派の最高位の転生僧。
⇒岩世人（ダライラマ6世　1683-1706）

ta la'i bla ma VII〈18世紀〉
チベット仏教ゲルク派の最高位の転生僧。
⇒岩世人（ダライラマ7世　1708-1757）

ta la'i bla ma VIII〈18・19世紀〉
チベット仏教ゲルク派の最高位の転生僧。
⇒岩世人（ダライラマ8世　1758-1804）

Talandier, Alfred〈19世紀〉
フランスの政治家。
⇒**19仏**（アルフレッド・タランディエ　1822.9.7-1890.3.4）

Talat Pasha, Mehmed〈19・20世紀〉
トルコの政治家。青年トルコ党革命を指導。1917年首相となる。

⇒岩世人（タラート・パシャ　1872.8.20-1921.3.15）

Talbot, Edward Stuart〈19・20世紀〉
英国教会ウィンチェスター教区主教。
⇒岩世人（トールボット　1844.2.19-1934.1.30）

Talbot, Matt〈19・20世紀〉
アイルランドの信徒修練者。
⇒新カト（トールボット　1856.5.2-1925.6.7）

Talbot, Peter〈17世紀〉
アイルランドの聖職者。大陸亡命中のチャールズ2世にカトリックの教を説いた。
⇒岩世人（トールボット　1618/1620.6.29-1680.11.15）
　新カト（トールボット　1620-1680）

Talbot, Richard, Earl of Tyrconnell〈17世紀〉
アイルランドのジャコバイトの指導者。
⇒岩世人（トールボット　1630-1691.8.14）
　新カト（トールボット　1630-1691.8.14）

Talbot, William Henry Fox〈18・19世紀〉
イギリスの科学者,写真の発明者,言語学者。タルボタイプを発明。
⇒岩世人（トールボット　1800.2.11-1877.9.17）
　ネーム（タルボット　1800-1877）
　芸13（タルボット,ウィリアム・ヘンリー・フォックス　1800-1877）

Talcott, Eliza〈19・20世紀〉
アメリカのアメリカン・ボード宣教師。神戸女学院,同志社看護婦学校を創立。
⇒アア歴（Talcott,Eliza　イライザ・タルコット　1836.5.22-1911.11.1）
　岩世人（タルコット　1836.5.22-1911.11.1）

Ṭālebof〈19・20世紀〉
イランの啓蒙思想家。主著『アフマドの書』など。
⇒岩世人（ターレボフ　1834-1910）

Ṭalḥa ibn 'Ubayd Allāh〈7世紀〉
イスラームの預言者ムハンマドの教友。
⇒岩世人（タルハ　?-656）

Ṭālib Āmulī〈16・17世紀〉
ペルシア詩人。
⇒岩世人（ターリブ・アームリー　?-1626頃）

Taliesin〈6世紀〉
ウェールズの吟遊詩人。
⇒岩世人（タリエシン）
　ネーム（グウィオン・バハ）
　ネーム（タリエシン）

Tallard, Camille, Comte de, Duc d'Hostun〈17・18世紀〉
フランスの軍人。ルイ14世のオランダ侵入戦争に活躍。

⇒岩世人（タラール　1652.2.14–1728.3.20）

Talleyrand-Périgord, Charles Maurice de, Prince Duc de Bénévent〈18・19世紀〉
フランスの政治家。ナポレオンの執政下の外相(1799～1807)。
⇒岩世人（タレーラン＝ペリゴール　1754.2.13–1838.5.17）
　ネーム（タレーラン　1754–1838）
　広辞7（タレーラン　1754–1838）
　新カト（タレーラン・ペリゴール　1754.2.2–1838.5.17）
　世人新（タレーラン　1754–1838）
　世人装（タレーラン　1754–1838）
　世史語（タレーラン　1754–1838）
　ポプ人（タレーラン，シャルル・モーリス・ド　1754–1838）
　学叢歴（タレーラン　1754–1838）

Tallien, Jean Lambert〈18・19世紀〉
フランスの革命家。エベール派の系統の恐怖政治家。のちに保守化。
⇒岩世人（タリアン　1767.1.23–1820.11.16）

Tallis, Thomas〈16世紀〉
イギリスの作曲家。ウォルサム大聖堂王室礼拝堂のオルガン奏者を務めた。
⇒バロ（タリス，トマス　1505頃–1585.11.23）
　岩世人（タリス　1505頃–1585）
　エデ（タリス，トマス　1505頃–1585.11.23）
　新カト（タリス　1505頃–1585.11.23）

Tallmadge, Benjamin〈18・19世紀〉
アメリカ独立戦争当時，ジョージ・ワシントン将軍の下で活動したインテリジェンス・オフィサー。
⇒スパイ（タルマッジ，ベンジャミン　1754–1835）

Talma, François Joseph〈18・19世紀〉
フランスの俳優。画家のJ.ダビッドの協力を得，舞台装置の改革を行った。著書に『俳優術考察』(25) 。
⇒岩世人（タルマ　1763.1.15–1826.10.19）

Talmage, John Van Nest〈19世紀〉
アメリカの宣教師。1847～89年度廈門の附近に定住して布教につとめた。
⇒アア歴（Talmage, John Van Nest　ジョン・ヴァン・ネスト・タルミッジ　1819.8.18–1892.8.19）

Talon, Omer〈16世紀〉
人文学者。
⇒メル2（タロン，オメール　1510–1562）

Talon, Pierre〈18世紀〉
フランスの作曲家。
⇒バロ（タロン，ピエール　1721.10.25–1785.6.25）

Talōs
ギリシア神話，ダイダロスの甥。
⇒岩世人（タロス）

Talvio, Maila〈19・20世紀〉
フィンランドの女流小説家。歴史小説『バルチック海の娘』など。
⇒岩世人（タルヴィオ　1871.10.17–1951.1.6）

Talzago〈16・17世紀〉
イタリアの作曲家。
⇒バロ（タルツァーゴ,?　1590頃?–1650頃?）

Tam, Jacob Ben Meïr〈12世紀〉
フランスのタルムード注解者。詩人，文法学者。
⇒ユ人（タム・ヤコブ・ベンメイル（ラベヌー）　1110頃–1171）

Tamagno, Francesco〈19・20世紀〉
イタリアの歌劇歌手。オテロ役を演じる。
⇒岩世人（タマーニョ　1850.12.28–1905.8.31）
　失声（フランチェスコ・タマーニョ　1850–1905）
　オペラ（タマーニョ，フランチェスコ　1850–1905）

Tamar
ユダの子エルの妻（創世記）。
⇒岩世人（タマル）

Tamara〈12・13世紀〉
グルジアの女帝。在位1184～1213。グルジアに隆盛をもたらした。
⇒岩世人（タマル　1160?–1213?）

Tamberlick, Enrico〈19世紀〉
イタリアのテノール歌手。
⇒オペラ（タンバーリック，エンリーコ　1820–1889）

Tamblot〈16・17世紀〉
フィリピンの反乱指導者。
⇒岩世人（タンブロット　1582?–1622.1）

Tamburi Cemil Bey〈19・20世紀〉
トルコの古典音楽家。
⇒岩世人（タンブーリ・ジェミル・ベイ　1871–1916.7.28）

Tamburini, Antonio〈19世紀〉
イタリアのバリトン歌手。
⇒オペラ（タンブリーニ，アントニオ　1800–1876）

Tamburini, Tommaso〈16・17世紀〉
イタリアのイエズス会の倫理神学者。
⇒新カト（タンブリーニ　1591.3.6–1675.10.10）

Tamīm ibn al-Muʻizz〈10世紀〉
エジプトのアラブ詩人。
⇒岩世人（タミーム・イブン・ムイッズ　948/949–985.4.7/986.3.27/978/979）

Tamīm ibn Baḥr〈8・9世紀〉
アラブ人。
⇒岩世人（タミーム・イブン・バフル　8–9世紀）

Tamisier, Emilie〈19・20世紀〉
国際聖体大会の発案者。トゥール生まれ。
⇒新カト （タミジエ　1834.11.1–1910.6.20）

Tammann, Gustav〈19・20世紀〉
ドイツの物理化学者。金相学, 結晶, 融体, ガラス状態に関する研究が多い。
⇒岩世人 （タンマン　1861.5.28–1938.12.17）

Tammsaare, Anton Hansen〈19・20世紀〉
エストニアの小説家, 劇作家。主著・小説『真実と正義』(5巻, 26〜33)。
⇒岩世人 （タンムサーレ　1878.1.30–1940.3.1）

Tancred〈11・12世紀〉
ノルマン人の勇士。
⇒岩世人 （タンクレード　1078頃–1112.12.12）

Táncsics Mihály〈18・19世紀〉
ハンガリーの社会運動家。社会改革, 労働運動のために戦った。
⇒岩世人 （ターンチチ　1799.4.21–1884.6.28）

Tañedor, Martín el〈13・14世紀〉
スペインの作曲家。
⇒バロ （タニェドール, マルティン・エル　1260頃?–1310頃?）

Taneev, Sergei Ivanovich〈19・20世紀〉
ロシアの作曲家。モスクワ音楽院校長(1885〜)。
⇒岩世人 （タネーエフ　1856.11.13–1915.6.6）

Taney, Roger Brooke〈18・19世紀〉
アメリカの第5代連邦最高裁判所長官。
⇒岩世人 （トーニー　1777.3.17–1864.10.12）

Tangl, Michael〈19・20世紀〉
オーストリアの歴史学者。
⇒新カト （タングル　1861.5.26–1921.9.7）

Tanguy, le père〈19世紀〉
フランスの画材商, 美術品コレクター。
⇒岩世人 （タンギー爺さん　1825.6.28–1894.2.9）

Taninganwei〈18世紀〉
ビルマ王国の統治者。在位1714〜1733。
⇒世帝 （タニンガヌエ　1689–1733）

Tannehill, Jesse Niles〈19・20世紀〉
アメリカの大リーグ選手(投手)。
⇒メジャ （ジェシー・タニーヒル　1874.7.14–1956.9.22）

Tannehill, Lee Ford〈19・20世紀〉
アメリカの大リーグ選手(三塁, 遊撃)。
⇒メジャ （リー・タニーヒル　1880.10.26–1938.2.16）

Tanner, Adam〈16・17世紀〉
オーストリアのカトリック神学者, イエズス会の会員。
⇒新カト （タナー　1572.4.14–1632.5.25）

Tanner, Henry Ossawa〈19・20世紀〉
アメリカの黒人画家。牧師の子。作品『2人の使徒』など。
⇒岩世人 （タナー　1859.6.21–1937.5.25）

Tanner, Matthias〈17世紀〉
ボヘミア出身の神学者, イエズス会員。
⇒新カト （タナー　1630.2.28–1692.2.8）

Tannery, Paul〈19・20世紀〉
フランスの科学哲学史家, 数学史家。P.フェルマおよびデカルトの全集の編者として著名。
⇒岩世人 （タンヌリ　1843.12.20–1904.11.27）

Tannhäuser〈13世紀〉
中高ドイツ語時代の抒情詩人。民承伝説の主人公としてハイネの詩や, ワーグナーの歌劇などに描かれる。
⇒バロ （タンホイザー, ?　1205頃–1270頃）
　岩世人 （タンホイザー　(活躍)13世紀中頃）
　ネーム （タンホイザー　1200?–1270?）

Tanquerey, Adolphe-Alfred〈19・20世紀〉
フランスのカトリック神学者。
⇒新カト （タンクレ　1854.5.1–1932.1.21）

Tānsen〈16・17世紀〉
インドの歌手, 詩人。アクバル大帝に招かれた。
⇒岩世人 （ターンセーン　1493/1506頃–1586/1589頃）
　南ア新 （ターン・セーン　生没年不詳）

Tansillo, Luigi〈16世紀〉
イタリアの詩人。16世紀の古典詩復興運動の推進者の一人。
⇒岩世人 （タンシッロ　1510–1568.12.1）

Tansley, Sir Arthur George〈19・20世紀〉
イギリスの植物学者。生態学の一派を創始。
⇒岩世人 （タンスリー　1871.8.15–1955.11.25）
　ネーム （タンズリー　1871–1955）

Tans'ur, William〈17・18世紀〉
イギリスの作曲家。
⇒バロ （タンザー, ウィリアム　1700–1783.10.7）

Tantalos
ギリシア神話の小アジアの一地方の王。ゼウスとプルートーの子。
⇒岩世人 （タンタロス）
　ネーム （タンタロス）

Ṭanṭawī Jawharī〈19・20世紀〉
エジプトのイスラーム改革思想家。

⇒岩世人（タンターウィー・ジャウハリー　1870–1940）

Tantia Topī〈19世紀〉
インドの対英反乱（1857）の指導者。
⇒岩世人（ターンティヤー・トビー　1813/1814–1859.4.18）
　南ア新（ターンティア・トービー　1819頃–1859）

Tantular, Mpu (Empu)〈14世紀〉
インドネシアの詩人。14世紀に活動。『アルジュナウィジャヤ』などの叙述詩の作者。
⇒岩世人（タントゥラル）

Tanucci, Bernardo〈17・18世紀〉
ナポリ王国の政治家。
⇒岩世人（タヌッチ　1698.2.20–1783.4.29）

al-Tanūkhī al-Ḥalabī, 'Abd al-Muḥsin〈12・13世紀〉
シリアのアラブ詩人。
⇒岩世人（タヌーヒー　1174/1175–1245/1246）

T'an-wu ch'ên〈4・5世紀〉
中国の訳経僧。サンスクリット名ダルマクシェーマ。
⇒岩世人（曇無讖　どんむしん　385–433（義和3））
　学叢思（ドン・ムサン　曇無讖　384–432）

Tapa, Kyai〈18世紀〉
インドネシア、ジャワ島のバンテン王国で発生した反乱の指導者。
⇒岩世人（タパ, キイャイ）

Taparelli, Massimo〈18・19世紀〉
イタリアの著述家、政治家。
⇒ユ著人（Taparelli, Massimo　タパレッリ, マッシモ　1798–1866）

Taparelli d'Azeglio, Luigi〈18・19世紀〉
イタリアのイエズス会哲学者、社会学の先駆者。
⇒新カト（タパレリ　1793.11.24–1862.9.20）

Tapar Khaghan〈6世紀〉
突厥帝国第4代の大カガン。在位572～581。
⇒岩世人（佗鉢可汗　たはつかがん　?–581（開皇1））

Tapissier, Johannes〈14・15世紀〉
フランスの作曲家。
⇒バロ（ノワイエ, ジャン・ド　1370頃–1410.7頃）
　バロ（タビシェ, ヨハネス　1370頃–1410.7頃）

Tapper, Ruardus〈15・16世紀〉
ベルギーの神学者。
⇒新カト（タッパー　1487.2.15–1559.3.2）

Tapray, Jean〈18世紀〉
フランスの作曲家。
⇒バロ（タブレー, ジャン　1710頃?–1770頃?）

Tapray, Jean-François〈18・19世紀〉
フランスのオルガン奏者、クラヴサン奏者。
⇒バロ（タブレー, ジャン・フランソワ　1738–1819頃）

Tarachos〈3・4世紀〉
聖人、殉教者。祝日10月11日。
⇒新カト（タラコス, プロボスとアンドロニコス　?–304頃）

Ṭarafa 'Amr b. al-'Abdu'l-Bakrī〈6世紀〉
アラビアの詩人。
⇒岩世人（タラファ　543頃–569頃）

Tāranātha〈16・17世紀〉
チベットの学僧。ジオナン派の本山プンツォクリン（シガツェの西方）の寺々を再建復興。
⇒岩世人（ターラナータ　1575–1640/1634?）

Tarásios〈8・9世紀〉
コンスタンティノポリス総主教。
⇒岩世人（タラシオス　730?–806.2.25）
　新カト（タラシオス　730?–806.2.18）

Tarbell, Ida Minerva〈19・20世紀〉
アメリカの女流伝記作家、評論家。『スタンダード石油会社の歴史』（04）などを著す。
⇒岩世人（ターベル　1857.11.5–1944.1.6）

Tarchetti, Iginio Ugo〈19世紀〉
イタリアの後期ロマン主義運動、スカピリアトゥーラを代表する作家。『フォスカ』など。
⇒岩世人（タルケッティ　1839.6.29–1869.3.25）

Tarchi, Angelo〈18・19世紀〉
イタリアの作曲家。
⇒バロ（タルキ, アンジェロ　1760頃?–1814.8.19）

Tarde, Jean-Gabriel〈19・20世紀〉
フランスの社会学者。心理学的社会学を主張した。主著『模倣の法則』（90）など。
⇒岩世人（タルド　1843.3.12–1904.5.13）
　広辞7（タルド　1843–1904）
　学叢思（タルド, ジャン・ガブリエル　1843–1904）
　メル3（タルド, ガブリエル　1843–1904）

Tardieu, André Pierre Gabriel Amédée〈19・20世紀〉
フランスの政治家。内相（28）、首相（29～30,30,32）、農相（31）等を歴任。
⇒岩世人（タルデュー　1876.9.22–1945.9.15）

Tarditi, Orazio〈17世紀〉
イタリアの作曲家。
⇒バロ（タルディーティ, オラツィオ　1602–1677.1.18）

Tarditi, Paolo〈16・17世紀〉
イタリアの作曲家。
⇒バロ（タルディーティ, パオロ　1580頃?–1649

Tareev, Mikhail Mikhailovich〈19・20世紀〉
ロシアの宗教哲学者，神学者。
⇒岩世人（タレーエフ　1866/1867.11.7/19–1934.6.4）

Targioni-Tozzetti, Giovannia〈19・20世紀〉
イタリアの台本作家。
⇒オペラ（タルジョーニ＝トッツェッティ，ジョヴァンニ　1863–1934）

Tāriq ibn Ziyād〈7・8世紀〉
スペインを征服したイスラム軍指揮者。711年スペインに上陸。
⇒岩世人（ターリク・イブン・ズィヤード）

Tarle, Evgenii Viktorovich〈19・20世紀〉
ソ連の歴史家。著書『フランス革命期における労働者階級』『ナポレオン』(36) など。
⇒岩世人（タルレ　1874.10.27/11.8–1955.1.5）

Tarlton, Richard〈16世紀〉
イギリスの俳優。「俳優の時代」の中心人物。
⇒ルネ（ディック・タールトン　?–1588）

Tarn, *Sir* William Woodthorpe〈19・20世紀〉
イギリスの古代学者。ヘレニズム時代史を研究。
⇒岩世人（ターン　1869.2.26–1957.11.7）

Tarnier, Étienne Stéphene〈19世紀〉
フランスの産科医。タルニエ鉗子，徴候に名を残す。
⇒岩世人（タルニエ　1828.4.29–1897.11.23）
　19仏（ステファヌ・タルニエ　1828.4.29–1897.11.23）

Taroni, Antonio〈16・17世紀〉
イタリアの作曲家。
⇒バロ（タローニ，アントーニオ　1585頃–1646）

Taro Umaw〈19・20世紀〉
台湾原住民の指導者。
⇒岩世人（タロ・ユーマオ　1871（同治10）–1953）

Tarozzi, Giuseppe〈19・20世紀〉
イタリアの哲学者。哲学評論を編集。
⇒岩世人（タロッツィ　1866.3.24–1958）

Tarpeia
ローマ神話，ローマの伝説上の乙女。
⇒岩世人（タルペイア）

Tarquinius Superbus, Lucius〈前6・5世紀頃〉
伝説的なローマ第7代かつ最後の王。在位前534～510?。
以降）
⇒岩世人（タルクィニウス・スペルブス（在位）前534–前509）

Tárrega Eixea, Francisco〈19・20世紀〉
スペインの作曲家，ギター奏者。
⇒岩世人（タレガ　1852.11.21–1909.12.15）

Tarsicius〈3・4世紀〉
ローマの殉教者，聖人。
⇒新カト（タルシキウス　3世紀–4世紀前半）
　図聖（タルシキウス　?–3世紀頃）

Tarsilla〈6世紀〉
聖人，ローマの乙女。祝日12月24日。教皇グレゴリウス1世の父ゴルディアスの姉妹。
⇒新カト（タルシラ　?–581頃）

Tartaglia, Niccolò〈15・16世紀〉
イタリアの数学者。本名フォンタナ。
⇒岩世人（タルタッリア　1499/1500–1557.12.14）
　学叢思（タルタリア，ニコロ　1500–1557）
　世数（タルタリア（通称），ニッコロ・フォンタナ　1499–1557）
　ルネ（ニッコロ・タルタリア　1490/1500–1557）

Tartaglini, Hippolito〈16世紀〉
イタリアの作曲家。
⇒バロ（タルタリーニ，イッポーリト　1539頃–1582）

Tartini, Giuseppe〈17・18世紀〉
イタリアのヴァイオリン奏者，作曲家。重音奏法における差音を発見，新しい用弓技巧を確立。
⇒バロ（タルティーニ，ジュゼッペ　1692.4.8–1770.2.26）
　岩世人（タルティーニ　1692.4.8–1770.2.26）
　エデ（タルティーニ，ジュゼッペ　1692.4.8–1770.2.26）
　ネーム（タルティーニ　1692–1770）
　広辞7（タルティーニ　1692–1770）

Ṭarzī, Maḥmūd〈19・20世紀〉
アフガニスタン近代化の牽引者，新聞刊行者。
⇒岩世人（タルズィー　1865–1933.11.22）

Tasman, Abel Janszoon〈17世紀〉
オランダの航海家，探検家。タスマニア島 (1642) など太平洋上の多くの島を発見。
⇒岩世人（タスマン　1603–1659.10.10）
　オセ新（タスマン　1603–1659）
　世人新（タスマン　1603–1659）
　世人装（タスマン　1603–1659）
　世史語（タスマン　1603–1659）
　世史語（タスマン　1603–1659）
　ポブ7（タスマン，アーベル　1603–1659）

Tasso, Torquato〈16世紀〉
イタリアの詩人。主著『エルサレム解放』(75)。ほかに，長詩『リナルド』(62) など。
⇒岩世人（タッソ　1544.3.11–1595.4.5）
　オペラ（タッソ，トルクワート　1544–1594）
　広辞7（タッソ　1544–1595）
　学叢思（タッソー，トルカートオ　1544–1595）

新カト（タッソ　1544.3.11–1595.4.25）

Tassoni, Alessandro〈16・17世紀〉
イタリアの詩人。主著『桶』(22)。
⇒岩世人（タッソーニ　1565.9.28–1635.4.25）

Tata, Jamsetji Nasarwanji〈19・20世紀〉
インドの実業家。タタ財閥の基礎を築いた。
⇒岩世人（タタ（ターター）　1839.3.3–1904.5.19）

Tatatung γa〈12・13世紀〉
モンゴル帝国のチンギス, オゴデイ両ハンに仕えたウイグル人。
⇒岩世人（タタトゥンガ　?–1230頃）

Tatianos〈2世紀〉
シリア出身のギリシア護教家。著書『ギリシア人への提言』(165頃)。
⇒岩世人（タティアノス）
　学叢思（タティアノス）
　新カト（タティアノス　120頃–176以降）
　メル1（タティアノス　110/120?–175）

Tatishchev, Vasilii Nikitich〈17・18世紀〉
ロシアの歴史家, 政治家。ピョートル大帝のすすめでロシア史を研究。
⇒岩世人（タチーシチェフ　1686.4.19–1750.7.15）

Ta-t'ou k'o-han〈6・7世紀〉
突厥帝国西部にいた小カガン。在位573〜603?。
⇒岩世人（達頭可汗　たっとうかがん）

Tattnall, Josiah〈18・19世紀〉
アメリカの提督。アメリカ極東艦隊司令官(1857)。
⇒アア歴（Tattnall,Josiah　ジョサイア・タットネイル　1795.11.9–1871.6.14）

Tauber, Alfred〈19・20世紀〉
オーストリアの数学者。
⇒岩世人（タウバー　1866.11.5–1942.7.26）
　世数（タウバー, アルフレッド　1866–1942?）

Tauler, Johannes〈14世紀〉
ドイツの神秘思想家, 説教家。宗教改革の先駆者とみなされる。主著『説教集』(48)。
⇒岩世人（タウラー　1300頃–1361.6.15）
　新カト（タウラー　1300/1310頃–1361.6.15）

Taurellus, Nicolaus〈16・17世紀〉
ドイツの哲学者, 医学者。主著『哲学の勝利』(73)。
⇒岩世人（タウレルス　1547.11.26–1606.9.28）
　学叢思（タウレルス, ニコラウス　1547–1606）

Taurinus, Franz Adolf〈18・19世紀〉
ドイツの数学者。
⇒世数（タウリヌス, フランツ・アドルフ　1794–1874）

Tausen, Hans〈15・16世紀〉
デンマークの宗教改革家。モーセ五書をデンマーク語に翻訳。「デンマークのルター」と呼ばれた。
⇒岩世人（タウセン　1494–1561.11.11）

Tausig, Karl〈19世紀〉
ポーランドのピアノ奏者。リストのサークルに属した。
⇒岩世人（タウジヒ　1841.11.4–1871.7.17）
　ユ著人（Tausig,Karol　タウシク（タウジヒ）, カルル　1841–1871）

Taussig, Frank William〈19・20世紀〉
アメリカの経済学者。主著『経済学原理』(11)。
⇒岩世人（タウシッグ　1859.12.28–1940.11.11）
　広辞7（タウシッグ　1859–1940）
　学叢思（タウシック, フランク・ウィリアム　1859–?）

Taut, Bruno〈19・20世紀〉
ドイツの建築家。ナチス政権下で亡命し,1933年来日。
⇒岩世人（タウト　1880.5.4–1938.12.24）
　広辞7（タウト　1880–1938）
　ポブ人（タウト, ブルーノ　1880–1938）

Tavares, Luís〈17世紀〉
長崎のポルトガル語通詞。
⇒岩世人（タヴァレス）

Tavaststjerna, Karl August〈19世紀〉
フィンランドのスウェーデン系詩人, 小説家。
⇒岩世人（タヴァストシャーナ　1860.5.13–1898.3.1）

Tavelić, Nikola〈14世紀〉
ボスニア宣教師。聖人, 殉教者。祝日11月14日。
⇒新カト（ニコラ・タヴェリッチ　?–1391.11.14）

Taverner, John〈15・16世紀〉
イギリスの作曲家, オルガン奏者。
⇒バロ（タヴァナー, ジョン　1490頃–1545.10.8）
　新カト（タヴァナー　1490頃–1545.10.18）

Tavernier, Jean Baptiste〈17世紀〉
フランスの旅行家, インド貿易の開拓者。
⇒岩世人（タヴェルニエ　1605–1689.7）

Tawaddud
《千夜一夜物語》に現れる女奴隷（第436-462夜）。
⇒岩世人（タワッドゥド）

al-Tawḥīdī, Abū Ḥayyān〈10・11世紀〉
アッバース朝中期の学者。
⇒岩世人（タウヒーディー, アブー・ハイヤーン　?–1023）

Tawney, Richard Henry〈19・20世紀〉
イギリスの経済史家, 経済学者。主著『16世紀

の農業問題』(12)。
⇒岩世人（トーニー　1880.11.30–1962.1.16)
　　学叢思（トーネー, リチャード・ヘンリー　1880–?)
　　20思（トーニー, R（リチャード）H（ヘンリー）1880–1962)

Taxil, Léo〈19・20世紀〉
フランスの作家。
⇒**19仏**（レオ・タクシル　1854.3.21–1907.3.31)

Tayādhūq〈7・8世紀〉
ギリシア系の医学者。アラビア医学史上, 初期の人。
⇒岩世人（タヤーズーク）

Tayisung Khan〈15世紀〉
北元の皇帝。
⇒世帝（タイスン・ハーン　(在位) 1433–1451)

Taylor, Alfred Edward〈19・20世紀〉
イギリスの哲学者。主著『行為の問題』(01)。
⇒岩世人（テイラー　1869.12.22–1945.10.31)
　　新カト（テイラー　1869.12.22–1945.10.31)

Taylor, Brook〈17・18世紀〉
イギリスの数学者。微積分学の発展に貢献。1715年「テーラーの定理」を発表。
⇒岩世人（テイラー　1685.8.18–1731.12.29)
　　広辞7（テイラー　1685–1731)
　　学叢思（テーラー, ブルック　1685–1731)
　　世数（テイラー, ブルック　1685–1731)

Taylor, Carson〈19・20世紀〉
アメリカの出版者。
⇒アア歴（Taylor,Carson　カースン・テイラー　1875.12.5–1962.7.31)

Taylor, David Watson〈19・20世紀〉
アメリカの船舶設計家。
⇒岩世人（テイラー　1864.3.4–1940.7.28)

Taylor, (Dummy) Luther Haden〈19・20世紀〉
アメリカの大リーグ選手(投手)。
⇒メジャ（ダミー・テイラー　1875.2.21–1958.8.22)

Taylor, Edward〈17・18世紀〉
アメリカの詩人, 牧師。植民地時代に活動。
⇒岩世人（テイラー　1642–1729.6.29)
　　新カト（テイラー　1642頃–1729.6.24)

Taylor, Frederick Winslow〈19・20世紀〉
アメリカの機械技師。工場管理におけるテーラー・システムの創始者。
⇒岩世人（テイラー　1856.3.20–1915.3.21)

Taylor, Henry Charles〈19・20世紀〉
アメリカの農業経済学者。農業経済局を新設。
⇒岩世人（テイラー　1873.4.16–1969.4.28)

Taylor, Isidore Justín Séverin, Baron〈18・19世紀〉
フランス（イギリス系）の画家, 著作家。美術審査員 (1838)。
⇒岩世人（テロール　1789.8.15–1879.9.6)

Taylor, James Hudson〈19・20世紀〉
イギリスの牧師。キリスト教伝道に献身。中国名, 戴雅各（徳生）。
⇒岩世人（テイラー　1832.5.21–1905.6.30)
　　新カト（テイラー　1832.5.21–1905.6.3)

Taylor, Jeremy〈17世紀〉
イギリスの聖職者, 著作者。名作『聖生論』(50),『聖死論』(51)を著す。
⇒岩世人（テイラー　1613.8.15–1667.8.13)
　　学叢思（テーラー, ジェレミー　1613–1667)
　　新カト（テイラー　1613.8.15–1667.8.13)

Taylor, John〈16・17世紀〉
イギリスの詩人。テムズ川の船頭, 水の詩人と呼ばれた。
⇒岩世人（テイラー　1578.8.24–1653.12.5（埋葬))

Taylor, John Budd〈19世紀〉
アメリカの大リーグ選手(投手)。
⇒メジャ（ジャック・テイラー　1873.5.23–1900.2.7)

Taylor, John Henry〈19・20世紀〉
イギリスのプロゴルファー。
⇒岩世人（テイラー　1871.3.19–1963.2.10)

Taylor, John W.〈19・20世紀〉
アメリカの大リーグ選手(投手)。
⇒メジャ（ジャック・テイラー　1873.12.13–1938.3.4)

Taylor, Nathaniel William〈18・19世紀〉
アメリカの神学者。テーラー主義と呼ばれる神学を説いた。
⇒岩世人（テイラー　1786.6.23–1858.3.10)

Taylor, Raynor〈18・19世紀〉
イギリスの作曲家。
⇒バロ（テイラー, レイナー　1747–1825.8.17)

Taylor, Silas〈17世紀〉
イギリスの作曲家。
⇒バロ（テイラー, サイラス　1624.7.16–1678.11.4)

Taylor, Zachary〈18・19世紀〉
アメリカ第12代大統領。アメリカ＝メキシコ戦争などで活躍した軍人。1949年大統領に就任の翌年急死。
⇒アメ新（テーラー　1784–1850)
　　岩世人（テイラー　1784.11.24–1850.7.9)

Taymūr, Aḥmad〈19・20世紀〉
エジプトの文人, 集書家。

⇒岩世人（タイムール，アフマド　1871–1930）

Tebeau, (Patsy) Oliver Wendell〈19・20世紀〉
アメリカの大リーグ選手（一塁，三塁）。
⇒メジャ（パッツィ・テボー　1864.12.5–1918.5.16）

Teb Tenggeri〈12・13世紀〉
コンゴタン族のシャーマン。
⇒岩世人（テブ・テンゲリ　?–1210頃）

Techelmann, Franz Matthias〈17・18世紀〉
モラヴィアの作曲家。
⇒バロ（テッヒェルマン，フランツ・マティーアス　1649頃–1714.2.26）

Tecumseh〈18・19世紀〉
アメリカインディアンの酋長。インディアン諸族連合の結成を試みた。
⇒岩世人（テカムセ　1768–1813.10.5）

Tedandiko
インドの思想家。
⇒学叢思（テダンディコ）

Teffi, Nadezhda Aleksandrovna〈19・20世紀〉
ロシアの作家。
⇒岩世人（テフィ　1872.4.27/5.9–1952.10.6）

Tegetthoff, Wilhelm von〈19世紀〉
オーストリアの提督。1868年オーストリア＝ハンガリー海軍最高司令官兼軍令部長となる。
⇒岩世人（テゲットホフ　1827.12.23–1871.4.7）

Tegh Bahādur, Guru〈17世紀〉
インドのシク教第9祖。在位1664～75。
⇒岩世人（テーグ・バハードゥル　1622–1675）

Tegnér, Esaias〈18・19世紀〉
スウェーデンの詩人。代表作『スペア』(11)，『フリチョフ物語』(25) など。
⇒岩世人（テングネール　1782.11.13–1846.11.2）

Teichmüller, Gustav〈19世紀〉
ドイツの哲学者。アリストテレスの文献研究で知られる。
⇒岩世人（タイヒミュラー　1832.11.19–1888.5.22）

Teiresias
ギリシア神話に登場する，盲目の預言者。
⇒岩世人（テイレシアス）
　ネーム（テイレシアス）

Teirlinck, Herman〈19・20世紀〉
ベルギーの劇作家，小説家。
⇒岩世人（テイルリンク　1879.2.24–1967.2.4）

Teisserenc de Bort, Léon Philippe〈19・20世紀〉
フランスの気象学者。大気の2層（対流圏と成層圏）説を唱えた。
⇒岩世人（テスラン・ド・ボール　1855.11.5–1913.1.2）

Teixeira, Pedro〈16・17世紀〉
ポルトガルの軍指揮官。アマゾン盆地全体をポルトガルの領土と宣言。
⇒ユ人（ターシャール，ペドロ　1570頃–1650）

Teixeira de Sampaio, Abraham Senior〈16・17世紀〉
スウェーデン女王クリスティナの財産管理人を務めた宮廷ユダヤ人。
⇒ユ著人（Teixeira de Sampaio,Abraham Senior ティシェイラ・ディ・サムパイオ，アブラハム・セニョール　1581–1666）

Tekakwitha, Blessed Kateri〈17世紀〉
アメリカのモウホーク・インディアンのカトリック修道女，尊者。
⇒新カト（カテリ・テカクウィタ　1656頃–1680.4.17）

Telamōn
ギリシア神話，アイアコスの子，ペレウスの兄弟，アルゴナウテスたちの一人。
⇒岩世人（テラモン）

Tēlegonos
ギリシア神話，オデュッセウスとキルケの子。
⇒岩世人（テレゴノス）

Teleki László〈19世紀〉
ハンガリーの政治家，劇作家。伯爵。
⇒岩世人（テレキ　1811.2.11–1861.5.8）

Teleki Pál〈19・20世紀〉
ハンガリーの政治家，地理学者。伯爵。
⇒岩世人（テレキ　1879.11.1–1941.4.3）

Tēlemachos
ギリシア神話に出てくるオデュッセウスとペネロペの子。
⇒岩世人（テレマコス）
　ネーム（テレマコス）

Telemachos〈4世紀〉
東方の修道士，殉教者。聖人。祝日1月1日。
⇒新カト（テレマコス　?–391）

Telemann, Georg Philipp〈17・18世紀〉
ドイツの作曲家。1721年以降ハンブルクのヨハネ教会合唱長および同市の音楽監督。
⇒バロ（テレマン，ゲオルク・フィリップ　1681.3.14–1767.6.25）
　岩世人（テレマン　1681.3.14–1767.6.25）
　エデ（テレマン，ゲオルク・フィリップ　1681.3.14–1767.6.25）
　ネーム（テレマン　1681–1767）
　広辞7（テレマン　1681–1767）
　実音人（テレマン，ゲオルク・フィリップ　1681–1767）
　新カト（テレマン　1681.3.14–1767.6.25）

ピ曲改 (テレマン, ゲオルグ・フィリップ 1681–1767)

Tēlephos
ギリシア神話, ヘラクレスとアウゲの子。
⇒岩世人 (テレフォス)

Telesio, Bernardino〈16世紀〉
イタリアの自然哲学者。経験論的立場に立つ自然学を主張した近代自然観の先駆者。
⇒岩世人 (テレジオ (テレシオ) 1508/1509–1588.10.2)
　ネーム (テレジオ 1508–1588)
　広辞7 (テレジオ 1508–1588)
　学叢思 (テレシオ, ベルナルディノ 1508–1588)
　メル1 (テレージオ 1508/1509?–1588)

Telesphóros〈2世紀〉
初代教会の殉教者。
⇒新カト (テレスフォルス ?–136頃)
　図聖 (テレスフォルス ?–136頃)

Telford, Thomas〈18・19世紀〉
スコットランドの建築, 土木技術者。カレドニア運河 (1822) メナイ海峡吊橋 (26) などを建設。
⇒岩世人 (テルフォード 1757.8.9–1834.9.2)
　世建 (トマス・テルフォード 1757–1834)

Telipinu〈前14世紀〉
ハラブ (現アレッポ) の王。在位前14世紀後半。
⇒岩世人 (テリピヌ (在位) 前14世紀後半)

Telipinuš〈前15世紀頃〉
ハッティ (ヒッタイト) 国王。在位前1470～60。
⇒岩世人 (テリピヌ)

Telkersen〈16世紀〉
デンマークの作曲家。
⇒バロ (テルケルセン,? 1550頃?–1600頃?)

Tello, Julio César〈19・20世紀〉
ペルーの考古学者。
⇒岩世人 (テーヨ 1880.4.2–1947.6.3)
　ラテ新 (テーヨ 1880–1947)

Temanza〈18世紀〉
イタリアの作曲家。
⇒バロ (テマンザ,? 1700頃?–1760頃?)

Temesbáli, János〈17世紀〉
ハンガリーの作曲家。
⇒バロ (テメシュバーリ, ヤーノシュ 1610頃?–1670頃?)

Temperley, Harold〈19・20世紀〉
イギリスの歴史家。ケンブリッジ大学近代史教授 (30)。
⇒岩世人 (テンパリー 1879.4.20–1939.7.11)

Tempier, Étienne〈13世紀〉
フランスの聖職者。1268年パリ司教。アウグスチヌス主義に立ち, ラテン・アベロエス主義を排斥。
⇒岩世人 (タンピエ ?–1279.9.3)
　新カト (タンピエ 1210頃–1279.9.3)

Temple, Frederick〈19・20世紀〉
イギリスの聖職者, 教育改革家。1857年ラグビー校校長。96年カンタベリー大主教。
⇒岩世人 (テンプル 1821.11.30–1902.12.23)
　新カト (テンプル 1821.11.30–1902.12.23)

Temple, *Sir* William, Bart〈17世紀〉
イギリスの政治家, 外交官, 著述家。1677年オランニエ公ウィレムとメアリーの結婚に尽力。
⇒岩世人 (テンプル 1628.4.25–1699.1.27)
　学叢思 (テンプル, ウィリアム 1627–1699)

Templewood, Samuel John Gurney Hoare, 1st Viscount〈19・20世紀〉
イギリスの政治家。内相 (37～39), 国璽尚書 (39～40), 空相 (40) などを歴任。
⇒岩世人 (テンプルウッド 1880.2.24–1959.5.7)

Temüge Otčigin〈12・13世紀〉
チンギス・カンの弟。
⇒岩世人 (テムゲ・オッチギン ?–1246)

Tenaglia, Antonio Francesco〈17世紀〉
イタリアの作曲家。
⇒バロ (テナーリャ, アントーニオ・フランチェスコ 1610-1620頃?–1661以降)

Tencin, Claudine Alexandrine, Guérin de〈17・18世紀〉
フランスのルイ15世時代の貴婦人, 作家。ダランベールの母。
⇒岩世人 (タンサン 1682–1749.12.4)

Tenducci, Giusto Ferdinando〈18世紀〉
イタリアの作曲家。
⇒バロ (テンドゥッチ, ジュスト・フェルディナンド 1735頃–1790)

Teniers, David〈16・17世紀〉
フランドルの画家。主として風景画, 歴史画を制作。
⇒岩世人 (テニールス (父) 1582–1649.7.29)
　広辞7 (テニールス (父) 1582–1649)

Teniers, David〈17世紀〉
フランドルの画家。1665年アンベルスのアカデミーの設立に貢献。
⇒岩世人 (テニールス (子) 1610.12.15–1690.4.25)
　ネーム (テニールス 1610–1690)
　広辞7 (テニールス (子) 1610–1690)
　芸13 (テニールス, ダヴィッド 1610–1690)

Tenison, Thomas〈17・18世紀〉
英国教会のカンタベリ大主教。
⇒新カト (テニソン 1636.9.29–1715.12.14)

Tennant, Smithson〈18・19世紀〉
イギリスの化学者。ダイヤモンドが純炭素であると証明。またイリジウム、オスミウムを発見。
⇒岩世人（テナント　1761.11.30–1815.2.22）

Tennent, Gilbert〈18世紀〉
アメリカの宣教師。アメリカ長老派教会の基礎をつくった。
⇒岩世人（テネント　1703.2.5–1764.7.23）

Tennent, *Sir* **James Emerson**〈19世紀〉
アイルランドのセイロン行政官、旅行家。セイロンの歴史、地理、キリスト教、博物等を研究。
⇒岩世人（テネント　1804.4.7–1869.3.6）

Tennent, William〈17・18世紀〉
アメリカ（アイルランド生れ）の宗教家。ログ・カレッジを設立して(36)長老派の牧師を養成。
⇒岩世人（テネント　1673–1746.5.6）

Tenney, Frederick〈19・20世紀〉
アメリカの大リーグ選手（一塁、外野）。
⇒メジャ（フレッド・テニー　1871.11.26–1952.7.3）

Tenny, Charles Buckley〈19・20世紀〉
アメリカのバプテスト派教会宣教師。横浜関東学院中学を創立、初代院長。
⇒アア歴（Tenny,Charles B(uckley)　チャールズ・バックリー・テニー　1871.9.10–1936.1.12）
　岩世人（テニー（慣テンネー）　1871.9.10–1936.1.11）

Tenny, Charles Daniel〈19・20世紀〉
アメリカの宣教師。
⇒アア歴（Tenny,Charles Daniel　チャールズ・ダニエル・テニー　1857.6.29–1930.3.14）

Tennyson, Alfred, 1st Baron Tennyson〈19世紀〉
イギリスの詩人。1850年桂冠詩人。ビクトリア朝の代表的詩人。
⇒岩世人（テニスン　1809.8.6–1892.10.6）
　ネーム（テニソン　1809–1892）
　広辞7（テニソン　1809–1892）
　学叢思（テニスン、アルフレッド　1809–1892）
　新カト（テニスン　1809.8.6–1892.10.6）
　世人新（テニスン　1809–1892）
　世人装（テニスン　1809–1892）
　ポプ人（テニソン、アルフレッド　1809–1892）

Tenon, Jacques〈18・19世紀〉
フランスの外科医、病院建築家。
⇒岩世人（テノン　1724.2.21–1816.1.15）

Ténot, Eugène〈19世紀〉
フランスのジャーナリスト、政治家。
⇒19仏（ウジェーヌ・テノ　1839.5.2–1890.1.10）

Tepedelenli AliPaşa〈18・19世紀〉
オスマン朝支配下のバルカンのアーヤーン（地方名士）。
⇒岩世人（テペデレンリ・アリー・パシャ　1744–1822.2.5）

Terborch, Gerard〈17世紀〉
オランダの画家。作品、『ミュンスターの平和会議』(48)など。
⇒岩世人（テル・ボルフ　1617.12–1681.12.8）
　芸13（テル・ボルフ、ヘラルト　1617–1681）
　芸13（テルボルヒ、ヘラルド（ゲラルド）　1617–1681）

Terbrugghen, Hendrick〈16・17世紀〉
オランダの画家。ユトレヒト派の代表者の一人。
⇒芸13（テルブリュッヘン、ヘンドリック　1588–1629）

Terentius〈6世紀頃?〉
ファエンツァの聖十字架病院の助祭、隠修士。聖人。祝日7月30日。自らが予言した日に死んだとされる。
⇒新カト（テレンティウス　生没年不詳）

Terentius Afer, Publius〈前2世紀〉
ローマの喜劇作家。作品は『去勢奴隷』(161)，『兄弟』(166)など。
⇒岩世人（テレンティウス　前185頃–前159）
　ネーム（テレンティウス　前195?–前159）
　広辞7（テレンティウス　前190頃–前159）
　新カト（テレンティウス　前195頃–前159）
　学叢歴（テレンチウス　前185–前159）

Teresa de Jesús〈16世紀〉
スペインのキリスト教神秘家、女子カルメル会改革者、聖女、最初の女性教会博士。
⇒岩世人（テレサ（アビラの）　1515.3.28–1582.10.4）
　広辞7（テレサ　1515–1582）
　学叢思（テレサ　1515–1582）
　新カト（テレサ〔アビラの〕　1515.3.28–1582.10.4）
　図聖（テレサ（アビラの）　1515–1582）
　ルネ（アビラの聖テレサ　1515–1582）

Tēreus
ギリシア神話、トラキアの王。
⇒岩世人（テレウス）
　ネーム（テレウス）

Terman, Lewis Madison〈19・20世紀〉
アメリカの心理学者。ビネ＝シモンの知能検査のアメリカ版作製で著名。
⇒岩世人（ターマン　1877.1.15–1956.12.21）
　20思（ターマン、ルイス M（マディソン）　1877–1956）

Terpandros〈前7世紀頃〉
ギリシアの詩人、音楽家。スパルタ楽派を創始。また讚歌の一種ノモスの形式を完成。
⇒岩世人（テルパンドロス）

Terra, Gabriel〈19・20世紀〉
ウルグアイの政治家。大統領(1931〜38)とし

て独裁権を振った。
⇒岩世人（テーラ　1873.8.1–1942.9.15）

Terradella, Domenico〈18世紀〉
スペインの作曲家。
⇒バロ（テラデッラ，ドメニーコ　1713–1751）

Terradellas, Domingo Miguel Bernabé〈18世紀〉
スペインの作曲家。1736年ナポリでオペラ『アルタセルセ』を上演し，成功。
⇒バロ（テラデーリャス，ドミンゴ・ミゲル・ベルナベー　1713.2.13–1751.5.20）

Terreni, Guido〈14世紀〉
フランスの司教，神学者，カルメル会総会長。
⇒新カト（グイド・テレーニ　?–1342.8.21）

Terrenz, Jean〈16・17世紀〉
スイスのイエズス会士。中国に渡り，中国暦法の改訂に従事。
⇒岩世人（テレンツ　1576–1630.5.11）
　新カト（テレンツ　1576–1630.5.11/13）

Terry,（Adonis）William H〈19・20世紀〉
アメリカの大リーグ選手（投手，外野）。
⇒メジャ（アドニス・テリー　1864.8.7–1915.2.24）

Terry, Ellen Alicia〈19・20世紀〉
イギリスの女優。アービング劇団の花形女優として活躍。
⇒岩世人（テリー　1848.2.27–1928.7.21）

Terry, Henry〈19・20世紀〉
アメリカの法学者。東京帝国大学法科大学，開成学校で法律学を教授。
⇒アア歴（Terry,Henry Taylor　ヘンリー・テイラー・テリー　1847.9.19–1936.12.26）
　岩世人（テリー　1847.9.19–1936.12.28）

Terry, Robert James〈19・20世紀〉
アメリカの解剖学者，人類学者。
⇒岩世人（テリー　1871.1.24–1966.4.18）

Tersteegen, Gerhard〈17・18世紀〉
ドイツの神秘主義思想家，讃美歌作者。
⇒岩世人（テルシュテーゲン　1697.11.25–1769.4.3）
　新カト（テルステーゲン　1697.11.25–1769.4.3）

Tertios
パウロがロマ書を口述筆記をさせた人（新約）。
⇒岩世人（テルティオ）

Tertullianus, Quintus Septimius Florens〈2・3世紀〉
キリスト教著作家，法律家。ラテン語により神学哲学上の用語を創作。
⇒岩世人（テルトゥッリアヌス　160頃–222以後）
　広辞7（テルトゥリアヌス　150頃–222頃）
　学叢思（テルトゥリアヌス　160–222）
　新カト（テルトゥリアヌス　155頃–220以後）
　メル1（テルトゥリアヌス　160頃–222/240?）
　ユ人（テルトゥリアヌス　160頃–230頃）

Tertullus
弁護士（使徒言行録）。
⇒岩世人（テルティロ）

Terzago, Bernardino〈16・17世紀〉
イタリアの作曲家。
⇒バロ（テルツァーゴ，ベルナルディーノ　1570頃?–1625.8頃?）

Terzi, Giovanni Antonio〈16・17世紀〉
イタリアの作曲家。
⇒バロ（テルツィ，ジョヴァンニ・アントーニオ　1560頃?–1620頃?）

Tesi, Vittoria〈17・18世紀〉
イタリアのコントラルト歌手。
⇒オペラ（テージ，ヴィットリア　1700–1775）

Tesio, Federico〈19・20世紀〉
イタリアの競走馬生産家，調教師，議員。
⇒岩世人（テシオ　1869.1.17–1954.5.1）

Tesla, Nikola〈19・20世紀〉
アメリカの電気工学者，発明家。交流の送電方式（1891）などを発明。
⇒岩世人（テスラ　1856.7.10–1943.1.7）
　広辞7（テスラ　1856–1943）
　物理（テスラ，ニコラ　1856–1943）
　ポプ人（テスラ，ニコラ　1856–1943）

Tessarini, Carlo〈17・18世紀〉
イタリアのヴァイオリン奏者，作曲家。
⇒バロ（テッサリーニ，カルロ　1690–1766.12.15頃以降）

Tessenow, Heinrich〈19・20世紀〉
ドイツの建築家。代表作はダルクローツ研究所。
⇒岩世人（テッセノー　1876.4.7–1950.11.1）

Téssier, Charles〈16・17世紀〉
フランスの作曲家。
⇒バロ（テシエ，シャルル　1570頃?–1620?）

Téssier, Guillaume〈16世紀〉
フランスの作曲家。
⇒バロ（テシエ，ギヨーム　1530頃?–1582頃?）

Tessin, Nicodemus den Yngre〈17・18世紀〉
スウェーデンの建築家。北欧における指導的なバロック建築家として活躍。代表作はストックホルムの王宮。
⇒岩世人（テッシン（子）　1654.5.23–1728.4.10）

Testa, Alfonso〈18・19世紀〉
イタリアの哲学者。カント哲学をイタリアに広めた。

⇒岩世人（テスタ　1784–1860）

Testagrossa, Giovannni Angelo〈15・16世紀〉
イタリアの作曲家。
⇒バロ（テスタグロッサ, ジョヴァンニ・アンジェロ　1470.4.9–1530.12）

Testera, Jacobo de〈16世紀〉
フランス出身のフランシスコ会宣教師。
⇒新カト（テステラ　?–1543.8.8）

Testevuide, Germain-Leger〈19世紀〉
フランスのパリ外国宣教会宣教師。
⇒ネーム（テストウィード　1849–1891）
新カト（テストヴュイド　1849.10.2–1891.8.3）

Tetens, Johann Nicolaus〈18・19世紀〉
ドイツの哲学者,心理学者,経済学者。主著『普遍的思弁哲学』(75)。
⇒岩世人（テーテンス　1736.9.16–1807.8.15）
学叢思（テテンス, ヨハン・ニコラウス　1736–1805）

Tetmajer, Kazimierz〈19・20世紀〉
ポーランドの詩人,小説家。作品『ポドハレの岩山で』(03～10) など。
⇒岩世人（テトマイエル　1865.2.12–1940.1.18）

Tetricus（Gaius Pius Esuvius）〈3世紀〉
ローマの帝位簒奪者。ガリアで帝位を僭称,270～74年にわたって支配。
⇒岩世人（テトリクス　（在位）271–274）

Tetzel, Johann〈15・16世紀〉
ドイツのドミニコ会士。ドイツ各地を説教し免償 (免罪符) を売った。
⇒岩世人（テッツェル　1460頃–1519.8.11）
新カト（テッツェル　1465頃–1519.8.11）

Teubner, Benediktus Gotthelf〈18・19世紀〉
ドイツの出版業者。
⇒岩世人（トイブナー　1784.6.16–1856.1.21）

Teukros
ギリシア神話,トロイア王たちの祖先。
⇒岩世人（テウクロス）

Teukros
ギリシア神話,テラモンとヘシオネの子。
⇒岩世人（テウクロス）

Teusler, Rudolf Bolling〈19・20世紀〉
アメリカの聖公会医療宣教師。聖路加国際病院を創立。
⇒アア歴（Teusler, Rudolf Bolling　ルドルフ・ボーリング・トイスラー　1876.2.25–1934.8.10）

Teuthras
ギリシア神話,ミュシア (小アジア) 王。

⇒岩世人（テウトラス）

Tewfik Fikret〈19・20世紀〉
トルコの文学者,詩人。トルコ近代文学の先駆者,推進者。
⇒岩世人（テヴフィク・フィクレト　1867.12.24–1915.8.19）

Te Whiti-O-Rongomai〈19・20世紀〉
ニュージーランドのマオリ族の預言者。
⇒オセ新（テ・フィーティ　1830–1907）

Texier, Charles Felix Marie〈19世紀〉
フランスの旅行家,考古学者。ヒッタイト帝国の古都ボアズ・キョイの発見で知られる。
⇒岩世人（テクシエ　1802.8.29–1871.7.1）

Teyber, Anton〈18・19世紀〉
オーストリアの作曲家。
⇒バロ（タイバー, アントン　1756.9.8–1822.11.18）

Teyber, Franz〈18・19世紀〉
オーストリアの作曲家。
⇒バロ（タイバー, フランツ　1758.8.25–1810.10.21/22）

Tezozomoc, Fernando Alvarado〈16・17世紀〉
スペインによるメキシコ征服直後の原住民歴史家。著書『メキシコ年代記』『メシカヨトル年代記』。
⇒ラテ新（テソソモク　1530?–1610?）

*al-*Tha'ālibī, 'Abd al-'Azīz〈19・20世紀〉
チュニジアの民族運動指導者。
⇒岩世人（サアーリビー, アブドゥルアズィーズ　1875/1876–1944）

*al-*Tha'ālibī, Abū Manṣūr〈10・11世紀頃〉
アラブの歴史家。
⇒岩世人（サアーリビー, アブー・マンスール　10–11世紀頃）

*al-*Tha'ālibī, Abū Manṣūr 'Abd al-Malik〈10・11世紀〉
イラン系のアラブ文学者。
⇒岩世人（サアーリビー　960/961–1037/1038）

Thābit ibn Qurra〈9・10世紀〉
イスラムの数学者,医学者,哲学者。ギリシア数学書の翻訳に努めた。
⇒岩世人（サービト・イブン・クッラ　836頃–901.2.19）
新カト（サービト・イブン・クッラ　836–901.2.18）
世数（サービト・イブン・クッラ　826/836–901）

Thackeray, William Makepeace〈19世紀〉
イギリスの小説家。写実主義と皮肉の諷刺をもってイギリス中流階級上層の風俗を描く。

⇒岩世人（サッカレー　1811.7.18–1863.12.24）
ネーム（サッカレー　1811–1863）
広辞7（サッカレー　1811–1863）
学叢思（サッカレー，ウィリアム，エム　1811–1863）
新カト（サッカリ　1811.7.18–1863.12.24）
世人新（サッカレー　1811–1863）
世人装（サッカレー　1811–1863）
世史語（サッカレー　1811–1863）
ポプ人（サッカレー，ウィリアム　1811–1863）

Thaddaios〈1世紀〉
イエス・キリストの12使徒の一人（新約）。
⇒岩世人（タダイ）
ネーム（タダイ）

Thaddaios〈8・9世紀〉
スキタイ人修道者。聖人，殉教者。祝日12月29日。
⇒新カト（タッダイオス［ストゥディオスの］　?–816.12.29）

Thaer, Albrecht Daniel〈18・19世紀〉
ドイツの農学者。主著『イギリス農業入門』（1798～1804），『合理的農原論』（09～21）。
⇒岩世人（テーア　1752.5.14–1828.10.26）

Thais〈4世紀〉
エジプトの聖女，悔悛者。
⇒岩世人（タイス　?–348）
新カト（タイス　4–5世紀）

Thaisa〈17・18世紀〉
タイ，アユタヤ朝第32代の王。在位1709～33。
⇒岩世人（ターイサ　1678?–1733.1）
世帝（サンペット9世　?–1733?）

Thakin Kodaw Hmaing〈19・20世紀〉
ビルマの小説家，詩人，平和運動家。本名U Lun。
⇒岩世人（コードーフマイン　1876.3.23–1964.7.23）

Tha'lab, Abū'l-'Abbās Aḥmad b. Yaḥyā〈9・10世紀〉
クーファ派のアラビア語学者。
⇒岩世人（サアラブ　815(-820)頃–904.4.6/3.30）

Thalassios〈7世紀〉
東方教会の修道者。カルタゴ近郊の大修道院院長。
⇒新カト（タラッシオス　7世紀）

Thalēs〈前7・6世紀〉
ギリシアの政治家，哲学者。七賢人の一人。万物の原理（アルケ）を水に求めた。
⇒岩世人（タレス　前640/625頃–前546頃）
広辞7（タレス　前625頃–前546頃）
学叢思（タレス）
新カト（タレス　前625頃–?）
図哲（タレス　前624頃–前546頃）
世人新（タレス　前640頃–前546頃）
世人装（タレス　前640頃–前546頃）
世史語（タレス　前624頃–前546頃）
世数（タレス，（ミレトスの）　前625頃–前547頃）
ポプ人（タレス　前624頃–前546頃）
メル1（タレス　前640頃–前546頃）

Thaletas〈前7世紀〉
古代ギリシアの音楽家，抒情詩人。
⇒岩世人（タレタス）

Thalhofer, Valentin〈19世紀〉
ドイツのカトリック典礼学者。
⇒新カト（タールホーファー　1825.1.21–1891.9.17）

Thaller, Edmond Eugène〈19・20世紀〉
フランスの法学者。"Annales de Droit Commercial" を創刊（86）。
⇒岩世人（タレール　1851.6.11–1918.3.20）

Thalun〈17世紀〉
ビルマ王国の統治者。在位1629～1648。
⇒岩世人（タールン　1584.6–1648.10）
世帝（タールン　1584–1648）

Thammathibet〈18世紀〉
タイの副王，詩人。
⇒岩世人（タムマティベート　1715–1756）

Thamyris
ギリシア神話に出てくる伝説的な音楽家。
⇒岩世人（タミュリス（タミュラス））

Thánh Gióng
ベトナムの伝説上の英雄。
⇒岩世人（タイン・ゾン）

Thành Thái〈19・20世紀〉
ベトナム，成泰帝の諡号。阮朝の第九代の帝。
⇒岩世人（タインタイ帝　1879.3.14–1954.3.24）
世帝（成泰帝　せいたいてい　1879–1954）

al-**Thaqafī, 'Īsā ibn 'Umar**〈8世紀〉
アラビア語文法学者。
⇒岩世人（サカフィー，イーサー・イブン・ウマル　?–766）

Tharaud, Jean〈19・20世紀〉
フランスの小説家，回想録作者。
⇒岩世人（タロー兄弟　1877.5.9–1952.4.9）

Tharaud, Jérôme〈19・20世紀〉
フランスの小説家，回想録作者。
⇒岩世人（タロー兄弟　1874.3.18–1953.1.28）

Tharrawaddy〈19世紀〉
ビルマ王国の統治者。在位1837～1846。
⇒世帝（ターヤーワディー　1787–1846）

Tharwat, 'Abd al-Khāliḳ〈19・20世紀〉
エジプトの政治家。
⇒岩世人（サルワト，アブドゥルハーリク　1873–1928.9.22）

Thayer, Alexander Wheelock〈19世紀〉
アメリカの音楽学者,外交官。
⇒岩世人(セイヤー　1817.10.22–1897.7.15)

Theagenēs〈前6・5世紀頃〉
ギリシアのホメロス解釈家。
⇒岩世人(テアゲネス)

Theaitētos〈前5・4世紀〉
古代ギリシアの数学者。
⇒岩世人(テアイテトス　前415頃–前369)
　世数(テアイテトス(アテネの)　前415頃–前369)

Thebitia〈17・18世紀〉
バタヴィアの中国人医師。
⇒岩世人(テビティア)

Thecla〈1世紀頃〉
キリスト教の聖女。
⇒岩世人(テクラ)
　図聖(テクラ(イコニウムの))

Thecla〈8世紀〉
キッツィンゲンの女子大修道院長。聖人,修道女。祝日10月15日。アングロ・サクソンの名家出身。
⇒新カト(テクラ　?–790)

Thedens, Johannes〈17・18世紀〉
オランダ人。日本に来て出島商館長を務めた(1723～25)。
⇒岩世人(テーデンス　1680–1748.3.19)

Theile, Johann〈17・18世紀〉
ドイツの作曲家。1689年メルゼブルクの楽長をつとめた。
⇒バロ(タイレ,ヨハン　1646.7.29–1724.6.24)

Theiler, Sir Arnold〈19・20世紀〉
イギリスの獣医学者。獣医熱帯病学の発達に貢献。
⇒岩世人(セイラー　1867.3.26–1936.7.24)

Theiner, Augustin〈19世紀〉
ポーランド出身の教会史家,教会法学者。
⇒新カト(タイナー　1804.4.11–1874.8.8)

Thelwall, John〈18・19世紀〉
イギリスの急進思想家。
⇒岩世人(セルウォール　1764.7.27–1834.2.17)

Themistios〈4世紀〉
コンスタンチノープルの修辞学者,哲学者,注釈家(360年頃)。
⇒岩世人(テミスティオス　317頃–388頃)
　新カト(テミスティオス　317頃–388)

Themistoklēs〈前6・5世紀〉
古代ギリシア,アテネの政治家,将軍。アテネ艦隊を指揮,サラミスの海戦で勝利をあげた。

⇒岩世人(テミストクレス　前528頃–前462頃)
　ネーム(テミストクレス　前528?–前462?)
　広辞7(テミストクレス　前524頃–前462頃)
　世人新(テミストクレス　前528頃–前462頃)
　世人装(テミストクレス　前528頃–前462頃)
　世史語(テミストクレス　前524頃–前460頃)
　ポプ人(テミストクレス　前528?–前426?)
　学叢歴(テミストクレス　前520–前453)

Thénard, Louis Jacques, Baron〈18・19世紀〉
フランスの化学者。ゲーリュサックと共同で金属酸化物,硫化物等を研究。
⇒岩世人(テナール　1777.5.4–1857.6.21)

Theobald〈11・12世紀〉
カンタベリー大司教。12世紀の宗教復興に尽力。
⇒岩世人(シーオボルド　?–1161.4.18)
　新カト(シーオボールド〔カンタベリの〕　?–1161.4.18)

Theobaldus von Provins〈11世紀〉
カマルドリ会士,聖人。
⇒図聖(テオバルドゥス(プロヴァンの)　1017/1033頃–1066頃)

Theobald von Thann〈12世紀〉
司教,聖人。
⇒図聖(テオバルト(タンの)　?–12世紀後半)

Theodahad〈5・6世紀〉
イタリアの東ゴート王。在位534～36。
⇒岩世人(テオダハット　490頃–536)

Theodard〈7世紀〉
トンヘレン・マーストリヒトの司教。聖人。祝日9月10日。
⇒新カト(テオダルド〔トンヘレンの〕　613/622–669/670.9以降)

Theodardus〈9世紀〉
ナルボンヌの司教。聖人。祝日5月1日。モントリオール生まれ。
⇒新カト(テオダルドゥス〔ナルボンヌ〕　9世紀中頃–893.5.1)

Theodolinde〈6・7世紀〉
ランゴバルド王アウタリの妻。夫の死後,亡夫の義兄弟アギルルフと再婚。教皇グレゴリウス1世の友人で,ローマとの関係を良好化させた。
⇒新カト(テオドリンデ　570/575–627.1.22/628.1.28)

Theodolus〈2世紀〉
殉教者,聖人。
⇒図聖(エウェンティウスとテオドルス　?–130頃)

Theodora〈2世紀頃〉
聖人,乙女殉教者。祝日4月1日。ローマで殉教したヘルメスの姉妹。
⇒新カト(テオドラ　2世紀頃)

Theodora〈4世紀〉
聖人,アレクサンドリアの乙女殉教者。祝日4月28日。
⇒新カト(テオドラ〔アレクサンドリアの〕　3世紀後半–304頃)

Theodora〈6世紀〉
東ローマ皇帝ユスティニアヌス1世の皇后。
⇒岩世人(テオドラ　497頃–548.6.28)
　広辞7(テオドラ　?–548)
　新カト(テオドラ　500頃–548.6.28)
　世史語(テオドラ)
　ポプ人(テオドラ　500?–548)
　王妃(テオドラ　500頃–548)

Theodora〈9世紀〉
聖画像破壊論者に反対したビザンティン皇妃,東方正教会の聖人。
⇒岩世人(テオドラ)
　新カト(テオドラ　810–867.2.11)

Theodora〈11世紀〉
東ローマ帝国の統治者。
⇒世帝(テオドラ　995–1056)

Mlle **Théodore**〈18世紀〉
フランスのダンサー。
⇒バレエ(テオドール嬢　1760.10.6–1796.9.9)

Theodore II〈19世紀〉
エチオピアの皇帝。在位55～68。中央集権国家建設のため,諸改革を行う。
⇒アフ新(テオドロス2世　1818–1868)
　岩世人(テオドロス2世　1818–1868.4.13)

Theodore of Mopsuestia〈4・5世紀〉
アンチオキア学派の代表的神学者。
⇒岩世人(テオドロス〔モプスエスティアの〕　350頃–428)
　新カト(テオドロス〔モプスエスティアの〕　350頃–428)

Theodore Studites, St.〈8・9世紀〉
東方教会の修道士,聖人。反偶像破壊論者の代表的存在。
⇒岩世人(テオドロス〔ストゥディオスの〕　759–826.11.11)
　新カト(テオドロス〔ストゥディオスの〕　759–826.11.11)

Theodore Svetoslav〈13・14世紀〉
中世ブルガリアの統治者。在位1300～1322。
⇒世帝(テオドル・スヴェトスラフ　1270年代–1322)

Theodoretos〈4世紀〉
アンチオケイアの教会の司祭・会計係。聖人,殉教者。祝日10月23日。
⇒新カト(テオドレトス〔アンティオケイアの〕　?–362)

Theodoretus〈4・5世紀〉
古代ローマのキュロス(シリア)の司教。
⇒岩世人(テオドレトス　393頃–460)

Theodoric〈5・6世紀〉
東ゴート国王。在位471～526。全イタリアを支配し,ラベンナに東ゴート王国の都をおいた。
⇒岩世人(テオドリック　456以前–526)
　新カト(テオドリック　456以前–526.8.30)
　世人新(テオドリック(大王)　454/455–526)
　世人装(テオドリック(大王)　454/455–526)
　世史語(テオドリック大王　(在位)473頃–526)
　ポプ人(テオドリック大王　455?–526)

Theodoricus〈10・11世紀〉
聖人伝記者。おそらくフランス人。
⇒新カト(テオドリクス〔フルーリの〕　960頃–1018以降)

Theodorik (Theodoricus), Mistr〈14世紀〉
チェコの画家。
⇒岩世人(テオドリク　?–1370?)

Theodoros〈前6世紀〉
ギリシアの彫刻家。
⇒芸13(テオドロス　前550頃)

Theodōros〈前5・4世紀〉
古代ギリシアの学者,ピタゴラス派。
⇒世数(テオドロス(キュレネの)　前470頃–前420頃)

Theodōros〈前1世紀〉
ギリシアの修辞家。
⇒岩世人(テオドロス)

Theodoros〈3・4世紀〉
聖人,殉教者。祝日2月17日。ビザンティン帝国の軍の守護聖人として知られた。
⇒新カト(テオドロス〔エウカイタの〕　?–306)

Theodoros〈4世紀〉
エジプトの聖人。祝日4月27日。修道院設立者。
⇒新カト(テオドロス〔タベンニシの〕　314頃–368.4.27)

Theodoros〈6・7世紀〉
アナスタシオポリスの府主教。聖人。祝日4月22日。「奇跡を行う人」の異名をもつ。アナトリアのシュケオン生まれ。
⇒新カト(テオドロス〔シュケオンの〕　?–613.4.22)

Theodoros Anagnostes〈6世紀〉
コンスタンティノポリスの教会史家,ハギア・ソフィア大聖堂の聖書朗読師。
⇒新カト(テオドロス・アナグノーステース　?–530頃)

Theodōros ho Asinaios〈3・4世紀〉
ギリシアの哲学者。
⇒岩世人(テオドロス(アシネの)　3世紀末–4世紀初)

Theodōros ho Samios〈前6世紀〉
サモス島出身のギリシアの青銅鋳造家, 金属工芸家, 建築家。
⇒岩世人（テオドロス（サモスの））

Theodoros Laskaris〈13世紀〉
ビザンティンの神学者。ニカイア帝国の皇帝。在位1254～58。
⇒岩世人（テオドロス2世ラスカリス　1221-1258.8.16）
　世帝（テオドロス2世　1221-1258）

Theódoros (Raïthu)〈6世紀〉
シナイ半島西海岸に位置するライトゥの修道者。
⇒新カト（テオドロス〔ライトゥの〕　生没年不詳）

Theodorus〈7世紀〉
ギリシア人修道士, カンタベリの大司教。聖人。祝日9月19日。タルソスの出身。
⇒新カト（テオドルス〔カンタベリの〕　602頃-690.9.19）

Theodorus I〈7世紀〉
教皇。在位642～649。ギリシア人。
⇒新カト（テオドルス1世　?-649.5.14）

Theodorus I Lascaris〈12・13世紀〉
東ローマ皇帝。在位1204～22。
⇒岩世人（テオドロス1世ラスカリス　1174頃-1221.11）
　世帝（テオドロス1世　1175-1222）

Theodorus II〈9世紀〉
ローマ教皇。在位897。
⇒新カト（テオドルス2世　?-897）

Theodorus de Amasea St.〈3・4世紀〉
ローマの軍人。ディオクレティヌス帝のキリスト教迫害に反抗し, 殉教。
⇒図聖（テオドルス（エウカイタの）　303頃）

Theodosia〈8世紀〉
聖画像破壊論争の時代の殉教者。聖人。祝日7月18日。
⇒新カト（テオドシア　?-726）

Theodosios〈6世紀〉
単性論派のアレクサンドリア総主教。在職535～66。
⇒新カト（テオドシオス〔アレクサンドリアの〕　?-566.6.19/22）

Theodósios (Palestina)〈5・6世紀〉
パレスティナの修道院長。
⇒新カト（テオドシオス〔大修道院長〕　424頃-529.1.21）

Theodosius I, Flavius〈4世紀〉
ローマ皇帝。在位379～395。死に際し, 帝国を2子に2分。
⇒岩世人（テオドシウス1世（大帝）　346頃-395.1.17）
　ネーム（テオドシウス1世　346-395）
　広辞7（テオドシウス（1世）　346-395）
　新カト（テオドシウス1世　346頃-395.1.17）
　世人新（テオドシウス1世（大帝）　347-395）
　世人装（テオドシウス1世（大帝）　347-395）
　世史語（テオドシウス帝　（在位）379-395）
　世史語（テオドシウス帝　（在位）379-395）
　世帝（テオドシウス1世　347-395）
　ポプ人（テオドシウス帝　347-395）
　ユ人（テオドシウス1世　346頃-395）
　皇国（テオドシウス1世　（在位）379-395）
　学叢歴（テオドシウス）

Theodosius II〈5世紀〉
東ローマ皇帝。在位408～450。425年コンスタンチノーブル大学を創設。
⇒岩世人（テオドシウス2世　401.4.10-450.7.28）
　広辞7（テオドシウス（2世）　401-450）
　新カト（テオドシウス2世　401.4.10-450.7.28）
　世帝（テオドシウス2世　401-450）
　ユ人（テオドシウス2世　401-450）

Theodosius III〈8世紀〉
東ローマ帝国の統治者。在位715～717。
⇒世帝（テオドシオス3世　?-754?）

Theodotos〈2世紀〉
グノーシス主義者。
⇒新カト（テオドトス　2世紀）

Theodotos〈2世紀〉
皮なめし職人のテオドトス。革職人または革を扱う商人で, ローマでキリスト養子説を主張した。
⇒新カト（テオドトス　2世紀）

Theodotos〈2世紀〉
両替商テオドトス。皮なめし職人のテオドトスの支持者。テオドトス派の中心人物でキリストの神性を否定, 教皇ゼフィリヌスにより排斥された。
⇒新カト（テオドトス　2世紀）

Theodotos〈4世紀〉
聖人, 殉教者。祝日5月18日。アンキュラの宿屋の主人。
⇒新カト（テオドトス　4世紀）

Theodotos〈5世紀〉
アンキュラの司教。
⇒新カト（テオドトス〔アンキュラの〕　?-446頃）

Theodulf〈6世紀〉
ランス郊外サン・ティエリ・オー・モン・ドールの大修道院長。聖人。祝日5月1日。
⇒新カト（テオドゥルフ〔サン・ティエリの〕　?-590頃）

Theodulf〈8世紀〉
ロッブのベネディクト会の大修道院長となる。在職750頃。聖人。祝日6月24日, ロッブでは25日。
⇒新カト（テオドゥルフ〔ロッブの〕　?-776.6.24）

Theodulf d'Orléans〈8・9世紀〉
フランク王国の代表的神学者, 詩人。『カルル大帝に寄す』などの詩を残す。
⇒新カト（テオドゥルフ〔オルレアンの〕 750/760頃–821）

Theodulfus Aurelianensis〈8・9世紀〉
カロリング期の詩人, 神学者, 司教。
⇒岩世人（テオドゥルフス（オルレアンの） 760頃–821）

Theodul von Sitten〈4世紀頃〉
司教, 聖人。
⇒図聖（テオドゥルス（ジッテンの））

Theognis〈前6・5世紀〉
ギリシアのエレゲイア詩人。
⇒岩世人（テオグニス （活動）前6世紀）
ネーム（テオグニス）
広辞7（テオグニス 前6・5世紀）

Theognostos〈3世紀〉
キリスト教思想家。アレクサンドリア学派の代表的人物の一人。
⇒新カト（テオグノストス ?–282頃）

Theokritos〈前3世紀〉
シチリア島出身の古代ギリシアの詩人。前3世紀前半の人。牧歌の創始者で, 小叙事詩・頌歌・祝婚歌・エピグラムなども残す。
⇒岩世人（テオクリトス）
広辞7（テオクリトス 前3世紀）

Theoktistos〈3世紀〉
パレスチナのカイサレイアの司教。オリゲネスの友人で後援者。
⇒新カト（テオクティストス 216頃–260頃）

Theoktistos〈5世紀〉
パレスチナの修道者。聖人。祝日9月3日。ダボル谷の洞窟で隠遁生活に入り, 修道院を創立, 初代院長となる。
⇒新カト（テオクティストス ?–466.9.3）

Theon, Alexandria〈4世紀〉
ビザンツの天文学者, 数学者。
⇒世数（テオン（アレクサンドリアの） 前4世紀前半）

Theophanēs〈8・9世紀〉
ビザンチン期の歴史家。810～14年『年代記』を著し, ヨーロッパ中世の歴史叙述に影響を与えた。
⇒新カト（テオファネス 765頃–817.3.12）

Theophano〈10世紀〉
神聖ローマ皇帝オットー2世の妃。
⇒岩世人（テオファーヌ 960頃–991.6.15）
王妃（テオファヌ 960–991）

Theophilos〈2世紀〉
アンティオケイアの主教, ギリシア教父, 聖人。護教論『アウトリュコスへ寄す』を著す。
⇒岩世人（テオフィロス（アンティオキアの） ?–181-188）
新カト（テオフィロス〔アンティオケイアの〕 ?–186頃）

Theophilos〈4世紀〉
インド出身の司教, 宣教師。
⇒新カト（テオフィロス〔インド人〕 ?–365頃）

Theophilos〈4・5世紀〉
アレクサンドリア総主教。在職385–412。コプト教会やシリア教会における聖人。
⇒新カト（テオフィロス〔アレクサンドリアの〕 345頃–412）

Theophilus
ルカの友人（ルカによる福音書）。
⇒岩世人（テオフィロ）
新カト（テオフィロ）
聖書（テオフィロ）

Theophilos〈9世紀〉
東ローマ皇帝。在位829～842。偶像崇拝を禁止, 違反者を弾圧。
⇒岩世人（テオフィロス 812/813–842.1.20）
新カト（テオフィルス 812/813–842.1.20）
世帝（テオフィロス 813–842）

Theophilus Presbyter〈11・12世紀〉
ギリシア人修道僧。著作に『もろもろの工芸について』。
⇒岩世人（テオフィルス）

Theophrastos〈前4・3世紀〉
ギリシアの哲学者。
⇒岩世人（テオフラストス 前372(-前369)–前288(-前285)）
ネーム（テオフラストス 前371?–前287）
広辞7（テオフラストス 前372頃–前288頃）
学叢思（テオフラストス）
メル1（テオフラストス 前372/369?–前288/前285?）

Theophylactus〈10世紀〉
最初のトゥスクラーニ伯。
⇒新カト（テオフュラクトス ?–924頃）

Theophylaktos〈9世紀〉
ニコメデイアの府主教。ニコメデイアのテオフュラクトスと呼ばれる。聖人。祝日3月8日。
⇒新カト（テオフュラクトス ?–842頃）

Theophylaktos〈11・12世紀〉
ビザンティンの神学者。ビザンティン帝国支配下にあったブルガリアのオフリダの大主教。
⇒岩世人（テオフュラクトス（オフリダの） 1050頃–1126以降）
新カト（テオフュラクトス〔オフリドの〕 1050/1060–1126頃）

Theophylaktos Simokattēs〈7世紀〉
ビザンツの歴史家。
⇒岩世人（テオフュラクトス・シモカッテス ?–638以降）
新カト（テオフュラクトス 580/590–638以降）

Theopompus of Chios〈前4世紀〉
ギリシアの歴史家。イソクラテスの弟子，アレクサンドロス大王の友人。
⇒岩世人（テオポンポス（キオスの） 前378頃–前320頃）

Theotimos〈4・5世紀〉
スキタイ人として生まれたトミの司教。在職392～402。聖人。祝日4月20日。
⇒新カト（テオティモス ?–402）

Thera, Vedeha〈13世紀〉
インド（セイロン島）の文法学者。
⇒岩世人（ヴェデーハ長老）

Therache, Pierrequin de〈15・16世紀〉
フランスの作曲家。
⇒バロ（テラーシュ，ピエルカン・ド 1465頃–1527以降）

Thēramenēs〈前5世紀〉
アテネの将軍，政治家。ペロポネソス戦争後の政界に活躍。
⇒岩世人（テラメネス 前455頃–前403/前404）

Thérèse de Lisieux, St.〈19世紀〉
フランスの修道女。布教事業などの保護聖人。自伝『小さき花』(98)。
⇒岩世人（テレーズ（リジューの） 1873.1.2–1897.9.30）
広辞7（テレーズ 1873–1897）
新カト（テレーズ〔リジューの〕 1873.1.2–1897.9.30）
図聖（テレーズ（リジューの） 1873–1897）

Thersa
マナセ族に属するツェロフハドの娘。
⇒新カト（ティルツァ）

Thersitēs
ギリシア神話，《イリアス》に出てくる人物。
⇒岩世人（テルシテス）

Theseus
ギリシア神話で，アテネの王。アッチカ地方を統一。
⇒岩世人（テセウス）
ネーム（テセウス）

Thespis〈前6世紀〉
ギリシア，イカリアの詩人。ギリシア悲劇の祖とされる。
⇒岩世人（テスピス）
ネーム（テスピス）

Thessalonike〈前4・3世紀〉
アレクサンドロス大王の異母妹。
⇒王妃（テッサロニカ 前345頃–前295）

Theudarius〈6世紀〉
聖人，司祭，隠修士，修道院創立者。祝日10月29日。ヴィエンヌの貴族の生まれ。
⇒新カト（テウダリウス 6世紀初頭–575頃）

Theudebald〈6世紀〉
フランク王国の統治者。
⇒世帝（テウデバルト 535頃–555）

Theudebert I〈6世紀〉
フランク王国の統治者。
⇒世帝（テウデベルト1世 500頃–547）

Theudebert II〈6・7世紀〉
フランク王国の統治者。
⇒世帝（テウデベルト2世 586頃–612）

Theuderic I〈6世紀〉
フランク王国の統治者。
⇒世帝（テウデリク1世 484頃–533）

Theuderic II〈6・7世紀〉
フランク王国の統治者。
⇒世帝（テウデリク2世 587頃–613）

Theuderic III〈7世紀〉
フランク王国の統治者。
⇒世帝（テウデリク3世 654頃–691）

Theuderic IV〈8世紀〉
フランク王国の統治者。在位721～737。
⇒世帝（テウデリク4世 711以降–737）

Theunis, Georges〈19・20世紀〉
ベルギーの政治家。内閣国防相(32～33)，首相(34～35)などを歴任。
⇒岩世人（テュニス 1873.2.28–1966.1.4）

Theuriet, André〈19・20世紀〉
フランスの作家。
⇒19仏（アンドレ・トゥリエ 1833.10.8–1907.4.23）

Thévenet, Marie de Saint-Ignace〈18・19世紀〉
イエズス・マリア修道女会の創立者。聖人。祝日2月3日。リヨンの生まれ。
⇒新カト（マリー・ド・サンティニャス・テヴネ 1774.3.30–1837.2.3）

Thévenot, Jean de〈17世紀〉
フランスの旅行家。ヨーロッパ各国，西アジア諸国からインドまで旅行。
⇒岩世人（テヴノ 1633.6.16–1667.11.28）

Thiaudière, Edmond〈19・20世紀〉
フランスの作家。
⇒19仏（エドモン・ティオディエール 1837.3.17–1930.11.9）

Thibaud, Jacques〈19・20世紀〉
フランスのヴァイオリン奏者,教育者。ピアノ奏者,M.ロンと「ロン・ティボー・コンクール」を設置。
⇒岩世人（ティボー 1880.9.27-1953.9.1）
ネーム（ティボー 1880-1953）
広辞7（ティボー 1880-1953）
実音人（ティボー,ジャック 1880-1953）

Thibaudet, Albert〈19・20世紀〉
フランスの文芸評論家。主著『フローベール論』(22)『批評の生理学』(19～31)。
⇒岩世人（ティボーデ 1874.4.1-1936.4.16）
ネーム（ティボーデ 1874-1936）
広辞7（チボーデ 1874-1936）

Thibaut, Anton Friedrich Justus〈18・19世紀〉
ドイツの法学者。1814年『ドイツ一般民法典の必要性について』を著す。
⇒岩世人（ティボー 1772.1.4-1840.3.28）
学叢思（ティボー 1772-1840）

Thibaut de Blaison (Blason, Blazon)〈12・13世紀〉
フランスの作曲家。
⇒バロ（ティボー・ド・ブレゾン 1180?-1229.3以降）

Thibaut de Champagne〈13世紀〉
ナバール王チボ4世。在位1234～53。シャンパーニュ伯爵。
⇒バロ（ティボー4世・ド・シャンパーニュ 1201.5.30-1253.7.7）

Thibaw〈19世紀〉
ビルマ王国の統治者。在位1878～1885。
⇒岩世人（ティーボー 1859.1.1-1916.12.19）
世帝（ティーボー 1859-1916）

Thiébault, Dieudonné〈18・19世紀〉
フランスの文法家。
⇒岩世人（ティエボー 1733-1807）

Thiele, Friedrich Karl Johannes〈19・20世紀〉
ドイツの有機化学者。1899年部分原子価の理論を発表。
⇒岩世人（ティーレ 1865.5.13-1918.4.17）

Thiele, Günther〈19・20世紀〉
ドイツの哲学者。
⇒学叢思（ティーレ,ギュンテル 1841-1911）

Thielo, Carl August〈18世紀〉
デンマークの作曲家。
⇒バロ（ティーロ,カール・アウゴスト 1707.2.7-1763.12.2）

Thiemo von Salzburg〈11・12世紀〉
ベネディクト会士,大司教,殉教者,福者。

⇒図聖（ティーモ〔ザルツブルクの〕 1040頃-1101/1102）

Thienwan〈19・20世紀〉
タイの思想家。
⇒岩世人（ティエンワン 1842.7.1-1915）

Thierry, Jacques-Nicolas Augustin〈18・19世紀〉
フランスの歴史家。著書『ノルマン人によるイギリス征服史』(25),『第三身分の考察』(53)など。
⇒岩世人（ティエリ 1795.5.10-1856.5.22）

Thierry de Chartres〈12世紀〉
シャルトル学派のフランスの哲学者,神学者。人文学の教材『自由七科教程』を著す。
⇒岩世人（ティエリ〔シャルトルの〕 1100頃-1150頃）
新カト（テオドリクス〔シャルトルの〕 1100頃-1156頃）

Thiers, Louis Adolphe〈18・19世紀〉
フランスの政治家,歴史家。七日革命を推進。
⇒岩世人（ティエール 1797.4.15-1877.9.3）
ネーム（チエール 1797-1877）
広辞7（ティエール 1797-1877）
学叢思（ティエール,ルイ・アドルフ 1797-1877）
世人新（ティエール 1797-1877）
世人装（ティエール 1797-1877）
世史ణ（ティエール 1797-1877）
ポプ人（ティエール,アドルフ 1797-1877）

Thiersch, Friedrich von〈19・20世紀〉
ドイツの建築家。公共建築物や住宅を作った。
⇒岩世人（ティーアシュ〔ティールシュ〕 1852.4.18-1921.12.23）

Thiersch, Karl〈19世紀〉
ドイツの外科医。1865年癌の上皮起原説を発表。
⇒岩世人（ティーアシュ〔ティールシュ〕 1822.4.20-1895.4.28）

Thietmar von Merseburg〈10・11世紀〉
ドイツの年代記作者。908～1018年の年代記(8巻)を残す。
⇒岩世人（ティートマル〔メールゼブルクの〕 975.7.25-1018.12.1）
新カト（ティートマル〔メルゼブルクの〕 975.7.25-1018.12.1）

Thiệu Trị〈19世紀〉
ベトナム,阮朝第3代の帝。在位1841～47。元の名は綿宗。
⇒岩世人（ティエウチ帝 1807-1847）
世帝（紹治帝 しょうちてい 1807-1847）

Thiounn, Oknha Veang〈19・20世紀〉
カンボジアの閣僚。
⇒岩世人（チュオン,オクニャー・ヴェアン 1864-1946.9）

Thisbē
ギリシア神話。悲恋物語の主人公の美男美女。
⇒岩世人（ティスベ）

Thiselton-Dyer, *Sir* William Turner 〈19・20世紀〉
イギリスの植物学者。植民地の植物について研究。
⇒岩世人（ティスルトン＝ダイアー　1843.7.28–1928.12.23）

Thistlewood, Arthur〈18・19世紀〉
イギリスの大臣暗殺陰謀主謀者。スパー・フィールズの暴動に失敗（1816）。
⇒岩世人（シスルウッド　1774.12.4頃–1820.5.1）

Thoburn, Isabella〈19世紀〉
アメリカの宣教師。
⇒アア歴（Thoburn,Isabella　イザベラ・ソウバーン　1840.3.29–1901.9.1）

Thoburn, James Mills〈19・20世紀〉
アメリカのメソジスト監督教会宣教師。
⇒アア歴（Thoburn,James M（ills）ジェイムズ・ミルズ・ソウバーン　1836.3.7–1922.11.28）

Thode, Henry〈19・20世紀〉
ドイツの美術史家。ルネサンス期の美術を研究。
⇒岩世人（トーデ　1857.1.13–1920.11.9）

Thököly Imre〈17・18世紀〉
ハンガリーのプロテスタントの指導者。反オーストリア運動を指揮。
⇒岩世人（テケリ　1657.9.25–1705.9.13）

Thöl, Johann Heinrich〈19世紀〉
ドイツの法学者。主著 "Das handelsrecht"（3巻，41～48）。
⇒岩世人（テール　1807.6.6–1884.5.16）
学叢思（テョール，ヨハン・ハインリヒ　1807–1884）

Tholer, Raymond〈19世紀〉
フランスの画家。
⇒19仏（レモン・トレール　1859.11.19–?）

Tholuck, Friedrich August Gottreu〈18・19世紀〉
ドイツのプロテスタント神学者。ハレ大学教授（1826）。
⇒岩世人（トールク　1799.3.30–1877.6.10）
新カト（トールック　1799.3.30–1877.6.10）

Thoma, Hans〈19・20世紀〉
ドイツの画家。
⇒岩世人（トーマ　1839.10.2–1924.11.7）
芸13（トーマ，ハンス　1839–1924）

Thoma, Ludwig〈19・20世紀〉
ドイツの小説家，劇作家。バイエルン地方の人と生活を描く。
⇒岩世人（トーマ　1867.1.21–1921.8.26）

Thomas〈1世紀〉
キリストの十二使徒（弟子）の一人。新約外典「トマスの福音書」の著者とされる。
⇒岩世人（トマス）
岩世人（ディディモ）
ネーム（トマス）
広辞7（トマス）
新カト（トマス）
図聖（トマス（使徒）　?–67以降）
聖書（トマス）
南ア新（トマス）

Thomas〈6世紀〉
聖人，修道者。「愚者」とも呼ばれた。
⇒新カト（トマス〔エメサの〕　?–531以前）

Thomas〈13・14世紀〉
イタリアの殉教者。
⇒新カト（トマス〔トレンティーノの〕　?–1321.4.9）

Thomas, Albert〈19・20世紀〉
フランスの政治家，歴史家。労働者階級史を研究。1919年国際連盟の国際労働事務局長に就任。
⇒岩世人（トマ　1878.6.16–1932.5.7）
学叢思（トーマ，アルベール　1878.6.16–?）

Thomas, Antoine〈17・18世紀〉
ベルギーの聖職者。中国に渡り北京宮廷で活躍，欽天監副を務めた。
⇒岩世人（トマ　1644.1.25–1709.7.28）
新カト（トマ　1644.1.25–1709.7.28）

Thomas, Charles Louis Ambroise〈19世紀〉
フランスの作曲家。C.グノーとならぶフランスのリリック・オペラの代表者。
⇒岩世人（トマ　1811.8.5–1896.2.12）
オペラ（トマ，アンブロワーズ　1811–1896）
19仏（アンブロワーズ・トマ　1811.8.5–1896.2.12）
広辞7（トマ　1811–1896）

Thomas, Christian Gottfried〈18・19世紀〉
ドイツのホルン奏者，興行師，出版家，著述家。
⇒バロ（トマス，クリスティアン・ゴットフリート　1748.2.2–1806.9.12）

Thomas, Edward〈19世紀〉
イギリスの古銭学者。東洋古銭学の権威。
⇒岩世人（トマス　1813.12.31–1886.2.10）

Thomas, Frederick William〈19・20世紀〉
イギリスのインド学者。サンスクリット，チベット語学者。
⇒岩世人（トマス　1867.3.21–1956.5.6）

Thomas, Hugh Owen〈19世紀〉
イギリスの医者。形成外科医の先駆者。トマス副木,トマス検診法などを考案。
⇒岩世人（トマス　1834-1891）

Thomas, James Augustus〈19・20世紀〉
アメリカのタバコ商人。
⇒アア歴（Thomas,James A (ugustus)　ジェイムズ・オーガスタス・トマス　1862-1940.9.10）

Thomas, James Henry〈19・20世紀〉
イギリスの政治家。鉄道員組合出身の下院議員(1910〜36)。
⇒岩世人（トマス　1874.10.3-1949.1.21）

Thomas, Philip Edward〈19・20世紀〉
イギリスの詩人。『詩集』(1巻,1920,28,49)を残す。
⇒岩世人（トマス　1878.3.3-1917.4.9）

Thomas, Roy Allen〈19・20世紀〉
アメリカの大リーグ選手(外野)。
⇒メジャ（ロイ・トーマス　1874.3.24-1959.11.20）

Thomas, Sidney Gilchrist〈19世紀〉
イギリスの製鋼技術者,発明家。トーマス法(塩基性製鋼法)を発明(75)。
⇒岩世人（トマス　1850.4.16-1885.2.1）
広辞7（トマス　1850-1885）

Thomas, William Isaac〈19・20世紀〉
アメリカの社会学者。「4つの願望理論」。ポーランド移民に関する共同研究者。
⇒岩世人（トマス　1863.8.13-1947.12.5）
学叢思（トーマス,ダヴリュ・アイ　1863-?）
20思（タマス,W（ウィリアム）I（アイザック）1863-1947）

Thomas à Kempis〈14・15世紀〉
ドイツの神学者。ドイツ神秘主義に属する。『キリストにならいて』の著者とされる。
⇒岩世人（トマス・ア・ケンピス　1380頃-1471.7.25）
広辞7（トマス・ア・ケンピス　1380頃-1471）
学叢思（トマス・ア・ケンピス　1380-1471）
新カト（トマス・ア・ケンピス　1379.9.29/1380.7.24-1471.5.1/7.25）
世人新（ケンピス（トマス＝ア）　1379-1471）
世人装（ケンピス（トマス＝ア）　1379-1471）

Thomas Aquinas〈13世紀〉
イタリアのドミニコ会士,神学者。アリストテレス哲学をキリスト教思想に調和させ,スコラ哲学を完成。
⇒バロ（アクイナス,セント・トーマス　1224-25前半-1274.3.9）
岩世人（トマス・アクイナス　1225-1227-1274.3.7）
覚思（トマス・アクイナス　1225頃-1274.3.7）
覚思ス（トマス・アクイナス　1225頃-1274.3.7）
ネーム（アクイナス,トマス　1225?-1274）
広辞7（トマス・アクイナス　1225頃-1274）
学叢思（トマス・アクイナス　1227-1274）
新カト（トマス・アクイナス　1225頃-1274.3.7）
図哲（トマス・アクイナス　1225-1274）
図聖（トマス・アクイナス　1225頃-1274）
世人新（トマス＝アクイナス　1224/1225-1274）
世人装（トマス＝アクイナス　1224/1225-1274）
世史語（トマス・アクイナス　1225頃-1274）
ポブ人（トマス・アクイナス　1225?-1274）
メル1（トマス・アクイナス（聖）　1225/1227-1274）

Thomas a Villanova St.〈15・16世紀〉
スペインの宗教家。44年バレンシア大司教。貧者や病者の救済に尽力。
⇒岩世人（トマス（ビリャヌエバの）　1488-1555.9.8）
新カト（トマス〔ビリャヌエバの〕　1486-1555.9.8）
図聖（トマス（ビリャヌエバの）　1487頃-1555）

Thomas Cantimpratensis〈13世紀〉
聖人伝作者,ドミニコ会士。
⇒岩世人（トマス（カンタンプレの）　1201頃-1263-1272）

Thomas Celanensis〈12・13世紀〉
イタリアのフランシスコ会修道士。
⇒岩世人（トマス（チェラーノの）　1190頃-1260頃）
新カト（トマス〔チェラーノの〕　1190頃-1260頃）

Thomas d'Angleterre〈12世紀〉
イギリスの詩人。12世紀末に活動。『トリスタン物語』の作者。
⇒バロ（トマ,?　1170頃?-1220頃?）
広辞7（トマ　12世紀）

Thomas de Cantelupe〈13世紀〉
イギリスの聖職者,聖人。
⇒岩世人（トマス　1218頃-1282.8.25）
新カト（トマス〔カンティリューブの〕　1218頃-1282.8.25）

Thomas de Jésus〈16・17世紀〉
スペインの跣足カルメル会修道士,霊的著作家。
⇒新カト（トマス・デ・ヘスス　1564-1627.5.24）

Thomas del Rosario〈17世紀〉
日本人ドミニコ会修学修士,日本205福者の一人。肥後出身。
⇒新カト（トマス・デル・ロザリオ　1602-1622.9.10）

Thomas de San Agostin〈16・17世紀〉
キリシタン時代の日本人司祭であり,殉教者,アウグスチノ会員。日本188福者殉教者の一人。
⇒新カト（トマス・デ・サン・アゴスティン　?-1637.11.6）

Thomas de S.Jacinto〈16・17世紀〉
江戸時代前期の日本人ドミニコ会司祭。
⇒新カト（トマス・デ・サン・ハシント　1590-1634.11.17）

Thomas dos Anjos〈17世紀〉
キリシタン時代の日本人司祭。天草の志岐の出身。
⇒新カト（トマス・ドス・アンジョス　生没年不詳）

Thomas Elsbeth〈16・17世紀〉
ドイツの作曲家。
⇒バロ（エルスベト・トーマス　1570頃?–1624以降）

Thomas Gallus Vercellensis〈13世紀〉
フランスのスコラ哲学者，サンビクトル修道院長。
⇒岩世人（トマス（ヴェルチェッリの）　?–1246.12.5）
　新カト（トマス〔ヴェルチェリの〕　1200以前–1246.12.5）

Thomasin von Zirclaere〈12・13世紀〉
ドイツの詩人。
⇒岩世人（トマズィン・フォン・ツィルクレーレ　1186頃–1238頃）

Thomasius, Christian〈17・18世紀〉
ドイツの哲学者，法学者。1694年ハレ大学の創設に尽力したドイツ啓蒙主義の先駆者の一人。
⇒岩世人（トマジウス　1655.1.1–1728.9.23）
　学叢思（トマシウス，クリスティアン　1655–1728）
　新カト（トマジウス　1655.1.1–1728.9.23）

Thomasius, Gottfried〈19世紀〉
ドイツのプロテスタント聖職者。
⇒岩世人（トマジウス　1802.7.26–1875.1.24）

Thomas of Lancaster〈13・14世紀〉
イギリスの貴族。
⇒岩世人（トマス（ランカスターの）　1278頃–1322.3.22）

Thomas of Sutton〈13・14世紀〉
イギリスの哲学者，神学者。
⇒岩世人（トマス（サットンの）　?–1315頃）
　新カト（トマス〔サットンの〕　1250頃–1315頃）

Thomas of York〈13世紀〉
イギリスのスコラ哲学者，フランシスコ会士。主著『智慧の書』（45頃）。
⇒岩世人（トマス（ヨークの）　?–1260頃）
　新カト（トマス〔ヨークの〕　?–1260頃）

Thomassin d'Eynac, Louis de〈17世紀〉
フランスの神学者。史的実証的教理神学の創始者の一人（「教会法史の父」）。
⇒新カト（トマサン　1619.8.28–1695.12.24）

Thomelin, Charles Antoine〈18世紀〉
フランスのオルガン奏者，クラヴサン奏者。
⇒バロ（トムラン，シャルル・アントワーヌ　1731–1797）

Thomelin, Jacques-Denis〈17世紀〉
フランスのオルガン奏者，音楽教師。
⇒バロ（トムラン，ジャック・ドニ　1640頃–1693）

Thomelin, Jean-Baptiste Louis〈18・19世紀〉
フランスのオルガン奏者。
⇒バロ（トムラン，ジャン・バティスト・ルイ　1748–1810頃?）

Thomelin, Louis Antoine〈17・18世紀〉
フランスのオルガン奏者。
⇒バロ（トムラン，ルイ・アントワーヌ　1699–1760頃?）

Thomelin, Louis Jacques I〈17・18世紀〉
フランスのオルガン奏者。
⇒バロ（トムラン，ルイ・ジャック1世　1670頃?–1730頃?）

Thomelin, Louis Jacques II〈18・19世紀〉
フランスのオルガン奏者。
⇒バロ（トムラン，ルイ・ジャック2世　1752–1810頃?）

Thomelin, Marie-Geneviève〈18世紀〉
フランスのオルガン奏者。
⇒バロ（トムラン，マリー・ジュヌヴィエーヴ　1725頃?–1790.5.25）

Thomma Reachea〈17・18世紀〉
カンボジア，ポスト・アンコール時代の王。在位1702～05,06～14,38～47。
⇒岩世人（トワマ・リエチエ　（在位）1702–1705, 1706–14, 1738–1747）

Thompson, D'Arcy Wentworth〈19・20世紀〉
イギリスの生物学者。
⇒岩世人（トンプソン　1860.5.2–1948.6.21）

Thompson, David〈19・20世紀〉
アメリカの長老派教会宣教師。大学南校で英語を教授。
⇒岩世人（トンプソン　1835.9.21–1915.10.29）

Thompson, Edward Maunde〈19・20世紀〉
イギリスの古文書学者。大英博物館写本部の発展に寄与。
⇒岩世人（トンプソン　1840.5.4–1929.9.14）

Thompson, Francis〈19・20世紀〉
イギリスの詩人。
⇒岩世人（トンプソン　1859.12.18–1907.11.13）
　新カト（トムソン　1859.12.16/18–1907.11.13）

Thompson, Sir Henry〈19・20世紀〉
イギリスの外科医。淋病に用いる2杯試験法

(「トンプソン・テスト」)を考案。
⇒岩世人（トンプソン　1820.8.6–1904.4.18）

Thompson, Samuel Luther〈19・20世紀〉
アメリカの大リーグ選手（外野）。
⇒メジャ（サム・トンプソン　1860.3.5–1922.11.7）

Thompson, William〈18・19世紀〉
アイルランドの経済学者。リカード派社会主義の代表者の一人。
⇒岩世人（トンプソン　1775–1833.3.28）
学叢思（タムソン・ウィリアム　1785–1833）

Thomsen, Christian Jürgensen〈18・19世紀〉
デンマークの考古学者。石，青銅，鉄器の3時代区分法を提唱。
⇒岩世人（トムセン　1788.12.29–1865.5.21）
ネーム　（トムセン　1788–1865）
世人新　（トムセン　1788–1865）
世人装　（トムセン　1788–1865）

Thomsen, Hans Peter Jörgen Julius〈19・20世紀〉
デンマークの化学者。熱化学の創始者。
⇒岩世人（トムセン　1826.2.16–1909.2.13）

Thomsen, Vilhelm Ludvig Peter〈19・20世紀〉
デンマークの言語学者。オルホン碑文の解読で知られる。主著『言語学史』(02)。
⇒岩世人（トムセン　1842.1.25–1927.5.12）
広辞7　（トムセン　1842–1927）

Thomson, *Sir* Basil〈19・20世紀〉
ロンドン警視庁（スコットランドヤード）特別課（犯罪捜査局）のコミッショナー補佐。
⇒スパイ（トムソン，サー・バジル　1861–1939）

Thomson, *Sir* Charles Wyville〈19世紀〉
イギリスの博物学者，海洋学者。
⇒岩世人（トムソン　1830.3.5–1882.3.10）
学叢思（タムソン，チャールズ・ワィヴィル　1830–1882）

Thomson, Elihu〈19・20世紀〉
アメリカの電気工学者，発明家。電波発振器，検波器を考案。
⇒岩世人（トムソン　1853.3.29–1937.3.13）
学叢思（タムソン，エリュー　1853–?）

Thomson, James〈17・18世紀〉
イギリスの詩人。18世紀の自然詩の代表的作品『四季』を著す。
⇒岩世人（トムソン　1700.9.11–1748.8.27）

Thomson, James〈19世紀〉
イギリスの詩人。筆名B.V.。代表作『恐るべき夜の都会』(74)。

⇒岩世人（トムソン　1834.11.23–1882.6.3）

Thomson, *Sir* John Arthur〈19・20世紀〉
イギリスの生物学者，動物学者。軟質サンゴ類の権威。主著『生命の驚異』(14)。
⇒岩世人（トムソン　1861.7.8–1933.2.12）

Thomson, *Sir* Joseph John〈19・20世紀〉
イギリスの物理学者。近代原子物理学の開拓者。
⇒岩世人（トムソン　1856.12.18–1940.8.30）
科史　（トムソン,J.J.　1856–1940）
ネーム　（トムソン　1856–1940）
広辞7　（トムソン　1856–1940）
学叢思（タムソン，ジョセフ・ジョン　1856–?）
物理　（トムソン，サー・ジョセフ・ジョン　1856–1940）
ノ物化（ジョセフ・ジョン・トムソン　1856–1940）

Thonet, Michael〈18・19世紀〉
オーストリアの家具デザイナー，制作者。1836〜40年合板を使用した家具の開発に成功。
⇒岩世人（トーネット　1796.7.2–1871.3.3）

Thong Chan〈14世紀〉
タイ，アユタヤ朝の王。
⇒世帝（トーンチャン　?–1388?）

Thorbecke, Johan Rudolf〈18・19世紀〉
オランダの法学者，政治家。1848年のオランダ憲法の提唱者。
⇒岩世人（トルベッケ　1798.1.14–1872.6.5）

Thoré, Etienne Joseph Théophile〈19世紀〉
フランスの政治家，美術批評家。オランダ美術史の研究に功績がある。
⇒岩世人（トレ　1807.6.23–1869.4.30）

Thoreau, Henry David〈19世紀〉
アメリカの随筆家，詩人，思想家。実験的生活の記録『ウォルデン，森の生活』(54)を著す。
⇒アメ新　（ソロー　1817–1862）
岩世人　（ソロー　1817.7.12–1862.5.6）
広辞7　（ソロー　1817–1862）
新カト　（ソロー　1817.7.12–1862.5.6）
世人新　（ソロー　1817–1862）
世人装　（ソロー　1817–1862）
ポプ人　（ソロー，ヘンリー　1817–1862）

Thorild, Thomas〈18・19世紀〉
スウェーデンの詩人。チェルグレン，レオポルドとの文学的論争者。
⇒岩世人（トゥーリルド　1759.4.18–1808.10.1）

Thorlák Thórhallsson〈12世紀〉
アイスランドの司教，聖人。
⇒新カト（トルラク・トルハルソン　1133–1193.12.23）

Thorndike, Edward Lee〈19・20世紀〉
アメリカの心理学者。
⇒岩世人（ソーンダイク　1874.8.31–1949）
　ネーム（ソーンダイク　1874–1949）
　広辞7（ソーンダイク　1874–1949）
　20思（ソーンダイク,E（エドワード）L（リー）
　　1874–1949）

Thorndike, Herbert〈16・17世紀〉
英国教会の聖職，神学者。
⇒新カト（ソーンダイク　1598–1672.7.11）

Thornhill, *Sir* James〈17・18世紀〉
イギリスの装飾画家。セント・ポールのドーム（15～17），などの壁画，天井画を制作。
⇒岩世人（ソーンヒル　1675/1676.7.25–1734.5.4）

Thorn Prikker, Jan〈19・20世紀〉
オランダの画家。モザイクやガラス絵も制作。
⇒岩世人（トルン・プリッカー　1868.6.5–1932.3.5）

Thornton, Edward〈18・19世紀〉
イギリスのインド研究家。東インド会社統計局長（1846～57）。
⇒岩世人（ソーントン　1799–1875）

Thornton, William Thomas〈19世紀〉
イギリスの経済学者。インド政庁書記官。主著は『人口過剰とその対策』（1845）。
⇒学叢思（ソーントン，ウィリアム・トマス　1813–1880）

Thornycroft, *Sir* William Hamo〈19・20世紀〉
イギリスの彫刻家。1923年，イギリス王立彫刻家協会ゴールド・メダル受賞。
⇒岩世人（ソーニクロフト　1850.3.9–1925.12.18）

Thorpe, Thomas Bangs〈19世紀〉
アメリカのユーモア作家。代表作，『アーカンソーの大熊』（41）『奥地の神秘』（46）など。
⇒岩世人（ソープ　1815–1878）

Thorpe, *Sir* Thomas Edward〈19・20世紀〉
イギリスの化学者。原子量の精密な決定等の業績がある。
⇒岩世人（ソープ　1845.12.8–1925.2.23）

Thorvaldsen, Albert Bertel〈18・19世紀〉
デンマークの彫刻家。A.カノーバと並ぶ新古典主義彫刻家の双璧。作品，『ガニュメデス』（04）など。
⇒岩世人（トーヴァルセン　1768.11.13/1770.11.19–1844.3.24）
　広辞7（トルヴァルセン　1768–1844）
　新カト（トルヴァルセン　1768.11.13/1770.11.19–1844.3.24）
　芸13（トルヴァルセン，ベルテル　1770–1844）

Thou, Jacques Auguste de〈16・17世紀〉
フランスの歴史家，司法官。「ナントの勅令」起草者の一人。
⇒岩世人（トゥー　1553.10.8–1617.5.7）

Thoukydidēs〈前5・4世紀〉
ギリシアの歴史家。ペロポネソス戦争を扱った『戦史』を著す。
⇒岩世人（トゥキュディデス（慣ツキジデス）　前460–前455–前400頃）
　ネーム（ツキディデス　前460?–前400?）
　広辞7（ツキジデス　前460頃–前400頃）
　学叢思（ツキディデス　前460–前400）
　世人新（トゥキディデス　前460頃–前400頃）
　世人装（トゥキディデス　前460頃–前400頃）
　世史語（トゥキディデス　前460頃–前400頃）
　ポプ人（トゥキディデス　前460?–前400?）
　学叢歴（ツキディデス　前471–前400頃）

Thouret, Jeanne-Antide〈18・19世紀〉
フランスの聖女。ブザンソンに愛徳童貞会を創立して女子教育に献身。
⇒新カト（ジャンヌ・アンティド・トゥレ　1765.11.27–1826.8.24）

Thrane, Marcus〈19世紀〉
ノルウェーの社会主義者。無産者協会を創設（1848）。
⇒岩世人（トラーネ　1817.10.14–1890.4.30）

Thrasybulos〈前5・4世紀〉
アテネの将軍，政治家。民主派の指導者。前411年サモス駐留の海軍に民主政治を樹立。
⇒岩世人（トラシュブロス　?–前388頃）

Thrasyllos〈前1・後1世紀〉
ローマのプラトン主義哲学者，占星術師。
⇒岩世人（トラシュロス　?–後36）

Thrasymachos〈前5世紀〉
ギリシアの修辞学者，ソフィスト。
⇒岩世人（トラシュマコス　（活動）前430–前400頃）

thu bkwan blo bzang chos kyi nyi ma〈18・19世紀〉
チベットの仏僧。
⇒岩世人（トゥカン・ロサン・チューキニマ　1737–1802）

Thue, Axel〈19・20世紀〉
ノルウェーの数学者。
⇒岩世人（トゥーエ　1863.2.19–1922.3.7）
　世数（トゥーエ，アクセル　1863–1922）

thugs rje brtson 'grus〈13・14世紀〉
チベットの学僧。
⇒岩世人（トゥクジェ・ツンドゥー　1243–1313）

Thugut, Johann Amadeus Franz de Paula von〈18・19世紀〉
オーストリアの政治家。外交面で活躍し，1797

年にカンポフォルミオ条約を締結。
⇒岩世人（トゥグート　1736.3.31–1818.5.28）

Thulié, Henri〈19・20世紀〉
フランスの医師，政治家。
⇒19仏（アンリ・チュリエ　1832.7.30–1916）

Thumb, Albert〈19・20世紀〉
ドイツの言語学者。ヘレニズム時代から現代までのギリシア語を研究。
⇒岩世人（トゥンブ　1865.5.18–1915.8.14）

Thumb, Michael〈17世紀〉
オーストリアの建築家。シェーネンベルクの指定参詣聖堂(86)などを建築。
⇒岩世人（トゥンプ　1640頃–1690.2.19）

Thumb, Peter〈17・18世紀〉
オーストリアの建築家。M.トゥンプの子。
⇒岩世人（トゥンプ　1681.12.18–1766.3.4）

Thümmig, Ludwig Philipp〈17・18世紀〉
ドイツの哲学者。ウォルフ哲学を信奉。
⇒岩世人（テュンミヒ　1697.5.12–1728.4.15）

Thunberg, Carl Peter〈18・19世紀〉
スウェーデンの医師，植物学者。1775年より1年余り滞日。
⇒岩世人（テューンベリ〈慣ツンベルグ〉　1743.11.11–1828.8.8）
ネーム（ツンベルク　1743–1828）
広辞7（ツンベルク　1743–1828）
ポプ人（ツンベルグ，カール　1743–1828）

Thünen, Johann Heinrich von〈18・19世紀〉
ドイツの農業経済学者。「チューネン圏」理論は農業立地論の発展の基礎となる。
⇒岩世人（テューネン　1783.6.24–1850.9.22）
学叢思（テューネン，ヨハン・ハインリヒ・フォン　1783–1850）

Thun und Hohenstein, Leo, Graf von〈19世紀〉
オーストリアの政治家。ベーメン（ボヘミア）地方議会議員(61～71)。
⇒岩世人（トゥーン・ウント・ホーエンシュタイン　1811.4.7–1888.12.17）

Thureau-Dangin, François〈19・20世紀〉
フランスのアッシリア学者。ルーヴル博物館に勤務。
⇒岩世人（テュロー＝ダンジャン　1872.1.3–1944.1.24）

Thüring von Ringoltingen〈15世紀〉
ドイツの作家。
⇒岩世人（テューリング〈フォン・リンゴルティンゲン〉　1415頃–1483）

Thurloe, John〈17世紀〉
イギリスの政治家。クラレンドン伯の外交政策のブレーン。
⇒スパイ（サーロー，ジョン　1616–1668）

Thurneysen, Rudolf〈19・20世紀〉
スイスの言語学者，ケルト語学者。主著"Grammatica Celtica"(81)。
⇒岩世人（トゥルナイゼン　1857.3.14–1940.8.9）

Thurnwald, Richard Cristian〈19・20世紀〉
ドイツの機能主義を代表する民族学者，社会学者。
⇒岩世人（トゥルンヴァルト　1869.9.18–1954.1.19）

Thurston, Howard〈19・20世紀〉
アメリカの奇術師。
⇒岩世人（サーストン　1869.7.20–1936.4.13）

Thurston, Matilda〈19・20世紀〉
アメリカの宣教師。
⇒アア歴（Thurston, Matilda (Smyrell) C (alder)　マティルダ・スミレル・コルダー・サーストン　1875.5.16–1958.4.18）

Thutmes I〈前16・15世紀〉
エジプト第18王朝第3代の王。在位前1525～12。アモン神殿の大増築を行った最初の王。
⇒岩世人（トトメス1世　(在位)前1504–前1492頃）
世帝（トトメス1世　(在位)前1524–前1518頃）

Thutmes II〈前16・15世紀〉
エジプト第18王朝第4代の王。在位前1512～04。
⇒世帝（トトメス2世　(在位)前1518–前1504頃）

Thutmes III〈前16・15世紀〉
エジプト第18王朝第6代の王。在位前1504～1450。アメンホテプ2世の父。
⇒岩世人（トトメス3世　(在位)前1479–前1425頃）
世人新（トゥトメス〈トトメス〉3世　生没年不詳　(在位)前1479–前1425/前1424）
世人装（トゥトメス〈トトメス〉3世　生没年不詳　(在位)前1479–前1425/前1424）
世帝（トトメス3世　(在位)前1504–前1450頃）
ポプ人（トトメス3世　生没年不詳）

Thutmes IV〈前15世紀〉
エジプト第18王朝第8代の王。在位前1413～1465。
⇒岩世人（トトメス4世　(在位)前1397–前1388頃）
世帝（トトメス4世　(在位)前1419–前1386頃）

Thwing, Edward Waite〈19・20世紀〉
アメリカの宣教師。
⇒アア歴（Thwing, Edward Waite　エドワード・ウェイト・トウィング　1868.2.11–1943.3.2）

Thyestēs
ギリシア神話，アトレウスの弟。
⇒岩世人（テュエステス）

Thyrsos
聖人,殉教者。祝日12月14日。
⇒新カト (テュルソス　生没年不詳)

Thyssen, August〈19・20世紀〉
ドイツの工業家。圧延工場,商事会社を拡張してテュッセン・コンツェルンを形成。
⇒岩世人 (テュッセン　1842.5.17–1926.4.4)

Thyssen, Fritz〈19・20世紀〉
ドイツの工業家。A.テュッセンの子。
⇒岩世人 (テュッセン　1873.11.9–1951.2.8)

Tibaldi, Pellegrino de' Pellegrini〈16世紀〉
イタリアの画家,建築家。
⇒岩世人 (ティバルディ　1527–1596.5.27)
　新カト (ティバルディ　1527–1596)

Tibbon, Jacob ben Macheir ibn〈13・14世紀〉
医師で,医学文献の翻訳家。
⇒ユ著人 (Tibbon,Jacob ben Macheir ibn　ティボン,ヤコブ・ベン・マヒエル・イブン　1236–1307)

Tiberios Kōnstantinos〈6世紀〉
ビザンティン皇帝。在位578～82。ユスティヌス2世の副帝から登位。
⇒世帝 (ティベリウス2世　520–582)

Tiberius, Julius Alexander〈1世紀〉
ジュディアのプロクトラル(長官,46年就任)。アレキサンドリアの名望家の出身。
⇒ユ人 (ティベリウス,ユリウス・アレクサンデル　15頃–?)

Tiberius III (Apsimar)〈7・8世紀〉
東ローマ帝国の統治者。在位698～705。
⇒世帝 (ティベリオス3世　?–706)

Tiberius Julius Caesar Augustus〈前1・後1世紀〉
ローマ皇帝。在位14～37。
⇒岩世人 (ティベリウス　前42.11.16–後37.3.16)
　ネーム (ティベリウス　前42–後37)
　新カト (ティベリウス　前42.11.16–後37.3.16)
　世帝 (ティベリウス　前42–後37)

Tibullus, Albius〈前1世紀〉
ローマのエレゲイア詩人。ホラチウスと親交を結ぶ。
⇒岩世人 (ティブッルス　前48以前–後19)

Tiburtino, G.B.〈16世紀〉
イタリアの作曲家。
⇒バロ (ティブルティーノ,G.B.　1550頃?–1600頃)

Tiburtino, Giuliano〈16世紀〉
イタリアの作曲家。
⇒バロ (ティブルティーノ,ジュリアーノ　1510頃–1569.12.16)

Tiburtius〈3世紀頃〉
ローマ時代の聖人,殉教者。3世紀頃にウァレリアヌスとマクシムスとともに殉教した。祝日4月14日。
⇒新カト (ティブルティウス)

Tiburtius〈3世紀〉
ローマ時代の聖人,殉教者。
⇒新カト (ティブルティウス　?–288頃)
　図聖 (ティブルティウス)

Ticknor, William Davis〈19世紀〉
アメリカの出版人。
⇒岩世人 (ティクナー　1810.8.6–1864.4.10)

Ticonius〈4世紀〉
北アフリカで活躍したドナトゥス派の思想家。
⇒新カト (ティコニウス　?–400頃)

Tieck, Johann Ludwig〈18・19世紀〉
ドイツ,前期ロマン派の小説家,劇作家。
⇒岩世人 (ティーク　1773.5.31–1853.4.28)
　広辞7 (ティーク　1773–1853)
　新カト (ティーク　1773.5.31–1853.4.28)

Tiedemann, Dietrich〈18・19世紀〉
ドイツの哲学者。幼児心理学の創始者としても知られる。著書『子供の精神能力の発達』(87)など。
⇒岩世人 (ティーデマン　1748.4.3–1803.5.24)
　学叢思 (ティーデマン,ディートリヒ　1748–1803)

Tieftrunk, Johann Heinrich〈18・19世紀〉
ドイツの哲学者。カント哲学の立場から宗教,法,道徳の諸問題を論じた。
⇒岩世人 (ティーフトルンク　1759–1837.10.7)

Tiele, Cornelis Petrus〈19・20世紀〉
オランダのプロテスタント神学者,宗教学者。比較宗教学の創始者の一人。
⇒岩世人 (ティーレ　1830.12.16–1902.1.11)
　広辞7 (ティーレ　1830–1902)
　学叢思 (ティーレ,コルネリウス・ペトルス　1830–1902)

Tiemann, Johann Karl Ferdinand〈19世紀〉
ドイツの有機化学者。ヴァニリンの合成に成功。
⇒岩世人 (ティーマン　1848.6.10–1899.11.14)

Tieng, Samdach Sangkareach〈19・20世紀〉
カンボジアの僧侶。
⇒岩世人 (ティアン,ソムダチ・ソンカリアチ　1823–1913)

Tiepolo, Giovanni Battista〈17・18世

紀〉
イタリアの画家。フレスコ画家。作品『アントニウスとクレオパトラ』(45〜50)など。
⇒岩世人（ティエポロ　1696.3.5-1770.3.27）
　ネーム（ティエポロ　1696-1770）
　広辞7（ティエポロ　1696-1770）
　新カト（ティエポロ　1696.3.5-1770.3.27）
　芸13（ティエポロ, ジョヴァンニ・バティスタ　1696-1770）

Tiepolo, Giovanni Domenico〈18・19世紀〉
ベネチアの画家。風俗画家。
⇒岩世人（ティエポロ　1727.8.30-1804.3.3）

Tiernan, Michael Joseph〈19・20世紀〉
アメリカの大リーグ選手（外野）。
⇒メジャ（マイク・ティアーナン　1867.1.21-1918.11.7）

Tiersot, Edmond〈19世紀〉
フランスの政治家。
⇒19仏（エドモン・ティエルソ　1822.8.29-1883.1.21）

Tietge, Christoph August〈18・19世紀〉
ドイツの詩人。教訓詩 "Urania"(01) などを発表。
⇒岩世人（ティートゲ　1752.12.14-1841.3.8）

Tietze, Hans〈19・20世紀〉
オーストリアの美術史学者。美術史方法論を研究。
⇒岩世人（ティーツェ　1880.3.1-1954.4.13）

Tietze, Heinrich〈19・20世紀〉
ドイツの数学者。
⇒世数（ティーツェ, ハインリッヒ・フランツ・フリードリヒ　1880-1964）

*al-***Tīfāshī, Shihāb al-Dīn**〈13世紀〉
アラブの鉱物学者。
⇒岩世人（ティーファーシー　?-1253）

Tiffany, Charles Lewis〈19・20世紀〉
アメリカの宝石業者。1878年レジオン・ドヌール勲章受章。
⇒岩世人（ティファニー　1812.2.15-1902.2.18）
　ポプ人（ティファニー, チャールズ・ルイス　1812-1902）

Tiffany, Lewis Comfort〈19・20世紀〉
アメリカの工芸家。主にガラス工芸で活躍。
⇒アメ新（ティファニー　1848-1933）
　岩世人（ティファニー　1848.2.18-1933.1.17）

Tigellinus, Gaius Ofonius〈1世紀〉
古代ローマの政治家。皇帝ネロの寵臣。
⇒岩世人（ティゲッリヌス　?-69）

Tigernach〈6世紀〉
アイルランドの司教。聖人。祝日4月4日およ

び5日。
⇒新カト（ティゲルナク　?-549/550）

Tiglath-Pileser I〈前11世紀〉
アッシリア王。世界制覇への第一歩を築いた。
⇒岩世人（ティグラト・ピレセル1世　（在位）前1113頃-前1074）
　世帝（ティグラト・ピレセル1世　（在位）前1115-前1076）

Tiglath-Pileser II〈前10世紀〉
アッシリア王。在位前964〜933。
⇒世帝（ティグラト・ピレセル2世　（在位）前967-前935）

Tiglath-Pileser III〈前8世紀〉
アッシリア王。在位前745〜727。衰退に向かった帝国を急速に回復させた。
⇒岩世人（ティグラト・ピレセル3世　（在位）前746-前727）
　ネーム（ティグラト＝ピレセル3世）
　新カト（ティグラト・ピレセル3世）
　世帝（ティグラト・ピレセル3世　（在位）前744-前727）

Tigranēs ho Megas〈前2・1世紀〉
アルメニアの王。在位前95/94〜55。
⇒岩世人（ティグラネス2世（大王）　前140頃-前55）

Tigranes the Great〈前1世紀〉
セレウコス朝シリアの王。
⇒世帝（ティグラネス1世　（在位）前83-前69）

Tigrini, Orazio〈16世紀〉
イタリアの作曲家。
⇒バロ（ティグリーニ, オラッツィオ　1535頃-1591.10.15）

Tihon〈19・20世紀〉
ロシア正教会モスクヴァ総主教。
⇒岩世人（チーホン　1865.1.19/31-1925.4.7）
　新カト（チーホン　1865.1.31（ユリウス暦1.19）-1925.4.7（ユリウス暦3.25））

*al-***Tijānī, Aḥmad**〈18・19世紀〉
イスラームの神秘家（スーフィー）、ティジャーニー教団の創始者。
⇒岩世人（ティジャーニー, アフマド　1737/1738-1815）

Tikhomirov, Lev Aleksandrovich〈19・20世紀〉
ロシアのナロードニキ革命家。
⇒岩世人（チホミーロフ　1852.1.19/31-1923.10.26）

Tikhomirov, Vassily〈19・20世紀〉
ロシアのダンサー、振付家、教師。
⇒バレエ（チホミロフ, ワシリー　1876.3.29-1956.6.20）

Tikhon Zadonskii〈18世紀〉
ロシアの聖職者。1763年ボロネシの主教。

⇒岩世人（チーホン・ザドーンスキー　1724–1783. 8.13）
新カト（チーホン〔ザドンスクの〕　1724–1783. 8.13　ユリウス暦8.24）

Tiktiner, Rebekah〈16・17世紀〉
イディッシュ語による倫理的文学を書いて女流として初めて世に出た作家。
⇒ユ著人（Tiktiner, Rebekah　テイクテイナー, レベッカ　16世紀末–17世紀）

Tilak, Bāl Gangādhar〈19・20世紀〉
インド民族運動の指導者。急進的活動で国民会議派と対立し, 1916年インド自治連盟を結成。
⇒岩世人（ティラク　1856.7.23–1920.8.1）
ネーム（ティラク　1856–1920）
学叢思（チラックバル, ガンガダハル　1856–1920）
世人新（ティラク　1856–1920）
世人装（ティラク　1856–1920）
世史語（ティラク　1856–1920）
ポプ人（バール・ガンガダール・ティラク　1856–1920）
南ア新（ティラク　1856–1920）

Tilak, Nārāyan Vāman〈19・20世紀〉
インドのキリスト教指導者, 詩人, マラーティ語讃美歌作者。
⇒新カト（ティラク　1862頃–1919）

Tilden, Samuel Jones〈19世紀〉
アメリカの政治家。ニューヨーク州知事（75–76）, 大統領候補（76）。
⇒岩世人（ティルデン　1814.2.9–1886.8.4）

Tilden, William August〈19・20世紀〉
イギリスの化学者。イソプレンをつくり, 合成ゴム工業への道を開いた。
⇒岩世人（ティルデン　1842.8.15–1926.12.11）

Tillemont, Sébastien Le Nain de〈17世紀〉
フランスの歴史家。主に教会史を学ぶ。
⇒岩世人（ティユモン〔ル・ナン・ド・ティユモン〕　1637.11.30–1698.1.10）
新カト（ティユモン　1637.11.30–1698.1.10）

Tillett, Benjamin〈19・20世紀〉
イギリスの労働運動指導者。96年船舶・ドック・河川労働者国際連盟の組織に尽力。
⇒学叢思（ティレット, ベンジャミン　1860–?）

Tillmann, Fritz〈19・20世紀〉
ドイツのカトリック神学者。
⇒新カト（ティルマン　1874.11.1–1953.3.24）

Tillo〈7・8世紀〉
大修道院長, 聖人。
⇒新カト（ティロ　?–702頃）
図聖（ティロ　?–702頃）

Tillotson, John〈17世紀〉
イギリスの聖職者, 説教家。カンタベリー大主教（91–94）。名説教でイギリス国教を擁護。
⇒岩世人（ティロトソン　1630–1694.11.22）
新カト（ティロトソン　1630.10.10–1694.11.22）

Tilly, Johan Tserclaes Graf von〈16・17世紀〉
バイエルン公国の軍人。三十年戦争で, カトリック連盟やドイツ皇帝軍の最高司令官として活躍。
⇒岩世人（ティリー　1559.2–1632.4.30）
新カト（ティリ　1559.2–1632.4.30）
学叢歴（チリー　1559–1632）

Tilmīdhu'l-Kindī, Aḥmad〈9世紀〉
アラビアのアッバース朝の哲学者。
⇒岩世人（ティルミーズ・アル＝キンディー　835頃–899）

Tilokkarat〈15世紀〉
タイのランナー王国の第9代王。在位1441～87。
⇒岩世人（ティローカラート　1409–1487）

Tilton, Mclane〈19・20世紀〉
アメリカの海軍将校。
⇒アア歴（Tilton, Mclane　マックレイン・ティルトン　1836.9.25–1914.1.2）

Timaios〈前5・4世紀頃〉
ギリシアの哲学者。プラトンの対話篇に登場する。
⇒岩世人（ティマイオス（ロクリスの））

Timaios〈前4・3世紀〉
古代ギリシアの文法学者。プラトンの辞典の作成者。
⇒岩世人（ティマイオス　前350頃–前260頃）

Timiryazev, Kliment Arkadievich〈19・20世紀〉
ロシアの植物生理学者。スペクトルの青色帯の光合成極大効果を発見。
⇒岩世人（チミリャーゼフ　1843.5.22/6.3–1920.4.28）

Timmana, Nandi〈15・16世紀〉
東南インドのテルグ文学の文人。『パーリジャータ・プラハラナ』の著者。
⇒岩世人（ティンマナ　1475–1540）

Timokreōn〈前5世紀〉
ギリシアの叙情詩人。
⇒岩世人（ティモクレオン）

Timoleōn〈前4世紀〉
ギリシアの将軍, 政治家。前334年シラクサの独裁制を打倒。
⇒岩世人（ティモレオン）

Timomachos〈前1世紀〉
ギリシアの画家。
⇒岩世人（ティモマコス）

Timōn〈前5世紀〉
伝説化した人間嫌い。アテナイ人でペリクレス時代の人(新約)。
⇒岩世人 (ティモン)

Timōn of Phlius〈前4・3世紀〉
フリウス出身の哲学者。ピュロンの弟子。
⇒岩世人 (ティモン(フレイウスの)　前320頃–前230頃)
　学叢思 (ティモン)

Timoshenko, Gregory Stephen〈19・20世紀〉
アメリカ(ロシア系)の工学者。応用力学, 材料力学などを研究。
⇒岩世人 (ティモーシェンコ　1878.12.11/23–1972.5.30)

Timotheos〈前5・4世紀〉
ギリシアの抒情詩人。
⇒岩世人 (ティモテオス　前450頃–前360頃)

Timotheos〈前4世紀〉
ギリシアの彫刻家。前380年アクロテリオンを制作。
⇒岩世人 (ティモテオス　(活動)前4世紀前半)
　芸13 (ティモテオス　前5世紀初)

Timotheos〈前4世紀〉
古代ギリシアのアテナイ人の将軍。
⇒岩世人 (ティモテオス　?–前355)

Timotheos〈1世紀〉
殉教者, 聖人。パウロが信任した弟子(新約)。
⇒岩世人 (テモテ)
　新カト (テモテ)
　聖書 (テモテ)

Timotheos I〈5・6世紀〉
コンスタンティノポリスの総主教。在職511~18。
⇒新カト (ティモテオス1世〔コンスタンティノポリスの〕　?–518.4.5)

Timótheos Aílouros〈5世紀〉
単性論派のアレクサンドリア総主教, コプト教会の聖人。在職457~60, 476~77。
⇒新カト (ティモテオス・アイルロス　?–477.7.31)

Tīmūr〈14・15世紀〉
チムール帝国の創建者。1370年に王となり, 大遠征ののち, 中央アジアのほぼ全域に及ぶ大国を建設。
⇒岩世人 (ティムール　1336.4.8–1405.2.18)
　広辞7 (ティムール　1336–1405)
　世人新 (ティムール　1336–1405)
　世人装 (ティムール　1336–1405)
　世史語 (ティムール　1336–1405)
　世史語 (ティムール　1336–1405)
　世帝 (ティムール　1336–1405)
　ポプ人 (ティムール　1336–1405)
　南ア新 (ティムール　1336–1405)
　学叢歴 (帖木兒　1335(至元1)–1405(永楽3))

Tīmūr Shāh〈18世紀〉
アフガニスタンのドゥッラーニー朝第2代の王。在位1773~93。
⇒岩世人 (ティームール・シャー　?–1793)

Tinctoris, Johannes〈15・16世紀〉
音楽理論家, 作曲家。音楽辞典『音楽用語の定義』を著す。
⇒バロ (ティンクトーリス, ヨアンネス　1435頃–1511)
　岩世人 (ティンクトリス　1435頃–1511.10.12以前)
　新カト (ティンクトリス　1435頃–1511頃)

Tindal, Matthew〈17・18世紀〉
イギリスの理神論者。主著『天地創造以来のキリスト教』(30)。
⇒岩世人 (ティンダル　1653/1657–1733.8.16)
　新カト (ティンダル　1653/1657–1733.8.16)

Tingkir, Joko (Jaka)〈16世紀〉
インドネシア, ジャワのパジャン国王。
⇒岩世人 (ティンキル, ジョコ　?–1587頃)

Tinker, Joseph Bert〈19・20世紀〉
アメリカの大リーグ選手(遊撃)。
⇒メジャ (ジョー・ティンカー　1880.7.27–1948.7.27)

Tinódi, Sebestyén〈16世紀〉
ハンガリーの作曲家。
⇒バロ (ティノーディ, シェベシュチエーン　1505–1510頃–1556.1.E)

Tino di Camaino〈13・14世紀〉
イタリアの彫刻家。オーストリア王妃カタリナの墓(23頃)などを制作。
⇒岩世人 (ティーノ・ディ・カマイーノ　1285頃–1337)

Tintoretto〈16世紀〉
イタリアの画家。爛熟期のベネチア派の代表者。作品『最後の晩餐』など。
⇒岩世人 (ティントレット　1518.9.29–1594.5.31)
　ネーム (ティントレット　1518–1594)
　広辞7 (ティントレット　1518–1594)
　新カト (ティントレット　1518–1594.5.31)
　芸13 (ティントレット, イル　1518–1594)

Tiphanus, Claudius〈16・17世紀〉
フランスの神学者。イエズス会会員。
⇒新カト (ティファヌス　1571–1641)

Tippu Tip〈19・20世紀〉
ザンジバルの商人。
⇒岩世人 (ティップー・ティプ　1837–1905.6.14)

Tipu Sultān〈18世紀〉
インド, マイソールの国王。イギリスに対抗し, 第4次マイソール戦争で戦死。

⇒岩世人（ティープー・スルターン　1750.11–1799.5.4）
南ア新（ティプ・スルターン　1753–1799）

Tiraboschi, Girolamo〈18世紀〉
イタリアの文学者。主著『イタリア文学史』（72～82）。
⇒新カト（ティラボスキ　1731.12.18–1794.6.3）

Tiradentes〈18世紀〉
ブラジルの独立運動の先駆者。ブラジルの国民的英雄とされる。
⇒ラテ新（ティラデンテス　1746–1792）

Tiridates I〈前3世紀〉
パルティア王国を創設したアルサケス1世の兄弟。
⇒世人新（ティリダテス1世（アルサケス）　生没年不詳（在位）前250/前248頃–前210/前209頃）
世人装（ティリダテス1世（アルサケス）　生没年不詳（在位）前250/前248頃–前210/前209頃）
世帝（ティリダテス1世　?–前211?）

Tiridates I〈1世紀〉
古代アルメニア王。在位51～60,63～73?。
⇒岩世人（ティリダテス）

Tiridates II〈前1世紀〉
パルティアの王フラアテス4世と王位を争った人物。
⇒世帝（ティリダテス2世　（在位）前31?–前26?）

Tiridates III〈1世紀頃〉
パルティアの国王フラアテス4世の孫。
⇒世帝（ティリダテス3世　（在位）35–36）

al-Tirimmāḥ, Ibn Ḥakīm al-Ṭā'ī〈7・8世紀〉
ウマイヤ朝期イラクのアラブ詩人。
⇒岩世人（ティリンマーフ　?–723/724/728/729/743/744）

Tirmidhī, Muḥammad bn'Īsā, al-〈9世紀〉
イランのイスラムのハディース学者。
⇒岩世人（ティルミズィー　825頃–892）

Tiro, Teungku Cik（Tjik）Di〈19世紀〉
インドネシアの国家英雄。
⇒岩世人（ティロ, トゥンク・チック・ディ　1836–1891.1）

Tirpitz, Alfred von〈19・20世紀〉
プロシア、ドイツの海軍軍人。海洋艦隊を建設し、「ドイツ海軍の父」といわれる。
⇒岩世人（ティルピッツ　1849.3.19–1930.3.6）
ネーム（ティルピッツ　1849–1930）

Tirso de Molina〈16・17世紀〉
スペインの劇作家。黄金世紀のスペイン演劇を代表する一人。史劇『女性の思慮』など。
⇒岩世人（ティルソ・デ・モリーナ　1580頃–1648.

2.20頃）
ネーム（ティルソ・デ・モリーナ　1571?–1648）
新カト（ティルソ・デ・モリナ　1571頃–1648.3.12）

Tirtayasa, Sultan Ageng〈17世紀〉
インドネシア、ジャワ島のバンテン王国の第6代王。在位1651～83。
⇒岩世人（ティルタヤサ, スルタン・アグン　1631–1683）

Tirtoadisuryo（Tirtoadhisoerjo）, Raden Mas〈19・20世紀〉
インドネシア民族主義運動、ジャーナリズムの先駆者。
⇒岩世人（ティルトアディスルヨ　1880–1918.12.7）

Tiruvalluvar〈5・6世紀頃〉
インドのドラヴィダ語系タミル文学の詩人。
⇒岩世人（ティルヴァッルヴァル）
南ア新（ティルヴァッルヴァル　生没年不詳）

Tischbein, Johann August Freidrich〈18・19世紀〉
ドイツ、ヘッセンの画家。ロココから古典主義への過渡期の肖像画家。
⇒岩世人（ティッシュバイン一族　1750.3.9–1812.6.9）

Tischbein, Johann Heinrich, der Ältere〈18世紀〉
ドイツ、ヘッセンの画家。宮廷画家として活動。ロココ様式の肖像画、神話的主題の作品を多数制作。
⇒岩世人（ティッシュバイン一族　1722.10.3–1789.8.22）

Tischbein, Johann Heinrich, der Jüngere〈18・19世紀〉
ドイツ、ヘッセンの画家。肖像画のほかに歴史画、風景画も制作。作品に『ゲーテの肖像』（86）など。
⇒岩世人（ティッシュバイン一族　1751.2.15–1829.6.26）

Tischendorf, Konstantin von〈19世紀〉
ドイツの聖書文献学者。『シナイ版聖書写本』を発見した。
⇒岩世人（ティッシェンドルフ　1815.1.18–1874.12.7）
新カト（ティッシェンドルフ　1815.1.18–1874.12.7）

Tischer, Johann Nikolaus〈18世紀〉
ドイツの作曲家。
⇒バロ（ティッシャー, ヨハン・ニコラウス　1707–1774.5.3）

Tisdale, William〈16世紀〉
イギリスの作曲家。
⇒バロ（ティズデイル, ウィリアム　1550頃?–1600頃）

Tisseran(d), Jean ⟨15世紀⟩
パリで活躍したフランシスコ会の修道士。
⇒新カト（ティスラン　?-1497頃）

Tissot, James Joseph Jacques ⟨19・20世紀⟩
フランスの画家, 版画家, 七宝作家。
⇒岩世人（ティソ　1836.10.15-1902.8.8）
　芸13（ティソ, ジェームズ　1836-1902）

Tisza István ⟨19・20世紀⟩
ハンガリーの政治家。ティサ K.の子。第1次世界大戦開戦時の首相。
⇒岩世人（ティサ　1861.4.22-1918.10.31）

Tisza Kálmán ⟨19・20世紀⟩
ハンガリーの政治家。オーストリア＝ハンガリー帝国のハンガリー王国首相（1875～90）。
⇒岩世人（ティサ　1830.12.16-1902.3.23）

Tit, Tom ⟨19・20世紀⟩
フランスのエッセイスト。
⇒19仏（トム・ティット　1853-1928）

Titchener, Edward Bradford ⟨19・20世紀⟩
アメリカの心理学者。構成心理学派の代表者。
⇒岩世人（ティチェナー　1867.1.11-1927.8.3）
　学叢思（ティチナー, エドワード・ブラッドフォード　1867-?）
　20思（ティチェナー, エドワード・ブラッドフォード　1867-1927）

Titelouze, Jehan ⟨16・17世紀⟩
フランスのオルガン音楽の創始者ともいえる重要な作曲家, オルガン奏者。
⇒バロ（ティトルーズ, ジャン　1562/1563頃-1633.10.24/25）
　新カト（ティトルーズ　1562頃-1633.10.24）

Tithōnos
ギリシア神話, トロイアの王子。
⇒岩世人（ティトノス）

Titinius ⟨前2世紀⟩
ローマの喜劇詩人。
⇒岩世人（ティティニウス）

Titos ⟨1世紀⟩
カトリックの聖人。使徒パウロの献身的協力者, 親友。
⇒岩世人（テトス）
　新カト（テトス）
　聖書（テトス）

Titsingh, Izaac ⟨18・19世紀⟩
オランダの外科医, 長崎出島のオランダ商館長。主著『日本人の結婚と葬儀』（22）など。
⇒岩世人（ティツィング〔慣ティチング〕　1744頃-1812.2.9）

Titu Cusi Yupanqui ⟨16世紀⟩
インカ帝国の統治者。在位1560～1571。
⇒世帝（ティトゥ・クシ　?-1571）

Titus ⟨4世紀⟩
ローマ帝国属州アラビア領内ボストラの司教。在職362～71。
⇒新カト（ティトゥス〔ボストラの〕　?-378以前）

Titus, John Franklin ⟨19・20世紀⟩
アメリカの大リーグ選手（外野）。
⇒メジャ（ジョン・タイタス　1876.2.21-1943.1.8）

Titus Flavius Vespasianus ⟨1世紀⟩
ローマ皇帝。在位79～81。
⇒岩世人（ティトゥス　39.12.30-81.12.13）
　新カト（ティトゥス　39.12.30-81.9.13）
　世帝（ティトゥス　39-81）
　ユ人（ティトス, フラビウス・ウェスパシアヌス　40頃-81）

Tiutchev, Fëdor Ivanovich ⟨19世紀⟩
ロシアの詩人。哲学詩, 恋愛詩, 風景詩のジャンルで新たな形式を生み出す。
⇒岩世人（チューッチェフ　1803.11.23-1873.7.15）
　広辞7（チュッチェフ　1803-1873）

Tixeront, Joseph ⟨19・20世紀⟩
フランスのカトリック神学者, 教父学者, シュルピス会士。
⇒新カト（ティクスロン　1856.3.19-1925.9.3）

Tiziano Vecellio ⟨15・16世紀⟩
イタリアの画家。ルネサンス期のベネチア派。作品『ペーザロ家の聖母』（19～26）など。
⇒岩世人（ティツィアーノ　1488(-1490)頃-1576.8.27）
　ネーム（ティツィアーノ　1477?-1576）
　広辞7（ティツィアーノ　1490頃-1576）
　学叢思（ティチアノ, ヴェチェリオ　1477-1576）
　新カト（ティツィアーノ　1490頃-1576.8.27）
　芸13（ティツィアーノ・ヴェチェリオ　1488-1490頃-1576）
　世人新（ティツィアーノ　1476/1477/1488/1490頃-1576）
　世人装（ティツィアーノ　1476/1477/1488/1490頃-1576）
　ポプ人（ティツィアーノ, ベチェリオ　1490?-1576）
　ルネ（ティツィアーノ　1485頃-1576）

Tizoc ⟨15世紀⟩
アステカ帝国の統治者。在位1481～1486。
⇒世帝（ティソク　?-1486）

Tkachëv, Pëtr Nikitich ⟨19世紀⟩
ロシアの革命家, ナロードニキの理論家。主著『ロシアにおける革命的宣伝の諸任務』（74）。
⇒岩世人（トカチョーフ　1844.6.29-1885.12.23）
　広辞7（トカチョーフ　1844-1886）

Tlēpolemos
ギリシア神話, ヘラクレスの子, ロドス島の王。

⇒岩世人（トレポレモス）
Tobias
サマリアからニネヴェに捕囚として送られた人物（旧約）。
⇒ネーム（トビア）
Tōbit〈前8世紀〉
トビト書の主人公。
⇒岩世人（トビト）
Tobler, Adolf〈19・20世紀〉
スイスの言語学者。ベルリン大学ロマンス語教授（1867）。
⇒岩世人（トープラー　1835.5.24–1910.3.18）
Tocco, Felice〈19・20世紀〉
イタリアの哲学者,哲学史家。カント主義者。
⇒岩世人（トッコ　1845.9.11–1911.6.6）
Toch, Maximilian〈19・20世紀〉
アメリカの塗料工学者。
⇒ユ著人（Toch, Maximilian　トッホ, マクシミリアン　1864–1946）
Tocqué, Louis〈17・18世紀〉
フランスの肖像画家。代表作『王女マリー・レスチンスカの肖像』（48）。
⇒芸13（トッケ, ルイ　1696–1772）
Tocqueville, Charles Alexis Henri Maurice Clérel de〈19世紀〉
フランスの歴史家,政治家。
⇒アメ新（トックビル　1805–1859）
　岩世人（トクヴィル　1805.7.29–1859.4.16）
　ネーム（トクヴィル　1805–1859）
　広辞7（トクヴィル　1805–1859）
　学叢思（ドゥ・トックヴィル, アレクシス・シャルル・アンリー・クレルル　1805–1859）
　新カト（トクヴィル　1805.7.29–1859.4.16）
　世人新（トクヴィル　1805–1859）
　世人装（トクヴィル　1805–1859）
Tod, James〈18・19世紀〉
イギリスのインド行政官。
⇒岩世人（トッド　1782.3.20/19–1835.11.17）
　南ア新（トッド　1782–1835）
Tōdar Mall, Rājā〈16世紀〉
インド,ムガル帝国アクバル大帝の行政官,軍人。「トーダル・マルの税率」を決定。
⇒岩世人（トーダル・マル　1523–1589.11.20）
　南ア新（トーダル・マル　?–1589）
Todd, Oliver Julian〈19・20世紀〉
アメリカの技師。
⇒アア歴（Todd, O(liver) J(ulian)　オリヴァー・ジュリアン・トッド　1880.11.1–1974.1.13）
Todelini, Jean Baptista〈16世紀〉
ハンガリーの作曲家。
⇒バロ（トデリーニ, ジャン・バティスタ　1510頃?–1560頃?）
Todesco, Luigi〈19・20世紀〉
イタリアの教会史家。
⇒新カト（トデスコ　1871.6.13–1938.2.9）
Todhunter, Isaac〈19世紀〉
イギリスの数学史家。数学教科書の作者。
⇒岩世人（トドハンター　1820.11.23–1884.3.1）
Toellner, Johann Gottlieb〈18世紀〉
ドイツの福音主義の神学者。
⇒新カト（テルナー　1724.12.9–1774.1.26）
Toepler, August〈19・20世紀〉
ドイツの物理学者。水銀空気ポンプや感応発電機を製作。
⇒岩世人（テプラー　1836.9.7–1912.3.6）
Toesca, Pietro〈19・20世紀〉
イタリアの美術史学者。イタリアの中世美術史に関して業績がある。
⇒岩世人（トエスカ　1877.7.12–1962.3.9）
Toëschi, Alessandro〈17・18世紀〉
イタリアの作曲家。
⇒バロ（トエスキ, アレッサンドロ　1700以前–1758.10.15）
Toëschi, Carlo Giuseppe〈18世紀〉
ドイツの作曲家。
⇒バロ（トエスキ, カルロ・ジュゼッペ　1731.11.11–1788.4.12）
Toγtaqu〈19・20世紀〉
モンゴルの軍人。
⇒岩世人（トグトホ　1863–1922）
Tögüs Temür〈14世紀〉
モンゴル,北元第2代の皇帝。在位1378～88。ウスハル・ハンと号し,長く明の政敵となる。
⇒岩世人（トグス・テムル　?–1388）
　世帝（トクズ・テムル・ハーン　（在位）1378–1388）
　学叢歴（脱古思帖木児　?–1387（洪武20.10））
Tohjaya〈13世紀〉
シンガサリ王国の王。
⇒世帝（トージャヤ　?–1248）
Toidze, Moisei Ivanovitch〈19・20世紀〉
ロシアの画家。
⇒芸13（トイージェ, モイセイ・イワノヴィッチ　1871–1940）
To Kabinana
メラネシアに伝わる兄弟の英雄で兄。
⇒ネーム（ト・カビナナ）
To' Kenali〈19・20世紀〉
マレー半島東岸でイスラーム教育に活躍したムラユ人ウラマー（イスラーム学者）。

Toktogha〈14世紀〉
中国、元朝末期の宰相。メルキト族の出身。
⇒岩世人（トクトゥガ（トクトア；トクタ）1314（延祐1）-1355（至正15））
中史（トクト　1312-1356）

Tolain, Henri〈19世紀〉
フランスの組合活動家，政治家。
⇒19仏（アンリ・トラン　1828.6.18-1897.5.3）

Toland, John〈17・18世紀〉
アイルランドの思想家。理神論の立場に立つ。主著『神秘的でないキリスト教』(96)。
⇒岩世人（トーランド　1670.11.30-1722.3.11）
学叢思（トーランド，ジョン　1670-1721）
新カト（トーランド　1670.11.30-1722.3.11）

Toledano, Jacob Moses〈19・20世紀〉
イスラエルのスファルディ系宗教指導者。
⇒ユ人（トレダノ，ヤコブ・モーセ　1880-1960）

Toledo, Francisco de〈16世紀〉
スペインの植民地行政官。混乱状態が続く植民地ペルーの第5代副王としてリマに赴任。
⇒岩世人（トレド　1515.7.10-1582.4.21）

Toledo (Tolet), Francisco de〈16世紀〉
スペインのイエズス会神学者。
⇒新カト（トレド　1532.10.4-1596.9.14）

Tolentino, Aurelio〈19・20世紀〉
フィリピンのタガログ語（後年のピリピノ語）の劇作家。
⇒岩世人（トレンティーノ　1867.10.13-1915.7.5）

Tolkāppiyar〈前2～後5世紀頃〉
インドのタミル語の文法家。文法書『トルハーピヤム』の作者。
⇒岩世人（トルハーピヤール）

Tollens, Hendrik〈18・19世紀〉
オランダの詩人。国民歌『ネーデルラントの血を受けしもの』(15)を作詩。
⇒岩世人（トレンス　1780.9.24-1856.10.21）

Tollett, Thomas〈17世紀〉
アイルランドの作曲家。
⇒バロ（トーレット，トマス　1640頃?-1696.9）

Tolomei, Bernardo〈13・14世紀〉
イタリアの聖人。祝日8月20日。修道会創立者。
⇒新カト（ベルナルド・トロメイ　1272.5.10-1348.8.20）

Tolstoi, Aleksei Konstantinovich〈19世紀〉
ロシアの小説家，劇作家，詩人。
⇒岩世人（トルストイ　1817.8.24-1875.9.28）
広辞7（トルストイ　1817-1875）

Tolstoi, Dmitrii Andreevich〈19世紀〉
ロシアの政治家。伯爵。文相(66～80)。
⇒岩世人（トルストイ　1823.3.1-1889.4.25）

Tolstoi, Lev Nikolaevich〈19・20世紀〉
ロシアの小説家，思想家。
⇒岩世人（トルストイ　1828.8.28-1910.11.7）
ネーム（トルストイ　1828-1945）
広辞7（トルストイ　1828-1910）
学叢思（トルストイ，レヨフ　1828-1910）
新カト（トルストイ　1828.8.28-1910.11.7）
世人新（トルストイ　1828-1910）
世人装（トルストイ　1828-1910）
世史語（トルストイ　1828-1910）
ポプ人（トルストイ，レフ　1828-1910）

Tolstoi, Pyotr Andreevich〈17・18世紀〉
ロシアの政治家，外交官。
⇒岩世人（トルストイ　1645-1729.1.30）

Tomaschek, Wilhelm〈19・20世紀〉
オーストリアの東洋学者，歴史地理学者。西南アジアの歴史地理を解明。
⇒岩世人（トマシェク　1841.5.26-1901.9.9）

Tomášek, Václav Jan〈18・19世紀〉
ボヘミアの作曲家，教師。
⇒ピ曲改（トマーシェク，ヴァーツラフ・ヤロミール　1774-1850）

Tomasi, Giovanni Battista〈17世紀〉
イタリアのオルガン奏者，官吏。
⇒バロ（トマージ，ジョヴァンニ・バッティスタ　1630頃?-1692）

Tomasi, Giuseppe Maria〈17・18世紀〉
イタリアの聖人。祝日1月1日。テアティニ修道会司祭，典礼学者，枢機卿。
⇒新カト（ジュゼッペ・マリア・トマジ　1649.9.12-1713.1.1）

Tomasini, Alois Luigi〈18・19世紀〉
イタリアのヴァイオリン奏者，作曲家。
⇒バロ（トマジーニ，アロイス・ルイージ　1741.6.22-1808.4.25）

Tomaso da Modena〈14世紀〉
イタリアの画家。
⇒芸13（トマソ・ダ・モデナ　1325-1326-1379頃）

Tomé, Narciso〈17・18世紀〉
スペインの建築家，彫刻家。トレドの聖堂の本祭壇を制作。
⇒岩世人（トメ　1694-1742.12.12）

Tomek, Václav Vladivoj〈19・20世紀〉
チェコスロヴァキアの歴史家。著『プラーハ市史』(12巻)，『ベーメン史概説』。
⇒岩世人（トメク　1818.5.31-1905.6.12）

Tomislav〈10世紀〉
クロアティア公。在位910頃～24頃。クロアティア王。在位924頃～28頃。
⇒世帝（トミスラヴ1世　?–928）

Tomkins, John〈16・17世紀〉
イギリスのオルガン奏者。
⇒バロ（トムキンズ, ジョン　1586–1638.9.27）

Tomkins, Nathaniel〈16・17世紀〉
イギリスのオルガン奏者, 聖職者, 参事会員。
⇒バロ（トムキンズ, ナサニエル　1599–1681.10.20）

Tomkins, Thomas I〈16・17世紀〉
イギリスの歌手, オルガン奏者, 聖職者。
⇒バロ（トムキンズ, トマス1世　1545–1627）

Tomkins, Thomas II〈16・17世紀〉
イギリスの作曲家, オルガン奏者。
⇒バロ（トムキンズ, トマス2世　1572–1656.6.9）

Tomlinson, Henry Major〈19・20世紀〉
イギリスの作家, 旅行家。作品『昨日のすべて』(30) など。
⇒岩世人（トムリンソン　1873.6.21–1958.2.5）

Tommaseo, Niccolò〈19世紀〉
イタリアの文学者。作品『信仰と美』(40) など。
⇒岩世人（トンマゼーオ　1802.10.9–1874.5.1）

Tommaso da Cori〈17・18世紀〉
イタリアの聖人, フランシスコ会員。祝日1月11日。コーリ生まれ。
⇒新カト（トンマーゾ・ダ・コーリ　1655.6.4–1729.1.11）

Tomskii, Mikhail Pavlovich〈19・20世紀〉
ソ連邦の政治家。全ソ連邦労働組合中央会議議長 (22) などを務めた。
⇒岩世人（トムスキー　1880.10.19/31–1936.8.22）
　学叢思（トムスキー, ミハイル　1880–?）

Tondi, Romulo〈17世紀〉
イタリアの作曲家。
⇒バロ（トンディ, ロムロ　1600頃?–1660頃?）

Tone, Theobald Wolfe〈18世紀〉
アイルランド独立運動者。連合アイルランド人協会を創立 (1791)。
⇒岩世人（トーン　1763.6.20–1798.11.19）

Tonekābonī, Muḥammad〈19世紀〉
イランの十二イマーム・シーア派の法学者, 伝記作者。
⇒岩世人（トゥネカーボニー　1819頃–1884頃）

Tonelli, Antonio〈17・18世紀〉
イタリアの音楽教師, オルガン奏者, チェロ奏者, 理論家。

⇒バロ（トネッリ, アントーニオ　1686.8.19–1765.12.25）

Toniolo, Giuseppe〈19・20世紀〉
イタリアの経済学者。
⇒岩世人（トニーオロ　1845.3.6–1918.10.7）
　新カト（トニーオロ　1845.3.7–1918.10.7）

Tonmi Sambhoṭa〈7世紀〉
チベットの学者。7世紀前半に活動。
⇒岩世人（トンミ・サンボータ）

Tönnies, Ferdinand〈19・20世紀〉
ドイツの社会学者。社会を自然的結合と人為的結合に分類した。
⇒岩世人（テニエス　1855.7.26–1936.4.9）
　ネーム（テンニエス　1855–1936）
　広辞7（テンニース　1855–1936）
　学叢思（テンニース, フェルディナント　1855–?）
　新カト（テニエス　1855.7.26–1936.4.9）
　メル3（テンニース〔テニエス〕, フェルディナント　1855–1936）

Tonstall, Cuthbert〈15・16世紀〉
イギリスの聖職者, 学者, 外交官。
⇒岩世人（タンスタル　1474–1559.11.18）
　新カト（タンスタル　1474–1559.11.18）

Tôn Thất Thuyết〈19・20世紀〉
ベトナムの反仏抵抗派の政治家。19世紀後半に活動した。
⇒岩世人（トン・タット・トゥエット　1839.5.1–1913.9.22）

Tooke, John Horne〈18・19世紀〉
イギリスの政治家, 言語学者。
⇒岩世人（トゥック　1736.6.25–1812.3.18）

Tooke, Thomas〈18・19世紀〉
イギリスの経済学者, 実業家。保護関税反対の「商人請願」(1819) の起草に関与。
⇒岩世人（トゥック　1774.2.22/28?–1858.2.26）
　学叢思（トゥック, トマス　1774–1858）

Tooker, Frederick Jagger〈19・20世紀〉
アメリカの医療宣教師。
⇒アア歴（Tooker,Frederick Jagger　フレデリック・ジャガー・トゥッカー　1871.12.20–1952.12.17）

Toorop, Jan〈19・20世紀〉
オランダの画家。
⇒岩世人（トーロップ　1858.12.20–1928.3.3）
　新カト（トーロップ　1858.12.20–1928.3.3）
　芸13（トーロップ, ヤン　1858–1928）

Topa Huallpa〈16世紀〉
インカ帝国の統治者。在位1533。
⇒世帝（トゥパック・ワルパ　?–1533）

Topa Inca〈15世紀〉
インカ帝国の統治者。在位1471～1493。

⇒世帝（トゥパック・インカ・ユパンキ　?–1493）

Topelius, Sakari〈19世紀〉
フィンランドの歴史学者,詩人,小説家,児童文学者。
⇒岩世人（トペリウス　1818.1.14–1898.3.12）
　ネーム（トペリウス　1818–1898）
　広辞7（トペリウス　1818–1898）
　ポプ人（トペリウス,サカリアス　1818–1898）

Topinard, Paul〈19・20世紀〉
フランスの人類学者。人体計測器を考案,鼻示数を定め,皮膚色による人種分類をした。
⇒岩世人（トピナール　1830.11.4–1911.12.20）

Toplady, Augustus Montague〈18世紀〉
イギリスの宗教家。フランスのカルヴァン派教会の牧師となった（75）。
⇒岩世人（トプレディ　1740.11.4–1778.8.11）
　新カト（トプレディ　1740.11.4–1778.8.11）

Toqtamish〈14・15世紀〉
キプチャク・ハン国の王。在位1380～95。チムールの援助で同国を再統一。
⇒岩世人（トクタミシュ　?–1406）
　学叢歴（トクタミシ）

Torelli, Gasparo I〈16・17世紀〉
イタリアの作曲家。
⇒バロ（トレッリ,ガスパロ1世　1550頃?–1613.5以降）

Torelli, Giuseppe〈17・18世紀〉
イタリアの作曲家,ヴァイオリン奏者。ヴァイオリンのソロ・コンチェルトの創始者の一人。
⇒バロ（トレッリ,ジュゼッペ　1658.4.22–1709.2.8）
　エデ（トレッリ(トレルリ),ジュゼッペ　1658.4.22–1709.2.8）
　新カト（トレリ　1658.4.22–1709.2.8）

Tornabuoni, Lucrezia〈15世紀〉
イタリアの詩人,ピエロ・デ・メディチの妻。
⇒ルネ（ルクレツィア・トルナブオーニ　1425–1482）

Torquatus〈1世紀〉
グアディスの初代司教。聖人。祝日5月1日。
⇒新カト（トルクアトゥス　1世紀）

Torquemada, Juan de〈14・15世紀〉
スペイン出身のドミニコ会士。枢機卿。中世後期の指導的な神学者の一人。教皇権強調の先駆者。
⇒新カト（トルケマダ　1388–1468.9.26）

Torquemada, Tomás de〈15世紀〉
スペインの神学者。全スペイン異端大審問官となり,苛酷,残忍な異端審問を行う。
⇒岩世人（トルケマダ　1420頃–1498.9.16）
　新カト（トルケマダ　1420–1498.9.16）
　ユ人（トルケマダ,トマス,デ　1420?–1498）

Torrejón y Velasco, Thomás de〈17・18世紀〉
スペインの作曲家。
⇒バロ（トレホン・イ・ベラスコ,トマス・デ　1644.12.23–1728.4.23）

Torrend, Jules〈19・20世紀〉
フランス人イエズス会員,アフリカへの宣教師。
⇒新カト（トラン　1861.10.4–1936.3.11）

Torrens, Robert〈18・19世紀〉
アイルランド生れのイギリスの軍人,政治家,経済学者。
⇒岩世人（トレンズ　1780–1864.5.27）
　学叢思（トーレンス,ロバート　1780–1864）

Torrentes, Andrés de〈16世紀〉
スペインの作曲家。
⇒バロ（トッレンテス,アンドレス・デ　1510頃–1580）
　バロ（トレンテス,アンドレス・デ　1510頃–1580.9.4）

Torres, Balthazar de〈16・17世紀〉
スペインの宣教師。
⇒新カト（トレス　1563.12.14–1626.6.20）

Torres, Cosme de〈15・16世紀〉
スペインのイエズス会司祭,日本布教長。1549年ザビエルとともに来日。
⇒岩世人（トルレス(トーレス)　1510–1570.10.2）
　ネーム（トルレス　1510–1570）
　新カト（トレス　1510–1570.10.2）

Torres, Francisco〈16世紀〉
宗教改革時代のスペインのカトリック神学者,イエズス会員。
⇒新カト（トレス　1509頃–1584.11.21）

Torres, Luis de〈15・16世紀〉
コロンブスのスペイン人の通訳。
⇒ユ著ム（Torres,Luis de　トーレス,ルイス・デ　15世紀–16世紀）

Torres, Luis Vaez de〈17世紀〉
スペインの航海者。トレス海峡を航行(1606)。
⇒岩世人（トーレス　1565頃–1607）
　オセ新（トレス　生没年不詳）

Torres García, Joaquín〈19・20世紀〉
ウルグアイの画家。
⇒岩世人（トーレス・ガルシア　1874.7.28–1949.8.8）
　ラテ新（トレス・ガルシア　1874–1949）

Torres Naharro, Bartolomé de〈15・16世紀〉
スペインの劇作家。教皇レオ10世の保護を受けた。
⇒岩世人（トーレス・ナアーロ　1485頃–1540頃）

Torres y Martínes Bravo, José de

〈17・18世紀〉
スペインの作曲家。
⇒バロ（トーレス・イ・マルティネス・ブラーボ, ホセ・デ　1665頃-1738.6.3）
バロ（ブラーボ, ホセ・デ・トーレス・イ・マルティネス　1665頃-1738.6.3）

Torrey, Joseph William〈19世紀〉
アメリカの商人。
⇒アア歴（Torrey,Joseph William　ジョゼフ・ウィリアム・トーリー　1828.4.22-1885.6.22）

Torri, Pietro〈17・18世紀〉
イタリアの作曲家。
⇒バロ（トッリ, ピエトロ　1650-1665頃-1737.7.5）

Torricelli, Evangelista〈17世紀〉
イタリアの物理学者。1643年トリチェリの真空をつくり, 44年液体についてのトリチェリの定理を発見。
⇒岩世人（トリチェリ　1608.10.15-1647.10.25）
広辞7（トリチェリ　1608-1647）
学叢思（トリチェリー　1608-1647）
物理（トリチェリ, エヴァンジェリスタ　1608-1647）
世数（トリチェリ, エヴァンジェリスタ　1608-1647）
ポブ人（トリチェリ, エバンジェリスタ　1608-1647）

Torrigiano, Pietro〈15・16世紀〉
イタリアの彫刻家。
⇒岩世人（トッリジャーノ　1472.11.24-1528.7.18）

T **Torrington, Arthur Herbert, Earl of**〈17・18世紀〉
イギリスの提督。1688年名誉革命でオラン二ェ公ウィレム上陸のための艦隊を指揮。
⇒岩世人（トリントン　1648-1716.4.13）

Torsellino（Torsellini）, Orazio〈16世紀〉
イタリアのイエズス会員。
⇒新カト（トルセリーノ（トルセリーニ）　1544.11-1599.4.6）

Torstensson, Lennart, Count of Ortala〈17世紀〉
スウェーデンの軍人。傑出した砲術家。1630年世界で最初に創設された砲兵連隊の連隊長となる。
⇒岩世人（トシテンソン　1603.8.17-1651.4.7）

Tory, Geoffroy〈15・16世紀〉
フランスの印刷家、書籍の装丁家、版画家。著書『シャンフルーリ』は古典的名著。
⇒岩世人（トリー　1480頃-1533）

Toscanelli, Paolo dal Pozzo〈14・15世紀〉
イタリアの天文学者, 医者。「西方航路」を支持し, コロンブスに影響を与えた。
⇒岩世人（トスカネッリ　1397-1482.5.10）
広辞7（トスカネリ　1397-1482）
世人新（トスカネリ　1397-1482）
世人装（トスカネリ　1397-1482）
世史語（トスカネリ　1397-1482）
ポブ人（トスカネッリ, パオロ・ダル・ポッツオ　1397-1482）

Toscanini, Arturo〈19・20世紀〉
イタリアの指揮者。1898年スカラ座の指揮者となる。
⇒岩世人（トスカニーニ　1867.3.25-1957.1.16）
オペラ（トスカニーニ, アルトゥーロ　1867-1957）
ネーム（トスカニーニ　1867-1958）
広辞7（トスカニーニ　1867-1957）
実音人（トスカニーニ, アルトゥーロ　1867-1957）
ポブ人（トスカニーニ, アルトゥーロ　1867-1957）

Tosi, Arturo〈19・20世紀〉
イタリアの画家。
⇒芸13（トシ, アルトゥロ　1871-1953）

Tosi, Giuseppe Felice〈17世紀〉
イタリアの作曲家。
⇒バロ（トージ, ジュゼッペ・フェリーチェ　1630頃-1693）

Tosi, Pier Francesco〈17・18世紀〉
イタリアのカストラート歌手。
⇒バロ（トージ, ピエール・フランチェスコ　1653-1732）
オペラ（トージ, ピエル・フランチェスコ　1654-1732）

Tosti, Francesco Paoro〈19・20世紀〉
イタリアの作曲家。イタリア歌曲を芸術歌曲の域に高めた。
⇒ネーム（トスティ　1846-1916）

Tostig, Earl of Northumbria〈11世紀〉
イギリス, アングロ・サクソン時代末期の貴族。ノーサンブリア伯。
⇒岩世人（トスティグ　?-1066.9.25）

Totila〈6世紀〉
イタリアの東ゴート王。在位541～52。
⇒岩世人（トティラ　?-552）

Totleben, Frants Eduard Ivanovich, Count〈19世紀〉
ロシアの将軍, 貴族。クリミヤ戦争, 露土戦争で活躍。
⇒岩世人（トートレーベン　1818.5.8-1884.6.19）
学叢歴（トトレーベン　1818-1884）

Touchemoulin, Giuseppe〈18世紀〉
フランスの作曲家。
⇒バロ（トゥシュムラン, ジュゼッペ　1710頃?-1770頃?）

Touchemoulin, Joseph〈18・19世紀〉
フランスのヴァイオリン奏者,作曲家。
⇒バロ (トゥシュムラン, ジョゼフ　1727–1801.10.25)

Toulet, Paul-Jean〈19・20世紀〉
フランスの詩人,小説家。
⇒岩世人 (トゥーレ　1867.6.5–1920.9.6)

Toulouse-Lautrec, Henri de〈19・20世紀〉
フランスの画家。モンマルトルの人々の姿を描写,ムーラン・ルージュのポスターも制作。
⇒岩世人 (トゥールーズ＝ロートレック　1864.11.24–1901.9.9)
　19仏 (アンリ・ド・トゥールーズ＝ロートレック　1864.11.24–1901.9.9)
　広辞7 (ロートレック　1864–1901)
　芸13 (ロートレック, トゥールーズ　1864–1901)
　世人新 (ロートレック　1864–1901)
　世人装 (ロートレック　1864–1901)
　ポプ人 (ロートレック, アンリ・ド・トゥールーズ　1864–1901)

Touré, Samory〈19世紀〉
アフリカの支配者,国家建設者。
⇒アフ新 (サモリ・トゥーレ　1830頃–1900)
　岩世人 (サモリ・トゥーレ　1830?–1900)
　世人新 (トゥーレ〈サモリ〉　1830頃–1900)
　世人装 (トゥーレ〈サモリ〉　1830頃–1900)
　世史語 (サモリ＝トゥーレ　1830頃–1900)
　ポプ人 (サモリ・トゥーレ　1830?–1900)

Tournefort, Joseph Pitton de〈17・18世紀〉
フランスの植物学者。パリ植物園教授(1683)。
⇒岩世人 (トゥルヌフォール　1656.6.5–1708.12.28)

Tournely, Honoré de〈17・18世紀〉
フランスのカトリック神学者。
⇒新カト (トゥルヌリ　1658.8.28–1729.12.26)

Tourneur, Cyril〈16・17世紀〉
イギリスの悲劇作家。恐怖悲劇『復讐者の悲劇』(07)と『無神論者の悲劇』(11)の作者。
⇒岩世人 (ターナー　1575頃–1626.2.28)

Tournon, Charles Thomas Maillard de〈17・18世紀〉
イタリア人の教皇庁枢機卿。クレメンス11世の特使として中国に渡った(05)。
⇒岩世人 (トゥルノン　1668.12.21–1710.6.8)
　新カト (トゥルノン　1668.12.21–1710.6.8)

Touront, Johannes〈15世紀〉
ボヘミアの作曲家。
⇒バロ (トゥロント, ヨハネス　1430頃?–1480頃)

Tourville, Anne Hilarion de Cotentin, Comte de〈17・18世紀〉
フランスの提督。1690年ビーチ岬沖海戦でイギリス＝オランダ連合艦隊を破る。
⇒岩世人 (トゥルヴィル　1642.11.24–1701.5.28)

Toussaint, Gustave Charles〈19・20世紀〉
フランスの東洋学者,司法官。上海フランス裁判所長などを務めた。
⇒岩世人 (トゥサン　1869–1938)

Toussaint L'Ouverture, François Dominique〈18・19世紀〉
ハイチの黒人奴隷解放者,将軍。大統領となり新政府を組織(01〜02)。
⇒岩世人 (トゥサン・ルヴェルテュール　1746.5.20?–1803.4.7)
　広辞7 (トゥッサン・ルーヴェルチュール　1743頃–1803)
　世人新 (トゥサン＝ルヴェルチュール　1743–1803)
　世人装 (トゥサン・ルヴェルチュール　1743–1803)
　世史語 (トゥサン・ルヴェルチュール　1743–1803)
　ポプ人 (トゥサン・ルベルチュール　1743–1803)
　ラテ新 (トゥサン・ルベルチュール　1743/1746–1803)

Toustain, Stephanus〈16世紀〉
フランスの作曲家。
⇒バロ (トゥスタン, ステファヌス　1540頃?–1590頃?)

Tout, Thomas Frederick〈19・20世紀〉
イギリスの歴史家。25年王立歴史学会会長。
⇒岩世人 (タウト　1855.9.28–1929.10.23)

To vang〈18・19世紀〉
モンゴルの政治家。
⇒岩世人 (ト・ワン　1797–1868)

Toviański, Andrzej〈18・19世紀〉
ポーランドの神秘思想家。メッシアニスムを説いた。
⇒岩世人 (トヴィアンスキ　1799.1.1–1878.5.13)

Townsend, Sir John Sealy Edward〈19・20世紀〉
イギリスの物理学者。電気素量の確立に貢献。
⇒岩世人 (タウンゼンド　1868.6.7–1957.2.16)
　物理 (タウンゼント, サー・ジョン・シーリー・エドワード　1868–1957)

Townsend, Joseph〈18・19世紀〉
イギリスの牧師。
⇒学叢思 (タウンセンド, ジョセフ　1739–1816)

Townsend, Robert〈18・19世紀〉
ニューヨーク市の商人。アメリカ独立戦争中にジョージ・ワシントンの下でスパイ活動を行なった。

⇒スパイ（タウンゼント, ロバート　1753-1838）

Townsend, Walter Davis〈19・20世紀〉
アメリカの実業家。
⇒アア歴（Townsend,Walter D (avis)　ウォルター・デイヴィス・タウンゼンド　1856.2.9-1918.3.10）

Townshend, Charles〈18世紀〉
イギリスの政治家。66年、W.ピット内閣の蔵相。
⇒岩世人（タウンゼンド　1725.8.27-1767.9.4）
　世人新（タウンゼント　1725-1767）
　世人装（タウンゼント　1725-1767）

Townshend, Charles, 2nd Viscount
〈17・18世紀〉
イギリスの政治家，農業経営専門家。ウォルポール内閣を補佐した。後年は農業技術改良に専心。
⇒岩世人（タウンゼンド　1674.4.18-1738.6.21）

Toynbee, Arnold〈19世紀〉
イギリスの経済学者、社会改良家。救貧法管理委員、協同組合委員として活躍。
⇒岩世人（トインビー　1852.8.23-1883.3.9）
　広辞7（トインビー　1852-1883）
　学叢思（トインビー、アーノルド　1852-1883）
　新カト（トインビー　1852.8.23-1883.3.9）
　世人新（トインビー〈アーノルド〉　1852-1883）
　世人装（トインビー〈アーノルド〉　1852-1883）

Tozzi, Antonio〈18・19世紀〉
イタリアの指揮者。
⇒バロ（トッツィ、アントーニオ　1736頃-1812以降）

Trabaci, Giovanni Maria〈16・17世紀〉
イタリアの作曲家、オルガン奏者。
⇒バロ（トラバーチ、ジョヴァンニ・マリア　1575頃-1647.12.31）

Tradenius, Paulus〈17世紀〉
オランダの台湾長官。台湾からスペイン人を駆逐。
⇒岩世人（トラデニウス　?-1643）

Traetta, Tommaso〈18世紀〉
イタリアの作曲家。エカテリーナ2世の宮廷作曲家となり、『アンティゴネ』を作曲。
⇒バロ（トラエッタ、トンマーゾ　1727.3.30-1779.4.6）
　オペラ（トラエッタ、トンマーゾ　1727-1779）

Traherne, Thomas〈17世紀〉
イギリスの詩人。死後『詩集』（1903）,『瞑想録』（08）が出る。
⇒岩世人（トラハーン　1637頃-1674.10.10（埋葬））

Trailokanat〈15世紀〉
タイ、アユタヤ朝のスワンブナーム王家第6代の王。在位1448〜88。
⇒岩世人（トライローカナート　1431-1488）
　世帝（ボーロマトライローカナート　1431-1488）

Trajanus（Marcus Ulpius Crinitus）
〈1・2世紀〉
ローマ皇帝。在位98〜117。五賢帝の一人。ダキアを征服。ローマ帝国の最大版図を現出。
⇒岩世人（トラヤヌス　53?.9.18-117.8.10?）
　広辞7（トラヤヌス　53-117）
　新カト（トラヤヌス　53.9.18-117.8.8）
　世人新（トラヤヌス　53-117）
　世人装（トラヤヌス　53-117）
　世史語（トラヤヌス帝　（在位）98-117）
　世帝（トラヤヌス　53-117）
　ポプ人（トラヤヌス帝　53?-117）
　皇人（トラヤヌス　（在位）98-117）
　学叢歴（トラヤヌス　56-117）

Tran Canh〈13世紀〉
ベトナム、陳朝の創始者。在位1225〜58。中国にならい科挙の制を実施。治世中に『大越史記』を編纂。諡号はチャン・タイ・トン（陳太宗）。
⇒岩世人（チャン・タイトン　1218-1277）
　世帝（太宗　たいそう　1218-1277）

Trận Hu'ng Ðạo〈13世紀〉
ベトナムの武将。陳国峻封爵名。13世紀末、元（モンゴル）侵略軍を駆逐。
⇒岩世人（チャン・フン・ダオ　1226-1300）
　世人新（チャン=フンダオ（陳興道）　ちんこうどう　1232頃-1300）
　世人装（チャン=フンダオ（陳興道）　ちんこうどう　1232頃-1300）

Tran Kham〈13・14世紀〉
ベトナム、陳朝第3代皇帝。在位1278〜93。仏教学者、詩人。諡号はチャン・ニャン・トン（陳仁宗）。号は竹林大士。
⇒岩世人（チャン・ニャントン　1258-1308）
　世帝（仁宗　じんそう　1257-1308）

Trận Nghệ Tông〈14世紀〉
ベトナムのチャン（陳）朝第9代皇帝。在位1370〜72。上皇。在位1372〜95。
⇒岩世人（チャン・ゲトン　1321-1395）
　世帝（芸宗　げいそう　1321-1395）

Trận Tự' Khánh〈12・13世紀〉
ベトナムのチャン（陳）朝の事実上の創始者。
⇒岩世人（チャン・トゥ・カイン　?-1223）

Trapp, Ernst Christian〈18・19世紀〉
ドイツの教育家。ハレ大学初の教育学教授（79）。
⇒岩世人（トラップ　1745.11.8-1818.4.18）

Trasak Phaem
カンボジアの伝説上の王。
⇒岩世人（トロソック・プアエム）

Traube, Ludwig〈19世紀〉
ドイツの医師。実験病理学、薬理学を研究。トラウベ波などに名を残す。
⇒岩世人（トラウベ　1818.1.12-1876.4.11）

ユ著人（Traube, Ludwig　トラウベ, ルードヴィヒ　1818–1876）

Traube, Ludwig〈19・20世紀〉
ドイツの古文書学者, 中世ラテン語学者。
⇒新カト（トラウベ　1861.6.19–1907.5.19）

Traube, Moritz〈19世紀〉
ドイツの化学者。トラウベの滴滴器を発明。
⇒岩世人（トラウベ　1826.2.12–1894.6.28）
ユ著人（Traube, Moritz　トラウベ, モーリッツ　1826–1894）

Traubel, Horace Logo〈19・20世紀〉
アメリカの詩人, ジャーナリスト, 社会主義者。マルクス主義の普及に努めた。
⇒岩世人（トラウベル　1858.12.19–1919.9.8）

Trautmann, Osker Paul〈19・20世紀〉
ドイツの外交官。神戸ドイツ総領事。
⇒岩世人（トラウトマン　1877.5.7–1950.12.10）

Trauttmansdorff, Maximilian von〈16・17世紀〉
オーストリアの政治家。1948年ウェストファリア条約の締結に参加。
⇒岩世人（トラウトマンスドルフ　1584.5.23–1650.6.8）

Travenol, Louis-Antoine〈18世紀〉
フランスのヴァイオリン奏者, 論説家。
⇒バロ（トラヴィノール, ルイ・アントワーヌ　1698/1708–1783）

Travers, John〈18世紀〉
イギリスの歌手, オルガン奏者。
⇒バロ（トラヴァース, ジョン　1703頃–1758.6）

Travers, Morris William〈19・20世紀〉
イギリスの化学者。1898年ネオン, クリプトン, キセノンなど不活性ガスを発見。
⇒岩世人（トラヴァーズ　1872.1.24–1961.8.25）

Travers, Walter〈16・17世紀〉
イギリスのピューリタン牧師。
⇒新カト（トラヴァーズ　1548頃–1635）

Traversari, Ambrogio〈14・15世紀〉
イタリアのカマルドリ会総長, 人文主義者。
⇒岩世人（トラヴェルサーリ　1386.9.19–1439.10.21）
新カト（トラヴェルサーリ　1386.9.16–1439.10.20）

Treat, Payson Jackson〈19・20世紀〉
アメリカの歴史家。日米外交史を専攻。
⇒岩世人（トリート　1879.11.12–1972.6.15）

Trebitsch-Lincoln, Ignatius Timothy〈19・20世紀〉
国際的なやま師。
⇒スパイ（トレビッチ, イグナッツ・ティモテウス　1879–?）
ユ著人（Trebitsch-Lincoln, Ignatius Timothy　トレヴィッチ＝リンカーン, イグナティウス・ティモシイ　1879–1943）

Trébois, Jean-François〈19世紀〉
フランスのジャーナリスト, 政治家。
⇒19仏（ジャン＝フランソワ・トレボワ　1835.4.25–?）

Trébor〈14・15世紀〉
フランスの作曲家。
⇒バロ（トレボール, ?　1360頃?–1410）

Trediakovskii, Vasilii Kirillovich〈18世紀〉
ロシアの詩人。初期古典主義文学の代表者。
⇒岩世人（トレジアコフスキー　1703.2.22–1768.8.6）

Tree, Sir Herbert Draper Beerbohm〈19・20世紀〉
イギリスの俳優, 劇場支配人。演劇学校も開設し, 王立演劇アカデミーの基礎を築く。
⇒岩世人（トリー　1853.12.17–1917.7.2）

Trefilova, Vera〈19・20世紀〉
ロシアのダンサー, 教師。
⇒バレエ（トレフィロワ, ヴェーラ　1875.10.8–1943.7.11）

Tregelles, Samuel Prideaux〈19世紀〉
イギリスの新約聖書文献学者。『イギリス人のための新約ギリシア語索引』（39）などを著す。
⇒岩世人（トレゲリス　1813.1.30–1875.4.24）

Tregian, Francis〈16・17世紀〉
イギリスの作曲家。
⇒バロ（トレギアン, フランシス　1574–1619）

Treiber, Johann Friedrich〈17・18世紀〉
ドイツの教師, 著述家。
⇒バロ（トライバー, ヨハン・フリードリヒ　1642.8.21–1719.4.15）

Treiber, Johann Philipp〈17・18世紀〉
ドイツの教育者, 理論家, 著述家。
⇒バロ（トライバー, ヨハン・フィリップ　1675.2.26–1727.8.9）

Treilhard, Jean Baptiste Comte〈18・19世紀〉
フランスの法律学者, 政治家。革命期に「聖職者市民憲法」の作成に参加。『ナポレオン法典』編纂者の一人。
⇒岩世人（トレヤール　1742.1.3–1810.12.1）

Treitschke, Heinrich von〈19世紀〉
ドイツの歴史家。小ドイツ主義にたち, 『プロシア年鑑』を編集。
⇒岩世人（トライチュケ　1834.9.15–1896.4.28）
広辞7（トライチュケ　1834–1896）

学叢思（トレイチケ，ハインリヒ・ゴットハルト・フォン　1834–1896）
新カト（トライチュケ　1834.9.15–1896.4.28）

Trelawny, Edward John〈18・19世紀〉
イギリスの冒険家。海洋小説『弟息子の冒険』(31)の作者。
⇒岩世人（トリローニー　1792.11.13–1881.8.13）

Trembley, Abraham〈17・18世紀〉
スイスの博物学者。淡水ポリプを研究。
⇒岩世人（トレンブレー　1700.9.3–1784.5.12）

Trench, Richard Chenevix〈19世紀〉
イギリスの詩人，神学者。ソネット，抒情詩，讃美歌の作品がある。
⇒岩世人（トレンチ　1807.7.9–1886.3.29）

Trenck, Franz von der〈17・18世紀〉
オーストリア？の作曲家。
⇒バロ（トレンク，フランツ・フォン・デア　1680頃?–1740頃?）

Trendelenburg, Friedrich〈19・20世紀〉
ドイツの外科医。F.A.トレンデンブルクの子。
⇒岩世人（トレンデレンブルク　1844.5.24–1924.12.15）

Trendelenburg, Friedrich Adolf〈19世紀〉
ドイツの哲学者。主著『アリストテレス論理学の基本』(36)。
⇒岩世人（トレンデレンブルク　1802.11.30–1872.1.24）
学叢思（トレンデレンブルヒ，フリードリヒ・アドルフ　1802–1872）
新カト（トレンデレンブルク　1802.11.30–1872.1.24）

Trender, Vork〈16・17世紀〉
ドイツ？の作曲家。
⇒バロ（トレンダー，フォーク　1560頃?–1610頃?）

Trenggana〈16世紀〉
ジャワのドゥマック王国の第3代王。在位1505頃～18頃,1521～46頃。
⇒岩世人（トルンガナ　(在位)1505頃–1518頃,1521–1546頃）

Trepov, Dimitrii Fëdorovich〈19・20世紀〉
ロシアの将軍。1905年ペテルブルク県知事として10月ゼネストを弾圧。
⇒岩世人（トレーポフ　1855.12.2–1906.9.2）

Treschow, Niels〈18・19世紀〉
ノルウェーの哲学者。進化論哲学を展開。主著『カント哲学講義』(98)。
⇒岩世人（トレスコウ　1751.9.5–1833.9.22）

Tretyakov, Pavel Mikhailovich〈19世紀〉
ロシアの美術収集家。ロシア写実主義の画家グループ〈移動展覧派〉を支援，その発展に貢献。
⇒岩世人（トレチャコーフ　1832.12.15–1898.12.4）

Trevelyan, *Sir* Charles Philips, 3rd Baronet〈19・20世紀〉
イギリスの政治家。
⇒岩世人（トレヴェリアン　1870.10.28–1958.1.24）

Trevelyan, George Macaulay〈19・20世紀〉
イギリスの歴史家。イギリスの近,現代史専門。主著『イギリス史』(26)。
⇒岩世人（トレヴェリアン　1876.2.16–1962.7.21）
ネーム（トレベリアン　1876–1962）

Trevelyan, *Sir* George Otto〈19・20世紀〉
イギリスの歴史家,政治家。おじを描いた『マコーレー伝』(76)は，イギリス伝記文学の代表的傑作。
⇒岩世人（トレヴェリアン　1838.7.20–1928.8.17）

Treviranus, Gottfried Reinhold〈18・19世紀〉
ドイツの医師,博物学者。Biologie（生物学）という語の創始者とされる。
⇒岩世人（トレヴィラーヌス　1776.2.4–1837.2.16）

Trevithick, Richard〈18・19世紀〉
イギリスの技術家，発明家。1804年世界初の実用的蒸気機関車の試作，試運転に成功。
⇒岩世人（トレヴィシク　1771.4.13–1833.4.22）
ネーム（トレヴィシック　1771–1833）
広辞7（トレヴィシック　1771–1833）
世人新（トレヴィシック　1771–1833）
世人装（トレヴィシック　1771–1833）
ポプ人（トレビシック,リチャード　1771–1833）

Trial, Jean-Claude〈18世紀〉
フランスのヴァイオリン奏者。
⇒バロ（トリアル,ジャン・クロード　1732.12.13–1771.6.23）

Triana, Juan de〈15世紀〉
スペインの作曲家,聖職者。
⇒バロ（トリアーナ,フアン・デ　1430頃?–1490頃?）

Tribarren, Juan Francisco〈18世紀〉
スペインの作曲家。
⇒バロ（トリバレン,フアン・フランシスコ　1740頃?–1800頃?）

Tribhuvanādityavarman〈12世紀〉
クメール王国（アンコール朝）の統治者。在位1165～1177。
⇒世帝（トリブヴァナーディティアヴァルマン　?–1177）

Tribhuwanā Wijayottungga Dewi〈14

世紀〉
ジャワのマジャパヒト王国の摂政。在職1328～50。
⇒岩世人（トリブワナー）
世帝（トリブヴァーナ　（在位）1328-1350）

Tribonianus〈5・6世紀〉
ビザンチンの法学者。『ローマ法大全』を編集。
⇒岩世人（トリボニアヌス　?-541-543）
　世人新（トリボニアヌス　?-542/545/546）
　世人装（トリボニアヌス　?-542/545/546）
　世史語（トリボニアヌス　?-542頃）
　ポプ人（トリボニアヌス　?-545?）

Tricarico, Giuseppe〈17世紀〉
イタリアの作曲家。
⇒バロ（トリカリーコ, ジュゼッペ　1623.6.25-1697.11.14）

Triepel, Heinrich〈19・20世紀〉
ドイツの法律家。国際法学において実証主義法学の先駆者とされる。
⇒岩世人（トリーペル　1868.1.12-1946.11.23）

Triệu Quang Phục〈6世紀〉
ベトナムの民族闘士。6世紀中期における中国梁軍の侵攻を防いだ英雄。
⇒岩世人（チエウ・クアン・フック）

Trigault, Nicolas〈16・17世紀〉
フランスのイエズス会士。南京, 杭州, 北京等で伝道。
⇒岩世人（トリゴー　1577.3.3-1628.11.14）
　新カト（トリゴー　1577.3.3-1628.11.14）

Trikoupis, Kharilaos〈19世紀〉
ギリシアの政治家。
⇒岩世人（トリクピス　1832.7.11-1896.3.30）

Trikoupis, Spyridion〈18・19世紀〉
ギリシアの政治家, 歴史家。首相(32), 外相, 文相などを歴任, 主著『ギシリア革命史』(53～57)。
⇒岩世人（トリクピス　1788.4-1873.2.12）

Trimberg, Süßkind von〈13世紀〉
ドイツの作曲家。史上初の西ヨーロッパ音楽への同化音楽家の一人。吟遊詩人。
⇒ユ著人（Trimberg, Süßkind von　トリムベルク, ズュースキント・フォン　1200?-1250）

Trimouillat, Pierre〈19・20世紀〉
フランスのシャンソニエ。
⇒19仏（ピエール・トリムイヤ　1858-1929.1.5）

Trinchera, Pietro〈18世紀〉
イタリアの台本作家, 興行主。
⇒オペラ（トゥリンケーラ, ピエートロ　1702-1755）

Trịnh Hoai Duc〈18・19世紀〉
ベトナム阮朝初期の詩人, 中国系ベトナム人で号は艮斎。歴史地理的著作『嘉定城通志』など。
⇒岩世人（チン・ホアイ・ドゥック　1765-1825）

Trịnh Kiểm〈16世紀〉
ベトナム, レー（黎）朝中興を指揮した武将。
⇒岩世人（チン・キエム　?-1570）

Trịnh Tùng〈17世紀〉
ベトナム黎朝の政治家。権臣鄭検の子。父の没後黎朝の実権を掌握し, 専横の限りをつくした。
⇒岩世人（チン・トゥン　?-1623）

Triphiodōros〈3・4世紀〉
古代ギリシアの叙事詩人。『トロイア陥落』『マラトン物語』などを著したが散逸。
⇒岩世人（トリフィオドロス（トリュフィオドロス））

Triptolemos
ギリシア神話のエレウシースの王ケレオスとメタネイラの子。
⇒岩世人（トリプトレモス）

Trissino, Gian Giorgio〈15・16世紀〉
イタリアの文学者。主著に言語論『カステラーノ』(29)。
⇒岩世人（トリッシノ　1478.7.8-1550.12.8）

Tristan
ケルト族の伝承を淵源とし, 中世ヨーロッパに流布した伝説的恋愛物語の主人公。
⇒岩世人（トリスタンとイゾルデ）
　ネーム（トリスタン）

Tristan l'Hermite, François〈17世紀〉
フランスの詩人, 劇作家。悲劇『マリアンヌ』(36)や,『セネカの死』(45)などの作者。
⇒岩世人（トリスタン・レルミット　1601-1655.9.7）

Tritheim, Johannes〈15・16世紀〉
ドイツの人文学者, 聖職者。
⇒岩世人（トリテミウス　1462.2.1-1516.12.13）
　新カト（トリテミウス　1462.2.1-1516.12.13）
　スパイ（トリテミウス, ヨハンネス　1462-1516）

Tritonius, Petrus〈15・16世紀〉
オーストリアの作曲家, 学者。
⇒バロ（トリトニウス, ペートルス　1465頃-1525頃）

tri tsun〈7世紀〉
チベットのソンツェンガムポ王の妃。
⇒岩世人（ティツゥン　（活動）7世紀）

Tritto, Giacomo〈18・19世紀〉
イタリアの作曲家。
⇒バロ（トリット, ジャコーモ　1733.4.2-1824.9.16-17）

Trivatli
セイロン島の学僧。
⇒学叢思（ツリヴツリ）

Trochu, Louis Jules〈19世紀〉
フランスの将軍。1870年第3共和制下の国防政府首席。
⇒岩世人（トロシュ　1815.3.12–1896.10.7）

Troelstra, Pieter Jelles〈19・20世紀〉
オランダの政治家。社会民主労働党（現労働党）を結成。
⇒岩世人（トルールストラ　1860.4.20–1930.5.12）

Troeltsch, Ernst〈19・20世紀〉
ドイツのプロテスタント神学者, 歴史哲学者。宗教史学派から歴史主義に到り, 宗教社会学の分野にも貢献。
⇒岩世人（トレルチ　1865.2.17–1923.2.1）
　ネーム（トレルチ　1865–1923）
　広辞7（トレルチ　1865–1923）
　学叢思（トレルチ, エルンスト　1865–1923）
　新カト（トレルチ　1865.2.17–1923.2.1）
　20思（トレルチ, エルンスト　1865–1923）
　メル3（トレルチ, エルンスト　1865–1923）

Troestra〈19・20世紀〉
オランダの社会主義者, 教育家。
⇒学叢思（トロエストラ　1860–?）

Troger, Paul〈17・18世紀〉
オーストリアの画家。オーストリアのロココ絵画の発展に寄与。
⇒岩世人（トローガー　1698.10.30–1762.9.20）
　芸13（トロガー, パウル　1698–1762）

Trogus, Gnaeus Pompeius〈1・2世紀〉
ローマの歴史家。主著『フィリッポス世界史』。
⇒岩世人（ポンペイウス・トログス）

Troiano, Massimo〈16世紀〉
イタリアの作曲家。
⇒バロ（トロイアーノ, マッシモ　1520頃?–1570以降）

Troilos
ギリシア神話, トロイアのプリアモス王とヘカベとの息子。
⇒岩世人（トロイロス）

Trollope, Anthony〈19世紀〉
イギリスの小説家。連作小説『バーセットシャー物語』（'55～67）で流行作家となる。
⇒岩世人（トロロプ　1815.4.24–1882.12.6）
　広辞7（トロロープ　1815–1882）

Trombetti, Alfredo〈19・20世紀〉
イタリアの言語学者。
⇒岩世人（トロンベッティ　1866.1.6–1929.7.5）

Trombetti, Ascanio〈16世紀〉
イタリアの作曲家。
⇒バロ（トロンベッティ, アスカニオ　1544.11.27–1590.9.20/21）

Tromboncino, Bartolomeo〈15・16世紀〉
イタリアの作曲家。フロットラ作曲家。
⇒バロ（トロンボンチーノ, バルトロメオ　1470頃–1535以降）

Tromlitz, Johann Georg〈18・19世紀〉
ドイツのフルート奏者。
⇒バロ（トロムリツ, ヨハン・ゲオルク　1725.11.8–1805.2.4）

Tromp, Cornelis〈17世紀〉
オランダの提督。1673年イギリスとフランスの連合艦隊を破る。
⇒岩世人（トロンプ　1629.9.9–1691.5.29）

Tromp, Mearten Harpertszoon〈16・17世紀〉
オランダの提督。1652年イギリス艦隊と衝突, 第1次イギリス＝オランダ戦争を招く。
⇒岩世人（トロンプ　1598.4.23–1653.8.10）

Tronson, Louis〈17世紀〉
サン・スルピス司祭会の第3代総会長。
⇒新カト（トロンソン　1622.1.17–1700.2.26）

Troost, Cornelis〈17・18世紀〉
オランダの画家, 版画家。
⇒岩世人（トロースト　1696.10.8–1750.3.7）

Trophima
聖人。祝日6月2日。
⇒新カト（トロフィマ）

Trophimos〈3世紀〉
聖人, 殉教者。祝日9月19日。
⇒新カト（トロフィモス, ドリュメドンとサッバティオス　?–277頃）

Trophimus
エフェソの出身の異邦人キリスト教徒。
⇒岩世人（トロフィモ）
　聖書（トロフィモ）

Tropinin, Vasilii Andreevich〈18・19世紀〉
ロシアの画家。作品『プーシキン像』など。
⇒芸13（トロピーニン, ヴァシリー・アンドレーヴィッチ　1776–1857）

Trōs
ギリシア神話, トロイアの王。
⇒岩世人（トロス）

Trota〈12世紀〉
イタリアの医学者, 婦人科学者。
⇒岩世人（トロタ（サレルノの））

Trotskii, Lev Davidovich〈19・20世紀〉
ロシアの革命家。10月革命の指導者の一人。
⇒岩世人（トロツキー　1879.10.26/11.7–1940.8.21）
　ネーム（トロツキー　1879–1940）

広辞7 (トロツキー 1879–1940)
学叢思 (トロツキー, レオン 1877–?)
世人新 (トロツキー 1879–1940)
世人装 (トロツキー 1879–1940)
世史語 (トロツキー 1879–1940)
世史語 (トロツキー 1879–1940)
20思 (トロツキー, レオン 1879–1940)
ポプ人 (トロツキー, レフ 1879–1940)
ユ人 (トロツキー, レオン（レブ・ダビドビチ・ブロンシュタイン） 1879–1940)
ユ著人 (Trotskii,Leo トロツキー, レオ 1877–1940)

Trotzendorf, Valentin〈15・16世紀〉
ドイツの教育家, プロテスタント系人文主義者。助教法の開拓者。
⇒岩世人 (トロッツェンドルフ 1490.2.14–1556.4.26)

Trousseau, Armand〈19世紀〉
フランスの医者。喉頭結核に関する研究者。
⇒岩世人 (トルソー 1801.10.14–1867.6.27)

Troxler, Ignaz Paul Vital〈18・19世紀〉
スイスの哲学者, 医者。シェリングの影響をうけた。
⇒岩世人 (トロクスラー 1780.8.17–1866.3.6)

Troy, François de〈17・18世紀〉
フランスの画家。肖像画家として知られた。
⇒岩世人 (トロワ 1645.2–1730.5.1)

Troyon, Constant〈19世紀〉
フランスの画家。代表作『仕事に出てゆく牡牛の群れ』(55) など。
⇒岩世人 (トロワイヨン 1810.8.28–1865.3.20)
芸13 (トロワイヨン, コンスタンタン 1810–1865)

Trpimir II〈10世紀〉
クロアチア王国の王。
⇒世帝 (トルピミル2世 ?–935)

Trubar, Primož〈16世紀〉
スロヴァキアの聖職者, 文学者。スロヴァキア人の間に宗教改革を普及させた。
⇒岩世人 (トルーバル 1508.6.9–1586.6.28)
新カト (トルーバル 1508.6.8–1586.6.29)

Trubetskoi, Evgenii Nikolaevich〈19・20世紀〉
ロシアの哲学者, 政治家。侯爵。S.P.トルベツコイの弟。
⇒岩世人 (トルベツコイ 1863.9.23/10.5–1920.1.23)

Trubetskoi, Paul Knyaz〈19・20世紀〉
ロシアの彫刻家, 古い貴族の出身。パリの国際展覧会大賞受賞 (1900)。
⇒岩世人 (トルベツコイ 1866.2.15–1938.2.12)

Trubetskoi, Sergei Petrovich〈19・20世紀〉
ロシアの哲学者, 政治家。モスクワ大学総長。
⇒岩世人 (トルベツコイ 1862.7.23–1905.9.29)

Trübner, Wilhelm〈19・20世紀〉
ドイツの印象派画家。肖像画, 風景画を描いた。
⇒岩世人 (トリューブナー 1851.2.3–1917.12.21)
芸13 (トリュブナー, ヴィルヘルム 1851–1917)

Truchseß von Waldburg, Otto〈16世紀〉
ドイツのカトリック改革指導者。
⇒新カト (トルフゼス・フォン・ヴァルトブルク 1514.2.25–1573.4.2)

Trudeau, Edward Livingston〈19・20世紀〉
アメリカの医師。結核研究の先駆者。サナトリウムを開設し, アメリカ初の外気自然療法を実施。
⇒岩世人 (トルードー 1848.10.5–1915.11.15)

Trudo〈7世紀〉
ベネディクト会修道院長。聖人。祝日11月23日。ベルギー, ブラバント地方のエスベの守護聖人。
⇒新カト (トルド ?–695頃)
図聖 (トルード（ハスペンホイの） 630頃–695頃)

Trudpert〈7世紀〉
ドイツの隠修士。聖人。祝日4月26日。
⇒新カト (トルドベルト ?–643頃)
図聖 (トルートベルト ?–607)

Trueba, Antonio de〈19世紀〉
スペインの詩人, 作家。詩集 "Libro de los cantares" (52) を発表。
⇒岩世人 (トルエバ 1819.12.24–1889.3.10)

Trumbić, Ante〈19・20世紀〉
クロアチアの政治家。
⇒岩世人 (トルムビッチ 1864.5.5/17–1938.11.17)

Trumbull, John〈18・19世紀〉
アメリカの詩人, 法律家。
⇒岩世人 (トランブル 1750.4.24–1831.5.11)

Trumpeldor, Joseph〈19・20世紀〉
シオニズム運動家。17年ヘハルツ（開拓者）運動を起こす。
⇒ユ人 (トルンペルドール, ヨセフ 1880–1920)
ユ著人 (Trumpeldor,Joseph トゥルンペルドール, ヨセフ 1880–1920)

Trunojoyo〈17世紀〉
インドネシアのマタラム・イスラム王国に対する反乱指導者。マドゥラ島の王子。
⇒岩世人 (トルノジョヨ 1649?–1680)

Truong Dinh〈19世紀〉
ベトナムのグエン王朝の官吏, 抗仏ゲリラ戦指導者。

truon

⇒岩世人（チュオン・ディン　1820–1864）

Tru'o'ng Vĩnh Ký〈19世紀〉
ベトナムの文人，啓蒙思想家。
⇒岩世人（チュオン・ヴィン・キー　1837–1898.9.1）

Truro, Judah〈18・19世紀〉
アメリカの実業家。篤志家。
⇒ユ著人（Truro, Judah　ツーロ，ジュダー　1775–1854）

Truth, Sojourner〈18・19世紀〉
アメリカの福音伝道者，奴隷制度廃止論者，フェミニスト，改革者。
⇒岩世人（トルース　1797–1883.11.26）

Tryphon〈3世紀頃〉
聖人，殉教者。祝日2月1日。
⇒新カト（トリュフォン　3世紀頃?）

Tryphon (Diodotus)〈前2世紀〉
セレウコス王朝の統治者。
⇒世帝（ディオドトス・トリュフォン　前140?–前138）

Tsaldaris, Panagis〈19・20世紀〉
ギリシアの政治家。
⇒岩世人（ツァルザリス　1868–1936.5.17）

tsangpa gyare〈12・13世紀〉
チベット仏教ドゥクパ・カギュ派の開祖。
⇒岩世人（ツァンパ・ギャレー　1161–1211）

Tsankov, Aleksandǎr〈19・20世紀〉
ブルガリアの政治家。
⇒岩世人（ツァンコフ　1879.6.29/7.11–1959.7.27）

Tsankov, Dragan〈19・20世紀〉
ブルガリアの政治家。
⇒岩世人（ツァンコフ　1828.10.28–1911.3.11）

Tschermak von Seysenegg, Erich〈19・20世紀〉
オーストリアの植物学者。G.チェルマクの子。
⇒岩世人（チェルマク　1871.11.15–1962.10.15）
　ネーム（チェルマク　1871–1962）

Tschermak von Seysenegg, Gustav〈19・20世紀〉
オーストリアの岩石学者，鉱物学者。
⇒岩世人（チェルマク　1836.4.19–1927.5.4）

Tschernichowsky, Saul〈19・20世紀〉
ヘブライ詩人，南ロシアのミハイロフスカ生まれ。
⇒ユ人（チェルニコフスキー，サウル　1875–1943）
　ユ著人（Tchernichowsky, Saul Gutmanovich　チェルニコウスキー，サウル・グートマノヴィチ　1875–1943）

Tschirnhaus, Ehre〈17・18世紀〉
ドイツの哲学者，数学者，科学者。主著『精神の医学』(87)。
⇒岩世人（チルンハウゼン　1651.4.10–1708.10.11）
　学叢思（チルンハウゼン，エーレンフリート・ヴァテル・フォン　1651–1708）
　世数（チルンハウゼン（またはチルンハウス），エーレンフリート・ヴァルター・フォン　1651–1708）

Tschlenow, Yehiel〈19・20世紀〉
ロシアのシオニスト指導者，医者。
⇒ユ人（チシレノフ，エヒエル　1863–1918）

Tschudi, Aegidius Gilg von〈16世紀〉
スイスの歴史家。史料と伝説を収集し，史実と説話の混合したスイス史を著した。
⇒岩世人（チューディ　1505.2.5–1572.2.28）

Tschudi, Hugo von〈19・20世紀〉
スイスの美術史家。ベルリンの国立美術館館長。
⇒岩世人（チューディ　1851.2.7–1911.11.26）

Tsering〈18世紀〉
外モンゴル（ハルハ）の貴族。
⇒岩世人（ツェリン　?–1750.3.23（乾隆15.2.16））

Tsewang Araptan〈17・18世紀〉
ジュンガル・ハン国の第5代ハン。在位1697～1727。姓，チョロス。
⇒岩世人（ツェワンラブタン　1663?–1727）
　学叢歴（策妄阿拉布垣　?–1727（清・雍正5））

Tsewangdorji Namjil〈18世紀〉
ジュンガル（ジュンガル・ハン国）の君主。
⇒岩世人（ツェワンドルジ・ナムジャル　1733?–1750）

tshe ring don grub〈18世紀〉
モンゴル（ジュンガル）の軍人。
⇒岩世人（ツェリントンドゥプ）

Tsiolkovskii, Konstantin Eduardovich〈19・20世紀〉
ロシア，ソ連の物理学者。宇宙旅行の可能性を論じた理論は液体燃料によるロケットを生んだ。
⇒岩世人（ツィオルコフスキー　1857.9.5/17–1935.9.19）
　広辞7（ツィオルコフスキー　1857–1935）
　ポプ人（ツィオルコフスキー，コンスタンティン　1857–1935）

Tsiurupa, A.D.〈19・20世紀〉
ソ連の政治家，農業家，統計家。
⇒学叢思（ツユルパ　1870–?）

Tsoṅ-Kha-pa〈14・15世紀〉
チベット黄帽派（ゲルクパ派）ラマ教の開祖。
⇒岩世人（ツォンカパ・ロサンタクパ　1357–1419）
　ネーム（ツォンカパ　1357–1419）
　広辞7（ツォンカパ　1357–1419）

世人新（ツォンカパ　1357-1419）
世人装（ツォンカパ　1357-1419）
世史語（ツォンカパ　1357-1419）
ボブ人（ツォンカパ　1357-1419）
学叢歴（宗喀巴　1427（永楽15）-1479（成化15））

Tsountas, Chrestos〈19・20世紀〉
ギリシアの考古学者。シュリーマンのあとを継ぎ、ミケーネの遺跡発掘を行った。
⇒岩世人（ツンタス　1857-1934.6.9）

Tuaillon, Louis〈19・20世紀〉
ドイツの彫刻家。
⇒芸13（テュアイロン、ルイス　1862-1919）

Tuason, Joaquin (Enriquez)〈19・20世紀〉
フィリピンの翻訳家、詩人。
⇒岩世人（トゥアソン　1843.8.19-1908.9.27）

Tuberville, Sir Thomas〈13世紀〉
スパイとしてフランス国王フィリップ4世に仕えたイングランドの騎士。
⇒スパイ（タバーヴィル、サー・トーマス）

Tubman, Harriet〈19・20世紀〉
アメリカの女性奴隷廃止論者。奴隷逃亡を援助し、「モーセ」とあだ名された。
⇒スパイ（タブマン、ハリエット　1821?-1913）

Tuccaro, Arcangelo〈16・17世紀〉
イタリア生まれの曲芸師、詩人。
⇒ルネ（アルカンジェロ・トゥッカーロ　1535頃-1602）

Tucker, Abraham〈18世紀〉
イギリスの倫理学者。功利主義の立場をとった。
⇒岩世人（タッカー　1705.9.2-1774.11.20）

Tucker, Benjamin Ricketson〈19・20世紀〉
アメリカの無政府主義者。
⇒岩世人（タッカー　1854.4.14-1939.6.22）
学叢思（タッカー、ベンジャミン　1854-?）

Tucker, Henry St.George〈19・20世紀〉
アメリカの聖公会宣教師。立教学院総理、立教大学を創立。
⇒アア歴（Tucker,Henry St.George　ヘンリー・セント・ジョージ・タッカー　1874.7.16-1959.8.8）
岩世人（タッカー　1874.7.16-1959.8.8）

Tucker, Josiah〈18世紀〉
イギリスの牧師、経済学者。自由貿易論の信奉者。
⇒岩世人（タッカー　1712-1799.11.4）
学叢思（タッカー、ジョシア　1711-1799）

Tucker, St.George〈18・19世紀〉
アメリカの法律家。

⇒岩世人（タッカー　1752.7.10-1827.11.10）

Tucker, Thomas Joseph〈19・20世紀〉
アメリカの大リーグ選手（一塁）。
⇒メジャ（トミー・タッカー　1863.10.28-1935.10.22）

Tucker, William〈17世紀〉
イギリスの作曲家。
⇒バロ（タッカー、ウィリアム　1620頃?-1679.2.28）

Tuckey, William〈18世紀〉
イギリスの作曲家。
⇒バロ（タッキー、ウィリアム　1708-1781.9.14）

Tuckwell, Gertrude〈19・20世紀〉
イギリスの労働運動家。
⇒学叢思（タックウェル、ガートルード　1862-?）

Tù' Đạo Hạnh〈11・12世紀〉
ベトナム、李朝時代の高僧。
⇒岩世人（トゥー・ダオ・ハイン　1072?-1116?）

Tudela, Benjamín de〈12世紀〉
スペイン北部トゥデラ生まれのユダヤ人ラビ。
⇒岩世人（ベンジャミン）
ユ人（ベンヤミン（ツデラのベンヤミン、ベンヤミン・ベンヨナ）　12世紀）
ユ著人（Benjamin (Ben Jonah) of Tudela　トゥデラのベニヤミン　12世紀末）

Tudhaliya I〈前15世紀〉
ヒッタイト王国の統治者。在位1430〜1406。
⇒岩世人（トゥドハリヤ1世（2世）　（在位）前15世紀末-14世紀初）
世帝（トゥドハリヤ1世　（在位）前1430頃-前1410頃）

Tudhaliya II〈前14世紀〉
ヒッタイト新王国の王。
⇒世帝（トゥドハリヤ2世　（在位）前1375頃?-前1355頃）

Tudhaliyaš II〈前14世紀〉
ヒッタイト国王。
⇒岩世人（トゥドハリヤ3世　前14世紀前半）
世帝（トゥドハリヤ3世　（在位）不詳）

Tudḫaliya IV〈前13世紀〉
ヒッタイト王国の王。在位前13世紀後半。
⇒岩世人（トゥドハリヤ4世　（在位）前13世紀後半）
世帝（トゥドハリヤ4世　?-前1220（在位）前1240-前1215頃）

Tu'Du'c〈19世紀〉
ベトナム、阮朝第4代皇帝。
⇒岩世人（トゥドゥック帝　1829.9.22-1883.7.19）
世帝（嗣德帝　しとくてい　1829-1883）

Tudwal〈6世紀〉
聖人。祝日11月30日。伝承によると、トレギエに修道院を建設し、大修道院区の司教となった。

⇒新カト（トゥドヴァル　?-564頃）

Tudway, Thomas〈17・18世紀〉
イギリスの作曲家。
⇒バロ（タドウェー, トマス　1650頃-1726.11.23）

Tuệ Tĩnh
ベトナムのチャン（陳）朝の名医。
⇒岩世人（トゥエ・ティン）

Tuffier, Marin Théodore〈19・20世紀〉
フランスの外科医。フランスに脊髄麻酔法を広めた。
⇒岩世人（テュフィエ　1857.3.26-1929.10.27）

Tugan-Baranovskii, Mikhail Ivanovich〈19・20世紀〉
ロシアの経済学者。ナロードニキに対する批判者、近代的景気理論の父。主著『社会的分配論』(13)。
⇒岩世人（トゥガン＝バラノフスキー　1865.1.8/20-1919.1.21）

Ṭughrā'ī〈11・12世紀〉
イラン系のアラビア語詩人，文学者，政治家。
⇒岩世人（トゥグラーイー　1061-1121頃）

Ṭughril Beg〈10・11世紀〉
セルジューク朝の始祖。在位1037～63。イランを本拠とする大帝国を建設し、イスラム圏を再統一。
⇒岩世人（トゥグリル・ベグ　?-1063.12.4）
　ネーム（トゥグリル・ベク　990-1063）
　広辞7（トゥグリル・ベク　995-1063）
　世人新（トゥグリル＝ベク　995-1063）
　世人装（トゥグリル＝ベク　995-1063）
　世史語（トゥグリル＝ベク　993頃-1063）
　世帝（トゥグリル・ベグ　990/993-1063）
　ポブ人（トゥグリル・ベク　990?-1063）

Tuka, Vojtech〈19・20世紀〉
スロヴァキアの政治家。スロヴァキア人民党を指導，首相となる。
⇒岩世人（トゥカ　1880.7.4-1946.8.20）

Tukārām〈17世紀〉
インド、マハーラーシュトラ地方のビシュヌ信仰の一派、バーガバタ派の信仰者。宗教詩人。
⇒岩世人（トゥカーラーム　1608頃-1649頃）
　南ア新（トゥカーラーム　1608-1649）

Tukulti-Ninurta I〈前13世紀〉
アッシリア王。在位1244～07。
⇒岩世人（トゥクルティ・ニヌルタ1世　(在位)前1243-前1207）
　世帝（トゥクルティ・ニヌルタ1世　(在位)前1244-前1208）

Tukulti-Ninurta II〈前9世紀〉
アッシリア王。在位前889～84。
⇒岩世人（トゥクルティ・ニヌルタ2世　(在位)前890-前884）

世帝（トゥクルティ・ニヌルタ2世　(在位)前891-前883）

Ṭulaiḥa b.Khuwailid b.Nawfal al-Asadī al-Faq'adī〈7世紀〉
アラビアの預言者。
⇒岩世人（トゥライハ）

Tull, Jethro〈17・18世紀〉
イギリスの農業家。播種機を発明(1701頃)。
⇒岩世人（タル　1674.3.30-1741.2.21）

Tullin, Christian〈18世紀〉
ノルウェー生れのデンマークの詩人。代表作は『5月の日』(58)。
⇒岩世人（トゥリン　1728.9.6-1765.1.21）

Tullus Hostilius〈前7世紀〉
古代ローマ第3代の王。在位前672～640。元老院の集会場所クリア・ホスティリアを建設。
⇒岩世人（トゥッルス・ホスティリウス）

Tulpin, Augustin Ernest〈19・20世紀〉
パリ外国宣教会司祭。来日宣教師。フランスのヴォアゼー生まれ。
⇒新カト（テュルパン　1853.7.6-1933.11.8）

Tulsīdās〈16・17世紀〉
インド，バクティ（信愛）派の宗教詩人。作品『ラームチャリットマーナス』など。
⇒岩世人（トゥルシー・ダース　1532-1623）
　広辞7（トゥルシーダース　1532-1623）
　南ア新（トゥルシーダース）

Tului〈12・13世紀〉
モンゴル帝国の武将。チンギス・ハンの末子。1230年の全国征討に貢献。
⇒岩世人（トルイ　1190頃-1232）
　世人新（トルイ　1192/1193-1232）
　世人装（トルイ　1192/1193-1232）
　学叢歴（拖雷　?-1232（紹定5））

Tuma, František Ignác Antonín〈18世紀〉
チェコのオルガン奏者，ヴァイオリン奏者，作曲家。
⇒バロ（トゥーマ，フランティシェク・イグナーツ・アントニーン　1704.10.2-1774.1.30）

Tůma, Václav〈17・18世紀〉
ボヘミアの作曲家。
⇒バロ（トゥーマ，ヴァーツラフ　1670頃?-1730頃?）

Tümen Zasagt Khan〈16世紀〉
北元の皇帝。
⇒世帝（トゥメン・ジャサクト・ハーン　(在位)1557-1592）

Tŭmídù〈7世紀〉
ウイグル（回鶻）部の第3代部長。646年に支配者の薛延陀部を滅ぼし唐に帰服。
⇒岩世人（吐迷度　とめいど　?-648）

Tunder, Franz〈17世紀〉
ドイツの作曲家。リューベクのマリア聖堂のオルガン奏者。
⇒バロ（トゥンダー，フランツ　1614–1667.11.5）
　岩世人（トゥンダー　1614–1667.11.5）

at-Tūnisī〈18・19世紀〉
アラブ系の学者。
⇒岩世人（トゥーニスィー　1789–1857）

Tuotilo von St.Gallen〈9・10世紀〉
スイスの作曲家。
⇒バロ（トゥオティロ・フォン・ザンクト・ガレン　860頃?–915.4.27）

Tupac Amaru〈18世紀〉
ペルーのインディオの反乱指導者。本名Diego Cristobal。
⇒ラテ新（トゥパック・アマルー　1741–1781）

Túpac Amaru I〈16世紀〉
インカ族最後の皇帝。ピサロのインカ帝国征服後，秘境ビルカバンバにたてこもって侵略者に抵抗。
⇒岩世人（トゥパク・アマル1世　?–1572.9.24）
　世帝（トゥパック・アマル　?–1572）
　ラテ新（トゥパック・アマルー　?–1572）

Túpac Amaru II〈18世紀〉
ペルーの先住民反乱指導者。
⇒岩世人（トゥパク・アマル2世　1738–1781.5.18）

Tura, Cosimo〈15世紀〉
イタリアの画家。フェララ派の代表的画家。
⇒岩世人（トゥーラ　1430頃–1495.4）
　芸13（トゥーラ，コジモ　1430頃–1495）

Turakina〈13世紀〉
モンゴル帝国の第2代皇帝オゴデイ・ハンの皇后。ハンの死後グユクを強引に擁立。
⇒岩世人（ドレゲネ　?–1246）

Turati, Filippo〈19・20世紀〉
イタリアの社会主義者。1892年イタリア社会党を創設。22年脱党，統一社会党を結成。
⇒岩世人（トゥラーティ　1857.11.25–1932.3.29）

Turenne, Henri de la Tour d'Auvergne, Vicomte de〈17世紀〉
フランスの軍人。大コンデ（ルイ2世）と並び称せられるルイ13～14世時代の勇将。
⇒岩世人（テュレンヌ　1611.7.14–1675.6.27）
　ネーム（チュレンヌ　1611–1675）

Turgenev, Ivan Sergeevich〈19世紀〉
ロシアの小説家。『猟人日記』（47～52），『父と子』（62）などでロシアの社会問題を取り扱った。
⇒岩世人（トゥルゲーネフ　1818.10.28–1883.8.22）
　広辞7（ツルゲーネフ　1818–1883）
　学叢思（ツルゲーネフ，イワン・セルゲィウッチ　1818–1883）
　世人新（トゥルゲーネフ（ツルゲーネフ）　1818–1883）
　世人装（トゥルゲーネフ（ツルゲーネフ）　1818–1883）
　世史語（トゥルゲーネフ　1818–1883）
　ポプ人（ツルゲーネフ，イワン　1818–1883）

Turgot, Anne Robert Jacques〈18世紀〉
フランスの経済学者，政治家。ルイ16世統治初期の財務総監。
⇒岩世人（テュルゴ　1727.5.10–1781.3.20）
　ネーム（テュルゴ　1727–1781）
　ネーム（チュルゴー　1727–1781）
　広辞7（チュルゴー　1727–1781）
　学叢思（テュルゴー，アンヌ・ロベール・ジャック　1727–1781）
　世人新（テュルゴー　1727–1781）
　世人装（テュルゴー　1727–1781）
　世史語（テュルゴー　1727–1781）
　世史語（テュルゴー　1727–1781）
　ポプ人（チュルゴー，アンヌ・ロベール・ジャック　1727–1781）
　学叢歴（チュルゴー　1727–1781）

Turibius〈5世紀〉
スペインのアストルガの司教。聖人。祝日4月16日。
⇒新カト（トゥリビウス［アストルガの］　?–460頃）

Turigny, Jean-Placide〈19・20世紀〉
フランスの政治家。
⇒19仏（ジャン＝プラシッド・チュリニ　1822.1.17–1905.8.1）

Turini, Ferdinando〈18・19世紀〉
イタリアの作曲家。
⇒バロ（トゥリーニ，フェルディナンド　1749頃–1817頃）

Turini, Francesco〈16・17世紀〉
ボヘミアの作曲家。
⇒バロ（トゥリーニ，フランチェスコ　1589頃–1656）

Türk, Daniel Gottlob〈18・19世紀〉
ドイツの音楽理論家，作曲家。
⇒バロ（テュルク，ダニエル・ゴットロープ　1750.8.10–1813.8.26）
　エデ（テュルク，ダニエル・ゴットロープ　1750.8.10–1813.8.26）
　ピ曲改（テュルク，ダニエル・ゴットロブ　1750–1813）

Turnbull, Wilfrid〈19・20世紀〉
アメリカの陸軍将校。
⇒アア歴（Turnbull,Wilfrid　ウイルフリド・ターンブル　1866.11.3–1944.11.1）

Turner, Alfred〈19・20世紀〉
イギリスの彫刻家。
⇒芸13（ターナー，アルフレッド　1874–1943）

Turner, Frederick Jackson〈19・20世

紀〉
アメリカの歴史家。主著『アメリカ史におけるセクションの意義』(32, ピュリッツァー賞受賞)。
⇒アメ新（ターナー　1861-1932）
　岩世人（ターナー　1861.11.14-1932.3.14）
　広辞7（ターナー　1861-1932）
　20思（ターナー, フレデリック・ジャクソン　1861-1932）

Turner, Joseph Mallord William〈18・19世紀〉
イギリスの風景画家。印象派の画家たちに大きな影響を与えた。
⇒岩世人（ターナー　1775.4.23-1851.12.19）
　ネーム（ターナー　1775-1851）
　広辞7（ターナー　1775-1851）
　学叢思（ターナー, ウィリアム　1775-1851）
　芸13（ターナー, ジョーゼフ・マラード・ウィリアム　1775-1851）
　世人新（ターナー〈ジョセフ〉　1775-1851）
　世人装（ターナー〈ジョセフ〉　1775-1851）
　ポプ人（ターナー, ジョゼフ　1775-1851）

Turner, Nat〈18・19世紀〉
アメリカの黒人奴隷。奴隷暴動の指導者。
⇒アメ新（ターナー　1800-1831）
　岩世人（ターナー　1800.10.2-1831.11.11）
　世人新（ターナー〈ナット〉　1800-1831）
　世人装（ターナー〈ナット〉　1800-1831）

Turner, William〈16世紀〉
イギリスの牧師, 医者, 博物学者。イギリス最初の科学的植物学書を著した。
⇒岩世人（ターナー　1508-1568.7.13）

Turner, William〈17・18世紀〉
イギリスのテノール歌手・作曲家。
⇒バロ（ターナー, ウィリアム　1651-1740.1.13）

Turnhout, Gérard de〈16世紀〉
フランドルの作曲家。
⇒バロ（テュルンハウト, ジェラール・ド　1520頃-1580.9.15）

Turnour, George, Earl of Winterton〈18・19世紀〉
イギリスの植民政治家, パーリ語学者。セイロン民政庁に勤務。
⇒岩世人（ターナー　1799-1843）

Turnus
ローマ神話, ルトゥリ人の王。
⇒岩世人（トゥルヌス）

Turquet, Edmond〈19・20世紀〉
フランスの政治家。
⇒19仏（エドモン・チュルケ　1836.5.31-1914.2.8）

Turquetil, Louis-Eugène-Arsène〈19・20世紀〉
フランス出身のオブレート会宣教師, 司教。

⇒新カト（テュルクティル　1876.6.3-1955.6.14）

Turretini, Johann Alfons〈17・18世紀〉
スイスのプロテスタント神学者。ルター派と改革派との一致に努めた。
⇒岩世人（トゥレティーニ　1671.8.13-1737.5.1）
　新カト（トゥルティーニ　1671.8.13-1737.5.1）

Türrschmidt, Karl〈18世紀〉
ドイツの作曲家。
⇒バロ（テュルシュミット, カール　1753.2.24-1797.11.1）

al-Ṭurṭūshī, Abū Bakr〈11・12世紀〉
アンダルス出身のイスラーム法学者, 政治学者。
⇒岩世人（トゥルトゥーシー, アブー・バクル　1059-1126）

al-Ṭūsī, Abū Ja'far Muḥammad bn Ḥasan〈10・11世紀〉
イスラム教シーア派の法学者。
⇒岩世人（トゥースィー, アブー・ジャアファル・ムハンマド　995-1067）

Tušratta〈前14世紀〉
北メソポタミアのミタンニ国王（前1380～55）。
⇒岩世人（トゥシュラッタ）

Tussaud, Marie〈18・19世紀〉
フランスの女流蝋人形作家。マダム・タッソー蝋人形展示館の創立者。
⇒岩世人（タッソー　1761.12.1-1850.4.16）

al-Tustarī, Sahl〈9世紀〉
イスラーム神秘主義者, クルアーン解釈学者。
⇒岩世人（トゥスタリー, サフル　818頃-896）

Tut-ankh-Amen〈前14世紀〉
エジプト第18王朝の王。在位前1361頃～52頃。
⇒岩世人（トゥトアンクアメン　（在位）前1333-前1323頃）
　広辞7（トゥトアンクアメン　前14世紀）
　世人新（ツタンカーメン（トゥト＝アンク＝アメン）　生没年不詳（在位）前1333頃-前1323頃）
　世人装（ツタンカーメン（トゥト＝アンク＝アメン）　生没年不詳（在位）前1333頃-前1323頃）
　世帝（ツタンカーメン　（在位）前1334-前1325頃）
　ポプ人（ツタンカーメン王　生没年不詳）

Tutukha〈13世紀〉
中国, 元初期の武将。キプチャク（欽察）の王族の人。
⇒岩世人（トクトゥガ（トクトア；トクタ）　1237-1297（大徳1））

Tutush〈11世紀〉
シリア・セルジューク朝の祖。
⇒世帝（トゥトゥシュ　?-1095）

Tutwiler, Temple William〈19・20世紀〉
アメリカの技師。
⇒アア歴（Tutwiler,Temple W(illiam)　テンプル・ウイリアム・タトワイラー　1879.1.5-

1950.11.9)

Tuuk, Herman Neubronner van der〈19世紀〉
オランダの言語学者。
⇒岩世人（テューク　1824.2.23–1894.8.17）

Ṭuwais〈7・8世紀〉
アラビアの歌手。
⇒岩世人（トゥワイス　632–710）

Tvrtko I〈14世紀〉
ボスニア王国の統治者。
⇒世帝（スチェパン・トヴルトコ1世　1338–1391）

Tvrtko II〈15世紀〉
ボスニア王国の統治者。在位1404～1409,1420～1443（復位）。
⇒世帝（スチェパン・トヴルトコ2世　?–1443）

Twardowski
ポーランドの説話に現れる人物。
⇒岩世人（トファルドフスキ）

Twardowski, Kazimierz〈19・20世紀〉
ポーランドの哲学者。
⇒岩世人（トファルドフスキ　1866.10.2–1938.2.11）
　学叢思（トワルドウスキー，カージミル　1866–?）

Twenhofel, William Henry〈19・20世紀〉
アメリカの地質学者。水成岩の堆積論を研究。
⇒岩世人（トウェンホーフェル　1875.4.16–1957.1.4）

Twesten, August Detlev〈18・19世紀〉
ドイツの哲学者，神学者。調停神学に属した。
⇒岩世人（トヴェステン　1789.4.11–1876.1.8）

Twining, Thomas〈17・18世紀〉
イギリスの喫茶店主，紅茶商。
⇒岩世人（トワイニング　1675–1741.5.19）

Twort, Frederick William〈19・20世紀〉
イギリスの細菌学者。F.デレルとの間でバクテリオファージ発見の優先権を争った。
⇒岩世人（トゥォート　1877.10.22–1950.3.20）

Tyāgarāja〈18・19世紀〉
インド，テルグ語の詩人。
⇒南ア新（ティヤーガラージャ　1767–1847）

Tyard, Pontus de〈16・17世紀〉
フランスの詩人。1578年以後シャロンシュルソーヌ司教。
⇒岩世人（ティヤール　1521–1605.9.23）

Tychichus
パウロの最後のエルサレム行きの同行者（使徒言行録）。
⇒岩世人（ティキコ）

　新カト（ティキコ）
　聖書（ティキコ）

Tycho Brahe〈16・17世紀〉
デンマークの天文学者。コペルニクスの地動説に反対。
⇒岩世人（ブラーエ　1546.12.14–1601.10.24）
　科史（ブラーエ　1546–1601）
　ネーム（ブラーエ・ティコ　1546–1601）
　広辞7（ブラーエ　1546–1601）
　学叢思（ティホ・ブラーヘ　1545–1601）
　新カト（ブラーエ　1546.12.14–1601.10.24）
　物理（ブラーエ，ティコ　1546–1601）
　ポプ人（ブラーエ，ティコ　1546–1601）
　ルネ（ティコ・ブラーエ　1546–1601）

Tydeus
ギリシア神話，カリュドン王オイネウスの子。
⇒岩世人（テュデウス）

Tye, Christopher〈16世紀〉
イギリスの作曲家。主作品は『使徒行伝による聖歌集』(53)など。
⇒バロ（タイ，クリストファ　1505–1572）

Tyl, Josef Kajetan〈19世紀〉
チェコの劇作家。チェコ演劇の実際上の創始者。代表作，『フィドロバチカ』(34)など。
⇒岩世人（ティル　1808.2.4–1856.7.11）

Tyler, John〈18・19世紀〉
アメリカの政治家。第10代大統領（1841～45）。テキサス併合，海軍の再編成などを行った。
⇒アメ新（タイラー　1790–1862）
　岩世人（タイラー　1790.3.29–1862.1.18）

Tyler, Royall〈18・19世紀〉
アメリカの法律家，劇作家，小説家。アメリカ最初のコラムニスト。小説『アルジェーの捕囚』(97)など。
⇒岩世人（タイラー　1757.6.18–1826.8.26）

Tyler, Wat〈14世紀〉
イギリス農民反乱の指導者。1381年国王リチャード2世との直接交渉で殺され一揆も鎮圧された。
⇒岩世人（タイラー　?–1381.6.15）
　世人新（タイラー（ワット＝タイラー）　?–1381）
　世人装（タイラー（ワット＝タイラー）　?–1381）
　ポプ人（タイラー，ワット　?–1381）

Tylor, *Sir* Edward Burnett〈19・20世紀〉
イギリスの人類学者。1896年イギリス学士院会員となる。主著『原始文化』(71)。
⇒岩世人（タイラー　1832.10.2–1917.1.2）
　広辞7（タイラー　1832–1917）
　学叢思（タイラー，エドワード・バーネット　1832–1917）
　新カト（タイラー　1832.10.2–1917.1.2）

Tynan, Katharine〈19・20世紀〉
イギリス(アイルランド)の女流詩人,作家。アイルランド・ルネサンスの代表者。
⇒岩世人(タイナン　1859.1.23?–1931.4.2)

Tyndale, William〈15・16世紀〉
イギリスの宗教改革家,聖書翻訳家。ドイツに逃れ,1926年新訳聖書の英訳を完成。
⇒岩世人(ティンダル　1494頃–1536.10.6)
　ネーム(ティンダル　1492?–1536)
　新カト(ティンダル　1494頃–1536.10.6)
　ルネ(ウィリアム・ティンダル　1494頃–1536)

Tyndall, John〈19世紀〉
アイルランドの物理学者。光の微粒子による散乱(ティンダル現象)の研究で著名。
⇒岩世人(ティンダル　1820.8.2–1893.12.4)
　ネーム(チンダル　1820–1893)
　学叢思(ティンダル,ジョン　1820–1893)
　物理(ティンダル,ジョン　1820–1893)

Tyndareōs
ギリシア神話,スパルタの王。
⇒岩世人(テュンダレオス)

Tyrrell, George〈19・20世紀〉
イギリスの神学者。代表的モダニスト。
⇒岩世人(ティレル　1861.2.6–1909.7.15)
　新カト(ティレル　1861.2.6–1909.7.15)

Tyrrell, Joseph Burr〈19・20世紀〉
カナダの地質学者,古生物学者,探検家,歴史家。
⇒岩世人(ティレル　1858.11.1–1957.8.26)

Tyrtaios〈前7世紀頃〉
ギリシアのエレゲイア詩人。スパルタの将軍。
⇒岩世人(テュルタイオス)

Tyson, Edward〈17・18世紀〉
イギリスの科学者。
⇒岩世人(タイソン　1650–1708.8.1)

Tyson, George〈19世紀〉
アメリカの商人。
⇒アア歴(Tyson,George　ジョージ・タイスン　1831–1881.1.8)

Tzarth, Georg〈18世紀〉
ボヘミアの作曲家。
⇒バロ(ツァールト,ゲオルク　1708.4.8–1778以降)

Tzetzes, Johannes〈12世紀〉
ビザンチン期の文献学者,文人。後世に『1,000巻の書』Chiliadesと呼ばれた雑録を著す。
⇒岩世人(ツェツェス　1110頃–1180/1185?)

【 U 】

Ubaghs, Gerhard Casimir〈18・19世紀〉
ベルギーの哲学者,カトリック司祭。
⇒新カト(ユバクス　1800.11.26–1875.2.15)

'Ubaid Allah al-Mahdī〈10世紀〉
エジプトのファーティマ朝の創始者。在位900〜34。
⇒岩世人(マフディー,ウバイドゥッラー　874/873–934)
　世帝(ウバイドゥッラー　873–934)

Ubaldo (Gubbio)〈11・12世紀〉
イタリアの司教,聖人。
⇒新カト(ウバルドゥス〔グッビオの〕　1084/1085–1160.5.16)
　図聖(ウバルドゥス(グッビオの)　1080/1085–1160)

Ubaši〈18世紀〉
トルグート(カルムイク)のハン。
⇒岩世人(ウバシ　1744?–1774)

'Ubayd Allāh ibn Muẓaffar〈11・12世紀〉
アンダルス(現スペイン)のアルメリアの家系に属するアラブ詩人,医者。
⇒岩世人(ウバイドゥッラー・イブン・ムザッファル　1093–1155.1.10-12/1154.1.21-23)

'Ubayd Zākānī〈14世紀〉
中世イラン最大の風刺散文家。
⇒岩世人(ウバイド・ザーカーニー　?–1371頃)

Uberti, Fazio degli〈14世紀〉
イタリアの詩人。主著『世界論』。
⇒岩世人(ファーツィオ・デッリ・ウベルティ　1301–1367頃)

Ubertino da Casale〈13・14世紀〉
イタリアのフランシスコ会厳格派の指導者。
⇒岩世人(ウベルティーノ(カザーレの)　1259–1329以降)
　新カト(ウベルティーノ〔カザレの〕　1259頃–1329/1341)

Ubhakara-simha〈7・8世紀〉
中国,唐代の密教僧。東インドの人。
⇒岩世人(善無畏　ぜんむい　637–735(開元23))
　広辞7(善無畏　ぜんむい　637–735)

Ubico Castaneda, Jorge〈19・20世紀〉
グアテマラの軍人,独裁者,大統領。在職1931〜44。
⇒岩世人(ウビーコ　1878.11.10–1946.6.14)

ラテ新　（ウビコ　1878–1946）

Uccellini, Don-Marco〈17世紀〉
イタリアの聖職者、ヴァイオリン奏者（名人）。
⇒バロ　（ウッチェルリーニ，ドン・マルコ　1603頃–1680.9.10）

Uccello（Paolo di Pon）〈14・15世紀〉
イタリアの画家。作品に『ジョン・ホークウッド騎馬像』(1436)，『ノアの洪水』。
⇒岩世人　（ウッチェッロ　1397–1475.12.10）
ネーム　（ウッチェロ　1397–1475）
広辞7　（ウッチェロ　1397–1475）
新カト　（ウッチェロ　1397–1475.12.10）
芸13　（ウッチェロ，パオロ　1397–1475）

Udai〈19・20世紀〉
外モンゴルで活動した内モンゴル人。
⇒岩世人　（オダイ（オタイ）　1866–1920）

Udall（Uvedale），John〈16世紀〉
イギリスのピューリタン。
⇒新カト　（ユーダル　1560頃–1592.3.3）

Udayadityavarman I〈10・11世紀〉
アンコール朝の王。
⇒世帝　（ウダヤーディチャヴァルマン1世　?–1002）

Udayādityavarman II〈11世紀〉
クメール王国（アンコール朝）の統治者。在位1050～1066。
⇒岩世人　（ウダヤーディティヤヴァルマン2世　?–1066）
世帝　（ウダヤーディチャヴァルマン2世　?–1066）

Udayana〈10世紀〉
インドの哲学者，論理学者。
⇒岩世人　（ウダヤナ）

Udāyana〈10・11世紀〉
古代バリの王。在位1011～22。
⇒岩世人　（ウダーヤナ　?–1022）

Udbhaṭa〈8・9世紀〉
インドの古典サンスクリット文学の修辞学者，詩論家。
⇒岩世人　（ウドバタ　8世紀後半）

Uddaka Rāmaputta〈前6・5世紀頃〉
シャカが出家した時（前437頃），アーラーラ・カーラーマの次に訪れて問法したといわれる仙人。
⇒岩世人　（ウッダカ・ラーマプッタ）

Uddālaka Āruṇi〈前8～6世紀頃〉
インドの哲学者。一切の現象は，唯一なる有satから展開したという学説を展開。
⇒岩世人　（ウッダーラカ・アールニ）
学叢思　（ウッダーラカ・アールニ）
南ア新　（ウッダーラカ・アールニ　生没年不詳）

Uddyotakara〈6世紀〉
インドの正理派の学者，論理学者。
⇒岩世人　（ウッディヨータカラ　550頃–600頃）

Udr-žal, František〈19・20世紀〉
チェコスロヴァキアの政治家。同国首相（1929～32）。
⇒岩世人　（ウドルジャル　1866.1.1–1938.4.25）

Ueberweg, Friedrich〈19世紀〉
ドイツの哲学者。哲学史の領域に功績がある。主著『哲学史綱要』(3巻,62～66)。
⇒岩世人　（ユーバーヴェーク　1826.1.22–1871.6.9）
学叢思　（ユーベルヴェヒ，フリードリヒ　1826–1871）

Uescal, Pedro de〈16・17世紀〉
スペインの聖職者，指揮者。
⇒バロ　（ウエスカル，ペドロ・デ　1570頃?–1631）

Uexküll, Jakob Johann von〈19・20世紀〉
ドイツの動物学者。ハンブルグ大学比較生理学名誉教授。
⇒岩世人　（ユクスキュル　1864.9.8–1944.7.25）
広辞7　（ユクスキュル　1864–1944）
メル別　（ユクスキュル，ヤーコブ・ヨハン・バロン・フォン　1864–1944）

Ugena, Antonio〈18・19世紀〉
スペインの指揮者。
⇒バロ　（ウヘーナ，アントーニオ　1750頃?–1805）

Ughelli, Ferdinando〈16・17世紀〉
イタリアのシトー会員，歴史学者。
⇒新カト　（ウゲリ　1594.3.21–1670.5.19）

Ugolini, Baccio〈15世紀〉
イタリアの詩人。
⇒バロ　（ウゴリーニ，バッチョ　1450頃?–1500頃?）

Ugolini, Vincenzo〈16・17世紀〉
イタリアの作曲家。
⇒バロ　（ウゴリーニ，ヴィンチェンツォ　1580頃–1638.5.6）

Ugolino di Orvieto〈14・15世紀〉
イタリアの参事会員，聖職者，詩人，理論家。
⇒バロ　（ウゴリーノ・ディ・オルヴィエート　1380頃–1457）

Uhde, Fritz von〈19・20世紀〉
ドイツの画家。代表作『最後の晩餐』『東方三賢人』。
⇒岩世人　（ウーデ　1848.5.22–1911.2.25）
芸13　（ウーデ，フリッツ・フォン　1848–1911）

Uhland, Johann Ludwig〈18・19世紀〉
ドイツロマン派の詩人。『羊飼いの日曜日の歌』などで知られる。
⇒岩世人　（ウーラント　1787.4.26–1862.11.13）

ネーム（ウーラント　1787-1862）

Uhle, Max〈19・20世紀〉
ドイツの人類学者,考古学者。
⇒岩世人（ウーレ　1856.3.25-1944.5.11）
　ラテ新（ウーレ　1856-1944）

Uhlenbeck, Christianus Cornelius
〈19・20世紀〉
オランダの言語学者。バスク語やアメリカインディアンの言語の研究の発達に貢献した。
⇒岩世人（ユーレンベック（ウーレンベック）
　1866.10.18-1951.8.12）

Uhlenhuth, Paul〈19・20世紀〉
ドイツの細菌学者,衛生学者。
⇒岩世人（ウーレンフート　1870.1.7-1957.12.13）

Uhlhorn, J.〈18世紀〉
ネーデルランドの鍵盤楽器奏者。
⇒バロ（ウールホルン,J.　1700頃?-1760頃?）

Ujejski, Kornel〈19世紀〉
ポーランドの詩人。
⇒岩世人（ウイェイスキ　1823.9.12-1897.9.19）

Ujfalvy von Mezökövesd, Karl Eugen〈19・20世紀〉
オーストリアの言語学者,探検家。フランス政府の依嘱により中央アジアに3回探検を試みた（76～82）。
⇒岩世人（ウィファルヴィ・フォン・メゼケヴェスト　1842.5.16-1904.1.31）

Ukers, William Harrison〈19・20世紀〉
アメリカのコーヒー・茶の研究家。
⇒岩世人（ユーカーズ　1873-1945）

Ukhtomsky, Esper Esperovich〈19・20世紀〉
帝政ロシアの政治家。
⇒岩世人（ウフトムスキー　1861.8.14/26-1921.11.26）

Ukrainka, Lesia〈19・20世紀〉
ウクライナの女流詩人。ウクライナ伝説に取材した物語『森の歌』(1893)が代表作。
⇒岩世人（ウクライーンカ　1871.2.13-1913.7.19）

Ulbach, Louis〈19世紀〉
フランスの作家。
⇒19仏（ルイ・ユルバック　1822.3.7-1889.4.16）

Ulenberg, Kaspar〈16・17世紀〉
ドイツのカトリック神学者,聖書翻訳家。
⇒新カト（ウレンベルク　1548.12.24-1617.2.16）

Ulfilas〈4世紀〉
ゴート人の司教。ゴート語のアルファベットを考案し,列王紀を除く聖書全部をゴート語に翻訳。

⇒岩世人（ウルフィラス　310頃-383/388）
　新カト（ウルフィラス　311頃-383）

Ullathorne, William Bernard〈19世紀〉
イギリスのカトリック聖職者。ベネディクト会修道士。
⇒岩世人（アラソーン　1806.5.7-1889.3.21）
　新カト（アラソーン　1806.5.7-1889.3.21）

Ullman, Samuel〈19・20世紀〉
アメリカの詩人。
⇒ユ著人（Ullman,Samuel　ウルマン,サムエル　1840-1924）

Ullmann, Adolph〈19・20世紀〉
ハンガリーの男爵。エコノミスト,上院議員。
⇒ユ著人（Ullmann,Adolph　ウルマン,アドルフ　1857-1925）

Ulloa y de la Torre-Guiral, Antonio de〈18世紀〉
スペインの軍人,科学者。
⇒岩世人（ウリョーア・イ・デ・ラ・トーレ＝ギラル　1716.1.12-1795.7.5）

Ulpianus, Domitius〈2・3世紀〉
ローマの法学者。ローマ古典法学の末期を代表する法学者の一人で,先人の業績を集大成。
⇒岩世人（ウルピアヌス　170頃-228/223）
　広辞7（ウルピアヌス　170頃-228）
　学叢思（ウルピアヌス,ドミティウス　?-228）

Ulrich〈13世紀〉
ドイツの神学者,哲学者,ドミニコ会員。
⇒新カト（ウルリヒ〔ストラスブールの〕　13世紀初頭-1277）

Ulrich, Reichenweier〈15・16世紀〉
ビュルテンベルク公。シュマルカルデン同盟の援助で公領を回復。
⇒岩世人（ウルリヒ（ヴュルテンベルクの）　1487.2.8-1550.11.6）

Ulrich V, the Beloved〈15世紀〉
ヴュルテンベルク家の統治者。
⇒岩世人（ウルリヒ5世　1413-1480.9.1）

Ulrich von Augsburg〈9・10世紀〉
教皇により公式に列聖された最初の人。ドイツ南部アウクスブルクの司教。蛮族に抗して町を死守。
⇒新カト（ウルリヒ〔アウグスブルクの〕　890-973.7.4）
　図聖（ウルリヒ（アウクスブルクの）　890-973）

Ulrich von Lichtenstein〈13世紀〉
中世の詩人。
⇒バロ（ウルリヒ・フォン・リヒテンシュタイン　1198-1276.1.26）
　岩世人（ウルリヒ（リヒテンシュタインの）　1200頃-1275.1.26）

Ulrich von Zatzikhoven〈13世紀〉
中世ドイツの叙事詩人。
⇒岩世人（ウルリヒ（ツァツィクホーフェンの））

Ulrich (Zell)〈11世紀〉
ドイツの修道院長、聖人。
⇒新カト（ウルリヒ〔ツェルの〕 1029頃–1093.7.14）
図聖（ウルリヒ（ツェルの） 1029–1093）

Ulrici, Hermann〈19世紀〉
ドイツの哲学者。思弁的有神論者として、世界を神によって、また神のうちに存在するとした。
⇒岩世人（ウルリツィ 1806.3.23–1884.1.11）
学叢思（ウルリチ、ヘルマン 1806–1884）
新カト（ウルリツィ 1806.3.23–1884.1.11）

Ulrika Eleonora〈17・18世紀〉
スウェーデンの執政女王。在位1718～20。
⇒世帝（ウルリカ・エレオノーラ 1688–1741）

Ulug-Beg, Muhammad Tūrghāy〈14・15世紀〉
中央アジアのチムール王家のサマルカンド王。在位1447～9。
⇒岩世人（ウルグ・ベク 1393–1449.10.27）
ネーム（ウルグ・ベグ 1394–1449）
広辞7（ウルグ・ベク 1394–1449）
世人新（ウルグ＝ベグ 1393/1394–1449）
世人装（ウルグ＝ベグ 1393/1394–1449）
世史語（ウルグ＝ベグ 1394–1449）
世帝（ウルグ・ベク 1394–1449）
ポプ人（ウルグ・ベク 1394?–1449）

Umāpati, Upādhyāya〈16・17世紀〉
インドのサンスクリット語、マイティリー語詩人、戯曲作者。
⇒岩世人（ウマーパティ 1525/1580–1600/1644）

Umar, Teuku〈19世紀〉
インドネシアのアチェ戦争、反オランダ武力闘争の指導者。
⇒岩世人（ウマル、テウク 1854–1899.2.11）

'Umar bn 'Abd al-'Azīz〈7・8世紀〉
ウマイヤ朝第8代カリフ。在位717～20。
⇒岩世人（ウマル・イブン・アブドゥルアズィーズ 682/683–720.2）
世帝（ウマル2世 682–720）

'Umar bn Abī Rabī'a〈7・8世紀〉
アラビアの詩人。「ガザル」という新しい抒情詩体を用いた。
⇒岩世人（ウマル・イブン・アビー・ラビーア 644.11.2–711-712/721-722）

'Umar bn al-Khaṭṭāb〈6・7世紀〉
イスラム国家第2代カリフ。在位634～44。イスラム国家の諸制度の創設に果した役割は大きい。
⇒岩世人（ウマル・イブン・ハッターブ 592–644.11）

広辞7（ウマル ?–644）
世人新（ウマル1世 ?–644）
世人装（ウマル1世 ?–644）
世史語（ウマル 581頃–644）

'Umar Khayyām〈11・12世紀〉
ペルシアの詩人、科学者。詩集『ルバイヤート』の作者。
⇒岩世人（ウマル・ハイヤーム 1048.5.8–1131.12.4）
ネーム（ハイヤーム、オマル 1048–1131）
広辞7（ウマル・ハイヤーム 1048–1131）
世人新（オマル（ウマル）＝ハイヤーム 1048頃–1122/1123/1131）
世人装（オマル（ウマル）＝ハイヤーム 1048頃–1122/1123/1131）
世史語（ウマル＝ハイヤーム 1048–1131）
世数（ハイヤーム、オマル（ウマル・ハイヤーミー） 1048–1123頃）
ポプ人（オマル・ハイヤーム 1048?–1131?）

'Umar Makram〈19世紀〉
フランスのエジプト占領時における宗教指導者。
⇒岩世人（ウマル・マクラム 1755–1822.4.15）

'Umar Mukhtār〈19・20世紀〉
リビアの宗教・社会運動家。反イタリア抵抗運動の指導者。
⇒岩世人（ムフタール、ウマル 1858–1931.9.16）

Umāsvāti〈5・6世紀頃〉
インドの哲学者、ジャイナ教教理の組織者。
⇒岩世人（ウマースヴァーティ）
南ア新（ウマースヴァーティ 生没年不詳）

Umayya ibn Abī al-Ṣalt〈7世紀〉
アラビアの宗教詩人。
⇒岩世人（ウマイヤ・イブン・アビー・アッ＝サルト ?–630頃）

Umberto I〈19世紀〉
イタリア国王。在位1878～1900。アナーキストにより暗殺。
⇒岩世人（ウンベルト1世 1844.3.14–1900.7.29）

Umile da Bisignano〈16・17世紀〉
イタリアのフランシスコ会信徒修道士。聖人。祝日11月26日。
⇒新カト（ウミレ・ダ・ビジニャーノ 1582.8.26–1637.11.26）

Umlauf, Ignaz〈18世紀〉
オーストリアの作曲家、ヴィオラ奏者、指揮者。
⇒バロ（ウムラウフ、イグナーツ 1746–1796.6.8）

Ummīdī Ṭihrānī Rāzī〈15・16世紀〉
イランのサファヴィー朝初期の古典派ペルシア詩人。
⇒岩世人（ウンミーディー・ティフラーニー・ラーズィー ?–1519）

Umstatt, Joseph〈18世紀〉
オーストリアの作曲家。

⇒バロ（ウムシュタット，ヨーゼフ　1711.2.5–1762.5.24）

Unamuno y Jugo, Miguel de〈19・20世紀〉
スペインの哲学者，文学者。主著『生の悲劇的感情について』(13)。
⇒岩世人（ウナムーノ　1864.9.29–1936.12.31）
　広辞7（ウナムーノ　1864–1936）
　学叢思（ウナムノ，ミゲル・デ　1864–?）
　新カト（ウナムーノ　1864.9.29–1936.12.31）
　20思（ウナムーノ（イ・フーゴ），ミゲル・デ　1864–1936）
　メル別（ウナムーノ（・イ・フーゴ），ミゲル・デ　1864–1936）

Unangst, Erias〈19・20世紀〉
アメリカの宣教師。
⇒アア歴（Unangst,Erias　イーリアス・アンアングスト　1824.8.8–1903.10.12）

Underhill, Evelyn〈19・20世紀〉
イギリスの詩人，典礼学者。主著『ミスティシズム』(12)。
⇒岩世人（アンダヒル　1875.12.6–1941.6.15）
　新カト（アンダヒル　1875.12.6–1941.6.15）

Underwood, Horace Grant〈19・20世紀〉
アメリカの宣教師。朝鮮に渡り（1885），官立病院に勤務し，聖書の翻訳に当った。
⇒アア歴（Underwood,Horace Grant　ホラス・グラント・アンダーウッド　1859.7.19–1916.10.12）
　岩世人（アンダーウッド　1859.7.19–1916.10.12）
　韓朝新（アンダーウッド　1859–1916）

Unger, Johann Friedrich〈18・19世紀〉
ドイツの印刷者，出版業者。〈ウンガー・ドイツ活字体〉を作製。
⇒岩世人（ウンガー　1753–1804.12.26）

Unger, Joseph〈19・20世紀〉
オーストリアの法律学者，政治学者。最高裁判所長(81)等を歴任，19世紀の私法学者として著名。
⇒岩世人（ウンガー　1828.7.2–1913.5.2）

Unger, Rudolf〈19・20世紀〉
ドイツの文芸学者，文芸史家。問題史としての文芸史を提唱。
⇒岩世人（ウンガー　1876.5.8–1942.2.5）

Ungewitter, Georg Gottlob〈19世紀〉
ドイツの建築家。ロマン主義の代表者。
⇒岩世人（ウンゲヴィッター　1820.9.15–1864.11.6）

Ungu, Raja〈17世紀〉
マレー半島中部，パタニ王国最盛期の女王。在位1624～35。
⇒岩世人（ウング　(在位)1624–1635）

Unna, Paul Gerson〈19・20世紀〉
ドイツの皮膚科学者。皮膚の生化学に関する多くの知見を発表。
⇒岩世人（ウンナ　1850.9.8–1929.1.29）
　ユ著人（Unna,Paul Gerson　ウンナ，パウル・ゲルゾン　1850–1929）

Unshlikht, Iosif Stanislavovich〈19・20世紀〉
ソ連の情報機関GRU局長代理。
⇒学叢思（ウンシリフト　1879–?）
　スパイ（ウンシュリフト，ヨシフ・スタニスラヴォヴィチ　1879–1938）

'Unsrī Balkhī, Abu'l Qasim〈11世紀〉
ペルシアの宮廷頌詩詩人。
⇒岩世人（ウンスリー・バルヒー　968頃?–1039-1040）

Unus, Pati〈15・16世紀〉
ジャワのジュパラ王国の王。
⇒岩世人（ウヌス，パティ　1490頃–1521）

Unverdorben, Otto〈19世紀〉
ドイツの化学者。インジゴを蒸溜し初めてクリスタリン（アニリン）を得る(26)。
⇒岩世人（ウンフェアドルベン　1806.10.13–1873.12.28）

Unwin, George〈19・20世紀〉
イギリスの経済史家。主著『16・17世紀の経済組織』(04)。
⇒岩世人（アンウィン　1870.5.7–1925）

Unwin, Sir Raymond〈19・20世紀〉
イギリスの建築家，都市計画家。ハムステッドおよびレッチウァースの田園都市計画者。
⇒岩世人（アンウィン　1863.11.2–1940.6.29）

Uongu〈19世紀〉
台湾原住民の指導者。
⇒岩世人（ウォグ）

Upadhyaya, Brahmabandhav〈19・20世紀〉
インドのキリスト者。
⇒新カト（ウパドヤーヤ　1861.2.11–1907.10.27）

Upāli〈前6世紀頃〉
釈迦の十大弟子の一。持律第一と称せられた。優婆離。ウパーリ。
⇒岩世人（ウパーリ）
　広辞7（優波離　うばり）

Upasena〈9世紀頃〉
セイロン（スリランカ）の仏教僧。上座部の注釈家。
⇒岩世人（ウパセーナ　9世紀頃）

Upendra Bhāñja〈17・18世紀〉
インドのオリヤー詩人。グムスルの王家の出。

著作は叙事詩,修辞,作詩論書,詩語辞典など多方面。
  ⇒岩世人（ウベーンドラ・バーンジャ　1670/1685-1721頃/1720頃）

Uphues, Goswin〈19・20世紀〉
ドイツの哲学者。カトリック教徒。論理学的研究がある。
  ⇒岩世人（ウプフース　1841.3.13-1916.9.10）

Upjohn, Richard〈19世紀〉
アメリカの建築家。ゴシック様式の復活導入を行う。
  ⇒岩世人（アップジョン　1802.1.22-1878.8.16）

Uppdal, Kristofer〈19・20世紀〉
ノルウェーの作家。農民と労働者の関係を描く。
  ⇒岩世人（ウップダール　1878.2.19-1961.12.26）

'Uqba ibn Nāfi'〈7世紀〉
初期イスラーム時代のアラブの軍人。
  ⇒岩世人（ウクバ・イブン・ナーフィウ　?-683）

Urbain, Georges〈19・20世紀〉
フランスの化学者。稀土類元素の研究を行い,ユーロピウム,ガドリニウムの性質を明らかにした。
  ⇒岩世人（ユルバン　1872.4.12-1938.11.5）

Urban, Wilbur Marshall〈19・20世紀〉
アメリカの哲学者,心理学者。主著"Language and reality"（1939）。
  ⇒岩世人（アーバン　1873.3.27-1952）

Urbanus〈5世紀〉
聖人。祝日4月2日。
  ⇒新カト（ウルバヌス〔ラングルの〕　?-450頃）

Urbanus I, St.〈3世紀〉
ローマ教皇。在位222～230。
  ⇒新カト（ウルバヌス1世　?-230）
  　図聖（ウルバヌス1世　（在位）222-230）

Urbanus II〈11世紀〉
教皇。在位1088～99。福者。
  ⇒岩世人（ウルバヌス2世　1042頃-1099.7.29）
  　広辞7（ウルバヌス二世　（在位）1088-1099）
  　新カト（ウルバヌス2世　1042頃-1099.7.29）
  　世人新（ウルバヌス（ウルバン）2世　1042頃-1099頃）
  　世人装（ウルバヌス（ウルバン）2世　1042頃-1099頃）
  　世史語（ウルバヌス2世　（在位）1088-99）
  　ポプ人（ウルバヌス2世　1042頃-1099）

Urbanus III〈12世紀〉
ローマ教皇。在位1185～87。
  ⇒新カト（ウルバヌス3世　?-1187.10.20）

Urbanus IV〈13世紀〉
教皇。在位1261～4。
  ⇒岩世人（ウルバヌス4世　1200頃-1264）

　新カト（ウルバヌス4世　1200頃-1264.10.2）

Urbanus V〈14世紀〉
教皇。在位1362～70。福者。
  ⇒岩世人（ウルバヌス5世　1310頃-1370.12.19）
  　新カト（ウルバヌス5世　1310頃-1370.12.19）

Urbanus VI〈14世紀〉
教皇。在位1378～89。1363年アチェレンツァ,77年バリの大司教。枢機卿でない最後の教皇。
  ⇒岩世人（ウルバヌス6世　1318頃-1389.10.15）
  　広辞7（ウルバヌス六世　（在位）1378-1389）
  　新カト（ウルバヌス6世　1318頃-1389.10.15）

Urbanus VII〈16世紀〉
ローマ教皇。
  ⇒新カト（ウルバヌス7世　1521.8.4-1590.9.27）

Urbanus VIII〈16・17世紀〉
教皇。在位1623～44。芸術を奨励し,26年ウルビノ学院（プロパガンダ大学）を創立。
  ⇒岩世人（ウルバヌス8世　1568-1644.7.29）
  　広辞7（ウルバヌス八世　（在位）1623-1644）
  　新カト（ウルバヌス8世　1568-1644.7.29）

Urdaneta, Andrés de〈15・16世紀〉
スペインのアウグスティノ会宣教師。
  ⇒岩世人（ウルダネータ　1498.11.30-1568.6.3）
  　オセ新（ウルダネータ　1508-1568）
  　新カト（ウルダネタ　1508-1568）

Urduja〈14世紀〉
先スペイン期フィリピンの英雄として知られる伝説上の王女。
  ⇒岩世人（ウルドゥハ）

Ure, Andrew〈18・19世紀〉
スコットランドの化学者,経済学者。
  ⇒岩世人（ユーア　1778-1857）

Urede, Johannes〈15世紀〉
フランドルの歌手。
  ⇒バロ（ウレーデ, ヨハンネス　1440頃?-1490頃?）

'Urfī Shīrāzī, Jamāl al-Dīn Muḥammad〈16世紀〉
インドにおけるイラン系ペルシア語詩人。
  ⇒岩世人（ウルフィー・シーラーズィー　?-1591）

Uriah〈前10世紀頃〉
ヘテ人でダビデの勇士。
  ⇒聖書（ウリヤ）

Urio, Francesco Antonio〈17・18世紀〉
イタリアの聖職者,作曲家。
  ⇒バロ（ウーリオ, フランチェスコ・アントーニオ　1631/1632-1719以降）

Urios, Saturnino〈19・20世紀〉
スペイン人イエズス会員,フィリピンの宣教師。
  ⇒新カト（ウリオス　1843.11.12-1916.10.27）

Uriyangkhadai〈13世紀〉
モンゴルの武将。モンケ・ハンの即位前からの家臣。
⇒岩世人（ウリヤンカダイ　1204-1275）
　広辞7（ウリャンハダイ　1201-1272）

Urlsperger, Johann August〈18・19世紀〉
ドイツの弁証学者。
⇒新カト（ウルルシュベルガー　1728.11.25-1806.12.1）

Urlsperger, Samuel〈17・18世紀〉
ドイツ、バイエルンの指導的牧師。
⇒新カト（ウルルシュベルガー　1685.8.20-1772.4.20）

Urlus, Jacques〈19・20世紀〉
ドイツのテノール。ワーグナー・テノールとして活躍。
⇒失声（ジャック・ウルラス　1867-1935）
　魅惑（Urlus, Jacques　1867-1935）

Ur-nammu〈前21世紀頃〉
ウル（現バビロニア南部のムカイヤル）の第3王朝初代の王。在位前2068～50。
⇒岩世人（ウルナンム　（在位）前2112-前2095）

Ur-Nanše〈前25世紀頃〉
バビロニアの古ラガシュ王朝の祖（前2500頃）。
⇒岩世人（ウルナンシェ）

Urquhart, *Sir* Thomas〈17世紀〉
イギリスの文学者。主著はラブレーの『ガルガンチュアとパンタグリュエル』の翻訳や数学や言語学の論文。
⇒岩世人（アーカート　1611-1660）

Ùrquiza, Justo José de〈19世紀〉
アルゼンチンの軍人、政治家。農場主。アルゼンチン連合の大統領を務めた。
⇒岩世人（ウルキーサ　1801.3.19-1870.4.11）
　ラテ新（ウルキサ　1801-1870）

Urraburu, Juan José〈19・20世紀〉
スペインの哲学者。
⇒岩世人（ウラブル　1844.5.23-1904.8.13）
　新カト（ウラブル　1844.3.20-1904.8.10）

Urraca〈11・12世紀〉
レオン＝カスティリア女王。在位1109～26。レオン＝カスティリア王アルフォンソ6世の娘。
⇒世帝（ウラカ　1082-1126）
　王妃（ウラカ　1082-1126）

Ursacios〈4世紀〉
シンギドゥヌム（現ベオグラード）司教。西方へのアレイオス主義導入の推進者。
⇒新カト（ウルサキオス　?-375以前）

Ursillo, Fabio〈17・18世紀〉
イタリアのリュート奏者。
⇒バロ（ウルジルロ, ファビオ　1698頃-1759）

Ursinus, Zacharias〈16世紀〉
ドイツの神学者。カルバン主義に立つ。
⇒岩世人（ウルジヌス　1534.7.18-1583.3.6）
　新カト（ウルジヌス　1534.7.18-1583.3.6）

Ursis, Sabbathino de〈16・17世紀〉
イタリアのイエズス会士。ナポリの人。
⇒岩世人（ウルシス　1575-1620.5.3）
　新カト（ウルシス　1575-1620.5.3）

Ursmar〈7・8世紀〉
聖人、司教、修道院長。祝日4月18日。
⇒新カト（ウルスマル　640頃-713.4.18）

Ursula〈4世紀〉
処女殉教者。聖人。
⇒岩世人（ウルスラ）
　新カト（ウルスラ　4世紀頃）
　図聖（ウルスラ　?-304頃）

Ursus〈5世紀〉
ラヴェンナの司教。聖人。祝日4月13日。
⇒新カト（ウルスス〔ラヴェンナの〕　4世紀末-424/429.4.13）

Ursus von Solothurn〈3世紀〉
聖人、殉教者。祝日9月30日。
⇒新カト（ウルススとウィクトル　3世紀末-286/303）
　図聖（ウルススとウィクトル（ゾロトゥルンの）?-286/303）

Uru-inim-gina〈前24世紀〉
古代メソポタミアの統治者。在位前2351～2342。
⇒岩世人（ウルイニムギナ）

'Urwa bn al-Ward al-'Absī〈6世紀頃〉
アラビアの詩人。
⇒岩世人（ウルワ・イブン・ワルド）

Urwick, Edward Johns〈19世紀〉
イギリスの社会哲学者。
⇒学叢思（アーウィック, エドワード・ジョンス　1867-?）

Ury, Lesser〈19・20世紀〉
画家。
⇒ユ著人（Ury, Lesser　ウリ（ウーリィ）, レッサー　1861-1931）

Uşakligil, Halit Ziya〈19・20世紀〉
民族主義的革命組織「青年トルコ」の指導者の一人、ジャーナリスト。
⇒岩世人（ウシャクルギル, ハリト・ズィヤ　1865/1866/1868-1945.3.27）

Usalam, Molana〈16世紀〉
1500年頃のジャワにおける初期イスラーム布教

者の一人。
⇒岩世人（ウサラム, モラナ 1500年頃）

Usāma bn Munqidh〈11・12世紀〉
シリアの軍人, 文学者。
⇒岩世人（ウサーマ・イブン・ムンキズ 1095–1188）

Usener, Hermann〈19・20世紀〉
ドイツの古典学者。エピクロスとギリシアの宗教の研究者。
⇒岩世人（ウーゼナー 1834.10.23–1905.10.21）

Userkaf〈前26世紀〉
古代エジプトの統治者。在位前2544頃～2532頃。
⇒岩世人（ウセルカフ （在位）前2479–前2471頃）

Userkhaure Setnakht〈前12世紀〉
古代エジプトの統治者。在位前1185～1182。
⇒世帝（セトナクト （在位）前1185–前1182頃）

Usermare-akhenamun Ramesses VIII〈前12世紀〉
古代エジプトの統治者。在位前1125～1123。
⇒世帝（ラメセス8世 （在位）前1133–前1126頃）

Usermare-meryamun Ramesses VII〈前12世紀〉
古代エジプトの統治者。在位前1133～1125。
⇒世帝（ラメセス7世 （在位）前1133–前1126頃）

Usermare Ramesses V〈前12世紀〉
古代エジプトの統治者。在位前1145～1141。
⇒世帝（ラメセス5世 （在位）前1145–前1141頃）

Ushakov, Dmitrij Nikolajevich〈19・20世紀〉
ソ連の言語学者。ロシア語・方言・発音の研究者。
⇒岩世人（ウシャコーフ 1873.1.12/24–1942.4.17）

Ushakov, Fyodor Fyodorovich〈18・19世紀〉
ロシアの提督。ロシアにおける海軍兵術の確立者の一人。
⇒岩世人（ウシャコーフ 1745.2.13–1817.10.2）

Ushakov, Simon Fyodorovich〈17世紀〉
ロシアの画家, 版画家。
⇒岩世人（ウシャコーフ 1626–1686.6.25）

Usher, James〈16・17世紀〉
アイルランドの神学者。
⇒岩世人（アッシャー 1581.1.4–1656.5.20）
ネーム（アッシャー 1581–1656）
新カト（アッシャー 1581.1.13–1656.5.20）

Ushinskii, Konstantin Dmitrievich〈19世紀〉
革命前ロシアの教育思想家。
⇒岩世人（ウシンスキー 1824.2.19–1870.12.22）

Uspenskii, Gleb Ivanovich〈19・20世紀〉
ロシアの作家。『農村日記抄』（77～80）, 『大地の力』（82）などの作品がある。
⇒岩世人（ウスペンスキー 1843.10.13–1902.3.24）
ネーム（ウスペンスキー 1840–1902）

Usper, Francesco〈16・17世紀〉
イタリアのオルガン奏者, 聖職者。
⇒バロ（ウスペル, フランチェスコ 1570以前–1641初期）

Ussishkin, Abraham Menahem Mendel〈19・20世紀〉
シオニスト運動の指導者。
⇒ユ人（ウシシュキン, メナヘム・メンデル 1863–1941）
ユ著人（Ussishkin, Abraham Menahem Mendel ウシシュキン, アブラハム・メナヘム・メンデル 1863–1941）

Ustādhsis〈8世紀〉
イランの偽予言者。
⇒岩世人（ウスターズスィース）

Ustryalov, Nikolai Gerasimovich〈19世紀〉
ロシアの歴史家。
⇒岩世人（ウストリャーロフ 1805.5.4–1870.6.8）

'Uṭārid b. Muḥammad〈9・10世紀〉
アラブ系博物学者。
⇒岩世人（ウターリド・イブン・ムハンマド）

al-'Utbī, Abū Naṣr Muḥammad〈10・11世紀〉
イランの歴史家。主著『ヤミーニーの書』。
⇒岩世人（ウトビー ?–1036）

Utendal, Alexander〈16世紀〉
ネーデルラントの歌手。
⇒バロ（ウテンダール, アレクサンダー 1530-1540頃–1581.5.7）

Utenhove, Jan〈16世紀〉
オランダ出身の宗教改革者。
⇒新カト（ユーテンホーフェ 1520頃–1565）

'Uthmān b. 'Affān〈6・7世紀〉
イスラム国家第3代カリフ。在位644～656。マホメットの娘と結婚し, 第3代カリフに選出された。
⇒岩世人（ウスマーン・イブン・アッファーン ?–656.6.17）
広辞7（ウスマーン ?–656）

'Uthmān Dan Fodio〈18・19世紀〉
西スーダン（現ナイジェリア）のフラー族首長。

⇒岩世人（ウスマン・ダン・フォディオ　1754–1817）

Ut-napištim
古代メソポタミアの洪水伝説の主人公。
⇒岩世人（ウト・ナピシュティム）
ネーム（ウトナピシュテイム）

Uttini, Francesco Antonio Baldassare〈18世紀〉
イタリアの指揮者。
⇒バロ（ウッティーニ, フランチェスコ・アントーニオ・バルダッサーレ　1723–1795.10.25）

Utto von Metten〈8・9世紀〉
ベネディクト会士, 大修道院長, 福者。
⇒図聖（ウットー（メッテンの）　?–829）

U Uttama〈19・20世紀〉
ビルマの僧侶, 民族運動の指導者。
⇒岩世人（オッタマ　1879–1939.9.9）

Uvarov, Aleksei Sergeivich〈19世紀〉
ロシアの考古学者。〈モスクワ考古学会〉を設立 (64), のちモスクワに歴史博物館を創立した (83)。
⇒岩世人（ウヴァーロフ　1825.2.28–1884.12.29）

Uvarov, Sergei Semyonovich〈18・19世紀〉
ロシアの政治家。伯爵 (1846), 文相 (33～49), 科学アカデミー総裁。
⇒岩世人（ウヴァーロフ　1786.8.25–1855.9.4）

Uvarova, Praskoviya Sergeivna〈19・20世紀〉
ロシアの女流考古学者。
⇒岩世人（ウヴァーロヴァ　1840.3.28/4.9–1924.6.30）

Uways al-Qaranī〈7世紀〉
イスラーム最初期の禁欲家。
⇒岩世人（ウワイス・カラニー　?–657）

Uz, Johann Peter〈18世紀〉
ドイツの詩人, 司法官。ヴァッセルマンの小説"Sturreganz"(1922) の主人公。
⇒岩世人（ウーツ　1720.10.3–1796.5.12）

Uzana〈13世紀〉
ビルマ, パガン朝の王。
⇒世帝（オウサナー　1219–1256）

Uzbeg Khān〈13・14世紀〉
キプチャク・ハン国のハン。
⇒岩世人（オズベク（ウズベク）　?–1342）
　世人新（ウズベク＝ハン　?–1340）
　世人装（ウズベク＝ハン　?–1340）
　学叢歴（月即別　?–1340）

Uztariz, Geronimo de〈17・18世紀〉
スペインの経済学者。

⇒岩世人（ウスタリス　1670.11.16（受洗）–1732.2.1）
　学叢思（ウスタリズ・ジェロニモ・デ　1689–?）

Uzun Hasan〈15世紀〉
トルクメン系白羊朝の創始者。メソポタミア, イランを支配。
⇒岩世人（ウズン・ハサン　1425–1478.1）

Uzzah
「神の箱」に触ったために神に打たれて死んだ男。
⇒聖書（ウザ）

Uzziah〈前8世紀〉
ダビデ王朝12代目, 南北王朝分裂後10代目のユダ王国の王 (前783～742頃)。
⇒新カト（ウジヤ）
　聖書（ウジヤ）
　世帝（ウジヤ　前799?–前742?）

【V】

Vacandard, Elphège-Florent〈19・20世紀〉
フランスの教会史家。
⇒新カト（ヴァカンダール　1849.4.10–1927.10.23）

Vacant, Jean-Michel-Alfred〈19・20世紀〉
フランスの神学者。
⇒新カト（ヴァカン　1852.2.23–1901.4.2）

Vacarius〈12世紀〉
イタリアの法学者。
⇒岩世人（ヴァカリウス　1120頃–1200頃）
　新カト（ヴァカリウス　1115/1120–1198以後）

Vācaspati-miśra〈9世紀頃〉
インドの哲学者。正統バラモン哲学諸学派の重要な論書の注釈を著した。
⇒岩世人（ヴァーチャスパティ・ミシュラ）

Vaccai, Nicola〈18・19世紀〉
イタリアの作曲家。
⇒オペラ（ヴァッカーイ, ニコーラ　1790–1848）

Vaccaro, Michelangelo〈19・20世紀〉
イタリアの法社会学者。著書に『法と国家の社会学的基礎』(93) がある。
⇒学叢思（ヴァッカロ, ミケランジェロ　1854–?）

Vacherot, Etienne〈19世紀〉
フランスの哲学者。ライプニッツおよびヘーゲルの傾向をもつ観念論を説いた。
⇒岩世人（ヴァシュロ　1809.7.29–1897.7.28）
　メル2（ヴァシュロ, エティエンヌ　1809–1897）

Vachon, Pierre〈18・19世紀〉
フランスのヴァイオリン奏者,作曲家。
⇒バロ（ヴァション,ピエール　1731.6–1803.10.7）

Václav〈10世紀〉
チェコ人の民族的聖人,殉教者。
⇒岩世人（ヴァーツラフ　907頃–929/935.9.28）
　図聖（ヴァーツラフ　903/905–929/935）

Vacquerie, Auguste〈19世紀〉
フランスの詩人,劇作家,ジャーナリスト。詩集『精神の地獄』,劇作『名誉の葬送』など。
⇒19仏（オーギュスト・ヴァクリ　1819.11.19–1895.2.19）

Vadé, Jean-Joseph〈18世紀〉
フランスの徴税官,秘書,詩人,劇作家。
⇒バロ（ヴァデ,ジャン・ジョゼフ　1719.1.17–1757.7.4）

Vadian, Joachim〈15・16世紀〉
スイスの人文主義者。ザンクト・ガレンのプロテスタント教会の建立者。
⇒岩世人（ヴァディアン　1484.11.30–1551.4.6）
　新カト（ヴァディアン　1484.11.29–1551.4.6）

Vado, Juan del〈17世紀〉
スペインの作曲家。
⇒バロ（バド,フアン・デル　1610頃?–1675以降）

Vaet, Jacobus〈16世紀〉
フランドルの作曲家。
⇒バロ（ヴァエ,ヤコブ　1529頃–1567）
　バロ（ファート,ヤコブス　1529頃–1567.1.8）

Vaganova, Agrippina〈19・20世紀〉
ソ連の舞踊家。ワガノワ・メソッドの樹立者,教師。
⇒岩世人（ワガノワ（ヴァガーノヴァ）　1879.6.14/26–1951.11.5）
　バレエ（ワガノワ,アグリッピナ　1879.6.26–1951.11.5）
　ネーム（ワガーノワ　1879–1951）

Vāgbhaṭa〈7世紀?〉
インドの医学者。
⇒岩世人（ヴァーグバタ）
　南ア新（ヴァーグバタ　生没年不詳）

Vagnoni, Alfonso〈16・17世紀〉
イタリアの中国イエズス会士。南京に派遣され(1605),最初の会堂を建設(11)。
⇒岩世人（ヴァニョーニ　1566–1640.4.19）
　新カト（ヴァニョーニ　1566–1640.4.19）

Vaida-Voevod, Alexander〈19・20世紀〉
ルーマニアの政治家。
⇒岩世人（ヴァイダ＝ヴォエヴォード　1872.2.27–1950.3.19）

Vaidehī
インドのマガダ国王ビンビサーラの王妃。
⇒広辞7（韋提希　いだいけ）

Vaihinger, Hans〈19・20世紀〉
ドイツの哲学者。観念論的実証主義を提唱。
⇒岩世人（ファイヒンガー　1852.9.25–1933.12.18）
　学叢思（ファイヒンゲル,ハンス　1852–?）
　新カト（ファイヒンガー　1852.9.25–1933.12.17）
　20思（ファイヒンガー,ハンス　1852–1933）
　メル3（ファイヒンガー,ハンス　1852–1933）

Vailati, Giovanni〈19・20世紀〉
イタリアの数学者,哲学者。パースおよびジェームズのプラグマティズムを支持。
⇒岩世人（ヴァイラーティ　1863.4.24–1909.5.14）

Vaillant, Edouard Marie〈19・20世紀〉
フランスの社会主義者,政治家。
⇒岩世人（ヴァイヤン　1840.1.29–1915.12.18）
　学叢思（ヴァイアン,エドゥアール　1840–1915）

Vaillant, Jean Baptiste Philibert〈18・19世紀〉
フランスの軍人。ナポレオン1世のモスクワ遠征(1812),ウォーターローの会戦(15)に参加。
⇒岩世人（ヴァイヤン　1790.12.6–1872.6.4）

Vaillant, Jehan〈14世紀〉
フランスの作曲家,官吏。
⇒バロ（ヴェヤン,ジャン　1340頃?–1390頃?）

Väinämöinen
フィンランドの民族的叙事詩《カレワラ》の英雄。
⇒岩世人（ワイナミョイネン（ワイナモイネン；ヴァイナモイネン））
　ネーム（ワイナミョイネン）

Vainyagupta〈5・6世紀〉
グプタ帝国の統治者。在位500～515。
⇒世帝（ヴァイニヤグプタ　(在位)495頃）

Vairasse, Denis〈17世紀〉
フランスの小説家。
⇒学叢思（ヴェーラッス,ドニー）

Vajanský〈19・20世紀〉
スロバキアの詩人,作家。
⇒岩世人（ヴァヤンスキー　1847.1.16–1916.8.17）

Vajda János〈19世紀〉
ハンガリーの抒情詩人。近代ハンガリー文学の開拓者。
⇒岩世人（ヴァイダ　1827.5.7–1897.1.17）

Vajrabodhi〈7・8世紀〉
密教付法相承の第5祖,中国密教の第1祖。跋日羅菩提と音写される。南インドの王族の出身,あるいは中インドのバラモンの出身ともいわれる。開元8(720)年に中国の都長安に渡って密教を布教。『金剛頂経』8部11巻を漢訳。
⇒岩世人（金剛智　こんごうち　669–741（開元29））

広辞7（金剛智　こんごうち　671–741）

Vākpatirāja〈8世紀〉
インドのプラークリット詩人。8世紀前半に活動。
⇒岩世人（ヴァークパティラージャ　8世紀前半）

Valadon, Suzanne〈19・20世紀〉
フランスの女流画家。M.ユトリロの母。『青い寝室』などの作品がある。
⇒岩世人（ヴァラドン　1867.9.23–1938.4.7）
　芸13（ヴァラドン, シュザンヌ　1867–1938）

Valagambāhu〈前1世紀〉
セイロン島の王。
⇒学叢思（ヴァラガンバーフ）

Valareggio, Alessandro〈16世紀〉
イエズス会のイタリア人宣教師。68年来日し、博多、堺および五島で伝道。
⇒岩世人（ヴァラレッジョ　1530–1580.1.11）

Valberkh, Ivan〈18・19世紀〉
ロシアのダンサー、振付家、教師、バレエ・マスター。
⇒バレエ（ワリベルフ, イワン　1766.7.14–1819.7.26）

Valckenier, Adriaan〈17・18世紀〉
オランダ東インド会社（VOC）の総督。在職1737～41。
⇒岩世人（ファルケニール　1695.6.6–1751.6.20）

Valdemar, the Younger〈13世紀〉
デンマーク王国の統治者。
⇒世帝（ヴァルデマー若王　1209–1231）

Valdemar I〈12世紀〉
デンマーク王。在位1157～82。中世的な中央集権国家の建設者。
⇒岩世人（ヴァルデマ1世（大王）　1131.1.14–1182.5.12）
　世帝（ヴァルデマー1世　1131–1182）

Valdemar II〈12・13世紀〉
デンマーク王。在位1202～41。没後に内乱を引起した。
⇒岩世人（ヴァルデマ2世（勝利王）　1170頃.6.24–1241.3.28）
　世帝（ヴァルデマー2世　1170–1241）

Valdemar III〈14世紀〉
デンマーク王国の統治者。在位1326～1330。
⇒世帝（ヴァルデマー3世　1314–1364）

Valdemar IV, Anotherday〈14世紀〉
デンマーク王。在位1340～75。「他日王」と呼ばれた。
⇒岩世人（ヴァルデマ4世（再興王）　1320頃–1375.10.24）
　世帝（ヴァルデマー4世　1320–1375）

Valderrábano, Enríquez de〈16世紀〉
スペインの作曲家。ルネサンス・スペインのビウエラ楽派の代表者。
⇒バロ（バルデラーバノ, エンリケス・デ　1500頃–1557頃）

Valderrama, Domingo de〈16・17世紀〉
スペイン人ドミニコ会ロザリオ管区司祭。来日宣教師。
⇒新カト（ドミンゴ・デ・バルデラマ　生没年不詳）

Valdés, Alfonso de〈15・16世紀〉
イタリアの人文主義者。スペイン出身。
⇒新カト（バルデス　1500頃–1532.10.6）

Valdés, Fernando de〈15・16世紀〉
スペインの大司教、異端審問所総長。
⇒新カト（バルデス　1483–1568.12.9）

Valdés, Juan de〈15・16世紀〉
スペインの宗教改革者。エラスムス派の代表。
⇒岩世人（バルデス　1509頃–1542）
　新カト（バルデス　1500頃–1541.7.12/20）

Valdes Leal, Juan de〈17世紀〉
スペインの画家。主作品はコルドバのカルメリタス・カルザドス僧院の祭壇画（1658）。
⇒岩世人（バルデス・レアル　1622.5.4–1690.10.15）
　新カト（バルデス・レアール　1622.5.4–1690.10.15）

Valdivia, Luis de〈16・17世紀〉
スペインのイエズス会宣教師。
⇒新カト（バルディビア　1561–1642.11.5）

Valdivia, Pedro de〈15・16世紀〉
スペインの軍人。チリの征服者、総督。
⇒岩世人（バルディビア　1498頃–1553.12.25）

Valdivielso, José de〈16・17世紀〉
スペインの詩人、劇作家。
⇒新カト（バルディビエルソ　1560頃–1638.6.19）

Valdivieso, Antonio de〈16世紀〉
ドミニコ会の宣教師、ニカラグアの司教。
⇒新カト（バルディビエソ　?–1550.2.26）

Valencia, Gregorio de〈16・17世紀〉
スペインの神学者。
⇒岩世人（バレンシア　1549–1603.4.25）

Valencia, Martín de〈15・16世紀〉
スペインのフランシスコ会宣教師。
⇒新カト（バレンシア　1473頃–1534.3.21）

Valens, Flavius〈4世紀〉
ローマ皇帝。在位364～378。西ゴート人の侵入を受け、アドリアノープルの戦いで大敗。
⇒岩世人（ウァレンス　328–378.8.9）
　新カト（ウァレンス　328.378.8.9）
　世帝（ウァレンス　328–378）

Valente, Adrien〈16世紀〉
イタリアの作曲家。
⇒バロ（ヴァレンテ, アドリアン　1510頃?–1560頃?）

Valente, Antonio〈16世紀〉
イタリアのオルガン奏者, 作曲家。
⇒バロ（ヴァレンテ, アントーニオ　1530頃–1580以降）

Valente, Diogo Correa〈16・17世紀〉
キリシタン時代の4代目の日本（府内）司教。
⇒新カト（ヴァレンテ　1568–1633.10.28）

Valentin, Gabriel Gustav〈19世紀〉
ドイツの医学者。上皮細胞の線毛の運動を記載し(35), また核小体を命名した(36)。
⇒岩世人（ヴァレンティン　1810.7.8–1883.5.24）
　ユ著人（Valentin,Gabriel Gustav　バレンチン, ガブリエル・グスタフ　1810–1883）

Valentine, Robert〈17・18世紀〉
イギリスのブロック・フレーテ奏者。
⇒バロ（ヴァレンタイン, ロバート　1674.1.16–1747.5.26）

Valentini, Giovanni〈16・17世紀〉
イタリアの作曲家, オルガン奏者。
⇒バロ（ヴァレンティーニ, ジョヴァンニ　1582/1583頃–1649.4.29/30）

Valentini, Giuseppe〈17・18世紀〉
イタリアの作曲家, ヴァイオリン奏者, 詩人。ボローニャ, フィレンツェで活躍。
⇒バロ（ヴァレンティーニ, ジュゼッペ　1681–1759以降）

Valentini, Michelangelo〈18世紀〉
イタリアの作曲家。
⇒バロ（ヴァレンティーニ, ミケランジェロ　1720頃–1768以降）

Valentini, Pietro Francesco〈16・17世紀〉
イタリアの詩人, 理論家。
⇒バロ（ヴァレンティーニ, ピエトロ・フランチェスコ　1570頃–1654）

Valentinianus I〈4世紀〉
ローマ皇帝。在位364～375。社会組織の確立に努めた。
⇒岩世人（ウァレンティニアヌス1世　321–375.11.17）
　新カト（ウァレンティニアヌス1世　321–375.11.17）
　世帝（ウァレンティニアヌス1世　321–375）

Valentinianus II〈4世紀〉
ローマ皇帝。在位375–392。1世の子。
⇒岩世人（ウァレンティニアヌス2世　371–392.5.15）
　新カト（ウァレンティニアヌス2世　371頃–392.5.15）
　世帝（ウァレンティニアヌス2世　371–392）

Valentinianus III〈5世紀〉
西ローマ皇帝。在位425～455。西ローマの衰退を招いた。
⇒岩世人（ウァレンティニアヌス3世　419–455）
　新カト（ウァレンティニアヌス3世　419.7.2–455.3.16）
　世帝（ウァレンティニアヌス3世　419–455）

Valentinus〈2世紀〉
エジプト生れのキリスト教, グノーシス派の代表的哲学者。
⇒岩世人（ウァレンティノス　100頃–165以後）
　学叢思（ヴァレンティノス　135–165）
　新カト（ウァレンティノス　2世紀）
　メル1（ウァレンティノス　100頃–165頃）

Valentinus〈3世紀頃〉
テルニーの司教, 聖人。
⇒岩世人（ウァレンティヌス）
　新カト（ウァレンティヌス　生没年不詳）
　図聖（ウァレンティヌス（テルニの）　?–3世紀）

Valentinus〈5世紀〉
ラエティアの司教, 宣教師。聖人。祝日1月7日。
⇒新カト（ウァレンティヌス〔パッサウの〕　?–5世紀）

Valentinus〈9世紀〉
ローマ教皇。在位827。
⇒新カト（ヴァレンティヌス　?–827.9頃）

Valentin von Rätien〈5世紀〉
司教, 聖人。
⇒図聖（ウァレンティヌス（ラエティアの）　?–460頃）

Valenzuela, Pietro〈16世紀〉
スペインの作曲家。
⇒バロ（バレンスエラ, ピエトロ　1530頃?–1579）

Valera y Alcalá Galiano, Juan〈19・20世紀〉
スペインの小説家。
⇒岩世人（バレーラ　1824.10.18–1905.4.18）
　新カト（バレラ　1824.10.18–1905.4.18）

Valeri, Gaetano〈18・19世紀〉
イタリアの鍵盤楽器奏者, 画家。
⇒バロ（ヴァレーリ, ガエターノ　1760.9.21–1822.4.13）

Valerianus〈3世紀〉
殉教者, 聖人。
⇒図聖（ウァレリアヌス　?–3世紀）

Valerianus〈4世紀〉
聖人, 司教。祝日5月13日。
⇒新カト（ウァレリアヌス〔オセールの〕　?–364頃.5.6）

Valerianus〈5世紀〉
ローマ帝国治下ガリア（現フランス）の司教。
⇒新カト（ウァレリアヌス〔シミエの〕 ?-460頃）

Valerianus, Publius Licinius〈2・3世紀〉
ローマ皇帝。在位253～260。ガルス帝への反乱に乗じてライン地方で即位。
⇒岩世人（ウァレリアヌス　200頃-260頃）
　新カト（ウァレリアヌス　190頃-260）
　世人新（ウァレリアヌス　190頃-260頃）
　世人装（ウァレリアヌス　190頃-260頃）
　世史語（ウァレリアヌス　（在位）253-260）
　世帝（ウァレリアヌス　195/200-260）
　ポプ人（ウァレリアヌス，プブリウス・リキニウス　190-269?）

Valeria von Limoges〈3世紀〉
聖人，乙女殉教者。祝日12月2日，9日，10日。
⇒新カト（ウァレリア〔リモージュの〕　7-8世紀）
　図聖（ウァレリア（リモージュの）　?-3世紀末）

Valerius〈3世紀〉
聖人，ガリア地方の殉教者。祝日6月14日。
⇒新カト（ルフィヌスとウァレリウス　3世紀頃?）

Valerius, Adriaen〈16・17世紀〉
フランドルの詩人，歴史家，公証人，知事。
⇒バロ（ヴァレリウス，アドリアン　1575頃-1625.1.27）

Valerius Antias〈前1世紀〉
ローマの年代記作者。ローマの起源から前91年までのローマ史（全75巻）を著した。
⇒岩世人（ウァレリウス・アンティアス）

Valerius Corvus, Marcus〈前4世紀〉
古代ローマの執政官。
⇒岩世人（ウァレリウス・コルウス）

Valerius Flaccus, Gaius〈1世紀〉
ローマの詩人。作品『アルゴ船遠征物語』。
⇒岩世人（ウァレリウス・フラックス）

Valerius Maximus〈1世紀〉
ローマの作家。逸話集『有名言行録』を編んだ。
⇒岩世人（ウァレリウス・マクシムス）

Valerius Valens (C.Aurelius Valerius Valens)〈4世紀〉
ローマ帝国の統治者。在位316～317。
⇒世帝（ウァレリウス・ウァレンス　（在位）316-317）

Valero, Fernando〈19・20世紀〉
イタリア・オペラのテノール。
⇒失声（フェルナンド・ヴァレロ　1854-1914）
　魅惑（Valero,Fernando　1854-1914）

Valerus〈3・4世紀〉
聖人，司教。祝日1月22日。

⇒新カト（ウァレルス　?-315）

Valéry, Paul Ambroise〈19・20世紀〉
フランスの詩人，思想家，評論家。長詩『若いパルク』(17)や『カイエ』(58～62)がある。
⇒岩世人（ヴァレリー　1871.10.30-1945.7.20）
　ネーム（ヴァレリー　1871-1945）
　広辞7（ヴァレリー　1871-1945）
　新カト（ヴァレリー　1871.10.30-1945.7.20）
　世人新（ヴァレリー　1871-1945）
　世人装（ヴァレリー　1871-1945）
　20思（ヴァレリー，ポール（=アンブロワーズ）1871-1945）
　ポプ人（バレリー，ポール　1871-1945）

Valī, Valī Muḥammad〈17・18世紀〉
インドの詩人。
⇒岩世人（ワリー　1667-1707）
　南ア新（ワリー　1667?-1707?）

Valignano, Alessandro〈16・17世紀〉
イタリアのイエズス会宣教師。来日して布教に務め，天正遣欧使節をローマに送った。
⇒岩世人（ヴァリニャーニ　1539.2.9頃-1606.1.20）
　ネーム（ヴァリニャーノ　1539-1606）
　広辞7（ヴァリニャーノ　1539-1606）
　新カト（ヴァリニャーノ　1539.2.7頃-1606.1.20）
　ポプ人（バリニャーノ，アレッサンドロ　1539-1606）

Valla, Alessandro de〈16世紀〉
イタリア人イエズス会員。
⇒新カト（ヴァラ　1529-1580.2.11）

Valla, Laurentius〈15世紀〉
イタリアの人文学者。
⇒岩世人（ヴァッラ　1407頃-1457.8.1）
　学叢思（ヴァラ，ラウレンティウス　1407-1457）
　新カト（ヴァラ　1405/1407-1457.8.1）
　ルネ（ロレンツォ・ヴァッラ　1406頃-1457）

Vallabha〈15・16世紀〉
インドの哲学者。『ブラフマ・スートラ』の注解を著した。
⇒岩世人（ヴァッラバ　1479/1473-1531）
　学叢思（ヴァラバ　1479-?）
　新カト（ヴァッラバ　1473-1531）
　南ア新（ヴァッラバ　1473-1531）

Vallaux, Camille〈19・20世紀〉
フランスの海洋学者，地理学者。
⇒岩世人（ヴァロー　1870-1945）

Valle, Pietro della〈16・17世紀〉
イタリアの旅行家。
⇒バロ（ヴァレ，ピエトロ・デッラ　1586-1652）
　バロ（デッラ・ヴァッレ，ピエトロ　1586.4.11-1652.4.21）
　岩世人（デッラ・ヴァッレ　1586.4.11-1652.4.21）

Valle-Inclán, Ramón María del〈19・

20世紀〉
スペインの小説家, 劇作家, 詩人。
⇒岩世人（バリェ＝インクラン　1866.10.28-1936.1.5）
広辞7（バリェ・インクラン　1866-1935）

Vallès, Jules〈19世紀〉
フランスの小説家, ジャーナリスト。パリ・コミューンの重要なメンバーとして活動。
⇒岩世人（ヴァレース　1832.6.11-1885.2.14）
19仏（ジュール・ヴァレス　1832.6.11-1885.2.14）
広辞7（ヴァレス　1832-1885）

Vallet, Louis〈19・20世紀〉
フランスのイラストレーター。
⇒19仏（ルイ・ヴァレ　1856.2.26-1940）

Vallet, Nicolas〈16・17世紀〉
フランス出身のリュート奏者, 教師。ネーデルラントのリュート音楽の巨匠。
⇒バロ（ヴァレ, ニコラ　1583頃-1642以降）

Vallgren, Ville〈19・20世紀〉
フィンランドの彫刻家。作品に大理石彫刻「キリストの首」(1889)。
⇒岩世人（ヴァルグレーン　1855.12.15-1940.10.13）

Vallisnieri, Antonio〈17・18世紀〉
イタリアの医者, 博物学者。昆虫の生殖などを研究。
⇒岩世人（ヴァリスニエーリ　1661.5.3-1730.1.18）

Vallotti, Francesco Antonio〈17・18世紀〉
イタリアの歌手, 聖職者, オルガン奏者, 理論家。
⇒バロ（ヴァロッティ, フランチェスコ・アントーニオ　1697.6.11-1780.1.10）

Vallotton, Félix Edmond〈19・20世紀〉
スイス出身のフランスの画家。代表作に『ポーカーをする人』(1902)。
⇒岩世人（ヴァロットン　1865.12.28-1925.12.29）
芸13（ヴァロットン, フェリックス　1865-1925）

Valls, Francisco〈17・18世紀〉
スペインの作曲家。
⇒バロ（バリュス, フランシスコ　1665-1747.2.2）

Vālmīki〈2世紀頃〉
古代インドの伝説上の詩人で, 叙事詩≪ラーマーヤナ≫の作者とされる。
⇒岩世人（ヴァールミーキ）
ネーム（ヴァールミーキ）
南ア新（ヴァールミーキ）

Valois, Alfred Georges〈19・20世紀〉
フランスの政治家。
⇒岩世人（ヴァロワ　1878.10.7-1945.2）

Valois, Henri de〈17世紀〉
フランスの歴史家。
⇒岩世人（ヴァロワ　1603.9.10-1676.5.7）

Valsalva, Antonio Maria〈17・18世紀〉
イタリアの解剖学者。鼓室についてはじめて叙述し, また聴官の機能を検査する方法を考案。
⇒岩世人（ヴァルサルヴァ　1666.2.17-1723.2.2）

Vāmana〈8・9世紀?〉
インド古典期の詩論家。詩論書『カーヴィヤーランカーラ・スートラ・ヴリッティ』の作者。
⇒岩世人（ヴァーマナ）

Vámbéry, Armin〈19・20世紀〉
ハンガリーの東洋学者。
⇒岩世人（ヴァーンベーリ　1832-1913.9.15）
ユ人（バンベリー, アルミニウス（ヘルマン・バンベルガー）　1832-1913）

Van Allen, Frank〈19・20世紀〉
アメリカの医療宣教師。
⇒アア歴（Van Allen,Frank　フランク・ヴァン・アレン　1860.1.10-1923.8.28）

Van Braam Houckgeest, Andreas Everadus〈18・19世紀〉
オランダの中国派遣使節。『オランダ東インド会社中国派遣使節航海記』(2巻,1797～98)を著した。
⇒アア歴（Van Braam Houckgeest,Andreas Everardus　アンドリアス・イヴァラーダス・ファン・ブラーム・フックヘースト　1739.11.1-1801.7.8）
岩世人（ファン・ブラーム・ハウクヘースト　1739.11.1-1801.7.8）

Vanbrugh, Sir John〈17・18世紀〉
イギリスの建築家。イギリス・バロック期の代表的作品を残した。
⇒岩世人（ヴァンブラ　1664.1.24（受洗）-1726.3.26）

Van Buren, Martin〈18・19世紀〉
第8代アメリカ大統領。テキサス即時併合反対などに努力。
⇒アメ新（バン・ビューレン　1782-1862）
岩世人（ヴァン・ビューレン　1782.12.5-1862.7.24）

Van Cortlandt, Oloff Stevenszen〈16・17世紀〉
オランダの商人。渡米しニューヨークに定住, 同市長(55～60,62～63)。
⇒岩世人（ファン・コルトラント　1600-1684）

Vancouver, George〈18世紀〉
イギリスの航海者。北アメリカ北西海岸の探検隊の隊長を務めた。
⇒岩世人（ヴァンクーヴァー　1757.6.22-1798.5.12）
オセ新（バンクーバー　1758-1798）

Vandamme, Dominique René, Comte d'Unebourg〈18・19世紀〉
フランスの将軍。
⇒岩世人（ヴァンダム　1770.11.5–1830.7.15）

Van Deman, Ralph H.〈19・20世紀〉
アメリカ陸軍の情報士官。現代アメリカにおける軍事情報活動の父とされる。
⇒スパイ（ヴァン・デマン, ラルフ・H　1865–1952）

Van den Bosch, Johannes〈18・19世紀〉
オランダ東インド総督。在任1830〜33。
⇒岩世人（ファン・デン・ボス　1780.2.2–1844.1.28）
　ネーム（ファン・デン・ボス　1780–1844）
　世人新（ボス（ファン＝デン＝ボス）　1780–1844）
　世人装（ボス（ファン＝デン＝ボス）　1780–1844）
　世史語（ファン＝デン＝ボス　1780–1844）
　ポプ人（ファン・デン・ボス, ヨハネス　1780–1844）

van den Eeden, Gilles〈18世紀〉
フランドルのオルガン奏者。L.v.ベートーベンの師。
⇒バロ（ヴァン・デン・エーデン, ギレス　1708頃–1782.6.17）

van den Gheyn, Matthias〈18世紀〉
ベルギーのオルガン奏者, 作曲家。
⇒バロ（ファン・デン・ヘイン, マティアス　1721.4.7–1785.6.22）

Van den Hoeven, Abraham des Amorie〈18・19世紀〉
オランダの神学者。オランダのプロテスタント教会の合同に尽力。
⇒岩世人（ファン・デル・フーフェン　1798.2.22–1855.7.29）

Vanderbilt, Cornelius〈18・19世紀〉
アメリカの実業家。
⇒アメ新（バンダービルト　1794–1877）
　岩世人（ヴァンダービルト　1794.5.27–1877.1.4）
　ポプ人（バンダービルト, コーネリアス　1794–1877）

Van der Capellen, Godert Alexander Gerard Philip, Baron〈18・19世紀〉
オランダ領東インドの全権委員。在職1816〜19。総督。総督在職1819〜26。
⇒岩世人（ファン・デル・カペレン　1778.12.15–1848.4.10）

Van der Hoeven, Jan〈19世紀〉
オランダの動物学者, 人類学者。頭蓋計測に関し, 特にアフリカ土人の研究がある。
⇒岩世人（ファン・デル・フーフェン　1801/1802.2.9–1868.3.10）

Van der Linde, Antonius〈19世紀〉
オランダのチェス史研究者。
⇒岩世人（ファン・デル・リンデ　1833.11.14–1897.8.12）

Vandermonde, Alexis Théophile〈18世紀〉
フランスの数学者。方程式論を研究。
⇒岩世人（ヴァンデルモンド　1735.1.28–1796.1.1）
　世数（ヴァンデルモンド, アレクサンドル＝テオフィル　1735–1796）

Vandervelde, Émile〈19・20世紀〉
ベルギーの政治家。
⇒岩世人（ヴァンデルヴェルド　1866.1.25–1938.12.27）
　学叢思（ヴァンデルヴェルド, エミール　1866–?）

Van der Waals, Johannes Diderik〈19・20世紀〉
オランダの物理学者。熱学に関する多くの研究を行い1910年ノーベル物理学賞受賞。
⇒岩世人（ファン・デル・ヴァールス　1837.11.23–1923.3.9）
　ネーム（ファン・デル・ワールス　1837–1923）
　広辞7（ファン・デル・ワールス　1837–1923）
　物理（ファン・デル・ワールス, ヨハネス・ディーデリク　1837–1923）
　ノ物化（ヨハネス・ディデリク・ファン・デル・ワールス　1837–1923）

Van der Weyden, Rogier〈14・15世紀〉
ベルギーの画家。
⇒岩世人（ファン・デル・ヴェイデン　1399/1400–1464.6.18）
　広辞7（ファン・デル・ウェイデン　1399/1400–1464）
　新カト（ウェイデン　1399/1400–1464.6.18）
　芸13（ヴァイデン, ロジェ・ヴァン・デル　1400頃–1464）
　芸13（ヴァン・デル・ウェイデン, ロヒール　1399–1464）

Van de Velde, Adriaen〈17世紀〉
オランダの画家。ウィレム・ファン・デ・フェルデの弟。
⇒岩世人（ファン・デ・フェルデ　1636.11.30–1672.1.21（埋葬））
　芸13（ヴェルデ, アドリアェン・ヴァン・デ　1636–1672）

Van de Velde, Esaias I〈16・17世紀〉
オランダの画家。ハーグでマウリツ王子らに仕えた。
⇒岩世人（ファン・デ・フェルデ　1587.5.17（受洗）–1630.11.18（埋葬））

Van de Velde, Henry Clemens〈19・20世紀〉
ベルギーの画家, 建築家, デザイナー。アール・ヌーボーの代表的デザイナーとして活躍。
⇒岩世人（ファン・デ・フェルデ　1863.4.3–1957）
　広辞7（ヴァン・デ・ヴェルデ　1863–1957）

芸13（ヴァン・デ・ヴェルデ，アンリ　1863–1957）

Van de Velde, Jan (II) 〈16・17世紀〉
オランダの画家一族の一人。400点以上の銅版風景画を残す。
⇒岩世人（ファン・デ・フェルデ　1593頃–1641.11）

Van de Velde, Willem 〈17世紀〉
オランダの画家一族の一人。ロンドンで宮廷画家となる。海戦画および船舶画を描いた。
⇒岩世人（ファン・デ・フェルデ(父)　1611–1693.12）

Van de Velde, Willem II 〈17・18世紀〉
オランダの画家。エサイアス・ファン・デ・フェルデの甥。渡英し，イギリス海洋画の祖となった。
⇒岩世人（ファン・デ・フェルデ(子)　1633–1707.4.6）
芸13（ヴェルデ，ウィレム・ヴァン・デ　1633–1707）

Vandini, Antonio 〈17・18世紀〉
イタリアの聖職者，チェロ奏者，教師。
⇒バロ（ヴァンディーニ，アントーニオ　1690頃–1771以降）

Van Doesburg, Theo 〈19・20世紀〉
オランダの画家。
⇒岩世人（ファン・ドゥースブルフ　1833–1931）

Van Doorn, Cornelis Johannes 〈19・20世紀〉
オランダの土木技師。大蔵省土木寮土木技師として福島県安積疏水工事等を技術指導。
⇒岩世人（ファン・ドールン　1837.1.5–1906.2.24）
ポプ人（ファン・ドールン，コルネリス　1837–1906）

Van Dyck, Sir Anthony 〈16・17世紀〉
フランドルの画家。イギリス王チャールズ1世の宮廷画家となり，200枚以上の肖像画を制作。
⇒岩世人（ファン・デイク（ファン・ダイク）　1599.3.22–1641.12.9）
ネーム（ファン・ダイク　1599–1641）
広辞7（ファン・ダイク　1599–1641）
新カト（ダイク　1599.3.22–1641.12.9）
芸13（ヴァン・デイク，アンソニー　1599–1641）
世人新（ファン＝ダイク　1599–1641）
世人装（ファン＝ダイク　1599–1641）
世史語（ファン＝ダイク　1599–1641）
ポプ人（ファン・ダイク，アントーン　1599–1641）

Van Dyke, Henry 〈19・20世紀〉
アメリカの宗教家。ニューヨークのブリック長老教会牧師(1878)，ハーヴァード大学の説教者。
⇒岩世人（ヴァン・ダイク　1852.11.10–1933.4.10）

Vane, Sir Henry 〈17世紀〉
イギリスの政治家。同名の父がいる。
⇒岩世人（ヴェイン　1613.5.26(受洗)–1662.6.14）

Van Eyck, Hubert 〈14・15世紀〉
フランドルの画家。弟ヤン・ファン・アイクも画家。
⇒岩世人（ファン・エイク　1385頃/1390頃–1426.9.18）
広辞7（ファン・アイク　1370頃–1426）
芸13（ヴァン・エイク，フーベルト　1370–1426）
世人新（ファン＝アイク（ヴァン＝アイク）兄弟　1366頃/1370頃–1426）
世人装（ファン＝アイク（ヴァン＝アイク）兄弟　1366頃/1370頃–1426）
世史語（ファン＝アイク兄弟　1366頃–1426）
ポプ人（ファン・アイク兄弟　1370?–1426）

Van Eyck, Jan 〈14・15世紀〉
フランドルの画家。フィリップ善良公の宮廷画家を務めた。
⇒岩世人（ファン・エイク　1395頃–1441.6.22/23）
広辞7（ファン・アイク　1390頃–1441）
新カト（エイク　1390頃–1441.6.22/23）
芸13（ヴァン・エイク，ヤン　1390–1441）
世人新（ファン＝アイク（ヴァン＝アイク）兄弟　1380頃/1390頃–1441）
世人装（ファン＝アイク（ヴァン＝アイク）兄弟　1380頃/1390頃–1441）
世史語（ファン＝アイク兄弟　1380頃–1441）
ポプ人（ファン・アイク兄弟　1390?–1441）
ルネ（ヤン・ファン・アイク　1395頃–1441）

Van Gennep, Arnold 〈19・20世紀〉
フランス（オランダ系）の民俗学者。未開民族の通過儀礼の意義を明らかにした。
⇒岩世人（ヴァン・ジェネプ　1873.4.23–1957.5.7）
新カト（ヴァン・ジュネップ　1873.4.23–1959.5.7）

Van Goens, Rijckloff 〈17世紀〉
オランダ東インド会社の総督。
⇒岩世人（ファン・フーンス　1619.6.24–1682.11.14）

Vaňhal, Jan Křtitel 〈18・19世紀〉
ボヘミアのオルガン奏者，教師，作曲家。
⇒バロ（ヴァンハル，ヤン・クルジュティテル　1739.5.12–1813.8.20）

Van Haltren, George Edward Martin 〈19・20世紀〉
アメリカの大リーグ選手（外野，投手）。
⇒メジャ（ジョージ・ヴァンハルトレン　1866.3.30–1945.9.29）

Vạn Hành 〈11世紀〉
ベトナム，李朝時代の高僧。
⇒岩世人（ヴァンハイン　?–1025）

Van Heutsz, Joannes Benedictus 〈19・20世紀〉
オランダ領東インド（現インドネシア）の総督。在職1904～09。
⇒岩世人（ファン・ヒュウツ　1851.2.3–1924.7.10）

Van Hise, Charles Richard〈19・20世紀〉
アメリカの地質学者,岩石学者。五大湖地方の先カンブリア紀変成岩の地質学的研究を行った(1883〜)。
⇒岩世人（ヴァン・ハイス　1857.5.29–1918.11.19）

Van Houten, Samuel〈19・20世紀〉
オランダの政治家。
⇒岩世人（ファン・ハウテン　1837.2.17–1930.10.14）

Vanier, Léon〈19世紀〉
フランスの出版者。
⇒**19仏**（レオン・ヴァニエ　1847.12.27–1896.9.11）

Vanini, Lucilio〈16・17世紀〉
イタリアの自由思想家,自然哲学者。無神論の廉で捕えられ,トゥルーズ（フランス）で焚刑に処せられた。
⇒岩世人（ヴァニーニ　1585–1619.2.9）
　新カト（ヴァニーニ　1585頃–1619.2.9）

Van Limburg Stirum, Johann Paul, Graaf〈19・20世紀〉
オランダ領東インド（現インドネシア）の総督。在職1916〜21。
⇒岩世人（ファン・リンブルフ・スティルム　1873–1948）

Van Loo, Charles André〈18世紀〉
フランスの画家。アカデミー会長,国王付き首席画家。ロココ美術の代表。
⇒岩世人（ファン・ロー　1705.2.15–1765.7.15）
　芸13（ヴァンロー,カルル　1705–1765）

van Maldere, Pierre〈18世紀〉
ベルギーの作曲家,ヴァイオリン奏者。
⇒バロ（ファン・マルデレ,ピエール　1729.10.16–1768.11.1）
　バロ（マルデレ,ピエール・ファン　1729.10.16–1768.11.1）

Vanneo, Stephano〈15・16世紀〉
イタリアの聖職者,参事会員,歌手,オルガン奏者,教師,理論家,アウグスティヌス派の修道士。
⇒バロ（ヴァンネーオ,ステファーノ　1493–1540以降）

Vanni, Leilius〈19・20世紀〉
イタリアの社会学者。
⇒学叢思（ヴァンニ,レイリウス　1855–?）

Van Reed, Eugene Miller〈19世紀〉
アメリカの外交官。神奈川駐在アメリカ領事館書記。「横浜新報もしほ草」を刊行。
⇒岩世人（ヴァン・リード　1835–1873.2）

Van Rensselaer, Kiliaen〈16・17世紀〉
オランダの商人。オランダ西インド会社を設立し,植民地〈レンセラルスヴィク〉を建設。
⇒岩世人（ファン・レンセラール　1596以前–1642以降）

Van Schaick, Louis J.〈19・20世紀〉
アメリカの陸軍将校。
⇒アア歴（Van Schaick,Louis J.　ルイス・J・ファン・シェイク　1875.7.1–1945.2.14）

Van Swieten, Gread〈17・18世紀〉
オランダの医師。
⇒岩世人（ファン・スウィーテン　1700.5.7–1772.6.18）

Van't Hoff, Jacobus Henricus〈19・20世紀〉
オランダの化学者。化学熱力学の法則,溶液の浸透圧の研究で1901年ノーベル化学賞受賞。
⇒岩世人（ファント・ホフ　1852.8.30–1911.3.1）
　ネーム（ファント・ホフ　1852–1911）
　広辞7（ファント・ホッフ　1852–1911）
　学叢思（ファント・ホッフ,ヤコブス・ヘンリクス　1852–1911）
　ノ物化（ヤコブス・ヘンリクス・ファント・ホフ　1852–1911）

Van Vechten, Carl〈19・20世紀〉
アメリカの作家,批評家。〈ニューヨーク・プレス〉紙の劇評を担当（1913〜14）。
⇒岩世人（ヴァン・ヴェクテン　1880.6.17–1964.12.21）

Vanvitelli, Luigi〈17・18世紀〉
イタリアの建築家。ブルボン家のシャルル3世のために『カゼルタの宮殿』を建てた。
⇒岩世人（ヴァンヴィテッリ　1700.5.12–1773.3.1）

Van Vliet, Jeremias〈17世紀〉
オランダの平戸商館長。『アユチヤ王朝年代記』『シャム国誌』『シャム国王位継承戦記』等を綴った。
⇒岩世人（ファン・フリート　1602–1663.2）

Van Wuysthoff, Gerrit〈17世紀〉
オランダ東インド会社員。
⇒岩世人（ファン・ヴァイストフ）

Vaqueras, Bertrandus〈15・16世紀〉
イタリアの作曲家。
⇒バロ（バケーラス,ベルトランドゥス　1450頃–1507頃）

Varāhamihira〈5・6世紀〉
インドの天文学者。インドの伝統的な天文学とギリシアやローマの天文学の要素とを融和。
⇒南ア新（ヴァラーハミヒラ　生没年不詳）

Varano, Battista da〈15・16世紀〉
クララ会修道女,著述家。聖人。祝日5月31日。アッシジの東のカメリーノ領主の一人娘。
⇒新カト（バッティスタ・ダ・ヴァラーノ　1458.4.9–1524.5.31）

Varchi, Benedetto〈16世紀〉
イタリアの詩人, 宮廷学者.『フィレンツェ史』(1527～30)を編纂.
⇒岩世人（ヴァルキ　1503.3.19–1565.12.18）

Vardanes I〈1世紀〉
パルティア帝国の統治者. 在位39～45.
⇒世帝（ヴァルダネス1世　?–47）

Vardanes II〈1世紀〉
パルティア帝国の統治者. 在位55～58.
⇒世帝（ヴァルダネス2世　?–58）

Vardon, Harry〈19・20世紀〉
イギリスのゴルファー.
⇒岩世人（ヴァードン　1870.5.9–1937.3.20）

Varenius, Bernardus〈17世紀〉
オランダの地理学者.
⇒岩世人（ヴァレニウス　1622–1650）

Varesi, Felice〈19世紀〉
イタリアのバリトン歌手.
⇒オペラ（ヴァレージ, フェリーチェ　1813–1889）

Varga, Evgenii Samoilovich〈19・20世紀〉
ハンガリー生まれのソ連の経済学者.
⇒岩世人（ヴァルガ　1879–1964.10.8）
　広辞7（ヴァルガ　1879–1964）

Vargas, Luis de〈16世紀〉
スペインの画家.
⇒芸13（バルガス, ルイス・デ　1502–1568）

Vargas, Luis de〈16・17世紀〉
スペインの作曲家.
⇒バロ（バルガス, ルイス・デ　1560頃?–1610頃?）

Vargas, Urbán de〈17世紀〉
スペインの作曲家.
⇒バロ（バルガス, ウルバン・デ　1600頃?–1656.10.8）

Varignon, Pierre〈17・18世紀〉
フランスの力学者で数学者.
⇒世数（ヴァリニョン, ピエール　1654–1722）

Varisco, Bernardino〈19・20世紀〉
イタリアの哲学者. 実証主義の立場から心身の連関を説いた.
⇒岩世人（ヴァリスコ　1850.4.20–1933.10.21）
　新カト（ヴァリスコ　1850.4.20–1933.10.21）

Varius, Rufus Lucius〈前1・後1世紀〉
ローマの叙事詩人.
⇒岩世人（ウァリウス）

Varlet, Jean〈18世紀〉
フランス革命期の民衆運動指導者. 革命の最過激派（アンラジェ）の中心人物.

⇒岩世人（ヴァルレ　1764.7.14–1837.10.4）

Varley, John〈18・19世紀〉
イギリスの画家.
⇒岩世人（ヴァーリー　1778.8.17–1842.11.17）

Varmā, Aṁśu〈6・7世紀〉
ネパールの国王.
⇒岩世人（ヴァルマー　?–621）

Varmā, Rājā Ravi〈19・20世紀〉
インドの画家.
⇒岩世人（ヴァルマー　1848.4.29–1906.10.2）
　南ア新（ヴァルマー　1848–1906）

Varnhagen von Ense, Karl August〈18・19世紀〉
ドイツの作家. 主著『ドイツ短篇集』(15).
⇒岩世人（ファルンハーゲン・フォン・エンゼ　1785.2.21–1858.10.10）

Varnhagen von Ense, Rahel〈18・19世紀〉
ドイツの女性. 文芸評論家カール・ファンハーゲン・フォン・エンゼの妻.
⇒岩世人（ラーヘル　1771.5.19–1833.3.7）
　ユ著人（Varnhagen, Rahel von　ファルンハーゲン, ラーエル・フォン　1771–1833）

Varoli, Costanzo〈16世紀〉
イタリアの解剖学者, 外科医.
⇒岩世人（ヴァローリ　1543頃–1575）

Varro, Marcus Terentius〈前2・1世紀〉
ローマの百科全書的著作家.『ラテン語論』(前45頃),『農業論』などを著す.
⇒岩世人（ウァッロ　前116–前27）
　広辞7（ウァロ　前116–前27）
　学叢思（ヴァルロー, テレンティウス　前126–前27）
　新カト（ウァロ　前116–前27）

Varthema, Ludovico di〈15・16世紀〉
イタリアの旅行家, 探検家. メッカをヨーロッパ人として初めて訪れた.
⇒岩世人（ヴァルテーマ　1465–1470–1517.6以前）

Varus, Publius Quinctilius〈前1・後1世紀〉
ローマの将軍.
⇒岩世人（ウァルス　?–後9）

Vas, Miguel〈16世紀〉
インド生まれのポルトガル人, イエズス会員.
⇒新カト（ヴァス　1544–1582.5）

Vasari, Giorgio〈16世紀〉
イタリアの画家, 建築家, 文筆家.
⇒岩世人（ヴァザーリ　1511.7.30–1574.7.27）
　ネーム（ヴァザーリ　1511–1574）
　広辞7（ヴァザーリ　1511–1574）

新カト （ヴァザーリ　1511.7.30–1574.6.27）
芸13　（ヴァザーリ, ジョルジョ　1511–1574）
世人新　（ヴァザーリ　1511–1574）
世人装　（ヴァザーリ　1511–1574）

Vasconcellos, Caroline〈19・20世紀〉
ポルトガルの人文学者。
⇒岩世人　（ヴァスコンセロス　1851.3.15–1925.10.22）

Vasconcellos, Joaquim Antônio da Fonseca e〈19・20世紀〉
ポルトガルの美術史家,音楽批評家。
⇒岩世人　（ヴァスコンセロス　1849.2.10–1936.3.2）

Vasconcellos, José Leite de〈19・20世紀〉
ポルトガルの言語学者,民族学者。
⇒岩世人　（ヴァスコンセロス　1858.7.7–1941.5.17）

Vasconcelos de Menezes, Diogo de〈17世紀〉
ポルトガルの日本貿易船隊司令官。
⇒岩世人　（ヴァスコンセロス　?–1640）

Vashishka〈3世紀〉
インド,クシャナ朝の王。
⇒世帝　（ヴァーシシカ　（在位）240頃–250頃）

Vashti
ペルシア王アハシュエロスの王妃（エステル記）。
⇒聖書　（ワシュティ）

Vasif, Ahmed〈18・19世紀〉
オスマン朝の官僚,歴史家。
⇒岩世人　（ヴァースフ・エフェンディ　1736?–1806）

Vasiliev, Vasilii Pavlovich〈19世紀〉
ロシア正教会の宣教師,シナ学者。蒙古語資料により仏教を研究し,宣教師として10年間北京に在留。
⇒岩世人　（ヴァシーリエフ　1818.2.20–1900.4.27）

Vasilievskii, Vasilii〈19世紀〉
ロシアのビザンチン学者。ロシアにおけるビザンチン学の建設者。
⇒岩世人　（ヴァシリエフスキー　1838.1.21–1899.5.13）

Vasilii, Shuiskii〈16・17世紀〉
ロシアのツァーリ。在位1606～10。偽ドミトリー2世やポーランドとの戦いに敗れ,廃位。
⇒岩世人　（ヴァシーリー・シュイスキー　1552–1612.9.12）
世帝　（ヴァシーリー4世　1552–1612）

Vasilii II〈15世紀〉
モスクワ大公。在位1425～62。ワシーリー1世の子。盲目公と呼ばれた。
⇒岩世人　（ヴァシーリー2世（盲目公）　1415.3.10–1462.3.27）

新カト　（ヴァシーリー2世　1415–1462.3.27）

Vasilii III, Ivanovich〈15・16世紀〉
モスクワ大公。在位1505～33。イワン3世の子。ルーシの土地をモスクワ大公国のもとに統合。
⇒岩世人　（ヴァシーリー3世　1479.3.25–1533.12.3）

Vasily Blazhennyi〈15・16世紀〉
ロシア正教会の聖人。
⇒岩世人　（ヴァシーリー・ブラジェンヌイ　1469.12–1557）

Vasnetsov, Viktor Mikhailovich〈19・20世紀〉
ロシアの画家。代表作はキエフのウラジーミル聖堂のフレスコ壁画。
⇒岩世人　（ヴァスネツォーフ　1848.5.3/15–1926.7.23）

Vásquez, Gabrielo〈16・17世紀〉
スペインのイエズス会員,神学者。
⇒岩世人　（バスケス　1549.6.18–1604.9.30）
新カト　（バスケス　1549.6.18–1604.9.30）

Vásquez, Pedro〈16・17世紀〉
キリシタン時代のドミニコ会の会員。殉教者で,日本205福者の一人。スペイン北西部ガリシア地方ベリンの出身。
⇒新カト　（バスケス　1591–1624.8.25）

Vasselon, Henri-Caprais〈19世紀〉
フランスのパリ外国宣教会宣教師。
⇒新カト　（ヴァスロン　1854.4.1–1896.3.7）

Vasubandhu〈4世紀〉
インドの僧。天親とも漢訳される。
⇒岩世人　（ヴァスバンドゥ　400頃–480頃）
広経7　（世親　せしん　4・5世紀頃）
学叢思　（セシン　世親＝Vasubandhu　420–?）
新カト　（ヴァスバンドゥ　400頃–480頃）

Vasudeva I〈2・3世紀〉
インド,クシャナ朝の王。
⇒世帝　（ヴァースデーヴァ　（在位）190頃–230頃）

Vasudeva II〈3・4世紀〉
インド,クシャナ朝の王。
⇒世帝　（ヴァースデーヴァ2世　（在位）275頃–310頃）

Vasumitra〈1・2世紀〉
インドの小乗仏教学者。
⇒岩世人　（ヴァスミトラ）
学叢思　（ショウ　世友＝Vasumitra）

Vatel, François〈17世紀〉
フランス（フランドルもしくはスイス系）の執事。
⇒岩世人　（ヴァテル　1631?–1671.4.24）

Väth, Alfons〈19・20世紀〉
宣教史研究家,イエズス会会員。

⇒新カト（フェート　1874.3.15–1937.5.12）

Vātsyāyana〈3・4世紀頃〉
インドの哲学者。
⇒岩世人（ヴァーツヤーヤナ）
　南ア新（ヴァーツヤーヤナ　生没年不詳）

Vātsyāyana〈3〜5世紀頃〉
インドの性愛学者。
⇒岩世人（ヴァーツヤーヤナ）

Vaṭṭagāmaṇī Abhaya〈前1世紀〉
セイロン王。在位前1世紀頃。
⇒岩世人（ヴァッタガーマニー・アバヤ）

Vattel, Emmerich de〈18世紀〉
スイスの法学者。国際法の普及に大きく貢献。
⇒岩世人（ヴァッテル　1714.4.25–1767.12.28）

Vauban, Sébastien Le Prestre de〈17・18世紀〉
フランスの武将、戦術家、築城家。53回にわたり攻城戦を指揮し、国境に30の要塞を構築。
⇒岩世人（ヴォーバン　1633.5.15–1707.3.30）
　広辞7（ヴォーバン　1633–1707）
　学叢思（ヴォーバン、セバスティアン　1633–1707）
　世建（セバスティアン・ル・プレストル・ド・ヴォーバン　1633–1707）

Vauchez, Emmanuel〈19・20世紀〉
フランスの教育者。
⇒19仏（エマニュエル・ヴォーシェ　1836–1926）

Vaucorbeil, Auguste〈19世紀〉
フランスの作曲家。
⇒19仏（オーギュスト・ヴォーコルベイユ　1821.12.15–1884.11.2）

Vaugelas, Claude Favre de〈16・17世紀〉
フランスの文法学者。1647年『フランス語覚え書』刊行。
⇒岩世人（ヴォージュラ　1585.1.6–1650.2.26）
　広辞7（ヴォージュラ　1585–1650）

Vaughan, Henry〈17世紀〉
イギリスの詩人。『世界』『退行』などの詩を含む宗教詩集『火花散る燧石』(50,55)が代表作。
⇒岩世人（ヴォーン　1622.4.17–1695.4.23）

Vaughan, Herbert Alfred〈19・20世紀〉
イギリスの聖職者。カトリック・ウェストミンスター大聖堂の建設に尽した。
⇒岩世人（ヴォーン　1832.4.15–1903.6.19）
　新カト（ヴォーン　1832.4.15–1903.6.19）

Vaughan, Thomas Wayland〈19・20世紀〉
アメリカの海洋地質学者。化石珊瑚の研究があり、政治的手腕に富み国際的学術協調に努力。

⇒岩世人（ヴォーン　1870.9.20–1952.1.16）

Vaughan Williams, Ralph〈19・20世紀〉
イギリスの作曲家。1903年頃からイギリス民謡の収集を始め、大きな影響を受けた。
⇒岩世人（ヴォーン・ウィリアムズ　1872.10.12–1958.8.26）
　オペラ（ヴォーン＝ウィリアムズ, レイフ　1872–1958）
　エデ（ヴォーン・ウィリアムズ, レイフ　1872.10.12–1958.8.26）
　実音人（ヴォーン＝ウィリアムズ, レイフ　1872–1958）
　ビ曲改（ヴォーン・ウィリアムズ, ラルフ　1872–1958）

Vaughn, Harriet Parker〈19・20世紀〉
アメリカの医療宣教師。
⇒アア歴（Vaughn,Harriet Parker　ハリエット・パーカー・ヴォーン　1867.7.29–1953.2.27）

Vauquelin, Louis-Nicholas〈18・19世紀〉
フランスの化学者。
⇒岩世人（ヴォクラン　1763.5.16–1829.11.14）

Vautor, Thomas〈16・17世紀〉
イギリスの作曲家。
⇒バロ（ヴォーター, トマス　1570頃?–1620頃?）

Vauvenargues, Luc de Clapiers, Marquis de〈18世紀〉
フランスのモラリスト。1746年に『人間精神認識への手引』や『省察と箴言』などを収めた著作集を刊行。
⇒岩世人（ヴォーヴナルグ　1715.8.6–1747.5.28）
　ネーム（ヴォーヴナルグ　1715–1747）
　広辞7（ヴォーヴナルグ　1715–1747）
　メル2（ヴォーヴナルグ（侯爵）, リュック・ド・クラピエ　1715–1747）

Vauxcelles, Louis〈19・20世紀〉
フランスの美術批評家。
⇒岩世人（ヴォークセル　1870.1.1–1943）

Vaz, Antonio〈16世紀〉
ポルトガル人の東洋宣教師、イエズス会員。
⇒新カト（ヴァス　1523頃–1599頃）

Vaz, Francisco〈17・18世紀〉
ポルトガルのオルガン奏者。J.A.C.d.セイシャシュの父。
⇒バロ（ヴァス, フランシスコ　1670頃?–1718）

Vaz, Joseph〈17・18世紀〉
インドのオラトリオ会士、セイロンへの宣教師。
⇒新カト（ヴァズ　1651.4.21–1711.1.16）

Vazem, Ekaterina〈19・20世紀〉
ロシアのダンサー、教師。
⇒バレエ（ワーゼム, エカテリーナ　1848.1.25–1937.12.14）

Vazov, Ivan Minchev〈19・20世紀〉
ブルガリアの小説家,民族詩人,劇作家。『くびきの下で』(89〜90)の著者。
⇒岩世人（ヴァーゾフ　1850.6.27/7.9-1921.9.22）
広辞7（ヴァゾフ　1850-1921）

Vázquez, Juan〈16世紀〉
スペインの作曲家。
⇒バロ（バスケス,フアン　1510頃-1560）

Vázsonyi, Vilmos〈19・20世紀〉
ハンガリーの法律家,政治家。ユダヤ人として初めてハンガリーの法務大臣を務めた人。
⇒ユ著人（Vázsonyi,Vilmos　ヴァージョニ,ヴィルモシュ　1868-1926）

Veber, Karl Ivanovich〈19・20世紀〉
ロシアの外交官で,朝鮮名は韋貝。
⇒岩世人（ヴェーバー（ヴェーベル）　1841.6.5-1910.1.8）

Vebjörnsson, Halvard〈11世紀〉
殉教者,聖人。
⇒図聖（ハルヴァルト・ヴェーブヨルンソン　?-1043頃）

Veblen, Oswald〈19・20世紀〉
アメリカの数学者。位相幾何学の研究が重要。
⇒岩世人（ヴェブレン　1880.6.24-1960.8.10）
世数（ヴェブレン,オズワルド　1880-1960）

Veblen, Thorstein Bunde〈19・20世紀〉
アメリカの経済学者,社会学者。制度学派経済学の創始者。
⇒アメ新（ベブレン　1857-1929）
岩世人（ヴェブレン　1857.7.30-1929.8.3）
広辞7（ヴェブレン　1857-1929）
学叢思（ヴェブレン,ティービー）
新カト（ヴェブレン　1857.7.30-1929.8.3）
20思（ヴェブレン,ソースタイン（バンディ）　1857-1929）

Vecchi, Orazio〈16・17世紀〉
イタリアの作曲家,詩人。1594年マドリガル・コメディ『アンフィパルナッソ』を作曲。
⇒バロ（ヴェッキ,オラッツイオ　1550.12.5-1605.2.19）

Vecchi, Orfeo〈16・17世紀〉
イタリアの聖職者,作曲家。
⇒バロ（ヴェッキ,オルフェオ　1550-1604.4以前）

Vedānta Deśika〈13世紀〉
インドのヒンドゥー教学者。
⇒岩世人（ヴェーダーンタ・デーシカ）

Vedastus〈6世紀〉
フランスのアラースの司教,聖人。
⇒新カト（ウェダストゥス　?-540頃.2.6）

Vedder, Edward Bright〈19・20世紀〉
アメリカの栄養学者。
⇒アア歴（Vedder,Edward B（right）　エドワード・ブライト・ヴェダー　1878.6.28-1952.1.30）

Vedruna, Joaquina de〈18・19世紀〉
スペインの「愛徳カルメル修道女会」の創立者,聖人。祝日8月28日。
⇒新カト（ホアキナ・デ・ベドルナ　1783.4.16-1854.8.28）

Veen, Otto van〈16・17世紀〉
オランダの画家。スペイン宮廷附技師長兼画家,アルブレヒト大公の宮廷画家。
⇒岩世人（ファン・フェーン　1556-1629.5.6）
新カト（フェーン　1556頃-1629.5.6）

Vega, Jurij〈18・19世紀〉
スロヴェニアの数学者,男爵。
⇒世数（ヴェガ,ユーリー　1754-1802）

Vega Carpio, Lope Félix de〈16・17世紀〉
スペインの劇作家。
⇒岩世人（ベガ　1562.11.25-1635.8.27）
広辞7（ベーガ　1562-1635）
学叢思（ローペ,デ・ヴェガ　1562-1635）
新カト（ベガ　1562.11.25-1635.8.27）

Vegetius, Flavius Renatus〈4世紀〉
ローマの軍事学者,著作家。主著『ローマの軍事学』。
⇒岩世人（ウェゲティウス）
スパイ（フラウィウス・ウェゲティウス・レナトゥス）

Veggio, Claudio Maria〈16世紀〉
イタリアの鍵盤楽器奏者。
⇒バロ（ヴェッジョ,クラウディオ・マリーア　1510頃-1570頃?）

Vegio, Maffeo〈15世紀〉
イタリアの人文学者。
⇒岩世人（ヴェージョ　1407-1458.6.29）

Veiga, Tristão Vaz da〈16・17世紀〉
ポルトガルの日本貿易船隊司令官。長崎に来航して開港に尽力。
⇒岩世人（ヴェイガ　1537-1604）

Veillot, Jean〈17世紀〉
フランスの作曲家。
⇒バロ（ヴェイヨ,ジャン　1600頃以降-1662.9以前）
バロ（ヴェーヨ,ジャン　1600頃?-1662）

Veimarn, Pëtr Petrovich〈19・20世紀〉
ロシアの化学者。21年来日し,大阪工業試験所コロイド化学研究室を指導。コロイド化学の権威者。
⇒岩世人（ヴェイマルン　1879.7.18-1935.6.2）

Veit, Philipp〈18・19世紀〉
ドイツ（ユダヤ系）の宗教画家。ナザレ派に加わり，カサ・バルトルディ等の壁画を制作。
　⇒岩世人（ファイト　1793.2.13–1877.12.18）
　　新カト（ファイト　1793.2.13–1877.12.18）
　　ユ著人（Veit, Philipp　ファイト, フィリップ 1793–1877）

Veitch, John〈19世紀〉
イギリスの哲学者。ハミルトンの学徒。主著"Hamilton"(82)。
　⇒岩世人（ヴィーチ　1829.10.24–1894.9.3）

Veith, Johann Emanuel〈18・19世紀〉
オーストリアのカトリック司祭，霊的著作家。
　⇒新カト（ファイト　1787.7.10–1876.11.6）

Vejvanovský, Pavel Josef〈17世紀〉
チェコの作曲家。
　⇒バロ（ヴェイヴァノフスキー, パヴェル・ヨゼフ　1633/1639頃–1693.9.24）

Velasco, José María〈19・20世紀〉
メキシコの風景画家。パリの展覧会（1889）では第1位を得た。
　⇒岩世人（ベラスコ　1840.7.6–1912.8.27）
　　ラテ新（ベラスコ　1840–1912）

Velázquez, Diego Rodríguez de Silva y〈16・17世紀〉
スペインの画家。バロック美術を代表。近代外光絵画の先駆者。主作品『ブレダの開城』（34〜35）ほか。
　⇒岩世人（ベラスケス　1599.6.6–1660.8.6）
　　ネーム（ベラスケス　1599–1660）
　　広辞7（ベラスケス　1599–1660）
　　学叢思（ヴェラスケス, シルヴァ・イ　1599–1660）
　　新カト（ベラスケス　1599–1660）
　　芸13（ベラスケス, ディエーゴ　1599–1660）
　　世人新（ベラスケス　1599–1660）
　　世人装（ベラスケス　1599–1660）
　　世史語（ベラスケス　1599–1660）
　　ポプ人（ベラスケス, ディエゴ・デ　1599–1660）

Veleslavín〈16世紀〉
チェコの人文主義者で，歴史家, 辞書編纂者, 出版者。
　⇒岩世人（ヴェレスラヴィーン　1546.8.31–1599.10.18）

Velestinlis, Rigas〈18世紀〉
ギリシアの思想家，詩人。
　⇒岩世人（リガス・ヴェレスティンリス　1757?–1798.6.24）

Vélez de Guevara, Luis〈16・17世紀〉
スペインの劇作家，小説家。悪者小説『びっこの悪魔』（41）が代表作。
　⇒岩世人（ベレス・デ・ゲバラ　1579.7.27–1644.11.9）

Velichkovskii, Paisii〈18世紀〉
ロシアの修道院創設者，霊的指導者，著作家。
　⇒岩世人（パイーシー・ヴェリチコフスキー　1722.12.21–1794.11.15）
　　新カト（ヴェリチコフスキー　1722.12.2–1794.11.15）

Velleius Paterculus, Gaius〈前1世紀〉
ローマの歴史家。
　⇒岩世人（ウェッレイウス・パテルクルス　前20/前19–後31以降）

Velluti, Giovanni Battista〈18・19世紀〉
イタリアのカストラート歌手。
　⇒オペラ（ヴェッルーティ, ジョヴァンニ・バッティスタ　1780/1781–1861）

Velpeau, Alfred Louis Armand Marie〈18・19世紀〉
フランスの医者。橈骨下端の骨折に起る欠損や肩胛繃帯に名を残す。
　⇒岩世人（ヴェルポー　1795.5.18–1867.8.18）

Velut, Gilet〈14・15世紀〉
フランスの聖職者，歌手。
　⇒バロ（ヴリュ, ジレ　1380頃?–1441頃）

Venantius〈3世紀〉
聖人，殉教者。祝日5月18日。
　⇒新カト（ウェナンティウス〔カメリーノの〕　3世紀）

Venantius Fortunatus〈6世紀〉
北イタリア生まれの宮廷詩人。
　⇒新カト（ヴェナンティウス・フォルトゥナトゥス　535頃–600以後）

Vénard, Jean Théophane〈19世紀〉
フランス出身のカトリック宣教師。ベトナムで殉教。
　⇒新カト（ジャン・テオファーヌ・ヴェナール　1829.11.21–1861.2.2）

Vendome, César de Bourbon, Duc de〈16・17世紀〉
フランスの貴族ヴァンドーム家の祖。アンリ4世の私生子。ユグノー戦争に功績ある。
　⇒岩世人（ヴァンドーム　1594.6–1665.10.22）

Vendome, Louis, Duc de〈17世紀〉
フランスの貴族。ルイ14世の下で活躍し，カタロニアの副王となる（1650〜51）。
　⇒岩世人（ヴァンドーム　1612–1669.8.9）

Vendome, Louis Joseph, Duc de〈17・18世紀〉
フランスの貴族。ルイ14世時代末期における屈指の軍人。スペインの王位継承戦役に活躍。
　⇒岩世人（ヴァンドーム　1654.7.1–1712.6.11）

Vendome, Philippe〈17・18世紀〉
フランスの貴族。

⇒岩世人（ヴァンドーム　1655.8.23–1727.1.24）

Vendryes, Joseph〈19・20世紀〉
フランスの言語学者。インド＝ヨーロッパ語族について研究。
⇒岩世人（ヴァンドリエス　1875.1.13–1960.1.30）

Venegas de Henestrosa, Luis〈16世紀〉
スペインの歌手、ビウエラ奏者、聖職者。
⇒バロ（エネストロサ、ルイス・ベネーガス・デ　1510頃–1557頃）
　バロ（ベネーガス・デ・エネストロサ、ルイス　1510頃–1557頃）

Venerini, Rosa〈17・18世紀〉
イタリアの聖人。祝日5月7日。修道会創立者。
⇒新カト（ローザ・ヴェネリーニ　1656.2.9–1728.5.7）

Venetsianov Aleksei Gavrilovich〈18・19世紀〉
ロシアの画家。
⇒岩世人（ヴェネツィアーノフ　1780.2.7–1847.12.4）
　芸13（ヴェネツィアーノフ、アレクセイ・ガヴリローヴィチ　1780–1847）

Venevitinov, Dmitrii Vladimilovich〈19世紀〉
ロシアの詩人、批評家。外務省に務め、傍ら詩や評論を書いた。反動的スラヴ主義に接近。
⇒岩世人（ヴェネヴィーチノフ　1805.9.14–1827.3.15）

Veneziani, Vittore〈19・20世紀〉
イタリアの合唱指揮者。
⇒オペラ（ヴェネツィアーニ、ヴィットーレ　1878–1958）

Veneziano, Domenico〈15世紀〉
イタリアの画家。主作品は『聖母子と4人の聖者』（1445頃）。
⇒岩世人（ヴェネツィアーノ　1410頃–1461）
　ネーム（ヴェネツィアーノ　1410–1461）
　芸13（ヴェネツィアーノ、ドメニコ　1410頃–1461）

Veneziano, Gaetano〈17・18世紀〉
イタリアのオルガン奏者、作曲家。
⇒バロ（ヴェネツィアーノ、ガエタノ　1656–1716.7.15）

Veneziano, Giovanni〈17・18世紀〉
イタリアの作曲家。
⇒バロ（ヴェネツィアーノ、ジョヴァンニ　1683.3.11–1742.4.25）

Veneziano, Nicola〈17・18世紀〉
イタリアの作曲家。
⇒バロ（ヴェネツィアーノ、ニコラ　1680.12.11–1744.1.9）

Vengerov, Semën Afanasievich〈19・20世紀〉
ロシアの文学史家、批評家、書誌学者。
⇒岩世人（ヴェンゲーロフ　1855.4.5/17–1920.9.14）

Venizelos, Eleutherios〈19・20世紀〉
ギリシアの政治家。首相。
⇒岩世人（ヴェニゼロス　1864.8.11/23–1936.3.18）

Venizer, Hans〈16・17世紀〉
ドイツのマイスタージンガー。
⇒バロ（ヴェニツァー、ハンス　1560頃?–1610頃?）

Venn, John〈19・20世紀〉
イギリスの論理学者。ミルおよびハミルトンの影響をうけた。
⇒岩世人（ヴェン（慣ベン）　1834.8.4–1923.4.4）
　学叢思（ヴェン、ジョン　1834–?）
　世数（ヴェン、ジョン　1834–1923）

Vento, Mattia〈18世紀〉
イタリアの指揮者、教師。
⇒バロ（ヴェント、マッティア　1735–1776.11.22）

Ventura, Elvino〈19・20世紀〉
イタリアのテノール歌手。
⇒魅惑（Ventura, Elvino　1875–1931）

Ventura, Rubino〈18・19世紀〉
イタリアの兵士。
⇒ユ人（ベンチュラ、ルビノ　1792–1858）

Ventura di Raulica, Gioacchino〈18・19世紀〉
イタリアのテアティヌス会士、伝統主義哲学者、著述家。
⇒新カト（ヴェントゥーラ・ディ・ラウリカ　1792.12.8–1861.8.2）

Venturi, Adolfo〈19・20世紀〉
イタリアの美術史家。ローマ大学美術史教授。
⇒岩世人（ヴェントゥーリ　1856.9.4–1941.6.10）
　広辞7（ヴェントゥーリ　1856–1941）
　新カト（ヴェントゥーリ　1856.9.4–1941.6.10）

Venturi del Nibbio, Stefano〈16・17世紀〉
イタリアの作曲家。
⇒バロ（ヴェントゥーリ・デル・ニッビオ、ステファノ　1560頃?–1610頃以降）
　バロ（ニッビオ、ステファーノ・ヴェントゥーリ・デル　1560頃?–1610頃以降）

Venturini, Emilio〈19・20世紀〉
イタリアのテノール。プッチーニの「トゥーランドット」世界初演でポンを歌った。
⇒魅惑（Venturini, Emilio　1878–1952）

Venturini, Francesco〈17・18世紀〉
フランドルのヴァイオリン奏者。
⇒バロ（ヴェントゥーリーニ、フランチェスコ　1675

頃–1745.4.18)

Vera, Augusto〈19世紀〉
イタリアの哲学者。ヘーゲル哲学を解説,普及。
⇒岩世人（ヴェーラ　1813.5.4–1885.7.13)

Veracini, Antonio〈17・18世紀〉
イタリアのヴァイオリン奏者,作曲家。
⇒バロ（ヴェラチーニ,アントーニオ　1659.1.17–1733.10.26)

Veracini, Francesco di Niccolo〈17・18世紀〉
イタリアの作曲家。
⇒バロ（ヴェラチーニ,フランチェスコ・ディ・ニッコロ　1638–1720)

Veracini, Francesco Maria〈17・18世紀〉
イタリアの作曲家,ヴァイオリン奏者。
⇒バロ（ヴェラチーニ,フランチェスコ・マリア　1690.2.1–1768.10.31)

Vera Cruz, Alonso de la〈16世紀〉
スペイン生れのアウグスティヌス会士。
⇒新カト（ベラ・クルス　1504–1584)

Verbeck, Guido Fridolin〈19世紀〉
オランダ人宣教師,教育家。1859年来日し,長崎で英語,政治,経済などを教授。
⇒アア歴（Verbeck,Guido Herman Fridolin　グイード・ハーマン・フリドリン・ヴァーベック　1830.1.23–1898.3.10)
　アメ新（フルベッキ　1830–1898)
　岩世人（フルベッキ（ヴァーベク）　1830.1.23–1898.3.10)
　ネーム（フルベッキ　1830–1898)
　広辞7（フルベッキ　1830–1898)
　新カト（フルベッキ　1830.1.23–1898.3.10)
　ポプ人（フルベッキ,グイド　1830–1898)

Verbiest, Ferdinand〈17世紀〉
ベルギー出身のイエズス会士。中国に渡り康熙帝の信任を得た。
⇒岩世人（フェルビースト　1623.10.9–1688.1.28)
　広辞7（フェルビースト　1623–1688)
　新カト（フェルビースト　1623.10.9–1688.1.28)
　世人新（フェルビースト（中国名：南懐仁)　なんかいじん　1623–1688)
　世人装（フェルビースト（中国名：南懐仁)　なんかいじん　1623–1688)
　世史語（フェルビースト（南懐仁)　1623–1688)
　ポプ人（フェルビースト,フェルディナント　1623–1688)

Verbist, Théophile〈19世紀〉
淳心会創立者。
⇒新カト（ヴェルビスト　1823.6.12–1868.2.23)

Verbitskaia, Anastasiia A.〈19・20世紀〉
ロシアの女性作家。代表作『幸福の鍵』など。
⇒岩世人（ヴェルビーツカヤ　1861.2.11/23–1928.1.16)

Verburg, Nicolaas〈17世紀〉
オランダの台湾長官。東インド総督府参議員,政務総監。
⇒岩世人（フェルブルフ　?–1676)

Vercingetorix〈前1世紀〉
ガリアのアルベルニ族の首領。前52年カエサルと戦った。
⇒岩世人（ウェルキンゲトリクス　?–前46)

Verdaguer, Jacinto〈19・20世紀〉
カタロニア（スペイン)の詩人。中世の民謡の影響をうけている。
⇒岩世人（バルダゲー　1845.5.17–1902.6.10)

Verdalet, Joan〈17世紀〉
スペインの作曲家。
⇒バロ（ベルダレード,ホアン　1630頃?–1690頃?)

Verdelot, Philippe Deslouges〈15・16世紀〉
フランスの作曲家。
⇒バロ（ヴェルドゥロ,フィリップ　1478頃–1552以前)

Verdet, Marcel Emile〈19世紀〉
フランスの物理学者。〈ファラデー効果〉を詳しく研究し,この現象の光の波長に対する依存性を発見。
⇒岩世人（ヴェルデ　1824.3.13–1866.6.3)

Verdi, Giuseppe Fortunio Francesco〈19・20世紀〉
イタリアのオペラ作曲家。作品に『リゴレット』(51)『椿姫』(53)。
⇒岩世人（ヴェルディ　1813.9/10.10–1901.1.27)
　バレエ（ヴェルディ,ジュゼッペ　1813.10.10–1901.1.27)
　オペラ（ヴェルディ,ジュゼッペ　1813–1901)
　エデ（ヴェルディ,ジュゼッペ（フォルトゥニーノ・フランチェスコ）　1813.10.9–1901.1.27)
　19仏（ジュゼッペ・ヴェルディ　1813.10.10–1901.1.17)
　広辞7（ヴェルディ　1813–1901)
　学叢思（ヴェルディ,ジウセッペ　1813–1901)
　実音人（ヴェルディ,ジュゼッペ　1813–1901)
　新カト（ヴェルディ　1813.10.10–1901.1.27)
　世人新（ヴェルディ　1813–1901)
　世人装（ヴェルディ　1813–1901)
　世史語（ヴェルディ　1813–1901)
　ポプ人（ベルディ,ジュゼッペ　1813–1901)

Verdier, Pierre〈17・18世紀〉
フランスのヴァイオリン奏者。
⇒バロ（ヴェルディエ,ピエール　1627.9.6?–1706.9.20)

Verdonck, Cornelius〈16・17世紀〉
フランドルの作曲家。
⇒バロ（フェルドンク,コルネリウス　1563–1625.7.5)

Verecundus〈6世紀〉
北アフリカのユンカの司教。
⇒新カト（ウェレクンドゥス　?–552）

Verena von Zurzach〈4世紀〉
聖人。祝日9月1日。
⇒新カト（ウェレナ　4世紀頃）
　図聖（ウェレナ（ツルツァハの）　?–350頃）

Vereshchagin, Vasali Vasilievich〈19・20世紀〉
ロシアの画家。1812年のナポレオンのロシア侵攻に取材した一連の作品を描いた。
⇒岩世人（ヴェレシチャーギン　1842.10.14–1904.3.31）
　芸13（ヴェレシチャーギン，ヴァシリー・ヴァシリエヴィッチ　1842–1904）

Verga, Giovanni〈19・20世紀〉
イタリアの小説家，劇作家。
⇒岩世人（ヴェルガ　1840.8.31–1922.1.27）
　広辞7（ヴェルガ　1840–1922）
　新カト（ヴェルガ　1840.8.31/9.2–1922.1.27）

Vergennes, Charles Gravier, Comte de〈18世紀〉
フランスの外交官，政治家。アメリカの独立戦争には，独立軍に軍事的援助を与え，パリ条約（83）で活躍。
⇒岩世人（ヴェルジェンヌ　1717.12.20–1787.2.13）

Vergerio, Pier Paolo〈14・15世紀〉
イタリアの人文学者。主著『高雅な風習と自由学芸』など。
⇒岩世人（ヴェルジェリオ　1370.7.23–1444.7.8）
　新カト（ヴェルジェリオ　1370.7.23–1444/1445.7.8）

Vergerio, Pietro Paolo〈15・16世紀〉
イタリアのプロテスタント神学者。反教皇に関する著述がある。
⇒岩世人（ヴェルジェリオ　1498頃–1565.10.4）
　新カト（ヴェルジェリオ　1498–1564.10.4）

Vergilius Maro, Publius〈前1世紀〉
ローマの叙事詩人。
⇒岩世人（ウェルギリウス　前70–前19）
　オペラ（ウェルギリウス　前70–前19）
　ネーム（ウェルギリウス　前70–前19）
　広辞7（ウェルギリウス　前70–前19）
　学叢思（ヴィルジル　前70–前19）
　新カト（ウェルギリウス　前70–前19）
　世人新（ウェルギリウス（ヴァージル）　前70–前19）
　世人装（ウェルギリウス（ヴァージル）　前70–前19）
　世史語（ウェルギリウス　前70–前19）
　ポプ人（ウェルギリウス　前70–前19）
　学叢歴（ヴァージル　前70–前19）

Verginius Rufus, Lucius〈1世紀〉
ローマの政治家。上ゲルマニア総督。ビンデクスの反乱を鎮圧。
⇒岩世人（ウェルギニウス・ルフス　?–97）

Vergniaud, Pierre Victurnien〈18世紀〉
フランスの政治家。
⇒岩世人（ヴェルニョ　1753.5.31–1793.10.31）

Vergott, Franz〈19・20世紀〉
オーストリア出身のフランシスコ会司祭。
⇒新カト（フェルゴット　1876.8.24–1944.7.25）

Verhaeren, Émile〈19・20世紀〉
ベルギーの詩人。『フランドル風物誌』(83)，『触手ある都市』(95)を発表。
⇒岩世人（ヴェラーレン　1855.5.21–1916.11.27）
　19仏（エミール・ヴェルハーレン　1855.5.21–1916.11.27）
　ネーム（ヴェルハーレン　1855–1916）
　広辞7（ヴェルハーレン　1855–1916）
　学叢思（ヴェルハーレン，エミール　1855–1916）

Verhulst, Rombout〈17世紀〉
フランドルの彫刻家。
⇒芸13（フェルフルスト，ロムバウト　1624–1696）

Verjus, Henri〈19世紀〉
イタリア出身のイエズスの聖心布教会員，パプア・ニューギニアへの宣教師。
⇒新カト（ヴェルジュ　1860.5.26–1892.11.13）

Verkade, Jan (P.Willibrord)〈19・20世紀〉
オランダ出身の画家，のちカトリック司祭。
⇒新カト（フェルカーデ　1868.9.18–1946.7.19）

Verlaine, Paul Marie〈19世紀〉
フランスの詩人。『艶なるうたげ』(69)，『よき歌』(70)で著名。
⇒岩世人（ヴェルレーヌ　1844.3.30–1896.1.8）
　19仏（ポール・ヴェルレーヌ　1844.3.30–1896.1.8）
　ネーム（ヴェルレーヌ　1844–1896）
　広辞7（ヴェルレーヌ　1844–1896）
　学叢思（ヴェルレーヌ，ポール　1844–1896）
　新カト（ヴェルレーヌ　1844.3.30–1896.1.8）
　世人新（ヴェルレーヌ　1844–1896）
　世人装（ヴェルレーヌ　1844–1896）
　ポプ人（ベルレーヌ，ポール　1844–1896）

Verloge, Hilaire〈17・18世紀〉
フランドルのチェロ奏者，ヴィオール奏者。
⇒バロ（アラリウス，?　1670頃?–1734）
　バロ（ヴェルロージュ，イレール　1670頃?–1734）

Vermeer, Jan, van Delft〈17世紀〉
オランダの画家。代表作『手紙』。
⇒岩世人（フェルメール　1632.10.31（受洗）–1675.12.16（埋葬））
　広辞7（フェルメール　1632–1675）
　芸13（フェルメール，ヤン　1632–1675）

世史語 (フェルメール　1632-1675)
ポブ人 (フェルメール, ヤン　1632-1675)

Vermeersch, Arthur〈19・20世紀〉
ベルギー倫理神学者, 教会法学者, イエズス会士。
⇒新カト (フェルメールシュ　1858.8.26-1936.7.12)

Vermeulen, Herbert〈18世紀〉
オランダの長崎商館長。
⇒岩世人 (フェルメウレン　1738.5.9-1783)

Vermigli, Pietro Martire〈15・16世紀〉
イタリアの宗教改革家。聖餐論の研究者。
⇒岩世人 (ヴェルミッリー　1500.9.8-1562.12.12)
新カト (ヴェルミーリ　1500.9.8-1562.12.12)

Vermont, Pernot〈16世紀〉
フランスの歌手, 教会委員, 聖職者, 参事会員。
⇒バロ (ヴェルモン, ペルノ　1500頃?-1558)

Vermont, Pierre〈15・16世紀〉
フランスの歌手。
⇒バロ (ヴェルモン, ピエール　1480頃?-1532)

Vernadskii, Vladimir Ivanovich〈19・20世紀〉
ソ連の地球化学者, 鉱物学者。
⇒岩世人 (ヴェルナツキー　1863.2.28/3.12-1945.1.6)

Vernay, Arthur Stannard〈19・20世紀〉
アメリカの探検家。
⇒アア歴 (Vernay, Arthur Stannard アーサー・スタナード・ヴァーネイ　1876?-1960.10.25)

Verne, Jules〈19・20世紀〉
フランスの小説家。サイエンス・フィクションの先駆者。
⇒岩世人 (ヴェルヌ　1828.2.8-1905.3.24)
19仏 (ジュール・ヴェルヌ　1828.2.8-1905.3.24)
広辞7 (ヴェルヌ　1828-1905)
ポブ人 (ベルヌ, ジュール　1828-1905)

Verner, Karl Adolf〈19世紀〉
デンマークの言語学者。子音変移の法則について不規則態の問題を解決した (ヴェルネルの法則)。
⇒岩世人 (ヴェルナー (ヴェアナー)　1846.3.7-1896.11.5)

Vernet, Claude Joseph〈18世紀〉
フランスの画家。ルイ15世の注文で『フランスの港』(1754-62, ルーブル美術館蔵) を連作。
⇒岩世人 (ヴェルネ　1714.8.14-1789.12.3)
芸13 (ヴェルネ, ジョセフ　1714-1789)

Vernet, Emile Jean Horace〈18・19世紀〉
フランスの画家。A.C.H.ベルネの息子。
⇒岩世人 (ヴェルネ　1789.6.30-1863.1.17)

Verney, Luís António〈18世紀〉
ポルトガルの啓蒙作家。イエズス会修道士。外交官に任ぜられた。
⇒岩世人 (ヴェルネイ　1713.7.23-1792.3.20)

Vernicci, Ottavio〈16・17世紀〉
イタリアのオルガン奏者。
⇒バロ (ヴェルニッツィ, オッターヴィオ　1569.11.27-1649.9.28)

Vernier, Pierre〈16・17世紀〉
フランスの数学者。副尺を発明。
⇒岩世人 (ヴェルニエ　1580.8.19-1637.9.14)
学叢思 (ヴェルニエー, ピエール　1580-1637)

Verny, François Léone〈19・20世紀〉
フランスの海軍技師。幕府に雇用されて来日, 横須賀造船所を建設。
⇒岩世人 (ヴェルニ　1837.12.2-1908.5.2)

Verocai, Giovanni〈18世紀〉
イタリアのヴァイオリン奏者。
⇒バロ (ヴェロカイ, ジョヴァンニ　1700頃-1745.12.13?)

Véron, Pierre〈19世紀〉
フランスのジャーナリスト。
⇒19仏 (ピエール・ヴェロン　1831.4.19-1900.11.2)

Veronese, Giuseppe〈19・20世紀〉
イタリアの数学者。
⇒世数 (ヴェロネーゼ, ジウゼッペ　1854-1917)

Veronese, Paolo〈16世紀〉
イタリアの画家。マニエリスモ風の華麗な様式を確立, 主作品『レビ家の饗宴』(73) など。
⇒岩世人 (ヴェロネーゼ　1528-1588.4.19)
広辞7 (ヴェロネーゼ　1528-1588)
新カト (ヴェロネーゼ　1528-1588.4.19)
芸13 (ヴェロネーゼ, パオロ　1528-1588)

Veronica〈1世紀〉
キリスト教伝説中の人物, 聖女。
⇒ネーム (ヴェロニカ)
図聖 (ウェロニカ)

Veronica Giuliani〈17・18世紀〉
神秘家。聖人。メルカテロ生まれ。
⇒ネーム (ジュリアーニ　1660-1727)
新カト (ヴェロニカ・ジュリアーニ　1660.12.27-1727.7.9)
図聖 (ジュリアーニ, ヴェロニカ　1660-1727)

Verot, Jean-Pierre Augustin Marcellin〈19世紀〉
アメリカのカトリック教会司教, シュルピス会士。
⇒新カト (ヴェロ　1805.5.23-1876.6.10)

Verovio, Simone〈16・17世紀〉
ネーデルラントの写譜家、編集者、楽譜彫版師。
⇒バロ（ヴェロヴィオ, シモーネ　1550頃?–1608）

Verres, Gaius Cornelius〈前2・1世紀〉
ローマの政治家。シチリア総督として暴政を行い、キケロによって告発された。
⇒岩世人（ウェッレス　前115頃–前43頃）

Verri, Alessandro〈18・19世紀〉
イタリアの小説家、劇作家。『イル・カッフェ』の編集者。
⇒岩世人（ヴェッリ　1741.11.9–1816.9.23）

Verri, Pietro〈18世紀〉
イタリアの経済学者、文学者。革新的な文化雑誌『イル・カッフェ』の編集主幹。
⇒岩世人（ヴェッリ　1728.12.12–1797.6.28）

Verrocchio, Andrea del〈15世紀〉
イタリアの画家。フィレンツェ派の代表的作家。
⇒岩世人（ヴェロッキオ　1435–1488.10.7）
　ネーム（ヴェロッキオ　1435–1488）
　広辞7（ヴェロッキオ　1435–1488）
　新カト（ヴェロッキョ　1435–1488.10.7）
　芸13（ヴェロッキオ, アンドレア・デル　1435–1488）

Versiglia, Luigi〈19・20世紀〉
イタリアの聖人、殉教者、サレジオ会員、中国の韶関司教。祝日7月9日。中国の殉教者の一人。
⇒新カト（ルイジ・ヴェルシリャ　1873.6.5–1930.2.25）

Il **Verso, Antonio**〈16・17世紀〉
イタリアの詩人、教師、歴史家。
⇒バロ（イル・ヴェルソ, アントーニオ　1560頃–1621.8.23頃）

Verstegen, Willem〈17世紀〉
オランダの出島商館長。東インド会社に入り1634年来日。夫人は日本人。
⇒岩世人（フェルステーヘン　1610–1662頃）

Vertot, René Aubert, Abbé de〈17・18世紀〉
フランスの聖職者、歴史家。
⇒岩世人（ヴェルトー　1655.11.25–1735.6.15）

Verus, Lucius Aurelius〈2世紀〉
ローマ皇帝。在位161〜169。マルクス・アウレリウスと同時に皇帝となった。
⇒岩世人（ウェルス　130.12.15–169）
　世帝（ルキウス・ウェルス　130–169）

Verwey, Albert〈19・20世紀〉
オランダの詩人、評論家。主著、詩『ペルセフォーン』(83)など。
⇒岩世人（フェルヴェイ　1865.5.15–1937.3.8）

Verworn, Max〈19・20世紀〉
ドイツの生理学者。一般生活現象の認識に細胞の生理学的研究の必要を強調し、条件観を持つ。
⇒岩世人（フェルヴォルン　1863.11.4–1921.11.23）

Vesalius, Andreas〈16世紀〉
ベルギーの解剖学者。近代解剖学を樹立。大著『人体の構造について』『提要』を39〜42年刊行。
⇒岩世人（ヴェサリウス　1514.12.31–1564.10.15）
　科史（ヴェサリウス　1514–1564）
　広辞7（ヴェサリウス　1514–1564）
　学叢思（ヴェザリュース, アンドレアス　1514–1564）
　ポプ人（ベサリウス, アンドレアス　1514–1564）
　ルネ（アンドレアス・ヴェサリウス　1514–1564）

Veselovskii, Aleksandr Nikolaevich〈19・20世紀〉
ロシアの文芸学者、文学史家。社会学的方法を文学現象に初めて適用。
⇒岩世人（ヴェセロフスキー　1838.2.4–1906.10.10）

Veselovskii, Aleksei Nikolaevich〈19・20世紀〉
ロシアの文学史家。主著『新ロシア文学における西欧的影響』(1882)。
⇒岩世人（ヴェセロフスキー　1843.6.27/7.9–1918.11.25）

Veselovskii, Nikolai Ivanovich〈19・20世紀〉
ロシアの東洋学者、学士院会員。主としてトルキスタンの歴史および考古学を研究。
⇒岩世人（ヴェセロフスキー　1848.11.12/24–1918.4.12）

Vesnič, Milenko〈19・20世紀〉
セルビアの政治家、外交官。
⇒岩世人（ヴェスニッチ　1863.2.13/25–1921.5.15）

Vesnin, Leonid Aleksandrovich〈19・20世紀〉
ソ連の建築家三兄弟の一人。構成主義建築の指導者。
⇒岩世人（ヴェスニーン　1880–1933）

Vespasianus, Titus Flavius〈1世紀〉
ローマ皇帝。在位69〜79。
⇒岩世人（ウェスパシアヌス　9.11.9–79.6.23）
　ネーム（ウェスパシアヌス　9–79）
　広辞7（ウェスパシアヌス　9–79）
　新カト（ウェスパシアヌス　9.11.17–79.6.24）
　世帝（ウェスパシアヌス　9–79）
　ユ人（ウェスパシアヌス, ティトス・フラビウス　9頃–79）

Vespucci, Amerigo〈15・16世紀〉
イタリアの探検家、地理学者。南アメリカがアジア大陸とは別の新大陸であることを発見。
⇒岩世人（ヴェスプッチ　1454.3.9–1512.2.22）

広辞7 〔ヴェスプッチ 1454–1512〕
学叢思 〔ヴェスプッチ,アメリゴ 1451–1512〕
新カト 〔ヴェスプッチ 1451.3.9–1512.2.22〕
世人新 〔ヴェスプッチ(アメリゴ=ヴェスプッチ) 1454–1512〕
世人装 〔ヴェスプッチ(アメリゴ=ヴェスプッチ) 1454–1512〕
世史語 〔アメリゴ=ヴェスプッチ 1454–1512〕
ポプ人 〔ベスプッチ,アメリゴ 1454–1512〕
ラテ新 〔ベスプッチ 1454–1512〕

Vestris, Auguste〈18・19世紀〉
イタリアの舞踊家,舞踊教師。
⇒岩世人 〔ヴェストリス 1760.3.27–1842.12.5〕
　バレエ 〔ヴェストリス,オーギュスト 1760.3.27–1842.12.5〕

Vestris, Gaétan Balthazar〈18・19世紀〉
イタリアの舞踏家,振付師。
⇒バロ 〔ヴェストリス,ガエタン・バルタザール 1729.4.18–1808.9.27〕

Vestris, Gaetano〈18・19世紀〉
イタリア生れの舞踊家。「舞踊の神様」と呼ばれた。
⇒岩世人 〔ヴェストリス 1728/1729.4.18–1808.9.23/27〕
　バレエ 〔ヴェストリス,ガエタノ 1728/1729.4.18–1808.9.23〕

Vestris, Teresa〈18・19世紀〉
イタリアのダンサー。アンジョーロ・ヴェストリスとガエタノ・ヴェストリスの姉。
⇒バレエ 〔ヴェストリス,テレーザ 1726–1808.1.18〕

Veth, Pieter Johannes〈19世紀〉
オランダの東インド(インドネシア)地理学者,民族学者。
⇒岩世人 〔フェット 1814.12.2–1895.4.14〕

Vetranio〈4世紀〉
古代ローマの簒奪者。
⇒世帝 〔ウェトラニオ ?–356?〕

Vetter, Andreas Nicolaus〈17・18世紀〉
ドイツの作曲家。
⇒バロ 〔フェッター,アンドレーアス・ニコラウス 1666.10–1734.6.13〕

Veuillot, Louis François〈19世紀〉
フランスのジャーナリスト。ウルトラモンタニスムスの信奉者。
⇒岩世人 〔ヴィヨー 1813.10.11–1883.3.7〕
　新カト 〔ヴィヨー 1813.10.11–1883.3.7〕

Vézelay, Herand de〈12世紀〉
フランスの作曲家。
⇒バロ 〔ベズレー,エーランド・ド 1100頃?–1150頃?〕

Viadana, Lodovico Grossi da〈16・17世紀〉
イタリアの作曲家。主作品集『100曲の教会コンチェルト』(1602)。
⇒バロ 〔ヴィアダーナ,ロドヴィーコ・グロッシ・ダ 1564–1627.5.2〕
　岩世人 〔ヴィアダーナ 1560頃–1627.5.2〕
　新カト 〔ヴィアダーナ 1560頃–1627.5.2〕

Viaera, Fredericus〈16世紀〉
ネーデルラントの器楽奏者,編曲者。
⇒バロ 〔ヴィエーラ,フレデリクス 1520頃?–1570以降〕

Viala, Agricol-Joseph〈18世紀〉
フランス革命期の少年英雄。
⇒岩世人 〔ヴィアラ 1780–1793.7.8〕

Vialar, Emilie de〈18・19世紀〉
「天使の出現の聖ヨゼフ修道女会」創立者。聖人。祝日8月24日。
⇒新カト 〔エミリー・ド・ヴィアラール 1797.9.12–1856.8.24〕

Vianney, Jean-Baptiste-Marie〈18・19世紀〉
フランスのカトリック司祭。聖人。祝日8月4日。
⇒岩世人 〔ヴィアンネ 1786.5.8–1859.8.4〕
　新カト 〔ジャン・バティスト・マリー・ヴィヤネ 1786.5.8–1859.8.4〕

Vianney, Jean-Marie〈18・19世紀〉
フランスの司祭。
⇒ネーム 〔ヴィアンネ 1786–1859〕

Viardot, Pauline〈19・20世紀〉
フランスのオペラ歌手(メゾソプラノ)。
⇒岩世人 〔ヴィアルド=ガルシア 1821.7.18–1910.5.18〕
　オペラ 〔ヴィヤルド=ガルシア,ポリーヌ 1821–1910〕

Viator〈4世紀〉
リヨンの教会の朗読奉仕者,エジプトの隠修士。聖人。祝日10月21日。
⇒新カト 〔ウィアトル〔リヨンの〕 ?–390頃〕

Viau, Théophile de〈16・17世紀〉
フランスのバロック詩人。わいせつで反宗教的な詩集により焚刑を宣告された。
⇒岩世人 〔ヴィオー 1590–1626.9.25〕

Vibanco, Sebastián de〈16・17世紀〉
スペインの作曲家。
⇒バロ 〔ビバンコ,セバスチアン・デ 1551頃–1622.10.26〕

Vibert, Jehan Georges〈19・20世紀〉
フランスの画家。
⇒芸13 〔ヴィベール,ジュアン・ジョルジュ 1848–1902〕

Vicaire, Gabriel〈19世紀〉
フランスの詩人。第1詩集『ブレスの七宝』など。
⇒**19仏**（ガブリエル・ヴィケール　1848.1.25–1900.9.24）

Vicelinus〈11・12世紀〉
聖人，宣教師，司教。祝日12月12日。
⇒**新カト**（ヴィケリヌス　1090頃–1154.12.12）

Vicente, Gil〈15・16世紀〉
ポルトガルの劇作家，詩人。作品は『ジル・ビセンテ全作品集』(62)に集められている。
⇒**バロ**（ヴィセンテ，ジウ　1465頃–1536-1537）
　岩世人（ヴィセンテ　1465頃–1536頃）
　広辞7（ヴィセンテ　1465頃–1540頃）

Vicente Caun〈16・17世紀〉
日本205福者の一人，殉教者。
⇒**新カト**（ヴィセンテ・カウン　1580頃–1626.6.20）

Vicente de la Cruz〈16・17世紀〉
聖人。祝日9月28日。トマス西と15殉教者の一人。長崎出身。
⇒**新カト**（ビセンテ・デ・ラ・クルス　1577頃–1637.9.29）

Vicente de San José〈16・17世紀〉
日本205福者の一人，フランシスコ会員。スペイン南部ウェルバ地方のアヤモンテの生まれ。
⇒**新カト**（ビセンテ・デ・サン・ホセ　1597–1622.9.10）

Vicente Ferrer〈14・15世紀〉
スペインのドミニコ派修道僧。
⇒**岩世人**（フェレール　1350.1.23–1419.4.5）
　新カト（ビセンテ・フェレル　1350–1419.4.5）
　図聖（ウィンケンティウス・フェレリウス　1350頃–1419）

Vicentino, Nicola〈16世紀〉
イタリアの作曲家，理論家。ギリシア施法に関する著書がある。
⇒**バロ**（ヴィチェンティーノ，ニコラ　1511–1576）

Vickers, James Cator〈19・20世紀〉
アメリカの弁護士，判事。
⇒**アア歴**（Vickers, James C(ator)　ジェイムズ・ケイター・ヴィッカーズ　1877.8.5–1945.2）

Vico, Giambattista〈17・18世紀〉
イタリアの哲学者，文学者。歴史主義の先駆者。
⇒**岩世人**（ヴィーコ　1668.6.23–1744.1.23）
　広辞7（ヴィーコ　1668–1744）
　学叢思（ヴィコ，ジオヴァンニ・バティスタ　1668–1744）
　新カト（ヴィーコ　1668.6.23–1744.1.23）
　メル3（ヴィーコ，ジャンバッティスタ　1668–1744）

Vicq-d'Azyr, Félix〈18世紀〉
フランスの医者，解剖学者。人体解剖学および比較解剖学の成立に貢献し，また哺乳類の研究は重要。
⇒**岩世人**（ヴィク＝ダジール　1748.2.28–1794.6.20）

Victor〈5世紀〉
古代ローマの司教，著述家。
⇒**新カト**（ウィクトル〔ウィタの〕　?–484頃）

Victor〈6世紀〉
北アフリカ，トゥンヌナの司教。
⇒**新カト**（ウィクトル〔トゥンヌナ〕　?–567頃）

Victor I, St.〈2世紀〉
ローマ教皇。在位189～199。
⇒**岩世人**（ウィクトル1世　(在位)189–198）
　新カト（ヴィクトル1世　?–198/199頃）

Victor II〈11世紀〉
教皇。在位1055～55。皇帝ハインリヒ3世の助言者。
⇒**岩世人**（ウィクトル2世　1018–1057.7.28）
　新カト（ヴィクトル2世　1018–1057.7.28）

Victor III〈11世紀〉
教皇。在位1086～87。福者。
⇒**岩世人**（ウィクトル3世　1027–1087.9.16）
　新カト（ヴィクトル3世　1027–1087.9.16）

Victor IV〈12世紀〉
ローマ教皇（対立教皇）。在位1138。
⇒**岩世人**（ウィクトル4世）
　新カト（ヴィクトル4世　12世紀前半）

Victor IV〈12世紀〉
ローマ教皇（対立教皇）。在位1159～1164。
⇒**岩世人**（ウィクトル4世　?–1164.4.20）
　新カト（ヴィクトル4世　?–1164.4.20）

Victoria〈3世紀〉
聖人，殉教者。
⇒**新カト**（ウィクトリアとアナトリア　生没年不詳）

Victoria, Alexandrina〈19・20世紀〉
イギリスの女王。イギリス帝国主義の最盛期を築いた。
⇒**岩世人**（ヴィクトリア　1819.5.24–1901.1.22）
　姫全（ヴィクトリア女王　1819–1901）
　19仏（ヴィクトリア　1819.5.24–1901.1.22）
　広辞7（ヴィクトリア　1819–1901）
　世人新（ヴィクトリア　1819–1901）
　世人装（ヴィクトリア　1819–1901）
　世史語（ヴィクトリア女王　1819–1901）
　世史語（ヴィクトリア　1819–1901）
　世帝（ヴィクトリア　1819–1901）
　ポプ人（ビクトリア女王　1819–1901）
　学叢歴（ヴィクトリヤ女王　1819–1901）

Victoria, Guadalupe〈18・19世紀〉
メキシコ独立運動の指導者，大統領。在職1824～29。
⇒**岩世人**（グアダルーペ・ビクトリア　1786.9.29–

1843.3.21)
ラテ新（ビクトリア　1786-1843）

Victoria, Tomás Luis de〈16・17世紀〉
スペインの作曲家。宗教音楽を多く作曲。
⇒バロ（ビクトーリア, トーマス・ルイス・デ　1548-1550-1611.8.27）
岩世人（ビクトリア　1548-1611.8.27）
エデ（ビクトリア［ヴィットリア］, トマス［トマゾ］・ルイス［ルドヴィコ］・デ［ダ］　1548頃-1611.8.20）
新カト（ビクトリア　1548頃-1611.8.27）

Victoria Adelaide Mary Louise〈19・20世紀〉
ドイツの皇妃。
⇒岩世人（ヴィクトリア　1840.11.21-1901.8.5）
王妃（ヴィクトリア（ヴィッキー）　1840-1901）
皇国（ヴィクトリア　在位）1837-1901）

Victorinus〈3世紀〉
聖人, 殉教者。祝日4月19日。
⇒新カト（ウィクトリヌス［カルタゴの］　?-250）

Victorinus〈3・4世紀〉
聖人, ローマ近郊アルバーノの殉教者。祝日8月8日。
⇒新カト（ウィクトリヌス, セクンドゥスとその仲間　3-4世紀）

Victorinus〈4世紀〉
聖人, イタリアの殉教者。祝日7月24日。
⇒新カト（マロ, エウティケスとウィクトリヌス　?-4世紀）

Victorinus（Pettau）〈3・4世紀〉
パンノニアの司教。ペッタウラテン教会の最初の聖書注解者。
⇒新カト（ウィクトリヌス［プトゥイの］　?-304頃）

Victor of Marseilles〈3世紀〉
殉教者。聖人。
⇒新カト（ウィクトル［マルセイユの］　?-287/288）

Victricius（Rouen）〈4・5世紀〉
フランスのルアンの司教聖人。
⇒新カト（ウィクトリキウス［ルーアンの］　330頃-407/409）

Victurius〈5世紀〉
聖人, 司教。祝日9月1日。
⇒新カト（ウィクトゥリウス［ル・マンの］　?-490.9.1）

Vicuaro, Paolo〈16世紀〉
イタリアの作曲家。
⇒バロ（ヴィクアーロ, パオロ　1540頃?-1590頃?）

Vicuña Mackenna, Benjamín〈19世紀〉
チリの歴史家, 政治家。『ペルー独立革命』(60) などを残した。
⇒岩世人（ビクニャ・マケナ　1831.8.25-1886.1.25）

Vida, Marco Girolamo〈15・16世紀〉
イタリアの人文主義者。レオーネ10世の宮廷で活躍。
⇒新カト（ヴィーダ　1485頃-1566.9.27）

Vidal, Crescas〈13世紀〉
スペインのタルムード学者。
⇒ユ著人（Vidal,Crescas　ヴィダル, クレスカス　13世紀末）

Vidal, Pedro〈19・20世紀〉
スペインの教会法学者。
⇒新カト（ビダル　1867.7.20-1938.10.24）

Vidal, Peirre〈12・13世紀〉
フランスのトルバドゥール。
⇒バロ（ヴィダル, ペイレ　1180頃-1205）

Vidal de la Blache, Paul〈19・20世紀〉
フランスの地理学者。『地理学年報』創刊。
⇒岩世人（ヴィダル・ド・ラ・ブラシュ　1845.1.22-1918.4.5）

Vidame de Chartres〈12・13世紀〉
フランスのトルヴェール。
⇒バロ（ヴィダム・ド・シャルトル　1145-1155-1204.4?）

Vidas, Elijah ben Moses de〈16世紀〉
サフェドの偉大なカバリストたちの一人。
⇒ユ著人（Vidas,Elijah ben Moses de　ヴィダス, エリア・ベン・モーゼス・デ　16世紀）

Vide, Jacobus〈14・15世紀〉
フランドルの聖職者, 侍従, 秘書。
⇒バロ（ヴィデ, ヤコブス　1380頃?-1433）
バロ（ヴィド, ジャック　1380頃?-1433）

Vidi, Lucien〈19世紀〉
フランスの科学者。〈アネロイド気圧計〉を発明。
⇒岩世人（ヴィディ　1805-1866）

Vidyāpati Ṭhākur〈14・15世紀頃〉
インドのビハールのヴィシュヌ派詩人。
⇒岩世人（ヴィッディヤーパティ・タークル）
南ア新（ヴィディヤーパティ）

Vidyāsāgar, Iśvar Chandra〈19世紀〉
インドの文学者, 教育家, 社会改良家。
⇒岩世人（ヴィッディヤーサーガル　1820-1891.7.29）

Viebig, Clara〈19・20世紀〉
ドイツの女流小説家。『女の村』(1900) が知られる。
⇒岩世人（フィービヒ　1860.7.17-1952）

Vieira, António〈17世紀〉
ポルトガルの宗教学者。ローマ教皇庁で説教師となる。著書『説教集』(1679~1748)。
⇒岩世人（ヴィエイラ　1608.2.6-1697.7.18）

Vieira, Francisco〈16・17世紀〉
ポルトガル出身のインド宣教師, イエズス会員。
⇒新カト（ヴィエイラ　1553頃–1619.12.21）

Vieira, Sebastião〈17世紀〉
ポルトガルの宣教師。
⇒岩世人（ヴィエイラ　1571–1634.6.6）
　新カト（ヴィエイラ　1573–1634.6.6）

Vielé-Griffin, Francis〈19・20世紀〉
フランスの詩人。
⇒岩世人（ヴィエレ＝グリファン　1864.5.26–1937.11.12）
　19仏（フランシス・ヴィエレ＝グリファン　1864.4.26–1937.12.11）

Vien, Joseph Marie〈18・19世紀〉
フランスの画家, 版画家。1742年ローマ大賞受賞。主作品『デダルスとイカルス』(1754)。
⇒岩世人（ヴィアン　1716.6.18–1809.3.27）
　芸13（ヴィアン, ジョセフ・マリー　1716–1809）

Viénot, John Emmanuel〈19・20世紀〉
フランスのプロテスタント神学者。ユグノー研究の権威。
⇒岩世人（ヴィエノ　1859.8.10–1933.12.28）

Vierdanck, Johann〈17世紀〉
ドイツのオルガン奏者, 作曲家。
⇒バロ（フィールダンク, ヨハン　1605頃–1646.4.1）

Vierkandt, Alfred〈19・20世紀〉
ドイツ形式社会学の代表者の一人。特殊科学的社会学を構築。
⇒岩世人（フィーアカント　1867.6.4–1953.4.24）
　学叢思（フィアカント, アルフレッド　1867–?）

Vierling, Johann Gottfried〈18・19世紀〉
ドイツの作曲家。
⇒バロ（フィーリング, ヨハン・ゴットフリート　1750.1.25–1813.11.22）

Viète, François〈16・17世紀〉
フランスの数学者。代数学と三角法を研究。
⇒岩世人（ヴィエト　1540–1603.12.13）
　広辞7（ヴィエト　1540–1603）
　世数（ヴィエト, フランソワ　1540–1603）

Viëtor, Wilhelm〈19・20世紀〉
ドイツの英語学者, 音声学者。主著『独英仏語音声学要綱』(84)。
⇒岩世人（フィーエトル　1850.12.25–1918.9.22）

Viette, Jules〈19世紀〉
フランスのジャーナリスト, 政治家。
⇒19仏（ジュール・ヴィエット　1843.5.6–1894.2.15）

Vieussens, Raymond〈17・18世紀〉
フランスの解剖学者。屍体500以上を解剖し, 脳および背髄, 心臓および大動脈疾患などを研究。
⇒岩世人（ヴューサンス　1635–1716）

Vieuxtemps, Henri Joseph François〈19世紀〉
ベルギーのヴァイオリン奏者。協奏曲の作品6がある。
⇒岩世人（ヴュータン　1820.2.17–1881.6.6）
　ネーム（ヴュータン　1820–1881）

Vigano, Salvatore〈18・19世紀〉
イタリアの舞踊家。ベートーベンが彼のために『プロメテウス』を作曲。
⇒岩世人（ヴィガーノ　1769.3.25–1821.8.10）
　バレエ（ヴィガーノ, サルヴァトーレ　1769.3.25–1821.8.10）
　オペラ（ヴィガノ, サルヴァトーレ　1769–1821）

Vige, Henri Giles de〈14世紀〉
フランスの作曲家。
⇒バロ（ヴィジュー, アンリ・ジル・ド　1310頃?–1360頃?）

Vigée-Lebrun, Marie Louise Elisabeth〈18・19世紀〉
フランスの女流画家。王侯貴顕の肖像画を数多く描いた。
⇒岩世人（ヴィジェ＝ルブラン　1755.4.16–1842.3.30）
　ネーム（ヴィジェ・ルブラン　1755–1842）
　芸13（ヴィジェ・ルブラン, マリー・ルイーズ・エリザベート　1755–1842）

Vigeland, Adolf Gustav〈19・20世紀〉
ノルウェーの彫刻家。象徴的自然主義の代表者。ブッゲ, ビョルンソン, イプセン等の胸像を作った。
⇒岩世人（ヴィーゲラン　1869.4.11–1943.3.12）
　広辞7（ヴィーゲラン　1869–1943）
　芸13（ヴィーゲラン, グスターヴ　1869–1943）

Vigerio, Marco Emanuele〈15・16世紀〉
イタリアの枢機卿, 司教, 神学者。
⇒新カト（ヴィジェリオ　1446–1516.7.18）

Vigfússon, Guðbrandur〈19世紀〉
アイスランドの言語学者。
⇒岩世人（グヴズブランドゥル・ヴィフフソン　1827.3.13–1889.1.31）

Vigilantius〈4・5世紀〉
ガリア人, 司祭。
⇒新カト（ウィギランティウス　4世紀–5世紀初頭）

Vigilius〈4・5世紀〉
トリエント（トレント）の第3代司教。在職385頃～405。聖人, 殉教者。祝日6月26日。
⇒新カト（ウィギリウス〔トレントの〕　?–405頃）
　図聖（ウィギリウス〔トレントの〕　?–405頃）

Vigilius〈6世紀〉
教皇。在位537～555。圧力により皇帝に屈し、教皇の権威をおとしめた。
⇒岩世人（ウィギリウス　?-555.6.7）
　新カト（ヴィギリウス　500以前-555.6.7）

Vignas, Francesco〈19・20世紀〉
スペインのテノール。
⇒失声（フランシスコ・ヴィニャス　1863-1933）
　魅惑（Vignas, Francesco　1863-1933）

Vignier, Charles〈19・20世紀〉
フランスの作家。
⇒19仏（シャルル・ヴィニエ　1863.5.8-1934.2.5）

Vignola, Giacomo Barozzi da〈16世紀〉
イタリアの建築家。ローマのイエズス会の本部ゲス聖堂の建築に従事。
⇒岩世人（ヴィニョーラ　1507.10.1-1573.7.7）
　新カト（ヴィニョーラ　1507.10.1-1573.7.7）

Vigny, Alfred Victor, Comte de〈18・19世紀〉
フランスの詩人、小説家。ロマン派の代表的詩人の一人。詩集『古代・近代詩集』(26) など。
⇒岩世人（ヴィニー　1797.3.27-1863.9.17）
　広辞7（ヴィニー　1797-1863）
　学叢思（ヴィニー、アルフレット・ドゥ　1799-1863）

Vigor〈6世紀〉
フランス、ノルマンディー地方のバイユーの司教。聖人。祝日11月1日。
⇒新カト（ヴィゴル　6世紀前半）

Vigouroux, Fulcran Grégoire〈19・20世紀〉
フランスの聖書学者、サン・スルピス司祭会司祭。
⇒新カト（ヴィグルー　1837.2.13-1915.2.21）

Vigroux, François Paulin〈19・20世紀〉
フランスのパリ外国宣教会宣教師。神山復生病院院長。
⇒岩世人（ヴィグルー　1842.10.14-1909.2.2）
　新カト（ヴィグルー　1842.10.14-1909.2.2）

Viguier, Paul〈19・20世紀〉
フランスの政治家。
⇒19仏（ポール・ヴィギエ　1828.7.28-1902）

Vijaya〈前6・5世紀頃〉
スリランカ（セイロン）の神話上の王。
⇒岩世人（ヴィジャヤ　前6-5世紀頃）

Vijayabāhu I〈11・12世紀〉
セイロン（スリランカ）の王。在位1055～1110。
⇒岩世人（ヴィジャヤバーフ1世　（在位）1055-1110）
　学叢思（ヴィジャヤ・バーフ　1065-1120）

Viktor〈6世紀〉
アンティオケイアの司祭。
⇒新カト（ウィクトル〔アンティオケイアの〕　500頃-?）

Viktor von Solothurn〈3世紀〉
殉教者、聖人。
⇒新カト（ウルススとウィクトル　3世紀末）
　図聖（ウルススとウィクトル（ゾロトゥルンの）　?-286/303）

Viktor von Xanten〈4世紀頃〉
殉教者、聖人。
⇒新カト（ウィクトル〔クサンテンの〕　生没年不詳）
　図聖（ウィクトル（クサンテンの）　?-4世紀頃）

Vilela, Gaspar〈16世紀〉
ポルトガルのイエズス会宣教師。1556年に来日。堺を拠点として布教。
⇒岩世人（ヴィレラ　1525-1572）
　広辞7（ヴィレラ　1525-1572）
　新カト（ヴィレラ　1525-1572）
　ポプ人（ビレラ, ガスパル　?-1572）

Viliyams, Vasilii Robertvich〈19・20世紀〉
ソ連の土壌学者。
⇒岩世人（ヴィリヤムス　1863.9.27/10.9-1939.11.11）

Villa, Pancho Francisco〈19・20世紀〉
メキシコ革命の農民軍指導者。立憲革命軍指導者と対立、反抗を続けた。
⇒岩世人（ビリャ　1878.6.5-1923.7.20）
　広辞7（ビリャ　1878-1923）
　世人新（ビリャ（パンチョ＝ビリャ）　1878-1923）
　世人装（ビリャ（パンチョ＝ビリャ）　1878-1923）
　世史語（ビリャ　1877-1923）
　ポプ人（ビリャ, パンチョ　1877-1923）
　ラテ新（ビリャ　1877-1923）

Villaflor, Manuel de〈17・18世紀〉
スペインの作曲家。
⇒バロ（ビリャフロール, マヌエル・デ　1650頃?-1707.9.12以前）

Villalpando, Cristóbal de〈17・18世紀〉
スペイン植民地時代のメキシコの宗教画家。
⇒岩世人（ビリャルパンド　1649頃-1714）

Villani, Gabriele〈16世紀〉
イタリアの作曲家。
⇒バロ（ヴィルラーニ, ガブリエーレ　1540頃?-1591）

Villani, Gasparo〈16・17世紀〉
イタリアのオルガン奏者。
⇒バロ（ヴィルラーニ, ガスパロ　1550以降-1619以降）

Villani, Giovanni〈13・14世紀〉
イタリアの年代記作者。フィレンツェ史のための『年代記』を著す。
⇒岩世人（ヴィラーニ　1280頃–1348）
広辞7（ヴィッラーニ　1280頃–1348）

Villanueva, Martín de〈16・17世紀〉
スペインの作曲家。
⇒バロ（ビリャヌエバ、マルティン・デ　1550頃?–1605.6.2）

Villarceau, Yvon Antoine〈19世紀〉
フランスの天文学者、技術者、数学者。
⇒世数（ヴィラルソー、イヴォン・アントワーヌ　1813–1883）

Villard, Henry〈19世紀〉
ドイツ生れのアメリカのジャーナリスト、実業家。
⇒岩世人（ヴィラード　1835.4.10–1900.11.12）

Villard, Oswald Garrison〈19・20世紀〉
ドイツ生れのアメリカの新聞経営者、著述家。〈ニューヨーク・イヴニング・ポスト〉紙の編集・経営者。
⇒岩世人（ヴィラード　1872.3.13–1949.10.1）

Villard de Honnecourt〈12・13世紀〉
フランスの建築家。13世紀前半に活躍したが、作品は現存しない。
⇒岩世人（ヴィラール・ド・オヌクール）
新カト（ヴィラール・ド・オヌクール　生没年不詳）

Villari, Emilio〈19・20世紀〉
イタリアの物理学者。磁歪に関する〈ヴィラリの効果〉を発見。
⇒岩世人（ヴィラリ　1836.9.25–1904.8.20）

Villari, Pasquale〈19・20世紀〉
イタリアの歴史家、政治家。1848年独立運動に参加。
⇒岩世人（ヴィラリ　1826.10.3–1917.12.7）

Villars, Louis Hector, Duc de〈17・18世紀〉
ルイ14世時代のフランスの軍人。スペイン継承戦争で司令官として活躍。
⇒岩世人（ヴィラール　1653.5.8–1734.6.17）

Villehardouin, Geoffroi de〈12・13世紀〉
フランスの軍人、年代記作者。シャンパーニュ伯に仕え、外交交渉にあたった。
⇒岩世人（ヴィルアルドゥアン　1150頃–1218頃）
新カト（ヴィラルドゥアン　1150/1155–1213頃）

Villèle, Jean Baptiste Guillaume Joseph, Comte de〈18・19世紀〉
フランスの政治家。王政復古期における極右王党派の指導者。
⇒岩世人（ヴィレール　1773.4.14–1854.3.13）

Villemain, Abel François〈18・19世紀〉
フランスの評論家、政治家。『モンテーニュ礼讃』(12)などを著した他、文相も務めた。
⇒岩世人（ヴィルマン　1790.6.9–1870.5.8）
学叢思（ヴィルメーン、アベル・フランソア　1790–1867）

Villemain, Jean Antoine〈19世紀〉
フランスの外科医。結核が伝染性の病気であることを証明。
⇒岩世人（ヴィルマン　1827–1892）

Villeneuve, Alexandre de〈17・18世紀〉
フランスの歌手、理論家。
⇒バロ（ヴィルヌーヴ、アレクサンドル・ド　1677.5.24–1756以降）

Villeneuve, Émile〈19世紀〉
フランスの政治家。
⇒19仏（エミール・ヴィルヌーヴ　1840.2.25–1890.1.28）

Villeneuve, Pierre Charles Jean Baptiste Silvestre de〈18・19世紀〉
フランスの海軍司令官。
⇒岩世人（ヴィルヌーヴ　1763.12.31–1806.4.22）

Villeneuve-Bargemont, Jean-Paul Alban de〈18・19世紀〉
フランスの社会学者、カトリック社会運動の先駆者。
⇒新カト（ヴィルヌーヴ・バルジュモン　1784.8.8–1850.6.8）

Villermé, Louis-René〈18・19世紀〉
フランスの医学者。フランスで公衆衛生学を確立。
⇒岩世人（ヴィルルメ　1782.5.10–1863.11.16）

Villeroi, François de Neufville, Duc de〈17・18世紀〉
フランスの軍人。ルイ14世と共に育ち、親友となる。
⇒岩世人（ヴィルロワ　1644.4.7–1730.7.18）

Villers, Charles de〈18・19世紀〉
フランスの哲学者。大革命後ドイツに移り(1792)、ドイツ思想をフランスに紹介することに努力。
⇒岩世人（ヴィレール（ヴィレルス）　1765.11.4–1815.2.26）

Villette, Jacobus〈15世紀〉
イタリアの歌手。
⇒バロ（ヴィルレッテ、ヤコブス　1450頃?–1500頃?）

Villiers, Pierre de〈16世紀〉
フランスの作曲家。
⇒バロ（ヴィリエ、ピエール・ド　1500頃?–1550頃）

古代-19世紀 III

Villiers de L'Isle-Adam, Jean Mathias Philippe Auguste ⟨19世紀⟩
フランスの小説家, 劇作家。『残酷物語』(83), 戯曲『エレン』Elën (65) などがある。
⇒岩世人（ヴィリエ・ド・リラダン　1838.11.7-1889.8.18）
　19仏（オーギュスト・ド・ヴィリエ・ド・リラダン　1838.11.7-1889.8.18）
　ネーム（リラダン　1838-1889）
　広辞7（ヴィリエ・ド・リラダン　1838-1889）
　新カト（ヴィリエ・ド・リラダン　1838.11.7-1889.8.18）

Villion, Amatus ⟨19・20世紀⟩
フランス人宣教師。パリ外国宣教会員として来日し, 布教に活躍。岩倉具視, 伊藤博文らも教えを受けた。
⇒岩世人（ヴィリオン　1843.9.2-1932.4.1）
　広辞7（ヴィリヨン　1843-1932）
　新カト（ヴィリオン　1843.9.2-1932.4.1）

Villon, François ⟨15世紀⟩
中世フランスの詩人。
⇒岩世人（ヴィヨン　1431/1432-1463.1.5以後）
　ネーム（ヴィヨン　1431?-1463?）
　広辞7（ヴィヨン　1431頃-1463以後）
　新カト（ヴィヨン　1431頃-1463以降）

Villon, Jacques ⟨19・20世紀⟩
フランスの画家。キュビスムの運動に加わる。
⇒岩世人（ヴィヨン　1875.7.31-1963.6.9）
　芸13（ヴィヨン, ジャック　1875-1963）

Villota y Urroz, Gerardo ⟨19・20世紀⟩
スペインの司祭, スペイン外国宣教会創立者。
⇒新カト（ビロタ・イ・ウロス　1839.10.3-1906.11.20）

Vilmar, August Friedrich Christian ⟨18・19世紀⟩
ドイツのプロテスタント神学者。
⇒岩世人（フィルマル　1800.11.21-1868.7.30）
　新カト（フィルマール　1800.11.21-1868.7.30）

Vimala
インドの仏教徒。長者の子であったが出家してさとりを得た。
⇒岩世人（ヴィマラキールティ）
　学叢思（ユイマ　維摩）

Vima Takto ⟨1世紀⟩
インド, クシャナ朝の王。
⇒世帝（ヴィマ・タクト　(在位) 80-95）

Vinaccesi, Benedetto ⟨17・18世紀⟩
イタリアの作曲家, オルガン奏者。
⇒バロ（ヴィナッチェージ, ベネデット　1660頃?-1719）

Vinata
ダクシャの娘の一人。
⇒ネーム（ヴィナター）

Vinawer, Maxim ⟨19・20世紀⟩
ロシアの法律専門家, 政治家。
⇒ユ人（ビナワー, マキシム　1862-1926）

Vincenet, Johannes ⟨15世紀⟩
フランドルの歌手。
⇒バロ（ヴァンスネ, ヨハンネス　1440頃?-1490頃?）

Vincent ⟨16・17世紀⟩
フランスのリュート奏者, 音楽教師。
⇒バロ（ヴァンサン,?　1595頃?-1650頃）

Vincent, Frank ⟨19・20世紀⟩
アメリカの旅行家。
⇒アア歴（Vincent,Frank　フランク・ヴィンセント　1848.4.2-1916.6.19）

Vincent, George Edgar ⟨19・20世紀⟩
アメリカの社会学者。
⇒学叢思（ヴィンセント, ジー・イー　1864-?）

Vincent, Louis-Hugues ⟨19・20世紀⟩
フランスのドミニコ会会員, 考古学者。
⇒新カト（ヴァンサン　1872.8.31-1960.12.30）

Vincent, Samuel ⟨18・19世紀⟩
フランスの改革派神学者。ニームの牧師。
⇒岩世人（ヴァンサン　1787.9.13-1837.7.10）

Vincent, Thomas ⟨18世紀⟩
イギリスのオーボエ奏者, 興行主。
⇒バロ（ヴィンセント, トマス　1720頃-1783.5.10?）

Vincent de Beauvais ⟨12・13世紀⟩
フランス中世の百科全書家。主著 "Speculum Majus"。
⇒岩世人（ヴァンサン (ボーヴェの)　1190頃-1264）
　新カト（ヴィンケンティウス〔ボーヴェの〕　1190頃-1264）

Vincenti, Giacomo ⟨16・17世紀⟩
イタリアの書籍商, 楽譜印刷業者。
⇒バロ（ヴィンチェンティ, ジャーコモ　1560頃?-1619）

Vincentius ⟨3・4世紀⟩
聖人, 殉教者。祝日6月9日。
⇒新カト（ウィンケンティウス〔アジャンの〕　3-4世紀）

Vincentius ⟨7世紀⟩
スペインのレオンの修道院長。聖人, 殉教者。祝日3月11日。
⇒新カト（ヴィンケンティウス〔レオンの〕　?-630.3.11）

Vincentius a Paulo, St. ⟨16・17世紀⟩
カトリック聖職者, 聖人。貧者や子供を守る慈善事業に努めた。
⇒岩世人（ヴァンサン・ド・ポール　1581.4.24-1660.9.27）

新カト（ヴァンサン・ド・ポール　1581.4.24–
1660.9.27）
図聖（ヴァンサン・ド・ポール　1581–1660）

Vincentius Hispanus〈13世紀〉
スペイン出身の教会法学者。
⇒新カト（ヴィンケンティウス〔スペインの〕　?–
1234以降）

Vincentius Lerinensis〈5世紀〉
ガリアの教会著述家，聖人。レランの修道司祭。
半ペラギウス派に属す。
⇒岩世人（ウィンケンティウス　400頃–450以前）
新カト（ウィンケンティウス〔レランスの〕　?–
450頃）

Vincentius Madelgarius〈7世紀〉
聖人，修道院長。祝日7月14日。
⇒新カト（ヴィンケンティウス・マデルガリウス
615頃–677.7.14）

Vincent of Zaragoza〈4世紀〉
殉教者。聖人。
⇒新カト（ウィンケンティウス〔サラゴサの〕　?–
304/305）
図聖（ウィンケンティウス（サラゴサの）　?–
304頃）

Vincenzo da Rimini〈14世紀〉
イタリアの作曲家。
⇒バロ（ヴィンチェンツォ・ダ・リミニ　1310頃?–
1360頃?）

Vinchevsky, Morris〈19・20世紀〉
イディッシュ語，ヘブライ語作家。社会主義の
指導者。
⇒ユ美人（Vinchevsky,Morris　ヴィンチェウス
キー，モーリス　1856–1932）

Vinci, Leonardo〈17・18世紀〉
イタリアの作曲家。ナポリ派オペラの代表的作
曲家。
⇒バロ（ヴィンチ，レオナルド　1690-1696–1730.5.
27/28）
オペラ（ヴィンチ，レオナルド　1696?–1730）

Vinci, Pietro〈16世紀〉
イタリアの作曲家。
⇒バロ（ヴィンチ，ピエトロ　1535頃–1584.6.15）

Vincke, Ernst Friedrich Georg, Freiherr von〈19世紀〉
プロイセンの自由主義的政治家。48～49年のフ
ランクフルト国民議会では反動的な右派に属
した。
⇒岩世人（フィンケ　1811.5.15–1875.6.3）

Vinco, Angelo〈19世紀〉
イタリア出身の宣教師，南スーダン南部への宣
教の先駆者，探検家。
⇒新カト（ヴィンコ　1819.5.29–1853.1.22）

Vindella, Giovanni Francesco〈16世紀〉
イタリアのリュート奏者。
⇒バロ（ヴィンデッラ，ジョヴァンニ・フランチェス
コ　1500頃?–1550頃?）

Vinders, Jheronimus〈15・16世紀〉
フランドルの作曲家。
⇒バロ（フィンデルス，イエロニムス　1490頃?–
1550以降）

Vines, Richard〈17世紀〉
イギリスのピューリタン神学者。
⇒新カト（ヴァインズ　1600頃–1656.2.2/4）

Vinet, Alexandre Rodolphe〈18・19世紀〉
スイスの新教神学者，文芸批評家。
⇒学叢思（ヴィネー，アレクサンドル・ロドルフェ
1797–1847）
新カト（ヴィネ　1797.6.17–1847.5.4）

Vinje, Aasmund Olafsson〈19世紀〉
ノルウェーの作家。代表作『ある夏の旅の思い
出』(60)。
⇒岩世人（ヴィニエ　1818.4.6–1870.7.30）

Vinnius, Arnold〈16・17世紀〉
オランダの法学者。
⇒岩世人（フィンニウス　1588.1.4–1657.9.1）

Vinogradoff, Sir Paul Gavrilovich〈19・20世紀〉
ロシア生れのイギリスの法律学者，中世史学者。
主著『イギリスの農奴制度』(92)。
⇒岩世人（ヴィノグラドフ　1854.11.18/30–1925.
12.19）

Vinogradskii, Sergei Nikolaevich〈19・20世紀〉
ロシア生れのフランスの微生物学者。
⇒岩世人（ヴィノグラッキー　1856.9.1/13–1953.2.
24）

Vinter, Aleksandr Vasilievich〈19・20世紀〉
ソ連の工学者。動力工学，電力開発の権威。
⇒岩世人（ヴィンテル　1878.9.28/10.10–1958.3.9）

Vinton, Justus Hatch〈19世紀〉
アメリカの宣教師。
⇒アア歴（Vinton,Justus Hatch　ジャスタス・
ハッチ・ヴィントン　1806.2.17–1858.3.31）

Viola, Agostino della〈15・16世紀〉
イタリアの作曲家。
⇒バロ（ヴィオラ，アゴスティーノ・デッラ　1490
頃?–1540頃?）

Viola, Alfonso della〈16世紀〉
イタリアの作曲家。
⇒バロ（ヴィオラ，アルフォンソ・デッラ　1505頃–

1567頃)

Viola, Ansermo〈18世紀〉
スペインの作曲家。
⇒バロ（ビオラ, アンセルモ　1739–1798）

Violle, Jules〈19・20世紀〉
フランスの物理学者。
⇒学叢思（ヴィオール, ジュール　1841–?）

Viollet-le-Duc, Eugène Emmanuel
〈19世紀〉
フランスの建築家。パリのノートル・ダム大聖堂などの修復を指導。
⇒岩世人（ヴィオレ＝ル＝デュク　1814.1.27–1879.9.17）
　新カト（ヴィオレ・ル・デュク　1814.1.27–1879.9.17）
　世建（ウジェーヌ＝エマニュエル・ヴィオレ＝ル＝デュク　1814–1879）

Vionnet, Madeleine〈19・20世紀〉
フランスのファッション・デザイナー。
⇒岩世人（ヴィオネ　1876.6.22–1975.3.2）

Viotti, Giovanni Battista〈18・19世紀〉
イタリアの作曲家, ヴァイオリン奏者。マリー・アントワネットの宮廷音楽家。
⇒バロ（ヴィオッティ, ジョヴァンニ・バッティスタ　1755.5.12–1824.3.3）
　岩世人（ヴィオッティ　1755.5.12–1824.3.3）
　エデ（ヴィオッティ, ジョヴァンニ・バッティスタ　1755.5.12–1824.3.3）
　ネーム（ヴィオッティ　1755–1824）

Viracocha〈15世紀〉
インカ帝国8代目の皇帝とされる人物。
⇒ラテ新（ビラコチャ）

Virchow, Rudolf Ludwig Karl〈19・20世紀〉
ドイツの病理学者, 人類学者, 政治家。自由主義グループの進歩党を結成。
⇒岩世人（フィルヒョー　1821.10.13–1902.9.5）
　広辞7（ウィルヒョウ　1821–1902）
　学叢思（フィルヒョー, ルドルフ　1821–1902）

Virdung, Sebastian〈15・16世紀〉
ドイツの理論家, 作曲家。1505～6年ごろまでハイデルベルク宮廷聖歌隊の歌手。
⇒バロ（ヴィルドゥング, セバスティアン　1465.1.19/20?–1520頃?）

Viret, Pierre〈16世紀〉
スイスの宗教改革者。スイスの宗教改革に貢献。
⇒岩世人（ヴィレ　1511–1571.5.4）
　新カト（ヴィレ　1511–1571.5.4）

Virgilius (Salzburg)〈8世紀〉
ザルツブルクに大聖堂を設立したアイルランド人の司教, 聖人。
⇒岩世人（ウィルギリウス（ザルツブルクの）　700頃–784.11.27）
　新カト（ヴィルギリウス〔ザルツブルクの〕　710頃–789.11.27）
　図聖（ウィルギリウス（ザルツブルクの）　700頃–784）

Viriathus〈前2世紀〉
ルシタニア（ポルトガル）の牧人。
⇒岩世人（ウィリアトゥス　?–前139）

Viśākhadatta〈6世紀頃〉
インドのサンスクリット劇作家。9世紀頃の政治劇『ムドラーラークシャサ』の作者。
⇒岩世人（ヴィシャーカダッタ）

Viṣāl〈18・19世紀〉
イランのカージャール朝前期の詩人。
⇒岩世人（ヴィサール　1782–1845）

Vischer, Friedrich Theodor〈19世紀〉
ドイツの美学者。ヘーゲル学派の美学の代表者。
⇒岩世人（フィッシャー　1807.6.30–1887.9.14）
　学叢思（フィッシャー, フリードリヒ・テオドル　1807–1887）
　メル3（フィッシャー, フリードリヒ・テオドール　1807–1887）

Vischer, Peter der Ältere〈15・16世紀〉
ドイツの彫刻家。ヘルマン・フィッシャーの子。
⇒芸13（フィッシャー, ペーター　1460頃–1529）

Vischer, Robert〈19・20世紀〉
ドイツの美術史家。
⇒岩世人（フィッシャー　1847.2.22–1933.3.25）
　学叢思（フィッシャー, ロベルト　1847–?）

Visconti, Domenico〈16・17世紀〉
イタリアのオルガン奏者。
⇒バロ（ヴィスコンティ, ドメーニコ　1570頃?–1626.11.1-6）

Visconti, Ennio Quirino〈18・19世紀〉
イタリアの考古学者。
⇒岩世人（ヴィスコンティ　1751.11.1–1818.2.7）

Visconti, Gasparo〈17・18世紀〉
イタリアのヴァイオリン奏者。
⇒バロ（ヴィスコンティ, ガスパロ　1683.1.10–1713以降）

Visconti, Lodovico Tullio Gioacchino〈18・19世紀〉
ローマ生れのフランスの建築家。ナポレオン3世の帝室建築家となる（50）。
⇒岩世人（ヴィスコンティ　1791.2.11–1853.12.29）

Visconti-Venosta, Emilio〈19・20世紀〉
イタリアの政治家。
⇒岩世人（ヴィスコンティ＝ヴェノスタ　1829.1.22–1914.11.28）

Visdelou, Claude de〈17・18世紀〉
フランスのイエズス会士。ルイ14世派遣聖職者

の一人として中国に渡る(1687)。
⇒岩世人（ヴィドルー　1656.8.12–1737.11.11）
新カト（ヴィドゥルー　1656.8.12–1737.11.11）

Visée, Robert de〈17・18世紀〉
フランスのギター奏者, テオルバ奏者, ヴィオール奏者, 歌手, 作曲家。
⇒バロ（ヴィゼー, ローラン・ロベール・ド　1658頃–1725）

Vishnevskii, Aleksandr Vasilievich〈19・20世紀〉
ソ連の外科医。
⇒岩世人（ヴィシネーフスキー　1874.8.23/9.4–1948.11.13）

Vishṇugupta〈6世紀〉
グプタ帝国の統治者。在位540～550。
⇒世帝（ヴィシュヌグプタ　(在位)540頃/543頃–550頃）

Vismarri, Filippo〈17・18世紀〉
イタリアの歌手, 秘書官, 聖職者。
⇒バロ（ヴィズマルリ, フィリッポ　1635以前–1706頃）

Viṣṇu〈8世紀〉
シュリーヴィジャヤの王。在位775頃。
⇒岩世人（ヴィシュヌ　(在位)775頃）

Viṣṇusvāmin〈13世紀〉
インドのヒンドゥー教学者。
⇒岩世人（ヴィシュヌスヴァーミン　13世紀）

Visoun〈15・16世紀〉
ラオスのランサン王国の王。在位1500/01～20。
⇒岩世人（ウィスン　1466–1520）

Visser, Marinus Willem de〈19・20世紀〉
オランダの日本学者。駐東京オランダ公使館通訳官(1904～09), ライデン大学日本学教授(17～)。
⇒岩世人（フィッセル　1875.10.23–1930.10.7）

Vissière, Arnold〈19・20世紀〉
フランスのシナ学者。主著『中国語初歩』(1904)は今なお声価がある。西洋人中有数の漢字書家。
⇒岩世人（ヴィシエール　1858.8.2–1930.3.28）

Vistahm〈6世紀〉
ササン朝ペルシアのシャー。
⇒世帝（ヴィスタム　?–596?）

Viśvanāthakavirāja〈14世紀〉
インドの詩論家, 詩人。
⇒岩世人（ヴィシュヴァナータ・カヴィラージャ　14世紀）

Vital, Chaim ben-Joseph〈16・17世紀〉
カバリスト, 偽メシアの後継者。
⇒ユ人（ビタル, ハイム・ベンヨセフ　1542–1620）
ユ著人（Vital,Hayyim ben Joseph　ヴィタール, ハイム・ベン・ヨセフ　1542/1543–1620）

Vitale da Bologna〈14世紀〉
イタリアの画家。
⇒芸13（ヴィターレ・ダ・ボローニャ）

Vitali, Filippo〈16・17世紀〉
フィレンツェの作曲家, 歌手。
⇒バロ（ヴィターリ, フィリッポ　1595頃–1653.4.1以降）

Vitali, Giovanni Battista〈17世紀〉
イタリアの音楽家。ボローニャの聖ピエトロ聖堂のビオラ奏者。
⇒バロ（ヴィターリ, ジョヴァンニ・バティスタ　1632.2.18–1692.10.12）

Vitali, Giuseppe〈19・20世紀〉
イタリアの数学者。解析学, 微分幾何学を研究。
⇒岩世人（ヴィターリ　1875.8.26–1932.2.29）
世数（ヴィタリ, ジュゼッペ　1875–1932）

Vitali, Tommasso Antonio〈17・18世紀〉
イタリアの音楽家。G.B.ビタリの息子。『シャコンス』の作曲者。
⇒バロ（ヴィターリ, トンマーゾ・アントーニオ　1663.3.7–1745.5.9）

Vitalianus, St.〈7世紀〉
ローマ教皇。在位657～672。
⇒新カト（ヴィタリアヌス　?–672.1.27）

Vitalis〈3・4世紀〉
聖ウィタリス。聖アグリコラの奴隷。304年頃殉教。
⇒新カト（ウィタリスとアグリコラ　?–305頃）

Vitalis der Thebäischen Legion〈4世紀頃〉
殉教者, 聖人。
⇒図聖（ウィタリス(テーベ軍団の)　?–4世紀頃）

Vitalis von Salzburg〈8世紀〉
ベネディクト会士。ザルツブルクの聖ペテロ大修道院院長。
⇒図聖（ウィタリス(ザルツブルクの)　?–730以前）

Vitelli, Girolamo〈19・20世紀〉
イタリアの古典学者。
⇒岩世人（ヴィテッリ　1849.7.27–1935.9.2）

Vitellius, Aulus〈1世紀〉
ローマ皇帝。在位69。
⇒岩世人（ウィテッリウス　15頃–69.12.20）
世帝（ウィテリウス　12/15–69）

Vitellius, Lucius〈1世紀〉
古代ローマの執政官。

⇒岩世人（ウィテッリウス）
Viteneére, Jacques〈17世紀〉
フランスの作曲家。
⇒バロ（ヴィトネル, ジャック 1600頃?–1660頃?）
Vitgenshtein, Pëtr Khristianovich
〈18・19世紀〉
ロシアの将軍。対ナポレオン戦争（1812）には, ロシア軍右翼を指揮。
⇒岩世人（ヴィトゲンシテイン 1769.1.6–1843.5.30）
Viti, Maria Fortunata〈19・20世紀〉
福者, ベネディクト会修道女。
⇒新カト（ヴィティ 1827.2.10–1922.11.20）
Vitkin, Joseph〈19・20世紀〉
シオニスト運動のパイオニア。
⇒ユ人（ビトキン, ヨセフ 1876–1912）
Vitoria, Francisco de〈15・16世紀〉
スペインの神学者。ドミニコ会士。スペインの新スコラ学派の創立者。
⇒岩世人（ビトリア 1483–1486–1546.8.12）
　新カト（ビトリア 1483頃–1546.8.12）
Vitringa, Campegius〈17・18世紀〉
オランダの改革派神学者, 旧約学者。
⇒新カト（ヴィトリンハ 1659.5.16–1722.3.31）
Vitruvius Pollio, Marcus〈前1世紀頃〉
ローマの建築家, 建築理論家。
⇒岩世人（ウィトルウィウス）
　ネーム（ヴィトルヴィウス）
　広辞7（ウィトルウィウス　前1世紀）
Vitry, Philippe de〈13・14世紀〉
フランスの司教, 音楽理論家, 作曲家。音楽理論書『アルス・ノバ』Ars Nova（1320）を書いた。
⇒バロ（ヴィトリ, フィリップ・ド 1291.10.31–1361.6.9）
　岩世人（ヴィトリ 1291.10.31–1361.6.9）
Vitte, Sergei Iulievich〈19・20世紀〉
ロシアの政治家。
⇒岩世人（ヴィッテ 1849.6.17–1915.2.28）
　ネーム（ウィッテ 1849–1915）
　広辞7（ウィッテ 1849–1915）
　世人新（ヴィッテ（ウィッテ） 1849–1915）
　世人装（ヴィッテ（ウィッテ） 1849–1915）
　世史語（ウィッテ 1849–1915）
Vitti, Martino〈17・18世紀〉
イタリアの作曲家。
⇒バロ（ヴィッティ, マルティーノ 1690頃?–1750頃?）
Vittori, Loreto〈17世紀〉
イタリアの歌手, 詩人, 騎士。
⇒バロ（ヴィットーリ, ロレート 1604.9.4–1670.4.23）

Vittorino da Feltre〈14・15世紀〉
イタリアの教育者。
⇒岩世人（ヴィットリーノ・ダ・フェルトレ 1378–1446）
Vittorio Amadeo II〈17・18世紀〉
イタリアのサヴォイア公。在位1675～1730。シチリア王。在位1713～18。サルデーニャ王。在位1718～30。
⇒岩世人（ヴィットーリオ・アメデーオ2世 1666.5.14–1732.10.31）
Vittorio Emanuele II〈19世紀〉
イタリア, サルジニア国王。在位1849～61。イタリア国王。在位1861～78。
⇒岩世人（ヴィットーリオ・エマヌエーレ2世 1820.3.14–1878.1.9）
　広辞7（ヴィットリオ・エマヌエレ二世 1820–1878）
　新カト（ヴィットリオ・エマヌエーレ2世 1820.3.14–1878.1.9）
　世人新（ヴィットーリオ＝エマヌエーレ（ヴィクトル＝エマヌエル）2世 1820–1878）
　世人装（ヴィットーリオ＝エマヌエーレ（ヴィクトル＝エマヌエル）2世 1820–1878）
　世史語（ヴィットーリオ・エマヌエーレ2世 1820–1878）
　ポプ人（ビットーリオ・エマヌエーレ2世 1820–1878）
　皇国（ヴィットーリオ・エマヌエーレ2世 （在位）1849–1878）
　学叢歴（ヴィクトル・エマニュエル2世 1820–1878）
Vittorio Emanuele III〈19・20世紀〉
イタリア国王。在位1900～46。B.ムッソリーニによるファシスト独裁政権に道を開いた。
⇒岩世人（ヴィットーリオ・エマヌエーレ3世 1869.11.11–1947.12.28）
　ネーム（ヴィットリオ・エマヌエレ3世 1869–1947）
　皇国（ヴィットーリオ・エマヌエーレ3世 （在位）1900–1946）
Vitus〈3・4世紀〉
殉教者。聖人。
⇒新カト（ウィトゥス ?–303/305）
　図聖（ウィトゥス ?–304頃）
Vitzthumb, Ignaz〈18・19世紀〉
オーストリアの歌手, 器楽奏者, 軍人, 指揮者, 興行主。
⇒バロ（ヴィットゥンプ, イグナツ 1720.7.20–1816.3.23）
Vivaldi, Antonio Lucio〈17・18世紀〉
イタリアの作曲家, ヴァイオリン奏者。主作品は『四季』など。
⇒バロ（ヴィヴァルディ, アントーニオ・ルーチョ 1678.3.4–1741.7.28）
　岩世人（ヴィヴァルディ 1678.3.4–1741.7.27/28）
　オペラ（ヴィヴァルディ, アントニオ 1678–1741）
　エデ（ヴィヴァルディ, アントニオ（ルチオ）

```
                    1678.3.4–1741.7.28）
  広辞7（ヴィヴァルディ　1678–1741）
  実音人（ヴィヴァルディ，アントニオ　1678–
      1741）
  新カト（ヴィヴァルディ　1678.3.4–1741.7.28）
  世人新（ヴィヴァルディ　1678–1741）
  世人装（ヴィヴァルディ　1678–1741）
  ボプ人（ビバルディ，アントーニオ　1678–1741）
```

Vivarini, Alvise〈15・16世紀〉
イタリアの画家。A.ビバリーニの子。主作品はナポリの祭壇画。
```
⇒岩世人（ヴィヴァリーニ　1447–1504）
  芸13（ヴィヴァリーニ父子　1477–1504）
```

Vivarini, Antonio〈15世紀〉
イタリアの画家。
```
⇒岩世人（ヴィヴァリーニ　1420頃–1484頃）
  新カト（ヴィヴァリーニ　1415頃–1476/1484）
  芸13（ヴィヴァリーニ父子　1420頃–1476–
       1484頃）
```

Vivarini, Bartolommeo da Murano〈15世紀〉
イタリアの画家。
```
⇒岩世人（ヴィヴァリーニ　1431頃–1491頃）
  新カト（ヴィヴァリーニ　1432頃–1499頃）
```

Vivekānanda〈19・20世紀〉
インドの哲学者，宗教家。ラーマクリシュナ・ミッションを設立。
```
⇒岩世人（ヴィヴェーカーナンダ　1863.1.12–1902.
       7.4）
  学叢思（ヴィヴェカナンダ・スワーミ　1862.1.7–
       1902）
  新カト（ヴィヴェーカーナンダ　1863.1.12–1902.
       7.4）
  世人新（ヴィヴェーカーナンダ（スヴァーミン）
       1862–1902）
  世人装（ヴィヴェーカーナンダ（スヴァーミン）
       1862–1902）
  南ア新（ヴィヴェーカーナンダ　1863–1902）
```

Vivero y Velasco, Don Rodrigo de〈16・17世紀〉
スペインのフィリピン臨時総督。メキシコ帰任の途中，日本に漂着。
```
⇒岩世人（ビベーロ　?–1636）
  広辞7（ビベロ　1564–1636）
  新カト（ビベロ・イ・ベラスコ　1564–1636.12）
```

Vives, Juan Luis〈15・16世紀〉
スペインの人文主義者，哲学者。近代心理学の父と呼ばれる。
```
⇒岩世人（ビベス　1492.3.6–1540.5.6）
  学叢思（ヴィヴェス，ルドヴィコ　1492–1540）
  新カト（ビベス　1492.3.6–1540.5.6）
  ユ著人（Vives,Juan Luis　ヴィヴェス，ファン・
       ルイス　1492–1540）
```

Viviani, Giovanni Buonaventura〈17世紀〉
イタリアのヴァイオリン奏者，指揮者。
```
⇒バロ（ヴィヴィアーニ，ジョヴァンニ・ブオナヴェ
      ントゥーラ　1638.7.15–1692.12以降）
```

Viviani, René Raphael〈19・20世紀〉
フランスの政治家。
```
⇒岩世人（ヴィヴィアニ　1863.11.8–1925.9.6）
  学叢思（ヴィヴィアニ，ルネ　1862–?）
```

Viviani, Vincenzo〈17・18世紀〉
イタリアの物理学者，数学者。ガリレイの弟子。
```
⇒岩世人（ヴィヴィアーニ　1622.4.5–1703.9.22）
  科史（ヴィヴィアーニ　1622–1703）
  世数（ヴィヴィアーニ，ヴィンチェンゾ　1622–
       1703）
```

Vivien, Joseph〈17・18世紀〉
フランスの画家。パステルの肖像画を残した。
```
⇒芸13（ヴィヴィアン，ジョセフ　1657–1735）
```

Vivien de Saint-Martin, Louis〈19世紀〉
フランスの地理学者。
```
⇒岩世人（ヴィヴィアン・ド・サン＝マルタン
       1802.5.22–1897.1.7）
```

Vizcaino, Sebastián〈16・17世紀〉
スペインの遣日特派使節。1611年浦賀に来航。
```
⇒岩世人（ビスカイノ　1548–1624）
  広辞7（ビスカイノ　1551?/1548–1615/1628）
  新カト（ビスカイノ　1551–1628）
```

Vizée〈17・18世紀〉
フランスのオルガン奏者。
```
⇒バロ（ヴィゼー,?　1670頃?–1730頃?）
```

Vla〈18世紀〉
フランスのクラヴサン奏者。
```
⇒バロ（ヴラ,?　1710頃?–1770頃?）
```

Vladimir〈9世紀〉
中世ブルガリアの統治者。在位889～893。
```
⇒世帝（ウラディミール　（在位）889–893）
```

Vladimir I Svyatoslavich〈10・11世紀〉
キエフの大公。在位980～1015。リューリック朝キエフ・ルーシの最盛期を築きあげた。
```
⇒岩世人（ウラジーミル1世（聖公）　955頃–1015.7.
       15）
  ネーム（ウラジミル1世　?–1015）
  広辞7（ウラジーミル一世　956頃–1015）
  新カト（ウラジーミル1世　960頃–1015.7.15）
  世人新（ウラディミル1世（聖公）　955頃–1015）
  世人装（ウラディミル1世（聖公）　955頃–1015）
  世史語（ウラジミル1世　?–1015）
  ボプ人（ウラジーミル1世　955?–1015）
  皇国（ウラジーミル1世　（在位）978–1015）
```

Vladimir II, Monomakh〈11・12世紀〉
キエフの大公。在位1113～25。
```
⇒岩世人（ウラジーミル2世（モノマフ）　1053–
       1125.5.19）
```

Vladimirescu, Tudor〈18・19世紀〉
1821年のワラキア蜂民蜂起の指導者。
⇒岩世人（ヴラディミレスク　1780.10–1821.5.27）

Vladislas II〈15・16世紀〉
ハンガリー王国の統治者。
⇒世帝（ウラースロー2世　1456–1516）
世帝（ヴラジスラフ・ヤゲロンスキー　1456–1516）

Vladislavich-Raguzinsky, Savva Lukich〈17・18世紀〉
帝政ロシアの外交官。
⇒岩世人（ヴラジスラヴィチ＝ラグジンスキー　1668(-1670)–1738.6.18）

Vlaminck, Maurice de〈19・20世紀〉
フランスの画家。フォーブ運動の一員。人けのない寂しい町角や風景を描いた。主作品『セーヌ川』。
⇒岩世人（ヴラマンク　1876.4.4–1958.10.11）
広辞7（ヴラマンク　1876–1958）
芸13（ヴラマンク、モーリス・ド　1876–1958）

Vloten, Jan van〈19世紀〉
オランダの哲学者。スピノザ全集の最初の校訂版を出版（1882〜83）。
⇒岩世人（フローテン　1818.1.18–1883.9.21）

Voeikov, Aleksandr Ivanovich〈19・20世紀〉
ロシアの気候学者。南北アメリカ、インド、ジャヴァを経て来日、日本の気候について論述した。
⇒岩世人（ヴォエーイコフ　1842.5.8–1916.1.28）

Voelckel, Samuel〈16・17世紀〉
ドイツの作曲家。
⇒バロ（フェルケル、ザムエル　1560頃–1617以降）

Voet, Gisbert〈16・17世紀〉
オランダの神学者。カルバン派。
⇒岩世人（フート　1588.3.3–1676.11.1）
新カト（ヴォエティウス　1589.3.3–1676.11.1）

Vogel, Hermann Carl〈19・20世紀〉
ドイツの天体物理学開拓者の一人。変光星アルゴルの暗黒伴星を発見（89）。
⇒岩世人（フォーゲル　1841.4.3–1907.8.13）

Vogel, Hermann Wilhelm〈19世紀〉
ドイツの写真化学者。オーソクローム乾板を発明（1873）。
⇒岩世人（フォーゲル　1834.3.16–1898.12.17）

Vogel, Johann Christoph〈18世紀〉
ドイツの作曲家。
⇒バロ（フォーゲル、ヨハン・クリストフ　1756.3.18–1788.6.28）

Vogel, Julius〈19世紀〉
ニュージーランドの国家創設期の政治家。財政家。19世紀後半に活動。
⇒オセ新（ボーゲル　1835–1899）
ユ人（ボーゲル、サー・ジュリアス　1835–1899）
ユ新人（Vogel,Julius,Sir　ボーゲル、ユリウス　1835–1899）

Vogel, Walther〈19・20世紀〉
ドイツの歴史地理学者。
⇒岩世人（フォーゲル　1880.12.19–1938.5.22）

Vogeler, Heinrich〈19・20世紀〉
ドイツの画家、版画家、工芸家。
⇒岩世人（フォーゲラー　1872.12.12–1942.6.14）
広辞7（フォーゲラー　1872–1942）

Vogelsang, Karl Freiherr von〈19世紀〉
ドイツのカトリック的社会改革者。オーストリアのキリスト教的社会運動の先駆者。
⇒岩世人（フォーゲルザング　1818.9.3–1890.11.8）
新カト（フォーゲルザング　1818.9.3–1890.11.8）

Vogler, Georg Joseph〈18・19世紀〉
ドイツの作曲家、音楽理論家。
⇒バロ（フォーグラー、ゲオルク・ヨーゼフ・アベ　1749.6.15–1814.5.6）
新カト（フォークラー　1749.6.15–1814.5.6）

Vogler, Johann Caspar〈17・18世紀〉
ドイツの鍵盤楽器奏者、市長、教師。
⇒バロ（フォーグラー、ヨハン・カスパール　1695.5.23–1763.6.1）

Vogler, Paul〈19・20世紀〉
フランスの画家。
⇒19仏（ポール・ヴォグレール　1852–1904）

Vogt, Johan Hermann Lie〈19・20世紀〉
ノルウェーの岩石学者、鉱床学者。
⇒岩世人（フォクト　1858.10.14–1932.1.3）

Vogt, Karl〈19世紀〉
ドイツの自然科学者。徹底した機械論的唯物論に立った。
⇒岩世人（フォークト　1817.7.5–1895.5.5）
学叢思（フォクト、カール　1817–?）
新カト（フォークト　1817.7.5–1895.5.5）

Vogüé, Charles Jean Melchior, Marquis de〈19・20世紀〉
フランスの考古学者、外交官。パレスティナ、シリアの古代遺跡を調査（1853〜54）。
⇒岩世人（ヴォギュエ　1829.10.18–1916.11.10）

Vogüé, Eugène Melchior〈19・20世紀〉
フランスの作家、外交官。ロシア文学の紹介に貢献。主著『ロシアの小説』（86）。
⇒岩世人（ヴォギュエ　1848.2.25–1910.3.24）

Voigt, Woldemar〈19・20世紀〉
ドイツの理論物理学者。結晶の物理的性質を究明して結晶物理学の基礎を確立。

⇒岩世人（フォークト　1850.9.2–1919.12.13）

Voigtländer, Gabriel〈16・17世紀〉
ドイツの作曲家、トランペット奏者。
⇒バロ（フォークトレンダー、ガブリエル　1596頃–1643.1.22/23）

Voisin, Gabriel〈19・20世紀〉
フランスの飛行機製作者。ブレリオと共に、世界で最初の飛行機製作所を設立（1904）。
⇒岩世人（ヴォワザン　1880.2.5–1973.12.25）

Voit, Karl von〈19・20世紀〉
ドイツの生理学者。
⇒岩世人（フォイト　1831.10.31–1908.1.31）

Voiture, Vincent〈16・17世紀〉
フランスの詩人、書簡作家。書簡文はプレシオジテの文学的表現の典型とされる。
⇒岩世人（ヴォワテュール　1597.2.24/23–1648.5.24-27）

Volkelt, Johannes〈19・20世紀〉
ドイツの哲学者、美学者。感情移入美学の代表者。主著『美意識論』（20）。
⇒岩世人（フォルケルト　1848.7.21–1930.5.8）
　学叢思（フォルケルト、ヨハネス　1848–?）
　メル2（フォルケルト、ヨハネス　1848–1930）

Volkmann, Wilhelm Fridolin, Ritter von Volkmar〈19世紀〉
オーストリアの心理学者、哲学者。ヘルバルトの心理学説を体系化。
⇒岩世人（フォルクマン　1822–1877.1.13）
　学叢思（フォルクマン、ヴィルヘルム・フリドリン　1822–1877）

Volkonskii, Sergei Grigorievich〈18・19世紀〉
ロシアの革命家。
⇒岩世人（ヴォルコンスキー　1788.12.8–1865.11.28）

Volkov, Fyodor Grigorevich〈18世紀〉
ロシアの劇団組織者、俳優。
⇒岩世人（ヴォールコフ　1729.2.9–1763.4.4）

Vollard, Ambroise〈19・20世紀〉
フランスの画商、版画出版業者。1895年セザンヌ展、99年ナビ派展などを開催、近代美術の推進者。
⇒岩世人（ヴォラール　1866.7.3–1939.7.22）
　ユ著人（Vollard, Ambroise　ヴォラール、アンブロワーズ　1868–1939）

Vollenhoven, Cornelis van〈19・20世紀〉
オランダの法学者。著書に『オランダ領東インドの慣習法』（06～33）。
⇒岩世人（ファン・フォレンホーフェン　1874.5.8–1933.4.29）

Vollmar, Georg Heinrich von〈19・20世紀〉
ドイツの社会民主党の指導者。
⇒学叢思（フォルマール、ゲオルゲ・フォン　1850–?）

Volney, Constantin François Chasseboeuf, Comte de〈18・19世紀〉
フランスのアンシクロペディスト哲学者。全国三部会の第3身分代表、1789～91年憲法制定議会議員。
⇒岩世人（ヴォルネ　1757.2.3–1820.4.25）
　学叢思（ヴォルネー、コンスタンティン　1757–1820）
　メル3（ヴォルネー（伯爵）、コンスタンタン＝フランソワ・ド・シャスブフ　1757–1820）

Vologaeses I〈1世紀〉
パルティア帝国、アルサケス王朝の王。在位51/2～79/80。
⇒世帝（ヴォロガセス1世　?–76）

Vologaeses II〈1・2世紀〉
パルティア帝国、アルサケス王朝の王。在位105/6?～47。
⇒世帝（ヴォロガセス3世　?–147）

Vologaeses III〈2世紀〉
パルティア帝国、アルサケス王朝の王。在位148～92。パルティア帝国の統一に成功。
⇒世帝（ヴォロガセス4世　?–192）

Vologaeses IV〈2世紀〉
パルティア帝国、アルサケス王朝の王。在位191～208/9。
⇒世帝（ヴォロガセス5世　?–208）

Vologases II〈1世紀〉
パルティア帝国の統治者。在位77～80。
⇒世帝（ヴォロガセス2世　?–78?）

Vologases VI〈3世紀〉
パルティア帝国の統治者。在位208～222。
⇒世帝（ヴォロガセス6世　?–227?）

Voloshin, Maksimilian Aleksandrovich〈19・20世紀〉
ロシアの詩人。象徴主義を基礎とした新写実主義"ネオ・リアリズム"を唱えた。
⇒岩世人（ヴォローシン　1877.5.16/28–1932.8.11）

Volpe, Gioacchino〈19・20世紀〉
イタリアの歴史家。
⇒岩世人（ヴォルペ　1876.2.16–1971.10.1）

Volpi, Cont Giuseppe〈19・20世紀〉
イタリアの大資本家。アドリア海沿岸の電力産業を支配、1934年ファシスト工業家連盟会長。
⇒岩世人（ヴォルピ　1877.11.19–1947.11.16）

Volpicelli, Caterina〈19世紀〉
イタリアの女子修道会創立者。聖人。祝日12月

28日。
⇒新カト（カテリーナ・ヴォルピチェッリ　1839.1.21–1894.12.28）

Völsung
主神オーディンの血を引く無双の勇士。
⇒ネーム（ヴォルスング）

Volta, Alessandro Giuseppe Antonio Anastasio〈18・19世紀〉
イタリアの物理学者。電気学の祖。1800年ボルタ電堆，ボルタ電池を発明。
⇒岩世人（ヴォルタ　1745.2.18–1827.3.5）
　科史（ヴォルタ　1745–1827）
　広辞7（ヴォルタ　1745–1827）
　学叢思（ヴォルタ，アレッサンドロ　1745–1827）
　物理（ヴォルタ，アレッサンドロ　1745–1827）
　世人新（ヴォルタ　1745–1827）
　世人装（ヴォルタ　1745–1827）
　ポプ人（ボルタ，アレッサンドロ　1745–1827）

Voltaire〈17・18世紀〉
フランスの作家，啓蒙思想家。
⇒岩世人（ヴォルテール　1694.2.20–1778.5.30）
　オペラ（ヴォルテール，フランソワ・マリ・アルエ　1694–1778）
　ネーム（ヴォルテール　1694–1778）
　広辞7（ヴォルテール　1694–1778）
　学叢思（ヴォルテール　1694–1778）
　新カト（ヴォルテール　1694.11.21–1778.5.30）
　世人新（ヴォルテール　1694–1778）
　世人装（ヴォルテール　1694–1778）
　世史語（ヴォルテール　1694–1778）
　世史語（ヴォルテール　1694–1778）
　ポプ人（ボルテール　1694–1778）
　メル2（ヴォルテール（本名フランソワ＝マリ・アルーエ）　1694–1778）

Volterra, Vito〈19・20世紀〉
イタリアの数学者，物理学者。積分方程式の理論を説く。
⇒岩世人（ヴォルテラ　1860.5.3–1940.10.11）
　世数（ヴォルテラ，サミュエル・ジウゼッペ・ヴィト　1860–1940）

Volumier, Jean Baptiste〈17・18世紀〉
フランドルのヴァイオリン奏者，教師，大バッハの友人。
⇒バロ（ヴォリュミエ，ジャン・バティスト　1670頃–1728.10.7）

Völundr
ゲルマン人の伝承に登場する伝説の名工。
⇒ネーム（ヴェルンド）

Volusianus〈5世紀〉
フランス，トゥールの第8代司教。聖人。祝日1月18日。
⇒新カト（ウォルシアヌス　?–498頃）

Volusianus, Gaius Vibius Afinius Gallus Veldumnianus〈3世紀〉
古代ローマの副帝，正帝。
⇒世帝（ウォルシアヌス　?–253）

Volynskii〈19・20世紀〉
ロシアの文芸批評家。観念論者，神秘主義者で，純粋芸術の擁護者。
⇒岩世人（ヴォルインスキー　1863.4.21/5.3–1926.7.6）
　バレエ（ヴォルインスキー，アキム　1865.4.11–1926.7.6）
　ユ著人（Volynskii,Akim Levovich　ヴォルィンスキー，エーキム・レボーヴィチ　1863–1926）

Vondel, Joost van den〈16・17世紀〉
オランダの詩人，劇作家。17世紀のオランダ黄金時代に活躍。
⇒岩世人（フォンデル　1587.11.17–1679.2.5）
　新カト（フォンデル　1587.11.17–1679.2.5）

Vondrák, Václav〈19・20世紀〉
チェコスロヴァキアのスラヴ語学者。
⇒岩世人（ヴォンドラーク　1859.9.22–1925.8.13）

Vonier, Martin〈19・20世紀〉
ベネディクト会の神学者。
⇒新カト（ヴォニエ　1875.11.11–1938.12.26）

Von Koch, Helge Nils Fabin〈19・20世紀〉
スウェーデンの数学者。
⇒岩世人（フォン・コッホ　1870.1.25–1924.3.11）
　世数（フォン・コッホ，ニールス・ファビアン・ヘルゲ　1870–1924）

Vonones I〈1世紀〉
パルティア帝国の統治者。在位7～12。
⇒世帝（ヴォノネス1世　?–19）

Vonones II〈1世紀〉
パルティア帝国の統治者。在位51。
⇒世帝（ヴォノネス2世　?–51）

Vopelius, Gottfried〈17・18世紀〉
ドイツの作曲家。
⇒バロ（ヴォペーリウス，ゴットフリート　1645.1.28–1715.2.3）

Voretzsch, Ernst-Arthur〈19・20世紀〉
ドイツの外交官，駐日ドイツ大使。
⇒新カト（フォーレッチ　1868.8.13–1965.5.17）

Vories, William Merrell〈19・20世紀〉
アメリカの宣教師，建築家。1810年吉田悦蔵らと近江ミッションを創立。
⇒アア歴（Vories,William Merrell　ウイリアム・メレル・ヴォーリーズ　1880.10.2–1964.5.7）
　岩世人（ヴォーリズ　1880.10.28–1964.5.7）
　広辞7（ヴォーリズ　1880–1964）
　ポプ人（ボーリズ，ウィルアム・メレル　1880–1964）

Vorländer, Karl〈19・20世紀〉
ドイツの哲学者。カントの方法論とマルクスの社会主義との結合を試みた。
⇒岩世人（フォアレンダー　1860.1.2–1928.12.6）
学叢思（フォルレンデル，カール　1860–?）

Voronoff, Serge〈19・20世紀〉
フランスの外科医。若返り法の実験で，ウィーンのE.シュタイナハと双璧とされる。
⇒岩世人（ヴォロノフ　1866.7.10–1951.9.3）

Voronoi, Georgii Feodosievich〈19・20世紀〉
ロシアの数学者。
⇒岩世人（ヴォロノイ　1868.4.16–1908.11.7）
世数（ヴォロノイ，ゲオルギ・フェオドセーヴィッチ　1868–1908）

Vorontsov, Mikhail Semyonovich〈18・19世紀〉
ロシアの将軍，政治家。ロシアへの諸地方の併合ならびに上からのブルジョア的改革に尽力。
⇒岩世人（ヴォロンツォーフ　1782.5.19–1856.11.6）

Vorontsov, Vasilii Pavlovich〈19・20世紀〉
ロシアの経済学者。ペンネームのV.V.で知られる。1880年代初めから合法誌に多くの経済論文を発表。
⇒岩世人（ヴォロンツォーフ　1847–1918.12）

Vorontsov-Dashkov, Illarion Ivanovich〈19・20世紀〉
ロシアの軍人，政治家。〈義勇兵安隊〉を編成し，〈人民の意志〉党の鎮圧に努めた。
⇒岩世人（ヴォロンツォーフ＝ダーシコフ　1837.5.27–1916.1.15）

Vörösmarty Mihály〈18・19世紀〉
ハンガリーの詩人。叙事詩『ザランの敗走』（25），戯曲『チョンゴルとテュンデ』（31）などがある。
⇒岩世人（ヴェレシュマルティ　1800.12.1–1855.11.19）
ネーム（ヴェレシュマルティ　1800–1855）
新カト（ヴェレシュマルティ　1800.12.1–1855.11.19）

Vorstius, Konrad〈16・17世紀〉
ドイツ出身，オランダの改革派（アルミニウス主義）神学者。
⇒新カト（ヴォルスティウス　1569.7.19–1622.9.29）

Vos, Cornelis de〈16・17世紀〉
フランドルの画家。主作品「画家とその家族」（1629），「ヴィナスの誕生」。
⇒岩世人（デ・フォス　1584頃–1651.5.9）

Vos, Gerrit Jansz〈16・17世紀〉
オランダの人文主義神学者，教会史家，言語学者。
⇒新カト（フォス　1577–1649.3.17）

Voss, Gerhard〈16・17世紀〉
ハイデルベルク附近生れの古典語学者。ラテン語の文法，詩学および歴史に関する研究がある。
⇒岩世人（フォス　1577–1649.3.3）

Voss, Isaak〈17世紀〉
ライデン生れの古典語学者。スウェーデンのクリスティーナ女王の宮廷司書（1648〜58）。
⇒岩世人（フォス　1618–1689.2.21）

Voß, Johann Heinrich〈18・19世紀〉
ドイツの詩人，翻訳家。『イリアス』（93）など古典の翻訳で知られる。
⇒岩世人（フォス　1751.2.20–1826.3.29）

Vossler, Karl〈19・20世紀〉
ドイツの言語学者，ロマンス語学者。観念論的美学の立場から言語現象を考察。
⇒岩世人（フォスラー　1872.9.6–1949.5.18）

Vostokov, Aleksandr Khristoforovich〈18・19世紀〉
ロシアの言語学者。
⇒岩世人（ヴォストーコフ　1781.3.16–1864.2.8）

Vouet, Simon〈16・17世紀〉
フランスの画家。フランスのバロックの画家の中心的存在。
⇒岩世人（ヴーエ　1590.1.9–1649.6.30）
芸13（ヴーエ，シモン　1590–1649）

Voulgaris, Eugenios〈18・19世紀〉
ギリシアの思想家。主著『論理』のほかヴォルテールやロックの作品を翻訳。
⇒岩世人（ヴルガリス　1716.8.11–1806.1.10）
新カト（ブルガリス　1716.8.11–1806.5.21）

Voulgaris, Sotirios〈19・20世紀〉
イタリアの銀細工師。
⇒ポプ人（ブルガリ，ソティリオ　1857–1932）

Vovchok, Marko〈19・20世紀〉
ウクライナの女流作家。
⇒岩世人（ヴォウチョーク　1833.12.10–1907.7.28）

Voysey, Charles Francis Annesley〈19・20世紀〉
イギリスの建築家，装飾デザイナー。
⇒岩世人（ヴォイジー　1857.5.28–1941）

Vrangel, Ferdinand Petrovich〈18・19世紀〉
ロシアの軍人，航海者。
⇒岩世人（ヴランゲリ　1796.12.29–1870.5.25）

Vrangel, Pëtr Nikolaevich〈19・20世紀〉
ロシアの軍人，男爵。日露戦争，第1次大戦に従軍。
⇒岩世人（ヴランゲリ　1878.8.15/27–1928.4.25）

ネーム（ウランゲリ　1878–1928）

Vrau, Philibert〈19・20世紀〉
フランスの実業家，カトリック社会活動の指導者。
⇒新カト（ヴロー　1829.11.19–1905.5.16）

Vrchlický, Jaroslav〈19・20世紀〉
チェコの詩人。文芸運動の指導者，代表者。
⇒岩世人（ヴルフリツキー　1853.2.17–1912.9.9）

Vredeman（Vreedman, Vredman）, Sebastian〈16世紀〉
フランドルの歌手，官吏，カリヨン奏者。
⇒バロ（フレーデマン，セバスティアン　1542頃–1600頃?）

Vries, Adraen de〈16・17世紀〉
オランダの彫刻家。後期マニエリスモを代表。
⇒芸13（フリース，アドリアーン・デ　1560頃–1627）

Vries, Maerten Gerritsz de〈17世紀〉
オランダの航海家。
⇒岩世人（フリース　1589.2.18–1647）

Vronchenko, Mikhail Pavlovich〈19世紀〉
ロシアの小アジア研究者，文学者，軍人。
⇒岩世人（ヴロンチェンコ　1801/1802–1855.10.14）

Vroom, Hendrick〈16・17世紀〉
オランダの画家。
⇒岩世人（フローム　1563頃–1640.2.2（埋葬））

Vr̥sabha
インドの聖者。
⇒学叢思（ヴルシャバ）

Vruberi, Mikail Alexandrovich〈19・20世紀〉
ソ連の画家。
⇒岩世人（ヴルーベリ　1856.3.5–1910.4.1）
　芸13（ヴルーベリ，ミハイル・アレキサンドローヴィチ　1856–1910）

Vsevolod Yaroslavich〈11世紀〉
キエフ大公。在位1078〜93。
⇒岩世人（フセーヴォロド・ヤロスラーヴィチ　1030–1093.4.13）

Vsevolozhsky, Ivan〈19・20世紀〉
ロシアの外交官，劇場監督，美術家。
⇒バレエ（フセヴォロシスキー，イワン　1835–1909）

Vucub Hunahpu
マヤ神話で，イシュムカネーとイシュピヤコックの双子の息子で弟で英雄。
⇒ネーム（ヴクブ・フンアフプー）

Vuillard, Jean Édouard〈19・20世紀〉
フランスの画家。アンティミスト風の室内画，静物画，肖像画を描いた。
⇒岩世人（ヴュイヤール　1868.11.11–1940.6.21）
　広辞7（ヴュイヤール　1868–1940）
　芸13（ヴィヤール，エドゥアール　1868–1940）
　芸13（ヴュイヤール，エドゥアール　1868–1940）

Vuitton, Louis〈19世紀〉
フランスのスーツケース職人。
⇒ポプ人（ヴィトン，ルイ　1821–1892）

Vukašin Mrnjavčević〈14世紀〉
セルビア王国の王。
⇒世帝（ヴカシン・ムルニャヴチェヴィチ　1320?–1371）

Vullers, Johann August〈19世紀〉
ドイツの東洋学者。
⇒岩世人（ヴレルス　1803.10.23–1880.1.21）

Vulpius, Christian August〈16・17世紀〉
ドイツの作曲家。
⇒バロ（ヴルピウス，クリスティアン・アウグスト　1580頃?–1630頃?）

Vulpius, Christian August〈18・19世紀〉
ドイツの小説家。
⇒岩世人（ヴルピウス　1762.1.23–1827.6.26）

Vulpius, Christiane〈18・19世紀〉
ゲーテの妻。有能で性質が素直だったので，諸人特にゲーテの母に愛された。
⇒岩世人（ヴルピウス　1765–1816.6.6）

Vulpius, Melchior〈16・17世紀〉
ドイツの教会音楽作曲家。1596年以降，ヴァイマル市の合唱長。
⇒バロ（ヴルピウス，メルヒオール　1570頃–1615.8.7）

Vyāsa
古代インドの神話的聖者。
⇒岩世人（ヴィヤーサ）
　南ア新（ヴィヤーサ）

Vyazemsky, Pyotr Andreevich〈18・19世紀〉
ロシアの詩人，批評家。
⇒岩世人（ヴャゼムスキー　1792.7.12–1878.11.10）

Vynnychenko, Volodymyr〈19・20世紀〉
ウクライナの作家。ウクライナ分離運動の指導者。代表作は『父祖の遺言』。
⇒岩世人（ヴィニチェンコ　1880.7.14/26–1951.3.6）

Vysheslávtsev, Borís Petróvich〈19・

20世紀〉
ロシアの哲学者,宗教思想家.
⇒岩世人（ヴィシェスラーフツェフ　1877.10.30/11.11–1954.10.5）

【 W 】

Waage, Peter〈19世紀〉
ノルウェーの化学者。質量作用の法則を発見（1864～67）。
⇒岩世人（ヴォーゲ　1833.6.29–1900.1.13）

Waagen, Gustav Friedrich〈18・19世紀〉
ドイツの美術史家。著作 "The treasures of art in Great Britain"。
⇒岩世人（ヴァーゲン　1794.2.11–1868.7.15）

Waal, Anton de〈19・20世紀〉
ドイツのカトリック神学者,考古学者。主著 "Der Rompilger"（1888）。
⇒岩世人（ヴァール　1837.5.5–1917.2.23）
新カト（ヴァール　1837.5.5–1917.2.23）

Wach, Adolf〈19・20世紀〉
ドイツの法学者。権利保護請求権説の提唱者で、『ドイツ民事訴訟法講義』（1896）を著す。
⇒岩世人（ヴァッハ　1843.9.11–1926.4.4）
学叢思（ヴァッハ,アドルフ　1843–?）

Wachirayanawarorot〈19・20世紀〉
タイの法親王。
⇒岩世人（ワチラヤーン　1860.4.12–1921.8.2）

Wächter, Karl Georg von〈18・19世紀〉
ドイツの私法,刑法学者。ドイツの自由主義刑法理論の完成者。
⇒岩世人（ヴェヒター　1797.12.24–1880.1.15）

Wackenroder, Wilhelm Heinrich〈18世紀〉
ドイツの作家,評論家。ドイツ中世の画家A.デューラーに傾倒。
⇒岩世人（ヴァッケンローダー　1773.7.13–1798.2.13）

Wackerle, Joseph〈19・20世紀〉
ドイツの彫刻家。
⇒芸13（ヴァケルレ,ヨゼフ　1880–1949）

Wackernagel, Jacob〈19・20世紀〉
スイスの言語学者。インド＝ヨーロッパ語族の比較研究が専門。
⇒岩世人（ヴァッカーナーゲル　1853.12.11–1938.5.22）

Wackernagel, Wilhelm〈19世紀〉
ドイツのゲルマン語学者。主著 "Deutsche Lesebuch"（4巻,1835～43）。
⇒岩世人（ヴァッカーナーゲル　1806.4.23–1869.12.21）

Waddell, Hugh〈19・20世紀〉
イギリスのスコットランド一致長老派教会宣教師。明治学院で神学を教授。
⇒岩世人（ウォデル（慣ワデル）　1840–1901.6.20）

Waddell, John Alexander Low〈19・20世紀〉
カナダの土木工学者。東京帝国大学で土木を教授。著『日本鉄道橋梁論』。
⇒岩世人（ウォデル　1854–1938.3.3）

Waddell, Laurence Austine〈19・20世紀〉
イギリスの東洋研究家。
⇒岩世人（ウォデル　1854.5.29–1939.11.19）

Waddell, (Rube) George Edward〈19・20世紀〉
アメリカの大リーグ選手（投手）。
⇒メジャ（ルーブ・ワッデル　1876.10.13–1914.4.1）

Wadding, Luke〈16・17世紀〉
アイルランド出身のカトリック神学者。
⇒新カト（ウォディング　1588.10.16–1657.11.18）

Waddington, William Henry〈19世紀〉
フランスの考古学者,政治家。79年首相,83～92年駐英大使。
⇒岩世人（ワディントン（ヴァダントン）　1826.12.11–1894.1.13）

Wade, John Francis〈18世紀〉
イギリスの単旋律聖歌の研究家。
⇒バロ（ウェイド,ジョン・フランシス　1711-1712–1786）

Wade, Jonathan〈18・19世紀〉
アメリカの宣教師。
⇒アア歴（Wade,Jonathan　ジョナサン・ウエイド　1798.12.10–1872.6.10）

Wade, Sir Thomas Francis〈19世紀〉
イギリスの外交官,中国語学者。ローマ字による漢字音の表記・ウェード式を創案。
⇒岩世人（ウェイド　1818.8.25–1895.7.31）
広辞7（ウェード　1818–1895）

Waegemans, Willem〈17・18世紀〉
オランダの出島商館医官。在職1698～1701。日本語に巧みで、新井白石も彼に質問し、教を受けた。
⇒岩世人（ヴァーヘマンス　1671頃–?）

Waeijen, Jacob van der〈18世紀〉
オランダ人。出島商館長（1740～41,42～43,44

〜45)。
⇒岩世人（ワーイエン　?–1761.10.15）

Waelrant, Hubert〈16世紀〉
フランドルの歌手, 教師, 楽譜出版業, 理論家。
⇒バロ（ヴァールラント, フーベルト　1516.11.20/19–1595.11.19）

Waetzold, Wilhelm〈19・20世紀〉
ドイツの美術史学者。ベルリン美術館総長。
⇒岩世人（ヴェツォルト　1880.2.21–1945.1.5）

Wagenaer, Zacharias〈17世紀〉
オランダの長崎商館長。
⇒岩世人（ワーヘナール　1614.5.10–1668.10.12）

Wagener, Hermann〈19世紀〉
ドイツ（プロイセン）の政治家, 保守的社会政策家。
⇒岩世人（ヴァーゲナー　1815.3.8–1889.4.22）

Wagenseil, Georg Christoph〈18世紀〉
オーストリアの作曲家, ピアノ奏者。ウィーン楽派の重要な作曲家の一人。
⇒バロ（ワーゲンザイル, ゲオルク・クリストフ　1715.1.29–1777.3.1）

Wagner, Adolf Heinrich Gotthilf〈19・20世紀〉
ドイツの経済学者, 政治家。講壇社会主義右派の代表的人物。
⇒岩世人（ヴァーグナー　1835.3.25–1917.11.8）
広辞7（ワグナー　1835–1917）
学叢思（ワグネル, アドルフ・ヘンリ・ゴットヒルフ　1835–1917）
新カト（ヴァーグナー　1835.3.25–1917.11.8）

Wagner, Christoph〈19・20世紀〉
ドイツの林学者。
⇒岩世人（ヴァーグナー　1869.10.1–1936.5.24）

Wagner, Cosima〈19・20世紀〉
ウィルヘルム・ヴァーグナーの妻。リストと, フランスの女流文学者アグーの娘。
⇒岩世人（ヴァーグナー　1837.12.24–1930.4.1）

Wagner, Gottfried〈19世紀〉
ドイツの化学者, 工芸家。日本窯業の製造技術指導に尽力。大学南校で物理を教授。
⇒岩世人（ヴァーゲナー（慣ワグネル）　1831.7.5–1892.11.8）

Wagner, Heinrich Leopold〈18世紀〉
ドイツの劇作家, 小説家。市民悲劇『嬰児殺し』が代表作。
⇒岩世人（ヴァーグナー　1747.2.19–1779.3.4）

Wagner, (Honus) John Peter〈19・20世紀〉
アメリカの大リーグ選手（遊撃, 外野, 一塁, 三塁）。

⇒岩世人（ワグナー　1874.2.24–1955.12.6）
メジャ（ホーナス・ワグナー　1874.2.24–1955.12.6）

Wagner, Johann Jakob〈18・19世紀〉
ドイツの哲学者。シェリングの学徒。
⇒岩世人（ヴァーグナー　1775.1.21–1841.11.22）
学叢思（ワグネル, ヨハン・ヤコブ　1775–1841）

Wagner, Liborius〈16・17世紀〉
殉教者, ドイツの教区司祭。
⇒新カト（ヴァーグナー　1593.12.5–1631.12.9）

Wagner, Max Leopold〈19・20世紀〉
ドイツの言語学者, ロマンス語学者。
⇒岩世人（ヴァーグナー　1880.9.17–1962.7.9）

Wagner, Moritz Friedrich〈19世紀〉
ドイツの生物学者。隔離が進化の最大要因であるとする隔離説をたてた（68,70）。
⇒岩世人（ヴァーグナー　1813.10.3–1887.5.30）

Wagner, Otto〈19・20世紀〉
オーストリアの建築家。アール・ヌーボーに共鳴し, 新しい建築を主張。
⇒岩世人（ヴァーグナー　1841.7.13–1918.4.12）

Wagner, Paul〈19・20世紀〉
ドイツの農芸化学者。
⇒岩世人（ヴァーグナー　1843.3.7–1930.8.25）

Wagner, Peter Joseph〈19・20世紀〉
ドイツの音楽学者, グレゴリオ聖歌学者。コラール研究の国際的権威者。
⇒岩世人（ヴァーグナー　1865.8.19–1931.10.17）
新カト（ヴァーグナー　1865.8.19–1931.10.17）

Wagner, Robert Ferdinand〈19・20世紀〉
アメリカ（ドイツ生れ）の政治家。
⇒岩世人（ワグナー　1877.6.8–1953.5.4）
広辞7（ワグナー　1877–1953）

Wagner, Rudolf〈19世紀〉
ドイツの生理学者, 解剖学者。
⇒岩世人（ヴァーグナー　1805.6.30–1864.5.13）
学叢思（ワグネル, ルドルフ　1805–1864）

Wagner, Siegfried〈19・20世紀〉
ドイツの作曲家, 指揮者。
⇒岩世人（ヴァーグナー　1869.6.6–1930.8.4）

Wagner, Wilhelm Richard〈19世紀〉
ドイツの作曲家, 音楽理論家。
⇒岩世人（ヴァーグナー　1813.5.22–1883.2.13）
バレエ（ワーグナー, リヒャルト　1813.5.22–1883.2.13）
オペラ（ヴァーグナー, リヒャルト　1813–1883）
エデ（ワーグナー［ヴァーグナー］,（ヴィルヘルム）リヒャルト　1813.5.22–1883.2.13）
広辞7（ワグナー　1813–1883）

学叢思（ワグネル，ヴィルヘルム・リヒャルト 1813–1883）
実音人（ワーグナー，リヒャルト 1813–1883）
新カト（ヴァーグナー 1813.5.22–1883.2.13）
世人新（ヴァーグナー（ワグナー） 1813–1883）
世人装（ヴァーグナー（ワグナー） 1813–1883）
世史語（ヴァーグナー 1813–1883）
ピ曲改（ワーグナー，リヒャルト 1813–1883）
ポプ人（ワーグナー，リヒャルト 1813–1883）

Wagner-Jauregg, Julius von〈19・20世紀〉
オーストリアの精神病医。不治とされていた神経梅毒などの治療に効果をあげた。
⇒岩世人（ヴァーグナー＝ヤウレック 1857.3.7–1949.9.27）

Wahb ibn Munabbih〈7・8世紀〉
初期イスラームの伝承者。
⇒岩世人（ワフブ・イブン・ムナッビフ ?–732/728頃）

Waḥīd al-Bihbahānī〈18世紀〉
十二イマーム・シーア派の法学者。
⇒岩世人（ワヒード・ビフバハーニー 1704/1705–1791/1792）

Wahidin, Sudirohusada〈19・20世紀〉
インドネシアの医師。ブディ・ウトモ（美しき善意）の創立者。
⇒岩世人（ワヒディン・スディロフソド 1852.1.7–1917.5.26）

Wahl, Adalbert〈19・20世紀〉
ドイツの歴史家。
⇒岩世人（ヴァール 1871.11.29–1957.3.5）

Wahle, Richard〈19・20世紀〉
オーストリアの哲学者。主著 "Gehirn und Bewusstsein"（1884）。
⇒岩世人（ヴァーレ 1857.1.14–1935.10.21）

Wahnschaffe, Felix〈19・20世紀〉
ドイツの地質学者。北ドイツ平原の洪積紀の研究があり，また氷河地質学，土壌地質学の権威。
⇒岩世人（ヴァーンシャッフェ 1851.1.27–1914.1.20）

Waḥshī Bāfqī〈16世紀〉
イランのサファヴィー朝初期のペルシア詩人。
⇒岩世人（ワフシー・バーフキー ?–1583）

Waiblinger, Friedrich Wilhelm〈19世紀〉
ドイツの作家。古典的古代を讃美した作品が多い。
⇒岩世人（ヴァイブリンガー 1804.11.21–1830.1.17）

Wailly, Charles de〈18世紀〉
フランスの建築家。
⇒岩世人（ヴァイイ 1730.11.9–1798.11.2）

Wainright, Samuel Hayman〈19・20世紀〉
アメリカの南部メソジスト派教会宣教師。大分中学校で英語を教授。
⇒岩世人（ウェインライト 1863.4.15–1950.12.7）

Waissel, Matthäus〈16・17世紀〉
プロイセンのリュート奏者。
⇒バロ（ヴァイセル，マテウス 1535-1540頃–1602）

Waitz, Georg〈19世紀〉
ドイツの歴史家。中世法制史を専攻。国民運動に参加。
⇒岩世人（ヴァイツ 1813.10.9–1886.5.24）

Waitz, Theodor〈19世紀〉
ドイツの民族学者，哲学者。未開民族の精神生活の研究を行った。
⇒岩世人（ヴァイツ 1821.3.17–1864.5.21）
　学叢思（ヴァイツ，テオドール 1821–1884）

Wā'iẓ Kāshifī, Ḥusayn〈15・16世紀〉
ティムール朝期の説教師，文人。
⇒岩世人（ワーイズ・カーシフィー ?–1504/1505）

Wajhī〈16・17世紀〉
インドのゴールコンダの宮廷詩人。
⇒岩世人（ワジヒー 16世紀末–17世紀前半）

Waka Nene, Tamati〈18・19世紀〉
イギリスが1840年ニュージーランドの先住民マオリ人の代表とワイタンギ条約を結び，ニュージーランドを植民地とした際，マオリ人側にあって重要な役割を果たした人物。
⇒オセ新（ワカ・ネネ 1780頃–1871）

Wake, William〈17・18世紀〉
英国教会のカンタベリ大主教。
⇒新カト（ウェイク 1657.1.26–1737.1.24）

Wakefield, Cyrus〈19世紀〉
アメリカの商人。
⇒アア歴（Wakefield,Cyrus　サイラス・ウェイクフィールド 1811–1873.10.26）

Wakefield, Edward Gibbon〈18・19世紀〉
イギリスの政治家。オーストラリア南部を自由植民者の居住地にする運動を主唱。
⇒岩世人（ウェイクフィールド 1796.3.20–1862.5.16）
　オセ新（ウェークフィールド 1796–1862）
　世人新（ウェイクフィールド 1796–1862）
　世人装（ウェイクフィールド 1796–1862）

Wakley, Thomas〈18・19世紀〉
イギリスの外科医。
⇒岩世人（ワクリー 1795.7.11–1862.5.16）

Walafrid Strabo〈9世紀〉
ドイツのベネディクト会修道院長，神学者，詩人。

⇒岩世人（ヴァラフリド・ストラボ　805-809–849.
　　8.18）
　　新カト（ヴァラフリドゥス・ストラボ　808/809–
　　849.8.18）

Walajāh, Muḥammad 'Alī〈18世紀〉
インドの政治家，太守。
⇒岩世人（ワラジャー　1717–1795.10.13）

Walburga, St.〈8世紀〉
ドイツのハイデンハイムの女子修道院長を務め
たアングロ・サクソン人，聖人。
⇒新カト（ウァルブルガ　710頃–779.2.25）
　　図聖（ヴァルブルガ（ハイデンハイムの）　710頃–
　　779）

Walch, Christian Wilhelm Franz〈18
世紀〉
ドイツのプロテスタント神学者。
⇒新カト（ヴァルヒ　1726.12.25–1784.3.10）

Walch, Georg〈17世紀〉
ドイツの歌手。
⇒バロ（ヴァルク，ゲオルク　1600頃?–1656）

Walch, Johann Georg〈17・18世紀〉
ドイツの哲学者，神学者。
⇒新カト（ヴァルヒ　1693.6.17–1775.1.13）

Walcott, Charles Doolittle〈19・20世
紀〉
アメリカの古生物学者。古生代カンブリア紀の
三葉虫化石と地質層序を研究。
⇒岩世人（ウォルコット　1850.3.31–1927.2.9）

Walde, Alois〈19・20世紀〉
ドイツの言語学者。
⇒岩世人（ヴァルデ　1869.11.30–1924.10.3）

**Waldeck-Rousseau, Pierre Marie
René**〈19・20世紀〉
フランスの政治家。ガンベッタ内閣と第2次
フェリー内閣の内相を務めた。
⇒岩世人（ヴァルデック＝ルソー　1846.12.2–1904.
　　8.10）
　　19仏（ピエール・ヴァルデック＝ルソー　1846.
　　12.2–1904.8.10）

Walden, Herwarth〈19・20世紀〉
ドイツの芸術評論家。雑誌〈嵐〉によって表現主
義を促進。
⇒岩世人（ヴァルデン　1879.9.16–1941.10.31）
　　ユ著人（Walden,Herwarth　ワルデン，ヘルヴァ
　　ルト　1878–1941）

Walden, Paul〈19・20世紀〉
ドイツの化学者。非水溶液の電気化学の研究を
行い，光学異性体の変化に関する〈ヴァルデン転
位〉を説く。
⇒岩世人（ヴァルデン（慣ワルデン）　1863.7.26–
　　1957.1.22）

Waldersee, Graf Alfred von〈19・20世
紀〉
プロシア，ドイツの軍人。大ドイツ軍参謀総長
元帥を務めた。
⇒岩世人（ヴァルダーゼー　1832.4.8–1904.3.5）

Waldetrudis〈7世紀〉
カトリックの聖人。既婚女性。
⇒図聖（ウァルデトルーディス　?–688頃）

**Waldeyer-Hartz, Heinrich Wilhelm
Gottfried von**〈19・20世紀〉
ドイツの解剖学者。ノイロン説の端緒を開いた。
⇒岩世人（ヴァルダイアー＝ハルツ　1836.10.6–
　　1921.1.23）

Waldheim, Gotthelf Fischer von〈18・
19世紀〉
ドイツの博物学者。モスクワ博物学会を創立し
（1805），ロシアにおける自然科学の普及と発達
に寄与。
⇒岩世人（ヴァルトハイム　1771.10.15–1853.10.
　　18）

Waldmann, Hans〈15世紀〉
スイスの政治家。
⇒岩世人（ヴァルトマン　1435頃–1489.4.6）

Waldmüller, Ferdinand Georg〈18・19
世紀〉
オーストリアの画家。35年アカデミー会員。肖
像画，風景画を描いた。
⇒岩世人（ヴァルトミュラー　1793.1.15–1865.8.
　　23）
　　芸13（ヴァルトミュラー，F・ゲオルク　1793–
　　1865）

Waldo, Peter〈12・13世紀〉
ワルド派を開いた宗教家。1170～6年頃意志的
清貧を説いた。84年ベロナ教会会議で破門，追
放された。
⇒岩世人（ヴァルドー　1140頃–1217/1197）
　　新カト（ヴァルドー　1140頃–1217頃/1197頃）
　　世人新（ワルド（ヴァルド）　1140頃–1217）
　　世人装（ワルド（ヴァルド）　1140頃–1217）

Waldseemüller, Martin〈15・16世紀〉
ドイツの人文学者，地図製作者。
⇒岩世人（ヴァルトゼーミュラー　1470頃–1521頃）

Waldteufel, Emil〈19・20世紀〉
フランスの作曲家。
⇒岩世人（ヴァルトトイフェル　1837.12.9–1915.2.
　　12）
　　エデ（ワルトトイフェル（レヴィ），エミール
　　1837.12.9–1915.2.12）
　　ネーム（ワルトトイフェル　1837–1915）
　　ユ著人（Waldteufel,Emil　ワルトトイフェル，エ
　　ミール　1837–1915）

Walenty z Brzozowa〈16世紀〉
ポーランドの作曲家。

⇒バロ（ヴァレンティ・ズ・ブジョズフ　1520頃?–1570頃?）

Walewski, Alexandre Florian Joseph Colonna〈19世紀〉
ナポレオン1世の私生児。ナポレオン3世の信任を得て外相（55〜60），国務相（60〜63）を歴任。
⇒岩世人（ヴァレフスキー　1810.5.4–1868.9.27）

Al-Walīd II〈8世紀〉
カリフ王朝の統治者。在位743〜744。
⇒世人（ワリード2世　?–744）

al-Walīd bn 'Abd al-Malik〈7・8世紀〉
アラビアのウマイヤ朝第6代のカリフ。在位705〜15。
⇒岩世人（ワリード　668頃–715）
　世人新（ワリード1世　668頃–715）
　世人装（ワリード1世　668頃–715）
　世帝（ワリード1世　674–715）

Walī Khān〈19世紀〉
東トルキスタンの有力宗教貴族カシュガル・ホージャ家の末裔。
⇒岩世人（ワリー・ハーン　?–1865）

Wälikhanov, Shoqan（Mŭkhammedkhanafiya）〈19世紀〉
中央アジアの民族文化研究家。
⇒岩世人（ワリハノフ　1835.11–1865.4.10）

Walker, Amasa〈18・19世紀〉
アメリカの経済学者。自由貿易論者，奴隷反対論者で，マルサスやリカードの理論に反対。
⇒岩世人（ウォーカー　1799.5.4–1875.10.29）

Walker, David〈18・19世紀〉
アメリカ人。
⇒岩世人（ウォーカー　1785.9.28–1830.6.28）

Walker, Fracis Amasa〈19世紀〉
アメリカの経済学者。
⇒岩世人（ウォーカー　1840.7.2–1897.1.5）

Walker, Frederick〈19世紀〉
イギリスの画家。サッカリの小説に挿画を書いた。
⇒岩世人（ウォーカー　1840.5.26–1875.6.4）

Walker, John〈18・19世紀〉
イギリスの薬剤師。赤燐を使用する今日の摩擦マッチを発明した（1827）。
⇒岩世人（ウォーカー　1781.5.29–1859.5.1）

Walker, Moses Fleetwood〈19・20世紀〉
アメリカの大リーグ選手（捕手）。
⇒メジャ（フリート・ウォーカー　1856.10.7–1924.5.11）

Walker, Oscar〈19世紀〉
アメリカの大リーグ選手（外野，一塁）。

⇒メジャ（オスカー・ウォーカー　1854.3.18–1889.5.20）

Walker, William〈19世紀〉
アメリカの冒険家。
⇒ラテ新（ウォーカー　1824–1860）

Wallace, Alfred Russel〈19・20世紀〉
イギリスの博物学者。マレー諸島で動植物相の比較研究を行う。
⇒岩世人（ウォレス　1823.1.8–1913.11.7）
　ネーム（ウォーレス　1823–1913）
　広辞7（ウォーレス　1823–1913）
　学叢思（ウォーレース，アルフレッド・ラッセル　1823–1913）
　ポプ人（ウォーレス，アルフレッド・ラッセル　1823–1913）
　ラテ新（ウォーレス　1823–1913）

Wallace,（Bobby）Rhoderick John〈19・20世紀〉
アメリカの大リーグ選手（遊撃，三塁，投手）。
⇒メジャ（ボビー・ウォーレス　1873.11.4–1960.11.3）

Wallace, Henry〈19・20世紀〉
アメリカの農業改良家。
⇒岩世人（ウォレス　1836.3.19–1916.2.22）

Wallace, Henry Cantwell〈19・20世紀〉
アメリカの農業改良家。農業雑誌「Creamery Gazette, Farm and Dairy」の共同所有者としてこれを編集。1921〜24年農務長官。
⇒岩世人（ウォレス　1866.5.11–1924.10.25）

Wallace, John Findlay〈19・20世紀〉
アメリカの土木技術者。
⇒岩世人（ウォレス　1852.9.10–1921.7.3）

Wallace, Richard Horatio Edgar〈19・20世紀〉
イギリスのスリラー作家。『緑の射手』（23）など多数の作品がある。
⇒岩世人（ウォレス　1875.4.1–1932.2.10）

Wallace, Robert〈17・18世紀〉
スコットランドの僧，人口理論家。帝政ローマ以降の人口減少を主張してヒュームと対立。
⇒学叢思（ウォーレス，ロバート　1697–1771）

Wallace, Sir William〈13・14世紀〉
スコットランドの愛国者。イングランド王に対する抵抗運動を組織して戦ったが，捕えられて処刑された。
⇒岩世人（ウォレス　?–1305.8.23）

Wallace, William〈19世紀〉
イギリスの哲学者。
⇒岩世人（ウォレス　1843.5.11–1897.2.18）
　学叢思（ウォーレース，ウィリアム　1844–1897）

Wallace, William Vincent〈19世紀〉
アイルランドのピアノ奏者,ヴァイオリン奏者,作曲家。
⇒岩世人（ウォレス　1812.3.11–1865.10.12）

Wallach, Otto〈19・20世紀〉
ドイツの有機化学者。精油工業に関するテルペン類の研究をし,1910年ノーベル化学賞受賞。
⇒岩世人（ヴァラッハ　1847.3.27–1931.2.26）
ノ物化（オットー・ワラッハ　1847–1931）
ユ人（ワラッハ,オットー　1847–1931）
ユ著人（Wallach,Otto　ワラッハ,オットー　1847–1931）

Wallas, Graham〈19・20世紀〉
イギリスの政治学者,社会学者。
⇒岩世人（ウォーラス　1858.5.31–1932.8.9）
学叢思（ウォーレース,グラハム　1858–?）
学叢思（ウォーラス,グレーハム　1858–?）
20思（ウォーラス,グレアム　1858–1932）

Wallaschek, Richard〈19・20世紀〉
オーストリアの美学者。音楽心理学を研究。
⇒岩世人（ヴァラシェク　1860.11.16–1917.4.24）

Wallenberg, André Oscar〈19世紀〉
スウェーデンの銀行家。
⇒岩世人（ヴァッレンベリ　1816.11.19–1886.1.12）

Wallenstein, Albrecht Eusebius Wenzel von〈16・17世紀〉
ドイツの軍人。皇帝フェルディナント2世を助け,三十年戦争に活躍。
⇒岩世人（ヴァレンシュタイン　1583.9.24–1634.2.25）
ネーム（ヴァレンシュタイン　1583–1634）
ネーム（ワレンシュタイン　1583–1634）
広辞7（ワレンシュタイン　1583–1634）
新カト（ヴァレンシュタイン　1583.9.24–1634.2.25）
世人新（ヴァレンシュタイン（ワレンシュタイン）1583–1634）
世人装（ヴァレンシュタイン（ワレンシュタイン）1583–1634）
世史語（ヴァレンシュタイン　1583–1634）
ポプ人（ワレンシュタイン,アルブレヒト・フォン　1583–1634）
学叢歴（ワレンシュタイン　1583–1636）

Waller, Augustus Volney〈19世紀〉
イギリスの生理学者。神経繊維に関するワラーの法則で知られる。
⇒岩世人（ウォラー　1816.12.21–1870.9.18）

Waller, Edmund〈17世紀〉
イギリスの詩人。議会活動にも活躍。
⇒岩世人（ウォラー　1606.3.9–1687.10.21）

Waller, Littleton Walter Tazewell〈19・20世紀〉
アメリカの海兵隊将校。
⇒アア歴（Waller,Littleton Walter Tazewell　リトルトン・ウォルター・タズウェル・ワラー　1856.9.26–1926.6.26）

Wallich, Nathaniel〈18・19世紀〉
デンマークの植物学者。インドを中心とする各地の植物を研究し,図譜を作成。
⇒岩世人（ウォーリック　1786.1.28–1854.4.28）

Walling, William English〈19・20世紀〉
アメリカの労働改革者,社会主義者。
⇒学叢思（ウォーリング,ウィリアム・イングリッシュ　1877–?）

Wallis, Alfred〈19・20世紀〉
イギリスの画家。
⇒岩世人（ウォリス　1855.8.8–1942.8.29）
芸13（ウォリス,アルフレッド　1855–1942）

Wallis, John〈17・18世紀〉
イギリスの数学者,物理学者,神学者。
⇒岩世人（ウォリス　1616.11.23–1703.10.28）
広辞7（ウォリス　1616–1703）
スパイ（ウォリス,ジョン　1616–1703）
世数（ウォリス,ジョン　1616–1703）

Wallis, Samuel〈18世紀〉
イギリスの海軍士官。世界一周航海の途中,ヨーロッパ人として初めて南太平洋のタヒチ島を訪れた。
⇒オセ新（ウォリス　1728–1795）

Walliser, Christoph Thomas〈16・17世紀〉
ドイツの音楽教師,指揮者。
⇒バロ（ヴァリザー,クリストフ・トーマス　1568.4.17–1648.4.26）

Wallnöfer, Adolf〈19・20世紀〉
ドイツのテノール,作曲家。
⇒魅惑（Wallnöfer,Adolf　1854–1946）

Wallon, Henri〈19・20世紀〉
フランスの心理学者,精神医学者。児童心理学の領域に活躍,フランスの教育改革に指導的役割を果した。
⇒岩世人（ワロン　1879.6.15–1962.12.1）
ネーム（ワロン　1872–1962）
メル3（ワロン〔ヴァロン〕,アンリ　1879–1962）

Wallot, Paul〈19・20世紀〉
ドイツの建築家。
⇒岩世人（ヴァロート　1841.6.26–1912.8.10）

Wallraf, Ferdinand Franz〈18・19世紀〉
ドイツの植物学者。美術品等の蒐集家としても名高く,それがもとになりのちのケルン博物館となった。
⇒岩世人（ヴァルラーフ　1748.7.20–1824.3.18）

Waln, Robert, Jr.〈18・19世紀〉
アメリカの作家。

⇒アア歴（Waln,Robert,Jr　ロバート・ウォーン・ジュニア　1794.10.20–1825.7.4）

Walond, William I〈18世紀〉
イギリスのオルガン奏者。
⇒バロ（ウォロンド，ウィリアム1世　1725頃–1770）

Walpole, Horace〈18世紀〉
イギリスの小説家。政治家。R.ウォルポールの子。
⇒岩世人（ウォルポール　1717.9.24–1797.3.2）
広辞7（ウォルポール　1717–1797）

Walpole, *Sir* Robert〈17・18世紀〉
イギリスの政治家。初代首相。
⇒岩世人（ウォルポール　1676.8.26–1745.3.18）
ネーム（ウォルポール　1676–1745）
広辞7（ウォルポール　1676–1745）
世人新（ウォルポール　1676–1745）
世人装（ウォルポール　1676–1745）
世史語（ウォルポール　1676–1745）
ポプ人（ウォルポール，ロバート　1676–1745）

Walras, Marie Esprit Léon〈19・20世紀〉
フランスの経済学者。一般均衡理論を樹立。限界理論創始者の一人。
⇒岩世人（ワルラス　1834.12.16–1910.1.4）
ネーム（ワルラス、レオン　1834–1910）
広辞7（ワルラス　1834–1910）
学叢思（ワルラス，マリー・エスプリ・レオン　1838–1910）
新カト（ワルラス　1834.12.16–1910.1.5）

Walser, Robert〈19・20世紀〉
スイスの詩人，小説家。『タンナー兄妹』(06)などの小説がある。
⇒岩世人（ヴァルザー　1878.4.15–1956.12.25）

Walsh, James Anthony〈19・20世紀〉
アメリカのカトリック司教，メリノール会の創立者。
⇒新カト（ウォルシュ　1867.2.24–1936.4.14）

Walsingham, *Sir* Francis〈16世紀〉
イギリスの政治家。国務大臣をつとめた。
⇒岩世人（ウォルシンガム　1532頃–1590.4.6）
スパイ（ウォルシンガム，サー・フランシス　1532頃–1590）

Walsingham, Thomas〈15世紀〉
イングランドのベネディクト会士，歴史家。
⇒新カト（ウォルシンガム　?–1422頃）

Walter, Bruno〈19・20世紀〉
ドイツ生まれのアメリカの指揮者。NBC交響楽団などを指揮。
⇒岩世人（ワルター　1876.9.15–1962.2.17）
オペラ（ヴァルター，ブルーノ　1876–1962）
広辞7（ワルター　1876–1962）
実音人（ワルター，ブルノ　1876–1962）
ユ人（ワルター（シュレジンガー），ブルーノ　1876–1962）
ユ著人（Walter,Bruno　ワルター，ブルーノ　1876–1962）

Walter, Georg〈19・20世紀〉
ドイツのテノール。歌曲とオラトリオの歌手として，特にバッハやヘンデルの歌唱で知られた。
⇒魅惑（Walter,Georg　1875–1952）

Walter, Gustav〈19・20世紀〉
チェコのテノール歌手。
⇒魅惑（Walter,Gustav　1834–1919）

Walter, Thomas Ustick〈19世紀〉
アメリカの建築家。コリント風神殿の建築などを制作。
⇒岩世人（ウォルター　1804.9.4–1887.10.30）

Waltharius
北欧神話，ゲルマン伝説の英雄。
⇒岩世人（ヴァルタリウス）

Walther, Carl Ferdinand Wilhelm〈19世紀〉
ドイツ出身のアメリカの新ルター主義神学者，ミズーリ教区の創設者。
⇒岩世人（ヴァルター　1811.10.25–1887.5.7）

Walther, Johann Christoph〈18世紀〉
ドイツのヴァイオリン奏者（名手），指揮者，秘書官。
⇒バロ（ワルター，ヨハン・クリストフ　1715–1771）

Walther, Johannes〈15・16世紀〉
ドイツの教会音楽家。
⇒バロ（ワルター，ヨハン　1496–1570.3.25）
岩世人（ヴァルター　1496頃–1570.3.25）

Walther, Johann Gottfried〈17・18世紀〉
ドイツのオルガン奏者，作曲家，辞典編集者。
⇒バロ（ワルター，ヨハン・ゴットフリート　1684.9.18–1748.3.23）
岩世人（ヴァルター　1684.9.18–1748.3.23）

Walther, Johann Jakob〈17・18世紀〉
ドイツの作曲家，ヴァイオリン奏者。
⇒バロ（ワルター，ヨハン・ヤーコプ　1650頃–1717.11.2）

Walther von der Vogelweide〈12・13世紀〉
中高地ドイツ語時代の抒情詩人。「低きミンネ」を讃美し，政治的格言詩，宗教詩を書く。
⇒バロ（フォーゲルヴァイデ，ヴァルター・フォン・デア　1170頃–1230）
岩世人（ヴァルター（フォーゲルヴァイデの）　1170頃–1230頃）
広辞7（ヴァルター・フォン・デア・フォーゲルヴァイデ　1170頃–1230頃）
新カト（ヴァルター・フォン・デル・フォーゲルヴァイデ　1170頃–1230頃）

Walton, Brian〈17世紀〉
英国教会のチェスター主教。
⇒新カト（ウォールトン 1600頃–1661.11.29）

Walton, Izaak〈16・17世紀〉
イギリスの随筆家，伝記作者。『釣魚大全』(53)の著者。
⇒ネーム（ウォルトン 1593–1683）
　広辞7（ウォルトン 1593–1683）

Waltramus〈10世紀〉
フランドルの詩人。
⇒バロ（ワルトラムス, ? 900頃?–950頃?）

Walworth, Clarence Augustus〈19世紀〉
アメリカのパウリスト会士。
⇒新カト（ウォールワース 1820.5.30–1900.9.19）

Walzel, Oskar〈19・20世紀〉
ドイツの文学史家。ゲーテ以後の近代文学を研究。
⇒岩世人（ヴァルツェル 1864.10.28–1944.12.29）

Wanamaker, John〈19・20世紀〉
アメリカの大百貨店主。宗教事業にも尽した。
⇒岩世人（ウォナメイカー 1838.7.11–1922.12.12）

Wandjel
オーストラリアのアボリジニの神話で，勇敢な兄弟の戦士。
⇒ネーム（ワンジェル）

Wanless, William James〈19・20世紀〉
アメリカの医療宣教師。
⇒アア歴（Wanless, William James　ウイリアム・ジェイムズ・ワンレス 1865.5.1–1933.3.3）

Wäntig, Heinrich〈19・20世紀〉
ドイツの経済学者。東京帝国大学法科大学で経済学を教授。
⇒学叢思（ヴェンチッヒ, ハインリヒ 1870–?）

Wantzel, Pierre Laurent〈19世紀〉
フランスの数学者。
⇒世数（ワンツェル, ピエール・ローラン 1813–1848）

Wappers, Gustav〈19世紀〉
ベルギーの画家。ロマン主義の旗頭として，ロマン的な歴史画や肖像画を描いた。
⇒芸13（ワッパース, ギュスターフ 1803–1874）

al-Wāqidī, Abū ʻAbd Allāh Muhammad b.ʻUmar〈8・9世紀〉
アラブの歴史家。著書『征戦史』。
⇒岩世人（ワーキディー 747–823.4.28）

Waqqāṣ
イスラームを中国に最初に伝えたとされる伝説の人物。
⇒岩世人（ワッカース）

Waraqa ibn Nawfal〈6・7世紀〉
預言者マホメットの妻ハディージャの従弟。
⇒岩世人（ワラカ・イブン・ナウファル）

Warbeck, Perkin〈15世紀〉
イギリスの王位詐称者。
⇒岩世人（ウォーベック 1474頃–1499.11.23）

Warburg, Aby〈19・20世紀〉
ドイツの美術史家，文化史家。
⇒岩世人（ヴァールブルク 1866.6.13–1929.10.26）
　広辞7（ヴァールブルク 1866–1929）
　ユ著人（Warburg, Aby　ヴァールブルク（ワールブルク）, アビ 1866–1929）

Warburg, Emil Gabriel〈19・20世紀〉
ドイツの物理学者。
⇒岩世人（ヴァールブルク 1846.3.9–1931.7.28）

Warburg, Otto〈19・20世紀〉
ドイツの植物学者。植物地理学および分類学を研究。
⇒岩世人（ヴァールブルク 1859.7.20–1938）
　ユ人（ワーブルク（ヴァールブルク）, オットー 1859–1938）

Warburton, William〈17・18世紀〉
英国教会の聖職，グロスター主教。
⇒新カト（ウォーバートン 1698.12.24–1779.6.7）

Ward, Sir Adolphus William〈19・20世紀〉
イギリスの歴史家。
⇒岩世人（ウォード 1837.12.2–1924.6.19）

Ward, Bernard〈19・20世紀〉
イギリスの司教，教会史家。
⇒新カト（ウォード 1857.2.4–1920.1.21）

Ward, Edward Matthew〈19世紀〉
イギリスの歴史画家。フランス革命および18世紀の社会生活を描く。
⇒岩世人（ウォード 1816.7.14–1879.1.15）

Ward, Elizabeth〈19・20世紀〉
アメリカの作家。
⇒岩世人（ウォード 1844.8.31–1911.1.28）

Ward, Ferdinand de Wilton〈19世紀〉
アメリカの宣教師。
⇒アア歴（Ward, Ferdinand de Wilton　フェルディナンド・デ・ウィルトン・ウォード 1812.7.9–1891.8.11）

Ward, Frederick Townsend〈19世紀〉
アメリカの軍人。外人傭兵隊「常勝軍」を創設，中国の太平天国鎮圧に活躍。
⇒アア歴（Ward, Frederick Townsend　フレデリック・タウンゼンド・ウォード 1831.11.29–1862.9.21）

岩世人（ウォード　1831.11.29-1862.9.21）
広辞7（ウォード　1831-1862）
世人新（ウォード　1831-1862）
世人装（ウォード　1831-1862）
世史語（ウォード　1831-1862）
ポプ人（ウォード, フレデリック　1831-1862）

Ward, James〈18・19世紀〉
イギリスの画家。
⇒芸13（ヴォード, ジェームズ　1769-1859）

Ward, James〈19・20世紀〉
イギリスの哲学者, 心理学者。主著『心理学原理』(18)。
⇒岩世人（ウォード　1843.1.27-1925.3.4）

Ward, John〈16・17世紀〉
イギリスのマドリガル作曲家。ヘンリー・ファンショー卿に仕えた。
⇒バロ（ウォード, ジョン　1571.9.8-1638.8.31以前）

Ward, John Elliott〈19・20世紀〉
アメリカの弁護士, 外交官。
⇒アア歴（Ward, John E(lliott)　ジョン・エリオット・ウォード　1814.10.2-1902.11.29）

Ward, John Montgomery〈19・20世紀〉
アメリカの大リーグ選手（遊撃, 二塁, 投手, 外野）。
⇒メジャ（ジョン・ウォード　1860.3.3-1925.3.4）

Ward, Lester Frank〈19・20世紀〉
アメリカ社会学の創始者。アメリカ社会学会初代会長（1906-07）。
⇒岩世人（ウォード　1841.6.18-1913.4.18）
学叢思（ウォード, レスター・フランク　1841-1913）

Ward, Mary〈16・17世紀〉
イギリスの宗教改革者, 女子修道会の創設者。
⇒新カト（ウォード　1585.2.2-1645.1.30）

Ward, Mary Augusta〈19・20世紀〉
イギリスの女流作家。『アミエルの日記』の英訳者。
⇒岩世人（ウォード　1851.6.11-1920.3.24）

Ward, Nathaniel〈16・17世紀〉
イギリスの聖職者。
⇒岩世人（ウォード　1578-1652）

Ward, William George〈19世紀〉
イギリスのカトリック神学者。マニングと提携して教皇の絶対権を支持するウルトラモンタニズムを唱えた。
⇒岩世人（ウォード　1812.3.21-1882.7.6）
新カト（ウォード　1812.3.21-1882.7.6）

Wardenaar, Willem〈19世紀〉
オランダ人の出島商館長。在職1800〜03。ドゥフと協力し商館の会計を整理。

⇒岩世人（ワルデナール　?-1816.11.12）

Wardrop, James〈18・19世紀〉
イギリスの外科医。28年王室外科医。動脈瘤の際の遠心性動脈結紮法等に名を残す。
⇒岩世人（ウォードロップ　1782.8.14-1869.2.13）

Wareru〈13世紀〉
ビルマ, ペグー朝の第1代王。在位1281〜96。
⇒岩世人（ワーレルー　1252-1307.1）

Warfield, A.G.〈19・20世紀〉
アメリカの土木技術者。
⇒岩世人（ウォーフィールド）

Warham, William〈15・16世紀〉
イギリスのカンタベリ大司教。
⇒新カト（ウォーラム　1450頃-1532.8.22）

Waring, Edward〈18世紀〉
イギリスの数学者。整数論および方程式論に貢献し, また級数の収斂性に注意を向けた。
⇒岩世人（ウェアリング（慣ワーリング）　1736頃-1798.8.15）
世数（ウェアリング, エドワード　1734-1798）

Wāris Śāh〈18世紀〉
インドのパンジャービー語の神秘主義詩人。代表作『ヒール』。
⇒岩世人（ワーリス・シャー　1735-1798）

Warming, Johannes Eugenius Bülow〈19・20世紀〉
デンマークの植物学者。『植物社会』(1895)を著して植物生態地理学を確立し, 植物生態学を創設。
⇒岩世人（ヴァーミング　1841.11.3-1924.4.2）

Warne, Francis Wesley〈19・20世紀〉
アメリカの宣教師。
⇒アア歴（Warne, Francis Wesley　フランシス・ウェズリー・ウォーン　1854.12.30-1932.2.29）

Warner, John Joseph〈19・20世紀〉
アメリカの大リーグ選手（捕手）。
⇒メジャ（ジョン・ウォーナー　1872.8.15-1943.12.21）

Warner, Susan Bogart〈19世紀〉
アメリカの女流小説家。主著 "The wide, wide world"（2巻, 1850）。
⇒岩世人（ウォーナー　1819.7.11-1885.3.17）

Warnshuis, Abbe Livingston〈19・20世紀〉
アメリカの宣教師。
⇒アア歴（Warnshuis, A(bbe) L(ivingston)　アビー・リヴィングストン・ウォーンシュイス　1877.10.22-1958.3.7）

Warren, George Frederick, Jr.〈19・

20世紀〉
アメリカの農業経済学者。実態調査法にもとづく所得形成要因分析の手法の基礎をつくった。
⇒岩世人（ウォレン　1874.2.16–1938.5.24）

Warren, John Collins〈19・20世紀〉
アメリカの外科医。
⇒岩世人（ウォレン　1842.5.4–1927.11.3）

Warren, Josiah〈18・19世紀〉
アメリカの哲学的無政府主義者。
⇒学叢思（ワーレン, ジョシア　1799–1874）

Warren, Mercy Otis〈18・19世紀〉
アメリカの作家。
⇒岩世人（ウォレン　1728.9.14–1814.10.19）

Warshawski, Mark〈19・20世紀〉
イディッシュ語詩人。
⇒ユ著人（Warshawski,Mark　ワルシャウスキー, マーク　1848–1907）

Wartecki, Marcin〈16・17世紀〉
ポーランドの作曲家。
⇒バロ（ヴァルテツキ, マルチン　1570頃?–1620頃?）

Warton, Joseph〈18世紀〉
イギリスの評論家。『ポープ論』（2巻, 1756,82）が代表作。
⇒岩世人（ウォートン　1722.4.22–1800.2.23）

Warton, Thomas〈18世紀〉
イギリスの学者, 詩人。1785年には桂冠詩人。
⇒岩世人（ウォートン　1728.1.9–1790.5.21）

Warwick, Richard Neville, Earl of〈15世紀〉
イギリスの貴族（伯爵）。
⇒岩世人（ウォリック　1428.11.22–1471.4.14）

Washburn, George Thomas〈19・20世紀〉
アメリカの宣教師。
⇒アア歴（Washburn,George Thomas　ジョージ・トマス・ウォッシュバーン　1832.9.5–1927.3.20）

Washburne, Margaret Floy〈19・20世紀〉
アメリカの女流心理学者。著書『動物の心』(1908)は初の実験的動物心理学に関する著作。
⇒岩世人（ウォシュバーン　1871.7.25–1939.10.29）

Washington, Booker Taliaferro〈19・20世紀〉
アメリカの黒人教育家。アメリカインディアンに対する教育計画などに活躍。
⇒アメ新（ワシントン　1856–1915）
　岩世人（ワシントン　1856.4.5–1915.11.14）
　広辞7（ワシントン　1856–1915）
　学叢思（ワシントン, ブーカー　1858–1915）

Washington, George〈18世紀〉
アメリカの軍人, 政治家, 合衆国初代大統領。
⇒アメ新（ワシントン　1732–1799）
　岩世人（ワシントン　1732.2.22/1731.2.11–1799.12.14）
　広辞7（ワシントン　1732–1799）
　学叢思（ワシントン, ジョージ　1732–1799）
　スパイ（ワシントン, ジョージ　1732–1799）
　世人新（ワシントン　1732–1799）
　世人装（ワシントン　1732–1799）
　世史語（ワシントン　1732–1799）
　ポプ人（ワシントン, ジョージ　1732–1799）

Washington, Henry Stephens〈19・20世紀〉
アメリカの地質学者。
⇒岩世人（ワシントン　1867.1.15–1934.1.7）

*al-***Washshā', Abū al-Ṭayyib Muḥammad**〈9・10世紀〉
アラブ文人。
⇒岩世人（ワッシャー　869頃–937頃）

Wāṣil bn 'Aṭā'〈7・8世紀頃〉
イスラム教神学者。
⇒岩世人（ワースィル・イブン・アター　699–748）

*al-***Wāsiṭī, Yaḥyā ibn Maḥmūd**〈13世紀〉
バグダードで活躍した書家, 画家。
⇒岩世人（ワースィティー, ヤフヤー・イブン・マフムード）

Wasmann, Erich〈19・20世紀〉
ドイツの昆虫学者, イエズス会士。アリ, シロアリなど社会性昆虫の心的能力を研究。
⇒岩世人（ヴァスマン　1859.5.29–1931.2.27）
　新カト（ヴァスマン　1859.5.29–1931.2.27）

Wasmann, Friedrich〈19世紀〉
ドイツの画家。
⇒芸13（ヴァスマン, フリードリヒ　1805–1886）

Waṣṣāf, Sharaf al-Dīn 'Adb Allāh〈13・14世紀〉
ペルシアの歴史家。『国土の分割と時代の変遷』を執筆。
⇒岩世人（ワッサーフ　1264–1334）

Wassenaer, Count Unico Wilhelm van〈17・18世紀〉
オランダの作曲家。
⇒バロ（ヴァッセナール, ウーニコ・ヴィルヘルム・ファン　1692.11.2–1766.11.9）

Wassermann, August von〈19・20世紀〉
ドイツの細菌学者。06年に梅毒の血清診断法, ワッセルマン反応を発表。
⇒岩世人（ヴァッサーマン（ヴァッセルマン）　1866.2.21–1925.3.16）
　広辞7（ワッセルマン　1866–1925）

世人新（ヴァッセルマン　1866–1925）
世人装（ヴァッセルマン　1866–1925）
ユ人（ワッセルマン（ヴァッサマン），アウグスト・フォン　1866–1925）
ユ著人（Wassermann, August Paul von　ワッサーマン，オーガスト・ポール・フォン　1866–1925）

Wassermann, Jakob〈19・20世紀〉

ユダヤ系ドイツの小説家。社会小説『クリスチアン・ワーンシャッフェ』(19)などがある。
⇒岩世人（ヴァッサーマン　1873.3.10–1934.1.1）
ユ人（ワッサーマン（ヴァッサマン），ヤコブ　1873–1934）
ユ著人（Wassermann, Jacob　ワッセルマン，ヤーコプ　1873–1934）

Wasson, James R.〈19世紀〉

アメリカの土木技師。開拓使仮学校で英語，数学を教授。全道の地形測量を行った。
⇒アア歴（Wasson, James R (obert)　ジェイムズ・ロバート・ワッスン　1847.1.11–1923.2.17）
岩世人（ワッソン）

Waterhouse, John William〈19・20世紀〉

イギリスの画家。
⇒岩世人（ウォーターハウス　1849.4.6–1917.2.10）
芸13（ウォーターハウス，ジョン・ウィリアム　1849–1917）

Waterland, Daniel〈17・18世紀〉

英国教会の聖職，神学者。
⇒新カト（ウォーターランド　1683.2.14–1740.12.23）

Waterlo (Waterloo), Antoni (Anthonie)〈17世紀〉

オランダの銅版画家，画家。
⇒岩世人（ヴァーテルロー　1609.5.6（受洗）–1690.10.23）

Waters, Thomas James〈19世紀〉

イギリスの建築家。1868年来日，日本初の都市計画銀座尾張町の改築工事に従事（71〜）。
⇒岩世人（ウォートルス（ウォーターズ）　1842.7.17–1898.2.5）

Al-Wāthiq〈9世紀〉

カリフ王朝の統治者。在位842〜847。
⇒世帝（ワースィク　（在位）842–847）

Watkins, William Henry〈19・20世紀〉

アメリカの大リーグ選手（三塁）。
⇒メジャ（ビル・ワトキンズ　1858.5.5–1937.6.9）

Watson, John〈19・20世紀〉

イギリスの哲学者。ケアードの学徒としてヘーゲル主義の立場からカントを批評。
⇒岩世人（ワトソン　1847.2.25–1939.1.27）
学叢思（ウォトソン，ジョン　1847–?）

Watson, John Broadus〈19・20世紀〉

アメリカの心理学者。アメリカの行動心理学の発展に大きな影響を与えた。
⇒アメ新（ワトソン　1878–1958）
岩世人（ワトソン　1878.1.9–1958.9.25）
広辞7（ワトソン　1878–1958）
20思（ワトソン，J（ジョン）B（ブローダス）　1878–1958）

Watson, Thomas Edward〈19・20世紀〉

アメリカの南部出身の政治家。
⇒岩世人（ワトソン　1856.9.5–1922.9.26）

Watson, Thomas John〈19・20世紀〉

アメリカの実業家。IBM社社長，会長。十指に余る大学から文学，経営学，工学などの博士号を受けた。
⇒岩世人（ワトソン　1874.2.17–1956.6.19）

Watt, Benedict von〈16・17世紀〉

ドイツのマイスタージンガー。
⇒バロ（ヴァット，ベーネディクト・フォン　1569–1616）

Watt, *Sir* George〈19・20世紀〉

イギリスの応用植物学者。インドに長く滞在，インドの農業に関する権威。
⇒岩世人（ワット　1851.4.24–1930.4.2）

Watt, James〈18・19世紀〉

スコットランドの技術者。ピストンを気圧で動かす蒸気機関など多くの発明をし，産業革命に貢献。
⇒岩世人（ワット　1736.1.19–1819.8.25）
広辞7（ワット　1736–1819）
学叢思（ワット，ジェームズ　1736–1819）
物理（ワット，ジェームズ　1736–1819）
世人新（ワット　1736–1819）
世人装（ワット　1736–1819）
世史語（ワット　1736–1819）
ポブ人（ワット，ジェームズ　1736–1819）

Watteau, Jean Antoine〈17・18世紀〉

フランスの画家。代表作『キシラ島への船出』(17)。アカデミー会員。
⇒岩世人（ワトー　1684.10.10–1721.7.18）
広辞7（ワトー　1684–1721）
芸13（ヴァトー，アントワーヌ　1684–1721）
芸13（ワトー，ジャン・アントアーヌ　1684–1721）
世人新（ワトー　1684–1721）
世人装（ワトー　1684–1721）
世史語（ワトー　1684–1721）
ポブ人（ワトー，アントワーヌ　1684–1721）

Wattenbach, Wilhelm〈19世紀〉

ドイツの歴史家。
⇒岩世人（ヴァッテンバッハ　1819.9.22–1897.9.20）

Watters, Thomas〈19・20世紀〉

イギリスの外交官，シナ学者。中国の言語学，仏

教に精通。
⇒岩世人（ウォッターズ　1840–1901.1.10）

Watts, George Frederick〈19・20世紀〉
イギリスの画家、彫刻家。主作品『マニング枢機卿像』(82)。1902年にメリット勲章を授与。
⇒岩世人（ワッツ　1817.2.23–1904.7.1)
　広辞7（ワッツ　1817–1904）
　学叢思（ワッツ, ジョージ・フレデリク　1817–1904）
　芸13（ワッツ, フレデリック　1817–1904）

Watts, Isaac〈17・18世紀〉
イギリスの讃美歌作者、非国教徒神学者。
⇒岩世人（ワッツ　1674.7.17–1748.11.25）

Watts, *Sir* **Philip**〈19・20世紀〉
イギリスの造船家。
⇒岩世人（ワッツ　1846.5.30–1926.3.15）

Watts-Dunton, Walter Theodore〈19・20世紀〉
イギリスの詩人、評論家、小説家。『恋人の到来』などを執筆。
⇒岩世人（ワッツ＝ダントン　1832.10.12–1914.6.6）

Waugh, Edwin〈19世紀〉
イギリスの詩人。生地近辺の自然を歌い〈ランカシャーのバーンズ〉と呼ばれた。
⇒岩世人（ウォー　1817.1.29–1890.4.30）

Wawalag
オーストラリアのアボリジニの神話で、原初の姉妹。
⇒ネーム（ワワラグ）

Waxaklajuun Ubaah K'awiil〈7・8世紀〉
マヤ文明コパン王国13代王。在位695〜738。
⇒岩世人（ワシャクラフーン・ウバーフ・カウィール　?–738.4.29）

Way, Richard Quarterman〈19世紀〉
アメリカの長老教会宣教医師。中国に伝道。
⇒岩世人（ウェイ　1819.12.9–1895.8.6）

Wayland, Francis〈18・19世紀〉
アメリカのバプテスト教会牧師、教育者、道徳哲学者。
⇒岩世人（ウェイランド　1796.3.11–1865.9.30）

Wayne, Anthony〈18世紀〉
アメリカの軍人。独立戦争時各地で奮戦。
⇒岩世人（ウェイン　1745.1.1–1796.12.15）

Wayß, Gustav Adolf〈19・20世紀〉
ドイツの土木技術者。
⇒岩世人（ヴァイス　1851.10.16–1917.8.19）

Weaver, John〈17・18世紀〉
イギリスのパントマイムの開拓者。ロンドンのドゥルーリー・レイン劇場ダンス教師。
⇒岩世人（ウィーヴァー　1673.7.21–1760.9.24）
　バレエ（ウィーヴァー, ジョン　1673.7.21(受洗)–1760.9.24）

Webb, Beatrice Potter〈19・20世紀〉
イギリスのフェビアン主義の代表的理論家。フェビアン協会会長。
⇒岩世人（ウェッブ　1858.1.22–1943.4.30）
　学叢思（ウェッブ, ビアトリス　1858–?）
　新カト（ウェッブ夫妻　ウェッブふさい　1858.1.22–1943.4.30）
　世人新（ウェッブ夫妻　1858–1943）
　世人装（ウェッブ夫妻　1858–1943）
　世史語（ウェッブ夫妻　1858–1943）
　20思（ウェッブ, シドニーおよびベアトリス　1858–1943）
　ポプ人（ウェッブ夫妻　1858–1943）

Webb, Edward〈19世紀〉
アメリカの宣教師。
⇒アア歴（Webb, Edward　エドワード・ウェッブ　1819.12.15–1898.4.6）

Webb, Philip Speakman〈19・20世紀〉
イギリスの建築家。代表作は『赤い家』（ケント県アプトン、1859〜60）。
⇒岩世人（ウェッブ　1831.1.12–1915.4.17）

Webb, Sidney James〈19・20世紀〉
イギリスのフェビアン主義の指導的理論家。
⇒岩世人（ウェッブ　1859.7.13–1947.10.13）
　広辞7（ウェッブ　1859–1947）
　学叢思（ウェッブ, シドニー　1859–?）
　新カト（ウェッブ夫妻　ウェッブふさい　1859.7.13–1947.10.13）
　世人新（ウェッブ夫妻　1859–1947）
　世人装（ウェッブ夫妻　1859–1947）
　世史語（ウェッブ夫妻　1859–1947）
　20思（ウェッブ, シドニーおよびベアトリス　1859–1947）
　ポプ人（ウェッブ夫妻　1859–1947）

Webbe, Samuel I〈18・19世紀〉
イギリスのオルガン奏者、写譜家、教師、司書。
⇒バロ（ウェブ, サムエル1世　1740–1816.5.25）

Webb Ellis, William〈19世紀〉
ラグビー競技の発明者とされるイギリス人。
⇒岩世人（ウェブ・エリス　1806.11.24–1872.1.24）
　広辞7（エリス　1806–1872）

Webber, Herbert John〈19・20世紀〉
アメリカの植物生理学者。
⇒岩世人（ウェバー　1865.12.27–1946.1.18）

Weber, Adolf〈19・20世紀〉
ドイツの経済学者。主著"Volkswirtschaftslehre" (1933)。
⇒岩世人（ヴェーバー　1876.12.29–1963.1.5）

Weber, Albrecht Friedrich〈19・20世

紀〉
ドイツのインド学者。サンスクリット文献学研究に貢献。
⇒岩世人（ヴェーバー　1825.2.17–1901.11.30）

Weber, Alfred〈19・20世紀〉
ドイツの経済地理学者。マックス・ウェーバーの弟。
⇒岩世人（ヴェーバー　1868.7.30–1958.5.2）
　新カト（ヴェーバー　1868.7.30–1958.5.2）

Weber, Bernhard Christian〈18世紀〉
ドイツのオルガン奏者。
⇒バロ（ウェーバー，ベルンハルト・クリスティアン　1712.12.1–1758.2.5）

Weber, Carl Maria Friedrich Ernst von〈18・19世紀〉
ドイツロマン派の作曲家。オペラ『魔弾の射手』が主作品。
⇒岩世人（ヴェーバー　1786.11.19–1826.6.5）
　バレエ（ウェーバー，カール・マリア・フォン　1786.12.18–1826.6.5）
　オペラ（ウェーバー，カール・マリーア・フォン　1786–1826）
　エデ（ヴェーバー，カール・マリア（フリードリヒ・エルンスト）フォン　1786.11.18–1826.6.5）
　ネーム（ウェーバー　1786–1826）
　広辞7（ウェーバー　1786–1826）
　学叢思（ヴェーベル，カール・マリア・フリードリヒ・エルンスト・フォン　1786–1826）
　実音人（ウェーバー，カール・マリア・フォン　1786–1826）
　新カト（ヴェーバー　1786.11.18/19–1826.6.5）
　ビ曲改（ウェーバー，カルル・マリア・フォン　1786–1826）
　ポプ人（ウェーバー，カール・マリア・フォン　1786–1826）

Weber, Eduardo Friedrich Wilhelm〈19世紀〉
ドイツの生理学者。神経系の生理に関する研究者。
⇒岩世人（ヴェーバー　1806.3.10–1871.5.18）

Weber, Ernst〈19・20世紀〉
ドイツの教育家。
⇒岩世人（ヴェーバー　1873.7.5–1948.9.3）

Weber, Ernst Heinrich〈18・19世紀〉
ドイツの解剖学者，生理学者。
⇒岩世人（ヴェーバー　1795.6.24–1878.1.26）
　広辞7（ウェーバー　1795–1878）
　学叢思（ヴェーベル，エルンスト・ハインリヒ　1795–1878）

Weber, Friedrich Benedikt〈18・19世紀〉
ドイツの経済学者。
⇒学叢思（ヴェーベル，フリードリヒ・ベネディクト　1774–1848）

Weber, Friedrich Dionys〈18・19世紀〉
ボヘミアの作曲家，指揮者，音楽批評家。
⇒岩世人（ヴェーバー　1766.10.9–1842.12.25）

Weber, Friedrich Wilhelm〈19世紀〉
ドイツの詩人。テニソンの訳者。
⇒岩世人（ヴェーバー　1813.12.26–1894.4.5）

Weber, Georg I〈16世紀〉
ドイツの作曲家。
⇒バロ（ウェーバー，ゲオルク1世　1540頃–1599初頭）

Weber, Georg II〈17世紀〉
ドイツの歌手，詩人，聖職者。
⇒バロ（ウェーバー，ゲオルク2世　1610頃–1653以降）

Weber, Heinrich〈19・20世紀〉
ドイツの数学者。
⇒岩世人（ヴェーバー　1842.3.5–1913.5.17）
　世数（ヴェーバー，ハインリヒ・マルティン・ゲオルク・フリードリヒ　1842–1913）

Weber, Heinrich〈19・20世紀〉
ドイツの林学哲学者。
⇒岩世人（ヴェーバー　1868–1934）

Weber, Johan Jakob〈19世紀〉
ドイツの出版業者。ライプチヒに〈J.J.ヴェーバー出版社〉を設立（1834）。
⇒岩世人（ヴェーバー　1803.4.3–1880.3.16）

Weber, Joseph〈18・19世紀〉
ドイツのカトリック哲学者，自然科学者。
⇒新カト（ヴェーバー　1753.9.23–1831.2.14）

Weber, Marianne〈19・20世紀〉
ドイツの婦人運動指導者。マックス・ウェーバーの妻。夫の遺稿出版に尽した。
⇒岩世人（ヴェーバー　1870.8.2–1954.3.12）

Weber, Max〈19・20世紀〉
ドイツの社会科学者。
⇒岩世人（ヴェーバー　1864.4.21–1920.6.14）
　覚思（マックス・ウェーバー　1864.4.21–1920.6.14）
　覚思ス（マックス・ウェーバー　1864.4.21–1920.6.14）
　ネーム（マックス・ウェーバー　1864–1920）
　広辞7（ウェーバー　1864–1920）
　学叢思（ヴェーベル，マクス　1864–1920）
　新カト（ヴェーバー　1864.4.21–1920.6.14）
　世人新（ヴェーバー（マックス＝ウェーバー）　1864–1920）
　世人装（ヴェーバー（マックス＝ウェーバー）　1864–1920）
　世史語（マックス＝ヴェーバー　1864–1920）
　20思（ヴェーバー，マックス　1864–1920）
　ポプ人（ウェーバー，マックス　1864–1920）
　メル3（ウェーバー〔ヴェーバー〕，マックス　1864–1920）

Weber, Wilhelm Eduard〈19世紀〉
ドイツの物理学者。電気力学の研究で著名。
⇒岩世人（ヴェーバー　1804.10.24–1891.6.23）
　学叢思（ヴェーベル，ヴィルヘルム・エドヴァルド　1804–1891）
　物理（ウェーバー，ウィルヘルム・エドゥアルト　1804–1891）

Webster, Alice Jean〈19・20世紀〉
アメリカの女流作家。社会事業の仕事につきながら小説を書く。著書に『足長おじさん』(12)。
⇒岩世人（ウェブスター　1876.7.24–1916.6.11）
　広辞7（ウェブスター　1876–1916）
　ポプ人（ウェブスター，ジーン　1876–1916）

Webster, Clara Vestris〈19世紀〉
イギリスのダンサー。
⇒バレエ（ウェブスター，クララ・ヴェストリス　1821–1844.12.17）

Webster, Daniel〈18・19世紀〉
アメリカの法律家。東北部の代表的政治家。連邦派。
⇒アメ新（ウェブスター　1782–1852）
　岩世人（ウェブスター　1782.1.18–1852.10.24）

Webster, James Benjamin〈19・20世紀〉
アメリカの宣教師。
⇒アア歴（Webster,James B(enjamin)　ジェイムズ・ベンジャミン・ウェブスター　1879.9.29–1929.12.8）

Webster, John〈16・17世紀〉
イギリスの劇作家。1602～25年頃に活躍。二大悲劇。
⇒岩世人（ウェブスター　1580頃–1625(-1633)）
　広辞7（ウェブスター　1580頃–1625頃）
　新カト（ウェブスター　1578頃–1632頃）

Webster, Maurice〈16・17世紀〉
イギリスのリュート奏者，歌手。
⇒バロ（ウェブスタ，モーリス　1580頃?–1636.1）

Webster, Noah〈18・19世紀〉
アメリカの辞典編集者。『英語文法提要』(1783～85)などを出版。
⇒アメ新（ウェブスター　1758–1843）
　岩世人（ウェブスター　1758.10.16–1843.5.28）
　ネーム（ウェヴスター　1758–1843）
　広辞7（ウェブスター　1758–1843）
　ポプ人（ウェブスター，ノーア　1758–1843）

Webster, Timothy〈19世紀〉
アラン・ピンカートン配下のエージェント。南北戦争において北部諸州のためにスパイ活動を行ない，リンカーン暗殺計画の阻止に一役買った。
⇒スパイ（ウェブスター，ティモシー　1822–1862）

Weck, Hans〈15世紀〉
ドイツの作曲家。
⇒バロ（ヴェック，ハンス　1430頃?–1480頃?）

Wecker, Christoph Gottlob〈18世紀〉
ドイツのオルガン奏者。
⇒バロ（ヴェッカー，クリストフ・ゴットローブ　1705頃–1774）

Wecker, Georg Kaspar〈17世紀〉
ドイツのオルガン奏者，作曲家。
⇒バロ（ヴェッカー，ゲオルク・カスパール　1632.4.2–1695.4.20）

Wecker, Hans Jacob〈16世紀〉
スイスのリュート奏者，編曲者，医者，教育者。
⇒バロ（ヴェッカー，ハンス・ヤーコブ　1528–1586）

Weckherlin, Georg Rudolf〈16・17世紀〉
ドイツの詩人。
⇒岩世人（ヴェックヘルリン（ヴェッカーリン）　1584.9.15–1653.2.13）

Weckmann, Matthias〈17世紀〉
ドイツの作曲家，オルガン奏者。ドイツ・プロテスタント音楽の大家。
⇒バロ（ヴェックマン，マティアス　1619以前–1674.2.24）

Weddell, James〈18・19世紀〉
イギリスの航海者。南極に向って航海し，南緯74°15′，西経34°16′に到達(23)。
⇒岩世人（ウェデル　1787.8.24?–1834.9.9）

Wedekind, Frank〈19・20世紀〉
ドイツの劇作家，俳優。主要作品『春のめざめ』(91)，『地霊』(95)。
⇒岩世人（ヴェーデキント　1864.7.24–1918.3.9）
　ネーム（ウェデキント　1864–1918）
　広辞7（ウェデキント　1864–1918）
　学叢思（ヴェデキント，フランク　1864–1918）

Wedel, Georg von〈19・20世紀〉
ドイツの外交官。
⇒岩世人（ヴェーデル　1868.4.17–1950）

Wedgwood, Josiah〈18世紀〉
イギリスの陶芸家。ギリシア・ローマの古典的様式を取入れた。
⇒岩世人（ウェッジウッド　1730.7.12–1795.1.3）
　ポプ人（ウェッジウッド，ジョサイア　1730–1795）

Wedgwood, Josiah Clement (Baron Wedgwood)〈19・20世紀〉
イギリスの政治家，非ユダヤ人のシオニスト。
⇒ユ人（ウェッジウッド，ジョサイア・クレメンツ（ウエッジウッド男爵）　1872–1943）

Weekley, Ernest〈19・20世紀〉
イギリスの英語学者,フランス語学者。主著『英語語源辞典』(21)。
⇒岩世人 (ウィークリー 1865–1954.5.7)

Weeks, Edwin Lord〈19・20世紀〉
アメリカの画家。
⇒アア歴 (Weeks,Edwin Lord エドウィン・ロード・ウィークス 1849–1903.11.17)

Weeks, John Elmer〈19・20世紀〉
アメリカの眼科医。エジプト眼炎のコッホ・ウィークスの菌が,急性の伝染性結膜炎を起すことを明かにした。
⇒岩世人 (ウィークス 1853.8.9–1949.2.3)

Weelkes, Thomas〈16・17世紀〉
イギリスの作曲家,オルガン奏者。教会音楽,器楽合奏曲を作曲。
⇒バロ (ウィールクス,トマス 1576.10.25–1623.11.30)

Weenix, Jan〈17・18世紀〉
オランダの静物画家。
⇒岩世人 (ヴェーニクス 1642.6–1719.9.19 (埋葬))

Weerbecke, Gaspar van〈15・16世紀〉
フランドルの歌手,指揮者。
⇒バロ (ウェールベケ,ガスパール・ファン 1445頃–1517以降)

Wegener, Alfred Lothar〈19・20世紀〉
ドイツの地質学者,気象学者。1912年「大陸移動説」を提唱。
⇒岩世人 (ヴェーゲナー 1880.11.1–1930.11.2/3)
ネーム (ヴェーゲナー 1880–1930)
広辞7 (ウェーゲナー 1880–1930)
ポプ人 (ウェゲナー,アルフレッド 1880–1930)

Wegener, Kurt〈19・20世紀〉
ドイツの気象学者,地球物理学者。
⇒岩世人 (ヴェーゲナー 1878.4.3–1964.2.28)

Wehnelt, Arthur Rudolf Berthold〈19・20世紀〉
ドイツの実験物理学者。
⇒岩世人 (ヴェーネルト 1871.4.4–1944.2.15)

Weibull, Lauritz Urlik Absalon〈19・20世紀〉
スウェーデンの歴史学者。
⇒岩世人 (ヴェイブル 1873.4.2–1960.12.2)

Weichlein, Romanus〈17・18世紀〉
オーストリアのヴァイオリン奏者,聖職者。
⇒バロ (ヴァイヒライン,ロマーヌス 1652.11.20–1706.9.8)

Weidenreich, Franz〈19・20世紀〉
ドイツの人類学者,解剖学者。シナントロプス・ペキネンシスの発掘研究を行った。
⇒岩世人 (ヴァイデンライヒ(慣ワイデンライヒ) 1873.6.7–1948.7.11)
ネーム (ワイデンライヒ 1873–1948)

Weierstrass, Karl Theodor Wilhelm〈19世紀〉
ドイツの数学者。解析学に多くの仕事を残した。
⇒岩世人 (ヴァイエルシュトラース(慣ワイエルシュトラス) 1815.10.31–1897.2.19)
ネーム (ワイエルシュトラス 1815–1897)
広辞7 (ワイエルシュトラス 1815–1897)
学叢思 (ヴァイエルストラス,カール 1815–1897)
世数 (ワイエルシュトラス,カール・テオドール・ヴィルヘルム 1815–1897)

Weig, Johann〈19・20世紀〉
神言修道会の初代日本布教長。
⇒新カト (ヴァイク 1867.9.4–1948.7.13)

Weigel, Erhard〈17世紀〉
ドイツの数学者,教育者。イェナに「技術道徳学校」を設立。
⇒岩世人 (ヴァイゲル 1625.12.16–1699.3.20)

Weigel, Valentin〈16世紀〉
ドイツのプロテスタント神学者,宗教哲学者。改革派神秘主義者の代表者。
⇒岩世人 (ヴァイゲル 1533頃–1588.6.10)
学叢思 (ヴァイゲル,ヴァレンティン 1533–1588)
新カト (ヴァイゲル 1533–1588.6.10)

Weigert, Carl〈19・20世紀〉
ドイツの病理学者,組織学者。組織標本染色法の改良に功績があり,微量化学の研究でも著名。
⇒岩世人 (ヴァイゲルト 1845.3.19–1904.8.5)
ユ事人 (Weigert,Carl ワイゲルト,カール 1845–1904)

Weil, Adolf〈19・20世紀〉
ドイツの医者。ヴァイル氏病の記載で知られる。
⇒岩世人 (ヴァイル(慣ワイル) 1848.2.7–1916.7.23)

Weil, Gustav〈19世紀〉
ドイツの東洋学者。『千夜一夜物語』(1838～41)のアラビア文学を独訳。
⇒岩世人 (ヴァイル 1808.4.25–1889.8.29)

Weiland, Julius Johann〈17世紀〉
ドイツの作曲家。
⇒バロ (ヴァイラント,ユリウス・ヨハン 1630頃?–1663.4.2)

Weinberg, Wilhelm〈19・20世紀〉
ドイツの遺伝学者,医師。
⇒岩世人 (ヴァインベルク 1862.12.25–1937.11.27)

Weinbrenner, Friedrich〈18・19世紀〉
ドイツの建築家。生地カールスルーエ市の拡張設計などにあたった。

⇒岩世人（ヴァインブレンナー　1766.11.24–1826.3.1）

Weingartner, Felix Paul von〈19・20世紀〉
オーストリアの指揮者,作曲家。バーゼル音楽院長,ウィーン国立劇場の指揮者を務めた。
⇒岩世人（ヴァインガルトナー　1863.6.2–1942.5.7）
オペラ（ヴァインガルトナー, フェリックス　1863–1962）
ネーム（ワインガルトナー　1863–1942）
広辞7（ワインガルトナー　1863–1942）

Weinmann, Karl〈19・20世紀〉
ドイツのカトリック神学者,音楽学者,教会音楽の指導者。
⇒新カト（ヴァインマン　1873.12.22–1929.9.26）

Weisbach, Julius〈19世紀〉
ドイツの数学者,鉱山学者。
⇒学叢思（ヴァイズバッハ, ユリウス）

Weise, Christian〈17・18世紀〉
ドイツの教育家,小説家。主著『三人の大馬鹿者』(1672)。
⇒岩世人（ヴァイゼ　1642.4.30–1708.10.21）

Weise, Oskar〈19・20世紀〉
ドイツの言語学者。主著 "Deutsche Sprach- und Stillehre" (1901)。
⇒岩世人（ヴァイゼ　1851.1.31–1933.5.4）

Weishaupt, Adam〈18・19世紀〉
ドイツの哲学者。カントに反対し,ロックの立場にたった。
⇒岩世人（ヴァイスハウプト　1748.2.6–1830.11.18）

Weismann, August Friedrich Leopold〈19・20世紀〉
ドイツの動物学者。ハエ,カイ,ミジンコ,ヒドロ虫類の発生を研究。
⇒岩世人（ヴァイスマン　1834.1.17–1914.11.5）
ネーム（ワイスマン　1834–1914）
広辞7（ワイスマン　1834–1914）
学叢思（ワイズマン, アウグスト　1834–1914）

Weiß, Adam〈15・16世紀〉
ドイツの宗教改革者。
⇒新カト（ヴァイス　1490頃–1534.9.25）

Weiß, Albert Maria〈19・20世紀〉
ドイツのカトリック神学者。
⇒岩世人（ヴァイス　1844.4.22–1925.8.15）
新カト（ヴァイス　1844.4.22–1925.8.15）

Weiß, Bernhard〈19・20世紀〉
ドイツの神学者。イエスの心理学的解釈などの新約研究で学界に寄与。
⇒岩世人（ヴァイス　1827.6.20–1918.1.14）
新カト（ヴァイス　1827.6.20–1918.1.14）

Weiss, Christian Samuel〈18・19世紀〉
ドイツの鉱物学者。結晶面を結晶軸に基いて表わすことを始め,〈ヴァイスの記号〉を考案。
⇒岩世人（ヴァイス　1780.2.26–1856.10.1）

Weiss, Johann Adolf Faustinus〈18・19世紀〉
ドイツのリュート奏者（名手）。
⇒バロ（ワイス, ヨハン・アードルフ・ファウスティヌス　1741.4.15–1814.1.21）

Weiss, Johann Baptist〈19世紀〉
ドイツの歴史家。主著 "Weltgeschichte" (22巻, 1859～98)。
⇒岩世人（ヴァイス　1820.7.17–1899.3.8）

Weiß, Johannes〈19・20世紀〉
ドイツの神学者。
⇒岩世人（ヴァイス　1863.12.13–1914.8.24）
新カト（ヴァイス　1863.12.13–1914.8.24）

Weiss, Johann Sigismund〈17・18世紀〉
ポーランドのリュート奏者（名手）。
⇒バロ（ワイス, ヨハン・ジギスムント　1690以降–1737.4.12）

Weiss, Josephine〈19世紀〉
オーストリアのダンサー,バレエ・ミストレス。
⇒バレエ（ヴァイス, ヨゼフィーネ　1805–1852.12.18）

Weiß, Konrad〈19・20世紀〉
ドイツの詩人。主著,詩集『言葉の心臓』(29)。
⇒新カト（ヴァイス　1880.5.1–1940.1.4）

Weiß, Liberat〈17・18世紀〉
ドイツ人のエチオピア宣教師,フランシスコ会員,殉教者。
⇒新カト（ヴァイス　1675.1.4–1716.3.3）

Weiss, Pierre〈19・20世紀〉
フランスの物理学者。常磁性体の磁化率に関するキュリー＝ワイスの法則などがある。
⇒岩世人（ヴァイス　1865.3.25–1940.10.24）
物理（ワイス, ピエール＝アーネスト　1865–1940）

Weiss, Silvius Leopold〈17・18世紀〉
ドイツの作曲家。
⇒バロ（ワイス, シルヴィウス・レーオポルド　1686.10.12–1750.10.16）
岩世人（ヴァイス　1686.10.12–1750.10.16）

Weißbach, Franz Heinrich〈19・20世紀〉
ドイツのアッシリア学者。
⇒岩世人（ヴァイスバッハ　1865.11.25–1944.2.20）

Weisse, Christian Felix〈18・19世紀〉
ドイツの作家。
⇒岩世人（ヴァイセ　1726.1.28–1804.12.16）

Weisse, Christian Hermann〈19世紀〉
ドイツの哲学者。美学者。ライプチヒ大学教授。ヘーゲル学派に属する。
⇒岩世人（ヴァイセ　1801.8.10–1866.9.19）
　学叢思（ヴァイセ，クリスティアン・ヘルマン　1801–1866）

Weitling, Wilhelm〈19世紀〉
ドイツの共産主義者。
⇒岩世人（ヴァイトリング　1808.10.5–1871.1.25）
　学叢思（ワイトリング，ヴィルヘルム　1808–1874）
　新カト（ヴァイトリンク　1808.10.5–1871.1.25）

Weizmann, Chaim〈19・20世紀〉
イスラエルの化学者，政治家。48年イスラエル共和国建国とともに初代大統領に就任。
⇒岩世人（ヴァイツマン　1874.10.27–1952.11.9）
　ネーム（ワイツマン　1874–1952）
　ユ人（ワイツマン，ハイム　1874–1952）
　ユ著人（Weizmann, Chaim　ワイツマン，ハィーム　1874–1952）

Weizsäcker, Karl Heinrich von〈19世紀〉
ドイツのプロテスタント神学者。テュービンゲン学派の正統的指導者で，新約聖書を私訳。
⇒学叢思（ヴァイツゼッケル，カール　1822–1899）
　新カト（ヴァイツゼッカー　1822.12.11–1899.8.13）

Welch, Curtis Benton〈19世紀〉
アメリカの大リーグ選手（外野）。
⇒メジャ（カート・ウェルチ　1862.2.10–1896.8.29）

Welch, Michael Francis〈19・20世紀〉
アメリカの大リーグ選手（投手）。
⇒メジャ（ミッキー・ウェルチ　1859.7.4–1941.7.30）

Welch, William Henry〈19・20世紀〉
アメリカの病理，細菌学者。「ウェルチ菌」を発見。
⇒岩世人（ウェルチ　1850.4.8–1934.4.30）

Welcker, Karl Theodor〈18・19世紀〉
ドイツの法学者。政治家としても活躍。
⇒岩世人（ヴェルカー　1790.3.29–1869.3.10）

Weldon, John〈17・18世紀〉
イギリスのオルガン奏者，作曲家。
⇒バロ（ウェルドン，ジョン　1676.1.19–1736.5.7）

Welhaven, Johan Sebastian Cammermeyer〈19世紀〉
ノルウェーの詩人。ウェルゲランとの論争で知られる。
⇒岩世人（ヴェルハーヴェン　1807.12.22–1873.10.21）

Weller, Hermann〈19・20世紀〉
ドイツのインド学者，アヴェスタ学者。主著"Duryodhanas Tod"（1933）。
⇒岩世人（ヴェラー　1878.2.4–1956.12.9）

Wellesley, Richard Colley, 1st Marquis〈18・19世紀〉
イギリスの政治家。ウェリントンの長兄。
⇒岩世人（ウェルズリー　1760.6.20–1842.9.26）

Wellhausen, Julius〈19・20世紀〉
ドイツのオリエントおよび旧約学者。五書の研究で著名。
⇒岩世人（ヴェルハウゼン　1844.5.17–1918.1.7）
　学叢思（ヴェルハウゼン，ユリウス　1844–1918）
　新カト（ヴェルハウゼン　1844.5.17–1918.1.7）

Wellington, Arthur Wellesley, 1st Duke of〈18・19世紀〉
イギリスの軍人，政治家。
⇒岩世人（ウェリントン　1769.5.1–1852.9.14）
　ネーム（ウェリントン　1769–1852）
　広辞7（ウェリントン　1769–1852）
　世人新（ウェリントン　1769–1852）
　世人装（ウェリントン　1769–1852）
　世史語（ウェリントン）
　ポプ人（ウェリントン，アーサー・ウェルズリー　1769–1852）
　学叢歴（ウェリントン　1769–1852）

Wells, Herbert George〈19・20世紀〉
イギリスの小説家，評論家。
⇒岩世人（ウェルズ　1866.9.21–1946.8.13）
　ネーム（ウェルズ　1866–1946）
　広辞7（ウェルズ　1866–1946）
　学叢思（ウェルズ，ハーバート・ジョージ　1866–?）
　新カト（ウェルズ　1866.9.21–1946.8.13）
　世人新（ウェルズ　1866–1946）
　世人装（ウェルズ　1866–1946）
　ポプ人（ウェルズ，ハーバート・ジョージ　1866–1946）

Wells, Horace〈19世紀〉
アメリカの歯科医。麻酔学の先覚者。
⇒岩世人（ウェルズ　1815.1.21–1848.1.24）

Wells, Sir Thomas Spencer〈19世紀〉
イギリスの婦人科医。婦人科手術学の開拓者。初の卵巣切除手術を行った（1857）。
⇒岩世人（ウェルズ　1818.2.3–1897.1.31）

Wels, Otto〈19・20世紀〉
ドイツの政治家。
⇒岩世人（ヴェルス　1873.9.15–1939.9.16）

Welser, Bartholomäus〈15・16世紀〉
ドイツの商人，銀行家。
⇒岩世人（ヴェルザー　1484.6.25–1561.3.28）

Wenceslas〈13・14世紀〉
ハンガリー王国の統治者。
⇒世帝　（ヴァーツラフ3世　1289–1306）
　世帝　（ヴェンツェル　1289–1306）
　世帝　（ヴァーツラフ3世　1289–1306）

Wenceslaus I〈13世紀〉
ボヘミア王。在位1230～53。神聖ローマ帝国内に占める王国の位置を強化。
⇒世帝　（ヴァーツラフ1世　1205–1253）

Wenceslaus II〈13・14世紀〉
ボヘミア王。在位1278～1305。ポーランド王。在位1300～05。王国の復興に努めた。
⇒世帝　（ヴァーツラフ2世　1271–1305）
　世帝　（ヴァーツラフ2世　1271–1305）

Wenceslaus IV〈14・15世紀〉
ボヘミア王。在位1378～1400,04～19、神聖ローマ皇帝。在位1378～1400。
⇒岩世人　（ヴェンツェル　1361.2.26–1419.8.16）
　新カト　（ヴェンツェル　1361.2.26–1419.8.16）
　世帝　（ヴェンツェル　1361–1419）
　世帝　（ヴァーツラフ4世　1361–1419）

Wenckstern, Adolph von〈19・20世紀〉
ドイツの経済学者。東京帝国大学法科大学で理財学を教授。
⇒岩世人　（ヴェンクシュテルン　1862.10.3–1914）
　学叢思　（ヴェンクステルン，アー・フォン　1863–?)

Wenckstern, Friedrich von〈19・20世紀〉
ドイツの日本研究家。1903年来日して第五高等学校にドイツ語を講じた（～08）。
⇒岩世人　（ヴェンクシュテルン　1859.7.6–1914）

Wendel, François de〈19・20世紀〉
フランスの実業家。
⇒岩世人　（ヴァンデル　1874.5.5–1949.1.12）

Wendelinus〈6・7世紀〉
アイルランド人。農民と家畜の保護聖人。
⇒新カト　（ウェンデリヌス　550頃–617頃）
　図聖　（ヴェンデリン）

Wendling, Johann Baptist〈18世紀〉
ドイツのフルート奏者，作曲家。
⇒バロ　（ヴェンドリング，ヨハン・バプティスト　1723.6.17–1797.11.27）

Wenger, Leopold〈19・20世紀〉
オーストリアの法学者。
⇒岩世人　（ヴェンガー　1874.9.4–1953.9.21）

Wenis〈前24世紀〉
エジプト第5王朝の第9代国王。在位前2342～22頃。
⇒岩世人　（ウニス　（在位）前2342–前2322頃）

Wentworth, Peter〈16世紀〉
イギリス議会の指導者，清教徒。エリザベス女王に反抗して議会の権利を擁護。
⇒岩世人　（ウェントワース　1524–1597.11.10）

Wentworth, William Charles〈18・19世紀〉
オーストラリアの政治家。植民地の自治を確立することに努力。
⇒岩世人　（ウェントワース　1790.8.13?–1872.3.20）

Wentzel, Johann Georg〈17・18世紀〉
ドイツの医者，作曲家。
⇒バロ　（ヴェンツェル，ヨハン・ゲオルク　1660–1723）

Wenzel, Carl Friedrich〈18世紀〉
ドイツの化学者，冶金学者。
⇒岩世人　（ヴェンツェル　1740–1793.2.27）

Wenzeslaus〈10世紀〉
ボヘミア侯。在位921～929。聖人。チェコ語でワーツラフ。
⇒新カト　（ヴェンツェスラウス　903/905–929/935.9.28）

Wenzinger, Christian〈18世紀〉
ドイツのロココ彫刻家，画家，建築家。
⇒芸13　（ヴェンツィンガー，クリスティアン　1710–1797）

Werckmeister, Andreas〈17・18世紀〉
ドイツのオルガン奏者，音楽理論家。鍵盤楽器の調律に関する研究者。
⇒バロ　（ヴェルクマイスター，アンドレアス　1645.11.30–1706.10.26）

Werdeke, Heinrich von〈12・13世紀〉
ドイツのミンネゼンガー。
⇒バロ　（ヴェルデケ，ハインリヒ・フォン　1170頃?–1220頃?)

Werdenhagen, Johann Angelius von〈16・17世紀〉
ドイツの教会改革者。
⇒新カト　（ヴェルデンハーゲン　1581.8.1–1652.12.26）

Werenfrid von Elst〈8世紀〉
アングロ・サクソンの宣教師。聖人。祝日8月14日。
⇒新カト　（ヴェレンフリド　?–730頃）
　図聖　（ヴェーレンフリッド（エルストの）　?–760頃）

Werenskiold, Erik Theodor〈19・20世紀〉
ノルウェーの画家，版画家。
⇒芸13　（ヴェレンショル，エリク　1855–1938）

Wergeland, Henrik Arnold〈19世紀〉
ノルウェーの詩人。愛国精神の喚起と国民の啓

蒙に努め,国民詩人とされた。
⇒岩世人（ヴェルゲラン　1808.6.17–1845.7.12）

Werkmeister, Benedikt Maria〈18・19世紀〉
ドイツのカトリック啓蒙思想家。
⇒新カト（ヴェルクマイスター　1745.10.22–1823.7.16）

Werner, Abraham Gottlob〈18・19世紀〉
ドイツの地質,鉱物学者。岩石水成論者として著名。
⇒岩世人（ヴェルナー　1749.9.25–1817.6.30）

Werner, Alfred〈19・20世紀〉
アルザス地方生れの化学者。スイスに帰化。錯塩の構造解明でノーベル化学賞(13)受章。
⇒岩世人（ヴェルナー　1866.12.12–1919.11.15）
広辞7（ウェルナー　1866–1919）
学叢思（ヴェルネル,アルフレッド）
ノ物化（アルフレッド・ヴェルナー　1866–1919）

Werner, Anton von〈19・20世紀〉
ドイツの画家。
⇒岩世人（ヴェルナー　1843.5.9–1915.1.4）

Werner, Christoph〈17世紀〉
ドイツのオルガン奏者。
⇒バロ（ヴェルナー,クリストフ　1617-1618–1650.11.9）

Werner, Edward Theodore Chalmers〈19・20世紀〉
イギリスの外交官。清朝最初の外国人歴史編修官,ついで中国歴史学会長として中国史を研究(14〜43)。
⇒岩世人（ワーナー　1864.11.12–1954.2.7）

Werner, Franz von〈19世紀〉
オーストリアの詩人。トルコ軍隊に入り,外交機関で活躍。詩集および多くの戯曲がある。
⇒岩世人（ヴェルナー　1836.5.30–1881.9.14）

Werner, Gregor (Gregorius) Joseph〈17・18世紀〉
オーストリアの作曲家。
⇒バロ（ヴェルナー,グレゴール・ヨーゼフ　1693.1.28–1766.3.3）

Werner, Heinrich〈18・19世紀〉
ドイツの音楽家。歌曲およびピアノ曲作曲家。代表作「野ばら」。
⇒ネーム（ヴェルナー　1800–1833）

Werner, Johannes〈15・16世紀〉
ドイツの牧師。
⇒岩世人（ヴェルナー　1468.2.14–1522.5）
世数（ヴェルナー,ヨハネス　1468–1522）

Werner, Karl (Carl)〈19世紀〉
オーストリアの神学者。
⇒新カト（ヴェルナー　1821.3.8–1888.4.4）

Werner, Reinhold von〈19・20世紀〉
プロイセンの海軍士官。エルベ艦長として,プロイセン使節オイレンブルクに随って来日。
⇒岩世人（ヴェルナー　1825.5.10–1909.2.26）

Werner, Zacharias〈18・19世紀〉
ドイツの劇作家。
⇒岩世人（ヴェルナー　1768.11.18–1823.1.17）
新カト（ヴェルナー　1768.11.18–1823.1.17）

Wernher der Gartenaere〈13世紀〉
ドイツ中世末期の叙事詩人。『ヘルムブレヒト』など。
⇒岩世人（ヴェルンヘル・デア・ガルテネーレ）

Wernicke, Carl〈19・20世紀〉
ドイツの精神科医。
⇒岩世人（ヴェルニッケ(慣ウェルニッケ)　1848.5.15–1905.6.13）

Wernicke, Christian〈17・18世紀〉
ドイツの詩人。デンマーク王の使節としてパリの宮廷に長く滞在(1708〜23)。
⇒岩世人（ヴェルニッケ　1661–1725.9.5）

Wernle, Paul〈19・20世紀〉
スイスのプロテスタント神学者。バーゼル大学新約学及び教会史教授。
⇒学叢思（ヴェルンレ,パウル　1872–?）

Wernz, Franz Xaver〈19・20世紀〉
ドイツの聖職者。イエズス会総会長となり(1906),同会の教育制度を改革。
⇒岩世人（ヴェルンツ　1842.12.4–1914.8.19）
新カト（ヴェルンツ　1842.12.4–1914.8.19）

Werrecore, Matthias Hermann〈16世紀〉
フランドルの作曲家。
⇒バロ（ウェレコーレ,マッティアス・ヘルマン　1500頃?–1574以降）

Wert, Giaches de〈16世紀〉
イタリアフランドル楽派の作曲家。
⇒バロ（ヴェルト,ヤーコプ・ファン　1535–1596.5.6）

Wertheimer, Max〈19・20世紀〉
ドイツの心理学者。ゲシュタルト心理学の創始者。
⇒岩世人（ヴェルトハイマー　1880.4.15–1943.10.12）
広辞7（ヴェルトハイマー　1880–1943）
20思（ヴェルトハイマー,マックス　1880–1943）
メル3（ヴェルトハイマー,マックス　1880–1943）

Wertheimer, Samson〈17・18世紀〉
ウィーンの宮廷ユダヤ人，財政家，ラビ。
⇒ユ人（ヴェルトハイマー，サムソン　1658–1724）
　ユ著人（Wertheimer,Samson　ヴェルトハイメル，シュムション　1658–1724）

Werthmann, Lorenz〈19・20世紀〉
ドイツ・カリタス協会初代会長。
⇒新カト（ヴェルトマン　1858.10.1–1921.4.10）

Wesenberg-Lund, Carl〈19・20世紀〉
デンマークの生物学者，湖沼学者。水棲昆虫，甲殻類，プランクトン，ワムシ類等を研究。
⇒岩世人（ヴェーセンベア＝ロン　1867.12.22–1955.11.12）

Wesendonk, Mathilde〈19・20世紀〉
ドイツの女流詩人。ヴァーグナーと親交を結び，彼の芸術的発展に大きな影響を与えた。
⇒岩世人（ヴェーゼンドンク　1828.12.23–1902.8.31）

Wesley, Charles〈18世紀〉
イギリスの宗教家，讃美歌作者。兄を助けてメソジスト派の伝道に尽力。
⇒岩世人（ウェスリー　1707.12.18–1788.3.29）
　学叢思（ウェスレー，チャールス　1707–1788）
　新カト（ウェスリ　1707.12.18–1788.3.29）

Wesley, John〈18世紀〉
メソジスト教会の創設者。イギリス各地で伝道。
⇒岩世人（ウェスリー　1703.6.17–1791.3.2）
　広辞7（ウェスレー　1703–1791）
　学叢思（ウェスレー，ジョン　1703–1791）
　新カト（ウェスリ　1703.6.17–1791.3.2）

Wesly, Charles II〈18・19世紀〉
イギリスのオルガン奏者。
⇒バロ（ウェスリー，チャールズ2世　1757.12.11–1834.5.23）

Wessel, Caspar〈18・19世紀〉
ノルウェーの数学者。
⇒岩世人（ヴェッセル　1745–1818）
　世数（ウェッセル，カスパール　1745–1816）

Wessel, Johan Herman〈18世紀〉
ノルウェー生れのデンマークの作家。「ノルウェー協会」を設立，指導的役割を果した。
⇒岩世人（ヴェッセル　1742.10.6–1785.12.29）

Wessel, Johann〈15世紀〉
ドイツのスコラ神学者。
⇒学叢思（ヴェッセル，ヨハン　1420頃–1489）

Wessel Gansfort, Johannes〈15世紀〉
オランダの神秘思想家。
⇒岩世人（ヴェッセル・ガンスフォルト　1419–1489.10.4）
　新カト（ガンスフォルト　1419頃–1489.10.4）

Wessely, Naphtali Herz (Hartwig)〈18・19世紀〉
ドイツのヘブライ学者，教育者。
⇒ユ人（ウェスリー（ヴェスセリー），ナフタリ・ハーツ（ハルトヴィヒ）　1725–1805）
　ユ著人（Wessely,Naphtali Hartwig　ヴェッセリ，ナフタリ・ハルトヴィヒ　1725–1805）

Wessenberg, Ignaz Freiherr von〈18・19世紀〉
ドイツの聖職者。1800年コンスタンツの司教総代理に任命され，ドイツ国教会のため尽力。
⇒新カト（ヴェッセンベルク　1774.11.4–1860.8.9）

Wesström, Anders〈18世紀〉
スウェーデンのオルガン奏者，ヴァイオリン奏者。
⇒バロ（ヴェストレム，アンデシュ　1720/1721–1781.5.7）

West, Benjamin〈18・19世紀〉
アメリカの画家。国王ジョージ3世の宮廷画家。
⇒岩世人（ウェスト　1738.10.10–1820.3.11）
　芸13（ウェスト，ベンジャミン　1738–1820）

West, Charles Dickinson〈19・20世紀〉
イギリスの機械工学者。工部大学校，東京帝国大学工科大学で造船学，機械学を教授。
⇒岩世人（ウェスト　1848–1908）

West, *Sir* Edward〈18・19世紀〉
イギリスの経済学者。
⇒岩世人（ウェスト　1782.3.1–1828.4.18）
　学叢思（ウェスト，サー・エドワード　1783–1828）

Westcott, Brooke Foss〈19・20世紀〉
イギリスの神学者。新約原典の研究に関する著作がある。
⇒岩世人（ウェストコット　1825.1.12–1901.7.27）
　学叢思（ウェストコット，ブルック・フォス　1825–1901）
　新カト（ウェストコット　1825.1.12–1901.7.27）

Westengard, Jens Iverson〈19・20世紀〉
アメリカの弁護士。
⇒アア歴（Westengard,Jens（Iverson）　ジェンズ・アイヴァースン・ウエステンガード　1871.9.14–1918.9.17）

Westenholz, Carl August Friedrich〈18世紀〉
ドイツの歌手，指揮者。
⇒バロ（ヴェステンホルツ，カール・アウグスト・フリードリヒ　1736.7–1789.1.24）

Westermann, Georg〈19世紀〉
ドイツの出版者。地図，文学書，自然科学書，美術書を出版。
⇒岩世人（ヴェスターマン　1810.2.23–1879.9.7）

Westermarck, Edward Alexander

〈19・20世紀〉
ヘルシンキ生れの社会学者、社会人類学者。人類の婚姻、婚姻史に業績を示した。
⇒岩世人（ヴェステルマルク　1862.11.20–1939.9.3）
　ネーム（ウェスターマーク　1862–1939）
　広辞7（ウェスターマーク　1862–1939）
　学叢思（ウェスターマーク、エドワード・アレキサンダー　1862–?）
　20思（ヴェステルマルク、エドヴァルド（アレクサンデル）　1862–1939）

Westhoff, Johann Paul von〈17・18世紀〉
ドイツのヴァイオリン奏者、教育者、秘書。
⇒バロ（ヴェストホッフ、ヨハン・パウル・フォン　1656–1705.4.17）

Westinghouse, George〈19・20世紀〉
アメリカの発明家、事業家。空気ブレーキを発明、自動式鉄道信号機を考案。
⇒岩世人（ウェスティングハウス　1846.10.6–1914.3.12）
　広辞7（ウェスティングハウス　1846–1914）
　ポプ人（ウェスティングハウス、ジョージ　1846–1914）

Westlake, John〈19・20世紀〉
イギリスの国際法学者。国際法学会創立者の一人。
⇒岩世人（ウェストレイク　1828.2.4–1913.4.14）
　学叢思（ウェストレーキ、ジョン　1828–1884）

Westmacott, Sir Richard〈18・19世紀〉
イギリスの彫刻家。主作品『ホーリー大司教墓碑』。
⇒岩世人（ウェストマコット　1775.7.15–1856.9.1）
　芸13（ウェストマコット、リチャード　1775–1856）

Westmacott, Richard〈18・19世紀〉
イギリスの彫刻家。作品をウィンチェスターの聖堂、ルッターワースの教会、カンタベリの聖堂等に残す。
⇒岩世人（ウェストマコット　1799–1872.4.19）

Weston, Edward〈19・20世紀〉
アメリカの電気技術者。
⇒岩世人（ウェストン　1850.5.9–1936.8.20）
　学叢思（ウェストン、エドワード　1850–?）

Weston, Walter〈19・20世紀〉
イギリスの登山家。キリスト教会宣教師として来日。
⇒岩世人（ウェストン　1861.12.25–1940.3.18）
　ネーム（ウェストン　1861–1940）
　広辞7（ウェストン　1861–1940）
　ポプ人（ウェストン、ウォルター　1861–1940）

Westphal, Joachim〈16世紀〉
ドイツのルター派神学者。
⇒新カト（ヴェストファル　1510–1574.1.16）

Westphal, Karl Friedrich Otto〈19世紀〉
ドイツの神経学者。広場恐怖症を記載（1871）。
⇒岩世人（ヴェストファール　1833.3.23–1890.1.27）

Wettstein, Johann Jakob〈17・18世紀〉
スイスのルター派聖書学者。批評的本文『序説』（1730）を大成。
⇒岩世人（ヴェットシュタイン　1693.3.5–1754.3.24）
　学叢思（ヴェットスタイン、ヨハン・ヤコブ　1693–1754）

Wettstein, Johann Rudolf〈16・17世紀〉
スイスの政治家、外交官。
⇒岩世人（ヴェットシュタイン　1594.10.27–1666.4.12）

Wettstein, Richard〈19・20世紀〉
オーストリアの植物学者。植物の環境順応説の代表者。
⇒岩世人（ヴェットシュタイン　1863.6.30–1931.8.10）

Wetzer, Heinrich Joseph〈19世紀〉
ドイツのカトリック神学者。
⇒新カト（ヴェッツァー　1801.3.19–1853.11.5）

Weulersse, Georges〈19・20世紀〉
フランスの地理学者、経済学者。
⇒岩世人（ヴレス　1874–1950）

Weygand, Maxime〈19・20世紀〉
フランスの軍人。第1次大戦時はポーランド軍を指揮し、ロシアの赤軍を撃退（20）。
⇒岩世人（ヴェーガン　1867.1.21–1965.1.28）

Weyhing, August〈19・20世紀〉
アメリカの大リーグ選手（投手）。
⇒メジャ（ガス・ウェイング　1866.9.29–1955.9.4）

Weyler y Nicolau, Valeriano〈19・20世紀〉
スペインの軍人。キューバなど植民地の反乱を鎮圧。
⇒岩世人（ウェイラー　1838.9.17–1930.10.20）

Weyprecht, Karl〈19世紀〉
ドイツの北極探検家。パイアーと共に北極地方に航し、フランツ・ヨゼフ・ラントを発見（1872～74）。
⇒岩世人（ヴァイプレヒト　1838.9.8–1881.3.29）

Weyssenburg, Johann Heinrich〈17・18世紀〉
スイスのヴァイオリン奏者、軍人。
⇒バロ（ヴァイセンブルク、ヨハン・ハインリヒ　1660頃–1720頃?）

Weyssenhoff, Józef〈19・20世紀〉
ポーランドの小説家, 詩人。諷刺作家。主著『失われた息子』(1904)。
⇒岩世人 (ヴァイセンホフ　1860.4.8–1932.7.6)

Wezel, Johann Karl〈18・19世紀〉
ドイツの小説家, 作家, 教育学者。
⇒岩世人 (ヴェツェル　1747.10.31–1819.1.28)

Wharton, Edith Newbold〈19・20世紀〉
アメリカの女流作家。
⇒岩世人 (ウォートン　1862.1.24–1937.8.12)
　広辞7 (ウォートン　1862–1937)
　新カト (ウォートン　1862.1.24–1937.8.11)

Wharton, Greene Lawrence〈19・20世紀〉
アメリカの宣教師。
⇒アア歴 (Wharton,G(reene) L(awrence)　グリーン・ローレンス・ウォートン　1847.7.17–1906.11.4)

Whately, Richard〈18・19世紀〉
イギリスの経済学者, 聖公会の大主教。
⇒学叢思 (ホエートリー, リチャード　1787–?)
　新カト (フェイトリ　1787.2.1–1863.10.1)

Wheatley, Phillis〈18世紀〉
アメリカの黒人女流詩人。13歳で作詩を始めた。
⇒岩世人 (ホイートリー　1753頃–1784.12.5)

Wheatstone, *Sir* Charles〈19世紀〉
イギリスの物理学者。電気時計を発明し, 発電機を改良。
⇒岩世人 (ホイートストン　1802.2.6–1875.10.19)
　ネーム (ホイートストン　1802–1875)
　物理 (ホイートストン, サー・チャールズ　1802–1875)

Wheeler, James Talboys〈19世紀〉
イギリスのインド史家。
⇒岩世人 (ホイーラー　1824.12.22–1897.1.13)

Wheeler, William〈19・20世紀〉
アメリカの土木技師。札幌農学校で土木工学, 数学を教授。
⇒アア歴 (Wheeler,William　ウイリアム・ウィーラー　1851.12.6–1932.7.1)
　岩世人 (ホイーラー　1851.12.6–1932.7.1)

Wheeler, William Morton〈19・20世紀〉
アメリカの動物学者。アリなどの社会性昆虫の習性について研究。
⇒岩世人 (ホイーラー　1865.3.19–1937.4.19)

Wherry, Elwood Morris〈19・20世紀〉
アメリカの宣教師。
⇒アア歴 (Wherry,Elwood Morris　エルウッド・モリス・ウェリー　1843.3.26–1927.10.5)

Wherry, John〈19・20世紀〉
アメリカの宣教師。

⇒アア歴 (Wherry,John　ジョン・ウェリー　1837.5.23–1919.1.2)

Whewell, William〈18・19世紀〉
イギリスの哲学者。帰納法の研究者。
⇒岩世人 (ヒューエル　1794.5.24–1866.3.6)
　広辞7 (ヒューエル　1794–1866)
　学叢思 (ヒューエル, ウィリアム　1794–1866)

Whichcote, Benjamin〈17世紀〉
イギリスの神学者, 説教者, 哲学者。
⇒新カト (ホイッチカット　1609.5.4–1683.5)

Whipple, George Hoyt〈19・20世紀〉
アメリカの病理学者。1934年貧血に対する肝臓療法の研究でノーベル生理・医学賞を受けた。
⇒岩世人 (ホイップル　1878.8.28–1976.2.1)

Whipple, Squire〈19世紀〉
アメリカの土木技術者。〈ホイップ梯形型〉と称される多くの鉄橋を架設 (1852〜)。
⇒岩世人 (ホイップル　1804.9.16–1888.3.15)

Whistler, James Abbott McNeill〈19・20世紀〉
アメリカの画家。パリとロンドンで活躍。主作品は『白い衣服の少女』(64) など。
⇒アメ新 (ホイッスラー　1834–1903)
　岩世人 (ホイッスラー　1834.7.11–1903.7.17)
　広辞7 (ホイッスラー　1834–1903)
　学叢思 (ホイッスラー, ジェームズ・アボット・マクニイル　1834–1903)
　芸13 (ホイッスラー, ジェームズ・アボット・マクニール　1834–1903)

Whiston, William〈17・18世紀〉
イギリスの数学者, 宗教家。
⇒新カト (ホイストン　1667.12.9–1752.8.22)

Whitaker, William〈16世紀〉
英国教会聖職, ピューリタンの指導的神学者。
⇒新カト (ホイティカー　1548–1595.12.4)

Whitby, Daniel〈17・18世紀〉
英国教会の聖職。
⇒新カト (ホイットビ　1638.3.24–1726.3.24)

White, Andrew〈16・17世紀〉
イギリスのカトリック教会宣教師, イエスズ会司祭。
⇒新カト (ホワイト　1579–1656.12.27)

White, Andrew Dickson〈19・20世紀〉
アメリカの教育家, 外交官。コーネル大学の創立者で初代学長。1899年ハーグ平和会議の首席全権委員。
⇒岩世人 (ホワイト　1832.11.7–1918.11.4)

White, (Deacon) James Laurie〈19・20世紀〉
アメリカの大リーグ選手 (三塁, 捕手)。

⇒メジャ（ディーコン・ホワイト　1847.12.7–1939.7.7）

White, Ellen Gould〈19・20世紀〉
アメリカのセヴンスデイ・アドヴェンティスト教会の指導者。
⇒岩世人（ホワイト　1827.11.26–1915.7.16）

White, Francis〈16・17世紀〉
英国教会のイーリ主教。
⇒新カト（ホワイト　1564頃–1638.2）

White, Francis Johnstone〈19・20世紀〉
アメリカの教育者。
⇒アア歴（White,Francis Johnstone　フランシス・ジョンストン・ホワイト　1870.9.24–1959.7.20）

White, Frank Russell〈19・20世紀〉
アメリカの教育者。
⇒アア歴（White,Frank R(ussell)　フランク・ラッセル・ホワイト　1875.6.8–1913.8.17）

White, Gilbert〈18世紀〉
イギリスの博物学者, 聖職者。『セルボーンの博物誌』(89)の著者。
⇒岩世人（ホワイト　1720.7.18–1793.6.26）

White, Guy Harris〈19・20世紀〉
アメリカのメジャーリーガー。
⇒メジャ（ドク・ホワイト　1879.4.9–1969.2.19）

White, Islael Charles〈19・20世紀〉
アメリカの地質学者。アメリカ地質学協会の創立者。
⇒岩世人（ホワイト　1848.11.1–1927.11.24）

White, John〈18・19世紀〉
アメリカの海軍将校。
⇒アア歴（White,John　ジョン・ホワイト　1782–1840）

White, John Roberts〈19・20世紀〉
アメリカの陸軍将校。
⇒アア歴（White,John Roberts　ジョン・ロバーツ・ホワイト　1879.10.10–1961.12.9）

White, Joseph Blanco〈18・19世紀〉
イギリスの神学者。
⇒新カト（ホワイト　1775.7.11–1841.5.20）

White, King Solomon〈19・20世紀〉
アメリカのメジャーリーガー。
⇒メジャ（ソル・ホワイト　1868.6.12–1955.8.2）

White, Moses Clark〈19世紀〉
アメリカの宣教師。
⇒アア歴（White,Moses C(lark)　モーゼス・クラーク・ホワイト　1819.7.24–1900.10.24）

White, Robert〈16世紀〉
イギリスの作曲家。70年からはウェストミンスター・アベイの楽長をつとめた。
⇒バロ（ホワイト, ロバート　1538頃–1574.11）

White, William〈16・17世紀〉
イギリスの作曲家, 歌手。イギリス楽派。
⇒バロ（ホワイト, ウィリアム　1580頃?–1630頃?）

White, William Allen〈19・20世紀〉
アメリカのジャーナリスト, 作家。
⇒岩世人（ホワイト　1868.2.10–1944.1.29）

White, William Hale〈19・20世紀〉
イギリスの小説家。筆名Mark Rutherfordo。
⇒岩世人（ホワイト　1831.12.22–1913.3.14）

White, *Sir* William Henry〈19・20世紀〉
イギリスの造船家。2百隻に余る軍艦を設計, 建造し, 水管罐, タービンの装備を提案。
⇒岩世人（ホワイト　1845.2.2–1913.2.27）

White, William Henry〈19・20世紀〉
アメリカの大リーグ選手（投手）。
⇒メジャ（ウィル・ホワイト　1854.10.11–1911.8.31）

Whitefield, George〈18世紀〉
イギリスの説教者。イギリス, アメリカ両国で福音信仰覚醒運動に活躍。
⇒岩世人（ホワイトフィールド　1714.12.16–1770.9.30）
　学叢思（ホワイトフィールド, ジョージ　1714–1770）
　新カト（ホイットフィールド　1714.12.16–1770.9.30）

Whitehead, Alfred North〈19・20世紀〉
イギリスの哲学者, 数学者。
⇒岩世人（ホワイトヘッド　1861.2.15–1947.12.30）
　ネーム（ホワイトヘッド　1861–1947）
　広辞7（ホワイトヘッド　1861–1947）
　新カト（ホワイトヘッド　1861.2.15–1947.12.30）
　20思（ホワイトヘッド, アルフレッド・ノース　1861–1947）
　メル3（ホワイトヘッド, アルフレッド・ノース　1861–1947）

Whitehead, Robert〈19・20世紀〉
イギリスの工学者。1856～66年水雷を研究, 操舵調整器で正確度の高い水雷を発明。
⇒岩世人（ホワイトヘッド　1823.1.3–1905.11.14）

Whitford, Harry Nichols〈19・20世紀〉
アメリカの森林監督官。
⇒アア歴（Whitford,Harry Nichols　ハリー・ニコルズ・ホイットフォード　1872.3.11–1941.5.17）

Whitgift, John〈16・17世紀〉
イギリスのカンタベリー大主教。主教として初めて枢密顧問官に任命された。
⇒岩世人（ホイットギフト　1530頃–1604.2.29）
　新カト（ホイットギフト　1530頃–1604.2.29）

Whitman, Charles Otis〈19・20世紀〉
アメリカの動物学者。モースの後任として来日、東京大学で動物学を教授。
⇒アア歴（Whitman,Charles O (tis)　チャールズ・オーティス・ホイットマン　1842.12.14–1910.12.6）
　アメ新（ホイットマン　1843–1910）
　岩世人（ホイットマン　1842.12.12–1910.12.6）

Whitman, Walt〈19世紀〉
アメリカの詩人。1855年の『草の葉』が代表作。
⇒アメ新（ホイットマン　1819–1892）
　岩世人（ホイットマン　1819.5.31–1892.3.26）
　広辞7（ホイットマン　1819–1892）
　学叢思（ホイットマン，ウオルト　1819–1892）
　新カト（ホイットマン　1819.5.31–1892.3.26）
　世人新（ホイットマン　1819–1892）
　世人装（ホイットマン　1819–1892）
　世史語（ホイットマン　1819–1892）
　ポプ人（ホイットマン，ウォルト　1819–1892）

Whitmarsh, Hubert Phelps〈19・20世紀〉
アメリカの冒険家、実業家。
⇒アア歴（Whitmarsh,Hubert Phelps　ヒュバート・フェルプス・ホイットマーシュ　1863.8.10–1935.4.6）

Whitney, Eli〈18・19世紀〉
アメリカの発明家。綿繰り機を発明して綿花の大増産に貢献。
⇒アメ新（ホイットニー　1765–1825）
　岩世人（ホイットニー　1765.12.8–1825.1.8）
　広辞7（ホイットニー　1765–1825）
　世人新（ホイットニー　1765–1825）
　世人装（ホイットニー　1765–1825）
　世史語（ホイットニー　1765–1825）
　ポプ人（ホイットニー，イーライ　1765–1825）

Whitney, James Evans〈19世紀〉
アメリカの大リーグ選手（投手、外野）。
⇒メジャ（ジム・ウィットニー　1857.11.10–1891.5.21）

Whitney, William Cogswell〈19世紀〉
アメリカの簿記教師。1875年来日して東京商法講習所（一橋大学の前身）で簿記を教授。
⇒岩世人（ホイットニー　1825.1.25–1882.8.29）

Whitney, William Dwight〈19世紀〉
アメリカの言語学者。『サンスクリット語文法』(79) などの著書がある。
⇒岩世人（ホイットニー　1827.2.9–1894.6.7）
　広辞7（ホイットニー　1827–1894）

Whitney, Willis Norton〈19・20世紀〉
アメリカの医師。東京赤坂病院を創立。
⇒岩世人（ホイットニー　1855.10.18–1918.10.26）

Whittaker, *Sir* Edmund Taylor〈19・20世紀〉
イギリスの数理物理学者。
⇒岩世人（ホイッタカー　1873.10.24–1956.3.24）

Whittemore, Norman Clark〈19・20世紀〉
アメリカの宣教師。
⇒アア歴（Whittemore,Norman C (lark)　ノーマン・クラーク・ホイットモア　1870.6.7–1952.5.15）

Whittier, John Greenleaf〈19世紀〉
アメリカの詩人、奴隷廃止論者。長詩『雪に閉ざされて』(66) などを書いた。
⇒岩世人（ホイッティアー　1807.12.17–1892.9.7）
　新カト（ホイッティアー　1807.12.17–1892.9.7）

Whittingham, William〈16世紀〉
英国教会のダラム主教座聖堂参事会長。
⇒新カト（ホイッティンガム　1524頃–1579.6.10）

Whitworth, *Sir* Joseph, Baronet〈19世紀〉
イギリスの機械技術者。「ホイットワースねじ」は現在も通用するねじ規格。
⇒岩世人（ホイットワース　1803.12.21–1887.1.22）

Whymper, Edward〈19・20世紀〉
イギリスの木版画家、登山家。著書『アルプス登攀記』。
⇒岩世人（ウィンパー　1840.4.27–1911.9.16）
　ネーム（ウィンパー　1840–1911）
　広辞7（ウィンパー　1840–1911）

Whytbroke, William〈16世紀〉
イギリスの聖職者、歌手。
⇒バロ（ヴィットブルック，ウィリアム　1500頃?–1550頃?）

Whythorne, Thomas〈16世紀〉
イギリスの歌手、教師、リュート奏者、著述家、詩人。
⇒バロ（ホワイトホーン，トマス　1528–1596.7.31?）

Whytt, Robert〈18世紀〉
イギリスの生理学者。1761年国王の侍医。神経系の生理学を研究。
⇒岩世人（ホイット　1714.9.10–1766.4.15）

Wiaux, Mutien-Marie〈19・20世紀〉
ベルギーのラ・サール会の信徒修道士。聖人。祝日1月30日。
⇒新カト（ミュティアン・マリー・ヴィオー　1841.3.20–1917.1.30）

Wiborada〈9・10世紀〉
殉教者、聖人。
⇒図聖（ヴィボラーダ　?–926）

Wichern, Johann Heinrich〈19世紀〉
ドイツの宗教家。子供を教育する家を設立。

⇒岩世人（ヴィヒェルン　1808.4.21–1881.4.7）
　学叢思（ヴィッヒェルン，ヨハン・ハインリヒ　1808–1881）
　新カト（ヴィーヘルン　1808.4.21–1881.4.7）

Wickham, Sir Henry〈19・20世紀〉
イギリスの探検家，ゴム産業開拓者。マレーにゴムの栽培場を創設。
⇒岩世人（ウィッカム　1846.5.29–1928.9.27）

Wickhoff, Franz〈19・20世紀〉
オーストリアの美術史家。古代末期のローマ芸術を崩壊期とみなす従来の評価を鋭く批判。
⇒岩世人（ヴィックホフ　1853.5.7–1909.4.6）

Wickram, Jörg〈16世紀〉
ドイツの劇作家，小説家。ドイツ文学で初めて市民生活を取扱い，性格描写に成功。
⇒岩世人（ヴィックラム　1505頃–1562頃）

Wicksell, Johan Gustaf Knut〈19・20世紀〉
スウェーデンの経済学者。スウェーデン学派（北欧学派）の始祖。
⇒岩世人（ヴィクセル　1851.12.20–1926.5.3）
　広辞7（ヴィクセル　1851–1926）

Wicksteed, Philip Henry〈19・20世紀〉
イギリスの経済学者。限界効用理論でジェボンズ説を深化，分配論では限界生産力理論を展開。
⇒岩世人（ウィックスティード　1844.10.25–1927.3.18）

Widal, Georges Fernand Isidore〈19・20世紀〉
フランスの医師，細菌学者。溶血性黄疸を記載。
⇒岩世人（ヴィダル　1862.3.9–1929.1.14）
　ユ著人（Widal, Fernand Georges　ヴィダル，フェルナン・ジョルジュ　1862–1929）

Widdoes, Howard W.〈19・20世紀〉
アメリカの宣教師。
⇒アア歴（Widdoes, H(oward) W.　ハワード・W・ウィドウズ　1873–1951.7.25）

Widerkehr l'aîné, Jacques-Christian-Michel〈18・19世紀〉
フランスのチェロ奏者，教師。
⇒バロ（ヴィデルケール・レネ，ジャック・クリスティアン・ミシェル　1759.4.18–1823.4）

Widjaja〈13・14世紀〉
インドネシア，マジャパヒト朝の祖。在位1294～1309。シンガサリ朝の王クルタナガラの子。
⇒岩世人（ウィジャヤ　（在位）1294–1309）
　世帝（ラーデン・ヴィジャヤ　（在位）1293–1309）

Widmann, Erasmus〈16・17世紀〉
ドイツの器楽奏者，教師，詩人。
⇒バロ（ウィドマン，エラスムス　1572.9.15–1634.10.31）

Widmann, Johann〈15世紀〉
ドイツの数学教師。
⇒岩世人（ヴィドマン）
　世数（ヴィドマン，ヨハネス（またはヤン）　1460頃–16世紀初）

Widor, Charles-Marie Jean Albert〈19・20世紀〉
フランスのオルガン奏者，作曲家。
⇒岩世人（ヴィドール　1844.2.21–1937.3.12）
　エデ（ヴィドール，シャルル＝マリー　1844.2.21–1937.3.12）
　新カト（ヴィドール　1844.2.21–1937.3.12）

Widukind〈8・9世紀〉
カルル大帝に対抗したザクセンの指導者。のちザクセン公となった。
⇒岩世人（ヴィドゥキント）

Widukind von Corvey〈10・11世紀〉
ザクセンの歴史家。コルバイの修道士。『ザクセンの年代記』を執筆。
⇒岩世人（ヴィドゥキント（コルヴァイの）　?–973以後）

Wiechert, Emil〈19・20世紀〉
ドイツの地球物理学者。地震計の数学的理論を発展させ，ヴィーヘルト式地震計を作った。
⇒岩世人（ヴィーヒェルト　1861.12.26–1928.3.19）

Wied, Gustav〈19・20世紀〉
デンマークの作家。短篇集『影絵』『家系』などが代表作。
⇒岩世人（ヴィーズ　1858.3.6–1914.10.24）

Wied, Hermann von〈15・16世紀〉
ケルン大司教。
⇒新カト（ヴィート　1477.1.14–1552.8.15）

Wied, Wilhelm〈19・20世紀〉
アルバニア国王（1914.2～9）。ヴィルヘルム1世と名のる。
⇒岩世人（ヴィート　1876.3.26–1945.4.18）

Wiedemann, Ferdinand Johann〈19世紀〉
ロシア（ドイツ系）の言語学者。ヨーロッパ・ロシアの諸民族語を研究。
⇒岩世人（ヴィーデマン　1805.3.30–1887.12.29）

Wiedemann, Gustav Heinrich〈19世紀〉
ドイツの物理学者。金属の熱伝導度と電気伝導度の関係を見出した。
⇒岩世人（ヴィーデマン　1826.10.2–1899.3.23）
　学叢思（ヴィーデマン，グスタフ　1826–1899）
　物理（ウィーデマン，グスタフ　1826–1899）

Wiedersheim, Robert Ernst Eduard〈19・20世紀〉
ドイツの比較解剖学者。魚類，両棲類，爬虫類に

⇒岩世人（ヴィーデルスハイム　1848.4.21–1923.7.12)
学叢思（ヴィーデルスハイム, ロベルト　1848–?）

Wiedman,（Stump）George Edward〈19・20世紀〉
アメリカの大リーグ選手（投手）。
⇒メジャ（スタンプ・ウィードマン　1861.2.17–1905.3.3）

Wiegand, Theodor〈19・20世紀〉
ドイツの考古学者。
⇒岩世人（ヴィーガント　1864.10.30–1936.12.19)

Wieger, León〈19・20世紀〉
フランスのイエズス会士, シナ学者。
⇒岩世人（ヴィジェ　1856.7.9–1933.3.26）
新カト（ヴィジェ　1856.7.9–1933.3.25）

Wieland, Christoph Martin〈18・19世紀〉
ドイツ啓蒙主義の作家。
⇒岩世人（ヴィーラント　1733.9.5–1813.1.20）
ネーム（ウィーラント　1733–1813）
広辞7（ウィーラント　1733–1813）
学叢思（ウィーラント, クリストフ・マルチン　1733–1813）
新カト（ヴィーラント　1733.9.5–1813.1.20)

Wieland, Heinrich Otto〈19・20世紀〉
ドイツの化学者。胆汁酸の研究によってノーベル化学賞を受賞（27）。
⇒岩世人（ヴィーラント　1877.6.4–1957.8.5)
広辞7（ウィーラント　1877–1957）
ノ物化（ハインリッヒ・オットー・ヴィーラント　1877–1957）

Wien, Max Carl〈19・20世紀〉
ドイツの物理学者。
⇒岩世人（ヴィーン　1866.12.25–1938.2.24)

Wien, Wilhelm Carl Werner Otto Fritz Franz〈19・20世紀〉
ドイツの物理学者。93年黒体放射について波長と温度の関係（ウィーンの法則）を発見。
⇒岩世人（ヴィーン　1864.1.13–1928.8.30)
広辞7（ウィーン　1864–1928）
物理（ウィーン, ウィルヘルム　1864–1928）
ノ物化（ヴィルヘルム・ヴィーン　1864–1923）

Wienbarg, Ludolf〈19世紀〉
ドイツの評論家。
⇒岩世人（ヴィーンバルク　1802.12.25–1872.1.8）

Wiene, Robert〈19・20世紀〉
ドイツの映画監督。
⇒岩世人（ヴィーネ　1873.4.24–1938.7.17)

Wieniawski, Henryk〈19世紀〉
ポーランドのヴァイオリン奏者, 作曲家。

⇒岩世人（ヴィエニアフスキ　1835.7.10–1880.3.31)
ユ著人（Wieniawski,Henryk　ヴィエニャフスキ, ヘンリック　1835–1888）

Wieringen, Claas Albrechtszoon van〈16世紀〉
フランドルのオルガン奏者。
⇒バロ（ヴィーリンゲン, クラース・アルブレヒツゾーン・ファン　1550頃?–1600頃?）

Wierix, Jan（Johannes）〈16・17世紀〉
フランドルの銅版画家, 下絵制作者, 版元。
⇒岩世人（ヴィーリクス　1549–1618頃)

Wiertz, Antoine Joseph〈19世紀〉
ベルギーの画家, 彫刻家。ブリュッセルのアトリエは, ヴィエルス博物館になった。
⇒岩世人（ヴィールツ　1806.2.22–1865.6.18)

Wieser, Friedrich von〈19・20世紀〉
オーストリアの経済学者, 社会学者。主著『自然価値論』(1889)。
⇒岩世人（ヴィーザー　1851.7.10–1926.7.22)
学叢思（ウィーゼル, フリードリヒ・フォン　1851–?）

Wieser, Johann〈19世紀〉
オーストリアのカトリック哲学者。
⇒新カト（ヴィーザー　1831.3.24–1885.4.22)

Wiese und Kaiserswaldau, Leopold von〈19・20世紀〉
ドイツの社会学者, 経済学者。社会学上における〈関係説〉の提唱者。
⇒岩世人（ヴィーゼ　1876.12.2–1969.1.11）
学叢思（ヴィーゼ, レオポルド・フォン　1876–?）
メル3（ヴィーゼ, レオポルド・フォン　1876–1969)

Wiesner, Julius〈19・20世紀〉
オーストリアの植物学者。植物に対する光の作用を研究。
⇒岩世人（ヴィースナー　1838.1.20–1916.10.9)

Wigand, Johann〈16世紀〉
ドイツのルター派神学者。
⇒新カト（ヴィーガント　1523–1587.10.21)

Wigbert von Fritzlar〈8世紀〉
ベネディクト会士, 大修道院長, 聖人。
⇒新カト（ヴィグベルト〔フリッツラルの〕　?–738頃）
図聖（ヴィークベルト（フリッツラルの）　?–737/738)

Wigglesworth, Michael〈17・18世紀〉
アメリカの牧師, 詩人。『最後の審判』(62)でカルバン主義の教義を描く。
⇒岩世人（ウィグルズワース　1631.11.18–1705.6.10)

Wigmore, John Henry〈19・20世紀〉
アメリカの代表的な訴訟法学者。『証拠法』(04～05,23,40)を著す。
⇒岩世人（ウィグモア　1863.3.4–1943.4.20）
広辞7（ウィグモア　1863–1943）

Wijayakrama〈17世紀〉
インドネシア,ジャヤカルタまたはジャカトラ(ジャカルタの旧名)の領主。
⇒岩世人（ウィジャヤクラマ）

Wijk, Nicolaus van〈19・20世紀〉
オランダのスラヴ語学者。アクセントとイントネーションに関する研究をした。
⇒岩世人（ウェイク　1880.10.4–1941.3.25）

Wijnants, Jan〈17世紀〉
オランダの風景画家。
⇒岩世人（ヴェイナンツ　1635頃–1684.1.23（埋葬））

Wikmanson, Johan〈18世紀〉
スウェーデンの作曲家。
⇒バロ（ヴィークマンソン,ユーハン　1753.12.28–1800.1.10）

Wikramawardhana〈14・15世紀〉
ジャワのマジャパヒト王国の第5代王。在位1389～1429。
⇒岩世人（ウィクラマワルダナ　（在位）1389–1429）
世帝（ウィクラマワルダナ　（在位）1389–1429）

Wikström, Emil〈19・20世紀〉
フィンランドの彫刻家。
⇒岩世人（ヴィクストレム　1864.4.13–1942.9.25）

Wilamowitz-Moellendorff, Ulrich von〈19・20世紀〉
ドイツの古典文献学者。ギリシア悲劇の研究,翻訳に業績を残した。
⇒岩世人（ヴィラモヴィッツ＝メレンドルフ　1848.12.22–1931.9.25）

Wilberforce, Robert Isaac〈19世紀〉
英国教会の聖職。
⇒新カト（ウィルバーフォース　1802.12.19–1857.2.3）

Wilberforce, Samuel〈19世紀〉
英国教会の主教。
⇒岩世人（ウィルバーフォース　1805.9.7–1873.7.19）
新カト（ウィルバーフォース　1805.9.7–1873.7.19）

Wilberforce, William〈18・19世紀〉
イギリスの政治家,社会事業家。奴隷制度の廃止に尽力。
⇒岩世人（ウィルバーフォース　1759.8.24–1833.7.29）
ネーム（ウィルバーフォース　1759–1833）
広辞7（ウィルバーフォース　1759–1833）

新カト（ウィルバーフォース　1759.8.24–1833.7.29）

Wilbrandt, Robert〈19・20世紀〉
ドイツの経済学者。
⇒岩世人（ヴィルブラント　1875.8.29–1954.2.24）
学叢思（ウィルブラント,ロベルト　1875–?）

Wilbye, John〈16・17世紀〉
イギリスの作曲家。エリザベス朝時代のマドリガル作曲者。
⇒バロ（ウィルビー,ジョン　1574.3.7–1638.9-11）

Wilcocks, Benjamin Chew〈18・19世紀〉
アメリカの商人。
⇒アア歴（Wilcocks,Benjamin Chew　ベンジャミン・チュー・ウィルコックス　1776.12.13–1845.12.1）

Wild, Heinrich von〈19・20世紀〉
スイスの気象学者。
⇒岩世人（ヴィルト　1833.12.17–1902.9.5）
学叢思（ヴィルト・ハインリヒ・フォン　1833–1902）

Wilda, Wilhelm Eduard〈18・19世紀〉
ドイツの法制史家。比較ゲルマン法制史の基礎を築く。
⇒岩世人（ヴィルダ　1800.8.17–1856.8.9）

Wild Bill Hickok〈19世紀〉
アメリカ西部のガンマン。
⇒アメ新（ワイルド・ビル・ヒコック　1837–1876）

Wilde, Henry〈19・20世紀〉
イギリスの電気技術者。強力な電気投光器を作り,のちイギリス海軍の探照灯に採用された(75)。
⇒岩世人（ワイルド　1833–1919.3.28）

Wilde, Oscar Fingal O'Flahertie Wills〈19世紀〉
イギリスの文学者。『サロメ』(93)などの戯曲や,詩や批評など多彩に活躍。
⇒岩世人（ワイルド　1854.10.16–1900.11.30）
オペラ（ワイルド,オスカー　1856–1900）
ネーム（オスカー・ワイルド　1854–1900）
広辞7（ワイルド　1854–1900）
学叢思（ワイルド,オスカー　1854–1900）
新カト（ワイルド　1854.10.16–1900.11.30）
世人新（ワイルド（オスカー＝ワイルド）　1854–1900）
世人装（ワイルド（オスカー＝ワイルド）　1854–1900）
ポプ人（ワイルド,オスカー　1854–1900）

Wilde, Sebastian〈15・16世紀〉
ドイツのマイスタージンガー。
⇒バロ（ヴィルデ,セバスティアン　1450頃?–1510頃）

Wildenbruch, Ernst von〈19・20世紀〉
ドイツの劇作家,詩人。
⇒岩世人 (ヴィルデンブルフ 1845.2.3–1909.1.15)
ネーム (ウィルデンブルフ 1845–1909)

Wilder, James Austin〈19・20世紀〉
アメリカの画家。
⇒アア歴 (Wilder,James Austin ジェイムズ・オースティン・ワイルダー 1868.5.27–1934.7.4)

Wilder, Laura Ingalls〈19・20世紀〉
アメリカの女流小説家。主著『長い冬』(32),『大草原の小さな家』。
⇒岩世人 (ワイルダー 1867.2.7–1957.2.10)
広辞7 (ワイルダー 1867–1957)
ポプ人 (ワイルダー,ローラ・インガルス 1867–1957)

Wilder, Philip van (de)〈16世紀〉
フランドル出身のミンストレル,リュート奏者,官吏,楽器管理者。
⇒バロ (ヴィルダー,フィリップ・ファン 1500頃–1553.2.24)

Wilder, Robert Parmelee〈19・20世紀〉
アメリカの宣教師。学生伝道奉仕運動 (SVM) の事実上の創立者。
⇒アア歴 (Wilder,Robert P(armelee) ロバート・パーミリー・ワイルダー 1863.8.2–1938.3.28)

Wilder, Royal Gould〈19世紀〉
アメリカの宣教師。
⇒アア歴 (Wilder,Royal Gould ロイヤル・グールド・ワイルダー 1816.10.27–1887.10.7)

Wilderer, Johann Hugo von〈17・18世紀〉
ドイツのオルガン奏者。
⇒バロ (ヴィルデラー,ヨハン・フーゴ・フォン 1670-1671–1724.6.7)

Wildermuth, Ottilie〈19世紀〉
ドイツの児童文学作家。
⇒岩世人 (ヴィルダームート 1817.2.22–1877.7.12)

Wilderspin, Samuel〈18・19世紀〉
イギリスの教育者。
⇒岩世人 (ウィルダースピン 1792頃–1866.3.10)

Wildman, Rounsevelle〈19・20世紀〉
アメリカの領事。
⇒アア歴 (Wildman,Rounsevelle ラウンズヴェル・ウィルドマン 1864.3.19–1901.2.22)

Wilfley, Lebbeus Redman〈19・20世紀〉
アメリカの弁護士,判事。
⇒アア歴 (Wilfley,Lebbeus Redman レベウス・レッドマン・ウィルフリー 1867.3.30–1926.5.26)

Wilfrid, St.〈7・8世紀〉
イギリス中世初期の聖職者。663年ウィトビー宗教会議でローマ・カトリックの正統性を主張。
⇒岩世人 (ウィルフリド 634–709.4.24)
図聖 (ウィルフリッド(ヨークの) 634–709/710)

Wilgefortis
カトリックの聖人。
⇒図聖 (ヴィルゲフォルティス)

Wilhelm, Richard〈19・20世紀〉
ドイツの宣教師,シナ学者。
⇒岩世人 (ヴィルヘルム 1873.5.10–1930.3.2)

Wilhelm I, Friedrich Ludwig〈18・19世紀〉
ドイツ帝国の初代皇帝。在位1871~88。プロシア王。在位1861~88。
⇒岩世人 (ヴィルヘルム1世 1797.3.22–1888.3.9)
19仏 (ヴィルヘルム1世 1797.3.22–1888.3.9)
ネーム (ヴィルヘルム1世 1797–1888)
広辞7 (ウィルヘルム一世 1797–1888)
世人新 (ヴィルヘルム1世 1797–1888)
世人装 (ヴィルヘルム1世 1797–1888)
世史語 (ヴィルヘルム1世 1797–1888)
世帝 (ヴィルヘルム1世 1797–1888)
ポプ人 (ヴィルヘルム1世 1797–1888)
皇国 (ヴィルヘルム1世 (在位)1861–1888)
学叢歴 (ウィルヘルム1世 1797–1888)

Wilhelm II, Friedrich Viktor Albert〈19・20世紀〉
ドイツ帝国最後の皇帝。ビスマルクを罷免して親政を行うが,第1次世界大戦の勃発とドイツの敗退を招いた。
⇒岩世人 (ヴィルヘルム2世 1859.1.27–1941.6.4)
広辞7 (ウィルヘルム二世 1859–1941)
世人新 (ヴィルヘルム2世 1859–1941)
世人装 (ヴィルヘルム2世 1859–1941)
世史語 (ヴィルヘルム2世 1859–1941)
世史語 (ヴィルヘルム2世 1859–1941)
世帝 (ヴィルヘルム2世 1859–1941)
ポプ人 (ヴィルヘルム2世 1859–1941)
ユ人 (ヴィルヘルム2世 1859–1941)
皇国 (ヴィルヘルム2世 (在位)1888–1918)
学叢歴 (ウィルヘルム2世 1859–現在)

Wilhelm IV〈15・16世紀〉
バイエルン公。在位1508~50。
⇒新カト (ヴィルヘルム4世〔バイエルン公〕 1493.11.13–1550.3.6)

Wilhelm IV Landgraf von Hessen〈16世紀〉
ドイツの領主,天文学者。
⇒岩世人 (ヴィルヘルム4世(賢公) 1532.6.24–1592.8.25)

Wilhelm V der Fromme〈16・17世紀〉
ヴィッテルスバハ家のバイエルン大公。在位1579~97。

⇒新カト（ヴィルヘルム5世〔敬虔公〕 1548.9.29–1626.2.7）

Wilhelmina Helena Pauline Maria〈19・20世紀〉
オランダの女王。在位1890～1948。
⇒岩世人（ウィルヘルミナ 1880.8.31–1962.11.28）
　皇国（ウィルヘルミナ（在位）1890–1948）

Wilhelmine von Pruisen〈18・19世紀〉
オラニエ公ウィレム5世の妃、プロイセン王国の王族アウグスト・ヴィルヘルムの娘。
⇒王妃（ヴィルヘルミーネ 1751–1820）

Wilhelmj, August Daniel Ferdinand Victor〈19・20世紀〉
ドイツのヴァイオリン奏者、作曲家。
⇒岩世人（ヴィルヘルミ 1845.9.21–1908.1.22）

Wilhelm Tell〈14世紀〉
スイスの伝説的英雄。
⇒岩世人（テル）
　ポブ人（ウィリアム・テル 生没年不詳）

Wilhelm von Holland〈13世紀〉
神聖ローマ皇帝。在位1247～56。オランダ伯。在位34～56。
⇒岩世人（ヴィルヘルム（ホラントの） 1228–1256.1.28）
　世帝（ウィルヘルム・フォン・ホラント 1228–1256）

Wiligelmo〈11・12世紀〉
イタリアの彫刻家。作品にモデナ大聖堂正面の浮彫がある。
⇒広辞7（ヴィリジェルモ）

Wilken, George Alexander〈19世紀〉
オランダのインドネシア民族学者。
⇒岩世人（ウィルケン 1847.3.13–1891.8.28）

Wilkes, John〈18世紀〉
イギリスの急進主義政論家、政治家。国王政府と議会の圧制を批判。
⇒岩世人（ウィルクス 1725.10.17–1797.12.26）

Wilkie, *Sir* **David**〈18・19世紀〉
スコットランドの風俗画家。主作品『村祭』など。
⇒岩世人（ウィルキー 1785.11.18–1841.6.1）
　芸13（ウィルキー、デイヴィッド 1785–1841）

Wilkins, *Sir* **Charles**〈18・19世紀〉
イギリスの東洋学者。ベンガル・アジア協会の創設に尽力。
⇒岩世人（ウィルキンズ 1749–1836.5.13）

Wilkins, David〈17・18世紀〉
イングランド国教会（聖公会）司祭、教会史家。
⇒新カト（ウィルキンズ 1685–1745.9.6）

Wilkins, John〈17世紀〉
イギリスの神学者、科学者。イギリス学士会の創立に貢献し、初代会長となる。
⇒スパイ（ウィルキンス、ジョン 1614–1672）

Wilkinson, James〈18・19世紀〉
アメリカの軍人、探検家、政治家。
⇒スパイ（ウィルキンソン、ジェイムズ 1757–1825）

Wilkinson, James Leslie〈19・20世紀〉
アメリカのメジャーリーガー。創設者。
⇒メジャ（J・L・ウィルキンソン 1878.5.14–1964.8.21）

Wilkinson, John〈18・19世紀〉
イギリスの機械技術者、工場主。
⇒岩世人（ウィルキンソン 1728–1808.7.14）

Wilkinson, *Sir* **John Gardner**〈18・19世紀〉
イギリスのエジプト学者。
⇒岩世人（ウィルキンソン 1797.10.5–1885.10.29）

Wilkinson, Robert〈15・16世紀〉
イギリスの歌手。
⇒バロ（ウィルキンソン、ロバート 1450頃–1515以降）

Wilks, *Sir* **Samuel**〈19・20世紀〉
イギリスの医者。ホドキン氏病（1856,65）や細菌性心内膜炎（70）を記載。
⇒岩世人（ウィルクス 1824.6.2–1911.11.7）

Willaert, Adrian〈15・16世紀〉
ネーデルラントの作曲家。ベネチア楽派の基礎をつくった。
⇒バロ（ウィラールト、アドリアーン 1480/1490頃–1562.12.17）
　岩世人（ヴィラールト 1490頃–1562.12.7）
　新カト（ヴィラールト 1490頃–1562.12.17）

Willaert, Caterina〈16世紀〉
イタリアの作曲家。アドリアーン・ウィラールトの娘。
⇒バロ（ウィラールト、カテリーナ 1530頃–1580頃?）

Willan, Healey〈19・20世紀〉
イギリス生れのカナダのオルガン奏者、作曲家、音楽教育家。
⇒エデ（ウィラン、ヒーリー 1880.10.12–1968.2.16）

Willan, Robert〈18・19世紀〉
イギリスの皮膚科医。鱗屑疹、紫斑病、癩病等の研究がある。
⇒岩世人（ウィラン 1757.11.12–1812.4.17）

Willard, Frances Elizabeth Caroline

〈19世紀〉
アメリカの女流社会改革者, 禁酒運動の先駆者。
⇒岩世人 (ウィラード　1839.9.28–1898.2.18)

Wille, Bruno〈19・20世紀〉
ドイツの作家, 自由思想家。〈新自由民衆劇団〉を興して (92), 新劇の興隆に努めた。
⇒岩世人 (ヴィレ　1860.2.6–1928.8.31)

Willehad〈8世紀〉
聖人, 司教。祝日11月8日。
⇒新カト (ウィレハド〔ブレーメンの〕　735/744–789.11.8)
図聖 (ヴィレハト (ブレーメンの)　745頃–789)

Willem I〈16世紀〉
スペインに対抗し, オランダの独立に尽した指導者。
⇒岩世人 (ウィレム1世 (沈黙公)　1533.4.24–1584.7.10)
ネーム (ウィレム1世　1533–1584)
新カト (ヴィレム1世〔オラニェ公〕　1533.4.25–1584.7.10)
世人新 (ウィレム1世 (オラニエ公; ウィリアム1世 (オレンジ公))　1533–1584)
世人装 (ウィレム1世 (オラニエ公; ウィリアム1世 (オレンジ公))　1533–1584)
世史語 (オラニエ公ウィレム (オレンジ公ウィリアム)　1533–1584)
ポプ人 (オラニエ公ウィレム　1533–1584)

Willem I, Frederik〈18・19世紀〉
ネーデルラント国王。在位1814〜40。
⇒岩世人 (ウィレム1世　1772.8.24–1843.12.12)
新カト (ウィレム1世　1772.8.24–1843.12.12)
皇国 (ウィレム1世 (在位) 1815–1840)

Willem II, Frederik George Lodewijk〈18・19世紀〉
ネーデルラント国王。在位1840〜49。
⇒岩世人 (ウィレム2世　1792.12.6–1849.3.17)

Willem III, Alexander Paul Frederik Lodewijk〈19世紀〉
ネーデルラント国王。在位1849〜90。ウィルヘルミナ女王の父。
⇒岩世人 (ウィレム3世　1817.2.19–1890.11.23)

Willemer, Marianne von〈18・19世紀〉
ゲーテの女友達。ゲーテは『西東詩集』で, 彼女をズライカとして歌っている。
⇒岩世人 (ヴィレマー　1784.11.20–1860.12.6)

Willems, Jan Frans〈18・19世紀〉
オランダの言語学者, 歴史家。中世オランダの著作を出版。
⇒岩世人 (ウィレムス　1793.3.11–1846.6.24)

Willes, Edward〈17・18世紀〉
イギリス人暗号学者。
⇒スパイ (ウィリス, エドワード　1694–1773)

Willette, Adolphe〈19・20世紀〉
フランスのイラストレーター。
⇒**19仏** (アドルフ・ヴィレット　1857.7.31–1926.2.4)

William I〈11世紀〉
ノルマン王朝初代のイギリス王。在位1066〜87。「征服王」と称される。
⇒岩世人 (ウィリアム1世 (征服王)　1027/1028–1087.9.9)
広辞7 (ウィリアム一世　1027–1087)
新カト (ウィリアム〔征服王〕　1027/1028–1087.9.9)
世人新 (ウィリアム1世 (征服王)　1027/1028–1087)
世人装 (ウィリアム1世 (征服王)　1027/1028–1087)
世史語 (ノルマンディー公ウィリアム　1027頃–1087)
世史語 (ウィリアム1世　(在位) 1066–87)
世史語 (ウィリアム1世　(在位) 1066–87)
世帝 (ウィリアム1世　1027–1087)
ポプ人 (ノルマンディー公ウィリアム　1028–1087)
皇国 (ウィリアム1世　(在位) 1066–1087)

William I (the Lion)〈12・13世紀〉
スコットランド王。
⇒岩世人 (ウィリアム1世 (獅子王)　1142頃–1214.12.4)
世帝 (ウィリアム1世　1143–1214)

William II〈11世紀〉
ノルマン王朝第2代のイギリス王。在位1087〜1100。「赭顔王」とあだ名される。
⇒岩世人 (ウィリアム2世 (赤顔王)　1060頃–1100.8.2)
世帝 (ウィリアム2世　1060–1100)

William III〈17・18世紀〉
イギリスのスチュアート朝の王。在位1689〜1702。
⇒岩世人 (ウィリアム3世　1650.11.14–1702.3.8)
広辞7 (ウィリアム三世　1650–1702)
世人新 (ウィリアム3世　1650–1702)
世人装 (ウィリアム3世　1650–1702)
世史語 (ウィリアム3世　1650–1702)
世帝 (ウィリアム3世　1650–1702)
ポプ人 (ウィリアム3世　1650–1702)
皇国 (ウィリアム3世　(在位) 1689–1702)

William IV〈18・19世紀〉
イギリスのハノーバー朝第5代目の王。在位1830〜37。"sailor king"と呼ばれた。
⇒岩世人 (ウィリアム4世　1765.8.21–1837.6.20)
世帝 (ウィリアム4世　1765–1837)
学叢歴 (ウィリアム4世　1765–1837)

William (Norwich)〈12世紀〉
ユダヤ教徒に殺害され犠牲として献げられ, のち聖人となったというイギリスの少年。
⇒ユ人 (ウィリアム (ノリッジのウィリアム)　?–1144)

William of Malmesbury〈11・12世紀〉
アングロ・ノルマンの歴史家。マームズバリーの修院の司書。
⇒岩世人（ウィリアム（マームズベリの） ?–1143）

William of Ware〈13・14世紀〉
イギリスの神学者。
⇒岩世人（ウィリアム（ウェアの））

Williams, Channing Moore〈19・20世紀〉
アメリカの聖公会宣教師。日本聖公会最初の主教。立教大学・立教女学院を創立。
⇒アア歴（Williams,Channing Moore　チャニング・ムーア・ウイリアムズ　1829.7.18–1910.12.2）
　岩世人（ウィリアムズ　1829.7.18–1910.12.2）
　新カト（ウィリアムズ　1827.7.18–1910.12.2）

Williams, Daniel Roderick〈19・20世紀〉
アメリカの弁護士。
⇒アア歴（Williams,Daniel R(oderick)　ダニエル・ロデリック・ウイリアムズ　1871.5.13–1931）

Williams, David〈18世紀〉
イギリスの賛美歌作者。
⇒新カト（ウィリアムズ　1712頃–1794.10.1）

Williams, David〈18・19世紀〉
イギリスの神学者,教育者。
⇒新カト（ウィリアムズ　1738–1816.6.29）

Williams, Edward Thomas〈19・20世紀〉
アメリカの宣教師,外交官。
⇒アア歴（Williams,E(dward) T(homas)　エドワード・トマス・ウイリアムズ　1854.10.17–1944.1.27）

Williams, George〈19世紀〉
イングランド国教会(聖公会)司祭。
⇒新カト（ウィリアムズ　1814.4.4–1878.1.26）

Williams, Sir George〈19・20世紀〉
イギリスの〈Y.M.C.A〉創立者。
⇒岩世人（ウィリアムズ　1821.10.11–1905.11.6）

Williams, George Burchell〈19・20世紀〉
アメリカの租税官。日本政府財政顧問として租税法を検討。
⇒アア歴（Williams,George Burchell　ジョージ・バーチェル・ウイリアムズ　1842.12.5–1912.3.15）

Williams, Harry Evan〈19・20世紀〉
アメリカのテノール。
⇒魅惑（Williams,Harry Evan　1867–1918）

Williams, Hermon Porter〈19・20世紀〉
アメリカの宣教師。
⇒アア歴（Williams,Hermon P(orter)　ハーモン・ポーター・ウイリアムズ　1872–1958.7.21）

Williams, James Thomas〈19・20世紀〉
アメリカの大リーグ選手(二塁,三塁)。
⇒メジャ（ジミー・ウィリアムズ　1876.12.20–1965.1.16）

Williams, John〈16・17世紀〉
英国教会のヨーク大主教。
⇒新カト（ウィリアムズ　1582.3.25頃–1650.3.25）

Williams, John〈18・19世紀〉
イギリスの非国教会の宣教師。ポリネシア諸島の布教を開拓。
⇒岩世人（ウィリアムズ　1796.6.29–1839.11.20）
　オセ新（ウィリアムズ　1796–1839）

Williams, John Elias〈19・20世紀〉
アメリカの宣教師,教育者。
⇒アア歴（Williams,John E(lias)　ジョン・イライアス・ウイリアムズ　1871.6.11–1927.3.24）

Williams, Mark〈19・20世紀〉
アメリカの宣教師。
⇒アア歴（Williams,Mark　マーク・ウイリアムズ　1834.10.28–1920.8.9）

Williams, Roger〈17世紀〉
アメリカの政治家,宗教家。ロードアイランドに植民地を開き,最初の総督となった。
⇒岩世人（ウィリアムズ　1603頃–1684.3）
　新カト（ウィリアムズ　1603頃–1683.1.18/3.15）

Williams, Rowland〈19世紀〉
英国教会の神学者。
⇒新カト（ウィリアムズ　1817.8.16–1870.1.18）

Williams, Samuel Wells〈19世紀〉
アメリカの宣教師。シナ学者。広東で宣教活動を行う。ペリーの通訳として来日。
⇒アア歴（Williams,Samuel Wells　サミュエル・ウェルズ・ウイリアムズ　1812.9.22–1884.2.16）
　岩世人（ウィリアムズ　1812.9.22–1884.2.17）

Williams, William〈17・18世紀〉
イギリスのヴァイオリン奏者。
⇒バロ（ウィリアムズ,ウィリアム　1660頃–1701.1.28以前）

Williamson, Alexander〈19世紀〉
イギリス人宣教師。
⇒岩世人（ウィリアムソン　1829.12.5–1890.8.28）

Williamson, Alexander William〈19・20世紀〉
イギリスの化学者。メチル・エチル・エーテル,エチレン・グリコールなどを合成。
⇒岩世人（ウィリアムソン　1824.5.1–1904.5.6）

学叢思（ウィリアムソン，アレキサンダー・ウィリアム　1824–1904）

Williamson, Edward Nagle〈19世紀〉
アメリカの大リーグ選手（三塁, 遊撃）。
⇒メジャ（ネッド・ウィリアムソン　1857.10.24–1894.3.2）

Williamson, James Cassius〈19・20世紀〉
アメリカの舞台プロデューサー。
⇒岩世人（ウィリアムソン　1844.7.26–1913.7.8）

William（Wykeham, Wickham）〈14・15世紀〉
イギリスのウィンチェスターの司教。
⇒岩世人（ウィリアム（ウィッカムの）　1324頃–1404.9.27）
　新カト（ウィリアム〔ウィッカムの〕　1324–1404.9.27）

William（York）〈12世紀〉
イギリスのヨークの大司教, 聖人。
⇒新カト（ウィリアム〔ヨークの〕　?–1154.6.8）

Willibald〈8世紀〉
イギリスの聖職者, 聖人。
⇒岩世人（ウィリボールド　700頃–785/786）
　新カト（ウィリバルド〔アイヒシュテットの〕　700頃–786/787.7.7）
　図聖（ヴィリバルト（アイヒシュテットの）　700–787?）

Willibrord, St.〈7・8世紀〉
イギリス中世初期の伝道者。ユトレヒト初代司教となる。
⇒岩世人（ウィリブロード　658頃–739.11.7）
　新カト（ウィリブロード　658–739.11.7）
　図聖（ヴィリブロード（ユトレヒトの）　658–739）

Willigis〈11世紀〉
司教。聖人。ブルンスヴィックのシェーニンゲン生まれ。
⇒岩世人（ヴィリギス（マインツの）　940頃–1011.2.23）
　新カト（ウィリギス〔マインツの〕　945頃–1011.2.23）

Willingdon, Freeman Freeman-Thomas, 1st Marquis of〈19・20世紀〉
イギリスの政治家。インド国民運動弾圧のため〈1935年インド統治法〉を成立させた。
⇒岩世人（ウィリンドン　1866.9.12–1941.8.12）

Willis, Bailey〈19・20世紀〉
アメリカの構造地質学者。アパラチア山脈の構造発達を解析。
⇒アア歴（Willis, Bailey　ベイリー・ウィリス　1857.5.31–1949.2.19）
　岩世人（ウィリス　1857.5.31–1949.2.19）

Willis, Thomas〈17世紀〉
イギリスの解剖学者, 医師。ウイリス動脈輪を記載(64)。
⇒岩世人（ウィリス　1621.1.27–1675.11.11）

Willis, Victor Gazaway〈19・20世紀〉
アメリカの大リーグ選手（投手）。
⇒メジャ（ヴィック・ウィリス　1876.4.12–1947.8.3）

Willis, William〈19世紀〉
イギリスの外科医。公使館医官として来日し, 後に東京医学校病院長となった。
⇒岩世人（ウィリス　1837–1894.2.14）
　広辞7（ウィリス　1837–1894）

Williston, Samuel〈19・20世紀〉
アメリカの法学者。
⇒岩世人（ウィリストン　1861.9.24–1963.2.18）

Willman, Olof Eriksson〈17世紀〉
スウェーデンの海軍士官。オランダの使節に同行『日本旅行記』『日本略史』を刊行。
⇒岩世人（ヴィルマン（ウィルマン）　1623頃–1673）

Willmann, Michael〈17・18世紀〉
ドイツの画家。主作品はシュレージエンの聖ヨセフ聖堂内フレスコ画（1692～95）。
⇒芸13（ヴィルマン, ミヒャエル　1630–1706）

Willmann, Otto〈19・20世紀〉
ドイツの教育学者, 哲学者。ヘルバルトの弟子。
⇒岩世人（ヴィルマン　1839.4.24–1920.7.1）
　学叢思（ヴィルマン, オットー　1839–?）
　新カト（ヴィルマン　1839.4.24–1920.7.1）

Willoughby, Sir Hugh〈16世紀〉
イギリスの航海者。北東から中国およびインドに至る航路を発見しようとした。
⇒岩世人（ウィロビー　?–1554頃）

Willoughby, Westel Woodbury〈19・20世紀〉
アメリカの政治学者。国家や政治に関する普遍的実証的研究によりアメリカ政治学に貢献。
⇒アア歴（Willoughby, Westel W (oodbury)　ウエステル・ウッドベリー・ウィロビー　1867–1945.3.26）
　岩世人（ウィロビー　1867.7.20–1945.3.26）

Willstätter, Richard〈19・20世紀〉
ドイツの有機化学者。クロロフィルの研究でノーベル化学賞受賞(15)。
⇒岩世人（ヴィルシュテッター　1872.8.13–1942.8.3）
　ネーム（ウィルシュテッター　1872–1942）
　広辞7（ウィルシュテッター　1872–1942）
　ノ物化（リヒャルト・マルチン・ヴィルシュテッター　1872–1942）
　ユ人（ヴィルシュテッター, リヒャルト　1872–1942）
　ユ著人（Willstätter, Richard　ウイルシュテッ

ター, リヒアルト　1872–1942）

Willy〈19・20世紀〉
フランスの作家。
⇒**19仏**（ヴィリ　1859.8.10–1931.1.12）

Wilmington, Spencer Compton, 1st Earl of〈17・18世紀〉
イギリスの政治家。
⇒岩世人（ウィルミントン　1674頃–1743.7.2）

Wilmot, David〈19世紀〉
アメリカの法律家、政治家。メキシコ領買収に関する「ウィルモット修正条項」を提案（1846）。
⇒岩世人（ウィルモット　1814.1.20–1868.3.16）

Wilmot, Walter Robert〈19・20世紀〉
アメリカの大リーグ選手（外野）。
⇒メジャ（ウォルト・ウィルモット　1863.10.18–1929.2.1）

Wilpert, Joseph〈19・20世紀〉
ドイツの美術史家、考古学者、典礼学者。カタコンベに関する研究に多くの業績を残す。
⇒岩世人（ヴィルペルト　1857.8.21–1944.2.13）
新カト（ヴィルベルト　1857.8.22–1944.3.10）

Wilsmyer, Johann Joseph〈17・18世紀〉
ドイツのヴァイオリン奏者。
⇒バロ（ヴィルスマイア, ヨハン・ヨーゼフ　1663–1720頃?）

Wilson, Alexander〈18・19世紀〉
イギリスの鳥類学者、詩人。
⇒岩世人（ウィルソン　1766.7.6–1813.8.23）

Wilson, Charles Robert〈19・20世紀〉
イギリスのインド行政官、研究家。
⇒岩世人（ウィルソン　1863.3.27–1904.7.24）

Wilson, Charles Thomson Rees〈19・20世紀〉
イギリスの物理学者。空中電気の研究などにより27年ノーベル物理学賞受賞。
⇒岩世人（ウィルソン　1869.2.14–1959.11.15）
広辞7（ウィルソン　1869–1959）
物理（ウィルソン, チャールズ　1869–1959）
ノ物化（チャールズ・トムソン・リーズ・ウィルソン　1869–1959）

Wilson, Daniel〈19・20世紀〉
フランスの政治家。
⇒**19仏**（ダニエル・ウィルソン　1840.3.6–1919.2.13）

Wilson, Edmund Beecher〈19・20世紀〉
アメリカの動物学者。実験発生学および細胞学に寄与。
⇒岩世人（ウィルソン　1856.10.19–1939.3.3）

Wilson, Ernest Henry〈19・20世紀〉
イギリスの植物蒐集家。中国の植物を蒐集して英米に移植。
⇒アア歴（Wilson,Ernest Henry　アーネスト・ヘンリー・ウィルソン　1876.2.15–1930.10.15）
岩世人（ウィルソン　1876.2.15–1930.10.15）

Wilson, Harold Albert〈19・20世紀〉
イギリスの物理学者。第2次大戦中原子爆弾の研究に当った（42～43）。
⇒岩世人（ウィルソン　1874.12.1–1964.10.13）

Wilson, Henry〈18・19世紀〉
イギリス東インド会社のアンテロープ号の船長。
⇒オセ新（ウィルソン　生没年不詳）

Wilson, Sir Henry Hughes〈19・20世紀〉
イギリスの将軍、政治家。第1次大戦では、連合軍総司令官フォシュと協力して最終の勝利を得た。
⇒岩世人（ウィルソン　1864.5.5–1922.6.22）

Wilson, Horace E.〈19・20世紀〉
アメリカの教育家。大学南校、東京開成学校で英語、普通学、数学を教授。
⇒広辞7（ウィルソン　1843–1927）

Wilson, Horace Hayman〈18・19世紀〉
イギリスの東洋学者、インド学者。
⇒岩世人（ウィルソン　1786.9.26–1860.5.8）

Wilson, James〈19世紀〉
イギリスの経済学者。
⇒岩世人（ウィルソン　1805.6.3–1860.8.11）

Wilson, James Harrison〈19・20世紀〉
アメリカの陸軍将校、技師。
⇒アア歴（Wilson,James Harrison　ジェイムズ・ハリソン・ウイルスン　1837.9.2–1925.2.23）

Wilson, John〈16・17世紀〉
イギリスの都市楽師、リュート奏者、歌手、教育者。
⇒バロ（ウィルソン, ジョン　1595.4.5–1674.2.22）

Wilson, John〈18世紀〉
イギリスの数学者。E.ウェアリングの弟子。
⇒世数（ウィルソン, ジョン　1741–1793）

Wilson, John〈18・19世紀〉
イギリス（スコットランド）の文筆家、雑誌編集者。
⇒岩世人（ウィルソン　1785.5.18–1854.4.1）

Wilson, John〈19世紀〉
イギリスのキリスト教伝道家、インド研究家。ボンベイで伝道に従事し、原地語の教育、女子教育に尽した。
⇒岩世人（ウィルソン　1804.12.11–1875.12.1）

Wilson, Joseph Havelock〈19・20世紀〉
イギリスの労働運動指導者。年少で船員となり、海員の組織に従事、1922年自由党選出議員。
⇒岩世人（ウィルソン　1858.8.16–1929.4.16）

Wilson, Miron〈18・19世紀〉
アメリカの宣教師。
⇒**アア歴**（Wilson,Miron　マイロン・ウイルスン　1789.12.11-1864.10.22）

Wilson, Richard〈18世紀〉
イギリスの画家。18世紀イギリス風景画の確立者。
⇒岩世人（ウィルソン　1714.8.1-1782.5.15）
　芸13（ウィルソン, リチャード　1713-1782）

Wilson, Thomas〈17・18世紀〉
イギリスの主教。"Ecclesiastic Constitution"を著す。
⇒新カト（ウィルソン　1663.12.20-1755.3.7）

Wilson, Thomas Woodrow〈19・20世紀〉
アメリカの28代大統領。第1次世界大戦に対独参戦。
⇒アメ新（ウィルソン　1856-1924）
　岩世人（ウィルソン　1856.12.28-1924.2.3）
　広辞7（ウィルソン　1856-1924）
　学叢思（ウィルソン, ウドロー　1856-1924）
　世人新（ウィルソン〈ウッドロー〉　1856-1924）
　世人装（ウィルソン〈ウッドロー〉　1856-1924）
　世史語（ウッドロー＝ウィルソン　1856-1924）
　世史語（ウッドロー＝ウィルソン　1856-1924）
　ポプ人（ウィルソン, ウッドロー　1856-1924）
　ユ人（ウィルソン, トマス・ウッドロー　1856-1924）

Wiltse, (Hooks) George Leroy〈19・20世紀〉
アメリカの大リーグ選手（投手）。
⇒メジャ（フックス・ウィルツィー　1879.9.7-1959.1.21）

Wimpfeling, Jakob〈15・16世紀〉
ドイツの人文主義者。
⇒岩世人（ヴィンプフェリング　1450.7.25-1528.11.17）

Wimpina, Konrad Koch〈15・16世紀〉
ドイツの哲学者, 人文主義者。
⇒岩世人（ヴィンピナ　1460頃-1531.6.16）
　新カト（ヴィンピナ　1460頃-1531.6.16）

Wimshurst, James〈19・20世紀〉
イギリスの電気工学者。〈ウィムズハースト誘導起電機〉を作った（1883）。
⇒岩世人（ウィムズハースト　1832.4.3-1903.1.3）

Winchell, Alexander〈19世紀〉
アメリカの地質学者。ミシガン州の古期岩層の研究をした。
⇒岩世人（ウィンチェル　1824.12.31-1891）

Winchester, Charles Alexander〈19世紀〉
イギリスの外交官。61年3月箱館領事に任命され来日。
⇒岩世人（ウィンチェスター　1820頃-1883.7.18）

Winckelmann, Johann Joachim〈18世紀〉
ドイツの考古学者, 美術史家。『ギリシア美術模倣論』（75）などの研究書を執筆。
⇒岩世人（ヴィンケルマン　1717.12.9-1768.6.8）
　ネーム（ヴィンケルマン　1717-1768）
　広辞7（ヴィンケルマン　1717-1768）
　学叢思（ヴィンケルマン, ヨハン・ヨアヒン　1717-1768）
　新カト（ヴィンケルマン　1717.12.9-1768.6.8）

Winckler, Hugo〈19・20世紀〉
ドイツのアッシリア学者。ベルリン国立博物館のためにアマルナ文書の大部分を蒐集・出版（1889）。
⇒岩世人（ヴィンクラー　1863.7.4-1913.4.19）

Winckler, Johannes〈17・18世紀〉
ドイツのルター派神学者。
⇒新カト（ヴィンクラー　1642.7.13-1705.4.5）

Windaus, Adolf Otto Reinhold〈19・20世紀〉
ドイツの有機化学者。強心薬ジギタリスの成分研究などの業績により, ノーベル化学賞受賞（1928）。
⇒岩世人（ヴィンダウス　1876.12.25-1959.6.9）
　広辞7（ウィンダウス　1876-1959）
　ノ物化（アドルフ・オットー・ラインホルト・ヴィンダウス　1876-1959）

Windelband, Wilhelm〈19・20世紀〉
ドイツの哲学者, 哲学史家。主著『西洋近世哲学史』（1878～80）,『プレルーディエン』。
⇒岩世人（ヴィンデルバント　1848.5.11-1915.10.22）
　ネーム（ウィンデルバント　1848-1915）
　広辞7（ウィンデルバント　1848-1915）
　学叢思（ヴィンデルバント, ウィルヘルム　1848-1916）
　新カト（ヴィンデルバント　1848.5.11-1915.10.22）
　メル2（ヴィンデルバント, ヴィルヘルム　1848-1916）

Windham, William〈18・19世紀〉
イギリスの政治家。アイルランド事務相（1783）, 陸相（94～1801,1806～07）を歴任。
⇒岩世人（ウィンダム　1750.5.3-1810.6.4）

Windisch, Ernst〈19・20世紀〉
ドイツの学者。
⇒岩世人（ヴィンディッシュ　1844.9.4-1918.10.30）

Windisch-Graetz, Alfred Fürst zu〈18・19世紀〉
オーストリアの将軍。
⇒岩世人（ヴィンディッシュ＝グレーツ　1787.5.

11–1862.3.21)

Windischmann, Carl Joseph Hieronymus〈18・19世紀〉
ドイツの医者,哲学者。医学とカトリック哲学との調和を試みた。
⇒岩世人（ヴィンディシュマン　1775.8.24/25–1839.4.23）
　新カト（ヴィンディシュマン　1775.8.24–1839.4.23）

Windle, Sir Bertram Coghill Alan〈19・20世紀〉
イギリスの医学者。解剖学,考古学,畸形学を専門とした。
⇒岩世人（ウィンドル　1858.5.8–1929）

Windscheid, Bernhard〈19世紀〉
ドイツの民法学者。
⇒岩世人（ヴィントシャイト　1817.6.26–1892.10.26）
　学叢思（ヴィンドシャイド,ベルンハルト・ヨゼフ　1817–1892）

Windthorst, Ludwig〈19世紀〉
ドイツの政治家。ハノーバー首相,法相歴任。ビスマルクに激しく対立。
⇒岩世人（ヴィントホルスト　1812.1.17–1891.3.14）
　新カト（ヴィントホルスト　1812.1.17–1891.3.14）

Winebrenner, John〈18・19世紀〉
アメリカの「神の教会」創立者,牧師。
⇒新カト（ワインブレンナー　1797.3.25–1860.9.12）

Winfield, Percy Henry〈19・20世紀〉
イギリスの法学者。『私犯法講義』(1937)の校訂者として知られている。
⇒岩世人（ウィンフィールド　1878.9.16–1953.7.7）

Winkelblech, Karl Georg〈19世紀〉
ドイツの経済学者,社会主義者。ドイツの科学的社会主義理論の先駆者となった。
⇒岩世人（ヴィンケルブレヒ　1810.4.11–1865.1.10）
　学叢思（ヴィンケルブレヒ,カール・ゲオルク　1810–1865）

Winkelman, Herman〈19・20世紀〉
ドイツのテノール歌手。
⇒魅惑（Winkelman,Herman　1849–1912）

Winkelried, Arnold von〈14世紀〉
スイスの愛国者,国民的英雄。
⇒岩世人（ヴィンケルリート）

Winkler, Clemens Alexander〈19・20世紀〉
ドイツの化学者。エカ珪素なる元素を発見して(86)ゲルマニウムと命名。

⇒岩世人（ヴィンクラー　1838.12.29–1904.10.8）

Winokurov, A.N.〈19・20世紀〉
ソ連の政治家。
⇒学叢思（ウィノクーロフ　1869–?）

Winstanley, Gerrard〈17世紀〉
イギリスの清教徒革命における最左翼党派ディガーズの指導者。
⇒岩世人（ウィンスタンリ　1609–1676?/1660）
　学叢思（ウィンスタンレー,ジェラード）

Winstedt, Sir Richard Olaf〈19・20世紀〉
イギリスの東洋学者。
⇒岩世人（ウィンステッド　1878.8.2–1966.6.2）

Winter, Carel Frederik〈18・19世紀〉
オランダのジャワ語翻訳官。
⇒岩世人（ウィンテル　1799.7.5–1859.1.14）

Winter, Hans〈16・17世紀〉
ドイツのマイスタージンガー。
⇒バロ（ヴィンター,ハンス　1591–1627）

Winter, Peter von〈18・19世紀〉
ドイツのオペラ作曲家。
⇒バロ（ヴィンター,ペーター・フォン　1754.8.28–1825.10.17）

Winter, Vitus Anton〈18・19世紀〉
ドイツのカトリック典礼改革者,教会史家。啓蒙思想家。
⇒新カト（ヴィンター　1754.5.22–1814.2.27）

Winterhalter, Franz Xaver〈19世紀〉
ドイツの画家,版画家。各国の王家,貴族の肖像を数多く制作。
⇒岩世人（ヴィンターハルター　1805.4.20–1873.7.8）

Winternitz, Moriz〈19・20世紀〉
オーストリアのインド学者。
⇒岩世人（ヴィンターニッツ　1863.12.23–1937.1.9）

Winther, Christian〈18・19世紀〉
デンマークの自然詩人。代表詩集長篇『牡鹿の遁走』(55)。
⇒岩世人（ヴィンター　1796.7.29–1876.12.30）

Winthrop, John〈16・17世紀〉
アメリカの法律家。植民地時代の政治家。マサチューセッツ湾植民地を建設。
⇒岩世人（ウィンスロップ　1588.1.12–1649.3.26）

Winthuis, Josef〈19・20世紀〉
ドイツ出身の宣教師,民族学者。
⇒新カト（ヴィントゥイス　1876.8.6–1956.9.4）

Wipo〈10・11世紀〉
ブルゴーニュのラテン語詩人,聖職者。

⇒バロ（ヴィボ・ド・ブルゴーニュ　995頃–1050）
　岩世人（ヴィーボ　?–1046以降）

Wirgman, Charles〈19世紀〉
イギリスの新聞記者，漫画家。1859年来日し，日本で最初の漫画雑誌『ジャパン・パンチ』を創刊。
⇒岩世人（ワーグマン　1832.8.31–1891.2.8）
　広辞7（ワーグマン　1832–1891）
　芸13（ワーグマン，チャールズ　1835–1891）
　ポプ人（ワーグマン，チャールズ　1832–1891）

Wirth, Karl Joseph〈19・20世紀〉
ドイツの政治家。蔵相（20～21），首相（21～22）を歴任。55年スターリン平和賞受賞。
⇒岩世人（ヴィルト　1879.9.6–1956.1.3）

Wirth, Max〈19世紀〉
ドイツの経済学者。
⇒岩世人（ヴィルト　1822.1.27–1900.7.18）
　学叢思（ヴィルト，マクス　1822–1900）

Wirth, Ulrich〈19世紀〉
ドイツの哲学者，牧師。
⇒学叢思（ヴィルト，ウルリヒ　1810–1879）

Wirth, Wilhelm〈19・20世紀〉
ドイツの心理学者。実験器械の考案と精神物理学的方法の発展に貢献。
⇒学叢思（ヴィルト，ウィルヘルム　1876–?）

Wise, Isaac Mayer〈19世紀〉
アメリカのラビ。改革派のパイオニアで，ヘブルー・ユニオンカレッジ（1875），アメリカラビ中央評議会（1889）の創立者。
⇒ユ人（ワイズ，イサク・マイヤー　1819–1900）
　ユ著人（Wise, Isaac Mayer　ワイズ，アイザック・メイヤー　1819–1900）

Wise, Michael〈17世紀〉
イギリスの歌手，オルガン奏者，ジェントルマン，官吏。
⇒バロ（ワイズ，マイケル　1648頃–1687.8.24）

Wise, Samuel Washington〈19・20世紀〉
アメリカの大リーグ選手（遊撃，二塁）。
⇒メジャ（サム・ワイズ　1857.8.18–1910.1.22）

Wise, Stephen Samuel〈19・20世紀〉
アメリカの改革派ユダヤ教ラビ，シオニズム運動家，市民権運動家。
⇒ユ人（ワイズ，ステファン・サムエル　1874–1949）
　ユ著人（Wise, Stephen Samuel　ワイズ，スティーヴン・サムエル　1874–1949）

Wiseman, Nicolas〈19世紀〉
イギリスのカトリックの枢機卿。カトリック復興運動の指導者として活躍。
⇒岩世人（ワイズマン　1802.8.2–1865.2.15）
　新カト（ワイズマン　1802.8.2–1865.2.15）

Wiseman, Richard〈17世紀〉
イギリスの外科医。国王チャールズ2世の侍医。
⇒岩世人（ワイズマン　1622頃–1676.8.20）

Wishard, Luther Deloraine〈19・20世紀〉
アメリカの神学者，YMCA幹事。1889年来日し，各地で伝道，同志社夏期学校を開設。
⇒岩世人（ウィシャード　1854.4–1925）

Wishart, George〈16世紀〉
スコットランドの宗教改革者。焚刑に処せられた。
⇒岩世人（ウィシャート　1513頃–1546.3.1）
　ネーム（ウィシャート　1513–1546）
　新カト（ウィシャート　1513頃–1546.3.1）

Wislicenus, Johannes Adolf〈19・20世紀〉
ドイツの化学者。光学異性，幾何異性などを研究。
⇒岩世人（ウィスリツェーヌス　1835.6.24–1902.12.5）
　学叢思（ヴィスリツェヌス，ヨハネス　1835–1902）

Wisnuwardhana〈13世紀〉
東ジャワのシンガサリ王国の第4代王。在位1248～54。
⇒岩世人（ウィシュヌワルダナ　?–1268）
　世帝（ヴィシュヌワルダナ　?–1268）

Wissler, Clark〈19・20世紀〉
アメリカの人類学者。著書『アメリカインディアン』（1917）はアメリカ人類学の古典。
⇒岩世人（ウィスラー　1870.9.18–1947.8.25）
　ネーム（ウィスラー　1870–1947）

Wissmann, Hermann von〈19・20世紀〉
ドイツの探検家。
⇒岩世人（ヴィスマン　1853.9.4–1905.6.15）

Wissotzky, Kalonymus Ze'ev〈19・20世紀〉
ロシアの実業界，社会事業家。
⇒ユ人（ヴィソツキー，カロニムス・ゼーブ　1824–1904）
　ユ著人（Wissotsky, Kalonymos Ze'ev　ヴィショツキー，カロニモス・ゼーブ　1824–1904）

Wissowa, Georg〈19・20世紀〉
ドイツの古典文献学者。ローマ宗教史の権威。
⇒岩世人（ヴィッソーヴァ　1859.6.17–1931.5.11）

Witasek, Stephan〈19・20世紀〉
オーストリアの哲学者，美学者，心理学者。感情表象説の立場をとった。
⇒岩世人（ヴィタゼーク　1870–1915）

Witch of En-dor
サウルのためにサムエルの霊を呼び出した口寄せ女（サムエル記上）。

⇒聖書（エン・ドルの口寄せ）
Witelo〈13世紀〉
ドイツのスコラ哲学者。
⇒岩世人（ヴィテロ　1220-1235-1275以降）
　新カト（ヴィテロ　1220/1230-1277以後）
　メル1（ヴィテロ　1220/1235?-1275/1280?）
Wither, George〈16・17世紀〉
イギリスの詩人。軍人としても活躍。
⇒岩世人（ウィザー　1588.6.11-1667.5.2）
Withering, William〈18世紀〉
イギリスの医者。当時の薬用植物学の大家。
⇒岩世人（ウィザリング　1741.3-1799.10.6）
Withers, Hartley〈19・20世紀〉
イギリスの経済評論家。
⇒岩世人（ウィザース　1867.7.15-1950.3.21）
Witherspoon, John〈18世紀〉
スコットランド系のアメリカの牧師、教育家。アメリカ独立宣言に署名。1768年プリンストン大学総長。
⇒岩世人（ウィザースプン　1723.2.15-1794.11.15）
　新カト（ウィザースプーン　1723.2.5-1794.11.15）
Witkowski, Georg〈19・20世紀〉
ドイツの文学史家。シェーラー学派に属し、特にゲーテ研究者として知られる。
⇒岩世人（ヴィトコフスキー　1863.9.11-1939.9.21）
Witmer, Lightner〈19・20世紀〉
アメリカの心理学者。ヴントの弟子。
⇒岩世人（ウィトマー　1867.6.28-1956.7.19）
Witsius, Hermann〈17・18世紀〉
オランダの改革派神学者。
⇒新カト（ヴィトシウス　1636.2.12-1708.10.22）
Witt, Christian Friedrich〈17・18世紀〉
ドイツの鍵盤楽器奏者、楽譜編集者、教師、詩人。
⇒バロ（ヴィット、クリスティアン・フリードリヒ　1660頃?-1716.4.13）
Witt, Franz Xaver〈19世紀〉
ドイツのカトリック教会音楽家、評論家。
⇒新カト（ヴィット　1834.2.9-1888.12.2）
Witte, Sergey Yulyevich〈19・20世紀〉
ロシアの政治家。
⇒ポプ人（ウィッテ、セルゲイ　1849-1915）
　学叢歴（ウィッテ　1849-現存）
Wittenweiler, Heinrich〈14・15世紀〉
後期中世スイスの叙事詩人。長編諷刺・教訓詩『指輪』の作者として知られる。
⇒岩世人（ヴィッテンヴィーラー）

Wittig, Joseph〈19・20世紀〉
ドイツのカトリック作家、神学者。キリスト教に取材した小説が多い。
⇒岩世人（ヴィッティヒ　1879.1.22-1949.8.22）
　新カト（ヴィッティヒ　1879.1.22-1949.8.22）
Witz, Konrad〈15世紀〉
ドイツの画家。透視図法や明暗によって、3次元的な空間の中に人間を彫塑的に表現したドイツ最初の画家。
⇒岩世人（ヴィッツ　1400頃-1445頃）
　新カト（ヴィッツ　1400/1410-1445頃）
　芸13（ヴィッツ、コンラート　1400-1410-1445頃）
Witzel, Georg〈16世紀〉
ドイツのカトリック神学者。
⇒新カト（ヴィッツェル　1501-1573.2.16）
Wizlâw III von Rügen〈13・14世紀〉
ドイツのポンメルン＝リューゲン公爵、ミンネゼンガー。
⇒バロ（ヴィッツラーウ3世・フォン・リューゲン　1265-1268-1325.11.8）
　バロ（リューゲン、ヴィッツラーウ3世・フォン　1265-1268-1325.11.8）
Władysław〈15・16世紀〉
福者、フランシスコ会員。
⇒新カト（ウワディスワフ〔ギエルニオフの〕1440頃-1505.5.4）
Władysław I (Herman)〈11・12世紀〉
ポーランド王国の統治者。在位1079～1102。
⇒世帝（ウワディスワフ1世　1043-1102）
Władysław I Lokietek〈13・14世紀〉
ポーランド国王。在位1320～33。1331年ドイツ騎士団と戦い、勝利。
⇒岩世人（ウワディスワフ1世　1260頃-1333.3.2）
　世帝（ウワディスワフ1世ウォキュテク　1260/1261-1333）
Władysław II〈12世紀〉
ポーランド王。
⇒世帝（ウワディスワフ2世　1105-1159）
Władysław II, Jagiello〈14・15世紀〉
ポーランド王国の統治者。
⇒岩世人（ウワディスワフ2世　1348頃-1434.5.31）
　世人新（ウワディスワフ2世〈ヤゲウォ〈ヤゲロー〉大公〉　1348/1351-1434）
　世人装（ウワディスワフ2世〈ヤゲウォ〈ヤゲロー〉大公〉　1348/1351-1434）
　世帝（ウワディスワフ2世　1362頃-1434）
Władysław III〈15世紀〉
ポーランド王国の統治者。
⇒岩世人（ウワディスワフ3世　1424-1444.11.10）
　世帝（ウワディスワフ3世ヴァルネンチフ　1424-1444）
　世帝（ウラースロー1世　1424-1444）

Władysław III, Spindleshanks〈13世紀〉
ポーランド王国の統治者。在位1202,1227〜1228（復位）。
⇒世帝（ヴワディスワフ3世　1165?–1231）

Władysław IV〈17世紀〉
ポーランド王国の統治者。在位1632〜1648。
⇒岩世人（ヴワディスワフ4世　1595.6.9–1648.5.20）
　世帝（ウラジスラフ　1595–1648）
　世帝（ヴワディスワフ4世　1595–1648）

Wobbermin, Georg〈19・20世紀〉
ドイツのプロテスタント神学者，宗教心理学者。
⇒岩世人（ヴォッバーミン　1869.10.27–1943.10.15）

Woermann, Karl〈19・20世紀〉
ドイツの美術史学者。絵画史，特に中世細密画に関する研究がある。
⇒岩世人（ヴェールマン　1844.7.4–1933.2.4）

Woeste, Charles Frédéric Auguste〈19・20世紀〉
ベルギーのカトリック政治家。アールスト郡選出の下院議員，旧教徒として運動。
⇒岩世人（ウースト　1837.2.26–1922.4.5）

Woestijne, Karel van de〈19・20世紀〉
ベルギーの作家。散文『二つの顔のヤヌス』（08）が代表作。
⇒岩世人（ファン・デ・ヴーステイネ　1878.3.10–1929.8.24）

Wohbermin, Georg〈19・20世紀〉
ドイツ現代の神学者。
⇒学叢思（ヴォーベルミン，ゲオルグ　1869–?）

Wöhler, Friedrich〈18・19世紀〉
ドイツの化学者。尿素を合成。
⇒岩世人（ヴェーラー　1800.7.31–1882.9.23）
　ネーム（ウェーラー　1800–1882）
　広辞7（ヴェーラー　1800–1882）
　学叢思（ヴェーレル，フリードリヒ　1800–1882）

Wohlmuth, János〈16・17世紀〉
ハンガリーのオルガン奏者。
⇒バロ（ヴォルムート，ヤーノシュ　1570頃?–1630頃?）

Wohlwill, Emil〈19・20世紀〉
ドイツの電気化学技術者，科学史家。
⇒岩世人（ヴォールヴィル　1835.11.24–1912.2.2）

Wojciechowski, Stanisław〈19・20世紀〉
ポーランドの政治家，経済学者。内相（19〜20），大統領（22〜26）を歴任。
⇒岩世人（ヴォイチェホフスキ　1869.3.15–1953.4.9）

Wolcot, John〈18・19世紀〉
イギリスの諷刺詩人。ジョージ3世，王立美術院などに対する諷刺詩をつくる。
⇒岩世人（ウォルコット　1738.5.9–1819.1.14）

Woldemar, Michel〈18・19世紀〉
フランスのヴァイオリン奏者，作曲家。
⇒バロ（ヴォルドマール，ミッシェル　1750.6.17–1815.12.19）

Wolf, Caspar〈18世紀〉
スイスの画家。
⇒岩世人（ヴォルフ　1735.5.3–1783.10.6）

Wolf, Ernst Wilhelm〈18世紀〉
ドイツの指揮者，教師，鍵盤楽器奏者。
⇒バロ（ウォルフ，エルンスト・ヴィルヘルム　1735.2.25–1792.11.29-30）

Wolf, Friedrich August〈18・19世紀〉
ドイツの古典学者。ホメロスの詩についての論議した。
⇒岩世人（ヴォルフ　1759.2.15–1824.8.8）
　学叢思（ヴォルフ，フリードリヒ・アウグスト　1759–1824）

Wolf, Hugo Philipp Jacob〈19・20世紀〉
ドイツのロマン派リートの代表的作曲家。
⇒岩世人（ヴォルフ　1860.3.13–1903.2.22）
　オペラ（ヴォルフ，フーゴ　1860–1903）
　エデ（ヴォルフ，フーゴー（フィリップ・ヤーコブ）　1860.3.13–1903.2.22）
　ネーム（ウォルフ　1860–1903）
　広辞7（ヴォルフ　1860–1903）
　実音人（ヴォルフ，フーゴ　1860–1903）

Wolf,（Jimmy）William Van Winkle〈19・20世紀〉
アメリカの大リーグ選手（外野）。
⇒メジャ（ジミー・ウルフ　1862.5.12–1903.5.16）

Wolf, Julius〈19・20世紀〉
ドイツの経済学者。
⇒岩世人（ヴォルフ　1862.4.20–1935）
　学叢思（ヴォルフ，ユリウス　1862–?）

Wolf, Lucien〈19・20世紀〉
イギリスのジャーナリスト，歴史家，ユダヤ史学会初代会長。
⇒ユ人（ウルフ，ルシアン　1857–1930）
　ユ著人（Wolf,Lucien　ヴォルフ，ルシアン　1857–1930）

Wolf, Max Franz Joseph Cornelius〈19・20世紀〉
ドイツの天文学者。銀河の構造を実際的に解明。
⇒岩世人（ヴォルフ　1863.6.21–1932.10.3）

Wolfdietrich
ゲルマン伝説中の英雄。
⇒ネーム（ヴォルフディートリヒ）

Wolfe, Charles〈18・19世紀〉
アイルランドの牧師, 詩人。詩篇『サー・ジョン・ムアの埋葬』の作者。
⇒岩世人（ウルフ　1791.12.14–1823.2.21）

Wolfe, James〈18世紀〉
イギリスの軍人。七年戦争でカナダのケベック攻撃を指揮。
⇒岩世人（ウルフ　1727.1.2–1759.9.13）

Wolff, Caspar Friedrich〈18世紀〉
ドイツの医学者。ヒナの腸について後成説を証明する実験を行い, 1768年『小腸の形成』を出版。
⇒岩世人（ヴォルフ　1733–1794.2.22）
　広辞7（ウォルフ　1733–1794）
　学叢思（ヴォルフ, カスパー・フリードリヒ　1733–1794）

Wolff, Christian, Freiherr von〈17・18世紀〉
ドイツ哲学者, 数学者。18世紀後半のドイツ哲学界に主流的位置を占めた。
⇒岩世人（ヴォルフ　1679.1.24–1754.4.9）
　広辞7（ウォルフ　1679–1754）
　学叢思（ヴォルフ, クリスティアン　1679–1754）
　新カト（ヴォルフ　1679.1.24–1754.4.9）
　メル2（ヴォルフ, クリスチャン　1679–1754）

Wolff, Emil von〈19世紀〉
ドイツの農芸化学者。
⇒岩世人（ヴォルフ　1818.8.30–1896.11.26）

Wolff, Ferdinand von〈19・20世紀〉
ドイツの火山学者, 岩石学者, 鉱物学者。
⇒岩世人（ヴォルフ　1874.9.13–1952.4.7）

Wolff, Henry William〈19・20世紀〉
イギリスの産業組合運動の指導者。主著"People's bank"（1893）。
⇒学叢思（ウォルフ, ヘンリー・ウィリアム　1840–?）

Wolff, Johann Rudolf〈19世紀〉
スイスの天文学者。太陽黒点の周期性に関する研究がある。
⇒岩世人（ヴォルフ　1816.7.7–1893.12.6）

Wolff, Theodor〈19・20世紀〉
ベルリン生まれのジャーナリスト。
⇒ユ著人（Wolff,Theodor　ウォルフ, テオドール　1868–1943）

Wolf-Ferrari, Ermanno〈19・20世紀〉
イタリアの作曲家。
⇒岩世人（ヴォルフ＝フェラーリ　1876.1.12–1948.1.21）
　オペラ（ヴォルフ＝フェラーリ, エルマンノ　1876–1948）

Wölfflin, Eduard〈19・20世紀〉
スイスの古典語学者。
⇒岩世人（ヴェルフリン　1831.1.1–1908.11.9）

Wölfflin, Heinrich〈19・20世紀〉
スイスの美術史家。ルネサンスからバロックへの様式発展を5つの基本概念で対比させた。
⇒岩世人（ヴェルフリン　1864.6.24–1945.7.19）
　ネーム（ヴェルフリン　1864–1945）
　広辞7（ヴェルフリン　1864–1945）
　新カト（ヴェルフリン　1864.6.24–1945.7.19）
　20思（ヴェルフリン, ハインリヒ　1864–1945）

Wolffsohn, David〈19・20世紀〉
世界シオニスト機構第2代会長。
⇒ユ人（ヴォルフゾーン, ダビッド　1856–1914）
　ユ著人（Wolffsohn,David　ヴォルフゾーン, ダヴィド　1856–1914）

Wolfgang〈10世紀〉
司教。聖人。シュワーベン生まれ。
⇒新カト（ヴォルフガング　924頃–994.10.31）
　図聖（ヴォルフガング（レーゲンスブルクの）　924頃–994）

Wolfhard〈11・12世紀〉
聖人。祝日4月30日。
⇒新カト（ヴォルフハルト〔ヴェローナの〕　?–1127.4.30）

Wolfram von Eschenbach〈12・13世紀〉
ドイツの詩人。ホーエンシュタウフェン王朝時代の3人の著名な宮廷叙事詩人の一人。
⇒バロ（ヴォルフラム・フォン・エッシェンバッハ　1170頃–1220以降）
　バロ（ヴォルフェンバッハ, ヴォルフラム・フォン　1170頃–1220頃）
　岩世人（ヴォルフラム（エッシェンバッハの）　1160/1180頃–1220頃）
　ネーム（ヴォルフラム　1170?–1220?）
　広辞7（ヴォルフラム・フォン・エッシェンバッハ　1170頃–1220頃）
　新カト（ヴォルフラム・フォン・エッシェンバハ　1170頃–1220頃）

Wolfskehl, Karl〈19・20世紀〉
ユダヤ系ドイツの詩人。詩集に『亡命の歌』（50）など。
⇒岩世人（ヴォルフスケール　1869.9.17–1948.6.30）
　ユ著人（Wolfskehl,Karl　ヴォルフスケール, カル　1869–1948）

Wolgemut, Michael〈15・16世紀〉
ドイツの画家。主作品はツウィカウの聖母聖堂の主祭壇画（76～79）で多く祭壇画を制作。
⇒岩世人（ヴォルゲムート　1434–1519.11.30）
　新カト（ヴォールゲムート　1434–1519.11.30）
　芸13（ヴォルゲムート, ミヒャエル　1434–1519）

Wollaston, William〈17・18世紀〉
イギリスの倫理学者。真と善との一致を主張。
⇒岩世人（ウラストン　1659.3.26–1724.10.29）
　学叢思（ウーラストン, ウィリアム　1659–1724）

Wollaston, William Hyde〈18・19世紀〉
イギリスの化学者, 物理学者。偏光プリズムなど発明。
⇒岩世人（ウラストン（慣ウォラストン） 1766.4.6-1828.12.22）
広辞7（ウォラストン 1766-1828）
学叢思（ウーラストン, ウィリアム・ハイド 1768-1828）

Wöllner, Johann Christoph von〈18世紀〉
プロシア王フリードリヒ・ウィルヘルム2世時の宗教大臣。
⇒岩世人（ヴェルナー 1732.5.19-1800.9.10）

Wollny, Ewald〈19・20世紀〉
ドイツの農業物理学の創始者。土壌の物理的性質を詳細に研究して, 土壌管理の基礎的原理を明らかにした。
⇒岩世人（ヴォルニー 1846.3.20-1901.1.8）

Wollstonecraft, Mary〈18世紀〉
イギリスの女権拡張論者。
⇒岩世人（ウルストンクラフト 1759.4.27-1797.9.10）
広辞7（ウルストンクラフト 1759-1797）
学叢思（ゴドヴィン, マリー・ウォールストンクラフト 1759-1796）

Woloszko〈17・18世紀〉
ポーランドの作曲家。
⇒バロ（ヴォウォシュコ, ? 1690頃?-1750頃?）

Wolsey, Thomas〈15・16世紀〉
イギリスの聖職者, 政治家。1515年枢機卿, 大法官となり, ヘンリー8世の片腕として活躍。
⇒岩世人（ウルジー 1470/1471-1530.11.29）
新カト（ウルジ 1474頃-1530.11.29）

Wolski, Jakub〈16世紀〉
ポーランドのオルガン奏者。
⇒バロ（ヴォルスキ, ヤクブ 1500頃?-1550頃?）

Wolsley, Garnet Joseph, 1st Viscount〈19・20世紀〉
イギリス陸軍軍人。1882年エジプト民族運動を鎮圧しスエズ運河を占領。
⇒岩世人（ウルズリー 1833.6.4-1913.3.25）

Woltereck, Richard〈19・20世紀〉
ドイツの生物学者。湖沼生物学, 枝角類, 遺伝学等に関する研究がある。
⇒岩世人（ヴォルテレック 1877.4.6-1944.2.23）

Woltmann, Ludwig〈19・20世紀〉
ドイツの修正派社会主義者, 人類学者。新カント派の認識論によって, マルクス主義の修正を試みた。
⇒岩世人（ヴォルトマン 1871.2.18-1907.1.30）
学叢思（ヴォルトマン, ルドヴィヒ 1871-1907）

Woltz, Johann II〈16・17世紀〉
ドイツのオルガン奏者, アンソロジー編者。
⇒バロ（ヴォルツ, ヨハン2世 1550頃?-1618.9.10）

Wolzogen, Ernst, Freiherr von〈19・20世紀〉
ドイツの作家。
⇒岩世人（ヴォルツォーゲン 1855.4.23-1934.7.30）

Wong Nai Siong〈19・20世紀〉
マレーシア（サラワク）の実業家, 革命家。
⇒岩世人（ウォン・ナイシオン 1849-1924.9.22）
近中（黄乃裳 こうだいしよう 1849.7-1924.9.22）

Wongsanupraphat〈19・20世紀〉
タイの官僚。
⇒岩世人（ウォンサーヌプラパット 1863.6.21-1940.10.21）

Wood, Francis Derwent〈19・20世紀〉
イギリスの彫刻家。
⇒芸13（ウッド, フランシス 1871-1926）

Wood, George A.〈19・20世紀〉
アメリカの大リーグ選手（外野）。
⇒メジャ（ジョージ・ウッド 1858.11.9-1924.4.4）

Wood, Henry〈19世紀〉
イギリスの女流小説家。
⇒岩世人（ウッド 1814.1.17-1887.2.10）

Wood, Sir Henry Joseph〈19・20世紀〉
イギリスの作曲家, 音楽指揮者。
⇒岩世人（ウッド 1869.3.3-1944.8.19）

Wood, John〈18世紀〉
イギリスの建築家。バス市の都市計画の他に〈ブリストルの取引所〉（1740～43）等の作品がある。
⇒岩世人（ウッド 1704.8.26-1754.5.23）

Wood, John〈19世紀〉
イギリスの地理学者。
⇒岩世人（ウッド 1811-1871.11.13）

Wood, Leonard〈19・20世紀〉
アメリカの軍医。陸軍参謀長などを務めた。
⇒アア歴（Wood, Leonard レナード・ウッド 1860.10.9-1927.8.7）
岩世人（ウッド 1860.10.9-1927.8.7）

Wood, Mary Elizabeth〈19・20世紀〉
アメリカの図書館員。
⇒アア歴（Wood, Mary Elizabeth メアリー・エリザベス・ウッド 1861.8.22-1931.5.1）

Wood, Robert Williams〈19・20世紀〉
アメリカの実験物理学者。第1次大戦には秘密信号法を発明, 第2次大戦には原子爆弾の発達に

寄与。
⇒岩世人（ウッド 1868.5.2–1955.8.11）

Wood, Stuart〈19・20世紀〉
アメリカの社会経済学者。主著 "The theory of wages" (1889)。
⇒岩世人（ウッド 1853.5.30–1914.3.2）

Wood, Thomas Denison〈19・20世紀〉
アメリカの体育学者、健康教育学者。
⇒岩世人（ウッド 1865.8.2–1951.3.19）

Wood, William Maxwell〈19世紀〉
アメリカの医師。
⇒アア歴（Wood,William Maxwell　ウイリアム・マックスウェル・ウッド　1809.5.27–1880.3.1）

Wood, William W.〈19世紀〉
アメリカの冒険家。
⇒アア歴（Wood,William W.　ウイリアム・W・ウッド　1805頃–?）

Woodbridge, Frederick James Eugene〈19・20世紀〉
アメリカの哲学者。
⇒岩世人（ウッドブリッジ 1867.3.26–1940.6.1）

Woodbridge, Samuel Isett〈19・20世紀〉
アメリカの宣教師。
⇒アア歴（Woodbridge,Samuel Isett　サミュエル・アイゼット・ウッドブリッジ　1856.10.16–1926.6.23）

Woodcock, Robert〈17・18世紀〉
イギリスのブロック・フレーテ奏者。
⇒バロ（ウッドコック、ロバート　1680頃?–1734頃）

Woodhull, Victoria Claflin〈19・20世紀〉
アメリカの女性解放運動家。同国初の女性大統領候補者。
⇒岩世人（ウッドハル 1838.9.23–1927.6.9）

Woodlock, Thomas Francis〈19・20世紀〉
アメリカのローマ・カトリック教会信徒、経済ジャーナリスト。
⇒新カト（ウッドロック 1866.9.1–1945.8.25）

Woodruff, Charles Edward〈19・20世紀〉
アメリカの軍医。
⇒アア歴（Woodruff,Charles Edward　チャールズ・エドワード・ウッドラフ　1860.10.2–1915.6.13）

Woodruff, Francis Eben〈19・20世紀〉
アメリカの政府役人。
⇒アア歴（Woodruff,Francis Eben　フランシス・エベン・ウッドラフ　1844.4.24–1914.6.3）

Woods, Cyrus E.〈19・20世紀〉
アメリカの外交官。駐日アメリカ大使。
⇒アア歴（Woods,Cyrus E.　サイラス・E・ウッズ　1861.9.3–1938.12.8）

Woods, George W.〈19・20世紀〉
アメリカの軍医。
⇒アア歴（Woods,George W.　ジョージ・W・ウッズ　1838–1902.6.9）

Woodson, Thomas〈16・17世紀〉
イギリスの歌手。
⇒バロ（ウッドソン、トマス　1550頃?–1605頃以降）

Woodward, James〈17・18世紀〉
彼は地質学的採集の知識を基として、化石が動物、植物の変化したものであるという見解を立てた事に於いて有名。
⇒学叢思（ウッドウォード、ジェームズ　1665–1772）

Woodward, Richard II〈18世紀〉
イギリスの歌手、オルガン奏者、指揮者。
⇒バロ（ウッドワード、リチャード・2世　1743頃–1777.11.22）

Woodworth, Robert Sessions〈19・20世紀〉
アメリカの心理学者。機能主義者、コロンビア学派の代表者。
⇒岩世人（ウッドワース 1869.10.17–1962.7.4）
20思（ウッドワース、ロバト S（セッションズ）1869–1962）

Woolf, Arthur〈18・19世紀〉
イギリスの機械技術者。
⇒岩世人（ウルフ 1766–1837.10.26）

Woollett, William〈18世紀〉
イギリスの版画家。
⇒岩世人（ウレット 1735.8.15–1785.5.23）

Woolley, Sir Charles Leonard〈19・20世紀〉
イギリスの考古学者。ウル発掘を指揮
⇒岩世人（ウリー 1880.4.17–1960.2.20）

Woolman, John〈18世紀〉
アメリカのクェーカー伝道者。『日記』(74)は、アメリカにおける宗教的経験の古典的記録として重要。
⇒岩世人（ウルマン 1720.10.19–1772.10.7）
⇒新カト（ウルマン 1720.10.19–1772.10.7）

Woolner, Thomas〈19世紀〉
イギリスの詩人、彫刻家。テニソンの胸像、ミル、クック等の著名人の像を作った。
⇒岩世人（ウルナー 1825.12.17–1892.10.7）

Woolston, Thomas〈17・18世紀〉
イギリスの神学者、理神論者、論争家。聖書の比

喩的解釈などを行う。
⇒岩世人（ウルストン 1669–1731.1.21）

Woolworth, Frank Winfield〈19・20世紀〉
アメリカの実業家。バラエティストアを最初に始めた。
⇒岩世人（ウルワース 1852.4.13–1919.4.8）

Worawongsathirat〈16世紀〉
タイ，アユタヤ朝の王。第14代チャイラーチャーの王妃スダーチャンの情夫。
⇒世帝（ウォーラウォンサーティラート ?–1548）

Worcester, Dean Conant〈19・20世紀〉
アメリカの動物学者，フィリピン植民地政府官吏。
⇒アア歴（Worceter,Dean C(onant) ディーン・コナント・ウスター 1866.10.1–1924.5.2）
　岩世人（ウースター 1866–1924）

Wordsworth, William〈18・19世紀〉
イギリスの詩人。1843年桂冠詞人。共著『抒情歌謡集』（98）で知られる。
⇒岩世人（ワーズワス 1770.4.7–1850.4.23）
　ネーム（ワーズワース 1770–1850）
　広辞7（ワーズワース 1770–1850）
　学叢思（ワーズワース，ウィリアム 1770–1850）
　新カト（ワーズワース 1770.4.7–1850.4.23）
　世人新（ワーズワース 1770–1850）
　世人装（ワーズワース 1770–1850）
　世史語（ワーズワース 1770–1850）
　ポプ人（ワーズワース，ウィリアム 1770–1850）

Wores, Theodore〈19・20世紀〉
アメリカの画家。
⇒アア歴（Wores,Theodore シオドア・ウォアーズ 1859.8.1–1939.9.1）

Workman, Fanny Bullock〈19・20世紀〉
アメリカの女性登山家。
⇒アア歴（Workman,Fanny（Bullock） ファニー・ブロック・ワークマン 1859.1.8–1925.1.22）

Worms, René〈19・20世紀〉
フランスの社会学者。国際社会学会を創立（1893）。
⇒学叢思（ウォルムス，ルネ 1869–1927?）

Worsaae, Jen Jacob Asmussen〈19世紀〉
デンマークの考古学者。貝塚が居住地に伴う食物のごみ捨て場であることを実証。
⇒岩世人（ヴォーソー 1821.3.14–1885.8.15）

Worth, Charles Frederick〈19世紀〉
イギリスのデザイナー。男性ドレスメーカー，オートクチュールの創始者。
⇒岩世人（ウォルト 1825.10.13–1895.3.10）
　広辞7（ウォルト 1825–1895）

Wotton, Sir Henry〈16・17世紀〉
イギリスの詩人，外交官。『汝，夜の星屑よ』など珠玉の抒情詩を書いた。
⇒岩世人（ウォットン 1568–1639.12）

Wouwerman, Philips〈17世紀〉
オランダの風景，風俗，動物画家。主作品『鍛冶屋』。
⇒岩世人（ヴァウエルマン 1619.5.24（受洗）–1668.5.19）

Woyrsch, Felix〈19・20世紀〉
ドイツの作曲家。アルトナ（ハンブルク）の指揮者。
⇒岩世人（ヴォイルシュ 1860.10.8–1944.3.20）

Wrangel, Friedrich Heinrich Ernst, Graf von〈18・19世紀〉
プロシアの元帥。三月革命でベルリンの秩序を回復。
⇒岩世人（ヴランゲル 1784.4.13–1877.11.1）

Wranizky, Paul〈18・19世紀〉
チェコ生れの作曲家，指揮者，ヴァイオリン奏者。
⇒バロ（ヴラニツキー，パウル 1756.12.30–1808.9.26）

Wrede, Ferdinand〈19・20世紀〉
ドイツのゲルマン語学者。ヴェンカーによる『言語地図』（1881）を継承刊行。
⇒岩世人（ヴレーデ 1863.7.15–1934.2.19）

Wrede, Karl Philipp, Fürst von〈18・19世紀〉
バイエルンの元帥。
⇒岩世人（ヴレーデ 1767.4.29–1838.12.12）

Wrede, William〈19・20世紀〉
ドイツの福音主義神学者。
⇒岩世人（ヴレーデ 1859.5.10–1906.11.23）
　新カト（ヴレーデ 1859.5.10–1906.11.23）

Wren, Sir Christopher〈17・18世紀〉
イギリスの建築家，科学者。代表作セント・ポール大聖堂（1675～1710）。
⇒岩世人（レン 1632.10.20–1723.2.25）
　新カト（レン 1632.10.20–1723.2.25）
　世数（レン，クリストファー 1632–1723）
　世建（クリストファー・レン 1632–1723）

Wrentmore, Clarence George〈19・20世紀〉
アメリカの灌漑技師。
⇒アア歴（Wrentmore,Clarence George クラレンス・ジョージ・レントモア 1867.12.15–1934.3.1）

Wright, Sir Almroth Edward〈19・20世紀〉
イギリスの病理学者，細菌学者。
⇒岩世人（ライト 1861.8.10–1947.4.30）

Wright, Eda Hanna〈19・20世紀〉
イギリスの女性社会事業家。1895年に25歳で来日。
⇒広辞7（ライト　1870-1950）

Wright, Edward〈19・20世紀〉
イギリスの宗教家。1895年来日し東京を中心として布教のため苦闘した、日本救世軍の開拓者。
⇒岩世人（ライト　1861-1947）

Wright, Elizur〈19世紀〉
アメリカの保険改革者、保険数理士。
⇒学叢思（ライト、エリジヤー　1803-1885）

Wright, Ferdinand von〈19・20世紀〉
フィンランドの画家。
⇒岩世人（ライト（ヴリクト）　1822.3.19-1906.7.31）

Wright, Frank Lloyd〈19・20世紀〉
アメリカの建築家。アメリカ近代建築運動の指導的な存在。
⇒アメ新（ライト　1867-1959）
　岩世人（ライト　1867.6.8-1959.4.9）
　広辞7（ライト　1867-1959）
　世建（フランク・ロイド・ライト　1867-1959）
　20思（ライト、フランク・ロイド　1867-1959）
　ポプ人（ライト、フランク・ロイド　1867-1959）

Wright, George〈19・20世紀〉
アメリカの大リーグ選手（遊撃、二塁）。
⇒メジャ（ジョージ・ライト　1847.1.28-1937.8.21）

Wright, Hamilton Kemp〈19・20世紀〉
アメリカの科学者。
⇒アア歴（Wright, Hamilton Kemp　ハミルトン・ケンプ・ライト　1867.8.2-1917.1.9）

Wright, Joseph〈18世紀〉
イギリスの画家。ダービーのライトとして知られている。
⇒岩世人（ライト・オヴ・ダービー　1734.9.3-1797.8.29）
　芸13（ライト・オブ・ダービー、ジョゼフ　1734-1797）

Wright, Joseph〈19・20世紀〉
イギリスの言語学者。ドイツの新文法派の方法をイギリスに移植。イギリスの文法および方言に通じた。
⇒岩世人（ライト　1855.10.31-1930.2.27）

Wright, Luke Edward〈19・20世紀〉
アメリカの外交官。駐日アメリカ大使。
⇒アア歴（Wright, Luke (Edward)　ルーク・エドワード・ライト　1846.8.29-1922.11.17）

Wright, Orville〈19・20世紀〉
アメリカの発明家。航空界のパイオニア。人類初の動力飛行に成功。研究者として航空技術の発展に貢献。
⇒岩世人（ライト　1871.8.19-1948.1.30）
　現アカ（Wright, Wilbur and Orville　ライト兄弟　1871-1948）
　世人新（ライト兄弟　1871-1948）
　世人装（ライト兄弟　1871-1948）
　世史語（ライト兄弟　1871-1948）
　世史語（ライト兄弟　1871-1948）
　ポプ人（ライト兄弟　1871-1948）

Wright, Wilbur〈19・20世紀〉
アメリカの発明家。航空界のパイオニア。人類初の動力飛行に成功。ライト航空機会社を設立。
⇒岩世人（ライト　1867.4.16-1912.5.30）
　現アカ（Wright, Wilbur and Orville　ライト兄弟　1861-1912）
　広辞7（ライト　1867-1912）
　世人新（ライト兄弟　1867-1912）
　世人装（ライト兄弟　1867-1912）
　世史語（ライト兄弟　1867-1912）
　世史語（ライト兄弟　1867-1912）
　ポプ人（ライト兄弟　1867-1912）

Wright, William Hammond〈19・20世紀〉
アメリカの天文学者。星雲に関する研究がある。
⇒岩世人（ライト　1871.11.4-1959.5.16）

Wright, William Henry〈19世紀〉
アメリカの大リーグ選手（外野）。
⇒メジャ（ハリー・ライト　1835.1.10-1895.10.3）

Wróblewski, Zygmunt Florenty von〈19世紀〉
ポーランドの物理学者。酸素、窒素、一酸化炭素などの液化を研究。
⇒岩世人（ヴルブレフスキ　1845-1888）

Wronowicz, Maciej〈17世紀〉
ポーランドの指揮者。
⇒バロ（ヴロノヴィチ、マチェイ　1620頃?-1684）

Wronski, Höené Joseph Maria〈18・19世紀〉
ポーランドの数学者で神秘論的哲学者。
⇒岩世人（ロンスキ　1778.8.23-1853.8.8）
　新カト（ヴロンスキ　1778.8.24-1853.8.9）
　世数（ウロンスキー（ロンスキー）、ジョゼフ-マリア・ハーネー　1776-1853）

Wtenbogaert, Johannes〈16・17世紀〉
オランダの神学者。アルミニウス派に属す。
⇒岩世人（ウーテンボハールト　1557.2.11-1644.9.4）
　新カト（ウーテンボハールト　1557.2.11-1644.9.4）

Wucherer, Otto Edward Henry〈19世紀〉
ブラジルの熱帯医学者。
⇒岩世人（ヴヘラー　1820.7.7-1873.5.7）

Wulf, Maurice de〈19・20世紀〉
ベルギーの哲学史家。ベルギーにおける新スコラ主義の代表者。
⇒岩世人（ウルフ　1867–1947.12.23）
　新カト（ヴルフ　1867.4.6–1947.12.23）

Wulflaicus〈6世紀〉
聖人，隠修士。祝日10月21日。
⇒新カト（ヴルフライクス　?–594頃）

Wulfram〈7世紀〉
フリジアの宣教師，大司教。聖人。祝日3月20日。
⇒新カト（ヴルフラム　?–695/700.3.20）
　図聖（ヴルフラム（サンスの）　?–720）

Wulfstan, St.〈11世紀〉
イギリスのウースターの司教，聖人。
⇒新カト（ウルフスタン〔ウースターの〕　1008頃–1095.1.19）

Wüllner, Franz〈19・20世紀〉
ドイツの音楽家。カンタータ〈Heinrich der Finkler〉を作曲。
⇒岩世人（ヴュルナー　1832.1.28–1902.9.7）

Wüllner, Friedrich Hugo Anton Adolph〈19・20世紀〉
ドイツの物理学者。塩溶液の蒸気圧，加圧下におけるガスのスペクトル分析についての研究がある。
⇒岩世人（ヴュルナー　1835.6.13–1908.10.6）

Wulmar〈7・8世紀〉
聖人，隠修士，修道院設立者。祝日7月20日。
⇒新カト（ヴルマル　?–710頃）

Wunderlich, Johann Georg〈18・19世紀〉
ドイツのフラウト・トルヴェルソ奏者，教育者，理論家。
⇒バロ（ヴンダーリヒ，ヨハン・ゲオルク　1755/1756.2.2?–1819）

Wunderlich, Karl Reinhold August〈19世紀〉
ドイツの医者。
⇒岩世人（ヴンダーリヒ　1815.8.2–1877.9.25）

Wundt, Max〈19・20世紀〉
ドイツの哲学者。
⇒岩世人（ヴント　1879.1.29–1963.10.31）
　新カト（ヴント　1879.1.29–1963.10.31）

Wundt, Wilhelm Max〈19・20世紀〉
ドイツの心理学者，哲学者。
⇒岩世人（ヴント　1832.8.16–1920.8.31）
　広辞7（ヴント　1832–1920）
　学叢思（ヴント，ヴィルヘルム　1832–1920）
　新カト（ヴント　1832.8.16–1920.8.31）
　メル3（ヴント，ヴィルヘルム　1832–1920）

Wunibald von Heidenheim〈8世紀〉
ベネディクト会士，大修道院長，聖人。
⇒新カト（ウィネバルド　701–761.12.18）
　図聖（ヴニバルト（ハイデンハイムの）　701–761）

Wurtz, Charles Adolphe〈19世紀〉
フランスの有機化学者。グリセリンの合成をした。
⇒岩世人（ヴルツ（慣ウルツ）　1817.11.26–1884.5.12）

Wüst, Paul〈15・16世紀〉
ドイツのミンストレル，教育者。
⇒バロ（ヴュースト，パウル　1470–1475–1540頃）

Wüstenfeld, Ferdinand〈19世紀〉
ドイツのアラビア学者。
⇒岩世人（ヴュステンフェルト　1808.7.31–1899.2.8）

Wyat, Sir Thomas〈16世紀〉
イギリスの詩人，外交官。イギリス風のソネットを創始。
⇒岩世人（ワイアット　1503頃–1542.10.11（埋葬））

Wyatt, James〈18・19世紀〉
イギリスの建築家。主作品，カステルクール（90）。
⇒岩世人（ワイアット　1746.8.3–1813.9.4）

Wyatt, John〈17・18世紀〉
イギリスの発明家。回転ローラーによる紡績機を考案して特許を得た。
⇒岩世人（ワイアット　1700.4–1766.11.29）

Wybicki, Józef〈18・19世紀〉
ポーランドの政治家，作家。
⇒岩世人（ヴィビツキ　1747.9.29–1822.3.19）

Wychegerde, Mynheer〔Jan〕〈16世紀〉
イングランドのスパイマスター，サー・フランシス・ウォルシンガム配下のスパイだった小麦商人。
⇒スパイ（ウィチェゲルデ，ミニーア（ヤン））

Wycherley, William〈17・18世紀〉
イギリスの劇作家。チャールズ2世の宮廷で活躍。
⇒岩世人（ウィチャリー　1640頃–1716.1.1）

Wyckoff, Martin Nevius〈19・20世紀〉
アメリカの宣教師。
⇒岩世人（ワイコフ　1850.4.10–1911.1.27）

Wycliffe, John〈14世紀〉
宗教改革の先駆者。イギリスの哲学者，神学者。聖書を初めて英訳。
⇒岩世人（ウィクリフ　1320頃–1384.12.28）
　ネーム（ウィクリフ　1320?–1384）
　広辞7（ウィクリフ　1320頃–1384）
　学叢思（ウィックリッフ，ジョン　1320–1384）

新カト（ウィクリフ　1320/1330–1384.12.31）
世人新（ウィクリフ　1320頃–1384）
世人装（ウィクリフ　1320頃–1384）
世史語（ウィクリフ　1320頃–1384）
ポプ人（ウィクリフ, ジョン　1320頃–1384）

Wyld, Henry Cecil Kennedy〈19・20世紀〉
イギリスの言語学者。英語の韻律の研究が専門。
⇒岩世人（ワイルド　1870.3.27–1945.1.26）

Wylie, Alexander〈19世紀〉
イギリスの宣教師、シナ学者。新約聖書の福音書や数学教科書を中国語に、また満蒙語文典を英訳。
⇒岩世人（ワイリー　1815.4.6–1887.2.6）

Wyndham, *Sir* Charles〈19・20世紀〉
イギリスの劇団監督兼俳優。
⇒岩世人（ウィンダム　1837.3.23–1919.1.12）

Wyndham, George〈19・20世紀〉
イギリスの政治家、文筆家。
⇒岩世人（ウィンダム　1863.8.29–1913.6.8）

Wyneken, Gustav〈19・20世紀〉
ドイツの教育者、青年運動指導者。
⇒岩世人（ヴィーネケン　1875.3.19–1964.12.8）

Wynn, Keenan〈19・20世紀〉
アメリカの映画男優。
⇒ユ著人（Wynn,Keenan　ウィン, キーナン　1816–1986）

Wyspiański, Stanisław〈19・20世紀〉
ポーランドの劇作家、詩人、画家。文学芸術運動「若きポーランド」を代表する一人。
⇒岩世人（ヴィスピャンスキ　1869.1.15–1907.11.28）

Wyss, Johann Rudolf〈18・19世紀〉
スイスの著作家。スイス国歌を作った。
⇒岩世人（ヴィース　1782.3.4–1830.3.21）

Wyttenbach, Daniel Albert〈18・19世紀〉
オランダで活躍したドイツ人の古典学者。
⇒岩世人（ヴィッテンバッハ　1746.8.7–1820.1.17）

Wyttenbach, Thomas〈15・16世紀〉
スイスの宗教改革者、ツヴィングリの師。
⇒新カト（ヴィッテンバハ　1472–1526）

Wyvill, Christopher〈18・19世紀〉
イギリスの政治家、議会改革運動家。
⇒岩世人（ウィヴィル　1738.12–1822.3.8）

【 X 】

Xainetonge, Anne de〈16・17世紀〉
フランスの聖職者。聖母のウルスラ童貞会を創立（1606）。
⇒岩世人（グザントンジュ　1567.11.21–1621.6.8）

Xanrof, Léon〈19・20世紀〉
フランスのシャンソニエ。
⇒19仏（レオン・クサンロフ　1867.12.9–1953.5.17）

Xanthippē〈前5世紀〉
ソクラテスの晩年の妻。古来、悪妻として知られる。
⇒岩世人（クサンティッペ）
　世人新（クサンティッペ　生没年不詳）
　世人装（クサンティッペ　生没年不詳）

Xanthippos〈5世紀〉
アテナイの政治家。
⇒岩世人（クサンティッポス）

Xanthopulos, Nikephoros Kallistos〈13・14世紀〉
ビザンティン帝国の教会史家。
⇒新カト（クサントプロス　1256頃–1335頃）

Xanthos〈前5世紀〉
ギリシアの史家。
⇒岩世人（クサントス）

Xavier, Francisco de Yasu y〈16世紀〉
スペイン出身のイエズス会士。日本に初めてキリスト教を伝え、東洋の使徒といわれた。
⇒岩世人（ザビエル（シャヴィエル）　1506.4.7–1552.12.3）
　ネーム（サビエル、フランシスコ　1506–1552）
　広辞7（ザビエル　1506–1552）
　学叢思（ヒャヴィエール, フランチェスコ　Francesco Xavier　1506–1552）
　新カト（フランシスコ・ザビエル　1506.4.7–1552.12.3）
　図聖（ザビエル, フランシスコ　1506–1552）
　世人新（ザビエル（シャヴィエル）　1506–1552）
　世人装（ザビエル（シャヴィエル）　1506–1552）
　世史語（フランシスコ＝ザビエル　1506頃–1552）
　世史語（フランシスコ＝ザビエル　1506頃–1552）
　ポプ人（ザビエル, フランシスコ　1506–1552）
　ルネ（聖フランシスコ・ザビエル　1506–1552）

Xavier, Jeronimo〈16・17世紀〉
スペイン出身のインド宣教師、イエズス会員。
⇒新カト（ザビエル　1549–1617.6.27）

Xenokratēs〈前4世紀〉
ギリシアの哲学者。アカデメイア第3代の学頭者。初めて哲学を論理学,自然学,倫理学の3部門に区分。
⇒岩世人 (クセノクラテス 前396–前314頃)
　学叢思 (クセノクラテス 前396–前314頃)
　メル1 (クセノクラテス 前406/前396?–前314頃)

Xenophanēs〈前6世紀頃〉
ギリシアの哲学者。エレア哲学の創始者。主著『自然について』。
⇒岩世人 (クセノファネス 前565–前470頃)
　ネーム (クセノファネス 前570–前488)
　広辞7 (クセノファネス 前565頃–前470頃)
　学叢思 (クセノファネス 前570頃–?)
　メル1 (クセノファネス 前565–前470頃)

Xenophōn〈前5・4世紀〉
ギリシアの軍人,歴史家。主著『アナバシス』『ヘレニカ』『ソクラテスの弁明』『饗宴』『家政論』など。
⇒岩世人 (クセノフォン 前430頃–前354頃)
　ネーム (クセノフォン 前430?–?)
　広辞7 (クセノフォン 前430頃–前354頃)
　学叢思 (クセノフォン 前430–前355)
　世人新 (クセノフォン 前430頃–前354頃)
　世人装 (クセノフォン 前430頃–前354頃)

Xenophōn〈2・3世紀頃〉
ギリシアの物語作者。
⇒岩世人 (クセノフォン(エフェソスの) ?–2・3世紀)

Xenopol, Alexandru Dimitru〈19・20世紀〉
ルーマニアの歴史家。初めて批判的,綜合的なルーマニア史を著した。
⇒岩世人 (クセノポル 1847.3.23–1920.1.27)

Xerxes I〈前6・5世紀〉
ペルシア王。在位前486～465。ダレイオス1世の子。
⇒岩世人 (アハシュエロス)
　岩世人 (クセルクセス1世 (在位)前486–前465)
　ネーム (クセルクセス1世)
　広辞7 (クセルクセス ?–前465)
　聖書 (クセルクセス)
　世人新 (クセルクセス1世 前519頃–前465)
　世人装 (クセルクセス1世 前519頃–前465)
　世帝 (クセルクセス1世 前519–前465)
　ポプ人 (クセルクセス1世 ?–前465)
　学叢歴 (クセルクセス ?–前464)

Xerxes II〈前5世紀〉
古代ペルシアの王。在位前424。
⇒世帝 (クセルクセス2世 ?–前424)

Ximenes, Morris (Moses), Sir〈18・19世紀〉
英国の高官。
⇒ユ著人 (Ximenes,Morris (Moses),Sir ヒメネス,モーリス 1763–1837)

Ximenes de Cisneros, Francisco〈15・16世紀〉
スペインの政治家,フランシスコ修道会士。カルロス1世の摂政などを務めた。
⇒岩世人 (ヒメネス・デ・シスネロス 1436–1517.11.8)
　新カト (シスネーロス 1436–1517.11.8)
　ルネ (フランシスコ・ヒメネス・デ・シスネロス 1436–1517)

Ximénez, Antonio〈18世紀〉
スペインの作曲家。
⇒バロ (ヒメーネス,アントーニオ 1740頃?–1800頃?)

Xuares, Alonso〈17世紀〉
スペインの指揮者。
⇒バロ (フアレス,アロンソ 1630頃–1696.6.26)

Xūthos
ギリシア神話,ヘレンの子。
⇒岩世人 (クストス)

【 Y 】

Yaballaha III〈13・14世紀〉
モンゴル時代のアッシリア東方教会(ネストリオス派)総大主教。在職1281～1317。
⇒岩世人 (ヤバラーハー3世 1245–1317.11.13)

al-Yāfi'ī, 'Afīf al-Dīn〈13・14世紀〉
イスラーム法学者,歴史家,神秘家。
⇒岩世人 (ヤーフィイー 1298–1367)

Yaghmā, Jandaqī〈18・19世紀〉
イランの詩人。諧謔詩〈Hazaliyāt〉が残る。
⇒岩世人 (ヤグマー ?–1859)

Yahdun-Lim〈前19・18世紀〉
古バビロニア時代のマリ王国の王。在位前1810～1794頃。
⇒岩世人 (ヤハドゥン・リム (在位)前1810–前1794頃)

Yaḥyā b Muḥammad〈19・20世紀〉
イェーメン国王。
⇒岩世人 (ヤフヤー・イブン・ムハンマド・ハミードゥディーン 1869–1948.1.16/17)

Yaḥyā Ibn 'Adī〈9・10世紀〉
ヤコブ派キリスト教の神学者,哲学者。
⇒新カト (ヤフヤー・イブン・アディー 893/894–984.8.13)

Yaḥyā ibn al-Biṭrīq〈9世紀〉
アッバース朝の翻訳家。9世紀の前半に活躍した。
⇒岩世人（ヤフヤー・イブン・ビトリーク （活躍）9世紀前半）

Yaḥyā ibn Yaḥyā al-Maṣmūdī〈8・9世紀〉
アンダルス（現スペイン）におけるイスラーム法学者。
⇒岩世人（ヤフヤー・マスムーディー　769–848.9）

Yajiro〈16世紀〉
日本人最初のキリスト教徒。
⇒新カト（ヤジロウ　1511頃–?）

Yājñavalkya〈前8世紀頃〉
インドの哲人。
⇒岩世人（ヤージュニャヴァルキヤ）
学叢思（ヤージュナ・ヴルクヤ）
南ア新（ヤージュニャヴァルキヤ　生没年不詳）

Yale, Elihu〈17・18世紀〉
イギリスの東インド会社役員。多額の寄付によりエール大学に名を残す。
⇒アア歴（Yale,Elihu　エリフ・イェール　1649.4.5–1721.7.8）

Yan Joosten van Lodenstijn〈16・17世紀〉
オランダの船員。
⇒岩世人（ヤン・ヨーステン　?–1623）
ネーム（ヤン・ヨーステン　1556?–1623）
広辞7（ヤン・ヨーステン　1557頃–1623）
新カト（ヤン・ヨーステン　?–1623）
ポプ人（ヨーステン，ヤン　?–1623）

Yannai〈6・7世紀〉
パレスチナの宗教詩人。
⇒ユ人（ヤンナイ　4–5世紀）
ユ著人（Yannai　ヤンナイ　6世紀–7世紀）

Yannai（Yannai Rabbah, the Great）〈3世紀〉
パレスチナのアモーラ。
⇒ユ著人（Yannai（Yannai Rabbah,the Great）ヤンナイ　3世紀初）

Yap Ah Loy〈19世紀〉
マレーの華僑（華僑・華人）指導者。
⇒岩世人（ヤップ・アーロイ　1837.3.14–1885.4.15）

Ya'qūb Beg, Muḥammad〈19世紀〉
東トルキスタンの支配者。1865年に東トルキスタンのカシュガルに侵入し，支配者となった。
⇒岩世人（ヤークーブ・ベグ　1820頃–1877.5）
広辞7（ヤークーブ・ベク　1820頃–1877）
世人新（ヤークーブ＝ベク　1820頃–1877）
世人装（ヤークーブ＝ベク　1820頃–1877）
世史語（ヤークーブ＝ベク　1820頃–1877）
ポプ人（ヤークーブ・ベク　1820?–1877）

学叢歴（ヤクブベク　?–1877）

Ya'qūb bin Laith〈9世紀〉
イランのサッファール朝の創始者。在位867～78。868年にヘラートなどを併合。
⇒岩世人（ヤアクーブ・イブン・ライス　?–879）

al-Ya'qūbī, Aḥmad b. Abī Ya'qūb〈9世紀〉
アラビアの地理学者。著書『諸国史』。
⇒岩世人（ヤアクービー）

Ya'qúb ibn Killis〈10世紀〉
バグダッド生まれの改宗ユダヤ人。ファーティマ朝第4代カリフ・ムイッズを捕弼した財務官僚。
⇒ユ著人（Ya'qúb ibn Killis　ヤークブ・イブン・キルリス　10世紀）

Yāqūt al-Musta'ṣimī〈13世紀頃〉
アラビアの書道家。
⇒岩世人（ヤークート・ムスタアスィミー　?–1298）

Yāqūt bn 'Abd Allah al-Rumi al-Hamawi〈12・13世紀〉
イスラムの地理学者。主著に『地理学辞典』『人名辞典』がある。
⇒岩世人（ヤークート・イブン・アブドゥッラー　1179頃–1229.8.12）
ネーム（ヤークート　1179–1229）

Ya'rub
古代アラブ人の系譜上の重要人物。
⇒岩世人（ヤアルブ）

Yasawī, Aḥmad〈12世紀〉
中央アジアのテュルク系遊牧民のイスラーム化に力を尽くしたスーフィー（スーフィズム）。
⇒岩世人（ヤサヴィー　1100頃?–1166?）

al-Yashruṭī, 'Alī Nūr al-Dīn〈19世紀〉
イスラームの神秘家，ヤシュルティー教団の名祖。
⇒岩世人（ヤシュルティー，アリー・ヌールッディーン　1804–1899）

Yāska〈前5世紀?〉
インド人の言語学者。サンスクリット語の語源解釈学者。語源解釈学の現存最古の書物の著者。
⇒岩世人（ヤースカ）

Yaśodharā
出家以前の釈尊の妃の名。夫に対して従順で貞淑な，典型的インドの貴夫人と想定。
⇒岩世人（ヤショーダラー）
広辞7（耶輸陀羅　やしゅだら）

Yaśomitra〈6・7世紀?〉
インドの仏教学者（600年頃）。
⇒岩世人（ヤショーミトラ）

Yaśovarman〈8世紀〉
北インドの王。在位715頃～745頃。

⇒南ア新（ヤショーヴァルマン ?–745頃）

Yaśovarman I ⟨9世紀⟩
古代クメール王国（アンコール朝）の第4代国王。在位889～900。
⇒岩世人（ヤショーヴァルマン1世 ?–910）
　世帝（ヤショーヴァルマン1世 ?–910?）
　ポプ人（ヤショーバルマン王 生没年不詳）

Yaśovarman II ⟨12世紀⟩
クメール王国（アンコール朝）の統治者。在位1160～1165。
⇒世帝（ヤショーヴァルマン2世 ?–1166）

Yates, Matthew Tyson ⟨19世紀⟩
アメリカの宣教師。
⇒アア歴（Yates,M(atthew) T(yson) マシュー・タイスン・イェーツ 1819.3.18–1888.3.17）

Ýavorov, Péio ⟨19・20世紀⟩
ブルガリアの詩人。本姓クラチョロフ。
⇒岩世人（ヤヴォロフ 1878.1.1–1914.10.29）

Yazdgard I ⟨5世紀⟩
ササン朝ペルシア第14代の王。在位399～420。バフラム4世の子。
⇒岩世人（ヤズドゲルド1世（在位）399–420）
　世帝（ヤズデギルド1世 ?–420）

Yazdgard II ⟨5世紀⟩
ペルシアのササン朝の王。在位438～59。
⇒岩世人（ヤズドゲルド3世（在位）632–651）
　世帝（ヤズデギルド2世 ?–457）
　世帝（ヤズデギルド3世 624–651）

Yazdī, Sharaf al-Dīn'Alī ⟨15世紀⟩
イランの文人，詩人。
⇒岩世人（ヤズディー，シャラフッディーン・アリー ?–1454）

Yazıcıoğlu Mehmet ⟨15世紀⟩
オスマン帝国の詩人，神秘家。
⇒岩世人（ヤズジュオール・メフメト ?–1451）

Yazīd I ⟨7世紀⟩
カリフ王朝の統治者。在位680～683。
⇒岩世人（ヤズィード 642?–683.11）
　世帝（ヤズィード1世 645–683）

Yazīd II ⟨8世紀⟩
カリフ王朝の統治者。在位720～724。
⇒世帝（ヤズィード2世 687–724）

Yazīd III ⟨8世紀⟩
カリフ王朝の統治者。
⇒世帝（ヤズィード3世 ?–744）

al-Yazīdī, Abū 'Abdullāh Muḥammad ⟨8・9世紀⟩
アッバース朝期のアラブ詩人。
⇒岩世人（ヤズィーディー ?–829）

al-Yazīdī, Abū Isḥāq Ibrāhīm ⟨9世紀⟩
バスラ学派のアラブ文法学者。
⇒岩世人（ヤズィーディー ?–839/840）

al-Yazīdī, Abū Muḥammad Yaḥyā ⟨8・9世紀⟩
バスラ学派のアラブ文法学者。
⇒岩世人（ヤズィーディー 745/746–817/818）

Ybarra de Villalonga, Rafaela ⟨19世紀⟩
女子修道会創立者。
⇒新カト（イバラ 1843.1.16–1900.2.23）

Ycart, Bernhard ⟨15世紀⟩
スペインの歌手，教師，理論家。
⇒バロ（イカルト，ベルンハルト 1440頃?–1490頃?）

Yeats, Jack B ⟨19・20世紀⟩
アイルランドの画家。
⇒芸13（イェーツ，ジャック・バトラー 1871–1957）

Yeats, William Butler ⟨19・20世紀⟩
アイルランドの詩人，劇作家。アイルランド文芸復興に尽力。
⇒岩世人（イェイツ 1865.6.13–1939.1.28）
　ネーム（イェーツ 1865–1939）
　広辞7（イェーツ 1865–1939）
　学叢思（イェーツ，ウィリアム・バトラー 1865–?）
　新カト（イェイツ 1865.6.13–1939.1.28）
　世人新（イェーツ 1865–1939）
　世人装（イェーツ 1865–1939）
　ポプ人（イェーツ，ウィリアム・バトラー 1865–1939）

Yehoash ⟨19・20世紀⟩
イディッシュ詩人。聖書翻訳者。
⇒ユ著人（Yehoash イェホアシュ 1872–1927）

yehûdāh ha-nāsî' ⟨2・3世紀⟩
ユダヤ教律法学者，イスラエル・ユダヤ人共同体の総主教。2世紀後半から3世紀初頭に活動。
⇒岩世人（イェフダ・ハ・ナスィ 2世紀後半–3世紀初頭）

Yekeder ⟨13世紀⟩
中国，元の建築家。也黒迭児。
⇒岩世人（イケデル）

Yerkes, Robert Means ⟨19・20世紀⟩
アメリカの心理学者。
⇒岩世人（ヤーキズ 1876.5.26–1956.2.3）

Yersin, Alexandre Émile John ⟨19・20世紀⟩
スイス系のフランスの細菌学者。1888年ジフテリアの毒素の存在を証明。ペスト菌を発見。
⇒岩世人（イェルサン 1863.9.22–1943.3.2）

ye shes 'od〈10・11世紀〉
西チベットの王。
⇒岩世人（イェーシェーウー　965–1036）

ye shes sde〈8・9世紀〉
チベットの訳経家。8世紀後半〜9世紀初頭頃に活動。
⇒岩世人（イェーシェーデ　8世紀後半–9世紀初頭頃）

Yesüder〈14世紀〉
北元の皇帝。
⇒世帝（イェスデル　（在位）1388–1391）

Yetts, W.Perceval〈19・20世紀〉
イギリスのシナ学者。中国美術および考古学を講じ,論著が多い。
⇒岩世人（イェッツ　1878.4.25–1957.5.14）

Yigmiš〈14世紀〉
中国,元の武将。
⇒岩世人（イグミシュ）

Y Lan phu nhân〈11・12世紀〉
ベトナムの皇后。李聖宗帝の后妃,李仁宗帝の生母。
⇒岩世人（イーラン夫人　?–1117）

Yo〈19世紀〉
ラオスのチャムパーサック王国の王。在位1819〜27。
⇒岩世人（ヨー　（在位）1819–1827）

Yodhisthira
叙事詩『マハーバーラタ』に登場する,正義の神ダルマの実の息子で英雄。
⇒岩世人（ユディシュティラ）
　ネーム（ユディシュティラ）

Yommarat〈19・20世紀〉
タイの官僚。
⇒岩世人（ヨムマラート　1862.7.15–1938.12.30）

Yom-tov ben-Isaac of Joigny〈12世紀〉
イギリスの学者詩人,ヨーク虐殺の犠牲者。
⇒ユ人（ヨムトブ,ジョイニーのベンイサク　?–1190）

Yorck von Wartenburg, Johann Hans David Ludwig, Graf〈18・19世紀〉
プロシアの軍人。
⇒岩世人（ヨルク・フォン・ヴァルテンブルク　1759.9.26–1830.10.4）

Yorck von Wartenburg, Paul, Graf〈19世紀〉
ドイツの哲学者。ディルタイに近く,ギリシア思想の研究を主題とした。
⇒岩世人（ヨルク・フォン・ヴァルテンブルク　1835.4.1–1897.9.12）

York, Frederick Augustus, Duke of〈18・19世紀〉
イギリスの軍人。ジョージ3世の2男。
⇒岩世人（ヨーク　1763.8.16–1827.1.5）

Yose ben-Halafta〈2世紀〉
パレスチナのタンナ。
⇒ユ人（ヨセ,ベンハラフタ　2世紀中頃）

Yose ben Yose〈4・5世紀〉
宗教詩人。
⇒ユ著人（Yose ben Yose　ヨセ・ベン・ヨセ　4–5世紀）

Yosodipuro I, Raden Ngabehi〈18・19世紀〉
ジャワのスラカルタにあった新マタラム王国の宮廷詩人。
⇒岩世人（ヨソディプロ1世　1729–1802）

Yotfa〈16世紀〉
タイ,アユタヤ朝の王。
⇒世帝（ヨートファー　1536–1548）

Youmans, Edward Livingston〈19世紀〉
アメリカの科学評論家。『アメリカにおける科学の開拓者たち』(96)を著した。
⇒岩世人（ユーマンズ　1821.6.3–1887.1.18）

Young, Allyn Abbott〈19・20世紀〉
アメリカの経済学者。
⇒岩世人（ヤング　1876.9.19–1929.3.7）

Young, Arthur〈18・19世紀〉
イギリスの農業理論家。農業技術の改善と新経営方法の普及に努めた。
⇒岩世人（ヤング　1741.9.11–1820.4.20）
　広辞7（ヤング　1741–1820）
　学叢思（ヤング,アーサー　1741–1820）

Young, Brigham〈19世紀〉
アメリカのモルモン教会指導者。35年十二使徒の一人に選ばれ,創始者J.スミス死後指導者となった。
⇒アメ新（ヤング　1801–1877）
　岩世人（ヤング　1801.6.1–1877.8.29）
　新カト（ヤング　1801.6.1–1877.8.29）

Young, Charles Augustus〈19・20世紀〉
アメリカの天文学者。
⇒岩世人（ヤング　1834.12.5–1908.1.3）

Young, Cy〈19・20世紀〉
アメリカの野球の投手。
⇒岩世人（ヤング　1867.3.26–1955.11.4）
　ネーム（サイ・ヤング　1867–1955）
　広辞7（サイ・ヤング　1867–1955）
　メジャ（サイ・ヤング　1867.3.29–1955.11.4）

Young, Edward〈17・18世紀〉
イギリスの詩人。
⇒岩世人（ヤング　1683.7.3–1765.4.5）
　新カト（ヤング　1683.7.3–1765.4.5）

Young, Geoffrey Winthrop〈19・20世紀〉
イギリスの詩人。登山家としても知られる。
⇒岩世人（ヤング　1876.10.25–1958.9.6）

Young, John〈18・19世紀〉
ハワイ王国, カメハメハ大王の腹心。
⇒オセ新（ヤング　1742?–1835）

Young, John Russell〈19世紀〉
アメリカのジャーナリスト, 外交官。
⇒アア歴（Young,John Russell　ジョン・ラッセル・ヤング　1840.11.20–1899.1.17）

Young, Owen D.〈19・20世紀〉
アメリカの法律家, 財務家。ドイツ賠償問題の解決と連合国の債務償却とに尽力。
⇒岩世人（ヤング　1874.10.27–1962.7.11）
　広辞7（ヤング　1874–1962）
　世人新（ヤング　1874–1962）
　世人装（ヤング　1874–1962）

Young, Robert〈19・20世紀〉
イギリスのジャーナリスト。1888年来日, 神戸ジャパン・クロニクル社主。
⇒岩世人（ヤング　1858–1922.11.7）

Young, Thomas〈18・19世紀〉
イギリスの医師, 物理学者, 考古学者。
⇒岩世人（ヤング　1773.6.13–1829.5.10）
　科史（ヤング　1773–1829）
　広辞7（ヤング　1773–1829）
　物理（ヤング, トーマス　1773–1829）

Young, William I〈17世紀〉
イギリスのヴィオール奏者, 従者。
⇒バロ（ヤング, ウィリアム1世　1600頃?–1662.4.23）

Young, William II〈17世紀〉
イギリスのヴァイオリン奏者。
⇒バロ（ヤング, ウィリアム2世　1630頃?–1690頃?）

Young, William Henry〈19・20世紀〉
イギリスの数学者。
⇒世数（ヤング, ヘンリ・ウイリアム　1862–1946）

Younghusband, *Sir* Francis Edward〈19・20世紀〉
インド生れのイギリスの探検家, 軍人。
⇒岩世人（ヤングハズバンド　1863.5.31–1942.7.31）
　南ア新（ヤングハズバンド　1863–1942）

Ypsilanti, Alexander〈18・19世紀〉
ギリシア独立戦争の指導者。1821年に義勇軍を率い, 反乱を起こす。
⇒岩世人（イプシランディス　1792.12.12–1828.1.31）

Ypsilanti, Demetrios〈18・19世紀〉
ギリシア独立運動の志士。反乱の指導者としてトルコ軍を圧迫。
⇒岩世人（イプシランディス　1793.12.25–1832.8.5）

Yrjö-Koskinen, Yrjö Sakari〈19・20世紀〉
フィンランドの歴史家, 政治家。首相（90～99）。フィンランド国民運動の指導者。
⇒岩世人（ユルヨ＝コスキネン　1830.12.10–1903.11.13）

Ysarnus〈11世紀〉
マルセイユの修道院長。聖人。祝日9月24日。
⇒新カト（イサルヌス　?–1043.9.24頃）

Ysaÿe, Eugène Auguste〈19・20世紀〉
ベルギーのヴァイオリン奏者, 指揮者, 作曲家。
⇒岩世人（イザイ　1858.7.16–1931.5.12）
　広辞7（イザイ　1858–1931）

Yule, George Udny〈19・20世紀〉
イギリスの統計学者。26年にロンドン大学のフェローになり, 同年王立統計協会の会長となった。
⇒世数（ユール, ジョージ・ウドゥニー　1871–1951）

Yule, *Sir* Henry〈19世紀〉
イギリスの歴史地理学者。
⇒岩世人（ユール　1820.5.1–1889.12.30）

Yulee（Levy）, David〈19世紀〉
フロリダの政治家, アメリカ初のユダヤ人上院議員。
⇒ユ人（ユーリー（レヴィ）, デイビッド　1810–1866）

Yunus, Long〈18世紀〉
マレー半島東岸のクランタン王国の王族。
⇒岩世人（ユヌス, ロン　?–1798）

Yūnus al-Kātib〈8世紀頃〉
アラビア（イラン系）の音楽家。
⇒岩世人（ユーヌス・カーティブ）

Yūnus ibn Ḥabīb al-Ḍabbī〈7・8世紀〉
バスラ学派のアラビア語学者。
⇒岩世人（ユーヌス・イブン・ハビーブ　699/700/708/709–798/799–801/802）

Yuon, Konstantin Fedrovich〈19・20世紀〉
ソ連の画家。ロシアの自然, 都市, 市民生活などを写実的にまた抒情的に描いた。
⇒芸13（ユオン, コンスタンティン・フェドローヴィッチ　1875–1944）

Yurdakul, Mehmet Emin〈19・20世紀〉
トルコの詩人。
⇒岩世人（ユルダクル　1869–1944.1.14）

Yusuf, As'ar Yath'ar Dhu Nuwas (Masuruk)〈5・6世紀〉
南アラビアのヒムヤルの王。
⇒ユ人（ユスフ, アサール・ヤタールドゥ ヌワス（マスルク）　?–525）

Yusuf, Maulana（Yusup, Molana）〈16世紀〉
インドネシア、ジャワ島のバンテン王国の第3代王。在位1570頃～80。
⇒岩世人（ユスフ, マウラナ　（在位）1570頃–1581）

Yusuf, Syaikh（Yusup, Shaikh）〈17世紀〉
インドネシア、ジャワ島で発生した騒乱に関与したマカッサル人イスラーム宗教教師。
⇒岩世人（ユスフ, シャイフ　1626–1699）

Yūsuf 'Ādil Shāh〈15・16世紀〉
インドのデッカンのビージャープル王国の創始者。
⇒岩世人（ユースフ・アーディル・シャー　1437頃–1510）

Yūsuf Andakānī〈14・15世紀〉
イランの声楽家。
⇒岩世人（ユースフ・アンダカーニー　14世紀末–15世紀初）

Ywain
円卓の騎士の一人。
⇒ネーム（ユーウェイン）

【 Z 】

Zabarella, Francesco〈14・15世紀〉
イタリアの教会法学者。
⇒新カト（ザバレラ　1360.8.10–1417.9.26）

Zabarella, Jacopo〈16世紀〉
イタリアの論理学者、自然哲学者。主著『論理学』(87)、『自然物について』(89)。
⇒岩世人（ザバレッラ　1533.9.5–1589.10.15）

Zacar, Nicola〈14・15世紀〉
イタリアの歌手、聖職者。
⇒バロ（ザガール, ニコーラウス　1390頃?–1440頃?）

Zacar da Teramo, Antonio〈14・15世紀〉
イタリアの教師、官吏、歌手。
⇒バロ（ザガール・ダ・テラモ, アントーニオ　1370頃?–1413.5.19）
バロ（テラモ, アントーニオ・ザカール・ダ　1370頃?–1420頃?）

Zaccaria, Antonio Maria〈16世紀〉
イタリアのバルナバ会の創立者。
⇒新カト（アントニオ・マリア・ザッカリア　1502–1539.7.5）

Zaccaria, Francesco Antonio〈18世紀〉
神学者、歴史家、イエズス会員。ヴェネツィア生まれ。
⇒新カト（フランチェスコ・アントニオ・ザッカリア　1714.3.27–1795.10.10）

Zacchaeus
エリコの取税人の頭（ルカ福音書）。
⇒岩世人（ザアカイ）
　新カト（ザアカイ）
　聖書（ザアカイ）

Zacconi, Lodovico〈16・17世紀〉
イタリアの歌手、作曲家、理論家。著作『音楽の実際』(92,19)。
⇒バロ（チェーザレ, ジュリオ　1555.6.11–1627.3.23）
　バロ（ザッコーニ, ロドヴィーコ　1555.6.11–1627.3.23）
　バロ（ツァッコーニ, ロドヴィーコ　1555.6.11–1627.3.23）

Zach, Jan〈17・18世紀〉
チェコの作曲家、オルガン奏者。
⇒バロ（ザフ（ザハ）, ヤン　1699.11.13–1773.5.24）
　バロ（ツァハ, ヨハン　1699.11.13–1773.5.24）

Zachariae, Justus Friedrich Wilhelm〈18世紀〉
ドイツの詩人。喜劇的叙事詩『ほら吹き』(44)を著す。
⇒岩世人（ツァハリーエ　1726.5.1–1777.1.30）

Zachariah〈前1世紀〉
エルサレム神殿の祭司、バプテスマのヨハネの父（ルカ福音書）。
⇒岩世人（ザカリア）
　新カト（ザカリア）
　図聖（ザカリア）
　聖書（ザカリア）

Zacharias〈前6世紀〉
小預言者の一人（旧約）。
⇒岩世人（ゼカリヤ）
　聖書（ゼカリヤ）

Zacharias〈7世紀〉
イェルサレムの総主教。
⇒新カト（ザカリアス　?–631.2.21）

Zacharias〈8世紀〉
教皇。在位741～752。聖人。祝日3月15日。教皇の座に就いた最後のギリシア人。

⇒岩世人（ザカリアス　（在位）741-752）
新カト（ザカリアス　?-752.3.15）

Zacharias, Otto〈19・20世紀〉
ドイツの湖沼学者,生物学者。プレーン湖に世界最初の臨湖実験所を設立。
⇒岩世人（ツァハリーアス　1846.1.27-1916.10.2）

Zacharias Scholasticus〈5・6世紀〉
ガザの3傑の一人。ミテュレネの司教。アンチオキアのセウェスの伝記や教会史を著した。
⇒新カト（ザカリアス・スコラスティコス　470/475-553以前）

Zachariä von Lingenthal, Karl Salomo〈18・19世紀〉
ドイツの法学者。主著"Vierzig Bücher vom Staate"（5巻,20〜32）。
⇒岩世人（ツァハリーエ　1769.9.14-1843.3.27）

Zacharie, Nicolaus〈14・15世紀〉
イタリアの作曲家。
⇒バロ（ザカリエ,ニコラウス　1380頃?-1430頃）

Zachau, Friedrich Wilhelm〈17・18世紀〉
ドイツのオルガン奏者,作曲家。作品として教会カンタータ12曲と室内楽が残されている。
⇒バロ（ツァッハウ（ホ）,フリードリヒ・ヴィルヘルム　1663.11.19-1712.8.7）

Zacuto, Abraham ben-Samuel〈15・16世紀〉
スペインの天文学者,歴史家。
⇒ユ人（ザクート,アブラハム・ベンサムエル　1452-1515頃）
ユ著人（Zacuto, Abraham ben Samuel　ザクート,アブラハム・ベン・サムエル　1450?-1515）

Zadarski〈17・18世紀〉
ポーランドの作曲家。
⇒バロ（ザダルスキ,?　1690頃?-1750頃）

Al-Ẓāfir〈12世紀〉
イスラム・エジプトの統治者。在位1149〜1154。
⇒世帝（ザーフィル　1133-1154）

Zafiš〈14世紀〉
ボヘミアの作曲家。
⇒バロ（ツァフィシュ,?　1340頃?-1390頃）

Zaghlūl Pasha Saad〈19・20世紀〉
エジプトの政治家,民族運動指導者。民族主義政党「ワフド党」を指導して反英独立運動を積極的に展開。
⇒岩世人（ザグルール,サアド　1858/1857/1859/1860.7-1927.8.24）
世人新（サード＝ザグルール（ザグルール＝パシャ）　1850/1857-1927）
世人装（サード＝ザグルール（ザグルール＝パシャ）　1850/1857-1927）

Zagórski〈17・18世紀〉
ポーランドの作曲家。
⇒バロ（ザグルスキ,?　1690頃?-1750頃）

Zagoskin, Mikhail Nikolaevich〈18・19世紀〉
ロシアの小説家。
⇒ネーム（ザゴースキン　1789-1852）

Zaharoff, *Sir* Basil〈19・20世紀〉
イギリスの実業家。
⇒岩世人（ザハロフ　1849.10.6-1936.11.27）
ネーム（ザハロフ　1850-1936）
広辞7（ザハロフ　1849-1936）
スパイ（ザハロフ,サー・バジル　1849-1936）

Al-**Ẓāhir**〈11世紀〉
イスラム・エジプトの統治者。在位1021〜1036。
⇒世帝（ザーヒル　1005-1036）

Al-**Ẓāhir**〈13世紀〉
カリフ王朝の統治者。在位1225〜1226。
⇒世帝（ザーヒル　1175-1226）

Ẓāhir Fāryābī〈12・13世紀〉
イランの頌詩人。
⇒岩世人（ザーヒル・ファールヤービー　1156頃-1201）

al-**Ẓāhirī, Dā'ūd**〈9世紀〉
イスラーム法学ザーヒル学派の創始者。
⇒岩世人（ザーヒリー,ダーウード　815-884.3）

Zahle, Carl Theodor〈19・20世紀〉
デンマークの政治家。首相（1909〜10,1913〜20）。
⇒岩世人（セーレ　1866.1.19-1946.2.3）

Zahn, Theodor von〈19・20世紀〉
ドイツの神学者。聖書釈義学における代表的保守主義者。『新約聖書注解』（03）を著す。
⇒岩世人（ツァーン　1838.10.10-1933.3.15）
新カト（ツァーン　1838.10.10-1933.3.15）

al-**Zahrāwī, Abū al-Qāsim Khalaf**〈10・11世紀〉
アラビア外科学の第一人者。
⇒岩世人（ザフラーウィー,アブー・カースィム　936頃-1013頃）

Zaidān, Jirjī〈19・20世紀〉
アラブ系の歴史家,ジャーナリスト。
⇒岩世人（ザイダーン（ズィーダーン）　1861.12.14-1914.7.21）

Zaid bn Thābit〈7世紀〉
コーラン編纂者。マホメット在世中からの書記。
⇒岩世人（ザイド・イブン・サービト）

Zaimis, Alexandros〈19・20世紀〉
ギリシアの政治家。共和政のギリシアで首相（1926〜28）、大統領に就任（29）。
⇒岩世人（ザイミス　1855.10.28/11.9–1936.9.15）

Zain al 'Ābidīn〈7・8世紀〉
マホメットの曾孫。イスラム教シーア派第4代イマーム（教主）。
⇒岩世人（ザイヌルアービディーン　658/659–712/713）

Zain al-Ābidīn〈15世紀〉
インドのカシミール王。
⇒岩世人（ザイヌルアービディーン（シャーヒー・ハーン）　?–1470.5/6）

Zainal Abidin I, Sultan〈17・18世紀〉
マレー半島東岸のトレンガヌ王国の創始者。在位1722〜33。
⇒岩世人（ザイナル・アビディン1世　?–1733）

Zainuddin, Ahmad〈19・20世紀〉
インドネシア、スマトラのジャンビ国最後の国王。
⇒岩世人（ザイヌディン、アフマッド　?–1903.5.21）

Zaitsev, Aleksandr Mikhailovich〈19・20世紀〉
ロシアの有機化学者。
⇒岩世人（ザイツェフ（セイチェフ）　1841.6.20–1910.8.19）

Zakharov, Ivan Iliich〈19世紀〉
ロシアのシナ学者。ペテルブルグ大学教授（1884）。
⇒岩世人（ザハロフ　1814–1885）

Zakkāy
ゼルバベルとともに捕囚から帰還した家族の長（旧約聖書）。ザカイ。
⇒新カト（ザアカイ）

Zal
ペルシアの叙事詩『シャー・ナーメ』に登場する伝説の戦士。
⇒ネーム（ザール）

Zaleman, Karl Germanovich〈19・20世紀〉
ロシアの東洋学者。ペルシア語に関する著作が多い。
⇒岩世人（ザーレマン　1849.12.28–1916.11.30）

Zaleukos〈前7世紀〉
古イタリア南部のギリシア植民地ロクロイの立法者。調停者としても活躍。
⇒岩世人（ザレウコス）

Zallwein, Gregor〈18世紀〉
ドイツのカトリック教会法学者。ベネディクト会員。
⇒新カト（ツァルヴァイン　1712.10.20–1766.8.6）

Zamakhsharī, Abū al-Qāsim Maḥmūd〈11・12世紀〉
イスラムの神学者、言語学者。『啓示された真理に関する考察』を著した。
⇒岩世人（ザマフシャリー　1075.3.19–1144.6.14）

Zāmāsp〈5・6世紀〉
ササン朝ペルシアの統治者。在位497〜499。
⇒世帝（ジャーマースプ　?–530?）

Zambelli, Carlotta〈19・20世紀〉
イタリアのバレリーナ。
⇒バレエ（ザンベッリ、カルロッタ　1875.11.4–1968.1.28）

Zamboni, Giovanni〈17・18世紀〉
イタリアのヴァイオリン、ティオルバ、リュート、チェンバロ、ギター、マンドーラ、マンドリンの奏者（各名手）。
⇒バロ（ザンボーニ、ジョヴァンニ　1660頃?–1720頃?）

Zamboni, Luigi〈18世紀〉
イタリアのバス（ブッフォ）歌手。
⇒オペラ（ザンボーニ、ルイージ　1772–1795）

Zambonini, Ferruccio〈19・20世紀〉
イタリアの鉱物学者。ヴェスヴィオ火山の鉱物研究を行った。
⇒岩世人（ザンボニーニ　1880.12.17–1932.1.12）

Zamenhof, Lazarus Ludwig〈19・20世紀〉
ポーランドの眼科医。エスペラントの創始者。国際補助語Esperantoを考案し、普及に努めた。
⇒岩世人（ザメンホフ　1859.12.15–1917.4.14）
　ネーム（ザメンホフ　1859–1917）
　広辞7（ザメンホフ　1859–1917）
　世人新（ザメンホフ　1859–1917）
　世人装（ザメンホフ　1859–1917）
　ポプ人（ザメンホフ、ラザロ　1859–1917）
　ユ人（ザメンホフ、ルートヴィク・ラザル　1859–1917）

Zamora, Antonio de〈17・18世紀〉
スペインの劇作家。宮廷詩人（1694）、のちフェリペ5世の侍従。
⇒岩世人（サモーラ　1660頃/1664頃–1728）

Zamora, Nicolas〈19・20世紀〉
フィリピンの牧師。
⇒岩世人（サモラ　1875.9.10–1914.9.14）

Zamoyski, Jan〈16・17世紀〉
ポーランドの政治家。
⇒岩世人（ザモイスキ　1542.4.1–1605.6.3）

Zanardelli, Giuseppe〈19・20世紀〉
イタリアの政治家、法律家。リソルジメント運動に参加、諸大臣を歴任、1901〜03年には首相。

⇒岩世人（ザナルデッリ　1826.10.26–1903.12.26）

Zanardini, Angelo〈19世紀〉
イタリアの台本作家。
⇒オペラ（ザナルディーニ, アンジェロ　1820–1893）

Zanchius, Hieronymus〈16世紀〉
イタリアのプロテスタント神学者。カルバン主義正統派の代表者。予定論を軸に改革派神学思想を擁護。
⇒岩世人（ザンキ　1516–1590.11.19）
　新カト（ザンキ　1516.2.2–1590.11.19）

Zanetti, Francesco〈17・18世紀〉
イタリアの作曲家。
⇒バロ（ザネッティ, フランチェスコ　1670頃?–1730頃?）

Zangarini, Carlo〈19・20世紀〉
イタリアの台本作家。
⇒オペラ（ザンガリーニ, カルロ　1874–1943）

Zangī, 'Imād al-Dīn〈11・12世紀〉
イラクのザンギー朝の創始者。在位1127～46。
⇒岩世人（ザンギー　1085–1146）

Zangius, Nikolaus〈16・17世紀〉
ドイツの作曲家, 官吏。
⇒バロ（ツァンギウス, ニコラウス　1570頃?–1618頃）

Zangwill, Israel〈19・20世紀〉
イギリス系ユダヤ人小説家, ジャーナリスト。ユダヤ文化季刊誌『アリエル』の編集者。
⇒岩世人（ザングウィル　1864.1.24–1926.8.1）
　ユ人（ザングウィル, イスラエル　1864–1926）
　ユ著人（Zangwill, Israel　ザングウィル, イスラエル　1864–1926）

Zani, Andrea〈17・18世紀〉
イタリアのヴァイオリン奏者, 教師。
⇒バロ（ザーニ, アンドレーア　1696.11.11頃–1757.9.28）

Zapata, Emiliano〈19・20世紀〉
メキシコ革命の農民軍指導者。一時メキシコ・シティーを占領したが, 暗殺された。
⇒岩世人（サパタ　1879.8.8–1919.4.10）
　広辞7（サパタ　1879–1919）
　世人新（サパタ　1879–1919）
　世人装（サパタ　1879–1919）
　世史語（サパタ　1879–1919）
　ポプ人（サパタ, エミリアーノ　1879–1919）
　ラテ新（サパタ　1879–1919）

Zapata, Marcos〈18世紀〉
植民地時代のペルーの画家。
⇒岩世人（サパタ　1710–1720?–1773?）

Zapolska, Gabrjela〈19・20世紀〉
ポーランドの女流作家。初め女優としてパリで活躍（1880～95）。

⇒岩世人（ザポルスカ　1857.3.30–1921.12.17）

Zaremba, Stanislaw〈19・20世紀〉
ポーランドの数学者。
⇒世数（ザレンバ, スラティスワフ　1863–1942）

Zarevutius, Zacharias〈17世紀〉
スロヴァキアのオルガン奏者。
⇒バロ（ザレヴツィウス, ザカリアス　1600頃?–1665.11.30以降）

Zarlino, Gioseffo〈16世紀〉
イタリアの作曲家, 理論家。
⇒バロ（ザルリーノ, ジョゼッフォ　1517.1.31–1590.2.4）
　岩世人（ザルリーノ　1517–1590.2.14）
　新カト（ツァルリーノ　1517.1.31/3.22–1590.2.4）

Zarncke, Friedrich〈19世紀〉
ドイツのゲルマン学者。ニーベルンゲン問題を解明。
⇒岩世人（ツァルンケ　1825.7.7–1891.10.15）

al-Zarnūjī, Burhān al-Dīn〈12・13世紀〉
アラブの教育者。
⇒岩世人（ザルヌージー　?–1203）

Zarqā' al-Yamāma
イスラーム以前のアラブ女性。
⇒岩世人（ザルカー・アル＝ヤマーマ）

Zasius, Udalricus〈15・16世紀〉
ドイツの法学者, 人文主義者。
⇒岩世人（ツァシウス　1461–1535.11.24）

Zasulich, Vera Ivanovna〈19・20世紀〉
ロシアの女性革命家。メンシェビキ指導者の一人。
⇒岩世人（ザスーリチ　1849.9.27/10.8–1919.5.8）
　世人新（ザスーリチ　1849–1919）
　世人装（ザスーリチ　1849–1919）

Zauner, Andreas〈16世紀〉
ドイツの作曲家。
⇒バロ（ツァウナー, アンドレアス　1500頃?–1550頃?）

Zavala, Maria Guadalupe Garcia〈19・20世紀〉
メキシコの聖人。祝日6月24日。聖マルガリータ・マリアと貧者のしもべ修道会創立者。
⇒新カト（マリア・グアダルーペ・ガルシア・ザバラ　1878.4.27–1963.6.24）

Zavateri, Lorenzo Gaetano〈17・18世紀〉
イタリアのヴァイオリン奏者, ヴィオラ奏者。
⇒バロ（サヴァテーリ, ロレンツォ・ガエターノ　1690.8.9–1764.12）

Zayas y Alfonso, Alfredo〈19・20世紀〉
キューバの政治家。詩人,歴史学者,言語学者。ゴメスの反乱に加わり,のち大統領となった。
⇒岩世人(サヤス　1861.9.21-1934.4.11)

Zayd ibn ʻAlī〈7・8世紀〉
イスラーム・シーア派のザイド派の名祖。
⇒岩世人(ザイド・イブン・アリー　698頃-740)

Zaynab bint ʻAlī〈7世紀〉
預言者ムハンマドの孫娘,第4代正統カリフのアリーの娘。
⇒岩世人(ザイナブ　?-682)

Zbigniew〈12世紀〉
ポーランド王国の統治者。在位1102～1107。
⇒世帝(ズビグニェフ　1070?-1112)

Zdislava〈13世紀〉
ボヘミアの守護聖人。祝日1月1日,ドミニコ会では1月3日。ドミニコ会第三会員。
⇒新カト(ズディスラヴァ〔レンベルクの〕　1215頃-1252)

Zebedaios〈前1・後1世紀〉
イエスの12使徒のうちヤコブとヨハネ兄弟の父。
⇒岩世人(ゼベダイ)
　新カト(ゼベダイ)

Żebrowski, Marcin Józef〈18世紀〉
ポーランドの歌手,ヴァイオリン奏者。
⇒バロ(ジェブロフスキ,マルチン・ユゼフ　1702-1770.6.29)

Zecca, Ferdinand〈19・20世紀〉
フランスの映画監督。『バビロンの女王』(06)などの作品がある。
⇒岩世人(ゼッカ　1864.2.19-1947.3.23)

Zechariah〈前8世紀〉
ヘブライ諸王国の統治者。在位前753～752。
⇒世帝(ゼカルヤ　?-前745?)

Zedekiah〈前6世紀〉
南王国ユダの最後の王(旧約聖書)。
⇒新カト(マタティア)
　新カト(ゼデキヤ)
　世帝(ゼデキヤ　前618?-?)

Zederbaum, Alexander〈19世紀〉
ロシアのヘブライ語とイディッシュ語の著作家,「ハメリッツ」の創始者。
⇒ユ著人(Zederbaum,Alexander　ツェデルバウム,アレキサンダー　1816-1893)

Zedler, Johann Heinrich〈18世紀〉
ドイツの出版者。
⇒岩世人(ツェードラー　1706.1.7-1751.3.21)

Zedlitz, Joseph Christian Freiherr von〈18・19世紀〉
オーストリアの詩人,劇作家。バイロンの『チャイルド・ハロルドの冒険』を翻訳。
⇒岩世人(ツェードリッツ　1790.2.28-1862.3.16)

Zedlitz, Karl Abraham von〈18世紀〉
ドイツ(プロイセン)の政治家。フリードリヒ2世に仕えた。
⇒岩世人(ツェードリッツ　1731.1.4-1793.3.19)

Ze'eira〈3世紀〉
パレスチナのユダヤ教学者。
⇒ユ人(ゼイラ　3世紀)

Zeeman, Pieter〈19・20世紀〉
オランダの物理学者。ゼーマン効果の発見者。1902年ローレンツとともにノーベル物理学賞受賞。
⇒岩世人(ゼーマン　1865.5.25-1943.10.9)
　ネーム(ゼーマン　1865-1943)
　物理(ゼーマン,ピーター　1865-1943)
　ノ物化(ピエター・ゼーマン　1865-1943)

Žefarović(Žefarov, Žefar), Hristofor〈18世紀〉
セルビアの画家。
⇒岩世人(ジェファロヴィチ　?-1753)

Zeidler, Józef〈18・19世紀〉
ポーランドの作曲家。
⇒バロ(ザイドレル,ユゼフ　1750頃?-1809)

Zeiller, Franz von〈18・19世紀〉
オーストリアの法学者。
⇒岩世人(ツァイラー　1751.1.14-1828.8.23)

Zeise, William Christopher〈18・19世紀〉
デンマークの化学者。
⇒岩世人(ツァイゼ(サイセ)　1789.10.15-1847.11.12)

Zeising, Adolf〈19世紀〉
ドイツの美学者。主著『黄金分割』(84)。
⇒岩世人(ツァイジング　1810.9.24-1876.4.27)
　学叢思(ツァイジング,アドルフ　1810-1876)

Zeiss, Carl〈19世紀〉
ドイツの光学機械製作者。高性能顕微鏡を科学的に設計,製作。カール・ツァイス社を創設。
⇒岩世人(ツァイス　1816.9.11-1888.12.3)
　ネーム(ツァイス　1816-1888)

Zeitblom, Bartholomäus〈15・16世紀〉
ドイツの画家。ゴシック後期のウルム画派の主要画家の一人。作品にキルヒベルクの祭壇画など。
⇒岩世人(ツァイトブローム　1450頃-1520頃)
　芸13(ツァイトブロム,バルトロモイス　1455-1460頃-1518頃)

Zeitlin, Hillel〈19・20世紀〉
白ロシア生まれの作家,思想家,ジャーナリスト。
⇒ユ著人（Zeitlin,Hillel　ツァイトリン,ヒレル　1871–1942）

Zelaya, José Santos〈19・20世紀〉
ニカラグアの独裁者,大統領。在職1893～1909。09年反乱軍に追われた。
⇒岩世人（セラーヤ　1853.10.31–1919.5.17）

Żelechowski, Piotr〈17世紀〉
ポーランドのオルガン奏者。
⇒バロ（ジェレホフスキ,ピョートル　1600頃?–1660頃?）

Zelenka, Jan Dismas〈17・18世紀〉
チェコの作曲家。対位法と和声法に習熟し高く評価された。
⇒バロ（ゼレンカ,ヤン・ディスマス　1679.10.16–1745.12.22）
新カト（ゼレンカ　1679.10.16–1745.12.22）

Zeleński, Tadeusz〈19・20世紀〉
ポーランドの評論家。主著 "Molière"（24）,『ハンスカ夫人』（1926）。
⇒岩世人（ジェレンスキ　1874.12.21–1942.7.3/4）

Zelinskii, Nikolai Dmitrievich〈19・20世紀〉
ソ連邦の化学者。水素添加,脱水素作用における触媒の基礎的研究を行い,有機触媒反応の権威となった。
⇒岩世人（ゼリンスキー　1861.1.25/2.6–1953.7.31）

Zell, Matthäus〈15・16世紀〉
ドイツの宗教改革者。
⇒岩世人（ツェル　1477.9.21–1548.1.9）
新カト（ツェル　1477.9.21–1548.1.9）

Zellbell, Ferdinand I〈17・18世紀〉
スウェーデンの教師,鍵盤楽器奏者,コントラバス奏者(名手)。
⇒バロ（ツェルベル,フェーディナンド1世　1689.4.14/15–1765.7.6）

Zellbell, Ferdinand II〈18世紀〉
スウェーデンのオルガン奏者,指揮者,教育者,著述家。
⇒バロ（ツェルベル,フェーディナンド2世　1719.9.3–1780.4.21）

Zeller, Christian Heinrich〈18・19世紀〉
ドイツの教育家。貧民学校教師の養成所と児童のための救貧院とを創立。
⇒岩世人（ツェラー　1779.3.29–1860.5.18）

Zeller, Eduard〈19・20世紀〉
ドイツの哲学者,哲学史家,神学者。大著『ギリシア人の哲学』（44～52）で知られる。
⇒岩世人（ツェラー　1814.1.22–1908.3.19）

学叢思（ツェラー,エドゥアルト　1814–1908）
新カト（ツェラー　1814.1.22–1908.3.19）

Zelter, Karl Friedrich〈18・19世紀〉
ドイツの音楽教師,作曲家。ゲーテ,シラーの詩を作曲。
⇒バロ（ツェルター,カール・フリードリヒ　1758.12.11–1832.5.15）
岩世人（ツェルター　1758.12.11–1832.5.15）

Zemlinsky, Alexander von〈19・20世紀〉
オーストリア(ポーランド系)の作曲家,指揮者。ベルリン国立歌劇場などの指揮者を務めた。
⇒岩世人（ツェムリンスキー　1871.10.14–1942.3.15）
オペラ（ツェムリンスキー,アレクサンダー　1871–1942）
エデ（ツェムリンスキー,アレクサンダー(フォン)　1871.10.14–1942.3.15）
ユ著人（Zemlinsky,Alexander　ツェムリンスキー,アレキサンダー　1871–1942）

Zenatello, Giovanni〈19・20世紀〉
イタリアのテノール。プッチーニの「蝶々夫人」世界初演にピンカートンで出演。
⇒失声（ジョヴァンニ・ゼナテッロ　1876–1949）
魅惑（Zenatello,Giovanni　1876–1949）

Zengel, Caspal〈17世紀〉
スウェーデンの作曲家。
⇒バロ（ゼンゲル,カスパル　1610頃?–1670頃?）

Zenger, John Peter〈17・18世紀〉
ドイツ生れのアメリカの印刷業者,新聞発行者。アメリカの新聞の自由の確立者といわれる。
⇒岩世人（ゼンガー　1697.10.26–1746.7.28）

Zenker, Friedrich Albert〈19世紀〉
ドイツの病理学者。1860年,旋毛虫症に筋肉型と腸管型のあることを指摘。
⇒岩世人（ツェンカー　1825.3.13–1898.6.13）

Zeno〈4世紀〉
ラテン教父,聖人。アフリカ人。ベロナの司教。
⇒岩世人（ゼノ）
新カト（ゼノ〔ヴェローナの〕　?–371/372.4.12）
図聖（ゼノ〔ヴェローナの〕　?–371/372）

Zeno, Apostolo〈17・18世紀〉
イタリアの詩人,評論家。
⇒岩世人（ゼーノ　1668.12.11–1750.11.11）
オペラ（ゼーノ,アポストロ　1668–1750）

Zenobia, Septimia〈3世紀〉
古代イランのオアシス国家パルミラの女王。在位267/8～272。
⇒岩世人（ゼノビア　?–274以後）

Zenobius〈4・5世紀?〉
フィレンツェの司教。聖人。祝日5月25日。
⇒新カト（ゼノビウス〔フィレンツェの〕　生没年不詳）

Zenodoros〈前2世紀〉
古代ギリシアの数学者。
⇒世数（ゼノドロス　前2世紀後半）

Zenodotos〈前4・3世紀〉
ギリシアの文献学者。アレクサンドリア図書館館長。
⇒岩世人（ゼノドトス）

Zenon〈2世紀〉
ラビ・学者。
⇒ユ著人（Zenon　ゼノン　2世紀末）

Zenon〈4・5世紀〉
アンティオケイアの隠修士。聖人。祝日2月10日。ポントス出身。カイサレイアのバシレイオスの弟子。
⇒新カト（ゼノン　?–416頃）

Zēnōn〈5世紀〉
東ローマ皇帝。在位474〜491。軍人。ゲルマンのアスパルを倒し、バンダルと和した。
⇒岩世人（ゼノン　?–491.4.9）
　新カト（ゼノ　426頃–491.4.9）
　世帝（ゼノン　426–491）

Zenon ho Elea〈前5世紀〉
南イタリア出身のギリシアの哲学者。アリストテレスにより弁証法の創始者と呼ばれた。
⇒岩世人（ゼノン〈エレアの〉　前490頃–?）
　広辞7（ゼノン〈エレアの〉　前490頃–前430頃）
　学叢思（ツェノーン, エレアの　前490–前430）
　図哲（ゼノン　前490頃–前430頃）
　世人新（ゼノン〈エレアの〉　前490頃–前420頃）
　世人装（ゼノン〈エレアの〉　前490頃–前420頃）
　世数（ゼノン〈エレアの〉　前490頃–前430頃）
　メル1（ゼノン〈エレアの〉　前490/前485?–?）

Zenon ho Kypros〈前4・3世紀〉
ギリシアの哲学者、ストア学派の祖。
⇒岩世人（ゼノン〈キュプロスの〉　前335–前263）
　広辞7（ゼノン〈キプロスの〉　前335頃–前263頃）
　学叢思（ツェノーン, キティオンの　前340–前265）
　世人新（ゼノン〈キプロスの〉　前335頃–前263頃）
　世人装（ゼノン〈キプロスの〉　前335頃–前263頃）
　世史語（ゼノン　前335–前263）
　ポブ人（ゼノン　前335–前263）
　メル1（ゼノン（［キュプロス島］キティオンの）　前335/前334?–前263/前262?）

Zenon ho Sidon〈前2・1世紀〉
ギリシアのエピクロス派の哲学者。
⇒岩世人（ゼノン〈シドンの〉　前150頃–?）

Zēnōn ho Tarsikos〈前3世紀〉
ギリシアの哲学者。前3世紀末に活動。
⇒岩世人（ゼノン〈タルソスの〉　前3世紀末）

Zephaniah
預言者（ゼファニヤ書）。
⇒聖書（ゼファニヤ）

Zephyrinus, St.〈2・3世紀〉
ローマ教皇。在位199〜217。
⇒新カト（ゼフィリヌス　?–217）

Zeppelin, Ferdinand Graf von〈19・20世紀〉
ドイツのツェッペリン飛行船の創始者。
⇒岩世人（ツェッペリン　1838.7.8–1917.3.8）
　ネーム（ツェッペリン　1838–1917）
　広辞7（ツェッペリン　1838–1917）
　学叢思（ツェッペリン, グラーフ・フォン・フェルディナント　1838–1917）
　世人新（ツェッペリン　1838–1917）
　世人装（ツェッペリン　1838–1917）
　ポブ人（ツェッペリン, フェルディナント・フォン　1838–1917）

Zēr-bābili〈前6世紀〉
王エホヤキンの長子シャルテルの息子（旧約）。
⇒新カト（ゼルバベル）
　聖書（ゼルバベル）

Zermelo, Ernst Friedrich Ferdinand〈19・20世紀〉
ドイツの数学者。ツェルメロの公理を説く。1908年論文『集合論の基礎に関する研究』を著す。
⇒岩世人（ツェルメロ　1871.7.27–1953.5.21）
　世数（ツェルメロ, エルンスト・フリードリヒ・フェルディナント　1871–1953）

Zerola, Nicola〈19・20世紀〉
イタリアのテノール。
⇒失声（ニコラ・ゼローラ　1876–1936）
　魅惑（Zerola, Nicola　1876–1936）

Zeromski, Stefan〈19・20世紀〉
ポーランドの小説家。代表作『灰』(04)。
⇒岩世人（ジェロムスキ　1864.10.14–1925.11.20）

Zesen, Philipp von〈17世紀〉
ドイツの詩人, 作家。ドイツ語の純化および正書法の確立に努めた。
⇒岩世人（ツェーゼン　1619.10.8–1689.11.13）

Zesso, Giovanni Battista〈15・16世紀〉
イタリアの作曲家。
⇒バロ（ゼッソ, ジョヴァンニ・バッティスタ　1460頃?–1510頃?）

Zētēs
ギリシア神話, カライスの兄弟。
⇒岩世人（ゼテス）

Zethos
ギリシア神話で、アンティオペの息子で怪力の持ち主。
⇒岩世人（ゼトス）
　ネーム（ゼトス）

Zetkin, Clara〈19・20世紀〉
ドイツの女性革命家。1916年スパルタクス団創

設に加わる。24年コミンテルン婦人局長。
⇒岩世人（ツェトキン　1857.7.5–1933.6.20）
　学叢思（ツェトキン,クララ　1856–?）

Zeuss, Johann Kaspar〈19世紀〉
ドイツの言語学者。ケルト語派の比較文法研究の基礎を築く。著書『ケルト語文法』(53) など。
⇒岩世人（ツォイス　1806.7.22–1856.11.10）

Zeuthen, Hieronymus Georg〈19・20世紀〉
デンマークの数学者,数学史家。
⇒世数（ツォイテン, ヒエロニムス・ゲオール　1839–1920）

Zeuxis〈前5・4世紀頃〉
ギリシアの画家。『神々とゼウス』『蛇をつかみ殺す幼児ヘラクレス』などの作品を描いた。
⇒岩世人（ゼウクシス）
　広辞7（ゼウクシス　前5・4世紀）
　芸13（ゼウクシス）

Zeyer, Julius〈19・20世紀〉
チェコスロヴァキアの作家。ヴルフリツキーと並んでチェコ文壇における西欧派の先駆者。
⇒岩世人（ゼイエル　1841.4.26–1901.1.29）
　新カト（ゼイエル　1841.4.26–1901.1.29）

zhabs drung ngag dbang rnam rgyal〈16・17世紀〉
ブータンの初代統治者。在位1616～51。
⇒岩世人（シャブドゥン・ンガワン・ナムギャル　1594–1651）

Zhelyabov, Andrei Ivanovich〈19世紀〉
ロシアの革命家, 人民主義者。皇帝アレクサンドル2世暗殺を計画, 遂行前に逮捕, 処刑された。
⇒岩世人（ジェリャーボフ　1851.8.17–1881.4.3）

zhing shag tshe brtan rdo rje〈16世紀〉
チベットの政治家, 軍人。
⇒岩世人（シンシャク・ツェテンドルジェ）

Zhitlowsky, Chaim〈19・20世紀〉
ロシア出身のユダヤ人思想家。
⇒岩世人（ジトロフスキ　1865.4.19–1943.5.6）
　ユ人（ジトロフスキー, ハイム　1865–1943）
　ユ著人（Zhitlowsky,Chaim　ジトロフスキー, ハイム　1865–1943）

Zholtovsky, Ivan Vladislavovich〈19・20世紀〉
帝政ロシア・ソ連の建築家。
⇒岩世人（ジョルトフスキー　1867.11.15/27–1959.7.26）

Zhordaniya, Noi Nikolaevich〈19・20世紀〉
グルジア出身の社会民主主義者, グルジア・メンシェヴィキの指導者。
⇒岩世人（ジョルダニア　1868.1.2/1869.3.9/21–1953.1.11）

Zhukovskii, Nikolai Egorovich〈19・20世紀〉
ソ連邦の物理学者。ソ連邦中央航空力学研究所の創立者。
⇒岩世人（ジュコフスキー　1847.1.5/17–1921.3.17）
　世数（ジューコフスキー, ニコライ・エゴロヴィッチ　1847–1921）

Zhukovskii, Vasilii Andreevich〈18・19世紀〉
ロシア・ロマン主義の代表的詩人。ナポレオン戦争に参加して『ロシア戦士の陣営における歌い手』を発表。
⇒岩世人（ジュコフスキー　1783.1.29–1852.4.12）
　ネーム（ジュコフスキー　1783–1852）
　広辞7（ジュコーフスキー　1783–1852）

zhwa dmar ba X〈18世紀〉
チベット仏教カギュ派の転生僧。
⇒岩世人（シャマルパ10世　1742–1792）

Ziani, Marc-Antonio〈17・18世紀〉
イタリアの作曲家。
⇒バロ（ツィアーニ, マルカントーニオ　1653頃–1715.1.22）

Ziani, Pietro Andrea〈17世紀〉
イタリアのオルガン奏者, 作曲家。
⇒バロ（ツィアーニ, ピエトロ・アンドレーア　1616.12.21以前–1684.2.12）

Ziba
サウル王の従者の一人。
⇒聖書（ツィバ）

Zick, Januarius〈18世紀〉
ドイツの画家。画家J.ヨハネスの息子。
⇒岩世人（ツィック父子　1732.2.6–1797.11.14）
　新カト（ツィック　1730.2.6–1797.11.14）
　芸13（ツィック, ヤヌアリウス　1732–1797）

Zick, Johannes〈18世紀〉
ドイツの画家。作品はブルフザール城壁画 (51～54) など。
⇒岩世人（ツィック父子　1702–1762）

Ziegenbalg, Bartholomäus〈17・18世紀〉
ドイツの宣教師。南インドに渡り (1706～14, 16～19), プロテスタント最初の伝道を行った。
⇒岩世人（ツィーゲンバルク　1683.6.24/1682.7.10–1719.2.23）
　新カト（ツィーゲンバルク　1682.7.10–1719.2.23）

Ziegfeld, Florenz〈19・20世紀〉
アメリカの興行師。ジーグフェルド劇場を開設, 『ショー・ボート』(1927) などのミュージカルを上演。

⇒アメ新（ジーグフェルド　1867–1932）
　　　岩世人（ジーグフェルド　1869.3.21–1932.7.22）
　　　ユ人（ジーグフェルド，フローレンツ　1869–1932）

Ziegler, Heinrich Ernst〈19・20世紀〉
ドイツの動物学者。魚類，棘皮動物，蠕形動物の発生史を研究。
　　⇒岩世人（ツィーグラー　1858.7.15–1925.6.1）

Ziegler, Johann Gotthilf〈17・18世紀〉
ドイツのオルガン奏者，教師，理論家。
　　⇒バロ（ツィーグラー，ヨハン・ゴットヒルフ
　　　　1688.3.25–1747.9.15）

Ziegler, Jokob〈15・16世紀〉
ドイツの人文主義神学者。
　　⇒新カト（ツィーグラー　1470/1471–1549）

Ziegler, Klara〈19・20世紀〉
ドイツの女優。ジャンヌ・ダルクなどの役を得意とした。
　　⇒岩世人（ツィーグラー　1844.4.27–1909.12.19）

Ziegler, Theobald〈19・20世紀〉
ドイツの哲学者，教育学者。シュトラースブルク大学教授（1886〜1911）。
　　⇒岩世人（ツィーグラー　1846.2.9–1918.9.1）
　　　学叢思（チーグレル，テオバルト　1846–?）

Zieleński, Mikołaj〈16・17世紀〉
ポーランドのオルガン奏者，教師。ポーランドの後期ヴェネツィア楽派の最大の音楽家。
　　⇒バロ（ジェレンスキ，ミコワイ　1550頃–1615）

Zieliński, Tadeusz Stefan〈19・20世紀〉
ポーランドの古典学者。
　　⇒岩世人（ジェリンスキ　1859.9.14–1944.5.8）

Ziemssen, Hugo von〈19・20世紀〉
ドイツの医者。喉頭および消化器疾患の権威。
　　⇒岩世人（ツィームセン　1829.12.13–1902.1.21）

Zigliara, Tommaso Maria〈19世紀〉
イタリアのカトリック哲学者，神学者。ドミニコ会の会員。
　　⇒新カト（ツィリアラ　1833.10.29–1893.5.10）

Zille, Heinrich〈19・20世紀〉
ドイツの素描家，版画家。銅版画集『ベルリンの昔と今』（27）などがある。
　　⇒芸13（ツィレ，ハインリヒ　1858–1929）
　　　ユ著人（Zille,Heinrich　ツィレ，ハインリッヒ
　　　　1858–1929）

Ziller, Tuiskon〈19世紀〉
ドイツの教育学者。ヘルバルト学派の代表的教育家。
　　⇒岩世人（ツィラー　1817.12.22–1882.4.20）

Zillmer, August〈19世紀〉
ドイツの数学者。保険数学を専攻。

　　⇒岩世人（ツィルマー　1831.1.23–1893.2.22）

Ziloti, Alexander〈19・20世紀〉
ソビエトのピアノ奏者，指揮者。
　　⇒岩世人（ジローティ　1863.9.27/10.9–1945.12.8）

Zimmer,（Chief）Charles Louis〈19・20世紀〉
アメリカの大リーグ選手（捕手）。
　　⇒メジャ（チーフ・ジマー　1860.11.23–1949.8.22）

Zimmer, Patriz Benedikt〈18・19世紀〉
ドイツのカトリック神学者。
　　⇒新カト（ツィンマー　1752.2.22–1820.10.16）

Zimmermann, Anton〈18世紀〉
ボヘミア・スロバキアのオルガン奏者。
　　⇒バロ（ツィンマーマン，アントン　1741頃–1781.
　　　10.16）

Zimmermann, Arthur〈19・20世紀〉
ドイツの外交官。外相（16〜17）。
　　⇒岩世人（ツィンマーマン　1864.10.5–1940.6.6）

Zimmermann, Dominikus〈17・18世紀〉
ドイツの建築家。ウィースの巡礼聖堂（46〜54）などを制作。
　　⇒岩世人（ツィンマーマン兄弟　1685.6.30–1766.
　　　11.16）
　　　新カト（ツィンマーマン　1685.6.30–1766.11.16）

Zimmermann, Johann Baptist〈17・18世紀〉
ドイツの画家。ミュンヘンの宮廷で君侯邸の豪華な諸室を装飾。
　　⇒岩世人（ツィンマーマン兄弟　1680.1.3–1758.3.2）

Zimmermann, Johann Georg〈18世紀〉
スイスの医者，哲学者。ゲーテなどとの交際・文通によって知られる。
　　⇒岩世人（ツィンマーマン　1728.12.8–1795.10.7）

Zimmermann, Robert von〈19世紀〉
プラハ生れのオーストリアの美学者，哲学者。ヘルバルト学派に属す。
　　⇒岩世人（ツィンマーマン　1824.11.2–1898.9.1）
　　　学叢思（チンメルマン，ロベルト　1824–1898）

Zimmern, Heinrich〈19・20世紀〉
ドイツのアッシリア学者，セム学者。ブレスラウ（1899），ライプチヒ（1900）の各大学教授。
　　⇒岩世人（ツィンメルン　1862.7.14–1931.2.13）

Zimri〈前9世紀〉
ヘブライ諸王国の統治者。在位前885。
　　⇒世帝（ジムリ　?–前876?）

Zimrī-Lim〈前18世紀〉
古バビロニア時代のマリ王国の王。在位前1775〜62頃。
　　⇒岩世人（ジムリ・リム　（在位）前1775–前1762頃）

Zinck, Hardenack Otto Conrad〈18・19世紀〉
ドイツの器楽・鍵盤楽器の奏者,歌手,教師。
⇒バロ（ツィンク,ハルデナク・オットー・コンラート　1746.7.2–1832.2.15）

Zingarelli, Niccolò Antonio〈18・19世紀〉
イタリアのオルガン奏者,教師。
⇒バロ（ジンガレッリ,ニコロ・アントーニオ　1752.4.4–1837.5.5）

Zino'viev, Grigorij Evseevich〈19・20世紀〉
ロシアの革命家。
⇒ユ著人（Zino'viev,Grigorij Evseevich　ジノーヴィエフ,グリゴリイ・エゼーヴィチ　1833–1936）

Zinzendorf, Nicolaus Ludwig, Graf von〈17・18世紀〉
ドイツの宗教指導者。ヘルンフート兄弟団を設立。
⇒岩世人（ツィンツェンドルフ　1700.5.26–1760.5.9）
　学叢思（チンツェンドルフ,ニコラウス・ルドヴィヒ・フォン　1700–1760）
　新カト（ツィンツェンドルフ　1700.5.26–1760.5.9）

Zipernowsky Károly〈19・20世紀〉
ハンガリーの発明家,電気技術者。
⇒岩世人（ジペルノフスキ　1853.4.4–1942.11.29）

Zipoli, Domenico〈17・18世紀〉
イタリアの作曲家,オルガン奏者。
⇒バロ（ツィポーリ,ドメニーコ　1688.10.16–1726.1.2）
　岩世人（シポリ　1688.8.17–1726.1.2）
　ピ曲改（ツィポーリ,ドメニコ　1688–1726）

Zipporah
モーセの妻（出エジプト記）。
⇒聖書（ツィポラ）

Zirelson, Judah Leib〈19・20世紀〉
ルーマニアの首席ラビ。
⇒ユ人（ジレルソン,ユダ・レイブ　1860–1941）

Zirkel, Ferdinand〈19・20世紀〉
ドイツの岩石学者。顕微鏡岩石学の建設者。
⇒岩世人（ツィルケル　1838.5.20–1912.6.12）

Zirler, Stephan〈16世紀〉
ドイツの歌手,官吏,秘書官。ハイデルベルク歌曲派。
⇒バロ（ツィルラー,シュテファン　1518頃–1568.7）

Ziryāb, Abū al-Ḥasan〈8・9世紀〉
イランの歌手,リュート奏者,教師。
⇒バロ（ジルヤーブ,アブ・アル・ハサン　789–859）

Ziryāb, Abū al-Ḥasan 'Alī bn Nāfi'〈9世紀〉
アラビアの音楽家。
⇒岩世人（ズィルヤーブ　789–857）

Zita〈13世紀〉
奉公人。聖人。ルッカ近くの生まれ。
⇒新カト（ツィタ　1212頃–1272/1278.4.27）
　図聖（ツィータ（ルッカの）　1212–1272）

Zitelmann, Ernst〈19・20世紀〉
ドイツの法学者。主著『国際私法』（1897～1912）。
⇒岩世人（ツィーテルマン　1852.8.7–1923.11.28）

Zittel, Karl Alfred von〈19・20世紀〉
オーストリアの古生物学者。古動物分類学を体系づけた。
⇒岩世人（ツィッテル　1839.9.25–1904.1.5）

Ziya Gökalp〈19・20世紀〉
トルコの社会学者,思想家。主著『トルコ主義の原理』（23）,『トルコ文化史』（26）。
⇒岩世人（ズィヤ・ギョカルプ　1876.3.23–1924.10.25）
　広辞7（ギョカルプ　1876–1924）

Zizim〈15世紀〉
オスマン・トルコ帝国の詩人,冒険者。
⇒岩世人（ジェム　1459.12.22–1495.2.25）

Žižka, Jan〈14・15世紀〉
ボヘミアのフス派指導者,民族的英雄。神聖ローマ帝国の十字軍をプラハ近郊で撃破。
⇒岩世人（ジシュカ　1360頃–1424.10.11）

Zlatarski, Vasil Nikolov〈19・20世紀〉
ブルガリアの歴史学者。
⇒岩世人（ズラタルスキ　1866.11.27/12.9–1935.12.15）

Zlatovratskii, Nikolai Nikolaevich〈19・20世紀〉
ロシアのナロードニキ作家。代表作は長篇『礎』（78～83）。
⇒岩世人（ズラトヴラッキー　1845.12.14–1911.12.10）

Zmaj〈19・20世紀〉
ユーゴスラビアの詩人,児童文学者。代表作『ジューリッチ家の人びと』。
⇒岩世人（ズマイ　1833.11.24–1904.6.3）

Zmeskall, Nikolaus Paul〈18・19世紀〉
ハンガリーのチェロ愛好家,秘書。
⇒バロ（ズメスカル,ニコラウス・パウル　1759.11.20–1833.6.23）

Zobel de Ayala, Enrique〈19・20世紀〉
フィリピンの企業家。
⇒岩世人（ソベル・デ・アヤラ　1877.10.9–1943.2.

Zoe 〈2世紀〉
聖人，女性殉教者。祝日5月2日。ハドリアヌス帝の治世下，夫と二人の息子とともにパンフィリアで殉教。
⇒新カト（ゾエ　2世紀）

Zoe Porphyrogenete 〈10・11世紀〉
ビザンチン皇帝ロマヌス3世の皇后。夫を謀殺後，コンスタンチヌス9世と結婚。
⇒岩世人（ゾエ　978頃-1050）
　世帝（ゾエ　978-1050）

Zoerardus 〈10・11世紀〉
ポーランド出身のスロヴァキアのゾボルの隠修士。聖人。祝日7月17日。スロヴァキア人の国民的聖人として知られる。
⇒新カト（ゾエラルドゥスとベネディクトゥス　?-1010頃）

Zoë Sophia Paleologas 〈15・16世紀〉
ロシアの皇妃。
⇒岩世人（ゾエ　?-1503.4.7）
　新カト（ゾエ・パレオロガ　1450/1451-1503.4.7）
　世史語（ソフィア　?-1503）

Zoffany, John 〈18・19世紀〉
イギリス（ドイツ生れ）の画家。
⇒岩世人（ゾファニー　1733.3.13-1810.11.11）
　芸13（ゾファニー，ヨハン　1733-1810）

Zoilo, Annibale 〈16世紀〉
イタリアの作曲家。
⇒バロ（ゾイロ，アンニバーレ　1537頃-1592.6.30）

Zōilos 〈前4世紀〉
ギリシアの犬儒派哲学者，修辞家，批評家。
⇒岩世人（ゾイロス）

Zola, Émile Edouard Charles Antoine 〈19・20世紀〉
フランスの小説家。自然主義の提唱者，指導者。
⇒岩世人（ゾラ　1840.4.2-1902.9.29）
　19仏（エミール・ゾラ　1840.4.2-1902.9.29）
　広辞7（ゾラ　1840-1902）
　学叢思（ゾラ，エミール　1840-1902）
　新カト（ゾラ　1840.4.2-1902.9.29）
　世人新（ゾラ　1840-1902）
　世人装（ゾラ　1840-1902）
　世史語（ゾラ　1840-1902）
　世世人（ゾラ　1840-1902）
　ポプ人（ゾラ，エミール　1840-1902）

Zola, Giovanni Battista 〈16・17世紀〉
イタリアのイエズス会宣教師。
⇒岩世人（ゾーラ　1575-1626.6.20）
　新カト（ゾラ　1575.10.30-1626.6.20）

Zöllner, Carl Friedrich 〈18・19世紀〉
ドイツの作曲家。ライプチヒに男声合唱団を創設（1833）。
⇒岩世人（ツェルナー　1800.5.17-1860.9.25）

Zöllner, Heinrich 〈19・20世紀〉
ドイツの作曲家。C.F.ツェルナーの子。
⇒岩世人（ツェルナー　1854.7.4-1941.5.8）

Zöllner, Johann Karl Friedrich 〈19世紀〉
ドイツの天文学者，物理学者。天体の物理的性質を明らかにした。
⇒岩世人（ツェルナー　1834.11.8-1882.4.25）
　学叢思（ツェルネル，ヨハン・カール・フリードリヒ　1834-1882）

Zolotarev, Yegor Ivanovich 〈19世紀〉
ロシアの数学者。
⇒世数（ゾロタレフ，イェゴール・イヴァノヴィッチ　1847-1878）

Zōnaras, Ioannes 〈11・12世紀〉
ビザンチン時代の歴史家。年代記『歴史梗概』を著す。教会法の権威でもあった。
⇒岩世人（ゾナラス　?-1159以降）

Zoppo, Marco 〈15世紀〉
イタリアの画家。主作品はボローニャのコレジオ・ディ・スパーニャにある多面祭壇画（1471）。
⇒岩世人（ゾッポ　1432頃-1478）

Żorawski, Paulin Kazimierz Stefan 〈19・20世紀〉
ポーランドの数学者。ワルシャワ大学教授。
⇒世数（ゾラフスキ，ポーリン・カジミエルシュ・ステファン　1866-1953）

Zorita, Alonso de 〈16世紀〉
スペインの法律家，植民地司法官。
⇒ラテ新（ソリタ　1511?-1585?）

Zorita, Nicasio 〈16世紀〉
スペインの指揮者。
⇒バロ（ソリータ，ニカーシオ　1545頃-1593以降）

Zorn, Anders Leonard 〈19・20世紀〉
スウェーデンの画家，版画家，彫刻家。代表作，油絵『岩礁にて，海のニンフ』(94)など。
⇒岩世人（ソーン　1860.2.18-1920.8.22）
　芸13（ソルン，アンデルス　1860-1920）
　芸13（ソーン，アンデルス　1860-1920）

Zoroaster 〈前7・6世紀〉
ゾロアスター教の開祖。アフラ・マズダ神の託宣を受け，教義を得たとされる。
⇒岩世人（ツァラトゥストラ）
　岩世人（ゾロアスター）
　ネーム（ザラスシュトラ）
　ネーム（ゾロアスター）
　世人新（ゾロアスター（ツァラトゥストラ）　生没年不詳）
　世人装（ゾロアスター（ツァラトゥストラ）　生没

年不詳)
ポプ人 (ゾロアスター 前7世紀-前6世紀頃)

Zorrilla, Manuel Ruiz〈19世紀〉
スペインの政治家。
⇒岩世人 (ルイス・ソリーリャ 1833.3.22–1895.6.13)

Zorrilla y Moral, José〈19世紀〉
スペインの劇作家,詩人。
⇒岩世人 (ソリーリャ・イ・モラル 1817.2.21–1893.1.23)
学叢思 (ゾルリルラ・イ・モラール,ホセ 1817–1893)

Zosimos〈2世紀〉
聖人。祝日6月19日または20日。
⇒新カト (ゾシモス〔ピシディアの〕 2世紀初頭)

Zōsimos〈5・6世紀〉
ビザンチンの歴史家。ローマ史 "Historia nova" を著す。
⇒岩世人 (ゾシモス)
新カト (ゾシモス 5世紀後半–6世紀前半)

Zosimus〈7世紀〉
シラクーザの司教。聖人。祝日3月30日。
⇒新カト (ゾシムス〔シラクーザの〕 ?–662頃)

Zosimus, St.〈5世紀〉
ローマ教皇。在位417~418。
⇒新カト (ゾシムス ?–418.12.26)

Zrinyi Miklós〈17世紀〉
ハンガリーの詩人,軍人。
⇒岩世人 (ズリーニ 1620.5.1–1664.11.18)
新カト (ズリーニ 1620.5.1–1664.11.18)

Zschimmer, Eberhard〈19・20世紀〉
ドイツの哲学者。ドイツ観念論の立場から技術の哲学を説いた。
⇒岩世人 (チンマー 1873.11.4–1940.8.15)

Zschokke, Erwin〈19・20世紀〉
スイスの獣医。馬の赤血球計算装置〈チョッケ氏試験管〉をつくる。
⇒岩世人 (チョッケ 1855.8.3–1929.6.9)

Zschokke, Heinrich Daniel〈18・19世紀〉
ドイツ系スイスの小説家,劇作家。主著『大盗賊アベリーノ』(93),『錬金術師村』(17)。
⇒岩世人 (チョッケ 1771.3.22–1848.6.27)

Zsigmondy, Richard Adolf〈19・20世紀〉
オーストリアの化学者。限外顕微鏡の発明者。1925年ノーベル化学賞受賞。
⇒岩世人 (ジグモンディ 1865.4.1–1929.9.24)
広辞7 (ジグモンディ 1865–1929)
ノ物化 (リヒャルト・アドルフ・ジグモンディ 1865–1929)

'ztwd〈前8・7世紀〉
キリキア(現トルコ南東部)の王。
⇒岩世人 (アザティワダ)

Zubayda Umm Ja'far〈8・9世紀〉
アラビアのアッバース朝のカリフの妃。
⇒岩世人 (ズバイダ 763頃–831.6.10)

al-Zubaydī, Abū Bakr Muḥammad〈10世紀〉
セビーリャ出身のアラブ系言語学者。
⇒岩世人 (ズバイディー 928–989.9.6)

Zubayr ibn al-'Awwām〈7世紀〉
預言者ムハンマドの教友。
⇒岩世人 (ズバイル・イブン・アウワーム ?–656)

Züblin, Eduard〈19・20世紀〉
スイスの技術者。鉄筋コンクリート建築の促進に努めた。
⇒岩世人 (チューブリン 1850.3.11–1916.11.25)

Zuccali, Carlo〈18世紀〉
イタリアのヴァイオリン奏者,指揮者。
⇒バロ (ズッカーリ,カルロ 1704.11.10–1792.5.3)

Zuccarelli, Francesco〈18世紀〉
イタリアの画家。
⇒芸13 (ズッカレリ,フランチェスコ 1702–1788)

Zuccaro, Federigo〈16・17世紀〉
イタリアの画家。グレゴリウス13世よりパオリーナ聖堂の装飾を依頼された。
⇒岩世人 (ツッカロ 1542–1609.7.20)
新カト (ツッカリ兄弟 ツッカリきょうだい 1540/1541–1609)
芸13 (ズッカリ・ズッカロ,フェデリゴ 1542?–1609)

Zuccaro, Taddeo〈16世紀〉
イタリアの画家。フレスコ壁画を描いた。
⇒岩世人 (ツッカロ 1529.9.1–1566.9.2)
新カト (ツッカリ兄弟 ツッカリきょうだい 1529–1566)
芸13 (ズッカリ,タッデオ 1529–1566)

Zucchi, Virginia〈19・20世紀〉
イタリアの女流舞踊家。
⇒岩世人 (ツッキ 1849.2.10–1930.10.9)
バレエ (ツッキ,ヴィルジニア 1849.2.10–1930.10.9)

Zucchini, Gregorio〈16・17世紀〉
イタリアの作曲家,聖職者。
⇒バロ (ズッキーニ,グレゴリオ 1540/1560頃–1616以降)

Zuckerkandl, Emil〈19・20世紀〉
オーストリアの解剖学者。解剖学上の諸発見がある。
⇒岩世人 (ツッカーカンドル 1849.9.1–1910.5.28)

Zügel, Heinrich von〈19・20世紀〉
ドイツの画家。
⇒芸13 (ツィーゲル, ハインリヒ・フォン 1850–1941)

Zuhayr bn Abī Sulmā〈6・7世紀〉
古代アラビアの代表的詩人。
⇒岩世人 (ズハイル・イブン・アビー・スルマー ?–609)

al-**Zuhrī, Muḥammad ibn Muslim**〈8世紀〉
イスラーム初期のハディース学者。
⇒岩世人 (ズフリー, ムハンマド・イブン・ムスリム ?–742)

Ẓuhūr al-Dīn〈19世紀〉
新疆トゥルファン郡王家の高級ベグ (伯克, 東トルキスタンの伝統的指導層) 官人。
⇒岩世人 (ズフルッディーン)

Ẓuhūrī Turshīzī〈16・17世紀〉
イランの詩人。生国イランよりもインドで散文体美文作者として尊重された。
⇒岩世人 (ズフーリー・トゥルシーズィー ?–1615/1616)

Zukor, Adolph〈19・20世紀〉
アメリカの映画製作者, 企業家。パラマウント映画で勢力をふるった。
⇒岩世人 (ズーカー 1873.1.7–1976.6.10)
ユ人 (ズーカー (ズコール), アドルフ 1873–1976)
ユ著人 (Zukor,Adolph ズーカー, アドルフ 1873–1976)

Zulālī Khwānsārī〈16・17世紀〉
イランのサファヴィー朝前期の詩人。
⇒岩世人 (ズラーリー・ハーンサーリー ?–1615頃/1621)

Zuloaga, Ignacio〈19・20世紀〉
スペインの画家。
⇒岩世人 (スロアガ 1870.7.26–1945.10.30)
芸13 (スロアガ, イグナシオ 1870–1945)

Zumalacárregui y de Imaz, Tomás de〈18・19世紀〉
スペインの軍人。カルリスタ戦争に際してカルロス党の有能な将軍として活躍。
⇒岩世人 (スマラカレギ 1788.12.29–1835.6.25)

Zumárraga〈15・16世紀〉
スペインの聖職者。初代メキシコ市大司教。
⇒新カト (スマラガ 1468/1469–1548.6.3)
ラテ新 (スマラガ 1468?–1548)

Zumárraga, Tomás de〈16・17世紀〉
スペインの宣教師, 殉教者。ドミニコ会副管区長として長崎で布教, 大村で捕えられ (17) 火刑に処せられた。
⇒岩世人 (スマラガ 1577.3.9–1622.9.16)

新カト (スマラガ 1577.3.9–1622.9.12)

Zumaya, Manuel de〈17・18世紀〉
メキシコの歌手, 聖職者, オルガン奏者。
⇒バロ (スマーヤ, マヌエル・デ 1678頃–1756.3.12-5.6)

Zumbro, William Michael〈19・20世紀〉
アメリカの教育者。
⇒アア歴 (Zumbro,William Michael ウイリアム・マイケル・ザンブロ 1865.11.27–1922.10.17)

Zumsteeg, Johann Rudolf〈18・19世紀〉
ドイツの作曲家, 指揮者。譚詩の作曲者。
⇒バロ (ツムシュテーク, ヨハン・ルードルフ 1760.1.10–1802.1.27)
岩世人 (ツムシュテーク 1760.1.10–1802.1.27)

Zuñinga, Pedro de〈17世紀〉
スペインの宣教師。フロレスと共に平山常陳の船に乗船したが捕えられ, 長崎で火刑に処せられた。
⇒岩世人 (スニガ 1580–1622.8.19)
新カト (スニガ 1580–1622.8.19)

Zunz, Leopold (Yom Tov Lippmann)〈18・19世紀〉
ドイツのユダヤ教研究者。
⇒ユ人 (ツンツ, レオポルト (ヨムトブ・リップマン) 1794–1886)
ユ著人 (Zunz,Leopold ツンツ, レオポルド 1794–1886)

Župančič, Oton〈19・20世紀〉
スロベニア (ユーゴスラビア) の詩人。スロベニア科学芸術アカデミーの一員。
⇒ネーム (ジュパンチッチ 1878–1949)

Zurbaran, Francisco de〈16・17世紀〉
スペインの画家。フェリペ4世の宮廷画家。
⇒岩世人 (スルバラン 1598.11.7–1664.2.28)
ネーム (スルバラン 1598–1664)
広辞7 (スルバラン 1598–1664)
新カト (スルバラン 1598.11.7–1664.8.27)
芸13 (スルバラン, フランシスコ・デ 1598–1664)

Zur Mühlen, Raimund von〈19・20世紀〉
ドイツのテノール。
⇒魅惑 (Zur Mühlen,Raimund von 1854–1931)

Żurowski〈17・18世紀〉
ポーランドの作曲家。
⇒バロ (ジュロフスキ,? 1690頃?–1750頃?)

Zutra II〈5・6世紀〉
バビロニア・ユダヤ人社会の世襲統治者。
⇒ユ人 (ズートル2世 496頃–520)
ユ著人 (Zutra 2nd.,Mar ズゥトラⅡ世,マール 5世紀–6世紀)

Zwentibold〈9世紀〉
　ロートリンゲン王。在位895〜900。
　⇒岩世人（ツヴェンティボルト　871頃–900.8.13）

Zwick, Wilhelm〈19・20世紀〉
　ドイツの獣医学者。病理細菌学の研究がある。
　⇒岩世人（ツヴィック　1871.3.15–1941.5.28）

Zwierzchowski, Mateusz〈18世紀〉
　ポーランドの鍵盤楽器奏者, 指揮者。
　⇒バロ（ズヴィエシュホフスキ, マテウシュ　1713頃–1768.4.14）

Zwingli, Huldreich Ulrich〈15・16世紀〉
　スイスの宗教改革指導者, チューリヒ教会司祭。チューリヒ市および教会の新教化を行う。
　⇒バロ（ツヴィングリ, ウルリヒ　1484.1.1–1531.10.11）
　　岩世人（ツヴィングリ　1484.1.1–1531.10.11）
　　ネーム（ツヴィングリ　1484–1531）
　　広辞7（ツヴィングリ　1484–1531）
　　学叢思（ツウィングリー, フルドライヒ〔又はウルリヒ〕　1484–1531）
　　新カト（ツヴィングリ　1484.1.1–1531.10.11）
　　世人新（ツヴィングリ　1484–1531）
　　世人装（ツヴィングリ　1484–1531）
　　世史語（ツヴィングリ　1484–1531）
　　ポプ人（ツウィングリ, フルドライヒ　1484–1531）

Zygmund I Stary〈15・16世紀〉
　ポーランド国王。在位1506〜48。
　⇒岩世人（ジグムント1世　1467.1.1–1548.4.1）
　　世帝（ジグムント1世　1467–1548）

Zygmunt II Augustus〈16世紀〉
　ポーランド国王。在位1548〜72。
　⇒岩世人（ジグムント2世　1520.8.1–1572.7.7）
　　世帝（ジグムント2世　1520–1572）

Zygmunt III Waza〈16・17世紀〉
　ポーランド国王。在位1587〜1632。
　⇒岩世人（ジグムント3世　1566.6.20–1632.4.30）
　　世帝（ジグムント3世　1566–1632）
　　世帝（ジグムント3世　1566–1632）

Zygmunt Gorazdowski〈19・20世紀〉
　ウクライナの司祭, 聖人。祝日1月1日。
　⇒新カト（ジグムント・ゴラゾウスキ　1845.11.1–1920.1.1）

Zygmuntowski, Teodor〈18世紀〉
　ポーランドの歌手, 教師。
　⇒バロ（ズィグムントフスキ, テオドール　1740頃–1800頃）

Zygmunt Szczęsny Feliński〈19世紀〉
　ワルシャワ大司教。聖人。祝日9月17日。修道会創立者。
　⇒新カト（ジグムント・シュチェスニ・フェリニスキ　1822.11.1–1895.9.17）

Żywny, Wojciech〈18・19世紀〉
　ボヘミアのピアノ奏者, 教師。
　⇒バロ（ジヴヌィ, ヴォイチェフ　1756.5.13–1842.2.21）

外国人物レファレンス事典
古代−19世紀 Ⅲ(2010-2018) 2 欧文名 [L-Z]

2019年1月25日　第1刷発行

発　行　者／大高利夫
編集・発行／日外アソシエーツ株式会社
　　　　　　〒140-0013 東京都品川区南大井6-16-16 鈴中ビル大森アネックス
　　　　　　電話 (03)3763-5241（代表）　FAX(03)3764-0845
　　　　　　URL http://www.nichigai.co.jp/
発　売　元／株式会社紀伊國屋書店
　　　　　　〒163-8636 東京都新宿区新宿 3-17-7
　　　　　　電話 (03)3354-0131（代表）
　　　　　　ホールセール部（営業）電話 (03)6910-0519

電算漢字処理／日外アソシエーツ株式会社
印刷・製本／株式会社平河工業社

不許複製・禁無断転載　　　　　《中性紙三菱クリームエレガ使用》
＜落丁・乱丁本はお取り替えいたします＞
ISBN978-4-8169-2751-5　　　Printed in Japan, 2019

本書はディジタルデータでご利用いただくことができます。詳細はお問い合わせください。

外国人物レファレンス事典
古代-19世紀Ⅱ (1999-2009)

古代～19世紀の外国人が、どの事典にどのような見出しで収録されているかを一覧できる総索引。国内の主要な人名事典、歴史事典、百科事典など65種82冊から、28,000人の人名見出しを収録。各人物には掲載事典名と表記・よみ、生没年・国名・職業・簡潔な経歴等を記載。

1-2 欧文名
A5・2分冊　セット定価（本体57,000円＋税）　2009.12刊

3 漢字名
A5・490頁　定価（本体21,500円＋税）　2010.1刊

4 索引
A5・790頁　定価（本体28,500円＋税）　2010.1刊

外国人物レファレンス事典
20世紀 第Ⅱ期 (2002-2010)

20世紀に活躍した世界史上に登場する外国人が、どの事典にどんな表記で載っているかを一覧できる総索引。人名事典・歴史事典・専門事典など83種118冊の事典から、54,000人の人名見出しを収録。

1-2 欧文名
A5・2分冊　セット定価（本体74,000円＋税）　2011.12刊

3 漢字名
A5・310頁　定価（本体23,500円＋税）　2012.1刊

4 索引
A5・950頁　定価（本体37,000円＋税）　2012.1刊

美術作品レファレンス事典　日本の風景篇
B5・930頁　定価（本体37,000円＋税）　2017.10刊

日本の自然や風景、名所・旧跡を主題として描かれた絵画・版画作品を探すための図版索引。風景・名所には所在地・特徴などを簡潔に記載。

データベースカンパニー
日外アソシエーツ

〒140-0013　東京都品川区南大井6-16-16
TEL.(03)3763-5241　FAX.(03)3764-0845　http://www.nichigai.co.jp/

収録事典一覧

略号	書名	出版社	刊行年月
アア歴	アジアにおけるアメリカの歴史事典	雄松堂書店	2011.3
アフ新	アフリカを知る事典 新版	平凡社	2010.11
アメ新	アメリカを知る事典 新版	平凡社	2012.4
岩世人	岩波世界人名大辞典 2分冊	岩波書店	2013.12
エ デ	音楽用語・作曲家	ヤマハミュージックメディア	2016.11
王 妃	ヨーロッパの王妃・プリンセス200人	新人物往来社（新人物文庫）	2013.3
オセ新	オセアニアを知る事典 新版	平凡社	2010.5
オペラ	オペラ事典	東京堂出版	2013.9
覚 思	覚えておきたい人と思想100人	清水書院	2014.9
覚思ス	覚えておきたい人と思想100人 スマート版	清水書院	2016.8
学叢思	学術辞典叢書 第5巻 思想家人名辞典	学術出版会	2010.9
学叢歴	学術辞典叢書 第10巻 歴史辞典	学術出版会	2010.11
科 史	科学史人物事典	中央公論新社	2013.2
韓現文	韓国近現代文学事典	明石書店	2012.8
韓朝新	韓国朝鮮を知る事典 新版	平凡社	2014.3
近 中	近代中国人名辞典 修訂版	霞山会	2018.3
芸13	世界芸術家辞典 改訂増補版	エム・エフ・ジー	2013.10
現アカ	現代アメリカ人物カルチャー事典 英文用例付	丸善	2001.11
皇 国	ヨーロッパの皇帝・国王200人	新人物往来社（新人物文庫）	2013.1
広辞7	広辞苑 第7版	岩波書店	2018.1
実音人	実用・音楽人名事典 クラシック／洋楽編	ドレミ楽譜出版社	2009.5
失 声	失われた声を求めて	Du Books	2014.10
19仏	カリカチュアでよむ19世紀末フランス人物事典	白水社	2013.6
新カト	新カトリック大事典 1～4, 別巻	研究社	1996.6～2010.9
図 聖	図説聖人事典	八坂書房	2011.12
図 哲	図解哲学人物＆用語事典	日本文芸社	2015.9
スパイ	スパイ大事典	論創社	2017.5